Burmann/Heß/Hühnermann/Jahnke
Straßenverkehrsrecht

Straßenverkehrsrecht

Kommentar

mit StVO nebst CsgG, dem StVG, den wichtigsten Vorschriften der StVZO und der FeV, dem Verkehrsstraf- und Ordnungswidrigkeitenrecht, dem Schadensersatzrecht des BGB, Zivilprozessrecht und Versicherungsrecht, der Bußgeldkatalog-Verordnung sowie Verwaltungsvorschriften

Erläutert von

Dr. Michael Burmann
Rechtsanwalt in Erfurt
zgl. Fachanwalt für Verkehrs-
und Versicherungsrecht

Dr. Rainer Heß, LL. M.
Rechtsanwalt in Bochum
zgl. Fachanwalt für Verkehrs-
und Versicherungsrecht
Honorarprofessor an der Universität
Bielefeld

Katrin Hühnermann, LL. M. oec
Rechtsanwältin in Erfurt
zgl. Fachanwältin für Verwaltungsrecht

Jürgen Jahnke
Rechtsanwalt in Münster

25., neu bearbeitete Auflage
2018

C.H.BECK

begründet von Hermann Mühlhaus,
in der 9. bis 15. Auflage fortgeführt von Horst Janiszewski,
in der 16. bis 19. Auflage mitbearbeitet von Dr. Joachim Jagow
und in der 20. bis 23. Auflage mitbearbeitet von Prof. Dr. Helmut Janker

www.beck.de

ISBN 978 3 406 70386 7

© 2018 Verlag C.H.Beck oHG
Wilhelmstraße 9, 80801 München
Druck und Bindung: Druckerei C.H.Beck, Nördlingen
(Adresse wie Verlag)
Satz: Meta Systems Publishing & Printservices GmbH, Wustermark
Umschlaggestaltung: Druckerei C.H.Beck, Nördlingen

Gedruckt auf säurefreiem, alterungsbeständigem Papier
(hergestellt aus chlorfrei gebleichtem Zellstoff)

Vorwort

Die Neuauflage (die 25.) berücksichtigt Rechtsprechung und Literatur bis zum Herbst 2017. Zahlreiche gesetzliche Änderungen waren einzuarbeiten.

Die Beschränkung des Fahrverbotes als Nebenstrafe nur für Verkehrsdelikte ist entfallen. Diese Neuregelung ist durch eine intensive kriminalpolitische Diskussion begleitet worden. Das Fahrverbot als Nebenstrafe auch bei allgemeiner Kriminalität war Thema des Arbeitskreises I des Verkehrsgerichtstag in Goslar 2017 (dort mit weit überwiegender Mehrheit abgelehnt). Ebenfalls intensiv in der Öffentlichkeit diskutiert wurde und wird die Strafbarkeit von verbotenen Fahrzeugrennen. Durch den neugefassten § 315d StGB ist nun generell die Teilnahme an einem illegalen Autorennen unter Strafe gestellt. Für die Erfüllung des Straftatbestandes kommt es nicht mehr darauf an, dass die konkrete Gefahr einer Rechtsgutverletzung eingetreten ist. Nach der Neuregelung handelt es sich um einen abstrakten Gefährdungstatbestand. Hinzuweisen ist auch auf die Änderung des § 44 StGB durch das Gesetz zur effektiveren und praxistauglicheren Gestaltung des Strafverfahrens.

Bei den zivilrechtlichen Ansprüchen ist das im Juli 2017 in Kraft getretene Hinterbliebenengeld zu nennen. In § 844 Abs. 3 BGB ist ein neuer Schadenersatzanspruch eigener Art geschaffen worden, wonach demjenigen, der in einem besonderen persönlichen Näheverhältnis zum Getöteten stand, eine angemessene Entschädigung in Geld zu leisten ist. § 843 Abs. 3 BGB hat gleichlautende Entsprechungen in den speziellen Haftungsgesetzen (u.a. § 10 Abs. 3 StVG). Unsere Kommentierung gibt Antworten auf die Vielzahl der – vom Gesetzgeber bewusst – offengehaltenen Fragen.

Neu aufgenommen wurde das ab 1.9.2017 geltende Carsharinggesetz.

Neben den gesetzlichen Neuregelungen haben wir, um die praktische Arbeit mit dem Kommentar weiter zu verbessern, einen eigenen Bearbeiterteil „Zivilprozessrecht" aufgenommen. Mit diesem gesonderten Abschnitt wird der wesentlichen Bedeutung des Prozessrechtes für die Praxis Rechnung zu tragen. § 115 VVG ist neu kommentiert worden, damit den Benutzern des Kommentars eine Kommentierung zu allen für den Verkehrsrechtler wichtigen Vorschriften des VVG zur Verfügung steht.

Der „Satzschluss" ist nur eine Momentaufnahme. So ist am 19.10.2017 die 53. Verordnung zur Änderung straßenverkehrsrechtlicher Vorschriften in Kraft getreten (BGBl Teil I, S. 3549). Das Ziel dieser VO ist die Verbesserung der Verkehrssicherheit u.a. dadurch, dass in § 23 StVO die Ausweitung des sog. Handheld-Verbotes auf sämtliche Geräte der Kommunikations-, Informations- und Unterhaltungselektronik erfolgt. Folge einer EU-VO ist, dass u.a. der Transport bestimmter tierischer Produkte vom Sonn- und Feiertagsverbot für schwere Lkw ausgenommen sind. Diese neue 53. VO konnte nicht mehr in die jeweiligen Kommentierungen eingearbeitet werden. Wir haben nach entsprechenden Hinweisen bei den geänderten Paragraphen im Anschluss an die StVO-Kommentierung diese in einem eigenen Abschnitt kurz dargestellt.

Wir hoffen, dass wir mit der Neuauflage den praktischen Anwendungsbedürfnissen weiter Rechnung getragen haben und sind, wie auch in der Vergangenheit, für Anregungen und Ergänzungen jederzeit dankbar.

November 2017   Die Verfasser

Inhaltsverzeichnis

Abkürzungen	IX
1. Teil. Straßenverkehrs-Ordnung mit VwV	1
Anlage 1. Allgemeine und Besondere Gefahrzeichen	583
Anlage 2. Vorschriftzeichen	588
Anlage 3. Richtzeichen	618
Anlage 4. Verkehrseinrichtungen	642
Anhang. VwV zu den Anlagen 1–4	646
Aktualisierungsanhang 53. ÄndVO zur Änderung straßenverkehrsrechtlicher Vorschriften	676
2. Teil. Carsharinggesetz	683
3. Teil. Straßenverkehrsgesetz	689
4. Teil. Straßenverkehrsrecht des Strafgesetzbuches	1061
A. Das gerichtliche Fahrverbot	1061
B. Gerichtliche Entziehung der Fahrerlaubnis	1066
C. Unerlaubtes Entfernen vom Unfallort	1083
D. Verkehrsgefährdungen	1101
E. Alkoholdelikte, BAK-Tabellen, Richtlinien für die Alkoholkontrolle und Sicherstellung von Führerscheinen	1125
5. Teil. Strafprozessordnung (Auszug)	1165
6. Teil. Schadensersatzrecht des BGB (Auszug)	1175
7. Teil. Zivilprozessrecht (Auszug)	1505
8. Teil. Versicherungsrecht (Auszug)	1515
9. Teil. AuslPflVG (mit AuslKfzHPflV)	1571
Anhang	1603
I. Fahrerlaubnis-VO – FeV (Auszug)	1605
II. Straßenverkehrs-Zulassungs-Ordnung – StVZO (Auszug)	1687
III. Elektromobilitätsgesetz – EMOG	1701
IV. Bußgeldkatalog-Verordnung mit Bußgeldkatalog – BKatV	1705
Sachverzeichnis	1771

Abkürzungen, Literatur

Zitierweise: Angeführte Paragraphen ohne Bezeichnung des Gesetzes beziehen sich auf die Paragraphen des Gesetzes oder der Verordnung, angeführte Randnummern ohne weitere Angabe auf die Vorschrift, in der sich das Zitat befindet. Die Entscheidungen der Zivilsenate des BGH werden idR durch den Zusatz (Z) gekennzeichnet, soweit sie nicht nach dem VersR zitiert sind; die nicht gekennzeichneten Entscheidungen des BGH sind solche von Strafsenaten. Die Entscheidungen des BayObLG sind durchweg solche von Strafsenaten; bei den Oberlandesgerichten wurde idR keine Unterscheidung vorgenommen; deren Entscheidungen werden durch Angabe des Ortes bezeichnet, an dem das OLG seinen Sitz hat. – Römische Ziffern bezeichnen im Zusammenhang mit Paragraphen deren Absätze (nachfolgende arabische Ziffern die Sätze und Nummern in den Absätzen), sonst Abschnitte der Einführung.

Zu juristischen Abkürzungen ist ergänzend auf die **JURICA App** hinzuweisen, die als App zum Download für iOS und Android im Internet zur Verfügung steht.

aA (AA)	andere Ansicht
AA	Atemalkohol
AAA	Atemalkoholanalyse
aA (M)	anderer Ansicht (Meinung)
aaO	am angegebenen Ort
AB	Autobahn
AbfG	Abfallgesetz
Abl	Amtsblatt
abl	ablehnend
Abs	Absatz
abw	abweichend
aE	am Ende
AEUV	Vertrag über die Arbeitsweise der Europäischen Union (ABl EU C 83 v 30.3.2010)
aF	alte Fassung
Änd.	Änderung(en)
ÄndG, ÄndVO	Änderungsgesetz, -Verordnung
AG	Amtsgericht
AK	Arbeitskreis
AKB	Allgemeine Bedingungen für die Kraftfahrtversicherung
ALG II	Arbeitslosengeld II
alic	actio libera in causa
allg	allgemein
AMG	Arzneimittelgesetz
amtl	amtlich
Anh	Anhang
Anl	Anlage
AAK	Atemalkoholkonzentration
AMG	Arzneimittelgesetz
Anm	Anmerkung
AnwBl	Anwaltsblatt (Jahr u Seite)
AO	Abgabenordnung/Anordnung
ArGe	Arbeitsgemeinschaft
Art	Artikel

Abkürzungen, Literatur

AUB	Allgemeine Unfallversicherungsbedingungen
Aufl	Auflage
ausf	ausführlich
AusfAnw	Ausführungsanweisung
AusfVO	Ausführungsverordnung
ausl	ausländisch(e, er …)
Ausn	Ausnahme
AV	Allgemeine Verfügung
BA	Blutalkohol, Wissenschaftliche Zeitschrift für die medizinische und juristische Praxis, herausgegeben vom Bund gegen Alkohol im Straßenverkehr eV (Jahr u Seite)
Ba	Bamberg
BAB	Bundesautobahn
Becker/Franke/Molkentin	SGB VII, 5. Aufl 2017
Bär/Hauser	Kommentar zur Unfallflucht, Loseblattsammlung
BAG	Bundesarbeitsgericht
BAK	Blutalkoholkonzentration
BAnz	Bundesanzeiger
BASt	Bundesanstalt für Straßenwesen, Köln
bayLSG	bayerisches LSG
Bay, BayObLG	Bayerisches Oberstes Landesgericht; mit Zahlen: Sammlung von Entscheidungen in Strafsachen (alte Folge zit nach Band u Seite, neue Folge nach Jahr u Seite)
BayStrWG	Bayerisches Straßen- und WegeG
BayVfGH	Bayerischer Verfassungsgerichtshof
BayVwBl	Bayerische Verwaltungsblätter (Jahr u Seite)
BayVGH	Bayerischer Verwaltungsgerichtshof
B/B	Berz/Burmann/Heß, Handbuch des Straßenverkehrsrechts, 37. Ergänzungslieferung 2017
BB	Betriebs-Berater (Jahr u Seite)
BDSG	Bundesdatenschutzgesetz
BE	Betriebserlaubnis
Beckmann/Matusche-Beckmann	Versicherungsrechtshandbuch, 3. Aufl 2015
Beck/Berr	OWi-Sachen im Straßenverkehrsrecht, 7. Aufl 2017 (zit nach Rn)
BeckOK StGB	Beck'scher Online-Kommentar StGB (beck-online)
BeckOK ZPO (Vorwerk/Wolf)	Beck'scher Online-Kommentar ZPO (beck-online)
BeckRS	Beck Rechtsprechungsservice (beck-online – aktuelle Rechtsprechung: Jahr u Nummer)
Beck'sche Loseblattausgabe	Beck'sche Textausgabe, Straßenverkehrsrecht – Loseblattausgabe
Begr	Begründung
Begutacht-Leitlinien	Begutachtungs-Leitlinien zur Kraftfahrereignung Berichte der Bundesanstalt für Straßenwesen Reihe „Mensch und Sicherheit" Heft M 115 (Stand: 2. November 2009)
Bek	Bekanntmachung
ber	berichtigt
BerlStrG	Berliner Straßengesetz v 13.7.1999

Abkürzungen, Literatur

Berr/Hauser/ Schäpe	Das Recht des ruhenden Verkehrs, Beck 2. Aufl 2003 (zit nach Rn)
Berr/Krause/ Sachs	Drogen im Straßenverkehrsrecht, 1. Aufl 2007 (zit nach Rn)
Berz/Burmann	Handbuch des Straßenverkehrsrechts, 37. Ergänzungslieferung 2017
bes	besonders, besondere
Betr	Betroffene(r)
BfF	Begutachtungsstelle für Fahreignung (früher: MPU)
BFStrG	BundesfernstraßenG
BG	Berufsgenossenschaft
BGA	Bundesgesundheitsamt
BGB	Bürgerliches Gesetzbuch
BGBl I, II	Bundesgesetzblatt, Teil I, II
BGBl III	Sammlung des Bundesrechts (ab 1.1.1966 Fundstellennachweis A)
BGH	Bundesgerichtshof
BGHR	BGH-Report
BGHSt	Entscheidungen des Bundesgerichtshofs in Strafsachen (Band u Seite)
BGHZ	Entscheidungen des Bundesgerichtshofs in Zivilsachen (Band u Seite), vgl auch die Zitierweise am Anfang des Verzeichnisses
BKrFQG	Berufskraftfahrer-Qualifikations-Gesetz
BKrFQV	Berufskraftfahrer-Qualifikations-Verordnung
BImSchG	Bundes-ImmissionsschutzG
Bln	Berlin
BKat(V)	Bußgeld-Katalog(-Verordnung)
Blei	Strafrecht I, Allgemeiner Teil, 18. Aufl 1983, München
Blum	Verkehrsstrafrecht, 1. Aufl 2009
Blum/Huppertz/ Baldarelli	Verkehrsstrafrecht, 2. A. 2015
BMV	Bundesministerium für Verkehr
BMVBS	Bundesministerium für Verkehr, Bau und Stadtentwicklung
BMVBW	Bundesministerium für Verkehr, Bau- und Wohnungswesen
BMVI	Bundesministerium für Verkehr und digitale Infrastruktur
BO-Kraft	VO über den Betrieb von Kraftfahrunternehmen im Personenverkehr
Bode/Winkler	Fahrerlaubnis, Dt Anwaltverlag, Bonn, 5. Aufl 2006
Böhme/Biela	Kraftverkehrs-Haftpflicht-Schäden, 25. Aufl 2013
Bohnert/ Krenberger/ Krum	Ordnungswidrigkeitengesetz, 4. Aufl 2016
Booß	Straßenverkehrs-Ordnung, 3. Aufl 1980
BOStrab	VO über den Bau und Betrieb der Straßenbahnen
Bouska/ Laeverenz	Fahrerlaubnis, 3. Aufl 2004
Bouska/Leue	StVO, 24. Aufl 2013
BPatG	Bundespatentgericht
BR	Bundesrat
Br	Bremen, OLG Bremen
Bra	Braunschweig, OLG Braunschweig
BRDr	Drucksachen des Bundesrates nach Nr u Jahr
BReg	Bundesregierung
BRep	Bundesrepublik Deutschland
Brbg	Brandenburg, OLG Brandenburg
BSG	Bundessozialgericht
BT	Bundestag

Abkürzungen, Literatur

BTDr	Drucksachen des Deutschen Bundestages nach Wahlperiode u Nr
BT-KAT-OWI	Bundeseinheitlicher Tatbestandkatalog (VkBl 2001, 523, mit späteren Änderungen)
BtM	Betäubungsmittel
BtMG	BetäubungsmittelG
Buck/Krumbholz	Buck/Krumbholz (Hrsg), Sachverständigenbeweis im Verkehrs- und Strafrecht, 2. Aufl. 2013
Burhoff	Burhoff (Hrsg.), Handbuch für das straßenverkehrsrechtliche OWi-Verfahren, 4. Aufl 2015
Burmann/Heß/Stahl	Versicherungsrecht im Straßenverkehr, 2. Aufl 2010
BVerfG	Bundesverfassungsgericht
BVerfGE	Entscheidungen des Bundesverfassungsgerichts (Band u Seite)
BVerwG	Bundesverwaltungsgericht
BW	Baden-Württemberg
BZR	Bundeszentralregister
BZRG	G über das Zentralregister und das Erziehungsregister (BundeszentralregisterG)
bzw	beziehungsweise
Ce	Celle, OLG Celle
CEMT	Europäische Konferenz der Verkehrsminister
cic	culpa in contrahendo (Verschulden bei Vertragsschluss)
Cramer	Straßenverkehrsrecht, Band 1: StVO – StGB, 2. Aufl 1977
CsgG	Carsharinggesetz
D	der, die, das, den, dem, durch
DA	Dienstanweisung
DAR	Deutsches Autorecht (Jahr u Seite)
DAV	Deutscher Anwaltverein
DDR	Deutsche Demokratische Republik
Def	Definition
dergl	dergleichen
ders	derselbe
DGVZ	Deutsche Gerichtsvollzieher-Zeitung (Jahr u Seite)
dh	das heißt
DJ	Deutsche Justiz (Jahr u Seite)
Dr	Dresden
DRiZ	Deutsche Richterzeitung (Jahr u Seite)
dt	deutsch
Dü	Düsseldorf, OLG Düsseldorf
DV (DVO)	Durchführungsverordnung
DVBl	Deutsches Verwaltungsblatt (Jahr u Seite)
E	Einführung bzw Einleitung
EB	Eröffnungsbeschluss
EBO	Eisenbahnbau- und Betriebsordnung
EdFE	Entziehung der Fahrerlaubnis
EG	EinführungsG
EG-FGV	Verordnung über die EG-Genehmigung für Kraftfahrzeuge und ihre Anhäger sowie für Systeme, Bauteile und selbständige technische Einheiten für diese Fahrzeuge (EG-Fahrzeuggenehmigungsverordnung) v 21.4.2009 (BGBl I 872)
EGOWiG	EinführungsG zum G über Ordnungswidrigkeiten v 24.5.1968 (BGBl I 503)

Abkürzungen, Literatur

Einf	Einführung
Einl	Einleitung
Ein-Vertr	Einigungsvertrag
Eisenberg	JugendgerichtsG, 19. Aufl 2017 (zit nach Rn)
entspr	entsprechend
Entz	Entziehung
Erbs/Kohlhaas	Strafrechtliche Nebengesetze (Loseblattausgabe),
Erl	Erläuterung(en)
EU	Europäische Union
2. EU-FSch-RiLi	Zweite EU-Führerschein-Richtlinie v 29.7.1991, 91/439/EWG, ABl EU L 237, S 1
3. EU-FSch-RiLi	Dritte EU-Führerschein-Richtlinie v 20.12.2006, 2006/126/EG, ABl EU L 403, S 18
EuAbgG	Europa-AbgeordnetenG
EuG, EuGH	Europäischer Gerichtshof
EUV	Vertrag über die Europäische Union (ABl EU C 83 v 30.3.2010)
EWG	Europäische Wirtschaftsgemeinschaft
EWR	Europäischer Wirtschaftsraum
f	-fahrer, -führer
FAER, FaER	Fahreignungsregister (seit 1.5.14; bis 30.4.14 VZR)
FahrlG	FahrlehrerG
FahrpersG	FahrpersonalG
FahrschAusbO	Fahrschüler-Ausbildungsordnung
FD-StVR	Fachdienst Straßenverkehrsrecht (beck-online; Jahr u Nummer)
FE	Fahrerlaubnis
Ferner (Hrsg)	Straßenverkehrsrecht, 2. Aufl 2006
FeV	Fahrerlaubnis-VO
f	folgende
ff	fortfolgende
Fn	Fußnote
Fischer	Strafgesetzbuch, 61. Auflage, München 2014
Fleischmann/ Hillmann/ Schneider	Das verkehrsrechtliche Mandat – Band 2, 5. Aufl 2009
Forster/Ropohl	Rechtsmedizin, 5. Aufl 1989, Enke Verlag
Fra	Frankfurt/M, OLG Frankfurt/M
FS	Festschrift
FSch	Führerschein
FU	Fahrunsicherheit
FV	Fahrverbot
Fz	Fahrzeug
G	Gesetz
g	Gramm
GA	Goltdammer's Archiv für Strafrecht (Jahr u Seite)
GABl	Gemeinsames Amtsblatt
GB	Geldbuße
GBl	Gesetzblatt
geänd	geändert
Gebhardt	Das verkehrsrechtliche Mandat, 8. Aufl 2015, Deutscher Anwalt Verlag
Geigel	Der Haftpflichtprozess, 27. Aufl 2015
gem.	gemäß

XIII

Abkürzungen, Literatur

GemO	Gemeindeordnung
Gen	Genehmigung
gen	genannt
Gerchow/Heberle	Alkohol-Alkoholismus-Lexikon, 1980, Neuland-Verlags GmbH, Hamburg
Gehrmann/Undeutsch	Das Gutachten der MPU und Kraftfahrereignung, München 1995
Gerold/Schmidt	RVG, 22. Aufl. 2015
ges	gesetzlich
geschl	geschlossene(r, n)
gestr	gestrichen
GewO	Gewerbeordnung
GG	GrundG für die Bundesrepublik Deutschland
GGBefG	Gefahrgutbeförderungsgesetz
ggf	gegebenenfalls
GGVS	GefahrgutVO Straße
GMBl	Gemeinsames Ministerialblatt
Göhler	OrdnungswidrigkeitenG, 17. Aufl 2017 (Göhler/Bearbeiter Rn u Paragraphen)
Götz	Götz, Kommentar zum BZRG, 3. Aufl 1985
grds	grundsätzlich
Greger/Zwickel	StVG, Haftungsrecht des Straßenverkehrs, 5. Aufl 2014
Grw	Greifswald
Grüneberg	Haftungsquoten bei Verkehrsunfällen, 14. Aufl 2015
Grüner	Der gerichtsmedizinische Alkoholnachweis, 2. Aufl 1967
GVBl	Gesetz- und Verordnungsblatt
GVG	GerichtsverfassungsG
GVNW	Gesetz- und Verordnungsblatt für das Land Nordrhein-Westfalen
H	Heft
Ha	Hamm, OLG Hamm
HaftpflG	Haftpflichtgesetz
Halbs.	Halbsatz
Halm/Engelbrecht/Krahe	Handbuch des Fachanwalts, Versicherungsrecht, 5. Aufl 2014
Harbort	Rauschmitteleinnahme und Fahrsicherheit, Boorberg-Verlag 1996
Haus/Krumm/Quarch	Gesamtes Verkehrsrecht, 2. Aufl. 2017 (zitiert NK-GVR/Bearbeiter)
Haus/Zwerger	Das verkehrsrechtliche Mandat, Bd. 3: Verkehrsverwaltungsrecht einschließlich Verwaltungsprozess, 3. Aufl 2017
Hbg	Hamburg, OLG Hamburg
Heiler/Jagow	Führerschein, Ein Handbuch des aktuellen Fahrerlaubnisrechts und angrenzender Rechtsgebiete. Grundriß, 6. Aufl 2007
Hentschel/König/Dauer	Straßenverkehrsrecht, 44. Aufl 2017 (Hentschel/Bearbeiter; Rn u Paragraphen)
Hentschel/Krumm	Fahrerlaubnis und Alkohol im Straf und Ordnungswidrigkeitenrecht, 6. Aufl 2015
Hentschel/Trunkenheit	Trunkenheit, Fahrerlaubnisentziehung, Fahrverbot im Straf- und Ordnungswidrigkeitenrecht, 10. Aufl 2006, Werner Verlag

Abkürzungen, Literatur

hessLSG	hessisches LSG
HESt	Höchstrichterliche Entscheidungen in Strafsachen
HFR	Höchstrichterliche Finanzrechtsprechung
Heß/Jahnke	Das neue Schadensersatzrecht, 1. Aufl München 2002
HRF	Höchstrichterliche Rechtsprechung
H/K/S	Himmelreich/Krumm/Staub, Verkehrsunfallflucht, 6. Aufl 2013
Himmelreich-FS	Karbach (Hrsg), Festschrift für Klaus Himmelreich zum 70. Geburtstag, 2007
Himmelreich/ Halm (Hrsg)	Handbuch des Fachanwalts Verkehrsrecht, 6. Aufl 2017, Luchterhand Verlag
Himmelreich/ Janker/Karbach	Fahrverbot, Fahrerlaubnisentzug und MPU-Begutachtung im Verwaltungsrecht, Luchterhand, 8. Aufl 2007
hM (L)	herrschende Meinung (Lehre)
Hrsg	Herausgeber
Huppertz	Zulassung von Fahrzeugen, 3. Aufl 2011, Boorberg Verlag
HV	Hauptverhandlung
HWS	Halswirbelsäule
idF	in der Fassung
idR	in der Regel
iG	im Gegensatz
IME	Entschließung des Ministeriums des Innern
incl	inklusiv, einschließlich
insb	insbesondere
IntKfzVO	VO über internationalen Kraftfahrzeugverkehr (aufgehoben)
inzw	inzwischen
IR	Internal Regulations
iS	im Sinne
iSd	im Sinne des
iSe	im Sinne einer
iSv	im Sinne von
iVm	in Verbindung mit
iw	im wesentlichen
Jagow	StVZO-Kommentar, Loseblattsammlung, Stand 73. Ergänzungslieferung
Jahnke	Abfindung von Personenschadenansprüchen, 3. Aufl Bonn 2018
Jahnke	Unfalltod und Schadenersatz, 2. Aufl Bonn 2012
Jahnke	Der Verdienstausfall im Schadensersatzrecht, 4. Aufl Bonn 2015
Jahnke/Burmann	Handbuch des Personenschadensrechts, 1. Aufl. 2016
Jahrbuch zum Straßenverkehrsrecht 2006	Schaffhauser (Hrsg), Jahrbuch zum Strassenverkehrsrecht 2006, Schriftenreihe des Instituts für Rechtswissenschaft und Rechtspraxis (Band 41) Universität St. Gallen (Schweiz)
Jahrbuch zum Straßenverkehrsrecht 2008	Schaffhauser (Hrsg), Jahrbuch zum Strassenverkehrsrecht 2008, Schriftenreihe des Instituts für Rechtswissenschaft und Rechtspraxis (Band 56) Universität St. Gallen (Schweiz)

Abkürzungen, Literatur

Jahrbuch zum Straßenverkehrsrecht (mit Jahr) ...	Schaffhauser (Hrsg), Jahrbuch zum Strassenverkehrsrecht (Jahr), Bern 2012
Janiszewski	Verkehrsstrafrecht, Kurzlehrbuch für Studium und Praxis, 5. Aufl 2004, (zit nach Rn)
Janiszewski/ Buddendiek	Janiszewski/Buddendiek, Der neue Bußgeldkatalog mit Punktsystem, 9. Aufl 2004
JBlRhPf	Justizblatt Rheinland-Pfalz
Je	Jena, Thüringer OLG
jew	jeweilig(er, en), jeweils
JGG	JugendgerichtsG
JK	Kartei der Jura (Paragraph u lfd Nr)
jM	juris – Die Monatszeitschrift
JMBl	Justizministerialblatt
JME	Justizministerial-Entschließung
JR	Juristische Rundschau (Jahr u Seite)
Jura	Juristische Ausbildung, W de Gruyter (Jahr u Seite)
JurA	Juristische Analysen (Jahr u Seite)
jurisPR-VerkR ...	juris PraxisReport Verkehrsrecht, online-Zeitschrift
JuS	Juristische Schulung (Jahr u Seite)
JuSchG	Jugendschutzgesetz
Justiz	Die Justiz, Amtsblatt des JustizministeriumsBaden-Württemberg (Jahr u Seite)
JZ	Juristenzeitung (Jahr u Seite)
Ka	Kassel
Kaiser	Kriminologie, 4. Aufl 1980 –, Verkehrsdelinquenz und Generalprävention, 1970, Mohr, Tübingen
Kalthoener/ Büttner/ Niepmann	Die Rechtsprechung zur Höhe des Unterhalts 9. Aufl 2004 (s. auch Niepmann/Schwamb)
Kar	Karlsruhe, OLG Karlsruhe
KBA	Kraftfahrt-Bundesamt, Flensburg
Kf	Kraftfahrer
KFG	G über den Verkehr mit Kraftfahrzeugen v 3.5.1909 (RGBl 437)
Kfz	Kraftfahrzeug
KfSachvG	KraftfahrsachverständigenG
KfzPflVV	Kraftfahrzeug-Pflichtversicherungsverordnung
KfzStG	KraftfahrzeugsteuerG
KG	Kammergericht
KK	Karlsruher Kommentar zur StPO, 7. Aufl 2013
KK-OWiG	Karlsruher-Kommentar zum OWiG, 4. Aufl 2014
Kl	Klasse
Ko	Koblenz, OLG Koblenz
Kodal	Kodal, Straßenrecht, 7. Aufl 2010
Kö	Köln, OLG Köln
Kopp/Ramsauer ..	VerwaltungsverfahrensG, 18. Aufl 2017 (Paragraph u Rn)
Krad	Kraftrad
krit	kritisch (oder Kritik)

Abkürzungen, Literatur

Küppersbusch/Höher	Ersatzansprüche bei Personenschaden, 12. Aufl 2016
Kulemeier	FV und EdFE Diss 1990, Schmidt-Römhild Lübeck
Krumm	Fahrverbot in Bußgeldsachen 4. Aufl 2017
Krumm/Lempp/Trautmann	Das neue Geldsanktionsgesetz 1. Aufl 2010
KVGKG	Kostenverzeichnis zum GerichtskostenG
KVR	Kraftverkehrsrecht von A bis Z (Verfasser u Stichwort)
Lackner	Lackner/Kühl, Strafgesetzbuch mit Erläuterungen, 28. Aufl 2014
LAG	Landesarbeitsgericht
Langheid/Rixecker	Versicherungsvertragsgesetz, Kommentar, 5. Aufl. 2016
LB	Lehrbuch
ldgl	lediglich
LdR	Ergänzbares Lexikon des Rechts, Luchterhand Verlag (zit nach Stichwort u Anm)
Lexikon	Lexikon des Nebenstrafrechts von Buddendiek/Rutkowski, Stand Januar 2017
LG	Landgericht
Lisken/Denninger	Handbuch des Polizei-Rechts 5. Aufl 2012 (Autor, Abschn, Rn)
Lit	Literatur
LK	Strafgesetzbuch (Leipziger Kommentar) 13. Aufl 2008
Lkw	Lastkraftwagen
LOWiG	LandesordnungswidrigkeitenG
Ls	Leitsatz
Lü	Lüneburg, OVG Lüneburg
LVG	Landesverwaltungsgericht
LWaldGBln	LandeswaldG Berlin v 30.1.1979 (GVBl 177)
LZA	Lichtzeichenanlage
M	mit
Ma	Magdeburg, OLG Magdeburg
MABl	Ministerialamtsblatt
Maurach	Maurach/Zipf/Jäger, Strafrecht, Allgemeiner Teil, 9. Aufl 2017
MBl	Ministerialblatt
MDR	Monatsschrift für deutsches Recht (Jahr u Seite)
Meyer-Goßner/Schmitt	Strafprozessordnung, GVG, Nebengesetze und ergänzende Bestimmungen, 60. Aufl 2017
ME	Ministerialerlass
MI (MdI)	Minister des Innern
mind	mindestens
MiStra	Anordnung über Mitteilungen in Strafsachen idF v 15.3.1985 (BAnz 3053)
MK-VVG	Münchener Kommentar zum Versicherungsvertragsgesetz, Hrsg. Langheid/Wandt, 2. Aufl. 2016
Mon	Monat(e)
MPU	Medizinisch-psychologische Untersuchung (teilw auch: Medizinisch-psychologische Untersuchungsstelle: jetzt BiF)
Mstr	Münster, OVG Münster
Mü	München

Abkürzungen, Literatur

MüKo-StVR/ Bearbeiter	Münchener Kommentar zum Straßenverkehrsrecht, München 2016 ff
Müller	B-KAT-OWi-Leitfaden für Rechtsanwälte, 1. Aufl 2007
Münchener Anwaltshandbuch	Buschbell, Münchener Anwaltshandbuch Straßenverkehrsrecht, 4. Aufl München 2017
Münchener Kommentar	Versicherungsvertragsgesetz, Band 1, 2010; Münchener Kommentar Straßenverkehrsrecht Band 2: Verkehrszivilrecht, Verkehrsversicherungsrecht 1. Aufl. 2017; Münchener Kommentar zur ZPO 16. Aufl. 2016
Musielack/Voit	ZPO 14. Aufl 2017
MwSt	Mehrwertsteuer (= Umsatzsteuer)
mwH	mit weiteren Hinweisen
mwN	mit weiteren Nachweisen
mWv	mit Wirkung vom
Nau	Naumburg, OLG Naumburg
NdsRpfl	Niedersächsische Rechtspflege (Jahr u Seite)
Neidhart/Nissen	Bußgeld im Ausland, 3. Aufl 2011 (Abschnitt u Rn)
Neidhart/Nissen	Bußgeldkataloge in Europa, 1. Aufl 2013
Neu	Neustadt, OLG Neustadt
nF	neue Fassung
Niepmann/ Schwamb	Die Rechtsprechung zur Höhe des Unterhalts, 13. Aufl. 2016
NJOZ	Neue Juristische Online-Zeitschrift (Jahr u Seite)
NJW	Neue Juristische Wochenschrift (Jahr u Seite)
NJW-RR	NJW-Rechtsprechungs-Report (Jahr u Seite)
Nr	Nummer
NRW (NW)	Nordrhein-Westfalen
NStZ	Neue Zeitschrift für Strafrecht (Jahr u Seite)
NStZ-RR	NStZ-Rechtsprechungs-Report Strafrecht
NTS	Nato-Truppenstatut
Nü	Nürnberg, OLG Nürnberg
NVersZ	Neue Zeitschrift für Versicherung und Recht
NVwZ	Neue Zeitschrift für Verwaltungsrecht (Jahr u Seite)
NWVBl	Verwaltungsblatt NW
NZA	Neue Zeitschrift für Arbeit (Jahr u Seite)
NZV	Neue Zeitschrift für Verkehrsrecht (Jahr u Seite)
OBG	OrdnungsbehördenG
öff	öffentlich
og	oben genannte
OVG Rheinland-Pfalz	OVG Rheinland- Pfalz
OLG(e)	Oberlandesgericht(e)
OLGR	OLG-Report
OVG	Oberverwaltungsgericht
OVGNW	Oberverwaltungsgericht Nordrhein-Westfalen (Münster)
ow	ordnungswidrig
OW(en)	Ordnungswidrigkeit(en)
OWiG	Gesetz über Ordnungswidrigkeiten
PAG	PolizeiaufgabenG
Palandt	Bürgerliches Gesetzbuch, Kommentar, 76. Aufl 2017

Abkürzungen, Literatur

PBefG	PersonenbeförderungsG
PflVG	PflichtversicherungsG
Pkw	Personenkraftwagen
Pol	Polizei
Ponsold	Lehrbuch der gerichtlichen Medizin, 3. Aufl 1967
Präs	Präsident
Promille, ‰	Alkoholgehalt in Gramm pro 1000 ccm (Blut)
PrOVG	Preußisches Oberverwaltungsgericht
Prölss/Martin	Versicherungsvertragsgesetz, 29. Aufl 2015
PTB	Physikalisch-Technische Bundesanstalt Braunschweig
PVT	Polizei, Verkehr und Technik (Jahr u Seite)
pVV	positive Vertragsverletzung
R	Recht
RA	Rechtsausschuß
Radf	Radfahrer
RdErl	Runderlaß
RdJB	Recht der Jugend und des Bildungswesens (Jahr u Seite)
RdK	Recht des Kraftfahrers
Rn	Randnummer(n)
RdSchr	Rundschreiben
Rebmann-RH	Rebmann/Roth/Hermann, Gesetz über Ordnungswidrigkeiten, Loseblattkommentar, 24. Erglfg. 2016 (Rn u Paragraphen)
Reg	Register
RegAnz	Regierungsanzeiger
Rev	Revision
RG	Reichsgericht, mit Zahlen: Entscheidungen des RG in Strafsachen (Band u Seite)
RGBl	Reichsgesetzblatt
RGSt(Z)	Entscheidungen des Reichsgerichts in Strafsachen (Zivilsachen) (Band u Seite)
RhPf	Rheinland-Pfalz
RiBA	Richtlinien zur Feststellung von Alkohol-, Medikamenten- und Drogeneinfluss bei Straftaten und Ordnungswidrigkeiten und zur Sicherstellung und Beschlagnahme von Führerscheinen (s § 316 StGB 40)
RiLi	Richtlinien
RiStBV	Richtlinien für das Straf- und Bußgeldverfahren
RiW	Recht der internationalen Wirtschaft (Jahr u Seite)
rkr	rechtskräftig
RMdI, RMdJ	Reichsminister des Innern (der Justiz)
Ro	Rostock, OLG Rostock
Römer/Langheid	Versicherungsvertragsgesetz, Kommentar, 4. Aufl 2014; s. auch Langheid/Rixecker
Rpfl	Der deutsche Rechtspfleger (Jahr u Seite)
RSpr	Rechtsprechung
RSprÜb	Rechtsprechungsübersicht
Rüffer/Halbach/Schimikowski	Versicherungsvertragsgesetz, 3. Aufl 2015
Rüth-BB	Rüth/Berr/Berz, Straßenverkehrsrecht, 2. Aufl 1988 (Rn u Paragraphen)
r+s	Recht und Schaden (Jahr u Seite)
RV-Beitrag	Rentenversicherungsbeitrag
RVT	Rentenversicherungsträger (Deutsche Rentenversicherung – DRV)
rw	rechtswidrig

Abkürzungen, Literatur

s	siehe
S	Seite oder Satz
SA	Sonderausschuß (BT)
Sa	Saarbrücken, OLG Saarbrücken
Saar	Saarlouis (OVG Saarland)
Saarl	Saarland
Sanden/Völtz	Sachschadenrecht des Kraftverkehrs, 9. Aufl München 2011
Schl	Schleswig
SchlHA	Schleswig-Holsteinische Anzeigen
Sch/Sch	Schönke/Schröder, Strafgesetzbuch, Kommentar, 29. Aufl 2014
Schah Sedi/Schah Sedi	Das Verkehrsrechtliche Mandat – Band 5: Personen-Schäden, 3. Aufl 2017
Schurig	Kommentar zur Straßenverkehrs-Ordnung mit VwVStVO, 15. Aufl 2015
Seidenstecher	Straßenverkehrs-Ordnung mit Kommentar, 16. Aufl, März 2003
Sek	Sekunde(n)
SGB I	Sozialgesetzbuch 1 – Allgemeiner Teil
SGB II	Sozialgesetzbuch 2 – Grundsicherung für Arbeitsuchende
SGB III	Sozialgesetzbuch 3 – Arbeitsförderung
SGB IV	Sozialgesetzbuch 4 – Gemeinsame Vorschriften für die Sozialversicherung
SGB V	Sozialgesetzbuch 5 – Gesetzliche Krankenversicherung
SGB VI	Sozialgesetzbuch 6 – Gesetzliche Rentenversicherung
SGB VII	Sozialgesetzbuch 7 – Gesetzliche Unfallversicherung
SGB VIII	Sozialgesetzbuch 8 – Kinder- und Jugendhilfe
SGB IX	Sozialgesetzbuch 9 – Rehabilitation und Teilhabe behinderter Menschen
SGB X	Sozialgesetzbuch 10 – Verwaltungsverfahren
SGB XI	Sozialgesetzbuch 11 – Soziale Pflegeversicherung
SGB XII	Sozialgesetzbuch 12 – Sozialhilfe
SHT	Sozialhilfeträger
SK	Systematischer Kommentar zum StGB (Loseblattausgabe) von Horn, Hoyer, Rudolphi, Samson, 9. Aufl 2017
SkAufG	Streitkräfteaufenthaltsgesetz
SMBl NW	Sammlung des bereinigten Ministerialblattes für das Land Nordrhein-Westfalen
s. o.	siehe oben
sog	sogenannte(r)
SP	Schaden–Praxis (Zeitschrift)
SRB	Schadenregulierungsstelle des Bundes
st	ständig(e)
St	Stellungnahme
StA	Staatsanwaltschaft
StAnz	Staatsanzeiger
StGB	Strafgesetzbuch
Stiefel/Maier	Kraftfahrtversicherung, 19. Aufl. 2017
StM	Staatsminister(ium)
StMdI	Staatsminister(ium) des Innern
StPÄG	StrafprozeßänderungsG
StPO	Strafprozeßordnung
Str	Straße(n)
str	strittig

Abkürzungen, Literatur

Straba	Straßenbahn(en)
StraFo	Strafverteidiger Forum
StrÄndG	StrafrechtsänderungsG
StrEG	Gesetz über die Entschädigung für Strafverfolgungsmaßnahmen
StrRG	StrafrechtsreformG
StrWG	StraßenwegeG
Stu	Stuttgart, OLG Stuttgart
StV	Strafverteidiger (Jahr u Seite)
StVÄG	StrafverfahrensänderungsG
StVE	Straßenverkehrs-Entscheidungen, Loseblatt-Sammlung v Cramer/Berz/Gontard; Beck-Verlag (Nummern ohne Gesetz- u Paragraphenangabe beziehen sich auf die erläuterte Vorschrift)
StVG	StraßenverkehrsG
StVO	Straßenverkehrs-Ordnung
StVollstrO	Strafvollstreckungsordnung
StVZO	Straßenverkehrs-Zulassungs-Ordnung
SV	Sachverständiger
SVR	Straßenverkehrsrecht (Zeitschrift, Jahr und Seite)
SVT	Sozialversicherungsträger
Tab	Tabelle(n)
TB(e)	Tatbestand (Tatbestände)
TE	Tateinheit
teilw	teilweise
Thü	Thüringen
TKG	TelekommunikationsG
TM	Tatmehrheit
Tüb	Tübingen, OLG Tübingen
ua	unter anderem
UB	Unfallbeteiligte(n)
UmweltHG	Umwelthaftungsgesetz
Urt	Urteil
USchadG	Umweltschadensgesetz
uU	unter Umständen
UVT	Unfallversicherungsträger
UVV	Unfallverhütungsvorschrift
V	Verkehr(s)
VA	Verwaltungsakt
VAE	Verkehrsrechtliche Abhandlungen und Entscheidungen (Jahr u Seite)
van Bühren/Lemcke/Jahnke	Anwalts-Handbuch Verkehrsrecht, 2. Aufl 2011
VB(n)	Verwaltungs-/Verkehrsbehörde(n)
VBG 12	Unfallverhütungsvorschrift der Berufsgenossenschaft für Fahrzeughaltungen
VD	Verkehrsdienst (Jahr u Seite)
Verf	Verfasser
Verkehrsjurist	Rechtszeitschrift des ACE (Ausgabe/Jahr u Seite)
Verkehrsunfall	Der Verkehrsunfall, Zeitschrift (Jahr u Seite)
Vfg	Verfügung
VkBl	Verkehrsblatt (Jahr u Seite)
VG	Verwaltungsgericht
VGH	Verwaltungsgerichtshof

Abkürzungen, Literatur

vgl	vergleiche
VGT	Verkehrsgerichtstag in Goslar, Veröffentlichungen der Deutschen Akademie für Verkehrswissenschaften eV Hamburg (Jahr u Seite)
VM	Verkehrsrechtliche Mitteilungen (Jahr u Nr)
VersR	Versicherungsrecht (Jahr u Seite)
VO	Verordnung
VOH	Verkehrsopferhilfe
Vorbem	Vorbemerkung
VOW	Verkehrsordnungswidrigkeit
VRS	Verkehrsrechtssammlung (Band u Seite)
VT	Verkehrsteilnehmer
VU	Verkehrsunfall
VuR	Verbraucher und Recht
Vw	Verwarnung
VwGO	Verwaltungsgerichtsordnung
VwKat	Verwarnungsgeld-Katalog
VwV oder VwV-StVO	Allgemeine Verwaltungsvorschrift zur StVO
VwVfG	VerwaltungsverfahrensG
VwVfR	Verwaltungsverfahrensrecht
VZ	Verkehrszeichen
VzKat	Katalog der Verkehrszeichen 1992 (BAnz v 3.4.1992, Nr 66a)
VzKat 2017	Katalog der Verkehrszeichen 2017 (BAnz. AT 29.5.2017 B 8)
VZR	Verkehrszentralregister (seit 1.5.14 Fahreignungsregister) beim KBA (Flensburg)
Weltabkommen 1968	Wiener Übereinkommen über den Straßenverkehr und über Straßenverkehrszeichen v 8.11.1968 (BGBl 1997 II 811, 893)
Wenzel	Der Arzthaftungsprozess, 1. Aufl. 2012
WHG	Wasserhaushaltsgesetz
wistra	Zeitschrift für Wirtschaft, Steuer, Strafrecht (Jahr u Seite)
wN	weitere Nachweise
WÜD	Wiener Übereinkommen über diplomatische Beziehungen v 18.4.1961 (BGBl II 1964, 957; 1965 II 147)
WÜK	Wiener Übereinkommen über konsularische Beziehungen v 24.4.1963 (BGBl II 1969, 1585; 1971 II 1285)
Wussow	Unfallhaftpflichtrecht, 16. Aufl Köln 2014
Z	Zeichen (Fundstelle u Erl sind im Sachverzeichnis unter „Zeichen ..." vermerkt)
(Z)	Hinweis auf Entscheidungen in Zivilsachen (s Zitierweise am Anfang des Verzeichnisses)
ZA	Zusatzabkommen
Zahr	zahlreiche(e)
zB	zum Beispiel
ZfS, zfs	Zeitschrift für Schadensrecht (Jahr u Seite)
zGG	zulässiges Gesamtgewicht
zGM	zulässige Gesamtmasse
zit	zitiert
Zöller	Zivilprozessordnung, 31. Aufl 2016
ZPO	Zivilprozessordnung
ZPR	Zeitschrift für Rechtspolitik (Jahr u Seite)
ZStW	Zeitschrift für die gesamte Strafrechtswissenschaft (Band u Seite)

Abkürzungen, Literatur

z.T.	zum Teil
zul	zulässig, zuletzt
zust	zustimmend
zutr	zutreffend
ZVS	Zeitschrift für Verkehrssicherheit (Jahr u Seite)
Zw	Zweibrücken, OLG Zweibrücken
zw	zweifelhaft
zZ	zur Zeit

1. Teil

Straßenverkehrs-Ordnung (StVO)

Vom 6. März 2013 (BGBl I S. 367)

Mit allgemeiner Verwaltungsvorschrift – VwV-StVO

Vorbemerkungen – StVO

Übersicht

	Rn
I. Allgemeines	1
1. Zur historischen Entwicklung	1
2. Anpassung an internationales Recht	2
3. Der Schutzzweck	3
II. Aufbau und Darstellung	5
1. Einteilung der StVO	5
2. Sprachliche Darstellung	6
3. Verkehrszeichen und -einrichtungen	7
III. Auslegungsgrundsätze	9
1. Die VwV und die amtliche „Begründung"	9
2. Verkehrsgerechte Auslegung	12
IV. Ordnungswidrigkeiten	15

I. Allgemeines

1. Zur historischen Entwicklung. Insoweit darf auf die Vorauflagen verwiesen werden. **1**

Eine **grundlegende Änderung** und teilweise Neugestaltung hat die StVO durch die 46. VO zur Änd straßenverkehrsrechtlicher Vorschriften v. 5.8.09 (BGBl I S 2631 ff; amtl Begr BRDrs 153/09) erfahren, deren Ziel vor allem der Abbau des „Schilderwaldes" war. Darüber hinaus sollte ein Beitrag zur Sicherheit des Fahrradverkehrs geleistet werden durch eine Straffung und Vereinfachung der Vorschriften. Die 46. VO zur Änd straßenverkehrsrechtlicher Vorschriften setzte damit den bereits 1997 begonnenen Weg, „nur so viele Verkehrszeichen wie nötig – so wenige Verkehrszeichen wie möglich" (BRDrs 153/09 S. 1) fort. – Nachdem nach einer Erklärung des BMVBS vom 13.4.10 wegen eines möglichen Verstoßes gegen das verfassungsrechtlich verankerte Zitiergebot nach Art 80 I 3 GG Fragen zur Wirksamkeit der 46. VO zur Änd straßenverkehrsrechtlicher Vorschriften aufkamen (BTDrs 17/2611; s auch Schubert DAR 10, 285, 288), wurde ein Änderungsentwurf vorbereitet, um die möglichen Fehler der Novelle zu korrigieren (BTDrs 17/2611; BTDrs 17/7084, S 46 f). Ob der Verstoß gegen das Zitiergebot letztlich tatsächlich die Nichtigkeit der 46. VO zur Änd straßenverkehrsrechtlicher Vorschriften zur Folge hatte, wurde jedoch gerichtlich nicht geklärt, denn vom BVerwG (BVerwGE 138, 159 = NJW 11, 1527 = NZV 11, 363) wurde die Frage wegen fehlender Entscheidungserheblichkeit offen gelassen; vgl auch Schubert NZV 11, 369, 374: nichtig ist nur Art. 3 mit redaktionellen Folgeänderungen in Anlage 12 FeV).

Durch die VO zur **Neufassung der Straßenverkehrs-Ordnung (StVO) v 6.3.13 (BGBl I S 367 ff)** wurde die StVO schließlich mit Wirkung **zum 1.4.13** neu bekannt gemacht. Die Neufassung der StVO 2013 übernimmt, wenn auch nicht inhaltsgleich (BRDrs 428/12, S 2), so doch im Wesentlichen die „Schilderwaldnovelle". Mit Änderungen der Vorschriften zum Radverkehr wurde auch den Praxiserfahrungen der 1997 in Kraft getretenen „Radfahrnovelle" Rechnung getragen, im Übrigen enthält die Neufassung gegenüber der bisherigen Fassung eher marginale Änderungen. Die Änderungen der Neufassung betreffen, sowohl im Text als auch in den Anlagen der StVO, insbesondere Anpassungen an die geltende Rechtslage, die Beibehaltung früherer Verkehrszeichen, eine sprachliche Gleichbehandlung von Frauen und Männern durch eine möglichst geschlechtsneutrale Fassung sowie die Aufnahme von Vorschriften zur Benutzung von InlineSkates (näher dazu amtl Begr BRDrs 428/12, BRDrs s428/1/12 u BRDrs 428/12 [Beschluss] sowie VkBl 13, 455 ff; s zur neuen StVO zB auch Lempp Verkehrsjurist 2/11, 1 ff; Leue DAR 13, 181 ff; Schubert SVR 13, 121).

Ebenso wie die StVO 2013 wurde auch die BKatV 2013 zum 1. April 2013 und wie bereits vorher die StVZO 2012 sowie die FZV 2011 und die FeV 2010, aufgrund möglicher früherer Verstöße gegen das in Art. 80 I 3 GG verankerte Zitiergebot neu bekannt gemacht. Dabei erfolgten in der BKatV 2013 gleichzeitig Anpassungen an die StVO 2013 und es wurden, insbesondere bei Tatbeständen bei denen die Regelsätze keine präventive Wirkung mehr haben sowie auch im Interesse der Förderung des Radverkehrs und der Verkehrssicherheit, teilweise Verwarnungsgelderhöhungen vorgenommen.

BMVBS und Vertreter der zuständigen Länderministerien haben hinsichtlich des „Schilderwaldes" in einer Arbeitsgruppe alle einschlägigen Vorschriften der StVO detailliert dahingehend überprüft, ob sie eine Tendenz zur „Überbeschilderung" bewirken, sowie die besonderen Verkehrsregeln der Verkehrszeichen gestrafft, ohne deren hergebrachten Inhalt im Kern zu verändern, und die damit verbundenen Verhaltenspflichten der Verkehrsteilnehmer verdeutlicht. Mit der ÄndVO wird damit eine Entbürokratisierung und Deregulierung von besonderen Verkehrsregeln durch Verkehrszeichen gegenüber dem Verkehrsteilnehmer erreicht (amtl Begr BRDrs 153/09, S 2/3; s auch BRDrs 428/12 S 108 ff). Durch die **Straffung und Vereinfachung der StVO-Vorschriften** wird den Straßenverkehrsbehörden der Länder die **Entfernung von Verkehrszeichen erleichtert** und die **Anordnung neuer Verkehrszeichen,** welche nicht wie beispielsweise die Fahrbahnmarkierungen, die Leitpfosten und die amtliche Wegweisung zur „Grundausstattung" einer Straße gehören, **erschwert.** Durch den Wegfall bestimmter Verkehrszeichen und Anordnungsbestimmungen wird der „Schilderwald" reduziert (amtl Begr BRDrs 153/09, S 3).

Die Verkehrszeichen sind nicht mehr in die §§ 40 ff StVO aF integriert, sondern in Anlagen zur StVO dargestellt, wodurch die grundlegende Bedeutung der allgemeinen Verkehrsregeln verdeutlicht werden soll (vgl amtl Begr BRDrs 153/09, S 2). § 53 II StVO enthält Übergangsregelungen zur Weitergeltung früherer Verkehrszeichen.

Nach Inkrafttreten Elektromobilitätsgesetz – EmoG zum 16.06.2015, das die Förderung elektrisch betriebener Fahrzeuge (BRDrs 436/14) zum Ziel hat,

Aufbau und Darstellung　　　　　　　　　　　　　　　　　　　　**Vor StVO**

erfolgte mit der 50. VO zur Änderung straßenverkehrsrechtlicher Vorschriften vom 15.9.2015 (BGBl I 2015 S. 1573) dessen Umsetzung. Es wurde die **Bevorrechtigungen für elektrisch betriebene Fahrzeuge** in die StVO einführt. So wurde in § 39 Abs 10 ein Sinnbild für elektrisch betriebene Fahrzeuge eingeführt und in den Regelungen der §§ 45 u 46 die Voraussetzungen für Bevorrechtigungen beim Parken sowie für die Anordnung der Mitbenutzung von Busspuren und die Zulassung von Ausnahmen und Durchfahrtsbeschränkungen geschaffen (BRDrs 254/15, BRDrs 255/15 S 5, BRDrs 255/1/15). Darüber hinaus wurde in § 9a FZV das sogenannte E-Kennzeichen eingeführt.

Mit der 51. VO zur Änderung straßenverkehrsrechtlicher Vorschriften vom 17.06.2016 (BGBl I S. 1463) erfolgte eine Erweiterung der Regelung zur Gurtpflicht des § 21a StVO auf Rollstuhl-Rückhaltesysteme. Die 52. VO zur Änderung straßenverkehrsrechtlicher Vorschriften vom 01.06.2017 (BGBl I S. 1282) präzisiert die Anforderungen an die im Jahr 2010 eingeführte Winterreifenpflicht, insbesondere wurden die technischen Vorgaben im § 36 StVZO konkretisiert.

2. Anpassung an internationales Recht. Die internationale Verflechtung 2 des KraftV ließe zwar ein einheitliches internationales StraßenverkehrsR wünschenswert erscheinen. Die Bestrebungen zur Vereinheitlichung der VRegeln führten aber bisher nicht zu einer europäischen oder Welt-StVO, sondern nur zu internationalen Abmachungen, die von den Staaten jew erst in ihren nationalen Straßenverkehrsordnungen verwirklicht werden müssen. In der Bundesrepublik ist dies bezüglich der 1964 vereinbarten CEMT-Regeln (s VkBl 65, 142 ff) u der 1977 ratifizierten Weltabkommen geschehen (G v 21.9.77, BGBl II 809; s dazu auch BTDr 8/178), die im Rahmen ihrer Übernahme soweit auch bei uns geltendes R sind.

3. Der Schutzzweck. Der Schutzzweck der StVO ergibt sich allg aus der 3 Ermächtigungsgrundlage des § 6 I 3, 4a, 13 ff StVG. Sie soll insbesondere die Sicherheit und Leichtigkeit des Straßenverkehrs gewährleisten und dient als sachlich begrenztes Ordnungsrecht der Abwehr typischer vom Straßenverkehr selbst ausgehender bzw durch die VT erwachsender Gefahren (BGH DAR 15, 137 ff). Geschützt sind also namentlich die allg VSicherheit sowie mitunter auch nur Interessen bestimmter Bevölkerungsgruppen (zB Behinderte) oder bes Bereiche (s zB § 45 I–Id).

Nur soweit einzelne Vorschriften der StVO zugleich auch dem Schutz von 4 Individualinteressen wie beispielsweise der Gesundheit, der körperlichen Unversehrtheit und des Eigentums dienen, sind sie, nicht jedoch die StVO insgesamt, **SchutzG** iS des § 823 II BGB (BGH DAR 15, 137 ff). Es ist mithin bei jeder Norm zu prüfen, ob diese zumindest auch dazu bestimmt ist, den Einzelnen vor Verletzungen bestimmter Rechtsgüter zu schützen und ob der Verletzte auch vom sachlichen und persönlichen Schutzbereich der Norm umfasst wird. Als SchutzG in Betracht kommen zB die §§ 1 II (BGH NJW 13, 1679 f), 2 V, 3 I, II a, 4, 5, 7 IV, 8–12, 14, 15, 17, 18 III, IV, VII, VIII, 20 I, I a, 21a [BGH NJW 08, 3778 = NZV 09, 29 = DAR 09, 83 = zfs 09, 10 m Anm Diehl zu § 21a II], 22 II 1 (BGH NJW15, 1174) 23, 25–28, 32, 35 VI S 2, 36 II, IV, 37, 38 I S 2, 45 VI 1 [LG Saarbrücken zfs 12, 617] u viele VZeichen.

II. Aufbau und Darstellung

1. Einteilung der StVO. Die StVO weist drei Abschnitte auf: Zunächst die 5 allg VRegeln, sodann die Zeichen u VEinrichtungen u schließlich die Durchfüh-

Vor StVO Vorbemerkungen

rungs-, Bußgeld- u Schlussvorschriften. Auf eine weitere Untergliederung ist bewusst verzichtet worden. Im Übrigen wird die Übersichtlichkeit durch Überschriften über den einzelnen Paragraphen gewährleistet. Die Paragraphen sind nach Themen eingeteilt (wie „Geschwindigkeit", „Abstand", „Überholen" usw), nicht nach VArten; insoweit sind nur wenigen (wie den Fußgängern (§ 25), öffentlichen Verkehrsmitteln (§ 20), Autobahnen (§ 18) u Bahnübergängen (§ 19)) bes Regelungen gewidmet. An die für alle VT gültigen Regeln schließen sich nach Bedarf die Sonderregelungen für einzelne Fz-Arten in bes Absätzen oder Sätzen an. Die Pflichten u Rechte der Fußgänger sind in den §§ 18 IX, 20 II, 25, 27 VI u Z 325.1 zusammengefasst.

6   **2. Sprachliche Darstellung.** Die StVO bemüht sich zur besseren Allgemeinverständlichkeit zwar um eine möglichst einfache Sprache. Dennoch lassen sich unbestimmte RBegriffe, wie zB „wenn die Verkehrslage es rechtfertigt", „wenn nötig" ua nicht immer vermeiden, wenn den vielfältigen Erscheinungsformen des täglichen Verkehrs Rechnung getragen werden soll. Das StraßenverkehrsR ist kein RGebiet, das eine Auslegung allein nach abstrakten Begriffen u logischer Subsumtion zulässt; es muss zwar – wie jedes andere RGebiet – allgemeingültige, klare RGrundsätze haben, die für alle gleichartigen VLagen anzuwenden u hinreichend bestimmt sind (Art 103 GG; BVerfGE 11, 234, 237; BGHSt 23, 40; s auch BVerfG NJW 69, 1164 zur Verfassungsmäßigkeit von § 1 StVO; Janiszewski 33). Diese aus der fast unübersehbaren Kasuistik der VerkehrsRSpr herauszuarbeiten, ist eine Hauptaufgabe dieses Buches. Andererseits ist bei der unendlichen Mannigfaltigkeit der natürlichen, insb heute Vorgänge des VGeschehens, eine flexible Fassung von Tatbeständen unentbehrlich, weil der Richter bei starren Bestimmungen gerade daran gehindert wäre, die verschiedenen in Betracht kommenden Auslegungsgrundsätze (s Rn 9) sinnvoll anzuwenden.

7   **3. Verkehrszeichen und -einrichtungen.** Die VZ sind seit 1.9.09 (s oben Rn 1) nicht mehr in die §§ 40–43 StVO eingearbeitet, sondern in 4 Anlagen zur StVO enthalten. Man unterscheidet „Gefahrzeichen" (§ 40), „Vorschriftzeichen" (§ 41), „Richtzeichen" (§ 42) u „Verkehrseinrichtungen" (§ 43). Auch Zusatzzeichen, Markierungen und markierte Radverkehrsführungen sind Verkehrszeichen (§ 39 III 1 u V 1 StVO; s auch § 39 Rn 3, 7a).

8   Die VZ sind nicht fortlaufend nummeriert, sondern haben dreistellige Zahlen, u zwar sind derzeit vorgesehen für GefahrZ die Nummernreihen 101–162 (Anlage 1 StVO mit Erläuterungen), für VorschriftZ 201–299 (Anlage 2 StVO mit Erläuterungen), für RichtZ 301–590 (Anlage 3 StVO mit Erläuterungen), davon 401–590 für die Wegweiser (s auch die Zusatzzeichen im VzKat bei § 39). Bemerkungen zu den Zeichen finden sich in diesem Kommentar bei den jew entspr VRegelungen (s dazu Sachverzeichnis unter „Zeichen" u Fn zu den jew Zeichen); zu ihrer Ausgestaltung u Wirksamkeit s § 39 StVO Rn 15 ff; zu Übergangsregelungen für frühere Verkehrszeichen § 53 II StVO.

III. Auslegungsgrundsätze

9   **1. Die VwV und die amtliche „Begründung".** Die „Allgemeine Verwaltungsvorschrift" (VwV) wurde zum 1.9.09 weitgehend neu gefasst (s dazu oben Rn 1). Sie richtet sich mit ihren Ausführungsvorschriften hauptsächlich an die VB, für die sie verbindlich ist (OLG Düsseldorf NZV 91, 204; OLG Braunschweig

Auslegungsgrundsätze **Vor StVO**

NZV 06, 219 = DAR 06, 222). Außerdem enthält sie, nicht die StVO, verkehrsrechtliche Begriffsbestimmungen.

Die VwV ist zwar kein die Gerichte bindendes R, kann aber eine wertvolle Auslegungshilfe sein (BGHSt 23, 108, 113) und ist für die Gerichte unter dem Gesichtspunkt der Gleichbehandlung der Verkehrsteilnehmer von Bedeutung (OLG Braunschweig NZV 06, 219 = DAR 06, 222; s auch **E** 101). Damit kommt auch den in ihr enthaltenen Begriffsbestimmungen keine bindende Wirkung zu, von denen aber die RSpr idR ohne triftige Gründe kaum abweichen wird (BGH aaO). 10

Seit ihrer Neufassung (BAnz Nr 246b v 31.12.98) ist die VwV-StVO durch den Vorschriftengeber mit amtlichen Randnummern versehen. 10a

Die amtl **Begründungen zur StVO** (VkBl 13, 455 ff) u zu den Änderungs-VOen (jew im VkBl abgedr) teilen die Beweggründe u Vorstellungen des VO-Gebers über die Vorschriften mit; auch sie enthalten keine bindende Auslegung, aber wertvolle Auslegungshilfen. 11

2. Verkehrsgerechte Auslegung. Wie bereits oben (Rn 6) angedeutet, wird eine rein formalistische Auslegung dem Wesen der VVorschriften nicht gerecht. Zwar ist grundsätzlich vom Wortlaut der Vorschrift auszugehen; Wort- u Begriffsauslegung müssen aber hinter dem Sinn u Zweck der Vorschrift zurücktreten. Maßgeblich ist vor allem der in der Norm zum Ausdruck kommende objektivierte Wille des GGebers (BGHSt 29, 196, 198 mwN). Alle Vvorschriften sind unter Berücksichtigung der jew VLage nach der Grundregel des § 1 StVO auszulegen (BayObLG VRS 60, 392). Allerdings sind grundsätzlich auch bloß formelle Verstöße gegen die StVO ahndbar, weil das Ordnungsprinzip eingehalten, schon die abstrakte Gefährdung vermieden u die automatische Befolgung der Vorschriften erreicht werden muss. 12

Im Einzelfall kann jedoch ein Zuwiderhandeln gegen ein formelles Gebot – abgesehen von den Fällen der Rechtfertigungsgründe – bei sinnvoller u nicht zu engherziger Anwendung des **Opportunitätsprinzips** (§ 47 OWiG) nicht ahndbar sein, wenn es offensichtlich nicht gegen den Ordnungs- u Sicherungszweck der StVO verstößt, zB ungefährliche, geringe Geschwindigkeitsüberschreitung an einer Baustelle während der Arbeitsruhe, einminütiger Parkverstoß (OLG Düsseldorf ZfS 94, 69) oder Überfahren einer durchgezogenen weißen Linie, wenn weit u breit keine anderen VT ersichtlich sind u die Strecke übersehbar ist (s auch oben **E** 59). Nicht jeder VUnfall muss einen Schuldigen haben; er kann durch menschliches Versagen verursacht sein, ohne dass den Täter ein strafrechtlicher Vorwurf trifft (vgl oben 76 ff; § 1 StVO 52 ff). 13

Dagegen ist gegenüber sog unfallträchtigen Verstößen ein strenger Maßstab auch dann anzulegen, wenn sie ohne Folgen verlaufen sind. Dementsprechend ist bei der Auslegung der einzelnen Vorschriften u Verhaltensgrundsätze davon auszugehen, dass die Freiheit des Handelns auch im StraßenV grundsätzlich gewahrt werden muss, wo sie andere nicht beeinträchtigt, während eine strengere Auslegung immer dann angebracht ist, wenn dies die Rücksicht auf die Mitwelt gebietet. 14

Aus **verkehrspsychologischer Sicht** stellt Barthelmess auf der Grundlage neurowissenschaftlicher Erkenntnisse ein ökologisches Handlungsmodell („Wie Autofahren funktioniert") dar, welches den Straßenverkehr als eine Umwelt begreift, auf welche der Mensch vorbereitet und an die er angepasst ist (NZV 12, 420).

Vor StVO

IV. Ordnungswidrigkeiten

15 Die OWen nach der StVO sind in § 49 erschöpfend aufgezählt, dh Verstöße, die dort nicht aufgeführt sind, können nicht geahndet werden (s **E** 10; § 49 StVO 1 f, § 24 StVG 1–3). Es ist daher bei jeder Verurteilung die entspr Stelle des § 49 StVO anzuführen. Die BKatV nach § 26a StVG stellt indessen – neben den §§ 24 StVG u 49 StVO – keine zusätzliche Ahndungsvoraussetzung dar, sondern nur eine Bemessungsrichtlinie für die Höhe der GB im Regelfall (s dazu Erl zu § 26a StVG).

Inhaltsübersicht

I. Allgemeine Verkehrsregeln

§ 1 Grundregeln
§ 2 Straßenbenutzung durch Fahrzeuge
§ 3 Geschwindigkeit
§ 4 Abstand
§ 5 Überholen
§ 6 Vorbeifahren
§ 7 Benutzung von Fahrstreifen durch Kraftfahrzeuge
§ 7a Abgehende Fahrstreifen, Einfädelungs- und Ausfädelungsstreifen
§ 8 Vorfahrt
§ 9 Abbiegen, Wenden und Rückwärtsfahren
§ 10 Einfahren und Anfahren
§ 11 Besondere Verkehrslagen
§ 12 Halten und Parken
§ 13 Einrichtungen zur Überwachung der Parkzeit
§ 14 Sorgfaltspflichten beim Ein- und Aussteigen
§ 15 Liegenbleiben von Fahrzeugen
§ 15a Abschleppen von Fahrzeugen
§ 16 Warnzeichen
§ 17 Beleuchtung
§ 18 Autobahnen und Kraftfahrstraßen
§ 19 Bahnübergänge
§ 20 Öffentliche Verkehrsmittel und Schulbusse
§ 21 Personenbeförderung
§ 21a Sicherheitsgurte, Rollstuhl-Rückhaltesysteme, Rollstuhlnutzer-Rückhaltesysteme, Schutzhelme
§ 22 Ladung
§ 23 Sonstige Pflichten von Fahrzeugführenden
§ 24 Besondere Fortbewegungsmittel
§ 25 Fußgänger
§ 26 Fußgängerüberwege
§ 27 Verbände
§ 28 Tiere
§ 29 Übermäßige Straßenbenutzung
§ 30 Umweltschutz, Sonn- und Feiertagsfahrverbot
§ 31 Sport und Spiel
§ 32 Verkehrshindernisse
§ 33 Verkehrsbeeinträchtigungen
§ 34 Unfall
§ 35 Sonderrechte

II. Zeichen und Verkehrseinrichtungen

§ 36 Zeichen und Weisungen der Polizeibeamten
§ 37 Wechsellichtzeichen, Dauerlichtzeichen und Grünpfeil
§ 38 Blaues Blinklicht und gelbes Blinklicht
§ 39 Verkehrszeichen
§ 40 Gefahrzeichen
§ 41 Vorschriftzeichen

§ 42 Richtzeichen
§ 43 Verkehrseinrichtungen

III. Durchführungs-, Bußgeld- und Schlussvorschriften

§ 44 Sachliche Zuständigkeit
§ 45 Verkehrszeichen und Verkehrseinrichtungen
§ 46 Ausnahmegenehmigung und Erlaubnis
§ 47 Örtliche Zuständigkeit
§ 48 Verkehrsunterricht
§ 49 Ordnungswidrigkeiten
§ 50 Sonderregelung für die Insel Helgoland
§ 51 Besondere Kostenregelung
§ 52 (weggefallen)
§ 53 Inkrafttreten, Außerkrafttreten

I. Allgemeine Verkehrsregeln

§ 1 Grundregeln

(1) **Die Teilnahme am Straßenverkehr erfordert ständige Vorsicht und gegenseitige Rücksicht.**

(2) **Wer am Verkehr teilnimmt hat sich so zu verhalten, dass kein Anderer geschädigt, gefährdet oder mehr, als nach den Umständen unvermeidbar, behindert oder belästigt wird.**

VwV – StVO

Zu § 1 Grundregeln

1 I. Die Straßenverkehrs-Ordnung (StVO) regelt und lenkt den öffentlichen Verkehr.

2 II. Öffentlicher Verkehr findet auch auf nicht gewidmeten Straßen statt, wenn diese mit Zustimmung oder unter Duldung des Verfügungsberechtigten tatsächlich allgemein benutzt werden. Dagegen ist der Verkehr auf öffentlichen Straßen nicht öffentlich, solange diese, zum Beispiel wegen Bauarbeiten, durch Absperrschranken oder ähnlich wirksame Mittel für alle Verkehrsarten gesperrt sind.

3 III. Landesrecht über den Straßenverkehr ist unzulässig (vgl Artikel 72 Abs 1 in Verbindung mit Artikel 74 Nr 22 des Grundgesetzes). Für örtliche Verkehrsregeln bleibt nur im Rahmen der StVO Raum.

Übersicht

	Rn
1. Grundlagen	1
2. Straßenverkehr	5
a) Öffentlicher Straßenverkehr	5
b) Nicht öffentlicher Straßenverkehr	14
3. Der Verkehrsteilnehmer/Wer am Verkehr teilnimmt	15
a) Objektive Kriterien	15
b) Fahrzeugführer, Fußgänger	17
c) Mitfahrer	20

Grundregeln **§ 1 StVO**

	Rn
d) Kein Verkehrsteilnehmer	21
4. Die Grundsätze des gebotenen Verhaltens	22
a) Grundsatz der doppelten Sicherung	22
b) Vertrauensgrundsatz	24
c) Kraftfahrer und Fußgänger	31
d) Kraftfahrer und Kinder	39
e) Hilfspersonen und Warnposten	44
f) Verstoß durch Unterlassen	50
5. Reaktions- und Schreckzeit	52
a) Reaktionszeit	53
b) Schreckzeit	57
c) Beispiele	60
6. Die einzelnen Verkehrsvorgänge	67
a) Allgemeines	67
b) Verhalten bei Blendung	68
7. „Anderer"	72
8. Rechtsfolgen – Zivilrecht	74
a) Grundlagen – Konkretes Erfolgsdelikt	74
b) Konkrete Gefährdung	75
c) Schädigung	77
d) Behinderung und Belästigung	78
9. Rechtsfolgen – Ordnungswidrigkeiten	88
10. Rechtsfolgen – Strafrecht	91
11. Literatur	92

1. Grundlagen. Abs 1 enthält eine grundsätzliche Mahnung zu Vorsicht u **1** Rücksicht im StraßenV, dh zu defensivem Fahren (s Rn 27), er begründet keine neben die übrigen VPflichten tretende Verantwortlichkeit u ist wegen seiner Unbestimmtheit u vorwiegend programmatischen Bedeutung nicht bußgeldbewehrt.

Abs 2 enthält die bedeutsame, jedem Kf geläufige **Grundregel.** Während die **2** nachfolgenden Einzelvorschriften der StVO zahlreiche VRegeln aufstellen u ihre Verletzung – meistens ohne Rücksicht darauf, ob ein nachteiliger Erfolg eingetreten ist – idR unter Bußgelddrohung gestellt ist, bildet die **Grundregel** die RGrundlage für ein Einschreiten in allen nicht im Einzelnen geregelten Fällen.

Sie beschreibt nicht ein bestimmtes Verhalten im Verkehr, sondern knüpft den **3** TB an den Eintritt schädlicher Folgen **(konkretes Erfolgsdelikt).** § 1 II ist genügend bestimmt iS des Art 103 II GG (BVerfG DAR 68, 329). Die allg Grundregel ist auch unentbehrlich; denn die Erfassung der vielfältigen Lebensverhältnisse, sowie die laufende Fortbildung des StraßenverkehrsR u seine Anpassung an die immer neuen technischen Gegebenheiten sind nur mit Hilfe dieser Generalklausel möglich, die als **Auffang-TB** fungiert, wenn die Spezialvorschriften der §§ 2 ff keine Regelung enthalten (s OLG Hamm StVE § 1 StVO 15 u unten Rn 88). Dies hat zuletzt der BGH für das Rückwärtsfahren auf Parkplätzen festgestellt. Auch soweit § 9 V StVO dort nicht unmittelbar anwendbar ist, greift dessen Wertung (derjenige, der auf einem Parkplatz rückwärts fährt, muss sich so verhalten, dass er notfalls sofort anhalten kann) über § 1 StVO ein (BGH r+s 2017, 93; r+s 2016, 146). Insoweit ist sie auch bei der Interpretation der Spezialvorschriften zu beachten und beeinflusst ebenso die Bestimmung des sog. Idealfahrers (s dazu § 17 StVG Rn 8).

Heß

StVO § 1 I. Allgemeine Verkehrsregeln

4   Die Grundregel dient in erster Linie der Sicherheit des StraßenV, also dem **Schutz der VGemeinschaft;** sie will aber auch die Gefährdung einzelner abwehren (BGHSt 12, 284). Sie ist daher auch **SchutzG** iS des § 823 BGB (BGHZ 23, 90, 97; OLG Hamm DAR 01, 360). Aufgrund dieses doppelten Schutzzweckes ist eine wirksame Einwilligung in die Gefährdung nicht möglich.

5   **2. Straßenverkehr. a) Öffentlicher Straßenverkehr.** Die Verhaltensvorschriften der StVO (wie die der §§ 1, 6 I 3, §§ 21, 24a StVG u der §§ 142, 315b, 315c u 316 StGB) beziehen sich grundsätzlich nur auf Vorgänge im **öff** VRaum (OLG Düsseldorf VM 88, 69; OLG Hamburg VM 88, 121; zu § 315b StGB: BGH NZV 04, 479; Ausn s Rn 6 u 12), bei straßenrechtlicher **Widmung** oder bei Gemeingebrauch mit **Zustimmung des Eigentümers** (Hentschel/König/Dauer, § 1 Rn 13; grds. also nicht auf den Verkehr auf privaten Grundstücken (s dazu OLG Hamm NZV 90, 440: selbst wenn sich dort eine Feuerwehrzufahrt befindet, gilt § 12 I 8 nicht).

6   „**Öffentlich**" iS des StraßenverkehrsR ist eine VFläche immer dann, wenn auf ihr der Verkehr eines Personenkreises, der durch keinerlei persönliche Beziehungen miteinander verbunden ist, zugelassen wird. Sie bleibt auch dann Privatgrund, wenn der Verfügungsberechtigte – nicht notwendig der Eigentümer – nur den Verkehr von Personen duldet, die in engen persönlichen Beziehungen zu ihm stehen oder gerade anlässlich des Gebrauchs des Weges in solche treten. Zum öffentlichen Straßenverkehr gehören zunächst alle öff Straßen u Wege iS des WegeR des Bundes u der Länder (**rechtlich-öff Wege,** vgl **E** 22, 161 ff); darüber hinaus aber auch die **tatsächlich öff Wege,** das sind VFlächen, auf denen ohne Rücksicht auf die Eigentumsverhältnisse oder eine verwaltungsrechtliche Widmung auf Grund ausdrücklicher oder stillschweigender Duldung des Verfügungsberechtigten die Benutzung durch jedermann tatsächlich zugelassen (VwV zu § 1 II; BGHSt 16, 7, 9; OVG Nordrhein-Westfalen (Münster) DAR 00, 91; Bay NZV 92, 455; OLG Zweibrücken VRS 79, 354; OLG Düsseldorf DAR 96, 415 Ls; OLG Hamm NZV 08, 257) u ihr Gebrauch durch die Allgemeinheit erkennbar ist (OLG Nürnberg DAR 83, 87; OLG Oldenburg DAR 83, 31). Es ist auf die erkennbaren äußeren Umstände abzustellen (Bay VRS 73, 57; v 31.7.92 bei Verf NStZ 92, 582; OLG Hamm NZV 08, 257). Das kann auch ein Privatgrundstück mit einem durch Z 314 gekennzeichneten Parkplatz sein (OLG Oldenburg VRS 60, 471; OLG Frankfurt DAR 94, 369: an Privat verpachtete Parkfläche). Bei ihnen dauert die Öffentlichkeit so lange an, bis sie vom Berechtigten in eindeutig erkennbarer, zulässiger Weise widerrufen ist (VGH Ka NZV 89, 406; Bay NZV 94, 116; OLG Düsseldorf NZV 94, 490).

7   Die **Öffentlichkeit** eines Weges wird nicht dadurch beeinträchtigt, dass seine Benutzung nach zeitlichen (Bay VOR 72, 73: stundenweise) oder sachlichen Merkmalen beschränkt (Fuß- oder Radweg: OLG Zweibrücken NZV 90, 476) oder nur für einen bestimmten Personenkreis freigegeben ist (zB für Kunden eines Warenhauses, einer Gastwirtschaft oder einer Klinik: VGH Ka VRS 79, 390).

8   **Öffentlich** in diesem Sinne ist daher der Parkplatz einer Gastwirtschaft auch dann, wenn er beliebigen Gästen vorbehalten ist (OLG Düsseldorf NZV 92, 120 mit Anm Pasker = JR 92, 300 mit Anm Hentschel), Kaufhausparkplätze (OLG Düsseldorf VRS 61, 455), „Privat-" oder „Firmenparkplätze", die ausdrücklich oder stillschweigend für jedermann zugelassen sind u tatsächlich so genutzt werden (OLG Düsseldorf VRS 63, 289; KG DAR 84, 85; OLG Düsseldorf DAR 00, 175: allg zugängliche Parkplätze; so auch KG NZV 03, 381; OLG Hamm NZV

Grundregeln **§ 1 StVO**

08, 257; OLG Rostock DAR 11, 263), Parkplätze von Einkaufscentern (OLG Stuttgart VM 90, 104), Parkplätze auf Warenhausdächern oder entsprechendem Gelände (OLG Hamm VRS 99, 70; OLG Oldenburg DAR 99, 73), ein von Bewohnern und Kunden unterschiedlicher Firmen genutzter Hinterhofparkplatz (OVG Nordrhein-Westfalen (Münster) DAR 00, 91), Betriebshof eines Kaufhauses (KG VM 83, 16); die Zu- u Abfahrt u der Raum an u zwischen den Zapfsäulen einer Tankstelle, solange diese geöffnet oder die Abgabe von Treibstoff auch während der Betriebsruhe möglich ist, zB Münztank, Nachtdienst (BGH (Z) VM 85, 103; OLG Düsseldorf NZV 88, 231); die allg zugängliche automatische Waschanlage (Bay VRS 58, 216); die Zufahrtstr zur Güterabfertigung eines Bahnhofs (OLG Schleswig VM 58, 32), eines zivilen Flughafens (OLG Bremen VRS 28, 24), zu einem Fabrikauslieferungslager; zu einer Privatklinik mit Besucherparkplätzen (VGH Ka NZV 89, 404) u zu mehreren Wohnhäusern, wenn keine die Zufahrt beschränkenden Einrichtungen angebracht sind (Bay 83, 31 = VRS 64, 375 u 65, 223 unter Aufg von Bay VRS 43, 134) oder sich dort Einrichtungen mit öff BesucherV befinden (Bay v 26.11.86, 1 St 226/86); ebenso eine im Eigentum der Forstverwaltung stehende Str, auf der beliebige Holzfuhrwerke Holz abholen dürfen, aber sonstiger Verkehr verboten ist (BGH VM 63, 68; OLG Koblenz NStZ-RR 97, 243: Waldweg); eine städt Mülldeponie, auch bei Benutzungsbeschränkung auf Ein- u Umwohner (OLG Zweibrücken VRS 60, 218). Der Öffentlichkeitscharakter wird auch dadurch nicht beseitigt, dass auf dem sonst frei zugänglichen Areal nur das Parken allein Personen mit bes Parkausweis gestattet ist (Bay VRS 62, 133) oder auf einem Fliegerhorst, der erst nach Prüfung der Person u Aushändigung eines Passierscheins betreten werden darf (Bay 62, 266; s auch OLG Düsseldorf VRS 64, 300).

Die Benutzung eines **Privatgrundstücks** kann dahingehend geregelt werden, dass für einen bestimmten **eingeschränkten Zeitraum** öff Verkehr herrscht (Bay 71, 30 = VRS 41, 42; OLG Hamm VRS 48, 44) wie zB während eines Turniers auf dem privaten Gelände eines Reitvereins (OLG Celle ZfS 96, 312); das kann auch bei einem sonst grundsätzlich nicht öff Kasernengelände der Fall sein (OLG Karlsruhe VRS 60, 439) u auf einer zeitweilig durch Z 250 gesperrten „Panzerstraße der Bundeswehr" (OLG Hamm VRS 91, 346); ob eine Tankstelle während nächtlicher Betriebsruhe „öffentlich" ist, hängt vom erkennbaren (Bay 82, 60) Duldungs- oder Beschränkungswillen des Tankstelleninhabers ab (KG VRS 60, 130; OLG Karlsruhe v 22.4.82, 4 Ss 70/82); das gilt auch für den Parkplatz einer Gaststätte, den der öff Charakter nicht allein schon durch Ablauf der Öffnungszeit der Gaststätte verliert (OLG Düsseldorf NZV 92, 120 mit Anm Pasker = JR 92, 300 mit Anm Hentschel). Einen tatsächlich-öff Gehweg darf der Grundstückseigentümer auch ohne bes Kenntlichmachung seines Beschränkungswillens vorzugsweise für sich nutzen (zB zum Abstellen von Kfzen: Bay 82, 151 = VRS 64, 140; OLG Düsseldorf NZV 94, 490); anders beim rechtlich-öff gewidmeten Weg (OLG Koblenz VRS 45, 48), da dem Eigentümer hier keine entspr Befugnisse zustehen (Bay aaO). 9

Auch Parkhäuser u der Allgemeinheit zur Verfügung gestellte Tiefgaragen sind – auch unabhängig von einer entspr Widmung – jedenfalls während der Betriebszeit dem öff VRaum zuzurechnen (OLG Stuttgart VRS 57, 418 mwN; OLG Bremen VRS 33, 193; KG VRS 64, 103; VM 84, 36); nicht aber außerhalb der Betriebszeit (OLG Stuttgart aaO). Öff ist auch eine Str, die nur für den AnliegerV freigegeben ist (OLG Hamm VM 59, 43); ebenso der Fußgängern vorbehaltene Gehweg (BGHSt 22, 365) oder der für Fze gesperrte, Fußgängern aber zugängliche Weg 10

StVO § 1 I. Allgemeine Verkehrsregeln

(OLG Schleswig VM 71, 80), so dass ein hier verbotswidrig fahrender Mopedf auch nach den §§ 316 StGB u 21 StG verfolgt werden kann (OLG Hamm VRS 62, 47). Schilder, wie „Unbefugten ist der Zutritt verboten", beeinträchtigen die Öffentlichkeit des Weges nicht, wenn der „befugte" Benutzerkreis das Merkmal „Öffentlichkeit" erfüllt (OLG Zweibrücken VRS 60, 218), auch nicht die Sicherung einer Baustelle ohne Sperrung der Str (OLG Düsseldorf VM 94, 90).

11   Für die Beurteilung, ob eine vor dem Wohnhaus gemietete Parkbucht „öffentlich" ist (s Bay 82, 60 = VRS 63, 287) oder ein Parkdeck in unmittelbarer Nähe von Wohnblocks (OLG Hamburg VM 83, 47), kommt es auf die äußeren Umstände (Absperrungen, isolierte Lage im Hofraum, Gestaltung) u das Verhalten des Verfügungsberechtigten an.

12   Das **Abbiegen** von der öff Str in ein **Privatgrundstück** u das **Einfahren** aus einem solchen in eine öff Str sind mind so lange Vorgänge des öff Verkehrs, als sich das Fz noch teilweise auf öff VGrund befindet (s dazu §§ 9, 10; OLG Düsseldorf NZV 93, 198: Zufahrt zum Parkdeck); ebenso, wenn die verpönte Folge durch ein auf den öff Verkehr bezogenes Verhalten auf Privatgrund bewirkt wurde, wenn zB der Kf mit überhöhter Geschwindigkeit in einen Privatweg einfährt u dadurch einen anderen gefährdet (OLG Hamburg VRS 38, 218) oder beim Einfahren auf die öff Str noch auf dem Privatgrundstück einen Menschen verletzt, weil er ihn wegen der Beobachtung des Verkehrs auf der Str übersehen hat (BGHSt 18, 393; vgl auch Bay 72, 276 = VRS 44, 365). Die Folge des verkehrswidrigen Verhaltens muss nicht auf öff VGrund eintreten, der Verletzte braucht kein VT (unten Rn 15) zu sein (vgl auch §§ 9, 10).

13   **Seitenstreifen** sind Teile der öff Str (vgl § 2 Rn 23), nicht aber der **Straßengraben** (OLG Hamm VRS 39, 270; OLG Stuttgart, Justiz 83, 310).

14   **b) Nicht öffentlicher Straßenverkehr. Nicht öffentliche VFlächen** sind Str, die für **jeden** Verkehr gesperrt (VwV II; OLG Düsseldorf DAR 83, 90) oder schon nach ihrer Beschaffenheit offensichtlich nicht zur VBenutzung bestimmt sind (OLG Köln VRS 50, 236; OLG Hamburg VM 88, 121; OLG Düsseldorf NZV 93, 161: bepflanzter Mittelstreifen); ferner der nur Übernachtungsgästen vorbehaltene Hof eines Hotels oder Anwesens (Bay ZfS 87, 222), eine nur Anwohnern zugängliche Tiefgarage (LG Krefeld ZfS 87, 380) sowie der für Betriebsangehörige bestimmte Parkplatz einer Fabrik (OLG Braunschweig VRS 27, 458); der nur mit einem Ausweis der Verwaltung zugängliche Raum eines Großmarktes (BGH VRS 24, 18); das nur individuell zugelassenen Lieferanten und Abholern zugängliche Betriebsgelände (OLG Köln VersR 02, 1117) ein Baustellengelände (Kar NZV 12, 435) Gelegentliche Benutzung durch Unbefugte ändert nichts an der Nichtöffentlichkeit (BGHSt 16, 7 = NJW 61, 1124; BayVRS 73, 57). Aus einer entsprechenden Beschilderung als „Privat-/Werksgelände", einer Einfriedung des Geländes und einer Zugangsbeschränkung in Gestalt einer Einlasskontrolle kann sich ergeben, dass der Verfügungsberechtigte die Allgemeinheit von der Benutzung des Geländes ausschließen will (BGH NZV 04, 479; OLG Rostock DAR 11, 263; OLG Hamm NZV 08, 257). Entscheidend ist, wie eng der Kreis der Berechtigten umschrieben ist. Er muss deutlich aus einer unbestimmten Vielheit möglicher Benutzer ausgesondert sein (BGHSt 16, 7, 11).

Obgleich die Verhaltensvorschriften der StVO unmittelbar nur im öffentlichen Straßenverkehr gelten, sind die Sorgfaltspflichten nach § 1 Abs 1 und 2 StVO – als elementare Grundregeln – auch auf einem für den öffentlichen Verkehr nicht zugänglichen Baustellengelände zu beachten. (OLG Karlsruhe, VersR 2012, 1579)

Grundregeln § 1 StVO

Selbiges gilt für einen **Parkplatz**. Ob neben dem Gebot der gegenseitigen Rücksichtnahme auf einem öffentlich zugänglichen Parkplatz die Regel der StVO grundsätzlich anwendbar sind, wurde nicht einheitlich gesehen (dafür OLG Hamm, BeckRS 2012, 20591; dagegen etwa LG München I, NZV 2012, 591; LG Saarbrücken, NJW-Spezial 2012, 714, sofern kein eindeutiger Straßencharakter vorhanden ist.). Der BGH hat nun entschieden (BGH r+s 16, 146; 149; r+s 17, 93), dass § 9 V StVO bei Parkplätzen ohne eindeutigen Straßencharakter nicht unmittelbar, aber über die Wertung des § 1 zur Anwendung kommt; vgl zur Rechtsprechung auch Buchholz, NJW-Spezial 2016, 201).

3. Der Verkehrsteilnehmer/Wer am Verkehr teilnimmt. a) Objektive 15 **Kriterien. Verkehrsteilnehmer** (VT) ist, wer öffentliche Wege im Rahmen des Gemeingebrauchs (**E** 93) benutzt (KG VM 86, 86; OLG Düsseldorf JZ 88, 571; OLG Koblenz MDR 93, 366 = StVE 103), wobei es weder auf den Benutzung**zweck** noch auf den Benutzungs**willen** (KG VRS 18, 44; OLG Stuttgart DAR 63, 358), uU nicht einmal auf die Anwesenheit im öff VRaum ankommt (OLG Düsseldorf VRS 31, 125; 89 zu § 12). Alle VTeilnehmer sind bis auf ausdrücklich vorgesehene Ausn (zB SonderrechtsFz) im Prinzip gleichrangig.

VTeilnahme setzt ein verkehrserhebliches Verhalten voraus, dh durch Handeln 16 oder pflichtwidriges Unterlassen wird mit Beteiligungsabsicht auf einen VVorgang eingewirkt (Bay NZV 92, 327). **Verkehrsbezogen** ist das Verhalten, wenn es sich schon oder noch wenigstens teilweise im öff VRaum abspielt (BGHSt 18, 393). So ist (schon) VT, wer im Begriff ist, sich in den Verkehr einzuschalten u auf ihn einwirkt, bevor er selbst die öff Str erreicht, zB Rinder auf die Str vorauslaufen lässt, die er auf die Weide treiben will (Bay 53, 2; VRS 44, 365), oder bereits Privatgrund betreten hat, aber durch die folgenden Tiere (noch) auf den öff Verkehr einwirkt; nicht aber, wenn Vieh in Abwesenheit von Menschen auf die Str geraten ist, so dass es an der unmittelbaren **räumlichen Beziehung** zwischen Mensch u VVorgang fehlt (Bay 57, 172; OLG Hamburg VRS 36, 449). Auch das Schieben oder Rollenlassen eines Fz ohne Motorkraft ist VTeilnahme.

b) Fahrzeugführer, Fußgänger. VT ist auch der den öff VRaum benutzende 17 Radfahrer und **Fußgänger** (OLG Koblenz MDR 93, 366).

Der umfassendere Begriff des VT ist zwar von der RSpr weitgehend dem 18 engeren des Fz-Führers angeglichen worden, so dass diese im öff Verkehr idR auch „Verkehrsteilnehmer" sind (s Rn 7 zu § 2). Doch kann VT auch sein, wer (noch) nicht als Fz-Führer gilt, wie derjenige, der nur das Trieb- oder Schwenkwerk eines auf öff Str abgestellten Baggers in Betrieb setzt u so durch die Drehbewegungen auf den Verkehr einwirkt (Bay 66, 142 = VRS 32, 127; weitere Beispiele Rn 7 ff zu § 2).

§ 1 erstreckt sich auch auf den **ruhenden Verkehr** (§§ 12–15). Wer sein Fz auf 19 öff VGrund abstellt, ist daher während der ganzen Dauer des Parkens VT (OLG Bremen VkBl 59, 260; VGH Ka NJW 99, 3650; Bay 64, 78 = VRS 27, 220), auch bei Abwesenheit (s oben Rn 15).

c) Mitfahrer. Der Mitfahrer wird zum VT, wenn er in den Ablauf eines VVor- 20 ganges eingreift, zB ins Lenkrad greift (OLG Hamm NJW 69, 1975), den Fahrer behindert oder ablenkt (Bay 57, 77 = VRS 13, 285; OLG Düsseldorf DAR 56, 280); nicht aber, wenn er sich bloß festhalten muss, um eine Gefährdung seiner eigenen Person zu vermeiden, zB auf einem Heuwagen oder auf dem Trittbrett eines Müllwagens (Bay 63, 210 = VRS 26, 221). Dagegen ist der „Sozius" auf

StVO § 1

dem Krad VT, da er durch seine Körperhaltung die Führung des Krad unmittelbar beeinflusst (BGH VRS 7, 68). Der Fahrlehrer ist während einer Ausbildungs- oder Prüfungsfahrt VT (Stu DAR 15, 410 mAnm König DAR 16, 362). Bei einem begleiteten Fahren ist der Beifahrer VT, soweit er Einfluss nimmt. VT ist auch der den öff Verkehrsraum benutzende Fußgänger (OLG Koblenz MDR 1993, 366).

21 **d) Kein Verkehrsteilnehmer. Kein VT** ist, wer sich zwar auf öff Gelände aufhält, aber das VGeschehen nicht beeinflusst, wie der Fahrgast einer Straßenbahn oder der untätige Insasse eines Kfz (OLG Nürnberg VRS 90, 268); wer nur prüft, **ob der Motor** anspringt (BGHSt 7, 315) oder wer sich zwar mit der Absicht zu fahren hinters Lenkrad des fahrbereiten Kfz setzt (laufender Motor, eingeschaltetes Abblendlicht), jedoch noch keine weiteren Handlungen vorgenommen hat, oder wer das Trieb- u Fahrwerk zwar bedient, um wegzufahren, jedoch nicht weg- kommt, weil er sich festgefahren hat (OLG Köln VRS 27, 235, 302; OLG Hamm VRS 11, 74; 13, 450; 22, 38; zum Fz-Führer s Rn 5 ff zu § 2). Die VTeilnahme endet mit dem Verlassen des öff VRaumes.

22 **4. Die Grundsätze des gebotenen Verhaltens. a) Grundsatz der doppelten Sicherung.** Durch den Grundsatz der doppelten Sicherung soll erreicht werden, dass bei gefährlichen VVorgängen jeder zur Verhütung von Schaden beitragen muss, so dass der infolge des Fehlers des einen drohende Unfall noch verhütet wird, wenn der andere die ihm gebotene Vorsicht beachtet. Obwohl es zur Vermeidung eines Unfalles ausreichen würde, wenn nur einer der beiden Beteiligten die ihm möglichen Sicherungsvorkehrungen trifft, sind beide unab- hängig voneinander zu solchen Vorkehrungen verpflichtet (Bay 58, 213 = VRS 16, 66, 68). **Beispiel:** Wer sein linkes Richtungszeichen rechtzeitig gesetzt hat, darf von einem Nachfolgenden nicht mehr links überholt werden. Trotzdem darf ersterer nicht im Vertrauen auf die Einhaltung dieser VRegel abbiegen, son- dern muss bei nicht ganz klarer VLage, insb auf offener Landstr, vor dem Abbiegen zurückschauen, ob ihn nicht doch ein anderer vorschriftswidrig überholt (§ 9 I S 1, 4: BGHSt 14, 201; 21, 91; vgl hierzu auch Rn 22 zu § 9 sowie die beiderseiti- gen Pflichten zur Vermeidung eines Auffahrunfalles § 4 I).

23 Haben in solchen Fällen beide VT ihre Pflicht verletzt, so kann sich keiner mit dem Verstoß des anderen entschuldigen, sondern jeder ist verantwortlich, wenn sein Fehler für den Unfall ursächlich war (Mühlhaus S 60 ff). Auch der **vor- schriftsmäßig Fahrende** ist von dem Augenblick an zur **Unfallverhütung ver- pflichtet**, in dem er erkennt oder erkennen muss, dass ein anderer durch vor- schriftswidrige Fahrweise die Gefahr eines Unfalls herbeiführt. Er darf dann nicht auf sein Recht pochen, sondern muss seinerseits das Möglichste tun, die Gefahr abzuwenden (BGH VRS 5, 289; 15, 94). Die korrespondierenden Pflichten der beiden beteiligten VT werden bei den einzelnen VVorgängen näher behandelt.

24 **b) Vertrauensgrundsatz.** Der Grundsatz der doppelten Sicherung bedeutet aber nicht, dass der Kf von vornherein mit jedem denkbaren verkehrswidrigen Verhalten anderer VT rechnen u seine Fahrweise darauf einstellen muss, insb mit einem solchen, das außerhalb jeder Lebenserfahrung liegt. Er muss vielmehr nach dem **Vertrauensgrundsatz** nur mit solchen Fehlern anderer rechnen, die nach den Umständen bei verständiger Würdigung als möglich zu erwarten sind (Bay NZV 89, 121; OLG Hamm NZV 93, 66). Der VT darf grds. erwarten, dass andere VT sich verkehrsgerecht verhalten (BGH NJW 03, 1929). Mit Verstößen,

Grundregeln **§ 1 StVO**

die nur ausnahmsweise vorkommen oder außerhalb der Erfahrung liegen, braucht er nicht zu rechnen (BGH VersR 66, 1157; BGHSt 13, 169; OLG Frankfurt VM 75, 93; KG VRS 68, 284). Ebenso wenig gibt es einen Vertrauenstatbestand darauf, dass eine verkehrswidrige Verhaltensweise beibehalten wird.

Soweit der Vertrauensgrundsatz reicht, **berechtigt** er dazu, sich auf ein vorschriftsmäßiges Verhalten der übrigen VT zu verlassen. Eine **Verpflichtung** hierzu begründet er **nicht** (Bay v 13.8.69–1b St 131/69). Voraussetzung des Vertrauensgrundsatzes ist, dass derjenige, der ihn in Anspruch nimmt, die VRegeln beachtet, jedenfalls keinen für das Unfallgeschehen erheblichen Verstoß begeht. Wer sich aber selbst verkehrswidrig verhält u dadurch eine Gefahr für andere heraufbeschwört, kann nicht erwarten, dass die anderen die Folgen seines VVerstoßes durch bes Vorsicht abwenden (BGH NZV 04, 21; 05, 249). 25

Der **Vertrauensgrundsatz versagt** gegenüber einem anderen VT, wenn sich dieser erkennbar verkehrswidrig verhält, jedoch nur insoweit, als gerade im Hinblick auf den begangenen Fehler des anderen eine weitere damit zusammenhängende VWidrigkeit erwartet werden muss (BGH VRS 26, 331); ferner in unklaren VLagen (s § 3 Rn 33) sowie gegenüber VerkehrsOWen, die so häufig vorkommen, daß ein VT auf ihr Unterbleiben nicht vertrauen darf (s Übersicht bei Janiszewski 101 f). Bes Einschränkungen unterliegt er gegenüber verkehrsunsicheren Personen, wie „hochbetagten u gebrechlichen" Fußgängern u Kindern (s unten 31, 39 ff; vgl auch § 3 IIa StVO). Gegenüber Kindern gilt der Vertrauensgrundsatz nicht bzw. nur eingeschränkt (vgl auch § 25, 33 mwN). Gem. § 828 II BGB sind Kindern im motorisierten Verkehr bis zur Vollendung des 10. Lebensjahres nicht deliktfähig. Der Gesetzgeber geht somit davon aus, dass von dieser Gruppe ein verkehrsgerechtes Verhalten nicht erwartet werden kann 26

Wer sich innerhalb der Grenzen des Vertrauensgrundsatzes hält, handelt pflichtgemäß und daher rechtmäßig (BGH VRS 14, 30; Mühlhaus S 30). Da dieser aber keine Rechtsnorm, sondern vielmehr nur Anhalt für Vorhersehbarkeit ist, ist die Berufung auf einen Verbotsirrtum ausgeschlossen (OLG Hamburg VM 67, 79). 27

Der Vertrauensgrundsatz wird durch die Forderung nach **defensivem Fahren** eingeengt (Wimmer DAR 65, 29, 30, 170; VGT 1964, S 67). Defensives Verhalten bedeutet, weitestgehend auf das Vertrauen in richtiges Verhalten der anderen VTeilnehmer zu verzichten, so dass die Rechtsposition nicht voll ausgenützt wird, sondern aus Sicherheitsgründen eine über die ges gebotene hinausgehende Sorgfalt, ein „Übersoll" an Vorsicht, walten zu lassen (vgl § 1 I). Es ist als persönlicher Verhaltensgrundsatz sehr zu empfehlen (auch bei der Beurteilung und Abwägung, ob ein unabwendbares Ereignis iS des § 17 StVG vorgelegen hat; s auch § 17 StVG Rn 6 ff), darf aber in der RSpr nicht zu einer Verschiebung der klaren Abgrenzung zwischen rechtlich zulässigem u verbotenem Verhalten führen. 28

In einem anderen Sinne gilt aber der Grundsatz des defensiven Fahrens auch in der RSpr: Wenn ein VT sich einer rechtlich unklaren Lage gegenübersieht (zB fraglich, ob öff oder private Straße einmündet oder wie eine Vorfahrtregelung auszulegen ist), so muss er von der möglichen Bedeutung ausgehen, die ihm im Einzelfall die höhere Sorgfalt abverlangt oder ihn zum Zurückstehen verpflichtet (OLG Köln VM 64, 43; Bay 65, 133, 138 = VRS 30, 131, 135; KG NZV 10, 461 – hohe Sorgfaltsanforderungen auf Parkplätzen; OLG Köln SVR 11, 141 verengte Fahrbahn). Ebenso muss er bei Schätzungen der Geschwindigkeiten oder Entfernungen die ungünstigsten Werte seinem Verhalten zugrunde legen. Fehlschätzungen, zB beim Überholen, gehen zu seinen Lasten (OLG Koblenz VRR 11, 42). 29

StVO § 1   I. Allgemeine Verkehrsregeln

30   Aus dem Ineinandergreifen des Grundsatzes der doppelten Sicherung u des Vertrauensgrundsatzes ergeben sich im VerkehrsR **verschieden starke RPositionen,** von denen es abhängt, ob an einem Unfall ein Beteiligter allein oder beide schuldig sind. Es kommt dabei darauf an, ob das VorR durch den Vertrauensgrundsatz geschützt ist oder ob es nur ausgeübt werden darf, wenn es der andere ersichtlich beachten will. Im Einzelfall kann uU sogar der formal Bevorrechtigte alleinschuldig sein (vgl § 8 Rn 52, 29a ff).

31   c) **Kraftfahrer und Fußgänger.** Die Pflichten der Fußgänger sind in § 25 geregelt (s dazu § 25 Rn 10 ff; für Fußgängerzonen s Z 242, 243 m Erl). Gegenüber **erwachsenen** Fußgängern gilt der Vertrauensgrundsatz. Der Kf ist zwar gegenüber dem Fußgänger bevorrechtigt, doch muss er die erforderliche Sorgfalt wahren u die Fahrbahn in ganzer Breite u das Gelände daneben beobachten (BGH (Z) NJW 53, 1066; s dazu Weber DAR 88, 189 mwN); außerorts, wo Gehwege fehlen, muss er auch auf Fußgänger achten, die in seiner Fahrtrichtung rechts auf dem Bankett gehen (BGH VersR 89, 490).

32   Er muss sich aber nicht darauf einstellen, dass ein **unsichtbarer** oder ein auf dem Gehweg oder Bankett befindlicher Fußgänger plötzlich die Fahrbahn unachtsam betritt u ihm den Weg abschneidet oder zwischen den am Fahrbahnrand parkenden oder verkehrsbedingt auf der Gegenfahrbahn haltenden Fzen hindurch unvorsichtig auf die Fahrbahn tritt (BGH VRS 25, 47; 30, 192; NJW 85, 1950; OLG Hamm NZV 99, 374; VRS 85, 18). Er muss aber damit rechnen, dass Fußgänger einen Stau zum Überqueren der Fahrbahn ausnutzen (KG VM 85, 29) oder dass hinter einem haltenden Omnibus oder Lkw ein Fußgänger so weit hervortritt, dass er die Fahrbahn überblicken kann. Bei Annäherung an ein solches Fz muss er daher entweder so langsam fahren, dass er beim Auftauchen eines Fußgängers sofort anhalten kann oder einen Abstand von 1,80–2 m einhalten, damit er einen hervortretenden Fußgänger nicht gefährdet (BGHSt 13, 169; VM 68, 93; Bay 59, 295 = VM 60, 76; BGH **(Z)** VM 67, 69; vgl auch OLG Hamm VRS 31, 197); das gilt nicht, wenn sich in unmittelbarer Nähe ein ampelgeregelter Fußgängerübergang befindet (KG VM 87, 101; s auch § 6 Rn 7). Auch kommt es zu einer Mithaft des Kf, wenn er den Zeitung lesenden Fußgänger zwar durch Hupen aufmerksam zu machen versucht, bei fehlender Reaktion des Fußgängers dann aber zu schnell an diesem vorbeifahren will und es zur Kollision kommt (KG NZV 09, 292–50%).

33   Bei Annäherung an einen **Fußgängerüberweg** u in bes gefährlichen VLagen gilt aber der Vertrauensgrundsatz gegenüber Fußgängern nicht (§ 26; BGHSt 15, 191; OLG Hamm VRS 31, 197). Einen auf der Fahrbahn im **Sichtbereich** befindlichen Menschen muss der Fahrer rechtzeitig erkennen. Wenn die Art eines Hindernisses nicht genau feststellbar ist, muss er bis zur Erlangung sicherer Kenntnis langsam heranfahren (BGHSt 10, 3; Bay VRS 20, 365; vgl Bay 63, 69 = VRS 25, 342). Grundsätzlich muss der Kf in der Lage sein, einen Unfall mit einem Fußgänger, der die Fahrbahn zügig überquert, zu vermeiden.

34   Betritt ein Fußgänger die Fahrbahn von **rechts,** so muss der Fz-Führer damit rechnen, dass er weitergeht, u deshalb sofort Maßnahmen zur Verhütung eines Unfalles treffen, wenn der Fußgänger nicht vorher mit dem Fahrer „Blickverbindung" aufgenommen hat u ihn erkennbar vorbeifahren lassen will. Er muss sich aber nicht allein deshalb, weil ein Fußgänger in einer Parklücke oder unmittelbar hinter einer Reihe geparkter Fze die Fahrbahn betritt, ohne dabei nach rechts u links zu blicken, auf die Möglichkeit einstellen, der Fußgänger werde die Fahrbahn auch über die Fluchtlinie der geparkten Fze hinaus ohne Beachtung des FahrV überqueren (Bay 70, 240 = VRS 40, 214).

Überquert ein Fußgänger von **links** die Str, so gilt auf schmalen Str das gleiche **35** (BGH **(Z)** VM 68, 94; Bay 63, 131 = VRS 25, 460; s aber auch BGH VRS 65, 338), während auf breiten Str der Kf im allg seine Geschwindigkeit nicht herabsetzen muss, wenn ein Fußgänger von links die Fahrbahn betritt. Hier kommt es darauf an, ob der Kf annehmen kann, der Fußgänger habe das Fz bemerkt oder müsse es demnächst bemerken, u werde daraufhin stehen bleiben (BGH VRS 26, 28). Bei einem die Fahrbahn in **Etappen** überquerenden Fußgänger, der in der Mitte stehen bleibt, muss der Kf – soweit keine Umstände gegen ein verkehrsgemäßes Verhalten sprechen (OLG Hamm VRS 42, 202) – nicht damit rechnen, dass dieser plötzlich losläuft (BGH VersR 67, 457), ohne sich über den von rechts kommenden Verkehr zu vergewissern (OLG Düsseldorf VersR 76, 59; OLG Frankfurt ZfS 85, 317; Näheres bei § 25 Rn 11).

IdR soll der Kf nicht vor, sondern hinter einem Fußgänger, der die Fahrbahn **36** überschreitet, vorbeifahren (BGH **(Z)** VM 70, 89). Er muss seinen seitlichen Abstand u seine Geschwindigkeit so einrichten, dass der Fußgänger nicht befürchten muss, der Kraftwagen fahre auf ihn zu, u deshalb aus Schrecken vor- oder zurückspringt. Die Frage, wann der Kf mit einem Zurückspringen des Fußgängers rechnen muss, hängt von den Umständen des Einzelfalls ab (KG VM 85, 74; OLG Karlsruhe VRS 46, 392).

Wenn der Kf einen entgegenkommenden Fußgänger hart am Fahrbahnrand u **37** sonst vorschriftsmäßig auf seiner linken Fahrbahnseite gehen sieht, braucht er nicht damit zu rechnen, dass dieser einen oder zwei Schritte in die Fahrbahn machen werde; er muss auch in der Nähe einer Gaststätte nicht annehmen, der ordnungsgemäß gehende Fußgänger könne betrunken sein (BGH VRS 50, 350). Er darf aber nicht darauf vertrauen, dass ein mit dem Rücken zur Fahrbahn stehender Bauarbeiter erst nach sorgfältiger Vergewisserung in die Fahrbahn tritt (OLG Hamm VRS 58, 257). Er muss auch einkalkulieren, dass ein Fußgänger darauf vertraut, dass der Kf entspr der angezeigten Richtung abbiegt (KG VRS 57, 173).

Eine erhöhte Sorgfaltspflicht ist gegenüber **verkehrsunsicheren** u erkennbar **38** **unaufmerksamen** Personen u **Kindern** (s § 3 II a) geboten. Bei ihnen muss der Kf mit Unbesonnenheiten rechnen u seinerseits sofortige Abwehrmaßnahmen treffen. Das gilt insb gegenüber hochbetagten u gebrechlichen Menschen (BGH VRS 17, 204; vgl auch § 3 II a u die Vorrechte der Fußgänger in den durch Z 325 gekennzeichneten Bereichen), bei Menschenansammlungen (KG VM 85, 74; s auch Rn 33 zu § 3) u dort, wo mit Betrunkenen zu rechnen ist (BGH VersR 89, 490). – Zur bes Vorsicht von **Radf** gegenüber Fußgängern vgl § 2 IV S 3; zur Sorgfaltspflicht bei Dunkelheit s OLG Hamm VRS 61, 66; BGH VRS 65, 338).

d) Kraftfahrer und Kinder. Der Vertrauensgrundsatz gilt grundsätzlich **39** auch hier, soweit Verhalten oder VLage keine Auffälligkeiten zeigen, die zu Gefährdungen führen können u Anlass zu Vorsichtsmaßnahmen bieten (BGH (Z) VRS 69, 336, 353; OLG Hamm VRS 79, 267; NZV 01, 302; OLG Brandenburg NZV 00, 122: Vertrauensgrundsatz gilt nur eingeschränkt). Der Kf muss nicht damit rechnen, dass aus einem Haus oder Hof oder zwischen parkenden Fzen kurz hinter einer ampelgeregelten Fußgängerfurt ein vorher nicht sichtbares Kind plötzlich auf die Fahrbahn läuft (BGH VRS 20, 132; Bay 59, 183 = VRS 18, 151; KG VRS 75, 285). Muss der Kf bei Anlegung des für ihn gesteigerten

StVO § 1 I. Allgemeine Verkehrsregeln

Sorgfaltsmaßstabs einen möglichen Verkehrsverstoß erkennen, so muss er sein Fahrverhalten darauf einstellen (BGH VersR 85, 864, 1088 u VRS 73, 97). Aber auch für den Durchschnittsfahrer ist gegenüber auf der Str oder im angrenzenden Raum sichtbaren Kindern bes Sorgfalt geboten. Ab dem 1.8.2002 ist die Rechtsstellung für Kinder im motorisierten Verkehr erheblich verbessert worden. (vgl dazu nur Bollweg NZV 00, 125 ff; Otto NZV 01, 335; Heß/Jahnke, Das neue Schadensrecht, 46 ff; Heß/Buller ZfS 03, 218 ff). Mit dem neu gefassten § 828 BGB ist die **Verantwortlichkeitsgrenze** von bisher 7 auf 10 Jahre angehoben worden. Diese Haftungsfreistellung gilt aber nur für Unfälle mit motorisiertem **Verkehr,** dh für Unfälle mit Kfz und Bahnen (vgl im Einzelnen auch Filthaut NZV 03, 161 ff). Bei anderen Unfällen zB zwischen Kind und Fußgänger (Radfahrer, Skater) bleibt es bei der bisherigen Regelung des Beginnes der Deliktsfähigkeit mit 7 Jahren. Für Unfälle, die sich ab dem 1.8.2002 ereignet haben, gelten somit – je nachdem ob ein Kraftfahrzeug (Bahn) beteiligt ist – unterschiedliche Grenzen der Deliktsfähigkeit. Die Neuregelung gilt sowohl für das Kind als **Schädiger** wie auch dafür, ob wegen eines **mitwirkenden Verschuldens** das Kind eine Anspruchskürzung gem § 254 BGB iVm § 828 BGB hinnehmen muss. Vervollständigt wird der Schutz von Kindern durch die gesetzliche Neuregelung des § 7 Abs 2 StVG. Durch die Streichung der Entlastungsmöglichkeit in § 7 Abs 2 StVG bei Unabwendbarkeit und die Einfügung des Begriffes der höheren Gewalt ist eine Entlastung gegenüber dem nicht motorisierten Verkehr (insbesondere daher gegenüber Kindern) praktisch nicht mehr möglich (Heß/Buller ZfS 03, 219, vgl auch § 7 StVG). Der BGH hat inzwischen in mehreren Urteilen (BGH NJW 05, 354, 356 = NZV 05, 137, 139, VersR 07, 1669; VersR 08, 701; s a Heß/Burmann NJW-Spezial 05, 63; Heß/Buller, Zfs 03, 218;) die streitige Frage von Schadensersatzansprüchen bei Unfällen von noch nicht 10-jährigen Kindern mit geparkten Fahrzeugen entschieden. Danach haften Kinder auch im Alter zwischen 7 und 9 Jahren für einen Schaden, wenn sich bei dem Schadensereignis nicht ein typischer Fall der Überforderung des Kindes durch die spezifischen Gefahren des motorisierten Verkehrs verwirklicht hat. Das bloße Vorhandensein eines Motors ist eben nicht ausschlaggebend. Maßgeblich ist nach BGH vielmehr der Umstand, dass die Motorkraft zu Geschwindigkeiten führt, die von einem noch nicht 10 Jahre alten Kind schwer einzuschätzen sind. Diese Überforderungssituation ist zumindest bei ordnungsgemäß abgestellten Fahrzeugen nicht gegeben. Allerdings ist für das Eingreifen des Haftungsprivilegs des § 828 II BGB nicht grundsätzlich zwischen fließendem und ruhendem Verkehr zu unterscheiden, wenn es auch im fließenden Verkehr häufiger als im sog ruhenden Verkehr eingreifen dürfte. In besonders gelagerten Fällen kann sich auch im ruhenden Verkehr eine spezifische Gefahr des motorisierten Verkehrs verwirklichen (BGH, VersR 05, 378). Für die Frage, ob der Haftungsausschluss in Betracht kommt, ist maßgeblich darauf abzustellen, ob eine typische Überforderung des Kindes durch die Schnelligkeit, Komplexität und die Unübersichtlichkeit der Abläufe im motorisierten Straßenverkehr gegeben war. Nicht kommt es darauf an, ob sich die Überforderungssituation konkret ausgewirkt hat oder ob das Kind aus anderen Gründen nicht in der Lage war, sich verkehrsgerecht zu verhalten (BGH, VI ZR 310/08). Den Minderjährigen trifft die Beweislast dafür, dass er im Unfallzeitpunkt noch nicht das 10. Lebensjahr vollendet hat. Demgegenüber trifft dann den Geschädigten aber (Ausnahme vom Regelfall) die Darlegungs- und Beweislast dazu, dass sich die typische Überforderungssituation des Kindes durch die spezifischen Gefahren des motorisierten Verkehrs bei dem Unfall nicht realisiert hat (BGH,

Grundregeln **§ 1 StVO**

VI ZR 310/08 – es war streitig, ob das Fahrzeug ordnungsgemäß geparkt war; LG Saarbrücken NJW 10, 944; vgl zu der Rechtsprechung Lang Sonderheft Lemcke r+s 11, 63 f). Damit wird im Ergebnis idR bei einem Unfall mit einem noch nicht 10-jährigen die Haftungsprivilegierung greifen.

Die Anwendbarkeit der unterschiedlichen Haftungsregeln richtet sich nach dem Datum des Unfallereignisses. Das geänderte Recht gilt nur für Unfälle, die sich ab dem 1.8.2002, 0 Uhr ereignet haben, wobei das haftungsbegründende Ereignis (der Unfall) und nicht erst der Eintritt des Schadens maßgebend ist (Heß/Jahnke, Das Neue Schadensrecht, 6). Hat sich demnach ein Unfall vor dem 1.8.2002 ereignet, kann im Hinblick auf die eingetretene Änderung von § 828 Abs 2 BGB nicht ohne weiteres davon ausgegangen werden, dass die Einsichtsfähigkeit des 7–10-jährigen Kindes fehlt. § 828 Abs 2 BGB nF gilt nicht für Altfälle (BGH NZV 05, 460; OLG Celle NZV 04, 360 = r+s 04, 475 m Anm Lemcke). Die Anforderungen an die Sorgfaltspflichten von Verkehrsteilnehmern ab dem 10. Lebensjahr sind nicht geringer geworden (OLG Nürnberg NZV 07, 205 Nichtannahme durch BGH NZV 07, 207; OLG Hamm r+s 10, 299 (7 Tage älter als 10 Jahre) Nichtannahme durch BGH – VI ZR 269/09; kritisch dazu, dass Kinder, die gerade das 10. Lebensjahr vollendet haben eine überwiegendes oder gar volle Haftung trifft, Lang in Sonderheft Lemcke r+s 11, 63 ff). Die Rechtsprechung – insbesondere der Instanzgerichte – geht zunehmend dahin, idR nicht von einer vollen Haftung eines Kindes, das die Grenze von 10 Jahren gerade überschritten hat, auszugehen (OLG Saarbrücken NJW 2012, 3245; OLG Karlsruhe, NJW 2012, 3042; aA OLG Naumburg. NZV 2013, 244). Auch der 51. Goslarer Verkehrsgerichtstag empfiehlt, bei Kindern über 10 Jahren die individuelle Einsichtsfähigkeit durch Sachverständigengutachten gründlich zu überprüfen zu lassen.

Mit diesen neuen gesetzlichen Vorgaben bleibt es bei der Unterscheidung zwischen größeren Kindern (nun ab 10 Jahre), von denen im allg verkehrsgerechtes Verhalten erwartet werden darf, u **kleineren Kindern (bis 10 Jahre).** Bei diesen muss stets mit Unvorsichtigkeit gerechnet werden (vgl OLG Köln VRS 70, 373; OLG Schleswig VRS 75, 282; OLG Bamberg NZV 93, 268), außer, wenn auf Grund der konkreten Situation an ihrem verkehrsgerechten Verhalten nicht zu zweifeln ist (OLG Saarbrücken VM 75, 15). Für Unfallereignisse bis zum 31.7.2002 bleibt es bei der alten Gesetzeslage. Es kommt also zuerst auf das Unfalldatum an. Nach der gesetzlichen Neuregelung der Deliktsfähigkeit für den motorisierten Verkehr und für Unfälle ab dem 1.8.2002 ist dann weiter zu differenzieren, ob es sich um einen Unfall mit Fahrzeugbeteiligung (dann keine Haftung des Kindes bis 10 Jahre) oder ohne Fahrzeugbeteiligung (dann gilt die alte Grenze mit 7 Jahren) handelt. Die Rechtsprechung hat die Grenze etwa bei einem Alter von 6–7 Jahren angesiedelt, soweit es sich um einfache Vorgänge handelt, aber höher, wenn schwierigere Verhaltensweisen gefordert werden (BGH VRS 23, 369; 45, 356; OLG Oldenburg VM 66, 68; OLG Saarbrücken VRS 30, 352). Von einem die Fahrbahn überquerenden 8-jährigen Kind, das auf der Fahrbahnmitte kurz verhält, kann regelmäßig nicht sicher erwartet werden, es werde ein herankommendes Kfz passieren lassen (OLG Hamm VRS 59, 260). Bei Kindern von 7–10 Jahren muss auch dann mit unberechenbarem u unachtsamem Verhalten gerechnet werden, wenn mehrere zusammen, insb in gleicher Richtung wie der von hinten nahende Fz-Führer auf der Fahrbahn gehen (BGH **(Z)** VRS 35, 113). Spielen Kinder auf der Fahrbahn, so darf sich der Kf ihnen nur so langsam nähern, dass er jederzeit anhalten kann. Bes Vorsicht ist geboten bei Annäherung an eine

StVO § 1　　　　　　　　　　　　　　　I. Allgemeine Verkehrsregeln

Schule, aus der gerade Schulkinder herauskommen (OLG Braunschweig DAR 56, 303), an eine Gruppe von Kindern, die in nächster Nähe der Str spielt u beim Durchfahren einer engen, dicht beparkten Wohnstr, wo Kinder auf dem Gehweg spielen (OLG Saarbrücken VRS 70, 106). Hat ein Teil einer Gruppe von Kindern die Fahrbahn überquert, so muss damit gerechnet werden, dass die noch auf der anderen Seite verbliebenen Kinder ihnen ohne Rücksicht auf den Verkehr nachlaufen. In der Rechtsprechung war aber in den letzten Jahren bis zum Inkrafttreten der neuen Regelungen schon die Tendenz spürbar, im Einzelfall auch bei Kindern der Altersgruppe 7 bis 10 Jahre niedrigere Haftungsquoten auszuurteilen.

41　Während bei **größeren Kindern**, die sich auf dem Gehweg verkehrsgerecht aufhalten oder vom Fahrbahnrand den Verkehr beobachten, nicht ohne weiteres damit gerechnet werden muss, sie würden plötzlich achtlos die Fahrbahn überqueren (Bay ZfS 89, 68; OLG Hamm VRS 80, 261), ist dieses Vertrauen gegenüber Kleinkindern nicht gerechtfertigt (vgl BGH(Z) VRS 69, 336; OLG Schleswig VRS 75, 282). So gilt bei einem 11-jährigen grundsätzlich der Vertrauensgrundsatz, wenn auch in engerem Rahmen als bei Erwachsenen; mit einem nicht verkehrsgerechten Verhalten braucht ein Kf nur dann zu rechnen, wenn bes Umstände zu einer derartigen Befürchtung Anlass geben, insb wenn das Verhalten auf eine bevorstehende OW hindeutet oder die Aufmerksamkeit erkennbar anderweitig in Anspruch genommen ist (Bay VRS 59, 217 f mwN; OLG Düsseldorf VRS 63, 66; LG Nürnberg-Fürth NZV 91, 276: rangelnde Kinder; OLG Oldenburg ZfS 91, 321: 11-jähriger Radf); daran hat auch die Neuregelung des § 3 II a nichts geändert (Bay VRS 62, 59: Überholen eines 9-jährigen; OLG Hamm StVE § 3 StVO 78: eines 5-jährigen Radf). Die Anhebung der Deliktsfähigkeit auf 10 Jahre hat auch zunehmend Einfluss auf eine Quotierung bei Unfällen mit Kindern im Alter zwischen 11 und 14 Jahren (siehe oben Rn 39). Tendenziell ist davon auszugehen, dass sich das geringe Alter eines Kindes bei der Quotierung zu seinen Gunsten auswirkt – unabhängig davon, ob sich der Unfall mit einem motorisierten oder nicht motorisierten Fahrzeug ereignet.

42　*unbesetzt*

43　Das **Zeichen „Kinder" (Z 136)** weist Kf in seinem ganzen Warnbereich (s dazu OLG Karlsruhe VRS 71, 62) u grundsätzlich ohne zeitliche Einschränkung (BGH (Z) NZV 94, 149; Ausn bei Dunkelheit im Winter: OLG Frankfurt StVE 2 zu § 40) darauf hin, dass jederzeit mit dem plötzlichen Betreten der Fahrbahn durch Kinder zu rechnen u deshalb die Fahrweise so einzurichten, dh anhaltebereit zu fahren ist, dass plötzlich auftauchende Kinder nicht gefährdet werden (OLG Köln VersR 89, 206; OLG Koblenz VRS 62, 335; OLG Hamm NZV 96, 70: das gilt nicht gegenüber sichtbaren Kindern). Erscheinen solche plötzlich, wird keine Schrecksekunde zugebilligt (BGH VRS 33, 350; 42, 362; s hierzu auch § 26 Rn 6). Die Geschwindigkeit ist herabzusetzen (OLG Hamburg VRS 59, 145); auch an einem auf der Gegenfahrbahn haltenden Bus ist, bes bei geringem seitlichen Abstand, so langsam vorbeizufahren, dass jederzeit angehalten werden kann (KG VRS 58, 348). Schulbus: § 20 I Rn 5, 7. **Mitnahme** von Kindern s § 21 I a. Bes Rücksicht auf Kinder ist auch in den durch Z **325** gekennzeichneten, verkehrsberuhigten Bereichen zu nehmen; s auch § 3 Rn 53.

44　**e) Hilfspersonen und Warnposten.** Im allg darf der Kf auch gefährliche Fahrmanöver allein ausführen. Das G schreibt die Mitnahme eines Beif auch den Führern schwerer Lastzüge nicht vor (BGH VRS 27, 267, 269). Die Zuziehung einer Hilfsperson als Einweiser des Fz-Führers u Warner des übrigen Verkehrs ist

Grundregeln § 1 StVO

"erforderlichenfalls" (dh nicht immer: Bay v 29.7.88, 2 Ob OWi 120/88) in den Fällen der §§ 9 V u 10 darüber hinaus uU nach § 1 II geboten (vgl Bay 72, 21 = VRS 43, 66; 45, 211; Mühlhaus DAR 75, 233 ff).

Eine Hilfsperson ist grundsätzlich nur dann hinzuzuziehen, wenn durch bes **45** Umstände eine über die normalen VGefahren hinaus erhöhte Gefahr geschaffen wird, auf die andere VT nicht gefasst sein müssen (Bay VRS 61, 384), wie zB beim Anhalten eines Lkw in einer unübersichtlichen scharfen Kurve (Bay v 27.7.66 – w1b St 180/66), beim Einbiegen schwerfälliger Fze in solchen Kurven aus Grundstücksausfahrten oder Nebenstr in eine verkehrsreiche Str (BGH **(Z)** VM 65, 44; 94, 54), bei Ausfahrt aus einem Fabriktor, wenn sich an die Mauer kein Gehweg anschließt u der Fahrer in die Str erst Sicht gewinnt, wenn sein Fz schon 1,50 m in sie hineinragt (BGH (Z) VRS 29, 427; vgl auch OLG Celle VRS 37, 70; OLG Hamm VRS 38, 222); beim Zurückstoßen, wenn der Fahrer die Fahrbahn vom Führersitz aus nicht voll übersehen kann (s dazu § 9 Rn 67) oder wenn dem GegenV in unübersichtlichen Kurven infolge Verwendung eines überbreiten Fz nicht genügend Platz zur Durchfahrt bleibt (Bay v 14.12.73, 1 St 217/72); aber **nicht** schon bei jeder Sichtbehinderung (Bay v 14.7.87, 2 Ob OWi 220/87); auch nicht beim Einbiegen aus einer übersichtlichen Grundstücksausfahrt in eine Str, auch wenn diese in geringer Entfernung (zB 35 m) in einer unübersichtlichen Kurve verläuft (Bay 72, 21 = VRS 43, 66; 73, 79 = VRS 45, 211) oder beim Einbiegen eines schwerfälligen landwirtschaftlichen Fz nach links in eine bevorrechtigte Str, die bis zu einer 80 m entfernten Kurve einsehbar ist (BGH (Z) VM 94, 54 mwN); hier vertrauen die Einbieger, dass der Straßenbenutzer auf Sichtweite fährt (Bay 72, 21; VRS 61, 384; KG VM 87, 53; s aber BGH (Z) VRS 67, 417 u unten Rn 47), es sei denn, dass die Ausfahrt für den fließenden Verkehr nur schlecht erkennbar ist u deshalb damit gerechnet werden muss, dass dieser das Ausfahren nicht rechtzeitig bemerkt (Bay VRS 61, 384). Das gleiche gilt beim Abbiegen aus einer Str in einen Feldweg (OLG Hamm VRS 23, 69).

Wer in einer **unübersichtlichen Kurve** an einem haltenden Fz **vorbeifahren** **46** will oder mit einem mehr als 2,50 m breiten Fz die Fahrbahn so verengt, dass sie für die sonst gefahrlos mögliche Begegnung nicht mehr ausreicht, muss zwar keinen Warner zuziehen, aber so langsam fahren, dass er bei Auftauchen von GegenV sofort zum Stehen kommt. Ist aber die Straße so schmal, dass ein entgegenkommendes Fz ohnehin nur auf halbe Sichtweite fahren darf, so genügt es, wenn das überbreite oder das am Hindernis vorbeifahrende Fz vor der Mitte der Sichtstrecke anhalten kann (Bay 63, 75 = VRS 25, 217; 63, 167 = VRS 26, 57). Der Aufstellung eines Warnpostens bedarf es idR auch nicht, wenn ein Omnibus beim Durchfahren einer Spitzkehre im Gebirge teilweise die linke Fahrbahn in Anspruch nimmt (Bay VRS 61, 141).

Bei **Dunkelheit** u **Nebel** ist die Aufstellung von Warnposten mit rot oder gelb **47** leuchtenden Lampen (vgl § 53a StVZO) immer dann geboten, wenn das Einbiegen eines langen Fz (Tieflader, Langholzfuhrwerk) oder Zuges so lange dauert, dass andere Fz herankommen können, während das einbiegende Fz quer zur Str steht u dadurch die Fahrbahn versperrt, ohne dass seine Scheinwerfer u Schlussleuchten dem nahenden Verkehr das Hindernis u seine Breite ausreichend anzeigen (BGH VRS 67, 417: Warnposten nötig beim Einbiegen in Vorfahrtstr bei Dunkelheit nahe einer Kuppe). Das gilt in gleicher Weise für die Grundstückseinu -ausfahrt wie für das Einbiegen von einer Str in eine andere (BGH VRS 19, 434; OLG Hamm VRS 25, 372).

StVO § 1 I. Allgemeine Verkehrsregeln

48 Zur Mitverantwortung des Beif in solchen Fällen s OLG Karlsruhe VRS 46, 27. Von Zuziehung einer Hilfsperson kann abgesehen werden, wenn am Lastzug Signallampen mit ausreichendem gelben oder roten Licht in der Mitte der beiden Seiten angebracht sind (OLG Hamm VRS 19, 462). In schwierigen VLagen muss sich der Fahrer der Hilfe einer zufällig mitfahrenden Person auch dann bedienen, wenn von einem Fahrer ohne Beif die Zuziehung einer Hilfsperson nicht verlangt werden kann (Bay 55, 230, 234).

49 **Verantwortung** von **Fz-Führer** u **Hilfsperson:** Der Führer eines Lkw, der beim Rechtsabbiegen keine ausreichende Sicht nach rechts hat, darf sich grundsätzlich auf die Auskunft seines rechts sitzenden Beif verlassen, die Str nach rechts sei frei (Bay bei Rüth DAR 75, 199). Der **Omnibusf** darf sich aber nicht auf bloße Einschätzungen von Fahrgästen verlassen („Jetzt geht's"); er muss sich vielmehr ein eigenes Bild über die Vsituation verschaffen, wenn er diese nicht selbst genügend überblicken kann (Bay VM 81, 58; vgl auch BGH VM 59, 28 u BGHSt 1, 112: Eigenverantwortlichkeit bei Zurufen; AG München DAR 81, 359; vgl auch § 9 Rn 67).

50 **f) Verstoß durch Unterlassen.** Gegen § 1 II kann auch durch Unterlassen verstoßen werden, wenn dadurch eine RPflicht zum Handeln verletzt wird; zB der mitfahrende Ehemann untersagt seiner fahrunsicheren Ehefrau nicht die Führung des Fz (BGHSt 14, 27). Aber auch hier muss die räumliche Beziehung zur Fz-Führung bestehen. Der Betriebsinhaber, der aus Fahrlässigkeit zulässt, dass seine Angestellten betriebsunsichere Fze führen, nimmt am Verkehr nicht teil, verstößt aber gegen § 31 II StVZO.

51 Hat die Ehefrau das Fz auf einer gemeinschaftlichen Fahrt geführt, anschl verbotswidrig abgestellt, dann dem Ehemann, der Halter des Fz ist, die Schlüssel übergeben, so wird dieser durch die Übernahme der Schlüssel VT u ist nunmehr verpflichtet, die verbotene Abstellung des Fz zu beseitigen (Bay 62, 278 = VM 63, 29). Ein Verstoß durch Unterlassen ist auch gegeben, wenn der VT ein Hindernis, das er schuldlos herbeigeführt hat, nicht wieder beseitigt, obwohl er hierzu rechtlich verpflichtet, die Beseitigung ihm möglich u zumutbar ist (Bay 56, 167 = VRS 11, 66; VRS 31, 129; vgl § 12 Rn 89 f; Tröndle/Fischer § 315b StGB Rn 4).

52 **5. Reaktions- und Schreckzeit.** Diese sind für die Beurteilung einer Fahrlässigkeit bei Verkehrsverstößen von Bedeutung.

53 **a) Reaktionszeit.** Vom Menschen kann nichts über seine psychischen u physischen Kräfte Hinausgehendes, subjektiv Unmögliches verlangt werden. Der Mensch muss die Verkehrssituation zunächst mit dem Sinnesorgan erfassen, um dann adäquat darauf reagieren zu können. Diese Zeitspanne, die Reaktionszeit (im engeren Sinne), hängt wesentlich von der körperlichen Konstitution und von der Vorhersehbarkeit der jeweiligen Verkehrssituation ab (vgl LG Stuttgart SP 09, 358). Diese Reaktionszeit muss bei jeder Gefahrabwehrhandlung berücksichtigt werden. Die grundsätzliche persönliche Veranlagung (Geistesgegenwart, Reaktionsvermögen), der aktuelle körperliche Zustand und die vorhandene Wettersituation (Lichtverhältnisse s OLG Hamm NZV 1995, 357) führen zur Schwankungsbreiten von 0,6 bis 2 sec (s AG Aschaffenburg DAR 1982, 334 – 1,5 sec; VGT 1994; Bode/Meyer/Gramcko 61 u 144 ff; Dannert Rn 87; DAR 1997, 491–2 sec; LG Stuttgart SP 09, 358 auch eine um 0,6 bis 0,8 sec verspätete Reaktion kann ein so geringes nicht zur Mithaftung führendes Verschulden sein).

Grundregeln **§ 1 StVO**

Die **Bremsansprechzeit** ist die Zeit der Kraftübertragung bis zum Ansprechen 54
der Bremsen. Reaktions- u Bremsansprechzeit zusammen (Reaktionszeit im weiteren Sinne) ist demnach die Zeit, die zwischen dem Erkennen der Gefahr u dem Wirksamwerden der Bremsen als der wichtigsten Maßnahme zur Gefahrenabwehr vergeht. Während dieser Zeit fährt das Fz mit unverminderter Geschwindigkeit weiter.

Reaktions- und Bremsansprechzeit zusammen betragen im allg bei einem 55
unvermuteten Vorgang eine knappe Sekunde (BGH NJW 00, 3069; OLG Hamm VersR 80, 685); in dieser Zeit werden (nach der Formel km/h × 10 : 36) zB bei 30 km/h 8,33 m, bei 50 km/h 13,88 m u bei 70 km/h 19,44 m zurückgelegt; s Tab § 3 Rn 13), bei einer einfachen Reaktion, auf die der Kf gefasst sein musste, 0,8 sec (BGH NZV 94, 149: bei gebotener Bremsbereitschaft; OLG Köln VRS 96, 344). Als die kürzeste mögliche Reaktions- u Bremsansprechzeit wird 0,6 sec angesehen (OLG Düsseldorf VM 60, 88). Im allg kommt allerdings eine unter 0,8 sec liegende nicht in Betracht (Bay VRS 58, 445); lediglich im StadtV, wo gesteigerte Aufmerksamkeit nötig ist, können 0,75 sec ausreichen (OLG Saarbrücken NJW 84, 760).

Die bisher von der RSpr angenommenen Reaktionszeiten werden zunehmend 56
als zu kurz kritisiert (s 20. VGT u Giehring s Rn 87); nach Hartmann (20. VGT S 54) beträgt sie in 99% aller Fälle 1,2 sec; es ist daher stets individuell zu differenzieren, wobei Alter, Kf-Erfahrung, Sehvermögen etc eine Rolle spielen (s auch Spiegel 20. VGT S 84). Besteht die geforderte Abwehrmaßnahme nicht einfach im Bremsen, sondern ist eine Wahl zwischen mehreren denkbaren Maßnahmen (zB Rechts- oder Linksausweichen) erforderlich, so muss der reinen Reaktionszeit die Zeitspanne hinzugerechnet werden, die zum Wirksamwerden der jew notwendigen anderen Handlung benötigt wird (zum **Bremsweg** s § 3 Rn 13 f).

b) Schreckzeit. Im Gegensatz zur immer einzurechnenden Reaktionszeit ist 57
dem Täter – neben dieser, nicht an ihrer Stelle (OLG Schleswig DAR 61, 201) – eine **Schreckzeit** (ungenau Schrecksekunde) **nur unter bes Umständen,** dh nur dann zuzubilligen, wenn er von einem gefährlichen, von ihm zu vermutenden Ereignis überrascht wird (BGH NZV 94, 149; OLG Köln VRS 96, 344), zB bei plötzlichem Ausfall der Betriebsbremse (OLG Düsseldorf VM 77, 56; OLG Hamm NZV 90, 36) oder Platzen eines Reifens (s Rn 62). Sie setzt voraus, dass der Täter durch den Schrecken an der sofortigen Gefahrenabwehr gehindert war (OLG Hamm VM 62, 120), dass er nicht selbst durch vorangegangenes fehlerhaftes Verhalten (Unaufmerksamkeit, hohe Geschwindigkeit oder auch mangelnde Wartung: OLG Hamm NZV 90, 36; s auch § 23 Rn 6 ff) den Schrecken verschuldet hat (BGH VRS 6, 88) u dass er auf das verkehrsgemäße Verhalten des anderen vertrauen durfte (BGH VRS 23, 375).

Eine **Schreckzeit** steht daher dem Kf **nicht** zu, wenn er die Gefahrenlage 58
rechtzeitig erkennen u sich auf sie einstellen konnte (BGH VRS 7, 449). Ebenso wenig ist sie bei selbstverschuldeter Gefahr zuzubilligen (BGH VRS 22, 91). Im Stadt- u OrtsV wird eine erhöhte Reaktionsbereitschaft verlangt, die meistens die Zubilligung einer Schreckzeit ausschließt (BGH VRS 25, 51; OLG Hamm VRS 43, 184). Der Vorfahrtberechtigte darf zwar vertrauen, dass der Wartepflichtige seine Vorfahrt beachtet; er darf sich aber durch eine Vorfahrtverletzung nicht erschrecken lassen; deshalb wird hier keine Schreckzeit zugebilligt (BGH VM 58, 90; VRS 27, 73; Bay 64, 185). Das gleiche gilt bei Annäherung an eine LZA bei Grün (OLG Köln VRS 45, 358); ebenso, wenn in einer Kurve ein entgegenkommendes Fz über die Fahrbahnmitte gerät (BGH VRS 35, 177).

StVO § 1 I. Allgemeine Verkehrsregeln

59 Anders allerdings, wenn ein vorher nicht sichtbarer Wartepflichtiger plötzlich hinter einem Gartenzaun hervorkommt u die Fahrbahn des Vorfahrtberechtigten kreuzt; darauf muss der Benutzer einer Str nicht gefasst sein. Wer selbst ein riskantes Fahrmanöver ausführt, muss mit bes Geistesgegenwart u Reaktionsbereitschaft auf alle Gefahren achten. So darf sich derjenige, der eine Kolonne überholt, nicht durch das Ausscheren eines Fz aus der Kolonne überraschen lassen; daher hier keine Schreckzeit (BGH VM 67, 40). In diesem Fall wurde auch nur die für schnelles Handeln gültige Reaktions- u Bremsansprechzeit von 0,9 sec eingeräumt. Wer auf dem rechten Vordersitz seines Pkw einen Betrunkenen mitnimmt, kann sich nicht auf eine Schreckzeit berufen, wenn dieser ihn bei der Lenkung des Fz behindert (BGH VRS 26, 33).

60 **c) Beispiele.** Die Überraschung durch eine plötzlich auftretende Gefahr kann nicht nur das Unterbleiben oder die Verzögerung der gebotenen, sondern auch eine **falsche Reaktion** zur Folge haben. Wenn ein Kf in einer ohne sein Verschulden auftauchenden erheblichen Gefahrenlage, die sofortiges Handeln gebietet, infolge Schrecks, Verwirrung oder Überraschung außerstande ist, das richtige Mittel zur Abwendung der Gefahr zu ergreifen, so kann ihm dieses Versagen nicht als Fahrlässigkeit angerechnet werden (BGH VRS 10, 213; 34, 434; Bay 60, 317 = VRS 20, 450). Allerdings muss auch hier ein strenger Maßstab angelegt werden. Vom Kf muss Geistesgegenwart u Reaktionsbereitschaft verlangt werden. Insoweit ist eine Abgrenzung von willensgesteuerten Handlungen zu reinen Körperreflexen (wie zB Krampfanfällen oder instinktiven Abwehr- und Ausweichbewegungen) vorzunehmen.

61 Kein Vorwurf trifft den **schuldlos Überraschten,** der von mehreren möglichen Maßnahmen zur Gefahrenabwehr die näher liegende oder wichtigere ausführt, dabei aber eine weitere unterlässt, zB bremst, aber nicht gleichzeitig ein Warnzeichen gibt (Bay 59, 367 = VM 60, 51).

62 **(1) Technischer Defekt:** Durch einen **technischen Defekt** des Fahrzeuges, wie zB dem plötzlichen Ausfall der Betriebsbremse oder dem Platzen eines Reifens kann es bei einem ungeübten Kraftfahrer zu reflexartigem Bremsen kommen (BGH DAR 1976, 184). Eine Schreckzeit steht dem Kraftfahrer nur dann zu, wenn die Bremse versagt, obwohl das Kraftfahrzeug ordnungsgemäß gewartet war (BGH VR 63, 95; OLG Düsseldorf VRS 51, 311). Dem Fahrzeugführer ist ebenfalls ein Schuldvorwurf zu machen, wenn er nach dem Platzen eines Reifens bremst, obwohl er richtigerweise das Gas wegnehmen und gegensteuern müsste, um den schleudernden Wagen wieder in seine Gewalt zu bringen (BGH(Z) VRS 51, 4).

63 **(2) Plötzliche Hindernisse:** Auch durch plötzliche Hindernisse kann dem Kraftfahrer eine Schreckzeit zugebilligt werden. So zB wenn der Kf beim plötzlichen, nicht zu erwartenden Auftauchen eines Fußgängers sein Fahrzeug nach links reißt und nicht gleichzeitig bremst (BGH(Z) VRS 50, 14). Unerwartete Hindernisse auf der Fahrbahn, die zB durch den Verlust von Ladungsgegenständen anderer Fahrzeuge auf der Fahrbahn herbeigeführt wurden, können ebenfalls eine Schreckzeit rechtfertigen. Anders ist dies allerdings, wenn der Kraftfahrer die eigene Ladung nicht sachgerecht befestigt hat. Allgemein gilt, dass dem Kraftfahrer bei einer **selbstverschuldeten Gefahr** keine Schreckzeit zuzubilligen ist (BGH VRS 22, 91). Bei Wildwechsel s aber § 3 Rn 44. Zu der Verantwortlichkeit des Kf für Fehlreaktionen s Spiegel DAR 1968, 283.

64 **(3) Ablenkung:** Eine Schreckzeit ist auch demjenigen Kraftfahrer einzuräumen, der infolge plötzlicher Lärmeinwirkung, zB eines Düsenflugzeuges oder

Grundregeln **§ 1 StVO**

anderer unerwarteter Geräusche von erheblicher Intensität, zu einer unbedachten Fahrzeugführung veranlasst wird. Anders bei Geräuschen, mit denen der Kf rechnen muss, zB das Herannahen eines Martinshornes oder ein plötzlich ansteigender Lärmpegel an einer Straßenbaustelle.

Dem Kf ist auch **keine Schreckzeit** zuzubilligen, wenn er in seinem Fahrzeuges so laut Musik hört, dass er ein herannahendes Rettungsfahrzeug überhört und sich durch die plötzliche Wahrnehmung erschreckt (vgl im Einzelnen § 38 Rn 5). Auch die Ablenkung des Kf durch Unterhaltung mit dem Beifahrer, das Führen von Telefonaten oder die Betreuung von Kindern während des Fahrens schließen die Zubilligung einer Schreckzeit aus. Es handelt sich nicht um besondere äußere Umstände, durch die der Kf überrascht wird, sondern die in seinem eigenen Verantwortungsbereich liegen. Wer als Beifahrer einen Betrunkenen mitnimmt, kann sich nicht auf eine Schreckzeit berufen, wenn ihn dieser bei der Lenkung des Fahrzeuges behindert (BGH VRS 26, 33). Auch die Ablenkung durch einen Verkehrsunfall auf der anderen Straßenseite ohne eigene Betroffenheit („Schaulustiger") führt nicht zur Zubilligung einer Schreckzeit. Gerade in solchen Situationen gilt eine erhöhte Sorgfaltspflicht für den Kf. 65

(4) **Wetterlage:** Die Zubilligung einer Schreckzeit auf Grund einer besonderen Wetterlage (zB Nebel oder starke Sonnenstrahlung) ist idR nicht gerechtfertigt. Der Kf kann und muss sich auf die vorherrschenden Wetterbedingungen einstellen und seine Fahrgeschwindigkeit und sein Fahrverhalten entsprechend anpassen. Etwas anderes kann nur bei besonderen Situationen gelten, so zB wenn der Kraftfahrer über eine Bergkuppe fährt und – unvorhersehbar – einer plötzlichen und direkten Sonneneinstrahlung ausgesetzt ist, oder eine plötzliche, unvorhersehbare Blendung durch die Reflexion der Sonne in einem Spiegel auftritt. 66

6. Die einzelnen Verkehrsvorgänge. a) Allgemeines. Aus § 1 wurde von der RSpr eine große Zahl von Verhaltensregeln für die einzelnen VVorgänge entwickelt. Soweit diese in den Einzelvorschriften der StVO (§§ 2 ff) ihren Niederschlag gefunden haben, sind Verstöße dagegen grundsätzlich nur nach der Sondervorschrift zu ahnden. Wenn aber zusätzliche, in der Sonderbestimmung nicht enthaltene Verhaltensregeln gegeben werden, verstößt ihre Verletzung gegen § 1 II, nicht gegen die Sondervorschrift (s Rn 74 ff). Die auf Grund des § 1 II entwickelten Pflichten werden, soweit sie sich auf VVorgänge beziehen, für die eine Einzelregelung besteht, bei diese behandelt (s zB § 16 Rn 3 ff u 14: pflichtwidriges Unterlassen von Warnzeichen). 67

b) Verhalten bei Blendung. Die Pflicht, die Blendung anderer zu vermeiden, ist in § 17 II S 3 normiert. Hier wird nur das Verhalten des geblendeten VT behandelt. Durch die Blendung wird das Sehvermögen so herabgesetzt, dass der Geblendete Gegenstände vor sich entweder gar nicht mehr oder nur noch schwer erkennen kann (vgl dazu Bay 63, 69 = VRS 25, 342). 68

Außerdem entsteht unmittelbar nach der Begegnung mit der Lichtquelle die sog **Blindsekunde,** da sich das Auge erst wieder an das schwache Licht anpassen muss (BGH VRS 4, 135). Der Fz-Führer, dem bei Dunkelheit ein Fz mit aufgeblendeten Scheinwerfern entgegenkommt, muss sofort die erforderlichen Abwehrmaßnahmen treffen. Er darf den Entgegenkommenden durch kurze Blinkzeichen zum Abblenden auffordern, muss aber, wenn die Blendung nicht sofort abgestellt wird, seinerseits seine Geschwindigkeit nach § 3 I herabsetzen, so dass er noch innerhalb der vorher als frei erkannten Strecke anhalten kann (BGH StVE 14; OLG Koblenz VD 93, 161); er darf nicht „blind" weiterfahren (BGH 69

StVO § 1 I. Allgemeine Verkehrsregeln

StVE § 254 BGB Nr 1), sondern muss erforderlichenfalls an den rechten Fahrbahnrand heranfahren u anhalten (OLG Hamm NZV 94, 401). Eine Schreckoder verlängerte Reaktionszeit wird ihm hier nicht gewährt (BGH VRS 6, 203, 393; 9, 296). Tritt aber die Blendung unmittelbar vor der Begegnung plötzlich u unvermutet ein, so ist ihm eine verlängerte Reaktionszeit zuzubilligen u er kann für ein Versagen innerhalb der Blindsekunde nicht verantwortlich gemacht werden (BGH VRS 4, 126).

70   So bes, wenn ein mit **Abblendlicht entgegenkommendes** Fz plötzlich **aufblendet;** denn hiermit braucht der Kf nicht zu rechnen (BGHSt 12, 81; VRS 24, 369; zur Frage der Blendwirkung u Reaktion darauf s OLG Karlsruhe VRS 57, 193), er muss sich nur auf solche Blendung einstellen, die auch bei Abblendlicht zu erwarten ist, dabei aber auf nasser Str die Möglichkeit einer Spiegelung des Abblendlichts berücksichtigen (Bay 62, 252 = DAR 62, 184; OLG Oldenburg VRS 32, 270).

71   Auch bei Blendung durch **Sonnenlicht** darf der Kf nur mit einer Geschwindigkeit weiterfahren, die ihm ein Anhalten vor einem Hindernis auf der Fahrbahn ermöglicht (§ 3 I; BGH VRS 27, 119, 122; OLG Hamm NZV 94, 401). Ein Verschulden kann darin liegen, dass sich der Kf nicht schon rechtzeitig vor der Begegnung auf die Blendung einstellt, zB wenn er vor einer Kuppe oder StrKrümmung den Lichtschein eines entgegenkommenden Fz erkennen konnte (OLG Köln VM 67, 74). Er muss darauf gefasst sein, dass er **von rückwärts geblendet** wird, bes beim Überholen u Überholtwerden (vgl dazu § 17 Rn 8). Der von rückwärts Geblendete muss sich gegen die Blendung von rückwärts selbst schützen, indem er seine Augen durch eine leichte Kopfbewegung aus dem Blendbereich entfernt oder den Rückspiegel umstellt. Eine Schreck- oder Blindsekunde ist ihm regelmäßig nicht zuzubilligen (Bay 63, 203 = VM 64, 3).

72   7. „**Anderer**". Der in § 1 II – ebenso wie in §§ 315b u c StGB – gegen Gefährdung, Schädigung oder Belästigung durch VTeilnehmer geschützte „Andere" braucht kein VT zu sein (KÖ VRS 95, 321; OLG Celle VRS 31, 212; anders bei § 9, s dort Rn 72). „Anderer" in diesem Sinne ist jeder beliebige Mensch, so der Fahrer des beschädigten Kfz (BGH VRS 68, 116) u auch der Insasse des vom Täter geführten Fz, soweit er nicht in die Fz-Führung eingreift (BGHSt 11, 199; 12, 282, 285; OLG Köln VRS 95, 321) u somit selbst Täter ist oder sich an der vorsätzlichen Tat beteiligt (BGHSt 6, 100; NZV 91, 157); anderer ist ferner der Mitfahrer in öff VMitteln (OLG Karlsruhe VRS 54, 123) u der Eigentümer der vom Täter beförderten fremden Ladung (OLG Hamm DAR 60, 121). Nicht geschützt ist der Eigentümer des vom Täter benutzten u beschädigten Fz (BGHSt 11, 148; NZV 92, 148; OLG Celle VM 67, 72) u des Anhängers (Bay 63, 178 = VRS 26, 54), da diese Fze als Angriffsmittel des Verstoßes iG zu dem geschützten RKreis der „Anderen" stehen; vgl auch Tröndle/Fischer § 315c StGB 5 f.

73   Nach BGHSt 22, 368 genügt auch die Gefährdung einer **fremden Sache,** die der Sicherheit des StraßenV dient oder sonst verkehrsbezogen ist (parkender Pkw). Gegen diese Ausweitung des Begriffs „Anderer" werden Bedenken vorgebracht (vgl Möhl JR 70, 31; Hentschel/König/Dauer § 1 Rn 38 u Booß Anm 4 jew zu § 1 sowie KG VRS 35, 455). § 1 II schützt Sachen nur gegen Beschädigung, anders als §§ 315b u c StGB.

74   **8. Rechtsfolgen – Zivilrecht. a) Grundlagen – Konkretes Erfolgsdelikt.** Der Verstoß gegen eine aus der Grundregel abgeleitete Pflicht ist – iG zu Verstö-

Grundregeln **§ 1 StVO**

ßen gegen die meisten Sondervorschriften – als OW nur ahnbar, wenn einer der in § 1 II genannten Erfolge im Rahmen der VTeilnahme eingetreten ist – **konkretes Erfolgsdelikt**. Die Pflichtwidrigkeit muss für den Erfolg ursächlich, die Folge für den Täter voraussehbar sein.

b) Konkrete Gefährdung. Eine konkrete Gefährdung liegt vor, wenn der 75 Täter eine Lage herbeiführt, die auf einen unmittelbar bevorstehenden Unfall („Beinaheunfall": BGH NZV 95, 325; DAR 97, 176 bei Tolksdorf) hindeutet (BGHSt 18, 271 ff; OLG Köln DAR 96, 507); die Sicherheit eines bestimmten RGutes muss so stark beeinträchtigt sein, dass es vom Zufall abhängt, ob es verletzt wird oder nicht (BGH NStZ 96, 85; DAR 95, 296; ZfS 97, 232; ausführlich dazu OLG Frankfurt NZV 94, 365). Die allg bestehende, nicht vermeidbare Möglichkeit des Eintrittes eines Schadens muss durch das Verhalten des Täters wesentlich näher gerückt werden, so dass ein Unbeteiligter meinen könnte, dass „das noch einmal gutgegangen sei" (BGH NZV 95, 325; DAR 97, 176 bei Tolksdorf). Die Beurteilung richtet sich nach den möglichst konkret zu umschreibenden Umständen des Einzelfalles, für die es keine allg gültigen Richtlinien gibt (BGHSt 22, 346; Näheres bei BGH DAR 95, 296, 297). Wer sich lediglich in der vom unvorschriftsmäßig fahrenden Täter geschaffenen allg „Gefahrenzone" befindet oder die drohende Gefahr rechtzeitig erkennt u in einem Zeitpunkt, in dem auch der Fz-Führer ihren Eintritt durch eine verkehrsgerechte Maßnahme noch abwenden kann, hält oder ausweicht, ist nicht konkret gefährdet, möglicherweise aber behindert oder belästigt (OLG Düsseldorf NZV 90, 80; 94, 37). Wenn aber der andere nur durch seine eigene Reaktion der Gefahr entgehen konnte, war er gefährdet (OLG Stuttgart VM 58, 23; s aber OLG Schleswig VRS 77, 442; vgl auch Tröndle/Fischer § 315c StGB Rn 8).

Gefährdung durch zu nahes Auffahren s § 4 Rn 13; Warnzeichen § 16. Auch 76 kurzfristiges Halten an unübersichtlicher Stelle kann gefährden (Bay VRS 59, 219); **Ursächlichkeit** des Verstoßes oder der Trunkenheit für die Gefährdung s Tröndle/Fischer § 315c StGB 8, 12 f. **Gefährdungsvorsatz** ist im Urt zu begründen (Bay NZV 92, 415; s Tröndle/Fischer § 315b StGB Rn 11); **Voraussehbarkeit** der Folge s auch § 315c StGB Rn 14.

Bei einem Verstoß gegen § 1 II StVO kommt es idR auch zu einer (Mit-)haftung des Kfz-Führers. So hat das OLG Hamm (BeckRS 17, 101306) die Haftung zwischen einem wartepflichtigen Radfahrer und dem vorfahrberechtigten Kfz-Führer, der gegen § 1 II StVO verstoßen hat, 60 zu 40 zu Lasten des Radfahrers verteilt.

c) Schädigung. Schädigung ist die Zufügung eines wirtschaftlichen, vermö- 77 gensrechtlich wägbaren Nachteils (OLG Hamburg VRS 29, 273, 275). Darunter fallen sowohl Körper- wie Sachschäden; jedoch nicht, wenn ihnen wirtschaftlich keinerlei Bedeutung zukommt. Beispielsweise schädigt das bloße Anstoßen an ein fremdes Fz nicht stets; ebenso wenig jede Verletzung von Baumrinde (KG VRS 72, 380).

d) Behinderung und Belästigung. Behinderung und Belästigung eines 78 anderen sind (iG zur Gefährdung u Schädigung) nicht verboten, soweit sie unvermeidbar sind. Die Versammlungsfreiheit deckt zwar gewisse Behinderungen des Verkehrs, soweit sie sozial-adäquate Nebenfolgen der Versammlung sind, sie begründet aber kein R zur absichtlichen Lahmlegung des StraßenV (OVG Lüneburg NZV 95, 332). Wichtige Ausn: § 11.

Heß

79 **Behinderung** ist die im Einzelnen festzustellende (OLG Düsseldorf VRS 79, 131) Beeinträchtigung des zulässigen, beabsichtigten Verhaltens eines anderen, ohne dass dieser gefährdet oder geschädigt zu sein braucht; dies setzt voraus, dass der andere VT zu einem von ihm nicht beabsichtigten Verhalten gezwungen wird. Sie liegt nicht nur dann vor, wenn der andere nicht zügig weiterfahren oder als Fußgänger den zugeparkten Gehweg nicht benutzen kann, sondern auch dann, wenn der andere zu nicht ganz ungefährlichen Ausweichbewegungen gezwungen oder in Verwirrung versetzt u dadurch zu plötzlichen, möglicherweise unsachgemäßen Maßnahmen veranlasst oder in ihm die nach Sachlage begründete Besorgnis der Missachtung seines VorR hervorgerufen u er dadurch unsicher gemacht wird (Bay VRS 25, 224). Zur **Straßenblockade** s Rn 91.

80 Da die Vielfältigkeit der VTeilnahme ständig zu gegenseitigen Behinderungen führt, muss hier immer geprüft werden, ob diese **zumutbar** sind. Eine unzulässige Behinderung liegt nicht vor, wenn ein VT zu einem Verhalten gezwungen wird, zu dem er ohnehin verpflichtet wäre, zB zum Abbrechen einer unzulässigen Überholung (Bay VM 68, 82; aA OLG Schleswig VM 77, 77 m abl Anm Booß), Absehen vom Befahren eines Gehweges (OLG Düsseldorf VRS 38, 301), Einhalten der vorgeschriebenen Geschwindigkeit durch Linksfahren (Bay VRS 71, 299; BGH VRS 72, 293 = StVE 37; s dazu Verf NStZ 86, 542 u 87, 115) oder kurzfristiges (!) **Zuparken** bei sofortiger Wegfahrbereitschaft (OLG Düsseldorf NZV 94, 288; s aber OLG Koblenz MDR 75, 243 u OVG Saarbrücken NZV 93, 366). Ebenso liegt in der Inanspruchnahme der Vorfahrt keine unzulässige Behinderung des Wartepflichtigen, oder wenn der Vorfahrtberechtigte zurückstehen muss, weil er andernfalls den Wartepflichtigen gefährden würde (Bay 66, 118 = VRS 32, 148).

81 Auch **keine unzumutbare Behinderung** des fließenden Verkehrs durch kurzes Anhalten u Aussteigen zwecks Aushändigung eines Gepäckstücks an übersichtlicher Stelle (Bay VRS 59, 219) oder wenn der Behinderte ausweichen kann (OLG Düsseldorf VRS 73, 283). Wer sein Kfz unmittelbar an einem im Einsatz befindlichen Radarwagen parkt u dadurch dessen Messungen stört „behindert" die Beamten nicht, belästigt sie aber uU (OLG Hamm VRS 52, 208). Ein nicht durch § 12 I oder III verbotenes Halten kann wegen der mit ihm verbundenen Behinderung des fließenden Verkehrs uU gegen § 1 II verstoßen (Bay VM 80, 110; s § 12 Rn 81). Wegen „Hindernisbereitens" s Tröndle/Fischer § 315b I 2 StGB, wegen Behinderung durch Langsamfahren § 3 Rn 47; zur Behinderung beim Einparken s § 12 Rn 78.

82 **Belästigung** ist die Zufügung von körperlichem oder seelischem Unbehagen. Die Erregung des subjektiven Unmuts eines anderen genügt nicht; die Handlung muss nach objektivem Urt geeignet sein, andere zu belästigen. Sie muss eine – wenn auch nicht notwendig beabsichtigte – Richtung gegen die Personen aufweisen, an denen der Vorgang Anstoß nehmen (Bay 63, 169 = VRS 25, 453).

83 Der unbeteiligte Zuschauer einer verkehrswidrigen Fahrweise wird daher durch diese nicht belästigt, auch wenn er sich über sie ärgert; wohl aber Belästigung der Anwohner durch **Geräusche** (vgl auch § 30 I), wie unnötiges Anlassen u Laufenlassen des Motors eines Krades oder Traktors bes in Zeiten der Arbeitsruhe (OLG Celle DAR 59, 50; OLG Oldenburg VM 58, 37; OLG Schleswig SchlHA 58, 205); Auf- u Abfahren mit einem Krad in einer ruhigen Str ohne verkehrsgerechten Zweck (Weigelt DAR 61, 250).

84 Unvermeidbare geringe Belästigungen sind nicht verboten. **Unvermeidbar** ist zB das (normale) Zuschlagen der Wagentür (sonst s § 30 I 2) u das Anlassen des

Grundregeln **§ 1 StVO**

Motors beim Abfahren; ferner Warnzeichen, soweit sie zur Warnung gefährdeter VT gegeben werden.

Vermeidbar sind Belästigungen durch Geräusch oder Geruch, die auf einen 85 unvorschriftsmäßigen Zustand des Fz zurückzuführen sind; auch unnötig lautes Zuknallen der Wagentür, die sich leise schließen lässt (KG VRS 23, 219; s § 30 I 2).

Zum **Beschmutzen** anderer: Auf einer verkehrsreichen Str darf ein schnellerer 86 einen langsam fahrenden VT auch dann überholen, wenn dieser dadurch mit Schneematsch bespritzt werden kann. Er muss aber dabei einen möglichst weiten Seitenabstand u eine – verkehrsmäßig vertretbare – geringe Geschwindigkeit einhalten (Bay 64, 82 = VM 64, 92). Dagegen darf ein Fz-Führer auf einer Strecke, die nur 60 m lang von Wasser überflutet ist, einen anderen nicht überholen, wenn er dies nur mit einem unzumutbaren Bespritzen des anderen Fz u seiner Insassen durchführen kann (Bay v 1.4.66 – 1b St 15/66).

Durchfährt ein Kf eine Pfütze u beschmutzt dadurch die Kleider eines Fußgän- 87 gers, so muss im Urt festgestellt werden, ob u wie (Herabsetzung der Geschwindigkeit, Ausweichen) der Kf das Bespritzen ohne Gefährdung des fließenden Verkehrs vermeiden konnte (Bay v 15.4.64 – 1 St 77/64). Belästigung (uU sogar Nötigung) ist auch das aufdringliche Anhalten eines Fz unter Hineintreten in seine Fahrlinie, um mitgenommen zu werden (Bay 53, 145 = VRS 5, 625).

9. Rechtsfolgen – Ordnungswidrigkeiten. Verstöße gegen § 1 II sind 88 OWen nach § 49 I 1 iVm § 24 StVG (s Nrn 1–1.4; 2.1; 3.11; 3.2; 3.3; 3.3.1; 4; 7; 7.11; 7.2.1.; 13.1.; 16.1; 18.1; 19.1.1.; 21.1; 23.1; 28.1 BKatV). § 1 I ist mangels ausreichender Bestimmtheit nicht bußgeldbewehrt. Soweit spezielle Vorschriften der StVO gleiche Folgen wie § 1 I, insb Gefährdung oder Behinderung in den §§ 5 IV S 1, 8 II S 2, 9 V, 10, 14, 20 ua, schließt die spezielle Vorschrift die Anwendung des § 1 II durch GKonkurrenz aus (s zB OLG Düsseldorf VRS 81, 53). Verbietet der SpezialTB bloß die Gefährdung eines anderen, so ist eine vermeidbare Behinderung oder Belästigung im Rahmen des § 1 II ahndbar (vgl dazu Cramer 75; OLG Köln NZV 97, 365; s auch § 35 Rn 16).

Setzt die OW der Spezialvorschrift keine der in § 1 II aufgeführten Folgen 89 voraus, ist es aber zu einer solchen gekommen, so besteht TE (OLG Köln NZV 97, 365 mit § 19); ebenso, wenn es über die bloße Gefährdung hinaus zu einer im SpezialTB nicht vorausgesetzten Schädigung Dritter gekommen ist (OLG Hamburg VM 66, 72; zur Abgrenzung der §§ 1 II, 5 II, III 1s OLG Hamm VRS 59, 271; zu § 8 s dort Rn 74). Werden mehrere Personen oder Güter durch **einen** Verstoß verletzt, so liegt nur **eine** OW nach § 1 II vor (Bay 67, 155 = DAR 68, 83). Trifft ein Verstoß gegen § 1 II mit einer Straftat zusammen, so tritt die OW nach § 21 OWiG zurück. Eine wahlweise Feststellung zwischen mehreren OWen wird von der Rspr grds als zulässig erachtet (OLG Hamm VRS 53, 136). – Zum Verstoß durch Unterlassen s oben Rn 50 f.

Im Falle eines Normenwiderstreits geht § 1 allen Einzel-AOen der StVO vor. 90 Diese müssen zurücktreten, wenn ihre Verletzung zur Vermeidung eines Unfalles notwendig ist (BGH VRS 5, 586).

10. Rechtsfolgen – Strafrecht. Das BVerfG hat zwar die erweiternde Ausle- 91 gung des Gewaltbegriffs bei Sitzdemos als Verstoß gegen Art 103 II GG beanstandet u die RSpr aufgefordert, die Anwendung des Gewaltbegriffs zu überdenken (NStZ 95, 275 = StVE § 240 Nr 26; Anm Berz NZV 95, 297; Altvater NStZ 95, 281; Amelung NStZ 96, 230; Suhren DAR 96, 310). Im Bereich des StraßenverkehrsR besteht indessen nach hM kein Anlass zu einer grundsätzlichen Neubewertung (s VGT 96 AK II). BGH u OLGe haben demgem Nötigung auch weiterhin bejaht im Falle des **Ausbremsens** (BGH NStZ 96, 83 = NZV 95, 325, 453; Bay v 19.4.96 bei Verf NStZ 96, 588), abrupten **Fahrbahnwechsels** vor einen anderen (OLG Stuttgart DAR 95, 261), der absichtlichen **Autoblockade** (BGH NZV 95, 453; NStZ 95, 592), der **Straßenblockade** durch Kfze (OLG Karlsruhe VRS 91, 21; OLG Hamm VRS 92, 208), **Blockieren** (Zuparken) eines Falschparkers (OLG Köln NZV 00, 99; OLG Düsseldorf NZV 00, 301), **blockierendes Querstellen** (OLG Köln DAR 04, 469) u **zu dichtes Auffahren** (s § 4 Rn 20 f). **Aber keine Nötigung** bei vorsätzlicher Behinderung des Kfz-V durch Fußgänger (Straßengeher; BGHSt 41, 231 = NZV 95, 493, StV 02, 360), bei ow Behinderung, der ausgewichen werden konnte (OLG Köln NZV 89, 157; OLG Düsseldorf VRS 73, 283), beim kurzfristigen Zuparken mit sofortiger Wegfahrbereitschaft (OLG Düsseldorf NZV 94, 288; KÖ NZV 00, 99). Jedoch können Personen, die die Fahrbahn blockieren, in dem sie sich selbst Fzen in den Weg stellen nötigen, wenn sie unmittelbar durch ihre körperliche Anwesenheit zum Stehen gebrachte Fze als physisches Hindernis für nachfolgende Fzführer benutzen (s BVerfG NJW 02, 1031). Weitere Nötigungsfälle s bei §§ 2 Rn 134; 3 Rn 121; 4 Rn 23; 5 Rn 42, 80; 12 Rn 79, 92; 16 Rn 14; 28 Rn 12.

92 **11. Literatur.** Altvater NStZ 95, 281; **Berz** VGT 96 S 67; NZV 95, 297; **Burmann/Schmedding** Unfallrekonstruktion im Verkehrsprozess, 2. Aufl. 2015; **Borck** VGT 96 S 76; **Böcher** „Verantwortung im StV in juristischer, psychologischer und pädagogischer Sicht" NZV 89, 209; **Dannert** „Die Reaktionszeit des Kf" DAR 97, 477; **Denecke** „Die Schrecksekunde" KVR von A bis Z, Erl 1; **Engels/Burckhardt/Hartmann/Klebelsberg/Spiegel** „Reaktionszeiten des Kf" VGT 82; **Giehring** „Der Dunkelheitsunfall" Enke Verlag 1984; **Herzberg** „Strafbare Nötigung durch Versperren des Fahrwegs? GA 96, 557; **Hoppe** „Blendung" KVR; **Meyer-Graucher** „Reaktion u Reaktionszeit" Verkehrsunfall 90, 191; Lang, „Die Haftung Minderjähriger – alle Fragen geklärt, Sonderheft Lemcke r+s 2011, 63 ff; **Suhren** VGT 96 S 91; **Westerhoff** „V-Recht und Verfassung" NJW 85, 457.

§ 2 Straßenbenutzung durch Fahrzeuge

(1) **Fahrzeuge müssen die Fahrbahnen benutzen, von zwei Fahrbahnen die rechte. Seitenstreifen sind nicht Bestandteil der Fahrbahn.**

(2) **Es ist möglichst weit rechts zu fahren, nicht nur bei Gegenverkehr, beim Überholtwerden, an Kuppen, in Kurven oder bei Unübersichtlichkeit.**

(3) **Fahrzeuge, die in der Längsrichtung einer Schienenbahn verkehren, müssen diese, soweit möglich, durchfahren lassen.**

(3a) **Der Führer eines Kraftfahrzeuges darf dies bei Glatteis, Schneeglätte, Schneematsch, Eisglätte oder Reifglätte nur fahren, wenn alle Räder mit Reifen ausgerüstet sind, die unbeschadet der allgemeinen Anforderungen an die Bereifung den Anforderungen des § 36 Absatz 4 der Straßenverkehrs-Zulassungs-Ordnung genügen. Satz 1 gilt nicht für**
1. **Nutzfahrzeuge der Land- und Forstwirtschaft,**
2. **einspurige Kraftfahrzeuge**
3. **Stapler im Sinne des § 2 Nummer 18 der Fahrzeug-Zulassungsverordnung,**

Straßenbenutzung durch Fahrzeuge § 2 StVO

4. motorisierte Krankenfahrstühle im Sinne des § 2 Nummer 13 der Fahrzeug-Zulassungs-Verordnung,
5. Einsatzfahrzeuge der in § 35 Absatz 1 genannten Organisationen, soweit für diese Fahrzeuge bauartbedingt keine Reifen verfügbar sind, die den Anforderungen des § 36 Absatz 4 der Straßenverkehrs-Zulassungs-Ordnung genügen und
6. Spezialfahrzeuge, für die bauartbedingt keine Reifen der Kategorien C1, C2 oder C3 verfügbar sind.

Kraftfahrzeuge der Klassen M2, M3, N2, N3 dürfen bei solchen Wetterbedingungen auch gefahren werden, wenn mindestens die Räder
1. der permanent angetriebenen Achsen und
2. die vorderen Lenkachsen

mit Reifen ausgerüstet sind, die unbeschadet der allgemeinen Anforderungen an die Bereifung den Anforderungen des § 36 Absatz 4 der Straßenverkehrs-Zulassungs-Ordnung genügen. Soweit ein Kraftfahrzeug während einer der in Satz 1 bezeichneten Witterungslagen ohne eine den Anforderungen des § 36 Absatz 4 der Straßenverkehrs-Zulassungs-Ordnung genügende Bereifung geführt werden darf, hat der Führer des Kraftfahrzeuges über seine allgemeinen Verpflichtungen hinaus
1. vor Antritt jeder Fahrt zu prüfen, ob es erforderlich ist, die Fahrt durchzuführen, da das Ziel mit anderen Verkehrsmitteln nicht erreichbar ist,
2. während der Fahrt
    a) einen Abstand in Metern zu einem vorausfahrenden Fahrzeug von mindestens der Hälfte des auf dem Geschwindigkeitsmesser in km/h angezeigten Zahlenwertes der gefahrenen Geschwindigkeit einzuhalten,
    b) nicht schneller als 50 km/h zu fahren, wenn nicht eine geringere Geschwindigkeit geboten ist.

Wer ein kennzeichnungspflichtiges Fahrzeug mit gefährlichen Gütern führt, muss bei einer Sichtweite unter 50 m, bei Schneeglätte oder Glatteis jede Gefährdung Anderer ausschließen und wenn nötig den nächsten geeigneten Platz zum Parken aufsuchen.

(4) Mit Fahrrädern muss einzeln hintereinander gefahren werden; nebeneinander darf nur gefahren werden, wenn dadurch der Verkehr nicht behindert wird. Eine Pflicht, Radwege in der jeweiligen Fahrtrichtung zu benutzen, besteht nur, wenn dies durch Zeichen 237, 240 oder 241 angeordnet ist. Rechte Radwege ohne die Zeichen 237, 240 oder 241 dürfen benutzt werden. Linke Radwege ohne die Zeichen 237, 240 oder 241 dürfen nur benutzt werden, wenn dies durch das allein stehende Zusatzzeichen „Radverkehr frei" angezeigt ist. Wer mit dem Rad fährt, darf ferner rechte Seitenstreifen benutzen, wenn keine Radwege vorhanden sind und zu Fuß Gehende nicht behindert werden. Außerhalb geschlossener Ortschaften darf man mit Mofas Radwege benutzen.

(5) Kinder bis zum vollendeten achten Lebensjahr müssen, Kinder bis zum vollendeten zehnten Lebensjahr dürfen mit Fahrrädern Gehwege benutzen. Ist ein baulich von der Fahrbahn getrennter Radweg vorhanden, so dürfen abweichend von Satz 1 Kinder bis zum vollendeten achten Lebensjahr auch diesen Radweg benutzen. Soweit ein Kind bis zum voll-

endeten achten Lebensjahr von einer geeigneten Aufsichtsperson begleitet wird, darf diese Aufsichtsperson für die Dauer der Begleitung den Gehweg ebenfalls mit dem Fahrrad benutzen; eine Aufsichtsperson ist insbesondere geeignet, wenn diese mindestens 16 Jahre alt ist. **Auf zu Fuß Gehende ist besondere Rücksicht zu nehmen. Der Fußgängerverkehr darf weder gefährdet noch behindert werden. Soweit erforderlich, muss die Geschwindigkeit an den Fußgängerverkehr angepasst werden. Vor dem Überqueren einer Fahrbahn müssen die Kinder und die diese begleitende Aufsichtsperson absteigen.**

VwV – StVO

Zu § 2 Straßenbenutzung durch Fahrzeuge

Zu Absatz 1

1   I. Zwei Fahrbahnen sind nur dann vorhanden, wenn die Fahrstreifen für beide Fahrtrichtungen durch Mittelstreifen, Trenninseln, abgegrenzte Gleiskörper, Schutzplanken oder andere bauliche Einrichtungen getrennt sind.

2   Ist bei besonders breiten Mittelstreifen, Gleiskörpern und dergleichen der räumliche Zusammenhang zweier paralleler Fahrbahnen nicht mehr erkennbar, so ist der Verkehr durch Verkehrszeichen auf die richtige Fahrbahn zu leiten.

II. Für Straßen mit drei Fahrbahnen gilt folgendes:

3   1. Die mittlere Fahrbahn ist in der Regel dem schnelleren Kraftfahrzeugverkehr aus beiden Richtungen vorzubehalten. Es ist zu erwägen, auf beiden äußeren Fahrbahnen jeweils nur eine Fahrtrichtung zuzulassen.

4   2. In der Regel sollte die Straße mit drei Fahrbahnen an den Kreuzungen und Einmündungen die Vorfahrt erhalten. Schwierigkeiten können sich dabei aber ergeben, wenn die kreuzende Straße eine gewisse Verkehrsbedeutung hat oder wenn der Abbiegeverkehr aus der mittleren der drei Fahrbahnen nicht ganz unbedeutend ist. In solchen Fällen kann es sich empfehlen, den äußeren Fahrbahnen an den Kreuzungen und Einmündungen die Vorfahrt zu nehmen. Das ist aber nur dann zu verantworten, wenn die Wartepflicht für die Benutzer dieser Fahrbahnen besonders deutlich zum Ausdruck gebracht werden kann. Auch sollen, wo möglich, die äußeren Fahrbahnen in diesen Fällen jeweils nur für eine Richtung zugelassen werden.

5   3. In vielen Fällen wird sich allein durch Verkehrszeichen eine befriedigende Verkehrsregelung nicht erreichen lassen. Die Regelung durch Lichtzeichen ist in solchen Fällen aber schwierig, weil eine ausreichende Leistungsfähigkeit kaum zu erzielen ist. Anzustreben ist daher eine bauliche Gestaltung, die eine besondere Verkehrsregelung für die äußeren Fahrbahnen entbehrlich macht.

6   III. Auf Straßen mit vier Fahrbahnen sind in der Regel die beiden mittleren dem schnelleren Fahrzeugverkehr vorzubehalten. Außerhalb geschlossener Ortschaften werden sie in der Regel als Kraftfahrstraßen (Zeichen 331.1) zu kennzeichnen sein. Ob das innerhalb geschlossener Ortschaften zu verantworten ist, bedarf gründlicher Erwägungen vor allem dann, wenn in kleineren Abständen Kreuzungen und Einmündungen vorhanden sind. Wo das Zeichen „Kraftfahrstraße" nicht verwendet werden kann, wird in der Regel ein Verkehrsverbot für Radfahrer und andere langsame Fahrzeuge (Zeichen 250 mit entsprechenden Sinnbildern) zu erlassen sein.

Durch Zeichen 283 das Halten zu verbieten, empfiehlt sich in jedem Fall, wenn es nicht schon durch § 18 Abs 8 verboten ist. Die beiden äußeren Fahrbahnen bedürfen, wenn die mittleren als Kraftfahrstraßen gekennzeichnet sind, keiner Beschilderung, die die Benutzung der Fahrbahn regelt; andernfalls sind sie durch Zeichen 251 für Kraftwagen und sonstige mehrspurige Kraftfahrzeuge mit Zusatzzeichen, zB „Anlieger oder Parken frei", zu kennzeichnen; zusätzlich kann es auch ratsam sein, zur Verdeutlichung das Zeichen 314 „Parkplatz" anzubringen. Im Übrigen ist auch bei Straßen mit vier Fahrbahnen stets zu erwägen, auf den beiden äußeren Fahrbahnen jeweils nur eine Fahrtrichtung zuzulassen.

Zu Absatz 3

Wo es im Interesse des Schienenbahnverkehrs geboten ist, den übrigen Fahrverkehr vom Schienenraum fernzuhalten, kann das durch einfache bauliche Maßnahmen, wie Anbringung von Bordsteinen, oder durch Fahrstreifenbegrenzungen (Zeichen 295) oder Sperrflächen (Zeichen 298) oder durch geeignete Verkehrseinrichtungen, wie Geländer oder Absperrgeräte (§ 43 Abs 1 und 3) erreicht werden. 7

Zu Absatz 4 Satz 2

I. Allgemeines

1. Benutzungspflichtige Radwege sind mit Zeichen 237 gekennzeichnete baulich angelegte Radwege und Radfahrstreifen, mit Zeichen 240 gekennzeichnete gemeinsame Geh- und Radwege sowie die mit Zeichen 241 gekennzeichneten für den Radverkehr bestimmten Teile von getrennten Rad- und Gehwegen. 8
2. Benutzungspflichtige Radwege dürfen nur angeordnet werden, wenn ausreichende Flächen für den Fußgängerverkehr zur Verfügung stehen. Sie dürfen nur dort angeordnet werden, wo es die Verkehrssicherheit oder der Verkehrsablauf erfordern. Innerorts kann dies insbesondere für Vorfahrtstraßen mit starkem Kraftfahrzeugverkehr gelten. 9
3. Ein Radfahrstreifen ist ein mit Zeichen 237 gekennzeichneter und durch Zeichen 295 von der Fahrbahn abgetrennter Sonderweg. Das Zeichen 295 ist in der Regel in Breitstrich (0,25 m) auszuführen. Zur besseren Erkennbarkeit des Radfahrstreifens kann in seinem Verlauf das Zeichen 237 in regelmäßigen Abständen markiert werden. Werden Radfahrstreifen an Straßen mit starkem Kraftfahrzeugverkehr angelegt, ist ein breiter Radfahrstreifen oder ein zusätzlicher Sicherheitsraum zum fließenden Verkehr erforderlich. Radfahrstreifen sind in Kreisverkehren nicht zulässig. 10
4. Ist ein Radfahrstreifen nicht zu verwirklichen, kann auf der Fahrbahn ein Schutzstreifen angelegt werden. Ist das nicht möglich, ist die Freigabe des Gehweges zur Mitbenutzung durch den Radverkehr in Betracht zu ziehen. Zum Gehweg vgl zu Zeichen 239. 11
5. Ein Schutzstreifen ist ein durch Zeichen 340 gekennzeichneter und zusätzlich in regelmäßigen Abständen mit dem Sinnbild „Fahrräder" markierter Teil der Fahrbahn. Er kann innerhalb geschlossener Ortschaften auf Straßen mit einer zulässigen Höchstgeschwindigkeit von bis zu 50 km/h markiert werden, wenn die Verkehrszusammensetzung eine Mitbenutzung des Schutzstreifens durch den Kraftfahrzeugverkehr nur in seltenen Fällen erfordert. Er muss so breit sein, dass er einschließlich des Sicherheitsraumes einen hinreichenden Bewegungsraum für den Radfahrer bietet. Der abzüglich Schutzstreifen verbleibende Fahrbahnteil muss so breit sein, dass sich zwei Personenkraftwagen gefahrlos begegnen können. Schutzstreifen sind in Kreisverkehren nicht zulässig. Zum Schutzstreifen vgl Nummer II zu Zeichen 340; Rn 2 ff. 12

StVO § 2   I. Allgemeine Verkehrsregeln

13   Hinsichtlich der Gestaltung von Radverkehrsanlagen wird auf die Empfehlungen für Radverkehrsanlagen (ERA) der Forschungsgesellschaft für Straßen- und Verkehrswesen (FGSV) in der jeweils gültigen Fassung hingewiesen.

II. Radwegebenutzungspflicht

14   Ist aus Verkehrssicherheitsgründen die Anordnung der Radwegebenutzungspflicht mit den Zeichen 237, 240 oder 241 erforderlich, so ist sie, wenn nachfolgende Voraussetzungen erfüllt sind, vorzunehmen.

15   Voraussetzung für die Kennzeichnung ist, dass

1. eine für den Radverkehr bestimmte Verkehrsfläche vorhanden ist oder angelegt werden kann. Das ist der Fall, wenn
   a) von der Fahrbahn ein Radweg baulich oder ein Radfahrstreifen mit Zeichen 295 „Fahrbahnbegrenzung" abgetrennt werden kann oder
   b) der Gehweg von dem Radverkehr und dem Fußgängerverkehr getrennt oder gemeinsam benutzt werden kann,

16 2. die Benutzung des Radweges nach der Beschaffenheit und dem Zustand zumutbar sowie die Linienführung eindeutig, stetig und sicher ist. Das ist der Fall, wenn

17   a) er unter Berücksichtigung der gewünschten Verkehrsbedürfnisse ausreichend breit, befestigt und einschließlich eines Sicherheitsraums frei von Hindernissen beschaffen ist. Dies bestimmt sich im allgemeinen unter Berücksichtigung insbesondere der Verkehrssicherheit, der Verkehrsbelastung, der Verkehrsbedeutung, der Verkehrsstruktur, des Verkehrsablaufs, der Flächenverfügbarkeit und der Art und Intensität der Umfeldnutzung. Die lichte Breite (befestigter Verkehrsraum mit Sicherheitsraum) soll in der Regel dabei durchgehend betragen:

18   aa) Zeichen 237
          – baulich angelegter Radweg   möglichst 2,00 m
                                                                                        mindestens 1,50 m

19   – Radfahrstreifen (einschließlich   möglichst 1,85 m
                      Breite des Zeichens 295)   mindestens 1,50 m

20   bb) Zeichen 240
          – gemeinsamer Fuß- und Radweg
             innerorts   mindestens 2,50 m
             außerorts   mindestens 2,00 m

21   cc) Zeichen 241
           – getrennter Fuß- und Radweg
             für den Radweg   mindestens 1,50 m

Zur lichten Breite bei der Freigabe linker Radwege für die Gegenrichtung vgl Nummer II 3 zu § 2, Abs 4 Satz 3.

22   Ausnahmsweise und nach sorgfältiger Überprüfung kann von den Mindestmaßen dann, wenn es aufgrund der örtlichen oder verkehrlichen Verhältnisse erforderlich und verhältnismäßig ist, an kurzen Abschnitten (zB kurze Engstelle) unter Wahrung der Verkehrssicherheit abgewichen werden.

23   Die vorgegebenen Maße für die lichte Breite beziehen sich auf ein einspuriges Fahrrad. Andere Fahrräder (vgl Definition des Übereinkommens über den Straßenverkehr vom 8. November 1968, BGBl. 1977 II S. 809) wie mehrspurige Lastenfahrräder und Fahrräder mit Anhänger werden davon nicht erfaßt. Die Führer anderer Fahrräder sollen in der Regel dann, wenn die Benutzung

Straßenbenutzung durch Fahrzeuge § 2 StVO

des Radweges nach den Umständen des Einzelfalles unzumutbar ist, nicht beanstandet werden, wenn sie den Radweg nicht benutzen;
b) die Verkehrsfläche nach den allgemeinen Regeln der Baukunst und Technik in einem den Erfordernissen des Radverkehrs genügenden Zustand gebaut und unterhalten wird und 24
c) die Linienführung im Streckenverlauf und die Radwegeführung an Kreuzungen und Einmündungen auch für den Ortsfremden eindeutig erkennbar, im Verlauf stetig und insbesondere an Kreuzungen, Einmündungen und verkehrsreichen Grundstückszufahrten sicher gestaltet sind. 25

Das Abbiegen an Kreuzungen und Einmündungen sowie das Einfahren an verkehrsreichen Grundstückszufahrten ist mit Gefahren verbunden. Auf eine ausreichende Sicht zwischen dem Kraftfahrzeugverkehr und dem Radverkehr ist deshalb besonders zu achten. So ist es notwendig, den Radverkehr bereits rechtzeitig vor der Kreuzung oder Einmündung im Sichtfeld des Kraftfahrzeugverkehrs zu führen und die Radwegeführung an der Kreuzung oder Einmündung darauf abzustimmen. Zur Radwegeführung vgl zu § 9 Abs 2 und 3; Rn 3 ff. 26

3. und bei Radfahrstreifen die Verkehrsbelastung und Verkehrsstruktur auf der Fahrbahn sowie im Umfeld die örtlichen Nutzungsansprüche auch für den ruhenden Verkehr nicht entgegenstehen. 27

III. Über die Kennzeichnung von Radwegen mit den Zeichen 237, 240 oder 241 entscheidet die Straßenverkehrsbehörde nach Anhörung der Straßenbaubehörde und der Polizei. In die Entscheidung ist, soweit örtlich vorhanden, die flächenhafte Radverkehrsplanung der Gemeinden und Träger der Straßenbaulast einzubeziehen. Auch kann sich empfehlen, zusätzlich Sachkundige aus Kreisen der Radfahrer, der Fußgänger und der Kraftfahrer zu beteiligen. 28

IV. Die Straßenverkehrsbehörde, die Straßenbaubehörde sowie die Polizei sind gehalten, bei jeder sich bietenden Gelegenheit die Radverkehrsanlagen auf ihre Zweckmäßigkeit hin zu prüfen und den Zustand der Sonderwege zu überwachen. Erforderlichenfalls sind von der Straßenverkehrsbehörde sowie der Polizei bauliche Maßnahmen bei der Straßenbaubehörde anzuregen. Vgl. Nummer IV 1 zu § 45 Abs 3; Rn 56. 29

Zu Absatz 4 Satz 3 und Satz 4

I. Radwege ohne Benutzungspflicht

Radwege ohne Benutzungspflicht sind für den Radverkehr vorgesehene Verkehrsflächen ohne Zeichen 237, 240 oder 241. Dabei ist zu beachten, dass 30

1. der Radverkehr insbesondere an Kreuzungen, Einmündungen und verkehrsreichen Grundstückszufahrten durch Markierungen sicher geführt wird und 31
2. ausreichend Vorsorge getroffen ist, dass der Radweg nicht durch den ruhenden Verkehr genutzt wird. 32

II. Freigabe linker Radwege (Radverkehr in Gegenrichtung)

1. Die Benutzung von in Fahrtrichtung links angelegten Radwegen in Gegenrichtung ist insbesondere innerhalb geschlossener Ortschaften mit besonderen Gefahren verbunden und soll deshalb grundsätzlich nicht angeordnet werden. 33
2. Auf baulich angelegten Radwegen kann nach sorgfältiger Prüfung die Benutzungspflicht auch für den Radverkehr in Gegenrichtung mit Zeichen 237, 240 34

Heß 35

oder 241 oder ein Benutzungsrecht durch das Zusatzzeichen „Radverkehr frei" (1022-10) angeordnet werden.

35 3. Eine Benutzungspflicht kommt in der Regel außerhalb geschlossener Ortschaften, ein Benutzungsrecht innerhalb geschlossener Ortschaften ausnahmsweise in Betracht.

36 4. Am Anfang und am Ende einer solchen Anordnung ist eine sichere Querungsmöglichkeit der Fahrbahn zu schaffen.

37 5. Voraussetzung für die Anordnung ist, dass
   a) die lichte Breite des Radweges einschließlich der seitlichen Sicherheitsräume durchgehend in der Regel 2,40 m, mindestens 2,0 m beträgt;
   b) nur wenige Kreuzungen, Einmündungen und verkehrsreiche Grundstückszufahrten zu überqueren sind;
   c) dort auch zwischen dem in Gegenrichtung fahrenden Radfahrer und dem Kraftfahrzeugverkehr ausreichend Sicht besteht.

38 6. An Kreuzungen und Einmündungen sowie an verkehrsreichen Grundstückszufahrten ist für den Fahrzeugverkehr auf der untergeordneten Straße das Zeichen 205 „Vorfahrt gewähren!" oder Zeichen 206 „Halt. Vorfahrt gewähren!" jeweils mit dem Zusatzzeichen mit dem Sinnbild eines Fahrrades und zwei gegengerichteten waagerechten Pfeilen (1000–32) anzuordnen. Zum Standort der Zeichen vgl Nummer I zu Zeichen 205 und 206. Bei Zweifeln, ob der Radweg noch zu der vorfahrtsberechtigten Straße gehört vgl Nummer I zu § 9 Absatz 3; Randnummer 8.

Zu Absatz 4 Satz 5

39 Ein Seitenstreifen ist der unmittelbar neben der Fahrbahn liegende Teil der Straße. Er kann befestigt oder unbefestigt sein.

40 Radfahrer haben das Recht, einen Seitenstreifen zu benutzen. Eine Benutzungspflicht besteht dagegen nicht. Sollen Seitenstreifen nach ihrer Zweckbestimmung auch der Benutzung durch Radfahrer dienen, ist auf eine zumutbare Beschaffenheit und einen zumutbaren Zustand zu achten.

Übersicht

	Rn
1. Grundlagen	1
2. Fahrzeuge	3
3. Führen eines Fahrzeugs	6
4. Abs 1: Fahrbahnbenutzung	18
a) Straßen und Straßenteile	18
b) Fahrbahnbenutzung für den fließenden Verkehr	20
c) Seitenstreifen	23
d) Fußgängerzone und Sonderwege	24
5. Abs 2: Das Rechtsfahrgebot	26
a) Allgemeines	26
b) Schutzzweck, Voraussehbarkeit eines Unfalls	30
c) Verkehrsgerechtes Fahren rechts	32
d) Ausnahmen vom Rechtsfahrgebot	33
6. Sonderfälle	37
a) Langsame Fahrzeuge	38
b) Unübersichtlichkeit	39
c) Äußerste rechte Fahrbahnseite	43

Straßenbenutzung durch Fahrzeuge **§ 2 StVO**

	Rn
d) Überholtwerden	47
e) Gegenverkehr	48
f) Einbahnstraßen, Kreisverkehr	49
7. Abs 3: Vorrang der Schienenbahn	50
a) Grundlagen	50
b) Inhalt des Vorrechts	51
8. Abs 3a (Winterreifenpflicht):	54
9. Abs 4: Radfahrer (Radf)/mit Fahrrädern	55
a) Fahrrad und Straßenverkehr	55
b) Benutzung von Radwegen und Seitenstreifen	58
10. Abs 5: Radfahrende Kinder	63
11. Der Begegnungsverkehr	65
a) Grundlagen	65
b) Begriff	66
c) Ausweichen	67
d) Begegnung auf schmaler Straße	70
e) Begegnung an Engstelle	73
f) Engstelle mit Regelung durch VerkehrsZ	78
12. Beschränkung der Straßenbenutzung durch Verkehrszeichen und Abs 3a	80
a) Allgemeine Verkehrsverbote	80
b) Anliegerverkehr	82
c) Verkehrsberuhigter Bereich	89
d) Fahrbahnmarkierungen	90
13. Zivilrecht/Haftungsverteilung	103
a) Abwägungskriterien	103
b) Eigenes Fehlverhalten	108
c) Kollision Kfz-Schienenbahn	113
d) Unfall Kfz-Radfahrer	117
14. Zuwiderhandlungen	133
15. Literatur	135

1. Grundlagen. Während sich § 1 an alle VT wendet, enthalten die §§ 2 ff **1** Regeln für den FahrV u die **Fahrbahnbenutzung;** sie sind SchutzG iS von § 823 II BGB. § 2 gilt nur für den fließenden LängsV (BVerwG NZV 93, 44). Das Ausweichen u die sonstigen Regeln des BegegnungsV sind zwar im wesentlichen aus § 1 abzuleiten, sie werden aber hier bei § 2 erläutert, da sie in engem Zusammenhang mit dem Rechtsfahrgebot stehen, wenn auch das Rechtsfahren bei GegenV u das Ausweichen vor einem bestimmten Fz rechtlich verschiedene Dinge sind. Weiter werden die auf die Straßenbenutzung bezogenen VSchilder, nämlich die Z 237–269 u 325 sowie die Fahrbahnmarkierungen Z 295, 296, 298 u 340 hier besprochen. Ergänzend s das spezielle Rechtsfahrgebot nach § 5 IV S 3. Die Vorschriften für die BAB u Kraftfahrstr enthält § 18. Ungeschriebenes Tatbestandsmerkmal in § 2 ist, dass die Fahrbahn nur in Richtung ihres Verlaufs befahren werden darf.

Ruhender Verkehr. § 2 I bezieht sich nur auf den **FahrV** (BVerwG NZV 93, **2** 44; BGHSt 33, 278, 280; OLG Hamburg DAR 85, 292; VM 88, 121). Für den ruhenden Verkehr ist § 12 IV allein maßgebend (BVerwG aaO; KG VRS 45, 66; Bay VRS 48, 456; aA OLG Düsseldorf VRS 63, 384 m abl St Verf NStZ 83, 109 mwN; OLG Koblenz VRS 45, 48; vgl § 12 Rn 75 ff u 57). Verstöße gegen diese Vorschrift, wie zB verbotenes Gehwegparken, sind daher OWen nach § 49 I 12, nicht nach § 49 I 2.

StVO § 2   I. Allgemeine Verkehrsregeln

3   **2. Fahrzeuge.** § 2 I weist die Benutzung der Fahrbahn den Fzen zu; auch § 2 II betrifft nur den FzVerkehr. **Fahrzeuge** iS der StVO sind Gegenstände, die zur Fortbewegung auf dem Boden bestimmt u geeignet sind. Dazu gehören nicht nur solche, die auf Rädern (insbesondere **Kfze** und **Fahrräder** – möglichst weit rechts) oder Raupen laufen, sondern auch Schlitten (s aber Rn 4). Gleichgültig ist es, ob sie sich mit eigener Kraft bewegen oder von einem anderen Fz oder von Menschen oder Tieren gezogen oder geschoben werden. Auch fahrbare Arbeitsgeräte, wie Schneepflüge, Bagger oder Baukräne auf Rädern oder Raupen sind verkehrsrechtlich Fze.

4   **Rodelschlitten, Kinderwagen, Roller, Skates; Kickboards, go-carts, Cityroller** uä Fortbewegungsmittel sind – ebenso wie **Skier** – nach § 24 StVO, § 16 II StVZO nicht Fze iS dieser VOen. **Krankenfahrstühle** sind Fze, für die aber die allg Regeln nur teilweise gelten (§ 24 II StVO; § 18 II 5, IV, IV a StVZO). **Handwagen** sind begrifflich Fze (§ 25 II). Ihre Führung unterliegt aber nicht den Fahrregeln, sondern denjenigen über den FußgängerV (§ 23 VwV II, § 25 II). **Schienenbahnen,** die in der allg Fahrbahn verkehren, unterliegen grundsätzlich den Regeln der StVO, soweit sich nicht aus ihrer Schienengebundenheit etwas anderes ergibt; für sie bestehen aber Sonderregeln (s Rn 50 ff; § 315d StGB). Auf Schienenbahnen mit eigenem Gleiskörper, insb Eisenbahnen, sind die VRegeln nur beschränkt anwendbar (vgl § 19).

5   **Kfze** – Def § 1 II StVG – unterliegen den Fahrregeln der StVO auch dann, wenn sie nicht nach § 1 StVG, § 18 StVZO zum Verkehr zugelassen sind (aA OLG Düsseldorf VM 88, 55). **Fahrräder** und **Motorräder** sind Fz iS der StVO; ebenso Quads. Auf **Reit- u Zugtiere** sind die Fahrregeln entspr anzuwenden (§ 28 II). Ein **bespanntes Fuhrwerk** (Gespann) ist ein Fz (vgl § 64 StVZO; § 23 I S 2 StVO). **Kinderfahrrad** s § 24 I u dazu Rn 2.

6   **3. Führen eines Fahrzeugs.** Die Pflicht zur Einhaltung der Fahrvorschriften trifft – trotz der Fassung des § 2 „Fahrzeuge müssen …" – eindeutig den **Fahrzeugf.**

7   Das Führen eines Fz ist gegenüber der Teilnahme am StraßenV iS des § 1 als Spezialfall der engere Begriff (vgl § 1 Rn 15 u BGHSt 14, 24). Ein Fz führt, wer es „unter bestimmungsgemäßer Anwendung seiner Antriebskräfte unter eigener Allein- oder Mitverantwortung in Bewegung setzt u es unter Handhabung seiner techn Vorrichtungen während der Fahrbewegung durch den öff VRaum ganz oder wenigstens zum Teil leitet" (BGHSt 18, 6, 8; 35, 390), bei einem Pferdefuhrwerk also derjenige, der die Zügel führt, bei einem von Menschen bewegten Fz derjenige, der für die Fortbewegung, insb für die Lenkung, verantwortlich ist, daher uU auch der Lenker eines **abgeschleppten** Fz (Bay 83, 133 = VRS 65, 434; OLG Frankfurt NJW 85, 2961; s auch BGH NZV 90, 157 im Anschl an OLG Celle VRS 77, 221 [VorlBeschl]; Verf NStZ 84, 113).

8   „**Führen**" ist eine zielgerichtete Tätigkeit, die eine entspr Fähigkeit voraussetzt (ein sechsjähriges Kind kann keinen Traktor führen: AG Bingen ZfS 89, 105) u nur mit Willen begangen werden kann. Wer versehentlich mit einem Fz in den Verkehr gerät oder ein stehendes Fz gegen seinen Willen in Bewegung setzt, kann nach § 1 als „Verkehrsteilnehmer" verantwortlich, aber nicht „Führer" eines Fz sein (Bay 70, 109 = VRS 39, 206; OLG Düsseldorf ZfS 92, 101; OLG Frankfurt NZV 90, 277: Anlassen bei eingelegtem Gang). Das gleiche gilt von einem Landwirt, dessen Pferdegespann vom Acker auf die Str durchgegangen ist (vgl hierzu auch § 1 Rn 16 f); er verstößt aber uU gegen § 28 I.

9 Schon die obige Def (Rn 6) verlangt eine **Fahrbewegung**; denn nur dann sind idR die Zielrichtungen u Schutzzwecke der Vorschriften erfüllt, in denen vom Führen eines Fz die Rede ist (vgl BGHSt 35, 390; Bay 86, 13 = StVE § 316 StGB 73; aA Sunder BA 89, 297). Das Führen beginnt daher frühestens mit der Bewegung der Räder (BGH NZV 96, 500; Janiszewski NStZ 88, 265; 87, 271, 546), mag ein Fortkommen im Einzelfall auch nicht gelingen (OLG Koblenz VRS 46, 352), wenn es nur nicht objektiv unmöglich ist (Bay aaO). Wer nur den Motor anlässt, um ihn nach Reparatur auszuprobieren u dann einem anderen das Fahren zu überlassen (OLG Celle VRS 44, 342; OLG Bamberg VRS 68, 333; anders noch OLG Braunschweig VRS 74, 363), oder lediglich das Zahlenschloss eines Mofas öffnet u vergeblich versucht, sich auf den Sattel zu setzen, führt damit noch nicht das Fz (BGH NZV 96, 500; Bay 74, 120 = VRS 48, 207).

10 Bloße **Vorbereitungs- oder Versuchshandlungen**, soweit sie nicht pönalisiert sind (s § 315c II StGB), scheiden indessen aus (BGHSt 35, 390; NZV 96, 500; OLG Hamm VRS 65, 437; OLG Celle NZV 88, 72; OLG Düsseldorf NZV 89, 202; LG Hamburg DAR 88, 389). Auch wer das Trieb- u Schwenkwerk eines auf öff Str stehenden Baggers in Betrieb setzt, um den Ausleger zu drehen, „führt" kein Fz; denn er will es nicht vom Platz bewegen u nimmt allenfalls am Verkehr teil (s § 1 Rn 18).

11 Bes Bedeutung kommt der Abgrenzung des Begriffs **„Führen eines Kfz"** zu. Dieser Begriff erfordert **nicht** in allen Fällen, dass das Kfz **mit Motorkraft** bewegt, also als **Kraft**-Fz geführt wird. Ein Kfz führt auch, wer in nur unter Ausnutzung der Schwerkraft über eine Gefällstrecke lenkt, ohne die Möglichkeit zu haben, den Motor anzulassen (BGHSt 14, 185; Bay 58, 200 = VRS 16, 57; VRS 67, 373); ebenso, wer die Lenkung eines geschobenen Kfz bedient (vgl OLG Hamburg VM 67, 46; OLG Celle VRS 28, 279; einschränkend OLG Celle VRS 53, 371), wer sich auf einem Mofa mit den Füßen abstoßend fortbewegt (OLG Düsseldorf VRS 62, 193; Bay ZfS 88, 158); anders aber, wenn ein Leicht-Mofa ohne Motorkraft durch Treten der Pedale als Fahrrad benutzt wird (LG Oldenburg DAR 90, 72 u § 316 StGB Rn 25) oder ein Krad mit eigener Körperkraft oder mit laufendem Motor ohne eingeschalteten Gang schiebt (OLG Karlsruhe DAR 83, 365; OLG Düsseldorf VRS 50, 426).

12 In all diesen Fällen gilt aber nicht der sog absolute **Grenzwert** der alkoholbedingten FU von 1,1‰, weil bei diesen Fz-Führern der für die Anwendung dieses Grenzwertes maßgebliche Grund der bes Gefährlichkeit motorisch angetriebener Kfze u der damit verbundenen hohen Anforderungen an ihre Handhabung im öff Verkehr (§ 316 StGB Rn 21, 22) idR nicht gegeben ist (s OLG Hamm DAR 60, 59; OLG Koblenz VRS 49, 366; OLG Frankfurt NJW 85, 2961).

13 Anders verhält es sich, wenn das Anschieben oder Anschleppen oder das Antreten eines Kraftrades erfolgt, um den Motor dadurch in Gang zu bringen (OLG Hamm DAR 59, 54; OLG Oldenburg MDR 75, 421; OLG Karlsruhe DAR 83, 365; OLG Düsseldorf VM 75, 24; vgl auch Bay VRS 66, 202) sowie beim Führen eines mit einem Seil abgeschleppten Kfz, da hierbei kaum mindere Anforderungen an den Führer gestellt werden als bei Verwendung mit eigener Motorkraft (so BGH NZV 90, 157; Verf NStZ 84, 113). Für den Führer eines Kfz besteht ab 0,5 Promille ein OWi-TB. Für Fahrradfahrer gilt bisher noch der absolute Grenzwert für eine Fahruntüchtigkeit mit 1,6 Promille, wobei eine Angleichung auf 1,1 Promille diskutiert wird. Bei Anzeichen einer Fahruntauglichkeit und bei Unfallverursachung kann uU auch schon ab 0,3 Promille eine OWi oder sogar eine Straftat vorliegen.

StVO § 2 I. Allgemeine Verkehrsregeln

14 **Führer** eines Fz ist jeder, der eine Verrichtung ausübt, die für den Bewegungsvorgang von mitentscheidender Bedeutung ist, wie zB die „Handhabung" des Lenkrads, aber auch die ebenso wichtige Bedienung des Gaspedals, der Kupplung u der Bremsen (s dazu oben Rn 7). Die früher in der RSpr verbreitete Auffassung, dass während der Fahrt nur **eine** Person Führer eines Kfz sein könne (so zB KG VM 57, 36), ist überholt. Teilen sich mehrere Personen diese Funktionen, so ist jeder Kfz-Führer (BGH NZV 90, 157 zum Lenker des abgeschleppten Fz).

15 Der bloße **Beifahrer** ist nicht Führer des Fz; auch nicht der Sozius auf dem Krad (OLG Karlsruhe DAR 59, 137). Lösen sich Fahrer u Beif gegenseitig ab, während der andere ausruht, so ist nur die jew steuernde Person Führer des Fz. Auch wer als Beif nicht nur ganz kurz ins Lenkrad greift, führt das Fz (OLG Köln VM 82, 8). – Eine Sonderregelung gilt für Fahrschulen: Auf **Übungs- u Prüfungsfahrten eines Fahrschülers** gilt nach § 2 XV StVG (neu) der Fahrlehrer als Führer des Fz (OLG Koblenz, NZV 04, 401). Bei dem begleiteten Fahren ab 17 (seit dem 1.1.2001 in § 48a FeV/§ 6e StVG geregelt) gilt die Begleitperson nicht als VT (vgl auch § 6 StVG Rn 4 ff).

16 Zum Führen gehört auch das Sichern des zum Stillstand gekommenen Fz, wie Anziehen der Handbremse u Einlegen eines Ganges auf abschüssiger Strecke (BGHSt 19, 371).

17 Ein **parkendes Fz** nimmt zwar am Verkehr teil, kann aber begrifflich keinen „Führer" haben, solange niemand sein Trieb- oder Fahrwerk zum Zwecke der Einleitung einer Bewegung bedient (vgl § 1 Rn 15, 19; BGHSt 18, 6; Bay 66, 142 = VRS 32, 127). Die Verantwortung bemisst sich dann nach den Grundsätzen der Teilnahme am Verkehr (§ 1 Rn 15 ff, § 12 Rn 86; vgl auch oben Rn 2).

18 **4. Abs 1: Fahrbahnbenutzung. a) Straßen und Straßenteile.** Der Oberbegriff **„Straße"** umfasst alle für den fließenden u ruhenden StraßenV oder für einzelne Arten des StraßenV bestimmten Flächen (§ 1 S 2 StVZO; Art 1d WÜK; E 26) einschl der Plätze, der Sonderwege für Radf, Reiter u Fußgänger (§ 41 **Z 237–243**) u der öff Parkplätze (§ 1 Rn 8). **Fahrbahn** ist der für den FahrzeugV bestimmte Teil der Str. Neben ihrer Zweckbestimmung kommt es auch auf die Art ihrer Befestigung (Bauweise) bzw den erkennbaren Straßenzustand oder auf die Fahrbahnbegrenzung (Z 295) an. Ein einheitlicher, für mehrere Fze nebeneinander ausreichender Str-Körper ist nur **eine** Fahrbahn, selbst wenn er durch Trennlinien – **Z 295, 340** – in mehrere Fahrstreifen (Fahrspuren) unterteilt ist (VwV zu Abs 1 I; Art 1g WÜK).

19 **Fahrstreifen** ist nach § 7 I S 2 der zum ungehinderten Fahren eines Fz benötigte Fahrbahnteil ohne Rücksicht darauf, ob er durch Trennlinien abgegrenzt ist. „Überholbahn" u „Fahrbahn des Gegenverkehrs" sind demnach nur dann gesonderte Fahrbahnen, wenn sie durch bauliche Maßnahmen getrennt sind, sonst nur Fahrstreifen; das gilt auch bei Trennung einer Einbahnstr durch einen 1–2 m breiten befestigten Mittelstreifen in zwei Fahrbahnen (Booß VM 85 zu Nr 48, nicht Fahrstreifen: OLG Hamburg VM 85, 48). Sonderfall „durchgehende Fahrbahnen" s § 18 Rn 8.

20 **b) Fahrbahnbenutzung für den fließenden Verkehr.** Abs 1 enthält für den LängsV die Pflicht zur Benutzung der durchgehenden Fahrbahn, von zwei Fahrbahnen der rechten (s auch § 42 VI 1d (Z 340), § 7 Rn 14). Fz dürfen u müssen die Fahrbahn benutzen, soweit nicht bes Str (zB ABen) oder StrTeile, die neben der allg Fahrbahn im Zuge derselben Str verlaufen, für bestimmte Fz-Arten oder Zwecke vorhanden sind (OLG Frankfurt VRS 46, 191). Standspuren der AB

Straßenbenutzung durch Fahrzeuge   **§ 2 StVO**

sind nur in AusnFällen zu benutzen (s BGH VRS 61, 57 u unten Rn 23), sog **„Parkplatzstraßen"** u **Verteilerfahrbahnen** neben der AB nicht zum Vorbeifahren an langsameren Kfzen auf der Richtungsfahrbahn (OLG Düsseldorf VRS 53, 378; 73, 146; Verf NStZ 87, 403; s aber OLG Düsseldorf NZV 90, 278: irrtümliche Benutzung der Verteilerfahrbahn zulässig).

Fahrräder: Seit der VO v. 7.8.1997 (sog. Fahrradnovelle) ist nach § 2 I 1 die Fahrbahnbenutzung durch Radfahrer der Regelfall und die Sonderwegsnutzung nach § 2 IV der Ausnahmefall. Hiernach bedarf die Benutzungspflicht von Radwegen seitdem der AO im Einzelfall (§ 2 IV 2, s unten Rn 55).

Das **unabsichtliche Abkommen** von der Fahrbahn in das anschl Gelände **21** verstößt nicht gegen § 2 I (Bay v 20.12.84 bei Rüth DAR 85, 233). Der fließende Verkehr darf nicht zur Fahrbahn gehörige StrTeile nur aus verkehrsbedingten Gründen, wie zum Ausweichen oder zum Ein- u Ausfahren an Grundstücken – unter Anwendung bes Vorsicht – befahren (Bay 67, 111, 115 = VM 68, 10; OLG Düsseldorf VM 67, 127). Wer im fließenden Verkehr einen nur zum Parken oder Tanken bestimmten VRaum befährt (um an den bei Rot wartenden VT vorbeizufahren), kann gegen das Gebot zur Fahrbahnbenutzung verstoßen (Bay VRS 61, 289; s auch OLG Köln VRS 61, 291; DAR 85, 229; OLG Düsseldorf oben Rn 19; Verf NStZ 85, 258; 87, 403; aA OLG Oldenburg VRS 68, 286; OLG Hamburg DAR 85, 292 u BGH NStZ 85, 507 m abl St Verf u Rn 3 zu § 37), nicht aber, wenn er den (nachweislich!) zum Parken aufgesuchten, aber überfüllten Parkplatz ohne Halt sofort wieder verlässt (Bay VRS 66, 291; s auch OLG Düsseldorf NZV 90, 278); gleiches gilt an Tankstellen.

Auf Str mit **zwei Fahrbahnen** dürfen die einzelnen Fahrbahnen nur in einer **22** Richtung – wie Einbahnstr – befahren werden. Gegen § 2 I verstößt, wer auf der in seiner Fahrtrichtung linken Fahrbahn fährt, auch wenn er dort die rechte Seite einhält; so die sog „Geisterfahrer" (OLG Köln VRS 60, 221; § 315c I 2 f StGB). Auch auf Radwegen in Einbahnstr gilt idR nur deren Fahrtrichtung, soweit nichts anderes bestimmt ist (s unten Rn 58).

c) Seitenstreifen. Seitenstreifen (Def VwV zu § 2 zu Abs 4 S 2 I), worunter **23** auch **Bankette** verstanden werden, gehören nicht zur Fahrbahn (§ 2 I S 2; OLG Frankfurt VRS 82, 255; OLG München 1 U 2278/10; s auch unten Rn 89, 90). Dies ist der befestigte oder unbefestigte, unmittelbar neben der Fahrbahn befindliche (befahrbare) Teil der Str (OLG Köln NZV 97, 449; OLG Thüringen (Jena) NZV 98, 166; DAR 99, 71 s auch OLG Schleswig NZV 95, 153) einschl etwaiger Haltebuchten (Bay DAR 03, 128). Kfz dürfen sie nur nach Maßgabe von § 41 III Nr 3b (Z 295) bzw des durch die 35. ÄndVO eingefügten § 41 II Nr 3a (Befahren eines Seitenstreifens als Fahrstreifen) befahren. Dadurch kann nunmehr der Seitenstreifen, der dem Grunde nach erhalten bleiben soll, zeitweise bei Vorliegen besonderer Umstände als Fahrstreifen genutzt werden (Begr). § 41 III Nr 3b S 3 bestimmt ausdrücklich, dass die VTeilnehmer mit dem durch Z 223.1 angeordneten Befahren des Seitenstreifens die Fahrbahnbegrenzungslinie wie eine Leitlinie (Z 340) überfahren dürfen. Allein der Umstand, dass sich zB auf der Autobahn ein Stau gebildet hat, rechtfertigt nicht die Mitbenutzung des Seitenstreifens (LG Bochum BeckRS 16, 97839 – Mithaft zu 1/3). Auf dem als Fahrstreifen genutzten Seitenstreifen gelten während dieser Zeit die Vorschriften über die Benutzung von Fahrbahnen, namentlich das Rechtsfahrgebot (Begr); im Übrigen wegen etwaiger mangelnder Tragfähigkeit nur mit bes Vorsicht (OLG Thüringen (Jena) DAR 99, 71). Es verstößt nicht gegen § 2 I, wer mit einem

Pkw aus verkehrsbedingten Gründen oder auch versehentlich auf ein tragfähiges Bankett vorübergehend hinaus gerät oder es überquert, wenn dadurch der Radf- u FußgängerV nicht beeinträchtigt wird (Bay 67, 120 = VRS 34, 76). Auch sonst ist das Befahren des Banketts gestattet, wenn es die VLage als sachgerechte u vernünftige Maßnahme erscheinen lässt (BGH(Z) 13, 172; OLG Düsseldorf DAR 00, 477; OLG München StVE 4). Befahren der Standspur der AB ist nur in Notfällen erlaubt (s § 5 Rn 59a). Wegen des Haltens u Parkens auf Randstreifen vgl § 12 IV u § 12 Rn 13 u § 18 VIII.

24 **d) Fußgängerzone und Sonderwege.** Die **Fußgängerzone (Z 242, 243)** dürfen Fze nicht benutzen, geschweige denn befahren (OLG Koblenz VRS 57, 448; OLG Köln NZV 97, 191), sofern dies nicht durch Zusatzschild erlaubt ist (s Erl 2 zu Z 242, 243); sie dürfen dort auch nicht außerhalb eines zum Einfahren zugelassenen Zeitraumes parken (OLG Oldenburg DAR 90, 271; OLG Köln aaO; s auch BGHSt 34, 194 zu Z 250 m krit St Verf NStZ 87, 116); ist „**Lieferverkehr**" (s dazu § 12 Rn 23) durch Zusatzschild zu bestimmten Zeiten erlaubt, so soll das nur zum „geschäftsmäßigen" Transport von Waren berechtigen, nicht aber zu privaten Transporten, zB eines Wäschepakets an eine Reinigungsfirma (BVerwG VRS 87, 63; KG VRS 62, 65; zw; s auch OVG Lüneburg VM 81, 61 m krit Anm Booß) u nicht auf Umwegen (Bay NZV 91, 164).

25 Zur Benutzung der nach **Z 237–241** gekennzeichneten **Sonderwege** (Rad-, Reit- und Fußweg) sind die Berechtigten unter Ausschluss von der allg Fahrbahn nach § 41 II 5 verpflichtet (s auch Rn 58). Auch nur baulich dargestellte Radwege sind – ohne bes Kennzeichnung – Sonderwege nur für Radf (vgl Bay DAR 79, 25; zur Mithaftung des Radf bei Nichtbenutzung des Radwegs s OLG Hamm NZV 95, 26; bei Benutzung des Gehwegs s BGH VersR 96, 1293, bei Gerlach DAR 97, 234; zum Unfall zwischen Kfz und Radfahrer vgl auch OLG München BeckRS 14, 14693 – 25% und Rn 117 ff). Ausn von der Pflicht zur Fahrbahnbenutzung enthalten für Radf § 2 IV u V, für Mofaf § 41 II 5b, für Krankenfahrstühle u best Rollstühle § 24 II. Kinderwagen, Rodelschlitten u dergl s § 24 I, Schieben von Fzen § 25 II. § 2 I regelt nur die Verteilung des Verkehrs innerhalb des öff VRaumes, verbietet aber nicht dessen Verlassen (Bay 61, 209, 211 = VRS 22, 361).

26 **5. Abs 2: Das Rechtsfahrgebot. a) Allgemeines.** Das Rechtsfahrgebot, eine „**Goldene Regel**" des Verkehrs (BGHSt 16, 145, 151), trägt der Tatsache Rechnung, dass Verstöße dagegen häufig Ursache für schwerwiegende Unfälle sind; es mahnt daher, „möglichst weit rechts" zu fahren. Dieses Gebot ist nicht starr, sondern richtet sich nach den jew Umständen (BGH(Z) NZV 90, 229; 96, 444; OLG Hamm DAR 00, 265); es bedeutet nicht äußerst, sondern den Gegebenheiten angemessen weit rechts (vgl Bay VRS 62, 377) u gilt auch für Radf, soweit sie die Fahrbahn benutzen (s auch Rn 44, 53).

Sofern der Führer eines Kfz gegen das Rechtsfahrgebot im Kreisverkehr verstößt und zugleich gegen das Verbot, die Mittelinsel zu befahren, und kommt es innerhalb des Kreisverkehrs zu einem Zusammenstoß zweier Fahrzeuge, spricht ein Anscheinsbeweis dafür, dass der Pflichtverstoß des Fahrzeugführers mitursächlich für den in unmittelbarem zeitlichem und räumlichem Zusammenhang erfolgten Unfall war (LG Saarbrücken NZV 2013, 38)

27 **Abweichungen** von diesem Gebot sind zulässig, wenn diese verkehrsgerecht u vernünftig sind. Gewisse Restriktionen der von der RSpr bislang herausgearbeiteten bes Umstände, unter denen dies gestattet sein soll, verlangt allerdings der

Gesetzeswortlaut. Der Formulierung ist übrigens auch zu entnehmen, dass der Abstand vom rechten Fahrbahnrand desto größer sein darf, je schneller ein Fz im Rahmen des Zulässigen fährt (amtl Begr).

Hiernach kann davon ausgegangen werden, dass auch auf breiten Str nicht nahe 28
der Mitte, sondern nur mit einem der Geschwindigkeit entspr Abstand vom rechten Fahrbahnrand zu fahren ist; die Beurteilung richtet sich nach der konkreten VSituation (BGH(Z) VRS 79, 178; s unten Rn 32).

Das unter bes Umständen erlaubte **Nebeneinanderfahren** ist in § 7 I geregelt. 29

b) Schutzzweck, Voraussehbarkeit eines Unfalls. Das Rechtsfahrgebot 30
dient dem Schutz des (erlaubten) Gegen- u ÜberholV in Längsrichtung, nicht dem des einbiegenden oder kreuzenden QuerV (BGH DAR 11, 696 = NJW 86, 2651; VersR 77, 36; NZV 91, 23; OLG Oldenburg SP 02, 227; OLG Köln VM 81, 54; VRS 66, 255; Bay NZV 89, 359; OLG Celle ZfS 88, 189; OLG Düsseldorf DAR 94, 331; OLG Thüringen (Jena) DAR 00, 570; s auch § 8 Rn 57 u Haarmann NZV 93, 374); nicht dem Schutz des Entgegenkommenden, der nach links abbiegen will (BGH(Z) VRS 61, 180; KG VM 85, 21; MDR 10, 266) u auch nicht dem Schutz betrunkener Fußgänger, die quer zur Fahrtrichtung auf die Fahrbahn torkeln (OLG Hamm VRS 51, 29; KG VM 85, 29; OLG Celle ZfS 88, 188); überquerender Fußgänger (OLG Hamm NZV 03, 181; OLG Köln VersR 03, 219). Grds muss wegen des Rechtsfahrgebotes an einem Hindernis rechts vorbeigefahren werden, wegen § 1 II StVO aber nur wenn dies möglich und wegen des seitlichen Sicherheitsabstandes vertretbar ist (KG r+s 11, 174). Das Rechtsfahrgebot dient auch nicht dem (Selbst-)Schutz des Kraftfahrers vor am linken Rand seiner Fahrbahn befindlichen Hindernissen (OLG Hamm NZV 00, 169, 170 – Absperrbake). Auf breiten Str schützt es auch Fz u Fußgänger, die die Fahrbahn etappenweise überqueren (vgl § 25 Rn 10 f; vgl auch BGH(Z) VRS 34, 18, 21). Wer aber von links kommend in die Str nach rechts einbiegt, wird damit Teilnehmer des GegenV u nimmt an dessen Schutz durch das Rechtsfahrgebot teil (BGH VersR 67, 157; Bay 65, 113 = VRS 29, 470. Durch die Benutzung der linken Fahrbahnhälfte erhöht sich aber in jedem Fall die Betriebsgefahr und begründet dadurch gegebenenfalls eine Mithaft (KG, Beschl v 28.12.2006 – 12 U 47/06 = NZV 2007, 406 = NJW-Spezial 07, 355).

Darüber hinaus ist für einen VT, der vorschriftswidrig die linke Fahrbahnseite 31
benutzt, ein Zusammenstoß mit einem von links kommenden Rechtsabbieger voraussehbar, wenn die Einmündung so unübersichtlich ist, dass der Wartepflichtige zunächst keine Sicht oder nur eine solche auf die gegenüberliegende, für den Vorfahrtberechtigten rechte, Seite der Fahrbahn hat (Bay v 29.11.61 – 1 St 560/61; vgl auch BGHSt 12, 61; 20, 241; OLG Karlsruhe VRS 30, 69; aA OLG Hamm VRS 31, 301; s auch OLG Düsseldorf NZV 88, 151 m krit Anm Himmelmann u § 8 Rn 38), denn der Vertrauensschutz des Vorfahrtberechtigten entfällt, wenn er (hier infolge der Unübersichtlichkeit) erkennen kann, dass der Wartepflichtige ihm die Vorfahrt nicht oder erst nach einem (zulässigen) Hineintasten in seine Fahrbahn einräumen kann (vgl BGH VersR 75, 37; s auch Rn 57 zu § 8). Zum Einbiegen in Vorfahrtstr vgl § 8 Rn 44, 47 u 57. Das Rechtsfahrgebot ist unabhängig von der VLage zu beachten; bei Begegnungen greift das weitergehende Ausweichgebot ein (unten Rn 67). Mehrere Verstöße gegen das Rechtsfahrgebot auf derselben Fahrt sind selbstständige Zuwiderhandlungen, wenn der Täter dazwischen auf die rechte Fahrbahnseite zurückgekehrt ist (Bay 68, 57 = VRS 35, 421).

32 c) **Verkehrsgerechtes Fahren rechts.** Das Rechtsfahrgebot wird von der RSpr großzügig iS eines verkehrsgerechten Fahrens ausgelegt (OLG Köln VRS 26, 133); es ist nicht stets äußerst, sondern entspr der VSituation angemessen rechts zu fahren (BGH NZV 96, 444; OLG Düsseldorf NZV 97, 321; OLG Zweibrücken VRS 74, 420; OLG Hamm DAR 00, 265). Zu berücksichtigen sind neben den in II genannten Beispielen zB auch die Örtlichkeiten, Fahrbahnart, -beschaffenheit u -breite, die Ladung, Sicht, Fahrgeschwindigkeit, parkende Fze, GegenV ua maßgebliche Umstände (BGH(Z) VM 79, 67; VRS 79, 178; OLG Hamm DAR 00, 265). Der Fahrer darf vom rechten Fahrbahnrand einen Sicherheitsabstand einhalten, dessen Größe von der Art des Fz, der Geschwindigkeit u der Fahrbahnbreite abhängt, aber auch auf schmalen Str im Allg 1 m betragen darf, selbst wenn dadurch das Fz in die linke Fahrbahnhälfte hineinragt (Bay VRS 62, 379; OLG Düsseldorf NZV 92, 232). In einer unübersichtlichen Kurve u bei GegenV ist ein Abstand von 80 cm zum rechten Fahrbahnrand nicht zu beanstanden, wenn zur mittleren Leitlinie 50 cm Abstand eingehalten werden (BGH NZV 90, 229; Bay VRS 61, 55; 62, 377; s auch OLG München VRS 65, 331), 50 cm darf er aber idR nicht unterschreiten, insb dann nicht, wenn vor rechts mit anderen VT, bes Fußgängern zu rechnen ist (OLG Düsseldorf NZV 92, 232). Befinden sich am rechten Fahrbahnrand in Abständen Hindernisse (haltende Kfze, Fußgänger), so ist es verkehrsgerecht, den Seitenabstand so zu bemessen, dass die Fahrlinie gleichmäßig beibehalten und nicht in Schlangenlinien gefahren wird (BGH VRS 6, 200; Bay 64, 73 = VRS 27, 227). Der Kf hat einen gewissen Spielraum, so lange er sich so weit rechts hält, wie es im konkreten Fall „vernünftig" ist (BGH NZV 96, 444; OLG Hamm DAR 00, 265). Eine **Inanspruchnahme der Gegenfahrbahn** ist unzulässig, soweit, u sei es auch nur bei behutsamer Fahrweise, nach Lage der Dinge ein Überholtwerden oder eine Gefährdung von GegenV möglich ist (BGH NZV 96, 444 entgegen Bay NStZ 90, 122: zulässig bei langsamer Fahrt auf halbe Sicht).

33 d) **Ausnahmen vom Rechtsfahrgebot.** Ausnahmen vom Rechtsfahrgebot, die nicht nur einen größeren Seitenabstand vom rechten Fahrbahnrand, sondern auch das Befahren der linken Fahrbahnhälfte rechtfertigen, liegen nicht schon dann vor, wenn die Einhaltung des Rechtsfahrgebotes für den Fahrer unbequem ist (schlechte Beschaffenheit der rechten Fahrbahnseite), sondern erst, wenn außergewöhnliche Umstände, wie zB Vereisung der rechten Fahrbahnhälfte, Gefahr eines Achsenbruchs durch Schlaglöcher (Bay 62, 44; KG MDR 99, 864) oder eine ungewöhnlich schlechte u gefährliche Beschaffenheit der Fahrbahn oder bes technische Eigenschaften des Fz vorliegen oder eine Gefahr die Inanspruchnahme der Gegenfahrbahn unausweichlich werden lässt (vgl BGHSt 23, 313; NZV 96, 444).

34 Es kommt darauf an, ob das Abweichen vom Rechtsfahrgebot verkehrsgemäß u vernünftig ist. So darf im Allg an stehenden Fzen mit dem erforderlichen, wenn es die VLage gestattet, auch mit einem größeren Abstand (vgl § 6 Rn 6 f; Bay 53, 186) links vorbeigefahren werden. Gegen § 2 II verstößt aber, wer an Fzen, die bei Rot warten, auf der linken Fahrbahnseite vorbeifährt, obwohl er damit rechnen muss, dass er beim Weiterfahren nach Grün den GegenV oder die rechte Fz-Reihe beim Hineindrängeln behindern wird, es sei denn, dass er ohne Behinderung des GegenV nach links abbiegt (Bay 65, 73 = VRS 29, 304).

35 Ein **größerer Abstand** vom rechten Fahrbahnrand darf (u soll) eingehalten werden, wenn dies dem VBedürfnis entspricht, zB bei Dunkelheit (BGH(Z)

Straßenbenutzung durch Fahrzeuge **§ 2 StVO**

VRS 27, 335), Nebel (Bay VRS 62, 377) oder vor unübersichtlichen Einmündungen von Nebenwegen zum Zwecke der Erlangung besserer Sicht nach rechts (Bay 49/51, 406). Wer eine an sich zulässige Geschwindigkeit einhält, darf den ihr entspr Abstand vom Fahrbahnrand einhalten. Er muss nicht etwa seine Geschwindigkeit vermindern, damit er weiter rechts fahren kann.

Bei **Nebel** kann es gerechtfertigt sein – zB wegen etwaiger Fußgänger oder 36 Radf am Fahrbahnrand –, nicht ganz rechts zu fahren, oder sich zur besseren Orientierung rechts von einer weißen Mittellinie zu halten (Bay VRS 62, 377); aber kein Abweichen von der äußersten rechten Fahrbahnseite, wenn dadurch die Orientierung verloren geht (Bay 57, 154 = VRS 13, 361). Die Versperrung der Sicht durch vorausfahrende Fze begründet die Unübersichtlichkeit der Strecke nicht (Bay 52, 252 = VRS 5, 147; BGH VRS 10, 98; OLG Hamburg VM 67, 134). Hinter ihnen kann es sogar richtig sein, links versetzt zu fahren, um Überholmöglichkeiten u den GegenV rechtzeitig zu erkennen. Das Gelände außerhalb der Fahrbahn, zB die Möglichkeit, dass nicht einsehbare Nebenwege in die Str einmünden, kann die Unübersichtlichkeit der Strecke ebenfalls nicht begründen (BGH bei Bode-Weber DAR 67, 70). Unübersichtlich ist auch der letzte Teil der einsehbaren Strecke, zB wenn das Überholen Fze, die aus dem verdeckten Raum kommen, gefährden kann (Bay 52, 179 = VRS 5, 67). Wegen der Geschwindigkeit an unübersichtlichen Strecken s § 3 I S 2, 4; wegen des Überholverbotes § 5 II.

6. Sonderfälle. Wie bereits oben (Rn 26 ff) ausgeführt, richtet sich die Befol- 37 gung des Rechtsfahrgebotes nach der jew VSituation. Bei deren Beurteilung hat der Kf einen gewissen Beurteilungsfreiraum, solange er sich so weit rechts hält, wie es im konkreten Fall „vernünftig" ist (BGH NZV 90, 229). GegenV, Überholtwerden, Verhalten vor Kuppen, in Kurven u bei Unübersichtlichkeit sind nur Beispiele für möglichst weites Rechtsfahren, das auch sonst geboten ist, wenn ein Fahren weiter links gefährlich wäre.

a) Langsame Fahrzeuge. Langsame Fze können u müssen äußerst rechts fah- 38 ren (amtl Begr; OLG München ZfS 92, 42), auch wenn der Fb-Rand mangelhaft aber noch zumutbar ist. Langsam fährt ein Fz, dessen Geschwindigkeit, gleichgültig, ob es schneller fahren kann, hinter der auf der Str unter den gegebenen VVerhältnissen üblichen Geschwindigkeit erheblich zurückbleibt (Bay 67, 79 = VRS 33, 301). Fze, die ihrer Bauart nach 50 km/h nicht überschreiten können (zB Fahrräder u Mofas) sind allg langsam fahrende Fze. Zweck der Regelung ist die Freihaltung eines möglichst großen Teils der Fahrbahn für den schnelleren Überhol- u GegenV.

b) Unübersichtlichkeit. Bei Unübersichtlichkeit, die an **Kuppen** regelmäßig, 39 in **Kurven** häufig gegeben ist, entfällt der oben (Rn 27, 32) umschriebene Spielraum; hier muss die **äußerste rechte** Fahrbahnseite eingehalten werden (OLG Koblenz Schaden-Praxis 01, 46), um zu verhindern, dass Fze deshalb zusammenstoßen, weil ihre Fahrer das entgegenkommende Fz so spät bemerken, dass keine Zeit für ein gefahrloses Ausweichen verbleibt (Bay 62, 244 = VRS 24, 73; BGH(Z) NZV 96, 444).

Unübersichtlich ist eine Strecke, wenn der Fahrer den VAblauf auf der Straße 40 nicht auf eine ausreichende Entfernung überblicken kann; u zwar auch dann, wenn nur ein Teil der Fahrbahn durch ein Sichthindernis verdeckt ist (s auch § 3 Rn 25, § 5 Rn 19, Tröndle/Fischer § 315c StGB Rn 24). Die Unübersichtlichkeit kann auf der örtlichen Beschaffenheit (seitlich bebaute Kurve, Bergkuppe) oder

StVO § 2   I. Allgemeine Verkehrsregeln

auf Witterungsverhältnissen (Nebel: Bay DAR 88, 277; Schneetreiben oder Sonnenblendung) beruhen.

41   Eine **übersichtliche Linkskurve** darf nur so weit geschnitten werden, dass dabei die Mitte der Fahrbahn nicht überschritten wird (OLG Hamm DAR 59, 194; VRS 33, 463); aber nicht darüber hinaus (BGH VM 70, 114; krit dazu Jagusch DAR 71, 234). Ist die Str so schmal, dass an einem Kfz, das den notwendigen Abstand vom rechten Fahrbahnrand einhält, nicht einmal ein entgegenkommendes Zweirad-Fz vorbeifahren kann, so liegt kein Verstoß gegen § 2 II vor, wenn der Kfz-Führer vom rechten Fahrbahnrand einen etwas größeren Abstand als vom linken einhält (Bay v 26.2.64 – 1 St 617/63), dh die linke Fahrbahn mitbenutzt (Bay v 11.3.87, 1 Ob OWi 323/86), er muss dann aber auf halbe Sicht fahren (Bay NZV 90, 122; aber BGH NZV 96, 444). Das Rechtsfahrgebot verletzt nicht nur, wer in gelenkter Fahrt, sondern auch derjenige, der unbeabsichtigt infolge eines vorwerfbaren Fahrfehlers auf die linke Fahrbahnseite gerät (Bay 62, 22 = VRS 23, 68; OLG Hamburg VM 63, 71). Es gilt auch in Einbahnstr (OLG Saarbrücken VM 74, 73); auf seine Einhaltung kann der GegenV vertrauen (KG VRS 17, 123). – Zum Beweis des ersten Anscheins für Verschulden des auf die linke Fahrbahn Geratenen s BGH(Z) VRS 70, 256; bei hoher BAK s OLG Hamm BA 87, 436.

42   Wer vorschriftsmäßig die rechte Fahrbahnseite einhält, darf zunächst darauf **vertrauen,** dass ein auf der StrMitte oder falschen StrSeite Entgegenkommender rechtzeitig auf die für ihn rechte StrSeite ausweichen wird (BGH VRS 11, 107; 17, 21 ff, 276). Wer sich aber auf der linken Seite einem Entgegenkommenden nähert, muss damit rechnen, dass dieser unsicher wird u nach links ausweicht (Bay 53, 73). Ob den links Ausweichenden eine Mitschuld trifft, hängt von den Umständen des Einzelfalls ab (Bay VRS 62, 211); regelmäßig muss man sofort ganz rechts herausfahren u anhalten, wenn dadurch ein Unfall vermieden werden kann (vgl auch unten Rn 67 ff).

43   c) **Äußerste rechte Fahrbahnseite.** In den unter a) u b) aufgeführten Fällen hat der Fz-Führer die äußerste rechte Fahrbahnseite einzuhalten. Er darf aber auch hier mit einem Sicherheitsabstand zum rechten Fahrbahnrand (0,50–1 m) fahren, dessen Größe in erster Linie von der Sichtweite u der Fahrbahnbreite, aber auch davon abhängt, ob die Fahrbahn bis zu ihrem Rand gefahrlos befahren werden kann (anschl Mauer oder Berghang) u ob mit Fußgängern am rechten Fahrbahnrand zu rechnen ist. Sichtbar entgegenkommende Fußgänger rechtfertigen aber ein Verlassen der äußersten rechten Fahrbahnseite nicht, wenn sie – notfalls bei kurzem Anhalten – leicht am Fz vorbeigehen können (Bay 70, 60 = VM 70, 39).

44   Ein **Radf** darf innerorts bei Dunkelheit u Regen auf stark befahrener Str nicht weiter als 1 m vom rechten Fahrbahnrand fahren (OLG Saarbrücken VM 80, 53). – Zur Stra-Mitte ist nach Möglichkeit ein Abstand von mind 0,50 m einzuhalten (Bay VRS 61, 55); s aber auch oben Rn 32 ff.

45   Im Gegensatz zum allg Rechtsfahrgebot muss in den Fällen zu a) u b) die Geschwindigkeit so gering gehalten werden, dass das Gebot befolgt werden kann. Der Fahrer muss möglichst nahe am **befahrbaren** Rand der Str fahren; er muss aber nicht etwa die nicht zur Fahrbahn gehörende Standspur benutzen (BVerfG DAR 97, 152). Die Vorschrift verbietet ein Vorbeifahren an Hindernissen, wie haltenden Kfzen, nicht; jedoch sind, wenn die Fahrbahnhälfte des GegenV versperrt wird, bes Vorsichtsmaßnahmen (uU Warnposten, falls vorhanden; Hupen allein genügt nicht!) u ganz geringe Geschwindigkeit notwendig (BGH(Z)

VRS 19, 84, 87; Bay 63, 167 = VRS 26, 57; OLG Hamm VRS 42, 53). Vgl auch § 1 Rn 46, § 3 Rn 23.

"**Unübersichtlichkeit**" u "**äußerste rechte Fahrbahnseite**" sind **Rechts-** 46 **begriffe.** Der Tatrichter muss die Tatsachen, die sie begründen, so genau angeben, dass das Revisionsgericht nachprüfen kann, ob die RBegriffe richtig angewendet worden sind.

d) Überholtwerden. Beim Überholtwerden besteht keine allg Pflicht, rechts 47 heranzufahren (vgl aber § 5 VI S 2).

e) Gegenverkehr. Bei GegenV gelten die bes Regeln für die Begegnung, s 48 Rn 65 ff.

f) Einbahnstraßen, Kreisverkehr. Für Einbahnstr u den KreisV gilt das 49 Rechtsfahrgebot nach II. Wenn es die VLage erlaubt, ist es richtig, den Kreis nicht im Bogen, sondern in gestreckter Fahrspur auszuführen; dann ist aber bei der Ausfahrt aus dem Kreis auf Benutzer der rechten Spur bes Rücksicht zu nehmen (OLG Celle VM 66, 83; OLG Düsseldorf VRS 37, 303). Das Rechtsfahrgebot gilt auch im **einspurigen Kreisverkehr** – ein "Schneiden" der Fahrbahn durch Ausnutzung der Fahrbahn bis zum äußersten linken Rand ist daher regelmäßig unzulässig (OLG Hamm NZV 04, 574).

7. Abs 3: Vorrang der Schienenbahn. a) Grundlagen. III behandelt das 50 Verhältnis LängsV u längsfahrende Schienenbahn, die auf der Fahrbahn der öff Str in gleicher oder entgegengesetzter Richtung verkehrt (OLG Düsseldorf VRS 63, 250; OLG Hamm NJW-RR 05, 817; s hierzu auch § 9 Rn 19 sowie Filthaut DAR 73, 309). Das Verhalten des **abbiegenden FahrzeugV** gegenüber der geradeaus weiterfahrenden Straba regelt § 9 I S 3, § 9 III S 1 sowie unter dem § 2 III entspr Vorrang der Schienenbahn, die in einem eigenen Gleisbereich neben der allg Fahrbahn verlegt ist. § 37 II 1 spricht nochmals für das Abbiegen des Fz-Verkehrs nach links bei Grün das Verbot aus, Straba zu behindern. Bahnübergang: § 19. Zur Geschwindigkeit der Straba: § 3 Rn 18. Rücksicht auf Fußgänger: § 9 III S 3.

b) Inhalt des Vorrechts. § 2 III begründet nicht entgegen § 8 die Vorfahrt 51 der Straba gegenüber dem QuerV oder der links abbiegenden Straba gegenüber dem GegenV; §§ 8 u 9 III gelten uneingeschränkt (amtl Begr; Bay 65, 22 = VRS 29, 13), dh die abbiegende Straba muss entgegenkommende bzw nachfolgende VT erst durchfahren lassen (s Filthaut NZV 92, 397); § 2 III bestimmt aber im Längsverkehr einen Vorrang der Bahn vor anderen VTeilnehmern, weil sie dem städtischen MassenV dient, ihren Fahrplan einhalten muss u als schweres, schienengebundenes Fz sich dem Verkehr technisch nicht anpassen kann (BGHSt 1, 192; OLG Karlsruhe VersR 97, 33) u einen langen Bremsweg hat (OLG Düsseldorf NZV 92, 190). In der **Längsrichtung** einer Schienenbahn fahren Fze, die in der gleichen Richtung wie die Bahn verkehren od aus der Gegenrichtung kommen (Filthaut Rn 64 mwN). Die Straba darf trotz ihrer Bindung an die allg Regeln der StVO (BVerwG NZV 00, 309) auf die Beachtung ihres Vorrangs vertrauen (OLG Düsseldorf NZV 94, 28 – StVE § 9 StVO Nr 88; OLG Magdeburg Urt v 10.7.02 – 10 O 3269/00). Erst in dem Moment, in dem sich die Gefahr einer Kollision aufdrängt und eine rechtzeitige Räumung des Gleisbereichs unwahrscheinlich ist oder sich die Straßenbahn sonst einer unklaren Verkehrssituation nähert, entfällt die Berechtigung des Straßenbahnführers auf seinen Vorrang zu vertrauen und ist er gegebenenfalls zur Einleitung einer Schnellbremsung verpflichtet (OLG Hamm NJW-RR 05, 817). Die anderen VT dürfen jedoch ihre Vorfahrt nicht erzwingen. Der Kf verstößt nicht gegen den bestehenden Vorrang der Straba gegenüber dem gleichgerichteten Verkehr, wenn er wegen einer auf der rechten Fahrbahn befindlichen Baustelle auf den in der Stra-Mitte gelegenen Schienenraum vor einer in größerer Entfernung von rückwärts herannahenden Straba hinüberwechselt (OLG Düsseldorf VersR 81, 784; KG VRS 88, 115), wohl aber dann, wenn er kurz vor ihr bremst; dann gilt auch nicht der Beweis des ersten Anscheins gegen die auffahrende Straba (OLG Düsseldorf VRS 68, 35; s dazu aber jetzt OLG Düsseldorf NZV 94, 28).

52 Der Führer einer rechts einbiegenden Straba muss rechtzeitig RichtungsZ setzen u darauf achten, dass er keinen neben ihm befindlichen oder nahe aufgeschlossenen VT gefährdet. Auf die Beachtung seines VorR durch weiter rückwärts folgende Kf darf er vertrauen (Bay 65, 25; 66, 150 = VRS 32, 154). Für **Omnibusse u Obusse** (Omnibusse, die mit elektrischer Oberleitung betrieben werden) gilt das VorR nicht. Ihnen gegenüber kann lediglich aus § 1 in bes VLagen eine erhöhte Rücksichtnahme geboten sein (BGH(Z) VRS 25, 249).

53 Zu der Haftung (ggfls der Bildung von Haftungsquoten) bei einem Unfall mit einer Schienenbahn vgl im Einzelnen Rn 113 ff (Zivilrecht/Haftungsverteilung).

54 **8. Abs 3a (Winterreifenpflicht):** Das OLG Oldenburg hat mit Beschluss vom 9.7.2010 (VRR 10, 316) die Bußgeldbewehrung (§§ 49 I Nr 2, 2 II 3a S 1, 2 StVO) „geeignete Bereifung" als Verstoß gegen das Bestimmtheitsgebot (Art. 103 II GG) angesehen. Nunmehr ist seit dem 4.12.2010 eine Neuregelung des Abs 3a in Kraft. Zugleich sind die Tatbestände in Nr 5a und 5a 1 BAT entsprechend angepasst und die Bußgelder für den Grundtatbestand auf 40 € und bei Behinderung auf 80 € erhöht worden. Auch mit dieser Neuregelung soll verhindert werden, dass Fahrzeuge bei winterlichen Straßenverhältnissen infolge unzureichender Bereifung liegenbleiben.

Nach der Neufassung des § 2 Abs 3a StVO ist die Winterreifenpflicht konkretisiert worden. Es darf nun ein Kfz bei Glatteis, Schneeglätte, Schneematsch, Eis- oder Reifglätte nur mit Winterreifen gefahren werden (Heß/Burmann NJW-Spezial 11, 9). Als Winterreifen gelten dabei alle M+S Reifen. Auch Ganzjahresreifen fallen darunter. Fahrer die keine Winterreifen benutzen können damit den Versicherungsschutz riskieren. Die unterlassene Verwendung von Winterreifen könnte eine Gefahrerhöhung nach § 23 Abs 1 VVG darstellen, wenn ein gewisser Dauerzustand besteht. Die Rechtsprechung habe eine Gefahrerhöhung dann anerkannt, wenn das Kfz langfristig benutzt werde. Es sei also bei längeren Autofahrten oder mehrmaliger Nutzung von einer Gefahrerhöhung auszugehen und eine Leistungskürzung seitens des Versicherers sei möglich. Weiterhin könnte hierin auch eine grob fahrlässige Herbeiführung des Versicherungsfalls nach § 81 VVG vorliegen. Auch mit Mitursächlichkeit würde den Anforderungen des § 81 VVG entsprechen. Eine Leistungskürzung sei die Folge davon und müsse im Einzelfall entschieden werden. Der Verstoß gegen § 2 Abs 3a StVO stellt sich ferner als bußgeldbewehrte Ordnungswidrigkeit dar. Allerdings wird nur der Fahrer belangt, nicht der Halter. Von der Winterreifenpflicht werden grds. alle Kfz (auch Motorräder etc) erfasst, wobei in Satz 2 es als Ausnahme genügt, wenn bei den aufgeführten Fahrzeugen lediglich auf den Antriebsachsen M+S-Reifen montiert sind. In Satz 3 sind weitere Fahrzeuge von der Pflicht ausgenommen (kritisch zu dieser Neuregelung Deutscher VRR 11, 90).

Das **Verkehrsverbot für kennzeichnungspflichtige Kfze (III a S 4 bei Sichtweiten unter 50 m)** soll gefährlichen Karambolagen vorbeugen. Kennzeichnungspflichtige Fze s VwV zu **Z 261**. S 3 Halbs 1 verlangt bei entspr Sichtverhältnissen Gefährdungsausschluss, dh höchste Sorgfaltsstufe (vgl dazu § 10 Rn 7 f); sofern dies auch durch Nebelschlussleuchten nicht gewährleistet erscheint (s § 17 III S 5), ist die Fahrt zu unterbrechen; ebenso bei Eis- u Schneeglätte, dh bei festgefahrener Schneedecke oder überfrorener Fahrbahn (vgl dazu zB OLG Koblenz VRS 64, 433; Bay VRS 58, 394), wozu nicht Schneematsch gehört (Bay DAR 89, 390; OLG Hamm NZV 98, 213).

9. Abs 4: Radfahrer (Radf)/mit Fahrrädern. a) Fahrrad und Straßenverkehr. Seit der VO v. 7.8.1997 (sog Fahrradnovelle) ist die Pflicht zur Benutzung von Sonderwegen (Zeichen 237, 240, 241) durch Radfahrer in § 2 IV 2 geregelt. Der Regelfall ist nach § 2 II 1 die Benutzung der Fahrbahn. Nur bei Kennzeichnung durch VZ müssen Radfahrer Radwege benutzen und sind dann von Fahrbahn und Seitenstreifenbenutzung ausgeschlossen (VG Dü14 K 329/09). Allein ein Verstoß dagegen kann im Fall eines Unfalles mit einem Kfz zu einer Mithaftung des Radf führen (s Rn 58 f). Ein **Fahrrad** iS der StVO ist jedes Fz mit wenigstens zwei Rädern, das ausschließlich durch die Muskelkraft auf ihm befindlicher Personen, insb mit Hilfe von Pedalen oder Handkurbeln, angetrieben wird. Hierzu zählen auch Liegefahrräder (BVerwG NZW 01, 493; VGH BW VM 01, 16; zu Pedelecs und E-Bikes vgl § 1 III StVG – keine Kfz sondern Fahrräder sind Räder mit elektromotorischer Unterstützung bis 25 km/h, die durch Muskelkraft fortbewegt werden; Ziegenhardt NJW-Spezial 2016, 1 f). Nach dem auch für Radf geltenden Rechtsfahrgebot (s Rn 26 u 44) müssen sie bei Benutzung der Fahrbahn nach **S 1** grundsätzlich **hintereinander** fahren (s VwV zu Abs 4 S 1); Ausn gelten nur bei VStille u auf (den durch die 24. ÄndVO eingeführten) **Fahrradstr** (Z 244; s dazu Rn 56; zum Radf-Verband s § 27 I) unter Beachtung von § 1 II; dh andere dürfen durch Nebeneinanderfahren nicht behindert werden. Eine solche Behinderung liegt bereits vor, wenn das Überholen, Begegnen und Ausweichen erschwert werden (Bay NJW 55, 1767). – Fußgänger, die ein Fahrrad führen, müssen nicht nach § 2 IV, wohl aber nach §§ 1, 25 II S 2 hintereinander gehen. Fahren Radf unzulässig nebeneinander, so handeln der oder die links Fahrenden, nicht aber der ganz rechts Fahrende ow (ebenso Cramer 82 zu § 2; aM OLG Bremen VM 59, 121). Die Vorschrift verbietet nicht das Überholen eines anderen Radf.

Zur Benutzung von **Fahrradstr** s Erl 1.–3. zu Z 244; auch hier gelten die **56** Vorschriften über die Benutzung von Fahrbahnen (zB Rechtsfahrgebot, Vorfahrtregeln). Andere Fz-Führer dürfen sie nur bei entspr Zusatzbeschilderung benutzen; die in Nr 2 zu Z 244 vorgeschriebene „mäßige Geschwindigkeit" (25–30 km/h) gilt für **alle** Benutzer. – Radfahrer dürfen durch ZZ freigegebene Busspuren benutzen (s Kettler NZV 97, 501).

Zur Einrichtung u Benutzung von **Schutzstreifen** für Radf am Fahrbahnrand **57** s § 42 VI 1g u VwV zu Z 340. Er ist entspr dem Rechtsfahrgebot von Radf zu benutzen; der Kfz-Verkehr darf den Streifen nur bei Bedarf, wie zB beim notwendigen Ausweichen vor GegenV, vor einem Hindernis auf der Fahrbahn, nicht aber bei Stau, unter bes Vorsicht mitbenutzen (Begr), wenn dabei eine Gefährdung der Radf ausgeschlossen ist.

b) Benutzung von Radwegen und Seitenstreifen. Radwege (sowohl mit **58** Kennzeichnung nach § 41 II 5, Z 237; VwV zu Z 237 als auch „andere Radwege",

StVO § 2   I. Allgemeine Verkehrsregeln

die gerade nicht mit VZ gekennzeichnet sind) dienen der V-Entmischung u Unfallverhütung (OLG Köln NZV 99, 373). **Benutzungspflicht bei zumutbarer Benutzbarkeit;** dh nicht bei tiefem Schnee, Eis, Schlaglöchern uä Behinderungen (BGH NZV 95, 144; OLG Düsseldorf NZV 92, 291; OLG Köln VRS 86, 422; Ternig DAR 02, 105: es kommt nicht darauf an, ob der Radf die Benutzung subjektiv als unzumutbar empfindet). Die Benutzungspflicht ist auf solche Radwege beschränkt, die durch die VB auf ihre zumutbare Benutzbarkeit geprüft u bejahendenfalls durch Z 237, 240, 241 gekennzeichnet sind. Diese Zeichen stellen nicht nur Gebotsregelungen, sondern sich zugleich durch den Ausschluß der Fahrbahnnutzung gleichzeitig als Verbotsregeln dar (VG Dü 14 K 329/09). Vor Aufstellung des VZ hat die VB zuvor die Grenzen des § 45 IX und die der VwV zu § 2 einzuhalten (s Kettler NZV 02, 57; VG Hamburg NZV 02, 533). Die Benutzung nicht so gekennzeichneter Radwege ist also fakultativ (S 3), auch wenn sie sich baulich zweifelsfrei als Radwege darstellen. Bei Kennzeichnung durch VZ sind Radf von Fahrbahn und Seitenstreifenbenutzung ausgeschlossen.

59 § 2 Abs 4 StVO ist wiederum mit Wirkung ab dem 1.4.2013 teilweise neugefasst worden. Rechte Radwege ohne die Zeichen 237, 240 oder 241 dürfen nach wie vor benutzt werden. dass ohne der Anordnung der Zeichen 237, 240 oder 241 die Verkehrsflächen keine Sonderwege nach § 41 StVO sind und keine benutzungspflichtigen Radwege. In Satz 4 wird nun neu ein Benutzungsrecht für linke Radwege eingeräumt, ohne dass ein benutzungspflichtiger Radweg vorhanden ist. Hierdurch soll dem Radfahrer eine ggfls. erforderliche mehrmalige Querung der Fahrbahn erspart werden (zB wenn einseitige Zweirichtungsradwege durch Zweirichtungsradwege auf beiden Seiten weitergeführt werden). Auch bei benutzungspflichtigen Radwegen kann der Radverkehr durch Zusatzzeichen in der Gegenrichtung zugelassen werden. Der Radf hat zwar die Wahl zwischen beiden Radwegen, für einen von beiden besteht aber auch eine entspr Benutzungspflicht (§ 41 II 5 Z 237 Buchst a), die im Übrigen auch von **Rennradf** (OLG Düsseldorf NZV 92, 290) zu befolgen ist (vgl auch Bouska VD 80, 198), worauf indessen kein Verlass ist (AG Köln VRS 62, 263). Der linke Radweg darf schließlich auch weiter benutzt werden, wenn rechts ein weiterer Radweg beginnt, auf den aber nicht ausdrücklich umgeleitet wird (BGH(Z) NZV 97, 70). Wo linke Radwege auch für die Gegenrichtung freigegeben sind u Radf die Fahrbahn kreuzen, soll im Interesse der VSicherheit der Radf bei Z 205 ein Zusatzschild auf diese Gefahr hinweisen u bes Vorsicht gebieten. – Durch die Verwendung des Zusatzzeichens „Radverkehr frei" wird nun ab dem 1.4.2013 die Freigabe von Radwegen in Gegenrichtung möglich, ohne dass damit – wie bei der Freigabe durch ein blaues Radwegeschild – eine Benutzungspflicht verbunden ist. Wird ein schmaler Radweg (80 cm) entgegen der vorgeschriebenen Richtung befahren, ist eine Kollision mit einem Entgegenkommenden voraussehbar (Bay VRS 73, 382). Ein Radf behält auf der Vorfahrtstr auch dann sein Vorfahrtrecht gegenüber kreuzenden oder einbiegenden Fahrzeugen, wenn er den linken von zwei vorhandenen Radwegen benutzt, der nicht nach § 2 IV 2 StVO für die Gegenrichtung freigegeben ist (BGH 4 StR 192/86 – Quote ¼ zu ¾ zu Lasten des Autofahrers).

60   **Mofas** stehen Fahrrädern dann gleich, wenn sie durch Treten bewegt werden (§ 2 IV S 5), dann **müssen** sie den Radweg benutzen (§ 41 II 5b); sonst sind sie vom Radweg ausgeschlossen (Ausn: § 41 II 5 S 5 bei ausdr Zulassung, die aber keine Benutzungspflicht begründet, s Bouska DAR 89, 165). § 41 II 5 f gilt für **alle** Fze.

61 Radwege müssen in **Einbahnstr** in der für diese vorgeschriebenen Fahrtrichtung benutzt werden (BGH(Z) VRS 62, 93 = VersR 82, 94), soweit keine anderweitige Regelung (Z 237) besteht. Wer als Radf Einbahnstraßen und diesen zugeordnete Radwege in falscher Richtung befährt, der hat auch gegenüber aus untergeordneten Straßen einmündenden oder kreuzenden Verkehrsteilnehmern keine Vorfahrt; der Wartepflichtige soll auf sie jedoch in zumutbarer Weise achten (BGH(Z) aaO, s auch Rn 54 zu § 8; str). Hingegen verliert ein Radf sein Vorfahrtsrecht nicht, wenn er unzulässigerweise auf dem linken von zwei Radwegen einer Vorfahrtsstraße fährt (BGH NJW 86, 2651; KG VersR 94, 234; OLG Hamm NZV 92, 364; ZfS 96, 284, NZV 97, 123, OLG Düsseldorf NZV 00, 506; OLG Frankfurt VerkMitt 04, 37).

62 Auf **gemeinsamen Fuß-** u **Radwegen** (Z 240) müssen zwar die Fußgänger die Radf nach § 41 II 5c durchfahren lassen, aber die Radf haben keinen allg Vorrang gegenüber den Fußgängern. Diese müssen nicht am Wegrand gehen, sondern dürfen den von ihnen benutzten Wegteil frei wählen. Sie müssen auch nicht rückwärts nach Radf Ausschau halten, sondern die Radf sind für gefahrlose Überholung verantwortlich (genügender Seitenabstand, rechtzeitiges Klingeln). Vertrauensgrundsatz zugunsten der Fußgänger (KG VM 77, 90)! Ohne Sonderregelung (§ 41 II 5) ist Radfahren auf Gehwegen verboten (s aber 63 f). Auf durch Z 241 **getrennten** Rad- u Fußwegen müssen Radf u Fußgänger den für sie bestimmten Sonderweg benutzen (§ 41 II 5a).

63 **10. Abs 5: Radfahrende Kinder.** Am 14.12.2016 ist § 2 V StVO geändert worden, Kinder bis zum vollendete8. Lebensjahr müssen, Kinder bis zum 10. Lebensjahr dürfen den Gehweg benutzen. Neist, dass Kinder unter 8 Jahren auch auf Radwegen fahren dürfen, wenn diese baulich von der Fahrbahn getrennt sind. Neu ist auch die Regelung in § 2 V 3 StVO, wonach eine Aufsichtsperson ab 16 Jahre ein Kind bis zum vollendeten 8. Lebensjahr auch mit Rad auf dem Gehweg begleiten darf. Kinder über 10 Jahre dürfen Gehwege nicht mit Fahrrädern befahren, sondern müssen die Fahrbahn oder den Radweg benutzen, jedoch dann nicht, wenn sie Kinderfahrräder fahren. Auf Fußgänger, die auf dem Gehweg Vorrang behalten, haben beide Altersgruppen bes Rücksicht zu nehmen; § 1 II bleibt – auch für Fußgänger gegenüber den radf Kindern – unberührt. Wegen Zuwiderhandlungen s Rn 133.

64 Radfahrende Kinder, die zulässigerweise Gehwege benutzen, sind praktisch **wie Fußgänger** zu behandeln, dh sie dürfen – wie diese – linke oder rechte Gehwege in beliebiger Richtung(!) benutzen. Beim Überqueren einer Fahrbahn müssen sie absteigen (V S 3); ein dennoch von rechts vom Gehweg kommendes, radfahrendes Kind hat gegenüber einem von links kommenden Kfz keine Vorfahrt (s auch § 8 Rn 4 u OLG Düsseldorf VRS 63, 66), während der nach rechts Abbiegende auf das die Fahrbahn überquerende Kind (wie auch sonst) nach § 9 III S 1 u 3 bes Rücksicht nehmen u notfalls warten muss (s auch OLG Düsseldorf aaO). Sind keine Geh- u Radwege vorhanden, müssen auch diese Kinder die Fahrbahn benutzen, sofern sie bereits verkehrssicher sind (§ 2 I StVZO), aber nicht mit Kinderfahrrädern für Kleinkinder mit seitlichen Stützen; dann sind sie wie die allg VT zu behandeln, ebenso, wenn sie den vorhandenen Radweg benutzen (müssen); auch ihnen gebührt dann je nach VRegelung uU die Vorfahrt. Absteigen müssen sie dann beim Überqueren der Fahrbahn nicht (anders beim Linksabbiegen: s § 9 Rn 25). Beachte auch § 3 II a: Bes Rücksichtnahmepflicht auf Kinder!

StVO § 2 I. Allgemeine Verkehrsregeln

65 **11. Der Begegnungsverkehr. a) Grundlagen.** In der StVO ist der BegegnungsV nicht speziell geregelt (vgl oben Rn 1). In § 2 II wird der „Gegenverkehr" als Fall des Rechtsfahrens erwähnt. Abgesehen davon, dass damit auch das Gebot, rechts auszuweichen, ausgedrückt ist, ergibt sich diese Verpflichtung zudem aus § 1 II (Bay VRS 61, 55). Eine weitere Regelung des BegegnungsV enthält § 6 S 1.

66 **b) Begriff.** Die **Begegnung** ist das Vorbeifahren von zwei Fzen, die sich auf derselben Fahrbahn aus entgegengesetzten Richtungen entgegenfahren. Über den Begriff der einheitlichen Str, insb auch über das Verhältnis von Begegnung u Vorfahrt an einer Str-Gabel s § 9 Rn 7.

67 **c) Ausweichen.** Zum Ausweichen ist auf einer genügend breiten Str jeder Fahrer verpflichtet, wenn er sonst einem entgegenkommenden Fz die ungehinderte Durchfahrt versperren würde. Wer vorschriftsmäßig rechts fährt, darf zunächst darauf vertrauen, dass ein Entgegenkommender ebenfalls die rechte Fahrbahnseite einhält oder auf sie ausweicht, muss aber weiter nach rechts ausweichen, wenn das entgegenkommende Fz so breit ist, dass es unter Berücksichtigung des gebotenen Sicherheitsabstandes zum Fahrbahnrand mehr als seine Fahrbahnhälfte einnimmt, oder wenn es wegen seiner Schwere oder bei einem Lastzug wegen der Gefahr des Ausscherens des Anhängers nicht so weit ausweichen kann, dass es die linke Fahrbahnseite freigibt.

68 Auch gegenüber einem Fz, das **verkehrswidrig** auf seiner linken Fahrbahnseite verbleibt, ist nach Möglichkeit rechts auszuweichen, erforderlichenfalls anzuhalten (Bay VRS 61, 55; OLG München VersR 61, 45; OLG Köln VRS 29, 146; vgl auch oben 42). Anzuhalten ist auch dann, wenn ein erkennbar betrunkener Fahrer entgegenkommt (BGH(Z) VRS 15, 94). Wird aber der rechts Fahrende durch einen Entgegenkommenden, der bis kurz vor der Begegnung auf der für ihn linken Seite bleibt, zum Linksausweichen zur Vermeidung eines Zusammenstoßes gezwungen, so ist er entschuldigt, sogar zum Linksausweichen verpflichtet (RGSt 60, 84, 86). Entspr ist für denjenigen, der vorschriftswidrig links fährt, voraussehbar, dass der vorschriftsmäßig auf seiner rechten Seite Entgegenkommende kurz vor der Begegnung nach links ausweichen könne (Bay 53, 73 = DAR 53, 175). Weicht der rechts Fahrende nach links aus, so lange noch unklar ist, ob der auf der falschen Fahrbahnseite Entgegenkommende nach rechts ausbiegen oder links weiterfahren werde, so trifft ihn eine Mitschuld am Unfall (Bay v 22.8.62 bei Mühlhaus DAR 65, 324).

69 Die Verpflichtung zum Ausweichen geht weiter als das Rechtsfahrgebot des § 2 II. Soweit nötig, muss beim Ausweichen auf einen Abstand zum rechten Fahrbahnrand verzichtet u ein gefahrlos befahrbares Bankett mitbenutzt werden (Bay 55, 98 = VRS 9, 208; 66, 34; vgl oben 23). Zur Vermeidung eigener oder fremder Gefährdung kann sogar das **Ausweichen auf einen Gehweg** erlaubt u geboten sein (Bay 67, 111, 116 = VM 68, 10). Auch wer die linke Fahrbahnseite benutzen darf, zB weil die rechte vereist ist, muss zur Ermöglichung einer Begegnung ausweichen u nötigenfalls seine Geschwindigkeit entspr herabsetzen oder anhalten (Bay 54, 136 = VRS 8, 62). Die Ausweichpflicht muss so rechtzeitig erfüllt werden, dass der Entgegenkommende an seiner zügigen Weiterfahrt nicht behindert wird (vgl RGSt 60, 84). Gegen § 2 II verstößt auch, wer vor einem begegnenden Fz anhält, ohne genügend weit nach rechts ausgewichen zu sein (Bay 66, 34). – Zur Frage, unter welchen Umständen auf einer breiten Schnellverkehrsstr möglichst weit rechts zum Randstreifen hin gefahren werden muss, so bei verbotswidrig überholendem GegenV, s BGH VM 79, 67.

d) Begegnung auf schmaler Straße. Eine Begegnung darf nur dann in beiderseitiger zügiger Fahrt durchgeführt werden, wenn zwischen den sich begegnenden Fzen unter Berücksichtigung des nötigen Abstands zum rechten Fahrbahnrand ein **Sicherheitsabstand** von mind 1 m eingehalten werden kann, bes wenn an der Begegnung ein Lastzug beteiligt ist (Bay 55, 98; v 11.3.87, 1 Ob OWi 323/86; OLG Hamm BeckRS 16, 12086). Kann dieser Sicherheitsabstand nicht eingehalten werden, muss nach § 1 II sein Fehlen durch bes vorsichtige Durchführung der Begegnung u Herabsetzung der beiderseitigen Fahrgeschwindigkeit ausgeglichen werden. Reicht auch dies nicht aus, so haben beide Fz-Führer anzuhalten u sich darüber zu verständigen, welcher von ihnen am stehenden Fz des anderen in langsamer Fahrt vorbeifährt. Das gilt auch bei der Begegnung mit einem Radf, dem nur ein geringer Raum (etwa 1,30 m) zur Durchfahrt verbleibt (BGH VRS 13, 275; OLG Hamm BeckRS 16, 12086; OLG Düsseldorf VM 66, 165); zur Begegnung von Radf auf Radwegen s Rn 59. 70

Die **Anhaltepflicht entfällt** nur dann, wenn einer der Fz-Führer von sich aus anhält, um dem anderen die Vorbeifahrt zu ermöglichen. Reicht die Fahrbahnbreite einschl der befahrbaren Seitenstreifen zu einer Vorbeifahrt überhaupt nicht aus, müssen sich die Beteiligten darüber verständigen, wer von ihnen zu einer Ausweichstelle zurückfährt (Bay DAR 62, 22). Das Zurückstoßen ist kleineren u wendigen Fzen eher zuzumuten als schwerfälligen (Lkw, Lastzügen u Omnibussen). 71

Für **Bergstrecken** gilt keine Sonderregelung. Der Grundsatz „Bergfahrt vor Talfahrt" gilt daher nicht ohne weiteres, sondern es kommt auf den Einzelfall an. Ist eine Ausweichstelle vorhanden, muss derjenige in sie ausweichen, auf dessen Seite sie sich befindet. Dem Führer eines Omnibusses ist es nicht schon deshalb verwehrt, eine Gebirgsstr zu benutzen, weil diese eine Spitzkehre aufweist, die er nicht ohne teilweise Inanspruchnahme der linken Fahrbahnseite durchfahren kann; er hat aber die Geschwindigkeit insb der Sichtweite, Fahrbahnbreite u dem Maß der Inanspruchnahme der linken Fahrbahn anzupassen (Bay VRS 61, 141). Wegen der bei der Annäherung einzuhaltenden Fahrgeschwindigkeit s § 3 I S 5. 72

e) Begegnung an Engstelle. Eine Engstelle liegt – iG zur schmalen Straße – dann vor, wenn die sonst für den BegegnungsV ausreichend breite Straße an einer begrenzten Stelle durch ein Hindernis so verengt ist, dass sie für die Vorbeifahrt zweier Fze nicht ausreicht. Die RSpr unterscheidet hier zwei Fallgruppen, in denen das VortrittsR unterschiedlich geregelt ist. 73

Wenn das auf einer Fahrbahnseite befindliche **Hindernis** in seiner **Ausdehnung** u voraussichtlichen **Dauer** dem Straßenkörper die Eigenschaft als Teil der Fahrbahn nimmt, gebührt demjenigen der Vortritt, der die Engstelle zuerst erreicht hat, auch wenn er dabei die Fahrbahn des GegenV mitbenutzen muss (OLG Hamm NZV 97, 479). Solche Engstellen sind zB schmale Brücken, eingezäunte Baustellen (OLG Hamm VRS 7, 222), Ablagerung von Baumaterial, Vereisung oder tiefer Schnee auf einer Str-Seite (OLG Hamm VRS 26, 306). Auf Beachtung seines VorR darf derjenige **vertrauen,** der die Engstelle mit deutlichem Vorsprung vor dem anderen erreicht hat (Bay VRS 63, 215; vgl auch OLG Düsseldorf VRS 35, 53). Jedoch muss der Bevorrechtigte vorsichtig in die Engstelle einfahren, wenn diese erst spät einsehbar ist (OLG Hamm VRS 30, 376). 74

StVO § 2

75 Befindet sich aber auf der Fahrbahn nur ein **vorübergehendes Hindernis,** insb ein haltendes Kfz, so muss derjenige, auf dessen Fahrbahnseite sich das Hindernis befindet, dem Entgegenkommenden den Vortritt lassen, wenn die verbliebene Fahrbahnbreite zu einer gefahrlosen Begegnung nicht ausreicht (§ 6 S 1). § 6 S 1 soll nur den Vorrang an einem **vorübergehenden** Hindernis regeln. Die Bestimmung gilt daher auch für eine nur kurz dauernde Absperrung, nicht aber für eine Baustelle (Bay 57, 230 = DAR 58, 248; Bay 84, 121 = VRS 68, 139; KG VRS 62, 63; BGH VersR 62, 156; s auch § 6 Rn 2).

76 Wird die Fahrbahn dadurch verengt, dass auf **beiden Seiten** Fze parken, so hat ein Fz den Vortritt, wenn es durchfahren kann, ohne die Fahrbahnseite des GegenV mitzubenutzen (OLG Düsseldorf VRS 21, 304; OLG Hamm VRS 52, 213). Ist dies keinem möglich, so gilt der Vorrang des zuerst Angekommenen (s oben Rn 69). Bei Begegnung in einer durch beiderseits parkende Fze gebildeten Engstelle, deren Breite bei entspr Geschwindigkeitsermäßigung u vorsichtiger Fahrweise für eine gleichzeitige Durchfahrt beider Fze ausreicht, müssen sich die Fahrer den für die Durchfahrt zur Verfügung stehenden Raum gleichmäßig teilen (KG VRS 91, 465; OLG Zweibrücken VRS 57, 134). Dies gilt auch, wenn der Fahrbahnbereich bei rechtsparkenden Fahrzeugen reduziert wird (OLG Köln SVR 11, 141).

77 Fraglich ist, ob ein dauerndes, die Fahrbahn als solche verengendes oder nur ein vorübergehendes Hindernis vorliegt, wenn auf einer Seite einer städtischen Str mit Verkehr in beiden Richtungen ein Parkverbot besteht, während auf der anderen geparkt werden darf, möglicherweise sogar Parkflächen durch weiße Linien auf der Str eingezeichnet sind. Sind solche Parkräume während der Zeiten lebhaften Verkehrs ständig – wenn auch durch wechselnde Fze – so weitgehend besetzt, dass für den fließenden Verkehr nur der freie Raum von der Grenze des Parkstreifens bis zum gegenüberliegenden Fahrbahnrand frei ist, so muss der Parkstreifen wohl den Hindernissen gleichgestellt werden, die der Str die Eigenschaft als Fahrbahn des fließenden Verkehrs nehmen; denn Zweck solcher einseitigen Parkverbote ist gerade, ausreichend Raum für den fließenden Verkehr in beiden Richtungen offen zu halten, den sich die beiden Fahrtrichtungen gleichberechtigt zu teilen haben. Eine einseitige Bevorzugung des Verkehrs auf der Seite des Parkverbots entspräche nicht der gewollten Regelung, sondern würde die Erklärung zur Einbahnstr nahe legen. Vgl auch § 7 Rn 19.

78 **f) Engstelle mit Regelung durch VerkehrsZ.** Nach § 42 II kann der Vorrang an einer Engstelle durch **Z 308**, die Wartepflicht nach § 41 II c durch **Z 208** begründet werden. Der Wartepflichtige muss dem Bevorrechtigten den Vortritt in gleicher Weise einräumen, wie ein Wartepflichtiger nach § 8 dem Vorfahrtberechtigten (vgl § 8 Rn 10 ff, 36 ff; Bay 63, 112 = VRS 25, 365). Der Wartepflichtige muss daher den Entgegenkommenden auch dann ungehindert durchfahren lassen, wenn er vor diesem die Engstelle erreicht, sie aber nicht ohne Behinderung des anderen verlassen kann. Der Bevorrechtigte verliert das VorR nicht dadurch, dass er zu schnell an die Engstelle heranfährt (Bay 63, 201 = VRS 26, 315). Der Wartepflichtige hat so weit rechts anzuhalten, dass der Bevorrechtigte ungehindert an seinem Fz vorbeifahren kann. Er muss deshalb schon vor Beginn der Verengung anhalten, auch wenn das VZ erst in ihr steht. Fährt er in die Verengung so weit hinein, dass er dem Bevorrechtigten nicht genügend seitlichen Raum zum Verlassen der Engstelle lässt, so steht die OW nach § 49 III 4 mit dem Verstoß gegen die Ausweichpflicht nach § 2 II, § 49 I 2 in TE (vgl Bay 66, 34 = VRS 31, 224).

Straßenbenutzung durch Fahrzeuge **§ 2 StVO**

Ist die Durchfahrt einer längeren Engstelle durch **Z 208, 308** geregelt, so darf 79 der Wartepflichtige in sie einfahren, wenn sich kein Vortrittberechtigter im übersehbaren Bereich befindet. Ein Bevorrechtigter, der nunmehr erst an die Engstelle herankommt, darf nicht mehr einfahren, wenn sich ein an sich Wartepflichtiger bereits sichtbar in ihr befindet, sondern er muss dessen Ausfahrt abwarten. Der Wartepflichtige, der rechtmäßig in die Engstelle eingefahren ist, ist nicht verpflichtet, sie nach der Seite oder rückwärts zu räumen, um einen Vortrittsberechtigten einfahren zu lassen. Sind beide Fze in die Engstelle eingefahren, bevor sie sich gegenseitig sehen konnten, so richtet sich ihre Begegnung nach den RGrundsätzen für die Begegnung auf einer schmalen Str (Bay 67, 111 = VM 68, 10). Allerdings muss derjenige, der grundsätzlich Vorrang vor dem Gegenverkehr hat, mit Gegenverkehr rechnen, der bei normaler Fahrt ohne Behinderung möglich ist und muss deshalb in der Engstelle so weit rechts fahren, wie ihm dies möglich ist (OLG Brandenburg BeckRS 17, 106058 – Mithaft zu 40%).

12. Beschränkung der Straßenbenutzung durch Verkehrszeichen und 80 **Abs 3a. a) Allgemeine Verkehrsverbote.** Allg Verkehrsverbote können durch die **Vorschrift Z 250–269** angeordnet werden. Ihre Bedeutung ist in § 41 II 6 erklärt. Die verkehrslenkenden Z sind in § 9 Rn 43 ff behandelt. – Zu **Spiel u Sport** s § 31 m Erl sowie Z 250 Erl S 3 u 4.

Z 250 verbietet **jeden** FahrzeugV im gesperrten Raum inkl. Abzweigungen, 81 die nur von der gesperrten Str erreichbar sind (OLG Hamm VRS 48, 229; Bay 85, 96 = VRS 69, 461), u zwar – nach bisher hM – **auch den ruhenden;** nach dieser Ansicht war deshalb auch das Parken in der auf einem Zusatzschild zu Z 250 angegebenen Zeit verboten (OLG Hamm VRS 47, 475; OLG Köln VM 77, 59; OLG Karlsruhe VM 78, 25; OVG NW VRS 71, 467; OLG Oldenburg DAR 90, 271 zu Z 242; Verf NStZ 87, 116 u Voraufl.; Hentschel/König/Dauer § 41 StVO Rn 248 zu Z 250; Bouska VD 77, 103; aA VGH Hessen VM 81, 28 m abl St Booß; so auch OLG Düsseldorf (NZV 92, 85) für den Fall, dass ein Zusatzschild „Anwohner ausgenommen" bestimmt, dass der Sperrbezirk von Nicht-Anwohnern völlig, dh auch bzgl des ruhenden Verkehrs, völlig freigehalten werden soll. Nach Ansicht des BGH (St 34, 194) soll Z 250 mit zeitlich begrenzendem Zusatzschild jedoch nur für den fließenden u nicht auch für den ruhenden Verkehr gelten, der sich bereits im Sperrbereich befindet (so auch OLG Dresden NZV 96, 80; im Anschl an BGH aaO); der hiernach zunächst zulässig Parkende soll den Sperrbereich nur nicht verlassen dürfen (OLG Dresden aaO; s auch OLG Düsseldorf VRS 27, 380; zum AnliegerV s Rn 82). – Eine für Kfze gesperrte Str darf ein Mopedfahrer auch nicht mit abgestelltem Motor durchfahren (Bay 59, 72 = VM 60, 5); nach § 41 II 6 Z 250 S 2 (neu) dürfen jetzt **alle** Kraft- u Fahrräder geschoben werden. Ist eine Str für den KraftV an bestimmten Stunden gesperrt, so darf sie in der Sperrzeit auch nicht von Kfzen befahren werden, die die Str vor Beginn der Sperrzeit erreicht haben u sie während dieser verlassen wollen (OLG Düsseldorf VRS 27, 380). Das Befahren mehrerer gesperrter Str begründet mehrere selbstständige Verstöße (Bay 57, 61 = VM 57, 117). Sperrschilder auf **Privatwegen** begründen kein verkehrsrechtliches Benutzungsverbot (**E** 26 u 1 zu § 39). – Z 250 muss die Anwendung der StVO nicht ausschließen (OLG Hamm VRS 91, 346). – Mehrspurige Kfze iS von **Z 251** sind auch **Zugmaschinen** (VkBl 88, 225), hier – iG zu Z 276 – nicht aber **Krad m Beiwagen** (s Erl zu Z 276, 277). – Sind im Zusatzschild nur Pkw u Lkw gekennzeichnet (s Nr 1048–10, – 11, – 13) gilt es nicht für Wohnmobile (Schl NZV 91, 163; KG NZV 92, 162).

StVO § 2 I. Allgemeine Verkehrsregeln

82 b) **Anliegerverkehr.** Ein Zusatzschild „Frei für Anlieger" gibt ebenso wie der Wortlaut „Anliegerverkehr frei" oder „Durchgangsverkehr gesperrt" nicht nur das Befahren der Straße durch die Anlieger (s Rn 85), sondern auch den Verkehr mit den Anliegern frei (BVerwG NJW 00, 2121; Bay VM 72, 94), wobei das Zusatzschild „Anwohner frei" dieselbe Bedeutung hat (Bay VRS 60, 152). Berechtigter Benutzer der Str ist jeder – auch unerwünschte – Besucher eines Anliegers u derjenige, der einen Bauunternehmer, der an der Str ein Gebäude errichtet, aufsuchen will u gleich wieder weiterfährt, weil der Gesuchte sich nicht auf dem Grundstück befindet (Bay 64, 56 = VRS 27, 381); ebenso derjenige, der einen Anlieger oder einen Besucher des Anliegers abholen will (OLG Hamm VM 69, 79; OLG Düsseldorf VRS 33, 457).

83 **Voraussetzung** ist, dass der Besuchsort an der gesperrten Str liegt, nicht aber, dass er nur durch sie erreichbar ist (Bay aaO). Zulässig ist es, an einem Bahnhofsausgang, der an dem durch **Z 250** gesperrten Straßenstück liegt, einen Bahnbenutzer abzuholen, auch wenn andere Ausgänge des Bahnhofs über nicht gesperrte Str zu erreichen sind (Bay 75, 42 = DAR 75, 250). Aber kein AnliegerV, wenn das aufzusuchende Grundstück zwar an die gesperrte Str angrenzt, aber nur von einer anderen, nicht gesperrten Str aus zugänglich ist (OLG Hamm VRS 53, 310).

84 Wer die Anliegerstr rechtmäßig benutzt, darf sich in ihr auch längere Zeit aufhalten (OLG Bremen DAR 60, 268) u dort auch **parken** (OLG Düsseldorf VRS 85, 142). Entscheidend ist, ob Ziel oder Ausgangspunkt der Fahrt eines der anliegenden Grundstücke ist. Wer die Str nur durchfahren will, um an einen außerhalb von ihr gelegenen Punkt zu gelangen, nimmt nicht am AnliegerV teil (OLG Hamm VRS 53, 310; einschränkend BVerwG NJW 00, 2121); nach OLG Oldenburg (VRS 27, 298) soll das auch für denjenigen gelten, der in der gesperrten Str wohnt. Auch der Besucher einer an der gesperrten Str liegenden Gaststätte oder Badeanstalt ist zur Benutzung der gesperrten Str berechtigt, nicht aber, wer nur den Gemeingebrauch an einem unbebauten Grundstück ausüben will, zB an einen Wald fährt, um dort spazieren zu gehen (Bay 68, 126 = VM 69, 60; s aber Rn 85).

85 **Anlieger** ist nicht nur der dinglich oder schuldrechtlich Berechtigte, sondern jeder, der auf eine gewisse Dauer zum Betreten oder Benutzen eines anliegenden Grundstücks befugt ist, zB der Badewillige (OLG Zweibrücken VRS 77, 462), der Jagd- oder Fischereiberechtigte, auch das Mitglied eines Fischereivereins (BGHSt 20, 242; OLG Köln VRS 25, 367; OLG Zweibrücken VM 78, 44; s aber Rn 88). Anlieger sind auch die Personen, die zwar nicht unmittelbar an der gesperrten Str wohnen, aber nur durch sie an den Verkehr angeschlossen sind (BVerwG VkBl 69, 652; aA OLG Hamm DAR 61, 120).

86 Das VZ **„Anliegerverkehr"** dient nicht dem Schutz von Fz-Führern, die aus einem Grundstück oder einer Nebenstr verkehrswidrig einfahren (BGH DAR 70, 98).

87 Das Zusatzschild **„Lieferverkehr frei"** (Nr 1026–35 VzKat) erlaubt nur die Lieferung von Waren von u zu den im Sperrgebiet befindlichen Geschäften (BVerwG NZV 94, 125), nicht private Lieferung von Wäsche zur Reinigung (KG VRS 62, 65).

88 Das Zusatzschild **1026 „Landwirtschaftlicher Verkehr frei"** erlaubt nicht nur das Befahren zur bäuerlichen Felderbestellung, sondern auch den landwirtschaftlichen DurchgangsV (OLG Celle NZV 90, 441); es umfasst die Landwirtschaft im allg Sinn, also auch Jagd u Fischerei (nach OLG Köln DAR 86, 298 u Bay v 10.5.88, 2 Ob OWi 72/88, aber nicht das Sportangeln; s dazu Drossé DAR

86, 269), Haltung von Rennpferden (Schl VM 87, 3 m zust Anm Booß) sowie den Besuch eines landwirtschaftlichen Fachberaters u An- u Abtransport landwirtschaftlicher Güter (OLG Köln VRS 39, 76; Bay VRS 62, 381), nicht aber die Forstwirtschaft, für die gesonderte Zusatzschilder vorgesehen sind (s VzKat 1026–39; Bay VRS 55, 380). Diese Zusatzschilder erlauben auch nicht die Wegbenutzung zur Erledigung anderer Arbeiten in der Nähe des Weges (OLG Koblenz VRS 68, 234: Überprüfung eines Elektrizitätsmastes). Das Z 250 mit dem Zusatzschild 1026–37 erlaubt die Fahrt mit Kfzen im Rahmen üblicher Forstbewirtschaftung (Bay VRS 61, 157; OLG Zweibrücken VRS 61, 392). Unzulässiges Befahren eines durch Z 250 gesperrten Waldweges kann OW nach § 49 III 4 u nach LandesR, wie zB nach § 55 I 4 Rhlf LFG, darstellen (OLG Koblenz NStZ-RR 97, 243).

c) Verkehrsberuhigter Bereich. Im verkehrsberuhigten Bereich, Z 325/326, **89** gelten weitere Beschränkungen der StrBenutzung: Fze müssen Schrittgeschwindigkeit einhalten (s Rn 69 zu § 3) u dürfen nur an bes gekennzeichneten Stellen parken; andererseits dürfen Fußgänger die gesamte Str benutzen. Durch bauliche Vorkehrungen muss verdeutlicht sein, dass der FahrzeugV hier untergeordnete Bedeutung hat (VwV III 2 zu Z 325/326). – Für **Fußgängerzonen** gelten die Regeln der **Z 242, 243** (s auch Rn 24).

d) Fahrbahnmarkierungen. Die Fahrbahnmarkierungen sind teils Vor- **90** schrift-, teils RichtZ; sie sind idR weiß (s §§ 41 I u 42 VI), nur ausnahmsweise gelb (§ 41 IV), keinesfalls grün (BVerwG VM 93, 68).

aa) Die **durchgehende Linie, Z 295,** hat nach § 41 III 3 drei unterschiedliche **91** Bedeutungen: Unter der Sammelbezeichnung **Fahrstreifenbegrenzung,** die als solche auch aus einer Doppellinie bestehen kann (s Z 295 Erl a S 2), kann sie entweder den für den GegenV bestimmten Teil der Fahrbahn abgrenzen – **Mittellinie –** oder mehrere Fahrstreifen der gleichen Richtung trennen – **Fahrstreifentrennlinie;** oder sie ist an der Seite als **Fahrbahnbegrenzung** angebracht. Vgl auch VwV zu Z 295.

Dient sie als **Mittellinie,** so darf sie weder im Längs- noch im QuerV überfah- **92** ren werden. Auch die über die Räder seitlich hinausragenden Fz- oder Ladungsteile dürfen sich nicht über ihr befinden. Sie verbietet das Hinüberwechseln auf die linke Fahrbahn (OLG Düsseldorf VRS 62, 302), das Überholen nur, wenn dies nur unter Inanspruchnahme der abgegrenzten anderen Fahrbahnhälfte möglich wäre (BGH(Z) DAR 87, 283), sonst aber nicht (OLG Hamm DAR 92, 31); auf entspr Beachtung darf der Vorausfahrende vertrauen (BGH(Z) aaO). Sie bewirkt daher mittelbar ein Überholverbot (OLG Hamm StVE 88 zu § 41). Wer im Überholen begriffen ist, darf nicht links an ihr weiterfahren, sondern muss die Überholung vor ihrem Beginn abbrechen (OLG Düsseldorf VM 61, 100; Schl VM 65, 110). Kann der eingeleitete Überholvorgang vor der Fahrstreifenbegrenzung nicht mehr gefahrlos abgebrochen werden, so darf u muss sie der Fz-Führer nach rechts überqueren (ebenso Cramer 3 zu § 41 Z 295; OLG Düsseldorf DAR 90, 32); links von ihr weiterzufahren, wäre ow.

Ausnahmsweise darf die durchgehende Linie überschritten werden, wenn auf **93** der rechten Fahrbahnseite ein nicht nur ganz vorübergehendes Hindernis umfahren werden muss (Bay 85, 104 = VRS 70, 55) oder wenn ein Verbleiben rechts von ihr eine Gefährdung des Fzs, etwa durch Äste von Alleebäumen, bedeuten würde, immer vorausgesetzt, dass eine Gefährdung des GegenV ausgeschlossen ist (OLG Düsseldorf VRS 26, 140; 63, 60; OLG Hamm VM 60, 93; VRS 21, 67;

OLG Hamburg VM 60, 94). Die durchgehende Linie dient dem Schutz des Längs-, insb des GegenV, aber nicht des aus einer Seitenstr einbiegenden wartepflichtigen Verkehrs (OLG Düsseldorf VRS 63, 60). Sie darf auch nicht zum Linksabbiegen in ein Grundstück überquert werden (OLG Schleswig VM 62, 50; OLG Hamm VRS 14, 128).

94 Auch bei **Fahrstreifentrennlinien** ist das Befahren der Linien, insb der Spurwechsel (OLG Düsseldorf VRS 67, 375), verboten. Das gilt auch bei entspr Trennung von Rad- u Fußgängerweg (OLG Hamm StVE 88 zu § 41). − Das beschränkte **Parkverbot** bezieht sich auf beide Arten von Fahrstreifenbegrenzungen.

95 Die durchgehende Linie als **Fahrbahnbegrenzung** darf überfahren werden. Rechts von ihr, in dem für den langsamen Fahr- u FußgängerV vorgesehenen Raum, darf geparkt werden; dagegen besteht links der Begrenzungslinie Halteverbot. Sinn dieser Verwendungsart der weißen Trennlinie ist die Schaffung von **Seitenstreifen** neben der eigentlichen Fahrbahn (früher „Mehrzweckstreifen" genannt), um auf breiten Str den schnellen VStrom vom langsamen zu trennen (Begr).

96 Dieser Streifen ist **kein Teil der Fahrbahn** (s § 2 I S 2; amtl Begr VkBl 94, 140; BVerfG DAR 97, 152; OLG Düsseldorf NZV 93, 359; Booß Anm 2 zu § 2 u zu OLG Köln VM 82, 56; Bouska DAR 81, 289; Verf NStZ 83, 547; die frühere aA von BGHSt 30, 85, 90 u OLG Köln NZV 92, 415 ist durch 12. ÄndVO überholt); zur Standspur s § 5 Rn 59a.

97 bb) Die **einseitige Fahrstreifenbegrenzung** nach § 41 III 4 **Z 296** ist auch dann zu verwenden, wenn auf beiden Fahrstreifen in derselben Richtung gefahren wird. Eine einseitige Fahrstreifenbegrenzung, die den für den GegenV bestimmten Teil der Fahrbahn begrenzt, verbietet einem Fz-Führer, in dessen Fahrtrichtung die durchgehende Linie rechts der unterbrochenen verläuft, nach wie vor ein Fahren links der Markierung auch dann, wenn er sich an deren Beginn bereits links von ihr befindet (Bay 76, 79 = VRS 51, 394).

98 cc) **Sperrflächen** nach **Z 298** dienen der Gliederung u Führung des fließenden V; sie dürfen nicht befahren (s dazu BGH(Z) DAR 87, 283), nur rechts umfahren (LG Ol DAR 93, 437) u nicht zum Überholen (OLG Düsseldorf VD 90, 46), Halten oder Parken benutzt werden (OLG Köln VRS 92, 282). Dieses Verbot schützt alle VT, die dessen Beachtung erwarten dürfen (OLG Köln NZV 90, 72); es ist zwar vornehmlich für Zwecke des fließenden Verkehrs gedacht (BGH(Z) NZV 92, 148), jedoch auch bei Verwendung im ruhenden Verkehr zu beachten (OLG Köln DAR 91, 66). Die Wirksamkeit richtet sich nach den allgem für VorschriftZ geltenden Regeln (OLG Köln VRS 92, 282; s dazu § 39 Rn 15, 19).

99 dd) Die **Richtungspfeile** sind beim Abbiegen (§ 9 Rn 51) zu beachten.

100 ee) Die durchbrochene **Leitlinie, Z 340,** ist zwar ein RichtZ; sie hat jedoch nach § 42 VI 1 teilweise den Charakter eines Vorschriftzeichens, indem sie für Fahrbahnen mit mehreren Fahrstreifen Benutzungs- u Überholverbote verschiedener Abstufungen bewirkt. So darf sie bei GegenV nicht überfahren werden (§ 42 VI 1 S 3 Buchst a), worauf ohne gegenteilige Anzeichen auch vertraut werden darf (BGH VRS 23, 276). − Soweit § 42 VI 1d die durchgängige Benutzung des Mittelstreifens gestattet, wenn nur hin u wieder rechts ein Fz fährt oder hält, gilt das nur, wenn der Benutzer des Mittelstreifens nach dem Wechsel auf die rechte Fahrbahn dort nicht längere Zeit mit gleicher Geschwindigkeit weiterfahren könnte (OLG Düsseldorf VRS 77, 456; s auch OLG Celle VRS 64, 382; § 7

Rn 14); maßgeblich sind Länge der freien rechten Fahrbahn u Geschwindigkeit des nach rechts Wechselnden (s auch Hentschel/König/Dauer 8 zu § 7).

ff) Gelbe Markierungen u Leiteinrichtungen, bes an Baustellen, gehen den ständigen Markierungen vor (§ 41 IV). **101, 102**

13. Zivilrecht/Haftungsverteilung. a) Abwägungskriterien. Bei der Abwägung sind zu berücksichtigen: Fahrbahnbreite, Straßenverlauf, Geschwindigkeit, Erkennbarkeit der Fahrzeuge (Dunkelheit), Witterungsverhältnisse, Erkennbarkeit der unfallträchtigen Verkehrssituation. **103**

Bei einem Begegnungszusammenstoß mit ungeklärtem Unfallverlauf ist idR eine Schadensteilung entsprechend den beiderseitigen Betriebsgefahren vorzunehmen (Grüneberg Rn 194). Verstößt ein Fz-Führer in massiver Weise gegen das **Rechtsfahrgebot** des § 2 II u kommt es aufgrund dieses Fehlverhaltens zu einem Unfall mit einem **entgegenkommenden Kfz,** führt dies in aller Regel zu einer **Alleinhaftung** des VT, der das Rechtsfahrgebot missachtet (BGH VersR 66, 776; OLG Stuttgart NZV 91, 393; OLG Nürnberg VersR 81, 790). Von einer Alleinhaftung des das Rechtsfahrgebot missachtenden Fz-Führers ist insbesondere dann auszugehen, sofern dessen Kfz vollständig auf die Gegenfahrbahn gerät u in einer Kurve mit einem entgegenkommenden Fz kollidiert (BGH VersR 90, 537 = NZV 90, 229; OLG Frankfurt VRS 78, 262; OLG Karlsruhe VersR 81, 886). Gleiches gilt bei einem Unfall auf gerader Strecke (BGH VersR 65, 1075 = VRS 29, 347; OLG Düsseldorf VersR 83, 348 = r+s 82, 250; OLG Nürnberg VersR 81, 790; OLG Stuttgart VersR 82, 861). Dieser VT hat den Beweis des ersten Anscheins gegen sich. Das Rechtsfahrgebot gilt auch im Kreisverkehr (OLG Hamm NZV 04, 505). **104**

Eine **Mithaftung** des entgegenkommenden Fz-Führers iHd einfachen Betriebsgefahr kann aber dann in Betracht kommen, wenn dieser die **zulässige Höchstgeschwindigkeit** iSd § 3 überschreitet oder unter **Alkoholeinfluss** steht. Kann der entgegenkommende Fahrer die Mitbenutzung seiner Fahrbahn rechtzeitig erkennen, kann es zu einer Schadensteilung kommen (Grüneberg Rn 197). **105**

Verstößt der **Vorfahrtberechtigte** gegen das Rechtsfahrgebot, führt dies idR zu dessen Mithaftung im Umfang von ⅓ bis ½. Je weiter links er fährt, desto höher ist seine Mithaftquote (BGH VersR 61, 800 (⅔); OLG Köln NZV 89, 437 (20%); der Verstoß gegen das Rechtsfahrgebot erhöht die Gefahr von Zusammenstößen im Einmündungsbereich (OLG Oldenburg SP 02, 227 – 25% Mithaft). **106**

Verstößt der **Überholte** gegen das Rechtsfahrgebot, so führt dies zur Mithaftung bis zur vollen Haftung bei plötzlichem „Ziehen" nach links während des Überholvorgangs (Grüneberg Rz 179; BGH VersR 80, 849; OLG Frankfurt VersR 93, 1500 [100%]; OLG Hamm VersR 87, 692 [⅓]). **107**

b) Eigenes Fehlverhalten. Weicht der Fahrer einem plötzlich auftauchenden **Hindernis** (zB einem auf die Fb laufenden Tier) aus u gerät er aufgrund dieses Umstands auf die Gegenfahrbahn, ist eine Mithaftung des entgegenkommenden Fz-Führers in Betracht zu ziehen, falls dieser die Gefahrensituation rechtzeitig erkennen kann (Grüneberg Rn 206). **108**

Kommt ein Fz-Führer mit seinem Kfz teilweise über die **Mittellinie,** trifft diesen grds ebenfalls die alleinige oder ganz überwiegende Haftung (BGH NJW 90, 1850; BGH VersR 59, 852). Grundsätzlich bleibt die Betriebsgefahr des anderen Unfallbeteiligten außer Betracht (OLG Thüringen (Jena) ZfS 02, 335). Soweit dem Fahrer des entgegenkommenden Kfz ein **eigenes Fehlverhalten** (zB Überschreitung der zulässigen Höchstgeschwindigkeit iS des § 3; rechtzeitiges Erkennen **109**

StVO § 2 I. Allgemeine Verkehrsregeln

der gefährlichen Situation; Fahrer steht unter Alkoholeinwirkung) zur Last gelegt werden kann, ist uU auch in dieser Fallkonstellation von einer Mithaftung des entgegenkommenden Kfz auszugehen (Grüneberg vor Rn 208). Liegt der Unfallort in einer Kurve u ist die Straße weniger als 5 m breit, ist regelmäßig eine Mithaftung des entgegenkommenden Fz gegeben, da angesichts der Straßenbreite eine Überschreitung der zulässigen Höchstgeschwindigkeit (vgl § 3 I S 5) bzw ein seinerseitiger Verstoß gegen das **Rechtsfahrgebot** auf der Hand liegt (BGH NJW 96, 3003; r+s 96, 482 – Haftung 40% zu 60% zu Lasten des entgegenkommenden Kfz; OLG Hamm ZfS 97, 288 – Haftung ¾ zu ¼ zu Lasten des das Rechtsfahrgebot missachtenden Kfz; OLG Köln NZV 89, 113 – Haftung ⅓ zu ⅔ zu Lasten des entgegenkommenden Kfz). Beträgt die Straßenbreite dagegen mehr als 5 m, ist zu berücksichtigen, dass ein etwaiger Verstoß des entgegenkommenden Fz gegen das Rechtsfahrgebot uU dann nicht entscheidend ist, falls das Fz auf seiner Fb verbleibt (OLG Frankfurt r+s 96, 18; OLG Hamm VRS 84, 169; OLG Karlsruhe, VersR 94, 362 mit Anm Rosenberg; Schl NZV 93, 113 = VersR 93, 983; NZV 91, 431; beachte aber auch OLG Koblenz NZV 06, 201).

110   Kommt es auf einer **Gefällstrecke** zu einer Kollision, ist zu beachten, dass das bergabfahrende Kfz einen längeren Bremsweg als das entgegenkommende Fz hat. Weil in diesen Fällen – namentlich bei besonders engen Verkehrsverhältnissen – die Geschwindigkeitsbegrenzung des § 3 I 5 berücksichtigt werden muss, kommt hier grds eine Schadensquotierung in Betracht (LG Stu VersR 81, 489 – Haftung ¼ zu ¾ zugunsten des bergabfahrenden Fz). Fährt ein Kfz in Schlangenlinien, so hat sich der Fahrer des entgegenkommenden Fz auf diese Gefahrensituation einzustellen. Tut er dies nicht u kommt es zu einem Unfall, trifft diesen idR eine Mithaftung iHd einfachen Betriebsgefahr (BGH VRS 62, 616 = VRS 23, 4 – Mithaftung zu ¼).

111   Bei einer Begegnungskollision zwischen einem **Kfz mit Überbreite** u einem entgegenkommenden Fz ist zu berücksichtigen, dass das Fz mit Überbreite eine erhöhte Betriebsgefahr trifft. Diese Betriebsgefahr tritt nicht ow hinter ein Verschulden des Fahrers des entgegenkommenden Fz zurück (vgl hierzu OLG Stuttgart VRS 81, 338 = NZV 91, 393 – Alleinhaftung des Kfz mit Überbreite).

112   Soweit **beide Fz-Führer** gegen das Rechtsfahrgebot verstoßen, ist in aller Regel eine Schadensquotierung vorzunehmen. Dabei trifft denjenigen VT der höhere Haftungsanteil, dessen Fz die höhere Betriebsgefahr anzulasten ist bzw dessen Fahrer in stärkerem Maße gegen das Rechtsfahrgebot verstößt (BGH VersR 64, 633; OLG Bamberg VersR 79, 472). Bei einer Kollision an einer durch Verkehrszeichen (Zeichen 208) geregelten Engstelle zwischen einem Linienbus und Motorradfahrer, der nicht äußerst rechts fährt, ist eine Haftungsverteilung 60 zu 40 zu Lasten des Busses angemessen (OLG Brandenburg NJW-RR 17, 862). Haben beide Fz die Fahrbahnmitte überschritten oder lässt sich nicht klären, auf wessen Hälfte die Kollision geschah, so ist der Schaden grds zu teilen (Gregor § 17 StVG, Rn 90).

113   **c) Kollision Kfz-Schienenbahn.** Bei einer Kollision zwischen einem **Kfz u einer Schienenbahn** ist dem Schienenfahrzeug wegen des fehlenden Ausweichvermögens, der größeren Bewegungsenergie u des schwerfälligeren Bremsvermögens regelmäßig die höhere Betriebsgefahr anzulasten. Geht es lediglich um die Abwägung der Betriebsgefahren, so haftet der Halter der Schienenbahn regelmäßig gegenüber dem Kfz-Halter mit ⅔ (Grüneberg Vorbem. zu Rn 325). Unter Berücksichtigung dieses allg Grundsatzes ist beim Auffahren einer Straba auf ein

Straßenbenutzung durch Fahrzeuge   **§ 2 StVO**

im Gleisbereich anhaltendes oder stehendes Fz trotz des Vorrechtes des Schienenfahrzeuges gem § 2 III idR eine Haftungsverteilung im Verhältnis 1 : 1 bzw 2 : 1 zu Lasten des Straba-Halters in Betracht zu ziehen.

Als **Abwägungskriterien** sind zu beachten: Sichtbehinderung, Schienenverlauf, Geschwindigkeit, Erkennbarkeit der unfallträchtigen Verkehrssituation, (verkehrsbedingtes) Anhalten des Kfz. 114

In Ausnahmefällen kann sich die Haftungsverteilung sowohl zu Lasten des Kfz-Halters (zB bei Einfahren in den Schienenbereich erst kurz vor der Straba u gleichzeitigem Erkennen, kurze Zeit später anhalten zu müssen,) als auch zu Lasten des Straba-Halters (etwa bei verspäteter Einleitung des Bremsvorganges; Versagen der Bremsen) verschieben (Grüneberg vor Rn 332; Filthaut NZV 04, 554 ff). Hält das Kfz zwecks Links- oder Rechtsabbiegens u fährt die Straba auf dieses Fz auf, kommt es für die zivilrechtliche Haftungsverteilung maßgeblich darauf an, ob die Straba für den Fz-Führer schon erkennbar war u ob er aufgrund von Gegenverkehr hiermit zu rechnen hatte, dort anhalten zu müssen. Ist dies der Fall, so muss der Fahrer uU darauf verzichten, den Schienenbereich zu befahren u seine Geradeausfahrt fortsetzen (vgl §§ 2 III, 9 I 3; ferner Dre VersR 97, 332 – Haftung ¾ zu ¼ zu Lasten des Pkw; OLG Düsseldorf VRS 85, 274 – Alleinhaftung des Kfz; OLG Hamm VRS 81, 92 = NZV 91, 313 u KG NZV 01, 426 Haftung je 50%; VersR 92, 108 – Haftung ⅔ zu ⅓ zu Lasten des Kfz). Im Einzelfall kann es sogar (ein in jeder Hinsicht verkehrsgerechtes Verhalten des Schienenbahnführers unterstellt) zu einer Alleinhaftung des Kfz führen (OLG Hamm NJW-RR 05, 817; VersR 88, 1250; OLG Braunschweig VersR 69, 1048; OLG Düsseldorf NZV 94, 28; VRS 68, 35). Bei einer Mitursächlichkeit der Schienenbahn (verspätete Einleitung des Bremsvorganges, Versagen der Strombremse etc.) wird es allerdings im Grundsatz zu einer Haftungsteilung kommen (LG Düsseldorf SP 10, 210 – je 50% bei Verstoß des Kfz-Führers gegen § 2 III, 9 III StVO und der allgemein erhöhten Betriebsgefahr der Straßenbahn). 115

Hält das Fz dagegen aus verkehrsbedingten Gründen im Bereich der Gleise, so ist ebenfalls prinzipiell von einer Schadensquotierung auszugehen, sofern der Fahrer bei rechtzeitigem Erkennen des Verkehrshindernisses auch außerhalb des Schienenbereichs hätte anhalten können (OLG Hamm VersR 80, 172 – Haftung ⅓ zu ⅔ zu Lasten der Straba). 116

d) Unfall Kfz-Radfahrer. Bei einem Unfall zwischen **Kfz und Radfahrer** ist aufgrund des **SchadensänderungsG** für Unfallereignisse ab dem 1.8.2002 eine andere Prüfungsfolge vorzunehmen. Durch die Änderung des § 7 II StVG ist eine Entlastung des Kfz-Halters gegenüber einem Radfahrer nur noch bei höherer Gewalt möglich (vgl hierzu Heß/Jahnke, 16 ff), dh der Entlastungsbeweis kann – anders als im Einzelfall der Nachweis der Unabwendbarkeit – praktisch nicht mehr geführt werden. Dies ist die Konsequenz und Absicht der Neuregelung die nicht-motorisierten Verkehrsteilnehmer weitergehend zu schützen. Eine (Mit-)haft des Radfahrers kommt bei einem Zusammenstoß mit einem **Kfz** nur bei feststehendem oder im Wege des Anscheinsbeweises vermutetem Verschulden in Betracht. Insoweit hat sich gegenüber der alten Regelung nichts geändert. Es ist eine Abwägung der beiderseitigen Verursachungsbeiträge vorzunehmen. Allerdings wird sich der Kfz-Halter nicht mehr entlasten können (s oben), bei dem Radfahrer wird es auf die Bewertung eines Verschuldensbeitrages ankommen (§§ 9 StVG, 254 BGB). Kann allerdings ein Verschulden nicht nachgewiesen werden bzw ist der Radfahrer noch nicht deliktsfähig (jetzt noch keine 10 Jahre) 117 kommt es nach der Neuregelung auch dann zur Haftung des Kfz aus § 7 StVG, wenn sich der Fahrer zwar wie ein Idealfahrer verhalten hat, der Unfall aber nicht durch höhere Gewalt – wie regelmäßig – ausgelöst wurde. Allerdings kann nach wie vor hinter einem feststehenden erheblichen Verschulden des Radfahrers die Haftung des Kraftfahrers vollständig zurücktreten (vgl Bollweg ZfS-Sonderheft S 5; Heß/Jahnke S 20; siehe § 9 Rn 72; OLG Hamm r+s 10, 299; OLG Nürnberg VersR 06, 1513; Lang Sonderheft Lemcke r+s 11, 65). Ist an dem Unfall ein minderjähriger u deliktsfähiger Radfahrer beteiligt, ist – abhängig vom Alter und der Einsichtigkeit – uU von einem geringeren Verschulden als bei einem erwachsenen Radfahrer auszugehen u im Rahmen der Quotierung daher ein entsprechender Abschlag in Ansatz zu bringen (s § 1 Rn 39 f; Lang Sonderheft Lemcke r+s 11, 65; Grüneberg vor Rn 364; zur Haftung bei Unfällen zwischen kfz und Radfahrer vgl auch Wenker VersR 16, 1476).).

118 Kommt es im Bereich einer durch **Lichtzeichenanlage** geregelten Kreuzung zur Kollision, haftet in aller Regel derjenige VT allein, der das Rotlicht missachtet. Eine Mithaftung des Kfz-Halters im Falle eines Rotlichtverstoßes des Radfahrers kann indes möglicherweise bei einem sog fliegenden Start des Fahrers in Betracht kommen (KG VM 86, 62 – Haftung ⅓ zu ⅔ zu Lasten des Kfz; ferner OLG Düsseldorf r+s 91, 371 – Haftung ¾ zu ¼ zu Lasten des Radfahrers).

119 Ist der Verkehr durch **Vorfahrtzeichen** geregelt u ist das Kfz vorfahrtberechtigt, haftet der Radfahrer grds allein, sofern er die Vorfahrt des Kfz missachtet hat (LG Ob VersR 91, 1189; AG Ra NJWE-VHR 98, 180). Bei Minderjährigkeit des Radfahrers kann jedoch eine Schadensquotierung vorzunehmen sein (KG VM 85, 38 – Haftung ¼ zu ¾ zu Lasten des 10-jährigen Radfahrers; vgl auch OLG Köln NZV 92, 320 – Alleinhaftung des 10-jährigen Radfahrers). Gleiches gilt, wenn der Vorfahrtverstoß des Radfahrers für den Fz-Führer erkennbar u dieser unangemessen reagiert, wobei in diesen Fällen die Quote des Kfz-Halters durchaus mit 50% u mehr angesetzt werden kann (Grüneberg Rn 366). Überschreitet der Kfz-Führer die zulässige Höchstgeschwindigkeit iSd § 3, begründet dieser Verstoß in aller Regel eine Mithaftung, wobei sich die Quote nach dem Maß der **Geschwindigkeitsüberschreitung** bemisst (OLG Braunschweig DAR 94, 277 – Haftung 80% zu 20% zu Lasten des Kfz; OLG Hamm NJWE-VHR 96, 212 = VRS 93, 253 = r+s 97, 193 – Alleinhaftung des Kfz; OLG Nürnberg VersR 92, 1533 = VRS 84, 81 – Haftung ⅓ zu ⅔ zu Lasten des 8-jährigen Radfahrers). Sofern der Radfahrer den Einbiegevorgang bereits beendet hat u mehrere Meter auf der Vorfahrtstraße gefahren ist, kommt prinzipiell nur eine Alleinhaftung des Fz-Führers in Betracht (BGH VersR 61, 179). Die zivilrechtliche Haftungsverteilung ist zu Gunsten des Radfahrers zu verschieben, falls für ihn das Befahren des Radwegs erlaubt gewesen ist (vgl § 2 IV S 2 StVO). Bei sonstigen Vorfahrtsverstößen des Kfz-Fahrers ist regelmäßig davon auszugehen, dass er allein haftet (OLG Hamm NZV 89, 274 = VRS 77, 37).

120 Im Falle eines Unfalls an **Kreuzungen** oder **Einmündungen** ohne besondere Verkehrsregelung ist grds von einer Mithaftung des Kfz-Halters iHd einfachen Betriebsgefahr auszugehen, wenn der Radfahrer die Vorfahrt des Fz-Führers missachtet, wobei sich der Haftungsanteil des Fahrers bei einem zusätzlichen Fehlverhalten noch erhöhen kann (Grüneberg vor Rn 372). Gleiches gilt, sofern der Kfz-Führer gegen das Rechtsfahrgebot des § 2 II verstoßen hat bzw bei sonstigem Fehlverhalten (OLG Köln VRS 66, 255 = r+s 84, 123 – Haftung 30% zu 70% zu Lasten des Radfahrers; vgl ferner Schl VersR 94, 1084 = NZV 93, 471 – Alleinhaftung des Kfz).

Straßenbenutzung durch Fahrzeuge **§ 2 StVO**

Kommt der **Radfahrer von rechts** u missachtet der Kfz-Halter dessen Vorfahrt, ist idR von einer Alleinhaftung des Fahrers auszugehen (OLG Hamm NZV 97, 47). Eine Mithaftung des Radfahrers kommt möglicherweise dann in Betracht, wenn er die linke Fb-Hälfte befährt oder das Verkehrsgeschehen nicht aufmerksam beobachtet (BGH VersR 64, 1089 = VRS 27, 255 = DAR 64, 321 – Haftung ⅔ zu ⅓ zu Lasten des Motorrades). Fährt ein Radfahrer über einen Fußgängerüberweg u steigt er nicht ab, kann er das Vorrecht ggü dem FahrV nach § 26 I nicht in Anspruch nehmen. Daher ist in dieser Fallkonstellation prinzipiell eine Schadensquotierung in Betracht zu ziehen (OLG Hamm VersR 93, 1290 = NZV 93, 66 – Haftung ⅔ zu ⅓ zu Lasten des Radfahrers; OLG Oldenburg VersR 86, 773 = VRS 69, 252 – Haftung 40% zu 60% zu Lasten des Radfahrers), wobei im Einzelfall der Radfahrer sogar voll haften kann. Dies ist etwa der Fall, falls das Auftauchen des Radfahrers für das Kfz nicht erkennbar war (KG VRS 72, 252 = DAR 87, 378). 121

Der Radfahrer, der verbotswidrig den Gehweg in falscher Richtung und mit hoher Geschwindigkeit befährt, handelt grob verkehrswidrig. Die Betriebsgefahr des aus einem Grundstück herausfahrenden Kfz tritt in vollem Umfang zurück (OLG Saarbrücken NJW-RR 11, 754; LG Essen SP 02, 84). 122

Fährt der Radfahrer vom **Geh- bzw Radweg** auf die Fb, haftet regelmäßig der Radfahrer überwiegend (Brau NZV 98, 27 = VRS 94, 27 = r+s 97, 498 – Alleinhaftung des 12-jährigen Radfahrers; AG Rastatt NJWE-VHR 98, 180 – Alleinhaftung des Radfahrers). Hierbei dürfte der Haftungsanteil des Fz-Führers um so höher sein, je eher der Radfahrer erkennbar u mit dessen Überqueren der Fb zu rechnen war. Dies gilt insbesondere, wenn sich der Kfz-Halter auf diese Situation nicht entsprechend einstellt. Daraus resultiert, dass in Einzelfällen (zB bei einer Kollision mit einem minderjährigen, deliktsfähigen Radfahrer, dessen Verschulden nur geringfügig ist) uU eine ausschließliche Haftung des Fz-Führers zum Tragen kommen kann (Grüneberg Rn 379). 123

Fährt der **Radfahrer aus einer Grundstückseinfahrt** u kommt es dort zu einem Zusammenstoß mit einem Kfz, haftet wegen des Verstoßes gegen § 10 StVO idR der Radfahrer allein oder überwiegend (OLG Oldenburg VersR 91, 84 = VRS 78, 345 = NZV 90, 153 – Haftung 30% zu 70% zu Lasten des Radfahrers). 124

Bei einem Unfall zwischen einem aus **einer Ausfahrt kommenden Kfz** (vgl § 10) u einem auf dem Gehsteig fahrenden Radfahrer (Verstoß gegen §§ 1 II, 2 V, sofern der Radfahrer älter als 10 Jahre ist) ist grds eine Schadensquotierung vorzunehmen. Dabei bemisst sich die konkrete Quote nach den Umständen des Einzelfalls, namentlich nach Sichtweite u Geschwindigkeit des Fz-Führers, Geschwindigkeit des Radfahrers, Unfallort, Umfang des FußgängerV (KG VRS 85, 92 = DAR 93, 257 – Haftung ¾ zu ¼ zu Lasten des Kfz; OLG Hamm NZV 92, 281 mit Anm Grüneberg = r+s 91, 413 – Haftung 70% zu 30% zu Lasten des Kfz; OLG Hamm NZV 95, 152 – Alleinhaftung des Radfahrers; OLG Karlsruhe NZV 91, 154 mit Anm Haarmann NZV 92, 175 = NJW-RR 91, 547 – Alleinhaftung des Radfahrers; OLG München ZfS 97, 171; OLG Schleswig r+s 91, 261 – jeweils Alleinhaftung des Radfahrers). 125

Ist es deshalb zu einem Unfall gekommen, weil der Kfz-Führer den erforderlichen **Seitenabstand zum Radfahrer** nicht eingehalten hat, so ist prinzipiell eine Alleinhaftung des Kfz-Halters in Betracht zu ziehen (OLG Hamm NZV 98, 409 = r+s 98, 278). Von einer Mithaftung des Radfahrers kann aber dann ausgegangen werden, falls das Rad nachts unbeleuchtet ist oder der Radfahrer nicht 126 am rechten Fb-Rand fährt (vgl § 2 IV 4 StVO; OLG Karlsruhe VersR 89, 1309 = DAR 89, 299 – Haftung ⅓ zu ⅔ zu Lasten des Kfz).

127 **Wechselt der Radfahrer auf die Fb,** so ist entscheidend, ob er vorsichtig oder unvorhersehbar auf die Fb gewechselt ist. Während in der ersten Fallkonstellation grds von einer Alleinhaftung des Kfz-Halters auszugehen ist, kommt demgegenüber in der zweiten Fallgruppe eine ausschließliche Haftung des Radfahrers zum Tragen (Grüneberg Rn 385). Ist ein Radfahrer minderjährig, kommt es des öfteren vor, dass der Unfall durch einen plötzlichen Schwenker nach links verursacht worden ist. In diesen Fällen muss für gewöhnlich eine Schadensquotierung vorgenommen werden (OLG München NZV 92, 234 = VRS 82, 266 = ZfS 92, 42 f – Haftung ¾ zu ¼ zu Lasten des Kradfahrers). Biegt der Fz-Führer nach rechts ab, so muss er ua im Stadtverkehr damit rechnen, dass er von Radfahrern rechts überholt wird, wobei dies gem § 5 VIII ldgl mit geringfügiger Geschwindigkeit u besonderer Vorsicht geschehen darf. Hält sich der Radfahrer nicht an diese Vorgaben, kommt es in aller Regel zu einer Schadensquotierung (Grüneberg Rn 388). Öffnet der Fahrer bei einem stehenden Kfz die Türen unvorsichtig, ist grds von einer Alleinhaftung des Kfz-Halters auszugehen (OLG Celle VersR 89, 814 = VRS 76, 105; OLG Köln VOM 92, 93). Eine Mithaftung des Radfahrers kann aber dann zum Tragen kommen, falls er mit einem Öffnen der Tür rechnen muss.

128 Bei einem Unfall zwischen einem **linksabbiegenden Radfahrer** u einem **überholenden Kfz** ist bei einem Fehlverhalten des Radfahrers von dessen alleiniger oder überwiegender Haftung auszugehen (OLG Hamm NZV 91, 466 = r+s 91, 123 – Alleinhaftung des Radfahrers; OLG Oldenburg VersR 92, 842 = VRS 81, 343 f = NZV 91, 428 = DAR 91, 382 – Haftung ¾ zu ¼ zu Lasten des Radfahrers). Wenn dagegen ein Fehlverhalten des Radfahrers nicht feststeht, haftet idR der Kfz-Halter voll (OLG Hamm NZV 90, 26 mit Anm Hentschel = VersR 91, 935). Ist der Radfahrer noch minderjährig, ist abhängig von dessen Alter und Einsichtsfähigkeit auch bei einem erheblichen Fehlverhalten des Radfahrers wegen § 3 II a von einer Mithaftung des Fz-Führers zumindest iHd einfachen Betriebsgefahr des Fz auszugehen (Grüneberg Rn 393; ferner BGH NJW 86, 183 = VM 85, 91 = MDR 86, 308; OLG Oldenburg NZV 94, 111 = VersR 94, 116 = VRS 86, 265 = r+s 94, 93 – Alleinhaftung des Kfz).

129 Bei einem Zusammenstoß zwischen einem **linksabbiegenden Radfahrer** u einem **entgegenkommenden Kfz** ist aufgrund des Verstoßes gegen § 9 II–IV grds eine alleinige oder überwiegende Haftung des Radfahrers in Betracht zu ziehen (BGH VersR 63, 143 = VRS 24, 85 = DAR 63, 162 – Alleinhaftung des 11-jährigen Radfahrers; OLG Hamm NZV 93, 66 = VersR 93, 1295 – Haftung ⅔ zu ⅓ zu Lasten des Radfahrers; OLG Oldenburg VRS 78, 28 = NJW-RR 90, 98 – Haftung 70% zu 30% zu Lasten des Kfz). Eine Mithaftung des Kfz-Halters kann aber gegeben sein, wenn dieser den Radfahrer frühzeitig erkennen konnte und nicht angemessen reagiert hat (LG Kaiserslautern MDR 94, 255 – Haftung ⅓ zu ⅔ zu Lasten des Kfz; AG Köln VersR 84, 767 f = VRS 67, 198 – Alleinhaftung des Motorrad-Fahrers).

130 Im Falle einer Kollision zwischen einem **linksabbiegenden Kfz** u einem **entgegenkommenden Radfahrer** kommt bei einer Vorfahrtverletzung des Fz-Führers prinzipiell dessen alleinige Haftung zum Tragen (vgl § 9 III 1; hierzu OLG Nürnberg VersR 91, 354 = NZV 91, 230 = ZfS 91, 40; LG Nürnberg-Fürth DAR 93, 436 = ZfS 94, 163 mit Anm Grußendorf), wobei eine Mithaftung des Radfahrers in Betracht zu ziehen ist, sofern dieser unaufmerksam war (Grüneberg Rn 396). Kommt es zwischen einem rechtsabbiegenden Kfz u einem auf dem Radweg entgegenkommenden Radfahrer zu einem Unfall, ist regelmäßig eine Schadensquotierung vorzunehmen, wobei eine Mithaftung des Radfahrers insbesondere bei einem Verstoß gegen § 2 IV S 2 u 3 in Betracht kommt (Grüneberg Rn 397).

Stoßen **zwei Radfahrer zusammen**, so ist zu berücksichtigen, dass ldgl **131** § 823 I u II BGB anwendbar sind mit der Folge, dass ein schuldhaftes Handeln vorliegen muss. Ein Verschulden u mithin eine Haftung ist idR dann zu bejahen, falls der Radfahrer gegen die Vorschriften der StVO verstoßen hat. Besondere Bedeutung besitzt namentlich das Gebot, hintereinander zu fahren (§ 2 IV S 1), das Gebot, Radwege u Seitenstreifen zu benutzen (§ 2 IV S 2–4) sowie die Geschwindigkeitsbeschränkung des § 3 I S 1. Daneben ist § 9 I–III zu beachten, wonach das **Abbiegen** durch Handzeichen anzuzeigen ist. Schließlich gilt das Gebot der gegenseitigen Rücksichtnahme gem § 1 II. Ergänzend sind für Radfahrer die Normen der StVZO – namentlich § 65 I S 2 StVZO für Bremsanlage u § 67 StVZO für die Beleuchtungsanzeige – anwendbar u zu berücksichtigen. Bei einer Kollision zweier Radfahrer trifft denjenigen, der einen kombinierten Geh- und Radweg in verkehrswidriger Fahrtrichtung befährt, das überwiegende Verschulden (OLG Celle OLGR Celle 02, 229 – ⅔ zu ⅓). Zu den Einzelheiten vgl näher Grüneberg Rn 530 ff.

Bei einem Unfall zwischen einem **Radfahrer** u einer **Straba** trifft den Radfahrer **132** regelmäßig die Alleinhaftung, sofern dieser unaufmerksam ist (Ham VersR 92, 510; VRS 79, 402).

14. Zuwiderhandlungen. Verstöße gegen § 2 sind OWen nach § 49 I 2 iVm **133** § 24 StVG (s Nr 2–7; 88 BKatV) Bei Zuwiderhandlungen gegen § 2 V können nach § 12 I S 1 OWiG die Kinder nicht verfolgt werden. Da eine bußgeldrechtliche Verantwortlichkeit des Aufsichtspflichtigen nicht (mehr) ausdrücklich besteht (Göhler 3 zu § 12), käme dessen Verfolgbarkeit allenfalls nach allg Grundsätzen bei vorsätzlicher Beteiligung (zB ausdrückliche Anweisung des Kindes bis zum 8. Lebensjahr, nicht den Gehweg zu benutzen, oder bewusste Duldung des verbotswidrigen Verhaltens eines Kindes) in Betracht (§ 14 III OWiG; zur zivilrechtlichen Haftung s OLG Düsseldorf MDR 75, 580; Fuchs-Wissemann DRiZ 80, 458). – Unerlaubtes Benutzen der Fußgängerzone mit einem Kfz ist als OW nach §§ 2 I, 12 IV, 49 I 2 oder 12, nicht aber nach LandesR zu verfolgen (OLG Koblenz VRS 57, 448; NJW 79, 2115; OLG Karlsruhe NJW 82, 1167). – Wegen Parkverstößen s oben 94; „Geisterfahrer" oben 22 u Tröndle/Fischer § 315c I 2 f StGB. Normadressat ist der FzF (Hentschel/König/Dauer, § 2 Rn 73 OLG Stuttgart DAR 15, 414). Der Fahrlehrer begeht daher keine OWi nach § 49 I Nr. 2 StVO, er ist aber uU wegen eines Unterlassen bußgeldpflichtig (OLG Stuttgart DAR 15, 410 mBespr König DAR 16, 362).

Nötigung (§ 240 StGB) kann vorliegen, wenn der linke (Überhol-)Streifen **134** auf der BAB hartnäckig nicht freigegeben u der folgende Verkehr ohne vernünftigen Grund am Überholen gehindert wird (s OLG Stuttgart NZV 91, 119; Bay VRS 70, 441; BGHSt 18, 389; s dazu Janiszewski 561 ff mwN), nicht aber bei nur kurzzeitiger Behinderung oder wenn die Motivation nicht missbilligenswert ist (s dazu Bay DAR 90, 187; OLG Köln NZV 93, 36: verständliche Reglementierung des Nachfolgenden; OLG Köln NZV 97, 318: Keine Nötigung bei nur kurzem Antippen des Bremspedals, um den Drängler zu warnen; s auch § 1 Rn 86a).

15. Literatur. Bouska „Pflicht zur Radwegbenutzung" NZV 91, 129; **Buschbell**, **135** „Radfahrer im Straßenverkehr: Haftungs und versicherungsrechtliche Aspekte" NJW 11,

3605; **Deutscher** „Die „neue" Winterreifenpflicht- Abschließende Klärung oder fragwürdige Interimsregelung?" VRR 11, 90; **Fuchs-Wissemann** „Radfahren auf Gehwegen" DRiZ 80, 458; **Gerdes** „Das Fahrrad" VD 83, 66; **Haarmann** „Fahrrad contra Auto" NZV 92, 175; **ders** „Schutzzweck des Rechtsfahrgebots" NZV 93, 374; **Kettler** „Die Fahrradnovelle zur StVO" NZV 97, 497; **ders** „Notwendigkeit und Perspektiven einer StVO-Reform, NZV 00, 275; **ders** „Sind Radfahrer bessere Menschen" NZV 2009, 16; **Kramer** NZV 00, 283; **Rebler** „Fahrräder im öffentlichen Straßenverkehr" DAR 09, 12 ff; **ders** „Grundsätze der Haftung bei Unfällen zwischen Grundstücksausfahren und Radfahrern" SVR 11, 94; **Schmid** „Haftungsprobleme des § 2 V" DAR 82, 149; **Seidenstecher** „Fahrbahnbenutzung u Fahren in Fahrstreifen" DAR 93, 83; **Grüneberg** „Rad/Unfälle im StrV ohne Kfz-Beteiligung" NZV 97, 417; **Filthaut** „Die neuere Rechtsprechung zur Bahnhaftung" NZV 08, 559, NZV 11, 217; NZV 13, 319; **ders** Haftpflichtgesetz; **ders** „Die neuere Rechtsprechung zur Schadenshaftung des Omnibusunternehmers – und -fahrers" NZV 11, 110; **ders** „Die neuere Rechtsprechung zur Schadenshaftung des Omnibusunternehmers und -fahrers", NZV 2013, 68–73; NZV 15, 265; **Wenker** „Verkehrsunfälle zwischen Radfahrern und Kraftfahrzeugen" VersR 2016, 1476; **Ziegenhardt** „Elektrofahrrad, E-Bike, Pedelec & Co NJW-Spezial 2016, 1 f.

§ 3 Geschwindigkeit

(1) **Wer ein Fahrzeug führt, darf nur so schnell fahren, dass das Fahrzeug ständig beherrscht wird. Die Geschwindigkeit ist insbesondere den Straßen-, Verkehrs-, Sicht- und Wetterverhältnissen sowie den persönlichen Fähigkeiten und den Eigenschaften von Fahrzeug und Ladung anzupassen. Beträgt die Sichtweite durch Nebel, Schneefall oder Regen weniger als 50 m, darf nicht schneller als 50 km/h gefahren werden, wenn nicht eine geringere Geschwindigkeit geboten ist. Es darf nur so schnell gefahren werden, dass innerhalb der übersehbaren Strecke gehalten werden kann. Auf Fahrbahnen, die so schmal sind, dass dort entgegenkommende Fahrzeuge gefährdet werden könnten, muss jedoch so langsam gefahren werden, dass mindestens innerhalb der Hälfte der übersehbaren Strecke gehalten werden kann.**

(2) **Ohne triftigen Grund dürfen Kraftfahrzeuge nicht so langsam fahren, dass sie den Verkehrsfluss behindern.**

(2a) **Wer ein Fahrzeug führt, muss sich gegenüber Kindern, Hilfsbedürftigen und älteren Menschen, insbesondere durch Verminderung der Fahrgeschwindigkeit und durch Bremsbereitschaft, so verhalten, dass eine Gefährdung dieser Verkehrsteilnehmer ausgeschlossen ist.**

(3) **Die zulässige Höchstgeschwindigkeit beträgt auch unter günstigsten Umständen**
1. **innerhalb geschlossener Ortschaften für alle Kraftfahrzeuge 50 km/h,**
2. **außerhalb geschlossener Ortschaften**
   a) **für**
      aa) **Kraftfahrzeuge mit einer zulässigen Gesamtmasse über 3,5 t bis 7,5 t, ausgenommen Personenkraftwagen,**
      bb) **Personenkraftwagen mit Anhänger,**
      cc) **Lastkraftwagen und Wohnmobile jeweils bis zu einer zulässigen Gesamtmasse von 3,5 t mit Anhänger sowie**
      dd) **Kraftomnibusse, auch mit Gepäckanhänger,**
   80 km/h,

Geschwindigkeit § 3 StVO

b) für
  aa) Kraftfahrzeuge mit einer zulässigen Gesamtmasse über 7,5 t,
  bb) alle Kraftfahrzeuge mit Anhänger, ausgenommen Personenkraftwagen, Lastkraftwagen und Wohnmobile jeweils bis zu einer zulässigen Gesamtmasse von 3,5 t, sowie
  cc) Kraftomnibusse mit Fahrgästen, für die keine Sitzplätze mehr zur Verfügung stehen,
  60 km/h,
c) für Personenkraftwagen sowie für andere Kraftfahrzeuge mit einer zulässigen Gesamtmasse bis 3,5 t
  100 km/h.
  Diese Geschwindigkeitsbeschränkung gilt nicht auf Autobahnen (Zeichen 330.1) sowie auf anderen Straßen mit Fahrbahnen für eine Richtung, die durch Mittelstreifen oder sonstige bauliche Einrichtungen getrennt sind. Sie gilt ferner nicht auf Straßen, die mindestens zwei durch Fahrstreifenbegrenzung (Zeichen 295) oder durch Leitlinien (Zeichen 340) markierte Fahrstreifen für jede Richtung haben.

(4) Die zulässige Höchstgeschwindigkeit beträgt für Kraftfahrzeuge mit Schneeketten auch unter günstigsten Umständen 50 km/h.

Verordnung über eine allgemeine Richtgeschwindigkeit auf Autobahnen und ähnlichen Straßen (Autobahn-Richtgeschwindigkeits-V)

Vom 21. November 1978 (BGBl I S 1824; III 9231-1-3)
Zuletzt geänd. durch VO v 5.8.2009 (BGBl I S 2631)

Auf Grund des § 6 Abs 1 Nr 3 des Straßenverkehrsgesetzes in der im Bundesgesetzblatt Teil III, Gliederungsnummer 9231–1, veröffentlichten bereinigten Fassung, der zuletzt durch das Gesetz vom 3. August 1978 (BGBl. I S. 1177) geändert wurde, wird mit Zustimmung des Bundesrates verordnet:

§ 1

Den Führern von Personenkraftwagen sowie von anderen Kraftfahrzeugen mit einem zulässigen Gesamtgewicht bis zu 3,5 t wird empfohlen, auch bei günstigen Straßen-, Verkehrs-, Sicht- und Wetterverhältnissen
1. auf Autobahnen (Zeichen 330.1),
2. außerhalb geschlossener Ortschaften auf anderen Straßen mit Fahrbahnen für eine Richtung, die durch Mittelstreifen oder sonstige bauliche Einrichtungen getrennt sind, und
3. außerhalb geschlossener Ortschaften auf Straßen, die mindestens zwei durch Fahrstreifenbegrenzung (Zeichen 295) oder durch Leitlinien (Zeichen 340) markierte Fahrstreifen für jede Richtung haben,
nicht schneller als 130 km/h zu fahren (Autobahn-Richtgeschwindigkeit). Das gilt nicht, soweit nach der StVO oder nach deren Zeichen Höchstgeschwindigkeiten (Zeichen 274) bestehen.

StVO § 3   I. Allgemeine Verkehrsregeln

§ 2

Im übrigen bleiben die Vorschriften der Straßenverkehrs-Ordnung unberührt und gelten entsprechend für diese Verordnung. Die in § 1 genannten Zeichen sind die der Straßenverkehrs-Ordnung.

§§ 3 und 4 (Berlin-Klausel u Inkrafttreten) hier nicht abgedruckt.

VwV – StVO
Zu § 3 Geschwindigkeit

1   Sattelkraftfahrzeuge zur Lastenbeförderung sind Lastkraftwagen im Sinne der StVO.

Übersicht

	Rn
1. Allgemeines	1
2. Abs 1 Satz 4: Fahren auf Sichtweite	4
a) Allgemeines	4
b) Fahren auf Sichtweite bei Nacht	7
c) Der Anhalteweg	13
d) Straßenbahnen	18
e) Vertrauensgrundsatz	19
f) Geschwindigkeit bei extrem schlechter Sicht	19a
3. Fahren auf halbe Sichtweite und weniger	20
a) Abs 1 Satz 5: Halbe Sichtweite	20
b) Weniger als halbe Sichtweite	23
4. Übersehbare Strecke (§ 3 I S 4)	25
a) Übersehbarkeit im Allgemeinen	25
b) Breite des übersehbaren Raums	27
5. Geschwindigkeitsbegrenzung unabhängig von der Sichtweite	31
a) Verkehrsverhältnisse	32
b) Straßen- und Witterungsverhältnisse	37
c) Persönliche Fähigkeiten des Fahrers	40
d) Eigenschaften von Fz u Ladung	42
e) Gefahrzeichen	43
6. Abs 2: Langsamfahren	45
a) Allgemeines	45
b) Pflichten beim Langsamfahren	46
c) Triftige Gründe für Ausnahmen	48
d) Verkehrsfluss	49
7. Abs 2a: Besondere Rücksichtnahme auf Kinder, Hilfsbedürftige und ältere Menschen	50
8. Abs 3 u 4: Gesetzlich festgelegte Höchstgeschwindigkeiten	55
a) Inhalt der Vorschrift	55
b) Geschlossene Ortschaft	60
c) Abs 4	63
9. Geschwindigkeitsbeschränkungen durch Verkehrszeichen	64
a) Die Straßenverkehrsbehörden	64
b) Geschwindigkeitsbeschränkungen an Baustellen	68
c) In verkehrsberuhigten Bereichen (Z 325, 326) und Fußgängerzonen (Z 242, 243)	69
d) In besonderen Zonen	70

Geschwindigkeit § 3 StVO

Rn

10. Die richterliche Feststellung der Geschwindigkeitsüberschreitung
im Strafverfahren 71
a) Zulässige und gefahrene Geschwindigkeit 71
b) Feststellung der Sichtweite 72
c) Auswertung von Bremsspuren 73
d) Auswertung des Schaublattes eines Fahrtschreibers 74
e) Feststellung der Ursächlichkeit 75
f) Wartepflicht 76
g) Voraussehbarkeit 77
h) Im Zweifel für den Angeklagten 78
i) Wahlweise Verurteilung 79
11. Die richterliche Feststellung zur Geschwindigkeitsüberschreitung
im Zivilverfahren 80
a) Beweismaßstab 80
b) Anscheinsbeweis 81
c) Haftung 82
d) Versicherungsrecht 84
12. Die Geschwindigkeitsüberschreitung in OWi-Verfahren
(Geschwindigkeitsmessung) 85
a) Schätzung 88
b) Geschwindigkeitsmessung durch Nach- oder Vorausfahren 89
c) Funkstoppverfahren 101
d) Radarverfahren 105
e) Lichtschrankenmessung 118
f) Koaxialkabelverfahren 119
g) Auswertung der Diagrammscheibe 120
13. Zuwiderhandlungen 121
14. Literatur 134

1. Allgemeines. § 3 behandelt die Grenzen der zul Geschwindigkeit nach **1**
oben, in II auch nach unten. Er bringt in I, der für alle Fz-Führer, also – wie
II a – auch für Radf gilt, nach einer allg Formel die wichtigsten Regeln über die
einzuhaltende Geschwindigkeit, die für bestimmte Bereiche in III u IV konkretisiert sind. Der 1992 eingef I S 3 (s dazu Rn 19a) soll insb die schrecklichen
Nebel-Unfälle verhindern helfen (s auch § 5 III a). **§ 3 ist verfassungskonform**
u grundsätzlich zur Erhaltung der VSicherheit ausreichend (BVerfG DAR 96,
92). – Sonderbestimmungen: Geschwindigkeit bei Einfahrt in Vorfahrtstr, an
Bahnübergängen, Haltestellen **(Z 224)**, Fußgängerüberwegen u in verkehrsberuhigten Bereichen sind in §§ 8 II, 19 I S 2, 20 I, I a, 26 I u 42 IV a enthalten,
weitere in § 5 VI (Überholtwerden), § 17 II S 4 (Fahren bei Abblendlicht) u in
§ 18 V, VI (ABen).

Die Geschwindigkeitsregeln in I sind **abstrakte Gefährdungstatbestände** **2**
(OLG Düsseldorf NZV 98, 167), während Verstöße gegen II u II a nur bei **konkreter** Behinderung bzw Gefährdung eines anderen ahndbar sind; Verstöße gegen
III u IV sind reine **Tätigkeitsdelikte** (E 46). Das Einhalten der zul Geschwindigkeit gehört zu den Grundvoraussetzungen der VSicherheit; diese hat Vorrang vor
Schnelligkeit (BayObLG 55, 145).

§ 3 I, II a u die durch Z **274, 274.1** vorgeschriebenen Geschwindigkeitsbe- **3**
schränkungen sind SchutzG iS von § 823 II BGB; auch zugunsten von Fußgängern, die die Str überqueren (OLG Saarbrücken VM 81, 97), denn § 3 I schützt
die Gesamtheit aller VT (BayObLG 85, 116 = VRS 70, 154).

StVO § 3   I. Allgemeine Verkehrsregeln

4   **2. Abs 1 Satz 4: Fahren auf Sichtweite. a) Allgemeines.** Die wichtigste Regel für die Fahrgeschwindigkeit lautet: Jeder Fz-Führer darf nur so schnell fahren, dass er innerhalb der übersehbaren Strecke halten kann. Die Regel des Fahrens **„auf Sicht"** oder **„auf Sichtweite"**, vom BGH eine **„goldene Regel"** des Verkehrs genannt (BGHSt 16, 145, 151), gilt ausnahmslos auf allen Str (Fernstr s OLG Celle VersR 74, 1087; OLG Frankfurt NZV 90, 154; ABen s BGH(Z) VRS 67, 195; OLG Braunschweig NZV 02, 176; Ba NZV 00, 49; OLG Hamm NZV 89, 234; u innerorts: KG VRS 90, 262; vgl auch § 18 Rn 18), für alle Fz-Arten (Schienen-Fze mit eigenem Gleiskörper s unten 18; auch für Fahrradfahrer: OLG Nürnberg NZV 04, 358; OLG Hamm NZV 96, 495), bei Tag, Dunkelheit u unter allen Witterungsverhältnissen (BGHSt aaO u VRS 67, 195). Sie zeigt die allg **höchstens zulässige Geschwindigkeit** an. Sie wird allerdings insofern durch den Vertrauensgrundsatz begrenzt, als ein Kf nicht damit rechnen muss, dass ein Entgegenkommender mit einer ins Gewicht fallenden Geschwindigkeit verkehrswidrig auf ihn zufährt; doch bleibt dieser Gesichtspunkt außer Betracht, wenn die Geschwindigkeit auch hinsichtlich eines ruhenden Hindernisses zu hoch gewesen wäre (BGH VersR 83, 153).

5   Der Fz-Führer muss immer mit **Hindernissen** auf dem nicht einsehbaren Teil seiner Fahrbahn rechnen (BGH VRS 6, 296; 35, 117). Ist die Sicht auf einen Teil der Fahrbahn beschränkt, muss er mit der für ihn ungünstigsten Möglichkeit des Straßenverlaufs rechnen (BayObLG 58, 197 = DAR 58, 338). Beim Befahren einer Bergkuppe reicht demnach die Sicht nur so weit, wie die Straße selbst (der Boden!) überblickt werden kann (BayObLG 69, 73 = VM 69, 121); in einer unübersichtlichen Rechtskurve nur bis zu dem am meisten rechts gelegenen Teil der Fahrbahn. Dabei kommt es immer auf die wirklich befahrene Spur an. Deshalb verstößt nicht gegen § 3 I, sondern nur gegen § 2 II, wer vorschriftswidrig eine unübersichtliche Rechtskurve auf der linken Fahrbahnseite befährt, wenn er links eine ausreichende Sichtweite auf der Fahrbahn hat, während bei Einhaltung der äußersten rechten Seite die Sichtweite im Verhältnis zur Geschwindigkeit zu gering wäre.

6   Der Fahrer muss so fahren, dass er innerhalb der Sichtweite verkehrsgerecht, dh ohne eine – nie ungefährliche – Vollbremsung anhalten kann (BGH VRS 32, 209; 23, 375; OLG Hamm VersR 82, 171: auf glatter Str vor Bergkuppe; im Parkhaus höchstens 10 km/h: KG VRS 64, 103; DAR 83, 80; VM 84, 36). **Fahren auf Sichtweite** bedeutet, dass der Fahrer in der Lage sein muss, vor einem Hindernis, das sich bereits auf der Straße befindet, innerhalb der übersehbaren Strecke anzuhalten (BGH NJW 85, 1950; NJW-RR 87, 1235). Er darf insoweit nicht darauf vertrauen, dass insb auf AB ein vorausfahrender Kfz-Führer rechtzeitig ein auf der Fahrbahn befindliches Hindernis erkennt und darauf verkehrsrichtig reagiert (OLG Bamberg NZV 00, 49; vgl auch BGH NJW 87, 1075). Dagegen muss er regelmäßig (Ausn s 32) nicht rechnen, dass während seiner für andere sichtbaren Annäherung von der Seite her Hindernisse in die Fahrbahn gelangen (BGH NJW 85, 1950; OLG Frankfurt NJW-RR 16, 731; OLG Jena NZV 02, 464; OLG Hamm NZV 08, 411).

7   **b) Fahren auf Sichtweite bei Nacht.** Bei **Dunkelheit** hat der Fahrer seine Geschwindigkeit nach dem dunkelsten Teil der vor ihm liegenden „Fahrbahn" (25 ff) auszurichten, bei asymmetrischem Abblendlicht demnach auf die geringere Reichweite der Scheinwerfer nach links (BayObLG DAR 62, 184; OLG Oldenburg VRS 32, 270; OLG Hamm JMBl NW 65, 199; NZV 89, 234), dies gilt

Geschwindigkeit **§ 3 StVO**

auch im Rahmen eines Überholvorgangs (BGH NZV 00, 291; OLG Hamm r+s 00, 281). Zu der Frage, ob im Rahmen eines Überholvorgangs Fernlicht eingesetzt werden darf, s § 17 Rn 8b. Der Bremsweg darf nicht länger als die Sichtweite sein (BGH VRS 30, 272). Die Lichtquelle eines stehenden Fz verkürzt die Sichtweite eines entgegenkommenden erheblich (BGH VRS 30, 347). Wegen des Verhaltens bei **Blendung** s 64 ff zu § 1; wegen der Reichweite des Fernlichts der Scheinwerfer vgl § 50 V, wegen des Abblendlichts § 50 VI StVZO.

Richtig eingestellte **asymmetrische Scheinwerfer** leuchten bei Abblendlicht **8** die Fahrbahn rechts 75 m u darüber, links etwa 50 m weit aus (BGHSt 16, 145; Begegnung zweier Kfze mit asymmetrischem Abblendlicht s BayObLG DAR 62, 184), bei Fernlicht 125 m–200 m (Löhle ZfS 99, 409). Da aber die Scheinwerfer je nach Erhaltungszustand u Einstellung verschieden weit reichen, muss die Sichtweite im Einzelfall konkret geklärt werden (OLG Hamm VRS 30, 227; s dazu Giehring 103). Dabei muss auch festgestellt werden, ob die Fahrbahn durch zusätzliche Lichtquellen (Str-Beleuchtung, vorausfahrende VT, Mondschein) erhellt wurde.

Der Fz-Führer muss auch mit **unbeleuchteten Hindernissen** auf der Fahr- **9** bahn rechnen, wie mit Fußgängern u stehenden oder in gleicher Richtung fahrenden unbeleuchteten Fzen (BGHSt 16, 145; NJW-RR 87, 1235; NZV 88, 57; OLG Schleswig NZV 95, 445; OLG Frankfurt r+s 02, 410). Er braucht aber nicht mit ungewöhnlich schwer erkennbaren u im allg nicht zu erwartenden Hindernissen zu rechnen (BGH NJW-RR 87, 1235; VRS 67, 195; OLG Koblenz DAR 03, 377; OLG Hamm NZV 90, 231). Vor Einleitung eines Überholvorgangs muss er sich vergewissern, dass der benötigte Überholweg hindernisfrei zur Verfügung steht. Das gilt auch bezüglich unbeleuchteter, aber erkennbarer entgegenkommender Kfz (BGH NZV 00, 291).

Dämmerung (Def s KG VM 75, 68) verlängert die Reaktionszeit, was durch **10** entspr angepasste Geschwindigkeit auszugleichen ist; hier kann auch nicht auf die Beleuchtung aller Fze vertraut werden (vgl § 17 Rn 3). Ein Kf kann entschuldigt sein, wenn er trotz Einhaltung einer unter Sichtweite entspr Geschwindigkeit u gehöriger Aufmerksamkeit ein ungewöhnlich schwer erkennbares oder unberechenbares Hindernis (zB einen Autoreifen auf dunkler Str-Decke – s BGH NJW 84, 2627 – oder eine waagerecht in die Fahrbahn ragende Holzstange oder bei bes ungünstigen Lichtverhältnissen sogar einen dunkel gekleideten Menschen) nicht rechtzeitig erkennt (BGH VM 65, 41; VM 73, 6; BayObLG 61, 248 = VRS 22, 380; OLG Hamm VRS 51, 358). Auch auf Str ohne Gehweg u Seitenstreifen muss ein Kf bei Dunkelheit jedenfalls dann, wenn er in der Lage ist, an einem auf der Fahrbahn a deren rechtem Rand entgegenkommenden Fußgänger mit einem ausreichenden Sicherheitsabstand vorbeizufahren, seine Geschwindigkeit nicht so bemessen, dass er vor einem solchen Fußgänger selbst dann anhalten kann, wenn dieser nicht stehenbleibt, sondern ihm weiter entgegengeht (BayObLG VRS 60, 384).

Wer vor einem entgegenkommenden Fz ganz kurz **abblendet,** ist daher nicht **11** zur Herabsetzung seiner Geschwindigkeit verpflichtet, wenn er innerhalb des zuvor vom Fernlicht ausgeleuchteten Raumes wieder aufblenden kann (OLG München VRS 30, 20). Das gleiche gilt, wenn ein mit Abblendlicht Fahrender infolge Blendung durch den GegenV vorübergehend in der vollen Sicht auf die vorher ausgeleuchtete Strecke behindert wird (BGH VRS 35, 117). Muss nach dem Abblenden länger mit Abblendlicht gefahren werden, so braucht der Kf nach dem Abblenden nicht sofort scharf zu bremsen, sondern darf seine Geschwindigkeit allmählich bis Ende der vorher ausgeleuchteten Strecke der geringeren Sichtweite anpassen (BayObLG 61, 248 = VRS 22, 380; 62, 274 = VRS 24, 310; s auch Möhl DAR 67, 177). Mündet innerhalb der vorher ausgeleuchteten Strecke einer Vorfahrtstr eine untergeordnete Seitenstr ein, so gilt das gleiche, wenn der Kf nicht in einer so erheblichen Entfernung abgeblendet hat, dass dadurch Wartepflichtige über seine Entfernung u Annäherungsgeschwindigkeit getäuscht u in den Glauben versetzt sein können, sie könnten in die Vorfahrtstr noch ungefährdet einfahren (BayObLG 64, 182 = VRS 28, 297).

12 Solange der Fahrer in diesen Fällen die dem Abblendlicht entspr Geschwindigkeit überschreitet, muss er bes reaktionsbereit auf etwaige Hindernisse achten; eine Schreckzeit steht ihm nicht zu. – Beim Fahren mit **Abblendlicht** ist die Geschwindigkeit der kürzeren Reich- u Sichtweite anzupassen. Fahren mit 60 km/h u mehr kann zu schnell sein (BGH VM 63, 52) u ist grobes Verschulden (OLG Frankfurt DAR 91, 99 mwN). Auch auf der AB ist die Geschwindigkeit der Abblendlichtweite anzupassen (BGHSt 16, 145; OLG Hamm NZV 92, 407). – Wer bei Dunkelheit eine **Kurve** befährt, muss bei Bemessung seiner Geschwindigkeit berücksichtigen, dass die Scheinwerfer infolge der Krümmung die Fahrbahn nur auf eine kurze Strecke beleuchten (s BGH VRS 24, 369); eine Verpflichtung auf **Landstraßen** bei Dunkelheit grds. mit **Fernlicht** zu fahren, gibt es nicht (OLG Hamm NZV 08, 411). Näheres über „übersehbare Strecke" unten 25. Zum Dunkelheitsunfall vgl auch Weber in Berz/Burmann Kap 21 C Rn 62 ff.

13 c) **Der Anhalteweg.** Der Anhalteweg, der nach dem oben Ausgeführten kürzer als die Sichtweite sein muss, ist der Weg, den der Fz-Führer vom Erkennen der Gefahr bis zum Stillstand des Fz benötigt. Er setzt sich zusammen aus dem Weg in der **Reaktionszeit** (s § 1 Rn 54 ff; Dannert § 1 Rn 87), zu der in den Fällen, in denen sie zugebilligt wird, die **Schreckzeit** hinzukommt (s § 1 Rn 58), u dem **Bremsweg.**

Zur Schnellorientierung soll das folgende Diagramm dienen:

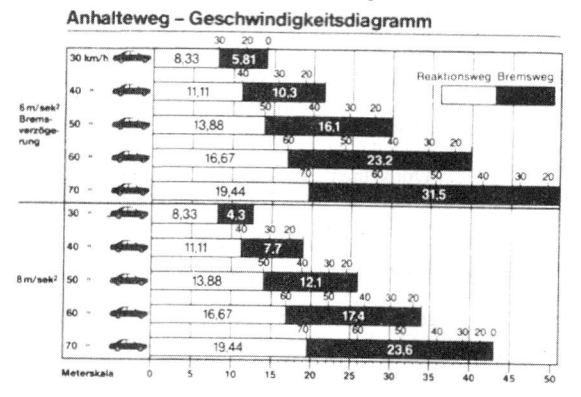

Anhalteweg – Geschwindigkeitsdiagramm

Bremsverzögerung	km/h	Reaktionsweg	Bremsweg
6 m/sek²	30	8.33	5.81
	40	11.11	10.3
	50	13.88	16.1
	60	16.67	23.2
	70	19.44	31.5
8 m/sek²	30	8.33	4.3
	40	11.11	7.7
	50	13.88	12.1
	60	16.67	17.4
	70	19.44	23.6

Quelle: Verkehrswacht Dortmund

Die volle Bremswirkung tritt erst nach der Bremsansprech- u Schwellzeit ein. Die Länge des Bremsweges hängt in erster Linie von der Güte der Bremsen sowie der Beschaffenheit der Reifen u der Str-Oberfläche ab. Die größte Bremswirkung

Geschwindigkeit **§ 3 StVO**

(bis etwa 8 m/sec^2) wird erzielt, wenn die Räder sich gerade noch drehen; im Falle einer Notbremsung auf trockener Fahrbahn beträgt der Bremsweg bei größter Bremswirkung (-Verzögerung) zB bei 30 km/h 4,30 m, bei 40 km/h 7,70 m, bei 50 km/h 12,10 m, bei 60 km/h 17,40 m u bei 70 km/h 23,60 m; bei normalen Bremsen (mit 4 m/sec^2) etwa das Doppelte. Um den maßgeblichen Anhalteweg zu ermitteln (s oben), ist diesem Bremsweg der in der Reaktions- u Bremsansprechzeit zusätzlich zurückgelegte Weg hinzuzurechnen (s dazu § 1 Rn 56).

Blockierte Räder haben eine geringere Bremswirkung. Zudem kann das Fz **14** mit blockierten Rädern nicht mehr seitlich gelenkt werden, also nicht mehr zugleich mit dem Bremsen ausweichen. Eine Vollbremsung, die zum Blockieren der Räder führt, kann daher zum Verschulden gereichen (BGH VRS 23, 375; 32, 209). Der Bremsweg ist nicht gleich der auf der Fahrbahn sichtbar hinterlassenen **Bremsspur.** Eine solche wird erst bei stärkerer Bremsung abgezeichnet u ist fast stets kürzer als der Bremsweg (s BGH VRS 23, 375); sie allein besagt daher nichts über die Geschwindigkeit (OLG Hamm VRS 41, 367); zu deren Berechnung aus Bremsspuren s Weber in Berz/Burmann Kap 21 B Rn 6 ff; Engels VGT 88, 113. Wegen Auswertung von Bremsspuren u zu den RFolgen der keine Bremsspuren hinterlassenden **Anti-Blockier-Systeme** (ABS) s VGT 1990.

Der **Bremsverzögerungswert** steht – auch für einen bestimmten Fz- oder **15** Reifentyp – nicht ein für allemal fest, sondern muss für den Einzelfall festgestellt werden (BGH VRS 27, 119). So gibt es keinen Erfahrungssatz, dass Pkws bei Vollbremsungen auf trockener Asphaltstr regelmäßig eine mittlere Bremsverzögerung von 7,5 m/sec^2 erreichen (OLG Hamburg DAR 80, 184). Eine Bremsverzögerung bis 4 m/sec^2 gilt als normale (AG Aschaffenburg DAR 82, 334: 3 m/sec^2), von 4–6 m/sec^2 als stärkere Bremsung u darüber als Notbremsung (OLG Köln DAR 76, 250; OLG Celle DAR 77, 220). Der Wert erhöht sich auf Steigungen u vermindert sich auf Gefällstrecken um 0,1 m/sec^2 je Prozent der Steigung bzw des Gefälles (BayObLG v 6.10.67–1a St 308/67). Beim Bergabfahren muss der Fahrer – namentlich bei schweren Fzen – rechtzeitig auf den geringeren Gang zurückschalten (BGHSt 7, 307; BGH(Z) VRS 4, 323).

Langes Bremsen bewirkt Nachlassen der Bremswirkung infolge Erwärmung **16** der Bremsbeläge u Bremstrommeln, sog **Fading** (OLG Hamm VRS 44, 30). Brems- u Anhalteweg können aus Bremswegrechnern bestimmt werden. Bei der Auswertung müssen aber immer die vorstehenden Gesichtspunkte berücksichtigt werden. Wenn aus der Bremsverzögerung zu Lasten des Betroffenen auf eine bestimmte Geschwindigkeit geschlossen werden soll, kommt es nicht auf die erzielbare Bremsverzögerung, sondern allein darauf an, mit welcher Verzögerung der Betr sein Fz tatsächlich abgebremst hat (OLG Zweibrücken DAR 79, 76). Im GroßstadtV muss ein Kfz-Führer, der sich einer ihm sichtbaren LZA nähert, seine Geschwindigkeit so einrichten, dass sein Anhalteweg nicht größer ist als die Strecke, die er in der innerorts üblicherweise 3 sec dauernden Gelbphase durchfährt (KG VM 81, 48, zB bei 50 km/h = 3 × 13,88 m = 41,64 m; s auch § 37 Rn 14).

Wegen Einzelheiten über den Anhalteweg vgl Möhl DAR 68, 32 ff; über **17** Bremsanlagen u Bremsen s KVR; über Aufholen u Einholen s § 5 Rn 38 ff; über ABS s VGT 1990; zur Geschwindigkeitsrückrechnung aus Unfallspuren s Weber in Berz/Burmann Kap 21 B Rn 6 ff.

d) Straßenbahnen. Für Straßenbahnen, die innerhalb des allg VRaums einer **18** öff Str laufen, gilt § 3 wie für sonstige Fze (BGH VM 58, 16); der Strabaf muss

StVO § 3　　　　　　　　　　　　　　　　　　　　　　I. Allgemeine Verkehrsregeln

daher seine·Geschwindigkeit den VVerhältnissen anpassen (BGH NZV 91, 114) u mit unbeleuchteten Hindernissen auf den Gleisen rechnen u darf nur auf Sicht fahren (OLG Düsseldorf VM 66, 84); zur Notbremsung an Fußgängerüberweg s BGH NJW-RR 91, 347. Für Straba, die auf einem bes Bahnkörper verlegt sind, gilt § 3 I, jedenfalls bei Annäherung an Wegübergänge u Haltestellen (BGH(Z) DAR 75, 75; s aber BayObLG NZV 91, 78; zur Annäherung an LZA s § 37 Rn 5). Andererseits haben Schienen-Fze gegenüber dem GeradeausV nach § 2 III ein beschränktes VorR (s 51 zu § 2). Andere VT haben auf die betriebsbedingten Eigenheiten der Straba, bes auf die Länge ihres Bremsweges u ihre Schienengebundenheit, Rücksicht zu nehmen. Der Strabaf darf darauf vertrauen, dass dies geschieht u von einem Vorausfahrenden einen kürzeren Abstand einhalten als den seinem Bremsweg entspr, wenn er damit rechnen darf, der andere VT werde auf sein Warnsignal den Schienenbereich freigeben (BGH(Z) VM 55, 111).

19　**e) Vertrauensgrundsatz.** Der übrige Verkehr darf darauf **vertrauen,** dass jeder VT seine Geschwindigkeit der **Sichtweite** anpasst. Auf diesem Vertrauen sind die wichtigsten VRegeln aufgebaut. Dagegen darf im Übrigen ein VT nicht darauf verlassen, dass andere die zul Geschwindigkeit einhalten, sondern muss mit deren mäßiger Überschreitung, aber nicht mit unverantwortlich hohen Geschwindigkeiten anderer rechnen (vgl BGHSt 8, 200, 203; BayObLG 64, 145 = VRS 28, 291; OLG Celle VRS 35, 54; vgl auch § 1 Rn 24–42, § 8 Rn 37, § 9 Rn 28).

19a　**f) Geschwindigkeit bei extrem schlechter Sicht.** § 3 I S 3 ergänzt die allg Regel des Fahrens auf Sicht (s 4) für extrem schlechte Sichtverhältnisse infolge Nebels pp unabhängig von den persönlichen Fahrfähigkeiten oder der technischen Ausrüstung auf allen Str dahin, dass bei einer Sichtweite unter 50 m (= Regelabstand der Leitpfosten) nicht schneller als 50 km/h gefahren werden darf, wenn nicht sogar eine noch geringere Geschwindigkeit geboten ist (s auch 37 u 39 sowie § 5 III a m Rn 31). Unabhängig davon darf bei Nebel ohnehin nur auf halbe Sichtweite gefahren werden (OLG Celle VRS 31, 383). 80 km/h bei nur 20–30 m Sicht ist grob fahrlässig (OLG Nürnberg DAR 89, 349).

20　**3. Fahren auf halbe Sichtweite und weniger. a) Abs 1 Satz 5: Halbe Sichtweite.** Dieser Grundsatz soll den GegenV schützen (BayObLG VRS 58, 366); „**schmal**" ist eine Fahrbahn, die bei Einhaltung des erforderlichen Zwischenraums die Begegnung mit einem 2,5 m breiten Fz nicht zulässt (OLG Hamburg VersR 93, 1123; s auch 29). Ein der Sichtweite entspr Anhalteweg reicht zur gefahrlosen Begegnung mit einem anderen VT nur aus, wenn die Fahrbahn so breit ist, dass die Fze mit den erforderlichen Sicherheitsabständen nebeneinander vorbeifahren können. Auf schmalen Str müssen sich die entgegenkommenden Fze die Sichtstrecke teilen, um den Pflichten bei der Begegnung (s 65 zu § 2) genügen zu können. Daraus folgt für die Annäherungsgeschwindigkeit: Wer in einer nur beschränkt übersehbaren engen Str-Stelle mangels ausreichender Fahrbahnbreite die Fahrbahnseite des GegenV mitbenutzen muss, hat seine Geschwindigkeit so zu bemessen, dass er in sicherem Abstand vor der Mitte der übersehbaren Strecke anhalten kann (BayObLG 52, 272 = VRS 5, 316; 60, 178; BGH VRS 29, 188). Aber auch, wer mit seinem schmaleren Fz die Fahrbahnhälfte nicht überschreitet, muss dann auf halbe Sichtweite fahren, wenn er mit dem Entgegenkommen breiterer Fze rechnen muss u die Fahrbahnbreite für die sichere Begegnung mit einem 2,50 m breiten Kfz nicht ausreicht (BayObLG 55, 96, 99 = VRS 9, 208; 56, 90; vgl OLG Schleswig NZV 91, 431).

Diese Regel beruht darauf, dass nach § 32 I StVZO Kfze u Anhänger im allg 21 höchstens 2,50 m breit sein dürfen, mit Ausn von land- u forstwirtschaftlichen Arbeits- u Schneeräumgeräten. Diese überbreiten Fze müssen die von ihnen ausgehende bes Gefahr durch bes geringe Geschwindigkeit abwenden. Wenn auf der Str nur Fze mit geringerer Breite als 2,50 m erwartet werden müssen (zB Verbot für Lkw), genügt ein entspr engerer Raum für den GegenV. Da zu einer zügigen Begegnung ein Mindestzwischenraum zwischen den Fzen von 1 m verlangt wird u dem Entgegenkommenden ein angemessener Abstand – 0,5–1 m – zu seinem rechten Fahrbahnrand freigelassen werden muss, ist das Fahren auf halbe Sicht im allg dann geboten, wenn einem Entgegenkommenden weniger Raum als 4–4,5 m zur Durchfahrt verbleibt (BayObLG 58, 258 = VRS 16, 385). Das gilt auch, wenn die an sich breitere Fahrbahn durch „dicht an dicht" parkende Fze verengt ist (OLG Koblenz VRS 68, 179; OLG Hamburg VersR 93, 1123), nicht aber bei einem vereinzelt parkenden Lkw (BayObLG VersR 82, 583).

Der Kf darf darauf **vertrauen,** dass ein auf einer schmalen Str Entgegenkom- 22 mender seine Geschwindigkeit der halben Sichtweite anpasst (BayObLG 58, 258 = VRS 16, 385; VRS 33, 138). Wer auf einer Str, deren Breite zum Fahren auf volle Sicht ausreicht, eine Rechtskurve durchfährt, darf darauf vertrauen, dass ein Entgegenkommender die für ihn rechte Fahrbahnhälfte einhält. Er braucht nicht auf halbe Sichtweite herunterzugehen, um einen Zusammenstoß mit einem linksfahrenden Entgegenkommenden zu vermeiden (vgl OLG Düsseldorf VM 66, 31).

b) Weniger als halbe Sichtweite. Auf einer schmalen, unübersichtlichen 23 Straße genügt es nur dann, auf halbe Sicht zu fahren, wenn jeder Fz-Führer darauf vertrauen darf, dass auch der Entgegenkommende auf halbe Sicht fährt. Es gibt aber Fälle, in denen ein Fz-Führer die Gegenfahrbahn erlaubterweise vorübergehend versperrt, obwohl ein Entgegenkommender auf volle Sicht weiterfahren darf. Der Hauptfall ist das **Vorbeifahren** eines Fz an einem in einer **unübersichtlichen Kurve stehenden Hindernis,** zB haltenden Fz. Auch an einem solchen darf der VT vorbeifahren (BGHSt 8, 200, 203). Er muss keine Hilfsperson zuziehen, jedenfalls wenn er nicht ohnehin einen Beif bei sich hat (BayObLG 63, 75 = VRS 25, 217; BayObLG 73, 23, 26 = VRS 45, 63; vgl 45 zu § 1). Er muss aber im Schritttempo fahren, um einem Entgegenkommenden durch sofortiges Halten die volle Sichtstrecke einräumen zu können (BayObLG 58, 258 = VRS 16, 385; 63, 167 = VRS 26, 57).

Ähnlich liegt der Fall, wenn ein mehr als 2,50 m breites Fz infolge seiner 24 **Überbreite** die Fahrbahn, die sonst zu einer gefahrlosen Begegnung ausreichen würde, so verengt, dass ein Entgegenkommender, der auf volle Sichtweite fährt, nicht mehr gefahrlos vorbeifahren kann. Der Führer des überbreiten Fz muss aber dann nicht mit einer geringeren Geschwindigkeit als auf halbe Sichtweite fahren, wenn die Fahrbahn so eng ist, dass ein Entgegenkommender ohnehin ebenfalls zum Fahren auf halbe Sicht verpflichtet ist (BayObLG 63, 75 = VRS 25, 217). Auch ein vorspringendes Hauseck, bei dem sich eine zuvor breite Straße plötzlich verengt, kann zum Hineintasten in die enge Stelle in Schrittgeschwindigkeit zwingen, wenn ein Entgegenkommender die Verbreiterung u das in dieser nahende Fz nicht sehen kann u deshalb meint, ihm stünde die volle Str-Breite zur Verfügung (BayObLG VRS 33, 138).

4. Übersehbare Strecke (§ 3 I S 4). a) Übersehbarkeit im Allgemeinen. 25 Da die zul Geschwindigkeit von der Sichtweite abhängt, ergibt sich von selbst,

StVO § 3 I. Allgemeine Verkehrsregeln

dass sie um so geringer sein muss, je kürzer die Sichtstrecke ist. Eine Strecke ist nicht übersehbar, wenn der Fz-Führer den VAblauf wegen ungenügenden **Überblicks** über die **Fahrbahn** nicht vollständig überblicken, deshalb Hindernisse u Gefahren nicht rechtzeitig bemerken u ihnen nicht sicher begegnen kann.

26 Die Unübersehbarkeit muss sich zwar auf die Fahrbahn vor dem Fz beziehen (BGH(Z) VM 85, 64), muss aber nicht in der **Beschaffenheit** der **Straße** selbst liegen, sondern kann auch durch **andere Sichthindernisse** begründet werden (vgl § 2 Rn 41 u § 5 Rn 19). Allerdings schaffen vereiste Scheiben keine unübersehbare Strecke (§ 2 Rn 41), auch macht die augenblickliche Erschwerung des Überblicks durch ein vorausfahrendes, entgegenkommendes oder parkendes Fz die Fahrbahn idR nicht unübersichtlich (BayObLG 52, 252 = VRS 5, 147; BGHSt 13, 169; BGH VRS 27, 119, 124); anders aber bei Sichtbeeinträchtigung infolge heruntergeklapptem Visier eines Sturzhelms bei Dunkelheit und Regen (DAR 01, 456). Der Sichtbehinderung durch diese Fze tragen die bes Sorgfaltspflichten für das Überholen (§ 5 II, III), die Begegnung (§ 2 Rn 60) u das Vorbeifahren (§ 6 Rn 3, 6 ff) Rechnung, zu denen allerdings auch eine dem § 3 I S 1 entspr Annäherungsgeschwindigkeit gehört (S 31 ff).

27 **b) Breite des übersehbaren Raums.** Fraglich ist, in welcher Breite der vor dem Fahrer liegende Raum einsehbar sein muss, um übersichtlich zu sein. Maßgeblich ist die gesamte Örtlichkeit, soweit sie die Weiterfahrt beeinflussen kann (OLG Celle VRS 31, 34; OLG Hamburg VM 64, 26); das Gelände neben der Fahrbahn kommt nur in Betracht, soweit es die Sicht auf die Fahrbahn beeinträchtigt (BGH NZV 90, 227, 98, 369; OLG Düsseldorf VersR 87, 669; OLG Köln NZV 92, 233; s auch unten 29). Auch in Wäldern u entlang von Zäunen u Hecken darf im allg so schnell gefahren werden, wie es die Sicht auf die Fahrbahn selbst erlaubt. Ob vor Straßenkreuzungen u -einmündungen die Geschwindigkeit herabgesetzt werden muss, richtet sich danach, inwieweit nach den Grundsätzen des VorfahrtsR ein VT auf die Beachtung seiner Vorfahrt vertrauen darf; eine allg Herabsetzung der Geschwindigkeit des Vorfahrtberechtigten vor einer unübersichtlichen Str-Einmündung wird nicht verlangt (vgl BGHSt 7, 118; § 8 Rn 16).

28 Allerdings muss der Kf auch den – namentlich rechts liegenden – Raum neben der Fahrbahn aufmerksam beobachten, um drohende Verletzungen seiner freien Durchfahrt bald zu erkennen (OLG Düsseldorf VM 66, 153). Dadurch wird aber eine Pflicht zur Herabsetzung der Fahrgeschwindigkeit nur in den Fällen begründet, in denen der **Vertrauensgrundsatz des fließenden Verkehrs** gegenüber den von der Seite her in die Fahrbahn kommenden Hindernissen versagt (vgl unten 32; BGH VRS 22, 343). Das an die Fahrbahn anschl Gelände kann demnach die Unübersehbarkeit nur insoweit begründen, als es sich auf die Sichtweite über die Fahrbahn selbst auswirkt, zB Bebauung oder Bewuchs am inneren Bogen einer Kurve, sowie Bäume oder Sträucher, deren Äste von der Seite her in die Fahrbahn hineinragen.

29 Auf schmalen Str – etwa bis 6 m Breite – muss die freie Sicht die ganze Fahrbahn, also auch die Gegenfahrbahn umfassen (BGH VersR 66, 763; BayObLG DAR 62, 184; OLG Köln VRS 67, 140). Auf breiten Str kann aber nicht verlangt werden, dass der Kf die volle Breite der Fahrbahn übersieht, sondern es genügt idR, wenn er seine Fahrbahnhälfte, uU nur den vor ihm liegenden Fahrstreifen u einen angemessenen Raum, etwa 2 m rechts u links desselben als hindernisfrei erkennt (BGHSt 13, 169; VRS 13, 468; OLG Hamm VRS 30, 227 für eine 7,80 m breite Fahrbahn; BayObLG 69, 29 = DAR 69, 221; OLG Hamm VRS 39,

261). Insb bei Dunkelheit genügt daher ein schmalerer ausgeleuchteter Raum als die bei Tageslicht helle volle Str-Breite. Ist aber tatsächlich ein breiterer Raum, als nach obigem notwendig, ausgeleuchtet, so muss der Kf den vollen übersehbaren Raum beobachten (BayObLG v 17.4.70 – 1a St 257/69), u zwar auch bei breiten Str die Gegenfahrbahn (BGH NJW 87, 2377 = StVE 38). Der Pflicht, die Geschwindigkeit der Reichweite des Abblendlichts anzupassen, ist nur genügt, wenn am Ende der zum Anhalten benötigten Strecke außer dem benutzten Fahrstreifen selbst beiderseits ein Raum von je 1 m ausgeleuchtet ist (BayObLG VRS 59, 292).

Diese Grundsätze können dazu führen, dass der Kf Gefahren, die von außerhalb 30 des ausgeleuchteten Fahrbahnteils drohen, bei Tage rechtzeitig bemerken muss, während ihm nicht zum Vorwurf gemacht wird, wenn er sie bei Dunkelheit nicht so bald erkannt hat, dass er einen Unfall vermeiden konnte. Diese Folge ist nicht unbillig; denn bei Dunkelheit muss auch vom übrigen Verkehr, insb von Fußgängern, eine erhöhte Vorsicht beim Überqueren einer Fahrbahn gefordert werden. Unbeaufsichtigte Kleinkinder gehören bei Dunkelheit überhaupt nicht auf die Str; mit ihnen braucht im allg nicht gerechnet zu werden. Darauf, dass möglicherweise Betrunkene von der Seite her in die Fahrbahn taumeln könnten, muss der Kf selbst um die übliche Zeit der Heimkehr von Wirtshausbesuchern seine Geschwindigkeit nicht einstellen (OLG Köln VRS 67, 140). Erst, wenn er einen Betrunkenen in bedrohlicher Nähe sieht oder sehen muss, hat er zu reagieren (BGH VRS 7, 57; 22, 343).

5. Geschwindigkeitsbegrenzung unabhängig von der Sichtweite. Die 31 Regeln der Fahrgeschwindigkeit nach Sichtweite geben immer die **höchste** in Betracht kommende Geschwindigkeit an. Schneller darf nie gefahren werden. Es gibt aber eine Reihe von Gründen, die eine **geringere** Geschwindigkeit erforderlich machen. Die wichtigsten sind in I S 2 u 4 aufgezählt.

a) Verkehrsverhältnisse. Sämtliche Regeln über das von der Sichtweite 32 abhängige Fahren gehen davon aus, dass keine Hindernisse, insb keine anderen VT von der Seite her in den vom Fahrer eingesehenen Raum gelangen. Diese Fahrregeln sind daher nur soweit anwendbar, als der **Vertrauensgrundsatz** diese Annahme rechtfertigt. Nur wegen der **allg** Möglichkeit, dass Fußgänger (Kinder) zwischen parkenden oder haltenden Fzen plötzlich auf die Fahrbahn treten können, muss also die Geschwindigkeit nicht reduziert werden (BGH(Z) VM 85, 64; s aber OLG Saarbrücken VersR 86, 927; § 1 Rn 39). Wo aber mit dem plötzlichen Auftauchen von SeitenV zu rechnen ist, muss die Geschwindigkeit so ermäßigt werden, dass den seitlichen Gefahren wirksam begegnet werden kann; Hauptfälle: **Annäherung an Fußgänger** (vgl § 1 Rn 30 ff), Befahren von Stellen, wo sich **Kinder** aufhalten oder aufzuhalten pflegen (vgl § 1 Rn 38 ff u § 3 II a; OLG Celle VRS 31, 33). Schrittgeschwindigkeit in verkehrsberuhigten Bereichen: **Z 325;** (s unten 69) u auf Parkplätzen (OLG Köln DAR 95, 289).

Auch eine **unklare VLage** kann eine geringere als die nach der Sichtweite 33 zulässige Geschwindigkeit erforderlich machen. Sie liegt vor, wenn die auf der Fahrbahn **sichtbare** VLage das Vertrauen ausschließt, dass die übrigen VT die freie Durchfahrt einräumen werden (vgl Mühlhaus DAR 69, 312, 316; OLG Frankfurt VM 76, 95); zB die Verengung der Str durch parkende Fze (BayObLG 52, 252). Wer ein Fz überholen will, das die Blinker vorausfahrender Fze verdeckt, muss seine Geschwindigkeit so einrichten, dass er sich nach Freiwerden der Sicht auf einen etwaigen Linksabbieger noch einstellen kann (OLG Saarbrücken

VRS 30, 380; BayObLG VRS 36, 215); er muss die Geschwindigkeit herabsetzen u bremsbereit sein, wenn er erkennt, dass der zu Überholende – wenn auch verkehrswidrig (§ 5 IV) – auf die Überholspur wechselt (OLG Stuttgart VM 90, 9). Wer sich einer Menschenansammlung oder Unfallstelle nähert, muss mit Fußgängern rechnen, die die Fahrbahn unvorsichtig überqueren (BGH VersR 60, 737; OLG Köln VRS 27, 111; OLG Saarbrücken VM 66, 12); ebenso wenn ein Vorausfahrender ohne sichtbaren Grund plötzlich bremst (OLG Hamm VRS 40, 439; OLG Zweibrücken VRS 40, 441). So ist der Vertrauensschutz des Kf auch hinsichtlich des verkehrsgerechten Verhaltens von Fußgängern im Bereich von (Fußball-)Großveranstaltungen erheblich eingeschränkt, uU sogar aufgehoben (OLG Düsseldorf VM 79, 20; s auch OLG Saarbrücken VM 80, 41), ebenso bei Schichtwechsel (KG VM 85, 74); an einem vierjährigen Kind, das beim Spielen der Fahrbahn den Rücken zuwendet, darf nur unter Abgabe von Schallzeichen u mit weniger als 30 km/h dicht vorbeigefahren werden (KG VM 79, 61). Das fehlerhafte Verhalten anderer VT kann eine unklare VLage schaffen (BayObLG 66, 68 = VM 66, 121; VRS 67, 136: auf der falschen Fahrbahnseite entgegenkommender Radf; BGH VRS 21, 53; OLG Hamburg VM 66, 51). Vgl auch § 5 Rn 26, § 9 Rn 9.

34   UU hat der Fahrer die **Wahl** zwischen **mehreren Maßnahmen.** Kann er die Gefahr durch ein Warnzeichen abwenden, muss er die Geschwindigkeit nicht ermäßigen, wenn er sich auf die Beachtung des Warnzeichens verlassen kann (BayObLG 54, 20 = VRS 6, 394; vgl § 16 Rn 1, 7 f). Dieses Vertrauen ist allerdings selbst bei rechtzeitigen u deutlichen Warnzeichen gegenüber Kleinkindern, gebrechlichen oder ersichtlich verkehrsunerfahrenen Personen nicht immer gerechtfertigt (s 59 f!). UU besteht eine Pflicht zur Herabsetzung der Geschwindigkeit nur dann, wenn der zu berücksichtigenden Gefahr nicht durch ausreichenden seitlichen Sicherheitsabstand Rechnung getragen werden kann; zB Vorbeifahren an haltendem Omnibus (BGHSt 13, 169; BayObLG 59, 295 = VM 60, 76) oder an einer Str-Baumaschine auf einer Baustelle (BayObLG 70, 155 = VRS 39, 455; s auch KG VM 79, 61: Vorbeifahren an Kleinkind; Br VersR 81, 80: Geschwindigkeit hängt weitgehend vom Abstand zu Sichthindernissen ab, hinter denen plötzlich ein Kind auftauchen u auf die Fahrbahn laufen kann; s auch § 6 Rn 6 f). Dieselben Grundsätze gelten bei der Begegnung mit einem **Müll-Fz** (OLG Zweibrücken VRS 62, 213; OLG Hamm NZV 89, 75 Ls).

35   Der **Vorfahrtberechtigte** darf sich einer Kreuzung nur dann mit unverminderter Geschwindigkeit nähern, wenn er auf Beachtung seines VorR vertrauen darf (vgl § 8 Rn 18 f). Erst recht müssen der **Wartepflichtige** u der Benutzer einer gleichrangigen Str, in der die Regel „rechts vor links" gilt, an eine Kreuzung so langsam heranfahren, dass sie ihrer Wartepflicht genügen können (BGHSt 17, 299; BayObLG 65, 84 = VRS 29, 287). Das gleiche gilt auch bei anderen bes VPflichten zB beim Befahren einer Kreuzung bei Grün im fliegenden Start (BayObLG 67, 106 = VRS 34, 42). In all diesen Fällen gilt der Grundsatz: Gegen das abstrakte Gefährdungsverbot des § 3 I verstößt der Fz-Führer dann, wenn er schon bei **Annäherung** an die Stelle, wo er die bes Pflicht erfüllen muss, so **schnell fährt,** dass er diese wegen seiner zu hohen Geschwindigkeit nicht erfüllen kann.

36   Der Verstoß gegen § 3 I besteht unabhängig davon, ob im Einzelfall eine Gefährdung oder Behinderung anderer entsteht. Tritt sie ein, so liegt außerdem (TE) ein Verstoß gegen die weitere Pflicht, zB aus den §§ 1 oder 8, vor. War dagegen die Annäherungsgeschwindigkeit nicht zu hoch, hätte also der Kf die auftretende konkrete Gefahr aus der von ihm gefahrenen Geschwindigkeit heraus

vermeiden können, tat dies aber aus anderen Gründen, zB aus Unachtsamkeit, nicht, so liegt kein Verstoß gegen § 3 I vor, sondern nur ein solcher gegen die konkrete Unfallverhütungspflicht (ebenso OLG Hamm VRS 53, 294). Falsch ist es, etwa allg daraus, dass ein Unfall entstand, auf eine überhöhte Geschwindigkeit zu schließen (OLG Celle DAR 62, 271; KG VRS 29, 124). Wer sich einem Hindernis mit an sich zul Geschwindigkeit genähert hat, verstößt nicht gegen § 3 I S 1, wenn er vor ihm nicht pflichtgem anhält. Musste er aber nicht halten, sondern zur Ermöglichung einer gefahrlosen Vorbeifahrt seine Geschwindigkeit rechtzeitig herabsetzen, so liegt ein Verstoß gegen § 3 I vor (BayObLG 66, 68, 72 = VRS 31, 374, 377; OLG Hamm DAR 59, 306; VRS 25, 291; Mühlhaus DAR 65, 323). Ebenso verstößt nicht gegen § 3, sondern nur gegen §§ 1, 4 I, wer auf ein **vorausfahrendes** Fz **auffährt,** wenn er nicht mit so hoher Geschwindigkeit gefahren ist, dass er gar nicht anhalten konnte, als er in den Gefahrenbereich des Vorausfahrenden gelangte (vgl OLG Celle VM 63, 14; OLG Hamm VRS 28, 385; 44, 146; vgl hierzu auch E 120: Frage des Schutzbereichs der Norm).

b) Straßen- und Witterungsverhältnisse. Straßen- und Witterungsverhält- 37
nisse sind schon beim Fahren auf Sichtweite zu berücksichtigen, soweit von ihnen die Länge des Bremsweges abhängt (vgl oben 14). **Schlaglöcher** u loser **Schotterbelag** zwingen nicht nur im eigenen Interesse, sondern auch zur Abwendung der Gefährdung anderer zu langsamem Fahren. **Witterungseinflüsse** können die zul Geschwindigkeit nicht nur dadurch beeinflussen, dass sie die Sicht auf die Fahrbahn verkürzen, wie Nebel, dichter Schneefall oder Platzregen (s dazu I S 3, Rn 19a), sondern auch dadurch, dass sie den Bremsweg erheblich verlängern, wie Eis- u Schneeglätte (BGH(Z) VM 64, 109; BayObLG 64, 145 = VRS 28, 291) oder nasses Blaubasalt- oder Kopfsteinpflaster (BGH VRS 33, 117). Schlüpfrigkeit, glatter **Schnee** oder Eis führen zusätzlich zur Gefahr des Schleuderns. Namentlich beim Befahren einer Kurve darf der Fz-Führer nie so schnell fahren, dass er das Fz nicht mehr sicher in der Spur halten kann. Er muss je stets gefahrlos lenken u rechtzeitig anhalten können (BGH VersR 66, 1077; OLG Düsseldorf NZV 93, 158). Deshalb kann der Kf – bes auf übersichtlichen Strecken – zu einer wesentlich geringeren Geschwindigkeit als der nach der Sichtweite zul verpflichtet sein (BGH(Z) VersR 65, 1048; VRS 23, 270; BayObLG 57, 121 = VRS 13, 300), notfalls zur Schrittgeschwindigkeit (OLG Köln VRS 68, 382: ca 4–7 km/h; ähnlich OLG Stuttgart VRS 70, 49). – Zum Einfluss von **Seitenwind** s OLG Hamm DAR 73, 165.

Bei Verursachung eines Unfalls durch Schleudern auf einem **vereisten Stra-** 38
ßenstück trifft den Kf nicht nur dann ein Verschulden, wenn er sich auf der vereisten Strecke fahrtechnisch falsch verhalten hat, sondern auch dann, wenn er mit der drohenden Vereisung hätte rechnen müssen u seine Geschwindigkeit nicht danach eingerichtet hat (OLG Köln VRS 33, 282). Mit einer Vereisung muss insbesondere bei Temperaturen um den Nullpunkt bei Straßenstellen mit veränderter Einwirkung von Sonne und Wind, Waldstrecken und Brücken gerechnet werden (BGH VersR 76, 995; BayObLG NZV 93, 121), nicht aber allein deshalb, weil eine Straße durch „freies Feld" führt (OLG Köln VersR 99, 377). Wenn ein Kfz auf **Glatteis** ins Rutschen gekommen ist, darf der Fahrer nicht bremsen, sondern muss durch Gegenlenken versuchen, es wieder in seine Gewalt zu bringen (OLG Köln VRS 31, 158).

Bei einem **Platzregen** muss der Kf berücksichtigen, dass Wasseransammlungen 39
auf der Str zu einem völligen Verlust der Herrschaft über das Steuer – durch

StVO § 3 I. Allgemeine Verkehrsregeln

Auffahren auf einen Wasserkeil (**Aquaplaning**) – führen können (BayObLG 71, 16 = VRS 41, 65; vgl auch OLG Hamm VRS 40, 354,). Zur Erntezeit muss der VT auf Landstr mit Verschmutzung durch Ackererde rechnen u sich auf die damit, insb bei Regen, verbundenen Gefahren einrichten (OLG Saarbrücken VM 79, 71). Bes vorsichtige Geschwindigkeiten verlangen der **Schmierfilm** bei Beginn eines Regens (OLG Düsseldorf VM 59, 23) u die erhöhte Rutschgefahr beim Befahren von **Straßenbahnschienen** bei nassem Wetter, namentlich, wenn sie nicht gleich hoch liegen wie die umgebende Fahrbahn.

40   c) **Persönliche Fähigkeiten des Fahrers.** Das psychische u physische Befinden des Fahrers sind für dessen Aufmerksamkeit u Reaktionssicherheit von erheblicher Bedeutung. Wer müde, nervös oder verärgert ist, muss, wenn er überhaupt das Führen eines Fz verantworten zu können glaubt, seine Geschwindigkeit so einrichten, dass er im Falle einer etwaigen verzögerten oder hastigen Reaktion auf eine Gefahr das Fz immer noch beherrscht u Fahrfehler vermeidet. Jeder muss die Grenzen seiner Fahrfähigkeit beachten (BGH VRS 9, 296; s auch § 316 StGB).

41   Ein Anfänger oder ein Fahrer, dessen Reaktionsvermögen erheblich unter dem Durchschnitt liegt, muss langsamer u vorsichtiger fahren, weil er eine längere Überlegungszeit u damit einen längeren Anhalteweg benötigt, als ein geübter Fahrer, der die meisten Handhabungen fast automatisch ausführt (vgl BGH VRS 33, 120; VM 65, 41); dasselbe gilt, wenn nach mäßigem Alkoholgenuss (wenn überhaupt!) ein Kfz geführt wird (OLG Köln VRS 47, 187; s auch § 316 StGB 21 ff). Wer sich auf einer taghellen Str einem dunklen Raum (Tunnel, Unterführung, dichten Wald) nähert, muss schon vor der Einfahrt durch Ermäßigung seiner Geschwindigkeit den Sichtschwierigkeiten wegen verzögerter Anpassung seiner Augen an die Dunkelheit (OLG Düsseldorf VM 65, 122), Sehbehinderte ihrer geringeren Sichtweite Rechnung tragen (BayObLG bei Rüth DAR 71, 198).

42   d) **Eigenschaften von Fz u Ladung.** Der Kf muss die Eigenschaften seines Fz kennen u darf nie so schnell fahren, dass er die sichere Führung verliert. So darf ein Kraftrad oder der Führer eines leichten Wagens auch auf übersichtlicher Strecke nicht so schnell fahren, dass er mit der Gefahr des Schleuderns seines Fz rechnen muss (BGH VersR 66, 1156). Kradf müssen der beim Durchfahren von Kurven der durch Schräglage eingeschränkten Bremsmöglichkeit Rechnung tragen (BGH NZV 94, 184). Der Führer eines Wagens mit Vorderradantrieb muss berücksichtigen, dass er im Fall des Schleuderns eine Kraftreserve braucht, um sein Fz durch Gasgeben wieder in Gewalt zu bekommen. Er darf daher, wenn mit dieser Gefahr gerechnet werden muss, nicht seine Höchstgeschwindigkeit ausfahren. Andererseits braucht der Kf seine Geschwindigkeit nicht von vornherein auf ein technisches Versagen des Fz einzustellen, wenn er es in ordentlichem Pflegezustand erhalten, insb die von der Herstellerfirma vorgeschriebenen Wartungsdienste regelmäßig durchgeführt hat. So muss der Benutzer gut erhaltener Reifen nicht mit ihrem Platzen rechnen. Der Führer eines fast neuen Kfz darf darauf vertrauen, dass die Bremseinrichtungen richtig eingestellt u auch einer Vollbremsung gewachsen sind (BGH VRS 27, 348). Wer aber weiß oder bei gehöriger Sorgfalt wissen müsste, dass sein Fz oder seine Bereifung mangelhaft ist, muss seine Geschwindigkeit von vornherein hierauf einrichten (OLG Düsseldorf VM 70, 96); ebenso der Entleiher eines Sportwagens, der die Bremsen vor Fahrtantritt nicht geprüft hat (BGH VRS 32, 209).

Geschwindigkeit **§ 3 StVO**

e) Gefahrzeichen. Gefahrzeichen – § 40 – enthalten zwar keine (bußgeldbe- 43
wehrten) Gebote, zeigen aber an, dass mit einer bestimmten Gefahr gerechnet
werden muss. Sie wirken sich dahin aus, dass der Kf auf die Gefahr gefasst sein u
ihr durch Herabsetzung seiner Geschwindigkeit Rechnung tragen muss. **Keine
Schreckzeit!** Der Kf wird durch das **Gefahrzeichen 136** (Kinder) auf die häufige
Anwesenheit von Kindern ohne zeitliche Einschränkung u darauf hingewiesen,
dass er mit dem plötzlichen Betreten der Fahrbahn durch Kinder zu rechnen u
deshalb seine Fahrweise durch Bremsbereitschaft u ggf Reduzierung der Geschwindigkeit wie bei einer konkreten Gefahrenlage iS von § 3 II a einzurichten
hat (BGH NZV 94, 149); insb bei der Annäherung an einen Fußgängerüberweg
muss er in diesem Bereich beim Auftauchen von Kindern jederzeit anhalten können (Ko VRS 62, 335; s auch § 1 Rn 42 u unten 59). Hinsichtlich eines am Str-
Rand sichtbaren Kindes begründet Z 136 keine gesteigerte Sorgfaltspflicht (OLG
Hamm NZV 96, 70).

Wer ein durch Z **142 „Wildwechsel"** gezeichnetes Waldstück durchfährt, 44
muss seine Geschwindigkeit so einrichten, dass er beim Auftauchen, Ausweichen
u evtl Aufprall eines Wildes die Herrschaft über sein Fz nicht verliert u andere
nicht gefährdet (OLG Köln VM 76, 26 m Anm Booß). Z 142 schützt mithin
nicht nur den unmittelbar durch Wild gefährdeten, sondern auch andere, insb
entgegenkommende, durch ein Brems- oder Ausweichmanöver gefährdete VT.
Zwar kann keine generelle Höchstgeschwindigkeit festgelegt werden (BGH NZV
89, 390; KG NZV 93, 313); 80 km/h können aber zu hoch sein (OLG Frankfurt
NZV 90, 154). Wechselt ein Reh über die Straße, muss mit weiterem gerechnet
u die Fahrweise darauf eingestellt werden (BGH VersR 81, 289; zur Haftung bei
Wildunfällen s Molketin KVR „Wild"). Wildwechsel erfolgt auch an nicht durch
Z 142 gekennzeichneten Stellen u BABen (s OLG Frankfurt aaO; KG aaO), bes
bei Dämmerung. Vor Kleinwild ist nicht auszuweichen, wenn dadurch Personen
gefährdet werden könnten (LG Verden VRS 55, 421; s auch BGH ZfS (Z) 97,
219).

6. Abs 2: Langsamfahren. a) Allgemeines. Soweit durch **Z 275, 279** eine 45
Mindestgeschwindigkeit auf einer bestimmten Strecke vorgeschrieben ist, ist diese
auch bei ganz ruhiger VLage einzuhalten; Verstoß ist reines Tätigkeitsdelikt (OW
nach § 49 III 4). § 3 II verbietet dagegen grundloses Langsamfahren, wenn dadurch
der VFluss gestört wird (konkretes Erfolgsdelikt; s Rn 58).

b) Pflichten beim Langsamfahren. Im allg gilt auf unseren Str keine Pflicht, 46
eine bestimmte Mindestgeschwindigkeit einzuhalten. Auf **verkehrsreichen** Str
hat sich aber der Fz-Führer durch Einhaltung einer sachgem Geschwindigkeit dem
VFluss anzupassen (BGHSt 10, 52), bes auf Strecken, auf denen ein Überholverbot
besteht. Gegen § 1 II verstößt, wer nach Auftreten eines Motorschadens auf einer
AB mit nur 8–10 km/h weiterfährt u dadurch die Gefahr eines Auffahrunfalls
herbeiführt; er muss bei der nächsten Gelegenheit die AB verlassen (OLG Köln
VRS 29, 367; s auch §§ 15a I u 16). Gegen § 3 II verstößt, wer auf einer Vorfahrtstr
im Stadtgebiet oder auf einer außerörtl Str über eine längere Strecke eine unangemessen geringe Geschwindigkeit einhält u dadurch die nachfolgenden Fz-Führer
aufhält (OLG Hamm VM 63, 84; OLG Koblenz VRS 31, 213; 33, 378; AG
Gemünden DAR 97, 251). Wer mit einem langsamen Fz (Unimog mit Anhänger)
eine schmale Str befährt, ist verpflichtet, einem nachfolgenden schnelleren Fz das
Überholen durch Anhalten zu ermöglichen, wenn dessen Fahrt sonst unzumutbar
verzögert würde (BayObLG 60, 239 = VRS 20, 155; § 5 Rn 56). Voraussetzung

StVO § 3 I. Allgemeine Verkehrsregeln

der Ahndung wegen Langsamfahrens ist, dass die Geschwindigkeit des Täters wesentlich geringer ist als die durchschnittliche Geschwindigkeit auf der Str u dass die Nachfolgenden den langsam Fahrenden nicht gefahrlos überholen können (OLG Koblenz aaO; BayObLG 67, 79 = VRS 33, 301). Wer in einer unübersichtlichen Kurve auf schmaler Str mit einer für die VLage ganz unangemessen niedrigen Geschwindigkeit fährt, verstößt gegen § 1 II (OLG Hamm VRS 49, 182).

47 **Absichtliches Langsamfahren** zur Verhinderung des Überholens soll Nötigung (§ 240 StGB) darstellen können (BGHSt 18, 389; BayObLG NJW 02, 628; Fischer § 240 Rz 28; aA Berz NZV 95, 299).

48 **c) Triftige Gründe für Ausnahmen.** Triftige Gründe, die ausnahmsweise verkehrsbehinderndes Langsamfahren entschuldigen, sind solche, die es subjektiv oder objektiv rechtfertigen, zB mangelhafte Motorleistung oder Übelkeit eines Mitfahrers bei höherer Geschwindigkeit (OLG Düsseldorf NJW-RR 93, 94). BAB u Kraftfahrstr müssen allerdings verlassen werden, wenn der Grund nicht nur vorübergehender Art ist (s Rn 55). Die Absicht, im KolonnenV vor einer AB-Ausfahrt in die dicht besetzte rechte Fz-Reihe zu gelangen, rechtfertigt es nicht, über eine längere Strecke den VFluss der weiter links befindlichen Fz-Reihe zu behindern (OLG Köln VM 74, 31).

49 **d) Verkehrsfluss.** Verkehrsfluss setzt eine Mehrheit behinderter VT voraus. Wer nur einen einzelnen aufhält, verstößt nicht gegen § 3 II, aber gegen § 1 II, wenn die Behinderung vermeidbar war.

50 **7. Abs 2a: Besondere Rücksichtnahme auf Kinder, Hilfsbedürftige und ältere Menschen.** II a gilt für alle Fz-Führer, also auch für Radf u Straba-F (OLG Hamm NZV 93, 112); er soll klarstellen, dass die (nur beispielhaft genannten) Verhaltensmerkmale „Verminderung der Geschwindigkeit u Bremsbereitschaft" für sich allein nicht genügen; vielmehr wird durch die Formulierung „Gefährdung dieser VT ausgeschlossen" (ebenso wie in den §§ 7 IV, 9 V, 10, 14 I u 20 I, II) deutlich gemacht, dass von dem Fz-Führer das Äußerste an Sorgfalt verlangt wird, um eine Gefährdung der genannten Personen zu vermeiden (s dazu § 10 Rn 7 f; BGH(Z) ZfS 97, 407 Ita NZV 00, 167; BayObLG NJW 82, 346). Geboten ist insb erhöhte Aufmerksamkeit (BGH VRS 62, 166), Beobachtung auch der angrenzenden StrTeile (KG VRS 74, 257), insb am Fahrbahnrand stehender Kinder (OLG Schleswig ZfS 88, 380 = VRS 75, 282) u vorsichtige Fahrweise (BGH VRS 26, 348), auch rechtzeitige erhebliche Verminderung der sonst zul Geschwindigkeit (BGH VRS 62, 166; OLG Düsseldorf VRS 63, 257), wenn diese nach den Umständen nicht schon gering genug ist, insb der überhöhten (KG aaO) uU bis auf Schrittgeschwindigkeit (OLG Hamm NZV 93, 397) u stete Bremsbereitschaft (BayObLG NJW 82, 346); nicht aber absolute Unvermeidbarkeit der Gefährdung, keine Gefährdungshaftung (Ba NZV 93, 268; OLG Hamm NZV 06, 151; s auch OLG München VRS 75, 249: Kein Vorwurf bei Vorbeifahrt an geparktem Kfz mit 30 km/h).

50a Realisiert sich ein Unfall gerade aufgrund der besonderen Gefahr, deren § 3 II a beggegnen soll, so ist ein Fehlverhalten des durch § 3 II a geschützten Personenkreises aufgrund der gesetzlichen Wertung bei Bildung einer Haftungsquote milder zu bewerten (so ausdrücklich für ältere Menschen OLG Frankfurt NZV 01, 218).

51 Als **Kinder** iS von Abs 2a sind alle anzusehen, die das 14. Lebensjahr noch nicht vollendet haben (OLG Hamburg VersR 90, 985; 96, 70; Geigel-Zieres Kap 27 Rn 120). Die besonderen Sorgfaltspflichten setzen voraus, dass das Kind

nach dem äußeren Erscheinungsbild als solches erkennbar war (OLG Hamm NZV 06, 151; OLG Schleswig VerR 87, 825). Zweifel gehen zu Lasten des Kfzführers, der die Verpflichtung des Abs 2a solange zu erfüllen hat, bis er ausschließen kann, dass es sich um ein Kind handelt (OLG Hamm NZV 00, 167; OLG München NZV 88, 66; KG VM 85, 38).

Der **Vertrauensgrundsatz** (s. § 1 Rn 38 f) kann gegenüber Kindern nur eingeschränkte Geltung beanspruchen. Vor dem Hintergrund des § 828 II BGB muss bei Kindern bis 10 Jahren stets mit Unbesonnenheit im Straßenverkehr gerechnet werden, denn hier kann aufgrund ihres Alters nicht vorausgesetzt werden, dass sie sich der Verkehrsregeln wie der spezifischen Verkehrsgefahren bewusst sind, so dass es schon an einer Basis für einen solchen Vertrauensgrundsatz fehlt. Der Vertrauensgrundsatz greift daher nur ein, wenn sie sich unter der Aufsicht von Erwachsenen befinden (BGH NZV 92, 360; OLG Stuttgart NZV 92, 196; BayObLG VM 74, 45; Geigel-Zieres Kap 27, Rn 121). Die Beaufsichtigung durch ein älteres Kind reicht nicht (BGH VerR 63, 89). Zweifelhaft daher BGH NJW 01, 152, wonach der Vertrauensgrundsatz zulasten eines auf dem rechtsverlaufenden Gehweg fahrradfahrenden gerade 8 Jahre alt gewordenes Kind angewandt wurde. Bei älteren Kindern gilt der Vertrauensgrundsatz nur dann nicht, wenn das Verhalten der Kinder oder die Situation, in der sie sich befinden, ein unbesonnenes Verhalten befürchten lässt (BGH NJW 97, 2756; NJW 01, 152; OLG Stuttgart NZV 92, 196; OLG Hamm NZV 00, 259; 00, 167; 08, 409). Je jünger die Kinder sind, desto geringer sind die Anforderungen an die Auffälligkeiten zu stellen (OLG Hamm NZV 00, 259). 52

Die erhöhten Sorgfaltspflichten werden jedoch nur dann ausgelöst, wenn der **Kraftfahrer das Kind sieht** oder nach den örtlichen Verhältnissen **konkrete Anhaltspunkte für die Anwesenheit von Kindern** bestehen (BGH NJW 86, 183; NZV 91, 23; 98, 369). Besondere Sorgfalt ist insbesondere gefordert bei verkehrswidrigem und unklarem Verhalten der Kinder als Fußgänger oder Radfahrer (BGH NJW 97, 2756; OLG München VersR 75, 672) bei spielenden Kindern (OLG Saarbrücken VersR 1986, 927), radfahrenden Kindern insbesondere bei schmalen Wohnstraßen (OLG Oldenburg NZV 94, 111), bei Gruppen von Kindern (OLG Schleswig NZV 95, 24; OLG Oldenburg DAR 04, 706), in der Nähe von Schulen oder Kindergärten (Ka NZV 89, 188; OLG Köln VRS 89, 430; OLG Oldenburg NZV 90, 153), Bushaltestellen (OLG Bamberg VersR 93, 898; OLG Oldenburg NZV 91, 468), bei schmalen Wohn- und Siedlungsstraßen (OLG Hamm VersR 89, 97; BGH VM 67, 57), Überqueren der Fahrbahn (OLG Hamm NZV 90, 71; OLG Hamm VRS 80, 261; zum so genannten Nachlaufsog vgl OLG Oldenburg VRS 87, 17; OLG Hamm VRS 78, 12) – ein nachlaufendes Kind, das zuvor für den Kraftfahrer nicht sichtbar war, kann sich allerdings nicht auf einen Verstoß gegen Abs 2a berufen (BGH NJW 91, 292) –, bei fahrradfahrenden Kindern (BGH NJW 86, 184; 87, 2375; OLG München NZV 88, 66; s aber BGH NJW 01, 152; OLG Braunschweig NZV 00, 122), Entfernen von der Aufsichtsperson beim Einsteigevorgang in ein Auto (BGH NZV 92, 360). Im Bereich des Z **136** ist unabhängig von der Tageszeit mit dem plötzlichen Betreten der Fahrbahn durch Kinder zu rechnen (BGH NJW 94, 941). Wegen des Z **136** „Kinder" s oben 43 u wegen allg Pflichten gegenüber Kindern s § 1 Rn 42. Ansonsten ist eine abstrakte Gefahrenlage, wie, dass in einem Wohngebiet generell mit Kindern zu rechnen ist, nicht zu berücksichtigen (OLG Hamm NZV 01, 302; OLG Köln DAR 01, 510). 53

StVO § 3   I. Allgemeine Verkehrsregeln

54   „**Ältere Menschen**" (vgl Lemcke ZfS 04, 441) müssen noch nicht „hoch betagt" (KG VRS 70, 463) oder erkennbar verkehrsschwach oder gar hilfsbedürftig sein (BGH NJW 94, 2829 = NZV 94, 273); ihnen gebührt der bes Schutz des II a, wenn sie sich in einer VSituation befinden, die sie erfahrungsgem uU nicht mehr voll übersehen u meistern könnten (BGH u KG aaO); konkreter Anhaltspunkte für eine VUnsicherheit bedarf es nicht (BGH aaO). Bei „**Hilfsbedürftigen**" wird darauf abzustellen sein, ob die betr Person wegen ihrer körperlichen oder altersmäßigen, erkennbaren Behinderung im Verkehr offensichtlich bes Rücksichtnahme bedarf, wie zB auch ein erkennbar Betrunkener (BGH NZV 00, 120 OLG Köln VRS 67, 140; AG Köln VRS 65, 9), denn entscheidend ist der objektive Zustand, nicht die Ursache der Hilfsbedürftigkeit (aA Hempfing BA 83, 361). Maßgeblich sind jew die näheren Umstände, insb Alter u bisheriges VVerhalten der bes geschützten Person (BayObLG VRS 65, 461).

55   **8. Abs 3 u 4: Gesetzlich festgelegte Höchstgeschwindigkeiten. a) Inhalt der Vorschrift.** III enthält in **Nr 1** die allg Beschränkung der zul Geschwindigkeit auf 50 km/h innerhalb geschl Ortschaften; nur dort gilt ihre Schutzfunktion für andere VT (OLG Düsseldorf NZV 92, 238; s aber BayObLG VRS 57, 360; s auch unten 64). Die in **Nr 2a, b** u **c** abgestuften Höchstgeschwindigkeiten gelten für bestimmte Fz-Arten außerhalb geschl Ortschaften. Diese Geschwindigkeitsgrenzen gelten unbedingt (Bernau NZV 06, 232; BayObLGNZV 99, 393) ohne Rücksicht auf VLage u bes Verhältnisse des einzelnen Fz (etwa bes gute Bremsen: BGH VRS 8, 209) auch auf Kraftfahrstr (OLG Hamm VM 70, 76). – Für die Einstufung als Lkw oder Pkw ist nicht der zulassungspflichtige Status des Kfz entscheidend. Vielmehr kommt es auf die konkrete Bauart, Ausstattung und Einrichtung an (Mercedes-Sprinter, OLG Hamm NJW 06, 241; OLG Jena NJW 04, 3579; BayObLG NJW 04, 306). Die ges zugelassene stellt die **höchstzulässige** Geschwindigkeit dar, die zwar unter normalen Umständen ausgenutzt (KG VRS 83, 98; OLG Düsseldorf NZV 94, 70), doch auch unter günstigsten Umständen nicht überschritten werden darf, schon gar nicht nachts (OLG Oldenburg NZV 90, 473; s auch OLG Frankfurt NZV 90, 154); aus § 3 I S 1, 2 kann sich unter den konkreten Verhältnissen die Pflicht zu einer wesentlich geringeren ergeben (OLG Hamburg VRS 10, 370; vgl BayObLG 59, 155 = VRS 18, 150). Ein derartiger Umstand ist nicht in einer ausgeschalteten LZA zu sehen (OLG Düsseldorf NZV 02, 90).

56   Die in III bestimmten Höchstgeschwindigkeiten können durch **Z 274 erhöht** werden, die 100 km/h-Grenze der Nr 2c jedoch nach § 45 VIII S 2 auf höchstens 120 km/h (das betr nicht die in § 3 III 2c S 2 u 3 gen Straßen). Innerhalb geschl Ortschaften gilt die zugelassene höhere Geschwindigkeit für alle Fze ohne Rücksicht auf Größe u Bauart; dagegen sind außerhalb geschl Ortschaften die in Nr 2a u b aufgeführten Fze immer an die ges Höchstgeschwindigkeit gebunden (vgl OLG Düsseldorf NStZ-RR 07, 214), diese kann durch VA nicht erhöht werden (§ 41 II 7). **Autobahnen:** § 18 V. Im Übrigen s Rn 64 ff.

57   Die zul Höchstgeschwindigkeit darf auch beim **Überholen** nicht überschritten werden (vgl § 5 Rn 23; OLG Schleswig VRS 91, 299). Erhöht aber der Führer des eingeholten Fz während des Überholvorgangs seine Geschwindigkeit entgegen § 5 VI S 1, so kann die Beendigung des Überholmanövers unter Überschreitung der zul Geschwindigkeit gerechtfertigt sein, wenn es nur mit Gefahr für den Überholenden oder andere abgebrochen werden könnte (OLG Düsseldorf VM 61, 18). Auch sonst kann uU **Notstand** (§ 16 OWiG) eine Überschreitung der

Geschwindigkeit **§ 3 StVO**

zul Geschwindigkeit rechtfertigen (s 102). Eine vorübergehende geringfügige Überschreitung der höchstzul Geschwindigkeit, bes beim Überholen, ist nicht ohne weiteres vorwerfbar (BayObLG 76, 127 = DAR 77, 53; s. auch Janiszewski 113 ff); erhebliche Überschreitung kann aber Mithaftung begründen (KG VersR 85, 478 LS).

Andere VT dürfen zwar nicht in nächster Nähe des Ortseingangs (s OLG **58** Oldenburg NZV 94, 26), wohl aber im Innern einer geschl Ortschaft darauf **vertrauen,** dass die zugelassene Höchstgeschwindigkeit nicht **erheblich** überschritten wird (BGH VRS 21, 277; BGH(Z) VM 70, 89; OLG Schleswig VM 58, 115; 66, 49; OLG Oldenburg StVE § 8 StVO 71; aA OLG Hamm VRS 46, 222: bis 50%). Andererseits darf ein Kf, der schon vor Erreichen des Ortsendeschildes die innerorts zul Geschwindigkeit überschreitet, nicht darauf vertrauen, dass ein hinter dem Ortsende am Fahrbahnrand stehender Fußgänger die Fahrbahn nicht unachtsam vor dem Kfz überqueren wird (BayObLG VRS 58, 221 in Ergänzung von BayObLG VRS 57, 360; s auch OLG Koblenz VRS 48, 180; aA zum Schutzbereich verkehrsrechtlicher Sorgfaltsnormen OLG Hamm VRS 60, 38 u 61, 353, bespr NStZ 81, 471).

Die durch die **Autobahn-Richtgeschwindigkeits-VO** (abgedr oben vor 1) **59** sowie die durch Z 380 jew gen Höchstgeschwindigkeiten stellen zwar nur Empfehlungen dar; ihre Überschreitung ist nicht rechtswidrig, löst keine Sanktionen aus, rechtfertigt aber uU die Annahme eines Mitverschuldens, wenn nicht nachweisbar ist, dass der Unfall auch bei Einhaltung der Richtgeschwindigkeit nicht zu verhindern gewesen wäre (BGH NZV 92, 229; aA noch KG VM 85, 69).

b) Geschlossene Ortschaft. Geschlossene Ortschaft ist nach § 42 III der **60** durch die Ortstafeln **Z 310, 311** umgrenzte Raum ohne Rücksicht auf das Ausmaß der Bebauung (BayObLG NZV 97, 89). Die Ortstafeln stellen rechtsbegründende AOen nach § 42 I S 2 dar; bei Z 310 beginnt die Geschwindigkeitsbeschränkung (OLG Oldenburg NZV 94, 286). Dagegen begründen die Ortshinweistafeln **Z 385** keine Geschwindigkeitsbegrenzung. Die Ortstafel muss als solche erkennbar sein. Eine von einem Unbefugten umgedrehte Ortstafel soll auch die Geschwindigkeitsbegrenzung bewirken (OLG Hamm VRS 25, 296), aber wohl nur dann, wenn die Ortstafel noch als VZeichen für die Richtung des heranfahrenden VT einwandfrei erkennbar ist. Eine fehlerhafte Beschilderung geht nicht zu Lasten des Kf (vgl § 39 Rn 17 ff).

Der Kf muss zwar bei der Ortseinfahrt an der Ortstafel die innerörtl Geschwin- **61** digkeit bereits erreicht haben, muss aber nicht abrupt auf 50 km/h verlangsamen, sondern darf eine angemessene **Messtoleranz** bis ca 150/200 m erwarten (OLG Stuttgart VRS 59, 251; BayObLG NZV 95, 496; OLG Oldenburg NZV 94, 286; s aber OLG Oldenburg NZV 95, 288: nicht bei vorherigem Geschwindigkeitstrichter u nicht bei der Ausfahrt: OLG Oldenburg NZV 96, 375; s auch OLG Hamm VRS 56, 198), nach der idR erst gemessen werden soll (BayObLG ZfS 95, 433; vorherige Messung ist aber nicht unverwertbar: OLG Oldenburg NZV 96, 375). Die Nichtbeachtung der polizeilichen Richtlinien über die Toleranzstrecke kann sich bei der Rechtsfolgenbemessung niederschlagen (OLG Köln DAR 97, 362; s § 25 StVG 15). Auch bei spät erkennbarer Ortstafel ist kein stärkeres Bremsen geboten (OLG Schleswig VM 64, 10; 66, 155; OLG Stuttgart, OLG Oldenburg aaO). Wenn eine Ortstafel fehlt, beginnt die geschl Ortschaft da, wo die eindeutig geschl Bauweise erkennbar anfängt (OLG Hamm NStZ-RR 96, 247; OLG Düsseldorf VRS 64, 460; OLG Schleswig NZV 93, 39; vgl auch OLG

StVO § 3 I. Allgemeine Verkehrsregeln

Koblenz VRS 38, 152). Die geschl Ortschaft endet beim Fehlen einer Ortstafel für einen aus dem Ort Herausfahrenden erst dann, wenn er ein völlig unbebautes Gebiet erreicht hat, das sich nicht als bloße Bebauungslücke zwischen zwei Ortsteilen darstellt (BayObLG 61, 51 = VM 61, 143).

62 **Schutzzweck:** § 3 III 1 will innerorts einen langsamen, gleichmäßigen VFluss erreichen u dadurch allg vor den Gefahren schützen, die durch höhere Geschwindigkeiten hervorgerufen werden (BayObLG VkBl 54, 355). Wird durch die Überschreitung der zul Geschwindigkeit die Verletzung eines plötzlich auftauchenden Kindes **verursacht,** dann soll der Unfall regelmäßig auch dann **voraussehbar** sein, wenn der engere Str-Bereich das plötzliche Auftauchen von Kindern nicht erwarten lässt (OLG Saarbrücken VRS 31, 232; bedenklich! S dagegen OLG Hamm VRS 79, 267). Die konkreten Umstände können nicht außer Betracht bleiben.

63 c) **Abs 4. Höchstgeschwindigkeit mit Schneeketten** dient dem Fahrbahnschutz u der VSicherheit; gilt auch auf ABen u Kraftfahrstr (lex specialis) u schließt die an sich nach § 18 I zur Benutzung der AB berechtigten Kfze nicht etwa von der Benutzung dieser VWege aus; s auch **Z 268.** Das Gebot des IV gilt ab Z 268 ohne Rücksicht auf die Anzahl der angelegten Ketten, ihr Material u die Witterung oder den StrZustand.

64 **9. Geschwindigkeitsbeschränkungen durch Verkehrszeichen. a) Die Straßenverkehrsbehörden.** Die Straßenverkehrsbehörden können – insb unter den Voraussetzungen des § 45 I S 1, S 2 Nr 3, I b S 1 Nr 5 – durch **Z 274, 278** für einzelne Str oder StrTeile, durch **Z 325, 326** für verkehrsberuhigte Bereiche, durch **Z 242, 243** für Fußgängerzonen (Schrittgeschwindigkeit!) oder durch **Z 274.1, 2** für bestimmte Zonen, aber nicht für ganze Ortschaften (s unten 75), Höchstgeschwindigkeiten festsetzen, die denen des § 3 vorgehen (§ 39 II). Erfordernis der Zustimmung der höheren VB s VwV zu § 45 I, VIII.

65 Die Geschwindigkeitsbeschränkung **beginnt** am jew Z, wenn nicht durch ein Zusatzschild ein anderer Beginn angezeigt ist (§ 40 II, § 41 II S 4). Kf müssen zwar jederzeit mit Geschwindigkeitsbeschränkungen rechnen (OLG Düsseldorf NZV 96, 209), doch ist eine Vollbremsung zu ihrer Befolgung insb dann unzumutbar, wenn zB das Z 274 (auf einer Schnellstr) zu spät erkennbar war (OLG Saarbrücken Zf S 87, 30; OLG Düsseldorf aaO). Das gem § 41 II 1 rechts aufgestellte VZ gilt auch für die linke Fahrspur (OLG Köln NZV 95, 329); zur Aufstellung des Z 274 s VwV zu Z 274 u zu Z 274, 276 u 277; es soll zwar hinter Kreuzungen u Einmündungen wiederholt werden, wo Ortsunkundige einfahren können (s VwV zu Z 274, 276 u 277 Nr III); der auf der BAB Durchfahrende kann aber aus dem Fehlen eines Wiederhol-Z hinter einer Auffahrt keine Re herleiten (OLG Hamm NZV 01, 489; 96, 247; aA LG Bonn NZV 04, 98), insb daraus nicht das – nur durch Z 278 anzuzeigende – Ende der Geschwindigkeitsbeschränkung folgern (OLG Hamm aaO).

66 Ihr **Ende** richtet sich bei Zonen- u Streckenverboten nach § 41 II 7, insb nach den Z 243, 274.2, 278, 282 u 326. Wenn das Ende vorschriftswidrig nicht angezeigt ist, dauert die Beschränkung bis zum eindeutigen Ende der Gefahrenstelle, für die sie bestimmt ist. Ist eine Geschwindigkeitsbeschränkung außerhalb einer geschl Ortschaft angeordnet, so endet sie an der Ortstafel, wenn nicht am Ortseingang das Gegenteil angezeigt wird. An die Stelle der höheren bisher zugelassenen tritt dann die nach III 1 zul Höchstgeschwindigkeit (OLG Hamm VRS 25, 219). Das gleiche gilt am Ende (Z 278) einer **innerhalb** einer geschl Ortschaft durch

Geschwindigkeit **§ 3 StVO**

Z 274 zugelassenen Geschwindigkeit. Wer innerhalb einer geschl Ortschaft eine durch VZeichen zugelassene Geschwindigkeit von mehr als 50 km/h überschreitet, verstößt nicht gegen §§ 41 II 7, 49 III 4, sondern gegen § 3 III 1, § 49 I 3, weil Z 274 die erlaubte Geschwindigkeit nur erhöht (§ 45 VIII S 1; BayObLG 76, 58 = VM 76, 88 NZV 99, 50; aA OLG Düsseldorf VRS 82, 367 ohne Begr); bei Verstößen **außerorts** geht jedoch § 41 II 7 iVm § 49 III 4 dem § 3 als Spezialregelung vor (BayObLG bei Bär DAR 87, 302; OLG Düsseldorf aaO). Ein Verstoß gegen § 3 I liegt daneben nur vor, wenn die Geschwindigkeitsüberschreitung eine abstrakte VGefahr herbeigeführt hat (OLG Schleswig VM 57, 32). Der Kf kann davon ausgehen, dass die durch VZeichen festgesetzte Geschwindigkeit den ständig vorhandenen örtl Gegebenheiten Rechnung trägt (BGH(Z) VM 73, 4); dass die AO „nur" aus **Lärmschutzgründen** erfolgte, ist unbeachtlich (BayObLG NZV 94, 370 unter Abgrenzung von BayObLG NZV 90, 401). Bei Unterbrechung einer Fahrt im Bereich eines **Verkehrsleitsystems** muss der Kraftfahrer damit rechnen, dass zwischenzeitlich durch automatische Steuerung eine andere Geschwindigkeitsbegrenzung angeordnet wurde (BayObLG NZV 98, 386, zw). Im Übrigen gilt Rn 55 ff entspr.

Z 274 mit **Zusatzschild „bei Nässe"** (VV § 41 II 7 Z 274 S 4; Nr 1052–36 **67** VzKat) ordnet an, dass, solange die Fahrbahn nass, dh mit Wasser überzogen, nicht nur feucht ist oder nur in Spurrillen Wasser steht (OLG Hamm VRS 53, 220), die angegebene Geschwindigkeit nicht überschritten werden darf (BGHSt 27, 318). Wird ein die Geschwindigkeit begrenzendes Schild durch ein Zusatzschild im Sinne von § 39 Abs 3 StVO, welches eine Schneeflocke darstellt, ergänzt, so stellt dieses lediglich einen Hinweis auf mögliche Gefahren wegen winterlicher Straßenverhältnisse dar. Eine Ausnahme von der angeordneten Geschwindigkeitsbegrenzung wird dadurch nicht eröffnet (OLG Hamm NZV 14, 534).

b) Geschwindigkeitsbeschränkungen an Baustellen. Abgesehen davon, **68** dass an Baustellen ohnehin vorsichtig u angemessen langsam zu fahren ist (OLG Saarbrücken VRS 44, 456; OLG Köln VM 74, 53), können die StrBaubehörden nach § 45 II ua Geschwindigkeitsbeschränkungen bei StrBauarbeiten u zur Verhütung von außerordentlichen Schäden der Str, die durch den baulichen Zustand bedingt sind, anordnen. Die Bauunternehmer müssen diese Maßnahmen nach § 45 VI durchführen. Auch diese Gebote sind rechtsverbindlich u sofort zu befolgen (BayObLG 57, 153 = VM 57, 133). Ist **Z 123** angebracht, darf der Kf während der Arbeitszeit nicht darauf vertrauen, dass Arbeiter nur nach genügender Vergewisserung über den FahrV in die Fahrbahn treten. Er muss daher seine Geschwindigkeit entspr ermäßigen (BayObLG 63, 236). Eine durch **Z 274** zusammen mit **Z 123** gekennzeichnete Geschwindigkeitsbeschränkung gilt so lange, als die zu schützende Baustelle deutlich erkennbar ist. Einem Kf kann daher nicht zum Vorwurf gemacht werden, wenn er mangels ersichtlicher Baustelle glaubt, das Verbot gelte nicht mehr (BayObLG v 24.11.65 – 1b St 256/65). Es ist die Pflicht der Behörden u der Bauunternehmer (§ 45 VI), die wirklich gefährlichen Stellen eindeutig zu sichern. Dieser Pflicht genügen sie nicht durch eine sachlich nicht gerechtfertigte radikale Geschwindigkeitsbeschränkung über eine längere Strecke (vgl § 45 Rn 16 ff).

c) In verkehrsberuhigten Bereichen (Z 325, 326) und Fußgängerzonen 69 (Z 242, 243). In verkehrsberuhigten Bereichen (Z 325, 326) u Fußgängerzonen (Z 242, 243) muss der Fz-Verkehr Schrittgeschwindigkeit einhalten. Dies ist – wie nach § 24 II – nach der Begr eine sehr langsame Geschwindigkeit, die der

StVO § 3 I. Allgemeine Verkehrsregeln

eines normal gehenden Fußgängers entspricht (nach OLG Köln VRS 68, 382: 4–7 km/h; ebenso Bouska DAR 89, 442). Die Vorschrift gilt für alle Fze, dh auch für Radf, Mofas u Mopeds. Erhebliche Überschreitung mit Pkw kann zur Alleinhaftung führen (OLG Hamm ZfS 97, 47). – In **verkehrsberuhigten Geschäftsbereichen** (§ 45 I c) können durch **Z 274.1, 274.2** ausnahmsweise (s 75) auch Höchstgeschwindigkeiten unter 30, nämlich von 10 oder 20 km/h, angeordnet werden.

70   **d) In besonderen Zonen.** Unter den Voraussetzungen des § 45 I b S 1 Nr 3, S 2 u Abs 1c (s auch Abschn X VwV zu § 45 zu Abs 1–1d) kann die VB innerorts in **Zonen** mit deutlich erkennbaren homogenen Merkmalen, wie begrenzbaren Wohngebieten oder Kernbereichen von Gemeinden, wie auch in Kurgebieten oder Schulzentren pp, die ein **„Zonenbewusstsein"** vermitteln (BVerwG NZV 95, 165), Geschwindigkeitsbeschränkungen durch die **Z 274.1, 274.2** anordnen (zu den Zulässigkeitsvoraussetzungen s Jahn DAR 95, 315). Die AO ersetzt eine Vielzahl von Z 274; sie gilt (auch für Radf) auf der gesamten öff VFläche dieses Bereichs, der aber nicht auf ganze Ortschaften ausgedehnt u auch nicht auf andere Geschwindigkeiten erstreckt werden darf (Folgerung aus der nur für verkehrsberuhigte Geschäftsbereiche (s Rn 74) in § 45 I c normierten Ausn; so auch Bouska DAR 89, 441). Die AO weicht – wie auch andere Zonen-Beschilderungen (s Z 290, 325) – vom sonst üblichen **Sichtbarkeitsgrundsatz** innerhalb der Zone ab (s § 39 Rn 15).

71   **10. Die richterliche Feststellung der Geschwindigkeitsüberschreitung im Strafverfahren. a) Zulässige und gefahrene Geschwindigkeit.** Der Vorwurf, der Angeklagte sei entgegen § 3 I zu schnell gefahren, setzt klare Feststellungen im Urt darüber voraus, welche Geschwindigkeit den erwiesenen Umständen nach im Hinblick auf Sichtweite, Straßen-, Verkehrs- u Wetterverhältnisse sowie Eigenschaften des Fz u die persönlichen Fähigkeiten des Fahrers höchstens zulässig war, u dass der Angeklagte diese zul Höchstgeschwindigkeit wesentlich überschritten hat (BGH VRS 28, 430; OLG Koblenz v 30.9.92 bei Janiszewski NStZ 93, 276; BayObLG v 29.11.93 bei Janiszewski NStZ 94, 276). Der Richter muss daher auch die vom Angeklagten gefahrene Geschwindigkeit zahlenmäßig so genau wie möglich feststellen, im Zweifel von der seiner Überzeugung nach geringsten möglichen Geschwindigkeit des Angeklagten ausgehen (KG VRS 25, 358); die Feststellung, dass die zul Höchstgeschwindigkeit um bestimmte km/h überschritten worden ist, kann uU auch auf einem Geständnis beruhen (s 76a). Auf die Feststellung sowohl der wirklich gefahrenen wie auch der zul Geschwindigkeit kann verzichtet werden, wenn sich aus dem Geschehensverlauf ergibt, dass der Täter offensichtlich zu schnell gefahren ist (OLG Koblenz aaO), zB wenn ein Kf in einer Kurve über die Fahrbahn hinausgetragen wurde, dann Bäume abknickte oder sich mehrmals überschlug (KG VRS 33, 54; OLG Celle VM 67, 72). Doch darf nicht allein aus einem Schleudern auf überhöhte Geschwindigkeit geschlossen werden. Es muss festgestellt werden, dass andere Ursachen, die ein Schleudern bewirken können, ausscheiden (BayObLG 51, 546; OLG Hamm VRS 16, 352).

72   **b) Feststellung der Sichtweite.** Bei der Berechnung der zul Geschwindigkeit darf die Strecke, auf die der Kf ein Hindernis auf der Straße erkannt hat, nicht ohne weiteres mit seiner Sichtweite gleichgesetzt werden. Erforderlich ist vielmehr die Feststellung im Urt, auf welche Entfernung er das Hindernis hätte erkennen können (BGH VRS 33, 120).

Geschwindigkeit § 3 StVO

c) Auswertung von Bremsspuren. Die Auswertung von Bremsspuren ist ein 73
zul Beweismittel zur Ermittlung der Mindestgeschwindigkeit, die ein Fz vor dem
Unfall hatte (Bedenken dagegen s oben 14). Sie setzt die Feststellung der konkreten
Bremsverzögerung voraus (OLG Hamm VRS 39, 295). Diese kann nicht nur
durch Fahrversuche, sondern auch auf andere Weise, zB durch Aussagen des
Angeklagten oder Schätzung eines S V auf Grund konkreter Beweisanzeichen
ermittelt werden; sie hängt insb von der Bremsbeschaffenheit u den Fahrbahnverhältnissen ab (BGH VRS 27, 119; s auch oben 15). Lässt sie sich nicht feststellen,
so muss von der – an sich längst überholten – ges Mindestverzögerung von 2,5 m/
sec^2 (§ 41 IV StVZO) ausgegangen werden. Die Annahme einer beliebigen
„durchschnittlichen" Verzögerung ist unzulässig (BayObLG v 27.1.65 – 1a St 661/
64). Von der auf der Fahrbahn hinterlassenen Bremsspur muss der **Radabstand**
zwischen Vorder- u Hinterrädern, abgezogen werden, wenn die Bremsspur nicht
etwa an den Hinterrädern des Fz endete (BGH VRS 23, 375; BayObLG aaO).
Ist das Fz durch den Aufprall auf ein Hindernis (anderes Fz) zum Stehen gekommen, so beweist eine kurze Bremsspur nicht, dass es langsam gefahren war. Ein S V
kann aber möglicherweise aus der vorhandenen Bremsspur im Zusammenhang
mit der Wucht des Aufpralls noch beweiskräftige Schlüsse ziehen (s auch oben
Rn 14).

d) Auswertung des Schaublattes eines Fahrtschreibers. Die Auswertung 74
des Schaublattes eines Fahrtschreibers ist das zuverlässigste, uneingeschränkt verwertbare Mittel zur nachträglichen Ermittlung der Geschwindigkeit eines Fz
(OLG Düsseldorf NZV 90, 360; VRS 87, 51; NZV 96, 503; OLG Köln VRS 93,
206; OLG Hamm ZfS 94, 187; s auch Zeising NZV 94, 383). Wegen Ableseungenauigkeiten ist eine **Toleranz** zwischen 3 u 6 km/h zu gewähren (OLG Hamm
DAR 04, 42; OLG Jena DAR 05, 44; Ba NZV 08, 45; jeweils 6 km/h; Beck/
Berr 434), nach OLG Köln (VRS 93, 206) 6 km/h. Zwar sind Fahrtschreiber
nach § 57a StVZO nur für Omnibusse u schwere Lkw vorgeschrieben; ist aber ein
Fahrtschreiber vorhanden, so gebietet idR die Aufklärungspflicht, das Schaublatt
auszuwerten; der Hinzuziehung eines S V bedarf es nur in Ausnahmefällen (Ba
NZV 08, 45; OLG Jena DAR 05, 44; OLG Düsseldorf NZV 96, 503), so zB
wenn es auf die genaue Entwicklung der Geschwindigkeit vor einem Unfall, dh
auf die Auswertung eines kurzen Zeitraums, ankommt (BGH VRS 28, 460; OLG
Düsseldorf NZV 96, 503), uU genügt Auswertung durch die Herstellerfirma des
Fahrtschreibers (BayObLG 58, 284 = VRS 16, 296; BayObLG 61, 148). Bei
Auswertung eines längeren Zeitraums kann auch die richterliche Sachkunde ausreichen (OLG Köln VM 83, 103; BayObLG ZfS 97, 315). Nach § 57a II S 4
StVZO ist neben dem Halter auch der Führer des Kfz verpflichtet, Schaublätter des
Fahrtschreibers zuständigen Personen auf Verlangen vorzulegen, (OLG Düsseldorf
NZV 96, 503; s auch § 4 III 2 FPersG). In die Hauptverhandlung wird das Schaublatt durch Inaugenscheinnahme eingeführt (OLG Jena DAR 05, 44).

e) Feststellung der Ursächlichkeit. Die Feststellung der Ursächlichkeit der 75
überhöhten Geschwindigkeit **für den Unfall** ist meistens unentbehrlich; denn es
muss ja geprüft werden, ob der Unfall ausgeblieben wäre, wenn der Fahrer bei
Eintritt der „kritischen Vsituation" (vgl BGH r+s 03, 256) nicht mit einer höheren
als der zugelassenen Geschwindigkeit gefahren wäre (BGHSt 33, 61; NJW 85,
1350, 1351; NJW 85, 2809; hierzu krit dazu Puppe JZ 85, 293 u Streng NJW 85, 2809). Die
kritische Verkehrslage beginnt für einen Verkehrsteilnehmer dann, wenn die
ihm erkennbare Verkehrssituation konkreten Anhalt dafür bietet, dass eine Gefah-

StVO § 3   I. Allgemeine Verkehrsregeln

rensituation unmittelbar entstehen kann. Ggf ist auch zu prüfen, ob bei Einhaltung der zul Geschwindigkeit eine Vollbremsung überhaupt erforderlich gewesen wäre (BGH VRS 32, 209). Zur Beurteilung der Reaktionszeit Himbert ZfS 06, 670.

76   **f) Wartepflicht.** Wenn sich ein Fz-Führer einer Kreuzung gleichgeordneter Str so schnell nähert, dass er seiner Wartepflicht gegenüber einem etwa von rechts kommenden VT nicht genügen könnte, ist auch ein Zusammenstoß mit einem von rechts über die Kreuzung laufenden Kind (OLG Celle VM 75, 78) oder mit einem von links kommenden Wartepflichtigen für ihn voraussehbar (BGHSt 17, 299; BayObLG 65, 84 = VRS 29, 287). In diesem Fall muss aber bes festgestellt werden, ob der Unfall bei Einhaltung der gebotenen Geschwindigkeit vermieden worden wäre; denn im Hinblick auf den von links Kommenden musste der Vorfahrtberechtigte nicht bremsbereit fahren, sondern erst reagieren, sobald er die Vorfahrtverletzung erkannte, so dass ihm eine verlängerte Reaktionszeit zuzubilligen ist. Außerdem kann die Übersicht nach rechts günstiger sein u daher eine höhere Geschwindigkeit gestatten, als sie notwendig wäre, um vor einem von links in die Fahrbahn Einfahrenden anzuhalten (BayObLG aaO). Wird einem Kf zur Last gelegt, durch zu schnelles Fahren den Tod eines Menschen fahrlässig verursacht zu haben, beruft sich aber der Kf unwiderlegt auf ein Versagen der Bremsen, das er nicht zu vertreten hat, so muss geprüft werden, ob bei zulässiger Geschwindigkeit der Erfolg trotz des Versagens der Bremsen vermieden worden wäre (OLG Köln VRS 29, 118).

77   **g) Voraussehbarkeit.** Der Erfolg muss nur **im Endergebnis** voraussehbar gewesen sein, nicht also auch der Ablauf der Ereignisse im Einzelnen (vgl im Übrigen 16. Aufl E 83 ff).

78   **h) Im Zweifel für den Angeklagten.** Bes Schwierigkeit bereitet erfahrungsgem die Feststellung der **beiderseitigen Geschwindigkeiten** bei Zusammenstößen. Lassen sich keine eindeutigen Feststellungen treffen, so muss der Richter im Rahmen des nach seiner Überzeugung möglichen Geschehensablaufs zugunsten jedes Beteiligten von dem für ihn günstigsten Sachverhalt ausgehen.

79   **i) Wahlweise Verurteilung.** Lässt sich nicht eindeutig klären, ob der Angeklagte zu schnell gefahren ist oder sich zwar mit zul Geschwindigkeit genähert, aber infolge Unaufmerksamkeit vor einem Hindernis zu spät reagiert hat, so ist eine wahlweise (alternative) Verurteilung wegen überhöhter Geschwindigkeit (§ 3 I) **oder** Schadensverursachung aus Unaufmerksamkeit (§ 1 II) zul. Diese setzt voraus, dass alle anderen Unfallursachen (Ölfleck, Schlagloch, Versagen der Bremsen usw) zur Überzeugung des Gerichts ausgeschlossen sind, so dass nur die Verursachung durch zu hohe Geschwindigkeit oder Unaufmerksamkeit verbleibt. Im Falle der wahlweisen Verurteilung bedarf es nicht der Feststellung, wie schnell der Täter gefahren ist u hätte fahren dürfen (OLG Köln VRS 26, 223). Wahlweise Verurteilung wegen fahrlässiger Tötung entweder durch überhöhte Geschwindigkeit oder alkoholbedingte FU: BGH VRS 37, 353; Martin DAR 70, 124.

80   **11. Die richterliche Feststellung zur Geschwindigkeitsüberschreitung im Zivilverfahren. a) Beweismaßstab.** Im Zivilprozess können sich insoweit Abweichungen ergeben, als der Grundsatz „in dubio pro reo" nicht gilt. Umgekehrt kann jedoch der Anscheinsbeweis eingreifen (s Einl Rn 154). Ansonsten gilt, dass im Rahmen der **Verschuldenshaftung** die Umstände zur Überzeugung des Richters feststehen müssen, die den Verschuldensvorwurf begründen sollen.

Geschwindigkeit **§ 3 StVO**

Sowohl für die Feststellung des schädigenden Ereignisses wie auch für die haftungsbegründende Kausalität gilt dabei der **Beweismaßstab des § 286 des ZPO**. Im Rahmen der **Haftungsverteilung** gem. § 17 dürfen nur unstreitige, zugestandene oder erwiesene Tatsachen berücksichtigt werden (BGH NZV 10, 293; 96, 231; § 17 StVG Rn 16 mwN).

b) Anscheinsbeweis. Kommt ein Kraftfahrer mit seinem Pkw bei einer Fahrt 81 auf regen-, schnee- oder eisglatter Fahrbahn ins Schleudern bzw. von der Fahrbahn ab, so spricht der **Anscheinsbeweis** für ein Verschulden (BGH NJW 89, 3273; OLG Hamm NZV 98, 115). Voraussetzung ist jedoch immer, dass die Glätte etc. rechtzeitig vorhersehbar war. Dieser Umstand muss feststehen (OLG Schleswig NZV 98, 411; OLG Köln VersR 99, 377). Dem Anscheinsbeweis kann eine außergewöhnliche Straßenführung entgegenstehen; eine solche liegt nicht in einer 5% Kurvenerhöhung auf einer BAB (BGH VersR 71, 842).

c) Haftung. Die Verletzung des Sichtfahrgebotes führt zur Mithaftung (BGH 82 NJW-RR 87, 1235; OLG Hamm NZV 98, 202). Bei Unfällen, die durch Vorfahrtsverletzung verursacht wurden, führt eine nicht unerhebliche Geschwindigkeitsüberschreitung des Vorfahrtsberechtigten regelmäßig zur Mithaftung (vgl § 8 Rn 37). Bei Unfällen, bei denen überhöhte Geschwindigkeit des Vorfahrtsberechtigten infolge schlechter Sicht mitursächlich war, kommt in der Regel eine Schadensteilung in Betracht (vgl Grüneberg Rn 19). Bei Überschreiten der Autobahnrichtgeschwindigkeit von 130 km/h muss der Kraftfahrer den Nachweis führen, dass es auch bei einer Geschwindigkeit von 130 km/h zu dem Unfall mit vergleichbar schweren Folgen gekommen wäre, wenn er die Betriebsgefahr ausschalten will (BGHZ 117, 337).

Bei einer Kollision insbesondere mit kleinen Kindern stellt die Rechtsprechung 83 **sehr hohe Anforderungen** an den Nachweis eines unabwendbaren Ereignisses gemäß § 7 Abs 2 StVG aF (vgl OLG Köln NZV 92, 233; OLG Hamm NZV 91, 194; Scheffen-Pardey Rn 213 ff mwN; Greger § 7 StVG Rn 403 ff). Durch die Streichung des Unabwendbarkeitsbeweises wird die Position der Kinder, der Hilfsbedürftigen und älteren Menschen in Schadensfällen erheblich verbessert. Da die Berufung auf s. höhere Gewalt regelmäßig ausscheidet, dürfte insbes. bei Unfällen mit Kindern unter 10 Jahren die volle Haftung des Kfz-Fahrers gegeben sein. Mitverschulden eines Kindes setzt voraus, dass ein normal entwickeltes Kind der entspr. Altersstufe in der Lage gewesen wäre, die Gefahr zu meistern. Damit sind insbes. kindspezifische Umstände wie Spieltrieb, Impulsivität, Mangel an Disziplin etc zu berücksichtigen (vgl Neuhaus VGT 1991, 72 ff; Scheffen-Pardey Rn 8 ff).

d) Versicherungsrecht. Versicherungsrechtl. kann eine Geschwindigkeits- 84 überschreitung den Vorwurf der groben Fahrlässigkeit iSd § 81 VVG begründen (OLG Köln VersR 97, 57 einerseits, OLG Düsseldorf VersR 97, 56 andererseits).

12. Die Geschwindigkeitsüberschreitung in OWi-Verfahren (Geschwin- 85 **digkeitsmessung).** Zu Ermittlung der Geschwindigkeit eines fahrenden FZ werden nach POL-RiLien der Länder (s. Sobisch DAR 15, 163; 13, 100) verschiedene Verfahren angewandt. Bei standardisierten, dh nach einem genormten Muster vereinheitlichten Verfahren (BGH NZV 93, 485, 98, 120; Cierniak ZfS 12, 664) genügt die Angabe des Messverfahrens und der nach Abzug der Messtoleranz ermittelte Geschwindigkeit (BGH NZV 93, 485; 98, 120; OLG Saarbrücken DAR 16, 534; OLG Bamberg v. 25.1.17 – 3 Ss OWi 1582/16, Beck RS 2017, 102294). Den berücksichtigten Toleranzwert muss der Tatrichter nicht ausdrücklich als solchen benennen. Er kann sich etwa aus der Angabe der gemessenen und der berücksichtigten Geschwindigkeit (OLG Bamberg ZfS 12, 290), des verwandten Messgerätes (KG VRS 121/148; OLG Hamm NZV 00, 264) oder des Messsystems (OLG Brandenburg DAR 05, 162) ergeben. Der Abzug des Toleranzwertes muss jedoch den Urteilsgründen deutlich zu entnehmen sein (OLG Bamberg ZfS 13, 290). Keine Voraussetzung für die Annahme eines standardisierten Messverfahrens ist es, dass die Messung in einem voll automatisierten, menschliche Handhabungsfehler praktisch ausschließenden Verfahren erfolgt (BGH NZV 98, 120). Von einem standardisierten Messverfahren kann nur die Rede sein, wenn die Bedingungen des Messverfahrens eingehalten wurden. Insbesondere müssen die Bedienungsvorschriften beachtet und die erforderliche Eichung des Geräts gegeben sein (OLG Koblenz DAR 06, 101; OLG Hamm NZV 09, 248). Bei Abweichungen von der Gebrauchsanweisung liegt lediglich ein individuelles Messverfahren ohne die Vermutung der Richtigkeit und Genauigkeit vor, sodass das Gericht die Korrektheit des Messergebnisses individuell zu prüfen hat (OLG Naumburg DAR 16, 403; OLG Bamberg ZfS 17, 171; OLG Düsseldorf vom 12.10.00, IV – 4 RbS 170/11, Beck RS2012, 01983). Das OLG Celle verlangt auch bei einem standardisierten Messverfahren die Mitteilung im Urteil, dass die Bedienungsvorschriften beachten wurden (OLG Celle vom 21.9.2011 – 322 SsRs 328/11, Beck RS 2012, 10892; ebenso Hentschel-König Rz. 56). Die Frage möglicher Fehlerquellen muss beim standardisierten Messverfahren nur erörtert werden, wenn konkrete Anhaltpunkte für Messfehler vorliegen (OLG Hamm NZV 00, 264; OLG Karlsruhe, NStZ-RR 15, 56; OLG Köln NZV 13, 459). Einwendungen gegen die Zuverlässigkeit der Messtechnik, der verwandten Messsoftware oder der Auswertesoftware können mit dem Hinweis auf die Zulassung durch die PTB, welche als antizipiertes Sachverständigengutachten einzuschätzen sei, abgelehnt werden (OLG Frankfurt DAR 15, 149; OLG Bamberg DAR 2016, 146; OLG Oldenburg DAR 2016, 646; OLG Hamm v. 10.03.2017 – 2 RBs 202/16, Beck RS 2017, 106470: OLG Celle v. 17.05.2017 – 2 Ss OWi 93/17, Beck RS 2017, 116, 552). Vor dem Hintergrund, dass von Sachverständigen hinsichtlich der verschiedensten Messverfahren in der Vergangenheit Fehler in der Messtechnik oder der verwandten Software aufgezeigt wurden, obwohl die Messgeräte von der PTB zugelassen wurden waren, ist es geboten, der Verteidigung eine Überprüfung des „antizipierten Gutachtens" zu ermöglichen. Hierfür ist Voraussetzung, dass den Betroffenen ein umfangreiches Akteneinsichtsrecht zugestanden wird (s. insoweit Rn 86a). Für neue Messgeräte ist seit dem 1.1.15 ein sogenanntes Konformitätsbewertungsverfahren durchzuführen und eine Konformitätserklärung des Herstellers vorzulegen. Das Konformitätsbewertungsverfahren wird gem. § 14 MessEG von der PTB durchgeführt. Allerdings handelt es sich bei dem Konformitätsbewertungsverfahren um eine privatrechtliche Dienstleistung. Lediglich die Eichung des Messgerätes stellt nach wie vor einen hoheitlichen Akt dar. Sie ist allerdings auf den Bereich beschränkt, der nach altem Recht als Nacheichung bezeichnet wurde (Rothfuß, DAR 16, 257, 259). Vor diesem Hintergrund wird man nicht umstandslos davon ausgehen können, dass die Grundsätze des standardisierten Messverfahrens auch auf neue Messgeräte anzuwenden sind (vgl Rothfuß, DAR 16, 257, 259, Kärger, VGT 2016, 133, 138; vgl aber auch NK – GVR/Krumm Anhang zu § 3 StVO Rz. 34; Krenberger DAR 16, 415).

86 Angaben zur Messmethode sind nicht erforderlich, wenn der Betr die Geschwindigkeitsüberschreitung durch ein uneingeschränktes, nachvollziehbares

Geschwindigkeit § 3 StVO

Geständnis einräumt u das Gericht von der Richtigkeit der Angaben überzeugt ist (BGHSt 39, 291, 303; OLG Jena DAR 04, 663; OLG Frankfurt NZV 09, 404), nachdem es deren Grundlagen geprüft hat (OLG Düsseldorf NZV 97, 321: Zuverlässigkeit seines Tachos, Abzug für evtl Tachoabweichung pp; OLG Hamm ZfS 99, 84; NZV 02, 245, aA OLG Schleswig NZV 03, 394 m Anm Röttgering). Ein verwertbares Eingeständnis liegt nur vor, wenn der Betr nach eigener sicherer Kenntnis oder zuverlässiger Schätzung erkannt hat, dass er die erlaubte Geschwindigkeit wesentlich überschritten hat. Dass er die ihm vorgeworfene Geschwindigkeit nicht bestreitet, reicht nicht aus (OLG Düsseldorf NZV 94, 241; OLG Jena NJW 06, 1075; OLG Saarbrücken VRS 110, 433; vgl aber OLG Hamm v. 15.2.2011 – III – 3 RBs 30/11, BeckRs 2011, 0741).

Aus dem Grundsatz des „fair trial" folgt, dass der Verteidiger das Recht auf **86a** Einsicht in alle Unterlagen hat, die auch dem Sachverständigen zur Verfügung gestellt werden (Cierniak ZfS 2012, 664, 671f). Das **Akteneinsichtsrecht** erstreckt sich auf die **Bedienungsanleitung** des verwandten Messgerätes (OLG Naumburg DAR 13, 37; KG DAR 13, 211; Cierniak a. a. O; aA OLG Frankfurt NStZ-RR 13, 223; wohl auch OLG Celle NZV 13, 308, 310), auf den gesamten Messfilm einschließlich sogenannter Messdaten (OLG Oldenburg, DAR 15, 406, v. 16.6.2016 – 1 Ss OWi 96/16, Beck RS 2016, 20705; AG Weißenfels ZfS 2015, 592 mAnm Krenberger; Krumm § 5 Rz. 124 ff; a.A. OLG Frankfurt NstZ-RR 16, 320; OLG Bamberg v. 4.4.2016 – 3 Ss OWi 1044/15, Beck RS 2016, 06531; OLG Düsseldorf NZV 16, 140; OLG Oldenburg ZfS 17, 469) sowie auf die Lebensakte bzw. sonstige Unterlagen über Reparaturen, Wartungen etc. i.S.v. § 31 IV Nr. 2 MessEG (OLG Jena NJW 16, 1457; OLG Brandenburg NZV 17, 144; OLG Oldenburg ZfS 17, 469; Cierniack a.a.O. 678; a.A. OLG Frankfurt NStZ – RR 2016, 320: OLG Celle v 28.6.2017 – 2Ss (OWi) 146/17; OLG Bamberg v. 4.4.2017 – 3 Ss Ow, 1232/17, BeckRS 2017, 127462). Soweit das Akteneinsichtsrecht aus dem Grundsatz des „fair trial" hergeleitet wird, sollte der entsprechende Antrag bereits gegenüber der Verwaltungsbehörde gestellt werden (vgl OLG Frankfurt NStZ – RR 16, 320; OLG Oldenburg DAR 15, 406; OLG Jena, NJW 16, 1457; OLG Oldenburg ZfS 17, 469).

Zur Akteneinsicht vergleiche umfassend Krumm § 5, 66 ff. Die unzureichende Gewährung von Akteneinsicht in die Bedienungsanleitung stellt eine unzulässige Beschränkung der Verteidigung im Sinne von § 338 Nr. 8 StPO dar (OLG Naumburg DAR 13, 37). Zu den Anforderungen an die Verfahrensrüge bei Versagung von Akteneinsicht vgl OLG Celle NZV 13, 307; OLG Bamberg, ZfS 16, 649; OLG Hamm NZV 16, 291; KG v. 15.5.2017 – 3 Ws (B) 96/17 – 122 Ss 48/17, BeckRS 2017, 116126.

Die **Zulässigkeit der Geschwindigkeitsüberwachung** durch Private oder **87** Kommunen wird unterschiedlich beurteilt (zur Problematik s Steiner 34, DAR 96, 272; Döhler DAR 96, 36; Beck/Berr Rn 299 ff) Als hoheitliche Aufgabe obliegt sie grundsätzlich der Pol oder VB (s §§ 36 OWiG, 26 StVG); anderen darf sie nur bei Vorhandensein einer gesetzlichen Ermächtigung überlassen werden. Sichergestellt muss ferner sein, dass eine ausreichende Überwachung u Leitung durch die Ordnungsbehörde erfolgt sowie die Auswertung des Messergebnisses durch die Behörde, da sonst uU Verwertungsverbot droht (s dazu OLG Frankfurt NStZ-RR 03, 342; NZV 95, 368; BayObLG DAR 05, 633; OLG Saarbrücken v. 18.05.2017 – SsBs 8/2017, Beck RS 2017, 115820). Die Ordnungsbehörde muss die Umwandlung digitaler Messdaten (sog. Messdatei) in die lesbare Bilddatei und die Auswertung selbst vornehmen (OLG Frankfurt NZV 16, 591; NStZ –

RR 17, 188). Bei Parkverstößen wird Unzulässigkeit angenommen (KG DAR 96, 504; BayObLG DAR 97, 407). Zur Zulässigkeit der Übertragung der Verfolgung und Ahndung von Geschwindigkeitsverstößen auf eine Gemeinde aufgrund einer Zweckvereinbarung mehrerer Gemeinden und der Durchführung der Geschwindigkeitsmessung durch einen Leiharbeiter der Gemeinde vgl auf Basis der bayerischen Rechtslage BayObLG NJW 99, 2200, s auch NZV 05, 277. Nach OLG Oldenburg NZV 10, 163, sollen Geschwindigkeitsmessungen durch Angestellte eines Landkreises zulässig sein.

87a Bei Geschwindigkeitsüberschreitungen wird die Identitätsfeststellung des Fahrers häuft aufgrund von Messfotos oder Videos vorgenommen. Nach h.M. ist die Rechtsgrundlage hierfür im § 100h I 1 Nr 1 StPO zu sehen (OLG Stuttgart NZV 10, 317; OLG Brandenburg NJW 10, 1471; OLG Jena NJW 10, 266; OLG Düsseldorf NZV 10, 262; aA Roggan NJW 10, 978; Elsner DAR 10, 165; Wilcken NZV 11, 67). Das BVerfG hat es unter verfassungsrechtlichem Gesichtspunkt nicht beanstandet, dass § 100h I 1 Nr 1 StPO als Ermächtigungsgrundlage herangezogen wird (NJW 10, 2717).

88 **a) Schätzung.** Die Schätzung der Geschwindigkeit ist die unzuverlässigste Methode, die deshalb nur selten verwendet wird u – bes bei ungeschulten Personen (OLG Hamm VRS 58, 380) – mit großer Vorsicht zu bewerten ist (KG NZV 10, 512; OLG Karlsruhe NStZ-RR 08, 321; AG Dortmund NZV 92, 378; OLG Düsseldorf NZV 89, 163; Geigel-Zieres Kap 27 Rn 138), insb bei Dunkelheit (BGH VersR 70, 818; OLG Hamm aaO). Fehlschätzungen liegen sehr nahe; die Angaben sind daher krit zu prüfen (OLG Hamm aaO). Ohne techn Hilfsmittel oder Vergleichsmöglichkeit kann die Geschwindigkeit eines frontal herankommenden Kfz auch nur annähernd zuverlässig geschätzt werden (OLG Schleswig VM 61, 16; BayObLG v 23.12.64 – 1a St 545/64); auch die Schätzung der Geschwindigkeit von seitlich vorbeifahrenden Fzen verlangt große Erfahrung im Schätzen. Die Tatsache, ein Zeuge sei „langjähriger Kf", besagt nichts für seine Fähigkeit im Schätzen von Geschwindigkeiten (Neu DAR 59, 53); auch sein subjektives Empfinden genügt idR nicht (BayObLG VRS 53, 433). Trotzdem gibt es keinen Erfahrungssatz, dass Geschwindigkeitsschätzungen allg unbrauchbar seien (BGH(Z) VM 63, 38; OLG Düsseldorf VRS 30, 444; BayObLG 58, 197 = DAR 58, 338). Der Tatrichter muss aber erkennen lassen, dass er sich der allg Unzuverlässigkeit der Methode bewusst ist, u darlegen, warum im Einzelfall der Geschwindigkeitsschätzung doch Beweiswert zukommt (BayObLG VRS 65, 461; OLG Hamm aaO; OLG Düsseldorf NZV 98, 167), zB zuverlässiger, im Schätzen oder überhaupt in Geschwindigkeitskontrollen erfahrener Beamter (BGH VRS 38, 104; OLG Hamm aaO; AG Dortmund NZV 92, 378); sehr erhebliche Überschreitung der zulässigen Geschwindigkeit (BayObLG DAR 58, 338; OLG Schleswig VM 63, 16) oder bei Schätzung eines Kf, der selbst mit der höchstzul Geschwindigkeit fährt u die erhebliche Geschwindigkeitsüberschreitung von Fzen, die ihn überholen, feststellt (KG DAR 68, 81), Unterscheidung zwischen Schrittgeschwindigkeit und wesentlich höherer Geschwindigkeit (BayObLG NZV 01, 139). Im Urteil müssen die Bezugstatsachen, der Schätzung zu Grunde liegen, mitgeteilt werden, also Beschreibung der Örtlichkeiten, des Blickwinkels, der gefahrenen Wegstrecke und der Zeitdauer (Ka NStZ-RR 08, 321).

89 **b) Geschwindigkeitsmessung durch Nach- oder Vorausfahren.** Diese Methode ist als Beweismittel grundsätzlich anerkannt (auch bei Verwendung des Privat-Fz des Pol-Beamten: OLG Köln NZV 97, 529), wenn die Fehlermöglich-

Geschwindigkeit **§ 3 StVO**

keiten genügend berücksichtigt sind (s OLG Düsseldorf DAR 88, 137; NZV 94, 239; OLG Schleswig NZV 91, 437; OLG Koblenz VRS 78, 303; BayObLG VRS 92, 364; Löhle DAR 84, 394, 402 f). Gemessen wird durch Ablesen der Tachometeranzeige; zum Eingeständnis des Betr s oben 86). Voraussetzung ist idR eine genügend lange Messstrecke, gleichbleibender kurzer Abstand, möglichst ein justierter Tachometer (OLG Braunschweig DAR 89, 110 mwN) oder besser: Fahrtschreiber (OLG Hamm VRS 50, 70) oder (geeichte: Beck/Berr 399) **Traffipax-Anlage** (OLG Zweibrücken VRS 57, 308; s § 4 Rn 7) u eine so erhebliche Überschreitung der zulässigen Geschwindigkeit (um mind 20 km/h, OLG Stuttgart VRS 66, 467), dass trotz Fehlerquellen u Ungenauigkeiten (s dazu Grandel Rn 103) der Vorwurf der Geschwindigkeitsüberschreitung mit Sicherheit gerechtfertigt ist (OLG Düsseldorf VRS 85, 48; NZV 94, 239; OLG Karlsruhe VRS 49, 145; zur krit Beurteilung s BayObLG VRS 61, 143). Ein zwischen dem Pol-Fz u dem verfolgten in gleicher Richtung fahrendes Kfz beeinträchtigt die Messung grundsätzlich nicht (OLG Düsseldorf NZV 90, 318; 91, 201; OLG Köln NZV 91, 202), anders uU bei mehreren Fzen (BayObLG aaO). – Zur Messung mittels Stoppuhr durch Nachfahren s OLG Stuttgart VM 93, 105 (mind 10% Sicherheitsabzug); zur nächtlichen Messung s unten 87.

Für **Abstand und Mindestmessstrecke** haben sich in der RSpr folgende **90 Richtwerte** durchgesetzt (vgl OLG Düsseldorf VRS 67, 129; 74, 289; OLG Köln VM 82, 71), deren Einhaltung idR im Urt darzulegen ist (OLG Köln NZV 94, 77; DAR 94, 248; OLG Düsseldorf NZV 92, 41; OLG Hamm VRS 58, 54), zumal es sich hier nicht um ein standardisiertes techn Messverfahren (s 85) handelt, bei dem es lediglich der Angabe der Messmethode u des berücksichtigten Toleranzwertes bedarf:

Bei einer Geschwindigkeit von	und einem Abstand (A) von	Mindeststrecke (S)
40– 60 km/h	30 m	150 m
61– 90 km/h	50 m	250 m
91–120 km/h	100 m	500 m

Hiernach sollte also zB bei Geschwindigkeiten über 90 km/h ein Abstand von **91** 100 m nicht über- u die Messstrecke von 500 m nicht unterschritten werden (BayObLG 94, 135, 139; VRS 92, 364; OLG Bamberg DAR 06, 517). Von diesen Richtwerten darf im Einzelfall abgewichen werden (OLG Hamm VRS 55, 59), insb bei Verwendung einer geeichten Traffipax-Anlage (vgl OLG Karlsruhe VRS 56, 56; OLG Zweibrücken VM 80, 4); geringe Abweichungen sind unschädlich (OLG Düsseldorf VRS 62, 301), aber auch durch erheblichere Abweichungen wird die Vergleichsmessung nicht stets unverwertbar (OLG Düsseldorf aaO). Über die Verwertbarkeit entscheidet der Tatrichter in freier Beweiswürdigung (OLG Düsseldorf VRS 65, 60; BGH VRS 63, 208). Dabei sind auch die Umstände des Einzelfalls, insb Straßenverlauf, Sichtverhältnisse u VDichte für die Überzeugungsbildung maßgeblich (OLG Braunschweig DAR 89, 110; OLG Stuttgart VRS 66, 467 mwN). Bei hinreichend langer Messstrecke spielen Abstands-Fehlschätzungen im allg keine bes Rolle mehr, bes dann nicht, wenn eine erhebliche Geschwindigkeitsüberschreitung festgestellt ist; so kann eine überlange Messstrecke (1 km statt 500 m) einen zu großen Abstand (200 m) ausgleichen (KG DAR 15, 99); auch eine Geschwindigkeitsermittlung von 70 km/h bei 200 m Abstand u einer Messstrecke von 1800 m (OLG Hamburg VRS 22, 473) sowie eine Geschwindigkeit

StVO § 3 I. Allgemeine Verkehrsregeln

von 75 km/h bei 300 m u einer Messstrecke von 1200 m (BayObLG v 13.11.63, 1 St 406/63) wurden als zul erachtet; **nicht** aber eine Messstrecke von 200 m bei 110 km/h u 100 m Abstand (OLG Koblenz VRS 70, 38), ein Abstand von 400 m (!) bei nur 500 m Messstrecke (OLG Celle DAR 86, 60; s unten 87) oder ein Abstand von 600 m bei mind 106 km/h u einer Messstrecke von ca 590 m (BayObLG DAR 96, 288). Je länger die Messstrecke je geringer ist die Auswirkung von Abstandsschätzfehlern auf das Messergebnis (Hacks DAR 61, 153 ff; s auch KG NZV 91, 119). Deshalb kann ein durch übergroßen Abstand eingetretener Messfehler durch Verlängerung der Messstrecke ausgeglichen werden (OLG Hamburg VRS 22, 473). Umgekehrt kann unter bes Umständen auch eine kurze Messstrecke ausreichen (70 m bei 20 m Abstand, KG VRS 59, 386); je kürzer die Messstrecke ist, um so genauere Angaben sind im Urt über den Abstand erforderlich (OLG Hamburg VM 76, 94) u um so genauer muss der Geschwindigkeitsmesser sein (OLG Schleswig VM 74, 42). Sind die og Messvoraussetzungen nicht erfüllt, das Messergebnis also unverwertbar, kann das Gericht auf Grund anderer Umstände im Rahmen der Beweiswürdigung gleichwohl zu der Überzeugung gelangen, dass jedenfalls ein Verstoß gegen § 3 III 1 vorliegt (OLG Koblenz VRS 78, 303). **Unverwertbarkeit** liegt auch nahe, wenn der Nachfahrabstand den halben Tachometerwert unterschritten hat. Hier wird man häufig nicht ausschließen können, dass sich der Vorausfahrende durch das dichte Auffahren bedrängt oder sogar gefährdet fühlte und deshalb schneller als beabsichtigt fuhr (OLG Düsseldorf NJW 1988, 1039).

92 Die **Abstands-Schätzgenauigkeit** ist für das Messergebnis naturgemäß bedeutsam. Ändert sich der Abstand (A) unbemerkt, zB von 120 m zu Beginn auf 80 m am Ende u wird er irrtümlich gleichmäßig auf 100 m geschätzt, so holte das Mess-Fz auf der Messstrecke 40 m auf, fuhr also schneller als das gemessene Fz. Für das Ergebnis ist jedoch nicht dieser Schätzfehler (? A = 40 m), sondern der relative (prozentuale) Fehler entscheidend; dieser berechnet sich nach der Formel

$$\frac{D\ A\ (\text{Messfehler in m})}{S\ (\text{Messstrecke in m})}$$

Auf einer Verfolgungsstrecke von 500 m beträgt er im og Beispiel 40 : 500 = 8%, bei einer Verfolgungsstrecke von 1000 m aber nur mehr 4% (vgl BayObLG 61, 146 = VRS 21, 227; OLG Hamburg VRS 22, 473, 475; OLG Düsseldorf DAR 62, 135). Bei der Geschwindigkeitsmessung muss demnach der Tatrichter außer der Genauigkeit des zur Messung verwendeten Fahrtschreibers oder Tachometers die Länge der Messstrecke, den Abstand des Mess-Fz u die höchste für möglich gehaltene Veränderung des Abstands während des Messens (den Schätzfehler) feststellen (OLG Hamburg VM 65, 86; OLG Hamm VRS 58, 54; OLG Köln NZV 94, 77), wobei auch grobe Fehlschätzungen in Betracht zu ziehen sind (vgl Hacks DAR 61, 122). Anders als bei „automatisierter" Messung müssen auch die entspr Beobachtungen der messenden Pol-Beamten im Urt mitgeteilt werden (OLG Hamm NZV 95, 199).

93 Zum Ausgleich von Messungenauigkeiten u sonstiger Fehlerquellen nimmt die RSpr **Sicherheitsabzüge** vor; auch fehlerhafte Richtwerte (s oben) können so korrigiert werden, wenn die Messung nicht insgesamt unverwertbar ist (OLG Düsseldorf VRS 65, 60). Ihre Bemessung ist Tat- (u nicht Rechts-)Frage (OLG Celle VRS 52, 58; OLG Köln VRS 58, 275; OLG Stuttgart DAR 90, 392; OLG Düsseldorf VRS 67, 129); gegen die allg Einführung zu weitgehender Sicherheits-

Geschwindigkeit **§ 3 StVO**

abschläge durch die Revisionsgerichte bestehen deshalb Bedenken (OLG Celle aaO; s aber KG VRS 33, 65 u OLG Oldenburg ZfS 92, 246).

Bei der Festsetzung von Sicherheitsabschlägen wird zwischen Messungen mit **94** **justiertem** (oder geeichtem) u **nicht justiertem** Tachometer unterschieden, sofern nicht andere, bes zuverlässige u geeichte Messinstrumente verwendet werden, die den Beweiswert erhöhen (OLG Zweibrücken VRS 57, 308).

Zur Feststellung der Geschwindigkeitsüberschreitung durch Nachfahren mit **95** **justiertem** Tachometer genügt zunächst ein Abzug von 3%, mind 3 km, von der abgelesenen Geschwindigkeit für mögliche Messungenauigkeiten des Tachometers, wenn das Pol-Fz über eine ausreichend lange Strecke gleichbleibend mit der überhöhten Geschwindigkeit fährt (OLG Hamm VRS 53, 296) u die Justierung höchstens ein Jahr zurückliegt (OLG Hamm VRS 63, 68). – Zum Ausgleich sonstiger Ungenauigkeiten durch Ablesefehler, Reifenabnutzung, zu geringen Reifendruck u Abstandsschwankungen kommt ein weiterer Abzug von 7% der gemessenen Geschwindigkeit, zusammen also höchstens 10% in Betracht (KG VRS 32, 289; OLG Köln VRS 58, 275; VM 82, 71; BayObLG NZV 93, 162); eine Abweichung von diesen Werten bedarf eingehender Begr (OLG Düsseldorf VRS 67, 129). Nach neuen Untersuchungen hält OLG Düsseldorf (VRS 74, 452; NZV 94, 239) einen Abzug von 13,5% für erforderlich, der sogar auf 15% erhöht werden soll, wenn das Pol-Fz seit der letzten Justierung mehr als 30 000 km gefahren ist, ein Reifenwechsel vorgenommen oder nicht mit gleichbleibender Geschwindigkeit in einem dem halben Tachowert entspr Abstand über eine Strecke nachgefahren worden ist, die mind das 10fache des halben Tachowertes beträgt (OLG Düsseldorf NZV 94, 239 mwN; ebenso OLG Hamm NZV 89, 37 nach Gutachten der PTB); OLG Braunschweig (ZfS 89, 216; OLG Hamm NZV 03, 494) hält offenbar allg 15%igen Abzug für angemessen. Der Abzug ist zu erhöhen, wenn sich bei gleichbleibender Geschwindigkeit des Pol-Fz dessen Abstand zum vorausfahrenden Fz vergrößert (OLG Düsseldorf aaO).

Wurde **kein justiertes** Instrument verwendet, sind die Messergebnisse bei **96** einem entspr Sicherheitsabzug gleichwohl verwertbar (KG NZV 95, 457; OLG Düsseldorf VRS 85, 302), zu den Anforderungen an die Urteilsfeststellungen vgl OLG Zweibrücken DAR 02, 182; OLG Hamm NZV 02, 245. Ist die Genauigkeit des Messgeräts vor dem Einsatz – etwa durch Vergleichsfahrt – nicht festgestellt, muss ein Abzug für die evtl Tachoabweichung u zum Ausgleich sonstiger Fehlerquellen vom Ergebnis gemacht werden, der der möglichen Abweichung entspricht (vgl OLG Düsseldorf NZV 96, 376). IdR reichte bisher allg ein Abzug von bis zu 7% des Skalenendwertes u zusätzlich 7% der abgelesenen Geschwindigkeit als Sicherheitsausgleich für mögliche Messungenauigkeiten (OLG Hamm VRS 50, 388); OLG Düsseldorf verlangt 7 + 13,5%, bzw unter bes Umständen (s oben 95) sogar 7 + 15% (s VRS 80, 471; 85, 48, 302; NZV 93, 280; OLG Saarbrücken ZfS 95, 197; AG Lampertheim ZfS 94, 267); OLG Köln (DAR 08, 654) 7 + 12%, OLG Stuttgart (Justiz 90, 335) 7% + 3% u 3 km/h für menschliche Fehler Abzug von den genannten Werten; nach OLG Frankfurt (VM 78, 67; NStZ-RR 97, 215), OLG Hamm (DAR 81, 364), OLG Oldenburg (ZfS 92, 246) u OLG Schleswig (NZV 91, 437) kommt ein Abzug von bis zu 20% in Betracht (s auch KG DAR 15, 99; Naumburg NZV 98, 39), der nach BayObLG (v 14.7.87, 1 Ob OWi 106/87) bei zu kurzer Messstrecke ohne nähere Begr nicht einmal ausreicht (zu den Voraussetzungen im Einzelnen s auch BayObLG DAR 96, 323).

Hat ein **vorausfahrendes Pol-Fz** die Geschwindigkeit eines nachfolgenden **97** Fz gemessen, so muss im Urt festgestellt werden, wie es möglich war, den gleich-

StVO § 3 I. Allgemeine Verkehrsregeln

bleibenden Abstand der Fze auf der Messstrecke zu beobachten (OLG Hamm VRS 47, 311; BayObLG NZV 01, 271), wie zB durch einen Mitfahrer mit eigenem Rückspiegel (OLG Düsseldorf VRS 55, 375), wobei nur gelegentliche Rückblicke nicht genügen (OLG Celle NZV 93, 490 = StVE § 4 StVO 54). Dem Urt muss zu entnehmen sein, dass sich der Tatrichter möglicher Fehlerquellen bewusst war (BayObLG NZV 97, 323) u ihnen Rechnung getragen hat. Eine Beobachtung allein durch den Fahrer ist nicht ausreichend (A 6 Lüdinghausen NZV 09, 159).

98 Bei Messung zur **Nachtzeit** müssen bes Feststellungen über Beleuchtungs-, Sichtverhältnisse u Orientierungspunkte die Zuverlässigkeit der Messung erkennen lassen. Es muss dargelegt werden, anhand welcher Kritierien die Schätzung des gleich bleibenden Abstandes zum vorausfahrenden Kfz erfolgte (OLG Zweibrücken DAR 02, 182; OLG Hamm NZV 03, 250; NJW 07, 1299; DAR 17, 389; OLG Düsseldorf DAR 14, 335); das gilt auch für eine Messung innerorts (BayObLG u OLG Oldenburg aaO). Die Einhaltung eines gleichbleibenden Abstands von 400 m ist (bes bei kurzer Messstrecke) nachts nicht zuverlässig zu überwachen (OLG Celle DAR 86, 60), dagegen soll dies möglich sein, wenn der Abstand lediglich 100 m beträgt (OLG Frankfurt NStZ-RR 02, 19). Nach OLG Celle sind Feststellungen zur Sicht und zur Beleuchtungs-situation vor Ort nicht erforderlich, wenn sich das vorausfahrende Fahrzeug ständig im Lichtkegel des nachfahrenden Polizeifahrzeuges befand und die Messstrecke 500 m betrug (NZV 2013, 458).

99 Erfolgt die Geschwindigkeitsmessung unter Verwendung eine so genannten **Proof Speed** Messgeräts, so gelangt ein standardisiertes Messverfahren zur Anwendung (BayObLG DAR 98, 360). Bei dem **Proof Speed** Messgerät handelt es sich um eine Videoanlage mit Datengenerator, die das Verfahrverhalten des verfolgten Fahrzeuges während der Messung aufzeichnet, wobei die Aufzeichnung auch die vom nachfolgenden Polizeifahrzeug eingehaltene Geschwindigkeit eingeblendet wird. Der Toleranzabzug beträgt 10%.

99a Das sog **Police-Pilot-System (ProViDa)** ist ein elektronisches Präzisionssystem zur Weg-Zeit-Messung, das dem Traffipax-System (Rn 89) ähnelt. Das im Pol-Fz eingebaute Messgerät besteht aus einem geeichten Digitaltachometer u einem Steuergerät (Police-Pilot); es wird zu Dokumentationszwecken durch eine Video-Anlage ergänzt u ebenfalls bei der Geschwindigkeitsmessung durch Nachfahren verwendet (s dazu Plöckl DAR 91, 236; eingehend dazu Beck/Berr 401 ff; Krumm 5, 326 ff; zum Recht der Verteidigers auf Einsicht in die Video-Aufzeichnung s BayObLG NStZ 91, 190). Bei gemessenen Geschwindigkeiten bis 100 km/h wird ein Sicherheitsabzug von 5 km/h und bei über 100 km/h von 5% der gemessenen Geschwindigkeit für ausreichend erachtet (OLG Celle NStZ-RR 11, 218; OLG Köln NZV 01, 97; BayObLG NZV 04, 49; OLG Jena VRS 111, 211); zum Toleranzabzug nach Reifenwechsel s OLG Celle NZV 97, 188); bei ungünstigen Messbedingungen (nachts) können weitere 2% abzuziehen sein (OLG Celle DAR 89, 469), nach OLG Frankfurt (DAR 90, 272) tragen 8% allen Fehlermöglichkeiten Rechnung; KG u BayObLG (VRS 88, 473; NZV 93, 162; NZV 98, 421) gehen von 10% aus; bei fehlender Eichung verlangt KG (NZV 95, 37) 20%. Zu Eichungsproblemen beim Gerät ProViDa 2000 vgl AG Lüdinghausen NZV 07, 432. Es handelt sich um ein standardisiertes Messverfahren (KG, NZV 05, 654; OLG Jena NJW 06, 175; OLG Bamberg DAR 14, 334). Da das Gerät jedoch unterschiedliche Einsatzmöglichkeiten zulässt (NK- GVR/ Krumm Anh. zu § 3 StVO Rn 133 ff). ist die jeweilige Betriebsart im Urteil

Geschwindigkeit § 3 StVO

anzugeben (OLG Hamm v. 9.12.09 – 3 Ss (OWi) 948/2009; BeckRs 2010, 00092; OLG Jena VRS 111, 211; OLG Bamberg DAR 14, 334; a. A. OLG Saarbrücken DAR 16, 534; s. auch OLG Bamberg v. 25.01.2017 – 3 Ss OWi 1582/16 Beck RS 2017, 102294).). Ist das zu messende Fahrzeug ein Motorrad, ist die Annahme eines standardisierten Messverfahrens nur bei Geradeausfahrt mit aufrechter Position (OLG Hamm NStZ-RR 11, 26) gerechtfertigt.

Für das **Hyco-Meas**-Gerät vom Typ 468 genügt ein Sicherheitsabzug von 10% **99b** (vgl KG NZV 90, 160; 96, 79).

Beim Messsystems **ViDistA** VDM-R erfolgt durch das System eine eigenstän- **99c** dige Weg-Zeit-Berechnung. Deswegen soll hier ein Toleranzabzug nicht erforderlich sein (Ka NZV 07, 256; OLG Brandenburg a. d. Havel DAR 05, 162).

Bei Verwendung elektronischer Systeme handelt es sich um ein standardisiertes **99d** Messverfahren, so dass es ausreicht, wenn der Tatrichter das angewandte Messverfahren nebst den zu berücksichtigenden Toleranzen mitteilt (BayObLG NZV 98, 241; OLG Köln NZV 00, 97; OLG Hamm NZV 01, 90).

Die Geschwindigkeitsmessung von einem verfolgenden **Hubschrauber** aus ist **100** mit erheblichen Unsicherheitsfaktoren belastet (OLG Hamm VRS 50, 68: Keine Geschwindigkeitsfeststellung durch Vergleich mit Lkw-V zul). Werden diese durch entspr hohe Sicherheitsabschläge hinreichend berücksichtigt u ist die Verfolgungsstrecke genügend lang (im entschiedenen Fall 21 km!), kann auch diese Methode ausnahmsweise zul sein (OLG Hamm VRS 50, 139; OLG Koblenz DAR 92, 471: bei Messung per Video 10% Sicherheitsabschlag).

c) Funkstoppverfahren. Das Funkstoppverfahren besteht darin, dass mittels **101** Stoppuhr die Zeit gemessen wird, in der ein Fz eine bestimmte Strecke durchfährt (s dazu Löhle DAR 84, 401 u Beck/Berr 410). Hieraus errechnet man seine Stundengeschwindigkeit:

$$\frac{\text{Messstrecke (m)}}{\text{benötigte Zeit (sec)}} = 3{,}6 \text{ km/h.}$$

Beispiel: 300 m in 12 sec ergeben 90 km/h.

Diese Messmethode (s dazu OLG Düsseldorf VRS 73, 69) ist rechtlich zul u **102** genügend zuverlässig, wenn die vorgeschriebenen Sicherungen eingehalten sind, insb die Messstrecke genügend lang u die Geschwindigkeitsüberschreitung so hoch ist, dass etwaige Fehlerquellen überdeckt werden (BayObLG VRS 40, 285; OLG Koblenz VRS 69, 302; OLG Düsseldorf VRS 57, 306; OLG Hamm VRS 63, 470); gegen seine Anwendung auch bei Dunkelheit bestehen keine durchgreifenden Bedenken (OLG Düsseldorf aaO). Es sollen geeichte Stoppuhren verwendet werden (OLG Düsseldorf VRS 73, 69; s aber OLG Hamburg VRS 55, 373). Als ausreichend wird idR eine Messstrecke von 300 m erachtet (OLG Düsseldorf aaO); unter bes Umständen kann sie auch 150–200 m verkürzt werden (s OLG Köln DAR 58, 198; OLG Hamburg VRS 74, 62 = StVE 90: Zuschlag von 0,7 sec auf die längste gemessene Fahrzeit zum Ausgleich evtl Messungenauigkeiten; so auch Löhle aaO; ansonsten ist bei Geschwindigkeiten bis 100 km/h ein **Sicherheitsabzug** von 3 km/h, bei höheren auch mehr vorzunehmen: OLG Hamburg VRS 55, 373; KG VRS 85, 62). Bei Messung höherer Geschwindigkeiten (über 100 km/h) soll sie 500 m betragen (Kneist DAR 84, 413; vgl im Übrigen für Bayern die ME v 19.7.60 – BayMABl I 60, 616; für NRW den RdErl MdlNW v 12.2.81, MBlNW 81, 496 ff; OLG Hamm VRS 47, 386; DAR 73, 52; für das in BW angewandte Verfahren s OLG Karlsruhe VRS 44, 135).

StVO § 3   I. Allgemeine Verkehrsregeln

103   **Urt-Feststellungen:** Da das Verfahren bei Einhaltung der Sicherungen als genügend zuverlässig anerkannt ist, genügt es, wenn im Urt die Länge der Messstrecke, ihre örtl Lage, die mit Hilfe geeichter Messgeräte ermittelten Werte u die Zeitspanne, in der der Betroffene die Messstrecke durchfuhr, sowie die Beachtung der Dienstanweisung (OLG Koblenz VRS 50, 389; KG VRS 85, 62; weitergehend OLG Düsseldorf VRS 73, 69 = StVE 86), nicht aber der genaue Hergang des Messverfahrens festgestellt ist (OLG Hamm VRS 47, 386). Werden aber gegen die Zuverlässigkeit der Messung bestimmte Einwendungen vorgebracht, muss das Gericht ihnen nachgehen, insb die Beamten der Ansprech- u Stoppstelle als Zeugen vernehmen, während der Beamte an einer nachfolgenden Anhaltestelle im allg nichts Sachdienliches aussagen kann. Andererseits kann der Tatrichter auch eine Messung, bei der nicht alle innerdienstlichen Anordnungen befolgt wurden, kraft seiner Beweiswürdigung als zuverlässig ansehen, allerdings mit entspr Begr im Urt (OLG Karlsruhe DAR 70, 137); das gilt auch bei der Messung in Kurven (OLG Hamm VRS 63, 470).

104   Das **Spiegelmessverfahren** ist bei sorgfältiger Handhabung als zuverlässige Abwandlung des **Funkstoppverfahrens** anerkannt (BayObLG 70, 266; OLG Karlsruhe DAR 70, 137; Näheres dazu bei Beck/Berr 417). Einzelheiten des Messvorgangs sind aber im Urt darzulegen, wie zB die gestoppten Zeiten u die Länge der Messstrecke (OLG Koblenz v 9.8.90, 1 Ss 286/90), die idR 150 m betragen soll (OLG Celle StVE 84; OLG Koblenz VRS 68, 58); auch eine verkürzte Messstrecke kann bei erhöhter Messtoleranz ausreichen (OLG Koblenz VRS 69, 302, s aber OLG Celle aaO: evtl erhöhter Sicherheitszuschlag).

105   **d) Radarverfahren.** Radarmessgeräte müssen entsprechend der Zulassung, den Bedienungsanweisungen der Hersteller sowie den Verkehrsüberwachungsrichtlinien der Länder aufgestellt und bedient werden (OLG Karlsruhe ZfS 93, 105; OLG Köln NZV 90, 278). Ferner muss das Gerät gültig geeicht sein (OLG Köln DAR 01, 421; VRS 67, 462: Gültigkeitsdauer 1 Jahr nach Ablauf des der letzten Eichung folgenden Kalenderjahres, s §§ 1, 2 I 1e EichgültigkeitsVO). Nicht vorhandene oder nicht mehr gültige Eichung führt nicht zur Unverwertbarkeit der Messung. Es müssen aber höhere Abzüge vom Messergebnis gemacht werden (KG NZV 95, 456 bis zu 20%; OLG Celle NZV 94, 419). Es kann allerdings generell davon ausgegangen werden, dass die Polizei nur Messgeräte einsetzt, deren Eichgültigkeitsdauer nicht überschritten ist (BayObLG NZV 88, 30; OLG Düsseldorf NZV 94, 41). Im Einsatz befinden sich zurzeit folgende Messgeräte (Traffipax: Mesta 208, micro speed 09, Speedophot, Multanova: VR 3FG/4F, VR 4F200, VR 5F, VR 6F, MR 6F). Zu den zugelassenen Messbereichen vgl Beck/Berr 301. Als Fehlerquellen kommen insbesondere Reflektionsfehlmessungen bzw Rotationsfehlmessungen in Betracht (vgl Beck/Berr/Schäpe 514; Beck/Löhle, S 40). Zu achten ist darauf, ob das zu messende Fahrzeug den Radarstrahl im 22° Winkel bzw. bei Traffipaxgeräten im 20° Winkel durchfahren hat (Beck/Berr/Schäpe 512 Rn 307). Bei einem zu kleinen Winkel werden zu hohe Geschwindigkeiten, bei einem zu großen Winkel zu geringe Geschwindigkeiten gemessen (Beck/Berr/Schäpe 513). Störungen durch Funk, insbesondere auch durch Autotelefonen sind bei den heute verwandten Radarmessgeräten ausgeschlossen (vgl OLG Düsseldorf VRS 83, 455; Beck/Berr/Schäpe 510). Beim Traffipax-Speedophot sind unzutreffende Ergebnisse bei Messungen in einer Außenkurve möglich (AG Rostock DAR 05, 650). Sowohl bei den mobilen Traffipax- wie auch den Multanova-Geräten ist nach der Bedienungsanleitung der **aufmerksame Messbetrieb** zu

Geschwindigkeit § 3 StVO

gewährleisten. Der Bediener des Radargerätes hat daher das Messverhalten des Gerätes während des gesamten Einsatzes aufmerksam zu verfolgen. Er muss insbesondere die vom Radargerät ermittelten Geschwindigkeitsmesswerte und den Auslösezeitpunkt auf Plausibilität hin überprüfen.

Vom ermittelnden Ergebnis sind bei allen Radargeräten bei Messwerten bis **106** 100 km/h 3 km/h, darüber 3% zum Ausgleich aller etwaigen Fehlerquellen abzuziehen (OLG Hamm VRS 56, 198; OLG Köln aaO), auch bei Messung abfließenden Verkehrs (OLG Hamm DAR 94, 408; zur evtl Unverwertbarkeit der 1. Messung s AG Mainz DAR 90, 151). Die Abbildung mehrerer Fze auf dem Radarfoto muss die Verwertbarkeit der Messung nicht beeinflussen, insb wenn andere bei Messung des abfließenden Verkehrs in Gegenrichtung fahren (s OLG Hamm DAR 72, 167; NZV 90, 402).

Die **Warnung** vor Radar-(oder sonstigen Pol-)Kontrollen mit zul Mitteln, wie **107** zB durch Handzeichen (OLG Stuttgart NZV 97, 242) oder Schilderhinweise, ist nicht ow, soweit dadurch andere VT nicht behindert oder belästigt werden (§ 1 II; OLG Zweibrücken VRS 64, 454; OLG Celle NZV 89, 405), zumal dies uU sogar dazu beitragen kann, ow fahrende VT zu rechtmäßigem Verhalten zu veranlassen (OLG Zweibrücken aaO; OLG Celle aaO; aA OVG NW NZV 97, 326; VG Saarland ZfS 04, 338; zur OW nach § 16 durch Missbrauch der Lichthupe s dort Rn 10). – Seit der Einführung des Telekommunikationsgesetzes (TKG) ist der Betrieb eines **Radarwarngerätes** nicht mehr strafbar (LG Berlin DAR 97, 501; Beck-Berr Rn 300b). Sie können allerdings nach Polizeirecht beschlagnahmt und eingezogen werden (VGH München NZV 07, 375; VG Schleswig NZV 00, 103). Das Betreiben eines Radarwarngerätes ist gem. § 23 I b bußgeldbewährt. Dies gilt auch für ein betriebsbereites Mobiltelefon, auf dem eine „Blitzer-App" installiert ist (OLG Rostock NZV 17, 241; OLG Celle NZV 16, 192; s. auch § 23 StVO Rn 226).

Werden **Fehler des Geräts oder bei seiner Bedienung** geltend gemacht, **108** muss diesen nachgegangen werden, zumal es keinen Erfahrungssatz gibt, dass Radargeräte unter allen Umständen zuverlässig messen (BGHSt 39, 291 = NZV 93, 485; OLG Köln VRS 81, 128; OLG Düsseldorf VRS 83, 382; 85, 222; OLG Zweibrücken ZfS 93, 212); davon kann nur ausgegangen werden, wenn die Voraussetzungen für eine einwandfreie Messung erfüllt sind (OLG Düsseldorf VRS 74, 214; 76, 456; OLG Köln aaO). Zu Fehlerquellen vgl Löhle DAR 94, 465. Der Richter muss im Urteil keine detaillierten Feststellungen zum Messverfahren treffen. Nach der inzwischen einhelligen Rechtsprechung (BGHSt 39, 291 = NZV 93, 485; OLG Hamm NZV 95, 118; OLG Düsseldorf NZV 94, 41; DAR 01, 516; OLG Köln NZV 00, 97) genügt bei standardisierten techn Messverfahren mit anerkannten Geräten, wie insb Radarmessverfahren, idR die Angabe des Messverfahrens u des Toleranzwertes, sofern keine Anhaltspunkte für Messfehler vorliegen. Insoweit muss der Betroffene das Vorliegen konkreter Maßfehler mittels eines Beweisantrages in der Hauptverhandlung behaupten (BGH St 39, 291; OLG Celle NZV 09, 575; OLG Hamm NZV 00, 264; OLG Köln NZV 00, 97).

Ein **Beweisantrag,** der sich gegen die Zuverlässigkeit des Radarverfahrens allg **109** wendet, kann wegen Offenkundigkeit des Gegenteils abgelehnt werden (BayObLG StVE 39), nicht aber bei konkreten Bedenken gegen die Korrektheit der Messung (OLG Köln VRS 88, 376). Die Beweiswürdigung obliegt auch hier allein dem Tatrichter (BGHSt 29, 18), der aber die Grundlagen seiner Überzeugungsbildung nachprüfbar darlegen muss (OLG Celle VM 85, 59). – **Gegenbe-**

weis durch die Auswertung des **Schaublatts des Fahrtschreibers** darf bei keinem Messverfahren abgeschnitten werden (OLG Hamm DAR 58, 245; 62, 59; NK-GVR/Krumm Anh. zu § 3 StVO Rn 185), zumal dieser umgekehrt auch zur Feststellung einer Geschwindigkeitsüberschreitung verwertbar ist (BGH VRS 28, 460; OLG Köln VM 83, 103; OLG Hamm ZfS 94, 187; s dazu auch AG Marl ZfS 94, 30 u oben 47).

110   Die **Beweiswürdigung beim Radarfoto,** die auch im Rahmen der §§ 4 (Abstandsmessung) u 37 (Rotlichtüberwachung) bedeutsam ist, obliegt allein dem Tatrichter u nur begrenzt der Nachprüfung durch das RMittelgericht (BGHSt 29, 18; NStZ 92, 347; DAR 96, 98; s auch OLG Stuttgart VRS 81, 129, 131); das setzt aber eine Wertung u Würdigung des Fotos nach Qualität u Inhalt voraus, die überprüfbar ist (BGH MDR 96, 512; OLG Düsseldorf VRS 93, 178).

111   Wird im Urt zur Identifizierung des Betr gem § 267 I S 3 StPO iVm § 71 OWiG auf ein bei den Akten befindliches **geeignetes Foto verwiesen** (s dazu OLG Hamm DAR 96, 417; NZV 97, 89; OLG Düsseldorf ZfS 04, 337; KG v. 1.8.2017 – 3 Ws (B) 158/17, BeckRS 2017, 124868; Verweisung auf Blattzahl der Akten genügt nicht: BayObLG DAR 97, 498; OLG Bamberg NZV 08, ebenso wenig die bloße Mitteilung der Fundstelle und der Hinweis, das Lichtbild sei in Augenschein genommen und mit dem Betroffenen verglichen worden (vgl OLG Köln NJW 04), bedarf es idR keiner näheren Beschreibung der Bildqualität u der Person des Betr, so insb dann nicht, wenn ein Frontfoto vorliegt, das förmlich Porträtcharakter aufweist (BGHSt 41, 374 = NZV 95, 157; OLG Koblenz NZV 10, 212; OLG Dresden DAR 00, 279; OLG Köln NZV 95, 22; Beck/Berr 298d ff). Der Verweisung nach § 267 I S 3 StPO bedarf es nicht, wenn die Fotografie in die Urt-Gründe aufgenommen ist (BayObLG NStZ-RR 96, 211). Ob das Foto zur Identifizierung geeignet ist, kann das RBeschwerdegericht überprüfen (BGH aaO in teilweiser Abweichung von BGHSt 29, 18, 22). Nur bei schlechterer Bildqualität muss der Tatrichter die für seine Überzeugungsbildung an der Identität des Betr maßgeblichen erkennbaren charakteristischen Merkmale umschreiben (OLG Hamm NZV 03, 101; DAR 04, 665; OLG Bamberg NZV 12, 250). In der Verweisung auf ein elektronisches Speichermedium liegt keine wirksame Bezugnahme iSv § 267 I 3 StPO (BGH NJW 12, 244; OLG Jena NZV 12, 144; OLG Bamberg v. 19.7.2017 – 3 Ss OW, 836/17, BeckRS 2017, 127422). Zur Täteridentifizierung u Bezugnahme auf Videos u Lichtbilder in den Urteilsgründen vgl Krumm NZV 12, 267.

112   **Unterbleibt die ausdrückliche Verweisung** auf das Beweisfoto gem § 267 StPO u ist es auch nicht direkt in die Urt-Gründe aufgenommen (s BayObLG NStZ-RR 96, 211), so dass es nicht als Anschauungsobjekt zur Verfügung steht, bedarf es einer so ausführlichen Beschreibung der Bildqualität u mehrerer maßgeblicher individueller Identifizierungsmerkmale, dass dem RMittelgericht – wie bei Betrachtung des Fotos – die Prüfung der Eignung des Fotos zur Identifizierung des Betr ermöglicht wird (BGH NZV 96, 157; BayObLG NZV 95, 163; OLG Dresden DAR 00, 279; OLG Frankfurt NJW 04, 3274; OLG Jena DAR 04, 665; OLG Düsseldorf NZV 07, 255), wobei zB der Vergleich von Gesichtsform, Mund- u Augenpartie idR genügt (OLG Hamm NZV 95, 118; s auch OLG Hamburg VRS 90, 452). Die bloße Wiedergabe des Ergebnisses der Prüfung genügt nicht (BayObLG aaO; OLG Düsseldorf VRS 73, 138; 78, 130; OLG Hamm VRS 90, 290); uU bedarf es sogar der Wiedergabe der konkreten individuellen anatomischen Merkmale (OLG Düsseldorf VRS 80, 458) u ihrer Abweichung von der Normalität (OLG Düsseldorf VRS 80, 458; NZV 94, 445; krit dazu Göhler NStZ 95, 117),

Geschwindigkeit **§ 3 StVO**

denn hier muss sich der Richter – anders als bei der Beurteilung wissenschaftlich abgesicherter techn Messverfahren (s BGHSt 39, 291) – in jedem Einzelfall durch Vergleich individueller Merkmale die Überzeugung von der Identität des Betr mit der abgebildeten Person verschaffen (BayObLG NZV 95, 163; zu den Urt-Anforderungen zur Täteridentifizierung s auch OLG Köln NZV 95, 202; OLG Karlsruhe DAR 95, 33; OLG Hamm aaO). Hat der Tatrichter den Betr anhand mehrerer charakteristischer Merkmale identifiziert, aus denen sich zwingend auch die Geeignetheit des Fotos zur Identifizierung ergibt, bedarf es dazu keiner weiteren Ausführungen (BayObLG DAR 96, 411). Die Zahl der darzustellenden Merkmale kann umso kleiner sein, je individueller sie sind u umgekehrt (BGH DAR 96, 98), dh umso größer je allgemeiner (BayObLG ZfS 97, 316).

Sofern im Ermittlungsverfahren eine Identifizierung des angehaltenen Fahrzeugführers durch Polizeibeamte anhand des Führerscheinfotos erfolgte, kann das Gericht das Führerscheinfoto in Augenschein nehmen. Ist das Gericht dann von der Identität des Betroffenen überzeugt, so gelten die Grundsätze über die Identifizierung anhand eines Radarfotos nicht, denn regelmäßig reicht die Bildqualität eines Führerscheinfotos aus, um als Identifizierungsgrundlage zu dienen (KG NZV 05, 654). Ggf. ist ansonsten ein entsprechender Beweisantrag zu stellen. **112a**

Bei Zweifeln bedarf es zusätzlicher Feststellungen darüber, ob der Betr die Verfügungsbefugnis u -Gewalt über das Kfz hatte (OLG Hamm StV 90, 58 Ls; zum Umfang der Beweisaufnahme durch Gegenzeugen s OLG Oldenburg NZV 95, 84). Steht nur ein Foto zur Überführung des seine Fahrereigenschaft bestreitenden Betr zur Verfügung, ist ein von ihm namentlich benannter Dritter idR zu vernehmen (BayObLG NZV 97, 452). – Im Hinblick auf die ohnehin eingeschränkte Nachprüfungsmöglichkeit des RBeschwerdegerichts u die geringere Bedeutung des Bußgeldverfahrens dürfen die Anforderungen an die amtsrichterliche Darlegungspflicht bes dann nicht überspannt werden, wenn keine nachdrückliche Sanktion, wie FV, zu erwarten ist (s auch Göhler NStZ 95, 117; BGHSt 39, 291, 299). Erfolgt die Identifizierung aber auf der Grundlage eines **Anthropologischen Vergleichsgutachtens**, so muss dargelegt werden, auf welche und wie viele übereinstimmende medizinische Körpermerkmale der SV sich bei seiner Bewertung stützte und wie er die Übereinstimmungen ermittelt hat. Darzulegen ist auch, auf welches biostatische Vergleichsmaterial sich die vom S V vorgenommene Wahrscheinlichkeitsberechnung stützt (BGH NJW 00, 1350; BGH NZV 06, 160; OLG Jena NZV 09, 246; OLG Bamberg DAR 10, 390, NZV 08, 211; OLG Braunschweig NStZ-RR 07, 180; aA OLG Celle NZV 13, 47; OLG Oldenburg NZV 09, 52; OLG Hamm DAR 08, 395; einschränkend: OLG Jena ZfS 12, 108; vgl auch Standards für die anthropologische Identifikation … NStZ 99, 230; OLG Frankfurt NZV 02, 135 m Anm Schulz; Huckendeck/Gabriel NZV 12, 201). Von einem gesicherten Stand der Wissenschaft kann für Identitätsgutachten nicht ausgegangen werden (BGH NZV 06, 160). **113**

Zur **Identitätsfeststellung** hat sich der Tatrichter persönlich einen Eindruck von der Person des Betr zu verschaffen; er darf sich nicht auf Angaben des ersuchten Richters verlassen (OLG Jena ZfS 96, 395). Dabei ist das – notfalls zwangsweise – Abnehmen der Brille u Beiseiteschieben von Haaren aus der Stirn zulässig (OLG Düsseldorf VRS 80, 458). **114**

Die Radarfotos stellen technische Aufzeichnungen dar, soweit sie neben der Ablichtung des Kfz's auch die gemessene Geschwindigkeit festhalten. Da diese Angaben idR nicht aus sich heraus verständlich sind, sind die Radarfotos durch Inaugenscheinnahme in die Hauptverhandlung einzuführen. Eine Verlesung der **114a**

StVO § 3 I. Allgemeine Verkehrsregeln

die Geschwindigkeit wiedergebenden Zahlen ist nicht erforderlich (BayObLG NStZ 02, 388).

115 Zur geringen Störbarkeit der **Multanova**-Geräte, die auch den auf- u abfließenden Verkehr messen können, s OLG Hamm NZV 90, 402; AG Wilhelmshaven DAR 80, 380; AG Frankfurt DAR 80, 282; zur Zuverlässigkeitsprüfung (s OLG Düsseldorf VRS 76, 456); Kalibrierung am Einsatzort ist nicht nötig (OLG Hamm NZV 90, 279); **Autotelefon** stört die Messung nicht (OLG Düsseldorf VRS 83, 455). Wird die Empfindlichkeit des Empfangsteils beim Multanova 6F bei einer Messung im Nahbereich entgegen der Bedienungsanleitung auf „fern" eingestellt, so kann dies zu einem Messfehler zu Ungunsten des Betroffenen in einer Größenordnung von 2 km/h führen (OLG Koblenz NZV 03, 544; aA OLG Oldenburg DAR 08, 37: durch üblichen Sicherheitsabschlag wird dieser Fehler erfasst).

116 Die sog **Radarpistole** (Speedcontrol) ist grundsätzlich zuverlässig, wenn sie geeicht ist, die Zulassungsbedingungen erfüllt, die Messung entspr der Bedienungsanleitung u RiLi (zB des BayObLG InnenMin v 22.11.90 Nr 1 C 4/IC 5–3618.2/18) durchgeführt wird u sich nur ein Fz im Strahlungsbereich befindet (BayObLG NZV 92, 161; OLG Hamburg DAR 96, 154).

116a Auch Abstandsmessgeräte können zur Geschwindigkeitsermittlung verwandt werden. In Betracht kommt hier insbesondere das **„Distanova"**-Abstandsmessgerät sowie die Videoabstandsmessanlage **„Vama"** (vgl Beck/Berr 454 ff; Krumm 5, 107). Das Videoabstandsmessverfahren Vama stellt im Gegensatz zum Distanova Verfahren (OLG Hamm VRS 106, 466) ein standardisiertes Messverfahren dar (OLG Hamm NZV 94, 120, Krumm DAR 05, 55).

117 Das **Lasermessverfahren** (vgl Krumm 5, 190 ff) stellt ein standardisiertes Messverfahren dar (BGH NJW 98, 321; OLG Bamberg DAR 16, 146; OLG Hamm NZV 11, 455; OLG Saarbrücken NZV 96, 207). Voraussetzung ist immer, dass die Messung entsprechend der Zulassung und der Bedienungsanleitung erfolgte (OLG Hamm NZV 09, 248; Gebhardt § 21, 51 ff). Dies gilt auch im Hinblick auf vorgeschriebene Gerätetests (Krumm SVR 08, 54; OLG Koblenz DAR 06, 101: zum Align-Test bei der sog „Laser-Pistole" des Fabrikats Riegl). Der Eichtoleranzwert der Geräte beträgt 3 km/h bei Geschwindigkeiten bis 100 km/h und bei darüber hinausgehenden Geschwindigkeiten 3% des angezeigten Wertes (OLG Hamm NZV 00, 264; Beck/Beer 345i). Eine Geschwindigkeitsmessung mit dem Lasergerät Riegl FG 21-P kann auch dann Grundlage einer Verurteilung sein, wenn der vom Gerät angezeigte Messwert u die Übertragung dieses Messwertes in das Messprotokoll nicht von einem zweiten Polizeibeamten kontrolliert worden sind; ein **„Vier-Augen-Prinzip"** existiert nicht (OLG Stuttgart DAR 15, 407; OLG Hamm NStZ-RR 12, 377; OLG Düsseldorf DAR 12, 646). Auch bei Dunkelheit und größerer Entfernung bestehen bei eindeutiger Zuordnung des gemessenen Fahrzeuges keine Bedenken. Dies gilt insbesondere dann, wenn das Gerät mit Leuchtpunktvisier versehen ist (OLG Oldenburg NZV 96, 328; BayObLG NZV 97, 322). Allerdings können insb bei widrigen Sichtverhältnissen Zuordnungsprobleme auftreten, so dass der Tatrichter nachvollziehbar darlegen muss, weshalb in derartigen Fällen keine vernünftigen Zweifel an der Zuordnung des Kfz bestehen (OLG Hamm DAR 07, 216; NZV 97, 187; OLG Naumburg NZV 96, 330). Nach BayObLG DAR 99, 563 kann die Messung auch durch die Windschutzscheibe des Fahrzeuges erfolgen (aA OLG Hamm DAR 98, 244). Zu den für den Betroffenen ungünstigen Auswirkungen so genannter Richtungsfehler und ihre Berücksichtigung im Rahmen der Toleranzgrenzen vgl Weyde ua VKU 02, 49.

Geschwindigkeit **§ 3 StVO**

Lidar: Die Messmethode ähnelt den Messungen mit Radargeräten. Allerdings **117a** wird hier nicht mit hochfrequenten elektromagnetischen Wellen, sondern mit Laserstrahlen gearbeitet. Verwandt wird hier insbesondere das Gerät **Vitronic PoliScan Speed (PPS)**. Dieses Gerät liefert auch eine digitale Fotodokumentation. Die bei diesem Gerät systembedingte Unmöglichkeit der nachträglichen Überprüfung der Geschwindigkeitsmessung steht der Verwertung der Messung nicht entgegen (OLG Frankfurt NZV 10, 636; OLG Karlsruhe NStZ-RR 15, 56; OLG Köln NZV 13, 459; OLG Bamberg DAR 14, 38 aA AG Aachen DAR 13, 218; AG Herfurth DAR 2013, 399, wonach das Messsystem zum Nachweis der Geschwindigkeitsüberschreitung nicht geeignet ist, weil eine Überprüfung von konkreten Messwerten im Rahmen einer nachträglichen Überprüfung nicht möglich ist). Nach herrschender h.M. handelt es sich um ein standardisiertes Messverfahren (KG, NZV 10, 636; OLG Düsseldorf v. 20.1.2010 – 5 Ss (OWi) 206, 178/2009, BeckRs 2010, 040444; OLG Karlsruhe NJW 10, 1827; OLG Frankfurt NZV 10, 636; OLG Bamberg DAR 14, 38). Zu möglichen Fehlern Löhle DAR 12, 421; Schmedding DAR 13, 726, B/B – Weber Kap. 11, Rn 73 ff sowie NK-GVR/Krumm Anh. zu § 3 StVO Rz. 86. Zu TraffiStar S350 vgl Beck/Löhle 189 ff; NK-GVR/Kramm Anh zu § 3 StVO Rn 106a ff).

e) Lichtschrankenmessung. (vgl Krumm SVR 11, 91). Hier werden insbe- **118** sondere die Geräte ESO ES 1.0; ES 3.0, LS 4.0 UP 80/VIII eingesetzt. Diese Geräte sind grundsätzlich zuverlässig (BayObLG NZV 90, 360). Zur Störanfälligkeit und Bedenken gegen die Geräte s Beck/Ber/Schäpe 614 ff. Beim Gerät **Eso ES 1.0** – die Messung stellt ein standardisiertes Messverfahren dar (OLG Stuttgart NZV 08, 43) – dürfen Fotos nicht ausgewertet werden, wenn mehrere Fahrzeuge auf oder hinter der Messlinie abgebildet sind (Beck/Löhle S 202). Es ist auch darauf zu achten, ob auf den Kalibrierungsfotos der gesamte Fahrbahnbereich im Bereich der Messlinie abgebildet ist (AG Zerbst NZV 10, 475). Nach OLG Hamm v. 29.1.2013 – III – 1RBs 2/13, Beck RS 2013, 03207; OLG Köln NZV 13, 45; OLG Zweibrücken DAR 13, 38 steht der Verwertung von Messergebnissen, die mit dem Gerät ESO ES 3.0 gewonnen wurden, nicht entgegen, dass dem Gericht die genaue Funktionsweise des Messgerätes nicht bekannt ist. Dem Verteidiger steht jedoch ein Einsichtsrecht aus „fair trial" in den gesamten Messfilm nebst den dazugehörigen Entschlüsselungsprogrammen zu (vgl Cierniak ZfS 2012, 664, 677). Die **Fotolinie** stellt bei der Geschwindigkeitsmessung mit dem Gerät ES 3.0 lediglich ein Mittel der eindeutigen Zuordnung der Messung zu einem bestimmten Fahrzeug dar u ist nur von Relevanz, wenn tatsächlich Verwechslungsgefahr bzw. Zuordnungszweifel bestehen (OLG Hamm v. 2.8.2012 – III – 3 RBs 178/12, BeckRS 2012, 25308). Die fehlende Dokumentation der Fotolinie kann jedoch einen Anhaltspunkt für eine Fehlmessung darstellen (AG Lüdinghausen NZV 2013, 406; 311; Steinbach NZV 2010, 285). Zum Gerät ES 3.0 vgl AG Lüdinghausen NZV 09, 205; Krumm 5, 1134 ff; Schmuck SVR 10, 46; Löhle DAR 12, 421; Wietschorke DAR 2013, 424; Bladt DAR 2013, 426.

f) Koaxialkabelverfahren. (Truvelo M 4 ^{2} **u Traffiphot:** Zeit-Weg-Mes- **119** sung durch Überfahren von in der Fahrbahndecke verlegten Kabeln) gilt insb bei fester Installation als störanfällig (s OLG Zweibrücken NZV 92, 375; Löhle/Beck DAR 94, 473; Beck/Löhle S. 232 f); krit Überprüfung ist angebracht (s dazu Plöckl DAR 91, 396), nicht aber beim „ambulanten" Einsatz des M 42 (OLG Zweibrücken aaO). Die Geräte müssen zwar von der PTB zugelassen, geeicht u auch die Messstrecke eichamtlich überprüft u festgestellt sein, dass die Funktionsprüfungen erfolgt, die Bedienungsvorschriften beachtet u die Gerätetoleranz angegeben ist (OLG Köln aaO; OLG Koblenz NZV 03, 495; s auch oben 93); der entspr Angaben bedarf es im Urt jedoch nicht mehr; auch hier genügt (im Anschl an BGHSt 39, 291) die Mitteilung des angewandten Messverfahrens u des berücksichtigten Toleranzwertes (OLG Köln VRS 86, 316).

120 **g) Auswertung der Diagrammscheibe.** Die Diagrammscheibe eines EG-Kontrollgeräts (s Rn 74) ist im BG-Verfahren nur insoweit verwertbar, als die Geschwindigkeitsüberschreitung im Inland erfolgt ist (OLG Düsseldorf VRS 88, 71). – Die Vernichtung des Schaublatts zur Verhinderung des Nachweises einer Geschwindigkeitsüberschreitung erfüllt nicht § 274 I 1 StGB, da in der Vereitelung des staatlichen Straf- oder Bußgeldanspruchs jedenfalls kein Nachteil eines anderen liegt (OLG Düsseldorf DAR 89, 433; BayObLG NZV 89, 81; krit dazu Schneider NStZ 93, 16).

121 **13. Zuwiderhandlungen.** Zuwiderhandlungen gegen die Ge- u Verbote des § 3 sind OWen nach den §§ 49 I 3 StVO, 24 StVG (s Nr 8 ff BKatV), soweit sie im Inland begangen sind (**E** 23).

122 Verstöße gegen **Abs 1, 3 u 4** setzen als abstrakte GefährdungsTBe keine konkrete Gefährdung anderer oder eine sonstige Folge nach § 1 II voraus (s oben 2); ein Verstoß gegen Abs 1 ist aber gleichwohl idR nur gegeben, wenn durch die überhöhte Geschwindigkeit ein VUnfall allg in den Wahrscheinlichkeitsbereich gerückt ist (OLG Düsseldorf NZV 92, 496). Kommt es zur konkreten Gefährdung eines anderen, liegt gleichzeitig ein Verstoß gegen § 1 II, bei Vorfahrtverletzung auch gegen § 8 I vor (TE, BayObLG 85, 116 = VRS 70, 154); uU Vergehen nach § 315c I 2c oder d StGB, soweit die übrigen Voraussetzungen vorliegen.

123 **Abs 2** erfordert eine Behinderung anderer (mehrerer), folgender VT; deshalb ist § II gegenüber § 1 II die speziellere Vorschrift (OLG Hamm VM 72, 101). Behinderung liegt vor, wenn nachfolgende Fz ihre Geschwindigkeit deutlich vermindern müssen u längere Zeit nicht überholen können (Bouska Fn 6). TE mit § 1 II kommt in Betracht, wenn das Langsamfahren über die Behinderung hinaus zur Gefährdung oder Schädigung anderer führt (OLG Hamm StVE 6). – Verurteilung nach **Abs 2a** setzt konkrete Gefährdung einer geschützten Person voraus (OLG Köln VRS 65, 463).

124 Überschreitung der **innerorts** durch Z 274 zugelassenen Höchstgeschwindigkeit von mehr als 50 km/h verstößt nicht gegen § 41 II 7, sondern gegen **§ 3 III 1**, weil das Z 274 die innerorts erlaubte Höchstgeschwindigkeit nur erhöht hat (§ 45 VIII; s oben 71a). Außerorts geht § 41 II 7 iVm § 49 III 4 dem § 3 III 2c vor, doch kann fahrlässige OW nach § 49 III 4 mit vorsätzlicher OW nach § 49 I 3 zusammentreffen (BayObLG DAR 96, 243 Ls), uU auch die außerhalb u unmittelbar darauf innerorts begangene Geschwindigkeitsüberschreitung (OLG Stuttgart VRS 93, 363).

125 Auch die Überschreitung der **innerhalb einer Zone** durch Z **274.1, 2** (s Rn 75) festgesetzten Geschwindigkeit ist OW nach den §§ 3, 49 StVO (KG NZV 95, 369); bei zu großer Ausdehnung der Zone u Fehlen geschwindigkeitsbegrenzender Merkmale sowie bei entschuldbarer Unkenntnis der Z 274.1, 2 kann aber Vorwerfbarkeit fehlen (OLG Düsseldorf ZfS 97, 276; Bouska DAR 89, 442; Hentschel-König § 41 StVO Rn 248h).

126 Vorwerfbar ist eine Geschwindigkeitsüberschreitung nur, wenn der Kf das die Begrenzung anordnende Schild optisch wahrnehmen konnte (OLG Düsseldorf NZV 02, 409). Es ist davon auszugehen, dass ordnungsgemäß aufgestellte Vor-

Geschwindigkeit § 3 StVO

schriftzeichen von den Verkehrsteilnehmern wahrgenommen werden (OLG Celle, NZV 11, 618; OLG Koblenz vom 26.8.13 – 2 SsBS 128/12, Beck RS 2014, 05662; aA OLG Stuttgart DAR 10, 402; OLG Dresden vom 9.7.2013 – OLG 24 Ss 427/13 (B) Beck RS 2014, 06096, ZfS 15, 651). Die Möglichkeit, dass ein Kraftfahrer ein Zeichen übersehen hat, muss dann geprüft werden, wenn sich hierfür konkrete Anhaltspunkte ergeben oder der Betroffene dieses im Verfahren einwendet (BGH NZV 1997, 525; OLG Koblenz v. 26.8.2013 – 2 SsBs 128/12).

Vorsatz liegt vor, wenn der Betr die durch VZ (274) oder § 3 III vorgeschriebene **127** Höchstgeschwindigkeit u die von ihm gefahrene kennt (OLG Düsseldorf VRS 85, 131, 133; BayObLG DAR 96, 243 Ls; BGH NStZ-RR 97, 378: Einstellung des Tempomat auf 120 km/h bei erlaubten 100 km/h) oder mind damit rechnet, die vorgeschriebene Höchstgeschwindigkeit nicht einzuhalten, wie uU bei sehr **erheblicher** Überschreitung (109 statt 50 km/h: OLG Düsseldorf ZfS 85, 124; BayObLG bei Janiszewski NStZ 87, 548: 180 statt 100 km/h; bei Janiszewski, NStZ 91, 580: 206 statt 100 km/h außerorts), wenn ihm seine hohe Geschwindigkeit nicht verborgen geblieben war (s dazu OLG Düsseldorf NZV 92, 454) u er eine Geschwindigkeitsüberschreitung mind in Kauf nahm (OLG Karlsruhe NZV 93, 202); 128 Vorsätzliches Handeln setzt nicht die genaue Kenntnis der überhöhten Geschwindigkeit voraus, jedoch das Wissen, schneller als erlaubt zu fahren (OLG Stuttgart DAR 10, 402). Auch die Nichtbeachtung mehrfach wiederholter Geschwindigkeitsbeschränkungszeichen kann die Annahme von Vorsatz rechtfertigen (OLG Jena DAR 2008, 35; vgl aber auch OLG Braunschweig NStZ – RR 14, 354). Bei sehr erheblichen Überschreitungen der zulässigen Höchstgeschwindigkeit ist der Schluss auf vorsätzliche Begehungsweise zulässig. Dabei wird insbesondere auf die relative Geschwindigkeit abgestellt, also auf das Verhältnis zwischen der gefahrenen und der vorgeschriebenen Geschwindigkeit (OLG Braunschweig DAR 11, 406 mindestens 40% gefahrene Geschwindigkeit; OLG Koblenz ZfS 14, 530: 40%; OLG Celle NZV 14, 323: 40%). Bei geringfügigeren prozentualen Überschreitungen müssen weitere Indizien herangezogen werden, um eine vorsätzliche Begehungsweise zu begründen (OLG Celle NZV 14, 323; OLG Zweibrücken DAR 11, 274; OLG Brandenburg v. 17.6.14 – (2B) 53 Ss-OWi 230/14; Beck RS 2014, 16541; OLG Braunschweig NStZ-RR 14, 354). Zum Vorsatz bei Geschwindigkeitsverstößen vergl. ferner Fromm, DAR 14, 426. Der bloße Hinweis auf eine „erhebliche" Geschwindigkeitsüberschreitung genügt nicht zur Begründung des Vorsatzes (OLG Düsseldorf, DAR 97, 161). Wenn das Maß der Geschwindigkeitsüberschreitung nicht ausreichend ist, um eine vorsätzliche Begehungsweise anzunehmen, sind Feststellungen zum Verkehrsaufkommen, zur Fahrbahnbeschaffenheit und zum Streckenverlauf, zu den Witterungs- und Sichtverhältnissen sowie zur Beschilderung zu treffen (OLG Bamberg NStZ-RR 14, 58; Krumm NZV 07, 502).

Zu schnelles Fahren kann **gerechtfertigt** oder **entschuldigt** sein (vgl OLG Köln NZV 95, 119; OLG Düsseldorf NZV 96, 250; OLG Naumburg DAR 97, 30), wenn es das einzige u geeignete Mittel zur Beseitigung einer anders nicht abwendbaren Gefahr ist (Göhler § 10 Rn 2; OLG Düsseldorf DAR 98, 25) u dadurch andere nicht gefährdet werden (BayObLG NZV 91, 81), so zB bei einem Arzt, der schnell Hilfe leisten muss (OLG Düsseldorf VRS 30, 444); ebenso bei einem Heilpraktiker (OLG Hamm VRS 44, 306), einem Taxifahrer, der eine Hochschwangere bei Einsetzen der Wehen schleunigst ins Krankenhaus bringen muss (OLG Düsseldorf VRS 88, 454) oder wer sich durch Überholwillige oder

StVO § 3   I. Allgemeine Verkehrsregeln

zu dicht Auffahrende gefährdet sieht (OLG Frankfurt VM 78, 53; OLG Naumburg DAR 97, 30), einen Vorausfahrenden warnen will, von dessen Fz eine Gefahr ausgeht (OLG Düsseldorf VRS 30, 39; VM 70, 111; OLG Hamm ZfS 96, 154: drohender Verlust von Ladegut), seine erkrankte Ehefrau in ein entfernteres Krankenhaus bringen muss (OLG Schleswig VRS 30, 462), als Taxif von aggressiven Fahrgästen bedroht wird (OLG Düsseldorf NZV 96, 250) oder bei plötzlich auftretendem Durchfall (OLG Düsseldorf NZV 08, 470); – **nicht** aber wenn der Zeitgewinn in keinem Verhältnis zur Gefährdung anderer steht (BayObLG NZV 91, 81; KG VRS 53, 60) oder bei nötiger rascher Behandlung eines Tieres (s BayObLG bei Rüth DAR 79, 242 Nr III 2; OLG Hamburg VRS 61, 445; OLG Düsseldorf VRS 79, 144). Maßgeblich für das VVerhalten eines zu Hilfe eilenden Arztes ist zwar das Bild, das sich ihm nach den erhaltenen Informationen von der Leibesgefahr u den VVerhältnissen bietet u nicht die nachträgliche Beurteilung, doch darf er allein auf Grund vager Vorstellungen nicht zu schnell fahren (OLG Hamm VRS 50, 464; s zur Problematik Schrader DAR 96, 84). Auch starke Leibschmerzen rechtfertigen innerorts eine Geschwindigkeitsüberschreitung um 45 km/h nicht, um schneller in die 3 bis 4 km entfernte Wohnung (OLG Düsseldorf VRS 54, 160), rechtzeitig zu einem Gerichtstermin zu kommen (AG Cochem DAR 81, 265) oder einer befürchteten Gallenkolik vorzubeugen (OLG Düsseldorf DAR 98, 25). – Ausfall des Tachos entschuldigt einen geübten Fahrer idR nicht (OLG Düsseldorf VM 92, 86; OLG Celle DAR 78, 169). Bei Überschreiten der für Lkw geltenden Geschwindigkeitsgrenzen mit einem „Mercedes Sprinter" kann u. U. ein unvermeidbarer Verbotsirrtum in Betracht kommen (OLG Hamm NJW 06, 241; s a OLG Jena NJW 04, 3579; OLG Hamm NJW 06, 245).

128   Erheblich überhöhte Geschwindigkeit innerorts kann auch beim Ersttäter **Fahrverbot** nach § 25 StVG rechtfertigen (s dazu Erl zu § 25 StVG u § 2 I 1 BKatV), **nicht** aber, wenn die Messung ohne eine Toleranzstrecke von 150/200 m kurz hinter dem VZ erfolgte (BayObLG NZV 95, 496; s oben 85a sowie § 25 StVG, 17) oder zB ein Taxif ohne Vorliegen eines Notstands (§ 16 OWiG) aufgrund der von ihm nicht nachprüfbaren Angaben seines Fahrgastes mit Rettungswillen zu schnell fährt (OLG Hamm ZfS 96, 77). Dringende Notdurft entschuldigt nicht, wenn ihr anders als durch zu schnelles Fahren zur Toilette begegnet werden kann (OLG Zweibrücken ZfS 97, 196 zum Absehen vom FV). Erhöhung der im BKat vorgesehenen FV-Dauer bei Vorsatz nur, wenn konkretes Ausmaß der Geschwindigkeitsüberschreitung vom Vorsatz umfasst ist (BayObLG v 22.6.93, 2 Ob OWi 192/93). – Zum Verbotsirrtum bei Fehleinschätzung des Sichtfahrgebots s Giehring Rn 103 S 161. Ist im Bußgeldbescheid die Schuldform nicht angegeben, bedarf es eines entspr Hinweises gem § 265 I StPO in der HV, wenn eine vorsätzliche Geschwindigkeitsübertretung in Betracht kommt (OLG Hamm VRS 63, 56). Im Urt. ist die Schuldform anzugeben (OLG Düsseldorf VRS 84, 302).

129   An verschiedenen Tagen begangene Geschwindigkeitsüberschreitungen bilden keine einheitliche Tat iSd § 264 StPO (OLG Düsseldorf NZV 94, 118). Mit dem endgültigen Abstellen des Kfz nach Erreichen des Fahrtzieles endet grundsätzlich eine während der Tat begangene Geschwindigkeitsüberschreitung (Tolksdorf S 49). Erfolgt während der Fahrt eine kurzfristige verkehrsbedingte Unterbrechung der Geschwindigkeitsüberschreitung, so liegt idR natürliche Handlungseinheit und somit nur eine Tat vor (BayObLG ZfS 93, 176; Tolksdorf S 49).

130   Handelt es sich dagegen um eine nicht verkehrsbedingte Unterbrechung, so sind unterschiedliche Taten gegeben (OLG Celle NZV 95, 197; OLG Köln

Geschwindigkeit **§ 3 StVO**

NZV 94, 292; BayObLG NZV 02, 145; 97, 282). Bei einer durchgehenden Geschwindigkeitsüberschreitung bei unterschiedlichen Geschwindigkeitsbeschränkungen (z Bsp Geschwindigkeitstrichter oder Überschreitung vor oder nach Verlassen der Autobahn) ist von einer Geschwindigkeitsüberschreitung auszugehen (OLG Düsseldorf NZV 94, 43; OLG Stuttgart NZV 97, 243; Tolksdorf S 50 f; aA OLG Celle NZV 95, 197).

Bei mehreren Geschwindigkeitsüberschreitungen während derselben, nicht **131** unterbrochenen Fahrt handelt es sich regelmäßig um mehrere Taten sowohl im materiellen als auch im prozessualen Sinne, insb wenn der Betroffene auf Änderungen der zul Höchstgeschwindigkeit reagiert; die Durchfahrt durch verschiedene Geschwindigkeitsbeschränkungszonen stellt eine Zäsur dar (OLG Hamm NStZ-RR 12, 125). Liegen mehrere Geschwindigkeitsüberschreitungen vor, die durch Strecken ohne Geschwindigkeitsbeschränkung unterbrochen sind, so liegt rechtlich idR eine Geschwindigkeitsüberschreitung nur dann vor, wenn die Unterbrechung zeitlich und kilometermäßig gering war (OLG Naumburg ZfS 16, 592 m. Anm. Körbs; OLG Celle DAR 11, 407; OLG Düsseldorf NZV 01, 273; BayObLG NZV 02, 145; OLG Köln NZV 04, 536; vgl auch OLG München DAR 05, 647 zu versch Überholvorgängen). Bei längeren Unterbrechungen ist im Regelfall auch bei Vorliegen eines einheitlichen Tatentschlusses zu Beginn der Fahrt von mehreren Geschwindigkeitsüberschreitungen auszugehen (OLG Celle NStZ-RR 11, 218; OLG Düsseldorf NZV 94, 118; 96, 503; DAR 98, 113; OLG Jena NZV 99, 478; BayObLG NZV 02, 145; OLG Stuttgart NZV 97, 243; OLG Köln NZV 94, 292; Tolksdorf S 52). Entsprechendes gilt in den Fällen der Nr 5.1.1 Tab 1 BKat, aF = Nr 11.2.3 Tab 1 BKat nF (BayObLG DAR 96, 31; OLG Celle NZV 95, 197; Tolksdorf S 48). Tatmehrheit ist auch gegeben, wenn die Verstöße zwar in engem zeitlichen Zusammenhang stehen, jedoch jeweils in unterschiedlichen Verkehrssituationen begangen wurden (OLG Braunschweig NZV 06, 109). Sofern die im Abstand von 1–2 Minuten voneinander begangenen Verkehrsverstöße ersichtlich auf dem Willen des Betroffenen beruhen, die vor ihm liegende Fahrstrecke möglichst schnell zu durchfahren, sind die Verstöße auch in subjektiver Hinsicht als miteinander verbunden anzusehen, sodass einer zwischenzeitlichen Veränderung der Verkehrssituation keine durchgreifende Bedeutung zukommt (OLG Celle NZV 12, 196). Mehrere auf einer Fahrt begangene Geschwindigkeitsüberschreitungen können bei gleichzeitiger Verwirklichung eines Dauerdeliktes (zB Fahren ohne Sicherheitsgurt, mit dem sie in Idealkonkurrenz stehen (vgl OLG Stuttgart VRS 112, 59), zu einer Tat verklammert werden (vgl Struensee DAR 05, 656).

Bei der Auswertung von Diagrammscheiben lassen sich die einzelnen Verstöße **132** ohne Angabe des Betroffenen hinsichtlich ihrer räumlichen und zeitlichen Einordnung häufig nicht aufklären. Dann ist unter Anwendung des Grundsatzes „in dubio pro reo" von einer Tat auszugehen (BayObLG NZV 97, 282; OLG Düsseldorf NZV 96, 503; Tolksdorf S 55), falls nicht ein zwischenzeitlicher Stillstand des Fahrzeuges feststeht (OLG Düsseldorf NZV 96, 503).

Bei anhand von **Diagrammscheiben** festgestellten Geschwindigkeitsüber- **133** schreitungen ist es nicht erforderlich, dass der Tatort genau angegeben wird. Es reicht aus, wenn der jeweilige Vorwurf **zeitlich genau** bestimmt wird (vgl BayObLG NZV 95, 407; 96, 160, 98, 515; aA OLG München DAR 95, 303). Zur Konkretisierung soll dabei auch auf den Akteninhalt zurückgegriffen werden können (BayObLG NZV 95, 448; 98, 515). Dieser Auffassung kann nicht gefolgt werden, da der Betroffene, zumal wenn er nicht anwaltlich vertreten ist, mangels

Akteneinsicht erst in der Hauptverhandlung erfährt, welche Verstöße ihm zur Last gelegt werden. Dies ist mit der Informationsfunktion des Bußgeldbescheides nicht zu vereinbaren (vgl OLG Jena ZfS 98, 73) Eine zeitliche Beschränkung für die Verfolgung von auf der Diagrammscheibe ersichtlichen Geschwindigkeitsverstößen gibt es nicht. Nach Auffassung des Bund-Länder-Fachausschusses zum OWiG sollte aber die Verfolgung von Geschwindigkeitsverstößen auf den Kontrolltag und den jeweiligen Vortag beschränkt werden (Meininger, NZV 94, 309). – Zur Dauer-OWi s BayObLG ZfS 93, 176.

134   **14. Literatur. Albrecht:** „Die Abgrenzung von Tateinheit und Tatmehrheit bei mehreren gleichzeitig begangenen Straßenverkehrsordnungswidrigkeiten", NZV 05, 62; **Beck/BerrSchäpe** „OWi-Sachen im StrVerkR", 7. Aufl. 2017; **Bernau** NZV 06, 232; **Bullert** zum Bremsweg DAR 71, 169; **Beck/Löhle/Kärger/Schmedding/Siegbert** „Fehlerquellen bei polizeilichen Messverfahren", 11. Aufl. 2016; **Cierniak** „Prozessuale Anforderungen an den Nachweis von Verkehrsverstößen", ZfS 2012, 664; **Dressler** „Kinder und Jugendliche im Straßenverkehr", Homburger Tage 2001, Schriftenreihe der AG Verkehrsrecht Bd. 32; **Fromm** „Aktuelles zur vorsätzlichen Begehungsweise bei Geschwindigkeitsüberschreitung" DAR 14, 426; **Geißler** „Digitale Geschwindigkeitsmessgeräte und digitale Messdatei im Ordnungswidrigkeitenverfahren als Chance für eine erfolgreiche Verteidigung", DAR 14, 717; **Gramberg-Danielsen, Hartmann, Giehring** „Der Dunkelheitsunfall" Enke Verlag 1984; **Gut/Kugele/Körtge** „Fahrversuche zur Messgenauigkeit von Lasergeschwindigkeitsmessgeräten" DAR 02, 441; **Grandel** „Geschwindigkeitsmessungen durch Nachfahren" Verkehrsunfall 82, 251; 83, 2; **Krumm** „Vorsatzfeststellung bei Geschwindigkeitsverstößen" NZV 07, 501; „Arbeitshilfe: Fahrverbot nach Geschwindigkeitsverstoß trotz Augenblicksversagens?" NZV 13, 428; „Fahrverbot in Bußgeldsachen" 4. Aufl.2017; **Lemcke** „Verkehrsunfälle mit Beteiligung älterer Vekehrsteilnehmer" ZfS 04, 441; **Löhle** „Dunkelheitsunfälle", ZfS 99, 409; **Molketin** „Zur Mindestgeschwindigkeit des Kraftfahrers" MDR 91, 206; **Scheffen-Pardey** „Schadensersatz bei Unfällen mit Kindern und Jugendlichen", 1995, **Schrader** „Ärztliche Patientenfahrt u Notstand" DAR 96, 84; **VGT 1982** „Reaktionszeiten des Kraftfahrers"; **VGT 1990** „Rechtliche Konsequenzen der Antiblockiersysteme"; **Struensee** „Tateinheit oder Tatmehrheit" DAR 05, 656; **Tolksdorf** „Konkurrenzen und Strafklageverbrauch im Verkehrsstraf- und Ordnungswidrigkeitenrecht" Homburger Tage 2000, Schriftenreihe der Arbeitsgemeinschaft Verkehrsrecht im Dt. Anwaltverein, Bd. 29; Weber „Polizeiliche Messverfahren" in Berz/Burmann, Handbuch des Straßenverkehrsrechts, Kap. 11; **Zeising** „Die Verwertung von Diagrammscheiben …" NZV 94, 383.

§ 4 Abstand

(1) **Der Abstand zu einem vorausfahrenden Fahrzeug muss in der Regel so groß sein, dass auch dann hinter diesem gehalten werden kann, wenn es plötzlich gebremst wird. Wer vorausfährt, darf nicht ohne zwingenden Grund stark bremsen.**

(2) **Wer ein Kraftfahrzeug führt, für das eine besondere Geschwindigkeitsbeschränkung gilt, sowie einen Zug führt, der länger als 7 m ist, muss außerhalb geschlossener Ortschaften ständig so großen Abstand von dem vorausfahrenden Kraftfahrzeug halten, dass ein überholendes Kraftfahrzeug einscheren kann. Das gilt nicht,**
1. **wenn zum Überholen ausgeschert wird und dies angekündigt wurde,**
2. **wenn in der Fahrtrichtung mehr als ein Fahrstreifen vorhanden ist oder**
3. **auf Strecken, auf denen das Überholen verboten ist.**

Abstand § 4 StVO

(3) **Wer einen Lastkraftwagen mit einer zulässigen Gesamtmasse über 3,5 t oder einen Kraftomnibus führt, muss auf Autobahnen, wenn die Geschwindigkeit mehr als 50 km/h beträgt, zu vorausfahrenden Fahrzeugen einen Mindestabstand von 50 m einhalten.**

Übersicht

	Rn
1. Allgemeines	1
2. Abs 1 Satz 1: Der gebotene Sicherheits-Abstand des Nachfolgenden	2
a) Regelmäßig größer als der Weg in einer Sekunde	2
b) Größerer Abstand bei mangelnder Sicht	11
c) Ausnahmsweise geringerer Abstand	12
d) Gefährdung	14
3. Abs 1 Satz 2: Pflichten des Vorausfahrenden	15
4. Abs 2: Abstand zwischen langsamen Fahrzeugen	18
5. Mindestabstand durch Verkehrszeichen und nach Abs 3	21
6. Zuwiderhandlungen	22
7. Zivilrecht	24
8. Literatur	26

1. Allgemeines. Abs 1: Schutzzweck ist die Verhütung von Auffahrunfällen; 1 daneben soll auch erreicht werden, die Übersicht des Kraftf über die Fahrbahn zu verbessern und ihm eine ausreichende Reaktionszeit zur Begegnung von Gefahren zu ermöglichen (BGH NZV 07, 354). Die Vorschrift behandelt nur den Längsabstand beim Fahren hintereinander. Die erforderlichen Seitenabstände bei Begegnung, Überholen u Vorbeifahren sind bei diesen Vorgängen behandelt (vgl § 2 Rn 60, § 5 Rn 14, § 6 Rn 6 ff). Über das Verhältnis des § 4 I zu § 3 I s § 3 Rn 36. **Abs 2** soll das Überholen langsamer Fze erleichtern, **Abs 3** auf ABen die Einhaltung eines Mindestabstands gewährleisten.

2. Abs 1 Satz 1: Der gebotene Sicherheits-Abstand des Nachfolgenden. 2 **a) Regelmäßig größer als der Weg in einer Sekunde.** Der Nachfolgende muss seinen Abstand vom vorausfahrenden Fz – auch auf ABen (BGH VersR 68, 672) – so bemessen, dass er ein **Auffahren** auf dieses **sicher vermeiden** kann, selbst wenn der Vorausfahrende plötzlich stark abbremst (BGH VRS 5, 597; 16, 277; BGHSt 17, 223; (Z) VRS 72, 267; OLG Celle NZV 89, 36). „Plötzlich" heißt: für den Nachfolgenden überraschend, zB auf freier Str ohne vorhersehbaren Grund; „stark" heißt: durch kräftigen Tritt auf das Bremspedal, also mit hoher Bremsverzögerung. – Die Vorschrift ist hinreichend bestimmt (OLG Zweibrücken ZfS 93, 103).

Der einzuhaltende **Sicherheits-Abstand** richtet sich insb nach der Geschwin- 3 digkeit, Örtlichkeit, Wetterverhältnissen u V-Lage; er muss nach der RSpr unter normalen Umständen die Strecke deutlich übersteigen, die der Hintermann in etwa 1,5 sec zurücklegt (BayObLG VRS 62, 380; OLG Hamm VM 86, 76; OLG Frankfurt VRS 52, 143; OLG Köln VRS 67, 286; OLG Düsseldorf DAR 78, 188; OLG Celle VersR 79, 916; OLG Koblenz VRS 71, 66); das gilt auch auf der AB (KG VRS 78, 92). – Zum **„gefährdenden Abstand"** s unten Rn 13.

Berechnung der zum Durchfahren des festgestellten Abstandes benötigten **3a** Zeit: Geschwindigkeit dividiert durch 3,6 = m/sec, durch die der Abstand zu

StVO § 4 I. Allgemeine Verkehrsregeln

dividieren ist; Beispiel: 150 km/h : 3,6 = 41,6 m/sec; 50 m Abstand: 41,6 = 1,2 sec.

4 Ob die RSpr bei dieser Weg-Zeit-Berechnung verbleibt, wird angesichts der Tatsache bezweifelt, dass sich der VO-Geber bei der Neufassung der BKatV (in Nr 6.1 BKat iVm Tab 2) der Formel „Abstand = halbe Tachometerzahl" bedient hat, die deshalb OLG Hamm (NZV 94, 79) für eine allg-verbindliche Regelung hält, obwohl sie nur eine Bemessungsgröße für die Regelgeldbuße ist (Hentschel-König 7 u 21). Die Formel: **„Abstand = halbe Tachometerzahl"** (also bei 50 km/h: 25 m, bei 80 km/h: 40 m) ist jedenfalls zweckmäßig u reicht auch unter schwierigen Verhältnissen meistens aus (BGH(Z) DAR 68, 50). Die erörterte Regel geht davon aus, dass der Nachfolgende zwar mit einem plötzlichen scharfen Bremsen, nicht aber mit dem Auffahren auf ein Hindernis u einem dadurch bedingten ruckartigen Anhalten des Vorausfahrenden rechnen muss (OLG Hamm VM 63, 45; vgl auch OLG Köln VM 71, 39 u VRS 57, 447 = StVE 17; BayObLG bei Rüth DAR 79, 229 f u 83, 241 f; BGH NJW 87, 1075); er kann vielmehr den vollen Weg einer Notbremsung des Vorausfahrenden bei Bemessung seines Abstands einkalkulieren (BGH aaO; KG NZV 88, 23 = DAR 88, 270). Der Nachfolgende muss aber seinen Abstand vergrößern, wenn er damit rechnen muss, dass der Vorausfahrende bessere Bremsen oder eine griffigere Bereifung besitzt, u wenn er sich dem Vorausfahrenden mit höherer Geschwindigkeit nähert (OLG Hamm VRS 27, 376; Schl VM 64, 51) oder sobald er erkennt, dass der Vordermann von dem vor ihm befindlichen Fz einen zu geringen Abstand einhält, der einen Auffahrunfall befürchten lässt (OLG Hamm VRS 71, 212 = VersR 87, 1184; OLG Köln VRS 26, 52); er muss daher, um seiner Pflicht namentlich bei größeren Geschwindigkeiten zu genügen, nicht nur das vorausfahrende Fz, sondern auch die weitere Fahrbahn aufmerksam beobachten (BGH VersR 66, 589). Das gilt auch für den, der überholen will, solange er nicht nach links ausgeschert ist. Er darf den Abstand erst vermindern, wenn er nach links ausscheren u vorbeifahren kann (BayObLG VRS 40, 69; VM 70, 115).

5 Wenn die Bremsleuchten des Vordermanns nicht aufleuchten, muss der Nachfolgende dessen mäßige Geschwindigkeitsverminderung, nicht aber sein plötzliches Anhalten rechtzeitig erkennen (OLG Hamm VRS 34, 70; DAR 69, 251) u nicht beim Abstand berücksichtigen (BayObLG VRS 62, 380).

6 Ein **Abstandsmessverfahren**, das nach gerichtlichen Schuldfeststellungen zugrunde gelegt werden soll, muss nach festen Regeln oder RiLi durchgeführt werden. Die mit der Anwendung betrauten Personen müssen geschult und ausreichend erfahren sein, das Verfahren technisch-wissenschaftlichen Erkenntnissen entsprechen und insbesondere auch geeignet sein, den betr VT von seiner Schuld zu überzeugen (OLG Koblenz VRS 71, 66; OLG Düsseldorf VRS 68, 230; OLG Celle NZV 93, 490). Abstandsmessungen mittels Videosystemen stellen einen Eingriff in das Allgemeine Persönlichkeitsrecht in seiner Ausprägung als Recht auf informationelle Selbstbestimmung dar (BVerfG NJW 09, 329), so dass Voraussetzung für die Rechtmäßigkeit des Eingriffs das Vorliegen einer gesetzlichen Ermächtigungsgrundlage ist. Diese wird von der h.M. in § 100h I Nr 1 StPO gesehen (OLG Köln ZfS 17, 294; OLG Düsseldorf NZV 10, 474; OLG Bamberg NJW 10, 100; OLG Jena NJW 10, 1093; aA Niehaus DAR 09, 632; Elsner DAR 10, 165). § 100h I Nr 1 StPO setzt das Vorliegen eines Tatverdachts voraus. Von daher ist anlassloses Dauerfilmen unzulässig, wenn es eine Identifizierung des Fahrers oder des Fahrzeuges ermöglicht. Da bei den verwandten Videoabstandsmessgeräten die sog. Messkamera keine Identifizierung zulassen soll, bestehen für

Abstand **§ 4 StVO**

das Videoabstandsmessverfahren „VAMA" (OLG Saarbrücken v. 26.2.2010 – Ss (B) 107/09 (126/09); BeckRs 2010, 13186; OLG Bamberg NJW 10, 100), für das Video-Brückenabstandsmessverfahren „ViBrAM" (OLG Düsseldorf NZV 09, 2010; OLG Stuttgart NZV 10, 317) und VKS 3.1 „Select" (OLG Jena DAR 11, 475; Krumm 5, 46) keine verfassungsrechtlichen Bedenken, wohl aber bei der Version VKS 3.0 (OLG Oldenburg DAR 10, 32, aA OLG Bremen DAR 11, 35). BVerfG NJW 11, 2783 zufolge ist die Verneinung eines Beweisverwertungsverbots bei fehlender Eingriffsgrundlage für Messungen vor BVerfG NJW 09, 329 verfassungsrechtlich nicht zu beanstanden. Allerdings sollte dann die Anwendung von § 47 II OWiG m.E. nach nahe liegen.

Das Messverfahren **„VAMA"** (zur Funktionsweise vgl Krumm 5, 303 ff) stellt **7** ein standardisiertes Messverfahren dar (OLG Bamberg NZV 10, 369). Zu Fehlerquellen und Sicherheitszuschlägen vgl ausführlich AG Homburg-Saar mit Anmerkungen Bode ZfW 97, 393 Schmedding in Beck/Löhle § 3 Rz. 3 ff. Zum Verfahren VKS vgl Löhle DAR 16, 161 sowie Krumm § 5, 493n ff. Zu **VKS 3.1 „Select"** vgl OLG Dresden DAR 05, 637; Krumm DAR 07, 129. Es handelt sich um ein standardisiertes Messverfahren (OLG Dresden DAR 05, 637). Entsprechendes gilt auch für das Video-Brückenabstandsmessverfahren **„ViBrAM-BAMAS"** (OLG Stuttgart NZV 08, 40; Krumm 5, 517). Zu beachten ist, dass die Grundsätze des standardisierten Messverfahrens nicht zur Anwendung gelangen, wenn die festgestellte Unterscheidung des Abstandes zwischen den beiden Fahrzeugen weniger als 1 Meter – bezogen auf den Abstand, der für die Bemessung der Rechtsfolgen maßgeblich ist – beträgt. Dann ist eine Einzelfallprüfung erforderlich (OLG Stuttgart NZV 08, 40). Beim standardisierten Messverfahren müssen Einzelheiten zur angewandten Messmethode nicht mitgeteilt werden. Es reicht die Mitteilung des Messverfahrens, der gemessenen Geschwindigkeit nebst Toleranzabzug sowie des ermittelten verwertbaren Abstandes aus (OLG Bamberg NZV 10, 369; OLG Dresden DAR 05, 637). Ausführungen zur Einhaltung der RL für das Messverfahren sind nur bei Vorliegen von Anhaltspunkten dafür erforderlich, dass von den RL abgewichen oder ein Messfehler vom Betroffenen behauptet wurde (OLG Stuttgart NZV 08, 40).

Kein standardisiertes Messverfahren stellen die sog. Videonachfahrsysteme wie **7a** „Police-Pilot", „ProofSpeed" und „ProVida" dar (OLG Koblenz ZfS 2007, 589; OLG Hamm DAR 09, 156; OLG Jena DAR 11, 413; NK-GVR/Krumm Anh. zu § 4 StVO Rn 47 ff). Hier müssen die Berechnungsgrundlagen im Einzelnen dargelegt werden (OLG Hamm DAR 09, 156).

Videoaufnahmen vom Hubschrauber können bei ausreichendem Sicherheitszu- **8** schlag (10%) ausreichen (OLG Koblenz DAR 92, 471). Auch ein glaubhaftes Geständnis, den Sicherheitsabstand nicht eingehalten zu haben, kann genügen (OLG Köln VrS 67, 286; Krumm 5, 351).

Unzureichend ist die Abstandsmessung, wenn die Pol 100 bis 150 m schräg **9** versetzt hinterherfährt und den Abstand anhand der Fahrbahnmarkierung bestimmt (OLG Hamm VRS 58, 276; OLG Oldenburg v. 5.1.2015 – 2 Ss (OWi) 322/14, Beck RS 2015, 01411, aA bei 600 m Fahrstrecke OLG Düsseldorf NZV 02, 519) oder nachträglich aus der Erinnerung rekonstruiert (OLG Hamm NStZ-RR 97, 379). Bes krit zu würdigen ist die idR unpräzise Abstands-„Messung" von einem vorausfahrenden PolFz aus durch Beobachtung über den Rückspiegel (OLG Düsseldorf VRS 93, 128; OLG Celle NZV 93, 490; AG Lüdinghausen NZV 09, 159; Krumm NZV 04, 377). Eine hinreichend genaue Abstandsschätzung ist durch ungeübte Personen regelmäßig nicht möglich (OLG Düsseldorf

StVO § 4 I. Allgemeine Verkehrsregeln

NZV 93, 242; DAR 00, 80). Auch bei geübten Personen ist eine krit. Beweiswürdigung angezeigt (OLG Hamm ZfS 06, 351).

10 Die Beurteilung des Messvorganges unterliegt der freien Beweiswürdigung des Tatrichters (BGHSt 31, 86). Bei Brückenabstandsmessungen werden Fehlerquellen durch einen **Sicherheitsabzug** ausgeglichen, der idR 15% betragen soll (BayObLG VRS 59, 285; OLG Düsseldorf VRS 64, 376). Nach OLG Celle VRS 58, 264 gilt dieses jedoch nicht schlechthin. Beim Police-Pilot-System ist ein Abzug von 5% vorzunehmen (OLG Celle NZV 91, 281 = VRS 81, 210), bei Verwendung des VKS-Systems beträgt der Toleranzabzug 3 km/h bis zur 100 km/h bzw. 3% des ermittelten Geschwindigkeitswertes bei über 100 km/h (OLG Dresden DAR 05, 637; Beck/Beer 459b). Zu berücksichtigen ist ferner, dass **Abstandsveränderungen** in einer Entfernung von mehr als 190 m auch von geschulten Personen idR erst dann wahrgenommen werden können, wenn sie 25% überschreiten. Das gilt auch bei der Auswertung eines Videobandes (AG Homburg/Saar m Anm Bode ZfS 97, 393, Krell-Kuchenbauer DAR 99, 52; Hentschel-König 27).

10a Eine **Schätzung** kann die Grundlage für die Annahme einer Abstandsunterschreitung sein. Der Tatrichter muss dann jedoch feststellen, ob die Zeugen in der Schätzung von Abständen geübt sind und dass die beteiligten Fahrzeug aus nicht zu großer Entfernung über eine genügend lange Fahrtstrecke ungehindert beobachtet werden konnten. Ferner ist eine beträchtliche Unterschreitung des notwendigen Sicherheitsabstandes erforderlich (vgl OLG Düsseldorf NZV 93, 242; DAR 00, 80; OLG Hamm ZfS 06, 351).

11 **b) Größerer Abstand bei mangelnder Sicht.** Ein größerer Abstand ist erforderlich, wenn der Nachfolgende die Fahrbahn vor dem Vorausfahrenden nicht überblicken kann u damit rechnen muss, der Vorausfahrende könne vor einem Hindernis plötzlich ausweichen müssen. Dann muss der Hintermann einen Abstand einhalten, der es ihm ermöglicht, der Ausweichbewegung des Vordermannes zu folgen, wenn dies die VLage gestattet, oder aber vor dem Hindernis anzuhalten (s aber BGH NJW 87, 1075 u Weber DAR 87, 172). Dies gilt bes für denjenigen, der bei Nacht hinter einem Fz mit hohem, die Sicht behinderndem Aufbau auf der AB oder einer anderen Str mit SchnellV fährt (BGHSt 16, 145, 154; OLG Hamburg VM 67, 64; s aber KG NZV 88, 23 = DAR 88, 270); ferner im städtischen KolonnenV, wenn damit gerechnet werden muss, dass der vorausfahrende VT vor einem Abbieger plötzlich auf die Seite ausweichen werde (BayObLG 60, 316 = VRS 20, 450; OLG Hamm VRS 22, 66).

12 **c) Ausnahmsweise geringerer Abstand.** Das G hat durch die Fassung „in der Regel" Ausn von dem in S 1 geforderten Abstand für möglich erachtet. Damit sind nach der amtl Begr die Fälle gemeint, in denen die RSpr schon bisher einen geringeren Abstand zubilligte, nämlich im geballten **StadtV** beim Anfahren bei Grün (OLG Hamm NZV 98, 464) u beim Fahren in dicht aufgeschlossenen **Kolonnen** (KG DAR 95, 482; OLG Düsseldorf VersR 99, 729). Da die RSpr keine VRegel billigen kann, die zwangsläufig auch bei vorschriftsmäßigem Verhalten beider Beteiligten zu Unfällen führen kann, darf nie auf einen zur Verhütung von VUnfällen ausreichenden Abstand verzichtet werden. Verkürzter Abstand ist daher stets durch erhöhte Bremsbereitschaft u Aufmerksamkeit auszugleichen (OLG Karlsruhe VRS 73, 334, OLG Bremen VersR 77, 158). Unter bes Umständen kann lediglich auf die **doppelte Sicherung** (§ 1 Rn 22), die S 1 u 2 verwirklicht, nicht aber auf jede Sicherung verzichtet werden. Daraus folgt: Im geballten

StadtV kann derjenige, der die vor dem Vorausfahrenden liegende Fahrbahn als hindernisfrei übersieht u genügend schnell reagiert, einen ¾ sec-Abstand einhalten, wenn er mit voller Anspannung fährt (OLG Köln VRS 28, 42; 37, 216; OLG Bremen VersR 77, 158 = StVE 11).

Im kanalisierten StraßenV in dicht aufgeschlossenen Kolonnen oder beim **13** Überqueren einer übersichtlichen Kreuzung bei Grün braucht der Nachfolgende nicht mit einem **plötzlichen,** sondern nur mit einem allmählichen, verkehrsgerechten Bremsen des Vordermannes zu rechnen (OLG Hamm VRS 28, 385; OLG Frankfurt NJW 07, 87) solange diese Ausnahmesituation besteht u nicht mit plötzlich auftretenden Hindernissen gerechnet werden muss (OLG Stuttgart StVE 34). Im KolonnenV auf der AB ist der Auffahrgefahr durch erhöhte Aufmerksamkeit Rechnung zu tragen (OLG Celle NZV 89, 36). Weitergehende Einschränkungen des gebotenen Abstands sind aus Sicherheitsgründen nicht vertretbar (s auch oben Rn 2 ff).

d) Gefährdung. Eine (jedenfalls abstrakte) Gefährdung des Vordermannes ist **14** idR gegeben, wenn der gebotene Abstand (s Rn 3; Ausn s Rn 11) nicht nur ganz vorübergehend um nahezu die Hälfte unterschritten, dh auf eine geringere als die in 0,8 sec durchfahrene Strecke verringert wird (OLG Düsseldorf VRS 74, 451; OLG Oldenburg VRS 67, 54; OLG Köln NZV 92, 371; OLG Hamm NZV 94, 120; zur Berechnung s Rn 3a), da dann auch bei geringfügigen Änderungen der Geschwindigkeiten der Fze die Gefahr des Auffahrens oder von Schreckreaktionen des Vordermannes besteht (BGHSt 22, 341; OLG Karlsruhe VRS 34, 295; 41, 454; BayObLG VRS 59, 285; NJW 88, 273); ob eine **konkrete** Gefährdung nach § 1 II vorliegt, die § 4 nicht voraussetzt, richtet sich nach den Einzelumständen (BGH aaO; BayObLG VM 79, 89; OLG Frankfurt VRS 68, 376; s Rn 20).

3. Abs 1 Satz 2: Pflichten des Vorausfahrenden. Die Vorschrift soll eine **15** **Gefährdung des nachfolgenden Verkehrs verhindern** (OLG Köln DAR 94, 28). „Starkes" Bremsen liegt vor, wenn es deutlich über das Maß eines „normalen" Bremsvorganges hinausgeht (KG NZV 03, 41). Der Pflicht des Nachfolgenden, Abstand zu halten, entspricht die Pflicht des Vordermannes, zur Verhütung von Auffahrunfällen mit verkehrsgerechtes, allmähliches Bremsen beizutragen (OLG Stuttgart VM 79, 28). Verletzt er diese Pflicht, so ist er am Auffahrunfall mitschuldig, in den Fällen von Rn 12 möglicherweise sogar allein schuldig (BayObLG 64, 123 = VRS 28, 140). Dass das normale Bremsen auch anzuzeigen sei, ist nicht mehr vorgeschrieben. Regelmäßig besteht daher keine Pflicht, eine Geschwindigkeitsverminderung durch bloßes Auslaufenlassen des Motors etwa durch kurzen Tritt auf die Fußbremse anzuzeigen (OLG Hamm DAR 73, 167). Unter bes Umständen (nachts auf der AB bei nebligem oder diesigem Wetter) kann sich aber im Einzelfall aus § 1 II eine derartige Pflicht ergeben, wenn die Gefahr besteht, dass andernfalls die allmähliche Geschwindigkeitsverringerung von dem Nachfolgenden nicht rechtzeitig wahrgenommen werden könnte (OLG Köln DAR 94, 28: Bremsen wegen einer Taube; s auch oben Rn 4 u § 15 Rn 4 f). – Lässt der bedrängte Vordermann nur zur Warnung des bei hoher Geschwindigkeit nahe aufgefahrenen Hintermannes kurz die Bremslichter aufleuchten, ohne eine Bremswirkung zu erzielen, so ist dies weder nach den §§ 240, 315b StGB strafbar (s OLG Köln NZV 97, 318) noch begründet dies ein Mitverschulden an einer dadurch ausgelösten Fehlreaktion des Dränglers (OLG Karlsruhe NZV 91, 234; ähnlich OLG Köln VersR 82, 558: ⅔ zu Lasten des Dränglers auf AB).

StVO § 4   I. Allgemeine Verkehrsregeln

16   **Starkes Bremsen** ist nur durch einen **zwingenden Grund** gerechtfertigt. Ein solcher liegt – iG zum „triftigen" Grund in § 3 II – nur im Fall der Abwendung einer plötzlichen ernstlichen Gefahr für Leib, Leben u bedeutende Sachwerte vor, zB beim Hineinlaufen eines Kindes oder Fußgängers in die Fahrbahn, plötzlichem Bremsen des Vordermannes, uU selbst dann, wenn die Gefahr durch vorheriges eigenes Fehlverhalten verursacht worden ist (OLG Karlsruhe VRS 76, 414).

17   **Kein zwingender Grund** ist – bei aller Anerkennung des Bestrebens zur Rettung eines Tierlebens – das Hereinlaufen eines **Kleintiers**, zB einer Katze (Schmidt KVR „Tiere" S 25), eines Huhnes (OLG Stuttgart NJW-RR 86, 1286), einer Wildente (OLG Karlsruhe NJW-RR 88, 28, OLG Saarbrücken DAR 88, 382), einer Taube (OLG Köln DAR 94, 28), eines Hasen (OLG Hamburg u OLG Köln NZV 93, 155) oder eines Igels (OLG München DAR 74, 19; aA OLG Frankfurt VM 84, 41; AG OLG München VM 85, 101 jew m abl St Booß u Janiszewski NStZ 84, 405; ausführliche RSprÜb bei Berr DAR 88, 382); anders uU bei Hineinlaufen eines **größeren** Tieres, mit dem ein Zusammenstoß erhebliche Folgen haben kann (s LG Landau NZV 89, 76; KG DAR 01, 122; Hund: OLG Schleswig r+s 91, 12: Reh) u evtl beim Motorrad (OLG Hamm ZfS 93, 308). Wenn das Hindernis oder die Gefahr so rechtzeitig erkennbar waren, dass ihnen mit einer verkehrsgerechten Herabsetzung der Geschwindigkeit hätte begegnet werden können, ist zwar das Anhalten, aber nicht die Plötzlichkeit des Bremsvorganges zwingend (OLG Köln DAR 95, 485); daher Verstoß gegen § 4 I S 2. Zu spätes Erkennen einer Ortstafel, einer StrAbzweigung oder einer Einordnungspflicht berechtigen nicht zu starkem Bremsen, wenn andere VT in kurzem Abstand folgen (KG NZV 03, 41); ebensowenig kurze Sichtbehinderung durch Spritzwasser (KG VM 79, 83) u die beabsichtigte Aufnahme eines Fahrgastes (KG DAR 76, 16; NZV 93, 478). Ob Gelblicht zu starkem Bremsen zwingt, hängt davon ab, in welcher Phase der Gelbschaltung die Annäherung erfolgt, dh ob ein Weiterfahren uU gefährlich ist (KG(Z) VM 83, 15; 89, 44) u noch vor der Haltlinie gehalten werden kann (OLG Karlsruhe VRS 72, 168; AG Hildesheim NJW 08, 3365; s auch § 37 Rn 14 f; s auch OLG Hamm NZV 95, 25: zul Abbremsen bei gelb blinkender Vorampel); im Wechsellichtzeichenbereich (§ 37) liegt starkes Bremsen nur bei blockierenden Rädern vor (OLG Karlsruhe aaO). Der Vorausfahrende darf aber ohne zwingenden Grund dann scharf bremsen, wenn ein **ausreichend großer Sicherheitsabstand** zum nachfolgenden Verkehr besteht (KG DAR 01, 122).

18   **4. Abs 2: Abstand zwischen langsamen Fahrzeugen.** a) Die Vorschrift dient der Beschleunigung des VFlusses durch **Erleichterung** des **Überholens**, namentlich des **Einscherens**, außerorts; sie wird durch § 5 VI ergänzt. **Besondere Geschwindigkeitsbeschränkungen** iS von II S 1s § 3 III 2a, b, § 18 V, Z 274 mit Beschränkung auf bestimmte Fz-Arten durch Zusatzschild. Dem Zweck entspr gilt das Gebot nach II S 2 Nr 3 in den Fällen nicht, in denen ein Nachfolgender nicht überholen darf, zB § 3 III 2c (Bouska VD 76, 339), oder wegen Fehlens von GegenV sich nicht alsbald rechts einordnen muss.

19   b) Ein **Zug** ist eine Mehrheit miteinander verbundener Fze, also ein ziehendes Fz u mind ein Anhänger von zus mind 7 m u höchstens 18 m Länge (§ 32 I 3d StVZO). Hinter Kfzen dürfen nur ein Anhänger, hinter Zugmaschinen im Rahmen der zul Gesamtlänge zwei Anhänger mitgeführt werden (§ 32a StVZO).

20   c) **Einzelheiten:** Auch bei Kolonnen der betr Fze muss jedes Fz einen zum Einscheren **genügenden Abstand einhalten** (Ausn II S 2 Nrn 1–3). Der

Abstand **§ 4 StVO**

Abstand muss so lang sein, dass ein Pkw (bis 6 m), der einschert, nach hinten u vorn den nach Rn 2 ff erforderlichen Abstand einhalten kann, also die Strecke, die die Kolonne in 3 sec zurücklegt, plus 6 m betragen (vgl § 5 Rn 44). Der gebotene Abstand muss immer – ohne Rücksicht auf das Vorhandensein Überholungswilliger – eingehalten u nach Einscheren eines Überholers wiederhergestellt werden, wenn dieser nicht alsbald einen weiteren Überholvorgang einleitet. Verstoß ist reines Tätigkeitsdelikt. Sonderregelung für geschl Verbände: § 27 II.

5. Mindestabstand durch Verkehrszeichen und nach Abs 3. Z 273 21 schreibt für schwere Lkw (seit 24. ÄndVO ab 3,5 t) einen bestimmten Mindestabstand vor. Es soll in erster Linie den Gefahren durch die Überbelastung von Brücken durch schwere Fze vorbeugen. – Im Sicherheits- (u Überwachungs-)interesse schreibt **III** auf ABen für Lkw u Busse konstant einen Abstand von mind 50 m vor, wenn sie mehr als 50 km/h fahren; die og Formel zu Abs 1 (Rn 4) u sonstige Ausn (Rn 11) gelten hier nicht (OLG Zweibrücken NJW-RR 97, 92 = NZV 97, 283). Ergibt sich aus I oder II ein größerer Abstand, so gilt dieser. 50 m entspr dem Abstand der Leitpfosten. Der Mindestabstand ist auch auf Strecken einzuhalten, auf denen ein Überholverbot gilt. III normiert keinen Einscherrabstand, sondern einen bes. Sicherheitsabstand (OLG Saarbrücken VRS 110, 369).

6. Zuwiderhandlungen. Zuwiderhandlungen sind OWen nach den §§ 49 I 4 22 StVO iVm 24 StVG (s Nr 12–15 BKatV). Verstoß gegen **§ 4 I S 1** liegt nur vor, wenn der zu geringe Abstand nicht nur ganz vorübergehend eingehalten wird (OLG Bamberg NZV 15, 309; OLG Karlsruhe ZfS 16, 153). Im Urteil muss dargelegt werden, warum der Abstand zu gering gewesen ist und welcher Abstand vom vorausgefahrenen Fahrz eingehalten wurde (OLG Jena VRS 110, 130). Bei höheren Geschwindigkeiten muss der Abstand auf einer Strecke von 250 bis 300 m unterschritten werden (OLG Bamberg NZV 15, 309; OLG Düsseldorf NZV 02, 519; OLG Zweibrücken NJW-RR 97, 92 = NZV 97, 283; AG Homburg/Saar ZfS 97, 39; OLG Saarbrücken ZfS 97, 359) wobei eine Pflichtwidrigkeit dann ausscheidet, wenn die Abstandsverringerung auf einem Abbremsen des Vorausfahrenden oder dem Einscheren eines anderen Kfz beruht (OLG Stuttgart NZV 08, 40; BayObLG NZV 94, 240, 242). Sofern ein Abbremsen oder Einscheren ausgeschlossen werden kann, hält der 1. Senat des OLG Hamm (NZV 13, 203) eine Messstrecke von 150 Metern für ausreichend, während der 3. Senat (ZfS 15, 712 m. Anm. Krenberger, ebenso OLG Karlsruhe ZfS 16, 652) jede Abstandsunterschreitung genügen lässt (a. noch NStZ – RR 13, 18). Die Gefahr, dass ein nachfolgendes Fahrzeug beim Abbremsen auffahren könnte, rechtfertigt idR keine Abstandsunterschreitung (OLG Bamberg NZV 15, 309). **§ 4 I S 2** erfordert keine konkrete Gefährdung des Vorausfahrenden (OLG Frankfurt VRS 68, 376). Tritt eine konkrete Gefährdung ein (Rn 13), liegt TE mit § 1 II vor (OLG Hamm DAR 73, 167; NZV 94, 120). – Für einen Verstoß gegen **Abs 3** reicht – anders als bei I – jede kurzfristige Unterschreitung des vorgeschriebenen Mindestabstands, es sei denn der Betr hat sie nicht zu vertreten (OLG Zweibrücken NZV 97, 283).

Ein Verstoß gegen § 3 I (unangepasste Geschwindigkeit) tritt gegenüber § 4 I 23 regelmäßig zurück (OLG Jena VRS 110, 130; Hentschel-König 24). **Wahlweise Schuldfeststellung** (entweder ungenügender Abstand oder Unaufmerksamkeit) ist zulässig u geboten, wenn bei einem Unfall bei sonst klarem Verschulden nur der Abstand nicht genau festgestellt werden kann. – Bedrängendes dichtes Auffahren auf der Überholspur kann **Nötigung** u **Verkehrsgefährdung** sein (BGHSt 19, 263; BayObLG NJW 88, 273; OLG Hamm VRS 45, 360; OLG

StVO § 4 I. Allgemeine Verkehrsregeln

Karlsruhe VRS 57, 21, 415; DAR 79, 308; OLG Köln VRS 61, 425 m Anm Geilen JK, StGB § 240/4; VM 84, 83; NZV 92, 371 = StVE § 240 StGB 20; NZV 95, 405: auch unter Berücksichtigung des BVerfG NStZ 95, 275 zur Sitzdemonstration; OLG Düsseldorf VRS 66, 355; NZV 96, 288; vgl auch § 5 Rn 46 f; Janiszewski 561 ff), wenn es nicht nur ganz kurzfristig war (BayObLG NZV 90, 238; 93, 357), insb unter Betätigung von Hupe u Fernlicht (BGH aaO; OLG Köln VRS 61, 425; s aber OLG Hamm NZV 91, 480; BayObLG aaO u NZV 90, 238). Nötigung setzt eine gewisse Intensität der Gewalteinwirkung voraus, für deren Beurteilung Dauer, Geschwindigkeit, Ansetzen zum Linksvorbeifahren, Gebrauch der Lichthupe pp maßgeblich sind (BayObLG aaO; OLG Hamm DAR 90, 392 mwN; s auch Janiszewski 561 ff u § 1 Rn 86a). Keine Nötigung, wenn der Abstand zum Vorausfahrenden noch mehr verkürzt wird, um einen Nachfolgenden am Überholen u Einscheren zu hindern (OLG Celle VRS 80, 24). Auch der Vorausfahrende kann zB durch ungerechtfertigtes scharfes Bremsen nötigen (BGH NZV 95, 325; OLG Celle VRS 68, 43; OLG Düsseldorf VRS 73, 41; NZV 89, 441; s auch VGT 96 AK II mwN).

24 **7. Zivilrecht.** Beim Auffahren spricht grds. der **erste Anschein** gegen den Auffahrenden (BGH NZV 89, 105; KG NZV 93, 478; OLG Hamm NZV 94, 229). Dieser Grundsatz gilt allerdings im mehrspurigen Verkehr nicht. Hier ist die Feststellung erforderlich, dass die beteiligten Fahrzeuge zumindestens solange hintereinander hergefahren sind, dass es dem Auffahrenden möglich war, einen ausreichenden Sicherheitsabstand aufzubauen bzw. einzuhalten. Insbes. auf Autobahnen ist ein Fahrspurwechsel von Fahrzeugen in den Sicherheitsabstand der sich nähernden Fahrzeuge hinein immer wieder zu beobachten. Von daher ist bei streitigem Spurwechsel nicht ohne weiteres davon auszugehen, dass der Auffahrende unaufmerksam oder unter Missachtung des erforderlichen Sicherheitsabstandes gefahren ist (OLG München v. 25.10.13 – 10 U 964/13, Beck RS 2013, 18792; OLG Saarbrücken NZV 14, 569; Greger-Zwickel § 38 Rn 86). Der BGH geht davon aus, dass auch auf Autobahnen grds. der erste Anschein für ein Verschulden des Auffahrenden spricht (NZV 11, 177; NZV 12, 123; NJW 17, 1177). Allerdings ist für die Anwendung des Anscheinbeweises dann kein Raum, wenn das vorausfahrende Fahrzeug vor dem Unfall die Spur gewechselt hat, und der Sachverhalt iÜ nicht aufklärbar ist (BGH NZV 12, 123). Bleibt offen, ob ein Spurwechsel vor dem Unfall erfolgte, so greift nach BGH NJW 17, 1177 der Anscheinsbeweis zu Lasten des Auffahrenden ein. Der Anscheinsbeweis spricht auch gegen den auffahrenden Straba-Führerer (OLG Düsseldorf NzV 94, 28). Erforderlich ist immer, dass eine Teilüberdeckung von Heck und Front gegeben ist, andernfalls fehlt die Typizität (KG NZV 08, 623; 14 458; vgl BGH NZV 11, 177). Das Auffahren muss feststehen. Daher greift der Anscheinsbeweis nicht ein, wenn das vorausfahrende Fz zurückrollte oder- gesetzt wurde (KG Vers. 78, 155; LG Köln NZV 91, 476; Greger-Zwickel 85 § 38 Rn 84). Plötzlich starkes Abbremsen des Vorausfahrenden erschüttert den Anscheinsbeweis nicht (BGH NZV 07, 354; OLG Karlsruhe NJW 17, 2626). Erschüttert wird der Anscheinsbeweis durch die bewiesene ernsthafte Möglichkeit, dass das vorausfahrende Fahrzeug, selbst auf eine vorausfahrendes Fahrzeug auffuhr und dadurch den Bremsweg des nachfolgenden Fahrzeuges verkürzte (BGH NZV 07, 354; OLG Düsseldorf VersR 99, 729; Lepa NZV 92, 132) oder bei Abbremsen ohne zwingenden Grund (OLG Karlsruhe NJW-RR 88, 28; OLG Köln NJW 08, 87; LG Saarbrücken NJW – RR 16, 409). Kein Anscheinsbeweis auch bei Vorfahrtverletzungen

(BGH NJW 82, 1595; KG VM 93, 111; OLG München NZV 89, 438), insbesondere wenn das vorausfahrende Fahrzeug vom Beschleunigungsstreifen in den durchgehenden Fahrstreifen der Autobahn eingefahren ist oder auf den Überholstreifen wechselte, auf dem sich der Auffahrende befand (BGH NJW 82, 1595; OLG Hamm NZV 94, 229) oder sonstiges Fehlverhalten eines Dritten (KG VM 93, 35). Bei **Kettenunfällen** (vgl Greger NZV 89, 58) greift der Anscheinsbeweis zulasten des ersten Auffahrenden nicht aber bei Kollisionen innerhalb der Kette ein (OLG Düsseldorf NZV 95, 486; 98, 203, Lepa NZV 92, 132). Beim letzten Auffahrenden greift der Anscheinsbeweis nur ein, wenn feststeht, dass das vorausfahrende Fahrzeug rechtzeitig zum Stehen kam (OLG Hamm r+s 14, 472; OLG München v. 12.5.2017 – 10 U 748/16, BeckRS 2017, 109598; Geigel-Freymann Kap. 27 Rz. 148; Greger-Zwickel § 38 Rz. 88).

Grundsätzlich ist von der vollen Haftung des Auffahrenden auszugehen. Mithaftung des Vorausfahrenden besteht jedoch, wenn dieser unter Verstoß gegen § 4 I 2 oder wegen eigener Unaufmerksamkeit verspätet abrupt bremst (OLG Köln DAR 95, 485; OLG Hamm NZV 93, 68; LG Mönchengladbach NZV 02, 375; – Alleinhaftung des Vorausfahrenden; OLG Karlsruhe NJW 2013, 1968 (OLG München v. 22.07.2016 – 10 U 3969/15 Beck RS 2016, 14116 – Mithaftung 50%). Bei Abbremsen ohne zwingenden Grund trotz grünen Ampellichts kann volle Haftung des Abbremsenden in Betracht kommen (KG NZV 04, 526; OLG Frankfurt NJW 07, 87; KG NZV 13, 80). Mithaftung auch bei Auffahren auf ein unzureichend beleuchtetes Fahrzeug (Ce VersR 77, 454) bzw. bei Nichtaufleuchten der Bremslichter (KG DAR 95, 482). Zur Unabwendbarkeit eines Aufschiebeunfalls: OLG Celle DAR 12, 457. **25**

8. Literatur. Beck/Berr/Schäpe „Owi-Sachen im Straßenverkehrsrecht", 7. Aufl.; **26** **Beck/Löhle/Kärger/Schmedding/Siegert** „Fehlerquellen bei polizeilichen Meßverfahren", 11. Aufl.; Gutt „Abstandsverstöße im Verkehrswidrikeiten – und Bußgeldrecht ZfS 2015, 664; **Greger** „Aufgeschoben ist nicht aufgefahren" NZV 89, 58; **Härlein, Hartung, Jedamus** „Zur Schadensabwicklung bei Massenunfällen" 19. VGT S. 161 ff; **Krumm** „Fahrverbot in Bußgeldsachen", 4. Aufl.

§ 5 Überholen

(1) **Es ist links zu überholen.**

(2) **Überholen darf nur, wer übersehen kann, dass während des ganzen Überholvorgangs jede Behinderung des Gegenverkehrs ausgeschlossen ist. Überholen darf ferner nur, wer mit wesentlich höherer Geschwindigkeit als der zu Überholende fährt.**

(3) **Das Überholen ist unzulässig:**
1. **bei unklarer Verkehrslage oder**
2. **wenn es durch ein angeordnetes Verkehrszeichen (Zeichen 276, 277) untersagt ist.**

(3a) **Wer ein Kraftfahrzeug mit einer zulässigen Gesamtmasse über 7,5 t führt, darf unbeschadet sonstiger Überholverbote nicht überholen, wenn die Sichtweite durch Nebel, Schneefall oder Regen weniger als 50 m beträgt.**

(4) **Wer zum Überholen ausscheren will, muss sich so verhalten, dass eine Gefährdung des nachfolgenden Verkehrs ausgeschlossen ist. Beim**

StVO § 5 I. Allgemeine Verkehrsregeln

Überholen muss ein ausreichender Seitenabstand zu anderen Verkehrsteilnehmern, insbesondere zu den zu Fuß Gehenden und zu den Rad Fahrenden, eingehalten werden. Wer überholt, muss sich sobald wie möglich wieder nach rechts einordnen. Wer überholt, darf dabei denjenigen, der überholt wird, nicht behindern.

(4a) **Das Ausscheren zum Überholen und das Wiedereinordnen sind rechtzeitig und deutlich anzukündigen; dabei sind die Fahrtrichtungsanzeiger zu benutzen.**

(5) Außerhalb geschlossener Ortschaften darf das Überholen durch kurze Schall- oder Leuchtzeichen angekündigt werden. Wird mit Fernlicht geblinkt, dürfen entgegenkommende Fahrzeugführende nicht geblendet werden.

(6) Wer überholt wird, darf seine Geschwindigkeit nicht erhöhen. Wer ein langsameres Fahrzeug führt, muss die Geschwindigkeit an geeigneter Stelle ermäßigen, notfalls warten, wenn nur so mehreren unmittelbar folgenden Fahrzeugen das Überholen möglich ist. Hierzu können auch geeignete Seitenstreifen in Anspruch genommen werden; das gilt nicht auf Autobahnen.

(7) **Wer seine Absicht, nach links abzubiegen, ankündigt und sich eingeordnet hat, ist rechts zu überholen.** Schienenfahrzeuge sind rechts zu überholen. Nur wer das nicht kann, weil die Schienen zu weit rechts liegen, darf links überholen. Auf Fahrbahnen für eine Richtung dürfen Schienenfahrzeuge auch links überholt werden.

(8) **Ist ausreichender Raum vorhanden, dürfen Rad Fahrende und Mofa Fahrende die Fahrzeuge, die auf dem rechten Fahrstreifen warten, mit mäßiger Geschwindigkeit und besonderer Vorsicht rechts überholen.**

VwV – StVO

Zu § 5 Überholen und § 6 Vorbeifahren

1 An Teilnehmern des Fahrbahnverkehrs, die sich in der gleichen Richtung weiterbewegen wollen, aber warten müssen, wird nicht vorbeigefahren; sie werden überholt. Wer durch die Verkehrslage oder durch eine Anordnung aufgehalten ist, der wartet.

Zu § 5 Abs 6 Satz 2

1 Wo es an geeigneten Stellen fehlt und der Verkehrsfluß wegen Lastkraftwagenverkehrs immer wieder leidet, ist der Bau von Haltebuchten anzuregen.

Übersicht

	Rn
1. Grundlagen	1
2. Abs 1: Der Überholvorgang	2
a) Überholen und Vorbeifahren	2
b) Beginn des Überholens	8
c) Überholabsicht	9
d) Der Überholweg	10
e) Linksüberholen	12
3. Abs 2: Zulässigkeit des Linksüberholens	13
a) Schutzzweck	13

	Rn
b) Grundsätzliche Verantwortlichkeit des Überholenden	13a
c) Abs 2 Satz 1: Übersicht über die Überholstrecke	19
d) Abs 2 Satz 2: Wesentlich höhere Geschwindigkeit	22
e) Abbrechen der Überholung	24
4. Abs 3 u 3a: Überholverbote	25
a) Unklare Verkehrslage	26
b) Überholverbote durch VZeichen	28
c) Überholverbot bei extrem schlechter Sicht (Abs 3a)	31
5. Pflichten gegenüber dem nachfolgenden Verkehr	32
a) Vortritt des Vorausfahrenden	32
b) Abs 4 S 1: Gesteigerte Sorgfaltspflicht vor Ausscheren	33
c) Abs 4 S 3 u 4: Wieder rechts einordnen	38
d) Überholen mehrerer Fahrzeuge	41
e) Abs 4a: Richtungszeichen	43
6. Abs 5: Ankündigung des Überholens	48
7. Abs 6: Pflichten beim Überholtwerden	50
a) Rechtsstellung im Allgemeinen	50
b) Abs 6 S 1: Beschleunigungsverbot	51
c) Abs 6 S 2 u 3: Eingeholte langsamere Fahrzeuge	56
8. Rechtsüberholen	57
a) Zulässigkeit im Allgemeinen	57
b) Abs 7 S 1: Überholen eines links Eingeordneten	61
c) Durchführung	65
d) Pflichten	66
e) Abs 7 S 2 bis 4: Überholen von Schienenfahrzeugen	67
9. Abs 8: Rechtsüberholen durch Rad- und Mofafahrer	67a
10. Zivilrecht/Haftungsverteilung	68
a) Kollision mit entgegenkommendem Fahrzeug	68
b) Kollision bei Wendevorgang	68a
c) Kollision beim Abbiegen; beim Ausscheren	69
d) Nicht ausreichender Seitenabstand des Überholers	73
e) Rechtsüberholen	74
f) Missachtung des Überholverbots	78
11. Zuwiderhandlungen	79
12. Literatur	82

1. Grundlagen. In § 5 sind die wichtigsten Regeln, die von der RSpr aus **1** § 1 zum Überholen entwickelt worden sind, als selbstständige TBe für alle Str zusammengefasst. Sie sind bis auf II S 1 u IV S 1, 4 abstrakte Gefährdungsdelikte. Über deren Verhältnis zu § 1 s unten Rn 79. Überholverbot für schwere Kfze bei extrem schlechter Sicht (III a) wurde durch die 12. VO z Änd v VVorschriften eingef. Überholen im mehrreihigen Verkehr s § 7; bei Fahrstreifenmarkierung § 41 Z 297. Vorbeifahren ist gesondert in § 6 behandelt. – Die Regeln des § 5 II–VI sind **Schutzgesetze** iS des § 823 II BGB. Das Überholverbot dient dem Schutz des Gegenverkehrs, der vorausfahrenden und der nachfolgenden Fahrzeuge. Die Überholvorschriften wenden sich an den **Fahrverkehr,** einschließlich Radf (OLG München BeckRS 13, 18459 – Rücknahme des Radfahrers beim Überholen eines Fußgängers; § 5 IV – das Überholen eines anderen Radfahrers darf nur mit ausreichendem Seitenabstand erfolgen – OLG Karlsruhe BeckRS 16, 16824 – 100% Haftung – zwar muss es nicht ein Abstand von 1,5 – 2 m sein, den ein Kfz einzuhalten hat – OLG Frankfurt NJW-RR 90, 466, ein Abstand von lediglich

StVO § 5 I. Allgemeine Verkehrsregeln

32 cm ist für ein gefahrloses Überholen zwischen Radfahrer unzureichend – OLG Karlsruhe BeckRS 16, 16824) und Straba, sind aber nicht auf Fz untereinander beschränkt. Überholverbote schützen aber nicht Fußgänger, die außerhalb von Fußgängerüberwegen die Fahrbahn betreten. Ein Überholverbot nach § 5 III, IIIa schützt nicht Fußgänger, die außerhalb von Fußgängerüberwegen die Fahrbahn betreten (KG NZV 09, 344). Die Regelungen zum Überholen sind auch nicht anwendbar, wenn die beteiligten Fz auf verschiedenen Fahrbahnen einer Straße fahren, zB auf einem neben der Straße verlaufenden Sonderweg. An die Fahrbahn angrenzende Parkplätze, Raststättengelände, die parallel zur Fahrbahn der AB verlaufenden Verbindungsstücke zw Aus- und Einfahrten gehören nicht zur Fahrbahn. Die Bedeutung des § 5 zeigt sich daran, dass falsches Überholen als Unfallursache für die Beeinträchtigung von Leib und Leben an höchster Stelle mit einem Anteil von 21,6% steht (Meyer-Jacobi-Stiefel Bd I S 104).

2   **2. Abs 1: Der Überholvorgang. a) Überholen und Vorbeifahren.** „Vorbeifahren" ist der allg Begriff, „Überholen" ist ein Sonderfall des Vorbeifahrens, nämlich Vorbeifahren von hinten nach vorn an einem VT, der sich auf derselben Fahrbahn (s Rn 6) in derselben Richtung bewegt oder nur mit Rücksicht auf die VLage anhält (BGHSt 25, 293, 296 = NJW 74, 1205; OLG Düsseldorf DAR 04, 596; VRS 59, 151 = StVE 48; NZV 90, 278; Bay DAR 79, 111 = StVE § 18 StVO 15; OLG Düsseldorf NZV 97, 491; OLG Köln NZV 95, 74 = StVE 99; OLG Schleswig VM 96, 19; KG NZV 98, 376); Anhalten, um einen Fußgänger queren zu lassen (OLG Köln VRS 96, 335); zum Schnellerfahren auf Ein- u Ausfahrstreifen s unten Rn 59 u § 18 Rn 9 ff. Allerdings braucht der Überholende zu Beginn des Überholens nicht unbedingt hinter dem anderen gefahren zu sein (s Rn 6); er überholt ihn auch dann, wenn das andere Fz aus der Gegenrichtung in einer Seitenstr nach rechts, der Überholende nach links einbiegt u letzterer in der Seitenstr sich vor jenen setzt (Bay VRS 28, 230; OLG Hamm VRS 12, 460) oder wenn zum Überholen (verbotswidrig) eine Sperrfläche benutzt wird (OLG Düsseldorf NZV 90, 241). Hält ein Fz nur ganz kurz aus **verkehrsbedingten** Gründen (Stau: BVerwG NZV 94, 413) oder auf Grund einer AO (Rotlicht, Haltzeichen; BGH NJW 75, 1330; OLG Düsseldorf VRS 70, 41), ohne die einem sich bewegenden Fz entspr Stellung aufzugeben, so **wartet** es (VwV zu §§ 5 u 6; BGH aaO). Es steht einem sich bewegenden gleich, wird also „überholt"; so auch ein Fz, das hinter einer Straba hält, um das Aus- u Einsteigen der Fahrgäste abzuwarten (OLG Hamm DAR 56, 108; OLG Düsseldorf aaO), bei Grün nicht sofort anfährt (OLG Köln VRS 67, 289; BGH aaO), gerade anfährt (OLG Frankfurt/M. VRS 76, 108 = StVE 86) oder vor einem Zebrastreifen (KG VRS 11, 70) oder gem § 11 anhält.

2a   **Nicht überholt wird,** wer nicht verkehrsbedingt hält (OLG Düsseldorf VRS 59, 294), insb parkt oder sonst wie zum Stillstand gekommen ist (OLG Düsseldorf VRS 63, 60) oder wer sich nicht rechtzeitig links eingeordnet hat, an den rechten Fahrbahnrand herausfahren u dort halten muss, bis die VLage das Linksüberqueren der Str erlaubt; er verlässt die Stellung eines Teilnehmers am fließenden Verkehr u scheidet vorübergehend aus ihm aus (vgl BGH VRS 6, 156; Bay 55, 87 = VRS 9, 151). Ebenso werden der Omnibus oder die Straba, die zum Fahrgastwechsel an einer Haltestelle halten, nicht überholt, sondern an ihnen wird vorbeigefahren (s § 6; BGH VRS 17, 43; Bay 62, 305 = VRS 25, 299; OLG Düsseldorf VRS 59, 294 = StVE 51). Setzt sich ein solches Fz während der Vorbeifahrt in Bewegung, so wird aus dem Vorbeifahren ein Überholen (Bay 62 aaO; OLG Karlsruhe VRS 33, 449; OLG Hamm DAR 00, 265).

Das **Auffahren** mehrerer Fze nebeneinander **vor einer LZA** bei Rot ist zwar 3
begrifflich ein „Überholen" (vgl § 7 Rn 16), wurde aber schon früher nicht als
unzul Rechtsüberholen angesehen, auch wenn der später Auffahrende wegen des
inzw erschienenen Grünlichts im fliegenden Start über die Kreuzung weiterfährt
(Bay VRS 58, 279; vgl § 7 Rn 9 ff). Diese Übung ist durch § 37 IV ausdrücklich
„legalisiert" (Begr zu § 37 IV), dh der VO-Geber hat die einschränkende Auslegung des Verbotes des Rechtsüberholens anerkannt (für Rad- u Mofaf s VIII).

Ein zum Halten auslaufendes Fz wird einem schon haltenden gleichgestellt, 4
wird also nicht mehr überholt, wenn es mit nur noch ganz geringer Geschwindigkeit an den Fahrbahnrand heranfährt (OLG Köln VM 56, 83; OLG Düsseldorf
VRS 63, 60; Bay DAR 89, 361; s aber § 20 Rn 8). Wer vor einer Einfahrt zwecks
Türöffnens wartet, hält nicht verkehrsbedingt, wird also nicht überholt (Bay
VRS 58, 450). Ein Rechtsabbieger wird überholt, solange er sich in der ursprünglichen Richtung bewegt, **aber nicht mehr, wenn er nicht mehr dieselbe
Fahrbahn wie der in unveränderter Richtung Weiterfahrende benutzt**
(OLG Hamm DAR 53, 219; BGH VRS 6, 155; OLG Bremen VRS 32, 473).
Eine als verkehrsbedingt gewollte Fahrtunterbrechung ist auch dann kein „Halten", wenn die beabsichtigte Weiterfahrt, zB wegen eines Abbiegeverbotes, verkehrswidrig ist (OLG Köln VM 76, 54).

Nicht nur Fze, sondern auch **Fußgänger,** die sich in gleicher Richtung auf 5
der Fahrbahn bewegen, werden überholt (BGH VRS 25, 438; Bay NJW 56, 355);
dies gilt zumind dann, wenn sie ein Fz mitführen (Bay VM 73, 103). Aber an
einem Fußgänger – auch wenn er ein Fahrrad schiebt –, der zur Ermöglichung
der Vorbeifahrt stehen geblieben u zur Seite getreten ist, wird vorbeigefahren
(Bay 73, 23 = VRS 45, 63), weil er nicht verkehrsbedingt oder auf Grund einer
Anordnung stehen bleibt. Für Fußgänger im Verband (§ 27 StVO), Reiter, Viehtreiber und -führer (§ 28 StVO) gelten die Fahrverkehrsregeln entsprechend
(Hentschel/König/Dauer § 28 Rn 14).

Zum **Begriff des „Überholens"** gehört weder ein Fahrstreifenwechsel noch, 6
dass der Überholende seine Fahrgeschwindigkeit erhöht (OLG Düsseldorf NZV
90, 319 mwN, vgl OLG Düsseldorf DAR 04, 596). Auch wer mit gleichbleibender
Geschwindigkeit – etwa auf dem rechten Fahrstreifen der AB – an langsameren
Benutzern des linken vorbeizieht, überholt diese (Bay 63, 222 = VRS 26, 387;
OLG Celle VM 63, 121; OLG Frankfurt/M. VM 62, 23; s auch Rn 9), **nicht**
aber, wer auf anderen, nicht zur selben Fahrbahn gehörenden V-Flächen vorbeifährt, wie auf Parkplätzen (Bay VRS 66, 291) oder Seitenstreifen (OLG Düsseldorf
VRS 91, 387). Das Vorbeifahren an einem am Straßenrand abgestellte Fahrzeuges
ist kein Überholen (OLG München BeckRS 14, 22483). Wer diese Verkehrsflächen aber dazu benutzt, um langsamere, auf der Fahrbahn für den Durchgangsverkehr fahrende Fz zu „überholen", verstößt gegen das Gebot, die Fahrbahn zu
benutzen, § 2 I (OLG Düsseldorf NZV 90, 278).

Verhältnis Vorfahrt – Überholen s § 8 Rn 7a, § 18 Rn 8, 14 f. 7

b) Beginn des Überholens. Das als Regel vorgeschriebene Linksüberholen 8
beginnt spätestens mit dem Ausscheren (s unten Rn 34) auf die linke Fahrbahnhälfte oder die Überholspur (BGHSt 25, 293, 296 = NJW 74, 1205; OLG Düsseldorf ZfS 86, 94; OLG Koblenz NZV 93, 318. Wer nur zum Zwecke der **Prüfung,**
ob die **VLage** ein **Überholen zulässt,** etwas nach links ausschert, überholt noch
nicht (Bay DAR 88, 366). Er darf aber auch zu diesem Zweck nach § 1 II die
Straßenmitte nur überschreiten, wenn die Gefährdung entgegenkommender VT

ausgeschlossen ist (OLG Düsseldorf VM 66, 8; OLG Hamm VersR 96, 181), also nicht an unübersichtlichen Stellen oder so nahe hinter dem vorausfahrenden Fz, dass er entgegenkommende Fze erst spät sehen u vor ihnen nicht wieder rechtzeitig nach rechts ausweichen kann. Der Linksfahrer wird zum Überholer ab einer deutlichen Verkürzung des Sicherheitsabstandes (§ 4) in Überholgeschwindigkeit (Bay DAR 93, 269; OLG Düsseldorf NZV 89, 441; OLG Karlsruhe NJW 72, 962; Haubrich NJW 89, 1198) oder wenn er das vordere Fz so weit eingeholt hat, dass er sich unter Berücksichtigung seiner Fahrgeschwindigkeit nicht mehr hinter ihm einordnen kann (OLG Hamm DAR 62, 134). Wer zum Zwecke des Überholens auf den linken Fahrstreifen fährt, obwohl er diesen wegen der geringen Sichtweite beim Auftauchen von GegenV nicht mehr rechtzeitig räumen kann, ist wegen vollendeten verbotenen Überholens (§ 5 II S 1, evtl § 315c I 2b StGB) ahnd- bzw strafbar (Bay 67, 132 = DAR 68, 22). Andererseits kein Überholen, wenn sich ein nachfolgender VT einem Vordermann zu schnell genähert hat, u um ein Auffahren zu verhindern, unter gleichzeitigem Bremsen rechts oder links neben das vorausfahrende Fz fährt, bis er seine Geschwindigkeit auf diejenige des vorderen Fz ermäßigt hat (Mühlhaus DAR 68, 169 ff).

8a **Beendet** ist der Überholvorgang mit dem Wiedereinordnen nach rechts mit ausreichendem Abstand oder, falls der Überholende auf dem Überholstreifen weiterfährt, einen so weiten Abstand von dem Überholten erreicht hat, dass sein Verbleiben auf dem Überholstreifen mit dem Überholen nicht mehr in innerem Zusammenhang steht (OLG Düsseldorf NZV 88, 149; OLG Hamm DAR 00, 265; s im Einzelnen Rn 38 f).

9 **c) Überholabsicht.** Die Überholabsicht ist kein Begriffsmerkmal des Überholens (OLG Düsseldorf NZV 90, 319; Mühlhaus DAR 68, 169 ff; s aber OLG Düsseldorf VRS 66, 355 u Bay DAR 93, 269, die zur Abgrenzung vom Nachfahren unter Nichteinhaltung des nötigen Abstands auf die äußerlich erkennbare Überholabsicht [durch Linksblinken oder Lichthupe] abstellen). Bay (63, 222 = VRS 26, 387) u der BGH (VRS 35, 141) erachten das Überholen zutr als einen rein tatsächlichen Vorgang, der auch ohne das Bewusstsein, einen anderen zu überholen, durchgeführt werden kann. Danach überholt zB derjenige rechts, der mit gleichbleibender Geschwindigkeit an einem links Fahrenden vorbeizieht, dessen Fahrgeschwindigkeit – zB an einer Bergstrecke – zurückfällt, auch wenn es ihm nicht darauf ankommt, vor diesen zu gelangen, ja selbst dann, wenn er das Vorziehen vor den links Fahrenden gar nicht bemerkt. Ein solches Rechtsüberholen, das namentlich auf der AB bes gefährlich ist, soll durch das Verbot des Rechtsüberholens gerade vermieden werden, auch wenn der rechts Fahrende dadurch gezwungen wird, seine eigene höhere Geschwindigkeit zu vermindern (BGHSt 12, 258, 262; OLG Celle VM 63, 121; vgl oben Rn 6 u 8; Mühlhaus DAR 68, 171).

10 **d) Der Überholweg.** Der Überholweg setzt sich zusammen aus der seitlichen Versetzung nach links, dem reinen Überholweg u der anschl Versetzung nach rechts. Die Versetzung nach links muss so bald durchgeführt werden, dass der Überholende vom Vorausfahrenden immer den erforderlichen Abstand (vgl § 4 Rn 2 ff) einhält (OLG Hamm VRS 26, 219; Bay 70, 152 = VRS 40, 69).

11 Die **Versetzung nach links** entfällt, wenn sich das überholende Fz schon vor dem Ansetzen zum Überholen auf der linken Fahrbahnseite befindet. Der **Überholweg** setzt sich zusammen aus dem Abstand zum anderen Fz nach Erreichen der linken Fahrbahnseite, der Länge der beiden Fze u dem Abstand, den der

Überholen § 5 StVO

Überholende vor dem überholten Fz erreichen muss, bevor er sich wieder nach rechts vor dieses setzen darf. Anschl wird die Rechtsbewegung in einem weiteren S-Bogen durchgeführt.

e) Linksüberholen. Es ist **links** (auch von Radfahrern) **zu überholen.** Dies 12 gilt auch auf Einbahnstraßen und im Kreisverkehr.

3. Abs 2: Zulässigkeit des Linksüberholens. a) Schutzzweck. Schutz- 13 zweck der Überholverbote des Abs II 1 ist in erster Linie der Schutz des GegenV u des zu Überholenden (Bay 61, 178, 180 = VRS 21, 462); darüber hinaus, einen möglichst übersichtlichen rechtsgeordneten Verkehr zu sichern. Insb sollen dann, wenn die Unübersichtlichkeit auf Witterungseinflüssen beruht, auch Zusammenstöße vermieden werden, die von der Behinderung der Sicht nach der Seite u des Orientierungsvermögens zu befürchten sind (Bay v 21.9.66 – 1b St 88/65 – S 12). Außerdem dienen die Überholverbote dem Schutz nachfolgender, selbst verbotswidrig überholender VT (BGH(Z) VM 68, 78), nicht aber der aus einem Grundstück in die Fahrbahn Einfahrenden (OLG Saarbrücken VM 80, 50; OLG Hamm BeckRS 14, 06528) u der in ein Grundstück nach links abbiegenden Vorausfahrenden (Bay VRS 71, 68 = StVE 81).

b) Grundsätzliche Verantwortlichkeit des Überholenden. Das Überholen 13a ist einerseits einer der gefährlichsten VVorgänge, da sich auf der Überholbahn die Fze aus beiden Richtungen mit hohen, im Falle eines Zusammenpralls in ihrer Auswirkung sich addierenden, Geschwindigkeiten entgegenkommen; andererseits ist es im Interesse der Flüssigkeit des Verkehrs nicht entbehrlich. Daraus folgt: Das Überholen ist nur zul, wenn bei Beginn des Überholvorgangs übersehbar ist, dass während des **ganzen Überholvorgangs (vom Ausscheren bis zum Wiedereingliedern)** eine Behinderung des GegenV „ausgeschlossen" ist (KG DAR 01, 467; OLG Köln DAR 77, 192; vgl dazu § 10 Rn 7) und ihm die benötigte Überholweg hindernisfrei zur Verfügung steht (BGH NZV 00, 291 f = NJW 00, 1949). Das ist nur dann der Fall, wenn der Überholende einen Abschnitt der Gegenfahrbahn einsehen kann, der zumindest so lang ist, wie die für den Überholvorgang benötigte Strecke zuzüglich des Weges, den ein entgegenkommendes, mit zul Höchstgeschwindigkeit fahrendes Fz während des Überholens zurücklegt, es sei denn, die Breite der Str lässt ein gefahrloses Überholen auch bei GegenV zu (OLG Düsseldorf DAR 96, 290; NZV 94, 290; OLG Hamm DAR 00, 265). Der Abschnitt, den der Überholende einsehen können muss, ist von der Stelle aus zu messen, an der der Überholvorgang noch gefahrlos abgebrochen werden kann. Der Fz-Führer hat vor jedem Überholen gründlich u gewissenhaft zu prüfen, ob es sich verantworten lässt (Überholen – im Zweifel nie! BGH VersR 00, 736). Fehleinschätzungen über Entfernungen u Geschwindigkeit anderer gehen zu seinen Lasten (BGH(Z) VM 70, 17; OLG Hamm VersR 99, 898). Außer der Gefährdung verbietet II „jede Behinderung". Damit ist jede unzul Behinderung gemeint (§ 1 Rn 75 ff; OLG Hamm VM 75, 73). Deswegen ist das Behinderungsverbot des Abs II weiter als die Überholverbote des § 18 IV und § 26 III S 1 sowie das Verbot des Fahrstreifenwechsels nach § 7 IV, die nur eine Gefährdung verbieten.

Vom Überholenden muss bis zur Beendigung des Überholvorgangs zu jedem 14 VT ein genügender **Seitenabstand** eingehalten werden (OLG Karlsruhe NZV 90, 199), nach **IV S 2** bes zu Fußgängern u Radf (zum Seitenabstand beim Vorbeifahren s § 6 Rn 6 f); idR reicht ein **Mindestabstand von 1 m,** bei Radf unterei-

StVO § 5 I. Allgemeine Verkehrsregeln

nander uU 0,5 m (OLG Frankfurt/M. NZV 90, 188); im Übrigen richtet er sich nach Lage des Einzelfalls (BGH(Z) VRS 31, 404), insb nach Fz-Art u Geschwindigkeit des Überholenden, Fahrbahnverhältnissen, Wetter u Verhalten des Eingeholten; beim Überholen von Reitern u unruhigen Zugtieren ist bes Vorsicht geboten (OLG Hamm NZV 94, 190). Ein größerer Abstand ist erforderlich, wenn die vorgenannten Umstände bes Vorsicht verlangen oder ein **Radf** überholt wird, bei dem (insb an einer Steigung oder infolge Unsicherwerdens durch das Vorbeifahren eines Lastzugs, Gegenwind oder viel Gepäck) mit seitlichen Schwankungen gerechnet werden muss; ein Abstand von 1,5 bis 2 m genügt zwar idR (BGH VRS 27, 196; BGH (Z) VRS 31, 404; OLG Köln VRS 31, 158; OLG Hamm NZV 91, 466; 95, 26), bei Mitnahme eines Kindes verlangt OLG Karlsruhe mR 2 m (DAR 89, 299).

14a Beim **Überholen radfahrender Kinder** sind bes Vorsicht u größtmöglicher Abstand geboten, wenn nicht sicher ist, dass sie das Herannahen des Überholenden bemerkt haben (Bay bei Rüth DAR 85, 234); wartet der Radf am Fahrbahnrand, kann weniger als 1 m genügen (Bay v 13.1.88, 1 St 257/87). Auch die Straba darf einen Radf nicht mit ungenügendem Abstand überholen (BGH(Z) VRS 34, 412). Reicht die zur Verfügung stehende Fahrbahnbreite zur Einhaltung des erforderlichen Abstandes nicht aus, so darf der Vorausfahrende nur nach vorheriger Verständigung überholt werden (Bay 59, 233 = VM 60, 40), während sonst vom Überholenden nicht verlangt wird, dass er sich Gewissheit verschafft, dass der andere die Überholabsicht erkannt hat (BGH VRS 13, 281). – Diese Grundsätze gelten nicht ohne weiteres auch bei **Mofaf**, soweit sie mit Motorkraft fahren (Bay StVE 85), da bei ihnen – selbst beim Bergaufwärtsfahren – nicht mit den bei Radf üblichen Schwankungen zu rechnen ist (OLG Düsseldorf VM 75, 109).

15 Bei **GegenV** darf ein Fahrer nur dann überholen, wenn er mit Sicherheit eine Behinderung anderer ausschließen kann (BGH VRS 26, 86; OLG Celle VRS 34, 78). Ist die Str breit genug, so darf der Überholende darauf vertrauen, dass ein noch genügend weit entfernter GegenV nach rechts ausweichen werde, wenn dies für ihn gefahrlos möglich ist (OLG Düsseldorf VM 65, 143); ebenso, dass aus einer Reihe entgegenkommender, rechts hintereinander fahrender Kradf keiner während des Überholvorganges nach links ausschert (OLG Düsseldorf VM 74, 123). Zum Überholen eines Radf bei GegenV muss ein größerer seitlicher Abstand als je 1 m zum Radf u zum entgegenkommenden Fz zur Verfügung stehen, wenn sich der Radf auf das Überholtwerden nicht erkennbar eingestellt hat (Bay 62, 234 = VRS 24, 225). Hält der Fahrer eines mit mäßiger Geschwindigkeit (25–30 km/h) fahrenden Pkw zu einem entgegenkommenden rüstigen Fußgänger einen Sicherheitsabstand von 0,70 m ein, so braucht er mit dessen Erschrecken u einer darauf beruhenden Fehlreaktion nicht zu rechnen; anders, wenn der Fußgänger das Fz nicht bemerkt hat oder unaufmerksam gewesen ist (BGH VRS 30, 101).

16 Das **Zweitüberholen,** dh das Überholen eines Fz, das selbst gerade ein anderes überholt, ebenso wie das Überholen eines Fz, das gerade an einem stehenden vorbeifährt, ist auf zweistreifiger AB ausnahmslos unzulässig (OLG Schleswig VM 61, 72; OLG Düsseldorf VRS 22, 471; Schmidt DAR 62, 351). Auf anderen Straßen ist das Zweitüberholen zulässig, wenn die von GegenV freie Fahrbahn zur gefahrlosen Durchführung mit den nötigen Seitenabständen ausreicht (Bay 52, 97 = DAR 52, 141; BGH VRS 17, 331). Es setzt jedoch stets voraus, dass drei Fze ausreichend nebeneinander fahren können (Bay DAR 62, 272).

Überholen **§ 5 StVO**

Der Überholende darf nicht darauf **vertrauen,** dass sich Teilnehmer am GegenV mit vorschriftsmäßiger Geschwindigkeit bewegen. Er braucht aber nicht mit einer grob unvernünftigen Geschwindigkeit anderer zu rechnen (BGHSt 8, 200). Bei **Dämmerung** muss er auch unbeleuchteten GegenV in Rechnung stellen (OLG Köln VRS 40, 184; OLG Hamm VRS 62, 214). Nach Einbruch der Dunkelheit braucht sich die Sorgfalt allerdings nur auf beleuchtete Fze zu erstrecken (OLG Hamm VersR 99, 898). 17

Steht beiden Fahrtrichtungen **gemeinsam** ein in der Mitte **verlaufender Fahrstreifen** zum Überholen zur Verfügung, darf dort auch bei GegenV überholt werden; Vorrang hat nach dem Prioritätsprinzip, wer dazu zuerst korrekt ansetzt (OLG Koblenz VRS 66, 219). Erkennt jedoch ein Überholender, dass sein Vorrang vom Gegenverkehr nicht beachtet wird, muss er das Überholen sofort abbrechen. 18

c) Abs 2 Satz 1: Übersicht über die Überholstrecke. Übersichtlichkeit ist ein Rechtsbegriff (s dazu auch § 2 Rn 40 ff, § 3 Rn 25, § 12 I 1 u § 315c I 2d u e StGB 24). Der Richter muss die Umstände darlegen, auf denen die Unübersichtlichkeit beruht, u die Sichtweite feststellen (Bay 51, 546). Eine Stelle ist unübersichtlich, wenn der Fz-Führer den VAblauf wegen ungenügenden Überblicks über die Straße nicht vollständig übersehen u deshalb Hindernisse u Gefahren nicht rechtzeitig bemerken u ihnen sicher begegnen kann (zum Überholen eines Lastzuges in lang gezogener Rechtskurve s OLG Köln VM 87, 13). Die Unübersichtlichkeit hängt nicht nur vom Gelände, sondern auch von der Geschwindigkeit der beiden Fze ab, da ein Straßenstück nur übersichtlich ist, wenn der Ablauf des Überholvorgangs auf der insges zum Überholen benötigten Strecke auch unter Berücksichtigung des GegenV (s Rn 15) überblickt werden kann (BGHSt 8, 200; Bay 61, 133 = VRS 21, 378; OLG Köln VRS 65, 392 = StVE 71; OLG Celle NZV 93, 437: Überholen bei nur geringem Geschwindigkeitsunterschied u nur 600 m Sichtweite). Dabei muss auch die Strecke berücksichtigt werden, die ein möglicherweise mit zul Höchstgeschwindigkeit entgegenkommendes Fz, das aus dem nicht einsehbaren Raum kommt, bis zur Begegnung zurücklegt, es sei denn, die Breite der Str lässt ein gefahrloses Überholen auch bei GegenV zu (OLG Düsseldorf NZV 94, 290; DAR 96, 290; OLG Hamm DAR 00, 265). Die erforderliche Mindestsichtweite für das Überholen ergibt sich demnach aus der Summe der Strecken des Überholenden u des GegenV bis zur Begegnung (OLG Hamm VM 66, 142; OLG Düsseldorf aaO). Letztlich gilt: Nach § 5 I und II StVO darf nur überholen, wer übersehen kann, dass während des ganzen Überholvorgangs jede Behinderung des Gegenverkehrs ausgeschlossen ist. Das ist nur dann der Fall, wenn der Überholende einen Abschnitt der Gegenfahrbahn einsehen kann, der zumindest so lang ist, wie die für den Überholvorgang benötigte Strecke, zuzüglich des Weges, den ein entgegenkommendes, mit zulässiger Höchstgeschwindigkeit fahrendes Fahrzeug während des Überholens zurücklegt, es sei denn, die Breite der Straße lässt ein gefahrloses Überholen auch bei Gegenverkehr zu (OLG Hamm, NStZ-RR 2013, 181). 19

Das **Gelände außerhalb** der Str wie die Möglichkeit, dass Nebenwege in sie einmünden, begründet die Unübersichtlichkeit nicht (vgl § 2 Rn 34). Bei Annäherung an eine nicht einsehbare Seitenstr ist das Überholen unzul, wenn die Gefahr besteht, dass einbiegenden Vorfahrtberechtigten die Weiterfahrt abgeschnitten wird (Bay 70, 95 = VRS 39, 137; OLG Hamm VRS 51, 68). Wer überholen will, muss sich auch auf solche, noch nicht wahrnehmbare auf der 19a

StVO § 5 I. Allgemeine Verkehrsregeln

Straße mit Vorfahrt nahende Fze einstellen, die möglicherweise in seine Straße einbiegen werden (§ 8 II letzter Satz).

19b Die **Unübersichtlichkeit** kann auch **durch andere Sichthindernisse** begründet werden, zB durch Dunkelheit, die durch Reichweite der Scheinwerfer nicht beseitigt werden kann (Bay 52, 45; 55, 96, 99; BGH VRS 3, 247), durch längere Blendwirkung entgegenkommender Fze (OLG Stuttgart DAR 65, 103), durch einen Platzregen oder dichten Schneefall. Bei dichtem Nebel darf auch dann nicht überholt werden, wenn die rechte Fahrbahnseite nicht verlassen wird, weil der Fz-Führer nicht ausschließen kann, dass Gegenfahrzeuge teilweise auf seinen Fahrstreifen geraten könnten (Bay 55, 142 = VM 56, 46; s dazu unten 31). Ein haltendes oder vorausfahrendes Fz oder eine unklare VLage macht die Str meistens nicht unübersichtlich (Bay 61, 133 = VRS 23, 378; OLG Hamburg VM 67, 134; OLG Hamm VM 71, 9; s auch § 2 Rn 39 ff).

19c An einer unübersichtlichen Stelle überholt auch, wer dort den Überholvorgang einleitet u sich dann auf einem übersichtlichen Straßenstück wegen GegenV genötigt sieht, sich in gefährlicher Weise zu knapp vor das Überholten zu setzen (OLG Düsseldorf VM 66, 80). Wer umgekehrt auf einer zunächst übersichtlichen Strecke das Überholen eingeleitet hat, es aber wegen Annäherung an eine nicht mehr übersehbare Stelle nicht mehr gefahrlos beenden kann, verstößt nicht gegen § 5 II S 1, wenn er das Überholen auf dem noch übersichtlichen Teil der Strecke abbricht (Bay 52, 179 = VRS 5, 67; OLG Hamm VM 66, 142). § 5 II S 1 geht III 1 als Spezialregelung selbst dann vor, wenn bzgl der Erkennbarkeit oder des Verhaltens des GegenV eine unklare VLage entsteht (OLG Düsseldorf ZfS 86, 94).

20 Wer auf einer Fahrbahn mit GegenV eine **Fz-Kolonne** überholen will, muss die Gewissheit haben, dass er vor Annäherung von GegenV sich entweder vor das vorderste Fz setzen oder in eine zum Einscheren ohne Gefährdung oder Behinderung der Rechtsfahrenden ausreichende Lücke einfahren kann (Bay 58, 186 = VRS 16, 65; OLG Braunschweig DAR 59, 250). Vgl dazu § 4 II Rn 18. Sog: **Lückenfall:** Wer eine wartende Kfz-Schlange überholt, muss für den Querverkehr freigelassene Lücken an Kreuzungen und Einmündungen beachten und dort mit Querverkehr rechnen (BGH VersR 69, 756; OLG Hamm NJW 92, 2239). Wegen des Überholens mehrerer Fze s unten Rn 41 f u § 7 Rn 3.

21 Auf **mehrspurigen Fahrbahnen** für eine Richtung ist das Überholen in Kurven u Kuppen nicht verboten, weil dort GegenV nicht zu erwarten ist. Der Überholende muss nicht bei Einleitung des Überholens wissen, ob u wo er sich wieder rechts einordnen kann (Mühlhaus DAR 73, 38; OLG Hamburg VRS 43, 385; KG 2 Ss 204/00; aA OLG Saarbrücken VRS 42, 379; vgl unten Rn 38 f).

22 **d) Abs 2 Satz 2: Wesentlich höhere Geschwindigkeit.** Die Geschwindigkeit des Überholenden muss wesentlich höher sein als diejenige des Überholten. Zweck der Vorschrift ist es, eine Behinderung des übrigen Verkehrs durch ungewöhnlich lange Überholvorgänge zu vermeiden (Bay 58, 116 = VRS 15, 302). Vom **absoluten Geschwindigkeitsunterschied** (mehr an km/h) hängt die Zeit, vom **relativen Geschwindigkeitsunterschied** (prozentualen Verhältnis) die Länge des Weges der Überholung ab. Auf welchen dieser Maßstäbe abzustellen ist, hängt davon ab, ob im Einzelfall die lange Dauer (Behinderung des nachfolgenden Verkehrs) oder der lange Weg (Gefährdung Entgegenkommender) der Überholung oder beide den übrigen Verkehr behindern. Dabei kann auch nicht unberücksichtigt bleiben, ob das überholende Fz mit der auf der Str üblichen

Überholen **§ 5 StVO**

Geschwindigkeit oder erheblich langsamer fährt. Wann die Geschwindigkeit des Überholenden „wesentlich" höher ist, ist eine Frage des Einzelfalls. Sie muss jedenfalls so hoch sein, dass der Überholvorgang zügig durchgeführt werden kann. Allerdings dürfen die Anforderungen nicht übertrieben hoch sein (OLG Bremen VRS 28, 50). Es ist deshalb folgerichtig, dass einerseits ein mit 50 km/h fahrender Pkw ein mit 40 km/h fahrendes Fz überholen darf (Bay aaO), nicht aber ein mit 20 km/h fahrender Lastzug auf der BAB einen mit 10 km/h fahrenden Lkw (Bay 61, 14 = VM 61, 26). Auf ihr darf ein Lkw auch mit einer Geschwindigkeit von 70–80 km/h eine lange Kolonne von Fzen, die einen Tempo von 60 km/h einhält, nicht in einem Zug überholen. Auf der AB, auf der nicht mit GegenV zu rechnen ist, spielt die Länge der durch das Überholen in Anspruch genommenen Wegstrecke eine geringere Rolle als die zeitliche Dauer des Überholens, da von dieser die Behinderung des schnelleren nachfolgenden Verkehrs abhängt (Bayv 29.3.67 – 1b St 17/67). Hentschel/König/Dauer § 5 Rn 32: „Nach OLG Hamm NZV 09, 302 gilt bei „Elefantenrennen" die Faustregel, dass der Überholvorgang nach maximal 45 Sec abgeschlossen sein muss, was bei einer Geschwindigkeit um 80 km/h einer Differenzgeschwindigkeit von 10 km/h entspricht (so auch das OLG Zweibrücken NJW 10, 885). Sog Gigaliner dürfen nur Fahrzeuge überholen, die nicht schneller als 25 km/h fahren können (§ 9 I, II LkwÜberLStVAusnV; vgl Hentschel/König/Dauer § 5 Rn 32; BVerfG NVwZ 14, 1219).

Während im allg eine Geschwindigkeitsdifferenz von 5–10 km/h nicht ausreicht (BGH VRS 30, 349; VM 59, 28 m Anm Booß), ist es andererseits zul, dass ein Pkw innerhalb einer geschl Ortschaft mit einer Geschwindigkeit von 50 km/h ein Fz, das mit 45 km/h fährt, überholt (OLG Bremen VRS 28, 50); denn auf eine erhebliche Differenzgeschwindigkeit kommt es nicht an, wenn der Überholende mit der zugelassenen Höchstgeschwindigkeit fährt (BGH VM 66, 133). Bei der Berechnung der Dauer eines Überholvorganges ist auch der vor und nach dem Überholen vorgeschriebene Sicherheitsabstand zu berücksichtigen (Lastkraftwagen 50 m – § 4 III StVO).

Die **Überholgeschwindigkeit** soll – im Rahmen des Erlaubten – möglichst **23** hoch sein, damit die Überholung abgekürzt wird; die **zul Höchstgeschwindigkeit** darf aber auch beim Überholen nicht überschritten werden (OLG Köln DAR 67, 17; OLG München NJW 66, 1270; aA OLG Hamm BeckRS 14, 06528). Die Begrenzung der Geschwindigkeit wirkt sich daher faktisch als Überholverbot aus, wenn die Geschwindigkeit des Rechtsfahrenden eine Überholung mit (wesentlich) höherer Geschwindigkeit nicht zulässt (BGH(Z) VRS 12, 417; OLG München VRS 31, 170; OLG Schleswig VRS 91, 299; aA OLG Hamm BeckRS 14, 06528 – kein faktisches Überholverbot). Über Notstand in solchen Fällen s § 3 Rn 57. Vom Überholen eines anderen Fz muss auch derjenige absehen, der bei Durchführung des Überholvorgangs gezwungen wäre, seine Geschwindigkeit so zu steigern, dass er mit der Möglichkeit des Schleuderns rechnen müsste (BGH VersR 66, 1156).

e) Abbrechen der Überholung. Erkennt der Überholende erst während des **24** Überholens, dass er es nicht gefahrlos beenden, dass er insb nicht wesentlich schneller als das eingeholte Fz fahren kann, so muss er die Überholung abbrechen u hinter das überholte Fz zurückkehren (Bay 60, 80 = VRS 19, 226; OLG Hamm NZV 91, 480). Er genügt im allg dieser Pflicht, wenn er in einer den GegenV nicht gefährdenden Weise auf der rechten Fahrbahnseite nahe der Fahrbahnmitte bleibt (OLG Hamm VRS 27, 47). Auch wer zunächst einen geringen Vorsprung

Heß

vor dem überholten Fz erreicht, muss das Überholen abbrechen u hinter den Rechtsfahrenden zurückkehren, wenn er den Vorsprung nicht so vergrößern kann, dass er sich unter Einhaltung des gebotenen Abstandes vor den Überholten zu setzen vermag.

25 **4. Abs 3 u 3a: Überholverbote.** Die Überholverbote des Abs 3 und des Abs 3a schützen den Gegenverkehr, Vorausfahrende und den nachfolgenden Verkehr (BGH VR 68, 578; Hentschel/König/Dauer § 5 Rn 33). Daher ist ein Überholen bei unklarer Verkehrslage (Rn 26 ff) sowie bei angeordneten Überholverboten (Rn 28) unzulässig.

26 **a) Unklare Verkehrslage.** Eine unklare Verkehrslage (§ 5 III Nr 1) liegt vor, wenn der Überholende nach den gegebenen Umständen mit einem ungefährlichen Überholvorgang nicht rechnen darf (Bay NZV 90, 318; OLG Düsseldorf NZV 94, 446; 96, 119; NZV 97, 491; KG VM 90, 91; OLG Köln VRS 89, 432; KG DAR 01, 467; OLG Karlsruhe NZV 99, 166; AG Bad Segeberg, Urteil v. 28.4.2011 – 17 C 388/09; OLG Düsseldorf, Urt. v. 10.3.2008 – 1 U 175/07; KG NZV 2010, 506 s auch § 3 Rn 33), wenn also die VLage unübersichtlich (s oben Rn 19) bzw ihre Entwicklung nach objektiven Umständen (OLG Düsseldorf aaO) nicht zu beurteilen ist (Bay bei Bär DAR 89, 361; OLG Zweibrücken VM 79, 52; OLG Koblenz VRS 44, 192). Es kommt hierbei nicht auf das Gefühl des Überholwilligen an (LG Saarbrücken VRR 2009, 387). Der Grund für die unklare Lage ist unerheblich (Bay NZV 90, 318): Zweifel, ob der Überholvorgang gefahrlos beendet werden kann, (OLG Düsseldorf aaO), weil zB das Verhalten anderer, für das beabsichtigte Überholen maßgeblicher VT (Querverkehr und der zu Überholende) ungewiss ist (KG VM 87, 106; VM 92, 31; NZV 2010, 506; OLG Hamm VRS 53, 138; OLG Köln MDR 2011, 290; OLG Saarbrücken NJW-Spezial 2010, 746) oder bei Sichtbehinderung durch ein vorausfahrendes Fz (BGH DAR 96, 11) oder schlechter Witterung (OLG Koblenz VRS 47, 31: Nebel – s hierzu aber speziell unten c) –; OLG Hamm VRS 25, 443: Blendung durch Sonne) oder Str-Führung (BGH NZV 96, 27), bei fehlender Sicht auf das Richtungs Z eines Vorfahrenden (s unten Rn 32), wenn ein solcher das linke Richtungs Z gesetzt, sich aber nicht links eingeordnet hat (vgl unten Rn 61), sondern zunächst einen Schlenker nach rechts macht (KG VM 90, 67), wenn ein verkehrsgerechtes Verhalten unsicher ist (OLG Hamm VRS 48, 461; OLG Stuttgart (Z) VM 90, 9), wenn mehrere Kfze ohne ersichtlichen Grund auf dem linken Fahrstreifen warten (KG VM 85, 73), wenn ein zu überholender Radf schon so nahe an ein Hindernis herangefahren ist, dass er gezwungen ist, entweder nach links auszuweichen oder abrupt abzubremsen (KG VRS 53, 271; vgl auch OLG Düsseldorf VRS 63, 339), wenn jemand nach links ausholt, um nach rechts in ein Grundstück einzufahren (OLG Saarbrücken VM 78, 109), bei einem nicht eindeutig nach rechts abbiegenden Fahrzeug, das einen Radweg in Anspruch nimmt (OLG Saarbrücken OLGR 06, 671–67), wenn nach Auflösung eines Hindernisses mehrere gleichzeitig überholen wollen (OLG Celle VM 79, 51), wenn in unübersichtlichen Kurven mit GegenV zu rechnen ist (OLG Köln VM 87, 13), wenn der VRaum vor einer Kolonne nicht voll übersehbar ist (OLG Braunschweig VRS 85, 409), wenn die Verlangsamung der Geschwindigkeit des Vorausfahrenden iVm der VSituation u Örtlichkeit (Annäherung an eine links abzweigende Str) geeignet ist, Zweifel über die beabsichtigte Fahrweise des Vorausfahrenden aufkommen zu lassen (OLG Schleswig NZV 94, 30; wenn der Vorausfahrende besonders auffällig und über eine längere Zeit langsam fährt (18 km/bei erlaubten

Überholen §5 StVO

100 km/h), kann der nachfolgende Verkehr nicht davon ausgehen, dass alles in Ordnung und ein gefahrloses Überholen möglich ist (OLG Düsseldorf, Urt v 10.3.2008 – 1 U 175/07 = BeckRS 2008, 11 857 = NJW-Spezial 08, 490); wenn in einer haltenden Fz-Schlange erkennbar eine Lücke freigehalten ist, um dem QuerV das Überqueren oder aus einer Tankstelle das Einfahren zu ermöglichen (Bay 65, 28; 71, 2; NZV 88, 77; KG VM 91, 23; 92, 486; OLG Hamm NZV 92, 238; OLG Düsseldorf StVE § 10 StVO 8), anders, wenn die Kolonne noch fährt (Bay 67, 116, 118); wenn ein Straßenmeisterei-Lkw straßenmittig steht und den linken Fahrtrichtungsanzeiger betätigt hatte (OLG Rostock NJOZ 2011, 1564); wenn ein Pkw eine langsamer werdende Kolonne überholt hat, von der zwei Fahrzeuge nach links blinken und ein Fahrzeug in einen Feldweg abbiegt (OLG München BeckRS 2010, 08691); wenn sich das vorausfahrende Fahrzeug nahe einer Straßeneinmündung links eingeordnet hat und seine Geschwindigkeit auf ca. 30 km/h absenkt, wobei Anlass besteht – falls das vorausfahrende Fahrzeug nicht blinkte – ein vor diesem herfahrendes weiteres Fahrzeug zu vermuten, welches gegebenenfalls abbiegen wollte (LG Leipzig BeckRS 2012, 15209); wenn ein Motorrad eine Kolone (4–5 Fahrzeuge) überholt, die ihre Geschwindigkeit reduziert und das abbiegende Spitzenfahrzeug den Blinker gesetzt hatte (OLG Stuttgart VersR 2011, 1460).

Aber: **Keine unklare VLage** bei bloß abstrakter Gefahrenlage (OLG Düssel- **27** dorf NZV 96, 119), wenn ein Abschluss des Überholens vor dem Z 276 unsicher ist (OLG Düsseldorf VRS 65, 64), eine langsame Kolonne überholt wird (Bay bei Rüth DAR 85, 234), beim Überholen einer Kolonne durch einen Kleintransporter auf einer Bundesstraße unmittelbar hinter einer Ortschaft (OLG Rostock v 23.2.2007, 8 U 39/06), Auch keine unklare VLage, wenn ein Kfz vom rechten Fahrbahnrand anfährt, zumal nicht damit gerechnet werden muss, dass es grob verkehrswidrig (§§ 9 V, 10) quer über die Fahrbahnmitte hinaus nach links gelenkt wird (OLG Zweibrücken VRS 57, 135; OLG Stuttgart VRS 65, 66; Bay 85, 108 = VRS 70, 40). Auch ergibt die Tatsache, dass die Abbiegestelle noch weiter entfernt ist (Bay NZV 90, 318), dass ein Kfz ohne ersichtlichen Grund unüblich langsam fährt oder wenn sich ein Vorausfahrender einem langsameren Vordermann ohne Einschaltung des Richtungs-Z nähert, allein der Umstand, dass in der überholten Kolonne möglicherweise eine Lücke für ein parkendes Fahrzeug freigehalten wird, um diesem das Einfädeln zu ermöglichen, macht die Verkehrslage für den Überholenden nicht unklar (OLG Düsseldorf BeckRS 2012, 02371), **noch keine unklare VLage** (OLG Frankfurt/M. VM 73, 127; Bay 74, 64 = VRS 47, 379; VRS 64, 55 u v 26.5.87, 1 St 44/87), solange er sich diesem nicht so schnell nähert, dass er entweder jäh bremsen oder überholen muss (Bay v 28.1.86, 2 Ob OWi 355/85); ebenso wenig, wenn ein Kfz am Ende eines Überholverbots mit gleicher Geschwindigkeit u ohne Richtungsanzeige nach links weiter hinter einem Lkw herfährt (Bay 86, 74 = StVE 82) oder nur seine Geschwindigkeit herabsetzt, ohne sich vor einer Abzweigung nach links deutlich nach links eingeordnet (Bay VRS 59, 295; 61, 61; KG NZV 93, 272; s aber OLG Schleswig NZV 94, 30; s oben 26), geschweige denn ein RichtungsZ gegeben zu haben (Bay VRS 61, 63; 72, 295; OLG Koblenz StVE 80). Selbst wenn die Fahrweise (Herabsetzung der Geschwindigkeit u Einordnung nach links) auf ein bevorstehendes Linksabbiegen hindeutet, nimmt die hM noch keine unklare VLage an, solange das linke RichtungsZ fehlt (BGHSt 12, 162; BGH VersR 64, 513; OLG Hamm VRS 41, 37; Bay 87, 154; v 29.12.88, 2 Ob OWi 281/88;) u keine bes Umstände hinzutreten (OLG Köln VRS 65, 392), weil dann das Abbiegen noch nicht unmittelbar bevor-

StVO § 5 I. Allgemeine Verkehrsregeln

stehe. KG MDR 2011, 97: Eine unklare Verkehrslage liegt nicht schon vor, wenn das vorausfahrende Fahrzeug verlangsamt und sich bereits etwas zur Fahrbahnmitte hin eingeordnet hat (OLG München, BeckRS 2012, 23205). Hieraus kann nicht der Schluss gezogen werden, dass der Vorausfahrende alsbald ohne Rücksicht auf den nachfolgenden Verkehr nach links abbiegen werde, ohne dies vorher ordnungsgemäß und rechtzeitig angezeigt zu haben. Allerdings weist Bay (85, 47 = VRS 69, 53 = StVE 75) unter Aufg der früheren RSpr zutr darauf hin, dass die Richtungsanzeige häufig unterbleibt u schon die widersprüchliche Verhaltensweise ein Überholen verbieten kann (so auch OLG Hamm VRS 53, 211; s auch unten 62, § 9 Rn 8 f). – Überholen bei unzureichender Sichtweite verstößt gegen II S 1, nicht III 1 (Bay VRS 43, 306; OLG Düsseldorf ZfS 86, 94; Mühlhaus DAR 73, 38; abw OLG Saarbrücken VRS 42, 379; s Rn 19 u 31). Allein ein gelbes Blinklicht begründet noch keine unklare Verkehrslage (OLG Düsseldorf BeckRS 17, 108496).

28 **b) Überholverbote durch VZeichen.** (§ 5 III Nr 2). Der Beginn der Verbotsstrecke wird durch **Z 276, 277,** ihr Ende durch **Z 280–282** bezeichnet. Von der Kennzeichnung des Endes der Verbotsstrecke darf nur abgesehen werden, wenn das VerbotsZ zusammen mit einem GefahrZ angebracht ist u die gefährliche Stelle zweifelsfrei erkennbar ist, ferner wenn die Länge der Verbotsstrecke auf einem Zusatzschild angegeben ist (§ 41 II 7). Straßeneinmündungen beenden die Streckenverbote nach § 41 II 7 – anders als die Haltverbote nach Nr 8! – nicht (OLG Koblenz VRS 50, 466), auch wenn das VerbotsZ dahinter nicht wiederholt wird (OLG Düsseldorf ZfS 88, 192).

29 **Z 276** bezweckt nicht nur den Schutz des GegenV, sondern auch den des vorausfahrenden u nachfolgenden (BGHSt 25, 293, 300 = NJW 74, 1205); es gilt daher für Links- u (sonst zul) Rechtsüberholen (OLG Hamburg VM 83, 104; Bay DAR 87, 94; OLG Koblenz NZV 92, 198; OLG Köln NZV 92, 415; Verf NStZ 83, 548), es sei denn, dass der Schutz des Gegen- u übrigen Verkehrs nicht berührt ist (wie beim Überholen eines eingeordneten Linksabbiegers durch Geradeausfahrer oder Linksabbieger selbst: Bay aaO; OLG Koblenz VRS 83, 58; NZV 92, 198). Es gilt nur im Verhältnis zwischen die dieselbe Fahrbahn (Bay VRS 57, 56; OLG Köln NZV 92, 415), nicht auch gegenüber den einen (nicht zur Fahrbahn gehörenden: § 2 I S 2) Seitenstreifen oder eine angrenzende Standspur benutzenden Fzen (aA BGHSt 30, 85; OLG Köln VRS 67, 374; s dazu § 2 Rn 95 f u unten Rn 59). Das Zeichen verbietet **allen** Kfz-Führern, also auch Kradf (ohne verfassungswidrig zu sein: OLG Düsseldorf VRS 60, 313; OLG Köln VRS 60, 153; VM 81, 63; OLG Frankfurt/M. VRS 60, 139; OLG Koblenz VRS 59, 467 u 60, 387; aA AG Düren NJW 80, 1117 Verstoß gegen Art 3 I GG), **Z 277** nur den Kfzen über 3,5 t einschl Anhänger (außer Pkw, auch nicht mit Anhänger: OLG Frankfurt/M. VRS 66, 60) u Omnibussen das Überholen von mehrspurigen Kfzen u Krafträdern mit Beiwagen; erfasst sind auch Wohnmobile über 3,5 t (bisher 2,8) (OLG Braunschweig NZV 94, 80). Das gilt nach Bay NZV 97, 189 iVm DAR 97, 319 auch bei einem Überholverbot nach **Z 276** m ZusatzZ 1049–13; OLG Hamm hat seine früher vertretene gegenteilige Ansicht (s DAR 96, 381 bei Burhoff) aufgegeben (s DAR 97, 320 li Sp oben). – Erlaubt ist das Überholen von nicht motorisierten Fzen u Krafträdern, auch wenn sie Anhänger mitführen (Erl d BMV v 27.11.59, VkBl 59, 535).

30 Wer überholen will, hat **vorher auch zu prüfen,** ob innerhalb der Überholstrecke ein Überholverbotsschild steht (OLG Hamm VRS 43, 384), aber im mehr-

Überholen **§ 5 StVO**

reihigen Verkehr nur im Rahmen des Zumutbaren (OLG Hamm VRS 54, 301); zum irreführenden Zusatzschild s Bay VRS 68, 292. Ein ÜberholverbotsZ verbietet nicht nur die Einleitung, sondern auch die Fortsetzung u Beendigung eines vorher eingeleiteten Überholvorganges (OLG Schleswig VM 64, 28). Im Verkehr auf mehreren Fahrstreifen für nur eine Richtung ist das Überholverbotszeichen beachtet, wenn der Überholende bis zum Z das überholte Fz so weit hinter sich gelassen hat, dass er sich ohne Gefährdung vor diesem einordnen könnte, auch wenn er sich nicht wieder nach rechts einordnen muss (BGHSt 25, 293 = VRS 47, 218). Überholen an Fahrstreifenbegrenzung **(Z 295)** s § 2 Rn 92 ff. Gegen ein Überholverbot verstößt auch, wer vor der durch **Z 280–282** gekennzeichneten Beendigung sich seitlich neben ein anderes Fz setzt u bis zu dessen Höhe vorfährt (OLG Hamm DAR 62, 134), vor Rot Wartende überholt, denn Verkehrszeichen gehen den allgemeinen Regeln vor (BGHSt 25, 293; 26, 73) oder nach Erlöschen des Rotlichts schneller wieder anfährt, auch wenn das Auffahren zwischen LZAen nach § 37 IV erlaubt ist (OLG Düsseldorf VRS 70, 41 = StVE 78; s § 7 Rn 9). Das gilt aber nicht für denjenigen, der eine durch Richtungspfeile markierte Spur für Linksabbieger befährt (OLG Köln VM 68, 75). Auch links eingeordnete, wartende Linksabbieger (§ 9 III) dürfen überholt werden, da dies den Geradeausverkehr sonst gefährlich unterbrechen würde (OLG Koblenz NZV 92, 198), anders nur, wenn der Überholende selbst links abbiegt.

Mit der 46. **VO zur Änderung straßenverkehrsrechtlicher Vorschriften** 30a ist das Wort „verboten" durch das Wort „angeordnet" ersetzt worden. Es geht hierbei um einen Verweis auf den Verordnungsbefehl an die Fahrzeugführer, der sich in der Spalte 3-neu der Anlage 2 bei den Zeichen 276 und 277 befindet (Überholverbot).

c) Überholverbot bei extrem schlechter Sicht (Abs 3a). Diese – iVm der 31 Geschwindigkeitsregelung in § 3 I S 3 (s § 3 Rn 19a) zu sehende – Vorschrift lässt die sonstigen Überholverbote (s oben a u b) unberührt u regelt das Verhalten in einem speziellen Fall der „unklaren Vlage"; es gelten daher auch hier die entspr Ausführungen (s Rn 26 sowie § 3 Rn 33) u die sonstigen allg Überhol-Regeln u -Begriffe (s zB Rn 8); dh, dass dann theoretisch auch das Überholen von Fußgängern u Radf verboten ist (s Rn 5), was indessen wenig sinnvoll erscheint (dagegen m R Hentschel/König/Dauer § 5 Rn 38a). Das Verbot gilt auf allen Str, insb auch auf ABen, wenn die Sichtweite weniger als 50 m (= Regelabstand der Leitpfosten) beträgt, jedoch nicht für Pkw u Lkw bis incl 7,5 t.

5. Pflichten gegenüber dem nachfolgenden Verkehr. a) Vortritt des 32 **Vorausfahrenden.** Ein begrenztes **Überholvorrecht** lässt sich aus **IV S 1** für den Nachfolgenden ableiten, da auf ihn der überholwillige Vorausfahrende, bevor er selbst zum Überholen ansetzt, zu achten, dh seine Überholabsicht zurückzustellen hat, wenn ein nachfolgender VT seinerseits bereits im Überholen begriffen ist oder dazu angesetzt hat; danach hat derjenige den Vortritt, der zum Überholen in zulässiger Weise (s unten Rn 33 ff u 43) zuerst angesetzt hat (BGH VRS 72, 22; KG VM 95, 41; Bay VRS 64, 55; Hentschel/König/Dauer § 5 Rn 40). Das gilt allerdings nicht, wenn der Vorausfahrende seinerseits bereits erkennbar eine Überholabsicht angezeigt hat, im Ausscheren begriffen ist oder sich seinem langsameren Vordermann oder einem Hindernis so schnell nähert, dass er genötigt wäre, nach links auszuweichen oder abrupt zu bremsen (Bay aaO; VRS 47, 379). Daraus folgt, dass auch der Überholwillige den vorausfahrenden VT sorgfältig zu beobachten u sein Verhalten danach einzurichten hat (KG aaO; OLG Celle VersR 79,

476); dies iVm dem auch sonst im VerkehrsR geltenden Prioritätsgrundsatz (s zB § 2 Rn 74, 76) sollte zB beim Auflösen einer Kolonne dem jew Vorausfahrenden den Vortritt gewähren (BGH(Z) aaO; OLG Schleswig DAR 75, 76; s aber KG NZV 95, 359). Ein absolutes **VorR** der **vorausfahrenden** oder des **schnelleren** gegenüber dem langsameren VT gibt es jedoch nicht. Vortritt hat grundsätzlich derjenige, der zuerst eindeutig seine Überholabsicht angekündigt hat (AG Ludwigslust, Schaden-Praxis 00, 261).

33 b) **Abs 4 S 1: Gesteigerte Sorgfaltspflicht vor Ausscheren.** Die gesteigerte Sorgfaltspflicht gegenüber dem nachfolgenden Verkehr, die bisher nur auf Schnellstr galt (§ 18 IV aF), ist seit der 9. ÄndVO auf **alle** Str ausgedehnt, soweit das Überholen ein Ausscheren erfordert. Verlangte § 5 IV S 1 bisher nur, auf den nachfolgenden Verkehr zu achten, muss jetzt überall dessen Gefährdung **ausgeschlossen** sein (s oben Rn 13b § 10 Rn 7), dh sonst absolutes Überholverbot (OLG Koblenz VRS 59, 36). OLG Schleswig MDR 2010, 144: Es ist äußerste Sorgfalt sowohl in subjektiven als auch im objektiven Bereich erforderlich. Dabei verbietet schon der geringste verbleibende Zweifel das Verhalten, denn es ist andernfalls eine Behinderung (Gefährung) nicht ausgeschlossen. Verboten ist aber nicht jede leichte, geringfügige Behinderung, auf die sich der Nachfolgende in seiner Reaktionsbereitschaft u Fahrweise (zB durch leichtes Bremsen) einrichten kann (Bay VRS 62, 61 = StVE § 18 StVO 29; bei Rüth DAR 85, 235), ihn also nicht zu scharfem Bremsen oder zu ungewöhnlichen Fahrmanöver veranlasst (BGH VRS 17, 223; OLG Köln VRS 44, 436; OLG Celle VRS 40, 218). Maßgeblich ist hier die Verkehrsdichte. – Wer sofort von der Beschleunigungs- auf die Überholspur wechselt, haftet für einen Auffahrunfall allein (OLG Hamm NZV 92, 320).

34 **Ausscheren** ist eine Seitenbewegung, durch die die Fahrlinie so weit verlegt wird, dass dadurch einem Benutzer des anliegenden Fahrstreifens die ungehinderte Weiterfahrt beeinträchtigt werden kann. Mit geringeren seitlichen Abweichungen des Vorausfahrenden muss der Nachfolgende immer rechnen u sie unter Ausnutzung der gebotenen Seitenabstände nach rechts u links ausgleichen (Begr). Hierunter fallen (nach dem oben Rn 14 Ausgeführten) Seitenbewegungen bis zu etwa 1 m, je nach VDichte u Fahrbahnbreite etwas mehr oder weniger. Von einem „Ausscheren" kann man nicht sprechen, wenn die Fahrlinie mit einer ganz geringen, allmählichen Abweichung von der bisherigen Fahrspur nach links verlegt wird, zB vor einem weithin sichtbaren Hindernis auf der AB (vgl BGH VRS 30, 105). Wer den Fahrstreifen nicht verlässt, sondern nur wenig ausbiegt, schert nicht aus (OLG Celle DAR 99, 453). Für die Einhaltung des gebotenen Abstandes u die rechtzeitige Abgabe des WarnZ ist nach wie vor der Hintermann allein verantwortlich.

35 Der Gefährdungsausschluss verlangt eine bes sorgfältige **Rückschau** (OLG Karlsruhe DAR 88, 163; Thü NZV 06, 147). Die Rückschaupflicht besteht auch im innerörtl Verkehr; hier ist sie sogar wegen der erweiterten Zulassung des mehrspurigen Fahrens u der damit erhöhten Bedeutung des Spurhaltens bes wichtig. Der Überholwillige darf (auch auf Schnellstr: Bay bei Rüth DAR 85, 235) auf die Überholbahn ausscheren, wenn er sie frei erkannt hat oder ein anderes Fz so weit entfernt ist, dass es höchstens leicht behindert (Bay VRS 62, 61), dh zu einer gefahrlosen Herabsetzung seiner Geschwindigkeit veranlasst, aber nicht gefährdet werden kann (BGHSt 5, 271; VRS 17, 344; 18, 36; OLG Hamm VRS 39, 290; OLG Karlsruhe NZV 92, 248). Die Gefährdungsmöglichkeit hängt

Überholen **§ 5 StVO**

von der Geschwindigkeitsdifferenz zwischen den beiden Fzen ab, weil die Aufholstrecke des Nachfahrenden bis zur Angleichung seiner Geschwindigkeit an die des Vorausfahrenden ebenso lang ist wie der Anhalteweg bei einer der Geschwindigkeitsdifferenz entspr Geschwindigkeit (s Bay VRS 62, 61 u v 2.4.90 bei Bär DAR 91, 361). Überholen einer **Fahrzeugkolonne** ist nicht generell verboten (KG DAR 02, 557; OLG Rostock v 23.2.2007, 8 U 39/06), den Überholenden einer Kolonne trifft aber wg bes Gefahrenpotentials eine gesteigerte Sorgfaltspflicht (vgl OLG München BeckRS 17, 112371; OLG Hamm NZV 95, 399; OLG Karlsruhe NZV 01, 473; OLG Rostock aaO). Es kann sogar zu einer vollen Haftung des Überholenden gegenüber dem Linksabbieger, der die Kolonne anführt, kommen (OLG Frankfurt BeckRS 17, 102185). Die **Einschätzung der Geschwindigkeit** ist insbesondere auf Schnellstraßen von Bedeutung. So muss gerade ein Lkw-Fahrer damit rechnen, dass sich von hinten nähernde Pkw mit deutlich höherer Geschwindigkeit nähern (OLG Hamm DAR 01, 165). – Bei der gebotenen Rückschau muss der Fahrer den Bereich, der in seinem Rückspiegel nicht erblickt werden kann – **toter Winkel** –, kennen u bei der Dauer der rückwärtigen Beobachtung berücksichtigen, bevor er nach links ausbiegt (OLG Hamm VRS 32, 146; OLG Celle VRS 32, 384). Der weiter vorn Befindliche ist aber nicht verpflichtet, einem nachfolgenden VT, der zZ der Rückschau noch nicht auf der Überholbahn ist, beim Überholen des Dritten den Vortritt einzuräumen. Er darf vielmehr hier darauf vertrauen, dass der Nachfolgende das VorR des Vordermanns beachten werde (OLG Köln VRS 32, 466, 468; Bay v 26.10.67 – 1b St 352/67; aA OLG Celle aaO). Unzulässig ist das Ausscheren, wenn es den nachfolgenden Fahrzeugführern zu scharfem Bremsen oder anderen ungewöhnlichen Fahrmanövern zwingen würde.

Die **Rückschaupflicht** besteht auch, wenn der Überholende die Überholbahn 36 nur zu einem Teil mitbenutzen muss, aber durch seine Linksbewegung den nachfolgenden Überholer zu sachlich vertretbaren Abwehrmaßnahmen veranlassen kann (KG VRS 30, 315), denn das Ausscheren kann andere verunsichern; sie entfällt auch nicht, wenn der Überholende die durch VZ angeordnete Höchstgeschwindigkeit fast ausfährt (OLG Köln VRS 32, 466). Wer bereits im Überholen begriffen ist, muss währenddessen nicht auf seine ebenfalls überholwilligen Nachfolger achten (OLG Karlsruhe DAR 74, 79; OLG Oldenburg VRS 19, 61) oder einem Schnelleren weichen (OLG Celle VRS 40, 218; Bay VRS 34, 470; DAR 76, 170), solange die rechte Fahrspur dazu keine ausreichende Gelegenheit bietet (Rn 38 f).

Der Überholende darf grundsätzlich darauf **vertrauen**, dass der Vorausfahrende 37 nicht plötzlich ohne Rücksicht auf Nachfolgende nach links ausschert (BGH(Z) VRS 21, 404; VM 56, 23; OLG Stuttgart VM 90, 9). Erkennt der Überholende aber ein verkehrswidriges Verhalten des zu Überholenden, muss er sich durch Verringerung der Geschwindigkeit u Bremsbereitschaft darauf einrichten (OLG Stuttgart aaO). – Zur Sorgfaltspflicht des Überholenden beim Vorbeifahren an einem am linken Fahrbahnrand geparkten Pkw, der von seinen Insassen nicht mit Sicherheit schon verlassen ist, s § 14 Rn 2. Zu IV S 2, siehe Rn 14.

c) Abs 4 S 3 u 4: Wieder rechts einordnen. Abs 4 S 3 u 4 enthält ein spezi- 38 elles **Rechtsfahrgebot** (OLG Düsseldorf NZV 97, 321); es gilt (bes) auch auf ABen. Das Linksüberholen endet idR nicht damit, dass der Überholende vor dem Überholten einen Vorsprung erreicht hat, sondern erst mit dem Einordnen des Überholenden auf der rechten Fahrbahnseite (BGHSt 25, 293 = NJW 74, 1205;

OLG Hamm DAR 00, 265). Das Wiedergewinnen der rechten Fahrbahnseite ist auch dann noch ein Teil der Überholung, wenn es über Gebühr verzögert wird, außer wenn sich das überholende Fz bereits so weit vom überholten entfernt hat, dass sein Verbleiben auf der Überholbahn mit der Überholung in keinem inneren Zusammenhang mehr steht (Bay VRS 35, 280). Der Überholende darf sich vor den Überholten nur in einem solchen Abstand setzen, dass zwischen der Rückseite seines Fz u dem nachfolgenden VT ein Abstand verbleibt, der den Weg deutlich übersteigt, den letzterer in einer Sek zurücklegt (Bay VRS 28, 44; vgl auch OLG Köln VRS 26, 206); weniger als 20 m Abstand sind bei 80 km/h zu kurz (OLG Düsseldorf VRS 64, 8). Der Überholende **darf** sich in einem wesentlich **größeren** als dem Mindestabstand vor dem Überholten nach rechts einordnen, um diesen nicht zu behindern. Der doppelte Mindestabstand ist zul (Bay 68, 57, 60 = VRS 35, 421, 423). Ein etwas **kürzerer Abstand** genügt nur, wenn der Überholende erheblich schneller als der Überholte fährt u die rechte Fahrbahnseite vor dem Überholten frei ist, so dass der Überholende den erforderlichen Abstand ohne Gefährdung des anderen erreicht (Bay 62, 133 = VRS 23, 388; 62, 186, 188 = VRS 23, 466). Keinesfalls darf aber der Überholende die Fahrspur des Überholten „**schneiden**", dh in gefährlicher Nähe sich vor diesen setzen (s OLG Düsseldorf VRS 64, 7), was nach den §§ 240 u 315c I 2b StGB strafbar sein kann (s Fischer § 315c StGB Rz. 6a u OLG Köln NZV 95, 405).

39 Schert der Überholende in eine **Lücke** zwischen zwei rechts fahrenden Fzen ein, so muss er auch zu dem vorderen Fz den gleichen Abstand einhalten (OLG Düsseldorf VM 65, 141). Eine Lücke reicht zum Einscheren also aus, wenn sie den beiden Abständen zusammen, Weg in 3 sec oder eine ganze Tachometerzahl der Rechtsfahrenden in Metern (vgl § 4 Rn 3 f, 18), zuzüglich der Länge des einscherenden Fz entspricht. Wird eine **Kolonne** überholt, die so dicht aufgeschlossen fährt, dass zwischen den einzelnen Fzen keine Lücke besteht, die nach dem Dargelegten ein Rechtseinscheren zulässt, so ist das Überholen erst abgeschlossen, wenn sich der Überholende vor das erste Fz der Kolonne gesetzt hat (vgl aber § 4 II). Wer überholt, obwohl er sich bei Auftauchen von GegenV in eine zu knappe Lücke hineinzwängen muss, handelt grob verkehrswidrig (§ 315c I 2b StGB; OLG Düsseldorf aaO).

40 Auf Fahrbahnen mit **mehreren Fahrstreifen** für eine Richtung gehört das Wiedereinordnen vor dem überholten Fz nicht zum Überholen (OLG Koblenz VRS 61, 460); dieses ist beendet, wenn der Überholende den Überholten so weit hinter sich gelassen hat, dass er sich ohne Gefährdung vor diesem einordnen könnte (BGHSt 25, 293 = StVE 4; vgl dazu oben 21 u unten 57 f). Wer sich – auch auf der **AB** – entgegen § 5 IV S 3 nicht alsbald wieder rechts einordnet, verstößt gegen § 2 II S 1 (BGH VRS 10, 291; OLG Bremen DAR 62, 189) u muss sich beim späteren Einordnen nach rechts darüber vergewissern, ob sich dort nicht inzw ein schnelleres Fz nähert, das durch den Fahrspurwechsel gefährdet werden kann (Bay 75, 61 = StVE 10).

41 d) **Überholen mehrerer Fahrzeuge. „Weghupen, Wegblinken".** Zum **Überholen** darf auch dann auf die linke Seite gefahren werden, wenn sich dort Fze in langsamer Fahrt befinden, die erst zum Verlassen der Überholbahn aufgefordert werden müssen (OLG Köln VRS 28, 287). Ebenso ist das Befahren der linken Fahrbahnseite zulässig, um zu prüfen, ob ein Überholen möglich ist, aber nicht an unübersichtlicher Stelle (OLG Düsseldorf VM 66, 8; Bay 67, 132 = DAR 68, 22; oben Rn 8). Wer mehrere Fze, die in Abständen auf der rechten Fahrbahnseite

Überholen § 5 StVO

fahren, überholen will, muss zwischen den einzelnen Überholvorgängen die linke Fahrbahnseite nicht zugunsten eines schnelleren Nachfolgenden räumen, wenn er dies nur unter Verminderung seiner Fahrgeschwindigkeit durchführen (Bay 63, 78 = VRS 24, 456; 64, 93 = VRS 28, 44; 29, 468; OLG Köln 28, 287) oder vor dem nächsten Überholvorgang nur ganz kurz (weniger als 20 sec) auf der rechten Seite bleiben könnte (Bay 55, 47 = VM 55, 48; DAR 90, 187; OLG Frankfurt/ M. VM 64, 29 m Anm Booß; OLG Hamm VM 67, 110 m Anm Booß; OLG Düsseldorf VM 65, 68; OLG Karlsruhe VRS 55, 352). Dabei ist, wie bei jedem Überholen, vorausgesetzt, dass der Überholer eine wesentlich höhere Geschwindigkeit als die rechte Fz-Reihe einhält. Andernfalls muss er schnelleren Überholern die linke Fahrbahnseite freigeben. Wer auf der Überholbahn einem Fz folgt, das wegen seiner zu geringen Geschwindigkeit zur Rückkehr auf die rechte Fahrbahnseite verpflichtet ist, muss beim Aufrücken eines weiteren schnelleren Überholers die linke Fahrbahnseite nicht räumen, wenn er selbst beabsichtigt, das langsame Fz an der Spitze zu überholen, sobald dieses die linke Fahrbahnseite verlässt (vgl Rn 32). Der in der Mitte befindliche Fahrer kann aber in einem solchen Fall nach § 1 verpflichtet sein, seine eigene Überholabsicht dem langsamen Fahrer an der Spitze gem Abs 5 anzuzeigen u ihn zum Verlassen der Überholbahn aufzufordern. Dagegen hat er die linke Fahrbahnseite zu räumen, wenn er den langsamen Vordermann nicht überholen will; denn er befindet sich dann – ebenso wie dieser – wegen seiner im Verhältnis zu den rechts Fahrenden zu geringen Überholgeschwindigkeit zu Unrecht auf der Überholspur, solange sich der Verkehr nicht zum Fahren in mehreren Kolonnen nebeneinander verdichtet hat (Bay 67, 184 = DAR 68, 166).

Ein Nachfolgender darf den Vorausfahrenden durch **Hupen** oder (maßvolles!) **42 Blinken** (Bay VRS 62, 218) nur dann zum Verlassen der linken Fahrbahnseite animieren, wenn dieser zur Rückkehr auf die rechte verpflichtet u in der Lage (!) ist (Bay DAR 90, 187) u trotzdem keinerlei Anzeichen zum Verlassen der Überholspur erkennen lässt. Grob verkehrswidrig ist es aber, einen Überholer, der berechtigt die Überholbahn benutzt, im Interesse des eigenen schnelleren Vorwärtskommens „wegzuhupen" oder „wegzublinken" oder gar an ihn gefährlich nahe heranzufahren. Ein solches Verhalten kann VGefährdung nach § 315c I 2b StGB (OLG Celle VRS 38, 434; OLG Karlsruhe VRS 43, 105; OLG Köln VRS 61, 425 m Anm Geilen JK § 240 StGB 4), uU auch Nötigung darstellen (BGHSt 19, 263; 22, 341; Bay VRS 40, 285; OLG Düsseldorf VM 71, 92; NZV 96, 288; OLG Hamm VRS 45, 360; 55, 211; OLG Karlsruhe VRS 57, 21; OLG Celle VRS 58, 264; OLG Köln VRS 67, 224; NZV 95, 405; s Janiszewski 561 ff u NStZ 82, 240, III), wenn sich die bedrängende Fahrweise über eine längere Strecke fortsetzte (vgl OLG Celle VRS 38, 431; OLG Köln VRS 61, 425; OLG Köln NZV 00, 99, wenn auch bei anderer Fallgestaltung), nicht bei kürzerer Dauer (OLG Karlsruhe VRS 57, 415; Bay NZV 90, 238 u v 24.1.90 bei Janiszewski NStZ 90, 272). – Wegen Gefährdung u Nötigung durch zu nahes Auffahren s § 4 Rn 14 u 23.

e) Abs 4a: Richtungszeichen. IV a schreibt das RichtungsZ nicht nur vor **43–47** dem Ausscheren zum Überholen, sondern auch vor dem Wiedereinordnen nach rechts vor. Damit besteht (inner- u außerorts) eine allg Blinkpflicht vor jedem Wechsel des Fahrstreifens (vgl § 6 S 2, § 7 IV S 2, § 9 I, § 10 S 2), durch die aber kein Vorrang entsteht. Das RichtungsZ muss vor dem Ausscheren so bald gegeben werden, dass sich der nachfolgende Verkehr darauf einstellen kann (eine verspätete

StVO § 5 I. Allgemeine Verkehrsregeln

Anzeige steht einer Nichtanzeige gleich), aber auf Straßen mit Linksabbiegeverkehr nach Erreichen des neuen Fahrstreifens sofort wieder eingestellt werden, damit es nicht nachfolgende VT als Anzeigen des Abbiegens auffassen u glauben, sie dürfen rechts überholen. „Rechtzeitig" u „deutlich" s § 9 Rn 11 f. Das Richtungszeichen dient zwar in erster Linie dem Schutz des nachfolgenden (OLG Hamm DAR 75, 53; OLG Düsseldorf NZV 94, 488), doch auch dem des vorausfahrenden Verkehrs, zumal dieser eine Rückschaupflicht hat (OLG Hamm VRS 47, 58; OLG Celle StVE 83; aA Bay 72, 188 = VRS 44, 148). Das Wiedereinordnen ist auch beim Abbruch eines Überholversuchs einem folgenden Anschlussüberholer anzukündigen (OLG Saarbrücken VM 81, 41). Nach jedem Wiedereinscheren ist das Zeichen alsbald deutlich zurückzunehmen, um nicht Rechtsabbiegen vorzutäuschen. Wird der Richtungsanzeiger vor dem Ausscheren wieder abgeschaltet, kann der Nachfolgende darauf vertrauen, dass das Ausscheren unterbleibt (Bay MDR 60, 698; OLG Düsseldorf NZV 94, 488).

48 **6. Abs 5: Ankündigung des Überholens.** Die Überholabsicht darf außerhalb geschlossener Ortschaften durch kurze Schall- und Leuchtzeichen (V S 1; § 16 I 1), in geschlossenen Ortschaften im Interesse der Verkehrsberuhigung nur bei Gefahr durch WarnZ (§ 16) angekündigt werden. **Kurz** sind die Z, wenn sie stoßweiße u insgesamt nur wenige Sek gegeben werden (amtl Begr). Dadurch soll das in S 2 verbotene Blenden entgegenkommender Fz-Führer vermieden werden.

49 Ist ein anderer allerdings durch die Überholung **gefährdet,** insb auch dann, wenn sie wegen der geringen Str-Breite mit einem knappen Abstand durchgeführt werden muss oder wenn der zu Überholende erkennbar unaufmerksam fährt, etwa nicht seine Spur einhält, sondern Seitenbewegungen ausführt, so besteht die **Pflicht, WarnZ** abzugeben, aus § 1 (BGH(Z) VRS 20, 254; OLG München StVE § 1 StVO 34; OLG Frankfurt/M. VM 63, 122; OLG Hamm VRS 28, 45; s auch § 16 I 2). Bei ungestörtem Überholverlauf ist ein WarnZ entbehrlich (Fra NZV 00, 211).

50 **7. Abs 6: Pflichten beim Überholtwerden. a) Rechtsstellung im Allgemeinen.** Da der Überholende in erster Linie die Verantwortung dafür trägt, dass er den Überholvorgang gefahrlos durchführen kann, ist derjenige, der überholt werden soll, zu einer aktiven Mitwirkung am Gelingen des Überholens idR nicht verpflichtet. Er darf seine Fahrgeschwindigkeit beibehalten. Zu ihrer Herabsetzung ist er nach § 5 VI S 1 nicht u nach § 1 II nur verpflichtet, wenn es zur Vermeidung eines Unfalls notwendig ist (BGH VR 60, 925; Bay VM 68, 82). Wer berechtigt auf der linken Fahrbahnhälfte fährt, zB weil die rechte vereist ist, muss sie zugunsten eines Überholenden nur freimachen, wenn dies ohne Beeinträchtigung der sicheren eigenen Fortbewegung geschehen kann; dass der Eingeholte seine Weiterfahrt verlangsamen oder unterbrechen muss, um einem anderen das Überholen zu ermöglichen, kann regelmäßig nicht verlangt werden (Bay 54, 136 = VRS 8, 62; anders beim Ausweichen, s § 2 Rn 67 ff). Auch die Erwähnung des Überholtwerdens in § 2 II begründet keine über das allg Rechtsfahrgebot hinausgehende Pflicht des Eingeholten, unter Herabsetzung seiner Geschwindigkeit äußerst rechts zu fahren (s auch unten Rn 56). Wer bei Dunkelheit überholt worden ist, ist verpflichtet, mit Rücksicht auf den Überholenden abzublenden, wenn u solange er in geringem Abstand hinter dem Überholer fährt (OLG Saarbrücken VRS 42, 37); sonst nicht (Bay VRS 26, 226; vgl § 17 II S 3, § 17 Rn 8).

Überholen   **§ 5 StVO**

b) Abs 6 S 1: Beschleunigungsverbot. Abs 6 S 1: Das Beschleunigungsver- 51
bot wird dahin ausgelegt, dass der Vorausfahrende seine Geschwindigkeit schon
dann nicht mehr erhöhen darf, wenn das nachfolgende Fz zum Überholen angesetzt hat, insb nach links ausgeschert ist, nicht erst, wenn der Vordermann eingeholt ist (Bay StVE 35). Dem ist im Hinblick auf die Formulierung „überholt
wird" beizutreten, weil dies den Überholweg verlängern und nicht mehr abschätzbar machen würde.

Das Beschleunigungsverbot kann auch **fahrlässig** übertreten werden. Ein Fah- 52
rer ist jedoch nicht verpflichtet, vor jeder Geschwindigkeitserhöhung oder auch
nur „von Zeit zu Zeit" die rückwärtige Fahrbahn zu beobachten, um Überholungswillige rechtzeitig zu bemerken. Der Führer des eingeholten Fz muss daher
ein überholendes Fz erst sehen, wenn es etwa auf gleicher Höhe mit dem Führer
des eingeholten fährt (Bay VM 68, 82; OLG Hamm DAR 73, 140). Wenn es
nach der VLage darauf ankommt, dass der Überholte schon vorher seine
Geschwindigkeit nicht mehr erhöht, ist es Sache des Überholenden, ihm die
Überholabsicht nach Abs 5 rechtzeitig u deutlich anzuzeigen.

Der Eingeholte darf seine Geschwindigkeit auch dann nicht mehr erhöhen, 53
wenn er sich in einem fortlaufenden, **gleichmäßigen Beschleunigungsvor-
gang** befindet. Er muss also erforderlichenfalls weniger Gas geben oder zB bei
Gefälle sogar bremsen, um die Geschwindigkeit nicht höher werden zu lassen
(OLG Hamm VRS 29, 234; aA OLG Hamm VM 67, 12). Der Eingeholte, der
seine Geschwindigkeit erhöht, verstößt auch dann gegen VI S 1, wenn das **Überholen unzulässig** ist. Führt er damit eine konkrete **Gefahr** für den Überholenden
herbei, so verstößt er zugleich gegen § 1 II. Dagegen wird im Falle verbotenen
Überholens keine unzulässige **Behinderung** angenommen, wenn er durch seine
Beschleunigung den Überholer gefahrlos zwingt, sich wieder hinter ihm einzurei-
hen u sich somit vorschriftsmäßig zu verhalten (Bay VM 68, 82; OLG Celle
VRS 80, 24; vgl hierzu auch BGH NJW 87, 913 = StVE § 1 StVO 37 zur Verhinderung verbotenen Schnellerfahrens, krit St Janiszewski NStZ 87, 115; s auch
OLG Frankfurt/M. VersR 79, 725 Ls).

Beim Überholen einer **Kolonne** gilt das Beschleunigungsverbot immer nur 54
für den jew Eingeholten, nicht für die weiter vorn fahrenden VT (Bay VRS 29,
110, 113).

Der Überholende darf im allg darauf **vertrauen,** dass ein Eingeholter, der den 55
Überholvorgang bemerkt hat oder bemerken musste (s Rn 52), seine Geschwindigkeit nicht erhöht. Das gilt aber nicht unmittelbar am Ende einer Geschwindigkeitsbegrenzung (Ortsende!), einer Steigung oder unübersichtlichen Strecke, da
an solchen Stellen immer mit der Erhöhung der Geschwindigkeit anderer Fze
gerechnet werden muss.

c) Abs 6 S 2 u 3: Eingeholte langsamere Fahrzeuge. Abs 6 S 2 u 3: Ein 56
eingeholtes langsameres Fz, dh ein solches, das erheblich langsamer fährt als
die anderen (OLG Stuttgart DAR 77, 276; OLG Karlsruhe NZV 92, 122:
60/65 km/h statt erlaubten 100 km/h), muss, wenn ein zügiges Überholen wegen
zu geringer Fahrbahnbreite, evtl auch wegen nicht abreißenden GegenV, nicht
durchführbar ist, seine Geschwindigkeit an geeigneter Stelle ermäßigen, evtl an
einer Ausweichstelle warten (vgl oben Rn 2), wenn nur dadurch **mehreren** (dh
mind 3) unmittelbar folgenden Fzen das Überholen ermöglicht werden kann. Für
beide Vorgänge (langsamer fahren bzw warten) kann u sollte nach S 3 auch ein
geeigneter, dh tragfähiger Seitenstreifen verwendet werden; das gilt auch auf Kraft-

StVO § 5   I. Allgemeine Verkehrsregeln

fahrstr, nicht aber auf ABen (§ 5 VI S 3 Halbs 2). Dadurch darf allerdings der auf den Streifen verwiesene Sonderverkehr (§ 41 III 3b) nicht gefährdet, unter Umständen aber durch kurzes Warten behindert werden, ohne dann gegen § 1 zu verstoßen. Die Vorschrift dient – ebenso wie § 4 II – der VFlüssigkeit. Schlangen hinter langsamen Fzen und gefährdendes Überholen sollen vermieden werden. Daneben kann sich aus § 1 II in bes Fällen weiterhin die Pflicht ergeben, auch einzelnen Fzen das Überholen in gleicher Weise zu ermöglichen, zB wenn ein Linienomnibus eine längere Strecke hinter einem landwirtschaftlichen Zug herfahren müsste (Bay 60, 239 = VRS 20, 155; OLG Hamm VRS 21, 375; vgl auch § 3 Rn 55).

57   **8. Rechtsüberholen. a) Zulässigkeit im Allgemeinen.** Das Rechtsüberholen ist nur ausnahmsweise erlaubt (s zB VII, VIII). Es hat außer dem unten unter b) zu behandelnden Fall erhöhte Bedeutung im mehrspurigen Verkehr (§ 7) u bei Fahrbahnmarkierung (§ 41 III Z 297) u erfordert bes Vorsicht (Bay VM 78, 8 = StVE § 18 StVO 10). Ausnahmsweise darf auch sonst ein links Fahrender rechts überholt werden, zB wenn er von links kommend in die Str nach links einbiegt u auf ihr zunächst auf der linken Fahrbahnseite eindeutig verbleibt, um den für ihn von rechts nahenden fließenden Verkehr vorbeifahren zu lassen (OLG Schleswig VM 57, 40; vgl aber § 8 Rn 7 f; OLG Köln VRS 20, 228) sowie im Falle des VII (Bay DAR 77, 139). Dagegen darf der nachfolgende Verkehr nicht darauf vertrauen, dass ein **verkehrswidrig** links Fahrender seine verkehrswidrige Fahrweise fortsetzt (Neu VRS 27, 51). Ein **Kf**, der im Stau zwischen den wartenden Fz-Schlangen nach vorn fährt, überholt verbotswidrig rechts (OLG Stuttgart VRS 57, 361, 364; OLG Düsseldorf NZV 90, 319), soweit nicht die Voraussetzungen des § 7 I–III vorliegen; dasselbe gilt bei innerörtlicher Durchfahrt zwischen zwei von Kfzen besetzten Fahrstreifen (OLG Schleswig VRS 60, 306) u bei Benutzung einer Sperrfläche (Z 298; OLG Düsseldorf NZV 90, 241); zum Vorfahren von Zweirad rechts neben vor der LZA wartenden Kfzen s oben Rn 3, § 5 Abs 8 u § 7 Rn 11. Kein verbotenes Rechtsüberholen, sondern Verstoß gegen § 2 I, wenn ein Fahrer einen anderen außerhalb der Str unter Benutzung eines rechts liegenden Parkplatzes überholt (Bay 63, 4 = VRS 25, 223; s aber OLG Hamm VM 75, 116 m Anm Booß u BGH NStZ 85, 507 m krit Anm Janiszewski). Ein solches Verhalten, wie auch Vorfahren auf dem rechten Gehweg, erfüllt jedoch den weiter gespannten Überholbegriff des § 315c I 2b StGB (OLG Hamm VRS 32, 449).

58   Auf den **Autobahnen** ist das Rechtsüberholen grundsätzlich – außer zur Abwendung plötzlicher Gefahr – verboten (BGHSt 12, 258, 260). Das gilt auch für den Fall, dass auf der Überholspur eine Kolonne u rechts nur einzelne Fze fahren. Abweichend von dieser Regel ist das Rechtsüberholen in folgenden Fällen **zulässig:** a) wenn auf **beiden Fahrspuren KolonnenV** herrscht (§ 7 II); b) nach § 7 II a, wenn auf der **Überholspur** eine Fz-Schlange zum **Stehen** gekommen ist oder nur langsam, dh mit einer Geschwindigkeit von **höchstens 60 km/h** fährt; dann darf auf der Normalspur – auch von Einzel-Fzen – mit äußerster Vorsicht u mit einer Mehrgeschwindigkeit von höchstens 20 km/h vorgefahren werden (Begr 9. ÄndVO; BGHSt 22, 137; Bay 77, 172 = VRS 54, 212; OLG Köln VRS 61, 457); c) im Bereich wegweisender **Schilderbrücken** über der Fahrbahn, wenn die abzweigende Richtungsfahrbahn beibehalten, also nach rechts abgebogen wird (s § 42 VI 1 f; OLG Frankfurt/M. VRS 63, 386; OLG Düsseldorf VRS 78, 473; s auch § 7 Rn 6a); es bleibt aber verbotenes Rechtsüberholen, wenn ein Kfz aus der links fahrenden Kolonne nach rechts ausschert, nur um sich weiter

Überholen　　　　　　　　　　　　　　　　　　　　　**§ 5 StVO**

vorn wieder in die Kolonne hineinzudrängen, ohne abbiegen zu wollen (Bay aaO; OLG Düsseldorf VRS 78, 473; 82, 139), es sei denn, dass er sich (glaubhaft!) in der Ausfahrt geirrt hat (OLG Düsseldorf NZV 95, 162). – Die gleichen Regeln gelten auch für autobahnmäßig ausgebaute Bundesstr (OLG Hamm VRS 47, 216). Die Ausn sind im Sicherheitsinteresse eng auszulegen (Bay VRS 56, 120; DAR 79, 47; KG VRS 62, 139) u auch dann nicht anzuwenden, wenn der rechte Fahrstreifen wegen angezeigter künftiger Sperrung frei ist (KG aaO; s auch OLG Düsseldorf VRS 63, 69 = StVE 63).

Nebenfahrbahnen sowie **Beschleunigungs-** u **Verzögerungsstreifen** (besser: **59** Ein- u Ausfahrstreifen) sind selbstständige Fahrbahnen, nicht Teile der Fahrbahn des DurchgangsV (BGH(Z) StVE 39; OLG Koblenz StVE 40; Bay VM 70, 72; OLG Düsseldorf DAR 04, 596); ob auf ihnen daher schneller gefahren werden darf als auf der durchgehenden Fahrbahn (vgl § 18 Rn 10, 11; AG Baden-Baden VRS 68, 67 u Bay 70, 64 = VM 70, 72) unterliegt unterschiedlicher Regelung (s § 42 VI 1e, f) u Beurteilung. Geht man von selbstständigen Fahrbahnen aus, stellt das schnellere Fahren auf diesen Streifen schon begrifflich kein Überholen auf „derselben" Fahrbahn dar (s oben Rn 2), weshalb die Erlaubnis zum Schnellerfahren auf Einfahrstreifen (§ 42 VI 1e) überflüssig u das Verbot beim Ausfahren (§ 42 VI 1 f) ungerechtfertigt u praxisfern (wenn auch zu beachten) ist (s auch § 18 Rn 11 u Janiszewski DAR 89, 410).

Dagegen ist die **Kriechspur** – nicht nur auf ABen – ein Teil der Gesamtfahr- **59a** bahn. Wer auf ihr rechts überholt, verstößt gegen § 5 I (BGHSt 23, 128; Bay 72, 37 = VRS 43, 220). Das gilt nicht auch für das Überholen auf dem **Seitenstreifen** (Standspur) (so bisher BGHSt 30, 85 = StVE 57; OLG Düsseldorf VRS 57, 366); diese Rechtsprechung ist aber durch § 2 I S 2 überholt, ebenso die Rechtsprechung, die § 7 II bis III für anwendbar hielt; dieser ist kein Teil derselben Fahrbahn, sondern als Randstreifen nur für das Halten u Benutzen in Notfällen bestimmt, dh für den fließenden Verkehr gesperrt (s § 2 Rn 23 u Begr zu § 2 der 12. ÄndVO, BRDrs 786/1/92 = VkBl 94, 140; Bay VRS 57, 56 = StVE § 18 StVO 15; OLG Düsseldorf VRS 91, 387; aA bisher BGH aaO). Unberechtigtes Befahren ist daher Verstoß gegen § 2 I (BVerfG DAR 97, 152), aber kein Überholen iS von § 5 I (OLG Düsseldorf aaO u NZV 93, 359; s auch § 2 Rn 96; Bouska DAR 81, 289); deshalb gilt auch Z 276 nur im Verhältnis zwischen den die Normalspuren, nicht aber den die Standspur benutzenden Fzen (Bay aaO). Wohl aber kann das Vorziehen auf der Standspur und dem weiteren Überholbegriff des § 315c I 2b StGB erfüllen (OLG Hamm VRS 32, 449; DAR 75, 306; Mühlhaus DAR 78, 162).

Wie oben (Rn 24) ausgeführt, muss ein Kf das **Überholen** selbst dann **abbre- 60 chen**, wenn er ein Stück vor den Überholten gelangt ist, aber nicht den erforderlichen Vorsprung erreicht, um sich rechts vor ihn zu setzen. Fällt in einem solchen Fall das links überholende Fz zurück, so stellt es kein unzulässiges Rechtsüberholen dar, wenn das rechte mit gleich bleibender Geschwindigkeit weiter- u dadurch am Linksfahrenden vorbeifährt. Hat dagegen das überholende Fz einen so großen Vorsprung vor dem überholten erreicht, dass das Überholen als abgeschlossen zu betrachten ist (Rn 38), darf der rechts Fahrende nicht mehr rechts überholen, wenn er den links Befindlichen nunmehr (etwa auf der nächsten Steigung) wieder einholt.

b) Abs 7 S 1: Überholen eines links Eingeordneten. Der Vortritt gebührt **61** idR dem vorausfahrenden Linksabbieger. Hat dieser seine Abbiegeabsicht rechtzeitig u deutlich angezeigt, so muss der Überholwillige sein Vorhaben zurückstellen (BGHSt 15, 178, 182; Bay 57, 248). Allerdings schafft ein Fz, das in der Straßenmitte langsam fährt, noch keine unklare VLage, die ein **Linksüberholen** verbietet (vgl oben Rn 27 u § 9 Rn 9); es darf ohne zusätzliche Vorsichtsmaßnahmen links überholt werden (s aber OLG Celle VRS 66, 374: nicht, wenn dabei die Fahrbahnmitte überschritten wird). Hat aber der Linksabbieger das linke RichtungsZ gesetzt, so darf er nur noch dann links überholt werden, wenn der Nachfolgende beim Aufleuchten des RichtungsZ schon so nahe herangekommen ist, dass er das Überholen nicht mehr gefahrlos abbrechen kann, oder wenn er die Gewissheit hat, dass die bevorstehende Richtungsänderung erst nach Abschluss des Überholvorgangs durchgeführt wird. Diese Gewissheit ist nur gegeben, wenn sich die Ankündigung der Richtungsänderung zweifelsfrei auf eine noch weiter entfernte Straßenstelle bezieht oder wenn der Abbieger deutlich zu erkennen gibt, dass er sich noch überholen lassen will (Bay 60, 151 = VRS 19, 309; vgl BGHSt 12, 260; OLG Hamm VRS 30, 381; Neu VRS 28, 139). Wenn allerdings ein Fz, das auf dem rechten Parkstreifen hält (wartet), das linke RichtungsZ gesetzt hat, verpflichtet dies den fließenden Verkehr noch nicht, von einem Überholen zurückzustehen; hier muss der fließende Verkehr nicht damit rechnen, der Anfahrende werde sich nicht nur in ihn einfädeln, sondern sogleich über die Fahrbahn nach links abbiegen (OLG Hamm VRS 30, 126; vgl § 10 Rn 12).

62 Ein Nachfolgender darf ein zum Linksabbiegen eingeordnetes Fz **rechts überholen,** aber – außer im mehrspurigen Verkehr – nur dann, wenn das zu überholende Fz das **linke RichtungsZ** eingeschaltet u der Überholende dies zweifelsfrei erkannt hat (s auch oben Rn 27); zum Überholen von (demnächstigen) Linksabbiegern s OLG Köln VRS 60, 222. OLG Celle, Urteil v. 4.8.2010: Ein Nachfolgender darf ein zum Linksabbiegen eingeordnetes Fahrzeug nur dann rechts überholen, wenn er zweifelsfrei davon ausgehen kann, dass links abgebogen wird. Die bloße Einordnung des vorausfahrenden Fz berechtigt auch dann nicht zum Rechtsüberholen, wenn es langsam fährt (Bay 65, 126 = VRS 30, 71; OLG Hamm VRS 33, 141; OLG Düsseldorf VRS 33, 310; aA OLG Köln VRS 25, 145). Andererseits darf derjenige, der nahe der Fahrbahnmitte fährt u dadurch den Anschein erweckt, er wolle links abbiegen, nicht darauf vertrauen, dass ihn kein Nachfolgender rechts überholt (OLG Düsseldorf aaO; vgl § 9 Rn 9).

63 Ein auf **Pfeilmarkierungen – Z 297 –** eingeordnetes Fz darf auch dann rechts überholt werden, wenn es kein RichtungsZ gesetzt hat. Auch wer selbst links abbiegen will, darf ein bereits links eingeordnetes Fz gem § 5 VII oder § 41 III 5 **vor** der Kreuzung rechts überholen u sich vor ihm links einordnen, wenn dies ohne Behinderung anderer, bes des Überholten, möglich ist (ebenso OLG Köln VM 74, 9; OLG Düsseldorf VM 78, 70; VM 95, 47; aA OLG Karlsruhe VM 75, 118).

64 Nach Bay (VRS 58, 448) gilt § 5 VII also nicht während des eigentlichen Abbiegevorgangs **auf** der Kreuzung (s Erl zu Z 297 u auch § 7 Rn 13); im Übrigen auch dann nicht, wenn sich der Linksabbieger noch nicht ordnungsgem eingeordnet (OLG Oldenburg NZV 93, 233; OLG Köln VRS 84, 330) oder dabei die linke Fahrtrichtungsanzeige nicht betätigt hat (OLG Köln aaO). Der Linksabbieger, der sich bereits im Kreuzungs- oder Einmündungsbereich bewegende andere Linksabbieger erreicht, darf diese, wenn keine markierten Fahrstreifen vorhanden sind, nicht rechts überholen. Das gilt auch dort, wo LichtZ den Verkehr regeln oder wo der für Linksabbieger bestimmte Fahrbahnteil der zu verlassenden Str ein paarweises Auffahren erlaubt hätte (s auch Bay VRS 48, 130, 132).

65 **c) Durchführung.** Ein Seitenabstand zum auf die Abbiegemöglichkeit wartenden Linksabbieger von 0,5 m wird innerorts bei 50 km/h als ausreichend erachtet, zumal der rechts Vorbeifahrende darauf vertrauen darf, dass der links Wartende seinen Standort beibehält (OLG Köln VRS 63, 142). Der Überholvorgang ist im Rsinn **vollendet,** sobald der Rechtsüberholende so nahe auf das links versetzt vorausfahrende Fz aufgeschlossen ist, dass er nicht mehr gefahrlos hinter ihm bleiben kann, wenn es nach rechts ausbiegt. Der Überholvorgang setzt sich dann (Dauertat) während der Vorbeifahrt fort. Er ist abgeschlossen, im Rechtssinn **beendet,** wenn der Überholende den Überholten so weit hinter sich gelassen hat, dass dieser seine Fahrt vom Überholenden unbehindert so fortsetzen kann, wie wenn er nicht überholt worden wäre. Fährt der Rechtsüberholende nach dem Vorbeiziehen so knapp links vor den Überholten, dass er diesen gefährdet, so liegt hierin ein falsches Überholen iS des § 315c I 2b StGB (OLG Düsseldorf VM 75, 7; s oben 38).

d) Pflichten. Wegen der Pflichten beim Rechtsüberholen vgl § 7 Rn 16 f. 66
Eine wesentlich höhere Geschwindigkeit ist zum Überholen im mehrspurigen Verkehr, der seinem Wesen nach ein Nebeneinanderfahren darstellt, nicht erforderlich, ein großer Geschwindigkeitsunterschied sogar gefährlich u damit verkehrswidrig.

e) Abs 7 S 2 bis 4: Überholen von Schienenfahrzeugen. Die Sonderrege- 67
lung für das Überholen von Schienen-Fzen trägt der Schienengebundenheit dieser Fze Rechnung. § 5 VII S 4, nach dem in Einbahnstr Schienen-Fze rechts oder links überholt werden dürfen, gilt auch für die sog unechten Einbahnstr; das sind solche, in denen der FahrV nur in einer Richtung zugelassen ist, während die Straba in beiden Richtungen verkehrt. In solchen Str darf auch der entgegenkommenden Straba links ausgewichen werden, wenn dadurch deren Betrieb nicht gefährdet wird (BGHSt 16, 133; Bay VRS 20, 302; Bay 61, 268 = VRS 22, 226). Auch an einer haltenden Straba darf, abgesehen von Einbahnstr, nur rechts vorbeigefahren werden, wenn der Raum hierzu ausreicht (Bay 62, 305 = VRS 25, 299).

9. Abs 8: Rechtsüberholen durch Rad- und Mofafahrer. Abs 8 erlaubt 67a
auch Radf und Mofaf das Rechtsüberholen mit mäßiger Geschwindigkeit und besonderer Vorsicht von Fz, die auf dem rechten Fahrstreifen warten, wenn ausreichender Raum vorhanden ist; anders bei Fz, die nicht auf anderen Fahrstreifen warten (OLG Hamm DAR 01, 220). Maßgeblich für die „mäßige" Geschwindigkeit sind die konkreten Verkehrsverhältnisse und die sich daraus ergebende Beherrschbarkeit der durch den Überholvorgang entstehenden Gefahren (OLG Hamm NZV 00, 126). Ausreichender Raum ist nur gegeben, wenn ein gefahrloses Befahren durch den Zweirad ohne Gefahr der Kollision mit den wartenden Fzen oder einem rechts verlaufenden Bordstein auf Grund der noch verbleibenden Fahrbahnfläche gewährleistet ist (Felke DAR 88, 74; Janiszewski aaO: 1–2 m; s auch § 9 III S 1). Nur wartende Fze dürfen gem Abs 8 rechts überholt werden, also solche, die bereits zum Stillstand gekommen sind, nicht fahrende, auch nicht mehr langsam rollende. Die Fahrgäste wartender Fz müssen die Möglichkeit rechts überholender Radf und Mofas beim Öffnen der Tür berücksichtigen (OLG Hamm NZV 00, 126). Fährt ein Krad aber zwischen wartenden Kolonnen hindurch, so liegt ein unerlaubtes Rechtsüberholen vor (OLG Hamm NZV 88, 105), genauso beim Hindurchfahren zwischen fahrenden Kolonnen (OLG Düsseldorf NZV 90, 319 = § 18 StVO Nr 47), da erlaubtes Rechtsüberholen abgesehen von

68 **10. Zivilrecht/Haftungsverteilung. a) Kollision mit entgegenkommendem Fahrzeug.** Bei einem Zusammenstoß zwischen einem im Überholen begriffenen Kfz und einem **entgegenkommendem Fahrzeug** trägt idR der Überholer die Alleinhaftung (BGH VersR 74, 997 = DAR 74, 243 = NJW 74, 1378; OLG Stuttgart VersR 92, 465 = DAR 91, 179 f). Dieser VT hat den **Beweis des ersten Anscheins** gegen sich (BGH aaO). Dies gilt insbesondere, wenn der Überholer eine Kolonne von mehreren Fahrzeugen in einem Zug überholt und hierdurch mit einem entgegenkommenden Kfz einen Unfall verursacht. In einem solchen Fall haftet der Überholer grds allein (BGH VersR 65, 566; KO VersR 96, 1427). Verstößt der Kf des entgegenkommenden Fahrzeuges gegen das **Rechtsfahrgebot** des § 2 II StVO, kommt – abhängig von der Fahrbahnbreite – uU eine Mithaftung iHd einfachen Betriebsgefahr in Betracht (BGH VersR 79, 528 = VSR 56, 416 = NJW 79, 1363 – Mithaftung zu 10%, siehe § 2 Rn 96a). Bei anderweitigem Fehlverhalten des Kf des entgegenkommenden Kfz – zB Überschreiten der zulässigen Höchstgeschwindigkeit, keine Herabsetzung der Geschwindigkeit trotz Erkennen der Unfallgefahr, unzureichende Beleuchtung bei Dunkelheit, plötzliches Ausscheren, Blendung durch Scheinwerfer – ist stets von einer Mithaftung iHd einfachen Betriebsgefahr auszugehen (BGH VersR 68, 944; OLG Köln VSR 87, 19 – Mithaftung zu ⅓; BGH VersR 68, 577 – Mithaftung zu 25%). Befinden sich beide Fahrzeuge im Überholverbot, ist prinzipiell eine Schadensquotierung vorzunehmen. Dabei hat derjenige Halter den überwiegenden Haftungsanteil zu tragen, der den Überholvorgang später begonnen hat bzw die Gegenfahrbahn in stärkerem Maße in Anspruch nimmt (OLG München VRS 31, 170 = NJW 66, 1270).

68a **b) Kollision bei Wendevorgang.** Kommt es im unmittelbaren örtlichen und zeitlichen Zusammenhang mit einem **Wendevorgang** zu einer Kollison mit einem **links Überholenden,** spricht der Beweis des ersten Anscheins für eine Sorgfaltsverletzung des Wendenden (KG Beschl v 21.9.2006 – 12 U 41/06 = NZV 07, 306, NJW-Spezial 07, 306).

69 **c) Kollision beim Abbiegen; beim Ausscheren. aa)** Bei einer Kollision beim Überholen zwischen einem **Überholer und einem eingeordneten Linksabbieger,** der seine Abbiegeabsicht rechtzeitig angekündigt hat und der lediglich seine zweite Rückschaupflicht nach § 9 I S 2 StVO verletzt hat und einem nachfolgend überholenden Kfz haftet regelmäßig der Überholer überwiegend. Zu seinen Lasten kommen idR die Grundsätze über den **Beweis des ersten Anscheins** zur Anwendung (Fra NZV 89, 155). Es kommt daher grds zu einer Schadensaufteilung im Verhältnis 1 : 2 zu Lasten des Überholers. Die Haftung für den Überholer knüpft dann daran an, dass der Überholer trotz erkennbarer Abbiegeabsicht bzw unklarer Verkehrslage überholt (vgl Greger § 17 StVG Nachweise Fn 141, OLG Hamm VersR 81, 340; NZV 93, 313 – Haftung zu ⅔; OLG Karlsruhe NZV 88, 64 und KG NZV 93, 272, OLG Köln NZV 99, 333 je ½. Für den Linksabbieger gilt die Rückschaupflicht (von Bedeutung insbesondere die zweite Rückschaupflicht nach § 9 I S 4 StVO). Im Einzelfall kann allerdings die Betriebsgefahr des Linksabbiegers außer Ansatz bleiben, wenn ein Verstoß gegen die zweite Rückschaupflicht nicht festgestellt werden kann (OLG Saarbrücken OLGR Saarbrücken 99, 255; OLG Frankfurt NJW-RR 2015, 796–798).

Allerdings kann es auch dann zu einer überwiegenden (alleinigen) Haftung des Linksabbiegers kommen, wenn es sich um ein zulässiges und verkehrsgerechtes Überholen handelt („keine unklare Verkehrslage") und der Linksabbieger gegen seine (doppelte) Rückschaupflicht verstoßen hat (OLG Jena, BeckRS 16, 19309).

Beim **Abbiegen in eine Grundstückseinfahrt** trifft den Linksabbieger gem **69a** § 9 V StVO zusätzlich eine **gesteigerte** Sorgfaltspflicht. Daher wird sich dessen Haftungsanteil regelmäßig auf ½ bis ⅔ erhöhen (BGH VersR 61, 560; OLG Hamm VersR 81, 340; Grüneberg Rn 161). Bei plötzlichem, unerwartetem Abbiegen kann es auch zur vollen Haftung des Abbiegers kommen (BGH VersR 67, 903; OLG Frankfurt/M. VersR 77, 772). Verstößt der Linksabbieger gegen seine zweite Rückschaupflicht, so haften der Überholer und der Abbieger je zur Hälfte (OLG Karlsruhe DAR 98, 474; der BGH hat die Revision durch Beschluss v 26.5.1998 nicht angenommen). Ist der Linksabbieger erst kurz zuvor auf die Fahrbahn eingebogen, so wird zwischen dem Überholer und dem Abbiegenden eine Schadensteilung mit einem höheren Haftungsanteil zu Lasten des Linksabbiegers iHv ⅔ bis ¾ angemessen sein; der nachfolgende Verkehr rechnet nicht mit einem erneuten Abbiegemanöver (BGH VersR 63, 85 – Haftung ⅔ zu ⅓; VersR 60, 946 = VRS 19, 260 – Haftung ⅔ zu ⅓; vgl auch LG Gießen ZfS 96, 172 – Alleinhaftung des Abbiegers). Ordnet sich der Linksabbieger unter Außerachtlassung seiner Pflicht aus § 9 I 2 StVO nicht zur Straßenmitte ein, haften der Überholer und der Abbieger ebenfalls zur Hälfte (KG VM 90, 52; OLG Nürnberg 73, 1126). **Einzelfälle:** OLG Hamm NZV 1995, 276 – je 50%; Abbiegendes landwirtschaftliches Gespann (67%) und Motorrad (33%) OLG Köln VRS 93, 277.

bb) Beim Zusammenstoß zwischen zwei **gleichzeitig zum Überholen aus- 69b scherenden** Fahrzeugen kommt in der Regel eine Schadensteilung im Verhältnis 1 : 1 in Betracht (OLG Rostock SP 02, 157). Dies gilt allerdings nur auf einer Landstraße. Zweitüberholen ist auf einer Autobahn, die nur mit zwei Fahrstreifen ausgestattet ist, ausnahmslos unzulässig (OLG Düsseldorf VRS 22, 471/Schmidt DAR 62, 351). Hat das nachfolgende Fahrzeug den Überholvorgang deutlich früher begonnen (§ 5 IV StVO), wird dem anderen Verkehrsteilnehmer eine überwiegende Mithaftung von ⅔, uU auch die volle Mithaftung treffen, weil in diesem Fall ein gefahrloses Zweitüberholen nicht mehr möglich ist (OLG Celle VR 79, 476). **Einzelfälle:** BGH VersR 71, 843; Erstüberholer 33%; Ausscherender 67%.

cc) Auch das **verkehrsbedingt ausscherende Fahrzeug** wird bei einem **70** bereits weit vorangeschrittenen Überholvorgang in der Regel die Alleinhaftung treffen, wenn das Ausscheren nicht nur unwesentlich ist (§ 6 S 2 StVO). Eine volle Haftung trifft auch denjenigen Autofahrer, der unter Verletzung der zweiten Rückschaupflicht zum Überholen ansetzt und dann abbremst gegenüber einem auffahrenden Motorradfahrer (KG NZV 95, 359; OLG Düsseldorf DAR 93, 258; Grüneberg Rn 177). Der Überholer wird aber eine Mithaftung zu tragen haben, wenn zB mit einem Ausscheren bei Beginn des Überholvorganges zu rechnen war, wenn er mit überhöhter Geschwindigkeit oder mit einem unzureichenden Seitenabstand überholt oder wenn er an einer Fahrzeugkolonne in einem Zug vorbeifährt (BGH VersR 62, 566; Thü NZV 06, 147; Grüneberg Rn 178). **Einzelfälle:** OLG Hamm r+s 1997, 107 – Überholer 100% deutlich zu schnelles Überholen einer Fahrzeugkolonne nachts, OLG Köln VersR 87, 188 – Überholer (rücksichtslose Fahrweise) 100%.

Ist ein **Auffahrunfall** in einem unmittelbaren örtlichen und zeitlichen Zusammenhang mit einem vorausgegangenen **Fahrstreifenwechsel** erfolgt, so spricht

StVO § 5 I. Allgemeine Verkehrsregeln

gegen den Auffahrenden nicht der Beweis des ersten Anscheins (OLG Karlsruhe SP 98, 44).

71 **dd)** Bei einem Verstoß des überholten Fahrzeuges gegen das **Rechtsfahrgebot** des § 2 II StVO kommt in der Regel eine Mithaftung des Überholten zumindest in Höhe der normalen Betriebsgefahr insbesondere dann in Betracht, wenn es sich um eine nicht allzu breite Straße handelt. Mit Überholversuchen an offensichtlich gefährlichen Stellen muss ein Vorausfahrender allerdings nicht rechnen (BGH VRS 59, 326). Ein höherer Haftungsanteil des Überholten ist zB dann anzunehmen, wenn er während des Überholvorganges nach links zieht; OLG Frankfurt/M. VersR 93, 1500 – 100%: überholtes Moped zieht plötzlich nach links; OLG Hamm VersR 87, 692 – Haftung zu ⅓).

72 **ee) Erhöht** der Überholte während des Überholvorganges seine **Geschwindigkeit**, verstößt er gegen § 5 VI 1 StVO, so dass ihn bei einem Zusammenstoß in der Regel ein höherer Haftungsanteil von mind. ⅔ trifft (VersR 64, 414; 63, 190). Dieses Fahrmanöver verlängert den Überholweg für den Überholenden unkalkulierbar. Dies gilt auch für mehrspurige Straßen wie zB Autobahnen (Hentschel/König/Dauer § 5 Rn 61). Die Pflicht zur Beibehaltung der Geschwindigkeit gilt auch bei rechtswidrigem Überholen, etwa in einer Überholverbotszone (Bay DAR 68, 166).

73 **d) Nicht ausreichender Seitenabstand des Überholers.** Hält der Überholer entgegen § 5 IV S 2 StVO keinen ausreichenden Seitenabstand ein, ist in der Regel von seiner vollen Haftung auszugehen (Grüneberg Rn 181; OLG Köln VersR 88, 277). Der erforderliche Seitenabstand, der bis zur Beendigung des Überholmanövers einzuhalten ist, richtet sich nach dem eigenen Fahrzeug und dessen Geschwindigkeit, den Fahrbahn- und Wetterverhältnissen und der Eigenarten des zu Überholenden (Bay MDR 87, 784). Eine Mithaftung des Überholten kommt zB dann in Betracht, wenn dieser, ohne dass es zu einer Fahrzeugberührung gekommen ist, fehlerhaft ausweicht oder während des Überholvorganges seinerseits etwas nach links gefahren ist. **Einzelfälle:** OLG Hamm r+s 95, 56 – 100% für überholenden Pkw; OLG Köln DAR 95, 484 – 20% Mithaftung des Überholers bei Kollision mit schleuderndem Wohnanhängergespann; OLG Bamberg VersR 78, 351 – 25%; OLG Oldenburg, NZV 2013, 344 – Haftungsquotelung von 50/50 bei Überholvorgang innerhalb des Baustellenbereichs auf der Autobahn, wenn nicht aufklärbar, wer seine Fahrspur verlassen hat.

74 **e) Rechtsüberholen.** Rechtsüberholen ist nur in den in Abs 7 bezeichneten Fällen zulässig. Dabei ist, aufgrund der Abweichung von der normalen Regel, eine besondere Vorsicht und Aufmerksamkeit erforderlich (Bay VM 78, 9). Die Haftungsquoten richten sich zum einen nach dem feststellbaren Grad der Aufmerksamkeit der Verkehrsteilnehmer und zum anderen nach dem Grad der Vorsicht und Aufmerksamkeit, die in dem dann vorliegenden Fall angebracht gewesen wäre. Bei verbotenem Rechtsüberholen haftet der Überholende idR alleine (vgl Greger § 17 StVG, Rn 87 mwN).

75 **aa)** Das **Rechtsüberholen eines Linksabbiegers** ist unter den Voraussetzungen des § 5 VII 1 StVO grundsätzlich erlaubt, so dass es bei einem Zusammenstoß infolge eines Rechtsschwenks des Linksabbiegers diesen in der Regel keine geringere Haftung treffen wird als den Überholer (je 50% Haftung). **Einzelfälle:** LG Braunschweig VRS 89, 19 – 75% beim Linksabbiegen nach rechts ausschwenkender Bus; LG Duisburg VersR 78, 726 – 100% für nach links eingeordneten und nach links blinkenden Pkw, der plötzlich nach rechts abbiegt.

Überholen **§ 5 StVO**

bb) Bei einem Unfall beim Überholen eines **Rechtsabbiegers,** der durch 76 einen vorherigen **Linksschwenk** gegen seine Sorgfaltspflicht aus § 9 I 2 StVO verstoßen hat, haftet grds der Rechtsabbieger. Bei einem abbiegenden LKW oder ähnlich großen Fahrzeugen hat allerdings der nachfolgende Überholer mit einem Linksschwenk zu rechnen, so dass in diesen Fällen auch eine Schadensteilung im Verhältnis 1 : 1 in Betracht kommt (Grüneberg Rn 187). **Einzelfälle:** OLG Frankfurt/M. VersR 90, 912 – 60% linksabbiegender Trecker, 40% Pkw überhöhte Geschwindigkeit.

cc) Da das Rechtsüberholen einer **Kolonne** nur in besonderen Ausnahmefällen 77 erlaubt ist (§ 7 II a StVO), kommt es bei einem Zusammenstoß mit einem nach rechts abbiegenden Kolonnenfahrzeug, dessen Fahrer der erhöhten Sorgfaltspflicht des § 9 I 2, V StVO unterliegt, in der Regel zu einer Schadensteilung. Im Falle einer grob verkehrswidrigen Fahrweise des Überholers (zB sehr hohe Geschwindigkeit oder Überholen auf schmaler Straße) kann auch dessen volle Haftung anzunehmen sein. **Einzelfälle:** OLG Hamm NZV 00, 85 – 100% für von links nach rechts ausweichenden Pkw.

Überholt ein Fz eine **Fahrzeugkolonne,** obwohl er eine etwaige **Linksabbiegerabsicht** eines vorausfahrenden Fahrzeuges nicht verlässlich beurteilen kann, so kann eine Schadensteilung zur Anwendung kommen (OLG Karlsruhe NZV 02, 131). In einer solchen Situation muss sich der Überholer erst vergewissern, was die vorausfahrenden Fahrzeuge vorhaben (durch Lichtzeichen oder Hupen; §§ 16 Abs 1 Nr 1, 5 Abs 5 – OLG Karlsruhe NZV 01, 473). Allerdings begründet allein die Tatsache, dass sich hinter einem langsam fahrenden Fahrzeug eine Kolonne gebildet hat, noch keine unklare Verkehrslage (OLG Karlsruhe VersR 02, 61). Eine unklare Verkehrssituation besteht dann, wenn konkrete Anhaltspunkte dafür bestehen, dass einer der Vorausfahrenden seinerseits überholen oder links abbiegen will (OLG Celle SP 01, 45; Hentschel/König/Dauer § 5 Rn 34).

f) Missachtung des Überholverbots. Missachtet der Überholer ein Überhol- 78 verbot, haftet er uU allein (OLG München VersR 75, 1058). Jedenfalls trifft ihn idR die überwiegende Haftung (2/3 bis ¾ – LG Aachen r+s 86, 203; LG Bochum MDR 87, 327; OLG Bamberg r+s 85, 191). Ebenfalls führt eine Überschreitung der **zulässigen Höchstgeschwindigkeit** durch den Überholer zu einer Erhöhung seiner Haftungsquote (OLG Nürnberg VersR 87, 108; OLG Stuttgart VRS 76, 8; bis zu 100% OLG Düsseldorf NZV 98, 72).

11. Zuwiderhandlungen. Verstöße gegen § 5 I–IV a, V S 2, VI und VII sind 79 **OWen** nach § 49 I 5 iVm § 24 StVG (vgl Nr 16–29 BKatV). Zum Beginn der Tat s oben Rn 8. In den Fällen der Abs II S 1, IV S 1 u 4 tritt § 1 II als die allg Vorschrift zurück (OLG Hamm DAR 72, 81 Nr 34; Bay 74, 158 = VRS 48, 296; OLG Karlsruhe NZV 92, 248). Kommt es in den Fällen des II S 1 u IV S 4 zu einer Gefährdung oder Schädigung oder im Falle des IV S 1 zu einer Schädigung anderer, besteht TE zwischen den Verstößen gegen § 5 u § 1 II (Bay aaO; OLG Düsseldorf VM 94, 117). Wird der Überholte nur behindert, so tritt § 1 gegenüber § 5 IV S 4 zurück, weil diese Vorschrift Behinderung voraussetzt (Bay DAR 75, 164). Verstoß gegen § 5 V S 1 durch zu lange Zeichengebung ist allenfalls nach § 1 II verfolgbar; er ist in § 49 I 5 nicht erfasst (OLG Köln v 18.11.83, 3 Ss 658/83). Wer unter Verletzung des § 5 II S 1 links überholt, verletzt nur § 5, das Rechtsfahrgebot des § 2 II wird durch G-Konkurrenz verdrängt (OLG Düsseldorf VM 77, 96). Verstöße von Radf und Mofaf gegen Abs VIII sind als solche nicht bußgeldbewehrt, können aber zugleich Zuwiderhandlungen gegen Abs I (zB bei nicht ausreichendem Raum), gegen § 3 I (zB keine mäßige Geschwindigkeit) oder § 1 II darstellen. – Die Begehung der OW nach § 49 I 5 setzt mind Fahrlässigkeit voraus; zur Beendigung s oben Rn 38 ff. Ebenfalls setzt eine Ahndung voraus, dass der Verkehrsfluss durch einen Überholvorgang unangemessen behindert wird (OLG Hamm NZV 09, 302). Als „Faustregel" für Überholvorgänge auf zweispurigen Autobahnen gilt maximal eine Dauer von 45 Sekunden (OLG Hamm, 4 Ss Owi 629/08).

80 **Strafrecht:** Ständiges verkehrswidriges Überholen u Sicheindrängen in Lücken, das Entgegenkommende u Überholte über 2 km hin zum Bremsen u Ausweichen zwingt, ist Nötigung nach § 240 StGB (OLG Köln VRS 57, 196; s Rn 42). Kurzes Bedrängen des Überholten wegen nahenden GegenV ist nicht ohne weiteres Nötigung, auch wenn der Überholte dadurch veranlasst wird, sein Fz nach rechts zu lenken (OLG Karlsruhe VM 99, 31). Kurzer Verstoß gegen § 5 II S 2 mit Behinderung des Überholten ist keine Gewaltanwendung iS von § 240 StGB (OLG Hamm NZV 91, 480; s dazu Janiszewski Rn 562). Wegen Nötigung durch „Weghupen" s oben Rn 41. Wann Nötigung beim Verhindern des Überholtwerdens vorliegt, hängt von allen Umständen ab, wobei ein strenger Maßstab anzulegen ist (OLG Düsseldorf NZV 00, 301). Nötigung liegt im Übrigen nur in sittlich besonders missbilligenswertem und damit verwerflichem Blockieren des Überholstreifens vor (OLG Köln NZV 97, 318; OLG Düsseldorf NZV 00, 301) und bei planmäßiger Behinderung auf längerer Strecke ohne vernünftigen Grund (OLG Düsseldorf NZV 00, 301). Zur Verkehrsgefährdung durch falsches Überholen s Tröndle/Fischer § 315c I 2b StGB Rn 22, 22a u oben Rn 8, 19, 39, 42.

Eine fahrlässige Gefährdung des Straßenverkehrs durch falsches Überholen, § 315c Abs 1 Nr 2b), Abs 3 Nr 2 StGB kann auch dann gegeben sein, obwohl der Vteilnehmer sich nicht auf derselben Fahrbahn befunden hat und daher auch nicht iSd StVO überholt hat. Der Begriff des falschen Überholens im StGB geht wesentlich weiter als der Begriff in der StVO (OLG Düsseldorf DAR 04, 596).

81 Beim **Wechsel** der rechtlichen Beurteilung von § 5 II S 1 auf § 5 IV S 3, 4 bedarf es eines Hinweises nach § 265 I StPO iVm § 71 I OWiG (OLG Stuttgart v 6.6.89, 3 Ss 341/89).

82 **12. Literatur. Bouska** „Wann muss auf Fahrbahnen mit mehreren Fahrbahnen für eine Richtung der breite Fahrstreifen für ein schnelles Fz freigemacht werden?" DAR 85, 137; **Eggert** „Überholverbot: Die unklare Verkehrslage im Sinne des § 5 Abs 3 Nr 1 StVO", VA 2013, 62; **Förste** „Überholverbot auf Bundes- und Landstraßen bei Dunkelheit?" NZV 02, 217; **Grahrau** „Rechtsüberholen durch Radf?" VD 87, 248; **Mersson** „Problematik des Rechtsüberholens" DAR 83, 280; **Mühlhaus** „Überholen mit u ohne Überholabsicht" DAR 68, 169 ff; „Unübersichtliche Stelle" u „unklare Vlage" DAR 69, 312; „Aufholen u Einholen" DAR 70, 89; „Überholen auf mehrspurigen Richtungsfahrbahnen" DAR 73, 38; **Mayr** Überholen, KVR; **Weigel** Dürfen sich Motorradfahrer „durchschlängeln"? DAR 00, 393

§ 6 Vorbeifahren

Wer an einer Fahrbahnverengung, einem Hindernis auf der Fahrbahn oder einem haltenden Fahrzeug links vorbeifahren will, muss entgegenkommende Fahrzeuge durchfahren lassen. Satz 1 gilt nicht, wenn der Vorrang durch Verkehrszeichen (Zeichen 208, 308) anders geregelt ist. Muss ausgeschert werden, ist auf den nachfolgenden Verkehr zu achten

Vorbeifahren   **§ 6 StVO**

und das Ausscheren sowie das Wiedereinordnen – wie beim Überholen – anzukündigen.

Übersicht

	Rn
1. Grundlagen	1
2. Zulässigkeit des Vorbeifahrens	3
3. Satz 2: Sorgfaltspflicht gegenüber dem nachfolgenden Verkehr ...	4
4. Seitenabstand beim Vorbeifahren	6
5. Zivilrecht/Haftungsverteilung	8a
a) Begegnungskollision	8a
b) Vorbeifahrt an Hindernissen	8b
c) Schnee und Laub	8c
d) Plötzlich auftauchendes Hindernis	8d
6. Zuwiderhandlungen	9
7. Literatur	10

1. Grundlagen. Zur Abgrenzung zwischen **Vorbeifahren u Überholen** s 1 § 5 Rn 2. Ein Überholen iSv § 5 und kein Vorbeifahren iSv § 6 liegt vor, wenn ein Kfz an einem anderen sich in derselben Richtung bewegenden oder verkehrsbedingt wartenden Fahrzeug vorbeifährt (LG Nürnberg-Fürth SP 2009, 394; OLG Köln OLGR Köln 99, 206). S 1 regelt den Vorrang des GegenV bei Fahrbahnverengung durch ein Hindernis, der systematisch dem BegegnungsV zuzurechnen ist. S 2 enthält die gebotene Vorsicht gegenüber dem nachfolgenden Verkehr. Die Pflichten des Vorbeifahrenden gegenüber dem haltenden VT sind nicht behandelt; sie ergeben sich aus § 1 (KG r+s 2011, 174; s dazu auch § 5 Rn 2). Die Sorgfaltspflichten des § 6 gelten auch nicht gegenüber dem aus einer Seitenstr einbiegenden wartepflichtigen Verkehr (OLG Düsseldorf VRS 63, 60). Die korrespondierenden Pflichten des haltenden gegenüber dem vorbeifahrenden VT sind in §§ 10 u 14 I geregelt. – Zum Reißverschlussverfahren s § 7 Rn 19.

§ 6 gilt nur bei **einseitiger** Verengung eines begrenzten Stücks der **rechten** 2 Fahrbahn einer sonst ausreichend breiten Str (OLG Schleswig StVE 11); bei beiderseitiger Einengung gilt § 1 (OLG Zweibrücken VRS 57, 134; 79, 95 = StVE 5, KG VRS 91, 465). Eine Engstelle iS von § 6 besteht nur, wenn am Hindernis nach links vorbeigefahren wird und dabei für unbehinderten Gegenverkehr kein Raum bleibt (OLG Karlsruhe DAR 04, 648; OLG Schleswig VersR 82, 1106). Das Hindernis muss – entgegen der bisherigen Regelung des § 6 aF – der Substanz nach **nicht** mehr **vorübergehender** Art sein, sondern kann auch eine dauernde bauliche Verengung (OLG Düsseldorf VRS 44, 228; DAR 72, 338; str s unten), wie ein fest installierter Bauzaun (OLG Hamm VRS 59, 296 = StVE 9) oder eine Verkehrsinsel (AG Hamm SP 96, 377) sein. Es besteht Vorrang des Gegenverkehrs. Bei Nichtbeachtung des Vorrechts (Ordnungswidrigkeit) muss der Bevorrechtigte zurückstehen (KG VRS 91, 468), sonst haftet er mit (OLG Koblenz NZV 93, 195). Kann rechts vorbeigefahren werden, gilt § 6 nicht (OLG Düsseldorf DAR 80, 187 = StVE 6). Bei einem Hindernis auf beiden Seiten der Straße gelten die Regeln des allgemeinen Begegnungsverkehrs, dh Vorrang hat, wer die Engstelle zuerst erreicht hat (OLG Düsseldorf OLG R 1991, 14). Können einander begegnende Fze trotz der Engstelle allerdings aufgrund des ausreichend verbleibenden Raumes gleichzeitig passieren, so müssen beide verlangsamen und sich den freien Raum gleichmäßig teilen (OLG Karlsruhe DAR 04, 648; OLG

StVO § 6 I. Allgemeine Verkehrsregeln

Zweibrücken VRS 57, 134). § 6 ist dann nicht anwendbar; die gegenseitigen Verhaltenspflichten richten sich nach § 1 II (OLG Karlsruhe DAR 04, 648).

2a § 6 regelt nur das Fahrverhalten bei **sichtbarem** Gegenverkehr zu Beginn des Vorbeifahrens, nicht aber den Fall des bloß möglichen, später erst sichtbar werdenden Gegenverkehrs (OLG Hamm NZV 95, 27). Bei Unübersichtlichkeit Licht- und WarnZ gem § 1 StVO erforderlich (OLG Schleswig OLG R 1996, 210).

2b Durch die **Neufassung des § 6 S 1 durch die 46. VO** erweitert sich somit der Anwendungsbereich der Norm auch auf dauerhafte Fahrbahnverengungen. Diese Neuregelung des § 6 soll die Zeichen Z 208/308 weitgehend entbehrlich machen.

3 **2. Zulässigkeit des Vorbeifahrens.** Da das **Vorbeifahren an einem Hindernis** weit weniger gefährlich ist als das Überholen, gelten die für letzteres aufgestellten Rechtsgrundsätze nur teilweise. So hindert ein etwaiges Überholverbot die Vorbeifahrt nicht; sie ist auch bei unklarer VLage nicht schlechthin unzulässig. Vor einer **unübersichtlichen Engstelle** muss der Wartepflichtige besonders vorsichtig prüfen, ob Vorbeifahren den Gegenverkehr behindern würde (OLG Karlsruhe DAR 89, 106). An einem Fz oder sonstigen Hindernis, das in einer unübersichtlichen Kurve steht, darf man nicht vorbeifahren (Bay 73, 23 = VRS 45, 63; AG Lobenstein ZfS 00, 482). Jedoch sind besondere Vorsichtsmaßnahmen zB Warnposten, mehrmaliges Betätigen des Blinklichts oder Hupen erforderlich, wenn die Fahrbahnseite des GegenV mitbenutzt wird (Bay VRS 58, 450 = StVE 10; LG Wuppertal VersR 01, 872; vgl Rn 23 zu § 3). Wer das Hindernis vor einer Kurve ohne sichtbaren GegenV umfährt, muss WarnZ geben (LG Wuppertal DAR 00, 168) und Schrittgeschwindigkeit einhalten, um beim Auftauchen eines entgegenkommenden Fzs sofort anhalten zu können (AG Lobenstein ZfS 00, 482). Selbst **wenn nicht die Fahrbahnseite des GegenV mitbenutzt wird**, aber mit GegenV zu rechnen ist, der sich vermutlich oder erkennbar nicht scharf rechts hält u die Mittellinie berührt, darf am Hindernis nicht links vorbeigefahren werden (OLG Celle VersR 80, 772; KG VRS 91, 465). Andererseits muss der Vorbeifahrende, iG zum Überholenden, nicht vom Weiterfahren absehen, wenn er die zum Vorbeifahren benötigte, zunächst vom GegenV freie Strecke nicht überblicken kann. Kommt ihm aber im Sichtbereich ein Fz entgegen, so gelten die Regeln des BegegnungsV, darunter auch die in § 6 S 1 ausgesprochene (vgl Rn 65 ff zu § 2 u Rn 23 zu § 3).

4 **3. Satz 2: Sorgfaltspflicht gegenüber dem nachfolgenden Verkehr.** Während das Vorbeifahren an einem Hindernis im Verhältnis zum GegenV viel weniger gefährlich ist als das Überholen, bringt es für den NachfolgeV die gleichen Gefahren wie dieses mit sich, namentlich wenn das Hindernis ein **Ausscheren** erforderlich macht. S 2 deckt sich demgemäß inhaltlich mit § 5 IV S 1 und IV a. Das zu § 5 Rn 33 ff Ausgeführte gilt entspr (insb Rückschaupflicht u rechtzeitiges Zeichengeben wobei der Sorgfaltsmaßstab beim Ausscheren vor dem Überholen aber höher ist als in § 6 S 1; vgl auch OLG Köln VRS 41, 456 für das Ausscheren eines verkehrsbedingt Wartenden).

5 S 2 begründet ebenso wenig wie § 5 IV einen **Vorrang** des schnelleren Nachfolgenden gegenüber dem auf der rechten Spur Vorausfahrenden (vgl § 5 Rn 32). Erreichen beide ein Hindernis etwa gleichzeitig, so gilt das zu § 7 Rn 23 f Ausgeführte entspr (KG VRS 45, 61; aA Bouska VD 74, 113).

6 **4. Seitenabstand beim Vorbeifahren.** Der fließende Verkehr ist gegenüber dem ruhenden FahrV u den Fußgängern idR bevorrechtigt u darf auf die Beach-

Vorbeifahren **§ 6 StVO**

tung seines VorR vertrauen (§ 10 Rn 2 u 7 ff; § 14 Rn 3). Er muss nicht damit rechnen, dass hinter einem Hindernis, bes einem sichtbehindernden Fz, Menschen unachtsam hervorkommen u in seine Fahrlinie laufen, wohl aber damit, dass sie so weit hervortreten, dass sie freie Sicht auf die Fz gewinnen. Ähnlich muss er beim Vorbeifahren an einem haltenden Fz nicht mit einem plötzlichen weiten, wohl aber mit einem zur Rückschau genügenden Öffnen eines Türspalts rechnen; falls das Fz nicht zweifelsfrei leer ist (KG DAR 86, 88; BGH(Z) VRS 61, 26), u einen Seitenabstand einhalten (BGH VRS 19, 404; s auch Rn 5 zu § 14). Daher ist auch beim **Vorbeifahren** an haltenden Fzen ein **ausreichender Seitenabstand** einzuhalten, dessen Größe sich nach den Umständen richtet; er darf geringer sein als der beim Überholen u bei der Begegnung regelmäßig verlangte Mindestabstand von 1 m (OLG Hamburg VRS 84, 169; KG VRS 91, 465; s auch § 2 Rn 70; § 5 Rn 14). Hentschel/König/Dauer: „ 35 cm bei „50" sind da zu wenig (BGH VRS 11, 249). Diese Grundsätze gelten auch für den, beim Überholen an einem in seiner Gegenrichtung links geparkten Pkw vorbeifährt, der von seinen Insassen nicht mit Sicherheit schon verlassen ist (BGH VRS 61, 26). Allerdings ist beim Vorbeifahren an einer in der geöffneten Fztür stehenden Person auch ein Abstand von 1 m zu gering (LG Berlin VR 02, 864). Ein Seitenabstand von weniger als 1 m ist jedenfalls dann zu gering, wenn auf dem Seitenstreifen neben der Fahrbahn ein Pkw mit geöffneter Fahrzeugtür steht, in dem sich eine Fahrzeugführerin hineinbeugt, weil jederzeit mit einem weiteren Öffnen der Tür gerechnet werden muss (OLG Hamm NZV 04, 408).

Ein **größerer Abstand** ist beim Vorbeifahren an einem – entweder rechts oder 7 in entgegengesetzter Fahrtrichtung links haltenden – **Omnibus** geboten, weil damit zu rechnen ist, dass Menschen hinter diesem hervortreten u einige Schritte in die freie Fahrbahn machen, um sich einen Überblick über den Verkehr zu verschaffen (zum Linien- u Schulbus s § 20 I u IV; OLG Oldenburg NZV 91, 468). Dieser Abstand muss – wenn der Fahrer nicht so langsam fährt, dass er beim Auftauchen von Menschen vor ihnen anhalten kann – 1,80–2 m betragen (BGHSt 13, 169; VM 68, 93; BGH(Z) VM 67, 69; Bay 59, 295 = VM 60, 76; OLG Köln VRS 64, 434 = StVE § 20 StVO 6; Annäherung an UmsteigeV zwischen zwei haltenden Omnibussen: OLG Köln VRS 34, 20), es sei denn, dass sich in unmittelbarer Nähe ein ampelgeregelter Fußgängerüberweg befindet (KG VM 87, 101; s auch § 1 Rn 31).

Die gleiche Verpflichtung trifft denjenigen, der an einem auf der Gegenfahr- 8 bahn haltenden **Müllwagen** (OLG Zweibrücken VRS 62, 213; OLG Hamm NZV 89, 75 Ls), an einer Str-Baumaschine (Bay 70, 155 = VM 70, 117) oder im dichten mehrreihigen Verkehr an einer stehenden **Kolonne,** die eine **Lücke** für den **QuerV** freigelassen hat, vorbeifährt (Bay 71, 2 = VRS 41, 72; KG VM 75, 43) soweit die Lücke an einer Einmündung oder Kreuzung oder an einer erkennbaren Tankstellenausfahrt besteht (OLG Hamm NZV 92, 238). Der an einer solchen Lücke Vorbeifahrende darf sich dieser nur mit aller Aufmerksamkeit nähern und muss notfalls anhalten können (§ 1 II StVO). Bei der Haftungsabwägung ist dabei allerdings dem Vorfahrtsverstoß ein größeres Gewicht beizumessen (OLG Düsseldorf BeckRS 17, 112331; OLG München BeckRS 17, 106439 – ⅔ zu Lasten des durch die Lücke Fahrenden). Auch wer auf der rechten Spur einer Kolonne vorfährt, muss auf Lücken achten, welche die weiter links Fahrenden für den QuerV freigelassen haben (KG DAR 75, 186; nicht aber der Bus auf Sonderfahrstreifen: OLG Saarbrücken NZV 92, 234). Der QuerV darf darauf vertrauen, dass ihm Vorbeifahrende das Hineintasten bis zur Gewinnung freier

Heß

StVO § 6 I. Allgemeine Verkehrsregeln

Sicht ermöglichen (OLG Köln VRS 28, 452; vgl auch KG VM 65, 99). Nach Bay 74, 3 = VRS 47, 126 darf er weiter darauf vertrauen, dass der in der Fahrbahnmitte liegende Gleisbereich der Straba, der von den übrigen Str-Teilen durch Fahrstreifenbegrenzungen abgegrenzt ist, nur von Straßenbahnen befahren wird. – Diese Grundsätze gelten nicht an Kreuzungen mit Lichtzeichenregelung (KG VM 75, 44) oder wenn die Lücke nur an einer sonstigen Grundstückseinfahrt (KG VM 76, 105) oder für ein parkendes Fz zum Einreihen in die Kolonne (Bay VRS 65, 152) freigelassen ist.

8a **5. Zivilrecht/Haftungsverteilung. a) Begegnungskollision.** Kommt es zu einem Unfall zwischen zwei sich **begegnenden** Fahrzeugen, wobei der Unfallablauf nicht aufzuklären ist, kommt es im Regelfall zu einer Schadensteilung in Höhe der jeweiligen Betriebsgefahren (vgl AG Aachen SP 02, 6; je 50%). Eine anderweitige Haftungsquote ist in den Fällen vorstellbar, in denen weitere, erschwerende Umstände (zB Alkohol) hinzutreten. **Einzelfall:** Begegnungskollision in langgestreckter Kurve zwischen Klein-LKW (90%), der die Mittellinie überfährt, und Motorrad (10%), das auf seiner Fahrspur nahe der Mittellinie fährt (OLG Frankfurt/M. ZfS 94, 77).

8b **b) Vorbeifahrt an Hindernissen.** Ereignet sich ein Unfall an einer Stelle, an der sich die Fahrbahn für einen oder beide Verkehrsteilnehmer verengt, kommt es grds zu einer überwiegenden oder sogar alleinigen Haftung des Verkehrsteilnehmers, auf dessen Seite sich die Verengung der Fahrbahn befindet (BGH VersR 66, 929; OLG Bamberg VersR 82, 983 f, Grüneberg Rn 195 ff). Dieser Fahrer hätte gem § 6 S 1 StVO dem Gegenverkehr den Vorrang gewähren müssen. Dies gilt schon dann, wenn der Gegenverkehr am Durchfahren nennenswert behindert wird, Allerdings muss der Gegenverkehr auch schon erkennbar sein (OLG Saarbrücken BeckRS 14, 01728). Eine Mithaftung des entgegenkommenden Fz kommt aber beispielsweise dann in Betracht, wenn dessen Fahrer wegen parkender Fze auf der anderen Fahrbahnseite oder aufgrund anderer Hindernisse mit GegenV auf seiner Fahrbahnseite rechnen muss u dieser sich nicht darauf einstellt (OLG Hamm NZV 95, 27) bzw wenn er in die Engstelle zu schnell fährt, zu spät reagiert oder noch weiter rechts (§ 2 II StVO) hätte fahren können (OLG Saarbrücken BeckRS 14, 01728; – je 50%; OLG Koblenz VRS 68, 179; LG Wuppertal DAR 00, 168 – Haftung zu je 50%; Grüneberg Rn 203 ff; KG VersR 97, 73 – entgegenkommender Motorradfahrer haftet wegen Verstoßes gegen das Rechtsfahrgebot voll). Bei einer Begegnungskollision und Hindernissen auf beiden Fahrbahnseiten – Haftung zu je 50%; OLG Düsseldorf OLGR 91, 14; OLG Hamm NZV 95, 28 (¼).

8c **c) Schnee und Laub.** Außerdem können abhängig von der Jahreszeit Schnee oder aufgetürmtes Laub Hindernisse bilden, durch die die Fahrbahn verengt wird. In einem solchen Fall wird von dem entgegenkommenden Fahrer erwartet, dass er entsprechend reagiert, da das Hindernis auch für ihn schon aus größerer Entfernung zu erkennen gewesen ist. Daher ist in diesen Fällen von einer Mithaftung des entgegenkommenden Fahrers auszugehen (OLG Düsseldorf VersR 70, 1160 je 50%). Nach diesem Maßstab auch zu beurteilen sind die Fälle, in denen ein Verkehrsteilnehmer rechtzeitig erkennen kann, dass ein anderer Verkehrsteilnehmer seine Fahrbahn aufgrund von Hindernissen oder ähnlichem mitbenutzt. Er muss dann auf sein Vorrecht aus § 11 III StVO verzichten und dem anderen die Benutzung der Fahrbahn auch durch Herabsetzen der Geschwindigkeit ermöglichen. Tut er dies nicht, folgt hieraus idR eine hälftige Mithaftung (OLG Karlsruhe VersR 89, 1289–50%; OLG Koblenz NZV 93, 195 – ⅓ zu ⅔).

d) Plötzlich auftauchendes Hindernis. Wenn ein Verkehrsteilnehmer auf- **8d** grund eines plötzlich auftauchenden Hindernisses (Tiere, plötzlich auf die Straße einbiegende Fahrzeuge usw) auf die Gegenfahrbahn ausweichen muss, trifft ihn gleichwohl grds die Haftung, wenn es aufgrund dieses Manövers zu einem Unfall mit entgegenkommenden Fahrzeugen kommt (OLG Düsseldorf VersR 88, 1190). Überschreitet der entgegenkommende Verkehrsteilnehmer aber die zulässige Geschwindigkeit oder konnte er das Ausweichmanöver rechtzeitig erkennen, kommt es zu einer Haftungsquotelung.

6. Zuwiderhandlungen. Verstoß gegen § 6 ist **OW** nach §§ 49 I 6 iVm 24 **9** StVG (s dazu Nrn 29, 30 BKatV). Vorrangverletzung des GegenV ist nach KG (VRS 46, 192) Vorfahrtverletzung iS von § 315c I 2a StGB. Da ein Verstoß gegen § 6 S 1 eine Behinderung des GegenV voraussetzt, tritt § 1 II im Falle einer solchen Behinderung zurück (nicht aber bei Gefährdung, soweit nicht § 315c StGB eingreift). Derjenige, der die Gegenfahrbahn mitbenutzt, um ein Hindernis links zu umfahren, muss nicht die gesteigerte, äußerste Sorgfalt wie der Überholende beachten, es sei denn, er überholt seinen Vordermann trotz des Hindernisses an einer solchen Stelle nach Beendigung des GegenV (vgl § 5). – Der Wartepflichtige muss durch sein Fahrverhalten, insb mäßige Geschwindigkeit, erkennen lassen, dass er warten wird (entspr § 8 II S 1; KG VM 80, 58).

7. Literatur. Berz „Zum Vorrang an Engstellen" DAR 74, 147; **Mühlhaus** „Begeg- **10** nungsV in der oberstrichterlichen Rspr" DAR, 65, 321.

§ 7 Benutzung von Fahrstreifen durch Kraftfahrzeuge

(1) **Auf Fahrbahnen mit mehreren Fahrstreifen für eine Richtung dürfen Kraftfahrzeuge von dem Gebot möglichst weit rechts zu fahren (§ 2 Abs. 2) abweichen wenn die Verkehrsdichte das rechtfertigt. Fahrstreifen ist der Teil einer Fahrbahn, den ein mehrspuriges Fahrzeug zum ungehinderten Fahren im Verlauf der Fahrbahn benötigt.**

(2) **Ist der Verkehr so dicht, dass sich auf den Fahrstreifen für eine Richtung Fahrzeugschlangen gebildet haben, darf rechts schneller als links gefahren werden.**

(2a) **Wenn auf der Fahrbahn für eine Richtung eine Fahrzeugschlange auf dem jeweils linken Fahrstreifen steht oder langsam fährt, dürfen Fahrzeuge diese mit geringfügig höherer Geschwindigkeit und mit äußerster Vorsicht rechts überholen.**

(3) **Innerhalb geschlossener Ortschaften – ausgenommen auf Autobahnen (Zeichen 330.1) – dürfen Kraftfahrzeuge mit einer zulässigen Gesamtmasse bis zu 3,5 t auf Fahrbahnen mit mehreren markierten Fahrstreifen für eine Richtung (Zeichen 296 oder 340) den Fahrstreifen frei wählen, auch wenn die Voraussetzungen des Absatzes 1 Satz 1 nicht vorliegen. Dann darf rechts schneller als links gefahren werden.**

(3a) **Sind auf einer Fahrbahn für beide Richtungen insgesamt drei Fahrstreifen durch Leitlinien (Zeichen 340) markiert, dann dürfen der linke, dem Gegenverkehr vorbehaltene, und der mittlere Fahrstreifen nicht zum**

Überholen benutzt werden. Dasselbe gilt für Fahrbahnen, wenn insgesamt fünf Fahrstreifen für beide Richtungen durch Leitlinien (Zeichen 340) markiert sind, für die zwei linken, dem Gegenverkehr vorbehaltenen, und den mittleren Fahrstreifen. Wer nach links abbiegen will, darf sich bei insgesamt drei oder fünf Fahrstreifen für beide Richtungen auf dem jeweils mittleren Fahrstreifen in Fahrtrichtung einordnen.

(3b) Auf Fahrbahnen für beide Richtungen mit vier durch Leitlinien (Zeichen 340) markierten Fahrstreifen sind die beiden in Fahrtrichtung linken Fahrstreifen ausschließlich dem Gegenverkehr vorbehalten; sie dürfen nicht zum Überholen benutzt werden. Dasselbe gilt auf sechsstreifigen Fahrbahnen für die zwei in Fahrtrichtung linken Fahrstreifen.

(3c) Sind außerhalb geschlossener Ortschaften für eine Richtung drei Fahrstreifen mit Zeichen 340 gekennzeichnet, dürfen Kraftfahrzeuge, abweichend von dem Gebot möglichst weit rechts zu fahren, den mittleren Fahrstreifen dort durchgängig befahren, wo – auch nur hin und wieder – rechts davon ein Fahrzeug hält oder fährt. Dasselbe gilt auf Fahrbahnen mit mehr als drei so markierten Fahrstreifen für eine Richtung für den zweiten Fahrstreifen von rechts. Den linken Fahrstreifen dürfen außerhalb geschlossener Ortschaften Lastkraftwagen mit einer zulässigen Gesamtmasse von mehr als 3,5 t sowie alle Kraftfahrzeuge mit Anhänger nur benutzen, wenn sie sich dort zum Zwecke des Linksabbiegens einordnen.

(4) Ist auf Straßen mit mehreren Fahrstreifen für eine Richtung das durchgehende Befahren eines Fahrstreifens nicht möglich oder endet ein Fahrstreifen, ist den am Weiterfahren gehinderten Fahrzeugen der Übergang auf den benachbarten Fahrstreifen in der Weise zu ermöglichen, dass sich diese Fahrzeuge unmittelbar vor Beginn der Verengung jeweils im Wechsel nach einem auf dem durchgehenden Fahrstreifen fahrenden Fahrzeug einordnen können (Reißverschlussverfahren).

(5) In allen Fällen darf ein Fahrstreifen nur gewechselt werden, wenn eine Gefährdung anderer Verkehrsteilnehmer ausgeschlossen ist. Jeder Fahrstreifenwechsel ist rechtzeitig und deutlich anzukündigen; dabei sind die Fahrtrichtungsanzeiger zu benutzen.

VwV – StVO

Zu § 7 Benutzung von Fahrstreifen durch Kraftfahrzeuge

Zu den Absätzen 1 bis 3

1 I. Ist auf einer Straße auch nur zu gewissen Tageszeiten mit so dichtem Verkehr zu rechnen, daß Kraftfahrzeuge vom Rechtsfahrgebot abweichen dürfen oder mit Nebeneinander fahren zu rechnen ist, empfiehlt es sich, die für den gleichgerichteten Verkehr bestimmten Fahrstreifen einzeln durch Leitlinien (Zeichen 340) zu markieren. Die Fahrstreifen müssen so breit sein, daß sicher nebeneinander gefahren werden kann.

2 II. Wo auf einer Straße mit mehreren Fahrstreifen für eine Richtung wegen ihrer baulichen Beschaffenheit nicht mehr wie bisher nebeneinander gefahren werden kann, ist durch geeignete Markierungen, Leiteinrichtungen, Hinweistafeln oder dergleichen zu zeigen, welcher Fahrstreifen endet. Auf Straßen mit schnellem Verkehr ist zu prüfen, ob eine Geschwindigkeitsbeschränkung erforderlich ist.

Benutzung von Fahrstreifen durch Kraftfahrzeuge § 7 StVO

Zu Absatz 3

Werden innerhalb geschlossener Ortschaften auf Straßen mit mehreren Fahrstreifen für eine Richtung Leitlinien markiert, so ist anzustreben, daß die Anzahl der dem geradeausfahrenden Verkehr zur Verfügung stehenden Fahrstreifen im Bereich von Kreuzungen und Einmündungen nicht dadurch verringert wird, daß ein Fahrstreifen durch einen Pfeil auf der Fahrbahn (Zeichen 297) nur einem abbiegenden Verkehrsstrom zugewiesen wird. Wenn das Abbiegen zugelassen werden muß, besondere Fahrstreifen für Abbieger aber nicht zur Verfügung stehen, so kommt unter Umständen die Anbringung kombinierter Pfeile, zB Geradeaus/Links, in Frage. 3

Übersicht

	Rn
1. Grundlagen	1
2. Die Fälle des Nebeneinanderfahrens	2
a) Abs 1: Auflockerung des Rechtsfahrgebotes bei dichtem Verkehr	2
b) Abs 2: Fahrzeugschlangen	3
c) Abs 2a: Rechtsüberholen von Kolonnen	6a
d) Abs 3: Mehrreihiger Stadtverkehr	7
e) 46. VO zur Änderung straßenverkehrsrechtlicher Vorschriften	8a
f) § 37 Abs 4: Verkehr zwischen Lichtzeichen	9
g) Pfeilmarkierung	13
h) Leitlinien – Z 340	14
3. Fahrregeln des Nebeneinanderfahrens	16
4. Fahrstreifenwechsel	18
a) Allgemeines	18
b) Abs 4: Reißverschlussverfahren	19a
c) Abs 5: Gesteigerte Sorgfaltspflicht	21
5. Zivilrecht/Haftungsverteilung	25
a) Spurwechsel	25
b) Fahrbahnverengung oder anderweitige Hindernisse	26
c) Fahrstreifenwechsel ohne erkennbaren Grund	27
d) Einfädeln auf der Autobahn	28
e) Zusammenstoß im Ausfahrtbereich einer Autobahn	29
f) Mehrspurige Straße	30
g) Reißverschlusssystem	31
6. Zuwiderhandlungen	32
7. Literatur	33

1. Grundlagen. Die ordnungsgemäße Benutzung der Fahrstreifen gehört im Straßenverkehr zu den wesentlichen Erfordernissen. Der Massenverkehr erfordert – vor allem in der Stadt – eine besondere Fahrweise: das mehrreihige Nebeneinanderfahren ohne die Absicht oder auch nur die Möglichkeit, den weiter rechts Fahrenden zu überholen und sich vor ihm einzuordnen. An die Stelle des Rechtsfahrgebotes tritt die **Pflicht zum Spurhalten,** an die Stelle des Linksüberholgebotes das Vorziehen der jeweils schnelleren Reihe vor die langsamere. Weitere Vorschriften über die Benutzung nebeneinander liegender Fahrstreifen enthalten die §§ 37 IV, 41 III 5 und 42 VI 1d. Das Regelungssystem des § 7 ist kompliziert und unübersichtlich. Es ist deshalb änderungsbedürftig (so Seidenstecher Rn 26). Ein Fahrstreifen setzt eine Fahrbahnmarkierung nicht voraus. § 7 gilt für alle Kfze, 1

StVO § 7 I. Allgemeine Verkehrsregeln

dh auch für einspurige, doch wird erwartet, dass Mofas u Mopeds im eigenen Sicherheitsinteresse weiterhin möglichst rechts bleiben.

Durch die Neufassung der StVO wurde im Absatz 3a die Regelung um Fahrbahnen mit 5 Fahrstreifen ergänzt, da der Gesetzgeber hier einen Regelungsbedarf sah (BR-Drucks. 428/12, S. 123).

2   **2. Die Fälle des Nebeneinanderfahrens. a) Abs 1: Auflockerung des Rechtsfahrgebotes bei dichtem Verkehr.** Abs 1 gestattet als Auflockerung des Rechtsfahrgebotes das – meist gestaffelte – **Nebeneinander fahren** mehrerer Fz-Reihen, „wenn die Verkehrsdichte das rechtfertigt". Diese Fahrweise setzt mehrere Fahrstreifen für eine Richtung von ausreichender Breite für ein mehrspuriges Fz voraus, im allg mind je 3,50 m (2,55 m nach § 32 I StVZO zulässige Fz-Breite + 0,50 m Abstand nach jeder Seite; Legaldefinition S 2); das gilt nicht für Motorräder (OLG Düsseldorf ZfS 90, 214). Die **Verkehrsdichte** rechtfertigt das Nebeneinanderfahren, wenn die Reihenbildung vom Standpunkt der flüssigen Abwicklung des Verkehrs vernünftig ist, wenn nämlich die Fahrgeschwindigkeit wegen des geringen Abstands der Fze laufend korrigiert oder kurz nach dem Einordnen ein neuer Überholvorgang eingeleitet werden müsste (Begr; vgl auch § 5 Rn 39 f), der Verkehr jedoch noch nicht so dicht ist, wie das II voraussetzt. Beim aufgelockerten gestaffelten Fahren darf nur **links überholt** werden, solange sich keine Fz-Schlangen gebildet haben. Die in I zugelassene Fahrweise gilt – iG zu der des III – innerhalb wie außerhalb geschl Ortschaften, auch auf ABen (OLG München v. 8.4.2011 – 10 U 5122/10) für Fze jeder Art; sie ist nicht davon abhängig, dass die Fahrstreifen durch Leitlinien abgeteilt sind.

3   **b) Abs 2: Fahrzeugschlangen.** Rechtsüberholen ist in Abs 2 und Abs 3 nur in den vier gesetzlich geregelten Fällen zulässig. **Abs 2** bringt keinen weiteren Fall der Zulassung des Nebeneinanderfahrens, sondern eine Fahrregel, welche die Verdichtung des Verkehrs zu **Fz-Schlangen** voraussetzt. Trotzdem muss der eigentliche KolonnenV als eine bes Erscheinungsform des Nebeneinanderfahrens angesehen werden. Die Fahrregel des II gilt ebenso wie die des I für alle Str. Sie gilt auch dann, wenn sich die Fz-Schlangen auf unvorschriftsmäßige Weise, zB durch verbotenes Rechtsüberholen, gebildet haben. Entstanden aber Fz-Schlangen an unzulässigen Stellen, zB beim Fehlen mehrerer genügend breiter Fahrstreifen für den fließenden Verkehr, so haben sich die Fze baldmöglichst wieder hintereinander zu setzen.

4   Eine „**Fahrzeugschlange**" ist jedenfalls dann gegeben, wenn innerorts mind 3, außerorts noch mehr (Seidenstecher DAR 93, 85; Bay VM 72, 100) Fze so nah hintereinander fahren, dass ein Überholer nicht mehr mit vorschriftsmäßigen Abständen nach vorn u hinten einscheren kann, wenn also die Abstände 3 Sekundenwege zuzüglich der Länge eines einscherenden Pkw (5 m) nicht übersteigen (vgl § 4 Rn 3 f, § 5 Rn 20, 39; ebenso Möhl DAR 71, 31; im Wesentlichen zustimmend, mit Einschränkung auf 2,5 Sekundenwege innerorts: Bay 72, 153 = VRS 43, 452).

5   Auf „**den Fahrstreifen**" für eine Richtung, die iG zu III nicht markiert sein müssen (OLG Düsseldorf VRS 74, 216), bedeutet nach wörtl Auslegung (u Begr) zwar auf **allen** Fahrstreifen, dh nicht nur auf dem linken (Bay VM 78, 8). Der Benutzer eines freien rechten Streifens dürfte danach erst schneller fahren als die linke Reihe, wenn sich auch hinter ihm eine Fz-Schlange gebildet hat. Das VBedürfnis verlangt aber, dass auch Einzel-Fze eine entgegen dem Rechtsfahrgebot links fahrende Reihe vorsichtig überholen dürfen (so zutr OLG Köln VRS 61,

Benutzung von Fahrstreifen durch Kraftfahrzeuge **§ 7 StVO**

457 = StVE § 2 StVO 17; OLG Celle VRS 63, 381 = StVE § 2 StVO 22; OLG Düsseldorf aaO); auf ABen u ähnlich ausgebauten Str jedoch nur im Rahmen des in § 5 Rn 58 Ausgeführten.

Von einem Fz-Führer, der auf dem rechten Fahrstreifen – allein oder in einer **6** Fz-Reihe – eine auf dem zweiten Streifen fahrende Fz-Schlange überholt, kann nicht verlangt werden, dass er außer der neben ihm befindlichen auch noch die links von ihr fahrende dritte Reihe beobachtet u Erwägungen darüber anstellt, ob sich dort eine Fz-Schlange gebildet hat (Bay VRS 34, 72). Er handelt nicht vorwerfbar, wenn er die Voraussetzungen des § 7 II annimmt, wenn die unmittelbar neben ihm fahrende Reihe ein Linksüberholen nicht zulässt.

c) Abs 2a: Rechtsüberholen von Kolonnen. Abs 2a erlaubt das Rechts- **6a** überholen einer FzSchlange auf allen mind durch Z 295 getrennten Fahrbahnen für eine Richtung mit mehreren Fahrstreifen; „langsam" bedeutet deutlich unter 60 km/h, „geringfügig höher" höchstens 20 km/h mehr (Begr; s auch § 5 Rn 58; KG VersR 04, 254; Seidenstecher DAR 93, 85). Die FzSchlange muss mit äußerster Vorsicht überholt werden, wobei die Geschwindigkeit nur geringfügig höher sein darf. Nicht erlaubt durch Abs 2a ist allerdings das Rechtsüberholen durch einen einzelnen FzFahrer, der aus der langsamen Kolonne nach rechts ausguckt, um sich weiter vorn wieder links einzuordnen (OLG Düsseldorf VRS 63, 69: Rspr zur früheren Rechtslage, die aber fortgilt). Im Verhältnis zu VFlächen, die vom FzVerkehr nicht benutzt werden dürfen, wie zB Sperrfläche nach Z 298, gilt Abs 2a nicht (OLG Düsseldorf NZV 90, 241; aA Booß VM 90, 60), da zulässiges Rechtsüberholen idR einen freien Fahrstreifen für den Überholenden voraussetzt (anders aber bei § 5 Abs 8). Innerorts geht III (mit Ausn auf ABen) weiter.

d) Abs 3: Mehrreihiger Stadtverkehr. III verwirklicht für den Verkehr **7** innerhalb geschl Ortschaften auf Fahrbahnen mit mind zwei (durch Z 340 oder 296) markierten Fahrstreifen für eine Richtung das Prinzip des mehrreihigen Fahrens (s Rn 1). Der in I S 1 geforderten VDichte bedarf es hier nicht; die Regelung gilt auch auf völlig freier Fahrbahn u auch auf Kraftfahrstr (OLG Köln VM 80, 42). Der örtliche Geltungsbereich dieser Fahrordnung wird durch die Ortstafeln **Z 310 u 311** bestimmt (§ 42 III, § 3 Rn 66). Bei fehlender Ortstafel ist der Beginn und das Ende der geschlossenen Bauweise entscheidend (OLG Köln VM 80, 42). Außerhalb geschl Ortschaften, auf ABen auch im Ortsbereich, gilt weiter die normale Rechtsfahrordnung mit den Abweichungen, die unter Rn 2, 9–15 behandelt sind.

Im Rahmen des III dürfen auch Einzel-Fze den **Fahrstreifen frei wählen 8** u auf ihm rechts oder links überholen. Ein Benutzer des linken Fahrstreifens darf seinen Vordermann auch in der Weise überholen, dass er – unter Beachtung des Abs 5 – auf den weiter rechts liegenden Fahrstreifen wechselt u sich nach der Überholung wieder links vor das überholte Fz setzt (OLG Hamm VRS 51, 451; OLG Hamburg DAR 76, 304). Die erhöhten Anforderungen des Abs 2a („mit äußerster Vorsicht") gelten für das Rechtsüberholen gemäß Abs 3 nicht (OLG Hamm NZV 00, 85). III S 1 bezieht sich auf Pkw u Kräder sowie LKW u Wohnmobile, sofern diese die zulässige Gesamtmasse 3,5 t nicht übersteigen. Schwerere Lkw müssen rechts fahren. Aber auch sie dürfen auf dem rechten Streifen schneller fahren als die linke Reihe; denn III S 2 gilt nach seinem Wortlaut uneingeschränkt für alle Fze u nicht nur für die in S 1 genannten.

e) 46. VO zur Änderung straßenverkehrsrechtlicher Vorschriften. Die **8a** durch die 46. VO neu Abs 3a –3c stellen eine sprachlich bereinigte Übernahme der bisher in der Erläuterung d zu **Z 340** getroffenen Regelung dar. Der neue Abs 3a ergänzt die vormalige Regelung des § 42 VI Nr 1 um Fahrbahnen mit 5 Fahrstreifen.

9   f) § 37 Abs 4: **Verkehr zwischen Lichtzeichen.** § 37 IV lässt das Nebeneinander fahren über § 7 I hinaus auch bei schwachem Verkehr zu, „wo LichtZ den Verkehr regeln". Die Vorschrift ist nicht auf den Ortsbereich beschränkt. Sind innerhalb geschl Ortschaften die Fahrstreifen durch Leitlinien markiert, geht § 7 III vor. § 37 IV ist daher innerorts noch anwendbar für Fz-Führer, die durch § 7 III nicht begünstigt sind, u für Str ohne Leitlinien. Nach der amtl Begr beginnt die räumliche Geltung der Befreiung vom Rechtsfahrgebot da, wo das Fahrverhalten durch das LichtZ beeinflusst wird u endet stets da, wo hinter dem LichtZ das Rechtsfahrgebot wieder befolgt werden kann.

10   Bei einzelstehenden LichtZ, zB vor Kreuzungen von Landstraßen, beschränkt sich die Wirkung des LichtZ auf das Auffahren vor der Ampel u das Weiterfahren hinter ihr, bis sich wieder eine rechts fahrende Reihe gebildet hat. Auf städtischen Str, wo LZAn in kurzer Folge den Verkehr regeln („grüne Wellen"), „beeinflussen" die LichtZ den Verkehr auf der ganzen Strecke zwischen den LZAn; denn laufender Wechsel des Fahrstreifens wäre gefährlich u daher verkehrswidrig; dort darf also durchgehend nebeneinander gefahren werden.

11   Auch im LichtzeichenV ist **Rechtsüberholen** an sich verboten, solange sich die Reihen nicht zu Fz-Schlangen verdichtet haben. Das Auffahren u Wiederanfahren vor einer LZA auf dem rechten Fahrstreifen gilt aber nicht als „verbotenes Rechtsüberholen", auch wenn es wegen des inzw erfolgten Lichtwechsels von Rot auf Grün ohne Anhalten erfolgt u dabei die rechte Reihe schneller fährt als die linke (Bay VRS 58, 279 = StVE § 37 StVO 15; § 5 Rn 3). Auch ein **Einzel-Fz** darf rechts von der haltenden Reihe vor der LZA auffahren u seine Fahrt nach Erscheinen von Grün fortsetzen (Bay aaO; OLG Hamm VRS 42, 309); rechts überholen dürfen hier auch Zweirad- u Mofa-Fahrer, soweit sie dies vorsichtig u langsam tun u dafür ausreichend breiter Raum zur Verfügung steht (Janiszewski NStZ 85, 258; AG Köln NJW 84, 441 sowie § 5 VIII). Dagegen kein zulässiges mehrspuriges Auffahren, sondern Verstoß gegen §§ 1 u 5 I, wenn sich die zwei Fz-Reihen vor einem auf der rechten Fahrspur befindlichen Hindernis zu einer Reihe geordnet haben, um an dem Hindernis links vorbeizufahren, während ein Kf in der rechten Spur an der Reihe entlangfährt, um sich in sie kurz vor dem Hindernis einzudrängen (OLG Hamm DAR 61, 93; Bay 64, 71 = VRS 27, 227; s auch KG VRS 62, 139 u OLG Düsseldorf VRS 63, 69; § 5 Rn 57). Zum **Links-Vorbeifahren** an vor Rot wartenden Fzen s Rn 37 zu § 2.

12   **Überholverbote** durch **VZeichen** sind auch im Verkehr zwischen Lichtzeichen zu beachten. Sie verbieten das sonst zulässige Auffahren neben einer wartenden Fz-Reihe vor der LZA, da dies begrifflich ein Überholen ist (BGHSt 26, 83; OLG Düsseldorf VRS 70, 41 = StVE § 5 StVO 78; s auch § 5 Rn 3 u 28 ff).

13   g) **Pfeilmarkierung.** § 41 III 5 S 1 „empfiehlt", auf Fahrstreifen mit Pfeilmarkierung sich rechtzeitig einzuordnen u nebeneinander zu fahren. Eingeordnete Fze dürfen in Erweiterung des § 5 VII auch dann rechts überholt werden, wenn sie nicht abbiegen wollen u kein RichtungsZ gesetzt haben (s auch § 5 Rn 63; OLG Düsseldorf VM 95, 47). Die Fahrstreifen sollen nach VwV zu **Z 297** IV „in der Regel" durch Leitlinien abgeteilt werden; die Zulässigkeit des Rechtsüberholens ist aber nicht davon abhängig gemacht. Die Linien sollten nie fehlen; sie sind für die Sicherheit beim Rechtsüberholen unentbehrlich u begründen im

Benutzung von Fahrstreifen durch Kraftfahrzeuge **§ 7 StVO**

Übrigen erst den Gebotscharakter der Pfeile, die sonst (zB auf Parkplätzen) als reine VLenkungsmittel bloße Empfehlungen darstellen (s amtl Begr zu Z 297 bei Hentschel/König/Dauer Rn 241 zu § 41 StVO), deren Nichtbeachtung nicht ow ist (OLG Bremen DAR 93, 304).

h) Leitlinien – Z 340. Leitlinien – Z 340 – bewirken eine Auflockerung des **14** Rechtsfahrgebotes nach § 42 VI 1d, wenn drei oder mehr Fahrstreifen für eine Richtung markiert sind (s auch § 2 Rn 100); auf die VDichte kommt es hier nicht an, auch eine höhere Geschwindigkeit wird nicht vorausgesetzt. Dem Rechtsfahrgebot ist aber auch nachzukommen, wenn der Abstand zu dem rechts haltenden oder vorausfahrenden Fz so groß ist, dass der Benutzer des mittleren Fahrstreifens nach Einscheren auf die rechte Fahrbahn dort längere Zeit, dh länger als 20 sec (OLG Düsseldorf VRS 77, 456 = NZV 90, 39), mit gleicher Geschwindigkeit weiterfahren könnte (OLG Düsseldorf aaO; OLG Celle VRS 64, 382 = StVE § 2 StVO 21). Die Vorschrift hat nur noch auf gut ausgebauten Str außerorts Bedeutung, während in geschl Ortschaften die weitergehenden Bestimmungen des § 7 III für die von ihr begünstigten Fze gelten. Z 340 gestattet keine Abweichung vom Linksüberholgebot. – Buchst f zu Z 340 entspricht in S 1 der RSpr (OLG Frankfurt/M. VRS 63, 386; s § 5 Rn 58; zu S 2 s Janiszewski DAR 89, 410; § 5 Rn 59 u § 18 Rn 11).

Ist – meist an Bergstrecken – die Fahrbahn um eine sog **Kriechspur** zum **15** Zwecke der Trennung des langsamen SchwerV vom SchnellV verbreitert, so müssen Teilnehmer am letzteren die Kriechspur auch beim Fehlen weiteren Verkehrs nicht benutzen, wenn auf ihr eine geringere Höchstgeschwindigkeit als auf den anderen Fahrstreifen vorgeschrieben ist (OLG Frankfurt/M. VRS 50, 459).

3. Fahrregeln des Nebeneinanderfahrens. Schneller fahren. II–III gestat- **16** ten, dass „rechts schneller als links gefahren werden" darf, während bei **Z 297** „rechts überholt werden" darf. Begrifflich handelt es sich in beiden Fällen um „Überholen" (vgl § 5 Rn 2; BGHSt 25, 293 = StVE 4; BGHSt 26, 73). Die abweichende Bezeichnung bringt aber zum Ausdruck, dass das Vorziehen im mehrreihigen Verkehr einen Überholvorgang bes Art darstellt, für den die Fahrregeln der Linksüberholordnung des § 5 nicht durchweg anwendbar sind. Nebeneinander fahren verlangt einen gleichmäßigen VFluss mit geringen Geschwindigkeitsunterschieden, wie er in Ortschaften durch die niedrigeren Höchstgeschwindigkeiten sichergestellt ist. Die schnellere Reihe muss u soll daher nicht entspr § 5 II S 2 mit wesentlich höherer Geschwindigkeit fahren. Mit GegenV ist nicht zu rechnen, § 5 II S 1 entfällt. An die Stelle von § 5 IV u VI tritt das Gebot des Spurhaltens. Dagegen gilt § 5 III auch für den mehrreihigen Verkehr (BGH VRS 48, 381). Die **Z 276, 277** verbieten daher als der allg Regel des § 7 nach § 39 IV (s BGH VRS 48, 381) vorgehende VZ das Überholen auch im FahrstreifenV (OLG Köln VRS 53, 139). S auch § 5 Rn 29.

Wegen des Rechtsüberholens auf der **AB** vgl § 5 Rn 58. Wer in einer Kolonne **17** auf der rechten Fahrspur neben links fahrenden VTn vorzieht, braucht nicht damit zu rechnen, dass ein anderes Fz eine in Bewegung befindliche Kolonne von links durchqueren werde (Bay 67, 116 = VRS 34, 72). Vorbeifahren neben einer mehrreihigen **stehenden** Fz-Kolonne s § 6 Rn 8.

4. Fahrstreifenwechsel. a) Allgemeines. Die Reihenfolge der Abs IV u V **18** stellt klar, dass das gesteigerte Gefährdungsverbot beim Fahrstreifenwechsel (V) auch im Zusammenhang mit dem Reißverschlussverfahren gilt (s auch KG

StVO § 7 I. Allgemeine Verkehrsregeln

VRS 57, 321; Seidenstecher S 100 u Anm zur Begr VkBl 75, 673; zum Fahrstreifenwechsel allg Haarmann, unten Rn 26).

19 OLG München v. 8.4.2011 – 10 U 5122/10: „Ein Spurwechsel beginnt bei Überfahren der Fahrbahnmarkierung (OLG München, Urt. v. 17.12.2004 – 10 U 3517/04; OLG Düsseldorf, Urt. v. 15.6.1977 – 5 U 231/76; Haarmann DAR 1987, 139; vgl auch OLG Hamm VersR 2001, 654

19a **b) Abs 4: Reißverschlussverfahren.** Abs 4 – Reißverschlussverfahren – beantwortet die Frage, wie sich Fz-Führer zu verhalten haben, wenn ein Fahrstreifen endet oder durch ein Hindernis (Baustelle, parkende Fze) unterbrochen wird. **Bevorrechtigt** ist das Fz auf dem **durchgehenden Fahrstreifen** (KG VRS 68, 339; VM 87, 82; 84, 25 m abl St Booß; KG Urt. v. 11.10.2010 – 12 U 148/09: „Dies gilt nur dann nicht, wenn der auf dem blockierten Fahrstreifen fahrende Kraftfahrer einen derartigen Abstand zu dem auf dem durchgehenden Fahrstreifen befindlichen Kraftfahrer hat, dass er noch gefahrlos auf den freien Fahrstreifen wechseln kann. der Reißverschluss beginnt also auf dem freien Fahrstreifen (KG VM 80, 27), der sich bei fehlender Markierung notfalls aus dem Straßenverlauf ergibt (OLG Stuttgart VRS 64, 296). Endet ein Fahrstreifen nicht deutlich, sondern wird die Fahrbahn allmählich schmäler, so regelt sich der Vortritt, soweit Markierungen fehlen (VwV II), nach dem Grundsatz der gegenseitigen Rücksichtnahme (§ 1 I), soweit die Verengung nicht nach einer Seite versetzt ist (OLG Stuttgart aaO). Der jew Vortritt am Ende oder bei Unterbrechung der mehrspurigen Strecke darf nicht erzwungen werden (KG VRS 68, 339) u gebührt nicht der ganzen auf der bevorrechtigten Spur fahrenden Fz-Reihe, sondern deren Fahrer müssen den jew weiter vorn befindlichen Fahrern der wartepflichtigen Reihe das Einfädeln nach Reißverschlussart ermöglichen. Diese dürfen aber nicht darauf vertrauen, dass die Benutzer des durchgehenden Streifens ihnen den Vortritt einräumen (LG Hannover ZfS 04, 205), sondern müssen durch allmähliches Hinübersetzen, vorherige Rückschau u RichtungsZ deren Gefährdung vermeiden (§ 1 II; OLG Köln VRS 24, 293, 295; OLG Hamm VRS 38, 27; OLG Hamburg VRS 44, 313; KG aaO).

20 Bei dichtem Verkehr bestand bisher das Problem, wo sich das Einordnen im Reißverschlusssinn zu vollziehen hatte. Durch die 33. ÄndVO ist der § 7 Abs 4 nunmehr dahingehend geändert worden, dass jetzt ausdrücklich bestimmt ist, dass die reißverschlussartige Einordnung unmittelbar vor der Verengung erfolgen soll. Dies wurde bereits zum alten Recht zwecks rationeller Ausnutzung des knappen VRaumes u schnelleren Vflusses als im allg VInteresse geboten angesehen (so Haarmann Rn 26; Verf in der 15. Aufl Rn 20). Das sog. Reißverschlussverfahren findet beim Einfädeln auf die Autobahn keine Anwendung (OLG Köln NZV 06, 420).

21 **c) Abs 5: Gesteigerte Sorgfaltspflicht.** Abs 5 – gesteigerte Sorgfaltspflicht – legt demjenigen, der den Fahrstreifen wechseln will oder ihn auch nur teilweise verlässt (OLG Düsseldorf StVE 16) ein Höchstmaß an Sorgfaltspflicht auf (s dazu § 10 Rn 7 ff). Danach ist nicht nur jedes behindernde oder gefährdende Wechseln untersagt, sondern jedes, bei welchem fremde Gefährdung nicht ausgeschlossen ist (LG Darmstadt VRS 100, 430; AG Rüsselsheim NZV 01, 308). Der Maßstab ist ein strengerer als der des § 1. Äußerste Sorgfalt setzt danach ausreichende Rückschau voraus, bei mehreren gleichgerichteten Fahrstreifen überall dorthin, wo eine Gefährdung eintreten könnte (OLG Karlsruhe VRS 78, 322). Die besonderen Sorgfaltsanforderungen gelten auch bei dichtem- oder Kolonnenverkehr.

Der Wechsel ist auf das Ausnutzen größerer Lücken beschränkt, OLG Thüringen (Jena) NZV 06, 147). V gilt **auch für nicht markierte Fahrstreifen** (KG VM 86, 61; Haarmann aaO) u für **alle Arten** des Nebeneinanderfahrens in gleicher Richtung, auf allen die Voraussetzungen des § 7 erfüllenden Fahrbahnen, nicht nur dann, wenn rechts schneller gefahren werden darf. So haftet derjenige, der vor einer Ampel, während einer Rotphase sein Fzg. in die Lücke vor einem LKW manövriert, zu 70%; OLG Hamm, r+s 2013, 147); jedoch nicht für Fahrstreifenwechsel beim Überholen oder Abbiegen in ein Grundstück (insoweit gehen die speziellen Regelungen der §§ 5 IV S 1 u 9 V vor; s auch Haarmann Rn 26 S 144, 149), wenn Voraussetzungen des § 7 fehlen oder der Fahrstreifen (zB an einer Kreuzung) endet (vgl Bay v 30.9.87 bei Janiszewski NStZ 88, 121; KG NZV 05, 91). Ein Fahrstreifenwechsel iS von § 7 liegt auch nicht vor, wenn ein linksabbiegendes Fz, das sich vor dem Abbiegen auf einem Str-Ast, der wegen seiner Breite paarweises Abbiegen zulässt, ganz links eingeordnet hatte, im Verlauf seines Bogens den linken Fahrstreifen der rechten Fahrbahnhälfte der Str, in die er eingebogen ist, überfährt u die rechte Fahrspur ansteuert (BGH VersR 07, 262; BayObLG DAR 80, 277).

Die **bes Sorgfaltspflicht** aus § 7 V S 1 dient nicht dem Schutz des GegenV, **22** insb dann nicht, wenn dieser verbotenerweise einen gesperrten Fahrstreifen benutzt (KG VRS 57, 402 = StVE 8), u nicht dem Anfahrenden (s dazu OLG Köln VersR 86, 666 m krit St Haarmann), für den § 10 gilt (s dort Rn 4; LG Köln VersR 89, 1161 m zust Anm Haarmann). Der Kf, der beim Streifenwechsel die höchstmögliche Sorgfalt anwendet, darf darauf vertrauen, dass kein Zweirad zwischen den voll besetzten Fahrstreifen hindurchfährt (OLG Schleswig VRS 81, 306). Der Geradeausfahrende darf darauf vertrauen, dass ein in einem benachbarten Fahrstreifen Fahrender nicht unmittelbar vor ihm plötzlich in seine Spur einschert (Bay 84, 102 = VRS 67, 461; OLG Hamburg VM 61, 36; OLG Köln DAR 65, 82; KG VM 88, 50). Die Abgabe eines **RichtungsZ** vor dem Fahrspurwechsel ist in S 2 ausdrücklich vorgeschrieben. Er muß rechtzeitig und deutlich angezeigt werden, entbindet aber den Kf nicht von seiner Rückschaupflicht (KG NJW-RR 11, 28) und dem zweifachen Schulterblick (LG Darmstadt VRS 100, 430). Durchfahren Kolonnen nebeneinander eine **Kurve** oder einen **Kreis,** so dürfen die Benutzer des inneren Bogens darauf vertrauen, dass die Fahrer der äußeren Spur den Bogen so weit nehmen, dass sie ihnen nicht nicht abschneiden (OLG Oldenburg DAR 62, 338). Entspr gilt, wenn die Straße hinter einer Kreuzung nach links versetzt weiterführt (OLG Hamm VRS 25, 359). Hier darf der weiter vorn rechts auf die versetzte Str-Fortsetzung Zufahrende darauf vertrauen, dass der weiter hinten links Folgende die Linksbiegung mitmacht, ohne ihn zu gefährden; s hierzu auch Bay VRS 58, 448.

Wird **paarweise** nach **rechts abgebogen** –, was bei genügender Fahrbahn- **23** breite zulässig ist (BGH VersR 07, 262; OLG Düsseldorf VM 65, 84; KG VRS 12, 133; 22, 469; NZV 89, 363; Bay VRS 60, 391) –, so muss der links Fahrende den Bogen so weit nehmen, dass er den Inhaber der rechten Spur nicht in Bedrängnis bringt u umgekehrt; auch wenn Fb-Markierungen u Richtungspfeile nicht über den Kreuzungsbereich der Str, in die abgebogen wird, fortgeführt werden, besteht zwischen den übereinstimmend mit den Richtungspfeilen vor der Einmündung mehrspurig nach rechts eingeordneten Fz grds kein Vorrang des am weitesten rechts eingeordneten Fz (BGH VersR 07, 262). Auf genügend breiten Str ist auch das **paarweise Einbiegen nach links** zulässig (s dazu Bay VRS 58, 448). Zu diesem Zweck dürfen Fze vor einer Kreuzung paarweise auffahren, mit der nötigen Vorsicht auch rechts von einer haltenden Linksabbiegerreihe, wenn sie den GeradeausV dadurch nicht behindern (Bay VRS 48, 130 = StVE § 5 StVO 5; OLG Hamm VRS 47, 389). Haben sich trotz Fehlens einer ein paarweises Abbiegen vorsehenden Bodenmarkierung die Linksabbieger nebeneinander in zwei Reihen aufgestellt, so dürfen die Fze der rechten Reihe während des Abbiegens nicht schneller als die linke Reihe fahren u diese beim Einfahren in die Querstr nicht behindern (Bay 74, 92 = VRS 48, 55) u im Kreuzungsbereich nicht überholen (Bay aaO; s auch § 5 Rn 61 f).

24   Wird auch im mehrreihigen Verkehr die Verantwortung auf denjenigen verlagert, der die Fahrspur wechseln will, so trifft doch auch den **Nachfolgenden** eine **Pflicht zur Gefahrenabwehr** (s dazu auch § 5 Rn 32 u KG VM 92, 31). Er muss die vor u neben ihm befindlichen Fze ständig beobachten (KG VRS 29, 44, 46). In einem VStrom von drei oder mehr Fz-Reihen beschränkt sich aber die Beobachtungspflicht auf die unmittelbar angrenzenden Fz-Reihen (Bay 67, 116 = VRS 34, 72). Der genügend weit entfernte Hintermann muss dem Benutzer eines benachbarten Fahrstreifens, der die Absicht des Fahrspurwechsels angezeigt hat, diesen ermöglichen (Bay 72, 284 = VRS 44, 453); er muss sich – auch vor Rot – auf rechtzeitiges Abbremsen einstellen (OLG Karlsruhe VRS 58, 56 = StVE 10). Wenn im mehrreihigen Verkehr zwei Fz-Führer von verschiedenen Seiten her in dieselbe Fahrspur überwechseln wollen, gilt kein Vorrang, sondern gegenseitige Rücksichtspflicht (Bay 70, 248 = VRS 40, 466). Verbreitert sich eine als bevorrechtigt gekennzeichnete Str an einer Einmündung dergestalt, dass sich die dem Rechtseinbiegen dienende Fahrbahn der Seitenstr nach der Einmündung als zusätzlicher markierter Fahrstreifen der durchgehenden Str fortsetzt, so darf der Einbiegende grundsätzlich davon ausgehen, dass Benutzer der durchgehenden Str nicht nach der Einmündung unversehens in diesen Fahrstreifen herüberfahren (Bay VM 79, 12).

25   **5. Zivilrecht/Haftungsverteilung. a) Spurwechsel.** Unfall bei einem Spurwechsel: Wegen der hohen Sorgfaltsanforderungen des § 7 V ist grundsätzlich von einer vollen Haftung des Spurwechslers auszugehen (OLG Hamm NZV 10, 79; OLG Frankfurt OLGR 98, 21; OLG Jena NZV 06, 06, 147, LG Saarbrücken, NJW-RR 2011, 32). Steht die Kollision in einem unmittelbaren zeitlichen und örtlichen Zusammenhang mit dem Spurwechsel, so spricht der **Anscheinsbeweis** für die Missachtung der Sorgfaltspflichten, die für den Spurwechsler gelten (OLG Bremen VersR 97, 253; KG NZV 04, 28; KG VRR 2010, 402). Dies gilt auch für einen Spurwechsel im Reißverschlussverfahren (OLG München BeckRS 17, 107790; OLG Düsseldorf BeckRS 14, 21934). Auch in einem solchen Fall muss der Spurwechsler den gegen ihn sprechenden Anscheinsbeweis entkräften. Nach dem LG Saarbrücken (NJW-RR 2011, 32) spricht der Beweis des ersten Anscheins auch dann gegen den fahrstreifenwechselnden Fahrer, wenn es zu keiner Fahrzeugberührung gekommen ist. Der sonst zur Anwendung kommende Anscheinsbeweis, der bei einem **Auffahren eines Fahrzeuges** gegen den Auffahrenden spricht, kommt nicht zur Anwendung (vgl LG Gießen NZV 2004, 253; KG MDR 2011, 158). Dieser Anscheinsbeweis ist ausgeräumt, wenn sich das Auffahren in einem zeitlichen und örtlichen Zusammenhang mit dem Fahrstreifenwechsel ereignet hat (ständige Rechtspr, ua OLG Köln VRS 92, 197; OLG Hamm MDR 98, 459; KG MDR 2011, 158). KG NJW-RR 2011, 28: Der rechtliche Zusammenhang zwischen dem Spurwechsel und dem Auffahren ist noch nicht unterbrochen, wenn sich der Unfall ereignet, nachdem der Fahrstreifenwechsler etwa 5 Sekunden im Fahrstreifen des Auffahrenden befunden hat.

Dies gilt grundsätzlich auch für die **Autobahn,** so dass im Regelfall von einer **Alleinhaftung des Spurwechslers** auszugehen ist (OLG Thüringen (Jena) NZV 06, 147). Steht eine Fahrzeugkollision daher in einem unmittelbaren zeitlichen und örtlichen Zusammenhang mit einem Spurwechsel fest, spricht der Anscheinsbeweis dafür, dass der Spurwechsler seine Sorgfaltspflichten missachtet hat. Wegen der hohen Sorgfaltsanforderungen des § 7 Abs 5 StVO tritt eine etwaige Haftung aus Betriebsgefahr hinter der Haftung des Spurwechslers grds. zurück (OLG München, BeckRS 2013, 07719). Dies ist nur dann **anders zu bewerten,** wenn dem **Auffahrenden eigene „Verstöße"** wie eine Überschreitung der Richtgeschwindigkeit (insbesondere bei Dunkelheit) vorzuwerfen sind. Dies führt dann zu einer Mithaftung in Höhe der normalen Betriebsgefahr. Eine höhere Mithaftung ist möglich, wenn der Auffahrende die Geschwindigkeit nicht herabgesetzt hat, obwohl er den Spurwechsel erkennen konnte oder wenn er falsch, etwa mit einem eigenen Spurwechsel nach rechts, reagiert hat. Bleibt bei einem ernsthaft möglichen Fahrstreifenwechsel der Unfallhergang ungeklärt, ist der Schaden hälftig (Haftung nur nach StVG) zu teilen (KG MDR 97, 1123; OLG Celle VersR 82, 960). Einen Anscheinsbeweis gegen den Auffahrenden gibt es dann nicht (OLG Köln, VersR 2013, 644). Hierauf hat der BGH auch in seinem Urteil vom 13.12.2011 (r+s 2012, 96) hingewiesen. Die für einen Anscheinsbeweis erforderliche Typizität liegt nicht vor, wenn zwar ein Spurwechsel des vorausfahrenden Fahrzeuges feststeht, nicht aber, ob der Wechsel unter Verstoß gegen § 7 V StVO stattgefunden hat, oder ob der Auffahrunfall auf eine verspätete Reaktion des auffahrenden Fahrers zurückzuführen ist. Auch bei einer Unaufklärbarkeit kann es zu einer überwiegenden Haftung des Auffahrenden wegen Erhöhung der Betriebsgefahr aufgrund (erheblicher) Überschreitung der Richtgeschwindigkeit auf der Autobahn kommen (OLG Oldenburg, NJW-RR 2012, 927). Auch bei einem feststehenden Verstoß des Spurwechslers gegen § 7 V StVO kommt eine Mithaftung des Auffahrenden bei Überschreitung der zulässigen Höchstgeschwindigkeit bzw bei einem Fahrfehler (zB verspätete Reaktion) in Betracht (Grüneberg Rn 147 ff). Bei einem Spurwechsel auf der Autobahn (Verstoß auch gegen § 18 III StVO) trifft den Auffahrenden eine Mithaft in Höhe der Betriebsgefahr, wenn er mit einer höheren Geschwindigkeit als der Richtgeschwindigkeit gefahren ist (BGHZ 117, 337 = NZV 92, 229; OLG Hamm NZV 95, 194). Allerdings erhöht ein gefährlicher Fahrstreifenwechsel auf der Autobahn die Betriebsgefahr deutlicher als eine Überschreitung der Richtgeschwindigkeit um etwa 20 km/h (OLG Hamm SP 99, 226 – ¾ zu ¼). Die durch Überschreitung der Richtgeschwindigkeit erhöhte Betriebsgefahr tritt regelmäßig nicht hinter dem Verschulden des Spurwechslers vollständig zurück (OLG München, Urt v 2.2.2007 – 10 U 4976/06 = BeckRS 2007, 13 300 = NJW-Spezial 07, 570).

Einzelfälle: Auffahrunfall auf einer Autobahn zwischen einem Sattelzug **25a** (100%), der zum Überholen ausschert, ohne rechtzeitig den Blinker zu setzen, und einem auf der Überholspur fahrenden PKW (OLG Düsseldorf VersR 97, 334); volle Haftung für den Autobahnauffahrt für die Fahrbahn schleudernden Pkw (OLG Köln NZV 99, 43) je 50% bei mit 200 km/h auf der Überholspur fahrenden Pkw (OLG Frankfurt/M. VersR 97, 75); 75% für Spurwechsel und 25% für mit 150 km überholenden Pkw (OLG Hamm NZV 00, 42; LG Dortmund SP 2011, 105: 180 km/h).

b) Fahrbahnverengung oder anderweitige Hindernisse. Bei einem Spur- **26** wechsel aufgrund einer Fahrbahnverengung oder anderweitigen Hindernissen kommt es nicht in jedem Fall im Grundsatz zur vollen Haftung des Spurwechslers (vgl aber KG VM 90, 91; OLG Schleswig NZV 93, 109). Auch vor Engstellen kommt es zur Anwendung des Reißverschlussverfahrens (IV). OLG Stuttgart Urt. v. 14.4.2010 – 3 U 3/10: Bei einem Spurwechsel auf Grund einer Fahrbahnverengung oder Blockierung einer Fahrspur ist üblicherweise eine Schadensteilung im Verhältnis 1:1 vorzunehmen.

27   **c) Fahrstreifenwechsel ohne erkennbaren Grund.** Wechselt ein Fahrzeug von einem Fahrstreifen auf den anderen, ohne dass dafür ein erkennbarer Grund vorliegt, so führt dies regelmäßig zur vollen Haftung (BGH VersR 65, 82) zumindest aber zur überwiegenden Haftung (BGH VersR 67, 557 – 75%).

28   **d) Einfädeln auf der Autobahn.** Hierbei ist zu berücksichtigen, dass grundsätzlich dem auffahrenden Verkehr die Möglichkeit gegeben werden muss, ohne Schwierigkeiten auf die Autobahn aufzufahren. Andererseits steht gem § 18 III StVO dem fließenden Verkehr grds die Vorfahrt zu. Dies führt bei einem Unfall im Regelfall zu einer Haftungsaufteilung (OLG Celle DAR 92, 219 – 40% Auffahrender; OLG Hamm NZV 93, 436 – 80% Auffahrender; OLG Karlsruhe NZV 96, 319 – keine Haftung des Auffahrenden, der auf der Autobahn fahrende hätte durch leichtes Abbremsen den Unfall verhindern können). Wenn der auf die Autobahn Auffahrende „in einem Zug" von seinem Beschleunigungsstreifen auf die linke „Überholspur" fährt, haftet er allerdings voll (OLG Hamm NZV 94, 229; LG Gießen VersR 97, 128).

29   **e) Zusammenstoß im Ausfahrtbereich einer Autobahn.** Hier kommt es in den meisten Fällen zu einer höheren Haftungsquote für den Ausfahrenden, da ihn erhöhte Sorgfaltspflichten treffen (LG Mannheim VRS 78, 416 – ⅓ zu ⅔).

30   **f) Mehrspurige Straße.** Für die Haftungsquote bei Unfällen auf einer mehrspurigen Straße, die durch Spurwechsel verursacht werden, gelten die gleichen Grundsätze wie für Unfälle, die aus dem gleichen Grund auf der Autobahn entstehen (s oben) (OLG Bremen VersR 97, 253 – 80% für Spurwechsler, zu 20%; OLG Köln VRS 92, 197 ⅔ für Spurwechsler).

31   **g) Reißverschlusssystem.** Das Reißverschlusssystem ist gem § 7 IV zwingend für alle beteiligten Verkehrsteilnehmer. Deshalb kommt es bei einem Unfall im Reißverschlussverkehr regelmäßig zu einer Haftungsteilung (KG VersR 86, 60 – 50%; LG Bielefeld DAR 95, 48 – 80% zu 20%; AG Köln VersR 87, 496 – ¼ zu ¾ zugunsten des Hintermannes; vgl aber auch LG Halle SP 99, 6 – Alleinverschulden eines gegen die Grundsätze des „Reißverschlussverfahrens" verstoßenden Fahrers). Haftungsquotelung (KG VersR 86, 60 – 50%; idR aber überwiegende Haftung des Einfahrenden: LG Bielefeld DAR 95, 48 – 80% zu 20%; AG Dortmund NJW 10, 2523; AG Köln VersR 87, 496 – ¼ zu ¾ zugunsten des Hintermannes; vgl aber auch LG Halle SP 99, 6 – Alleinverschulden eines gegen die Grundsätze des „Reißverschlussverfahrens" verstoßenden Fahrers).

32   **6. Zuwiderhandlungen.** Nach § 49 I 7 sind nur Verstöße gegen Vorschriften des § 7 V (Fahrstreifenwechsel) bußgeldbewehrt (s Nrn 31, 31.1 BKatV), nicht auch das Fehlverhalten beim Reißverschlussverfahren nach IV; Ahndung insoweit aber uU nach § 1 II iVm § 49 I 1.

33   **7. Literatur. Bouska** „Räumung des linken Fahrstreifens für Schnellere" DAR 85, 137; **Haarmann** „Fahrstreifenwechsel" DAR 87, 139; **Kuckuk** „Der V auf mehreren Fahrstrei-

fen" DAR 80, 97; **Mühlhaus** „Der mehrspurige V nach der neuen StVO" VOR 72, 27; „Durchbruch zum mehrreihigen StadtV" VD 77, 2; **Seidenstecher** „Der V auf mehreren Fahrstreifen" 18. VGT S 94; **ders** „Fahrbahnbenutzung u Fahren in Fahrstreifen" DAR 93, 83; **Kramer** „Rechtsfahrgebot auf BAB mit gesetzlichen sowie durch die Rspr entwickelten Ausnahmen"

§ 7a Abgehende Fahrstreifen, Einfädelungs- und Ausfädelungsstreifen

(1) Gehen Fahrstreifen, insbesondere auf Autobahnen und Kraftfahrstraßen, von der durchgehenden Fahrbahn ab, darf beim Abbiegen vom Beginn einer breiten Leitlinie (Zeichen 340) rechts von dieser schneller als auf der durchgehenden Fahrbahn gefahren werden.

(2) Auf Autobahnen und anderen Straßen außerhalb geschlossener Ortschaften darf auf Einfädelungsstreifen schneller gefahren werden als auf den durchgehenden Fahrstreifen.

(3) Auf Ausfädelungsfahrstreifen darf nicht schneller gefahren werden als auf den durchgehenden Fahrstreifen. Stockt oder steht der Verkehr auf den durchgehenden Fahrstreifen, darf auf den Ausfädelungsstreifen mit mäßiger Geschwindigkeit und besonderer Vorsicht überholt werden.

1. Allgemeines. In den Absätzen 1 und 3 dieser neu aufgenommenen Vorschrift findet sich der bisherige Inhalt der Erläuterung f zu Zeichen **Z 340**. Im Abs 3 wurde das Wort „Verzögerungsstreifen" durch „Ausfädelungsstreifen" ersetzt. 1

Der Abs 2 stellt eine sprachlich bereinigte Übernahme der bisherigen Erläuterung e zu Zeichen Z 340 dar, wobei das Wort „Beschleunigungsstreifen" durch das Wort „Einfädelungsstreifen" ersetzt wurde. Diese Neufassung soll eine bessere Verständlichkeit bewirken (S 89 BRDrs 153/09).

Die VO zur Neufassung der StVO bestätigt weitgehend die Änderungen der 46. ÄndVO. Neu ist hingegen, dass der Begriff Überholens in Abs 3 den Begriff des Vorbeifahrens ersetzt.

§ 8 Vorfahrt

(1) An Kreuzungen und Einmündungen hat die Vorfahrt, wer von rechts kommt. Das gilt nicht,
1. **wenn die Vorfahrt durch Verkehrszeichen besonders geregelt ist (Zeichen 205, 206, 301, 306) oder**
2. **für Fahrzeuge, die aus einem Feld- oder Waldweg auf eine andere Straße kommen.**

(1a) Ist an der Einmündung in einen Kreisverkehr Zeichen 215 (Kreisverkehr) unter dem Zeichen 205 (Vorfahrt gewähren) angeordnet, hat der Verkehr auf der Kreisfahrbahn Vorfahrt. Bei der Einfahrt in einen solchen Kreisverkehr ist die Benutzung des Fahrtrichtungsanzeigers unzulässig.

(2) Wer die Vorfahrt zu beachten hat, muss rechtzeitig durch sein Fahrverhalten, insbesondere durch mäßige Geschwindigkeit, erkennen lassen, dass gewartet wird. Es darf nur weitergefahren werden, wenn übersehen werden kann, dass wer die Vorfahrt hat, weder gefährdet noch wesentlich behindert wird. Kann das nicht übersehen werden, weil die Straßenstelle

unübersichtlich ist, so darf sich vorsichtig in die Kreuzung oder Einmündung hineingetastet werden, bis die Übersicht gegeben ist. **Wer die Vorfahrt hat, darf auch beim Abbiegen in die andere Straße nicht wesentlich durch den Wartepflichtigen behindert werden.**

VwV – StVO

Zu § 8 Vorfahrt

Zu Absatz 1

Verkehrsregelung an Kreuzungen und Einmündungen

I.

1. Kreuzungen und Einmündungen sollten auch für den Ortsfremden schon durch ihre bauliche Beschaffenheit erkennbar sein. Wenn das nicht der Fall ist, sollten bei der Straßenbaubehörde bauliche Veränderungen angeregt werden.

2. Bei schiefwinkligen Kreuzungen und Einmündungen ist zu prüfen, ob für den Wartepflichtigen die Tatsache, daß er an dieser Stelle andere durchfahren lassen muß, deutlich erkennbar ist, und ob die Sicht aus dem schräg an der Straße mit Vorfahrt wartenden Fahrzeug ausreicht. Ist das nicht der Fall, so ist mit den Maßnahmen zu Nummer I 1 und II zu helfen; des öfteren wird es sich empfehlen, bei der Straßenbaubehörde eine Änderung des Kreuzungswinkels anzuregen.

II. Die Verkehrsregelung an Kreuzungen und Einmündungen soll so sein, daß es für den Verkehrsteilnehmer möglichst einfach ist, sich richtig zu verhalten. Es dient der Sicherheit, wenn die Regelung dem natürlichen Verhalten des Verkehrsteilnehmers entspricht. Unter diesem Gesichtspunkt sollte, wenn möglich, die Entscheidung darüber getroffen werden, ob an Kreuzungen der Grundsatz „Rechts vor Links" gelten soll oder eine Regelung durch Verkehrszeichen vorzuziehen ist und welche Straße dann die Vorfahrt erhalten soll. Bei jeder Regelung durch Verkehrszeichen ist zu prüfen, ob die Erfaßbarkeit der Regelung durch Längsmarkierungen (Mittellinien und Randlinien, die durch retroreflektierende Markierungsknöpfe verdeutlicht werden können) im Verlauf der Straße mit Vorfahrt verbessert werden kann.

1. Im Verlauf einer durchgehenden Straße sollte die Regelung stetig sein. Ist eine solche Straße an einer Kreuzung oder Einmündung mit einer Lichtzeichenanlage versehen oder positiv beschildert, so sollte an der nächsten nicht „Rechts vor Links" gelten, wenn nicht der Abstand zwischen den Kreuzungen oder Einmündungen sehr groß ist oder der Charakter der Straße sich von einer Kreuzung oder Einmündung zur anderen grundlegend ändert.

2. Einmündungen von rechts sollte die Vorfahrt grundsätzlich genommen werden. Nur wenn beide Straßen überwiegend dem Anliegerverkehr dienen (zB Wohnstraßen) und auf beiden nur geringer Verkehr herrscht, bedarf es nach der Erfahrung einer Vorfahrtbeschilderung nicht.

3. An Kreuzungen sollte der Grundsatz „Rechts vor Links" nur gelten, wenn
   a) die kreuzenden Straßen einen annähernd gleichen Querschnitt und annähernd gleiche, geringe Verkehrsbedeutung haben,
   b) keine der Straßen, etwa durch Straßenbahngleise, Baumreihen, durchgehende Straßenbeleuchtung, ihrem ortsfremden Benutzer den Eindruck geben kann, er befinde sich auf der wichtigeren Straße,
   c) die Sichtweite nach rechts aus allen Kreuzungszufahrten etwa gleich groß ist und
   d) in keiner der Straßen in Fahrstreifen nebeneinander gefahren wird.

4. Müßte wegen des Grundsatzes der Stetigkeit (Nummer 1) die Regelung „Rechts vor Links" für einen ganzen Straßenzug aufgegeben werden, weil für eine einzige Kreuzung eine solche Regelung nach Nummer 3 nicht in Frage kommt, so ist zu prüfen, ob nicht die hindernde Eigenart dieser Kreuzung, zB durch Angleichung der Sichtweiten beseitigt werden kann. 7

5. Der Grundsatz „Rechts vor Links" sollte außerhalb geschlossener Ortschaften nur für Kreuzungen und Einmündungen im Verlauf von Straßen mit ganz geringer Verkehrsbedeutung gelten. 8

6. Scheidet die Regelung „Rechts vor Links" aus, so ist die Frage, welcher Straße die Vorfahrt zu geben ist, unter Berücksichtigung des Straßencharakters, der Verkehrsbelastung, der übergeordneten Verkehrslenkung und des optischen Eindrucks der Straßenbenutzer zu entscheiden. Keinesfalls darf die amtliche Klassifizierung der Straßen entscheidend sein. 9

   a) Ist eine der beiden Straßen eine Vorfahrtstraße oder sind auf einer der beiden Straßen die benachbarten Kreuzungen positiv beschildert, so sollte in der Regel diese Straße die Vorfahrt erhalten. Davon sollte nur abgewichen werden, wenn die Verkehrsbelastung der anderen Straße wesentlich stärker ist oder wenn diese wegen ihrer baulichen Beschaffenheit dem, der sie befährt, den Eindruck vermitteln kann, er befände sich auf der wichtigeren Straße (zB Straßen mit Mittelstreifen oder mit breiter Fahrbahn oder mit Straßenbahngleisen). 10

   b) Sind beide Straßen Vorfahrtstraßen oder sind auf beiden Straßen die benachbarten Kreuzungen positiv beschildert, so sollte der optische Eindruck, den die Fahrer von der von ihnen befahrenen Straße haben, für die Wahl der Vorfahrt wichtiger sein als die Verkehrsbelastung. 11

   c) Wird entgegen diesen Grundsätzen entschieden oder sind aus anderen Gründen Mißverständnisse über die Vorfahrt zu befürchten, so muß die Wartepflicht entweder besonders deutlich gemacht werden (zB durch Markierung, mehrfach wiederholte Beschilderung), oder es sind Lichtzeichenanlagen anzubringen. Erforderlichenfalls sind bei der Straßenbaubehörde bauliche Maßnahmen anzuregen. 12

7. Bei Kreuzungen mit mehr als vier Zufahrten ist zu prüfen, ob nicht einzelne Kreuzungszufahrten verlegt oder gesperrt werden können. In anderen Fällen kann die Einrichtung von der Kreuzung wegführender Einbahnstraßen in Betracht kommen. 13

8. Bei der Vorfahrtregelung sind die Interessen der öffentlichen Verkehrsmittel besonders zu berücksichtigen; wenn es mit den unter Nummer 6 dargelegten Grundsätzen vereinbar ist, sollten diejenigen Kreuzungszufahrten Vorfahrt erhalten, in denen öffentliche Verkehrsmittel linienmäßig verkehren. Kann einer Straße, auf der eine Schienenbahn verkehrt, die Vorfahrt durch Verkehrszeichen nicht gegeben werden, so ist eine Regelung durch Lichtzeichen erforderlich; keinesfalls darf auf einer solchen Kreuzung die Regel „Rechts vor Links" gelten. 14

III.

1. Als Vorfahrtstraßen sollen nur Straßen gekennzeichnet sein, die über eine längere Strecke die Vorfahrt haben und an zahlreichen Kreuzungen bevorrechtigt sind. Dann sollte die Straße solange Vorfahrtstraße bleiben, wie sich das Erscheinungsbild der Straße und ihre Verkehrsbedeutung nicht ändern. Bei der Auswahl von Vorfahrtstraßen ist der Blick auf das gesamte Straßennetz besonders wichtig. 15

StVO § 8   I. Allgemeine Verkehrsregeln

16   a) Bundesstraßen, auch in ihren Ortsdurchfahrten, sind in aller Regel als Vorfahrtstraßen zu kennzeichnen.
17   b) Innerhalb geschlossener Ortschaften gilt das auch für sonstige Straßen mit durchgehendem Verkehr.
18   c) Außerhalb geschlossener Ortschaften sollten alle Straßen mit erheblicherem Verkehr Vorfahrtstraßen werden.
19   2. Im Interesse der Verkehrssicherheit sollten im Zuge von Vorfahrtstraßen außerhalb geschlossener Ortschaften Linksabbiegestreifen angelegt werden, auch wenn der abbiegende Verkehr nicht stark ist. Linksabbiegestreifen sind um so dringlicher, je schneller die Straße befahren wird.
20   3. Über die Beschilderung von Kreuzungen und Einmündungen vgl Nummer VI zu den Zeichen 205 und 206 (Randnummer 6), von Vorfahrtstraßen vgl zu den Zeichen 306 und 307.
21   IV. Über die Verkehrsregelung durch Polizeibeamte und Lichtzeichen vgl zu § 36 Abs 2 und 4; Rn 3 ff sowie Nummer IV zu den Nummern 1 und 2 zu § 37 Abs 2; Rn 12.

Übersicht

                                                                                   Rn

1. Grundlagen 1
2. Grundbegriffe zur Vorfahrt 2
     a) Sachlicher Anwendungsbereich 2
     b) Räumlicher Anwendungsbereich 4
3. Der Vorfahrtfall und seine Grenzen 7
4. Inhalt des Vorfahrtrechts 10
5. Abs 1 Satz 1: Vorfahrt „rechts vor links" 15
     a) Anwendungsbereich 15
     b) Inhalt der Vorfahrt „rechts vor links" 17
     c) Keine Vorfahrt aus einer überführten Straßeneinmündung 19
     d) Verzicht auf die Vorfahrt 19a
6. Abs 1 Satz 2 Nr 1: Vorfahrtregelung durch Verkehrszeichen 20
     a) Begründung der Wartepflicht 20
     b) Begründung der Vorfahrt. Allgemeines 22
     c) Rechtswirksamkeit vorfahrtregelnder VerkehrsZ 25
     d) Abknickende Vorfahrt 26
     e) Kreisverkehr – Abs 1a 27
7. Absatz 1 Satz 2 Nr 2: Vorfahrt aus einem Nebenweg 28
8. Rechtsstellung des Vorfahrtberechtigten 31
     a) Pflichten 31
     b) Der Vertrauensgrundsatz 34
9. 46. VO zur Änderung straßenverkehrsrechtlicher Vorschriften ... 35a
10. Abs 2: Rechtsstellung des Wartepflichtigen 36
     a) Allgemeine Pflichten 36
     b) Abs 2 Satz 1: Mäßige Geschwindigkeit 37
     c) Abs 2 Satz 2: Einräumen der Vorfahrt 38
     d) Feststellung der Vorfahrtverletzung 42
     e) Überqueren der Kreuzung 43
     f) Einbiegen in die bevorrechtigte Straße 44
     g) Der Vertrauensgrundsatz 45
11. Der unsichtbare Vorfahrtberechtigte 47
     a) Übersichtliche Einmündung 47

Vorfahrt **§ 8 StVO**

	Rn
b) Abs 2 Satz 3: Unübersichtliche Einmündung	50
12. Bedeutung von Verstößen des Vorfahrtberechtigten für sein Vorfahrtrecht und die Schuld am Unfall	52
a) Allgemeines	52
b) Befahren einer gesperrten Straße	53
c) Überhöhte Fahrgeschwindigkeit	56
d) Verletzung des Rechtsfahrgebots	57
e) Schneiden einer Linkskurve	60
f) Verletzung eines Überholverbotes	61
g) Fahren ohne Licht	62
h) Irreführendes Richtungszeichen	63
i) Überfahren des Rotlichts eines Fußgängerüberwegs	65
j) Kein Anhalten an der Haltlinie	67
13. Zivilrecht/Haftungsverteilung	68
a) Allgemeines	68
b) Grundsatz „rechts vor links"	69
c) Regelung durch Verkehrszeichen/Kreisverkehr	70
d) Geschwindigkeitsüberschreitung	71
e) Irreführende Fahrweise	72
f) Einbiegen aus Wald- oder Feldweg	73
g) Geringes Verschulden	73a
14. Zuwiderhandlungen	74
15. Literatur	76

1. Grundlagen. Im Zusammenhang mit § 8 stehen § 41 Z 205, 206 u § 42 II **1**
Z 301 u 306. Zeichen der Pol-Beamten: § 36, Regelung durch LZA: § 37. Vorfahrt auf der AB: § 18 III. – Z 208 u 308 regeln den Vorrang nur bei GegenV an Engstellen. Nach hM werden nicht nur die in § 8 geregelten Vorrangfälle als „Vorfahrt" bezeichnet (s Tröndle/Fischer § 315c StGB 21 u Janiszewski 270 mwN; aA Booß Anm 1 zu § 8). Z 301 ist gegenüber § 8 Sondervorschrift (Bay VRS 52, 301; OLG Düsseldorf NZV 89, 482).

2. Grundbegriffe zur Vorfahrt. a) Sachlicher Anwendungsbereich. Vor- **2**
fahrt ist der Vorrang beim Zusammentreffen mehrerer Fze, die aus verschiedenen öff Str, die dem fließenden Verkehr dienen, in einer Kreuzung oder Einmündung aufeinander zukommen. Die Vorschrift behandelt **nicht** das Verhältnis der auf derselben Str (vgl hierzu § 9 Rn 5 ff) Fahrenden zueinander, wie Abbiegen (§ 9), Begegnung (§ 2 Rn 65 f), Überholen (§ 5) u gilt auch nicht, wenn ein selbstständiger Fußweg auf eine Str trifft (Bay VRS 71, 304 = StVE 78). Die Fahrt aus einem Privatgrundstück, einem „anderen Straßenteil" iS von § 10 S 1 (s dazu Bay VRS 65, 225 u § 10 Rn 3 ff), über einen abgesenkten Bordstein (OLG Zweibrücken VRS 82, 51) oder aus einem Raum des ruhenden öff Verkehrs in den fließenden Verkehr ist als „Einfahren" in § 10 geregelt. Kreuzen sich die Fahrlinien zweier Fze auf einem öff **Platz**, so gilt § 8 I S 1, wenn er von erkennbaren Fahrbahnen oder bezeichneten Fahrspuren des fließenden Verkehrs durchzogen wird (OLG Hamm VRS 47, 455; KG VRS 75, 95; OLG Düsseldorf NZV 88, 231; s auch Rn 15). Sind dort keine sich kreuzenden oder ineinander einmündende Fahrspuren markiert oder durch bauliche Maßnahmen erkennbar, gilt dort kein Vorrang, sondern nur gegenseitige Rücksichtnahme nach § 1 II, denn § 8 I gilt expressis verbis nur „an Kreuzungen u Einmündungen" (OLG Stuttgart VRS 45, 313; vgl für den Parkplatz eines Einkaufcenters OLG Saarbrücken VRS 47, 54,

308; OLG Köln VM 75, 70; NZV 94, 438 für Tankstelle; OLG Koblenz VRS 48, 133; für einen nichtöff Markt BGH(Z) VRS 24, 18; für **ParkplatzV** s Rn 15 u § 12 Rn 67).

3   Vorfahrt gibt es begrifflich **nur zwischen Fahrzeugen** (Def s § 2 Rn 3, § 24) u diesen begrifflich gleichgestellten VTn (s §§ 27 I u 28 II), dh nicht im Verhältnis von Fzen zu **Fußgängern,** auch wenn diese ein Fahrrad, einen Kinderwagen oder Handwagen schieben (§ 25 II; § 25 Rn 6) oder ein Pferd führen (BGH VM 63, 7). Ihnen gegenüber hat der FahrV auf der Fahrbahn grundsätzlich Vorrang (BGH VRS 15, 445); Ausn: § 9 III S 3, § 26. Ein Kinderfahrrad ist ein Fz, wenn es nicht als Spielzeug, sondern als Beförderungsmittel benutzt wird (vgl § 24 Rn 2, § 31 Rn 2; BGH VM 64, 120 m Anm Booß), keinesfalls aber ein Kleinkinderfahrrad (OLG Karlsruhe NZV 91, 355). § 8 dient der Sicherung u der Flüssigkeit des FahrV an Kreuzungspunkten (BGHSt 7, 118, 124). Er gilt auch für die im Str-Bereich verlegte Straba – gleichgültig, ob mit oder ohne eigenen Gleiskörper –, soweit für sie nicht eine Sonderregelung nach § 19 getroffen ist (Bay 59, 42 = VRS 17, 125).

4   **b) Räumlicher Anwendungsbereich.** § 8 I gilt nur für Kreuzungen und Einmündungen. Das Vorfahrtsrecht, das der Sicherheit des Straßenverkehrs (zügiger Verkehr) dient (BGH NJW 71, 843) erstreckt sich auf die gesamte Fläche der Kreuzung bzw. des Einmündungsbereiches (BGH NJW 14, 1097). Eine **Kreuzung** liegt vor, wenn zwei oder mehr öff Str sich schneiden, so dass sich jede von ihnen über den Schnittpunkt hinaus, uU seitlich versetzt (s unten), fortsetzt (BGH NJW 74, 949; OLG Düsseldorf DAR 00, 175). Sie besteht nur aus der gemeinsamen Fläche der sich kreuzenden, durch ihre Fluchtlinien begrenzten Fahrbahnen, einschl anschl Radwege, nicht aus weiteren Str-Teilen (BGHSt 20, 238, 240; VRS 27, 350, 352; Bay 84, 30 mwN), wie zB Gehwegen (OLG Düsseldorf VRS 63, 66), wodurch sie sich vom Bereich einer LZA (§ 37), der außer den Schnittflächen der Fahrbahnen noch weitere Str-Teile, insb die in ihm liegenden Fußgängerübergänge mitumfasst (vgl Bay 67, 151 = VRS 34, 300; ebenso OLG Köln VRS 61, 291; s § 37 Rn 3) unterscheidet. Die Vorfahrt erstreckt sich auf die ganze Str-Breite einschl der neben der Fahrbahn liegenden Radwege, gleichgültig, ob der Benutzer der bevorrechtigten Str wegen Versperrung der rechten Str-Seite genötigt ist, auf der linken Fahrbahnseite zu fahren oder ob er sie ohne Notwendigkeit, also verkehrswidrig benutzt (BGHSt 20, 238; OLG Düsseldorf NZV 94, 328; OLG Hamm NZV 98, 26). Ein von rechts aus einer gleichberechtigten Str auf dem Gehweg herankommender Radf ist deshalb dem von links auf der Fahrbahn herankommenden nicht nach § 8 I 1 vorfahrtberechtigt (OLG Düsseldorf aaO), auch nicht ein von rechts aus einem Fußweg (Bay 86, 67 = VRS 71, 304) oder erst im Einmündungsbereich aus einem Grundstück in die bevorrechtigte Str Einfahrender (Bay v 19.7.84, 1 Ob OWi 138/84). Wegen Doppelkreuzungen s BGH VRS aaO; OLG Hamm VRS 17, 343. Die Schnittfläche einer Str mit mehreren getrennten Fahrbahnen ist eine Kreuzung (OLG Düsseldorf VRS 40, 294; vgl aber für das Linkseinbiegen § 9 Rn 27; BGH aaO; Bay 67, 109 = DAR 67, 334; Mühlhaus DAR 67, 313, 317). „Kreuzungsstelle" oder „Kreuzungspunkt" ist der Schnittpunkt der Fahrlinien der beteiligten Fze (vgl RGZ 125, 203, 207). Im Falle einer seitlichen Versetzung der Str-Fortsetzung bleibt die Einheitlichkeit der Kreuzung gewahrt, wenn die Fortsetzung nach natürlicher Betrachtung als dieselbe Str erscheint (vgl § 9 Rn 5; Bay 64, 48 = VRS 27, 230). Andernfalls liegen zwei getrennte Einmündungen in die Querstr vor.

Vorfahrt   **§ 8 StVO**

Einmündung liegt vor, wenn eine oder mehrere Str senkrecht oder schräg bis   5
zu einer durchgehenden Str hinführen, ohne sich jenseits fortzusetzen (BGH
VRS 47, 84; OLG Düsseldorf DAR 00, 175), oder wenn eine Str sich in zwei
auseinandergehende Wege teilt – **Straßengabel** (RGSt 65, 209); in diesem Fall
sind beide Äste Einmündungen, wenn nicht einer die natürliche Fortsetzung der
durchgehenden Str darstellt. Das gilt auch, wenn eine Str vor einer Einmündung
durch eine – meist dreieckförmige – **Verkehrsinsel** in mehrere Arme geteilt ist
(BGH VRS 27, 74). Die dadurch entstehenden getrennten Fahrbahnen begründen selbstständige Vorfahrtfälle; dh bei Fehlen bes Zeichen gilt die allg Vorfahrtregel rechts vor links (OLG Koblenz VRS 62, 464). Dagegen sind im Verhältnis der aus der gemeinsamen Fortsetzung der Str u aus einem der Gabeläste entgegenkommenden Fze nicht die Vorfahrtregeln, sondern die Begegnungsgrundsätze anzuwenden, wenn sich die Str kurz vor der Einmündung in eine andere Str zur Erleichterung der Ein- u Ausfahrt in zwei Str-Teile gabelt (Bay 69, 119 = VRS 38, 220; vgl dazu Mühlhaus VD 72, 101 ff, 161). Eine Einmündung liegt auch vor, wenn eine von zwei als Einbahnstr gekennzeichneten Richtungsfahrbahnen einer Str nach Umgehung einer weitgestreckten Parkanlage in einem Winkel von ca 70° zu der anderen hinführt u sich mit ihr vereinigt, selbst wenn es sich dem Namen nach um dieselbe Str handelt (KG VRS 59, 48). Gleichgültig für den Begriff der Einmündung u damit für die Begründung der Vorfahrt sind Ausbau u VBedeutung der zusammenstoßenden Str, vorausgesetzt, dass beide öff Wege darstellen; der Begriff ist der gleiche wie bei **Z 283, 286** (Bay NZV 88, 154). Ausgenommen sind nach I S 2 nur **Feld- u Waldwege** (vgl dazu Rn 28). Ist die einmündende Str **trichterförmig** erweitert, so gehört die ganze bis zu den Endpunkten des Trichters erweiterte Fahrbahn der bevorrechtigten Str zum Einmündungsbereich (BGHSt 20, 238; OLG Hamm BeckRS 17, 101306; NZV 98, 26). Der Wartepflichtige muss sich, solange er nicht zumindest den Einmündungstrichter einsehen kann, darauf einstellen, nötigenfalls vor dessen Beginn auf seiner rechten Fahrbahnhälfte anhalten zu können (Bay 70, 177 = VRS 40, 78). Jedoch muss derjenige, der in ihm nach links einbiegt, den Mittelpunkt der Trichterbreite rechts umfahren. Er darf den Trichter nicht links schneiden (BGHSt 16, 255). Das gleiche gilt für denjenigen, der aus der trichterförmigen Erweiterung in die andere Str nach links einbiegt, wenn die Einmündung nach beiden Seiten erweitert ist (BGH (Z) VRS 27, 255; vgl dazu § 9 Rn 16). – **Ausfahrten** aus Parkplätzen, Tankstellen pp sind keine Einmündungen iS von § 8; für ihre Benutzung gilt § 10 (BGH VersR 85, 835; OLG Sachsen-Anhalt (Naumburg) SVR 07, 61). Das gilt auch für Einmündungen, die über einen versenkten Bordstein führen (OLG Zweibrücken VRS 82, 51). Beschleunigungsstreifen s § 18 Rn 9 f.

Die Fahrregeln an Kreuzungen u Einmündungen sind meistens gleichlautend.   6
Wo nichts anderes ausdrücklich gesagt wird, sind daher mit „Kreuzung" oder
„Einmündung" beide gemeint.

3. Der Vorfahrtfall und seine Grenzen. Nähern sich zwei Fze auf verschie-   7
denen Str einer Kreuzung, so liegt ein Vorfahrtfall dann nicht vor, wenn der
Bevorrechtigte so weit entfernt ist, dass er durch das Überqueren oder Einbiegen
des Wartepflichtigen unter Berücksichtigung der beiderseitigen Geschwindigkeiten nicht behindert wird (vgl BGH(Z) VRS 5, 393; 13, 22; LG Paderborn NZV
01, 307). Ein Vorfahrtfall entfällt nicht deshalb, weil sich die Fahrlinien nicht
im Kreuzungsbereich treffen; es kommt vielmehr darauf an, ob der Wartepflichtige
durch sein Einfahren sich der Fahrlinie des Vorfahrtberechtigten in bedrohlicher

StVO § 8 I. Allgemeine Verkehrsregeln

Weise nähert oder ihn gar behindert oder gefährdet, wobei geringes Gaswegnehmen u andere unwesentlichen Behinderungen als unvermeidbar außer Betracht bleiben (KG NZV 00, 43); ein Zusammenstoß, Bremsen oder Ausweichen des Vorfahrtberechtigten wegen der Fahrweise des Wartepflichtigen ist also nicht Voraussetzung (Bay 85, 123 = VRS 70, 33). Allerdings verletzt der Wartepflichtige die Vorfahrt, wenn der Vorfahrtberechtigte zur Vermeidung eines Zusammenstoßes ausbiegt, auch wenn die beiden Fze erst außerhalb der Kreuzung, des sog **"Einmündungsvierecks",** zusammenstoßen (OLG Hamm VRS 32, 65; KG DAR 76, 240; OLG Karlsruhe VRS 77, 98).

7a **Biegt der Wartepflichtige** vor einem von links kommenden Vorfahrtberechtigten nach rechts oder vor einem von rechts kommenden nach links ein, so gelten die Vorfahrtregeln so lange, bis er sich in den Verkehr auf der bevorrechtigten Str vollständig eingeordnet hat, dh bis er in der neuen Richtung auf der rechten Fahrbahnseite rechts mit einer dem Verkehr auf dieser Str entspr Geschwindigkeit fährt. Behindert oder gefährdet er bis zum Erreichen dieses Zustandes den Vorfahrtberechtigten, indem er sich in zu knappem Abstand vor ihn setzt, so liegt eine Vorfahrtverletzung vor (s Rn 74). Diese entfällt nicht dadurch, dass der Wartepflichtige in einem engen Bogen nach links einbiegt u dadurch den Schnittpunkt der Fahrlinien ein Stück aus der Kreuzungsfläche hinaus nach links verlegt; vgl aber § 5 Rn 57. Nach vollständiger Einordnung richtet sich das Verhalten der beiden Beteiligten nach den Grundsätzen des Hintereinanderfahrens oder Überholens (Bay 69, 115 = VRS 39, 134; 57, 61 = VRS 13, 70; 63, 74 = VRS 25, 371; BGH VersR 67, 178; im Ergebnis ebenso OLG München VRS 30, 20).

8 **Keine Vorfahrtverletzung,** wenn der Wartepflichtige in einer so großen Entfernung vom Vorfahrtberechtigten einbiegt, dass ihn dieser **gefahrlos** überholen kann (BGH VRS 19, 277, 279; BGH VersR 61, 178; 64, 653; 67, 178). Es fehlt an einer Vorfahrtverletzung, wenn der, die Vorfahrt hat, weder gefährdet noch wesentlich behindert wird. Kurzes Bremsen bzw. leichtes Wegnehmen des Gases ist zumutbar (KG NZV 00, 43, Hentschel/König/Dauer § 8 Rn 27). Das Überqueren der Kreuzung kann noch statthaft sein, wenn das Einbiegen wegen der langen Dauer der Einordnung nicht mehr zulässig ist (BGH VersR 64, 653). Biegt der Wartepflichtige nach rechts ein u naht von dort ein Fz, so ist ein Vorfahrtfall gegeben, wenn das entgegenkommende Fz so weit links fährt oder die Fahrbahn so schmal ist, dass sich die Fahrlinien mindestens bedrohlich nähern. In diesem Falle endet die Wartepflicht nicht mit dem völligen Einordnen des Wartepflichtigen in die andere Str. Dieser muss vielmehr die Durchfahrt des Bevorrechtigten abwarten, wenn dieser nicht so weit entfernt ist, dass er völlig gefahrlos auf die freie rechte Fahrbahnseite ausweichen kann (vgl auch unten Rn 30).

9 Zwischen einem Fz, das auf der eigentlichen Kreuzungsfläche nach links in eine Querstr einbiegt, u einem aus der bisherigen Gegenrichtung kommenden Fz, das unter Benutzung einer von der geradeaus weiterführenden Fahrbahn durch einen Fahrbahnteiler abgetrennte Abbiegespur nach rechts in die Querstr einbiegt, finden die Regeln über die Vorfahrt Anwendung; dies gilt auch dann, wenn der Verkehr auf der Rechtsabbiegespur u der GegenV gleichzeitig durch Wechsellichtz freigegeben sind (Bay VM 78, 87 unter teilweiser Aufg von Bay VM 73, 59).

10 **4. Inhalt des Vorfahrtrechts.** Der Vorfahrtberechtigte darf grundsätzlich die Kreuzung **vor** dem Wartepflichtigen ungestört durchfahren.

11 Wer auf der Vorfahrtstr wendet, ist gegenüber dem seitlichen Verkehr auch dann vorfahrtberechtigt, wenn er in der Str-Mitte oder an einer VInsel warten

Vorfahrt **§ 8 StVO**

muss, bis der GegenV abgeflossen ist; aber Vorsicht nach § 9 V geboten (OLG Düsseldorf VRS 40, 294). Hat der Wartepflichtige nach Einfahrt in die Vorfahrtstraße bereits den Einmündungsbereich verlassen, ist das Vorfahrtrecht des Vorfahrtberechtigten gleichsam verbraucht; insbesondere erstreckt sich das Vorfahrrecht dann nicht auf Wendemanöver, die der Vorfahrtberechtigte in einem Bereich 20 m hinter der Kreuzung durchführt, für diese gilt vielmehr die Vorschrift des § 9 V (KG NZV 04, 355). Der Vorfahrtberechtigte verliert die Vorfahrt nicht, wenn er vor der Kreuzung kurz anhält, um die VLage zu prüfen; aber auch hier erhöhte Vorsicht (BGH(Z) VRS 14, 4; s Rn 34). Begegnung zweier entgegenkommender Benutzer der untergeordneten Str im Kreuzungsbereich s § 9 Rn 26 f). Auch ein verkehrswidriges Verhalten des Vorfahrtberechtigten beseitigt grds nicht dessen Vorfahrt (s hierzu Rn 52).

Die Vorfahrtregeln gelten nicht nur bei sich kreuzenden Fahrlinien, sondern **12** auch dann, wenn sich die **Fahrlinien** der beteiligten Fze nur **berühren** oder **bedrohlich annähern** (OLG Köln VRS 84, 426; LG Paderborn, NZV 01, 307), bes, wenn der Wartepflichtige nach rechts einbiegen will u ihm von dort ein Vorfahrtberechtigter entgegenkommt, der entweder geradeaus weiterfahren oder seinerseits nach links abbiegen will (§ 8 II S 4; BGH(Z) VRS 6, 11; 10, 19; VersR 64, 1195; OLG Köln VRS 39, 140; s dazu auch unten Rn 47 ff). Wer aus einer bevorrechtigten Str abbiegt, ist gegenüber dem Verkehr auf der untergeordneten Str so lange bevorrechtigt, bis er die Vorfahrtstr mit der ganzen Länge seines Fz verlassen hat (BGHSt 12, 320). Dabei ist aber zu berücksichtigen, dass der Wartepflichtige bis an die Fluchtlinie der bevorrechtigten Str auf der für ihn rechten Fahrbahnseite heranfahren darf. Dem vorfahrtberechtigten Abbieger steht daher die freie Durchfahrt nur auf der Schnittfläche der beiden Fahrbahnen, dh im Einmündungs- oder Kreuzungsviereck u auf der für ihn rechten Fahrbahnhälfte der Str, in die er einbiegen will, nicht auch auf deren linker Fahrbahnseite zu (OLG Hamm VRS 26, 462; OLG Hamburg VM 68, 21; KG VM 84, 48; 93, 101). Schneidet der Linksabbieger die Kurve in einem engen Linksbogen, so ist er zwar bevorrechtigt, wenn er noch in der Kreuzungsfläche mit dem Wartepflichtigen zusammentrifft, aber nicht mehr, wenn die Fahrlinien erst auf der für den Einbiegenden linken Fahrbahnhälfte der von links einmündenden Straße zusammentreffen (KG DAR 78, 20).

Abgesehen von dem Fall des zu schnellen Heranfahrens an die Kreuzung (II **13** S 1) verletzt daher der Wartepflichtige die Vorfahrt nicht, wenn er zwar auf seiner rechten Fahrbahnhälfte, aber auf ihr nicht ganz rechts an die Kreuzung heranfährt (OLG Saarbrücken VRS 30, 229; OLG Hamm VRS 26, 462; OLG Hamburg VM 68, 15). Dagegen verletzt die Wartepflicht, wer kurz vor einer Kreuzung mit einer Vorfahrtstr ein anderes Fz überholt, dadurch dem aus dieser abbiegenden Vorfahrtberechtigten auf der Str-Mitte entgegenkommt u ihn am Verlassen der Vorfahrtstr behindert (BGH VRS 28, 430). Ist die von links kommende oder untergeordnete Str so schmal, dass das vorfahrtberechtigte am wartepflichtigen Fz nicht vorbeifahren kann, so kommt eine Vorfahrt außerhalb der eigentlichen Kreuzungsfläche nicht in Betracht. Hat der Vorfahrtberechtigte die bevorrechtigte Str vollständig verlassen, ohne zuvor durch den Wartepflichtigen irgendwie beeinträchtigt worden zu sein, so liegt bei nunmehr erfolgender Beeinträchtigung kein Vorfahrt-, sondern ein Begegnungsfall vor (Bay 64, 48 = VRS 27, 230).

Die Vorfahrt steht auch demjenigen zu, der in die Kreuzung **rückwärts** einfährt **14** (aber bes Vorsicht erforderlich, BGH VRS 14, 346; 18, 136; OLG Hamm VRS 52, 299; OLG Düsseldorf VRS 66, 376 = StVE 68) oder dessen Fz entgegen dem Willen des Führers auf die Kreuzung gerät, weil die Bremsen versagen (BGH VRS 5, 588, 590).

15 **5. Abs 1 Satz 1: Vorfahrt „rechts vor links". a) Anwendungsbereich.** Der Grundsatz „rechts vor links" gilt, abgesehen von Wald- u Feldwegen (I 2; s unten Rn 28), immer dann, wenn keine Regelung durch VZ getroffen ist, u zwar auch auf öff Parkplätzen, wenn sich dort zwei „Fahrbahnen" erkennbar (Straßencharakter erforderlich; OLG München, Urt v 18.1.2008 – 10 U 4156/ 07 = BeckRS 2008, 02 733 = NJW-Spezial 08, 201) kreuzen (KG VRS 75, 95; OLG Hamm Schaden-Praxis 01, 229; OLG Düsseldorf DAR 00, 175; s auch oben 2 u § 12 Rn 67), nicht aber im Verhältnis zwischen dem einen Abstellplatz Verlassenden u dem Benutzer der vorbeiführenden „Fahrbahn" zwischen den Abstellplätzen (OLG Düsseldorf VRS 61, 455). OLG Frankfurt ZfS 2010, 19: Ob die Regeln der StVO auf öffentlich zugänglichen Parkplätzen grundsätzlich anwendbar sind, wird nicht einheitlich beurteilt. Der BGH hat nun entschieden (r+s 17, 93; 16, 146), dass die Wertungen der Spezialregeln der StVO (§§ 8, 9 StVO) im Rahmen der Pflichtenkonkretisierung zu § 1 StVO zu berücksichtigen sind (so auch OLG Düsseldorf BeckRS 17, 104709, vgl auch § 1 Rn 14) Konsens besteht somit, dass die Sorgfaltspflichten nach § 1 Abs 1 und 2 StVO – als elementare Grundregeln – zu beachten sind (vgl § 1 Rn 14). Inwieweit die Vorfahrtregel des § 8 Abs 1 StVO Anwendung findet, hängt davon ab, ob die Fahrspuren lediglich dem ruhenden Verkehr bzw. dem Suchverkehr dienen, oder ob sie darüber hinaus Straßencharakter besitzen. Entscheidend für diese Beurteilung sind die sich den Kraftfahrern bietenden baulichen Verhältnisse, insbesondere die Breite der Fahrspuren sowie ihre Abgrenzung von den Parkboxen.

16 Wird der Verkehr an der Kreuzung durch eine LZA geregelt, so gelten nach § 37 I nur die Farbzeichen. § 8 I S 1 greift auch dann ein, wenn sich die VZ einer Kreuzung gegenseitig aufheben, zB wenn zwei als solche gekennzeichnete Vorfahrtstr an der Kreuzung zusammenstoßen, ohne dass einer von ihnen die Vorfahrt durch ein Warteschild genommen ist (BGH VRS 27, 74; aA Bay 56, 278 = VRS 12, 143; letzterem Urt ist jedoch insoweit zuzustimmen, als das Unterlassen der gebotenen Vorfahrtregelung eine Pflichtverletzung der StraßenVB darstellt). Die Regel „rechts vor links" gilt auch im Verhältnis von zwei VT untereinander, die von derselben Seite u an derselben Stelle in eine Vorfahrtstr einfahren (OLG Hamburg VRS 29, 126; OLG Stuttgart NZV 94, 440) oder in eine Str-Spinne (Kreuzung von mehr als zwei Str in einem Punkt) aus zwei Str einfahren, von denen jede mit einem Warteschild gekennzeichnet ist (OLG Stuttgart NJW 56, 722; s auch KG VRS 61, 96 zur Vorfahrt im Einmündungsbereich mehrerer auf eine bevorrechtigte Str stoßender untergeordneter Str). Dagegen steht demjenigen, der **aus einer gekennzeichneten Vorfahrtstr** in die linke von zwei an der gleichen Stelle einmündenden Nebenstr einbiegt, die Vorfahrt auch gegenüber dem aus der rechten Nebenstr kommenden Verkehr zu, bis er die Vorfahrtstr mit der ganzen Länge seines Fz verlassen hat (BGHSt 12, 230).

17 **b) Inhalt der Vorfahrt „rechts vor links".** Nach der Regel „rechts vor links" ist der Fahrer an einer Kreuzung gegenüber dem von links Kommenden vorfahrtberechtigt, gegenüber dem von rechts Kommenden wartepflichtig. Treffen Fze aus drei Richtungen an der Kreuzung zusammen, so hat den Vorrang derjenige, dem sich kein Fz von rechts nähert (LG Paderborn NZV 01, 307: lösen aber die Vorfahrtsregeln wegen der Enge der Kreuzung nicht auf, gilt das Gebot gegenseitiger Rücksichtnahme, § 1 I).

Vorfahrt **§ 8 StVO**

Kommen gleichzeitig aus allen vier Richtungen VT an die Kreuzung, so ist **18** sie unter gegenseitiger Rücksichtnahme vorsichtig zu überqueren, wobei jeder in erster Linie dafür verantwortlich ist, dass er denjenigen nicht gefährdet, dem ihm gegenüber die Vorfahrt zusteht (s KG VM 90, 100: entspr §§ 1 u 11 II). Grundsätzlich darf daher der Vorfahrtberechtigte darauf vertrauen, dass ein Fahrzeug, das von links heranfährt auch rechtzeitig anhalten wird (OLG Karlsruhe, NJW-RR 2012, 474). Wer aber an eine gleichrangige Kreuzung so schnell heranfährt, dass er seiner Wartepflicht gegenüber einem von rechts Kommenden nicht genügen kann, ist auch für einen Zusammenstoß mit einem von links kommenden Wartepflichtigen mitverantwortlich, wenn der Zusammenstoß durch die zu hohe Geschwindigkeit mitverursacht worden ist (BGHSt 17, 299; Bay 65, 84 = VRS 29, 287; BGH (Z) VRS 53, 256; OLG Karlsruhe DAR 96, 56: sog **„halbe Vorfahrt"**, s auch KG BeckRS 09, 88989 – 25%; Hentschel/König/Dauer § 8 Rn 36). Wegen des Vertrauensgrundsatzes u seiner Grenzen s Rn 34 f.

c) Keine Vorfahrt aus einer überführten Straßeneinmündung. Diese **19** Grundsätze gelten nicht mehr (zur bisherigen RLage s Vorauf. (21. Aufl.), insb BGH(Z) VRS 72, 259) für die **Einfahrt** aus **überführten Str-Einmündungen.** Das sind Einmündungen, die wie Grundstückseinfahrten über abgesenkte Bürgersteige führen u die als Einmündungen von Str auch sonst nicht für jedermann ohne weiteres erkennbar sind. Es besteht kein Vorfahrtsrecht nach dem Grundsatz „rechts vor links". Der hier von rechts Kommende hat die höchste Sorgfaltsanforderung und Wartepflicht (seit der 9. ÄndVO) nach § 10 S 1 zu beachten (OLG Zweibrücken VRS 82, 51; OLG Köln NZV 94, 279; BGH DAR 87, 54 – Einbiegender ⅔, Geradeausfahrer ⅓; s auch § 10 Rn 2, 4).

d) Verzicht auf die Vorfahrt. Zeigt der Berechtigte unmissverständlich an, **19a** dass er auf sein Vorfahrtrecht verzichten will, kann der Wartepflichtige hiervon ausgehen (OLG Koblenz NZV 93, 273; OLGR OLG Hamm 01, 141). An den Nachweis eines Vorfahrtverzichts ist allerdings strenge Anforderungen zu stellen (OLG Hamm NZV 00, 415); die Beteiligten müssen sich nachweisbar verständigt haben, wozu missbräuchliches Blinken mit Scheinwerfern nicht ausreicht, weil es missverständlich ist (OLG Koblenz NZV 93, 273; OLG Hamm NZV 00, 415: selbst dann, wenn zusätzlich die Geschwindigkeit verringert wird). Verzicht liegt auch nicht in kurzem Abstoppen oder in einem verzögerten Fahrverhalten, da dies nicht eindeutig die Einräumung des Vorrangs zeigt (OLGR OLG Hamm 01, 141).

6. Abs 1 Satz 2 Nr 1: Vorfahrtregelung durch Verkehrszeichen. a) Be- 20 gründung der Wartepflicht. Die Regel „rechts vor links" gilt nicht, wenn die Vorfahrt durch VZeichen bestimmt ist. **Z 205** u **206** nehmen dem von rechts Kommenden die Vorfahrt u räumen dem von links Kommenden die Vorfahrt ein, auch wenn sie nicht durch ein vorfahrtbegründendes Z auf der anderen Str kenntlich gemacht ist. Der Inhalt der Wartepflicht bestimmt sich nach § 8 II.

Die Rechtswirksamkeit des **Z 206** wird durch ein einige Meter vor ihm aufge- **21** stelltes **Z 205** nicht beeinträchtigt – kein Widerspruch, sondern Steigerung der Anforderungen! – (OLG Saarbrücken VM 75, 84). Das Z begründet zusätzlich zur Vorfahrtregelung ein unbedingtes Haltgebot, das unabhängig von der VLage zu beachten ist. Seine Nichtbeachtung begründet eine eigene OW nach § 49 III 4 unabhängig davon, ob ein Vorfahrtberechtigter beeinträchtigt oder auch nur vorhanden ist – reines Tätigkeitsdelikt. Verletzt der Fahrer dadurch die Vorfahrt

Heß 175

eines anderen, so steht die OW mit derjenigen nach § 8 in TE (Bay v 19.10.88, 2 St 205/88; Cramer 129 zu § 8). – Nichtbeachtung des Z 206 trotz vorherigen Hinweises ist grob fahrlässig (OLG Hamm NZV 93, 480). – Auf eine Änderung der Vorfahrtregelung ist für eine Übergangszeit hinzuweisen (Abs 4 VwV zu § 41; LG Marburg DAR 97, 279: sonst Mithaftung).

22 **b) Begründung der Vorfahrt. Allgemeines.** Alle Kreuzungen u Einmündungen außer den in die Vorfahrt nicht mehr einbezogenen Feld- u Waldwegen müssen positiv u negativ beschildert sein (s VwV zu Z 205 u 206 Nr VII.1; BGH(Z) NZV 88, 58). Eine Ausn hiervon erlaubt § 10 S 3, wenn eine zusätzliche Klarstellung der Verhaltensregel des § 10 S 1 im Einzelfall zur V-Sicherung dringend erforderlich erscheint (Begr); dort genügt die negative Beschilderung durch Z 205 (s auch § 10 Rn 6). Fehlt an einer Einmündung in einer Vorfahrtstr das Wartezeichen, so braucht der von rechts kommende Fahrer nicht mehr Erwägungen darüber anzustellen, ob er sich einer Vorfahrtstr nähert, sondern es liegt eindeutig ein Verschulden der VB vor (BGH(Z) VM 77, 91). Der Fz-Führer darf auf die richtige Beschilderung vertrauen, wenn nicht bes Umstände im Einzelfall das Vertrauen ausschließen.

23 **Z 301** gewährt die Vorfahrt nach § 42 II nur an der nächsten Kreuzung oder Einmündung, gleichgültig, ob es innerhalb oder außerhalb einer geschl Ortschaft steht. Über seine Aufstellung s VwV zu Z 301.

24 **Z 306** „Vorfahrtstraße" gibt die Vorfahrt bis zum nächsten Wartezeichen 205 oder 206 oder **Z 307** („Ende der Vorfahrtstraße") u zwar ohne Rücksicht darauf, ob es an jeder Kreuzung wiederholt ist u ob die einmündenden Str durch ein Warteschild gekennzeichnet sind (BGH(Z) VRS 50, 164 = StVE 6; OLG München DAR 76, 104; Bay v 13.3.86, 1 Ob OWi 10/86). Aus Sicherheitsgründen ist aber die doppelte Beschilderung jeder Kreuzung u Einmündung vorgeschrieben (amtl Begr zu Z 301 u 306). Außerhalb geschl Ortschaften verbietet das Z 306 das **Parken** auf der **Fahrbahn,** aber nicht auf Seitenstreifen. Die Vorfahrtstr **endet** beim nächsten Z 205 oder 206. Soll sie sich hinter der bevorrechtigten Kreuzung fortsetzen, so muss ein neues Z 306 angebracht sein. Das **Z 307** „Ende der Vorfahrtstraße" hat demnach keine rechtsbegründende Wirkung, sondern dient nur der Orientierung. Die vorfahrtgewährenden VZ müssen zusammen mit den Z 205 oder 206 aufgestellt werden (BGH NZV 00, 412).

25 **c) Rechtswirksamkeit vorfahrtregelnder VerkehrsZ.** Ein in entgegengesetzter Richtung (mit dem Bild zum GegenV) angebrachtes VZ begründet keine Vorfahrt oder Wartepflicht in der Richtung, für die es nicht bestimmt ist (Bay VRS 28, 117). VZ sind auch dann verbindlich, wenn sie nur links aufgestellt sind, falls sie sich eindeutig auf die ganze Fahrbahnbreite beziehen (OLG Düsseldorf VM 62, 35). Die VSchilder müssen nicht nur richtig, sondern auch deutlich aufgestellt sein (BGH(Z) VRS 26, 254). Fehlerhafte oder irreführende VZ können den Kf, insbesondere den Ortsunkundigen, entschuldigen u die Haftpflicht der VB begründen (BGH VRS 15, 123; NZV 00, 412; vgl § 45 Rn 11 f). „Vorfahrtstraße" ist ein RB; der Tatrichter muss die Art ihrer Kennzeichnung im Urt feststellen (vgl auch § 39 Rn 15).

26 **d) Abknickende Vorfahrt.** Die abknickende Vorfahrt wird dadurch begründet, dass dem Wartezeichen das Zusatzschild bei Z 205 u 206, dem Vorfahrtzeichen 306 das dort abgebildete Zusatzschild (1002 VzKat) beigefügt wird. Das Z 301 darf zur Begr einer abknickenden Vorfahrt nicht verwendet werden (VwV

Vorfahrt **§ 8 StVO**

zu Z 301 IV). Fahrregeln der abknickenden Vorfahrt s § 9 Rn 40 f, s auch Bouska DAR 1961, 328.

e) Kreisverkehr – Abs 1a. Die Vorfahrt für den Kreisverkehr ist gesondert in 27 Abs 1a geregelt. Sie ersetzt den alten 9a (vgl hierzu Kramer VD 99, 145) – aufgehoben durch die 46. Änderung straßenverkehrsrechtlicher Vorschriften v, 5.8.09 (VkBl 09 534 – siehe auch die StVO-Neufassung 2013). Vorfahrt im Kreisverkehr besteht nur dann, wenn dies durch die Zeichen 215 und 205 angeordnet ist. Sonst gilt rechts vor links. Die Anforderungen des § 8 Abs 1a unterscheiden sich nicht von denen der allgemeinen Vorfahrtsregel des § 8 Abs 1(LG Saarbrücken BeckRS 14, 06911. (vg. Zum al Dem Kreisverkehr kann lediglich auf dem in VwV zu **Z 209 bis 214 IX** angegebenen Weg Vorfahrt eingeräumt werden. Vgl auch § 2 Rn 49 u § 9 Rn 49; s auch Kramer VD 99, 145.

7. Absatz 1 Satz 2 Nr 2: Vorfahrt aus einem Nebenweg. Auf **Feld-** u 28 **Waldwegen** gilt die Vorfahrtregel nach I S 1 nur untereinander (OLG Zweibrücken VRS 45, 388, 395). Feld- u Waldwege sind Str, die (zumindest überwiegend) der Zufahrt zu land- u forstwirtschaftlich genutzten Flächen dienen, aber keine überörtliche Bedeutung haben (BGH(Z) VRS 50, 164; OLG Düsseldorf StVE 47); sog Parzellenwege, die in ein Kleingartengebiet führen, sind Feldwegen gleichzustellen (OLG Bremen NJW-RR 91, 858). Auf die Str-Breite u deren Ausbau kommt es nicht an, eine Asphaltdecke schließt die Annahme eines Feldweges nicht aus. Ausbau u Gestaltung des Weges können nur Anhaltspunkte für die Beurteilung der Bedeutung des Weges geben (BGH(Z) VRS 72, 259), zumal die mit der Motorisierung fortgeschrittene Wegebefestigung meist kaum noch eine äußere Unterscheidung von anderen Str zulässt (OLG Köln VRS 66, 378; Janiszewski NStZ 85, 542). Str, die zu Häusern führen, sind ebenso wie dem DurchgangsV dienende keine Feldwege (vgl BGH(Z) VRS 50, 164), mögen sie auch unbefestigt sein (Bay DAR 89, 308). Bei Zufahrten zu einzelnen Häusern bzw. Häusergruppen kann es sich auch um Ausfahrten iSd § 10 handeln. Es kommt darauf an, ob ein Weg schon anhand der äußeren für jeden Verkehrsteilnehmer erkenn- und bewertbaren Umstände als Nebenweg zu qualifizieren ist (OLG Koblenz NZV 06, 378 – Kreuzung von Weinbergwegen; aber nur eingeschränkter Vertrauensgrundsatz vgl dazu unten Rn 35).

I S 1 gilt nach I S 2 Nr 2 nicht, wenn die **„andere Straße"** eine größere 29 VBedeutung hat; gegenüber diesem Kriterium treten auch hier das äußere Erscheinungsbild u die Art der Wegebefestigung zurück (BGH(Z) VRS 50, 164, 167 = StVE 6; OLG Köln VRS 66, 378; KG VU 99, 18; aA OLG Koblenz VRS 69, 101 m abl St Janiszewski NStZ 85, 542; s auch OLG Saarbrücken VM 81, 81; OLG Düsseldorf VRS 73, 299 = StVE 80). Ist nicht zuverlässig zu erkennen, ob ein von rechts auf eine nicht als bevorrechtigt gekennzeichnete Str treffender Weg ein Feld- oder Waldweg ist, so hat jeder der beteiligten VT seine Fahrweise auf die Möglichkeit einzurichten, dass er selbst wartepflichtig ist (BGH StVE 14; Bay 75, 21 = VRS 49, 139; s auch BGH(Z) VRS 72, 259).

Der Vertrauensgrundsatz gilt zwar zugunsten des Vorfahrtberechtigten auch 29a dann, wenn der von rechts Kommende in eine Str von größerer VBedeutung einfährt (OLG Hamm VRS 25, 310; OLG Köln VRS 31, 271). Die Stellung des Vorfahrtberechtigten wird aber wesentlich schwächer, wenn er aus einem verkehrsmäßig **bedeutungslosen Nebenweg** in eine dem **DurchgangsV** dienende Str von erheblicher VBedeutung (wichtige Str) einbiegt oder sie, wenn sich die Str kreuzen, überquert. Wenn auch die einschlägige RSpr für Feld- u

Waldwege keine Bedeutung mehr hat, weil ihnen die Vorfahrt durch § 8 I S 2 allg entzogen ist, so gilt sie doch für andere Wegarten, wie Gassen u Nebenstr in besiedelten Gebieten, weiter. Auch in diesen Fällen steht zwar dem von rechts Kommenden die Vorfahrt zu. Er muss sich aber der Kreuzung oder Einmündung vorsichtig nähern u darauf gefasst sein, dass der von links kommende Benutzer der Durchgangsstr die Vorfahrt missachten werde (Bay NZV 89, 121). Er darf in die Kreuzung nur einfahren, wenn er dadurch den von links Kommenden nicht gefährdet, muss aber nicht zurückstehen, wenn dieser so weit entfernt ist, dass er den Einbiegevorgang rechtzeitig bemerken u gefahrlos seine Geschwindigkeit ausreichend ermäßigen oder anhalten kann. Verletzt der von rechts Kommende diese Sorgfaltspflicht, so sind an einem entstehenden Unfall beide mitschuldig, der Vorfahrtberechtigte auf Grund § 1, der Wartepflichtige nach § 8 I. Bei Zweifeln, ob es sich um einen Feldweg oder um eine Straße handelt, ist die strengere Sorgfalt des Wartepflichtigen zu beachten (BGH NJW 76, 1319), sonst Mithaft (KG VersR 86, 1197 – 40%).

30 Noch weitergehenden Einschränkungen unterliegt die Vorfahrt, wenn der unbedeutende **Nebenweg** von einem von links kommenden Benutzer der Durchgangsstr **nicht eingesehen** werden kann. Dann darf sich der von rechts Kommende trotz seiner Vorfahrt in die Kreuzung bis zur Erlangung freier Sicht auf die Durchgangsstr nur so vorsichtig hineintasten, wie sonst ein Wartepflichtiger. Hat er freie Sicht gewonnen, dann darf er seine Vorfahrt in Anspruch nehmen, wenn er dadurch keinen von links Heranfahrenden gefährdet. Dieser darf darauf vertrauen, dass der von rechts aus dem Nebenweg Kommende seine Pflicht einhält. Er muss nicht so langsam fahren, dass er vor einem bisher unsichtbaren Fz, das aus dem Nebenweg herausfährt u ihm die Weiterfahrt versperrt, anhalten kann. In diesem Fall ist also bei einem Zusammenstoß der von rechts Kommende nach § 1 alleinschuldig (BGHZ 20, 290; BGH(Z) VRS 14, 346; VRS 17, 50; 21, 268, 270; 27, 70, 72; Bay 55, 182; 65, 133 = VRS 30, 131; Mühlhaus DAR 66, 141 ff).

31 **8. Rechtsstellung des Vorfahrtberechtigten. a) Pflichten.** § 8 regelt nur, wer die Vorfahrt hat. Wie sie auszuüben ist, welchen Beschränkungen sie unterliegt, richtet sich nach anderen Bestimmungen, insb nach §§ 1 u 3. Das VorfahrtR findet im allg Rücksichtnahmegebot des § 1 II eine Grenze (BGH VM 59, 14); das gilt bes dann, wenn der Wartepflichtige sich wegen schlechter Einsichtsmöglichkeit in die Vorfahrtstr so verhält, dass erkennbar mit einer Missachtung der Vorfahrt zu rechnen ist. Dann muss der Vorfahrtberechtigte ausweichen oder notfalls anhalten (OLG Köln VRS 93, 44 im Anschl an OLG Celle VersR 76, 345). Nach § 1 muss der Vorfahrtberechtigte, der in Höhe einer von links einmündenden Seitenstraße ein anderes Fz überholt, grundsätzlich einen Sicherheitsabstand von mind 0,5 m von der linken Begrenzung der Fahrbahn einhalten, um einen dicht an diese heranfahrenden Wartepflichtigen nicht zu gefährden (Bay 62, 312 = VRS 25, 137). Der Grundsatz, dass die Vorfahrt auf der ganzen Str-Breite zusteht (Rn 11), wird weiter dahin eingeschränkt, dass der Vorfahrtberechtigte, der sich einer **nicht einsehbaren Einmündung** nähert, den Abstand vom Fahrbahnrand einhalten muss, den ein Wartepflichtiger, der sich in die Vorfahrtstr hineintastet, zum Gewinnen freier Sicht benötigt (BGH DAR 81, 86; OLG Nürnberg ZfS 98, 373). Kann er diesen nicht einhalten, so muss er seine Geschwindigkeit so bemessen, dass er einen Zusammenstoß mit einem Wartepflichtigen durch Ausweichen oder Bremsen vermeiden kann (BGHSt 12, 61; Bay 59, 181 =

VRS 18, 151). Der Vorfahrtberechtigte ist weiter nach § 1 allg verpflichtet, nicht nur die Fahrbahn, sondern auch die angrenzenden Str-Teile, bes kreuzende oder einmündende Str, daraufhin zu beobachten, ob von dort eine Verletzung seiner Vorfahrt droht (BGH VM 59, 93). Er darf, sobald ein Wartepflichtiger mit dem Einfahren in die Kreuzung begonnen hat, seine Fahrgeschwindigkeit idR nicht mehr erhöhen (Bay 53, 67 = VRS 5, 471). Da er bei Annäherung an eine Straßenkreuzung stets reaktionsbereit sein muss, wird ihm im Falle einer Verletzung seines Vorfahrtrechts durch einen Wartepflichtigen keine Schreckzeit zugebilligt (BGH VersR 59, 900). So hat das OLG München (r+s 2013, 354) dem Vorfahrtberechtigten eine Mithaft von 30% zugerechnet, weil er nicht angemessen durch Bremsen reagiert hat. Ein maßvolles Bremsen ist bei den heute gegebenen Verkehrsverhältnissen einem Vorfahrtsberechtigten jederzeit zumutbar (OLG München, r+s 2013, 354, NZV 2005, 582, VersR 1973, 947). Ein Fzführer, der die Vorfahrt beanspruchen kann, muss sich weiterhin an die vorgeschriebene Höchstgeschwindigkeit halten; er muss aber seine zulässige Fahrgeschwindigkeit nicht vermindern, wenn keine bes Veranlassung dazu besteht (KG DAR 02, 66).

Aus § 3 I ergibt sich auch für den Vorfahrtberechtigten die Pflicht, **nie schneller als auf Sichtweite zu fahren.** Eine geringere Fahrgeschwindigkeit ist an bes gefährlichen Stellen geboten, ferner wenn dichter Verkehr herrscht, wenn von beiden Seiten unübersichtliche Einmündungen oder Kreuzungen aufeinander folgen u parkende Fze die Sicht auf einen Wartepflichtigen (u umgekehrt) erschweren oder wenn – namentlich bei Dunkelheit – die Gefahr besteht, dass eine hohe Geschwindigkeit vom Wartepflichtigen nicht richtig geschätzt werden kann (BGHSt 7, 118, 120, 126; VM 59, 14; VRS 15, 346). 32

Eine bes geringe Geschwindigkeit ist bei Vereisung der Fahrbahn u bei Nebel erforderlich (OLG Celle VRS 27, 470). Wer vor einer Einmündung einen links eingeordneten Lkw oder Omnibus unter Mitbenutzung des Gehweges rechts überholt hat, muss bei der Rückkehr auf die Fahrbahn gegenüber jedem Verkehr die Sorgfaltspflicht aus § 10 beachten (OLG Köln VRS 43, 300); vgl auch Rn 48. Beim Überholen einer Kolonne kann es zu einer Mithaft des die Kolonne überholenden Fahrzeuges kommen (KG DAR 74, 51; OLG Düsseldorf DAR 80, 117 – ¼ zu ¾). 33

b) Der Vertrauensgrundsatz. Die Stärke des VorfahrtR u damit die Frage nach der Alleinschuld oder Mitschuld der Beteiligten hängt entscheidend vom Vertrauensgrundsatz ab (vgl Mühlhaus DAR 66, 141 ff; § 1 Rn 24 ff). Nähern sich zwei Fze in **gegenseitigen Sichtbereich** einer Kreuzung, so darf der Vorfahrtberechtigte darauf vertrauen, dass der andere seine Vorfahrt beachten werde, so lange dieser noch durch gefahrloses Bremsen sein Fz vor der Kreuzung anhalten oder seine Geschwindigkeit ausreichend ermäßigen kann. Er muss aber alle zur Abwendung eines Unfalles geeigneten Maßnahmen treffen, sobald er aus bes Umständen erkennt, dass der Wartepflichtige seine Vorfahrt missachtet (BGH VRS 3, 422; 4, 267 f; 27, 70; OLG Köln VRS 66, 255; 90, 343; Bay VRS 67, 137 = StVE 70). So muss er zB die Geschwindigkeit herabsetzen, wenn bes Umstände für die Annahme eines Fehlverhaltens des Wartepflichtigen vorliegen (OLG Saarbrücken VM 81, 5 u 19). Der Vertrauensgrundsatz gilt auch an einer Einmündung, solange sich keine deutlichen Anzeichen für eine Vorfahrtverletzung ergeben (OLG Hamm VRS 58, 380 = StVE 38). Der Vorfahrtberechtigte darf darauf vertrauen, dass ein Wartepflichtiger, der vor oder in der Kreuzung angehalten hat, um ihm die Vorfahrt einzuräumen, sein Fz nicht weiter in die Kreuzung hineinrollen 34 lässt (Bay 57, 28 = VRS 13, 69). Solange aber der Vorfahrtberechtigte in die bevorrechtigte Str noch nicht eingebogen ist u diese für den Wartepflichtigen als frei erscheint, darf er nicht auf die Beachtung seiner Vorfahrt vertrauen (Bay 61, 281; 64, 41 = VRS 27, 141).

35 Gegenüber einem wegen der örtl Verhältnisse bei seiner Annäherung an die Kreuzung noch **unsichtbaren Wartepflichtigen** darf der Benutzer einer **Vorfahrtstr** auf Beachtung seiner Vorfahrt vertrauen (KG DAR 02, 66). Er muss seine Geschwindigkeit nicht so einrichten, dass er vor Einmündungen von Str, die wegen ihrer Bebauung oder aus sonstigen Gründen nicht einsehbar sind, im Fall der Verletzung der Vorfahrt anhalten kann (BGHSt 7, 118). Das gleiche gilt auf **gleichrangigen** Str an Kreuzungen, die nach rechts eingesehen werden können, aber nach links verdeckt sind (BGH(Z) VM 61, 43; VersR 59, 900; 85, 784). Dagegen darf in einer sog T-Einmündung, das ist die fortsetzungslose Einmündung in eine durchgehende, geradeaus verlaufende Str, derjenige, der aus der einmündenden Str kommt, nicht darauf vertrauen, dass ein von links in der geradeaus weiterlaufenden Str nahender VT seine Vorfahrt beachtet (Bay 59, 235 = VRS 17, 133; VRS 29, 287; v 24.7.87, 2 Ob OWi 210/87; BGHSt 17, 301). Der **Vertrauensgrundsatz gilt allg nicht,** wenn örtl Besonderheiten (unklare Beschilderung, Str-Sperren mit Umleitungen, ständiges Rangieren auf Parkplätzen) die Besorgnis begründen, die Vorfahrt könne verletzt werden (OLG Köln DAR 95, 289; Bay 58, 56, 58 = VRS 15, 215; OLG Stuttgart VRS 29. 46) oder wenn die Örtlichkeit dazu verleitet, nicht mit dem Auftauchen anderer Verkehrsteilnehmer zu rechnen (OLG Koblenz NZV 06, 378 – Weinbergswege); ähnlich, wenn nach Ausfall der Signalanlage VT von links die eine Hälfte der Fahrbahn überquert haben u auf eine Lücke zum Überqueren der anderen Fahrbahnseite warten (BGH(Z) VRS 45, 168). Er kann seine Gültigkeit dadurch verlieren, dass der Vorfahrtberechtigte an der Einmündung hält, um die VLage zu prüfen, er muss dann damit rechnen, dass der Wartepflichtige das Halten als Verzicht auf die Vorfahrt wertet (OLG Saarbrücken VM 80, 91; 82, 4 = StVE 59). Wegen der Vorfahrt aus einem unbedeutenden Nebenweg in eine wichtige Durchgangsstr s unten Rn 29a. Der Vertrauensgrundsatz kommt regelmäßig demjenigen **nicht** zugute, der sich selbst über die Verkehrsregeln hinwegsetzt, die auch dem Schutz des unfallbeteiligten Verkehrsteilnehmers dienen (BGH NZV 04, 21; OLGR OLG Celle 06, 543 – Überfahren einer roten Fußgängerampel vor untergeordneter Querstraße, s auch Rn 40).

35a **9. 46. VO zur Änderung straßenverkehrsrechtlicher Vorschriften.** Der eingefügte Abs 1a: enthält die bisher in der entfallenen Regelung in § 9a enthaltenen Regelungen über die Vorfahrt im Kreisverkehr. Die Ge- und Verbote für den Kreisverkehr werden in der Spalte 3 der Anlage 2 zum Zeichen **Z 215** aufgenommen. Das Halteverbot auf der Fahrbahn innerhalb des Kreisverkehrs ist jetzt beim Zeichen **Z 215** geregelt (vgl dazu im Einzelnen § 9).

36 **10. Abs 2: Rechtsstellung des Wartepflichtigen. a) Allgemeine Pflichten.** Der Wartepflichtige muss dem Vorfahrtberechtigten die Vorfahrt im erörterten Rahmen einräumen. Ihn trifft in erster Linie die Verantwortung für die Vermeidung eines Zusammenstoßes im Kreuzungsbereich. Die Wartepflicht gilt nur gegenüber sichtbaren Berechtigten (vgl unten Rn 47 ff).

37 **b) Abs 2 Satz 1: Mäßige Geschwindigkeit.** Der Wartepflichtige muss bei Annäherung an die Kreuzung seine Geschwindigkeit so rechtzeitig u allmählich

herabsetzen, dass er ohne scharfes Bremsen anhalten kann u den Vorfahrtberechtigten nicht verwirrt oder erschreckt oder in ihm die nach Sachlage begründete Besorgnis der Missachtung seines Vorfahrtrechts hervorruft u ihn dadurch zu – möglicherweise unsachgemäßen – Abwehrmaßnahmen veranlasst (BGH VRS 22, 134; 23, 232, 234; Bay 63, 40 = VRS 25, 224; OLG Düsseldorf NZV 88, 111 mwN). Die von einem Pkw-Fahrer bei der Annäherung an eine Kreuzung gleichrangiger Str einzuhaltende Geschwindigkeit richtet sich auch danach, inwieweit er sich durch Einblick nach rechts in die kreuzende Str Gewissheit über den evtl von dort herankommenden Verkehr verschaffen kann (OLG Hamm VKS 61, 283).

c) Abs 2 Satz 2: Einräumen der Vorfahrt. Der Wartepflichtige darf den **38** Vorfahrtberechtigten weder gefährden noch wesentlich behindern, selbst wenn dieser mit stark überhöhter Geschwindigkeit herankommt (OLG Schleswig VRS 80, 5). Eine geringfügige Behinderung, wie Gaswegnehmen darf er ihm zumuten, aber nicht ein nicht ganz ungefährliches Ausweichen oder Bremsen (BGH VRS 6, 157; Bay 51, 274). Er muss beim Einfahren in die Vorfahrtstr so beschleunigen, dass er einen Vorfahrtberechtigten nicht länger als nötig behindert (OLG Köln VRS 90, 343; s auch BGH NZV 94, 184). Soweit die frühere RSpr jede Behinderung des Vorfahrtberechtigten als Vorfahrtverletzung ansah, ist sie durch die mildere Neufassung („wesentlich") nicht mehr anwendbar. Eine Vorfahrtverletzung liegt demnach nicht vor, wenn das Einbiegen in so großer Entfernung vor einem aus der bevorrechtigten Str herankommenden VT geschieht dass dieser sich auf die Fahrweise des Einbiegers rechtzeitig u gefahrlos einstellen kann (OLG Hamm DAR 74, 108; OLG Braunschweig VRS 82, 4221).

Der Wartepflichtige muss bei Annäherung eines Vorfahrtberechtigten vor, nicht **39** erst in der Kreuzungsfläche anhalten, u zwar grundsätzlich so nahe an der Vorfahrtstr, dass er zuverlässig beurteilen kann, ob er – unter Berücksichtigung seiner Sicht, der Geschwindigkeit der Vorfahrtberechtigten u seiner eigenen Fahrzeit zum Überqueren der Vorfahrtstr – keinen Vorfahrtberechtigten in der freien Fahrt beeinträchtigen wird. Diese Stelle kann ausnahmsweise schon vor dem Z 206 liegen (Bay 85, 121 = VRS 70, 51); der Wartepflichtige darf aber auch an dem **Z 206** ein kurzes Stück vorbeifahren (BGH VRS 4, 450, Bay 63, 199, 201 = VRS 26, 227), nach § 41 **Z 206, 294** aber nicht an einer Haltlinie.

Der Wartepflichtige muss vor der Einfahrt die bevorrechtigte Str genau **40** beobachten; die **falsche Schätzung der Geschwindigkeit** oder Entfernung des Vorfahrtberechtigten geht zu seinen Lasten (BGH VRS 6, 158; OLG Hamm VRS 93, 253). Bei Zweifel, ob von rechts ein öff Weg einmündet oder eine Grundstücksausfahrt einmündet, muss er die für ihn ungünstigere Möglichkeit in Betracht ziehen (OLG Köln DAR 64, 49, Bay 65, 138 = VRS 30, 135). Bei Überschreitung der zulässigen Geschwindigkeit kann allerdings eine Mithaft des Vorfahrtberechtigten gegeben sein (vgl auch Rn 68). Er muss damit rechnen, dass der Vorfahrtberechtigte in der Kreuzung plötzlich anhält (Bay 54, 28 = DAR 54, 263; KG VRS 25, 111). Dass sich auf einer bevorrechtigten Straße vor der Einmündung einer Seitenstr eine Haltlinie befindet u hinter der Einmündung eine LZA, die eine über die Str führende Fußgängerfurt sichert, rotes Licht zeigt, beseitigt weder die Wartepflicht eines aus der Seitenstr kommenden Fz-Führers noch bewirkt es, dass letzterer darauf vertrauen dürfte, bevorrechtigte Fze würden an der Haltlinie anhalten (Bay VRS 58, 150 = StVE 40). Eine LZA, die eine Fußgängerfurt sichert, ändert nicht die ansonsten bestehenden Vorfahrtsregeln; die vom Haltegebot der

LZA betroffenen Fz-Führer haben sich aber darauf einzustellen, dass V-Teilnehmer jenseits der Ampel auf das Rotlicht vertrauen und sich entspr verhalten (OLGR OLG Celle 06, 543; s auch Rn 65).

41 Auf einen **Verzicht** des Berechtigten auf die Vorfahrt darf der Wartepflichtige nur bei völliger Eindeutigkeit schließen (§ 11 II Rn 4; BGH VRS 5, 588; vgl hierzu auch OLG Saarbrücken VM 80, 91 u oben Rn 34; § 16 Rn 10). Allein aus dem Halten u Blinken vor der Kreuzung, das missverständlich sein kann, darf nicht ohne weiteres auf einen eindeutigen Verzicht geschlossen werden (KG VM 80, 113; VM 93, 89; OLG Koblenz NZV 93, 273). Zur Haftungsverteilung bei irreführender Fahrweise des Vorfahrtberechtigten; Blinken, Einordnen, langsamer fahren s Rn 63. Durch den (zB durch Handzeichen erklärten) Verzicht auf die Vorfahrt, der grundsätzlich nur für den Verzichtenden selbst gilt, wird das Vorrecht anderer, hinter ihm herankommender VT nicht beeinträchtigt (BGH(Z) VRS 11, 171); der Verzichtende muss idR nicht damit rechnen, dass der andere den übrigen Verkehr nicht beachtet (OLG Frankfurt NJW 65, 1334; anders bei Verzicht gegenüber Kind bis 12 Jahre; OLG Düsseldorf VRS 70, 334). Der Wartepflichtige muss damit rechnen, dass hinter einem langsam fahrenden Vorfahrtberechtigten im nicht eingesehenen Raum schneller Fahrende folgen können, die das langsame Fz überholen (OLG Saarbrücken VRS 19, 150); vgl aber unten Rn 47. Wer zu knapp vor einem Vorfahrtberechtigten in die Kreuzung einfährt, verletzt dadurch zugleich die Vorfahrt eines diesem in kurzem Abstand folgenden Fz (BGH(Z) VM 64, 110). LG Bonn Urt. v. 21.2.2011 – 10 O 291/10: Ein Vorfahrtsberechtigter, der davon ausgehen muss, dass sein Vorfahrtsrecht von anderen Verkehrsteilnehmern auf Grund der örtlichen Gegebenheiten möglicherweise nicht erkannt wird, ist zu besonderer Vorsicht und Rücksichtnahme verpflichtet; er muss damit rechnen, dass sein Vorfahrtsrecht missachtet wird und muss seine Fahrweise darauf einstellen (BGH NZV 2009, 193 ff).

42 **d) Feststellung der Vorfahrtverletzung.** Die Vorfahrtverletzung ist ausreichend festgestellt, wenn der Vorfahrtberechtigte „nicht nur völlig gefahrlos bremsen musste"; dh: nicht aus Überängstlichkeit, sondern bei verkehrsgerechter Abwägung der Gefahrenlage bremste, ohne dass es darauf ankommt, ob die Maßnahme bei nachträglicher mathematischer Berechnung erforderlich war (vgl Bay 62, 219 = VRS 24, 238). Ist diese Feststellung getroffen, so ist eine genaue Feststellung der beiderseitigen Geschwindigkeiten u Entfernungen entbehrlich (aA KG JR 65, 352 m abl Anm Möhl). In anderen Fällen kommt es für die Prüfung einer Beeinträchtigung der Vorfahrt auf diese Feststellungen an. Bei der Berechnung ist zu berücksichtigen, dass sich der Weg, den der Wartepflichtige zum Überqueren der Kreuzung zurücklegt, nicht nur aus der Breite der Fahrbahn, sondern aus ihr zuzüglich der Länge seines Fz zusammensetzt. Ebenso muss die Länge des Fz berücksichtigt werden, wenn der Wartepflichtige sich beim Einbiegen vor einen Vorfahrtberechtigten setzt. Allerdings kann ein objektiv nicht erforderliches, aber subjektiv vertretbares Abwehr- und Ausweichverhalten des Vorfahrtberechtigten (Verreißen des Lenkrades) zu einer Mithaft des Vorfahrtberechtigten führen (OLG Naumburg, BeckRS 2012, 10194 – 25%).

43 **e) Überqueren der Kreuzung.** Der Wartepflichtige muss eine einheitliche Fahrbahn **in einem Zug** überfahren. Dagegen ist Überquerung in zwei Etappen zulässig, wenn die bevorrechtigte Str zwei durch einen breiten Streifen getrennte Fahrbahnen aufweist u durch das Halten im Raum des Mittelstreifens der Verkehr nicht wesentlich beeinträchtigt wird (OLG Köln VRS 26, 375) oder wenn die

Vorfahrt § 8 StVO

einheitliche Fahrbahn so breit ist, dass der auf der Fahrbahnmitte stehende Wartepflichtige den Verkehr in beiden Richtungen nicht behindert (OLG Hamm DAR 59, 223; VRS 48, 59; OLG Koblenz VRS 62, 305); zur Behinderung der bevorrechtigten Straba s OLG Zweibrücken VM 79, 53; ausnahmsweise auch auf weniger breiten Str, wenn im Zeitpunkt des Einfahrens zu übersehen ist, dass durch ein kurzfristiges Anhalten auf der Vorfahrtstr kein anderer VT wesentlich behindert oder gefährdet wird (Bay 75, 39 = DAR 75, 277). Der Wartepflichtige kann verpflichtet sein, auch noch in der Kreuzung anzuhalten, um einem nunmehr nahenden Vorfahrtberechtigten die Vorfahrt zu ermöglichen (Bay 58, 70 = VRS 15, 295). Aber die Vorfahrt verletzt, wer nach zulässiger Einfahrt aus Ängstlichkeit in der Kreuzung anhält u dadurch den Vorfahrtberechtigten behindert (OLG Hamm DAR 56, 308). Der Wartepflichtige darf einen von rechts Kommenden, der seinerseits nach rechts in dieselbe Str einbiegen will, in die der Wartepflichtige geradeaus weiterfährt, während des Einbiegevorgangs überholen, wenn es die VLage zulässt (OLG Hamm VRS 20, 461; 25, 310; vgl auch § 9 IV; Bay VRS 28, 230). – Überqueren der Fahrbahn neben einem die Sicht Versperrenden s unten Rn 50, durch Fußgänger in Etappen s 11 zu § 25.

f) Einbiegen in die bevorrechtigte Straße. Beim Einbiegen in die bevor- 44 rechtigte Str darf der Wartepflichtige die freie Durchfahrt der Vorfahrtberechtigten in den oben Rn 10 ff erörterten Grenzen nicht beeinträchtigen; er darf sie auch nicht länger als nötig – etwa durch zu geringe Anfahrgeschwindigkeit – behindern oder gar gefährden (OLG Köln VRS 90, 343). Wer sich als Linksabbieger in den GeradeausV der Querstr in der Weise einfädeln will, dass er nach Gewinnung der Str-Mitte auf ihr zunächst nach links geradeaus weiterfährt, muss beim anschl Hinüberwechseln nach rechts bes vorsichtig sein (OLG Köln VRS 20, 228). Das Einbiegen in die Vorfahrtstr ist erst nach Erlangung einer stabilen Geradeausfahrt beendet, so dass ein vorheriger Zusammenstoß mit einem das Rechtsfahrgebot nicht beachtenden Vorfahrtberechtigten auch noch 30 m hinter der Einmündung (noch) kein Begegnungs-, sondern Vorfahrtfall ist (OLG Köln NZV 89, 437; s Rn 7a, 74).

g) Der Vertrauensgrundsatz. Der Vertrauensgrundsatz kommt dem Warte- 45 pflichtigen, da er der Vorsichtigere sein muss, nur in beschränktem Umfang zugute (Bay DAR 75, 277; OLG Frankfurt/M. NZV 90, 472): nur mit atypischen groben VVerstößen des Vorfahrtberechtigten muss er nicht rechnen (Bay VRS 58, 150 = StVE 40; OLG Hamm VRS 60, 141). Er darf nicht darauf vertrauen, dass der Vorfahrtberechtigte die rechte Fahrbahnseite einhält (OLG Frankfurt/M. aaO), wohl aber darauf, dass er nicht aus der Vorfahrtstraße auf die für ihn linke Fahrbahnseite der untergeordneten Str achtlos hinausfährt (BGHSt 20, 238, 241; BGH VRS 22, 134; 27, 100, 102; vgl unten Rn 60). Der Wartepflichtige muss mit häufig vorkommenden Verstößen Vorfahrtberechtigter (OLG Frankfurt/M. aaO; OLG Düsseldorf NZV 94, 328), insb mit einer mäßigen Überschreitung der zul Geschwindigkeit des Vorfahrtberechtigten rechnen (vgl unten Rn 56), deren Grenze sich nicht für alle Fälle ziffernmäßig gleich bestimmen lässt (OLG Köln VM 81, 83; OLG Hamm VRS 40, 44; OLG Karlsruhe VersR 80, 1148; aA OLG Stuttgart DAR 89, 388); maßgeblich sind die Umstände des Einzelfalles (BGH(Z) VRS 67, 96). Darauf, dass eine von ihm erkannte zu hohe Geschwindigkeit des anderen rechtzeitig herabgesetzt wird, darf er nicht vertrauen (BGH VRS 4, 450). Biegt der Wartepflichtige in die kreuzende Str nach rechts ein, so darf er darauf vertrauen, dass die Fahrer, die von dort auf ihrer rechten Fahrbahnseite nahen,

StVO § 8 I. Allgemeine Verkehrsregeln

ihm die andere Fahrbahnseite frei lassen, wenn nicht ein Überholvorgang bereits begonnen hat oder nach den erkennbaren Umständen (wie Anzeige der Richtungsänderung, Einordnung zur Fahrbahnmitte, bes geringe, zum Überholen herausfordernde Geschwindigkeit vorausfahrender Fze, parkende Kfze oder Fußgänger, die die herankommenden Fze zum Ausbiegen veranlassen können pp) unmittelbar bevorsteht (BGH(Z) VRS 63, 252 = StVE 61; OLG Hamm VRS 30, 130; Bay DAR 68, 189; OLG Köln VRS 39, 140; OLG Karlsruhe VRS 43, 306; OLG Düsseldorf VKS 60, 416; s dazu auch Rn 47 ff u 60–66; zum Vertrauensgrundsatz beim Durchfahren von einer stehenden Kolonne freigelassenen Lücke s Bay VRS 75, 129 u unten Rn 50). Das gilt aber nur, wenn der Wartepflichtige die auf der Vorfahrtstr von rechts herankommenden Fze sehen kann, nicht aber, wenn seine Sicht durch ein vorausfahrendes Fz verdeckt ist (BGH(Z) DAR 96, 11), dann hat er zu warten.

46 Der Vertrauensgrundsatz ist nur im Verhältnis zum Vorfahrtberechtigten eingeschränkt. Dagegen darf der Wartepflichtige auf verkehrsgerechtes Verhalten solcher VT vertrauen, die ihrerseits ihm gegenüber wartepflichtig sind, zB eines Entgegenkommenden, der im Kreuzungsbereich nach links abbiegen will u das linke Richtungs-Z gesetzt hat (Bay 75, 35 = VM 75, 77).

47 **11. Der unsichtbare Vorfahrtberechtigte. a) Übersichtliche Einmündung.** Ist die bevorrechtigte Str von der an sich übersichtlichen Einmündung aus nur auf eine beschränkte Strecke übersehbar, so darf der Wartepflichtige in sie einfahren, wenn sich im Sichtbereich kein Fz befindet ist; die bloße Möglichkeit, dass jemand kommen könnte, löst allein keine Wartepflicht aus (BGH(Z) VRS 63, 252; NZV 94, 184; OLG Hamm NZV 96, 69). Er muss jedoch beim Einfahren darauf achten, ob aus dem verdeckten Raum ein Vorfahrtberechtigter kommt, u diesem die Vorfahrt noch auf der Kreuzung einräumen, wenn er nicht durch Weiterfahren die Fahrbahnseite des Vorfahrtberechtigten rechtzeitig freimachen kann. Er muss aber zügig weiterfahren, wenn er den Kreuzungsbereich schon so weit versperrt, dass eine gefahrlose Durchfahrt eines erst jetzt auftauchenden Benutzers der bevorrechtigten Str nicht mehr möglich ist. Das gilt bes für das **Überqueren** der bevorrechtigten Str u für das **Linkseinbiegen** in sie (Bay 58, 70 = VRS 15, 295; VRS 27, 385; OLG Hamm VRS 36, 444; OLG Oldenburg DAR 63, 17). Ist dem Wartepflichtigen die Sicht durch ein neben ihm befindliches Fz genommen, darf er allenfalls dann neben diesem die Kreuzung überqueren, wenn u solange er dadurch gegenüber Vorfahrtberechtigten sicher abgeschirmt ist (Bay 85, 123 = VRS 70, 33, s auch Rn 68).

48 Biegt der Wartepflichtige in die bevorrechtigte Str nach **rechts** ein, so muss er einem, von links oder rechts nahenden Vorfahrtberechtigten ebenfalls noch die Vorfahrt durch Anhalten einräumen, solange er noch quer zur bevorrechtigten Str steht u in diese nur mit dem vorderen Teil seines Fz hineinragt. Der wartepflichtige Rechtsabbieger braucht sich aber nicht darauf einzustellen, dass hinter einem dort von rechts nahenden Lastzug ein Fz verborgen sein könnte, dessen Führer den Lastzug überholen will. Er muss jedoch sofort wieder anhalten, wenn er bei Beginn des Einbiegens das hinter dem Lastzug befindliche Fz u die Überholabsicht seines Führers erkennen kann u muss (Bay 70, 16 = VM 70, 119; Bay 75, 156 = VRS 50, 309; s dazu auch Rn 45 f).

49 Kommt von **rechts** ein Vorfahrtberechtigter erst in den Sichtbereich, wenn der Wartepflichtige rechts in die bevorrechtigte Str schon mit der vollen Breite seines Fz eingebogen ist, so richtet sich das Zusammentreffen der Fze nicht mehr

nach den Vorfahrt-, sondern nach den Begegnungsgrundsätzen (Bay 63, 40 = VRS 25, 224; 65, 113 = VRS 29, 470; vgl auch OLG Hamm VRS 48, 136; sowie § 2 Rn 65 ff). Ist der Wartepflichtige in die bevorrechtigte Str nach **rechts** schon so weit eingebogen, dass er den von **links** kommenden Vorfahrtberechtigten bei dessen Eintritt in den Sichtbereich nicht mehr sehen kann oder dass er ihm die rechte Fahrbahnseite schon versperrt, so hat er sich möglichst schnell auf dieser rechts einzuordnen u seine Geschwindigkeit bis zu der auf der Str üblichen zu erhöhen (Bay 63, 2 = VRS 25, 216). Der Wartepflichtige darf darauf vertrauen, dass der unsichtbare Vorfahrtberechtigte eine der Sichtweite entspr Geschwindigkeit einhält u die rechte Fahrbahnhälfte, wenn sie frei ist, benutzt, jedenfalls auf sie ausweicht (BGHSt 12, 61).

b) Abs 2 Satz 3: Unübersichtliche Einmündung. Ist die Einmündung 50 unübersichtlich, hat also der Wartepflichtige in die bevorrechtigte Str während seiner Annäherung keine Sicht, so muss er zwar trotzdem nicht von der Einfahrt absehen, er muss sich aber mit höchster Sorgfalt nähern (OLG Koblenz VRS 73, 70; bei Nebel s OLG Köln VRS 74, 109) u darf sich dann nur langsam in die Kreuzung **hineintasten,** bis er freie Sicht gewinnt u sofort anhalten, falls ein Vorfahrtberechtigter naht (BGHSt 12, 58; KG DAR 02, 66). Ein „Hineintasten" liegt nur vor, wenn der Wartepflichtige bis zum Übersichtspunkt durch zentimeterweises Vorrollen heranfährt und dabei jederzeit anhalten kann (KG NZV 10, 511), Der Wartepflichtige genügt dieser Pflicht nicht, wenn er einfach bis zum Übersichtspunkt – ohne Unterbrechung – vorrollt, die Schnittlinie der bevorrechtigten Straße überfährt und damit ganz oder teilweise den Fahrstreifen eines bevorrechtigten Verkehrsteilnehmers sperrt; Das gilt auch beim Durchfahren einer von einer auf der Vorfahrtstr zu Halten gekommenen Kolonne freigelassenen Lücke (OLG München DAR 81, 356 mwN, Bay VRS 73, 129), zumal der Wartepflichtige darauf vertrauen darf, dass ein für ihn noch unsichtbarer, an der stehenden Kolonne links Vorbeifahrender ihm dazu die Möglichkeit bietet (Bay aaO mwN). Wer an einer stehenden Fahrzeugkolonne vorbeifährt, muss sich trotz Vorfahrt auf einfahrende Verkehrsteilnehmer einstellen (OLG Düsseldorf DAR 80, 117; KG DAR 76, 299 – Mithaft des Vorfahrtberechtigten zu ¼; OLG Saarbrücken ZfS 92, 79 – Mithaft zu ⅓; OLG Karlsruhe DAR 89, 384–50% Mithaft bei zu schnellem Vorbeifahren). KG NJW-RR 2011, 26: Wer vom Fahrbahnrand anfährt, hat sich nach § 10 StVO so zu verhalten, dass eine Gefährdung des fließenden Verkehrs ausgeschlossen ist. Kann der vom Fahrbahnrand Anfahrende wegen eines im rechten Fahrstreifen stehenden Pkw nicht übersehen, dass er den fließenden Verkehr nicht gefährdet, so darf er sich vorsichtig auf die Fahrbahn hineintasten bis er die Übersicht hat (entsprechend § 8 Abs 2 Satz 3 StVO). Wird die Sicht nur durch ein erkennbar kurz haltendes Fz, (Straba) versperrt, darf er sich auch nicht hineintasten, sondern muss warten, bis das Fz vorbeigefahren ist (BGH(Z) DAR 96, 11; Bay 59, 208 = VRS 18, 65; Bay 60, 153, 155 = VRS 19, 312). Das Hineintasten bedeutet zentimeterweises Vorrollen, so dass jederzeit angehalten werden kann (BGH VersR 85, 784; KG DAR 00, 260; DAR 02, 66); es erfordert eine bes langsame „verzögerliche" Fahrweise, wenn die bevorrechtigte Str so schmal oder dicht befahren ist, dass ein nahender Vorfahrtberechtigter nicht ausweichen u möglicherweise nicht den gebotenen Abstand vom Fahrbahnrand (vgl oben Rn 31) einhalten kann (OLG Hamm VRS 29, 473, Bay 60, 71 = VRS 19, 150). Der Wartepflichtige darf sich in eine unübersichtliche Einmündung auch nicht hineintasten, wenn er die Annäherung eines bevorrechtigten Fz am Lichtke-

StVO § 8 I. Allgemeine Verkehrsregeln

gel von dessen Scheinwerfern erkennt oder bei pflichtgemäßer Sorgfalt erkennen könnte u müsste (Bay 75, 120 = VRS 50, 231). Zur Mithaftung des sichtbehindernden **Falschparkers** s OLG Karlsruhe DAR 92, 220 s auch § 12 Rn 98.

51 Eine **Hilfsperson** zum Einweisen muss der Wartepflichtige jedenfalls am Tage normalerweise nicht zuziehen (Bay VRS 27, 385), auch nicht bei Sichtbehinderung durch parkende Kfze (Bay VRS 61, 384, 386, DAR 90, 30), allenfalls in Ausnahmefällen (OLG Düsseldorf DAR 81, 62; Warnposten auf naher Kuppe bei Dunkelheit: BGH(Z) VRS 67, 417 = StVE § 1 StVO 35; vgl § 1 Rn 44 ff). Hat ein Busfahrer beim schrägwinkligen Einfahren in eine Vorfahrtstr, in die er wegen der Bauart seines Fz nicht weit genug einsehen kann, keinen Überblick über die Verkehrssituation, darf er sich nicht auf Einschätzungen von Fahrgästen verlassen (Bay VM 81, 58).

OLG München 9.4.2010 – 10 U 5143/09: Der Wartepflichtige darf nach § 8 Abs 2 Satz 4 StVO den Vorfahrtberechtigten, wenn dieser aus der bevorrechtigten Straße in eine untergeordnete Straße abbiegt, „nicht wesentlich behindern". Dieses Vorrecht des Vorfahrtberechtigten besteht solange, bis er mit der ganzen Länge seines Fahrzeugs die Vorfahrtstraße verlassen hat. Hat sich der Wartepflichtige durch Schneiden des Kurvenbereichs seiner Sichtmöglichkeit in die bevorrechtigte Straße beraubt, geht dies zu seinen Lasten und nicht zu Lasten des Vorfahrtberechtigten

52 **12. Bedeutung von Verstößen des Vorfahrtberechtigten für sein Vorfahrtrecht und die Schuld am Unfall. a) Allgemeines.** Der Bevorrechtige verliert die Vorfahrt im allg nicht dadurch, dass er sich **verkehrswidrig** verhält (BGHSt 20, 238; 34, 127 = StVE 79; (Z) VRS 61, 96; OLG Bremen DAR, 70, 97; OLG Düsseldorf DAR 94, 331). VVerstöße des Vorfahrtberechtigten begründen aber im Falle ihrer Ursächlichkeit für den Unfall u dessen Voraussehbarkeit ein mitwirkendes Verschulden des Vorfahrtberechtigten. Grobe Verstöße des Vorfahrtberechtigten können sogar die Voraussehbarkeit des Unfalles für den Wartepflichtigen ausschließen (BGH VRS 16, 124) oder – zivilrechtlich gesehen – bewirken, dass ihnen gegenüber das Verschulden des Wartpflichtigen in seiner Ursächlichkeit für den Unfall nicht entscheidend ins Gewicht fällt (BGH(Z) VRS 10, 19; s auch oben Rn 45). Im Einzelnen gilt folgendes:

53 **b) Befahren einer gesperrten Straße.** Dem von rechts Kommenden steht die Vorfahrt auch zu, wenn er eine **für ihn,** jedoch nicht allg gesperrte Str unbefugt befährt, zB eine für den DurchgangsV verbotene, nur dem AnliegerV oder für bestimmte Personenkreise freigegebene (OLG München VersR 59, 215; OLG Düsseldorf VRS 31, 456; OLG Braunschweig NdsRpfl 65, 142), oder eine nur für den **KraftV** gesperrte Str mit einem Kfz (OLG Karlsruhe VRS 7, 436; Bay v 13.10.65, 1b St 245/65). Die verbotene Benutzung, einer solchen Str bewirkt nur dann eine Mitschuld des Vorfahrtberechtigten am Zusammenstoß mit dem Wartepflichtigen, wenn das Verbot auch der Vermeidung von Unfällen an Kreuzungen dient, was oft nicht der Fall ist.

54 Wer allerdings auf einer Str fährt, die deutlich erkennbar für **jeglichen** FahrV gesperrt ist oder, wie das bei Einbahnstr der Fall ist, in der befahrenen Richtung nicht dem Verkehr zur Verfügung steht, hat keine Vorfahrt, denn ein R zur Vorfahrt ist dann begrifflich ausgeschlossen, wenn es schon an einem R zum Fahren mangelt (BGH(Z) VRS 62, 93, BGHSt 34, 127 = StVE 79; Bay v 19.6.86, 1 Ob OWi 69/86: Rückwärtsfahren in Einbahnstr entgegen der Fahrtrichtung; Ries DAR 67, 179 ff, 72, 29 ff; s auch Rn 46 zu § 9); der Wartepflichtige hat auf

Vorfahrt **§ 8 StVO**

ihn nur in zumutbarer Weise zu achten (BGHZ aaO). Kein VorfahrtR für auf dem Gehweg fahrenden Radf (KG VM 90, 44; s auch oben 4). Das VorfahrtR soll der Radf nach BGH (St 34, 127) aber nicht beim **gegenläufigen, unerlaubten Befahren des Radwegs** einer Vorfahrtstr verlieren (so auch OLG Hamburg v 11.2.84, 2 Ss 13/84 OWi u v 4.4.86, 1 Ss 216/85 OWi; AG Köln VRS 70, 336; OLG Hamm ZfS 96, 284; NZV 97, 123; Bouska DAR 82, 108, 111; aA OLG Celle VRS 68, 471; v 19.3.86 bei Verf NStZ 86, 403 u 542; Hentschel/König/Dauer § 8 Rn 30; mE zw; s dazu Janiszewski in Gedächtnisschrift für Meyer u unten 57). Zur Benutzung von Radwegen und Seitenstreifen vgl § 2 Rn 58 ff. Ist dem Radfahrer die Benutzung des linken Radweges erlaubt, so haftet der querende Kfz-Fahrer grundsätzlich voll.

Der Wartepflichtige darf aber **nicht darauf vertrauen,** dass aus der verbotenen 55 Richtung überhaupt kein Fz komme (OLG Saarbrücken VM 70, 58; OLG Hamburg VRS 47, 453; BGH(Z) StVE § 2 StVO 18 = VRS 62, 93, OLG Düsseldorf VRS 31, 456); eine solche Annahme könnte allenfalls bei einer völlig abgesperrten oder unbefahrbaren Str vertretbar sein (Bay VRS 65, 154 = StVE 64; s auch OLG Köln VRS 66, 51). Sonst muss schon mit Rücksicht auf etwaige Anlieger oder Vorrechts-Fze (§ 35 I) die Fahrbahn in beiden Richtungen beobachtet werden; das gilt auch – soweit zumutbar – beim Kreuzen von Radwegen in Einbahnstr, die üblicherweise auch in der Gegenrichtung benutzt werden (so BGH(Z) VRS 62, 93; OLG Hamm NZV 97, 123; Bouska aaO u § 9 Rn 46). Für die Ausfahrt aus einer Str, auf der jeder FahrV verboten ist, in eine dem FahrV gewidmete Str gilt § 10 (VwV zu § 1 II; OLG Karlsruhe VRS 35, 154; OLG Celle VkBl 54, 19).

c) Überhöhte Fahrgeschwindigkeit. Überhöhte Fahrgeschwindigkeit des 56 Vorfahrtberechtigten kann, ihre Ursächlichkeit für den Unfall vorausgesetzt, dessen Mitverschulden begründen, wobei der Wartepflichtige mit leichten Geschwindigkeitsüberschreitungen durch den fließenden Verkehr rechnen muss (OLG Düsseldorf, VersR 1987, 909; OLG Frankfurt a.M., NZV 1994, 280; OLG Celle, NZV 1991, 195; OLG Köln, DAR 1996, 464; Quaisser, NJW-Spezial 2012, 9). Bes starke Überschreitung der zulässigen Geschwindigkeit kann die Vorhersehbarkeit des Unfalles für den Wartepflichtigen uU völlig ausschließen (BGH VRS 16, 124, KG DAR 76, 240; VRS 83, 407; OLG Hamm DAR 60, 292; VRS 29, 142; 36, 458), außer wenn er die hohe Geschwindigkeitsüberschreitung rechtzeitig erkannt hat oder erkennen konnte (BGH VRS 41, 426; OLG Hamm VRS 31, 298; VM 69, 102; OLG Schleswig VRS 80, 5; OLG Köln NZV 95, 360). Eine zunehmend prozentuale Geschwindigkeitsüberschreitung führt grds auch zu einem zunehmenden Haftungsanteil des zu schnell fahrenden Vorfahrtberechtigten. Maßgeblich sind stets die Umstände des Einzelfalles (zB Höhe der Geschwindigkeit, Bedeutung u Frequenz der Str, Sichtverhältnisse pp (BGH(Z) VRS 67, 96, allg gültige Richtwerte gibt es nicht (OLG Stuttgart VRS 41, 188; OLG Koblenz VRS 42, 440; OLG Köln VM 81, 83; vgl auch Rn 18 u § 9 Rn 28a, s aber OLG Karlsruhe DAR 88, 26 u Böhm DAR 88, 33 f). – Zur **Schadensverteilung** bei Geschwindigkeitsüberschreitung des Vorfahrtberechtigten s Tab von Berr DAR 89, 304; OLG Köln VRS 81, 417; NZV 94, 320; OLG Karlsruhe DAR 96, 56; 25% Mithaftung bei Überschreitung um mehr als 30%; KG aaO: Alleinhaftung bei 100%iger Überschreitung innerorts; nach OLG Schleswig NZV 93, 113: 80% Mithaftung; OLG Oldenburg DAR 94, 29: 50% Mithaftung bei 23%iger Überschreitung. s auch Quaisser, NJW-Spezial 2012, 9, die bei einer Überschrei-

StVO § 8   I. Allgemeine Verkehrsregeln

tung der zulässigen Höchstgeschwindigkeit um mehr als 50% eine hälftige Mithaftung des fließenden Verkehrs annimmt, ebenso KG, VersR 1985, 478; LG Kassel, VersR 1980, 394; anders OLG Celle NZV 1991, 195, das bei der Kollision eines Motorradfahrers, der mit überhöhter Geschwindigkeit (mindestens 76 km/h statt 50 km/h) fährt und beim Abbremsen stürzt, als von links aus einer Grundstücksausfahrt ein Kfz bis zur Mittellinie herausfährt, zu einer Quote von ⅓ (bevorrechtigten Motorradfahrer) und ⅔ (zu Lasten des Kfz) gelangt.

57   **d) Verletzung des Rechtsfahrgebots.** Auch bei Verletzung des Rechtsfahrgebots (§ 2 II) durch den Vorfahrtberechtigten geht dessen VorfahrtR grundsätzlich nicht verloren (OLG Düsseldorf DAR 94, 331); das gilt auch für das unerlaubte gegenläufige Befahren des Radwegs einer Vorfahrtstr (s oben 54); der RadF darf aber nicht auf die Beachtung seines VorR vertrauen (s OLG Hamm NZV 97, 123). Das gilt allerdings nicht, wo nach dem neuen Zusatzschild zu Z 220 der RadV in der Gegenrichtung zugelassen ist (s § 2 Rn 59, 61). – Ein Zusammenstoß mit einem Wartepflichtigen, der die Fahrbahn **überquert**, ist im allg nicht voraussehbar; denn das Rechtsfahrgebot dient dem Schutz des GegenV u der Erleichterung des Überholens auf der linken Fahrbahnseite, aber nicht dem Schutz desjenigen, der die Str überquert (BGH VRS 6, 200; VersR 63, 163; 64, 1060; OLG Hamm VRS 15, 137; s § 2 Rn 30); ein Verstoß gegen das Rechtsfahrgebot ist daher idR nicht geeignet, ein Mitverschulden des Vorfahrtberechtigten an einem Zusammenstoß mit einem Wartepflichtigen zu begründen (BGH StVE § 823 BGB 4, 25; Bay StVE § 2 StVO 14; v 5.2.86, 1 Ob OWi 415/85; v 26.2.86, 1 Ob OWi 384/85; v 13.3.86, 1 Ob OWi 10/86; s aber OLG Düsseldorf VRS 75, 413; BGH, BeckRS 2011, 24668; OLG Bamberg, VersR 1987, 1137; OLG Karlsruhe, VersR 1975, 1033; OLG Stuttgart, VersR 1956, 646), zumal sich das VorfahrtR auf die gesamte Fahrbahnbreite erstreckt (s oben Rn 4) u der Wartepflichtige im allg nicht darauf vertrauen darf, dass aus der nicht zugelassenen Fahrtrichtung zB kein RadF kommt (zur Haftungsverteilung s LG Nü-Fürth NZV 93, 442).

58   Ist die **Kreuzung aber unübersichtlich,** so erfahren diese Grundsätze gem § 1 eine Einschränkung (Bay VRS 77, 285); dann trifft den Vorfahrtberechtigten eine Mitschuld, wenn er zu schnell einfährt (OLG Koblenz VersR 93, 1169) bzw bei vorschriftsmäßigem Hineintasten des Wartepflichtigen in die Kreuzung sogar die Alleinschuld, wenn er nicht den Abstand einhält, den der Wartepflichtige benötigt, um bis zum Erlangen freier Sicht in die Kreuzung einzufahren (BGHSt 12, 61; 20, 241; Bay 59, 181 f = VRS 18, 151; 25, 137: mind 0,5 m Abstand vom linken Fahrbahnrand). Für den vorschriftswidrig links fahrenden Vorfahrtberechtigten ist demnach ein Zusammenstoß mit einem von links kommenden Wartepflichtigen voraussehbar, wenn die Einmündung so unübersichtlich ist, dass der Wartepflichtige zunächst keine Sicht oder nur eine solche auf die gegenüberliegende, für den Vorfahrtberechtigten rechte Seite der bevorrechtigten Str hat (Bay v 29.11.61, 1 StR 560/61).

59   Biegt ein **Warte**pflichtiger nach **rechts** ein, so gehört er mit der Durchführung des Rechtsbogens dem GegenV in der neuen Richtung an u nimmt daher auch am Schutz des den Vorfahrtberechtigten treffenden Rechtsfahrgebots teil (BGH VersR 67, 157; Bay 65, 113 = VRS 29, 470; vgl auch OLG Hamm VM 75, 83 u OLG Köln VRS 60, 61 u 469; VRS 86, 33: fehlende Kausalität des Verstoßes gegen das Rechtsfahrgebot für den Unfall). Fährt darin der entgegenkommende Vorfahrtberechtigte zu weit links, so haftet er ebenfalls (je weiter links, desto höher sein Haftungsanteil).

Vorfahrt § 8 StVO

e) Schneiden einer Linkskurve. Schneidet der Vorfahrtberechtigte eine 60
Linkskurve (vgl § 9 Rn 14) u stößt er dadurch im Kreuzungsbereich mit einem
Wartepflichtigen zusammen, so trifft ihn eine Mitschuld am Unfall. Das Verschulden des die Kurve schneidenden Vorfahrtberechtigten kann sogar so erheblich
sein, dass ihm gegenüber das Verschulden des Wartepflichtigen nicht ins Gewicht
fällt (BGH(Z) VRS 10, 19). Kann der an der Kreuzung haltende Wartepflichtige
sehen, dass der von rechts kommende Vorfahrtberechtigte weder blinkt noch sich
nach links einordnet, dann darf er darauf vertrauen, der andere werde über die
Kreuzung geradeaus weiterfahren (OLG Celle VRS 41, 309; Bay VRS 63, 289).

f) Verletzung eines Überholverbotes. Mit dem verbotenen Überholen eines 61
vorfahrtberechtigten Rechtsabbiegers durch einen anderen Vorfahrtberechtigten
muss der Wartepflichtige rechnen (OLG Bremen DAR 70, 97; Mühlhaus DAR
69, 7). In der Regel scheidet eine Mithaftung des im fließenden Verkeht befindlichen aus; denn Überholverbote dienen nicht dem Schutz des aus einem Grundstück Ausfahrenden (Quaisser, NJW-Spezial 2012, 9, KG, NZV 1998, 376).

g) Fahren ohne Licht. Fährt der Vorfahrtberechtigte bei Dunkelheit ohne 62
Licht, so entfällt im allg eine Schuld des Wartepflichtigen (bes bei unbeleuchtetem
Krad: Bay bei Rüth DAR 85, 235); denn er darf darauf vertrauen, dass die anderen
Fze vorschriftsmäßig beleuchtet sind (OLG Düsseldorf VRS 5, 317). Dagegen ist
bei Dämmerung bes Vorsicht geboten, kein Vertrauen auf Beleuchtung anderer
(OLG Hamm VRS 28, 303).

h) Irreführendes Richtungszeichen. Falsche bzw irreführende Blinkzeichen 63
führen zu einer Mithaftung des Vorfahrtberechtigten (OLG Hamburg VersR 1966,
195; OLG Hamm VersR 1975, 161 – je 50%). Hat der Vorfahrtberechtigte das
RichtungsZ gesetzt, darf der Wartepflichtige grundsätzlich darauf vertrauen, dass
der Vorfahrtberechtigte in die nächste Seitenstr einbiegt (BGH VM 74, 89; OLG
Hamm VRS 61, 52), wenn sich diese Absicht zusätzlich in seiner Fahrweise
äußert, wie Verringerung der Geschwindigkeit (OLG Hamm DAR 91, 270 mwN;
KG NZV 90, 155; VM 93, 2; OLG Oldenburg NZV 92, 454; nach OLG Saarbrücken, Urt v 11.3.2008 – 4 U 228/08 = BeckRS 2008, 08 171 = NJW-Spezial
08, 554; OLG München, Urt v 6.3.2009 – 10 U 4439/08 = BeckRS 2009,
08 029 = NJW-Spezial 09, 201 Vertrauen schon durch das Lichtzeichen, es sei
denn konkrete Anhaltspunkte zu Zweifeln an Abbiegeabsicht) kann sich der Anteil
des Vorfahrtberechtigten bis zur vollen Haftung erhöhen (KG NZV 90, 155;
OLG Düsseldorf DAR 77, 161; OLG Dresden VersR 95, 234 – 70% zu 30%),
selbst wenn die Richtungsanzeige in der letzten Annäherungsphase durch ein
vorausfahrendes Kfz verdeckt wird (Bay VRS 59, 365); das sollte inzw auch bei
der sog abknickenden Vorfahrt gelten (OLG Zweibrücken ZfS, 90, 430; s auch
§ 9 Rn 40). Allerdings darf er sich auf die Richtungsanzeige nicht verlassen, wenn
bes Umstände zu Zweifeln Anlass geben, wie fehlendes Einordnen u unvermindert
hohe Geschwindigkeit (KG VRS 78, 96) oder wenn nach den Umständen damit
gerechnet werden muss, der Vorfahrtberechtigte habe möglicherweise das Richtungszeichen nach seinem letzten Einbiegevorgang versehentlich stehen lassen
oder er werde erst in eine spätere Einmündung oder Einfahrt (OLG Hamm VRS
41, 150; 47, 59; OLG Düsseldorf VM 67, 10; NStZ 82, 117; aA OLG Saarbrücken
VM 82, 44 m abl Anm Booß; s auch LG Münster VRS 72, 166) oder Tankstelle
einbiegen (OLG Oldenburg aaO). Hat er keine Zweifel, braucht er den Beginn
des Abbiegens nicht abzuwarten (OLG Stuttgart VRS 46, 215; OLG Hamm VRS

StVO § 8

61, 52 = StVE 50); das gilt zB auch, wenn ein Post-Fz vor einer Einmündung den rechten Fahrtrichtungsanzeiger betätigt hat, obwohl es erst einen dahinter befindlichen Briefkasten ansteuern will (OLG Hamm DAR 91, 270).

64 Der Wartepflichtige muss auch bes sorgfältig prüfen, ob das Richtungs-Z des Vorfahrtberechtigten überhaupt eine Richtungsänderung oder nur einen Fahrspurwechsel ankündigen soll (OLG Hamm VRS 47, 59; vgl §§ 5 IV a, 6, 7 IV). Ein Vertrauensgrundsatz, dass ein im **Kreisverkehr** rechts blinkendes Kfz die nächste Ausfahrt benutzen werde, besteht nicht, weil infolge der geringfügigen Fahrtrichtungsänderung nach dem Einfahren in den Kreis u beim Befahren des Kreises sich das Blinklicht nicht immer von selbst zurückschaltet u dieser Umstand von dem Führer des Kfz uU übersehen werden kann (KG VM 79, 70; wegen zulässigen Linksblinkens im KreisV s KG VRS 65, 219). Wegen des Richtungs-Z eines Radf vgl OLG Hamm VRS 25, 311; bei der abknickenden Vorfahrt vorerst kein Schutz des Vertrauens auf richtige Anzeige (OLG Düsseldorf NJW 77, 1245); s auch oben 60 u § 9 Rn 40.

65 **i) Überfahren des Rotlichts eines Fußgängerüberwegs.** Ist die Vorfahrt an einer Kreuzung durch VZeichen geregelt, befindet sich aber in der Vorfahrtstr kurz vor der Kreuzung ein Fußgängerüberweg mit einer LZA, die durch die Fußgänger durch Druckknopf bedient wird, so darf ein Wartepflichtiger an der Kreuzung idR darauf vertrauen, dass kein Vorfahrtberechtigter das für den FahrV gegebene Rotlicht der Fußgängerampel überfährt (Bay VRS 64, 385 = StVE 63 im Anschl an BGH(Z) VRS 63, 87 = StVE § 37 StVO 23; s § 9 Rn 28). Den Vorfahrtberechtigten, der die rote LZA überfährt und unmittelbar hinter dem Fußgängerüberweg mit einem aus der untergeordneten Str einbiegenden Fzg kollidiert, trifft daher ein erhebliches Mitverschulden (OLG Celle OLGR 06, 543 – ⅔ zu ⅓ zu Lasten des Bevorrechtigten; s auch Rn 45). LG Aachen Urt. v. 5.3.2009 – 12 O 388/07: Fällt die Lichtzeichenanlage an einer Kreuzung aus, gelten die dort zur Verkehrsreglung aufgestellten Schilder. Kommt es nun an der Kreuzung zu einem Verkehrsunfall, so spricht der Beweis des ersten Anscheins dafür, dass der Unfall durch eine schuldhafte Vorfahrtsverletzung des Wartepflichtigen verursacht worden ist. Der Wartepflichtige muss darauf achten, ob in der Strecke zwischen der Ampel u der Kreuzung Vorfahrtberechtigte herankommen (OLG Koblenz VRS 42, 33; vgl auch OLG Hamburg VM 75, 64); ebenso für den Fall, dass die Einmündung in die Haltlinie vor dem Fußgängerüberweg einbezogen ist (OLG Hamburg VM 67, 114 u Bay 68, 47 = VM 68, 129; im Übrigen aA OLG Hamburg VRS 32, 156; 33, 305; OLG Frankfurt/M. VRS 34, 303; OLG Hamm VM 73, 31). Ist der Unfallhergang nicht mehr aufklärbar (Zeugen, Ampelphasenplan), sie hätten grün gehabt, kommt es zur Schadensteilung. Ein HaltgebotsZ 206 hat der Wartepflichtige auch bei Rot der Fußgängerampel zu beachten, da diese auf die Vorfahrtregelung der Kreuzung durch VZ keinen Einfluss hat (OLG Stuttgart VRS 52, 216).

66 Will ein wartepflichtiger Kf eine Vorfahrtstr hinter einem nicht durch Lichtampeln gesicherten Fußgängerüberweg überqueren, so darf er nicht darauf vertrauen, dass alle Fze anhalten werden, wenn Fußgänger die Fahrbahn zu überqueren beginnen (OLG Düsseldorf VRS 50, 228).

67 **j) Kein Anhalten an der Haltlinie.** Der Wartepflichtige darf auch nicht darauf vertrauen, dass der Vorfahrtberechtigte an der vor der Kreuzung befindlichen **Haltlinie** anhält, wenn hinter der Kreuzung für ihn Rotlicht erscheint (OLG Stuttgart VKS 69, 304 = StVE 73). Haftungsquote von ⅓ zu ⅔ zu Gunsten des

Vorfahrt   **§ 8 StVO**

Kreuzungsräumers bei Kollision mit bei Grünlicht anfahrenden Gegenverkehr (KG NZV 11, 568).

13. Zivilrecht/Haftungsverteilung. a) Allgemeines. Zivilrechtlich hat der- 68 jenige den **Anschein schuldhafter Vorfahrtsverletzung** gegen sich, der eine Vorfahrtverletzung begeht (BGH NJW 76, 1317). Liegen keine Besonderheiten vor (insbesondere überhöhte unfallsursächliche Geschwindigkeit, keine Anhaltspunkte für Vorfahrtverletzung), haftet der Wartepflichtige allein (BGH VersR 59, 857; DAR 56, 328; OLG Karlsruhe 9 U 169/10 NJW-Spezial 2012, 169). Die Betriebsgefahr des Fahrzeuges des Vorfahrtsberechtigten tritt grds völlig zurück (KG NZV 03, 335; DAR 02, 66; OLG München NZV 89, 438; OLG Köln VersR 92, 977). Kommt es nach dem Einbiegen in die bevorrechtigte Straße dort zu einer Kollision mit dem bevorrechtigten Verkehr, spricht der Beweis des ersten Anscheins für eine Vorfahrtverletzung des Einbiegenden (LG Stade NZV 04, 2549). Dieser **Anscheinsbeweis** kann aber durch den Nachweis eines atypischen Verlaufs, wie etwa durch den Nachweis ausgeräumt werden kann, dass der Vorfahrtberechtigte auch bei größter Sorgfalt nicht gesehen werden konnte (OLG Frankfurt/M. VRS 80, 111; OLG Köln VRS 90, 343; Fahren ohne Beleuchtung KG DAR 83, 82); der Bevorrechtigte war noch nicht im Sichtfeld, BGH MDR 85, 312; OLG Hamm NZV 01, 171; OLG Saarbrücken NJW-Spezial 10, 746); zur Mithaftung des verkehrswidrig den linken Radweg benutzenden Radf s OLG Hamm DAR 96, 321; s auch Rn 54, **darlegungs- und beweisbelastet** ist der Wartepflichtige. **Kein Anscheinsbeweis** bei einer Vorfahrtsverletzung ohne Kollision/Berührung, denn dann fehlt es am typischen Geschehensablauf (BGH VersR 59, 792; OLG München NZV 05, 582). Zur sog. **halben Vorfahrt** und einer Mithaft des Vorfahrtsberechtigten s Rn 18.

Das völlige Zurücktreten der Kfz-Betriebsgefahr bei sorgfältiger Fahrweise kann auch gegenüber einem groben Verschulden **unvorsichtiger Fußgänger** (KG VersR 72, 104) bzw. bei grob fahrlässigem Verhalten eines **Rodlers** (OLG München DAR 84, 89) gerechtfertigt sein.

b) Grundsatz „rechts vor links". Der Grundsatz „rechts vor links" (**§ 8 I 1** 69 **StVO**) gilt immer dann, wenn keine besonderen Regelungen durch Verkehrszeichen oder sonstige Hinweise getroffen werden. Kommt es an einer solchen Stelle zu einem Verkehrsunfall, tritt im Regelfall die einfache Betriebsgefahr des nach diesem Grundsatz bevorrechtigten Fahrzeuges hinter das Verschulden des Wartepflichtigen zurück (Grüneberg, Rn 37; OLG Hamm NZV 00, 124). Treten allerdings weitere Umstände hinzu, die auf eine Mitverursachung des Vorfahrtsberechtigten schließen lassen oder hat der Vorfahrtsberechtigte ihm obliegende Sorgfaltspflichten nicht beachtet, verschiebt sich die Haftungsquote zu Lasten des Vorfahrtsberechtigten (OLG Stuttgart NZV 94, 440 – 40% Mithaft des Vorfahrtberechtigten).

Ist die Vorfahrt an einer Kreuzung nicht besonders geregelt („**halbe Vor-** 69a **fahrt**" – jeder Verkehrsteilnehmer ist wartepflichtig und vorfahrtsberechtigt), so muss jeder mit mäßiger Geschwindigkeit und ggfls auch die Vorfahrt beachten zu können, an die Kreuzung heranfahren. Diese „halbe Vorfahrt" (vgl BGH NJW 85, 2757) dient grds auch dem Schutz des von links kommenden Wartepflichtigen. IdR kommt es daher zu einer Mithaft des Vorfahrtberechtigten von 25% (OLG Hamm OLGR 02, 400; KG NZV 2010, 255).

c) Regelung durch Verkehrszeichen/Kreisverkehr. Kommt es an einer 70 Stelle zu einem Unfall durch einen Vorfahrtsverstoß durch einen der beiden Fahrer, an der die Vorfahrt durch **Verkehrszeichen geregelt** ist, trifft im Regelfall denjenigen die Alleinhaftung, der das Vorfahrtsrecht missachtet hat (BGH NJW 95, 1029; OLG Köln VRS 90, 343; OLG München NJW-RR 99, 909; NZV 89, 438). Ist auf Seiten des anderen Unfallbeteiligten ebenfalls ein Verursachungsbeitrag zu erkennen, ist eine Verschiebung dieser Alleinhaftung möglich (OLG Hamm DAR 00, 63 – 20% Mithaft; NZV 97, 180 – ⅓ Mithaft). Bei einem solchen Unfall kann ohne Berücksichtigung bleiben, ob das wartepflichtige Auto von links kommt – und damit etwas früher zu sehen ist – oder ob es von rechts kommt.

Kreisverkehr: Die Anforderungen des § 8 Abs 1a unterscheiden sich im Wesentlichen nicht von denen der allgemeinen Vorfahrtsregeln des Abs 1 (LG Saarbrücken BeckRS 14, 06911). Folgende typische Unfallsituationen im Einmündungsbereich eines Kreisverkehrs sind zu unterscheiden (LG Saarbrücken BeckRS 14, 06911): (1) Der Anscheinsbeweis spricht für einen Vorfahrtsverstoß des Einfahrenden, wenn er mit einem auf der Kreisbahn fahrenden vorfahrtberechtigten Verkehrsteilnehmer kollidiert. (2) Steht umgekehrt fest, dass der Einfahrende zum Zeitpunkt des Einfahrens in den Kreisverkehr noch nicht wartepflichtig war, liegt von vornherein kein Vorfahrtsverstoß vor. (3) Ist offen, welcher Unfallbeteiligte zuerst in den Kreisverkehr eingefahren ist, ist die Anwendung des Anscheinsbeweises streitig. Während das LG Saarbrücken (BeckRS 14, 06911) dies bejaht, lehnen Teile der Rechtspr. (LG Detmold DAR 05, 222) und der Lit (Hentschel/König/Dauer, § 8 StVO, Rn 37b) dieses ab.

71 **d) Geschwindigkeitsüberschreitung.** Bei einer Überschreitung der zulässigen Geschwindigkeit kommt auch für den Vorfahrtsberechtigten eine Mithaftung in Betracht. Dies setzt allerdings voraus, dass die Geschwindigkeitsüberschreitung feststeht, bzw sie vom Wartepflichtigen bewiesen werden kann. Der Haftungsanteil des Vorfahrtberechtigten nimmt mit zunehmender Überschreitung der Geschwindigkeit zu und kann bis zur vollständigen Haftung des eigentlich Vorfahrtberechtigten führen (Heß/Nugel NJW-Spezial 2011, 521; Grüneberg Rn 14 ff; Berr DAR 89, 304). Diese Haftungsstufen gelten auch dann, wenn der Vorfahrtberechtigte für die vorliegenden Sichtverhältnisse unangemessen schnell gefahren ist. Neben der Geschwindigkeitsüberschreitung sind auch die übrigen Umstände wie Fahrzeugart, die Unfallörtlichkeit, die Straßenverhältnisse und die Erkennbarkeit der Geschwindigkeitsüberschreitung zu berücksichtigen. Den Wartepflichtigen trifft aber die volle Darlegungs- und Beweislast für ein Mitverschulden des Vorfahrtsberechtigten (KG BeckRS 09, 23486).

Bei einer **Überschreitung bis zu 10%** kommt es regelmäßig zu keiner Mithaft des Vorfahrtberechtigten (BGH VersR 67, 802; OLG Hamm MDR 99, 1194). Bei einer **Überschreitung von 10% bis 30%** kommt je nach den Umständen zu einer Mithaftung von ⅕ bis zu ⅓ (BGH VersR 58, 217; OLG Frankfurt/M. VersR 76, 69 – ⅕; OLG Köln NZV 94, 320 – ¼; VersR 92, 110; 78, 830 – ⅓; OLG Hamm DAR 99, 405 – ⅓; NZV 94, 277 – ⅖; OLG Nürnberg DAR 99, 507 – 30%) Bei Hinzutreten von weiteren Umständen, die gegen den Vorfahrtberechtigten sprechen, auch 50% (Grüneberg Rn 15; OLG Hamm NZV 96, 69). Bei einer **Überschreitung von 30% bis 50%** ergibt sich jeweils nach den vorliegenden Umständen eine Quotelung (KG DAR 04, 524; NZV 03, 481 – je 50%; OLG Hamm r+s 98, 106 – ⅔ zu Lasten des Wartepflichtigen; OLG Nürnberg ZfS 99, 233 – 80% Haftung des Wartepflichtigen; OLG Köln VersR 99, 1035; VersR 91, 1416 – 75%; LG Hildesheim ZfS 99, 328 – 50%). Im Einzelfall kann

Vorfahrt **§ 8 StVO**

es sogar zu einer Alleinhaftung des Vorfahrtberechtigten kommen (KG DAR 92, 433 – Überschreitung um 100% und Verstoß gegen das Sichtfahrgebot; OLG Stuttgart NZV 94, 194 – 78% Überschreitung, Gefälle, nasse Fahrbahn, Berufsverkehr; so auch OLG Karlsruhe VersR 80, 1148).

Allerdings muss ein Wartepflichtiger auch – in gewissem Umfang – mit Verstößen des Berechtigten rechnen, insbesondere, dass dieser die zulässige Geschwindigkeit überschreitet (BGH NJW 84, 1962; OLG Köln ZfS 95, 250; OLG Karlsruhe Zfs 86, 130; OLG Stuttgart DAR 89, 387). Maßgeblich ist die Erkennbarkeit der Überschreitung der zulässigen Geschwindigkeit (OLG Schleswig VRS 80, 5).

Bei einer **Überschreitung von 50% bis 100%** ist mindestens von einer hälftigen Haftung des Vorfahrtberechtigten auszugehen (BGH VersR 66, 338; OLG Stuttgart DAR 89, 387; OLG Köln NZV 95, 360; OLG Karlsruhe VersR 80, 1148 – je 50%). In besonderen Fällen kann der Vorfahrtberechtigte überwiegend (OLG Hamm r+s 96, 349 – ¾; NZV 99, 85) oder auch allein haften (LG Limburg ZfS 98, 328). Bei einem Überschreiten der zulässigen Höchstgeschwindigkeit **von 100% und mehr** trifft den Vorfahrtberechtigten regelmäßig die überwiegende, wenn nicht sogar die volle Haftung (BGH VersR 84, 440 = NJW 84, 1962 – 66%; KG DAR 92, 433 – 100%; OLG Karlsruhe ZfS 86, 130 – 75%; s auch Rn 56). OLG Karlsruhe ZfS 86, 130 – 75%; s auch Rn 56). Dies gilt insbesondere, wenn der Wartepflichtige zum Zeitpunkt des Anfahrentschlusses den Vorfahrtsberechtigten noch gar nicht sehen konnte (BGH MDR 85, 312; OLG Hamm NZV 01, 171). Allerdings kann (Einzelfallprüfung) die durch die Einfahrt des Wartepflichtigen erhöhte Betriebsgefahr auch eine verbleibende Mithaft (idR 20%) begründen. 71a

e) **Irreführende Fahrweise.** Bei einer irreführenden Fahrweise des Vorfahrtberechtigten (Geradeausfahrt trotz eingeschalteten rechten Blinkers, Herabsetzen der Geschwindigkeit, Einordnen nach rechts), die der Wartepflichtige zu beweisen hat, haftet der Vorfahrtberechtigte mit bis zu 100% (KG NZV 90, 155; OLG Düsseldorf r+s 76, 183; LG Kiel DAR 00, 123; OLG Dresden VersR 95, 234 – 70%; OLG Hamm VersR 75, 161 – 70%; OLG Hamm VersR 66, 195 – 50%: Blinken ohne Reduzierung der Geschwindigkeit). OLG Saarbrücken NZV 09, 38 – 75% zu 25% zu Lasten des Wartepflichtigen). 72

f) **Einbiegen aus Wald- oder Feldweg.** Kommt es deshalb zu einem Zusammenstoß, weil ein Fahrzeug aus einem Wald- oder Feldweg auf eine Vorfahrtsstraße einbiegt, begründet dies einen Verstoß gegen § 8 I Nr 2 StVO. Daraus folgt, dass der auf die Vorfahrtstraße einbiegende Fahrer grds die volle Haftung zu tragen hat (OLG Hamm NZV 97, 267). Eine Mithaftung in Höhe der normalen Betriebsgefahr ist dann möglich, wenn ein fehlerhaftes Verhalten seitens des Vorfahrtberechtigten zu erkennen ist, er zB mit überhöhter Geschwindigkeit fährt (so OLG Düsseldorf NZV 96, 491 – ⅓; OLG Frankfurt/M. VersR 00, 197–20%) oder er den einfahrenden PKW bereits seit längerer Zeit sehen und seine Absichten erkennen konnte. 73

g) **Geringes Verschulden.** Hätte der Vorfahrtberechtigte den Unfall schon durch leichtes Wegnehmen des Gases verhindert (s oben Rn 8) und trifft den Wartepflichtigen allenfalls ein geringes Verschulden, so kann den „Vorfahrtberechtigten" die volle Haftung treffen (OLG Schleswig VRS 80, 5). 73a

14. Zuwiderhandlungen. Die **Vorfahrtverletzung** ist ein Erfolgsdelikt; der TB verlangt mind eine Behinderung des Vorfahrtberechtigten (OW nach § 49 I 8 74

iVm § 24 StVG; s dazu Nrn 32 ff BKatV); dessen Mitschuld (s oben Rn 63) kann eine Minderung der Regelgeldbuße gebieten (OLG Oldenburg VRS 83, 377). Der TB der §§ 8 II, 49 I 8 ist gegeben, wenn sich mind zwei VT aus verschiedenen Richtungen an einer Kreuzung oder Einmündung derart aufeinander zubewegen, dass unter Berücksichtigung ihrer Entfernung u Geschwindigkeit die Gefahr einer Kollision nicht auszuschließen ist (BGH VM 65, 43; KG DAR 76, 240; OLG Zweibrücken VRS 57, 310 = StVE 32), also objektiv die Gefahr eines Zusammenstoßes besteht; doch auch die beim Bevorrechtigten ausgelöste begründete subjektive Befürchtung eines Zusammenstoßes kann genügen (OLG Köln VRS 65, 68; OLG Düsseldorf NZV 88, 111 mwN). Eine Kollision in größerer Entfernung von der Kreuzung kann für eine Eingliederung in den Verkehr u gegen eine Vorfahrtverletzung sprechen (Fra VRS 50 f 134 (100 m); LG Memmingen VRS 57, 100 (68 m)). Kommt es zu einer solchen oder zu einer Gefährdung, so schließt § 8 als SpezialG die Anwendung des § 1 II aus. Dagegen TE, wenn es darüber hinaus zu einer Schädigung eines anderen gekommen ist (OLG Düsseldorf VRS 74, 288; 81, 53; OLG Hamm VRS 53, 294; OLG Bremen VRS 30 72). In der Inanspruchnahme der Vorfahrt liegt auch dann keine nach § 1 II verbotene Behinderung des Wartepflichtigen, wenn die Vorfahrt wegen eines zu befürchtenden verkehrswidrigen Verhaltens der Letzteren nicht hätte in Anspruch genommen werden dürfen (Bay 66, 118 = VRS 31, 148). §§ 36, 37 sowie § 315c I 2a StGB schließen § 8 durch GKonkurrenz aus (Fra VRS 29, 380 – OLG Oldenburg VRS 27, 204; vgl auch § 21 OWiG); § 18 III verdrängt als Spezialregelung die des § 8. – Umgekehrt ist § 1 S 2 Nr 1 gegenüber § 41 II 1b – Z 205 – das speziellere G (OLG Zweibrücken VM 77, 53). Der Verstoß gegen Z 205 begründet nur eine OW wenn die Vorfahrt eines anderen im oben dargelegten Sinn verletzt wurde – konkretes Erfolgsdelikt. Wer die durch Z 205 angeordnete Wartepflicht missachtet, begeht eine OW nach §§ 8 II, 49 I 8, nicht nach §§ 41 II 1, 49 III 4 (OLG Düsseldorf VRS 42, 435; 81, 53). Zum Verstoß gegen Z 206s Rn 21; zum Verhältnis zu § 3 s dort Rn 1.

75 **StrafR:** Wer die Vorfahrt durch plötzliches Beschleunigen erzwingt, kann nach § 315b I 2, 3 StGB strafbar sein (BGH VRS 53, 355 = StVE § 315b StGB 4). Fahrlässige Begehung genügt (vgl auch § 1 Rn 75). – Führt die Vorfahrtverletzung zu einer konkreten Gefährdung anderer, kann § 315 I 2a StGB vorliegen (s daselbst); der TB der Nötigung (§ 240 StGB) ist durch eine einmalige, kurze Vorfahrtverletzung im Allg nicht gegeben (OLG Düsseldorf NZV 88, 187).

76 **15. Literatur. Danner** „Das Einbiegen nach links in eine nur begrenzt einsehbare Vorfahrtstraße" NZV 95, 132; **Kürschner** „Vorrangs- u Vorfahrtsprobleme ..." NZV 89, 174; **Kullik** „Vorfahrtregelung u BegegnungsV m sog Abbiegefahrstreifen" DAR 85, 334; **Mühlhaus** „Zur Vorfahrt u Begegnung auf neuzeitlich ausgebauten Straßen" DAR 80, 9; **Kramer** „Die Renaissance der Kreisverkehrplätze ..." VD) 99, 145.

§ 9 Abbiegen, Wenden und Rückwärtsfahren

(1) **Wer abbiegen will, muss dies rechtzeitig und deutlich ankündigen; dabei sind die Fahrtrichtungsanzeiger zu benutzen. Wer nach rechts abbiegen will, hat sein Fahrzeug möglichst weit rechts, wer nach links abbiegen will, bis zur Mitte, auf Fahrbahnen für eine Richtung möglichst weit links, einzuordnen, und zwar rechtzeitig. Wer nach links abbiegen will, darf sich auf längs verlegten Schienen nur einordnen, wenn kein**

Abbiegen, Wenden und Rückwärtsfahren § 9 StVO

Schienenfahrzeug behindert wird. Vor dem Einordnen und nochmals vor dem Abbiegen ist auf den nachfolgenden Verkehr zu achten; vor dem Abbiegen ist es dann nicht nötig, wenn eine Gefährdung nachfolgenden Verkehrs ausgeschlossen ist.

(2) Wer mit dem Fahrrad nach links abbiegen will, braucht sich nicht einzuordnen, wenn die Fahrbahn hinter der Kreuzung oder Einmündung vom rechten Fahrbahnrand aus überquert werden soll. Beim Überqueren ist der Fahrzeugverkehr aus beiden Richtungen zu beachten. Wer über eine Radverkehrsführung abbiegt, muss dieser im Kreuzungs- und Einmündungsbereich folgen.

(3) Wer abbiegen will, muss entgegenkommende Fahrzeuge durchfahren lassen, Schienenfahrzeuge, Fahrräder mit Hilfsmotor und Fahrräder auch dann, wenn sie auf oder neben der Fahrbahn in der gleichen Richtung fahren. Dies gilt auch gegenüber Linienomnibussen und sonstigen Fahrzeugen, die gekennzeichnete Sonderfahrstreifen benutzen. Auf zu Fuß Gehende ist besondere Rücksicht zu nehmen; wenn nötig, ist zu warten.

(4) Wer nach links abbiegen will, muss entgegenkommende Fahrzeuge, die ihrerseits nach rechts abbiegen wollen, durchfahren lassen. Einander entgegenkommende Fahrzeuge, die jeweils nach links abbiegen wollen, müssen voreinander abbiegen, es sei denn, die Verkehrslage oder die Gestaltung der Kreuzung erfordern, erst dann abzubiegen, wenn die Fahrzeuge aneinander vorbeigefahren sind.

(5) Wer ein Fahrzeug führt, muss sich beim Abbiegen in ein Grundstück, beim Wenden und beim Rückwärtsfahren darüber hinaus so verhalten, dass eine Gefährdung anderer Verkehrsteilnehmer ausgeschlossen ist; erforderlichenfalls muss man sich einweisen lassen.

VwV – StVO

Zu § 9 Abbiegen, Wenden und Rückwärtsfahren

Zu Absatz 1

I. Wo erforderlich und möglich, sind für Linksabbieger besondere Fahrstreifen zu markieren. Auf Straßen innerhalb geschlossener Ortschaften mit auch nur tageszeitlich starkem Verkehr und auf Straßen außerhalb geschlossener Ortschaften sollte dann der Beginn der Linksabbiegestreifen so markiert werden, daß Fahrer, die nicht abbiegen wollen, an dem Linksabbiegestreifen vorbeigeleitet werden. Dazu eignen sich vor allem Sperrflächen; auf langsamer befahrenen Straßen genügen Leitlinien.

II. Es kann sich empfehlen, an Kreuzungen Abbiegestreifen für Linksabbieger so zu markieren, daß aus entgegengesetzten Richtungen nach links abbiegende Fahrzeuge voreinander vorbeigeführt werden (tangentiales Abbiegen). Es ist dann aber immer zu prüfen, ob durch den auf dem Fahrstreifen für den nach links abbiegenden Gegenverkehr Wartenden nicht die Sicht auf den übrigen Verkehr verdeckt wird.

Zu Absatz 2

I. Als Radverkehrsführung über Kreuzungen und Einmündungen hinweg dienen markierte Radwegefurten. Radverkehrsführungen können ferner das Linksabbiegen für den Radverkehr erleichtern. Das Linksabbiegen im Kreuzungsbereich kann

StVO § 9 I. Allgemeine Verkehrsregeln

durch Abbiegestreifen für den Radverkehr, aufgeweitete Radaufstellstreifen und Radfahrerschleusen gesichert werden. Das Linksabbiegen durch Queren hinter einer Kreuzung/Einmündung kann durch Markierung von Aufstellbereichen am Fahrbahnrand bzw. im Seitenraum gesichert werden.

4 II. Im Fall von Radverkehrsanlagen im Zuge von Vorfahrtstraßen (Zeichen 306) sind Radwegefurten stets zu markieren. Sie dürfen nicht markiert werden an Kreuzungen und Einmündungen mit Vorfahrtregelung „Rechts vor Links", an erheblich (mehr als ca. 5 m) abgesetzten Radwegen im Zuge von Vorfahrtstraßen (Zeichen 306) sowie dort nicht, wo dem Radverkehr durch ein verkleinertes Zeichen 205 eine Wartepflicht auferlegt wird. Die Sätze 1 und 2 gelten sinngemäß, wenn im Zuge einer Vorfahrtstraße ein Gehweg zur Benutzung durch den Radverkehr freigegeben ist.

5 III. Eigene Abbiegefahrstreifen für den Radverkehr können neben den Abbiegestreifen für den Kraftfahrzeugverkehr mit Fahrstreifenbegrenzung (Zeichen 295) markiert werden. Dies kommt jedoch nur dann in Betracht, wenn zum Einordnen

1. an Kreuzungen und Einmündungen von gekennzeichneten Vorfahrtstraßen nur ein Fahrstreifen zu überqueren ist,
2. an Kreuzungen und Einmündungen mit Lichtzeichenanlage nicht mehr als zwei Fahrstreifen zu überqueren sind oder
3. Radfahrschleusen vorhanden sind.

6 IV. Bei aufgeweiteten Radaufstellstreifen wird das Einordnen zum Linksabbiegen in Fortsetzung einer Radverkehrsanlage dadurch ermöglicht, dass für den Kraftfahrzeugverkehr auf der Fahrbahn durch eine zusätzliche vorgelagerte Haltlinie (Zeichen 294) mit räumlichem und verkehrlichem Bezug zur Lichtzeichenanlage das Haltgebot angeordnet wird.

7 V. Bei Radfahrschleusen wird das Einordnen zum Linksabbiegen in Fortsetzung einer Radverkehrsanlage dadurch ermöglicht, dass dem Hauptlichtzeichen in ausreichendem Abstand vorher ein weiteres Lichtzeichen vorgeschaltet wird.

Zu Absatz 3

8 I. Der Radverkehr fährt nicht mehr neben der Fahrbahn, wenn ein Radweg erheblich (ca. 5 m) von der Straße abgesetzt ist. Können Zweifel aufkommen oder ist der abgesetzte Radweg nicht eindeutig erkennbar, so ist die Vorfahrt durch Verkehrszeichen zu regeln.

9 II. Über Straßenbahnen neben der Fahrbahn vgl Nummer VI zu Zeichen 201; Randnummer 11 bis 13.

Übersicht

	Rn
1. Allgemeines	1
2. Begriffe	2
a) Abbiegen	2
b) Jedes Abbiegen	4
c) Andere Straße	5
3. Abbieger und nachfolgender Verkehr	8
4. Abs 1 Satz 1: Das Richtungszeichen	10
a) Pflicht zur Anzeige der Richtungsänderung	10
b) Rechtzeitig	11

Abbiegen, Wenden und Rückwärtsfahren   § 9 StVO

	Rn
c) Deutlich	12
5. Linksabbiegen	13
a) Allgemeines	13
b) Weiter Bogen nach links	14
c) Tangentiales Abbiegen	15
d) Abs 1 Satz 2, 3: Einordnen nach links	17
e) Abs 1 Satz 4: Rückschaupflicht	22
f) Abs 2: Radfahrer	25
g) Abs 3, 4: Vorrang des Gegenverkehrs	26
6. Rechtsabbiegen	32
a) vom rechten Fahrbahnrand	32
b) von weiter links	33
7. Abs 3 Satz 1 u 2: Vorrang der Radfahrer und der Straßenbahn ...	35
a) Radwege	35
b) Schienenfahrzeuge	37
c) Linienomnibusse und Fahrzeuge auf Sonderfahrstreifen	38
8. Abs 3 Satz 3: Rücksicht auf Fußgänger	39
9. Abknickende Vorfahrt	40
10. Die durch Verkehrszeichen vorgeschriebene Fahrtrichtung	43
a) Verkehrslenkung im Allgemeinen	43
b) Zeichen 209–214, 222	44
c) Zeichen 220 – Einbahnstraße	46
d) Kreisverkehr	49
e) Fahrbahnmarkierungen	50
11. Abbiegen in ein Grundstück (Abs 5)	52
a) Allgemeines	52
b) Die Sorgfaltspflicht	55
12. Wenden	56
a) Begriff und Allgemeines	56
b) Zulässigkeit	60
c) Ausführung	62
d) Fahrtrichtungsanzeiger	65
e) Pflichten des nachfolgenden Verkehrs	66
13. Rückwärtsfahren	67
a) Allgemeines, Zulässigkeit	67
b) Sorgfaltspflicht	69
14. Zuwiderhandlungen	71
15. Literatur	76

1. Allgemeines. § 9 regelt in erster Linie das **Abbiegen**; er gilt sinngemäß **1** für Reiter u Viehtreiber (§ 28 II S 1) sowie für geschlossene Verbände (§ 27 I S 1). Für Radf gilt neben der allg Regeln § 9 II. Das Abbiegen in ein Grundstück u in eine dem ruhenden Verkehr dienende Fläche des öff Straßenraums sind systematisch richtig als Sonderfälle des Abbiegens in § 9 V aufgenommen, während das Ausfahren aus einem Grundstück in § 10 geregelt ist. **Wenden** u **Rückwärtsfahren** sind als eigene TBe in § 9 V eingefügt; für ABen u Kraftfahrstr s § 18 VII. Die Regelung der vorgeschriebenen Fahrtrichtung wird hier in Rn 44 f mitbehandelt. Zum paarweisen Abbiegen s auch § 7 Rn 20. – Das **tangentiale Abbiegen** für Linksabbieger ist durch die 11. ÄndVO (in Abs 4 S 2) eingef worden (s Rn 15).

2. Begriffe. a) Abbiegen. Abbiegen umfasst die Bewegungen, durch die der **2** Fz-Führer die bisher benutzte Str oder Fahrbahn nach der Seite verlässt oder auf

StVO § 9 I. Allgemeine Verkehrsregeln

ihr in einem Bogen die Gegenrichtung oder den gegenüberliegenden Str-Rand zu erreichen versucht (s zB OLG Hamm VRS 57, 35; BayObLG VM 73, 59; KG NZV 94, 159).

3 Die bloße Verlegung der Fahrlinie zum Überholen, Ausweichen, Anhalten oder Fahrspurwechsel fällt nicht darunter (BayObLG 57, 248 = VRS 14, 462; VRS 17, 455; BGH(Z) VRS 5, 176; OLG Düsseldorf VM 63, 49; OLG Hamm DAR 74, 195). § 9 behandelt nur das Verhalten des einbiegenden gegenüber dem entgegenkommenden u gleichgerichteten Verkehr auf der bisher befahrenen Str, während die Beziehungen zum QuerV in § 8 geregelt sind (s KG VM 87, 39 Ls).

4 **b) Jedes Abbiegen.** § 9 umfasst **jedes** Abbiegen, nicht nur ein solches in eine andere Str. Das Abbiegen in einen öff Parkplatz oder Parkstreifen außerhalb der Fahrbahn, in eine Tankstelle u dergl fällt daher ebenso unter das Abbiegen wie die Einfahrt in ein privates Grundstück. Für letzteres wird in V nur eine zusätzliche, über die allg Abbiegerpflichten hinausgehende Sorgfalt verlangt.

5 **c) Andere Straße.** Der Begriff der **anderen Str** spielt für die Beurteilung der Fahrtrichtungsänderung eine große Rolle. In eine andere Str biegt nicht ab, wer der natürlichen Fortsetzung der Str folgt, auch wenn diese in einer Krümmung verläuft (vgl KG NZV 94, 159: Einfahrt in KreisV ist – iG zur Ausfahrt – kein Abbiegen), während geradeaus eine Nebenstr weiterführt. Die Einheitlichkeit des Str-Zuges kann sich aus Anlage u Beschaffenheit (Bauart, Belag, Kennzeichnung der Str-Führung usw), der Fahrbahnabgrenzung durch Seitenstreifen, aus einer etwaigen Mittellinie oder Vorfahrtbeschilderung ergeben (BGHSt 6, 27; 14, 366, 373). Wer hier in die gerade Verlängerung der abbiegenden Str weiterfährt, „biegt" in sie „ab". Ein aus ihr in die durchgehende Str Einfahrender ist kein geradeausbleibender Entgegenkommender iS des § 9 III, sondern ein die Fahrbahn „Kreuzender" (Vorfahrtfall). Trotzdem soll nach OLG Hamm (VRS 51, 141 = StVE 11) derjenige, der eine nach links abknickende Vorfahrtstr in Geradeausfahrt in eine Nebenstr verlässt, kein Richtungs-Z geben müssen, auch wenn keine Regelung nach Z 306 mit Zusatzschild „abknickende Vorfahrtstraße" vorhanden ist. Wegen der abknickenden Vorfahrt s unten 40 ff.

6 Eine hinter einer Kreuzung nach einer Seite versetzt weiterführende Str kann nach natürlicher Betrachtung die Fortsetzung derselben Str sein. Ist dies zu verneinen, so kommt ein Vorfahrtfall oder eine Begegnung auf der kreuzenden Str in Frage (OLG Celle VRS 26, 303; BayObLG 64, 48 = VRS 27, 230).

7 Teilt sich die bisher befahrene Str in eine **Straßengabel,** so ändert seine Fahrtrichtung nicht, wer auf der Vorfahrtstr (Z 306) bleibt (KG VM 57, 23). Ist keiner oder jeder der auseinandergehenden Schenkel Vorfahrtstr, ohne dass einer nach seiner Bauart deutlich als die Fortsetzung der bisherigen Str erkennbar ist, so ändert jeder seine Fahrtrichtung (OLG Oldenburg DAR 54, 117; Möhl DAR 66, 198). Für das Zusammentreffen des Verkehrs aus der Gegenrichtung, also aus dem Gabelast in Richtung auf die gemeinsam weiterführende Str, gelten die Vorfahrtregeln (BGH VRS 27, 74). Gabelt sich eine Str kurz vor ihrer Einmündung in eine andere Str in zwei Äste, von denen keiner als die alleinige Fortsetzung der bisherigen Str angesehen werden kann, so liegt im Verhältnis zwischen einem Fz, das von der anderen Str aus in den rechten Arm einfährt u einem vor der Gabelung Entgegenkommenden kein Vorfahrts-, sondern ein Begegnungsfall vor (BayObLG 69, 119 = VRS 38, 74).

7a Wer eine Autobahn über einen kombinierten Beschleunigungs- und Verzögerungsstreifen verlässt, ändert seine Fahrtrichtung iS des § 9 I (LG Bln NZV 00, 45).

Abbiegen, Wenden und Rückwärtsfahren § 9 StVO

3. Abbieger und nachfolgender Verkehr. Der geradeausbleibende Verkehr 8
u der AbbiegeV sind **gleichberechtigt.** Es gibt kein VorR des ersteren (BGH
VRS 27, 267). Auch der Linksabbieger ist nicht grundsätzlich verpflichtet, nachfolgende Fze vor dem Abbiegen vorbeifahren zu lassen (BGHSt 11, 296; VRS 37, 351). Wer das **Richtungs-Z** gesetzt hat, darf von Nachfolgenden, die das Z gefahrlos beachten können, auf der angezeigten Seite nicht mehr überholt werden, außer wenn der schnellere VT sich mit dem Abbieger verständigt oder die Gewissheit erlangt hat, dass die bevorstehende Richtungsänderung erst durchgeführt wird, wenn die Überholung abgeschlossen ist, oder wenn sich das Richtungs-Z zweifelsfrei auf eine noch weiter entfernte Str-Stelle bezieht (BayObLG 57, 248; 60, 151 = VRS 19, 309; VRS 29, 370; OLG Hamm VRS 19, 216). Im allg gilt der Grundsatz der doppelten Sicherung, der Vertrauensgrundsatz kommt dem Abbieger nur beschränkt zugute (vgl unten 22 ff). Die Pflicht des Abbiegenden, seine Geschwindigkeit vor der Abbiegestelle nicht plötzlich, sondern verkehrsgerecht allmählich herabzusetzen, folgt aus § 4 I S 2. Der Fahrer eines Fz, dessen nach hinten hinausragende **Ladung** beim Abbiegen in den Fahrraum der Nachbarspur ausschwenkt, darf nachfolgende Benutzer dieser Spur nicht gefährden (BayObLG 70, 47 = VRS 39, 230). Erforderlichenfalls ist eine Hilfsperson zuzuziehen (OLG Stuttgart DAR 74, 163). Wegen des Einbiegens an Kreuzungen mit VRegelung durch PolBeamte oder Farb-Z vgl §§ 36, 37.

Wer das **linke Richtungs-Z** gesetzt **u** sich **eingeordnet** hat, ist **rechts** zu 9
überholen (§ 5 VII; hierzu § 5 Rn 61). Dagegen bewirkt allein das **bloße Einordnen** ohne Richtungs-Z für den nachfolgenden Verkehr kein Verbot, **links** zu überholen, insb keine unklare VLage (vgl § 5 Rn 26 f). Selbst wenn der nahe der Fahrbahnmitte fahrende Vordermann seine Geschwindigkeit ermäßigt oder vor der Kreuzung anhält, ohne Richtungs-Z zu geben, soll der im Überholen Begriffene nach hM nicht damit rechnen müssen, der Vorausfahrende werde vorschriftswidrig ohne Richtungs-Z u vorherige Rückschau oder schon vor der Kreuzungsfläche die linke Fahrbahnseite überqueren (BGHSt 12, 162; s dazu aber § 5 Rn 26 f u BayObLG 85, 47 = VRS 69, 53). Bes Vorsicht ist aber geboten, wenn ein möglicherweise gegebenes Richtungs-Z nicht sicher erkennbar ist, zB bei Sonnenschein von hinten, wenn der Vorausfahrende unsicher fährt (OLG Köln DAR 77, 243) oder an der Abgabe des Richtungs-Z gehindert ist (zB Radf, der eine Sense über der Schulter trägt). Unklar ist die VLage, wenn ein Kf plötzlich ohne Richtungs-Z nach rechts zur Fahrbahnmitte ausbiegt, weil dann mit einer Fortsetzung seiner vorschriftswidrigen Fahrweise über die Mitte hinaus gerechnet werden muss (OLG Hamm VRS 38, 215; anders beim von rechts Anfahrenden: OLG Stuttgart VRS 65, 66). Gegenüber einem nach links eingeordneten **Radf oder Leichtkraftradf** ist beim Linksüberholen erhöhte Vorsicht oder reichlicher Abstand geboten, da bei ihm die Abbiegeabsicht naheliegt u Anzeigen der Richtungsänderung mit der Hand zwar unmittelbar vor dem Abbiegen, aber nicht während der ganzen Zeit seines Haltens erwartet werden kann (s § 54 V 4 StVZO).

4. Abs 1 Satz 1: Das Richtungszeichen. a) Pflicht zur Anzeige der 10
Richtungsänderung. Die beabsichtigte Fahrtrichtungsänderung ist nicht nur beim Vorhandensein anderer VT, sondern auch dann, wenn weit u breit niemand am Weg ist, anzukündigen. Das Richtungs-Z ist für alle erheblichen Seitenbewegungen (Ausscheren) vorgeschrieben (vgl § 5 IV a, § 6 S 2, § 7 IV, § 10 S 2). Ob u unter welchen Voraussetzungen Ausn von der formalen Pflicht zur Abgabe des Richtungs-Z zugelassen werden, ist der RSpr vorbehalten. Während das Rich-

tungs-Z nach § 9 I S 1 allg bis zur Beendigung der Schwenkung gesetzt bleiben muss, ist es in den erwähnten anderen Fällen auf Str mit LinksabbiegeV nach Durchführung der seitlichen Versetzung sofort wieder einzuziehen (vgl § 5 Rn 37). Das Richtungs-Z muss auch gegeben werden, wenn die Fahrtrichtung durch Z 209 vorgeschrieben ist (OLG Celle VRS 52, 219), nicht aber, wenn die Str ohne anderweitige Fortsetzung im Bogen verläuft. Die Absicht, abzubiegen, ist auch dann anzuzeigen, wenn das Abbiegen in der Richtung verboten ist (OLG Zweibrücken VM 77, 55). Die Abgabe eines nicht vorgeschriebenen, irreführenden Richtungs-Z ist nur im Rahmen des § 1 II ahndbar (OLG Hamm VM 74, 70; s auch § 8 Rn 42 u unten Rn 40). Zur Frage der Ersetzung des Fahrtrichtungsanzeigers durch das Warnblinklicht in bes Situationen (Wenden eines 20 m langen Lastzuges) s OLG Saarbrücken VM 78, 60. Ausfahren aus einem KreisV vgl OLG Köln VM 64, 38; zum zul Linksblinken im Kreis s KG VRS 65, 219; Abknickende Vorfahrt s 40 f.

11   **b) Rechtzeitig.** Rechtzeitig ist das Richtungs-Z, wenn der nachfolgende – auch schnellere – Verkehr sein Verhalten der Fahrweise des Vorausfahrenden anpassen, dh ein Auffahren ohne Gefahrenbremsung vermeiden kann (BGH VM 62, 100; BayObLG NZV 90, 318; OLG Düsseldorf VersR 95, 1504). Dabei kommt es weniger auf die Entfernung von der Abbiegestelle als auf die Zeit an, die bei Berücksichtigung der von den Beteiligten eingehaltenen Geschwindigkeiten zwischen der Zeichengebung u dem Abbiegen liegt (BGH(Z) VM 63, 23; KG NZV 06, 309). Das Richtungs-Z darf nicht so früh gegeben werden, dass der nachfolgende Verkehr über den Ort des Abbiegens getäuscht wird, also idR erst, wenn in die **nächste** Querstr eingebogen werden soll (KG VM 56, 44). Wer sich vor dem Linkseinbiegen frühzeitig links einordnet, ist bereits vom Beginn des Einordnens an zur Zeichengebung verpflichtet, wenn kein mehrspuriger Verkehr vorliegt, damit die nachfolgenden VT die Abbiegeabsicht des Linksfahrenden bald erfahren u rechts überholen können. Das Unterlassen rechtzeitigen Richtungs-Z kann eine vermeidbare Behinderung des übrigen Verkehrs iS des § 1 II darstellen (BayObLG 68, 87 = DAR 69, 53).

12   **c) Deutlich.** Deutlich ist das Richtungs-Z mittels der vorgeschriebenen Fahrtrichtungsanzeiger (§ 54 StVZO) zu geben; dies ist der Fall, wenn diese einwandfrei funktionieren u nicht verschmutzt sind (s § 17 Rn 5). Sind **Handzeichen** notwendig (Radf, Kleinkraft-, Leichtkraftf, Fuhrwerkslenker), so müssen diese genügend lange gegeben oder genügend oft wiederholt werden. Dauerndes Heraushalten des Arms wird nicht verlangt, aber deutliches Handzeichen unmittelbar vor dem Abbiegen. Das Haltezeichen ist durch Hochheben, das Richtungs-Z durch waagerechtes Herausstrecken des Armes zu geben. Handzeichen nach unten oder in schräger Richtung sind in Deutschland nicht üblich, daher für andere nicht verständlich. Wer nach Setzen des Richtungs-Z die Abbiegeabsicht aufgibt u auf der rechten Seite die Vorbeifahrt eines Nachfolgenden abwarten will, muss den Fahrtrichtungsanzeiger zurücknehmen, evtl seine Halteabsicht anzeigen (BGH(Z) VM 66, 1). Wer kurz hintereinander zweimal abbiegen will, muss zwischen dem 1. u 2. Einbiegen das Richtungs-Z deutlich unterbrechen (OLG Schleswig VM 61, 88; KG VM 79, 35). Wegen des **Vertrauens** anderer VT darauf, dass derjenige, der ein Richtungs-Z gibt, auch wirklich abbiegt, vgl § 8 Rn 63.

13   **5. Linksabbiegen. a) Allgemeines.** Das Linksabbiegen ist – außer auf der AB – zulässig, soweit es nicht durch VZeichen (s unten 44 ff) verboten ist. Daneben

Abbiegen, Wenden und Rückwärtsfahren §9 StVO

sind aber auch Leitlinien (Z 340) als Hinweis-Z zu beachten, auch wenn sie von den Regeln des § 9 I abweichen (BGHSt 16, 255, 260; BayObLG 59, 153, 155 = VRS 17, 386). Wegen der Richtungspfeile s Rn 51. Abbiegen bei Regelung des Verkehrs durch LZA s § 37 Rn 11 ff, mehrspuriges Abbiegen § 7 Rn 23; Abbiegen des Verbandes s § 27 Rn 5.

b) Weiter Bogen nach links. Die **Durchführung des Linksabbiegens** 14 richtet sich unter Beachtung der §§ 1 II u 2 II vornehmlich nach den örtl Gegebenheiten u der jew Situation (für **Radf** s II, unten Rn 25), dh der früher vorgeschriebene (§ 8 III StVO aF) **weite Bogen,** der insb dem Rechtsfahrgebot (§ 2 II) entsprach, ist noch zul, wenn die VLage das an sich grundsätzlich vorgeschriebene tangentiale Abbiegen zweier entgegenkommender Linksabbieger voreinander, nicht erlaubt.

c) Tangentiales Abbiegen. Das Abbiegen in engem Bogen, das sog **tangenti-** 15 **ale Abbiegen,** durch das – bes im geballten GroßstadtV – vermieden werden soll, dass sich die beiden Linksabbiegerschlangen gegenseitig die Weiterfahrt versperren (KG VM 77, 70), ist in § 9 IV S 2 als Regelfall des Abbiegens zweier entgegenkommender Linksabbieger vorgeschrieben, sofern diese Abbiegeform (zB aus Platzgründen) nicht ungeeignet ist; dann ist auch das Abbiegen nicht der Vorbeifahrt beider Fze zugelassen (s auch unten 26). Grundsätzlich darf auf das vorgeschriebene Regelverhalten, das tangentiale Abbiegen voreinander, vertraut werden, ist dies unklar, ist bes Vorsicht geboten. Es ist Aufgabe der VB, an geeigneten Kreuzungen durch Fahrbahnmarkierungen die tangentiale Abbiegeweise anzuzeigen.

Für das **Linksabbiegen ohne GegenV** gelten folgende allg Grundsätze: 16
Wer nach links in eine andere Str einbiegen will, deren **Einmündung trich-** **terförmig erweitert** ist, muss den Mittelpunkt der Trichterbreite rechts umfahren (BGHSt 16, 255; BayObLG VRS 51, 373); ebenso, wer aus einer trichterförmig erweiterten Einmündung nach links in eine andere Str einbiegen will (BGHSt 20, 238; BGH(Z) VRS 27, 255). Nach BGHSt 16, 255 soll das auch gelten, wenn die Einmündung einseitig verbreitert ist. Hier ist es jedoch verkehrsgerecht, nicht den Mittelpunkt zwischen den Trichterrändern sondern denjenigen des Verlaufs der Fahrbahn außerhalb der Verbreiterung rechts zu umfahren (dazu eingehend Mühlhaus VD 73, 97; DAR 73, 281; ebenso BayObLG VRS 59, 369 = StVE 44). Wer beim Zusammentreffen von mehr als zwei Str-Zügen in die nächste Einmündung links abbiegt, muss u darf den Mittelpunkt der Kreuzung nicht umfahren, wenn er dadurch den KreuzungsV stören würde (BayObLG 52, 206 = VRS 5, 144). Ist eine Str-Gabelung dreieckförmig erweitert, so genügt derjenige, der in die linke Abzweigung weiterfährt, seiner Pflicht, wenn er einen solchen Zwischenraum von der linken Str-Begrenzung einhält, wie er einzuhalten wäre, wenn sich die Str nur nach links fortsetzen würde; er muss nicht den Mittelpunkt der erweiterten Fläche in einem scharfen Linksbogen umfahren (BayObLG 63, 93 = VRS 25, 465). Ein bes weiter Bogen ist auf unübersichtlichen Str (OLG Hamm VRS 14, 130) geboten; ferner wenn das Fz (Lastzug) aus technischen Gründen gezwungen ist, die linke Fahrbahnhälfte mitzubenutzen (BayObLG 51, 547). Beim Einbiegen in eine **Einbahnstr** genügt dagegen idR ein enger Bogen (OLG Stuttgart VRS 71, 302).

d) Abs 1 Satz 2, 3: Einordnen nach links. Abs 1 Satz 2, 3: Durch das **Ein-** 17 **ordnen** nach **links** bis zur Fahrbahnmitte soll erreicht werden, dass der Linksabbieger schon vor seiner Seitenbewegung eine Stelle erreicht, in der er die nachfolgenden VT nicht mehr behindert, weil diese nun rechts vorbeifahren können. Das Gebot des Linkseinordnens gilt – auch außerhalb geschl Ortschaften – immer dann, wenn sonst die Gefährdung eines anderen VT nicht ausgeschlossen ist (BGHSt 11, 357). Die Pflicht besteht auch auf unübersichtlichen u schmalen Str (BayObLG VRS 64, 57 = StVE 56); § 9 I S 2 geht als Sonderbestimmung für das Abbiegen dem § 2 S 1 vor (OLG Hamburg VRS 14, 130). § 9 I S 2 stellt eine selbständige Gebotsnorm dar, deren TB aber erst verwirklicht ist, wenn wirklich eingebogen wird (BayObLG 52, 129 = VRS 4, 625). Andererseits ist das Linkseinbiegen auch dann zulässig, wenn sich der Fahrer aus verkehrsbedingten Gründen nicht links einordnen oder wegen der Bauart (Länge) seines Fz den Linksbogen von der Fahrbahnmitte aus nicht durchführen kann. In solchen Fällen muss er ganz rechts herausfahren u warten, bis der fließende Verkehr eine Lücke für seine Linksbewegung lässt; noch während des Einbiegens hat er alles ihm Mögliche zu tun, um eine Gefährdung nachfolgender VT auszuschließen (BGHSt 12, 21; KG NJW-RR 10, 1184; BayObLG 55, 87, 89 = VRS 9, 151). Paarweises Abbiegen s § 7 Rn 23.

18 Das Einordnen muss **rechtzeitig** vor der Kreuzung erfolgen, so dass sich nachfolgende Fahrer, bes Überholungswillige, auf das Abbiegen gefahrlos einstellen können (BGHSt 14, 212; 15, 178 f; OLG Köln DAR 77, 192). Wesentlicher als die Entfernung ist die Zeitspanne zwischen Setzen des Richtungs-Z u Abbiegen. So wurde im innerörtl Verkehr für einen Lastzug mit 30 km/h-Geschwindigkeit eine Strecke von 41 m, die einer Fahrzeit von 5 sec entspricht, als ausreichend erachtet (BGH VRS 25, 264). Auch im städtischen Verkehr soll sich der Linksabbieger unter gleichzeitigem Setzen des Richtungs-Z möglichst früh einordnen, regelmäßig aber nicht vor einer dem Abbiegen vorangehenden Kreuzung, weil er sonst andere täuschen u den AbbiegeV an der vorhergehenden Kreuzung behindern kann (BayObLG 68, 87 = DAR 69, 53; KG VRS 14, 443; vgl aber auch OLG Hamm DAR 58, 225).

19 „**Bis zur Mitte**" bedeutet einerseits: die rechte Fahrbahnhälfte soll zum Einordnen voll ausgenutzt werden (kein Sicherheitsabstand zur Mitte), damit dem nachfolgenden Verkehr möglichst viel Raum rechts vom Einbiegenden freigegeben wird; andererseits: die linke Seite muss für den GegenV freigelassen werden; ist die Mitte nicht gekennzeichnet, bemisst sie sich nach dem Erscheinungsbild der Str (KG VersR 73, 234). Ist die Fahrbahn durch Leitlinien in Fahrstreifen eingeteilt, so ist als Fahrbahnmitte die linke Begrenzung des am meisten links liegenden, ausschließlich für den jew RichtungsV bestimmten Fahrstreifens anzusehen, auch wenn dieser jenseits der tatsächlichen Fahrbahnmitte liegt (Ha VM 66, 57; vgl auch § 42 Z 340 u unten 21).

19a Nach **I S 3** ist der Teil der Str-Mitte, auf dem **Straßenbahnschienen** ohne eigenen Gleiskörper verlegt sind, zum Einordnen mitzubenutzen, wenn keine Straba in Sicht ist; der einmal vorschriftsmäßig auf dem Gleisbereich Eingeordnete muss diesen auch nicht räumen, wenn sich vor dem Abbiegen eine Straba nähert (OLG München VRS 31, 344; OLG Hamm NZV 91, 313). Dagegen muss der Gleisbereich frei bleiben, wenn durch das Einordnen eine sichtbare oder erst kurz vorher vom Kf überholte Straba an der zügigen Weiterfahrt gehindert würde (s auch § 2 III; § 2 Rn 50 f; BGH(Z) VRS 28, 11; OLG Düsseldorf VersR 88, 90; OLG Hamm VersR 88, 1250). Der Straba-F darf darauf vertrauen, dass ein Kf nicht kurz vor ihm nach links fahren werde (BGH VersR 65, 885; OLG Hamm NZV 91, 313). Wer sich kurz vor einer nahenden Straba zum Linksabbiegen auf

Abbiegen, Wenden und Rückwärtsfahren **§ 9 StVO**

den Schienen einordnet, aber dort warten muss, hat diese zu verlassen oder geradeaus weiterzufahren (OLG Hamm VRS 61, 331 = StVE 47).

Auf **Fahrbahnen für eine Richtung,** zu denen auch die **Einbahnstr** (vgl 20 unten 46 ff) gehören, hat sich der Linksabbieger bis zum linken Fahrbahnrand einzuordnen. Dies gilt auch für sog unechte Einbahnstr, in deren Mitte die Straba in beiden Richtungen verkehrt, während der übrige Verkehr nur nach einer Richtung zugelassen ist. Auf ihnen haben aber die Fz-Führer auf die entgegenkommende Straba bes Rücksicht zu nehmen (BGHSt 16, 133; BayObLG 61, 268 = VRS 22, 226; VRS 20, 302).

Wer die nicht gekennzeichnete **Mitte** einer genügend (8 m) breiten Str gering- 21 fügig **überschreitet,** handelt nicht ohne weiteres schuldhaft (BGH VRS 17, 3). Aber eine Überschreitung um 1 m auf einer 9 m breiten Str ist ein vorwerfbarer Fehler (OLG München VRS 31, 347). Bei Kennzeichnung der Str-Mitte durch eine Leitlinie darf diese nicht überschritten werden (OLG Bremen VRS 28, 50). Entgegenkommende VT dürfen darauf vertrauen, dass der Linksabbieger zunächst nur bis zur Str-Mitte fährt (BGH(Z) VRS 29, 423; OLG Düsseldorf VRS 61, 180), solange kein Anlass für eine gegenteilige Annahme besteht (BGH DAR 57, 106; OLG Hamburg VRS 20, 307). Ist aber ein Linksabbieger beim Einordnen geringfügig über die Fahrbahnmitte geraten, so ist für ihn nicht voraussehbar, dass ein noch genügend weit entfernter Entgegenkommender auf ihn auffährt, wenn diesem genügend Platz zum Vorbeifahren verblieben ist.

e) Abs 1 Satz 4: Rückschaupflicht. Wer links abbiegen will, muss den rück- 22 wärtigen Verkehr beobachten, u zwar zunächst, bevor er sich links einordnet, wenn damit eine nicht nur geringfügige Verlegung seiner Fahrlinie nach links verbunden ist; sodann unmittelbar vor dem Abbiegen **(doppelte Sicherung!).** Die Pflicht zur 2. Rückschau besteht nach S 4, 2. Halbs nur dann nicht, wenn eine Gefährdung des nachfolgenden Verkehrs „ausgeschlossen" ist (s dazu § 10 Rn 7 ff), weil zB ein Linksüberholen technisch unmöglich oder bes grob verkehrswidrig u deshalb nicht voraussehbar wäre (OLG Frankfurt v. 11.01.2017 Beck RS 2017, 387672; NZV 89, 155; OLG Celle VersR. 78, 964;s aber BayObLG VRS 61, 328 m krit Anm Janiszewski NStZ 81, 473). Dass der Überholende gegen Zeichen 276 verstoßen oder eine durchgehende Fahrstreifenbegrenzung missachten müsste, lässt eine Rückschaupflicht nicht entfallen (Geigel-Zieres Kap 27 Rn 278; a. A. wohlOLG Frankfurt v. 11.01.2017 Beck RS 217, 387672 für das Überholen einer Kolonne). S 4, 2. Hs ist eng auszulegen, denn die Rückschaupflicht dient dem Schutz des nachfolgenden Verkehrs und verhindert somit Unfälle (vgl Hentschel-König § 9 Rn 25; MüKo-StVR/Bender 20). Die doppelte Rückschau ist auch deshalb erforderlich, weil sich die Verkehrslage nach der ersten Rückschau sehr rasch ändern kann. Insbesondere außerorts muss damit gerechnet werden, dass sich schnelle Fahrzeuge von hinten nähern. Auch bei einwandfreiem Einordnen und Zeichengeben ist zweite Rückschau erforderlich.

Zur Rückschau ist der Außen- und Innenspiegel zu benutzen, wobei zur Über- 23 windung des toten Winkels notfalls durch das Seitenfenster zurückzuschauen ist (OLG Köln NZV 95, 74; KG VM 95, 51).

Erblickt der Kf bei der Rückschau ein nachfolgendes Fz, so muss er das Abbie- 24 gen nur zurückstellen, wenn er aus dessen Fahrweise mit der Absicht rechnen muss, ihn vor dem Abbiegen noch zu überholen (OLG Hamm VRS 30, 127). Andererseits muss aber derjenige das Abbiegen unterlassen, der dieses zwar durch rechtzeitiges Einordnen u Richtungs-Z richtig eingeleitet hat, aber bei einer trotzdem vorgenommenen Rückschau erkennen kann, dass ihn ein schnellerer VT noch links überholen will (OLG Hamm VersR 82, 1055; OLG Köln VRS 89, 432). Rückschau und Anzeige verschaffen keinen Vorrang gegenüber nah aufgerücktem Verkehr (Hentschel-König 24). Die Rückschaupflicht besteht auch an Stellen mit Überholverbot (Z 276), da auf die Einhaltung desselben – jedenfalls außerorts – nicht vertraut werden darf (BayObLG 74, 83 = VRS 47, 462; vgl OLG Stuttgart VRS 44, 149; OLG Hamm VRS 46, 462); das gilt nach OLG Stuttgart (VM 78, 92) auch innerorts. Sie entfällt, wenn der Linksabbieger nach Setzen des Richtungs-Z langsam unmittelbar neben einer Fahrstreifenbegrenzung (Z 295) fährt (BayObLG aaO). Jedoch ist nach BayObLG (VRS 58, 451 = StVE 40) auch hier 2. Rückschau erforderlich, wenn der Abbiegende einen schnell nachfolgenden Kradf bemerkt hat, dessen weiteres Verhalten unklar ist (so auch BayObLG VRS 61, 382 bei einem im Stau neben einer Fahrstreifenbegrenzung befindlichen Linksabbieger; krit dazu Janiszewski NStZ 81, 473).

25   **f) Abs 2: Radfahrer.** Absatz 2 S 1 eröffnet dem Radfahrer eine Alternative zum direkten Linksabbiegen, welches auch nach wie vor zulässig ist. Will der Radfahrer nach einer Kreuzung oder Einmündung vom rechten Fahrbahnrand aus die Fahrbahn überqueren, so ist er gehalten, den Fahrzeugverkehr aus beiden Richtungen sorgfältig zu beachten. Sofern eine Radverkehrsführung vorliegt, muss der Fahrradfahrer an Kreuzungen oder Einmündungen ihr folgen. Dieses Gebot geht den anderen bestehenden Abbiegemöglichkeiten vor.

26   **g) Abs 3, 4: Vorrang des Gegenverkehrs.** Es handelt sich um keinen eigentlichen Vorfahrtfall, sondern um die Begegnung mit einem auf derselben Str Entgegenkommenden. Trotzdem sind die Wartepflichten des Linksabbiegers gegenüber dem GegenV u des aus einer anderen Str Kommenden gegenüber dem Vorfahrtberechtigten nahe verwandt u unterliegen im allg den gleichen Rechtsgrundsätzen. Für das Abbiegen in Kreuzungen mit Lichtzeichenregelung gelten die Vorschriften des § 9 iVm § 37 II 1 (s dazu § 37 Rn 11 ff); das Verhalten zweier sich begegnender Linksabbieger regelt § 9 IV S 2 in Form des sog **tangentialen Abbiegens** voreinander (s oben Rn 15).

27   Der **Kreuzungsbereich** gehört beiden sich kreuzenden Str an. Wer aus einer untergeordneten Str kommend in einer Kreuzung nach links in eine Vorfahrtstr einbiegen will, ist daher gegenüber den auf der bisher benutzten Str Entgegenkommenden wartepflichtig (BGHSt 8, 338). Er ist nicht etwa schon Benutzer der Vorfahrtstr u damit gegenüber dem GegenV bevorrechtigt. Anders, wenn die Fahrbahnen der untergeordneten Str außerhalb des Kreuzungsbereichs durch einen breiten, nicht befahrbaren Mittelstreifen oder eine entspr VInsel getrennt sind. Dann steht dem Linksabbieger gegenüber dem Verkehr auf der Gegenfahrbahn der untergeordneten Str die Vorfahrt nach Z 301, 306 zu, wenn sein Fz schon mit der ganzen Länge die Kreuzung mit der 1. Fahrbahn verlassen hat u auf der bevorrechtigten Str eingeordnet ist (BGH(Z) VRS 18, 252; BGHSt 16, 19; krit dazu Kullik DAR 85, 334). Das gilt auch, wenn die Fahrbahnen der untergeordneten Str lediglich auf dem von dem Abbieger bisher benutzten Str-Teil bis zur Kreuzung getrennt sind, während sich jenseits der Kreuzung die Str als einheitliche, gleich breite Fahrbahn fortsetzt (OLG Düsseldorf VRS 51, 379). Sind in einem solchen Fall die beiden Str gleichberechtigt, so steht dem Entgegenkommenden gegenüber dem Linksabbieger die Vorfahrt nach § 8 I, nicht nach § 9 III S 1 zu (OLG Hamm VRS 29, 231). Nach BayObLG 63, 67 = VRS 25, 202 soll schon eine Schrägstellung des einbiegenden Fz in der Verlängerung des

Abbiegen, Wenden und Rückwärtsfahren **§ 9 StVO**

Mittelstreifens den Übergang vom Begegnungs- zum Vorfahrtfall bewirken. Bedenklich, da Übergang aus Wartepflicht in Vorfahrt erst bei eindeutiger Einordnung in die Vorfahrtstr verantwortet werden kann; jede Schrägstellung spricht dafür, dass das Fz das Abbiegen noch nicht abgeschlossen hat (so auch OLG Karlsruhe DAR 97, 26). Auch keine Regelung nach § 9 IV zwischen einem Fz, das auf der eigentlichen Kreuzungsfläche nach links in eine Querstr einbiegt, u einem aus der bisherigen Gegenrichtung kommenden Fz, das unter Benutzung einer von der geradeaus weiterführenden Fahrbahn durch einen Fahrbahnteiler abgetrennte Abbiegespur nach rechts in die Querstr einbiegt; hier finden die Regeln über die Vorfahrt Anwendung; dies gilt auch dann, wenn der Verkehr auf der Rechtsabbiegespur u der GegenV gleichzeitig durch Wechsellichtzeichen freigegeben sind (so BayObLG 78, 69 = StVE § 8 StVO 26 unter teilw Aufg von BayObLG VM 73, 59).

Die **Wartepflicht** besteht gegenüber einem Entgegenkommenden, wenn dieser so nahe herangekommen ist, dass er durch das Abbiegen gefährdet oder auch nur in der zügigen Weiterfahrt wesentlich behindert werden würde (BGH VRS 18, 265 f). Zum Inhalt des VorR gilt das zu § 8 Rn 10, 31 ff Gesagte entspr. Ein Warteschild vor der Kreuzung beseitigt das VorR des Entgegenkommenden nicht (BGH VersR 63, 660). Der Linksabbieger muss aber nicht Kfze, die am Str-Rand der Gegenrichtung stehen, daraufhin beobachten, ob sie bald anfahren werden (OLG Hamm VRS 39, 233; DAR 73, 24); bei Fehlen des grünen Linksabbiegerpfeils kann er auch darauf vertrauen, dass kein GegenV mehr in die ampelgeregelte Kreuzung einfährt, wenn entgegenkommende Kfze vor der Ampel anhalten u er daraus den zutreffenden Schluss zieht, dass dieser GegenV bereits „Rot" hat (KG VRS 62, 261). Schätzfehler über die Entfernung u Geschwindigkeit des Entgegenkommenden gehen zu Lasten des Wartepflichtigen. Der Linksabbieger muss die linke Fahrbahn schleunigst überqueren, insb bei beschränkter Sicht (OLG Hamm NZV 94, 318). **28**

Das **VorR des Entgegenkommenden** geht wegen der vorrangigen Bedeutung der Durchfahrregelung nicht dadurch verloren, dass er sich selbst **verkehrswidrig** verhält (s § 8 Rn 52), dh verspätet (OLG Schleswig VersR 85, 893 Ls), zu schnell (OLG Nürnberg StVE 70), für den Linksabbieger nicht erkennbar bei Rot in die Kreuzung einfährt (OLG Hamm VRS 89, 23; OLG Düsseldorf NZV 03, 379) oder unbefugt einen Sonderfahrstreifen (Z 245) benutzt (KG NZV 08, 297; OLG Stuttgart DAR 95, 32; Hentschel-König § 9 Rn 39; Booß VM 91 S 21; anders beim gleichgerichteten Verkehr: s Rn 38). Der Wartepflichtige muss im StadtV auf Str, die eine höhere Geschwindigkeit zulassen, damit rechnen, dass der sichtbar Entgegenkommende die zulässige Geschwindigkeit mäßig überschreitet, aber nicht damit, dass er mit einer unvernünftig hohen Geschwindigkeit fährt oder sie während des Abbiegevorgangs erhöht (BGH VRS 29, 423; BGH VersR 65, 811; BayObLG VRS 5, 471). Mit welcher Überschreitung der zulässigen Geschwindigkeit der Linksabbieger rechnen muss, richtet sich nach den örtlichen Verhältnissen u der VLage (BGH(Z) VRS 67, 96; OLG Hamm VRS 46, 389; KG NJW-RR 04, 392); allgültige Richtwerte gibt es nicht (BGH aaO; OLG Köln VM 81, 83; s auch § 8 Rn 28, 37). Ist auf einer nur beschränkt übersehbaren Str kein entgegenkommendes Fz im Sichtbereich, so darf nach links abgebogen werden; Dabei muss er aber gegebenenfalls in die Gegenfahrbahn hineintasten, um dem Vorrang des Gegenverkehrs Rechnung zu tragen (BGH NZV 05, 249). Der Abbiegende kann hierbei bei Dämmerung nicht darauf vertrauen, dass ihm entgegenkommende Fahrzeuge beleuchtet sind (BGH NZV 05, 249). Dage- **28a** gen darf er darauf vertrauen, dass ein noch **nicht sichtbarer** Entgegenkommender auf Sichtweite fährt (BGHSt 12, 25; s OLG Celle NZV 94, 193), die rechte Fahrbahnseite benutzt (BGH DAR 57, 106; OLG Hamburg VRS 20, 307) u nach Eintritt in den Sichtbereich seine Geschwindigkeit auf den Abbiegevorgang einrichtet (OLG Hamm VRS 23, 69). Er darf idR ferner darauf vertrauen, dass der Entgegenkommende das Rotlicht einer dazwischenliegenden Fußgängerbedarfsampel nicht missachten wird (BGH(Z) VRS 63, 87; s. auch OLG Jena NZV 16, 390). Bemerkt der Linksabbieger aber ein entgegenkommendes Fahrzeug, das er bei Beginn des Abbiegens noch nicht sehen konnte, so muss er sofort anhalten, wenn er das Abbiegemanöver nicht mehr rechtzeitig abschließen kann (BGH NJW-RR 94, 1303; OLG Hamm NZV 96, 364).

29 Bei der **Berechnung,** ob die Entfernung des Entgegenkommenden ein gefahrloses Abbiegen vor ihm zuließ, ist zu berücksichtigen, dass der parallel zur Fahrbahnmitte Eingeordnete zum Abbiegen um 90° einen Linksbogen beschreiben muss, der nicht auf der Fahrbahnmitte, sondern an der rechten Begrenzung seines Fz beginnt. Auf ihn nähert sich der Abbieger dem Entgegenkommenden mind (beim Anfahren aus dem Stand) um den Radius des Wendekreises seines Fz. Die Länge des Einbiegewegs bis zum Verlassen der Gegenfahrbahn entspricht nicht etwa deren Breite, sondern setzt sich zusammen aus dem gefahrenen Bogen zuzüglich der Fz-Länge. Ist dem Abbieger die **Sicht** auf die Fahrbahn des GegenV durch ein Hindernis **versperrt,** so muss er sich wie ein Wartepflichtiger verhalten, dh sich bis zur Erlangung freier Sicht in die Gegenfahrbahn hineintasten (BGH NZV 05, 249; OLG Celle NZV 94, 193), bei einem nur ganz vorübergehenden Hindernis (haltende Straba) bis zu seiner Beseitigung warten (BayObLG 60, 153 = VRS 19, 312) oder sich einweisen lassen (KG VM 85, 21). Halten entgegenkommende Fze zur Ermöglichung des Ausweichens, so muss der Einbieger mit dem Auftauchen von Radf hinter den haltenden Fzen rechnen (OLG Celle VRS 37, 358).

30 Biegen zwei einander entgegenkommende Fze in **dieselbe Seitenstr** ein, so hat der nach rechts Einbiegende den Vortritt vor dem nach links Einbiegenden (IV). Letzterer darf nur gleichzeitig einbiegen, wenn er in so großem Abstand vom rechten Fahrbahnrand in die Seitenstr einfahren kann, dass er dadurch die Weiterfahrt des Rechtseinbiegers nicht behindert (BayObLG VRS 28, 230; OLG Hamm VRS 12, 460; KG VRS 25, 290).

31 Bei einer Kollision mit dem Längsverkehr spricht der **Beweis des ersten Anscheins** für ein Verschulden des Abbiegenden (BGH NZV 07, 294; NJW 05, 1351; OLG Düsseldorf NZV 06, 415. Erschüttert wird der Anscheinsbeweis bei stark überhöhter Geschwindigkeit des geradeaus Fahrenden (OLG Hamm ZfS 2003, 537) sowie dann, wenn sich aus nachgewiesenen Tatsachen die Möglichkeit ergibt, dass der Entgegenkommende bei Beginn des Abbiegemanövers noch nicht sichtbar war (OLG Brandenburg NZV 10, 154; OLG Hamm NZV 10, 28). Der **sichtbare** Bevorrechtigte darf darauf **vertrauen,** dass der Linksabbieger – auch wenn er das linke Richtungs-Z gesetzt hat – sein VorR auf ungehinderte Vorbeifahrt beachten werde, solange sich ihm kein erkennbarer Anlass zu gegenteiliger Befürchtung bietet (BGH NJW 81, 2301; BayObLG 75, 35 = VRS 49, 284; KG VM 85, 21), so insb wenn der Linksabbieger kurz auf der Kreuzung gehalten hatte (OLG Köln VRS 89, 352). Der Abbiegende haftet grundsätzlich allein (BGH NZV 05, 249; OLG Frankfurt NZV 10, 508; KG DAR94, 153). Ein Verstoß des Entgegenkommenden gegen das Rechtsfahrgebot ändert hieran nichts, da dieses nicht den Abbieger schützt (KG DAR 74, 232). Auch die Benut-

Abbiegen, Wenden und Rückwärtsfahren § 9 StVO

zung eines Sonderfahrstreifens durch den Entgegenkommenden beseitigt nicht dessen Vorrecht (OLG Stuttgart DAR 95, 32; OLG Hamm NZV 01, 428; aA KG NZV 92, 486). Das Linksabbiegen vor einem in schneller Fahrt entgegenkommenden Fz begründet ein derart grobes Verschulden, dass ein etwaiges Mitverschulden des Entgegenkommenden, das in einer leichten Überschreitung der zulässigen Geschwindigkeit liegt, ebenso zurücktritt wie die Betriebsgefahr seines Fz (BGH VersR 64, 514; OLG Koblenz NJW-RR 04, 392); bei **größeren Geschwindigkeitsüberschreitungen** kommt aber Mithaftung in Betracht (BGH NJW 84, 1962; OLG Hamm NZV 94, 318; OLG Zweibrücken DAR 00, 312; KG DAR 01, 300; NJW-RR 04, 392) uU sogar Alleinhaftung (Ss ZfS 03, 537 bei Überschreitung der Höchstgeschwindigkeit um 100%). Alleinhaftung des Entgegenkommenden besteht, wenn er das Rotlicht einer Ampel missachtet, insbesondere wenn der Linksabbieger bei **grünem Abbiegepfeil** einbog (BGH NJW 82, 1756; KG NZV 94, 31). Bleibt ungeklärt, ob der grüne Abbiegepfeil aufleuchtet, so ist bei gleicher Betriebsgefahr Schadensteilung geboten (BGH NZV 97, 350; NJW 96, 1405; OLG Düsseldorf NZV 95, 311; KG NZV 99, 512). Steht allerdings fest, dass der Geradeausfahrer bei „spätem Rot" in den Kreuzungsbereich eingefahren ist, so haftet er auch dann alleine, wenn sich nicht klären lässt, ob der Grünpfeil für den Linksabbieger aufleuchtete (KG NZV 1999, 512; OLG München v. 26.4.2013 – 10 U 4203/12, Beck RS 2013, 07722) Bleibt bei einer Ampel ohne Grünpfeil ungeklärt, ob der Entgegenkommende bei Rot eingefahren ist, so verbleibt es bei der Alleinhaftung des Abbiegenden (OLG Hamm NZV 89, 191). Mit entgegenkommendem Verkehr, der während der Gelbphase in die Kreuzung eingefahren ist, muss der Abbiegende rechnen. Hier kommt zumindestens Haftungsteilung in Betracht (OLG Hamm NZV 89, 191; OLG Koblenz VersR 92, 1016; OLG Hamm NZV 01, 520: ⅔ ./. ⅓ zu Lasten des Linksabbiegers).

Bei einer **Kollision des Linksabbiegers mit einem ordnungsgemäß Über-** 31a
holenden spricht idR der Beweis des ersten Anscheins für ein Verschulden des Abbiegenden (OLG München NJW 15, 1892; OLG Saarbrücken r+s 15, 93; KG NZV 06, 309; MDR 11, 97; OLG Bremen v. 1.9.2009 – 3 U 36/09, Beck RS 2009, 28874), da der Abbiegende zumindestens die zweite Rückschaupflicht missachtet haben muss. Kein Anscheinsbeweis aber beim Überholen einer Kolonne (OLG Hamm NZV 07, 77; OLG Saarbrücken NJW-RR 15, 279). Bei Kollisionen des Linksabbiegers, der seine Fahrtrichtungsänderung rechtzeitig anzeigte und lediglich die zweite Rückschaupflicht nicht beachtete, mit einem Überholer, überwiegt der Haftungsanteil des Überholers (BGH VersR 61, 560; OLG Hamm VersR 81, 340; KG NZV 09, 38). Keine Haftung des Linksabbiegers bei grob verkehrswidrigem Überholen unter Umfahren einer Verkehrsinsel (LG Erfurt NZV 07, 307; vgl auch OLG Frankfurt NZV 15, 438). Zur Haftungsverteilung s ferner OLG Düsseldorf NZV 98, 502; OLG Köln NZV 99, 333: Haftungsteilung, OLG Frankfurt NZV 03, 415; 60:40 zu Gunsten des Überholenden). Ordnet sich der Abbieger nicht zur Mitte hin ein, so trifft ihn idR eine Mithaftung von mindestens 50% (KG VM 90, 52; OLG Nürnberg VersR 73, 1126). Bei Missachtung des Überholverbotes bzw. bei Geschwindigkeitsüberschreitung haftet der Überholende überwiegend (OLG Düsseldorf VersR 73, 372; OLG Bamberg r+s 85, 191; OLG Koblenz NZV 05, 413); OLG Hamm nicht sogar allein (OLG Düsseldorf NZV 98, 72; OLG Frankfurt v. 19.3.15 – 22 U 225/13, Beck RS 2015, 07627). Dagegen haftet der Abbieger regelmäßig allein, wenn er seine Abbiegeabsicht nicht anzeigt; ist das Betätigen des Blinkers nicht aufklärbar, so haftet der

Abbieger gegenüber einem ordnungsgemäß Überholenden überwiegend (OLG Hamm VersR 81, 340), nach wohl h. M. tritt die Betriebsgefahr sogar völlig zurück (OLG Naumburg NZV 09, 227; KG NZV 06, 309; OLG Nürnberg NZV 03, 89).

32 **6. Rechtsabbiegen. a) vom rechten Fahrbahnrand.** Wer sich so **weit rechts eingeordnet** hat, dass sein Abstand zum rechten Fahrbahnrand ein gefahrloses Überholen auch durch ein Krad oder Fahrrad nicht zulässt, die bevorstehende Richtungsänderung rechtzeitig angezeigt u seine Geschwindigkeit allmählich ermäßigt hat, darf darauf vertrauen, dass ihn kein nachfolgendes Fz rechts zu überholen versucht (BayObLG VRS 60, 308). Das gilt auch, wenn der Kf kurz vor dem Abbiegen einen kleinen Linksbogen ausfährt, um die Einfahrt zu erleichtern, oder wenn er nach rechts in ein Grundstück einbiegen will (BayObLG 64, 12 f = VRS 27, 153; NZV 91, 162; OLG Düsseldorf DAR 80, 157 = StVE 38). Schließt sich aber rechts an die Fahrbahn eine für ein Überholen genügend breite Fläche an, so muss er den rückwärtigen Verkehr vor dem Abbiegen beobachten (OLG Hamm VRS 31, 303; 38, 123; s auch unten 35 f). Das Einordnungsgebot des § 9 I S 2 verdrängt als Sonderregelung die Anwendung des § 2 II (OLG Düsseldorf VM 77, 96). Im GroßstadtV wird zur flüssigeren Abwicklung des Verkehrs das **paarweise Rechtsabbiegen** zugelassen, soweit dies die Fahrbahnbreite gestattet u dadurch niemand behindert wird (BayObLG VRS 60, 391 mwN; s auch § 7 Rn 20). Der sich links befindliche Rechtsabbieger darf den sich rechts befindlichen weder einengen noch behindern und muss ihm notfalls den Vorrang gewähren (KG NZV 05, 91; Hentschel-König 27). Ist ein paralleles Abbiegen durch Richtungspfeile vorgesehen, kommt ein Vorrang jedoch nicht in Betracht. Hier gilt die Pflicht zum Spurhalten. Der links Fahrende muss den Bogen soweit nehmen, dass er die in der rechten Spur fahrenden Fahrzeuge nicht behindert und umgekehrt (BGH NZV 07, 185; § 7, 23).

33 **b) von weiter links.** Wer sich aus verkehrsbedingten Gründen oder wegen der Bauart seines Fz **nicht** rechts **einordnen** kann, verstößt nicht gegen § 9 I S 2. Er muss aber damit rechnen, dass ihn andere Fze rechts überholen oder trotz Rechtsabblinkens u -Einordnung geradeaus fahren; er darf daher nur nach gewissenhafter **Rückschau** die Rechtsbewegung ausführen (KG VRS 69, 305 = StVE 64), wobei ein toter Winkel einzukalkulieren u auf geeignete Weise zu überwinden ist (OLG Köln NZV 95, 74). Insb muss derjenige, der aus der Fahrbahnmitte oder gar vom linken Fahrbahnrand aus nach rechts einbiegen will, nötigenfalls anhalten u den rechts eingeordneten Verkehr vorbeifahren lassen (BGH VRS 15, 467; BayObLG DAR 74, 304; KG VRS 69, 305; VM 91, 48; OLG Köln aaO). Die vom BGH (aaO) aufgestellte weitere Forderung, der Rechtseinbieger müsse, nachdem er die hinter ihm liegende Fahrbahn als frei erkannt hat, noch während des Einbiegens die Beobachtung nach rückwärts fortsetzen, ist auch für schwerfällige Fze, die den Rechtsbogen nicht zügig durchführen können, im Rahmen der techn Möglichkeiten gerechtfertigt. Diese müssen bei Nacht zusätzlich während des länger dauernden Einbiegemanövers nach beiden Seiten mit Warnleuchten ausgestattete Hilfspersonen aufstellen, um den nahenden Verkehr zu warnen (§ 1 Rn 43 f). Auch Führer größerer Fahrzeuge, die wegen der Länge des Fahrzeuges erst nach links ausbiegen müssen, sind zu erhöhter Sorgfalt gegenüber dem nachfolgenden Verkehr verpflichtet (OLG Hamm NZV 91, 268). Gegebenenfalls muss der Fahrer sich eines Beobachtungshelfers oder eines Warnpostens bedienen (OLG Köln VRS 48, 427). Insbesondere muss

Abbiegen, Wenden und Rückwärtsfahren **§ 9 StVO**

bei atypischen Rechtsabbiegemanövern auch jede Gefährdung des Gegenverkehrs ausgeschlossen sein (Geigel-Zieres Kap 27 Rn 268), beispielsweise infolge ausschwenkender Ladung (OLG Hamm NZV 94, 399) oder Benutzung der Gegenfahrbahn beim Abbiegen.

Wenn gefahrlos möglich, darf ein Kf an einer rechts verkehrsbedingt haltenden 34 Kolonne vorbeifahren u durch eine freigehaltene Lücke nach rechts abbiegen (OLG Düsseldorf VRS 52, 210).

7. Abs 3 Satz 1 u 2: Vorrang der Radfahrer und der Straßenbahn. 35
a) Radwege. Radwege neben der allg Fahrbahn sind Teile derselben Str. Gegenüber dem Rechts- u Linksabbieger haben auch Radf, die auf dem neben der allg Fahrbahn gelegenen Radweg **entgegenkommen,** den Vorrang des GegenV aus III S 1, der nicht nur für die allg Fahrbahn, sondern auch für Sonderwege gilt (s auch 28a). Der Linksabbieger muss auch dann, wenn für ihn kein Z 237 zu sehen ist, darauf achten, ob nicht zwischen Fahrbahn u Gehweg ein Radweg verläuft (BayObLG VM 79, 7).

Da Fahrräder ohne u mit Hilfsmotor, die auf der Fahrbahn, dem Seitenstreifen 36 oder einem Radweg in der **gleichen Richtung** fahren, ein VorR gegenüber dem Rechtsabbieger haben, soweit sie sich zZ des Abbiegens bereits in gefährlicher Nähe befinden, muss sich der Abbieger vor dem **Rechtsabbiegen** vergewissern, dass er keinen nahe aufgerückten Radf gefährdet. Diese Pflicht findet zwar faktisch Grenzen in den durch die technische Beschaffenheit, insb bei **Lkw,** gegebenen Rückschaumöglichkeiten. Der Lkw-Fahrer muss in solchen Fällen sich bis zum Abbiegen ständig darüber vergewissern, ob sich nicht auf dem rechts neben ihm liegenden Radweg oder Mehrzweckstreifen nach § 9 III S 1 bevorrechtigte Radf genähert haben (s OLG Hamm VRS 73, 280; BayObLG NJW 88, 1337); notfalls muss er sich – wie ein Wartepflichtiger – langsam u bremsbereit vortasten (OLG München NZV 89, 394, OLG Bremen NZV 92, 35). Er kann nicht darauf vertrauen, dass auf dem Radweg fahrende, sich im toten Winkel befindliche Radfahrer seine Richtungszeichen beachten und nicht geradeaus weiterfahren (KG NZV 89, 122 u § 5 VIII).

b) Schienenfahrzeuge. Schienen-Fze auf eigenem Gleiskörper neben der allg 37 Fahrbahn genießen den gleichen Vorrang wie die Benutzer der Radwege gegenüber den abbiegenden anderen Fzen. Das zu a) Ausgeführte gilt entspr. Über den Vorrang der innerhalb der Fahrbahn verlegten Straba vgl § 2 Rn 50; über das Einordnen auf Straba-Gleisen oben 19 (vgl auch § 12 IV S 5). Ist der Übergang über den Gleisbereich mit dem Andreaskreuz (Z 201) gesichert, so gilt § 19.

c) Linienomnibusse und Fahrzeuge auf Sonderfahrstreifen. Linienomni- 38 busse u Fze auf Sonderfahrstreifen, Busstreifen; Kennzeichnung nur durch Z **245** oder **250** m Zusatzschild (Streckenverbot: LG Mainz VRS 88, 181); Fahrbahnaufschrift „BUS" genügt nicht, sie dient nur der Verdeutlichung (VwV zu Z 245 Nr II 1; BayObLG VRS 59, 236). Die berechtigten Benutzer genießen auf Grund des S 2 Durchfahrvorrang vor dem **gleichgerichteten,** nach links oder rechts abbiegenden IndividualV; dh sie dürfen vor Links- u Rechtsabbiegern ungehindert durchfahren. Das gilt bei entspr Beschilderung auch für **Taxen** u – neuerdings – **Radf** (s Erl zu Z 245), jedoch nicht für unbefugte Benutzer (s S 3 der Erl zu Z 245 sowie Hentschel-König 39; OLG Stuttgart DAR 95, 32; KG VM 95, 3; anders beim BegegnungsV: s oben 28a); auf sie ist jedoch bes zu achten (KG aaO). – Taxen dürfen hier, wenn zugelassen, nur an den Bushaltestellen anhalten (§ 12 I a). Wegen der bes Licht-Z s § 37 II 4.

39   **8. Abs 3 Satz 3: Rücksicht auf Fußgänger.** Auf Fußgänger, die in der bisherigen Längsrichtung die Fahrbahn überqueren, muss der Abbieger besondere Rücksicht nehmen. Dem Fußgänger wird somit der Vorrang eingeräumt (OLG Hamm NZV 05, 94; Geigel-Zieres Kap 27, Rn 288). Dem Fußgänger gleichgestellt sind Benutzer der besonderen Fortbewegungsmittel nach § 24, wozu auch Inliner-Scater (BGH NZV 02, 225; Ka NZV 99, 44) und Fußgänger, die Fahrzeuge schieben, gehören. Nicht unter III S 3 fallen aber gemäß § 2 V S 2 auf dem Radweg fahrende Kinder (s hierzu § 9 III S 1), bei denen allerdings mit verkehrwidrigem Verhalten zu rechnen ist (BayObLG NZV 98, 281). Das Gebot der besonderen Rücksichtsnahme gilt nur im Kreuzungsbereich, also nicht in 75 m Entfernung (OLG Hamm VM 73, 96; NZV 95, 72; nicht bei ampelgeregelte Umgebung (OLG Celle SP 05, 403); aA KG VM 75, 2 bei 13 m Entfernung). Außerhalb des Kreuzungsbereiches gelten die zu § 25 III entwickelten Regeln (s Greger NZV 90, 411). Das Gebot der besonderen Rücksichtsnahme gilt für Fußgänger aus beiden Richtungen (OLG Celle VRS 39, 44; OLG Köln VRS 59, 456). Es gilt auch, wenn Fußgänger aus Sicht des Fahrzeugführers längs der Fahrbahn eine Einmündung innerhalb der geschützten Querungsstraße überqueren, selbst wenn die vom Fz befahrene Straße sich nach der Einmündung nicht fortsetzt, sog. T-Kreuzung (OLG Hamm NZV 13, 190). Es bedingt, dass so langsam abgebogen werden muss, dass jederzeit angehalten werden kann, d. h. in der Regel Schrittgeschwindigkeit (KG VRS 37, 445; OLG Köln VRS 51, 72; BayObLG NZV 89, 281). Dabei muss möglichst hinter den Fußgängern hergefahren werden, zumal mit einem Rücklauf nicht gerechnet werden muss (KG NJW-RR 86, 1287). Erforderlichenfalls muss gewartet werden. Die Pflicht besteht schon dann, wenn mit Fußgängern gerechnet werden muss (BayObLG VRS 65, 233; OLG Köln aaO), auch wenn sie aus fahrzeugtechnischen Gründen vorübergehend noch nicht zu sehen sind (BayObLG NZV 89, 281; OLG München DAR 06, 394). Sie gilt auch für Straßenbahn- und Linienbusführer (OLG Hamm NZV 94, 399). Das Vorrecht der Fußgänger wird durch das Gebot gegenseitiger Rücksichtnahme gem. §§ 1 I, 11 III eingeschränkt; Fußgänger müssen sich wenigstens durch beiläufigen Blick nach den Seiten über die Verkehrslage vergewissern und bei erkennbarer Gefährdung warten (OLG Hamm NZV 13, 190). Sie dürfen das Abbiegen nicht unnötig erschweren und müssen die Straße zügig und geradeaus überschreiten (s §§ 25, 26).

40   **9. Abknickende Vorfahrt.** Durch Z 306 mit Zusatzschild (1002 VzKat) wird die sog abknickende Vorfahrt begründet. Sie gibt nach § 42 II (Zusatzschild zu Z 306) den Verlauf der Vorfahrtstr bekannt, gleichgültig, ob er deren natürlichem Verlauf entspricht oder ob zwei Str-Teile an einer Kreuzung entgegen ihrem natürlichen Verlauf zu einem bevorrechtigten Str-Zug zusammengefasst werden. Wer dem abknickenden Verlauf folgt, ändert zwar seine Fahrtrichtung, biegt aber nicht iS des § 9 I ab, muss sich also auch nicht entspr einordnen (BayObLG 72, 67 = VRS 43, 301). Nach dem ausdrücklichen Gebot zum Zusatzschild zu Z 306 muss er aber den **Fahrtrichtungsanzeiger** wie beim Abbiegen betätigen u nach derselben Vorschrift auch auf **Fußgänger** bes Rücksicht nehmen (aA BayObLG 83, 64 = VRS 65, 233, das die bes Rücksichtnahmepflicht auf Str verneint, die unzweifelhaft einen einheitlichen Str-Zug darstellen; dagegen Janiszewski NStZ 83, 549). Wer aus dem Knick geradeaus weiterfährt oder aus der Verlängerung in

Abbiegen, Wenden und Rückwärtsfahren **§ 9 StVO**

die abknickende Vorfahrt unter Beibehaltung seiner Richtung einfährt, muss kein Richtungs-Z geben (OLG Hamm VM 74, 70; nach BayObLG DAR 86, 126 u OLG Oldenburg NZV 94, 26 darf er das nicht), wohl aber, wenn die beiden Str von der bisherigen Richtung nach Art einer Str-Gabel auseinandergehen.

Irreführender Fahrtrichtungsanzeiger: Wer ein Richtungs-Z gibt, obwohl 40a er die abknickende Vorfahrt geradeaus weiterfahrend verlässt oder in sie ohne Richtungsänderung einfährt, handelt uU ow (s unten Rn 71). Auf die Richtigkeit des Blinkverhaltens bei der abknickenden Vorfahrt sollten andere VT nach bisheriger Ansicht nicht vertrauen dürfen (so OLG Zweibrücken DAR 74, 166; BayObLG 74, 80 = VRS 47, 457; DAR 86, 126), weil die Zeichengebung hier lange unklar war; das hält OLG Zweibrücken (ZfS 90, 430 unter Aufg v DAR 74, 166) mit Recht nicht mehr für vertretbar (s auch § 8 Rn 42).

Von diesen Sonderbestimmungen abgesehen ist der zusammengefasste Str-Zug 41 eine **einheitliche Str** iS des § 9. Wer also aus einer nach rechts abknickenden Vorfahrtstr geradeaus weiterfahren will, muss dem von rechts kommenden Verkehr nach § 9 III S 1 den Vorrang einräumen; kein Vorfahrtfall (OLG Hamm VRS 51, 73). Wer der nach links abknickenden Vorfahrt folgt, ist gegenüber dem Verkehr aus der Verlängerung des bisher befahrenen Schenkels nach Z 306 vorfahrtberechtigt (OLG Hamm VRS 28, 54). Wer dem Verlauf einer nach links abknickenden Vorfahrt nicht folgt, sondern geradeaus weiterfährt, biegt nach rechts ab, muss also nach § 9 III S 1 einen der Linkskurve weiter folgenden Radf durchfahren lassen, auch wenn dieser nicht gem Zusatzschild zu Z 306 abwinkt (BayObLG 85, 142 = Zf S 86, 126); er hat aber im sonstigen Kreuzungsbereich die Vorfahrt gegenüber dem von rechts Kommenden (BGH(Z) VRS 40, 328); der Kreuzungsbereich wird als Einheit betrachtet, die auch durch eine den Verlauf der Vorfahrtstr kennzeichnende weiße Linie nicht unterbrochen wird (BGH(Z) VRS 65, 270).

Die Vorfahrt der VT auf den **untergeordneten Schenkeln** untereinander 42 richtet sich nach dem Grundsatz „rechts vor links", u zwar auch dann, wenn sich auf dem rechten Schenkel ein Stoppschild (Z 206), auf dem linken nur ein Z 205 befindet (BGH(Z) VRS 47, 84; KG VRS 39, 462). Bei abknickender Vorfahrt hat im Verhältnis der untergeordneten Str zueinander auch dann der von rechts Kommende die Vorfahrt, wenn in der von ihm befahrenen Str das Z 206, in der anderen dagegen nur das Z 205 aufgestellt ist. Der von links Kommende darf in diesem Falle auch nicht darauf vertrauen, dass der Vorfahrtberechtigte pflichtgemäß vor der Kreuzung anhalten u dass es deshalb gar nicht zu einem Vorfahrtfall kommen werde (BayObLG 78, 13 = StVE § 8 StVO 24).

Bei Kollisionen des Rechtsabbiegers mit geradeausfahrenden Radfahrern haftet 42a der Rechtsabbieger idR allein (OLG Hamm NZV 89, 274; OLG Bremen NZV 92, 35; OLG München NZV 89, 394). Bei einem Zusammenstoß des Rechtsabbiegers, der um den Abbiegevorgang durchführen zu können, nach links ausschwenkt, mit einem rechts überholenden Fahrzeug kommt zumindest eine Haftungsteilung, wenn nicht sogar eine überwiegende Haftung des Abbiegers in Betracht (OLG Hamm NZV 91, 268; OLG Frankfurt VersR 90, 912). Bei einem Unfall zwischen einem nach rechts abbiegenden Kfz und einer Straßenbahn besteht idR Alleinhaftung des Abbiegenden (OLG Koblenz NZV 93, 476), ebenso beim Zusammenstoß mit geradeausfahrenden Radfahrern.

10. Die durch Verkehrszeichen vorgeschriebene Fahrtrichtung. a) Ver- 43
kehrslenkung im Allgemeinen. Grundsätzlich steht es im Belieben des Kf, in welcher Richtung er eine Fahrbahn benutzen u ob u wo er abbiegen will. Ausnah-

StVO § 9 I. Allgemeine Verkehrsregeln

men: § 2 I für Str mit zwei Fahrbahnen, § 18 XI für ABen u Kraftfahrstr. Der moderne MassenV kann aber nur bewältigt werden, wenn er weitgehend „kanalisiert" dh in gleichmäßige VStröme geleitet wird, in Städten bes durch ein System von Einbahnstr. Das Ziel des reibungslosen Ablaufs dieser VStröme lässt für individuelle Fahrwünsche einzelner oft keinen Spielraum.

44   **b) Zeichen 209–214, 222.** Die Z 209, 214 „Vorgeschriebene Fahrtrichtung" enthalten ein Abbiegeverbot in die nicht freigegebene Richtung. Die Z stehen unmittelbar **vor** der Abbiegestelle (BayObLG bei Rüth DAR 85, 236), **Z 211** „hier rechts" bzw „hier links" hinter ihr (VwV zu Z 209–214). Letzteres bezeichnet die Stelle, an der eine durch Z 209 angeordnete Fahrtrichtungsänderung ausgeführt werden muss, hat aber bei Fehlen der Ankündigung auch selbständigen Gebotscharakter. Z 209 verbietet nicht, abweichend von der Pfeilrichtung in ein Grundstück einzufahren (OLG Frankfurt VRS 46, 63). Das rechts aufgestellte Z 209 gilt jedenfalls dann für die ganze Fahrbahn, wenn eine Fahrstreifenmarkierung fehlt (OLG Düsseldorf NZV 91, 204).

45   Mit den **Z 209–214** darf das **Z 222** nicht verwechselt werden, das nicht eine Fahrtrichtung, sondern nur die Vorbeifahrt an Fahrbahnteilern, Haltestellen- u anderen VInseln vorschreibt zum Zwecke der Leitung des Verkehrs in die richtigen Fahrbahnen, nicht die Fahrtrichtung danach (BayObLG DAR 78, 193). Es richtet sich an diejenigen VT, die entweder in gerader Fahrt oder als Einbieger in den Raum **hinter** dem Z gelangen wollen, nicht aber an diejenigen, die die Fahrbahn **vor** dem Z überqueren oder vor ihm einbiegen, ohne den dahinter liegenden Raum zu berühren. Da die Z 209–222 nicht den Vorrang, sondern die weitere Fahrtrichtung regeln, sind sie auch im LichtampelV zu beachten, außer wenn die Richtung durch Grünpfeile angezeigt wird (§ 37). Der Erleichterung des kanalisierten EinbahnV dienen VLenkungstafeln **Z 468**.

46   **c) Zeichen 220 – Einbahnstraße.** Z 220 „Einbahnstraße" verpflichtet, die Fahrbahn nur in der vorgeschriebenen Richtung zu befahren; es gilt auch für Radf auf Radwegen, soweit dort eine anderweitige Regelung fehlt (BGH NJW 82, 334; OLG Bremen VersR 97, 765; Hentschel § 8 Rn 30; s § 2 Rn 55 u § 8 Rn 54. Keine Vorfahrt für Falschfahrer; s aber BGHSt 34, 127 = NJW 86, 2651; OLG Hamm NZV 97, 123; ZfS 96, 364: Verbotswidrig links fahrender Radf behält in Vorfahrtstr die Vorfahrt). Das Z muss an jeder Kreuzung u Einmündung wiederholt werden (zur Anbringung an Tankstellenausfahrten s BGH(Z) VM 85, 103; sonst uU Amtspflichtverletzung: OLG Frankfurt VersR 88, 914); sonst gilt es für Einbieger nicht (s OLG Koblenz VRS 61, 70). Diesen kann aber auch durch ein **Z 209, 214** die Einfahrt in die verbotene Richtung verwehrt werden. Das **Z 267** verbietet die Einfahrt aus der Gegenrichtung. Es ist am Ende der Einbahnstr u an Kreuzungen u Einmündungen anzubringen (VwV zu Z 220 II 5). Es kann nur den ganzen Verkehr in der verbotenen Richtung sperren, aber nicht als Abbiegeverbot aus einer Richtung des QuerV verwendet werden (BayObLG 68, 117 = VRS 37, 143) oder nur die Einfahrt in einen Teil der Fahrbahn sperren (OLG Karlsruhe VM 76, 24).

47   Für den FahrV der Einbahnstrecke wird deren Ende im allg nur angezeigt, wenn in der Fortsetzung derselben Str GegenV zugelassen wird; dann **Gefahren-Z 125** „Gegenverkehr". Das **Richt-Z 353** kann ergänzend zur Verdeutlichung der Einbahnstr für deren Benutzer angebracht werden, hat aber keine rechtsbegründende Bedeutung.

Abbiegen, Wenden und Rückwärtsfahren **§ 9 StVO**

Durch die, sei es auch nur vorübergehende, Umwandlung einer Durchgangs- 48
in eine Sackstr verliert eine für diese Str angeordnete Einbahnstr-Regelung, die
nunmehr eine Ausfahrt aus der Str unmöglich machen würde, ihre Wirkung. Ein
zu Beginn der Str an der linken Seite aufgestelltes Halteverbots-Z verbietet in
diesem Falle einem Fz-Führer, der die Str entgegen der Einbahnstr-Regelung
befährt, nicht ein Halten an dem für ihn rechten Fahrbahnrand (BayObLG 75,
143 = VRS 50, 233 = StVE § 41 StVO 3).

d) Kreisverkehr. Für den **Kreisverkehr** sieht die StVO kein bes Z vor, nach- 49
dem die frühere Vorfahrt aus dem Kreis in Angleichung an das internationale R
aufgehoben werden musste. Das Linksabbiegen vor der Kreismitte kann daher nur
durch Z 209–214 verboten werden (vgl VwV zu Z 209–214 IX).

e) Fahrbahnmarkierungen. Die **Fahrstreifenbegrenzung, Z 295,** darf 50
auch zum Abbiegen nicht überfahren werden (vgl § 2 Rn 85 ff; OLG Hamm
VRS 48, 65). Nach ihrem Ende, zB wenn sie bis zur Haltlinie vor einer Kreuzung
führt, beschränkt sie die Fahrtrichtung nicht. In der Kreuzung weiterführenden
durchgehenden Linien muss aber der FahrV folgen (BayObLG 59, 153 = VM
59, 104; OLG Oldenburg VRS 33, 51; vgl OLG Stuttgart VRS 24, 227).
Leitlinien u Richtungspfeile, Z 297. Die **Leitlinie, Z 340,** ist ein bloßes 51
Richt-Z. Sie darf überfahren werden u verbietet Abbiegen oder geradeaus Weiterfahren entgegen ihrem Verlauf nicht. Pfeile nach § 41 III 5 S 1 Z 297 sind RichtZ, die das rechtzeitige Einordnen „empfehlen" (Begr); ihre Nichtbeachtung ist
nicht ow (OLG Bremen DAR 93, 304). Das gilt auch, wenn von mehreren durch
Leitlinien getrennten Fahrstreifen nur einer mit Richtungspfeilen versehen ist
(BayObLG 74, 68 = VRS 37, 394). Treffen aber Leitlinien oder Fahrstreifenbegrenzungen mit Richtungspfeilen für verschiedene Richtungen zusammen, so
schafft Z 297 ein **Fahrtrichtungsgebot** „auf" der Kreuzung (§ 41 III 5 S 3; BayObLG 83, 87 = VRS 65, 301; OLG Düsseldorf DAR 88, 100), dessen Missachtung ow ist (s § 49 III 4; OLG Düsseldorf ZfS 86, 34); zur Wirkung dieser Markierung als Halteverbot nach § 41 III Nr 5 S 4 s § 12 Rn 42. Ein Überholverbot
begründet diese Markierung nicht (OLG Düsseldorf aaO).

11. Abbiegen in ein Grundstück (Abs 5). a) Allgemeines. Die Einfahrt 52
in ein Grundstück gehört zum „Abbiegen" iS von § 9, so dass dessen Vorschriften
unmittelbar anwendbar sind; geschützt werden soll der Folge- u Gegen-V (OLG
Düsseldorf NZV 93, 198), auch der vom Straßenrand anfahrende Verkehr (OLG
München DAR 05, 287). Für die Grundstückseinfahrt kommen in erster Linie
die in I–IV enthaltenen allg Regeln für das Abbiegen zur Anwendung (BGH
VersR 72, 459). Lediglich Verstöße gegen die „darüber hinaus" verlangte erhöhte
Sorgfaltspflicht sind nach V zu beurteilen. Insoweit verlangt V von allen FzFührern für den Spezialfall der bes gefährlichen Einfahrt in ein Grundstück ein
solches Maß an Sorgfalt, dass die Gefährdung anderer VT auf der Str (s OLG
Karlsruhe VRS 77, 45), nicht der bereits auf oder neben dem Grundstück Befindlichen (OLG Düsseldorf NZV 88, 231; 93, 198; VM 93, 37 m abl St Booß) oder
ihrerseits Ausfahrwilligen (OLG Düsseldorf NZV 91, 392; OLG Hamm NZV
94, 154) ausgeschlossen ist (s dazu 55). Zum Abbiegen gehören alle der Einleitung,
Vorbereitung u Durchführung dienenden Manöver bis zu seiner Beendigung
(Booß VM 93, 37 S 29). Maßgeblich für § 9 ist (iG zu § 10), dass das Fz den
fließenden Verkehr verlässt (OLG Frankfurt DAR 88, 243; aA OLG Düsseldorf
NZV 93, 360).

StVO § 9 I. Allgemeine Verkehrsregeln

53 Der Begriff „**Grundstück**" umfasst alle nicht für den öff Verkehr bestimmten, also vor allem die **privaten** Grundflächen, auch Privatwege u -straßen (vgl § 1 Rn 13 ff; § 10 Rn 3). Tatsächlich oder rechtlich öff Flächen, die nicht dem fließenden Verkehr dienen (OLG Düsseldorf NZV 88, 231; 93, 198, 360), wie Parkplätze, -Taschen u -Streifen neben der Fahrbahn oder Tankstellen, sind „Straßenteile" iS des § 10 (OLG Hamm NZV 14, 262; OLG Stuttgart DAR 2012, 93; OLG Düsseldorf NZV 93, 360; LG Saarbrücken NJW-RR 15, 154; aA KG NzV 07, 408; OLG Köln vom 19.8.2014 – 19 U 30/14, Beck RS 2015, 020881). Feld- bzw. Waldwege sind keine „Grundstücke". Beim Abbiegen gelten aber verschärfte Sorgfaltspflichten, da diese für den nachfolgenden Verkehr häufig schwer zu erkennen sind (OLG Naumburg NZV 09, 227).

54 Für das in § 10 geregelte **Einfahren** in die Fahrbahn gilt, da es nicht etwa als Spezialfall der Vorfahrt gestaltet ist, ausschließlich § 10. Ein weiterer Unterschied besteht darin, dass die Einfahrt aus einem Grundstück u die aus einem anderen Str-Teil gleich behandelt sind, während § 9 V die erhöhte Sorgfalt nur beim Abbiegen in ersteres verlangt. Diese Unterscheidung ist verkehrsgerecht; denn das Einfahren ist viel gefährlicher als das Verlassen der Fahrbahn etwa in eine Tankstelle (s dazu auch OLG Düsseldorf NZV 93, 360 u § 10 Rn 2; Vorrang des in die Tankstelle Abbiegenden vor dem Herausfahrenden: OLG Karlsruhe VRS 77, 45). Der fließende Verkehr muss das Abbiegen in ein Grundstück einem unter Setzen des Richtungs-Z ordnungsgemäß Eingeordneten ermöglichen; insoweit kein „Vorrang" des fließenden Verkehrs (wie oben Rn 8).

55 **b) Die Sorgfaltspflicht.** Zum Begriff „ausgeschlossen" s § 10 Rn 7 ff. Für das Abbiegen in ein Grundstück sind die dargelegten Rechtsgrundsätze über das allg Abbiegen maßgebend (vgl oben Rn 22 ff, 52). Eine erhöhte Vorsicht wird insb deshalb verlangt, weil beim Abbiegen in ein Grundstück nachfolgende VT meistens schwerer als beim Abbiegen in eine andere Str oder etwa in einen öff Parkplatz erkennen können, wo der Vorausfahrende abbiegen will (BGHSt 15, 183; s auch OLG Düsseldorf NZV 93, 360). Dem muss durch bes sorgfältige Ausführung der og Abbiegerpflichten, insb eine rechtzeitige Anzeige (evtl durch sog „Stotterbremse"; OLG Hamm NZV 91, 268), verbunden mit einer allmählichen u deutlichen Herabsetzung der Geschwindigkeit, die je nach Sachlage auch neben dem Einordnen geboten sein kann, Rechnung getragen werden (OLG Hamburg VkBl 54, 312; Ol DAR 59, 111; OLG Hamm DAR 59, 195). Die Pflicht zur Rückschau unmittelbar vor dem Abbiegen (vgl oben Rn 22) besteht auch im innerörtl Verkehr; selbst nach deutlicher Verminderung der Geschwindigkeit u rechtzeitiger Anzeige des Abbiegens nach rechts in ein Grundstück besteht jedenfalls bei größerem Abstand zum rechten Fahrbahnrand (1,20 m) nochmals eine Rückschaupflicht (BayObLG NZV 91, 162). Ein **Einweiser** ist nur im Rahmen der hierfür geltenden Grundsätze (§ 1 Rn 43 ff) zuzuraten.

55a Kommt es zu einer Kollision des Abbiegenden mit dem durchgehenden Verkehr, so spricht der Beweis des ersten Anscheins gegen den Abbiegenden (OLG Düsseldorf NZV 16 123; Hentschel – König 44). Bei einer Kollision mit dem nachfolgenden Verkehr greift der Anscheinsbeweis gegen den Abbiegenden (OLG München NJW 15, 1892), nicht aber bei einem Auffahren des nachfolgenden Fz (OLG Düsseldorf NZV 16, 123; aA LG Saarbrücken vom 24.1.2014, 13 S 168/13, Beck RS 2014, 03682).

55b Zu Kollisionen mit verbotswidrig den Gehweg befahrenden Radfahrern vgl LG Dessau NZV 06, 149; LG Erfurt NZV 07, 524; Grüneberg, Rn 397; § 10, 8.

Abbiegen, Wenden und Rückwärtsfahren **§ 9 StVO**

12. Wenden. a) Begriff und Allgemeines. Wenden ist die gezielte Lenkbe- 56
wegung (OLG Köln VRS 74, 139), durch die das Fz auf baulich einheitlicher
Straße (OLG Düsseldorf VRS 59, 380; Mühlhaus DAR 77, 7 f), ggf unter Mitbenutzung daneben liegender anderer Grundflächen (BGHSt 31, 71, 74), in
die der bisherigen entgegengesetzte Fahrtrichtung gebracht wird, auch wenn nicht
beabsichtigt ist, in dieser Richtung die Fahrt fortzusetzen (BGHSt 27, 233 = NJW
02, 2332; BayObLG VRS 67, 142); dh Richtungsänderung um 180 ° (KG VM
75, 106), wobei unbeabsichtigtes Schleudern nicht genügt (s aber OLG Stuttgart
VM 76, 113). Im Unterschied zum Abbiegen verlässt das Fz beim Wenden nicht
die bisherige Fahrbahn (BGHSt 31, 71, 74).

Auf Str, die zwei durch einen Mittelstreifen, zB einen Straßenbahnkörper, 56a
getrennte Fahrbahnen aufweisen, wird „gewendet", wenn der Mittelstreifen so
schmal ist, dass er in einem Bogen umfahren werden kann (s KG VM 81, 67;
93, 34). Dagegen liegt **zweimaliges Abbiegen** vor, wenn zwischen den beiden
Fahrbahnen ein Stück geradeaus gefahren werden muss, bes wenn sie durch eine
Grünanlage oder sonstige, nicht dem Verkehr auf der Str dienende Fläche getrennt
sind (BGHSt 31, 71; KG NZV 05, 95; OLG Düsseldorf VM 74, 82; OLG Karlsruhe VRS 60, 143 = StVE 43; OLG Hamm NZV 97, 438). Wird zum Wenden
eine Seitenstr, eine Grünfläche außerhalb der Str, ein Parkplatz (BayObLG 81,
178 = VRS 62, 143) oder eine Grundstückseinfahrt (OLG Koblenz DAR 86,
155) benutzt, so bleibt der Vorgang ein „Wenden", wenn das Fz die bisherige
Str – iG zum Abbiegen – nicht ganz verlässt (BGHSt 31, 71).

Kein Wenden liegt vor, wenn der Fz-Führer zunächst nur anhält, um das 56b
Wendemanöver nach Abfluss des GegenV durchzuführen (BayObLG VRS 92,
37), wenn das Fahrzeug vor der Richtungsänderung die Straße vollständig verlassen hat (BGH NJW 02, 2332, 2333), also wenn der Fz-Führer die Kraftfahrstr
nur überquert (BayObLG NZV 96, 208 Ls) oder sie verlässt, indem er nach links
in einen Seitenweg abbiegt (s BayObLG NZV 96, 161) einen Parkplatz befährt
(OLG Bamberg NStZ-RR 06, 58) oder vor Erreichen der durchgehenden Hauptfahrbahn der AB nach links in eine parallel zur AB verlaufende Verbindungsstr
zwischen Ein- u Ausfahrt einbiegt, diese 200 m entgegen der Fahrtrichtung
befährt u dann wieder scharf links in die AB-Ausfahrt abbiegt (BayObLG VRS 61,
146; aA OLG Celle VM 80, 102; vgl auch OLG Düsseldorf VRS 59, 380), sondern zweimaliges Linksabbiegen (BGHSt 31, 71). – Fährt aber der Kf nach völligem Verlassen der Str aus dem seitlichen Raum neu ein, so gelten beim
Einfahren aus einer Seitenstr die Vorfahrtregeln, bei Einfahrt aus einem Grundstück § 10 (BGH VRS 22, 131; OLG Düsseldorf VRS 50, 232).

Der Tatbestand „Wenden" ist mit der Ausführung des Bogens vollendet, aber 57
erst mit der völligen Einordnung in den Verkehr der Gegenrichtung **beendet**
(vgl **E** 48 ff, § 8 Rn 7). Da er nicht die Absicht erfordert, in dieser weiterzufahren
(s obige Def), kann das Wenden auch durch Anhalten auf der anderen Str-Seite
beendet werden.

Das Wenden setzt sich aus einem oder mehreren Abbiegevorgängen zusam- 58
men, für die die Regeln des § 9 I–IV unmittelbar anwendbar sind (OLG Hamburg
VRS 61, 461). Es gehört zu den gefährlichen Bewegungen, bei welchen der
GGeber deshalb die Wendung „Gefährdung ausgeschlossen" gebraucht (vgl hierzu
§ 10 Rn 7); zur etwa erforderlichen Einweisehilfe s § 1 Rn 43 f. § 9 V verbietet
nur jede **Gefährdung** anderer, während diese eine bloße Behinderung, wie Verminderung der Geschwindigkeit oder kurzes Anhalten, nach § 1 II in Kauf nehmen müssen. – Die bes Sorgfaltspflicht aus § 9 V wird von der nach § 10 überlagert,

dh der im fließenden Verkehr Wendende muss nicht ein Anfahren anderer vom Fahrbahnrand einkalkulieren (KG VM 84, 52 Ls).

59 Bei einer Kollision des wendenden mit einem im fließenden Verkehr befindlichen Kfz spricht der Beweis des **ersten Anscheins** für ein Verschulden des Wendenden (BGH DAR 85, 316; KG NZV 02, 230; 09, 597; MüKo StVR – Bender 50). Der Anscheinsbeweis wird erschüttert durch den Nachweis, dass das im fließenden Verkehr sich befindliche Fzg mit deutlich überhöhter Geschwindigkeit gefahren ist (BGH aaO; KG aaO) oder dass das nachfolgende Fzg nur mit Standlicht fuhr (KG VM 85, 67). IdR trifft den **Wendenden die alleinige Haftung** (OLG Düsseldorf NZV 16, 429; OLG Saarbrücken MDR 05, 1287; KG NZV 09, 598; OLG München v. 27.1.2012 – 10 U 4039/11, Beck RS 2012, 03695). Mithaftung aber, wenn der Wendende nachweist, er habe zum Kollisionszeitpunkt gestanden und der andere Fahrer hätte das stehende Fzg des Wendenden rechtzeitig erkennen können (OLG Frankfurt, r+s 2013, 355; Geigel-Zieres Kap 27 Rn 300) oder bei Geschwindigkeitsüberschreitungen des bevorrechtigten Verkehrs (vgl OLG Celle Zf S 01, 304; KG NZV 09, 240). Beendet ist der Wendevorgang erst dann, wenn sich das Fahrzeug endgültig in den fliesenden Verkehr eingeordnet hat oder verkehrsgerecht am Fahrbahnrand oder an anderer Stelle abgestellt worden ist (KG, NZV 09, 597; 10, 513).

60 **b) Zulässigkeit.** Das Wenden ist nach § 18 VII auf der **AB** u **Kraftfahrstr verboten** (s dazu § 18 Rn 19, 20) u nach § 315c I 2 f StGB unter den dort bezeichneten Voraussetzungen als Verkehrsgefährdung strafbar (nicht aber nach „Geisterfahrt": OLG Karlsruhe VRS 65, 470: § 16 OWiG). Auf anderen Str ist es im allg erlaubt. Bei **Dunkelheit** darf ein schwerfälliges Fz (großer Lkw, Lastzug) nur wenden, wenn der fließende Verkehr rechtzeitig u ausreichend gewarnt wird, etwa durch Warnposten u deutliche Leuchtsignale in beiden Richtungen. Ist dies nicht möglich, so muss bis zu einer günstigeren Stelle weitergefahren werden (BGHSt 16, 89, 92; BGH VRS 27, 117; OLG Schleswig VM 63, 137). **Personenkraftwagen** dürfen bei **Nacht** auf Str mit **SchnellV** nur wenden, wenn der Wendevorgang vor dem Herannahen eines anderen Fz beendet werden kann. Das ist meistens nur dann gewährleistet, wenn in einem Zug (ohne ein- oder mehrmaliges Zurückstoßen) gewendet werden kann (OLG Hamm VRS 24, 230; BayObLG v 6.7.66 – 1a St 11/65 – S 8). Bei **Nebel** ist das Wenden nicht schlechthin verboten (BayObLG v 23.12.64 – 1b St 551/64), aber bes vorsichtig durchzuführen. An **unübersichtlichen Stellen**, insb in Kurven oder vor Bergkuppen, ist es unzulässig. Im **innerörtl Verkehr** ist das Wenden – auch mit Zurückstoßen – bei mittlerer VDichte erlaubt, aber im MassenV darf ein Wendender den VFluß nicht aufhalten, sondern muss auf andere Weise, wie Umfahren eines Häuserblocks, die Gegenrichtung gewinnen (OLG Hamm VRS 24, 230; KG VM 73, 21); der Verkehr darf nicht blockiert werden (OLG Düsseldorf VRS 64, 10; OLG Köln VRS 89, 99).

61 Auf Str mit **zwei** baulich getrennten **Fahrbahnen** darf an den Unterbrechungen des Mittelstreifens gewendet werden, wenn das Abbiegen in die Gegenfahrbahn nicht durch VZeichen (209–214, 250, 267, 295) verboten ist. Wer sich auf einer nach Z 297 markierten Strecke in der Linksabbiegerspur eingeordnet hat, darf von dort aus nicht wenden, sondern nicht aber in der gerade weiterführenden Spur Eingeordnete (ebenso Bouska VD 74, 155; Mühlhaus DAR 77, 7; aA Booß DAR 75, 38). Entspr gilt für die Linkspfeile in LZAn u Z 209–214.

62 **c) Ausführung.** Das Wenden kann auf verschiedene Arten durchgeführt werden, von denen keine allg verboten, aber immer die nach der VLage gefahrloseste zu wählen ist:

aa) Durch einen **Linksbogen,** der je nach der Fahrbahnbreite vom rechten Fahrbahnrand oder nach Einordnen zur Fahrbahnmitte durchgeführt wird. Ist die Fahrbahn so breit, dass der Vorgang von der Fahrbahnmitte aus in einem Zug durchgeführt werden kann – zB auf breiten städtischen Str, bes solchen mit zwei Fahrbahnen, die durch einen Mittelstreifen getrennt sind –, so ist das Wenden nach **Linkseinordnen** zur Fahrbahnmitte, bzw zum linken Fahrbahnrand am gefahrlosesten u daher geboten. Beim Wenden um einen breiten Mittelstreifen oder eine VInsel ist ein enger Bogen verkehrsgerecht u dem Umfahren des Kreuzungsmittelpunkts vorzuziehen. Muss das Wenden wegen der geringen Straßenbreite vom **rechten Fahrbahnrand** aus eingeleitet werden, darf der Fz-Führer den fließenden Verkehr in beiden Richtungen nicht gefährden. Er muss notfalls anhalten u eine VLücke abwarten, die zur Überquerung der Fahrbahn in einem Zuge ausreicht.

bb) Durch **Benutzung** einer **Grundstücksausfahrt** oder eines **einmündenden Weges** (Seitenstr). Dabei ist nach Möglichkeit in einen **rechts** liegenden verkehrsruhigen Raum zurückzustoßen u in die verkehrsreichere Str vorwärts einzubiegen. Wird hierbei die Fahrbahn – wenn auch nur kurz – gänzlich verlassen u dann wieder befahren, liegt kein Wenden, sondern Ein- u Ausfahren in/aus einem Grundstück (§ 10) vor (s hierzu auch OLG Koblenz StVE 69). – Benutzt der Wendende freie Parktaschen u stößt ein die Fahrbahn benutzender Pkw gegen den in die Fahrbahn hinausragenden Teil des Wendenden, so haftet dieser nach Ansicht von OLG Köln (VRS 57, 7 = StVE 33) allein (vgl dazu BayObLG VRS 58, 396 u KG VM 78, 98; 74, 25). 63

cc) Durch kurze **Vorwärts-** u **Rückwärtsbewegungen** auf der Fahrbahn. Diese Art des Wendens hat eine bes lange Versperrung der Fahrbahn für den fließenden Verkehr zur Folge u ist bei starkem Verkehr zu vermeiden. 64

d) Fahrtrichtungsanzeiger. Beim Wenden in einem Linksbogen u bei der Einfahrt vorwärts in ein Grundstück (Seitenstr) ist der **Fahrtrichtungsanzeiger** zu betätigen (§ 9 I S 1), beim Rückwärtsfahren aber nur, wenn ein Bogen ausgefahren werden soll (s auch Rn 63). 65

e) Pflichten des nachfolgenden Verkehrs. Der **nachfolgende Verkehr** muss das Wenden ermöglichen, insb das Richtungs-Z des Wendenden beachten (BayObLG 60, 151 = VRS 19, 309). Zur **Vorfahrt** des auf einer Vorfahrtstr Wendenden s § 8 Rn 11. 66

13. Rückwärtsfahren. a) Allgemeines, Zulässigkeit. Rückwärtsfahren ist gewolltes Fahren im Rückwärtsgang nach hinten, nicht Vorwärtsfahren in verbotener Richtung (OLG Stuttgart NJW 76, 2223; OLG Celle VM 83, 105; OLG Köln VRS 74, 139; OLG Düsseldorf ZfS 91, 394). Unabsichtliches Zurückrollen fällt unter § 1 II (OLG Stuttgart VRS 45, 125; OLG Düsseldorf NZV 00, 303). § 9 V dient dem Schutz des fließenden Verkehrs, daher kein Verstoß gegen § 9 V wenn beim Rückwärtsfahren auf der Fahrbahn ein am Fahrbahnrand geparktes Fahrzeug beschädigt wird (Je NStZ-RR 05, 183 oder beim Ausparken aus einer Parkbucht ein benachbartes parkendes Fahrzeug gestreift wird (OLG Stuttgart NJW 04, 2255). Entsprechendes gilt beim Rückwärtsfahren auf einem Tankstellengelände (OLG Dresden NZV 07, 152). Da das Rückwärtsfahren unter ganz anderen technischen Voraussetzungen als das normale Richtungsfahren geschieht, sind die allg Fahrregeln nicht ohne weiteres anwendbar (OLG Hamm VRS 10, 67). So steht zwar die Vorfahrt an einer Kreuzung nach § 8 auch dem Rückwärts- 67 fahrenden zu (s § 8 Rn 14). Er darf sie aber nur mit bes Vorsicht ausüben (BGH(Z) VRS 14, 346; BGHSt 13, 368). Das Rückwärtsfahren ist auf das unbedingt Notwendige zu beschränken. Wo gewendet werden kann, darf nicht über eine längere Strecke zurückgestoßen werden. Grundsätzlich muss auf der rechten Fahrbahnseite iS der Vorwärtsfahrt, u zwar möglichst nahe am rechten Fahrbahnrand zurückgestoßen werden (BayObLG 66, 68 = VRS 31, 374). Ein Herüberwechseln auf die iS der Rückwärtsfahrt rechte Seite ist nur aus bes Gründen gerechtfertigt, etwa um in einer Einbahnstr in eine Parklücke auf der linken Fahrbahnseite zu gelangen. Das Rückwärtsfahren ist kein Richtungsfahren iS der für den fließenden EinbahnV durch Z 220 vorgeschriebenen Fahrtrichtung, sondern eine Behelfsmaßnahme, die sich immer entgegen der Richtung des fließenden Verkehrs vollzieht, meistens ganz rechts; es ist daher auf Einbahnstr ebenso zulässig wie auf Str mit Verkehr in beiden Richtungen (ebenso Cramer 22 zu § 9; OLG Hamm StVE 23; aA OLG Karlsruhe VRS 54, 150).

68 Nähert sich von hinten ein anderes Fz, so hat der Zurückstoßende anzuhalten, um den in Richtung der Rückwärtsfahrt Entgegenkommenden, der das Rückwärtsfahren möglicherweise erst spät erkennt, nicht zu gefährden.

69 **b) Sorgfaltspflicht.** Zur Wendung „Gefährdung ausgeschlossen" s § 10 Rn 7. Der Kf muss vor Beginn der Rückwärtsfahrt sich vergewissern, dass der Raum hinter dem Fz frei ist, u zwar auch in den Bereichen, die er im Rückspiegel nicht übersehen kann (OLG Nürnberg NZV 91, 67; OLG Oldenburg NZV 01, 377). Auf eine Sichtbehinderung durch Fahrzeugteile (Kopfstützen) kann er sich nicht berufen (OLG Hamm NZV 98, 372). Während des Zurückstoßens hat er sorgfältig darauf zu achten, dass kein anderer von der Seite oder von hinten in den Gefahrenraum gelangt; er muss so langsam fahren, dass er erforderlichenfalls sofort anhalten kann (OLG Köln NZV 94, 321; Ka NZV 88, 185). Wegen der bes Sorgfaltspflicht spricht gegen den Rückwärtsfahrer der **Beweis des ersten Anscheins** (OLG München NZV 14, 416; KG NJW-RR 10, 1116; LG Hagen ZfS 92, 44), auch bei Kollisionen auf einem Parkplatz. Der Anscheinbeweis greift aber nicht ein, wenn nicht ausgeschlossen werden kann, daß das Fahrzeug zum Zeitpukt der Kollision bereits stand (BGH r+s 17, 93;16, 149;16, 146). Dagegen kann von ihm nicht verlangt werden, dass er gleichzeitig den weiteren Umkreis beobachtet (BayObLG 76, 122 = VRS 52, 297). Die Sorgfaltspflichten des Rückwärtsfahrenden gelten auch außerhalb des öffentl Verkehrsraums (OLG Hamm VersR 81, 842; Geigel-Zieres Kap 27, Rn 302).

70 Ist dem Fahrer die volle Sicht verwehrt (Lkw, Lastzug!), so muss er sich einer **Hilfsperson** bedienen, die hinter dem zurückstoßenden Fz gefährdete VT warnt u mit dem Fz-Führer Verbindung durch Zeichen u Rufe aufrechterhält (BGH VRS 9, 406; 29, 275; 31, 440; s auch § 1 Rn 43; zur Sorgfaltspflicht gegenüber dem Einweiser s OLG Koblenz VRS 58, 256 = StVE 37), so auch beim Rückwärtsfahren in eine Vorfahrtstr (KG VRS 69, 457 = StVE 66) oder über eine längere Strecke (OLG Karlsruhe VRS 76, 333). In einem solchen Fall trägt die Hilfsperson die strafrechtliche Verantwortung für die Einweisung. Der Kfz-Führer wird aber von seiner eigenen Verantwortung nur entbunden, soweit er selbst wegen des „toten Winkels" keine Beobachtungsmöglichkeit hat u die Hilfsperson nach ihren persönlichen Fähigkeiten ihrer Aufgabe gewachsen ist oder dies wenigstens angenommen werden darf (OLG Düsseldorf VM 62, 12). Bes Sorgfalt verlangt das Zurückstoßen aus einem Grundstück (OLG Koblenz VRS 67, 284 = StVE 61), aus einer Parklücke (OLG München NZV 14, 416), das Zurücksetzen

Abbiegen, Wenden und Rückwärtsfahren **§ 9 StVO**

eines Traktors in eine Hofeinfahrt bei Dunkelheit (OLG Köln VRS 59, 372) u eines Lkw ohne ausreichende Sicht (OLG Karlsruhe aaO). – Fehlt die nötige Hilfsperson, muss notfalls gewartet werden (OLG Düsseldorf VRS 87, 47). – AB: § 18 VII, Rn 21 zu § 18.

14. Zuwiderhandlungen. Verstöße sind OWen nach § 49 I 9 iVm § 24 StVG; **71** zu § 9 I S 1 (Richtungsanzeige) s Nr 29 BKatV, zu I–IV s Nr 35–39 BKatV, zu V s Nr 44 BKatV, zu III S 1 u 3 s Nr 40, 41 BKatV. Die OW nach I S 1 (Unterlassen der Richtungsanzeige) wird erst durch die Richtungsänderung begründet (BayObLG DAR 58, 27). Auch das nicht rechtzeitige u nicht deutliche Ankündigung ist ebenso ow wie das irreführende. Das gilt auch für die abknickende Vorfahrt: Wer ein Richtungs-Z gibt, obwohl er die abknickende Vorfahrtstr geradeaus weiterfahrend verlässt (OLG Hamburg VRS 28, 196) oder in sie ohne Richtungsanzeige einfährt, verstößt nicht gegen § 42 II oder § 9 I S 1, sondern gegen § 1 II, wenn er dadurch einen anderen konkret behindert oder gefährdet (OLG Hamm VM 74, 70; aA KG VRS 63, 380: § 9 gehe vor, bei Schädigung dagegen TE). Bleiben Behinderung u Gefährdung anderer aus, liegt nur ein Verstoß gegen § 9 vor; bei der abknickenden Vorfahrt geht der Verstoß gegen § 42 II Z 306 iVm § 49 III 5 als Spezialvorschrift dem Verstoß gegen § 9 vor. Bei bloßen Formverstößen (zB unterlassene folgenlose Richtungsanzeige) Opportunitätsprinzip beachten.

Als OWen kommen ferner in Betracht: Falsches Linksabbiegen als Radf (s oben **72** Rn 25 u § 49 I 9 iVm § 9 II S 5), falsches oder unterlassenes Einordnen, es sei denn, dass dies nicht möglich war (s oben Rn 17); Nichtbeachtung des Vorrangs nach III oder IV. Bei bloßer Behinderung im Falle der Vorrangverletzung nach III u IV geht § 9 dem § 1 II vor, da die Behinderung zum TB des § 9 III u IV gehört; die Art der Behinderung ist im Urt konkret zu beschreiben (zB Standort des Fußgängers, Abstand des Abbiegenden zu ihm: OLG Hamm ZfS 96, 276). – Im Falle der Gefährdung bzw Schädigung infolge eines Fehlverhaltens nach § 9 III oder IV dürfte wegen des weitergehenden, von § 9 nicht umfassten Erfolges TE mit § 1 II vorliegen (vgl OLG Hamburg VRS 34, 145; nach Hentschel-König § 9 54 TE nur im Falle der Schädigung, so auch KG VRS 63, 380). Verstoß gegen § 9 V ist konkretes Gefährdungsdelikt; OW also nur bei konkreter Gefährdung (nicht bloßer Behinderung) eines anderen (OLG Hamburg VM 66, 72) VT (Einschränkung gegenüber § 1 II, der aber bei vermeidbarer Behinderung auch hier selbständig gilt); bei Schädigung besteht TE mit § 1 II (s § 1 Rn 85; KG aaO).

Wer sich auf einer Fahrbahn mit GegenV auf der linken Fahrbahnseite einord- **73** net, verstößt nicht gegen das Einordnungsgebot des § 9, sondern gegen das Rechtsfahrgebot (BayObLG bei Rüth DAR 79, 230).

Straftat nach § 315c I 2 f StGB kann beim Wenden u Rückwärtsfahren auf **74** ABen u Kraftfahrstr vorliegen (s dazu unten § 315c StGB). – Verletzung der Vorrangrechte aus § 9 III. Verletzung der Vorrangrechte aus § 9 III, IV können den TB des § 315c I, II a nicht erfüllen (KG VRS 84, 444; OLG Düsseldorf NZV 89, 317; anders 15. Aufl.).

Zur Verantwortlichkeit des **Einweisers** s oben Rn 70. **75**

15. Literatur. Kullik „Regelung der Vorfahrt u des BegegnungsV an Verkehrsknoten **76** mit Abbiegestreifen" DAR 85, 334; **Mühlhaus** „Das Wenden" DAR 77, 7; „Sorgfaltsgrad ‚Gefährdung anderer ausgeschlossen'" DAR 75, 233; „Linkseinbiegen auf trichterförmig erweiterten Einmündungen" DAR 73, 281.

StVO § 10 I. Allgemeine Verkehrsregeln

§ 10 Einfahren und Anfahren

Wer aus einem Grundstück, aus einer Fußgängerzone (Zeichen 242.1 und 242.2), aus einem verkehrsberuhigten Bereich (Zeichen 325.1 und 325.2) auf die Straße oder von anderen Straßenteilen oder über einen abgesenkten Bordstein hinweg auf die Fahrbahn einfahren oder vom Fahrbahnrand anfahren will, hat sich dabei so zu verhalten, dass eine Gefährdung anderer Verkehrsteilnehmer ausgeschlossen ist; erforderlichenfalls muss man sich einweisen lassen. Die Absicht einzufahren oder anzufahren ist rechtzeitig und deutlich anzukündigen; dabei sind die Fahrtrichtungsanzeiger zu benutzen. Dort, wo eine Klarstellung notwendig ist, kann Zeichen 205 stehen.

Übersicht

	Rn
1. Allgemeines	1
2. Vorrang des fließenden Verkehrs	2
a) Inhalt	2
b) Grundstück und andere Straßenteile	3
c) Sicherungspflicht	6
3. Die Sorgfaltspflicht beim Einfahren	7
a) Im Allgemeinen	7
b) Zuziehung eines Einweisers	11
4. Anfahren	12
5. Satz 2: Ankündigung des An- und Einfahrens	16
6. Zuwiderhandlungen (s Nrn 47 u 48 BKatV)	17

1 **1. Allgemeines.** Die Vorschrift gilt für Fze aller Art, also zB auch für Radf (Begr) u MüllFze (OLG Düsseldorf VM 78, 69). S 3 ist durch 24. VO zur Änd v VVorschr eingef (s dazu § 8 Rn 54). Das sachlich nicht hierher gehörende Abbiegen in ein Grundstück wird als Spezialfall des Abbiegens in § 9 V behandelt. Die Pflichten des ruhenden Verkehrs werden ergänzt durch § 14 I.

2 **2. Vorrang des fließenden Verkehrs. a) Inhalt.** Der **Vorrang** des fließenden **Verkehrs** – nicht auch des mitruhenden Verkehrs auf Parkplätzen (KG VM 78, 98) – steht in den Fällen des § 10 S 1 den Benutzern der gesamten (BGH NJW-RR 12, 157) öff Fahrbahn sowohl gegenüber dem FahrV aus Privatgrundstücken (s OLG Karlsruhe VRS 77, 45) u anderen Teilen des öff VRaumes als auch gegenüber dem ruhenden Verkehr auf der Fahrbahn selbst zu; auch der FußgängerV auf öff Str u der einen Radweg (auch in verkehrter Richtung) benutzende Radf (KG VM 93, 69) haben Vorrang vor der Ausfahrt aus Privatgrundstücken (s aber OLG Hamm NZV 95, 72 bzgl Fußgänger). Die Vorfahrt steht auch dem Benutzer der Str zu, der aus einer Seitenstr erst in die Str, an der die Ausfahrt liegt, einbiegt, selbst, wenn die Seitenstr wartepflichtig ist (BayObLG 69, 60 = VM 69, 96). § 10 S 1 stellt als Spezialregelung klar, dass an den betr Ein- bzw Ausfahrten nicht etwa die Vorfahrtregeln (§ 8) gelten (anders noch BGH VRS 72, 259 zum früheren R). Im Verhältnis zwischen mehreren gleichzeitig aus Grundstücken Einfahrenden gilt § 1, nicht § 10 (OLG Hamm VRS 45, 461). Unter den Schutzbereich des § 10 fällt derjenige nicht, der eine Straße entgegen der zugelassenen Fahrtrichtung benutzt (OLG Oldenburg NZV 92, 487).

Einfahren und Anfahren § 10 StVO

b) Grundstück und andere Straßenteile. Unter **Grundstück** versteht die 3
StVO nur eine private Grundfläche, auf der kein öff Verkehr zugelassen ist (OLG
Saarbrücken NJW – RR 15, 351; § 9 Rn 53). Der begrifflichen Einengung
kommt aber keine praktische Bedeutung mehr zu, weil die Vorschrift unmittelbar
auch für die dem öff Verkehr dienenden Grundflächen gilt, von denen aus der
Fz-Führer in die allg Fahrbahn einfährt (s hierzu auch 13 ff zu § 1; OLG Düsseldorf
NZV 93, 198 zur Zufahrt zu einem Parkdeck). Für die Einordnung als Grundstücksausfahrt oder als öff Weg ist vor allem das äußerlich erkennbare **Gesamtbild**
maßgebend (BGH VersR 77, 58; 87, 306; OLG Saarbrücken NJW – RR 15, 351;
s auch § 8 Rn 47, 49, 51), wie es sich aus Ausbau u VBedeutung ergibt (BGH
StVE § 8 StVO 81 = VRS 73, 437); bei Zweifeln ist Verständigung nötig (OLG
Köln aaO).

Andere Straßenteile sind in erster Linie die zwar für den rechtlich oder 4
tatsächlich öff, aber nicht für den fließenden DurchgangsV bestimmten Flächen,
wie zB Parkflächen auf Plätzen, öff Parkplätze (OLG Saarbrücken NJW-RR 15,
351; OLG Karlsruhe NZV 16, 184), Taxistandplatz (LG Köln VersR 89, 1161),
Gehwege, Seitenstreifen (OLG Köln VersR 86, 666), Radwege (KG NZV 03,
30; OLG Hamm DAR 16, 265), Tankstellen oder eine nur zur Anschließung
einiger Grundstücke bestimmte Zufahrt (OLG Saarbrücken NJW – RR 15, 351).
Auch hier kommt es für die Einordnung entscheidend auf die äußeren, jedem
erkennbaren Merkmale an (wie zB Anlage der Gehwege, Bordsteineinfassung
oder andersartige Oberflächenbeschaffenheit pp (OLG Saarbrücken NJW – RR
15, 351; OLG Koblenz r+s 15, 623); Sonderfahrstreifen für Busse u Taxen (Z
245) sind keine „anderen Straßenteile"; bei deren Verlassen gilt § 7 IV u V (LG
Frankfurt DAR 93, 393). Für die Einfahrt – auch aus einer zB nach § 8 I S 1
bevorrechtigten Str – über einen **abgesenkten Bordstein** (Def s § 12 Rn 53;
OLG Köln DAR 97, 79; 99, 314; Lamberz NZV 11, 547), gilt stets § 10 S 1
(OLG Zweibrücken VRS 82, 51; OLG Koblenz ZfS 03, 70). Zu den von anderen
Straßenteilen einfahrenden VTn gehören nach folgt Begr auch **Radf**, die
von Radwegen oder Seitenstreifen auf die Fahrbahn **einbiegen** (OLG Saarbrücken
NJW-RR 14, 1056; KG NZV 03, 30; Geigel-Zieres Kap 27 Rn 314); aber nicht,
wenn sie bei Unterbrechung oder am Ende des Radweges geradeaus weiterfahren
(vgl § 9 III S 1; OLG Düsseldorf VM 65, 150; BGH(Z) VRS 35, 4).

„**Verkehrsberuhigte Bereiche**" sind nur (BayObLG NZV 89, 121) die durch 5
Z **325.1/325.2** gekennzeichneten Bereiche, die sowohl in Wohngebieten als auch
in solchen mit gemischter baulicher Nutzung u in zentralen Einkaufsbereichen
eingerichtet sein können (Begr). Dabei handelt es sich – wie schon ihre gesonderte
Erwähnung zeigt – weder um „Grundstücke" noch um „andere Straßenteile" iS
von § 10, sondern um eigenständige VBereiche, in denen die bes VRegeln des
§ 42 IV a (**Z 325.1/325.2**) gelten; andererseits ist ihr Verlassen u damit das Einfahren in die außerhalb des Bereichs liegende Str den bes Regeln des § 10
unterstellt, sofern keine andere Regelung getroffen ist (BGH(Z) VRS 75, 406;
LG OLG Karlsruhe NZV 92, 241). Die besonderen Sorgfaltspflichten enden grds
nicht bereits auf Höhe des Z 326, sondern erst an der nächsten Einmündung oder
Kreuzung, es sei denn, das Z 326 ist mehr als 30 m vor der nächsten Einmündung
oder Kreuzung aufgestellt. Auch aus den örtlichen Verhältnissen kann sich ergeben, dass § 10 StVO nicht mehr gilt. Entscheidend ist, dass das Einfahren in
eine andere Straße sich bei objektiver Betrachtung als Verlassen des verkehrsberuhigten Bereichs darstellt. (BGH NZV 08, 193). Entsprechendes gilt für die Einfahrt aus
einem durch die **Z 242.1/242.2** gekennzeichneten **Fußgängerbereich**.

6 **c) Sicherungspflicht.** Zur Pflicht des Eigentümers oder Benutzers eines Grundstücks, den Verkehr gegen bes Gefahren, die von seiner Grundstücksausfahrt ausgehen, zu sichern s BGH(Z) VRS 29, 427. Schilder mit der Überschrift „Einfahrt freihalten" oder dergl, die an der Tür der Einfahrt angebracht sind, sind zulässig, aber nicht private VZeichen oder mit ihnen verwechselbare Z (§ 33 II; Rn 6 zu § 33).

7 **3. Die Sorgfaltspflicht beim Einfahren. a) Im Allgemeinen.** Die Wendung, dass die Gefährdung eines anderen „**ausgeschlossen**" ist, ist nicht wörtlich – iS einer reinen Erfolgshaftung für eine Gefährdung – zu verstehen. Sie bedeutet vielmehr, dass dem Fz-Führer zwar das Äußerste an Sorgfalt, insb gegenüber dem fließenden Verkehr, auferlegt wird (BGHSt 11, 285; BayObLG 71, 225 = VRS 42, 383), doch wird nichts Unmögliches, keine absolute Unvermeidbarkeit eines Unfalls, verlangt (OLG Düsseldorf NZV 93, 198); der anzulegende Maßstab muss menschlichem Vermögen u den Erfordernissen des StraßenV angepasst sein (BGH(Z) VRS 69, 353). Ein Unfall kann nicht als Beweis dafür gelten, dass die äußerste Sorgfaltspflicht nicht gewahrt wurde (OLG Schleswig VRS 60, 306; OLG Hamm VRS 80, 261).

8 Kommt es im unmittelbaren zeitlichen und räumlichen Zusammenhang mit dem Ein- und Ausfahren zu einer Kollision mit dem fließenden Verkehr, so spricht der Beweis des **ersten Anscheins** für ein Verschulden des Ein- bzw. Ausfahrenden (OLG Naumburg NZV 13, 394; KG NZV 08, 622; OLG Köln NZV 12, 540; LG Saarbrücken NZV 13, 494; Quaisser NJW-Spezial 08, 745 mwN). Hierbei kommt es nicht darauf an, ob das einfahrende Fahrzeug im Zeitpunkt der Kollision steht oder sich in Bewegung befindet (OLG Celle NZV 06, 309). Der Einfahrvorgang ist erst beendet, wenn sich das einfahrende FZ vollständig in den fließenden Verkehr eingeordnet hat (KG NZV 03, 30; MüKo StVR – Bender 16). Da von ihm ein Höchstmaß an Sorgfalt gefordert wird, tritt die **Betriebsgefahr** des sich im fließenden Verkehr befindlichen Fzg regelmäßig zurück (OLG München NJW-RR 94, 1442; KG NJW-RR 11, 26; OLG Hamm NJW 10, 3790; Greger § 22 Rn 205; anders OLG Schleswig VersR 79, 362; OLG Frankfurt VersR 99, 864). Er muss auch mit Verkehrsverstößen des fließenden Verkehrs in einem gewissen Maße rechnen wie Geschwindigkeitsüberschreitungen (OLG Frankfurt NZV 94, 280; OLG Celle NZV 91, 195; OLG Köln DAR 96, 464), Benutzung der linken Fahrbahnseite (BGH NZV 91, 187; BGH NJW-RR 12, 157) bzw. der Linksabbiegerspur (OLG München NZV 90, 394) oder einer Sperrfläche (OLG Hamm NZV 94, 230) zum Überholen. Zu rechnen ist auch mit dem Wechsel der Fahrspuren (KG NZV 06, 369), dem Missachten des Rotlichtes einer Fußgängerampel (OLG Hamm NJW 10, 3790; NZV 98, 246), der Nichtbeachtung eines Überholverbotes (KG NZV 98, 376), mit der Benutzung eines Radweges in verbotener Richtung (KG DAR 93, 257; OLG Saarbrücken NZV 15, 435: kein Mitverschulden des Radfahrers) oder der Benutzung des Gehweges durch Radfahrer (OLG Düsseldorf VRS 63, 66; BayObLG NZV 89, 281; OLG Hamm NZV 92, 281 m Anm Grüneberg; aA Ka NZV 91, 154). In diesen Fällen besteht regelmäßig eine **Mithaftung** des sich im fließenden Verkehr befindlichen Fzges, vgl aber KG NZV 98, 376: keine Mithaftung, da Überholverbote nicht den Schutz des aus einem Grundstück Ausfahrenden bezwecken. Ebenso KG 08, 413 u. OLG Naumburg NZV 13, 394 bei Kollision mit Fahrspurwechsler. **Alleinhaftung** des sich im fließenden Verkehr befindlichen Fahrzeuges besteht bei Befahren der Straße in verbotener Richtung (OLG Oldenburg NZV 92, 487). Entsprechendes

Einfahren und Anfahren § 10 StVO

gilt auch, wenn ein **Fahrradfahrer** den Gehweg verbotswidrig darüber hinaus noch in falscher Richtung befährt (OLG Dresden NZV 13, 389; OLG Saarbrücken NJW-RR 11, 754; OLG Celle MDR 03, 928; LG Dessau NZV 06, 149; OLG Hamm NZV 95, 152; s aber auch OLG Hamm NZV 15, 188). Kein Anscheinsbeweis gegen den auf die Fahrbahn Einfahrenden, sondern Alleinhaftung des Radfahrers, wenn dieser die Busspur entgegen der Fahrtrichtung befährt u den Einfahrenden ldgl leichtes Verschulden trifft (OLG Frankfurt NZV 12, 590). Bei Kollisionen zwischen dem in ein Grundstück Einfahrenden und dem Ausfahrenden ist idR Schadensteilung angezeigt (OLG Düsseldorf NZV 91, 392; OLG Hamm NZV 94, 154).

Die Pflichten gegenüber dem fließenden Verkehr sind weitgehend die gleichen 9 wie diejenigen des Wartepflichtigen gegenüber dem Vorfahrtberechtigten an einer Str-Kreuzung (s OLG Zweibrücken VRS 71, 220; § 8 Rn 20 ff). Unterschiede können sich aber daraus ergeben, dass ein Teilnehmer am fließenden Verkehr auf das Auftauchen eines Fz von der Seite her aus einem Grundstück weniger gefasst ist, als aus einer einmündenden Str (BayObLG VRS 27, 386; 34, 471; OLG Hamm VM 67, 39). Ein Lkw-Fahrer, der vor der Einfahrt in die Str den Gehweg versperrt hat, darf erst anfahren, wenn er sich davon überzeugt hat, dass inzw kein Fußgänger vor sein Fz getreten ist (OLG Düsseldorf VM 78, 50). Wer bei **Nacht** mit langem u schwerem Zug aus einem Grundstück auf die Str einfahren will, muss auch dann bes Sicherungsmaßnahmen treffen, wenn die Str auf 150 m übersichtlich ist (OLG Saarbrücken VM 80, 116 = StVE 9; OLG Köln DAR 63, 301).

Auf **unübersichtlichen** Grundstücksausfahrten oder wenn eine stehende 10 Kolonne eine Lücke gelassen hat, darf sich der Einfahrende – wie im Falle des § 8 II S 3 – bis zur Erlangung eines Überblicks in die Fahrbahn vorsichtig hineintasten (BayObLG VRS 61, 384; NStZ 87, 548; aA OLG Celle NZV 91, 195), zumal er darauf vertrauen darf, dass der Bevorrechtigte mit einer der Sichtweite angepassten Geschwindigkeit fährt (BayObLG aaO; OLG Zweibrücken VRS 71, 220; s auch § 6 Rn 8). Hineintasten bedeutet zentimeterweises Vorrollen bis zum Übersichtspunkt mit der Möglichkeit, jederzeit anzuhalten (KG NZV 06, 369; OLG Rostock NZV 11, 289). Allein der Umstand, dass sich in einer Kolonne vor einer Grundstückseinfahrt eine Lücke gebildet hat, zwingt einen an der Kolonne vorbeifahrenden Kraftfahrer nicht dazu, besondere Vorsicht walten zu lassen (OLG Rostock NZV 11, 289; OLG Hamm NZV 06, 204; KG NZV 98, 376). Entsprechendes gilt auch im Hinblick auf Fahrzeuge, die vom Straßenrand anfahren und sich über eine Lücke in den fließenden Verkehr einfädeln wollen (KG NZV 06, 371). – Auf **übersichtlichen** Ausfahrten gelten die Vorfahrtsregeln ohne Einschränkung (BayObLG VRS 68, 295; OLG Oldenburg DAR 60, 366; OLG Hamm VRS 38, 222). – Das Ausfahren unter Beachtung der höchsten Sorgfaltsstufe endet mit der Einordnung in den fließenden oder ruhenden Verkehr auf der Fahrbahn (OLG Düsseldorf VRS 60, 420 = StVE 10).

b) Zuziehung eines Einweisers. Zuziehung eines Einweisers ist nach S 1, 11 2. Halbs „erforderlichenfalls" geboten (s dazu Rn 10, 13 u 17 sowie § 1 Rn 44 ff); dh nur ausnahmsweise, insb bei starker Sichtbehinderung (s 43 ff zu § 1; BayObLG v 21.10.88, 1 Ob OWi 138/88; OLG Hamm VRS 33, 468; 35, 147; 38, 222), wenn parkende Fze den Blick von links kommenden Verkehr versperren (BayObLG VRS 61, 384; DAR 90, 30; OLG Zweibrücken StVE 16), beim Rückwärtsausfahren ohne ausreichende Sicht oder unter bes widrigen Umständen (BGH NZV 91, 187; OLG Celle VRS 80, 92; OLG Koblenz VRS 67, 284; KG

StVO § 10 I. Allgemeine Verkehrsregeln

VM 87, 53; s dazu auch OLG Köln NZV 94, 321) u insb wenn ein Einfahren selbst bei vorsichtigem Hineintasten zu gefährlich wäre (OLG München StVE 16a; NZV 94, 106).

12 **4. Anfahren.** Wer aus dem **ruhenden Verkehr,** also vom Fahrbahnrand oder aus einem Parkstreifen – auch als Führer eines an einer Haltestelle haltenden Omnibusses (BGH VRS 11, 246; OLG Hamm VRS 31, 294) oder eines Taxis (LG Köln VersR 89, 1161) – anfährt, hat das **VorR** des **fließenden Verkehrs** in beiden Richtungen, auch herankommender Rad- u Moped-Fahrer (OLG Hamm VRS 46, 222), selbst wenn sie den „linken" Radweg unerlaubt benutzen (KG DAR 93, 257) sowie Fußgänger (KG VM 86, 103) zu beachten. Er muss sich daher durch Rückschau davon überzeugen, dass er keinen anderen VT gefährdet oder vermeidbar behindert. Das gilt auch, wenn der Anfahrende zunächst seine Fahrlinie nicht nach links verlegt (BayObLG 67, 36 = VM 67, 94; LG Köln aaO; LG Berlin NZV 04, 635), zB gegenüber einem Fahrer, der sich vor das parkende Fz setzen will (OLG Zweibrücken VRS 51, 144) oder der nach Halten in 2. Reihe ebenfalls anfährt (Müllwagen: KG VM 83, 64). Der Anfahrende darf nicht darauf vertrauen, dass der rechte Fahrstreifen frei bleibt. Er muss stets mit einem Fahrstreifenwechsel eines Teilnehmers des fließenden Verkehrs rechnen (KG NZV 06, 369). Kommt es in zeitlichem u örtl Zusammenhang mit dem Anfahren zu einem Unfall mit dem nachfolgenden Verkehr, spricht auch hier (wie oben Rn 8) der **erste Anschein** gegen den Anfahrenden (OLG Köln NJR 2011, 1325; KG NZV 06, 369; ZfS 04, 448; OLG Köln DAR 06, 27; OLG Brandenburg a. d. Havel DAR 02, 307), die Betriebsgefahr des sich im fließenden Verkehr befindlichen Fz tritt idR zurück (OLG Brandenburg a. d. Havel DAR 02, 307; LG Berlin NZV 04, 635; KG NZV 04, 632; Geigel-Zieres Kap 27, 319).

13 **Der Haltende darf anfahren,** wenn der nachfolgende VT noch so weit entfernt ist, dass er sich unschwer auf die Fahrweise des Anfahrenden einstellen kann, auch wenn er dabei gefahrlos seine Geschwindigkeit herabsetzen oder ausweichen muss (BayObLG 58, 165 = DAR 58, 277; OLG Hamm VM 64, 72). Er darf aber nicht darauf vertrauen, dass im fließenden Verkehr keine Spurwechsel vorgenommen werden (KG NZV 04, 632). Wer nur verkehrsbedingt wartet, scheidet nicht aus dem fließenden Verkehr aus (§ 5 Rn 2), unterliegt also nicht der gesteigerten Sorgfaltspflicht des § 10, wenn er weiterfährt (OLG Zweibrücken VRS 53, 213; BayObLG 83, 138 = VRS 66, 52; KG VM 84, 45 Ls; s auch Rn 14). Ist er aber zum Halten vor einem Hindernis (zB einem stehenden Fz) gezwungen, so muss er vor dem Umfahren des Hindernisses wegen der damit verbundenen Verlegung seiner Fahrlinie den rückwärtigen Verkehr beobachten u Richtungszeichen setzen (§ 6 S 2; OLG Köln DAR 62, 20). Wer beim Anfahren vom Fahrersitz nicht eindeutig übersehen kann, ob seine Fahrbahn frei ist, muss sich notfalls einweisen lassen (OLG Düsseldorf VM 78, 69). Wegen der Sorgfaltspflicht beim Anfahren eines **Schulbusses** s § 1 Rn 38 ff. Ein **Omnibusf** muss vor dem Anfahren, auch außerhalb von Haltestellen u beim Vorhandensein eines Schaffners, sich selbst davon überzeugen, ob die Türen geschlossen sind (OLG Celle VRS 24, 129; OLG Koblenz VRS 39, 265). Pflichten des übrigen Verkehrs gegenüber anfahrendem Omnibus s § 20 V. Der Anfahrende darf auch einen entgegenkommenden Linksabbieger nicht gefährden (OLG Hamm DAR 73, 24). Zur Sorgfaltpflicht des anfahrenden **Linienbusf** s OLG Düsseldorf VM 79, 16; VRS 60, 225 u BGHSt 28, 218 = StVE § 20 StVO 2).

14 Der **fließende Verkehr** darf im allg auf die Beachtung seines VorR vertrauen, u zwar auch dann, wenn am haltenden Fz das linke Richtungs-Z eingeschaltet

Besondere Verkehrslagen § 11 StVO

ist. War aber der Nachfolgende erst kurz zuvor aus einer Nebenstr eingefahren oder sonst in den Sichtbereich des stehenden Fz gelangt, so darf er sich nicht darauf verlassen, dass ihn der Haltende bemerkt hat u vorbeifahren lässt (BayObLG DAR 58, 277; BayObLG 65, 119 = VRS 30, 128). Wechselt ein Kfz aus einem Parkstreifen unter Zeigen des linken Richtungs-Z auf die Fahrbahn, so muss ein bereits nahe herangekommener VT nicht damit rechnen, der Anfahrende werde sich nicht nur in den fließenden GeradeausV einfädeln, sondern ohne Rücksicht auf den übrigen Verkehr gleich zur Str-Mitte einschwenken u nach links abbiegen (OLG Hamm VRS 30, 126). Wohl aber muss derjenige, der sich von hinten einem an einer Haltestelle stehenden Linienomnibus oder einem erkennbar nur verkehrsbedingt haltenden Fz nähert, darauf gefasst sein, dass diese anfahren werden (BGH VRS 11, 246; OLG Köln DAR 62, 20). Bestehen auf Grund des äußeren Erscheinungsbildes Zweifel, ob ein Verkehrsteilnehmer aus einem „anderen Straßenteil" i. S. d. v. § 10 S 1 einfährt, gilt das allg. Rücksichtsgebot des § 1 II (LG Saarbrücken NZV 19, 541).

Beim Herausmanövrieren aus einer **engen Parklücke** darf sich der Anfahrende 15 in die Fahrbahn vorsichtig hineintasten, auch aus einer links parkenden Reihe (Mühlhaus DAR 75, 238 ff).

5. Satz 2: Ankündigung des An- und Einfahrens. Die Ankündigung muss 16 durch den **Fahrtrichtungsanzeiger** erfolgen; sie beschränkt sich also auf die Fälle, in denen entweder die Fahrtrichtung verändert – Einbiegen in die Fahrbahn – oder eine dem Ausscheren gleichkommende Seitenbewegung – Anfahren, Einbiegen aus Seitenweg – durchgeführt werden soll. Eine Ankündigung durch Schall-Z vor dem geradlinigen Überqueren der Str schreibt S 2 nicht vor. Das Richtungs-Z (Näheres dazu s § 9 Rn 10 ff) entbindet nicht von der Pflicht, beim Anfahren den nachfolgenden, beim Einfahren jeden Verkehr auf der Str genau zu beobachten u sein VorR zu beachten (BGHSt 12, 21; Bay 55, 87 = VRS 9, 151).

6. Zuwiderhandlungen (s Nrn 47 u 48 BKatV). § 49 I 10 setzt eine kon- 17 krete Gefährdung eines anderen voraus; vgl § 9 Rn 71 ff. Tritt nur eine solche ein, so schließt § 10 als das speziellere G die Anwendung des § 1 aus Kommt aber eine Schädigung hinzu, so stehen beide OWen in TE. Dagegen verletzt die bloße Behinderung oder Belästigung eines anderen nur § 1, nicht § 10 (Ha VRS 33, 454), soweit es sich dabei nicht um geringfügige u zumutbare Beeinträchtigungen gehandelt hat (Ha VRS 60, 470). Eine Behinderung liegt nicht vor, wenn der fließende Verkehr ohne weiteres in der Lage ist, dem einfahrenden Fz auf die Überholspur auszuweichen (Ce VRS 52, 450). Die Nichtzuziehung einer notwendigen Hilfsperson nach S 1, 2. Halbs, kann OW sein, wenn eine Gefährdung eines anderen dadurch eingetreten ist (s oben 10). Wegen der Erstreckung der StVO auf VVorgänge, die sich ganz oder teilweise auf privatem Grund abspielen, vgl § 1 Rn 13. **Ahndung** nach S 1 s Nrn 47, 48 BKatV, nach S 2 s Nr 29 BKatV.

§ 11 Besondere Verkehrslagen

(1) **Stockt der Verkehr, darf trotz Vorfahrt oder grünem Lichtzeichen niemand in die Kreuzung oder Einmündung einfahren, wenn er auf ihr warten müsste.**

(2) **Sobald Fahrzeuge auf Autobahnen sowie auf Außerortsstraßen mit mindestens zwei Fahrstreifen für eine Richtung mit Schrittgeschwindig-**

keit fahren oder sich die Fahrzeuge im Stillstand befinden, müssen diese Fahrzeuge für die Durchfahrt von Polizei- und Hilfsfahrzeugen zwischen dem äußerst linken und dem unmittelbar recht daneben liegenden Fahrstreifen für eine Richtung eine freie Gasse bilden.

(3) **Auch wer sonst nach den Verkehrsregeln weiterfahren darf oder anderweitig Vorrang hat, muss darauf verzichten, wenn die Verkehrslage es erfordert; auf einen Verzicht darf man nur vertrauen, wenn er sich mit dem oder der Verzichtenden verständigt hat.**

Übersicht

	Rn
1. Grundlagen	1
2. Abs 1: stockender Verkehr – Kreuzung	2
3. Abs 2: stockender Verkehr – Außerorts	3
4. Abs 3: Verzicht bei besonderen VLagen	4
a) Inhalt des Gebots	4
b) Vertrauensgrundsatz	5
5. Zivilrecht/Haftungsverteilung	5a
a) Kreuzungsverkehr	5a
b) Einzelfälle	5b
6. Zuwiderhandlungen	6

1 **1. Grundlagen.** Das VerkehrsR geht davon aus, dass derjenige, dem ein Vorrang zusteht, nach § 1 zurückstehen muss, wenn er bei Ausübung des VorR einen anderen gefährden oder gar schädigen würde, dass er aber den Wartepflichtigen mitunter behindern darf bzw im Interesse der Flüssigkeit des Verkehrs sogar behindern muss (Begr; vgl § 1 Rn 78 ff; § 5 Rn 52). § 11 schränkt diesen Grundsatz dahin ein, dass jeder sein Augenmerk aber auch darauf richten soll, ob er nicht dazu beitragen kann u muss, **verwickelte VLagen** zu **entwirren.** Das in § 1 Rn 28 f zum defensiven Fahren Ausgeführte wird durch § 11, der nicht der Gefahrenabwehr dient, nicht berührt.

2 **2. Abs 1: stockender Verkehr – Kreuzung.** Mit dieser Vorschrift soll das Fahrverhalten der Fz-Führer geahndet werden, die bei Vorrang oder grünem Licht in eine Kreuzung einfahren, obwohl sie diese wegen der Stockung des vorausfahrenden Verkehrs nicht verlassen (räumen) können und daher zu einer weiteren Verstopfung der Kreuzung beitragen. Daher schränkt Abs 1 einen an sich gegebenen Vorrang bei Stockung ein. Abs 1 gilt aber erst recht auch für solche VTeilnehmer, die die Vorfahrt beachten müssen (OLG Frankfurt Schaden-Praxis 99, 152). Ein **Stocken** des Verkehrs liegt nur vor, wenn der Fz-Pulk in der Fahrtrichtung des Vorfahrtberechtigten (OLG Hamm DAR 93, 396 mwN) bereits zum Stehen gekommen ist u er im VZustand auf der Fortsetzung seines Fahrstreifens jenseits der Kreuzung erkennen kann, dass er in der Kreuzung (§ 8 Rn 4) warten muss, wenn – bes bei Lichtzeichenregelung – der QuerV freie Fahrt hat (KG Berlin VRS 48, 462; OLG Düsseldorf NZV 94, 491). Die Vorschrift ist eng auszulegen (vgl Bay 70, 166 = VRS 39, 457). Die bloße Möglichkeit, durch eine im weiteren Str-Verlauf aufgetretene Stockung innerhalb der Kreuzung festgehalten zu werden, verwehrt dem Fz-Führer die Einfahrt in die Kreuzung nicht (OLG Hamm VRS 45, 395; OLG Düsseldorf aaO). Abs 1 verpflichtet seinem Zweck entspr nur VT, die über die Kreuzung geradeaus weiterfahren wollen. Wer in der Kreuzung abbiegen will, darf in sie einfahren u wie sonstige Abbieger bei

Besondere Verkehrslagen　　　　　　　　　　　　　　　　**§ 11 StVO**

freier Fahrt des QuerV in die neue Richtung weiterfahren (ebenso Möhl DAR 70, 225). So ist es auch **Linksabbiegern** nicht deshalb verwehrt, bei Grün in die Kreuzung einzufahren, weil dort bereits ein Linksabbieger auf eine Abbiegemöglichkeit wartet u zu befürchten ist, dass wegen der Stärke des GegenV ein Linksabbiegen nicht mehr vor Ampelumschaltung möglich sein wird (Bay 78, 117 = StVE 6). Ein wartepflichtiger Linksabbieger, der in eine Lücke, die sich auf der Vorfahrtstr gebildet hat, einbiegen will, muss das Vorfahrtsrecht der Fahrzeuge, die von der gegenüberliegenden Straße nach rechts einbiegen wollen, beachten (sonst Verstoß gegen § 11; OLG Frankfurt SP 99, 152).

Demgegenüber hat als **berechtigter Kreuzungsräumer** nur derjenige Vorrang vor dem anfahrenden Querverkehr, der bereits den eigentlichen Kreuzungsbereich, nämlich die durch die Fluchtlinien der Fahrbahnränder eingegrenzte Fläche, erreicht hat (KG Berlin NZV 10, 568). Es ist im Interesse des fließenden Verkehrs, dass sich der in der Kreuzung „Hängengebliebene" von dieser entfernen kann. Gegen einen „unechten" Kreuzungsräumer muss sich der bevorrechtigte Querverkehr einer besonders aufmerksamen und bremsbereiten Fahrweise bedienen (OLGR OLG Hamburg 01, 22).

Wer in der Kreuzung aufgehalten wird, muss damit rechnen, dass inzwischen der Querverkehr durch Grünlicht freigegeben wurde. Er darf daher nur vorsichtig einfahren und nicht ohne weiteres auf die Einräumung des Vorranges vertrauen (OLG Hamm NZV 91, 31). Zwar soll **Nachzüglern** die Gelegenheit gegeben werden, die Kreuzung zu räumen, die Regel kann aber nicht für solche Verkehrsteilnehmer gelten, die noch vor der Kreuzung verkehrsbedingt anhalten müssen (OLGR OLG Karlsruhe 98, 390).

3. Abs 2: stockender Verkehr – Außerorts. Abs 2 dehnt die Regelung zur Bildung einer freien Gasse bei längeren Stockungen (nicht schon bei kurzem Stau infolge Zähflüssigkeit), die früher nur auf ABen gegolten hatte, auf **alle Außerortsstr** mit mehreren Fahrstreifen für eine Richtung aus; sie soll sicherstellen, dass bei Unfällen Fze der Pol, des Rettungsdienstes sowie Abschlepp-Fze zur Unfallstelle gelangen können. **Bei vier Fahrstreifen** einer Richtung ist die Gasse auf der mittleren Trennlinie zu bilden (s auch § 38 I S 2).

4. Abs 3: Verzicht bei besonderen VLagen. a) Inhalt des Gebots. Die Vorschrift soll in gewissem Umfang den § 1 I konkretisieren. Sie enthält das Gebot, auf das VorR nicht zu pochen, sondern Rücksicht auf andere – auch nicht Bevorrechtigte – zu nehmen, um ihnen schwierige VVorgänge zu erleichtern, wie zB Erleichterung des Fahrspurwechsels durch den geradeaus Weiterfahrenden, Ermöglichen der Einfahrt, zB durch Benutzung des linken Fahrstreifens an AB-Einfahrten, Ermöglichen des Einbiegens eines Lastzuges in die Str oder des Abbiegens eines auf ihr Entgegenkommenden, um Fz-Schlangen hinter ihnen zu vermeiden (s dazu Fuchs-Wissemann DAR 95, 278). Auch Fußgänger sollen von der Vorschrift erfasst werden. Sie sollen zB an Fußgängerüberwegen Fze zur Vermeidung von Staus vorbeilassen, wenn sie keinen bes Grund zur Eile haben (Begr). Das Gebot setzt voraus, dass das Zurückstehen vom VorR auf Grund der VLage eindeutig geboten, nicht nur zweckmäßig ist. So darf der aus einem Grundstück Ausfahrende auf dem Radweg warten, bis er durch eine Lücke in die Fahrbahn einfahren kann, ohne wegen nachkommender Radf zurückfahren zu müssen (OLG Düsseldorf VM 79, 29 = StVE 5). Zur Regelung des „Vorrangs" beim Zusammentreffen von vier Fzen aus allen vier Richtungen an einer gleichberechtigten Kreuzung s § 8 Rn 17.

3

4

StVO § 11 I. Allgemeine Verkehrsregeln

5 **b) Vertrauensgrundsatz.** Die Regeln des Vertrauensgrundsatzes werden durch die Vorschrift nicht verändert, jedoch im Interesse der Sicherheit sinngemäß eingeschränkt. Der Begünstigte darf nach dem 2. Halbs **nicht** auf den **Verzicht** des Bevorrechtigten vertrauen, wenn sich die Beteiligten nicht eindeutig verständigt haben. Will ein langsamer Lkw auf eine Autobahn einbiegen, muss er sich vor dem Einfahren vergewissern, ob der durchgehende Verkehr die Absicht wahrgenommen und durch seine Fahrweise zu erkennen gegeben hat, dass er auf sein Vorrecht verzichtet (s OLG Hamm NZV 91, 31 zum Räumen der Kreuzung durch Nachzügler; OLG Hamm VersR 01, 654, OLG Köln, BeckRS 2012, 05828, zum „gewaltsamen" Auffahren vom Beschleunigungsstreifen auf die Autobahn). Verständigung iS des III ist die Einigung über das weitere Verhalten, wobei diese eindeutig und schlüssig sein muss. Umgekehrt wird der Vertrauensgrundsatz des Bevorrechtigten gegenüber dem Wartepflichtigen nicht eingeschränkt (vgl dazu § 1 Rn 24; § 8 Rn 34 f, 41). Es gilt der Grundsatz, dass je weiter der Farbwechsel der Lichtzeichenanlage auf „grün" zurückliegt, der bei „grün" Durchfahrende umso mehr auf eine freie Kreuzung ohne Nachzügler aus dem Querverkehr vertrauen kann (OLG Hamm BeckRS 16, 17313).

5a **5. Zivilrecht/Haftungsverteilung. a) Kreuzungsverkehr.** Wer in der Kreuzung aufgehalten wird, muss damit rechnen, dass inzwischen die Fahrbahn für den Querverkehr durch Grünlicht freigegeben worden ist. Er darf daher nur vorsichtig einfahren und nicht blindlings darauf vertrauen, dass er von den anderen Fahrzeugen vorbeigelassen wird (OLG Karlsruhe OLGR 98, 390). Verstößt der vorrangige Verkehr gegen das Rücksichtnahmegebot, so haftet er zu ¼ (AG Essen SP 96, 236). Bei Unfällen bei besonderer Verkehrslage, wie insbesondere mit **rückstauendem Querverkehr,** ist im Regelfall eine Quotelung der Haftung vorzunehmen. Dies liegt darin begründet, dass in einem solchen Fall beide Unfallbeteiligten mit nicht ausreichender Sorgfalt und Vorsicht in die Kreuzung eingefahren sind. Es besteht allerdings auch dann noch eine **Bevorrechtigung** des Fahrers, der durch den rückstauenden Querverkehr nicht mehr aus dem Kreuzungsbereich herausfahren konnte. Er darf die Kreuzung bevorrechtigt verlassen, muss dabei aber besonders auf den seitlich einfahrenden Verkehr achten (BGH NJW 77, 1394; OLG Köln NZV 12, 276). Dieser seitlich einfahrende Verkehr muss auf durch Rückstau in der Kreuzung verbliebene PKW besonders achten und ihnen die bevorrechtigte Räumung der Kreuzung ermöglichen (BGH NJW 71, 1407; NJW 77, 1394). Hierbei gilt allerdings, dass je weiter der Farbwechsel zurückliegt, der Querverkehr auf eine freie Fahrt ohne Nachzügler vertrauen kann (OLG Köln NZV 12, 276; so Rn 5).

Die endgültige Ermittlung der Haftungsquoten beruht auf einer Berücksichtigung des Einzelfalles. Im Regelfall ist eine Schadensteilung vorzunehmen, weil beide Verkehrsteilnehmer unvorsichtig in die Kreuzung eingefahren sind. Folgende **Merkmale** sind in die Abwägung einzustellen: Größe der Kreuzung, Geschwindigkeit, Erkennbarkeit der Verkehrssituation, Abfluss des Querverkehrs. Wenn beide Verkehrsteilnehmer unvorsichtig in die Kreuzung eingefahren sind, ist idR eine Haftungsteilung vorzunehmen.

5b **b) Einzelfälle.** Als Grundregel gilt, dass Nachzüglern, um Stauungen zu vermeiden, die Möglichkeit gegeben werden muss, die Kreuzung zu verlassen (st. Rechtspr. BGH VersR 1961, 524; OLG Köln, 7 U 163/11). Die Nachzügler müssen ihrerseits allerdings den einsetzenden Gegen- oder Querverkehr sorgfältig beobachten (OLG Köln, BeckRS 2012, 05828)

Halten und Parken § 12 StVO

Deshalb haftet idR derjenige überwiegend, der sofort bei Grünlicht mit **fliegendem Start** in die Kreuzung einfährt (67%), und einem PKW (33%), der sich noch in der Kreuzung befindet (BGH NJW 71, 1407; OLG Karlsruhe, BeckRS 2013, 02390; OLG Köln NZV 97, 269). Allerdings darf auch der Nachzügler nicht blindlings darauf vertrauen, dass er vorgelassen wird. Die Höhe der Mithaft hängt dann letztlich von den Besonderheiten des Falles ab (siehe dazu auch OLG Köln, BeckRS 2012, 05828) Volle bzw. überwiegende Haftung bei einer Kreuzungskollision zwischen einem PKW, der bei Grünlicht in die Kreuzung einfährt, und einem von rechts kommenden Kfz, das zwar bei Grünlicht in die Kreuzung eingefahren ist, dort aber wegen rückstauendem Verkehr noch vor der sog Fluchtlinie der Fahrbahnränder „hängen geblieben" und von dort erst weitergefahren ist, nachdem seine Ampel auf „Rot" gesprungen ist: PKW 0%, Kfz 100% (OLG Düsseldorf NZV 97, 481; OLG Koblenz NZV 98, 465; anders OLG Oldenburg DAR 96, 404 – ⅕ zu ⅘; KG Berlin NZV 10, 568 ⅓ zu ⅔ zu Lasten des Einfahrenden); Kreuzungskollision zwischen einem Pkw, der bei Grünlicht in die Kreuzung eingefahren ist, nachdem die Ampel bereits 4 bis 5 Sekunden „Grün" gezeigt hat, und einem querendem Kfz: Pkw 0%, Kfz 100% (OLG Köln VersR 95, 850).

6. Zuwiderhandlungen. Verstöße gegen I u II sind OW nach § 49 I Nr 11 6 iVm § 24 StVG (s Nr 48, 50 BKat). Allerdings wird sich die Verfolgung auf Grund des hohen Verkehrsaufkommens auf eindeutige Verstöße beschränken müssen (O. H. Schmitt VOR 72, 55). Bei gleichzeitiger Behinderung TE mit § 1 II, da Behinderung kein TB-Merkmal von § 11 I u II ist. III ist nicht bußgeldbewehrt, jedoch kann die Nichtbeachtung der in III normierten Pflichten im Einzelfall andere Verkehrsregeln verletzen.

§ 12 Halten und Parken

(1) **Das Halten ist unzulässig**
1. **an engen und an unübersichtlichen Straßenstellen,**
2. **im Bereich von scharfen Kurven,**
3. **auf Einfädelungs- und auf Ausfädelungsstreifen,**
4. **auf Bahnübergängen**
5. **vor und in amtlich gekennzeichneten Feuerwehrzufahrten.**

(2) **Wer sein Fahrzeug verlässt oder länger als drei Minuten hält, der parkt.**

(3) **Das Parken ist unzulässig**
1. **vor und hinter Kreuzungen und Einmündungen bis zu je 5 m von den Schnittpunkten der Fahrbahnkanten,**
2. **wenn es die Benutzung gekennzeichneter Parkflächen verhindert,**
3. **vor Grundstücksein- und -ausfahrten, auf schmalen Fahrbahnen auch ihnen gegenüber,**
4. **über Schachtdeckeln und anderen Verschlüssen, wo durch Zeichen 315 oder eine Parkflächenmarkierung (Anlage 2 Nummer 74) das Parken auf Gehwegen erlaubt ist,**
5. **vor Bordsteinabsenkungen.**

(3a) **Mit Kraftfahrzeugen mit einer zulässigen Gesamtmasse über 7,5 t sowie mit Kraftfahrzeuganhängern über 2 t zulässiger Gesamtmasse ist innerhalb geschlossener Ortschaften**

1. in reinen und allgemeinen Wohngebieten,
2. in Sondergebieten, die der Erholung dienen,
3. in Kurgebieten und
4. in Klinikgebieten

das regelmäßige Parken in der Zeit von 22.00 bis 06.00 Uhr sowie an Sonn- und Feiertagen unzulässig. Das gilt nicht auf entsprechend gekennzeichneten Parkplätzen sowie für das Parken von Linienomnibussen an Endhaltestellen.

(3b) Mit Kraftfahrzeuganhängern ohne Zugfahrzeug darf nicht länger als zwei Wochen geparkt werden. Das gilt nicht auf entsprechend gekennzeichneten Parkplätzen.

(4) Zum Parken ist der rechte Seitenstreifen, dazu gehören auch entlang der Fahrbahn angelegte Parkstreifen, zu benutzen, wenn er dazu ausreichend befestigt ist, sonst ist an den rechten Fahrbahnrand heranzufahren. Das gilt in der Regel auch, wenn man nur halten will; jedenfalls muss man auch dazu auf der rechten Fahrbahnseite rechts bleiben. Taxen dürfen, wenn die Verkehrslage es zulässt, neben anderen Fahrzeugen, die auf dem Seitenstreifen oder am rechten Fahrbahnrand halten oder parken, Fahrgäste ein- oder aussteigen lassen. Soweit auf der rechten Seite Schienen liegen sowie in Einbahnstraßen (Zeichen 220) darf links gehalten und geparkt werden. Im Fahrraum von Schienenfahrzeugen darf nicht gehalten werden.

(4a) Ist das Parken auf dem Gehweg erlaubt, ist hierzu nur der rechte Gehweg, in Einbahnstraßen der rechte oder linke Gehweg, zu benutzen.

(5) An einer Parklücke hat Vorrang, wer sie zuerst unmittelbar erreicht; der Vorrang bleibt erhalten, wenn der Berechtigte an der Parklücke vorbeifährt, um rückwärts einzuparken oder wenn sonst zusätzliche Fahrbewegungen ausgeführt werden, um in die Parklücke einzufahren. Satz 1 gilt entsprechend, wenn an einer frei werdenden Parklücke gewartet wird.

(6) Es ist platzsparend zu parken; das gilt in der Regel auch für das Halten.

VwV – StVO

Zu § 12 Halten und Parken

Zu Absatz 1

1   Halten ist eine gewollte Fahrtunterbrechung, die nicht durch die Verkehrslage oder eine Anordnung veranlaßt ist.

Zu Absatz 3 Nr 1

2   Wo an einer Kreuzung oder Einmündung die 5-m-Zone ausreichende Sicht in die andere Straße nicht schafft oder das Abbiegen erschwert, ist die Parkverbotsstrecke zB durch die Grenzmarkierung (Zeichen 299) angemessen zu verlängern. Da und dort wird auch die bloße Markierung der 5-m-Zone zur Unterstreichung des Verbots ratsam sein.

Zu Absatz 3a

3   I. Die Straßenverkehrsbehörden sollten bei den Gemeinden die Anlage von Parkplätzen anregen, wenn es für ortsansässige Unternehmer unmöglich ist, eigene

Halten und Parken § 12 StVO

Betriebshöfe zu schaffen. Bei Anlage derartiger Parkplätze ist darauf zu achten, daß von ihnen keine Störung der Nachtruhe der Wohnbevölkerung ausgeht.

II. Wirkt sich das regelmäßige Parken schwerer Kraftfahrzeuge oder Anhänger in anderen als den aufgeführten Gebieten, zB in Mischgebieten, störend aus, kommen örtliche, zeitlich beschränkte Parkverbote in Betracht (§ 45 Abs 1). 4

Zu Absatz 4

Wo es nach dem äußeren Anschein zweifelhaft ist, ob der Seitenstreifen für ein auf der Fahrbahn parkendes Fahrzeug fest genug ist, darf wegen Nichtbenutzung des Seitenstreifens nicht eingeschritten werden. 5

Übersicht

Rn

1. Grundlagen und Neuregelung (46. VO)	1
2. Abgrenzung zwischen fließendem und ruhendem Verkehr	3
3. Abs 1 Nr 1–5: Allgemeine gesetzliche Haltverbote	5
a) Nr 1: Enge und unübersichtliche Stellen	6
b) Nr 2: Scharfe Kurven	9
c) Nr 3: Einfädelungs- und Ausfädelungsstreifen	10
d) Bish Nr 4 Fußgängerüberwege	11
e) Nr 4: Bahnübergänge	12
f) Nr 5: Feuerwehrzufahrten	12a
4. Die früheren Regelungen in Abs 1 Nr 6–9: Haltverbot durch Verkehrs- und Lichtzeichen sind aus § 12 herausgenommen worden	13
a) Zeichen 283 – Verbot jedes Haltens	13a
b) Zeichen 286 – eingeschränktes Haltverbot	16
c) Z 295 – Fahrbahnbegrenzung (früher Nr 6c)	27
d) Zeichen 297 – Richtungspfeile auf der Fahrbahn	28
e) Rotes Dauerlicht	29
f) Bish Nr 7, 8 und 9: Haltverbot vor Lichtzeichenanlagen, Warnschildern sowie vor und in Feuerwehrzufahrten, Taxenstände	30
5. Bish Abs 1a: Haltverbot für Taxen auf Busstreifen	32
6. Abs 2: Parken	33
a) Gemeingebrauch (s E 93)	36
b) Abstellen von Fahrzeugen	37
c) Dauerparken	41
7. Abs 3 Nr 1–3: Allgemeine Parkverbote	42
a) Nr 1: Vor und hinter Kreuzungen und Einmündungen	42
b) Nr 2: Vor gekennzeichneten Parkflächen	43
c) Nr 3: Vor Grundstückssein- und -ausfahrten	44
d) Bish Nr 4: Vor und hinter Haltestellenschildern	49
e) Bish Nr 5: An Taxenständen	50
f) Bish Nr 6: Vor und hinter Andreaskreuzen	51
g) Nr 4: Über Schachtdeckeln	52
h) Nr 5: Vor Bordsteinabsenkungen	53
8. Der frühere Abs 3 Nr 8: (Parkverbote durch Verkehrszeichen) wurde in § 12 gestrichen und in die Spalte 3 der Anlagen 2 und zu den Zeichen 224, 306, 201, 295, 296, 314, 315 und 299 eingefügt	54
a) Zeichen 306 – Vorfahrtstraße	54
b) Zeichen 295 u 296 – Fahrbahnbegrenzung	56
c) Parken auf Gehwegen	57

	Rn
d) Zeichen 299 – Grenzmarkierung für Halt- und Parkverbote	62
e) Z 314 – Parkplatz	63
f) Z 325 – Verkehrsberuhigte Bereiche	71
9. Abs 3a, b: Parkverbote für schwere Kfze in bes Gebieten und abgekoppelte Anhänger	72
10. Abs 4–6: Zulässigkeit und Durchführung des Parkens und Haltens	75
a) Möglichst weit rechts (IV)	75
b) Halten in zweiter Reihe	76
c) Halten oder Parken außerhalb der Str. IV	77
d) Einfahrt in Parklücke	78
e) Platzsparendes Parken	80
f) Einschränkung des Haltens durch die Grundregel (§ 1 II)	81
g) Sicherung haltender Fahrzeuge	84
h) Kennzeichnung von Fzen Behinderter ua Bevorrechtigter	85
11. Zuwiderhandlungen	86
a) Allgemeines	86
b) Parken auf Gehwegen	88
c) Halter als Täter oder Beteiligter	89
d) Kennzeichen-Anzeigen	91
e) Straftaten	92
12. Abschleppen falsch parkender Fahrzeuge	93
13. Zivilrecht/Haftungsverteilung	98
14. Literatur	99

1 **1. Grundlagen und Neuregelung (46. VO).** Die 46. VO zur Änderung straßenverkehrsrechtlicher Vorschriften: Um doppelte Halte- und Parkverbote in der StVO zu vermeiden, sollen die mit Verkehrszeichen verbundenen Verbote in der Anlagen 2 und 3 auch dort geregelt werden. Deshalb sind die bisherigen Nr 4, 6, 7 und 9 des Abs 1 gestrichen worden, also die Verbote für das Halten auf und vor Fußgängerüberwegen durch die bisher in Ziff 6 genannten Verkehrszeichen und an Taxenständen. Die Ge- und Verbote des Abs 1 sind in der Spalte 3 der Anlage 2 zu den Zeichen 293, 283, 286, 290.1, 295, 296, 297, 299 und 229, eingefügt. Soweit die Nr 7 bisher auf die Zeichen 201, 205 und 206 verwies, ist dies bei der Nr 7 gestrichen und bei den einzelnen Zeichen eingefügt worden. Das bisherige Halteverbot der Nr 7 „bis zu 10 m vor Lichtzeichenanlagen ..." wird bei § 37 in einem neuen Abs 5 eingefügt.

Das Halteverbot „auf" Bahnübergängen findet sich weiterhin in § 12 Abs 1 Nr 4 (bisher Nr 5) StVO.

Der bisherige Abs 1a des § 12 ist gestrichen. Der Text findet sich jetzt in der Spalte 3 der Anlage 2 zum Zeichen 245.

Die Ge- und Verbote der gestrichenen Nr 4, 5, 6 und 8 des § 12 Abs 3 finden sich nunmehr in der Spalte 3 der Anlage 2 (Zeichen 224, 306, 201, 295, 296, 314, 315 und 299).

Die erschöpfende Parkregelung durch BundesR ist **verfassungskonform** (BVerfG VRS 68, 1 = StVE 41). Sie betrifft – wie alle Regeln der StVO (s **E** 26 u § 1 Rn 13 ff) – nicht das Parken außerhalb des öff VBereichs (OLG Hamburg VM 88, 121; OLG Köln VRS 65, 156; OLG Stuttgart VRS 63, 388; OLG Thüringen (Jena) NZV 97, 448: Parken des Eigentümers eines nur faktisch öff Gehweges) u erfasst, soweit nichts anderes ausdrücklich vorgesehen ist (wie in III a, b), Fze aller Art (Def § 2 Rn 3; s aber § 24), dh grundsätzlich auch **Fahrräder** (s aber

Halten und Parken § 12 StVO

unten Rn 13, s auch BVerwG NJW 04, 1815) u Motorräder (OLG Koblenz StVE 4; OLG Düsseldorf JMBlNW 90, 130). Durch Z 250 gesperrte Str dürfen nach hM auch nicht zum Parken benutzt werden (s § 2 Rn 81). – Während die §§ 2–11 sich mit dem fließenden Verkehr befassen, regeln die §§ 12–15 den **ruhenden** Verkehr. § 12 behandelt das Halten u Parken, während § 13 die Einrichtungen zur Überwachung der Parkzeit betrifft; § 14 regelt die Sorgfaltspflichten beim Ein- u Aussteigen, § 15 die Pflichten des Fahrers beim Liegenbleiben des Fz, § 17 IV S 1–3 die Beleuchtung. Wichtige ergänzende Bestimmungen enthalten die Vorschriften des § 41 II 8 zu den Z 283–290.2 u § 41 III Nrn 3–5, 7 u 8 zu den Z 295–297 u 299 sowie § 42 IV Z 314, 315 u 325/326 Nr 5 (s ferner unten 55 ff). Weiter ist das Haltverbot auf ABen u Kraftfahrstr in § 18 VIII zu beachten. Auch § 1 II kann Halten u Parken verbieten, wo ein Verbot nach § 12 nicht besteht (s dazu unten Rn 19).

Der **ruhende Verkehr** steht in seiner wirtschaftlichen u sozialen **Bedeutung** 2 dem fließenden Verkehr nicht nach. Letzterer ist kein Selbstzweck, sondern übt eine Transportfunktion aus, die nur sinnvoll ist, wenn der VT am Ziel auch die Möglichkeit zum Parken hat. Wird diese durch zu weitgehende Haltverbote übermäßig eingeschränkt, so wird dadurch auch der fließende Verkehr beeinträchtigt; denn viele nehmen an ihm nur deshalb weiter teil, weil sie keine Gelegenheit haben, ihn zu verlassen (s dazu § 13 Rn 9). So behindern Parkplatzsuchende den fließenden Verkehr oft mehr als am Fahrbahnrand haltende Fze u schädigen zusätzlich die Luft durch Abgase. Nicht alle Vorschriften des § 12 dienen dem Schutz des fließenden Verkehrs, wie zB die des I 1, 2 u 6a (BGHSt 4, 182, 186; NJW 83, 1326; Bay VRS 76, 284), sondern zT auch dem einzelner VT (vgl zB OLG Köln NZV 91, 471; OLG Hamm NZV 91, 271; BGH(Z) VRS 64, 452: Fußgänger; s Rn 13).

2. Abgrenzung zwischen fließendem und ruhendem Verkehr. Halten 3 ist nach VwV zu § 12 I eine **gewollte** Fahrtunterbrechung, die nicht durch die VLage oder eine AO veranlasst ist (OLG Düsseldorf NZV 00, 339). Die Fahrtunterbrechung ist dadurch gekennzeichnet, dass das Fahrzeug still steht und der Fahrzeugführer für dieses Verhalten verantwortlich ist. Gem. § 12 Abs 2 wird aus dem **Halten Parken,** wenn der Fzführer das Fz verlässt oder länger als 3 Min hält. (Bay VRS 31, 129; OLG Karlsruhe DAR 03, 473). Bloß verkehrsbedingtes vorübergehendes Stehen bleiben ist kein „Halten", sondern **„Warten"** u wird dem unterbrochenen VVorgang des **fließenden Verkehrs** zugerechnet (vgl § 5 Rn 2; BGHSt 14, 149).

Demnach hält nicht u muss deshalb auch nicht an den rechten Fahrbahnrand 4 heranfahren, wer vor Rot einer LZA (BGH aaO; OLG Düsseldorf DAR 66, 26), vor einer Str-Kreuzung oder Engstelle zur Erfüllung der Wartepflicht (Bay 66, 34 f = VRS 31, 224) oder des Gebots aus § 38 I S 2 vorübergehend anhält (Bay 83, 138 = StVE § 10 StVO 13), infolge einer Betriebsstörung (KG Berlin VRS 66, 153) oder wegen Benzinmangels liegen bleibt oder auf einer schneeglatten Steigung zum Stillstand kommt (Bay VRS 60, 146), wegen der VLage (Stau an der Grenze) keine Möglichkeit hat, die Fahrt fortzusetzen (Bay aaO) oder kurz anhält, um den Rückwärtsgang einzuschalten (BGHSt 18, 314). Ungewolltes Liegenbleiben wird aber verbotenes Halten, sobald eine Entfernung durch Ingangsetzen oder Abschleppen möglich ist (OLG Köln VM 74, 20; OLG Frankfurt NJW 88, 1803; s auch § 18 Rn 22). – Zum verbotenen Parken durch Unterlassen s OLG Köln ZfS 93, 283 m abl Anm Notthoff ZfS 95, 81.

Heß 233

5   **3. Abs 1 Nr 1–5: Allgemeine gesetzliche Haltverbote.** Alle Haltverbote verbieten jedes Halten. Halt- u Parkverbote erstrecken sich auf Seitenstreifen u Fahrbahn, soweit sie nicht nach dem Wortlaut u Sinn der Bestimmung nur die Fahrbahn oder einen Teil derselben erfassen (im Einzelnen Bouska VD 73, 129; Mühlhaus DAR 74, 29). Die Haltverbote gehen den Parkverboten (III) vor.

6   **a) Nr 1: Enge und unübersichtliche Stellen.** Nr 1: Die Merkmale „an engen" oder **unübersichtlichen Straßenstellen**" stehen alternativ nebeneinander (OLG Düsseldorf JMBl NW 83, 106; s auch Rn 81). Die Regelung soll für den fließenden Verkehr ausreichenden Raum sicherstellen (OLG Düsseldorf NZV 90, 201; OLG Düsseldorf NZV 00, 339). – **Eng** ist eine Str-Stelle, wenn der neben dem parkenden Fz zur Durchfahrt freibleibende Raum einem Fz mit der regelmäßig höchstzulässigen Breite (2,50 m, ausnahmsweise 3 m: § 32 I 1 StVZO) nicht die Einhaltung eines Sicherheitsabstandes von 0,50 m von dem abgestellten Fz gestattet u damit ein gefahrloses Vorbeifahren ohne ungewöhnliche Schwierigkeiten ermöglicht (VG München NZV 91, 88; OLG Düsseldorf NZV 00, 339 – Parken/Halten gegenüber einem markierten Behindertenparkplatz; VG Berlin NZV 98, 224). Der Haltende muss demnach eine Fahrbahnbreite von 3–3,50 m zuzüglich eines etwa erforderlichen Abstandes des durchfahrenden Fz zum gegenüberliegenden Fahrbahnrand freihalten (Bay NJW 60, 1484; OLG Düsseldorf aaO; 3,60 m genügen: Bay v 14.2.84, 1 Ob OWi 335/83; s auch OLG Köln StVE 32).

7   Allerdings muss der Haltende mit der **Vorbeifahrt überbreiter Fze** idR nicht rechnen (Bay VRS 27, 232). Unterliegt der FahrV in der Str Beschränkungen, zB Verbot für Lkw, oder ist nach Ort u Zeit (nachts) mit überbreiten Fzen nicht zu rechnen, so genügt ein entspr geringerer Fahrstreifen (Bay 64, 27 = VRS 27, 232; OLG Koblenz v 4.6.91, 1 Ss 162/91). Die Enge der Str-Stelle kann auch durch Schneehaufen an der Seite der Fahrbahn (s dazu unten Rn 81) oder durch parkende Fze herbeigeführt werden. Parkt der Fahrer sein Fz an einer genügend breiten Str-Stelle, stellt aber danach ein anderer sein Fz auf der gegenüberliegenden Fahrbahnseite ab und entfernt sich, so wird er zum Parkenden, der gegen das Halteverbot aus § 12 Abs 1 S 1 verstößt. Wird dadurch die Durchfahrt des fließenden Verkehrs versperrt, so besteht auch für den ordnungsgemäß Parkenden eine Rechtspflicht, sein Fahrzeug wegzufahren, sobald er sichere Kenntnis davon erlangt hat, dass durch das andere Fz eine VBehinderung eingetreten, der Fahrer dieses Fz's nicht erreichbar u die VBehinderung nur dadurch zu beheben ist, dass er sein zunächst vorschriftsmäßig abgestelltes Fz wegfährt (Bay 56, 16 = JR 56, 385 m Bespr Hartung; OLG Köln VRS 34, 312). – Zur Frage, ob eine Fahrstreifenbegrenzung (Z 295, 296) oder eine Sperrfläche (Z 298) eine „enge Straßenstelle" iS von § 12 I 1 bewirken kann, s OLG Saarbrücken VM 81, 103.

8   **Unübersichtlich** ist eine Str-Stelle, wenn der Fz-Führer wegen sichtbehindernder Umstände nicht zuverlässig beurteilen kann, ob die Fahrbahn auf der vor ihm liegenden Strecke frei ist, dh ob er bei normaler Aufmerksamkeit alle Hindernisse u Gefahren rechtzeitig erkennen u ihnen begegnen kann (Bay VRS 35, 392; DAR 78, 190; OLG Düsseldorf VRS 75, 66 = StVE Nr 57). Unübersichtliche Einmündungen begründen die Unübersichtlichkeit nicht, an ihnen gilt das Parkverbot des III 1. Das zu § 3 Rn 25 ff. Ausgeführte gilt auch für § 12 I 1 (ebenso Bay 68, 20 = VM 68, 70; vgl aber auch OLG Celle VM 67, 75). Vereiste Scheiben des eigenen Kfz bewirken nicht die Unübersichtlichkeit einer **Straßenstelle** (s § 315c StGB Rn 24). Der Scheitelpunkt einer Str-Kuppe, die dem VT den weite-

Halten und Parken § 12 StVO

ren Str-Verlauf verdeckt, ist auch dann eine unübersichtliche Stelle, wenn ein dort parkendes Fz von beiden Seiten her gut sichtbar ist (Bay VRS 35, 392).

b) Nr 2: Scharfe Kurven. Nr 2: In **scharfen Kurven,** dh solchen mit geringem Radius, darf wegen der dort immer gefährlichen Sichtbehinderung durch haltende Fze auch dann nicht gehalten/geparkt werden, wenn die Kurve selbst übersichtlich ist. Das Verbot gilt für die Außen- u Innenseite der Kurve (BGH VRS 40, 299). Kurve ist ein gekrümmter Straßenverlauf bezogen auf eine einheitliche Fahrbahn, dies bedeutet, die Schnittstelle zweier Straßen an Kreuzungen und Einmündungen und Wendehammer (Wendeschleife) fallen nicht hierunter (OLG Brandenburg NJW 04, 961). 9

c) Nr 3: Einfädelungs- und Ausfädelungsstreifen. Nr 3: Auf allen Straßen mit **Einfädelungs- und Ausfädelungsstreifen** (früher Beschleunigungs- u Verzögerungsstreifen) ist das Halten und Parken unzulässig. Für ABen u Kraftfahrstr vgl § 18 VIII. 10

d) Bish Nr 4 Fußgängerüberwege. Die frühere Regelung in **Nr 4** (Halteverbot auf **Fußgängerüberwegen** sowie bis zu 5 m davor).wurde durch die 46. VO aus § 12 Abs 1 in die Spalte 3 der Anlage 2 zu den Zeichen 293, 283, 286, 290.1, 295, 296, 297, 299 und 229 übertragen. Fußgängerüberwege sind nur die durch Z 293 gekennzeichneten, nicht sonstige Fußgängerübergänge (Bay 67, 155 = DAR 68, 27). Das Parken u Halten im Bereich von Fußgängerfurten mit LZA wird nicht durch Abs 1 Nr 4 verboten. Das Haltverbot gilt nur, wenn der Zebrastreifen auf der Fahrbahn deutlich aufgezeichnet ist, das Gefahr-Z 134 begründet das Haltverbot nicht (Bay VRS 30, 128; KG Berlin 65, 297; OLG Hamm VRS 31, 294; OLG Düsseldorf VM 66, 105). Das Haltverbot gilt auch für Straßenbahnen (BGH(Z) VRS 49, 243). 11

e) Nr 4: Bahnübergänge. Nr 4 (früher Nr 5): Auf **Bahnübergängen** (s § 19) darf niemals, auch nicht bei Stauungen, gehalten werden (OLG Frankfurt VersR 88, 295). 12

f) Nr 5: Feuerwehrzufahrten. Nr 5 vor und in amtlich gekennzeichneten Feuerwehrzufahrten (früher Nr 8): **Feuerwehrzufahrten;** letztere müssen im Hinblick auf die nur öff VBereiche erfassende Ermächtigungsgrundlage des § 6 I StVG (s auch **E** 26) zum mind faktisch öff VRaum gehören (OLG Hamm NZV 90, 440; Vogel NZV 90, 419, 421; OLG Köln NZV 94, 121) Erforderlich ist auch, dass diese Zufahrten amtlich gekennzeichnet sind, der Aufstellung amtlicher Verkehrszeichen gemäß StVO bedarf es hingegen nicht (die StVO selbst enthält kein entspr Hinweisschild, OLG Hamm NZV 94, 121), private Hinweise reichen aber nicht aus (KG Berlin NZV 92, 291; OLG Köln aaO; Näheres dazu bei Vogel aaO). Im Gegensatz zum Parkverbot nach III Nr 3 richtet sich das Haltverbot nach I Nr 8 auch an den Grundstückseigentümer, da hier nicht nur seine Interessen geschützt werden sollen (s Vogel aaO); es gilt aber nicht für sog Feuerwehraufstellflächen (KG Berlin NZV 94, 407). 12a

4. Die früheren Regelungen in Abs 1 Nr 6–9: Haltverbot durch Verkehrs- und Lichtzeichen sind aus § 12 herausgenommen worden. Die früher in § 12 Abs 1 Nr 6a–e aufgeführten Halteverbote finden sich durch die 46 VO in der Spalte 3 der Anlage 2 zu den Zeichen 293, 283, 286, 290.1, 295, 296, 297, 299 und 229. Das Halteverbot zu Nr 6 f ist in § 12 gestrichen worden und befindet sich nun bei § 37 Abs 3. 13

StVO § 12   I. Allgemeine Verkehrsregeln

13a   **a) Zeichen 283 – Verbot jedes Haltens.** Z 283 – Halteverbot (früher Nr 6a) – verbietet jedes Halten auf der Fahrbahn, dh auf den für den Fahrzeugverkehr bestimmten Teil der Straße (BVerwG NJW 04, 1815, dazu NJW-Spezial 04, 116; BVerwG NZV 93, 44: nicht auch auf dem Gehweg) u gebietet zugleich, alsbald wegzufahren, wenn die Voraussetzungen für etwa erlaubtes Halten (Dauerparker bei zwischenzeitl Aufstellung eines Halteverbotszeichens) nicht (mehr) vorliegen (BVerwG NJW 78, 656; 82, 348; ZfS 94, 189; s auch Rn 41, unten Rn 93 u § 13 Rn 9). Es **gilt nicht** auch auf anderen, nicht dem fließenden Verkehr dienenden Str-Teilen (wie Parkplatz pp; Bay v 30.12.85, 2 Ob OWi 414/85; Gehwege: BVerwG aaO u Seitenstreifen: OLG Hamm VRS 47, 63), doch auch für Taxen zum Aussteigenlassen (OLG Düsseldorf VRS 69, 56; s aber unten Rn 76). Es **bezweckt** in erster Linie eine Erleichterung des fließenden Verkehrs (BGH NJW 83, 1326), daneben uU auch dessen Schutz vor Auffahrunfällen (vgl § 12 I 1, 2; Bay VRS 76, 284), den Schutz der die Fahrbahn überquerenden Fußgänger (BGH(Z) VRS 64, 252 = StVE 34; Bay NZV 93, 409 = StVE 80) oder iVm dem Zusatzschild „Bauarbeiten" den des Bauunternehmers (so LG München I NJW 83, 288; aA LG Berlin VersR 72, 548). – Durch Zusatzschild kann es auch auf dem **Seitenstreifen** (Def s § 2 Rn 23) verboten werden. Sonst ist das Halten auf einem Seitenstreifen erlaubt, wenn er so breit ist, dass das Fz nicht in die Fahrbahn hineinragt, auch in einer aus dem Gehweg ausgesparten Parkbucht (Bay 73, 46 = VRS 45, 141). Soll das Halten auf der Fahrbahn ganz, in der Ladebucht aber im Rahmen des Z 286 verboten werden, so ist es notwendig, außer dem Z 283 das Z 286 mit einem Zusatzschild „im Seitenstreifen" anzubringen, sofern es sich wirklich um einen Seitenstreifen handelt; die Bezeichnung eines Parkstreifens als Seitenstreifen im Zusatzschild zu Z 283/6 ist missverständlich u kann zur Ungültigkeit führen (VG München NZV 91, 488). Durch die Aufstellung des Z 283 mit dem Zusatzschild „In der Bucht" (oder ohne solchen Zusatz) wird das Halten auf einer in einer Fahrbahnausbuchtung angelegten Zufahrtsspur zu einem Parkhaus wirksam verboten (Bay 74, 1 = VRS 47, 132). Für Gehwege dürfen die Zeichen 283, auch mit Zusatzschildern, nicht verwendet werden, weil sie sich nur an den Fahrverkehr wenden (BVerwG NJW 04, 1815 = DVBl 04, 519; dazu NJW-Spezial 04, 116). Zwar ist auch das Abstellen von Fahrrädern grundsätzlich Parken im Rechtssinn; jedoch gelten nicht alle in § 12 getroffenen Regelungen auch für Fahrräder (BVerwG aaO; Kettler NZV 03, 209). Ein Halteverbot in einer Zone umfasst auch mit den Zusatzschildern nicht das Abstellen von Fahrrädern auf Flächen, die der Nutzung durch Fußgänger vorbehalten sind (BVerwG aaO).

14   Das Haltverbot **beginnt** am (ersten) Z 283 oder an dem an ihm durch ein Zusatzschild angezeigten Punkt (§ 41 II S 3, 4). Es gilt nur für die Str-Seite, auf der das Schild steht u **endet** nach § 41 II Nr 8b ohne Rücksicht auf Grundstücksein- u -ausfahrten (KG Berlin VRS 68, 297; HessVGH VRS 76, 51) an der nächsten Kreuzung oder Einmündung (Def s § 8 Rn 5) oder vorher, wenn dies durch Z 283 mit Pfeil (§ 41 II Nr 8c) angezeigt ist u idR ab Z 250 (Bay NZV 93, 409). **Zeitliche** Beschränkungen des Haltverbotes s VwV zu Z 283 II; „werktags" erfasst auch den Samstag (OLG Hamburg VRS 66, 379). Wegen Kennzeichnung des Anfangs u des Endes der Strecke durch Pfeile s VwV zu Z 283 u 286 IV.

15   Auf den Raum **vor** dem 1. Halt- oder Parkverbots-Z erstreckt sich das Parkverbot auch dorthin, wenn das VZ mit einem dorthin weisenden Pfeil versehen ist (OLG Düsseldorf VM 73, 36; BVerwG VRS 49, 306; Bay 82, 86 = VM 83, 25). Ist der **Anfang** der Verbotsstrecke **nicht** zusätzlich **gekennzeichnet,** so

Halten und Parken **§ 12 StVO**

endet das Verbot dort, wo nach der VAuffassung sein Grund (Kurve, Baustelle) weggefallen ist (OLG Hamm DAR 62, 88). War der Beginn der Strecke nicht angezeigt, so kommt einem späteren VZeichen mit dem das Ende der Verbotsstrecke bezeichnenden Zusatz keine Bedeutung zu (vgl Bay 60, 156 = VRS 19, 382). Nach OLG Düsseldorf (VM 66, 89) muss derjenige, der 100 m hinter einem Haltverbotsschild hält, davon ausgehen, dass das Haltverbot noch gilt (Tatfrage! Zum Zonenhaltverbot s Z 290, 292 u § 13 Rn 5a). – Ein Haltverbot, das eine Baufirma auf Veranlassung der Pol in Abweichung von einer AO der StraßenVB aufgestellt hat, ist nicht schlechthin unwirksam (Bay 81, 54 = StVE § 45 StVO 18 in Ergänzung von Bay 77, 47), sondern als VA bis zur Aufhebung wirksam (vgl BVerwG NJW 67, 1627; BGHSt 20, 125; § 39 Rn 9).

Z 283 mit dem Zusatzschild „Bauarbeiten" schützt nicht das Vermögen des Bauunternehmers und ist somit kein Schutzgesetz iSd § 823 Abs 2 BGB (BGH NJW 04, 356 = VersR 04, 255).

b) Zeichen 286 – eingeschränktes Haltverbot. Z 286 – eingeschränktes **16** Haltverbot (früher Nr 6b) – verbietet das Halten auf der Fahrbahn über 3 Min, ausgenommen zum Ein- u Aussteigen oder zum Be- u Entladen (s Rn 20 ff), ist also nach II eigentlich ein Parkverbot; **erlaubt** ist aber das kurze Halten zB zur Orientierung, zur Zimmernachfrage am Hotel, zum Öffnen oder Schließen der Garage (OLG Köln DAR 57, 11), zum Kauf einer Kinokarte (OLG Frankfurt VM 61, 147 an früheren R), zum Zeitungs- u Zigaretteneinkauf **binnen 3 Min**. Soweit damit ein Verlassen des Kfz verbunden ist (s dazu § 14 Rn 7), kann dies zwar nach § 12 II formell ein „Parken" darstellen, doch ist dies hier durch die Sonderregelung des Z 286 als bes Form des Haltens (bis zu 3 Min) erlaubt (s auch BGHSt 28, 143; Bouska VD 77, 49; andererseits KG Berlin VRS 51, 383). – Über seinen Geltungsbereich gilt das zu a) Ausgeführte. Eingeschränkte Haltverbote vor Theatern, öff Gebäuden u Hotels s VwV zu Z 286 III; Z 283 u 286 zusammen auf einem Mast s § 39 Rn 19a. Parkerleichterungen für **Schwerbehinderte u Ärzte** s § 46 VwV zu Abs 1 Nr 11; die Parksonderberechtigung für Gehbehinderte u Blinde gilt auch für die sie befördernden Fahrer (Bay 85, 86 = VRS 69, 462; s auch Rn 85).

Auch das **Z 290** (ohne Zusatzschild) – **Zonenhaltverbot** – hat dieselbe Bedeu- **17** tung eines eingeschränkten Haltverbots, allerdings iG zum Z 286 mit weiterreichender **zonaler Wirkung** (Berr/Hauser/Schäpe 110). Deshalb ist auch hier – wie bei Z 286 – jedes Halten bis zu 3 Min grundsätzlich erlaubt (so auch Berr/Hauser/Schäpe aaO u 428; Begr VkBl 89, 780; s auch OLG Oldenburg NZV 93, 491). – Ist es mit dem Zusatzschild „Parkscheibe" verbunden, ist Halten in der Zone nur nach Maßgabe des § 13 II zulässig (s dazu § 13 Rn 5 u 8). Ist das Parken durch Zusatzschild auf gekennzeichnete Flächen beschränkt, ist das Halten außerhalb dieser Flächen im Rahmen des § 12 II gestattet. Z 290 soll mit weniger Schildern eine flexibleren Regelung dienen.

Zusatzschilder. Während Z 286 das Halten nur auf der Fahrbahn einschränkt, **18** kann das Verbot durch das Zusatzschild mit dem hinter Z 283 abgebildeten Symbol (1052–37 VzKat) auf den Seitenstreifen erweitert werden. Dagegen wird das Verbot durch das Zusatzschild „auf dem Seitenstreifen" auf diesen beschränkt; auf der Fahrbahn darf gehalten werden, wenn es dort nicht durch ein weiteres Z 283 verboten ist (s Rn 13).

Durch ein Zusatzschild können gewisse VArten vom Haltverbot ausge- 19 nommen werden (VwV II; s dazu auch § 39 Rn 14, 20 u 22). Die Frage, ob beschränkte Haltverbote zulässig sind, die zusammen mit der auf dem Zusatzschild bewilligten Ausn den Zweck verfolgen, den vom Verbot ausgenommenen Fzen eine Parkstelle zu sichern, ist umstritten. Im Interesse der VSicherheit u VFlüssigkeit allg gehaltene Verbote sind zulässig, zB „frei für Anwohner der R-Straße 3–29" (OLG Karlsruhe VRS 33, 458; Nr 1044–30 VzKat). Nach Bay 65, 147 = VRS 30, 221 können durch die Ermächtigung des § 45 I S 1 auch Parkverbote gedeckt sein, die im Zusammenhang mit der bewilligten Ausn den Zweck verfolgen, den vom Verbot ausgenommenen Fzen (hier solchen eines Konsulats) eine Parkstelle zu sichern. Demgegenüber hält das BVerwG (VRS 33, 149) Ausnahmeregelungen zugunsten von Behörden-Fzen für unzulässig (vgl hierzu § 39 Rn 14; § 45 Rn 6, § 46 Rn 1, 2). Die Gemeinde darf aber ein ihr gehöriges, nur dem tatsächlich öff Verkehr ohne straßenrechtliche Widmung (vgl § 1 Rn 5 ff) zur Verfügung gestelltes Grundstück einem anderen Zweck (Parkplatz für Behördenangehörige) zuführen (BVerwG VRS 47, 72).

20 Unabhängig von der 3-Min-Begrenzung ist das Halten zum **Ein- u Aussteigen** ohne zeitliche Begrenzung erlaubt (s Rn 24); es umfasst auch das Aufnehmen oder Absetzen eines anderen, also das Ein- u Aussteigenlassen. Zum Ein- oder Aussteigen des Fahrers selbst s oben Rn 16. Auch wer kurz anhält, bis ein anderer aus einer Parklücke herausgefahren ist, hält zum Aussteigen (OLG Köln VRS 24, 459).

21 Das erlaubte Halten wird aber zum Parken, sobald das Ein- u Aussteigen nicht mehr Zweck des Haltens, sondern Mittel zu anderen Zwecken ist, zB zu geschäftlichen Besorgungen (von mehr als 3 Min Dauer). Dagegen gehören **Nebenverrichtungen** zum Ein- u Aussteigen, wenn nur letzteres der Hauptzweck des Haltens bleibt (KG Berlin VRS 59, 230 = StVE 23; s auch OLG Hamm DAR 53, 138) u dem Fahrer nicht zuzumuten ist, das Fz vor Erledigung der Nebenverrichtungen wegzufahren, so zB Bezahlen des Taxis (OLG Hamm VM 68, 42), das Warten des bestellten Fz auf den Fahrgast, wenn es nicht unangemessen lange dauert (OLG Hamm VRS 36, 77; OLG Frankfurt NJW 52, 675); dabei ist die Wartezeit grundsätzlich nicht auf 3 Min zu beschränken, wenn zu erwarten ist, dass der Fahrgast vereinbarungsgemäß in Kürze erscheinen wird (Bay VRS 57, 140 = StVE 16). Auch zum Bezahlen des Fahrpreises reichen 3 bis 4 Minuten nicht immer aus, insbesondere, wenn der Fahrgast betrunken ist (OLG Hamm VM 68, 31). Andererseits sollen das Geleiten des Gastes in den Bahnhof u die dortige kurze Verabschiedung nicht dazu gehören (OLG Karlsruhe VkBl 60, 628), was aber jedenfalls dann erlaubt ist, wenn es nicht länger als 3 Min dauert. Maßgebliches Kriterium ist stets, ob die Nebenverrichtung vermöge ihrer notwendigen Zusammengehörigkeit mit dem Ein- oder Aussteigen nach der VAuffassung als deren Bestandteil erscheint oder ob sie im Hinblick auf den Zweck des Ein- oder Aussteigens u den erforderlichen Mehraufwand an Zeit selbstständige Bedeutung gewinnt (KG Berlin aaO im Anschl an OLG Düsseldorf VM 69, 136; OLG Hamm NJW 59, 255 ua). Das Aufstellen eines Pkw innerhalb einer – eingeschränkten – Haltverbotszone vor einem groß- oder mittelstädtischen Bahnhof auf die Dauer von 8 Min soll auch dann verbotenes Parken sein, wenn der Fahrer einen mit dem Zug ankommenden Angehörigen abholen will (OLG Hamm VRS 29, 235). Das gilt aber wohl nicht, wenn der Aufenthalt auf Verspätung des Zuges zurückzuführen ist. Durch die Beschränkung des Haltens vor Bahnhöfen soll der Platz für das An- u Wegfahren der Fahrgäste der Eisenbahn freigehalten werden; kurze Wartezeiten sind dabei unvermeidbar. Erst bei größe-

Halten und Parken § 12 StVO

ren Verspätungen oder starkem Verkehr kann dem Abholenden zugemutet werden, den Platz vorübergehend zu verlassen.

Auch das **Be- und Entladen** ist hier (zeitunabhängig, s Rn 24) erlaubt. Der 22 Begriff setzt den Transport von Sachen voraus, deren Größe u Gewicht die Beförderung durch ein Fz verlangt (OLG Köln VRS 8, 75; OLG Hamburg VRS 8, 379); dazu gehört auch das sog **Umbrücken** einer Ladung durch Austausch der Auflieger zweier Lkw (OLG Frankfurt DAR 95, 457). Gegenstände, die üblicherweise in der Kleidung oder in der Aktentasche mitgetragen werden, fallen nicht darunter, wohl aber das Entladen eines Korbs voll Obst oder des Reisegepäcks aus einem Pkw (OLG Bremen VRS 19, 151; OLG Hamm DAR 53, 138; OLG Düsseldorf VM 64, 40). Regelmäßig gilt ein objektiver Maßstab, der sich nach der VAnschauung richtet. Ein bes kräftiger Mann braucht eine schwere Last nicht über eine größere Strecke zu tragen, weil es ihm leichter fällt, als einem anderen (KG Berlin VRS 14, 208). Andererseits wird man aber eine bes schwache Körperbeschaffenheit berücksichtigen müssen; einem Körperbehinderten kann nicht zugemutet werden, ein Paket, das ein Gesunder unschwer tragen könnte, zu Fuß über eine größere Strecke zu schleppen. Deshalb ist auch „Entladen" das Aussteigenlassen eines Körperbehinderten mit Gepäck aus einem Taxi.

LieferV ist der geschäftsmäßige Transport von Sachen von oder zu Gewerbe- 23 treibenden sowie von oder zu den Kunden eines Gewerbetreibenden (BVerwG NZV 94, 125); Hierbei stellt auch die Entnahme von leichten u kleinen Waren sogar dann ein Entladen dar, wenn der Wagen nur zur Belieferung **eines** Kunden unterwegs ist oder den letzten Kunden besucht (OLG Bremen VM 63, 36; BGH VRS 17, 395; OLG Hamm VRS 20, 314). Zum LieferV gehören auch der Zusteller von Expressgut der **Dt Bahn** u der Eil- u Telegrammzusteller der **Post** oder anderer **Dienstleistungsunternehmen** (KG Berlin VRS 19, 385; s auch § 35 VII). Ein bes hoher **Wert** des zu befördernden Gegenstands kann uU dem größeren Gewicht gleichzustellen sein, zB Transport eines bes empfindlichen Gerätes oder Verbringung eines großen Geldbetrages auf die Bank (KG Berlin VRS 14, 208; OLG Köln VRS 21, 381; aA OLG Hamm VRS 48, 159). **Nicht** zum LieferV gerechnet wird das Abholen oder Bringen von Personen (OLG Düsseldorf VRS 67, 151; OVG Lüneburg VM 81, 61 m krit Anm Booß) sowie der private Transport von Wäsche zur Wäscherei (KG Berlin VRS 62, 65 = StVE § 41 StVO 36).

Eine **Zeitgrenze** für das Be- u Entladen **besteht nicht** (OLG Düsseldorf 24 DAR 91, 432); die 3-Min-Grenze gilt für andere Haltefälle (s oben Rn 16). Auch das Beladen eines Möbeltransportfahrzeuges mit Umzugsgut ist Beladen. Andererseits ist jeder Ladevorgang auf das erforderliche Mindestmaß an Zeit zu beschränken (§ 41 II 8 S 4). Die Zeitdauer des Haltens ermöglicht u. U. Rückschlüsse darauf, dass sich das Geschehen nicht in der Abwicklung des Ladegeschäfts mit den üblichen Begleitvorgängen abgespielt haben kann (OLG Hamburg VRS 8, 371). Verzögert der Ladende das Ladegeschäft unnötig oder nimmt er während seiner Durchführung irgendwelche anderen, durch die Ladearbeit nicht bedingten Tätigkeiten vor, so wird das Laden zum Parken (OLG Köln VM 62, 40). Wer zu Ladezwecken hält, parkt aber nicht schon deshalb, weil er beabsichtigt, das Halten über das Ladegeschäft hinaus auszudehnen, solange es nicht dazu gekommen ist (OLG Stuttgart VM 67, 137). Werden Waren für mehrere Empfänger gleichzeitig aus dem Wagen genommen u ausgetragen, so ist die Angemessenheit des Zeitaufwandes für jede einzelne Lieferung zu berechnen; eine Abwesen-

StVO § 12 I. Allgemeine Verkehrsregeln

heit von 25 Min ist je nach Sachlage nicht zu hoch (Bay 66, 92 = VM 66, 144; OLG Hamburg VM 60, 43).

25 Das Be- u Entladen umfasst auch **Nebenverrichtungen,** die aufgrund ihrer notwendigen Zugehörigkeit nach der Verkehrsauffassung als ihr Bestandteil erscheinen (OVG Nordrhein-Westfalen (Münster) NZV 96, 87). Nebenverrichtung ist alles, was üblicherweise zum Liefern gehört, sofern diese Tätigkeit nicht durch einen erheblichen Mehraufwand an Zeit eine selbständige Bedeutung gewinnt (OLG Karlsruhe VM 75, 21). Nebenverrichtungen sind ua die Aufgabe von Paketen bei der Post, außer wenn sie mit einem unverhältnismäßigen Zeitaufwand verbunden oder ihre Erledigung erst nach längerer Wartezeit möglich ist (OLG Bremen VM 58, 9; vgl aber auch VRS 15, 198 für Abholen leichter Post aus dem Schließfach); ferner Empfang u Bezahlung der gelieferten Ware, Tausch von Behältern gegen Leergut, sowie eine gewisse Wartezeit, bis sich der Empfänger zur Annahme der neuen Ware freigemacht hat; der ohne ins Gewicht fallende Zeitaufwand mögliche Abschluss eines Kaufvertrags; **nicht** aber **bloß vorbereitende Tätigkeiten** (OLG Düsseldorf VRS 36, 312) oder **Anschluss**handlungen wie anschließendes Waschen oder Umziehen (OLG Düsseldorf DAR 91, 432), geschäftliche Verhandlungen im Anschl an die Ablieferung oder die Prüfung der Beschaffenheit der Ware; erst recht nicht private Unterhaltungen oder ein Gasthausbesuch (OLG Bremen VM 63, 36; Bay 66, 92 = VM 66, 144; OLG Hamm VRS 23, 75).

26 In einer Parkverbotszone darf zum Be- oder Entladen auch dann gehalten werden, wenn eine Durchführung des Ladegeschäfts außerhalb dieser Zone nicht mit einer unzumutbaren Erschwerung verbunden wäre (Bay 66, 92; KG Berlin VRS 33, 144 unter Aufg der früheren RSpr; aA OLG Bremen VRS 19, 151; 23, 60). Nach KG Berlin (aaO) sollen Nebenverrichtungen dem Ladevorgang nicht zugerechnet werden, wenn sie sich ohne zumutbare Erschwernis von ihm trennen lassen; der Entlader könne verpflichtet sein, nach Beendigung des eigentlichen Ladevorgangs sein Fz in eine nahe gelegene Parkzone zu fahren u dann erst die Nebenverrichtungen (Aufgabe der Pakete bei der Post) vorzunehmen. Eine solche Pflicht kann sich nach dem oben Gesagten nicht aus Z 286 ergeben, sondern höchstens in bes AusnFällen aus § 1. Das Aufstellen eines schon entladenen Anhängers in der Zone des beschränkten Halteverbots kann eine mit dem Entladen des Lastzugs notwendig verbundene Nebenverrichtung sein (BGH(Z) VRS 40, 180).

27 **c) Z 295 – Fahrbahnbegrenzung (früher Nr 6c).** Vgl § 2 Rn 91. Dient Z 295 als Fahrbahnbegrenzung, darf nach § 41 III Nr 3b, bb links von ihr nicht gehalten werden, wenn rechts von ihr ausreichender Str-Raum frei ist (vgl aber OLG Köln VRS 71, 223). Das Halteverbot dient der Freihaltung des Raumes links von der Begrenzung für den fließenden Verkehr, wenn dem ruhenden Verkehr zB ein Mehrzweckstreifen zur Verfügung steht; sonst darf, wenn dem auch § 12 I 1 oder § 1 II nicht entgegensteht, auch links von ihr geparkt werden, so zB wenn rechts von ihr ein Sonderweg verläuft (s OLG Köln aaO).

28 **d) Zeichen 297 – Richtungspfeile auf der Fahrbahn.** Z 297 – Richtungspfeile auf der Fahrbahn **(früher Nr 6d)** – bewirken, wenn die Fahrstreifen durch Fahrbahnbegrenzungen – Z 295 – oder Leitlinien – **Z 340** – begrenzt sind, nach § 41 III Nr 5 S 4 ein **Haltverbot.** Es gilt für alle Fahrstreifen, beginnt mit dem Ende des vom Fahrer zuerst erreichten Richtungspfeiles u endet an der Spitze des vordersten Pfeiles (OLG Düsseldorf VRS 66, 380). Halten würde hier das zügige Einordnen u Abbiegen erschweren, den Verkehr zu gefährlichen Fahrstrei-

Halten und Parken § 12 StVO

fenwechseln veranlassen oder ihn ungebührlich aufhalten (OLG Hamm NZV 99, 291); im Übrigen s § 9 Rn 51.

e) Rotes Dauerlicht. Rotes Dauerlicht (**früher Nr 6f**) befindet sich mit den 29 **gekreuzten Schrägbalken** in § 37 III; wegen **Z 299** s 62. Das Halteverbot besteht nur innerhalb der 10 m-Strecke und entsprechender Sichtbehinderung.

f) Bish Nr 7, 8 und 9: Haltverbot vor Lichtzeichenanlagen, Warnschil- 30, 31 **dern sowie vor und in Feuerwehrzufahrten, Taxenstände.** Das Haltverbot vor **Lichtzeichenanlagen** (früher Nr 7) und das Halteverbot an **Taxenständen** (früher Nr 9; **Z 229**) wurde durch die 46. VO in § 12 Abs 1 gestrichen und in die Spalte 3 der Anlage 2 zu den Zeichen 293, 283, 286, 290.1, 295, 296, 297, 299 und 229 eingefügt. Es ist eindeutig als Haltverbot ausgestaltet u verbietet allen anderen Kfzen als Taxen jedes Halten an Taxenständen. Damit ist der auf der Grundlage des vorher in Z 229 verwendeten Z 286 ausgetragene Streit gegenstandslos geworden (s BGH NZV 93, 197; OLG Celle NZV 91, 81 u OLG Düsseldorf NZV 93, 40). – Zur Aufstellung des Zeichens s VwV zu Z 229 sowie OLG Hamm VRS 50, 469.

5. Bish Abs 1a: Haltverbot für Taxen auf Busstreifen. Das früher in Abs 1a 32 geregelte Haltverbote für **Taxen auf Busstreifen** (Z 245) ist durch die 46. VO in § 12 gestrichen und in die Spalte 3 der Anlage 2 zum Zeichen 245 eingefügt worden.

Taxen dürfen dort – ausgenommen an Bushaltestellen – nur fahren, nicht aber halten u Fahrgäste aufnehmen oder absetzen, um den BusV nicht zu behindern.

6. Abs 2: Parken. „Halten" ist der umfassendere Begriff, „**Parken**" ein Son- 33 derfall des Haltens. Wer parkt, hält auch. Aber nicht jeder, der hält, parkt auch. Der Parkende muss immer auch die Pflichten erfüllen, die für das Halten gelten, insb auch die Haltverbote beachten, während der bloß Haltende die Parkverbote nicht zu beachten braucht. – Nach II **parkt** immer, wer das Fz verlässt, dh sich in einer Weise entfernt, dass er die VLage nicht im Auge behalten (BGHSt 28, 143 = StVE 15; KG Berlin VRS 59, 228 = StVE 22; vgl auch § 14 Rn 7) u erforderlichenfalls sofort – spätestens binnen 3 Min – wegfahren kann (BGH aaO; OLG Düsseldorf VRS 55, 457; OLG Oldenburg NZV 93, 491) u auch keinen Vertreter zurücklässt (OLG Celle DAR 87, 60). Bleibt der ausgestiegene Fahrer abfahrbereit beim Fz, so wird das Halten erst nach Ablauf von 3 Min zum Parken (s Bay VRS 51, 459; BGHSt 28, 143). Beim unbefugten Abstellen auf einem Behinderten-Parkplatz muss der Fz-Führer erkennbar in der Nähe bleiben, um bei Bedarf unverzüglich wegfahren zu können (OLG Düsseldorf DAR 95, 499).

Eine Sonderstellung nimmt das **eingeschränkte Haltverbot** nach Z 286 ein: 34 Es erlaubt zeitlich über 3 Min hinausgehendes, zweckbestimmtes Halten, ohne dass hierfür die Regeln des Parkens anwendbar werden (vgl KG Berlin VRS 51, 383 u oben Rn 16 ff). Soweit das KG Berlin (aaO) aus § 41 II Nr 8 – Z 286 – folgert, dass der Parkbegriff des § 12 II dahin einzuschränken sei, dass ein länger als 3 Min dauerndes Halten zum Zwecke des Ein- u Aussteigens sowie des Be- u Entladens kein „Parken", daher auch in zweiter Reihe u in Parkverbotszonen zulässig sei, ist dem nicht zu folgen (s BGHSt 28, 143; Bouska VD 77, 49).

Soweit kurze Fahrtunterbrechungen außerhalb des Wirkungsbereichs des Z 286 35 (s unten Rn 16) mehr als 3 Min dauern oder mit einem Verlassen des Fz verbunden sind, sind sie als Parken anzusehen. Stellt sich heraus, dass der Zweck des Haltens nicht alsbald erreicht werden kann, so muss der Fahrer an eine Stelle weiterfahren, wo er parken darf. Auch wer Schneeketten anlegen will oder aus seinen Papieren 5 Min lang den Ort festzustellen versucht, wo er abzuladen hat, hält nicht, sondern parkt (Bay 59, 363 = VRS 18, 376; OLG Bremen VM 63, 37). – **Aber:** Verkehrsbedingtes, durch Weisung, Panne oder Stau erzwungenes **Warten** ist kein Parken, selbst wenn das Kfz dabei zur Erkundung der Ursache verlassen wird (OLG Düsseldorf NZV 89, 81). – Eine **Anzeige des Haltens** auf freier Strecke, das für Nachfolgende nicht ohne weiteres voraussehbar ist, kann nach § 1 II geboten sein (BGH(Z) StVE 48; OLG Hamm NZV 94, 28). – Zur Unzulässigkeit des Haltens s unten Rn 81 u Rn 5 ff.

36   a) **Gemeingebrauch (s E 93).** Parken ist als Gemeingebrauch an öff Str mit den sich aus den §§ 1 II, 12 u 13 ergebenden Einschränkungen überall erlaubt (BGHSt 29, 180, 183; OLG Düsseldorf VRS 71, 61; 72, 296; OLG Hamm VRS 72, 387 = StVE 55). § 12 II grenzt das Parken nur gegenüber dem Halten ab. Das bedeutet aber nicht, dass nach der anderen Seite ein Parken unbeschränkt erlaubt ist. Seine Zulässigkeit wird vielmehr durch den Gemeingebrauch begrenzt. Dieser richtet sich nach der Widmung u den verkehrsbehördlichen Vorschriften. Ob Gemeingebrauch oder Sondernutzung (**E** 94) vorliegt, richtet sich nach dem Zweck der Str-Benutzung (OLG Düsseldorf NZV 91, 40). **Kein Gemeingebrauch** liegt vor, wenn jemand die Str nicht zum Verkehr, sondern zu anderen Zwecken benutzt (§ 7 I BFStrG; vgl auch § 29 II, III; zB zum mehrtägigen Wohnen u nicht bloß einmaligen Übernachten in einem Wohnmobil: OLG Stuttgart NZV 03, 347 – **Sondernutzung und kein Gemeingebrauch,** wenn das Abstellen eines Wohnmobils auf öff Parkplatz primär dem Wohnen dient; OLG Braunschweig NVwZ 82, 63 oder nur für Werbezwecke; OVG Hamburg VRS 98, 396). Abstellen eines Anhängers auf öff Str, der ausschließlich zur Lagerung von Marktwaren dient (KG Berlin v 23.1.01, 2 Ss 321/00). Zur Auslegung sind die Begriffe der Gemeinverträglichkeit u Verkehrsüblichkeit heranzuziehen (BVerwG VRS 30, 155, 468; DAR 57, 221). Durch Landes- oder OrtsR kann zwar der nach BundesR zulässige Gemeingebrauch der Str zum Parken nicht eingeschränkt werden (BVerwG aaO; OLG Düsseldorf VM 62, 138; OLG Bremen VM 62, 137). Dem BundesR entspr Regelungen für die Landes- u Gemeindestr u Vorschriften, die über eine den Gemeingebrauch hinausgehende Benutzung der Str, zB die Genehmigungspflicht von reinen Reklamefahrten regeln, sind aber zulässig (OLG Frankfurt DAR 58, 139; Bay 66, 7 = VRS 31, 129). Zum erlaubten Parken des Eigentümers auf einem nur faktisch öff Gehweg s OLG Thüringen (Jena) NZV 97, 448. Der Betrieb von sog **„Bierbikes"** oder **„Partybikes"** auf öffentlichen Straßen ist nach der Rechtsprechung des BVerwG straßenrechtlich dann nicht mehr Gemeingebrauch, sondern eine erlaubnispflichtige Sondernutzung, wenn eine Gesamtschau der äußerlich erkennbaren Merkmale aus der Perspektive eines objektiven Beobachters ergibt, dass es vorwiegend nicht zur Teilnahme am Verkehr, sondern zu anderen Zwecken benutzt wird (BVerwG, SVR 2013, 32, im Ergebnis ebenso VG Düsseldorf BeckRS 2010, 54372, OVG Münster FD-StrVR 2011, 325215) Regelmäßig dürfte bei Bier- oder Partybikes eine Gesamtschau der Umstände ergeben, dass es es sich primär um eine „rollende Veranstaltungsfläche" handelt.

37   b) **Abstellen von Fahrzeugen.** Zu unterscheiden ist zwischen Parken u „Abstellen" eines Fz auf öff Str. Abstellen ist die mehr oder weniger endgültige Zurruhesetzung, das Aus-dem-Verkehr-ziehen eines Fz, das nicht mehr fahrbereit oder nicht zugelassen u praktisch nicht mehr als VMittel zu gebrauchen ist (Bay

Halten und Parken **§ 12 StVO**

VM 77, 19) sowie das Aufstellen zu anderen Zwecken als der späteren Inbetriebnahme (BVerwG VRS 38, 390, 393) iG zum vorübergehenden Charakter des „Aufstellens" zum Parken oder bloßen Reifenwechsel (OLG Köln VRS 65, 431 = StVE § 142 StGB 67). Das Abstellen gehört nicht zum zulässigen Gemeingebrauch (Bay aaO; OLG Frankfurt DAR 58, 139; OLG Köln VM 62, 139; BVerwG aaO; s auch unten Rn 73). In diesem Sinn abgestellt ist eine Str-Baumaschine, die nach dem Einsatz auf der Str stehen bleibt (OLG Koblenz NJW 61, 1961; OLG Köln VRS 27, 64); nach Bay (aaO) ist auch ein nicht zugelassenes Kfz, das jew erst nach Anbringung eines roten Kennzeichens zu Fahrten benutzt wird, „abgestellt" (so auch OLG Koblenz VRS 65, 472 u Kodal Kap 24 Rn 54). Das Abstellen eines nicht zum Verkehr zugelassenen u damit aus Rechtsgründen nicht betriebsbereiten Kraftfahrzeuges ist kein Parken im straßenverkehrsrechtlichen Sinn und damit auch kein straßenrechtlicher Gemeingebrauch, sondern Sondernutzung (OVG Nordrhein-Westfalen (Münster) NZV 04, 428).

Aufstellen selbst eines zugelassenen Kfz auf öff Str zum **Zwecke der Werbung oder nur um es zum Verkauf** anzubieten, wird als eine erlaubnispflichtige Sondernutzung (OLG Düsseldorf NZV 91, 40; OVG Hamburg VRS 98, 396; Steiner JuS 84, 1, 7) u Verstoß gegen § 33 I 2 StVO betrachtet, wenn dadurch eine VBeeinträchtigung eintreten kann (Bay 77, 118 = VRS 54, 75; 82, 127 = VRS 63, 476; aA OLG Koblenz VRS 65, 472 bei zugelassenen Kfzen u OLG Hamm DAR 01, 183 bei zulässigem Parken eines betriebsbereiten u zugelassenen, zur nachfolgenden Inbetriebnahme bestimmten Kfz mit Verkaufsofferte). Ob das auch gilt, wenn eine Str zum Abstellen von Kfzen benutzt wird, die **vermietet** werden sollen (so Bay VM 80, 22; OLG Düsseldorf VRS 74, 285; VRS 79, 460; Hentschel/König/Dauer § 12 StVO Rn 42a; aA BVerwG VRS 63, 229 = StVE 29; Bay VGH BayVwBl 79, 688; VG Meiningen NZV 96, 88 Ls u Jagow VD 81, 129), ist jedenfalls dann zweifelhaft, wenn die Kfze betriebsbereit, versichert u zugelassen sind u jederzeit, dh nicht erst mit Hilfe eines roten Kennzeichens, dem fließenden Verkehr zugeführt werden können u sollen (Jagow aaO; s auch Bay VRS 66, 228; Verf NStZ 84, 254).

Das Abstellen eines zugelassenen und betriebsbereiten Kfz auf einer zum Parken zugelassenen öffentl Straßenfläche ist idR straßenverkerkehrsrechtl zulässiges Parken und Gemeingebrauch, selbst wenn das Fz mit einer **Verkaufsofferte** versehen ist (OVG Nordrhein-Westfalen (Münster) NZV 01, 315; KG Berlin NVwZ 04, 674).

Ungeklärt ist, inwieweit ein **abgestelltes Fz** noch am Verkehr teilnimmt u der 38 StVO untersteht. Nach verbreiteter Ansicht soll ein Fz, das nur zum Zeigen von Werbeflächen auf der Str aufgestellt wird (OVG Nordrhein-Westfalen (Münster) NZV 04, 430; vgl auch OLG Hamburg NJW 04, 1970; dazu NJW-Spezial 04, 116), oder ein Anhänger, der auf der Str vor einer Werkstatt steht, bis ihn der Kunde abholt, oder das Aufstellen eines als Arbeitsplattform dienenden Lieferwagens auf dem Gehweg (OLG Hamm VRS 59, 298) nicht mehr am Verkehr teilnehmen, sondern infolge fehlender VBezogenheit seiner Aufstellung nur noch ein „Gegenstand" iS des § 32 sein (so BVerwG VRS 63, 229; 30, 468; OLG Koblenz VRS 65, 472; Bay u Jagow aaO). Dieser Auffassung ist nicht zu folgen. Wenn ein Fz-Führer durch das Abstellen eines Fz's den Gemeingebrauch überschreitet, so bleibt er doch unter dem Gesichtspunkt des StrVerkehrsrechts VT (vgl § 1 Rn 15). Er scheidet nicht aus dem öff StrV aus, sondern missbraucht ihn (ebenso Booß Anm 3 u VOR 74, 100). Das als Dauertat fortwirkende verkehrswidrige Aufstellen – etwa in einer Parkverbotszone – steht daher mit dem Verstoß gegen § 32 in TE, wird aber nicht durch die Überschreitung des Gemeingebrauchs beseitigt (vgl Bay 66, 7 = VRS 31, 129; im Ergebnis ebenso Bay 56, 35 = VRS 10, 394).

39 „**Völlig aus dem Verkehr gezogen**" ist ein Fz nicht, wenn es fahrfähig im Str-Raum wie jedes andere parkt, wenn auch nur zu dem Zweck, Reklameflächen zu zeigen (vgl auch § 33 I S 3). Davon kann nur gesprochen werden, wenn es seiner Eigenschaft als Fz beraubt ist, etwa ein Ausstellungsomnibus, der keine Maschine oder keine Räder mehr besitzt u daher als verkehrsfremder Gegenstand, etwa wie ein Kiosk, auf der Str steht, oder ein nicht nur kurze Zeit betriebsunfähiges Kfz (OLG Hamm VRS 41, 74). Auch ein nicht zugelassenes Kfz kann am Verkehr teilnehmen u hat die Pflichten des fließenden und ruhenden Straßenverkehrs zu beachten. Ein solches parkendes Kfz ist nicht als „verkehrsfremder Gegenstand" anzusehen. Die Nichtzulassung kann höchstens ein Indiz für die dauernde Außerbetriebsetzung sein, aber nicht deren Begriffsmerkmal (s aber OLG Düsseldorf VRS 74, 285).

40 Ein auf der Str oder einem Grundstück abgestelltes Autowrack kann „**Abfall**" iS des AbfallbeseitigungsG v 7.6.72 (BGBl I 873) sein (Bay 73, 162 = VRS 46, 73; Bay 73, 166 = VRS 46, 75; NZV 93, 164; OLG Düsseldorf VD 88, 265; s auch § 32 Rn 4), **nicht** aber ein zugelassenes, wenn auch verkehrsunsicheres Kfz, wenn keine Anhaltspunkte dafür bestehen, dass es aufgegeben oder nicht mehr genutzt werden soll (OLG Sachsen-Anhalt (Naumburg) VM 95, 23).

41 c) **Dauerparken.** Das Dauerparken (sog Laternengarage) gehört zum Gemeingebrauch u ist daher zulässig (BVerwG VRS 30, 468); ob u ggf welche Vorsorge ein länger abwesender Dauerparker dagegen treffen muss, dass das zunächst zulässige Parken durch zwischenzeitliche Aufstellung eines Halt- oder Parkverbotsschildes nicht ow wird, richtet sich nach den jew Umständen (s dazu OLG Köln NZV 93, 406 m zutr krit Anm Notthoff ZfS 95, 81; OLG Thüringen (Jena) NZV 95, 289; OVG Hamburg VRS 89, 68; § 39 Rn 15).

Für **abgekoppelte Anhänger** s II b (unten Rn 74). Wird ein Anhänger auf einer öffentlichen Straße abgestellt und anschließend zur Lagerung von Waren genutzt, liegt eine unzulässige Sondernutzung und kein Parken iSv § 12 Abs 2 StVO vor (KG Berlin v 23.1.01 – AZ: 2 SS 321/00).

42 7. **Abs 3 Nr 1–3: Allgemeine Parkverbote. a) Nr 1: Vor und hinter Kreuzungen und Einmündungen.** Nr 1: Vor u hinter Kreuzungen u Einmündungen **bis zu je 5 m** (Def s § 8 Rn 4, 5) ist das Parken verboten. Dadurch sollen das Ab- u Einbiegen erleichtert, Verkehrs- u Sichtbehinderungen hier vermieden werden (BGH VRS 18, 206; Bay VRS 59, 375; OLG Köln VRS 70, 468; OLG Karlsruhe DAR 92, 220 zur Mithaftung bei sichtbehinderndem Parken). Es verbietet daher nicht auch das Parken **gegenüber** Str-Einmündungen (KG Berlin VM 57, 4; OLG Koblenz VM 57, 33) oder an den geradeaus weiterführenden rechten Schenkel einer **Str-Gabelung** (OLG Karlsruhe DAR 89, 113; s auch § 9 Rn 7). Sind die Fahrbahnkanten an der Einmündung abgerundet, so berechnet sich die Entfernung von 5 m von den gedachten Schnittpunkten der verlängerten Fahrbahnkanten aus (OLG Hamm VRS 7, 227; StVE 25). Ein unter Verstoß gegen § 12 III Nr 1 im Einmündungs- oder Kreuzungsbereich abgestelltes Fahrzeug darf grds zwangsweise entfernt werden (OVG Nordrhein-Westfalen (Münster) NZV 01, 55). Ist der Bogen langgestreckt, so greift § 1 ein (OLG Hamm aaO). Wird die Fahrbahn über die ursprüngliche Fahrbahnkante hinaus durch einen bis an den Kreuzungsbereich heranreichenden Bauzaun verengt, so bildet dieser die für die Feststellung des Schnittpunktes maßgebliche Fahrbahnkante (Bay 81, 146 = VRS 61, 463; KG Berlin VRS 62, 63, 65). Die Freigabe eines Str-Teils außerhalb der Fahrbahn u des Seitenstreifens, zB des Gehwegs, zum Halten u Parken befreit nur von dem Gebot des § 12 IV. Auch auf einem solchen Streifen müssen die in § 12 III vorgeschriebenen Abstände von Str-Kreuzungen u Haltestellenschildern öff VMittel eingehalten werden (OLG Celle VM 59, 99; OLG Hamm VM 69, 13). – Nr 1 gilt auch auf der linken Seite einer Einbahnstraße vor einer von links einmündenden Str (OLG Köln VRS 70, 468 = StVE 47).

b) Nr 2: Vor gekennzeichneten Parkflächen. Nr 2: Das Parkverbot soll die 43 Benutzung einer gekennzeichneten Parkfläche gewährleisten. Es schützt die Zu- u Abfahrt zu u von Flächen, die entweder durch Flächenmarkierungen nach § 41 III Nr 7 oder durch Parkplatzschilder **Z 314 oder 315** gekennzeichnet sind. Das gilt auch, wenn es sich bei der so gekennzeichneten Parkfläche um ein Privatgrundstück handelt (OLG Oldenburg VRS 60, 471). Unzulässig ist auch das Parken außerhalb der gekennzeichneten Flächen, das generell geeignet ist, einen Kf vom Aufsuchen oder Verlassen eines Parkplatzes absehen zu lassen (OLG Düsseldorf NZV 00, 339; OLG Hamm VRS 64, 231; s auch OLG Köln VRS 65, 395). Ansonsten beinhaltet § 12 III 2 iVm einer Markierung nach § 41 III Nr 7 kein Parkverbot für den nicht markierten Bereich (OLG Düsseldorf DAR 95, 457).

c) Nr 3: Vor Grundstücksein- und -ausfahrten. Nr 3: Grundstücksein- 44 und -ausfahrten müssen als solche deutlich erkennbar sein; maßgeblich sind die gesamten baulichen Umstände (KG Berlin VRS 68, 297). Nicht erforderlich ist, dass die Bordsteine zur Fahrbahn hin abgesenkt sind (BGHSt 24, 111; KG Berlin VRS 53, 302). Grundstücke iS von Nr 3 können auch öffentlichen Verkehr dienen, die dem ruhenden Verkehr dienen; das Parkverbot vor Einfahrten will unbehindertes Ein- und Ausfahren sichern; auch Ausfahrten zu einer Garage fallen unter den Begriff der Ausfahrten (OLGR OLG Hamburg 01, 5). Über etwaige zusätzliche Anordnungen der StraßenVB s § 45 Rn 3 ff.

Das Parkverbot **vor** Grundstücksein- u Ausfahrten (s dazu Hauser VD 82, 341; 45 Verhältnis zum öff VRaum s OLG Schleswig VM 85, 35) ist eng auszulegen, es gilt auch im Bereich eines eingeschränkten Zonenhaltverbots (§ 13 II S 3; Bay DAR 92, 270) u gilt nur den Berechtigten (Bay VRS 49, 149; OLG Köln DAR 83, 333; OLG Düsseldorf NZV 94, 288; anders bei I 8; s Vogel NZV 90, 419). Dieser darf dort aber selbst dann parken, wenn die Zufahrt über einen Seitenstreifen führt, auf dem Z 286 gilt (OLG Düsseldorf NZV 94, 162); dies dürfte aber nach dem uneingeschränkten Verbot nach III Nr 9 nicht gelten, wenn die Zufahrt über eine „Bordsteinabsenkung" führt (str, s dazu Berr/Hauser/Schäpe 246d mwN); die Ahndung eines solchen Formalverstoßes wäre aber mE inopportun (so zu R auch Hentschel NJW 92, 2062). Das Parkverbot richtet sich nicht nach Benutzungsgrad oder -Art (KG Berlin VRS 68, 297) u entfällt gegenüber dem Zufahrtsberechtigten mangels Schutzbedürfnisses vor der Einfahrt in das eigene, allein bewohnte Grundstück (Bay VRS 49, 149; OLG Hamm StVE 4), nicht aber dort auf dem Gehweg (KG Berlin VRS 73, 473; OLG Frankfurt DAR 84, 230 m abl St Angersbach; OLG Düsseldorf VRS 81, 375; s auch 57), ferner wenn das Einfahrtstor ersichtlich nicht benutzbar ist (KG Berlin VRS 62, 142), der Berechtigte das Parken gestattet (Bay DAR 92, 270; OLG Düsseldorf NZV 94, 162) oder wenn der Parkende jederzeit in der Lage u bereit ist, die Einfahrt freizumachen (Bay aaO; OLG Koblenz DAR 59, 251; OLG Düsseldorf NZV 94, 288) u dort auch kein allg Halt- oder Parkverbot besteht, als welches Z 314 m Zusatzschild allerdings nicht gilt (OLG Frankfurt bei Verf NStZ 84, 545).

46 **Freizuhalten** ist idR der einer normalen Torausfahrt entspr Raum, wobei auf die Art des zu erwartenden AusfahrtV (Pkw oder auch schwere Lastzüge) Rücksicht zu nehmen ist (vgl OLG Oldenburg VRS 32, 153). Geschützt ist die geradlinige Ein- u Ausfahrt; der Benutzer muss sich nicht auf andere Flächen (wie Gehweg u Nachbargrundstück) verweisen lassen (OLG Düsseldorf VD 90, 40). – Das Parkverbot gilt auch für Einstellplätze, jedoch insges nur **vor** (evtl gegenüber, s Rn 47) nicht aber **neben** der Ausfahrt (OLG Köln DAR 60, 184; OLG Hamm VRS 27, 462). Wird eine Grundstücksausfahrt nach einer Richtung durch einen zum Entladen haltenden Lkw versperrt, so ist dessen Fahrer zum Freimachen nicht verpflichtet, wenn dies für ihn erheblich lästiger als für den Ausfahrenden die Fahrt in anderer Richtung ist (OLG Hamm VRS 27, 462).

47 **Auf schmalen Fahrbahnen** darf auch **gegenüber** der Ein- oder Ausfahrt nicht geparkt werden. Der Begriff „enge Straßenstelle" in I Nr 1 u „schmale Fahrbahn" in III Nr 3 decken sich nicht. Entspr dem Zweck der Vorschrift, das Einbiegen nicht durch parkende Fze zu erschweren, darf die Fahrbahn durch ein gegenüber der Ein- u Ausfahrt parkendes Fz nicht so versperrt werden, dass der Ein- oder Ausfahrende nur mit Hilfe von schwierigem Rangieren ein- oder ausfahren kann; mäßiges, einmaliges Rangieren dagegen ist bei dem knappen VRaum zumutbar (OVG Koblenz DAR 99, 421; OLG Saarbrücken NZV 94, 328; OLG Frankfurt VRS 58, 368; AG Ibbenbüren BeckRS 16, 01021, s dazu Hauser VD 82, 344). Zu einer Wendung von 90° benötigt der Abbiegende einen halben Wendekreis (bei Pkw meistens etwa 11 : 2 = 5,5 m), der aber an einer übersichtlichen Einmündung nicht erst am Schnittpunkt der Fahrbahnen beginnen muss. Inwieweit der größere Wendekreis von Omnibussen, Lkw oder Lastzügen zugrunde zu legen ist, hängt davon ab, ob solche Fze die Ein- u Ausfahrt – nicht nur ausnahmsweise – benutzen.

48 **Nr 3 ist SchutzG** iS von § 823 II BGB; Verletzung löst Schadensersatzanspruch (OLG Nürnberg NJW 74, 1145; LG München I NJW 74, 2288; LG Bonn Schaden-Praxis 01, 85: bezieht sogar Vermögensschäden mit ein; aA AG Heidelberg NJW 77, 1541; s dazu Dörner JuS 78, 666 u van Venrooy JuS 79, 102) u Abschlepprecht aus (AG Karlsruhe NJW 77, 1926; AG München DAR 81, 358; s dazu unten Rn 93).

49 **d) Bish Nr 4: Vor und hinter Haltestellenschildern.** Die Nr 4–6 wurden in § 12 gestrichen und in die Spalte 3 der Anlagen 2 und zu den Zeichen 224, 306, 201, 295, 296, 314, 315 und 299 eingefügt.

49a **Vor u hinter Haltestellenschildern (früher Nr 4):** für Straba oder Linienbusse **(Z 224)** auch mit Zusatzschild „Schulbus" ist die Verbotsstrecke durch Z 299 s VwV zu Z 224 IV, V auf 15 m verlängert. Das rechts aufgestellte VSchild bewirkt das Parkverbot am rechten Fahrbahnrand auch, wenn die Straba auf der Str-Mitte verlegt ist, also nicht nahe am Fahrbahnrand hält. Steht aber das Schild auf einer Haltestelleninsel, so besteht für die Fahrbahn rechts von der Insel kein Parkverbot nach Nr 4. Vgl auch § 41 II S 1.

50 **e) Bish Nr 5: An Taxenständen.** Das Parkverbot an Taxenständen (früher **Nr 5**): wurde durch VO v 14.12.93 (BGBl I 2043) gestrichen u durch das absolute Haltverbot nach § 12 I 9 ersetzt (s Rn 31).

51 **f) Bish Nr 6: Vor und hinter Andreaskreuzen.** Vor u hinter **Andreaskreuzen (Z 201;** früher **Nr 6a und b):** ist das Parken innerhalb geschl Ortschaften bis zu je 5 m, außerhalb derselben bis je 50 m verboten. Dies dient der freien Sicht auf den Bahnübergang und seinen Sicherungseinrichtungen und um dem fließenden Verkehr genügend Raum zur Auffahrt vor dem Bahnübergang zu sichern. Vgl auch § 19 III.

g) Nr 4: Über Schachtdeckeln. Nr 4: Über Schachtdeckeln u anderen Ver- 52 schlüssen ist das Parken verboten, auch wenn das Parken auf Gehwegen erlaubt ist (Z 315; § 41 III 7). Das Parkverbot soll den Zugang zu den unter der Str verlegten Versorgungseinrichtungen sicherstellen (OLG Köln VRS 72, 382).

h) Nr 5: Vor Bordsteinabsenkungen. Nr 5 **(früher Nr 9)** soll die für Roll- 53 stuhlf vorgesehenen **Bordstein-Absenkungen** freihalten; sie gilt daher nicht dort, wo der Bordstein insgesamt auf längere Strecken flach ist; der auf einige Meter abgesenkte Teil muss sich deutlich vom höher gelegenen Niveau abheben (OLG Köln DAR 97, 79; krit dazu Huppertz DAR 97, 504).

8. Der frühere Abs 3 Nr 8: (Parkverbote durch Verkehrszeichen) wurde 54 in § 12 gestrichen und in die Spalte 3 der Anlagen 2 und zu den Zeichen 224, 306, 201, 295, 296, 314, 315 und 299 eingefügt. **a) Zeichen 306 – Vorfahrtstraße.** Z 306 – Vorfahrtstraße – verbietet außerhalb geschl Ortschaften im Interesse des fließenden Verkehrs in beiden Richtungen (BGH VersR 83, 438; VRS 72, 38 = StVE 52) das Parken auf der Fahrbahn, aber nicht auf Seitenstreifen, wenn sie so gebaut sind, dass das parkende Fz nicht seitlich in die Fahrbahn hineinragt u nicht bei geschlossener Bebauung ohne Z 310 (BGH aaO). Vgl § 8 Rn 24.

Wer außerhalb einer geschl Ortschaft in eine Str einbiegt, der gegenüber die 55 von ihm bisher benutzte Str durch Z 205 oder 206 untergeordnet ist, muss, solange er sich nicht vom Gegenteil überzeugt hat, damit rechnen, dass die bevorrechtigte Str eine Vorfahrtstr sein könnte (Bay VRS 51, 308 = StVE 6).

b) Zeichen 295 u 296 – Fahrbahnbegrenzung. Z 295 u 296 – Fahrbahnbe- 56 grenzung – begründen außer dem bereits oben (Rn 27) behandelten Haltverbot ein Parkverbot, wenn zwischen dem parkenden Fz u der Linie nicht ein Fahrstreifen von mind 3 m verbleibt. Die Vorschrift wendet die oben (Rn 6) dargelegten Grundsätze zur engen Str-Stelle auf die Fälle der Fahrstreifenbegrenzung sinngemäß an. Bei Z 296 besteht das Parkverbot nur auf der Seite der nicht unterbrochenen Linie (§ 41 III Nr 3a, 4b).

c) Parken auf Gehwegen. § 12 IV verbietet grundsätzlich (u auch aus Grün- 57 den der Gebäudesicherung: BVerwG DAR 92, 473) das Parken auf Gehwegen (Def s § 25 Rn 2; vgl OLG Karlsruhe NZV 2004, 271 = VRS 106, 397); er ist für den ruhenden Verkehr allein maßgebend, nicht § 2 I, der sich auf den **Fahr**verkehr bezieht (BVerwG aaO; KG Berlin VRS 45, 66; Bay VRS 48, 456; OLG Hamm v 21.8.84, 3 Ss OWi 1111/84; OLG Köln VRS 71, 214; OLG Düsseldorf (5. Sen) VRS 61, 64; aA OLG Düsseldorf (2. Sen) StVE 30 = VRS 63, 384; OLG Koblenz VRS 45, 48; vgl § 2 Rn 2). Das grundsätzliche Verbot des Parkens auf Gehwegen gilt für Motorräder, hingegen nicht für **Fahrräder** (BVerwG NJW 04, 1815; NJW-Spezial 04, 116; OLG Lüneburg VRS 106, 144, VG Lüneburg NZV 03, 255; Kettler NZV 03, 209). Trotz Anordnung eines Zonenhalteverbots ist das Abstellen von Fahrrädern auf einem Fußgängerweg nicht unzulässig (BVerwG aaO; NJW-Spezial 04, 116). Auch der Eigentümer oder Pächter darf auf einem über sein Grundstück führenden, dem öff Verkehr gewidmeten Gehweg nicht parken (OLG Koblenz aaO zu § 2 I; s auch Rn 45).

StVO § 12 I. Allgemeine Verkehrsregeln

Die StVO lässt das Parken auf Gehwegen nur in beschränktem Umfang zu (s OLG Köln VRS 72, 382 = StVE 54); **Ausn** s § 46 I Nr 3; Zuwiderhandlungen s Rn 88.

58 **Abs 4a** stellt klar, dass – soweit erlaubt – auch auf Gehwegen grundsätzlich nur **rechts** geparkt werden darf, außer in Einbahnstr.

59 Nach **§ 41 III 7** erlauben **Parkflächenmarkierungen** – ununterbrochene Linien – das Parken auf Gehwegen Fzen bis zu 2,8 t[1] Sie können gleichzeitig – auch auf Parkplätzen (OLG Hamburg VM 73, 74) – verbindlich vorschreiben, wie die Fze aufzustellen sind. Begrenzung s unten Rn 63. Parken auf Restflächen außerhalb der markierten Parkfelder ist nicht allg verboten (BGHSt 29, 180 = StVE 20; OLG Hamburg VRS 54, 221 = StVE 11; OLG Frankfurt DAR 78, 83; OLG Düsseldorf VRS 64, 300 = StVE 33; DAR 95, 457; OLG Stuttgart VRS 74, 223).

60 Z 315 erlaubt ausnahmsweise das sonst verbotene (Rn 58) **Parken auf Gehwegen** (OLG Köln VRS 102, 469; OLG Lüneburg VM 03, 76); es hat die gleiche Bedeutung wie § 41 III Nr 7 (ausführlich dazu Hauser VD 91, 34) u soll für längere Parkflächen verwendet werden, während die bloße Markierung genügt, wenn nur wenigen Fzen das Parken erlaubt werden soll (VwV zu Nr 7 vor Z 299). Wenn der markierte Raum – ohne Unterteilung in einzelne Parkfelder – genügend breit ist, darf u soll schräg geparkt werden, wenn dies eine bessere Ausnützung des Parkraumes ermöglicht (vgl VwV aaO II). Z 315 mit seinen Varianten (Z 317) bestimmt nicht nur allg die Zulässigkeit des Parkens auf Gehwegen, sondern auch den Teil des Gehweges, der zum Parken freigegeben ist, sowie die Art der Aufstellung; zum zulässigen Parken auf Gehwegen zwischen Bäumen s OLG Düsseldorf NZV 94, 372. Wegen Zuwiderhandlungen s unten 86, wegen Beschränkungen u Ausn s unten Rn 63.

61 Auch das **Parken mit beiden rechten Rädern auf dem Gehweg** ist nur an den entspr gekennzeichneten Stellen zulässig (Bay VRS 48, 456; aA Mühlhaus DAR 74, 29 ff u OLG Koblenz VRS 45, 48; s unten Rn 88).

62 **d) Zeichen 299 – Grenzmarkierung für Halt- und Parkverbote.** Z 299 – Grenzmarkierung für Halt- u Parkverbote – dient nur zur Verdeutlichung der räumlichen Begrenzung, dh einer vertretbaren Verlängerung u Verkürzung von bestehenden Halt- u Parkverboten, begründet aber also nicht aus sich selbst heraus ein Verbot (§ 41 III Nr 8; Bay 78, 4 = VRS 55, 69), so dass deren selbstständige Erwähnung in I Nr 6e u III Nr 8d als Halt- u Parkverbote problematisch ist; sie hat nur insoweit rechtsgestaltende Wirkung, als sie auf der Zickzacklinie das Halten u Parken verbietet, außerhalb derselben gestattet, auch wenn das ges Halt- u Parkverbot an sich anders begrenzt wäre (OLG Düsseldorf VD 87, 259). Es kann die 5 m-Zone vor Kreuzungen u Einmündungen (VwV zu § 12 III) oder die 15 m-Zone vor Haltestellen (VwV zu Z 224 u 226 IV, V) dem örtl Bedürfnis anpassen, muss aber den Verbotsbereich einbeziehen u darf ihn nicht unvertretbar ausdehnen (Bay 81, 189 = VRS 62, 145), sonst ist es unwirksam (OLG Köln NZV 91, 484). Sind an Stellen, an denen Parken nach dem G verboten ist, Parkflächen durch Fahrbahnmarkierungen (§ 41 III Nr 7) freigegeben, so können diese durch Z 299 beschränkt werden; denn dann handelt es sich um die Abgrenzung (Verkürzung) eines bestehenden Parkverbotes. Das gilt auch für Parkplätze

---

[1] Diese Gewichtsangabe ist durch die 24. VO zur Änderung verkehrsrechtlicher Vorschriften aus bautechnischen Gründen **nicht** auf 3,5 t angehoben worden.

Halten und Parken § 12 StVO

(unten Rn 63 f). Ein Rechteck mit durchkreuzter Innenfläche begründet kein Parkverbot (KG Berlin VRS 65, 297 = StVE § 45 StVO 28).

e) Z 314 – Parkplatz. Über die Öffentlichkeit eines Parkplatzes s § 1 Rn 5, **63** Einbiegen in ihn s § 9 Rn 4, Ausfahren aus ihm § 10 – VRegelungen für öff Parkplätze in Gemeindesatzungen sind unzulässig (Bay 82, 28 = VRS 62, 475; s auch **E** 90 f).

Z 314 hat verschiedene rechtliche Bedeutungen. Ist das Parken auf der Fläche **64** ohnehin erlaubt, so ist es bloßes Hinweiszeichen. Es enthält kein Verbot, außerhalb des gekennzeichneten Platzes zu parken (BGHSt 29, 180 = StVE 12; OLG Düsseldorf VRS 64, 300 = StVE 33). Es erlaubt das Parken, hat also rechtsbegründende Wirkung, wenn das Parken ohne seine Anbringung unzulässig wäre (§ 42 IV Nr 1).

Auf dem Parkplatz kann das Parken durch **Anordnungen** zeitlich, nach Fz- **65** Arten u zugunsten bes VT beschränkt werden. Diese Beschränkungen können nur durch **Zusatzschilder** ausgedrückt werden (VwV zu Z 314 III), nicht durch Parkflächenmarkierungen, wie „BUS" (OLG Zweibrücken VRS 68, 68) oder weiße Pfeile auf dem blauen Z, die gem § 42 IV Nr 3 nur wegweisende Funktion haben (OLG Frankfurt NZV 92, 417); das Zusatzschild „Nur für Pkw" verbietet zB auch Wohnmobilen unter 2,8 t (OLG Schleswig NZV 91, 163; KG NZV 92, 162; ab 24. VO z Änd v VVorschriften ist die Gerichtsangabe von „2,8" generell auf „3,5" t erhöht worden, Ausn §§ 41 III Nr 7 u 42 IV sowie oben Rn 60), das „Nur für Lkw" allen anderen Fzen das Parken (OLG Köln NZV 91, 471), das „Gebührenpflichtig bei Veranstaltungen" das Parken ohne Gebühr ab Beginn der Vorbereitungen für die Veranstaltung (OLG Köln VRS 82, 380). Durch Z 314 mit Zusatzschild kann der Gemeingebrauch zugunsten bes ausgewiesener Personen (Anwohner, Behinderte pp, s Text zu Z 314) eingeschränkt werden (OLG Düsseldorf VRS 63, 377; s auch amtl Begr VkBl 89, 244 u Erl zu Z 314); die Ausn für die Begünstigten sind nicht übertragbar (VG Berlin NZV 96, 48) u gelten nur, wenn die Parkausweise gut lesbar ausgelegt sind (Z 314 Erl 2 S 2); sonst ist Parken OW nach § 49 III Nr 5 (OLG Bremen VRS 49, 65). Auch das Halten zum Be- oder Entladen ist Nichtberechtigten hier verboten, wenn es länger als 3 Min dauert oder das Fz verlassen wird (OLG Köln VRS 88, 389).

Daneben kann **durch Parkflächenmarkierungen** verbindlich angeordnet **66** werden, **wie** die Fze aufzustellen sind. Das ergibt sich aus § 41 III Nr 7 S 3 iVm S 2 (OLG Hamburg VRS 45, 319). Das Parken außerhalb der Markierung ist weder durch diese selbst noch durch Z 314 verboten (BGHSt 29, 180 = StVE 12; OLG Frankfurt NZV 93, 243; OLG Zweibrücken VRS 68, 68; KG Berlin v 14.4.00, 2 Ss 78/00), uU aber durch ein entspr, bei der Einfahrt unschwer erkennbares Zusatzschild mit der AO „nur innerhalb der markierten Parkstände" (Bay VRS 82, 228; OLG Oldenburg DAR 94, 370). Die Verwendung von Parkscheiben kann durch ein Zusatzschild angeordnet werden (§ 13 II).

Vorrang auf Parkflächen. Auf öff Parkflächen – mit u ohne Beschilderung **67** nach **Z 314** – gelten grundsätzlich die Regeln der StVO (OLG Stuttgart VM 90, 104; OLG Frankfurt ZfS 94, 5; KG VRS 75, 95), doch hat der fließende Verkehr keinen Vorrang vor dem ruhenden. Sind auf dem Platz Fahrbahnen oder gekennzeichnete Fahrstreifen für den fließenden Verkehr vorhanden (vgl § 8 Rn 2), so gilt auf ihnen der Grundsatz „rechts vor links" allenfalls zwischen Teilnehmern des fließenden Verkehrs (KG Berlin VRS 75, 95), wobei der Vorfahrtberechtigte aber wegen der ständig wechselnden VSituation in bes Maße mit Vorfahrtverletzungen rechnen muss (OLG Köln DAR 95, 289). Der Vorrang gilt dagegen nicht im Verhältnis zwischen einem solchen u einem Kf, der in eine Parkfläche ein- oder aus ihr herausfahren will (OLG Hamm DAR 76, 110); insoweit gilt bes Rücksichtnahme u gegenseitige Verständigung (BGH NJW 63, 152) auf der Basis der Regeln der §§ 1 II (für den Suchenden) u 9 V bzw 10 (für den Herausfahrenden entspr; OLG Düsseldorf VRS 61, 455; s auch OLG Stuttgart VM 90, 104 u OLG Frankfurt aaO).

68 Die **Geschwindigkeit** ist wegen der ständig zu erwartenden Ein- u Ausparkvorgänge so gering zu halten, dass jederzeit angehalten werden kann (OLG Köln DAR 95, 289).

69 **Parkflächen** auf **Gehwegen** können rechtswirksam durch waagerechte weiße Pfeile im **Z 315** begrenzt (BGH VRS 51, 232; VwV zu Z 315 IV) u durch Zusatzschild beschränkt werden (s Erl zu Z 315 Nr 3).

70 Ein **Parkhaus** ist öff VGrund, daher die StVO anwendbar (s § 1 Rn 13). Zufahrt zu Parkhaus s oben 43 ff. Parkflächenmarkierungen sind auch hier verbindlich (OLG Karlsruhe VRS 54, 153).

71 f) Z 325 – **Verkehrsberuhigte Bereiche.** Parken ist im verkehrsberuhigten Bereich (Kennzeichnung durch Z 325) nur innerhalb der entspr gekennzeichneten Flächen zulässig (§ 42 IV a Nr 5), auch wenn sie links in Fahrtrichtung liegen (OLG Köln NZV 97, 449); fehlen sie, gilt allg Parkverbot in diesem Bereich (OLG Frankfurt NZV 89, 38). – Ist im **Fußgängerbereich (Z 239)** Fz-Verkehr zugelassen (s Erl 2 zu Z 242), darf dort grundsätzlich auch geparkt werden (OLG Zweibrücken VRS 80, 380; s auch Rn 71 zu Z 241). Der Vorrang gem § 12 V StVO desjenigen, der eine Parklücke zuerst erreicht, ist nicht auf den fließenden Verkehr beschränkt, sondern gilt auch auf Parkplätzen im verkehrsberuhigten Bereich (LG Saarbrücken BeckRS 16, 13142).

72 9. Abs 3a, b: **Parkverbote für schwere Kfze in bes Gebieten und abgekoppelte Anhänger.** Weil die Str dadurch vielfach als „Betriebshof missbraucht" worden ist (Begr VkBl 80, 516), dass schwere Kfze auf öff Str regelmäßig über Nacht u an Sonn- u Feiertagen geparkt wurden, hat der Gesetzgeber III a in den § 12 eingefügt. Das **Parkverbot nach III a** erfasst alle Kfze (Def § 1 StVG Rn 8) mit dem gen Gewicht (Lkw, Omnibusse u Sattelzugmaschine m u ohne Auflieger: Bay NZV 97, 530); es ist beschränkt auf die reinen, allg Wohngebiete, auf Sondergebiete, die der Erholung dienen (wie Ferien- u Wochenendhausgebiete), Kur- u Klinikgebiete (Bezeichnung entspr Baunutzungs-VO v 15.9.77, BGBl I 1763). Ob diese Voraussetzungen vorliegen, beurteilt sich unter Berücksichtigung der in der Baunutzungs-VO enthaltenen Kriterien nach der tatsächlich vorhandenen Bebauung u nicht (allein) nach Bauleit- oder Bebauungsplänen (OLG Hamm VRS 66, 53; Bay NZV 90, 282; 97, 530) Sofern die Gebietsstruktur nicht klar erkennbar ist, ist diese zu erfragen (Ausn s S 2 u § 46 I Nr 12). – **Verboten ist nicht** das kurzfristige, einmalige, gelegentliche, sondern das „regelmäßige" Parken, dh das Aufstellen der genannten Kfze „Nacht für Nacht oder an den Wochenenden ..., wobei ein gelegentliches Aussparen einiger Nächte oder Wochenenden der Regelmäßigkeit nicht entgegensteht" (Begr). Nicht regelmäßig ist „jedes Jahr am 1. Mai" oder einmal im Monat, wenn auch „regelmäßig" am gleichen, bestimmten Tag, jedoch zB ein- oder zweimal wiederkehrend wöchentlich, uU auch das wiederkehrende Abstellen nach längeren Fernfahrten (OLG Hamm aaO). Kriterium ist fortwährender Missbrauch der Str als Betriebshof. Wegen des **Feiertagsbegriffs** s § 30 IV; nicht entscheidend ist das Feiertagsrecht der Bundesländer,

Halten und Parken § 12 StVO

da ansonsten innerhalb der StVO unterschiedliche Feiertagsbegriffe anzuwenden wären.

Das längere, sich in den Grenzen des § 1 II u der Parkvorschriften im Übrigen **73** haltende Parken eines zugelassenen u fahrbereiten **Wohnanhängers bis zu 2 t** ist jetzt – wie sich aus den Umschreibungen des III a ergibt – hier u anderswo grundsätzlich zulässig (so auch Bouska VD 80, 204, 207; Jagow VD 81, 135; Hentschel/König/Dauer Rn 42a u 60a zu § 12), auch wenn er nicht mit einem ZugFz verbunden ist (BVerwG VRS 70, 236 unter Aufg von BVerwGE 44, 193); die Frage, ob ständiges Abstellen (mit nur urlaubsbedingter kurzer Unterbrechung) Sondernutzung darstellt (so Hentschel/König/Dauer aaO; VG Mannheim v 23.2.84 bei Hentschel NJW 85, 1314; s dazu Berr DAR 82, 314 u 86, 31 f; zu den Auswüchsen s OLG Karlsruhe Justiz 83, 343: Abstellen eines 9 m langen Segelflug-Anhängers!) hat allerdings nach Einfügung des **III b** für abgekoppelte Anhänger nur noch begrenzte Bedeutung; sie gehören bei einer Parkdauer von mehr als 2 Wochen nach III b S 2 auf entspr gekennzeichnete Parkplätze (s dazu auch oben Rn 38 u § 32 Rn 4). Allgemein gehören abgekoppelte **Anhänger ohne Zugfahrzeug** bei einer Parkdauer von mehr als 2 Wochen auf entspr gekennzeichnete Parkplätze (**III b**). III b erfasst – anders als III a – alle Kfz-Anhänger unabhängig von dem zulässigen Gesamtgewicht.

Abs 3b erfasst – anders als III a – alle Kfz-Anhänger jeden Gewichts ohne **74** ZugFz im gesamten öff VRaum außerhalb der nach S 2 bes gekennzeichneten Parkplätze (OWi nach § 49 I Nr 12). Bloßes Versetzen des Anhängers auf demselben Parkplatz oder an anderen Stellen um einige Meter oder kurzes Umherfahren (20–30 Min: OLG Frankfurt DAR 93, 305) unterbricht die Frist des S 1 nicht (aA Hentschel/König/Dauer Rn 60a zu § 12; Berr DAR 93, 305); problematisch ist aber die Überwachung (s dazu Hauser DAR 90, 10; Darr NZV 89, 297). **Wohnen im Wohnwagen** ist – soweit es sich nicht nur um eine Übernachtung zur Wiederherstellung der Fahrtüchtigkeit handelt – in jedem Fall, dh auch im Rahmen von S 1, kein erlaubtes Parken, sondern **unerlaubte Sondernutzung** (so auch Hentschel/König/Dauer aaO).

10. Abs 4–6: Zulässigkeit und Durchführung des Parkens und Haltens. 75 a) Möglichst weit rechts (IV). Zum Parken ist die Benutzung des **rechten Seitenstreifens,** evtl Fahrbahnrandes ausnahmslos (S 1), zum bloßen Halten idR (S 2) vorgeschrieben, doch nur, wenn er ausreichend befestigt (S 1 Halbs 1) u benutzbar ist (Bay VRS 68, 139; KG Berlin VRS 78, 218), sonst kein Verstoß gegen IV S 1; auch keine OW bei Benutzung des Seitenstreifens trotz **Z 388,** das nur Warn- u keine Verbotsfunktion hat (OLG Köln VRS 65, 156). **Mittelstreifendurchlässe** zwischen zwei Richtungsfahrbahnen sind nach KG Berlin (VRS 72, 127) keine eigenständigen Fahrbahnen, so dass dort nicht geparkt werden darf, u zwar auch dann nicht, wenn diese Durchlässe dem Fz-Verkehr aus kreuzenden oder einmündenden Str dienen (KG Berlin VRS 80, 223). Ist der neben der Fahrbahn angelegte Parkstreifen auf jew ca 5 m durch Bäume oder Laternen unterbrochen, so darf dort auch auf der rechten Fahrbahnseite geparkt werden (KG Berlin VRS 60, 392). Links darf nach S 4 nur in durch Z 220 gekennzeichneten **Einbahnstr** (u nicht auf anderen Fahrbahnen in einer Richtung; Bouska DAR 72, 256) u, wenn Schienen verlegt sind, gehalten u geparkt werden. Regelmäßig muss – auch mit Motorrädern (KG Berlin NZV 92, 249) – **parallel** zum **Fahrbahnrand** gehalten werden (BGHSt 14, 149, 152; 17, 240; KG Berlin aaO); Fahrbahnrand kann auch ein fester Bauzaun sein (Bay 81, 146 =

VRS 61, 463), nicht aber ein nur vorübergehend aufgestelltes Absperrgerät nach § 43 III Nr 2, das den Bestand der Fahrbahn unberührt lässt (Bay 84, 121 = VRS 68, 139), oder Warnbaken (KG Berlin VRS 62, 63 = StVE 28). Inwieweit **Schrägparken** außer bei entspr Fahrbahnmarkierung (§ 41 III Nr 7) zulässig ist, kann dem Wortlaut der Bestimmung nicht entnommen werden. Auf breiten Str u Parkstreifen, auf denen der fließende Verkehr durch Schrägparker nicht behindert wird, ist es platzsparend u daher nach VI geboten, jedenfalls erlaubt (vgl VwV zu Nr 7 vor Z 299 II; OLG Köln VRS 72, 382 = StVE 54; OLG Stuttgart VRS 63, 388; KG Berlin NZV 92, 249; zutr Wagner NZV 02, 257); das gilt auch für Motorräder (KG Berlin aaO). – Zum **Parken auf Gehweg** s oben 57 ff – **Ausnahmegenehmigung** s § 46 I Nr 3.

76   b) **Halten in zweiter Reihe.** Das Halten in zweiter Reihe ist idR untersagt u allenfalls kurzfristig (bis 3 Min) oder mit Ausn-Genehmigung (§ 46 I Nr 3) zulässig, wenn es verkehrsgerecht ist, u die Örtlichkeiten nicht entgegenstehen (KG Berlin VM 80, 111) oder das Interesse des Haltenden gegenüber dem des fließenden Verkehrs überwiegt (BGHSt 28, 143 = StVE 15; Bay 72, 94 = DAR 72, 195), wie zB vor dem Einparken (KG Berlin VM 85, 31; weitere Ausn s Hauser DAR 84, 275). Als Halten in 2. Reihe gilt auch das Halten neben einem Parkstreifen (OLG Hamm VRS 58, 367), Seitenstreifen oder einer Parkbucht (BGH aaO), aber nicht neben Fzen, die auf dem Gehweg oder einer sonstigen, nicht dem Fz-Verkehr dienenden Fläche abgestellt sind (Bay bei Rüth DAR 74, 173 u VRS 59, 233; s auch VRS 64, 380) oder neben Schneewällen (Bay VRS 64, 380 = StVE 36). – **Taxen** sind nach Maßgabe von S 3 vom Halteverbot ausgenommen, aber nicht im Bereich des Z 283 (OLG Düsseldorf v 15.2.85, 5 Ss (OWi) 9/85–14/85 I). – **Parken in zweiter Reihe** ist auch neben einem Seitenstreifen oder einer Parkbucht (OLG Düsseldorf VRS 75, 224) grundsätzlich unzulässig (BGHSt 23, 195); ein länger als 3 Min dauerndes **Halten in 2. Reihe** ist auch dann ein verbotenes Parken nach IV S 1, wenn es ausschl dem Be- oder Entladen dient (BGHSt 28, 143; OLG Hamm NZV 91, 271; Bouska VD 79, 4; aA KG Berlin VRS 51, 383). **Taxen** dürfen nach IV S 3 neben anderen haltenden oder parkenden Kfzen halten, um Fahrgäste ein- u aussteigen zu lassen, wenn es die VLage erlaubt.

77   c) **Halten oder Parken außerhalb der Str. IV.** begründet nur eine Pflicht zum Halten auf Seitenstreifen oder am rechten Fahrbahnrand im Verhältnis zu den übrigen Teilen der öff Str (vgl § 1 Rn 10 f; § 2 Rn 14 ff), bezieht sich aber nicht auf die an die Str anschließenden, außerhalb des öff VRaumes gelegenen Grundstücke, auf die sich die StVO nicht bezieht (s § 1 Rn 5). Soweit nicht PrivatR oder landesrechtliche Vorschriften, zB des Naturschutzes, entgegenstehen, darf ein Fz-Führer außerhalb der öff Str halten (Bay 61, 209, 211 = VRS 22, 361), zB auf einem jenseits des Gehweges liegenden Grünstreifen (OLG Köln VRS 65, 156 = StVE 37; s auch OLG Karlsruhe NZV 91, 38). Aus § 1 kann sich sogar die **Pflicht** ergeben, im Interesse der Flüssigkeit des Verkehrs außerhalb der Fahrbahn zu halten (Bay 64, 123 = VRS 28, 140; 67, 116 = DAR 67, 336; vgl auch Bay 58, 276 = VM 59, 79). Wegen des Parkens auf Gehwegen s aber unten 58 ff – **IV S 5** verbietet auch das Halten im Fahrraum von Schienen-Fzen, dh nicht nur auf den Gleisen. Ein **verkehrsbedingtes Anhalten** und Warten, weil zB die Straßenbahn anhält, stellt kein Halten iSd § 12 IV S 5 dar (OLG Hamm r+s 01, 503).

Halten und Parken **§ 12 StVO**

d) Einfahrt in Parklücke. Die **Einfahrt in eine Parklücke** regelt sich nach 78
V, ggf iVm § 1 (Janiszewski NStZ 87, 114 zu § 1); **Vorrang** hat danach, wer sie
einfahrtbereit unmittelbar (dh nicht gegenüber; OLG Düsseldorf NZV 92, 199)
zuerst erreicht, V 1, sei es auch rückwärts, V 1, 2. Hs. Der so erworbene Vorrang
geht nicht durch zum Einparken nötige Rangiermanöver verloren (S 1 Halbs 2).
Warten mehrere auf das erkennbar bevorstehende Freiwerden einer Parklücke, so
ist derjenige, der sich dort in zulässiger Weise zuerst einfahrtbereit aufgestellt hat,
auch dann bevorrechtigt, wenn der andere in die Lücke nach ihrem Freiwerden
schneller einfahren könnte (so auch Seib DAR 78, 99; Fuchs-Wissemann DRiZ
84, 397; DAR 94, 147; aA zum bish R Bay StVE 9; OLG Hamm VM 69,
123 m abl Anm Booß; OLG Düsseldorf VRS 72, 210 m abl St Janiszewski NStZ
87, 115 u Booß VM 87 S 52); denn letzterer verstieße damit gegen das Gebot der
Rücksichtnahme (§ 1 I) u behindert dadurch den Bevorrechtigten am Einparken
(§ 1 II; s Janiszewski NStZ 87, 114 sowie Hentschel/König/Dauer Rn 59 zu § 12).
Das Warten an einer Reihe parkender Kfze in der bloßen Hoffnung, dass demnächst ein Platz freiwerde, ohne dass dies bereits konkret erkennbar ist, schafft
keinen Vorrang (OLG Düsseldorf NZV 92, 199; Fuchs-Wissemann DAR 89, 54).

Das Freihalten einer Parklücke durch Fußgänger ist unzulässig (OLG Stutt- 79
gart VRS 30, 106); wer aber die Einfahrt dadurch erzwingt, dass er auf einen
anderen, der sie freihalten will, in einer diesen gefährdenden Weise zufährt, macht
sich der Nötigung schuldig (OLG Köln VRS 57, 352; Bay NZV 95, 327). Gefahrloses Zurückdrängen des anderen kann aber zulässige Notwehr sein (Bay 61, 61 =
VM 61, 127; Bay 63, 17 = VM 63, 40; OLG Stuttgart aaO). Ein Taxif, dem durch
einen dort unbefugt parkenden Kfz-Führer die Benutzung eines Droschkenplatzes
unmöglich gemacht wird, soll keine (versuchte) Nötigung begehen, wenn er dem
Kfz-Führer, der sich weigert, den Platz freizugeben, androht, er werde ihm, falls
er nicht weiterfahre, die Luft aus den Reifen ablassen (Bay 70, 232 = VRS 40,
356; zw). Beim „Kampf um die Parklücke" ist aber auch das Verbot des Rechtsmissbrauchs zu beachten (Blum NZV 2011, 378). Auf der einen Seite steht das
relativ geringwertige Recht (Vorrecht auf Parken) uU nicht unerheblichen Gefahren für Leib und Leben des Fußgängers gegenüber. Auch ist letztlich das im
Straßenverkehr bestehende Gebot der gegenseitigen Rücksichtnahme auch im
Rahmen der Mittel-Zweck-Relation des § 240 II StGB zu beachten.

e) Platzsparendes Parken. Nach **VI ist platzsparend zu parken,** dh ohne 80
überflüssig große Abstände nach vorn u hinten, evtl schräg zur Fahrbahn (vgl
oben Rn 14). VI verbietet nicht, gegenüber abgestellten Fzen zu parken (OLG
Düsseldorf VRS 45, 470), sofern sich dies nicht nach I 1 (s Rn 6) oder § 1 II (s
Rn 81) verbietet. Auf breiten Straßen und Parkstreifen, auf denen der fließende
Verkehr durch Schrägparken nicht behindert wird, ist es platzsparend und daher
ggf gem VI geboten (vgl VwV zu Nr 7 vor Z 299 Abs 2; OLG Köln VRS 72,
382; KG Berlin NZV 92, 249 – auch für Motorräder).

f) Einschränkung des Haltens durch die Grundregel (§ 1 II). Auch das 81
Halten u Parken untersteht der Grundregel des § 1 II. An einem Ort, an dem das
Halten an sich erlaubt ist, darf nach § 1 II nicht gehalten werden, wenn dadurch
andere gefährdet oder mehr als unvermeidbar behindert werden (Bay VRS 59,
219 = StVE 24; 64, 380 = StVE 36; OLG Köln VRS 60, 467 = StVE 26). Allerdings ist Zurückhaltung bei dessen ausnahmsweiser Anwendung geboten
(BGH(Z) StVE 48). Wer auf einer Str mit starkem Verkehr in zwei Richtungen
in einer Weise parkt, dass dem fließenden Verkehr keine zwei vollen Fahrstreifen

verbleiben, verstößt gegen § 1 II, wenn er durch Benutzung einer in nächster Nähe gelegenen, für ihn sichtbaren Parkgelegenheit die Behinderung des FahrV vermeiden könnte (Bay 69, 201 = VRS 39, 74). Insb ist bei Verengung der Fahrbahn durch Schneewälle das Parken ohne Rücksicht auf die VBehinderung anderer nicht ohne weiteres erlaubt, auch wenn keine HaltverbotsZ vorhanden sind (Bay VRS 64, 380 = StVE 36; s auch oben Rn 6).

82 Während die Gefährdung anderer immer verboten ist, stellt nicht jedes verkehrsbehindernde Halten, insb zum **Be- u Entladen,** einen Verstoß gegen § 1 II dar; denn sowohl das Aufstellen des Fz auf der Str als auch die Ladetätigkeit sind regelmäßig mit einer mehr oder weniger starken Behinderung des fließenden Verkehrs verbunden. Diese muss aber so gering wie möglich gehalten werden. Das Ladegeschäft muss daher auf der Stelle, wo es den Verkehr am wenigsten stört, u ohne Verzögerung durchgeführt werden (OLG Düsseldorf VM 68, 17). Die Interessen des Haltenden müssen gegen diejenigen des fließenden Verkehrs abgewogen werden. So kann das Halten in 2. Reihe neben einem parkenden Fz gerechtfertigt sein, wenn schwere Lasten abgeladen werden müssen, nicht aber beim Abladen von leichten Gegenständen, wenn in einiger Entfernung ein Halteplatz am Str-Rand zur Verfügung steht (OLG Hamm VM 58, 73; VRS 23, 464). Entspr gilt, wenn der rechts Haltende auf einer **engen Str** die Durchfahrt des fließenden Verkehrs ganz versperrt, nicht aber, wenn er für ihn einen Raum von ca 3,50 m Breite frei lässt (OLG Düsseldorf VM 62, 153; OLG Hamm VRS 31, 283; s auch Rn 6). Wird ein **Lastzug** auf einer durch Z 286 beschränkten Zone **entladen,** so muss der zuerst entladene Lastzugteil vor der Fortsetzung des Ladegeschäfts entfernt werden, wenn dies nach den örtlichen Verhältnissen zumutbar ist (BGH VRS 5, 474; OLG Köln VM 67, 138). Zu Nebenverrichtungen s Rn 21 ff.

83 Wer an der Spitze einer **Fz-Kolonne** fahrend ohne vernünftigen Grund anhält, behindert seine Hintermänner mehr als unvermeidbar, wenn ein Überholen an der Stelle nicht möglich ist (OLG Schleswig VM 62, 152). Dagegen soll es nach OLG Köln (VRS 24, 459) auch auf einer Großstadtstr bei dichtem Verkehr zulässig sein, 20 sec anzuhalten, um das Freiwerden einer Parklücke abzuwarten. Wenn die augenblickliche VLage keine über das übliche Maß hinausgehende Behinderung des fließenden Verkehrs erkennen lässt, kann vom Kf **nicht** verlangt werden, dass er vor Abstellen seines Fz allg **verkehrstechnische Erwägungen** anstellt (OLG Koblenz DAR 56, 25; OLG Hamm DAR 60, 239). Die mehr als normale Behinderung anderer muss demnach für den Kf leicht erkennbar sein. Wer in einer Reihe von Fzen parkt, hat darauf zu achten, dass sein Vorder- u Hintermann die Parkreihe bei Anwendung der dazu vorauszusetzenden Geschicklichkeit verlassen können (KG Berlin VM 67, 31). Verkehrsbehinderndes Parken auf einer Str-Baustelle: OLG Zweibrücken VM 77, 4; zum **„Zuparken"** s § 1 Rn 80.

84 g) **Sicherung haltender Fahrzeuge.** Zur Sicherung haltender Fze bei Dunkelheit s §§ 15, 17 IV; gegen Unfall u Entwendung: § 14; bei Beförderung gefährlicher Güter s § 9 IV 9, 10 GGVS. Die **Ankündigung des Anhaltens** kann nach § 1 II geboten sein (BGH(Z) StVE 48; s auch oben Rn 6 u § 15 Rn 1).

85 h) **Kennzeichnung von Fzen Behinderter ua Bevorrechtigter.** Die Beachtung der durch die Zusatzschilder 857, 865–868 zu den Z 286, 314 u 315 geschaffenen Parksonderberechtigungen muss für die Überwachungsorgane erkennbar sein; deshalb ist der Parkausweis nach der Erl zu den Z 286, 314 u 315 **gut lesbar** im Fz auszulegen (OLG Köln NZV 92, 376: auf Hutablage genügt). Da nur dann die Ausn-Genehmigung gilt (s Erl zu den gen Z), ist Nichtbeachtung

Halten und Parken § 12 StVO

verbotenes Parken (VGH BW DAR 92, 273; s Rn 86, 93). Die bes Parkerlaubnis gilt nicht nur, wenn der Behinderte selbst fährt (Bay DAR 85, 355), sondern auch wenn er gefahren wird. Die Ausn vom Haltverbot (Z 286 S 5) gilt nur bei Verwendung der Zusatzschilder 865 u 866 (nicht 857), die bes Parkausweise erfordern (Bay 84, 110 = VRS 68, 145; NStZ 85, 259; s auch Rn 16).

11. Zuwiderhandlungen. a) Allgemeines. Verstöße gegen Vorschriften des 86 § 12 sind **OWen** nach Maßgabe des § 49 I Nr 12 iVm § 24 StVG (s Nr 56 bis 62 BKat); aber: keine Ahndung bei geringfügigem Parkverstoß (OLG Düsseldorf ZfS 94, 69: 1 Min). Behinderung oder Gefährdung anderer gehört nicht zum TB des § 49 I Nr 12 (OLG Celle VM 69, 65); insoweit käme § 1 II in TE hinzu. **Zur Unzulässigkeit der Feststellung von Parkverstößen durch Private** s KG Berlin DAR 96, 504 u Bay DAR 97, 407. – § 49 I Nr 12 geht bei OWen nach § 12 I Nr 6 als speziellere Regelung dem § 49 III Nr 4 vor (OLG Düsseldorf ZfS 85, 128). – Die Bußgeldbewehrung von IV S 3 ist gegenstandslos, da diese Regelung kein Ge- oder Verbot enthält, gegen das verstoßen werden könnte. Verbotswidriges **Halten in 2. Reihe** (IV S 2 Halbs 1) ist ebenfalls nicht erfasst, wohl aber ggf über § 1 II iVm § 49 I Nr 1 verfolgbar (Bay DAR 78, 204 Nr 9b); **Taxen** sind von diesem Verbot unter den in IV S 3 genannten Voraussetzungen ohnehin ausgenommen. – Die Nichtbeachtung der bei den Z 286, 314, 315 vorgeschriebenen deutlich lesbaren Auslegung der Parkberechtigungsausweise für Anwohner u Behinderte pp ist OW nach den §§ 12 I Nr 6b, III Nr 8c, e, 49 I Nr 12, da dann die Ausn nicht gilt (s oben Rn 22; VGH Baden-Württemberg (Mannheim) DAR 92, 273). – Auf **Privatgelände** kann verbotenes Parken nach LandesR verfolgbar sein (OLG Stuttgart VM 80, 90; § 12 LOWiG BW bei Göhler Anh B 1a). – Zusatzschild „Zufahrt bis ... frei" (Nr 1028–33 VzKat) erlaubt auch das Parken im Zufahrtbereich (OLG Düsseldorf VM 93, 62). – Zum **rechtfertigenden Notstand** bei Parkverstößen s OLG Köln VRS 64, 298; ZfS 88, 189; E 98 f; Janiszewski 115. – Zum Fortsetzungszusammenhang bei wiederholtem Falschparken an derselben Stelle s KG Berlin NZV 92, 416; Bay bei Rüth DAR 79, 243. – Zum **Dauerparken** s oben Nr 11. – Verstöße gegen Halte- u Parkverbote können auch durch **Unterlassen** begangen werden, wenn zB das zunächst erlaubterweise abgestellte Fz nach Aufstellung eines entspr VerbotsZ nicht entfernt wird (OLG Köln NZV 93, 406; s oben Rn 41, unten Rn 94 u § 39 Rn 15; OVG Nordrhein-Westfalen (Münster) NZV 95, 460: Abschleppen nach 48 Stunden).

Eine wesentliche Änderung durch den Neuerlass der StVO zum 1.4.2013 sind die erhöhten **Bußgelder** für Parkverstöße. Die Höhe der Bußgelder für Parkverstöße ergibt sich aus der laufenden Nummer 51 ff Anlage 1 zur BKatV iVm §§ 12, 49 Nr 12 StVO und richtet sich nach der Dauer des Parkverstoßes, ob und inwieweit hiermit Behinderungen verbunden sind und danach, ob besonders relevante Flächen zugeparkt wurden (Rettungswege etc.). Der Regelsatz für Parkverstöße beträgt nunmehr mindestens 10 Euro (vormals 5 Euro) Mit der Dauer des Parkstoßes steigt das Bußgeld bis zu einem Regelsatz von mindestens 30 Euro bei Parkverstößen, die länger als 3 Stunden andauern.

Zivilrechtlich kann verbotenes Halten oder Parken zum Schadensersatz bzw 87 zur Mithaftung führen, wenn es unfallursächlich war (s OLG Hamm NZV 91, 271; LG Nürnberg-Fürth NZV 91, 434); nicht aber zB bei Auffahren auf falsch geparktes Kfz aus Unaufmerksamkeit (s LG Osnabrück NZV 93, 115) s. im Einzelnen Rn 98.

b) Parken auf Gehwegen. Parken auf Gehwegen, das idR vorsätzlich erfolgt 88 (OLG Düsseldorf NZV 96, 251), verstößt gegen die für den ruhenden Verkehr spezielle Vorschrift des § 12 IV S 11 u nicht gegen § 2 I (BVerwG NZV 93, 44; OLG Düsseldorf VRS 61, 64; OLG Hamm VRS 59, 298; Bay VM 75, 54: auch wenn nur zwei Räder auf dem Gehweg stehen)! S oben Rn 57 u § 2 Rn 2), soweit nicht Ausn zugelassen sind. § 42 IV Z 315 mit seinen Varianten (Z 317) bestimmt nicht nur allg die Zulässigkeit des Parkens auf Gehwegen, sondern auch den Teil des Gehwegs, der zum Parken freigegeben ist sowie die Art der Aufstellung; Verstöße gegen die in Z 315 getroffenen Anordnungen zur Aufstellung des Kfz sind OWen nach §§ 12 III Nr 8c, 49 III Nr 5 (KG Berlin VRS 45, 66; Bouska DAR 77, 257). Die Aufstellung eines Fz auf einem anderen Teil des Gehwegs verstößt gegen §§ 12 IV S 1; 49 I Nr 12 (missverständlich KG Berlin VRS 53, 303); auf zum Fußgängern vorbehaltenen Wegen (Z 241) ist auch das Warten auf einen frei werdenden Parkplatz verboten (OLG Celle VM 88, 33; zum Fußgängerbereich (Z 239) s Rn 71). – Gegen § 12 IV S 1 verstößt nicht das Parken am rechten Fahrbahnrand neben einem Gehweg, der an dieser Stelle zwischen beiderseits angelegten Parkbuchten (Parkstreifen) auf 5 oder 6 m Länge an die Fahrbahn grenzt (Bay VRS 59, 233; KG Berlin VRS 60, 392). Zur evtl Rechtfertigung verkehrsbehindernden Parkens eines Schulbusses s OLG Köln VRS 64, 298.

89 c) **Halter als Täter oder Beteiligter.** Wer seinen Wagen verbotswidrig parkt, nimmt am öff Verkehr teil, solange er ihn im Verkehr belässt, auch wenn er selbst nicht mehr körperlich im öff VRaum anwesend ist (Bay 64, 78 = VRS 26, 220; 65, 31 = VRS 29, 151; vgl § 1 Rn 16). Hat ein anderer das Fz an verbotener Stelle geparkt u anschl dem **Fz-Halter,** der vorher mitgefahren war, die Schlüssel übergeben, so ist nunmehr auch dieser verpflichtet, die verbotswidrige Abstellung zu beseitigen, widrigenfalls verstößt er als **Neben**-Täter gegen § 12 (Bay 62, 278 = VRS 24, 460; OLG Hamm VRS 47, 465; OLG Frankfurt VM 77, 99). Dies kann auch bei Rückgabe eines verliehenen Kfz gelten: Eine Pflicht des Halters, sich dabei auch Gewissheit darüber zu verschaffen, ob es vom Fahrer ordnungsgemäß geparkt ist, besteht zwar nicht generell u insb dann nicht, wenn der Halter keine Kenntnis von früheren Parkverstößen des Entleihers hat (OLG Hamm VRS 61, 131), auch Eheleute sind als Mit-Halter eines Pkw nicht verpflichtet, sich nach dessen Benutzung durch den anderen über das ordnungsgemäße Parken zu vergewissern u dafür ggf zu sorgen (OLG Karlsruhe VRS 58, 272); der Halter ist aber verpflichtet, das in seinem Herrschaftsbereich falsch geparkte Kfz zu entfernen, wenn er davon erfährt (OLG Hamm aaO; OLG Stuttgart VRS 30, 78; OLG Köln VRS 47, 39; Bay v 27.8.86, 1 Ob OWi 101/86).

90 Hatte der Führer eines Kfz wiederholt verbotswidrig geparkt u der Kfz-Halter hiervon Kenntnis erlangt, so kann in einer erneuten Überlassung des Fz eine bußgeldrechtlich zu ahndende **Beteiligung** an weiteren Parkverstößen des Fz-Führers liegen (Bay 76, 130 = VRS 52, 285; Bay 77, 103 = VRS 53, 363 sowie OLG Hamm StVE 27). Mind Teilnehmer ist auch der **Auftraggeber** – zB Geschäftsinhaber eines Reisebüros –, der veranlasst hat, dass Fze verbotswidrig geparkt werden (OLG Düsseldorf VRS 31, 125). – Kann nicht festgestellt werden, ob der Halter den Vverstoß selber begangen oder sich nur daran beteiligt hat, kommt keine **Wahlfeststellung** in Betracht, da der Betr den TB jedenfalls nach § 14 OWiG als Einheitstäter erfüllt hat (s auch OLG Hamm VRS 61, 131). Gleichwohl besteht Hinweispflicht (OLG Düsseldorf VRS 61, 64) u bei Verurteilung Feststellung, dass er entweder selbst falsch geparkt oder die entspr vorsätzliche Tat eines anderen vorsätzlich gefördert hat (Bay Rüth DAR 83, 255; KG Berlin VRS 66, 154; s auch **E** 42 ff).

Halten und Parken **§ 12 StVO**

d) **Kennzeichen-Anzeigen.** Kennzeichen-Anzeigen sind im ruhenden Verkehr bes häufig (s dazu **E** 46 u Erl zu § 25a StVG). 91

e) **Straftaten.** Beim „Kampf um den Parkplatz" (s Möllers DAR 71, 7; Seib DAR 78, 99; s oben Rn 17) kommt es mitunter zu Nötigungshandlungen iS des § 240 StGB, so zB beim − wenn auch leichten − Anfahren einer Person, um sie zur Freigabe des von ihr freigehaltenen Parkplatzes zu zwingen (OLG Düsseldorf VM 78, 68; Bay NZV 95, 327; OLG Stuttgart VRS 30, 106, das allerdings die Verwerflichkeit verneint hatte; s dazu abl Anm Bockelmann NJW 66, 745; Näheres bei Janiszewski 561 ff). Dem berechtigt Parkwilligen steht gegenüber dem unbefugten Besetzer NotwehrR in den anerkannten Grenzen zu (Bay aaO); er handelt nicht verwerflich, wenn er maßvoll in die Parklücke einfährt u den Besetzer nicht erheblich gefährdet (OLG Sachsen-Anhalt (Naumburg) DAR 98, 28). − Der die Parklücke unbefugt besetzende Fußgänger begeht dann keine Nötigung, wenn er sich zB auf selbstrettende Abwehrreaktionen beschränkt (OLG Köln VRS 57, 352; abl Anm Schmid DAR 80, 81), wenn er nur passiv in der Parklücke stehen bleibt (OLG Hamm VRS 59, 426; hier nur Verstoß gegen § 1 II) oder wenn ihm gar ein Vorrang zusteht (OLG Düsseldorf NZV 92, 199 m Anm Jniszewski NStZ 92, 274). − Zur Frage, wann **Hausfriedensbruch** durch unerlaubtes Einfahren in einen fremden Hofraum vorliegt, s Bay DAR 69, 301; zum „**Zuparken**" eines Falschparkers s OVG Saarbrücken NZV 93, 366 u § 1 Rn 80; zum Abschleppen vgl Rn 97. 92

12. Abschleppen falsch parkender Fahrzeuge. (s dazu Berr/Hauser 643 ff) erfolgt grundsätzlich auf AO der **Polizei** u nicht auf AO von Politessen (VG München NZV 89, 327) oder der kommunalen VÜberwachung (VGH München NZV 90, 47), soweit sie nicht als Beauftragte der Pol handelt (VGH München NZV 92, 47), u zwar aufgrund der PolAufgaben- u VollzugsGe der Länder zur Abwehr von Störungen u Gefahren für die öff Sicherheit u Ordnung (s BVerwG NJW 82, 348; Bouska DAR 83, 147; Janiszewski 830 ff; str aA Perrey Bay VBL 00, 614; Biletzki NZV 96, 306; s auch § 44 Rn 3). Ein zunächst erlaubt abgestelltes Fahrzeug kann ab dem 4. Tag nach dem Aufstellen eines mobilen Halteverbotschilds auf Kosten des Halters abgeschleppt werden (VGH Baden-Württemberg (Mannheim) BeckRS 07, 21 550, Urt v 13.2.07 − 1 S 822/05). Wird die Änderung der Verkehrsführung mit einem geringeren zeitlichen Vorlauf angekündigt, ist eine Kostenbelastung nur gerechtfertigt, wenn die bevorstehende Änderung sich für den Verkehrsteilnehmer deutlich erkennbar als unmittelbar bevorstehend abzeichnet. 93

Die Maßnahme muss **notwendig u verhältnismäßig** sein zur Beseitigung eines verkehrswidrigen Zustands (BVerwG NJW 78, 656; VRS 79, 476), insb wenn dadurch die öff Sicherheit gestört oder gefährdet wird (s Jahn NZV 89, 301 mwN) oder davon durch bes Umstände eine negative Vorbildwirkung für andere ausgeht (BVerwG NJW 90, 205: Längeres Parken auf dem Gehweg u im absoluten Haltverbot; s aber BVerwG NZV 93, 44; OVG Lüneburg ZfS 94, 468 u VGH Baden-Württemberg (Mannheim) ZfS 95, 237: negative Vorbildwirkung allein ohne Behinderung anderer genügt nicht), wie beim Blockieren eines Busfahrstreifens (VGH Kassel NJW 84, 1197), Parken in Feuerschutz- oder Fußgängerzone (OVG Nordrhein-Westfalen (Münster) VRS 48, 478; 63, 237; OVG Koblenz NVwZ 88, 658), auf Behindertenparkplatz (OVG Nordrhein-Westfalen (Münster) NZV 00, 310; DAR 99, 185; VGH München NJW 89, 245 u 96, 1979: selbst wenn kein Berechtigter konkret am Parken gehindert wird; VGH Baden-Würt- 94 temberg (Mannheim) DAR 92, 273), auf Anwohnerparkplatz (VGH Baden-Württemberg (Mannheim) NJW 90, 2270), im absoluten Haltverbot (Z 283; BVerwG ZfS 94, 189; VG Berlin 00, 182; VGH Kassel NZV 90, 408; NVwZ-RR 95, 29), auch wenn das Z 283 nach (zunächst erlaubtem) Abstellen des Fz aufgestellt worden ist (s § 39 Rn 15; BVerwG DAR 97, 119: nach 4 Tagen; m abl St Berr; OLG Hamburg DAR 04, 543: Abschleppen erst nach 4 Tagen verhältnismäßig; VG Berlin DAR 01, 234: nach drei Tagen; OVG Nordrhein-Westfalen (Münster) NZV 95, 460: schon nach 48 Stunden verhältnismäßig), an engen Stellen (s Rn 24), auf dem Gehweg, so dass Fußgänger gefährdet sind (OVG Nordrhein-Westfalen (Münster) VRS 59, 78), insb bei Abwesenheit des Falschparkers (Bay DAR 89, 154; OVG Nordrhein-Westfalen (Münster) NJW 81, 478), auf Radweg (VG Berlin NZV 93, 368), im verkehrsberuhigten Bereich (VG Düsseldorf NZV 93, 287) sowie bei sonst verkehrsbehinderndem Parken nach § 1 II, selbst wenn entspr Verbotsschilder fehlen (VG München DAR 65, 223); **nicht** aber wegen unvorschriftsmäßigen Zustands des Kfz (VGH Baden-Württemberg (Mannheim) ZfS 93, 287: abgefahrene Reifen). – Bei Überschreitung der Parkzeit s § 13 Rn 9.

95 Ob **sofortiger Vollzug** zulässig oder evtl zunächst der Fahrer zu ermitteln ist, richtet sich auf der Grundlage des landesrechtlichen VollstreckungsR nach den jew Umständen (BVerwG NJW 75, 2158; 82, 348; OVG Nordrhein-Westfalen (Münster) VRS 59, 78; OVG Berlin VM 82, 66; OLG Bremen DAR 86, 159), so insb danach, ob der Fahrer unschwer festgestellt u zur Entfernung des Fz veranlasst werden kann (VGH Kassel NZV 90, 408; VGH München NJW 01, 1960; s auch VGH München NZV 92, 47; VG Berlin ZfS 93, 252: keine Nachforschungspflicht trotz hinterlassener Anschrift; zw, denn jedenfalls ist eine **Benachrichtigung** des verantwortlichen Fahrers dann geboten, wenn er einen konkreten Hinweis auf seine **Erreichbarkeit** und seine **Bereitschaft** zum umgehenden Entfernen des verbotswidrig geparkten Fz gibt; OVG Koblenz NJW 99, 3573; OVG Hamburg DAR 02, 41; OLG Schleswig DAR 02, 330; VGH Baden-Württemberg (Mannheim) NZV 04, 430; DAR 03, 329; BVerwG DAR 02, 424), u der Verhältnismäßigkeit (BVerwG ZfS 92, 142; OVG Hamburg NJW 01, 168). Verbotenes Parken wird auch ohne konkrete Behinderung als Störung der öff Sicherheit betrachtet, so dass es idR weder der vorherigen schriftlichen Androhung der **Ersatzvornahme** noch der vorläufigen Veranschlagung der Kosten bedarf (VGH Kassel aaO; BVerwG NJW 78, 656; ZfS 92, 142; OVG Bremen DAR 77, 276). **Zulässig** ist sofortiger Vollzug zB bei völliger oder weitgehender Sperrung eines Gehweges (OVG Nordrhein-Westfalen (Münster) aaO; VM 88, 47: bei weniger als 55 cm Durchlass; nach VG München NVwZ 88, 667 mind 1,60 m), Blockieren einer Einmündung (OVG Berlin aaO), Parken in einer **Feuerschutzzone** (OLG Düsseldorf VersR 82, 246), im Haltverbot (BVerwG VRS 54, 235; ZfS 94, 189; VGH München NZV 92, 207; OLG Lüneburg VRS 58, 233 u OLG Bremen VM 85, 86), da Z 283 zugleich in sofort vollziehbarer Weise (§ 80 II 2 VwGO) Weiterfahren gebietet (BVerwG aaO; § 12 Rn 13) auf **Behindertenparkplatz** selbst ohne Behinderung eines Berechtigten (VGH Baden-Württemberg (Mannheim) NVwZ-RR 03, 558; OVG Nordrhein-Westfalen (Münster) VRS 69, 475; VGH München NJW 89, 245; ZfS 96, 319) u schon nach kurzer Zeit (VGH Kassel VM 88, 38: nach 15 Min) oder in der **Fußgängerzone** ohne Vbeeinträchtigung (BVerwG VRS 84, 127; 62, 156; OVG Koblenz NVwZ 88, 658; OVG Nordrhein-Westfalen (Münster) VRS 94, 159; 63, 237); **nicht** aber bei sonstigem verbotswidrigen Parken ohne Gefährdung der

Halten und Parken § 12 StVO

öff Ordnung (s OVG Nordrhein-Westfalen (Münster) VRS 46, 77; BayVGHVBl 88, 180).

Abschleppkosten haben Fahrer bzw Halter als Verhaltens- bzw Zustandsverantwortliche zu tragen (OVG Hamburg VRS 89, 68); nach BayVGH (BayVBl 86, 625) der Halter, wenn er den Fahrer nicht nennt (OLG Hamburg DAR 04, 543; NJW 86, 1369; ebenso VG NW VRS 73, 319); nach VGH Kassel (11 UE 1177/84) nur nach pol Hinweis u bei Missachtung eines Haltverbots; s auch OVG Bremen (DAR 86, 159). Maßgeblich ist die rückschauende Beurteilung der Sachlage (OVG Nordrhein-Westfalen (Münster) ZfS 93, 358; s zur Kostenfrage zB Hentschel/König/Dauer § 12 Rn 66 u Kierse DAR 95, 400). – Zur Haftung der Pol für **Abschleppschäden** s Jung u Würtenberger (Rn 99; OVG Berlin VM 82, 66). 96

Zivilrechtlich kommt **sofortige** Selbsthilfe nach § 859 III BGB in Betracht (AG Bremen ua DAR 84, 224, 227 u 231; OVG Saarbrücken NZV 93, 366; s Janiszewski 836a u Jung Rn 99), wobei unter „sofort" verschiedene Zeiträume verstanden werden (AG Bremen aaO: „auf frischer Tat"; LG Frankfurt DAR 84, 25: noch in 4 Stden; AG Braunschweig NJW 86, 1414: noch am nächsten Tag; nach Schünemann DAR 97, 267 binnen 30 Min, wenn pol Hilfe nicht zu erwarten ist); in Betracht kommt uU auch Geschäftsführung ohne Auftrag (§§ 670 ff BGB; AG Neumünster DAR 87, 387), wobei der Halter die Kosten auch dann erstatten muss, wenn ein Dritter das Kfz vor der Einfahrt geparkt hat (AG Frankfurt NJW 90, 917; zum ZurückbehaltungsR am Fz s OLG Stuttgart VRS 79, 205); verboten ist aber **Blockieren** des Falschparkers (OVG Koblenz NJW 88, 929; OLG Hamm MDR 69, 601; OVG Saarbrücken aaO). Der BGH hat nun klargestellt, dass derjenige, der sein Fahrzeug unbefugt auf einem Privatgelände abstellt, verbotene Eigenmacht begeht und abgeschleppt werden kann. Die Kosten können als Schadensersatz geltend gemacht werden (BGH, V ZR 144/08, BeckRS 09, 19 537; BGH, BeckRS 2012, 01454). Allerdings ist der Eigentümer des abgeschleppten Fahrzeuges nicht in den Schutzbereich des Abschleppvertrages zwischen Verwaltung und privaten Abschleppunternehmer einbezogen (BGH NJW 2014, 2577). 97

Zu den erstattungsfähigen Kosten für die Entfernung eines unbefugt auf einem Privatgrundstück abgestellten Fahrzeugs zählen nicht nur die Kosten des reinen Abschleppens, sondern auch die Kosten, die im Zusammenhang mit der Vorbereitung des Abschleppvorgangs entstehen. Nicht erstattungsfähig sind dagegen die Kosten, die nicht der Beseitigung der Besitzstörung dienen, sondern im Zusammenhang mit deren Feststellung angefallen sind, wie etwa die Kosten einer Parkraumüberwachung. (BGH 2012, BeckRS 2012, 01454, amtlicher Leitsatz) Der Abgeschleppte kann den Grundstückseigentümer auf Rückzahlung an den Abschleppunternehmer gezahlter und überhöhter Abschleppkosten in Anspruch nehmen (BGH BeckRS 2012, 17650). Der Anspruch auf Rückzahlung überhöhter Abschleppkosten richtet sich auch dann gegen den gestörten Grundstücksbesitzer, wenn dieser seinen Schadensersatzanspruch gegen den Störer an das Abschleppunternehmen abgetreten hat. (BGH BeckRS 2012, 17650 amtlicher Leitsatz) 97a

13. Zivilrecht/Haftungsverteilung. Bei einem Unfall mit einem **ordnungsgemäß** am rechten Fahrbahnrand **abgestelltem** Fahrzeug haftet der Auffahrende idR zu 100% (BGH VersR 69, 713; VersR 71, 255; VersR 63, 585; OLG Hamm ZfS 97, 325; OLG Hamm DAR 97, 360; OLG Nürnberg VersR 67, 762). Das ist grds auch dann der Fall, wenn das parkende Fahrzeug zwar im 98

Halte- oder Parkverbot steht, jedoch ohne Behinderung parkt und bei Tageslicht gut sichtbar ist (BGH VersR 69, 713; OLG Hamm Zfs 97, 325; OLG Hamm DAR 97, 360; OLG Nürnberg VersR 67, 762). Eine **Mithaft** – regelmäßig iHd einfachen Betriebsgefahr – kommt allerdings bei einem Verstoß des Parkenden gegen **§ 12 Abs 1** in Betracht (⅓ Mithaft des in einer engen Kurve geparkten Fz: OLG Schleswig VersR 75, 384; 40%: PKW verdeckt Vorfahrtzeichen, OLG Köln VersR 90, 100 = NZV 90, 268. So auch OLG Karlsruhe NJW 92, 3181 = NZV 92, 408).

Bei Verstoß gegen **§ 12 Abs 3 Nr 1** – Parken im Kreuzungs- und Einmündungsbereich – Haftung des verbotswidrig Parkenden von ⅕ bis ⅓ (vgl Grüneberg Rn 295; KG Berlin VersR 78, 141; LG Mainz ZfS 95, 168 – ⅓; OLG Frankfurt VersR 74, 440; LG Gießen ZfS 89, 224 – ¼; OLG Karlsruhe NZV 92, 408; OLG Köln NZV 90, 268 – 40%; OLG Hamm NZV 99, 291 – ⅓).

Bei einem Verstoß gegen **§ 12 Abs 3 Nr 8 Zeichen 295** (s Rn 27) haftet der Halter des verbotswidrig parken PKW gegenüber einem abbiegenden Lkw zu ⅓ (OLG Hamm NZV 99, 291).

Eine Haftung von 100% trifft Fahrer und Beifahrer, falls Pkw halb auf Radweg parkt und Beifahrer unvorsichtig die Tür öffnet (OLG Köln VM 92, 93).

Bei Verstoß gegen **§ 12 Abs 4** (nicht weit genug rechts oder auf der linken Straßenseite, überbreites Fahrzeug) idR Mithaft des Parkenden bis zu 30%; 25 bis 50%, wenn auf der linken Fahrbahnseite geparkt und aufgrund der fehlender Reflektoren schlecht zu erkennen (BGH VersR 66, 364 – BGH VersR 66, 364 und OLG Köln VersR 76, 152 – ⅓; OLG Stuttgart DAR 00, 35 f – ¼).

Bei Verstoß gegen **§ 17 IV** (Unbeleuchtetes Abstellen) auch regelmäßig Mithaft des Parkenden/Haltenden von 20%–50%, je nachdem wie gut die Sichtverhältnisse durch eine Fremdbeleuchtung waren (BGH VersR 55, 678 – 20%; LG Wiesbaden VersR 58, 815 – 50%). Liegt keine Fremdbeleuchtung vor, dann Haftung des unbeleuchteten Parkenden von ½ und mehr (BGH VersR 66, 493 – 75%; OLG Düsseldorf VersR 70, 1160; OLG Bremen DAR 52, 57; OLG München VersR 83, 1064 je 50%).

Vgl auch § 17 IV Beleuchtungspflicht haltender Fahrzeuge (auch Anhänger). Bei Verstoß je nach den Umständen Mithaft von 20% bis zu 80% (vgl Grüneberg Rn 283).

Auch wenn das **Halten/Parken in der 2. Reihe** ausnahmsweise erlaubt ist (§ 12 IV), kommt es regelmäßig zu einer Mithaft zumindest in Höhe der einfachen Betriebsgefahr (Grüneberg Rn 298; KG Berlin VersR 81, 485 – 20%; OLG Düsseldorf r+s 76, 141; OLG Hamm NZV 91, 271 – 25%).

Streift ein Pkw im Vorbeifahren eine im rechten Bereich auf der Fahrbahn befindliche **Fußgängerin,** die sich anschickt, in ihr geparktes Fahrzeug einzusteigen, kommt eine Haftung des Pkw-Fahrers zu **100%** in Betracht, wenn ein schuldhafter Verkehrsverstoß der Fußgängerin nicht nachweisbar ist. Das OLG Karlsruhe (VersR 2012, 1186) geht davon aus, dass vorausgegangene Verkehrsverstöße der Fußgängerin beim Abstellen ihres Fahrzeugs für die Haftungsquote keine Rolle spielen, wenn der Schutz von vorbeifahrenden Fahrzeugen nicht zum Schutzbereich der verletzten Normen gehört. (Hier: Verbotenes Parken auf dem Gehweg und verbotenes Parken auf einem Schutzstreifen für den Radverkehr.)

99   **14. Literatur. Berr** „Übernachten im Wohnmobil auf öff Parkplatz" DAR 84, 253; **Berr/Hauser/Schäpe** „Das R des ruhenden Verkehrs" 2005; **Biletzki** „RProbleme beim Abschleppen unerlaubt geparkter Kfze" DAR 1993, 418 ff; NZV 96, 303; **Bouska** „Abschleppen auf Veranlassung der Pol" DAR 83, 147; **Fuchs-Wissemann** „Parklücke u Priorität" DRiZ 84, 397; **Geiger** „Die Haftung des Halters für pol Abschleppkosten" BayVBl 83, 10; **Hauser** „Wohnmobile u Anhänger im ruhenden V" DAR 90, 9; „Das eingeschränkte Haltverbot" VD 90, 4; „Parken auf Gehwegen" VD 91, 34; **Hofstetter** „Zuparken als Besitzstörung" NJW 78, 256; **Hunsiker** „Abschleppen zur Gefahrenabwehr" VD 86, 30; **Jagow** „Parken u Gemeingebrauch – Straßenverkehrs- u StraßenR" VD 81, 129; **Jahn** „Abschleppen von Kfz zur Gefahrenabwehr – Aufgabe der Pol?" NZV 89, 300; **Jung** „Abschleppen von Kfzen" 21. VGT S 307; **Kodal/Krämer/Rinke** StraßenR, 7. Aufl 2008 bei Beck; **Schmid** „Strafbarkeit der Parkplatzreservierung?" DAR 80, 81; **Schünemann** „Privates Abschleppen von Kfz – contra legem?" DAR 97, 267; **Seib** „Der Kampf um die Parklücke geht weiter!" DAR 78, 99; **Wiethaup** „Abschleppen von verbotswidrig abgestellten Kfz" DAR 73, 264; **Würtenberger** „Zurückbehaltungsrechte u Schadensersatz beim Abschleppen" 21. VGT S 291.

§ 13 Einrichtungen zur Überwachung der Parkzeit

(1) **An Parkuhren darf nur während des Laufens der Uhr, an Parkscheinautomaten nur mit einem Parkschein, der am oder im Fahrzeug von außen gut lesbar angebracht sein muss, für die Dauer der zulässigen Parkzeit gehalten werden. Ist eine Parkuhr oder ein Parkscheinautomat nicht funktionsfähig, darf nur bis zur angegebenen Höchstparkdauer geparkt werden. In diesem Fall ist die Parkscheibe zu verwenden (Absatz 2 Satz 1 Nr. 2). Die Parkzeitregelungen können auf bestimmte Stunden oder Tage beschränkt sein.**

(2) **Wird im Bereich eines eingeschränkten Haltverbots für eine Zone (Zeichen 290.1 und 290.2) oder einer Parkraumbewirtschaftungszone (Zeichen 314.1 und 314.2) oder bei den Zeichen 314 oder 315 durch ein Zusatzzeichen die Benutzung einer Parkscheibe (Bild 318) vorgeschrieben, ist das Halten und Parken nur erlaubt**
1. **für die Zeit, die auf dem Zusatzzeichen angegeben ist, und,**
2. **soweit das Fahrzeug eine von außen gut lesbare Parkscheibe hat und der Zeiger der Scheibe auf den Strich der halben Stunde eingestellt ist, die dem Zeitpunkt des Anhaltens folgt.**
Sind in einem eingeschränkten Haltverbot für eine Zone oder einer Parkraumbewirtschaftungszone Parkuhren oder Parkscheinautomaten aufgestellt, gelten deren Anordnungen. Im Übrigen bleiben die Vorschriften über die Halt- und Parkverbote unberührt.

(3) **Die in den Absätzen 1 und 2 genannten Einrichtungen zur Überwachung der Parkzeit müssen nicht betätigt werden, soweit die Entrichtung der Parkgebühren und die Überwachung der Parkzeit auch durch elektronische Einrichtungen oder Vorrichtungen, insbesondere Taschenparkuhren oder Mobiltelefone, sichergestellt werden kann. Satz 1 gilt nicht, soweit eine dort genannte elektronische Einrichtung oder Vorrichtung nicht funktionsfähig ist.**

(4) **Einrichtungen und Vorrichtungen zur Überwachung der Parkzeit brauchen nicht betätigt zu werden**
1. **beim Ein- oder Aussteigen sowie**
2. **zum Be- oder Entladen.**

StVO § 13

I. Allgemeine Verkehrsregeln

VwV – StVO

Zu § 13 Einrichtungen zur Überwachung der Parkzeit

Zu Absatz 1

1 I. Wo Parkuhren aufgestellt sind, darf das Zeichen 286 nicht angeordnet werden.

2 II. Parkuhren und Parkscheinautomaten sind vor allem dort anzuordnen, wo kein ausreichender Parkraum vorhanden ist und deshalb erreicht werden muss, dass möglichst viele Fahrzeuge nacheinander für möglichst kurze genau begrenzte Zeit parken können.

3 III. Vor der Anordnung von Parkuhren und Parkscheinautomaten sind die Auswirkungen auf den fließenden Verkehr und auf benachbarte Straßen zu prüfen.

4 IV. Parkraumbewirtschaftung empfiehlt sich nur dort, wo eine wirksame Überwachung gewährleistet ist.

5 V. Über Parkuhren und Parkscheinautomaten in Haltverbotszonen vgl Nummer II zu den Zeichen 290.1 und 290.2, Randnummer 2.

VI. Der Parkschein soll mindestens folgende gut lesbare Angaben enthalten:

6 1. Standort des Parkscheinautomaten
7 2. Datum und
8 3. Ende der Parkzeit.

9 VII. Für die Festlegung und die Höhe der Parkgebühren gelten die Parkgebührenordnungen (§ 6a Absatz 6 StVG)

Zu Absatz 2

10 I. Parken mit Parkscheibe darf nur in Haltverbotszonen (Zeichen 290.1) und Parkraumbewirtschaftungszonen (Zeichen 314.1) sowie in Verbindung mit dem Zeichen 314 oder 315 angeordnet werden. Zur Anordnung des Parkens mit Parkscheibe in Haltverbotszonen vgl Nummer II zu Zeichen 290.1 und 290.2, Randnummer 2.

11 II. Auf der Vorderseite der Parkscheibe sind Zusätze, auch solche zum Zwecke der Werbung, nicht zulässig.

Übersicht

	Rn
1. Grundlagen	1
2. Abs 1: Parkuhr – Parkscheinautomat	2
3. Abs 2: Die Parkscheibe	5
4. Abs 3: Ausnahmen	8
5. Abschleppen von Fahrzeugen	9
6. Zuwiderhandlungen	10
7. Literatur	11

1 **1. Grundlagen.** § 13 I u II S 2 behandeln die Parkuhr u den Parkscheinautomaten, § 13 II insb die Parkscheibe. Die Parkuhr soll verwendet werden, wo der Parkraum so knapp ist, dass für einen kurzfristigen Umschlag der Fze gesorgt werden muss. Die Parkscheibe reicht aus, wenn man großzügig sein kann u nur das Dauerparken unterbunden werden soll. Die Grenze liegt nach der VwV zu § 13 zu Abs 2 II idR bei 1 Std. Zum Ermessen der Behörde bei Auswahl von

Einrichtungen zur Überwachung der Parkzeit **§ 13 StVO**

Parkuhr oder Parkscheibe s BVerwG VRS 58, 288; zur Zulässigkeit von **Kreidemarkierungen** an Kfz-Reifen zur Parkzeitüberwachung s VG Freiburg DAR 97, 503. Neu ist durch die 46. VO zur Änderung straßenverkehrsrechtlicher Vorschriften die Einführung der sog. **Parkraumbewirtschaftungszone.** Die Ausweisung solcher Zonen hat den Vorteil, dass lediglich Beginn und Ende zu beschildern sind (vgl Nr 8 und 9 der Anlage 3). Die Zahl der Verkehrsschilder (ein Ziel der neuen VO) kann so reduziert werden. Der letzte Satz des Abs 2 trägt der teilweisen Auflösung des § 12 Rechnung.

2. Abs 1: Parkuhr – Parkscheinautomat. Die durch Einwurf dt Münzen (s **2** § 6a VI StVG; Gern/Schneider Rn 11: nicht ausl Geldes oder sonstiger Metallstücke; s Rn 10, 11) zu betätigende **Parkuhr** begründet als VEinrichtung (§§ 43 I, 45 IV) ein **modifiziertes Haltverbot,** da hier nach § 13 I u III nur während des Laufens der Uhr (I) oder – ohne deren Betätigung – zum Ein- u Aussteigen sowie zum Be- u Entladen (III) gehalten werden darf (BVerwG VRS 74, 397 = StVE 15). Eine aufgestellte Parkuhr verliert nicht durch das nachträgliche Aufstellen eines mobilen Halteverbotszeichen ihre Wirksamkeit (VG Meiningen DAR 01, 89). Sie bewirkt als Allgemeinverfügung (BVerwG aaO; BGHSt 31, 220 = StVE 9; OVG Hamburg DAR 89, 475 Ls) eine zulässige Parkbeschränkung (Bay VRS 55, 55) in Form eines Parkverbots verbunden mit dem Gebot des Wegfahrens bei Nichtvorliegen bzw Wegfall der Voraussetzungen von Abs 1 (s auch Rn 3), das durch Ingangsetzen der Uhr befristet außer Kraft gesetzt wird (BVerwG VRS 58, 287; s auch OLG Celle VRS 65, 67 = StVE 10; VGH Kassel NZV 99, 56). Die Regelung verstößt nicht gegen das Gebot des geringstmöglichen Eingriffs (BVerwG aaO; aA Hentschel/König/Dauer Rn 10 zu § 13 unter Hinweis auf Übermaßverbot, wonach die Überwachung kurzfristigen Parkens mittels der gebührenfreien Parkscheibe der geringere Eingriff sei).

Das Halten ist im gleichen Umfang wie bei Z 286 ohne Betätigung der Parkuhr erlaubt **(III).** Verboten ist das Parken in den geringen Zwischenräumen zwischen den zu den Parkuhren gehörigen Parkfeldern, die zur Erleichterung der An- u Abfahrt freizulassen sind (Bay 62, 130 = VM 62, 145; OLG Düsseldorf VM 70, 59), denn die ununterbrochenen Linien dürfen zwar überfahren werden, sie müssen aber beim Parken eingehalten werden, da die Markierung ein bußgeldbewehrtes Vorschriftszeichen ist (§ 49 III Nr 4). Wird hierdurch ein Wegfahren unmöglich gemacht, verstößt der widerrechtlich Parkende auch gegen § 1 II. Wer nur so kurz parkt, dass er mit der Restzeit einer laufenden Parkuhr auskommt, muss keine weitere Münze einwerfen (Begr). Nach I S 1 ist es erlaubt, bei einer Uhr, die für mehrere Parkzeiten eingerichtet ist, Münzen nachzuwerfen, bis die höchstzulässige Parkzeit erreicht ist. Wer aber darüber hinaus nachwirft, verstößt gegen diese Bestimmung.

Die **Parkerlaubnis endet** mit Ablauf des Uhrwerks, insb wenn der Zeiger die **3** Grenze des roten Skalenteils überschritten hat (OLG Celle VRS 52, 62); das dann wieder einsetzende Parkverbot enthält zugleich das – entspr § 80 II 2 VwGO sofort vollziehbare – Gebot, alsbald wegzufahren (BVerwG VRS 74, 397; s Rn 2 u 9); es gibt **keine Karenzzeit,** wenn diese nicht ausdrücklich vorgesehen ist (s OLG Hamm NJW 84, 746 = StVE 12; s auch unten Rn 6). Funktioniert der Mechanismus der Parkuhr nicht, weil sie **defekt** ist, so darf zwar trotzdem geparkt werden (OLG Koblenz VRS 45, 68; Allgaier DAR 86, 308;), nach I S 2 jedoch nur während der auf der Uhr angegebenen höchstzulässigen Parkdauer bei Verwendung der Parkscheibe (zum bish R entspr BGHSt 31, 220 = StVE 9 mwN).

Ein Parkscheinautomat ist nicht bereits dann als ein nicht funktionsfähiger iSv § 13 I 2 StVO zu beurteilen, wenn das Gerät eine Münze, die ein ges zugelassenes Zahlungsmittel darstellt und ihrer Art nach (50-Cent-Stück) geeignet ist, die Parkscheinerteilung auszulösen, nicht akzeptiert (OLG Hamm ZV 06, 323 – 3 Ss OWi 576/05; anders noch OLG Koblenz VRS 45, 68; Allgaier DAR 86, 308; OLG Zweibrücken ZfS 91, 286). Der Betroffene ist vielmehr gehalten, so viele Versuche mit verschiedenen Münzen zu tätigen, bis die Produktion des Parkscheins ausgelöst ist, soweit das Gerät grds funktionsfähig ist. Wer nur nicht akzeptierte Münzen einwirft steht jenem gleich, der keine Münze einwirft (OLG Hamm ZV 06, 323 – 3 Ss OWi 576/05). – Ist die Gültigkeit des beschriebenen Parkverbots (wie meistens) zeitlich begrenzt (zB 8–18 Uhr), darf außerhalb dieser Zeit ohne Betätigung der Parkuhr geparkt werden (OLG Celle VRS 65, 67 = StVE 10); der Begriff **„werktags"** umfasst auch den Samstag/Sonnabend (OLG Hamm NZV 01, 355, 02, 245; s § 39 Rn 19a). Eine Parkuhr und ein im gleichen Bereich aufgestelltes Halteverbotszeichen mit abweichender Parkzeit sind widersprüchliche Regelungen (Hentschel/König/Dauer § 13 Rn 8). Solange Parkuhren nicht abgedeckt oder entfernt werden, sind sie mit ihrer Einrichtung wirksam (VG Meiningen DAR 01, 89).

4 **Parkscheinautomaten** sind als VEinrichtungen (§ 43 I) zulässig (vgl dazu OLG Frankfurt VM 80, 25 zur „Sammelparkuhr"). Ihr Geltungsbereich muss eindeutig durch das VZ 314 oder 315 mit Zusatzschild „mit Parkschein" bezeichnet sein. Auch sie beinhalten ein eingeschränktes Halteverbot, verbunden mit dem Gebot des Wegfahrens bei Nichtvorliegen oder Wegfall der Voraussetzungen von Abs 1 (VGH Kassel NZV 99, 56). Parkscheine sind – wie die Parkscheibe (s II 2) – von außen „gut lesbar" (dh nicht wie früher nur „gut sichtbar") hinter der Windschutzscheibe oder auf der Hutablage anzubringen (OLG Köln DAR 93, 71; Bay DAR 95, 454). Die Höchstparkzeit ergibt sich aus dem Parkschein. **Mehrere Parkscheine** können nicht additiv verwendet werden (OLG Bremen DAR 97, 454). Soweit die Größe einer markierten „Parktasche" eine Benutzung durch zwei kleine Fahrzeuge ermöglicht und das Parken nur mit Parkschein erlaubt ist, benötigt jedes der Fahrzeuge einen Parkschein (OLG Koblenz DAR 04, 108). Dies ist an Parkuhren naturgemäß etwas anderes. Die durch Bezahlung an der Parkuhr erworbene Berechtigung ist durch nichts anderes als die Belegung der Parktasche dokumentierbar (OLG Koblenz aaO; Berr/Hauser/Schäpe Rn 418). Da der Parkscheinautomat letztlich nur die Zusammenfassung mehrerer Parkuhren darstellt (OLG Bremen NStZ-RR 98, 59 mwN), gelten bei ihm auch die oben zur Parkuhr genannten Möglichkeiten zur Ausnutzung der Restparkzeit, des evtl Nachwerfens bis zur zulässigen Höchstparkzeit u der Parkerlaubnis bei Defekt (s Rn 3).

5 **3. Abs 2: Die Parkscheibe.** Abs 2 ist der Bedeutung der **Z 290.1 und 290.2** als eingeschränktes Haltverbot angepasst (s dazu § 12 Rn 17). Im Mittelpunkt von S 1 steht die Verwendung der **Parkscheibe** (Bild 291). Sie dient ebenfalls der Überwachung der zugelassenen Parkzeit u ist verfassungsrechtlich unbedenklich (BVerfG VRS 37, 313; 38, 386). Zu ihrer Beschaffenheit s VkBl 81, 447; unter den Uhrzeiten 1–12 müssen in verkleinerter Form auch die Zeiten 13–24 angegeben sein. Das Auslegen mehrerer, auf verschiedene Zeiten eingestellter Parkscheiben ist unzulässig (OLG Köln VRS 58, 154); dasselbe dürfte auch für eine elektrisch betriebene „Park-"Uhr gelten, wenn sie bei Parkbeginn nicht angehalten wird, weil auch dann eine Überwachung nicht möglich ist.

Einrichtungen zur Überwachung der Parkzeit **§ 13 StVO**

Die Verwendung einer **Parkscheibe** kann – außer im Fall des I S 3 – durch 5a
entspr Parkscheibensymbol oder Zusatzschild vorgeschrieben werden
a) im Bereich eines **Zonenhaltverbots,** das durch **Z 290.1** begründet (OVG
Bremen VRS 74, 49; s dazu § 12 Rn 17), durch **Z 290.2** beendet u nur durch
Verwendung beider Zeichen wirksam angeordnet wird (Bay VRS 57, 450 =
StVE 5). Es gilt dort nicht nur für die Fahrbahn, sondern auch für Seitenstreifen,
Parkstreifen und alle öff VFlächen, also zB auch für in der Zone gelegene Parkplätze (OLG Celle NZV 89, 202; s Bouska VD 80, 215), soweit durch VZ nicht
abweichende Regelungen getroffen sind (s Erl zu Z 292 u Begr 9. ÄndVO; Bouska
DAR 89, 443).

b) auf **Parkplätzen** (Z 314) mit entspr Zusatzschild. Die **Parkscheibe** muss 6
nach § 13 II 2 – wie der Parkschein (s Rn 4) – im Fz von außen gut lesbar
angebracht u auf den Strich der halben Stunde eingestellt sein, die dem Anhalten
folgt. Wer sein Fz vor Beginn der Kurzparkzeit anhält u es über diesen hinaus an
seinem Standplatz stehen lassen will, muss den Zeiger der Parkscheibe auf denjenigen Strich der halben Stunde einstellen, der auf den Beginn der Parkbeschränkung
folgt (aber unvermeidbarer Verbotsirrtum; Bay 77, 92 = VRS 53, 305). II gilt
auch für Krafträder (OLG Koblenz StVE 4; OLG Düsseldorf JMBl NW 90, 130).
Keine „**Karenzzeit**" bei Ablauf der sich aus der richtig eingestellten Parkscheibe
ergebenden Parkzeit (OLG Hamm StVE 12).

Satz 3 soll klarstellen, dass die Vorschriften des § 12 auch dort gelten, wo das 7
Parken mit Parkscheibe zulässig ist.

4. Abs 3: Ausnahmen. Abs 3 umschreibt **Ausn** vom Gebot zur Betätigung 8
der Überwachungseinrichtungen beim bloßen Halten zum Ein- oder Aussteigen
u Be- oder Entladen (s hierzu § 12 Rn 20 ff); sie gelten auch, wo durch Z 290
oder 314 mit Zusatzschild Parkscheibe vorgeschrieben ist (Bay VRS 55, 464).
Dabei dürfen sowohl das Ein- und Aussteigen als auch das Be- und Entladen
(OLG Düsseldorf DAR 91, 432 = StVE 19) länger als 3 Min dauern, hingegen
ist längeres Warten nicht umfasst. OLG Oldenburg (NZV 93, 491) hält darüber
hinaus auch das Halten unter 3 Min ohne die in III vorgesehenen Zwecke u ohne
Parkscheibe für zulässig (aA Hentschel/König/Dauer § 13 Rn 9), obwohl § 13 III
auf eindeutig umschriebene Ausn beschränkt ist u die ansonsten für Zonenhaltverbote allg zulässige Haltmöglichkeit bis 3 Min (s § 12 Rn 17) durch die Sonderregelung des § 13 durchbrochen ist (s auch Berr/Hauser/Schäpe Rn 412 u 429).

5. Abschleppen von Fahrzeugen. Das **Abschleppen** von Fzen durch die 9
Pol ist bei Verstößen gegen I nach Maßgabe des landesrechtlichen PolAufgaben-
u -VollzugsR auch hier (s sonst § 12 Rn 93 f) zulässig (BVerwG NJW 82, 348;
Hunsiker VD 86, 30). Da das durch die Parkuhr modifizierte Haltverbot zugleich
gebietet, ein dort abgestelltes Kfz alsbald wegzufahren, wenn die Parkerlaubnis
(s oben Rn 2, 3) nicht (mehr) besteht, kann Abschleppen als Ersatzvornahme
gerechtfertigt sein (BVerwG VRS 74, 397), auch ohne dass es außer Verhältnis zur
verursachten Behinderung oder Störung steht (BVerwG NJW 78, 656; DAR 83,
398 = StVE 11; VGH München NJW 99, 1130: über 3 Std in verkehrsreicher
Innenstadt; VGH Kassel NZV 99, 56; OVG Hamburg DAR 89, 475: schon nach 1
Std; s auch VwV zu Abs 1 V; Janiszewski 830 ff).

6. Zuwiderhandlungen. Zuwiderhandlungen gegen die Ge- u Verbote der 10
Abs 1 u 2 sind **OWen** nach § 49 I Nr 13 iVm § 24 StVG (s Nr 63 BKat). Das gilt
auch bei entspr Verstoß auf einem als öff Parkfläche verpachteten Parkhaus (OLG

Frankfurt NZV 94, 408). Wer nach bereits erfolgter Verwarnung die Parkzeit weiter überschreitet, handelt erneut ordnungswidrig (Bay DAR 71, 304). – Wer in einer Haltverbotszone ohne eine vorschriftsmäßig eingestellte Parkscheibe parkt, verstößt gegen §§ 13 II, 49 I Nr 13 auch dann, wenn er sich an die zeitliche Begrenzung hält (Bay 64, 137 = VRS 28, 235; BVerwG VM 69, 117; OLG Düsseldorf DAR 89, 392 Ls). Das vorschriftswidrige Verhalten wird nicht durch Duldung der Behörde rechtmäßig, denn eine stillschweigende Genehmigung einer Ausnahme ist schon wegen § 46 III nicht möglich. Es bedarf vielmehr einer Bekanntgabe der behördlichen Entschließung. Ein Irrtum hierüber ist aufgrund mangelnder Erkundigung ein vermeidbarer Verbotsirrtum (OLG Hamm VRS 43, 201). Wer als Halter den Fz-Führer anweist, an einer verbotenen Stelle zu halten oder zu parken, ist Beteiligter (§ 14 OWiG) an dem ordnungswidrigen Verhalten (OLG Köln VRS 47, 39).

Strafrecht: Bedienung m **ausl Geld** oder sonstigen bewirkt **keine Strafbarkeit** nach § 263 und § 265a StGB (OLG Saarbrücken VRS 75, 345; OLG Hamburg NJW 81, 1281; Bay NZV 91, 317; Lackner Rn 5 zu § 265a mwN; aA Gern/Schneider s Rn 11; nach Wenzel DAR 89, 455: versuchter Betrug). Die Verwendung eines im ausgedruckten Parkzeitende abgeänderten Parkscheins erfüllt den TB der **Urkundenfälschung,** nicht aber denjenigen des Betruges (OLG Köln NZV 01, 481 = DAR 01, 520).

11   **7. Literatur. Gern** „Parkverbot bei Einwurf beschädigter Münzen?" NJW 85, 3058; ders u **Schneider** „Bedienung von Parkuhren m ausl Geld" NZV 88, 129; **Hauser** „Parkuhren – Parkscheinautomaten – Parkscheiben" VD 82, 98; **Jung** „Zivil- u haftungsrechtl Fragen" DAR 83, 151; s auch § 12 Rn 97.

§ 14 Sorgfaltspflichten beim Ein- und Aussteigen

(1) **Wer ein- oder aussteigt, muss sich so verhalten, dass eine Gefährdung anderer am Verkehr Teilnehmenden ausgeschlossen ist.**

(2) **Wer ein Fahrzeug führt, muss die nötigen Maßnahmen treffen, um Unfälle oder Verkehrsstörungen zu vermeiden, wenn das Fahrzeug verlassen wird. Kraftfahrzeuge sind auch gegen unbefugte Benutzung zu sichern.**

VwV – StVO

Zu § 14 Sorgfaltspflichten beim Ein- und Aussteigen

Zu Absatz 2

1   Wenn der Führer eines Kraftfahrzeugs sich in solcher Nähe des Fahrzeugs aufhält, daß er jederzeit eingreifen kann, ist nichts dagegen einzuwenden, wenn eine besondere Maßnahme gegen unbefugte Benutzung nicht getroffen wird. Andernfalls ist darauf zu achten, daß jede vorhandene Sicherung verwendet, insbesondere auch bei abgeschlossenem Lenkradschloß das Fahrzeug selbst abgeschlossen wird; wenn die Fenster einen Spalt offen bleiben oder wenn das Verdeck geöffnet bleibt, ist das nicht zu beanstanden.

Übersicht

	Rn
1. Grundlagen	1
2. Abs 1: Ein- und Aussteigen	2

Sorgfaltspflichten beim Ein- und Aussteigen § 14 StVO

	Rn
3. Abs 2: Verlassen des Fahrzeugs	7
a) Definition	7
b) Satz 1: Sicherung gegen Unfälle und Verkehrsstörungen	8
c) Satz 2: Sicherung gegen unbefugte Benutzung	9
4. Zivilrecht/Haftungsverteilung	11
5. Zuwiderhandlungen	12
6. Strafrecht	13

1. Grundlagen. I u II S 1, 2 sind SchutzG iS von § 823 II BGB (BGH VRS 60, 1 85; KG Berlin VM 92, 102). Ergänzt wird § 14 durch die §§ 15 u 17 IV; s auch § 38a StVZO (Anh I). Zur unbefugten Benutzung s auch § 7 III StG.

2. Abs 1: Ein- und Aussteigen. Hierfür verlangt § 14 I das höchste Maß an 2 Vorsicht – „Gefährdung ... ausgeschlossen ..." (OLG Hamm NZV 00, 209; s dazu § 10 Rn 7 f). § 14 I betrifft das Verhalten beim Ein- u Aussteigen, nicht das danach (aA KG Berlin VM 86, 24 m abl St Booß) u verpflichtet grundsätzlich nur den **Ein- und Aussteigenden** (KG Berlin aaO). Der **Beweis des ersten Anscheins** spricht gegen denjenigen, der in ein Fahrzeug ein- oder ausgestiegen ist, wenn sich der Verkehrsunfall im unmittelbaren örtlichen und zeitlichen Zusammenhang mit dem Ein- bzw. Aussteigen ereignet hat (BGH DAR 10, 135 mAnm Ternig; OLG Düsseldorf DAR 15, 85; OLG Köln VersR 15, 999; KG Berlin NZV 05, 19; OLG Hamm DAR 00, 64). So haftet der aussteigende Beifahrer, wenn er durch die plötzliche Öffnung der Beifahrertür den Insassen eines herannahenden Busses verletzt, der durch das Öffnen der Tür zu einer Vollbremsung gezwungen wird (OLG Hamm NZV 00, 209). Der Kfz-Führer haftet nur in Sonderfällen (als Taxif nicht deliktisch, sondern aus Gefährdung: OLG Hamm NZV 00, 126; bei Kindern: OLG Hamm DAR 63, 306).

Ein- u Aussteigen ist – auch im StadtV – rechts u links zulässig. Der Ein- bzw 3 Aussteigende muss aber dabei das **VorR des fließenden Verkehrs** in beiden Richtungen beachten (BGH(Z) VRS 72, 51; OLG Hamm NZV 00, 209). Wer aussteigen will, muss deshalb den Verkehr durch die Rückspiegel u erforderlichenfalls durch die Fenster genau beobachten u darf die Wagentür nur öffnen, wenn er sicher sein kann, dass er keinen von rückwärts oder von vorn Kommenden gefährdet (BGH(Z) VRS 40, 463; 72, 51; KG Berlin DAR 86, 88). Der Aussteigende muss aber auch damit rechnen können, dass beim Vorbeifahren an einem haltenden Kfz ein ausreichender Seitenabstand eingehalten wird, der nicht in allen Fällen 1 m betragen muss (OLG Rostock SP 98, 455).

Der Kf darf erforderlichenfalls die Tür **nach links** vorsichtig einen Spalt (bis 4 ca 10 cm: KG Berlin VM 90, 78; KG Berlin NZV 06, 258) öffnen, um Sicht nach rückwärts zu erlangen, jedoch erst nach Ausschöpfung der Beobachtungsmöglichkeiten vom Inneren des Fz aus (BGH(Z) VRS 40, 463; OLG Köln VM 92, 117; OLG Hamm VRS 30, 215; zum Abstand des Vorbeifahrenden s § 6 Rn 6 ff), was aber bei modernen Kfz idR bereits der Fall ist. Weiter geöffnet werden darf die Tür nur, wenn man sich Gewissheit verschafft hat, dass niemand kommt (KG Berlin NZV 06, 258). Bei **totem Winkel** kann dem Kf (BGH aaO) zugemutet werden, evtl längere Zeit den Rückspiegel zu beobachten (vgl auch OLG Hamm VRS 32, 146). Bei Schrägstellung des Fz sind die Anforderungen nicht geringer (Bay 69, 117 = VRS 38, 216). Auch nach dem Aussteigen hat er sich über den fließenden Verkehr zu vergewissern u darf nicht darauf vertrauen,

StVO § 14 I. Allgemeine Verkehrsregeln

dass zB herankommende Radf die noch geöffnete Wagentür sehen (Bay DAR 90, 31).

5 **Vorsicht ist auch beim Aussteigen nach rechts** geboten, denn es kann Radf, die sich auf dem Radweg oder am rechten Fahrbahnrand befinden (OLG Hamm NZV 00, 126; OLG München VRS 90, 250) oder auch Fußgänger auf dem Gehweg (OLG Stuttgart VersR 63, 961) gefährden.

6 Der **vorbeifließende Verkehr** darf nur darauf vertrauen, dass die Tür nicht plötzlich weit geöffnet wird (BGH(Z) DAR 81, 148 = StVE 5), nicht aber darauf, dass die Sorgfaltspflicht aus § 14 I allg beachtet wird, da sie zu häufig verletzt wird; umgekehrt gibt es seit der durch § 14 verschärften Sorgfaltspflicht keinen Vertrauensgrundsatz zugunsten der Ein- oder Aussteigenden auf Einhaltung eines ausreichenden Sicherheitsabstands (KG Berlin DAR 86, 88; s dazu auch § 6 Rn 6 ff).

6a Der Pflichtenkreis des § 14 I **endet** nicht, sobald man ausgestiegen ist. Zur Gefahrenausschlusspflicht gehört es auch, dass sofort nach dem Aussteigen die Tür wieder geschlossen wird. § 14 I gilt mangels vergleichbaren Gefährdungspotentials idR nicht für eine seitliche Schiebetür (OLG Düsseldorf Urt v 11.5.05 – I 1 U 158/03). Die Sorgfaltsanforderung des Abs 1 erfasst auch Situationen, in denen der Insasse eines Kfz sich im unmittelbaren Zusammenhang mit einem Ein- oder Aussteigevorgang bei geöffneter Tür in das Kfz beugt (BGH DAR 10, 134).

7 **3. Abs 2: Verlassen des Fahrzeugs. a) Definition.** Verlassen bedeutet die Aufgabe der unmittelbaren Einwirkungsmöglichkeit, wie zB beim Aufsuchen der Wohnung (OLG Düsseldorf VRS 70, 379 = StVE 8) oder einer Gaststätte (OLG Hamm VRS 28, 464; OLG Oldenburg DAR 64, 27) selbst wenn das Fz im Blickfeld bleibt (BGH VRS 23, 89); erst recht wenn es aus den Augen gelassen wird (KG Berlin VRS 59, 228). Ein Fz ist nicht verlassen, solange der Fz-Führer eine unbefugte Benutzung noch sicher verhindern kann (OLG Oldenburg NZV 93, 491); die räumliche Entfernung ist nicht allein entscheidend (vgl VwV I; BGH(Z) VM 61, 14; OLG Hamm VRS 32, 283; Bay 76, 66 = VRS 51, 459); zB kurzes Austreten (OLG Stuttgart DAR 74, 298; s hierzu auch § 12 Rn 33).

8 **b) Satz 1: Sicherung gegen Unfälle und Verkehrsstörungen.** Die Vorschrift betrifft nicht das verkehrsgefährdende Halten u Parken (hierzu s § 12 Rn 81), sondern will den Gefahren vorbeugen, die vom Fz selbst, etwa durch Weiterrollen auf abschüssigen Strecken, oder von Zugtieren ausgehen können (dazu s VwV II). Der Kf muss idR den Motor abstellen, bevor er sich vom Fz entfernt (OLG Hamburg VM 63, 17; OLG Hamm VersR 96, 225), beim Diesel-Lkw zusätzlich die Feststellbremse anziehen (OLG Köln VRS 88, 20) u alle Sicherheitsmaßnahmen gegen ein Abrollen des Fz's treffen (BGHSt 19, 371). Genügt auf abschüssigen Stellen das Anziehen der Handbremse nicht, um ein Weiterrollen des Fz's zu verhindern, ist das Einlegen eines kleinen Ganges oder Blockieren der Räder durch Holzklötze oder dergl geboten (BGH VRS 22, 351; wegen der Pflicht zum Mitführen von Unterlegkeilen bei bes schweren u mehrachsigen Fzen pp s § 41 XIV StVZO; AG Frankfurt NZV 03, 242).

9 **c) Satz 2: Sicherung gegen unbefugte Benutzung. Zweck der Vorschrift** ist nicht der Schutz des Eigentums am Fz, sondern die Verhinderung der Benutzung des Fz's durch Unbefugte ohne FE u Haftpflichtversicherung. Der Verantwortliche hat bis zur Grenze des unabwendbaren Zufalls alle zumutbaren

Sorgfaltspflichten beim Ein- und Aussteigen § 14 StVO

Maßnahmen zu ergreifen; an diese Verpflichtung sind im Interesse der VSicherheit **strengste Anforderungen** zu stellen (BGH NJW 71, 459; KG Berlin VM 78, 91; OLG Hamm NZV 90, 470), die umso höher anzusetzen sind, je unsicherer der Abstellplatz ist (OLG Hamm VRS 31, 283).

In einer gut verschlossenen Garage oder einem nach außen abgesperrten Hof sind praktisch keine Sicherungsmaßnahmen geboten (KG Berlin VersR 81, 244), wenn Garagen- u Fz-Schlüssel sicher verwahrt werden (OLG Hamm aaO; OLG München VersR 60, 1055). Geringere Anforderungen auch auf umfriedetem Werksgelände (BGH(Z) VM 71, 91; s auch OLG Frankfurt VersR 83, 497), nicht aber, wenn es gleichwohl allg zugänglich ist (s OLG Nürnberg VRS 66, 188: Lagerhalle; Aufbewahrung der Kfz-Schlüssel in einer im Restaurant abgelegten Jacke ist unzureichend: OLG Düsseldorf VersR 89, 638; Steckenlassen in Haustür bei pr Feier: OLG Oldenburg NZV 99, 294), ebenfalls nicht ausreichend die Aufbewahrung des Schlüssels in einer am Kfz angebrachten Schlüsselbox (OLG Frankfurt VRS 104, 273).

Auf der Str, aber auch auf **Privatgrundstücken,** die von außen leicht zugänglich sind, so dass mit unbefugter Benutzung zu rechnen ist, müssen alle vorhandenen, bei Pkw, Kombinations-Fzen u Krafträdern bes die nach § 38a StVZO (Anh I) vorgeschriebenen, Sicherungseinrichtungen (Lenkradschloss) benutzt werden (BGHSt 15, 357). Bloßes Verschließen der Tür genügt nicht (vgl BGH(Z) VM 62, 104; VRS 26, 173; BGH VM 70, 18). Andererseits müssen Wagentüren u Fenster auch dann verschlossen werden, wenn das Lenkradschloss gesperrt (BGHSt 17, 289; BGH(Z) VM 64, 24 u 25; OLG Oldenburg VRS 26, 317) oder die Zündung unterbrochen ist (AG Offenbach VRS 75, 464). Ausreichend gesichert ist ein Kfz jedenfalls dann, wenn das Lenkradschloss gesperrt, der Wagen abgeschlossen u die Fenster geschlossen sind (OLG Hamm VRS 31, 283; OLG Schleswig VM 66, 106); spaltweit geöffnete Fenster u offene Verdecke (beim **Cabrio**) sind nicht zu beanstanden (VwV zu Abs 2; OLG Düsseldorf ZfS 86, 95); bei geschlossenem Verdeck ist es ebenso zu sichern wie eine Limousine (OLG Düsseldorf VRS 70, 379). Bei Krafträdern u Mopeds genügt Abschließen von Zündung u Lenkung (BGH NJW 59, 629).

Gegen **II S 2** verstößt auch, wer den Zweitschlüssel nach dem Abstellen des Fz einer nicht genügend zuverlässigen anderen Person überlässt (BGH VM 58, 97; BGH(Z) VM 60, 107; VRS 38, 85). Der Fz-Führer handelt aber nicht fahrlässig, wenn er ein in seinem Kfz vorhandenes zusätzliches, in § 38a StVZO (Anh I) nicht vorgeschriebenes Sicherungsmittel nicht benutzt, zB der Führer eines Lkw das in seinem Fz angebrachte Lenkradschloss (BGH(Z) DAR 74, 20). Bes Vorsichtsmaßnahmen bei der Aufbewahrung des Zündschlüssels gegenüber Personen sind nötig, die nicht absolut zuverlässig sind (OLG Hamm VM 86, 25) oder schon einmal ein Kfz unbefugt benutzt u inzw keine FE erworben haben (OLG Nürnberg StVE 3); nicht aber ohne Anlass gegenüber sonst zuverlässigen Angehörigen (BGH(Z) VRS 66, 266, 268; zur Halterhaftung nach § 7 III S 1 StVG s Hentschel/König/Dauer § 7 StVG Rn 55; zur groben Fahrlässigkeit im **ZivilR** (§ 61 VVG) s van Bühren DAR 95, 469 Nrn 6 u 11 m zahlr Beisp).

II S 2 ist **SchutzG** iS von § 823 II BGB (KG Berlin VM 92, 102; OLG Oldenburg NZV 99, 294). Wer sein Fz ungenügend gesichert abstellt, kann auch nach § 7 III StVG für den **Schaden haftbar** sein, den der unbefugte Benutzer schuldhaft, sogar vorsätzlich verursacht (BGH(Z) VRS 40, 161; VersR 61, 446; OLG Hamm NZV 90, 470).

10

StVO § 15   I. Allgemeine Verkehrsregeln

11   **4. Zivilrecht/Haftungsverteilung.** Trotz Verstoßes gegen die hohen Sorgfaltsanforderungen durch den Türöffner – gegen diesen spricht schon der Anscheinsbeweis (Rn 2; insb von innen) kommt es in der Regel zu einer Mithaft des Vorbeifahrenden bei **nicht ausreichendem Seitenabstand** (BGH VersR 56, 576; OLG Bremen VRS 2, 357; – ⅓; OLG Düsseldorf MDR 61, 322 je 50%; KG Berlin NZV 06, 258: Abstand weniger als 30 cm je 50%). Ein Seitenabstand von weniger als 1 m ist jedenfalls dann zu gering, wenn neben der Fahrbahn ein Pkw mit geöffneter Fahrzeugtür mit einem Fahrzeugführer steht, der sich in das Fahrzeug beugt (OLG Hamm NJW 04, 408). In den Fällen, in denen feststeht, dass die Tür des haltenden Fz erst beim Vorbeifahren oder kurz davor geöffnet wurde kommt es idR zu einer überwiegenden Haftung des Türöffners (Grüneberg Rn 301). 50% bei Unklarheit darüber, wann die Tür des haltenden Fahrzeuges geöffnet wurde (OLG Rostock SP 98, 455; AG Frankenthal BeckRS 16, 19408). Unterschiedlich wird je nach Sachlage die Frage des Mitverursachungsanteils beurteilt, wenn ein Kind bei geöffneter Fz-tür auf dem Rücksitz angeschnallt wird (0% – OLG Nürnberg DAR 01, 130; OLG Bremen Urt. v. 29.5.08 – O U 9/08). Hälftige Quotelung des Schadens bei einer Kollision beim Vorbeifahren an einem Fahrzeug, in das sich jemand beugt, der gerade dabei ist, ein Kind anzuschnallen und daher die zur Fahrbahn gerichtete, hintere Tür des Fzges offen stehen und auf die Fahrbahn ragen lässt, während der Vorbeifahrende einen zu geringen Sicherheitsabstand einhält (OLG Düsseldorf: Urteil vom 26.6.2012 – I-1 U 149 – juris). Zu beachten ist auch der jeweilige Schutzbereich einer verletzten Norm. So haftet eine Fußgängerin, die von einem Pkw angefahren wurde nicht, weil ihr vorausgegangener Verkehrsverstoß (Falschparken auf dem Gehweg) nicht den Schutz vorbeifahrender Fahrzeuge dient (OLG Karlsruhe, VersR 2012, 1186).

12   **5. Zuwiderhandlungen.** sind als **OWen** nach § 49 I 14 iVm § 24 StVG verfolgbar (Nr 64, 65 BKat I kann von jedem Fahrgast verwirklicht werden, II nur vom Fahrer. Bei Gefährdung wird § 1 II durch § 14 I verdrängt; bei Behinderung u Belästigung ist nur § 1 II anwendbar. § 14 II S 1 kann mit § 12 IV in TE stehen. Alkoholbedingte ungenügende Sicherung des Fz gegen Abrollen kann gegen §§ 315b, c StGB verstoßen (s § 2 Rn 16; BGHSt 19, 371).

13   **6. Strafrecht.** Der Halter des Kfz kann strafrechtlich für einen Unfall, den der unbefugte Benutzer verursacht hat, mit verantwortlich sein, wenn er das Fahrzeug nicht genügend gesichert abgestellt hat (BGH VRS 20, 282; Martin DAR 70, 118).

§ 15 Liegenbleiben von Fahrzeugen[1]

Bleibt ein mehrspuriges Fahrzeug an einer Stelle liegen, an der es nicht rechtzeitig als stehendes Hindernis erkannt werden kann, ist sofort Warnblinklicht einzuschalten. Danach ist mindestens ein auffällig warnendes Zeichen gut sichtbar in ausreichender Entfernung aufzustellen, und zwar bei schnellem Verkehr in etwa 100 m Entfernung; vorgeschriebene Sicherungsmittel, wie Warndreiecke, sind zu verwenden. Darüber hinaus gelten die Vorschriften über die Beleuchtung haltender Fahrzeuge.

---

[1] Sprachliche Anpassung durch Neufassung der StVO v 6.3.13 (BGBl I S 367, 372) in Abs 1 Satz 1: „so" (ist sofort Warnblinklicht einzuschalten) gestrichen.

Liegenbleiben von Fahrzeugen **§ 15 StVO**

Übersicht

	Rn
1. Allgemeines	1
2. Pflicht zur Sicherung	2
a) bei mehrspurigen Fahrzeugen	3
b) Voraussetzungen der Sicherungspflicht	4
c) Art der Sicherung	6
3. Zuwiderhandlungen	8
4. Zivilrecht	9

1. Allgemeines. Die Vorschrift gilt bei Tag u Nacht und betrifft nur mehrspu- 1 rige Fahrzeuge. Ergänzend ist bei Dunkelheit § 17 IV zu beachten. Sie dient vor allem dem Schutz des fließenden Verkehrs vor einem bereits stehenden Fahrzeug, das nicht rechtzeitig als stehendes Hindernis erkannt werden kann (BGH VersR 86, 489) § 53a StVZO (Anh II) enthält die zugehörigen Bau- u Ausrüstungsvorschriften. So sind in Pkw ein rückstrahlendes Warndreieck sowie eine Warnweste, in KfZ mit einem zulässigen Gesamtgewicht von mehr als 3,5 t zusätzlich eine Warnleuchte sowie in **Kraftomnibussen** weiterhin noch eine **windsichere Handlampe** mitzuführen (§ 54b StVZO). Wer ein Fz in Betrieb nimmt, das nicht diesen Vorschriften entspr ausgerüstet ist, begeht eine OW nach § 69a III 19 StVZO. Auf freiwillig haltende (parkende oder verkehrsbedingt wartende) Fze ist der abstrakte GefährdungsTB des § 15 nicht anwendbar (BGH VRS 70, 426), doch kann sich bei schlechter Erkennbarkeit eine entspr Sicherungspflicht aus § 17 oder § 1 II ergeben (OLG Celle VRS 42, 454 = StVE 1; OLG Saarbrücken VM 81, 25; BGH VersR 72, 1071: bei unerwartetem Anhalten auf Schnellstr; BGH(Z) VRS 70, 426, 428); zur Sicherung beim Stau s § 16 II 2.

2. Pflicht zur Sicherung. § 15 schreibt vor, welche Sicherungsmittel zu ver- 2 wenden u in welcher Reihenfolge sie einzusetzen sind.

a) bei mehrspurigen Fahrzeugen. § 15 gilt nur für **mehrspurige Fze.** Ein 3 Fz, das nicht mit Fahrtrichtungsanzeigern ausgerüstet ist, muss keine Warnblinkanlage haben (§ 53a IV StVZO; Anh I b). Dann tritt sofort die Pflicht zur Aufstellung des Warndreiecks ein. Einspurige Fze – Krafträder, Fahrräder – sind sofort von der Fahrbahn zu entfernen oder an ihren Rand zu schieben (§ 17 IV S 4, § 23 II). Sicherungspflicht nach Unfall s § 34 I S 1.

b) Voraussetzungen der Sicherungspflicht. Ein Fz **bleibt liegen,** wenn 4 es sich, gleichgültig weshalb aus eigener Kraft nicht mehr fort- oder aus dem Verkehrsbereich wegbewegen kann, d. h. entweder gegen den Willen des Fahrzeugführers nicht mehr bewegt werden kann oder dieser aus (primär im Fahrzeug liegenden) Umständen gezwungen ist, sein Fahrzeug anzuhalten (OLG Celle OLGR 2008, 147). „Liegenbleiben" setzt somit ein **unfreiwilliges Handeln** voraus, bspw.: aus Benzinmangel (OLG Hamm VRS 57, 215 = StVE § 18 StVO 16) oder sonstigen Gründen (Glatteis auf Bergstrecke) gegen den Willen des Fz-Führers u unabhängig von der VLage zum Halten kommt oder nach einem gewollten Anhalten aus solchen Gründen aus eigener Kraft nicht mehr weiterfahren kann (OLG Stuttgart DAR 82, 400; s auch § 12 StVO Rn 4); nicht aber, wenn es zwecks Absperrung auf der Fahrbahn abgestellt wird u jederzeit fortbewegt werden kann (OLG Düsseldorf VRS 63, 70) oder wenn zur vorsorglichen Überprüfung der Ladung bewusst freiwillig angehalten wird (OLG Celle

SVR 08, 304 m Praxishinweis Schröder). Ob auch persönliche Umstände, wie Fahrunfähigkeit durch Herzanfall oä, ein „Liegenbleiben" iS von § 15 bewirken, ist umstritten (bejahend KG VRS 58, 61 = StVE 5; OLG Zweibrücken VM 77, 54 mwN; verneinend Booß Anm 1 zu § 15), dürfte aber aus der Zweckbestimmung der Vorschrift u üblichen Def des „Liegenbleibens" als unfreiwilliges Halten zu bejahen sein (so auch Cramer 11, Hentschel § 15 StVO Rn 3). Das gilt auch beim Abwürgen des Motors (OLG Düsseldorf VM 74, 116), wenn mehrfache Startversuche erfolglos bleiben (KG aaO) u mit nicht nur kurzer Fahrtunterbrechung zu rechnen ist (KG VRS 58, 61; Schl NZV 92, 488). Das Liegenbleiben endet mit der Behebung der Störung (OLG Düsseldorf StVE 4; Cramer 11a); längeres Stehenlassen ist uU verbotenes Halten (s § 18 StVO Rn 23). Haltende oder parkende Fze sind aber nicht nach § 15 zu sichern (BGH VRS 70, 426).

5   Das Liegenbleiben löst die Pflichten aus § 15 nur aus, wenn es an einer Stelle eintritt, an der das Fz von anderen VT **nicht rechtzeitig als stehendes Fz erkannt** werden kann, bes also, wenn das Fz an einer unübersichtlichen oder sonstigen Stelle zum Stehen kommt, wo nicht gehalten werden darf, der fließende Verkehr daher nicht mit einem stehenden Fz rechnet (vgl §§ 12 I, 18 VIII); ferner, wenn die eigene Beleuchtung wegen nicht genügender Leistung oder wegen der Witterungsverhältnisse nicht ausreicht oder wenn das Fz in größerem Abstand oder schräg zum Fahrbahnrand zum Stehen gekommen ist (BGH(Z) VRS 11, 1; OLG Köln NJW 66, 934), oder in die Fahrbahn einer AB hineinragt (BGH(Z) VRS 40, 177), ferner sind auch Fahrzeuge gemäß § 15 zu sichern, die anhalten, um einem liegen gebliebenem Fahrzeug Hilfe zu leisten (LG Stuttgart Schaden-Praxis 13, 214; BGH NJW 01, 149). In solchen Fällen muss das stehende Fz von fahrenden durch die zusätzlichen Warnzeichen unterschieden werden; diese müssen bei Dunkelheit außerorts, bei schlechter Str-Beleuchtung auch innerhalb geschl Ortschaften eingesetzt werden, selbst wenn sich die Schlussbeleuchtung des Fz in gutem Zustand befindet (BGH VersR 56, 692). Winkzeichen mit einer leuchtenden Taschenlampe genügen nicht (BGH(Z) VM 69, 70). Hält aber ein Fz bei klarem Wetter an einer Stelle, wo das Halten erlaubt ist, vorschriftsmäßig am rechten Fahrbahnrand, so muss es bei Tageslicht nicht, bei Dunkelheit nur nach § 17 IV gesichert werden. Ob ein Pkw, der auf der **Standspur** einer AB zum Stehen gekommen ist, nach § 15 gesichert werden muss, hängt von den gegebenen Sicht- u VVerhältnissen im Einzelfall ab (OLG Hamm VRS 47, 65; OLG Düsseldorf StVE 4). Zum „Liegenbleiben" gehört schon das langsame Ausrollen nach Eintritt eines Motorschadens (vgl zum alten R BGH(Z) VM 73, 5).

6   **c) Art der Sicherung.** Die Sicherung des liegengebliebenen Fz ist die erste Pflicht im Falle einer Panne oder eines Unfalls (zu den Anforderungen bei Dunkelheit s BGH(Z) VM 88, 25). Sie ist sofort vorzunehmen (BGHSt 16, 89; (Z) VRS 73, 427, 431) u geht dem Wegschaffen des Fz oder der Behebung des Schadens unbedingt vor (BGH(Z) VM 63, 81), es sei denn, dass die Sicherungsmaßnahmen länger dauern als das sofortige Entfernen des Fz (OLG Köln NZV 95, 159). – Dem Sicherungszweck entspricht auch die in § 15 I S 1 u 2 festgelegte **zeitliche Reihenfolge** der Maßnahmen (vgl auch § 34 I 2). – Wer nach Einschalten der Warnblinkanlage das Aufstellen des Warndreiecks unterlässt, verstößt gegen § 15 Satz 2; die Sicherung des Verkehrs geht der Schadensbeseitigung am eigenen Fz auch hier vor (LG Neuruppin NZV 04, 527). Zu den Sicherungsmaßnahmen gehört weiter, dass – bei Liegenbleiben des Fz auf der Autobahn unmittelbar neben dem Fahrstreifen – die linke Fahrzeugtür geschlossen ist (LG Neuruppin,

Liegenbleiben von Fahrzeugen **§ 15 StVO**

aaO). – Doch handelt nicht vorwerfbar, wer nach einem Unfall zunächst nur das Warnblinklicht einschaltet u sich vor Aufstellung des Warndreiecks um seine Ehefrau kümmert, die einen Schock erlitten hat (OLG Saarbrücken VM 74, 94), oder erst prüft, ob er trotz eines Defekts sofort weiterfahren kann (BayObLG VRS 70, 461). Das zuerst einzuschaltende Warnblinklicht muss auch dann eingeschaltet bleiben, wenn warnende Zeichen aufgestellt sind (OLG Hamburg VRS 61, 294). Auch der Ausfall des Warnblinklichts wegen Erschöpfung der Batterie ist uU zu berücksichtigen (BGH(Z) VM 88, 25).

Das **Warndreieck** oder – soweit nach § 53a II StVZO (s Anh I b) vorgeschrie- **6a** ben – die **Warnleuchte** müssen in einem so großen Abstand hinter dem Fz aufgestellt werden, dass sich ein Nachfolgender auf das Hindernis rechtzeitig einstellen kann (BGH VM 59, 34; BGH(Z) VM 71, 44). § 15 S 2 gibt als Richtwert bei schnellem Verkehr eine Entfernung von 100 m an. § 15 S 2 schreibt die Aufstellung **mind eines** warnenden Zeichens vor; das ist bei Pkw das Warndreieck, weil seine Mitnahme in § 53a II StVZO vorgeschrieben ist, während bei schweren Kfzen der Führer die Wahl zwischen Warndreieck u **Warnleuchte** hat, aber verpflichtet ist, die unter den jew Umständen ausreichende Sicherung – zB bei Nebel oder Schneetreiben, bei denen das Warndreieck keine weite Wirkung hat, die Blinkleuchte – zu verwenden. Die Warnleuchte ist nicht auf der Fahrbahn, sondern am rechten Fahrbahnrand aufzustellen (OLG Saarbrücken VM 80, 51); über ihre Mitführung u Aufstellung beim Transport **gefährlicher Güter** s § 9 IV 10 GGVS (OLG Düsseldorf VM 89, 24), im Übrigen s § 53a StVZO, der zwar nicht direkt für ausl Fze gilt, doch auch von ihnen zu beachten ist, wenn sie sich auf ein unabwendbares Ereignis berufen wollen (OLG Stuttgart VRS 80, 181).

Seit 1.8.13 (s 48. VO zur Änderung straßenverkehrsrechtlicher Vorschriften v 26.7.13, BGBl I S 2803, 2804, 2805; BRDrs 445/13) ist nach § 53a II Nr 3 StVZO nF in Pkw, Lkw, Zug- und Sattelzugmaschinen sowie Kraftomnibussen **eine Warnweste mitzuführen** und auf Verlangen den § 31b Nr 4a StVZO nF zuständigen Personen vorzuzeigen und zur Prüfung des vorschriftsmäßigen Zustandes auszuhändigen. Die Warnwesten müssen nach § 53a I 3 StVZO nF der Norm DIN EN 471:2003+A1:2007, Ausgabe März 2008 oder der Norm EN ISO 20471:2013 entsprechen. Verstöße sind in lfd. Nr 191 BKat (§ 31b StVZO – 5 Euro) und lfd. Nr 222.6 BKat (§ 53a StVZO – 15 Euro) geregelt. Nach § 72 II Nr 6d StVZO ist § 53a II Nr 3 StVZO **„seit dem 1. Juli 2014 anzuwenden."**

Fällt die **Schlussbeleuchtung** aus oder besitzt das liegengebliebene Fz oder **7** der Anhänger keine, so muss außer den in § 15 vorgeschriebenen Maßnahmen die Rückseite des Fz beleuchtet werden. Ausreichend ist dann die Sicherung nach rückwärts nur, wenn sie die Umrisse des Fz ebenso gut wie die vorgeschriebenen Schlussleuchten kenntlich macht u zusätzlich darauf hinweist, dass das Fz steht (vgl OLG Hamm VRS 11, 138). Heute nicht mehr zeitgemäß ist die Sicherung eines Anhängers nur durch eine Sturmlaterne, wie sie noch BGH(Z) VRS 4, 164 für ausreichend erachtet hat.

3. Zuwiderhandlungen. Die Verantwortung für die Sicherung liegenge- **8** bliebener Fze trifft in erster Linie den Fz-Führer, der das Fz abgestellt hat, daneben auch denjenigen, der dessen Pflichten nach dem Anhalten übernommen hat (vgl § 12 StVO Rn 72). Wer im Fall des Liegenbleibens die in § 15 gebotene Sicherung unterlässt, handelt ow nach § 49 I Nr 15 iVm § 24 StVG (Nr 66 BKat). Wegen der großen Bedeutung ausreichender Sicherung liegengebliebener Fze für die

Verhütung von Auffahrunfällen sind qualifizierte Verstöße Vergehen nach § 315c I Nr 2g StGB. Die Sicherungspflicht betrifft auch Ausländer (BGH(Z) VM 68, 127). Das Nichtaufstellen eines Warndreiecks ist nicht vorwerfbar, wenn es die Warnsituation nicht verbessern kann (OLG Karlsruhe DAR 02, 34). Allerdings kann das Aufstellen des Warndreiecks dann nicht verlangt werden, wenn dies gefahrlos nicht möglich ist, weil bspw das Fz auf der mittleren Spur der Autobahn liegen geblieben ist. In solchen Situationen hat der Verantwortliche anders auf die Situation aufmerksam zu machen (OLG Koblenz SVR 16, 219). Zur Vorwerfbarkeit bei vorheriger Hilfeleistung s oben Rn 6; zur OW bei Fehlen der Sicherungsvorrichtungen s § 69a III Nr 19 StVZO u oben Rn 1.

9 **4. Zivilrecht.** Treffen von Vorkehrungen, dass Fz nicht liegen bleibt. Nichtmitführen der vorgeschrieb Sichmittel (§ 31b Nr 3–6, §§ 53a, 53b StVZO) oder von ausreich Treibstoff kann auffahrursächl sein (BGH DAR 58, 218; OLG Hamm VRS 16, 35). Sichern des liegen gebliebenen Fz. Wer ein Warndreieck nicht unverzügl aufstellt, handelt schuldhaft (BGH NJW-RR 87, 1235). Unterlassen der vorgeschrieb Sicherung, spricht für Unfallsächlichkeit (OLG Düsseldorf DAR 77, 168); erfolgt trotz ordnungsgem Sicherung ein Unfall, ist abgesicherte Gefahr nicht mehr ursächl (BGH VersR 69, 895). Erforderlich ist umsichtige Vornahme der Absicherg, besond auf BAB, damit der Sichernde nicht selbst zu Schaden kommt (BGH VersR 77, 36; OLG Hamm NZV 94, 394). Zur Haftungsverteilung und Schadenersatzansprüchen bei einem tödlichen Zusammenstoß eines Motorradfahrers mit einem auf dem linken von drei Fahrstreifen einer Autobahn liegen gebliebenen Lkw (BGH NZV 10, 293). Wird bei einem Notstopp (gesundheitliche Gründe) zwar das Wagenblinklicht eingeschaltet, aber kein Warndreieck aufgestellt, kann dies bei einem Unfall eine 50% Mithaftung begründen (OLG Hamm DAR 14, 30).

§ 15a Abschleppen von Fahrzeugen[1]

(1) **Beim Abschleppen eines auf der Autobahn liegen gebliebenen Fahrzeugs ist die Autobahn (Zeichen 330.1) bei der nächsten Ausfahrt zu verlassen.**

(2) **Beim Abschleppen eines außerhalb der Autobahn liegen gebliebenen Fahrzeugs darf nicht in die Autobahn (Zeichen 330.1) eingefahren werden.**

(3) **Während des Abschleppens haben beide Fahrzeuge Warnblinklicht einzuschalten.**

(4) **Krafträder dürfen nicht abgeschleppt werden.**

Übersicht

	Rn
1. Allgemeines	1
2. Das Abschleppverbot	2
3. Einfahrverbot	3

[1] Redaktionelle Anpassung durch 46. VO zur Änd straßenverkehrsrechtlicher Vorschriften v 5.8.09 (BGBl I S 2631, 2633) in Abs 1: Zeichen 330 durch die Angabe Zeichen 330.1 ersetzt. Sprachliche Anpassung durch Neufassung der StVO v 6.3.13 (BGBl I S 367, 372) in Abs 1 und Abs 2: liegengebliebenen durch liegen gebliebenen ersetzt.

	Rn
4. Warnblinklichtpflicht	4
5. Abschleppverbot	5
6. Zuwiderhandlungen	6
7. Literatur	6

1. Allgemeines. Gemäß I u II ist aufgrund der auf der BAB üblichen hohen 1
Geschwindigkeiten zur Gefahrenbegrenzung das Abschleppen auf das unumgängliche Maß zu beschränken (Begr; vgl auch §§ 15, 16 II u 23 Rn 23). – **III u IV**
gelten auf allen Straßen. Das Abschleppen stellt eine Nothilfemaßnahme dar. Zur
Abgrenzung zw. Abschleppen und Schleppen siehe Blum SVR 09, 455.

2. Das Abschleppverbot. Es gilt gemäß **I** nur auf ABen, nicht auch für 2
Kraftfahrstr (Z 331.1). Die AB ist auch von gewerblichen Abschleppdiensten grds
an der nächsten gekennzeichneten Ausfahrt zu verlassen (Schl VRS 64, 234 =
StVE 2: Abschleppen auf dem Haken.

3. Einfahrverbot. II verbietet das Einfahren in die AB beim Abschleppen 3
etwa zum leichteren Fortkommen.

4. Warnblinklichtpflicht. Warnblinklicht haben nach **III** beide Fze während 4
des Abschleppens zu führen, nicht also nur bei Gefährdung (s § 16 II). Wegen der
Führung des gelben Blinklichts s § 38 III.
Ist beim Abschleppen die **Warnblinkanlage eingeschaltet,** muss beim Abbiegen die **Abbiegeabsicht zumindest behelfsmäßig angekündigt** werden, was
der Fahrer des ziehenden Fahrzeugs durch kurzzeitiges Abschalten der Warnblinkanlage und Setzen des Blinkers sowie durch entsprechende Fahrweise tun kann
(OLG Hamm NZV 12, 73).

5. Abschleppverbot. Das gefährliche Abschleppen liegengebliebener, betriebs- 5
unfähiger **Krafträder** ist durch **IV** ausdrücklich verboten (aufgrund der vergleichbaren Gefährlichkeit gilt dieses Verbot **auch** für Krafträder **mit Beiwagen,** die außerdem § 6 I FeV/Klasse A fahrerlaubnisrechtlich und gem § 2 Nr 9 FZV
zulassungsrechtlich als Krafträder gelten), das Schleppen betriebsfähiger nach § 33
StVZO.

6. Zuwiderhandlungen. Verstöße sind nach §§ 49 I Nr 15a iVm 24 StVG 6
OWen (Nr 67–69 BKat).

7. Literatur. Zum behördlichen und privaten Abschleppen unzulässig abgestellter Fahrzeuge: Haus/Zwerger, Das verkehrsrechtliche Mandat, §§ 43 ff.

§ 16 Warnzeichen[1]

(1) **Schall- und Leuchtzeichen darf nur geben**
1. **wer außerhalb geschlossener Ortschaften überholt (§ 5 Absatz 5) oder**
2. **wer sich oder Andere gefährdet sieht.**

(2) **Wer einen Omnibus des Linienverkehrs oder einen gekennzeichneten Schulbus führt, muss Warnblinklicht einschalten, wenn er sich einer Haltestelle nähert und solange Fahrgäste ein- oder aussteigen, soweit die für den Straßenverkehr nach Landesrecht zuständige Behörde (Straßen-**

---

[1] Durch die Neufassung der StVO v 6.3.13 (BGBl I S 367, 372) wurden Abs 1 und Abs 2 (lediglich) sprachlich angepasst.

StVO § 16

verkehrsbehörde) für bestimmte Haltestellen ein solches Verhalten angeordnet hat. Im Übrigen darf außer beim Liegenbleiben (§ 15) und beim Abschleppen von Fahrzeugen (§ 15a) Warnblinklicht nur einschalten, wer Andere durch sein Fahrzeug gefährdet oder Andere vor Gefahren warnen will, zum Beispiel bei Annäherung an einen Stau oder bei besonders langsamer Fahrgeschwindigkeit auf Autobahnen und anderen schnell befahrenen Straßen.

(3) Schallzeichen dürfen nicht aus einer Folge verschieden hoher Töne bestehen.

VwV – StVO

Zu § 16 Warnzeichen

Zu Absatz 1 Nr 2

1   Gegen mißbräuchliche Benutzung des Warnblinklichts ist stets einzuschreiten. Das ist immer der Fall, wenn durch ein Fahrzeug der Verkehr nicht gefährdet, sondern nur behindert wird, zB ein Fahrzeug an übersichtlicher Stelle be- oder entladen wird.

Zu Absatz 2

2   Die Straßenverkehrsbehörden haben sorgfältig zu prüfen, an welchen Haltestellen von Schulbussen sowie von Omnibussen des Linienverkehrs der Fahrer des Busses das Warnblinklicht einzuschalten hat. Maßgebliches Kriterium sind dabei die Belange der Verkehrssicherheit.

3   Dort, wo sich in der Vergangenheit bereits Unfälle zwischen Fahrgästen und dem Kraftfahrzeugverkehr an der Haltestelle ereignet haben, ist die Anordnung, das Warnblinklicht einzuschalten, indiziert. Andererseits spricht das Nichtvorkommen von Unfällen, vor allem bei Vorhandensein von Querungshilfen für Fußgänger (zB Fußgängerüberweg, Lichtsignalanlage) in unmittelbarer Nähe der Haltestelle, gegen eine entsprechende Anordnung. Auch die Höhe des Verkehrsaufkommens, das Vorhandensein baulich getrennter Richtungsfahrbahnen, insbesondere bei mehrstreifiger Fahrbahnführung, sowie die bauliche Ausgestaltung der Haltestelle selbst (zB Absperrgitter zur Fahrbahn) sind in die Entscheidung einzubeziehende Abwägungskriterien. Die Lage der Haltestelle in unmittelbarer Nähe einer Schule oder eines Altenheimes spricht für das Einschalten des Warnblinklichts. Unter Umständen kann es auch in Betracht kommen, das Einschalten des Warnblinklichtes nur zu bestimmten Zeiten, gegebenenfalls auch für bestimmte Tagesstunden, anzuordnen.

4   Maßgeblich für die Entscheidung, an welcher Haltestelle die Anordnung, das Warnblinklicht einzuschalten, erforderlich ist, ist in jedem Fall die Sachkunde und die Ortskenntnis der Straßenverkehrsbehörden. Entsprechendes gilt für die Anordnung, in welcher Entfernung von der Haltestelle das Warnblinklicht eingeschaltet werden soll.

5   Die Anordnung, wo das Warnblinklicht eingeschaltet werden muß, ist gegenüber den Busbetreibern und den Fahrern der Busse auszusprechen.

Übersicht

	Rn
1. Allgemeines	1
2. Abs 1 Nr 2: Verwendung von Schall- und Leuchtzeichen	3

Warnzeichen **§ 16 StVO**

	Rn
3. Hupen und Bremsen	7
4. Art der Warnzeichen	9
5. Abs 2: Warnblinklicht (s § 53a StVZO)	11
a) Schulbus- und Linienverkehr	11
b) bei Gefährdung	13
6. Zuwiderhandlungen	14
7. Zivilrecht	15

1. Allgemeines. § 16 I regelt nur, wann WarnZ von VT abgegeben werden **1 dürfen.** Wann sie jedoch aufgrund bestehender Warnpflicht (Hentschel/Dauer-König § 16 StVO Rn 6f) gegeben werden **müssen**, ist in § 1 II u § 16 II 1 (OLG Köln NZV 92, 32) bzw § 1 II u § 16 I Nr 2 geregelt. (KG VRS 115/08, 273 = NZV 09, 292). Nach der amtl Begr genügt die Abgabe eines WarnZ nur dann u ist geboten, wenn damit gerechnet werden darf, dass der Gewarnte auch sachgerecht reagieren wird, oder wenn die Gefahr durch andere Mittel, wie Verlangsamung der Fahrt oder Halten nicht mehr gebannt werden kann u die Abgabe eines WarnZ noch Erfolg verspricht. Zum anderen darf ein WarnZ dann nicht gegeben werden, sondern es ist statt dessen zu bremsen, wenn das WarnZ die Gefahr vergrößern (der Gefährdete könnte erschrecken und um so unsicherer werden) oder andere Gefahren heraufbeschwören würde. Die Berechtigung zur Abgaben von Warnzeichen besteht nur in den in § 16 genannten Situationen.

Die Vorschrift gilt für alle VT, die über Warnvorrichtungen verfügen, also auch **2** für **Straßenbahnen** (OLG Köln NZV 92, 32), ebenso für die **Eisenbahn**, die eine öff Str benutzt (BayObLGSt 57, 110 = VRS 14, 217) und für **Fahrradfahrer** (Rebler DAR 09, 12, 18). Für das **Überholen** ergänzt § 5 V den § 16 I 1 (s dazu § 5 StVO Rn 48). Bei unklarer Verkehrslage besteht Verpflichtung zur Abgabe von Hup- oder Lichtzeichen (§ 16 I Nr 1), um sicherzustellen, dass die vorausfahrenden Fahrzeugführer die Überholabsicht rechtzeitig und sicher bemerken (OLG Karlsruhe NZV 01, 473). Überholt ein Radfahrer einen anderen, kann sich zumindest auf schmalen Radwegen die Pflicht zum Klingeln ergeben (Rebler DAR 09, 12, 19).

II regelt idF der 13. StVO-ÄndVO (VkBl 95, 531 m Begr; s dazu Bouska **2a** DAR 95, 397) u der 24. VO zur Änd verkehrsrechtlicher Vorschriften die Verwendung des Warnblinklichts. **III** ist erforderlich, weil die Ausrüstungsvorschriften (hier: § 55 StVZO) nicht für Ausländer im internationalen Verkehr gelten u diese deshalb mit ihren Mehrklanghupen zu uns einreisen dürfen (Begr). – Die Verwendung der Warnsignale blaues u gelbes Blinklicht (nach § 52 III, IV StVZO) regelt § 38.

2. Abs 1 Nr 2: Verwendung von Schall- und Leuchtzeichen. Die Vor- **3** schrift stellt klar, dass ein WarnZ nicht nur von fahrenden, sondern auch von stehenden VTn gegeben werden darf, nämlich dann, wenn ein unachtsamer anderer VT aufzufahren droht (Begr zu I; LG Traunstein NJW 87, 2590). Das WarnZ ist nur zulässig, wenn ein **sichtbarer VT konkret gefährdet** ist (OLG Köln NZV 92, 32), also nicht, wenn ohne Gefahrenlage jemand nur zur Freigabe der Fahrbahn veranlasst werden (OLG Köln VRS 65, 468 = StVE 4) oder einem Fußgänger der Vortritt eingeräumt werden soll (BGH StVE 2). Insb muss, jedenfalls in bewohnten Gegenden, den Gefahren, die durch unübersichtliche Kurven drohen, auf andere Weise, bes durch Ermäßigung der Geschwindigkeit, Rechnung getragen werden.

StVO § 16 I. Allgemeine Verkehrsregeln

3a **Ausnahmen** hiervon sieht die Rspr nur noch für solche VLagen vor, in denen ein Kf eine über den normalen VAblauf hinausgehende Gefährdung schafft, mit der ein zunächst noch nicht sichtbarer VT nicht zu rechnen braucht. Das gilt in erster Linie, wenn der Kf beim **Befahren** einer **unübersichtlichen Kurve** auf einer Fahrbahn, die an sich zur zügigen Begegnung zweier Fze ausreichend breit ist, an einem Hindernis (zB stehenden Fz) vorbeifahren u dabei die **linke Fahrbahnhälfte** mitbenutzen muss (BGH(Z) VRS 19, 85; VersR 66, 541; OLG Hamm VM 71, 32; OLG Oldenburg VM 66, 87). In solchen Lagen wird aus der Erlaubnis oft nach § 1 II die **Pflicht** zur Abgabe von WarnZ, wenn die Gefahr für andere nicht anders beseitigt werden kann (s § 1 StVO Rn 71). Ebenso muss der Führer eines über 2,50 m breiten Fz vor einer unübersichtlichen Kurve hupen, wenn die Fahrbahn so breit ist, dass der GegenV auf ganze Sichtweite fahren darf, aber wegen der Überbreite des Fz eine zügige Begegnung nicht gefahrlos möglich ist (BayObLGSt 63, 75, 77 = VRS 25, 217; vgl § 3 StVO Rn 4 ff, 20). Weiter muss hupen, wer bei **starkem Nebel** die linke Fahrbahnseite benutzen muss (Neustadt VRS 10, 170; OLG Düsseldorf VM 58, 71).

4 Die Wendung in I Nr 2: „gefährdet sieht" bedeutet nicht nur, dass der Kf idR nur auf Gefahren, die in seinem Gesichtsfeld liegen, durch WarnZ reagieren darf, sondern auch, dass er aus seiner Sicht pflichtmäßig entscheiden muss, ob er den anderen für konkret gefährdet hält (subjektiver Maßstab); eine nur abstrakt allg mögliche Gefahr (zB Glatteis) genügt nicht.

Wer während der Fahrt auf der linken Fahrspur der **Autobahn** aufgrund eines Motordefekts ein **starkes Verlangsamen** bemerkt und einen Spurwechsel nach rechts vornimmt, ist verpflichtet durch Licht- u/o Hupsignale auf seine Situation aufmerksam zu machen und andere VT, insbesondere hinter ihm fahrende, zu warnen (KG VRS 115/08, 273 = NZV 09, 292).

5 **Radfahrer** sind nicht „gefährdet" iS des § 16, solange sie sich verkehrsgerecht verhalten. Wohl aber ist gegenüber einem erkennbar unaufmerksam entgegenkommenden Radf Hupen geboten (OLG Köln VRS 50, 200). Anhalten genügt in diesem Fall nicht, weil es die Gefahr nicht beseitigt (BGH VRS 23, 273). Wechselt ein Radf auf einer schlechten Str von der rechten auf die linke Fahrbahnseite u fährt dort geradeaus weiter, so muss ein Kf ein Warnsignal geben, bevor er ihn überholt, weil er nicht darauf vertrauen darf, dass der Radf links bleibt (BGH VRS 21, 53). Von jugendlichen Radf (etwa ab 10 Jahre) darf im allg ein vorschriftsmäßiges Verhalten erwartet werden. Wer aber mehrere Radf im Kindesalter überholen will, muss damit rechnen, dass sie einander überholen wollen, u deshalb ein WarnZ geben (OLG Düsseldorf VM 65, 151). Dabei kommt es aber wohl auch darauf an, wie sie sich verhalten, ob sie tourenmäßig hintereinander fahren oder mehr zu spielerischer Fahrweise neigen.

Für **Radfahrer** kann sich beim Überholen eines anderen Radfahrers auf einem schmalen Radweg die Pflicht zum Klingeln ergeben (s oben Rn 2). Auch auf einem getrennten Fuß- und Radweg kann die **Verpflichtung zum Klingeln** bestehen, wenn sich Fußgänger nähern (Rebler DAR 09, 12 [19]). Auf einem kombinierten Rad- und Fußweg hat ein Radf gegenüber Fußgängern und Inline-Skatern für ein gefahrloses Überholen zu sorgen und nicht nur einen ausreichenden Seitenabstand einzuhalten, sondern ein Warnzeichen abzugeben, wenn durch den Überholvorgang eine Gefährdung des Fußgängers entstehen könnte (OLG Düsseldorf DAR 12, 82 f)

6 Gegenüber **Fußgängern** sind weder beim Begegnen noch beim Überholen WarnZ geboten, solange sie sich verkehrsgerecht verhalten, insb zügig am Str-

Warnzeichen **§ 16 StVO**

Rand gehen (Schl VM 56, 61; OLG Oldenburg DAR 63, 194) oder auf einer VInsel stehen ohne Anzeichen des Weitergehens (OLG Düsseldorf VersR 73, 40) u nicht vor Gefährdung zu warnen sind (BGH StVE 2: sonst missverständliche Einräumung des Vortritts durch Lichthupe). Geht aber ein Fußgänger oder ein abgesessener Radf auf der Fahrbahnmitte oder zeigt er sich unachtsam, so besteht eine unklare VLage, die Hupen erfordert (OLG Hamm VRS 28, 45). Bei lebhaftem Verkehr auf einem schmalen Bürgersteig muss damit gerechnet werden, dass Fußgänger bis zum Bordstein ausweichen. Sie sind gefährdet, wenn der Kf ebenfalls gezwungen ist, unmittelbar an der Bordsteinkante zu fahren (Schl aaO). Überqueren Fußgänger die Fahrbahn zügig, ohne mit dem nahe herangekommenen Kfz Blickverbindung aufgenommen zu haben, so ist WarnZ erforderlich (BGH VRS 18, 302). Auch ein VT, der von der Seite her unachtsam der Fahrbahn naht, muss durch Hupsignal gewarnt werden (vgl § 1 StVO Rn 30 f). Beim Überholen von ca siebenjährigen Radf, die sich auf einem nur durch ununterbrochene Linie von der Fahrbahn getrennten Seitenstreifen bewegen, ist das Hupen ebenso nach § 1 II geboten (OLG Oldenburg VM 79, 62) wie beim Vorbeifahren an spielenden Schülern (OLG Karlsruhe VersR 81, 579). Bei Prüfung der Frage, ob das Unterlassen eines WarnZ für den Unfall **ursächlich** war, ist neben der Reaktionszeit des Kf auch diejenige des Fußgängers zu berücksichtigen (BayObLGSt 59, 367 = VRS 18, 466).

3. Hupen und Bremsen. Durch das WarnZ soll ein VT, der das nahende Fz 7 noch nicht bemerkt hat, auf dieses aufmerksam gemacht werden. Daher ist rechtzeitig und deutlich zu warnen, damit sich die VT auf den Vorgang entsprechend einstellen können. Wer aus genügender Entfernung ein deutliches WarnZ gibt, darf daher zunächst annehmen, dass die Gefahr seiner unbemerkten Annäherung ausgeschaltet ist. Er braucht nicht gleichzeitig zu bremsen, es sei denn, dass der andere Verkehrsteilnehmer dadurch unschlüssig wird (BGH VRS 10, 287; BayObLGSt 54, 20 = VRS 6, 394; OLG Braunschweig VRS 30, 447). Ist aber die Entfernung vom Gefährdeten unter Berücksichtigung der Annäherungsgeschwindigkeit schon so gering, dass der Kf einer etwaigen fehlerhaften Schreckreaktion des anderen nicht mehr durch eigene Abwehrmaßnahmen begegnen kann, dann darf er – jedenfalls außerhalb von Bundes- u anderen Str mit SchnellV – nicht erst die Wirkung der WarnZ abwarten, sondern muss unverzüglich die nötigen Maßnahmen zur Verhütung eines Unfalls treffen, meistens seine Geschwindigkeit gleichzeitig mit dem WarnZ herabsetzen (OLG Hamm DAR 58, 79; BGH VRS 18, 302).

Das WarnZ allein genügt nicht gegenüber offensichtlich unachtsamen, ver- 8 kehrsungewandten, erkennbar hochbetagten oder gebrechlichen Personen sowie kleinen Kindern (BGH VRS 18, 302; § 3 II a!). Das Hupen reicht auch dann nicht aus, wenn es leicht überhört werden kann oder sich nicht sicher auf die Gefahr bezogen wird, der begegnet werden soll, zB Hupen vor Einbiegen in eine Vorfahrtstraße bei Nebel (OLG Hamm VRS 19, 462) oder zur Warnung eines Entgegenkommenden vor der Gefahr, dass der Anhänger des Lastzuges nach links ausscheren könne. Wenn das WarnZ allein ausreicht, wird man nicht verlangen können, dass der Kf den Gewarnten erst überholt, wenn er dessen Einverständnis hergestellt hat; denn gewarnte VT pflegen das Hören eines Signals nicht zu bestätigen, insb dann nicht, wenn sie sich verkehrsgerecht verhalten u daher nicht gefährdet fühlen (ebenso OLG Oldenburg DAR 63, 194; aA OLG Düsseldorf VM 65, 151). Wenn zur Abwehr der überraschend auftretenden Gefährdung eines anderen

StVO § 16 I. Allgemeine Verkehrsregeln

gleichzeitig WarnZ u Bremsen oder Ausweichen geboten sind, kann der Kf entschuldigt sein, wenn er über dem Bemühen, sein Fz rechtzeitig anzuhalten oder genügend auszuweichen, die Abgabe eines WarnZ unterläßt (BayObLGSt 59, 367 = VRS 18, 466). Nach BGH(Z) VM 66, 63 sollen für einen geistesgegenwärtigen Kf im Augenblick der Gefahr Hupen, Bremsen u Ausweichen gleichlaufende Maßnahmen sein, die er auch mechanisch miteinander verbindet.

9   **4. Art der Warnzeichen.** Zugelassen sind Schall- u LeuchtZ (Lichthupe). SchallZ für Kfze s § 55 StVZO, SchallZ für Fahrräder u Schlitten s § 64a StVZO, Beschaffenheit der Scheinwerfer s § 50 StVZO. Die beiden WarnZ stehen gleichberechtigt nebeneinander. Der Fz-Führer muss das zur jew Gefahrabwehr taugliche Mittel wählen. Es muss nicht – wie beim Ankündigen des Überholens (§ 5 V 1) – kurz sein, sondern so lang wie nötig.

10   Die Abgabe von LeuchtZ, sog **Lichthupe,** hat an sich – nicht anders als die Hupe – nur die Funktion, andere VT zu warnen; sie darf diese nicht blenden (s § 5 V 2). IdR dürfen WarnZ nicht als Zeichen der Verständigung (§ 11 II) gegeben werden; auch die Übung, andere VT durch Anblinken auf sich aufmerksam zu machen, etwa um ihnen den Vorrang einzuräumen, ist grundsätzlich unzulässig u nur dann nicht zu beanstanden u als Vorfahrtverzicht beachtlich, wenn durch zusätzliche bes Umstände, Maßnahmen u Zeichen (Verminderung der Geschwindigkeit, Einräumen eines Durchlasses in stehender FzSchlange oder deutliches Anhalten, Handzeichen) Missverständnisse des Angeblinkten ausgeschlossen sind (BGH(Z) VRS 52, 405 = StVE 2; OLG Hamm NZV 88, 24; OLG Koblenz NZV 91, 428; 93, 273; OLG Hamm NZV 00, 415; zur Lichthupe beim Überholen s oben Rn 2 u § 5 StVO Rn 47 f). Unzulässig ist die Verwendung der Lichthupe zur Warnung vor **Radarkontrolle** (OLG Zweibrücken VRS 64, 454), doch darf dieses Motiv nicht bußgelderhöhend verwertet werden (OLG Celle NZV 89, 405; s dazu auch § 3 StVO Rn 107).

11   **5. Abs 2: Warnblinklicht (s § 53a StVZO). a) Schulbus- und Linienverkehr.** Mit der 13. StVO-ÄndVO wurde **S 1** neu gefasste u schreibt vor, wo, wann u wie lange der Führer eines Linien- oder gekennzeichneten Schulbusses Warnblinklicht im Interesse der Sicherheit der beförderten Fahrgäste einschalten **muss.** Die Regelung gilt grds an den von der VB nach Maßgabe der VwV zu § 16 II näher bestimmten „gefährlichen" Haltestellen u betrifft nicht mehr nur den Schulbus-, sondern auch den allg LinienV (nicht aber Busse im GelegenheitsV nach § 46 I PBefG). Allerdings ist das Warnblinklicht erst recht zum Schutz der Fahrgäste und des nachfolgenden Verkehrs einzuschalten, wenn vom Busfahrer Personen außerhalb von Haltestellen auf Landstraßen mitgenommen oder raus gelassen werden, da dies im Linienverkehr gerade unüblich ist (OLG Naumburg r+s 17, 267: hier war ein fast 12 jähriges Kind auf eigenen Wunsch außerhalb eines Haltestellenbereichs außerorts hinter dem ohne Blinklicht haltenden Bus auf die offene Landstraße getreten und vom überholenden Pkw erfasst worden; das OLG kommt zu einer Mithaftung des Kindes von 70% gegenüber dem Busfahrer und einem vollständigen Zurücktreten der Betriebsgefahr des überholenden Pkws).

12   Die Blinkpflicht beginnt bereits mit der **Annäherung** an eine von der VB bestimmte Haltestelle. Wann, ab welcher Entfernung diese (nach § 49 I Nr 16 bußgeldbewehrte) Pflicht besteht, soll nach der (für die Gerichte unverbindlichen) VwV zu § 16 von der VB näher bestimmt u den Busbetreibern mitgeteilt werden. Zum Ein- u Aussteigen gehört nicht auch das Überqueren der Fahrbahn, so dass

Warnzeichen **§ 16 StVO**

die Blinkpflicht endet, wenn der letzte Fahrgast den Bus betreten oder verlassen hat (Bouska DAR 95, 398). Die Vorschrift ist im Übrigen im Zusammenhang mit § 20 StVO zu sehen.

b) bei Gefährdung. S 2 richtet sich – wie bisher – an die übrigen VT. **13** Er erstrebt eine möglichst eingeengte Benutzung des Warnblinklichts u soll Missbräuchen vorbeugen. Danach ist das Warnblinklicht beim Liegenbleiben (§ 15), beim Abschleppen (§ 15a), bei **der Gefährdung anderer** durch sein Fahrzeug oder zur **Warnung anderer Verkehrsteilnehmer vor Gefahren** im Straßenbereich einzuschalten. Beispielhaft werden hier die Annäherung an einen Stau bzw. ein besonders langsam fahrendes Fahrzeug auf einer Autobahn seitens des Gesetzgebers genannt. So ist die Betätigung der Warnblinkanlage zur Warnung Dritter zB vor einem „Geisterfahrer" oder einer sonstigen Unfallmöglichkeit (vgl OLG Köln VRS 68, 354 = StVE § 3 StVO 73; Begr zur 9. ÄndVO) u auch nur zur Sicherung von Unfallstellen nicht zu beanstanden. Der nachfolgende Verkehr hat sich idR hierauf einzustellen (OLG Köln aaO); das gilt aber nicht, wenn ein Warnblinklicht auf der Standspur auf ein Hindernis auf der Überholspur hinweisen will, an dem der Verkehr ungehindert vorbeifließt (BayObLGSt 85, 97 = StVE § 18 StVO 37).

Keinesfalls darf ein Fahrer die Warnblinkanlage einschalten, um im Verkehr **13a** schneller durchzufahren oder bei gewöhnlichem Halten oder Parken sein Fz bes auffällig hervorzuheben (s auch BGH NZV 07, 451 = VRS 113/07, 36 = ZfS 07, 437 m Anm Diehl). Ob zusätzlich zum Warnblinklicht durch LeuchtZ gewarnt werden muss, hängt von den Umständen ab (OLG Saarbrücken VM 78, 60).

6. Zuwiderhandlungen. Verstöße gegen § 16 sind OWen nach § 49 I Nr 16 **14** iVm § 24 StVG (BKat Nrn 70–72). – Abgabe von Schall- u LeuchtZ zur Ankündigung des Überholens **innerorts** verstößt gegen § 16 I Nr 1 (lex specialis gegenüber § 5 V). – Das nach I Nr 2 abgegebene WarnZ ist auch dann nicht vorwerfbar, wenn sich hinterher ergibt, dass der Gewarnte nicht gefährdet war, außer wenn der Kf einen trotz der Eile seiner Entscheidung vorwerfbaren Beurteilungsfehler begangen hat (s auch Cramer 21, 26 zu § 16). **Unterlassenes WarnZ** trotz konkreter Gefährdung kann nach § 1 II verfolgbar sein (OLG Oldenburg VRS 57, 118; OLG Frankfurt/M StVE § 1 StVO 36) u evtl Vorwurf fahrlässiger Tötung begründen (OLG Schleswig DAR 71, 272). – Bedrängendes Hupen, das den Vordermann zum Weiterfahren veranlassen soll, ist nicht stets Nötigung (OLG Schleswig VM 74, 18; s auch § 5 StVO Rn 46 f sowie Janiszewski 561 ff), wohl aber uU lang anhaltendes Hupen (s OLG Düsseldorf NZV 96, 288).

7. Zivilrecht. Rechtzeitige WarnZ befreien Kf nicht von weitergehenden **15** Sorgfaltspflichten (BGH NJW 60, 1524). Unangebrachte WarnZ können ersatzpflichtig machen, wenn zB deswegen Fußgänger verunglückt, uU aber Mitschuld des Fußgängers (BGH VersR 67, 348); generell zur Frage, unter welchen Vorauss von eingeschaltetem Warnblinklicht eine Reaktionsaufforderung zur Geschwindigkeitsverringerung u Bremsbreitschaft ausgeht BGH NZV 07, 451 = VRS 113/07, 36 = ZfS 07, 437 m Anm Diehl; s auch Heß/Burmann NJW 08, 808, 810 u Praxishinweis Heß/Burmann NJW-Spezial 07, 257. Nichteinschalten der Warnblinkanlage bei Annäherung an einen Stau auf der Autobahn führt bei einem Auffahrunfall idR zu einem Mithaftungsanteil des Geschädigten aus der Betriebsgefahr seines Fahrzeugs (LG Memmingen DAR 07, 709: 25% Mithaftung).

§ 17 Beleuchtung[1]

(1) Während der Dämmerung, bei Dunkelheit oder wenn die Sichtverhältnisse es sonst erfordern, sind die vorgeschriebenen Beleuchtungseinrichtungen zu benutzen. Die Beleuchtungseinrichtungen dürfen nicht verdeckt oder verschmutzt sein.

(2) Mit Begrenzungsleuchten (Standlicht) allein darf nicht gefahren werden. Auf Straßen mit durchgehender, ausreichender Beleuchtung darf auch nicht mit Fernlicht gefahren werden. Es ist rechtzeitig abzublenden, wenn ein Fahrzeug entgegenkommt oder mit geringem Abstand vorausfährt oder wenn es sonst die Sicherheit des Verkehrs auf oder neben der Straße erfordert. Wenn nötig ist entsprechend langsamer zu fahren.

(2a) Wer ein Kraftrad führt, muss auch am Tage mit Abblendlicht oder eingeschalteten Tagfahrleuchten fahren. Während der Dämmerung, bei Dunkelheit oder wenn die Sichtverhältnisse es sonst erfordern, ist Abblendlicht einzuschalten.

(3) Behindert Nebel, Schneefall oder Regen die Sicht erheblich, dann ist auch am Tage mit Abblendlicht zu fahren. Nur bei solcher Witterung dürfen Nebelscheinwerfer eingeschaltet sein. Bei zwei Nebelscheinwerfern genügt statt des Abblendlichts die zusätzliche Benutzung der Begrenzungsleuchten. An Krafträdern ohne Beiwagen braucht nur der Nebelscheinwerfer benutzt zu werden. Nebelschlussleuchten dürfen nur dann benutzt werden, wenn durch Nebel die Sichtweite weniger als 50 m beträgt.

(4) Haltende Fahrzeuge sind außerhalb geschlossener Ortschaften mit eigener Lichtquelle zu beleuchten. Innerhalb geschlossener Ortschaften genügt es, nur die der Fahrbahn zugewandte Fahrzeugseite durch Parkleuchten oder auf andere zugelassene Weise kenntlich zu machen; eigene Beleuchtung ist entbehrlich, wenn die Straßenbeleuchtung das Fahrzeug auf ausreichende Entfernung deutlich sichtbar macht. Auf der Fahrbahn haltende Fahrzeuge, ausgenommen Personenkraftwagen, mit einer zulässigen Gesamtmasse von mehr als 3,5 t und Anhänger sind innerhalb geschlossener Ortschaften stets mit eigener Lichtquelle zu beleuchten oder durch andere zugelassene lichttechnische Einrichtungen kenntlich zu machen. Fahrzeuge, die ohne Schwierigkeiten von der Fahrbahn entfernt werden können, wie Krafträder, Fahrräder mit Hilfsmotor, Fahrräder, Krankenfahrstühle, einachsige Zugmaschinen, einachsige Anhänger, Handfahrzeuge oder unbespannte Fuhrwerke, dürfen bei Dunkelheit dort nicht unbeleuchtet stehen gelassen werden.

(4a) Soweit bei Militärfahrzeugen von den allgemeinen Beleuchtungsvorschriften abgewichen wird, sind gelb-rote retroreflektierende Warntafeln oder gleichwertige Absicherungsmittel zu verwenden. Im Übrigen können sie an diesen Fahrzeugen zusätzlich verwendet werden.

(5) Wer zu Fuß geht und einachsige Zug- oder Arbeitsmaschinen an Holmen oder Handfahrzeuge mitführt, hat mindestens eine nach vorn

---

[1] Durch die Neufassung der StVO v 6.3.13 (BGBl I S 367, 372/373) erfolgten neben sprachlichen Anpassungen auch Anpassungen an die technischen Gegebenheiten (Tagfahrleuchten).

Beleuchtung **§ 17 StVO**

und hinten gut sichtbare, nicht blendende Leuchte mit weißem Licht auf der linken Seite anzubringen oder zu tragen.

(6) **Suchscheinwerfer dürfen nur kurz und nicht zum Beleuchten der Fahrbahn benutzt werden.**

VwV – StVO
Zu § 17 Beleuchtung
Zu Absatz 1

Es ist zu beanstanden, wenn der, welcher sein Fahrzeug schiebt, Beleuchtungseinrichtungen durch seinen Körper verdeckt; zu den Beleuchtungseinrichtungen zählen auch die Rückstrahler (§ 49a Abs 1 Satz 2 StVZO). **1**

Zu Absatz 2

I. Es ist darauf hinzuwirken, daß der Abblendpflicht auch gegenüber Radfahrern auf Radwegen sowie bei der Begegnung mit Schienenfahrzeugen und gegenüber dem Schiffsverkehr, falls die Führer dieser Fahrzeuge geblendet werden können, genügt wird. Einzelner entgegenkommender Fußgänger wegen muß dann abgeblendet werden, wenn sie sonst gefährdet wären (§ 1 Abs 2). **2**

II. Nicht nur die rechtzeitige Erfüllung der Abblendpflicht und die darauf folgende Pflicht zur Mäßigung der Fahrgeschwindigkeit sind streng zu überwachen; vielmehr ist auch darauf zu achten, daß nicht **3**

1. Standlicht vorschriftswidrig verwendet wird, **4**
2. Blendwirkung trotz Abblendens bestehen bleibt, **5**
3. die vordere Beleuchtung ungleichmäßig ist, **6**
4. Nebelscheinwerfer, Nebelschlußleuchten oder andere zusätzliche Scheinwerfer oder Leuchten vorschriftswidrig verwendet werden. **7**

Zu Absatz 4

Andere zugelassene lichttechnische Einrichtungen zur Kennzeichnung sind Park-Warntafeln nach Anlage 4 Abschnitt 4. **8**

Einzelheiten über die Verwendung ergeben sich aus § 51c Abs 5 StVZO. Die Park-Warntafeln unterliegen einer Bauartgenehmigung nach § 22a StVZO.

Zu Absatz 4a

Machen Militärfahrzeuge, insbesondere Panzer, von den Sonderrechten nach § 35 Gebrauch und fahren ohne Beleuchtung, so sind sie mit gelb-roten retroreflektierenden Warntafeln oder gleichwertigen Absicherungsmitteln zu kennzeichnen. **9**

Übersicht

	Rn
1. Allgemeines	1
2. Abs 1: Beleuchtungspflicht im Allgemeinen	2
a) Geltungsbereich, Vertrauensgrundsatz	2
b) Vorgeschriebene lichttechnische Einrichtungen	4
c) Satz 2: Sichtbar und sauber	5
3. Abs 2: Beleuchtung im fließenden Verkehr	6
a) Satz 1: Verbot des Standlichts	6
b) Satz 2: Verbot des Fernlichts	7
c) Satz 3: Abblenden	8

	Rn
d) Satz 4: Fahren auf Sicht	10
e) Abs 2a: Beleuchtungspflicht für Krafträder	10a
4. Abs 3: Nebel, Schneefall, Regen	11
a) Satz 1: Abblendlicht	12
b) Satz 2–4: Nebelscheinwerfer	13
c) Satz 5: Nebelschlussleuchten	14
5. Abs 4: Beleuchtung im ruhenden Verkehr	15
a) Haltende Fahrzeuge	15
b) Satz 1: Außerhalb geschlossener Ortschaften	16
c) Satz 2, 3: Innerhalb geschlossener Ortschaften	17
d) Satz 4: Pflicht zur Entfernung unbeleuchteter Klein-Fze und unbespannter Fuhrwerke	18
6. Abs 4a: Kennzeichnung unbeleuchteter Militärfahrzeuge	18a
7. Abs 5: Beleuchtung von Handfahrzeugen	19
8. Abs 6: Suchscheinwerfer	20
9. Zuwiderhandlungen	21
10. Zivilrecht	22

1 **1. Allgemeines.** § 17 regelt den **Einsatz** der lichttechnischen Einrichtungen im öff Verkehr. Welche mitgeführt, wie sie beschaffen u angebracht sein müssen, ergibt sich aus den Bau- u Ausrüstungsvorschriften der StVZO, u zwar für Kfze aus §§ 49a–54b, für andere aus § 66a, für Fahrräder aus § 67 StVZO. § 17 wird ergänzt für geschl Verbände durch § 27 IV, für Reiter u Führer von Tieren durch § 28 II S 2. Eine Beleuchtungspflicht besteht außerdem für liegengebliebene Fze nach § 15 u für Krafträder nach II a (s unten Rn 10a) u beim Durchfahren eines Tunnels (Z 327). Eine wichtige Betriebsvorschrift enthält § 23 I 4.

2 **2. Abs 1: Beleuchtungspflicht im Allgemeinen. a) Geltungsbereich, Vertrauensgrundsatz. Die Beleuchtungspflichten gelten nur unter den Voraussetzungen von I (Dämmerung, Dunkelheit und wenn die Sichtverhältnisse es erfordern)** (s auch Hentschel/König/Dauer-König § 17 StVO Rn 13) **und zB nicht bei hellem Sonnenschein.** I wendet sich an den fließenden wie an den ruhenden Verkehr u alle Arten von VT, denen Beleuchtungseinrichtungen vorgeschrieben sind. Die Vorschrift gilt auch für Fze, die auf Gehwegen oder Haltestreifen unmittelbar neben der Fahrbahn abgestellt sind (OLG Düsseldorf VRS 14, 376; VM 72, 63). Beim **Parken** gelten die Beleuchtungspflichten auf ABParkplätzen dann, wenn diese die Form eines von der AB abzweigenden u dann wieder in sie einmündenden Weges haben (BayObLG 61, 297 = VRS 22, 382; OLG Hamburg VRS 32, 121) und beim Parken außerhalb der markierten Parkflächen (OLG Stuttgart NZV 93, 436); nicht jedoch auf vom fließenden Verkehr räumlich getrennt u in Parkflächen u Zufahrtstreifen unterteilten Parkplätzen (OLG Stuttgart VRS 44, 369 bzgl ABParkplatz s unten Rn 16 u § 18 StVO Rn 22). § 17 gilt auch während der **Dämmerung;** Dämmerung im Rechtssinn umfasst die Übergangszeit von der Tageshelligkeit zur Dunkelheit und beginnt bei Sonnenunter- bzw. Sonnenaufgang (KG VersR 75, 54 und AG Bad Segeberg BeckRS 2015, 11691) u stellt auch bei Tage nicht nur auf die Wetterverhältnisse, sondern allg auf die **Sichtverhältnisse** ab. Dazu gehören auch das Durchfahren eines Tunnels oder einer dunklen Schlucht. Die Witterung kann zB bei starker Bewölkung, starkem **Nebel**, Schneetreiben u Platzregen auch am Tage eine Beleuchtungspflicht herbeiführen, damit VT von anderen VT rechtzeitig erkannt werden können. Der VT hat daher zu prüfen, ob unter den konkreten örtlichen und meteorologischen Verhältnissen noch ausreichende Sichtver-

Beleuchtung **§ 17 StVO**

hältnisse bestehen (VGH Kassel NJW 87, 797). Beleuchtungspflicht besteht, wenn die Witterung die Sicht nur auf 100–120 m freigibt (OLG Hamm VM 73, 9; BayObLG 70, 31 = VRS 39, 300; OLG Koblenz VRS 64, 305 = StVE 7); auf ABen, wenn die Sichtweite geringer ist als der doppelte Anhalteweg (ca 150 m, so OLG Hamm VRS 59, 379); nicht aber, wenn die Sichtweite erheblich mehr, etwa 150 m, beträgt (Schl VM 59, 72; OLG Neustadt DAR 57, 166; OLG Celle DAR 82, 28).

VT dürfen darauf **vertrauen,** dass Fze, auch Fahrräder (BGH VRS 22, 137), bei Eintritt der Beleuchtungspflicht beleuchtet sind (BayObLG bei Rüth DAR 85, 235; KG DAR 83, 82); das gilt aber nicht bei **Dämmerung,** solange ein Teil der Fze noch unbeleuchtet fährt (OLG Hamm VRS 28, 303; BGH NJW 05, 1351), u bzgl haltender Fze (vgl BGH VersR 56, 796; 62, 1152; OLG Düsseldorf VersR 59, 483). Für die Beleuchtungspflicht muss darauf abgestellt werden, ob Benutzer ihrer jew rechten Fahrbahnseite entgegenkommende Fze rechtzeitig erkennen können (ähnlich BayObLG v 2.12.70–5 St 167/70 bei Rüth DAR 71, 197). 3

b) Vorgeschriebene lichttechnische Einrichtungen. Diese (siehe hierzu näher § 17 StVO Rn 1 StVO) müssen benutzt werden. Das sind nach § 49a I S 2 StVZO auch die vorgeschriebenen **rückstrahlenden Mittel.** Fze, die keine vorschriftsmäßige Beleuchtung besitzen, dürfen am Verkehr nicht teilnehmen. **Krafträder** u **Fahrräder** dürfen aber – auch wenn der Mangel der Beleuchtung nicht erst unterwegs aufgetreten ist – entspr § 23 II Halbs 2 geschoben werden; Fahrräder, die von Fußgängern mitgeführt werden brauchen deshalb auch nicht beleuchtet zu sein (Rebler DAR 09, 12, 19). Wer aber ein solches Fz in Betrieb setzt, obwohl die vorgeschriebenen lichttechnischen Einrichtungen nicht oder nicht vollständig vorhanden sind, handelt ow nach § 69a III Nr 18 ff, IV 8 StVZO. 4

c) Satz 2: Sichtbar und sauber. Nach I S 2 müssen die lichttechnischen Einrichtungen für andere VT **sichtbar** u in **sauberem Zustand** gehalten sein, so dass sie die gebotene Lichtstärke ausstrahlen. 5

3. Abs 2: Beleuchtung im fließenden Verkehr. a) Satz 1: Verbot des Standlichts. Während der Beleuchtungspflicht iSd I S 1 ist das **Fahren** mit **Standlicht** – erschwert die Erkennbarkeit erheblich- **allg verboten**; es ist auch auf beleuchteten Straßen mind mit Abblendlicht zu fahren (BayObLG 70, 31 = VM 70, 41); Ausnahme die in III erlaubte Kombination mit zwei Nebelscheinwerfern bei Nebel; Fahren mit Standlicht kann Anscheinsbeweis für einen dadurch verursachten Unfall begründen (KG VM 85, 67). Allerdings verbietet II 1 nur das Fahren mit Standlicht, so dass einzB vor einer Bahnschranke oder LZA – **wartendes** Fz bleibt zwar Teilnehmer des fließenden Verkehrs, „fährt" aber nicht. Sein Führer darf daher Standlicht einschalten, bis er wieder anfährt (aA Rüth-BB 9 zu § 17; OLG Köln VM 75, 119 m abl Anm Booß). 6

b) Satz 2: Verbot des Fernlichts. Um unnötiges Blenden entgegenkommender VT zu verhindern, ist gemäß II 2 die Benutzung des Fernlichts auf gut beleuchteten Straßen verboten. Im innerörtl Verkehr ist daher das Abblendlicht das zu verwendende normale Fahrlicht. Allerdings ist auf schlecht beleuchteten Str das Fernlicht gestattet, solange kein Entgegenkommender geblendet werden kann. 7

c) Satz 3: Abblenden. Über das Verhalten bei Blendung vgl § 1 StVO Rn 64 f; zur Frage einer Blendwirkung und Reaktion des Kf darauf vgl OLG Kassel VRS 57, 193. Da durch Blendung bes schwere Unfälle verursacht werden, ist in der VwV zu § 17 Abs 2 II (Rn 3) eine bes strenge Überwachung von Mängeln an den Beleuch- 8 tungseinrichtungen vorgeschrieben. Die Pflicht abzublenden besteht nicht nur gegenüber den in derselben Fahrbahn Entgegenkommenden, sondern auch bei der Begegnung mit Radf, Schienen-Fzen auf eigenem Gleiskörper u Schiffen (s VwV zu § 17 Abs 2 I, Rn 2). Rechtzeitig ist ein Abblenden dann, wenn der entgegenkommende VT nicht in die Reichweite des Scheinwerferlichts gelangt.

8a Auf der **Autobahn** wird ein entgegenkommender Kf bei geradem Streckenverlauf u richtiger Scheinwerfereinstellung nicht geblendet, wenn beide Fahrer die für sie rechte Fahrbahnspur einhalten. Abzublenden ist aber beim Befahren des inneren Bogens einer Str-Krümmung, ferner wenn eines der entgegenkommenden Fze die Überholspur benutzt, außer wenn dann der GegenV durch den Bewuchs des Zwischenstreifens vor Blendung geschützt ist (vgl KG VRS 4, 530; OLG Düsseldorf VM 65, 67). Blendet ein entgegenkommender VT nicht ab, so berechtigt das den geblendeten Kf nicht dazu, seinerseits mit aufgeblendeten Scheinwerfern weiterzufahren (OLG Oldenburg DAR 54, 24). Er darf zwar durch kurzes Blinkzeichen den Entgegenkommenden darauf aufmerksam machen, dass er sich durch ihn geblendet fühlt, muss aber dann seinerseits abblenden, auch wenn der Entgegenkommende mit Fernlicht weiterfährt. Der Kf muss so bald abblenden, dass der Entgegenkommende nicht beeinträchtigt oder unsicher gemacht wird.

8b Auch auf offener **Landstr** besteht **keine Pflicht,** mit **Fernlicht** zu fahren (OLG Hamm NZV 08, 411 = DAR 08, 527 = zfs 08, 375), jedoch muss die Geschwindigkeit immer der Sichtweite angepasst sein. Beim zügigen **Überholen** darf das Fernlicht idR eingeschaltet bleiben; sonst könnte meistens der Überholweg nicht überblickt werden (OLG Hamm VM 61, 38). Der Überholte muss im allg nicht aus Rücksicht auf denjenigen, der ihn überholt hat, abblenden (BayObLG 63, 203 = VRS 26, 226; OLG Saarbrücken VRS 42, 37). Wer aber in geringem Abstand hinter einem anderen über eine nicht nur ganz kurze Strecke fährt, insb beim Kolonnenfahren, hat abzublenden. Abstände von 100–150 m sind auch auf der AB nicht "gering" iS des S 3 (BayObLG bei Rüth DAR 75, 200). Wegen der Bauvorschriften für die Scheinwerfer vgl § 50 StVZO.

9 Gegenüber **Fußgängern** ist abzublenden, wenn sie in geschl Abteilungen marschieren (vgl § 27 I S 1), gegenüber einzelnen Fußgängern dann, wenn sie erkennbar infolge der Blendung unsicher werden u dadurch gefährdet sind (VwV zu § 17 Abs 2 I S 2, Rn 2).

10 **d) Satz 4: Fahren auf Sicht.** Satz 4 enthält den mahnenden Hinweis auf das Gebot des **Fahrens auf Sicht,** aber keine eigene bußgeldbewehrte Fahrregel. Maßgebend ist das zu § 3 StVO Rn 7 ff Ausgeführte.

10a **e) Abs 2a: Beleuchtungspflicht für Krafträder.** Abs 2a schreibt – unabhängig von sonstiger **Beleuchtungspflicht** nach I u III – aus Sicherheitsgründen **für Krafträder** (einschl Mopeds u Mofas ohne Leichtmofas, die nur Fahrradbeleuchtung haben) auch am Tage Abblendlicht oder Tagfahrleuchten vor.

11 **4. Abs 3: Nebel, Schneefall, Regen.** Dass diese Witterungsverhältnisse die Beleuchtungspflicht begründen, ergibt sich schon aus I S 1. III regelt, welche Scheinwerfer eingeschaltet werden dürfen oder müssen.

12 **a) Satz 1: Abblendlicht.** Satz 1: Das **Abblendlicht** ist auch am Tage, wie zu jedem Fahren, als mindeste Lichtquelle vorgeschrieben. Das Standlicht ist immer verboten (BayObLG 70, 31 = VM 70, 41). Auch bei liegen bleibenden Fzen muss Abblendlicht eingeschaltet sein, solange nicht zusätzliche Sicherungen (§ 15) getroffen sind (Schl VM 62, 129). S 1 verbietet, das Fernlicht zu verwenden (OLG Hamm

Beleuchtung **§ 17 StVO**

v 10.12.87, 3 Ss OWi 1213/86, s dazu Verf NStZ 88, 266; ebenso Cramer 17 zu § 17 u Rüth-BB 19 zu § 17; aA BayObLG 64, 68 = VRS 27, 389), das bei dichtem Nebel wegen der Reflexwirkung ohnehin ungünstiger als das Abblendlicht ist.

b) Satz 2–4: Nebelscheinwerfer. Satz 2–4 regeln die Benutzung der zulässi- 13 gen, aber nicht vorgeschriebenen **Nebelscheinwerfer.** Bauvorschrift: § 52 StVZO. Da sie eine wesentlich stärkere Blendwirkung als das Abblendlicht hervorrufen, dürfen sie nur bei der in S 1 betonten **erheblichen** Behinderung der Sicht durch Nebel, Schneefall oder Regen benutzt werden (vgl VwV zu § 17 Abs 2 II Nr 4, Rn 7).

c) Satz 5: Nebelschlussleuchten. Satz 5: Nebelschlussleuchten sind nach 14 § 53d II StVZO (Anh I b) für mehrspurige Kfze, die ab 1.1.1991 in den Verkehr gekommen sind (§ 72 II StVZO), vorgeschrieben. Ihre Verwendung unterliegt noch stärkeren Einschränkungen als diejenige der Nebelscheinwerfer, da ihre Lichtstärke an der Blendstörungsgrenze liegt. S 5 erlaubt daher die Verwendung von Nebelschlussleuchten inner- u außerorts **nur bei** sehr starkem Nebel mit **Sichtweiten unter 50 m** (entspr Leitpfostenentfernung). Zur Sicherung liegen gebliebener Fze ist in erster Linie die Warnblinkanlage (§§ 15, 16 II S 2) zu verwenden.

5. Abs 4: Beleuchtung im ruhenden Verkehr. a) Haltende Fahrzeuge. 15 Haltende Fze iS des IV sind alle Fze, die halten oder parken (vgl § 12) u nicht nur verkehrsbedingt warten (vgl § 5 StVO Rn 2). Für diese gelten idR die Vorschriften des I. Ausn können bei längerem, bes Warten inmitten von anderen Fzen, zB vor einem Bahnübergang (§ 19 VII), gerechtfertigt sein (vgl auch Rn 6). IV regelt die Beleuchtung stehender Fze innerhalb u außerhalb geschl Ortschaften unterschiedlich, gilt aber **nicht auf Privatplätzen** (LG Bochum VRS 84, 423). § 17 IV hat **nicht** den Zweck, **Fußgänger** davor zu schützen, gegen haltende Fz zu laufen (OLG Karlsruhe NZV 00, 86).

b) Satz 1: Außerhalb geschlossener Ortschaften. Satz 1: Außerhalb geschl 16 Ortschaften müssen haltende Fze immer „mit eigener Lichtquelle" beleuchtet sein, u zwar auch auf einem ABParkplatz, der die Form eines von der Fahrbahn abgezweigten Weges hat (BayObLG 61, 297 = VM 62, 15, Ausn von oben 2) u außerhalb der markierten Parkfläche eines AB-Rastplatzes (OLG Stuttgart NZV 93, 436). Aus S 2 ergibt sich – argumentum e contrario –, dass mind die **Begrenzungsleuchten** (§ 51 StVZO) eingeschaltet sein müssen. Ob das stärker leuchtende Abblendlicht verwendet werden darf, richtet sich nach § 1 II: Es ist nur dann zulässig, wenn es nach seiner Bauart u nach den Witterungsverhältnissen – kein Lichtreflex durch spiegelndes Eis oder Nässe auf der Str – entgegenkommende Fahrer nicht blendet (OLG Hamm DAR 63, 23). Wegen der erhöhten Sicherungsmaßnahmen beim Liegenbleiben s § 15 StVO Rn 4 ff.

c) Satz 2, 3: Innerhalb geschlossener Ortschaften. Satz 2, 3: Innerhalb 17 geschl Ortschaften reicht die Beleuchtung der dem FahrV zugewandten Str durch **Parkleuchten,** die dem § 51c StVZO entspr, aus. Als „andere zugelassene Weise" kommen nach § 51c I, V StVZO Parkwarntafeln **(Z 630)** in Betracht. Nach S 3 müssen auf der Fahrbahn innerorts abgestellte Fze mit mehr als 3,5 t Gesamtgewicht immer mit eigener Lichtquelle beleuchtet sein; andere zugelassene technische Einrichtungen (§ 49a StVZO) genügen zur Kenntlichmachung auch **(retroreflektierende Warntafeln).** Bei kleineren Fzen, insb Pkw, entfällt die Beleuchtungspflicht ganz, wenn das Fz durch die **Str-Beleuchtung** auf ausrei-

StVO § 17 I. Allgemeine Verkehrsregeln

chende Entfernung deutlich sichtbar ist; dagegen entbindet die Beleuchtung des Fz durch „andere Lichtquellen", wie Mondlicht, Schaufensterbeleuchtung, Reklameschilder u dergl nicht von dem Einschalten einer eigenen Lichtquelle. Die Beleuchtung abgestellter Fze durch die Str-Beleuchtung reicht nur aus, wenn die Umrisse des Fz insb für einen von hinten nahenden VT auf eine Entfernung, die ein Auffahren sicher vermeiden lässt, deutlich erkennbar sind (OLG Saarbrücken VM 75, 80). Wo im innerörtlichen Verkehr die zulässige Höchstgeschwindigkeit von 50 km/h gilt, reicht eine deutliche Erkennbarkeit auf etwa 40 m aus (so auch OLG Celle VRS 63, 72). Auf Str, die mit höherer Geschwindigkeit befahren werden, muss das Fz auf entspr größere Entfernung deutlich zu sehen sein. Der Parkende muss bei Aufstellung unter einer Str-Laterne darauf achten, ob an ihr ein **Z 394** angebracht ist; fehlt es, so darf er darauf vertrauen, dass die Laterne während der ganzen Nacht leuchtet (BayObLG 51, 498; aA OLG Braunschweig VRS 14, 133). Anforderungen an die Beleuchtung eines Lkw-Anhängers, der regelmäßig nachts auf einer öff Str abgestellt wird: BGH(Z) VRS 40, 331; die nächtliche Sicherung des Anhängers durch Parkwarntafel nach Z 630 reicht aus (OLG Celle NZV 99, 469).

18   **d) Satz 4: Pflicht zur Entfernung unbeleuchteter Klein-Fze und unbespannter Fuhrwerke.** Während vorschriftsmäßig beleuchtete Fze der in S 4 genannten Art beim Fehlen von Seitenstreifen am rechten Fahrbahnrand parken dürfen (§ 12), müssen sie von der Str entfernt werden, wenn sie unbeleuchtet sind. Müssen sie wegen eines Unfalls bis zum Abschluß pol Erhebungen am Tatort bleiben, so gilt § 34 I 2 (Sicherung des Verkehrs). Ein Radf muss bei Dunkelheit zum Zwecke der Durchführung einer Reparatur die Fahrbahn verlassen (vgl BayObLG 58, 276 = VRS 16, 307).

18a **6. Abs 4a: Kennzeichnung unbeleuchteter Militärfahrzeuge.** Abs 4a gilt für Militär-Fze, die bei Inanspruchnahme des Sonderrechts aus § 35 bei Dunkelheit ohne Beleuchtung fahren.

19   **7. Abs 5: Beleuchtung von Handfahrzeugen. Hand-Fze,** zu denen auch die in V genannten **einachsigen Zug- u Arbeitsmaschinen** gehören, sind zwar Fze, aber nicht dem Fahr-, sondern dem FußgängerV zugeordnet (vgl § 2 StVO Rn 3; § 25 II StVO; VwV-StVO zu § 23 Abs 1 II, Rn 2). Sie unterliegen nicht den allg Beleuchtungsbestimmungen, sondern sind ausschl entsprechend der Regelung nach V zu beleuchten, gleichgültig, ob sie auf der Fahrbahn (§ 25 II) oder auf einem Fußweg oder Seitenstreifen geführt werden. Hand-Fze müssen für andere VT von vorn und hinten gut sichtbar sein, so ist ein hinter einem Fahrrad geführter Anhänger grds zu beleuchten (LG Erfurt Az 10 O 674/07). Diese Beleuchtungsvorschrift findet auf die in § 24 I genannten „besonderen Fortbewegungsmittel", die nicht den Vorschriften der StVZO unterliegen, keine Anwendung (VwV-StVO zu § 24 I, Rn 1), wohl aber auf geschobene Krankenfahrstühle. Dagegen sind **maschinell angetriebene Krankenfahrstühle** Kfze (§ 2 Nr 13 FZV; früher: § 18 II 5 StVZO aF); für sie gelten die Beleuchtungsvorschriften § 50 II S 2 u § 53 II S 4 StVZO.

20   **8. Abs 6: Suchscheinwerfer.** Abs 6: **Suchscheinwerfer** dürfen nur kurz benutzt werden, um Gegenstände außerhalb der Fahrbahn anzustrahlen, die die Scheinwerfer nicht erreichen, um Hinweise für eigenes Fahrverhalten zu bekommen (KG VRS 36, 374); nicht zB zum belästigenden Anstrahlen eines Radarwagens (KG aaO).

9. Zuwiderhandlungen. Verstöße gegen die Beleuchtungsvorschriften des 21 § 17 sind als reine Tätigkeitsdelikte OWen nach § 49 I Nr 17 iVm § 24 StVG (Nrn 73–77.1 BKat). Behinderung oder Belästigung eines anderen ist nicht Voraussetzung der Ahndung. Feststellungen zur Vorwerfbarkeit sind nötig, da Beleuchtung auch ohne Kenntnis des Betroffenen während der Fahrt ausfallen kann (OLG Düsseldorf JMBlNW 83, 105). Für die Beleuchtung eines geschl Verbandes (§ 27 IV) ist dessen Führer verantwortlich (§§ 27 V, 49 II 1). Zur Kenntlichmachung haltender u liegen gebliebener Fze s auch § 315c I 2g StGB. – Verstöße gegen die Lichtpflicht im Tunnel (Z 327) sind ow nach § 49 III 5 iVm § 24 StVG (Nrn 159a–159a.2). Die Beleuchtungspflicht beginnt nicht bereits bei Z 327, sondern erst bei der Tunneleinfahrt („beim Durchfahren", Anlage 3 StVO, lfd Nr 14, Z 327) und endet beim Verlassen.

10. Zivilrecht. Bei Beleuchtungsverstößen spricht Anschein für Unfallursäch- 22 lichkeit (BGH VersR 64, 296; KG DAR 83, 82; OLG Hamm NZV 90, 312; OLG Köln VRS 73, 176). Mitschuld u Mithaftung ist zu prüfen, wenn unzureich Beleuchtg eine Mitursache (neben anderer, Hauptsache) sein kann (BGH DAR 56, 78). Fährt Kfz auf unbeleucht Hindernis auf, spricht Anscheinsbeweis für schuldhafte Fahrweise (BGH NJW-RR 88, 406; OLG Karlsruhe VersR 89, 302; Weber DAR 84, 173). Außerhalb geschlossener Ortschaften sind haltende Fahrzeuge gem § 17 IV 1 StVO mit eigener Lichtquelle zu beleuchten. Bei Kollision zwischen einem nachts unbeleuchtet auf einer nur drei Meter breiten Gemeindeverbindungsstraße links geparkten landwirtschaftlichen Anhänger und Verstoß des Auffahrenden (hier: Motorroller mit 50 km/h) gegen das Sichtfahrgebot ist eine Haftungsverteilung von 70% zu 30% zu Gunsten des Auffahrenden angemessen (OLG Nürnberg NZV 07, 301). Innerhalb geschlossener Ortschaften müssen Anhänger mit eigener Lichtquelle oder anderen zugelassenen lichttechnischen Einrichtungen (zB Parkwarntafel gem § 51c II 1 Nr 4 StVZO) beleuchtet oder kenntlich gemacht sein. Eine Straßenbeleuchtung stellt keine lichttechnische Einrichtung iSd § 17 IV 3 StVO dar, sodass es nicht darauf ankommt, ob eine Straßenbeleuchtung einen unbeleuchtet abgestellten Anhänger auf ausreichende Entfernung deutlich sichtbar macht; Haftungsquote 70%/30% zu Lasten des Auffahrenden (AG Eschwege m Anm Diehl zfs 07, 22). Ohne notwendige Beleuchtung fahrende Radfahrer trifft überwiegendes Verschulden. Es gehört zu den typischen Folgen der Nichtbenutzung der Beleuchtungseinrichtungen, dass solche Verkehrsteilnehmer zu spät gesehen und andere wegen des für sie plötzlichen Auftauchens zu ruckartigen Ausweichbewegungen gezwungen werden; es spricht auch kein Anscheinsbeweis dafür, dass ein Rennradfahrer bei hereinbrechender Dunkelheit eine am Rückenteil der Jacke angebrachte Batterieleuchte auch tatsächlich verwendet (OLG Frankfurt/M NZV 06, 36). Kein Anspruch des Polizeib, der sich am haltenden Fz verletzt, das nicht beleuchtet ist, denn § 17 IV bezweckt nicht den Schutz von Fußgängern, sondern nur von Fz, die in Gefahr sind, auf haltende Fz bei Dunkelheit aufzufahren (OLG Karlsruhe NZV 00, 86).

§ 18 Autobahnen und Kraftfahrstraßen

(1) Autobahnen (Zeichen 330.1) und Kraftfahrstraßen (Zeichen 331.1) dürfen nur mit Kraftfahrzeugen benutzt werden, deren durch die Bauart bestimmte Höchstgeschwindigkeit mehr als 60 km/h beträgt; werden Anhänger mitgeführt, gilt das Gleiche auch für diese. Fahrzeug und

StVO § 18 I. Allgemeine Verkehrsregeln

Ladung dürfen zusammen nicht höher als 4 m und nicht breiter als 2,55 m sein. Kühlfahrzeuge dürfen nicht breiter als 2,60 m sein.

(2) Auf Autobahnen darf nur an gekennzeichneten Anschlussstellen (Zeichen 330.1) eingefahren werden, auf Kraftfahrstraßen nur an Kreuzungen oder Einmündungen.

(3) Der Verkehr auf der durchgehenden Fahrbahn hat die Vorfahrt.

(4) *(weggefallen)*

(5) Auf Autobahnen darf innerhalb geschlossener Ortschaften schneller als 50 km/h gefahren werden. Auf ihnen sowie außerhalb geschlossener Ortschaften auf Kraftfahrstraßen mit Fahrbahnen für eine Richtung, die durch Mittelstreifen oder sonstige bauliche Einrichtungen getrennt sind, beträgt die zulässige Höchstgeschwindigkeit auch unter günstigsten Umständen
1. für
   a) Kraftfahrzeuge mit einer zulässigen Gesamtmasse von mehr als 3,5 t, ausgenommen Personenkraftwagen,
   b) Personenkraftwagen mit Anhänger, Lastkraftwagen mit Anhänger, Wohnmobile mit Anhänger und Zugmaschinen mit Anhänger sowie
   c) Kraftomnibusse ohne Anhänger oder mit Gepäckanhänger
   80 km/h,
2. für
   a) Krafträder mit Anhänger und selbstfahrende Arbeitsmaschinen mit Anhänger,
   b) Zugmaschinen mit zwei Anhängern sowie
   c) Kraftomnibusse mit Anhänger oder mit Fahrgästen, für die keine Sitzplätze mehr zur Verfügung stehen,
   60 km/h,
3. für Kraftomnibusse ohne Anhänger, die
   a) nach Eintragung in der Zulassungsbescheinigung Teil I für eine Höchstgeschwindigkeit von über 100 km/h zugelassen sind,
   b) hauptsächlich für die Beförderung von sitzenden Fahrgästen gebaut und die Fahrgastsitze als Reisebestuhlung ausgeführt sind,
   c) auf allen Sitzen sowie auf Rollstuhlplätzen, wenn auf ihnen Rollstuhlfahrer befördert werden, mit Sicherheitsgurten ausgerüstet sind,
   d) mit einem Geschwindigkeitsbegrenzer ausgerüstet sind, der auf eine Höchstgeschwindigkeit von maximal 100 km/h (Vset) eingestellt ist,
   e) den Vorschriften der Richtlinie 2001/85/EG des Europäischen Parlaments und des Rates vom 20. November 2001 über besondere Vorschriften für Fahrzeuge zur Personenbeförderung mit mehr als acht Sitzplätzen außer dem Fahrersitz und zur Änderung der Richtlinien 70/156/EWG und 97/27/EG (ABl. L 42 vom 13.2.2002, S. 1) in der jeweils zum Zeitpunkt der Erstzulassung des jeweiligen Kraftomnibusses geltenden Fassung entsprechen und
   f) auf der vorderen Lenkachse nicht mit nachgeschnittenen Reifen ausgerüstet sind, oder

Autobahnen und Kraftfahrstraßen § 18 StVO

g) für nicht in Mitgliedstaaten der Europäischen Union oder in Vertragsstaaten des Abkommens über den Europäischen Wirtschaftsraum zugelassene Kraftomnibusse, wenn jeweils eine behördliche Bestätigung des Zulassungsstaates in deutscher Sprache über die Übereinstimmung mit den vorgenannten Bestimmungen und über jährlich stattgefundene Untersuchungen mindestens im Umfang der Richtlinie 96/96/EG des Rates vom 20. Dezember 1996 zur Angleichung der Rechtsvorschriften der Mitgliedstaaten über die technische Überwachung der Kraftfahrzeuge und Kraftfahrzeuganhänger (ABl. L 46 vom 17.2.1997, S. 1) in der jeweils geltenden Fassung vorgelegt werden kann,

100 km/h.

(6) Wer auf der Autobahn mit Abblendlicht fährt, braucht seine Geschwindigkeit nicht der Reichweite des Abblendlichts anzupassen, wenn
1. die Schlussleuchten des vorausfahrenden Kraftfahrzeugs klar erkennbar sind und ein ausreichender Abstand von ihm eingehalten wird oder
2. der Verlauf der Fahrbahn durch Leiteinrichtungen mit Rückstrahlern und, zusammen mit fremdem Licht, Hindernisse rechtzeitig erkennbar sind.

(7) Wenden und Rückwärtsfahren sind verboten.

(8) Halten, auch auf Seitenstreifen, ist verboten.

(9) Zu Fuß Gehende dürfen Autobahnen nicht betreten. Kraftfahrstraßen dürfen sie nur an Kreuzungen, Einmündungen oder sonstigen dafür vorgesehenen Stellen überschreiten; sonst ist jedes Betreten verboten.

(10) Die Ausfahrt von Autobahnen ist nur an Stellen erlaubt, die durch die Ausfahrttafel (Zeichen 332) und durch das Pfeilzeichen (Zeichen 333) oder durch eins dieser Zeichen gekennzeichnet sind. Die Ausfahrt von Kraftfahrstraßen ist nur an Kreuzungen oder Einmündungen erlaubt.

(11) Lastkraftwagen mit einer zulässigen Gesamtmasse über 7,5 t, einschließlich ihrer Anhänger, sowie Zugmaschinen dürfen, wenn die Sichtweite durch erheblichen Schneefall oder Regen auf 50 m oder weniger eingeschränkt ist, sowie bei Schneeglätte oder Glatteis den äußerst linken Fahrstreifen nicht benutzen.

Verordnung zur Erleichterung des Ferienreiseverkehrs auf der Straße (Ferienreiseverordnung)

Vom 13. Mai 1985 (BGBl I 774), zuletzt geänd. durch Art. 480 VO v 31.8.2015 (BGBl. I 1474)

BGBl. III/FNA 9233-1-2-6

Auf Grund des § 6 Abs 1 Nr 3 des Straßenverkehrsgesetzes in der im Bundesgesetzblatt Teil III, Gliederungsnummer 9231–1, veröffentlichten bereinigten Fassung, der zuletzt durch das Gesetz vom 6. April 1980 (BGBl. I S. 413) geändert worden ist, wird mit Zustimmung des Bundesrates verordnet:

StVO § 18 I. Allgemeine Verkehrsregeln

§ 1

(1) Lastkraftwagen mit einer zulässigen Gesamtmasse über 7,5 Tonnen sowie Lastkraftwagen mit Anhänger dürfen auf den in Absatz 2 genannten Autobahnen (Zeichen 330.1 der Straßenverkehrs-Ordnung) und den in Absatz 3 genannten Bundesstraßen an allen Samstagen vom 1. Juli bis einschließlich 31. August eines Jahres jeweils in der Zeit von 7.00 Uhr bis 20.00 Uhr nicht verkehren.

(2) Das Verbot des Absatzes 1 gilt für folgende Autobahnstrecken in beiden Fahrtrichtungen:

Lfd. Nr.	Autobahn	Streckenbeschreibung
1	A 1	von Autobahnkreuz Köln-West über Autobahnkreuz Leverkusen-West, Wuppertal, Kamener Kreuz, Münster bis Anschlussstelle Lohne/Dinklage
2	A 2	von Autobahnkreuz Oberhausen bis Autobahnkreuz Bad Oeynhausen
3	A 3	von Autobahnkreuz Oberhausen bis Autobahnkreuz Köln-Ost, von Mönchhof Dreieck über Frankfurter Kreuz bis Autobahnkreuz Nürnberg
4	A 5	von Darmstädter Kreuz bis Anschlussstelle Karlsruhe-Süd und von der Anschlussstelle Offenburg bis zum Autobahndreieck Neuenburg
5	A 6	von Anschlussstelle Schwetzingen-Hockenheim bis Autobahnkreuz Nürnberg-Süd
6	A 7	Von Anschlussstelle Schleswig/Jagel bis zur Anschlussstelle Hamburg-Schnelsen-Nord, von der Anschlussstelle Soltau-Süd bis Anschlussstelle Göttingen-Nord, von Autobahndreieck Schweinfurt/Werneck über Autobahnkreuz Biebelried, Autobahnkreuz Ulm/Elchingen und Autobahndreieck Allgäu bis zum Autobahnende Bundesgrenze Füssen
7	A 8	von Autobahndreieck Karlsruhe bis Anschlussstelle München-Obermenzing und von Anschlussstelle München-Ramersdorf bis Anschlussstelle Bad Reichenhall
8	A 9/E 51	Berliner Ring (Abzweig Leipzig/Autobahndreieck Potsdam) bis Anschlussstelle München-Schwabing
9	A 10	Berliner Ring, ausgenommen der Bereich zwischen der Anschlussstelle Berlin-Spandau über Autobahndreieck Havelland bis Autobahndreieck Oranienburg und der Bereich zwischen dem Autobahndreieck Spreeau bis Autobahndreieck Werder
10	A 45	von Anschlussstelle Dortmund-Süd über Westhofener Kreuz und Gambacher Kreuz bis Seligenstädter Dreieck
11	A 61	von Autobahnkreuz Meckenheim über Autobahnkreuz Koblenz bis Autobahndreieck Hockenheim
12	A 81	von der Anschlussstelle Stuttgart-Zuffenhausen bis Anschlussstelle Gärtringen
13	A 92	von Autobahndreieck München-Feldmoching bis Anschlussstelle Oberschleißheim und von Autobahnkreuz Neufahrn bis Anschlussstelle Erding
14	A 93	von Autobahndreieck Inntal bis Anschlussstelle Reischenhart

Autobahnen und Kraftfahrstraßen § 18 StVO

Lfd. Nr.	Autobahn	Streckenbeschreibung
15	A 99	von Autobahndreieck München Süd-West über Autobahnkreuz München-West, Autobahndreieck München-Allach, Autobahndreieck München-Feldmoching, Autobahnkreuz München-Nord, Autobahnkreuz München-Ost, Autobahnkreuz München-Süd sowie Autobahndreieck München/Eschenried
16	A 215	von Autobahndreieck Bordesholm bis Anschlussstelle Blumenthal
17	A 831	von Anschlussstelle Stuttgart-Vaihingen bis Autobahnkreuz Stuttgart
18	A 980	von Autobahnkreuz Allgäu bis Anschlussstelle Waltenhofen
19	A 995	von Anschlussstelle Sauerlach bis Autobahnkreuz München-Süd.

(3) Das Verbot des Absatzes 1 gilt außerdem für folgende Bundesstraßen außerhalb geschlossener Ortschaften in beiden Fahrtrichtungen:

Lfd. Nr.	Bundesstraße	Streckenbeschreibung
1	B 31	von Anschlussstelle Stockach-Ost der A 98 bis Anschlussstelle Sigmarszell der A 96.
2	B 96/E 251	Neubrandenburger Ring bis Berlin.

§ 2

(1) § 1 gilt nicht für Fahrzeuge
4. der Polizei einschließlich der Bundespolizei,
5. des öffentlichen Straßendienstes der Verwaltung,
6. der Feuerwehr und des Katastrophenschutzes, soweit die Voraussetzungen des § 35 Abs 4 der Straßenverkehrs-Ordnung vorliegen,
7. der Bundeswehr sowie der von der Bundeswehr beauftragten gewerblichen Transportdienstunternehmen, soweit das für Fragen des Verkehrs und Transports und der Logistik zuständige Kommando ein dringendes Erfordernis festgestellt hat,
8. der Truppen der nichtdeutschen Vertragsstaaten des Nordatlantikvertrages und der Mitgliedstaaten der Europäischen Union im Falle dringender militärischer Erfordernisse,
9. die auf Grundlage des Bundesleistungsgesetzes, des Verkehrssicherstellungsgesetzes oder des Verkehrsleistungsgesetzes zur Sicherung ausreichender Verkehrsleistungen herangezogen werden.

(2) Bei Fahrten mit Fahrzeugen, die
1. nach dem Bundesleistungsgesetz herangezogen werden (Absatz 1 Nr 4 oder 6), ist der Leistungsbescheid,
2. nach dem Verkehrssicherstellungsgesetz herangezogen werden (Absatz 1 Nr 6), ist der jeweilige Verpflichtungsbescheid

mitzuführen und auf Verlangen den zur Überwachung zuständigen Personen zur Prüfung auszuhändigen.

(3) Die Befreiungen nach Absatz 1 dürfen unter gebührender Berücksichtigung der öffentlichen Sicherheit und Ordnung in Anspruch genommen werden.

§ 3

(1) § 1 gilt ferner nicht für
1. kombinierten Güterverkehr Schiene-Straße vom Versender bis zum nächstgelegenen Verladebahnhof oder vom nächstgelegenen Entladebahnhof bis zum Empfänger,
2. kombinierten Güterverkehr Hafen-Straße zwischen Belade- oder Entladestelle und einem innerhalb eines Umkreises von höchstens 150 Kilometern gelegenen Hafen (An- oder Abfuhr),
3. Beförderungen von
   a) frischer Milch und frischen Milcherzeugnissen,
   b) frischem Fleisch und frischen Fleischerzeugnissen,
   c) frischen Fischen, lebenden Fischen und frischen Fischerzeugnissen,
   d) leichtverderblichem Obst und Gemüse,
4. Leerfahrten, die im Zusammenhang mit Fahrten nach Nummer 2 stehen.

(2) Für alle geladenen Güter sind die vorgeschriebenen Fracht- oder Begleitpapiere mitzuführen und zuständigen Personen auf Verlangen zur Prüfung auszuhändigen.

§ 4

(1) Die Straßenverkehrsbehörden können Ausnahmen vom Verbot des § 1 in dringenden Fällen genehmigen, wenn eine Beförderung mit anderen Verkehrsmitteln nicht möglich ist.

(2) Örtlich zuständig für die Erteilung von Ausnahmegenehmigungen nach Absatz 1 ist die Straßenverkehrsbehörde, in deren Bezirk die Ladung aufgenommen wird oder die Straßenverkehrsbehörde, in deren Bezirk der Antragsteller seinen Wohnort, seinen Sitz oder eine Zweigniederlassung hat. Wird die Ladung außerhalb des Geltungsbereichs dieser Verordnung aufgenommen, so ist die Straßenverkehrsbehörde zuständig, in deren Bezirk die Grenzübergangsstelle des Geltungsbereichs dieser Verordnung liegt.

(3) Die zuständigen obersten Landesbehörden oder die nach Landesrecht bestimmten Stellen können von allen Vorschriften dieser Verordnung Ausnahmen für bestimmte Einzelfälle oder allgemein für bestimmte Antragsteller genehmigen. Erstrecken sich die Auswirkungen der Ausnahme über ein Land hinaus und ist eine einheitliche Entscheidung notwendig, so ist das Bundesministerium für Verkehr und digitale Infrastruktur zuständig.

(4) Die Ausnahmegenehmigung ist schriftlich zu erteilen. Der Bescheid über die Erteilung der Ausnahmegenehmigung ist mitzuführen und auf Verlangen zuständigen Personen zur Prüfung auszuhändigen.

§ 5

Ordnungswidrig im Sinne des § 24 des Straßenverkehrsgesetzes handelt, wer vorsätzlich oder fahrlässig
1. entgegen § 1 ein Kraftfahrzeug führt oder das Führen eines Kraftfahrzeuges zuläßt oder
2. entgegen § 2 Abs 2 den Leistungsbescheid oder einen Verpflichtungsbescheid oder entgegen § 3 Abs 2 vorgeschriebene Fracht- oder Begleitpapiere oder entgegen § 4 Abs 4 Satz 2 die Ausnahmegenehmigung nicht mitführt oder zuständigen Personen auf Verlangen zur Prüfung nicht aushändigt.

§ 6

(aufgehoben)

§ 7 Inkrafttreten

(nicht abgedruckt)

VwV – StVO

Zu § 18 Autobahnen und Kraftfahrstraßen

Vgl. zu den Zeichen 330.1, 331.1, 333, zu den Zeichen 330.2 und 331.2 und zu den Zeichen 330.1, 331.1, 330.2 und 331.2.   **1**

Übersicht

	Rn
1. Grundlagen	1
2. Abs 1: Zugelassene Fahrzeuge	3
a) Satz 1: Mögliche Mindestgeschwindigkeit	3
b) Satz 2: Umfang der Kraftfahrzeuge	4
c) Satz 3: Sonderregelung für Kühl-Fze	5
d) FerienreiseVO	6
3. Abs 2: Einfahrt	7
4. Abs 3: Vorfahrt	7a
5. Abs 4: Überholen	14
6. Abs 5: Geschwindigkeit	16
a) Abs 5 Satz 1: Innerhalb geschlossener Ortschaften	16
b) Abs 5 Satz 2: Geschwindigkeitsbeschränkungen	17
c) Abs 6: Geschwindigkeit bei Abblendlicht	18
7. Abs 7: Wenden und Rückwärtsfahren	19
a) Allgemeines	19
b) Wenden	20
c) Rückwärtsfahren	21
8. Abs 8: Haltverbot	22
9. Abs 9: Fußgänger/Zu Fuß Gehende	24
10. Abs 10: Ausfahrt	25
11. Zivilrecht/Haftungsverteilung	26
a) Auffahrt auf Autobahn	26
b) Abfahren von Autobahn	29
c) Sichtfahren auf Autobahnen/Auffahrunfall	31a
d) Überschreiten der Richtgeschwindigkeit	31b
12. Zuwiderhandlungen	32
13. Literatur	36

1. Grundlagen. Die Vorschrift fasst alle Regelungen über die Benutzung der **1** **ABen** u **Kraftfahrstr** zusammen. Nach dem Weltabkommen (s E 97) unterscheiden sich die ABen von den Kraftfahrstr im wesentlichen nur dadurch, dass jene kreuzungsfrei sein müssen, diese es nicht zu sein brauchen. Die Benutzungsvorschriften für beide Arten sind dieselben. Soweit nicht für die Kraftfahrstr etwas Abweichendes bestimmt ist – hauptsächlich wegen der Möglichkeit von höhengleichen Kreuzungen –, gelten daher die Vorschriften des § 18 für beide Straßenarten. Die Eigenschaft einer Str als AB oder Kraftfahrstr wird nicht durch begriffliche Merkmale oder ihren Ausbau, sondern durch die rechtsgestaltende Wirkung der

StVO § 18 I. Allgemeine Verkehrsregeln

Z 330.1 u 331.1 begründet (ebenso OLG Hamm VRS 48, 65; Bay VRS 58, 154; OLG Düsseldorf DAR 97, 319 u OLG Karlsruhe VRS 60, 227 = StVE § 42 StVO 4). Zur „Autobahn" gehören daher formell alle hinter dem Z 330.1 befindlichen durchgehenden Fahrbahnen, Einfädelungs-, Ausfädelungs- u Seitenstreifen, Verbindungsrampen an Knotenpunkten, die inneren Schleifen u direkten Verbindungen (BGH VM 63, 80; Bay StVE 20) auch zwischen Ein- u Ausfahrten (s BGHSt 18, 188 u Bay 82, 104 = StVE 30a), sowie die Rastplatzzufahrten, Parkplätze u Flächen der Nebenbetriebe (Booß Anm 1 zu § 18 u Bay StVE 23 jew mwN). Doch nicht alle Vorschriften des § 18 gelten hier ausnahmslos; vgl zB Rn 19 u 22 ff; insb Parkplätze, Tank- u Raststättengelände unterliegen nicht durchweg den strengen Regeln des § 18 (s zB Bay StVE 20; OLG Düsseldorf VM 79, 43 m zutr abl Anm Booß u OLG Frankfurt VRS 57, 311; OLG Koblenz NZV 94, 83 = VM 94, 21 m abl St Booß), da diese Bereiche anderen Zwecken als dem SchnellV dienen (s auch OLG Hamm StVE 24 = VRS 59, 458 mwN). – Zum Abschleppen auf der AB s § 15a.

2   **Widmung** nach dem BFStrG ist nicht maßgebend (VwV zu Z 330 III). Die **Z 448–453** enthalten nur Hinweise, keine RVorschriften. Das **Z 460 – Bedarfsumleitungen** für den AutobahnV – ermöglicht Umleitungen des Verkehrs, bes bei Überfüllung von ABen, Unfällen usw; die aufgezeichnete Nummer bedeutet nicht die Nummer der AB, sondern diejenige der Umleitung für die betr AB-Strecke (vgl VwV zu Z 460 III). **Z 406** soll eine bessere Orientierung an Knotenpunkten ermöglichen (s auch Z 448 u VwV zu Z 406).

3   **2. Abs 1: Zugelassene Fahrzeuge. a) Satz 1: Mögliche Mindestgeschwindigkeit.** Da die ABen dem SchnellV dienen, dürfen sie nur von Kfzen, wozu auch Krafträder gehören, benutzt werden, die schneller als 60 km/h fahren können. Maßgebend ist die im Fahrzeugschein eingetragene Geschwindigkeit (BGH(Z) VRS 27, 412). Auch zulassungsfreie Kleinkräder und Motorroller, die aber aufgrund ihrer Bauart die Mindestgeschwindigkeit erreichen, sind zugelassen; Fahrräder mit u ohne Hilfsmotor sind daher ausgeschlossen. Kfze, die infolge Maschinenschadens nur noch langsam fahren können, müssen schnellstmöglich aus dem fließenden Verkehr der AB entfernt werden (s auch § 15a), anderenfalls ist Fz-Führer für einen Auffahrunfall verantwortlich (OLG Köln NJW 65, 2310). Die Vorschrift verbietet aber nicht das Langsamfahren eines Kfz mit zulässiger Leistungsfähigkeit. Hierfür ist vielmehr § 3 II maßgebend, wobei allerdings auf ABen u Kraftfahrstr ein strengerer Maßstab als auf Str mit geringerer VBedeutung anzulegen ist.

4   **b) Satz 2: Umfang der Kraftfahrzeuge.** Satz 2: Der **Umfang** der **Kfze** darf die in § 32 StVZO für die Fze, in § 22 II StVO für Fz samt Ladung vorgeschriebenen Normalmaße nicht überschreiten. Das Privileg für land- u forstwirtschaftliche Fze gilt auf ABen u Kraftfahrstr nicht.

5   **c) Satz 3: Sonderregelung für Kühl-Fze.** Satz 3: Die **Sonderregelung für Kühl-Fze** (Breite 2,6 m) beruht auf der Ergänzung durch 11. ÄndVO entspr der 36. AusnVO zur StVZO (s auch § 22 II S 3).

6   **d) FerienreiseVO.** Die VO (oben vor Rn 1) verbietet Lkw-Verkehr v 1.7.–31.8. eines Jahres an allen Samstagen zwischen 7 u 20 Uhr auf bestimmten ABen. Die VO ist jetzt zeitlich unbefristet; sie ist verfassungskonform (vgl BVerfG VRS 37, 81). OWen s § 5 der FerienreiseVO (s auch § 30 Rn 7).

Autobahnen und Kraftfahrstraßen **§ 18 StVO**

3. Abs 2: Einfahrt. Abs 2: Die Einfahrt ist außerhalb der Anschlussstellen, Z 330.1, bzw der durch Z 331.1 gekennzeichneten Kreuzungen u Einmündungen unzulässig, auch wenn sie nach den örtl Gegebenheiten technisch möglich wäre, wie zB über den nur für Zulieferer einer Raststätte bestimmten Weg (OLG Koblenz VRS 65, 468 = StVE § 16 StVO 4). Benutzen Fze beim Einfädeln in die BAB in kurzem Abstand aufeinander den Einfädelungsstreifen, so gilt die Regel, dass das Einfahren nur hintereinander durchgeführt werden darf (OLG Hamburg NZV 00, 507). Die Einfahrt aus dem Seitenstreifen in die Fahrbahn ist erlaubt, erfordert aber bes Vorsicht (vgl § 10). 7

4. Abs 3: Vorfahrt. III verdrängt als **Spezialregelung** die des § 8. Der Verkehr auf der durchgehenden Fahrbahn, zu denen die Einfädelungsstreifen nicht gehören, hat Vorfahrt (BGH NJW 86, 1044), auf deren Beachtung er vertrauen darf (OLG Köln NZV 99, 43; NZV 06, 420); der Einfahrende ist also wartepflichtig u darf den durchgehenden weder behindern noch gefährden (KG Berlin VM 96, 5; KG Berlin NZV 00, 43; OLG Hamm DAR 01, 359). Eine Behinderung wird schon dann angenommen, wenn der Vorfahrtberechtigte zum Abbremsen veranlasst wird (OLG Karlsruhe NZV 96, 319). Allerdings ist zu berücksichtigen, dass dem „Einfädelnden" die Einfahrt auf die AB zu ermöglichen ist. Von einer Schadensquotelung ist daher auszugehen, wenn das vorfahrtberechtigte Fahrzeug hätte abbremsen oder auf die Überholspur hätte wechseln können (vgl Rn 25a ff). Ein Lkw-Fahrer, der sich auf der rechten Fahrspur einer AB befindet, hat damit zu rechnen, dass ein sich auf der Beschleunigungsspur rechts vor ihm befindliches Fahrzeuggespann auf die Fahrspur auffährt (OLG Hamm r+s 00, 452). 7a

Die **durchgehende Fahrbahn** ist ein durch § 18 III geschaffener, nicht nur für ABen u Kraftfahrstr, sondern auch für andere Str mit ähnlichem Ausbau der Anschlussstellen gültiger RBegriff. Er umfasst nach der amtl Begr alle Fahrstreifen für den durchgehenden Verkehr einschl der sog Kriechspuren, nicht aber die Beschleunigungsstreifen, die der zügigen Einfädelung in die AB einfahrenden Verkehrs dienen (BGH VRS 70, 184; OLG Karlsruhe NZV 96, 319). 8

Ein- und Ausfädelungsstreifen sind straßenbautechnisch vorübergehende Verbreiterungen der Fahrbahn um einen weiteren Fahrstreifen, der ausschl dem zügigen Einfädeln in den durchgehenden Verkehr (Einfädelungsstreifen) oder dem Abbiegen (Ausfädelungsstreifen) dient. Sie sind nach VwV zu Z 340 III durch Leitlinien in Form von Breitstrichen zu markieren u dürfen vom durchgehenden Verkehr – ebenso wie der Standspur – nur in Notfällen benutzt werden (OLG Frankfurt VRS 72, 40 = StVE 37a). Rechtlich – für die Anwendung der Fahrregeln – sind sie im Verhältnis zur „durchgehenden Fahrbahn" **selbstständige Fahrbahnen** (gehören also nicht zu diesen: BGH(Z) StVE 39; OLG Karlsruhe NVZ 96, 319; Begr), u zwar der Einfädelungsstreifen der letzte Teil der einmündenden, der Ausfädelungsstreifen der erste Teil der abbiegenden Fahrbahn. 9

Für das **Einfahren vom Einfädelungsstreifen** in die durchgehende Fahrbahn, das an jeder nicht (zB durch Z 295) gesperrten Stelle des Streifens in beliebiger Reihenfolge zulässig ist (Bay VM 70, 72; OLG Hamm VersR 78, 674), gelten daher die Regeln der Vorfahrt, nicht diejenigen der Benutzung derselben Fahrbahn, bes des Überholens (so schon zum alten R OLG Hamm VM 62, 126; Bay 70, 64 = VRS 39, 135; zum neuen R OLG Hamm DAR 75, 277). Nur der Verkehr auf der durchgehenden Fahrbahn (einschl der Kriechspur) hat nach § 18 III die Vorfahrt, nicht auch der auf der Verteilerfahrbahn (OLG Düsseldorf VRS 67, 375; KG Berlin NZV 00, 43; OLG Köln NZV 06, 420; Bouska NZV 10

StVO § 18 I. Allgemeine Verkehrsregeln

00, 31), doch auch, wer sich zügiger als sein Vordermann vom Einfädelungsstreifen auf die durchgehende Fahrbahn eingeordnet hat (kein Überholfall: Bay 70, 64 = VM 70, 72); er muss aber auf das alsbaldige Einfahren des anderen Rücksicht nehmen (OLG Hamm, r+s 00, 452; OLG Koblenz VRS 73, 65). Allerdings rechtfertigt das niedrige Beschleunigungsvermögen eines voll beladenen Sattelzuges keinen „gewaltsamen" Spurwechsel vom Einfädelungsstreifen der AB ohne Rücksicht auf den durchgehenden Verkehr (OLG Hamm NZV 01, 85).

Auf allen Einfädelungsstreifen, nicht nur auf ABen u Kraftfahrstr, darf nach § 42 VI 1e schneller gefahren werden als auf der durchgehenden Fahrbahn; kein Überholfall (s § 5 Rn 59 f)! Die Vorfahrt auf der durchgehenden Fahrbahn steht nur demjenigen zu, der auf ihr durchfährt, nicht auch demjenigen, der aus ihr auf den Einfädelungsstreifen abbiegen will (OLG Braunschweig VRS 50, 386; zw).

11 Abbiegen auf Ausfädelungsstreifen: Das Richtungszeichen ist rechtzeitig vor dem Abbiegen auf den Streifen zu setzen; auf ihm darf es eingezogen werden. Auf Ausfädelungsstreifen ist die Geschwindigkeit zwar idR schon aus baulichen Gründen herabzusetzen; wird hier aber schneller gefahren als (ein langsamer Lastzug) auf der durchgehenden Fahrbahn, so ist dies zwar kein verbotenes „Überholen" (s § 5 Rn 59), doch nach § 42 VI 1 f S 2 verboten (krit dazu m Recht Felke DAR 89, 179 u Verf DAR 89, 410). Ein Kf, der vom Ausfädelungsstreifen auf die durchgehende Fahrbahn überwechselt, fährt in diese aus einem „anderen Straßenteil" iS des § 10 ein. Wer auf der durchgehenden Fahrbahn an einem langsameren Benutzer des Ausfädelungsstreifens vorbeigefahren ist, um sich vor diesen auf den Ausfädelungsstreifen setzen will, „biegt" auf diesen „ab" u hat die Pflichten aus § 9 I S 4 gegenüber dem nachfolgenden Verkehr zu beachten; weder Überholnoch Vorfahrtfall. Vgl Mühlhaus DAR 75, 64, 67. Halteverbot s § 12 I 3.

12 Derjenige verstößt gegen § 1 II, der kurz vor einer Einfahrt von der Überholspur auf die rechte Fahrbahn hinüberwechselt, obwohl ein anderer im Begriff ist, einzufahren. Auf ABen u Kraftfahrstr ist es auch üblich geworden, bei Annäherung an Einfahrten, insb wenn sie spitzwinkelig einmünden (Einfädelungsstreifen), auf die Überholspur zu wechseln, um anderen VT das Einfahren in die Schnellstraße zu erleichtern (krit hierzu Janiszewski Gedenkschrift für K. H. Meyer); verlassen darf sich der Einfahrende auf dieses Ausweichmanöver jedoch nicht (OLG Koblenz VRS 86, 429), auch nicht, wenn der Durchfahrende links blinkt (OLG Hamm ZfS 93, 365). Er verletzt die Vorfahrt gröblich, wenn er in eine AB einfährt, obwohl auf dem rechten Fahrstreifen bereits ein anderes Fz nahe herangekommen ist u durch das Einfahren auf die Überholspur abgedrängt oder zum Bremsen gezwungen wird (OLG Köln VRS 28, 143; VRS 65, 68); der Einfahrende darf auch nicht in einem Zuge auf die Überholspur wechseln, wenn dabei eine Gefährdung schnell Herankommender nicht ausgeschlossen ist (BGH(Z) VRS 70, 184 = StVE 39); fahren diese auf, haftet er allein (OLG Hamm NZV 92, 350; 94, 229).

13 Die zunehmende Häufigkeit dieser **Einfahr-Unsitte** hat den BGH(Z) VRS 63, 10) zu der Feststellung veranlasst, dass der sonst bei Auffahrunfällen übliche Beweis des ersten Anscheins für ein Verschulden des Auffahrenden für den die AB benutzenden, bevorrechtigten Auffahrenden dann nicht gilt, wenn sich der Auffahrunfall im zeitlichen u räumlichen Zusammenhang mit dem Einfahren eines Fz ereignet hat (s auch OLG Celle VRS 82, 426; OLG Koblenz VRS 86, 429). Der Anscheinsbeweis gilt vielmehr umgekehrt: Alleinverschulden des Einfahrenden an dem (Auffahr-)Unfall (OLG Köln NZV 06, 420), s auch unten Rn 26 ff; anders

Autobahnen und Kraftfahrstraßen § 18 StVO

aber, wenn der Unfallort unklar ist (OLG Frankfurt BeckRS 15, 2016). Ist die Sichtmöglichkeit auf die rückwärtige Fahrbahn wegen deren kurvenförmigen Verlaufs gering, so dürfen schwerfällige Lkw u Lastzüge erst am Ende des Einfädelungsstreifens in die durchgehende Fahrbahn einfahren, um nachfolgenden Fz-Führern eine größere Sichtweite auf ihr Einfahrmanöver einzuräumen (OLG Frankfurt VRS 50, 202). Ein vom Einfädelungsstreifen einfahrender Sattelzug muss den bevorrechtigten Verkehr auf sich und den beabsichtigten Spurwechsel durch vorsichtiges Heranfahren an die linke Fahrbahnmarkierung, frühzeitiges Einschalten des linken Fahrtrichtungsanzeigers oder des Warnlichts aufmerksam machen (OLG Hamm NZV 01, 85). Grobe Verstöße gegen III stellen bei Vorhandensein der sonstigen Voraussetzungen Verkehrsgefährdung nach § 315c I 2a StGB dar (s dazu unten Rn 33 f).

5. Abs 4: Überholen. Abs 4 (Überholen) wurde durch die 9. ÄndVO gestrichen. Die bisher hier nur für Schnellstr vorgesehen gewesene verschärfte Sorgfaltspflicht gegenüber Nachfolgenden gilt jetzt nach § 5 IV S 1 allg für alle Str (s § 5 Rn 33). Dadurch soll auch verdeutlicht werden, dass sich der Überholer auch auf den in § 18 behandelten Schnellstr entspr den beim Überholen allg geltenden Regeln des § 5 ebenfalls baldigst wieder rechts einordnen muss (s § 5 IV S 3; Begr 9. ÄndVO). 14

Wer auf der **Kriechspur** (s § 5 Rn 59a) an einem weiter links befindlichen Fz vorbeifährt, überholt vorschriftswidrig rechts (BGHSt 23, 128; s dazu § 5 Rn 58 f). – Zum Rechtsüberholen auf ABen u zum schnelleren Fahren auf Ein- und Ausfädelungsstreifen s oben Rn 10. 15

6. Abs 5: Geschwindigkeit. a) Abs 5 Satz 1: Innerhalb geschlossener Ortschaften. Abs 5 S 1 enthält eine bundesweite, abschl Regelung, die entgegenstehende auf Landesebene ausschließt (**E** 157–159). Die nach § 44 zuständigen VBn können deshalb Geschwindigkeitsbeschränkungen allenfalls unter den Voraussetzungen des § 45 I für einzelne Abschnitte anordnen (s dazu VG Schleswig NZV 91, 127; VG Koblenz DAR 93, 310 [nicht rkr]; § 45 Rn 2). – Die Geschwindigkeitsgrenze des § 3 III 1 gilt nach § 18 V S 1 nicht für innerörtl ABen, wohl aber für Kraftfahrstr. – Die „goldene Regel" des Fahrens auf Sicht (§ 3 Rn 4) gilt – auch bei Dunkelheit – auf ABen u Kraftfahrstr (s. Rn 31a). 16

b) Abs 5 Satz 2: Geschwindigkeitsbeschränkungen. Abs 5 S 2 enthält **Geschwindigkeitsbeschränkungen** für bestimmte Fz-Arten. Er tritt innerhalb wie außerhalb geschl Ortschaften an Stelle des § 3 III 2; außerhalb geschl Ortschaften gilt er auch auf autobahnähnlich ausgebauten Kraftfahrstr. Das zu § 3 Rn 61 ff Ausgeführte gilt entspr. **Autobahn-Richtgeschwindigkeits-VO** s § 3 vor Anm 1, Rn 59 zu § 3. – Zwar begründet das Überschreiten der Richtgeschwindigkeit von 130 km/h auf deutschen Autobahnen kein Verschulden (BGH NJW 92, 1684), eine Überschreitung steht grds aber der Führung des Unanbwendbarkeitsbeweises gem § 17 III StVG entgegen da es idR die Betriebsgefahr erhöht (OLG Schleswig MDR 10, 144). Anders nur, wenn nachgewiesen werden kann, dass es auch bei einer Geschwindigkeit von 130 km/h zu einem Unfall mit vergleichbaren Folgen gekommen wäre (BGH NJW 92, 1684; OLG Hamm NZV 94, 193). Zur Haftungverteilung siehe auch Rn 31b. **Wohnmobile** bis 3,5 t sind hier nicht erfasst, wohl aber darüber (s auch OLG Braunschweig NZV 94, 80) u mit Anhänger, was in V 1 ausdrücklich vorgeschrieben ist. Wohnmobile ohne Anhänger von über 3,5 t bis 7,5 t dürfen nach der 12. AusnahmeVO (zunächst 17

StVO § 18 I. Allgemeine Verkehrsregeln

befristet bis 31.12.09) auf AB und Kraftfahrstr 100 km/h fahren. Aufgrund der 9. AusnahmeVO dürfen Gespanne (PKW mit Anhänger, mehrspurige Kfze bis 3,5 t mit Anhänger) auf AB und Kraftfahrstr 100 km/h fahren (zunächst befristet bis 31.12.2010). – Fehlt die nach V 3c (wenn auch nur zur pol Überwachung) vorgesehene Plakette, dürfen nur 80 km/h gefahren werden. Eine selbstfahrende Arbeitsmaschine mit einem zulässigen Gesamtmasse von 3,5 t ist ein Kraftfahrzeug iSv § 18 V 2 S 1, für das die dort genannte Höchstgeschwindigkeit von 80 km/h gilt (OLG Düsseldorf NZV 99, 51).

18 **c) Abs 6: Geschwindigkeit bei Abblendlicht.** Die Vorschrift, die ebenfalls nur für ABen, nicht für Kraftfahrstr gilt, enthält keine Ausn vom Gebot des Fahrens auf Sichtweite, das auch hier zu beachten ist (BGH(Z) VRS 67, 195 = StVE 35; OLG Hamm NZV 00, 369), sondern will nur – im Anschl an BGHSt 16, 145, 151 – zum Ausdruck bringen, dass die Geschwindigkeit nicht der Reichweite der abgeblendeten Scheinwerfer angepasst sein muss, wenn mit Hilfe der angegebenen anderen Lichtquellen u der Tatsache, dass das auf demselben Fahrstreifen (OLG Köln NZV 93, 271) vorausfahrende Fz die Strecke ohne Behinderung durchfahren hat, sicher gefolgert werden kann, dass die Fahrbahn jedenfalls in dem Augenblick frei von Hindernissen war, als das vordere Fz durchfuhr; dann verpflichten dunkle Stellen zwischen dem vorderen Fz u der Reichweite der eigenen Scheinwerfer nicht zum Fahren auf Reichweite der letzteren. Bei Dunkelheit ist auch auf der AB das Fahren mit einer Geschwindigkeit von 130 km/h und mehr mit Abblendlicht mit dem Sichtfahrgebot nicht vereinbar, sofern die bes Voraussetzungen der Lockerung des Fahrens auf Sicht nach § 18 Abs 6 nicht vorliegen (OLG Hamm NZV 00, 369); Zum Sichtfahrgebot auf Autobahnen bei Dunkelheit sind im Einzelfall Quoten von 20% bis 1/3 betreffend den Auffahrenden möglich, vgl auch Rn 31a sowie Grüneberg Rn 135.

Die Bestimmung bedeutet demnach nicht eine Durchbrechung, sondern lediglich eine Modifizierung des Grundsatzes des Fahrens auf Sichtweite, die ihre Rechtfertigung darin findet, dass auf ABen weniger als auf anderen Str damit gerechnet werden muss, dass von der Seite her Menschen entgegen IX in die Fahrbahn gelangen (vgl § 3 Rn 4 ff; BGH(Z) aaO; OLG München NZV 93, 26). Sie gilt daher nicht, wenn der Kf Anhaltspunkte für eine bestimmte Gefahrenlage erkennt, zB mit Fußgängern auf der Fahrbahn rechnen muss, die für ein liegen gebliebenes Fz Hilfe holen wollen (OLG Düsseldorf VM 79, 84). Auf Hindernisse, die gemessen an den jew herrschenden Sichtbedingungen erst außergewöhnlich spät erkennbar werden, braucht er seine Geschwindigkeit aber nicht einzurichten (BGH(Z) aaO; OLG Hamm VRS 75, 91).

19 **7. Abs 7: Wenden und Rückwärtsfahren. a) Allgemeines.** Das Verbot gilt nur für ABen u Kraftfahrstr (Def s 1; s auch § 9 Rn 60). Es erstreckt sich auch auf die Zu- u Abfahrtsspuren (auch von AB-Raststätten: Bay VM 80, 47; OLG Hamm VRS 59, 458), auf die parallel zur Hauptfahrbahn verlaufende Verbindungsfahrbahn zwischen Aus- u Zufahrt (BGHSt 31, 71; s aber Bay StVE 30a) u auf die Standspur (OLG Oldenburg VRS 60, OLG Düsseldorf VRS 68, 141; 71, 459); nicht aber auf den vor dem Z 330.1 befindlichen Teil der AB-Zufahrt (OLG Düsseldorf DAR 97, 319) sowie auf die Parkplätze u das Gelände von Tankstellen u Raststätten selbst (s oben Rn 1; Bay VRS 58, 154) u anschl, nicht öff Gelände (OLG Düsseldorf VRS 64, 306), wenn der Vorgang nur dort ohne Benutzung auch der Fahrbahn durchgeführt wird. Kein Wenden liegt vor, wenn der Fahrer vor Erreichen der durchgehenden Fahrbahn nach links in eine parallel zur AB verlaufende Verbindungsbahn (Umfahrspur) einbiegt u diese entgegen deren Fahrtrichtung befährt, sondern (zweimaliges) Linksabbiegen in eine andere Str (BGH aaO; aA OLG Celle VM 80, 102; zum Wenden s § 9 Rn 56 ff). Kein Wenden iSv § 18 VII ist, wenn der Betroffene lediglich abbremst/anhält, um bei der nächsten Gelegenheit zu wenden (BayOLG NZV 1997, 766). Wer auf der Autobahn entgegen der vorgeschriebenen Fahrtrichtung fährt („**Geisterfahrer**") verstößt nicht gegen § 18 Abs 7, sondern gegen das Verbot der Fahrbahnbenutzung gem § 2 Abs 1. Bei einem gemeldeten „**Falschfahrer**" ist scharf rechts zu fahren, jedes Überholen zu unterlassen, ebenso wie das Einschalten der Warnblinkanlage zulässig ist.

b) Wenden. Da das **Wenden** (Def § 9 Rn 56; Krumm DAR 10, 114) bes 20 gefährlich ist, ist es auf ABen u Kraftfahrstr grundsätzlich verboten (Bay VRS 58, 154), auch wenn es unter Benutzung eines rechts oder links der Fahrbahn gelegenen Parkplatzes (Bay VRS 62, 143; OLG Koblenz NZV 92, 406) oder bei teilweiser Sperrung der AB erfolgt (OLG Hamm NZV 98, 40). Nach BGH (NZV 02, 376; vorausgehend aA Bay NZV 01, 526) liegt ein Wenden iSv Abs 7 hingegen nicht vor, wenn der Betroffene sein Fz unter Einbeziehung von zwei gegenüberliegenden Parkplätzen in der Weise in die der bisherigen Fahrrichtung entgegengesetzten Richtung bringt (s a OLG Stuttgart NZV 01, 179). Daher kann entschuldigt sein, wer bei Nacht auf der AB auf ein wendendes Fz auffährt, da er hiermit nicht rechnen muss (BGH VersR 60, 802; VRS 14, 89). Nach OLG Hamm (VRS 45, 256) soll das Wenden auf einer **Kraftfahrstr** auch dann verboten sein, wenn im Zuge einer Straßeneinmündung der QuerV den Mittelstreifen überqueren darf (ebenso auch OLG Düsseldorf NZV 00, 176 für eine ampelgesicherte Unterbrechung des die Richtungsfahrbahn trennenden Mittelstreifens; zw). Eine Ausnahme kann uU unter größtmöglicher Vorsicht gerechtfertigt sein, wenn es das sicherste Mittel zur Gefahrenbeseitigung (etwa bei Verlust von Ladegut) ist; s Rn 21.
Kreuzt aber die Querstr die Kraftfahrstr u darf aus dieser nach links abgebogen werden, so dürfte an dieser Stelle das Wendeverbot unterbrochen sein, da das Wenden keine höheren Gefahren für den fließenden Verkehr mit sich bringt als das Aus- u Einbiegen über den Mittelstreifen (Mühlhaus DAR 77, 11). – Wenden als VGefährdung s § 315c I Nr 2 f StGB; zum Rechtfertigungsgrund s Rn 35.

c) Rückwärtsfahren. Rückwärtsfahren (Def s § 9 Rn 67) auf der AB kann 21 als reine Notmaßnahme, zB beim Verlust eines Gepäckstücks oder eines Zubehörteils des Kfz, nicht aber wegen Verpassens einer Ausfahrt (s Rn 19) – u zwar auf dem Seitenstreifen – durch Notstand gerechtfertigt sein, wenn dadurch die Beseitigung einer Gefahr für nachfolgende VT sicherer u schneller erreicht werden kann, als wenn der Fz-Führer auf dem Seitenstreifen anhält u zu Fuß zurückläuft (anders OLG Düsseldorf ZfS 91, 394 bei bloßem Verlust einer Brieftasche; unten Rn 35). Ausnahmsweise kann es auch auf einer sog Umfahrspur erlaubt sein, soweit der betr Teil vornehmlich dem ruhenden Verkehr (Tankvorgang) dient (OLG Celle VRS 61, 66 = StVE 27). Das Zurücksetzen aus einer Nebenstr in die Kraftfahrstr, um in der Gegenrichtung fortzufahren, ist verbotenes Rückwärtsfahren (Bay NZV 96, 161). – Wegen der sog „**Geisterfahrer**" s Rn 34 u § 315c I Nr 2 f StGB.

8. Abs 8: Haltverbot. Zur Def des Haltens s Rn 3 zu § 12. – Das **Haltverbot** 22 erstreckt sich **auf alle Teile der AB,** welche der Sicherheit u Leichtigkeit des

Verkehrs dienen, auch auf Anschlussstellen (OLG Karlsruhe DAR 02, 34; OLG Frankfurt DAR 01, 504 für Abbiege-/Einfädelspur s auch OLG Frankfurt VRS 102, 344; OLG Karlsruhe DAR 02, 34 es sei denn zwingender Grund), auf die im AB-Bereich liegenden Zu- u Abfahrten von Parkplätzen (Bay VRS 59, 54 = StVE 23), AB-Tankstellen (OLG Düsseldorf VM 66, 127 bzgl Rückwärtsfahren) u -Raststätten (Bay VRS 58, 154 = StVE 20 bzgl Rückwärtsfahren) sowie auf Seitenstreifen (OLG Hamm VersR 91, 83). Hier haltende Fze könnten die Sicherheit u Leichtigkeit des auch in diesen Bereichen bestehenden SchnellV erheblich stören u den zu- u abfahrenden Verkehr gefährden (Bay StVE 23). Es erstreckt sich aber auch natürlich nicht auch auf die entspr abgegrenzten Parkplätze u Tankstellen selbst (OLG Koblenz DAR 94, 76; abl Booß VM 94, 16) u auch nicht auf die nicht der Sicherheit des SchnellV dienenden AB-Teile, wie eine Str, die von der Zufahrtstr zu einer Raststätte abzweigt (Bra VRS 32, 375).

23 Kann ein Fz, das sich auf der Überholspur befindet, seine Fahrt nicht fortsetzen, so muss der Fz-führer es notfalls auf dem Mittelstreifen bzw äußerst links an der Leitplanke abstellen (OLG München NZV 97, 231; OLG Zweibrücken NZV 01, 387; AG Hildesheim ZfS 99, 374), wenn es den Seitenstreifen nicht mehr gefahrlos erreichen kann. Die Fahrbahn ist, wenn irgend möglich, freizumachen. Nach einem **Unfall** muss auch auf der AB angehalten werden, um die Feststellungen abzuwarten. Dann gilt § 11 II; beachte § 34 I Nr 2. Zwingende Notwendigkeit, zB eine nach § 323c StGB gebotene Hilfeleistung, rechtfertigt das Halten (BGH VRS 49, 327; OLG Karlsruhe DAR 02, 34; s auch OLG Schleswig NZV 93, 109). Wer auf der AB halten muss, ist in bes Maße zur Sicherung nach rückwärts verpflichtet (§ 15). Auf dem **Seitenstreifen** darf nur in Notfällen vorübergehend gehalten u auch ein liegen gebliebenes Kfz (s dazu Rn 4 zu § 15) nicht länger als nötig stehengelassen werden (OLG Köln VM 74, 20 u OLG Düsseldorf VRS 58, 281 = StVE 18; s auch Rn 23 zu § 23 u § 12 Rn 4).

24 **9. Abs 9: Fußgänger/Zu Fuß Gehende.** Abs 9: Fußgänger dürfen ABen überhaupt nicht, Kraftfahrstr nur nach Maßgabe des S 2 betreten. Ausn: Notstand, Unfallsicherung (s mit der nötigen Vorsicht auch OLG München NZV 1997, 231; NZV 94, 399: Benutzung der sog Standspur zur Benachrichtigung der Pol). Anhalter, die sich an den Anschlussstellen oder gar am Fahrbahnrand der Autobahn aufstellen, verstoßen eindeutig gegen § 18 Abs 9.

25 **10. Abs 10: Ausfahrt.** Abs 10: Die Ausfahrt ist für ABen in S 1, für Kraftfahrstr in S 2 unterschiedlich geregelt. Die **Z 332.1 u 333** haben rechtsbegründende Wirkung, indem sie die Erlaubnis zum Verlassen der AB gewähren, wobei eines dieser Z genügt, wenn auch außerhalb geschl Ortschaften beide aufgestellt sein müssen (VwV zu Z 332.1 u 333). Da beim Ausfahren die Regeln des Einfahrens entsprechend gelten, hat derjenige, der ausfährt, die Änderung seiner Fahrtrichtung rechtzeitig durch Rechtsblinken anzuzeigen (LG Berlin NZV 00, 45). Ist eine **Kraftfahrstr** wie eine AB ausgebaut u sind ihre Ausfahrten mit AB-Ausfahrten gekennzeichnet, so gilt auch für § 18 X S 1 entspr. Wer eine solche Kraftfahrstr über eine Zufahrt verlässt, wendet nicht, verstößt aber nach OLG Hamm (VRS 48, 65) gegen § 18 X. Die aus der AB hinausführende **Abfahrtspur** ist eine selbstständige Fahrbahn. Wer auf sie ausbiegt, hat RichtungsZ zu geben u den bereits auf ihr befindlichen rückwärtigen Verkehr zu beachten (OLG Hamm VM 68, 16). Zur unerlaubten Ausfahrt über den Wirtschaftsweg einer Raststätte s OLG Frankfurt VRS 57, 311; über eine Verbindungstangente s Bay 84, 54 = VRS 67, 142 m krit Anm Booß, VM 84, 71 u Hentschel NJW 85, 1316.

Autobahnen und Kraftfahrstraßen § **18 StVO**

11. Zivilrecht/Haftungsverteilung. a) Auffahrt auf Autobahn. Verkehrs- 26
teilnehmer, die sich bereits auf der Autobahn und damit auf den durchgehenden
Fahrspuren befinden, haben gem § 18 III StVO Vorfahrt vor Fahrzeugen, die auf
die Autobahn auffahren wollen. Regelmäßig trifft daher das Fahrzeug die volle
Haftung, das von einer Autobahnauffahrt oder einem Autobahnkreuz kommend
auf die Autobahn auffährt und dann einen Unfall verursacht (OLG Köln NZV
99, 43; NZV 06, 420). In diesen Fällen kann aber eine Berücksichtigung der
Betriebsgefahr (OLG Hamm NZV 93, 436 – 20%) möglich sein, wenn es sich
bei dem auffahrenden Fahrzeug zB um einen Lkw handelt, der wegen seiner
Schwerfälligkeit und geringen Beschleunigungsfähigkeit in besonderem Maße auf
Entgegenkommen der Vorfahrtberechtigten angewiesen ist. Eine volle Haftung
des Einfahrenden besteht allerdings idR dann, wenn er in einem Zug vom Einfädelungsstreifen auf die Überholspur wechselt (OLG Hamm NZV 92, 320; 94,
229; BGH MDR 86, 397). Auch die Möglichkeit trotz der Vorfahrt (§ 18 III
StVO) auf eine andere Spur auszuweichen bzw die Geschwindigkeit herabzusetzen, kann bei der Haftungsquotelung Berücksichtigung finden. Aber Mithaftung
des Spurwechslers (75%) bei Auffahrunfall nach verkehrsbedingtem Bremsen
wegen Bremswegverkürzung (OLG Hamm DAR 97, 44: hätte Spurwechsel
abbrechen müssen). **Einzelfälle:** Der Einfahrende muss sich vor dem Einfahren
vergewissern, dass der durchgehende Verkehr die Absicht des Spurwechsels wahrgenommen und auf sein Vorrecht verzichtet (§ 11 III StVO; OLG Hamm NZV
01, 85 – 75% zu 25% zu Lasten des auf die Autobahn Auffahrenden). Allerdings
hat ein Lkw-Fahrer, der sich auf der rechten Fahrspur einer Autobahn befindet,
damit zu rechnen, dass ein auf dem Einfädelungsstreifen rechts vor ihm befindliches Gespann am Ende der Einfädelungsstreifen auf die Fahrbahn auffährt (OLG
Hamm NJW-RR 01, 165 – ⅓ Mithaft des Lkw). Der auf der Autobahn schon
Fahrende kann den vollen Schaden dann zu tragen haben, wenn er den Unfall
zwar nicht durch bloßes Gaswegnehmen, wohl aber durch leichtes Abbremsen
hätte verhindert werden können (OLG Karlsruhe NZV 96, 319).

Ereignet sich im **zeitlichen und räumlichen Zusammenhang mit den** 27
Einfahren ein Auffahrunfall, so spricht – anders als sonst – der Beweis des ersten
Anscheins nicht für ein Verschulden des Auffahrenden (s Rn 13). Der Anscheins-
beweis spricht dann gegen den Einfahrenden (OLG Köln VersR 93, 361 u NZV
06, 420). Dies gilt nur dann nicht, wenn der Unfallort selbst unklar ist (OLG
Frankfurt BeckRS 16, 07913).

Aber auch bei einem Auffahrunfall auf der Autobahn kann der Anscheinsbeweis
greifen. Das Auffahren selbst reicht hierfür allerdings als Grundlage nicht aus,
wenn zuvor ein Spurwechsel des Vorausfahrenden vorliegt. Bestreitet der Vorausfahrende den Spurwechsel und ist dieser nicht bewiesen, bleibt für die Abwägung
allein der Auffahrunfall maßgeblich. Der Vorausfahrende muss nicht beweisen,
dass ein Spurwechsel nicht stattgefunden hat (BGH BeckRS 2016, 113220).

Ein Kraftfahrer, der sich nach einem Unfall kurzzeitig neben seinem Fahrzeug 28
auf dem Grünstreifen aufhält, trifft grds bei einer Verletzung durch einen zweiten
Unfall kein Verschulden (OLG München NZV 97, 231).

b) Abfahren von Autobahn. Kommt es beim Abfahren von der Autobahn 29
zu einem Unfall, so nehmen die Gerichte im Normalfall eine Schadensteilung
vor. Die Quotelung erfolgt aber idR nicht hälftig. Vielmehr trifft den Fahrer
des abfahrenden Fahrzeuges grds der höhere Haftungsanteil, weil ihn erhöhte
Sorgfaltspflichten treffen (LG Berlin NZV 00, 45 – ⅓ zu ⅔). Der Abfahrer

wechselt kurz vor der Ausfahrt von der Überholspur über die rechte Spur in die Ausfahrt (mind 80% Haftung, OLG Celle VersR 68, 178).

30 Auf einer AB ist mit einem **Wendevorgang oder Rückwärtsfahren** nicht zu rechnen. Deshalb haftet regelmäßig der wendende/rückwärts fahrende Fz-Führer allein (vgl Grüneberg Rn 256 ff).

31 Da **Fußgängern** gem. Abs 9 das Betreten der AB untersagt ist, trifft sie bei einem Zusammenstoß idR die volle Haftung (LG Köln r+s 86, 7). Auf AB (Zubringer) ist nicht gerade mit betrunkenen Fußgängern zu rechnen, aber wg grds Pflicht zur Sichtgeschwindigkeit Haftung 30% bis 70% zu Lasten des Fußgängers (OLG Hamm DAR 97, 41).

31a c) **Sichtfahren auf Autobahnen/Auffahrunfall.** Ausgehend von einer grundsätzlichen Alleinhaftung des Auffahrenden, können sich die Haftungsquoten beim **Sichtfahren auf Autobahnen bei Dunkelheit** durchaus umkehren. Grundsätzlich muss zwar der Fahrzeugführer auch mit unbeleuchteten Hindernissen rechnen (OLG Köln BeckRS 96, 13298; OLG Koblenz BeckRS 07, 12665). Etwas anderes gilt bei nachts schwer erkennbaren Hindernisse so etwa OLG Frankfurt NZV 91, 270: 20% für Pkw, der nachts auf einen auf der Autobahn liegenden Lkw-Reifen auffährt u nicht auf Sicht fuhr; einer grauen Auffahrrampe aus Metall (LG Hildesheim NZV 09, 560; Reifen- und Fahrzeugteile wie Spanngurte und Ratschen (OLG Köln BeckRS 14, 10198). Eine Mithaftung des Erstfahrzeuges kommt insb in Betracht wenn dieses sehr langsam fährt (BGH VersR 66, 148 – 33%; OLG Stuttgart VRS 103, 329 – 50%), unzureichend beleuchtet ist (BGH VersR 62, 1152 – 60%; LG Gießen VersR 93, 69: 80%) oder erst kurz vorher auf die Fahrspur aufgefahren ist (LG Gera NZV 99, 473 – 50%: LKW auf Überholspur); hier kann der Vorausfahrende auch überwiegend oder gar allein haften. Vgl auch Grüneberg Rn 135.

Auch greift der grundsätzlich gegen den Auffahrenden sprechende Anscheinsbeweis auf einer Autobahn nicht ausnahmslos. So stellt ein vorheriger Spurwechsel die für die Anwendung des Anscheinsbeweises erforderliche Typizität in Frage (OLG München, BeckRS 13, 18792). Auch muss zumindest eine Teilüberdeckung vorliegen (KG NZV 08, 623; BGH NJW 11, 685 „zum Schräganstoß"). Auch darf für die Typizität nicht allein auf das Kerngeschehen (zB Auffahren) abgestellt werden, wenn weiter Umstände bekannt sind, die gegen die Typizität sprechen (BGH NJW 12, 608).

31b d) **Überschreiten der Richtgeschwindigkeit.** Überschreitet der Fahrzeugführer die Richtgeschwindigkeit begründet dies zwar kein Verschulden (BGH NJW 92, 1684), die Überschreitung hat aber idR die Folge, dass die Betriebsgefahr des – auffahrenden – Fahrzeuges nicht vollständig zurücktritt (OLG Nürnberg NJW 11, 1154), es sei denn es wird nachgewiesen, dass es auch bei einer Geschwindigkeit von 130 km/h zu dem Unfall mit vergleichbaren Folgen gekommen wäre (BGH NJW 92, 1684; OLG Hamm NZV 94, 193). Die Bewertung der Betriebsgefahr des die Richtgeschwindigkeit überschreitenden Fahrzeuges richtet sich regelmäßig nach dem Umfang der Überschreitung: OLG Hamm NJW-RR 11m, 464 – 20% bei 160 km/h; OLG Schleswig NJOZ 10, 665 – 25% bei 180 km/h; OLG Koblenz NJW-RR 14, 142 – 40% bei 200 km/h. Eine geringfügige Überschreitung kann bei der Bildung der Haftungsquote zu vernachlässigen sein (OLG München DAR 07, 465 – 20 km/h; LG Hildesheim NZV 09, 560 – 10 km/h; vgl auch Rebler MDR 17, 855 ff).

Nach allgemeinen Grundsätzen kann eine Überschreitung der Richtgeschwindigkeit nur dann für die Quotierung von Bedeutung sein, wenn diese unstreitig oder beweisen ist (OLG Schleswig BeckRS 16, 09577).

12. Zuwiderhandlungen. Verstöße gegen Ge- u Verbote des § 18 I–III, V S 2 u VI–X sind OWen nach § 49 I Nr 18 iVm § 24 StVG (s Nr 78 bis 87 BKat). – Zur FerienreiseVO s oben Rn 6. – Die TBe des § 5 sind auch auf Überholverstöße auf der AB anwendbar u nach § 49 I Nr 5 ahndbar. 32

Vorfahrtverletzung nach III kann Straftat nach § 315c I Nr 2a StGB sein; im allg aber keine Nötigung nach § 240 StGB (OLG Düsseldorf NZV 88, 187); Verstoß gegen V kann § 315c I Nr 2d StGB erfüllen. 33

Folgenloses Fahren entgegen der Fahrtrichtung (sog **„Geisterfahrer"**) ist kein verbotenes Rückwärtsfahren nach § 18 VII (so aber OLG Koblenz VRS 63, 74), sondern Fahren in falscher Fahrtrichtung nach § 2 I u uU § 1 II (OLG Stuttgart VRS 58, 203; OLG Köln VRS 60, 221 = StVE 25; s auch OLG Celle VM 83, 105 u Verf NStZ 83, 546 f); bei konkreter Gefährdung s § 315c I Nr 2 f StGB. 34

Einen **Rechtfertigungsgrund** (§ 16 OWiG) für das **Wenden** auf einer AB oder Kraftfahrstr bildet uU die Bergung von Ladegut zur Gefahrenbeseitigung (OLG Köln DAR 56, 131), nach vorheriger Geisterfahrt (OLG Karlsruhe VRS 65, 470), das **Rückwärtsfahren** zum Rastplatz wegen eines plötzlich entdeckten schweren Defekts (OLG Köln VRS 59, 53; s oben Rn 21), für das **Halten** zB Reifenpanne, Fahrunsicherheit, dringende Hilfeleistung (OLG Schleswig NZV 93, 109); **nicht** aber die Gefahr des Verderbens von nicht sehr wertvollem Frachtgut (OLG Zweibrücken VM 80, 20), die Bergung der verlorenen Brieftasche (OLG Düsseldorf ZfS 91, 394) oder die vorübergehende Übelkeit der mitfahrenden schwangeren Ehefrau das Rückwärtsfahren um 50 m auf dem Seitenstreifen der AB, um dort auf einer Ausfahrt die AB zu verlassen (OLG Düsseldorf VM 80, 124). 35

13. Literatur. Bohnert „Sichtgeschwindigkeit auf ABen" DAR 86, 11; **Deutscher** „Wenden und Rückwärtsfahren auf Autobahnen und Kraftfahrstraßen" VRR 08, 248; **Grüneberg** „Verkehrsunfälle auf Autobahnen" SVR 17, 457; **Janiszewski** „Zur Zulässigkeit des Schnellfahrens auf abgehenden Fahrstreifen" DAR 89, 410; **Hentschel** „Freigabe des Seitenstreifens als Fahrstreifen" NJW 02, 1238; **Krumm** „Arbeitshilfe: Verstöße beim Wenden und Rückwärtsfahren auf Autobahnen" DAR 10, 113; **Möckel** „Haftungsrechtliche Besonderheiten beim Autobahnunfall" NJW-Spezial 17, 201; **Mühlhaus** „Beschleunigungs- u Verzögerungsstreifen" DAR 75, 64; „Standspur der AB" DAR 78, 162; **Rebler** „Mithaftung bei Unfällen wegen Überschreitung der Richtgeschwindigkeit" MDR 17, 855; **Seidenstecher** „Zur Unzulässigkeit des Rechtsüberholens auf Verzögerungsstreifen" DAR 89, 412. 36

§ 19 Bahnübergänge[1]

(1) **Schienenfahrzeuge haben Vorrang**
1. **auf Bahnübergängen mit Andreaskreuz (Zeichen 201),**
2. **auf Bahnübergängen über Fuß-, Feld-, Wald- oder Radwege und**

---

[1] Abs 1 u 2 wurden durch die 46. VO zur Änd straßenverkehrsrechtlicher Vorschriften v 5.8.09 (BGBl I 2631, 2633) zum 1.9.09 geändert, der bisherige Abs 3 wurde aufgehoben und die bisherigen Abs 4 bis 7 in Abs 3 bis 6 (vgl BRDrs 153/09, S 6/7 u BRDrs 153/09 Beschluss, S 2). Durch die Neufassung der StVO v 6.3.13 (BGBl I S 367, 374) erfolgten (lediglich) sprachlichen Anpassungen.

3. in Hafen- und Industriegebieten, wenn an den Einfahrten das Andreaskreuz mit dem Zusatzzeichen „Hafengebiet, Schienenfahrzeuge haben Vorrang" oder „Industriegebiet, Schienenfahrzeuge haben Vorrang" steht.

Der Straßenverkehr darf sich solchen Bahnübergängen nur mit mäßiger Geschwindigkeit nähern. Wer ein Fahrzeug führt, darf an Bahnübergängen vom Zeichen 151, 156 an bis einschließlich des Kreuzungsbereichs von Schiene und Straße Kraftfahrzeuge nicht überholen.

(2) Fahrzeuge haben vor dem Andreaskreuz, zu Fuß Gehende in sicherer Entfernung vor dem Bahnübergang zu warten, wenn
1. sich ein Schienenfahrzeug nähert,
2. rotes Blinklicht oder gelbe oder rote Lichtzeichen gegeben werden,
3. die Schranken sich senken oder geschlossen sind,
4. ein Bahnbediensteter Halt gebietet oder
5. ein hörbares Signal, wie ein Pfeifsignal des herannahenden Zuges, ertönt.[2]

Hat das rote Blinklicht oder das rote Lichtzeichen die Form eines Pfeils, hat nur zu warten, wer in die Richtung des Pfeils fahren will. Das Senken der Schranken kann durch Glockenzeichen angekündigt werden.

(3) Kann der Bahnübergang wegen des Straßenverkehrs nicht zügig und ohne Aufenthalt überquert werden, ist vor dem Andreaskreuz zu warten.

(4) Wer einen Fuß-, Feld-, Wald- oder Radweg benutzt, muss sich an Bahnübergängen ohne Andreaskreuz entsprechend verhalten.

(5) Vor Bahnübergängen ohne Vorrang der Schienenfahrzeuge ist in sicherer Entfernung zu warten, wenn ein Bahnbediensteter mit einer weiß-rot-weißen Fahne oder einer roten Leuchte Halt gebietet. Werden gelbe oder rote Lichtzeichen gegeben, gilt § 37 Absatz 2 Nummer 1 entsprechend.

(6) Die Scheinwerfer wartender Kraftfahrzeuge dürfen niemanden blenden.

VwV – StVO

Zu § 19 Bahnübergänge

Zu Absatz 1

Sofern auf Straßen mit nur einem Fahrstreifen je Richtung das Überholverbot häufig missachtet werden sollte, ist seine Unterstützung durch die Anordnung einer einseitigen Fahrstreifenbegrenzung (Zeichen 296) in Betracht zu ziehen.

Übersicht

	Rn
1. Allgemeines	1
2. Abs 1 Satz 1: Vorrang der Schienenbahn, Andreaskreuz	6
3. Abs 1 Satz 2: Annäherungsgeschwindigkeit	11
a) Allgemeines	11
b) Ungesicherter Bahnübergang	12

---

[2] Abs 2 Nr. 5 wurde durch 46. VO zur Änd straßenverkehrsrechtlicher Vorschriften v 5.8.09 (BGBl I 2631, 2633) zum 1.9.09 neu eingefügt.

Bahnübergänge   **§ 19 StVO**

	Rn
c) Gesicherter Bahnübergang	13
4. Abs 1 Satz 3: Überholverbot	15
5. Abs 2: Wartepflicht	16
a) Läutezeichen	16
b) Bewegung der Schranken	17
c) Lichtzeichen	19
6. Abs 3: Verkehrsstockung	21
7. Abs 5: Bahnübergänge ohne Vorrang der Schienen-Fze	22
8. Abs 6: Blendverbot	23
9. Zuwiderhandlungen	24
10. Zivilrecht	25

1. Allgemeines. § 19 fasst die Regeln über das Verhalten der Str-Benutzer **an** 1 **Bahnübergängen** im Zuge einer öff Str zusammen (BayObLGSt 72, 33) u geht den allg Regeln vor (s Rn 24). Das Andreaskreuz ist **Vorschriftzeichen 201;** GefahrZ zur Vorwarnung sind **Z 101** für Bahnübergänge ohne Vorrang, **Z 151–162** für Bahnübergänge mit Vorrang. – Für den strafrechtlichen Bereich s § 315d StGB.

Vorschriften für die **Bahnverwaltungen** finden sich in den Eisenbahnbau- 2 u Betriebsordnungen, das sind

   a) für die **regelspurigen Eisenbahnen** des **öff Verkehrs** die Eisenbahnbau- u Betriebsordnung **(EBO);**[3]

   b) für **Schmalspurbahnen,** die dem **allg Verkehr** dienen, die Eisenbahn- 3 Bau- u Betriebsordnung für Schmalspurbahnen **(ESBO).**

   c) für **Straßenbahnen** die Straßenbahn-Bau- u Betriebsordnung **(BOStrab).** 4

§ 64b EBO enthält Tbe von OWen, für deren Ahndung das Eisenbahnrecht 4a maßgeblich ist. Für das Verhalten von VTn an Bahnübergängen im Bereich öff Str ist allein § 19 maßgebend (BayObLGSt 76, 140 = VRS 52, 301; 73, 137 = VRS 46, 58). Vgl auch § 26 StVG wegen der Zuständigkeit. Gemäß § 11 EBO sind **Bahnübergänge** höhengleiche Kreuzungen von Eisenbahnen mit Straßen, Wegen und Plätzen. Der Eisenbahnverkehr hat hier grundsätzlich Vorrang, I 1 und § 11 III EBO. Wie Bahnübergänge zu sichern sind, ergibt sich aus § 11 EBO; vgl die Zuständigkeitsvorschrift § 45 II S 3.

Des Weiteren enthält das **EisenbahnkreuzungsG (EKrG)** Regelungen zur 5 Zuständigkeit, Kostentragung und der Baulast (vgl § 14 EKrG), nicht jedoch VRegelungen.

   d) Nach § 11 VI Nr 1 EBO ist ein mit einer Blinklichtanlage versehener Bahn- 5a übergang ein technisch gesicherter Übergang, der einem beschrankten Übergang in technischer Hinsicht grundsätzlich gleichwertig ist und an dem jeder Verkehrsteilnehmer größte Vorsicht walten lassen muss (OLG Koblenz NZV 02, 184).

2. Abs 1 Satz 1: Vorrang der Schienenbahn, Andreaskreuz. Der Vorrang 6 der Schienenbahn auf höhengleichen Bahnübergängen wird durch das **Andreaskreuz – Z 201** – begründet; vgl auch § 11 III EBO; § 20 I BOStrab. Durch das Andreaskreuz kann auch für **Straßenbahnen** u **Privatbahnen** der Vorrang begründet werden (OLG Köln VRS 15, 50). In **Hafen-** u **Industriegebieten,** in denen es streng genommen gar keine Bahnübergänge gibt, steht das Andreaskreuz an den Einfahrten u gibt damit den Schienenbahnen im ganzen Gebiet

---

[3] Gilt nach Maßgabe der Anl I zum Ein-Vertr Kap XI Sachgeb A Abschn III 6 u 7 auch im Gebiet der ehem DDR; gem § 2 III G v 25.9.90 (BGBl I 2106) auch in Berlin.

StVO § 19 I. Allgemeine Verkehrsregeln

Vorrang (Begr; s auch VwV-StVO zu Z 201 VI, Rn 11 ff). Durch **Zusatzschild mit schwarzem Pfeil** kann nach lfd Nr 1 Anlage 2 StVO (Zeichen 201), Erläuterung S 3 ausgedrückt werden, dass das Andreaskreuz nur für den StrV in Richtung des Pfeiles gilt, ähnlich wie bei den Pfeilen nach § 37 II 1.

7   Die **GefahrZ 151–162** kündigen das Andreaskreuz an, haben aber selbst keinen Vorschriftcharakter. Wenn das Andreaskreuz fehlt, begründen sie nicht die Vorfahrt der Schienenbahn, verpflichten aber durch ihr Vorhandensein zu bes Vorsicht. Die Anbringung von **Schranken** ist in § 11 EBO, nicht in der StVO geregelt. Ihre Bedeutung für den StrV ergibt sich aus § 19 II Nr 3.

8   Die Sperrung des Bahnkörpers in anderer Weise als durch Andreaskreuze, zB durch einen Sperrbock mit Umleitungs-Z, begründet keinen Vorrang der Schienenbahn (OLG Hamm VRS 27, 468). Anderseits genügt das Warnkreuz; es bedarf keiner zusätzlichen baulichen Gestaltung, die den Bereich des Übergangs augenfällig in Erscheinung treten lässt (BGH VRS 19, 442).

9   Der Begriff des **Bahnüberganges** ist legaldefiniert in §§ 11 I EBO, 20 I BOStrab. Nach dem Gesetzeswortlaut sind Bahnübergänge **höhengleiche Kreuzungen** von Schienenfahrzeugen mit Straßen, Wegen und Plätzen, die grds technisch zu sichern sind. Gemäß § 20 VII BOStrab gelten auch höhengleiche Kreuzungen von Straßenbahnen auf besonderem Bahnkörper mit Straßen, Wegen oder Plätzen bei Einhaltung der Vorschriften des § 20 III–VI BOStrab als Bahnübergänge. Besondere Bahnkörper (vgl § 16 VI BOStrab) sind gegeben, wenn das Gleis zwar im VRaum, jedoch durch ortsfeste Hindernisse wie Bordsteine, Leitplanken, Hecken etc getrennt vom übrigen StrV verlegt ist (s a BGHST 15, 9). Für den Vorrang der Straba genügt es, wenn ihr Gleis an einer Seite des mit Warnkreuzen versehenen Übergangs auf bes Bahnkörper verlegt ist (BGH(Z) VM 61, 13). Ist aber die Straba oder Privatbahn ohne eigenen Gleiskörper in eine öff Str eingebaut, so gelten für sie die allg Regeln des StrV; sie nimmt daher auch an dessen Vorfahrtregelung teil; vgl § 315d StGB.

10   Schienen-Fze haben gegenüber einmündenden öff **Fuß-, Feld-, Wald- u Radwegen** nach I Nr 2 (s § 8 StVO Rn 47) auch dann den Vorrang, wenn keine Warnkreuze aufgestellt sind. Das gleiche gilt gegenüber Privatwegen; sie sind Grundstücksausfahrten iS des § 10.

11   **3. Abs 1 Satz 2: Annäherungsgeschwindigkeit. a) Allgemeines.** Nach I 2 darf sich der StraßenV den in I 1 genannten Übergängen **nur mit mäßiger Geschwindigkeit** nähern. Mäßig ist eine Geschwindigkeit nur dann, wenn der VT anhalten kann, ohne dass eine Gefahrenbremsung notwendig wird (LG Detmold NJW-Spezial 14, 489; s amtl Begr BRDrs 428/12 S. 129). Zu berücksichtigen sind immer die örtlichen Gegebenheit sowie die tatsächlichen Verhältnisse. Ist die Geschwindigkeit nicht durch VZ beschränkt, ist der Kf nur dann zur Einhaltung einer unter 50 km/h liegenden Geschwindigkeit verpflichtet, wenn bes Umstände dazu Anlass bieten (BayObLG aaO). Sonst sind die Pflichten des Str-Benutzers verschieden, je nachdem, ob der Bahnübergang durch Schranken oder LichtZ gesichert oder ungesichert ist, jedoch besteht in allen Fällen Vorrang des Schienenverkehrs (OLG Koblenz NZV 02, 184; AG Coburg NZV 02, 188).

12   **b) Ungesicherter Bahnübergang.** Da an **ungesicherten Bahnübergängen** immer mit Bahnverkehr gerechnet werden muss, ist hier höchste Aufmerksamkeit geboten (OLG Oldenburg VersR 08, 647). Solange ein Kf die Bahnstrecke nicht als frei erkannt hat, muss er seine Fahrweise so einstellen, dass er auf kürzester Strecke anhalten kann, notfalls darf er nicht schneller als mit Schrittgeschwindig-

Bahnübergänge **§ 19 StVO**

keit fahren (OLG Oldenburg VersR 03, 647; OLG München VersR 93, 242). In das Gleisbett darf nur dann eingefahren werden, wenn die Gewissheit besteht, dass der Kf dieses bei Annäherung eines Zuges mit Sicherheit vollständig und rechtzeitig verlassen kann, notfalls unter Einschaltung von Hilfspersonen (OLG Frankfurt VersR 88, 297). Er darf sich nicht darauf verlassen, dass die Bahnbediensteten die in den Fahrvorschriften angeordneten Warnsignale geben (BGH VRS 21, 356; OLG Hamm VRS 41, 122). Bei Nebel muss der Fahrer eines Lkw vor Überfahren eines unbeschrankten Bahnübergangs uU seinen Motor u Radio abstellen u bei geöffnetem Fenster horchen (OLG Schleswig VM 57, 67; BGH NJW 52, 713). Kfz-Führer ist zu besonderer Aufmerksamkeit verpflichtet, und zwar um so mehr, je unübersichtlicher der Übergang ist (AG Coburg NZV 02, 188).

c) Gesicherter Bahnübergang. Auch an einen **technisch gesicherten** 13 **Bahnübergang** (durch Blinklicht oder Schranke, OLG Koblenz NZV 02, 184) darf der Str-Benutzer nur mit mäßiger Geschwindigkeit (Definition oben Rn 11) heranfahren, damit er bei Erscheinen eines Warnsignals oder Niedergehen der Schranken rechtzeitig anhalten kann (BayObLG VRS 18, 368; 62, 144; ZfS 85, 126). Etwas anderes gilt nur, wenn die Schranke geöffnet ist u er darauf vertrauen darf, dass eine Schließung des Übergangs für den StraßenV nicht bevorsteht oder wenigstens nicht durchgeführt wird, bevor er den Übergang überquert hat. Bei geöffneter Schranke darf der Kf auch bei Unübersichtlichkeit darauf vertrauen, dass kein Zug kommt (LG Detmold NJW Spezial 14, 489; bestätigt durch OLG Hamm NZV 16, 370; BGH GA 58, 51). Umstritten ist aber, welche **Geschwindigkeit** zulässig ist. Nach OLG Celle (VRS 17, 281; eingeschränkt in VRS 38, 308) darf sich ein Kf bei geöffneten Schranken einem Bahnübergang auch bei Dunkelheit mit einer Geschwindigkeit von 50 km/h nähern. Dem gegenüber soll nach BayObLG (BayObLGSt 60, 11 = VRS 18, 368) der Kf bei Annäherung an einen schienengleichen Bahnübergang, dessen Schranken offenstehen, seine Geschwindigkeit so ermäßigen müssen, dass er bis zuletzt beim Ertönen des Warn-Z oder Niedergehen der Schranken anhalten kann (s BayObLG VRS 62, 144 u ZfS 85, 126). OLG Köln (DAR 58, 311; VRS 36, 453) hält eine Annäherungsgeschwindigkeit von 60 km/h für zulässig, verlangt aber deren Herabsetzung, wenn der Fahrer wegen lauter Fahrgeräusche allein auf das optische Zeichen der Schrankenbewegung angewiesen ist. Bei witterungsbedingt fehlender sicherer Erkennungsmöglichkeit von Ampel und Verkehrszeichen darf sich ein Kraftfahrer einem Bahnübergang nur so langsam nähern, dass er rechtzeitig vor der Halbschranke anhalten kann (OLG München NZV 02, 43). Das bevorstehende Senken der Schranken kann (nicht „muss") nach II S 3 durch **Glockenzeichen** angekündigt werden; es hat eine ähnliche Funktion wie das Gelblicht einer LZA, dh der Herankommende hat sich darauf einzustellen, dass er noch rechtzeitig anhalten kann, wenn sich die Schranke zu senken beginnt; befindet er sich bereits auf dem Übergang, hat er ihn schleunigst zu räumen.

Eine Schwierigkeit liegt darin, dass – auch in der EBO – nicht verbindlich 14 vorgeschrieben ist, wie lang das **Läutesignal** dauern muss u in welchem Zeitraum sich die Schranken so weit schließen dürfen, dass ein Kfz nicht mehr durchfahren kann. Eine solche Zwischenphase – ähnlich dem Gelblicht nach § 37 – ist aber notwendig, da auch ein langsam fahrendes Fz – jedenfalls bei fernbedienten Schranken – auf dem Bahnübergang durch das Schließen der Schranken überrascht werden kann u um so länger zum Räumen des Gleisbereichs braucht, je langsamer es fährt. Ertönt das Läutesignal unmittelbar vor dem Erreichen des Bahnübergangs, so muss sich der Kf darauf verlassen können, dass er den Bahnübergang noch gefahrlos überqueren kann (OLG Düsseldorf VM 62, 116 f; s hierzu auch unten 18). OLG Köln (VRS 58, 455 = StVE 3) geht davon aus, dass ein Kf darauf vertrauen kann, dass ihm 3 sec zum Halten vor dem Andreaskreuz zur Verfügung stehen, wenn dem Senken der Schranken ein rotes Blinklicht vorgeschaltet ist; dies sollte auch für das Glocken-Z gelten (s Mühlhaus DAR 67, 316).

15 **4. Abs 1 Satz 3: Überholverbot.** Abs 1 Satz 3 wurde durch die 46. VO zur Änd straßenverkehrsrechtlicher Vorschriften v 5.8.09 (BGBl I 2631, 2633) aus Gründen der Verkehrssicherheit zum 1.9.09 neu eingefügt und durch die Neufassung der StVO v 6.3.13 (BGBl I S 367, 372/373) sprachlich angepasst. Das generelle **Überholverbot** an Bahnübergängen (Z 151, 156) gilt vom Zeichen an bis einschließlich dem Kreuzungsbereich von Schiene **und Straße,** nicht nur auf dem Bahnübergang selbst (amtl Begr BRDrs 153/09 Beschluss S 2). Es beruht u a darauf, dass bei Annäherung an einen Bahnübergang mäßige Geschwindigkeit geboten ist (rechtzeitiges Anhaltenkönnen ohne Gefahrenbremsung); da ein überholendes Fahrzeug nach § 5 II StVO eine deutlich höhere Geschwindigkeit haben muss, als das überholte Fahrzeug (Differenzgeschwindigkeit), ist eine Annäherung an den Bahnübergang mit nur mäßiger Geschwindigkeit dann regelmäßig nicht gegeben. Hinzu kommt, dass das überholte Fz die Sicht auf den Schienenweg versperrt (vgl amtl Begr BRDrs 153/09 S 92 u BRDrs 428/12 S 129).

16 **5. Abs 2: Wartepflicht. a) Läutezeichen.** Das **Läutezeichen der Schranken** begründet für sich allein nicht die Wartepflicht, wenn sich kein Schienen-Fz im Sichtbereich nähert (Begr). Es gebietet aber erhöhte Aufmerksamkeit (OLG Braunschweig VRS 54, 222 = StVE 1), da es auf die unmittelbar bevorstehende Sperrung des Übergangs hinweist (BayObLG VRS 62, 144). Der Kf muss deshalb bei Annäherung an einen beschrankten Bahnübergang die Fenster offen halten, Radio abschalten u auf das Läutesignal gespannt **horchen,** aber idR nicht anhalten u den Motor abstellen (OLG Hamm VRS 29, 49; BayObLG aaO).

Nach **Abs 2 Nr 5** (neu eingefügt zum 1.9.09 durch 46. VO zur Änd straßenverkehrsrechtlicher Vorschriften v 5.8.09 [BGBl I 2631, 2633]) besteht, entsprechend der Sicherungsmöglichkeit durch hörbare Signale von Eisenbahnfahrzeugen nach der EBO (s § 11 EBO), eine Wartepflicht, wenn ein **hörbares Signal des herannahenden Zuges,** wie ein Pfeifsignal ertönt. – Ein Zug **nähert** sich, wenn er nicht mehr so weit entfernt ist, dass jede Beeinträchtigung des SchienenV von vornherein offensichtlich ausgeschlossen ist (BayObLG 72, 33 = VRS 43, 222).

17 **b) Bewegung der Schranken.** Das Überqueren des Bahnübergangs ist – mit der erörterten Einschränkung – schon dann verboten, wenn die Abwärtsbewegung der Schranken begonnen hat (vgl BayObLGSt 56, 18 = VRS 11, 69). Wird in der Abwärtsbewegung der Schranken innegehalten, so darf der Kf durchfahren, wenn der Schrankenwärter die sich senkenden Schranken eindeutig anhält, um dem Fz die Durchfahrt zu ermöglichen, nicht aber, wenn sich bloß das Schließen der Schranken ruckartig vollzieht (BGH VM 61, 21; OLG Hamm VRS 21, 368; OLG Köln VRS 17, 304; BayObLGSt 56, 18 = VRS 11, 69).

17a **Zur Beobachtung des Bahnkörpers** sind die Str-Benutzer nur im Rahmen der Möglichkeiten verpflichtet, die ihnen bei Erfüllung der für sie vorhergehenden Pflicht, die Bahnschranken u die Str im Auge zu behalten, vom fahrenden Fz aus bieten. Das gilt auch an unübersichtlichen Bahnübergängen, weil der durch

Bahnübergänge **§ 19 StVO**

die Unübersichtlichkeit bedingten Gefahrenerhöhung gerade durch die Anbringung der Schranken vorgebeugt werden soll (BGH VM 55, 97). Auf die richtige Bedienung der Schranken darf der Kf vertrauen (OLG Hamm VRS 7, 382; OLG Hamm NZV 16, 370). Anders allerdings, wenn der Kf erkennen kann, dass die Schranken verwahrlost oder gestört sind; dann muss er sich wie vor einem unbeschrankten Bahnübergang verhalten (BGH VM 55, 97). **Mehrspuriges Auffahren** vor einer geschl Bahnschranke ist bei genügender Fahrbahnbreite zulässig, aber nicht bei Überholverbot – Z 276 (BGH VRS 48, 381; vgl BayObLGSt 73, 1 = VRS 45, 70); s auch oben Rn 14a.

Werden die **Schranken geöffnet,** so darf der Bahnübergang schon befahren 18 werden, wenn sich die Schranken nach oben bewegen, nicht erst, wenn sie oben zum Stillstand gekommen sind. II Nr 3 bezieht sich eindeutig nur auf das Schließen, nicht auf das Anfahren vor vollständiger Öffnung der Schranken. Wird vor einem Bahnübergang durch ein Z 151–162 gewarnt, so steht dem Kf für seine Verpflichtung zu halten, keine Schrecksekunde zu (OLG Schleswig VM 65, 71). **Halbschranken** sind Schranken.

c) **Lichtzeichen.** Nach II Nr 2 gibt es außer dem bisher üblichen **roten** 19 **Blinklicht gelbe u rote Lichtzeichen,** nach der Begr aber nur „da und dort". Bahnübergänge mit Warnlichtanlage sind nach § 11 EBO gesicherte Bahnübergänge u stehen daher im Wesentlichen beschrankten Bahnübergängen gleich. Das oben in Rn 13 f Ausgeführte gilt entspr. Hat ein Kf die Lichtanlage erkannt u zeigt sie kein rotes oder gelbes Licht, so darf er sich dem Bahnübergang mit der nach den örtl Verhältnissen oder entspr Beschilderung (Z 274) zulässigen Geschwindigkeit nähern u ihn bei einsetzendem Rotlicht überqueren, wenn er vor ihm nicht mehr ohne stärkeres Bremsen anhalten kann (BayObLG VRS 60, 394 = StVE 4; OLG Karlsruhe VRS 62, 219; OLG Schleswig DAR 85, 291; s auch § 37 StVO Rn 17). Befindet sich an einem mit Z 201 (Andreaskreuz) ausgestatteten Bahnübergang eine auf die Farbfolge Gelb-Rot beschränkte LZA u leuchtet diese nicht auf, so darf bei fehlender Einsicht auf den Bahnkörper ein Kf darauf vertrauen, dass sich kein Schienen-Fz nähert u für den Fall einer Störung bes Sicherungsvorkehrungen bestehen (BayObLGSt 74, 172 = VRS 48, 270). Überfahren des roten Blinklichts ist auch dann grob fahrlässig, wenn Kf bei Annäherung durch Sonnenlicht geblendet wurde (OLG Köln NZV 97, 477). Die Möglichkeit, dass das Lockführerüberwachungssignal auch bei ausgefallener LZA funktioniert, soll nur theoretisch bestehen (KG VM 80, 72). Das Haltgebot gilt, solange das rote Licht gegeben wird, auch, wenn der Zug vorbeigefahren ist (OLG Hamm DAR 62, 59). Das Rotlicht am Bahnübergang dient allerdings nicht dem Schutz eines dem Bahnübergang nachfolgendem Querverkehr aus einer untergeordneten Straße (OLG Celle Beck-RS 2016, 7294).

Dass ein **roter Pfeil** nach II S 2 die Wartepflicht nur in Richtung des Pfeils 20 begründet, entspricht dem Zusatzschild mit Pfeil zu Z 201 u dem roten Pfeil nach § 37 II Nr 1.

6. Abs 3: Verkehrsstockung. Der Übergang ist zügig zu überqueren (OLG 21 Köln NZV 90, 152). Die Vorschrift soll verhindern, dass bei Stockungen Fze auf dem Gleisbereich zum Stehen kommen u ihn bei Annäherung eines Zuges möglicherweise nicht räumen können. Deshalb darf auch nur einfahren, wer sicher ist, jenseits des Übergangs genügend Platz zum Halten oder Weiterfahren hat (OLG Frankfurt/M VersR 88, 295; OLG Naumburg VM 15, Nr 33).

StVO § 19 I. Allgemeine Verkehrsregeln

22   **7. Abs 5: Bahnübergänge ohne Vorrang der Schienen-Fze.** Für sie begründet die StVO zwar nur eine Wartepflicht, wenn ein „Bahnbediensteter" Halt gebietet; wer sonst die Vorfahrt hat, ist der StVO nicht zu entnehmen; doch ist auch hier stets mit BahnV zu rechnen (OLG Stuttgart VRS 26, 68). Die Regel „rechts vor links" ist nicht unmittelbar anwendbar. Private Gleisanschlüsse der Industrie gleichen Grundstücksausfahrten, sind aber keine öff Str iS der StVO. S 2 stellt nach der amtl Begr klar, dass die Lichtzeichenregelung des § 19 II 2 auch an Bahnübergängen ohne Vorrang des SchienenV möglich ist.

23   **8. Abs 6: Blendverbot.** Die Vorschrift gebietet nicht mehr schlechthin das Abblenden. Das richtet sich vielmehr nach den örtl Verhältnissen. So müssen bei ansteigender Str auch Abblendlichter zur Vermeidung des Blendens abgeschaltet werden. Es dürfen weder der Lokomotivführer noch der GegenV geblendet werden.

24   **9. Zuwiderhandlungen.** gegen § 19 sind OWen nach den §§ 49 I Nr 19a iVm 24 StVG (Nrn 89 ff BKat [Abschnitt I – fahrlässig] und Nrn 244 f [Abschnitt II – vorsätzlich]). Die Sanktionen im BKatV wurden durch die 40. StVRÄndV v 22.12.05 (BGBl I 3716) verschärft (s auch Albrecht SVR 06, 41, 43); wobei das besonders schwerwiegende, aber regelmäßig nur vorsätzlich begehbare Umfahren einer geschlossenen Schranke oder Halbschranke im BKatV dabei ausgeklammert werden musste, da die Regelsätze damals noch von bloß fahrlässiger Begehung ausgingen (s jetzt § 1 II BKatV nF) und die Sanktionen damals in den Bundeseinheitlichen Tatbestandskatalog (BT-KAT-OWI) aufgenommen wurden (s Albrecht SVR 06, 41, 44; zur Problematik dieser früheren Vorgehensweise bei vorsätzlichen Verstößen § 26a StVG Rn 2a); seit 1.2.09 enthält der BKat in Abschnitt II Regelungen für vorsätzlich begangene OWi. § 19 geht als Sondervorschrift den allg Regelungen vor (wie zB § 8; BayObLG VRS 52, 301; OLG Düsseldorf NZV 89, 482 oder § 37 II: OLG Köln NZV 97, 365); bei Behinderung der Bahn TE mit § 1 II (OLG Köln aaO). Verstoß gegen § 19 I S 2 kann unter den Voraussetzungen des § 315c I Nr 2d StGB Straftat sein. Ob die Vorrangverletzung nach § 19 I nach § 315c I Nr 2a StGB verfolgt werden kann, ist str (bejaht von OLG Hamburg VM 61, 49; abgelehnt von Cramer 56 zu § 19 u Demuth JurA 71, 386); unter den Voraussetzungen des § 315d StGB ist die Anwendbarkeit des § 315c I Nr 2a StGB wohl zu bejahen (s auch Cramer 10 zu § 315d). Nahes Heranfahren eines Lkw an unbeschrankten Übergang mit unverminderter Geschwindigkeit kann § 315 I Nr 4 StGB erfüllen (BGHSt 13, 66, 69).

Überblick zu Bußgeldverstößen und Fahrverbot bei verbotswidriger Querung des Bahnübergangs Krumm NZV 10, 602.

25   **10. Zivilrecht.** Bedienen der Schranken gehört zur Verkehrssichpflicht der Bahn (BGH VRS 6, 943; Bra VkBl 54, 369). Schrankenwärter ist Verrichtungsgehilfe, § 831 BGB (OLG Koblenz VRS 9, 321). Verletzg der Verkehrssichpflicht, wenn Aufsichtsbehörde der höheren Verkehrsfrequenz des Übergangs nicht Rechnung trägt (BGH NJW 54, 640); desgl, wenn Bahn gegen Verdecken des Warnlichts durch Laub keine Maßnahmen ergreift (OLG Hamm NZV 93, 28). Unterlässt Bahn Beseitigung der Sichtbehinderung, haftet sie gem. §§ 1, 5 u 9 HaftpflG u § 823 BGB (BGH NZV 94, 146). Kf darf grundsätzlich auf richtige Funktion des Warnblinklichts vertrauen; zur Haftung der Bahn bei gestörter Funktion s OLG Stuttgart VersR 79, 1129 u KG VM 80, 56.

Öffentliche Verkehrsmittel und Schulbusse § 20 StVO

Lokführer darf sich darauf verlassen, dass ein auf den Bahnübergang zufahrender Pkw das Vorfahrtrecht der Eisenbahn beachten wird; Betriebsgefahr der Eisenbahn 40% (OLG München SVR 06, 267). Betriebsgefahr der Bahn tritt voll zurück, wenn Kfz-Führer durch Nichtbeachten des roten Blinklichts grob fahrlässig gehandelt hat (OLG Koblenz NZV 02, 184).

Grundsätze der Haftung bei Verkehrsunfällen auf Bahnübergängen Rebler SVR 10, 441. Neuere Rechtsprechung zur Bahnhaftung Filthaut NZV 13, 319.

§ 20 Öffentliche Verkehrsmittel und Schulbusse

(1) An Omnibussen des Linienverkehrs, an Straßenbahnen und an gekennzeichneten Schulbussen, die an Haltestellen (Zeichen 224) halten, darf, auch im Gegenverkehr, nur vorsichtig vorbeigefahren werden.

(2) Wenn Fahrgäste ein- oder aussteigen, darf rechts nur mit Schrittgeschwindigkeit und nur in einem solchen Abstand vorbeigefahren werden, dass eine Gefährdung von Fahrgästen ausgeschlossen ist. Sie dürfen auch nicht behindert werden. Wenn nötig, muss, wer ein Fahrzeug führt, warten.

(3) Omnibusse des Linienverkehrs und gekennzeichnete Schulbusse, die sich einer Haltestelle (Zeichen 224) nähern und Warnblinklicht eingeschaltet haben, dürfen nicht überholt werden.

(4) An Omnibussen des Linienverkehrs und an gekennzeichneten Schulbussen, die an Haltestellen (Zeichen 224) halten und Warnblinklicht eingeschaltet haben, darf nur mit Schrittgeschwindigkeit und nur in einem solchen Abstand vorbeigefahren werden, dass eine Gefährdung von Fahrgästen ausgeschlossen ist. Die Schrittgeschwindigkeit gilt auch für den Gegenverkehr auf derselben Fahrbahn. Die Fahrgäste dürfen auch nicht behindert werden. Wenn nötig, muss, wer ein Fahrzeug führt, warten.

(5) Omnibussen des Linienverkehrs und Schulbussen ist das Abfahren von gekennzeichneten Haltestellen zu ermöglichen. Wenn nötig, müssen andere Fahrzeuge warten.

(6) Personen, die öffentliche Verkehrsmittel benutzen wollen, müssen sie auf den Gehwegen, den Seitenstreifen oder einer Haltestelleninsel, sonst am Rand der Fahrbahn erwarten.

VwV – StVO

Zu § 20 Öffentliche Verkehrsmittel und Schulbusse

Zu Absatz 4

I. Vor der Festlegung von Haltestellen von Schulbussen sind von der Straßenverkehrsbehörde neben Polizei und Straßenbaubehörde auch Schule, Schulträger und Schulbusunternehmer zu hören. Dabei ist darauf zu achten, daß die Schulbusse möglichst – gegebenenfalls unter Hinnahme eines Umwegs – so halten, dass die Kinder die Fahrbahn nicht überqueren müssen. 1

II. Es ist vorzusehen, dass Schulbusse nur rechts halten. Die Mitbenutzung der Haltestellen öffentlicher Verkehrsmittel ist anzustreben. 2

Übersicht

	Rn
1. Allgemeines	1
2. Vorbeifahrt an Haltestellen	2
a) Öff VMittel	2
b) Vorbeifahrt links (Abs 1)	3
c) Vorbeifahrt bei Warnblinklicht (Abs 4)	4
d) Vorbeifahrt rechts (Abs 2)	5
e) Vorbeifahrt an VInsel	6
f) Grundregel § 1	7
3. Überholverbot	8
4. Abs 5: Vorrang der Linien- und Schulbusse	9
5. Abs 6: Warten auf öffentliche Verkehrsmittel	10
6. Zuwiderhandlungen	11
7. Zivilrecht	11a
8. Literatur	12

1 **1. Allgemeines.** Die durch die 13. StVO-ÄndVO erfolgte Neufassung erstrebt eine Verbesserung der Sicherheit der Fahrgäste insb im Linien- u Schulbus-V. § 20 hat für alle Fußgänger im Bereich einer Haltestelle Schutzgesetzcharakter (BGH NJW 06, 2110). So auch schon OLG Köln (NZV 03, 189 = DAR 02, 356), wonach sich Schutzzweck nicht nur auf Fahrgäste, sondern auf alle Fußgänger im Umfeld eines an der Haltestelle stehenden Linienbusses, einer Straßenbahn oder eines gekennzeichneten Schulbusses erstreckt, da der haltende Bus etc für sämtliche Fußgänger eine besondere Gefährdungssituation schafft. § 20 Abs 1 ist auch ein Schutzgesetz i. S. d. § 823 BGB (BGH NJW 06, 2110) – **Abs 1** mahnt ganz allg beim Vorbeifahren an Linienbussen, Straba u gekennzeichneten Schulbussen, die an Haltestellen halten, die mit **Z 224** gekennzeichnet sind, zur Vorsicht, um eine Gefährdung etwa hinter dem Bus unvorsichtig in die Fahrbahn tretender Fahrgäste zu vermeiden (s OLG Oldenburg NZV 91, 468; OLG Karlsruhe NZV 89, 393); an nicht so gekennzeichneten Haltestellen gilt diese Schutzvorschrift nicht. Der Schutzbereich des § 20 StVO umfasst den gesamten Vorgang des Haltens des Busses einschl der An- und Abfahrtphase, die sich räumlich und zeitlich unmittelbar anschließt (Sa MDR 08, 261). Zu diesem Zweck sind die Verhaltensvorschriften in **I–IV** verschärft u (in I u IV) ausdrücklich auch auf den **GegenV** erstreckt worden. Die Verhaltensvorschriften des I–IV dienen und schützen nicht nur die Benutzer von Omnibussen, Straßenbahnen und gekennzeichneten Schulbussen etc sondern allen Fußgängern, die sich im räumlichen Bereich der Haltestelle befinden (BGH NJW 06, 2110 mAnm Schröder SVR 06, 380). Die Abs III u IV sind im Zusammenhang mit § 16 II S 1 zu sehen. Die Anforderungen an das Verhalten gegenüber haltenden Linien- u Schulbussen sind gleichbehandelt worden, da auch erstere in hohem Maße von den bes gefährdeten jungen Fahrgästen benutzt werden. – **V** begründet ein beschränktes VorR der Linien- u Schulbusse gegenüber dem IndividualV; **VI** regelt das Warten der Fußgänger auf öff VMittel. – Die Vorschrift wird ergänzt durch das Parkverbot § 12 III 4 u § 16 II.

2 **2. Vorbeifahrt an Haltestellen. a) Öff VMittel. Abs 1** erfasst neben den Linienbussen, zu denen von der Zweckbestimmung her auch Obusse gehören dürften (so auch Hentschel 4; Filthaut Rn 12; aA Seidenstecher Rn 12), auch Straba iS des § 4 I, doch wohl (trotz ihrer Zuordnung zu den Straba gem § 4 II

Öffentliche Verkehrsmittel und Schulbusse § 20 StVO

PBefG) nicht auch Hoch- u Untergrundbahnen, wenn sie nicht am StraßenV teilnehmen (vgl § 315d StGB). Privatomnibusse von Reisegesellschaften u im GelegenheitsV sowie Taxen fallen nicht unter § 20. Schulbusse müssen als solche gekennzeichnet sein (§ 33 IV BOKraft), auch die Haltestelle durch Z 224. Die Vorschrift gilt auch an sog Haltestellen-Buchten.

b) Vorbeifahrt links (Abs 1). Das in **Abs 1** geforderte vorsichtige Vorbeifahren **links** am haltenden Bus setzt erhöhte Aufmerksamkeit und Bremsbereitschaft (s BGH, NJW 06, 2110; OLG Oldenburg NZV 91, 468), insb eine sorgfältige Beobachtung der VSituation u eine derart reduzierte Geschwindigkeit voraus, dass vor etwa plötzlich hinter dem Bus auftauchenden Fahrgästen, insb Kindern, rechtzeitig angehalten werden kann (Sa MDR 08, 261). Das Vorsichtsgebot, das in I u IV auch ausdrücklich auf den **GegenV** erstreckt ist, gilt nur an Haltestellen, dh nicht auch woanders. 3

c) Vorbeifahrt bei Warnblinklicht (Abs 4). Haben die haltenden Linien- oder Schulbusse **Warnblinklicht** (nach § 16 II) eingeschaltet, dürfen diese Fze nach der strengen Regelung des IV nur mit **Schrittgeschwindigkeit** (s § 3 Rn 74) u in einem solchen Abstand passiert werden, dass eine Gefährdung von Fahrgästen durch sofortiges Anhalten **ausgeschlossen** ist (s § 10 Rn 7), solange das Warnblinklicht eingeschaltet ist (OLG Hamm VRS 60, 38; OLG Oldenburg VRS 75, 279). 4

d) Vorbeifahrt rechts (Abs 2). Auch für die Vorbeifahrt **rechts** an haltenden Fzen genügt nach **II S 1** nicht nur „mäßige" Geschwindigkeit; gefordert wird vielmehr auch hier **Schrittgeschwindigkeit** (s § 3 Rn 69), solange Fahrgäste ein- u aussteigen. Das damit u zusätzlich durch **II S 2 u 3** verstärkte VorR der Fahrgäste gegenüber dem FahrV besteht nicht nur an Haltestellen, an denen die Fahrgäste „auf der Fahrbahn" ein- u aussteigen, also vornehmlich an Straba-Haltestellen ohne Haltestelleninseln (BGH VRS 15, 445; Br VM 66, 17), sondern auch dort, wo zB Busse am rechten Fahrbahnrand neben einem Radweg halten, so dass auch Radf sich dort entspr zu verhalten haben. 5

e) Vorbeifahrt an VInsel. Ist eine **VInsel** für den Fahrgastwechsel vorhanden, so darf der FahrV regelmäßig darauf vertrauen, dass die Fahrgäste der Straba sein VorR beachten, außer wenn starker FußgängerV, insb UmsteigeV herrscht, bei dem damit gerechnet werden muss, dass Fahrgäste die Fahrbahn unachtsam betreten (BGH aaO; BGH VRS 32, 250; vgl aber auch Br Rn 5). Das VorR des **S 2** erstreckt sich auf die ganze Länge des öff VMittels, evtl einige Meter darüber hinaus (Dü VM 70, 11). Es **beginnt** erst, wenn die Straba oder der Bus erkennbar zum Halten ausrollt (Br VM 65, 37) bzw wenn die Fahrgäste beginnen, die Fahrbahn zum Einsteigen zu betreten. Der Kf muss dann seine Geschwindigkeit so weit herabsetzen, dass er beim Erreichen der Haltestelle jederzeit anhalten kann, falls die Fahrbahn nicht breit genug ist, um ihm die Vorbeifahrt in ausreichendem Abstand ohne Gefährdung der Fahrgäste zu ermöglichen (BGH VRS 17, 43). Jede Gefährdung ist **auszuschließen,** dh auch hier höchste Sorgfaltspflicht (s § 10 Rn 7). Befindet sich der Kf bereits in gleicher Höhe mit der ausrollenden Straba u haben die Fußgänger die Fahrbahn noch nicht betreten, dann darf er vorsichtig weiterfahren; die Vorschrift enthält kein unbedingtes Haltgebot (Br VM 65, 37). Betreten die Fahrgäste die Fahrbahn zu früh, gelten die allg Sorgfaltsregeln (§§ 1, 3 I; s BGH NJW 55, 510). Der Kf darf darauf vertrauen, dass Fahrgäste nicht unverhofft die Fahrbahn betreten (BGH VM 55, 12); er muss aber auch mit 6 unvorsichtigen rechnen (BGH NJW 06, 2110; BGH VRS 49, 245; VM 73, 4) u darf sie nach II S 2 auch nicht konkret behindern iS von § 1 II (s Dü DAR 97, 408).

7 **f) Grundregel § 1.** Die Grundregel des § 1 gilt uneingeschränkt neben § 20 I, II. Aus ihr ergibt sich – auch beim Vorbeifahren an einer Haltestelleninsel – bei **lebhaftem** Verkehr die Pflicht zum Langsamfahren, insb auch, wenn Fahrgäste noch eilig die Fahrbahn überqueren wollen, um das wartende VMittel noch zu erreichen (BGH VM 57, 128; s auch § 6 Rn 7).

8 **3. Überholverbot. Abs 3** verbietet ausdrücklich das Überholen von Linien- u Schulbussen, die sich mit dem gem **§ 16 II** vorschriftsmäßig eingeschalteten Warnblinklicht einer gekennzeichneten Haltestelle (Z 224) **nähern;** dies dient insb dem Schutz von Kindern, die die Fahrbahn noch kurz vor dem Anhalten des Busses überqueren wollen. Das Überholverbot gilt seinem speziellen Schutzzweck entspr (anders als beim allg Verkehr, s § 5 Rn 4) auch noch während des langsamen Ausrollens **vor** der Haltestelle bis zum endgültigen Anhalten. Danach gelten die Vorsichtsmaßregeln der Abs I, II u IV beim Vorbeifahren (zur Unterscheidung s auch § 5 Rn 2a).

9 **4. Abs 5: Vorrang der Linien- und Schulbusse.** Die Vorschrift verpflichtet die Fahrer, den Linien- (u nicht des bloßen Gelegenheits-Verkehrs; s §§ 42, 46 PBefG u Filthaut DAR 84, 277) u Schul-Bussen das **Anfahren** von gekennzeichneten(!) Haltestellen (Z 224), nicht von anderen Str-Teilen, wie zB Wendeschleife (OLG Düsseldorf StVE 5) aus zu erleichtern, indem sie auf das sonst dem fließenden Verkehr zustehende VorR (§ 10) kurzfristig verzichten, erforderlichenfalls sogar anhalten, um dem Omnibus das Einordnen in den fließenden Verkehr, nicht aber zum Wenden (KG VM 91, 2) zu ermöglichen. Hat er sein Vorhaben ordnungsgemäß u rechtzeitig angezeigt (§ 10 S 2), so dass der fließende Verkehr sich darauf einstellen u notfalls mit mittelstarker Bremsung anhalten kann (OLG Köln VRS 67, 59 = StVE 8; Bay NZV 90, 402; OLG Düsseldorf DAR 90, 462), müssen die Fze des fließenden Verkehrs die mit seinem Anfahren verbundene Behinderung hinnehmen. Im Zweifel kann er sich zwar darauf verlassen, dass der fließende Verkehr seiner Wartepflicht (§ 20 V S 2) nachkommt (BGH StVE 2; Dü VRS 60, 225; 82, 378); V entbindet aber den Omnibusf nicht von den ihn nach §§ 1 u 10 treffenden Pflichten (Dü VM 74, 19; VRS 65, 156 u 336 = StVE 7). Danach hat sich auch der Busf beim Abfahren von einer gekennzeichneten Haltestelle so zu verhalten, dass eine Gefährdung anderer vermieden wird (BGH aaO; Bay NZV 90, 402). Er muss grds mit dem Anfahren aber nicht abwarten, bis ein Radfahrer, der sich noch bis zu 11/2 Fahrzeuglängen hinter dem Heck des Busses befindet, vorbeigefahren ist (KG NZV 09, 237). Bes Sorgfaltspflicht trifft ihn, wenn er auf innerstädtischer Str, auf der mit 70 km/h gefahren werden darf, aus einer Haltebucht ausfährt, um dann sogleich nach links in eine andere Str abzubiegen, da damit der nachfolgende Verkehr nicht ohne weiteres rechnen kann (OLG Düsseldorf VM 79, 16); dasselbe gilt, wenn der Bus sofort in den linken Fahrstreifen hinüberwechselt (Bay VRS 58, 457 = StVE 3; Dü VRS 64, 409). – Ob V auch für den aus der Gegenrichtung anfahrenden Bus gilt, ist zw (offen bei OLG Köln VRS 64, 434 = StVE 6; bejahend Filthaut aaO S 279; zum Seitenabstand s § 6 Rn 6), zumal hier – iG zu I u IV – der GegenV nicht erwähnt ist.

Öffentliche Verkehrsmittel und Schulbusse § 20 StVO

5. Abs 6: Warten auf öffentliche Verkehrsmittel. Die Fahrgäste dürfen die 10 Fahrbahn mit der nötigen Vorsicht gegenüber dem FahrV schon betreten, wenn das öff VMittel im Ausrollen begriffen ist (BGH VM 55, 12; s auch § 25 III). VI richtet sich an die **Fahrgäste,** nicht an das Personal des öff VBetriebes. Der **Führer** oder **Schaffner** des öff VMittels ist verpflichtet, die Türen bis zum Anhalten geschlossen zu halten u erst abzufahren, wenn er sich vergewissert hat, dass die Türen geschlossen sind, auch beim Vorhandensein eines Schaffners (Ce VRS 24, 129; Ko VRS 39, 265). Der Führer eines **Schulbusses** muss sich vor dem Anfahren bes sorgfältig vergewissern, dass sich kein Schulkind vor dem Fz aufhält (Bay 69, 33 = VM 69, 73).

6. Zuwiderhandlungen. Alle Verstöße gegen die Ge- u Verbote des § 20 11 einschl des Überholverbots nach III sind seit der Änd von § 49 I Nr 19b (22. VO zur Änd verkehrsrechtlicher Vorschriften) OWen nach §§ 49 I Nr 19b StVO, 24 StVG (s Nrn 91–96 BKat). Die Erfassung auch des I mangels hinreichender Konkretisierung ist allerdings nicht unbedenklich (vgl § 1 Rn 88; Booß Anm 5). Vorbeifahren mit zu hoher Geschwindigkeit oder zu geringem (II, IV) Abstand ist konkretes Erfolgsdelikt, das vollendet ist, wenn es mind zu einer Behinderung eines Fahrgastes gekommen ist. Verstoß gegen VI ist reines Tätigkeitsdelikt. Fährt der Busf ohne genügende Rücksicht auf den nahe herangekommenen fließenden Verkehr an, verletzt er uU §§ 1 II u 10 in TE (Dü VM 74, 19).

7. Zivilrecht. § 20 ist Schutzgesetz iSv § 823 II BGB (BGH NJW 06, 2110). 11a Auch wenn der Fußgänger gem. § 25 III StVO grds dem Fahrzeugverkehr den Vorrang einzuräumen hat, kann der Fahrzeugführer beim Vorbeifahren an Haltestellen iSv § 20 StVO nicht darauf vertrauen, dass der Fußgänger ihm auch tatsächlich diesen gewährt (BGH NJW 06, 2110; Quote je 50%). Bei Kollision eines Fußgängers, der aus haltender Straba aussteigt u trotz Rotlicht Fußgängerüberweg überquert wenn er herannahendes Kfz dessen Fahrer sieht, das anderes Fahrzeug aus nicht erkennbarem Grund vor dem Überweg anhält – 60% zu 40% zum Nachteil des Fußgängers (OLG Hamm r+s 95, 253). Das Mitverschulden eines am haltenden Linienbus die Fahrbahn unachtsam überquerenden 8 1/2 Jahre alten Kindes, das von einem aus der Gegenrichtung kommenden Fahrzeug verletzt wurde, ist mit einer 30% nicht übersteigenden Haftungsquote zu bewerten (OLG Köln NZV 03, 189 = DAR 02, 356: Anrechnung eines Mitverschuldens noch nach altem Recht). Kollidiert ein Radfahrer auf einem gekennzeichneter Radweg, der rechts an einer Haltestelle des Linierverkehrs vorbeiführt mit einem Fahrgast, der gerade einen haltenden Bus verletzt, haftet der Radfahrer wegen des Verstoßes gegen die hohen Anforderungen des II zu 80% (trotz des Verstoßes des Fahrgastes gegen § 25 III StVO) – KG NZV 15, 187.

Ist unaufklärbar, ob der Fahrer eines Linienbusses beim Abfahren von der Halte- 11b stelle den Fahrtrichtungsanzeiger gesetzt hatte, kann ein Verstoß des vorbeifahrenden Kraftfahrers gegen § 20 V StVO ebenso wenig angenommen werden, wie ein Verstoß des Busfahrers gegen § 10 StVO (LG Saarbrücken NZV 2013, 35 – je 50%).

8. Literatur. Bouska „Mehr Sicherheit im Bereich von Omnibushaltestellen" DAR 95, 12 397; **Filthaut** „Die neuere Rechtsprechung zur Schadenshaftung des Omnibusunternehmers und -fahrers" NZV 2011, 110; NZV 2013, 68; ders. „Vorbeifahren u Überholen an Straßenbahn- u Omnibushaltestellen" NZV 96, 58; **Seidenstecher** „Mehr Sicherheit an Haltestellen?" DAR 95, 427; **Wenzel** „Schadenshaftung bei typischen Unfallgeschehen mit Lkw- oder Omnibusbeteiligung DAR 2010, 604.

§ 21 Personenbeförderung[1]

(1) In Kraftfahrzeugen dürfen nicht mehr Personen befördert werden, als mit Sicherheitsgurten ausgerüstete Sitzplätze vorhanden sind. Abweichend von Satz 1 dürfen in Kraftfahrzeugen, für die Sicherheitsgurte nicht für alle Sitzplätze vorgeschrieben sind, so viele Personen befördert werden, wie Sitzplätze vorhanden sind. Die Sätze 1 und 2 gelten nicht in Kraftomnibussen, bei denen die Beförderung stehender Fahrgäste zugelassen ist. Es ist verboten, Personen mitzunehmen
1. auf Krafträdern ohne besonderen Sitz,
2. auf Zugmaschinen ohne geeignete Sitzgelegenheit oder
3. in Wohnanhängern hinter Kraftfahrzeugen.

(1a) Kinder bis zum vollendeten 12. Lebensjahr, die kleiner als 150 cm sind, dürfen in Kraftfahrzeugen auf Sitzen, für die Sicherheitsgurte vorgeschrieben sind, nur mitgenommen werden, wenn Rückhalteeinrichtungen für Kinder benutzt werden, die den in Artikel 2 Absatz 1 Buchstabe c der Richtlinie 91/671/EWG des Rates vom 16. Dezember 1991 über die Gurtanlegepflicht und die Pflicht zur Benutzung von Kinderrückhalteeinrichtungen in Kraftfahrzeugen (ABl. L 373 vom 31.12.1991, S. 26), der zuletzt durch Artikel 1 Absatz 2 der Durchführungsrichtlinie 2014/37/EU vom 27. Februar 2014 (ABl. L 59 vom 28.2.2014, S. 32) neu gefasst worden ist, genannten Anforderungen genügen und für das Kind geeignet sind. Abweichend von Satz 1
1. ist in Kraftomnibussen mit einer zulässigen Gesamtmasse von mehr als 3,5 t Satz 1 nicht anzuwenden,
2. dürfen Kinder ab dem vollendeten dritten Lebensjahr auf Rücksitzen mit den vorgeschriebenen Sicherheitsgurten gesichert werden, soweit wegen der Sicherung anderer Kinder mit Kinderrückhalteeinrichtungen für die Befestigung weiterer Rückhalteeinrichtungen für Kinder keine Möglichkeit besteht,
3. ist
   a) beim Verkehr mit Taxen und
   b) bei sonstigen Verkehren mit Personenkraftwagen, wenn eine Beförderungspflicht im Sinne des § 22 des Personenbeförderungsgesetzes besteht,

auf Rücksitzen die Verpflichtung zur Sicherung von Kindern mit amtlich genehmigten und geeigneten Rückhalteeinrichtungen auf zwei Kinder mit einem Gewicht ab 9 kg beschränkt, wobei wenigstens für ein Kind mit einem Gewicht zwischen 9 und 18 kg eine Sicherung möglich sein muss; diese Ausnahmeregelung gilt nicht, wenn eine regelmäßige Beförderung von Kindern gegeben ist.[2]

---

[1] Durch die Neufassung der StVO v 6.3.13 (BGBl I S 367, 374/375) erfolgten (lediglich) redaktionelle Anpassungen.

[2] Siehe hierzu 3. VO über Ausn von straßenverkehrsrechtlichen Vorschriften v 5.6.1990 (BGBl I 999, geänd durch VO v 22.12.92 (BGBl I 2480), 5. AusnVO zur StVO v 24.3.94 (BGBl I 623) u bis 31.12.06 (VO v 21.12.05, BGBl I 3631) 7. AusnVO v 17.12.97 (BGBl I 3196); die am 31.12.06 ausgelaufene 7. AusnVO wurde zum 1.1.07 durch die 44. VO zur Änd straßenverkehrsrechtlicher Vorschriften v 18.12.06 in § 21 I a StVO überführt (BGBl I 3226).

(1b) In Fahrzeugen, die nicht mit Sicherheitsgurten ausgerüstet sind, dürfen Kinder unter drei Jahren nicht befördert werden. Kinder ab dem vollendeten dritten Lebensjahr, die kleiner als 150 cm sind, müssen in solchen Fahrzeugen auf dem Rücksitz befördert werden. Die Sätze 1 und 2 gelten nicht für Kraftomnibusse.

(2) Die Mitnahme von Personen auf der Ladefläche oder in Laderäumen von Kraftfahrzeugen ist verboten. Dies gilt nicht, soweit auf der Ladefläche oder in Laderäumen mitgenommene Personen dort notwendige Arbeiten auszuführen haben. Das Verbot gilt ferner nicht für die Beförderung von Baustellenpersonal innerhalb von Baustellen. Auf der Ladefläche oder in Laderäumen von Anhängern darf niemand mitgenommen werden. Jedoch dürfen auf Anhängern, wenn diese für land- oder forstwirtschaftliche Zwecke eingesetzt werden, Personen auf geeigneten Sitzgelegenheiten mitgenommen werden. Das Stehen während der Fahrt ist verboten, soweit es nicht zur Begleitung der Ladung oder zur Arbeit auf der Ladefläche erforderlich ist.

(3) Auf Fahrrädern dürfen nur Kinder bis zum vollendeten siebten Lebensjahr von mindestens 16 Jahre alten Personen mitgenommen werden, wenn für die Kinder besondere Sitze vorhanden sind und durch Radverkleidungen oder gleich wirksame Vorrichtungen dafür gesorgt ist, dass die Füße der Kinder nicht in die Speichen geraten können. Hinter Fahrrädern dürfen in Anhängern, die zur Beförderung von Kindern eingerichtet sind, bis zu zwei Kinder bis zum vollendeten siebten Lebensjahr von mindestens 16 Jahre alten Personen mitgenommen werden. Die Begrenzung auf das vollendete siebte Lebensjahr gilt nicht für die Beförderung eines behinderten Kindes.

VwV – StVO

VwV zu § 21 Personenbeförderung

Zu den Absätzen 1 und 2

„Besonderer Sitz" ist eine Vorrichtung, die nach ihrer Bauart dazu bestimmt ist, als Sitz zu dienen, mag diese Zweckbestimmung auch nicht die ausschließliche sein. Geeignet ist eine Sitzgelegenheit nur dann, wenn man auf ihr sicher sitzen kann; bei Anhängern, die für land- oder forstwirtschaftliche Zwecke verwendet werden, kann das auch die Ladefläche sein.

Zu Absatz 1a

Geeignet sind Rückhalteeinrichtungen für Kinder, die entsprechend der ECE-Regelung Nr 44 (BGBl. 1984 II S. 458, mit weiteren Änderungen) oder der UNECE-Regelung Nr 129 (ABl. L 97 vom 29.3.2014, S. 21) gebaut, geprüft, genehmigt und entweder mit dem nach UNECE-Regelung Nr 44 vorgeschriebenen Genehmigungszeichen oder mit dem nationalen Prüfzeichen nach der Fahrzeugteileverordnung gekennzeichnet sind. Dies gilt entsprechend für Rückhalteeinrichtungen für Kinder der Klasse 0 (geeignet für Kinder bis zu einem Gewicht von 9 kg), wenn für sie eine Betriebserlaubnis nach § 22 StVZO vorliegt.

Die Eignung der Rückhalteeinrichtungen für Kinder zur Verwendung auf Vordersitzen ergibt sich aus der Genehmigung sowie der Einbauanweisung, die vom Hersteller der Rückhalteeinrichtung für Kinder beizufügen ist. So ist zum Beispiel bei

StVO § 21 I. Allgemeine Verkehrsregeln

Verwendung von Rückhalteeinrichtungen für Kinder nach der UNECE-Regelung Nr 129 für Kinder bis zu einem Alter von 15 Monaten eine Beförderung nur entgegen der Fahrtrichtung oder seitlich gerichtet zur Fahrtrichtung möglich.

Zu Absatz 2

aufgehoben

Übersicht

	Rn
1. Abs 1: Personenbeförderung in Kraftfahrzeugen, auf Krafträdern, Zugmaschinen und in Wohnanhängern	1
a) Personenbeförderung in Kraftfahrzeugen	1a
b) Personenbeförderung auf Krafträdern	2
c) Personenbeförderung in Wohnanhängern	3
2. Abs 2: Personenbeförderung auf Ladeflächen oder in Laderäumen von Kraftfahrzeugen und Anhängern	4
a) Kraftfahrzeuge	4a
b) Mitnahme von Personen auf Ladefläche/in Laderäumen	6
3. Abs 1a, 3: Mitnahme von Kindern	7
4. Beförderung von erwachsenen Personen auf Fahrrädern	8a
5. Zuwiderhandlungen	9
6. Zivilrecht	11

1 **1. Abs 1: Personenbeförderung in Kraftfahrzeugen, auf Krafträdern, Zugmaschinen und in Wohnanhängern.** Durch die Vorschrift wird die Personenbeförderung im StraßenV allg geregelt, ergänzt durch §§ 23 StVO, 35a StVZO (Anh I b) u Vorschriften des PBefG. Abs 1 geändert durch VO v 11.5.06 (BGBl I 1160; s dazu Schubert DAR 06, 371) u 44. VO zur Änd straßenverkehrsrechtlicher Vorschriften v 18.12.06 (BGBl I 3226).

1a **a) Personenbeförderung in Kraftfahrzeugen.** In I S 1 wird die Anzahl der zulässigerweise in Kfz zu befördernden Personen an die Anzahl der mit Sicherheitsgurten im Fahrzeug vorgesehenen Sitzplätze geknüpft. Bis zur Einführung der Beschränkung zum 15.5.06 gab es für Pkw und Lkw bis 3,5 t (Klassen M1, N1) keine ausdrückliche Verpflichtung, nur so viele Personen zu befördern, wie es Sitzplätze gibt. Ausn bestehen nach S 2 in Kfz bei denen nicht für alle Sitzplätze Sicherheitsgurte vorgeschrieben sind, dann dürfen so viele Personen mitgenommen werden, wie Sitzplätze vorhanden sind. Mit der Einführung wurden die Sicherheitsstandards der RiLi 2003/20/EG umgesetzt (s amtl Begr VkBl 06, 490 = BRDrs 165/06), deren Schwerpunkt auf der ordnungsgemäßen Sicherheit von Kindern in Fahrzeugen lag. Die Beförderung von mehr Personen als vorhandener Sitzplätze wurde zuvor nur als Verstoß gegen § 34 StVZO (zulässiges Gesamtgewicht) oder § 23 StVO (sonstige Pflichten des Fahrzeugführers) geahndet; dies gilt, unabhängig von Konkurrenzfragen auch weiterhin, da Verstöße gegen Abs 1 S 1–3 bisher nicht sanktioniert sind (s unten Rn 9).

Die Ausnahme in I S 2, deren Anwendungsbereich zu vernachlässigen ist, betrifft von der Gurtausrüstungsverpflichtung nicht betroffene Fze. I S 3 enthält eine Ausnahmeregelung für Kraftomnibusse. Das Mitnahmeverbot in I S 4 dient der Sicherheit der VT und des Verkehrs und ist anders als Verstöße gegen I S 1–3 gemäß § 49 I Nr 20 iVm § 24 StVG als OW mit einer Geldbuße bewährt.

b) Personenbeförderung auf Krafträdern. Auf Krafträdern dürfen nur so **2** viele Personen mitgenommen werden, wie Sitzgelegenheiten vorhanden sind, die dem § 35a IX StVZO entsprechen. **Begriff des Sitzes** s VwV-StVO zu § 21 Abs 1 u 2., Rn 1 Ein auf das Schutzblech geschnalltes Kissen ist keine vorschriftsmäßige Sitzgelegenheit (OLG Oldenburg DAR 57, 364), ebensowenig der Tank u der vordere Sitzteil des Fahrers oder einer Kuhle zwischen Sitz u aufsteigendem Motorradtank (OLG Koblenz SVR 07, 296 m Praxishinweis Weinhold). Kindersitze müssen denselben Anforderungen wie nach III für Fahrräder genügen. Eine Altersbeschränkung für die Mitnahme von Kindern auf Krafträdern gibt es nicht (s auch § 4 I Nr 1 FeV). Das Kind muss aber körperlich in der Lage sein, die Beschleunigungs-, Verzögerungs- und Seitenführungskräfte zu bewältigen und darf andernfalls (dann Verstoß gegen 23 I 2) nicht als Sozius mitgenommen werden (Schurig § 21 StVO Anm 2.1.5). Die Mitnahme eines Kindes auf dem Schoß der Mutter ist unzulässig (BGHSt 16, 160). Ein Kradf, der weiß, dass sein Beif in Kurven sein Gewicht fehlerhaft verlegt, hat dem durch bes langsames Fahren Rechnung zu tragen (BGH(Z) VM 63, 67) u bei Beschleunigung dafür zu sorgen, dass sich sein Sozius ausreichend festhält (KG NZV 96, 490). – Das Verbot des gefährlichen **Damenreitsitzes** ergibt sich für den Beifahrer (als VT s § 1 StVO Rn 20) aus § 1 II, für den Fz-Führer aus § 23 I S 2.

c) Personenbeförderung in Wohnanhängern. In Wohnanhängern, dürfen **3** Personen auch nicht befördert werden, wenn eine Sitz- oder Liegegelegenheit vorhanden ist, da diese keine geeigneten Sicherungseinrichtungen für Personen darstellen. Aufgrund der Gefährlichkeit der Personenmitnahme in Wohnanhängern wurde zum 1.1.07 ein **generelles Mitnahmeverbot** eingeführt und auch auf die bisherige Nennung der Achsenzahl verzichtet (s auch BRDrs 792/06 S 5. Als Doppelachse galten nach § 34 I S 3 StVZO aF bisher zwei Achsen mit einem Abstand von mind 1 m u weniger als 2 m voneinander; von dieser Def war bis 31.12.06 auch nach der Änderung des § 34 StVZO weiterhin auszugehen (s auch Begr zu § 5 StVZO aF VkBl 86, 443; OLG Düsseldorf VRS 75, 366). – Das Beförderungsverbot gilt **nicht** für sog **Wohnmobile,** die – anders als Wohnanhänger – nicht nur zum Wohnen, sondern auch zur Beförderung von Personen dienen (s dazu Jagow VD 82, 12 u BRDrs 792/06 S 5).

2. Abs 2: Personenbeförderung auf Ladeflächen oder in Laderäumen **4** **von Kraftfahrzeugen und Anhängern.** Abs 2 geändert durch VO v 22.12.05 (BGBl I 3716).

a) Kraftfahrzeuge. Wegen der Gefährlichkeit, Personen ungesichert mitzu- **4a** nehmen ist die Beförderung von Personen auf Ladeflächen oder in Laderäumen von Kraftfahrzeugen (früher: Lastkraftwagen) verboten. Kfz sind nach § 1 II StVG „Landfahrzeuge, die durch Maschinenkraft bewegt werden, ohne an Bahngleise gebunden zu sein"; nach § 2 Nr 1 FZV „nicht dauerhaft spurgeführte Landfahrzeuge, die durch Maschinenkraft bewegt werden". **Ladefläche** ist die Fläche des Fahrzeugs, die der Beförderung von Gütern und Gegenständen dient (amtl Begr VkBl 06, 42). – Nicht verboten ist die Mitfahrt auf den hinteren „Standplätzen" von Müllfahrzeugen (s unten Rn 6).

Anhänger: Das Beförderungsverbot gilt für Anhänger jeder Art unbeschadet **5** der Art des ziehenden Fz, also auch für Fahrradanhänger (OLG Bremen StVE 4 unter Hinweis auf die Entstehungsgeschichte u Booß Anm 2). Die **Mitnahme von Kindern in Fahrradanhängern** wurde durch die 46. VO zur Änd straßen-

StVO § 21 I. Allgemeine Verkehrsregeln

verkehrsrechtlicher Vorschriften v 5.8.09 (BGBl I 2631, 2633) zum 1.9.09 in Abs 3 S 2 u 3 neu geregelt (s unten Rn 8). – Zur Zulässigkeit der Kinderbeförderung unter bestimmten Voraussetzungen, vor der Neuregelung, s Seidenstecher NZV 94, 341.

6 **b) Mitnahme von Personen auf Ladefläche/in Laderäumen.** Wegen des Fehlens geeigneter Sitzgelegenheiten und Haltemöglichkeiten ist in Anbetracht der durch Beschleunigung, Bremsverzögerung, Kurvenverhalten etc auf Personen einwirkende Kräfte die **Mitnahme von Personen** auf **der Ladefläche** oder **in Laderäumen von Fzen** verboten, soweit II S 2 u 3 keine Ausnahmen (notwendige Arbeiten; Baustellenfahrt) enthält (vgl amtl Begr BRDrs 813/05, 12 f; s auch Albrecht SVR 06, 41, 43). Auf den Ladeflächen oder in Laderäumen der Anhänger ist sie nach S 4 verboten; Ausn nur nach S 5 für land- u forstwirtschaftliche Anhänger u nach § 1 III, IV der 2. VO über Ausnahmen von straßenverkehrsrechtlichen Vorschriften (2. StRVAusnVO) v 28.2.89 (BGBl I 481, zuletzt geänd durch VO v 13.6.13 BGBl I 1609) auf (nicht bei den An- und Abfahrten) örtlichen **Brauchtumsveranstaltungen,** wenn ausreichende Sicherungen angebracht sind, Haftpflichtversicherung besteht u Schrittgeschwindigkeit eingehalten wird. Ladefläche ist die Fläche des Fahrzeugs, die der Beförderung von Gütern und Gegenständen dient; sie erfasst und somit die hinteren „Standplätze" an Müllfahrzeugen (vgl amtl Begr BRDrs 813/05, 12 f; Albrecht SVR 06, 41, 43). Im Führerhaus des Lkw dürfen Personen auf vorschriftsmäßigen Sitzen nach Maßgabe des § 23 I mitgenommen werden. Das **Stehen während der Fahrt** ist regelmäßig verboten (S 6).

7 **3. Abs 1a, 3: Mitnahme von Kindern. Abs 1a** (zul geänd d 49. VO zur Änd straßenverkehrsrechtlicher Vorschriften v 22.10.2014 [BGBl I 1635]) regelt, welche Kinderrückhaltevorrichtungen angewendet werden können u schreibt in S 1 vor, dass **unter 150 cm** kleine Kinder bis zu 12 Jahren in **Kraftwagen** (s zur Mitnahme von Kindern auf Krafträdern Rn 2) auf Vorder- u Hintersitzen nur unter den in S 1 gen Voraussetzungen befördert werden dürfen; für Kinder **ab 150 cm** sind keine Rückhalteeinrichtungen nötig; sie sind nach § 21a I S 1 mit den Sicherheitsgurten für Erwachsene zu sichern. Seit **8.4.08** dürfen (nach Ablauf der Übergangsfrist) nur noch Kinderrückhaltesysteme verwendet werden, die der **UNECE-Regelung Nr 44/03** (VkBl 03, 372) oder der **UNECE-Regelung Nr 129** (seit dem 9.7.2013) entsprechen; ältere Systeme entsprechen nicht mehr den heutigen Sicherheitsanforderungen (vgl amtl Begr VkBl 06, 490 = BRDrs 165/06) und dürfen nicht mehr verwendet werden (Hentschel/König/Dauer-König § 21 StVO Rn 9a). Mit der 49. VO zur Änd straßenverkehrsrechtlicher Vorschriften werden sog. Universal-IsoFix-Systeme gem UNECE-Regelung Nr 129 eingeführt (BRDrs 336/14 S 5). Zur Beachtung von I a ist der **Führer** verpflichtet. Er muss dafür Sorge tragen, dass ein mitfahrendes Kind während der gesamten Fahrt ausreichend gesichert ist und bleibt (AG Köln NZV 05, 598, OLG Hamm NZV 15, 199 f). Bereits einem Kind ab einem Alter von 4 Jahren kann idR verständlich gemacht werden, dass es während der Fahrt angeschnallt zu bleiben hat (OLG Hamm NZV 15, 199 f; fast 9-jähriges Kind AG Köln NZV 05, 598). Im Einzelfall hat der Führer eines Kfz seine Route so zu wählen, dass ein regelmäßiges Umsehen und sofortiges Anhalten möglich ist (OLG Hamm NZV 15, 199 f).

7a **Ausn** nach Abs 1a S 2 (neu gefasst durch 44. VO zur Änd straßenverkehrsrechtlicher Vorschriften v 18.12.06 [BGBl I 3226]) in Kraftomnibussen über 3,5 t zGM

Personenbeförderung **§ 21 StVO**

(Nr 1), bei fehlender Möglichkeit zur Befestigung einer Rückhalteeinrichtung auf Rücksitzen für Kinder ab dem 3. Lebensjahr (**Nr 2**; neu gefasst durch VO v 11.5.06 [BGBl I 1160; s dazu Schubert DAR 06, 371] u 44. VO zur Änd straßenverkehrsrechtlicher Vorschriften v 18.12.06 [BGBl I 3226]) und bei Taxi- und sonstigem Verkehr mit Pkw aufgrund der Beförderungspflicht gemäß § 47 bzw § 22 PBefG (**Nr 3**). **Kinder ab 3 Jahren** dürfen ausnahmsweise auf **Rücksitzen** mit den vorgeschriebenen Sicherheitsgurten für Erwachsene gesichert werden, wenn wegen der Sicherung anderer Kinder mit Rückhalteeinrichtungen für die Befestigung weiterer Rückhalteeinrichtungen für Kinder keine Möglichkeit besteht (**Abs 1a 2 Nr 2**); damit ist nur noch erlaubt, ein drittes Kind auf dem Rücksitz mitzunehmen (amtl Begr VkBl 06, 490 = BRDrs 165/06). In Fahrzeugen, die nicht mit Sicherheitsgurten ausgerüstet sind, dürfen Kinder unter 3 Jahren nicht mehr befördert werden (I b 1; s auch unten Rn 7b). Die bisherigen Übergangsregelungen bei gelegentlicher **Taxi-Beförderung** nach der zum 31.12.06 endgültig ausgelaufenen 7. AusnahmeVO wurden in **Abs 1a S 2 Nr 3** überführt; eine Ausnahme besteht wegen der erforderlichen Gleichbehandlung jetzt auch bei **sonstigen Fahrten mit Pkw bei** denen eine **Beförderungspflicht** nach § 22 PBefG besteht, wie zB bei Linienersatzverkehr, Anmeldelinienverkehr oder Verkehr mit Anrufsammeltaxen (s zur Beförderungspflicht auch § 13 BOKraft). Wie bisher sind Taxis wegen der Beförderungspflicht praktisch verpflichtet (beschränkt auf die Sicherung von zwei Kindern: s Abs 1a S 2 Nr 3) Rückhalteeinrichtungen für Kinder der Gewichtsklassen I, II und III (betrifft Kinder ab ca einem Alter von neuen Monaten bis zwölf Jahre) mitzuführen (die ECE-Regelung Nr 44 unterscheidet 5 Kinder-Gewichtsklassen; 0 = weniger als 10 kg; 0+ = weniger als 13 kg; I = 9 bis 18 kg; II = 15 bis 25 kg; III = 22 bis 36 kg); verzichtet wird lediglich auf die Vorhaltung der Kinderrückhalteeinrichtungen für Kinder mit einem Gewicht unter 9 kg (Babyschalen), die nicht Platz sparend mitgeführt werden können und in aller Regel auf dem Schoß der Begleitpersonen selbst mitgebracht werden (vgl amtl Begr BRDrs 792/06 S 5 = VkBl 07, 22, 24 u Erläuterung, 829. BR-Sitzung, 15.12.06 zu TOP 60, 17. StVO-ÄndVO; s auch Hentschel/König/Dauer-König § 21 StVO Rn 9a; Schurig § 21 StVO Anm 2.2). Bei **regelmäßiger Kinderbeförderung** (zB überwiegend Fahrt mit dem Taxi oder Pkw iSd § 22 PBefG zur Schule oder zum Kindergarten, auch bei wechselnden Fzen) gilt die Ausnahme nicht (s Hentschel/König/Dauer-König § 21 StVO Rn 9a). Eine entspr Ausn für Gelegenheitsbeförderung zB durch Nachbarn ua fehlt; soweit keine entspr Ausn-Genehmigung nach § 46 I StVO vorliegt, gilt die Sicherungspflicht nach S 1. Bei der Beförderung eines **behinderten Kindes,** das eine bes, § 1 der 3. Ausn-VO v 5.6.90 (s oben Fn zu § 21 I a) entspr Rückhalteeinrichtung benötigt, muss eine entspr ärztl Bescheinigung mitgeführt werden, die nicht älter als 4 Jahre sein darf (s dazu Bormuth DAR 93, 121; Sandl DAR 93, 194 u Etzel DAR 94, 301 zu Haftungsfragen). In Fzen der Stationierungsstreitkräfte genügen für Kinder bis 12 Jahre, die kleiner als 150 cm sind, im Heimatland geprüfte u zugelassene Rückhalteeinrichtungen (5. AusnVO zur StVO BGBl I 1994, 623). Auf Führer **ausl Fze** dürfte I a anwendbar sein, wenn in ihrem Heimatland entspr Sicherungen vorgeschrieben u im Fz vorhanden sind.

Abs 1b (neu eingefügt durch VO v 11.5.06 [BGBl I 1160; s dazu Schubert **7b** DAR 06, 371]) verbietet entspr d RiLi 2003/20/EG generell eine Beförderung von **Kindern unter 3 Jahren** in nicht mit Gurten ausgerüsteten Fahrzeugen der Klassen M1, N1, N2 und N3 (s Anl XXIX StVZO – EG-Fahrzeugklassen). Kinder **ab 3 Jahren,** die kleiner als 150 cm sind, dürfen in solchen Fahrzeugen nur auf den Rücksitzen mitgenommen werden (Abs 1b S 2). Diese Regelungen gelten nicht für Omnibusse (Klassen M2 und M3). Die Anpassung der StVO war nach EG-Recht zwingend. Sie ist aus Verkehrssicherheitserwägungen sinnvoll und dürfte nur eine geringe Zahl von Fahrzeugen betreffen (vgl amtl Begr VkBl 06, 490 = BRDrs 165/06).

8 **Abs 3 S 1** stellt an die **Kindersitze** auf **Fahrrädern** die gleichen Anforderungen wie für die Beifahrersitze auf Krafträdern (vgl oben Rn 2). Personen unter 16 Jahren dürfen Kinder auf dem Fahrrad nicht mitnehmen. Kinder über 7 Jahre dürfen auf Fahrrädern überhaupt nicht mitgenommen werden.

Abs 3 S 2 u 3 regelt seit 1.9.09 die **Beförderung von Kindern in Fahrradanhängern** (s auch oben Rn 5). Diese ist nunmehr in Anhängern, **die zur Beförderung von Kindern eingerichtet** sind, ausdrücklich erlaubt (s auch Merkblatt für das Mitführen von Anhängern hinter Fahrrädern vom 6.11.99, BkBl 99, 703; §§ 61a, 67 StVZO). Mitgenommen werden dürfen in entsprechend eingerichteten und geeigneten Anhängern bis zu zwei Kinder bis zum vollendeten siebten Lebensjahr (S 2). **Behinderte Kinder** dürfen älter sein (S 3), wobei hier das Höchstalter bei dem vollendeten vierzehnten Lebensjahr („Kind", s zB § 1 II JGG; „Behinderung", s § 2 I 1 SGB IX: „Menschen sind behindert, wenn ihre körperliche Funktion, geistige Fähigkeit oder seelische Gesundheit mit hoher Wahrscheinlichkeit länger als sechs Monate von dem für das Lebensalter typischen Zustand abweichen und daher ihre Teilhabe am Leben in der Gesellschaft beeinträchtigt ist.", Scheidler NZV 10, 230, 233) liegt. Personen unter 16 Jahren dürfen keine Kinder in Fahrradanhängern befördern.

8a **4. Beförderung von erwachsenen Personen auf Fahrrädern.** Die Mitnahme von Personen ab 7 Jahre auf Fahrrädern ist somit verboten. Deshalb ist für den Betrieb von sog. „Fahrrad-Taxis" bzw. „Fahrrad-Rikschas" eine Ausnahmegenehmigung nach § 46 StVO erforderlich (BMVBW VkBl 03, 429; ebenso Kramer VD 02, 144).

Die gegenteilige Auffassung vertritt OLG Dresden (NJW 05, 396 = VD 04, 332); eine teleologische Auslegung ergebe, dass § 21 Abs 3 StVO nur einsitzige und einspurige Fahrräder betreffe (OLG Dresden NJW 05, 396 = VD 04, 332); so auch Rebler DAR 09, 12, 19. Die Auffassung, § 21 StVO nicht auf Rikschas anzuwenden, ist abzulehnen, vor allem mit Blick auf die Notwendigkeit eines einheitlichen Fahrradbegriffs in der StVO. Denn es besteht in der Rechtsprechung Einigkeit, dass unter den Fahrradbegriff im Straßenverkehrsrecht auch mehrspurige Fahrzeuge mit Fahrradmerkmalen fallen (so zutreffend Hentschel/König/Dauer-König § 2 StVO Rn 66 mit Nachweisen aus der Rechtspr. sowie Hentschel NJW 05, 641, 643). Damit stimmt auch überein die Fahrrad-Definition nach Art. 1 lit I des Übereinkommens über den Straßenverkehr vom 8. Nov. 1968 (Hentschel/König/Dauer-König aaO).

9 **5. Zuwiderhandlungen.** Verstöße gegen § 21 sind OWen nach Maßgabe des § 49 I Nr 20 iVm § 24 StVG (Nrn 97–99.2 BKat). Die neuen Verpflichtungen aus Abs 1 S 1–3 (grundsätzlich nur noch so viele Personen mitzunehmen, wie mit Sicherheitsgurten ausgerüstete Sitzplätze vorhanden sind) sind wegen des Übergangszeitraums in der RiLi 2003/20/EG noch nicht sanktioniert (s auch oben Rn 1a; OLG München NZV 10, 527). Sanktioniert sind aber insb Verstöße gegen Abs 1 S 4 (Mitnahme von Personen auf Krafträdern, Zugmaschinen u in Wohnanhängern). Die Bußgeldvorschrift richtet sich grundsätzlich (Ausn s Rn 10) nur gegen den Fz-Führer, nicht gegen die mitgenommenen Personen, insb nicht

gegen die Kinder im Falle des I a (s oben Rn 7). Der Beif kann als Beteiligter (**E** 41) oder, wenn er selbständig in VVorgänge eingreift, als selbstständiger Täter eines VVerstoßes verantwortlich sein (OLG Oldenburg DAR 57, 364; 61, 309). Zum Umfang der Sorgfaltspflicht des Fz-Führers zur Verhütung des verbotenen Mitfahrens von Personen s BGH(Z) VM 57, 61.

Die Pflichten aus II S 4 treffen sowohl den Fz-Führer, der das Stehen duldet **10** (so BayObLGSt 83, 62 = StVE 5), als auch die beförderten Personen, die während der Fahrt stehen (aA Booß Anm 4, der nur den Stehenden als Normadressaten ansieht; dann käme aber für den Fahrer uU Beteiligung nach § 14 OWiG in Betracht, uU auch § 23 I S 2). Auf die Gefährdung des unerlaubt Beförderten kommt es nicht an (OLG Hamm VRS 7, 202).

6. Zivilrecht. Zugunsten der beförderten Personen ist § 21 StVO Schutzgesetz **11** iSv § 823 II BGB (s auch Hentschel/König/Dauer-König § 21 StVO Rn 16). FzHalter u FzFührer haften für schuldhafte Verletzung der Beförderten nach allg Vorschriften (OLG Karlsruhe VkBl 51, 107). Zu Haftungsfragen durch vorgeschrieb Kinderrückhaltevorrichtung in PKW s Etzel, DAR 94, 301.

§ 21a Sicherheitsgurte, Rollstuhl-Rückhaltesysteme, Rollstuhlnutzer-Rückhaltesysteme, Schutzhelme[1]

(1) Vorgeschriebene Sicherheitsgurte müssen während der Fahrt angelegt sein; dies gilt ebenfalls für vorgeschriebene Rollstuhl-Rückhaltesysteme und vorgeschriebene Rollstuhlnutzer-Rückhaltesysteme. Das gilt nicht für
1. *aufgehoben*
2. **Personen beim Haus-zu-Haus-Verkehr, wenn sie im jeweiligen Leistungs- oder Auslieferungsbezirk regelmäßig in kurzen Zeitabständen ihr Fahrzeug verlassen müssen,**
3. **Fahrten mit Schrittgeschwindigkeit wie Rückwärtsfahren, Fahrten auf Parkplätzen,**
4. **Fahrten in Kraftomnibussen, bei denen die Beförderung stehender Fahrgäste zugelassen ist,**
5. **das Betriebspersonal in Kraftomnibussen und das Begleitpersonal von besonders betreuungsbedürftigen Personengruppen während der Dienstleistungen, die ein Verlassen des Sitzplatzes erfordern,**
6. **Fahrgäste in Kraftomnibussen mit einer zulässigen Gesamtmasse von mehr als 3,5 t beim kurzzeitigen Verlassen des Sitzplatzes.**

(2) Wer Krafträder oder offene drei- oder mehrrädrige Kraftfahrzeuge mit einer bauartbedingten Höchstgeschwindigkeit von über 20 km/h führt sowie auf oder in ihnen mitfährt, muss während der Fahrt einen geeigneten Schutzhelm tragen. Dies gilt nicht, wenn vorgeschriebene Sicherheitsgurte angelegt sind.

Übersicht

	Rn
1. Abs 1: Anschnallpflicht	1
a) Allgemeines	1

---

[1] VwV zu § 21a Abs 2 StVO aufgehoben durch Allgemeine Verwaltungsvorschrift zur Änderung der Allgemeinen Verwaltungsvorschrift zur Straßenverkehrs-Ordnung vom 20.3.08 (VkBl 08, 283).

	Rn
b) Satz 1: Anschnallpflicht	2
c) Satz 2: Ausnahmen	4
2. Abs 2: Schutzhelme	5
3. Zuwiderhandlungen können zivil- u bußgeldrechtliche Folgen haben	6
a) Zivilrechtliche Folgen	6
b) Bußgeldrechtliche Folgen	8
4. Literatur	11

1 1. Abs 1: Anschnallpflicht. Abs 1 zuletzt geändert durch die 51. StVRÄndV v 16.06.2016 (BGBl I 1463) dient der Umsetzung der Vorgaben der RL 2007/46/EG (BR-Drs 166/16).

a) Allgemeines. Nach Maßgabe des § 35a VII–IX StVZO (Anh I b) müssen Pkw, Lkw u Sattelzugmaschinen mit mehr als 25 km/h Höchstgeschwindigkeit Becken- bzw Schulterschräggurten ausgerüstet sein; ein „Airbag" kann sie nicht ersetzen (OLG Celle NZV 90, 81). – Wegen der Sicherungspflicht kleiner Kinder s § 21 I a u dort Rn 7, 7a. – Zur Mitnahme **behinderter Kinder** in Kfzen s § 22a I Nr 27 StVZO iVm 3. AusnVO v 5.6.90, s oben Fn zu § 21 I a.

2 b) Satz 1: Anschnallpflicht. Abs 1 Satz 1 begründet für die Benutzer von Fzen, in denen **Sicherheitsgurte** vorhanden sein müssen, eine grundsätzliche Pflicht Sicherheitsgurte vorschriftsmäßig zu benutzen, sofern dem Fahrer oder Mitfahrer nicht eine Ausnahme (s unten Rn 4) von der Gurtpflicht erteilt wurde (zuletzt OVG Lüneburg DV 15, 160 f mit Verweis auf BGHZ 119, 268; OLG Düsseldorf VRS 80, 291; OLG Hamm DAR 08, 34: Schultergurt nicht unter dem Arm) Zur **„Fahrt"** gehört auch das verkehrsbedingte, vorübergehende Anhalten, zumal die „Fahrt" bis zu ihrer (freiwilligen) Beendigung dauert (so KG VRS 70, 299; LG Hannover ZfS 89, 334; BGH NZV 01, 130; Hentschel/König/Dauer-König § 21a StVO Rn 3), bis dahin also die das Anlegen des Gurtes bedingenden Gefahren fortdauern u auch sonst, wie zB beim Überholen, ein nur wartendes Kfz als „in Fahrt" befindlich betrachtet wird (s § 5 StVO Rn 2; KG aaO; Janiszewski NStZ 86, 257; aA OLG Celle DAR 86, 28; OLG Düsseldorf VRS 72, 211; Hentschel NJW 86, 1311). Die Gurtanlegepflicht besteht auch bei einem kurzfristigen, verkehrsbedingten Anhalten (OLG Celle NZV 06, 164 = DAR 06, 159); die Ahndung eines nur kurzfristigen Abschnallens (zB bei Rot, vor einer Schranke oder im länger dauernden Stau) ist aber inopportun (s aber OLG Celle NZV 06, 164 = DAR 06, 159). Beim Startversuch besteht noch keine Anschnallpflicht (OLG Bamberg VersR 85, 344).

3 Der Sicherheitsgurt ist geeignet, Folgen von Zusammenstößen zu mildern oder gar zu verhindern. Der Nutzen moderner Sicherheitsgurte überwiegt gegenüber denkbaren Nachteilen (in höchstens 0,5–1% aller Fälle), so dass ein einsichtiger u verantwortungsbewusster Kf nur dann verkehrsrichtig handelt, wenn er sich anschnallt (so zB OLG Karlsruhe VRS 77, 415). Das geringe Risiko, das sich aus der Benutzung der Gurte ergeben könnte, steht angesichts der erheblichen Vorteile für Leben u Gesundheit nicht außer Verhältnis zu den verfolgten Zwecken; § 21a I verstößt daher gegen keine GrundRe, insb nicht gegen die der Handlungsfreiheit u der körperlichen Unversehrtheit (Art 2 I u II GG; BVerfG VRS 72, 1 = StVE 20; BGH(Z) StVE 3; VRS 56, 429 u 431; BayObLG VRS 69, 150). Das BVerfG hat die Annahme einschlägiger Verfassungsbeschwerden abgelehnt (vgl NJW 77, 299; 87, 180). Die Anschnallpflicht schützt nicht nur den Kfz-Benutzer selbst, sondern in vielfacher Weise auch berechtigte Interessen der Allgemeinheit, insbesondere bezogen auf die Inanspruchnahme von Rettungsdiensten und med. Versorgung sowie der Belastung der Sozialversicherungssysteme (vgl amtl Begr VkBl 75, 675 sowie BVerfGE 59, 275 zu § 21a II u OVG Lüneburg DV 15, 160 f). – Zur Schutzfunktion des Sicherheitsgurtes aus medizinischer und technischer Sicht Hein/Walter SVR 10, 241.

Ob § 21a auch für **ausl Kf** gilt, ist bes dann zw, wenn für sie nach HeimatR keine Gurtausstattungspflicht besteht, zumal § 35a StVZO für sie nicht gilt (s § 20 FZV u § 21a auf „vorgeschriebene" Gurte abstellt.

c) Satz 2: Ausnahmen. Abs 1 S 2: Abs 1 S 2 Nr 2 neu gefasst durch VO v 22.12.05 (BGBl I 3716). **Ausn von der Anschnallpflicht** sollen den Bedürfnissen der Praxis u dem Verhältnismäßigkeitsgrundsatz in einem Bereich Rechnung tragen, in dem das Anlegen zum eigenen u fremden Schutz nicht erforderlich u damit nicht zumutbar ist (Begr OLG Stuttgart VRS 70, 49; OLG Zweibrücken VRS 77, 302; zu Ausn bei Beförderung kleiner u behinderter Kinder s § 21 StVO Rn 7a). Mit der 49. StVRÄndV v 22.10.14 wurde die in den 70er Jahren zum Schutz vor Übergriffen eingeführte Ausnahme nach **I Nr 1** für **Taxifahrer** während der Fahrgastbeförderung aus Verkehrssicherheitsgründen aufgehoben; vgl BRDrs 336/14 S. 8. – **I Nr 2** setzt im **Haus-zu-Haus-Verkehr** (früher: LieferantenV) die Ausübung einer Tätigkeit voraus (unerheblich ist, ob die Sendungen im Rahmen des wirtschaftlichen Warenverkehrs oder aus anderen Gründen befördert werden), bei der nach jeweils sehr kurzen Fahrstrecken, die idR mit geringen Geschwindigkeiten gefahren werden, immer wieder aus- und eingestiegen werden muss, so dass das An- und Ablegen des Sicherheitsgurtes infolge der kurzen Zeitabstände nicht zugemutet werden kann (amtl. Begr. VkBl 06, 43). So beim Post- u städtischen Amtsboten (BayObLG VRS 72, 304 = StVE 22; s auch OLG Zweibrücken aaO; OLG Düsseldorf VRS 81, 394), aber auch bei Schornsteinfegern (amtl Begr VkBl 06, 43), da es nicht darauf ankommt, ob eine Ware oder Sendung angeliefert/abgeholt wird. 300 m sind keine „kurze" Entfernung (OLG Düsseldorf NZV 92, 40). Die Ausnahme gilt auch nicht bei der Fahrt zum Leistungs-/Auslieferungsbezirk, die Fahrt zwischen solchen Bezirken oder die Fahrt von diesem Bezirk weg (amtl. Begr. VkBl 06, 43). – Die in **I Nr 3** gen Fälle sind zwar erweiterungsfähige Beispiele, wozu aber nicht langsames Fahren beim Suchen einer Parklücke (OLG Stuttgart VRS 70, 49) u verkehrsbedingtes Schritttempo im fließenden Verkehr gehören (KG VRS 70, 299; OLG Düsseldorf VRS 72, 211). Für Ausnahmen von der Gurtanlegepflicht bei Fahrten in Schrittgeschwindigkeit sollte aufgrund der zentralen Bedeutung der Anschnallpflicht ein enger Maßstab angelegt werden (Hentschel/König/Dauer-König, § 21a StVO Rn 7, 10). Die Gurtanlegepflicht gilt demnach auch bei Fahrten im **verkehrsberuhigten Bereich** (Zeichen 325.1).

Abs 1 S 2 **Nr 4 bis 6:** Die Einführung weiterer Ausnahmen von der Gurtanlegepflicht trägt dem Umstand Rechnung, dass nach § 35a StVZO neuerdings auch **bestimmte Busse** mit Sicherheitsgurten ausgerüstet sein müssen. Ab 1.1.1997 müssen neu zugelassenen Busse serienmäßig mit Beckengurten, Kleinbusse ab Oktober 1999 auf allen Sitzplätzen mit Dreipunktgurten ausgerüstet sein (VkBl 1997, 45). Diese Ausrüstungspflicht führt in Verbindung mit § 21a Abs 1 Satz 1 StVO („Vorgeschriebene Sicherheitsgurte müssen während der Fahrt angelegt sein") zugleich zu einer uneingeschränkten Gurtanlegepflicht. Diese Konsequenz lässt sich aber nicht immer vertreten; deshalb sieht I die Ausnahmen von der Anlegepflicht nach Nr 4 bis 6 vor.

StVO § 21a　　　　　　　　　　　　　　　I. Allgemeine Verkehrsregeln

4b　Darüber hinaus können unter strengen Voraussetzungen **AusnGenehmigungen** nach § 46 I Nr 5b erteilt werden (s RiLien v 3.3.86, VkBl 206; ber v 29.8.86, VkBl 558; BVerwG NJW 74, 1781; BGH NZV 93, 23; Vordrucke s VkBl 88, 183), wenn das Anlegen der Gurte aus gesundheitlichen Gründen nicht möglich ist (ablehnend OVG Lüneburg DV 15, 160) oder die Körpergröße weniger als 150 cm beträgt (s VwV-StVO zu § 46 zu Abs 1 Nr 5b, Rn 93 ff; § 21 I a StVO); zur Ermessensausübung bei Anwendung der früheren Erlasse s VG Düsseldorf VM 81, 27 u VG Frankfurt/M DAR 89, 73. **Keine Ausn für Fahrlehrer** (OLG Köln VRS 69, 307 u OLG Hamm VM 86, 38) u **Krankenfahrer** (KG VRS 70, 294 = StVE 17). Eheleute können kraft ihrer bes Fürsorgepflicht verpflichtet sein, den hilfsbedürftig gewordenen Partner anzuschnallen (OLG Frankfurt/M VM 87, 6).

5　**2. Abs 2: Schutzhelme.** Abs 2 neu gefasst durch VO v 22.12.05 (BGBl I 3716). Diese Bestimmung trägt zum Schutz der Kradf (**nicht** auch **Radf:** OLG Nürnberg NZV 91, 230; OLG Karlsruhe NZV 91, 25; OLG Düsseldorf NZV 07, 38 m Anm Kettler; s auch unten Rn 7a) gegen Kopfverletzungen bei, bringt aber keine zusätzlichen Gefahren mit sich. Die **Schutzhelmtragepflicht** besteht seit 1.1.06 generell für die **Führer** und **Mitfahrer** von **Krafträdern** oder offenen dreirädrigen (sog **Trikes/Tricycles**) oder mehrrädrigen (sog **Quads/Quadricycles**) **über 20 km/h** (die 6. AusnVO zur StVO v 24.3.94, BGBl I 624 u VkBl 346 wurde im Zuge der Neuregelung durch 40. StVRÄndV v 22.12.05, BGBl I 3717, 3719, aufgehoben). Sie gilt auch für **Insassen** in einem **Beiwagen** (Bouska/Leue § 21a StVO Rn 10a) sowie für **Minimotorräder** („Pocketbike") über 20 km/h (Ternig ZfS 06, 666, 669); nicht erfasst sind zB Kleintraktoren oder Mähmaschinen mit einer bbH bis max 20 km/h (s auch Albrecht SVR 06, 41, 42). **Nicht erfasst** sind aufgrund der bbH von max 20 km/h deshalb Leicht-Mofas (iS der Anl zur AusnVO v 26.3.93, BGBl I 394; Beck'sche Loseblattausgabe Nr 2c. Befreit von Helmtragepflicht sind zudem Fahrer auf Krafträdern mit bestimmten Rückhaltesystemen eingebaut in eine bestimmte Rahmenkonstruktion: 8. Ausnahme VO zur StVO v 20.5.98 (BGBl I 1130).

Die **Schutzhelmtragepflicht** besteht **nach § 21a II 2 StVO nicht, wenn vorgeschriebene Sicherheitsgurte angelegt sind;** zulässig ist in diesen Fällen auch, dass anstatt des Sicherheitsgurtes ein Schutzhelm getragen wird (Wahlmöglichkeit). Ist die **Ausrüstung mit Sicherheitsgurten oder Rückhaltesystemen nicht vorgeschrieben** (s zur Aus- und Nachrüstungspflicht §§ 35a, 72 II zu § 35a II, III, IV, V 1 und V StVZO), gilt bei den in § 21a II 1 StVO genannten Krafträdern und Kfz die **Schutzhelmtragepflicht.** Dies gilt nach dem Wortlaut auch für die Fahrt mit einem („Oldtimer") **Cabrio** (offenes, mehrrädriges Kfz mit einer bbH von über 20 km/h), für das keine Sicherheitsgurte oder Rückhaltesysteme vorgeschrieben sind, was auch aus Verkehrssicherheitsgründen empfehlenswert ist.

Der Helm muss **geeignet** (bisher: „amtlich genehmigt") sein. Diese begriffliche Änderung ändert nichts an der bisherigen Rechtslage (vgl amtl Begr VkBl 06, 43). Geeignet sind amtlich genehmigte Schutzhelme sowie Kraftradschutzhelme mit ausreichender Schutzwirkung. Amtlich genehmigt sind Schutzhelme, die entsprechend der ECE-Regelung Nr 22 (BGBl 1984 II 746 m w Änd.) gebaut, geprüft, genehmigt und mit dem nach ECE-Regelung Nr 22 vorgeschriebenen Genehmigungszeichen gekennzeichnet sind. Nicht geeignet sind zB Bauarbeiter- (dazu auch OLG Düsseldorf VM 88, 87), Feuerwehr-, Radfahr- oder Stahlhelme der Bundeswehr (vgl amtl Begr VkBl 06, 43). Die 2. AusnVO zur StVO v 19.3.90,

Sicherheitsgurte, Rollstuhl-Rückhaltesysteme usw. **§ 21a StVO**

BGBl I 550 iVm ÄndVO v 22.12.92, BGBl I 2481 wurde durch die Änd des § 21a entbehrlich und zum 1.1.06 durch 40. StVRÄndV v 22.12.05, BGBl I 3717, 3719, aufgehoben. Der Helm muss geeignet sein, Kopfverletzungen bei Krad-Unfällen erheblich zu mindern (Ha VRS 67, 144) u dementspr (mit geschlossenem Kinnriemen) getragen werden (sonst ow, s 8); ungeeignet ist ein Schutzhelm auch (ggf. trotz amtlicher Genehmigung), wenn er nicht für die Kopfgröße des Betr geeignet oder seine Schutzwirkung durch Mängel beeinträchtigt ist (Hentschel/König/Dauer-König § 21a StVO Rn 16).

Gesundheitliche Gründe können eine Ausnahmengenehmigung zur Befreiung von der Helmtragepflicht gemäß § 46 Abs 1 Nr 5b StVO rechtfertigen, allerdings handelt es sich hierbei um eine Ermessensentscheidung der Behörde, deren Ermessen auch dann nicht auf Null reduziert ist, wenn der Straßenverkehrsbehörde ein ärztliches Gutachten gemäß Rn 97 der VwV zu § 46 StVO vorgelegt wird (BVerwG NJW 17, 1691); nicht aber bloßes Nichtpassen des Helms bei Brillen (BGH(Z) StVE 9 = VRS 64, 340); Turbanträgern oder religiösen Kleidungsvorschriften (Kreutal DAR 86, 38; VG Freiburg Beck-RS 2015, 55590). Die Helmtragepflicht ist verfassungskonform, zumal sie keine beachtlichen Nachteile bringt (s BVerfG NJW 82, 1276; OLG Stuttgart VRS 61, 388).

3. Zuwiderhandlungen können zivil- u bußgeldrechtliche Folgen 6 **haben. a) Zivilrechtliche Folgen.** § 21a ist **SchutzG** iS von § 823 II BGB (s BGH NJW 08, 3778 = NZV 09, 29 = DAR 09, 83 = zfs 09, 10 m Anm Diehl zu § 21a II).

Zivilrechtlich können Verstöße gegen die Pflichten aus I u II **Mitschuld** nach § 254 BGB begründen (s auch Burmann/Heß NJW 09, 899 [900]; Heß/Burmann NJW 13, 1647). Einem Kfz-Insassen, der den **Sicherheitsgurt nicht anlegt,** fällt grundsätzlich ein Mitverschulden (§ 254 I BGB) an seinen infolge der Nichtanlegung des Gurtes erlittenen Unfallverletzungen zur Last (Fortsetzung der st Rspr, BGHZ 119, 268, 270 mwN, BGH NZV 01, 130; BGH NJW 12, 2027 = DAR 12, 386 = zfs 12, 496 m Anm Diehl), wobei eine anspruchsmindernde Mithaftung nur eintritt, wenn im Einzelfall festgestellt wurde, dass nach der Art des Unfalls die erlittenen Verletzungen tatsächlich verhindert worden oder zumindest weniger schwerwiegend gewesen wären, wenn der Verletzte zum Zeitpunkt des Unfalls angeschnallt gewesen wäre (BGH NJW 12, 2027 = DAR 12, 386 = zfs 12, 496 m Anm Diehl). Dies gilt auch bei der **Mitfahrt mit** einem **alkoholisierten Kfz-Führer** und bei eigener Alkoholisierung, da dies einen Verstoß gegen die eigenen Interessen des Beifahrers darstellt; Haftungsanteile nach OLG Karlsruhe NZV 09, 226: Fahrer ⅔; Beifahrer ⅓. Zur Haftung unter Eheleuten s OLG Frankfurt/M VM 87, 6. Bei einem Kraftradfahrer kann das **Nichttragen von Motorradschutzkleidung** trotz fehlender gesetzlicher Verpflichtung zum Tragen wegen Außerachtlassung der Sorgfalt, die ein ordentlicher und verständiger Mensch zur Schadenvermeidung anzuwenden pflegt, als Mitverschulden berücksichtigt werden (OLG Brandenburg DAR 09, 649 m Anm Miller). Eine pauschale Mithaftungsquote gibt es nicht (OLG Karlsruhe VRS 77, 415; DAR 90, 342 m umfangreicher RSpr); ihre Bemessung unterliegt tatrichterlichem Ermessen; sie richtet sich nach den maßgeblichen Umständen (wie insb nach dem Maß der Vorwerfbarkeit der Unfallverursachung u des Nichtanschnallens, s OLG Frankfurt/M VersR 87, 670; StVE 19a), nicht nach festen Quoten (BGH(Z) VRS 60, 94; KG VM 81, 6; VRS 62, 247; OLG Saarbrücken VM 81, 79: Minderung um ³⁄₁₀, wenn Beif **ohne Helm,** ebenso OLG Nürnberg DAR 89, 296 mwN; um 20% bei Nichtanschnallen

StVO § 21a I. Allgemeine Verkehrsregeln

in Durchschnittfällen: KG StVE 4, um ¾₁₀: OLG Saarbrücke DAR 87, 381 mwN, in Einzelfällen um 50% oder mehr: KG VRS 62, 247; LG Meiningen DAR 07, 708 (50%); zur **Mithaftungsquote des nichtangeschnallten Insassen** s KG VM 86, 41; OLG Karlsruhe NZV 90, 151; LG Frankfurt/M NZV 05, 524; AG Halle-Saalkreis SVR 06, 308; OLG Braunschweig zfs 06, 439 m Anm Diehl; OLG Saarbrücken NZV 10, 77 [30%]; OLG Naumburg SVR 10, 60 m Praxishinweis Walter); in Ausnahmefällen kann die Verletzung der Anschnallpflicht hinter dem Verursachungsbeitrag des Geschädigten zurücktreten (OLG Karlsruhe SVR 10, 180 m Praxishinweis Hering [Überschreitung der innerorts zulässigen Höchstgeschwindigkeit von 50 km/h um ca 80% auf regennasser Fahrbahn in Rechtskurve und Frontalzusammenstoß mit ordnungsgemäß auf der Gegenfahrspur entgegenkommendem Fahrzeug]). Bei Verletzungen, vor denen der Helm schützen soll, spricht **Beweis des ersten Anscheins** für die Ursächlichkeit der Nichtbenutzung (BGH(Z) StVE 9 = VRS 64, 340). Das gilt bei typischen Unfallverläufen auch im Falle des **Nichtanschnallens** (BGH(Z) NJW 91, 230; s dazu auch OLG Zweibrücken VRS 84, 177); im Übrigen hat der Haftpflichtige die Mitschuld des Verletzten zu beweisen, insb die Ursächlichkeit des Nichtanschnallens für die Verletzungen (BGH(Z) StVE 5 = VRS 59, 166; KG VRS 62, 247; OLG Hamm VM 86, 25; Weber NJW 86, 2667; krit dazu Ludolph NJW 82, 2595; OLG Naumburg SVR 09, 306 m Praxishinweis Walter: „Bei schweren Frontalkollisionen mit hohen Geschwindigkeiten ist die Ursächlichkeit der erlittenen Unfallverletzungen jedoch nicht zu vermuten, wenn der Verletzte den Sicherheitsgurt nicht angelegt hatte, sondern in den Airbag geprallt ist. Vielmehr muss der Schädiger beweisen, dass dieselben Verletzungen (im konkreten Fall: hintere Hüftluxation mit Acetabulumfraktur) bei Anlegen des Sicherheitsgurts nicht eingetreten wäre." [LS]), während umgekehrt der Verletzte seinen Einwand zu beweisen hat, dass er auch bei angelegtem Gurt dieselben oder vergleichbare Verletzungen erlitten hätte (OLG Karlsruhe aaO mwN). Verliert der Geschädigte die Kontrolle über sein Fahrzeug, stößt gegen die Mittelleitplanke und kommt auf der linken Fahrspur zum Stehen und prallt anschließend ein anderes Fahrzeug auf das Fahrzeug des Geschädigten auf, ist dem Geschädigten das Nichtanlegen des Sicherheitsgurtes nicht anzulasten, weil zu diesem Zeitpunkt des Zweitunfalls die Fahrt praktisch beendet war und keine Gurtanlegepflicht mehr bestand und sogar gemäß § 34 I Nr 2 StVO die Pflicht bestand, das Fahrzeug zu verlassen (BGH NJW 12, 2027, 2028 und LS 3 der NJW-Redaktion = DAR 12, 386). Zur **Produkthaftung** bei Fehlauslösung von **Airbags** BGH NZV 09, 543 = DAR 09, 691 (LS) m Anm Helmig. **Typische Indizien** für einen Verstoß gegen die Anschnallpflicht sind eine punktförmige Einschlagstelle in der Frontscheibe, ein nach vorne umgebogenes Lenkrad, fehlende Kratz- und Schmelzspuren am Umlenkpunkt der Kunststoffgurtzunge sowie eine fehlende Arretierung des Gurtes (AG Halle-Saalkreis SVR 06, 308). Der Anscheinsbeweis spricht für einen nicht angelegten Sicherheitsgurt, wenn der Geschädigte aus dem Fz geschleudert wird (LG Frankfurt/M NZV 05, 524).

7 **Keine Mitschuld** im Rahmen der ges Befreiung (s aber BGH(Z) VRS 62, 321; Rn 4), wenn Ausn-Genehmigung vorliegt oder im Falle eines Antrags hätte erteilt werden müssen (BGH NZV 93, 23) oder bei Unzumutbarkeit (s Rn 5) sowie bei Mitfahrt in vorschriftswidrig nicht mit Gurten ausgestattetem Kfz (BGH(Z) VRS 64, 107; erst recht nicht bei Mitfahrt in Kfz (Oldtimer) für das zum Unfallzeitpunkt keine Pflicht zur Nachrüstung mit Sicherheitsgurten bestand (LG Köln BeckRS 08, 11 348). – **Keine Lohnfortzahlung** bei Nichtanlegen des Gurtes (BAG NJW 82, 1013; s dazu Weber DAR 83, 9).

Sicherheitsgurte, Rollstuhl-Rückhaltesysteme usw. **§ 21a StVO**

Verstoß gegen Anschnallpflicht führt nicht zwingend stets zu einer Haftungsverringerung des Schädigers, vielmehr ist im Einzelfall im Rahmen von § 254 BGB Freistellung von Mithaftung möglich (BGH DAR 98, 191 = NZV 98, 148).

Nichttragen eines Schutzhelms durch einen **„normalen" Radfahrer,** der sein Rad als gewöhnliches Fortbewegungsmittel nutzt, begründet kein Mitverschulden nach § 254 BGB (BGH NJW 14, 2493 (jedenfalls für Unfallereignisse bis zum Jahr 2011, da dies dem allgemeinen Verkehrsbewusstsein ausweislich statistischer Erhebungen nicht entsprach); OLG Nürnberg NZV 99, 472; OLG Düsseldorf NZV 07, 614 = DAR 07, 704; BGH DAR 09, 81, 82 = VRS 116/09, 20 = SVR 09, 220 m Praxishinweis Walter [Revisionsentscheidung zu OLG Düsseldorf NZV 07, 614 = DAR 07, 704]; OLG Saarbrücken NZV 08, 202; LG München II SVR 13, 383 m Praxishinweis Balke), auch nicht bei Kindern (OLG Düsseldorf NZV 07, 38 m Anm Kettler; aA aber LG Krefeld NZV 06, 205; OLG Schleswig FD-StrVR 13, 347353 = SVR 13, 304 m Praxishinweis Schröder = DAR 13, 470; s zu dieser Problematik auch Hufnagel DAR 07, 289; Schröder SVR 09, 293 (RsprÜb); Scholten DAR-Extra 13, 748, 749; vgl auch OLG Hamm NZV 01, 86: „Der Umstand, dass ein erwachsener Radfahrer keinen Schutzhelm getragen und womöglich deshalb bei einem Sturz schwere Kopfverletzungen erlitten hat, begründet keinen Mitverschuldensvorwurf, weil eine allgemeine Verkehrsanerkennung der Notwendigkeit einer solchen Schutzmaßnahme (noch) nicht festzustellen ist." Dies gilt zumindest für den „herkömmlichen Freizeitfahrradfahrer" (OLG Düsseldorf NJW 07, 3075 = NZV 07, 619 m Anm Schiffler = DAR 07, 458 dort m Anm Hufnagel u Anm Mecklenbrauck DAR 07, 646). Nach OLG Düsseldorf NJW 07, 3075 = NZV 07, 619 (m Anm Schiffler) = DAR 07, 458 (dort m Anm Hufnagel u Anm Mecklenbrauck DAR 07, 646) schließt aber die fehlende Helmtragepflicht für Radfahrer, jedenfalls bei Kopfverletzungen, die Annahme eines Mitverschuldens nicht aus, wenn das Radfahren als **Sport** (auch hobbymäßig außerhalb eines Vereins) betrieben wird und dabei die Erzielung hoher Geschwindigkeiten im Vordergrund steht (BGH NJW 14, 2493). Die **Grenze zum Mitverschuldensvorwurf** ist dort zu ziehen (s auch OLG Saarbrücken NZV 08, 202), wo sich ein **Radfahrer besonderen Risiken aussetzt** (s auch Buschbell NJW 11, 3605, 3608). Auch Fahrradkuriere unterliegen idR, abhängig vor allem vom konkreten Fahrverhalten, einem besonderen Risiko und sind einem Mitverschuldensvorwurf ausgesetzt. Erforderlich ist aber eine **differenzierte Betrachtung,** die sowohl der Schutzwirkung des Fahrradschutzhelms als auch der Akzeptanz des Helmtragens beim Radfahren (Anteil der Helm tragenden Fahrradfahrer über alle Altersgruppen hinweg im Jahr 2008 10%, im Jahr 2009 11% [VkBl 10, 490, 491], im Jahr 2011 11% (BGH NJW 14, 2493)) und dem konkreten Fahrverhalten Rechnung trägt. Solange für Fahrradfahrer keine rechtliche Verpflichtung zum Tragen eines Schutzhelms besteht, scheidet ein generelles Mitverschulden aus (krit zum Mitverschulden beim Fahren ohne Fahrradschutzhelm Kettler NZV 07, 603; Scheidler SVR 10, 368, 373/374), wenngleich viel dafür spricht, zum eigenen Schutz einen Fahrradschutzhelm zu tragen (s Ternig zfs 08, 69; Scholten SVR 12, 161 [50. VGT 2012] mit beachtlichen Argumenten für die Anerkennung einer allgemeinen Obliegenheitspflicht, beim Radfahren einen Helm zu tragen; s auch Scholten NJW 12, 2993, 2994). Das vom OLG Schleswig mit Entscheidung vom 5.6.13, 7 U 11/12 (FD-StrVR 13, 347353 = SVR 13, 304 m Praxishinweis Schröder = DAR 13, 470) angenommene Mitverschulden in Höhe von 20% wurde vom BGH mit Entscheidung vom 16.6.2014, Az VI ZR 281/13 (NJW 14, 2493) jedenfalls für Unfallereignisse bis zum Jahr 2011 nicht bestätigt. Vor diesem Hintergrund scheint die Annahme eines Mitverschuldens

7a

ohne gesetzliche Helmpflicht für Fahrradfahrer überaus problematisch. Eine **eindeutige gesetzliche Regelung** ist hier **dringend erforderlich.** Die Dringlichkeit einer gesetzlichen Regelung wird auch durch die gegensätzlichen Entscheidungen des LG Köln (DAR 13, 382 m Anm Hauser – mögliches Mitverschulden bei Verletzung aufgrund **Nichttragen von „Motorradschuhen")** und des OLG Nürnberg (zfs 13, 436 m Anm Diehl = NJW 13, 2908 – kein Mitverschulden an Unfallfolgen bei unterbliebenem Tragen von „Motorradschuhen"; s dazu auch Scholten DAR-Extra 13, 748, 749, dort [750] auch zur tatsächlichen Übung und einer entsprechenden Obliegenheit mit Hinweis auf eine Erhebung der BASt im Jahr 2012, wonach bereits 46% der motorisierten Zweiradfahrer neben dem Helm weitere Schutzkleidung trugen) unterstrichen. Fahrer eines **Pedelec** (näher dazu § 1 StVG Rn 1 u Rn 8) iSd § 1 III StVG (in Kraft seit 21.6.13) sind Fahrradfahrer und unterliegen deshalb keiner Schutzhelmtragepflicht nach § 21a II StVO (zur früheren Differenzierung Huppertz, NZV 10, 390, 391; Huppertz DAR 11, 561, 564; Rebler SVR 12, 15, 17; weiter differenzierend Brockmann SVR 12, 210, 212). – Soweit ein Pedelec als Kraftrad von mehr als 20 km/h einzustufen ist, gilt die Schutzhelmtragepflicht aus § 21a II StVO, was dann auch für Pedelec 25 gelten würde (so auch Brockmann SVR 12, 210, 212). Zusammenfassend zu Rechtsfragen rund um das Tragen eines Helms im Straßenverkehr Scholten, NJW 12, 2993.

Zur (hier nicht gegebenen) Haftung und Verkehrssicherungspflicht bei Fahrten mit einem **Quad** in einem **Erlebnispark** zu einem Zeitpunkt, als für Quadfahrer das Tragen von Schutzhelmen noch nicht vorgeschrieben war (BGH NJW 08, 3778 = NZV 09, 29 = DAR 09, 83 = zfs 09, 10 m Anm Diehl).

8   **b) Bußgeldrechtliche Folgen. OWen** sind Verstöße gegen die Anschnallpflicht auf **allen** Sitzen (vorn seit 1.8.84, hinten seit 1.7.86) u gegen die Helmtragepflicht (§ 21a iVm § 49 I Nr 20a iVm § 24 StVG; s Nrn 100, 101 BKat). Bußgeldbewehrung des § 21a ist verfassungskonform (zu I s oben Rn 3; OLG Oldenburg VRS 68, 438; OLG Hamm VRS 69, 147 u 458 = StVE 13; BayObLG VRS 69, 150; OLG Stuttgart VRS 70, 44 = StVE 12; OLG Düsseldorf ZfS 86, 158; aA AG Albstadt NJW 85, 927 u AG Würzburg JR 86, 304; Lisken NJW 85, 3053; s auch Seebode JR 86, 265); zu II s BVerfGE 59, 275 = VRS 62, 241; OLG Stuttgart VRS 61, 388; OLG Hamm StVE 8). – **Gerechtfertigt** ist das Nichtanschnallen (nach OLG Düsseldorf VRS 80, 376) nur nach Erteilung einer (nach § 46 III S 3 mitzuführenden) Ausn-Genehmigung nach § 46 I 5b. – Nichtanschnallen des Getöteten wirkt strafmindernd, wenn Tötung sonst ausgeblieben wäre (BayObLG VRS 55, 269; v 31.10.85, 2 St 282/85). – Tragen eines ungeeigneten oder nicht vorschriftsmäßig befestigten „Helmes" ist ow.

9   An einer **OW des Beif** nach § 21a I u II kann sich der Kfz-Führer nach § 14 OWiG beteiligen (OLG Hamm StVE 8; Bouska DAR 84, 265), insb durch entspr Ermutigung, den Gurt nicht anzulegen (KG VRS 70, 469); aber nicht allein durch die Führung des Kfz (KG VRS 70, 294 = StVE 17; BayObLG NZV 93, 491; Janiszewski NStZ 86, 257; für Beteiligung bei bewusster Tolerierung des (vorsätzlich) nicht angelegten Gurtes: Hentschel/König/Dauer-König § 21a StVO Rn 19); zur evtl Verantwortlichkeit des Kfz-Führers über § 23 (s dort Rn 16 f).

10   Als **Dauer**-OWen stehen die Verstöße gegen § 21a mit anderen, in zeitlich, räumlich u sachlichem Zusammenhang begangenen VerkOWen zwar in TE, sie verklammern diese aber bei fehlender Gleichwertigkeit nach auch untereinander zur TE (OLG Düsseldorf VRS 73, 387; Göhler/Gürtler vor § 19 OWiG Rn 30 ff); im Einzelnen sind die Konkurrenzfragen umstritten. Für TE bei gleichzeitigem

Gurt- und **Geschwindigkeitsverstoß** OLG Rostock VRS 107, 461; OLG Hamm DAR 06, 338; OLG Stuttgart DAR 07, 405 = SVR 08, 28; Struensee DAR 05, 656; für TM: AG Sondershausen DAR 05, 350 m Anm Kropp; Albrecht SVR 06, 1, 9; s auch Albrecht DAR 07, 61. Für TE mit **Abstandsverstoß** OLG Hamm DAR 06, 338 = VRS 110, 281. Näher zu Konkurrenzfragen **E** Rn 57. Wird ein funktionsunfähiger Gurt nicht angelegt, liegt kein Verstoß gegen die §§ 21a oder 23 II vor, sondern allenfalls nach § 35a VII StVZO, der als spezielle Beschaffenheitsvorschrift den insoweit subsidiären Regelungen der StVO vorgeht (BayObLG VRS 79, 382).

S auch die Rechtsprechungsübersicht „Bußgeldverfahren wegen Gurtverstößen", Krumm SVR 09, 90.

4. Literatur. Albrecht „Gleichzeitiger Gurt- und Geschwindigkeitsverstoß" SVR 06, **11** 1; **ders** „Neue Verkehrs- und Bußgeldvorschriften 2006" SVR 06, 41, 42; **ders** „Die unbefriedigenden Lösungen zur Konkurrenz bei Verkehrsverstößen" DAR 07, 61; **BASt** „Sicherheitsgurte in Pkw" Unfall- u Sicherheitsforschung StraßenV H 17/78; **Brockmann** „Pedelecs und Segways – Umweltfreundlich aber gefährlich?" SVR 12, 210; **Buschbell** „Radfahrer im Straßenverkehr: Haftungs- und versicherungsrechtliche Aspekte" NJW 11, 3605; **Danner/Gögler/Schlund** „Sicherheitsgurt u Mitverschulden" 16. VGT u DAR 78, 215; **Hein/Walter** „‚Oben mit' wäre besser gewesen, oder?! – Interdisziplinäre Begutachtung der Gurtproblematik anhand aktueller Fallbeispiele – 50 Jahre nach Einführung des Dreipunktgurtes" SVR 10, 241; **Heß/Burmann** „Die Entwicklung des Straßenverkehrsrechts im Jahr 2012" NJW 13, 1647; **Huppertz** „Pedelec, Segway, Bierbike: Lust oder Last?" NZV 12, 23; **Kettler** „Neues zum Verschulden gegen sich selbst" NZV 07, 603; **Kreutel** „RLage nach Bußgeldbewehrung des § 21a" VD 85, 6; „Schutzhelmtragepflicht …" DAR 86, 38; **Krumm** „Bußgeldverfahren wegen Gurtverstößen" SVR 09, 90; **Landscheidt** „Schadensersatz u Sicherheitsgurt" NZV 88, 7; **Lisken** „Freispruch für ‚Gurtmuffel' – ein PolProblem?" NJW 85, 3053; **Löhle** „Schutzwirkungen der Sicherungssysteme Airbag u Sicherheitsgurt …" DAR 96, 8; **D. Müller** „Tateinheit bei Gurtverstoß mit Geschwindigkeitsverstoß" SVR 05, 409; **K. Müller** „Aufopferungsanspruch im Zusammenhang m d Gurtanlegepflicht" NJW 83, 593; **Rebler** „Moderne Zeiten: Neue Fahrzeugformen und die Schwierigkeit ihrer rechtlichen Behandlung" SVR 12, 15; **Scheidler** „Rennräder im öffentlichen Straßenverkehr" SVR 10, 368; **Scholten** „Mithaftung ohne Fahrradhelm? – Zur Begründung einer allgemeinen Obliegenheit" SVR 12, 161; **ders** „Rechtsfragen rund um das Tragen eines Helms im Straßenverkehr" NJW 12, 2993; **ders.** „Aktuelles und Bekanntes zum Mitverschulden im Straßenverkehr" DAR-Extra 13, 748; **Schwabe** „Aufopferungsansprüche bei Gurtschäden?" NJW 83, 2370; **Seebode** „Freispruch für ‚Gurtmuffel'" JR 86, 265; **Struensee** „Tateinheit oder Tatmehrheit" DAR 05, 656; **Stöhr** „Ausgewählte Fragen zum Verschulden gegen sich selbst" zfs 10, 62; **Ternig** „Fahrradhelm erforderlich, ja oder nein?" zfs 08, 69; **Weber** „Nachweis der Kausalität zwischen Nichtanschnallen u Verletzungen" NJW 86, 2667; „Anschnallpflicht u Lohnfortzahlung" DAR 83, 9; **Zimmer** „Sicherheitsgurt als Rückhaltesystem in Fzen" Verkehrsunfall 85, 336. – S auch Lit zu § 24 StVG.

§ 22 Ladung[1]

(1) **Die Ladung einschließlich Geräte zur Ladungssicherung sowie Ladeeinrichtungen sind so zu verstauen und zu sichern, dass sie selbst bei Vollbremsung oder plötzlicher Ausweichbewegung nicht verrutschen, umfallen, hin- und herrollen, herabfallen oder vermeidbaren Lärm erzeugen können. Dabei sind die anerkannten Regeln der Technik zu beachten.**

---

[1] Durch die Neufassung der StVO v 6.3.13 (BGBl I S 367, 375/376) erfolgten (lediglich) redaktionelle und sprachliche Anpassungen.

(2) Fahrzeug und Ladung dürfen zusammen nicht breiter als 2,55 m und nicht höher als 4 m sein. Fahrzeuge, die für land- oder forstwirtschaftliche Zwecke eingesetzt werden, dürfen, wenn sie mit land- oder forstwirtschaftlichen Erzeugnissen oder Arbeitsgeräten beladen sind, samt Ladung nicht breiter als 3 m sein. Sind sie mit land- oder forstwirtschaftlichen Erzeugnissen beladen, dürfen sie samt Ladung höher als 4 m sein. Kühlfahrzeuge dürfen nicht breiter als 2,60 m sein.

(3) Die Ladung darf bis zu einer Höhe von 2,50 m nicht nach vorn über das Fahrzeug, bei Zügen über das ziehende Fahrzeug hinausragen. Im Übrigen darf der Ladungsüberstand nach vorn bis zu 50 cm über das Fahrzeug, bei Zügen bis zu 50 cm über das ziehende Fahrzeug betragen.

(4) Nach hinten darf die Ladung bis zu 1,50 m hinausragen, jedoch bei Beförderung über eine Wegstrecke bis zu einer Entfernung von 100 km bis zu 3 m; die außerhalb des Geltungsbereichs dieser Verordnung zurückgelegten Wegstrecken werden nicht berücksichtigt. Fahrzeug oder Zug samt Ladung darf nicht länger als 20,75 m sein. Ragt das äußerste Ende der Ladung mehr als 1 m über die Rückstrahler des Fahrzeugs nach hinten hinaus, so ist es kenntlich zu machen durch mindestens
1. eine hellrote, nicht unter 30 × 30 cm große, durch eine Querstange auseinandergehaltene Fahne,
2. ein gleich großes, hellrotes, quer zur Fahrtrichtung pendelnd aufgehängtes Schild oder
3. einen senkrecht angebrachten zylindrischen Körper gleicher Farbe und Höhe mit einem Durchmesser von mindestens 35 cm.

Diese Sicherungsmittel dürfen nicht höher als 1,50 m über der Fahrbahn angebracht werden. Wenn nötig (§ 17 Absatz 1), ist mindestens eine Leuchte mit rotem Licht an gleicher Stelle anzubringen, außerdem ein roter Rückstrahler nicht höher als 90 cm.

(5) Ragt die Ladung seitlich mehr als 40 cm über die Fahrzeugleuchten, bei Kraftfahrzeugen über den äußeren Rand der Lichtaustrittsflächen der Begrenzungs- oder Schlussleuchten hinaus, so ist sie, wenn nötig (§ 17 Absatz 1), kenntlich zu machen, und zwar seitlich höchstens 40 cm von ihrem Rand und höchstens 1,50 m über der Fahrbahn nach vorn durch eine Leuchte mit weißem, nach hinten durch eine mit rotem Licht. Einzelne Stangen oder Pfähle, waagerecht liegende Platten und andere schlecht erkennbare Gegenstände dürfen seitlich nicht herausragen.

VwV – StVO

Zu § 22 Ladung

Zu Absatz 1

1 I. Zu verkehrssicherer Verstauung gehört sowohl eine die Verkehrs- und Betriebssicherheit nicht beeinträchtigende Verteilung der Ladung als auch deren sichere Verwahrung, wenn nötig Befestigung, die ein Verrutschen oder gar Herabfallen unmöglich macht.

2 II. Schüttgüter, wie Kies, Sand, aber auch gebündeltes Papier, die auf Lastkraftwagen befördert werden, sind in der Regel nur dann gegen Herabfallen besonders gesichert, wenn durch überhohe Bordwände, Planen oder ähnliche Mittel sichergestellt ist, daß auch nur unwesentliche Teile der Ladung nicht herabfallen können.

Ladung § 22 StVO

III. Es ist vor allem verboten, Kanister oder Blechbehälter ungesichert auf der Ladefläche zu befördern. **3**

IV. Vgl. auch § 32 Abs 1. **4**

Übersicht

	Rn
1. Allgemeines	1
2. Abs 1: Verkehrssichere Verstauung der Ladung	2
3. Abs 2 bis 5: Beschaffenheit und Kennzeichnung der Ladung	5
4. Abs 2 Satz 2 u 3: Land- und forstwirtschaftliche Fahrzeuge	6
5. Abs 4: Nahzone bis 100 km	7
6. Zuwiderhandlungen	8
7. Zivilrecht	12
8. Literatur	13

1. Allgemeines. Die Vorschrift gilt für alle Fze (einschl Fahrräder u Handwagen), nicht aber für die Fortbewegungsmittel des § 24 I. Die Verantwortlichkeit für mitfahrende Personen ist in den §§ 21 u 23 I S 1 u 2 geregelt. Für das **Verhalten der mitfahrenden Personen** gilt – soweit sie nicht VT sind – § 21 II S 4 (vgl § 21 Rn 6 u 10); s auch 34 StVZO (Achslast u Gesamtgewicht). Abs 1 neu gefasst u präzisiert durch VO v 22.12.05 (BGBl I 3716). Abs 2 und 3 neu gefasst durch VO v 11.12.00 (BGBl I 1690). **1**

2. Abs 1: Verkehrssichere Verstauung der Ladung. Zur **Ladung** gehören alle beförderten Gegenstände, aber nicht die Sachen, die zur Ausrüstung des Fz dienen (BayObLG v 14.9.93, 1 Ob OWi 275/93; näher zum Begriff Ladung Krumm NZV 08, 335, 336). Ladung iS von § 22 IV ist auch ein am Heck von Kfz und Anhängern mitgeführter Gabelstapler (BayObLG NZV 99, 479) oder eine im Fußraum eines Kfz (hier einer landwirtschaftlichen Zugmaschine) mitgeführte Werkzeugkiste (OLG Hamm SVR 10, 276 m Praxishinweis Weide). Mitfahrende Personen sind keine Ladung. **Tiere** sind dagegen Ladung (Hentschel/König/Dauer-Dauer § 22 StVO Rn 12). I bezieht sich nur auf die **Verstauung,** dh die Unterbringung u Befestigung, aber nicht auf die Beschaffenheit u das Gewicht der Ladung (s VwV-StVO zu § 22 Abs 1 I–III, Rn 1 ff). So verstößt derjenige, der nassen Kies befördert, von dem Wasser auf die Fahrbahn tropft, nicht gegen § 22 I, sondern nur gegen § 32 I S 1 (BayObLGSt 63, 131 = VRS 30, 135). Wegen des Gewichts der Ladung vgl § 34 StVZO, wegen der Verteilung der Last auf ZugFz u Anhänger § 42 StVZO (OLG Düsseldorf VM 94, 72). Hohe u schwere Lasten, bei denen Kippgefahr besteht, dürfen nur auf Tiefladern transportiert werden (BGH VRS 16, 192). Jeder Kf muss wissen, dass eine ungleichmäßige Verteilung schwerer Lasten nicht nur die Lenkfähigkeit des Fz beeinträchtigt u die Schleudergefahr erhöht, sondern auch das gleichmäßige Abbremsen aller Räder erschwert oder unmöglich macht (OLG Hamm VRS 20, 462). Die Ladung muss auch gegen **vermeidbares Lärmen,** wie Aneinanderstoßen oder Auf- u Abspringen von Metallgegenständen, gesichert sein u Notbremsung aushalten (OLG Celle VersR 85, 478 Ls). Auch unbeabsichtigt befördertes Restgut bleibt „Ladung" (BayObLG bei Bär DAR 94, 381). **2**

Der **Fz-Führer** muss die Sicherheit der Ladung des Fz auch dann prüfen, wenn es Personen, die seiner Aufsicht nicht unterstehen, beladen haben (OLG Düsseldorf VM 67, 126). Im Sinne von § 22 kann (mit allen Konsequenzen bis **3**

StVO § 22 I. Allgemeine Verkehrsregeln

zur Berücksichtigung seiner Verstöße im Rahmen des Fahreignungs-Bewertungssystems/Punktsystems nach § 4 StVG) nur der Fz-Führer als verantwortlich angesehen werden. Nach OLG Köln (VRS 24, 74) soll der Fz-Führer sogar für solche Beladungsfehler verantwortlich sein, die nur derjenige feststellen kann, der von Beladungsfragen etwas versteht, was ihn jedoch ggf subjektiv entlasten könnte. Der **Belader** bzw Mitarbeiter der Verladerfirma kann zwar (zB aus HGB oder Beförderungsvertrag) verpflichtet sein, den Fz-Führer zu unterstützen und zu beraten, eine eigenständige auf § 22 gestützte bußgeldrechtl Verantwortlichkeit besteht hingegen **nicht** (vgl zutreffend Hillmann, ZfS 03, 387; aA OLG Stuttgart VRS 64, 308; OLG Celle SVR 08, 191 m Praxishinweis Schmuck/Fromm/Zacharias: Pflicht zur verkehrssicheren Verladung trifft neben Fahrer und Halter auch den Versender der zu transportierenden Gegenstände; AG Weilheim/Oberbayern NZV 13, 461 mit Differenzierung, wonach jedenfalls die an den Halter gerichtete Verpflichtung, bei Beladung die **Gewichtsvorschriften** des **§ 34 StVZO** zu beachten, **nicht** auf den **Versender** oder Leiter der Ladearbeiten erstreckt werden kann; s auch Borzym SVR 12, 204, 207), da sich § 22 an den Fahrzeugführer richtet. Hierfür spricht insb die systematische Stellung unmittelbar vor § 23, der „sonstige Pflichten des Fahrzeugführers" regelt (s auch Schmuck/Fromm/Zacharias Praxishinweis zu OLG Celle SVR 08, 191, 193). Ein Arbeiter, der eine Planierraupe auf den Tieflader gefahren, aber mit der Führung desselben nichts zu tun hat, ist nicht mitverantwortlich (BGH VRS 46, 116). Ist das Ladegut gegen Erschütterungen bes empfindlich, muss der Fz-Führer die Befestigung der Ladung auch unterwegs in gewissen Abständen, insb von Befahren einer holperigen Stelle, überprüfen (BGH VRS 17, 462; vgl im Übrigen § 23 StVO Rn 15).

4 Der **Halter** des Fz ist sowohl im Rahmen des § 31 II StVZO als auch des § 30 StVZO auch für die Ladung verantwortlich (Borzym SVR 12, 204, 207). Neben der Auswahl qualifizierten Personals sind auch **Stichproben** erforderlich (OLG Bamberg NZV 13, 514). Können sich aus Art u Beschaffenheit eines Transports bes Gefahren für den StraßenV ergeben, so ist er verpflichtet, seinen Leuten die nötigen Anweisungen zur Sicherung des Verkehrs zu geben (BGH(Z) VRS 10, 252).

4a Da I keine konkreten Handlungsweisen zur Art und Weise der zu ergreifenden Sicherungsmaßnahmen vorgibt, hängt die **Wahl der Sicherung** von der Art der Ladung, des verwendeten Kfz u der Wegstrecke ab. Nicht nur andere VT, sondern auch die dem Verkehr benachbarten Personen u Sachen sowie Häuser, Brücken pp dürfen nicht gefährdet werden (OLG Hamm VRS 27, 300; OLG Düsseldorf VM 93, 94). Sachgerecht ist die Sicherung, wenn sie den in der Praxis „**anerkannten Regeln der Technik",** worauf jetzt in der VO selbst hingewiesen wird (Abs 1 S 2), dh den Regeln des Speditions- u Fuhrbetriebs entspricht (s auch Albrecht SVR 06, 41, 43). Dies sind vor allem DIN- und EN-Normen sowie VDI-Richtlinien (s zB VDI-RiLi 2700 „Ladungssicherung auf Straßen-Fzen"; amtl. Begr VkBl 06, 44; Egger VD 79, 97; Krumm SVR 06, 328; OLG Düsseldorf NZV 90, 323; VRS 85, 373; OLG Koblenz VRS 82, 53; BayObLG DAR 02, 562), die als „objektivierte Sachverständigengutachten" der richterlichen Nachprüfung im Einzelfall unterliegen (Näheres s OLG Koblenz, BayObLG, aaO). Die **VDI-Richtlinie 2700** ist zwar keine Rechtsnorm, sie besitzt jedoch Empfehlungscharakter und enthält allgemeine anerkannte Regeln der Technik, denen im Rechtsverkehr die Bedeutung eines allgemeinen Maßstabes für richtiges technisches Handeln und im Prozess die Bedeutung eines „objektivierten Sachverständigen-Gutachtens" zukommt (AG Landstuhl Az 2 OWi 4286 Js 300/15, BayObLG NZV 03, 540; Krumm NZV 08, 335, 336; Borzym SVR 12, 204, 207). Die

Ladung § 22 StVO

Ladung darf auch, wie Abs 1 S 1 jetzt ausdrücklich bestimmt, selbst bei **plötzlicher Ausweichbewegung** oder **Notbremsung** nicht herunterfallen, umfallen, verrutschen (OLG Düsseldorf aaO; OLG Koblenz VRS 82, 53), hin- und herrollen oder vermeidbaren Lärm erzeugen; eine bis zur Bordkante reichende Ladung kleiner Steine ist ggf durch Plane zu sichern (OLG Köln VRS 88, 22; OLG Düsseldorf NZV 92, 494; s auch VwV zu § 22 StVO). Eine Schiebeplane ist idR kein geeignetes Mittel zur Ladungssicherung (AG Eggenfelden DAR 06, 165).

Die Ladungssicherungspflicht gilt auch für **Fahrradfahrer** (s auch Rebler DAR 09, 12, 19), sodass beispielsweise Koffer oder Einkaufstaschen zwar mitgeführt werden dürfen, aber nur sofern dadurch die Fahrsicherheit nicht beeinträchtigt wird (Rebler DAR 09, 12, 19).

3. Abs 2 bis 5: Beschaffenheit und Kennzeichnung der Ladung. Die Vor- 5 schriften über die Größenverhältnisse u Beleuchtung der Ladung entsprechen den für die Fze geltenden Vorschriften in §§ 32, 51, 53 StVZO. Zusätzliche Sicherungen sind für über das Fahrzeug herausragende Ladungsteile vorgesehen. Die Vorschrift über die Kenntlichmachung der Ladung durch eine rote Fahne **(IV S 3)** muss so lange beachtet werden, wie die Ladung sich auf dem Fz befindet u dieses nicht völlig aus dem Verkehr gezogen ist (BayObLGSt 51, 555 = VRS 4, 146). Ist für einen überbreiten Transport die Sicherung durch ein vorausfahrendes Fz angeordnet, so kann der Führer des Lastzuges die entgegenkommenden VT nicht ohne weiteres als gesichert ansehen, wenn er zum Vorausfahrenden die Verbindung verloren hat (BayObLGSt 58, 306 = VM 59, 105). Ein Fz-Führer, der am Tage einen mit nach hinten 20–25 cm über die Ladefläche überstehenden Baustahlmatten beladenen Anhänger auf öff Str abstellt, muss Vorkehrungen dagegen, dass sich jemand an den scharfen Spitzen der Stahlmatten verletzt, nur dann treffen, wenn nach den örtl Verhältnissen zu befürchten ist, ein anderer könne von hinten auf den Anhänger auffahren (BayObLGSt 74, 11 = StVE 2). – Wegen Ausn-Genehmigungen s § 46 I 5 u II.

4. Abs 2 Satz 2 u 3: Land- und forstwirtschaftliche Fahrzeuge. Abs 2 6 Satz 2 u 3: Land- u forstwirtschaftliche Fze dürfen breiter als bis zu 2,55 m, jedoch (entspr § 32 I 1b StVZO) nicht breiter als 3 m beladen sein. Die Höhe ist nicht beschränkt, wenn das Fz mit land- oder forstwirtschaftl Erzeugnissen beladen ist. Das Privileg gilt nur für Betriebs-Fze der Land- u Forstwirtschaft, soweit sie für deren Zwecke eingesetzt sind, nicht für Vieh- oder sonstige landwirtschaftliche Transporte von gewerblichen Fuhrunternehmern u Händlern (Begr; BayObLGSt 85, 118 = StVE 7), es sei denn sie helfen nur bei der Einbringung der Ernte (Bouska/Leue § 22 StVO Rn 3). – **S 4,** Zulassung von Kühl-Fzen bis 2,60 m, entspr der 36. AusnVO zur StVZO (s 11. ÄndVO; s auch § 18 I S 3). – Ausn-Genehmigung ist nach § 46 I 5 möglich.

5. Abs 4: Nahzone bis 100 km. „Wegstrecke bis zu 100 km" ist die jew 7 beabsichtigte, nicht tatsächlich zurückgelegte, so dass ein etwaiger Verstoß schon bei Fahrtbeginn vorliegen kann (OLG Hamm VRS 61, 389; Janiszewski NStZ 81, 473).

6. Zuwiderhandlungen. Verstöße gegen § 22 sind OWen nach § 49 I Nr 21 8 iVm § 24 StVG (s Nrn 102–106 BKat). § 22 richtet sich als bußgeldrechtl Verhaltensnorm nur an den Fz-Führer (s Rn 3); zur Verantwortlichkeit von Fahrer, Fahrzeughalter und Belader Borzym SVR 12, 204 und oben Rn 3 u 4. – Zur Feststellung der Fahrlässigkeit bei vorschriftsmäßiger Befestigung eines Fahrrades auf dem Dachgepäckträger s OLG Braunschweig NZV 95, 406. – Zur Überladung

StVO § 23 I. Allgemeine Verkehrsregeln

s § 23 StVO Rn 15 sowie §§ 34, 69a III Nr 4 u V Nr 4c StVZO, zur Nichtbeachtung der Auflage einer AusnGenehmigung nach § 46 I s § 49 IV Nr 4 (OLG Düsseldorf VRS 79, 131).

9 Die Tat ist vollendet, wenn das Fz am öff Verkehr teilgenommen hat (**E** 26). Zur OW nach IV S 1 s oben Rn 7. – Der Verstoß setzt keine konkrete Gefährdung, Schädigung, Behinderung oder Belästigung eines anderen voraus (OLG Hamm VM 64, 44). Tritt eine dieser Folgen ein, ist Idealkonkurrenz mit § 1 II möglich (OLG Düsseldorf NZV 92, 494).

10 Fällt ein ungenügend befestigtes Teil der Ladung auf die Str, liegt nur OW nach § 22 I, nicht auch nach dem bloßen AuffangTB des § 23 I vor(s § 23 StVO Rn 1 u 39; Dü VRS 67, 145 = StVE 5); bleibt es dort verkehrsgefährdend liegen, so kommt neben der OW nach § 22 eine solche nach § 32 in Betracht. – Bei zu hoher Ladung liegt nur eine OW nach § 22 II S 1, nicht nach § 32 I StVZO vor, da § 32 StVZO nur die Abmessung des Fz, nicht die Ladung betrifft (BayObLGSt 85, 118 = StVE 7).

11 Ein Verstoß des **Halters** gegen Beladungsvorschriften ist nur nach §§ 31 II, 69a V Nr 3 StVZO iVm § 24 StVG (s Nr 189.2 BKat), nicht auch nach §§ 22, 49 I Nr 21 StVO zu ahnden (OLG Hamm DAR 75, 249; OLG Düsseldorf JMBl NW 90, 34).

11a Wenn der Schuldspruch auf ein **Sachverständigengutachten** gestützt wird, ist in den Urteilsgründen eine verständliche, in sich geschlossene **Darstellung** der dem Gutachten zu Grunde liegenden Anknüpfungstatsachen, der wesentlichen Befundtatsachen und der das Gutachten tragenden fachlichen Begründung erforderlich; andernfalls sind die Urteilsgründe lückenhaft (OLG Hamm SVR 09, 316 m Praxishinweis Krumm).

12 **7. Zivilrecht.** Zivilrechtlich unterliegt ein während der Fahrt durch **heruntergefallene Ladung** verursachter Schaden der Haftung nach § 823 I BGB, § 7 StVG (OLG Köln VRS 88, 22). Mit Verweis auf die h.M. in der Literatur hat der BGH mit Urteil vom 9.12.14 (NJW 15, 1174) zumindest II 1 als Schutzgesetz iS von § 823 II BGB angesehen (so auch König in Hentschel/König/Dauer Rn 33). Bei grob fahrlässig **fehlerhafter Sicherung eines verladenen Pkw** wegen nicht hinreichender Vergewisserung über notwendige technische Anforderungen kann die Leistung der Vollkaskoversicherung um 25% gekürzt werden (OLG Saarbrücken zfs 11, 151). – Zur Haftung bei Verstößen gegen die Ladungssicherung Wenzel DAR 10, 604., 607.

13 **8. Literatur. Albrecht** „Neue Verkehrs- und Bußgeldvorschriften 2006" SVR 06, 41, 43; **Borzym** „Ladungssicherung auf Straßenfahrzeugen" SVR 12, 204; **Hillmann** „Verstöße gegen Verkehrsvorschriften über ordnungsgemäße Ladung im Straßenverkehr" ZfS 03, 387; **Krumm** „Rechtsprechungsübersicht: Ladungssicherung" SVR 06, 328; **Krumm** „Verteidigungsstrategie: Ladungssicherungsverstöße des Fahrers" NZV 08, 335; **Rebler** „Fahrräder im öffentlichen Straßenverkehr" DAR 09, 12; **ders** „Die Überladung von Fahrzeugen" SVR 12, 214; **Wenzel** „Schadenshaftung bei typischen Unfallgeschehen mit Lkw- oder Omnibusbeteiligung" DAR 10, 604.

§ 23 Sonstige Pflichten von Fahrzeugführenden

(1) **Wer ein Fahrzeug führt, ist dafür verantwortlich, dass seine Sicht und das Gehör nicht durch die Besetzung, Tiere, die Ladung, Geräte oder den Zustand des Fahrzeugs beeinträchtigt werden. Wer ein Fahrzeug**

führt, hat zudem dafür zu sorgen, dass das Fahrzeug, der Zug, das Gespann sowie die Ladung und die Besetzung vorschriftsmäßig sind und dass die Verkehrssicherheit des Fahrzeugs durch die Ladung oder die Besetzung nicht leidet. Ferner ist dafür zu sorgen, dass die vorgeschriebenen Kennzeichen stets gut lesbar sind. Vorgeschriebene Beleuchtungseinrichtungen müssen an Kraftfahrzeugen und ihren Anhängern auch am Tage vorhanden und betriebsbereit sein.

(1a) Wer ein Fahrzeug führt, darf ein Mobil- oder Autotelefon nicht benutzen, wenn hierfür das Mobiltelefon oder der Hörer des Autotelefons aufgenommen oder gehalten werden muss. Dies gilt nicht, wenn das Fahrzeug steht und bei Kraftfahrzeugen der Motor ausgeschaltet ist.

(1b) Wer ein Fahrzeug führt, darf ein technisches Gerät nicht betreiben oder betriebsbereit mitführen, das dafür bestimmt ist, Verkehrsüberwachungsmaßnahmen anzuzeigen oder zu stören. Das gilt insbesondere für Geräte zur Störung oder Anzeige von Geschwindigkeitsmessungen (Radarwarn- oder Laserstörgeräte).

(2) Wer ein Fahrzeug führt, muss das Fahrzeug, den Zug oder das Gespann auf dem kürzesten Weg aus dem Verkehr ziehen, falls unterwegs auftretende Mängel, welche die Verkehrssicherheit wesentlich beeinträchtigen, nicht alsbald beseitigt werden; dagegen dürfen Krafträder und Fahrräder dann geschoben werden.

(3) Wer ein Fahrrad oder ein Kraftrad fährt, darf sich nicht an Fahrzeuge anhängen. Es darf nicht freihändig gefahren werden. Die Füße dürfen nur dann von den Pedalen oder den Fußrasten genommen werden, wenn der Straßenzustand das erfordert.

(Zu den Änderungen dieser Vorschrift durch die 53. VO zur Änderung straßenverkehrsrechtlicher Vorschriften vom 6.10.2017 (BGBl. I S. 3549) siehe Aktualisierungsanhang S. 676ff)

VwV – StVO

Zu § 23 Sonstige Pflichten des Fahrzeugführers

Zu Absatz 1

I. Bei Kraftwagen, die neben dem Innenspiegel nur einen Außenspiegel haben, ist gegen sichtbehinderndes Bekleben und Verstellen der Rückfenster mit Gegenständen einzuschreiten. Zu beanstanden ist das Fehlen eines zweiten Außenspiegels auch dann, wenn ein mitgeführter Anhänger die Sicht beim Blick in den Außen- oder Innenspiegel wesentlich beeinträchtigt. Auch der sichtbehindernde Zustand der Fenster (zB durch Beschlagen oder Vereisung) ist zu beanstanden. 1

II. Fußgänger, die Handfahrzeuge mitführen, sind keine Fahrzeugführer. 2

Übersicht

	Rn
1. Grundlagen	1
2. Abs 1 Satz 1: Freie Sicht und unbeeinträchtigtes Gehör des Fz-Führers	2
3. Abs 1 Satz 2: Verantwortung für Vorschriftsmäßigkeit und Verkehrssicherheit	4

	Rn
a) Vorschriftsmäßiger Zustand	4
b) Pflichten des Fz-Führers	6
c) Einzelheiten zur Vorschriftsmäßigkeit des Fz	9
d) Während der Fahrt	14
e) Verantwortlichkeit für die Ladung	15
f) Verantwortlichkeit für Tiere	15a
g) Verantwortlichkeit für Besetzung des Fahrzeugs	16
4. Abs 1 Satz 3: Vorgeschriebene Kennzeichen	21
5. Abs 1 Satz 4: Lichttechnische Einrichtungen	22
6. Abs 1a: Nutzung von Mobil- und Autotelefonen	22a
7. Abs 1b: Betrieb von Radarwarngeräten und ähnlichen Einrichtungen	22b
8. Abs 2: Unterwegs auftretende Mängel	23
9. Abs 3: Radfahrer und Kraftradfahrer	28
10. Fz-Halter in formellem Sinne	29
11. § 31 Abs 2 StVZO: Pflichten des Fahrzeughalters und seiner Stellvertreter	31
a) Fz-Halter und Betriebsorganisation	31
b) Verantwortung für geeigneten Führer	33
c) Verantwortung für Fz u Ladung	34
d) Vorschriftsmäßige Besetzung	38a
12. § 29 StVZO: Amtliche Überwachung der Kraftfahrzeuge	39
13. § 31a StVZO: Führung eines Fahrtenbuches	45
14. Zivilrecht/Haftungsverteilung	50a
15. Ordnungswidrigkeiten	51
16. Literatur	55

1 **1. Grundlagen.** § 23 enthält die „sonstigen", dh woanders nicht normierten Pflichten des Fz-Führers (insoweit **AuffangTB**: BGHSt 25, 338; OLG Düsseldorf StVE § 22 StVO 5; s dazu unten Rn 51 ff), während die Verantwortung des Halters in § 31 II StVZO (Anh I) geregelt ist. §§ 2, 31 I StVZO (Anh I) betreffen die Eignung des Fz-Führers (s Rn 33), wie überhaupt die Betriebsvorschriften der StVZO nicht nur den Halter, sondern auch den Führer des Fz ansprechen, während sich die Verhaltensvorschriften im StraßenV meistens nur an den Fz-Führer wenden (vgl unten Rn 51 ff). Die Führung des Fahrtenbuchs behandelt § 31a StVZO (s dazu Rn 45 ff). § 23 gilt auch für **ausl** Kfze (vgl § 1 StVG Rn 12; Bay VRS 53, 469; KG Berlin VRS 69, 309; OLG Köln VRS 57, 381), die zwar den einschlägigen internat Abkommen, nicht aber den spez Vorschriften der StVZO entsprechen müssen. – Zur Beschaffenheit land- u forstwirtschaftlicher Arbeitsgeräte s Merkblatt BMV v 18.3.92 (VkBl 201). Durch die 33. ÄndVStVR wurde der Abs 1a, durch die 35. ÄndVStVR der Abs 1b neu eingeführt. Abs 1a regelt die Benutzung eines Mobil- bzw Autotelefons durch Fz-Führer (somit auch durch Radfahrer). Nach der Neuregelung in Abs 1b ist dem Fz-Führer das Betreiben oder betriebsbereite Mitführen eines technischen Gerätes, was dazu geeignet ist, etwaige Verkehrsüberwachungsmaßnahmen anzuzeigen oder gar zu stören, untersagt.

2 **2. Abs 1 Satz 1: Freie Sicht und unbeeinträchtigtes Gehör des Fz-Führers.** Diese sind als bes wichtige Voraussetzungen an die Spitze des I gestellt. Die Fahrstrecke muss nach vorn u hinten überschaubar sein (OLG Koblenz VRS 58, 256). Während die **Sicht** nach vorn jedenfalls bei Kfzen schon durch ihre Bauart

Sonstige Pflichten von Fahrzeugführenden § 23 StVO

sichergestellt ist, erforderlichenfalls von Schmutz oder Vereisung freigehalten werden muss (s Rn 13), betrifft das Gebot bes die Sicht nach der Seite u nach hinten durch die Innen- u Außen-Rückspiegel. Sie darf bei nur einem Außenspiegel nicht durch Personen auf dem Rücksitz, durch sichtbehinderndes Gepäck, Bekleben der Heckscheibe mit Plaketten, aber auch nicht durch Schmutz, Eis- oder Wasserbeschlag beeinträchtigt sein (VwV I; OLG Bremen VRS 30, 226). Eine Sichtbehinderung nach hinten, auch durch Anhänger, ist durch 2. Außenspiegel auszugleichen (s VwV I zu Abs 1, § 56 II s 2, 3 StVZO; OLG Karlsruhe StVE 19 = VRS 71, 305; OLG Düsseldorf VM 91, 42); etwaigen durch Fensterholme bedingten toten Winkeln muss der Fz-Führer Rechnung tragen; notfalls ist ein Einweiser zu benutzen (OLG Koblenz aaO; § 9 Rn 70).

Auch das **Gehör** darf nicht beeinträchtigt sein, zB durch lautstarke Tonübertragung oder Verwendung von Kopfhörern (sog **Walkman/Discman:** OLG Köln VRS 73, 148 = StVE 20; s Berr DAR 92, 111), so dass akustische Eindrücke aus dem VUmfeld nicht mehr wahrgenommen werden können (u zwar nicht nur Signale nach §§ 16 oder 38). Als ungewöhnlich starke Beeinträchtigung gilt nicht lautes Singen der Fahrgäste uä. Bei Beeinträchtigung des Gehörs durch Geräte (Walkman; **MP3-Player**) verdrängt die Spezialnorm des § 23 I die allg Vorschrift des § 2 I StVZO (OLG Köln aaO). Auch Radf mit Kopfhörern können gegen Abs 1 verstoßen, wenn durch die Lautstärke des Geräts die akustische Wahrnehmung mehr als nur unwesentlich beeinträchtigt wird (OLG Köln VRS 73, 148). 3

3. Abs 1 Satz 2: Verantwortung für Vorschriftsmäßigkeit und Verkehrssicherheit. a) Vorschriftsmäßiger Zustand. besagt: Fz, Zug, Gespann, Ladung u Besetzung müssen den in den §§ 32 bis 67 StVZO enthaltenen Bau- und Betriebsvorschriften sowie des § 21 StVZO (Personenbeförderung, Ladung) entsprechen; nicht vorgeschriebene defekte Teile berühren die Vorschriftsmäßigkeit grundsätzlich nicht (OLG Düsseldorf VRS 75, 69; beachte auch die AusnVOen zur StVZO, insb die 39. AusnVO, BGBl 1991 I 1431, geänd durch VO v 23.6.93, BGBl I 1024, zur vorübergehenden Ausn für ehem DDR-Fze von der höchstzul Breite, Achslast u Kontrollgeräten). Die **DIN-Vorschriften** sind keine RVorschriften, sondern nur technische Regeln. Gleichwohl ist die nach dem Stand der Technik erreichbare Sicherheit (zB § 43 I StVZO) regelmäßig nur gewährleistet, wenn die einschlägigen DIN-Regeln beachtet sind (Bay 69, 147 = VM 70, 7). **§ 30 StVZO** enthält eine Generalklausel für die Beschaffenheit der Fze. Danach ist der Zustand eines Fzs auch dann **vorschriftswidrig,** wenn es zwar den Bauu Ausrüstungsvorschriften der StVZO genügt, aber Mängel aufweist, die seine VSicherheit beeinträchtigen oder andere zu belästigen geeignet sind, vor allem Mängel des Motors (OLG Celle VRS 39, 33), der Lenkung, der Bremsen, der Bereifung u der Beleuchtungseinrichtungen, aber auch der Auspuffanlage (OLG Frankfurt VM 55, 69; OLG Celle VkBl 61, 497) oder wenn wegen der Art der Ladung oder aus sonstigen Gründen ein zur Erhöhung der VSicherheit vorgeschriebenes Ausrüstungsstück, zB die Handbremse, nicht benutzt werden kann (OLG Oldenburg VRS 16, 297). 4

Das gleiche gilt, wenn der Zustand für die bestimmungsgemäße Verwendung des Fz ausreicht, dieses aber in **verkehrsgefährdender Weise** überbeansprucht wird, zB wenn die für einzelne bauartgenehmigungspflichtige Fz-Teile (Reifen) erteilte Bauartgenehmigung auf Fahrten mit einer bestimmten Höchstgeschwindigkeit beschränkt ist, das Fz aber wesentlich schneller gefahren wird (Bay 68, 80 = VRS 36, 454), oder wenn vorschriftswidrig der Frontlader eines Fz nicht hochgestellt wird (OLG Hamm DAR 98, 354).

StVO § 23   I. Allgemeine Verkehrsregeln

Wer ein vorschriftswidriges Fz in Betrieb nimmt, verstößt gegen die §§ 30, 69a III S 1 StVZO auch dann, wenn keine konkrete Gefährdung oder Belästigung eines anderen eingetreten ist (Bay 67, 131 = VM 67, 106; VRS 38, 76; OLG Hamm VRS 48, 156). Über Fahrten zur Werkstätte vgl unten Rn 24, 34, 37.

5   Erst das **Fahren,** dh die Inbetriebnahme im StraßenV (s § 69a III StVZO Einleitungssatz „in Betrieb nimmt ..." sowie unten Rn 34), nicht schon das Abstellen oder das **Parken** eines vorschriftswidrigen Kfz begründet die OW (Bay 74, 58 = VRS 47, 297). Der Beamte, der am stehenden Fz Mängel feststellt, muss daher auch ermitteln, wann u von wem es zuletzt gefahren wurde (zur Angabe der Tatzeit s **E** 37; zum Begriff „Betrieb" vgl § 1 StVG Rn 9).

6   **b) Pflichten des Fz-Führers.** In erster Linie ist der Fz-Führer für den vorschriftsmäßigen Zustand des Fz verantwortlich, von dem er sich vor Fahrtantritt überzeugen muss (OLG Stuttgart NZV 91, 68; OLG Düsseldorf VM 93, 30; OLG Hamm VRS 74, 218), so insb beim Kauf eines sehr alten Fz (BGH NZV 95, 310; OLG Celle VR 97, 202); an die Prüfung sind strenge Anforderungen zu stellen (OLG Düsseldorf VM 92, 103), denn diese Überwachungspflicht ist eine Schutzpflicht gegenüber den übrigen VTeilnehmern gegen erhöhte Gefahr durch einen mangelhaften Fahrzeugzustand (Bay DAR 00, 223). Bei Kauf eines neuen Kfz darf der Käufer dagegen nach Übergabedurchsicht auf die Betriebssicherheit vertrauen; insb braucht er die Radmuttern nicht überprüfen (OLG Hamm MDR 63, 216). Er verursacht schuldhaft ein Versagen des Fz im Verkehr, wenn er die nach den Umständen zumutbare Prüfung unterlassen hat u diese Prüfung einen bestehenden oder demnächst eintretenden Mangel aufgedeckt hätte (Bay 52, 119 = VRS 4, 623; OLG Karlsruhe VRS 34, 143). Dabei sind die Anforderungen verschieden, je nachdem, ob jemand die Führung eines Fzs nur ausnahmsweise übernimmt, zB den Fz-Halter auf der Fahrt ablöst, oder ob er für das Fz ständig verantwortlich ist, sei es als selbstfahrender Halter oder als angestellter Fahrer, dem zugleich die Pflege u laufende Instandhaltung des Fz übertragen ist. Während der gelegentliche Benutzer eines Fz dessen Zustand nur äußerlich u durch eine Probe des Funktionierens der inneren Fz-Teile überprüfen kann, ist derjenige, dem die laufende Pflege des Fz obliegt, auch dafür verantwortlich, dass Mängel rechtzeitig entdeckt werden, die nur durch eine eingehendere Untersuchung erkannt werden können.

6a   Diesem Zweck dienen in erster Linie die von den Herstellerfirmen vorgeschriebenen **Wartungsdienste** oder **Inspektionen.** Die meisten Kfz-Führer sind beim heutigen Massenautomobilismus zur sachgemäßen Instandhaltung ihres Fz technisch nicht befähigt. Sie genügen daher ihrer Pflicht zur Erhaltung des vorschriftsmäßigen Zustandes nur dann, wenn sie die vorgeschriebenen Inspektionen regelmäßig in einer zuverlässigen Werkstatt durchführen lassen (BGH(Z) VM 65, 31; 66, 60). Darüber hinaus sind sie zur Abstellung von Mängeln, die zwischen den Inspektionen auftreten, verpflichtet, soweit sie ihnen bekannt sind oder durch eine ihnen zumutbare Prüfung bekannt sein müssen. Wer die vorgeschriebenen Wartungsdienste nicht in Anspruch nimmt, ist für den vorschriftsmäßigen Zustand des Fz, u zwar auch für noch nicht offenkundige Verschleißmängel, die bei einer Inspektion entdeckt oder rechtzeitig verhindert worden wären, selbst verantwortlich.

7   Mit der bloßen Ausführung der anfallenden Reparaturen u Vorführung des Fz zu den **Pflichtuntersuchungen nach § 29 StVZO** genügen Fahrer u Halter ihrer Pflicht nicht. Auch bei angestelltem Kf kann die Prüfungspflicht auf äußerlich

erkennbare Mängel beschränkt sein, wenn ihm ein Fz nicht zur dauernden Pflege überlassen ist, sondern er auf wechselnden Fzen des Betriebs eingesetzt wird. Der Fahrer wird allerdings von der Überprüfung der betriebswichtigen Teile des Fz vor Antritt einer Fahrt nicht dadurch befreit, dass der Fz-Halter einen **Kfz-Meister** beschäftigt. Der Fz-Halter kann zwar durch die Einstellung eines solchen in gewissem Umfang seine eigene Verantwortung einschränken (vgl Rn 31), nicht aber die ges Verantwortlichkeit des Fz-Führers (BGH VRS 27, 148). Jedoch sind an die Prüfungspflicht des Fahrers vor Fahrtbeginn geringere Anforderungen zu stellen, wenn der Wagenpark durch den Kfz-Meister gut instandgehalten wird, während demjenigen, der ein erkennbar schlecht gepflegtes oder gar verwahrlostes Fz übernimmt, eine genauere Untersuchung zugemutet werden muss. So darf nach OLG Oldenburg (VM 58, 10) der Führer eines Omnibusses, der in der Betriebswerkstätte des Verkehrsunternehmens in kurzen Abständen durch einen Kfz-Meister auf Betriebssicherheit untersucht wird, auf die Verlässlichkeit der Überwachung vertrauen, zumal seine eigenen techn Kenntnisse meistens geringer sind als diejenigen des verantwortlichen Leiters der Werkstätte. Die Versicherung des Halters, das Fz sei in Ordnung, entbindet den Fahrer nicht von seiner Prüfungspflicht, selbst wenn der Halter mitfährt (BGHSt 17, 277).

Der **angestellte Fahrer** muss beim Halter auf Beseitigung eines aufgetretenen **8** Mangels drängen u, solange das Fz nicht in einen vorschriftsmäßigen Zustand versetzt ist, weitere Fahrten als unzumutbar ablehnen. Auch der dt Fahrer eines den Stationierungstruppen gehörenden Kfz ist grundsätzlich dafür verantwortlich, dass die Ausrüstung des Kfz den dt Vorschriften entspricht (OLG Düsseldorf VM 59, 11). Der angestellte Kfz-Führer, der den Wagen zugleich zu pflegen hat, muss bei seinem Vorgesetzten auf rechtzeitige Durchführung derjenigen Überwachungsmaßnahmen dringen, die er selbst nicht durchführen kann (BGH VRS 7, 385 f). Lösen sich Halter u angestellter Fahrer in der Führung des Fz ab, so soll nach BGH (VRS 22, 211) jeder vor Antritt der Fahrt verpflichtet sein, sich von der Wirksamkeit der Bremsen zu überzeugen. Das kann wohl nicht gelten, wenn der – nicht sachkundige – Halter seinem Kf die Verantwortung für den Zustand des Fz übertragen hat (vgl unten Rn 34 ff); der Halter ist dann zu einer eigenen Prüfung erst verpflichtet, wenn er selbst die Führung übernimmt.

c) Einzelheiten zur Vorschriftsmäßigkeit des Fz. Die vorgeschriebenen **9** **lichttechnischen Einrichtungen** müssen jederzeit betriebsbereit sein u den Bauvorschriften der §§ 49a–54b StVZO entsprechen (s auch Rn 22). Der Führer muss sich vor Antritt einer Fahrt bei Dunkelheit über ihr richtiges Funktionieren vergewissern (OLG Karlsruhe VRS 34, 143; zur Funktionsprüfung mitzuführender Warnleuchten vor jedem Transport gefährlicher Güter s OLG Düsseldorf VM 89, 24; vgl auch § 53a StVZO u § 10 II s 4c GGVS). Im allg kann vom Kf nicht verlangt werden, dass er selbst feststellen kann, ob seine Scheinwerfer den Anforderungen des § 50 VI StVZO entsprechen. Er genügt seiner Pflicht, wenn er sie in angemessenen Abständen in einer zuverlässigen Werkstatt untersuchen lässt (OLG Karlsruhe DAR 65, 108; OLG Frankfurt VRS 97, 405). Nach Fahrtantritt braucht der Kf die Betriebssicherheit der lichttechn Einrichtungen nur zu prüfen, wenn ihm bes Umstände hierzu Anlass geben, zB wenn das Abblendlicht außergewöhnlich weit reicht oder entgegenkommende Kf anzeigen, dass sie geblendet werden (OLG Köln VRS 16, 468; KG Berlin VRS 39, 29). Fällt die Beleuchtung während der Fahrt aus, muss das Fz unverzüglich an den Fahrbahnrand gesteuert u angehalten werden. Sodann ist der nachfolgende V zu sichern

StVO § 23 I. Allgemeine Verkehrsregeln

(§ 15 StVO; BGH VersR 64, 621; OLG München VersR 66, 1082; s auch Rn 23 f).

10 Die Beschaffenheitsvorschriften für die **Bremsen** enthält § 41 StVZO. Der Führer muss sich von ihrer Wirksamkeit – u zwar von Fuß- u Handbremse gesondert – vor Antritt jeder Fahrt überzeugen (BGH VRS 22, 211), bes als Lastzugführer (OLG Koblenz StVE 7). Wer sich einen schnellen Sportwagen leiht u vor Antritt der Fahrt die Wirksamkeit der Bremsanlage auch bei hoher Geschwindigkeit nicht überprüft hat, muss jede Gefahrensituation vermeiden, die ihn bei hoher Geschwindigkeit zu einer Vollbremsung mit den ihm unbekannten Folgen zwingen würde (BGH VRS 32, 209). Demgegenüber darf sich aber der Fz-Führer bei einem fast neuen oder frisch überprüften Fz darauf verlassen, dass die Bremseinrichtungen richtig eingestellt sind (BGH VM 65, 32; VRS 27, 348). Bremsen haben keine ausreichende Wirkung, wenn die geforderte Bremswirkung erst nach mehrmaligem „Pumpen" erreicht wird (OLG Hamburg VM 66, 130). Ein zu weiter Pedalweg der Fußbremse eines Kfz verstößt auch dann, wenn die in § 41 IV StVZO vorgeschriebene Mindestverzögerung erreicht wird, gegen § 30 StVZO (Bay 73, 168 = VRS 46, 313). Der Kfz-Führer muss bei ordnungsgemäßer Wartung des Fz nicht ohne bes Anlass außerhalb der vorgeschriebenen Inspektionstermine den Stand der Bremsflüssigkeit überprüfen (Bay 73, 216 = VRS 46, 395) u bei regelmäßiger Inspektion außer einer Bremsprobe keine sonstigen techn Prüfungen vornehmen (Bay DAR 78, 199; OLG Frankfurt VersR 80, 196). Der Halter eines Fz erfüllt idR die Verpflichtung zur Überprüfung der für die Verkehrssicherheit wesentl techn Einrichtungen durch die Beauftragung einer sorgfältig arbeitenden Kfz-Werkstatt (OLG Frankfurt NZV 99, 420).

11 Die **Bereifung** – Beschaffenheitsvorschriften s § 36 StVZO – gehört ebenfalls zu den Teilen des Fz, die **vor Antritt** jeder Fahrt auf ihre VSicherheit zu prüfen sind (BGH VRS 17, 103; OLG Düsseldorf NZV 97, 366). Eine nochmalige Prüfung nach einem Halt ist nicht erforderlich (OLGR OLG Stuttgart 01, 5). Der Fahrer muss sich aber an ihren äußeren Zustand halten. Eine innere Untersuchung ist ihm nicht zuzumuten (BGH VRS 13, 210; OLG Hamm VM 68, 89; s auch VRS 74, 218). Die Profilrillen oder Einschnitte müssen an jeder Stelle der Lauffläche nach § 36 II S 4 StVZO (Anh I) mind 1,6 mm tief sein, für motorisierte Kleinkrafträder genügt nach § 36 II S 5 StVZO (Anh I) 1 mm. Das gilt nicht für Geländereifen (Bay 70, 188 = VM 71, 17). Lauffläche ist der Teil der Oberfläche, der normalerweise dazu dient, die Verbindung zwischen dem Kfz u der Str herzustellen (KG Berlin VRS 33, 214). Über die zulässige Rippenbreite u Seitenstollen als Teile der Lauffläche s Bay 70, 75 = VM 70, 71. Lkw-Reifen, an denen die am Rand der Lauffläche befindlichen Profilblöcke zum Teil ausgebrochen sind, entsprechen nicht den Mindestanforderungen des § 36 II S 3 StVZO (OLG Hamm VRS 51, 460). Die Benutzung von Reifen, die bis auf den Gewebeunterbau nachgeschnitten sind, verstößt zwar nicht gegen § 36 StVZO, wenn die Profilrillen die vorgeschriebene Tiefe erreichen, aber gegen § 30 StVZO (Bay 67, 131 = VM 67, 106; wegen der Verantwortlichkeit von Fahrer u Halter für das Nachschneiden abgefahrener Reifen vgl auch BGH VRS 22, 281). Auch das **Reserverad** muss einwandfrei bereift sein, sobald es benutzt wird. Das bloße Mitführen eines Reserverades mit unvorschriftsmäßiger Bereifung stellt für sich allein keinen Verstoß dar (OLG Düsseldorf VM 61, 20; OLG Hamburg VRS 31, 300; zum **Notgebrauch** s unten Rn 24; zur Verantwortlichkeit des Halters, wenn der in seinem Pkw mitgeführte Reservereifen, der kein vorschriftsmäßiges Profil mehr hat, zur Weiterfahrt nach einer Reifenpanne benutzt wird, s Bay 71, 115 =

Sonstige Pflichten von Fahrzeugführenden § 23 StVO

VRS 41, 458). – Die Führung eines Kfz mit mehreren abgefahrenen Reifen ist nur als **eine** OW zu bewerten (Bay 81, 62 = VRS 61, 133). **Spikesreifen** dürfen nach § 36 I StVZO nicht verwendet werden. Darunter fallen auch Reifen, die nicht auf der gesamten Breite der Lauffläche mit Spikes versehen sind, sondern nur an deren Rändern (OLG Hamm VRS 46, 318). Abgefahrene Reifen ausl Kfze s § 1 StVG Rn 12.

Zu der verantwortlichen Prüfung durch den Kfz-Führer gehört auch, dass kein **Eis auf dem Dach** oder der Dachplane ist, das sich im Fall der Ablösung zu Gefährdungen Dritter führen kann (OLG Bamberg BeckRS 2011, 04553).

Die Kfze mit einem zulässigen Gesamtgewicht von 7,5 t u darüber, die Zugma- 12 schinen von 40 KW u darüber u die zur Beförderung von Personen bestimmten Kfze mit mehr als acht Fahrgastsitzen müssen nach § 57a I S 1 StVZO einen eichfähigen **Fahrtschreiber** haben u unterwegs benutzen (s dazu VO [EWG] Nr 3821/85 [ABl EG Nr L 370] iVm Kontrollmittel-VO v 16.5.91 [BGBl I 1134] u 39. AusnVO v 27.6.91 [BGBl I 1431] für ehem DDR-Bereich; ausgenommen sind ferner die in Art 4 VO [EWG] Nr 3820 gen Fze; s auch Bay VRS 86, 77: Milch-Fz auf BAB). Der Fahrer ist für die rechtzeitige u fachgemäße Auswechslung des Schaublattes des Fahrtschreibers, nicht aber für die Richtigkeit der aufgezeichneten Messwerte verantwortlich (OLG Schleswig VM 67, 23; Bay 61, 148). Wegen Auswertung des Schaublattes des Fahrtschreibers vgl § 3 Rn 47. Ist der freiwillig eingebaute Fahrtschreiber nicht nach § 57a I StVZO vorgeschrieben, besteht keine Benutzungspflicht (Bay VRS 80, 230). § 57a I StVZO gilt auch nicht für ausl Kfze bei vorübergehender Inlandsbenutzung (Bay VM 92, 71). – Ein Kfz darf nicht ohne **Radkappen** in Betrieb genommen werden, wenn die durch Entfernen der Radkappen freigelegten Teile (Achsabschluss, Radbefestigungsschrauben) so hervorragen, dass sie dadurch mit dem Fz in Berührung kommende Personen bes gefährden (Bay 71, 215 = VM 72, 27). Auch an der **Rückseite** eines Kfz dürfen **keine Teile** so am Fz-Umriss **hervorragen,** dass sie den Verkehr mehr als unvermeidbar gefährden, zB wenn infolge Entfernung der rückwärtigen Stoßstange die Auspuffrohre 12 cm weit vorstehen (Bay 72, 131 = VRS 43, 464).

Bei **Vereisung der Windschutzscheibe** darf das Fz erst in Betrieb genommen 13 werden, wenn ein ausreichendes Sichtfeld gewährleistet ist (§ 35b II S 1 StVZO; zur Heckscheibe s oben Rn 2). Andernfalls ist sein Zustand vorschriftswidrig. Der Kf hat grundsätzlich alle an seinem Fz gegen eine mögliche VGefahr vorgesehenen **Sicherungseinrichtungen** zu gebrauchen, auch wenn er deren Notwendigkeit nicht durchschaut. Das Fz befindet sich in vorschriftswidrigem Zustand, wenn ein Sicherungshaken, durch den die Bordwand gegen ein Herabfallen während der Fahrt gesichert werden soll, nicht eingehängt ist (BGHSt 15, 386). Ob **Rückspiegel** vorschriftsmäßig sind oder ein 2. Außenspiegel erforderlich ist (s oben Rn 2), bemisst sich nach § 56 StVZO (s dazu VkBl 61, 132; 66, 338, 406).

Ob zur Vorschriftsmäßigkeit des Fz (iS von § 30 I StVZO) auch eine ausreichende Menge **Treibstoff** gehört, ist umstritten (bejahend KG Berlin VRS 47, 315; Dvorak DAR 84, 313 mwN Huppertz VD 99, 253; OLG Düsseldorf NZV 00, 338 – der Fz-Führer hat sich vor Fahrtantritt davon zu überzeugen, dass genügend Treibstoff vorhanden ist; aA Hentschel/König/Dauer § 23 Rn 27 im Anschl an OLG Celle VRS 11, 227; OLG Hamm VRS 57, 215, die m R darauf hinweisen, dass im Fz allein durch Fehlen des Treibstoffes unter nichtgefährdenden Umständen nicht vorschriftswidrig wird). Dies gilt auch auf der AB, weil die Frage der Vorschriftsmäßigkeit eines Fz nicht von der Art der benutzten Verkehrs-

StVO § 23 I. Allgemeine Verkehrsregeln

wege, der Entfernung und der Dichte des Tankstellennetzes abhängen kann (einschränkend OLG Düsseldorf DAR 00, 223). Bleibt das Kfz allerdings wegen **Treibstoffmangels** an einer unübersichtlichen Str-Stelle liegen, hat der Fahrer etwaige Folgen – außer bei Sicherung nach § 15 – zu vertreten, zumal die Verletzung eines auffahrenden VT ursächlich u regelmäßig für den Fahrer voraussehbar ist (BGH VRS 15, 38; OLG Stuttgart VRS 27, 269). Der Fahrer eines mit Dieselöl betriebenen Fz muss nach dem Auftanken persönlich den festen **Verschluss** des **Treibstofftanks** nachprüfen, während diese Vorsichtsmaßnahme beim Auftanken mit Benzin nicht gefordert wird (OLG Hamm VRS 30, 225). Die Dichtigkeit eines im Kofferraum befindlichen Treibstoff-**Reservekanisters** muss er nur überprüfen, wenn bes Anlass besteht (OLG Düsseldorf VRS 52, 377).

14 d) **Während der Fahrt.** ergibt sich eine Pflicht zur Überprüfung des Fz nur aus einem bes Anlass, zB nach einem Sturz mit dem Krad oder einem sonstigen Unfall, nach dem Befahren bes schlechter Str-Strecken oder bei Anzeichen, die auf einen Mangel hinweisen (Bay DAR 55, 120). Auf langen, insb mehrtägigen Fahrten ist an jedem Tag vor Fahrtantritt eine Überprüfung des Funktionierens der betriebswichtigen Teile geboten.

15 e) **Verantwortlichkeit für die Ladung.** Wie die Ladung beschaffen u verstaut sein muss, ergibt sich aus § 22. Benutzt der Fahrer ein Fz mit einer gegen eine dieser Bestimmungen verstoßenden Ladung im öff Verkehr, so liegt nur ein Verstoß gegen § 22 I vor, nicht auch gegen § 23 (s oben Rn 1 u 10 zu § 22). Unterwegs muss der Fz-Führer die Beladung nur aus gegebenem Anlass überprüfen, zB nach Durchfahren schlechter Str-Stellen, wenn eine Lockerung des Ladegutes zu befürchten ist (BGH VRS 29, 26). – Bzgl des **Ladegewichts** darf er sich im allg auf die Gewichtsangaben des Verladers verlassen, sofern zu Zweifeln kein Anlass besteht (Bay 69, 107 = VRS 38, 226; v 18.11.85, 1 Ob OWi 357/85; OLG Düsseldorf NZV 93, 80); er hat aber grundsätzlich unter Anwendung aller ihm zur Verfügung stehenden Möglichkeiten eine **Überladung** zu vermeiden; an seine Sorgfaltspflicht sind wegen der VGefahren strenge Anforderungen zu stellen (OLG Düsseldorf VRS 57, 312; 65, 397; DAR 93, 105 mwN). Zur Vorwerfbarkeit einer Überladung bedarf es idR der Feststellung erkennbarer Anhaltspunkte (OLG Düsseldorf VRS 64, 462; 70, 226; 88, 71; OLG Stuttgart NZV 96, 417), die auf Überladung hinweisen (wie zB durchbiegende Federn, Umfang der Ladung, verändertes Anzugs- u Bremsverhalten; OLG Düsseldorf DAR 95, 414; weitere Beisp bei Berr DAR 93, 106). Sind keine **Überladungsindikatoren** feststellbar, soll es nach OLG Koblenz (NZV 97, 194) darauf ankommen, ob die Überladung vermeidbar gewesen wäre (anders noch der Senat in VRS 71, 441, wo er auf die Erkennbarkeit der Überladung abstellte). – Nach § 34 V S 1 u 2 StVZO trifft den Fahrer uU eine Mitwirkungspflicht zum Nachwiegen, nach OLG Bremen (v 28.7.88 bei Verf NStZ 89, 570) jedoch nur bis zum Erreichen des Fahrtzieles. Ein Abzug von ca 12% vom Messergebnis genügt idR zum Ausgleich etwaiger Messungenauigkeiten (Bay bei Rüth DAR 86, 242 u OLG Düsseldorf VRS 82, 233). – Der Beifahrer eines Lkw muss, wenn er unterwegs den Fahrer am Steuer ablöst, nur bei Vorliegen bes Umstände prüfen, ob die vom Fahrer übernommene Ladung zu einer Überschreitung des zul Gesamtgewichts führt (Bay 73, 55 = StVE 1; VRS 75, 230). – Radf ist es dann erlaubt, Gegenstände mitzuführen, wenn diese ihre Bewegungsfreiheit beim Fahren, das Zeichengeben und andere Personen oder Sachen nicht beeinträchtigen; dies sogar dann, wenn sie dadurch

Sonstige Pflichten von Fahrzeugführenden **§ 23 StVO**

einhändig oder mit einer Tasche am Lenker fahren müssen (OLG Hamm NZV 92, 318 = StVE § 2 StVO 32).

f) Verantwortlichkeit für Tiere. Durch die 33. ÄndVStVOR ist jetzt aus- 15a drücklich bestimmt, dass der Fz-Führer für die sichere Mitnahme von Tieren verantwortlich ist. Der Fz-Führer muss sicherstellen, dass seine Beherrschung des Fz durch das Tier nicht beeinträchtigt wird (so bereits zur alten Rechtslage OLG Nürnberg NZV 98, 286; VM 94, 23; jew zu § 61 VVG).

g) Verantwortlichkeit für Besetzung des Fahrzeugs. Der Fz-Führer ist für 16 die Besetzung (wozu nicht der Fz-Führer zählt, OLG Celle Urt v 13.3.2007 – 322 Ss 46/07) des Fz mit Personen verantwortlich u zwar auch dafür, dass die Bestimmungen des § 21 über die Personenbeförderung eingehalten werden („vorschriftsmäßige Besetzung"). Es stellt aber keine OW dar, wenn die Zahl der in einem Pkw (Def ergibt sich aus der Abgrenzung zum Kraftomnibus: § 15d I s 1 StVZO) beförderten Personen die Anzahl der im Fz-Schein angegebenen Sitzplätze überschreitet, solange dabei das zul Gesamtgewicht eingehalten u die VSicherheit nicht beeinträchtigt wird (OLG Karlsruhe NZV 99, 422); denn die höchstzul Zahl der von einem Pkw zu befördernden Personen ist ges nicht bestimmt (OLG Karlsruhe VM 81, 40; Bay VRS 66, 280; Jagow VD 87, 193); anders bei Kraftomnibussen (§ 34a I StVZO). Die mitgenommenen Personen verstoßen nicht gegen § 23, uU aber gegen § 21 II S 4 oder § 21a. Zur Frage, ob der Führer auch dafür zu sorgen hat, dass sein Mitf sich § 21a entspr verhält, s § 21a Rn 9 f.

Die **VSicherheit** darf durch die Besetzung, insb durch das **Verhalten der** 17 **Beförderten,** nicht leiden (Begr; OLG Köln VRS 75, 131: Mitf lassen aus dem Kofferraum Beine hinaushängen). Das heißt aber nicht, dass der Führer auch für die Befolgung der Pflichten der Fahrgäste aus § 21a zu sorgen hat (so auch OLG Hamm JMBl NW 82, 212; KG Berlin VRS 70, 469; Bay NZV 93, 491; Bouska DAR 84, 265; Verf NStZ 82, 505 mwN; aA KG Berlin VM 82, 64 m abl Anm Booß; OLG Karlsruhe NZV 99, 292), zumal die VSicherheit des Fz durch eine Verletzung der Anschnallpflicht durch Fahrgäste grundsätzlich nicht leidet (Booß aaO). Etwas anderes kann allenfalls gelten, wenn ausnahmsweise eine Garantenstellung des Fz-Führers (s KG Berlin VRS 70, 469) oder eine bes Fürsorgepflicht gegenüber schutzwürdigen Personen zB iS von § 3 II a oder Betrunkenen besteht (OLG Frankfurt VM 86,6; OLG Hamm DAR 96, 24). – Bemerkt der Fz-Führer, dass sich ein Fz-Insasse weit mit dem Körper aus dem Fenster lehnt, hat er die Pflicht, rechts heran zu fahren. Fährt er mit einer Geschwindigkeit von 50–60 km/h weiter, so trifft ihn eine Mithaft (OLG Karlsruhe NZV 99, 24–50%). § 23 I 1 verbietet das Fahren ohne geeignetes Schuhwerk nicht, da Fahrer nicht zur „Besetzung" des Fahrzeugs gehört (OLG Celle Urt v 13.3.2007 – 322 Ss 46/07).

Der **Kraftradf,** der weiß, dass seine Beifin in Kurven ihr Gewicht fehlerhafter- 18 weise nach auslegt, hat dem durch bes langsames Fahren Rechnung zu tragen (BGH(Z) VM 63, 67).

Die Mitnahme von betrunkenen oder angetrunkenen Personen in einem 19 Kfz ist nicht verboten. Je nach den Umständen kann es jedoch geboten sein, ihre Mitnahme abzulehnen, bes auf einem Krad, oder sie doch nicht **neben** dem Fz-Führer Platz nehmen zu lassen (BGHSt 9, 335).

Der Führer eines Pkw, der einen Betrunkenen auf dem vorderen Beifahrersitz 20 mitnimmt, kann für einen Unfall auch dann verantwortlich sein, wenn dieser durch eine im Zeitpunkt der Fahrt unabwendbare Behinderung durch den Beif

StVO § 23 I. Allgemeine Verkehrsregeln

verursacht worden ist (OLG Köln VRS 32, 268; OLG Hamm VRS 54, 197); er hat auch im Rahmen seiner allg Fürsorgepflicht auf die Sicherung des betrunkenen Beif durch Anschnallen zu achten (OLG Hamm DAR 96, 24).

21 **4. Abs 1 Satz 3: Vorgeschriebene Kennzeichen.** Die Vorschrift umfasst die Pflicht, die Kennzeichen (§§ 18, 23 StVZO) in sauberem Zustand zu erhalten, bei längeren Fahrten auch unterwegs nach Durchfahren bes schmutziger Stellen zu reinigen u Kennzeichen, die durch Abnutzung schlecht lesbar sind, durch neue zu ersetzen. Fährt der Fahrer ein fremdes Fz, so muss er sich vor Inbetriebnahme von dem Vorhandensein eines gestempelten amtlichen Kennzeichens überzeugen (OLG Hamm VRS 58, 64).

22 **5. Abs 1 Satz 4: Lichttechnische Einrichtungen.** Die vorgeschriebenen lichttechn Einrichtungen (s § 17 Rn 4) müssen an Kfzen, ihren Anhängern und an Fahrrädern (auch Rennrädern außerhalb von Rennen: KG Berlin VM 82, 93) immer vorhanden und betriebsbereit sein, an anderen Fzen nur, wenn zu erwarten ist, dass sie benötigt werden. Diese Betriebsvorschrift steht selbstständig neben § 17, der die Verwendung dieser Einrichtungen im Verkehr behandelt. Über den Umfang der Sorgfaltspflicht des Fz-Führers vgl oben Rn 9.

22a **6. Abs 1a: Nutzung von Mobil- und Autotelefonen.** Die Vorschrift soll gewährleisten, dass der Fz-Führer (also auch der beifahrende Fahrlehrer – OLG Bamberg NJW 09, 2393) während der Benutzung des **Mobil- oder Autotelefons** beide Hände zur Bewältigung seiner eigentlichen Fahraufgabe frei hat (Begr). Es reicht nicht, dass das Fahrzeug steht, es muss auch der Motor ausgeschaltet sein. Benutzung iS des Abs 1a bedeutet nicht nur das eigentliche Gespräch, sondern umfasst daneben sämtliche Bedienfunktionen des Telefons wie zB Wählen, Verschicken von SMS (Kurznachrichten) oder das Abhören der Mailbox (Begr). Die Frage der Benutzung eines Mobiltelefons beurteilt sich allein danach, ob das Mobiltelefon in der Hand gehalten wird od nicht (OLG Hamm NJW 06, 2870; NZV 05, 548). Unter **Benutzung iS des Abs 1a** ist somit jegliche Nutzung zu verstehen, ob als Telefon, als Organizer (OLG Karlsruhe NJW 07, 240), zum Diktieren (OLG Jena NJW 06, 3734). od auch als Internetzugang (OLG Hamm NZV 03, 98), als Navigationsgerät (OLG Köln, Beschl v 26.6.2008 – 81 Ss Owi 49/08 = BeckRS 2008, 13 984 = NJW-Spezial 08, 586; OLG Hamm III-5 RBs 11/13 = BeckRS 2013, 04297). Eine Verbindung muss nicht hergestellt werden (OLG Hamm NZV 07, 483). Ebenso ist auch schon das „Wegdrücken" eine Benutzung (OLG Hamm BeckRS 08, 8267; OLG Köln, III-1 RBs 39/12 BeckRS 2013, 04297). Nach AG Ratzeburg (NZV 2005, 431 – rechtskr) soll auch das bloße Weglegen Nutzung iSv Abs 1a sein; aA aber OLG Köln NZV 05, 547 – nicht jedes In-die-Hand-Nehmen ist Nutzung; daher nach OLG Düsseldorf (NZV 07, 95) auch nicht das bloße Aufheben. Die Versuche, ein Handy durch Hin- und Herschieben der Telefonkarte funktionsfähig zu machen, sind „Nutzung" (Ha BeckRS 2007, 03 184), ebenso das Ablesen der Uhrzeit (OLG Hamm NJW 05, 2469), oder das Auslesen einer gespeicherten Telefonnummer (OLG Hamm NJW 06, 2870). Vgl auch die Übersicht bei Janker NZV 06, 69; krit. Scheffler NZV 06, 128. Da der Gesetzgeber nicht das Telefonieren am Steuer, sondern nur die Benutzung von Mobiltelefonen untersagt hat, erfüllt die Benutzung eines zu einem Festnetzanschluss gehörende schnurloses Telefon nicht den Verbotstatbestand des Abs 1a (OLG Köln NJW 10, 546).

Sonstige Pflichten von Fahrzeugführenden § 23 StVO

Für **Fahrradfahrer** und für **Kraftfahrzeugführer** beinhaltet Abs 1a S 2 eine Einschränkung. Danach gilt das Verbot für Radfahrer nicht, wenn das Fz steht. Bei Kraftfahrzeugen muss zusätzlich der Motor ausgeschaltet sein. Die Benutzung des Handys bei längerem Stillstand des Fz wie zB im Stau oder bei (längerem) Halt vor einer geschlossenen Bahnschranke im Wege des Aufnehmens oder Haltens des Telefons ist damit (weiter) erlaubt; nicht dagegen bei einer verkehrsbedingten Fahrtunterbrechung von nur kürzerer Dauer wie dem Warten vor einer roten Ampel oder dem Stop + Go Verkehr, wenn der Fz-Führer dann den Motor nicht abschaltet, da er von einer zügigen Weiterfahrt ausgeht.

Zulässig ist daher das Telefonieren auf Grund des eindeutigen Wortlauts des Abs 1a S 2, wenn kumulativ das Stehen des Fz und der ausgeschaltete Motor vorliegen (OLG Bamberg NJW 06, 3732; OLG Hamm, Beschl v 6.9.2007 – 2 Ss Owi 190/07 = BeckRS 2007, 17 794 = NJW-Spezial 08, 43). Ein Verstoß liegt auch vor beim Telefonieren auf dem Seitenstreifen bei laufendem Motor (OLG Düsseldorf, Beschl v 3.6.2008 – 2 Ss (Oei) 84, 39/08 = BeckRS 2008, 15 680 = NJW-Spezial 08, 715). Das Halten des Handys ans Ohr lässt den eindeutigen Schluss zu, dass auch telefoniert worden ist (OLG Hamm NZV 07, 483).

Ebenfalls zulässig ist die Benutzung des Mobiltelefons über eine **Freisprecheinrichtung** (so schon zum alten Recht Verf in der Vorauf Rn 3; s allg auch zur alten Rechtslage Niendorf VGT 99, 76; Graß/Staak NZV 98, 189; Kärger DAR 99, 183).

Die technische Entwicklung bedingt auch hier neue Rechtsfragen. So dürfte die sog. Handyuhr (praktisch ein verkleinertes Handy am Handgelenk) unter das Handyverbot fallen, nicht aber die sog. Smart-Watch (vgl Krumm, NZV 2015, 374).

7. Abs 1b: Betrieb von Radarwarngeräten und ähnlichen Einrichtungen. Mit der 35. ÄndVO wurde ein neuer Abs 1b eingeführt, der ein Verbot zur Verwendung technischer Einrichtungen in Kraftfahrzeugen, die dafür bestimmt sind, die Verkehrsüberwachung zu beeinträchtigen, enthält. Damit wird von der mit Gesetz v 19.3.2001 neu geschaffenen Verordnungsermächtigung (§ 6 Abs 1 Nr 3i StVG) Gebrauch gemacht. Satz 1 verbietet Maßnahmen, die ein Kraftfahrer gegen die Verkehrsüberwachung ergreift und die darauf abzielen, sich den **Verkehrskontrollen** tatsächlich wirksam **zu entziehen**. Dies kann bewirkt werden durch den Einsatz technischer Geräte, die den Standort von Verkehrskontrollen anzeigen oder die konkrete Überwachungsmaßnahme stören (Begr). Durch die Vorschrift sollen sowohl technische Geräte wie Radarwarngeräte und Laserstörgeräte erfasst werden als auch alle anderen technischen Möglichkeiten, die im Ergebnis vergleichbar sind (Begr).

Ausreichend ist, dass das Gerät aus der Sicht des Kraftfahrers zur Warnung oder Störung bestimmt ist. Ob das Gerät tatsächlich geeignet ist, vor den Radarkontrollen zu warnen, ist unbeachtlich. Das hat seinen Grund darin, dass ansonsten die Polizei und Behörden in Nachweisschwierigkeiten kämen (Begr).

Auch das **betriebsbereite Mitführen** solcher Geräte wird untersagt. Auch das Mitführen eines betriebsbereiten Mobiltelefons mit einer aufgerufenen „Blitzer-App" erfüllt den Verbotstatbestand des § 23 Ib StVO (OLG Celle NJW 15, 3733; OLG Rostock BeckRS 17, 103960). Dies begründet bereits eine **Gefahr für die öff. Sicherheit** und rechtfertigt eine polizeiliche Beschlagnahme (§ 33 PolG BW) sowie eine Entziehung und Vernichtung (§ 34 PolG BW). Dem Erlass solcher ordnungsrechtlicher Maßnahmen steht Europ. Gemeinschaftsrecht nicht entgegen

22b

(VGH Baden-Württemberg (Mannheim) DAR 03, 89). Nicht verboten werden soll dagegen der gewerbliche Transport solcher Geräte (Begr).

Satz 2 dient allein der Verdeutlichung und dem Verständnis des Satz 1; er enthält keine Beschränkung der Vorschrift auf die dort aufgezählten Geräte (Begr).

23 **8. Abs 2: Unterwegs auftretende Mängel.** Bei unterwegs auftretenden Mängeln, die nicht alsbald beseitigt werden u die VSicherheit **wesentlich** beeinträchtigen, wie Versagen des linken Scheinwerfers am Lkw (OLG Düsseldorf VM 59, 143), des Motors, der Kupplung, der Lenkung oder der Bremsanlage (BGH VRS 65, 140) sowie nach Reifenpanne ohne brauchbaren Ersatzreifen (Bay StVE 21), ist das Fz auf kürzestem Wege aus dem fließenden Verkehr zu ziehen, dh möglichst von der Fahrbahn zu schaffen (OLG Köln VRS 29, 367; OLG Düsseldorf VRS 58, 281 = StVE 11). Dazu darf auf der AB notfalls kurzfristig, dh nur bis zum unverzüglichen Abschleppen, auch die Standspur benutzt werden (s Rn 23 zu § 18). Wird auf der AB durch Motorschaden die Geschwindigkeit auf 8–10 km/h herabgesetzt, muss sofort ganz rechts herangefahren u die AB bei der nächsten Ausfahrt verlassen werden (s § 15a I); anderenfalls ist der Kfz-Führer für einen Auffahrunfall auch dann verantwortlich, wenn der Mangel ohne sein Verschulden aufgetreten war (OLG Köln VRS 29, 367). Fällt bei einem Lkw die rückwärtige Beleuchtung aus, ist die VSicherung nach § 15 vordringlicher als die Behebung des Schadens (BGH(Z) VM 63, 81).

24 Bei anderen, während der Fahrt **unvorhersehbar** (OLG Hamburg VRS 50, 145 = StVE 5) auftretenden, die VSicherheit nicht so wesentlich beeinträchtigenden Mängeln, dass das Fzg sofort aus dem Verkehr gezogen werden muss (BGH VRS 65, 140; wie zB Auspuffdefekt: OLG Düsseldorf VRS 69, 233 = StVE 16; VRS 69, 464; Reifenpanne: Bay ZfS 85, 255; defektem Sicherheitsgurt: Bay VRS 79, 382) darf die Fahrt jedenfalls bis zur nächsten **Werkstatt** – nicht aber zunächst zu einem Krankenbesuch (OLG Stuttgart VRS 87, 55) – fortgesetzt werden, insb wenn die Mängel durch Hilfsmaßnahmen (Ersatz der Blinkanlage durch Handzeichen, der Betriebsbremse durch die Handbremse u langsameres Fahren, s OLG Schleswig VM 57, 148, oder auch unpassenden oder abgefahrenen Reservereifen: Bay ZfS 85, 255; VRS 75, 133; vgl auch BGH NJW 77, 114) genügend ausgeglichen werden können. Ob von diesem „**Notrecht**" Gebrauch gemacht werden darf, hängt von der Art des Mangels u der von ihm ausgehenden Gefährdung ab (BGH VRS 65, 140). Bei Ausübung des Notrechts entfällt zwar ein Verstoß gegen § 23 II oder die StVZO; es sind aber die erforderlichen Sorgfalts- u VRegeln zu beachten (Bay 84, 69 = VRS 67, 291 = StVE 15).

25 **Kein Notrecht** bei nicht unvorhersehbaren, insb vor der Fahrt bekannten oder erkennbaren Mängeln (wie bei Wirkungslosigkeit der Bremsen: BGH VRS 65, 140; schadhaften Reifen: OLG Hamm VM 69, 68; OLG Hamburg VRS 50, 145 = StVE 5; OLG Stuttgart VRS 87, 55: nach vorheriger pol Beanstandung; OLG Celle ZfS 94, 345: Verbringung eines in betriebsunfähigem Zustand gekauften Kfz über 45 km; oder bei unzulänglich geflicktem Auspuff: OLG Düsseldorf Rn 24); dann gelten die §§ 23 I S 2 StVO u 31 II StVZO bzw die im Einzelfall verletzten Betriebs- oder Ausrüstungsvorschriften.

26 Muss ein betriebsunfähig gewordenes Kfz, das wegen techn Mängel mit eigener Motorkraft nicht oder nur mit wesentlich beeinträchtigter Betriebssicherheit gefahren werden kann (vgl OLG Düsseldorf VM 77, 109; Bay v 11.6.91, 1 St 105/91), **abgeschleppt** werden (zum Begriff des Abschleppens s OLG Frankfurt NStZ-RR 97, 93; OLG Koblenz NStZ-RR 97, 249), so darf es nach § 18 I

StVZO ohne bes Erlaubnis mitgeführt werden (zur rückwärtigen Beleuchtung u Sicherung s §§ 15 u 16 StVO sowie § 53 StVZO; zur AB-Benutzung s § 15a). Die Fze bilden im Hinblick auf den Notstandscharakter des Abschleppens keinen Zug iS des § 5 I StVZO (Klasse 2; OLG Bremen VM 63, 83), so dass die FE für das abschleppende Kfz genügt (§ 5 II S 2 StVZO). Zul Abschleppen liegt nicht nur vor, wenn ein fahruntüchtiges Fz in eine möglichst nahe, geeignete Werkstätte oder in die Garage des Halters überführt wird, sondern auch dann, wenn es von dort zum Zweck des Ausschlachtens in einen Kfz-Verwertungsbetrieb überführt wird (BGHSt 23, 108). Abschleppen eines Krad ist verboten (§ 15a IV; s auch unten 28). „Schleppen" (= Ziehen eines betriebsbereiten Kfz) s § 33 StVZO. Abschleppseil: § 43 StVZO. Zur Werkstättenfahrt vom Standort des Kfz aus s Rn 37. Das **Anschleppen** eines Fz ist grundsätzlich dem Abschleppen gleichzustellen (OLG Düsseldorf VRS 54, 304).

Krafträder u Fahrräder müssen beim Auftreten eines wesentlichen Mangels 27 unterwegs nicht aus dem Verkehr gezogen, sondern dürfen geschoben (nach § 15a IV aber nicht abgeschleppt) werden. Die Vorschrift gilt für alle Mängel, nicht nur für das Versagen der lichttechn Einrichtungen. Die Vergünstigung gilt nicht, wenn hinter dem Kraft- oder Fahrrad ein Anhänger mitgeführt wird (OLG Oldenburg VRS 25, 458). War das Fahrrad schon bei Beginn der Fahrt nicht mit betriebsfähigen lichttechn Einrichtungen (§ 67 StVZO) ausgerüstet, liegt ein Verstoß gegen § 23 I S 4 (vgl oben 22) vor.

9. Abs 3: Radfahrer und Kraftradfahrer. Wer ein Fahrrad schiebt, ist recht- 28 lich als Fußgänger zu behandeln (§ 25 II; OLG Celle VRS 20, 310; BGH(Z) VM 63, 7). Wer sich aber, auf einem Fahrrad sitzend, von einem anderen schieben lässt, was auch durch S 1 nicht verboten ist, ist Radf (OLG Celle VRS 25, 471). Verboten ist durch III S 2 nur das Loslassen des Lenkrades mit beiden Händen, nicht aber das Mitführen von Gegenständen in einer Hand (KG Berlin VM 81, 109) oder das Abwinken. Wer in einer Hand ein Gepäckstück mitführt, verstößt möglicherweise gegen I S 2 dann, wenn er durch das Gepäckstück am vorschriftsmäßigen Geben des RichtungsZ verhindert ist, da er auch hierzu die Lenkstange nicht mit beiden Händen loslassen darf. III verbietet auch nicht das Fahren allein auf dem Hinterrad (Bay 85, 60 = VRS 69, 146) oder nach S 1 das Abschleppen eines Krads (Bouska DAR 86, 16), was aber nach § 15a IV verboten ist.

10. Fz-Halter in formellem Sinne. Dies ist derjenige, der bei der Zulas- 29 sungsstelle als Halter vermerkt u im Kfz-Brief eingetragen ist (BVerwG v 17.2.77 bei Bay DAR 85, 390 zitiert). Doch ist dies nicht zwingend (VGH Baden-Württemberg (Mannheim) ZfS 97, 438); im überwiegend vertretenen **wirtschaftlichen** Sinne ist Halter, wer das Fz für eigene Rechnung in Gebrauch hat u die Verfügungsgewalt darüber besitzt, die dieser Gebrauch voraussetzt (BGH Urt v 10.7.2007 – VI ZR 199/06; NZV 97, 116; Bay VRS 58, 462; OLG Koblenz VRS 71, 230; OLG Köln VRS 86, 202; NZV 94, 203; VGH Baden-Württemberg (Mannheim) NZV 92, 167; ZfS 97, 438; OLG Karlsruhe DAR 96, 417; doch keine Anwaltssozietät als Gesellschaft bürgerlichen Rs: BVerwG NVwZ 87, 1081). Der formelle Begriff gilt vorrangig bei § 25a StVG (AG Essen DAR 89, 115) bis zum anderweitigen Nachweis; in § 27 I S 2 StVZO stehen beide nebeneinander (s auch VGH Baden-Württemberg (Mannheim) NZV 92, 167). Bei der wirtschaftlichen Betrachtungsweise ist das Eigentum am Fz nicht entscheidend (s BGH Urt v 10.7.2007 – VI ZR 199/06; OLG Karlsruhe DAR 96, 417; OLG Düsseldorf VM 88, 34; OLG Köln VRS 85, 209). Auf **eigene** Rechnung hält ein Fz, wer die Nutzung aus dem Gebrauch zieht u die Kosten der Fz-Haltung bestreitet (BGH VRS 22, 422; OLG Koblenz VRS 71, 230; OLG Karlsruhe aaO; Bay VRS 58, 462: wirtschaftl-faktische Umstände entscheiden). Nicht entscheidend ist, auf wessen Name das Fz zugelassen u haftpflichtversichert ist (BGH(Z) 13, 351; VM 69, 122); deshalb sind auch der Nießbraucher, der Mieter, der unentgeltliche Entleiher eines Fz (OLG Karlsruhe NZV 88, 191) dann „Halter", wenn sie das Fz auf eigene Rechnung betreiben. Ebenso ist Halter, wer ein Fz auf längere Zeit u nicht nur für einen eng begrenzten Zeitraum (s OLG Karlsruhe NZV 88, 191) zu freier Verfügung entleiht oder mietet (OLG Zweibrücken VM 80, 6; s unten Rn 30), beim Kfz-**Leasing** idR der Leasing-Nehmer (BGH(Z) VRS 65, 108; OLG Hamm NZV 95, 233), soweit er die Betriebskosten zahlt u die Verfügungsgewalt über das Kfz hat. Der Leasing-Geber ist idR auch nicht Mit-Halter (aA OLG Hamburg VRS 60, 55), es sei denn, dass er Weisungsbefugnisse bzgl des Einsatzes des Kfz während der Vertragsdauer behalten hat (Bay 85, 23 = VRS 69, 70; v 17.2.97, 2 Ob OWi 57/97). Bei Teilung der Betriebskosten zwischen Eigentümer u Benutzer des Kfz kann Halter nur sein, wer mind einen Teil der Betriebskosten, etwa die Aufwendungen für den Treibstoff, trägt. – Die Halter-Eigenschaft ist aufgrund rechtlicher Würdigung der Einzelumstände, nicht eines Zugeständnisses des Betr zu beurteilen (OLG Köln VRS 85, 209).

29a **Nicht Halter** ist, wer sich in einem Mietkraftwagen durch den Halter oder einen Kf im Dienste des Halters **befördern lässt** oder als Selbstfahrer ein Kfz für eine **bestimmte Fahrt mietet** (BGH(Z) NZV 92, 145 mwN), als Angestellter im Gewerbebetrieb einen Firmen-Pkw zur Verfügung hat, den er auch für Privatfahrten benutzen darf, ohne dafür Kosten zu tragen (Bay 68, 54 = NJW 68, 2073; s auch OLG Köln VM 80, 11: 81-jährige formelle Geschäftsinhaberin als Halterin?) oder ein Dieb, solange er noch pol Verfolgung ausgesetzt ist oder das Kfz nicht benutzen, sondern nur ausschlachten will (KG Berlin VM 89, 58). Wer seinem minderjährigen Sohn ein Mofa schenkt, das dieser u sein Bruder benutzen, wobei der Vater alle Betriebskosten trägt u die Verfügungsgewalt behält, ist Halter des Fz (OLG Hamm VRS 53, 313; s auch OLG Koblenz VRS 65, 475 = StVE § 31 StVZO 10).

30 Die zum Halterbegriff erforderliche **Verfügungsgewalt** ist gegeben, wenn der Benutzer des Fz Anlass, Ziel u Zeit seiner Fahrten selbst bestimmen darf (BVerwG VRS 66, 309; OLG Düsseldorf NZV 91, 39), auch wenn es auf einen anderen zugelassen ist u dieser die fixen Kosten trägt (OLG Hamm NZV 90, 363), wie zB ein Firmen-Fz nach Belieben auch zu Privatfahrten benutzen darf (OLG Hamm VRS 29, 378; Bay VRS 58, 462). Die Verfügungsgewalt braucht nicht jederzeit vorzuliegen; die kurzfristige Überlassung des Fz an einen anderen, zB Vermietung an einen Fahrer auf wenige Wochen, hebt die Haltereigenschaft nicht auf (BGH(Z) NZV 92, 145); sie erlischt aber, wenn sie für eine nicht nur vorübergehende Zeit entzogen wird (BGH(Z) NZV 97, 116). Es ist durchaus möglich, dass die Verfügungsgewalt bei mehreren Personen vorliegt, zB beim Inhaber des Kfz-Verleihs u dem Mieter eines Fz auf längere Zeit (VGH Baden-Württemberg (Mannheim) NZV 92, 167). Zur Halterfrage, wenn das Kfz ständig von einer anderen als derjenigen Person benutzt wird, auf deren Namen es zugelassen u haftpflichtversichert ist, s OLG Düsseldorf NZV 91, 39 u VRS 55, 383. Zur Halterverantwortlichkeit des vertretungsberechtigten Gesellschafters einer Personenhandelsgesellschaft hinsichtlich der Fze der Gesellschaft, die sie ihren Reisevertretern zur ausschließlichen Nutzung überlässt, deren Betriebskosten jedoch voll u ganz die Gesellschaft trägt, s Bay 76, 44 = StVE § 31 StVZO 2). Der Eigentümer

Sonstige Pflichten von Fahrzeugführenden § 23 StVO

eines Kfz-Anhängers wird nicht dadurch zum Halter eines Kfz, dass sein Anhänger an das Zug-Fz eines anderen angehängt u mit diesem in Betrieb genommen wird (BGH(Z) 20, 385, 392). Halter kann auch eine juristische Person sein (s dazu OLG Köln VRS 66, 157).

11. § 31 Abs 2 StVZO: Pflichten des Fahrzeughalters und seiner Stell- 31
vertreter. a) Fz-Halter und Betriebsorganisation. Der Halter (s Rn 29 ff) ist der eigentliche Träger der aus der Zulassung eines Fz zum Betrieb entstehenden Rechtspflichten. Auf ihn wird das Fz zugelassen (§ 24 StVZO); ihn trifft die Steuerpflicht nach dem Kfz-SteuerG, die zivilrechtliche Haftung nach §§ 7 ff StVG u die Versicherungspflicht nach dem PflVG. Der Halter ist auch zur Vorführung seiner Fze zur amtl Überwachung nach § 29 StVZO verpflichtet. Für das Verhalten des Fz im Verkehr ist zwar in erster Linie der Fz-Führer verantwortlich, aber den Halter trifft eine Mitverantwortung für die Auswahl, uU auch für die Überwachung des Fz-Führers u für den ordnungsgemäßen Zustand des Fz, auch wenn er selbst nicht am Verkehr teilnimmt (BGH VRS 37, 271); an die Sorgfaltspflicht des Halters werden strenge Anforderungen gestellt (vgl zur Verhinderung von Überladungen: OLG Düsseldorf NZV 88, 192), bes beim Transport gefährlicher Güter (OLG Düsseldorf VM 88, 56). Ist der Halter eine juristische Person, so treffen die Halterpflichten die natürlichen Personen, die verantwortlich für sie handeln (§§ 14 StGB, 9 OWiG).

Mehrere Personen, zB die beiden Mitinhaber einer Firma oder mehrere 31a vertretungsberechtigte Vorstandsmitglieder einer Handelsgesellschaft, sind selbstständig u nebeneinander als Kfz-Halter verantwortlich (s VGH Baden-Württemberg (Mannheim) NZV 92, 167). Es ist aber zul im Wege der Geschäftsaufteilung die Betreuung des Fz-Parks auf einen von ihnen zu übertragen; dann ist die Verantwortlichkeit der nicht speziell zuständigen Gesellschafter zwar nicht beseitigt, aber doch stark gemindert (OLG Hamm VRS 40, 370). Die straf- bzw bußgeldrechtliche Verantwortlichkeit setzt voraus, dass bei dem betroffenen Gesellschafter alle wesentlichen, die Haltereigenschaft begründenden Merkmale (oben Rn 29 f) vorliegen (Bay 74, 18 = VRS 47, 137). In größeren Betrieben kann sich der Inhaber oder Vorstand oft nicht selbst um den Fz-Park kümmern. Dann gelten §§ 9 II OWiG bzw 14 II StGB (s Rn 32). Ebenso, wenn die Eigentümer des Betriebes sich aus dem Geschäftsleben weitgehend zurückgezogen u zB einem Sohn die Leitung des Betriebs, verbunden mit Prokura, überlassen haben (Bay 68, 54 = NJW 68, 2073). Zur Verantwortung des persönlich haftenden Gesellschafters einer Personenhandelsgesellschaft s OLG Schleswig VRS 58, 384; OLG Düsseldorf VM 87, 9; eines GmbH-Gesellschafters nach § 9 II OWiG s Bay VRS 66, 287, zu der des Betriebsinhabers s auch § 130 OWiG (OLG Düsseldorf VM 83, 26; vgl auch unten Rn 38).

Wird ein **Fz-Meister** für den Fuhrpark bestellt, so treffen diesen neben dem 32 Inhaber oder Leiter des Betriebs die Pflichten des Fz-Halters einschl der strafrechtlichen Verantwortlichkeit (BGHSt 8, 139). Letztere sind entlastet, wenn sie den Fz-Meister mit der nötigen Sorgfalt ausgesucht, mit notwendigen Weisungen versehen u überwacht haben (KG Berlin VRS 36, 269; OLG Hamm 41, 394 u 46, 472; OLG Köln VRS 66, 157), es sei denn, dass bes Umstände (Verstöße gegen Weisungen pp) gesteigerte Maßnahmen erfordern (s Bay VRS 66, 287). Der Halter, der seine Fze wegen mangelnder Fachkenntnisse oder wegen anderweitiger Beanspruchung nicht selbst beaufsichtigen kann, muss durch Schaffung einer entsprechenden **Betriebsorganisation** dafür sorgen, dass ein Höchstmaß an Sicher-

StVO § 23 I. Allgemeine Verkehrsregeln

heit gegen den Gebrauch vorschriftswidriger Fze gewährleistet ist; an seine Sorgfaltspflicht sind dabei strenge Anforderungen zu stellen (OLG Düsseldorf VM 87, 9; 88, 5, 56). Gelegentliche **Stichproben** oder Kontrollen der Durchführung der Anordnungen sind notwendig (BGH VRS 13, 94; OLG Hamm VRS 34, 149; VM 59, 87; OLG Düsseldorf VM 87, 9; NZV 88, 192; 89, 244). Ist der Platzmeister, dem die Überwachung eines Kfz-Parks übertragen ist, für nicht nur ganz kurze Zeit erkrankt, so fällt die Halterverantwortlichkeit auf den Firmeninhaber zurück, wenn nicht etwa für die Erkrankungsdauer ein Vertreter des Platzmeisters vorhanden ist (OLG Hamm VRS 30, 202). Ein Baustellenleiter ist ohne entspr Auftrag nicht ohne weiteres auch für die Betriebssicherheit der dort eingesetzten Kfze verantwortlich (Bay NZV 94, 82). – Verstöße gegen die Halterpflichten sind OWen nach § 69a V 3 StVZO (s Anh I). Zur Problematik s Göhler zu § 9 OWiG u Tröndle/Fischer zu § 14 StGB sowie Janiszewski 150 ff.

33 **b) Verantwortung für geeigneten Führer.** Für die Auswahl des Fz-Führers ist in erster Linie der Fz-Halter verantwortlich. Dieser darf die Führung nie einer fahruntüchtigen Person überlassen, insb auch nicht einem Angetrunkenen oder Betrunkenen (vgl auch § 24 StVG Rn 5 ff). Gegen II verstoßen auch die Personen, die nach dem unter a) Ausgeführten neben oder anstelle des Halters verpflichtet sind. Auch derjenige, der im Auftrag des Halters die tatsächliche Verfügungsmacht über das Fz hat, wie der sich unterwegs befindliche Firmen-Kf, verstößt – nach § 9 II S 2 OWiG – gegen § 31 II StVZO, wenn er die Führung des Fzs einem Fahruntauglichen (zB Betrunkenen) überlässt (OLG Düsseldorf VM 71, 21; Bay 68, 13 = VM 68, 83). Die Tat ist vollendet, wenn der Fahruntaugliche eine Handlung vorgenommen hat, die nach dem in § 2 Rn 6 ff Dargelegten das „Führen eines Fahrzeugs" darstellt. Wegen des Überlassens der Fz-Führung an einen anderen, der keine FE besitzt, s § 21 I S 2 StVG. Lässt sich nicht ermitteln, wer in fahrunsicherem Zustand gefahren ist oder die Führung einem anderen fahrunsicheren Fahrer überlassen hat, kommt wahlweise Verurteilung zwischen § 69a V S 2 oder 3 StVZO in Betracht (s dazu unten Rn 53).

Sind **mehrere Fernfahrer** unterwegs, die sich in der Lenkung ablösen, so ist jeder nur solange Führer des Fz, als er selbst steuert, nicht während der Zeit seiner Ruhepause (vgl § 2 Rn 6 ff). Trotzdem ist jeder von ihnen auf Grund der sie verbindenden Fahrgemeinschaft verpflichtet, im Rahmen des ihm Möglichen und Zumutbaren darauf bedacht zu sein, dass sein Fahrtgenosse die Ruhepause insb durch Schlaf zu seiner Erholung ausnutzt. Er darf dem anderen das Steuer nicht überlassen, wenn er erkennt, dass dieser **übermüdet** ist (BGH VRS 17, 290; vgl auch § 315c StGB Rn 16). Das Überlassen eines Kfz an einen Führer ohne FE oder an einen angetrunkenen Fahrer begründet die Verantwortung für den durch die Fahrt verursachten Tod eines anderen nur dann, wenn die Fahrweise zu beanstanden war. Hat sich der Fahrer verkehrsgerecht verhalten, so fehlt der ursächliche Zusammenhang mit dem Erfolg (Bay 55, 96 = VRS 9, 208).

34 **c) Verantwortung für Fz u Ladung.** Der **Halter** ist nach § 31 II StVZO auch für den vorschriftsmäßigen Zustand von Fz u Ladung bei der **Inbetriebnahme** verantwortlich (nicht für unterwegs vom Fahrer begangene Verstöße: Bay 71, 115). Was unter „Inbetriebnahme" iS der §§ 31 II, 69a III und IV StVZO zu verstehen ist, richtet sich jew nach Sinn und Zweck der einzelnen Vorschrift (BGHSt 28, 213; 216; Bay VRS 61, 472). Maßgeblich ist jedenfalls nicht der wirtschaftliche Einsatz, also die erste Indienststellung des Fz (Rüth-BB 32 zu § 31 StVZO), sondern der Einsatz im öff Verkehr, und zwar im fließenden und nicht

im ruhenden Verkehr (Bay aaO; Jagow Rn 5 zu § 69a StVZO), denn es soll den mit dem fließenden Verkehr verbundenen Gefahren begegnet werden. Ein auf der Str mit mangelhaften Reifen abgestelltes Kfz ist hiernach nicht in Betrieb genommen (OLG Stuttgart VM 68, 66; OLG Schleswig VM 77, 9 m krit St Booß). Dieser Begriff ist daher enger als der des „Inbetriebsetzens" iS der §§ 1, 7 StVG (s dazu § 1 StVG Rn 9), zumal § 7 StVG auch im ruhenden u (iG zu § 1 StVG) nicht öff Verkehr greift (s Greger § 7 StVG Rn 38 f). In Betrieb genommen ist ein Fz, wenn die bestimmungsgemäßen Triebkräfte auf das Fz zur Fortbewegung zur Teilnahme am StraßenV (Bay aaO), einwirken, gleichgültig, welchen Zweck die Fahrt hat (Bay 58, 25 = VRS 15, 72). Auch eine Fahrt zur Werkstatt oder eine Überführungsfahrt fällt darunter. § 31 II StVZO gilt auch für den Betrieb eines Kfz, das nur als gewöhnliches Fz ohne eigene Kraft betrieben wird (Bay 55, 129); jedoch muss dann sein Zustand nur den an alle Fze gestellten Anforderungen hinsichtlich Lenkung, Bremsen, Beleuchtung usw, nicht aber den bes Anforderungen an ein mit Motorkraft betriebenes Kfz entsprechen. Verantwortlichkeit für Zustand des Reservereifens s oben Rn 6 ff, 11.

Die Verantwortung für den vorschriftsmäßigen Zustand entfällt grundsätzlich **35** nicht mit der Gebrauchsüberlassung an einen anderen (KG Berlin VRS 36, 226), bes nicht bei Überlassung in schlechtem Zustand (OLG Düsseldorf bei Verf NStZ 89, 570 zu § 31 II StVZO); er muss den Benutzer stichprobenweise überwachen und darf sich nur auf erwiesenermaßen zuverlässige Fahrer verlassen, sofern keine bes Umstände vorliegen (BGH VRS 6, 377; OLG Hamm VRS 52, 64; OLG Düsseldorf VRS 40, 141). Bei Überlassung zu längerem Gebrauch ist er für Mängel, die erst nach der Überlassung auftreten, nur dann verantwortlich, wenn er die Möglichkeit tatsächlicher Überwachung des Fz auch nach der Überlassung behalten hat (OLG Frankfurt VRS 52, 220; OLG Köln VRS 52, 221) oder voraussehen konnte, dass während der Überlassung ein Mangel eintritt, dessen Behebung durch den Benutzer nicht sicher ist (Bay VRS 79, 383).

Zulassen der Inbetriebnahme: Es genügt, dass der Halter die Benutzung **36** des Fzs durch einen anderen fahrlässig ermöglicht, zB die Schlüssel schlecht verwahrt hat, so dass ein Unbefugter das Fz in Betrieb setzen konnte (vgl § 21 StVG Rn 11 f; § 14 II; OLG Hamm VRS 46, 399); ob es einer zusätzlichen Sicherstellung der Fz-Schlüssel bedarf, hängt namentlich von der Verlässlichkeit des Fahrpersonals ab (Bay VRS 66, 287). Hat der Halter das Fz allg zur Benutzung durch seine Betriebsangehörigen freigegeben, so dauert die darin liegende Zulassung so lange fort, bis der Halter seinen entgegenstehenden Willen eindeutig u für die bis dahin berechtigten Benutzer des Fz unmissverständlich zum Ausdruck gebracht hat (OLG Hamm VkBl 68, 508; Bay 66, 125 = VRS 32, 144).

Ebenso wie für den Fahrer besteht auch für den Fz-Halter das **Notrecht**, die **37** Inbetriebnahme eines unvorschriftsmäßigen Fz zum Zweck der **Verbringung** in die **nächste geeignete Werkstatt** unter Beachtung der oben Rn 24 behandelten Vorsicht anzuordnen oder zuzulassen (OLG Hamm DAR 73, 307). Ist die VSicherheit des Fz durch die Mängel erheblich beeinträchtigt, so ist diese Inbetriebnahme doch zulässig, wenn ein Angestellter des mit der Instandsetzung beauftragten Werkstattunternehmens, der über die Mängel unterrichtet ist, das Fz abholt u mit eigener Motorkraft auf seine Verantwortung in die Werkstatt verbringt. Der Halter darf sich in solchen Fällen darauf verlassen, dass der Inhaber der Reparaturwerkstatt sachkundig darüber entscheidet, ob das Fz mit eigener Kraft fahren darf oder abgeschleppt werden muss (Bay 63, 165 = VM 63, 141; vgl auch Bay 72, 162 = VRS 44, 150).

StVO § 23　　　　　　　　　　　　　　　　I. Allgemeine Verkehrsregeln

38　　Der **Halter,** der einen zuverlässigen, sachkundigen Kraftwagenf beschäftigt, der das Fz regelmäßig pflegt u führt, darf sich darauf verlassen, dass sein Fahrer laufend den Fz-Zustand überprüft und ihn über auftretende Mängel unterrichtet (BGH VRS 6, 477; OLG Hamm VM 00, 4). Wer aber nicht fachkundig ist u keinen Wagenpfleger beschäftigt, genügt seiner Halterpflicht nur, wenn er das Fz laufend überwachen, insb die durch die Herstellerfirma vorgeschriebenen Inspektionen durchführen lässt (vgl oben Rn 6 f). Das gilt bes für die Überprüfung der für die VSicherheit bes wichtigen Bremsen bei Lkw und Anhängern (BGH VM 60, 2). **Überladungen** sind mind durch gelegentliche Kontrollen zu verhindern (BGH VRS 10, 282, 286; OLG Düsseldorf VRS 72, 218), insb bei Zweifeln an der Zuverlässigkeit des Fahrers (OLG Köln VM 80, 85; Bay v 10.3.88, 1 Ob OWi 350/87); sonst haftet der Halter selbst dafür (nach den §§ 31 II, 34 II StVZO), nicht aber nach § 130 OWiG (OLG Hamm VRS 15, 153; OLG Düsseldorf VRS 69, 234 = StVE § 31 StVZO 13), der bloßer AuffangTB ist (OLG Düsseldorf VM 87, 107). Den **Vermieter** von Kfzen an **Selbstfahrer** trifft hinsichtlich der laufenden Überwachung u Instandhaltung seiner Fze eine erhöhte Sorgfaltspflicht (BGH VM 61, 12; vgl Rn 31 f).

38a　　**d) Vorschriftsmäßige Besetzung.** Auf die vorschriftsmäßige Besetzung, vor allem bei der Personenbeförderung, hat der Halter zu achten (§ 21 StVO). Er hat die vorschriftswidrige Mitnahme von Personen zu verhindern und als Unternehmer einen neuen Fahrer auf die entspr Vorschriften und deren Beachtung hinzuweisen (s § 34a StVZO; OLG Koblenz VRS 72, 466; OLG Düsseldorf VRS 85, 388; VM 93, 92).

39　　**12. § 29 StVZO: Amtliche Überwachung der Kraftfahrzeuge.** Nach Anl VIII iVm Anl VIII a zu § 29 I u II StVZO (abgedr in Beck-Loseblattausgabe „Straßenverkehrsrecht") unterliegen die untersuchungspflichtigen Kfze und Anhänger Hauptuntersuchungen und Sicherheitsprüfungen. Der Zeitabstand der Untersuchungen ist in Anl VIII Ziff 2 geregelt, die Durchführung der Untersuchungen, bes Untersuchungsformen, Einzelheiten über Prüfbücher ua Untersuchungsnachweise, die Anerkennung von Werkstätten und Überwachungsorganisationen sind in § 29 StVZO und Anlagen VIII, VIII a, VIII b, VIII c, und VIII d geregelt.

40　　**Vorübergehende Stilllegung** des Kfz: Nach Anl VIII Ziff 2.8. ruht die Untersuchungspflicht während der Abmeldung, ist aber nach Wiederzulassung nachzuholen. Keine Verlängerung der laufenden Frist um die Zeit einer Stilllegung ohne Abmeldung (Bay 69, 183 = VRS 38, 316; OLG Koblenz VRS 50, 144). So ist das zugelassene u betriebsbereite Kfz auch dann zur Hauptuntersuchung vorzuführen, wenn das Kfz wegen Entz der FE nicht benutzt wird (OLG Zweibrücken VM 78, 15).

41　　Der **Verstoß** gegen **§ 29 I StVZO (echtes Unterlassungsdelikt)** ist vollendet, wenn der Halter sein Fz nicht spätestens in dem Monat, der durch die Plakette ausgewiesen ist, zur Prüfung angemeldet hat. Die in § 29 VII S 1 StVZO enthaltene Bestimmung, dass die Plakette mit dem Ablauf des jeweils auf der Plakette angegebenen Monats ungültig wird, bedeutet nicht, dass die Anmeldung bis dahin hinausgeschoben werden darf (OLG Hamm VRS 31, 312 zu § 29 V S 1 StVZO aF). In der Weiterbenutzung eines Kfz mit ungültig gewordener Prüfplakette liegt allein noch kein Verstoß gegen § 29 StVZO (OLG Oldenburg StVE § 29 StVZO 3). Die Pflicht zur Vorführung und damit die Dauertat nach § 29 StVZO endet, wenn die Anmeldung erfolgt ist (Bay VRS 63, 221). Von diesem Zeitpunkt

Sonstige Pflichten von Fahrzeugführenden § 23 StVO

an läuft die Verfolgungsverjährungsfrist (OLG Hamm aaO; OLG Stuttgart VRS 33, 273). Der Halter eines größeren Fz-Parks genügt den an ihn zu stellenden Anforderungen, wenn er einen zuverlässigen Buchhalter mit der Führung des Fristenkalenders beauftragt und ausreichend überwacht (OLG Celle VRS 31, 134). Ein vielbeschäftigter Rechtsanwalt kann aber die Überschreitung der Untersuchungsfrist um mehr als 5 Monate nicht damit entschuldigen, er habe sich auf eine beauftragte Werkstatt verlassen (OLG Köln VM 80, 37). Der Verstoß gegen § 29 I StVZO steht zu Verstößen gegen Beschaffenheitsvorschriften der StVZO im Verhältnis der TM (KG Berlin VRS 16, 116; Bay VRS 47, 138; OLG Hamm VRS 48, 38).

Verkehrsunsichere Fze dürfen nur mit der erforderlichen Vorsicht zur nächs- 42 ten geeigneten Reparaturwerkstatt gefahren werden. Ein Kfz, an dem bei der Untersuchung nach § 29 StVZO ein Mangel festgestellt wurde, wegen dessen das Fz zwar nicht verkehrsunsicher, aber doch vorschriftswidrig ist, darf auch während der zur Beseitigung gesetzten Frist nicht entgegen § 23 I S 2 weiter benutzt werden; denn § 29 StVZO schränkt die Pflichten aus § 23 I S 2 nicht ein, sondern dient der Überwachung ihrer Einhaltung (Anl VIII 3.3; s auch unten 52).

§ 29 Abs 2 StVZO (Prüfplakette) begründet bußgeldbewehrte Pflichten des 43 Halters (§ 69a II Nr 14–18 StVZO; s dazu Nrn 113–114 VwKat; 50 BKat). Die Prüfplakette ist eine Urkunde iS des § 267 StGB. Wer sie mit der Farbe eines anderen Jahrgangs übermalt, verfälscht sie (Bay 65, 117 = VM 66, 3). – **§ 29 Abs 3 StVZO** beseitigt Zweifel, die in der RSpr (OLG Hamm VRS 47, 430) über die Bedeutung der Prüfplakette aufgekommen waren (Begr VkBl 80, 144).

§ 29 Abs 7 S 4 u 5 StVZO: Untersagung des Betriebs. Wer das Fz entgegen 44 VII S 5 weiter benutzt, verstößt gegen § 69a II Nr 15 StVZO iVm § 24 StVG (s 48 BKat; OLG Stuttgart VRS 57, 462).

13. § 31a StVZO: Führung eines Fahrtenbuches. Die Vorschrift (s Anh 45 I b) soll es durch Ergänzung der Kennzeichnungspflicht nach den §§ 18, 23 StVZO erleichtern, nach Verstößen den jew Führer eines Kfz zu ermitteln (BVerwG NJW 89, 2704; OVG Nordrhein-Westfalen (Münster) DAR 99, 375; VGH Baden-Württemberg (Mannheim) NZV 91, 445; OVG Saarbrücken ZfS 98, 38); sie verstößt bei Beachtung des Verhältnismäßigkeitsgrundsatzes nicht gegen das GG und steht nicht mit den Grundsätzen über das ZeugnisverweigerungsR oder der straflosen Selbstbegünstigung in Widerspruch (BVerfG VRS 62, 81 = StVE § 31a StVZO 14; BVerwG VRS 61, 314; 90, 70; ZfS 95, 396; HessVGH VM 80, 43; zur Reformbedürftigkeit s Janiszewski 829). Die AO wird auch nicht durch längeren Zeitabstand zur Tat unverhältnismäßig (BVerwG ZfS 95, 477).

Die AO richtet sich gegen den **Fz-Halter** (Rn 29), mit dessen Fz ein (objektiv 45a festgestellter) VVerstoß begangen wurde, der Führer aber nicht ermittelt werden konnte. Kann oder will der Halter den Fahrer nicht nennen, dh wird dessen Ermittlung infolge des Verhaltens des Halters unmöglich (VGH Baden-Württemberg (Mannheim) NZV 92, 46, 47; s unten Rn 46a), darf er durch eine Fahrtenbuchauflage im Interesse der VSicherheit zu einer überprüfbaren Überwachung der Kfz-Benutzer angehalten werden; anders, wenn er das ihm Zumutbare und Mögliche zur Fahrer-Ermittlung beigetragen hat, dieser aber infolge Aussageverweigerung des Entleihers des Kfz nicht überführt werden kann (VGH Baden-Württemberg (Mannheim) NZV 92, 46). Voraussetzung ist nicht, dass er selbst VOWen begehen wird (BVerwG aaO Rn 45).

Materielle Voraussetzung ist ein nicht unerheblicher VVerstoß. Die AO ist 46 im Hinblick auf den **Verhältnismäßigkeitsgrundsatz nicht zulässig** bei einem

StVO § 23   I. Allgemeine Verkehrsregeln

einmaligen unwesentlichen Verstoß, der sich weder verkehrsgefährdend auswirken noch Bedenken gegen die charakterliche Zuverlässigkeit des Kf begründen kann (BVerwG NZV 00, 386; NZV 95, 460), insb nicht bei einem geringfügigen, verwarnungsfähigen (OVG Lüneburg VRS 58, 231) und nicht eintragungsfähigen Verstoß (VG Braunschweig StVE § 31a StVZO 18); wohl aber bei erheblicher, wenn auch nur einmaliger Zuwiderhandlung (VGH Baden-Württemberg (Mannheim) VRS 59, 73; HessVGH VM 73, 114), bei erheblicher Geschwindigkeitsüberschreitung (VG Berlin NZV 99, 104: über 20 km/h; VG Dresden DAR 94, 128: im BerufsV; VGH Baden-Württemberg (Mannheim) DAR 91, 433; NZV 92, 167; 93, 47; VG München DAR 91, 473), wenn die OW mit mind 1 Punkt zu bewerten ist (OVG Nordrhein-Westfalen (Münster) VRS 90, 231; DAR 99, 375; einschränkend BVerwG NZV 00, 386: „kann die Auflage rechtfertigen"), bei Rechtsüberholen und Lückenspringen bei hoher Geschwindigkeit auf der AB (OVG Nordrhein-Westfalen (Münster) NZV 92, 423) oder beim Überfahren von Rotlicht, insb wenn dabei in eine durch Grün für Fußgänger freigegebene Furt eingefahren wird (VG Berlin NZV 97, 327), doch selbst in harmloser Situation (BVerwG NJW 87; 143; VGH Baden-Württemberg (Mannheim) VRS 81, 311: an Baustelle), insb unter den Voraussetzungen der Nr 34.2 BKat (Nds OVG ZfS 97, 77), da dies stets, bes für die auf Grün vertrauenden VT, gefährlich ist; auf eine konkrete Gefährdung kommt es allerdings nicht an (BVerwG NZV 95, 460; NZV 00, 386). Wiederholte gleichartige Verstöße, die nicht aufgeklärt werden konnten, auch solche gegen Parkverbote, rechtfertigen aber die Maßnahme dann ausnahmsweise, wenn der einzelne Verstoß unbedeutend ist (OVG Nordrhein-Westfalen (Münster) VRS 66, 317 = StVE § 31a StVZO 18); das insb, wenn für den Wiederholungsfall Fahrtenbuchauflage angedroht war. IdR ist die Anordnung in einem solchen Fall aber nicht gerechtfertigt (VG Saarbrücken ZfS 97, 318). Auch die erhebliche Überschreitung einer nur aus Lärmschutzgründen angeordneten Geschwindigkeitsbeschränkung kann ausreichen (VGH Baden-Württemberg (Mannheim) DAR 91, 313).

46a   Weitere Voraussetzung ist, dass die Feststellung des Fz-Führers **nicht möglich** war. „Unmöglichkeit" ist hier nicht im logischen Sinne zu verstehen, sondern liegt schon dann vor, wenn die Behörde nicht in der Lage war, den Täter zu ermitteln, obwohl sie alle angemessenen und zumutbaren Maßnahmen ergriffen hat (BVerwG ZfS 92, 286; VGH Baden-Württemberg (Mannheim) DAR 91, 313; NZV 99, 396; VRS 98, 319; OVG Nordrhein-Westfalen (Münster) NJW 95, 3335; vgl auch § 25a StVG Rn 3 ff). Welche Ermittlungsmaßnahmen im Einzelnen geboten sind, richtet sich danach, ob die Behörde in sachgerechtem und rationellem Einsatz der ihr zur Verfügung stehenden Mittel nach pflichtgem Ermessen die Maßnahmen getroffen hat, die der Bedeutung des Verstoßes gerecht werden u erfahrungsgem Erfolg haben können (OVG Bremen VRS 86, 159; BVerwG DAR 88, 68). Bei der Kontrolle von Park-, Rotlicht- und Geschwindigkeitsverstößen genügt im allg das Notieren des Kennzeichens als Sofortmaßnahme; sofortiges Anhalten ist bei letzteren nicht nötig (BVerwG NJW 79, 1054; VGH Baden-Württemberg (Mannheim) ZfS 84, 381). Verweigert der Halter die ihm zumutbare Mitwirkung bei der Feststellung des Fahrers (s dazu VGH Baden-Württemberg (Mannheim) NZV 92, 46 bei Weitergabe des Fz an Dritte), so sind der Behörde idR weitergehende Ermittlungen nicht zuzumuten (BVerwG VRS 88, 158; Bay VRS 64, 466; OVG Nordrhein-Westfalen (Münster) VRS 70, 78; s auch OVG Bremen VRS 86, 159), falls keine bes Anhaltspunkte vorliegen (st Rspr BVerwG aaO; VGH Baden-Württemberg (Mannheim) DAR 91, 433). Können

Eheleute nach Urlaubsrückkehr nicht mehr sagen, wer gefahren ist, so ist die Ermittlung des Fahrers „nicht möglich" (VG Hannover VRS 52, 70). Dasselbe gilt, wenn ein PolBeamter den Fahrer nach einem Parkverstoß nicht beim Fz antrifft (OVG Koblenz VRS 54, 380 = StVE § 31a StVZO 4) oder bei Radarkontrolle kein Anhalteposten eingesetzt ist (BVerwG NJW 79, 1054) oder der Halter von seinem Aussage- und ZeugnisverweigerungsR Gebrauch macht (BVerwG StVE § 31a StVZO 21; ZfS 95, 397; VGH Baden-Württemberg (Mannheim) ZfS 97, 438; NZV 01, 448; Bay NZV 00, 385) und den Anhörbogen ohne Angaben zur Sache zurückschickt (BGH BW DAR 90, 233), nicht aber bei Nichtrücksendung des Anhörbogens (VGH Baden-Württemberg (Mannheim) NZV 89, 408), dessen (rechtzeitigen) Zugang die VB nachweisen muss (VG Frankfurt DAR 91, 314). Zum Umfang der Prüfungspflicht der VB s auch VGH Baden-Württemberg (Mannheim) DAR 91, 433 bei Radarmessung; OVG Nordrhein-Westfalen (Münster) VRS 50, 155; 53, 478 und OVG Saarbrücken VM 82, 75: zeugenschaftliche Vernehmung des Halters. Die AO, ein Fahrtenbuch zu führen, wird durch die Feststellung des Fz-Führers nach Eintritt der Verfolgungsverjährung nicht ausgeschlossen (OVG Berlin VRS 51, 319).

Die Ermittlungen (Vernehmung des Fz-Halters und etwaiger weiterer als Fz- **46b** Führer in Frage kommender Personen oder von Angehörigen: OVG Bremen VRS 57, 478) müssen so **bald,** dh idR binnen 2 Wochen (BVerwG VRS 56, 306 = StVE § 31a StVZO 7; VGH Baden-Württemberg (Mannheim) DAR 91, 313; VG Frankfurt DAR 91, 314; VGH München NZV 98, 88; OVG Saarbrücken ZfS 98, 38) durchgeführt werden, dass sich diese Personen an den Vorfall noch erinnern können (BVerwG VRS 42, 61; Ausn wenn die OW mit dem Firmen-Fz eines Vollkaufmanns im geschäftlichen Zusammenhang begangen wurde: OVG Nordrhein-Westfalen (Münster) VRS 90, 231; s auch VG Saarbrücken ZfS 97, 318). Unterrichtung eines Geschäftsführers einer GmbH genügt (OVG Nordrhein-Westfalen (Münster) 19.10.87, 19 A 207/87), ebenso die rechtzeitige Zusendung des Anhörbogens (VGH Baden-Württemberg (Mannheim) VM 92, 118). Versäumnisse der Behörde gehen nicht zu Lasten des Fz-Halters (ebenso BVerwG VM 71, 42; OVG Nordrhein-Westfalen (Münster) VRS 18, 479). Die vom BVerwG (aaO) entwickelte 2-Wochen-Frist ist keine starre Grenze (VGH Baden-Württemberg (Mannheim) NZV 99, 224); eine Verzögerung ist dann unbeachtlich, wenn sie für die Nichtermittlung nicht ursächlich war, also auch eine frühere Anhörung kein anderes Ermittlungsergebnis gebracht hätte (BVerwG VRS 73, 400; OVG Nordrhein-Westfalen (Münster) NJW 95, 3335; OVG Saarbrücken ZfS 98, 38; VGH München NZV 98, 88; VGH Baden-Württemberg (Mannheim) NZV 99, 224), wie zB bei Berufung auf ZeugnisverweigerungsR (OVG Saarbrücken ZfS 98, 38) oder die Position des Halters nicht beeinträchtigt hat (OVG Nordrhein-Westfalen (Münster) NJW 95, 3335).

Die **Dauer der Auflage** – wenn sie befristet wird (s Rn 49) – muss angemessen **47** sein und sollte im Erstfall ohne erschwerende Umstände 6 Mon nicht überschreiten (OVG Nordrhein-Westfalen (Münster) VRS 75, 384; VGH Baden-Württemberg (Mannheim) DAR 91, 433, 435: 1 Jahr bei erheblicher Geschwindigkeitsüberschreitung).

Zuständig zur AO der Fahrtenbuchführung ist die Straßen-VB; verpflichtet **48** ist der Halter, nicht der Führer des Fz. Die AO kann sich auf alle Fze des Halters erstrecken, auch wenn nicht mit allen, sondern nur mit einigen unaufklärbare VVerstöße begangen wurden (BVerwG VM 71, 64; VGH Baden-Württemberg (Mannheim) DAR 90, 114), auch auf ein Folge- oder ErsatzFz (so jetzt ausdrücklich § 31a I nF StVZO; BVerwG DAR 89, 192; OVG Nordrhein-Westfalen (Münster) NZV 92, 423). Nach BayVGH (DAR 76, 278) darf sich die AO aber nicht auf Fze erstrecken, bei denen keine Gefahr der Nichtfeststellbarkeit des Fahrers besteht, zB weil sie einem bestimmten Betriebsangehörigen zur ausschl Benutzung zugewiesen sind.

48a **Gegenstand der Eintragung** ist (nach § 31a II StVZO) jede einzelne Fahrt. Einzutragen sind vor und nach der Fahrt nur die in § 31a II StVZO genannten Fakten und Daten, nicht aber die Strecke (VGH Baden-Württemberg (Mannheim) ZfS 84, 391), Kilometerstand, Abfahrts- und Zielort, solche Auflagen sind unzulässig, da § 31a StVZO die Fahrtenbuchauflage abschließend regelt (OVG Nordrhein-Westfalen (Münster) DAR 95, 379). Die Eintragungen müssen aus sich heraus verständlich sein und eine nachprüfbare Überwachung der Kfz-Benutzung ermöglichen (KG Berlin VRS 70, 59); computermäßige Speicherung ohne Ausdruck der Angaben genügt nicht (KG Berlin NZV 94, 410).

49 Die AO dauert bis zu ihrer **Aufhebung,** wenn sie nicht von vornherein befristet wurde, soweit dies angezeigt ist (s dazu VGH Baden-Württemberg (Mannheim) DAR 91, 433, 435; Janiszewski Rn 827). Wird das Fz veräußert, erlischt die AO, wenn sie sich nur auf das bestimmte Fz bezogen hat. War sie dagegen allg für alle Fze eines Halters angeordnet, so ist sie erst erledigt, wenn dieser alle Fze veräußert hat u nach den Umständen des Falles, zB wegen hohen Alters des Halters, mit Sicherheit davon ausgegangen werden kann, dass er von der Wiederbeschaffung eines Kfz Abstand nehmen wird (BVerwG VM 67, 58).

49a Das Fahrtenbuch muss auf der Fahrt **nicht mitgeführt,** wohl aber noch 6 Mon nach Fristablauf aufbewahrt werden (§ 31a III b StVZO). Der Fz-Halter, dem die Führung eines Fahrtenbuches auferlegt ist, ist nach § 31a III b StVZO verpflichtet, dieses auf Aufforderung zur zuständigen Behörde zu bringen und zuständigen Personen auf Verlangen auszuhändigen. Die Aushändigungspflicht besteht unabhängig davon, ob eintragungspflichtige Fahrten erfolgt sind (KG Berlin NZV 90, 362). § 31a StVZO ermächtigt die VB nicht zur AO, das Fahrtenbuch regelmäßig vorzulegen (OVG Lüneburg NJW 84, 2374 = StVE § 31a StVZO 17).

50 **Ordnungswidrig** nach § 69a V S 4 StVZO iVm § 24 StVG (s Nr 52 BKat) handelt, wer als Halter oder dessen Beauftragter die in § 31a II vorgeschriebenen Fakten nicht einträgt oder nicht unverzüglich nach Fahrtende unterzeichnet oder es entgegen § 31a III StVZO nicht aushändigt oder aufbewahrt; zusätzliche AOen der VB sind nicht erfasst (Bay 73, 164 = VRS 46, 316; KG Berlin VRS 70, 59). Die Haltereigenschaft ist im Bußgeldverfahren selbstständig nachzuprüfen (Bay aaO).

50a **14. Zivilrecht/Haftungsverteilung.** Der Fz-Führer ist für die Verkehrssicherheit des Fz verantwortlich. Dazu gehört zum einen die technische Verkehrssicherheit, aber auch die Verantwortung für die Ladung, der Besetzung des Fahrzeuges mit anderen Personen, sowie die Sorge für eine einwandfreie Sicht während der Fahrt und einer geeigneten Leistungsfähigkeit. An diese Sorgfaltspflichten des Fahrers sind strenge Anforderungen zu stellen.

Einzelfälle: Wird ein Mofa während der Fahrt defekt und versagt die Beleuchtung, so muss es auch bei Dunkelheit nicht auf dem kürzesten Weg aus dem Verkehr gezogen werden, sondern darf grds ohne Licht auf der rechten Seite geschoben werden. Allerdings kommt es zur Anrechnung der Betriebsgefahr (20%), wenn der Fahrer beim Herannahen eines anderen Fahrzeuges von hinten nicht nach rechts auf den Seitenstreifen ausgewichen ist (OLG Oldenburg ZfS 97,

Sonstige Pflichten von Fahrzeugführenden **§ 23 StVO**

131). Haftung, wenn ein Ackerschlepper mit Frontlader diesen nicht abgesenkt hat (OLG Hamm DAR 98, 354 – dort 30%, es sei denn Verletzungen wären auch bei hochgestellten Frontlader eingetreten).

Verliert ein Lkw während der Fahrt auf einer Autobahn einen Reifen und gerät ein Pkw-Fahrer bei dem erforderlichen Ausweichmanöver ins Schleudern, trifft den Lkw-Fahrer ein überwiegendes Mitverschulden an dem Unfall, wenn das Fahrzeug nicht vor Fahrtantritt auf seine Verkehrssicherheit überprüft worden ist (LG Aschaffenburg SP 95, 69 – LKW 75%; Pkw 25%).

Ein Kraftfahrer, der in seinem Pkw sehr **laute Musik** hört, beeinträchtigt unter Verstoß gegen §§ 1, 23 I StVO sein Reaktionsvermögen. Dies kann im Fall eines Unfalles zur Mithaft führen (LG Aachen VersR 92, 843 – ⅓).

20% Mithaftung des Vorfahrtsberechtigten, welcher mit Mobiltelefon ohne Freisprechanlage versucht zu telefonieren (OLG Köln SP 02, 263).

15. Ordnungswidrigkeiten. § 22 geht als Spezialvorschrift dem Auffang-TB **51** des § 23 vor (s oben Rn 1 u 15), der seinerseits im Falle der Gehörbeeinträchtigung § 2 I StVZO verdrängt (s oben Rn 3). – Verstöße des Fz-**Führers** sind OWen nach § 49 I Nr 22 iVm § 24 StVG (s Nr 26 BKat), solche des **Halters** gegen § 31 II StVZO nach § 69a V 3 StVZO iVm § 24 StVG (s Nrn 121, 123, 125, 127 VwKat; 51 BKat). Sind Fahrer und Halter identisch, tritt § 31 II StVZO hinter § 23 I S 2 zurück (OLG Düsseldorf VM 73, 88; OLG Koblenz VRS 63, 150; KG Berlin VRS 69, 309 = StVE 17); uU aber Bußgelderhöhung (OLG Hamm NJW 74, 2100 Ls). – Zur OW wegen Nichtführung des Fahrtenbuchs s Rn 50. Sowohl Verstöße gegen § 23 Abs 1a als auch gegen § 23 Abs 1b sind bußgeldbewehrt (§ 49 I Nr 22).

Die **Bau- u Ausrüstungsvorschriften** der §§ 30, 32 ff StVZO schließen als **52** engere Sondervorschriften eine Verurteilung auf Grund der §§ 23 I S 2, 49 I Nr 22 aus (BGHSt 25, 338; Bay 71, 215 = VM 72, 26; OLG Düsseldorf VRS 70, 226; 77, 371; OLG Karlsruhe VRS 47, 295 zu § 57a I 1, II StVZO; KG Berlin VRS 82, 149). Aber keine Verfolgung wegen Beschaffenheitsmängeln nach § 69a StVZO, solange das NotR nach § 23 II wahrgenommen wird; dabei begangene Verstöße gegen allg VRegeln sind nach den entspr Vorschriften, nicht nach §§ 23 II, 49 I Nr 22 zu ahnden (Bay 84, 69 = VRS 67, 291 = StVE 15). Wer während der Dunkelheit ein nicht mit den vorgeschriebenen Schlussleuchten ausgerüstetes Fz führt, begeht zwei in TE zusammentreffende Zuwiderhandlungen, einerseits gegen die Beschaffenheitsvorschrift des § 69a III Nr 18 StVZO iVm §§ 49a, 53 StVZO, andererseits gegen die Fahrregel des § 17 I (Bay 63, 127 = VRS 25, 464). Führen eines Kfz mit mehreren abgefahrenen Reifen ist **eine** einheitliche Tat (Bay 81, 62 = VRS 61, 133).

Ist nicht feststellbar, ob der angetrunkene Halter oder Verfügungsberechtigte **53** selbst gefahren ist oder die Führung einem ebenfalls fahrunsicheren Mitf überlassen hat, so ist eine **wahlweise Verurteilung** des Halters zwischen § 69a V S 2 u 3 StVZO zulässig (OLG Hamm VRS 29, 306; s auch OLG Hamm VRS 62, 33 u OLG Karlsruhe Justiz 80, 282). Wer als Fz-Halter die Inbetriebnahme eines Kfz zulässt, das mehreren Beschaffenheits- oder Ausrüstungsvorschriften nicht entspricht, begeht nur **eine** einzige OW des Zulassens der Inbetriebnahme eines nicht vorschriftsmäßigen Fz (Bay VRS 57, 379; OLG Hamm VRS 61, 305; OLG Düsseldorf VRS 65, 69; 74, 224).

Die Funktion des § 23 als Auffang-TB (s oben Rn 1) erlaubt nicht, auch solche **54** TBe über die §§ 23, 49 I 22 als OWen zu erfassen, die über die Rückverweisungstechnik (§ 24 StVG 3) absichtlich oder offensichtlich nicht als OWen eingeordnet worden sind (Verf NStZ 84, 406; aA OLG Düsseldorf VRS 67, 289).

55 **16. Literatur.** **Bachmann** „Bau- und Ausrüstungsvorschriften für ausl Fze" VD 93, 101; **Bouska** „Darf der Führer eines Kfz Rundfunksendungen oder Kassettenmusik über Kopfhörer anhören?" VD 79, 315; **Corinth** „Untersuchungen über die Wahrnehmbarkeit von Sondersignalen im Auto mit und ohne gleichzeitigem Musikhören" PVT 93, 8; **ders** „Orientierende Versuche zur Beeinflussung der Reaktionszeit durch das Autotelefon" PVT 93, 46; **Dvorak** „Liegenbleiben mit einem Kfz wegen Kraftstoffmangels" DAR 84, 313; **Graß/Staak** „Einschätzung der VGefährdung durch Nutzung von Mobiltelefonen im internationalen Vergleich" NZV 98, 189; **Händel** „Telefonieren während der Fahrt" PVT 98, 262; **Hagemeister/Kettler** „Ablenkung durch moderne Navigationsgeräte" NZV 02, 481; **Hermann** „Zur Benutzung eines Auto- oder Mobiltelefons am Steuer – eine Rechtsprechungsübersicht zu § 23 Ia StVO" NStZ 11, 65; **Kärger** „Das Mobiltelefon im Auto – Rechtsfragen des privaten und dienstlichen Telefonierens am Steuer" DAR 98, 266; **Knauf/Bohne** „Smartphones und die Gefahr der Ablenkung im Straßenverkehr" NJW-Spezial 2017, 137; **Kreutel** „Untersagung/Beschränkung des Betriebs von Fzen durch Polizeibeamte" Die Polizei 83, 335; **Krumm**, „Smart-Watch und Handyuhr am Steuer: Verstoß gegen das Handyverbot?" NZV 2015, 374; **Mühlhaus** „Ursächlichkeitsprüfung bei mangelhaftem Zustand des Fzs" DAR 72, 174; **Mitsch** „Beteiligung an unerlaubter Mobilfunkbenutzung" NZV 11, 281.

§ 24 Besondere Fortbewegungsmittel

(1) **Schiebe- und Greifreifenrollstühle, Rodelschlitten, Kinderwagen, Roller, Kinderfahrräder, Inline-Skates, Rollschuhe und ähnliche nicht motorbetriebene Fortbewegungsmittel sind nicht Fahrzeuge im Sinne der Verordnung. Für den Verkehr mit diesen Fortbewegungsmitteln gelten die Vorschriften für den Fußgängerverkehr entsprechend.**

(2) **Mit Krankenfahrstühlen oder mit anderen als in Absatz 1 genannten Rollstühlen darf dort, wo Fußgängerverkehr zulässig ist, gefahren werden, jedoch nur mit Schrittgeschwindigkeit.**

VwV – StVO

Zu § 24 Besondere Fortbewegungsmittel

Zu Absatz 1

1 I. Solche Fortbewegungsmittel unterliegen auch nicht den Vorschriften der StVZO.

2 II. Schieberollstühle sind Rollstühle mit Schiebeantrieb nach Nr 2.1.1, Greifreifenrollstühle sind Rollstühle mit Greifreifenantrieb nach Nr 2.1.2 der DIN 13 240 Teil 1.

3 III. Kinderfahrräder sind solche, die üblicherweise zum spielerischen Umherfahren im Vorschulalter verwendet werden.

4 IV. Zur Freigabe von Fahrbahnen, Seitenstreifen und Radwegen für Inline-Skates und Rollschuhe vgl VwV zu § 31 Absatz 2.

Zu Absatz 2

5 Krankenfahrstühle sind Fahrzeuge.

Übersicht

	Rn
1. Abs 1: Fortbewegungsmittel	1
2. Abs 2: Krankenfahrstühle	4
3. Zuwiderhandlungen	5
4. Literatur	6

1. Abs 1: Fortbewegungsmittel. Unter den Begriff „Besondere Fortbewe- 1 gungsmittel" fallen solche, die ohne wesentliche Gefährdung von Fußgängern dem Gehwegverkehr zugeordnet werden können (OLG München VM 77, 38 = StVE Nr 1). Kennzeichnend ist für sie die idR geringe Größe, ihr meist geringes Eigengewicht sowie die bau- u benutzungsbedingt relativ niedrige Fahrgeschwindigkeit; sie werden meist durch Schieben, Ziehen, Stoßen oder Abstoßen idR mit Schrittgeschwindigkeit (4–7 km/h) oder wenig mehr bewegt, so dass in aller Regel nur eine geringe Gefahr von ihnen ausgeht (OLG Köln VRS 87, 61; Ausn Skater s Rn 3). Sie sind vom Fahrzeugbegriff iS der StVO ausgeschlossen. Als Fze gelten demnach nicht Schiebe- und Greifreifenrollstühle, Rodelschlitten, Kinderwagen, Rollschuhe, Skier, kleine Schiebkarren und Handwagen (OLG Köln VRS 87, 61). Auch von Erwachsenen benutzte größere Roller gelten grundsätzlich als bes Fortbewegungsmittel (OLG Oldenburg DAR 96, 470; zust Janiszewski NStZ 97, 270) und dürfen daher auf Gehwegen benutzt werden, doch nur solange dadurch Fußgänger nicht wesentlich behindert oder gar gefährdet werden (OLG Oldenburg aaO). Die für den FahrV geltenden Vorschriften sind auf die bes Fortbewegungsmittel nicht anwendbar. Sie müssen also nicht die Fahrbahn benutzen, nicht beleuchtet und nicht mit einem Rückstrahler versehen sein (anders Handwagen s § 17 V). Dies gilt allg, nicht nur, soweit sie ihrem Bestimmungszweck dienen; also zB auch, wenn eine Hausfrau auf dem Rodelschlitten gekaufte Waren nach Hause fährt. Da diese Fortbewegungsmittel ganz dem FußgängerV zugeordnet sind, **müssen** sie auf dem **Gehweg** (Def § 25 Rn 2) fahren u außerorts links geschoben werden.

Kinderfahrräder, insb Kleinkinderfahrräder (s OLG Karlsruhe NZV 91, 355), 2 sind keine Fze iS der StVO, sondern „besondere Fortbewegungsmittel" für vorwiegend spielerisches Umherfahren im Vorschulalter (VwV zu Abs 1; Berr DAR 92, 161). Das gilt aber nicht für Fahrräder größerer Kinder, die nicht mehr zum Spielen, sondern als Beförderungsmittel verwendet werden (vgl OLG Düsseldorf MDR 75, 580; s auch Berr DAR 92, 161 § 8 Rn 3, § 31 Rn 2). Für Kinder bis zum 8. bzw 10. Lebensjahr gilt im Übrigen § 2 V StVO.

Inline-Skates, Skate-Boards (Rollbretter) u **Rollschuhe** sind besondere 3 Fortbewegungsmittel iS von Abs 1 (OLG Celle NZV 99, 509; AG Bersenbrück ZfS 99, 375; Scheffen NZV 92, 387; Schmidt DAR 98, 9; Seidenstecher DAR 97, 104), keine „Fahrzeuge" iS der StVO (OLG Karlsruhe NZV 99, 44; OLG Celle NZV 99, 509. Der BGH hat entschieden, dass Inline-Skates keine Fahrzeuge, sondern ähnliche Beförderungsmittel iS des § 24 I sind (BGH NZV 02, 225 = BGHZ 150, 201). Sie dürfen daher nach § 31 auf Spielstr, doch nicht auf der Fahrbahn, Radwegen und auf Seitenstreifen, wohl aber – im Rahmen des § 1 II, dh bei Vermeidung wesentlicher Behinderung von Fußgängern, – auf Gehwegen und in sonstigen Fußgängerbereichen verwendet werden (Scheffen NZV 92, 387; 36. VGT 98; s auch § 31 Rn 1, 2. Diese Entscheidung des BGH hat dazu geführt, dass nun Inline-Skates in die Aufzählung des § 24 I aufgenommen worden sind. Es wird davon ausgegangen, dass die Einordnung von **Inline-Skates** als „besondere Fortbewegungsmittel" am besten geeignet und unter Sicherheitsaspekten geboten ist. Dieses spricht außerdem dafür, die Inline-Skates iVm § 25 auf die Fußgängerflächen zu verweisen. Die Neuregelung soll Unsicherheiten, auf welchen Verkehrsflächen sich die Benutzer von Inline-Skates fortbewegen dürfen, beseitigen. An der bisherigen Rechtslage, wonach Inline-Skates keine Fahrzeuge sind, ändert sich nichts. Damit sind Inline-Skater nicht befugt, Fahrbahnen zu benutzen, die gem § 2 I StVO Fahrzeugen vorbehalten sind. Eine Benutzung der Radwege als Sonderwege für eine bestimmte Fahrzeugart ist grundsätzlich ausgeschlossen. Nach § 25 I StVO müssen Inline-Skater vorhandene Gehwege benutzen, wenn dies zumutbar ist. **Rollschuhe,** die ebenfalls wieder beliebter werden, sind ebenfalls in die Aufzählung aufgenommen worden. Für **Skater** gelten grundsätzlich die Regeln für den FußgängerV (s § 25 u VGT 98). Inline-Skater dürfen auf dem Gehweg, in der Fußgängerzone und verkehrsberuhigtem Bereich unter Rücksicht auf Fußgänger mit Schrittgeschwindigkeit fahren (OLG Karlsruhe NZV 99, 44; vgl zur Neuregelung Böhrensen, NJW-Spezial 09, 169; Seidenstecher DAR 97, 104; aA Wiesner NZV 98, 177). Inline-Skater können auch nicht erwarten, dass der Zustand von Gehwegen den besonderen Sicherheitsbedürfnissen dieser Fortbewegungsart Rechnung trägt (OLG Celle NZV 99, 509). Begegnen sich auf einem schmalen Wirtschaftsweg Radfahrer und Inline-Skater, gebietet das Gebot der Rücksichtnahme ein Ausweichen (OLG Hamm r+s 01, 241).

Unzulässigerweise **motorgetriebene Skate-Boards** sind keine „ähnlichen Beförderungsmittel", sondern uU Kfze (s Grams NZV 94, 172), für die aber eine Zulassung zum öff Verkehr bisher nicht vorgesehen ist. Sie sind daher in ihm verboten (§ 1 StVG Rn 8; ebenso Bouska VD 77, 109; s zur Problematik auch Kramer, Albat u Wiesner beim VGT 98).

Pedelecs mit Tretunterstützung bis zu 25 km/h Höchstgeschwindigkeit und maximal 250 Watt starken Motoren gelten verkehrsrechtlich als Fahrräder (LG Saarbrücken zfs 2014, 18; Jaeger zfs 2011, 663 ff). E-Bikes, die bis zu 20 km/h allein mit der Motorleistung gefahren werden können und solche, die mit Tretunterstützung über 25 km/h bis zu 45 km/h gefahren werden können, zählen als führerschein – und zulassungspflichtige Kleinkrafträder.

Zu der Einordnung von **Segways** als elektronische Mobilitätshilfen (MobilitätshilfeVO) vgl Janker, SVR 2012, 101 ff;Kettler NZV 08, 71 und Ternig Zfs 2010, 2. Diese unterliegen den Regelungen der StVO. Für das Führen ist eine Berechtigung zum Führen eines Mofas (§ 3 MobHV) erforderlich. Das Mindestalter beträgt 15 Jahre.

4   **2. Abs 2: Krankenfahrstühle.** Krankenfahrstühle u nicht in I gen **Rollstühle** (die idR nach § 4 I S 2 StVZO nicht zulassungspflichtig sind und fahrerlaubnisfrei geführt werden dürfen; BayOblG NStZ-RR 01, 26) bleiben zwar Fze iS der StVO, ihre Benutzer werden aber rechtlich wie Fußgänger behandelt, indem ihnen die Benutzung des Gehwegs in Schrittgeschwindigkeit, gleichgültig, ob sie durch einen Motor, durch Muskelkraft des Kranken oder von einem Dritten durch Schieben bewegt werden, gestattet wird (s auch § 26 I S 1); sie dürfen allerdings auch die Fahrbahn benutzen. Schneller fahrende motorisierte Krankenfahrstühle müssen als Kfze die Fahrbahn benutzen. Zur Beleuchtungspflicht s § 17 Rn 19. Für motorisierte Krankenfahestühle, die nach dem PflichtVersG zu versichern sind und mit einem Kennzeichen gem. § 26 I S. 1 FZV versehen sind, gilt der

Grenzwert für die absolute Fahruntüchtigkeit von 1,1 Promille (OLG Nürnberg VRR 11, 111) und nicht der von 1,6 Promille wie bei Fahrradfahrern.

3. Zuwiderhandlungen. Wer mit einem Krankenfahrstuhl auf Gehwegen oder Seitenstreifen schneller als in Schrittgeschwindigkeit (s dazu § 3 Rn 69) fährt, handelt ow nach § 49 I Nr 23 iVm § 24 StVG (im Vw- u BKat nicht erfasst). Soweit Fußgänger solche Fortbewegungsmittel iS von § 24 I nicht auf Gehwegen oder entgegen § 25 II mitführen, liegt OW vor (s § 25).

4. Literatur. Böhrensen, Inline-Skates im Straßenverkehr" NJW-Spezial 09, 169; **Grams** „Was sind „Skater"? Fze oder Spielzeug?" NZV 97, 65; **Jaeger,** Elektrofahrräder zfs 2011, 663; **Janker,** Elektronische Mobilitätshilfen SVR 2012, 101; **Ketler** Segway NZV 08, 71; **Kramer** „Inline-Skates und Skateboards" VGT 98, 250; **Passath** „Inline-Skating im StraßenV" ZVR 97, 388; **Robatsch** „Geschwindigkeiten, Bremsweg u Breitenbedarf" ZfV 98, 25; **Scheidler** „Inline-Skates im Straßenverkehr – Rechtsgrundlagen in der StVO 2009" DAR 10, 174; **Schmidt** „Inlineskater"-Mobilität in der rechtlichen Grenzzone DAR 98, 8; **Seidenstecher** „Inline-Skates" DAR 97, 104; **Ternig** VD 01, 56; **ders** VD 01, 29; Zfs 2010, 2; **Vieweg** „Inline-Skating-RTatsachen, RLage u Reformbedarf" NZV 98, 1; **Vogenauer** „Die rechtliche Einordnung von Inline-Skates im StrV NZV 02, 537; **Wiesner** „Inline-Skates und Skateboards im StV – Haftungs- und versicherungsrechtliche Fragen" NZV 98, 177.

§ 25 Fußgänger

(1) **Wer zu Fuß geht, muss die Gehwege benutzen. Auf der Fahrbahn darf nur gegangen werden, wenn die Straße weder einen Gehweg noch einen Seitenstreifen hat. Wird die Fahrbahn benutzt, muss innerhalb geschlossener Ortschaften am rechten oder linken Fahrbahnrand gegangen werden; außerhalb geschlossener Ortschaften muss am linken Fahrbahnrand gegangen werden, wenn das zumutbar ist. Bei Dunkelheit, bei schlechter Sicht oder wenn die Verkehrslage es erfordert, muss einzeln hintereinander gegangen werden.**

(2) **Wer zu Fuß geht und Fahrzeuge oder sperrige Gegenstände mitführt, muss die Fahrbahn benutzen, wenn auf dem Gehweg oder auf dem Seitenstreifen andere zu Fuß Gehende erheblich behindert würden. Benutzen zu Fuß Gehende, die Fahrzeuge mitführen, die Fahrbahn, müssen sie am rechten Fahrbahnrand gehen; vor dem Abbiegen nach links dürfen sie sich nicht links einordnen.**

(3) **Wer zu Fuß geht, hat Fahrbahnen unter Beachtung des Fahrzeugverkehrs zügig auf dem kürzesten Weg quer zur Fahrtrichtung zu überschreiten, und zwar, wenn die Verkehrslage es erfordert, nur an Kreuzungen oder Einmündungen, an Lichtzeichenanlagen innerhalb von Markierungen oder auf Fußgängerüberwegen (Zeichen 293). Wird die Fahrbahn an Kreuzungen oder Einmündungen überschritten, sind dort vorhandene Fußgängerüberwege oder Markierungen an Lichtzeichenanlagen stets zu benutzen.**

(4) **Wer zu Fuß geht, darf Absperrungen, wie Stangen- oder Kettengeländer, nicht überschreiten. Absperrschranken (Zeichen 600) verbieten das Betreten der abgesperrten Straßenfläche.**

StVO § 25 I. Allgemeine Verkehrsregeln

(5) **Gleisanlagen, die nicht zugleich dem sonstigen öffentlichen Straßenverkehr dienen, dürfen nur an den dafür vorgesehenen Stellen betreten werden.**

(Zu den Änderungen dieser Vorschrift durch die 53. VO zur Änderung straßenverkehrsrechtlicher Vorschriften vom 6.10.2017 (BGBl. I S. 3549) siehe Aktualisierungsanhang S. 676 ff)

VwV – StVO

Zu § 25 Fußgänger

Zu Absatz 3

1 I. Die Sicherung des Fußgängers beim Überqueren der Fahrbahn ist eine der vornehmsten Aufgaben der Straßenverkehrsbehörden und der Polizei. Es bedarf laufender Beobachtungen, ob die hierfür verwendeten Verkehrszeichen und Verkehrseinrichtungen den Gegebenheiten des Verkehrs entsprechen und ob weitere Maßnahmen sich als notwendig erweisen.

2 II. Wo der Fahrzeugverkehr so stark ist, daß Fußgänger die Fahrbahn nicht sicher überschreiten können, und da, wo Fußgänger den Fahrzeugverkehr unzumutbar behindern, sollten die Fußgänger entweder von der Fahrbahn ferngehalten werden (Stangen- oder Kettengeländer), oder der Fußgängerquerverkehr muß unter Berücksichtigung zumutbarer Umwege an bestimmten Stellen zusammengefaßt werden (zB Markierung von Fußgängerüberwegen oder Errichtung von Lichtzeichenanlagen). Erforderlichenfalls ist bei der Straßenbaubehörde der Einbau von Inseln anzuregen.

3 III.

1. Die Markierungen an Lichtzeichenanlagen für Fußgänger, sogenannte Fußgängerfurten, bestehen aus zwei in der Regel 4 m voneinander entfernten, unterbrochenen Quermarkierungen. Einzelheiten ergeben sich aus den Richtlinien für die Markierung von Straßen (RMS). Vgl. zu § 41 Absatz 1, Anlage 2 Abschnitt 9.

4 2. Wo der Fußgängerquerverkehr dauernd oder zeitweise durch besondere Lichtzeichen geregelt ist, sind Fußgängerfurten zu markieren. Sonst ist diese Markierung, mit Ausnahme an Überwegen, die durch Schülerlotsen, Schulweghelfer oder sonstige Verkehrshelfer gesichert werden, unzulässig.

5 3. Mindestens 1 m vor jeder Fußgängerfurt ist eine Haltlinie (Zeichen 294) zu markieren; nur wenn die Furt hinter einer Kreuzung oder Einmündung angebracht ist, entfällt selbstverständlich eine Haltlinie auf der der Kreuzung oder Einmündung zugewandten Seite.

6 IV. Über Fußgängerüberwege vgl zu § 26.

7 V. Wenn nach den dort genannten Grundsätzen die Anlage von Fußgängerüberwegen ausscheidet, der Schutz des Fußgängerquerverkehrs aber erforderlich ist, muss es nicht immer geboten sein, Lichtzeichen vorzusehen oder Über- oder Unterführungen bei der Straßenbaubehörde anzuregen. In vielen Fällen wird es vielmehr genügen, die Bedingungen für das Überschreiten der Straße zu verbessern (zB durch Einbau von Inseln, Haltverbote, Überholverbote, Geschwindigkeitsbeschränkungen, Beleuchtung).

8 VI. Die Straßenverkehrsbehörde hat bei der Straßenbaubehörde anzuregen, die in § 11 Abs 4 der Straßenbahn-Bau- und Betriebsordnung vorgesehene Aufstellfläche an den für das Überschreiten durch Fußgänger vorgesehenen Stellen zu schaf-

Fußgänger § 25 StVO

fen; das bloße Anbringen einer Fahrstreifenbegrenzung (Zeichen 295) wird nur ausnahmsweise den Fußgängern ausreichenden Schutz geben.

Zu Absatz 5

Das Verbot ist bußgeldbewehrt durch § 63 Abs 2 Nr 1 der Straßenbahn-Bau- und Betriebsordnung, wenn es sich um Eisenbahnanlagen handelt, durch § 64b Eisenbahn-Bau- und Betriebsordnung. 9

Übersicht

	Rn
1. Grundlagen	1
2. Abs 1: Benutzung der Gehwege und der Fahrbahn	2
a) Satz 1: Der Gehweg	2
b) Satz 2: Benutzung der Fahrbahn	3
c) Satz 3: Das Linksgehgebot	4
d) Satz 4: Nebeneinandergehen	5
3. Abs 2: Mitführen von Fzen oder sperrigen Gegenständen	6
a) Fahrzeuge	6
b) Sperrige Gegenstände	7
c) Krankenfahrstühle	8
d) Kinderwagen, Rodelschlitten, Roller	9
4. Abs 3: Überqueren der Fahrbahn	10
a) Sorgfaltspflicht im Allgemeinen	10
b) Zügig überschreiten	11
c) Kürzester Weg	12
d) Beschränkung der Wahl der Übergangsstelle	13
e) Fußgängerfurten	14
f) Fußgängerüberwege	15
g) Satz 2: Fußgängerüberwege und -furten an Kreuzungen und Einmündungen	16
5. Abs 4: Absperrungen	17
6. Abs 5: Betreten von Gleisanlagen	18
7. Zivilrecht/Haftungsverteilung	19
8. Zuwiderhandlungen	36
9. Literatur	37

1. Grundlagen. Ergänzende Vorschriften enthalten die §§ 9 III S 3 (Vorrang der 1 Fußgänger gegenüber dem AbbiegeV), 18 IX (Benutzungsverbot für ABen u Kraftfahrstr), 26 (Fußgängerüberweg) u 27 (geschl Verband). § 24 I ordnet die bes Fortbewegungsmittel dem FußgängerV zu. Ist jeglicher FahrV durch Z 250 verboten, dürfen Fußgänger die ganze Str, dh auch die Fahrbahn benutzen (s VwV 1 zu Z 250); ebenso in den durch Z 325/326 gekennzeichneten verkehrsberuhigten Bereichen (s Nr 1 zu Z 326). – § 25 schützt auch den FahrV (OLG Köln VRS 72, 34).

2. Abs 1: Benutzung der Gehwege und der Fahrbahn. a) Satz 1: Der 2 **Gehweg.** ist ein von der Fahrbahn räumlich getrennter, idR durch einen Bordstein abgegrenzter, deutlich durch Pflasterung oder auf sonstige Weise erkennbarer, für die Fußgänger eingerichteter und bestimmter Teil der Str (OLG Karlsruhe NZV 04, 271; DAR 00, 307; OLG Düsseldorf DAR 96, 244; eine teilweise Bepflanzung steht dem nicht entgegen (OLG Düsseldorf NZV 94, 372; OLG Hamm DAR 94, 409; OLG Köln DAR 97, 286 zur Abgrenzung einer „Baumscheibe"), auch nicht seine Überquerung durch eine Grundstückszufahrt (OLG Düsseldorf VM 92, 87). Ein Gehweg

StVO § 25 I. Allgemeine Verkehrsregeln

verliert seine Eigenschaft nicht dadurch, dass sich in größeren Abständen Bäume auf dem von der Fahrbahn durch Bordstein abgetrennten Teil befinden und rechts neben ihm ein Radweg verläuft (OLG Karlsruhe NZV 04, 271). Fußgänger müssen sowohl inner- wie außerorts vorhandene Gehwege, auch wenn nur auf einer Straßenseite (BGH NJW 57, 223) benutzen. Sie müssen auch einen Abstand zur Bordsteinkante halten (BGH NJW 65, 1708). Inline-Skater dürfen nicht die Fahrbahn benutzen, da sie den Regeln für Fußgänger unterliegen (OLG Celle NZV 99, 509; s auch § 24 Rn 3). Sie müssen daher den Gehweg benutzen und, wenn dies die Rücksicht auf die übrigen Fußgänger erfordert, Schrittgeschwindigkeit halten (Böhrensen, NJW-Spezial 09, 169; OLG Celle NZV 99, 509. Einen **befestigten Randstreifen** neben der Fahrbahn müssen die Fußgänger benutzen, wenn er als Gehweg bestimmt (Z 239) und geeignet, also nicht etwa eingeschneit oder wegen seines Zustands nur schlecht benutzbar ist (BGH VRS 32, 206). Innerorts sind Gehwege und Fußgängerüberwege bei Glätte zu bestreuen (BGH NZV 95, 144 mwN; OLG Hamm ZfS 96, 9), insb stark frequentierte Plätze (Bahnhöfe pp; s BGH NZV 93, 387); außerorts besteht eine **Streupflicht** nur ganz ausnahmsweise (BGH NZV 95, 144; s auch § 45 Rn 13). UU kann der Fußgänger verpflichtet sein, auf einem Pfad neben der Str zu gehen, wenn die Sicherheit des StraßenV und seine eigene dies gebieten (BGH(Z) VRS 18, 85). Ein Fußgängerweg oder Seitenstreifen muss auch dann benutzt werden, wenn er auf der gegenüberliegenden Seite der Fahrbahn liegt (BGH VM 64, 32. Nach § 1 II können Fußgänger auch zur Benutzung eines Sommerweges verpflichtet sein.

3   **b) Satz 2: Benutzung der Fahrbahn.** Müssen Fußgänger mangels eines benutzbaren Gehweges oder geeigneten Randstreifens auf der Fahrbahn gehen (vgl OLG Hamm VM 72, 17), so dürfen sie **innerhalb geschl Ortschaften** (§ 3 Rn 66), soweit nicht bes Umstände die Benutzung einer Fahrbahnseite gebieten, nach ihrer Wahl rechts oder links gehen (BGH VM 65, 128). **Außerhalb geschl Ortschaften** sind sie nach I S 3 zum Gehen am linken Fahrbahnrand verpflichtet, erforderlichenfalls auch zum Ausweichen auf einen nicht zum Gehen geeigneten Randstreifen (BGH VM 64, 108; 67, 48). Dies gilt auch entsprechend für Inline-Skater (BGH NZV 02, 225 = BGZ 150, 201). Dort, wo die Gehwege unbenutzbar sind zB wegen Eis oder Schnee, darf der Fußgänger auf der Fahrbahn gehen (BGH NZV 95, 144). Dabei muss er sich aber so verhalten, dass ein Fz nicht seinetwegen bremsen muss (BGH VM 63, 1); sowohl der Fußgänger als auch der Fahrverkehr müssen mit äußerster Sorgfalt und gegenseitiger Rücksichtnahme handeln (BGH NZV 95, 144). Sie müssen aber nicht die Str verlassen oder über den Str-Graben springen, um zwei sich begegnenden Fzen die Vorbeifahrt zu ermöglichen (BGH(Z) VM 67, 85 m Anm Booß). Fußgänger, die vorschriftsmäßig am Fahrbahnrand gehen, dürfen im allg darauf vertrauen, dass die Fahrer einen genügenden Abstand von ihnen einhalten. Sie sind aber zu erhöhter Aufmerksamkeit verpflichtet, wenn schlechte Sichtverhältnisse herrschen oder zu befürchten ist, dass Kf wegen der Blendwirkung entgegenkommender Fze sie nicht rechtzeitig erkennen. Den rückwärtigen Verkehr muss der Fußgänger im allg nicht beobachten, insb nicht ständig oder auch nur von Zeit zu Zeit zurückschauen, außer wenn er vorschriftswidrig nicht am äußersten – außerorts linken – Fahrbahnrand geht (vgl OLG Oldenburg DAR 53, 114; BGH(Z) VM 59, 123) oder die Fahrbahn sehr schmal u er schlecht erkennbar ist (OLG Celle DAR 84, 124). – Der Fahrverkehr muss nicht damit rechnen, dass ein Fußgänger plötzlich vom Fahrbahnrand auf die Fahrbahn tritt (OLG Hamm NZV 99, 374).

4   **c) Satz 3: Das Linksgehgebot.** außerhalb geschl Ortschaften dient in erster Linie dem Schutz der Fußgänger, aber auch des FahrV, so dass auch der Fußgänger,

der vorschriftswidrig rechts geht, für einen dadurch verursachten Unfall verantwortlich sein kann (BGHSt 10, 369 = NJW 57, 1526; VRS 32, 206). Das Linksgehgebot gilt nicht unbedingt, sondern nur, wenn es **zumutbar** ist. Umstände, die das Rechtsgehen rechtfertigen, liegen bes dann vor, wenn das Linksgehen für den Fußgänger oder den FahrV wegen der VLage oder der Örtlichkeit (links Abgrund oder steile Felswand, rechts Ausweichmöglichkeit; unübersichtliche Linkskurve) gefährlicher ist, als das Rechtsgehen. (vgl Begr zu § 25 I StVO) Außerdem können Körperbehinderungen des Fußgängers das Gehen auf der rechten Fahrbahnseite rechtfertigen (vgl Begr zu § 25 I StVO; ferner Anm Booß VM 60, 11; BMV VBl 58, 515). Auch das Verbleiben auf der rechten Seite nach Verlassen der Gefahrenstelle kann entschuldigt sein, wenn zB der Fußgänger kurz danach die Str nach rechts verlassen und deshalb die sonst erforderliche doppelte Fahrbahnüberquerung vermeiden möchte. Es genügt, wenn der Fußgänger für das Abweichen von der Regel triftige und vernünftige Gründe hat, zumal es sich bei diesem Gebot um eine reine Schutznorm für den Fußgänger selbst handelt, die dem FahrV keine Erleichterung bringt (Begr zu § 25 I StVO). Rollschuhfahrer und Inlineskater verhalten sich verkehrsgerecht, wenn sie außerorts am linken Fahrbahnrand fahren (Wiesner NZV 98, 180; Empfehlung 36. VGT NZV 98, 146; aA AG Bersenbrück ZfS 99, 375: Abs 2 S 2 entsprechend; OLG Oldenburg NZV 00, 470: Laufen am rechten Fahrbahnrand gem § 2 Abs 1).

d) Satz 4: Nebeneinandergehen. ist nicht allg verboten, sondern nur bei 5 Dunkelheit, schlechter Sicht u starkem Verkehr. Fußgänger, die nebeneinander auf der Fahrbahn gehen, dürfen sich nicht darauf verlassen, dass die übrigen VT die Gefahren, die damit verbunden sind, meistern werden. Sie müssen deshalb selbst zur Verhütung eines Unfalls beitragen und bei Annäherung eines Fz rechtzeitig hintereinander treten (Bay 63, 91 = VM 63, 104; bei Rüth DAR 67, 289 Nr 13). Auf verkehrsreichen Str kann das Gebot, den rechten oder linken Fahrbahnrand zu benutzen, ein Nebeneinandergehen von vornherein verbieten, namentlich wenn die Fußgänger Fahrräder schieben oder sonst am schnellen Ausweichen vor einem Fz gehindert sind (Bay aaO).

3. Abs 2: Mitführen von Fzen oder sperrigen Gegenständen. a) Fahr- 6 **zeuge.** wie Handwagen, Fahrräder, Mopeds, Krafträder, sind auf dem Gehweg zu **schieben** oder zu **ziehen**, wenn sie keine erhebliche Behinderung des Fußgängers herbeiführen (§ 2 Rn 3 ff). Andernfalls müssen sie – auch außerhalb geschl Ortschaften – am rechten Fahrbahnrand geschoben werden. Beim Abbiegen nach links gelten nach S 2 nicht die Grundsätze des FahrV (Einordnen), sondern diejenigen des FußgängerV. An Kreuzungen haben sie immer zu warten (s § 8 Rn 3), nehmen aber, wie die übrigen Fußgänger, an dem Vorrecht des § 9 III S 3 gegenüber dem AbbiegeV teil.

b) Sperrige Gegenstände. Wer **sperrige Gegenstände** (Kisten, Tonnen, 7 aber nicht Handkoffer) transportiert, muss sich wie zu a) verhalten, außerorts aber links gehen.

c) Krankenfahrstühle. Für **Krankenfahrstühle** gilt § 24 II (vgl dort Rn 4). 8 Auf der Fahrbahn müssen sie äußerst rechts fahren.

d) Kinderwagen, Rodelschlitten, Roller. u ä Fortbewegungsmittel sind 9 keine Fze (§ 24 I). Für ihre Bewegung gelten allein die Fußgängerregeln, einschl des Linksgehgebotes des I S 3.

StVO § 25 I. Allgemeine Verkehrsregeln

10 **4. Abs 3: Überqueren der Fahrbahn. a) Sorgfaltspflicht im Allgemeinen.** Allgemeine Sorgfaltspflichten beim Überschreiten der Fahrbahn (s OLG München NZV 91, 389): Wer die Fahrbahn, wozu hier auch Radwege gehören (s Verf NStZ 85, 115; LG Hannover ZfS 95, 328; aA KG Berlin VM 84, 103), außerhalb eines Fußgängerüberwegs überschreiten will, hat bes Vorsicht zu wahren (OLG Rostock VersR 06, 1703), insb vorher den FahrV, dem das VorR gebührt u der auch durch § 25 geschützt wird (BGH NJW 00, 3069; OLG Oldenburg NZV 94, 26), sorgfältig zu beobachten (BGH(Z) VRS 26, 327) u ihm den Vorrang zu überlassen (KG Berlin VM 99, 50). Der Fußgänger muss darauf bedacht sein, nicht in die Fahrbahn eines sich nähernden Fz zu geraten (OLG Rostock VersR 06, 1703). Er darf die Fahrbahn erst betreten, wenn er sich davon überzeugt hat, dass er keinen Fz-Führer gefährdet oder auch nur in der Weiterfahrt behindert. Der Fußgänger, der außerhalb geschützter Stellen die Fahrbahn überqueren will, muss besonders sorgfältig sein (KG Berlin NZV 04, 579). Bei Annäherung eines Fz hat er zu warten (BGH NJW 00, 3069; KG Berlin VM 99, 50). Wenn ein Fußgänger mit einem an der Hand mitgeführten Fahrrad eine 6 m breite Straße überqueren will, darf er dies nur wenn er mit Sicherheit annehmen kann, er werde die andere Straßenseite vor dem Eintreffen eines Fzs erreichen (OLG Hamm NZV 03, 181 – zumutbar einen 100 m entfernten beampelten Überweg zu benutzen). Wer vor einem haltenden LKW hervortritt, muss auf möglicherweise vorbeifahrende bzw überholende Fz achten (OLG Köln VM 99, 76). Ob der Fußgänger bei Herannahen eines Fz mit dem Überqueren der Fahrbahn beginnen darf, hängt von den örtl Verhältnissen u der Vlage ab; er muss insb davon absehen, wenn damit gerechnet werden muss, dass ein sichtbares, langsam fahrendes Fz von einem schnelleren, nicht sichtbaren überholt werden kann (OLG Hamburg VM 60, 36). So darf er sich zB nicht darauf verlassen, dass er nach Erreichen der Mitte einer 13 m breiten, dicht befahrenen Str von links nicht mehr angefahren werden kann (BGH(Z) VRS 23, 333; VersR 59, 809). Die Fz-Führer brauchen nicht darauf gefasst zu sein, dass ein auf der Fahrbahnseite aus einem stehenden Fz ausgestiegener Kf die weitere Fahrbahn plötzlich unachtsam überschreitet (BGH VRS 32, 437; OLG Köln VRS 56, 29) oder dass sie ein Fußgänger im Laufschritt überquert (OLG Celle VRS 12, 273; BGH VRS 19, 282).

10a Der **FahrV** darf darauf vertrauen, dass kein Fußgänger die Fahrbahn unachtsam betritt (OLG Rostock VersR 06, 1703; OLG Köln SP 02, 376; OLG Köln VRS 59, 118, 120; 91, 264; s auch § 1 Rn 31), es sei denn, es handelt sich um Kinder (OLG Schleswig NZV 95, 24), erkennbar gebrechliche, betagte, unbeholfene, unsichere, unachtsame oder betrunkene Menschen (Hentschel/König/Dauer, Rn 23 f zu § 25 StVO); ansonsten muss er erst Abwehrmaßnahmen ergreifen, wenn er ein fehlerhaftes Verhalten eines Fußgängers bei gehöriger Aufmerksamkeit erkennen muss, zB wenn der Fußgänger zwischen parkenden Fzen in den Raum des fließenden Verkehrs tritt, nicht schon, solange er sich zwischen den stehenden Fzen aufhält (BGH(Z) VM 66, 133; OLG Hamm DAR 58, 339). Kein Vertrauensgrundsatz, wenn Fußgänger außerorts auf der Bundesstr auf der Mitte der linken Fahrbahn stehen bleibt, obwohl er mehr als ausreichend Zeit hatte, über die Straße zu gehen (OLG Rostock VersR 06, 1703).

10b Der **Führer einer Straba** darf darauf vertrauen, dass ein Fußgänger, der die Gleise überschreiten will, sich nicht trotz der abgegebenen Warnsignale unachtsam auf die Schienen begibt (BGH VersR 61, 475). Dies hat das OLG Saarbrücken (4 U 445/11-139 = BeckRS 2013, 08837) auch für ein 11-jähriges Kind, das auf

Fußgänger **§ 25 StVO**

einer Verkehrsinsel vor dem Überweg über die Gleise steht, entschieden. Die allgemeine Betriebsgefahr tritt zurück. Umgekehrt kann der Fußgänger, der die Fahrbahn in einem ausreichenden Abstand vor einem herankommenden Fz betreten hat, darauf vertrauen, dass sich ein Kf, der ihn gesehen hat, verkehrsgerecht verhält oder zB auch entspr der angezeigten Fahrtrichtung u seiner verminderten Geschwindigkeit abbiegt (KG Berlin VRS 57, 173 = StVE 9). Er darf nicht annehmen, dass sich ein Kf durchweg mit vorschriftsmäßiger Geschwindigkeit bewegt, muss aber nicht mit unvernünftig hohen Geschwindigkeitsüberschreitungen rechnen (OLG Schleswig VM 61, 16; Bay 64, 145 = VRS 28, 291; s auch § 3 Rn 19, 64; § 8 Rn 56 und § 9 Rn 28). Der an der linken Seite eines haltenden Fz stehende und sich mit dem Fz-Führer unterhaltende Fußgänger muss den fließenden Verkehr sorgfältig beobachten; an ihm muss mit mind 1 m Abstand vorbeigefahren werden (OLG Saarbrücken VM 79, 104). Wegen der Pflichten des FahrV gegenüber Fußgängern im Übrigen s § 1 Rn 31 ff, 39 ff; § 3 Rn 32; § 9 Rn 39.

b) Zügig überschreiten. Zügig überschreiten bedeutet, dass Fußgänger die **11** Fahrbahn ohne überflüssigen Aufenthalt überqueren müssen, nicht aber, dass ihnen ein durch die VLage gebotener Aufenthalt verboten ist (BGH(Z) VM 58, 57; OLG Hamm NZV 93, 314; NZV 98, 372). Ein die Fahrbahn überschreitender Fußgänger, der auf das WarnZ eines Kf- oder Radf hin stehenbleibt, verstößt regelmäßig nicht gegen § 25 III (OLG Düsseldorf VM 62, 157). Im Allg muss der Fußgänger die Fahrbahn in einem Zug überqueren (OLG München NZV 91, 389). Auf breiten Str, insb im StadtV, ist es aber verkehrsgerecht, die Fahrbahn **abschnittsweise** zu **überschreiten**, so dass der Fußgänger zunächst über die freie Fahrbahnhälfte bis zur Fahrbahnmitte geht und dort wartet, bis er die andere Fahrbahnhälfte gefahrlos überqueren kann (BGH VersR 70, 818; OLG Nürnberg SP 01, 79). Diese Gehweise ist auch bei ausreichender künstlicher Beleuchtung zulässig (BGH VersR 66, 873; OLG Hamm NZV 03, 181). In solchen Fällen darf der Fußgänger darauf vertrauen, dass ihn ein von rechts kommender Kf, der ihn rechtzeitig sehen konnte, nicht gefährdet, nicht aber außerorts bei Überschreiten einer (7 m) schmalen, schlecht beleuchteten Fahrbahn (BGH VRS 65, 338). Auch beim Überqueren der Fahrbahn darf ein Fußgänger an der durchgezogenen Mittellinie darauf vertrauen, dass auf der Gegenfahrbahn kein Fz von links kommt (OLG München VRS 90, 265). – Umgekehrt darf der Kf darauf vertrauen, dass ein Fußgänger, der auf der Mitte der Fahrbahn mit Blickrichtung auf das nahende Fz steht, nicht achtlos weitergehen wird (OLG Hamburg VM 66, 81; OLG Köln VRS 52, 276; s auch § 1 Rn 35; Weber DAR 84, 171 Nr 2); insb bei Blickkontakt muss der Kf nicht damit rechnen, dass ein in der Fahrbahnmitte wartender Fußgänger plötzlich losläuft (OLG Karlsruhe VersR 82, 450; OLG Frankfurt ZfS 85, 317); anders, wenn der Fußgänger die Fahrbahn unachtsam überschreitet (Bay bei Rüth DAR 74, 170 Nr 2a, b) oder eine größere Menschenmenge in der Mitte wartet; dann ist mit äußerster Vorsicht u genügendem Abstand vorbeizufahren (KG Berlin VM 93, 110); doch auch nach Herstellung eines Blickkontaktes muss der Kf damit rechnen, dass eine in der Fahrbahnmitte stehen gebliebene 78 Jahre alte Fußgängerin die VLage unrichtig einschätzt u falsch reagiert (OLG Hamburg VRS 57, 187 = StVE 8; s auch KG Berlin VM 82, 40). Ein Fz-Führer muss nicht damit rechnen, dass ein Fußgänger zwischen den beiden Reihen einer in Bewegung befindlichen Fz-Kolonne auftauchen u stehen bleiben werde, um die eine Kolonne vor, die andere hinter sich vorbeifahren zu lassen. Eine derartige abschnittsweise Überquerung der Fahrbahn ist unzulässig (Bay 69, 106 = VRS 38, 225).

StVO § 25 I. Allgemeine Verkehrsregeln

12   c) **Kürzester Weg.** Kürzester Weg ist die nächste Verbindung zwischen den beiden Fahrbahngrenzen (s OLG Hamm NZV 93, 314). Die Fahrbahn muss also im rechten Winkel zum Fahrbahnrand überschritten werden. Der Fußgänger braucht sie aber nicht an der schmalsten und übersichtlichsten Stelle zu überqueren, sondern ist in der Wahl der Übergangsstelle frei, soweit sich nicht aus den folgenden Ausführungen etwas anderes ergibt (OLG Celle VM 56, 104).

13   d) **Beschränkung der Wahl der Übergangsstelle.** Da die Fußgänger den FahrV auf der Fahrbahn nicht behindern dürfen, müssen sie die Fahrbahn an den für sie gefahrlosesten, für den FahrV am wenigsten hinderlichen Stellen, nämlich an Kreuzungen, Einmündungen, LZAn und an Fußgängerüberwegen, konzentriert überschreiten, wenn die VLage es erfordert, also bei dichtem FahrV oder wenn das Überqueren aus sonstigen Gründen mit bes Schwierigkeiten oder Gefahren verbunden ist; so kann es auch bei geringer VDichte im Hinblick auf ungünstige Sichtverhältnisse für einen Fußgänger geboten sein, die Fahrbahn nur an den gen Stellen zu überqueren (Bay 71, 209 = VM 72, 22). Das gleiche gilt für gebrechliche u körperlich behinderte Fußgänger (OLG Hamm VRS 49, 297). Wer eine Großstadtstr bei starkem Verkehr an einer Stelle überschreitet, die nur 30 m von einem Fußgängerüberweg (OLG Hamm VRS 49, 297) oder 40 m vom nächsten Ampelübergang entfernt ist (BGH NJW 00, 3069), ist an einem ihm zustoßenden VUnfall (mit-)schuldig. Grob fahrlässig handelt auch, wer bei Dunkelheit, Regen u lebhaftem Verkehr in dunkler Kleidung die Fahrbahn 20 m von der ampelgesicherten Fußgängerfurt überschreitet (KG Berlin VRS 57, 9; DAR 77, 70; vgl andererseits KG Berlin VM 79, 85). Für die Wahl des Übergangs sind die jew Umstände entscheidend (OLG München NZV 94, 188).

14   e) **Fußgängerfurten.** Fußgängerfurten sind nach VwV zu Abs 3 markierte Übergänge im Bereich von Lichtampeln. Sie sind neben den Fußgängerüberwegen als weitere Übergangsstellen für Fußgänger vorgeschrieben. Zwischen einer Kreuzung oder Einmündung und einem ampelgesicherten Fußgängerüberweg, der nach natürlicher Betrachtung noch zum Bereich der Kreuzung oder Einmündung gehört, dürfen Fußgänger die Fahrbahn nicht überqueren. Ein ampelgesicherter Übergang, der zwischen zwei dicht aufeinander folgenden Kreuzungen oder Einmündungen liegt, kann zum Bereich beider Kreuzungen oder Einmündungen gehören; die Fahrbahn darf dann zwischen den beiden Kreuzungen oder Einmündungen nur auf dem Übergang überschritten werden (Bay 71, 209 = VM 72, 22). – Der sich bei Grün einer Fußgängerfurt nähernde Kf kann grundsätzlich darauf vertrauen, dass ein (auch erst 9-jähriger) Fußgänger der ihm durch Rot gebotenen Wartepflicht genügt (OLG Hamm VRS 68, 321; BGH VersR 62, 621).

15   f) **Fußgängerüberwege.** Fußgängerüberwege sind nur die durch **Z 293 (Zebrastreifen)** gekennzeichneten Übergänge (Bay 67, 155 = NJW 68, 313; s auch § 315c StGB Rn 23). Bis zu welcher Entfernung vom Fußgängerüberweg oder von der Kreuzung oder Einmündung das Überschreiten der Fahrbahn verboten ist, richtet sich nach den VVerhältnissen im Einzelfall (vgl BGH NJW 58, 1630 – 30 m; NJW 00, 3069 – ca 40 m; OLG Hamburg VM 61, 36; KG BerlinNZV 09, 343 – 43 m entfernter Überweg). Einen 200 m entfernten Fußgängerüberweg muss der Fußgänger nur benutzen, wenn eine anderweitige Überquerung der Fahrbahn nach Sachlage bedrohlich ist (BGH(Z) VM 69, 129). Aber auch an Zebrastreifen darf ein Fußgänger nicht blindlings darauf vertrauen, dass der FzVer-

Fußgänger § 25 StVO

kehr seinen Vorrang beachtet (BGH NJW 82, 2384) – Wegen des Verhaltens der Fußgänger bei VRegelung durch Farbzeichen s § 37 Rn 25 ff.

g) Satz 2: Fußgängerüberwege und -furten an Kreuzungen und Einmündungen. sind stets zu benutzen. Hier muss dem Fußgänger uU ein Umweg zugemutet werden (Begr). 16

5. Abs 4: Absperrungen. Fußgänger dürfen zu ihrer eigenen Sicherheit 17 **Absperrungen** – soweit amtlich angebracht – nicht überschreiten oder darüber klettern. Auch die von Absperrschranken (§ 43) eingefassten Flächen dürfen nicht betreten werden.

6. Abs 5: Betreten von Gleisanlagen. Gleisanlagen, bes solche der Straba, 18 die auf eigenem Gleiskörper verlegt sind, dürfen nach § 68 BOStrab, § 62 I EBO außerhalb der zugelassenen Übergänge nicht betreten werden; bei Zuwiderhandlung kann die Haftung der Bahn für die Betriebsgefahr entfallen (BGH VersR 64, 88 mit Anm Böhmer). Ein Straba-Fahrer darf darauf vertrauen, dass ein Fußgänger nicht von einer mittig zw 2 Gleisspuren Strabahnhalteinsel plötzlich auf den Gleiskörper tritt (OLG Hamm SP 03, 85 –70% Haftung des Fußgängers). Ebenso brauchen Kf mit derartigen Überschreitungen nicht zu rechnen (OLG Köln VRS 29, 31).

7. Zivilrecht/Haftungsverteilung. Fußgänger am Fahrbahnrand: Bei 19 einem Unfall zwischen einem Kfz u einem **bei Tageslicht** am aus seiner Sicht gesehen – **linken Fb-Rand gehenden Fußgänger** ist grds von einer alleinigen oder deutlich überwiegenden Haftung des Kfz-Halters auszugehen (BGH VersR 67, 706 = VM 67, 58; OLG Karlsruhe VRS 76, 248; AG Köln VersR 63, 7), wobei der Halter des Fz den **Beweis des ersten Anscheins** gegen sich hat (BGH NJW 84, 50; OLG Hamm OLGR 01, 138). Gleiches gilt, sofern der Fußgänger bei Dunkelheit verkehrsgerecht am linken Fb-Rand u mit einem von hinten kommenden Fz zusammenstößt (Grüneberg Rn 403).

Eine **Mithaftung des Fußgängers** iHv 20–25% kommt allerdings dann in 20 Betracht, wenn er bei Näherkommen des Kfz hätte neben die Fb treten müssen (OLG Oldenburg VersR 87, 1150 f = VRS 72, 410 – Mithaftung eines betrunkenen Fußgängers (zum Anscheinsbeweis der Alkoholisierung des Fußgängers, BGH NJW 76, 897) zu 20%, der von einem gleichfalls alkoholisierten Kfz-Führer angefahren worden ist; VersR 70, 187 – Mithaftung eines Fußgängers zu 25% bei Nacht, Nebel u Regen). Geht der Fußgänger nachts auf der linken Fb-Seite u kollidiert er mit einem ordnungsgemäß beleuchteten, entgegenkommenden Kfz, so trifft diesen regelmäßig eine Mithaftung iHv 1/3 bis 1/4, da er das Fz hätte erkennen u neben die Fb treten müssen (BGH VersR 76, 189 = VRS 50, 14 = DAR 76, 18 = NJW 76, 288 – Mithaftung zu 1/3; OLG Hamm NJW 95, 483 = VRS 90, 84 = r+s 95, 379 – Mithaftung zu 1/4 OLG Hamm r+s 92, 13 – Mithaftung zu 80%). Im Falle einer Kollision zwischen einem Fz u einem bei Tageslicht am – für ihn – rechten Fb-Rand gehenden Fußgänger ist im Regelfall ebenfalls von einer Alleinhaftung des Fz-Halters auszugehen (BGH VersR 64, 687 = VRS 27, 13 = DAR 64, 248 = NJW 64, 1565 mit Anm Schmidt NJW 64, 2010). Keine Mithaftung des in Einbahnrichtung schauenden Fußgängers bei Kollision mit einem mit Blaulicht fahrenden Sonderrechts-Fz, das entgegen der Richtung der Einbahnstr fährt (KG Berlin NZV 05, 636). **Alleinhaftung des Fußgängers.** Eine Haftung des Kfz-Führers scheidet uU dann aus (Betriebsgefahr tritt zurück), falls der Fußgänger kurz vor dem Herannahen des Kfz plötzlich auf die Fb gerät,

StVO § 25 I. Allgemeine Verkehrsregeln

ohne dass der Fz-Führer hiermit rechnen musste (grobes Verschulden des Fußgängers beim Betreten der Fahrbahn: Grüneberg Rn 405; OLG Hamm BeckRS 16, 21333 – Anscheinsbeweis für grobes Verschulden des Fußgängers; NZV 12, 595; OLG Saarbrücken r+s 10, 479; KG NZV 2003, 380; LG Verden VersR 55, 431; LG Würzburg VersR 55, 143). Das Betreten der Fahrbahn vor einem erkennbar heranfahrenden Fz ist grob fahrlässig (KG Berlin NZV 09, 344; OLG Dresden BeckRS 17, 110040 – vor dem Betreten der Fahrbahn muss der Fußgänger Vorsicht walten lassen). Gleiches gilt, wenn der Fußgänger bei Rot eine mehrspurige Straße überqueren will (OLG Koblenz Urt v 11.12.06 – 12 U 1184/04 – BeckRS 2007, 03 442). 100% Haftung Fußgänger, falls der Unfall als unvermeidbar einzustufen ist; Reaktionszeit 1 sek gebilligt (LG Hagen zfs 05, 181; OLG Celle BeckRS 15, 07340 – Alleinhaftung des betrunkenen Fußgängers bei Unvermeidbarkeit des Unfalles für den Kfz-Führer; OLG Hamm – 9 U 34/14). Geht der Fußgänger bei **Dunkelheit** auf der rechten Fb, so ist zu unterscheiden: Fährt das Kfz in Gehrichtung u ist ein Gehweg vorhanden u dieser begehbar, trifft den Fußgänger eine Mithaftung von $1/5$ bis $2/3$, sofern er anstelle des Gehweges die Fb benutzt (BGH VersR 68, 1092 – Mithaftung zu $1/3$; OLG Düsseldorf VersR 72, 793 – Mithaftung zu $1/4$; LG Ki, DAR 67, 188 – Mithaftung zu $2/3$). Schiebt der Fußgänger einen Handwagen, Fahrrad, Moped etc. (§ 25 II StVO; s Rn 6 ff), kommt möglicherweise eine Mithaftung von $1/4$ bzw $1/3$ in Betracht (BGH VersR 60, 804 = VRS 19, 83 – Mithaftung zu $1/4$; OLG Oldenburg DAR 58, 218 – Mithaftung zu $1/3$), u zwar deshalb, weil er durch das Schieben des Fz nicht am äußersten Fb-Rand gehen kann (Grüneberg Rn 407). Befindet sich der Fußgänger mit dem Fz dagegen auf dem Gehsteig, Bankett oä, so ist idR von einer Alleinhaftung des Kfz-Halters auszugehen (BGH VersR 58, 831 = VRS 16, 5 = DAR 59, 46 = MDR 59, 33).

21   In den übrigen Fällen, in denen keine weiteren Besonderheiten bestehen, trifft den **Kfz-Halter grds die alleinige Haftung.** Dies gilt zumindest dann, soweit der Fußgänger nicht gegen das Linksgehgebot des § 25 I S 3 StVO verstößt (BGH VersR 62, 505 = VRS 23, 6; vgl auch LG Tü NJWE-VHR 97, 230 – Haftung des Fußgängers zu 80%, weil dieser nachts entgegen § 25 I S 3 StVO auf der falschen Fb-Seite ging u zudem die ernsthafte Möglichkeit bestand, dass dieser erst kurz vor der Kollision mit einem nachfolgenden Moped plötzlich auf die Fb getreten ist). Kommt dem im Dunkeln auf der rechten Fb gehenden Fußgänger ein Fz entgegen, ist eine Mithaftung des Fußgängers prinzipiell in Betracht zu ziehen (BGH VersR 64, 633 – Mithaftung zu 20%; VersR 58, 770 – Mithaftung zu 50%). Befindet sich der Fußgänger auf der rechten Fb-Hälfte, ist idR von einer Mithaftung iHv mindestens 20% auszugehen, die sich abhängig vom Abstand zum Fb-Rand weiter erhöhen und bei Vorliegen weiterer Verschuldensmerkmale – wie beispielsweise Alkoholeinfluss, Gehen auf einer Hauptverkehrsstraße – im Einzelfall uU zu einer Alleinhaftung verdichten kann (BGH VersR 68, 1093 – Mithaftung zu 50%; OLG Karlsruhe VersR 89, 302 – Alleinhaftung eines Fußgängers, der nachts auf einer Landstraße betrunken auf der Fb-Mitte läuft).

22   **Fußgänger überquert:** Bei einem Zusammenstoß zwischen einem Kfz u einem **bei Tageslicht** die Straße überquerenden Fußgänger haftet der Fußgänger wegen des Verstoßes gegen § 25 III StVO grds allein, sofern er erst kurz vor dem Fz (dh maximal 50 m) auf die Fb getreten ist (BGH VersR 75, 1121; OLG Hamm ZfS 92, 113; OLG Köln VRS 91, 264). Dabei hat der Fußgänger den Anscheinsbeweis gegen sich. Zwar kann sich der Kfz-Halter nicht darauf berufen, dass der Unfall für ihn unabwendbar war (§ 7 II StVG greift bei Verkehrsvorgängen

mit Fußgängern ebenfalls nicht), so dass die Betriebsgefahr des Fahrzeuges mit einem Verschulden des Fußgängers gem. § 254 BGB abgewogen werden muss. Es entspricht aber grds. der Rechtsprechung (OLG Köln BeckRS 2012, 09487), daß die nicht durch ein Verschulden des Fahrers erhöhte Betriensgefahr vollständig hinter einem schweren Verkehrsverstoß des Fußgängers zurücktritt (OLG Hamm, 6 U 59/12 = NJW-RR 2012, 1236; 9 U 34/14).

Eine Mithaftung des Kfz-Halters ist indes dann in Betracht zu ziehen, wenn er die **zulässige Höchstgeschwindigkeit** überschreitet (§ 3 StVO) bzw den erforderlichen **Seitenabstand** zum Fb-Rand nicht einhält (OLG Hamm NZV 95, 72 – Mithaftung zu 25%; VersR 81, 265 = r+s 81, 54 – Haftung zu 80%; OLG Karlsruhe VersR 82, 1149 – Haftung zu 70%). 100% Haftung eines Lkw, wenn er so dicht am Fußweg fährt, dass Fußgänger, der an Bordsteinkante steht, vom Außenspiegel des vorbeifahrenden Lkw getroffen und verletzt wird (OLG Düsseldorf r+s 92, 120; ähnlich OLG Kralsruhe DAR 89, 146: 100% wenn Abstand zum Fußgänger 50 cm). Überquert der Fußgänger kurz vor dem Herannahen des Kfz die Straße bei Dunkelheit, ist ebenfalls von einer alleinigen oder deutlich überwiegenden Haftung des Kfz-Halters auszugehen (BGH VersR 64, 823 – Alleinhaftung des Fußgängers; OLG Celle VersR 86, 450 f – Haftung zu 80%; OLG Hamm VersR 83, 643 – Haftung zu 80%; OLG Köln VRS 89, 105 – Haftung zu mindestens ⅔). Eine Mithaftung des Fz-Führers ist aber dann in Erwägung zu ziehen, falls für diesen erkennbar ist, dass der Fußgänger die Fb betreten will (OLG Celle VersR 77, 1131 – Mithaftung zu 50%). Haftung zu 80%, wenn der Fahrer den Fußgänger hätte sehen und reagieren müssen (OLG Koblenz NZV 2012, 177). Ebenso trifft den Fz-Führer eine Mithaft, wenn er den Zeitung lesenden Fußgänger zwar anhupt, bei fehlender Reaktion gleichwohl aber zu schnell an diesem vorbeifährt (KG Berlin NZV 09, 292).

Gleiches gilt, sofern der **Fahrer betrunken** ist (OLG Düsseldorf VRS 91, **23** 464 – Mithaftung zu ⅔ bei einem BAK-Wert von 1,15‰), die zulässige Höchstgeschwindigkeit überschreitet (OLG Düsseldorf aaO) oder unangemessen reagiert (KG Berlin VersR 86, 870 = VRS 69, 417 – Mithaftung zu 50%). Kommt es zwischen einem Kfz u einem bei Tageslicht die Straße überquerenden Fußgänger zu einem Unfall, bevor der Fußgänger die Mittellinie erreicht, ist in aller Regel eine Schadensquotierung in Betracht zu ziehen, wobei sich die konkrete Quote nach den Umständen des Einzelfalls bemisst (OLG Hamm NZV 97, 123 = NJWE – VHR 97, 109 – Quote ⅓ zu ⅔ zu Lasten des Kfz). Bei Dunkelheit kommt eine Mithaftung des Fußgängers iHv 70–75% in Betracht (OLG Hamm NZV 95, 357 = VersR 95, 1326 = VRS 89, 241 = ZfS 95, 245 = r+s 95, 336).

Hat der Fußgänger die **Mittellinie** bereits überschritten u stößt er mit einem **24** von rechts kommenden Fz zusammen, ist im Grundsatz eine Schadensquotierung vorzunehmen (KG Berlin VM 92, 27 – Haftung zu je 50%; VM 85, 3 – Haftung ⅓ zu ⅔ zu Lasten des PKW). Grund für die Quotierung ist, dass beide VT den jeweils anderen hätten rechtzeitig sehen können u daher im Zweifel falsch reagiert haben. Richtigerweise hätte der Fußgänger an der Mittellinie warten u der Fz-Führer abbremsen bzw. anhalten müssen (Grüneberg Rn 416). Bei Dunkelheit gilt nichts anderes, es sei denn, es liegen außergewöhnliche Umstände vor, die eine überwiegende Haftung des Fußgängers (zB dunkle Kleidung, plötzliches Heraustreten aus einer dunklen Straßenzone) oder des Kfz-Halters (zB nicht verkehrsgerechte Beleuchtung) rechtfertigen (BGH VersR 67, 608 – Haftung ⅔ zu ⅓ zu Lasten des Fußgängers; OLG Düsseldorf NZV 94, 70 = VRS 86, 94 = r+s 93, 455 – Haftung ¾ zu ¼ zu Lasten des Fußgängers; OLG Hamm VRS 82,

12 = r+s 92, 13 – Haftung 80% zu 20% zu Lasten des Fußgängers; OLG Köln VRS 85, 262 = ZfS 93, 258 – Haftung ⅔ zu ⅓ zu Lasten des Kfz, OLG München VRS 90, 246 – Alleinhaftung des unbeleuchteten PKW; OLG Oldenburg NZV 94, 26 = VRS 86, 84 = r+s 94, 10 – Haftung 60% zu 40% zu Lasten des Fußgängers). Kollidiert der Fußgänger dagegen tagsüber mit einem von links kommenden Kfz, ist idR eine alleinige oder überwiegende Haftung des Fz-Halters in Betracht zu ziehen, da sich der Unfall nicht ereignet hätte, wenn das Kfz auf seiner Fahrspur verblieben wäre (OLG München NZV 96, 115 = VersR 95, 1506 = VRS 90, 265 = ZfS 96, 167).

Wenn der Fußgänger bei Tageslicht die **andere Straßenseite noch nicht erreicht** hat, trifft diesen prinzipiell ein nicht unerhebliches Mitverschulden, weil er an der Mittellinie hätte stehen bleiben müssen (OLG Karlsruhe VersR 88, 59 = NJW-RR 87, 1249 – Mithaftung zu 40%; Grüneberg Rn 420). Umgekehrt ist nachts von einer überwiegenden oder alleinigen Haftung des Kfz-Halters auszugehen (BGH VersR 71, 152; OLG Köln VRS 75, 87). Etwas anderes gilt, sofern der Fußgänger mit der Straßenüberquerung erst kurz vor dem Herannahen des Fz begonnen hat. Dann ist eine Schadensquotierung in Betracht zu ziehen (KG Berlin VersR 81, 263 – Haftung zu je 50%). Bleibt der Fußgänger tagsüber auf der Fb (Mittellinie) stehen, um das Kfz vorbeifahren zu lassen, haftet der Fz-Führer bei einem Zusammenstoß grds voll (OLG Hamm NZV 98, 372 = DAR 98, 274 = MDR 98, 902 = r+s 98, 371; NZV 95, 234 = VersR 95, 1113 = VRS 89, 13 = r+s 95, 134). Setzt der Fußgänger indes plötzlich seine Straßenüberquerung fort, ist idR eine Schadensteilung vorzunehmen, u zwar deshalb, weil der Fahrer mit einem solchen Verhalten rechnen muss u aus diesem Grunde vorsichtiger hätte fahren müssen (OLG Düsseldorf r+s 87, 67). Bei Dunkelheit gelten die gleichen Prinzipien (OLG Hamm VRS 87, 249 – Alleinhaftung des Kfz-Halters; OLG Hamm VRS 78, 5 – Haftung zu je 50%; OLG Köln NJWE – VHR 97, 109 = VRS 92, 241 – Haftung ⅓ zu ⅔ zu Lasten des Fz-Führers). **Kehrt der Fußgänger** bei Tageslicht auf der Fb **wieder um,** so ist eine Schadensquotelung vorzunehmen (KG Berlin VM 82, 36 – Haftung je 50%; OLG Karlsruhe VRS 74, 86 – Haftung 65% zu 35% zu Lasten des Fußgängers). Soweit der Fahrer das Handeln des Fußgängers allerdings provoziert, etwa durch Hupen oder unklare Verkehrslage, haftet der Kfz-Führer auch allein (Grüneberg Rn 424 mwN). Bei Dunkelheit kommt ebenfalls eine Schadensquotierung in Betracht, wobei von einer überwiegenden oder vollen Haftung des Fußgängers zumindest dann auszugehen sein dürfte, wenn der Fz-Führer die Gefahr erkennt, hupt u sofort bremst. Überquert der Fußgänger die Straße tagsüber in betrunkenem Zustand, wird in aller Regel von einer Mithaftung iHv ⅓ bis ½ auszugehen sein. Namentlich kommt es hier darauf an, ob der Kfz-Halter die **Alkoholeinwirkung** erkennt u wie er darauf reagiert (OLG Köln VersR 87, 513 = VRS 72, 34 – Haftung ⅔ zu ⅓ zu Lasten des Kfz). Nachts haftet der Fußgänger regelmäßig zu mindestens 50% (OLG Saarbrücken VersR 89, 758 = VRS 76, 321 = DAR 89, 185), wobei sich die Haftungsquote des Fußgängers noch erhöht, wenn sich der Fahrer verkehrsgerecht verhält (Grüneberg Rn 427). Im Falle einer irreführenden Fahrweise des Fz haftet der Kfz-Führer grds überwiegend oder allein (BGH VersR 61, 615 – Alleinhaftung; KG Berlin VersR 79, 1031 = VRS 57, 173 = DAR 80, 22 = VM 80, 7 – Haftung ¼ zu ¾ zu Lasten des Kfz).

25   Überschreitet das Fz die **zulässige Höchstgeschwindigkeit** iSd § 3 StVO, führt dies idR zu seiner überwiegenden oder alleinigen Haftung, u zwar unabhängig davon, ob Tageslicht oder Dunkelheit herrscht (OLG Hamm VersR 89,

Fußgänger § 25 StVO

1057 = VRS 77, 253 = DAR 89, 465 – Alleinhaftung; OLG Köln r+s 84, 50 – Haftung zu je 50%). Dabei bemisst sich die Quote nach dem Maß der Geschwindigkeitsüberschreitung.

Kommt es in der Nähe einer **Haltestelle** zu einem Unfall zwischen einem Kfz 26 u einem die Haltestelle verlassenden Fußgänger, so trifft den Fußgänger prinzipiell die alleinige oder überwiegende Haftung (KG Berlin VM 87, 87 – Alleinhaftung; OLG Hamm r+s 95, 253 – Haftung 60% zu 40% zu Lasten des Fußgängers), es sei denn, der Fahrer beachtet den noch nicht abgeschlossenen Fahrgastwechsel nicht hinreichend. In diesem Falle haftet der Kfz-Führer überwiegend (BGH VRS 4, 494). Läuft der Fußgänger demgegenüber zur Haltestelle hin, kommt für gewöhnlich eine Haftung des Fz-Führers iHv mindestens 75% in Betracht (BGB VersR 60, 831 – Alleinhaftung; ferner Grüneberg Rn 433 mwN). Grund für diese überwiegende oder alleinige Haftung ist, dass der Fahrer in der Nähe einer Haltestelle stets damit rechnen muss, dass Fußgänger unachtsam die Fb überqueren, um das V-Mittel noch zu erreichen.

Zu den – freilich seltenen – Fällen der Kollision zwischen Fußgänger und Bus 27 vgl Grüneberg Rn 435 ff.

Geht ein Fußgänger bei **Grünlicht** über eine Straße mit Lichtzeichenanlagen 28 und stößt dieser mit einem Kfz zusammen, ist regelmäßig von einer Alleinhaftung des Fahrers auszugehen (KG Berlin VersR 81, 1081 = VRS 61, 328 OLG München NZV 94, 107 = VRS 86, 253 = r+s 94, 54). Eine Mithaftung des Fußgängers ist jedoch in Erwägung zu ziehen, sofern er grob fahrlässig nicht auf den Verkehr achtet bzw sich bei beginnender Rotlichtphase noch auf dem Überweg befindet (VersR 85, 1072 – Haftung zu je 50%). Überquert der Fußgänger den Überweg bei Rotlicht, haftet grds der Fußgänger überwiegend oder voll (OLG Hamm r+s 92, 300, für einen Fußgänger mit einem BAK von 2,5‰; OLG Köln VersR 76, 1095). Überschreitet der Fz-Führer bei der Heranfahrt an den Überweg die zulässige Höchstgeschwindigkeit iS des § 3 StVO, ist von einer Mithaftung auszugehen (BGH NJW 92, 1459 – Mithaftung zu 30%; OLG Hamm r+s 95, 253 – Mithaftung zu 40%; NZV 94, 276 – Mithaftung zu 33%).

Kommt es auf einem Überweg mit **Zebrastreifen** zu einem Unfall, so haftet 29 in aller Regel der Fahrer allein (KG Berlin VersR 88, 274 = VRS 74, 257 – Alleinhaftung; VersR 77, 1008 – Haftung zu ¾), es sei denn, der Fußgänger betritt den Zebrastreifen erst kurz vor dem Herannahen des Fz. In diesen Fällen kommt eine Mithaftung des Fußgängers in Betracht (OLG Karlsruhe VersR 93, 200 = VRS 83, 161 – Mithaftung zu 50%). Bei einem Unfall in der Nähe eines **Fußgängerüberweges** ist für die zivilrechtliche Haftungsverteilung entscheidend, in welcher Entfernung zum Überweg sich die Kollision ereignet. Stößt das Kfz in noch unmittelbarer Nähe (dh maximal 5 m) zu einem Überweg mit einem Fußgänger zusammen, ist grds von einer überwiegenden oder vollen Haftung des Kfz-Halters auszugehen, weil dieser auch dort mit kreuzenden Fußgängern rechnen muss (BGH VersR 90, 99 = DAR 90, 341 = NZV 90, 150 = r+s 98, 14 f; LG Sa ZfS 92, 4). Findet der Unfall in einer größeren Entfernung zum Fußgängerüberweg (dh bis zu 40 m) statt, muss mit Fußgängerverkehr nicht mehr gerechnet werden, da der Fußgänger in diesem Bereich gem § 25 III StVO verpflichtet ist, einen Überweg zu benutzen. Dies bedeutet, dass der Fußgänger dann prinzipiell überwiegend oder sogar voll haftet (OLG Karlsruhe VerR 82, 657 – Haftung zu 67%; KG BerlinVM 89, 61 – Alleinhaftung). Bei einer Entfernung von bis zu 70 m ist grds eine Schadensquotierung vorzunehmen, wobei den Fußgänger angesichts der noch zumutbaren Benutzung des Überweges eine Mithaftung von mindestens ¼ trifft (KG Berlin VM 89, 29 – Mithaftung zu 25%). Ist der Unfallort vom Überweg mehr als 70 m entfernt, ist dem Fußgänger die Benutzung nicht ohne weiteres zumutbar, so dass bei einem im Übrigen verkehrsgerechtem Verhalten des Fußgängers von einer überwiegenden bzw alleinigen Haftung des Kfz-Führers auszugehen sein wird (OLG Hamm VersR 89, 268 = VRS 76, 99 – Haftung zu ⅔; vgl auch BGH NZV 96, 402 = VRS 92, 85 – Haftungsteilung zwischen einem betrunkenen Fußgänger, der eine Straße nachts in ca 200 m Entfernung von einer Lichtzeichenanlage überquert u einem die zulässige Höchstgeschwindigkeit überschreitenden PKW). Wenn eine Unterführung vorhanden ist, kommt für gewöhnlich eine Schadensquotierung mit einer höheren Quote zu Lasten des Fußgängers in Betracht. Denn einerseits ist diesem die Benutzung der Unterführung trotz etwaiger Erschwernisse durch das Treppensteigen zumutbar; andererseits ist das Verschulden des Fußgängers nicht so gravierend, dass die Betriebsgefahr des Kfz dahinter vollständig zurücktritt (OLG München r+s 86, 6 – Haftung ⅔ zu ⅓ zu Lasten des Fußgängers). Da Fußgängern ausweislich § 18 IX StVO das Betreten einer BAB untersagt ist, trifft ihn im Falle eines Unfalls idR die überwiegende bzw ausschließliche Haftung (OLG Hamm VRS 85, 13 = r+s 93, 252; OLG München NZV 97, 231 = VersR 97, 460).

30 Nichts anderes gilt, wenn der **Fußgänger auf der Fb liegt oder sitzt** (BGH VersR 60, 1147 = VRS 20, 12; vgl ferner KG Berlin NZV 96, 235 = VRS 98, 262 = ZfS 96, 129; OLG Hamm NZV 98, 202 = NJWE – VHR 98, 57 = r+s 98, 280), wobei hier aufgrund der besonderen Umstände des konkreten Sachverhalts eine Schadensteilung vorgenommen worden ist). Steht der Fußgänger hingegen auf der Fb, ist jedenfalls dann von einer überwiegenden Mitverursachung des Fz-Führers auszugehen, wenn die Kollision durch die Nichteinhaltung des erforderlichen Seitenabstandes verursacht worden ist (OLG Karlsruhe VersR 89, 269 = VRS 76, 243 = DAR 89, 146 = r+s 89, 46 – Alleinhaftung des Kfz). Bei einem Zusammenstoß zwischen einem rückwärts fahrenden Kfz u einem Fußgänger, trifft idR den Kfz-Führer die überwiegende oder volle Haftung (KG Berlin VM 75, 92 – Alleinhaftung; OLG Schleswig VRS 84, 166 = DAR 93, 158 – Haftung 80% zu 20% zu Lasten des Kfz).

31 Befindet sich der Fußgänger an der **Bordsteinkante** u wird er dort von einem vorbeifahrenden Kfz-Halter erfasst, haftet grds der Kfz-Halter überwiegend oder sogar ausschließlich (OLG Düsseldorf NZV 92, 232 = VersR 92, 1486 = VRS 83, 96 – Alleinhaftung). Eine Mithaftung des Fußgängers in der Größenordnung von ¼ bis ⅓ ist dann in Erwägung zu ziehen, wenn er grundlos so nah an der Bordsteinkante geht oder steht, dass er erkennbar ohne weiteres von einem vorbeifahrenden Kfz gestreift werden kann (Grüneberg Rn 465). Schleudert das Kfz auf den Gehsteig, ist in der Regel von einer Alleinhaftung des Fz-Führers auszugehen (OLG Hamm NZV 97, 78 = ZfS 96, 444). Gleiches gilt, wenn von dem Kfz ein Teil abspringt oder das Fz einen Stein hochschleudert und der Fußgänger hiervon getroffen wird, wobei eine Mithaftung des Fußgängers in Betracht kommt, sofern dieser dem Gegenstand hätte ausweichen können (AG Frankfurt NJW – RR 95, 728 – Haftung 75% zu 25% zu Lasten des Kfz).

32 Kommt es zwischen einem Fz u einem Fußgänger auf einem **Parkplatz,** Tankstellen- oder Betriebsgebäude, Bahnhofsvorplatz oä zu einem Zusammenstoß, ist prinzipiell eine Schadensquotierung vorzunehmen (LG Düsseldorf DAR 98, 106 – Haftung ⅓ zu ⅔ zu Lasten des Kfz; OLG Schleswig NZV 96, 68 = VersR 96, 386 = r+s 95, 380 – Haftung 70% zu 30% zu Lasten des Kfz). Grund für die

Bei Unfällen mit **Kindern** und **Jugendlichen** ist zu berücksichtigen, dass die 33 Altersgrenze der Deliktsfähigkeit seit dem 1.8.2002 von 7 auf 10 Jahre heraufgesetzt worden ist (vgl § 828 BGB). Hinzu tritt, dass sich der Pkw-Halter – ebenfalls seit dem 1.8.2002 – bei Unfällen mit Fußgängern nicht mehr auf Unabwendbarkeit des Unfalls, sondern nur noch auf höhere Gewalt berufen kann (§ 7 StVG). Zu beachten ist auch, dass der Fz-Führer der erhöhten Sorgfaltspflicht des § 3 II a StVO unterliegt, sobald Kinder bzw Jugendliche in der Nähe der Fb auftauchen (vgl hierzu BGH NJW 94, 2829 = NZV 94, 273 = VersR 94, 739 = DAR 94, 320). Bei Zusammenstößen mit deliktsunfähigen Kindern trifft den Kfz-Halter grunds die volle Haftung, da ein Ausschluss der Haftung wegen höherer Gewalt kaum denkbar ist. Bei Unfällen mit Kindern und Jugendlichen ab 10 Jahren kommt eine Schadensquotierung in Betracht, wobei der Fz-Führer – unter Berücksichtigung des § 3 II a StVO – im Vergleich zu der Haftungsverteilung bei entspr Unfällen mit Erwachsenen, regelmäßig den höheren Haftungsanteil zu tragen hat. Hier geht die neuere Rechtsprechung dahin (vgl auch die Ergebnisse des VGT Goslar 2013) ein Mitverschulden des gerade über 10 Jahre alten Kindes geringer zu bewerten und eine Betriebsgefahr nur ausnahmsweise zurücktreten zu lassen (so OLG Karlsruhe, NJW 2012, 3042 – ⅔ zu ⅓ zu Lasten des Kindes; OLG Saarbrücken NJW 2012, 3245 – 50%; aA OLG Naumburg Beschluss vom 9.1.2013, Az. 10 U 22/12 = BeckRS 2013, 03062; OLG Hamm NZV 2010, 464; OLG Celle – BeckRS 2011, 18513; OLG Stuttgart BeckRS 17, 104723 – ⅓ zu ⅔ zu Lasten des 12jährigen Kindes – zur Problematik vgl Lang NZV 2013, 214; Quaisser, NJW-Spezial 2013,137): Unter Berücksichtigung dieser Prinzipien bieten Entscheidungen zu Altfällen nur Anhaltspunkte zur Haftungsverteilung für Fälle ab dem 1.8.2002; vgl hierzu die Vorauflage sowie Grüneberg Rn 483 ff. Kollidiert ein Pkw, der innerorts 50 km/h fährt und sich ohne Geschwindigkeitsverringerung einer Verkehrsinsel nähert, auf der noch 4 weitere Kinder stehen, von denen eins kurz zuvor die Straße überquert hat, mit einem 10,5-jährigen Kind, das dort die Fahrbahn überquert, so haftet der Pkw zu 100% (OLG Oldenburg DAR 04, 706). Bei einem Zusammenstoß zw einem Pkw und 16-jährigen Inline-Skater, der mit unverminderter Geschwindigkeit hinter einem Klein-Lkw hervorkommend die Gegenfahrbahn überqueren will, trifft die volle Haftung den Skater, den der Pkw-Fahrer wg des Klein-Lkw nicht sehen konnte (LG Bielefeld NJW 04, 2245 = NZV 04, 465). Zur Mitverschuldens-Abwägung bei Kindern und Jugendlichen s auch die Kommentierung zu § 9 StVG Rn 13 ff.

Das OLG Saarbrücken (4 U 3/11-2 = NJW-Spezial 2012, 106) hat ein Verschulden der 14-jährigen Radfahrerin völlig hinter dem groben Verschulden der erwachsenen Fußgängerin zurücktreten lassen; vgl allgemein zur Haftungsverteilung bei einer Kollision zwischen einem **Fußgänger und einem Radfahrer** Grüneberg Rn 539 ff. 34

Bei Unfällen zwischen **Fußgängern und Straßenbahn,** kommt es idR zu einer überwiegenden Haftung des Fußgängers, wenn er unvorsichtig die Gleise überquert (OLG Köln VersR 02, 1424 – ⅔, OLG Hamm SP 03, 85 – 70%). 35

8. Zuwiderhandlungen. Verstöße nach I–IV sind OWen nach § 49 I Nr 24a iVm § 24 StVG (s Nr 111, 112 BKat), solche gegen V nach § 71 I 4 BOStrab, evtl § 64a EBO (VwV zu Abs 5). 36

9. Literatur. Fuchs „Die deliktsrechtliche Verantwortung der Eltern für Schäden von u an Kindern im StV" NZV 98, 7; **Greger** „Haftungsfragen beim Fußgängerunfall" NZV 37

90, 409; **Kielhorn** „Tödliche StV-Unfälle von Fußgängern" ZBlVM 72, 129; **Limbourg/ Steffen/H. Müller** „Kinder im StV – Fragen der Haftung" VGT 98, 211; **Martin** „Vertrauensgrds und Kinder im StV" DAR 63, 117; **Pardey** „Aufsichts- und Schutzpflichten zur Teilnahme von Kindern am StrV" DAR 01, 1; **Scheffen** „Schadensersatzansprüche bei Beteiligung von Kindern u Jugendlichen an V-Unfällen" VR 87, 116.

§ 26 Fußgängerüberwege

(1) **An Fußgängerüberwegen haben Fahrzeuge mit Ausnahme von Schienenfahrzeugen den zu Fuß Gehenden sowie Fahrenden von Krankenfahrstühlen oder Rollstühlen, welche den Überweg erkennbar benutzen wollen, das Überqueren der Fahrbahn zu ermöglichen. Dann dürfen sie nur mit mäßiger Geschwindigkeit heranfahren; wenn nötig, müssen sie warten.**

(2) **Stockt der Verkehr, dürfen Fahrzeuge nicht auf den Überweg fahren, wenn sie auf ihm warten müßten.**

(3) **An Überwegen darf nicht überholt werden.**

(4) **Führt die Markierung über einen Radweg oder einen anderen Straßenteil, gelten diese Vorschriften entsprechend.**

VwV – StVO

Zu § 26 Fußgängerüberwege

I. Örtliche Voraussetzungen

1 1. Fußgängerüberwege dürfen nur innerhalb geschlossener Ortschaften und nicht auf Straßen angelegt werden, auf denen schneller als 50 km/h gefahren werden darf.

2 2. Die Anlage von Fußgängerüberwegen kommt in der Regel nur in Frage, wenn auf beiden Straßenseiten Gehwege vorhanden sind.

3 3. Fußgängerüberwege dürfen nur angelegt werden, wenn nicht mehr als ein Fahrstreifen je Richtung überquert werden muss. Dies gilt nicht an Kreuzungen und Einmündungen in den Straßen mit Wartepflicht.

4 4. Fußgängerüberwege müssen ausreichend weit voneinander entfernt sein; das gilt nicht, wenn ausnahmsweise zwei Überwege hintereinander an einer Kreuzung oder Einmündung liegen.

5 5. Im Zuge von Grünen Wellen, in der Nähe von Lichtzeichenanlagen oder über gekennzeichnete Sonderfahrstreifen nach Zeichen 245 dürfen Fußgängerüberwege nicht angelegt werden.

6 6. In der Regel sollen Fußgängerüberwege zum Schutz der Fußgänger auch über Radwege hinweg angelegt werden.

7 II. Verkehrliche Voraussetzungen

Fußgängerüberwege sollten in der Regel nur angelegt werden, wenn es erforderlich ist, dem Fußgänger Vorrang zu geben, weil er sonst nicht sicher über die Straße kommt.

Dies ist jedoch nur dann der Fall, wenn es die Fahrzeugstärke zuläßt und es das Fußgängeraufkommen nötig macht.

III. Lage

1. Fußgängerüberwege sollten möglichst so angelegt werden, daß die Fußgänger die Fahrbahn auf dem kürzesten Wege überschreiten. **8**
2. Fußgängerüberwege sollten in der Gehrichtung der Fußgänger liegen. Wo Umwege für Fußgänger zum Erreichen des Überwegs unvermeidbar sind, empfehlen sich zB Geländer. **9**
3. Bei Fußgängerüberwegen an Kreuzungen und Einmündungen ist zu prüfen, ob es nicht ausreicht, über die Straße mit Vorfahrt nur einen Fußgängerüberweg anzulegen. Bei Einbahnstraßen sollte dieser vor der Kreuzung oder Einmündung liegen. An Kreuzungen und Einmündungen mit abknickender Vorfahrt darf ein Fußgängerüberweg auf der bevorrechtigten Straße nicht angelegt werden. **10**
4. Vor Schulen, Werksausgängen und dergleichen sollten Fußgänger nicht unmittelbar auf den Fußgängerüberweg stoßen, sondern durch Absperrungen geführt werden. **11**
5. Im Zuge von Straßen mit Straßenbahnen ohne eigenem Bahnkörper sollen Fußgängerüberwege nicht angelegt werden. Fußgängerüberwege über Straßen mit Schienenbahnen auf eigenem Bahnkörper sollen an den Übergängen über den Gleisraum mit versetzten Absperrungen abgeschrankt werden. **12**

IV. Markierung und Beschilderung **13**

1. Die Markierung erfolgt mit Zeichen 293. **14**

Auf Fußgängerüberwege wird mit Zeichen 350 hingewiesen. In wartepflichtigen Zufahrten ist dies in der Regel entbehrlich.

V. Beleuchtung **15**

Die Straßenverkehrsbehörden müssen die Einhaltung der Beleuchtungskriterien nach den Richtlinien für die Anlage und Ausstattung von Fußgängerüberwegen (R-FGÜ) gewährleisten und gegebenenfalls notwendige Beleuchtungseinrichtungen anordnen (§ 45 Absatz 5 Satz 2).

VI. Richtlinien **16**

Das Bundesministerium für Verkehr und digitale Infrastruktur gibt im Einvernehmen mit den zuständigen obersten Landesbehörden Richtlinien für die Anlage und Ausstattung von Fußgängerüberwegen (R-FGÜ) im Verkehrsblatt bekannt.

Übersicht

	Rn
1. Grundlagen	1
2. Abs 1: Vorrang der Fußgänger und gleichgestellter VT	3
a) Begründung des Vorrangs	3
b) Inhalt des Vorrangs	4
c) Straßenbahn	7
3. Abs 2: Verhalten bei Stockungen	8
4. Abs 3: Überholverbot	9
5. Zivilrecht/Haftungsverteilung	9a
6. Zuwiderhandlungen	10
7. Literatur	12

1. Grundlagen. § 26 I S 1 bezieht Kranken- und Rollstuhlfahrer in die Regelung für Fußgänger ein; **I S 2** ist der RSpr u Literatur angepasst worden. **II** enthält eine dem § 11 I entspr Vorschrift für VStockungen, **III** ein Überholverbot. **IV** **1**

StVO § 26 I. Allgemeine Verkehrsregeln

erklärt die Vorschriften für Radwege und andere Str-Teile für entspr anwendbar. § 26 wird ergänzt durch das Haltverbot des § 12 I 4 u § 315c I 2c StGB.

2 Die Vorschriften sichern den Fußgängern, auch wenn sie ein Rad schieben (nicht aber, wenn sie damit fahren: OLG Hamm NZV 93, 66; 96, 449; OLG Düsseldorf NZV 98, 296; Grüneberg NZV 97, 420), und ihnen gleichgestellten VT (§ 2 V S 1; § 2 Rn 64: radfahrenden Kindern; Roll- u Krankenfahrstuhlfahrern, auch motorisierten) auf den durch **Z 293 („Zebrastreifen")** gekennzeichneten Überwegen, nicht aber auf anderen Übergängen, den Vorrang vor dem FahrV (Bay 67, 155 = DAR 68, 27; OLG Hamburg VM 74, 22). „Fußgängerüberweg" ist ein **Rechtsbegriff;** der Tatrichter muss feststellen, ob, erforderlichenfalls wie, der Überweg markiert war. Die an LZAn nach VwV III zu § 25 III markierten **Fußgängerfurten** sind keine Fußgängerüberwege iS des § 26 (s Tröndle/Fischer § 315c StGB Rn 23; OLG Düsseldorf VRS 78, 140). Die Fußgänger sollen durch § 25 III zur Benutzung vorhandener Fußgängerüberwege angehalten werden. Liegt der Fußgängerüberweg innerhalb des Bereichs einer durch eine LZA geregelten Kreuzung, so gelten **nur die Farbzeichen,** nicht auch § 26 I (OLG Hamm NZV 96, 449; OLG Köln VM 80, 87).

Die bes Sorgfaltspflichten für die Annäherung an einen Fußgängerüberweg, gelten auch für einen „Zebrastreifen" auf einem **öff zugänglichen Parkplatz** eines Supermarktes (OLG Celle NZV 01, 79).

3 **2. Abs 1: Vorrang der Fußgänger und gleichgestellter VT. a) Begründung des Vorrangs.** Die Begründung des Vorrangs setzt eine deutliche, durchgehende Kennzeichnung mit sog Zebrastreifen (Z 293) voraus. Daher kein Vorrang, wenn Zebrastreifen verwittert, durch neuen Str-Belag überdeckt oder zugeschneit sind (Bay NJW 68, 313; OLG Frankfurt VRS 34, 308; Booß VM 80, 6; Knippel DAR 80, 243; aA OLG Oldenburg VRS 58, 285 = StVE 12; s auch § 39 Rn 18a). Im Zweifel ist der Kf zu erhöhter Sorgfalt verpflichtet (OLG Koblenz VRS 44, 68). Das **GefahrZ 134** begründet den Vorrang nicht, mahnt aber zu erhöhter Vorsicht, wenn die Bodenmarkierung verschmutzt oder verschneit ist, und schließt den Vertrauensgrundsatz gegenüber Fußgängern pp aus (BGH VRS 41, 307; OLG Hamm VRS 39, 340; Bay 71, 143 = VRS 40, 215). Auch das **RichtZ 350** gewährt keinen Vorrang, es gibt nur Hinweis und ersetzt die Bodenmarkierung nicht, doch muss der Kf damit rechnen, dass sich Fußgänger auch hier wie an einem normalen Überweg verhalten (BGH aaO).

4 **b) Inhalt des Vorrangs.** Der Vorrang steht nur dem Bevorrechtigten zu, der die Fahrbahn **erkennbar** überschreiten will (OLG Hamm VRS 61, 295; ZfS 96, 276; OLG Hamburg VM 70, 29; s auch BGH VersR 68, 356), auch wenn er aus Ängstlichkeit etwas zögert (BGHSt 20, 215; NJW 65, 1236; VRS 38, 278; KG NZV 92, 40) oder als Fußgänger ein Rad mitführt (OLG Stuttgart DAR 88, 101), solange er damit nicht fährt (OLG Hamm NZV 93, 66; OLG Düsseldorf NZV 98, 296; aA OLG Düsseldorf MDR 87, 1029 = StVE 21 m zutr abl St Hentschel NJW 88, 1124); das gilt auch für (auf dem Gehweg!) radfahrende Kinder bis 10 Jahre, wenn sie gem § 2 V S 3, der im Sicherheitsinteresse auch bei Benutzung eines Fußgängerüberwegs gilt, vom Gehweg her zu Fuß die Fahrbahn überqueren (s auch § 2 Rn 64).

4a Der Vorrang auf dem Überweg hängt nicht davon ab, dass der Bevorrechtigte seine Absicht, die Fahrbahn zu überqueren, durch **Zeichen** zu erkennen gibt; es genügt, dass dessen Absicht objektiv aus seinem Gesamtverhalten (BGH aaO) erkennbar ist, also für einen Betrachter, der den Überweg und seine Umgebung

Fußgängerüberwege **§ 26 StVO**

überblicken kann (OLG Düsseldorf VM 67, 115; Mühlhaus DAR 70, 199; aA OLG Braunschweig VRS 34, 234). Ein Fußgänger, der am Bordstein mit Blick auf den Überweg steht oder zügig darauf zugeht, gibt seine Absicht hinreichend deutlich zu erkennen (KG Berlin NZV 92, 40; OLG Karlsruhe NZV 92, 330; OLG Düsseldorf DAR 98, 318), **nicht** aber, wenn er sich zu einer Kinderkarre hinunterbeugt (OLG Hamburg VRS 59, 300 = StVE 13) oder in einiger Entfernung parallel zur Fahrbahn auf den Überweg zugeht (OLG Karlsruhe aaO; OLG Hamm DAR 81, 154). Ist kein Bevorrechtigter, der die Fahrbahn überqueren will, zu sehen, ist die Vorschrift nicht anwendbar (BGH VersR 68, 356). Auf ein völlig verkehrswidriges Verhalten eines Fußgängers, etwa das Betreten der Fahrbahn durch einen vorher nicht sichtbaren Fußgänger, braucht der Kf nicht gefasst zu sein (OLG Frankfurt DAR 68, 247; vgl aber auch VRS 33, 385; OLG Hamburg VRS 30, 218; OLG Celle VM 75, 71, 95) Zweifel an der Benutzungsabsicht gehen zu Lasten des Fz-Führers (OLG Hamm DAR 81, 154; KG Berlin NZV 92, 40; OLG Düsseldorf DAR 98, 318).

Der **Schutzbereich** für die Fußgänger reicht einige Meter über die mit Zebrastreifen markierte Fläche hinaus; nach Ha (VRS 54, 223 = StVE 9) mind 4 m, nach OLG Koblenz (VRS 49, 140) gilt er 14 Schritte seitwärts nicht mehr; nach Booß (Anm 1) bis zu 4 m seitwärts und nach Bay nicht mehr 6–8 m daneben (VM 78, 76). Jedenfalls muss der Kf damit rechnen, dass Fußgänger die Fahrbahn einige Meter neben dem Zebrastreifen überschreiten (OLG Karlsruhe VRS 44, 370 = StVE 2). Bewegt sich hingegen ein Fußgänger auf dem Gehweg parallel zum Fahrbahnrand und nähert sich dabei einem Fußgängerüberweg, der in rechtem Winkel zu seiner Gehrichtung verläuft, so werden dadurch für einen in die gleiche Richtung fahrenden Fahrzeugführer noch nicht die Pflichten gem. § 26 ausgelöst (OLG Hamm NZV 04, 577). **4b**

Der FahrV darf sich einem Fußgängerüberweg nur mit einer so **geringen** **5** **Geschwindigkeit** nähern, dass er auch vor einem kurz vor seiner Annäherung auftauchenden Bevorrechtigten anhalten kann und dass auch weniger gewandte Fußgänger nicht das Gefühl haben, ihr VorR werde missachtet (OLG Düsseldorf VM 66, 118; 67, 56; OLG Hamm VM 66, 151; Bay bei Rüth DAR 85, 236; s auch OLG Oldenburg VRS 58, 286 = StVE 11). Der Kf muss damit rechnen, dass auf dem Fußgängerüberweg aus dem durch andere Fze verdeckten Teil Bevorrechtigte sich nähern und die Fahrbahn überqueren (OLG Köln VRS 41, 121; OLG Düsseldorf VM 67, 115; 70, 74; OLG Hamm VRS 31, 462); doch er muss sich nicht **stets**, sondern nur **dann** mit mäßiger Geschwindigkeit nähern (wie es in S 2 klargestellt ist; s auch Janiszewski NStZ 81, 337), wenn ein Fußgänger erkennbar den Übergang überschreiten will (s oben Rn 4 u OLG Karlsruhe NZV 92, 330; StVE 21a). Welche Geschwindigkeit „mäßig" ist, richtet sich nach der Beobachtungsmöglichkeit, der Breite des Fz, dem FußgängerV und der Fahrlinie (OLG Celle VM 75, 71). IdR sind 25–30 km/h mäßig (OLG Frankfurt DAR 68, 247; OLG Schleswig VM 76, 38), 40–50 km/h dagegen nicht mehr (OLG Düsseldorf DAR 74, 160), weil dann kein rechtzeitiges Anhalten mehr möglich ist. Ist der Überweg mit den angrenzenden Gehwegzonen nicht zu übersehen, darf nur anhaltebereit an ihn herangefahren werden (§ 3 I). Dies gilt auch dann, wenn Fußgänger dem Kfz den Vorrang einräumen.

Von der Wartepflicht ist der Kf nur befreit, wenn der Bevorrechtigte eindeutig und freiwillig zu erkennen gibt, dass er auf seinen Vorrang (für sich: OLG Düsseldorf VRS 63, 472) **verzichten** will. Das gilt nicht, wenn der Kf den Bevorrechtigten dadurch zum Verzicht veranlasst, dass er sich dem Überweg zu schnell **5a**

StVO § 26   I. Allgemeine Verkehrsregeln

nähert (BGHSt 20, 215 = NJW 75, 1236; OLG Hamm VRS 56, 380; Bay VRS 62, 466; OLG Düsseldorf aaO; KG Berlin NZV 92, 40). Der Kf darf weiterfahren, wenn sein Abstand von dem Bevorrechtigten so groß ist, dass er diesen beim Überschreiten des Überweges weder gefährdet noch behindert (OLG Hamm VRS 48, 148; OLG Celle NZV 92, 122; OLG Düsseldorf VRS 88, 211), so wenn dieser noch am linken Fahrbahnrand steht (OLG Düsseldorf VRS 64, 461 = StVE 19). – Der Bevorrechtigte darf auf Einräumung seines Vorrangs weder blindlings vertrauen (BGH(Z) VRS 63, 255), noch ihn erzwingen (KG Berlin bei Darkow DAR 74, 235). An Fußgängerüberwegen herrscht weder für die Fahrzeugführer noch für die Fußgänger der Vertrauensgrundsatz (OLG Celle NZV 01, 79). Der Überwegbenutzer hat den Fahrverkehr mit Sorgfalt zu beobachten (OLG Celle NZV 01, 79).

6   Im Bereich einer Schule u des **Z 136 (Kinder)** muss der sich einem Fußgängerüberweg nähernde Kf so fahren, dass er auch beim Auftauchen vorher nicht sichtbarer Kinder jederzeit anhalten kann (OLG Koblenz VRS 62, 335; s auch § 1 Rn 43).

7   **c) Straßenbahn.** Die **Straba** hat auch auf Fußgängerüberwegen Vorrang vor Fußgängern. Aber auch für sie gilt das Haltverbot des § 12 I 4, ferner die sich aus § 1 ergebenden Pflichten (BGH(Z) VRS 49, 243; VM 77, 15; s auch Rn 9). Daneben muss die Straba vor nicht oder nur schlecht einsehbaren Fußgängerüberwegen entweder unter geringfügiger Geschwindigkeitsermäßigung läuten oder deutlich verlangsamen (BGH NJW 76, 2014 = StVE 8; OLG Düsseldorf VersR 83, 861).

8   **3. Abs 2: Verhalten bei Stockungen.** Bei **Verkehrsstockungen** müssen die Fze vor, nicht auf dem Fußgängerüberweg warten, um den FußgängerV nicht zu behindern. Abs 2 entspricht der besonderen Verkehrslage des Stockens in § 11 (s § 11 Rn 2). Kann der Überweg aber noch nahezu ganz passiert werden, so darf auf ihn gefahren werden (OLG Oldenburg VRS 58, 286).

9   **4. Abs 3: Überholverbot.** An Fußgängerüberwegen, dh im Bereich der Markierung (Z 293) bzw ab Z 350, besteht zur Verbesserung der VSicherheit ein **absolutes Überholverbot;** es kommt also nicht darauf an, ob Bevorrechtigte den Überweg bereits überschreiten (s dazu auch § 315c StGB 23 sowie Janiszewski 275 f). Soweit die VLage ein Vorbeifahren an einem bereits haltenden Kf erlaubt, ist äußerste Vorsicht geboten, da dieses idR die Übersicht zT verdeckt. Die Führer von Schienen-Fzen sind, da I sie ausnimmt, trotz der allg Fassung von III, nicht an III gebunden; sie müssen aber vor einem nicht voll einsehbaren Fußgängerüberweg SchallZ geben u mit geringer Geschwindigkeit fahren (BGH(Z) VRS 51, 198 = NJW 76, 2014 = StVE 8).

9a   **5. Zivilrecht / Haftungsverteilung.** IdR ist von der **Alleinhaftung des Kfz-Führers** auszugehen, wenn er nicht auf den Fußgängerverkehr achtet und einen auf einem Zebrastreifen die Straße überquerenden Fußgänger übersieht. Eine Quotelung kommt dann in Betracht, wenn der Fußgänger den Überweg sehr plötzlich/unvorhergesehen und erst kurz vor dem Fz den Überweg betritt, bzw. sich noch bei einer Rotphase der Fußgängerampel auf dem Überweg befindet (Grüneberg Rn 438 ff) Auch trifft den Fußgänger idR dann eine Mithaft, wenn er trotz des schon nah an den Fußgängerüberweg herangefahrenen Fz sein Vorrecht als Fußgänger erzwingen will. Gem. Abs 4 besteht das Vorrecht der Fußgän-

384   *Heß*

Verbände   **§ 27 StVO**

ger auch dann, wenn die Markierung über einem **Radweg** verläuft. S hierzu auch
§ 25 Rn 19 ff.

Ereignet sich der Unfall nicht auf einem Fußgängerüberweg, sondern in der
Nähe, kommt es für die Abwägung auf die Entfernung zum Überweg und die
Zumutbarkeit für den Fußgänger, diesen zu benutzen an (vgl grüneberg Rn 445 ff
mwN.)

6. Zuwiderhandlungen. Verstöße gegen § 26 sind OWen nach § 49 I Nr 24b   10
StVO iVm § 24 StVG (s Nr 113, 114 BKat); unter den qualifizierenden Voraussetzungen des § 315c I 2c StGB kann Straftat vorliegen.

Die OW nach § 26 I setzt voraus, dass zumindest ein Fußgänger vermeidbar   11
behindert, belästigt oder mind durch das herankommende Fz in seinem Verhalten
beeinflusst worden ist (OLG Hamm DAR 95, 501; OLG Düsseldorf NZV 93,
39 mwN; OLG Köln VRS 64, 310; OLG Düsseldorf DAR 00, 176; OLG Celle
NZV 92, 122); ein Erschrecken, Verwirren oder Gefährden ist nicht erforderlich
(OLG Düsseldorf VRS 84, 306). § 26 I ist gegenüber § 1 II auch dann SpezialG,
wenn es zu einer Gefährdung kommt (OLG Koblenz VRS 46, 154); bei Schädigung eines Dritten liegt TE mit § 1 II vor. Aber nicht in jedem Falle, in dem ein
Kf einen Fußgängerüberweg, den ein Bevorrechtigter erkennbar überqueren will,
ohne anzuhalten passiert, liegt ein Verstoß gegen § 26 I vor (s OLG Düsseldorf
NZV 93, 39; OLG Celle aaO); die Entscheidungsgründe müssen insb hinreichende Darlegungen enthalten über die konkrete VSituation, wie Geschwindigkeiten, Entfernungen, Sichtverhältnisse uä sowie dartun, ob der Bevorrechtigte
in der Ausübung seines VorR merkbar eingeschränkt worden ist (OLG Stuttgart
VRS 61, 67 = StVE 16; OLG Hamm VRS 47, 468; 48, 148; OLG Köln VRS
64, 310; OLG Düsseldorf NZV 93, 162) oder ob dies zB infolge ausreichenden
Abstands nicht der Fall war (OLG Köln, OLG Stuttgart aaO; KG Berlin Rn 4;
OLG Düsseldorf DAR 93, 153; 2,50 m reichen nicht), so bes wenn er die Fahrbahn noch gar nicht betreten hatte und am linken Fahrbahnrand stehen geblieben
war (OLG Hamm ZfS 95, 474) oder ob er auf sein VorR verzichtet hatte. Zur
Feststellung des pflichtwidrigen Verhaltens des Kfz-Führers ist idR die Vernehmung des Fußgängers geboten (s OLG Düsseldorf DAR 93, 273).

7. Literatur. Hoppe „Kraftfahrer und Fußgänger an Zebrastreifen" DAR 68, 173;   12
Mühlhaus „Verhalten an Fußgängerüberwegen" DAR 70, 197

§ 27 Verbände[1]

(1) **Für geschlossene Verbände gelten die für den gesamten Fahrverkehr
einheitlich bestehenden Verkehrsregeln und Anordnungen sinngemäß.
Mehr als 15 Rad Fahrende dürfen einen geschlossenen Verband bilden.
Dann dürfen sie zu zweit nebeneinander auf der Fahrbahn fahren. Kinder-
und Jugendgruppen zu Fuß müssen, soweit möglich, die Gehwege benutzen.**

(2) **Geschlossene Verbände, Leichenzüge und Prozessionen müssen,
wenn ihre Länge dies erfordert, in angemessenen Abständen Zwischenräume für den übrigen Verkehr frei lassen; an anderen Stellen darf dieser
sie nicht unterbrechen.**

---

[1] Durch die Neufassung der StVO v 6.3.13 (BGBl I S 367, 376/377) erfolgten (lediglich) redaktionelle und sprachliche Anpassungen.

(3) Geschlossen ist ein Verband, wenn er für andere am Verkehr Teilnehmende als solcher deutlich erkennbar ist. Bei Kraftfahrzeugverbänden muss dazu jedes einzelne Fahrzeug als zum Verband gehörig gekennzeichnet sein.

(4) Die seitliche Begrenzung geschlossen reitender oder zu Fuß marschierender Verbände muss, wenn nötig (§ 17 Absatz 1), mindestens nach vorn durch nicht blendende Leuchten mit weißem Licht, nach hinten durch Leuchten mit rotem Licht oder gelbem Blinklicht kenntlich gemacht werden. Gliedert sich ein solcher Verband in mehrere deutlich voneinander getrennte Abteilungen, dann ist jede auf diese Weise zu sichern. Eigene Beleuchtung brauchen die Verbände nicht, wenn sie sonst ausreichend beleuchtet sind.

(5) Wer einen Verband führt, hat dafür zu sorgen, dass die für geschlossene Verbände geltenden Vorschriften befolgt werden.

(6) Auf Brücken darf nicht im Gleichschritt marschiert werden.

VwV – StVO

Zu § 27 Verbände

Zu Absatz 1

1   Abweichend von den (nur sinngemäß geltenden) allgemeinen Verkehrsregeln ist darauf hinzuwirken, daß zu Fuß marschierende Verbände, die nach links abbiegen wollen, sich nicht nach links einordnen, sondern bis zur Kreuzung oder Einmündung am rechten Fahrbahnrand geführt werden.

Zu Absatz 2

2   Leichenzügen und Prozessionen ist, soweit erforderlich, polizeiliche Begleitung zu gewähren. Gemeinsam mit den kirchlichen Stellen ist jeweils zu prüfen, wie sich die Inanspruchnahme stark befahrener Straßen einschränken läßt.

Zu Absatz 3

3   Bei geschlossenen Verbänden ist besonders darauf zu achten, daß sie geschlossen bleiben; bei Verbänden von Kraftfahrzeugen auch darauf, daß alle Fahrzeuge die gleichen Fahnen, Drapierungen, Sonderbeleuchtungen oder ähnlich wirksamen Hinweise auf ihre Verbandszugehörigkeit führen.

Zu Absatz 4

4   Bedarf ein zu Fuß marschierender Verband eigener Beleuchtung, so ist darauf zu achten, daß die Flügelmänner des ersten und des letzten Gliedes auch dann Leuchten tragen, wenn ein Fahrzeug zum Schutze des Verbandes vorausfährt oder ihm folgt.

Übersicht

	Rn
1. Allgemeines	1
2. Geschlossene Verbände	2
a) Abs 3: Deutliche Erkennbarkeit	2
b) Abs 5: Verantwortlicher Führer	3
3. Abs 1: Verkehrsregeln für geschlossene Verbände	4
a) Satz 1: Anwendung der Fahrvorschriften	4

Verbände   § 27 StVO

	Rn
b) Satz 2 u 3: Radfahrerverbände	6
c) Satz 4: Kinder- und Jugendgruppen	7
4. Abs 2: Verhältnis zum übrigen Verkehr	8
5. Abs 4: Beleuchtungsvorschriften	9
6. Abs 5: Verbot des Gleichschritts auf Brücken	10
7. Zuwiderhandlungen	11

1. Allgemeines. Erfasst werden alle Arten von geschlossenen Verbänden, dh 1 die marschierenden Abteilungen, die Schulklassen u Jugendgruppen, die Radf-Verbände, die Prozessionen u Leichenzüge sowie alle verbandsmäßigen Fahrten mit Kfzen oder nicht motorisierten Fzen (s auch Krumm SVR 13, 418 [Arbeitshilfe]). Für die Genehmigungspflicht dieser Veranstaltungen ist zusätzlich § 29 zu beachten. Sonderrechte s § 35.

2. Geschlossene Verbände. a) Abs 3: Deutliche Erkennbarkeit. Es gibt 2 keine Sondervorschriften für nicht geschl, „offene" Verbände; bei ihnen ist jeder einzelne VT – für sich allein – den VRegeln unterworfen. Ein **„geschlossener Verband"** liegt vor, bei einer Mehrheit von VT, die sich geordnet und einheitlich geführt gleichartig in eine Richtung fortbewegt und dabei als **einheitliches Ganzes deutlich erkennbar** ist (vgl OLG Karlsruhe NZV 91, 154). Bei marschierenden, reitenden u radfahrenden (ab dem 16. Fahrrad) Verbänden wird die Verbandszugehörigkeit schon durch die aufgeschlossene Bewegungsform deutlich. Hintereinanderfahrende Kfze lassen demgegenüber nicht ohne weiteres die Zugehörigkeit zu einem Verband erkennen. Diese sind daher gemäß III 2 einheitlich beispielsweise durch Wimpel, Beleuchtung, Schilder etc. zu kennzeichnen. Die Einheit des Verbandes soll im Weiteren durch eine geschlossene den Sicherheitsabstand jedoch einhaltende Fahrweise kenntlich gemacht werden (KG NZV 07, 142). Die Einschaltung von Abblendlicht reicht auch bei Tage für sich allein nicht aus, um einen Verband von Kfzen als geschl zu kennzeichnen (BayObLGSt 74, 43 = StVE 1). Drei Kfze sollen bereits einen Verband bilden können (OLG Nürnberg VersR 82, 1035). 30 m Abstand zwischen zwei Kfzen beseitigt den geschl Charakter eines militärischen Verbands nicht (LG Verden NZV 89, 324), anders bei 50 m (so OLG Schleswig NZV 92, 321) u auch bei innerorts mit ca 35 km/h in einem Abstand von fast 50 m hintereinander fahrenden Polizeifahrzeugen (KG DAR 07, 84 = NZV 07, 142). Durch die Bildung von Lücken (II) wird die Geschlossenheit des Verbandes nicht berührt, solange der Zusammenhang erkennbar bleibt (OLG Karlsruhe NZV 91, 154).

b) Abs 5: Verantwortlicher Führer. Der geschl Verband setzt nach V einen 3 Führer voraus. Dieser bestimmt die Kennzeichnung u trägt die Verantwortung für die Einhaltung der Vorschriften des § 27. Daneben sind die einzelnen Mitglieder des Verbandes für ihre persönliche Fahrweise, diejenigen, die bes Aufgaben, wie das Tragen von Sicherungslampen, übernommen haben, auch für diese Aufgaben verantwortlich (OLG Oldenburg VM 71, 6).

3. Abs 1: Verkehrsregeln für geschlossene Verbände. a) Satz 1: Anwen- 4 **dung der Fahrvorschriften.** Die Fahrvorschriften gelten sinngemäß auch für geschl **Fußgängerverbände.** Daraus, dass sie sich nach den Fahrregeln verhalten müssen, ergibt sich umgekehrt, dass auch der FahrV ihnen gegenüber die Pflichten gegenüber anderen Fzen, nicht diejenigen gegenüber Einzelfußgängern hat.

StVO § 27 I. Allgemeine Verkehrsregeln

5 Für motorisierte Verbände gelten danach insb auch die Vorschriften über die Fahrgeschwindigkeit u das Überholen, für alle Verbände die Vorrangregelung beim Vorbeikommen an einem Hindernis. Als von rechts Kommende dürfen **marschierende Kolonnen** auch den **Vorrang an Kreuzungen** beanspruchen. Das Abbiegen ist rechtzeitig anzukündigen: beim Einfahren oder Einmarschieren auf eine Str gelten dieselben außerordentlichen Sorgfaltspflichten. Da die VRegeln des FahrV nur sinngemäß gelten, bedurfte es nicht der ausdrücklichen Regelung, dass sich zu Fuß marschierende Verbände vor dem **Linksabbiegen nicht einzuordnen** haben; verkehrsgerecht ist es vielmehr, dass zB ein marschierender Verband erst an der Kreuzung selbst die Schwenkung vollzieht (Begr). – Da der Verband als **ein** VT gilt (s Rn 2 u 8), sind auch die dem ordnungsgem nach links abgebogenen Führungs-Fz folgenden Fze des Verbandes entgegenkommenden Fzen nicht wartepflichtig (LG Rottweil VRS 72, 169; LG Verden NZV 89, 324).

6 **b) Satz 2 u 3: Radfahrerverbände.** Mind 16 Radf dürfen einen Verband bilden u dann zu zweit nebeneinander auf der Fahrbahn (nicht auf dem Radweg) fahren, wenn sie den Verkehr nicht behindern (Begr zu § 2).

7 **c) Satz 4: Kinder- und Jugendgruppen.** Nicht nur Schulklassen, sondern auch Kinder- und Jugendgruppen sind geschl Verbände iS des III. Für sie begründet aber S 4 die abweichende **Pflicht,** nach Möglichkeit die Gehwege zu benutzen, da sie auf der Fahrbahn sich selbst u den FahrV gefährden.

8 **4. Abs 2: Verhältnis zum übrigen Verkehr.** Der **geschl Verband** u ihnen gleichgestellte Verbände sind verkehrsrechtlich **ein** VT (OLG Naumburg NJW-RR 16, 1175f); es liegt auch im Interesse des Verkehrs, sie nicht unnötig zu zerreißen (Begr). Der 1. Halbs verpflichtet daher nicht nur die **geschlossenen Verbände,** sondern auch **Leichenzüge** u **Prozessionen** (ihrem Wesen nach keine geschl Verbände), Lücken freizulassen, die hauptsächlich dem QuerV dienen sollen. Umgekehrt verbietet der 2. Halbs dem übrigen Verkehr, jene zu **unterbrechen,** dh sich in einen geschl Block hineinzudrängen. Ein Vorrang wird durch diese Vorschrift nicht begründet; kommt es zu einer Kollision eines aus dem Verband ausscherenden Fz aufgrund eines von einer Auffahrt von re sich einordnenden Fz, haftet der Halter des ausscherenden Fz gegenüber dem auf der li Spur Überholden gemäß § 7 StVO für den gesamten Schaden, und es liegt auch kein unabwendbares Ereignis vor (OLG Naumburg NJW-RR 16, 1175f). Die einzelnen Verbandsmitglieder dürfen auf die Beachtung der Vorschrift weder vertrauen noch deren Einhaltung erzwingen (OLG Oldenburg VM 71, 6) u dem Führungs-Fz etwa „blind" folgen (OLG Karlsruhe NZV 91, 154).

9 **5. Abs 4: Beleuchtungsvorschriften.** Die Beleuchtungsvorschriften entspr dem schon erwähnten Gedanken, dass der Verband – auch bei Aufgliederung die einzelne Abteilung – als **ein** VT nach außen in Erscheinung tritt (s Rn 2, 8). Auch wenn ein Fz vorausfährt, müssen marschierende oder reitende Verbände vorn Leuchten mitführen, die die seitlichen Grenzen des Verbandes kenntlich machen (Begr, VwV-StVO zu § 27 Abs 4, Rn 4).

10 **6. Abs 5: Verbot des Gleichschritts auf Brücken.** Das Verbot des Gleichschritts auf Brücken gilt auch für marschierende Fußgänger, die keinen geschl Verband bilden.

11 **7. Zuwiderhandlungen.** Der **Führer** eines Verbandes ist bußgeldrechtlich nach § 49 II Nr 1 u 2 iVm § 24 StVG (im BKat nicht erfasst – BT-KAT-OWI

TBNR 127000 ff) verantwortlich; die einzelnen Mitglieder des Verbandes, soweit sie selber ow handeln, zB entgegen § 27 V auf Brücken im Gleichschritt marschieren (§ 49 I Nr 24c). An ihren OWen kann sich der Führer beteiligen (aktiv oder passiv; § 14 OWiG). Verstoß gegen II Halbs 2 (Unterbrechung des Verbandes) ist durch § 49 II Nr 1a erfasst.

§ 28 Tiere[1]

(1) **Haus- und Stalltiere, die den Verkehr gefährden können, sind von der Straße fernzuhalten. Sie sind dort nur zugelassen, wenn sie von geeigneten Personen begleitet sind, die ausreichend auf sie einwirken können. Es ist verboten, Tiere von Kraftfahrzeugen aus zu führen. Von Fahrrädern aus dürfen nur Hunde geführt werden.**

(2) **Wer reitet, Pferde oder Vieh führt oder Vieh treibt, unterliegt sinngemäß den für den gesamten Fahrverkehr einheitlich bestehenden Verkehrsregeln und Anordnungen. Zur Beleuchtung müssen mindestens verwendet werden:**
1. **beim Treiben von Vieh vorn eine nicht blendende Leuchte mit weißem Licht und am Ende eine Leuchte mit rotem Licht,**
2. **beim Führen auch nur eines Großtieres oder von Vieh eine nicht blendende Leuchte mit weißem Licht, die auf der linken Seite nach vorn und hinten gut sichtbar mitzuführen ist.**

VwV – StVO

Zu § 28 Tiere

Zu Absatz 1

I. Die Halter von Federvieh sind erforderlichenfalls dazu anzuhalten, die notwendigen Vorkehrungen zur Fernhaltung ihrer Tiere von der Straße zu treffen. **1**

II. Wenn Hunde auf Straßen mit mäßigem Verkehr nicht an der Leine, sondern durch Zuruf und Zeichen geführt werden, so ist das in der Regel nicht zu beanstanden. **2**

III. Solange Beleuchtung nicht erforderlich ist, genügt zum Treiben einer Schafherde in der Regel ein Schäfer, wenn ihm je nach Größe der Herde ein Hund oder mehrere zur Verfügung stehen. **3**

Übersicht

	Rn
1. Allgemeines	1
2. Abs 1: Zulassung von Tieren im Straßenverkehr	2
a) Haus- und Stalltiere	2
b) Pflichten des Tierhalters	3
c) Einwirkungsmöglichkeit	4
d) Viehtreiben	6
e) Führen von Pferden	7
f) Sätze 3 u 4: Führen von Tieren von Fahrzeugen aus	9

---

[1] Durch die Neufassung der StVO v 6.3.13 (BGBl I S 367, 377) erfolgten (lediglich) redaktionelle und sprachliche Anpassungen.

	Rn
3. Abs 2 Satz 1: Anwendung der Fahrvorschriften	10
4. Abs 2 Satz 2: Beleuchtungsvorschriften	11
5. Zuwiderhandlungen	12
6. Zivilrecht	13

1   1. Allgemeines. § 28 regelt den Umgang mit Tieren im StraßenV. Er konkretisiert die Sorgfaltsanforderungen von Tierhaltern und Hütern gegenüber anderen VT. § 1 gilt daneben weiter, insb § 1 II, zumal § 28 I S 1 keine konkrete Gefährdung, sondern nur die allg Eignung voraussetzt (aA OLG Hamm VRS 80, 131 zu § 28 I). Das Führen von unangeleinten Hunden durch Zuruf und Handzeichen außerhalb verkehrsreicher Straßen ist nicht zu beanstanden (s VwV-StVO zu § 28 Abs 1 II u OLG Koblenz VersR 99, 508 bzgl eines Feldweges). Soweit in auf LandesR beruhenden ordnungsbehördlichen Verordnungen ein Leinenzwang vorgesehen ist, so ist hier solange kein Verstoß gegen höherrangiges Recht (dh, die vom Gesetzgeber durch die Schaffung der Regelung des § 28 ausgeübte Gesetzgebungskompetenz für den Bereich des Straßenverkehrs) zu sehen, solange mit der Verordnung ordnungsrechtliche und nicht straßenverkehrsrechtliche Zwecke verfolgt werden (BGHSt 37, 366=NZV 91, 1691 auf Vorlage des OLG Hamm NZV 91, 37).

Zur **zivilrechtlichen** (Gefährdungs-)**Haftung** des Tierhalters bzw -hüters s §§ 833 f BGB; § 28 ist SchutzG iS von § 823 II BGB.

2   2. Abs 1: Zulassung von Tieren im Straßenverkehr. a) Haus- und Stalltiere. Haus- und Stalltiere sind grds von der Str (incl Seitenstreifen, Gehwege, Parkplätze pp; s § 2 StVO Rn 17) fernzuhalten oder ausreichend zu beaufsichtigen. Zu ihnen gehört nach der Begr auch das Federvieh (s VwV-StVO zu § 28 Abs 1 I, Rn 1), nicht aber Tauben, Bienen u der menschlichen Führung ohnehin unzugänglicher Katzen, zumal sie für den Verkehr meist ungefährlich sind (OLG Oldenburg MDR 58, 604). Auf wilde Tiere bezieht sich die Vorschrift nicht; wegen des Haltens gefährlicher Tiere s § 121 OWiG.

3   b) Pflichten des Tierhalters. Die **Pflichten** aus S 1 u 2 treffen in erster Linie den **Tierhalter,** dh denjenigen, der im eigenen Hausstand oder Betrieb durch Gewährung von Obdach u Unterhalt die Sorge für ein Tier für gewisse Dauer übernommen hat (OLG Düsseldorf VRS 71, 436; eingehend dazu Schmidt KVR „Tiere"); sodann denjenigen, der die tatsächliche Herrschaft über das Tier ausübt. Sie müssen zum Führen von Tieren geeignet sein (s § 3 I FeV); ungeeignet können insb kleine Kinder u Gebrechliche sein.

4   c) Einwirkungsmöglichkeit. Die **gebotene Einwirkungsmöglichkeit** nach I S 2 hängt von den Einzelumständen u der Tierart ab. Ein **verkehrssicherer,** aufs Wort gehorchender **Hund** muss auch im StrV auf der Str nicht an der Leine geführt werden (VwV-StVO zu § 28 Abs 1 II), jedenfalls nicht auf nicht besonders belebter Straße (OLG München DAR 99, 456) oder auf einem Feldweg mit mäßigem Verkehr und insbesondere dann nicht, wenn der Hund an den Verkehr gewöhnt ist und ggf die Hundeschule absolviert hat (OLG Koblenz DAR 99, 505). Die Begleitperson hat aber einen sonst verkehrssicheren Hund zurückzurufen, wenn dieser sich unmittelbar am Fahrbahnrand so verhält, dass bei einem Fz-Führer die nicht unbegründete Befürchtung hervorgerufen werden kann, der Hund werde in die Fahrbahn laufen (OLG Köln VM 64, 75). Ein **nicht verkehrssicherer** Hund muss an der Leine geführt, ein zum Beißen oder zu bedrohlichem Verhalten gegenüber Menschen neigender Hund mit einem Beißkorb versehen

Tiere **§ 28 StVO**

werden (vgl OLG Bremen VRS 24, 461). Zur strafrechtlichen Haftung für unbeaufsichtigten Hund s BayObLG VRS 72, 366.

Weidevieh ist auf gesicherter Weide zu halten; an die Sicherung sind in ABNähe bes hohe Anforderungen zu stellen (BGH VersR 76, 1086; NZV 90, 305; OLG Oldenburg NZV 91, 115). Es darf nicht ohne Aufsicht auf die öff Str gelassen werden (BayObLGSt 57, 172 = VRS 14, 372). Wegen der VTeilnahme in einem solchen Fall vgl § 1 StVO Rn 6. Wer aus Fahrlässigkeit Vieh aus einer Weide ohne Aufsicht auf die Str gelangen lässt, kann voraussehen, dass dadurch der Verkehr möglicherweise gefährdet wird (OLG Hamm VRS 15, 130; vgl auch OLG Oldenburg DAR 61, 233). 5

d) Viehtreiben. Vieh wird getrieben, wenn es sich unter der Aufsicht eines Hüters frei bewegt, also nicht an einer Leine geführt wird. Die Zahl der benötigten Treiber hängt nicht nur von der Menge der getriebenen Tiere, sondern auch von der VBedeutung der Str ab. Die Zahl der Treiber ist nicht schon deshalb zu gering, weil sie nicht ausreicht, die Tiere auf der rechten Fahrbahnseite zu halten (BayObLG VRS 57, 211). Zum Treiben einer Schafherde genügt idR ein Schäfer mit der nötigen Anzahl von Hunden (VwV-StVO zu § 28 Abs 1 III, Rn 3). Bei Dunkelheit sind mind zwei Schäfer erforderlich, da sonst die Herde nicht nach beiden Seiten genügend mit Warnleuchten (II) abgesichert werden kann. Wird die ganze StrBreite in Anspruch genommen, ist der GegenV rechtzeitig zu warnen (BayObLG NZV 89, 482). Zum Treiben einer Herde von 10–12 Rindern sind mind zwei Hirten erforderlich (OLG Celle VRS 9, 412). Ein gelegentliches vorübergehendes Überwechseln einiger Kühe einer Herde auf den Gehweg ist unvermeidbar; der Hirte verstößt dadurch nicht gegen die Pflicht, das Vieh auf der Fahrbahn zu treiben (OLG Schleswig VM 61, 135; s Rn 10). Zur Sorgfaltspflicht beim Treiben von Vieh **quer** über die Fahrbahn s BayObLGSt 72, 255 = VRS 44, 366. Der **Kf** hat sich einer Viehherde vorsichtig zu nähern u darf an ihr nur in Schrittgeschwindigkeit bremsbereit vorbeifahren, wenn nur ein geringer Abstand eingehalten werden kann (OLG München VRS 84, 206). 6

e) Führen von Pferden. Beim Führen von Pferden ist es (lt Begr) ebenso selbstverständlich, dass ein Pferdeführer zwei Pferde ungekoppelt (dh wenn sie untereinander nicht durch Zügel verbunden sind) nicht führen kann, da er links von den Pferden gehen muss, wie dass ein Reiter über mehr als zwei Handpferde (dh solche, die er neben sich am Zügel führt) nicht die erforderliche Gewalt hat, wie auch, dass ein Pferdeführer keinesfalls mehr als vier Pferde zugleich führen kann. Das Führen von zwei Pferden zwar mit Halfter und Führungskette, jedoch eines in jeder Hand, stellt ein Führen auf der „falschen" Seite und ein Verstoß gegen I 2 dar, da Pferde es gewohnt sind, auf der linken Seite geführt zu werden und das Tier bei Gegenverkehr am Ausweichen nach rechts gehindert wird (LG Koblenz Schaden-Praxis 14, 225). 7

Der **Kf** darf im allg darauf **vertrauen,** dass Zugtiere, die im StraßenV verwendet werden, an den Kfz-Verkehr gewöhnt sind (OLG Celle DAR 51, 141). Das gilt aber nur für eingeschirrte Tiere, nicht für ein Fohlen, das an einem Zügel geführt wird. An solchen Tier darf nur mit bes Vorsicht u mit möglichst großem Abstand vorbeigefahren werden (BGH(Z) VM 61, 107). Beim Überholen eines Reiters auf verkehrsreicher Innenstadtstraße durch einen Lkw-Zug ist idR ein Seitenabstand von 1,50 bis 2 Meter geboten (OLG Brandenburg NZV 11, 609). 8

f) Sätze 3 u 4: Führen von Tieren von Fahrzeugen aus. Sätze 3 u 4 verbieten im Interesse der VSicherheit grundsätzlich das **Führen** von **Fzen aus,** wovon 9

StVO § 28 I. Allgemeine Verkehrsregeln

nur größere (folgsame) Hunde hinter Fahrrädern ausgenommen sind. Das feste Umwickeln des Fahrradlenkers mit der Hundeleine stellt kein „Führen" iSd S 4 mehr da und birgt erhebliche Gefahren, da die Leine im Notfall nicht sofort gelöst werden kann (OLG Köln NZV 03, 338). Ausn-Genehmigung ist nach § 46 I 6 möglich. Weitergehende Tierschutzbestimmungen werden davon nicht berührt.

10 **3. Abs 2 Satz 1: Anwendung der Fahrvorschriften.** Reiter u Viehtreiber sind VT, aber keine Fz-Führer (vgl § 1 StVO Rn 6, § 2 StVO Rn 4); nach II S 1 gelten aber für sie die Fahrvorschriften sinngemäß (s auch Kießling/Steiger NZV 08, 593), so dass sie grundsätzlich die Fahrbahn zu benutzen haben, u zwar den rechten Fahrstreifen, falls sonst der GegenV gefährdet wird (BayObLG DAR 89, 428: Schafherde; s oben Rn 6); nicht aber etwa die AB (s § 18 IX u unten Rn 12). **Reiter** müssen sich in erster Linie auf den durch Z 238 gekennzeichneten Sonderwegen, bei Fehlen eines solchen entspr § 2 I auf der Fahrbahn bewegen; Gehwege, auch Feld- u Waldwege, die deutlich erkennbar nicht für den FahrV, sondern nur für Fußgänger bestimmt sind, dürfen sie nicht benutzen (ebenso Bek d BMV in VkBl 73, 770); Abbiegen nach links ist unter Einordnung zur Mitte rechtzeitig anzuzeigen (§ 9); ebenso gelten sinngem die §§ 8, 10 u 11 sowie Geschwindigkeitsvorschriften (Z 325.1; BayObLG VRS 41, 117), nicht **Z 250.** – Zur **Sorgfaltspflicht** des Reiters s BayObLGSt 71, 50 = VRS 41, 117; zur Sorgfaltspflicht gegenüber Reitern s OLG Hamm VRS 42, 27.

11 **4. Abs 2 Satz 2: Beleuchtungsvorschriften.** Abs 2 Satz 2 enthält **Beleuchtungsvorschriften** gesondert für das Treiben u Führen. Reiter müssen sich nach der Begr erforderlichenfalls gem § 1 sachgem erkennbar machen (zB Leuchte an der linken Seite u/oder rückstrahlende Gamaschen an Hinterfüßen, so § 39 II aF). Reiterverband: § 27 IV. II S 2 regelt nur den LängsV, nicht auch das Treiben **quer** über die Str (BayObLG DAR 73, 110; OLG Koblenz ZfS 88, 200). Ein bei Dunkelheit über die Fahrbahn geführtes Pferd muss nach beiden Seiten erkennbar beleuchtet sein (KG VM 78, 64). Wann Beleuchtung erforderlich ist, regelt § 17 I.

12 **5. Zuwiderhandlungen.** Verstöße gegen I u II S 2 sind in § 49 II Nr 3 StVO erfasst, solche gegen II S 1 in § 49 II Nr 4 StVO jew iVm § 24 StVG (im BKat nicht erfasst – BT-KAT-OWI TBNR 128000 ff). Verletzt der an sich geeignete Führer eines verkehrssicheren Hundes seine Sorgfaltspflicht dadurch, dass er das Tier für kurze Zeit unbeobachtet lässt, so verstößt er damit nicht gegen § 28 StVO, wohl aber gegen § 1 II StVO, wenn es zu einer Gefährdung oder Behinderung anderer kommt (KG VRS 21, 143; OLG Hamm DAR 54, 142); zur Körperverletzung durch unbeaufsichtigten Hund s BayObLG VRS 72, 366. Wer sich mit quergehaltenem Invalidenstock auf schmalem Weg einem Reiter entgegenstellt u das Weiterreiten durch Stockschläge auf das Pferd zu hindern versucht, begeht versuchte Nötigung (OLG Köln VM 79, 77). Treiben einer Schafherde auf der AB kann § 315b I 2 StGB erfüllen (LG Lübeck SchlHA 62, 202).

13 **6. Zivilrecht.** Zur Tierhalterhaftung s § 833 BGB. Zur Haftungsverteilung bei Sturz eines Radfahrers, der angeleinten Hund führt, bei Annäherung eines frei laufenden Hundes OLG Köln DAR 03, 523 (s auch Schröder SVR 09, 293, 295 [RsprÜb]); führt ein Radfahrer zwei Hunde in der rechten Hand mit der Konsequenz, dass das Rad einhändig geführt wird, so ist dies nicht verboten, die daraus folgende Instabilität des Rades und die Einschränkungen bei Fahrmanövern führen jedoch beim Sturz des Radfahrers verursacht von einem weiteren freilaufenden Hund zu einem erheblichen- hier 75 prozentigen- Mitverschulden des

Radfahrers (LG Münster BeckRS 2016, 4037); zur Haftung bei Unfällen mit Reitern und frei laufenden Pferden Göbel DAR 10, 191; Haftungsverteilung bei Zusammenstoß zwischen Lkw und Pferd (OLG Brandenburg NZV 11, 609). Bei Unfällen – Kfz und Tier – gilt zum internen Schadensausgleich § 17 II StVG.

§ 29 Übermäßige Straßenbenutzung[1]

(1) *(aufgehoben)*

(2) **Veranstaltungen, für die Straßen mehr als verkehrsüblich in Anspruch genommen werden, insbesondere Kraftfahrzeugrennen bedürfen der Erlaubnis. Das ist der Fall, wenn die Benutzung der Straße für den Verkehr wegen der Zahl oder des Verhaltens der Teilnehmenden oder der Fahrweise der beteiligten Fahrzeuge eingeschränkt wird; Kraftfahrzeuge in geschlossenem Verband nehmen die Straße stets mehr als verkehrsüblich in Anspruch. Veranstaltende haben dafür zu sorgen, dass die Verkehrsvorschriften sowie etwaige Bedingungen und Auflagen befolgt werden.**

(3) **Einer Erlaubnis bedarf der Verkehr mit Fahrzeugen und Zügen, deren Abmessungen, Achslasten oder Gesamtmassen die gesetzlich allgemein zugelassenen Grenzen tatsächlich überschreiten. Das gilt auch für den Verkehr mit Fahrzeugen, deren Bauart dem Fahrzeugführenden kein ausreichendes Sichtfeld lässt.**

VwV – StVO
Zu § 29 Übermäßige Straßenbenutzung
Zu Absatz 1

I. Rennen sind Wettbewerbe oder Teile eines Wettbewerbes (zB Sonderprüfung mit Renncharakter) sowie Veranstaltungen zur Erzielung von Höchstgeschwindigkeiten oder höchsten Durchschnittsgeschwindigkeiten mit Kraftfahrzeugen (zB Rekordversuch). Auf die Art des Starts (gemeinsamer Start, Gruppen- oder Einzelstart) kommt es nicht an. **1**

Indizien für das Vorliegen eines Wettbewerbs sind die Verwendung renntypischer Begriffe, die Beteiligung von Sponsoren, gemeinsame Start-, Etappen- und Zielorte, der nahezu gleichzeitige Start aller Fahrzeuge, Startnummern, besondere Kennzeichnung und Werbung an den Fahrzeugen sowie vorgegebene Fahrtstrecken und Zeitnahmen (auch verdeckt) und die Verbindung zwischen den einzelnen Teilnehmern bzw. zwischen den Teilnehmern und dem Veranstalter (per Funk, GPS o.Ä.). Die Einhaltung der geltenden Verkehrsregeln oder das Fahren im Konvoi widerspricht dem Renncharakter nicht.

II. Das Verbot gilt auch für nichtorganisierte Rennen. **2**

III. Zur Ausnahmegenehmigung vgl § 46 Abs 2 Satz 1 und Satz 3, 2. Halbsatz StVO sowie VwV zu § 46 Abs 2. **3**

---

[1] Durch die Neufassung der StVO v 6.3.13 (BGBl I S 367, 377) erfolgten (lediglich) redaktionelle und sprachliche Anpassungen, ua Gesamtmasse statt bisher Gesamtgewicht. Die Streichung des Abs. 1 sowie die Änderung des Abs. 2 erfolgten durch das 56. Strafrechtsänderungsgesetz vom 30.9.2017 (BGBl. I S. 3532). Mit der Einfügung des neuen § 315d StGB wurde die Regelung des Abs. 1 obsolet.

StVO § 29

Zu Absatz 2

I. Erlaubnispflichtige Veranstaltungen

1. Motorsportliche Veranstaltungen

4 Mit erteilter Ausnahmegenehmigung nach Absatz 1 in Verbindung mit § 46 Abs 2 wird ein Rennen nach Absatz 1 zur erlaubnispflichtigen Veranstaltung nach Absatz 2.

5 Darüber hinaus sind nicht genehmigungsbedürftige motorsportliche Veranstaltungen dann erlaubnispflichtig, wenn 30 Kraftfahrzeuge und mehr am gleichen Platz starten oder ankommen

6 unabhängig von der Zahl der teilnehmenden Fahrzeuge, wenn wenigstens eines der folgenden Kriterien gegeben ist:
- vorgeschriebene Durchschnitts- oder Mindestgeschwindigkeit,
- vorgeschriebene Fahrtzeit (auch ohne Bewertung der Fahrtzeit),
- vorgeschriebene Streckenführung,
- Ermittlung des Siegers nach meistgefahrenen Kilometern,
- Durchführung von Sonderprüfungen,
- Fahren im geschlossenen Verband.

7 Ballon-Begleitfahrten, Fahrten mit Motorschlitten, Stockcarrennen, Autovernichtungs- oder Karambolagerennen sowie vergleichbare Veranstaltungen dürfen nicht erlaubt werden.

8 Eine Veranstaltung nach Randnummer 4 erfordert die Sperrung der in Anspruch genommenen Straßen für den allgemeinen Verkehr. Dies kommt nur für Straßen mit untergeordneter Verkehrsbedeutung in Betracht und setzt eine zumutbare Umleitungsstrecke voraus.

2. Weitere Veranstaltungen

9 Erlaubnispflichtig sind
a) Radrennen, Mannschaftsfahrten und vergleichbare Veranstaltungen,
b) Radtouren, wenn mehr als 100 Personen teilnehmen oder wenn mit erheblichen Verkehrsbeeinträchtigungen (in der Regel erst ab Landesstraße) zu rechnen ist,

10 c) Volkswanderungen und Volksläufe, wenn mehr als 500 Personen teilnehmen oder das überörtliche Straßennetz (ab Kreisstraße) beansprucht wird,

11 d) Umzüge bei Volksfesten u. ä., es sei denn, es handelt sich um ortsübliche Prozessionen und andere ortsübliche kirchliche Veranstaltungen sowie kleinere örtliche Brauchtumsveranstaltungen.

12 e) Nicht erlaubnispflichtig sind Versammlungen und Aufzüge im Sinne des § 14 des Versammlungsgesetzes.

II. Allgemeine Grundsätze

13 Die Erlaubnisbehörde ordnet alle erforderlichen Maßnahmen an und knüpft die Erlaubnis insbesondere an folgende Auflagen und Bedingungen:

14 1. Veranstaltungen sollen grundsätzlich auf abgesperrtem Gelände durchgeführt werden. Ist eine vollständige Sperrung wegen der besonderen Art und Veranstaltung nicht erforderlich und nicht verhältnismäßig, dürfen nur Straßen benutzt werden, auf denen die Sicherheit oder Ordnung des allgemeinen Verkehrs nicht beeinträchtigt wird. Zu Rennveranstaltungen vgl Randnummern 4 und 8.

15 2. Die Erlaubnispflicht erstreckt sich auch auf Straßen mit tatsächlich öffentlichem Verkehr; für deren Benutzung ist zusätzlich die Zustimmung des Verfügungsberechtigten erforderlich.

Übermäßige Straßenbenutzung § 29 StVO

3. Auf das Erholungs- und Ruhebedürfnis der Bevölkerung ist besonders Rücksicht zu nehmen. Veranstaltungen, die geeignet sind, die Nachtruhe der Bevölkerung zu stören, dürfen für die Zeit von 22.00 bis 6.00 Uhr nicht erlaubt werden. **16**
4. Eine Erlaubnis darf nur Veranstaltern erteilt werden, die die Gewähr dafür bieten, dass die Veranstaltung entsprechend den Bedingungen und Auflagen der Erlaubnisbehörde abgewickelt wird. Diese Gewähr bietet ein Veranstalter in der Regel nicht, wenn er eine erlaubnispflichtige Veranstaltung ohne Erlaubnis durchgeführt oder die Nichtbeachtung von Bedingungen und Auflagen einer erlaubten Veranstaltung zu vertreten hat. **17**
5. Die Erlaubnisbehörde hat sich vom Veranstalter schriftlich seine Kenntnis darüber bestätigen zu lassen, dass die Veranstaltung eine Sondernutzung im Sinne des § 8 des Bundesfernstraßengesetzes bzw. der entsprechenden Bestimmungen in den Straßengesetzen der Länder darstellt. In der Erklärung ist insbesondere die Kenntnis über die straßenrechtlichen Erstattungsansprüche zu bestätigen, wonach der Erlaubnisnehmer alle Kosten zu ersetzen hat, die dem Träger der Straßenbaulast durch die Sondernutzung entstehen. Das zuständige Bundesministerium gibt ein Muster einer solchen Erklärung nach Anhörung der obersten Landesbehörden im Verkehrsblatt bekannt. Diese ist bei allen Veranstaltungen mit der Antragstellung zu verlangen. Im Übrigen bleiben die gesetzlichen Vorschriften über die Haftpflicht des Veranstalters unberührt. Hierauf ist im Erlaubnisbescheid hinzuweisen. **18**
6. In den Erlaubnisbescheid ist zudem aufzunehmen, dass der Straßenbaulastträger und die Erlaubnisbehörde keinerlei Gewähr dafür übernehmen, dass die Straßen samt Zubehör durch die Sondernutzung uneingeschränkt benutzt werden können und den Straßenbaulastträger im Rahmen der Sondernutzung keinerlei Haftung wegen Verletzung der Verkehrssicherungspflicht trifft. **19**
7. Die Erlaubnisbehörde hat den Abschluss von Versicherungen zur Abdeckung gesetzlicher Haftpflichtansprüche (vgl Randnummer 18) mit folgenden Mindestversicherungssummen zu verlangen: **20**
   – Bei Veranstaltungen mit Kraftwagen und bei gemischten Veranstaltungen **21**
      500 000 € für Personenschäden (für die einzelne Person mindestens 150 000 €),
      100 000 € für Sachschäden,
      20 000 €   für Vermögensschäden;
   – bei Veranstaltungen mit Motorrädern und Karts **22**
      250 000 € für Personenschäden (für die einzelne Person mindestens 150 000 €),
      50 000 €   für Sachschäden,
      5000 €   für Vermögensschäden;
   – bei Radsportveranstaltungen, anderen Veranstaltungen mit Fahrrädern (Randnummer 9) und sonstigen Veranstaltungen (Randnummer 10) **23**
      250 000 € für Personenschäden (für die einzelne Person mindestens 100 000 €),
      50 000 €   für Sachschäden,
      5000 €   für Vermögensschäden.
8. Unabhängig von Nummer 7 muss bei motorsportlichen Veranstaltungen, die auf nicht abgesperrten Straßen stattfinden, für jedes Fahrzeug der Abschluss eines für die Teilnahme an der Veranstaltung geltenden Haftpflichtversicherungsvertrages mit folgenden Mindestversicherungssummen verlangt werden: **24**

- bei Veranstaltungen mit Kraftwagen
1 000 000 € pauschal;
- bei Veranstaltungen mit Motorrädern und Karts
500 000 € pauschal.

25 9. Es ist darauf hinzuweisen, dass bei Rennen und Sonderprüfungen mit Renncharakter Veranstalter, Fahrer und Halter für die Schäden, die durch die Veranstaltung an Personen und Sachen verursacht worden sind, nach Maßgabe der gesetzlichen Bestimmungen über Verschuldens- und Gefährdungshaftung herangezogen werden. Haftungsausschlussvereinbarungen sind zu untersagen, soweit sie nicht Haftpflichtansprüche der Fahrer, Beifahrer, Fahrzeughalter, Fahrzeugeigentümer sowie der Helfer dieser Personen betreffen. Dem Veranstalter ist ein ausreichender Versicherungsschutz zur Deckung von Ansprüchen aus vorbezeichneten Schäden aufzuerlegen. Mindestversicherungssummen sind:

26 - für jede Rennveranstaltung mit Kraftwagen
500 000 € für Personenschäden pro Ereignis,
150 000 € für die einzelne Person,
100 000 € für Sachschäden,
20 000 € für Vermögensschäden;

27 - für jede Rennveranstaltung mit Motorrädern und Karts
250 000 € für Personenschäden pro Ereignis,
150 000 € für die einzelne Person,
50 000 € für Sachschäden,
10 000 € für Vermögensschäden.

28 Außerdem ist dem Veranstalter der Abschluss einer Unfallversicherung für den einzelnen Zuschauer in Höhe folgender Versicherungssummen aufzuerlegen:
15 000 € für den Todesfall,
30 000 € für den Invaliditätsfall (Kapitalzahlung je Person).

29 Hierbei muss sichergestellt sein, dass die Beträge der Unfallversicherung im Schadensfall ohne Berücksichtigung der Haftungsfrage an die Geschädigten gezahlt werden. In den Unfallversicherungsbedingungen ist den Zuschauern ein unmittelbarer Anspruch auf die Versicherungssumme gegen die Versicherungsgesellschaften einzuräumen.

30 Dem Veranstalter ist ferner aufzuerlegen, dass er Sorge zu tragen hat, dass an der Veranstaltung nur Personen als Fahrer, Beifahrer oder deren Helfer teilnehmen, für die einschließlich etwaiger freiwilliger Zuwendungen der Automobilklubs folgender Unfallversicherungsschutz besteht:
7500 € für den Todesfall,
15 000 € für den Invaliditätsfall (Kapitalzahlung je Person).
Die Nummern 7 und 8 bleiben unberührt.

31 10. Bei Bedarf ist im Streckenverlauf, insbesondere an Gefahrenstellen, der Einsatz zuverlässiger, kenntlich gemachter Ordner (zB durch Armbinden oder Warnwesten) aufzuerlegen. Diese sind darauf hinzuweisen, dass ihnen keine polizeilichen Befugnisse zustehen und dass sie den Weisungen der Polizei unterliegen.

32 11. Soweit es die Art der Veranstaltung zulässt, ist zudem zu verlangen, Anfang und Ende der Teilnehmerfelder durch besonders kenntlich gemachte Fahrzeuge (Spitzen- und Schlussfahrzeug) oder Personen anzuzeigen.

33 12. Dem Veranstalter kann aufgegeben werden, in der Tagespresse und in sonst geeigneter Weise rechtzeitig auf die Veranstaltung hinzuweisen.

13. Im Erlaubnisbescheid ist darauf hinzuwesen, dass die Teilnehmer an einer Ver- 34
anstaltung kein Vorrecht im Straßenverkehr genießen und, ausgenommen auf
gesperrten Straßen, die Straßenverkehrsvorschriften zu beachten haben.

III. Erlaubnisverfahren

1. Allgemeines 35
   a) Für das Verfahren werden im zuständigen Bundesministerium nach Anhörung der zuständigen obersten Landesbehörden Formblätter (zB für die Erklärungen) herausgegeben und im Verkehrsblatt veröffentlicht.
   b) Autorennen, Motorradrennen und Sonderprüfungen mit Renncharakter betref- 36 fende Anträge sind nur zu bearbeiten, wenn zugleich Gutachten von Sachverständigen insbesondere die Geeignetheit der Fahrtstrecken und die gebotenen Sicherungsmaßnahmen betreffend vorgelegt werden. Streckenabnahmeprotokolle von bundesweiten Motorsportdachorganisationen (zB DMSB, DAM und DASV) sind Gutachten in diesem Sinne.
   c) Es sind die Polizei, die Straßenverkehrsbehörden, die Behörden der Straßen- 37 baulastträger, die Forstbehörden und die Naturschutzbehörden zu hören, soweit ihr Zuständigkeitsbereich berührt wird. Werden Bahnstrecken höhengleich (Bahnübergänge) gekreuzt, sind die betroffenen Eisenbahninfrastrukturunternehmen anzuhören.
   d) Werden Forderungen von den nach Buchstabe c gehörten Stellen erhoben, 38 sollen diese im Erlaubnisbescheid durch entsprechende Bedingungen und Auflagen berücksichtigt werden. Forderungen des Straßenbaulastträgers und des Eisenbahninfrastrukturunternehmens sind zwingend zu berücksichtigen. Können Behörden die Erstattung von Aufwendungen für besondere Maßnahmen aus Anlass der Veranstaltung verlangen, so hat sich der Antragsteller schriftlich zu deren Erstattung zu verpflichten (vgl Randnummer 18). Eine vom Straßenbaulastträger geforderte Sondernutzungsgebühr ist im Erlaubnisbescheid gesondert festzusetzen.
   e) Die Erlaubnis soll erst dann erteilt werden, wenn die beteiligten Behörden und 39 Stellen gegen die Veranstaltung keine Bedenken geltend gemacht haben.

2. Rennen mit Kraftfahrzeugen
   a) Rennen nach Nummer I zu Abs 1 (Randnummer 1) dürfen nur auf abgesperr- 40 ten Straßen erlaubt werden.
   b) Bevor die Erlaubnis erteilt wird, müssen 41
      – die Ausnahmegenehmigung von § 29 Abs 1,
      – das Gutachten (Randnummer 36) über die Eignung der Strecke für das Rennen und
      – der Nachweis des Abschlusses der in den Nummern II.7, 8 und 9 (Randnummer 20 ff) genannten Versicherungen vorliegen.

      Ein Gutachten ist entbehrlich bei Wiederholung eines Rennens auf gleicher Strecke. Dann genügt eine rechtsverbindliche Erklärung des Gutachters (vgl Randnummer 36), dass sich die Strecke seit der letzten rennbedingten Streckenabnahme weder in baulicher noch in rennmäßiger Hinsicht verändert hat.
   c) Die Erteilung der Erlaubnis ist insbesondere an folgende Bedingungen und Auflagen zu knüpfen:
      aa) zur Vorbereitung/Durchführung des Rennens
         – Dem Rennen hat ein Training vorauszugehen, das Teil des Wettbe- 42 werbs ist; das gilt nicht für Sonderprüfungen mit Renncharakter.

StVO § 29   I. Allgemeine Verkehrsregeln

43   — Beginn und Ende des Rennens sind bekannt zu geben, damit die erforderlichen Sicherheitsmaßnahmen der zuständigen Behörden oder Stellen eingeleitet und wieder aufgehoben werden können.

44   — Vor und während des Rennens ist eine Verbindung mit der Polizeieinsatzleitung herzustellen und zu halten. Besondere Vorkommnisse während des Rennens sind dieser Einsatzleitung sofort bekannt zu geben. Dabei ist zu berücksichtigen, dass der Veranstalter für die Sicherheit der Teilnehmer, Sportwarte und Zuschauer innerhalb des Sperrbereichs zu sorgen hat. Die Polizei hat lediglich die Aufgabe, verkehrsregelnde Maßnahmen außerhalb des Sperrbereichs – soweit erforderlich – zu treffen, es sei denn, dass ausnahmsweise (zB weil die Zuschauer den Anordnungen der Ordner nicht nachkommen) auf ausdrückliche Weisung ihres Leiters ein Einsatz innerhalb des Sperrbereichs erforderlich ist.

45   — Auf Verlangen ist eine Lautsprecheranlage um die Rennstrecke aufzubauen und während des Rennens in Betrieb zu halten; diese Anlage und andere vorhandene Verständigungseinrichtungen müssen der Polizei zur Verfügung gestellt werden, falls das im Interesse der öffentlichen Sicherheit oder Ordnung notwendig ist.

46   — Entlang der Absperrung ist eine ausreichende Zahl von Ordnern vorzuhalten. Umfang, Art und Beschaffenheit der Sicherungen ergeben sich aus den örtlichen Verhältnissen. Dabei sind die Auflagen im Gutachten (vgl Randnummer 36) zu beachten. Insbesondere sind die bei der Abnahme der Rennstrecke festgesetzten Sperrzonen abzugrenzen, zu beschildern und mit eigenen Kräften zu überwachen.

47   — Es ist ein Sanitätsdienst mit den erforderlichen Ärzten, Unfallstationen und Krankentransportwagen einzurichten. Zudem ist für ausreichenden Feuerschutz zu sorgen und die notwendigen hygienischen Anlagen sind bereitzustellen.

48   — Vor dem Start des Rennens ist die Rennstrecke durch den Veranstalter freizugeben.

49   — Die Rennstrecke darf während des Wettbewerbs nicht betreten werden. Ausgenommen davon sind Sportwarte mit besonderem Auftrag der Rennleitung und Personen, die von der Rennleitung zur Beseitigung von Ölspuren und sonstigen Hindernissen sowie für den Sanitäts- und Rettungsdienst eingesetzt werden; sie müssen eine auffällige Warnkleidung tragen.

50   — Die Fahrzeuge der Rennleitung sind deutlich kenntlich zu machen.

bb) zu den an dem Rennen teilnehmenden Fahrern und Fahrzeugen

51   — Die Fahrer müssen eine gültige anerkannte Fahrerlizenz (zB des DMSB, DAM, DASV oder einer vergleichbaren ausländischen Organisation) besitzen und an dem Pflichttraining (vgl Randnummer 42) teilgenommen haben.

52   — Die Rennfahrzeuge dürfen nur im verkehrssicheren Zustand an dem Rennen teilnehmen. Dazu sind sie durch Sachverständige insbesondere hinsichtlich der Fahrzeugteile, die die Verkehrssicherheit beeinträchtigen können, zu untersuchen.

3. Sonstige motorsportliche Veranstaltungen

Die Erteilung der Erlaubnis ist insbesondere an folgende Bedingungen und Auflagen zu knüpfen:

Übermäßige Straßenbenutzung § 29 StVO

a) zur Vorbereitung/Durchführung der Veranstaltung
- Jedem Teilnehmer ist eine Startnummer zuzuteilen, die deutlich sichtbar rechts oder links am Fahrzeug anzubringen ist. Von dieser Auflage kann abgesehen werden, wenn die Art der Veranstaltung diese Kennzeichnung entbehrlich macht. Die Startnummernschilder dürfen erst bei der Fahrzeugabnahme (vgl Randnummer 60) angebracht und müssen nach Beendigung des Wettbewerbs oder beim vorzeitigen Ausscheiden sofort entfernt werden. **53**
- Der Abstand der Fahrzeuge beim Start darf eine Minute nicht unterschreiten. **54**
- Im Rahmen einer Veranstaltung dürfen je 30 km Streckenlänge je eine, insgesamt jedoch nicht mehr als fünf Sonderprüfungen mit Renncharakter auf öffentlichen Straßen durchgeführt werden. Der Veranstalter kann nach Maßgabe landesrechtlicher Vorschriften abseits öffentlicher Straßen weitere Sonderprüfungen mit Renncharakter abhalten. Sonderprüfungsstrecken auf öffentlichen Straßen dürfen in der Regel während einer Veranstaltung nur einmal durchfahren werden. **55**
- Kontrollstellen dürfen nur abseits von bewohnten Grundstücken an geeigneten Stellen eingerichtet werden. Der allgemeine Verkehr darf durch die Kontrollstellen nicht beeinträchtigt werden. **56**
- Die Fahrzeugbesatzung muss aus mindestens zwei Personen bestehen, wenn die Art der Veranstaltung (zB Suchfahrt) dies erfordert. Bei Wettbewerben, die ohne Fahrerwechsel über mehr als 450 km geführt werden oder die mehr als acht Stunden Fahrzeit erfordern, muss eine Zwangspause von mindestens 30 Minuten eingelegt werden. **57**
- Die Fahrzeiten sind unter Berücksichtigung der Straßenverhältnisse so zu bemessen, dass jeder Teilnehmer in der Lage ist, die Verkehrsvorschriften zu beachten. Der Veranstalter hat die Teilnehmer zu verpflichten, Bordbücher oder -karten auf Verlangen der Polizeibeamten zur Eintragung festgestellter Verstöße gegen straßenverkehrsrechtliche Bestimmungen auszuhändigen. Bei Feststellung solcher Eintragungen sind die betreffenden Teilnehmer aus der Wertung zu nehmen. **58**
b) zu den an der Veranstaltung teilnehmenden Fahrern und Fahrzeugen
- Es dürfen nur solche Fahrer zum Start zugelassen werden, die eine gültige Fahrerlaubnis besitzen und nachweisen können, dass ihr Fahrzeug ausreichend versichert ist. **59**
- Fahrzeuge, die nicht den Vorschriften der StVZO entsprechen oder nicht für den öffentlichen Verkehr zugelassen sind, sind von der Teilnahme auszuschließen. Werden nach dem Start Veränderungen an Fahrzeugen vorgenommen oder werden während der Fahrt Fahrzeuge verkehrs- oder betriebsunsicher, führt dies unverzüglich zum Ausschluss aus dem Wettbewerb. **60**
4. Radrennen, Mannschaftsfahrten und vergleichbare Veranstaltungen
a) Sie sollen möglichst nur auf Straßen mit geringer Verkehrsbedeutung erlaubt werden. **61**
b) Die Zahl der zur Sicherung der Veranstaltung erforderlichen Begleitfahrzeuge ist im Erlaubnisbescheid festzulegen, sie sind besonders kenntlich zu machen. **62**
c) Die jeweiligen Streckenabschnitte müssen in der Regel vom übrigen Fahrverkehr freigehalten werden. Dies ist entweder durch Sperrungen oder durch Weisungen der Polizei sicherzustellen. **63**

StVO § 29 — I. Allgemeine Verkehrsregeln

5. Sonstige Veranstaltungen
64 a) Volkswanderungen, Volksläufe und Radtouren sollen nur auf abgelegenen Straßen (Gemeindestraßen, Feld- und Waldwegen) zugelassen werden.
65 b) Vom Veranstalter ist ausreichender Feuerschutz (wegen evtl. Waldbrandgefahr), die Vorhaltung eines Sanitätsdienstes und von hygienischen Anlagen zu verlangen.
66 c) In der Regel ist zu verlangen, dass die Teilnehmer in Gruppen starten.
67–78 (nicht belegt)

Zu Absatz 3 Großraum- und Schwerverkehr

79 I. Unbeschadet des Erfordernisses einer Erlaubnis nach § 29 Absatz 3 Satz 1 (vgl dazu Rn 80) bedürfen Fahrzeuge und Fahrzeugkombinationen, deren Abmessungen, Achslasten oder Gesamtmassen die nach den §§ 32 und 34 StVZO zulässigen Grenzen überschreiten oder bei denen das Sichtfeld (§ 35b Absatz 2 StVZO) eingeschränkt ist oder von denen das Kurvenlaufverhalten (§ 32d StVZO) nicht eingehalten wird, einer fahrzeugtechnischen Ausnahmegenehmigung nach § 70 Absatz 1 Nummer 1 oder 2 StVZO.

80 II. Einer Erlaubnis nach § 29 Absatz 3 bedürfen Fahrzeuge und Fahrzeugkombinationen, die einer fahrzeugtechnischen Ausnahmegenehmigung im Sinne der Nummer I bedürfen und die diese Grenzen tatsächlich überschreiten. Erlaubte Abweichungen von den Grenzen der StVZO, Geltungsbereich und Geltungsdauer der Erlaubnis müssen von der fahrzeugtechnischen Ausnahmegenehmigung gedeckt sein, innerhalb des Geltungsbereichs und der Geltungsdauer der Ausnahmegenehmigung nach § 70 StVZO liegen (vgl dazu Rn 79). Die Geltungsdauer der Erlaubnis nach § 29 Absatz 3 darf dabei einen Zeitraum von drei Jahren nicht überschreiten.

81 Die Erteilung einer Erlaubnis nach § 29 Absatz 3 ersetzt nicht das Erfordernis einer Ausnahmegenehmigung nach § 46 im Übrigen (z. B. bei bestehenden Durchfahrtverboten oder Transporten an Sonn- und Feiertagen).

III. Eine Erlaubnis nach § 29 Absatz 3 ist nicht erforderlich,

82 1. wenn Fahrzeuge und Fahrzeugkombinationen nur aufgrund ihrer Ladung die Abmessungen nach § 18 Absatz 1 Satz 2 oder § 22 Absatz 2 bis 4 überschreiten; diese bedürfen einer Ausnahmegenehmigung nach § 46 Absatz 1 Nummer 5,

83 2. wenn eine konstruktiv vorgesehene Verlängerung oder Verbreiterung des Fahrzeugs oder der Fahrzeugkombination (z. B. durch Ausziehen der Ladefläche oder Ausklappen oder Anstecken von Konsolen) nicht oder nur teilweise erfolgt und das Fahrzeug in diesem Zustand den Bestimmungen des § 32 StVZO entspricht oder

84 3. bei einem Fahrzeug, dessen Zulassung wegen der Überschreitung zulässiger Achslasten und Gesamtmassen einer Ausnahmegenehmigung nach § 70 StVZO bedarf, im Verkehr dann aber die tatsächliche Gesamtmasse und die tatsächlichen Achslasten die in § 34 StVZO festgelegten Grenzen nicht überschreitet.

IV. Voraussetzungen der Erlaubnis
1. Eine Erlaubnis darf nur erteilt werden, wenn
85 a) der Verkehr nicht – wenigstens zum größten Teil der Strecke – auf der Schiene oder auf dem Wasser möglich ist oder wenn durch einen Verkehr auf dem Schienen- oder Wasserweg unzumutbare Mehrkosten (auch andere als die reinen Transportmehrkosten) entstehen würden und

b) für den gesamten Fahrtweg Straßen zur Verfügung stehen, deren baulicher Zustand durch den Verkehr nicht beeinträchtigt wird und für deren Schutz keine besonderen Maßnahmen erforderlich sind, oder wenn wenigstens die spätere Wiederherstellung der Straßen oder die Durchführung jener Maßnahmen, vor allem aus verkehrlichen Gründen, nicht zu zeitraubend oder zu umfangreich wäre.
2. Eine Erlaubnis darf außerdem nur für den Transport folgender Landungen erteilt werden:
   a) einer unteilbaren Ladung; unteilbar ist eine Ladung, wenn ihre Zerlegung aus technischen Gründen unmöglich ist oder unzumutbare Kosten verursachen würde;
   als unteilbar gelten auch das Zubehör eines Kranes und die Gewichtsstücke eines Eichfahrzeuges;
   Als unteilbar gilt auch das Zubehör von Kränen.
   b) einer aus mehr als einem Teil bestehenden Ladung, wenn die Teile aus Festigkeitsgründen nicht als Einzelstücke befördert werden können und diese unteilbar sind (dies ist durch eine Bestätigung eines amtlich anerkannten Sachverständigen mit Fachverstand für das Ladungsgut oder eines Prüfingenieurs einer amtlich anerkannten Überwachungsorganisation mit Fachverstand für das Ladungsgut nachzuweisen); für den Transport abmontierter Räder selbstfahrender Arbeitsmaschinen, wenn sich dadurch die Abmessungen des erlaubten Transports nicht vergrößert und die nach § 34 StVZO zulässigen Achslasten und Gesamtmassen eingehalten werden;
   c) mehrerer einzelner unteilbarer Teile, die je für sich wegen ihrer Länge, Breite oder Höhe die Benutzung eines Fahrzeugs mit einer Ausnahmegenehmigung nach § 70 StVZO erfordern und unteilbar sind, jedoch unter Einhaltung der nach § 34 StVZO zulässigen Gesamtmasse und Achslasten;
   d) Zubehör zu unteilbaren Ladungen; es darf 10% der Gesamtmasse der Ladung nicht überschreiten und muss in dem Begleitpapier mit genauer Bezeichnung aufgeführt sein.
3. Eine Erlaubnis darf weiterhin erteilt werden für die Überführung eines unbeladenen Fahrzeugs oder einer unbeladenen Fahrzeugkombination, dessen oder deren tatsächliche Abmessungen, Achslasten, Gesamtmasse oder Kurvenlaufverhalten die nach den §§ 32, 34 und 35b StVZO zulässigen Grenzen überschreiten oder bei dem oder der das Sichtfeld nach § 35b Absatz 2 StVZO eingeschränkt ist.
4. Hat der Antragsteller oder die transportdurchführende Person vorsätzlich oder grob fahrlässig zuvor einen erlaubnispflichtigen Verkehr ohne die erforderliche Erlaubnis durchgeführt oder gegen die Bedingungen und Auflagen einer Erlaubnis verstoßen, so soll ihm oder ihr für einen angemessenen Zeitraum keine Erlaubnis mehr erteilt werden.
5. Haben Absender und Empfänger Gleisanschlüsse, ist die Erteilung einer Erlaubnis nur zulässig, wenn nachgewiesen ist, dass eine Schienenbeförderung nicht möglich oder unzumutbar ist. Von dem Nachweis darf nur in dringenden Fällen abgesehen werden.

V. Das Verfahren für die Erteilung einer Erlaubnis

1. Erklärung des Antragstellers
Die Erlaubnisbehörde hat sich vom Antragsteller schriftlich seine Kenntnis darüber bestätigen zu lassen, dass

StVO § 29

a) ein Großraum- oder Schwertransport eine Sondernutzung im Sinne des § 8 des Bundesfernstraßengesetzes und der entsprechenden straßenrechtlichen Vorschriften der Länder darstellt; in der Erklärung ist insbesondere die Kenntnis der straßenrechtlichen Erstattungsansprüche zu bestätigen, wonach der Antragsteller alle Kosten zu übernehmen hat, die dem Träger der Straßenbaulast durch die Sondernutzung entstehen;
b) der Träger der Straßenbaulast und die Straßenverkehrsbehörde keinerlei Gewähr dafür übernehmen, dass die Straßen samt Zubehör durch die Sondernutzung uneingeschränkt benutzt werden können; den Träger der Straßenbaulast oder denjenigen, der im Auftrag des Trägers der Straßenbaulast die Straße verwaltet, trifft im Rahmen der Sondernutzung keinerlei Haftung wegen Verletzung der Verkehrssicherungspflicht.

95 2. Für Großraum- oder Schwertransporte können Einzelerlaubnisse oder Dauererlaubnisse erteilt werden. Sie sind unter dem Vorbehalt des Widerrufs zu erteilen.

96 a) Einzelerlaubnis
Die Einzelerlaubnis ist auf höchstens drei Monate zu befristen und kann im Rahmen der zeitlichen Gültigkeit einmal um drei Monate verlängert werden. Zulässig ist die Erlaubnis eines Transportumlaufs: Leerfahrt (Standort oder Firmensitz des Fahrzeugs zum Beladeort) mit anschließender Lastfahrt (vom Belade- zum Zielort) und abschließender Leerfahrt (vom Zielort zurück zum Firmensitz). Je Bescheid ist nur ein zusammenhängender Fahrtweg zulässig. In einem Bescheid können höchstens fünf baugleiche Fahrzeugkombinationen aufgenommen werden. Als baugleich gelten Fahrzeugkombinationen, deren Maße (Länge, Breite, Höhe), Kurvenlaufverhalten, Sichtfeld, Gesamtmassen, Achslasten und Achsabstände übereinstimmen.

97 b) Dauererlaubnis
Eine Dauererlaubnis kann für bestimmte Fahrtwege oder flächendeckend erteilt werden. Sie darf nur erteilt werden, wenn polizeiliche Maßnahmen zur Verkehrssicherung oder -regelung nicht erforderlich sind. Polizeiliche Maßnahmen sind stets erforderlich, wenn Ermessensentscheidungen vor Ort getroffen werden müssen oder bei sonstigen schwierigen Straßen- oder Verkehrsverhältnissen. In einen Bescheid können höchstens fünf baugleiche Fahrzeugkombinationen aufgenommen werden. Zur Baugleichheit vgl Rn 96.

98 aa) Streckenbezogene Dauererlaubnis
Die Dauererlaubnis ist auf Fahrten zwischen bestimmten Orten zu beschränken.
Bis zu einer tatsächlichen Gesamtmasse von 60 t oder einer Achslast von weniger als 12 t können in einem Bescheid bis zu fünf Fahrtwege festgelegt werden. Die Fahrauflagen (Anlage 3 des Bescheides) sind dann im Erlaubnisbescheid getrennt nach Fahrtweg fahrtwegteilchronologisch zu gliedern. Bei höherer Gesamtmasse oder Achslast kann nur ein Fahrtweg genehmigt werden.

99 bb) Flächendeckende Dauererlaubnis
Eine Dauererlaubnis kann für alle Straßen im Zuständigkeitsbereich der Erlaubnisbehörde und der benachbarten Erlaubnisbehörden erteilt werden. Für Straßenverkehrsbehörden mit kleinen räumlichen Zuständigkeitsbereichen und für bestimmte qualifizierte Straßen können die obersten Landesbehörden Sonderregelungen treffen.

100 Für eine Überschreitung bis zu den in Nummer V.4.f (Rn 109 ff) genannten Abmessungen, Achslasten und Gesamtmassen (anhörfreier Bereich) kann eine allgemeine Dauererlaubnis für den gesamten Geltungsbereich der StVO erteilt werden. Neben den nach Landesrecht zuständigen Erlaubnisbehörden kann auch die Verwaltungsbehörde, die nach § 70 Absatz 1 Nummer 1 StVZO eine Ausnahmegenehmigung von den Vorschriften der §§ 32 und 34 StVZO erteilt, innerhalb der Anhörfreigrenzen nach Nummer V.4.f (Rn 109 ff) zugleich eine allgemeine Dauererlaubnis erteilen. Entsprechendes gilt, wenn das Sichtfeld (§ 35 Absatz 2 StVZO) eingeschränkt ist.

Zur Gewährleistung der Standsicherheit und Dauerhaftigkeit der Brückenbauwerke im Zuge von Bundesstraßen ist eine flächendeckende Dauererlaubnis unter Einschluss der Brücken im Zuge von Bundesfernstraßen nur für Kranfahrzeuge bis 48 t und für andere Fahrzeuge oder Fahrzeugkombinationen bis 60 t möglich. Alle Bauwerke, für die im Rahmen der flächendeckenden Dauererlaubnis das Befahren nicht erlaubt werden kann, sind in einer Liste („Negativliste") aufzuführen. Die Negativliste muss hinsichtlich der Anzahl der aufgelisteten Bauwerke überschaubar und nachvollziehbar sein. In der Negativliste sind die Bauwerke nach Straßenzügen zu ordnen und innerhalb einer Straße fortlaufend aufzuführen. Trotz Negativliste müssen im Bundesfernstraßennetz noch ausreichend Strecken zur Verfügung stehen, welche die Erteilung einer flächendeckenden Dauererlaubnis rechtfertigen.

3. Antragsdaten **101**

In dem Antrag müssen der beabsichtigte Fahrtweg und mindestens folgende tatsächliche technische Daten angegeben sein:
Länge, Breite, Höhe, zulässige und tatsächliche Gesamtmasse, zulässige und **102** tatsächliche Achslasten, Anzahl der Achsen, Achsabstände, Anzahl der Räder je Achse, Art und Bezeichnung der Ladung und Angaben zur Unteilbarkeit der Ladung, Abmessungen und Gewicht der Ladung, bauartbedingte Höchstgeschwindigkeit des Transports, amtliche Kennzeichen und Fahrzeugidentifikationsnummern von Zugfahrzeugen und Anhängern und Kurvenlaufverhalten sowie die Bodenfreiheit

Die Angaben zum Achsbild sind entbehrlich, wenn die Gesamtmasse, Achslasten **103** und Achsabstände nach § 34 StVZO nicht überschritten sind.

4. Anhörverfahren **104**

a) Außer im anhörfreien Bereich nach Nummer V.4.f (Rn 109 ff) hat die zuständige Erlaubnisbehörde für den beantragten Fahrtweg die nach § 8 Absatz 6 des Bundesfernstraßengesetzes oder nach den entsprechenden straßenrechtlichen Vorschriften der Länder zu beteiligenden Straßenbaulastträger und, wenn Bahnstrecken höhengleich (Bahnübergänge) gekreuzt oder nicht höhengleich (Überführungen) überfahren bzw. (Unterführungen) unterfahren oder Bahnanlagen berührt (Unterschreitung eines Sicherheitsabstandes) werden, auch die Eisenbahninfrastrukturunternehmen zu hören. Des Weiteren ist auch die Wasserstraßen- und Schifffahrtsverwaltung des Bundes (WSV) anzuhören, soweit Kreuzungsbauwerke mit einer Bundeswasserstraße (Über- oder Unterführungen) genutzt werden und die WSV Baulastträger ist. Geht die Fahrt über den Zuständigkeitsbereich einer Erlaubnisbehörde hinaus, so sind außerdem die Straßenverkehrsbehörden zu hören, durch deren Zuständigkeitsbereich der Fahrtweg führt; diese verfahren für ihren Zuständigkeitsbereich nach Satz 1. Die Polizei ist in den Fällen, in denen polizeiliche Maßnahmen (vgl Rn 97, 134 ff) in Betracht kommen, anzuhören.

b) Ist die zeitweise Sperrung einer Autobahn oder einer Richtungsfahrbahn einer **105** Autobahn erforderlich, bedarf es der Zustimmung der nach Landesrecht

StVO § 29   I. Allgemeine Verkehrsregeln

zuständigen Behörde. Den beteiligten Behörden sind die in Nummer V.3 (Rn 102 und 103) aufgeführten technischen Daten des Fahrzeugs oder der Fahrzeugkombination mitzuteilen.

106   c) Geht die Fahrt über das Gebiet eines Landes hinaus, so ist unter Mitteilung der in Nummer V.3 (Rn 102 und 103) aufgeführten technischen Daten des Fahrzeugs oder der Fahrzeugkombination die Zustimmung der nach Landesrecht zuständigen Behörde einzuholen, durch deren Zuständigkeitsbereich die Fahrt in den anderen Ländern jeweils zuerst geht. Diese Behörden führen entsprechend Nummer V.4.a (Rn 104) ein Anhörverfahren durch und fassen die Stellungnahmen zu einer Stellungnahme des Landes zusammen. In einer Zustimmung sind etwaige Bedingungen und Auflagen fahrtwegteilchronologisch getrennt nach Last- und Leerfahrt zu gliedern. Die Stellungnahme und die Zustimmung sind bei Einzelerlaubnissen grundsätzlich für einen Zeitraum von drei Monaten und bei Dauererlaubnissen für einen Zeitraum von drei Jahren abzugeben. Eine zeitliche Begrenzung auf einen kürzeren Zeitraum ist besonders zu begründen. Die Zustimmung darf nur mit der Begründung versagt werden, dass die Voraussetzungen nach Nummer IV.1.b (Rn 86) in ihrem Zuständigkeitsbereich nicht vorliegen.

107   d) Führt die Fahrt nur auf kurzen Strecken in ein anderes Land, so genügt es, statt mit der dortigen nach Landesrecht zuständigen Behörde unmittelbar mit der örtlich zuständigen Straßenverkehrsbehörde und der örtlichen Straßenbaubehörde des Nachbarlandes Verbindung aufzunehmen und Einvernehmen herzustellen.

108   e) Jede Änderung eines Antrages oder Bescheides erfordert eine erneute Anhörung der betroffenen Stellen. Ausgenommen hiervon sind Änderungen von Kennzeichen bei Verwendung baugleicher Fahrzeuge.

109   f) Von dem in Nummer V.4 (Rn 104 ff) angeführten Anhörverfahren ist abzusehen, wenn folgende tatsächliche Abmessungen, Achslasten und Gesamtmassen im Einzelfall nicht überschritten werden und Zweifel an der Geeignetheit des Fahrtweges, insbesondere der Tunnelanlagen und der Tragfähigkeit der Brücken, nicht bestehen:

Höhe über alles	4 m
Breite über alles	3 m
110 Länge über alles:	
– Einzelfahrzeuge (ausgenommen Sattelanhänger)	15 m
– Sattelkraftfahrzeuge	20 m
– Züge	23 m
– wenn das Kurvenlaufverhalten des Sattelkraftfahrzeugs in einer Teilkreisfahrt eingehalten wird (§ 32d StVZO)	23 m
111 Achslasten	
– Einzelachsen	11,5 t
– Doppelachsen	
Achsabstand: 1,0 m bis weniger als 1,3 m	17,6 t
1,3 m bis 1,8 m	20,0 t
Gesamtmasse	
112 – Einzelfahrzeuge	
Fahrzeuge mit zwei Achsen	
(ausgenommen Sattelanhänger)	18,0 t
Kraftfahrzeuge mit drei Achsen	27,5 t

Anhänger mit drei Achsen	25,0 t
Kraftfahrzeuge mit zwei Doppelachsen, deren Mitten mindestens 4,0 m voneinander entfernt sind sowie Sattelzugmaschinen und Zugmaschinen mit mehr als drei Achsen	33,0 t
– Fahrzeugkombinationen (Züge und Sattelkraftfahrzeuge)	
mit drei Achsen	29,0 t
mit vier Achsen	38,0 t
mit mehr als vier Achsen	41,8 t

Dies gilt auch, wenn das Sichtfeld des Fahrzeugführers (§ 35b Absatz 2 StVZO) **114** eingeschränkt ist.

Betreiber der Schienenwege sind erst ab einer Länge von über 25,00 m, einer Breite von über 3,50 m oder einer Höhe von über 4,50 m oder einer Achslast von über 12 t zu hören.

Auf die Anhörung kann verzichtet werden, wenn der Antragsteller im Rahmen des Antragsverfahrens den Nachweis geführt hat, dass ein Überqueren des höhengleichen Bahnübergangs mit dem vorgesehenen Fahrzeug oder der vorgesehenen Fahrzeugkombination gefahrlos und ohne Beeinträchtigungen möglich ist. Von der Anhörung kann ebenfalls abgesehen werden, wenn nachgewiesen werden kann, dass mit baugleichen Fahrzeugen oder Fahrzeugkombinationen bereits entsprechende Transporte sicher durchgeführt wurden. In diesen Fällen reicht eine Information der Erlaubnis- und Genehmigungsbehörde an den Betreiber des Schienennetzes über die Erlaubniserteilung aus.

Zu den Fahrauflagen vgl Rn 146.

5. An den Nachweis der Voraussetzungen der Erlaubniserteilung nach Nummer VI. **115** (Rn 85 ff) sind strenge Anforderungen zu stellen. Zum Verlangen von Sachverständigengutachten vgl § 46 Absatz 3 Satz 2. Die Erteilungsvoraussetzungen dürfen nur dann als amtsbekannt behandelt werden, wenn in den Akten dargelegt wird, worauf sich diese Kenntnis gründet. Der für die Fahrzeuge und Fahrzeugkombinationen gültige fahrzeugtechnische Genehmigungsbescheid nach § 70 Absatz 1 Nummer 1 oder 2 StVZO ist beizufügen (vgl Rn 80).

   a) Die Erlaubnisbehörde hat, wenn es sich um einen Verkehr über einen Fahrt- **116** weg von mehr als 250 km handelt, nach Nummer V.4 ein Anhörverfahren vorgeschrieben ist und eine Gesamtbreite von 4,20 m oder eine Gesamthöhe von 4,80 m (jeweils von Fahrzeug und Ladung) nicht überschritten wird, sich vom Antragsteller nachweisen zu lassen, dass eine Schienenbeförderung oder eine gebrochene Beförderung Schiene/Straße nicht möglich ist oder unzumutbare Mehrkosten verursachen würde.

   b) Die Erlaubnisbehörde hat, wenn es sich um einen Verkehr über einen Fahrt- **117** weg von mehr als 250 km handelt und eine Gesamtbreite von 4,20 m oder eine Gesamthöhe von 4,80 m (jeweils von Fahrzeug und Ladung) oder eine Gesamtmasse von 72 t überschritten wird, sich vom Antragsteller nachweisen zu lassen, dass eine Beförderung auf dem Wasser oder eine gebrochene Beförderung Wasser/Straße nicht möglich ist oder unzumutbare Mehrkosten verursachen würde.

In geeigneten Fällen kann die Erlaubnisbehörde die Bescheinigung auch für **118** Transporte mit weniger als 250 km Fahrtweg verlangen. Ein Nachweis nach Buchstabe b ist nicht erforderlich, wenn ein Transport auf dem Wasserweg offensichtlich nicht in Betracht kommt.

VI. Inhalt des Erlaubnisbescheides

1. Allgemeines

119 Der Fahrtweg ist festzulegen, wenn nach Nummer V.4 (Rn 104 ff) ein Anhörverfahren vorgeschrieben ist. Dabei müssen sämtliche Möglichkeiten des gesamten Straßennetzes bedacht werden. Eine Beeinträchtigung des Verkehrsflusses in den Hauptverkehrszeiten ist zu vermeiden. Dabei soll der Fahrtweg so festgelegt werden, dass vor Ort eine Ermessensentscheidung zur Verkehrsregelung nicht erforderlich ist.

120 Soweit es die Sicherheit oder Ordnung des Verkehrs oder der Schutz der Straßeninfrastruktur erfordert, sind die erforderlichen Auflagen zu erteilen und Bedingungen zu stellen. Die im Anhörverfahren mitgeteilten Bedingungen oder Auflagen sind und getrennt nach Last- und Leerfahrt fahrtwegteilchronologisch zusammenzustellen.

2. Bedingungen und Auflagen

121 a) Kenntnisnahmebescheinigung

Wird der Transport nicht durch den Antragsteller (Bescheidinhaber) selbst durchgeführt, muss die durchführende Person oder das durchführende Unternehmen vor Beginn des Transportes in einer Bescheinigung bestätigen, dass der Inhalt des Bescheids einschließlich der Bedingungen und Auflagen zur Kenntnis genommen wurde. Diese Bescheinigung ist beim Antragsteller mindestens ein Jahr aufzubewahren und zuständigen Behörden auf Anfrage auszuhändigen. Eine Kopie der Bescheinigung ist beim Transport mitzuführen und auf Verlangen zuständigen Personen auszuhändigen. Es genügt dessen digitalisierte Form auf einem Speichermedium, wenn diese derart mitgeführt wird, dass sie bei einer Kontrolle auf Verlangen zuständigen Personen lesbar gemacht werden kann.

122 b) Begleitung durch Verwaltungshelfer

Für alle im Vorhinein planbaren und regelbaren Streckenabschnitte mit Standardsituationen und -fällen, bei denen vor Ort keine Ermessensentscheidung der Polizei zur Gewährleistung eines sicheren und flüssigen Verkehrsablaufs in Abhängigkeit des jeweiligen Verkehrsgeschehens erforderlich ist, kann die Polizeibegleitung entfallen. Für diese Fälle gilt: Es kann eine im Vorhinein getroffene verkehrsrechtliche Anordnung der für diesen Streckenabschnitt zuständigen Straßenverkehrsbehörde in den Erlaubnisbescheid als Bestimmung aufgenommen werden, welche dem Erlaubnisinhaber (oder dem den Transport durchführenden Unternehmen oder der den Transport durchführenden Person) für den jeweils betreffenden Streckenabschnitt das Visualisieren von Verkehrszeichen vorschreibt (Auflage). Diese Auflage ist dann mit der weiteren Auflage zu verbinden, dass der Bescheidinhaber (oder die den Transport durchführende Person oder das den Transport durchführende Unternehmen) als Verwaltungshelfer der Straßenverkehrsbehörde oder ein von diesem (oder diesen) beauftragter und namentlich der Straßenverkehrsbehörde benannter Unternehmer als Verwaltungshelfer der Straßenverkehrsbehörde die von der Straßenverkehrsbehörde erlassene verkehrsrechtliche Anordnung entsprechend der im Vorhinein getroffenen verkehrsrechtlichen Anordnung mit einem oder mehreren Begleitfahrzeugen mit Wechselverkehrszeichen-Anlage zu visualisieren hat. Dem Verwaltungshelfer der Straßenverkehrsbehörde steht kein eigenständiges Ermessen zu. Rn 121 gilt für die Begleitung durch Verwaltungshelfer entsprechend.

Übermäßige Straßenbenutzung § 29 StVO

In Fällen der Rn 122 kann ein oder können mehrere Begleitfahrzeuge mit 123
einer nach hinten oder nach hinten, vorn und seitlich wirkenden Wechselverkehrszeichen-Anlage angeordnet werden, wenn der Gegenverkehr, der nachfolgende Verkehr oder der Querverkehr durch das Zeigen von Verkehrszeichen angehalten oder auf andere Art und Weise beschränkt oder beeinflusst werden muss. Entsprechendes gilt
– bei einer Durchfahrt unter einem Überführungsbauwerk oder durch sonstige feste Straßenüberbauten, wenn der Transport nur in abgesenktem Zustand erfolgen kann oder
– wenn im Richtungsverkehr aufgrund der Masse des Transportes nur eine Einzelfahrt, Fahrt im Alleingang oder die Fahrt unter Ausschluss von sonstigem Lkw-Verkehr über Brücken mit einer Geschwindigkeit von maximal 5 km/h durchgeführt werden darf.
Zur Ausrüstung der Fahrzeuge vgl Rn 132.
c) Fahrtunterbrechung
Es ist als Auflage vorzuschreiben, dass die Fahrt bei erheblicher Sichtbehinderung durch Nebel, Schneefall oder Regen oder bei Schneeglätte, Schneematsch, Eis, Reifglätte oder Glatteis zu unterbrechen und der nächstgelegene geeignete Platz zum Parken aufzusuchen und das Fahrzeug zu sichern ist. 124
d) Kenntlichmachung 125
Die Auflage, das Fahrzeug oder die Fahrzeugkombination besonders kenntlich zu machen, ist in der Regel geboten, beispielsweise durch Verwendung von Kennleuchten mit gelbem Blinklicht (§ 38 Absatz 3) oder durch Anbringung weiß-rot-weißer Warntafeln am Fahrzeug oder an der Fahrzeugkombination selbst oder an einem begleitenden Fahrzeug. Auf die „Richtlinien für die Kenntlichmachung überbreiter und überlanger Straßenfahrzeuge sowie bestimmter hinausragender Ladungen" wird verwiesen.
e) Abfahrtkontrolle 126
Außerdem ist die Auflage aufzunehmen, dass durch die transportdurchführende Person oder das transportdurchführende Unternehmen vor Fahrtantritt zu prüfen ist, ob die im Erlaubnisbescheid festgelegten Abmessungen eingehalten werden.
f) Sachverständigengutachten 127
Transporte mit einer Gesamtmasse von mehr als 100 t (ausgenommen Autokrane, selbstfahrende Arbeitsmaschinen, Eichfahrzeuge und andere Fahrzeuge jeweils ohne Ladung) dürfen nur durchgeführt werden, wenn unmittelbar vor Fahrtantritt durch einen amtlich anerkannten Sachverständigen oder Prüfer mit Fachverstand für das Fahrzeug, die Fahrzeugkombination und das Ladungsgut oder einen Prüfingenieur einer amtlich anerkannten Überwachungsorganisation mit Fachverstand für das Fahrzeug, die Fahrzeugkombination und das Ladungsgut die Einhaltung der im Erlaubnisbescheid genannten Abmessungen, Gesamtmasse, Achslasten, die Lastverteilung und die Ladungssicherung entsprechend den anerkannten Regeln der Technik geprüft wurden. Die Feststellungen sind durch ein Gutachten nachzuweisen. Dieses ist beim Transport mitzuführen.
g) Bei wiederkehrenden Transporten, bei denen das gleiche Fahrzeug oder die 128
gleiche Fahrzeugkombination oder ein baugleiches Fahrzeug oder eine baugleiche Fahrzeugkombination eingesetzt und die gleiche Ladung oder die gleiche Ladungsart transportiert werden und ein beanstandungsfreies Erstgutachten nach Nummer VI.2.f (Rn 127) vorliegt, ist ab dem zweiten Transport

ein Gutachten eines amtlich anerkannten Sachverständigen oder Prüfers mit Fachverstand für das Fahrzeug, die Fahrzeugkombination und das Ladungsgut oder eines Prüfingenieurs einer amtlich anerkannten Überwachungsorganisation mit Fachverstand für das Fahrzeug, die Fahrzeugkombination und das Ladungsgut, der die Übereinstimmung des Transports mit dem beanstandungsfreien Erstgutachten nach Kontrolle des Transports bestätigt, ausreichend. Die Bestätigung und das Erstgutachten sind beim Transport mitzuführen.

129 Prüfung des Fahrtweges
Unmittelbar vor der Durchführung des Verkehrs ist in eigener Verantwortung zu prüfen, ob der genehmigte Fahrtweg für die Durchführung des Transportes tatsächlich geeignet ist.

3. Besondere Auflagen für anhörpflichtige Transporte
   a) Beifahrer oder private Begleitfahrzeuge

130 Es kann auch in anderen Fällen als in den Rn 122 und 123 genannten geboten sein, einen Beifahrer, weiteres Begleitpersonal oder private Begleitfahrzeuge mit oder ohne Wechselverkehrszeichen-Anlage vorzuschreiben.

131 Begleitfahrzeuge mit nach hinten oder mit nach hinten, vorn und seitlich wirkender Wechselverkehrszeichen-Anlage sind gemäß „Merkblatt über die Ausrüstung von privaten Begleitfahrzeugen zur Absicherung von Großraum- und Schwertransporten" auszurüsten.

132 Ein Begleitfahrzeug mit einer nach hinten wirkenden Wechselverkehrszeichen-Anlage darf in diesen Fällen nur vorgeschrieben werden, wenn wegen besonderer Umstände zur Verdeutlichung der Gefahr, die mit dem Großraum- und Schwertransport einhergeht, das Zeigen von Zeichen 101 geboten erscheint. Zudem ist dies erforderlich, um die allgemeinen Verhaltensregeln zum Überholen und Vorbeifahren an solchen Transporten zu verdeutlichen (Zeichen 276, 277).

133 Ein Begleitfahrzeug mit einer nach hinten wirkenden Wechselverkehrszeichen-Anlage ist anzuordnen, wenn der Transport auf
   aa) Autobahnen und Straßen, die wie eine Autobahn ausgebaut sind,
      – bei zwei oder mehr Fahrstreifen plus Seitenstreifen je Richtung die Breite über alles von 4,50 m oder
      – bei zwei Fahrstreifen ohne Seitenstreifen je Richtung die Breite über alles von 4,00 m oder
   bb) außerhalb von Autobahnen und Straßen, die wie eine Autobahn ausgebaut sind, die Breite von 3,50 m
   überschreitet.
   cc) Dies gilt ebenfalls für Straßen, auf denen der Sicherheitsabstand von 10 cm unter Überführungsbauwerken nicht eingehalten werden kann. Und bei Überschreitung einer Länge von 27,00 m, soweit sich Kreisverkehre im Streckenverlauf befinden.

134 b) Polizei
Polizeiliche Begleitung oder polizeiliche Maßnahmen (vgl Rn 97) sind nur erforderlich, wenn der Einsatz von Begleitfahrzeugen nach Nummer VI.2.b (Rn 122 und 123) oder nach Nummer VI.3 (Rn 130 bis 133) nicht ausreicht. Das kann insbesondere der Fall sein wenn

135 aa) auf der Autobahn oder auf Straßen, die wie eine Autobahn ausgebaut sind, der Verkehr auf der Gegenfahrbahn oder der Gegenverkehr angehalten werden muss oder

§ 29 StVO

bb) auf anderen Straßen bei sonstigen außergewöhnlichen Straßen- oder Verkehrsverhältnissen eine Breite über alles von 3,50 m überschritten wird und die oben genannten Begleitfahrzeuge ein sicheres Anhalten oder Passieren des Gegenverkehrs nicht gewährleisten können oder **136**

cc) bei sonstigen schwierigen Straßen- oder Verkehrsverhältnissen, soweit in diesen Fällen nicht der Verkehr durch im Vorhinein planbare Verkehrszeichenanordnungen der örtlich zuständigen Straßenverkehrsbehörden wirksam sicher und geordnet geregelt werden kann, insbesondere wenn eine Ermessensentscheidung der Polizei vor Ort in Abhängigkeit der jeweiligen Situation erforderlich ist. **137**

Sofern eine polizeiliche Begleitung oder polizeiliche Maßnahme (vgl Rn 97) erforderlich ist, ist der Transport frühzeitig, mindestens 48 Werktagsstunden vor Fahrtantritt, bei allen im Bescheid genannten Polizeidienststellen anzumelden. **138**

c) Fahrzeitbeschränkungen

Eine Fahrzeitbeschränkung darf nur angeordnet werden, wenn nach Nummer V.4 (Rn 104) ein Anhörverfahren vorgeschrieben ist und wenn bei Transporten auf Grund der Abmessungen, der Geschwindigkeit oder wegen der Fahrauflagen eine Beeinträchtigung des übrigen Verkehrs zu erwarten ist. Liegen diese Voraussetzungen vor, soll die Benutzung **139**

aa) von Autobahnen und Straßen, die wie eine Autobahn ausgebaut sind, **140**
 – von Samstag 6.00 Uhr bis Sonntag 22.00 Uhr und, falls diese starken Berufsverkehr aufweisen, von Montag bis Freitag von jeweils 6.00 Uhr bis 9.00 Uhr und von jeweils 16.00 Uhr bis 19.00 Uhr und
 – von Gründonnerstag 22.00 Uhr bis Dienstag nach Ostern 6.00 Uhr und von Freitag 22.00 Uhr vor Pfingsten bis Dienstag danach 6.00 Uhr nicht erlaubt werden. Gegebenenfalls kommt auch ein Verbot der Autobahnbenutzung an anderen Feiertagen (z. B. Weihnachten) sowie an den Tagen davor und danach in Betracht.

Eine Zulassung ist dort in der Regel in verkehrsarmen Zeiten von 22.00 Uhr bis 6.00 Uhr möglich.

bb) von anderen Straßen **141**
 – von Samstag 6.00 Uhr bis Sonntag 22.00 Uhr und bei
 – starkem Berufsverkehr in der Regel auch werktags von 6.00 Uhr bis 9.00 Uhr und von 16.00 Uhr bis 19.00 Uhr nicht erlaubt werden.

Transporte mit erheblichen Abmessungen können in Absprache mit den dafür zuständigen Stellen ausnahmsweise auch tagsüber erlaubt werden. Es gilt das Prinzip „Sicherheit vor Leichtigkeit des Verkehrs". **142**

Ist die Sperrung einer Autobahn, einer Fahrbahn einer Autobahn oder die teilweise Sperrung einer Straße mit erheblichem Verkehr notwendig, so ist das in der Regel nur in der Zeit von 22.00 Uhr bis 6.00 Uhr zu erlauben. **143**

Um einen reibungslosen Ablauf des Großraum- und Schwerverkehrs sicherzustellen, kann die zuständige Polizeidienststelle im Einzelfall von der im Erlaubnisbescheid festgesetzten zeitlichen Beschränkung eine Abweichung zulassen, wenn es die Verkehrslage erfordert oder gestattet. **144**

Zur Gewährleistung eines sicheren und geordneten Verkehrsablaufs ist es erforderlich, dass bei anhörpflichtigen Transporten während des gesamten Transports eine Person anwesend ist, die sich hinreichend in der deutschen Sprache verständigen kann, insbesondere mit begleitenden Polizeibeamten. **145**

StVO § 29 I. Allgemeine Verkehrsregeln

4. Besondere Auflagen für die Kreuzung von Bahnübergängen im anhörungsfreien Bereich

146 Beim Überqueren des Bahnübergangs im anhörungsfreien Bereich ist bei Bedarf durch Zuwarten auf eine Lücke im Verkehrsfluss sicherzustellen, dass in einem Bereich des Bahnübergangs auf einer Länge von 50 m vor und hinter dem Bahnübergang kein Gegenverkehr stattfindet. Die Querung des Bahnübergangs darf nur im Alleingang unter Ausschluss des gesamten Gegenverkehrs erfolgen. Das Überqueren des Bahnübergangs muss mit einer Mindesträumgeschwindigkeit von 20 km/h ohne Rangieren erfolgen. Beim Befahren des Bahnübergangs an elektrifizierten Strecken muss sichergestellt sein, dass sich keine Personen auf dem Fahrzeug befinden, noch Gegenstände, Fahrzeugteile (z. B. Antennen) oder Landungsteile über die zugelassene Fahrzeughöhe von 4,50 m hinausragen. Auch etwaige Begleitfahrzeuge dürfen auf dem Bahnübergang nicht zum Stehen kommen.

147 VII. Sonderbestimmungen für Autokrane, selbstfahrende Arbeitsmaschinen und Eichfahrzeuge

Die Vorschriften in Nummer IV.1.a (Rn 85) sind nicht anzuwenden.

Die Vorschriften über Fahrzeitbeschränkungen in Nummer VI.3.d (Rn 139 ff) sind nicht anzuwenden, wenn eine Gesamtmasse von 54 t nicht überschritten wird.

148 Im Übrigen gelten die Vorschriften in den Nummern I bis VI.

Übersicht

Rn

1. Allgemeines 1
2. Abs 1: Verbot von Rennen 2
3. Abs 2: Erlaubnispflichtige Veranstaltungen 4
   a) Begriff der Veranstaltung 4
   b) Zahl und Verhalten der Teilnehmer 5
4. Abs 3: Großraum- und Schwerverkehr 6
5. Zuwiderhandlungen 7
6. Zivilrecht 8
7. Literatur 9

1 **1. Allgemeines.** § 29 regelt **die über den Gemeingebrauch hinausgehende Sondernutzung** öff Str (§ 1 StVO Rn 13 ff; OLG Braunschweig DAR 95, 30); er dient dem Schutz des allg Verkehrs, nicht des einzelnen Anliegers (VG Koblenz DAR 91, 435). Die Vorschrift wird ergänzt durch die Erlaubnispflicht ruhestörender Veranstaltungen nach § 30 II. – VwV zu § 29 Abs 1 und zu Abs 2 neu gefasst durch Allgemeine Verwaltungsvorschrift zur Änderung der Allgemeinen Verwaltungsvorschrift zur Straßenverkehrs-Ordnung vom 20.3.2008 (VkBl 08, 283); zu Abs. 3 neu gefasst vom 22.5.2017 (BAnz AT 29.05.2017 B8) – **Formblatt** „Veranstaltererklärung für das Erlaubnisverfahren der übermäßigen Straßenbenutzung gem. § 29 Abs 2 StVO" s VkBl 12, 729. Für die Sondernutzungserlaubnis auf anderen als Bundesstr sind **landesrechtliche Gebührenregelungen** zulässig (BVerwG VD 88, 136).

1a **Gemeingebrauch** (Legaldefinition § 7 BFStrG) ist die jedermann im Rahmen der Widmung (§ 2 BFStrG) u verkehrsbehördlichen Vorschriften gestattete Benutzung öff Str (s zB § 14 I 1 StrWGNW, § 14 I ThürStrG u § 14 I BayStrWG). Er beinhaltet nicht das Recht des Einzelnen, diesen jederzeit an jeder Stelle einer

Übermäßige Straßenbenutzung § 29 StVO

öff Verkehrsfläche ausüben zu können; Verdrängungen ua durch Sondernutzungen sind hinzunehmen (BVerwGE 4, 342). So ist zB Parken als Gemeingebrauch auf öff Str überall erlaubt u nur durch die §§ 1 II, 12 u 13 StVO eingeschränkt (OLG Düsseldorf VRS 71, 61; OLG Hamm DAR 87, 158; BGHSt 29, 180; s auch § 12 StVO Rn 7). Zum Gemeingebrauch kann auch die Pflege zwischenmenschlicher Kontakte, wie zB Straßenkunst in einer ua der Kommunikation dienenden Fußgängerzone gehören (OLG Hamm NJW 80, 1702; OLG Stuttgart NJW 76, 201; BayObLG NZV 89, 39; BVerwGE 84, 71 ff), ebenso das kostenlose Verteilen von Flugblättern (OLG Stuttgart VRS 90, 217); das gezielte Ansprechen von Passanten im Straßenwahlkampf (der Gemeingebrauch ist erst überschritten, wenn zum Zwecke polit Werbung Informationsstände aufgestellt werden OVG Münster NJW 14, 2892) oder die Aufstellung eines Plakatständers neben dem Gehweg (OLG Karlsruhe VRS 57, 314; aA bei Plakatträgern: OLG Hamm NVwZ 91, 205), **nicht aber** wenn jemand die Str nicht vorwiegend zum Verkehr, sondern zu anderen, zB zu Reklamezwecken benutzt (§ 7 BFStrG; BVerwG VM 71, 56; VGH BW ZfS 96, 476), wie zum Aufhängen von Plakaten an Laternen (OLG Hamm Beschl v 24.2.83, 3 Ss OWi 76/83) oder zu Verkaufszwecken (BVerwGE 94, 234). Maßgeblich ist der überwiegende Benutzungszweck (BayObLG NJW 80, 1807), auch beim Abstellen eines zugelassenen und betriebsbereiten Kfz (OVG Mstr NJW 05, 3162 = VRS 109, 385.

Sondernutzung ist der Gebrauch einer Str über den Gemeingebrauch hinaus **1b** (§ 8 BFStrG; s auch BayObLGSt 84, 62 mwN); sie ist nur mit Genehmigung der Straßenbaubehörde zulässig (§ 8 BFStrG; § 18 ThürStrG, § 11 I BerlStrG; § 18 StrWGNW u die entspr Vorschriften der Länder). Sondernutzungen liegen vor, wenn die Str nicht vorwiegend zur Teilnahme am Verkehr sondern für andere Zwecke bzw für einen nicht vom Rahmen der Widmung umfassten Verkehr genutzt wird. Insbesondere die Benutzung eines sog **„Partybikes"** („Bierbikes") stellt jedenfalls dann eine Sondernutzung dar, wenn eine Gesamtschau der äußerlichen Merkmale aus der Perspektive eines obj Beobachters ergibt, dass es nicht vorwiegend zur Teilnahme am Verkehr genutzt wird, die Ortsveränderung also nur Nebeneffekt ist (BVerwG 28.8.2012 NZV 2013, 158; OVG Münster DAR 12, 276 = SVR 12, 155 m Praxishinweis Rebler; OVG Münster NZV 12, 200 [wobei im Rahmen der allgemeinen Interessenabwägung im Verfahren nach § 80 V VwGO das erhebliche wirtschaftliche Interesse des Antragstellers, der das Partybike auch seit rund drei Jahren unbeanstandet betrieb, überwog]; s auch § 1 StVG Rn 8b). **Typische Fälle der Sondernutzung** sind das Aufstellen von Verkaufsständen, Warenautomaten, Tischen u Stühlen für gewerbliche Zwecke (BVerwGE 94, 234; OLG Stuttgart VRS 90, 217; NVwZ 84, 468) u Rennveranstaltungen, das gilt auch bei Ausübung von Kunst (BVerwG VRS 60, 398; NJW 87, 1836; VGH BW NJW 87, 1839; aA Würkner NJW 87, 1799: zulässiger kommunikativer Gemeingebrauch; s auch Bismark NJW 85, 246; Schwab VD 87, 222: Aufstellen von Informationsständen). Auch eine kommerzielle Werbung an einer Brücke über der Straße (Werbetransparent) kann Sondernutzung sein, selbst wenn die Werbung nicht messbar in den Luftraum über der Straße hineinragt und den Gemeingebrauch der Straße nicht beeinträchtigt (OVG Berlin-Brandenburg NZV 08, 591; s zur ordnungswidrigkeitenrechtlichen Relevanz [§§ 9 I, 23 I Nr 8 FStrG] der Anbringung einer Werbetafel quer zur Autobahn OLG Düsseldorf NZV 08, 531). Sondernutzung ohne Genehmigung kann nach LandesR eine OW darstellen (BayObLGSt 68, 77 = VM 69, 6; BayObLGSt 76, 912 = VRS 52, 68); so gilt zB als Sondernutzung das Aufstellen großflächiger (3,56 m × 2,52 m) Wahlplakat-

StVO § 29 I. Allgemeine Verkehrsregeln

tafeln (OVG Saarland zfs 09, 477 m Anm Haus), eines Lkw allein zur Werbung (OLG Düsseldorf DAR 90, 472) oder sonstiger Plakatträger (OLG Hamm NVwZ 91, 205) oder eines PKW-Anhängers mit Werbe-Aufschrift und geparkt wie eine „ortsfeste Werbeanlage" (OVG NW NZV 04, 430), das Aufstellen von Altkleidercontainern nicht nur auf öffentlichen Verkehrsflächen, sondern auch wenn diese zwar auf privater Fläche stehen, jedoch die Benutzer zum Befüllen der Container auf der öffentlichen Verkehrsfläche verweilen müssen (VG Gelsenkirchen BeckRS 2015, 43922), Eisverkauf aus einem Kfz (OLG Stuttgart VRS 67, 60), allg Verkauf aus einem Haus an auf der öff Str befindliche Kunden (VGH BW NZV 96, 128; BayObLG NZV 89, 39), Straßenverkauf von Sonntagszeitungen (BVerfG v 12.4.07 − 1 BvR 78/02, NJW 07, 3421 [LS]), Abstellen von (auch zugelassenen u betriebsbereiten) Kfzen allein zum Verkauf (BayObLGSt 82, 127 = VRS 63, 476; OLG Hamm VRS 72, 387; Steiner JuS 84, 1, 7; aA OLG Koblenz VRS 65, 472 bei zugelassenen Kfzen; s auch § 12 StVO Rn 8 u 29 StVO) oder generell allein oder überwiegend zu einem anderen Zweck (hier: Werbung) als der späteren Wiederinbetriebnahme (OVG Münster NJW 05, 3162 = VRS 109, 385) sowie das Aufstellen eines Wohnwagens zum Wohnen (OLG Braunschweig NVwZ 82, 63; s § 12 Rn 13a), **nicht aber** das Parken auf Gehwegen (VG Bln VRS 63, 234) u in Fußgängerzonen (BayObLGSt 85, 111 = VRS 70, 53) sowie das Abstellen eines völlig verkehrsunsicheren Kfz im Zusammenhang mit dem StraßenV; diese Verhaltensweisen unterliegen den Vorschriften des VerkehrsR (BayObLG VRS 66, 227). − Zum **Anspruch auf Einschreiten gegen unerlaubte Sondernutzung eines Dritten** bei Beeinträchtigung des Rechts auf Teilhabe am bestehenden Gemeingebrauch (VGH BW VRS 116/09, 310).

2 **2. Abs 1: Verbot von Rennen.** Abs. 1 wurde mit Inkrafttreten des § 315d StGB zum 13.10.17 durch das 56. Strafrechtsänderungsgesetz v 30.9.17 (BGBl I S 3532) gestrichen. Mit Einführung des neuen Straftatbestands wurde die Verhaltensvorschrift obsolet. Vielmehr handelt es sich nunmehr um ein Verbot mit Erlaubnisvorbehalt, so dass konsequenterweise Abs. 2 entsprechend angepasst wurde; BT-Drs 18/12964 S 8. Die Neuregelung § 315d StGB greift auf die vormals bestehenden OWi-Tatbestände zurück und gestaltet diese nunmehr als Straftatbestände aus. Erfasst werden sollen von § 315d StGB ausschließlich nicht genehmigte Rennen. Hinsichtlich der Tatbestandsmerkmale wird auf die bereits eingeführten Definitionen zurückgegriffen, so dass auch im Rahmen des § 315d StGB ein Rennen vorliegt bei einem Wettbewerb mit Fz zur Erzielung von Höchstgeschwindigkeiten zw mind 2 Teilnehmern (BT-Drs 18/10145 S 9 f; Def s VwV-StVO zu § 29 Abs 1 I, Rn 1; s auch OLG Oldenburg DAR 17, 93; OLG Hamm NZV 13, 403; OVG NW DAR 96, 369). Erfasst werden alle Kfze, dh auch Krafträder u motorsportlich organisierte Rennen im Rahmen von **Rallyes** (BVerwG NZV 97, 372). Fahrten mit dem Zweck, möglichst hohe Geschwindigkeiten zu erzielen, sind auch dann Rennveranstaltungen, wenn die Fze in Abständen hintereinander starten (VwV-StVO zu § 29 Abs 1 I, Rn 1; OLG Karlsruhe VRS 66, 56), auch sog „Sprintprüfungen" (OLG Braunschweig DAR 95, 30). Auf die Art des Starts kommt es nicht an (BT-Drs 18/12964). Auch bedarf es zuvor keiner Absprache zw den Beteiligten (OLG Hamm NZV 2013, 403). Ein Rennen ist auch dann gegeben, wenn auf kurzer Strecke das Beschleunigungspotential der Fze verglichen wird, der Erzielung von „absoluten" Höchstgeschwindigkeiten bedarf es insoweit nicht (KG BeckRS 2017, 113773). Auch nicht organisierte, sog. „wilde" Rennen, die zwei oder mehrere Kraftfahrer spontan

Übermäßige Straßenbenutzung § 29 StVO

durchführen, sind nach § 29 Abs 1 verboten (LG Duisburg NZV 05, 262; OLG Bamberg DAR 11, 93 = NZV 11, 208 m Anm Sandherr). Veranstaltungen, bei denen es nicht auf die Höchstgeschwindigkeit, sondern auf andere Leistungsmerkmale ankommt, sind nicht Rennen, sondern erlaubnispflichtige Veranstaltungen iS des II (VwV-StVO zu § 29 Abs 2 I, Rn 4 ff; zutreffend OLG Jena DAR 05, 43; eingehend zur Gesamtthematik Krampe DAR 97, 377, der Rennen auf abgesperrten Str ausnimmt). Ob **Geschicklichkeits-, Zuverlässigkeits-, Leistungsprüfungs-** oder **Orientierungsfahrten** unter den Begriff „Rennen" fallen, hängt deshalb davon ab, ob es zumindest auch auf die Höchstgeschwindigkeit ankommt (s auch Hentschel/König/Dauer-König § 29 StVO Rn 2; bejahend, selbst wenn nicht fest steht, dass es den Beteiligten um eine Siegerermittlung ging (OLG Hamm NZV 13, 403).

Ausnahmen vom generellen Verbot des I können die zuständigen obersten 3 Landesbehörden oder die nach LandesR bestimmten Stellen auf Antrag nach § 46 II S 1 u 3 genehmigen (VwV-StVO zu § 29 Abs 1 III, Rn 3); sie kommen in Betracht, um bes Ausn-Situationen Rechnung zu tragen, die bei strikter Anwendung des Verbots nicht hinreichend berücksichtigt werden könnten (vgl BVerfGE 40, 371, 377; BVerwG VM 95, 1: Keine Ausn bei vorrangigem Schutz Erholungsuchender vor Lärm- u Abgasbelästigungen durch Rennen). Da der VOGeber durch das generelle Verbot von Rennen auf den Str zum Ausdruck gebracht hat, dass er diese grundsätzlich als sozial schädlich u unerwünscht erachtet, sind an eine Ausn-Genehmigung strenge Anforderungen zu stellen ; s VwV-StVO zu § 29 Abs 2 II, Rn 13 ff; ausführlich dazu OVG NW DAR 96, 369; 95, 121 m abl St Seidenstecher DAR 95, 95; s auch Ronellenfitsch Rn 8). Zur Versagung aus Naturschutzgründen s VG Freiburg NZV 89, 207, im normalen StraßenV s OLG Hamm NZV 89, 312.

3. Abs 2: Erlaubnispflichtige Veranstaltungen. a) Begriff der Veranstal- 4 **tung.** Zum **Begriff** der **Veranstaltung,** der weit auszulegen ist, gehören Maßnahmen, die mit einem gewissen organisatorischen Aufwand u Umfang verbunden u geeignet sind, den allgemeinen Verkehr zu stören (s a König in Hentschel/König/Dauer Rn 4). In II 2 wird die Grenze des gerade noch verkehrsüblichen geregelt. Auch **stationäre** Vorgänge werden erfasst, die zwar nicht zum Verkehr im engeren Sinne, dh zur Fortbewegung von Personen u Gütern gehören, durch die die Str aber mehr als verkehrsüblich in Anspruch genommen werden (BVerwG NZV 89, 325). So kann auch das Aufstellen von Fzen ausschl zum Zeigen von Reklameflächen eine derartige Veranstaltung sein (BVerwG aaO; BayObLGSt 66, 7 = VRS 30, 466), nicht aber das Gehen mit einem umgehängten Plakat oder das Verteilen von Werbezetteln oder Flugblättern (BayObLGSt 53, 45 f; KG VRS 34, 369) u die Aufstellung eines Informationsstandes (OLG Karlsruhe aaO; BVerwG aaO) erlaubnispflichtig sein. Keiner Erlaubnis gemäß Abs 2 bedarf die Durchführung eines Weihnachtsmarktes, der die Straße nicht unmittelbar in Anspruch nimmt, denn bei dem vom Besucherstrom des Weihnachtsmarkts verursachte Quell- und Zielverkehr auf den umliegenden Straßen handelt es sich grds um verkehrsübliche Vorgänge (OVG Münster NVwZ-RR 16, 83 ff). Die Erlaubnispflicht nach II entfällt jedoch, bei öffentlichen Versammlung und Aufmärschen unter freiem Himmel i. S. der §§ 14, 15 VersammlG (nur Anmelde- bzw. Anzeigepflicht) (BVerwG NZV 89, 325; s VwV-StVO zu § 29 Abs 2 I Nr 2e, Rn 12)

Veranstalter ist nur, wer die Veranstaltung vorbereitet, organisiert oder eigenverantwortlich ins Werk setzt, der geistige und praktische Urheber, der Planer und

StVO § 29 I. Allgemeine Verkehrsregeln

Veranlasser (OLG Karlsruhe DAR 11, 273 = NZV 12, 348). Wer ausschließlich Handlungen im Durchführungsstadium erbracht hat (hier: Einweisung der Teilnehmer an einem ungenehmigten Kraftfahrzeugrennen entlang der Strecke mit Lichthupe und Handzeichen sowie Beleuchtung der Ziellinie mit den Scheinwerfern des Pkw). Trotz fehlender Veranstaltereigenschaft und damit nicht vorliegender OWi nach § 29 II StVO, kann eine **Beteiligung** an nicht genehmigten Kraftfahrzeugrennen gem §§ 29 I StVO, **14 OWiG** vorliegen (OLG Karlsruhe DAR 11, 273, 274 = NZV 12, 348: Förderung des Rennens durch Beleuchtung der Ziellinie mit den Scheinwerfern des Pkw).

Zum Begriff des Gemeingebrauchs u der Bedeutung der verkehrsrechtlichen Erlaubnis für einen Tiefladeanhänger s BVerwG VRS 30, 155.

5   **b) Zahl und Verhalten der Teilnehmer.** Durch die **Zahl** u das **Verhalten** der Teilnehmer oder die Fahrweise der beteiligten Fze wird die Benutzung der Str bes durch religiöse Prozessionen, öff Versammlungen, Aufmärsche, Jahrmärkte sowie motorsportliche Veranstaltungen eingeschränkt. Dabei kommt es nicht nur auf die Zahl u das Verhalten der Teilnehmer, sondern auch der Zuschauer an. Eine motorsportliche Zielfahrt mit 50–60 Beteiligten ist eine erlaubnispflichtige Veranstaltung (OLG Düsseldorf VM 79, 94; s auch StVE 1: Zuverlässigkeitsfahrt mit wenigen Beteiligten; zur Genehmigung einer Rallye s BVerwG NZV 97, 372; VG Koblenz DAR 91, 435; Nds OVG ZfS 92, 142: Ablehnung wegen Landschaftsschutzes; s auch BGH DAR 82, 130 u OVG Koblenz DAR 94, 166 zur Genehmigung einer Motorsportveranstaltung im Landschaftsschutzgebiet).

Öff Versammlungen unter freiem Himmel unterliegen vorrangig den §§ 14, 15 VersammlG (s VwV-StVO zu § 29 Abs 2 I Nr 2e, Rn 12), denen gegenüber die Erlaubnispflicht nach § 29 II zurücktritt (BVerwG aaO Rn 3; VGH Kassel NJW 09, 312); andernfalls läge ein unzulässiger Eingriff in das Versammlungsrecht vor, da dort keine Erlaubnis-, sondern nur eine Anmelde- bzw Anzeigepflicht vorgesehen ist (Scheidler DAR 09, 380, 381). Bei zu erwartenden Beeinträchtigungen des StrV (hier Fahrraddemonstration auf der Autobahn) hat die Versammlungsbehörde grds die für die Erteilung der Erlaubnis nach § 29 II 1 StVO und die für die Erteilung einer Sondernutzungserlaubnis zuständigen Behörden zu beteiligen und Bedenken dieser Behörden gegen die Durchführung der Versammlung zu berücksichtigen und etwaige von diesen Behörden genannte Auflagen in ihre eigene Entscheidung einfließen zu lassen (VGH Kassel NJW 09, 312, 313).

6   **4. Abs 3: Großraum- und Schwerverkehr.** Straßen werden nur für den normalen Verkehr gebaut (s Rn 1 VwV zu § 46). Ziel des III ist der Schutz der Straßen vor übermäßiger Belastung. Unproblematisch ist der Verkehr von Fz, die die Abmessungen der §§ 32 u 34 StVZO einhalten. Für **Großraum- und Schwerverkehr,** dh Verkehr der die Vorgaben der §§ 32 und 34 StVZO überschreitet, ist sowohl eine fahrzeugbezogene Ausnahmegenehmigung zur allg Verkehrszulassung des Fz nach § 70 StVZO, als auch eine **streckenbezogene Ausnahmeerlaubnis** gemäß III erforderlich. Üblicherweise wird die Erlaubnis nach § 70 StVZO nur iVm der Genehmigung nach III erteilt. Hier stellt sich die Frage, ob diese Nebenbestimmung eine unselbständige Auflage iSd § 36 II Nr 4 VwVfG (so OLG Bamberg NZV 07, 638) oder viel mehr nicht eine **Bedingung iSd § 36 II Nr 2 VwVfG** (so OLG Celle NZV 11, 311; Rebler NZV 04, 450; König in Hentschel/König/Dauer Rn 8) darstellt. Grundsätzlich ist zur Beantwortung der Frage im Einzelfall auf den konkreten Inhalt der Ausnahmegenehmigung nach

§ 70 StVZO abzustellen, wobei vom Schutzzweck der Norm idR eher von einer Bedingung auszugehen sein wird.

In den Fällen, in denen nicht das Fz sondern dessen Ladung zu breit bzw zu schwer ist oder das Fz vorschriftswidrig überragt, ist eine Ausnahmegenehmigung nach § 46 I Nr 5 iVm §§ 18 I, 22 und nicht nach § 70 StVZO erforderlich.

Maßgebend für die Erlaubnispflicht ist nach S 1 die jew **tatsächliche,** nicht die zul Gesamtmasse des Fz mit Ladung (so OLG Hamm VRS 54, 304 = StVE 3 schon zum früheren R; s Begr 9. ÄndVO) oder dessen ladungsbedingte Überlänge (OLG Düsseldorf VRS 79, 131, 141). Zur Frage wirtschaftlicher Erwägungen bei der Erlaubniserteilung s OLG Stuttgart VM 82, 16. Mit S 2 sind vor allem verschiedene Typen von zugelassenen Baumaschinen, wie Bagger, Kranwagen gemeint.

Voraussetzung für die Zulassung eines Großraum- oder Schwertransports ist immer die Unteilbarkeit der Ladung, VwV-StVO zu § 29 Abs 3 IV Nr 2b, Rn 87 ff (siehe auch Rebler, „Das System von Ausnahmegenehmigungen und Erlaubnissen nach StVO und StVZO" NZV 04, 450). – Zur Zulässigkeit landesrechtlicher Gebührenregelungen s oben Rn 1. Die Erlaubnis kann auch einem sog „Genehmigungs-Service" erteilt werden, der den Transport nicht selbst durchführt, sondern nur Erlaubnisse vermittelt (OVG NW VRS 83, 298).

Zusammenfassend zur **Genehmigung der Durchführung von Großraum- und Schwertransporten** Rebler SVR 12, 299 (Arbeitshilfe). Zur Frage, ob die **Anhörfreigrenze** von 41,8 t **bei Dauererlaubnissen** noch zeitgemäß ist Rebler, SVR 13, 87 (mit Plädoyer für Anhebung auf 44 t).

5. Zuwiderhandlungen. Vor dem Hintergrund, dass die an Rennen teilneh- 7 menden Kraftfahrer nach alter Rechtslage idR nur mit einer Geldbuße von 400 € sowie einem Monat Fahrverbot und Veranstalter mit einer Geldbuße von 500 € belegt wurden und weder dies noch die Einstufung als OWi dem Gefährdungspotential gerecht wurde, erfolgte mWv 13.10.17 die Einführung eines neuen Straftatbestands bzgl verbotener Kraftfahrzeugrennen, der neben einer Geldstrafe auch Freiheitsstrafen für Teilnehmer und Veranstalter gleichermaßen in der Neuregelung des § 315d StGB vorsieht. Mit Inkrafttreten der Regelung des § 315d StGB ist eine Streichung des § 49 II Nr. 5 (BT-Drs 18/10145; BT-Drs 18/12936) erfolgt. Darüber hinaus sieht der neue § 315f StGB die Möglichkeit der Einziehung von Kraftfahrzeugen vor, mit denen an Rennen teilgenommen wurde.

Ein Kfz-**Führer,** der an einem nicht genehmigten Rennen teil nimmt handelt seit dem 13.10.17 mit Inkrafttreten des § 315d StGB nicht mehr nur ow, sondern macht sich strafbar, ebenso der Veranstalter solcher Rennen.

6. Zivilrecht. Sind bei einem Straßenradrennen an einer Kreuzung zur Rege- 8 lung des Verkehrs „bei Bedarf" Polizeibeamte eingesetzt, die in der ersten Runde das Rennfeld vor dem an sich bevorrechtigten (Quer-)Verkehr der übergeordneten Straße abgeschirmt haben, darf ein Rennteilnehmer auch dann in späteren Runden eine ebensolche Regelung erwarten, wenn er außerhalb eines geschlossenen Feldes als Einzelfahrer den Kreuzungsbereich durchfahren will. Verstoßen die Polizeibeamten gegen ihre Amtspflicht zur Abschirmung des Rennverkehrs, kommt eine Amtshaftung nach § 839 I BGB iVm Art 34 GG in Betracht (OLG Hamm NJW 08, 3795 = NZV 08, 566). Erkennt der Rennteilnehmer, dass seine Strecke nicht entsprechend abgesichert ist, kommt Mitverschulden nach § 254 BGB in Betracht (OLG Hamm NJW 08, 3795 = NZV 08, 566).

Bei unzulässigen bzw. iSd § 29 I StVO verbotenen Kraftfahrzeugrennen im öffentlichen Straßenverkehr kommt ein Haftungsausschluss nach den für gefährliche Sportarten entwickelten Grundsätzen jedenfalls dann nicht in Betracht, wenn der Schädiger grob fahrlässig gehandelt hat oder haftpflichtversichert ist (OLG Karlsruhe DAR 12, 519).

9   **7. Literatur. Krampe** „Rennen mit Kfzen verboten?" DAR 96, 377; **Rebler** „Das System von Ausnahmegenehmigungen und Erlaubnissen nach StVO und StVZO" NZV 04, 450; **ders** „Die Genehmigung der Durchführung von Großraum- und Schwertransporten" SVR 12, 299; **ders** „Sind die Anhörfreigrenzen für Großraum- und Schwertransporte noch zeitgemäß?" SVR 13, 87; **Rebler/Borzym** „Bedingungen in einer Ausnahmegenehmigung für Großraum- und Schwertransporte" SVR 08, 133; **Ronellenfitsch** „Die Zulassung von Automobilsportveranstaltungen" DAR 92, 321; 95, 241, 274; 97, 387; **Scheidler** „Verkehrsbehinderungen durch Versammlungen und Demonstrationen" DAR 09, 380.

§ 30 Umweltschutz, Sonn- und Feiertagsfahrverbot[1]

(1) **Bei der Benutzung von Fahrzeugen sind unnötiger Lärm und vermeidbare Abgasbelästigungen verboten. Es ist insbesondere verboten, Fahrzeugmotoren unnötig laufen zu lassen und Fahrzeugtüren übermäßig laut zu schließen. Unnützes Hin- und Herfahren ist innerhalb geschlossener Ortschaften verboten, wenn Andere dadurch belästigt werden.**

(2) **Veranstaltungen mit Kraftfahrzeugen bedürfen der Erlaubnis, wenn sie die Nachtruhe stören können.**

(3) **An Sonntagen und Feiertagen dürfen in der Zeit von 0.00 bis 22.00 Uhr Lastkraftwagen mit einer zulässigen Gesamtmasse über 7,5 t sowie Anhänger hinter Lastkraftwagen nicht verkehren. Das Verbot gilt nicht für**
1. **kombinierten Güterverkehr Schiene-Straße vom Versender bis zum nächstgelegenen geeigneten Verladebahnhof oder vom nächstgelegenen geeigneten Entladebahnhof bis zum Empfänger, jedoch nur bis zu einer Entfernung von 200 km,**
1a. **kombinierten Güterverkehr Hafen-Straße zwischen Belade- oder Entladestelle und einem innerhalb eines Umkreises von höchstens 150 Kilometern gelegenen Hafen (An- oder Abfuhr),**
2. **die Beförderung von**
    a) **frischer Milch und frischen Milcherzeugnissen,**
    b) **frischem Fleisch und frischen Fleischerzeugnissen,**
    c) **frischen Fischen, lebenden Fischen und frischen Fischerzeugnissen,**
    d) **leicht verderblichem Obst und Gemüse,**
3. **Leerfahrten, die im Zusammenhang mit Fahrten nach Nummer 2 stehen,**
4. **Fahrten mit Fahrzeugen, die nach dem Bundesleistungsgesetz herangezogen werden. Dabei ist der Leistungsbescheid mitzuführen und auf Verlangen zuständigen Personen zur Prüfung auszuhändigen.**

---

[1] Durch die Neufassung der StVO v 6.3.13 (BGBl I S 367, 377/378) erfolgten (lediglich) redaktionelle und sprachliche Anpassungen, ua Gesamtmasse statt bisher Gesamtgewicht.

Umweltschutz, Sonn- und Feiertagsfahrverbot § 30 StVO

(4) **Feiertage im Sinne des Absatzes 3 sind**
Neujahr;
Karfreitag;
Ostermontag;
Tag der Arbeit (1. Mai);
Christi Himmelfahrt;
Pfingstmontag;
Fronleichnam,
  jedoch nur in Baden-Württemberg, Bayern, Hessen, Nordrhein-Westfalen, Rheinland-Pfalz und im Saarland;
Tag der deutschen Einheit (3. Oktober);
Reformationstag (31. Oktober),
  jedoch nur in Brandenburg, Mecklenburg-Vorpommern, Sachsen, Sachsen-Anhalt und Thüringen;
Allerheiligen (1. November),
  jedoch nur in Baden-Württemberg, Bayern, Nordrhein-Westfalen, Rheinland-Pfalz und im Saarland;
1. und 2. Weihnachtstag.

(Zu den Änderungen dieser Vorschrift durch die 53. VO zur Änderung straßenverkehrsrechtlicher Vorschriften vom 6.10.2017 (BGBl. I S. 3549) siehe Aktualisierungsanhang S. 676ff)

VwV – StVO

Zu § 30 Umweltschutz und Sonntagsfahrverbot

Zu Absatz 1

   I. Unnötiger Lärm wird auch verursacht durch   1
1. unnötiges Laufenlassen des Motors stehender Fahrzeuge,   2
2. Hochjagen des Motors im Leerlauf und beim Fahren in niedrigen Gängen,   3
3. unnötig schnelles Beschleunigen des Fahrzeugs, namentlich beim Anfahren,   4
4. zu schnelles Fahren in Kurven,   5
5. unnötig lautes Zuschlagen von Wagentüren, Motorhauben und Kofferraumdeckeln.

   II. Vermeidbare Abgasbelästigungen treten vor allem bei den in Nummer 1 bis 3   6
aufgeführten Ursachen auf.

Zu Absatz 2

   I. Als Nachtzeit gilt die Zeit zwischen 22.00 und 6.00 Uhr.   7

   II. Nur Veranstaltungen mit nur wenigen Kraftfahrzeugen und solche, die weitab   8
von menschlichen Behausungen stattfinden, vermögen die Nachtruhe nicht zu stören.

   III. Die Polizei und die betroffenen Gemeinden sind zu hören.   9

Zu Absatz 3

   Vom Sonn- und Feiertagsfahrverbot erfasst ist die geschäftsmäßige oder entgeltliche Beförderung von Gütern mit Lkw (gewerblicher Güterverkehr) einschließlich der damit verbundenen Leerfahrten. Hierunter fällt auch der Werkverkehr nach § 1 Absatz 2 des Güterkraftverkehrsgesetzes (GüKG). Anhänger (z. B. Wohnwagen   10 oder Pferdeanhänger), die ausschließlich zu Sport- und Freizeitzwecken und weder gewerblich noch entgeltlich hinter Lastkraftwagen geführt werden, unterfallen nicht dem Sonn- und Feiertagsfahrverbot. Dies gilt auch für Fahrten mit Oldtimer-Lastkraftwagen zu Oldtimerveranstaltungen, soweit keine gewerblichen Zwecke verfolgt werden und diese nicht entgeltlich erfolgen.

11 Lastkraftwagen im Sinne des Sonn- und Feiertagsfahrverbotes sind Kraftfahrzeuge, die nach Bauart und Einrichtung zur Beförderung von Gütern bestimmt sind. Sattelkraftfahrzeuge zur Lastenbeförderung sind Lastkraftwagen in diesem Sinne; selbstfahrende Arbeitsmaschinen wie Bagger, Betonpumpen, Teermaschinen, Autokrane, Eichfahrzeuge oder Mähdrescher fallen nicht darunter.

12 Vom Sonn- und Feiertagsfahrverbot sind weiterhin nicht betroffen Zugmaschinen, die ausschließlich dazu dienen, andere Fahrzeuge zu ziehen, sowie Zugmaschinen mit Hilfsladefläche, deren Nutzlast nicht mehr als das 0,4fache der zulässigen Gesamtmasse beträgt. Das Sonn- und Feiertagsfahrverbot gilt ebenfalls nicht für Kraftfahrzeuge, bei denen die beförderten Gegenstände zum Inventar der Fahrzeuge gehören (z. B. Ausstellungs-, Film- oder Fernsehfahrzeuge, bestimmte Schaustellerfahrzeuge und Fahrzeuge zur Beschickung von Märkten, soweit es sich um mobile Verkaufsstände handelt, jeweils auch mit Anhänger)."

Übersicht

	Rn
1. Allgemeines	1
2. Umweltschutz (Abs 1: Lärmverbot und Abgasbelästigungen)	4
3. Abs 3: Sonntagsfahrverbot	7
4. Zuwiderhandlungen	8

1 **1. Allgemeines.** Erst mit der ÄnderungsVO zum 21.7.1980 wurden neben unnötigem Lärm in I 1 aus Umweltschutzgesichtspunkten auch vermeidbare Abgasbelästigungen verboten, die zuvor nur über § 1 II erfassbar waren, und damit der früheren Rspr des BGH (BGHSt 26, 340) die Grundlage entzogen (vgl OLG Hamm BeckRS 2015, 04306). Für die Annahme einer Abgasbelästigung ist eine konkrete Beeinträchtigung nicht erforderlich, vielmehr handelt es sich um einen abstrakten Gefährdungstb (KG VRS 63, 390; OLG Köln VRS 72, 384).

2 II begründet eine neben § 29 zu beachtende Erlaubnispflicht für Kfz-Veranstaltungen, die die **Nachtruhe** stören könnten. III enthält das **Sonn- und Feiertagsfahrverbot** für Lkw's, das der AusnRegelung der FerienreiseVO (s § 18 vor 1) jetzt auch durch die Neuregelung des Hafen-Str-V **(III 1a)** angepasst ist. In **IV** sind die **ges Feiertage** für das gesamte Bundesgebiet verbindlich aufgeführt; „Buß- u Bettag" wurde durch 13. StVO-ÄndVO gestr.

3 Beachte auch die §§ 16 I (missbräuchliches Hupen), 22 I (Lärm durch Ladung), 33 I 1 (Störungen durch Lautsprecher), 45 I 3, I a, die Lärmschutz-RiLi-StV des BMV v 6.11.81 (VkBl 81, 428), die entspr der Länder (s zB NdsMBl 82, 103), § 49 StVZO u die Auffangvorschrift des § 117 OWiG (s unten 5). Zum Umweltschutz s auch § 41 **Z 270.1**.

4 **2. Umweltschutz (Abs 1: Lärmverbot und Abgasbelästigungen).** Das Laufenlassen des Motors (I S 2) ist unnötig, wenn ein vernünftiger technischer Grund dafür nicht vorliegt oder wenn es über das bei sachgemäßer Benutzung notwendige Maß hinausgeht (Beispiele s VwV-StVO zu § 30 Abs 1 I, Rn 1 ff; BayObLG VRS 46, 466; OLG Köln VRS 56, 471; 63, 379: Reifenquietschen;

Umweltschutz, Sonn- und Feiertagsfahrverbot § 30 StVO

KG VRS 63, 390; OLG Köln VRS 72, 384: Heizen m lfd Motor im Stand; LG Freiburg MDR 90, 468 Kfz: mit laufendem Motor im absoluten Halteverbot; aA OLG Frankfurt/M VRS 53, 154). Unzulässig sind vermeidbare **Abgasbelästigungen** wie **unnötiger Lärm**; nicht die normale, mit der ordnungsgem Kfz-Benutzung unvermeidbar verbundene Geräuschentwicklung, mag sie auch auf zu schnelle Fortbewegung zurückgehen (BayObLG VRS 65, 300). Ein Dieselmotor muss während einer Fahrtunterbrechung von 1½ Min nicht abgestellt werden (BayObLGSt 73, 193 = VRS 46, 466). Ob das Laufen lassen eines Motors im Stand „unnötig" ist, hängt außer vom Anlass auch davon ab, in welchen örtl u zeitlichen Verhältnissen eine Belästigung der Allgemeinheit zu erwarten ist (BayOBLGSt 82, 66 = VRS 63, 219; 83, 170 = StVE 8; OLG Frankfurt/M VRS 53, 154 = StVE 5; s auch KG VRS 63, 390). – Zur Frage, welche Maßnahmen einem mittelbaren Störer zur Verhinderung der von seinem Betrieb ausgehenden Belästigungen (Halten u Parken von Zuliefer-Lkw mit laufendem Motor) zugemutet werden müssen s BGH NJW 82, 440.

Wer **außerhalb** des öff VRaumes seinen Motor unnötig laufen lässt u dadurch 5 die Allgemeinheit oder die Nachbarschaft belästigt, verstößt nicht gegen § 30 I, sondern gegen § 117 I OWiG (BayOBLGSt 76, 24 = StVE 2; s **E** 26 u unten Rn 8).

„**Unnütz**" ist das Hin- u Herfahren iS von I S 3 innerorts, wenn kein ausrei- 6 chender Grund dafür vorliegt; so genügt zB mehrmaliges Hin- und Herfahren von Motorradfahrern außerorts auf kurviger Strecke (OLG München DAR 01, 84) oder wenn dadurch vermeintliche Einbrecher verjagt werden sollen (OLG Köln VRS 56, 471 = StVE 6). Der TB setzt eine konkrete Beeinträchtigung anderer voraus, die vom Tatrichter festzustellen ist (OLG Bremen DAR 97, 282). I S 3 ist nach Hentschel/König/Dauer-König (§ 30 StVO Rn 14) wegen des Bestimmtheitsgebots (Art 103 II GG) problematisch und an der Grenze der von § 6 StVG gedeckten Ermächtigung, nach AG Cochem ist I S 3 verfassungswidrig (VM 86, 54: Verstoß gegen Art 2 I GG; zw).

3. Abs 3: Sonntagsfahrverbot. Die Fassung der Nr 1 u die Einfügung der 7 Nrn 2–4 (durch 9. u 11. ÄndVO) dienen der Verwaltungsvereinfachung; sie ist an die **FerienreiseVO** (§ 18 vor 1) angelehnt, für die dieselben Def gelten (OLG Frankfurt/M v 22.4.83, 2 Ws (B) 74/83 OWiG); sie ist verfassungskonform (OVG NW VRS 88, 227). III 2 Nr 1 liegt zumindest dann nicht vor, wenn zunächst vom Entladebahnhof aus der in entgegengesetzter Richtung gelegene Heimatort und von dort aus über eine Strecke von mehr als 200 km der Zielort (Empfänger) angefahren wird (BayOBLG NZV 98, 297). **Lastkraftwagen** (Lkw) sind Kfze, die nach ihrer Bauart u Einrichtung zur Beförderung von fremden, nicht nur der Funktion des Fz dienenden Gütern bestimmt sind (OLG Hamm DAR 76, 217; OLG Düsseldorf NZV 91, 483; BayObLG NStZ-RR 97, 320 u OLG Hamm NZV 97, 323; § 4 IV 3 PBefG). S zur Einordnung von **Kombinationsfahrzeugen** als Lkw („Sprinter") § 1 StVG Rn 8a.

Vom Sonn- und Feiertagsfahrverbot nicht betroffen sind Zugmaschinen (VwV-StVO zu § 30 Abs 3, Rn 10). Dies gilt auch für Sattelzugmaschinen ohne Sattelanhänger (BayObLG DAR 93, 369). Auch sog Minisattelzüge (Sattelzugmaschine m zGM ≤ 3,5 t u Sattelanhänger; gesamter Zug mit zGM ≤ 7,5 t) fallen nicht unter das Sonn- und Feiertagsfahrverbot (Huppertz NZV 05, 351, 353; Huppertz NZV 13, 529, 532; AG Siegen NZV 13, 565 m Anm Huppertz). Hingegen sind Sattel-Kfz (Sattel-Zugmaschine u. Sattel-Anhänger) als LKW im Sinne der StVO

StVO § 30   I. Allgemeine Verkehrsregeln

anzusehen (VwV-StVO zu § 3 StVO, Rn 1), womit sie als solche unter das Sonn- und Feiertagsfahrverbot fallen (vgl hierzu auch Huppertz NZV 05, 351). **Zugmaschinen** sind Kfze, deren Aufgabe iw in der Zugleistung besteht u deren Gestaltung erkennen lässt, dass etwaiger Laderaum nur geringe Bedeutung hat (BMV VkBl 62, 309; OLG Düsseldorf NZV 91, 483; BayObLG NZV 97, 407); mit eigener Ladefläche (nicht aber Sattelzugmaschinen ohne eigene Ladefläche u ohne Anhänger: BayObLG v 19.3.92, 2 Ob OWi 85/92) sind sie Lkw iS der Vorschrift (BayObLGSt 73, 51 = VRS 45, 216), mit Hilfsladefläche nur, wenn die zul Nutz- oder Aufliegelast mehr als 40% des zul Gesamtgewichts beträgt (OLG Celle VRS 73, 220; OLG Düsseldorf NZV 91, 483 u OLG Hamm NZV 97, 323 zur Unterscheidung zwischen Lkw u Zugmaschine); ebenso Kfze mit einem zul Gesamtgewicht unter 2,8 t, wenn sie die typischen Baumerkmale eines Lkw aufweisen (OLG Hamm VRS 47, 469); die Eintragung in den Kfz-Papieren hat für die Unterscheidung keine entscheidende Bedeutung (OLG Hamm NZV 97, 323; OLG Düsseldorf NZV 91, 483). Auch Wohnwagenanhänger hinter Kleinlastwagen unterliegen dem Sonntagsfahrverbot (OLG Stuttgart VRS 61, 390), ebenso Fze mit ausl Standort, die ggf an der Grenze zurückzuweisen sind. **Nicht** vom Sonn- und Feiertagsfahrverbot **erfasst** sind jedoch **Wohnmobile** über 7,5 t, die keine „Lastkraftwagen" sind (Scheidler DAR 13, 315, 319).

Zu den Voraussetzungen für eine **Ausnahme-Genehmigung** nach § 46 I S 1 Nr 7s OVG NW VRS 88, 227. Die Erteilung einer Ausnahmegenehmigung vom Sonn- und Feiertags- bzw Ferienfahrverbot für Lkw kommt auch im grenzüberschreitenden Verkehr zur termingerechten Beladung von Seeschiffen nach Übersee nur in besonders dringlichen Fällen in Betracht, wobei an den Nachweis der Dringlichkeit strenge Anforderungen zu stellen sind (VG Wiesbaden NZV 09, 56 [LS] = BeckRS 08, 36 675). Wirtschaftliche und wettbewerbliche Gründe allein rechtfertigen die Erteilung einer Ausnahmegenehmigung hier nicht; die Pflicht zur Zollabfertigung stellt, ebenso wie der regelmäßige Schiffsverkehr nach Übersee keine Besonderheit dar (VG Wiesbaden NZV 09, 56 [LS] = BeckRS 08, 36 675). Allerdings können wirtschaftliche Gründe bspw bei einer Leerfahrt am Sonntag zur Abholung privilegierter Waren (hier: Schnittblumen in den Niederlanden) Berücksichtigung finden (OLG Celle DAR 16, 661).

Leicht verderbliches Obst und Gemüse (§ 30 III 2 Nr 2d): Zu dieser Kategorie gehören zB vorgewaschene Kartoffeln (OLG Celle VRS 116/09, 126 mit Hinweis auf einen Beschluss des Bund-Länder-Fachausschusses StVO/OWi vom 20./21.9.06). Frische Milch- bzw. Fleischerzeugnisse sind nur die Produkte, die ausschließlich oder ganz überwiegend aus Milch oder Fleisch bestehen, nicht jedoch kühlungsbedürftige Fertigprodukte, die u. a. unter Verwendung von Milch bzw. Fleisch produziert wurden (OLG Celle BeckRS 2017, 112314 – hier Lasagne).

8   **4. Zuwiderhandlungen.** Verstöße gegen I, II u III S 1 sind OWen nach § 49 I Nr 25 iVm § 24 StVG (Nrn 117–120 BKat). I S 3 setzt konkrete Belästigung eines anderen voraus (BGHSt 26, 340 = StVE 3; OLG Stuttgart VRS 43, 311; OLG Hamm VRS 46, 396; OLG Bremen DAR 97, 282, die im Urt darzulegen ist, OLG Bremen aaO). Abgasbelästigungen nach I 1 u 2 nicht (KG VRS 63, 390; OLG Köln VRS 72, 384), auch nicht verbotenes Lärmen (OLG Hamm VRS 48, 149 = StVE 1). § 117 OWiG gilt als AuffangTB nur subsidiär. Verstöße gegen I 1 gehen solchen nach § 1 II vor. Bei konkreter Abgas- u Lärmbelästigung besteht zwischen §§ 30 I u 1 II TE (s auch OLG Hamm VRS 48, 149), während

§ 30 I S 3 dem § 1 II als SpezialG vorgeht. OWen nach § 30 I S 1 u 3 können in TE stehen (OLG Hamm aaO). – Für die Einhaltung des Sonn- und Feiertagsfahrverbots nach III kann auch der (gewerbliche) Halter verantwortlich sein (BayObLGSt 86, 10 = VRS 70, 471; OLG Hamm VRR 13, 470), insb wenn er den Verstoß anordnet oder zulässt (BayObLG v 7.2.95, 2 Ob OWi 573/94). – Ist bei Verstoß gegen Sonn- und Feiertagsfahrverbot der Betroffene zugleich Fahrer und Halter des benutzten LKW, richtet sich die Höhe der Geldbuße nach dem BKat-Regelsatz, der für den Fahrer gilt (OLG Celle NZV 04, 368).

Zur **Verfallsanordnung nach § 29a OWiG** und der erforderlichen Kausalität zwischen Tat und erlangtem Vorteil bei **Sonntagsfahrverbot** (OLG Celle NZV 12, 400).

Zur Anwendung landesrechtlicher Lärm- u Immissionsschutzvorschriften (außerhalb des öff VRaumes) s **E** 26 u 86 sowie BayObLGSt 83, 170 = StVE 8.

§ 31 Sport und Spiel[1]

(1) **Sport und Spiel auf der Fahrbahn, den Seitenstreifen und auf Radwegen sind nicht erlaubt. Satz 1 gilt nicht, soweit dies durch ein die zugelassene Sportart oder Spielart kennzeichnendes Zusatzzeichen angezeigt ist.**

(2) **Durch das Zusatzzeichen**

wird das Inline-Skaten und Rollschuhfahren zugelassen. Das Zusatzzeichen **kann auch allein angeordnet sein. Wer sich dort mit Inline-Skates oder Rollschuhen fortbewegt, hat sich mit äußerster Vorsicht und unter besonderer Rücksichtnahme auf den übrigen Verkehr am rechten Rand in Fahrtrichtung zu bewegen und Fahrzeugen das Überholen zu ermöglichen.**

VwV – StVO

Zu § 31 Sport und Spiel

Zu Absatz 1

Auch wenn Spielplätze und sonstige Anlagen, wo Kinder spielen können, zur Verfügung stehen, muss geprüft werden, wie Kinder auf den Straßen geschützt werden können, auf denen sich Kinderspiele erfahrungsgemäß nicht unterbinden lassen.

Zu Absatz 2

I. Die Anordnung des Zusatzzeichens mit dem Sinnbild eines Inline-Skaters und dem Wortzusatz „frei" kommt vor allem an Aufkommensschwerpunkten des Inline-Skatens/Rollschuhfahrens in Betracht, wenn die Beschaffenheit (Belag und Breite)

---

[1] § 31 StVO wurde durch die 46. VO zur Änd straßenverkehrsrechtlicher Vorschriften v 5.8.09 (BGBl I 2631, 2633) zum 1.9.09 neu gefasst. – Durch die Neufassung der StVO v 6.3.13 (BGBl I S 367, 378) wurden keine Änderungen vorgenommen.

StVO § 31 I. Allgemeine Verkehrsregeln

der Fußgängerverkehrsanlage für diese besonderen Fortbewegungsmittel (vgl § 24) nicht geeignet ist. Soll ein nicht benutzungspflichtiger Radweg für das Fahren mit Inline-Skates/Rollschuhen freigegeben werden, kann das Zusatzzeichen allein ohne ein entsprechendes „Hauptverkehrszeichen" angeordnet werden.

3   II. Radwege müssen ausreichend breit sein, um auch in Stunden der Spitzenbelastung ein gefahrloses Miteinander von Radfahrern und Inline-Skatern/Rollschuhfahrern zu gewährleisten.

4   III. Auf Fahrbahnen und Fahrradstraßen darf der Kraftfahrzeugverkehr nur gering sein (zB nur Anliegerverkehr). Die zugelassene Höchstgeschwindigkeit darf nicht mehr als 30 km/h betragen.

Übersicht

	Rn
1. Sport- und Spielverbot	1
a) Begriffe	1
b) Zulässigkeit auf allg Straßen	2
c) Spielstraßen	3
d) Verkehrsberuhigte Bereiche	5
e) Sorgfaltspflichten	5a
2. Sport	6
a) Sportstraßen	6
b) Skifahrer	7
c) Rodeln	8
3. Zuwiderhandlungen	9

1   **1. Sport- und Spielverbot. a) Begriffe.** Die Grenze zwischen Sport u Spiel ist fließend. So wird bei Erwachsenen u Halbwüchsigen auf die Art der Beteiligung im Einzelfall abzustellen sein; ihre Mannschaftsspiele sind idR Sport, ebenso ihre Läufe u Sprünge, wenn diese gewertet werden. Kinder spielen stets (Begr). **Inline-Skates, Skate-Boards** u **Rollschuhe** sind keine Fz iS des StrVerkR, sondern besondere Fortbewegungsmittel iS von § 24 StVO (VGT 98, 13), die dem Bereich „Sport u Spiel" des § 31 StVO zuzurechnen sind (soweit sie nicht im Einzelfall allein der Ortsveränderung dienen). Für Inline-Skates und Rollschuhe stellt dies § 24 I StVO ausdrücklich klar (Inline-Skates wurden durch die 46. VO zur Änd straßenverkehrsrechtlicher Vorschriften v 5.8.09 [BGBl I 2631, 2633] zum 1.9.09 neu in die Vorschrift aufgenommen; s hierzu auch Scheidler DAR 10, 174). Für **besondere Fortbewegungsmittel** i S d § 24 StVO gelten die **Vorschriften für den Fußgängerverkehr** entsprechend (§ 24 I 2 StVO). Soweit Inline-Skater hiernach auf **Gehwege** oder **verkehrsberuhigte Bereiche** verwiesen sind, haben sie – entspr § 1 II – auf Fußgänger bes Rücksicht zu nehmen (s § 24 StVO Rn 3). Sie dürfen einen **gemeinsamen Geh- und Radweg** in der gesamten Breite benutzen und unterliegen weder einem strikten Rechtsfahrgebot noch sind sie ohne Weiteres gehalten, sich nach überholenden Radfahrern umzuschauen (OLG Düsseldorf NZV 12, 129 = DAR 12, 82). Soweit zumutbar haben Inline-Skater außerorts auf der Fahrbahn den linken Fahrbahnrand zu nutzen (OLG Hamm NJW-RR 14, 411). Zur Unfallrelevanz s Nakas, Inline-Skating aus unfallanalytischer Sicht (NZV 99, 278).

2   **b) Zulässigkeit auf allg Straßen.** Die Vorschrift verbietet innerorts und außerorts Sport u Spiel auf den Fahrbahnen, Seitenstreifen u Radwegen der öff Str einheitlich für Erwachsene u Kinder, soweit Sport und Spiel nicht durch ein die Sport- oder

Spielart zulassendes Zusatzzeichen erlaubt ist (Sport u „Spielverbot mit Erlaubnisvorbehalt", Hentschel/König/Dauer-König § 31 StVO Rn 5). § 31 II StVO sieht seit der Verkehrszeichennovelle sowie der Neufassung der StVO (vgl amtl Begr BRDrs 153/09 S 96 u BRDrs 428/12 S 132) für **Inline-Skater** und **Rollschuhfahrer** ein eigenes Zusatzzeichen (Inline-Skater-Sinnbild) vor. Darüber hinaus kann zB in Wintersportorten durch das Zusatzzeichen 1010–11 (Skifahrer-Sinnbild) mit dem Zusatz „frei" auch **Wintersport** zugelassen werden. Gemäß der BRDrs 428/12 S 132 f reicht für die Freigabe des Inline-Skaten auf nicht benutzungspflichtigen Radwegen allein die Anbringung des Zusatzzeichens; vgl VwV zu § 31 II Rn 2. Dabei hat das Zusatzzeichen die Bedeutung, dass der Baulastträger die Geeignetheit der Strecke für Inline-Skater geprüft hat und die Straßenverkehrsbehörde deren verkehrsrechtliche Unbedenklichkeit dokumentiert.

Die **Zulässigkeit von Spielen auf Gehwegen** richtet sich nach § 1, da § 31 StVO nicht für Gehwege gilt. Die Verpflichtung zur **Beachtung des Sport- und Spielverbots** auf Fahrbahn, Seitenstreifen u Radweg trifft für **Kinder** den ges Vertreter u die Personen, denen die Sorge für die Person zusteht (BGH VersR 65, 385, 906). Die Eltern sind dafür verantwortlich, dass ihre Kinder auch auf verkehrsarmen Str nicht auf der Fahrbahn spielen, soweit sie nicht als Spielstr deklariert sind (vgl OLG Hamburg VM 56, 85). Benutzt ein Kind ein Kinderfahrrad als Beförderungsmittel, zB zur Fahrt in die Schule, so ist es berechtigter VT u sind die VRegeln anwendbar (vgl § 24 StVO Rn 2; beachte aber **§ 2 V StVO**). Wenn aber Kinder nur zum Spielen auf der Fahrbahn herumradeln, liegt ein nach § 31 verbotenes Kinderspiel vor. Dann gelten für den FahrV nicht die Vorfahrtregeln, sondern die Sorgfaltspflichten bei Annäherung an spielende Kinder (vgl BGH VM 64, 120 m Anm Booß; § 8 StVO Rn 3). Der Kf muss deshalb, wenn er das spielende Kind bemerkt oder mit seinem Auftauchen rechnen muss, ohne Rücksicht auf sein etwaiges VorR die erforderlichen Vorsichtsmaßnahmen ergreifen (vgl § 1 StVO Rn 38 ff). Zur Aufsichtspflicht der Eltern für die Kinderspiele s OLG München VM 77, 48.

c) **Spielstraßen.** Die VwV-StVO zu § 31 StVO sah bisher in Rn 3 ausdrücklich die Einrichtung von „Spielstraßen" (missverständlich wird der Begriff „Spielstraße" umgangssprachlich teilweise auch für einen verkehrsberuhigten Bereich [Z 325.1] verwendet) vor. Die Neufassung der VwV zu § 31 Abs 1 StVO enthält diese Klarstellung nicht mehr, verweist aber weiterhin darauf, dass geprüft werden muss, wie Kinder auf den Straßen geschützt werden können, auf denen sich Kinderspiele erfahrungsgemäß nicht unterbinden lassen (VwV-StVO zu § 31 Abs 1, Rn 1 neu). Eine Wesentliche Änderung hinsichtlich der Einrichtung von Spielstraßen ist damit nicht verbunden, weil die Änderungen der VwV-StVO vor allem der Straffung und Vereinfachung der Vorschriften dienen und eine größere Flexibilität der Planungs- und Verkehrsbehörden vor Ort ermöglichen sollen (vgl amtl Begr BRDrs 154/09 S 2). Das Spielen auf der Fahrbahn, Seitenstreifen u Radwegen kann deshalb in Einzelfällen weiterhin erlaubt werden, zB durch das Zusatzschild „Spielstraße" iVm **Z 250** – Verbot für Fze aller Art – u durch das gleiche Zusatzschild iVm **Z 357** – Sackgasse.

Auf Spielstr haben die Kinder das **VorR** vor dem FahrV. Die Kf müssen sich 4 darauf einstellen, dass nicht sichtbare Kinder von der Seite her in ihre Fze hineinlaufen können. Der Vertrauensgrundsatz gilt hier gegenüber Kindern nicht (OLG Braunschweig DAR 63, 353; OLG Köln VRS 36, 360).

d) **Verkehrsberuhigte Bereiche.** Nach **Z 325.1, 325.2** sind Kinderspiele hier 5 überall erlaubt, dh auch auf der „Fahrbahn", soweit diese dort noch existieren.

StVO § 32   I. Allgemeine Verkehrsregeln

5a   **e) Sorgfaltspflichten.** Wer sich mit **Inline-Skates** oder **Rollschuhen** auf den für ihn freigegebenen Verkehrsflächen bewegt, hat sich dort mit äußerster Vorsicht und unter besonderer Rücksichtnahme auf den übrigen Verkehr am rechten Rand in Fahrtrichtung zu bewegen und Fahrzeugen das Überholen zu ermöglichen **(Abs 2 S 3)**. Soweit die Verkehrsflächen im Einzelfall für andere Sport- oder Spielarten, zB Wintersport, freigeben sind, richten sich die Sorgfaltspflichten nach § 1 II StVO.

6   **2. Sport. a) Sportstraßen.** Nach Abs 1 S 2 ist die Freigabe von Fahrbahn, Seitenstreifen u Radweg für jeden Sport durch ein die zugelassene Sportart kennzeichnendes Zusatzzeichen möglich. Für Wintersport kommt hier das Zusatzzeichen 1010–11 (Skifahrer-Sinnbild) mit dem Zusatz „frei" in Betracht (amtl Begr BRDrs 153/09 S 96 u BRDrs 428/12 S 133). Die bisherige Regelung zu Z 250 (Verbot für Fahrzeuge aller Art), wonach dort Sport auch durch ein Zusatzzeichen erlaubt werden kann, enthält die StVO seit 1.9.09 allerdings nicht mehr.

Unabhängig davon dürfen Skiläufer u Rodler öff Str benutzen, soweit dies ortsüblich u nicht ausdrücklich verboten ist (s auch § 2 StVO Rn 4).

7   **b) Skifahrer.** Der **Skifahrer** ist VT, u zwar eine bes Art des Fußgängers, wenn er sich im öff VRaum bewegt (vgl § 1 StVO Rn 13 ff). Bei der heutigen Verbreitung des Skisportes sind zwar nicht reine Sportflächen, wie Übungshänge, Pisten oder Sprungschanzen, wohl aber die dem öff Verkehr zur Verfügung gestellten Wege einschl der über freies Gelände führenden markierten „Skirouten" als öff Wege anzusehen. Die Grundregel des § 1 gilt dort auch für Skifahrer. Aus ihr wird für den Skifahrer die Pflicht, nur auf Sichtweite zu fahren, abgeleitet, die sich für den FahrV aus § 3 I ergibt. Ein schnelleres Tempo ist erlaubt, wenn der Skifahrer beim Auftauchen eines Hindernisses sicher in angrenzendes Gelände ausweichen kann (BayObLGSt 57, 90 = VM 57, 95; BGH VersR 60, 180; aA OLG Köln VersR 62, 791). Bewegt sich ein Skifahrer abseits von öff Wegen im Gelände, so ist er kein Teilnehmer am öff StraßenV. Seine Sorgfaltspflicht bemisst sich dann nach den allg Bestimmungen (§ 823 BGB, §§ 222, 230 StGB; BGH(Z) VRS 42, 337), auf Skipisten u Abfahrten nach den **FIS-Regeln** (s dazu Dambeck DAR 93, 132 u Dambeck DAR 07, 677, BGH NJW 85, 620); zur Sicherungspflicht eines Bergbahnunternehmens für Skipiste s BGH VRS 40, 351 u NJW 73, 1379).

8   **c) Rodeln.** Rodeln ist das **Bergabfahren** auf einem Rodelschlitten, nicht das Ziehen eines solchen. Sitzen mehrere Rodler im öff VRaum auf einem fahrenden Rodelschlitten, so ist jeder VT, da sich keiner von der dem Rodeln eigenen Art des Steuerns ausschließen kann.

9   **3. Zuwiderhandlungen.** sind als OWen nach den §§ 49 I Nr 26 iVm 24 StVG verfolgbar (s Nr 120a–120a.2 BKat – BT-KAT-OWI TBNR 131100 ff). Zur Verantwortlichkeit von Kindern u Jugendlichen s § 12 OWiG u **E** 32 f. Eltern müssen ihre Kinder zur Beachtung der Vorschriften (OLG Hamburg VM 56, 85) u zu Vorsicht u Rücksicht anhalten (BGH VersR 65, 385, 906). Einen BußgeldTB wegen Verletzung der Aufsichtspflicht gibt es nicht mehr.

§ 32 Verkehrshindernisse[1]

(1) Es ist verboten, die Straße zu beschmutzen oder zu benetzen oder Gegenstände auf Straßen zu bringen oder dort liegen zu lassen, wenn

---

[1] Durch die Neufassung der StVO v 6.3.13 (BGBl I S 367, 378) erfolgten (lediglich) sprachliche Anpassungen.

Verkehrshindernisse § 32 StVO

dadurch der Verkehr gefährdet oder erschwert werden kann. Wer für solche verkehrswidrigen Zustände verantwortlich ist, hat diese unverzüglich zu beseitigen und diese bis dahin ausreichend kenntlich zu machen. Verkehrshindernisse sind, wenn nötig (§ 17 Absatz 1), mit eigener Lichtquelle zu beleuchten oder durch andere zugelassene lichttechnische Einrichtungen kenntlich zu machen.

(2) Sensen, Mähmesser oder ähnlich gefährliche Geräte sind wirksam zu verkleiden.

VwV – StVO
Zu § 32 Verkehrshindernisse
Zu Absatz 1

I. Insbesondere in ländlichen Gegenden ist darauf zu achten, daß verkehrswidrige Zustände infolge von Beschmutzung der Fahrbahn durch Vieh oder Ackerfahrzeuge möglichst unterbleiben (zB durch Reinigung der Bereifung vor Einfahren auf die Fahrbahn), jedenfalls aber unverzüglich beseitigt werden. 1

II. Zuständige Stellen dürfen nach Maßgabe der hierfür erlassenen Vorschriften die verkehrswidrigen Zustände auf Kosten des Verantwortlichen beseitigen. 2

III. Kennzeichnung von Containern und Wechselbehältern 3

Die Aufstellung von Containern und Wechselbehältern im öffentlichen Verkehrsraum bedarf der Ausnahmegenehmigung durch die zuständige Straßenverkehrsbehörde.

Als „Mindestvoraussetzungen" für eine Genehmigung ist die sachgerechte Kennzeichnung von Containern und Wechselbehältern erforderlich. 4

Einzelheiten hierzu gibt das Bundesministerium für Verkehr und digitale Infrastruktur im Einvernehmen mit den zuständigen obersten Landesbehörden im Verkehrsblatt bekannt. 5

Übersicht

	Rn
1. Schutzzweck der Vorschrift	1
2. Abs 1: Bereiten von Verkehrshindernissen	2
a) Täter	2
b) Beschmutzen oder Benetzen	3
c) Gegenstände	4
d) Pflichten	7
3. Gefährliche Geräte	9
4. Zuwiderhandlungen	10
5. Zivilrecht	11

1. Schutzzweck der Vorschrift. § 32 dient dem Schutz des StraßenV gegen 1 verkehrsfremde Eingriffe; gleichartige **landesrechtliche** Vorschriften sind, soweit sie ebenfalls der Leichtigkeit u Sicherheit des Verkehrs dienen, nichtig (OLG Düsseldorf VRS 77, 303). Anders jedoch bei erlaubnispflichtiger Sondernutzung, BGH (NZV 02, 193 = DAR 02, 224): „Bei einer Zuwiderhandlung gegen die §§ 32 und 33 der Straßenverkehrsordnung ist die gleichzeitige Anwendung landesrechtlicher Bestimmungen, nach denen die ungenehmigte Sondernutzung einer Straße verboten ist und als Ordnungswidrigkeit geahndet wird, nicht ausgeschlos-

StVO § 32 I. Allgemeine Verkehrsregeln

sen." § 32 ist **SchutzG** iS des § 823 II BGB zugunsten des StraßenV (OLG Bamberg VRS 72, 88), dient aber nicht dem Schutz spielender Kinder, die durch umherliegende Gegenstände verletzt werden oder von einem Holzstapel herunterfallen können (OLG Düsseldorf NJW 57, 1153; LG Ulm MDR 59, 302). Zur „Straße" gehören alle öff Wege (s § 1 StVO Rn 13 ff), dh auch Gehwege (OLG Köln VRS 63, 76; OLG Düsseldorf VRS 74, 285; NJW 95, 2172) u alle Sonderwege (§ 2 StVO Rn 17). – Zum Abstellen eines Autowracks s § 5 AbfG (u unten 4); zur VBeruhigung durch Hindernisse s unten Rn 4 u § 45 StVO Rn 12. Zu beachten ist, dass sich das Verbot des I S 1, Gegenstände auf Straßen zu bringen oder dort liegen zu lassen, wenn dadurch der Verkehr gefährdet oder erschwert werden kann, auch an Nichtverkehrsteilnehmer richtet (deutlich herausgestellt vom BVerwG NJW15, 2056).

2   **2. Abs 1: Bereiten von Verkehrshindernissen. a) Täter.** des Verstoßes gegen I ist in erster Linie derjenige, der das VHindernis geschaffen hat (wie zB der Parkhausbesitzer, der den Pkw des Benutzers bei Zahlungsverzug auf den Gehweg gestellt hat: OLG Köln VRS 63, 394), daneben aber auch derjenige, der für die VSicherheit auf der Str sonst verantwortlich u zur Beseitigung des Hindernisses verpflichtet ist (OLG Celle SVR 07, 22 m Praxishinweis Schwab). Der Täter kann, muss aber nicht VT sein (BVerwG NJW15, 2056; hier vom Grundstückseigentümer auf dem Gehweg angebrachte Abstützpfosten und Betonsockel zur Sicherung eines Hauses). So können für eine Beschmutzung der Fahrbahn außer dem Führer des Lkw, von dem Steine oder Erde herabgefallen sind, dessen Arbeitgeber u der für die VSicherungspflicht zuständige Beamte nebeneinander aus § 32 I verantwortlich sein (BGH(Z) VM 61, 57; OLG Frankfurt/M VM 61, 101; OLG Schleswig VM 66, 1269; OLG Hamm VRS 7, 213). UU tritt die Verantwortlichkeit des Fahrers oder Abladers von Gegenständen gegenüber derjenigen anderer ganz zurück (OLG Hamm VRS 52, 375 = StVE 2).

3   **b) Beschmutzen oder Benetzen.** Der Verkehr muss durch das Hindernis möglicherweise gefährdet oder mind **erschwert** werden können (s Rn 6); das bedeutet, dass nicht jede geringfügige Beeinträchtigung der Leichtigkeit des Verkehrs genügt. Entscheidend ist neben dem Umfang der Verschmutzung auch die Art der Straße und des Verkehrs, der normalerweise auf ihr stattfindet (OLG Celle SVR 07, 22 m Praxishinweis Schwab). Erschwerend können aber zB wirken Flüssigkeiten, welche die Fahrbahn glatt u rutschig machen, wie Öl u Seifenlauge (OLG Bamberg VRS 72, 88, 92) oder die schlammartige Masse, die bei der Beförderung von nassem Kies oder Sand vom Fz abtropft (BGHSt 12, 48; BayObLGSt 55, 90 = DAR 55, 231); ferner Erde oder Dung, die im Zusammenhang mit Wasser die Str glitschig machen können (OLG Hamm VRS 4, 35; 8, 134; OLG Schleswig VM 55, 82), u Kot, soweit er nicht nur geringfügige Beschmutzung bewirkt (OLG Celle NJW 79, 227 = StVE 5) oder die besondere Rutschgefahr durch eine nasse Kleieschicht (BGH NZV 07, 352); uU auch Reinigungsschaum, selbst wenn er die Str nicht schmierig macht, andere aber veranlasst, die evtl Gefahrenquelle zu meiden (OLG Düsseldorf VRS 77, 303). Reines Wasser benetzt verkehrsgefährdend nur, wenn es bei Temperaturen auf die Str gelangt, bei denen es alsbald gefriert u dadurch zur Glattbildung führt, oder auf eine bereits verschmutzte Fahrbahn fließt u diese dadurch rutschig macht.

4   **c) Gegenstände.** iS der Vorschrift, die im Interesse der VSicherheit weit auszulegen ist (OLG Koblenz VRS 72, 128), sind nur **verkehrsfremde Sachen** wie

Verkehrshindernisse **§ 32 StVO**

zB auf der Str abgeladenes Baumaterial (BGH(Z) VRS 20, 337; OLG Hamm VRS 27, 62; OLG Köln VRS 63, 76), vom Grundstückseigentümer aufgestellte Warnbaken (VGH BW DÖV 14, 1067); **abgestellte Baugeräte** (OLG Koblenz VRS 72, 128) aber auch außerhalb einer verkehrsberuhigten Zone zur VBeruhigung auf der Fahrbahn ungesichert aufgestellte **Blumenkübel** (OLG Frankfurt/M NZV 91, 469) u Fahrbahnschwellen (BHG(Z) NZV 91, 385 krit; OLG Düsseldorf NJW 93, 865; Hentschel/König/Dauer-König § 32 StVO Rn 14; **aA OLG** Hamm NZV 94, 400; OLG Düsseldorf NZV 94, 478; ZfS 96, 128: Blumenkübel auf Sperrfläche kein „Hindernis"; OLG Saarbrücken NVwZ-RR 00, 199; s auch § 315b StGB 4; desgleichen grundsätzl zulässig auch Blumenkübel zur Verschönerung auf öffentl Parkflächen, OLG Koblenz NZV 00, 378, nicht jedoch bei Verschiebung des Kübels auf die Fahrbahn, aaO). Zulässig sind außerdem zur VBeruhigung angebrachte **Aufpflasterungen** (VGH BW ZfS 92, 395) u VMittel, insb Fze, die am Verkehr teilnehmen (s OLG Naumburg VM 95, 23 zur [unzul] Behandlung eines noch zugelassenen, beschädigten, abgestellten Kfz als „Abfall"). Ist aber das Fz nicht berechtigt, am Verkehr teilzunehmen (zB stillgelegt: OLG Zweibrücken VRS 72, 130; OLG Düsseldorf DAR 96, 415 Ls), nicht betriebsbereit oder zu verkehrsfremden Zwecken, zB zum Zeigen von Reklameflächen unter Überschreitung des Gemeingebrauchs abgestellt, ist es idR als „Gegenstand" zu behandeln (OLG Karlsruhe VRS 59, 153 = StVE 9; OLG Koblenz VRS 65, 472 = StVE 13; KG VRS 45, 73), kein Parken (OLG Hamm VRS 59, 298 = StVE 10; zum abgestellten Schrott-Fz s § 12 StVO Rn 10 u OLG Düsseldorf VD 88, 265; BayObLG NZV 93, 164). Das gilt auch für ein unbefugt auf Privatgrund abgestelltes Fz, das der Grundstückseigentümer auf die Str schiebt u dort in einer den Verkehr störenden Stellung belässt (BayObLG VRS 57, 60). Auch das Aufstellen eines als Arbeitsplattform dienenden Lieferwagens auf dem Gehweg (ohne Ausn-Genehmigung) erfüllt § 32 I S 1 (OLG Hamm aaO); **nicht aber** (mehr) ein sonst ordnungsgemäß geparkter, zugelassener u fahrbereiter **Wohnanhänger**, mag er auch vom Zug-Fz getrennt sein (anders noch zum früheren R: zB OLG Zweibrücken VM 80, 101 u OLG Koblenz VRS 57, 58 = StVE 6), es sei denn, er ist nicht für eine zum Parken übliche (dh auf alsbaldige Wiederinbetriebnahme gerichtete u nach § 12 III b erlaubte) Zeit geparkt, sondern für längere Zeit (bis zum nächsten Urlaub) nur zur Aufbewahrung abgestellt (s oben § 12 StVO Rn 13). Über das Verhältnis des § 32 StVO zu den VVorschriften in solchen Fällen vgl § 12 StVO Rn 8 ff; zur VSicherungspflicht s Rn 7–8.

Auch **angefahrenes Wild,** das auf der Straße liegen geblieben ist gehört zu den verkehrsfremden Gegenständen (LG Saarbrücken DAR 11, 89; Hentschel/König/Dauer-König § 32 StVO Rn 12).

Eine **Straßenverkehrsschleuse** (dh eine die Durchlässigkeit des Straßenverkehrs regulierende Maßnahme zB durch Erhöhungen in der Fahrspur oder Verengungen der Fahrspur, wonach nur bestimmte Fahrzeuge auf Grund ihrer Beschaffenheit die Schleuse passieren können; zB Busschleusen oder Traktorschleusen – näher dazu Velten Donath NZV 13, 324) wird ebenfalls ein Verkehrshindernis iSd § 32 StVO darstellen (Velten Donath NZV 13, 324, 325).

Auch Gegenstände, die nicht unmittelbar auf der Str liegen, sondern nur in 5 den Luftraum über ihr hineinragen, zB den **Überwuchs** von Pflanzenteilen in das Lichtraumprofil (VG Braunschweig BeckRS 2014, 53360); ein in den Str-Raum hineinragender Holzstapel (VG Augsburg 3.K 14.766); ein in den Str-Raum hineinragender Schaukasten oder Warenautomat, ein Arm eines Kranes oder ein Förderband, ein tiefer als 4 m hoch gespanntes Kabel, fallen unter § 32 (OLG

StVO § 32   I. Allgemeine Verkehrsregeln

Hamm VRS 17, 309; 41, 396; BayObLGSt 68, 77 = VRS 36, 464); ebenso die Aufstellung eines Verkaufs- u Informationsstandes auf dem Gehweg (OLG Koblenz VRS 60, 473) sowie die Sperrung eines öff Weges (BayObLG NZV 92, 455). Ein über den umgebenden Teil der Fahrbahn hinausragender Kanaldeckel ist zwar kein Gegenstand iS von I (BayObLGSt 76, 54 = VM 76, 109); auch nicht ein infolge einer Panne oder eines Unfalls liegen gebliebenes Fz (OLG Düsseldorf VRS 58, 281 = StVE 8) oder ein zum Entladen auf dem Gehweg geparkter Lkw, dessen ungesicherte u von anderen nur schwer erkennbare Ladebordwand in die Fahrbahn ragt (OLG Düsseldorf VRS 62, 309 = StVE 11), doch ist der Verkehr entspr zu sichern. Ebenfalls **kein Hindernis** iSv § 32 ist ausgefahrene Ladeschiene eines Abschleppwagens, da sie nicht verkehrsfremden Zwecken dient, sondern mit der Funktion dieses Fahrzeugs als Verkehrs- u Transportmittel in innerem Zusammenhang steht (OLG Karlsruhe NZV 00, 86).

6   Von einem **Hindernis** iSd I ist daher stets auszugehen, wenn ein Gegenstand auf die Straße gebracht wird, durch den der Verkehr gefährdet oder erschwert werden kann. Die Gefährdung oder Erschwerung des Verkehrs muss nicht bereits eingetreten oder sicher sein; ausreichend ist vielmehr, dass sie mit einiger Wahrscheinlichkeit zu erwarten oder nicht ganz unwahrscheinlich ist. Eine **abstrakte Gefahr** reicht insoweit aus. Ob ein Gegenstand ein Hindernis darstellt, ist in einer Gesamtschau zu beurteilen. Hierbei sind der Inhalt der Widmung der Verkehrsfläche, die konkrete Zweckbestimmung der betroffenen Areale (also Gehweg, Fahrbahn oder Sperrfläche) sowie die Zweckbestimmung des Gegenstandes und die Dauer seines Verbleibs zu berücksichtigen (BVerwG NJW 15, 2056).

7   **d) Pflichten.** Die Pflichten der Verantwortlichen bestehen in erster Linie darin, verkehrsgefährdende oder -behindernde Gegenstände nicht auf die Fahrbahn zu verbringen. Sind sie dennoch dorthin gelangt, so sind sie nach I S 2 **alsbald wieder zu entfernen.** Ist dies nicht möglich, so ist die Stelle nach Maßgabe der S 2 u 3 durch ausreichende **Kenntlichmachung** zu sichern, u zwar durch eigene Lichtquelle oder andere zugelassene lichttechnische Einrichtungen (wie weiß-rot schraffierte, reflektierende Warntafeln oder notfalls Warndreiecke (s §§ 49a, 53a StVZO). Die Kenntlichmachung entbindet jedoch nicht von der Verpflichtung, das Hindernis unverzüglich zu beseitigen, eine solche ist jedoch vorzunehmen, wenn eine umgehende Beseitigung nicht möglich ist (VGH München BeckRS 2017, 104012). Diese Pflichten bestehen nicht unbedingt, sondern nur im Rahmen des Zumutbaren, insb, solange die Arbeiten, etwa Transporte von Lehm u Erde an einer Baustelle oder Kuhdung hinterlassener Viehtrieb, noch nicht abgeschlossen sind (OLG Frankfurt/M VRS 35, 224; OLG Köln v 9.9.94 bei Janiszewski NStZ 95, 274). Nach einem VUnfall sind Glassplitter, Fz-Teile u dergl zu beseitigen, sobald die örtl Ermittlungen abgeschlossen sind. Bis dahin ist die Unfallstelle abzusichern. Auch die Bundeswehr hat eine Str-Beschmutzung durch Ketten-Fze wieder zu beseitigen (OLG Celle VersR 65, 574; OLG Schleswig NJW 66, 1269); zur **VSicherungspflicht** bei Maßnahmen zur VBeruhigung s BGH NZV 91, 385 (Fahrbahnschwellen), OLG Frankfurt/M NZV 92, 38 (Kölner Teller), OLG Celle NZV 91, 353, OLG Hamm NZV 94, 400, OLG Düsseldorf Zf S 96, 128 (Blumenkübel).

8   Im Übrigen richten sich die zu stellenden Anforderungen nach den Gegebenheiten des konkreten Falles, wobei vor allem auch die Art u Wichtigkeit des VWeges sowie die Stärke des Verkehrs zu berücksichtigen sind. Zur Erntezeit liegt eine gewisse Beschmutzung auf Nebenstr durch landwirtschaftliche Acker-

Verkehrshindernisse § 32 StVO

Fze im Rahmen des zulässigen Gemeingebrauchs u muss vom übrigen Verkehr hingenommen werden, der sich darauf u auf die damit, bes bei Regen, verbundenen Gefahren einrichten muss (OLG Saarbrücken VM 79, 71). Eine dauernde Freihaltung von Verschmutzung kann auf solchen Str nicht verlangt werden (OLG München VersR 66, 1082; OLG Oldenburg MDR 58, 843). Dagegen muss derjenige, der die Fahrbahn einer dem schnelleren KraftV dienenden Str, insb einer Bundesstr, beschmutzt, im Rahmen des ihm Möglichen die Verunreinigung beseitigen, mind die Stelle zur Warnung des Kfz-Verkehrs kennzeichnen (zB Z 114). Das gilt auch für die Verschmutzung durch Viehtrieb (BGH(Z) VM 62, 27; OLG Köln VM 68, 109; v 9.9.94 s oben Rn 7) oder Feldarbeiten (OLG Schleswig NZV 92, 31) u an Baustellen; hier kann sich der Bauunternehmer aber darauf verlassen, dass VT im Bereich gekennzeichneter Baustellen mit leichter Verschmutzung rechnen u ihre Fahrweise darauf einstellen (OLG Saarbrücken VM 74, 84).

3. Gefährliche Geräte. sind nach **II** wirksam zu verkleiden; **II** ist Ausfluss der 9 allg VSicherungspflicht (BayObLGSt 78, 80 = StVE 4; s dazu auch § 45 StVO Rn 11, 12); er gilt für alle VT; soll aber nach BayObLGSt 85, 136 = VRS 70, 382 nur für Ladung u mitgeführte Gegenstände, nicht auch für das Fz selbst u sein Zubehör gelten, da insoweit § 32 III StVZO eingreife (vgl auch BayObLG VRS 58, 463; zw, s Janiszewski NStZ 86, 258). Weitergehend OLG Köln (VM 58, 143), wonach **Mähmesser** u Mähbalken auch dann durch eine Umhüllung geschützt werden müssen, wenn sie Bestandteil eines zum Verkehr zugelassenen Mähdreschers sind. Eine ungeschützt auf einem Anhänger mitgeführte Bootsschraube kann ein gefährliches Gerät iS des II sein (BayObLGSt 78, 80 s oben), ebenso ungeschützte Spitzen von Holmteilen (OLG Hamm VRS 48, 385).

4. Zuwiderhandlungen. Verstöße sind OWen nach § 49 I Nr 27 iVm § 24 10 StVG (s Nrn 121–124 BKat). Der TB setzt **keine konkrete Gefährdung** oder Erschwerung des Verkehrs voraus; abstrakte Gefährdung oder Erschwerung ist ausreichend u erforderlich (OLG Koblenz VRS 62, 145; OLG Zweibrücken VRS 72, 130), wobei es genügt, dass sie möglich u nicht ganz unwahrscheinlich ist (OLG Düsseldorf VRS 74, 285). Normadressat s oben Rn 2. Verstoß gegen § 32 I kann unter den weiteren Voraussetzungen des § 315b I Nrn 2 oder 3 StGB Straftat sein; dahinter träte § 32 zurück (§ 21 OWiG). – Ein Verstoß nach I kann zugleich auch landesrechtliche Vorschriften verletzen (s dazu zB OLG Koblenz VRS 60, 473; OLG Karlsruhe VRS 56, 380 u BayObLG VM 80, 22); diese treten allerdings gegenüber § 32 I zurück (OLG Koblenz aaO; KG VRS 45, 73; OLG Düsseldorf VM 75, 90; OLG Zweibrücken aaO; aA OLG Karlsruhe aaO mwN u im Ergebnis BayObLG VM 78, 21 zu § 33 I 2). – TE mit § 1 II kommt bei konkreter Gefährdung in Betracht (KG VRS 51, 388; OLG Hamm VRS 52, 376). – Siehe auch § 18 I 1 AbfG, auch iVm kommunalen Regelungen.

5. Zivilrecht. § 32 StVO ist Schutzgesetz iSv § 823 II BGB (BGH VRS 20, 11 337; OLG Frankfurt/M NZV 91, 469; s auch Dahm NZV 13, 170). Hindernis bereiten mit der Folge, dass andere VT dadurch geschädigt werden, löst Haftung des dafür Verantwortlichen aus. Für die Beseitigung von Verschmutzungen ist nicht nur verantwortlich, wer die Verschmutzung selbst auf die Straße gebracht und damit die Gefahrenlage geschaffen hat, sondern auch, wer den gefährlichen Zustand in seinem Verantwortungsbereich andauern lässt, obwohl ihm die Beseitigung möglich und zumutbar wäre (OLG Celle SVR 07, 22 m Praxishinweis

Schwab; s auch BGH NZV 07, 352). Zur Kostenerstattungspflicht (hier gem § 15 I HessStrG) bei Verunreinigung einer Straße durch ausgelaufenen Dieselkraftstoff (VGH Kassel zfs 13, 235). Zum Versicherungsschutz in der gesetzlichen Unfallversicherung bei Beseitigung eines den Straßenverkehr objektiv gefährdenden Gegenstandes Dahm NZV 13, 170. Maßnahmen zur Verkehrsberuhigung, zB Aufstellen von Blumen-Kübeln auf der Fahrbahn, können Konflikte hervorrufen, s hierzu OLG Frankfurt/M aaO u OLG Koblenz NZV 00, 378.

Die Privathaftung einer Stadt als verkehrssicherungspflichtige Grundstückseigentümerin (§ 823 BGB) und ihre Amtshaftung als Straßenverkehrssicherungspflichtige (§ 839 BGB) gehen ineinander über, wenn sie nicht verhindert, dass Unbefugte von ihrem Grundstück Sand abtransportieren und auf der dadurch im angrenzenden Straßenbereich verursachten Sandspur ein Motorradfahrer ins Rutschen kommt (OLG Koblenz DAR 02, 269)

Nicht gegen § 32 verstößt, wer ortsüblich vorübergehend eine Mülltonne auf dem Gehweg im Rahmen der Entsorgung stehen lässt (OLG Hamm NZV 91, 152).

Tierhalter haftet, wenn sein überfahrenes Tier auf der Fahrbahn liegen bleibt und alsbald einen Ausweichunfall verursacht (OLG Celle VersR 80, 430).

§ 33 Verkehrsbeeinträchtigungen[1]

(1) **Verboten ist**
1. **der Betrieb von Lautsprechern,**
2. **das Anbieten von Waren und Leistungen aller Art auf der Straße,**
3. **außerhalb geschlossener Ortschaften jede Werbung und Propaganda durch Bild, Schrift, Licht oder Ton,**

wenn dadurch am Verkehr teilnehmende in einer den Verkehr gefährdenden oder erschwerenden Weise abgelenkt oder belästigt werden können. Auch durch innerörtliche Werbung und Propaganda darf der Verkehr außerhalb geschlossener Ortschaften nicht in solcher Weise gestört werden.

(2) **Einrichtungen, die Zeichen oder Verkehrseinrichtungen (§§ 36 bis 43 in Verbindung mit den Anlagen 1 bis 4) gleichen, mit ihnen verwechselt werden können oder deren Wirkung beeinträchtigen können, dürfen dort nicht angebracht oder sonst verwendet werden, wo sie sich auf den Verkehr auswirken können. Werbung und Propaganda in Verbindung mit Verkehrszeichen und Verkehrseinrichtungen sind unzulässig.**

(3) **Ausgenommen von den Verboten des Absatzes 1 Satz 1 Nummer 3 und des Absatzes 2 Satz 2 sind in der Hinweisbeschilderung für Nebenbetriebe an den Bundesautobahnen und für Autohöfe die Hinweise auf Dienstleistungen, die unmittelbar den Belangen der am Verkehr Teilnehmenden auf den Bundesautobahnen dienen.**

VwV – StVO

Zu § 33 Verkehrsbeeinträchtigungen

Zu Absatz 1 Nr 1

1   Lautsprecher aus Fahrzeugen erschweren den Verkehr immer.

---

[1] Durch die Neufassung der StVO v 6.3.13 (BGBl I S 367, 378) erfolgten (lediglich) sprachliche und klarstellende Anpassungen.

Zu Absatz 1 Nr 2

Das Ausrufen von Zeitungen und Zeitschriften wird den Verkehr nur unter außergewöhnlichen Umständen gefährden oder erschweren. 2

Zu Absatz 2

I. Schon bei nur oberflächlicher Betrachtung darf eine Einrichtung nicht den Eindruck erwecken, daß es sich um ein amtliches oder sonstiges zugelassenes Verkehrszeichen oder eine amtliche Verkehrseinrichtung handelt. Verwechselbar ist eine Einrichtung auch dann, wenn (nur) andere Farben gewählt werden. 3

II. Auch Beleuchtung im Umfeld der Straße darf die Wirkung der Verkehrszeichen und Verkehrseinrichtungen nicht beeinträchtigen. 4

III. Wenn auf Grundstücken, auf denen kein öffentlicher Verkehr stattfindet, zB auf Fabrik- oder Kasernenhöfen, zur Regelung des dortigen Verkehrs den Verkehrszeichen oder Verkehrseinrichtungen gleiche Einrichtungen aufgestellt sind, darf das auch dann nicht beanstandet werden, wenn diese Einrichtungen von einer Straße aus sichtbar sind. Denn es ist wünschenswert, wenn auf nichtöffentlichem Raum sich der Verkehr ebenso abwickelt wie auf öffentlichen Straßen. 5

Zu Absatz 3

I. Die Hinweise auf Dienstleistungen erfolgen durch Firmenlogos der Anbieter von Serviceleistungen. Sie sind durch § 33 Absatz 3 straßenverkehrsrechtlich zugelassen und werden von der Straßenbaubehörde als Zusätze zu den amtlichen Hinweisschildern angebracht. 6

II. Hinsichtlich der Beschaffenheit, Gestaltung und Anbringung solcher Zusätze sind die Vorschriften der Richtlinien für die wegweisende Beschilderung auf Autobahnen (RWBA) entsprechend zu beachten. Die Schilder richten sich nach der Breite der Ankündigungstafel und haben eine Höhe von 800 mm. 7

III. Hinsichtlich der Größe und Anzahl der auf dem Schild erscheinenden Firmenlogos gelten die Vorschriften der Richtlinie für die wegweisende Beschilderung auf Autobahnen (RWBA) für grafische Symbole entsprechend. 8

Übersicht

	Rn
1. Allgemeines	1
2. Abs 1: Lautsprecher und Werbung	2
a) Betrieb von Lautsprechern (Nr 1)	2
b) Anbieten von gewerblichen Leistungen und Waren (Nr 2)	3
c) Werbung und Propaganda (Nr 3)	5
3. Abs 2: Private Verkehrszeichen und ihnen gleichende Einrichtungen	6
4. Abs 3: Ausnahmen vom Werbeverbot	7a
5. Zuwiderhandlungen	8

1. Allgemeines. § 33 bringt nach den in § 32 behandelten VHindernissen auf der Fahrbahn das Verbot von Beeinträchtigungen, die von **außen** her störend auf den Verkehr einwirken, u zwar durch Lautsprecher, Werbung u Propaganda u durch Einrichtungen, die mit VZ oder LichtZ verwechselt werden können (BVerwG NJW 15, 2056). Ausreichend ist eine abstrakte Gefahr. Diese bestimmt sich danach, ob im konkreten Fall eine hinreichende bzw. gewisse Wahrscheinlichkeit für die Gefähr- 1 dung der Schutzgüter vorliegt, denn die Sicherheit des Verkehrs dient dem Schutz der Rechtsgüter Leib und Leben, insoweit darf an das Vorliegen ihrer Gefährdung kein hoher Anspruch gestellt werden (VGH München BeckRS 2015, 45838). – Gleichartige, dieselben Zwecke der VSicherheit verfolgende landesrechtliche Vorschriften treten gem Art 31 GG hinter § 33 zurück (OLG Hamburg VRS 42, 447; OLG Hamm NJW 75, 1897), ebenso der AuffangTB § 117 OWiG (Göhler/Gürtler § 117 OWiG Rn 17); nicht aber anderen Zielen (zB Schutz vor gesundheitsgefährdendem Lärm) dienende Regelungen (s **E 88** u OLG Stuttgart VRS 67, 60: wegerechtlich geregelter Gemeingebrauch), soweit sie bundesrechtlichen Vorschriften nicht widersprechen (BayObLG NZV 88, 188). Bei erlaubnispflichtiger Sondernutzung ist gleichzeitige Anwendung landesrechtlicher Bestimmungen nicht ausgeschlossen (BGH NZV 02, 193; s auch § 32 StVO Rn 1).

2   **2. Abs 1: Lautsprecher und Werbung. a) Betrieb von Lautsprechern (Nr 1).** Der **Betrieb** von **Lautsprechern** ist nach Abs 1 Nr 1 nicht mehr erlaubnispflichtig, sondern verboten, wenn dadurch VT in einer des Verkehrs gefährdenden oder erschwerenden Weise abgelenkt oder belästigt werden können (s VwV-StVO zu § 33 StVO Abs 1 Nr 1, Rn 1); Ausn-Genehmigung nach § 46 I Nr 9 zul. Das Verbot gilt auch für Versammlungen auf der Str u verstößt nicht gegen Art 5 oder 8 GG (BVerwG VRS 57, 68); zur Verfassungsmäßigkeit des § 33 I s Bettermann BB 82, 2146.

3   **b) Anbieten von gewerblichen Leistungen und Waren (Nr 2).** Verboten ist nur die Wirtschaftswerbung auf dem öff VGrund. Die Einwirkungen, die von außen her auf die Str gelangen, wie Lichtreklame oder beleuchtete Schaufenster, fallen darunter, wenn sie sich auf den Verkehr außerhalb geschl Ortschaften störend auswirken (BayObLGSt 72, 229 = VRS 44, 319); innerhalb von Ortschaften sind sie zul. „Anbieten" ist Hinweis auf die Bezugsmöglichkeit einer Ware oder Leistung mit der – auch stillschweigenden – Aufforderung zu ihrem Erwerb. Nicht erforderlich ist, dass dem Kunden ein Kaufangebot gemacht wird oder dass die Waren **auf** der Str auch ausgehändigt werden (OVG Berlin VM 66, 137); es genügt auch, wenn das Angebot neben der Str erfolgt, aber direkt auf die Str wirkt (BVerwG NZV 94, 126). – Unbedeutende Werbemaßnahmen, wie das Verteilen von Werbezetteln oder deren Anbringung an Windschutzscheiben, ebenso das Ausstellen von Obst auf dem Gehweg unmittelbar vor dem Schaufenster, verstoßen nicht gegen § 33 I (BayObLGSt 66, 158, 161 = VRS 33, 74; 58, 98 = VRS 15, 389; OLG Hamm VRS 17, 463). Aufstellen eines Kfz zum Verkauf oder zur Vermietung auf öff Str s § 12 StVO Rn 8 f. Das frühere (in I S 3 enthalten gewesene) allg Verbot der VTeilnahme nur für Werbezwecke ist zwar als verfassungswidrig aufgehoben (u durch 9. ÄndVO gestr) worden (BVerfG VRS 50, 241); solche Verbote sind aber im Einzelfall unter Berücksichtigung der örtl u zeitl Verhältnisse zul (BVerfG aaO S 246; BVerfGE 20, 150).

4   Für Gewerbearten, die nur oder hauptsächlich auf der Str ausgeübt werden, wie Taxi- u Droschkenfahren, Obstverkauf durch Hausierer auf der Str, Dienstmänner u dergl bestehen bes gewerbliche Vorschriften (§§ 37, 55–63 GewO).

5   **c) Werbung und Propaganda (Nr 3).** Werbung und Propaganda, die für den **außerörtl Verkehr** (§ 3 StVO Rn 66 f) eine der verpönten Folgen haben kann, ist sowohl innerhalb wie außerhalb geschl Ortschaften verboten. Eine Prismenwendeanlage, die auf einem 40 qm hohen Pylon in einem Abstand von 130 Metern zur

Bundesautobahn montiert ist, begründet regelmäßig eine abstrakte Verkehrsgefährdung im Sinne des § 33 I 1 Nr 3, S 2 StVO (OVG Münster NZV 00, 310).

Der Landesgesetzgeber ist durch das StVG u die StVO nicht gehindert, Vorschriften über die Außenwerbung innerhalb geschl Ortschaften zu erlassen (BVerfG VRS 42, 325); vgl § 13 II BauO NRW u hierzu OVG NRW 03, 298 = ZfS 03, 211.

3. Abs 2: Private Verkehrszeichen und ihnen gleichende Einrichtungen. S1 untersagt die Verwendung bzw Anbringung von privaten Zeichen oder Verkehrseinrichtungen, sofern diese den VZ gleichen, eine Verwechslungsgefahr sowie die Gefahr besteht, dass sich diese auf den Verkehr auswirken können. Es genügt bereits die Möglichkeit einer Beeinträchtigung, wobei hier auf das Gesamtbild, wie es sich einem flüchtigen Betrachter ergibt, abzustellen ist (VG Kassel Beschluss vom 19.20.15, Az 1L 169/15.KS, OLG Koblenz VRS 66, 222). Diese Vorschrift will nur den Missbrauch, aber nicht einen gerechtfertigten Gebrauch von privaten VZ verbieten. Jedenfalls darf in die Beschilderung auf öff Str nicht durch private VZ eingegriffen werden. 6

Der Besitzer eines Grundstücks oder einer Fabrik muss aber berechtigt sein, vor der Einmündung seiner Privatstr in eine öff Str ein Haltgebotsschild nach Z 206 oder ein Warteschild Z 205 anzubringen; denn ein solches kann sich auf den öff Verkehr nur sicherheitsfördernd auswirken (s aber § 39 StVO Rn 1, 8). Dagegen ist es unzul, an der von der öff Str abzweigenden Einfahrt in ein Privatgrundstück, bes eine Privatstr, ein nicht amtl Z 250 anzubringen (OLG Celle VRS 53, 214 = StVE 3; s § 39 StVO Rn 8). – Zur **Verwechslungsgefahr** s VwV-StVO zu § 33 Abs 2 I, Rn 3 sowie VGHBW VM 82, 19. 7

4. Abs 3: Ausnahmen vom Werbeverbot. Durch VO vom 6. Aug. 2005 (BGBl. I S. 2418) wurde durch den neuen **Absatz 3** eine Ausnahme von den Werbeverboten des Absatzes 1 Satz 1 Nr 3 und des Absatzes 2 Satz 2 zugelassen, und zwar in der Hinweisbeschilderung für Nebenbetriebe an den Autobahnen und für Autohöfe (zur technischen Ausführung und zum rechtlichen Vorgehen zur Anbringung der Zusatzschilder für das Dienstleistungsangebot für bewirtschaftete Rastanlagen VkBl 07, 115). Zwar wurde schon bislang auf angebotene Dienstleistungen durch Richtzeichen nach Anlage 3 zu § 42 StVO hingewiesen, jedoch nur in allgemeiner Form. So war zB nicht erkennbar, welche gastronomischen Betriebe oder Mineralölkonzerne dort vorhanden sind oder zu welcher Kette ein Autobahnhotel gehört. Um hierüber nähere Informationen zu erhalten, hatten bislang Autofahrer die Fahrbahn verlassen und die Tankstelle oder Rastanlage angesteuert, um sich dann uU – nach erhaltener Einzelinformation – sofort wieder auf die Fahrbahn zu begeben. Hierdurch war unerwünschter Durchgangverkehr entstanden, der auch die Verkehrssicherheit auf der Tankstelle oder Rastanlage beeinträchtigen kann. 7a

Um dies zu vermeiden, wird mit der Änderung des § 33 StVO ermöglicht, dass die betreffenden Einzelinformationen über Tankstellen und Rastanlagen schon auf den Hinweisschildern an der Autobahn bzw. deren Fahrbahn gegeben werden. Dieser Regelung kommt in erster Linie informativer Charakter zu, der die Werbebotschaft in den Hintergrund treten lässt (vgl amtl Begründung in BR-Drucks. 469/05 und VkBl 05, 649).

Die VwV zu § 33 StVO wurde ebenfalls entsprechend ergänzt (vgl amtl Begründung in VkBl 05, 651).

5. Zuwiderhandlungen. Verstöße sind OWen nach § 49 I Nr 28 iVm § 24 StVG (nicht im BKat erfasst – BT-KAT-OWI – TBNR 133000). Die Vorschrift 8

richtet sich gegen jeden, der die verbotene Tätigkeit ausübt, gleichgültig, ob er am Verkehr teilnimmt oder nicht. Die OW nach I setzt **keine konkrete Gefährdung** des StraßenV voraus (BVerwG VRS 39, 309), abstrakte Beeinträchtigungsmöglichkeit genügt (OLG Düsseldorf NZV 90, 282). In strafrechtlicher Hinsicht s §§ 145 II u 304 StGB.

§ 34 Unfall

(1) Nach einem Verkehrsunfall hat, wer daran beteiligt ist,
1. unverzüglich zu halten,
2. den Verkehr zu sichern und bei geringfügigem Schaden unverzüglich beiseite zu fahren,
3. sich über die Unfallfolgen zu vergewissern,
4. Verletzten zu helfen (§ 323c des Strafgesetzbuchs),
5. anderen am Unfallort anwesenden Beteiligten und Geschädigten
   a) anzugeben, dass man am Unfall beteiligt war und
   b) auf Verlangen den eigenen Namen und die eigene Anschrift anzugeben sowie den eigenen Führerschein und den Fahrzeugschein vorzuweisen und nach bestem Wissen Angaben über die Haftpflichtversicherung zu machen,
6. a) so lange am Unfallort zu bleiben, bis zugunsten der anderen Beteiligten und Geschädigten die Feststellung der Person, des Fahrzeugs und der Art der Beteiligung durch eigene Anwesenheit ermöglicht wurde oder
   b) eine nach den Umständen angemessene Zeit zu warten und am Unfallort den eigenen Namen und die eigene Anschrift zu hinterlassen, wenn niemand bereit war, die Feststellung zu treffen,
7. unverzüglich die Feststellungen nachträglich zu ermöglichen, wenn man sich berechtigt, entschuldigt oder nach Ablauf der Wartefrist (Nummer 6 Buchstabe b) vom Unfallort entfernt hat. Dazu ist mindestens den Berechtigten (Nummer 6 Buchstabe a) oder einer nahe gelegenen Polizeidienststelle mitzuteilen, dass man am Unfall beteiligt gewesen ist, und die eigene Anschrift, den Aufenthalt sowie das Kennzeichen und den Standort des beteiligten Fahrzeugs anzugeben und dieses zu unverzüglichen Feststellungen für eine zumutbare Zeit zur Verfügung zu halten.

(2) Beteiligt an einem Verkehrsunfall ist jede Person, deren Verhalten nach den Umständen zum Unfall beigetragen haben kann.

(3) Unfallspuren dürfen nicht beseitigt werden, bevor die notwendigen Feststellungen getroffen worden sind.

Übersicht

	Rn
1. Grundlagen	1
2. Verkehrsunfall	2
3. Beteiligter	3
4. Pflichten	4
5. Zuwiderhandlungen	5
6. Literatur	6

Unfall **§ 34 StVO**

1. Grundlagen. § 34 bringt im Anschluss an § 142 StGB eine eingehendere 1 Regelung der Pflichten nach einem Unfall (s § 34 I), für die § 6 I Nr 4a StVG die ges Grundlage bildet; er richtet sich an alle am Unfall beteiligten VT (s II), nicht nur an Fz-Führer, andererseits nur an UB (OLG Karlsruhe VRS 68, 233). Die Pflicht, Verletzten zu helfen, ergibt sich für alle Anwesenden, nicht allein für die UBn, schon aus § 323c StGB. Verhältnis zu § 142 StGB s Janiszewski 554 ff.

2. Verkehrsunfall. Begriff s § 142 StGB 4; Janiszewski 481. Auch **§ 34** setzt 2 Fremdschaden voraus (OLG Celle VRS 69, 394 = StVE 4). **Anders als bei § 142 StGB ist § 34 allerdings nicht an eine Schadensbegrenzung gebunden, also nicht an einen völlig belanglosen Schaden, sondern bei jedem wirtschaftlich ausdrückbaren Sachschaden;** ein solcher von 600 € (1200 DM) ist nicht geringfügig iS von I 2 (LG Ulm, DAR 94, 287), so dass **der Geschädigte** mind die Feststellung des Standortes **seines Fz abwarten** darf.

3. Beteiligter. Die in II enthaltene Begriffsbestimmung deckt sich mit § 142 V 3 StGB. Vgl dort Rn 4. **III** wendet sich nach Entstehungsgeschichte u § 6 I Nr 4a StVG ebenfalls nur an die UBn (OLG Karlsruhe VRS 68, 233 = StVE 3; aA Booß S 312). Er erfasst nicht das Entfernen des unfallbeteiligten, unbeschädigten Kfz (OLG Stuttgart NZV 92, 327; Bay VRS 78, 443).

4. Pflichten. VSicherung: Vgl §§ 15, 17 IV. Wer nach einem Verkehrsunfall 4 auf der AB auf der Überholspur zum Stehen gekommen ist, muss grds sein Fz **sofort entfernen** und auf dem rechten Seitenstreifen od notfalls auf dem Mittelstreifen abstellen. Es reicht nicht aus, nur die Unfallstelle zu sichern und die polizeiliche Unfallaufnahme abzuwarten (OLG Zweibrücken NZV 01, 387). Das Nichtaufstellen eines Warndreieckes ist nicht vorwerfbar, wenn es die Warnsituation nicht verbessern kann (OLG Karlsruhe DAR 02, 34). Im Übrigen gilt das zu § 142 StGB Rn 9–32 Ausgeführte entspr.

5. Zuwiderhandlungen. § 34 enthält einen Gesamtkatalog mit ganz unter- 5 schiedlichen Pflichten und Konsequenzen. So gibt es Pflichten, die über die Begehungsweisen der Unfallflucht des § 142 StGB hinausgehen, dann solche, die sich damit völlig decken und schließlich solche, die Hilfspflichten für andere Pflichten darstellen. Verstöße gegen § 34 I 1, 2, 5a, b, 6b u III sind daher OWen nach § 49 I Nr 29 iVm § 24 StVG (s Nr 125, 125.1, 126 BKat), soweit sie nicht durch § 142 StGB verdrängt werden (§ 21 I S 1 OWiG; s Bay v 27.11.87 bei Janiszewski NStZ 88, 266). Bei Absehen von Strafe gem § 142 IV StGB greift § 21 II OWiG, so dass Ahndung als Ordnungswidrigkeit möglich ist (Bönke NZV 00, 131). Verstöße gegen alle übrigen Pflichten des § 34 sind nicht bußgeldbewehrt; sie dienen nur der Unterrichtung der Beteiligten über richtiges Verhalten. Ihr rechtliches Verhältnis zu Vorschriften des StGB ist mangels Bußgeldbewehrung ohne Bedeutung. § 34 soll § 142 nicht bei fahrlässigem Entfernen ergänzen; wer fahrlässig einen VUnfall nicht bemerkt u sich entfernt, begeht keine OW iS von § 34 I 1 (BGHSt 31, 55 = StVE 2; Bay VRS 56, 205; OLG Karlsruhe VRS 54, 462 zu § 34 I 6b; aA OLG Oldenburg VRS 57, 62). Verletzung der Vorstellungspflicht (§ 34 I 5a) ohne Entfernung vom Unfallort ist bloße OW (s § 142 StGB 14). Die Pönalisierung des § 34 III erscheint angesichts der sonstigen Straflosigkeit solchen Verhaltens nach allg strafrechtlichen Grundsätzen nicht unbedenklich; sie geht über § 142 StGB hinaus, der nicht erfüllt ist beim Verwischen von Spuren (Bay bei Rüth DAR 74, 177; aA Hentschel/König/Dauer § 142 Rn 37, der die Veränderung von Unfallspuren als Verstoß gegen die Vorstellungspflicht nach § 142 StGB ansieht). Der UB ist auch sonst nicht verpflichtet, an der Unfallaufklärung mitzuwirken (s Sch/Sch-Cramer 23 zu § 142 StGB).

6. **Literatur.** Krumm/Staub „Die ‚Owi-Unfallflucht' – Eine wenig bekannte Vorschrift" DAR 2011, 6 **Kraatz** „Das unvorsätzliche Entfernen vom Unfallort" NZV 2011, 321 **Mitsch** „§ 142 StGB bei Unfällen auf der Autobahn" NZV 2010, 225

§ 35 Sonderrechte

(1) **Von den Vorschriften dieser Verordnung sind die Bundeswehr, die Bundespolizei, die Feuerwehr, der Katastrophenschutz, die Polizei und der Zolldienst befreit, soweit das zur Erfüllung hoheitlicher Aufgaben dringend geboten ist.**

(1a) **Absatz 1 gilt entsprechend für ausländische Beamte, die auf Grund völkerrechtlicher Vereinbarungen zur Nacheile oder Observation im Inland berechtigt sind.**

(2) **Dagegen bedürfen diese Organisationen auch unter den Voraussetzungen des Absatzes 1 der Erlaubnis,**
1. **wenn sie mehr als 30 Kraftfahrzeuge im geschlossenen Verband (§ 27) fahren lassen wollen,**
2. **im Übrigen bei jeder sonstigen übermäßigen Straßenbenutzung mit Ausnahme der nach § 29 Absatz 3 Satz 2.**

(3) **Die Bundeswehr ist über Absatz 2 hinaus auch zu übermäßiger Straßenbenutzung befugt, soweit Vereinbarungen getroffen sind.**

(4) **Die Beschränkungen der Sonderrechte durch die Absätze 2 und 3 gelten nicht bei Einsätzen anläßlich von Unglücksfällen, Katastrophen und Störungen der öffentlichen Sicherheit oder Ordnung sowie in den Fällen der Artikel 91 und 87a Absatz 4 des Grundgesetzes sowie im Verteidigungsfall und im Spannungsfall.**

(5) **Die Truppen der nichtdeutschen Vertragsstaaten des Nordatlantikpaktes sind im Falle dringender militärischer Erfordernisse von den Vorschriften dieser Verordnung befreit, von den Vorschriften des § 29 allerdings nur, soweit für diese Truppen Sonderregelungen oder Vereinbarungen bestehen.**

(5a) **Fahrzeuge des Rettungsdienstes sind von den Vorschriften dieser Verordnung befreit, wenn höchste Eile geboten ist, um Menschenleben zu retten oder schwere gesundheitliche Schäden abzuwenden.**

(6) **Fahrzeuge, die dem Bau, der Unterhaltung oder Reinigung der Straßen und Anlagen im Straßenraum oder der Müllabfuhr dienen und durch weiß-rot-weiße Warneinrichtungen gekennzeichnet sind, dürfen auf allen Straßen und Straßenteilen und auf jeder Straßenseite in jeder Richtung zu allen Zeiten fahren und halten, soweit ihr Einsatz dies erfordert, zur Reinigung der Gehwege jedoch nur, wenn die zulässige Gesamtmasse bis zu 2,8 t beträgt. Dasselbe gilt auch für Fahrzeuge zur Reinigung der Gehwege, deren zulässige Gesamtmasse 3,5 t nicht übersteigt und deren Reifeninnendruck nicht mehr als 3 bar beträgt. Dabei ist sicherzustellen, dass keine Beschädigung der Gehwege und der darunter liegenden Versorgungsleitungen erfolgen kann. Personen, die hierbei eingesetzt sind oder Straßen oder in deren Raum befindliche Anlagen zu beaufsich-**

Sonderrechte § 35 StVO

tigen haben, müssen bei ihrer Arbeit außerhalb von Gehwegen und Absperrungen auffällige Warnkleidung tragen.

(7) Messfahrzeuge der Bundesnetzagentur für Elektrizität, Gas, Telekommunikation, Post und Eisenbahn (§ 1 des Gesetzes über die Bundesnetzagentur) dürfen auf allen Straßen und Straßenteilen zu allen Zeiten fahren und halten, soweit ihr hoheitlicher Einsatz dies erfordert.

(7a) Fahrzeuge von Unternehmen, die Universaldienstleistungen nach § 11 des Postgesetzes in Verbindung mit § 1 Nummer 1 der Post-Universaldienstleistungsverordnung erbringen oder Fahrzeuge von Unternehmen, die in deren Auftrag diese Universaldienstleistung erbringen (Subunternehmer), dürfen abweichend von Anlage 2 Nummer 21 (Zeichen 242.1) Fußgängerzonen auch außerhalb der durch Zusatzzeichen angeordneten Zeiten für Anlieger- und Anlieferverkehr benutzen, soweit dies zur zeitgerechten Leerung von Briefkästen oder zur Abholung von Briefen in stationären Einrichtungen erforderlich ist. Ferner dürfen die in Satz 1 genannten Fahrzeuge abweichend von § 12 Absatz 4 Satz 1 und Anlage 2 Nummer 62 (Zeichen 283), Nummer 63 (Zeichen 286) und Nummer 64 (Zeichen 290.1) in einem Bereich von 10 m vor oder hinter einem Briefkasten auf der Fahrbahn auch in zweiter Reihe kurzfristig parken, soweit dies mangels geeigneter anderweitiger Parkmöglichkeiten in diesem Bereich zum Zwecke der Leerung von Briefkästen erforderlich ist. Die Sätze 1 und 2 gelten nur, soweit ein Nachweis zum Erbringen der Universaldienstleistung oder zusätzlich ein Nachweis über die Beauftragung als Subunternehmer im Fahrzeug jederzeit gut sichtbar ausgelegt oder angebracht ist. § 2 Absatz 3 in Verbindung mit Anhang 3 Nummer 7 der Verordnung zur Kennzeichnung der Kraftfahrzeuge mit geringem Beitrag zur Schadstoffbelastung vom 10. Oktober 2006 (BGBl. I S. 2218), die durch Artikel 1 der Verordnung vom 5. Dezember 2007 (BGBl. I S. 2793) geändert worden ist, ist für die in Satz 1 genannten Fahrzeuge nicht anzuwenden.

(8) Die Sonderrechte dürfen nur unter gebührender Berücksichtigung der öffentlichen Sicherheit und Ordnung ausgeübt werden.

(Zu den Änderungen dieser Vorschrift durch die 53. VO zur Änderung straßenverkehrsrechtlicher Vorschriften vom 6.10.2017 (BGBl. I S. 3549) siehe Aktualisierungsanhang S. 676ff)

VwV – StVO

Zu § 35 Sonderrechte

Zu den Absätzen 1 und 5

I. Bei Fahrten, bei denen nicht alle Vorschriften eingehalten werden können, sollte, wenn möglich und zulässig, die Inanspruchnahme von Sonderrechten durch blaues Blinklicht zusammen mit dem Einsatzhorn angezeigt werden. Bei Fahrten im Geschlossenen Verband sollte mindestens das erste Kraftfahrzeug blaues Blinklicht verwenden. 1

II. Das Verhalten geschlossener Verbände mit Sonderrecht. 2

Selbst hoheitliche Aufgaben oder militärische Erfordernisse rechtfertigen es kaum je, und zudem ist es mit Rücksicht auf die öffentliche Sicherheit (Absatz 8) auch

StVO § 35 I. Allgemeine Verkehrsregeln

dann wohl nie zu verantworten, daß solche geschlossenen Verbände auf Weisung eines Polizeibeamten (§ 36 Abs 1) nicht warten oder Kraftfahrzeugen, die mit blauem Blinklicht und Einsatzhorn (§ 38 Abs 1) fahren, nicht freie Bahn schaffen.

Zu Absatz 2

3   I. Die Erlaubnis (§ 29 Abs 2 und 3) ist möglichst frühzeitig vor Marschbeginn bei der zuständigen Verwaltungsbehörde zu beantragen, in deren Bezirk der Marsch beginnt.

4   II. Die zuständige Verwaltungsbehörde beteiligt die Straßenbaubehörden und die Polizei. Geht der Marsch über den eigenen Bezirk hinaus, so beteiligt sie die anderen zuständigen Verwaltungsbehörden. Berührt der Marsch Bahnanlagen, so sind zudem die Bahnunternehmen zu hören. Alle beteiligten Behörden sind verpflichtet, das Erlaubnisverfahren beschleunigt durchzuführen.

5   III. Die Erlaubnis kann auch mündlich erteilt werden. Wenn es die Verkehrs- und Straßenverhältnisse dringend erfordern, sind Bedingungen zu stellen oder Auflagen zu machen. Es kann auch geboten sein, die Benutzung bestimmter Straßen vorzuschreiben.

6   IV. Wenn der Verkehr auf der Straße und deren Zustand dies zulassen, kann eine Dauererlaubnis erteilt werden. Sie ist zu widerrufen, wenn der genehmigte Verkehr zu unerträglichen Behinderungen des anderen Verkehrs führen würde.

Zu Absatz 3

7   In die Vereinbarungen sind folgende Bestimmungen aufzunehmen:

1. Ein Verkehr mit mehr als 50 Kraftfahrzeugen in geschlossenem Verband (§ 27) ist möglichst frühzeitig – spätestens 5 Tage vor Marschbeginn – der zuständigen Verwaltungsbehörde anzuzeigen, in deren Bezirk der Marsch beginnt. Bei besonders schwierigen Verkehrslagen ist die zuständige Verwaltungsbehörde berechtigt, eine kurze zeitliche Verlegung des Marsches anzuordnen.

8   2. Ein Verkehr mit Kraftfahrzeugen, welche die in der Vereinbarung bestimmten Abmessungen und Gewichte überschreiten, bedarf der Erlaubnis. Diese ist möglichst frühzeitig zu beantragen. Auflagen können erteilt werden, wenn es die Verkehrs- oder Straßenverhältnisse dringend erfordern. Das Verfahren richtet sich nach Nummer II zu Absatz 2 *(Rn 4)*.

Zu Absatz 4

9   Es sind sehr wohl Fälle denkbar, in denen schon eine unmittelbar drohende Gefahr für die öffentliche Sicherheit oder Ordnung einen jener Hoheitsträger zwingt, die Beschränkungen der Sonderrechte nicht einzuhalten. Dann darf das nicht beanstandet werden.

Zu Absatz 5

10   I. Das zu Absatz 2 Gesagte gilt entsprechend.

11   II. In Vereinbarungen über Militärstraßen nach Artikel 57 Abs 4 Buchstabe b) des Zusatzabkommens zum NATO-Truppenstatut (BGBl. 1961 II S. 1183), zuletzt geändert durch Artikel 2 des Gesetzes vom 28. September 1994 (BGBl. 1994 II S. 2594), in der jeweils geltenden Fassung, sind die zu Absatz 3 erwähnten Bestimmungen *(Rn 7 und 8)* aufzunehmen.

Sonderrechte § 35 StVO

III. Die Truppen können sich der zuständigen militärischen Verkehrsdienststelle 12
der Bundeswehr bedienen, welche die erforderliche Erlaubnis einholt oder die erforderliche Anzeige übermittelt.

Zu Absatz 6

I. Satz 1 gilt auch für Fahrzeuge des Straßenwinterdienstes, die zum Schneeräumen, Streuen usw. eingesetzt sind. 13

II. Die Fahrzeuge sind nach DIN 30 710 zu kennzeichnen. 14

III. Nicht gekennzeichnete Fahrzeuge dürfen die Sonderrechte nicht in Anspruch nehmen. 15

IV. Die Warnkleidung muss der EN 471 entsprechen. Folgende Anforderungsmerkmale der EN 471 müssen hierbei eingehalten werden: 16

1. Warnkleidungsausführung (Absatz 4.1) mindestens die Klasse 2 gemäß Tabelle 1, 17
2. Farbe (Absatz 5.1) fluoreszierendes Orange-Rot oder fluoreszierendes Gelb gemäß Tabelle 2, 18
3. Mindestrückstrahlwerte (Absatz 6.1) die Klasse 2 gemäß Tabelle 5. 19

Warnkleidung, deren Warnwirkung durch Verschmutzung, Alterung oder Abnahme der Leuchtkraft der verwendeten Materialien nicht mehr ausreicht, darf nicht verwendet werden. 20

Übersicht

	Rn
1. Grundlagen	1
2. Abs 1–5: Sonderrechte für Hoheitsträger	2
a) Befreiung von den VVorschriften	2
b) Erfüllung von Hoheitsaufgaben	3
c) Dringend geboten	8
3. Abs 5a: Rettungsdienste	9
4. Abs 6: Straßenbauunterhaltung, -reinigung und Müllabfuhr	10
5. Abs 7 Post-Fze	12
6. Abs 8: Berücksichtigung der öff Sicherheit und Ordnung	13
7. Zuwiderhandlungen, Nachprüfung im Straf- u Bußgeldverfahren	15
8. Zivilrecht/Haftungsverteilung	16
9. Literatur	26

1. Grundlagen. § 35 I–V regelt die SonderRe bestimmter Hoheitsträger u 1
Hilfsorganisationen zur Erfüllung öff hoheitlicher Aufgaben, denen der Rettungsdienst in Fällen des rechtfertigenden Notstands gleichgestellt ist **(V a)**.
Der zunächst durch die 11. ÄndVO neu eingeführte und durch die 33. ÄndVO geänderte **I a** dient der Umsetzung des Schengener Zusatzübereinkommens bzgl der zur Nacheile oder Observation im Inland befugten ausländischen Beamten (Müller SVR 2010, 325). **VI** regelt die SonderRe für Str-Bau, -Unterhaltung, -Reinigung u Müllabfuhr. **VII** bringt ähnliche SonderRe für Messfahrzeuge der Regulierungsbehörde für Telekommunikation und Post. **VIII** beschränkt alle SonderRe durch das Gebot der Rücksicht auf die VSicherheit. Prozessionen u Leichenzüge sind in § 27 II, Blaulicht u Einsatzhorn in § 38 geregelt.

StVO § 35 I. Allgemeine Verkehrsregeln

2 **2. Abs 1–5: Sonderrechte für Hoheitsträger. a) Befreiung von den VVorschriften.** Zum Verhältnis des SonderRs zum Wegerechts-Fz s § 38 Rn 2 und Kullik NZV 94, 58. **Wegerechtsfahrzeuge** nicht in Abs 1 genannter Organisationen dürfen das Vorrecht aus § 35 unter Verwendung von Blaulicht und Martinshorn ausüben und sind unter den Voraussetzungen von Abs 5a von den Vorschriften der StVO befreit. Nur die aufgezählten Organisationen sind bei Erfüllung ihrer hoheitlichen Aufgaben von den Vorschriften der StVO **„befreit"**. Diese Freistellung gibt jedoch kein VorR, insb keine Vorfahrt gegenüber dem übrigen Verkehr, sondern nur die Berechtigung, die allg VRegeln unter Beachtung größtmöglicher Sorgfalt (s **VIII**) zu „missachten" (BGH(Z) VRS 48, 260 = StVE § 38 StVO 1; KG Berlin VM 85, 105; s auch **E** 108a). Die Freistellung von den VVorschriften nach I und V a setzt, wenn die übrigen Voraussetzungen zutreffen, nicht voraus, dass das Fz mit Blaulicht u Martinshorn ausgestattet ist oder beide Signale benutzt werden (BGH NJW 1975, 648; KG Berlin VM 85, 105; OLG Köln NZV 96, 237; anders bei § 38, wo die Inanspruchnahme des Wegerechts den Einsatz beider Warnvorrichtungen voraussetzt); auch getarnte PolStreifen in Zivil u Privat-Fze der Jagd-, Forst- u Fischereiaufseher (s Kullik aaO), ferner alle Fze der aufgeführten Verwaltungen, die nicht dem Vollzugsdienst angehören, können die Begünstigungen in Anspruch nehmen. IdR ist die Nichtbeachtung von VRegeln soweit zulässig, jedoch im Sicherheitsinteresse durch Blaulicht und Einsatzhorn anzuzeigen (OVG Lüneburg ZfS 97, 397).

Das **VorR entfällt nicht** für einen einzelnen PolBeamten deshalb, weil er sich gerade nicht im Dienst befindet, wenn er zB einen von ihm erkannten Verbrecher mit seinem **Privat-Fz** verfolgen will (AG Siegen VM 96, 40; OLG Stuttgart NZV 92, 123) oder wenn ein Feuerwehrmann mit seinem Privatwagen einen dringend gebotenen hoheitlichen Auftrag erfüllt und das Übermaßverbot nicht verletzt (OLG Stuttgart NZV 02, 410; OLG Stuttgart NZV 03, 244; OLG Frankfurt/M StVE 6), nicht aber, wenn er erst zum Einsatz fährt (OLG Frankfurt/M NZV 92, 334 im Anschl an AG Groß-Gerau ebenda). – **Gerichtsvollzieher** sind bei der (weitgehenden) Erfüllung hoheitlicher Aufgaben nicht befreit (krit dazu Grohmann DGVZ 96, 177 m beachtl Argumenten).

3 **b) Erfüllung von Hoheitsaufgaben.** Bundeswehr u Bundespolizei erfüllen solche auch bei Manövern u bei Übungsfahrten. Während bei den übrigen Bevorrechtigten im allg nur die Befreiung von Verhaltensvorschriften in Betracht kommt, spielt bei Militär-Fzen auch eine über den Gemeingebrauch hinausgehende, nach § 29 genehmigungspflichtige Abnutzung der Str eine erhebliche Rolle. Hierfür sind deshalb in II – V bes Beschränkungen vorgesehen (vgl dazu Riecker „Kolonnenvorrecht der Bundeswehr" VersR 82, 1034).

4 Für die in der BRD stationierten fremden Truppen richtet sich die Benutzung öff Str nach dem **NATO-Truppenstatut** v 19.6.51 (BGBl 61 II 1190) und Art 57 IV a des Zusatzvertrages v 3.8.59 (BGBl 61 II 1218), geändert durch Abkommen v 18.3.1993 (BGBl 94 II 2594, 2589). Danach dürfen Truppen-Fze bei dringendem militärischen Erfordernis und unter gebührender Berücksichtigung der öff Sicherheit und Ordnung von den dt VRegeln abweichen (vgl BGH NZV 90, 112); mit übergroßen und überschweren Kfzen dürfen sie aber nur nach Vereinbarung mit der VB oder bei Unglücksfällen und Katastrophen verkehren (s Art 57 IV b ZA). In den neuen Bundesländern gelten das NATO-Truppenstatut u ZA nicht (Anl I Kap I Nr 5, 6 zum Ein-Vertr). Ob dringende militärische Erfordernisse das Abweichen von VVorschriften gebieten, entscheidet die militäri-

Sonderrechte § 35 StVO

sche Dienststelle (Bay 59, 356 = VM 60, 56). Den übrigen VTn muss aber deutlich und rechtzeitig zur Kenntnis gebracht werden, dass ein Fz naht, das ein hoheitliches VorfahrtsR in Anspruch nimmt, bes dann, wenn den anderen nach den allg VVorschriften die Vorfahrt zusteht (Bay aaO). – Eine Panzerkolonne kann einen geschl Verband darstellen und insges nach § 35 I bevorrechtigt sein (s aber OLG München VRS 72, 170 m krit Anm Janiszewski NStZ 87, 404). – Für ZivilFze der fremden Truppen gelten die Vorschriften der StVZO und der StVO ohne Einschränkung. Die Pflicht, VGefahren abzuwenden, trifft auch die stationierten Streitkräfte (BVerwGE 14, 304; BGH(Z) VRS 78, 176).

Unter den Begriff der Polizei, der weit auszulegen ist, fallen alle Dienststellen 5 und Beamte, die nach den Polizeiaufgabengesetzen oder aufgrund anderer Bestimmungen Polizeiangaben hoheitlicher Art zu erfüllen haben. Die **Polizei** handelt in hoheitlichem Einsatz auch dann, wenn sie VKontrollen u andere Amtshandlungen in Zivil und mit einem Privat-Fz durchführt oder der Beamte keinen bes Einsatzbefehl hat (KG Berlin VM 89, 84; vgl 2). Auch Polizeimotorräder sind Sonderrechtsfahrzeuge (KG Berlin NZV 05, 636). Ob das Abweichen von VVorschriften notwendig ist, entscheidet allein die Dienststelle, die den Einsatz anordnet, oder der Fz-Führer nach pflichtgemäßem Ermessen. Es sind aber alle Umstände zu berücksichtigen, die die Dringlichkeit der Dienstaufgabe begründen (OLG Hamm VD 03, 83). Geschwindigkeitsüberschreitungen zur Verfolgung eines flüchtigen Kf oder zur Geschwindigkeitskontrolle sind im Rahmen der unten (Rn 13) behandelten Einschränkungen zul (OLG Hamm VRS 20, 378). Auch Beamte der mit der Steuerfahndung betrauten Finanzbehörden fallen hierunter (KG Berlin VRS 74, 220).

Feuerwehr sind die DienstFze sowohl der beruflichen wie der freiwilligen 6 Feuerwehren und die Werkfeuerwehren (zum Privat-Fz s oben Rn 2). Sie versehen hoheitliche Aufgaben auch dann, wenn sie nicht zur Löschung eines Brandes, sondern zur Hilfeleistung bei anderen Vorkommnissen, wie Wasserschäden oder VUnfällen, unterwegs sind (BGH(Z) VRS 40, 241; KG Berlin VRS 32, 291; Bay VRS 65, 227). Auch die Feuerwehrübung und die Rückfahrt von einem Einsatz sind Ausübung hoheitlicher Aufgaben (BGHZ 20, 290). Wenn die Vorsorge für einen geordneten Krankentransport- u Rettungsdienst zu den hoheitlichen Aufgaben der Feuerwehr gehört, genießen auch die Unfallrettungswagen der Feuerwehr die Rechte aus § 35 I (BGH(Z) VRS 23, 251), selbst wenn die bes Voraussetzungen des V a nicht vorliegen (Bay 83, 37 = VRS 65, 227).

Auch Bedienstete des **Technischen Hilfswerks** handeln im Katastrophen- 7 schutz in Ausübung hoheitlicher Tätigkeit (KG Berlin VM 82, 41); nicht aber Vermessungs-Fze (OLG Schleswig GA 82, 509).

c) Dringend geboten. Dringend geboten ist das Abweichen von VVorschriften 8 zur Erfüllung hoheitlicher Aufgaben nur, wenn die sofortige Diensterfüllung wichtiger erscheint als die Beachtung der VRegeln. Andernfalls sind auch die Bevorrechtigten nicht von der Einhaltung der Vorschriften befreit. § 35 ist als Ausnahmevorschrift eng auszulegen (OLG Celle Urt v 30.11.2006 – 14 U 204/05 = BeckRS 2007, 00 334). Die Freistellung hat ausgesprochenen Ausn-Charakter und verlangt eine Feststellung der konkreten Umstände, die die Dringlichkeit der Dienstaufgabe im Verhältnis zu den Gefahren, die durch die Verletzung von VVorschriften entstehen können, belegen (BGH NJW 90, 632). Bei der Beurteilung steht dem Beamten zwar ein gewisser Spielraum zu (s Rn 13a; OLG Celle Urt v 30.11.2006 – 14 U 204/05 = BeckRS 2007, 00 334; KG Berlin NZV 00, 510; OLG Stuttgart

NZV 92, 123; OLG Frankfurt/M ZfS 95, 85), doch ist eine Geschwindigkeitsüberschreitung nicht zulässig, um einen Zeugen möglichst schnell zu einer Gerichtsverhandlung zu bringen (BGH(Z) VRS 4, 260 f). Das Überfahren einer Kreuzung bei Rotlicht kann auf dem Wege **zu** einem Brand, nicht aber auf der Rückfahrt oder bei Feuerwehrübungen gerechtfertigt sein. Ein **Einsatzbefehl** an eine PolStreife oder an einen Feuerwehrwagen rechtfertigt im allg die Inanspruchnahme des VorR aus I, wenn sich nicht aus der AO selbst oder aus dem Inhalt des Auftrags ergibt, dass keine dringende Eile vorliegt. Die Dringlichkeit fehlt bei der bloßen Ablieferung beschlagnahmter Sachen (KG Berlin VRS 63, 148).

9   **3. Abs 5a: Rettungsdienste.** Zu den Fzen des **Rettungsdienstes** gehören alle Fahrzeuge, welche ihrer Bestimmung nach der Lebensrettung dienen, auch wenn sie private Halter haben, wie private Krankenwagen (BGH NJW 92, 2882; OLG Köln VRS 59, 382 = StVE 3; LG München VersR 82, 679: SanitätsKfze) und für die in S 1 gen Zwecke zB Blutkonserven befördernde Kfze (Begr 9. ÄndVO; OVG Lüneburg ZfS 97, 397; s auch entspr Ergänzung in § 38 I S 1). Auch die Eilbedürftigkeit von Ärztetransporten rechtfertigt die Befreiung von den Vorschriften der StVO (OVG Nordrhein-Westfalen NZV 00, 514). Soweit Fahrzeuge der in Abs 1 genannten Institutionen im Rettungsdienst eingesetzt sind, gilt Abs 1 (Bay VRS 65, 227). Nur soweit höchste Eile geboten ist, besteht das Sonderrecht nach V a. Die Beurteilung richtet sich maßgeblich nach dem Einsatzbefehl und dessen Glaubwürdigkeit, nicht nach späterer objektiver Betrachtung, da der Einsatzfahrer diese nicht anstellen konnte (OVG Lüneburg ZfS 97, 397). Liegen jedoch die übrigen Voraussetzungen des V a vor, so kommt es für die Befreiung von den Vorschriften der StVO nicht darauf an, ob tatsächlich ein Einsatzbefehl der Rettungsleitstelle vorlag (Bay VRS 59, 385). Andererseits ist ein unter § 35 fallender Hoheitsträger bei einer Fahrt, die bei Beachtung der Vorschriften der StVO nicht so schnell durchgeführt werden könnte, wie es zur Erfüllung einer hoheitlichen Aufgabe dringend geboten ist (vgl Rn 8), von den Vorschriften der StVO auch dann schlechthin befreit, wenn er bei der Fahrt im Rettungsdienst tätig wird und die in § 35 Abs 5a bezeichneten besonderen Voraussetzungen nicht gegeben sind (Bay VRS 65, 227). – § 16 OWiG wird durch V a nicht eingeschränkt, sondern bestätigt, soweit die entspr Voraussetzungen vorliegen. Die Erleichterungen rechtfertigen auch eine Gefährdung anderer VT (OLG Braunschweig NZV 90, 198). – Das Zusatzschild „Krankenfahrzeuge frei" (1026–34 VzKat) erfasst nur spezielle Kranken-Fze (OLG Koblenz VRS 70, 302). – Blaulicht u Einsatzhorn sind im Rahmen des § 35 V a nicht mehr erforderlich (s aber § 38).

10   **4. Abs 6: Straßenbauunterhaltung, -reinigung und Müllabfuhr.** Die in VI gen Fze sind im Rahmen ihres Einsatzes „zu allen Zeiten" (dh auch sonntags entgegen § 30 III) von allen Beschränkungen in der Benutzung von Str zum **Fahren** u **Halten** befreit, nicht aber von den sonstigen, hier nicht genannten und deshalb zu beachtenden VVorschriften (Geschwindigkeit, Vorfahrt, Überholen pp), insb nicht vom Gefährdungs- u Schädigungsverbot (§ 1 II; ergänzend gilt die Beschränkung nach VIII (s Rn 13; Bay v 6.2.96, 1 StRR 11/96). Die Grundregeln sind immer zu beachten (OLG Koblenz VersR 94, 1320; OLG Thüringen (Jena) ZfS 00, 98), wie zB § 10 S 1, der auch für mit SonderRen ausgestattete Führer von Müll-Fzen gilt (OLG Düsseldorf VM 78, 69). Auch vermeidbare Behinderung u Belästigung ist unzul. Das SonderR geht auch der Regelung durch VZ vor. Die Ausn dürfen nicht auf weitere Fze, zB Milchfuhrwerke, ausgedehnt werden. Im Anwendungsbereich des § 35 Abs 6 StVO ist ein Entsorgungsfahrzeug auf der gesamten Fahrstrecke privilegiert, die das Fahrzeug bei der bestimmungsgemäßen Erledigung seines Auftrages zurückgelegt. Die Privilegierung greift nicht erst dann ein, wenn die Einhaltung der in der StVO für alle Fahrzeuge geltenden Vorschriften eine Entsorgung unmöglich machen würde (OLG Saarbrücken, r+s 2013, 303)

Das SonderR nach S 1 steht nur Fzen mit vorschriftsmäßigem **Warnanstrich** **11** zu. Fehlt dieser, so gelten die allg Vorschriften. Die vorgeschriebene bes Kennzeichnung kann nicht durch eine andere ersetzt werden, wie zB durch orangefarbene Sicherheitslackierung u gelbe Rundumleuchte (OLG Oldenburg VM 80, 68). Für das Tragen von **Warnkleidung** nach S 4 ist der auf der Fahrbahn Beschäftigte verantwortlich (§ 49 IV Nr 1a). Befährt im Räum-Fz bei Dunkelheit unter Inanspruchnahme des Vorrechtes aus § 38 VIII mit weiß-rotem Warnanstrich und eingeschalteter Rundumleuchte mit 15 km/h den linken Fahrstreifen einer BAB, muss es nicht nicht weiter abgesichert werden (OLG Braunschweig NZV 02, 176).

5. Abs 7 Post-Fze. Abs 7 wurde durch die VO zur Neufassung der StVO **12** geändert, da die ehemalige Regulierungsbehörde für Telekommunikation und Post nicht mehr existiert. An ihre Stelle ist die Bundesnetzagentur für Elektrizität, Gas, Telekommunikation, Post und Eisenbahnen getretten, Insoweit war eine Anpassung des Gesetzes erforderlich. Bereits durch 33. ÄndVO v 11.12.00 wurde die Vorschrift verändert. Weggefallen sind dadurch die Sonderrechte für die Unternehmen, die Grundversorgungsleistungen nach dem Postgesetz erbringen. Durch die Gesetzesänderungen gelten die Befugnisse des Abs 7 nur noch für Messfahrzeuge der Regulierungsbehörde für Telekommunikation und Post. Diese haben das gleiche SonderR wie die in VI gen Fze; es betrifft insb Halt- und Parkbeschränkungen sowie die Erlaubnis, auf allen Str zu fahren, soweit der hoheitliche Einsatz dies erfordert. So darf zB ein auf einer Zustellfahrt befindlicher PostKf einen sonst gesperrten Wirtschaftsweg oder eine nur dem KfzV gewidmete öff Str benutzen (noch zur alten Rechtslage LG Aachen VersR 81, 1039; BVerwG DAR 89, 473 Ls) und im Haltverbot halten, soweit dies der Post- und nicht der Personenbeförderung dient. Das SonderR nach VII betrifft aber iG zu I und V a nicht die Grundregeln des Fahrverhaltens, wie die des § 1, u zB das Rechtsfahrgebot, Geschwindigkeitsbeschränkungen, Überhol- u Vorfahrtregeln sowie die über das Anfahren, Einfahren, Abbiegen oder das Befahren einer Einbahnstr. Auch das Post-Fz darf nicht verkehrsbehindernd parken, insb dann nicht, wenn dies sein Einsatz nicht erfordert, etwa weil in kurzer Entfernung eine ausreichende Parkmöglichkeit besteht (KG Berlin VRS 59, 228; s auch Rn 10). Schließlich steht die Ausübung des SonderR unter dem Vorbehalt von VIII. Die StVO schreibt für die privilegierten Fze (iG zu VI) keine bes Kennzeichnung vor.

Mit der VO zur Neufassung der StVO wurde **Abs 7a** neu eingeführt. Hinter- **12a** grund der Regelung ist, dass der Gesetzgeber im Jahr 2001 die Sonderrechte für private Anbieter von Postdienstleistungen gestrichen hat und die Ausnahmegenehmigung für die Post AG ausgelaufen war. Nunmehr sah es der Verordnungsgeber nicht mehr als gewährleistet an, dass der Bund seiner hoheitlichen Aufgabe, im Bereich des Postwesens und der Telekommunikation flächendeckend angemessene und ausreichende Dienstleistungen zu gewährleisten, gerecht wird. (BR Drucks 428/12) Zudem sei es auch unter Verkehrssicherheitsaspekten erforderlich und sachgerecht, die Sonderrechte für Postunternehmen des Bundes zumindest in Bezug auf die Briefsendungen wieder einzuführen.

Um den Ausnahmecharakter der Vorschrift zu unterstreichen und einem Missbrauch dieser Sonderrechte vorzubeugen werde die Pflicht geschaffen dass der

StVO § 35 I. Allgemeine Verkehrsregeln

jeweilige Fahrer eines in den Anwendungsbereich der Vorschrift fallenden Fahrzeuges im Fahrzeug die Kopie der Lizenz bzw. der Beauftragung seines Unternehmens auszulegen hat (BR Drucks 428/12 S. 119).

13 6. **Abs 8: Berücksichtigung der öff Sicherheit und Ordnung.** Die nach I u V a Begünstigten sind an sich von jeder VVorschrift, also auch von der Grundregel des § 1 freigestellt. Diese Sonderstellung wird aber einmal begrenzt durch **VIII;** sie kann aber auch nach dem auch den VOGeber bindenden Übermaßverbot nur die Behinderung oder Belästigung anderer in erweitertem Umfang rechtfertigen und enthebt die Bevorrechtigten nicht vom Verbot der konkreten Gefährdung (OLG Braunschweig NZV 90, 198; Kullik NZV 94, 58; nach BGH VRS 32, 321, 324 nur vom allg Gefährdungsverbot) oder gar der Verletzung anderer (OLG Koblenz VersR 81, 1136; Hentschel/König/Dauer § 35 Rn 4 u 8); letzteres wäre selbst dann nur nach allg Rechtfertigungsgründen vertretbar, wenn man die Befreiung nach I auch auf die nach § 1 II sonst verbotene Schädigung anderer erstreckte, zumal die entspr Straf-TBe (wie zB §§ 230, 303, 315c StGB) durch § 35 I ohnehin unberührt bleiben. Deshalb ist eine Fahrweise, die andere konkret gefährdet oder schädigt, wie zB bei Jagd auf Verbrecher oder im Katastropheneinsatz, nur auf Grund einer Abwägung nach Notstandsgesichtspunkten erlaubt (BGH VRS 32, 321; OLG Karlsruhe VRS 22, 228; vgl **E** 98).

13a Jedes Abweichen von den VRegeln erfordert erhöhte Sorgfalt (OLG Düsseldorf VRS 64, 458; OLG Schleswig VersR 96, 1096). Der allg **Maßstab der Beurteilung** verkehrsgerechten Verhaltens wird für den Vorrechtfahrer in zwei Richtungen abgewandelt: Einmal erleichtert dadurch, dass es ihm erlaubt ist, von Vorschriften abzuweichen; andererseits verschärft dadurch, dass er der erhöhten Unfallgefahr, die durch das Abweichen von Vorschriften herbeigeführt wird, zusätzlich begegnen muss (BGHZ 26, 69, 71; VM 62, 38; Bay 57, 267); je gefährlicher das Abweichen umso größer muss die Vorsicht sein (KG Berlin NZV 05, 636; OLG Hamm DAR 96, 93; OLGR OLG Frankfurt/M 98, 341). Der nach § 35 befreite Fahrer darf sich grundsätzlich über die Rechte anderer hinwegsetzen, wenn er nach ausreichender Ankündigung sicher sein kann, dass ihm Vorrang eingeräumt wird (BGH NJW 71, 616; KG Berlin NZV 92, 456; OLG Thüringen (Jena) ZfS 00, 98). Er darf zB nicht bei Rot darauf los fahren (OLG Nürnberg DAR 01, 512; OLG Dresden DAR 01, 214; LG Hof DAR 00, 362); eine pol Zivilstreife, deren Pkw nicht mit Blaulicht und Martinshorn ausgestattet ist, hat Geschwindigkeitskontrollen, bei denen mit überhöhter Geschwindigkeit gefahren werden muss, abzubrechen, wenn sie nur noch auf Kosten der Gefährdung anderer fortgesetzt werden könnten (OLG Köln VRS 32, 466, 468 f). Zur Sorgfaltspflicht beim Fahren mit Panzern s BGH NJW 90, 632. – VIII soll nach OLG München (VRS 72, 170) auch für die einzelnen Verbandsmitglieder gelten (abl Anm Janiszewski NStZ 87, 404).

14 Auch der Fahrer eines **Wegerechts-Fz** nach § 38 I, II, der zugleich nach § 35 I bevorrechtigt ist (Pol-Einsatzwagen mit Blaulicht und Martinshorn, Feuerwehr), darf andere nicht gefährden. Er muss eine Gefährdung anderer auch dann vermeiden, wenn er zur Rettung von Menschenleben unterwegs ist. Es ist nicht zulässig, gefährdete Menschen auf Kosten anderer zu retten (OLG Braunschweig VRS 19, 230). Er darf eine Kreuzung bei Rotlicht nur überqueren, wenn er den Umständen nach annehmen kann, dass alle im Gefahrenbereich befindlichen VT die Signale wahrgenommen haben, sonst darf er nur mit Schrittgeschwindigkeit in die Kreuzung einfahren (KG Berlin NZV 92, 456; OLG Hamm VersR 97, 1547), ebenso bei Unübersichtlichkeit (OLG Köln VersR 85, 372) oder Glatteis (KG Berlin VM 85, 84). Er darf nicht darauf vertrauen, dass alle Kf auf einer stark befahrenen Querstr die Annäherung des Einsatz-Fz erkennen (BGH VRS 36, 40, 42; BGHZ 20, 290; KG Berlin VRS 32, 291). Kann er aber nach den Umständen annehmen, dass alle im Gefahrenbereich befindlichen VT die Signale wahrgenommen haben, darf er darauf vertrauen, dass sie ihm freie Bahn schaffen (BGH(Z) VRS 40, 241; LG Oldenburg ZfS 00, 333). Vom Grundsatz des Fahrens auf Sichtweite ist er aber auch dann nicht entbunden.

7. Zuwiderhandlungen, Nachprüfung im Straf- u Bußgeldverfahren. 15
Bußgeldbewehrt sind nach § 49 IV 1–2 iVm § 24 StVG nur Verstöße gegen § 35 VI S 1–4 u VIII (s Nr 127 BKat; andere TBe des § 35 sind nicht katalogisiert). Da I nur die Befreiung von Vorschriften enthält, stellt er keinen selbstständigen BußgeldTB dar. Wer das SonderR zu Unrecht in Anspruch nimmt, verstößt daher nicht gegen I, sondern gegen die Vorschrift, von der er unerlaubt abweicht. Im Straf- u Bußgeldverfahren prüft das Gericht nach, ob eine berechtigte Ausübung des hoheitlichen R vorliegt dh, ob das Fahrzeug in den Kreis der Sonderrechtsträger fällt, ob es eine vorrangige dringende öffentliche Aufgabe erfüllt hat und ob das Sonderrecht ggf. zu fremder Gefährdung berechtigte (KG Berlin 12 U 2664/95). Die Nachprüfung der Ermessensentscheidung, ob ein Abweichen von VVorschriften dringend geboten ist, beschränkt sich, solange niemand gefährdet worden ist, darauf, ob die Entscheidung einen Ermessensmissbrauch darstellt. Wer bei an sich zulässiger Inspruchnahme des SonderR gegen VIII verstößt, handelt grundsätzlich ow allein nach § 49 IV 2, soweit § 35 I eingreift (s oben 13 f; Bay VRS 64, 143 = StVE 5; OLG Celle VM 81, 115; KG Berlin NZV 00, 510); sonst, dh bei Schädigung anderer, in TE nach den §§ 1 II, 49 I 1. Inwieweit die Gefährdung anderer durch die Wichtigkeit des Einsatzes gerechtfertigt war, unterliegt der Beurteilung der Gerichte in vollem Umfange. Die Rechtmäßigkeit der Inspruchnahme des WegeR muss vom Standpunkt des Beamten im Zeitpunkt der Ermessensentscheidung aus geprüft werden, nicht rückschauend unter Berücksichtigung von Umständen, die ihm unbekannt waren (Bay VRS 28, 60).

8. Zivilrecht/Haftungsverteilung. Die vorgenannten Hoheitsträger sind im 16
Rahmen des § 35 von den Pflichten der StVO befreit; sie dürfen davon aber nach § 35 Abs 8 nur unter gebührender Berücksichtigung der öffentlichen Sicherheit und Ordnung Gebrauch machen. § 35 befreit nicht von der allg Sorgfaltspflicht, die Wahrnehmung der Sonderrechte darf jeweils nur unter größtmöglicher Sorgfalt erfolgen (KG Berlin NZV 05, 636). Die Einhaltung dieses Gebots obliegt dem Sonderrechtsfahrer gegenüber allen anderen Verkehrsteilnehmern als **Amtspflicht** (KG Berlin, VersR 241; OLG Oldenburg VersR 63, 1087). Bei einem Unfall im Rahmen einer **hoheitlichen** Einsatzfahrt können daher auch Ansprüche aus § 839 BGB, Art 34 GG neben § 7 StVG und § 823 BGB entstehen (BGH VersR 58, 688). Die Haftung trifft dann nicht den handelnden Beamten selbst, sondern die Körperschaft, in deren Auftrag er tätig war. Aufgrund des haftungsrechtlichen Beamtenbegriffs gilt dies auch für Angehörige privater Hilfsorganisationen, die von staatlichen Organen zur Katastrophenabwehr herangezogen werden (OLG Düsseldorf VersR 71, 185). Dem Halter und ggf dem Fahrer des Einsatzfahrzeuges obliegt die volle **Darlegungs- und Beweislast** für Umstände, die eine Inspruchnahme des Sonderrechts rechtfertigen (BGH NJW 62, 1767; KG Berlin VersR 92, 1129). Allerdings ist zu beachten, dass die Verwendung von **Sondersignalen** den übrigen Verkehrsteilnehmern das Gebot, freie Bahn zu

StVO § 35

schaffen, auferlegt, unabhängig davon, ob die objektiven Voraussetzungen auch tatsächlich gegeben waren.

16a Zu den Sonderrechten der Einsatzfahrzeuge, die nur unter größtmöglicher Sorgfalt wahrgenommen werden dürfen, und der **Haftungsverteilung** vgl KG Berlin ZfS 86, 227 [Rechtsprechungsübersicht], OLG Düsseldorf VersR 87, 1140.

17 Den Erfordernissen der Verkehrssicherheit kommt stets Vorrang gegenüber dem Interesse des Einsatzfahrzeuges am raschen Vorwärtskommen zu. Die dem Fahrer des Einsatzfahrzeugs obliegende Sorgfaltspflicht ist dabei umso größer, je mehr seine gegen die StVO verstoßende Fahrweise die Unfallgefahr erhöht (KG, NZV 08, 147). Insbesondere hat der Sonderrechtsfahrer seine Absicht, das Vorrecht in Anspruch zu nehmen, durch Verwendung von Martinshorn und Blaulicht für alle übrigen Verkehrsteilnehmer hinreichend deutlich zu machen. Hierbei ist zu beachten, dass es einen Vertrauensgrundsatz zugunsten des Sonderrechtsfahrers nicht gibt. Vielmehr hat dieser sich auch bei hinreichender Ankündigung vor allem beim Einfahren in Kreuzungsbereiche davon zu überzeugen, dass die übrigen Verkehrsteilnehmer die Warnsignale wahrgenommen und sich darauf eingestellt haben (KG Berlin NZV 92, 456). Nur dann darf der Sonderrechtsfahrer darauf vertrauen, dass ihm nunmehr freie Bahn gewährt wird (BGH, NJW 75, 648). Andererseits muss jeder Fahrzeugführer dafür sorgen, dass er in der Lage ist, die Sondersignale auch wahrzunehmen. Wer zB beim Hören eines Martinshorns das Einsatzfahrzeug nicht lokalisieren kann, darf ebenfalls nicht in eine Kreuzung einfahren (Herz, NJW Spezial 09, 297). Wenn Pkw für Einsatzfahrzeug „Platz macht" und anderem Pkw Vorfahrt nimmt, Haftung 75%, dem Gebot „freie Bahn zu schaffen" darf nur in nichtschädigender Weise für auch Verkehrsteilnehmer erfolgen (KG Berlin VM 89, 78; ähnlich OLG Hamm NJW-RR 96, 599). Der Sonderrechtsfahrer darf darauf vertrauen, dass wartepflichtige VT, die ihm den Weg freigeräumt haben, erst dann ihre Position verändern, wenn er mit seinem Einsatzfahrwagen vorbeigefahren ist (OLG Hamm, BeckRS 12 172). So trifft den Fahrer, der trotz Erkennens eines mit Blaulicht und Martinshorn herannahenden Einsatzfahrzeugs und der Möglichkeit, durch den Blinker dessen weitere Fahrtrichtung in die Kreuzung vorherzusehen, seinen Weg über die Kreuzung fortsetzt, die alleinige Haftung (OLG Frankfurt/M., r+s 2013, 304).

17a Bei **Unfällen an Kreuzungen** dh bei Unfällen bei denen das Einsatzfahrzeug bei **Rotlicht** in die Kreuzung einfährt, kommt es für die Haftung bzw die Haftungsquote darauf an, welche Geschwindigkeit das Einsatzfahrzeug gefahren ist, ob es alle Warnsignale benutzt hat und ob das Einsatzfahrzeug und sein Fahrverhalten für die anderen Verkehrsteilnehmer sichtbar und richtig einzuschätzen war. Der Fahrer eines Einsatzfahrzeuges muss sich vor dem Einfahren in den für den Gegenverkehr durch Ampelschaltung mit «grün» freigegebenen Kreuzungsbereich vergewissern, dass das Sondersignal von den übrigen Verkehrsteilnehmern wahrgenommen worden ist. Dem eigentlichen Gefahrenbereich, der kreuzenden Gegenfahrbahn, darf er sich nur mit einer Geschwindigkeit nähern, die ihm noch ein Anhalten ermöglicht (OLG Naumburg, r+s 2013, 455).

18 Bei einem Zusammenstoß auf einer **(ampelgeregelten Kreuzung)** ist im Grundsatz von einer hälftigen Schadensteilung auszugehen, wenn das Einsatzfahrzeug **die Warnsignale eingeschaltet** und eine Geschwindigkeit von bis zu 30 km/h aufgewiesen hat (KG Berlin, VersR 82, 407: 50%; OLG Frankfurt/M VersR 79, 1127: 60%; OLG Köln, VersR 85, 372: 80%). Bei einer höheren Geschwindigkeit liegt idR die überwiegende Mitverursachung bis hin zur Alleinhaftung auf Seiten des Sonderrechtsfahrzeuges (OLG Köln NZV 96, 237, KG

Berlin NZV 04, 84). Steht die Geschwindigkeit des Sonderrechtsfahrzeuges nicht fest, kommt idR eine Mithaftung seines Halters von 50–75%, uU auch zu 100% in Betracht (BGH NJW 75, 648; KG Berlin VM 99, 77). 100% Haftung des Einsatzfahrzeuges, das mit knapp 70 km/h in eine Kreuzung einfährt und mit Pkw zusammenstößt, der Blaulicht und Martinshorn nicht hören konnte (KG Berlin NZV 89, 192; OLG Hamm NJW-RR 96, 599).

Bei schlechter Übersicht der Gegenfahrbahn ist der Sonderrechtsfahrer verpflichtet, sich – uU lediglich mit **Schrittgeschwindigkeit** – in den Kreuzungsbereich hinein und hinüber zu tasten (KG Berlin NZV 03, 126 mwN; NZV 92, 456). Dies gilt selbst dann, wenn für das Einsatzfahrzeug höchste Eile geboten ist. **19**

Die Betriebsgefahr des Einsatzfahrzeuges kann völlig zurücktreten, wenn dem anderen Fahrer ein Fehlverhalten vorzuwerfen ist, wenn er zB bei Annäherung des Einsatzfahrzeuges unverhofft den Fahrstreifen wechselt (OLG Düsseldorf VersR 88, 813) oder weil er, obwohl andere Fze anhielten und er auch das Einsatzhorn gehört hat, weitergefahren ist (AG Prüm NJW-Spezial 04, 161). **20**

Den Vorfahrtberechtigten trifft keine Haftung, wenn dieser Blaulicht und Martinshorn nicht wahrnehmen konnte (KG Berlin NZV 89, 192). Lässt sich die rechtzeitige Wahrnehmbarkeit des Einsatzhorns durch den bevorrechtigten Kraftfahrer nicht feststellen, kommt dessen Mithaftung grundsätzlich auch nicht in Betracht (KG Berlin NZV 04, 85). Allerdings hat grundsätzlich jeder Kraftfahrer dafür Sorge zu tragen, dass er Warnsignale von Einsatzfahrzeugen wahrnehmen kann (LG Aachen, VersR 92, 843). Der Grundsatz, dass ein längerer Zeit vor dem Einfahren eines Sonderrechtsfahrzeuges in die Kreuzung eingeschaltetes Martinshorn von einem aufmerksamen Fahrer wahrgenommen werden kann und muss, gilt für zivile Fahrzeuge hingegen nicht (KG Berlin NZV 04, 85). **20a**

Hat das Einsatzfahrzeug die **Warnsignale nur teilweise eingeschaltet,** verschiebt sich grds die Haftung zu Lasten des Einsatzfahrzeuges. Allein durch die Betätigung des Blaulichtes wird nicht die Verpflichtung für andere Verkehrsteilnehmer geschaffen, gem § 38 I 2 StVO sofort freie Bahn zu schaffen (OLG Köln NJW 96, 1972; KG Berlin KGR 00, 297 – 100% Haftung des Einsatzfahrzeuges; OLG Naumburg ZfS 95, 254 – 75%). **21**

Bei einem **Missbrauch der Warnsignale** gilt, dass die Sonderrechte des § 35 StVO unabhängig davon bestehen, ob die Inanspruchnahme von Sonderrechten gerechtfertigt war (OLG Düsseldorf NZV 92, 489 – Einsatzfahrzeug 67%). **22**

Bei einer **Verkehrsregelung durch Verkehrszeichen** ist zu berücksichtigen, dass von Verkehrszeichen nicht die gleiche Wirkung ausgeht, wie von einer Ampel. Der Autofahrer muss sich einer solchen Kreuzung vorsichtiger als einer durch Ampelschaltung geregelten Kreuzung nähern. Das Einsatzfahrzeug, das sich einer solchen Kreuzung nähert darf daher grds darauf vertrauen, dass die Warnsignal und damit sein Vorfahrtrecht früher wahrgenommen und beachtet werden. Der Haftungsanteil ist daher grds niedriger als bei einer beampelten Kreuzung (OLG Köln DAR 77, 324). **23**

Kommt es zu einem **Auffahrunfall** zwischen Einsatzfahrzeug und einem anderen Pkw, so haftet grds der auffahrende Pkw allein (OLG Koblenz NJW 92, 3047). Eine Mithaftung des Einsatzfahrzeuges nur, wenn dieser nicht ausreichend Sorge dafür getragen hat, dass andere Verkehrsteilnehmer nicht gefährdet werden (OLG Stuttgart VersR 88, 1159 – ⅓). **24**

Handelt der Fahrer eines Einsatzfahrzeuges in Ausübung eines öffentlichen Amtes, scheiden Ansprüche gegen ihn persönlich aus §§ 18 StVG, 823, 847 BGB wegen Art 34 Abs 1 S 1 GG aus. Die Haftung trifft dann nur die Körperschaft, **25** in deren Auftrag der Beamte tätig war. Einsatzfahrten und auch Fahrten, die der Vorbereitung von Einsätzen dienen, gehören zum öffentlich-rechtlichen Aufgabengebiet und stellen daher hoheitliches Handeln iS des § 839 BGB dar (Palandt-Thomas § 839 Rn 98, BGH MDR 62, 803).

26 **9. Literatur.** **Beck,** Inanspruchnahme von Sonderrechten gem. § 35 StVO durch Angehörige von Hilfsorganisatoren, NZV 2009, 324; **Dickmann** „Sonderrechte mit dem Privat-Pkw? – Problematiken des § 35 StVO für Mitglieder der Freiwilligen Feuerwehren" NZV 03, 220; **Eiffler** „Zum Verhältnis von straßenverkehrsrechtlichen Sonderrechten und straßenrechtlichen Sondernutzungen" NZV 00, 319; **Herz,** Unfälle mit Sonderfahrzeugen I u II; NJW-Spezial 09, 297, 361; **Klenk** „Sonder- und Wegerechte bei der Begleitfahrt des Notarzteinsatzfahrzeuges? – Nicht die Regel sondern die Ausnahme" NZV 2010, 593; **Lehmann** „Armer Rettungsdienst! – Die Schlechterbehandlung des Rettungsdiensts nach § 35 V a StVO gegenüber Institutionen nach § 35 I StVO verstößt gegen Art. 3 I GG" NZV 2011, 228; **Müller** „Sonderrechte für ausländische Beamte in Deutschland" SVR 2010, 325; **Nimis** „Sonderrechte im Rettungsdienst – Sonderprobleme?" NZV 2009, 582; **Ternig** „Sonderrechte für Fze mit besonderen Aufgaben" VD 04, 102; **Rabe** „Haftungsquoten bei Unfällen mit Einsatzfahrzeugen" NJW-Spezial 2015, 137.

II. Zeichen und Verkehrseinrichtungen

§ 36 Zeichen und Weisungen der Polizeibeamten

(1) **Die Zeichen und Weisungen der Polizeibeamten sind zu befolgen. Sie gehen allen anderen Anordnungen und sonstigen Regeln vor, entbinden den Verkehrsteilnehmer jedoch nicht von seiner Sorgfaltspflicht.**

(2) **An Kreuzungen ordnet an:**
1. Seitliches Ausstrecken eines Armes oder beider Arme quer zur Fahrtrichtung: „Halt vor der Kreuzung".
Der Querverkehr ist freigegeben.
Wird dieses Zeichen gegeben, gilt es fort, solange in der gleichen Richtung gewinkt oder nur die Grundstellung beibehalten wird.
Der freigegebene Verkehr kann nach den Regeln des § 9 abbiegen, nach links jedoch nur, wenn er Schienenfahrzeuge dadurch nicht behindert.
2. Hochheben eines Arms: „Vor der Kreuzung auf das nächste Zeichen warten",
für Verkehrsteilnehmer in der Kreuzung: „Kreuzung räumen".

(3) Diese Zeichen können durch Weisungen ergänzt oder geändert werden.

(4) An anderen Straßenstellen, wie an Einmündungen und an Fußgängerüberwegen, haben die Zeichen entsprechende Bedeutung.

(5) **Polizeibeamte dürfen Verkehrsteilnehmer zur Verkehrskontrolle einschließlich der Kontrolle der Verkehrstüchtigkeit und zu Verkehrserhebungen anhalten. Das Zeichen zum Anhalten kann auch durch geeignete technische Einrichtungen am Einsatzfahrzeug, eine Winkerkelle oder eine rote Leuchte gegeben werden. Mit diesen Zeichen kann auch ein vorausfahrender Verkehrsteilnehmer angehalten werden. Die Verkehrsteilnehmer haben die Anweisungen der Polizeibeamten zu befolgen.**

§ 36 StVO

VwV – StVO

Abschnitt B

Zu § 36 Zeichen und Weisungen der Polizeibeamten

Zu Absatz 1

I. Dem fließenden Verkehr dürfen nur diejenigen Polizeibeamten, die selbst als solche oder deren Fahrzeuge als Polizeifahrzeuge erkennbar sind, Zeichen und Weisungen geben. Das gilt nicht bei der Verfolgung von Zuwiderhandlungen.

II. Weisungen müssen klar und eindeutig sein. Es empfiehlt sich, sie durch Armbewegungen zu geben. Zum Anhalten kann der Beamte eine Winkerkelle benutzen oder eine rote Leuchte schwenken.

Zu den Absätzen 2 und 4

I. Ist der Verkehr an Kreuzungen und Einmündungen regelungsbedürftig, so sollte er vorzugsweise durch Lichtzeichenanlagen geregelt werden; selbst an besonders schwierigen und überbelasteten Kreuzungen werden Lichtzeichenanlagen im allgemeinen den Anforderungen des Verkehrs gerecht. An solchen Stellen kann es sich empfehlen, Polizeibeamte zur Überwachung des Verkehrs einzusetzen, die dann erforderlichenfalls in den Verkehrsablauf eingreifen.

II. Wenn besondere Verhältnisse es erfordern, kann der Polizeibeamte mit dem einen Arm „Halt" anordnen und mit dem anderen abbiegenden Verkehr freigeben.

III. Bei allen Zeichen sind die Arme so lange in der vorgeschriebenen Haltung zu belassen, bis sich der Verkehr auf die Zeichen eingestellt hat. Die Grundstellung muß jedoch bis zur Abgabe eines neuen Zeichens beibehalten werden.

IV. Die Zeichen müssen klar und bestimmt, aber auch leicht und flüssig gegeben werden.

Zu Absatz 5

I. Verkehrskontrollen sind sowohl solche zur Prüfung der Fahrtüchtigkeit der Führer oder der nach den Verkehrsvorschriften mitzuführenden Papiere als auch solche zur Prüfung des Zustandes, der Ausrüstung und der Beladung der Fahrzeuge.

II. Straßenkontrollen des Bundesamtes für den Güterverkehr (§ 12 Abs 1 und 2 GüKG) sollen in Zusammenarbeit mit der örtlich zuständigen Polizei durchgeführt werden.

Übersicht

	Rn
1. Allgemeines	1
2. Abs 1: Verbindlichkeit und Rangfolge	2
a) Weisungen u Zeichen	2
b) Satz 1: Gehorsamspflicht	3
c) Satz 2: Rangfolge der Anordnungen	11
3. Abs 5: Verkehrskontrollen	12
4. Zuwiderhandlungen	15
5. Zivilrecht	17
6. Literatur	18

1. Allgemeines. In § 36 sind die Zeichen u Weisungen der PolBeamten zur VLenkung u zu VKontrollen zusammengefasst. Die LichtZ sind gesondert in § 37

StVO § 36 II. Zeichen und Verkehrseinrichtungen

geregelt. Zeichen und Weisungen von PolBeamten gehen allen anderen Anordnungen vor und sind von allen VT, die vom gerade zu regelnden Vorgang betroffen sind, also auch Fußgängern, zu befolgen. Nur ein PolBeamter, der auch als solcher deutlich zu erkennen ist, darf Verkehrseinrichtungen durch Zeichen und Weisungen außer Kraft setzen (OLG Magdeburg VM 15 Nr 33).

Zum **1.8.13** wurde durch Änderung des § 52 IIIa StVZO nF als optisches **Anhaltesignal** für Kfz des Vollzugsdienstes der Polizeien des Bundes und der Länder (nach **USA-Vorbild**) **neu** ein nach vorn wirkendes **rotes Blinklicht** zugelassen, das durch ein **Anhaltehorn** als akustisches Anhaltesignal ergänzt werden darf (s 48. VO zur Änderung straßenverkehrsrechtlicher Vorschriften v 26.7.13, BGBl I S 2803, 2805; BRDrs 445/13 S 29f; s auch unten Rn 12b); s zur Bauartgenehmigung § 22a I Nr 11a u Nr 19a StVZO nF.

2 **2. Abs 1: Verbindlichkeit und Rangfolge. a) Weisungen u Zeichen.** der PolBeamten unterscheiden sich grundsätzlich dadurch, dass jene nur an einzelne bestimmte VT richten (Einzelverfügung), diese aber an alle, die es angeht (Allgemeinverfügung). Die Unterscheidung ist nötig, weil nach III die Weisungen den Z der PolBeamten vorgehen. Da beide Arten von AOen praktisch ineinander gehen, will die VO Klarheit dadurch schaffen, dass sie allein bestimmte Handbewegungen der PolBeamten in II als sog **Zeichen** herausstellt. Hierbei werden von II nur zwei Zeichen vorgesehen, deren Nichtbeachtung ow ist, nämlich das seitliche Ausstrecken eines oder beider Arme (II Nr 1) und das Hochheben eines Armes (II Nr 2). Alle übrigen AOen der PolBeamten sind demnach **Weisungen.** Dies umfasst jedoch nur die unmittelbar situationsbedingt wegen eines aktuell bestehenden Bedürfnisses bzw. zur Abwehr einer konkreten Gefahr verkehrsregelnde Verfügung, nicht dagegen die Anordnung, die nur einen verkehrswidrigen Zustand beseitigen soll. Sie können sowohl durch Winken als auch durch Zurufe oder Pfeifen gegeben werden; sie müssen nur deutlich genug sein, um rechtliche Bedeutung zu erlangen (s auch OLG Düsseldorf VRS 60, 149 = StVE 18). Eine Weisung ist ein sofort vollziehbarer VA (OLG Düsseldorf aaO).

3 **b) Satz 1: Gehorsamspflicht.** Satz 1 begründet die **Gehorsamspflicht** gegenüber Z u Weisungen von PolBeamten, die als solche erkennbar sind (OLG Köln StVE 3; OLG Hamm JZ 72, 372; VwV-StVO zu § 36 Abs 1 I, Rn 1); sie besteht nicht gegenüber militärischen VPosten (VkBl 71, 538) u **Schülerlotsen** (OLG Düsseldorf VRS 36, 30; Bormuth NZV 92, 298), die nur Hinweise geben, deren Nichtbefolgung nicht ow ist. Zu befolgen sind die ein (wenn auch innerdienstlich unzuständiger: OLG Hamm aaO; BayObLG VRS 48, 232 = StVE 1) PolBeamter aus einem augenblicklichen VBedürfnis zur unmittelbaren Regelung des (auch ruhenden: OLG Bremen VkBl 59, 260; OLG Köln VRS 20, 300) StraßenV oder Beseitigung einer andauernden VBeeinträchtigung trifft (BGHSt 32, 248 = StVE 12; OLG Düsseldorf VRS 71, 307). Der Anwendungsbereich bestimmt sich nach § 6 I 3 StVG; erfasst sind also nur Weisungen, die die Ordnung u Sicherheit des Verkehrs gewährleisten sollen (BGH aaO; OLG Zweibrücken VRS 61, 466), sei es auch vorausschauend (OLG Köln VRS 20, 300; OLG Düsseldorf VRS 60, 149 = StVE 18; Bouska DAR 84, 33), also unmittelbar einen VVorgang regeln sollen (BGH aaO). Darunter fällt auch die Weisung eines PolBeamten an einen Lkw-Fahrer, wegen Überschreitung der zulässigen Tageslenkzeit (OLG Hamm VRS 46, 397) oder Fahrunsicherheit (BGH aaO) nicht mehr weiterzufahren oder an verkehrsbehindernder Stelle nicht zu parken (OLG Hamm VRS 65, 230; OLG Zweibrücken aaO; OLG Düsseldorf NZV 94, 330).

Zeichen und Weisungen der Polizeibeamten **§ 36 StVO**

Weisungen können auch darauf abzielen, eine schon länger andauernde und grundsätzliche Weigerung zu beenden, die Radwege-Benutzungspflicht für Liegeräder zu befolgen (VGH Bad-Württbg NZV 03, 301 = ZfS 03, 378). Es bestehen keine Bedenken, nebeneinander einerseits Zwangsmittel zur Durchsetzung der Befolgungsanordnung anzudrohen und andererseits die entsprechenden Owi-Verstöße zu verfolgen (VGH Bad-Württbg). So dient das Anhaltezeichen eines PolBeamten, der ein auffälliges Überholmanöver des Betroffenen beobachtet hatte, auch dem Zweck der Kontrolle der Verkehrstüchtigkeit und unterfällt somit der Regelung des V, so dass es als unschädlich anzusehen ist, dass das Zeichen zugleich der Verfolgung der durch das vorschriftswidrige Überholen begangenen Ordnungswidrigkeit dient (OLG Hamm BeckRS 2012, 11711).

Weisungen, die anderen Zwecken, insb der Verfolgung nach beendetem oder 4 nicht mehr den Verkehr beeinträchtigenden VVerstoß dienen, sind hier **nicht erfasst** (BGHSt 32, 248; Janiszewski NStZ 83, 513 f; OLG Zweibrücken Rn 3; OLG Köln VM 81, 43; VRS 59, 462 = StVE 6; OLG Koblenz VRS 71, 70), ebensowenig Weisungen, die nicht unmittelbar verkehrsbezogen sind, wie Anhalten, um Überladung festzustellen (OLG Köln VM 85, 61; s aber V u § 34 V StVZO!), sich zur Überprüfung zum Streifenwagen zu begeben (OLG Koblenz VRS 61, 392; OLG Köln VRS 64, 59), die Auflage einer Erlaubnis (OLG Köln VM 84, 84 = StVE 13) oder sonstige allg Regeln einzuhalten (OLG Düsseldorf VRS 60, 149 = StVE 18; 72, 296; DAR 94, 330; OLG Hamm DAR 78, 27) oder das abgestellte Kfz abzuschließen (OLG Celle VM 66, 166). Ein auf einen Tag befristetes Verbot, einen bestimmten Streckenabschnitt mit dem Motorrad zu befahren, stellt mangels situationsbedingter Verkehrsregelung gerade keine Weisung dar (VG Dresden Az 14 K 1966/00).

Der Angewiesene braucht nicht auf der Str zu sein, zB Weisung an den in 5 einem Gasthaus sitzenden Führer, das verkehrsbehindernd geparkte Kfz wegzufahren (OLG Neustadt VRS 13, 475 m zust Anm Hartung JR 58, 32; OLG Hamm VRS 16, 382). **Telefonische** Weisung dürfte nicht verbindlich sein (aA OLG Hamm VM 72, 93 m abl Anm Booß; Möhl JR 72, 431).

Für VKontrollen u -erhebungen gilt Abs 5, im Übrigen sind für die Verfolgung 6 von OWen pp die einschlägigen Vorschriften der StPO/OWiG (s 12) u der PolGe der Länder maßgebend (s dazu Kullik BA 88, 360). Befugnisse der **Bahnpolizeibeamten** s §§ 55–60 EBO; OLG Celle VRS 32, 150.

Die VT haben die Weisungen u die – eine Weisung, nicht nur eine Erlaubnis 7 enthaltenden – Z der PolBeamten zu befolgen. Voraussetzung der Gehorsamspflicht ist, dass die Anordnung deutlich erkennbar u bestimmt, objektiv aus Gründen der VRegelung gegeben u von dem Beamten nach pflichtgem Ermessen für notwendig erachtet wurde; der räumliche Wirkungsbereich der Weisung ergibt sich aus ihrer Zielrichtung (OLG Düsseldorf VM 86, 87). Weder dem Angewiesenen noch den Gerichten steht die Nachprüfung darüber zu, ob die Weisung notwendig u zweckmäßig war (KG VRS 19, 67). In diesem Rahmen sind auch andere als die in II beschriebenen Zeichen rechtsverbindlich (OLG Hamm VM 59, 48).

Unbeachtlich sind aber offensichtlich nichtige Weisungen, wie die, durch 8 einen Glassplitterhaufen zu fahren (OLG Köln VRS 57, 216 = StVE 6). Auch die Nichtbefolgung der Weisung, einen unfallbeschädigten Wagen beiseite zu fahren, kann nach § 16 OWiG gerechtfertigt sein, wenn das Interesse des Geschädigten an der Unfallaufklärung das der anderen VT an zügiger Weiterfahrt wesentlich übersteigt (OLG Köln VRS 57, 143 = StVE 5).

StVO § 36 II. Zeichen und Verkehrseinrichtungen

9 Der **freigegebene Verkehr** erhält im allg nur die **Erlaubnis,** nicht die Anordnung, weiterzufahren, diese kann aber mit dem Z verbunden werden. Sie befreit den Kf im allg nicht von der Pflicht, den übrigen Verkehr in eigener Verantwortung zu prüfen; so muss der Lkw-Fahrer die Weisung, in für ihn nicht einsehbaren Raum zurückzustoßen, nicht befolgen, wenn er nicht die Gewissheit hat, dass der PolBeamte den Raum hinter dem Lkw als hindernisfrei erkannt hat (BayObLG VRS 59, 234 = StVE 9). Das gilt aber nicht, wenn der Beamte erkennbar den besseren Überblick über die VLage hat u den Kf zur Weiterfahrt **auffordert** (OLG Hamburg VRS 21, 291; OLG Frankfurt/M VRS 29, 161). Ein VPolizist, der einem Kf ein Freifahrtzeichen gibt u ihn damit veranlasst, in eine unübersichtliche Kreuzung einzufahren, ist verpflichtet, ihm eine gefahrlose Überquerung der Kreuzung zu ermöglichen (BGH(Z) VRS 20, 166); er darf bei dem Angewiesenen nicht die irrige Meinung erwecken, die Befolgung der Weisung sei risikolos (KG VM 80, 9). Zur Haftung bei pflichtwidriger Weisung s OLG Köln NZV 93, 64.

10 Das **HaltZ** begründet nicht unter allen Umständen die Verpflichtung des Angewiesenen, auf der Stelle u ohne Rücksicht auf eine dadurch entstehende Gefahr für andere anzuhalten. Die Weisung muss vielmehr unter Berücksichtigung des übrigen Verkehrs durchgeführt werden I S 2). Die Weisung ist als sofort vollziehbarer VA unverzüglich zu befolgen (OLG Düsseldorf DAR 80, 378 = StVE 18).

11   **c) Satz 2: Rangfolge der Anordnungen.** Die **spezielleren** AOen gehen den jew allg vor: Die VZ den ges VRegeln, die Licht-Z im Rahmen des § 37 I den VZ, die Z der PolBeamten den LichtZ, die Einzelweisungen der PolBeamten den LichtZ u sogar den gleichzeitig gegebenen Z desselben oder eines anderen PolBeamten. Das gilt jedoch immer nur insoweit, als die speziellere AO die allg ausschließt. So muss derjenige, der freie Fahrt hat, die Geschwindigkeitsvorschriften oder beim Abbiegen die Regeln des § 9 beachten, widrigenfalls er gegen diese Vorschriften, aber nicht gegen §§ 36 oder 37 verstößt. Wer durch Nichtbeachtung des Rotlichts oder des Z eines PolBeamten an einer Kreuzung den QuerV gefährdet, missachtet die Vorfahrt iS des § 315c I 2a StGB (BayObLGSt 58, 252).

12   **3. Abs 5: Verkehrskontrollen. Abs 5** enthält neben der Ermächtigung der Pol auch eine Verpflichtung der VT zum Anhalten zu den in S 1 gen Zwecken. Zu befolgen sind aber auch weitere, mit der VKontrolle u VErhebung verbundene u deren Durchführung dienende Anweisungen. VKontrollen sind präventive, verkehrsbezogene Maßnahmen (s dazu Janiszewski NStZ 87, 116), zu denen auch die Prüfung von Fahrer u Kfz, der Papiere u auch der **Fahrtüchtigkeit** des Fahrers gehören (s auch VwV-StVO zu § 36 Abs 5 I, Rn 7; zur Kontrollbefugnis der Pol s Kullik BA 88, 360; Lisken/Denninger-Hilse G 30 ff); sie dienen nicht der VRegelung wie nach I oder gar der Strafverfolgung (BGHSt 32, 248; BayObLG VRS 72, 132 = StVE 14; E 114). Weisungen anderen Inhalts, zB der Pol zu folgen oder Anhalten zwecks allg Verbrechensbekämpfung oder **ausschließlich** zur **Verfolgung u Ahndung** begangener VVerstöße sind auch durch die Neufassung von V entgegen der amtl Begr dazu (BRDrs 75/92 S 73) **nicht erfasst** (OLG Celle DAR 12, 644; krit dazu Ternig DAR 12, 730); ein entspr Ergänzungsantrag wurde bei den Beratungen der 9. u 11. ÄndVO auf Widerspruch des RA im BR mit R abgelehnt (s BRDrs 75/1/92 Nr 6), weil es dazu an der entspr Ermächtigung in § 6 StVG fehlte u außerdem grundsätzliche strafprozessuale Erwägungen entgegenstünden (s BGH aaO u Rn 3). Strafverfolgungsmaßnahmen sind zB auf Grund der §§ 111, 163, 163b StPO; §§ 53, 111 OWiG oder §§ 79a II 14, 15 ZollG (vgl BayObLGSt 61, 42 f) zul; ihre Nichtbefolgung verstößt aber nicht gegen V (OLG Koblenz VRS 61, 68) u ist daher nicht bußgeldbe-

Zeichen und Weisungen der Polizeibeamten **§ 36 StVO**

wehrt, **es sei denn das Haltgebot dient nicht allein der Strafverfolgung, sondern auch einer VKontrolle** (Prüfung der FE oder der Fahrtüchtigkeit pp; OLG Düsseldorf NZV 96, 458; aA OLG Celle DAR 12, 644 bei Verdacht auf Straftat [Trunkenheitsfahrt]; krit zu OLG Celle Ternig DAR 12, 730; Hentschel/König/Dauer-König § 36 StVO Rn 24 [seit 42. Auflage]). V ermächtigt ohne konkreten Verdacht nicht zur AO einer Blutprobe oder zur Mitwirkung an einem Atemalkoholtest (Hentschel NJW 92, 2064; Salger DRiZ 93, 313; zur Einführung einer ges Grundlage für verdachtsfreie Alkoholkontrollen s 30 u 35. VGT; abl Geppert Rn 17). Sofern eine vorangegangene VerkehrsOW eine allg VKontrolle ausgelöst hat, ist ein Haltgebot in diesem Rahmen nach V zu befolgen (s Hentschel NStZ 84, 271; Janiszewski NStZ 83, 513 u 87, 116; für Anwendbarkeit des § 36 V StVO, wenn zugleich eine Verkehrskontrolle beabsichtig ist, auch Ternig DAR 12, 730; aA OLG Celle DAR 12, 644 bei Verdacht auf Straftat [Trunkenheitsfahrt]; krit zu OLG Celle Ternig DAR 12, 730; Hentschel/König/Dauer-König § 36 StVO Rn 24 [seit 42. Auflage]).

Ein Kf, der sich einem zum Zwecke der VKontrolle eindeutig haltgebietenden **12a** PolBeamten bereits so weit genähert hat, dass er sich in dessen unmittelbarem Einwirkungsbereich befindet (zB 60 m), darf sein Fz nicht wenden u davonfahren, um sich der **VKontrolle zu entziehen** (BayObLG VM 78, 39). Das Haltgebot eines hinter einer Kreuzung, jedoch noch in engem räumlichen Zusammenhang mit dieser stehenden PolBeamten verpflichtet auch einen Kf, der an der Kreuzung in eine Seitenstr abbiegen will, zum Anhalten (BayObLG VM 78, 38). Dagegen soll nach OLG Köln (VRS 53, 215 = StVE 3) ein bei Nacht auf 120 m Entfernung gegebenes Haltgebot dem Kf das Abbiegen in eine Seitenstr nicht verbieten.

Von der Pol (unzuständigerweise) zur Sicherung von VKontrollen aufgestellte **12b** VZ sind zu befolgen (OLG Stuttgart VRS 59, 464; s auch § 39 StVO Rn 9). Die **in V S 2 gen techn Mittel** sind **nur Beispiele;** auch in der mit Blaulicht u Martinshorn durchgeführten Verfolgung kann nach S 2 („techn Einrichtungen am Einsatz-Fz") wie auch schon nach BGH (VM 67, 41) ein andauerndes Haltgebot zu sehen sein, obwohl diese Z nach § 38 I S 2 nicht unbedingt nur „Halt" gebieten (s § 38 StVO Rn 4 u OLG Köln VM 84, 91). Zum 1.8.13 neu eingeführt wurden **Anhaltehorn** mit **Anhaltesignal** und Signalgeber für **rote Lichtschrift** (§§ 52 IIIa, 55 IIIa StVZO) nach amerikanischem Vorbild, die ebenfalls als geeignete technische Einrichtung Halt gebieten (Ternig DAR 13, 671; s auch oben Rn 1).

Der Kf muss den FSch auch nach Beendigung der Fahrt dem PolBeamten auf **13** Verlangen vorzeigen, solange ein räumlicher u zeitlicher Zusammenhang mit der Fahrt besteht (OLG Düsseldorf VM 69, 30; OLG Köln VRS 53, 347). Der Angehaltene hat auch angemessene Zeit zu warten (OLG Köln VRS 67, 293).

Das Haltgebot dient dem Vollzug der VKontrolle; es ist nach V S 4 von jedem **14** VT zu befolgen. Der die VKontrolle durchführende PolBeamte unternimmt damit eine Vollstreckungshandlung iS von § 113 StGB (OLG Düsseldorf NZV 96, 458). Wer sich gegen ein Haltgebot nach V oder der ihm folgende Kontrolle mit Gewalt zur Wehr setzt, kann daher wegen Widerstands (§ 113 StGB) strafbar sein (BGH VRS 47, 177; OLG Düsseldorf aaO: Nichtbefolgen der Aufforderung zum Aussteigen u stattdessen Verriegeln der Fz-Türen).

Zur Verfassungsmäßigkeit bzw Verfassungswidrigkeit von § 36 V StVO Barczak NZV 10, 598.

4. Zuwiderhandlungen. sind als OWen nach den §§ 49 III Nr 1 StVO iVm **15** 24 StVG verfolgbar (s Nr 128 BKat zu I S 1, III, V S 4; Nr 129 BKat zu I S 1,

II, IV, V). **Irrtum:** Die Ahndbarkeit nach § 49 III Nr 1 setzt nicht voraus, dass der Angewiesene den Anweisenden als PolBeamten erkannt hat; es genügt, dass er ihn als solchen erkennen musste (OLG Neustadt VRS 13, 475). Erfasst der VT den Sinn einer ihm von einem PolBeamten gegebenen Weisung nicht, so besteht TB-Irrtum (OLG Köln VRS 26, 107). Nimmt er dagegen die Z des Beamten richtig auf, deutet aber seine rechtliche Bedeutung falsch oder hält es für nicht rechtmäßig, so liegt ein Verbotsirrtum vor (OLG Hamm VRS 5, 634).

16 Ein VT, der ein Haltgebot, das ihm von einem PolBeamten in Zivilkleidung aus einem nicht als PolFz erkennbaren Kfz heraus mit einer Anhaltekelle gegeben wird, in der Annahme unbeachtet lässt, es handle sich um den Scherz eines Unbefugten, handelt nicht ohne weiteres fahrlässig (BayObLGSt 74, 137 = VRS 48, 232). Es liegt auch kein Verstoß gegen § 36 I vor, wenn der VT verspätet reagiert (OLG Köln VRS 59, 462 = StVE 6) oder der Aufforderung, dem Streifenwagen zum schnelleren Vorwärtskommen Platz zu machen, nicht folgt (OLG Stuttgart VRS 61, 223) oder dem Hinweis eines Schülerlotsen nicht folgt (s oben 3). § 49 III 1 erfasst auch Verstöße gegen das Haltgebot nach § 36 V in der VKontrolle dienende Anweisungen, wie zB die zum Aussteigen (OLG Düsseldorf aaO Rn 14). – Ein in der belgischen Grenzabfertigungszone begangener Verstoß gegen § 36 V ist in der BRep als OW verfolgbar (OLG Köln VRS 67, 50; s **E** 21 u § 35 I a).

17 **5. Zivilrecht.** Amtshaftung nach § 839 BGB bei polizeilicher Weisung zur Weiterfahrt trotz erkennbarer Gefahrenlage (Nichtberücksichtigg des roten LichtZ durch PolB), OLG Köln NZV 93, 64. Bei Weisung entgegen einem LichtZ muss PolB gewiss sein, dass alle VT die Weisung richtig verstanden haben, andernfalls Amtspflichtverletzg (Hentschel/König/Dauer-König § 36 StVO Rn 26). Zur Amtshaftg von Schülerlotsen s OLG Köln NJW 68, 655 m krit Anm von Martens NJW 70, 1029.

18 **6. Literatur. Barczak** „Habeas Corpus auf deutschen Straßen: Verfassungswidrigkeit freiheitsbeschränkender Verkehrskontrollen nach § 36 V StVO" NZV 10, 598; **Bouska** „Weisungen der Pol nach § 36" DAR 84, 33; **Dvorak** „Pol Haltgebot zur VKontrolle" JR 82, 446; **Geppert** „Zur ... verdachtsfreien Atem-Alkoholkontrolle" FS für Spendel 1992; **Kullik** „Kontrollbefugnisse der Pol im StraßenV" BA 88, 360; **Legat** „Rechtliche Grenzen pol Alkoholkontrollen" BA 88, 374; **Lisken/Denninger** „Handbuch des Polizeirechts" 4. Aufl. 2007; **Ternig** „Allgemeine Verkehrskontrolle und konkreter Verdacht einer Ordnungswidrigkeit" DAR 12, 730; **ders** „Amerikanische Verhältnisse auf deutschen Straßen – Yelp-Signal?" DAR 13, 671.

§ 37 Wechsellichtzeichen, Dauerlichtzeichen und Grünpfeil[1]

(1) **Lichtzeichen gehen Vorrangregeln und Vorrang regelnden Verkehrszeichen vor. Wer ein Fahrzeug führt, darf bis zu 10 m vor einem Lichtzeichen nicht halten, wenn es dadurch verdeckt wird.**

---

[1] Durch die 46. VO zur Änd straßenverkehrsrechtlicher Vorschriften v 5.8.09 (BGBl I 2631, 2633) wurden zum 1.9.09 neben einer redaktionellen Änderung in Abs 1 (Verkehrszeichen statt bisher Verkehrsschild) aufgrund der Streichungen von § 12 I Nr 7 und Nr 6 f StVO Abs 1 S 2 u Abs 5 neu eingefügt; zudem erfolgte in Abs 2 Nr 6 eine Klarstellung für Fahrradfahrer (vgl amtl Begr BRDrs 153/09 S 96 f). – Durch die Neufassung der StVO v 6.3.13 (BGBl I S 367, 380) erfolgten neben sprachlichen und klarstellenden Anpassungen auch Erweiterungen, insbesondere im Zusammenhang mit der Benutzung von Sonderfahrstreifen sowie dem Radverkehr in Abs 2 Nr 4 u Nr 6.

(2) Wechsellichtzeichen haben die Farbfolge Grün – Gelb – Rot – Rot und Gelb (gleichzeitig) – Grün. Rot ist oben, Gelb in der Mitte und Grün unten.
1. An Kreuzungen bedeuten:
   Grün: „Der Verkehr ist freigegeben".
   Er kann nach den Regeln des § 9 abbiegen, nach links jedoch nur, wenn er Schienenfahrzeuge dadurch nicht behindert.
   Grüner Pfeil: „Nur in Richtung des Pfeiles ist der Verkehr freigegeben".
   Ein grüner Pfeil links hinter der Kreuzung zeigt an, dass der Gegenverkehr durch Rotlicht angehalten ist und dass, wer links abbiegt, die Kreuzung in Richtung des grünen Pfeils ungehindert befahren und räumen kann.
   Gelb ordnet an: „Vor der Kreuzung auf das nächste Zeichen warten".
   Keines dieser Zeichen entbindet von der Sorgfaltspflicht.
   Rot ordnet an: „Halt vor der Kreuzung".
   Nach dem Anhalten ist das Abbiegen nach rechts auch bei Rot erlaubt, wenn rechts neben dem Lichtzeichen Rot ein Schild mit grünem Pfeil auf schwarzem Grund (Grünpfeil) angebracht ist. Wer ein Fahrzeug führt, darf nur aus dem rechten Fahrstreifen abbiegen. Dabei muss man sich so verhalten, dass eine Behinderung oder Gefährdung anderer Verkehrsteilnehmer, insbesondere des Fußgänger- und Fahrzeugverkehrs der freigegebenen Verkehrsrichtung, ausgeschlossen ist.
   Schwarzer Pfeil auf Rot ordnet das Halten, schwarzer Pfeil auf Gelb das Warten nur für die angegebene Richtung an.
   Ein einfeldiger Signalgeber mit Grünpfeil zeigt an, dass bei Rot für die Geradeaus-Richtung nach rechts abgebogen werden darf.
2. An anderen Straßenstellen, wie an Einmündungen und an Markierungen für den Fußgängerverkehr, haben die Lichtzeichen entsprechende Bedeutung.
3. Lichtzeichenanlagen können auf die Farbfolge Gelb-Rot beschränkt sein.
4. Für jeden von mehreren markierten Fahrstreifen (Zeichen 295, 296 oder 340) kann ein eigenes Lichtzeichen gegeben werden. Für Schienenbahnen können besondere Zeichen, auch in abweichenden Phasen, gegeben werden; das gilt auch für Omnibusse des Linienverkehrs und nach dem Personenbeförderungsrecht mit dem Schulbus-Zeichen zu kennzeichnende Fahrzeuge des Schüler- und Behindertenverkehrs, wenn diese einen vom übrigen Verkehr freigehaltenen Verkehrsraum benutzen; dies gilt zudem für Krankenfahrzeuge, Fahrräder, Taxen und Busse im Gelegenheitsverkehr, soweit diese durch Zusatzzeichen dort ebenfalls zugelassen sind.
5. Gelten die Lichtzeichen nur für zu Fuß Gehende oder nur für Rad Fahrende, wird das durch das Sinnbild „Fußgänger" oder „Radverkehr" angezeigt. Für zu Fuß Gehende ist die Farbfolge Grün-Rot-Grün; für Rad Fahrende kann sie so sein. Wechselt Grün auf Rot, während zu Fuß Gehende die Fahrbahn überschreiten, haben sie ihren Weg zügig fortzusetzen.
6. Wer ein Rad fährt, hat die Lichtzeichen für den Fahrverkehr zu beachten. Davon abweichend sind auf Radverkehrsführungen die besonde-

ren Lichtzeichen für den Radverkehr zu beachten. An Lichtzeichenanlagen mit Radverkehrsführungen ohne besondere Lichtzeichen für Rad Fahrende müssen Rad Fahrende bis zum 31. Dezember 2016 weiterhin die Lichtzeichen für zu Fuß Gehende beachten, soweit eine Radfahrerfurt an eine Fußgängerfurt grenzt.

(3) Dauerlichtzeichen über einem Fahrstreifen sperren ihn oder geben ihn zum Befahren frei. Rote gekreuzte Schrägbalken ordnen an:
„Der Fahrstreifen darf nicht benutzt werden".
Ein grüner, nach unten gerichteter Pfeil bedeutet:
„Der Verkehr auf dem Fahrstreifen ist freigegeben".
Ein gelb blinkender, schräg nach unten gerichteter Pfeil ordnet an:
„Fahrstreifen in Pfeilrichtung wechseln".

(4) Wo Lichtzeichen den Verkehr regeln, darf nebeneinander gefahren werden, auch wenn die Verkehrsdichte das nicht rechtfertigt.

(5) Wer ein Fahrzeug führt, darf auf Fahrstreifen mit Dauerlichtzeichen nicht halten.

VwV – StVO

Zu § 37 Wechsellichtzeichen, Dauerlichtzeichen und Grünpfeil

1   Die Gleichungen der Farbgrenzlinien in der Farbtafel nach DIN 6163 Blatt 5 sind einzuhalten.

Zu Absatz 1

2   So bleiben zB die Zeichen 209 ff „Vorgeschriebene Fahrtrichtung" neben Lichtzeichen gültig, ebenso die die Benutzung von Fahrstreifen regelnden Längsmarkierungen (Zeichen 295, 296, 297, 340).

Zu Absatz 2

3   I. Die Regelung des Verkehrs durch Lichtzeichen setzt eine genaue Prüfung der örtlichen Gegebenheiten baulicher und verkehrlicher Art voraus und trägt auch nur dann zu einer Verbesserung des Verkehrsablaufs bei, wenn die Regelung unter Berücksichtigung der Einflüsse und Auswirkungen im Gesamtstraßennetz sachgerecht geplant wird. Die danach erforderlichen Untersuchungen müssen von Sachverständigen durchgeführt werden.

4   II. Wechsellichtzeichen dürfen nicht blinken, auch nicht vor Farbwechsel.

5   III. Die Lichtzeichen sind rund, soweit sie nicht Pfeile oder Sinnbilder darstellen. Die Unterkante der Lichtzeichen soll in der Regel 2,10 m und, wenn die Lichtzeichen über der Fahrbahn angebracht sind, 4,50 m vom Boden entfernt sein.

6   IV. Die Haltlinie (Zeichen 294) sollte nur soweit vor der Lichtzeichenanlage angebracht werden, daß die Lichtzeichen aus einem vor ihr wartenden Personenkraftwagen noch ohne Schwierigkeit beobachtet werden können (vgl aber III 3 zu § 25; *Rn 5*). Befindet sich zB die Unterkante des grünen Lichtzeichens 2,10 m über einem Gehweg, so sollte der Abstand zur Haltlinie 3,50 m betragen, jedenfalls über 2,50 m. Sind die Lichtzeichen wesentlich höher angebracht oder muß die Haltlinie in geringerem Abstand markiert werden, so empfiehlt es sich, die Lichtzeichen verkleinert weiter unten am gleichen Pfosten zu wiederholen.

Wechsellichtzeichen, Dauerlichtzeichen und Grünpfeil § 37 StVO

Zu den Nummern 1 und 2

I. An Kreuzungen und Einmündungen sind Lichtzeichenanlagen für den Fahrverkehr erforderlich,

1. wo es wegen fehlender Übersicht immer wieder zu Unfällen kommt und es nicht möglich ist, die Sichtverhältnisse zu verbessern oder den kreuzenden oder einmündenden Verkehr zu verbieten,
2. wo immer wieder die Vorfahrt verletzt wird, ohne daß dies mit schlechter Erkennbarkeit der Kreuzung oder mangelnder Verständlichkeit der Vorfahrtregelung zusammenhängt, was jeweils durch Unfalluntersuchungen zu klären ist,
3. wo auf einer der Straßen, sei es auch nur während der Spitzenstunden, der Verkehr so stark ist, daß sich in den wartepflichtigen Kreuzungszufahrten ein großer Rückstau bildet oder einzelne Wartepflichtige unzumutbar lange warten müssen.

II. Auf Straßenabschnitten, die mit mehr als 70 km/h befahren werden dürfen, sollen Lichtzeichenanlagen nicht eingerichtet werden; sonst ist die Geschwindigkeit durch Zeichen 274 in ausreichender Entfernung zu beschränken.

III. Bei Lichtzeichen, vor allem auf Straßen, die mit mehr als 50 km/h befahren werden dürfen, soll angestrebt werden, ob es erforderlich ist, durch geeignete Maßnahmen (zB Blenden hinter den Lichtzeichen, übergroße oder wiederholte Lichtzeichen, entsprechende Gestaltung der Optik) dafür zu sorgen, daß sie auf ausreichende Entfernung erkennbar sind. Ferner ist die Wiederholung von Lichtzeichen links von der Fahrbahn, auf Inseln oder über der Straße zu erwägen, weil nur rechts stehende Lichtzeichen durch voranfahrende größere Fahrzeuge verdeckt werden können.

IV. Sind im Zuge einer Straße mehrere Lichtzeichenanlagen eingerichtet, so empfiehlt es sich in der Regel, sie aufeinander abzustimmen (zB auf eine Grüne Welle). Jedenfalls sollte dafür gesorgt werden, daß bei dicht benachbarten Kreuzungen der Verkehr, der eine Kreuzung noch bei „Grün" durchfahren konnte, auch an der nächsten Kreuzung „Grün" vorfindet.

V. Häufig kann es sich empfehlen, Lichtzeichenanlagen verkehrsabhängig so zu schalten, daß die Stärke des Verkehrs die Länge der jeweiligen Grünphase bestimmt. An Kreuzungen und Einmündungen, an denen der Querverkehr schwach ist, kann sogar erwogen werden, der Hauptrichtung ständig Grün zu geben, das von Fahrzeugen und Fußgängern aus der Querrichtung erforderlichenfalls unterbrochen werden kann.

VI. Lichtzeichenanlagen sollten in der Regel auch nachts in Betrieb gehalten werden; ist die Verkehrsbelastung nachts schwächer, so empfiehlt es sich, für diese Zeit ein besonderes Lichtzeichenprogramm zu wählen, das alle Verkehrsteilnehmer möglichst nur kurz warten läßt. Nächtliches Ausschalten ist nur dann zu verantworten, wenn eingehend geprüft ist, daß auch ohne Lichtzeichen ein sicherer Verkehr möglich ist. Solange die Lichtzeichenanlagen, die nicht nur ausnahmsweise in Betrieb sind, nachts abgeschaltet sind, soll in den wartepflichtigen Kreuzungszufahrten gelbes Blinklicht gegeben werden. Darüber hinaus kann es sich empfehlen, negative Vorfahrtzeichen (Zeichen 205 und 206) von innen zu beleuchten. Solange Lichtzeichen gegeben werden, dürfen diese Vorfahrtzeichen dagegen nicht beleuchtet sein.

VII. Bei der Errichtung von Lichtzeichenanlagen an bestehenden Kreuzungen und Einmündungen muß immer geprüft werden, ob neue Markierungen (zB Abbiegestreifen) anzubringen sind oder alte Markierungen (zB Fußgängerüberwege) verlegt oder aufgehoben werden müssen, ob Verkehrseinrichtungen (zB Geländer für Fußgänger) anzubringen oder ob bei der Straßenbaubehörde anzuregende bauliche Maßnahmen (Verbreiterung der Straßen zur Schaffung von Stauraum) erforderlich sind.

16   VIII. Die Schaltung von Lichtzeichenanlagen bedarf stets gründlicher Prüfung. Dabei ist auch besonders auf die sichere Führung der Abbieger zu achten.

17   IX. Besonders sorgfältig sind die Zeiten zu bestimmen, die zwischen dem Ende der Grünphase für die eine Verkehrsrichtung und dem Beginn der Grünphase für die andere (kreuzende) Verkehrsrichtung liegen. Die Zeiten für Gelb und Rot-Gelb sind unabhängig von dieser Zwischenzeit festzulegen. Die Übergangszeit Rot und Gelb (gleichzeitig) soll für Kraftfahrzeugströme eine Sekunde dauern, darf aber nicht länger als zwei Sekunden sein. Die Übergangszeit Gelb richtet sich bei Kraftfahrzeugströmen nach der zulässigen Höchstgeschwindigkeit in der Zufahrt. In der Regel beträgt die Gelbzeit 3 s bei zul. V = 50 km/h, 4 s bei zul. V = 60 km/h und 5 s bei zul. V = 70 km/h. Bei Lichtzeichenanlagen, die im Rahmen einer Zuflussregelungsanlage aufgestellt werden, sind abweichend hiervon für Rot mindestens 2 s und für die Übergangssignale Rot und Gelb (gleichzeitig) bzw. Gelb mindestens 1 s zu wählen. Bei verkehrsabhängigen Lichtzeichenanlagen ist beim Rücksprung in die gleiche Phase eine Alles-Rot-Zeit von mindestens 1s einzuhalten, ebenso bei Fußgänger-Lichtzeichenanlagen mit der Grundstellung Dunkel für den Fahrzeugverkehr. Bei Fußgänger-Lichtzeichenanlagen soll bei Ausführung eines Rücksprungs in die gleiche Fahrzeugphase die Mindestsperrzeit für den Fahrzeugverkehr 4 s betragen.

18   X. Pfeile in Lichtzeichen

1. Solange ein grüner Pfeil gezeigt wird, darf kein anderer Verkehrsstrom Grün haben, der den durch den Pfeil gelenkten kreuzt; auch darf Fußgängern, die in der Nähe den gelenkten Verkehrsstrom kreuzen, nicht durch Markierung eines Fußgängerüberwegs Vorrang gegeben werden. Schwarze Pfeile auf Grün dürfen nicht verwendet werden.

19   2. Wenn in einem von drei Leuchtfeldern ein Pfeil erscheint, müssen auch in den anderen Feldern Pfeile gezeigt werden, die in die gleiche Richtung weisen. Vgl. X 6.

20   3. Darf aus einer Kreuzungszufahrt, die durch ein Lichtzeichen geregelt ist, nicht in allen Richtungen weitergefahren werden, so ist die Fahrtrichtung durch die Zeichen 209 bis 214 vorzuschreiben. Vgl. dazu Nummer III zu den Zeichen 209 bis 214 (Randnummer 3). Dort, wo Mißverständnisse sich auf andere Weise nicht beheben lassen, kann es sich empfehlen, zusätzlich durch Pfeile in den Lichtzeichen die vorgeschriebene Fahrtrichtung zum Ausdruck zu bringen; dabei sind schwarze Pfeile auf Rot und Gelb zu verwenden.

21   4. Pfeile in Lichtzeichen dürfen nicht in Richtungen weisen, die durch die Zeichen 209 bis 214 verboten sind.

22   5. Werden nicht alle Fahrstreifen einer Kreuzungszufahrt zur gleichen Zeit durch Lichtzeichen freigegeben, so kann auf Pfeile in den Lichtzeichen dann verzichtet werden, wenn die in die verschiedenen Richtungen weiterführenden Fahrstreifen baulich so getrennt sind, daß zweifelsfrei erkennbar ist, für welche Richtung die verschiedenen Lichtzeichen gelten. Sonst ist die Richtung, für die die Lichtzeichen gelten, durch Pfeile in den Lichtzeichen zum Ausdruck zu bringen.

Hierbei sind Pfeile in allen Lichtzeichen nicht immer erforderlich. Hat zB eine Kreuzungszufahrt mit Abbiegestreifen ohne bauliche Trennung ein besonderes Lichtzeichen für den Abbiegeverkehr, so genügen in der Regel Pfeile in diesen Lichtzeichen. Für den anderen Verkehr sollten Lichtzeichen ohne Pfeile gezeigt werden. Werden kombinierte Pfeile in solchen Lichtzeichen verwendet, dann darf in keinem Fall gleichzeitig der zur Hauptrichtung parallel gehende Fußgängerverkehr freigegeben werden (vgl Nummer XI; *Rn 27 ff*).

6. Wo für verschiedene Fahrstreifen besondere Lichtzeichen gegeben werden sollen, ist die Anbringung der Lichtzeichen besonders sorgfältig zu prüfen (zB Lichtzeichenbrücken, Peitschenmaste, Wiederholung am linken Fahrbahnrand). Wo der links abbiegende Verkehr vom übrigen Verkehr getrennt geregelt wird, sollte das Lichtzeichen für den Linksabbieger nach Möglichkeit zusätzlich über der Fahrbahn angebracht werden; eine Anbringung allein links ist in der Regel nur bei Fahrbahnen für eine Richtung möglich, wenn es für Linksabbieger lediglich einen Fahrstreifen gibt.

7. Wo der Gegenverkehr durch Rotlicht aufgehalten wird, um Linksabbiegern, die sich bereits auf der Kreuzung oder Einmündung befinden, die Räumung zu ermöglichen, kann das diesen durch einen nach links gerichteten grünen Pfeil, der links hinter der Kreuzung angebracht ist, angezeigt werden. Gelbes Licht darf zu diesem Zweck nicht verwendet werden.

8. Eine getrennte Regelung des abbiegenden Verkehrs setzt in der Regel voraus, daß für ihn auf der Fahrbahn ein besonderer Fahrstreifen mit Richtungspfeilen markiert ist (Zeichen 297).

XI. Grünpfeil

1. Der Einsatz des Schildes mit grünem Pfeil auf schwarzem Grund (Grünpfeil) kommt nur in Betracht, wenn der Rechtsabbieger Fußgänger- und Fahrzeugverkehr der freigegebenen Verkehrsrichtungen ausreichend einsehen kann, um die ihm auferlegten Sorgfaltspflichten zu erfüllen. Es darf nicht verwendet werden, wenn
   a) dem entgegenkommenden Verkehr ein konfliktfreies Abbiegen nach links signalisiert wird,
   b) für den entgegenkommenden Linksabbieger der grüne Pfeil gemäß § 37 Abs 2 Nr 1 Satz 4 verwendet wird,
   c) Pfeile in den für den Rechtsabbieger gültigen Lichtzeichen die Fahrtrichtung vorschreiben,
   d) beim Rechtsabbiegen Gleise von Schienenfahrzeugen gekreuzt oder befahren werden müssen,
   e) der freigegebene Fahrradverkehr auf dem zu kreuzenden Radweg für beide Richtungen zugelassen ist oder der Fahrradverkehr trotz Verbotes in der Gegenrichtung in erheblichem Umfang stattfindet und durch geeignete Maßnahmen nicht ausreichend eingeschränkt werden kann,
   f) für das Rechtsabbiegen mehrere markierte Fahrstreifen zur Verfügung stehen oder
   g) die Lichtzeichenanlage überwiegend der Schulwegsicherung dient.
2. An Kreuzungen und Einmündungen, die häufig von seh- oder gehbehinderten Personen überquert werden, soll die Grünpfeil-Regelung nicht angewandt werden. Ist sie ausnahmsweise an Kreuzungen oder Einmündungen erforderlich, die häufig von Blinden oder Sehbehinderten überquert werden, so sind Lichtzei-

chenanlagen dort mit akustischen oder anderen geeigneten Zusatzeinrichtungen auszustatten.

36 3. Für Knotenpunktzufahrten mit Grünpfeil ist das Unfallgeschehen regelmäßig mindestens anhand von Unfallsteckkarten auszuwerten. Im Falle einer Häufung von Unfällen, bei denen der Grünpfeil ein unfallbegünstigender Faktor war, ist der Grünpfeil zu entfernen, soweit nicht verkehrstechnische Verbesserungen möglich sind. Eine Unfallhäufung liegt in der Regel vor, wenn in einem Zeitraum von drei Jahren zwei oder mehr Unfälle mit Personenschaden, drei Unfälle mit schwerwiegendem oder fünf Unfälle mit geringfügigem Verkehrsverstoß geschehen sind.

37 4. Der auf schwarzem Grund ausgeführte grüne Pfeil darf nicht leuchten, nicht beleuchtet sein oder nicht retroreflektieren. Das Schild hat eine Breite von 250 mm und eine Höhe von 250 mm.

Zu Nummer 2

38 Vgl. für verengte Fahrbahn Nummer II zu Zeichen 208 (Rn 2); bei Festlegung der Phasen ist sicherzustellen, daß auch langsamer Fahrverkehr das Ende der Engstelle erreicht hat, bevor der Gegenverkehr freigegeben wird.

Zu Randnummern 3

39 Die Farbfolge Gelb-Rot darf lediglich dort verwendet werden, wo Lichtzeichenanlagen nur in größeren zeitlichen Abständen in Betrieb gesetzt werden müssen, zB an Bahnübergängen, an Ausfahrten aus Feuerwehr- und Straßenbahnhallen und Kasernen. Diese Farbfolge empfiehlt sich häufig auch an Wendeschleifen von Straßenbahnen und Oberleitungsomnibussen. Auch an Haltebuchten von Oberleitungsomnibussen und anderen Linienomnibussen ist ihre Anbringung zu erwägen, wenn auf der Straße starker Verkehr herrscht. Sie oder Lichtzeichenanlagen mit drei Farben sollten in der Regel da nicht fehlen, wo Straßenbahnen in eine andere Straße abbiegen.

Zu Nummer 4

40 I. Vgl. Nummer X 6 bis 8 zu den Nummern 1 und 2; Rn 24 bis 26.

41 II. Besondere Zeichen sind die der Anlage 4 der Straßenbahn-Bau- und Betriebsordnung aufgeführten. Zur Markierung vorbehaltener Fahrstreifen vgl zu Zeichen 245.

Zu Nummer 5

42 I. Im Lichtzeichen für Fußgänger muß das rote Sinnbild einen stehenden, das grüne einen schreitenden Fußgänger zeigen.

43 II. Lichtzeichen für Radfahrer sollten in der Regel das Sinnbild eines Fahrrades zeigen. Besondere Lichtzeichen für Radfahrer, die vor der kreuzenden Straße angebracht werden, sollten in der Regel auch Gelb sowie Rot und Gelb (gleichzeitig) zeigen. Sind solche Lichtzeichen für einen abbiegenden Radfahrverkehr bestimmt, kann entweder in den Lichtzeichen zusätzlich zu dem farbigen Sinnbild des Fahrrades ein farbiger Pfeil oder über den Lichtzeichen das leuchtende Sinnbild eines Fahrrades und in den Lichtzeichen ein farbiger Pfeil gezeigt werden.

Zu Nummer 6

44 Zur gemeinsamen Signalisierung des Fußgänger- und Radverkehrs gilt Folgendes: In den roten und grünen Lichtzeichen der Fußgängerlichtzeichenanlage werden jeweils die Sinnbilder für Fußgänger und Radfahrer gemeinsam gezeigt oder neben dem Lichtzeichen für Fußgänger wird ein zweifarbiges Lichtzeichen für Radfahrer angebracht; beide Lichtzeichen müssen jeweils dieselbe Farbe zeigen. Vgl. im Übrigen zur Signalisierung für den Radverkehr die Richtlinien für Lichtsignalanlagen (RiLSA).

Zu Absatz 3

I. Dauerlichtzeichen dürfen nur über markierten Fahrstreifen (Zeichen 295, 296, 340) gezeigt werden. Ist durch Zeichen 223.1 das Befahren eines Seitenstreifens angeordnet, können Dauerlichtzeichen diese Anordnung und die Anordnungen durch Zeichen 223.2 und Zeichen 223.3 unterstützen, aber nicht ersetzen (vgl Nummer V zu den Zeichen 223.1 bis 223.3; Rn 5). **45**

II. Die Unterkante der Lichtzeichen soll in der Regel 4,50 m vom Boden entfernt sein. **46**

III. Die Lichtzeichen sind an jeder Kreuzung und Einmündung und erforderlichenfalls auch sonst in angemessenen Abständen zu wiederholen. **47**

IV. Wird ein Fahrstreifen wechselweise dem Verkehr der einen oder der anderen Fahrtrichtung zugewiesen, müssen die Dauerlichtzeichen für beide Fahrtrichtungen über allen Fahrstreifen gezeigt werden. Bevor die Fahrstreifenzuweisung umgestellt wird, muss für eine zur Räumung des Fahrstreifens ausreichende Zeit das Zeichen gekreuzte rote Balken für beide Richtungen gezeigt werden. **48**

Übersicht

	Rn
1. Allgemeines	1
2. Abs 1: Vorrang und Geltungsbereich der Lichtzeichen sowie Haltverbot	2
a) Vorrang	2
b) Geltungs-/Wirkungs-/Schutzbereich	3
c) Haltverbot	3a
3. Abs 2 Nr 1: Wechsellichtzeichen an Kreuzungen	4
a) Grün	4a
b) Insbesondere Abbiegen bei Grün	11
c) Grün-Pfeil-Regelungen	12
d) Gelb	14
e) Rot	17
f) Rot und Gelb	18
g) Rote und gelbe Pfeile u schwarze Pfeile auf Rot oder Gelb	19
4. Abs 2 Nr 2: Lichtzeichen an anderen Stellen	20
5. Abs 2 Nr 3: Zur Farbfolge Gelb-Rot s VwV zu § 37 StVO Abs 2 Rn 39	21
6. Abs 2 Nr 4: Lichtzeichen für einzelne Fahrstreifen u. best Fahrzeuge	22
a) Sonderfahrstreifen und Fahrbahnteiler	22
b) Busstreifen	24
7. Abs 2 Nr 5 u 6: Fußgänger und Radfahrer im Lichtzeichenbereich	25
a) Fußgänger	25
b) Radfahrer	27
8. Abs 3: Dauerlichtzeichen, gekreuzte Schrägbalken	28
9. Abs 4: Nebeneinanderfahren	29

	Rn
10. Abs 5: Haltverbot	30
11. Zuwiderhandlungen gegen rotes Wechsellicht	30a
a) Allgemeines	30a
b) Voraussetzung: Betrieb der LZA als Wechsel-LZA, Ampelschaltung	30b
c) Feststellung des Verstoßes, Messung, Messverfahren	30c
d) Rotlichtüberwachungskameras	30d
e) Ablesen der Armbanduhr, Schätzung durch Polizeibeamten ...	30e
f) Eichpflicht, Verwertung bei Nichteichung	30f
g) Berechnung der Rotlichtzeit, Haltlinie, Kontaktschleife	30g
h) Einfacher und qualifizierter Rotlichtverstoß, „Mitzieheffekt" .	30h
i) Vorsatz, (grobe) Fahrlässigkeit	30i
j) Besondere Vorsicht bei Inbetriebnahme von LZA	30j
k) Grobe Pflichtverletzung nach § 25 I 1 StVG mit Folge Fahrverbot	30k
l) Kein Regelfall	30l
m) Atypische Rotlichtverstöße	30m
n) Erhöhung der Geldbuße	30n
o) Tateinheit – Tatmehrheit	30o
p) Gerechtfertigte Rotlichtverstöße	30p
12. Zuwiderhandlungen gegen Dauerlichtzeichen (Abs 5)	31
13. Zivilrecht	32
a) Verantwortung für Ampel	32
b) Haftung für Ampel-Störungen	32a
c) Verschulden bei Rotlichtverstößen	32b
d) Haftung bei Kollisionen	32c
14. Literatur	33

1   **1. Allgemeines.** § 37 behandelt die LichtZ. Hierbei handelt es sich um Verwaltungsakte in Form der Allgemeinverfügung (OLG Hamm DAR 05, 642; OLG Köln VRS 59, 454; BGHSt 20, 125). Die zwischen Grün, Gelb u Rot wechselnden FarbZ der Lichtzeichenanlagen (LZA) heißen **Wechsellichtzeichen.** Dem steht gegenüber das **Dauerlichtzeichen** in III (zB an einer Baustelle: BayObLG DAR 95, 497). Das – auch ortsfeste – **gelbe Blinklicht** ist in § 38 III gesondert geregelt. Durch 17. ÄndVO v 14.12.93 wurde die sog Grünpfeil-Regelung in Abs II nach S 7 eingeführt (s VwV-StVO zu § 37 Abs 2 XI, Rn 27 ff) u die vorübergehende VO v 20.12.91 (s 13. Aufl) aufgehoben. LZA sind gemäß § 43 I 2 Verkehrseinrichtungen. Die Befugnis der StrVerkehrsbehörde zum Aufstellen der LZA regelt § 45 III.

Die **VwV** zu § 37 sind unmittelbar nur für die Verwaltungsbehörde verbindlich, haben für die Gerichte aber unter dem Gesichtspunkt der Gleichbehandlung der Verkehrsteilnehmer mittelbare Beutung (OLG Braunschweig NZV 06, 219 = DAR 06, 222; s auch E 101 u Vorb StVO Rn 10).

Zur (hier verneinten) **falschen Verdächtigung** gemäß **§ 164 II StGB** bei unzutreffender Fahrerangabe im Anhörungsbogen zu Rotlichtverstoß bei aussagekräftigem Foto der Überwachungskamera (OLG Celle NZV 09, 517).

2   **2. Abs 1: Vorrang und Geltungsbereich der Lichtzeichen sowie Haltverbot. a) Vorrang.** LichtZ gehen den allg Regeln u VSchildern nur vor, soweit sie den Vorrang regeln, zB § 6 S 1, § 8 I, § 26 sowie Z 205, 206, 208, 293 (s auch § 36 StVO Rn 11). Andere VZ, bes auch die Richtungspfeile Z 209–222 u

Geschwindigkeitsbeschränkungen, sind auch im Lichtzeichenverkehr zu beachten. Ob **Fahrbahnmarkierungen,** bes die durch Z **297** vorgeschriebene Fahrtrichtung, neben den FarbZ zu beachten sind, hängt davon ab, ob das Wort „vorrangerlnden" in I nur zu „Verkehrszeichen" oder auch zu „Fahrbahnmarkierungen" gehört. Beide Auslegungen sind sprachlich möglich; nach der VwV-StVO zu § 37 Abs 1, Rn 2 geht der VOGeber offenbar von der Verbindlichkeit des Z 297 auch im LichtzeichenV aus (krit dazu Mühlhaus DAR 72, 32 ff). Allerdings ist zu beachten, dass gem § 36 Zeichen u Weisungen von PolBeamten den LichtZ vorgehen.

b) Geltungs-/Wirkungs-/Schutzbereich. WechsellichtZ gelten nur an 3 der StrStelle (Kreuzung, Einmündung, II 1 u 2), an der die LZA angebracht ist, nicht also auch außerhalb des geschützten Bereichs (OLG Düsseldorf NZV 93, 243; BayObLG VRS 61, 289) oder an einer erst 20 oder 30 m entfernten oder erst später folgenden weiteren Einmündung (KG VM 73, 8; BayObLG VRS 65, 301; v 21.3.84, 1 Ob OWi 35/84). Allerdings reicht der **Wirkungsbereich** einer LZA weiter als die eigentliche Kreuzungsfläche, da er außer den Schnittflächen der Fahrbahnen noch weitere Str-Teile, wie die in ihm liegenden Fußgängerüberwege u parallel zur Fahrbahn verlaufenden Rad- u Fußwege sowie die Rand- u Parkstreifen, mit umfasst (BayObLG VRS 34, 300; OLG Köln StVE 27; OLG Koblenz VRS 69, 60 = StVE 32; s 4 zu § 8); er beginnt an der Haltlinie, wenn eine solche vorhanden ist (BGH NZV 99, 430); nach OLG Frankfurt/M VM 87, 14 nur den zwischen den Haltlinien liegenden VRaum; nach OLG Düsseldorf VM 94, 70 nicht Seitenstreifen; zw; wer also den Ampelbereich bei „Rot" bewusst auf dem Gehweg umfährt, um dahinter bei anhaltendem „Rot" im geschützten Wirkungsbereich der LZA weiterzufahren, verstößt gegen §§ 2 I (s § 2 StVO Rn 21) u 37 StVO in TE (OLG Köln VRS 61, 291; DAR 85, 229; OLG Karlsruhe NZV 89, 158; nach OLG Düsseldorf VRS 63, 75; 68, 377 u OLG Hamm VRS 65, 158 sogar bei anschl Rechtsabbiegen u Weiterfahrt in der Querstr); ebenso wer auf der durch Grünlicht freigegebenen Geradeausspur in eine Kreuzung einfährt und nach Überfahren der Haltlinie auf den durch Rotlicht gesperrten Fahrstreifen für Linksabbieger wechselt, begeht Rotlichtverstoß (BayObLG NZV 00, 422); desgleichen, wer mit Mofa auf Gehweg fährt und danach unmittelbar wieder in die Kreuzung bzw in den durch LZA **geschützten Bereich** einfährt (OLG Hamm NZV 02, 408). Jedoch **nicht** beim **Umfahren des Rotlichts** auf einem außerhalb des geschützten Ampelbereichs gelegenen (Park-)Platz (BayObLG VRS 61, 289; OLG Düsseldorf VRS 66, 370; OLG Hamm BeckRS 13, 12326 [Tankstellengelände]) oder beim vorherigen Abbiegen ohne Berührung des durch die LZA geschützten Bereichs (OLG Hamm VRS 55, 292; OLG Oldenburg VRS 68, 381; OLG Frankfurt/M VM 87, 14; OLG Düsseldorf NZV 93, 243) u anschl Weiterfahren hinter dem geschützten Bereich (OLG Düsseldorf VRS 66, 371; NZV 98, 41; BayObLG NZV 94, 80; vgl auch Lehmpuhl DAR 02, 433). In den **Schutzbereich einer Fußgängerampel** ist auch der jenseits der Ampelanlage einfahrende Querverkehr einbezogen, wenn die Fußgängerampel unmittelbar am Kreuzungsbereich aufgestellt ist (OLG Celle DAR 12, 34, 35; ob ein Regelfahrverbot zu verhängen ist, bedarf jedoch Berücksichtigung der Umstände des Einzelfalles, insbesondere des Mitverschuldens des unfallbeteiligten Dritten). Die **LZA schützt** idR **nicht** den aus einem angrenzenden Grundstück auf die Straße einfahrenden Fahrzeugverkehr (OLG Koblenz NZV 07, 589 = zfs 07, 706). Durch LZA geregelte Fußgängerüberwege (§ 37 II Nr 2 StVO) dienen

StVO § 37 II. Zeichen und Verkehrseinrichtungen

nicht dem Schutz kreuzender oder einbiegender Kfz-Führer (KG NZV 10, 148), sodass für den Vorfahrtberechtigten weiterhin Vorfahrt besteht, auch wenn er die LZA bei Rotlicht überfährt (LG Bückeburg NZV 10, 471). Der hinter einer Fußgängerampel befindliche Einmündungsbereich einer untergeordneten Querstraße ist aber regelmäßig dann in den Schutzbereich der LZA mit einbezogen, wenn dieser lediglich 5 Meter von der LZA entfernt liegt (LG Bückeburg NZV 10, 471). WechsellichtZ **schützen** die von ihnen bevorrechtigten VT nur in ihrem Geltungs- u Wirkungsbereich, dieser ist grds einzelfallbezogen zu ermitteln.

Die LichtZ gelten für **alle VT,** also auch für **Radf** (OLG Braunschweig NZV 94, 39), **soweit für Radf u Fußgänger keine bes LichtZ** angebracht sind (s Rn 27), das einem bestimmten Fahrstreifen zugeordnete (§ 37 II Nr 4 S 1) gilt grundsätzlich nur für diesen (BayObLGSt 82, 155 = StVE 25; s Rn 22 f). LichtZ ohne besonderes Symbol gelten auch für Radfahrer (Rebler DAR 09, 12, 21), wie § 37 II Nr 6 S 1, wonach Radfahrer die LichtZ für den Fahrverkehr zu beachten haben, seit 1.9.09 ausdrücklich klarstellt; s auch unten Rn 27. Allerdings muss, sofern der Radfahrer nicht auf der Fahrbahn fährt, die LZA auch den Radverkehr regeln „wollen", da die **LZA nur für den ihr zugeordneten Straßenteil** gilt (Rebler DAR 09, 12, 21); hierbei kommt es auf die **Gesamtsituation** an, wobei Unklarheiten nicht zu Lasten des Radfahrers gehen dürfen (Kettler SVR 05, 88, 95; s auch Kettler NZV 09, 171, 180) und ggf auch vom Opportunitätsgrundsatz Gebrauch zu machen ist; aus dem **Standort der Ampel** oder aus der „Drehung der Gläser" kann sich ergeben, dass nur der Verkehr auf der Fahrbahn, nicht aber der auf einem davon abgesetzten Radweg betroffen ist (Rebler DAR 09, 12, 21). **Fehlen besondere LichtZ für Radfahrer** haben Radfahrer nach § 37 II Nr 6 S 1 die LichtZ für den Fahrverkehr zu beachten. Auf **Radverkehrsführungen** müssen Radfahrer die besonderen LichtZ für Radfahrer beachten (§ 37 II Nr 6 S 2); erforderlich ist dafür, dass die Fußgängersignale, soweit keine LichtZ für Radfahrer vorhanden sind und die Radwegefurt an eine Fußgängerfurt grenzt, durch das Symbol „Radverkehr" ergänzt werden, was durch eine Veränderung der Masken an den Fußgängersignalen (Kombination der Symbole „Radverkehr" und „Fußgänger") möglich ist (amtl Begr BRDrs 153/09 S 96); diese Kombination gilt dann als besonderes LichtZ für Radfahrer iSd § 37 II Nr 6 (amtl Begr BRDrs 153/09 S 96; s auch amtl Begr BRDrs 428/12 S 137). An Lichtzeichenanlagen mit Radverkehrsführungen ohne besondere LichtZ für Radfahrer müssen Radfahrer bis zum 31.12.16 weiterhin die LichtZ für Fußgänger beachten, soweit eine Radfahrerfurt an eine Fußgängerfurt angrenzt (§ 37 II Nr 6 S 3; s dazu auch amtl Begr BRDrs 428/12 S 137). Die bisherige Übergangsregelung in § 53 VI StVO ist durch die Neufassung der StVO zum 1.4.13 entfallen). „Befindet sich die Radverkehrsführung neben der Fahrbahn einer Einmündung oder am kurzen Arm der T-Kreuzung, sind die für den Fahrverkehr geltenden Lichtzeichen nicht zu beachten, auch wenn in dem Bereich keine besonderen Lichtzeichen für Radfahrer oder Fußgänger (Übergangsregelung bis zum 31. Dezember 2016) vorhanden sind, wenn Radfahrer weder den Fahr- noch den Fußgängerverkehr kreuzen." (amtl Begr BRDrs 428/12 S 137). Bei einem **gemeinsamen Geh- und Radweg** müssen sich Radfahrer nach § 37 II Nr 6 S 1 StVO nunmehr an der LZA für den Fahrverkehr, nicht an der LZA für Fußgänger orientieren (Hentschel/König/Dauer-König § 37 StVO Rn 36; aA 22. Auflage).

3a c) **Haltverbot.** Für Fahrzeugführer besteht **bis zu 10 m vor einem Lichtzeichen** ein Haltverbot, **wenn** es **dadurch verdeckt** wird (Abs 1 S 2); die Regelung,

Wechsellichtzeichen, Dauerlichtzeichen und Grünpfeil **§ 37 StVO**

die durch die 46. VO zur Änd straßenverkehrsrechtlicher Vorschriften v 5.8.09 (BGBl I 2631, 2633) zum 1.9.09 eingefügt wurde, entspricht der bis dahin geltenden Regelung in § 12 I Nr 7 StVO, die zum 31.8.09 aufgehoben wurde. Das Haltverbot innerhalb des 10 m-Bereichs gilt nur bei konkreter Sichtbehinderung auf das Lichtzeichen und dann ggf auch beim Halten auf dem Seitenstreifen (Hentschel/König/Dauer-König § 12 StVO Rn 37). § 37 I 2 StVO ist, wie bisher § 12 I Nr 7 StVO, Schutzgesetz iSd § 823 II BGB (Hentschel/König/Dauer-König § 12 StVO Rn 37).

3. Abs 2 Nr 1: Wechsellichtzeichen an Kreuzungen. sollen Gefährdung 4 des kreuzenden u entgegenkommenden Verkehrs ausschließen (OLG Düsseldorf DAR 88, 100; BayObLG VRS 61, 289).

a) Grün. aa) Grün bedeutet nicht das Gebot, sondern nur die Erlaubnis, 4a weiterzufahren. Wer sich bei Grün einer LZA nähert, muss seine Fahrgeschwindigkeit nicht deshalb herabsetzen, weil möglicherweise bald Gelb erscheint (OLG Karlsruhe StVE 1; OLG Hamburg VM 58, 118); das gilt grundsätzlich (Ausn s unten) auch für Lastzug-Fahrer (BayObLGSt 59, 82 = VRS 17, 295); iVm § 3 II ist der Fahrer sogar verpflichtet, zügig weiterzufahren, um den VFluß nicht zu behindern (OLG Düsseldorf VRS 65, 62; DAR 92, 109). Grundlose Verzögerung der Weiterfahrt (s § 3 II!) oder gar Anhalten vor Grün stellt eine vermeidbare Behinderung des nachfolgenden Verkehrs dar (KG VRS 47, 316). Grün entbindet aber den VT nicht von der ihm nach § 1 obliegenden Pflicht zur Rücksichtnahme auf den übrigen Verkehr (II 1 S 6). Stockt der Verkehr im Kreuzungsbereich, darf jedoch nicht eingefahren werden, wenn anschließend im Kreuzungsbereich gewartet werden müsste, § 11 I. Wer sich falsch eingeordnet hat, muss, wenn ein grüner Pfeil nur für eine Richtung erscheint, nicht in dieser weiterfahren, sondern darf auf das Grün seiner Fahrtrichtung warten. Er verstößt aber gegen § 1 II, wenn er sich schuldhaft falsch eingeordnet hat u dadurch die Nachfolgenden behindert (BayObLGSt 59, 153; OLG Stuttgart VRS 24, 227).

bb) Abstand und Anhalteweg bei Grün. Da die **Dauer** der **Gelbphase** mit 5 3 bis 5 sec (je nach zul Höchstgeschwindigkeit, s VwV-StVO zu § 37 Abs 2, Rn 17: In der Regel beträgt die Gelbzeit 3 s bei zul V = 50 km/h, 4 s bei zul V = 60 km/h u 5 bei zul V = 70 km/h – s zur Gelbphase auch Bra NZV 06, 219 = DAR 06, 222) bei Einhaltung der erlaubten Geschwindigkeit u normalem Bremsen rechtzeitiges Anhalten erlaubt, darf allerdings ein Kf, der sich im Großstadt V einer LZA nähert, nur so schnell fahren, dass sein Anhalteweg nicht größer ist als die Strecke, die er in der innerorts üblicherweise 3 sec dauernden Gelbphase durchfährt (KG VM 81, 48; Bay v 26.8.85, 2 Ob OWi 181/85; s hierzu auch Ha VRS 57, 146 = StVE 10; StVE 57, 451; s auch unten 10 u 15a). Bei einem innerörtlichen Rotlichtverstoß gelten geringere Anforderungen für die notwendigen Feststellungen im Urteil. Mangels anderweitiger Anhaltspunkte ist von der innerorts üblichen und damit allgemeinkundigen Gelbphase von 3 Sek und der innerorts grundsätzlich geltenden Höchstgeschwindigkeit von 50 km/h auszugehen. Unter Berücksichtigung der Gelbphase von 3 Sek kann dann geschlossen werden, dass der Betroffene beim Umspringen auf Rot noch gefahrlos hätte anhalten können. Führt das Urteil aber etwa aus, dass die Ampel eine „kurze Gelbphase" hat, kann dies für eine abweichende Ampelschaltung sprechen. Dann ist die konkrete Mitteilung der Dauer der Gelbphase unverzichtbar (Je DAR 06, 164 = VRS 110, 38). Ein Straba-Führer muss allerdings die Geschwindigkeit vor LZAn der Länge des Bremsweges seines Zuges anpassen (Dü VRS 57, 144; NZV

StVO § 37   II. Zeichen und Verkehrseinrichtungen

94, 408); ebenso derjenige, dessen Fz zB wegen der Ladung ungewöhnliches Bremsverhalten aufweist oder wenn Besonderheiten des StrZustands (Glätte) ein Anhalten (bei Rot) auch bei Einhaltung der zul Höchstgeschwindigkeit nicht ermöglichen würden, dann muss er die (an sich zul) Geschwindigkeit selbst bei Grün so weit herabsetzen, dass er noch innerhalb der etwa einsetzenden Gelbphase vor der LZA anhalten kann (zB bei Viehtransport; mit Stahl beladener Lkw: OLG Düsseldorf DAR 92, 109; VRS 65, 62 = StVE 26; OLG Bremen VRS 79, 38). Generell hat der Führer eines Fahrzeugs mit einem längeren Bremsweg seine Fahrweise innerorts so auf die Dauer der Gelbphase von 3 Sek einzurichten, dass er in der Gelbphase zum Halten kommen kann und muss ggf bereits in der Grünphase seine Geschwindigkeit soweit reduzieren, dass er innerhalb von 3 Sek zum Stehen kommen kann (OLG Oldenburg NZV 08, 471 = VRS 114/08, 471: Gefahrguttransport; Tanklastzug).

6   cc) Beim Erscheinen von Grün müssen die Fz-Führer den **Nachzüglern des QuerV** die Räumung der Kreuzung ermöglichen (BGH(Z) VRS 52, 104 = StVE 3; KG VM 83, 100). **Nachzügler** sind VT, die bereits bei einer früheren Lichtphase berechtigt in die Kreuzung gefahren oder gegangen sind, sie aber vor dem Farbwechsel nicht verlassen haben (OLG Koblenz VRS 68, 419), nicht aber solche, die noch **vor** dem eigentlichen Kreuzungsbereich aufgehalten worden sind (OLG Köln VRS 72, 212 unter Aufg von VRS 36, 72), u entgegenkommende Linksabbieger derselben Lichtphase; letztere dürfen bei Rot nicht in die Kreuzung einfahren (OLG Köln VRS 60, 63). „Echte" Nachzügler im obigen Sinne sind aber gegenüber den neu Einfahrenden auch dann bevorrechtigt, wenn für ihre Richtung inzw Rotlicht gegeben wurde (BGH VM 68, 81; VRS 21, 17) oder wenn sie an einem in der Kreuzung unterbrochenen Grünstreifen warten (BGHZ aaO). Die Nachzügler müssen bei Räumung der Kreuzung auf den wieder einsetzenden QuerV sorgfältig achten und dürfen gerade nicht blindlings auf ihr VorR vertrauen (BGH(Z) aaO sowie KG VM 81, 89; OLG Hamm NJW-RR 2017, 478). – Zum Verbot der Einfahrt in die **verstopfte Kreuzung** s § 11 I u OLG Hamm NZV 93, 405. – Zur Quotelung bei Kollision zwischen Nachzügler u bei Grün einfahrendem QuerV s KG VM 93, 50; s unten 32c.

7   dd) **Grün** entbindet nicht von der **Sorgfaltspflicht** (BGH NZV 92, 108). Wer bei Grün in eine Kreuzung einfährt, darf zwar darauf **vertrauen,** dass der SeitenV gesperrt ist u dass sich die Fz-Führer hieran halten (BGH aaO; Fußgänger s § 25 StVO Rn 14 f), nicht aber darauf, dass die Kreuzung von Nachzüglern frei ist. Je länger der Farbwechsel auf grün zurückliegt, desto mehr darf darauf vertraut werden, dass kein weiterer Querverkehr vorliegt (OLG Hamm NJW-RR 2017, 478ff). IdR braucht 4–5 sec nach Aufleuchten von Grün nicht mehr mit verbotswidrigem QuerV gerechnet werden (OLG Köln VRS 88, 25). – Weiter rückwärts befindliche Fahrer dürfen im **„fliegenden Start",** dh mit unverminderter oder bis zur zul Höchstgeschwindigkeit gesteigerter Geschwindigkeit in die Kreuzung nur dann einfahren, wenn sie sicher beurteilen können, dass diese von bevorrechtigtem Verkehr (insb Nachzüglern) frei ist (KG VM 85, 49), sonst nicht (OLG Düsseldorf VRS 71, 261; OLG Köln StVE 5). Ist ihnen die volle Sicht durch andere – bes durch seitlich vor ihnen anfahrende – Fze verdeckt oder aus sonstigen Gründen unübersichtlich, so dürfen sie nur mit einer Geschwindigkeit einfahren, die ihnen das Anhalten vor in der Kreuzung befindlichen VT ermöglicht (BGH VM 68, 81; BayObLGSt 68, 50–52 = VRS 35, 383; OLG Stuttgart VRS 33, 376; OLG Hamm VRS 36, 419).

Das Gleiche gilt, wenn der Einfahrende zwar die eigentliche Kreuzungsfläche, nicht aber den vor ihr befindlichen markierten Fußgängerübergang als frei erkennen kann, solange sich die links von ihm befindlichen Fze nicht über den Fußgängerübergang hinaus bewegen (BayObLGSt 75, 59 = VRS 50, 65). Wer bei frühem Grün in die Kreuzung einfährt, muss mit **Nachzüglern** auf dem **Fußgängerüberweg** rechnen (OLG Saarbrücken VM 80, 35; s aber OLG Hamm VersR 84, 195). Ein Kf, der bei „Grün" in eine Kreuzung einfährt, darf auch darauf vertrauen, dass der Führer eines EinsatzFz, der bei „Rot" in die Kreuzung einfahren will, dieses Vorhaben nicht nur durch blaues Blinklicht, sondern auch durch das Einsatzhorn anzeigen wird (KG VM 79, 26; 86, 71).

ee) „**Feindliches Grün":** Die VB ist dafür verantwortlich, dass die VRegelung **8** weder irreführend noch undeutlich ist oder gar neue Gefahren schafft, zB Grün gleichzeitig für zwei seitlich zusammentreffende Str (BGH(Z) NJW 87, 1945 = VRS 73, 271 = StVE 37) oder schwarzer Pfeil auf grünem Grund bei Zulassung von GegenV (BGH(Z) VM 72, 105; zur **Haftung** bei fehlerhafter Ampelschaltung s Jox NZV 89, 133). Der Nachweis obliegt dem Geschädigten; zu den Beweisanforderungen s OLG Hamm ZfS 96, 363; an den Beweis einer Fehlsteuerung der Kreuzungsampel sind besonders strenge Anforderungen zu stellen (OLG Hamm NZV 03, 577) in Anbetracht der hochentwickelten doppelten elektronischen Sicherung der Phasensteuerung der LZA, die ein gleichzeitiges Grün für „feindliche Verkehrsströme" erfahrungsgemäß weitestgehend verhindert. Bestätigt sodann ein eingeholtes Gutachten die Wirksamkeit der Sicherung plausibel, können selbst gegenteilige Zeugenaussagen wegen der relativen Unsicherheit des Zeugenbeweises nur ausnahmsweise die Überzeugung von einem „feindlichen Grün" begründen (LG Dresden VersR 07, 1385; OLG Hamm VersR 04, 346). Fehlt eine landesrechtliche Haftungsgrundlage, kommt Haftung aus enteignungsgleichem Eingriff in Frage (OLG Karlsruhe NZV 93, 187 = StVE 42). Für unzulängliche Überprüfung einer Baustellen-LZA haftet der Betreiber (OLG Köln NZV 92, 364). Keine Haftung nach § 1 HaftpflG für „feindliches Grün" einer Verkehrszeichenanlage, die mit einer dem Eisenbahnbetrieb dienenden Signalanlage gekoppelt ist, da es sich nicht um Schaden handelt, der durch die spezifische Gefahr des Bahnbetriebes verursacht wurde (OLG Köln DAR 03, 174; aA OLG Celle DAR 00, 217).

Ergeben Auskünfte der Verkehrsbehörde, dass die LZA im Unfallzeitpunkt **9** störungsfrei funktionierte, gebietet die **bloße Behauptung eines Schaltungsfehlers** („feindliches Grün") ohne Darlegung näherer Anknüpfungstatschen nicht die Einholung eines beantragten Sachverständigengutachtens (KG NZV 09, 460).

ff) **Grünes Blinklicht unzulässig.** Grünes Blinklicht in den letzten Sekunden **10** der Grünphase ist nicht zugelassen (VwV-StVO zu § 37 Abs 2 II, Rn 4). Die RSpr billigt dem Kf beim Farbwechsel nur eine verkürzte Reaktions- u Bremsansprechzeit von 0,75 sec, bei handgesteuerten LichtZ an Fußgängerwegen eine solche von 0,9 sec zu (BayObLGSt 59, 321 = VM 60, 4; OLG Bremen VM 66, 15; vgl hierzu auch OLG Köln VM 81, 34 zur Reaktionszeit von Ortsunkundigen).

b) Insbesondere Abbiegen bei Grün. aa) Linksabbiegen und Gegenver- 11 kehr. Gegenüber den während **derselben Grünphase** aus der Gegenrichtung einfahrenden **Linksabbiegern** sind die geradeaus Fahrenden bevorrechtigt (§ 9 III) u dürfen auf die Beachtung ihrer Vorfahrt vertrauen. Vor Aufleuchten des Grünpfeils (II S 4) ist der geradeaus gerichtete GegenV bevorrechtigt; der Abbieger darf nicht darauf vertrauen, ungefährdet abbiegen zu können (OLG

Hamm DAR 91, 177; KG VM 92, 101). Kann der Linksabbieger die Gegenfahrbahn nicht überblicken, muss er sich verhalten wie ein Wartepflichtiger an einer unübersichtlichen Kreuzung (BayObLGSt 60, 153). Solange für den GegenV Gelb erscheint, muss der Linksabbieger damit rechnen, dass Entgegenkommende in die Kreuzung einfahren. Hat der GegenV Rot, darf der Linksabbieger darauf vertrauen, dass kein VT das Rotlicht missachtet (OLG Braunschweig NZV 95, 408), zumal das Rotlicht den Vorrang des GegenV aufhebt (OLG Braunschweig aaO mwN); der Linksabbieger muss aber auf **Nachzügler** achten, die an der Ampel schon vorher vorbeigefahren sind (BayObLGSt 67, 172 = DAR 68, 190; 68, 23 = VM 68, 56; OLG Hamm VRS 32, 147 u 58, 58) oder die bei beginnendem Rotlicht noch durchfahren, so dass Wartepflicht auch im Verhältnis zu solchen Fahrern besteht (OLG Düsseldorf NZV 03, 379). Kann er kein LichtZ sehen, ist er zu bes Sorgfalt verpflichtet (OLG Hamburg VM 72, 85). Ist aber aus dem Anhalten entgegenkommender Fze zuverlässig zu schließen, dass der GegenV Rot hat, darf der Linksabbieger darauf vertrauen, dass kein GegenV mehr in die Kreuzung einfährt (BayObLG VRS 48, 277; OLG Zweibrücken VRS 66, 150; KG VRS 62, 261). Auch muss der durch grünes Ampellicht Vorfahrtberechtigte nicht damit rechnen, dass ein Linksabbieger sorgfaltswidrig versuchen wird, seinen Fahrstreifen zu kreuzen, und zwar auch dann nicht, wenn für ihn die Sicht nach links durch im links von ihm befindlichen Fahrstreifen stehende Fahrzeuge verdeckt ist (KG NZV 03, 378).

11a bb) **Linksabbiegen und Querverkehr.** Wenn an einer Kreuzung, vor der für die Linksabbieger ein eigenes Str-Stück nach links an die Querstr heranführt, für den Linksabbieger- u den QuerV gleichzeitig Grün gegeben wird, so gelten, wenn die gemeinsame Str-Fortsetzung nach ihrer Breite zur Aufnahme von mehrspurigen Verkehr ausreicht, für das Zusammentreffen der beiden VStröme nicht die Vorfahrtregeln, sondern diejenigen des mehrspurigen Verkehrs (BayObLGSt 66, 16 = VM 66, 64).

Nachzüglern (Kf, die bei Grün noch ihre Ampel passiert haben) und die in den Kreuzungsbereich eingefahren sind (echte Nachzügler), ist vom Querverkehr, der inzwischen seinerseits Grün erhalten hat, das Verlassen der Kreuzung vorrangig zu gestatten (OLG Hamm NZV 05, 411); dies gilt jedoch nicht für Nachzügler, die den Kreuzungsbereich noch nicht erreicht haben (unechte Nachzügler) und die deshalb warten müssen, bis der Querverkehr die Kreuzung frei gemacht hat (OLG Koblenz NZV 98, 465).

12 c) **Grün-Pfeil-Regelungen.** Gibt ein **Grüner Pfeil** der **LZA**, dessen Bedeutung in II Nr 1 S 3 definiert ist, das Abbiegen in einer Richtung frei, während der GeradeausV durch Rot gesperrt ist, darf der Abbieger darauf vertrauen, dass auch der GegenV durch Rot abgeschirmt ist (BGH(Z) DAR 92, 143 = NZV 92, 108; KG VM 86, 70, 73; BayObLG VRS 58, 147), dies beachtet er ihm die Räumen der Kreuzung ermöglicht (KG VM 82, 11; NZV 91, 271; BGH aaO). Das gilt auch, wenn neben dem grünen Pfeil für die Abbieger auch für den GeradeausV freie Fahrt durch einen Grünpfeil gegeben wird (BayObLGSt 64, 61 = VRS 27, 378; vgl VwV-StVO zu § 37 Abs 2, Rn 18). Der sonstige Vorrang des GegenV nach § 9 III wird durch den aufleuchtenden Grünpfeil verdrängt (§ 37 II 1: BGH aaO u NZV 96, 231; 97, 350). Insbesondere obliegen einem beim Aufleuchten des Grünpfeils der LZA in den Kreuzungsbereich einfahrenden Linksabbieger keine höheren Sorgfaltsanforderungen als dem bei grün passierenden Geradeausverkehr, eine Erhöhung der Betriebsgefahr des Linksabbiegers scheidet daher aus (OLG Zweibrücken NJW-RR 2017, 1364).

Wechsellichtzeichen, Dauerlichtzeichen und Grünpfeil **§ 37 StVO**

Inzw bestehen folgende unterschiedliche **Grün-Pfeil-Regelungen:** 12a
1. Grün-Pfeil **links hinter der Kreuzung** (II Nr 1 S 4, sog **Diagonal-Grünpfeil**), an der der Verkehr durch WechsellichtZ geregelt wird, erlaubt die Räumung der Kreuzung u das **Linksabbiegen;**
2. **einfeldiger Signalgeber mit Grün-Pfeil** (II Nr 1 S 12), der seit 11. ÄndVO ausdrücklich bei Rot das **Rechtsabbiegen** ebenso erlaubt wie
3. das aus der ehem DDR-Regelung durch die 17. ÄndVO mit Wirkung ab 1.3.94 übernommene **grüne Pfeilschild** auf schwarzem Grund (zur Ausgestaltung s Erl v 10.3.94, VkBl S 294), das rechts neben der Rot zeigenden LZA ebenfalls das **Rechtsabbiegen** unter bestimmten Vorsichtsmaßnahmen nach § 37 II Nr 1 S 8–10 erlaubt. Danach ist vor dem Rechtsabbiegen aufgrund des grünen Pfeilschildes zunächst an der Halt- oder Fluchtlinie des kreuzenden VBereichs anzuhalten (KG NZV 95, 199; OLG Karlsruhe DAR 05, 167; s dazu auch Albrecht Rn 33; krit gegen die Annahme eines Rotlichtverstoßes nach § 37 II Nr 1 S 7 StVO bei Missachtung von § 37 II Nr 1 S 8 StVO Schulz-Arenstorff NZV 08, 67; zu Verstößen gegen Grünpfeil-Regelung s Nr 131 u 133 BKat). Das Abbiegen ist nur erlaubt (nicht geboten!), wenn Behinderung u Gefährdung anderer ausgeschlossen ist (s § 10 StVO Rn 7). Das vor einem Kreisverkehr (kein Kreisverkehr im Sinne von § 9a) angebrachte grüne Pfeilschild erlaubt nur das sofortige Ausfahren bei der ersten Möglichkeit, nicht aber die Weiterfahrt im Kreis (KG NZV 02, 49). Ein rechts neben dem Signalgeber einer Lichtzeichenanlage angebrachtes grünes Pfeilschild berechtigt nur Fahrzeuge auf dem rechten Fahrstreifen zum Abbiegen bei Rot (KG NZV 02, 49). Zur Rechtsnatur des grünen Pfeilschildes s auch Minjoth DAR 05, 236 u Schulz-Arenstorff NZV 08, 67.

In allen Fällen 1 u 2 entbindet aber auch der grüne Pfeil nicht von der allg 13 **Sorgfaltspflicht** (II 1 S 6 ff) u dem Verbot nach § 11 I; der Abbieger darf nicht blindlings abbiegen (BGH VM 79, 11; NZV 92, 108; s auch II S 6); er muss bes auf **Nachzügler** u Fußgänger Rücksicht nehmen (s auch § 1 II; KG VRS 59, 367 = StVE 17; OLG Düsseldorf VM 87, 11 mwN). Bei Diagonal-Grünpfeil (Fall 1) darf der Linksabbieger darauf vertrauen, dass GegenV gesperrt ist (BGH NZV 92, 108).

d) Gelb. aa) Gelb bedeutet grundsätzlich das nächste FarbZ an der Haltelinie 14 abzuwarten. Sofern zulässige Geschwindigkeit vorausgesetzt − mit normaler Betriebsbremsung (mit Bremsverzögerung bis 3,5–4 m/sec^2: BayObLG VRS 70, 384 mwN; OLG Hamm NZV 92, 409 u § 3 StVO Rn 15) ein Anhalten möglich ist, hat der VT bei bevorstehendem Rot zu bremsen und anzuhalten (BGH NJW 05, 1940; NZV 12, 217). Die Verpflichtung ist umso größer, je schwerfälliger das gelenkte Fz ist (OLG Hamm NJW-RR 2017, 149). Auf den Abstand des nachfolgenden Verkehr braucht er nicht zu achten, denn für diesen ist der Nachfolger grds verantwortlich (BGH NZV 92, 157; Bay VRS 60, 381; AG Hildesheim NJW 08, 3365; s auch § 4 StVO Rn 15), das gilt auch für den, der „Gelb" übersehen hat u erst bei „Rot" auf die LZA aufmerksam geworden ist; er braucht vor dem Anhalten nicht erst den ausreichenden Abstand zum Nachfolgenden zu prüfen (BayObLG VRS 60, 381 = StVE 20 im Anschl an BayObLG VRS 17, 226; OLG Frankfurt/M DAR 72, 83). Eine Vollbremsung ist nicht geboten, sondern der VT darf jedenfalls in der ersten Gelbphase noch in die Kreuzung einfahren (BayObLG aaO; KG VM 92, 101). Ist das Anhalten nur durch scharfes Bremsen möglich, so ist vorsichtig u unter Beachtung des QuerV weiterzufahren

StVO § 37   II. Zeichen und Verkehrseinrichtungen

(BGH NZV 92, 157; BayObLGSt 59, 57 = VM 59, 78; 68, 23 = VM 68, 56; OLG Köln DAR 76, 250; OLG Hamm VRS 57, 453; KG aaO). Wer aber unmittelbar vor der Kreuzung scharf bremst, obwohl er erst hinter der Haltlinie (Z 294) oder im Kreuzungsbereich zum Stehen kommen kann, verstößt gegen § 1 (BayObLGSt 64, 123 = VM 64, 122; OLG Hamm VRS 29, 43, 297), gegen § 315b StGB, wenn er bei Gelb verkehrswidrig scharf bremst, um einen Auffahrunfall zu provozieren (s BGH NZV 92, 157).

Wer eine Vorampel bei gelb überfährt, ist damit bereits vorgewarnt; diese Vorwarnung wirkt sich im Zusammenhang mit § 37 Abs 2 dahin aus, dass der an die Hauptampel heranfahrende Kraftfahrer sich bei einem kurz vor Erreichen der Haltlinie aufleuchtenden Gelblicht dieser Ampel auf eine Überraschung nicht berufen kann und zur Einhaltung des grundsätzlichen Haltegebots verpflichtet ist (OLG Hamm NZV 03, 574).

Eine gelb blinkende „Vorampel" hat keine Regelungsfunktion, sondern nur Warnfunktion; es besteht deshalb keine Pflicht zur Reduzierung der Geschwindigkeit (BGH NZV 05, 407 = DAR 05, 447).

14a   **bb)** Der Kf muss nach hM bei Gelb auch dann halten, wenn er bei normaler Bremsung zwar nicht mehr vor der **Haltlinie,** die eine Fußgängerfurt vor der Kreuzung abgrenzt, aber noch vor dem eigentlichen Kreuzungsbereich zum Stehen kommen kann (OLG Stuttgart NJW 65, 1093; KG VRS 34, 468; OLG Hamm VRS 49, 220 = StVE § 39 StVO 1 u NJW-RR 2017, 149). Zeigt die Ampel bereits Rot, so muss er anhalten, auch wenn er die Haltlinie überfahren hat (OLG Hamm VRS 48, 68). Jedenfalls darf der Nachfolgende nicht darauf vertrauen, dass ein Vordermann bei Gelb durchfährt, sondern muss sich auf dessen Anhalten auch noch im Kreuzungsbereich einrichten (BayObLG v 9.11.66–1a St 213/66; vgl wegen des Abstandes § 4 StVO Rn 11 f); jedoch nicht auf ein verspätetes verkehrswidriges scharfes Bremsen, durch das er erst in der eigentlichen Kreuzung zum Stehen kommt (OLG Hamm VRS 28, 385).

15   **cc)** In der Kreuzung aufgehaltene VT müssen bei Gelb die **Kreuzung räumen,** auch wenn für ihre Richtung inzwischen Rot gegeben wurde. Dabei haben sie zwar Vorrang vor dem einfahrenden QuerV (KG VM 93, 27; OLG Hamm NZV 93, 405 u NZV 05, 411), sie haben aber dann bes Rücksicht auf den inzw anlaufenden QuerV zu nehmen (OLG Stuttgart VRS 27, 464; KG VRS 34, 466; OLG Düsseldorf VersR 87, 468).

15a   **dd)** Über die **Dauer** der Gelb- u Gelb-Rot-Phase s VwV-StVO zu § 37 Abs 2, Rn 17 u oben 12a). Ging dem Rotlicht eine Gelbphase von mind 3 sec voraus, so genügt diese im innerstädtischen Verkehr zu einem gefahrlosen Anhalten vor der Kreuzung (OLG Köln DAR 76, 250; s hierzu auch KG VM 81, 48). Fährt ein Kf auf eine Ampel zu, die zunächst gelbes Blinklicht zeigt, dann aber auf gelbes Dauerlicht u schließlich auf Rotlicht übergeht, so kann ihm kein Vorwurf daraus gemacht werden, dass er die Umschaltung nicht bereits mit dem Beginn der Gelbphase bemerkt (BayObLGSt 73, 185 = VRS 46, 307; OLG Köln VRS 53, 308). – Zur Zulässigkeit des Abbremsens bei gelbem Blinklicht einer Vorampel s OLG Hamm NZV 95, 25.

16   **ee)** „Diagonalgelblicht" ist im Kreuzungsbereich nicht mehr zulässig; an dessen Stelle ist der grüne Linkspfeil getreten (Begr VkBl 80, 514; s oben 12a). – **Gelbes Blinklicht** s § 38 StVO Rn 7.

17   **e) Rot. aa) Rot gebietet** Anhalten „vor der Kreuzung" (s § 8 StVO Rn 4), dh vor dem durch die Fluchtlinien der sich kreuzenden Fahrbahnen begrenzten, geschützten Bereich (BayObLG ZfS 94, 467; OLG Oldenburg NZV 93, 446), jedoch nicht vor der unterbrochenen Wartelinie nach § 42 II iVm Anlage 3, lfd. Nr 23, Zeichen 341 StVO, da diese nur empfehlenden Charakter hat (LG Berlin NZV 00, 472; OLG Celle NJW-RR 07, 22); allerdings kann das Überfahren der Wartelinie im Einzelfall leicht haftungsverschärfend wirken, wenn dadurch eine Fehlreaktion des bevorrechtigten Kraftfahrers provoziert wurde (OLG Celle NJW-RR 07, 22). Rot dient in erster Linie dem Schutz des Quer- oder einmündenden sowie des entgegenkommenden, nach links abbiegenden Verkehrs (BGH(Z) VRS 61, 180), der darauf vertrauen darf, dass aus der gesperrten Fahrtrichtung keine Fze in den geschützten Bereich einfahren (OLG Düsseldorf NZV 93, 243). Das gilt auch bei Rot für Linksabbieger zum Schutz des GegenV (BayObLG v 30.7.97 bei Janiszewski NStZ 97, 590). Wird das Haltgebot durch eine Haltlinie (Z 294) ergänzt, ist bei Rot dort zu halten (s OLG Karlsruhe DAR 95, 261; OLG Düsseldorf NZV 00, 134); zu **Verstößen** gegen **rotes Wechsellicht** (s unten Rn 30). Das Anhaltegebot gebietet keine gefährliche Vollbremsung, sondern muss unter Vermeidung einer Gefährdung des übrigen Verkehrs befolgt werden (Bay 52, 168; s auch § 19 StVO Rn 18) – Zur Rechtsnatur der Haltlinie (Z 294) s Minjoth DAR 05, 235.

Das bloße Überfahren einer unterbrochenen **Wartelinie** (Z 341) ist nicht verkehrswidrig, da sie kein verbindliches Gebot enthält, sondern dem Wartepflichtigen lediglich empfiehlt, dort anzuhalten (s auch OLG Celle NZV 07, 77; AG Norderstedt zfs 08, 434). Das Überfahren einer Wartelinie kann aber im Einzelfall haftungsverschärfend ins Gewicht fallen (OLG Celle NZV 07, 77).

bb) Rechtsabbiegen bei Rot ist unter den oben (Rn 12a) gen Voraussetzungen erlaubt, wenn eine Behinderung oder Gefährdung der Fußgänger u Fze der freigegebenen Richtung ausgeschlossen ist (s § 37 II 1 S 8 ff). **17a**

cc) „Dauerrot" an einer Kreuzung infolge **Ampeldefekts** beinhaltet zwar kein Daueranhaltegebot (Durchfahrtverbot); da aber mit „Dauergrün" für den (bei der Annäherung die Ampelstörung nicht erkennenden) QuerV zu rechnen ist (oder mit dem normalen Taktwechsel auf der Ampelseite des QuerV), darf das Durchfahren des „Dauerrots" nur mit äußerster Vorsicht geschehen (extremer **Misstrauensgrundsatz**; OLG Köln VRS 59, 454 = StVE 19; BGH NJW 75, 685: kein Anspruch aus Gefährdungshaftung bei Versagen einer LZA; s aber OLG Hamm StVE 34 = NVwZ 86, 509 zur Amtshaftung bei **„feindlichem Grün"**; s BGH VRS 73, 271 = StVE 37 unter Aufg von BGHZ 54, 332; OLG Karlsruhe VRS 84, 401; OLG Hamm StVE 34 sowie Jox NZV 89, 133). **17b**

dd) Zur **Umgehung des Rotlichts** durch Umfahren des Ampelbereichs s oben 3, zum Überfahren der Haltlinie s 14a. – Nichtbeachten des nicht als VorschriftZ in der StVO vorgesehenen Schildes „Bei Rot hier halten" kann allenfalls als Empfehlung im Rahmen des § 1 II beachtlich sein; auch im VzKat 92 wird es unter Nr 1012–35 als bloßes Hinweis-Schild geführt. **17c**

f) Rot und Gelb. Rot u Gelb zugleich kündigt nur das baldige Erscheinen von Grün an, hebt aber das Haltgebot nicht auf. **18**

g) Rote und gelbe Pfeile u schwarze Pfeile auf Rot oder Gelb. Rote und gelbe Pfeile u schwarze Pfeile auf Rot oder Gelb s II Nr 1 S 8 u VwV-StVO zu § 37 Abs 2, Rn 18 ff. Schwarze Pfeile auf Grün sind unzulässig (VwV-StVO zu § 37 Abs 2, Rn 18). **19**

4. Abs 2 Nr 2: Wechsellichtzeichen an anderen Stellen. An anderen Stellen, zu denen ua auch Engstellen, Grundstücksausfahrten pp gehören, haben Wechsellichtzeichen entspr Bedeutung. **20**

StVO § 37   II. Zeichen und Verkehrseinrichtungen

21 **5. Abs 2 Nr 3: Zur Farbfolge Gelb-Rot** s VwV zu § 37 StVO Abs 2 Rn 39. Auch eine nur „rot und gelb" anzeigende Bedarfsampel ist LZA iSv von Nr 132.2 BKat (OLG Hamm DAR 05, 642) und auch iSv § 37 II Nr 3 StVO (vgl VwV-StVO zu § 37 Abs 2, Rn 39).

22 **6. Abs 2 Nr 4: Lichtzeichen für einzelne Fahrstreifen u. best Fahrzeuge. a) Sonderfahrstreifen und Fahrbahnteiler.** Sonderfahrstreifen sind zwar ausdrücklich zugelassen, setzen aber Fahrbahnmarkierungen voraus (Z 295, 296, 340). Auf jeder Fahrspur darf die Fahrt grundsätzlich nur nach Maßgabe der für sie geltenden FarbZ fortgesetzt werden (BayObLGSt 68, 56 = VRS 35, 388; 64, 148 = StVE 25; bei Rüth DAR 85, 236); bei rotem Linksabbiegepfeil darf daher bei Grün für die Geradeausspur nicht nach links abgebogen (KG VRS 73, 75) und auch nicht geradeaus gefahren werden, weil das Grün der LZA für die Geradeausspur und nicht für die Linksabbiegerspur gilt und das für die Linksabbiegerspur maßgebliche Rot die Einfahrt in die Kreuzung sperrt, unabhängig davon, in welche Richtung anschließend weitergefahren wird (KG VRS 117/09, 168 – **Einfahrt in die Kreuzung auf „rotem" Fahrstreifen und Weiterfahrt in „grüner" Richtung.** – aA OLG Düsseldorf StVE 38). Dem entsprechend verbietet das volle oder pfeilförmige Rotlicht für die Linksabbiegerspur nicht nur die Einfahrt in die Kreuzung auf ihr, sondern untersagt auch die (teilweise) Benutzung dieser Spur im gesamten Kreuzungsbereich zur Weiterfahrt (KG NZV 10, 361), sodass ein Rotlichtverstoß vorliegt, wenn nach Einfahrt in die Kreuzung von der freigegebenen Geradeausspur nach links abgebogen wird (KG NZV 10, 361 – **Einfahrt in die Kreuzung auf „grünem" Fahrstreifen und Weiterfahrt in „roter" Richtung**). Das Umfahren von Rot für die Geradeausspur auf der durch Grün freigegebenen Linksabbiegespur mit anschl Wechsel auf die durch Rot gesperrte Geradeausspur ist jedenfalls mind dann vor allem nach § 37 II 4, wenn der Betr von vornherein die Absicht hatte, in der gesperrten Richtung weiterzufahren (BayObLG DAR 96, 104); nach BayObLG NZV 00, 422 spielt keine Rolle, ob Absicht von vornherein oder erst später erfolgt; s hierzu auch OLG Zweibrücken NZV 97, 324 zum Rotlichtverstoß bei Weiterfahrt in gesperrter Richtung.

Für den Führer eines Kraftfahrzeuges, der unbefugt einen Sonderfahrstreifen iS des Zeichen 245 StVO mit einer für diesen Streifen gesondert installierten Anlage entsprechend Anlage 4 BOStrab benutzt, gelten die Lichtzeichen einer daneben für den allgemeinen Verkehr auf den übrigen Fahrstreifen eingerichteten Verkehrsampel (OLG Hamburg NZV 01, 389). Besondere Lichtzeichen für Linienbusse haben keine Gültigkeit für LKW, der sich unzulässig in einer Bushaltebucht aufhält; LKW-Führer hat die für den allgemeinen Verkehr eingerichtete Verkehrsampel zu beachten (BayObLG DAR 05, 288).

23 Bauliche **Teilung** der **Fahrbahn** vor einer Kreuzung (zB keilförmige VInsel) schafft selbständige Fahrbahnen, zB eine eigene Fahrbahn für die **Rechtsabbieger.** Ist in einem solchen Fall die Lichtampel auf der VInsel, also links neben der Rechtsabbiegerbahn, u rechts neben dieser ein Warteschild (Z 205, 206) aufgestellt, so gilt die Lichtzeichenregelung nicht für die Rechtsabbieger. Diese können daher unabhängig von der Farbzeichenregelung nach rechts abbiegen, jedoch unter Beachtung der Vorfahrt des QuerV. Zur Vorfahrt an VInseln vgl § 8 StVO Rn 5; BayObLG VM 78, 87.

24 **b) Busstreifen.** [Bussonderfahrstreifen] sind entspr gekennzeichnete Sonderfahrstreifen (s § 9 StVO Rn 38; **Zeichen 245** oder **250** m Zusatzzeichen); näher zum Berechtigtenkreis bei Zeichen 245 Anlage 2, lfd Nr 25, Spalte 3, Ge- oder

Wechsellichtzeichen, Dauerlichtzeichen und Grünpfeil § 37 StVO

Verbot StVO. II Nr 4 S 2 betrifft bes die Lichtzeichenregelung auf Fahrstreifen für den LinienbusV. Die hier gegebenen bes LichtZ gelten nur für Linienbusse u dort zugelassene Taxen, nicht aber für unbefugte Benutzer (BayObLGSt 84, 109 = StVE 31; OLG Hamburg NZV 01, 389; BayObLG NZV 05, 208; aA OLG Düsseldorf VRS 68, 70). Das Erlöschen des weißen SonderlichtZ für Busse bedeutet für diese kein Haltgebot, wenn die für den allg Verkehr maßgebliche Ampel Grün zeigt (LG Mainz NZV 95, 33).

7. Abs 2 Nr 5 u 6: Fußgänger und Radfahrer im Lichtzeichenbereich. 25
a) Fußgänger. Bei Grün für die **Fußgänger** dürfen diese darauf vertrauen, dass sie gegen FahrV abgeschirmt sind, müssen sich aber vor Betreten der Fahrbahn davon überzeugen, ob Nachzügler des FahrV noch durchfahren wollen, um das Räumen der Kreuzung ermöglichen (BGH(Z) VRS 19, 403; 31, 3). Das VorR des Fußgängers auf den Zebrastreifen (§ 26 I) gilt nicht, wenn die Durchfahrt durch FarbZ geregelt wird (§ 37 I; BayObLGSt 66, 123 = VRS 32, 57). Wohl aber gilt das VorR der Fußgänger nach § 9 III S 2, wenn abbiegende Fze den Fußgängerübergang überqueren wollen u beide gleichzeitig Grün haben (OLG Köln VM 80, 87; KG VM 81, 90). Ein Fußgängerüberweg liegt im Ampelbereich, wenn die für ihn bestimmten FarbZ ein Teil der gesamten LZA an der Kreuzung sind, auch wenn er nicht unmittelbar an die Schnittlinien der Fahrbahnen angrenzt (s dazu BayObLG VRS 34, 300 u OLG Köln VRS 61, 291 = StVE § 8 StVO 57; oben 3). Befinden sich an ihm keine LichtZ, so fällt er nicht in den Geltungsbereich der LichtZ-Regelung, wenn er von der Kreuzung so weit entfernt ist, dass ein Zusammenhang mit der Kreuzung nicht mehr besteht (BayObLG aaO S 154; vgl auch § 25 III StVO u dort Rn 14).

Hat ein Fußgänger bei Grün die Fahrbahn zu überqueren begonnen, so muss 26 er, wenn inzw Rot erscheint, nach S 2 zügig weitergehen (BGH NZV 91, 114). Wird die Str durch eine VInsel oder einen Mittelstreifen geteilt, so muss der Fußgänger dort anhalten, wenn sich dort die LZA befindet, die Rot zeigt (vgl OLG Saarbrücken VM 80, 35; OLG Köln SVR 12, 346 m Praxishinweis Balke). Andernfalls darf er die Str trotz des Rotlichts noch ganz überqueren, wenn er dadurch nicht den inzw angelaufenen FahrV behindert (vgl OLG Köln MDR 59, 488; OLG Oldenburg VRS 31, 131). Das Rotlicht des Fußgängerübergangs verbietet das Überschreiten der Fahrbahn nur auf der durch die Haltlinie oder den Zebrastreifen begrenzten Fläche. Das Überqueren außerhalb der Markierung beurteilt sich nicht nach § 37, sondern nach §§ 1 u 25 III (KG VM 58, 110; OLG Schleswig VM 61, 9; aA OLG Hamburg VRS 7, 376; BayObLGSt 59, 63). – S **zur Haftung bei Fußgängerbeteiligung** § 37 StVO Rn 32c.

b) Radfahrer. Das spezielle LichtZ für **Radf** gilt für sie im gesamten Wir- 27 kungsbereich der LZA, also auch außerhalb des Radweges (OLG Celle VRS 67, 294; OLG Köln VRS 73, 144; s auch Rn 3). – **Nr 6** wurde zum 1.9.09 neu gefasst. Danach haben Radfahrer die LichtZ für den Fahrverkehr zu beachten (II Nr 6 S 1; diese Regelung wurde in der Neufassung der StVO zum 1.4.13 insoweit beibehalten), dh entweder die LichtZ für den allgem Fahrverkehr oder die besonderen LichtZ für den Radfahrverkehr (Symbol „Radverkehr"); s zu Besonderheiten bei Radverkehrsführungen und Änderungen durch die Neufassung der StVO zum 1.4.13) oben Rn 3.

8. Abs 3: Dauerlichtzeichen, gekreuzte Schrägbalken. DauerlichtZ die- 28 nen auf Ein- u Ausfallstr der Großstädte der Schaffung von **Umkehrstreifen,**

StVO § 37   II. Zeichen und Verkehrseinrichtungen

dh durch die DauerlichtZ werden zB am Morgen dem Verkehr stadteinwärts u umgekehrt am Abend stadtauswärts mehr Fahrstreifen zur Verfügung gestellt. Durch DauerlichtZ kann der Verkehr auf einem Fahrstreifen auch in beiden Fahrtrichtungen gleichzeitig gesperrt (OLG Düsseldorf VRS 63, 70) u hiervon durch Zusatzschilder eine bestimmte VArt, insb der Verkehr mit öff VMitteln, ausgenommen werden (BayObLGSt 77, 139 = VRS 54, 73). Zur Erhöhung der VSicherheit beim Wechsel von „Grün" auf „Rot" ist als Zwischensignal in III S 4 der gelb blinkende Diagonalpfeil eingeführt worden, der einen Fahrstreifenwechsel in Pfeilrichtung anordnet. – Die **roten gekreuzten Schrägbalken** dienen der Sperrung von Fahrstreifen, bes der Umkehrstreifen.

29   **9. Abs 4: Nebeneinanderfahren.** S hierzu § 7 StVO Rn 9 ff.

30   **10. Abs 5: Haltverbot.** Auf **Fahrstreifen mit Dauerlichtzeichen** (§ 37 III StVO) besteht Haltverbot (s unten Rn 31). Die Regelung entspricht der bisherigen Regelung in § 12 I Nr 6 f StVO, die durch die 46. VO zur Änd straßenverkehrsrechtlicher Vorschriften v 5.8.09 (BGBl I S 2631, 2633) zum 1.9.09 aufgehoben wurde (amtl Begr BRDrs 153/09 S 96).

30a   **11. Zuwiderhandlungen gegen rotes Wechsellicht. a) Allgemeines.** Verstöße gegen Ge- oder Verbote nach § 37 sind OWen nach den §§ 49 III Nr 2 StVO iVm 24 StVG (s Nrn 130 bis 133.3.2 BKat). Zum tateinheitlichen Verstoß gegen § 2 I StVO s oben Rn 3. – Wer die Haltlinie überfährt, aber vor dem geschützten Kreuzungsbereich noch anhält, verstößt nicht gegen §§ 37 II, 49 III 2 StVO, sondern gegen § 49 III 4 StVO (OLG Dresden ZfSch 2017, 234; OLG Köln VRS 60, 63; BayObLG VRS 60, 381 = StVE 20; 61, 289; NZV 94, 200; OLG Frankfurt/M VRS 59, 385 = StVE 16; OLG Celle ZfS 97, 355); erst nach Einfahren in die Kreuzung oder in eine dauer mitgesicherte Fußgängerfurt liegt ein Verstoß gegen §§ 37 II 1 oder 2, 49 III 2 StVO vor (OLG Hamm DAR 93, 439; BayObLGSt 84, 30 = VRS 67, 150 = StVE 29; NZV 94, 200; Janiszewski NStZ 84, 546).

30b   **b) Voraussetzung: Betrieb der LZA als Wechsel-LZA, Ampelschaltung.** Der Vorwurf, ein rotes Wechsellicht missachtet zu haben, setzt zunächst voraus, dass die LZA als Wechsel-LZA in Betrieb war (BayObLG DAR 95, 497 = NZV 96, 81: und nicht als Dauerlicht für Sonder-Fze; OLG Jena NZV 97, 86), sonst kein Verstoß gegen § 37. Entscheidend ist, dass die Ampelanlage zur Tatzeit ordnungsgemäß funktionierte (OLG Koblenz NZV 04, 272).

30c   **c) Feststellung des Verstoßes, Messung, Messverfahren.** Zur Verurteilung wegen Rotlichtverstoßes bedarf es zwar grundsätzlich der Feststellung der Ampelschaltung, insb der Dauer der Gelbphase, der zul u gefahrenen Geschwindigkeit sowie der Entfernung des Betr von der LZA bzw Haltlinie bei Wechsel auf Rot (OLG Dresden ZfSch 2017, 234; OLG Düsseldorf BA 96, 374; OLG Köln VM 84, 92; VRS 84, 115; OLG Hamburg DAR 93, 395; KG DAR 05, 634; OLG Jena DAR 06, 164 = VRS 110, 38; OLG Oldenburg NZV 93, 408: Frühstarter; DAR 93, 440: Nachzügler; OLG Düsseldorf NZV 94, 408: bei Straßenbahnen); **nicht** aber bei Feststellung des Rotlichtverstoßes mit stationärer Überwachungsanlage (Traffipax) innerorts, wo grundsätzlich von einer Höchstgeschwindigkeit von 50 km/h u einer Gelbphase von 3 sec auszugehen ist, wenn keine gegenteiligen Hinweise vorliegen, (OLG Hamburg VRS 90, 452; OLG Düsseldorf aaO; OLG Hamm VRS 85, 375; OLG Köln VM 84, 92; s dazu auch BayObLG v 30.12.87

Wechsellichtzeichen, Dauerlichtzeichen und Grünpfeil **§ 37 StVO**

bei Janiszewski NStZ 88, 266; OLG Bremen NZV 90, 482), so dass hierzu auch ergänzende tatrichterliche Darlegungen grundsätzlich entbehrlich sind (OLG Düsseldorf NZV 95, 81; OLG Hamm VRS 57, 453, 454; OLG Hamburg DAR 95, 500, 501; OLG Düsseldorf NZV 99, 94; Hentschel/König/Dauer-König § 37 StVO Rn 44 u 49); bei Rotlichtverstoß an Baustelle bedarf es nach OLG Hamm (NZV 94, 369) der Feststellung der konkreten VSituation (Länge u Lage des Baustellenbereichs, Breite u Übersichtlichkeit der Überleitungsspur). Auch muss sich die **Beweiswürdigung** mit den wesentlichen, sich aufdrängenden, Umständen auseinandersetzen und darf zB nicht als einzige Erklärungsmöglichkeit für das Abbremsen eines vorausfahrenden Fz vor der beampelten Kreuzung das Umspringen des Lichtzeichens auf Rot annehmen (OLG Hamm SVR 06, 311 m Praxishinweis Krumm). Die obergerichtliche RSpr geht zunehmend dazu über, die vom BGH (DAR 93, 474) festgelegten Grundsätze für die Bewertung von Messverfahren bei Geschwindigkeitsüberschreitungen auch auf die Feststellung eines Rotlichtverstoßes durch eine automatische Überwachungsanlage anzuwenden (vgl BayObLG DAR 94, 123; OLG Düsseldorf DAR 95, 456). Beim **qualifizierten Rotlichtverstoß** sind im Urteil Einzelheiten zum Messverfahren und Messvorgang anzugeben (OLG Dresden DAR 03, 181 u OLG Düsseldorf DAR 03, 86). Der Tatrichter darf nicht allein aufgrund einer Zeugenaussage, wonach dieser im Querverkehr Grünlicht gehabt habe, zum Schluss gelangen, dass der Betr bei mehr als einer Sek Rotlicht gefahren sei; dieser Schluss kann nur nach Beiziehung eines Ampelschaltplanes gezogen werden (OLG Jena DAR 06, 164 = VRS 110, 38). Vgl auch Beurteilung der Geräte zur Geschwindigkeitsüberwachung § 3 StVO Rn 89 ff.

d) Rotlichtüberwachungskameras. Rotlichtüberwachungskameras sind zul **30d** Beweismittel; ihre Uhrwerke müssen aber geeicht sein (§ 2 II EichG), sonst Sicherheitsabschlag (KG NZV 92, 251: 0,2 sec; OLG Hamm NZV 93, 361; VRS 84, 51: Bemessung idR durch Sachverständigen; OLG Karlsruhe NZV 93, 323 u VRS 85, 467: Anforderungen an UrtGründe; s auch § 3 StVO Rn 93 ff). Die Rotlichtüberwachungsanlagen gelten inzw im allg als zuverlässig (s OLG Celle VRS 92, 39 iG zu OLG Oldenburg NZV 93, 447), so dass es insoweit bei Fehlen konkreter Mängelhinweise keiner Begründung bedarf. Das 1. Foto soll idR 0,6 sec nach Beginn der Rotlichtphase ausgelöst werden (BLFA OWi Okt 90; Hessen Erl v 31.10.90).

Bei einem **standardisierten Messverfahren** mit einer in der Lichtzeichenanlage installierten automatischen Rotlichtüberwachungskamera (wobei **sämtliche von der PTB zugelassenen Rotlichtkameras** standardisierte Messverfahren darstellen, Krumm DAR-Extra 11, 738, 739) ist grundsätzlich mitzuteilen, ob ein etwa erforderlicher Sicherheitsabschlag zum Ausgleich von Messungenauigkeiten **(Toleranzwert)** berücksichtigt wurde (OLG Karlsruhe DAR 09, 157, 158 = NZV 09, 201); ob ein Toleranzabzug erforderlich ist, entscheidet der Tatrichter (OLG Karlsruhe DAR 09, 157, 158 = NZV 09, 201). Bei einer automatischen Rotlichtüberwachungskamera sind Angaben zu einem ggf zu berücksichtigenden Toleranzwert nur dann entbehrlich, wenn die Rotlichtzeit auch nach Abzug des für den Betroffenen günstigsten Toleranzwerts von 0,4 Sekunden wenigstens eine Sekunde gedauert hat (OLG Bremen DAR 02, 225; OLG Braunschweig NJW 07, 391 = SVR 07, 71 m Praxishinweis Krumm; OLG Frankfurt/M NZV 08, 588).

Alle spätestens **seit Januar 04** von der PTB **zugelassenen Rotlichtüberwachungsanlagen** müssen die dem Betroffenen vorwerfbare Rotzeit automatisch

StVO § 37   II. Zeichen und Verkehrseinrichtungen

ermitteln, **ohne** dass vom angezeigten Messwert **Toleranzen** zu subtrahieren sind. Dies gilt für folgende Anlagen (Stand 24.4.06): MULTANOVA MultaStar RLÜ, MULTANOVA MultaStar-Kombi, MULTANOVA MultaStarC (Zulassungsinhaber jeweils: ROBOT Visual Systems GmbH), TCRG-1 (GatsometerBV), DiVAR (TRAFCOM COMMERCIAL ENTERPRISES INC), OLG Braunschweig NJW 07, 391 = SVR 07, 71 m Praxishinweis Krumm. Bei allen anderen (früher zugelassenen) Geräten ist diejenige Fahrzeit von der angezeigten Rotzeit zu subtrahieren, die das gemessene Fahrzeug vom Überfahren der Haltlinie bis zu der Position benötigte, die auf dem (ersten) Messfoto abgebildet ist (mit Möglichkeiten zur Berechnung der zu subtrahierenden Fahrzeit), OLG Braunschweig NJW 07, 391 = SVR 07, 71 m Praxishinweis Krumm. Nur bei den nachfolgenden drei Geräten ist zusätzlich zu dem oben für früher zugelassene Geräte beschriebenen Abzug noch eine weitere – gerätespezifische – Toleranz von 0,2 Sek zu berücksichtigen: TRAFFIPAX TraffiPhotII (ROBOT Visual Systems GmbH), Rotlicht-Überwachungsanlage von TRUVELO Deutschland, MULTAFOT (MultanovaAG), OLG Braunschweig NJW 07, 391 = SVR 07, 71 m Praxishinweis Krumm; s auch Krumm SVR 07, 286.

Bei Einsatz eines **stationären standardisierten Messverfahrens** genügt zum Beleg eines innerörtlichen qualifizierten Rotlichtverstoßes (s dazu auch unten Rn 30h u 30 m) grds, dass das Urteil die Verwendung eines standardisierten Messverfahrens, die Nettorotlichtzeit sowie die Tatsache, dass die Fluchtlinie der Kreuzung überfahren wurde, mitteilt (OLG Frankfurt/M NZV 08, 588; OLG Bremen NZV 10, 42). Einer ausführlichen Beschreibung der Messmethode bedarf es bei Verwendung eines standardisierten Messverfahrens nicht (OLG Karlsruhe DAR 09, 157, 158 = NZV 09, 201).

Die **Verweisung** im Urteil **auf „die Lichtbilder"** (§§ 267 I 3 StPO, 71 I OWiG) ist auch ohne konkrete Angabe der Blattzahlen dann ausreichend, wenn eine Verwechslung ausgeschossen ist und „die Lichtbilder" die im Urteil genannten Feststellungen eindeutig belegen (OLG Frankfurt/M NZV 08, 588); so wenn nur 2 Lichtbilder in der Akte sind und beide durch den Vergleich der Messrohdaten die Nettorotzeit und das Überfahren der Fluchtlinie der Kreuzung belegen (OLG Frankfurt/M NZV 08, 588).

30e   **e) Ablesen der Armbanduhr, Schätzung durch Polizeibeamten.** Voraussetzung für einen qualifizierten Rotlichtverstoß (s Rn 30h) ist eine **exakte Messung der Rotlichtdauer von 1 sec** (OLG Celle NZV 94, 40; KG NZV 95, 240: Ablesen der Armbanduhr genügt nicht; **Traffiphot III** ist mind seit Anfang 94 zuverlässig: Nds OVG ZfS 97, 77; anders vorher OLG Frankfurt/M DAR 94, 204) **u** die Feststellung der Art u Zuverlässigkeit der Überwachungsmethode (OLG Kassel NZV 93, 323) u der Zeitmesseinrichtung insb im Grenzbereich von 1 sec (OLG Oldenburg DAR 96, 368). Bloße **Schätzung** genügt grundsätzlich nicht (OLG Düsseldorf DAR 95, 167; ZfS 95, 394; NZV 98, 78 Ls; BayObLG ZfS 95, 433; KG NZV 95, 240 u DAR 96, 503; AG Landstuhl ZfS 11, 474); anders aber uU nach OLG Hamm NStZ-RR 96, 216 u DAR 97, 77 bei gezielter Rotlichtüberwachung oder durch erfahrene Pol-Beamten: OLG Düsseldorf BA 96, 37; Schätzung des Pol-Beamt. durch Mitzählen der Sekunden „21, 22 …": OLG Köln ZfS 04, 432; OLG Hamm NZV 10, 44 (Abweichung von OLG Hamm 01, 177). **Gezielte Rotlichtüberwachung** durch Schätzung von Polizeibeamten ist aber angesichts der in Betracht kommenden Fehlerquellen mit Unsicherheiten behaftet, denen die Beweiswürdigung in nachvollziehbarer Weise

Rechnung tragen muss; deshalb Darlegung tatsächlicher Anhaltspunkte, die eine Überprüfung der zeugenschaftlichen Schätzung auf ihre Zuverlässigkeit zulassen (OLG Düsseldorf NZV 99, 94; OLG Hamm NZV 01, 177; KG NZV 02, 50; OLG Düsseldorf NZV 00, 134; BayObLG NZV 02, 518; OLG Köln NZV 04, 651; KG NZV 04, 652; AG Landstuhl ZfS 11, 474). **Entfernungsschätzungen** (visuelle Beobachtungen) sind idR mit einem erheblichen Fehlerrisiko behaftet; stützt das Gericht seine Überzeugung vom Vorliegen eines qualifizierten Rotlichtverstoßes auf die Entfernungsschätzung eines Polizeibeamten (gezielte Rotlichtüberwachung) bedarf es idR einer wertenden Auseinandersetzung mit den Grundlagen dieser Schätzung (OLG Köln zfs 12, 292, 293 = DAR 12, 271).

OLG Hamburg (NZV 05, 209) lässt auch **zufällige Rotlichtüberwachung** durch Pol-Beamten zu; Urteilsgründe müssen jedoch ergeben, auf welchen konkreten Tatsachen die Feststellung bzw. Schätzung der Dauer der Rotlichtphase beruht und damit auch einer obergerichtlichen Überprüfung zugänglich sind (zB Methode der Schätzung, Sicherheitsabschlag, Geschwindigkeit, Abstand und Bremsverzögerung, Strecke bis zum Stillstand). Auch nach OLG Hamm (DAR 08, 35 = zfs 08, 111) ist die Feststellung eines qualifizierten Rotlichtverstoßes aufgrund der Angaben von Polizeibeamten oder auch anderen Zeugen bei einer zufälligen Rotlichtüberwachung nicht von vornherein ausgeschlossen. Die im Urteil festgestellte Situation muss jedoch konkrete Tatsachen aufweisen, auf denen die Schätzung der Dauer der Rotlichtphase zum Zeitpunkt des Überfahrens der Haltlinie beruht und einer gerichtlichen Überprüfung zugänglich ist, da bloße Schätzungen wegen der Ungenauigkeit des menschlichen Zeitgefühls idR mit einem erheblichen Fehlerrisiko behaftet sind.

Zur Berücksichtigung von Fehlerquellen ist ausreichender Sicherheitsabzug erforderlich, wobei jedenfalls dann in den Urteilsgründen konkret darauf einzugehen ist, wenn festgestellte Rotlichtphase nur geringfügig über einer Sekunde liegt (OLG Düsseldorf DAR 03, 234). Bei Messung der Rotlichtdauer mit geeichter **Stoppuhr** ist zum **Ausgleich der Reaktionsverzögerung bei Bedienung** der Stoppuhr ein Toleranzabzug von 0,3 sec vom gemessenen Wert vorzunehmen (KG NZV 02, 334; KG NZV 08, 587 = VRS 115/08, 307). Zum **Ausgleich etwaiger Gangungenauigkeiten** ist **zusätzlich** das Doppelte der Eichfehlergrenze (§ 33 III u IV EichO) abzuziehen, welche der Summe der kleinsten Skaleneinheit der Uhr und 0,5 Promille der gemessenen Zeit (Nr 3.1 Anlage 19 EichO) entspricht (KG NZV 08, 587 = VRS 115/08, 307). Sofern die kleinste Skaleneinheit der Uhr 0,1 Sekunde ist kommt ein Abzug von 0,3 zuzüglich 0,10 075 x 2 in Betracht (KG NZV 08, 587 = VRS 115/08, 307).

Die Urteilsgründe müssen – wegen der damit verbundenen Fehlermöglichkeiten – klare und erschöpfende Feststellungen auch zum Zeitablauf sowie zur Entfernung des Fz zum Einmündungsbereich, zur Lichtzeichenanlage und zu einer ggf vorhandenen Haltlinie treffen (OLG Hamm NZV 04, 156).

f) Eichpflicht, Verwertung bei Nichteichung. Automatische Überwachungskameras u Stoppuhren unterliegen zwar der Eichpflicht (KG NZV 92, 251; zum Sicherheitsabzug s BayObLG DAR 95, 299); das mit einem ungeeichten Messgerät gewonnene Ergebnis ist aber nicht unverwertbar, da § 25 I 3 EichG kein Verwertungsverbot für das OWi-Verfahren enthält; es kann aber ein höherer Toleranzwert angebracht sein (OLG Celle NZV 96, 419). **30f**

g) Berechnung der Rotlichtzeit, Haltlinie, Kontaktschleife. Maßgeblich für die nach Nr 132.3 BKat erforderliche Berechnung der Rotlichtzeit von 1 sec **30g**

ist nach der zutr inzw hM (BayObLG NZV 94, 200 u 97, 84; OLG Düsseldorf DAR 95, 167; 97, 116; OLG Celle VRS 91, 312; OLG Köln NZV 95, 327 unter Aufg von NZV 94, 330; OLG Oldenburg ZfS 96, 433 unter Aufg von NZV 93, 446; OLG Hamburg DAR 97, 324 Ls; OLG Stuttgart NZV 97, 450; OLG Hamm NZV 93, 492; KG NZV 92, 251; OLG Dresden NZV 98, 335; BGH NZV 99, 430; KG VRS 113/07, 300) der **Zeitpunkt des Überfahrens der Haltlinie**, auch wenn sie beim Abbiegen etwas zurückversetzt ist (OLG Düsseldorf v 15.10.97 NStZ 98 HG), vorausgesetzt, dass der Betr anschließend in den geschützten Bereich einfährt (so OLG Celle aaO; OLG Oldenburg aaO; OLG Stuttgart DAR 97, 364 Ls; BGH aaO, OLG Bremen DAR 02, 225); bei **Fehlen der Haltlinie** ist maßgebend das Einfahren in den **geschützten Kreuzungsbereich** (OLG Hamm NStZ-RR 96, 216; OLG Köln NZV 95, 327; OLG Düsseldorf VRS 93, 212; BayObLG aaO; OLG Oldenburg NZV 93, 446; OLG Karlsruhe DAR 95, 261; OLG Frankfurt/M DAR 95, 30; OLG Düsseldorf DAR 97, 283 u NZV 00, 134; OLG Hamm NZV 08, 309; BGH aaO). Die Urteilsgründe müssen entweder den Zeitpunkt des Passierens der Haltelinie oder des Einfahrens in den Kreuzungsbereich in Relation zur Zeitdauer der schon verstrichenen Rotphase konkret enthalten (BayObLG DAR 03, 380). Wer Haltelinie bei Grün überfährt, aber – wegen Stau – vor dem geschützten Kreuzungsbereich halten muss und gleichzeitig auch noch die Lichtzeichen der Ampel im Blick hat, darf nach Umschalten der Ampel auf Rot nicht mehr in den geschützten Kreuzungsbereich einfahren; Betroffener ist hier ggf (hängt von der Dauer des Rotlichts ab) wegen qualifiziertem Rotlichtverstoß zu belangen (BGH NZV 99, 430 unter Ablehnung von OLG Köln NZV 98, 297). Die strengere Ahndung nach Nr 132.3 BKat beginnt mit Ablauf der ersten sec u erfasst die gesamte weitere Rotlichtdauer (OLG Düsseldorf DAR 96, 107; OLG Hamm DAR 97, 117). Liegt bei automatischer Rotlichtüberwachung die erste **Kontaktschleife** in Fahrtrichtung des Betroffenen hinter der Haltelinie, ist für Feststellung des qualifizierten Rotlichtverstoßes die Zeit abzuziehen, die der Betroffene für die Strecke zwischen Haltelinie und Kontaktschleife benötigt hat (OLG Köln NZV 98, 472); generell muss der Tatrichter die Entfernung der Induktionsschleife von der Haltlinie u ggf sogar die Entfernung einer zweiten Induktionsschleife von der ersten sowie die auf den Messfotos eingeblendeten Messzeiten mitteilen (OLG Hamm SVR 07, 270 m Praxishinweis Ebner).

30h h) **Einfacher und qualifizierter Rotlichtverstoß, „Mitzieheffekt".** Das Passieren der Rotlichtampel nach Ablauf der 3–4 sec dauernden Gelbphase u 1 sec Rotlicht wird nach den Nrn 132.3–132.3.2 BKat wegen der bes Gefährlichkeit als sog **qualifizierter Rotlichtverstoß** strenger geahndet (BayObLG NZV 97, 84; s auch OLG Hamm NZV 08, 309), wenn es sich um Regelfall u keinen atypischen Rotlichtverstoß handelt (s unten Rn 30l u 30 m; s auch oben Rn 30d). Um dem Rechtsbeschwerdegericht die rechtliche Überprüfung zu ermöglichen, muss das **Tatgericht** nähere **Feststellungen** zu den örtlichen Verhältnissen und zum Ablauf des Rotlichtverstoßes zu treffen, insb zu Folgendem: Geschwindigkeit, zufällige oder gezielte Rotlichtüberwachung, Dauer der Rotlichtphase, Existenz einer Haltlinie, Abstand des Betr zur Haltlinie oder LZA (OLG Hamm NZV 08, 309). Den Urteilsgründen muss auch zu entnehmen sein, ob der Betr nach Aufleuchten des Gelblichts das Fahrzeug noch ohne Gefährdung hätte zum Stehen bringen können; dazu ist die Angabe der Geschwindigkeit im Zeitpunkt des Umschaltens von Grün auf Gelb erforderlich (OLG Karlsruhe DAR 09, 157,

158 = NZV 09, 201). Für die Darlegung eines qualifizierten Rotlichtverstoßes müssen auch das Ergebnis der Messungen bei Auslösen der Aufnahmekamera sowie die Anknüpfungstatsachen (Abstände zwischen Haltlinie, erster und zweiter Induktionsschleife sowie die jeweiligen Rotlichtzeiten beim Überfahren der Induktionsschleifen bzw beim Vorhandensein nur einer Induktionsschleife der zeitliche Abstand zwischen den Lichtbildaufnahmen und die zwischen den Aufnahmezeitpunkten zurückgelegte Fahrstrecke) mitgeteilt werden (OLG Karlsruhe DAR 09, 157, 158 = NZV 09, 201). Die Regelung ist nicht auf den Schutz des QuerV beschränkt, sondern **gilt für alle Vorrangverletzungen** (BayObLG DAR 97, 28 = NZV 97, 242), dh sie gilt auch an sog **Bedarfsampeln** für Fußgänger (BayObLG NZV 97, 84), bei Rot für Linksabbieger (BayObLG v 30.7.97 bei Janiszewski NStZ 97, 590) u an Baustellenampeln zur Regelung des Gegen- und DiagonalV. Die tatrichterlichen Feststellungen zur Dauer der Rotphase bei einem Rotlichtverstoß erwachsen als sogenannte **doppelrelevante Tatsachen** in Rechtskraft und sind damit für das weitere Verfahren, insbes zur Feststellung der Voraussetzungen eines Regelfahrverbots nach § 25 Abs. 1 StVG i.V.m. § 4 Abs. 1 Satz 1 Nr. 3 BKatV i.V.m. der Anlage (zu § 1 Abs. 1 BKatV) Abschnitt I. lfd. Nr. 132.3 BKat, bindend, wenn die Rechtsbeschwerde in Bußgeldsachen wirksam nur auf den Rechtsfolgenausspruch beschränkt wird (KG BeckRS2017, 107666).

Der Feststellung einer (von StVO u BKat nicht vorausgesetzten) konkreten Gefährdung bedarf es nicht (OLG Zweibrücken NZV 94, 160; OLG Karlsruhe DAR 96, 33; OLG Hamm NZV 96, 327); abstrakte Gefährdung genügt (BayObLG NZV 97, 84, 320; NZV 03, 350 = DAR 03, 233); fehlt sie, liegt kein Regelfall iS der Nr 132.3 BKat vor (OLG Köln NZV 94, 330; OLG Dresden DAR 02, 522). Nicht jeder Rotlichtverstoß von mehr als 1 Sekunde stellt eine typische ein FV indizierende Pflichtwidrigkeit dar, so wenn etwa Verkehrsführung am Tatort und zur Tatzeit die Anwesenheit anderer VT generell ausschließt, zB bei Baustellen-Ampel oder nachts um 1.00 Uhr in ländlicher Gemeinde ohne großen Verkehrsfluss (OLG Karlsruhe NJW 03, 3720; OLG Brandenburg ZfS 03, 471; Deutscher NZV 04, 173, 174). Ob es sich um einen einfachen oder qualifizierten Rotlichtverstoß gehandelt hat, muss sich aus dem Urteil ergeben (OLG Hamm SVR 06, 311 m Praxishinweis Krumm). Ob Rotlichtverstoß, der auf sog „**Mitzieh-Effekt**" beruht, einfach oder qualifiziert ist, hängt von den näheren Umständen ab, s Rn 30 I.

i) Vorsatz, (grobe) Fahrlässigkeit. Annahme von **Vorsatz** erfordert Feststellung, mit welcher Geschwindigkeit sich Betr der Ampel genähert und in welcher Entfernung von der Haltelinie er das vorausgehende Gelblicht bemerkt hat (KG NZV 01, 441). Allein aus der Feststellung, der FzFührer hätte sein Fz verkehrsgerecht rechtzeitig abbremsen können, lässt sich kein vorsätzlicher Rotlichtverstoß herleiten, da dem Entschluss nicht zu bremsen der Fehleinschätzung des FzFührers (Fahrlässigkeit) zugrunde liegen kann, er werde es noch schaffen, vor Beginn der Rotphase die Haltlinie zu überqueren (KG DAR 06, 158, 159 = VRS 111, 145).

Bei einem innerörtlichen Rotlichtverstoß genügt bei Fehlen besonderer Umstände für die Annahme von **Fahrlässigkeit,** dass der Betr die Ampel und den durch sie geschützten Bereich bei Rot passiert hat (KG VRS 128, 142; OLG Jena DAR 06, 225 = VRS 110, 134).

Nach BGH v 29.1.03 (NZV 03, 275 = DAR 03, 217 = ZfS 03, 242) gibt es keinen Grundsatz, wonach Nichtbeachten des Rotlichts stets als grob fahrlässig

30i

(bzw **grob fahrlässige Herbeiführung des Versicherungsfalls** nach § 81 II VVG anzusehen ist. − Siehe auch unten Rn 32c.

Grob fahrlässig handelt, wer die im Verkehr erforderliche Sorgfalt nach den gesamten Umständen in ungewöhnlich hohem Maße verletzt und unbeachtet lässt, was in gegebenen Fall jedem hätte einleuchten müssen. Im Gegensatz zur einfachen Fahrlässigkeit muss es sich bei einem groben fahrlässigen Verhalten um ein auch in subjektiver Hinsicht unentschuldbares Fehlverhalten handeln, das ein gewöhnliches Maß erheblich übersteigt (BGH aaO).

Das Nichtbeachten des roten Ampellichts wird wegen der damit verbundenen erheblichen Gefahren in aller Regel als objektiv grob fahrlässig anzusehen sein (LG Münster zfs 09, 641 m Anm Nugel; LG Essen zfs 10, 393 = SVR 10, 306 m Praxishinweis Hering). Nach den jeweiligen Umständen kann es jedoch an den objektiven oder an den subjektiven Voraussetzungen der groben Fahrlässigkeit fehlen. Dies kann der Fall sein, wenn die Ampel nur schwer zu erkennen oder verdeckt ist oder bei besonders schwierigen, insbesondere überraschend eintretenden Verkehrssituationen (vgl OLG Hamm VersR 02, 603 f; OLG Köln NVersZ 99, 331 f; OLG Nürnberg NJW-RR 96, 986 f sowie BGH aaO; zur Behauptung von „Phantomgrün" aufgrund tiefen Sonnenstandes OLG Celle SVR 07, 27 m Praxishinweis Schröder). Die Behauptung, ein anderes Kfz müsse eine Rotlicht zeigende Ampel vor einer großen Kreuzung, an der sich Baustellen befanden, verdeckt haben, reicht zur Verneinung grober Fahrlässigkeit nicht aus, wenn mit dem Vorhandensein einer LZA zu rechnen war (LG Arnsberg ZfS 05, 505 m Anm Rixecker).

Die bloße Berufung auf ein **„Augenblicksversagen"** (s zum Absehen von Fahrverbot bei Augenblicksversagen unten Rn 30l u § 25 StVG Rn 9d) reicht zur Verneinung grober Fahrlässigkeit nicht aus; vielmehr müssen weitere subjektive Umstände hinzukommen, damit eine mildere Beurteilung des Verstoßes möglich wird (BGH aaO; OLG Düsseldorf DAR 15, 213; OLG Rostock ZfS 03, 356; OLG Köln NZV 03, 138; OLG München NZV 02, 562; LG Arnsberg ZfS 05, 505). Insbesondere fehlende Ortskenntnis ist kein Umstand, der einen groben Verkehrsverstoß in milderes Licht rücken kann, da dies gerade eine höhere Aufmerksamkeit erfordert (OLG Düsseldorf DAR 15, 213). Die vorstehenden Überlegungen zur Bestimmung der groben Fahrlässigkeit sind zwar meist aus dem Versicherungsrecht (§ 61 VVG) entwickelt, gelten aber auch für das OWi-Recht, da der Rechtsbegriff der groben Fahrlässigkeit einheitlich bestimmt wird (BGH aaO, Ro aaO, Kö aaO); abgelehnt wird von BGH, OLG Rostock und OLG Köln (aaO) die gegenteilige Auffassung des OLG Frankfurt/M (VersR 01, 1276).

Kein Augenblicksversagen, sondern gravierende Pflichtverletzung, wenn Kfz-Führer bei Annäherung an LZA sich nicht selbst vergewissert, sondern auf Verhalten und Einschätzung des Vordermanns vertraut und deshalb das länger als eine Sekunde dauernde Rotlicht überfährt (BayObLG NZV 05, 433 = DAR 05, 349); entschuldbarer „Mitzieheffekt" allenfalls, wenn er zunächst anhält und dann in einer Autoschlange durch Unachtsamkeit bei Rot in den Kreuzungsbereich einfährt (aaO).

Grobe Fahrlässigkeit bei Führen eines Mietwagens im Großstadtverkehr, wenn Betr mit Fz so wenig vertraut ist, dass er versehentlich bei Rotlicht in eine Kreuzung einfährt (BayObLG NZV 01, 135).

30j **j) Besondere Vorsicht bei Inbetriebnahme von LZA.** Besondere Vorsicht ist geboten, wenn der Lichtzeichenbetrieb nach vorheriger Abschaltung u Rege-

Wechsellichtzeichen, Dauerlichtzeichen und Grünpfeil **§ 37 StVO**

lung durch PolBeamte wieder aufgenommen wird u die VLage in der Kreuzung nicht voll übersehbar ist (KG VM 81, 53).

k) Grobe Pflichtverletzung nach § 25 I 1 StVG mit Folge Fahrverbot. 30k
Grobe Pflichtverletzung iS von § 25 I 1 StVG (Fahrverbot) muss **objektiv** und **subjektiv** gegeben sein (KG NZV 02, 50; OLG Hamm NZV 01, 221), wobei auch der Grad der Gefährdung durch das Verhalten des Betroffenen eine Rolle spielt (BayObLG NZV 99, 216; OLG Hamm NZV 99, 176) und auch das Mitverschulden eines unfallbeteiligten Dritten berücksichtigt werden muss (OLG Celle DAR 12, 34, 35). Qualifizierter Rotlichtverstoß wurde auch angenommen bei Ablenkung durch Telefonanruf (OLG Düsseldorf NZV 98, 335), durch Telefonieren ohne Freisprecheinrichtung während der Fahrt, wobei Gericht deshalb Vorsatz angenommen hat (OLG Celle NZV 01, 354 mit krit Anm von Wrage NZV 02, 196) u bei Nichterkennbarkeit des Rotlichts infolge Einstrahlung von Sonnenlicht, wenn Kf trotz solcher Lichtverhältnisse ohne weitere Vorsichtsmaßnahmen in einen Kreuzungsbereich einfährt und dort einen Unfall verursacht (OLG Hamm NZV 99, 302). Einfahren in Kreuzungsbereich ohne zu sehen, welches Lichtzeichen der Ampel aufleuchtet, und ohne weitere Vorsichtsmaßnahmen ist idR grob verkehrswidrig und rechtfertigt FV (OLG Hamm SVR 07, 432 m Praxishinweis Schmidt).

Das **Fahrverbot** nach § 25 StVG gilt **nur** für **Kfz-Führer** und zB **nicht** für einen **Straßenbahnführer**, der ein für ihn geltendes Sonderwechsellichtzeichen (weißer waagerechter Lichtbalken) mißachtet hat (AG Leipzig NZV 11, 412).

l) Kein Regelfall. nach BKatV wurde angenommen bei der Nichtbeachtung 30l von Rot einer Baustellenampel unter besonderen, eine abstrakte Gefährdung anderer ausschließenden Umständen (OLG Köln NZV 94, 41; OLG Hamm NZV 94, 369; OLG Düsseldorf NZV 95, 35; OLG Dresden DAR 02, 522; sonst s oben Rn 30h), bei bloßer Unachtsamkeit (BayObLG NZV 94, 287, 370; OLG Hamm DAR 95, 501) bes bei unübersichtlicher VSituation (BayObLG DAR 97, 28 = NZV 97, 242), infolge Irrtums nach vorherigem Anhalten (OLG Düsseldorf DAR 96, 107), bei Bezug auf das falsche Lichtzeichen aus Unachtsamkeit (AG Frankfurt/M NZV 08, 371: Losfahren nach 20 Sek Halt trotz roter Rechtsabbiegerampel bei Wechsel der Geradeausampel auf Grün); bei leichter Fahrlässigkeit (OLG Düsseldorf NZV 97, 241); beim Übersehen einer überraschend sichtbar gewordenen LZA (OLG Düsseldorf VRS 85, 470; NZV 94, 161), beim Abbiegen infolge Ampelverwechselung (OLG Düsseldorf NZV 93, 320, 409; BayObLG NZV 94, 370), beim **„Mitzieh-Effekt"** (fährt der Betr als einziger an, liegt kein „Mitzieh-Effekt" vor: Krumm DAR 11, 379, 380) **ohne Gefährdung** (OLG Hamm VRS 88, 216; BayObLG v 30.3.95, 2 Ob OWi 89/95), bei Missachtung von Rot in notstandsähnlicher, ungefährlicher Situation (OLG Hamm v 22.2.94 bei Janiszewski NStZ 95, 274) bzw unter starkem psychischem Druck (OLG Hamburg DAR 95, 168) oder wenn der geschützte Bereich gar nicht berührt wird (OLG Celle ZfS 94, 306) oder jede Gefährdung ausgeschlossen war (OLG Düsseldorf ZfS 95, 394; KG NZV 01, 91; KG VRS 114/08, 60: weder konkrete noch abstrakte Gefährdung anderer Verkehrsteilnehmer; OLG Hamm SVR 06, 312 m Praxishinweis Krumm: Fußgängerampel ohne mögliche Querverkehr zu verkehrsarmer Nachtzeit ohne abstrakte Gefährdung); OLG Dresden (DAR 95, 498) lässt eine Ausn selbst bei längerer Rotlichtdauer (3,18 sec) im Falle unverhältnismäßiger Härte zu (s auch § 25 StVG Rn 10d; zu weiteren Ausn-Fällen s Beck DAR 97, 32).

StVO § 37   II. Zeichen und Verkehrseinrichtungen

Zur uneinheitlichen Rechtsprechung von **„Frühstartern"** OLG Bamberg DAR 08, 596: Allein der Umstand, dass der Betr das für ihn geltende Rotlicht zunächst beachtet, dann jedoch aufgrund einer Verwechslung der für ihn maßgeblichen Lichtzeichenanlage seine Fahrt bei anhaltender Rotphase fortgesetzt hat, rechtfertigt ohne das Hinzutreten sonstiger besonderer Umstände auch dann keine Ausnahme von einem verwirkten FV wegen eines qualifizierten Rotlichtverstoßes, wenn sich dieser zur Nachtzeit ereignet hat; so auch OLG Bamberg NZV 09, 616, wonach aber ein Absehen vom Regelfahrverbot in Betracht kommt, wenn das Rotlicht nicht dem Schutz des Querverkehrs dient, sondern ausschließlich eine den Verkehrsfluss regelnde Funktion erfüllt und deshalb eine auch abstrakte Gefährdung des Querverkehrs oder anderer Verkehrsteilnehmer ausgeschlossen ist); für Fahrverbot bei qualifiziertem Rotlichtverstoß eines „Frühstarters" an einer Fußgängerampel OLG Hamm DAR 10, 30 m krit Anm Sandherr; nach OLG Karlsruhe NZV 10, 412 m Anm Sandherr, kann bei einem Frühstart infolge Mitzieheffekt sogar bei einem Unfall eine grobe Pflichtverletzung fehlen und damit von einem Fahrverbotabgesehen werden.

Kein Regelfall des Rotlichtverstoßes mit Gefährdung oder Sachbeschädigung (Nr 132.1 u 132.2 BKat), wenn der erforderliche **Pflichtwidrigkeitszusammenhang** zwischen dem fahrlässigen Rotlichtverstoß und der eingetretenen Unfallfolge fehlt: so bei Kollision mit nicht in den Schutzbereich der LZA fallenden, aus angrenzendem Grundstück auf die Straße einfahrenden Fahrzeug nach Überfahren der „roten" LZA (OLG Koblenz NZV 07, 589 = zfs 07, 706). Bei einem Augenblicksversagen und unangemessener Härte kann von einem Fahrverbot abgesehen werden (AG Waiblingen ZfS 05, 365). – Bei Mitschuld des Gefährdeten kann uU vom FV abgesehen werden (OLG Celle NZV 94, 40).

Die **Entscheidung des Tatrichters,** vom Fahrverbot abzusehen oder nicht abzusehen, ist vom Rechtsbeschwerdegericht im Zweifel **„bis zur Grenze des Vertretbaren"** hinzunehmen (OLG Hamm VRS 114/08, 383; OLG Hamm VRS 114/08, 295; s auch Einf Rn 63).

30m   **m) Atypische Rotlichtverstöße.** Qualifizierter Rotlichtverstoß nach Nr 132.1 u 132.2 BKat liegt auch nicht vor bei sog **atypischem Rotlichtverstoß,** wenn abstrakte Gefährdung anderer ausgeschlossen werden kann (OLG Düsseldorf NZV 93, 320, 409; 94, 161; OLG Köln NZV 94, 41; BayObLG NZV 94, 287, 370; BayObLG DAR 97, 28; 96, 31; OLG Dresden DAR 02, 522; OLG Hamm SVR 06, 312 m Praxishinweis Krumm) oder bei bloßer Unachtsamkeit ohne Gefährdung; zu den nötigen Feststellungen s OLG Hamm NStZ-RR 96, 216; s auch § 25 StVG Rn 10 ff – Qualifizierter Rotlichtverstoß liegt nicht vor, wenn der Betr, der mit seinem Fahrzeug vor der Rotlichtzeigenden Ampel angehalten hat, bei fortdauerndem Rotlicht nach rechts abbiegt, nachdem der Querverkehr den Kreuzungsbereich bereits verlassen hat (OLG Düsseldorf NZV 00, 90). – Auch nur einfacher Rotlichtverstoß bei Sattelzug auf einer Kreuzung, der für den Querverkehr ein weithin sichtbares Hindernis auf der Kreuzung darstellt, so dass von einer besonderen objektiven Gefährlichkeit des Verhaltens des Betroffenen nicht auszugehen ist (KG NZV 99, 435).

Zur Verhängung des oder zum Absehen vom Fahrverbot wegen persönlicher oder beruflicher Umstände, die nicht unmittelbar mit dem Rotlichtverstoß zusammenhängen, vgl Ausführungen zu § 25 StVG Rn 10 ff.

30n   **n) Erhöhung der Geldbuße.** Eine **Erhöhung der Geldbuße** kann nicht abstrakt auf eine lange Rotlichtzeit oder Gefahr für den QuerV gestützt werden, da diese Umstände bereits im BKat berücksichtigt sind (OLG Hamm NZV 93, 361; KG NZV 10, 584). Bei Nichtbeachtung des Rotlichts u mehreren Voreintragungen im FAER (bis 30.4.14 VZR) ist eine Verdoppelung der Regelgeldbuße nach OLG Köln (VRS 61, 152 = StVE 22 zur bisherigen Rechtslage) unbedenklich. Zur Bußgeldhöhe bei **Radfahrern** s § 2 VI BKatV; OLG Braunschweig NZV 94, 39.

o) Tateinheit – Tatmehrheit. Zwei Rotlichtverstöße an zwei Kreuzungen 30o auf einer Fahrt bilden **keine TE** (OLG Düsseldorf DAR 97, 322). Zwischen einem **Rotlichtverstoß und** einem **Verstoß gegen Zeichen 276 (Überholverbot)** 62 Sekunden nach dem Rotlichtverstoß besteht aufgrund des engen zeitlichen und räumlichen Zusammenhangs eine einheitliche Tat iSd § 264 StPO (OLG Celle DAR 11, 407, 408).

p) Gerechtfertigte Rotlichtverstöße. Gerechtfertigt (§ 16 OWiG) kann die 30p Missachtung von Rot sein, wenn nur so ein drohender Auffahrunfall vermeidbar (OLG Düsseldorf DAR 92, 108) u die Gefährdung anderer VT nahezu ausgeschlossen ist (KG NZV 93, 362). Str-Glätte ist kein Rechtfertigungsgrund (OLG Düsseldorf DAR 92, 109). – **Vorsatz** wird nicht allein dadurch belegt, dass der Betr hätte anhalten können (KG NZV 92, 251). Es ist aber grob fahrlässig u verkehrswidrig, in eine Kreuzung einzufahren, ohne infolge Sonnenblendung das LichtZ zu erkennen (OLG Hamm NZV 96, 327; OLG Karlsruhe DAR 97, 29: bes Vorsicht!). – Wer ein FarbZ übersieht oder nicht richtig erkennt, handelt im **Tatirrtum;** wer das FarbZ richtig sieht, aber seine Bedeutung falsch beurteilt, im **Verbotsirrtum.**

12. Zuwiderhandlungen gegen Dauerlichtzeichen (Abs 5). Wo **Dauer-** 31 **lichtZ** die Fahrstreifen „bewirtschaften" (s Abs 3) besteht nach Abs 5 ein **Haltverbot.** Unerheblich ist, ob der Fahrstreifen durch DauerlichtZ mit rot gekreuzten Schrägbalken gesperrt, mit grünen Pfeilen frei gegeben oder mit gelben Pfeilen zu wechseln ist (amtl Begr BRDrs 153/09 S 96).

13. Zivilrecht. a) Verantwortung für Ampel. Ob eine **Ampel** errichtet 32 werden soll, steht idR im Ermessen der StrVB (BGH VersR 67, 602). Ampeln sind sachgerecht aufzustellen und fehlerfrei zu betreiben, Amtspflicht der StrVB (BGH VersR 90, 739). Die Richtlinien für Lichtsignalanlagen sind zu beachten (RiLiSA 1992), vgl VkBl 1992, 356, mit Änderungen VkBl 1994, 602 u 1999, 409. Desgleichen ist für die StrVB die VwV-StVO zu § 37 StVO verbindlich. Jeder VT darf auf verkehrsgerechte und ungefährliche Phasierung vertrauen (OLG Düsseldorf VersR 77, 455). Vorsorge gegen Störungen ist Gegenstand der **Verkehrssicherungspflicht** (BGHZ 99, 249 = NJW 87, 1945; vgl auch Burmann/ Heß in Berz/Burmann, Handbuch, Abschn 9 C Rn 7; Hentschel/König/Dauer-König § 37 StVO Rn 58).

b) Haftung für Ampel-Störungen. Zur **zivilrechtlichen Haftung,** insb 32a zur Haftungsverteilung bei **ungeklärter Ampelschaltung** s BGH NZV 96, 231 u 97, 350: Gleiche Belastung bei gleicher Betriebsgefahr; der geradeaus Fahrende hat zu beweisen, dass der Grünpfeil für den ihm entgegenkommenden Linksabbieger nicht aufgeleuchtet hat, wenn er daraus für sich günstige RFolgen herleiten will (BGH NZV 96, 231); bei ungeklärter Ampelschaltung zum Unfallzeitpunkt und gegenseitigem Vorwurf eines Rotlichtverstoßes kommt jeweils eine Haftung zur Hälfte in Betracht (OLG Rostock SVR 11, 337 m Praxishinweis Balke). Zum „feindlichen Grün" s oben Rn 8.

32b **c) Verschulden bei Rotlichtverstößen.** Es kommt für die Beurteilung der **Schuldfrage** bei **Rotlichtverstößen** auf die bes Umstände des Einzelfalles an. Die Nichtbeachtung von Rot wird zwar idR als grobe Fahrlässigkeit beurteilt (vgl BGH r+s 92, 292; OLG Hamm VersR 88, 1260; 95, 92; r+s 94, 4; OLG Oldenburg r+s 94, 47), doch muss sie nicht stets auf grober Fahrlässigkeit beruhen (LG Regensburg ZfS 90, 135; s RSprÜb bei Greger Rn 257), so zB bei Ortsunkundigen oder FSch-Neulingen in schwierigen VLagen (van Büren DAR 95, 470) oder Irrtum über die Funktionsfähigkeit der LZA (AG Dortmund NZV 2017, 196); andererseits kann selbst das unbewußte Übersehen von Rot eine bes schwere Sorgfaltspflichtverletzung darstellen (OLG Stuttgart NZV 92, 322; OLG Köln r+s 92, 7).

32c **d) Haftung bei Kollisionen.** Der Nachzügler (s Rn 6) haftet bei Kollision m QuerV idR zu ⅓ (s KG VM 93, 50 m krit Anm Booß u mwN), soweit nicht bes Umstände vorliegen.

Bei Kollision vor einer roten Ampel besteht ein Anscheinsbeweis dafür, dass das hintere Fahrzeug auf das vordere aufgefahren ist (LG Hamburg DAR 03, 120). Vollzieht der mit einem Automatik-Fz nicht vertraute Vorausfahrende in einem Abstand von 75–100 m vor einer roten Ampel plötzlich eine Vollbremsung, weil er mit dem linken Fuß, in der Vorstellung eine Kupplung zu treten, kräftig auf die Bremse tritt, kommt im Verhältnis zu dem unaufmerksamen Auffahrenden eine Haftung 50 : 50 in Betracht (KG DAR 06, 506). Kommt ein Fz, das bei „Grün" an einer Ampel anfuhr plötzlich und ohne ersichtlichen Grund („Abwürgen"?) auf der Kreuzung zum Stillstand und fährt ein nachfolgendes Fahrzeug auf, trifft das vordere Fahrzeug eine Mithaftung (hier: 25%) aus Betriebsgefahr (AG Hamm SVR 08, 23 m Praxishinweis Richter). Keine Haftung aus Betriebsgefahr gegenüber verletzten **Fußgänger,** wenn dieser eine große verkehrsreiche Kreuzung mit mehreren Richtungsfahrspuren bei roter Fußgängerampel und außerhalb der Überwege überquert, ohne auf den fließenden Fahrzeugverkehr zu achten (OLG Hamm NZV 02, 325). Die einfache Betriebsgefahr des Kfz tritt auch dann gegenüber dem Alleinverschulden des Fußgängers zurück, wenn dieser den vom Kfz befahrenen Fahrstreifen bei Rot betreten hatte, dann auf die benachbarte Busspur zurückgetreten war und dann wieder nach vorn in das herannahende Fahrzeug läuft (KG NZV 09, 241); sie tritt ebenfalls zurück, wenn ein Fußgänger in dunkler Kleidung bei Nacht unter Missachtung einer Rotlicht zeigenden Fußgängerampel außerhalb der Fußgängerfurt eine innerstädtische Straße überquert und hierbei von einem Autofahrer erfasst wird (OLG Saarbrücken SVR 11, 422 m Praxishinweis Balke). Bei einem Rotlichtverstoß eines Fußgängers an einer Fußgängerfurt kann die nicht durch ein Verschulden des Fahrers erhöhte Betriebsgefahr seines Kfz vollständig zurücktreten (OLG Köln SVR 12, 346 m Praxishinweis Balke). Ein Fußgänger, der vor einem bereits mind 20 Meter von der Haltestelle entfernten Linienbus trotz Rotlicht der Fußgängerampel über einen Fußgängerüberweg rennt und dabei von einem, den bereits fahrenden Bus überholenden Pkw erfasst wird, trägt seinen Schaden selbst, wenn keine Sorgfaltspflichtverletzung des Pkw-Fahrers vorliegt (KG NZV 10, 200); s zur Haftung bei Missachtung einer Fußgängerampel Scheidler DAR 11, 452, 454.

Ein Kraftfahrer, der in eine Vorfahrtstraße einbiegt, darf darauf vertrauen, dass ein auf der Vorfahrtstraße fahrender Kraftfahrer das für ihn geltende Rotlicht einer

Wechsellichtzeichen, Dauerlichtzeichen und Grünpfeil § 37 StVO

Fußgängerampel beachtet. Das „Überfahren" einer auf Rot stehenden LZA an einer Fußgängerfurt kann die Haftungsquote bei einer Kollision mit einem einbiegenden Fz direkt hinter dem Fußgängerübergang erhöhen (OLG Celle SVR 06, 425 m Praxishinweis Hoffmann). Bei Missachtung einer rot zeigenden Fußgängerampel auf dem Weg zu einer Kreuzung durch den dort Vorfahrtberechtigten kommt bei einem Zusammenstoß mit einem Wartepflichtigen, der das Vorfahrtrecht nicht beachtet hat, wegen der erhöhten Betriebsgefahr des Fz des Vorfahrtberechtigten eine Schadensteilung in Betracht (AG Norderstedt zfs 08, 434 m Anm Diehl). Überfährt ein bevorrechtigter Fahrzeugführer eine Fußgängerampel bei Rotlicht und kollidiert er hierbei im Schutzbereich der LZA (hier: 5 Meter von der LZA entfernt) mit einem unmittelbar hinter dem Fußgängerüberweg aus einer untergeordneten Straße einbiegenden Fahrzeug, haftet er mit 2/3 zu 1/3 (LG Bückeburg NZV 10, 471).

Kommt es aufgrund der Missachtung des Rotlichts zu einem Zusammenstoß der Fahrzeuge, kann die Haftung des **Vorfahrtberechtigten** für 2/3 des entstandenen Schadens gerechtfertigt sein (OLG Köln DAR 02, 316). Fährt der Geradeausfahrer sorgfaltswidrig bei **„spätem Gelb" oder „frühem Rot"** in die Kreuzung ein, hat er idR einen Ersatzanspruch von 2/3 gegen den vor Aufleuchten des Grünpfeils sorgfaltswidrig abbiegenden Linksabbieger (KG DAR 09, 92). Kommt es zu einer Kollision zwischen einem **unter Verletzung von § 10 StVO in die Straße einfahrenden Fahrzeugs** und einem zuvor gegen das Haltgebot einer LZA nach § 37 StVO verstoßenden Fahrzeugs, kann die Betriebsgefahr dieses letztgenannten Fahrzeugs so erhöht sein, dass sie im Rahmen der Abwägung der wechselseitigen Verursachungsbeiträge nicht zurücktritt (OLG Hamm NZV 11, 25). Bei einer Kollision zwischen einem an der LZA anfahrenden Lkw und einem Pkw, der während der vorangegangenen Rotphase sein Fahrzeug von der rechten Rechtsabbiegerspur auf die äußerst links gelegene Fahrspur (markierte Fahrstreifen und Richtungspfeile) in eine vor der LZA vorhandene Lücke lenkt, haftet der Pkw-Fahrer zu 70%, der Lkw-Fahrer zu 30% (OLG Hamm NZV 13, 247).

Rechtsprechungsübersicht (Arbeitshilfe) zur **Haftungsverteilung bei Verkehrsunfällen an einer ampelgeregelten Kreuzung** bei Grüneberg SVR 13, 136.

Bei einem Zusammenstoß zwischen einem bei Grün in die Kreuzung einfahrenden Fahrzeug mit einem mit wahrnehmbarem Blaulicht und Martinshorn bei Rot in die Kreuzung einfahrenden **Feuerwehrfahrzeug** kann eine Schadensteilung angemessen sein (OLG Brandenburg SVR 10, 61 m Praxishinweis Richter). Der Fahrer eines **Einsatzfahrzeugs** (hier: **Notarztwagen**) muss sich vor dem Einfahren in den für den Gegenverkehr durch Ampelschaltung mit „grün" freigegebenen Kreuzungsbereich vergewissern, dass das Sondersignal von den übrigen Verkehrsteilnehmern wahrgenommen worden ist. Dem Gefahrenbereich, der kreuzenden Gegenfahrspur, darf er sich nur mit einer Geschwindigkeit nähern, die ihm noch ein Anhalten ermöglicht. Die Haftungsquote richtet sich nach den weiteren Umständen des Einzelfalls, wobei insbesondere die Betriebsgefahr (hier: 20%) für den Unfallgegner zu berücksichtigen ist (OLG Nauburg DAR 13, 468).

Kaskoversicherung: Bei Einfahrt in eine Kreuzung nach bereits mehrere Sekunden dauerndem „Rot" ist wenigstens von einer **50%igen** Leistungsfreiheit (**Leistungskürzung** nach § 81 II VVG) des Versicherers auszugehen (LG Münster zfs 09, 641 m Anm Nugel; AG Duisburg SVR 10, 307 m Praxishinweis Hering). – Siehe auch oben Rn 30i.

Zur Haftung bei **„feindlichem Grün"** s oben Rn 8 u Jox NZV 89, 133.

Zur **Beweislast des Kfz-Vermieters** für grob fahrlässiges Verhalten bei einem Rotlichtverstoß OLG Koblenz NZV 11, 256. Zu **Beweislast und Schadenersatzanspruch** eines **gewerblichen Autovermieters** wegen grob fahrlässiger Herbeiführung eines Verkehrsunfalles durch den Fahrer des vermieteten Pkw **trotz vereinbarter Haftungsfreistellung** (OLG Koblenz zfs 12, 383 m Anm Diehl).

33   **14. Literatur. Albrecht** „Die bundesweite Einführung des Grünpfeils ..." DAR 94, 89; **Beck** „Ausn vom FV" DAR 97, 32; **Ferner** „Rotlichtverstoß" SVR 05, 412; **Grüneberg** „Verkehrsunfälle an ampelgeregelten Kreuzungen – Neuere Rechtsprechung zur Haftungsverteilung" SVR 13, 136; **Jox** „Haftung bei fehlerhafter Ampelschaltung („feindliches Grün")" NZV 89, 133; **Kettler** „Radfahrer in der StVO" SVR 05, 88; **Krumm** „Grundlagenwissen: Rotlichtverstoß – 10 Fragen und Antworten" SVR 06, 436; **ders** „Toleranzen bei Rotlichtüberwachungsanlagen" SVR 07, 286; **ders** „Absehen vom (Regel-)Fahrverbot" DAR 11, 379; **Löhle/Berr** „Rotlichtüberwachungsanlagen" DAR 95, 309; **Minjoth** *„Nebenbestimmungen* in Wechsellichtzeichenanlagen" DAR 05, 235; **Quarch** „Aktuelle Entscheidungen zu Geschwindigkeits-, Rotlicht- und Abstandsmessungen im Straßenverkehr" SVR 09, 327; **ders** „Aktuelle Entscheidungen zu Geschwindigkeits-, Rotlicht- und Abstandsmessungen im Straßenverkehr" SVR 10, 374; **Rebler** „Fahrräder im öffentlichen Straßenverkehr" DAR 09, 12; **Scheidler** „Fußgänger im Straßenverkehr – Haftungsfragen bei Unfällen" DAR 11, 452; **Schulz-Arenstorff** „Die Tücken des grünen Rechtsabbiegerpfeils – Zur Dogmatik des § 37 II Nr 1 S. 8–10 StVO" NZV 08, 67; **Seidenstecher** „Rechtsabbiegen bei „Rot"?" NZV 91, 215; 92, 345; 94, 96.

§ 38 Blaues Blinklicht und gelbes Blinklicht

(1) Blaues Blinklicht zusammen mit dem Einsatzhorn darf nur verwendet werden, wenn höchste Eile geboten ist, um Menschenleben zu retten oder schwere gesundheitliche Schäden abzuwenden, eine Gefahr für die öffentliche Sicherheit oder Ordnung abzuwenden, flüchtige Personen zu verfolgen oder bedeutende Sachwerte zu erhalten.

Es ordnet an:

„Alle übrigen Verkehrsteilnehmer haben sofort freie Bahn zu schaffen".

(2) Blaues Blinklicht allein darf nur von den damit ausgerüsteten Fahrzeugen und nur zur Warnung an Unfall- oder sonstigen Einsatzstellen, bei Einsatzfahrten oder bei der Begleitung von Fahrzeugen oder von geschlossenen Verbänden verwendet werden.

(3) Gelbes Blinklicht warnt vor Gefahren. Es kann ortsfest oder von Fahrzeugen aus verwendet werden. Die Verwendung von Fahrzeugen aus ist nur zulässig, um vor Arbeits- oder Unfallstellen, vor ungewöhnlich langsam fahrenden Fahrzeugen oder vor Fahrzeugen mit ungewöhnlicher Breite oder Länge oder mit ungewöhnlich breiter oder langer Ladung zu warnen.

VwV – StVO

Zu § 38 Blaues Blinklicht und gelbes Blinklicht

Zu den Absätzen 1 bis 3

1   Gegen mißbräuchliche Verwendung von gelbem und blauem Blinklicht an damit ausgerüsteten Fahrzeugen ist stets einzuschreiten.

Blaues Blinklicht und gelbes Blinklicht § 38 StVO

Zu Absatz 3

I. Gelbes Blinklicht darf auf der Fahrt zur Arbeits- oder Unfallstelle nicht verwendet werden, während des Abschleppens nur, wenn der Zug ungewöhnlich langsam fahren muß oder das abgeschleppte Fahrzeug oder seine Ladung genehmigungspflichtige Übermaße hat. Fahrzeuge des Straßendienstes der öffentlichen Verwaltung dürfen gelbes Blinklicht verwenden, wenn sie Sonderrechte (§ 35 Abs 6) beanspruchen oder vorgebaute oder angehängte Räum- oder Streugeräte mitführen.

II. Ortsfestes gelbes Blinklicht sollte nur sparsam verwendet werden und nur dann, wenn die erforderliche Warnung auf andere Weise nicht deutlich genug gegeben werden kann. Empfehlenswert ist vor allem, es anzubringen, um den Blick des Kraftfahrers auf Stellen zu lenken, die außerhalb seines Blickfeldes liegen, zB auf ein negatives Vorfahrtzeichen (Zeichen 205 und 206), wenn der Kraftfahrer wegen der baulichen Beschaffenheit der Stelle nicht ausreichend klar erkennt, daß er wartepflichtig ist. Aber auch auf eine Kreuzung selbst kann so hingewiesen werden, wenn diese besonders schlecht erkennbar oder aus irgendwelchen Gründen besonders gefährlich ist. Vgl. auch Nummer VI zu § 37 Abs 2 Nr 1 und 2; *Rn 14*. Im gelben Blinklicht dürfen nur schwarze Sinnbilder für einen schreitenden Fußgänger, ein Fahrrad, eine Straßenbahn, einen Kraftomnibus, einen Reiter oder ein schwarzer Pfeil gezeigt werden.

III. Fahrzeuge und Ladungen sind als ungewöhnlich breit anzusehen, wenn sie die gesetzlich zugelassenen Breiten überschreiten (§ 32 Abs 1 StVZO und § 22 Abs 2).

Übersicht

	Rn
1. Grundlagen	1
2. Abs 1: Wegerechtsfahrzeuge	2
a) Sonderrechte u Wegerechts-Fze	2
b) Begründung des Wegerechts	3
c) Freie Bahn schaffen	4
3. Abs 2: Blaues Blinklicht allein (II)	6
4. Abs 3: Gelbes Blinklicht	7
5. Zivilrecht/Haftungsverteilung	8
6. Zuwiderhandlungen	9
7. Literatur	10

1. Grundlagen. In § 38 sind die Vorschriften über das blaue Blinklicht der sog Wegerechts-Fze, das ortsfeste gelbe Blinklicht u gelb blinkende Kennleuchten an Fzen zusammengefasst. Wegen der zum Führen von Kennleuchten berechtigten Fze s § 52 III, IV StVZO.

2. Abs 1: Wegerechtsfahrzeuge. a) Sonderrechte u Wegerechts-Fze. Das SonderR nach § 35 I u der Anspruch der Wegerechts-Fze auf freie Bahn decken sich nicht. Die Befreiung von VVorschriften steht den Wegerechts-Fzen auch beim Einschalten von Blaulicht u Einsatzhorn nur zu, wenn sie einem der in § 35 I aufgeführten Hoheitsträger gehören. Die übrigen Wegerechts-Fze wie Unfall- u Krankenwagen, sind nicht allg von der Einhaltung der VVorschriften befreit (sondern nur unter den Voraussetzungen des § 35 V a). § 38 I S 2 führt nicht zu einer Umkehrung des VorfahrtR (OLG Frankfurt, Urt. v. 27.11.2012 – 24 U 45/12; Rabe, in: NJW-Spezial 2015, 137). Jedoch werden die allg Maßstäbe dahin abgewandelt, dass die anderen VT auf ihr VorfahrtsR vorübergehend verzichten müssen (OLG Hamm DAR 96, 93; BGH(Z) StVE 1). Das Wegerechts-Fz darf, wenn alle übrigen VT freie Bahn geschaffen haben, diese mit der in § 35 Rn 13 f erörterten Vorsicht in Anspruch nehmen u dabei sogar bei Rot durchfahren (BGH(Z) StVE 1; OVG Hamburg DAR 01, 470; s aber auch KG Berlin VM 82, 41; 85, 84; 89, 43 u NZV 92, 456), nicht aber blindlings (KG Berlin VRS 88, 321). Auch bei einer Sonderrechtsfahrt sind die öffentliche Sicherheit und Ordnung (§ 38 Abs 8 StVO) gebührend zu berücksichtigen (OLG Thüringen (Jena) MDR 07, 884).

3   **b) Begründung des Wegerechts.** Das WegeR ist nur dann rechtswirksam in Anspruch genommen, wenn blaues Blinklicht (§ 52 III StVZO) **und** Tonsignal des Einsatzhorns (§ 55 III StVZO) rechtzeitig zusammen zur Verfolgung der in I gen Zwecke gegeben werden (OLG Düsseldorf BeckRS 17, 100461;KG Berlin VersR 07, 413; KG Berlin NZV 03, 481; 03, 382; VRS 100, 329; OLG Köln NZV 96, 237; OLG Naumburg VM 95, 24); die Voraussetzungen für das SonderR hat der es in Anspruch Nehmende zu beweisen (KG Berlin VM 85, 5; OLG Düsseldorf NZV 92, 489); bei vorübergehendem Ausfall des Tonsignals s unten Rn 6. Der Einsatzbefehl berechtigt den Fahrer meistens zum Fahren mit Blaulicht u Einsatzhorn (vgl dazu Bay VRS 59, 385 u oben Rn 8 zu § 35); er darf aber zB in eine Kreuzung nur einfahren, wenn er sicher beurteilen kann, dass sämtliche bevorrechtigten VT ihm freie Bahn gewähren (KG Berlin NZV 92, 456; KG Berlin VRS 100, 329; OLG Naumburg VRR 09, 202). War der Einsatz des Sondersignals durch ein Pol-Fz unzulässig, ist dies bei der Haftungsabwägung zu Lasten des Halters des Einsatzwagens zu berücksichtigen (OLG Dresden NZV 01, 429). – § 38 I S 1 erfasst – synchron mit § 35 V a – auch die Fälle der Abwehr schwerer gesundheitlicher Schäden, was zB auch Fahrten mit Blutkonserven unter Einsatzbedingungen ermöglicht.

4   **c) Freie Bahn schaffen.** bedeutet – je nach VLage u örtl Verhältnissen (OLG Köln VRS 67, 295) – für alle VT u den Verfolgten (Bay Rüth DAR 86, 240) äußerst rechts heranfahren u dort entweder vorübergehend anhalten oder langsam weiterfahren (Bay 59, 50 = VM 60, 17). Zur Bildung einer **freien Gasse** auf ABen u außerorts s § 11 II. Wer sich beim Ertönen des Einsatzhorns unmittelbar vor einer Kreuzung befindet u nicht weiß oder erkennen kann, woher das Einsatz-Fz kommt, darf nicht in die Kreuzung einfahren (LG München I Urt v 10.6.05 – 17 S 6138/05; OLG Düsseldorf NZV 92, 489; OLG Celle Schaden-Praxis 99, 224); er handelt nicht schuldhaft, wenn er zunächst mitten auf der Fahrbahn sofort anhält (BGH(Z) VRS 22, 191). Andererseits handelt derjenige, der sich gerade in einer Kreuzung befindet, richtig, wenn er diese noch räumt, außer, wenn er die freie Bahn gerade dadurch schaffen kann, dass er in der Kreuzung sofort anhält (Bay 53, 13). Auf einer Einbahnstr kann es richtig sein, auf der linken Fahrbahnseite zu bleiben, wenn rechts genügend Platz zum Durchfahren ist (OLG Düsseldorf VM 60, 60; vgl auch § 11 II). Bei unklarer Lage ist im Zweifel zu warten (KG Berlin VM 81, 108). FzF müssen dafür sorgen, dass sie das Einsatzhorn hören können (KG Berlin NZV 92, 456). Wer das Einsatzhorn wegen starkem Innengeräusch nicht hören kann, muss dies durch besondere Aufmerksamkeit ausgleichen (OLG Nürnberg VersR 77, 64). Auch die **Straba** muss erforderlichenfalls anhalten, um den WegeR-Fzen freie Bahn zu schaffen (BGH(Z) VRS 16, 105). Treffen zwei SonderR-Fze aufeinander, müssen sie sich verständigen (KG Berlin VM 92, 52).

Das Gebot, freie Bahn zu schaffen, wird allein durch die **Signale** des Vorrechts- 5
Fz ausgelöst, die – wie andere Ge- u Verbotszeichen – sofort (dh mit angemessener Reaktionszeit, KG Berlin VM 81, 119; VGH München BayVBl 97, 374) – auch von Fußgängern (OLG Köln VRS 67, 295; OLG Hamm NJWE-VHR 98, 233) – zu befolgen sind, ohne dass die anderen VT befugt sind nachzuprüfen, ob das WegeR zu Recht beansprucht wird (OLG Düsseldorf NZV 92, 489; KG Berlin NZV 98, 27); die Pflicht, sofort freie Bahn zu schaffen, hängt nicht von der Eilbedürftigkeit der Einsatzfahrt ab (KG Berlin VM 82, 41). Auch im Verfahren wegen der OW nach § 49 III Nr 3 kann daher nicht nachgeprüft werden, ob das WegeR zu Unrecht in Anspruch genommen worden ist, außer bei offensichtlichem Missbrauch, zB Feuerwehr fährt mit Blaulicht u Einsatzhorn bei einem Schützenfest auf (Bay VRS 28, 156). Die missbräuchliche Verwendung des Sondersignals findet auch im Haftpflichtprozess Berücksichtigung (OLG Dresden DAR 01, 214).

3. Abs 2: Blaues Blinklicht allein (II). ohne gleichzeitige Einschaltung des 6
Einsatzhorns begründet zwar nicht das WegeR des 38 I 2 (s Rn 3; KG NZV 03, 481; 03, 382; VRS 100, 329; OLG Naumburg VM 95, 24; OLG Köln NZV 96, 237) oder bes Pflichten für die VT; es ist nur ein **Warnsignal,** das andere VT zu gesteigerter Aufmerksamkeit (OLG Frankfurt/M VerkMitt 69, 32; KG Berlin VersR 07, 413) und zur Vorsicht mahnt (OLG Koblenz NZV 2004, 529), dessen alleinige Verwendung aber bei **Einsatzfahrten** sinnvoll sein kann u deshalb (durch die 11. ÄndVO) zugelassen worden ist. Die Verwendung des Blaulichts allein entgegen II ist missbräuchlich u kann zur Haftung für einen dadurch entstehenden Unfallschaden führen (KG Berlin DAR 76, 78; OLG Naumburg aaO). Die VT müssen nicht damit rechnen, dass ein Einsatz-Fz nur mit blauem Blinklicht u ohne Betätigung des Einsatzhorns bei Rot durchfährt (KG Berlin VM 79, 26; VRS 56, 241); das gilt auch bei vorübergehendem Ausfall des Einsatzhorns (KG Berlin VM 81, 119).

4. Abs 3: Gelbes Blinklicht. ist ein Warnsignal, dessen – auch stationäre – 7
Verwendung durch die 11. ÄndVO klargestellt ist. Es ist ein GefahrZ, welches ausschließlich in den in Abs III bezeichneten Fällen verwendet werden darf. Ein Vorrecht schafft es nicht. Die Bedeutung eines solchen Blinklichts geht nicht über die Warnung vor Gefahren hinaus (OLG Düsseldorf BeckRS 17, 108496). Ortsfestes gelbes Blinklicht an Kreuzungen ist, bes wenn die LZA nicht in Betrieb ist, zur Verdeutlichung der **Wartepflicht** (Z 205, 206), nicht aber an der bevorrechtigten Str zulässig (VwV zu § 37 II 1 u 2 VI). Es geht iG zu den anderen FahrbZ den allg VRegeln u den durch amtl VZ angezeigten Sonderregelungen nicht vor, sondern ermahnt gerade zu einer genauer Einhaltung (BGH NJW 2005, 1940; OLG Düsseldorf VM 60, 92; OLG Köln NZV 2002, 372). So beinhaltet ein vor einer Wechselzeichenanlage ortsfest installiertes und mit deren Phasenwechsel gekoppeltes gelbes Blinklicht für den Kraftfahrer keine Pflicht schon wegen der blinkenden „Vorampel" seine Geschwindigkeit unter die zulässige Höchstgeschwindigkeit zu reduzieren (BGH NJW 2005, 1940, s a NJW-Spezial 2005, 305).
An einem Reinigungs-Fz (zum Begriff vgl § 52 Abs 4 StVZO; VG Oldenburg Urteil vom 20.3.2009 – 7 A 2050/08) warnt es nur vor Gefahren, die von dem Fz bzw von dort ausgeführten Arbeiten ausgehen (OLG Düsseldorf VRS 82, 94). Bei einem Verstoß sind die allg Regeln oder § 41 verletzt, nicht § 38.

5. Zivilrecht/Haftungsverteilung. Wegen der zivilrechtlichen Haftungsfra- 8
gen wird auf die Anmerkungen zu § 35 Rn 16 f verwiesen.

§ 38 gibt nur dem mit **blauem Blinklicht und Einsatzhorn** in Betrieb befindlichen Fahrzeugen Anspruch auf freie Bahn (KG Berlin NZV 03, 481; 03, 382; VRS 100, 329; VersR 1987, 822; OLG Köln VersR 96, 906). Mithin verpflichtet § 38 alle übrigen Verkehrsteilnehmer, den vorgenannten Fahrzeugen freie Fahrt zu gewähren und ihnen Vorrecht einzuräumen (BGHZ 63, 327). Dies setzt allerdings die gleichzeitige Verwendung beider Warnvorrichtungen voraus (KG Berlin VersR 07, 413). Auch bei Inanspruchnahme beider Sondersignale ergibt sich aber keine Umkehrung des Vorfahrtsrechts (OLG Frankfurt, Urt. v. 27.11.2012 – 24 U 45/12; Rabe, in: NJW-Spezial 2015, 137); die anderen Verkehrsteilnehmer müssen allerdings auf ihr Vorfahrtsrecht verzichten, soweit sie den Einsatz der Warnvorrichtung bemerkt haben. Dem steht eine besondere Sorgfaltspflicht des Sonderrechtsfahrers gegenüber. Je mehr der Fahrer bei einem Sondereinsatz von den Verkehrsregeln abweicht, umso mehr muss er Warnzeichen geben und sich auch darüber vergewissern, dass der übrige Verkehr sie auch beachtet (OLG Köln VersR 96, 906 mwN).

9 **6. Zuwiderhandlungen.** Verstöße gegen das Gebot, sofort freie Bahn zu schaffen (I S 2) u gegen das Verbot der unbefugten oder vorschriftswidrigen Verwendung der Signale (I, II, III S 3) sind OWen nach §§ 49 III 3 StVO iVm 24 StVG (Nr 134, 135 BKat).

10 **7. Literatur.** Siehe 9. zu § 35: **Beck** „Inanspruchnahme von Sonderrechten gemäß § 35 StVO durch Angehörige von Hilfsorganisationen" NZV 09, 324; **Müller** „Rechtliche Rahmenbedingungen für Übungseinsatzfahrten im öffentlichen Verkehrsraum" VD 08, 31; ders. „Rückfahrten vom Einsatzort – Problemfälle des Wegerechtes" VD 2006, 199; **Ternig** „Sonderrechte und Wegerechte nach §§ 35, 38 StVO" VD 06, 183"; Rabe, in: NJW-Spezial 2015, 137.

§ 39 Verkehrszeichen[1]

(1) **Angesichts der allen Verkehrsteilnehmern obliegenden Verpflichtung, die allgemeinen und besonderen Verhaltensvorschriften dieser Verordnung eigenverantwortlich zu beachten, werden örtliche Anordnungen durch Verkehrszeichen nur dort getroffen, wo dies auf Grund der besonderen Umstände zwingend geboten ist.**

(1a) **Innerhalb geschlossener Ortschaften ist abseits der Vorfahrtstraßen (Zeichen 306) mit der Anordnung von Tempo 30-Zonen (Zeichen 274.1) zu rechnen.**

(2) **Regelungen durch Verkehrszeichen gehen den allgemeinen Verkehrsregeln vor. Verkehrszeichen sind Gefahrzeichen, Vorschriftzeichen und Richtzeichen. Als Schilder stehen sie regelmäßig rechts. Gelten sie nur für einzelne markierte Fahrstreifen, sind sie in der Regel über diesen angebracht.**

---

[1] S auch VzKat (Auszug im Anhang zu § 39 StVO) – Seit dem 30.5.17 gilt eine neuer VzKat, welcher als Anlage zur VwV- StVO im Bundesanzeiger veröffentlicht wurde. Die Neufassung zeichnet sich durch ein geändertes Nummernsystem und geänderte VZ aus.- Durch die Neufassung der StVO v 6.3.13 (BGBl I S 367, 381/382) erfolgten sprachliche und klarstellende Anpassungen; Abs 9 wurde neu angefügt. Mit VO v 15.9.15 (BGBl I S 1573) wurde Abs 10 neu eingefügt.

§ 39 StVO

(3) Auch Zusatzzeichen sind Verkehrszeichen. Zusatzzeichen zeigen auf weißem Grund mit schwarzem Rand schwarze Sinnbilder, Zeichnungen oder Aufschriften, soweit nichts anderes bestimmt ist. Sie sind unmittelbar, in der Regel unter dem Verkehrszeichen, auf das sie sich beziehen, angebracht.

(4) Verkehrszeichen können auf einer weißen Trägertafel aufgebracht sein. Abweichend von den abgebildeten Verkehrszeichen können in Wechselverkehrszeichen die weißen Flächen schwarz und die schwarzen Sinnbilder und der schwarze Rand weiß sein, wenn diese Zeichen nur durch Leuchten erzeugt werden.

(5) Auch Markierungen und Radverkehrsführungsmarkierungen sind Verkehrszeichen. Sie sind grundsätzlich weiß. Nur als vorübergehend gültige Markierungen sind sie gelb; dann heben sie die weißen Markierungen auf. Gelbe Markierungen können auch in Form von Markierungsknopfreihen, Markierungsleuchtknopfreihen oder als Leitschwellen oder Leitborde ausgeführt sein. Leuchtknopfreihen gelten nur, wenn sie eingeschaltet sind. Alle Linien können durch gleichmäßig dichte Markierungsknopfreihen ersetzt werden. In verkehrsberuhigten Geschäftsbereichen (§ 45 Absatz 1d) können Fahrbahnbegrenzungen auch mit anderen Mitteln, insbesondere durch Pflasterlinien, ausgeführt sein. Schriftzeichen und die Wiedergabe von Verkehrszeichen auf der Fahrbahn dienen dem Hinweis auf ein angebrachtes Verkehrszeichen.

(6) Verkehrszeichen können an einem Fahrzeug angebracht sein. Sie gelten auch während das Fahrzeug sich bewegt. Sie gehen den Anordnungen der ortsfest angebrachten Verkehrszeichen vor.

(7) Werden Sinnbilder auf anderen Verkehrszeichen als den in den Anlagen 1 bis 3 zu den §§ 40 bis 42 dargestellten gezeigt, so bedeuten die Sinnbilder:

Kraftwagen und sonstige mehrspurige Kraftfahrzeuge	Kraftfahrzeuge mit einer zulässigen Gesamtmasse über 3,5 t, einschließlich ihrer Anhänger, und Zugmaschinen, ausgenommen Personenkraftwagen und Kraftomnibusse
Radverkehr	Fußgänger

StVO § 39   II. Zeichen und Verkehrseinrichtungen

Reiter

Viehtrieb

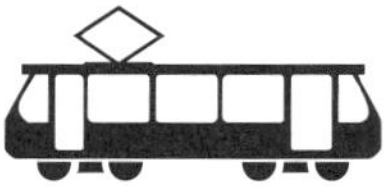

Straßenbahn

Kraftomnibus

Personenkraftwagen

Personenkraftwagen mit Anhänger

Lastkraftwagen mit Anhänger

Kraftfahrzeuge und Züge, die nicht schneller als 25 km/h fahren können oder dürfen

Krafträder, auch mit Beiwagen, Kleinkrafträder und Mofas

Mofas

Gespannfuhrwerke

Einsitzige zweirädrige Kleinkrafträder mit elektrischem Antrieb, der sich bei einer Geschwindigkeit von mehr als 25 km/h selbsttätig abschaltet – E-Bikes –

Verkehrszeichen § 39 StVO

(8) **Bei besonderen Gefahrenlagen können als Gefahrzeichen nach Anlage 1 auch die Sinnbilder „Viehtrieb" und „Reiter" und Sinnbilder mit folgender Bedeutung angeordnet sein:**

Schnee- oder Eisglätte   Steinschlag   Splitt, Schotter

Bewegliche Brücke   Ufer   Fußgängerüberweg

Amphibienwanderung   Unzureichendes Lichtraumprofil   Flugbetrieb

(9) **Die in den Anlagen 1 bis 4 abgebildeten Verkehrszeichen und Verkehrseinrichtungen können auch mit den im Verkehrszeichenkatalog dargestellten Varianten angeordnet sein.** Der Verkehrszeichenkatalog wird vom Bundesministerium für Verkehr und digitale Infrastruktur im Verkehrsblatt veröffentlicht.

(10) [2]**Bevorrechtigung elektrisch betriebener Fahrzeuge kann das Sinnbild**

als Inhalt eines Zusatzzeichens angeordnet sein. Elektrisch betriebene Fahrzeuge sind die nach § 9a Absatz 2 und 4, jeweils auch in Verbindung mit Absatz 5, der Fahrzeug-Zulassungsverordnung gekennzeichneten Fahrzeuge.

---

[2] Beachte hierzu die Übergangsbestimmungen in § 52.

StVO § 39

II. Zeichen und Verkehrseinrichtungen

Anhang zu § 39 Katalog der Verkehrszeichen[3]

– VzKat –

vom 22.05.2017 (BAnz AT 29.05.2017 B8)

Inhalt

Teil 1: Allgemeines *(nicht abgedruckt)*
    1. Grundlagen
    2. Neuerungen
    3. Nummernsystem
    4. Größen der Verkehrszeichen
    5. Materialien und Ausführung von Verkehrszeichen

Teil 2: Gefahrenzeichen nach Anlage 1 (zu § 40 Abs. 6 u 7 StVO)
    Ausführung (Gestaltung) *(nicht abgedruckt)*

Teil 3: Vorschriftszeichen nach Anlage 2 (zu § 41 Abs. 1 StVO)
    Ausführung (Gestaltung) *(nicht abgedruckt)*

Teil 4: Richtzeichen nach Anlage 3 (zu § 42 Abs. 2 StVO)
    Ausführung (Gestaltung) *(nicht abgedruckt)*

Teil 5: Verkehrseinrichtungen nach Anlage 4 (zu § 43 Abs. 3 StVO)
    Ausführung (Gestaltung) *(nicht abgedruckt)*

Teil 6: Sonstige Zeichen nach StVO
    Ausführung (Gestaltung) *(nicht abgedruckt)*

Teil 7: Zusatzzeichen nach § 39 Abs. 3 StVO, § 41 Abs. 2 StVO

– Auszug –

I. Zusatzzeichen nach § 39 Absatz 3 StVO (allgemeine Zusatzzeichen)

Zeichen 1000: Richtungsangaben durch Pfeile

---

[3] Neufassung gültig seit dem 30.5.2017.

Katalog der Verkehrszeichen § 39 StVO

−13

−23

−34

−30

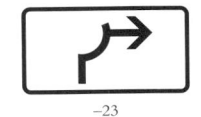

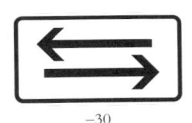

−31

−32

−33
gemäß § 53 Absatz 2 Nummer 3 StVO gültig bis zum 1. April 2017

Zeichen 1001: Länge einer Strecke

−33

−32
gemäß VwV-StVO in Tunneln
32: noch ... m
33: noch ... km

−30

Unternummer Z 1001:
30: auf ... m
31: auf ... km

Unternummer Z 1001:
in Verb. m. Fahrstreifentafeln
(Zeichen 521 ff)
34: auf ... m
35: auf ... km

500 × 1250
−35

−34

Zeichen 1002: Verlauf der Vorfahrtstraße

Unternummer Z 1002−
an Kreuzungen
10: von unten nach links
11: von oben nach links
10: von unten nach rechts
10: von oben nach rechts

−10

Hühnermann 495

StVO § 39 II. Zeichen und Verkehrseinrichtungen

Unternummer Z 1002–
an Einmündungen
12: von unten nach links, Einmündung von oben
13: von unten nach links, Einmündung von rechts
14: von oben nach links, Einmündung von unten
22: von unten nach rechts, Einmündung von oben
23: von unten nach rechts, Einmündung von links
24: von oben nach rechts, Einmündung von unten

–12

Zeichen 1004: Entfernungsangaben

Unternummer Z 1004–
an Einmündungen
30: Entfernungsangabe in m[4, 5]
31: Entfernungsangabe in km
32: Stop in 100 m

–32   –30

Zeichen 1005: Entfernungsangaben mit verbalem Zusatz

Unternummer Z 1005:
30: Reißverschluss erst in „…m"
(in Verb. m. Einengungstafel
Zeichen 531 ff.

500 × 1250
–30

Zeichen 1006: Hinweis auf Gefahren durch Sinnbild

–30   –31

Zeichen 1007: Hinweis auf Gefahren durch verbale Angabe

Ölspur –30   Rauch –31   Rollsplitt –32

Baustellen-ausfahrt –33   Straßen-schäden –34   Verschmutzte Fahrbahn –35

Spreng-arbeiten –36   Ausfahrt –37   Baustellen-verkehr –38

---

[4] In Verb. m. Verkehrslenkungstafeln (Zeichen 501 ff) auch in 500 × 1250.
[5] Nur volle 50er.

Katalog der Verkehrszeichen § 39 StVO

fehlende Fahrbahnmarkierung –39	Unfall –50	Hochwasser –51
neuer Fahrbahnbelag –52	Spurrinnen –53	Linksabbieger –54
Skiabfahrt kreuzt –55	Skiwanderweg kreuzt –56	Kuppe –57
Polizeikontrolle –58	Ende Seitenstreifen in 200m –59	Seitenstreifen nicht befahrbar –60
NEBEL –61	Zufahrt –62	

Zeichen 1008: Hinweis auf geänderte Vorfahrt, Verkehrsführung oder besondere Verkehrsregelung

| Vorfahrt geändert –30 | Verkehrsführung geändert –31 | Industriegebiet Schienenfahrzeuge haben Vorrang –32 |
| Hafengebiet Schienenfahrzeuge haben Vorrang –33 | keine Wendemöglichkeit –34 | |

Hühnermann

StVO § 39 II. Zeichen und Verkehrseinrichtungen

Zeichen 1010: Hinweis durch Sinnbild

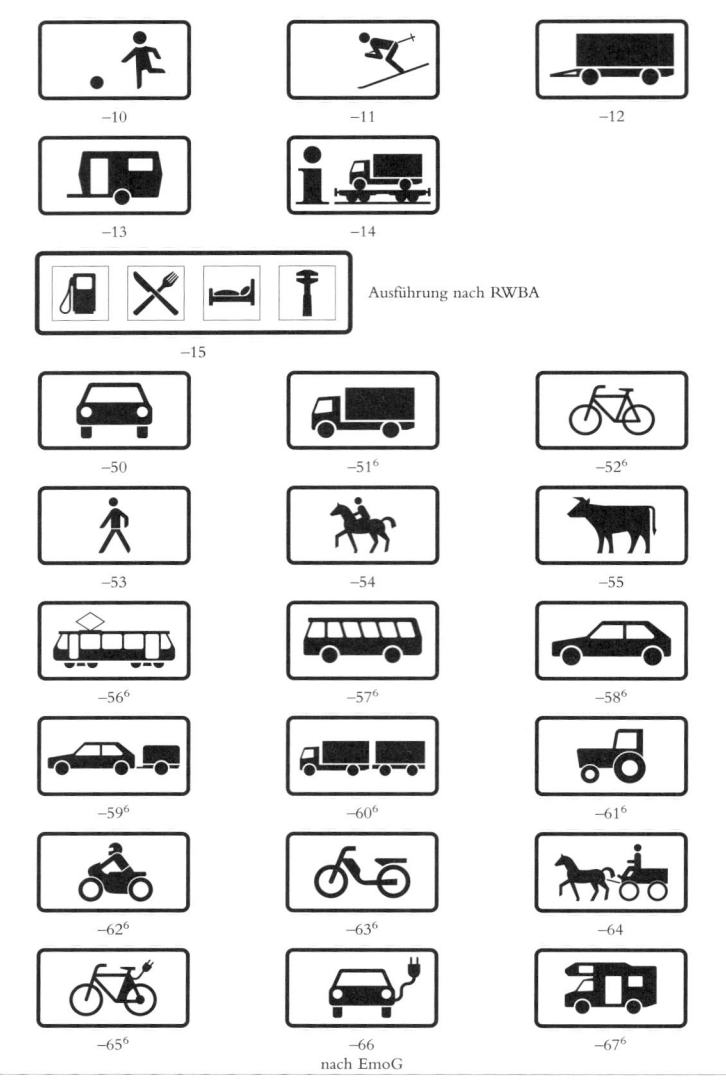

−10   −11   −12

−13   −14

−15   Ausführung nach RWBA

−50   −51[6]   −52[6]

−53   −54   −55

−56[6]   −57[6]   −58[6]

−59[6]   −60[6]   −61[6]

−62[6]   −63[6]   −64

−65[6]   −66 nach EmoG   −67[6]

---

[6] Kann auch Teil eines beschränkenden Zusatzzeichen nach § 41 Absatz 2 StVO sein.

Katalog der Verkehrszeichen § 39 StVO

Zeichen 1012: Hinweis durch verbale Angabe

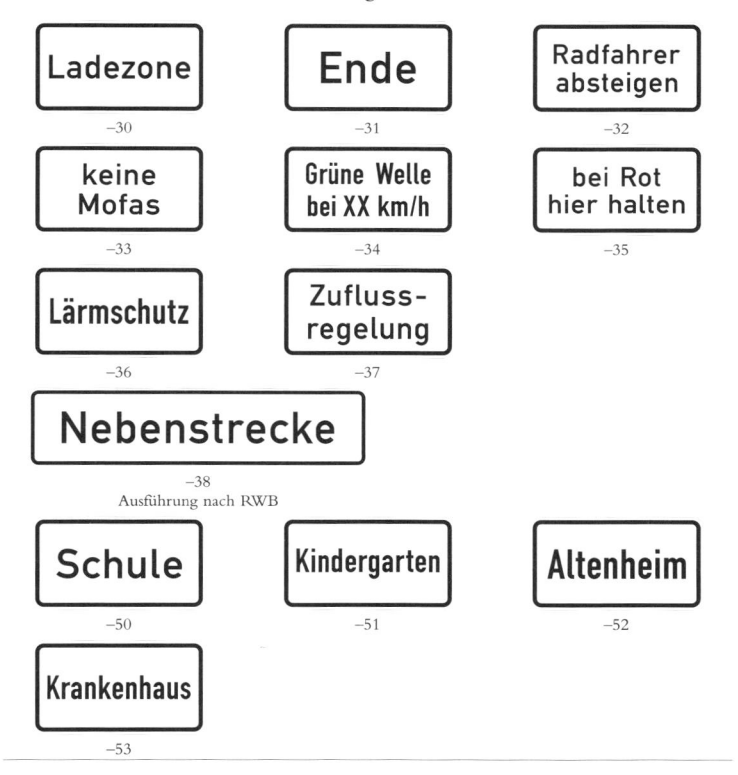

Ladezone	Ende	Radfahrer absteigen
–30	–31	–32
keine Mofas	Grüne Welle bei XX km/h	bei Rot hier halten
–33	–34	–35
Lärmschutz	Zufluss-regelung	
–36	–37	

Nebenstrecke
–38
Ausführung nach RWB

Schule	Kindergarten	Altenheim
–50	–51	–52

Krankenhaus
–53

Zeichen 1013: besondere Hinweise zur Seitenstreifenfreigabe (in Verb. mit Zeichen 223.1 bis 221.3)

Unternummer Z 1013:
50: Seitenstreifen befahren
51: Seitenstreifen räumen
52: Ende in … m

Seitenstreifen befahren
800 × 2250
–50

Seitenstreifen räumen
800 × 2250
–51

Ende in .... m
500 × 2250
–52

StVO § 39 II. Zeichen und Verkehrseinrichtungen

Zeichen 1014: Tunnelkategorien gemäß ADR-Übereinkommen

Unternummer Z 1014:
50: Kategorie B
51: Kategorie C
52: Kategorie D
53: Kategorie E

–50
Ausführung nach VkBl. 2007 S. 703

II. Zusatzzeichen nach § 41 Absatz 2 StVO
(Zusatzzeichen mit Ausnahmen)

Zeichen 1020: Personengruppen frei (verbal oder mit Sinnbild)

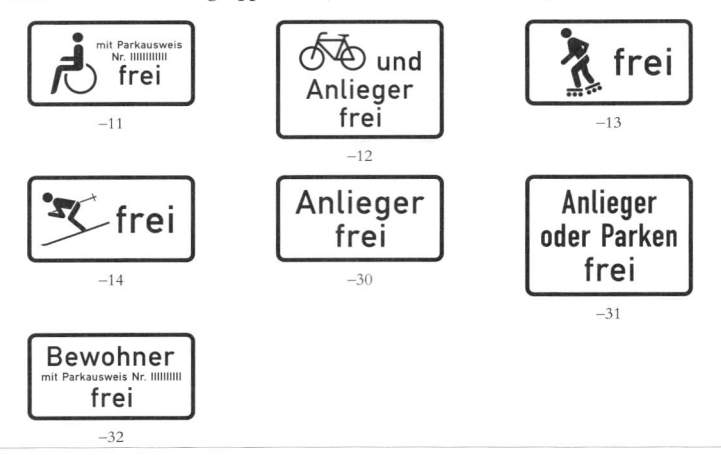

–11

–12

–13

–14

–30

–31

–32

Zeichen 1022: einspurige Fahrzeuge frei

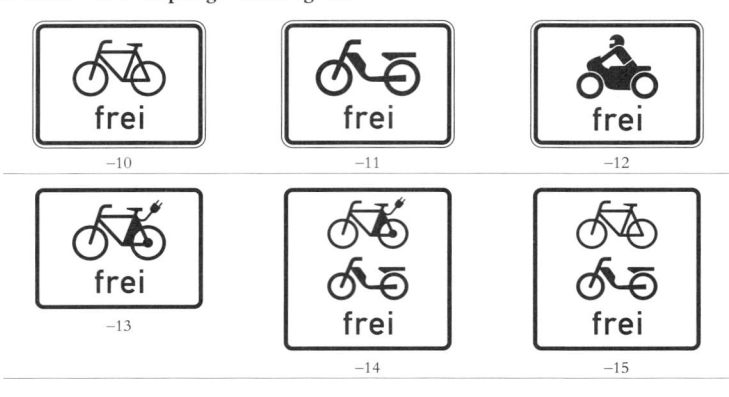

–10

–11

–12

–13

–14

–15

500 Hühnermann

Katalog der Verkehrszeichen §39 StVO

Zeichen 1024: mehrspurige Fahrzeuge frei

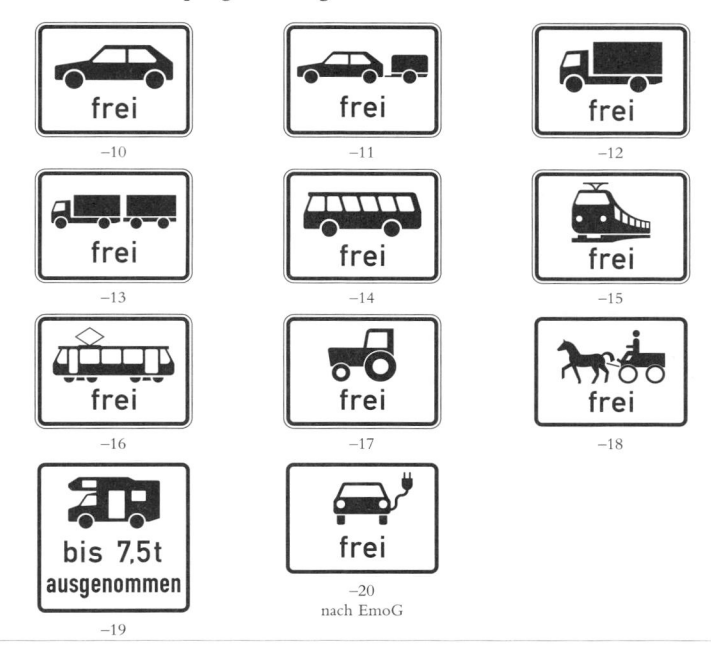

-10

-11

-12

-13

-14

-15

-16

-17

-18

-19 bis 7,5t ausgenommen

-20 nach EmoG

Zeichen 1026: besondere Fahrzeuge und Transportgüter frei (verbale Angabe)

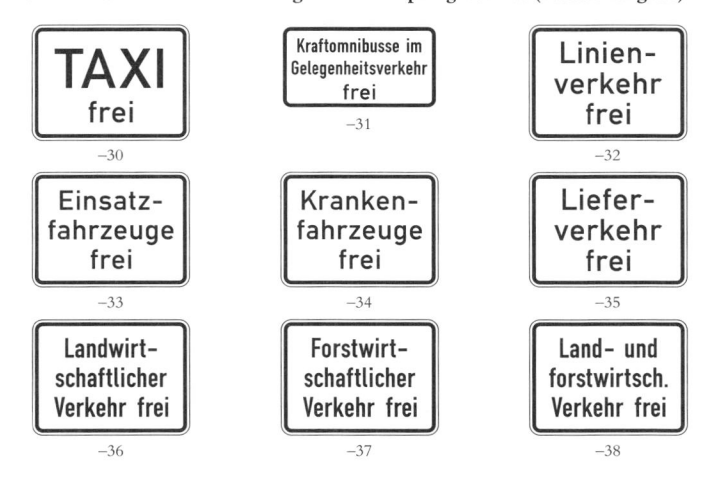

-30 TAXI frei

-31 Kraftomnibusse im Gelegenheitsverkehr frei

-32 Linienverkehr frei

-33 Einsatzfahrzeuge frei

-34 Krankenfahrzeuge frei

-35 Lieferverkehr frei

-36 Landwirtschaftlicher Verkehr frei

-37 Forstwirtschaftlicher Verkehr frei

-38 Land- und forstwirtsch. Verkehr frei

StVO § 39   II. Zeichen und Verkehrseinrichtungen

Betriebs- und Versorgungsdienst frei	Elektrofahrzeuge während des Ladevorgangs frei	Elektrofahrzeuge frei
–39	–60[7]	–61[7]

Gülletransport frei	E-Bikes frei
–62	–63

Zeichen 1028: besondere Fahrzeug-, und Personengruppen frei (verbale Angabe)

Baustellenfahrzeuge frei	bis Baustelle frei	Anlieger bis Baustelle frei
–30	–31	–32

Zufahrt bis IIIIIIIIIIIIII frei	Fährbenutzer frei
–33	–34

Zeichen 1031: Freistellung vom Verkehrsverbot nach § 40 Absatz 1 BImSchG
(in Verb. mit Zeichen 270.1)

Unternummer Z 1031–
50: rote, gelbe und grüne Plakette
51: gelbe und grüne Plakette
52: grüne Plakette

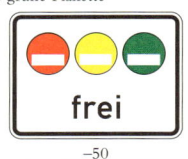

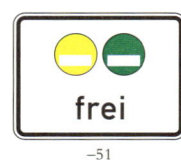

frei (rot/gelb/grün)	frei (gelb/grün)	frei (grün)
–50	–51	–52

Zeichen 1040: Zeitangabe Stunden ohne Beschränkung auf Wochentage

10–16 h (Skifahrer)	16–18 h	8–11 h 16–18 h
–10	–30	–31

[7] Nach StVG.

Katalog der Verkehrszeichen § 39 StVO

2 Std.	Parken mit [symbol] in gekennzeichneten Flächen 2 Std.	ab 8.11. 18h
–32	–33	–34
22-6h Lärmschutz	7-15h Schulweg	
–35	–36 zu Zeichen 101 oder 274	

Zeichen 1042: Zeitangabe mit Beschränkung auf Wochentage

werktags	werktags 18-19h	werktags 8^{30}-11^{30}h 16-18h
–30	–31	–32
Mo-Fr 16-18h	Di,Do,Fr 16-18h	6-22h an Sonn- und Feiertagen
–33	–34	–35
Schulbus werktags 7-9h 11-13h außer samstags	Parken Sa und So erlaubt	werktags außer samstags
–36	–37	–38
Straßen- reinigung am 23.07. 16-18h	Sa und So	Sa, So und an Feiertagen
–50	–51	–52
werktags 7-15 h Schulweg		
–53 zu Zeichen 101 oder 274		

StVO § 39   II. Zeichen und Verkehrseinrichtungen

Zeichen 1044: Personengruppen

−10   −11   −12

−30

Zeichen 1046: einspurige Fahrzeuge

Als beschränkende Zusatzzeichen nach § 41 Abs. 2 StVO können für einspurige Fahrzeuge die Zeichen 1010-52, 1010-62, 1010-63 und 1010-65 angeordnet werden.

Zeichen 1048: mehrspurige Fahrzeuge

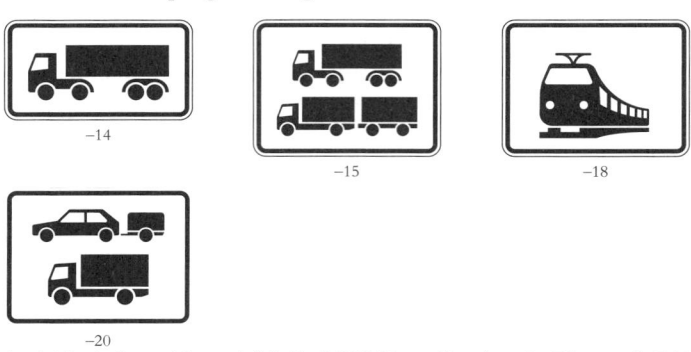

−14   −15   −18

−20

Als beschränkende Zusatzzeichen nach § 41 Abs. 2 StVO können für mehrspurige Fahrzeuge die Zeichen 1010-51, 1010-58, 1010-59, 1010-60 und 1010-67 angeordnet werden.

Zeichen 1049: sonstige oder mehrere mehrspurige Fahrzeuge

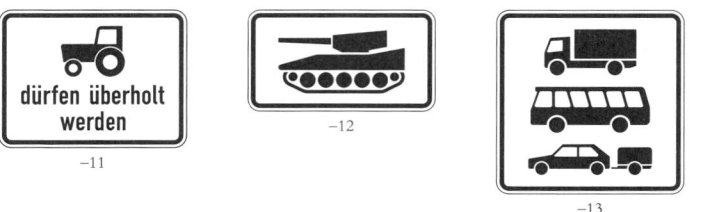

−11   −12   −13

Als beschränkende Zusatzzeichen nach § 41 Abs. 2 StVO können für sonstige oder mehrere mehrspurige Fahrzeuge außerdem Zeichen 1010-61 angeordnet werden.

Katalog der Verkehrszeichen § 39 StVO

Zeichen 1050: Fahrzeuge (verbale Angabe)

TAXI
–30

5 Taxen
–31

Elektrofahrzeuge während des Ladevorgangs
–32

Elektrofahrzeuge
–33

Zeichen 1052: Fahrzeuge mit besonderer Ladung

–30

–31

Zeichen 1053: sonstige Beschränkungen

Parken in gekennzeichneten Flächen erlaubt
–30

mit Parkschein
–31

gebührenpflichtig
–32

7,5 t
–33

auf dem Seitenstreifen
–34

bei Nässe
–35

Durchgangsverkehr
–36

12 t
–37

Anordnung als Kombination der Zeichen 1053-36 und -37
nur in Verbindung mit Zeichen 253

–38

StVO § 39 II. Zeichen und Verkehrseinrichtungen

–39

nur innerhalb gekennzeichneter Parkflächen
–52

Parken mit Parkschein in gekennzeichneten Flächen
–53

Zeichen 1060: erweiternde Zusatzzeichen

–31

auch
–32

2,8t
–33
Anordnung nur in Verbindung mit Zeichen 227

Anhang – Komplettübersicht *(nicht abgedruckt)*

VwV – StVO

Zu §§ 39 bis 43 Allgemeines über Verkehrszeichen und Verkehrseinrichtungen

1 I. Die behördlichen Maßnahmen zur Regelung und Lenkung des Verkehrs durch Verkehrszeichen und Verkehrseinrichtungen sollen die allgemeinen Verkehrsvorschriften sinnvoll ergänzen. Dabei ist nach dem Grundsatz zu verfahren, so wenig Verkehrszeichen wie möglich anzuordnen. Bei der Straßenbaubehörde ist gegebenenfalls eine Prüfung anzuregen, ob an Stelle von Verkehrszeichen und Verkehrseinrichtungen vorrangig durch verkehrstechnische oder bauliche Maßnahmen eine Verbesserung der Situation erreicht werden kann.

2 Verkehrszeichen, die lediglich die gesetzliche Regelung wiedergeben, sind nicht anzuordnen. Dies gilt auch für die Anordnung von Verkehrszeichen einschließlich Markierungen, deren rechtliche Wirkung bereits durch ein anderes vorhandenes oder gleichzeitig angeordnetes Verkehrszeichen erreicht wird. Abweichungen bedürfen der Zustimmung der obersten Landesbehörde.

3 Verkehrszeichen dürfen nur dort angebracht werden, wo dies nach den Umständen geboten ist. Über die Anordnung von Verkehrszeichen darf in jedem Einzelfall und nur nach gründlicher Prüfung entschieden werden; die Zuziehung ortsfremder Sachverständiger kann sich empfehlen.

4 1. Beim Einsatz moderner Mittel zur Regelung und Lenkung des Verkehrs ist auf die Sicherheit besonders Bedacht zu nehmen.
Verkehrszeichen, Markierungen, Verkehrseinrichtungen sollen den Verkehr sinnvoll lenken, einander nicht widersprechen und so den Verkehr sicher führen.
Die Wahrnehmbarkeit darf nicht durch Häufung von Verkehrszeichen beeinträchtigt werden.

5 2. Die Flüssigkeit des Verkehrs ist mit den zur Verfügung stehenden Mitteln zu erhalten. Dabei geht die Verkehrssicherheit aller Verkehrsteilnehmer der Flüssigkeit des Verkehrs vor. Der Förderung der öffentlichen Verkehrsmittel ist besondere Aufmerksamkeit zu widmen.

Verkehrszeichen § 39 StVO

II. Soweit die StVO und diese Allgemeine Verwaltungsvorschrift für die Ausgestaltung und Beschaffenheit, für den Ort und die Art der Anbringung von Verkehrszeichen und Verkehrseinrichtungen nur Rahmenvorschriften geben, soll im einzelnen nach dem jeweiligen Stand der Wissenschaft und Technik verfahren werden, den das Bundesministerium für Verkehr und digitale Infrastruktur nach Anhörung der zuständigen obersten Landesbehörden im Verkehrsblatt erforderlichenfalls bekanntgibt.

III. Allgemeines über Verkehrszeichen

1. Es dürfen nur die in der StVO abgebildeten Verkehrszeichen verwendet werden oder solche, die das Bundesministerium für Verkehr und digitale Infrastruktur nach Anhörung der zuständigen obersten Landesbehörden durch Verlautbarung im Verkehrsblatt zulässt.
Die Formen der Verkehrszeichen müssen den Mustern der StVO entsprechen. Mehrere Verkehrszeichen oder ein Verkehrszeichen mit wenigstens einem Zusatzzeichen dürfen gemeinsam auf einer weißen Trägertafel aufgebracht werden. Die Trägertafel hat einen schwarzen Rand und einen weißen Kontraststreifen. Zusatzzeichen werden jeweils von einem zusätzlichen schwarzen Rand gefasst. Einzelne Verkehrszeichen dürfen nur auf einer Trägertafel aufgebracht sein, wenn wegen ungünstiger Umfeldbedingungen eine verbesserte Wahrnehmbarkeit erreicht werden soll.

2. Allgemeine Regeln zur Ausführung der Gestaltung von Verkehrszeichen sind als Anlage zu dieser Verwaltungsvorschrift im Katalog der Verkehrszeichen in der aktuellen Ausgabe (VzKat) ausgeführt.
Gefahrzeichen können spiegelbildlich dargestellt werden (die einzelnen Varianten ergeben sich aus dem VzKat),
   a) wenn dadurch verdeutlicht wird, wo die Gefahr zu erwarten ist (Zeichen 103, 105, 117, 121) oder
   b) wenn sie auf der linken Fahrbahnseite wiederholt werden (Zeichen 117, 133 bis 142); die Anordnung von Gefahrzeichen für beide Fahrbahnseiten ist jedoch nur zulässig, wenn nach den örtlichen Gegebenheiten nicht ausgeschlossen werden kann, dass Verkehrsteilnehmer das nur rechts befindliche Gefahrzeichen nicht oder nicht rechtzeitig erkennen können.

3. Größe der Verkehrszeichen
   a) Die Ausführung der Verkehrszeichen und Verkehrseinrichtungen ist auf das tatsächliche Erfordernis zu begrenzen; unnötig groß dimensionierte Zeichen sind zu vermeiden.
   b) Sofern in dieser Vorschrift nichts anderes bestimmt wird, erfolgt die Wahl der benötigten Verkehrszeichengröße – vor dem Hintergrund einer sorgfältigen Abwägung – anhand folgender Tabellen:

Verkehrszeichen	Größe 1 (70%)	Größe 2 (100%)	Größe 3 (125 bzw. 140%)
Ronde (ø)	420	600	750 (125%)
Dreieck (Seitenl.)	630	900	1260 (140%)
Quadrat (Seitenl.)	420	600	840 (140%)
Rechteck (H × B)	630 × 420	900 × 600	1260 × 840 (140%)

Maße in mm

StVO § 39   II. Zeichen und Verkehrseinrichtungen

Zusatzzeichen	Größe 1 (70%)	Größe 2 (100%)	Größe 3 (125%)
Höhe 1	231 × 420	330 × 600	412 × 750
Höhe 2	315 × 420	450 × 600	562 × 750
Höhe 3	420 × 420	600 × 600	750 × 750

Maße der Zusatzzeichen in mm

14   c) Größenangaben für Sonderformen (zB Zeichen 201 „Andreaskreuz"), die in dieser Vorschrift nicht ausgeführt werden, sind im VzKat festgelegt.

15   d) In der Regel richtet sich die Größe nach der am Aufstellungsort geltenden zulässigen Höchstgeschwindigkeit:

Größen der Verkehrszeichen für Dreiecke, Quadrate und Rechtecke

Geschwindigkeitsbereich (km/h)	Größe
20 bis weniger als 50	1
50 bis 100	2
mehr als 100	3

Größen der Verkehrszeichen für Ronden

Geschwindigkeitsbereich (km/h)	Größe
0 bis 20	1
mehr als 20 bis 80	2
mehr als 80	3

16   e) Auf Autobahnen und autobahnähnlich ausgebauten Straßen ohne Geschwindigkeitsbeschränkung werden Verbote und vergleichbare Anordnungen zunächst durch Verkehrszeichen der Größe 3 nach den Vorgaben des VzKat angekündigt, Wiederholungen erfolgen bei zweistreifigen Fahrbahnen in der Regel in der Größe 2.

17   f) Kleinere Ausführungen als Größe 1 kommen unter Berücksichtigung des Sichtbarkeitsgrundsatzes nur für den Fußgänger- und Radverkehr sowie die Regelungen des Haltens und Parkens in Betracht. Das Verhältnis der vorgeschriebenen Maße soll auch dann gegeben sein. Im Übrigen sind bei allen Verkehrszeichen kleine Abweichungen von den Maßen zulässig, wenn dies aus besonderen Gründen notwendig ist und die Wahrnehmbarkeit und Lesbarkeit der Zeichen nicht beeinträchtigt.

17a   g) Die Größe von Zonenzeichen, zB Zeichen 270.1, sollte sich nach dem darauf enthaltenen Hauptzeichen richten.

18   4. Die Ausführung der Verkehrszeichen darf nicht unter den Anforderungen anerkannter Gütebedingungen liegen.

19   5. Als Schrift ist die Schrift für den Straßenverkehr gemäß DIN 1451, Teil 2 zu verwenden.

20   6. Die Farben müssen den Bestimmungen und Abgrenzungen des Normblattes „Aufsichtsfarben für Verkehrszeichen – Farben und Farbgrenzen" DIN 6171 entsprechen.

7. Verkehrszeichen, ausgenommen solche für den ruhenden Verkehr, müssen rückstrahlend oder von außen oder innen beleuchtet sein. Das gilt auch für Verkehrseinrichtungen nach § 43 Absatz 3 Anlage 4 und für Zusatzzeichen. Werden Zusatzzeichen verwendet, müssen sie wie die Verkehrszeichen rückstrahlend oder von außen oder innen beleuchtet sein. Hinsichtlich lichttechnischer Anforderungen wird auf die EN 12899-1 „Ortsfeste, vertikale Straßenverkehrszeichen" sowie die einschlägigen Regelwerke der Forschungsgesellschaft für Straßen- und Verkehrswesen (FGSV) verwiesen. 21

Ein Verkehrszeichen ist nur dann von außen beleuchtet, wenn es von einer eigenen Lichtquelle angeleuchtet wird. 22

Verkehrszeichen können auch lichttechnisch erzeugt als Wechselverkehrszeichen in Wechselverkehrszeichengebern dargestellt werden. Einzelheiten enthalten die „Richtlinien für Wechselverkehrszeichen an Bundesfernstraßen (RWVZ)" und die „Richtlinien für Wechselverkehrszeichenanlagen an Bundesfernstraßen (RWVA)", die das Bundesministerium für Verkehr und digitale Infrastruktur im Einvernehmen mit den zuständigen obersten Landesbehörden im Verkehrsblatt bekannt gibt. 23

8. Die Verkehrszeichen müssen fest eingebaut sein, soweit sie nicht nur vorübergehend aufgestellt werden. Pfosten, Rahmen und Schilderrückseiten sollen grau sein. 24

Strecken- und Verkehrsverbote für einzelne Fahrstreifen sind in der Regel so über den einzelnen Fahrstreifen anzubringen, dass sie dem betreffenden Fahrstreifen zweifelsfrei zugeordnet werden können (Verkehrszeichenbrücken oder Auslegermaste). 25

Muss von einer solchen Anbringung abgesehen werden oder sind die Zeichen nur vorübergehend angeordnet, zB bei Arbeitsstellen, sind die Ge- oder Verbotszeichen auf einer Verkehrslenkungstafel (Zeichen 501 ff) am rechten Fahrbahnrand anzuzeigen (vgl VwV zu den Zeichen 501 bis 546 Verkehrslenkungstafeln, Randnummer 7). Insbesondere außerhalb geschlossener Ortschaften sollen die angeordneten Ge- oder Verbotszeichen durch eine gleiche Verkehrslenkungstafel mit Entfernungsangabe auf einem Zusatzzeichen angekündigt werden. 26

Bei den Zeichen 209 bis 214 und 245 reicht eine Aufstellung rechts neben dem Fahrstreifen, für den sie gelten, aus. 27

9. Verkehrszeichen sind gut sichtbar in etwa rechtem Winkel zur Fahrbahn rechts daneben anzubringen, soweit nicht in dieser Verwaltungsvorschrift anderes gesagt ist. 28

  a) Links allein oder über der Straße allein dürfen sie nur angebracht werden, wenn Missverständnisse darüber, dass sie für den gesamten Verkehr in einer Richtung gelten, nicht entstehen können und wenn sichergestellt ist, dass sie auch bei Dunkelheit auf ausreichende Entfernung deutlich sichtbar sind. 29

  b) Wo nötig, vor allem an besonders gefährlichen Straßenstellen, können die Verkehrszeichen auf beiden Straßenseiten, bei getrennten Fahrbahnen auf beiden Fahrbahnseiten aufgestellt werden. 30

  c) Verkehrszeichen können so gewölbt sein, dass sie auch seitlich erkennbar sind, wenn dies nach ihrer Zweckbestimmung geboten erscheint und ihre Sichtbarkeit von vorn dadurch nicht beeinträchtigt wird. Dies gilt insbesondere für die Zeichen 250 bis 267, nicht jedoch für vorfahrtregelnde Zeichen. 31

StVO § 39   II. Zeichen und Verkehrseinrichtungen

32   10. Es ist darauf zu achten, dass Verkehrszeichen nicht die Sicht behindern, insbesondere auch nicht die Sicht auf andere Verkehrszeichen oder auf Blinklicht- oder Lichtzeichenanlagen verdecken.

11. Häufung von Verkehrszeichen

33   Weil die Bedeutung von Verkehrszeichen bei durchschnittlicher Aufmerksamkeit zweifelsfrei erfassbar sein muss, sind Häufungen von Verkehrszeichen zu vermeiden. Es ist daher stets vorrangig zu prüfen, auf welche vorgesehenen oder bereits vorhandenen Verkehrszeichen verzichtet werden kann.

34   Sind dennoch an einer Stelle oder kurz hintereinander mehrere Verkehrszeichen unvermeidlich, muss dafür gesorgt werden, dass die für den fließenden Verkehr wichtigen besonders auffallen. Kann dies nicht realisiert werden oder wird ein für den fließenden Verkehr bedeutsames Verkehrszeichen an der betreffenden Stelle nicht erwartet, ist jene Wirkung auf andere Weise zu erzielen (zB durch Übergröße oder gelbes Blinklicht).

35   a) Am gleichen Pfosten oder sonst unmittelbar über- oder nebeneinander dürfen nicht mehr als drei Verkehrszeichen angebracht werden; bei Verkehrszeichen für den ruhenden Verkehr kann bei besonderem Bedarf abgewichen werden.

36   aa) Gefahrzeichen stehen grundsätzlich allein (vgl Nummer I zu § 40; Randnummer 1).

37   bb) Mehr als zwei Vorschriftzeichen sollen an einem Pfosten nicht angebracht werden. Sind ausnahmsweise drei solcher Verkehrszeichen an einem Pfosten vereinigt, dann darf sich nur eins davon an den fließenden Verkehr wenden.

38   cc) Vorschriftzeichen für den fließenden Verkehr dürfen in der Regel nur dann kombiniert werden, wenn sie sich an die gleichen Verkehrsarten wenden und wenn sie die gleiche Strecke oder den gleichen Punkt betreffen.

39   dd) Verkehrszeichen, durch die eine Wartepflicht angeordnet oder angekündigt wird, dürfen nur dann an einem Pfosten mit anderen Verkehrszeichen angebracht werden, wenn jene wichtigen Zeichen besonders auffallen.

40   b) Dicht hintereinander sollen Verkehrszeichen für den fließenden Verkehr nicht folgen. Zwischen Pfosten, an denen solche Verkehrszeichen gezeigt werden, sollte vielmehr ein so großer Abstand bestehen, dass der Verkehrsteilnehmer bei der dort gefahrenen Geschwindigkeit Gelegenheit hat, die Bedeutung der Verkehrszeichen nacheinander zu erfassen.

41   12. An spitzwinkligen Einmündungen ist bei der Aufstellung der Verkehrszeichen dafür zu sorgen, dass Benutzer der anderen Straße sie nicht auf sich beziehen, auch nicht bei der Annäherung; erforderlichenfalls sind Sichtblenden oder ähnliche Vorrichtungen anzubringen.

13.

42   a) Die Unterkante der Verkehrszeichen sollte sich, soweit nicht bei einzelnen Zeichen anderes gesagt ist, in der Regel 2 m über Straßenniveau befinden, über Radwegen 2,20 m, an Schilderbrücken 4,50 m, auf Inseln und an Verkehrsteilern 0,60 m.

43   b) Verkehrszeichen dürfen nicht innerhalb der Fahrbahn aufgestellt werden. In der Regel sollte der Seitenabstand von ihr innerhalb geschlossener Ortschaften 0,50 m, keinesfalls weniger als 0,30 m betragen, außerhalb geschlossener Ortschaften 1,50 m.

14. Sollen Verkehrszeichen nur zu gewissen Zeiten gelten, dürfen sie sonst nicht sichtbar sein. Nur die Geltung der Zeichen 224, 229, 245, 250, 251, 253, 255, 260, 261, 270.1, 274, 276, 277, 283, 286, 290.1, 314, 314.1 und 315 darf statt dessen auf einem Zusatzzeichen, zB „8–16h", zeitlich beschränkt werden. Vorfahrtregelnde Zeichen vertragen keinerlei zeitliche Beschränkungen.
15. Besteht bei Verkehrszeichen an einem Pfosten kein unmittelbarer Bezug, ist dies durch einen Abstand von etwa 10 cm zu verdeutlichen.
16. Zusatzzeichen im Besonderen
    a) Sie sollten, wenn irgend möglich, nicht beschriftet sein, sondern nur Sinnbilder zeigen. Wie Zusatzzeichen auszugestalten sind, die in der StVO oder in dieser Vorschrift nicht erwähnt, aber häufig notwendig sind, gibt das Bundesministerium für Verkehr und digitale Infrastruktur nach Anhörung der zuständigen obersten Landesbehörden im amtlichen Katalog der Verkehrszeichen (VzKat) im Verkehrsblatt bekannt. Abweichungen von dem in diesem Verzeichnis aufgeführten Zusatzzeichen sind nicht zulässig; andere Zusatzzeichen bedürfen der Zustimmung der zuständigen obersten Landesbehörde oder der von ihr bestimmten Stelle.
    b) Mehr als zwei Zusatzzeichen sollten an einem Pfosten, auch zu verschiedenen Verkehrszeichen, nicht angebracht werden. Die Zuordnung der Zusatzzeichen zu den Verkehrszeichen muss eindeutig erkennbar sein (§ 39 Absatz 3 Satz 3).
    c) Entfernungs- und Längenangaben sind auf- oder abzurunden. Anzugeben sind zB 60 m statt 63 m, 80 m statt 75 m, 250 m statt 268 m, 800 m statt 750 m, 1,2 km statt 1235 m.

IV. Allgemeines über Markierungen

1. Markierungen sind nach den Richtlinien für die Markierung von Straßen (RMS) auszuführen. Das Bundesministerium für Verkehr und digitale Infrastruktur gibt die RMS im Einvernehmen mit den zuständigen obersten Landesbehörden im Verkehrsblatt bekannt.
2. Die auf den fließenden Verkehr bezogenen Markierungen sind retroreflektierend auszuführen.
3. Markierungsknöpfe sollen nur dann anstelle der Markierungslinien verwendet werden, wenn dies aus technischen Gründen zweckmäßig ist, zB auf Pflasterdecken.
4. Dagegen können Markierungen aller Art durch das zusätzliche Anbringen von Markierungsknöpfen in ihrer Wirkung unterstützt werden; geschieht dies an einer ununterbrochenen Linie, dürfen die Markierungsknöpfe nicht gruppenweise gesetzt werden. Zur Kennzeichnung gefährlicher Kurven und zur Verdeutlichung des Straßenverlaufs an anderen unübersichtlichen Stellen kann das zusätzliche Anbringen von Markierungsknöpfen auf Fahrstreifenbegrenzungen, auf Fahrbahnbegrenzungen und auf Leitlinien nützlich sein.
5. Markierungsknöpfe müssen in Grund und Aufriss eine abgerundete Form haben. Der Durchmesser soll nicht kleiner als 120 mm und nicht größer als 150 mm sein. Die Markierungsknöpfe dürfen nicht mehr als 25 mm aus der Fahrbahn herausragen.
6. Nach Erneuerung oder Änderung einer dauerhaften Markierung darf die alte Markierung nicht mehr sichtbar sein, wenn dadurch Zweifel über die Verkehrsregelung entstehen könnten.

StVO § 39   II. Zeichen und Verkehrseinrichtungen

55   7. Durch Schriftzeichen, Sinnbilder oder die Wiedergabe eines Verkehrszeichens auf der Fahrbahn kann der Fahrzeugverkehr lediglich zusätzlich auf eine besondere Verkehrssituation aufmerksam gemacht werden. Von dieser Möglichkeit ist nur sparsam Gebrauch zu machen. Sofern dies dennoch in Einzelfällen erforderlich sein sollte, sind die Darstellungen ebenfalls nach den RMS auszuführen.

56   8. Pflasterlinien in verkehrsberuhigten Geschäftsbereichen (vgl § 39 Absatz 5 letzter Satz) müssen ausreichend breit sein, in der Regel mindestens 10 cm, und einen deutlichen Kontrast zur Fahrbahn aufweisen.

V. Allgemeines über Verkehrseinrichtungen

57   Für Verkehrseinrichtungen gelten die Vorschriften der Nummern I, III 1, 2, 4, 5, 6, 10 und 13 sinngemäß.

VwV – StVO

VwV zu § 39 Verkehrszeichen

Zu Absatz 1

1   Auf Nummer I zu den §§ 39 bis 43 wird verwiesen; Rn 1.

Zu Absatz 2

2   Verkehrszeichen, die als Wechselverkehrszeichen aus einem Lichtraster gebildet werden (sogenannte Matrixzeichen), zeigen die sonst schwarzen Symbole, Schriften und Ziffern durch weiße Lichter an, der sonst weiße Untergrund bleibt als Hintergrund für die Lichtpunkte schwarz. Diese Umkehrung für Weiß und Schwarz ist nur solchen Matrixzeichen vorbehalten.

Zu Absatz 5

Vorübergehende Markierungen

3   I. Gelbe Markierungsleuchtknöpfe dürfen nur in Kombination mit Dauerlichtzeichen oder Wechselverkehrszeichen (zB Verkehrslenkungstafel, Wechselwegweiser) angeordnet werden. Als Fahrstreifenbegrenzung (Zeichen 295) sollte der Abstand der Leuchtknöpfe auf Autobahnen 6 m, auf anderen Straßen außerorts 4 m und innerorts 3 m betragen. Werden gelbe Markierungsleuchtknöpfe als Leitlinie angeordnet, muss der Abstand untereinander deutlich größer sein.

4   II. Nach den RSA können gelbe Markierungen oder gelbe Markierungsknopfreihen auch im Sockelbereich von temporär eingesetzten transportablen Schutzwänden als Fahrstreifenbegrenzung angebracht werden.

Zu Absatz 8

5   Vor Anordnung eines Gefahrzeichens mit einem Sinnbild aus § 39 Absatz 8 ist zu prüfen, ob vor der besonderen Gefahrenlage nicht mit dem Zeichen 101 und einem geeigneten Zusatzzeichen gewarnt werden kann.

Übersicht

	Rn
1. Allgemeines	1
2. Verkehrszeichen und Verkehrseinrichtungen	3
a) Begriffe	3
b) Gefahrzeichen (§ 40 StVO)	4
c) Vorschriftzeichen (§ 41 StVO)	5

Verkehrszeichen **§ 39 StVO**

	Rn
d) Richtzeichen (§ 42 StVO)	6
e) Zusatzzeichen	7
f) Markierungen und markierte Radverkehrsführungen	7a
3. Rechtsnatur, Wirksamkeit und Verbindlichkeit der Anordnungen	8
a) Vorschriftzeichen	8
b) Verbindlichkeit fehlerhafter Anordnungen	9
c) Verkehrszeichen als TB-Merkmale	13
d) Ausnahme vom Verkehrsverbot	14
4. Wahrnehmung und Reichweite der Verkehrsbeschränkungen	15
a) Der Sichtbarkeitsgrundsatz	15
b) Fehlerhafte u undeutliche Verkehrszeichen	17
c) Neue Verkehrszeichen	22a
5. Irrtum und Vorwerfbarkeit	23
6. Literatur	24

1. Allgemeines. § 39 enthält allg Regelungen über die Aufstellung, Anbringung u Gestaltung von VZ. Diese sollen vor allem eine sichere und flüssige Verkehrsführung ermöglichen. Gemäß Abs 7–10 sind nur die in der StVO bzw vom Ministerium für Verkehr und digitale Infrastruktur im VkBl veröffentlichten VZ und Sinnbilder erlaubt (BGHSt 26, 348). Zur näheren Gestaltung (Größe, Farbe, Beleuchtung, Sichtbarkeit etc.) VwV zu §§ 39–43 Rn 7 ff. Um einer ausufernden Beschilderung und der damit einhergehenden Unübersichtlichkeit entgegen zu wirken, sollen VZ gem Abs 1 nur dort angeordnet werden, wo dies aufgrund der besonderen Umstände zwingend geboten ist. **„Zwingend geboten"** ist ein VZ unter Berücksichtigung des Regelungszwecks und Wortlaut der Vorschrift nur dort, wo das VZ zur Abwehr einer Gefahrenlage unbedingt erforderlich sowie die allein in Betracht kommende Maßnahme ist. Dementspr verpflichtet **§ 45 IX** die VB bei der AO von VZ restriktiv zu verfahren. Die weitere Umsetzung des Ziels „Weniger Verkehrszeichen – bessere Beschilderung" ist durch die 46. VO zur Änd verkehrsrechtlicher Vorschriften v 5.8.09 (BGBl I S 2631 ff) zum 1.9.09 erfolgt (zur Frage „mehr Sicherheit durch weniger Verkehrszeichen – Shared Spaces, Gemeinschaftsstraßen, Begegnungszonen und Simply City" Kettler, NZV 12, 17; krit. dazu Durner, SVR 13, 81). Hierdurch wurden die in der StVO verankerten VZ auf „das unumgänglich notwendige Maß" (amtl Begr BRDrs 153/09 S 98) reduziert. Gleichzeitig wird es den Straßenverkehrsbehörden ermöglicht, bei dringendem und unabweisbarem Bedarf, Gefahrenzeichen mit den Sinnbildern bestimmter Zeichen, wie zB „Steinschlag", „Schnee- und Eisglätte" oder „Fußgängerüberweg" anordnen zu können (amtl Begr BRDrs 153/09 S 98). Mit der Neufassung der StVO 2013 wurde die „Schilderwaldnovelle", von der nicht ausgeschlossen werden konnte, dass die Präambel der 46. VO zur Änd straßenverkehrsrechtlicher Vorschriften gegen Art. 80 I 3 GG verstößt, zwar nicht inhaltsgleich jedoch vom Sinn und Zweck her übernommen (amtl Begr BRDrs 428/12). – In den folgenden §§ 40–42 werden die GefahrZ, VorschriftZ u RichtZ, in § 43 die Verkehrseinrichtungen gesondert behandelt, wobei sich die GefahrZ (§ 40 StVO) aus Anlage 1 Abschnitt 1 StVO, besondere Gefahrzeichen vor Übergängen von Schienenbahnen mit Vorrang aus Anlage 1 Abschnitt 2 StVO, die VorschriftZ (§ 41 StVO) aus Anlage 2 StVO und die Richtzeichen (§ 42 StVO) aus Anlage 3 StVO ergeben. Anlage 4 StVO enthält die Verkehrseinrichtungen (§ 43 StVO). Die zum 30.5.17 in Kraft getretenen VwV-StVO idF vom 22.5.17 (BAnz AT 29.05.2017 B8) enthält im Art. 2 den **neuen VzKat,** der nunmehr die mit der Neufassung der StVO getroffe-

1

StVO § 39 II. Zeichen und Verkehrseinrichtungen

nen Änderungen auch für den VzKat vollzieht und die Fassung von 1992 komplett ablöst. Insoweit wurde sich hier an der Systematik der §§ 40–43 StVO orientiert, neue VZ u Zusatzzeichen in den Katalog aufgenommen sowie das Nummernsystem geändert.

Gemäß **§ 45 IX 1** genügt zur Aufstellung der VZ nicht, dass sie sachgerecht oder zweckmäßig zur Abwehr einer Gefahrenlage sind, sondern darüber hinaus muss ihre Aufstellung „zwingend geboten" sein. Darüber hinaus setzt **§ 45 IX 2** für **Verbote und Beschränkungen des fließenden Verkehrs** eine Gefahrenlage voraus, die – erstens – auf besondere örtliche Verhältnisse zurückzuführen ist und – zweitens – das allgemeine Risiko einer Beeinträchtigung der relevanten Rechtsgüter, insb Leben und Gesundheit von Verkehrsteilnehmern sowie öffentliches und privates Sacheigentum, erheblich übersteigt (BVerwG v 18.11.10, DAR 11, 277, 279 [zur **Anordnung einer Radwegbenutzungspflicht**] = NJW 11, 1527 = NZV 11, 363 m Anm Kettler u BVerwG v 16.4.12, NJW 12, 3048; VGH München SVR 13, 398 m Praxishinweis Koehl). Die **Benutzungspflicht für einen nicht den Mindestanforderungen der VwV-StVO entsprechenden Radweg** darf jedenfalls dann angeordnet werden, wenn die Benutzung der Fahrbahn durch Radfahrer zu einer nochmals deutlich gesteigerten Gefährdung der Radfahrer führen würde und ein Radweg vorhanden ist, der aufgrund der örtlichen Gegebenheiten nicht ohne weiteres ausgebaut werden kann, dessen Benutzung aber zumutbar ist (VGH München DAR 11, 426 [LS] = zfs 11, 416). Zur **Anordnung eines Verkehrsverbots für Fahrradfahrer nach Zeichen 254** VGH Mannheim DAR 11, 280 (LS) und eines **Schutzstreifens für den Radverkehr** VG Saarland DAR 11, 281 m Anm Schubert = SVR 11, 272 m Praxishinweis Rebler. Beruht die Ermessensentscheidung über die Anordnung eines Durchfahrtverbots für Kfz über 7 t zum Schutz der Wohnbevölkerung vor **Lärm** auf einer **fehlerhaften Prognose über** das **Ausmaß** der zu erwartenden Absenkung der Lärmbelastung, ist sie rechtswidrig (OVG Bremen DAR 11, 600).

1a **§ 45 enthält die ges Ermächtigungen u Zuständigkeiten** und letztlich die Grundlagen, wann und welche Verkehrszeichen aufgestellt werden dürfen (Rebler DAR 13, 348). Dass den Geboten u Verboten der VorschriftZ Folge zu leisten ist, ergibt sich aus § 41 I, II. Verstöße gegen sie sind **OWen** nach § 49 III Nr 4 (s Nrn 136–156 BKat). § 39 selbst enthält keine bußgeldbewehrte Vorschrift. Die von den zuständigen Behörden angeordneten VZ enthalten hoheitliche Gebote, vorausgesetzt, dass sie sich auf öff Wege (einschl der „tatsächlich-öff") beziehen (dazu § 1 StVO Rn 13 ff; **E** Rn 26). Vom Eigentümer aufgestellte VZ auf Privatwegen sind keine amtl VZ (BayObLGSt 73, 86 = VM 73, 71; wegen der Zulässigkeit solcher Z s § 33 II StVO mit VwV); sie können aber zB auf privatem Firmengelände **zivilrechtlich** beachtlich sein (OLG Köln VRS 86, 9 zu Z 205).

1b **Verpflichtung** der **VB zur Aufstellung** von VZ u V-Einrichtungen (Checkliste zur Durchsetzung eines gewünschten VZ bei Koehl SVR 13, 176, 180): Verpflichtungen können sich **aus der VwV zur StVO** bzw. den einzelnen VZn ergeben (zB das Z 286 „ist dort anzuordnen ...", das Z 261 „ist anzuordnen ..."). Die VwV enthält jedoch, um den „Schilderwald" abzubauen und eine noch effektivere Beschilderung zu ermöglichen, überwiegend Einschränkungen oder gar Verbote, in bestimmten Fällen Z aufzustellen (zB das Z 102 „darf nur angeordnet werden ..."; das Z 114 „ist nur dort anzuordnen, wo die Gefahr ..."; das Z 136 „darf nur angeordnet werden, wo die Gefahr besteht, dass ..."; das Z 239 steht nur dort, wo eine Klarstellung notwendig ist [s auch VG Lüneburg NJW 06, 1609, 1611 = SVR 06, 276 m Praxishinweis Kettler]).

Veranlassung für VB zur Aufstellung von Z können auch **drohende Schadensersatzansprüche** aus § 839 I BGB iVm Art. 34 I GG sein, s jedoch OLG Bremen NZV 98, 501: kein Schadensersatzanspruch, da sich nicht feststellen lässt, dass bekl Land verpflichtet war, im Bereich der Unfallstelle einen Wildschutzzaun zu errichten oder Z 142 (Wildwechsel) aufzustellen. Richtschnur für Handeln der VB ist § 45 IX (RVO, keine VwV), wonach VZ und V-Einrichtungen nur dort anzuordnen sind, wo dies aufgrund der besonderen Umstände „zwingend geboten" ist. Nach § 45 IX 3 dürfen Gefahrzeichen nur dort angebracht werden, wo es für die Sicherheit des Verkehrs unbedingt erforderlich ist, weil auch ein aufmerksamer Verkehrsteilnehmer die Gefahr nicht oder nicht rechtzeitig erkennen kann und auch nicht mit ihr rechnen muss.

Ein Anspruch auf eine bestimmte verkehrsrechtliche Regelung kommt auch in Frage, wenn die **Ablehnung der Regelung** eine **Rechtsposition des Antragstellers verletzt** (OVG Koblenz NJW 09, 695). Die Ablehnung einer Hinweisbeschilderung auf eine Autogastankstelle (Z 365–53 [LPG] an Autobahnen (an einen Autohof [Z 448.1] unmittelbar angrenzende Autogastankstelle) **kann** ausnahmsweise einem **Eingriff in den eingerichteten und ausgeübten Gewerbebetrieb** iS eines faktischen Grundrechtseingriffs (Art 14 I iVm Art 12 I, 3 I GG) gleichkommen und einen Anspruch auf die Hinweisbeschilderung begründen; wenn bei unterlassenem Hinweis der Verkehr ohne sachlichen Grund systematisch an der Einrichtung vorbeigeführt wird (OVG Koblenz NJW 09, 695). Grundsätzlich haben jedoch Betreiber von Autobahnhöfen keinen Anspruch auf eine Aufnahme in die Hinweisbeschilderung zur nächsten Tankmöglichkeit, denn der diesbezügliche mittelbare Eingriff in die Berufsfreiheit ist dadurch gerechtfertigt, dass die durch die Hinweisbeschilderung auf die nächste Tankmöglichkeit angestrebte Gewährleistung der Sicherheit und Leichtigkeit des Verkehrs es nicht erfordert die Autobahn zu verlassen, so dass ein Verweis auf die Nebenbetriebe genügt, und um eine irreführende Beschilderung zu vermeiden (OVG Koblenz BeckRS 2017, 109848).

Einem Antrag auf **vorläufige Anbringung eines Verkehrszeichens** nach **§ 123 VwGO** fehlt regelmäßig das Rechtsschutzbedürfnis, wenn sich der Antragsteller nicht zuvor an die zuständige Behörde gewandt hat (VGH München SVR 11, 438 m Praxishinweis Koehl: angestrebte Gehwegsperrung). Die im Rahmen der von der Behrde nach § 45 I und IX StVO zu treffenden Ermessensentscheidungen zu den zu berücksichtigenden Interessen anderer Verkehrsteilnehmer können im gerichtlichen Verfahren nicht von einem Verkehrsteilnehmer geltend gemacht werden (VGH München SVR 11, 438 m Praxishinweis Koehl).

Auch **rechtswidriger Verkehr** (hier: Missachtung von Z 260) **kann** die Straßenbehörde **zum Einschreiten verpflichten** (VG Würzburg SVR 08, 434 m Praxishinweis Kettler – Verpflichtung, die Einfahrt in den Feldweg durch eine Schranke oder durch Sperrpfosten zu sperren); ebenso eine hohe Verkehrsdichte im **verkehrsberuhigten Bereich** (morgens und spätnachmittags mehr als 20 Kfz pro Stunde und zu übrigen Tageszeiten nicht völlig unerheblich); hier können Ansprüche der Anlieger auf zusätzliche Maßnahmen zur Verkehrsberuhigung bestehen (VG Koblenz NJW 11, 3049). Auch das **Auswahlermessen** kann auf Null reduziert sein, so bei Missachtung des Z 260 durch täglich ca 700 Kraftfahrer und Unmöglichkeit der wirksamen Überwachung durch die Polizei (VG Würzburg SVR 08, 434, 435 m Praxishinweis Kettler).

§ 45 Ib 1 Nr 2 StVO verleiht schwerbehinderten Personen ein **subjektiv öffentliches Recht auf ermessensfehlerfreie Entscheidung über den**

StVO § 39 II. Zeichen und Verkehrseinrichtungen

Antrag, einen **personengebundenen Behindertenparkplatz einzurichten** (OVG Hamburg DAR 12, 416).

Der **Eigentümer einer privaten Grundstücksfläche,** die zugleich Teil der öffentlichen Straße ist, muss das **Anbringen von Verkehrszeichen oder Verkehrseinrichtungen** gemäß § 5b VI 1 StVG **dulden,** wenn diese aus technischen Gründen oder wegen der Sicherheit und Leichtigkeit des Straßenverkehrs nicht auf der „Straße" angebracht werden können (VGH BW zfs 11, 237: Haltverbotszeichen).

1c **Verkehrssicherungspflicht** und **Amtshaftung:** Wegen Verletzung der Verkehrssicherungspflicht, dh die Pflicht, den VT vor den Gefahren zu schützen, die ihm bei zweckentsprechender Benutzung öffentlicher VFlächen aus deren Zustand entstehen, können sich Schadensersatzansprüche ergeben. Der VT hat sich jedoch grds den gegebenen Straßenverhältnissen anzupassen, die Str so hinzunehmen, wie sich ihm erkennbar darbieten. Der Verkehrssicherungspflichtige hat nur diejenigen Gefahren auszuräumen oder vor ihnen durch VZ zu warnen, die für den VT, der die erforderliche Sorgfalt walten lässt, nicht oder nicht rechtzeitig erkennbar sind und auf die er sich nicht oder nicht rechtzeitig einzurichten vermag (BGH VersR 1980, 946 f). Der Umfang der Verkehrssicherungspflicht wird von der Art und Häufigkeit der Benutzung des Verkehrswege und deren Bedeutung bestimmt und umfasst die notwendigen Maßnahmen zur Herbeiführung und Erhaltung eines für den VT hinreichend sicheren Straßenzustands. Der Verkehrssicherungspflichtige muss nur die Gefahren ausräumen, vor denen ein sorgfältiger Benutzer sich nicht selbst schützen kann, weil die Gefahrenlage entweder völlig überraschend eintritt oder nicht ohne weiteres erkennbar ist; eine **Verletzung der Verkehrssicherungspflicht ist gegeben, wenn** es sich um eine trotz der gebotenen Sorgfalt nicht meisterbare Gefahrensituation handelt (BGH VRS 60, 251; OLG Jena NJW 98, 247). **Zum Beispiel: fehlendes Warnschild** für Aufwölbung im Radweg (OLG Saarbrücken NZV 98, 284; KG DAR 11, 135); Wird die Sicherungseinrichtung einer Mittelinsel (hier: Zeichen 222 „rechts vorbei") durch einen Unfall beschädigt und ist die Mittelinsel deshalb bei **Dunkelheit nicht ausreichend erkennbar,** hat der Straßenbaulastträger im Rahmen der Verkehrssicherungspflicht Sicherungsmaßnahmen zu ergreifen (KG SVR 12, 226 m Praxishinweis Schröder).

Der Umfang der Verkehrssicherungspflicht ergibt sich grds nicht aus deren Beschilderung mit Verkehrszeichen, sondern aus dem Umfang der Widmung, da die Verkehrssicherungspflichten an die tatsächliche Eröffnung des Verkehrs anknüpfen, sodass im Einzelfall auch gegenüber erkennbar unbefugten Nutzern eines Weges Verkehrssicherungspflichten bestehen können (LG Saarbrücken zfs 12, 372 m Anm Diehl). Gerade beim **Aufstellen mobiler VZ** sind aus Verkehrssicherungsgesichtspunkten die Vorgaben der **ZTV-SA** zu beachten (LG Essen BeckRS 2016, 114712). Der **private Bau- oder Umzugsunternehmer,** der aufgrund einer Genehmigung der Straßenverkehrsbehörde mobile Park- oder Halteverbotsschilder zu dem Zweck aufstellt, hierdurch die Bau- oder Umzugsarbeiten zu erleichtern, wird damit **nicht als Verwaltungshelfer/Beliehener** und damit Beamter im haftungsrechtlichen Sinn tätig, denn in diesen Fällen genehmigt die Verkehrsbehörde lediglich die Aufstellung und überlässt dem Unternehmer einen gewissen Entscheidungsspielraum (OLG Karlsruhe BauR 2017, 927). Wird hingegen im Zuge öffentlicher Bauarbeiten die Aufstellung von VZ angeordnet und nicht lediglich genehmigt, kann der die VZ Aufstellende Beliehener der Behörde sein (so OLG Hamm DAR 2016, 26ff). – s auch § 45 Rn 11 zur Verkehrssicherungspflicht im Straßenraum.

Verkehrszeichen § 39 StVO

Zu unterscheiden von der Verkehrssicherungspflicht ist die **Verkehrsrege-** 1d
lungspflicht: Pflicht, den Verkehr durch VZ und VEinrichtungen möglichst
gefahrlos zu lenken und zu sichern (zB korrekte Ampelschaltung, kein „feindliches
Grün") ist stets öffentlich-rechtlicher Natur (§ 839 BGB, Artikel 34 GG), BGH
VersR 90, 739; OLG Hamm NZV 95, 275). Auch hier ist der Rechtsweg vor
den ordentlichen Gerichten gegeben.

Der **Vorrang** der VZ vor den allg VRegeln ist in § 39 II, derjenige der VEinrich- 2
tungen in § 43 II ausgesprochen. Verhältnis zu LichtZ u Weisungen der PolBeamten
s § 36 StVO Rn 11, § 37 StVO Rn 2. Die einzelnen VZ sind bei den Vorgängen, zu
denen die Regelung gehört, erläutert (s Sachverzeichnis „Zeichen").

Die Kommentierung der inhaltlichen Bedeutung der VZ und V-Einrichtungen 2a
erfolgt ggf bei den amtl Erläuterungen der Ge- oder Verbote in den Anlagen 1–3
StVO sowie den amtl Erläuterungen der Verkehrseinrichtungen in Anlage 4 StVO
und bei den allgemeinen Verkehrsregeln (zB: Z 274 bei § 3, Z 286 bei § 12, etc).

2. Verkehrszeichen und Verkehreinrichtungen. a) Begriffe. Zur VRe- 3
gelung sind nur die in den folgenden Paragraphen vorgesehenen VZ oder solche
zugelassen, die der BMVI im Rahmen seiner Ermächtigung nach Anhörung der
obersten Landesbehörden künftig zulässt (BGHSt 26, 348; OLG Köln NZV 90,
483; VG Aachen ZfS 06, 177; bestätigt durch OVG NW ZfS 07, 56; VwV-StVO
zu §§ 39–43 III Nr 1, Rn 7). Dies stellt § 39 IX StVO seit 1.4.13 nunmehr ausdrücklich klar (s auch amtl Begr BRDrs 428/12 S 140). Auch Zusatzzeichen
(früher: Zusatzschilder) sind gem § 39 III Verkehrszeichen. Auch Markierungen
und Radverkehrsführungsmarkierungen sind VZ gem § 39 V 1. **VZ als Schilder stehen regelmäßig rechts** (§ 39 II 3). Gelten VZ nur **für einzelne markierte Fahrstreifen,** sind sie idR **über diesen angebracht** (§ 39 II 4). VZ können auch an einem Fahrzeug angebracht sein (§ 39 VI 1). Die VBen u die sonst
zuständigen Behörden dürfen den Verkehr nach § 45 IV ausschl durch VZ u VEinrichtungen u nur im Rahmen der Widmung (s OVG Lüneburg VRS 68, 476)
regeln (s dazu auch **E** 92). Die VEinrichtungen sind in § 43 I 1 erschöpfend
aufgezählt und ergeben sich aus Anlage 4 StVO.

Ein **Verkehrsspiegel** ist weder VZ iSd § 39 StVO, noch Verkehrseinrichtung
iSd § 43 StVO, sondern ein allgemeines Sicherungsmittel (OLG Saarbrücken NJW
10, 3104). – Zur Verkehrssicherungspflicht für Verkehrsspiegel OLG Saarbrücken
NJW 10, 3104.

b) Gefahrzeichen (§ 40 StVO). Bedeutung u Aufstellung s § 40 I–V. Die 4
GefahrZ (mit Erläuterungen) ergeben sich aus **Anlage 1 StVO.** Sie sind grds nach
Maßgabe des § 45 IX 4 StVO anzuordnen (s VwV-StVO zu § 40 I, Rn 1). Ihre
sachgerechte Aufstellung gehört zu den Amtspflichten der VBen, deren Verletzung
Schadensersatzansprüche begründen kann (vgl § 45 StVO Rn 11–13). Der Kf darf
darauf vertrauen, dass auf Gefahrenstellen durch WarnZ hingewiesen wird (BGH
VRS 18, 268); er hat Vorsichtsvorkehrungen auch schon dann zu treffen, wenn
die Gefahr, vor der gewarnt wird, noch nicht sichtbar ist (OLG Düsseldorf
VRS 60, 265); so muss er beim **Z 138** „Radfahrer" mit gespannter Aufmerksamkeit u merklich geringerer Geschwindigkeit fahren (OLG Düsseldorf aaO; s auch
OLG Oldenburg VRS 71, 172). Auf der linken Seite einer breiteren Str (insb
AB) braucht der Autofahrer kein WarnZ zu vermuten (OLG Karlsruhe VRS 3,
86; s auch Rn 15, 16). Wer ein WarnZ nicht beachtet, verstößt nicht gegen § 40,
aber ggf gegen die Pflicht, auf deren Einhaltung das WarnZ hinweist, zB Beachtung der Vorfahrt oder Herabsetzung der Geschwindigkeit (vgl § 1 StVO Rn 39 ff,

§ 3 StVO Rn 43 f, 54); die **Nichtbeachtung** kann als Vernachlässigung der Sorgfaltspflicht den Schuldvorwurf u damit die Geldbuße erhöhen (§ 17 III S 1 OWiG; OLG Düsseldorf aaO). – Ist **Z 142** (Wildwechsel) aufgestellt, wird nicht nur der Unabwendbarkeitsbeweis erschwert, es kann darüber hinaus auch eine Verschuldenshaftung in Betracht kommen. Das Z mahnt Kf, sich auf die angekündigte Gefahr einzurichten (OLG Köln DAR 76, 489); hierzu gehört sorgfältige Beobachtung der Fahrbahnränder, so dass bei auftauchendem Wild sofort gebremst, ausgewichen, abgeblendet werden kann. Zwar kann trotz Einstellung auf Gefahr Zusammenstoß mit Wild unvermeidbar sein (KG NZV 93, 313); im Rahmen des Entlastungsbeweises nach § 7 II StVG wird jedoch Kf falsche Reaktion im ersten Schrecken nicht zugebilligt (BGH VersR 87, 158, 159 sowie Stadler, Wildschäden in der Krafthaftpflichtversicherung, NZV 98, 493).

4a   Nach § 39 VIII können **bei besonderen Gefahrenlagen** als weitere GefahrZ nach Anlage 1 StVO auch solche mit den in Abs 8 bezeichneten bzw abgebildeten Sinnbildern angeordnet werden. Im Unterschied zum Regelkatalog der Verkehrszeichen in den §§ 41–43 StVO enthält Abs 8 einen Ausnahmekatalog der Verkehrszeichen (vgl amtl Begr BRDrs 153/09, S 82). Als Sinnbilder stehen zur Verfügung „Steinschlag", „Schnee- und Eisglätte", „Ufer", „Splitt, Schotter", „bewegliche Brücke", „Flugbetrieb" und „Fußgängerüberweg" sowie zusätzlich die Sinnbilder „Viehtrieb" und „Reiter" des Abs 7, die auch bei besonderen Gefahrenlagen angeordnet werden können. Entsprechend der VwV zu § 39 wird der VB eine vorrangige Prüfungspflicht auferlegt, ob vor der spezifischen Gefahr nicht auch mit Zeichen 101 einem geeigneten Zusatzzeichen gewarnt werden kann (vgl amtl Begr BRDrs 428/12 S. 140). Die VwV-StVO zu §§ 39–43 III Nr 1, Rn 7 enthält keine Ermächtigung, sondern nur eine an die VB gerichtete Verwendungsvorschrift. Die – weiterhin vorgesehene – Praxis, neue VZ im Wege einer bloßen Verlautbarung in die StVO einzuführen, ist bedenklich (s zB Verlautbarung des BMV VkBl 88, 500 Nrn 117 u 118 bzgl der Zl 113, 124, 269 u 354). Die VwV-StVO zu §§ 39–43 III Nr 1, Rn 7, sagt: „Es dürfen nur die in der StVO abgebildeten Verkehrszeichen verwendet werden oder solche, die das für Verkehr zuständige Bundesministerium nach Anhörung der zuständigen obersten Landesbehörden durch Verlautbarung im Verkehrsblatt zulässt."

5   c) **Vorschriftzeichen (§ 41 StVO)**. Diese verkörpern die eigentlichen **Anordnungen** der Behörden, nämlich Gebote u Verbote. Die VorschriftZ (mit Erläuterungen) sind seit 1.9.09 in Anlage 2 StVO enthalten. Sie sind von jedem VT zu befolgen (§ 41 I) und stehen grds dort, wo oder von wo an die Anordnung gilt (§ 41 II 1); ggf. kann durch ein die Entfernung angebendes Zusatzzeichen auf den Beginn der Befolgungspflicht hingewiesen werden (§ 41 II 2); s auch die vergleichbaren Regelungen für Richtzeichen in § 43 II u III StVO.

6   d) **Richtzeichen (§ 42 StVO)**. Sie geben zT bloße Hinweise (zur Verkehrsregelung durch Hinweiszeichen, auch aus planerischer Sicht, Müller SVR 08, 48), können aber auch Ge- oder Verbote enthalten (§ 42 I 2 StVO). Die durch RichtZ (Anlage 3 StVO) angeordneten Ge- oder Verbote hat jeder VT zu befolgen (§ 42 II). RichtZ stehen grds dort, wo oder von wo an die Anordnung gilt (§ 42 III 1); ggf. kann durch ein die Entfernung angebendes Zusatzzeichen auf den Beginn der Befolgungspflicht hingewiesen werden (§ 42 III 2); s auch die vergleichbaren Regelungen für VorschriftZ in § 42 I u II StVO. RichtZ weisen zB auf ein bestehendes VorR hin oder begründen ein solches, zB Z 301, 306, 308. Das Parkplatzschild (Z 314, 315) begründet die Parkerlaubnis, wenn das Parken sonst an der

Verkehrszeichen § 39 StVO

gekennzeichneten Stelle verboten wäre. Z 325.1/325.2 regeln das Verhalten in verkehrsberuhigten Bereichen. Die Z 330.1 u 331.1 begründen die Rechte u Pflichten des § 18, die Z 330.2 u 331.2 beenden sie. Die Ortstafeln Z 310, 311 begrenzen rechtsverbindlich den Bereich der geschl Ortschaft. Das VZ 325.1 „Verkehrsberuhigter Bereich" enthält Gebote und Verbote und verpflichtet zu „besonderer Sorgfalt" (OLG Karlsruhe NZV 04, 421). **Bußgeldbewehrte** Gebote enthalten die RichtZ nach Maßgabe des § 49 III Nr 5 iVm § 24 StVG (s dazu Nrn 157–159c.2 BKat).

e) Zusatzzeichen. Sie sind gem § 39 III 1 Verkehrszeichen. Zusatzzeichen sind 7 weder in der StVO, der VwV noch im amtlichen Katalog der Verkehrszeichen (VzKat) abschließend aufgezählt. Wie Zusatzzeichen auszugestalten sind, die in der StVO oder der VwV zwar nicht erwähnt, aber häufig notwendig sind, wird vom BMVI nach Anhörung der zuständigen obersten Landesbehörden im amtlichen VzKat im VkBl bekanntgegeben. Darüber hinaus sieht **§ 39 X** seit dem 15.9.2015 (BGBl I 2015, 1573; BRDrs 254/15) explizit ein Zusatzzeichen zur Bevorrechtigung elektrisch betriebener Fahrzeuge vor. Der Begriff des elektrisch betriebenen Fahrzeugs ist in § 2 Nr 1 EmoG legaldefiniert und umfasst rein batteriebetriebene Elektrofahrzeuge, von außen aufladbare Hybridelektrofahrzeuge sowie Brennstoffzellenfahrzeuge. Erforderlich ist eine Kennzeichnung der Fahrzeuge nach § 9a FZV. Abweichungen von den in diesem Verzeichnis aufgeführten Zusatzzeichen sind nicht zulässig. Andere Zusatzzeichen bedürfen der Zustimmung der zuständigen obersten Landesbehörde oder der von ihr bestimmten Stelle (VwV-StVO zu §§ 39–43 III Nr 16, Rn 46). Zusatzzeichen, die diese Anforderungen nicht erfüllen, sind als rechtswidrig (nicht ohne weiteres nichtig; s dazu unten Rn 17 ff) anzusehen (vgl auch VG Lüneburg NJW 06, 1609, 1611 = SVR 06, 276 m Praxishinweis Kettler). **Zusatzzeichen** sind gem § 39 III 3 idR **unmittelbar unter dem VZ** angebracht und beziehen sich deshalb nur auf das direkt darüber befindliche VZ, nicht aber auch noch auf ein weiteres noch darüber befindliches VZ (AG Landau ad Isar DAR 05, 702); s zum Irrtum darüber unten Rn 23. Zusatzschilder sind sinn- und zweckorientiert zu betrachten. So bezweckt das Zusatzschild „Schnee- oder Eisglätte" lediglich einen – entbehrlichen – Hinweis darauf, dass die angeordnete Beschränkung der Gefahrenabwehr wegen möglicher winterlicher Straßenverhältnisse dient, eine zum Tatzeitpunkt trockene Fahrbahn rechtfertigt jedoch keine Abweichung von der angeordneten Höchstgeschwindigkeit, anders beim Zusatzzeichen „bei Nässe" (OLG Hamm NZV 14, 534).

f) Markierungen und markierte Radverkehrsführungen. Sie sind gem 7a § 39 V 1 ebenfalls Verkehrszeichen (s auch unten Rn 20a).

3. Rechtsnatur, Wirksamkeit und Verbindlichkeit der Anordnungen. 8
a) Vorschriftzeichen. VZ iSd § 41 u 42 sind anfechtbare **VAe** in Form der **Allgemeinverfügung** gem § 35 S 1 LVwVfG und keine RVorschriften (BGHSt 20, 125) sowie nach hM regelmäßig den **Dauerverwaltungsakten zuzurechnen** (BVerwG NJW 11, 1527 = NZV 11, 363 mwN). Die ihnen zugrunde liegenden Anordnungen werden mit dem Aufstellen der VZ gegenüber den VT, die sich den von ihnen erfassten Streckenabschnitten nähern, bekannt gemacht und damit fortlaufend neu erlassen (BVerwGE 27, 181; VRS 49, 70). Wirksamkeit entfalten ordnungsgemäß aufgestellte oder angebrachte VZ in dem Moment, in dem sie dem VT bekannt gegeben werden; § 43 I LVwVfG. Sind VZ so aufgestellt oder angebracht, dass sie ein durchschnittlicher VT bei Einhaltung der nach § 1 erforderlichen Sorgfalt schon mit einem raschen und

StVO § 39   II. Zeichen und Verkehrseinrichtungen

beiläufigen Blick erfassen kann, äußern sie ihre Rechtswirkungen gegenüber jedem von der Regelung betroffenen VT, gleichgültig ob er das VZ tatsächlich wahrnimmt oder nicht (BVerwGE 138, 21). Diese rechtliche Bedeutung können von privater Seite ohne AO oder Genehmigung der zust VB angebrachte Z auch dort nicht erlangen, wo „öff Verkehr" (s § 1 StVO Rn 5 ff) stattfindet (BayObLG StVE § 41 StVO 41 = BayObLGSt 83, 151: Forstverwaltung; OLG Brandenburg VRS 93, 28; s auch § 33 StVO Rn 6); sie können aber zivilrechtlich bedeutsam sein (OLG Köln VRS 86, 9 zu Z 205).

Schriftzeichen (zB „BUS" oder „SCHULE") oder die **Wiedergabe von VZ** (zB Z 237 „Radweg") **auf der Fahrbahn** begründen für sich allein **keine selbständigen Ge- oder Verbote.** Ge- und Verbote ergeben sich nur aus vertikalen VZ (s auch amtl Begr BRDrs 153/09 S. 97). § 39 V 5 StVO stellt dies nunmehr ausdrücklich klar. – Ähnlich ist das bei Z 299 („Grenzmarkierung für Halt- oder Parkverbote"; umgangssprachlich auch – Zickzack-Linie genannt); auch Z 299 begründet kein selbständiges Halt- oder Parkverbot, sondern ist abhängig von durch die StVO selbst (zB § 12 I StVO) oder durch Beschilderung (zB Z 283) „vorgeschriebenen" Halt- oder Parkverboten.

Die durch VZ erlassenen VBeschränkungen u -verbote sind **SchutzGe** iS des § 823 II BGB (OLG Frankfurt/M VM 71, 106); für Z 265 ist dies durch BGH (NZV 05, 457 = VRS 109, 409) ausdrücklich bestätigt.

9 **b) Verbindlichkeit fehlerhafter Anordnungen.** Der VT muss auch ein VVerbot beachten, das unter Verletzung von Vorschriften, insb unter Überschreitung der in § 45 gegebenen Ermächtigung erlassen ist. Denn rw VAe bleiben bis zur Aufhebung gültig u rechtsverbindlich (s zur Nichtigkeit unten Rn 10 ff u Rn 17;s die oben aufgeführte RSpr sowie BVerwG NJW 67, 1627; BGHSt 20, 125; OLG Koblenz DAR 95, 31; BayObLGSt 67, 69, 73 ff u VRS 61, 138 = StVE § 45 StVO; OLG Saarbrücken NZV 89, 159; OLG Stuttgart VRS 59, 464 = StVE § 44 StVO 1: Absicherung von VKontrollen der Pol). Jedoch ist jeder, der durch eine AO, zB ein Parkverbot, in seiner Bewegungsfreiheit gehindert ist, zur verwaltungsrechtlichen Klage berechtigt (BVerwG aaO). Der Verstoß entfällt aber nicht, wenn der Täter vor oder nach der Tat gegen die AO Widerspruch eingelegt oder Verwaltungsklage erhoben hat. Auch eine spätere Aufhebung der AO durch die Widerspruchsbehörde oder das Verwaltungsgericht lässt die Ahndung der bereits vorher begangenen Zuwiderhandlung unberührt (BGHSt 23, 86; BayObLG VRS 35, 195; vgl auch HessVGH VM 70, 92 u § 48 StVO Rn 7, § 49 StVO Rn 4); das gilt auch bei Wegfall einer sonstigen Strafbarkeitsvoraussetzung nach der Tat (s BGHSt 32, 152: Wegfall der Wirkung der fristlosen Kündigung nach § 39 III S 3 VVG; s auch BayObLG VRS 64, 149; aA OLG Frankfurt/M DAR 82, 28).

9a **Anfechtung von Verkehrszeichen** (Checkliste zur Anfechtung eines unerwünschten VZ bei Koehl SVR 13, 176). Als Rechtsbehelfe kommen je nach Landesrecht Widerspruch gem § 68 I 1VwGO und Anfechtungsklage gem § 42 I 1. Alt VwGO in Betracht. Die Statthaftigkeit des Widerspruchsverfahrens richtet sich nach Landesrecht (insbesondere nach dem jeweiligen AG zur VwGO). Mangels Rechtsmittelbelehrung im Zeitpunkt der Bekanntgabe des VZ gegenüber dem VT beträgt die einzuhaltende Rechtsbehelfsfrist 1 Jahr § 58 II VwGO.

Die **Frist beginnt** nach BVerwG (BVerwG v 23.9.10, 3 C 37.09, SVR 2010, 476 m. Praxishinweis Rebler; BVerwG v 23.9.10, 3 C 32.09, DAR 11, 39 m Anm Kettler = zfs 11, 52 m Anm Haus; NZV 97, 246 u NZV 04, 52; VGH München BeckRS 2014, 53635) mit dem „Betroffen sein" des VT, wenn der VT

Verkehrszeichen **§ 39 StVO**

„erstmalig in die konkrete, geregelte örtliche Verkehrssituation gerät und dadurch zum Adressaten der verkehrsbehördlichen Anordnung wird" Außerdem ist nach BVerwG (aaO) **nicht** Voraussetzung für die Klagebefugnis, dass der VT vom Verkehrszeichen nach seinen persönlichen Lebensumständen „in einer gewissen **Regelmäßigkeit** oder **Nachhaltigkeit** tatsächlich **betroffen**" wird. Ein solches Erfordernis nachhaltiger bzw regelmäßiger Betroffenheit lässt sich aus § 42 II VwGO nicht entnehmen (BVerwG, aaO, unter Aufhebung der entgegenstehenden Entscheidung von OVG Hamburg NZV 03, 351); vgl hierzu auch die zutreffende und zustimmende Anm von Kettler (NZV 04, 541).

Für die Beurteilung der Rechtmäßigkeit und damit der Erfolg einer **Anfechtungsklage gegen Verkehrszeichen** ist nach hM regelmäßig die **Sach- und Rechtslage zum Zeitpunkt der letzten tatsachengerichtlichen Verhandlung** maßgeblich (BVerwG DAR 11, 277, 278 mwN = NJW 11, 1527 = NZV 11, 363).

Zu den **Voraussetzungen des Eilrechtsschutzes gegen Verkehrszeichen bei Modellversuch** nach § 45 I 2 Nr 6 StVO (hier: Lärmschutzsituation in Folge von Mautausweichverkehr) VG Neustadt/Weinstraße NZV 11, 367.

Schlechthin **unbeachtlich** sind amtl Gebots- u VerbotsZ nur, wenn ein **Nichtigkeitsgrund** vorliegt (§ 44 I u II VwVfG). Ein solcher ist zB nach § 44 VwVfG gegeben, wenn ein bes schwerer Fehler vorliegt, so zB wenn eine sachlich völlig unzuständige Behörde – zB Flurbereinigungsamt, Gesundheitsamt oder Forstverwaltung (BayObLG NJW 65, 1973; StVE § 41 StVO 41), aber nicht nur eine örtlich unzuständige Behörde (§ 44 III 1 VwVfG; Ploen DAR 68, 237) oder ein unzuständiger Beamter – die AO getroffen hat u sich die Fehlerhaftigkeit bei Kenntnis aller für das Zustandekommen des VA wesentlichen Tatsachen einem Rechtskundigen ohne weiteres aufdrängt, zB weil er offensichtlich gegen höherwertiges R verstößt (BayObLGSt 65, 39, 42) oder bei sog **Phantasie-Z** (BayObLG VRS 40, 379; s dazu unten Rn 17; zu Zusatzeichen auch Rn 7a; s auch OLG Köln NZV 91, 484: ein weit ausgedehntes Z 299). Maßstab für die Qualifizierung eines VZ als nichtig ist, ob dieses offenkundig an einem besonders schwerwiegenden Fehler leidet. Ein derartiger Fehler liegt ua dann vor, wenn ein VZ bei verständiger Würdigung nicht mehr als amtliche, allgemein verbindliche Verkehrsregelung erscheint (OVG NW ZfS 07, 56). **10**

Ein von einer Baufirma auf Veranlassung der Polizei in Abweichung von einer AO der VB aufgestelltes Haltverbot ist nicht schlechthin unwirksam (BayObLG StVE § 45 StVO 18 in Erg von Bay 77, 47), sondern bis zur Aufhebung wirksam (vgl BVerwG NJW 67, 1627; BGHSt 20, 125). Allerdings können wesentliche Abweichungen einer Verkehrsregelung vom behördlich genehmigten Verkehrszeichenplan (verkleinertes Haltverbotszeichen, Zusatzzeichen nicht auf weißem Grund mit schwarzem Rand u schwarzer Aufschrift [Rahmenfarbe kräftiges türkis] sowie Logo der Umzugsfirma auf der Trägerfläche) zur Nichtigkeit führen (VG Aachen ZfS 06, 177; bestätigt durch OVG NW ZfS 07, 56). Ist ein VSchild von einer **unzuständigen Stelle** angebracht worden, so verkörpert es jedenfalls von dem Zeitpunkt an ein wirksames Gebot, in dem die VB der Anbringung zustimmt (OLG Stuttgart VRS 26, 378; zur Wirkung im Privatbereich s oben Rn 1, 8 u OLG Köln VRS 86, 9). Im Verfahren wegen der OW kann nur die Nichtigkeit, nicht die Fehlerhaftigkeit (Anfechtbarkeit) der AO nachgeprüft werden. Verstößt eine AO gegen das Willkürverbot des Gleichheitssatzes, so ist sie im allg nicht nichtig, sondern nur anfechtbar (BayObLGSt 67, 70, 75). Nichtigkeit wird nur angenommen, wenn ein offensichtlich in keiner Weise zu rechtfertigen- **11** der, reiner Willkürakt der Behörde vorliegt (BayObLG VRS 26, 380; OLG Hamm VRS 30, 478). Dementspr können die Vorgänge, die zur Aufstellung eines amtl Gebots- oder VerbotsZ geführt haben, im Verfahren gegen den Betr nur dahin nachgeprüft werden, ob der Aufsteller zuständig war u ob etwa ein reiner Willkürakt vorlag (BayObLG aaO; vgl auch BayObLGSt 58, 167 = VM 59, 83). – S auch unten Rn 17.

11a Ein von einem privaten Bauunternehmer aufgestelltes Verkehrszeichen ist wirksam und von den Verkehrsteilnehmern zu beachten, wenn lediglich eine unwesentliche Abweichung vom behördlich genehmigten Verkehrszeichenplan vorliegt (OVG Münster NZV 01, 279); anders bei wesentlichen Abweichungen (VG Aachen ZfS 06, 177; bestätigt durch OVG NW ZfS 07, 56; s oben Rn 11).

12 Zu weit geht die Ansicht, ein VVerbot sei nur nichtig, wenn seine Ungültigkeit für jedermann derart augenscheinlich sei, dass es gleichsam den Stempel der **Nichtigkeit** auf der Stirn trage (so KG VRS 34, 307); denn der bloße Rechtsschein bewirkt nicht die Gültigkeit einer AO. Nichtigkeit ist vielmehr anzunehmen bei offensichtlicher Willkür, Sinnwidrigkeit oder objektiver Unklarheit, die sich auch im Wege der Auslegung nicht beheben lässt. Dabei muss der Mangel so schwerwiegend und bei verständiger Würdigung so offenkundig sein, dass die Fehlerhaftigkeit der Aufstellung des Zeichens sich ohne weiteres aufdrängt (OLG Düsseldorf DAR 99, 82; Haus/Zwerger, Das verkehrsrechtliche Mandat, § 44 StVO Rn 30; siehe auch BVerwG VRS 48, 381). Erscheint es im Einzelfall zweifelhaft, ob einem VorschriftZ eine seiner Bedeutung entspr AO zugrundeliegt, bes deshalb, weil für sie kein vernünftiger Sinn erkennbar ist, so bedarf es im Urt der ausdrücklichen Feststellung über Vorhandensein u Inhalt der AO (OLG Karlsruhe VRS 47, 134); Sicherung von Baustellen: § 45 StVO Rn 16.

13 c) **Verkehrszeichen als TB-Merkmale.** Da die AOen nur durch amtl VZ wirksam getroffen werden können, ist deren Vorhandensein u vorschriftsmäßige Anbringung zugleich ein normatives **TB-Merkmal** des Verstoßes gegen §§ 41, 42, wenn sich auch ihre Bedeutung, wie unter a) ausgeführt, darin nicht erschöpft (BayObLGSt 65, 41; 67, 69, 73 = VRS 33, 295). Daraus folgt, dass im Verfahren wegen der OW in vollem Umfang nachzuprüfen ist, ob die **Beschilderung** vorschriftsmäßig war (BayObLG v 20.4.83, 2 Ob OWi 90/83; s auch unten 15).

14 d) **Ausnahme vom Verkehrsverbot.** Ist zwar das Verbot durch ein vorschriftsmäßiges VZ getroffen, aber durch eine **Zusatztafel** eine offensichtlich willkürliche **Ausn** zugelassen, so ist idR nicht die Beschränkung, zB das Parkverbot, sondern nur die Ausn-Genehmigung nichtig. Der RVerstoß bei der AO der Ausn bewirkt weder die RUnwirksamkeit der VBeschränkung noch die Ausdehnung der Ausn auf andere VT (BayObLG VkBl 60, 250; OLG Hamm VRS 30, 478). Demgegenüber erachtet OLG Celle (VRS 33, 69) Haltverbot u Sondererlaubnis als eine Einheit mit dem Zweck, den Platz durch Fernhalten fremder Fze für die begünstigten Fze freizuhalten; sei die Sondererlaubnis unwirksam, so auch das Haltverbot. Man wird in Fällen, in denen die ganze AO nur einen reinen Willkürakt zugunsten einer Personengruppe darstellt, Celle zustimmen müssen. Ist aber das Verbot an sich vertretbar u nur die Ausn rein willkürlich, zB eine Geschwindigkeitsbeschränkung auf 40 km/h mit Ausn-Genehmigung für Herrn X oder die Mitglieder eines bestimmten Motorrennklubs, so muss daran festgehalten werden, dass nur die Ausn-Genehmigung nichtig ist. Die Frage kann also nicht allg, sondern nur nach Lage des Einzelfalles entschieden werden. Sollte allerdings das Verbot ohne die (unwirksame) Ausn nicht erlassen werden, so ist

Verkehrszeichen **§ 39 StVO**

dieser einheitliche VA nach § 44 IV VwVfG insges unwirksam (BayObLGSt 86, 48 = StVE 5; vgl auch BayObLG VRS 69, 64; VG Ansbach SVR 08, 35 m Praxishinweis Rebler). – Ein Parkverbot mit einer **Ausn-Genehmigung** für die Fze einer **bestimmten Behörde** ist nach einhelliger Meinung kein Willkürakt, daher für die VT verbindlich (BayObLG, OLG Hamm aaO ua). Darüber, inwieweit es unzulässig u somit anfechtbar ist, vgl § 45 StVO Rn 6; § 46 StVO Rn 2.

Allgemein geltende Ausnahmen von Verkehrsverboten können nur durch Zusatzzeichen und individuell geltende Ausnahmen nur durch einen Einzelbescheid ergehen. Eine öffentliche Bekanntmachung in einem amtlichen Verkündungsblatt ist nicht möglich (VG Ansbach SVR 08, 35 m Praxishinweis Rebler). Nach § 46 StVO **(Ausnahmegenehmigung und Erlaubnis)** können die StrVB in bestimmten Einzelfällen oder allgemein für bestimmte Antragsteller Ausnahmen genehmigen; s dazu § 46 StVO m Erl u VwV zu § 46 StVO.

4. Wahrnehmung und Reichweite der Verkehrsbeschränkungen. a) Der 15 **Sichtbarkeitsgrundsatz.** VZ sind deutlich sichtbar anzubringen. Dies ist nur dann gewährleistet, wenn der Regelungsgehalt der VZ vom durchschnittlichen VT bei Einhaltung der Sorgfalt gem § 1 „mit einem raschen und beiläufigen Blick" sofort und zweifelsfrei erfasst werden kann. Deutliche Sichtbarkeit des Regelungsgehalts ist Wirksamkeitsvoraussetzung für VZ (BVerwG DAR 08, 656 = zfs 08, 714). Hieran fehlt es bspw bei **einem mit vier Zusatzzeichen angebrachten VZ**, da dies die individuelle Wahrnehmbarkeit überschreitet (BVerwG DAR 08, 656 = zfs 08, 714; zumal der dadurch verkörperte VA erst durch die Wahrnehmungsmöglichkeit eröffnet u damit wirksam wird (s § 43 VwVfG; BVerwGE 59, 221, 226; BayObLGSt 84, 57 = StVE § 41 StVO 42; VG Stuttgart VRS 76, 69; OVG Hamburg VRS 89, 68) Es kann nicht darauf abgestellt werden, ob der vom Verkehrszeichen Betroffene ortskundig ist oder nicht (VGH München SVR 13, 398 m Praxishinweis Koehl). Es genügt die **abstrakte Wahrnehmungsmöglichkeit;** auf die tatsächliche Wahrnehmung im Einzelfall kommt es nicht an (BVerwG DAR 97, 119, OLG Köln NZV 93, 406; OVG NW aaO; zur faktischen Wahrnehmbarkeit von VSchildern s Erklärung der BASt NZV 88, 55, 92; 89, 63); deshalb ist zB auch ein nach erlaubtem Parken aufgestelltes Haltverbot gegenüber dem abwesenden Parker wirksam (BVerwG aaO; OLG Köln aaO; OVG NW DAR 97, 366; VGH Mannheim NZV 07, 487 m ablehnender Anm Weber; OVG Bautzen NJW 09, 2551; aA noch OVG Hamburg aaO; zur evtl fehlenden Vorwerfbarkeit bei unbekannter Zonengeschwindigkeitsregelung s unten 23; zum Abschleppen aus anderen Gründen s § 12 StVO Rn 76). VZ, die entsprechend dieser Anforderungen deutlich sichtbar sind, äußern ihre Rechtswirkung gegenüber jedem von der Regelung betroffenen Verkehrsteilnehmer, gleichgültig, ob er das Verkehrszeichen tatsächlich wahrnimmt oder nicht (BVerwGE 102, S 316 = NJW 1997, S 1021; VG Berlin NZV 00, 392). Die Beschilderung einer Haltverbotszone (Zeichen 290.1) mit drei Zusatzzeichen genügt den Anforderungen an die Erkennbarkeit des Regelungsgehalts von Verkehrszeichen (VGH Mannheim NZV 10, 533).

An die Sichtbarkeit von **Verkehrszeichen für den ruhenden Verkehr** sind niedriger Anforderungen als für den fließenden Verkehr zu stellen, insbesondere müssen diese nicht bereits während der Fahrt vom Fz erkannt und erfasst werden, wenn ein Erkennen der Vz durch einfache Umschau beim Aussteigen ohne Weiteres gegeben ist; Einschränkungen der Rundumsicht für den Fzführer durch besonders hohe Fz, Dunkelheit oder schlechter Witterung machen ein Abschreiten des

Nahbereichs des abgestellten Fz erforderlich (BVerwG NZV 2016, 539; OVG Hamburg zfs 09, 533 = NZV 09, 524).

Ausnahmen von einem durch VZ angeordneten Durchfahrverbot können nicht durch eine schriftlich ergangene und bekannt gemachte Allgemeinverfügung zugelassen werden, weil straßenverkehrsrechtliche Anordnungen, die für jedermann gelten sollen, auch für alle VT erkennbar sein müssen, die den betroffenen Streckenabschnitt durchfahren (BVerwG DAR 08, 656, 658 = zfs 08, 714).

VZ als Schilder sind grundsätzlich rechts (§ 39 II 2 StVO; OLG Köln NZV 95, 327) u **ortsfest** aufgestellt; für bes Einsätze können sie aber nach **§ 39 VI** auch auf einem Fz angebracht sein (zB bei Schwertransporten u in Baustellenbereichen); diese gehen dann den ortsfesten Z vor. **Ausn:** § 45 IV Halbs 2; Strecken- u Zonenverbote: Z 270.1 (s AG Tiergarten NJW 87, 2757; KG VRS 74, 141), Z 274, 274.1, 290.1; s § 3 StVO Rn 74 f).

15a Wer in eine Str einbiegt, muss VZ nur beachten, die ihm auf der von ihm **befahrenen Teilstrecke** begegnen, selbst wenn er weiß, dass auf einem anderen Teil der Str ein VerbotsZ aufgestellt ist (BayObLGSt 55, 207 = VM 56, 5; BayObLGSt VkBl 59, 71). Das gilt auch, wenn der Einbiegende weiß, dass auf der Str ein **durchgehendes** VVerbot besteht (s auch BayObLGSt 85, 96 u unten 23). Auch wer in eine Str einbiegt, der gegenüber die von ihm bisher befahrene Str durch Z 205 oder 206 als untergeordnet gekennzeichnet ist, muss sich, solange er nicht die Gewissheit vom Gegenteil erlangt hat, auf die Möglichkeit einstellen, dass die von ihm nunmehr befahrene Str eine durch Z 306 gekennzeichnete Vorfahrtstr sein könnte, auf deren Fahrbahn außerhalb geschl Ortschaften nicht geparkt werden darf (BayObLGSt VRS 51, 308 = StVE § 12 StVO 6). Wer aber aus einem Grundstück in eine Str einfahren will, muss sich nicht vorher danach erkundigen, welche Streckenverbote angeordnet sind (OLG Hamm VM 72, 124). Befindet sich ein sichtbares Gebots- oder VerbotsZ auf dem befahrenen Str-Teil, so muss es auf der ganzen Strecke, für die es gilt, beachtet werden, auch wenn die Fahrt vorübergehend unterbrochen wird, aber ein einheitliches, beim Vorbeifahren am Z geplantes Unternehmen darstellt (BGHSt 11, 7). Das Gebot ist vom (1.) VSchild an zu befolgen (BGHSt 25, 293, 299), wenn nicht durch eine Zusatztafel ein anderer Beginn der Beschränkung angeordnet ist (BayObLGSt 52, 37; 57, 153). **VorschriftZ** (§ 41 StVO) **stehen idR dort, wo oder von wo an die Anordnung zu befolgen ist** (§ 41 II 1 StVO). Soweit die Z aus Gründen der Leichtigkeit oder der Sicherheit des Verkehrs in einer bestimmten Entfernung zum Beginn der Befolgungspflicht stehen, ist die Entfernung zu dem maßgeblichen Ort auf einem ZusatzZ angegeben (§ 41 II 2 StVO). **Entsprechendes gilt** gem § 42 III StVO **für Richtzeichen.**

15b Ein **Streckenverbot** dauert nach Anlage 2 StVO Nr 55 (früher: § 41 II Nr 7 StVO) bis zum Ende der Gefahrenstelle, wenn es zusammen mit einem GefahrZ angebracht ist; sonst bis zum Ende der auf einem Zusatzzeichen zu Z 276, 277 angegebenen Strecke oder bis zu einem Z 278, 280–282; unzutreffend ist abweich A des LG Bonn (NZV 04, 98), wonach Z 274 generell nur bis zur nächsten Straßeneinmündung gilt und danach ggf wiederholt werden muss; vgl auch abl Stellungnahme zu LG Bonn von Hentschel NJW 05, 642. Verbotsschilder müssen auf der ganzen Strecke, für die sie gelten, erkennbar sein, daher in angemessenen Abständen wiederholt werden, wenn sie sich auf eine längere Strecke beziehen (OLG Düsseldorf VM 66, 89). Wiederholung ist auf jeden Fall nach dem Einbiegevorgang erforderlich (OLG Hamm NZV 01, 489). Ein im Kurvenbereich einer Autobahnauffahrt aufgestelltes Streckenverbot (Z 274) gilt auch ohne ausdrückliche Aufhebung (Z 282) nicht ohne weiteres für den unmittelbar nachfolgenden Bereich der Autobahn (AG Herne NZV 05, 598). Wer 100 m hinter einem Haltverbotsschild hält, muss im Allg damit rechnen, dass das Verbot noch gilt (OLG Düsseldorf aaO); das gilt entspr auch für den Wendenden, der mit VRegelungen auf dieser Str-Seite rechnen muss (OVG NW VBl 90, 387).

Das Parkverbot in einer Sicherheitszone nach § 45 I S 2 Nr 5 ist deutlich zu kennzeichnen (VGH München VwBl 88, 180). Ein eingeschränktes Haltverbot für eine Zone (Zeichen 290.1/290.2) umfasst auch mit den Zusatzzeichen 1053–30 (Parken in gekennzeichneten Flächen erlaubt) und 1060–11 (auch Fahrräder-Symbol); **nicht** das Abstellen von Fahrrädern auf Flächen, die der Nutzung durch Fußgänger vorbehalten sind. Der Verordnungsgeber habe eine Reglementierung des Abstellens von Fahrrädern auf Fußgängerverkehrsflächen bewusst nicht vorgesehen (BVerwG NZV 05, 333). Auf der AB ist die Wiederholung der eine Geschwindigkeitsbeschränkung anordnenden VSchilder in Abständen von 1500 m ausreichend (OLG Stuttgart VRS 26, 60). Das VerbotsZ muss im **Zeitpunkt des Verstoßes** sichtbar sein (s oben Rn 15); das Verbot gilt auch dann nicht, wenn das VZ durch einen Unbefugten entfernt (BayObLGSt 63, 183, 186 = VRS 26, 62 ff) oder in seiner Erkennbarkeit stark beeinträchtigt worden ist (OVG NW DAR 97, 366; s auch Hauser DAR 91, 324).

VZ gelten nur für die **Fahrtrichtung,** in die ihre Bildseite zeigt (OLG Oldenburg VRS 89, 53). Ein mit dem Schaubild in die entgegengesetzte Richtung aufgestelltes Schild ist für den Fahrer weder bestimmt noch dann „sichtbar", auch wenn es ihm bekannt oder von hinten erkennbar ist (BayObLG VRS 28, 117; OLG Hamm DAR 60, 122; OLG Celle VRS 23, 66). Allerdings verliert eine zu Beginn einer geschl Ortschaft aufgestellte Ortstafel ihre Bedeutung für die Geschwindigkeitsbegrenzung nach § 3 III Nr 1 nicht dadurch, dass sie verkehrt steht, weil hier die Aufstellung auf der rechten Str-Seite den Ortsbeginn deutlicher bekundet als die Aufschrift (OLG Hamm VRS 25, 296). Ebenso beeinträchtigen kleinere Abweichungen in der Art der Aufstellung, wie ParkverbotsZ parallel statt quer zur Str, die Wirksamkeit der AOen nicht (OLG Hamm VRS 29, 139). Wenn aber ein Haltschild so verdreht ist, dass es mit der Bildseite zum Str-Rand zeigt, ist es entgegen OLG Hamm VRS 40, 153 wohl nicht mehr verbindlich (VG Berlin NZV 89, 168). 16

Die **rechtliche Zuordnung** eines Fz in der Zulassungsbescheinigung Teil I (§ 11 FZV; früher Fz-Schein, s auch die Übergangsbestimmungen in § 50 III Nr 4 FZV), zB als Pkw, muss nicht immer mit der Geltung von VZ oder Verkehrsregelungen nach der **StVO** übereinstimmen. Maßgeblich für die Zuordnung nach der StVO sind konkrete Bauart und Einrichtung des betreffenden Fz sowie die Übereinstimmung mit dem Zweck der diesbezüglichen StVO-Bestimmungen; das Ergebnis kann auch abweichend vom Fz-Schein die Zuordnung als Lkw sein (vgl „SprinterFall": BayObLG NZV 04, 263; OLG Karlsruhe NZV 05, 380; OLG Jena NZV 05, 383).

b) Fehlerhafte u undeutliche Verkehrszeichen. VZ, die den Z der StVO nicht nur in Kleinigkeiten nicht entsprechen (sog **Phantasiezeichen**), **sind regelmäßig nichtig,** daher unbeachtlich (BayObLGSt 70, 250 = VRS 40, 379; VG Aachen ZfS 06, 177, 178; bestätigt durch OVG NW ZfS 07, 56). Z 205 ist nicht verbindlich, wenn seine Schenkellänge nur zwei Drittel der vorgeschriebenen Länge beträgt (OLG Düsseldorf VM 66, 29). Andererseits müssen auf der linken Str-Seite befindliche VerbotsZ, die sich eindeutig auf die ganze Str-Breite beziehen, beachtet werden (VwV-StVO zu §§ 39–43 III Nr 9a, Rn 29). 17

StVO § 39 II. Zeichen und Verkehrseinrichtungen

Unwirksam (Schein-Verwaltungsakt bzw. Nichtakt und damit praktisch kein VZ) ist ein VZ (hier: Haltverbotszeichen), wenn seiner **Aufstellung durch einen Privaten** (hier: Umzugsunternehmen) keine verkehrsrechtliche Anordnung zugrunde liegt (VGH Mannheim DAR 10, 537; Rebler DAR 10, 377 [380]; Rebler KommunalPraxis spezial 1/2011, 14 [17]) – s aber auch oben Rn 10 u 11).

17a Zwei **mobile** Haltverbotszeichen, die für jeweils unterschiedliche Tage Halteverbotszonen im selben Straßenbereich anordnen, sind nur dann beanstandungsfrei, wenn sämtliche Regelungen an jeder Stelle vor Ort auf einen Blick erkennbar sind (VG Berlin NZV 00, 392); andernfalls fehlt es gegenüber den Betr an der notwendigen Bekanntgabe. Von den Vorgaben der StVO und der VwV sowie den Maßgaben einer Verkehrsanordnung der zuständigen Behörde erheblich abweichende mobile Haltverbotszeichen sind nichtig (VG Aachen ZfS 06, 177, 178; bestätigt durch OVG NW ZfS 07, 56).

18 VZ müssen so aufgestellt werden, dass sie auch für einen Ortsunkundigen mit durchschnittlicher Aufmerksamkeit durch einen beiläufigen Blick **deutlich erkennbar** sind (BGH(Z) VRS 21, 91; BayObLG VRS 54, 306 = StVE 3; AG Freiburg VRS 85, 51; Kö ZfS 93, 283; Thüringer OLG SVR 10, 389 m Praxishinweis Otto = NZV 11, 313). Allerdings muss der Kf im StadtV sorgfältig auf VZ achten (OLG Hamm VRS 29, 139), auch auf solche, durch die die Fahrtrichtung beschränkt wird (Z 209–222). Befinden sich auf beiden Seiten Lichtampeln, fehlt aber links das Z 214, so kann der Fahrer der linken FzReihe, die rechte Ampel nicht oder nur unter erschwerten Umständen sehen kann, entschuldigt sein (BayObLG DAR 68, 165). Das gleiche gilt, wenn ein VZ so hoch oder infolge eines Str-Knicks so unzweckmäßig angebracht ist, dass es im Scheinwerferlicht nicht auffällt (BGH VRS 5, 309); Änderung einer bestehenden Vorfahrtregelung: s § 45 StVO Rn 12.

Bei Geschwindigkeitsbegrenzung, auch auf BAB, reicht Aufstellung eines Z 274 zur Beschränkung auf 60 km/h aus, auch wenn durch VwV-StVO zu Z 274, Rn 8 ein sog. Geschwindigkeitstrichter empfohlen wird; Kf, der schneller als 100 km/h fährt, handelt grob pflichtwidrig (OLG Hamm NZV 99, 341).

18a Der **Zustand** eines VZ muss den Inhalt des VA erkennen lassen; **nur andeutungsweise vorhandene oder verwitterte Markierungen** oder **nicht zuverlässig erkennbare Schilder sind wirkungslos** (BayObLG NJW 84, 2110 = StVE § 41 StVO 42; OLG Hamm VRS 39, 340; OLG Münster NZV 05, 335; OLG Hamm NZV 11, 94 = SVR 11, 112 m Praxishinweis Krenberger; Rebler NZV 06, 113, 114; s auch BGH VRS 41, 307); ebenso bei nur vorübergehender **witterungsbedingter Unkenntlichkeit** (BayObLGSt 84, 57 = VRS 67, 233: verschneit; s § 26 StVO Rn 3 sowie OLG Oldenburg VRS 58, 285 = StVE § 26 StVO 12 m krit Anm Knippel DAR 80, 243 u Booß VM 80 S 6–7) oder bei Unkenntlichkeit wegen Abnutzung oder aufgrund **Baum- und Buschbewuchs** (OLG Hamm NZV 11, 94 = SVR 11, 112 m Praxishinweis Krenberger). Entscheidend ist das äußere Erscheinungsbild (OLG Köln VRS 31, 305), nicht die Ortskunde (OLG Oldenburg VRS 35, 250) oder die Kenntnis der ursprünglichen Bedeutung des Z im Einzelfall (BayObLG VM 72, 4; aA OLG Schleswig VRS 71, 227 m krit Anm Booß VM 87 S 3); nicht mehr eindeutiger Kennzeichnung ist aber im Rahmen des § 1 u im subjektiven Bereich Rechnung zu tragen (OLG Hamm VRS 39, 340; BayObLG aaO).

19 **VerkehrsZ**, dh auch Zusatzzeichen (statt der früheren Bezeichnung Zusatzschild wird zunehmend der Begriff Zusatzzeichen verwendet; s zB 40. StVRÄndV v 22.12.05, BGBl I 3716) sowie Markierungen und markierte Radverkehrsführungen (§ 39 III 1 u V 1 StVO), müssen sofort befolgt werden; sie müssen deshalb **inhaltlich klar, sinnvoll, verständlich** u **frei** von **Widersprüchen** sein (vgl BGHSt 25, 293, 299; 27, 318 zum Zusatzzeichen „Bei Nässe"; BayObLGSt 77, 192; 83, 17 = StVE § 12 StVO 35; NZV 89, 38; 92, 83; OLG Köln VRS 62, 310; NZV 92, 200; OLG Bremen VRS 49, 65; OLG Düsseldorf VM 88, 100; OLG Dresden DAR 97, 160), sonst sind die entspr AOen unwirksam (BGH aaO; OLG Düsseldorf NZV 91, 204; 96, 329). Ist eine AO nicht aus sich heraus eindeutig u gibt sie bei vernünftiger Auslegung berechtigten Anlass zu Zweifeln, so geht diese Unklarheit zu Lasten der Behörde (BayObLGSt 61, 11 = VRS 21, 145; 69, 64; s auch oben 14; OLG Celle VRS 34, 473; OLG Karlsruhe VRS 59, 378 = StVE § 41 StVO 26; s hierzu auch Hauser DAR 91, 324 mwN); die unrichtige Deutung irreführender VorschriftZ kann entschuldigt (BayObLGSt 83, 17 = VRS 64, 383; s auch unten Rn 23), die Abgabe widersprechender LichtZ („feindliches Grün") rechtswidrig sein (BGH(Z) NJW 87, 1945).

Namentlich komplexe Richtzeichen wie zB **Z 325.1 (verkehrsberuhigter Bereich)** sind auslegungsfähig und auslegungsbedürftig; so hinsichtlich der elterlichen Aufsicht das OLG Hamm NZV 01, 42, wonach in einem verkehrsberuhigten Bereich zu den erlaubten Kinderspielen auch das Herumfahren mit Kinderfahrrädern gehört. „Innerhalb solcher Zonen ist eine wesentlich geringere elterliche Überwachung als in anderen Verkehrsräumen geboten. Der Umstand, dass ein Kind den Bereich zielgerichtet als Verkehrsteilnehmer befährt, ändert daran nichts" (aaO).

Die Kombination eines **VZ mit mehr als zwei Zusatzzeichen** verstößt jedenfalls bei der „Mautfluchtregelung" nicht gegen den **Bestimmtheitsgrundsatz,** da sie sich nicht an einen durchschnittlichen, sondern an einen besonders qualifizierten VT wendet (VG Ansbach SVR 08, 35 m Praxishinweis Rebler); s auch § 39 StVO Rn 15.

Auch **Zusatzzeichen** müssen eindeutig sein. **Zusatzzeichen beziehen sich** **19a** **gem § 39 III 3 StVO nur auf das unmittelbar darüber befindliche Verkehrszeichen** (OLG Bamberg DAR 12, 475; s auch nachfolgend Rn 19b).

Verbote können durch den Zusatz **„nur"** zum Symbol auf die dargestellten Fze **19b** beschränkt werden, während das Wort **„frei"** bedeutet, dass die im Symbol gezeichneten Fze von dem allg Verbot ausgenommen sind (VwV-StVO zu § 41 IV, Rn 4). Zusatzzeichen „im Seitenstreifen" s § 12 StVO Rn 30. Sind an einem **Pfosten (Schilderstange)** untereinander zwei VZ u zwischen diesen ein eine Entfernungsangabe enthaltendes Zusatzzeichen angebracht, so bezieht sich letztere nur auf das unmittelbar darüber befindliche VZ (§ 39 III 3 StVO; BayObLG NZV 89, 38; OLG Bamberg DAR 12, 475). Das gleiche gilt, wenn an einem Pfosten übereinander zwei VZ und darunter ein Zusatzzeichen angebracht sind; das Zusatzzeichen gilt nur für das unmittelbar darüber befindliche VZ (BVerwG DAR 03, 328 = ZfS 03, 377; OVG Hamburg ZfS 03, 320). Ein **Irrtum** hierüber ist jedoch einem VT nur unter bes Umständen vorzuwerfen (BayObLGSt 77, 192 = StVE 3) und kann zum Entfallen des Regelfahrverbots führen (OLG Bamberg 12, 475); s zu Irrtum und Vorwerfbarkeit nachfolgend Rn 23. – Der Begriff „werktags" umfasst auch den Sonnabend (bzw Samstag: OLG Hamburg DAR 84, 157; OLG Düsseldorf VRS 81, 132; OLG Hamm NZV 01, 355; krit dazu Ortbauer DAR 95, 463).

Zusatzzeichen müssen den formellen Anforderungen des Abs III S 2–3 in allen **20** Einzelheiten entsprechen, sonst sind sie unwirksam (BayObLG VRS 71, 309; 72, 306); s auch oben Rn 7a). Weitere Anforderungen enthalten VwV-StVO zu den §§ 39–43 III, Rn 7 ff sowie VzKat Teil 1.1 u 8).

20a Ein oder mehrere Verkehrszeichen, die (auch gemeinsam mit Zusatzzeichen) auf einer **weißen Trägertafel** aufgebracht sind, stehen selbständig ausgeführten Verkehrszeichen in jeder Hinsicht gleich, sofern sie nur im übrigen nach Inhalt und Gestaltung den Vorschriften der Straßenverkehrs-Ordnung entsprechen (§ 39 IV 1 StVO, s auch BayObLG NZV 01, 220); abweichend von den abgebildeten VZ können in **Wechselverkehrszeichen** die weißen Flächen schwarz und die schwarzen Sinnbilder und der schwarze Rand weiß sein, wenn diese Zeichen nur durch Leuchten erzeugt werden (§ 39 IV 2 StVO).
Markierungen sind grds weiß (§ 39 V 2 StVO). Nur als **vorübergehend gültige Markierungen** sind sie **gelb** und heben dann die weißen Markierungen auf (§ 39 V 3 StVO). Zur Ausgestaltung durch Markierungsknopfreihen oder zB auch Leuchtknopfreihen § 39 V 4ff StVO (s auch oben Rn 7a).

21 Auf Schilder, die **nicht** als **amtliche VZ** ausgestaltet sind, muss ein Kf dann achten, wenn sich ihm bereits auf Grund des äußeren Erscheinungsbildes der Eindruck aufdrängen muss, das Schild könne einen für sein Verhalten bedeutsamen Hinweis enthalten (BayObLGSt 143 = VM 70, 81).

22 **Einschränkungen** des **Verbots** gelten auch dann, wenn sie nicht durch ein vorschriftsmäßiges VZ ausgedrückt sind, zB in der Umrandung eines Verbotsschildes statt durch ein Zusatzzeichen; denn einem Verbotsschild kann keine größere Verbotswirkung zugelegt werden, als ihm nach seinem äußeren Erklärungsinhalt zukommt (OLG Celle VRS 23, 66; s aber auch oben 14 u 20). Eine Verbotstafel ist auch sofort zu befolgen, wenn ein GefahrZ 123 („Arbeitsstelle") beigefügt ist. Soll das Verbot erst an einer späteren Stelle beginnen, muss dies durch ein Zusatzzeichen nach § 40 II, § 41 II 2, § 42 III 2 anzugeben (BayObLGSt 57, 153 = VM 57, 133).

22a c) **Neue Verkehrszeichen.** Auf **neue VZ,** durch die eine bestehende V-Regelung geändert wird, deren Missachtung bes gefährlich ist, zB bei Änderung der Vorfahrt, muss für eine ausreichende Übergangszeit der Fahrverkehr gewarnt werden (VwV-StVO zu § 41 I, Rn 1; s auch LG Marburg DAR 97, 279: Vorfahrtsänderung). Das sollte auch für Halt- u Parkverbotsschilder gelten, die neu an Stellen aufgestellt werden, wo sonst Halten u Parken üblicherweise erlaubt war (vgl BVerwG DAR 97, 119: 4 Tage Karenzzeit; s auch OVG Bautzen NJW 09, 2551).

23 **5. Irrtum und Vorwerfbarkeit.** Hat der Täter ein Verkehrszeichen nicht gesehen oder optisch nicht richtig erkannt, so liegt **Tatbestandsirrtum (§ 11 I OWiG)** vor (s auch OLG Bamberg NJW 07, 3081, 3082 = NZV 07, 633). Dagegen begründet die falsche rechtliche Auslegung eines optisch richtig wahrgenommenen VZ einen **Verbotsirrtum** gem § 11 II OWiG (BayObLG NZV 03, 430 = ZfS 03, 472; OLG Bamberg NJW 07, 3081 = NZV 07, 633). Dies gilt auch dann, wenn der Täter glaubt, ein VGebot sei ungültig (OLG Koblenz DAR 95, 31; OLG Hamburg VM 65, 57; OLG Stuttgart VRS 26, 378). Verbotsirrtum ist vermeidbar, wenn er auf mangelnder Kenntnis der einschlägigen Verkehrsvorschr beruht (BayObLG, aaO). Der Verbotsirrtum über die Bedeutung einer Verkehrsregelung ist in aller Regel vermeidbar, da jeder VT zB auch wissen muss, dass sich die Wirkung eines Zusatzzeichens ausschließlich auf das unmittelbar über ihm befindliche VZ und nicht auch noch auf ein noch darüber befindliches VZ bezieht (AG Landau a. d. Isar DAR 05, 702). Ein VT muss auch wissen, dass sich die **Wirkung eines Zusatzzeichens,** zB Beschränkung auf Busse etc, ausschließlich auf das unmittelbar über ihm befindliche Verkehrszeichen (§ 39 III 3 StVO) beschränkt (OLG Bamberg NJW 07, 3081, 3082 = NZV 07, 633; OLG Bamberg DAR 12, 475); s zur Anbringung auf einer Trägertafel § 39

Gefahrzeichen **§ 40 StVO**

IV StVO. – **Nicht vorwerfbar** handelt idR, wer beim Einfahren in eine andere Straße kein Streckenverbotszeichen passiert (zB Z 276) u sich daran aufgrund früherer Fahrten nicht erinnert (BayObLG VRS 73, 76 = StVE 6), von einem unzweckmäßig aufgestellten Zeichen überrascht wird (OLG Düsseldorf DAR 90, 32) oder nicht weiß, dass er sich in einer geschwindigkeitsbeschränkten Zone befindet (OLG Düsseldorf ZfS 97, 276; OLG Hamm SVR 06, 192 m Praxishinweis Krumm: Geschwindigkeitsverstoß nach Einfahrt als Beifahrer in Tempo-30-Zone), anders wenn er wendet oder sonst auf die Gegenfahrbahn einschwenkt (OVG NW VRS 79, 476). Auch ein **Irrtum** aufgrund irreführender oder undeutlicher VZ kann die Vorwerfbarkeit entfallen lassen (Thüringer OLG SVR 10, 389 m Praxishinweis Otto = NZV 11, 313). Nimmt der Betr irrtümlich an, dass sich das Zusatzzeichen auf beide darüber befindliche Verkehrszeichen bezieht, kann das **Regelfahrverbot entfallen** (OLG Bamberg DAR 12, 475).

Es gibt **keinen Erfahrungssatz** dahin, **dass gut sichtbar aufgestellt VZ immer gesehen werden,** sodass ein vorsätzlicher Verstoß näher begründet werden muss (OLG Stuttgart DAR 10, 402 m Anm Hühn).

6. Literatur. Heß/Burmann „Die Entwicklung des Straßenverkehrsrechts im Jahre 2009" NJW 10, 915; **Kettler** „Beginn der Widerspruchsfrist bei Verkehrszeichen" SVR 10, 293; **ders** „Mehr Sicherheit durch weniger Verkehrszeichen – Shared Spaces, Gemeinschaftsstraßen, Begegnungszonen und Simply Cities" NZV 12, 17; Koehl „Checkliste Verkehrszeichen im Verwaltungsprozess" SVR 13, 176; **Müller** „Grundlagen der Verkehrsregelung durch Hinweiszeichen" SVR 08, 49; **Rebler** „Das Verkehrszeichen und die Anordnungsmöglichkeiten nach § 45 StVO" NZV 06, 113; **ders** „Rund um das Verkehrszeichen: Einsatzbereich, Rechtsnatur und Bekanntgabe" DAR 10, 377; **ders** „Rund um das Verkehrszeichen: Notwendigkeit einer Rechtsgrundlage, Anfechtung und Rechtswidrigkeit von Verkehrszeichen und Grundlagen für Ausnahmen" DAR 10, 450; **ders** „Rund um das Verkehrsschild – Einsatz, Rechtsnatur, Bekanntgabe und Anfechtung von Verkehrszeichen" KommunalPraxis spezial 1/2011, 14; **ders** „Die materiellen Rechtsgrundlagen für die Anordnung von Verkehrszeichen" DAR 13, 348; **Stelkens** „Das Verkehrsschild, die öffentliche Bekanntgabe, das BVerfG und der VGH Mannheim" NJW 10, 1184.

24

§ 40 Gefahrzeichen[1]

(1) **Gefahrzeichen mahnen zu erhöhter Aufmerksamkeit, insbesondere zur Verringerung der Geschwindigkeit im Hinblick auf eine Gefahrsituation (§ 3 Absatz 1).**

(2) **Außerhalb geschlossener Ortschaften stehen sie im Allgemeinen 150 bis 250 m vor den Gefahrstellen. Ist die Entfernung erheblich geringer, kann sie auf einem Zusatzzeichen angegeben sein, wie**

| 100 m |

---

[1] § 40 StVO wurde durch die 46. VO zur Änd straßenverkehrsrechtlicher Vorschriften v 5.8.09 (BGBl I S 2631, 2634) zum 1.9.09 neu gefasst; die Gefahrzeichen (mit Erläuterungen) sind seitdem in einem eigenen Verkehrszeichenteil in Anlage 1 StVO enthalten; dies wurde durch die Neufassung der StVO v 6.3.13 (BGBl I S 367, 382) übernommen; ansonsten erfolgten (lediglich) sprachliche und klarstellende Anpassungen; s auch Erl bei § 39 Rn 1 u 4; § 3 Rn 43, 44.

StVO § 41 II. Zeichen und Verkehrseinrichtungen

(3) Innerhalb geschlossener Ortschaften stehen sie im Allgemeinen kurz vor der Gefahrstelle.

(4) Ein Zusatzzeichen wie

$$\boxed{\uparrow \ 3\,\text{km} \ \uparrow}$$

kann die Länge der Gefahrstrecke angeben.

(5) Steht ein Gefahrzeichen vor einer Einmündung, weist auf einem Zusatzzeichen ein schwarzer Pfeil in die Richtung der Gefahrstelle, falls diese in der anderen Straße liegt.

(6) Allgemeine Gefahrzeichen ergeben sich aus der Anlage 1 Abschnitt 1.

(7) Besondere Gefahrzeichen vor Übergängen von Schienenbahnen mit Vorrang ergeben sich aus der Anlage 1 Abschnitt 2.

VwV – StVO

Zu § 40 Gefahrzeichen

1 I. Gefahrzeichen sind nach Maßgabe des § 45 Absatz 9 Satz 4 anzuordnen. Nur wenn sie als Warnung oder Aufforderung zur eigenverantwortlichen Anpassung des Fahrverhaltens nicht ausreichen, sollte stattdessen oder bei unabweisbarem Bedarf ergänzend mit Vorschriftzeichen (insbesondere Zeichen 274, 276) auf eine der Gefahrsituation angepasste Fahrweise hingewirkt werden; vgl hierzu I. zu den Zeichen 274, 276 und 277.

2 II. Die Angabe der Entfernung zur Gefahrstelle oder der Länge der Gefahrstrecke durch andere als die in Absatz 2 und 4 bezeichneten Zusatzzeichen ist unzulässig.

Die **Kommentierung** der inhaltlichen Bedeutung der VZ und V-Einrichtungen erfolgt ggf bei den jeweiligen Zeichen in den Anlagen 1–3 StVO sowie den Verkehrseinrichtungen in Anlage 4 StVO und bei den allgemeinen Verkehrsregeln (zB: Z 274 bei § 3, Z 286 bei § 12, etc).

§ 41 Vorschriftzeichen[1]

(1) **Wer am Verkehr teilnimmt, hat die durch Vorschriftzeichen nach Anlage 2 angeordneten Ge- oder Verbote zu befolgen.**

(2) **Vorschriftzeichen stehen vorbehaltlich des Satzes 2 dort, wo oder von wo an die Anordnung zu befolgen ist. Soweit die Zeichen aus Gründen der Leichtigkeit oder der Sicherheit des Verkehrs in einer bestimmten Entfernung zum Beginn der Befolgungspflicht stehen, ist die Entfernung zu dem maßgeblichen Ort auf einem Zusatzzeichen angegeben. Andere Zusatzzeichen erhalten nur allgemeine Beschränkungen der Gebote oder Verbote oder allgemeine Ausnahmen von ihnen. Die besonderen Zusatz-**

---

[1] § 41 StVO wurde durch die 46. VO zur Änd straßenverkehrsrechtlicher Vorschriften v 5.8.09 (BGBl I S 2631, 2634) zum 1.9.09 neu gefasst; die Vorschriftzeichen (mit Erläuterungen) sind jetzt in einem eigenen Verkehrszeichenteil in Anlage 2 StVO enthalten. – Durch die Neufassung der StVO v 6.3.13 (BGBl I S 367, 383) erfolgten sprachliche und klarstellende Anpassungen; in Abs 2 wurden die Sätze 3 und 4 neu angefügt.

zeichen zu den Zeichen 283, 286, 277, 290.1 und 290.2 können etwas anderes bestimmen, zum Beispiel den Geltungsbereich erweitern.

VwV – StVO

Zu § 41 Vorschriftzeichen

I. Bei Änderungen von Verkehrsregeln, deren Missachtung besonders gefährlich ist, zB bei Änderung der Vorfahrt, ist für eine ausreichende Übergangszeit der Fahrverkehr zu warnen. **1**

II. Wenn durch Verbote oder Beschränkungen einzelne Verkehrsarten ausgeschlossen werden, ist dies in ausreichendem Abstand vorher anzukündigen und auf mögliche Umleitungen hinzuweisen. **2**

III. Für einzelne markierte Fahrstreifen dürfen Fahrtrichtungen (Zeichen 209 ff) oder Höchst- oder Mindestgeschwindigkeiten (Zeichen 274 oder 275) vorgeschrieben oder das Überholen (Zeichen 276 oder 277) oder der Verkehr (Zeichen 245 oder 250 bis 266) verboten werden. **3**

IV. Soll die Geltung eines Vorschriftzeichens auf eine oder mehrere Verkehrsarten beschränkt werden, ist die jeweilige Verkehrsart auf einem Zusatzzeichen unterhalb des Verkehrszeichens sinnbildlich darzustellen. Soll eine Verkehrsart oder sollen Verkehrsarten von der Beschränkung ausgenommen werden, ist der sinnbildlichen Darstellung das Wort „frei" anzuschließen. **4**

Die **Kommentierung** der inhaltlichen Bedeutung der VZ und V-Einrichtungen erfolgt ggf bei den jeweiligen Zeichen in den Anlagen 1–3 StVO sowie den Verkehrseinrichtungen in Anlage 4 StVO und bei den allgemeinen Verkehrsregeln (zB: Z 274 bei § 3, Z 286 bei § 12, etc).

§ 42 Richtzeichen[1]

(1) **Richtzeichen geben besondere Hinweise zur Erleichterung des Verkehrs. Sie können auch Ge- oder Verbote enthalten.**

(2) **Wer am Verkehr teilnimmt, hat die durch Richtzeichen nach Anlage 3 angeordneten Ge- oder Verbote zu befolgen.**

(3) **Richtzeichen stehen vorbehaltlich des Satzes 2 dort, wo oder von wo an die Anordnung zu befolgen ist. Soweit die Zeichen aus Gründen der Leichtigkeit oder der Sicherheit des Verkehrs in einer bestimmten Entfernung zum Beginn der Befolgungspflicht stehen, ist die Entfernung zu dem maßgeblichen Ort auf einem Zusatzzeichen angegeben.**

Die **Kommentierung** der inhaltlichen Bedeutung der VZ und V-Einrichtungen erfolgt ggf bei den jeweiligen Zeichen in den Anlagen 1–3 StVO sowie den Verkehrseinrichtungen in Anlage 4 StVO und bei den allgemeinen Verkehrsregeln (zB: Z 274 bei § 3, Z 286 bei § 12, etc).

---

[1] § 42 StVO wurde durch die 46. VO zur Änd straßenverkehrsrechtlicher Vorschriften v 5.8.09 (BGBl I S 2631, 2634/2635) zum 1.9.09 neu gefasst; die Richtzeichen (mit Erläuterungen) sind jetzt in einem eigenen Verkehrszeichenteil in Anlage 3 StVO enthalten; zu Varianten s VzKat. – Durch die Neufassung der StVO v 6.3.13 (BGBl I S 367, 383) erfolgten (lediglich) sprachliche und klarstellende Anpassungen.

StVO § 43

§ 43 Verkehrseinrichtungen[1]

(1) Verkehrseinrichtungen sind Schranken, Sperrpfosten, Absperrgeräte sowie Leiteinrichtungen, die bis auf Leitpfosten, Leitschwellen und Leitborde rot-weiß gestreift sind. Leitschwellen und Leitborde haben die Funktion einer vorübergehend gültigen Markierung und sind gelb. Verkehrseinrichtungen sind außerdem Absperrgeländer, Parkuhren, Parkscheinautomaten, Blinklicht- und Lichtzeichenanlagen sowie Verkehrsbeeinflussungsanlagen. § 39 Absatz 1 gilt entsprechend.

(2) Regelungen durch Verkehrseinrichtungen gehen den allgemeinen Verkehrsregeln vor.

(3) Verkehrseinrichtungen nach Absatz 1 Satz 1 ergeben sich aus Anlage 4. Die durch Verkehrseinrichtungen (Anlage 4 Nummer 1 bis 7) gekennzeichneten Straßenflächen darf der Verkehrsteilnehmer nicht befahren.

(4) Zur Kennzeichnung nach § 17 Absatz 4 Satz 2 und 3 von Fahrzeugen und Anhängern, die innerhalb geschlossener Ortschaften auf der Fahrbahn halten, können amtlich geprüfte Park-Warntafeln verwendet werden.

VwV – StVO

Zu § 43 Verkehrseinrichtungen (Anlage 4)

Zu Absatz 1

1 Auf Nummer I zu den §§ 39 bis 43 (Rn 1) wird verwiesen.

2 Schranken, Sperrpfosten und Absperrgeländer sind nur dann als Verkehrseinrichtung anzuordnen, wenn sie sich regelnd, sichernd oder verbietend auf den Verkehr auswirken.

Zu Absatz 3 Anlage 4 Abschnitt 1

3 I. Die Sicherung von Arbeitsstellen und der Einsatz von Absperrgeräten erfolgt nach den Richtlinien für die Sicherung von Arbeitsstellen an Straßen (RSA), die das Bundesministerium für Verkehr und digitale Infrastruktur im Einvernehmen mit den zuständigen obersten Landesbehörden im Verkehrsblatt bekannt gibt.

4 **Zu Absatz 3 Anlage 4 Abschnitte 2 und 3**

5 I. Leitplatten werden angeordnet bei Hindernissen auf oder neben der Fahrbahn. Statt Leitplatten können auch Leitbaken (Zeichen 605) verwendet werden. Die Zeichen sind so aufzustellen, dass die Streifen nach der Seite fallen, auf der an dem Hindernis vorbeizufahren ist.

6 II. Richtungstafeln sind nur dann anzuordnen, wenn der Fahrer bei der Annäherung an eine Kurve den weiteren Straßenverlauf nicht rechtzeitig sehen kann oder

---

[1] § 43 StVO wurde durch die 46. VO zur Änd straßenverkehrsrechtlicher Vorschriften v 5.8.09 (BGBl I S 2631, 2635) zum 1.9.09 neu gefasst; die Verkehrseinrichtungen (mit Erläuterungen) sind jetzt in einem eigenen Abschnitt in Anlage 4 StVO enthalten. – Durch die Neufassung der StVO v 6.3.13 (BGBl I S 367, 383) erfolgten sprachliche und klarstellende Anpassungen und die Ergänzung um Leitschwellen und Leitborde; die ursprünglich auch hier (siehe Abbildung in Anlage 4) abgebildete Park-Warntafel (Zeichen 630) wurde gestrichen.

Sachliche Zuständigkeit § 44 StVO

die Kurve deutlich enger ist, als nach dem vorausgehenden Straßenverlauf zu erwarten ist. Die Anordnung in aufgelöster Form (Zeichen 625) ist vorzuziehen.

III. Zu Leitmalen vgl Richtlinien für die Kennzeichnung von Ingenieurbauwerken mit beschränkter Durchfahrtshöhe über Straßen. **7**

IV. Leitpfosten sollen nur außerhalb geschlossener Ortschaften angeordnet werden. **8**

Anlage 4 Abschnitt 4

Die Park-Warntafeln müssen nach § 22a StVZO bauartgenehmigt und mit dem nationalen Prüfzeichen nach der Fahrzeugteileverordnung gekennzeichnet sein. **9**

Die **Kommentierung** der inhaltlichen Bedeutung der VZ und V-Einrichtungen erfolgt ggf bei den jeweiligen Zeichen in den Anlagen 1–3 StVO sowie den Verkehrseinrichtungen in Anlage 4 StVO und bei den allgemeinen Verkehrsregeln (zB: Z 274 bei § 3, Z 286 bei § 12, etc).

Allgemeines:

1. **Absperrgeräte,** die idR nur vorübergehend aufgestellt werden, lassen den Charakter der Fahrbahn als VRaum unberührt (s § 6) u untersagen nur ihre teilweise Benutzung (KG VRS 62, 63 f = StVE § 12 StVO 28; BayObLGSt 84, 121 = VRS 68, 139; s auch § 12 StVO Rn 14). – Befahren abgesperrter Flächen ist ow nach §§ 43 II u III 2, 49 III Nr 6, § 24 StVG. Nr 163 BKat.
2. StrVB ist nicht verpflichtet, beim regelmäßigen täglichen Abschalten der Ampel von 20.00 bis 6.00 Uhr gelbes Blinklicht vorangehen zu lassen oder ein Warnschild aufzustellen, das auf den Abschaltzeitpunkt hinweist (LG Braunschweig NZV 01, 262).
3. Der Straßenbaulastträger verletzt nicht seine Verkehrssicherungspflicht, wenn er neben Verbotszeichen für Lkw zur Durchsetzung dieses Verbots die Auffahrt zu einer altersbedingt einsturzgefährdeten Brücke durch weiß gestrichene Betonbalken mit **aufgesetzten Warnbaken** auf 2,27 m verengt. Keine Haftung des Straßenbaulastträgers, wenn PKW bei Fahrt durch die Verengung beschädigt wird, obwohl rechtzeitige Vorwarnung durch Schilder bzw Verbotszeichen erfolgt (LG Braunschweig NZV 01, 373; s auch OLG Hamm NZV 98, 500 u BGH VersR 79, 1055).

III. Durchführungs-, Bußgeld- und Schlussvorschriften

§ 44 Sachliche Zuständigkeit[1]

(1) **Zuständig zur Ausführung dieser Verordnung sind, soweit nichts anderes bestimmt ist, die Straßenverkehrsbehörden. Nach Maßgabe des Landesrechts kann die Zuständigkeit der obersten Landesbehörden und der höheren Verwaltungsbehörden im Einzelfall oder allgemein auf eine andere Stelle übertragen werden.**

---

[1] Durch die Neufassung der StVO v 6.3.13 (BGBl I S 367, 383) erfolgten sprachliche und klarstellende Anpassungen; in Abs 1 wurden in Satz 1 der zweite Halbsatz und Satz 2 gestrichen, da sich das Weisungsrecht nach den landesrechtlichen Vorschriften richtet (amtl Begr BRDrs 428/12 S 144), der ursprüngliche Satz 3 wurde Satz 2.

(2) Die Polizei ist befugt, den Verkehr durch Zeichen und Weisungen (§ 36) und durch Bedienung von Lichtzeichenanlagen zu regeln. Bei Gefahr im Verzug kann zur Aufrechterhaltung der Sicherheit oder Ordnung des Straßenverkehrs die Polizei an Stelle der an sich zuständigen Behörden tätig werden und vorläufige Maßnahmen treffen; sie bestimmt dann die Mittel zur Sicherung und Lenkung des Verkehrs.

(3) Die Erlaubnis nach § 29 Absatz 2 und nach § 30 Absatz 2 erteilt die Straßenverkehrsbehörde, dagegen die höhere Verwaltungsbehörde, wenn die Veranstaltung über den Bezirk einer Straßenverkehrsbehörde hinausgeht, und die oberste Landesbehörde, wenn die Veranstaltung sich über den Verwaltungsbezirk einer höheren Verwaltungsbehörde hinaus erstreckt. Berührt die Veranstaltung mehrere Länder, ist diejenige oberste Landesbehörde zuständig, in deren Land die Veranstaltung beginnt. Nach Maßgabe des Landesrechts kann die Zuständigkeit der obersten Landesbehörden und der höheren Verwaltungsbehörden im Einzelfall oder allgemein auf eine andere Stelle übertragen werden.

(3a) Die Erlaubnis nach § 29 Absatz 3 erteilt die Straßenverkehrsbehörde, dagegen die höhere Verwaltungsbehörde, welche Abweichungen von den Abmessungen, den Achslasten, den zulässigen Gesamtmassen und dem Sichtfeld des Fahrzeugs über eine Ausnahme zulässt, sofern kein Anhörverfahren stattfindet; sie ist dann auch zuständig für Ausnahmen nach § 46 Absatz 1 Nummer 2 und 5 im Rahmen einer solchen Erlaubnis. Dasselbe gilt, wenn eine andere Behörde diese Aufgaben der höheren Verwaltungsbehörde wahrnimmt.

(4) Vereinbarungen über die Benutzung von Straßen durch den Militärverkehr werden von der Bundeswehr und den Truppen der nichtdeutschen Vertragsstaaten des Nordatlantikpaktes mit der obersten Landesbehörde oder der von ihr bestimmten Stelle abgeschlossen.

(5) Soweit keine Vereinbarungen oder keine Sonderregelungen für ausländische Streitkräfte bestehen, erteilen die höheren Verwaltungsbehörden oder die nach Landesrecht bestimmten Stellen die Erlaubnis für übermäßige Benutzung der Straße durch die Bundeswehr oder durch die Truppen der nichtdeutschen Vertragsstaaten des Nordatlantikpaktes; sie erteilen auch die Erlaubnis für die übermäßige Benutzung der Straße durch die Bundespolizei, die Polizei und den Katastrophenschutz.

VwV – StVO

Zu § 44 Sachliche Zuständigkeit

1   I. Zur Bekämpfung der Verkehrsunfälle haben Straßenverkehrsbehörde, Straßenbaubehörde und Polizei eng zusammenzuarbeiten, um zu ermitteln, wo sich die Unfälle häufen, worauf diese zurückzuführen sind, und welche Maßnahmen ergriffen werden müssen, um unfallbegünstigende Besonderheiten zu beseitigen. Hierzu sind Unfallkommissionen einzurichten, deren Organisation, Zuständigkeiten und Aufgaben Ländererlasse regeln. Für die örtliche Untersuchung von Verkehrsunfällen an Bahnübergängen gelten dabei wegen ihrer Besonderheiten ergänzende Bestimmungen.

2   II. Das Ergebnis der örtlichen Untersuchungen dient der Polizei als Unterlage für zweckmäßigen Einsatz, den Verkehrsbehörden für verkehrsregelnde und den Straßenbaubehörden für straßenbauliche Maßnahmen.

III. Dazu bedarf es der Anlegung von Unfalltypensteckkarten oder vergleichbarer elektronischer Systeme, wobei es sich empfiehlt, bestimmte Arten von Unfällen in besonderer Weise, etwa durch die Verwendung verschiedenfarbiger Nadeln, zu kennzeichnen. Außerdem sind Unfallblattsammlungen zu führen oder Unfallstraßenkarteien anzulegen. Für Straßenstellen mit besonders vielen Unfällen oder mit Häufungen gleichartiger Unfälle sind Unfalldiagramme zu fertigen. Diese Unterlagen sind sorgfältig auszuwerten; vor allem Vorfahrtunfälle, Abbiegeunfälle, Unfälle mit kreuzenden Fußgängern und Unfälle infolge Verlustes der Fahrzeugkontrolle weisen häufig darauf hin, dass die bauliche Beschaffenheit der Straße mangelhaft oder die Verkehrsregelung unzulänglich ist.

IV. Welche Behörde diese Unterlagen zu führen und auszuwerten hat, richtet sich nach Landesrecht. Jedenfalls bedarf es engster Mitwirkung auch der übrigen beteiligten Behörden.

V. Wenn örtliche Unfalluntersuchungen ergeben haben, dass sich an einer bestimmten Stelle regelmäßig Unfälle ereignen, ist zu prüfen, ob es sich dabei um Unfälle ähnlicher Art handelt. Ist das der Fall, so kann durch verkehrsregelnde oder bauliche Maßnahmen häufig für eine Entschärfung der Gefahrenstelle gesorgt werden. Derartige Maßnahmen sind in jedem Fall ins Auge zu fassen, auch wenn in absehbarer Zeit eine völlige Umgestaltung geplant ist.

Zu Absatz 1

Müssen Verkehrszeichen und Verkehrseinrichtungen, insbesondere Fahrbahnmarkierungen, aus technischen oder wirtschaftlichen Gründen über die Grenzen der Verwaltungsbezirke hinweg einheitlich angebracht werden, sorgen die zuständigen obersten Landesbehörden oder die von ihnen bestimmten Stellen für die notwendigen Anweisungen.

Zu Absatz 2

Aufgaben der Polizei

I. Bei Gefahr im Verzug, vor allem an Schadenstellen, bei Unfällen und sonstigen unvorhergesehenen Verkehrsbehinderungen ist es Aufgabe der Polizei, auch mit Hilfe von Absperrgeräten und Verkehrszeichen den Verkehr vorläufig zu sichern und zu regeln. Welche Verkehrszeichen und Absperrgeräte im Einzelfall angebracht werden, richtet sich nach den Straßen-, Verkehrs- und Sichtverhältnissen sowie nach der Ausrüstung der eingesetzten Polizeikräfte.

Auch am Tage ist zur rechtzeitigen Warnung des übrigen Verkehrs am Polizeifahrzeug das blaue Blinklicht einzuschalten. Auf Autobahnen und Kraftfahrstraßen können darüber hinaus zur rückwärtigen Sicherung besondere Sicherungsleuchten verwendet werden.

II. Einer vorherigen Anhörung der Straßenverkehrsbehörde oder der Straßenbaubehörde bedarf es in den Fällen der Nummer I nicht. Dagegen hat die Polizei, wenn wegen der Art der Schadenstelle, des Unfalls oder der Verkehrsbehinderung eine länger dauernde Verkehrssicherung oder -regelung notwendig ist, die zuständige Behörde zu unterrichten, damit diese die weiteren Maßnahmen treffen kann. Welche Maßnahmen notwendig sind, haben die zuständigen Behörden im Einzelfall zu entscheiden.

StVO § 44 III. Durchführungs-, Bußgeld- und Schlussvorschriften

Übersicht

Rn

1. Sachliche Zuständigkeit 1
2. Polizei 2

1 1. Sachliche Zuständigkeit. § 44 regelt die sachliche Zuständigkeit, u zwar **I** die grundsätzliche der Straßen-VBen zur Ausführung der StVO; dazu gehört zB auch das Einschreiten gegen unzulässige Maßnahmen der Str-Baubehörde, die den Verkehr beschränken (Hess VGH VM 78, 89). Die sachliche Zuständigkeit der Straßenverkehrsbehörde ist auch dann gegeben, wenn eine behördliche Anordnung ergeht, die zwar in der StVO geregelt ist – hier § 32 StVO- deren erforderliche Ermächtigungsgrundlage sich jedoch aus der polizeilichen Generalklausel ergibt, denn für die Zuständigkeit genügt insoweit grds die Verknüpfung des behördlichen Eingriffs mit der StVO (BVerwG NVwZ-RR 2016, 178). Diese grundsätzliche Zuständigkeit wird durch § 45 I–III für das Gebiet der VZ u VEinrichtungen ergänzt. **II** behandelt die Befugnisse der Pol, **III** die Zuständigkeit für die Erlaubniserteilung, **IV** u **V** die Zuständigkeit für Vereinbarungen mit Militärdienststellen. Die Übertragung der Befugnisse aus den §§ 44, 45 auf andere, insb private Stellen ist unzulässig (VGH München DAR 92, 272: Sperrung einer öff Str). Zu Möglichkeiten u Grenzen kommunaler u privater V-Überwachung s Steiner DAR 96, 272.

2 2. Polizei. „Polizei" sind sowohl die PolBehörden als auch jeder einzelne Pol-Beamte (OLG Zweibrücken NZV 89, 311). Sie hat als Regelzuständigkeit die Verwirklichung der Vorschriften u AOen der StraßenVBen auf der Str, bei **Gefahr im Verzug** eine erweiterte Zuständigkeit, die erforderlichen Maßnahmen, zu denen auch AOen gehören können, vorl nach pflichtigem Ermessen u im Rahmen des § 44 II zu treffen, der die allg PolKlausel hier für den StrVerkehrsbereich konkretisiert (OLG Stuttgart VRS 59, 464 = StVE 1). **Die Maßnahmen sind nur vorläufiger Art** (s VwV-StVO zu § 44 Abs 2 I, Rn 7); endgültige VRegelungen wie die Einrichtung einer LZA kann nur die zuständige VB treffen (OLG Zweibrücken aaO). Soweit der Straßenbaulastträger nicht tätig wird (Verkehrssicherungspflicht bei durch Unfall beschädigtem Zeichen 222), hat die Polizei (in Berlin gemäß § 1 I 1 ASOG iVm § 44 II StVO) vorläufige Maßnahmen zur Beseitigung des verkehrsunsicheren Zustandes zu ergreifen (KG SVR 12, 226 m Praxishinweis Schröder).

3 Ob die Pol nach § 44 II auch das **Abschleppen** anordnen darf (so BGH VersR 78, 1070; OVG NW VRS 48, 478), dürfte mit der hM zu verneinen sein; § 44 II S 2 räumt der Pol ersatzweise nur **die** Befugnisse ein, die an sich nach § 44 I iVm § 45 der VB zustehen. Abschleppmaßnahmen gehören aber nicht dazu; sie richten sich vielmehr nach dem PolAufgaben- u VollzugsR der Länder (BVerwG VRS 62, 156 = StVE § 41 StVO 33; Bouska DAR 83, 147; im Übrigen s zum Abschleppen § 12 StVO Rn 76 ff u Janiszewski 830 ff; s zum Pol-Einsatz auch OLG Hamm NZV 93, 192: Beseitigung einer Ölspur auf der Fahrbahn).

4 Während die StraßenVBen ihre AOen nur durch VZ u -Einrichtungen treffen können (§ 45 IV), ist die Pol bei Gefahr im Verzuge in der Wahl ihrer Mittel freigestellt. Sie müssen sich aber innerhalb der Grenzen der Verhältnismäßigkeit u der allg pol Grundsätze halten (s VwV-StVO zu § 44 Abs 2, Rn 7–9). Von der Pol ohne Gefahr im Verzuge (zB zur bloßen Absicherung von VKontrollstellen) aufgestellte VZ sind trotz sachlicher Unzuständigkeit nicht nichtig, sondern zu beachten u bußgeldbewehrt (OLG Stuttgart VRS 59, 464; s § 39 StVO Rn 9).

§ 45 Verkehrszeichen und Verkehrseinrichtungen[1 2 3 4 5]

(1) **Die Straßenverkehrsbehörden können die Benutzung bestimmter Straßen oder Straßenstrecken aus Gründen der Sicherheit oder Ordnung des Verkehrs beschränken oder verbieten und den Verkehr umleiten. Das gleiche Recht haben sie**
1. zur Durchführung von Arbeiten im Straßenraum,
2. zur Verhütung außerordentlicher Schäden an der Straße,
3. zum Schutz der Wohnbevölkerung vor Lärm und Abgasen,
4. zum Schutz der Gewässer und Heilquellen,
5. hinsichtlich der zur Erhaltung der öffentlichen Sicherheit erforderlichen Maßnahmen sowie
6. zur Erforschung des Unfallgeschehens, des Verkehrsverhaltens, der Verkehrsabläufe sowie zur Erprobung geplanter verkehrssichernder oder verkehrsregelnder Maßnahmen.

(1a) **Das gleiche Recht haben sie ferner**
1. in Bade- und heilklimatischen Kurorten,
2. in Luftkurorten,
3. in Erholungsorten von besonderer Bedeutung,
4. in Landschaftsgebieten und Ortsteilen, die überwiegend der Erholung dienen,
4a. hinsichtlich örtlich begrenzter Maßnahmen aus Gründen des Arten- oder Biotopschutzes,
4b. hinsichtlich örtlich und zeitlich begrenzter Maßnahmen zum Schutz kultureller Veranstaltungen, die außerhalb des Straßenraums stattfinden und durch den Straßenverkehr, insbesondere durch den von diesem ausgehenden Lärm, erheblich beeinträchtigt werden,
5. in der Nähe von Krankenhäusern und Pflegeanstalten sowie
6. in unmittelbarer Nähe von Erholungsstätten außerhalb geschlossener Ortschaften,

wenn dadurch anders nicht vermeidbare Belästigungen durch den Fahrzeugverkehr verhütet werden können.

(1b) **Die Straßenverkehrsbehörden treffen auch die notwendigen Anordnungen**
1. im Zusammenhang mit der Einrichtung von gebührenpflichtigen Parkplätzen für Großveranstaltungen,

---

[1] Abs 1a, 1b, 1d und 1e sowie Abs 9 geändert und Abs 1c neu eingefügt durch VO v 11.12.2000 (BGBl I S 1690). Abs 9 S 3 eingef, bish S 3 wird S 4 durch VO v 22.12.2005 (BGBl 3714).
[2] Abs 1b geändert durch VO v 14.12.2001 (BGBl I S 3783).
[3] Neuer Abs 1e eingefügt durch Art 3d G v 1.9.2002 (BGBl I 3442); bish Abs 1e wird 1 f.
[4] Abs 7a eingef durch Art 1 40. StVRÄndVO v 22.12.2005 (BGBl 3716).
[5] Abs 9 neu strukturiert und Abs 10 eingefügt durch 1. VO zur Änd der StVO v 30.11.16 (BGBl I 2848) u Abs 2 uns S 3 ergänzt d 2. VO zur Änd der Straßenbahn-Bau und Betriebsordnung u der StVO v 16.12.16 (BGBl I 2938).

2. im Zusammenhang mit der Kennzeichnung von Parkmöglichkeiten für schwerbehinderte Menschen mit außergewöhnlicher Gehbehinderung, beidseitiger Amelie oder Phokomelie oder mit vergleichbaren Funktionseinschränkungen sowie für blinde Menschen,
2a. im Zusammenhang mit der Kennzeichnung von Parkmöglichkeiten für Bewohner städtischer Quartiere mit erheblichem Parkraummangel durch vollständige oder zeitlich beschränkte Reservierung des Parkraums für die Berechtigten oder durch Anordnung der Freistellung von angeordneten Parkraumbewirtschaftungsmaßnahmen,
3. zur Kennzeichnung von Fußgängerbereichen und verkehrsberuhigten Bereichen,
4. zur Erhaltung der Sicherheit oder Ordnung in diesen Bereichen sowie
5. zum Schutz der Bevölkerung vor Lärm und Abgasen oder zur Unterstützung einer geordneten städtebaulichen Entwicklung.

Die Straßenverkehrsbehörden ordnen die Parkmöglichkeiten für Bewohner, die Kennzeichnung von Fußgängerbereichen, verkehrsberuhigten Bereichen und Maßnahmen zum Schutze der Bevölkerung vor Lärm und Abgasen oder zur Unterstützung einer geordneten städtebaulichen Entwicklung im Einvernehmen mit der Gemeinde an.

(1c) Die Straßenverkehrsbehörden ordnen ferner innerhalb geschlossener Ortschaften, insbesondere in Wohngebieten und Gebieten mit hoher Fußgänger- und Fahrradverkehrsdichte sowie hohem Querungsbedarf, Tempo 30-Zonen im Einvernehmen mit der Gemeinde an. Die Zonen-Anordnung darf sich weder auf Straßen des überörtlichen Verkehrs (Bundes-, Landes- und Kreisstraßen) noch auf weitere Vorfahrtstraßen (Zeichen 306) erstrecken. Sie darf nur Straßen ohne Lichtzeichen geregelte Kreuzungen oder Einmündungen, Fahrstreifenbegrenzungen (Zeichen 295), Leitlinien (Zeichen 340) und benutzungspflichtige Radwege (Zeichen 237, 240, 241 oder Zeichen 295 in Verbindung mit Zeichen 237) umfassen. An Kreuzungen und Einmündungen innerhalb der Zone muss grundsätzlich die Vorfahrtregel nach § 8 Absatz 1 Satz 1 („rechts vor links") gelten. Abweichend von Satz 3 bleiben vor dem 1. November 2000 angeordnete Tempo 30-Zonen mit Lichtzeichenanlagen zum Schutz der Fußgänger zulässig.

(1d) In zentralen städtischen Bereichen mit hohem Fußgängeraufkommen und überwiegender Aufenthaltsfunktion (verkehrsberuhigte Geschäftsbereiche) können auch Zonen-Geschwindigkeitsbeschränkungen von weniger als 30 km/h angeordnet werden.

(1e) **Die Straßenverkehrsbehörden ordnen die für den Betrieb von mautgebührenpflichtigen Strecken erforderlichen Verkehrszeichen und Verkehrseinrichtungen auf der Grundlage des von dem Konzessionsnehmer vorgelegten Verkehrszeichenplans an. Die erforderlichen Anordnungen sind spätestens drei Monate nach Eingang des Verkehrszeichenplans zu treffen.**

(1f) **Zur Kennzeichnung der in einem Luftreinhalteplan oder einem Plan für kurzfristig zu ergreifende Maßnahmen nach § 47 Absatz 1 oder 2 des Bundes-Immissionsschutzgesetzes festgesetzten Umweltzonen ordnet die Straßenverkehrsbehörde die dafür erforderlichen Verkehrsverbote**

Verkehrszeichen und Verkehrseinrichtungen § 45 StVO

mittels der Zeichen 270.1 und 270.2 in Verbindung mit dem dazu vorgesehenen Zusatzzeichen an.

(1g) Zur Bevorrechtigung elektrisch betriebener Fahrzeuge ordnet die Straßenverkehrsbehörde unter Beachtung der Anforderungen des § 3 Absatz 1 des Elektromobilitätsgesetzes die dafür erforderlichen Zeichen 314, 314.1 und 315 in Verbindung mit dem dazu vorgesehenen Zusatzzeichen an.

(2) Zur Durchführung von Straßenbauarbeiten und zur Verhütung von außerordentlichen Schäden an der Straße, die durch deren baulichen Zustand bedingt sind, können die nach Landesrecht für den Straßenbau bestimmten Behörden (Straßenbaubehörde) – vorbehaltlich anderer Maßnahmen der Straßenverkehrsbehörden – Verkehrsverbote und -beschränkungen anordnen, den Verkehr umleiten und ihn durch Markierungen und Leiteinrichtungen lenken. Für Bahnübergänge von Eisenbahnen des öffentlichen Verkehrs können nur die Bahnunternehmen durch Blinklicht- oder Lichtzeichenanlagen, durch rot-weiß gestreifte Schranken oder durch Aufstellung des Andreaskreuzes ein bestimmtes Verhalten der Verkehrsteilnehmer vorschreiben. Für Bahnübergänge von Straßenbahnen auf unabhängigem Bahnkörper gilt Satz 2 mit der Maßgabe entsprechend, dass die Befugnis zur Anordnung der Maßnahmen der nach personenbeförderungsrechtlichen Vorschriften zuständigen Technischen Aufsichtsbehörde des Straßenbahnunternehmens obliegt. Alle Gebote und Verbote sind durch Zeichen und Verkehrseinrichtungen nach dieser Verordnung anzuordnen.

(3) Im Übrigen bestimmen die Straßenverkehrsbehörden, wo und welche Verkehrszeichen und Verkehrseinrichtungen anzubringen und zu entfernen sind, bei Straßennamensschildern nur darüber, wo diese so anzubringen sind, wie Zeichen 437 zeigt. Die Straßenbaubehörden legen – vorbehaltlich anderer Anordnungen der Straßenverkehrsbehörden – die Art der Anbringung und der Ausgestaltung, wie Übergröße, Beleuchtung fest; ob Leitpfosten anzubringen sind, bestimmen sie allein. Sie können auch – vorbehaltlich anderer Maßnahmen der Straßenverkehrsbehörden – Gefahrzeichen anbringen, wenn die Sicherheit des Verkehrs durch den Zustand der Straße gefährdet wird.

(4) Die genannten Behörden dürfen den Verkehr nur durch Verkehrszeichen und Verkehrseinrichtungen regeln und lenken; in dem Fall des Absatzes 1 Satz 2 Nummer 5 jedoch auch durch Anordnungen, die durch Rundfunk, Fernsehen, Tageszeitungen oder auf andere Weise bekannt gegeben werden, sofern die Aufstellung von Verkehrszeichen und -einrichtungen nach den gegebenen Umständen nicht möglich ist.

(5) Zur Beschaffung, Anbringung, Unterhaltung und Entfernung der Verkehrszeichen und Verkehrseinrichtungen und zu deren Betrieb einschließlich ihrer Beleuchtung ist der Baulastträger verpflichtet, sonst der Eigentümer der Straße. Das gilt auch für die von der Straßenverkehrsbehörde angeordnete Beleuchtung von Fußgängerüberwegen.

(6) Vor dem Beginn von Arbeiten, die sich auf den Straßenverkehr auswirken, müssen die Unternehmer – die Bauunternehmer unter Vorlage eines Verkehrszeichenplans – von der zuständigen Behörde Anordnungen

nach den Absätzen 1 bis 3 darüber einholen, wie ihre Arbeitsstellen abzusperren und zu kennzeichnen sind, ob und wie der Verkehr, auch bei teilweiser Straßensperrung, zu beschränken, zu leiten und zu regeln ist, ferner ob und wie sie gesperrte Straßen und Umleitungen zu kennzeichnen haben. Sie haben diese Anordnungen zu befolgen und Lichtzeichenanlagen zu bedienen.

(7) Sind Straßen als Vorfahrtstraßen oder als Verkehrsumleitungen gekennzeichnet, bedürfen Baumaßnahmen, durch welche die Fahrbahn eingeengt wird, der Zustimmung der Straßenverkehrsbehörde; ausgenommen sind die laufende Straßenunterhaltung sowie Notmaßnahmen. Die Zustimmung gilt als erteilt, wenn sich die Behörde nicht innerhalb einer Woche nach Eingang des Antrags zu der Maßnahme geäußert hat.

(7a) Die Besatzung von Fahrzeugen, die im Pannenhilfsdienst, bei Bergungsarbeiten und bei der Vorbereitung von Abschleppmaßnahmen eingesetzt wird, darf bei Gefahr im Verzug zur Eigensicherung, zur Absicherung des havarierten Fahrzeugs und zur Sicherung des übrigen Verkehrs an der Pannenstelle Leitkegel (Zeichen 610) aufstellen.

(8) Die Straßenverkehrsbehörden können innerhalb geschlossener Ortschaften die zulässige Höchstgeschwindigkeit auf bestimmten Straßen durch Zeichen 274 erhöhen. Außerhalb geschlossener Ortschaften können sie mit Zustimmung der zuständigen obersten Landesbehörden die nach § 3 Absatz 3 Nummer 2 Buchstabe c zulässige Höchstgeschwindigkeit durch Zeichen 274 auf 120 km/h anheben.

(9) Verkehrszeichen und Verkehrseinrichtungen sind nur dort anzuordnen, wo dies auf Grund der besonderen Umstände zwingend geboten ist. Dabei dürfen Gefahrzeichen nur dort angeordnet werden, wo es für die Sicherheit des Verkehrs erforderlich ist, weil auch ein aufmerksamer Verkehrsteilnehmer die Gefahr nicht oder nicht rechtzeitig erkennen kann und auch nicht mit ihr rechnen muss. Insbesondere Beschränkungen und Verbote des fließenden Verkehrs dürfen nur angeordnet werden, wenn auf Grund der besonderen örtlichen Verhältnisse eine Gefahrenlage besteht, die das allgemeine Risiko einer Beeinträchtigung der in den vorstehenden Absätzen genannten Rechtsgüter erheblich übersteigt. Satz 3 gilt nicht für die Anordnung von
1. Schutzstreifen für den Radverkehr (Zeichen 340),
2. Fahrradstraßen (Zeichen 244.1),
3. Sonderwegen außerhalb geschlossener Ortschaften (Zeichen 237, Zeichen 240, Zeichen 241) oder Radfahrstreifen innerhalb geschlossener Ortschaften (Zeichen 237 in Verbindung mit Zeichen 295),
4. Tempo 30-Zonen nach Absatz 1c,
5. verkehrsberuhigten Geschäftsbereichen nach Absatz 1d,
6. innerörtlichen streckenbezogenen Geschwindigkeitsbeschränkungen von 30 km/h (Zeichen 274) nach Absatz 1 Satz 1 auf Straßen des überörtlichen Verkehrs (Bundes-, Landes- und Kreisstraßen) oder auf weiteren Vorfahrtstraßen (Zeichen 306) im unmittelbaren Bereich von an diesen Straßen gelegenen Kindergärten, Kindertagesstätten, allgemeinbildenden Schulen, Förderschulen, Alten- und Pflegeheimen oder Krankenhäusern.

Satz 3 gilt ferner nicht für Beschränkungen oder Verbote des fließenden Verkehrs nach Absatz 1 Satz 1 oder 2 Nummer 3 zur Beseitigung oder Abmilderung von erheblichen Auswirkungen veränderter Verkehrsverhältnisse, die durch die Erhebung der Maut nach dem Bundesfernstraßenmautgesetz hervorgerufen worden sind. Satz 3 gilt zudem nicht zur Kennzeichnung der in einem Luftreinhalteplan oder einem Plan für kurzfristig zu ergreifende Maßnahmen nach § 47 Absatz 1 oder 2 des Bundes-Immissionsschutzgesetzes festgesetzten Umweltzonen nach Absatz 1 f.

(10) Absatz 9 gilt nicht, soweit Verkehrszeichen angeordnet werden, die zur Förderung der Elektromobilität nach dem Elektromobilitätsgesetz getroffen werden dürfen.

VwV – StVO

Zu § 45 Verkehrszeichen und Verkehrseinrichtungen

Zu Absatz 1 bis 1e

I. Vor jeder Entscheidung sind die Straßenbaubehörde und die Polizei zu hören. Wenn auch andere Behörden zu hören sind, ist dies bei den einzelnen Zeichen gesagt.

II. Vor jeder Entscheidung sind erforderlichenfalls zumutbare Umleitungen im Rahmen des Möglichen festzulegen.

III. 1. Die Straßenverkehrsbehörde bedarf der Zustimmung der obersten Landesbehörde oder der von ihr bestimmten Stelle zur Anbringung und Entfernung folgender Verkehrszeichen:
   a) auf allen Straßen der Zeichen 201, 261, 269, 275, 279, 290.1, 290.2, 330.1, 330.2, 331.1, 331.2, 363, 460 sowie des Zusatzzeichens „abknickende Vorfahrt" (Zusatzzeichen zu Zeichen 306),
   b) auf Autobahnen, Kraftfahrstraßen und Bundesstraßen:
      des Zeichens 250, auch mit auf bestimmte Verkehrsarten beschränkenden Sinnbildern, wie der Zeichen 251 oder 253, sowie der Zeichen 262 und 263,
   c) auf Autobahnen, Kraftfahrstraßen sowie auf Bundesstraßen außerhalb geschlossener Ortschaften:
      der Zeichen 276, 277, 280, 281, 295 als Fahrstreifenbegrenzung und 296,
   d) auf Autobahnen und Kraftfahrstraßen:
      der Zeichen 209 bis 214, 274 und 278,
   e) auf Bundesstraßen:
      des Zeichens 274 samt dem Zeichen 278 dann, wenn die zulässige Höchstgeschwindigkeit auf weniger als 60 km/h ermäßigt wird.
2. Die obersten Landesbehörden sollten jedenfalls für Straßen von erheblicher Verkehrsbedeutung, die in Nummer 1 Buchstabe b bis e nicht aufgeführt sind, entsprechende Anweisungen geben.
3. Der Zustimmung bedarf es nicht, wenn jene Maßnahmen zur Durchführung von Arbeiten im Straßenraum oder zur Verhütung außerordentlicher Schäden an den Straßen getroffen werden oder durch unvorhergesehene Ereignisse wie Unfälle, Schadensfälle oder Verkehrsstauungen veranlaßt sind.
4. Die Straßenverkehrsbehörde bedarf der Zustimmung der obersten Landesbehörde oder der von ihr beauftragten Stelle außerdem für die Anordnung des Schildes nach § 37 Abs 2 Nr 1 Satz 8 („Grünpfeil").

StVO § 45   III. Durchführungs-, Bußgeld- und Schlussvorschriften

11a   5. Die Straßenverkehrsbehörde bedarf der Zustimmung der obersten Landesbehörde oder der von ihr dafür beauftragten Stelle zur Anordnung der Zeichen 386.1, 386.2 und 386.3. Die Zeichen werden durch die zuständige Straßenbaubehörde aufgestellt.

12   IV. Die Straßenverkehrsbehörde bedarf der Zustimmung der höheren Verwaltungsbehörde oder der von ihr bestimmten Stelle zur Aufstellung und Entfernung folgender Verkehrszeichen auf allen Straßen: der Zeichen 293, 306, 307 und 354 sowie des Zusatzzeichens „Nebenstrecke".

13   V. Die Straßenverkehrsbehörde bedarf der Zustimmung der obersten Landesbehörde oder der von ihr bestimmten Stelle zur Anordnung von Maßnahmen zum Schutz der Bevölkerung vor Lärm und Abgasen. Das Bundesministerium für Verkehr und digitale Infrastruktur gibt im Einvernehmen mit den zuständigen obersten Landesbehörden „Richtlinien für straßenverkehrsrechtliche Maßnahmen zum Schutz der Bevölkerung vor Lärm (Lärmschutz-Richtlinien-StV)" im Verkehrsblatt bekannt.

14   VI. Der Zustimmung bedarf es in Fällen der Nummer III bis V nicht, wenn und soweit die oberste Landesbehörde die Straßenverkehrsbehörde vom Erfordernis der Zustimmung befreit hat.

15   VII. Unter Landschaftsgebieten, die überwiegend der Erholung der Bevölkerung dienen, sind zB Naturparks zu verstehen.

16   VIII. Maßnahmen zum Schutz kultureller Veranstaltungen (zB bedeutende Musik- oder Theaterdarbietungen insbesondere auf Freilichtbühnen) kommen nur in Betracht, wenn diese erheblich durch vom Straßenverkehr ausgehende Lärmemissionen beeinträchtigt werden. Insbesondere kann sich für die Dauer der Veranstaltung eine Umleitung des Schwerverkehrs empfehlen.

17   IX. Parkmöglichkeiten für schwerbehinderte Menschen mit außergewöhnlicher Gehbehinderung, beidseitiger Amelie oder Phokomelie oder mit vergleichbaren Funktionseinschränkungen sowie für blinde Menschen.

Der begünstigte Personenkreis ergibt sich aus Nummer II 1, 2 und 3 Buchstabe a und b zu § 46 Absatz 1 Nummer 11 (Randnummern 129 bis 135).

18   Wegen der Ausgestaltung der Parkplätze wird auf die DIN 18 024–1 „Barrierefreies Bauen, Teil 1: Straßen, Plätze, Wege, öffentliche Verkehrs- und Grünanlagen sowie Spielplätze; Planungsgrundlagen" verwiesen.

19   1. a) Parkplätze, die allgemein dem erwähnten Personenkreis zur Verfügung stehen, kommen, gegebenenfalls mit zeitlicher Beschränkung, insbesondere dort in Betracht, wo der erwähnte Personenkreis besonders häufig auf einen derartigen Parkplatz angewiesen ist, zB in der Nähe von Behörden, Krankenhäusern, Orthopädischen Kliniken.

20   b) Zur Benutzung von speziell durch Verkehrszeichen gekennzeichneten Parkplätzen für schwerbehinderte Menschen berechtigt der EU-einheitliche Parkausweis, den das zuständige Bundesministerium im Verkehrsblatt bekannt gibt.

21   c) Die Kennzeichnung dieser Parkplätze erfolgt in der Regel durch die Zeichen 314 oder 315 mit dem Zusatzzeichen „Rollstuhlfahrersymbol".

22   Ausnahmsweise (lfd. Nummer 74 der Anlage 2) kann eine Bodenmarkierung „Rollstuhlfahrersymbol" genügen.

2. a) Parkplätze für bestimmte schwerbehinderte Menschen des oben erwähnten Personenkreises, zB vor der Wohnung oder in der Nähe der Arbeitsstätte, setzen eine Prüfung voraus, ob
   - ein Parksonderrecht erforderlich ist. Das ist zB nicht der Fall, wenn Parkraummangel nicht besteht oder der schwerbehinderte Mensch in zumutbarer Entfernung eine Garage oder einen Abstellplatz außerhalb des öffentlichen Verkehrsraumes hat,
   - ein Parksonderrecht vertretbar ist. Das ist zB nicht der Fall, wenn ein Haltverbot (Zeichen 283) angeordnet wurde,
   - ein zeitlich beschränktes Parksonderrecht genügt.
   b) (weggefallen)
   c) Die Kennzeichnung dieser Parkplätze erfolgt durch die Zeichen 314, 315 mit dem Zusatzzeichen „(Rollstuhlfahrersymbol) mit Parkausweis Nr."

X. Sonderparkberechtigung für Bewohner städtischer Quartiere mit erheblichem Parkraummangel (Bewohnerparkvorrechte)

1. Die Anordnung von Bewohnerparkvorrechten ist nur dort zulässig, wo mangels privater Stellflächen und auf Grund eines erheblichen allgemeinen Parkdrucks die Bewohner des städtischen Quartiers regelmäßig keine ausreichende Möglichkeit haben, in ortsüblich fußläufig zumutbarer Entfernung von ihrer Wohnung einen Stellplatz für ihr Kraftfahrzeug zu finden.
2. Bewohnerparkvorrechte sind vorrangig mit Zeichen 286 oder Zeichen 290.1 mit Zusatzzeichen „Bewohner mit Parkausweis ... frei", in den Fällen des erlaubten Gehwegparkens mit Zeichen 315 mit Zusatzzeichen „nur Bewohner mit Parkausweis ..." anzuordnen. Eine bereits angeordnete Beschilderung mit Zeichen 314 (Anwohnerparkvorrecht nach altem Recht) bleibt weiter zulässig. Werden solche Bewohnerparkvorrechte als Freistellung von angeordneten Parkraumbewirtschaftungsmaßnahmen angeordnet (vgl Nummer 6), kommen nur Zeichen 314, 315 in Betracht. Die Bezeichnung des Parkausweises (Buchstabe oder Nummer) auf dem Zusatzzeichen kennzeichnet zugleich die räumliche Geltung des Bewohnerparkvorrechts.
3. Die Bereiche mit Bewohnerparkvorrechten sind unter Berücksichtigung des Gemeingebrauchs (vgl dazu Nummer 4), des vorhandenen Parkdrucks (vgl dazu Nummer 1) und der örtlichen Gegebenheiten festzulegen. Dabei muss es sich um Nahbereiche handeln, die von den Bewohnern dieser städtischen Quartiere üblicherweise zum Parken aufgesucht werden. Die maximale Ausdehnung eines Bereiches darf auch in Städten mit mehr als 1 Mio. Einwohnern 1000 m nicht übersteigen. Soweit die Voraussetzungen nach Nummer 1 in einem städtischen Gebiet vorliegen, dessen Größe die ortsangemessene Ausdehnung eines Bereiches mit Bewohnerparkvorrechten übersteigt, ist die Aufteilung des Gebietes in mehrere Bereiche mit Bewohnerparkvorrechten (mit verschiedenen Buchstaben oder Nummern) zulässig.
4. Innerhalb eines Bereiches mit Bewohnerparkvorrechten dürfen werktags von 9.00 bis 18.00 Uhr nicht mehr als 50%, in der übrigen Zeit nicht mehr als 75% der zur Verfügung stehenden Parkfläche für die Bewohner reserviert werden. In kleinräumigen Bereichen mit Wohnbebauung, in denen die ortsangemessene Ausdehnung (vgl Nummer 3) wesentlich unterschritten wird, können diese Prozentvorgaben überschritten werden, wenn eine Gesamtbetrachtung der ortsangemessenen Höchstausdehnung wiederum die Einhaltung der Prozent-Vorgaben ergibt.

StVO § 45 III. Durchführungs-, Bußgeld- und Schlussvorschriften

33 5. Für die Parkflächen zur allgemeinen Nutzung empfiehlt sich die Parkraumbewirtschaftung (Parkscheibe, Parkuhr, Parkscheinautomat). Nicht reservierte Parkflächen sollen möglichst gleichmäßig und unter besonderer Berücksichtigung ansässiger Wirtschafts- und Dienstleistungsunternehmen mit Liefer- und Publikumsverkehr sowie des Publikumsverkehrs von freiberuflich Tätigen in dem Bereich verteilt sein.

34 6. Bewohnerparkvorrechte können in Bereichen mit angeordneter Parkraumbewirtschaftung (vgl zu § 13) auch als Befreiung von der Pflicht, die Parkscheibe auszulegen oder die Parkuhr/den Parkscheinautomat zu bedienen, angeordnet werden. Zur Anordnung der Zusatzzeichen vgl Nummer 2.

35 7. Bewohnerparkausweise werden auf Antrag ausgegeben. Einen Anspruch auf Erteilung hat, wer in dem Bereich meldebehördlich registriert ist und dort tatsächlich wohnt. Je nach örtlichen Verhältnissen kann die angemeldete Nebenwohnung ausreichen. Die Entscheidung darüber trifft die Straßenverkehrsbehörde ebenfalls im Einvernehmen mit der Stadt. Jeder Bewohner erhält nur einen Parkausweis für ein auf ihn als Halter zugelassenes oder nachweislich von ihm dauerhaft genutztes Kraftfahrzeug. Nur in begründeten Einzelfällen können mehrere Kennzeichen in dem Parkausweis eingetragen oder der Eintrag „wechselnde Fahrzeuge" vorgenommen werden. Ist der Bewohner Mitglied einer Car-Sharing-Organisation, wird deren Name im Kennzeichenfeld des Parkausweises eingetragen. Das Bewohnerparkvorrecht gilt dann nur für das Parken eines von außen deutlich erkennbaren Fahrzeugs dieser Organisation (Aufschrift, Aufkleber am Fahrzeug); darauf ist der Antragsteller schriftlich hinzuweisen.

36 8. Der Bewohnerparkausweis wird von der zuständigen Straßenverkehrsbehörde erteilt. Dabei ist das Muster zu verwenden, das das Bundesministerium für Verkehr und digitale Infrastruktur im Verkehrsblatt bekannt gibt.

37 XI. Tempo 30-Zonen

1. Die Anordnung von Tempo 30-Zonen soll auf der Grundlage einer flächenhaften Verkehrsplanung der Gemeinde vorgenommen werden, in deren Rahmen zugleich das innerörtliche Vorfahrtstraßennetz (Zeichen 306) festgelegt werden soll. Dabei ist ein leistungsfähiges, auch den Bedürfnissen des öffentlichen Personennahverkehrs und des Wirtschaftsverkehrs entsprechendes Vorfahrtstraßennetz (Zeichen 306) sicher zu stellen. Der öffentlichen Sicherheit und Ordnung (wie Rettungswesen, Katastrophenschutz, Feuerwehr) sowie der Verkehrssicherheit ist vorrangig Rechnung zu tragen.

38 2. Zonen-Geschwindigkeitsbeschränkungen kommen nur dort in Betracht, wo der Durchgangsverkehr von geringer Bedeutung ist. Sie dienen vorrangig dem Schutz der Wohnbevölkerung sowie der Fußgänger und Fahrradfahrer. In Gewerbe- oder Industriegebieten kommen sie daher grundsätzlich nicht in Betracht.

39 3. Durch die folgenden Anordnungen und Merkmale soll ein weitgehend einheitliches Erscheinungsbild der Straßen innerhalb der Zone sicher gestellt werden:

40 a) Die dem fließenden Verkehr zur Verfügung stehende Fahrbahnbreite soll erforderlichenfalls durch Markierung von Senkrecht- oder Schrägparkständen, wo nötig auch durch Sperrflächen (Zeichen 298) am Fahrbahnrand, eingeengt werden. Werden bauliche Maßnahmen zur Geschwindigkeitsdämpfung vorgenommen, darf von ihnen keine Beeinträchtigung der öffentlichen Sicherheit oder Ordnung, keine Lärmbelästigung für die Anwohner und keine Erschwerung für den Buslinienverkehr ausgehen.

b) Wo die Verkehrssicherheit es wegen der Gestaltung der Kreuzung oder Einmündung oder die Belange des Buslinienverkehrs es erfordern, kann abweichend von der Grundregel „rechts vor links" die Vorfahrt durch Zeichen 301 angeordnet werden; vgl zu Zeichen 301 Vorfahrt Rn 4 und 5. **41**
c) Die Fortdauer der Zonen-Anordnung kann in großen Zonen durch Aufbringung von „30" auf der Fahrbahn verdeutlicht werden. Dies empfiehlt sich auch dort, wo durch Zeichen 301 Vorfahrt an einer Kreuzung oder Einmündung angeordnet ist. **42**
4. Zur Kennzeichnung der Zone vgl zu Zeichen 274.1 und 274.2. **43**
5. Die Anordnung von Tempo 30-Zonen ist auf Antrag der Gemeinde vorzunehmen, wenn die Voraussetzungen und Merkmale der Verordnung und dieser Vorschrift vorliegen oder mit der Anordnung geschaffen werden können, indem vorhandene aber nicht mehr erforderliche Zeichen und Einrichtungen entfernt werden. **44**
6. Lichtzeichenanlagen zum Schutz des Fußgängerverkehrs, die in bis zum Stichtag angeordneten Tempo 30-Zonen zulässig bleiben, sind neben den Fußgänger-Lichtzeichenanlagen auch Lichtzeichenanlagen an Kreuzungen und Einmündungen, die vorrangig dem Schutz des Fußgängerquerungsverkehrs dienen. Dies ist durch Einzelfallprüfung festzustellen. **45**

XII. Vor der Anordnung von Verkehrsverboten für bestimmte Verkehrsarten durch Verkehrszeichen, wie insbesondere durch Zeichen 242.1 und 244.1, ist mit der für das Straßen- und Wegerecht zuständigen Behörde zu klären, ob eine straßenrechtliche Teileinziehung erforderlich ist. Diese ist im Regelfall notwendig, wenn bestimmte Verkehrsarten auf Dauer vollständig oder weitestgehend von dem durch die Widmung der Verkehrsfläche festgelegten verkehrsüblichen Gemeingebrauch ausgeschlossen werden sollen. **45a**

Durch Verkehrszeichen darf kein Verkehr zugelassen werden, der über den Widmungsinhalt hinausgeht.

Zu Absatz 1g Parkbevorrechtigungen für elektrisch betriebene Fahrzeuge

I. Sollen für elektrisch betriebene Fahrzeuge in einem Gemeindegebiet oder in Stadtteilen flächendeckend Parkbevorrechtigungen geschaffen werden, so sind vor der Anordnung zumindest für das jeweilige Gebiet verkehrliche Auswirkungen zu berücksichtigen (zB durch ein Stellplatz-Konzept), um ein möglichst gleichmäßiges Netz von Stellplätzen, das dem tatsächlichen Bedarf insbesondere an Ladestationen Rechnung trägt, zu gewährleisten. Parkprivilegien sollen insbesondere an Verkehrsknotenpunkten eingerichtet werden, wo der Anschluss an den ÖPV, Carsharing oder andere umweltfreundliche Verkehrsmittel erleichtert wird. Dabei geht die Gewährleistung eines sicheren und flüssigen Verkehrsablaufs vor der Verkehrsteilnehmer der Bevorrechtigung vor. In diesem Zusammenhang ist insbesondere die Verträglichkeit der Bevorrechtigung mit den Anforderungen des Öffentlichen Personennahverkehrs zu berücksichtigen. In dem Konzept sind sowohl Stellflächen an Ladestationen als auch nicht stationsbasierte Stellflächen zu berücksichtigen. Die Ausweisung von Stellflächen kommt insbesondere in Innenstadtlagen in Betracht. **45b**

II. Parkbevorrechtigungen für elektrisch betriebene Fahrzeuge sind mit Zeichen 314, 315 mit Zusatzzeichen anzuordnen. Sind Parkraumbewirtschaftungsmaßnahmen mit Zeichen 314.1 und 315.1 angeordnet, können elektrisch betriebene Fahrzeuge von diesen mit Zusatzzeichen freigestellt werden. **45c**

III. Die Erlaubnis zum Parken von elektrisch betriebenen Fahrzeugen soll tagsüber zeitlich beschränkt werden. Die maximale Parkdauer an Ladesäulen soll tagsüber in der Zeit von 8 bis 18 Uhr vier Stunden nicht überschreiten. **45d**

StVO § 45 III. Durchführungs-, Bußgeld- und Schlussvorschriften

Zu Absatz 2

Zu Satz 1

46 I. Die Straßenverkehrsbehörde ist mindestens zwei Wochen vor der Durchführung der in Satz 1 genannten Maßnahmen davon zu verständigen; sie hat die Polizei rechtzeitig davon zu unterrichten; sie darf die Maßnahmen nur nach Anhörung der Straßenbaubehörde und der Polizei aufheben oder ändern. Ist von vornherein mit Beschränkungen oder Verboten von mehr als drei Monaten Dauer zu rechnen, so haben die Straßenbaubehörden die Entscheidung der Straßenverkehrsbehörden über die in einem Verkehrszeichenplan vorgesehenen Maßnahmen einzuholen.

47 II. Schutz gefährdeter Straßen

1. Straßenbau- und Straßenverkehrsbehörden und die Polizei haben ihr Augenmerk darauf zu richten, daß frostgefährdete, hitzegefährdete und abgenutzte Straßen nicht in ihrem Bestand bedroht werden.

48 2. Für Verkehrsbeschränkungen und Verkehrsverbote, welche die Straßenbaubehörde zum Schutz der Straße außer wegen Frost- oder Hitzegefährdung erlassen hat, gilt Nummer I entsprechend. Die Straßenverkehrsbehörde darf Verkehrsbeschränkungen und Verkehrsverbote, welche die Straßenbaubehörde zum Schutz der Straße erlassen hat, nur mit Zustimmung der höheren Verwaltungsbehörde aufheben oder einschränken. Ausnahmegenehmigungen bedürfen der Anhörung der Straßenbaubehörde.

49 3. Als vorbeugende Maßnahmen kommen in der Regel Geschwindigkeitsbeschränkungen (Zeichen 274) und beschränkte Verkehrsverbote (zB Zeichen 262) in Betracht. Das Zeichen 274 ist in angemessenen Abständen zu wiederholen. Die Umleitung der betroffenen Fahrzeuge ist auf Straßen mit schnellerem oder stärkerem Verkehr in der Regel 400 m vor dieser durch einen Vorwegweiser, je mit einem Zusatzzeichen, das die Entfernung, und einem zweiten, das die betroffenen Fahrzeugarten angibt, anzukündigen. Auf Straßen, auf denen nicht schneller als 50 km/h gefahren wird, genügt der Vorwegweiser; auf Straßen von geringerer Verkehrsbedeutung entfällt auch er.

50 4. Für frostgefährdete Straßen stellt die Straßenbaubehörde alljährlich frühzeitig im Zusammenwirken mit der Straßenverkehrsbehörde und der Polizei einen Verkehrszeichenplan auf. Dabei sind auch Vertreter der betroffenen Straßenbenutzer zu hören. Auch die technischen Maßnahmen zur Durchführung sind rechtzeitig vorzubereiten. Die Straßenbaubehörde bestimmt bei eintretender Frostgefahr möglichst drei Tage zuvor den Tag des Beginns und der Beendigung dieser Maßnahmen, sorgt für rechtzeitige Beschilderung, teilt die Daten der Straßenverkehrsbehörde und der Polizei mit und unterrichtet die Öffentlichkeit.

Zu Satz 3

51 I. Dazu müssen die Bahnunternehmen die Straßenverkehrsbehörde, die Straßenbaubehörde und die Polizei hören. Das gilt nicht, wenn ein Planfeststellungsverfahren vorausgegangen ist.

52 II. Für Übergänge anderer Schienenbahnen vgl Nummer VI zu Zeichen 201; Randnummer 11 ff.

Zu Absatz 3

53 I. Zu den Verkehrszeichen gehören nicht bloß die in der StVO genannten, sondern auch die nach Nummer III 1 zu den §§ 39 bis 43 (Rn 6) vom Bundesministerium für Verkehr und digitale Infrastruktur zugelassenen Verkehrszeichen.

II. Vor der Entscheidung über die Anbringung oder Entfernung jedes Verkehrszeichens und jeder Verkehrseinrichtung sind die Straßenbaubehörden und die Polizei zu hören, in Zweifelsfällen auch andere Sachverständige. Ist nach § 5b StVG ein Dritter Kostenträger, so soll auch er gehört werden. **54**

III. Bei welchen Verkehrszeichen die Zustimmung nicht übergeordneter anderer Behörden und sonstiger Beteiligter einzuholen ist, wird bei den einzelnen Verkehrszeichen gesagt. **55**

IV. Überprüfung der Verkehrszeichen und Verkehrseinrichtungen **56**

1. Die Straßenverkehrsbehörden haben bei jeder Gelegenheit die Voraussetzungen für einen reibungslosen Ablauf des Verkehrs zu prüfen. Dabei haben sie besonders darauf zu achten, daß die Verkehrszeichen und die Verkehrseinrichtungen, auch bei Dunkelheit, gut sichtbar sind und sich in gutem Zustand befinden, daß die Sicht an Kreuzungen, Bahnübergängen und Kurven ausreicht und ob sie sich noch verbessern läßt. Gefährliche Stellen sind darauf zu prüfen, ob sie ergänzend zu den Verkehrszeichen oder an deren Stelle durch Verkehrseinrichtungen wie Leitpfosten, Leittafeln oder durch Schutzplanken oder durch bauliche Maßnahmen ausreichend sichern lassen. Erforderlichenfalls sind solche Maßnahmen bei der Straßenbaubehörde anzuregen. Straßenabschnitte, auf denen sich häufig Unfälle bei Dunkelheit ereignet haben, müssen bei Nacht besichtigt werden.

2. **57**

a) Alle zwei Jahre haben die Straßenverkehrsbehörden zu diesem Zweck eine umfassende Verkehrsschau vorzunehmen, auf Straßen von erheblicher Verkehrsbedeutung und überall dort, wo nicht selten Unfälle vorkommen, alljährlich, erforderlichenfalls auch bei Nacht. An den Verkehrsschauen haben sich die Polizei und die Straßenbaubehörden zu beteiligen; auch die Träger der Straßenbaulast, die öffentlichen Verkehrsunternehmen und ortsfremde Sachkundige aus Kreisen der Verkehrsteilnehmer sind dazu einzuladen. Bei der Prüfung der Sicherung von Bahnübergängen sind die Bahnunternehmen, für andere Schienenbahnen gegebenenfalls die für die technische Bahnaufsicht zuständigen Behörden hinzuzuziehen. Über die Durchführung der Verkehrsschau ist eine Niederschrift zu fertigen.

b) Eine Verkehrsschau darf nur mit Zustimmung der höheren Verwaltungsbehörde unterbleiben. **58**

c) Die zuständigen obersten Landesbehörden sorgen dafür, daß bei der Verkehrsschau überall die gleichen Maßstäbe angelegt werden. Sie führen von Zeit zu Zeit eigene Landesverkehrsschauen durch, die auch den Bedürfnissen überörtlicher Verkehrslenkung dienen. **59**

V. Den obersten Landesbehörden wird empfohlen, in Übereinstimmung mit den Fern- und Nahzielverzeichnissen für die wegweisende Beschilderung an Bundesfernstraßen entsprechende Verzeichnisse für ihre Straßen aufzustellen. **60**

VI. Von der Anbringung von Gefahrzeichen aus Verkehrssicherheitsgründen wegen des Straßenzustandes sind die Straßenverkehrsbehörde und die Polizei unverzüglich zu unterrichten. **61**

Zu Absatz 5

Wer zur Unterhaltung der Verkehrszeichen und Verkehrseinrichtungen verpflichtet ist, hat auch dafür zu sorgen, dass diese jederzeit deutlich sichtbar sind (zB durch Reinigung, durch Beschneiden oder Beseitigung von Hecken und Bäumen). **62**

Zu Absatz 6

63 I. Soweit die Straßenbaubehörde zuständig ist, ordnet sie die erforderlichen Maßnahmen an, im übrigen die Straßenverkehrsbehörde. Vor jeder Anordnung solcher Maßnahmen ist die Polizei zu hören.

64 II. Straßenverkehrs- und Straßenbaubehörde sowie die Polizei sind gehalten, die planmäßige Kennzeichnung der Verkehrsregelung zu überwachen und die angeordneten Maßnahmen auf ihre Zweckmäßigkeit zu prüfen. Zu diesem Zweck erhält die Polizei eine Abschrift des Verkehrszeichenplans von der zuständigen Behörde.

65 III. Die Straßenbaubehörden prüfen die für Straßenbauarbeiten von Bauunternehmern vorgelegten Verkehrszeichenpläne. Die Prüfung solcher Pläne für andere Arbeiten im Straßenraum obliegt der Straßenverkehrsbehörde, die dabei die Straßenbaubehörde, gegebenenfalls die Polizei zu beteiligen hat.

66 IV. Der Vorlage eines Verkehrszeichenplans durch den Unternehmer bedarf es nicht

1. bei Arbeiten von kurzer Dauer und geringem Umfang der Arbeitsstelle, wenn die Arbeiten sich nur unwesentlich auf den Straßenverkehr auswirken,
67 2. wenn ein geeigneter Regelplan besteht oder
68 3. wenn die zuständige Behörde selbst einen Plan aufstellt.

Zu Absatz 7

69 I. Zur laufenden Straßenunterhaltung gehört zB die Beseitigung von Schlaglöchern, die Unterhaltung von Betonplatten, die Pflege der Randstreifen und Verkehrssicherungsanlagen, in der Regel dagegen nicht die Erneuerung der Fahrbahndecke.

70 II. Notmaßnahmen sind zB die Beseitigung von Wasserrohrbrüchen und von Kabelschäden.

Zu Absatz 8

71 Die Zustimmung der höheren Verwaltungsbehörde oder der von ihr bestimmten Stelle ist erforderlich. Nummer VI zu Absatz 1 bis 1e (Rn 14) gilt auch hier.

Zu Absatz 9

72 Auf Nummer I zu den §§ 39 bis 43 (Rn 1) wird verwiesen.

Übersicht

	Rn
1. Allgemeines	1
2. Verkehrsbeschränkungen und Maßnahmen nach Abs 1–1e	3
3. Verkehrssicherungspflicht	11
4. Abs 4 Halbs 2: Bekanntgabe durch Massenmedien	14
5. Abs 5: Beschaffung, Anbringung, Unterhaltung, Betrieb u Entfernung der VZ und Einrichtungen	15
6. Abs 6: Sicherung von Baustellen	16
a) Anordnung und Ausführung	16
b) Pflichten der Bauunternehmer	18
7. Zuwiderhandlungen	21

1 **1. Allgemeines.** § 45 hat fortlaufend Änderungen erfahren (s Änd-Übersichten 1 u 2, auch Fn zu § 45 I d). Zuletzt wurde Abs 9 vollkommen neu gefasst und Abs 10 eingefügt durch die 1. VO zur Änd der StVO v 30.11.16 (BGBl I 2848).

Verkehrszeichen und Verkehrseinrichtungen § 45 StVO

Abs 1–1e ermächtigen die **Str-Verkehrsbehörden** (§ 44 I) als in erster Linie 2 zuständige Behörden zur **AO** von **VBeschränkungen** insbesondere aus Gründen der Sicherheit und Ordnung des Verkehrs, zur Unfallforschung sowie zum Schutz vor Belästigungen durch den Fahrzeugverkehr (I, I a), zur Einrichtung von **Parkmöglichkeiten** insbesondere für Behinderte und Anwohner und von geschwindigkeitsbeschränkten Zonen zum Schutz vor Lärm und Abgasen (I b), zur Anordnung von Tempo 30-Zonen (I c), zu Zonen-Geschwindigkeitsbeschränkungen unter 30 km/h in verkehrsberuhigten Geschäftsbereichen (I d), zur Aufstellung von Maut-VZ u -Einrichtungen auf mautpflichtigen Straßen (I e) u zur Aufstellung von VZ bei Smog (I f). – **II** S 1 u 2 enthalten die Zuständigkeiten der **Str-Baubehörden** (als Verantwortliche für den baulichen Zustand der Straßen), S 3 diejenigen der **Bahnunternehmen** für die Sicherung der Bahnübergänge sowie bezogen auf den Straßenbahnverkehr diejenigen des Verkehrsunternehmens. – **III** verteilt die Zuständigkeit zwischen Verkehrs- u Baubehörden bei der **Durchführung** der Beschilderung. – **III a** soll einen „sparsamen" Gebrauch vom Z 386 sicherstellen (Begr). – **IV** bestimmt, dass der Verkehr nur durch amtl VZ u -Einrichtungen bzw durch über die Medien bekanntzumachende AOen geregelt werden darf. Im Übrigen sind AOen, für die VZ oder Einrichtungen nicht vorgesehen sind, unzulässig (wegen der andersartigen Befugnisse der Pol im Rahmen ihrer Eilzuständigkeit vgl § 44 II). – **V** regelt, wer VZ u Einrichtungen beschaffen u in Betrieb halten muss (zur Kostentragungspflicht vgl § 5b StVG). – **VI** behandelt die Pflichten der **Bauunternehmer** (s unten Rn 16). – **VII** macht **Bauarbeiten** an bestimmten **Durchgangsstr** (von denen auch Bundesfernstr nicht mehr ausgenommen sind) von der Zustimmung der VB abhängig, während sonst die Zustimmungsbedürftigkeit von Maßnahmen in die VwV verwiesen worden ist. – **VII a** soll den Gefahren Rechnung tragen, die den dort genannten tätigen Personen drohen. – **VIII** ergänzt die Ermächtigung der VBen zu VBeschränkungen dahin, dass sie innerorts die nach § 3 III 1 zul **Höchstgeschwindigkeit erhöhen** können. Landesweite **Geschwindigkeitsbeschränkungen auf ABen** sind unzul (VG Koblenz DAR 93, 310 = StVE 46; s auch unten Rn 10 sowie § 18 Rn 16 u E 86; s aber VG Berlin NZV 91, 366: Zulässigkeit auf der AVUS). – **IX** korrespondiert mit § 39 I; er verpflichtet die VB, bei der AO von VZ ua V-Einrichtungen restriktiv zu verfahren u nur dort regelnd einzugreifen, wo es aufgrund der bes Umstände zwingend geboten ist, weil die allg u bes Verhaltensregeln der VO für einen sicheren u geordneten V-Ablauf nicht ausreichen (Begr).–**X** regelt eine Ausnahme von IX für VZ nach dem EMoG.

2. Verkehrsbeschränkungen und Maßnahmen nach Abs 1–1e. Die VBen 3 sind in der Anbringung von Gefahr- u HinweisZ nicht beschränkt, aber bei Geboten u Verboten an die Ermächtigungen in § 45 gebunden. Danach sind zwar grundsätzlich nur verkehrsregelnde AOen zu treffen, die auf den **Schutz der Allgemeinheit** und nicht auf die Wahrung der Interessen einzelner gerichtet sind (BVerwG VRS 63, 232 = StVE 23; VM 90, 35; NJW 93, 1729), doch kann auch dem einzelnen ein Anspruch auf verkehrsregelndes Eingreifen zu seinen Gunsten erwachsen, wenn die Verletzung seiner öff-rechtlich geschützten Individualinteressen in Betracht kommt (OVG Nordrhein-Westfalen (Münster) NZV 96, 87; VGH Baden-Württemberg (Mannheim) ZfS 97, 436); Antrag, durch straßenverkehrsrechtliche Maßnahmen der Lärmbeeinträchtigung von Grundstücken entgegenzuwirken, läuft auf Anspruch nach ermessensfehlerfreier Entscheidung gemäß § 45 I 2 Nr 3 hinaus (OLG München NZV 99, 269). Das Ermessen reduziert sich jedoch regelmäßig dann auf Null und fordert ein Einschreiten zum Schutz der Anwohner, wenn in einem reinen o allgemeinem Wohngebiet der Straßenlärm tagsüber 70 db(A) und nachts 60 db(A) überschreitet (VG Cottbus BeckRS 2017, 109374). – Beschränkungen aus Gründen der Sicherheit des Verkehrs setzen eine **konkrete Gefahrenlage** voraus. Es muss sorgfältig geprüft werden, ob der Eintritt eines schädigenden Ereignisses, hauptsächlich von VUnfällen, hinreichend wahrscheinlich ist. Erforderlich ist insoweit keine an Sicherheit grenzende Wahrscheinlichkeit, vielmehr genügt eine das allgemeine Risiko deutlich übersteigende Wahrscheinlichkeit (OVG Koblenz BeckRS 2016, 51816). Ausreichend ist die Feststellung, dass die konkrete Situation auf einer bestimmten Strecke die Befürchtung nahelegt, es könnten in überschaubarer Zukunft mit hinreichender Wahrscheinlichkeit Schadensfälle eintreten (BVerwG StVE 12; NZV 96, 86: auch auf einer längeren Strecke). Die Annahme einer derartigen Gefahrenlage setzt nicht voraus, dass sich ein Schadensfall bereits realisiert hat (OVG Hamburg v 15.2.2007 – 3 Bf 333/04). Die Gefährlichkeit einer Strecke beurteilt sich nicht nach der Fähigkeit von Spitzenfahrern, sondern nach dem Durchschnitt der Fahrer (BVerwG VRS 49, 70 = StVE 1). Anordnung einer Geschwindigkeitsbegrenzung auf 120 km/h auf BAB durch Z 274 ist rechts- und ermessensfehlerfrei, wenn Zielsenkung der Unfallzahlen gewollt und Geschwindigkeitsbeschränkung als Mittel geeignet ist (BVerwG NZV 99, 309 u NZV 00, 345) und muss auf § 45 I 1 iVm IX 2 StVO beruhen (BVerwG NZV 01, 528).

3a § 45 StVO enthält keine Rechtsgrundlage, den Fz-Verkehr allein wegen verkehrsordnungspolitischer Konzeptionen zugunsten des öffentl Nahverkehrs sowie des Anwohner- u Wirtschaftsverkehrs zu verdrängen; § 45 I 1 StVO dient lediglich der Abwehr von Gefahren für die Sicherheit und Ordnung des Verkehrs (VG Berlin NZV 01, 395; OVG Koblenz BeckRS 2016, 51816).

3b § 45 I S 1 StVO bezeichnet mit der Formulierung „aus Gründen der Sicherheit oder Ordnung des Verkehrs" nicht nur eine rechtssatzmäßige Voraussetzung für Verkehrsbeschränkungen, sondern gibt zugleich den Zweck des Ermessens normativ vor. Die Verkehrsbehörde handelt ermessensfehlerhaft, wenn sie nicht zum Zwecke der Gefahrenabwehr handelt, sondern das verkehrsrechtliche Instrumentarium für einen außerhalb der Gefahrenabwehr liegenden Zweck in Dienst nimmt (hier bei der Einrichtung von Fahrradabstellplätzen: OVG Bremen NZV 00, 140).

4 Alle VBeschränkungen müssen den Verwaltungsgrundsätzen der **Notwendigkeit** u **Verhältnismäßigkeit** des Mittels entsprechen (BVerwG VRS 46, 237; BGH(Z) VkBl 64, 613); sie sind daher nach I u I a nur für bestimmte Str oder Strecken zul, um einer dort bestehenden konkreten Gefahr für die Sicherheit oder Ordnung, also im Vergleich zu anderen Strecken einer erhöhten Unfallgefahr zu begegnen (OLG Koblenz DAR 93, 310). Die Beschränkung ist insb zul, wenn sie zur Wiederherstellung oder Verbesserung der Flüssigkeit u Leichtigkeit des Verkehrs in innerörtl Ballungsgebieten geeignet u erforderlich ist (BVerwG NZV 93, 284). Über die Nichtigkeit u Anfechtbarkeit von AOen, die gegen I verstoßen, vgl 9 zu § 39.

Namentlich bei einer tatsächlich-öff VFläche bedarf eine VRegelung eines Bedürfnisses (VGH Kassel NZV 89, 406). Zur sonstigen Zulässigkeit von VBeruhigungsmaßnahmen s VG Bremen aaO mwN. – VVerbote oder -Beschränkungen, die generell in der StVO geregelt sind, können durch konkrete AOen nach § 45 I S 1 verdeutlicht werden, wenn ihre Voraussetzungen oder ihr Geltungsbereich den VTn nicht ohne weiteres erkennbar ist (BVerwG VM 71, 90: Parkverbot gegenüber Garagenausfahrt).

Anspruch von **Bürgern,** insb **Anliegern.** Die Ermächtigung nach § 45 I S 1 **4a** ist zwar grundsätzlich auf den Schutz der Allgemeinheit gerichtet (vgl BVerwG, Beschl v 23.12.1980 – 7 CB 119/80 – Buchholz 442, 151 § 45 StVO Nr 10). Sie hat aber drittschützende Wirkung, wenn öffentlich-rechtlich geschützte Individualinteressen – insbesondere Gesundheit und Eigentum – als Schutzgüter der Sicherheit und Ordnung des Verkehrs durch Einwirkungen des Straßenverkehrs, die das nach allgemeiner Anschauung zumutbare Maß übersteigen, verletzt werden. In diesem Fall gewährt § 45 Abs 1 S 1 StVO dem Einzelnen ausnahmsweise ein auf fehlerfreie Ermessensentscheidung begrenztes subjektiv-öffentliches Recht auf ein verkehrsregelndes Einschreiten der Straßenverkehrsbehörde (BVerwG v 22.1.1971 – BVerwGE 37, 112 u v 15.4.1999 – BVerwG 109, 229 sowie VGH München v 15.1.07 – 11b 06.1633; VGH Baden-Württemberg (Mannheim) ZfS 03, 213 u VGH Baden-Württemberg (Mannheim) DAR 02, 284).

Auf dieser Grundlage hat der Einzelne einen Anspruch auf Einschreiten gegen rechtswidrige Handlungen Dritter oder rechtswidrige Zustände, wenn dadurch seine öffentlich-rechtlich geschützten Interessen beeinflusst werden, wobei dieser Anspruch beschränkt ist auf eine ermessensfehlerfreie Entscheidung der Behörde (OVG Saarland (Saarlouis) ZfS 02, 361).

Rechtsverletzung liegt zB vor, wenn der Anlieger durch parkende Fahrzeuge auf der gegenüberliegenden Straßenseite seiner Grundstückein- und -ausfahrt daran gehindert oder in erheblichem Maße behindert wird, diese Ein- und Ausfahrt zu benutzen (BVerwGE 37, 112; VGH Baden-Württemberg (Mannheim) ZfS 03, 213; VGH Baden-Württemberg (Mannheim) DAR 02, 284; s auch VG Neustadt ZfS 02, 311); das Individualinteresse des Anliegers ist zugleich erfasst durch § 12 III Nr 3 StVO, wonach das Parken vor Grundstückein- und -ausfahrten, auf schmalen Fahrbahnen auch ihnen gegenüber unzulässig ist (aaO). – Dsgl Rollstuhlfahrer, der sein Haus nur über eine Rampe verlassen kann, wobei diese bei ihrer Benutzung in den Fahrbahnbereich ragt (OVG Saarland (Saarlouis) ZfS 02, 361). – Einrichtung einer Wechsel-LZA zum Schutz eines Landwirts vor VGefahren (OVG Lüneburg NJW 85, 2966). – Abwehr von VRegelungen bei Beeinträchtigung von Individualinteressen iS von § 42 II VwGO (VG Bremen NZV 92, 335). – Weitere Fälle rechtl geschützter Individualinteressen s unten Rn 5, 6 und 10. – Zur Gesamt-Thematik s Zörner in NZV 05, 446.

Verkehrsbeschränkungen oder Ausnahmen hiervon sollen nicht nur den **Anliegern** selbst, sondern ggf **auch** ihren **Besuchern** und allen anderen Personen zugute kommen, die mit dem Anlieger Beziehungen irgendwelcher Art unterhalten oder anknüpfen wollen (BVerwG NZV 00, 435); jedoch keine Ausweitung auf ein Recht zur Durchfahrt auf bestimmten weiteren Straßen, um die eigene Anliegerstraße zu erreichen (BVerwG aaO).

Der Sicherheit u Ordnung des Verkehrs dienen auch Maßnahmen zuguns- **5** ten des **ruhenden** Verkehrs, zB Parkverbote, um eine Haltestelle für einen Linienbus oder auch private Reiseomnibusse freizuhalten; denn die Ermöglichung des Ein- u Aussteigens in Massenverkehrsmittel ist ein dringendes VBedürfnis (Bay VkBl 60, 250; OLG Hamm VRS 30, 478). Der Anlieger, der seine Garagenausfahrt nicht benutzen kann, wenn auf der gegenüberliegenden Seite der Str Fze parken, hat gegen die VB einen Anspruch auf ermessensfehlerfreie Entschließung darüber, ob u ggf welche Maßnahmen zur Beseitigung dieser Behinderung zu treffen sind (s BVerwG VM 71, 90). § 45 I S 1 schützt insoweit auch die Interessen eines Einzelnen (BVerwG aaO; s auch BayVGH VM 91, 37: Anspruch des Garageneigentümers auf ungehinderten Zugang), soweit er nicht in der Lage ist, die Situation durch Umgestaltung des Einfahrtbereichs zu verbessern (BayVGH VM 94, 102). Er hat aber keinen Anspruch auf Einrichtung von Parkmöglichkeiten vor oder nahe seinem Grundstück (BVerwG ZfS 92, 249 mwN; zum vorläufigen vorbeugenden RSchutz des Anliegers gegenüber der VB nach § 123 I S 1 VwGO s VGH Kassel VRS 75, 148).

6   Streitig ist aber, ob **Parkverbote,** durch deren Ausn-Regelungen Parkplätze für bestimmte **Personengruppen,** insb für die Fze einer Behörde, freigehalten werden sollen, mit I S 1 vereinbar sind. Nach OLG Karlsruhe (VRS 33, 458) ist ein Parkverbot mit Zusatz „Frei für Anlieger der R-Straße Nr –", nach Bay 65, 147 = VRS 30, 221 ein solches mit Ausn der Fze eines anliegenden Konsulats zulässig (s auch 34 zu § 12). Dagegen lehnen das BVerwG (VRS 40, 381; Ausn für Pol-Fze: VRS 40, 393), die VwGe Stuttgart (VRS 30, 144), Köln (DAR 68, 222) u Frankfurt (VM 69, 119) die Freihaltung von Parkplätzen für Behörden u ausl Botschaften als unzulässig ab, da sie verkehrsfremden Zwecken dienen (vgl 14 zu § 39); andererseits dürfen aber gerade solche bei Ausn-Genehmigungen nach § 46 berücksichtigt werden (vgl § 46 Rn 1, 2). Zulässig ist Sperrung eines ganzen Ortsteils, falls die Voraussetzungen des Verbots für alle Str vorliegen (BVerwG DAR 58, 282). Die öff Hand darf eine dem öff Verkehr lediglich tatsächlich zur Verfügung gestellte Fläche einer sachgerechten anderen Verwendung zuführen (BVerwG VM 75, 13).

7   Für **Linienomnibusse** darf durch **Z 245 eine** sog **Busspur** eingerichtet werden, wenn dies zur Förderung der Sicherheit u Ordnung, insb der Leichtigkeit des Verkehrs erforderlich ist (BVerwG DAR 93, 401); dies verletzt nicht die Zugangsrechte der Anlieger (Bay VGH DAR 84, 159).

7a   **Anordnung** der **Radwegebenutzungspflicht.** Seit VO v 7.8.1997 (sog Fahrradnovelle) besteht Benutzungspflicht von Radwegen nicht mehr als allgemeine Regelung, sondern bedarf der AO im Einzelfall (§ 2 IV 2 StVO). Sie enthält nicht nur das Gebot, den Radweg zu benutzen, sondern zugleich das Verbot der Straßenbenutzung. Damit wurde auch ein Regel-Ausnahme-Verhältnis festgelegt, das sich aus der Zusammenschau von § 2 I und IV StVO ergibt, wonach Fahrzeuge (also auch Fahrräder) grundsätzl die Fahrbahn benutzen müssen, es sei denn, durch AO nach § 2 IV 2 StVO – gestützt auf § 45 I 1 StVO („Sicherheit oder Ordnung des Verkehrs") – wird die Benutzung bestimmter gekennzeichneter Radwege vorgeschrieben. Diese AO muss auch im Einklang mit § 45 IX 1 und 3 StVO stehen (vgl BVerwG NJW 11, 1527 m. Anm. Kettler NZV 11, 365; VG Hamburg NZV 02, 288 mit Anm von Kettler und VG Hamburg NZV 02, 533). § 45 IX setzt voraus, dass eine konkrete, über das ortsüblich Hinzunehmende erheblich hinausgehende, Gefährdung von Radfahrern vorliegt und die Anordnung der Radwegebenutzungspflicht zum Schutz der Radfahrer geeignet und erforderlich ist (VG Berlin NZV 04, 486). Ob eine derartige Gefahrenlage vorliegt, bestimmt sich nach den besonderen örtlichen Verhältnissen abhängig von einer Vielzahl von Faktoren wie der Streckenführung, des Ausbauzustands der Straße und ihrer Nebenanlagen, witterungsbedingter Einflüsse, Verkehrsbelastungen und Unfallzahlen (OVG Lüneburg BeckRS 2016, 41542 mit Verweis auf BVerwGE 138, 159). Zu beachten ist jedoch, dass Abs 9 durch die 1. VO zur Änd der StVO v 30.11.16 (BGBl I 2848) vollkommen neu gefasst wurde und ua bezogen auf Schutzstreifen für den Radverkehr (Zeichen 340) u Fahrradstraßen (Zeichen 244.1) eine Ausnahme von den Voraussetzungen des Abs 9 S 3 enthält.

Außerdem sind bei der AO von der VB die Vorgaben nach Ziff II Nr 2 der VwV-StVO zu § 2 IV 2 StVO zu beachten (insb Breite, baul Zustand des Radwegs, seine Linienführung in den allgemeinen Straßenverkehr an Kreuzungen und Einmündungen), wobei die VwV-StVO nicht nur für neu anzulegende Radwege gilt, sondern auch für den Altbestand (VG Hamburg aaO).

Zulässigkeit der Schaffung von **Fußgängerzonen** (Z 242, 243) s I b 3 und BVerwG VRS 48, 395; deren Schutz durch Einschränkung des Verkehrs s BVerwG StVE 14. Parkerleichterungen für Ärzte, Blinde u Schwerbehinderte s § 46 VwV zu I 11. Zur Einrichtung von Gehwegen in Erholungsgebieten s HessVGH (Kassel) VM 81, 85. Das StraßenverkehrsR berechtigt nicht zu verkehrsregelnden Maßnahmen, die die wegerechtliche Teilentwidmung der Str (Einrichtung eines Fußgängerbereichs) durch Zulassung einer anderen Benutzungsart (beschränkter Kfz-Verkehr) faktisch wieder aufheben (BVerwG VM 82, 1). **8**

Nach **I S 2 Nr 2** ist ein **Reitverbot** auf Waldwegen zul (VGH BW NZV 95, 167). **9**

Nach **I S 2 Nr 3** sind VBeschränkungen und -Verbote nur zum Schutz vor Einwirkungen, die vom KfzV herrühren, zul (BayVGH NZV 96, 167). Sie sind aus **Lärmschutzgründen** (dh wenn der Lärm das ortsüblich akzeptable Maß überschreitet: BVerwG StVE 30; VGH Baden-Württemberg (Mannheim) ZfS 97, 436; OLG München NZV 99, 269) und zum Schutz vor **Abgasbelästigungen** zu **jeder** Zeit zulässig (BayVGH DAR 84, 62), wie zB Beschränkung eines Taxenstandes (Z 229) auf die Zeit von 7–21 Uhr zum Schutz der Nachtruhe (OVG Koblenz NJW 86, 2845). I 3 knüpft – anders als § 17 IV FStrG – nicht an einen bestimmten Grenzwert an, nach dessen Überschreiten die VB tätig werden müsste; es besteht selbst bei intensiver Lärmbelästigung nur Anspruch auf ermessensfehlerfreie Entscheidung (VGH Kassel VM 89, 93; VGH Baden-Württemberg (Mannheim) ZfS 97, 436). – Da Lärmschutzmaßnahmen häufig nicht zur Beseitigung des Lärms, sondern nur zu dessen Verlagerung führen, hat VB auch die Belange der **Anlieger** zu berücksichtigen, die durch den verlagerten Lärm beeinträchtigt werden könnten (BVerwG NZV 00, 386). Notwendigkeit einer **Gesamtschau!** Die Straßenverkehrsbehörde hat bei der vorzunehmenden Interessenabwägung das Lärmschutzinteresse der Anlieger bes zu würdigen, wenn die in § 2 I BImSchV 16 gen Grenzwerte überschritten werden (OVG Nordrhein-Westfalen (Münster) v 6.12.06 – 8 A 4840/05). VB darf selbst bei erheblicher Lärmbeeinträchtigung von verkehrsbeschränkenden Maßnahmen absehen, wenn ihr dies mit Rücksicht auf die damit verbundenen Nachteile gerechtfertigt erscheint (BVerwG, aaO); – Maßnahmen zur Feinstaubbekämpfung müssen dort ausscheiden, wo die Verhältnisse nur um den Preis verbessert werden, dass an anderer Stelle neue Unzulänglichkeiten auftreten, die im Ergebnis zu einer verschlechterten Gesamtsituation führen (BayVGH ZfS 05, 474). – Ein vom Feinstaub betroffener Dritter hat keinen Anspruch auf sofortige Maßnahmen oder auf kurzfristige Aufstellung eines Aktionsplans (VGH München DAR 05, 467, 469). – § 45 I Nr 3 ermächtigt zur AO von Lärmschutzmaßnahmen nur, wenn er vom Kfz-Verkehr, hingegen nicht vom Straßenbahnverkehr ausgeht (BVerwG NZV 00, 309). – Zu Maßnahmen beim Mautausweichverkehr vgl Abs 9 S 3 sowie VG Ansbach ZfS 06, 717. **9a**

Zu **I S 2 Nr 4** s Z 261, 269 u 354 iVm den in den zugehörigen VwV gen RiLi (Bg VGH NZV 02, 147). **9b**

I S 2 Nr 5 soll insb Sicherungsmaßnahmen ermöglichen, die nicht verkehrsbedingt, sondern aus allg Sicherheitsgründen erforderlich sind (zB Haltverbote zum Schutze öff Einrichtungen gegen Bombenanschläge mittels abgestellter Fze oder weitreichende Fahrverbote in Katastrophenfällen; BTDr 8/3150; s hierzu auch IV Halbs 2 und BVerwG NZV 93, 44). „Flächendeckende Fahrverbote" s zB RdErl d MW Nds v 11.12.81, MBl 82 S 24; bei gesundheitsgefährdender Ozonbelastung s VGH München NZV 94, 87 = StVE 47). Abs I S 2 Nr 5 kann auch Einzelnen einen Anspruch auf straßenverkehrsbehördliches Einschreiten zum Schutz vor Eigentumsbeeinträchtigungen durch unzulässigen bzw übermäßigen Verkehr (hier: durch Schwerlastverkehr hervorgerufene Erschütterungen und Gebäudeschäden) vermitteln (BVerwG v 26.9.02 ZfS 03, 147 = DAR 03, 44); aA noch OVG Schleswig-Holstein (Schleswig) v 25.8.92 (VerkMitt 92 Nr 107).

Durch **I S 2 Nr 6** soll klargestellt werden, dass Vbeschränkungen und -Verbote auch im Rahmen von Untersuchungen zum VGeschehen (Forschungsvorhaben) zulässig sind (Ermächtigung: § 6 I 16 StVG); zu Umfang u Dauer vorläufiger V-Regelung s VGH Baden-Württemberg (Mannheim) NZV 95, 45; OVG Nordrhein-Westfalen (Münster) NZV 96, 214.

9c **Abs I a** sieht die Möglichkeit von Verkehrsbeschränkungen vor, insbesondere für Kurorte, Erholungsgebiete, Erholungsstätten, Krankenhäuser sowie für kulturelle Veranstaltungen, um vermeidbare Belästigungen durch den Fahrzeugverkehr zu verhindern. Hierbei steht das gemeindliche Selbstverwaltungsrecht den nach Nr 4 angeordneten Beschränkungen in überwiegend der Erholung dienenden Landschaftsgebieten nicht entgegen (Bay VGH NZV 02, 147).

10 **Abs I b** hat verschiedene Aufgaben: **Nr 1** gibt den VBen die rechtliche Grundlage für die Einrichtung gebührenpflichtiger Parkplätze bei Großveranstaltungen, die bisher gefehlt hat (s BVerwG VRS 38, 386). Zur Gebührenerhebung vor Veranstaltungsbeginn s OLG Köln NZV 92, 200. – **Nr 2** soll helfen, außergewöhnlich Gehbehinderten, Blinden ParkvorRe zu gewähren (s Erl zu Z 286; VwV zu Abs 1 VIII u IX); diese ParkvorRe können zeitl beschränkt sein (VGH Baden-Württemberg (Mannheim) NZV 02, 54); die Regelung ist verfassungskonform (OLG Düsseldorf VRS 63, 377 = StVE 25; 69, 45). Für **„Bewohner"** kommt nach **Nr 2a** ein Parkvor – nach der Neuregelung durch VO v 14.12.01 (BGBl I 3783) – ggf. auch für ein Gebiet mit mehr als nur zwei bis drei Straßen („städtische Quartiere", max Ausdehnung bis ca 1000 m – vgl amtl Begr im VkBl 02, 139, 140). Zur ordnungsgem Kennzeichnung von Sonderparkplätzen für die Bewohner und zum Parkausweis s VkBl 02, 147. Privilegierung des Anwohnerparkens ist zulässig und verfassungskonform, findet jedoch dort seine Grenzen, wo es um berechtigte Parkinteressen von anderen wie Besuchern, Geschäftsleuten geht (BVerwG NZV 98, 427); Gesetzgeber wurde zu einer entsprechenden Änderung von § 6 I StVG aufgefordert, um Ausgleich aller Interessen sicherzustellen (Tettinger, Möglichkeiten einer zukünftigen Handhabung des bisherigen Anwohnerparkens, NZV 98, 481; Röthel individuelle Mobilität in der Interessenabwägung, NZV 99, 63), was durch Ges v 19. März 2001 (BGBl I S 386, amtl Begr VK Bl 02, 260) und durch VO v 14. Dez. 2001 (aaO) erfolgt ist. Die Nutzung eines Pkw durch zwei Familienangehörige, die in unterschiedlichen Parkzonen wohnen, im Wege des Familien-Car-Sharing begründet einen Anspruch auf Erteilung eines zweiten Anwohnerparkausweises (VG Berlin NZV 03, 53). – Die **Nrn 3 u 4** geben den VBen die Möglichkeit, die zur Kennzeichnung von Fußgängerbereichen u verkehrsberuhigten Bereichen durch die amtl VZ (242–243, 274.1, 2; 325–6) sowie zur Erhaltung von Ordnung u Sicherheit in diesen Bereichen notwendigen Maßnahmen – im Einvernehmen mit der Gemeinde (Satz 2) – zu ergreifen (s hierzu Z 325 u 326 sowie Steiner NVwZ 84, 201; NZV 95, 209; zur Voraussetzung einer Zonen-Einrichtung s § 3 Rn 75 und BVerwG NZV 95, 165);

die AO eines verkehrsberuhigten Bereichs ist eine Allgemeinverfügung (OLG Stuttgart VRS 73, 221); Zu den Möglichkeiten, nach Nrn 3 und 4 Inline-Skating und Skateboarding in Fußgängerbereichen zu beschränken, s Wendrich NZV 02, 212. Es besteht kein Anspruch auf Einrichtung eines verkehrsberuhigten Bereiches (VGH Mannheim NVwZ-RR 09, 508). – **Nr 5** erlaubt der VB allg Schutzmaßnahmen gegen Lärm u Abgase; s hierzu Lärmschutz-RiLi-StV d BMV v 6.11.81, VkBl 81, 428; soweit diese Vorschrift ansonsten den zur Selbstverwaltung gehörenden Planungs- u Entwicklungsbelangen einer Gemeinde dient, kann diese von der VB eine ermessensfehlerfreie Entscheidung verlangen (BVerwG VM 94, 111); im übrigen gewährt I b S 2 aber nur ein VetoR (BVerwG aaO).

Abs I c ist die Grundlage für die Anordnung von **Tempo 30-Zonen,** die insbesondere in Wohngebieten und Gebieten mit hoher Fußgänger- und Fahrradverkehrsdichte sowie hohem Querungsbedarf als auch in anderen Gebieten zum Schutz der Wohnbevölkerung, Fußgängern und Fahrradfahrern in Betracht kommt. Insbesondere verdrängt die Regelung des Abs 9 als lex spezialis die Regelung in § 39 Abs 1 StVO (VGH Mannheim NJW 16, 3798; BVerwGE 138, 21). **Abs 9** wurde mit Wirkung v 23.12.16 (1. VO zur Änd der StVO v 30.11.16; BGBl I 2848) vollkommen **neu gefasst** und strukturiert. Kern der Regelung ist vor allem die erleichterte Schaffung von Tempo 30-Zonen auf Hauptverkehrsstraßen im unmittelbaren Bereich der abschließend aufgezählten sensiblen Zonen (Kindergärten und Kindertageseinrichtungen, Schulen, Alten- und Pflegeheimen sowie Krankenhäusern). Die Absenkung der sonst hohen Hürde zur Einrichtung von Tempo-30 Zonen auf Hauptverkehrsstraßen aufgrund der Verkehrsbedeutung dieser Straßen, die grds den weiträumigen Verkehr aufnehmen sollen, rechtfertigt sich durch die besondere Schutzwürdigkeit der genannten Personenkreise; insbesondere soll nach dem Willen des Gesetzgebers von der Einrichtung streckenbezogener Tempo-30 Zonen in diesen Bereichen bereits bei einem damit einhergehenden zusätzlichen Sicherheitsgewinn nach Möglichkeit Gebrauch gemacht werden (BR-Drs 332/16 S. 10 ff).

Abs I d ist zu sehen iVm **Z 274.1** u 290; beachtlich ist hierzu auch Abschnitt X **10a** VwV zu § 45. **Verkehrsberuhigte Geschäftsbereiche** sind solche mit hohem Fußgängeraufkommen und überwiegender Aufenthaltsfunktion in zentralen städt Bereichen (s dazu § 3 Rn 74); sie sollten idR durch eine Kombination der Z 274.1 u 290 gekennzeichnet sein (Näheres bei Bouska DAR 89, 442 f).

Abs I e wurde durch G v 1.9.02 (BGBl I 3442) eingefügt und steht im Zusam- **10b** menhang mit den ab 31.8.03 bzw 1.11.03 eingeführten Mautgebühr auf mautpflichtigen Straßen. Auf der Grundlage eines vom Konzessionsnehmer vorgelegten Verkehrszeichenplans ordnen die VBn die erforderlichen Verkehrszeichen und -einrichtungen an.

Durch die StVO-Neufassung 2013 ist § 45 I f eingefügt worden. Es werden **10c** damit die §§ 40, 47 BImSchG umgesetzt. Die Straßenverkehrsbehörde kann damit die Verkehrsverbote gem. Z 270.1 und 270.2 iVm dem Zusatz Z umsetzen. Der Einzelne hat bei Überschreiten der Grenzwerte einen gemeinschaftsrechtlichen Anspruch auf planunabhängige Massnahmen, wie zB ein Verbot des LKW-Durchgangsverkehrs (EuGH 08, 984 – Vorlage BVerwG NVwZ 07, 695).

3. Verkehrssicherungspflicht. Die erörterten Zuständigkeiten (Rn 2) **11** begründen nicht nur die Befugnis, sondern auch die **Pflicht,** für die Sicherheit der Str zu sorgen, insb auf Schäden u Gefahrenstellen durch WarnZ hinzuweisen, die ein sorgfältiger Benutzer bei zweckentspr Benutzung der Str nicht oder nicht rechtzeitig erkennen kann (BGH NJW 80, 2194; KG Berlin VRS 65, 167). Der **VT hat sich** jedoch grds den gegebenen **Straßenverhältnissen anzupassen** und die Straße so hinzunehmen, wie sie sich ihm erkennbar darbietet. Der Verkehrssicherungspflichtige hat nur diejenigen Gefahren auszuräumen oder vor ihnen durch VZ zu warnen, die für den VT, der die erforderliche Sorgfalt walten lässt, nicht oder nicht rechtzeitig erkennbar sind und auf die er sich nicht oder nicht rechtzeitig einzurichten vermag (BGH VersR 1980, 946 f; BGH VRS 60, 251; OLG Jena NJW 98, 247). – Allerdings muss der VT zB nicht mit erheblichen Vertiefungen/Unebenheiten auf der AB rechnen (OLG Nürnberg DAR 96, 59; OLG Hamm NZV 14, 351).

Die allg Straßenverkehrssicherungspflicht soll den Gefahren begegnen, die aus der Zulassung eines Verkehrs auf öff Wegen entstehen können. Ihr Inhalt u Umfang richten sich nach dem Verkehr, für den der Weg zugelassen ist (BGH(Z) NZV 89, 390; OLG Köln VM 93, 57) sowie nach Erkennbarkeit einer Gefahrenquelle, Frequentierung u Breite der Str pp (OLG Brandenburg DAR 95, 403). – Entsprechende **Warnhinweise** sind nach der Rechtsprechung in folgenden Fällen **erforderlich:** bei einer Unterführung von 4 m Durchfahrthöhe (OLG Stuttgart NZV 04, 96); bei der durch VZ 265 angegebenen Durchfahrthöhe ist Sicherheitszuschlag von mindestens 20 cm zu berücksichtigen (LG Osnabrück NZV 04, 534); bei einer Vertiefung von 8 bis 10 cm auf einem Spazierweg im Kurpark, wobei Erkennbarkeit der Vertiefung durch Fußgänger daran nichts ändert (OLG Hamm NZV 04, 141); bei gefährlichen Höhenunterschieden von der Fahrbahn zum Bankett, an dem das Fz hängenbleiben oder aus der Fahrbahn gerillt werden könnte, und zwar bei 15 cm Höhenunterschied (BGH NZV 05, 255), hingegen nicht bei Höhenunterschied von nur 5 bis 8 cm (BGH aaO); inselartig angelegtes 70 cm breites Podest zwischen Fahrbahn und restlichem Gehweg ist mit auffälliger Markierung der Abkantung zu versehen (OLG Hamm NZV 04, 142). Einen verkehrssicherungswidrigen Zustand können ein **Schlagloch mit einer Tiefe von mind 15 cm** in verkehrswichtiger Straße, die es ab dieser Tiefe zu Bodenberührung kommen kann (OLG Hamm BeckRS 2014, 11405); ein **2 bis 2,5 cm tiefes Loch in einem seit Jahren in einem „desolaten" Zustand befindlichen Gehweg** darstellen (BGH DAR 12, 572 m Anm Heinrichs = NZV 12, 533 – zu beachten gilt, hier **die besondere Rechtslage im BerlStrG,** an der grds Rechtsprechung dahingehend, dass es an einer Verkehrssicherungspflichtverletzung fehlt, wenn die Gefahrenstelle **erkennbar und beherrschbar** ist, ändert die Entscheidung nichts, s hierzu OLG Saarbrücken BeckRS 2015, 06192, OLG Stuttgart NVwZ-RR 14, 254 sowie OLG Jena BeckRS 2015, 12645; die Rspr ist auf andere Bundesländer nicht übertragbar). **Unebenheiten eines Gehwegs von 2 bis 2,5 cm sind grundsätzlich hinzunehmen;** keine Haftung bei einem 6 bis 7 cm tiefen Schlagloch auf einer unbeleuchteten Straße oder Gehweg in ländlicher Gegend bei Kenntnis von schlechtem Zustand und Ausfall der Straßenbeleuchtung (Roßlau NZV 12, 598). Sofern der Fahrbahnbelag einer Straße eine unzulässig niedrige Griffigkeit aufweist, ist hierauf durch VZ hinzuweisen (OLG Hamm NZV 16, 523 u zfs 16, 256)

Zur Verkehrssicherungspflicht für einen **zwischen** der **Fahrbahn und** einem **Gehweg** verlaufenden unbefestigten **Grünstreifen** (LG Dessau-Roßlau NZV 12, 599); zu **Mäharbeiten an Grünstreifen** einer **Bundesstraße** und **Steinschlagschaden** (BGH DAR 13, 513); **städtische Grünanlage** (OLG Jena NZV 12, 546); **Radwanderweg** (OLG Celle 13, 129; OLG Hamm BeckRS 2014, 17734); **unterspülter Straßenrand an einer Gemeindeverbindungsstraße** (OLG

Nürnberg DAR 13, 580); **Einfahrtbereich auf einen Parkplatz** mit abgesenkter Bordsteinkante und muldenförmiger Vertiefung (OLG München NZV 13, 545 [Sturz eines Radfahrers]); zu einer elektronisch gestalteten **Polleranlage** (OLG Saarbrücken NJW Spezial 12, 683).

Jedoch besteht **keine Verkehrssicherungspflicht** und ist daher **kein Warnhinweis** anzubringen: bei einem von Radfahrern erkennbaren Fahrbahnriss – im Schienenbereich muss Radfahrer mit besonderen Gefahren rechnen – (OLG Stuttgart NZV 03, 572); bei unbefestigtem Radweg, wenn der feuchte Boden zerfahren ist und entstandene Spurrillen durch Frost scharfkantig fest gefroren sind (OLG Celle NZV 05, 472); bei beschädigter Verkehrsinsel, die alsbald repariert werden soll und deren Erkennbarkeit ohnehin durch Fahrbahnmarkierungen gewährleistet wird (OLG Koblenz NZV 03, 257). Auch ist die Aufstellung eines Warnschildes bei **ersichtlicher** Eisglätte überflüssig; dies ist unabhängig davon, ob der VSP weitergehende Maßnahmen getroffen hat (OLG München, Beschl v 10.3.2008 – I U 1691/08 = BeckRS 2008, 06 257 = NJW-Spezial 08, 394).

Bei der **baustellenbedingten** Änderung einer seit langem geltenden Vorfahrtregelung sind zusätzliche Schritte zur Warnung (zB Zusatzhinweis) ausnahmsweise nur erforderlich, wenn Anlass besteht, dass die VT die Änderung wegen besonderer Umstände (zB starkes Verkehrsaufkommen, unübersichtliche Verkehrswege, Schnelligkeit des Verkehrs) nicht erfassen bzw. erkennen (OLG Brandenburg NZV 02, 400). Eine Verletzung der Verkehrssicherungspflicht liegt vor, wenn eine Absperrbake mit Warnblinklichtern und VZ 250 (Verbot für Fz aller Art) auf einem Radweg so weit von der Gefahrenstelle positioniert sind, dass der Bezug zu ihr nicht ohne weiteres erkennbar ist und die Absperrung leicht umfahren werden kann (OLG Hamm DAR 02, 351).

Die Amtspflicht der VBen, VZ sachgemäß u deutlich anbringen zu lassen, besteht gegenüber allen, die die Str nach der Art ihrer VEröffnung benutzen dürfen; sie entfällt nicht gegenüber einem VT, der ein nicht mehr zugel Fz benutzt oder sich verkehrswidrig verhält (BGH(Z) VM 66, 107; Bay 56, 272). Für denjenigen, der auf der Str Bauarbeiten ausführt, ergibt sich die VSicherungspflicht aus dem § 823 I BGB zu entnehmenden Grundsatz, dass derjenige, der eine Gefahr schafft, Sicherheitsvorkehrungen zur Abwehr von Schäden für Dritte treffen muss (BGH(Z) VRS 29, 173; OLG Koblenz VRS 72, 128).

Auf einem kombinierten Geh- und Radweg dürfen Inline-Skater keine bessere Bodenbeschaffenheit erwarten als die anderen VT (OLG Koblenz VD 03, 78; Hentschel NJW 04, 651, 655).

Es ist bei einem auf der gegenüberliegenden Seite vorhandenen Gehweg aus Gründen der Verkehrssicherungspflicht auch nicht erforderlich, in einem Baustellenbereich zusätzlich einen Notweg für Fußgänger offen zu halten, um diesen bei winterlichen Verhältnissen an dieser Stelle ein Überqueren der Straße zu ersparen (BGH NJW 14, 2104).

Die Verletzung der Verkehrssicherungspflicht kann Schadensersatzansprüche auslösen. Die Anspruchsgrundlage hängt davon ab, ob die Erfüllung privatrechtl oder öffentlichrechtl Natur ist. Bei Privatrechtl Grundlage ist § 823 BGB Anspruchsgrundlage (BGHZ 60, 54; BVerwGE 14, 304). Ist die Erfüllung hoheitl Aufgabe (kraft Gesetzes oder durch Übernahme), so haftet die verantwortl Körperschaft nach § 839 BGB, Art. 34 GG (BGHZ 60, 54; s auch Hentschel Rn 54 zu § 45 StVO mwN). 11a

StVO § 45 III. Durchführungs-, Bußgeld- und Schlussvorschriften

11b Die Verkehrssicherungspflicht für die Standfestigkeit von Verkehrsschildern kann nicht dadurch erfüllt werden, dass ein nur mit einem Fahrer besetztes Fz der Straßenmeisterei die Straße abfährt und dabei seine Geschwindigkeit dem normalen Verkehrsfluss anpasst. Vielmehr ist erforderlich, dass der Kontrolleur langsam genug an dem Schild vorbeigeht oder fährt, und dass seine Aufmerksamkeit nicht durch den Straßenverkehr zu sehr in Anspruch genommen wird (OLG Nürnberg NZV 01, 44) – zur Verkehrssicherungspflicht im Zusammenhang mit VZ s auch § 39 Rn 1c.

12 Die VSicherungspflicht umfasst auch die **VRegelungspflicht,** dh die Amtspflicht, den Verkehr durch VZ u VEinrichtungen möglichst gefahrlos zu leiten (BGH NJW 04, 356; VersR 90, 739; OLG Düsseldorf NJW-RR 94, 1443; OLG Hamm NZV 95, 275). Ihr Umfang richtet sich nach dem VBedürfnis (BGH(Z) NZV 89, 390). Bei **Änderung** einer längere Zeit bestehenden Vorfahrtsregelung können zusätzliche Sicherungsmaßnahmen geboten sein (BGH(Z) RS 38, 412). Haftung für falsch geschaltete **LZA** s BGH(Z) VM 71, 79 und § 37 Rn 13.
Zum Verhältnis der Amtshaftung zur Haftpflicht der **beauftragten Privatfirma** s (BGHZ 60, 54; BVerwGE 14, 304). Der **private Bau- oder Umzugsunternehmer,** der aufgrund einer Genehmigung der Straßenverkehrsbehörde mobile Park- oder Halteverbotsschilder zu dem Zweck aufstellt, hierdurch die Bau- oder Umzugsarbeiten zu erleichtern, wird damit **nicht als Verwaltungshelfer/Beliehener** und damit Beamter im haftungsrechtlichen Sinn tätig, denn in diesen Fällen genehmigt die Verkehrsbehörde lediglich die Aufstellung und überlässt dem Unternehmer einen gewissen Entscheidungsspielraum (OLG Karlsruhe BauR 2017, 927). Wird hingegen im Zuge öffentlicher Bauarbeiten die Aufstellung von VZ angeordnet und nicht lediglich genehmigt, kann der die VZ Aufstellende Beliehener der Behörde sein (so OLG Hamm DAR 2016, 26ff). – s auch § 45 Rn 11 zur Verkehrssicherungspflicht im Straßenraum. Zur Sicherungspflicht bei öff **Kinderspielplätzen** s OLG Naumburg NJW-RR 14, 664; OLG Hamm DVP 11, 128; OLG Jena NJW-RR 11, 961 u NZV 11, 31- zum Umfang der Verkehrssicherungspflicht bzgl eines Bolzplatzes, die sich nach § 823 BGB und nicht nach Amtshaftungsgesichtspunkten bestimmt; OLG Karlsruhe VRS 44, 22; an Tankstellenausfahrten durch Hinweis auf Einbahnstr s BGH(Z) VM 85, 103; zur Vorfahrtregelung beim Verlassen eines Fußgängerbereichs s BGH(Z) VRS 75, 406.

12a **Maßnahmen zur VBeruhigung** dürfen den Verkehr nicht gefährden (s BGH NZV 91, 385; OLG Hamm NZV 92, 483), notfalls ist davor zu warnen (OLG Nürnberg NZV 90, 433; OLG Hamm NJW 96, 733; OLG Celle NZV 91, 353); zu den Anforderungen bei Anbringung von **Fahrbahnschwellen** zur VBeruhigung s BGH(Z) VRS 81, 421; OLG Hamm aaO; OLG Köln VM 93, 57; bei **Pollern** s OLG Nürnberg aaO. Die Aufstellung von **Blumenkübeln** auf der Fahrbahn verstößt gegen § 32 (s dort), anders bei Aufstellung auf einer Sperrfläche (Z 298; OLG Düsseldorf ZfS 96, 129; zu **Betonpollern** auf der Fahrbahn s OLG Düsseldorf ZfS 96, 129; zu „**Kölner Tellern**" als Geschwindigkeitsbremse s OLG Frankfurt NZV 92, 38; s auch Palandt § 839 Rn 158. Verhältnis von Amtspflichthaftung zur deliktischen Haftung: BGH(Z) VRS 44, 326; zur **VSicherungspflicht** s auch § 32.

13 Zur VSicherungspflicht gehört auch die **Räum- u Streupflicht,** die allerdings landesrechtlich unterschiedlich für die Gemeinden teils als Amtspflicht, teils durch Abwälzung auf die Anlieger privatrechtlich geregelt ist. Ihr Umfang richtet sich nach den jew Umständen, insb nach der VBedeutung des Weges, seiner Gefähr-

Verkehrszeichen und Verkehrseinrichtungen § 45 StVO

lichkeit, der Zumutbarkeit und der Witterung (BGH NZV 93, 387; 95, 144). Voraussetzung ist zunächst das Vorliegen einer allgemeinen Glätte und nicht nur das Vorhandensein einzelner Glättestellen (BGH NJW-RR 17, 858; BGH NJW 12, 2727). Weiterhin besteht die Räum- u Streupflicht nur zur Gewährleistung eines sicheren Hauptberufsverkehrs während der normalen Tageszeiten werktags in der Regel ab 7:00 Uhr bzw. an Sonn- und Feiertagen ab 09:00 bis 20:00 Uhr (OLG Jena, NZV 2001, 87 u NZV 2009, 599; BGH NJW-RR 17, 858). **Innerorts** ist die Fahrbahn nur an wichtigen u gefährlichen Stellen zu räumen (BGH NJW 72, 903; NZV 95, 144; OLG Frankfurt NJW 88, 2546); insbesondere kann durch eine Straßenreinigungssatzung einer Gemeinde keine über die Grenze der allgemeinen Verkehrssicherungspflicht hinausgehende Leistungspflicht begründet werden (BGH NJW-RR 17, 858), **Gehwege** bes an Fußgängerüberwegen, soweit diese belebt und unentbehrlich sind (BGH NJW 91, 265 u NZV 15, 592 s auch § 25 Rn 2), sonst so, dass ihn 2 Personen nebeneinander benutzen können (KG Berlin VersR 65, 1105; Schmid NJW 88, 3182). **Außerorts** nur an nicht erkennbaren bes gefährlichen Stellen (BGH VRS 57, 330; StVE § 823 BGB 52; s auch § 25 Rn 2). Die Streupflicht auf der AB regelt sich nach § 3 BFernStrG, wonach der Träger der Str-Baulast „nach besten Kräften" bei Schnee u Eis räumen u streuen soll. **Öffentliche Parkplätze** müssen auch dann nicht umfassend schnee- und eisfrei sein, wenn sie nicht von einer Kommune im Interesse der Allgemeinheit, sondern von einem Wirtschaftsunternehmen (hier: 50 cm **Eisfläche** auf dem ansonsten gefahrlos begehbaren Parkplatz einer Sparkasse) für dessen Kundschaft unterhalten werden (OLG Koblenz NZV 12, 342); ein öffentlicher Kundenparkplatz (hier: Bäckerei) muss nicht vollständig schnee- und eisfrei geräumt werden, der Benutzer muss vielmehr mit Glättestellen rechnen (OLG Koblenz DAR 13, 85). Für eine Bushaltebucht auf einem **Parkplatz der BAB** gelten nicht die strengen Anforderungen für Haltestellen öffentlicher Linien (OLG Brandenburg BeckRS 2014, 17226). Innerhalb geschlossener Ortslage ist der Winterdienst nur an verkehrswichtigen und gefährlichen Stellen zu leisten, wozu nicht ohne weiteres eine **entlang einem Flussufer verlaufende Straße** gehört (OLG Saarbrücken NZV 12, 600). Zur Definition der **geschlossenen Ortslage** als demjenigen Teil des Gemeindegebiets, der in geschlossener oder offener Bauweise zusammenhängend bebaut ist und unter natürlicher Betrachtung der örtlichen Gegebenheiten ermittelt wird, siehe OLG Jena BeckRS 2015, 12646. Zu Verkehrssicherungspflicht und **Mitverschulden** bei Glätteunfall **eines Fußgängers** (BGH NZV 13, 534: **Fußgängerzone**; OLG Brandenburg DAR 13, 640. Zum Beginn der gem § 199 I BGB dreijährigen **Verjährungsfrist bei Verletzung der Verkehrssicherungspflicht** (OLG Schleswig NZV 12, 388).

4. Abs 4 Halbs 2: Bekanntgabe durch Massenmedien. Abs 4 Halbs. 2 **14** sieht vor, dass die VRegelungen – abweichend vom Grundsatz, dass verkehrsrechtliche AOen erst mit der Aufstellung entspr Z oder Einrichtungen wirksam werden (**Sichtbarkeitsgrundsatz**, s § 39 Rn 15; VG Stuttgart VRS 76, 69) – ausnahmsweise auch durch die Massenmedien Rundfunk, Fernsehen u Presse vorgenommen werden dürfen, wenn dies im **Katastrophenfall** u bei Smog-Alarm durch VZ u -Einrichtungen nicht möglich ist, wie zB bei Unwettern, Schneekatastrophen uä (zB KG Berlin NJW 88, 2393 = VRS 74, 141). Dies gilt aber nur für die Dauer des Ausn-Zustands, wobei die Frage des Verbotsirrtums bei Nichtbefolgung infolge Unkenntnis der AO bes zu beachten ist (KG aaO).

5. Abs 5: Beschaffung, Anbringung, Unterhaltung, Betrieb u Entfer- 15 nung der VZ und Einrichtungen. Diese Aufgaben treffen grundsätzlich den

Träger der Str-Baulast. Die Worte „sonst der Eigentümer der Straße" schließen nach der Begr eine Lücke. Gemeint sind damit offenbar die „tatsächlich öff Wege", bes private Parkplätze (13 zu § 1). Träger der Str-Baulast ist jedoch nur für Durchführung der Maßnahmen verantwortlich; zuständig für AO ist StrVB (BGH NZV 00, 412). Dennoch kann im Einzelfall auch der Träger der Str-Baulast als Verkehrssicherungspflichtiger verpflichtet sein, bei der StrVB auf eine Änderung der Verkehrsregelung hinzuwirken, wenn er die von einer unzulänglichen Beschilderung ausgehenden Gefahren erkennt oder eine derartige Verkehrsgefährdung so offensichtlich ist, dass sich die Notwendigkeit alsbaldiger Maßnahmen geradezu aufdrängen (BGH, aaO).

16   **6. Abs 6: Sicherung von Baustellen. a) Anordnung und Ausführung.** VI unterscheidet zwischen der **AO** u **Ausführung.** Aufgabe der Behörde ist es, die erforderlichen AOen zu treffen (s BVerwG DAR 70, 277); Bauunternehmer haben sie dabei nur durch Vorlage von VZeichenplänen zu unterstützen und **vor** Baubeginn die erforderlichen AOen einzuholen (OLG Oldenburg NZV 92, 405). Jedes Z u sein Standort sind festzulegen. Ob u welche Geschwindigkeitsbeschränkungen vorzuschreiben sind, bedarf in jedem Einzelfall eingehender Erwägungen. Der Unternehmer ist dann, wie sonst der Str-Baulastträger, verpflichtet, entspr dieser AO die fraglichen Mittel zu beschaffen, anzubringen und zu entfernen (Begr; zur Baustellenabsicherung s Berr DAR 84, 6). Maßgeblich sind die „RiLien für die Sicherung von Baustellen" (VkBl 95, 221).

Halteverbote im Rahmen von Baustellen schützen nicht das Vermögen des Bauunternehmers oder eines von diesem beauftragten Unternehmers (BGH NZV 04, 136). § 45 I S 2 Nr 1 und IX sind auch keine Schutzgesetze nach § 823 II BGB zu Gunsten der Vermögensinteressen von Bauunternehmern (BGH aaO; siehe auch Hentschel NJW 05, 641).

17   Wegen Verstößen der Bauunternehmer oder ihrer Vertreter s unten Rn 21. Zum Verhältnis der Sicherungspflichten des Bauunternehmers u der Baubehörden s OLG Hamm VRS 42, 105.

18   **b) Pflichten der Bauunternehmer.** „Arbeitsstellen" sind nicht nur Stellen, wo Bauarbeiten am Str-Körper durchgeführt werden, sondern auch sonstige Arbeitsstellen im Str-Raum (OLG Düsseldorf VRS 67, 377 u BGH v 19.6.84 bei Janiszewski NStZ 84, 547). „Unternehmer" ist der für die Arbeiten Verantwortliche. Der Inhaber der Baufirma darf die Sicherung der Baustelle einer ihm als zuverlässig bekannten Person übertragen. Der bestellte Bauleiter, der auch ein Bauarbeiter sein kann, ist neben dem Firmeninhaber verantwortlich (§ 9 II OWiG; § 151 GewO; OLG Zweibrücken VRS 32, 62; OLG Frankfurt VM 73, 64). Die Anzeigepflicht der Bauunternehmer besteht für alle Arbeiten, die sich auf den StrV auswirken, nicht nur für solche, bei denen der Unternehmer eine bes Regelung für erforderlich hält (OLG Hamm VM 73, 87). Unbedeutende Arbeiten scheiden aus; bloßes Ablegen von Gegenständen auf der Str regelt § 32 (OLG Köln aaO).

19   Die erforderlichen Maßnahmen richten sich nach den Umständen des Einzelfalles (OLG Karlsruhe VRS 79, 344); in Betracht kommen u a Absperrung, Kennzeichnung u Beleuchtung der Arbeitsstellen (vgl Z 127, 454–459, § 43 III), eine bes VRegelung bei halbseitigen Str-Sperrungen oder Umleitungen. Eine Regelung des Fz-Verkehrs durch LichtZ oder Weisungen ist geboten bei starkem Verkehr oder auf langen oder unübersichtlichen Baustellen (OLG Frankfurt VM 64, 141). Auch innerhalb der Baustelle muss durch bes WarnZ auf bes Gefahrenquel-

Verkehrszeichen und Verkehrseinrichtungen § 45 StVO

len hingewiesen werden, wenn sie ein sorgfältiger Kf nicht mit einem beiläufigen Blick erfassen kann (OLG Oldenburg VRS 29, 373). An Baustellen, die nach **Z 123** gekennzeichnet sind, darf der Kf nicht darauf vertrauen, dass am Fahrbahnrand beschäftigte Arbeiter mit genügender Vorsicht in die Fahrbahn treten (Bay 63, 236 = VRS 26, 372). Wegen zu weitgehender VBeschränkungen an Baustellen vgl § 3 Rn 73). Zur Wirksamkeit von Maßnahmen des Bauunternehmers, die von der AO der VB abweichen, s § 39 Rn 11.

Straßensperrungen werden wirksam durch die **Z 250–269** begründet. Die 20
Aufstellung eines Umleitungsschildes (Z 459, 454 bzw. 457.1?) genügt nicht (Bay 59, 77 = VM 59, 55). Umgekehrt ist die Str-Sperrung auch gültig, wenn Z 459 fehlt (Bay 57, 2 = VM 57, 73). Vom Bauunternehmer aufgestellte VZ sind unverbindlich, wenn die Aufstellung nicht von der VB angeordnet oder genehmigt war (OLG Zweibrücken VM 77, 5; OLG Hamm VRS 52, 150; Bay VGH DAR 92, 272). Hat die Str-Baubehörde an einer Baustelle eine halbseitige Str-Sperre mit Einbahnregelung u zugleich eine Geschwindigkeitsbegrenzung angeordnet, so ist der Bauunternehmer nicht berechtigt, Geschwindigkeitsbegrenzungsschilder auch dann aufzustellen, wenn er von der halbseitigen Str-Sperre Abstand nimmt; gleichwohl von ihm aufgestellte Geschwindigkeitsbegrenzungsschilder führen nicht zu einer wirksamen Begrenzung der höchstzul Geschwindigkeit (Bay 77, 47 = VRS 53, 217). Ein Haltverbot aber, das eine Baufirma auf Veranlassung der Polizei in Abweichung von einer AO der VB aufgestellt hat, ist nicht schlechthin unwirksam (Bay VRS 61, 138 in Ergänzung von Bay 77, 47 = VRS 53, 217). Fährt ein VT auf eine Absperrung auf, die ein Unternehmer ohne vorherige Zustimmung der VB errichtet hat, so ist die Absperrung für den Unfall auch dann ursächlich, wenn er sich bei Einholung der Zustimmung ebenfalls ereignet hätte. Die Voraussehbarkeit ist aber zu verneinen, wenn nach der Art der Absperrung nicht zu erwarten war, dass ein Str-Benutzer die Sperre zu spät bemerken werde (Bay 58, 285 = VRS 16, 37). Die Sperrung einer Straße für Fze aller Art aus Gründen des Objektschutzes ist jedenf nach 5-jähriger Dauer nicht mehr als vorübergehend anzusehen und kann deshalb nicht auf Straßenverkehrsrecht gestützt werden. Vielmehr liegt eine dauerhafte Umwidmung od Teilentziehung vor, die einer straßenrechtl Grundlage bedarf (VG München v 11.10.06 – M 23 K 05.4173).

7. Zuwiderhandlungen. Verstöße der Bauunternehmer oder ihrer Vertreter 21
gegen die ihnen nach VI obliegenden Pflichten sind OWen in dem in § 49 IV 3 umschriebenen Umfang; darunter fallen aber nur solche AOen, die in § 45 VI ausdrücklich aufgezählt u von der zust Behörde auch erteilt worden sind, soweit sie insb VVerbote oder -Beschränkungen oder das Anbringen von VZ oder -Einrichtungen u deren spätere Entfernung (s OLG Düsseldorf VRS 63, 474) zum Gegenstand haben (s dazu OLG Stuttgart NZV 93, 447); darüber hinausgehende AOen, mögen sie auch mittelbar der VSicherheit dienen, wie die AO, vom Beginn der Bauarbeiten die Pol zu benachrichtigen, fallen nicht unter die Bußgeldbewehrung des § 49 IV 3 (Bay VRS 61, 158 = StVE 17). Die Nichtbeachtung einer nach IV Halbs 2 bekanntgegebenen AO ist durch § 49 III 7 in die Bußgeldbewehrung einbezogen worden (Verbotsirrtum beachten!); s dazu KG Berlin NJW 88, 2393. Nichtbeachtung der im Rahmen von § 45 aufgestellten VZ ist ggf nach der entspr Vorschrift als OW verfolgbar (vgl Bay VRS 70, 53).

Abs VI ist Schutzgesetz i. S. d. § 823 Abs 2 BGB für den fließenden Verkehr (BGH VersR 74, 780; aA LG Traunstein NJW 00, 2360).

§ 46 Ausnahmegenehmigung und Erlaubnis[1]

(1) Die Straßenverkehrsbehörden können in bestimmten Einzelfällen oder allgemein für bestimmte Antragsteller Ausnahmen genehmigen
1. von den Vorschriften über die Straßenbenutzung (§ 2);
2. vom Verbot, eine Autobahn oder eine Kraftfahrstraße zu betreten oder mit dort nicht zugelassenen Fahrzeugen zu benutzen (§ 18 Absatz 1 und 9);
3. von den Halt- und Parkverboten (§ 12 Absatz 4);
4. vom Verbot des Parkens vor oder gegenüber von Grundstücksein- und -ausfahrten (§ 12 Absatz 3 Nummer 3);
4a. von der Vorschrift, an Parkuhren nur während des Laufes der Uhr, an Parkscheinautomaten nur mit einem Parkschein zu halten (§ 13 Absatz 1);
4b. von der Vorschrift, im Bereich eines Zonenhaltverbots (Zeichen 290.1 und 290.2) nur während der dort vorgeschriebenen Zeit zu parken (§ 13 Absatz 2);
4c. von den Vorschriften über das Abschleppen von Fahrzeugen (§ 15a);
5. von den Vorschriften über Höhe, Länge und Breite von Fahrzeug und Ladung (§ 18 Absatz 1 Satz 2, § 22 Absatz 2 bis 4);
5a. von dem Verbot der unzulässigen Mitnahme von Personen (§ 21);
5b. von den Vorschriften über das Anlegen von Sicherheitsgurten und das Tragen von Schutzhelmen (§ 21a);
6. vom Verbot, Tiere von Kraftfahrzeugen und andere Tiere als Hunde von Fahrrädern aus zu führen (§ 28 Absatz 1 Satz 3 und 4);
7. vom Sonn- und Feiertagsfahrverbot (§ 30 Absatz 3);
8. vom Verbot, Hindernisse auf die Straße zu bringen (§ 32 Absatz 1);
9. von den Verboten, Lautsprecher zu betreiben, Waren oder Leistungen auf der Straße anzubieten (§ 33 Absatz 1 Nummer 1 und 2);
10. vom Verbot der Werbung und Propaganda in Verbindung mit Verkehrszeichen (§ 33 Absatz 2 Satz 2) nur für die Flächen von Leuchtsäulen, an denen Haltestellenschilder öffentlicher Verkehrsmittel angebracht sind;
11. von den Verboten oder Beschränkungen, die durch Vorschriftzeichen (Anlage 2), Richtzeichen (Anlage 3), Verkehrseinrichtungen (Anlage 4) oder Anordnungen (§ 45 Absatz 4) erlassen sind;
12. von dem Nacht- und Sonntagsparkverbot (§ 12 Absatz 3a).

---

[1] In § 46 StVO wurde durch die 46. VO zur Änd straßenverkehrsrechtlicher Vorschriften v 5.8.09 (BGBl I S 2631, 2635), neben einer redaktionellen Änderung in Abs 1 Nr 1b (neu: Z 290.1 u Z 290.2), Abs 1 Nr 11 zum 1.9.09 neu gefasst und an die jetzige Darstellung der Vorschriftzeichen, Richtzeichen, Verkehrseinrichtungen in den neuen Anlagen zur StVO angepasst. – Durch die Neufassung der StVO v 6.3.13 (BGBl I S 367, 385/386) erfolgten insbesondere sprachliche und klarstellende Anpassungen; Abs 3 wurde an die technischen Gegebenheiten hinsichtlich digitaler Dokumente angepasst. Mit der 50. VO zur Änd straßenverkehrsrechtlicher Vorschriften wurde Absatz 1a zum 15.9.15 (BGBl. I S. 1573) in Umsetzung des EmoG eingefügt und enthält die Möglichkeit der Schaffung von Bevorrechtigungen für elektrisch betriebene Fz. Mit Schaffung des neuen Straftatbestandes des § 315d StGB wurde die Erteilung einer Ausnahmegenehmigung in Abs. 2 für Straßenrennen obsolet; daher Streichung mit dem 56. Strafrechtsänderungsgesetz vom 30.9.2017 (BGBl. I S. 3532) zum 13.10.2017.

Ausnahmegenehmigung und Erlaubnis § 46 StVO

Vom Verbot, Personen auf der Ladefläche oder in Laderäumen mitzunehmen (§ 21 Absatz 2), können für die Dienstbereiche der Bundeswehr, der auf Grund des Nordatlantik-Vertrages errichteten internationalen Hauptquartiere, der Bundespolizei und der Polizei deren Dienststellen, für den Katastrophenschutz die zuständigen Landesbehörden, Ausnahmen genehmigen. Dasselbe gilt für die Vorschrift, dass vorgeschriebene Sicherheitsgurte angelegt sein oder Schutzhelme getragen werden müssen (§ 21a).

(1a) **Die Straßenverkehrsbehörden können zur Bevorrechtigung elektrisch betriebener Fahrzeuge allgemein durch Zusatzzeichen Ausnahmen von Verkehrsbeschränkungen, Verkehrsverboten oder Verkehrsumleitungen nach § 45 Absatz 1 Nummer 3, Absatz 1a und Absatz 1b Nummer 5 erste Alternative zulassen. Das gleiche Recht haben sie für die Benutzung von Busspuren durch elektrisch betriebene Fahrzeuge. Die Anforderungen des § 3 Absatz 1 des Elektromobilitätsgesetzes sind zu beachten.**

(2) **Die zuständigen obersten Landesbehörden oder die nach Landesrecht bestimmten Stellen können von allen Vorschriften dieser Verordnung Ausnahmen für bestimmte Einzelfälle oder allgemein für bestimmte Antragsteller genehmigen.** Vom Sonn- und Feiertagsfahrverbot (§ 30 Absatz 3) können sie darüber hinaus für bestimmte Straßen oder Straßenstrecken Ausnahmen zulassen, soweit diese im Rahmen unterschiedlicher Feiertagsregelung in den Ländern (§ 30 Absatz 4) notwendig werden. Erstrecken sich die Auswirkungen der Ausnahme über ein Land hinaus und ist eine einheitliche Entscheidung notwendig, ist das Bundesministerium für Verkehr und digitale Infrastruktur zuständig.

(3) Ausnahmegenehmigung und Erlaubnis können unter dem Vorbehalt des Widerrufs erteilt werden und mit Nebenbestimmungen (Bedingungen, Befristungen, Auflagen) versehen werden. Erforderlichenfalls kann die zuständige Behörde die Beibringung eines Sachverständigengutachtens auf Kosten des Antragstellers verlangen. Die Bescheide sind mitzuführen und auf Verlangen zuständigen Personen auszuhändigen. Bei Erlaubnissen nach § 29 Absatz 3 und Ausnahmegenehmigungen nach § 46 Absatz 1 Nummer 5 genügt das Mitführen fernkopierter Bescheide oder von Ausdrucken elektronisch erteilter und signierter Bescheide sowie deren digitalisierte Form auf einem Speichermedium, wenn diese derart mitgeführt wird, dass sie bei einer Kontrolle auf Verlangen zuständigen Personen lesbar gemacht werden kann.

(4) Ausnahmegenehmigungen und Erlaubnisse der zuständigen Behörde sind für den Geltungsbereich dieser Verordnung wirksam, sofern sie nicht einen anderen Geltungsbereich nennen.

VwV – StVO

Zu § 46 Ausnahmegenehmigung und Erlaubnis

Allgemeines über Ausnahmegenehmigungen

I. Die Straßen sind nur für den normalen Verkehr gebaut. Eine Ausnahmegenehmigung zu erteilen, ist daher nur in besonders dringenden Fällen gerechtfertigt. An den Nachweis solcher Dringlichkeit sind strenge Anforderungen zu stellen. Erteilungsvoraussetzungen dürfen nur dann als amtsbekannt behandelt werden, wenn in den Akten dargetan wird, worauf sich diese Kenntnis gründet.

1

StVO § 46   III. Durchführungs-, Bußgeld- und Schlussvorschriften

2   II. Die Sicherheit des Verkehrs darf durch eine Ausnahmegenehmigung nicht beeinträchtigt werden; sie ist erforderlichenfalls durch Auflagen und Bedingungen zu gewährleisten. Auch Einbußen der Flüssigkeit des Verkehrs sind auf solche Weise möglichst zu mindern.

3   III. Die straßenrechtlichen Vorschriften über Sondernutzungen sind zu beachten.

4   IV. Hat der Inhaber einer Ausnahmegenehmigung die Nichtbeachtung von Bedingungen und Auflagen zu vertreten, so soll ihm grundsätzlich keine neue Ausnahmegenehmigung erteilt werden.

5   V. Vor der Erteilung einer Ausnahmegenehmigung sollen die beteiligten Behörden gehört werden, wenn dies bei dem Zweck oder dem Geltungsbereich der Ausnahmegenehmigung geboten ist.

6   VI. Dauerausnahmegenehmigungen sind auf höchstens drei Jahre zu befristen. Sie dürfen nur widerruflich erteilt werden.

Zu Absatz 1

Zu Nummer 1

7   Aus Sicherheitsgründen werden in der Regel Bedingungen oder Auflagen geboten sein.

Zu Nummer 2

8   Sofern die Ausnahmegenehmigung sich auf dort nicht zugelassene Fahrzeuge bezieht, gilt Nummer VI 2a zu § 29 Abs 3; Rn 115 und 116.

Zu Nummer 4

9   Die betroffenen Anlieger sind zu hören.

Zu Nummer 4a und 4b

10   I. Ohnhänder (Ohnarmer) erhalten eine Ausnahmegenehmigung, um an Parkuhren und Parkscheinautomaten gebührenfrei und im Zonenhaltverbot bzw. auf Parkplätzen mit zeitlicher Begrenzung ohne Benutzung der Parkscheibe zu parken.

11   II. Kleinwüchsige Menschen mit einer Körpergröße von 1,39 m und darunter erhalten eine Ausnahmegenehmigung, um an Parkuhren und Parkscheinautomaten gebührenfrei zu parken.

12   III. Nummer III zu § 46 Abs 1 Nr 11 gilt entsprechend.

Zu Nummer 5

13   I. Fahrzeuge und Fahrzeugkombinationen, die aufgrund ihrer Ladung die Abmessungen der § 18 Abs 1 oder § 22 Abs 2 bis 4 überschreiten, bedürfen einer Ausnahmegenehmigung. Bei Überschreiten der Maße und Gewichte nach den §§ 32 bis 34 StVZO bedürfen diese Fahrzeuge zusätzlich einer Ausnahmegenehmigung nach § 70 StVZO und einer Erlaubnis nach § 29 Abs 3 (vgl zu § 29 Abs 3; Rn 79 ff).

14   II. Voraussetzungen der Ausnahmegenehmigung

     1. Eine Ausnahmegenehmigung setzt neben der Einhaltung der Anforderungen der Rn 85 sowie Rn 86 der VwV zu § 29 Absatz 3 voraus, dass
        a) die Beschaffung eines Spezialfahrzeugs für den Transport unmöglich oder unzumutbar ist und
        b) die Ladung nach vorn nicht über 1 m hinausragt.

Ausnahmegenehmigung und Erlaubnis §46 StVO

2. Neben den in den Rn 87 und 88 der VwV zu § 29 Absatz 3 genannten Ladungen **15**
darf die Ausnahmegenehmigung ferner für den Transport mehrerer einzelner
Teile, die je für sich mit ihrer Länge, Breite oder Höhe über den in der Zulassungsbescheinigung Teil I (Anlage 5 zu § 11 FahrzeugZulassungsverordnung – FZV)
festgelegten Abmessungen des Fahrzeugs oder der Fahrzeugkombination
hinausragen und unteilbar sind, erteilt werden. Beiladung ist gestattet, soweit
Gesamtmasse und Achslasten die nach § 34 StVZO zulässigen Werte nicht überschreiten.

III. Das Verfahren für die Erteilung der Ausnahmegenehmigung

1. Antragsdaten **16**
Aus dem Antrag müssen mindestens folgende technische Daten des Fahrzeuges
oder der Fahrzeugkombination einschließlich der Ladung ersichtlich sein: Länge,
Breite und Höhe des Fahrzeuges oder der Fahrzeugkombination, Art der Ladung
und Angaben zur Unteilbarkeit der Ladung, Abmessungen und Gewicht der
Ladung, bauartbedingte Höchstgeschwindigkeit des Transports, amtliche Kennzeichen, Fahrzeugidentifikationsnummern von Zugfahrzeugen und Anhängern.

2. Anhörverfahren **17**
Die Rn 104 ff der VwV zu § 29 Absatz 3 gelten entsprechend mit der Besonderheit, dass von dem angeführten Anhörverfahren abzusehen ist, wenn folgende
Abmessungen im Einzelfall nicht überschritten werden:
   a) Höhe (Fahrzeug/Fahrzeugkombination und Ladung) 4 m **18**
   b) Breite (Fahrzeug/Fahrzeugkombination und Ladung) 3 m **19**
   c) Länge (Fahrzeug/Fahrzeugkombination und Ladung) 22,75 m **20**
   d) Hinausragen der Ladung nach hinten 4 m **21**
   e) Hinausragen der Ladung über die letzte Achse 5 m **22**
   f) Hinausragen der Ladung nach vorn 1 m. **23**

3. An den Nachweis der Voraussetzungen der Erteilung einer Ausnahmegenehmi- **24**
gung nach Nummer II sind strenge Anforderungen zu stellen. Die Rn 115 bis 118
zu § 29 Absatz 3 gelten entsprechend.

IV. Der Inhalt des Genehmigungsbescheides

1. Rn 119 ff der VwV zu § 29 Absatz 3 gelten entsprechend mit der Besonderheit, **25**
dass

2. von der Fahrzeitbeschränkung abzusehen ist, wenn Transporte mit Fahrzeugen **26**
oder Fahrzeugkombinationen durchgeführt werden, deren zulässige Höchstgeschwindigkeit 80 km/h beträgt und diese Geschwindigkeit transportbedingt eingehalten werden kann, sofern die in Nummer III.2 (Rn 19 ff) aufgeführten Abmessungen nicht überschritten werden. Erforderlichenfalls ist vorzuschreiben, dass
sich solche Fahrzeuge wie Züge nach § 4 Absatz 2 StVO zu verhalten haben.

3. Ragt die Ladung mehr als 50 cm nach vorn hinaus, so ist die Auflage zu erteilen, **27**
die Ladung durch eine rot-weiß gestreifte Schutzvorrichtung zu sichern, die bei
Dunkelheit blendfrei zu beleuchten ist. Soweit möglich, ist dazu eine mindestens
50 cm lange Schutzkappe über das vordere Ende der Ladung zu stülpen und so
zu befestigen, dass die Ladung nicht nach vorn verrutschen kann.

4. Ragt die Ladung nach hinten hinaus, sind folgende Auflagen zu erteilen: **28**
   a) Die Ladung, insbesondere deren hintere Enden, sind durch Spannmittel oder
   sonstige Vorrichtungen ausreichend zu sichern.
   b) Es darf nur abgebogen werden, wenn das wegen des Ausschwenkens der
   Ladung ohne Gefährdung, insbesondere des nachfolgenden Verkehrs oder
   des Gegenverkehrs, möglich ist.

StVO § 46 III. Durchführungs-, Bußgeld- und Schlussvorschriften

c) Besteht die Gefahr, dass die Ladung auf der Fahrbahn schleift, so ist ein Nachläufer vorzuschreiben. Auf die „Richtlinien für Langmaterialzüge mit selbstlenkendem Nachläufer" wird verwiesen.

29 V. Im Übrigen sind die Verwaltungsvorschriften zu § 29 Absatz 3 entsprechend anzuwenden.

30 Rn 31 bis Rn 92 (weggefallen).

Zu Nummer 5b

93 I. Ausnahmen von der Anlegepflicht

Von der Anlegepflicht für Sicherheitsgurte können Personen im Ausnahmewege befreit werden, wenn

94 – das Anlegen der Gurte aus gesundheitlichen Gründen nicht möglich ist oder
95 – die Körpergröße weniger als 150 cm beträgt.

96 II. Ausnahmen von der Schutzhelmtragepflicht

Von der Schutzhelmtragepflicht können Personen im Ausnahmewege befreit werden, wenn das Tragen eines Schutzhelmes aus gesundheitlichen Gründen nicht möglich ist.

97 III. Voraussetzungen

Die in Nummer I und II genannten Voraussetzungen gesundheitlicher Art sind durch eine ärztliche Bescheinigung nachzuweisen. In der ärztlichen Bescheinigung ist ausdrücklich zu bestätigen, daß der Antragsteller aufgrund des ärztlichen Befundes von der Gurtanlege- bzw. Helmtragepflicht befreit werden muß. Die Diagnose braucht aus der Bescheinigung nicht hervorzugehen.

98 IV. Geltungsdauer und Auflagen

Die Ausnahmegenehmigungen sind widerruflich und befristet zu erteilen.

99 Soweit aus der ärztlichen Bescheinigung keine geringere Dauer hervorgeht, ist die Ausnahmegenehmigung in der Regel auf ein Jahr zu befristen. Dort, wo es sich um einen attestierten nichtbesserungsfähigen Dauerzustand handelt, ist eine unbefristete Ausnahmegenehmigung zu erteilen.

Zu Nummer 6

100 Gegen das Führen von Rindvieh in Viehtriebrahmen hinter Schleppern bestehen keine grundsätzlichen Bedenken. In der Ausnahmegenehmigung ist die zulässige Geschwindigkeit auf weniger als 5 km/h festzusetzen. Die Zahl der zu führenden Tiere ist festzulegen.

Zu Nummer 7

101 I. Voraussetzung der Genehmigung

1. Eine Einzelgenehmigung darf nur unter folgenden Voraussetzungen erteilt werden:

102 a) In dringenden Fällen zB zur Versorgung der Bevölkerung mit leichtverderblichen Lebensmitteln, zur termingerechten Be- oder Entladung von Seeschiffen, zur Aufrechterhaltung des Betriebes öffentlicher Versorgungseinrichtungen; wirtschaftliche oder wettbewerbliche Gründe allein rechtfertigen eine Genehmigung keinesfalls,

103 b) für Güter, zu deren Beförderung keine Fahrzeuge bis zu 7,5 t zulässiges Gesamtgewicht verfügbar sind,

c) für Güter, deren fristgerechte Beförderung nicht wenigstens zum größten Teil der Strecke auf der Schiene möglich ist, sofern es sich um eine Beförderung über eine Straßenstrecke von mehr als 100 km handelt und 104

d) für grenzüberschreitenden Verkehr, wenn die deutschen und ausländischen Grenzzollstellen zur Zeit der voraussichtlichen Ankunft an der Grenze Lastkraftwagenladungen abfertigen können. 105

2. Eine Dauerausnahmegenehmigung darf nur erteilt werden, wenn außerdem die Notwendigkeit regelmäßiger Beförderung feststeht. 106

II. Das Verfahren 107

1. Vom Antragsteller sind folgende Unterlagen zu verlangen:
   a) Fracht- und Begleitpapiere,
   b) falls es sich um eine Beförderung über eine Straßenstrecke von mehr als 100 km handelt, eine Bescheinigung der für den Versandort zuständigen Güterabfertigung über die Unmöglichkeit der fristgerechten Schienenbeförderung, 108
   c) für grenzüberschreitenden Verkehr ein Nachweis über die Abfertigungszeiten der Grenzzollstelle für Ladungen auf Lastkraftwagen, 109
   d) Kraftfahrzeug- und Anhängerschein. Für ausländische Kraftfahrzeuge, in deren Zulassungspapieren zulässiges Gesamtgewicht und Motorleistung nicht eingetragen sind, ist eine entsprechende amtliche Bescheinigung erforderlich. 110

2. Eine Dauerausnahmegenehmigung darf nur erteilt werden, wenn der Antragsteller die Dringlichkeit der Beförderung durch eine Bescheinigung der Industrie- und Handelskammer nachweist oder sonst glaubhaft macht. 111

III. Inhalt der Genehmigung 112

Für den Genehmigungsbescheid ist ein Formblatt zu verwenden, das das Bundesministerium für Verkehr und digitale Infrastruktur nach Anhörung der obersten Landesbehörden im Verkehrsblatt bekanntgibt.

1. Der Beförderungsweg braucht nur festgelegt zu werden, wenn das aus verkehrlichen Gründen geboten ist. 113
2. Für grenzüberschreitenden Verkehr ist die Beförderungszeit so festzulegen, daß das Kraftfahrzeug an der Grenze voraussichtlich zu einem Zeitpunkt eintrifft, an dem sowohl die deutsche als auch die ausländische Grenzzollstelle zur Abfertigung von Ladungen besetzt ist. 114
3. Die für die Beförderung zugelassenen Güter sind einzeln und genau aufzuführen. 115

Zu Nummer 9

Von dem Verbot verkehrsstörenden Lautsprecherlärms dürfen Ausnahmen nur genehmigt werden, wenn ein überwiegendes Interesse der Allgemeinheit vorliegt. 116

Zu Nummer 10

Gegen die Erteilung einer Ausnahmegenehmigung für Werbung auf Flächen von Leuchtsäulen bestehen in der Regel keine Bedenken; Gründe der Sicherheit oder Leichtigkeit des Straßenverkehrs werden kaum je entgegenstehen. 117

Zu Nummer 11 Ausnahmegenehmigungen für schwerbehinderte Menschen

I. Parkerleichterungen 118

1. Schwerbehinderten Menschen mit außergewöhnlicher Gehbehinderung kann gestattet werden,

119	a) an Stellen, an denen das eingeschränkte Haltverbot angeordnet ist (Zeichen 286, 290.1), bis zu drei Stunden zu parken. Antragstellern kann für bestimmte Haltverbotsstrecken eine längere Parkzeit genehmigt werden. Die Ankunftszeit muss sich aus der Einstellung auf einer Parkscheibe (§ 13 Absatz 2 Nummer 2, Bild 318) ergeben,
120	b) im Bereich eines Zonenhaltverbots (Zeichen 290.1) die zugelassene Parkdauer zu überschreiten,
121	c) an Stellen, die durch Zeichen 314 und 315 gekennzeichnet sind und für die durch ein Zusatzzeichen eine Begrenzung der Parkzeit angeordnet ist, über die zugelassene Zeit hinaus zu parken,
122	d) in Fußgängerzonen, in denen das Be- oder Entladen für bestimmte Zeiten freigegeben ist, während der Ladezeiten zu parken,
123	e) an Parkuhren und bei Parkscheinautomaten zu parken, ohne Gebühr und zeitliche Begrenzung,
124	f) auf Parkplätzen für Bewohner bis zu drei Stunden zu parken,
125	g) in verkehrsberuhigten Bereichen (Zeichen 325.1) außerhalb der gekennzeichneten Flächen ohne den durchgehenden Verkehr zu behindern, zu parken,
126	sofern in zumutbarer Entfernung keine andere Parkmöglichkeit besteht. Die vorgenannten Parkerleichterungen dürfen mit allen Kraftfahrzeugen in Anspruch genommen werden.
127	Die höchstzulässige Parkzeit beträgt 24 Stunden.
128	2. Die Berechtigung ist entweder durch den EU-einheitlichen Parkausweis für behinderte Menschen (vgl Nummer IX 1 Buchstabe b zu § 45 Absatz 1 bis 1e) oder durch einen besonderen Parkausweis, den das zuständige Bundesministerium im Verkehrsblatt bekannt gibt, nachzuweisen. Der Ausweis muss gut sichtbar hinter der Windschutzscheibe angebracht sein.

II. Voraussetzungen der Ausnahmegenehmigung

129	1. Als schwerbehinderte Menschen mit außergewöhnlicher Gehbehinderung sind solche Personen anzusehen, die sich wegen der Schwere ihres Leidens dauernd nur mit fremder Hilfe oder nur mit großer Anstrengung außerhalb ihres Kraftfahrzeuges bewegen können.
130	Hierzu zählen: Querschnittsgelähmte, doppeloberschenkelamputierte, doppelunterschenkelamputierte, hüftexartikulierte und einseitig oberschenkelamputierte Menschen, die dauernd außerstande sind, ein Kunstbein zu tragen, oder nur eine Beckenkorbprothese tragen können oder zugleich unterschenkel- oder armamputiert sind sowie andere schwerbehinderte Menschen, die nach versorgungsärztlicher Feststellung, auch auf Grund von Erkrankungen, dem vorstehend angeführten Personenkreis gleichzustellen sind.
131	2. Schwerbehinderten Menschen mit außergewöhnlicher Gehbehinderung, die keine Fahrerlaubnis besitzen, kann ebenfalls eine Ausnahmegenehmigung (Nummer I 1; Randnummer 118 ff) erteilt werden.
132	In diesen Fällen ist den schwerbehinderten Menschen eine Ausnahmegenehmigung des Inhalts auszustellen, dass der sie jeweils befördernde Kraftfahrzeugführer von den entsprechenden Vorschriften der StVO befreit ist.
133	3. Die Randnummern 118 bis 132 sind sinngemäß auch auf die nachstehend aufgeführten Personengruppen anzuwenden:
134	a) Blinde Menschen;

b) Schwerbehinderte Menschen mit beidseitiger Amelie oder Phokomelie oder mit vergleichbaren Funktionseinschränkungen, wobei die zeitlichen Begrenzungen, die eine Betätigung der Parkscheibe voraussetzen, nicht gelten; 135

c) Schwerbehinderte Menschen mit den Merkzeichen G und B und einem Grad der Behinderung (GdB) von wenigstens 80 allein für Funktionsstörungen an den unteren Gliedmaßen (und der Lendenwirbelsäule, soweit sich diese auf das Gehvermögen auswirken); 136

d) Schwerbehinderte Menschen mit den Merkzeichen G und B und einem GdB von wenigstens 70 allein für Funktionsstörungen an den unteren Gliedmaßen (und der Lendenwirbelsäule, soweit sich diese auf das Gehvermögen auswirken) und gleichzeitig einem GdB von wenigstens 50 für Funktionsstörungen des Herzens oder der Atmungsorgane; 137

e) Schwerbehinderte Menschen, die an Morbus Crohn oder Colitis ulcerosa erkrankt sind, wenn hierfür ein GdB von wenigstens 60 vorliegt; 138

f) Schwerbehinderte Menschen mit künstlichem Darmausgang und zugleich künstlicher Harnableitung, wenn hierfür ein GdB von wenigstens 70 vorliegt. 139

III. Das Verfahren

1. Der Antrag auf Ausnahmegenehmigung ist bei der örtlich zuständigen Straßenverkehrsbehörde zu stellen. 140

2. Die Dauerausnahmegenehmigung wird für maximal fünf Jahre in stets widerruflicher Weise erteilt. 141

3. Die Ausnahmegenehmigung soll in der Regel gebührenfrei erteilt werden. 142

IV. Inhalt der Genehmigung 143

Für den Genehmigungsbescheid ist ein bundeseinheitliches Formblatt zu verwenden, welches das zuständige Bundesministerium im Verkehrsblatt bekannt macht (vgl Randnummer 128).

V. Geltungsbereich 144

Die Ausnahmegenehmigungen gelten für das ganze Bundesgebiet.

Parkerleichterungen für Ärzte

I. Ärzte handeln bei einem „rechtfertigenden Notstand" (§ 16 des Gesetzes über Ordnungswidrigkeiten) nicht rechtswidrig, wenn sie die Vorschriften der StVO nicht beachten. 145

II. Ärzte, die häufig von dieser gesetzlichen Ausnahmeregelung Gebrauch machen müssen, erhalten von der zuständigen Landesärztekammer ein Schild mit der Aufschrift 146

„Arzt – Notfall –

Name des Arztes ... .

Landesärztekammer",

das im Falle von I gut sichtbar hinter der Windschutzscheibe anzubringen ist.

Zu Nummer 12

Eine Ausnahmegenehmigung soll grundsätzlich erteilt werden, wenn die Betroffenen über keine eigenen Betriebshöfe oder Abstellflächen verfügen und sich solche Möglichkeiten auch nicht in zumutbarer Weise beschaffen können und wenn sich zugleich keine Parkplätze mit Abstellerlaubnis in der näheren Umgebung befinden und auch nicht geschaffen werden können. 147

Zu Absatz 1a Ausnahmen von Verkehrsbeschränkungen, Verkehrsverboten oder Verkehrsumleitungen

148 Bei der Bevorrechtigung geht die Gewährleistung eines sicheren und flüssigen Verkehrsablaufs aller Verkehrsteilnehmer vor. Vor jeder Entscheidung über eine Bevorrechtigung von elektrisch betriebenen Fahrzeugen sind die Straßenbaubehörden und die Polizeien zu hören. Die Straßenverkehrsbehörde bedarf der Zustimmung der obersten Landesbehörde oder der von ihr bestimmten Stelle, wenn von einer Anordnung von Maßnahmen zum Schutz der Bevölkerung vor Lärm und Abgasen elektrisch betriebener Fahrzeuge ausgenommen werden sollen. Der Zustimmung bedarf es nicht, wenn und soweit die oberste Landesbehörde die Straßenverkehrsbehörde vom Erfordernis der Zustimmung befreit hat.

Zu Absatz 2

149 Die zuständigen obersten Landesbehörden oder die von ihnen bestimmten Stellen können von allen Bestimmungen dieser Allgemeinen Verwaltungsvorschrift Abweichungen zulassen.

Zu Absatz 3

Zu Satz 3

150 Es genügt nicht, wenn eine beglaubigte Abschrift oder eine Ablichtung des Bescheides mitgeführt wird.

Übersicht

	Rn
1. Ausnahmegenehmigung	1
2. Parkplätze für bestimmte Personengruppen	2
3. Betrieb von Fahrradtaxen	3
4. Zuwiderhandlungen	4
5. Streitwert	5

1 **1. Ausnahmegenehmigung.** Die Regelung ermöglicht den Straßenverkehrsbehörden bei sachlich vertretbaren Gründen allgemein oder in Einzelfällen Ausnahmen von den in Abs 1 genannten Normen der StVO zu gewähren. Die Ausn-Genehmigung soll Ausn-Situationen Rechnung tragen (BVerfGE 40, 371, 377; BVerwG VM 95, 1; für Ärzte s VwV-StVO zu § 46 Abs 1, zu Nr 11 V, Rn 138–140); sie erfordert für den Ausnahmefall Gründe, die das öffentliche Interesse an dem Verbot, von dem dispensiert werden soll, überwiegen und darf das Schutzgut der betroffenen Vorschrift nicht wesentlich beeinträchtigen (BayVGH NZV 98, 390); die öff Belange sind gegen die bes Interessen des Betr abzuwägen, insbesondere sind auch die Interessen der Anlieger zu berücksichtigen (BVerwG NZV 94, 244; OVG NW DAR 96, 369; OLG Oldenburg NZV 89, 22; OVG Münsterr NZV 00, 514); das ist ggf durch Nebenbestimmungen (III; keine bloßen Hinweise oder Empfehlungen: OLG Düsseldorf VRS 78, 312) Rechnung zu tragen. Die Nebenbestimmungen müssen sich im Rahmen des Zwecks der Ermächtigung halten, auf der Ausnahmegenehmigung oder Erlaubnis beruhen (VG Berlin NZV 02, 55). Der begünstigte VT muss bestimmt sein (BVerwG aaO). Richtlinien zur Ermessensausübung sowie zum Verfahren der Antragstellung sind in den VwV zu § 46 enthalten. Der Verhältnismäßigkeitsgrundsatz ist zu wahren. Ausnahmegenehmigungen sind restriktiv zu handhaben und dürfen nicht zum Regelfall werden (BVerwG NZV 94, 244; VG Aachen BeckRS 2015, 45720; VGH München

Ausnahmegenehmigung und Erlaubnis § 46 StVO

BeckRS 2007, 30508). Sie sind daher nur in besonders dringenden Fällen gerechtfertigt und an den Nachweis der Dringlichkeit sind besonders hohe Anforderungen zu stellen; s a VwV zu § 46 Rn 1; BVerwG NJW 74, 1781).

Die Zuständigkeit ergibt sich aus § 47 II. Die Erteilung setzt grundsätzlich einen Antrag voraus. Die Straßenverkehrsbehörde kann erforderlichenfalls auch die Beibringung eines Sachverständigengutachtens auf Kosten des Antragstellers verlangen; III 2.

Die **Ausnahmegenehmigung** nach § 46 StVO stellt dogmatisch einen **Rechtfertigungsgrund** dar (s auch § 21a StVO Rn 8). – Der Ausweis eines Gemeinderats, gemeindliche Wege befahren zu dürfen, ist keine Ausn-Genehmigung gegenüber Z 250 (OLG Düsseldorf VRS 71, 71 = StVE 6). Keine Ausn von Halt- u Parkverboten für privaten Paketzusteller (OVG NW NZV 94, 86), keine Parksondererlaubnis nach § 46 I Nr 4a, b für nicht behinderten Anwohner (VGH München NZV 92, 503); zur Ausn-Genehmigung für Einfahrt in Fußgängerzone s OVG Saarland ZfS 96, 358. – Für Geschwindigkeitskontrollen aus links geparkten Fzen ist regelmäßig eine Ausnahmegenehmigung nach § 46 erforderlich; die Inanspruchnahme von Sonderrechten nach § 35 StVO kommt nur in Ausnahmefällen in Betracht, näher dazu Debus NZV 06, 561. In diesen Fällen scheidet auch nach dem Opportunitätsgrundsatz regelmäßig eine Sanktion aus. – Zusammenfassend zu Ausnahmegenehmigung und Erlaubnis nach der StVO Rebler SVR 09, 195. – Übersicht zu Voraussetzungen für Sonderparkberechtigungen nach der StVO Rebler SVR 11, 51.

Zur Gewährung von **Parkerleichterungen für besondere Gruppen schwerbehinderter Menschen** sowie der Ausnahmegenehmigung zur Gewährung von Parkerleichterungen für schwerbehinderte Menschen mit außergewöhnlicher Gehbehinderung, beidseitiger Amelie oder Phokomelie oder § 46 I Nr 11 StVO gibt es ein bundeseinheitliches Formblatt; VwV (Rn 143) in VkBl 09, 690.

Mit der 50. VO zur Änd straßenverkehrsrechtlicher Vorschriften, die auf dem EmoG basiert, wurde Absatz 1a neu eingefügt. Auf der Grundlage des § 3 Absatz 4 EmoG wurden somit die Voraussetzungen für die Anordnung von Ausnahmemöglichkeiten von Verkehrsbeschränkungen, Verkehrsverboten oder Verkehrsumleitungen geschaffen (BRDrs 254/15 u 255/15).

2. Parkplätze für bestimmte Personengruppen. Aus dem dargelegten 2 Wesen der Ausn-Genehmigung ergibt sich auch die Zulässigkeit von **Parkverboten** mit Ausn-Genehmigungen für einen bestimmten Personenkreis, zB eine Behörde, die Besucher eines Bahnhofs oder des Halteplatzes eines Omnibusreiseunternehmens. Einige Gerichte halten die Freihaltung solcher Parkplätze für unzul, da sie nicht aus verkehrsbedingten Gründen erfolgt; vgl § 39 StVO Rn 14 u § 45 StVO Rn 6. Zu den Voraussetzungen für eine Ausn-Genehmigung zum Befahren einer Fußgängern vorbehaltenen Str (**Z 239** mit Zusatzzeichen „Lieferverkehr frei") s OVG Lüneburg VM 81, 61 u § 12 StVO Rn 37a; zur Erteilung einer Sonderparkerlaubnis für Anlieger s VGH München VRS 84, 70.

Die Anwohnerparkberechtigung nach **§ 46 I Nr 4a StVO** befreit lediglich von der Pflicht zur Entrichtung der Parkgebühren. Sie führt jedoch nicht zu einer erhöhten Schutzwürdigkeit des Inhabers mit der Folge, dass er im Vorfeld von Abschleppmaßnahmen anders als die übrigen VT zu behandeln wäre (VGH Mannheim NZV 04, 430).

Die VwV zu **§ 46 I Nr 11 StVO** (Rn 116 ff) über Parkerleichterungen für schwerbehinderte Menschen („aG-light") können das behördliche Ermessen lenken, aber nicht auf die in ihnen gebildeten Fallgruppen beschränken, vielmehr muss die Behörde in jedem Einzelfall prüfen, ob ein atypischer Ausnahmefall vorliegt (VG Düsseldorf DAR 11, 344). Der Kreis der anspruchsberechtigten Personen wurde durch die Neufassung der bundesweit geltenden VwV-StVO zu § 46 I Nr 11 im Jahr 2009 erheblich erweitert. An die Zuerkennung des Merkzeichens „aG" sind hohe Anforderungen zu stellen; bloße Schwierigkeiten beim Verlassen des Kfz und der Bedarf an möglichst großen Parkflächen für den Ausstieg bei weit geöffneter Fahrertür genügen nicht (Dahm NZV 13, 426, 427). Die Ausnahmegenehmigung nach § 46 I Nr 11 StVO umfasst nicht das Recht, auf Parkplätzen für Schwerbehinderte iSd § 45 Ia Nr 2 StVO zu parken (OVG Münster DAR 11, 654). – Zum Verfahren bei der Erteilung der Ausnahmegenehmigung gemäß § 46 I Nr 11 StVO Dahm NZV 12, 163.

3 **3. Betrieb von Fahrradtaxen.** Zum Betrieb von Fahrradtaxen sind Ausnahmegenehmigungen gemäß § 46 I Nr 1, Nr 5a u Nr 9 erforderlich (VkBl 03, 429). Zu Genehmigungsbereichen, Geltungsdauer, Bedingungen u Auflagen s VkBl, aaO. AA Kettler (NZV 04, 61) u OLG Dresden (NJW 05, 396 = VD 04, 332); siehe auch § 21 StVO Rn 8a.

4 **4. Zuwiderhandlungen.** OW ist nach § 49 IV Nr 4 iVm § 24 StVG das Nichtbefolgen einer nach § 46 III 1 erteilten vollziehbaren Auflage (s Nr 166 BKat), nicht bloßer Empfehlungen (S 1) u auch nicht sonstiger Nebenbestimmungen, wenn damit die Missachtung der Bestand der Ausn-Genehmigung berührt, so dass dann die jew Verbote direkt verletzt sind; Täter kann idR auch der Halter sein (BayObLGSt 83, 125 = VM 84, 2). – OW ist ferner das Nichtmitführen der Bescheide, Ausdrucke oder deren digitalisierter Form oder das Nichtaushändigen der Bescheide oder Ausdrucke oder das Nichtsichtbarmachen deren digitalisierter Form nach den §§ 46 III 3, 49 IV Nr 5 (s Nr 167 BKat). Zur möglichen Beteiligung anderer nach § 14 OWiG s OLG Düsseldorf NZV 90, 321.

5 **5. Streitwert.** Während das OVG Münster das für die Streitwertfestsetzung nach § 52 I GKG maßgebliche Interesse eines behinderten Menschen an der Erteilung einer **Parkerleichterung nach** der zu **§ 46 I Nr 11 StVO** erlassenen Verwaltungsvorschrift (sog. **„aG-light"-Regelung**) mit 500 Euro als angemessen bewertet (OVG NRW NZV 11, 271 – Änderung der Streitwertpraxis des Senats von bisher 5.000 Euro in Anlehnung an Nr 46.14 Streitwertkatalog mit dem Auffangwert nach § 52 II GKG) kann in Übereinstimmung mit dem VG Mannheim dann, wenn mit der Sondernutzungserlaubnis keine Gewinnerzielung verbunden ist, der Streitwert nach dem Auffangstreitwert gem § 52 Abs 2 GKG bemessen werden (VGH Mannheim BeckRS 106040).

§ 47 Örtliche Zuständigkeit[1]

(1) **Die Erlaubnisse nach § 29 Absatz 2 und nach § 30 Absatz 2 erteilt für eine Veranstaltung, die im Ausland beginnt, die nach § 44 Absatz 3 sachlich zuständige Behörde, in deren Gebiet die Grenzübergangsstelle liegt. Diese Behörde ist auch zuständig, wenn sonst erlaubnis- und genehmigungspflichtiger Verkehr im Ausland beginnt. Die Erlaubnis nach § 29 Absatz 3 erteilt die Straßenverkehrsbehörde, in deren Bezirk der erlaub-**

---

[1] Durch die Neufassung der StVO v 6.3.13 (BGBl I S 367, 386/387) erfolgten (lediglich) sprachliche und klarstellende Anpassungen.

nispflichtige Verkehr beginnt, oder die Straßenverkehrsbehörde, in deren Bezirk der Antragsteller seinen Wohnort, seinen Sitz oder eine Zweigniederlassung hat.

(2) Zuständig sind für die Erteilung von Ausnahmegenehmigungen
1. nach § 46 Absatz 1 Nummer 2 für eine Ausnahme von § 18 Absatz 1 die Straßenverkehrsbehörde, in deren Bezirk auf die Autobahn oder Kraftfahrstraße eingefahren werden soll. Wird jedoch eine Erlaubnis nach § 29 Absatz 3 oder eine Ausnahmegenehmigung nach § 46 Absatz 1 Nummer 5 erteilt, ist die Verwaltungsbehörde zuständig, die diese Verfügung erlässt;
2. nach § 46 Absatz 1 Nummer 4a für kleinwüchsige Menschen sowie nach § 46 Absatz 1 Nummer 4a und 4b für Ohnhänder die Straßenverkehrsbehörde, in deren Bezirk der Antragsteller seinen Wohnort hat, auch für die Bereiche, die außerhalb ihres Bezirks liegen;
3. nach § 46 Absatz 1 Nummer 4c die Straßenverkehrsbehörde, in deren Bezirk der Antragsteller seinen Wohnort, seinen Sitz oder eine Zweigniederlassung hat;
4. nach § 46 Absatz 1 Nummer 5 die Straßenverkehrsbehörde, in deren Bezirk der zu genehmigende Verkehr beginnt oder die Straßenverkehrsbehörde, in deren Bezirk der Antragsteller seinen Wohnort, seinen Sitz oder eine Zweigniederlassung hat;
5. nach § 46 Absatz 1 Nummer 5b die Straßenverkehrsbehörde, in deren Bezirk der Antragsteller seinen Wohnort hat, auch für die Bereiche, die außerhalb ihres Bezirks liegen;
6. nach § 46 Absatz 1 Nummer 7 die Straßenverkehrsbehörde, in deren Bezirk die Ladung aufgenommen wird oder die Straßenverkehrsbehörde, in deren Bezirk der Antragsteller seinen Wohnort, seinen Sitz oder eine Zweigniederlassung hat. Diese sind auch für die Genehmigung der Leerfahrt zum Beladungsort zuständig, ferner dann, wenn in ihrem Land von der Ausnahmegenehmigung kein Gebrauch gemacht wird oder wenn dort kein Fahrverbot besteht;
7. nach § 46 Absatz 1 Nummer 11 die Straßenverkehrsbehörde, in deren Bezirk die Verbote, Beschränkungen und Anordnungen erlassen sind, für schwerbehinderte Menschen jedoch jede Straßenverkehrsbehörde auch für solche Maßnahmen, die außerhalb ihres Bezirks angeordnet sind;
8. in allen übrigen Fällen die Straßenverkehrsbehörde, in deren Bezirk von der Ausnahmegenehmigung Gebrauch gemacht werden soll.

(3) Die Erlaubnisse für die übermäßige Benutzung der Straße durch die Bundeswehr, die in § 35 Absatz 5 genannten Truppen, die Bundespolizei, die Polizei und den Katastrophenschutz erteilen die höhere Verwaltungsbehörde oder die nach Landesrecht bestimmte Stelle, in deren Bezirk der erlaubnispflichtige Verkehr beginnt.

VwV – StVO

Zu § 47 Örtliche Zuständigkeit

Zu Absatz 1 und Absatz 2 Nr 1

Über Anträge auf Erteilung einer Dauererlaubnis und Dauerausnahmegenehmigung sollte in der Regel diejenige Straßenverkehrsbehörde entscheiden, in deren

Bezirk der Antragsteller seinen Wohnsitz, seinen Sitz oder eine Zweigniederlassung hat. Will diese Behörde das Verfahren abgeben, so hat sie das eingehend zu begründen und über den Antragsteller ausführlich zu berichten.

Erläuterungen zu § 47

§ 47 II Nr 7 StVO wurde durch die 45. VO zur Änd straßenverkehrsrechtlicher Vorschriften v 26.3.09 (BGBl I 734) zum 9.4.09 neu gefasst. Die Änd ist eine notwendige Folgeänderung, die sich aus der Neufassung der VwV-StVO zu § 46 I Nr 11 StVO ergibt (vgl amtl Begr BRDrs 87/09, S 8 = VkBl 09, 314 [316]).

§ 47 enthält Sonderregelungen der örtlichen Zuständigkeit für die Erteilung von Ausnahmegenehmigungen nach § 29 II u § 30 II. Im Übrigen sind die landesrechtlichen Regelungen zu beachten. Grundsätzlich beginnt der erlaubnispflichtige Verkehr an der Stelle, an der der Sondertransport erstmals in den öffentlichen Verkehrsraum gelangt.

§ 48 Verkehrsunterricht[1]

Wer Verkehrsvorschriften nicht beachtet, ist auf Vorladung der Straßenverkehrsbehörde oder der von ihr beauftragten Beamten verpflichtet, an einem Unterricht über das Verhalten im Straßenverkehr teilzunehmen.

VwV – StVO

Zu § 48 Verkehrsunterricht

1 I. Zum Verkehrsunterricht sind auch Jugendliche von 14 Jahren an, Halter sowie Aufsichtspflichtige in Betrieben und Unternehmen heranzuziehen, wenn sie ihre Pflichten nicht erfüllt haben.

2 II. Zweck der Vorschrift ist es, die Sicherheit und Ordnung auf den Straßen durch Belehrung solcher, die im Verkehr Fehler begangen haben, zu heben. Eine Vorladung ist daher nur dann sinnvoll und überhaupt zulässig, wenn anzunehmen ist, daß der Betroffene aus diesem Grunde einer Belehrung bedarf. Das trifft in der Regel nicht bloß bei Personen zu, welche die Verkehrsvorschriften nicht oder nur unzureichend kennen oder beherrschen, sondern auch bei solchen, welche die Bedeutung und Tragweite der Vorschriften nicht erfaßt haben. Gerade Mehrfachtäter bedürfen in der Regel solcher Einwirkung. Aber auch schon eine einmalige Verfehlung kann sehr wohl Anlaß zu einer Vorladung sein, dies vor allem dann, wenn ein grober Verstoß gegen eine grundlegende Vorschrift vorliegt, oder wenn der bei dem Verstoß Betroffene sich trotz Belehrung uneinsichtig gezeigt hat.

3 III. Die Straßenverkehrsbehörde soll in der Regel nur Personen zum Verkehrsunterricht heranziehen, die in ihrem Bezirk wohnen. Müssen Auswärtige unterrichtet werden, so ist die für deren Wohnort zuständige Straßenverkehrsbehörde zu bitten, Heranziehung und Unterrichtung zu übernehmen.

4 IV. Der Verkehrsunterricht kann auch durch Einzelaussprache erteilt werden, wenn die Betroffenen aus wichtigen Gründen am allgemeinen Verkehrsunterricht nicht teilnehmen können oder ein solcher nicht stattfindet.

---

[1] Durch die Neufassung der StVO v 6.3.13 (BGBl I S 367, 387) erfolgten keine Änderungen.

Verkehrsunterricht **§ 48 StVO**

V. Die Vorladung muß die beruflichen Verpflichtungen der Betroffenen berücksichtigen. Darum kann es unter Umständen zweckmäßig sein, den Unterricht auf einen Sonntag festzusetzen; dann sind die Unterrichtszeiten mit den kirchlichen Behörden abzustimmen; Betroffene, die sich weigern oder nicht erscheinen, dürfen dafür nicht zur Verantwortung gezogen werden und sind auf einen Werktag oder einen Samstag umzuladen. 5

Übersicht

	Rn
1. Zulässigkeit und Sinn der Vorschrift	1
2. Die Vorladung als Verwaltungsakt	2
a) Zuständigkeit und Verfahren	2
b) Nichtbeachtung von Verkehrsvorschriften	3
c) Die Ermessensentscheidung	4
3. Nichtteilnahme am Verkehrsunterricht als Ordnungswidrigkeit	5
a) VVerstoß als TB-Merkmal	5
b) Unanfechtbarkeit der Vorladung	7
c) Verschulden	9

1. Zulässigkeit und Sinn der Vorschrift. Der VUnterricht ist keine Strafe, sondern eine verkehrserzieherische Maßnahme vorbeugender Gefahrenabwehr (VGH München NZV 91, 207; vgl auch die entspr Möglichkeit nach den §§ 10 I 9, 45 III JGG u 98 I 3 OWiG). Er dient nicht nur der Vermittlung theoretischer Kenntnisse, sondern hat in erster Linie den Zweck, die Kenntnisse zu vertiefen u den Betr die Beachtung der VVorschriften nachhaltig einzuprägen (BVerwGE 6, 354 = VRS 15, 229; OVG NW VRS 29, 319; Janiszewski 797 ff). § 48 ist verfassungsmäßig u durch die Ermächtigungsnorm des § 6 I 3 StVG gedeckt (BVerfGE 22, 21 = VRS 33, 1; VGH München BeckRS 2012, 59075; BGHSt 21, 135 zur inhaltlich gleichen aF); doch reformbedürftig (s Janiszewski 805 ff; zur Nachschulung s § 69 StGB 15). 1

2. Die Vorladung als Verwaltungsakt. a) Zuständigkeit und Verfahren. Zuständig für die Vorladung ist die StraßenVB. Sie kann einen Beamten im Rahmen der Geschäftsverteilung damit beauftragen, nicht aber ihre Befugnisse auf andere PolBeamte übertragen. Gegen die Vorladung steht der Verwaltungsrechtsweg offen, zunächst der Widerspruch innerhalb eines Monats nach Bekanntgabe (§§ 69, 70 VwGO), der gem § 80 I S 1 VwGO aufschiebende Wirkung hat. Das Verwaltungsgericht prüft außer den rechtlichen Voraussetzungen auch, ob die ges Grenzen des Ermessens eingehalten worden sind. 2

b) Nichtbeachtung von Verkehrsvorschriften. Die **Nichtbeachtung von VVorschriften** ist Tatbestandsvoraussetzung der Vorladung. In dieser müssen die Tatsachen angegeben werden, in denen die Zuwiderhandlung erblickt wird. Nicht erforderlich ist, dass der Verstoß **schuldhaft** begangen wurde (BGHSt 21, 135). Die Vorladung ist unabhängig von einer Ahndung der Zuwiderhandlung im Straf- oder Bußgeldverfahren (BGH aaO). Sie ist nicht auf Kf beschränkt, sondern richtet sich auch gegen den Halter oder dessen verantwortlichen Beauftragten (Hess VGH VM 75, 102); auch Fußgänger u Personen, denen die FE entzogen ist, dürfen vorgeladen werden. Vgl auch VwV-StVO zu § 48 StVO I, Rn 1. 3

4 **c) Die Ermessensentscheidung.** Der VUnterricht darf nicht aus Schikane oder Willkür angeordnet werden oder den Charakter einer Strafe annehmen (BVerfG aaO Rn 1). Er muss sinnvoll, dh zur Belehrung des Betr erforderlich u geeignet sein (eingehend hierzu VGH München NZV 91, 207; VGH Kassel VM 74, 78). Sie muss die besonderen Umstände des Falls berücksichtigen und die Erhaltung der Verkehrsdisziplin zum Ziel haben (VGH München BeckRS 2012, 59075). Auch eine einmalige Zuwiderhandlung kann den VUnterricht rechtfertigen, aber eine kleinliche Anwendung bei einem geringfügigen Verstoß kann einen Ermessensmissbrauch darstellen (BVerfG aaO; BVerwG aaO; OVG NW aaO; OVG Lüneburg MDR 56, 253). Der VUnterricht ist nicht für Personen bestimmt, bei denen kein Erziehungsbedürfnis vorliegt (s VGH München aaO), insb Beruf, Lebensalter u Fahrpraxis darauf schließen lassen, dass sie die VVorschriften kennen u die möglichen Folgen einer Übertretung kraft eigener Einsicht zu übersehen vermögen (OVG Koblenz VRS 29, 316). Die Anordnung muss in einem angemessenen Verhältnis zu dem festgestellten Verstoß gegen die Verkehrsvorschriften stehen. Verkehrsunterricht kann angeordnet werden, wenn der VT durch sein Verhalten im Straßenverkehr oder in sonstiger Weise zu erkennen gegeben hat, dass ihm VVorschriften nicht richtig klar geworden oder geläufig sind oder wenn dem VT ihre praktische Anwendung Schwierigkeiten bereitet bzw wenn der VT zu erkennen gab, dass er sich über die Folgen seines verkehrswidrigen Verhaltens nicht im Klaren ist bzw es ihm an dem erforderlichen Verantwortungsbewusstsein fehlt (VG München BeckRS 2017, 113671; VGH München BeckRS 2012, 59075; BVerwGE 36, 119; VGH München NZV 91, 207). Insbesondere ist die Anordnung auch bei renitenten VT sinnvoll (VGH München NJW 15, 649). Anzeige gegen den Betr schließt die Vorladung zum VUnterricht nicht aus. Mehrere Verstöße gegen VVorschriften rechtfertigen nur die Vorladung zu **einem** VUnterricht. Eine neuerliche Vorladung ist zulässig, wenn der Täter nach dem VUnterricht erneut gegen VVorschriften verstoßen hat (OLG Köln VRS 26, 382).

5 **3. Nichtteilnahme am Verkehrsunterricht als Ordnungswidrigkeit. a) VVerstoß als TB-Merkmal.** Die Zuwiderhandlung gegen § 48 liegt nach hM nicht im formellen Ungehorsam gegen die Vorladung, sondern in der Nichtbeachtung der durch die VerkehrsOW begründeten ges Pflicht, am VUnterricht teilzunehmen. Die Vorladung ist die Bedingung, von der die bis dahin „latente Pflicht" abhängt (BGHSt 21, 135; BayObLGSt 52, 250 = VRS 5, 314; BayObLGSt 69, 26 = VRS 37, 222). Das verkehrswidrige Verhalten des Betr ist daher TB-Merkmal des § 48 u muss vom Gericht festgestellt werden, sogar dann, wenn der Betr wegen desselben in einem anderen Verfahren verurteilt worden ist (BayObLG aaO; OLG Hamm NJW 59, 1982).

6 Dem entspricht § 49 IV 6, der stichwortartig auf § 48 verweist, der den „bestimmten Tatbestand" der OW enthält. Durch die in § 49 IV 6 gewählte Formulierung „entgegen § 48" ist der gesamte TB des § 48, soweit er Forderungen enthält, Gegenstand der OW geworden (s dazu 2 zu § 49). Nach aA (OLG Karlsruhe JR 73, 27 m zust Anm Möhl; Cramer 15) dürfte das Gericht im Bußgeldverfahren wegen der OW nach § 48 nur prüfen, ob die Vorladung als VA rechtsgültig ist, wäre aber an die Beurteilung des VVerhaltens des Betr durch die VB gebunden; ein bedenkliches Ergebnis! Vgl hierzu Janiszewski 802.

7 **b) Unanfechtbarkeit der Vorladung.** Die Vorladung zum VUnterricht enthält nicht nur die Bestimmung eines Termins, sondern in erster Linie die

Ordnungswidrigkeiten **§ 49 StVO**

Ermessensentscheidung, die die Pflicht zur Teilnahme am VUnterricht erst auslöst. Sie fällt nicht unter die unaufschiebbaren AOen der PolVollzugsbeamten iS des § 80 II 2 VwGO, sie muss aber vollziehbar sein (BGHSt 23, 86, 91; 4 zu § 49). Das Ausbleiben in ihm ist daher nur ahndbar, wenn die Vorladung unanfechtbar oder für sofort vollziehbar erklärt war. War sie dies, so beseitigt auch eine spätere Aufhebung der Vorladung die OW nicht (s 4 zu § 49 u BGH VM 85, 89).

Sowohl die Vorladung selbst als auch ihre Unanfechtbarkeit oder sofortige Vollziehbarkeit sind **TB-Merkmale** des § 48 (BGHSt 23, 86). 8

c) **Verschulden.** Im Bußgeldverfahren ist zu prüfen, ob der Täter objektiv 9 VVorschriften verletzt hat. Nicht erforderlich ist, dass dies schuldhaft geschah (s oben 3), wohl aber, dass er dem VUnterricht schuldhaft ferngeblieben ist, obwohl ihm die erörterten TB-Merkmale bekannt sein mussten.

§ 49 Ordnungswidrigkeiten[1]

(1) **Ordnungswidrig im Sinne des § 24 des Straßenverkehrsgesetzes handelt, wer vorsätzlich oder fahrlässig gegen eine Vorschrift über**
1. **das allgemeine Verhalten im Straßenverkehr nach § 1 Absatz 2,**
2. **die Straßenbenutzung durch Fahrzeuge nach § 2 Absatz 1 bis 3a, Absatz 4 Satz 1, 4, 5 oder 6 oder Absatz 5,**
3. **die Geschwindigkeit nach § 3,**
4. **den Abstand nach § 4,**
5. **das Überholen nach § 5 Absatz 1 oder 2, Absatz 3 Nummer 1, Absatz 3a bis 4a, Absatz 5 Satz 2, Absatz 6 oder 7,**
6. **das Vorbeifahren nach § 6,**
7. **das Benutzen linker Fahrstreifen nach § 7 Absatz 3a Satz 1, auch in Verbindung mit Satz 2, Absatz 3b, Absatz 3c Satz 3 oder den Fahrstreifenwechsel nach § 7 Absatz 5,**
7a. **das Verhalten auf Ausfädelungsstreifen nach § 7a Absatz 3,**
8. **die Vorfahrt nach § 8,**
9. **das Abbiegen, Wenden oder Rückwärtsfahren nach § 9 Absatz 1, Absatz 2 Satz 2 oder 3, Absatz 3 bis 5,**
10. **das Einfahren oder Anfahren nach § 10 Satz 1 oder Satz 2,**
11. **das Verhalten bei besonderen Verkehrslagen nach § 11 Absatz 1 oder 2,**
12. **das Halten oder Parken nach § 12 Absatz 1, 3, 3a Satz 1, Absatz 3b Satz 1, Absatz 4 Satz 1, 2 zweiter Halbsatz, Satz 3 oder 5 oder Absatz 4a bis 6,**
13. **Parkuhren, Parkscheine oder Parkscheiben nach § 13 Absatz 1 oder 2,**
14. **die Sorgfaltspflichten beim Ein- oder Aussteigen nach § 14,**
15. **das Liegenbleiben von Fahrzeugen nach § 15,**
15a. **das Abschleppen nach § 15a,**
16. **die Abgabe von Warnzeichen nach § 16,**

---
[1] Durch die Neufassung der StVO v 6.3.2013 (BGBl I S 367, 387/388) erfolgten sprachliche, sowie ergänzende und klarstellende Anpassungen an den Text der Verhaltensvorschriften. Streichung des Abs. 2 Nr. 5 mit Einführung des § 315d StGB zum 13.10.2017 durch das 56. Strafrechtsänderungsgesetz vom 30.9.2017 (BGBl. I S. 3532).

17. die Beleuchtung und das Stehenlassen unbeleuchteter Fahrzeuge nach § 17 Absatz 1 bis 4, Absatz 4a Satz 1, Absatz 5 oder 6,
18. die Benutzung von Autobahnen und Kraftfahrstraßen nach § 18 Absatz 1 bis 3, Absatz 5 Satz 2 oder Absatz 6 bis 11,
19. das Verhalten
    a) an Bahnübergängen nach § 19 Absatz 1 Satz 1 Nummer 2 oder 3, Satz 2, Satz 3 oder Absatz 2 Satz 1, auch in Verbindung mit Satz 2 oder Absatz 3 bis 6 oder
    b) an und vor Haltestellen von öffentlichen Verkehrsmitteln und Schulbussen nach § 20,
20. die Personenbeförderung nach § 21 Absatz 1 Satz 4, Absatz 1a Satz 1, auch in Verbindung mit Satz 2 Nummer 2, Absatz 2 Satz 1, 4 oder 6 oder Absatz 3 Satz 1 oder 2,
20a. das Anlegen von Sicherheitsgurten, Rollstuhl-Rückhaltesystemen oder Rollstuhlnutzer-Rückhaltesystemen nach § 21a Absatz 1 Satz 1 oder das Tragen von Schutzhelmen nach § 21a Absatz 2 Satz 1,
21. die Ladung nach § 22,
22. sonstige Pflichten des Fahrzeugführers nach § 23 Absatz 1, Absatz 1a Satz 1, Absatz 1b, Absatz 2 erster Halbsatz oder Absatz 3,
23. das Fahren mit Krankenfahrstühlen oder anderen als in § 24 Absatz 1 genannten Rollstühlen nach § 24 Absatz 2,
24. das Verhalten
    a) als zu Fuß Gehender nach § 25 Absatz 1 bis 4,
    b) an Fußgängerüberwegen nach § 26 oder
    c) auf Brücken nach § 27 Absatz 6,
25. den Umweltschutz nach § 30 Absatz 1 oder 2 oder das Sonn- und Feiertagsfahrverbot nach § 30 Absatz 3 Satz 1 oder 2 Nummer 4 Satz 2,
26. das Sporttreiben oder Spielen nach § 31 Absatz 1 Satz 1, Absatz 2 Satz 3,
27. das Bereiten, Beseitigen oder Kenntlichmachen von verkehrswidrigen Zuständen oder die wirksame Verkleidung gefährlicher Geräte nach § 32,
28. Verkehrsbeeinträchtigungen nach § 33 Absatz 1 oder 2 oder
29. das Verhalten nach einem Verkehrsunfall nach § 34 Absatz 1 Nummer 1, Nummer 2, Nummer 5 oder Nummer 6 Buchstabe b – sofern in diesem letzten Fall zwar eine nach den Umständen angemessene Frist gewartet, aber nicht Name und Anschrift am Unfallort hinterlassen wird – oder nach § 34 Absatz 3,
verstößt.

(2) Ordnungswidrig im Sinne des § 24 des Straßenverkehrsgesetzes handelt auch, wer vorsätzlich oder fahrlässig
1. als Führer eines geschlossenen Verbandes entgegen § 27 Absatz 5 nicht dafür sorgt, dass die für geschlossene Verbände geltenden Vorschriften befolgt werden,
1a. entgegen § 27 Absatz 2 einen geschlossenen Verband unterbricht,
2. als Führer einer Kinder- oder Jugendgruppe entgegen § 27 Absatz 1 Satz 4 diese nicht den Gehweg benutzen lässt,

Ordnungswidrigkeiten § 49 StVO

3. als Tierhalter oder sonst für die Tiere Verantwortlicher einer Vorschrift nach § 28 Absatz 1 oder Absatz 2 Satz 2 zuwiderhandelt,
4. als Reiter, Führer von Pferden, Treiber oder Führer von Vieh entgegen § 28 Absatz 2 einer für den gesamten Fahrverkehr einheitlich bestehenden Verkehrsregel oder Anordnung zuwiderhandelt,
5. *(aufgehoben)*
6. entgegen § 29 Absatz 2 Satz 1 eine Veranstaltung durchführt oder als Veranstaltender entgegen § 29 Absatz 2 Satz 3 nicht dafür sorgt, dass die in Betracht kommenden Verkehrsvorschriften oder Auflagen befolgt werden, oder
7. entgegen § 29 Absatz 3 ein dort genanntes Fahrzeug oder einen Zug führt.

(3) Ordnungswidrig im Sinne des § 24 des Straßenverkehrsgesetzes handelt ferner, wer vorsätzlich oder fahrlässig
1. entgegen § 36 Absatz 1 bis 4 ein Zeichen oder eine Weisung oder entgegen Absatz 5 Satz 4 ein Haltgebot oder eine Anweisung eines Polizeibeamten nicht befolgt,
2. einer Vorschrift des § 37 über das Verhalten an Wechsellichtzeichen, Dauerlichtzeichen oder beim Rechtsabbiegen mit Grünpfeil zuwiderhandelt,
3. entgegen § 38 Absatz 1, 2 oder 3 Satz 3 blaues Blinklicht zusammen mit dem Einsatzhorn oder allein oder gelbes Blinklicht verwendet oder entgegen § 38 Absatz 1 Satz 2 nicht sofort freie Bahn schafft,
4. entgegen § 41 Absatz 1 ein durch Vorschriftzeichen angeordnetes Ge- oder Verbot der Anlage 2 Spalte 3 nicht befolgt,
5. entgegen § 42 Absatz 2 ein durch Richtzeichen angeordnetes Ge- oder Verbot der Anlage 3 Spalte 3 nicht befolgt,
6. entgegen § 43 Absatz 3 Satz 2 eine abgesperrte Straßenfläche befährt oder
7. einer den Verkehr verbietenden oder beschränkenden Anordnung, die nach § 45 Absatz 4 zweiter Halbsatz bekannt gegeben worden ist, zuwiderhandelt.

(4) Ordnungswidrig im Sinne des § 24 des Straßenverkehrsgesetzes handelt schließlich, wer vorsätzlich oder fahrlässig
1. dem Verbot des § 35 Absatz 6 Satz 1, 2 oder 3 über die Reinigung von Gehwegen zuwiderhandelt,
1a. entgegen § 35 Absatz 6 Satz 4 keine auffällige Warnkleidung trägt,
2. entgegen § 35 Absatz 8 Sonderrechte ausübt, ohne die öffentliche Sicherheit und Ordnung gebührend zu berücksichtigen,
3. entgegen § 45 Absatz 6 mit Arbeiten beginnt, ohne zuvor Anordnungen eingeholt zu haben, diese Anordnungen nicht befolgt oder Lichtzeichenanlagen nicht bedient,
4. entgegen § 46 Absatz 3 Satz 1 eine vollziehbare Auflage der Ausnahmegenehmigung oder Erlaubnis nicht befolgt,
5. entgegen § 46 Absatz 3 Satz 3, auch in Verbindung mit Satz 4, die Bescheide, Ausdrucke oder deren digitalisierte Form nicht mitführt oder auf Verlangen nicht aushändigt oder sichtbar macht,
6. entgegen § 48 einer Vorladung zum Verkehrsunterricht nicht folgt oder

7. **entgegen § 50 auf der Insel Helgoland ein Kraftfahrzeug führt oder mit einem Fahrrad fährt.**

1 **1. Zweck und Bedeutung der Vorschrift.** Ahndungsgrundlage für Verstöße gegen Ge- u Verbote der StVO ist § 24 StVG. Dieser setzt voraus, dass die Rechts-VO, hier die StVO, „für einen bestimmten Tatbestand" auf § 24 StVG verweist; ohne diese Rückverweisung auf die ges Bußgeldvorschrift würde die Bußgeldnorm (§ 24) nicht eingreifen (BayVwBl 90, 158). Diesem Erfordernis ist dadurch genügt, dass in § 49 die Verweisung für alle OWen der StVO zusammengefasst ist; hier nicht aufgeführte Vorschriften der StVO sind mithin nicht bußgeldbewehrt (wie zB §§ 1 I, 7 I–III u 11 III; s auch § 24 StVG Rn 3 f).

2 Der ges TB der OW ergibt sich demnach nicht aus § 49 allein, sondern zusammen mit der Vorschrift, auf die § 49 verweist. In den Fällen des I gilt dies uneingeschränkt, während in II–IV manchmal durch das Stichwort aus dem umfassenderen Inhalt des Paragraphen ein bestimmtes Verhalten zur OW erklärt bzw oft auch klargestellt wird, wer als Täter verantwortlich ist (vgl § 24 StVG Rn 5 f; Janiszewski 167 ff). – § 26a StVG enthält keine zusätzliche Ahndungsvoraussetzung (s Erl zu § 26a StVG).

3 **2. Täterkreis, Teilnahme u Konkurrenzen.** Siehe dazu § 24 StVG Rn 5 f. Mehrere auf einer Fahrt begangene OWen stehen idR in TM zueinander (BayObLG DAR 96, 31).

4 **3. Vollziehbarkeit.** Die Vollziehbarkeit einer behördlichen AO zZ der Nichtbeachtung ist Ahndungsvoraussetzung (s zB § 49 IV Nr 4), dh dass sie nicht mehr anfechtbar (OLG Celle VRS 67, 464) oder sofort vollziehbar war (§ 80 II Nr 4 VwGO; Janiszewski 35a; BayObLG VRS 73, 395; OLG Hamm NJW 80, 1476; OLG Düsseldorf NStZ 81, 68; OLG Koblenz VRS 80, 51). Bei VZ ergibt sich die Vollziehbarkeit bereits aus deren Aufstellung (VG Köln NJW 68, 1347; s auch § 39 StVO Rn 8), für pol Weisungen aus § 80 II Nr 2 VwGO. Die Anfechtung oder spätere Aufhebung eines VA lässt die Verfolgbarkeit der vorher begangenen OW unberührt (BGHSt 23, 86, 93; 32, 152; KG VRS 79, 450; s § 39 StVO Rn 9).

5 **4. Vorsatz und Fahrlässigkeit s § 24 Rn 4a ff. Geldbuße.** Zu den Voraussetzungen ihrer Festsetzung u Höhe s § 24 StVG. Bei in den BKat aufgenommenen OWi sind jeweils Regelsätze für die Geldbuße festgesetzt; siehe dazu insb auch § 24 StVG Rn 8 u 8b sowie § 26a StVG Rn 6a.

§ 50 Sonderregelung für die Insel Helgoland[1]

Auf der Insel Helgoland sind der Verkehr mit Kraftfahrzeugen und das Radfahren verboten.

Verstoß ist OW nach § 49 IV Nr 7 iVm § 24 StVG, die allerdings nicht im BKat erfasst ist.

---

[1] Durch die Neufassung der StVO v 6.3.13 (BGBl I S 367, 388) erfolgten keine Änderungen.

Übergangs- und Anwendungsbestimmungen § 52 StVO

§ 51 Besondere Kostenregelung[1]

Die Kosten der Zeichen 386.1, 386.2 und 386.3 trägt abweichend von § 5b Absatz 1 des Straßenverkehrsgesetzes derjenige, der die Aufstellung dieses Zeichens beantragt.

Zur Begründung vgl BRDrs 428/12 S. 147.

§ 52 Übergangs- und Anwendungsbestimmungen

(1) Mit Ablauf des 31. Dezember 2026 sind nicht mehr anzuwenden:
1. § 39 Absatz 10
2. § 45 Absatz 1g,
3. § 46 Absatz 1a,
4. Anlage 2 Nummer 25 Spalte 3 Nummer 4 sowie Nummer 25.1, 27.1, 63.5 und 64.1,
5. Anlage 3 Nummer 7 Spalte 3 Nummer 3, Nummer 8 Spalte 3 Nummer 4, Nummer 10 Spalte 3 Nummer 3 und Nummer 11 Spalte 3.

(2) Abweichend von § 2 Absatz 3a Satz 1 darf der Führer eines Kraftfahrzeuges dieses bis zum Ablauf des 30. September 2024 bei Glatteis, Schneeglätte, Schneematsch, Eisglätte oder Reifglätte auch fahren, wenn alle Räder mit Reifen ausgerüstet sind, die unbeschadet der allgemeinen Anforderungen an die Bereifung
1. die in Anhang II Nummer 2.2 der Richtlinie 92/23/EWG des Rates vom 31. März 1992 über Reifen von Kraftfahrzeugen und Kraftfahrzeuganhängern und über ihre Montage (ABl. L 129 vom 14.5.1992, S. 95), die zuletzt durch die Richtlinie 2005/11/EG (ABl. L 46 vom 17.2.2005, S. 42) geändert worden ist, beschriebenen Eigenschaften erfüllen (M+S Reifen) und
2. nicht nach dem 31. Dezember 2017 hergestellt worden sind.

Im Falle des Satzes 1 Nummer 2 maßgeblich ist das am Reifen angegebene Herstellungsdatum.

(3) § 2 Absatz 3a Satz 3 Nummer 2 ist erstmals am ersten Tag des sechsten Monats, der auf den Monat folgt, in dem das Bundesministerium für Verkehr und digitale Infrastruktur dem Bundesrat einen Bericht über eine Felduntersuchung der Bundesanstalt für Straßenwesen über die Eignung der Anforderung des § 2 Absatz 3a Satz 3 Nummer 2 vorlegt, spätestens jedoch ab dem 1. Juli 2020, anzuwenden.

Mit der 50. VO zur Änd straßenverkehrsrechtlicher Vorschriften wurde am 15.9.2015 (BGBl I S 1573) Abs. 1 der Übergangsvorschrift des § 52 neu eingefügt. Die eingeführten Bevorrechtigungen basieren auf dem Elektromobilitätsgesetz vom 12.6.2015, welches gemäß § 8 EmoG zum 31.12.2026 außer Kraft tritt. Die Vorschrift regelt daher, dass mit dem Außerkrafttreten des EmoG auch die auf diesem basierenden Bevorrechtigungen außer Kraft treten (BRDrs 254/15 S 15). **1**

---

[1] § 51 StVO wurde durch die 46. VO zur Änd straßenverkehrsrechtlicher Vorschriften v 5.8.09 (BGBl I S 2631, 2635) zum 1.9.09 neu gefasst; amtl Begr BRDrs 153/09 S 102. – Durch die Neufassung der StVO v 6.3.13 (BGBl I S 367, 388) erfolgten (lediglich) redaktionelle und sprachliche Anpassungen.

2 Die Absätze 2 und 3 wurden mit der 52. Verordnung zur Änderung straßenverkehrsrechtlicher Vorschriften vom 18.5.2017 (BGBl I S. 1282) eingefügt und gelten seit dem 01.06.2017. Hiermit soll gesichert werden, dass die vor Inkrafttreten der neuen Reifenkennzeichnung erworbenen Reifen bei winterlichen Verhältnissen zeitlich befristet für einen angemessenen Nutzungszeitraum (bis 30.09.2014) Verwendung finden können; vgl BR-Drs 771/16 S. 19 f.

§ 53 Inkrafttreten, Außerkrafttreten[1]

(1) **Diese Verordnung tritt am 1. April 2013 in Kraft.**

(2) **Die Straßenverkehrs-Ordnung vom 16. November 1970 (BGBl. I S. 1565; 1971 I S. 38), die zuletzt durch Artikel 1 der Verordnung vom 1. Dezember 2010 (BGBl. I S. 1737) geändert worden ist, tritt mit folgenden Maßgaben an dem in Absatz 1 bezeichneten Tag außer Kraft:**
1. **Verkehrszeichen in der Gestaltung nach der bis zum 1. Juli 1992 geltenden Fassung behalten weiterhin ihre Gültigkeit.**
2. **Für Kraftomnibusse, die vor dem 8. Dezember 2007 erstmals in den Verkehr gekommen sind, ist § 18 Absatz 5 Nummer 3 in der vor dem 8. Dezember 2007 geltenden Fassung weiter anzuwenden.**
3. **Zusatzzeichen zu Zeichen 220, durch die nach den bis zum 1. April 2013 geltenden Vorschriften der Fahrradverkehr in der Gegenrichtung zugelassen werden konnte, soweit in einer Einbahnstraße mit geringer Verkehrsbelastung die zulässige Höchstgeschwindigkeit durch Verkehrszeichen auf 30 km/h oder weniger beschränkt ist, bleiben bis zum 1. April 2017 gültig.**
4. **Die bis zum 1. April 2013 angeordneten Zeichen 150, 153, 353, 380, 381, 388 und 389 bleiben bis zum 31. Oktober 2022 gültig.**
5. **Bereits angeordnete Zeichen 311, die im oberen Teil weiß sind, wenn die Ortschaft, auf die hingewiesen wird, zu derselben Gemeinde wie die zuvor durchfahrene Ortschaft gehört, bleiben weiterhin gültig.**

VwV – StVO

Zu § 53 Inkrafttreten

1 Die bisherigen Regeln dieser Verwaltungsvorschrift zu § 37 „Wechsellichtzeichen, Dauerlichtzeichen und Grünpfeil" zu Absatz 2 zu den Nummern 1 und 2 IX behalten auch nach der bis zum 1. Juli 1992 geltenden Fassung dieser Vorschrift ihre Gültigkeit, jedoch längstens bis zum 31. Dezember 2005. Neue Lichtsignalanlagen sind nach dem 1. Juli 1992 nach den neuen Regeln auszuführen.

---

[1] § 53 StVO wurde durch die 46. VO zur Änd straßenverkehrsrechtlicher Vorschriften v 5.8.09 (BGBl I S 2631, 2635) zum 1.9.09 neu gefasst; die bisherigen Abs 3–16 wurden aus Gründen der Rechtsbereinigung gestrichen, der bisherige Abs 17 wurde Abs 3; die Abs 4–6 wurden neu angefügt; amtl Begr BRDrs 153/09 S 102/103; BRDrs 153/09 (Beschluss) S 5. – Durch die Neufassung der StVO v 6.3.13 (BGBl I S 367, 388/389) wurden im Zuge der Rechtsbereinigung Regelungen (nach Ablauf der Übergangsfristen) aufgehoben; durch die Neufassung des Abs 2 soll in erster Linie sichergestellt werden, dass der Austausch der Schilder im Rahmen der laufenden Instandhaltung erfolgen kann und damit gesonderte, kostenintensive Umbeschilderungen vermieden werden können (vgl amtl Begr BRDrs 428/12 S 148); die bisherigen Abs 3 bis 6 wurden aufgehoben.

Anl. 1 StVO

Anlage 1[1]
(zu § 40 Absatz 6 und 7)

Allgemeine und Besondere Gefahrzeichen

Abschnitt 1. Allgemeine Gefahrzeichen (zu § 40 Absatz 6)

Lfd. Nr.	Zeichen	Erläuterungen
1	Zeichen 101[2] Gefahrstelle	Ein Zusatzzeichen kann die Gefahr näher bezeichnen.
2	Zeichen 102 Kreuzung oder Einmündung	Kreuzung oder Einmündung mit Vorfahrt von rechts.
3	Zeichen 103 Kurve	
4	Zeichen 105 Doppelkurve	

---

[1] Die Allgemeinen Verwaltungsvorschriften zu den jeweiligen Verkehrszeichen sind im Anschluss an Anlage 4 StVO abgedruckt. – Durch die Neufassung der StVO v 6.3.13 (BGBl I S 367, 390 ff) erfolgten in den Anlagen 1 bis 4 in erster Linie Klarstellungen bei Ge- oder Verboten und Erläuterungen sowie sprachliche und redaktionelle Anpassungen.

[2] **Erläuterungen** bei § 19 Rn 1.

StVO Anl. 1

Anlage 1

Lfd. Nr.	Zeichen	Erläuterungen
5	Zeichen 108 Gefälle	
6	Zeichen 110 Steigung	
7	Zeichen 112 Unebene Fahrbahn	
8	Zeichen 114 Schleuder- oder Rutschgefahr	Schleuder- oder Rutschgefahr bei Nässe oder Schmutz
9	Zeichen 117 Seitenwind	

Gefahrzeichen **Anl. 1 StVO**

Lfd. Nr.	Zeichen	Erläuterungen
10	Zeichen 120 Verengte Fahrbahn	
11	Zeichen 121 Einseitig verengte Fahrbahn	
12	Zeichen 123[3] Arbeitsstelle	
13	Zeichen 124 Stau	
14	Zeichen 125[4] Gegenverkehr	

---

[3] **Erläuterungen** zu Zeichen 123 und Zeichen 124 bei § 39 Rn 19, 22; § 45 Rn 19.
[4] **Erläuterungen** zu Zeichen 125 bei § 9 Rn 47.

StVO Anl. 1

Anlage 1

Lfd. Nr.	Zeichen	Erläuterungen
15	Zeichen 131 Lichtzeichenanlage	
16	Zeichen 133 Fußgänger	
17	Zeichen 136[5] Kinder	
18	Zeichen 138[6] Radfahrer	

[5] **Erläuterungen** bei § 1 Rn 43; § 3 Rn 43; § 26 Rn 6.
[6] **Erläuterungen:** Das **Gefahrzeichen 138** (früher: „Radfahrer kreuzen") fordert zu einer zurückhaltenden Fahrweise auf, ohne dass ein dem Zeichen entsprechendes konkretes Gefahrensignal erkennbar sein müsste. Bei räumlich beschränkten Sichtverhältnissen für den womöglich querenden Radverkehr und den bevorrechtigten Geradeausverkehr kann eine Geschwindigkeit eines Motorrades von 65 km/h zu hoch sein; es ist eine Fahrgeschwindigkeit zu wählen, wie sie bei innerörtlichen Verhältnissen, bei denen es auch zu unerwartetem Querverkehr durch Fußgänger kommen kann, geboten wäre. (OLG Hamm NZV 09, 391 = BeckRS 09, 13 228). – **Weitere Erläuterungen** bei § 39 Rn 4.

Gefahrzeichen   **Anl. 1 StVO**

Lfd. Nr.	Zeichen	Erläuterungen
19	Zeichen 142[7] Wildwechsel	

Abschnitt 2. Besondere Gefahrzeichen vor Übergängen von Schienenbahnen mit Vorrang (zu § 40 Absatz 7)

Lfd. Nr.	Zeichen	Erläuterungen
20	Zeichen 151[8] Bahnübergang	
21	Zeichen 156 Bahnübergang mit dreistreifiger Bake	Bahnübergang mit dreistreifiger Bake etwa 240 m vor dem Bahnübergang. Die Angabe erheblich abweichender Abstände kann an der dreistreifigen, zweistreifigen und einstreifigen Bake oberhalb der Schrägstreifen in schwarzen Ziffern erfolgen.
22	Zeichen 159 Zweistreifige Bake	Zweistreifige Bake etwa 160 m vor dem Bahnübergang

---

[7] **Erläuterungen** bei § 3 Rn 44.
[8] **Erläuterungen** zu Zeichen 151–162 bei § 19 Rn 1, 7.

StVO Anl. 2

Anlage 2

Lfd. Nr.	Zeichen	Erläuterungen
23	Zeichen 162 Einstreifige Bake	Einstreifige Bake etwa 80 m vor dem Bahnübergang

Anlage 2[1]
(zu § 41 Absatz 1)

Vorschriftzeichen
Abschnitt 1. Wartegebote und Haltgebote

Lfd. Nr.	Zeichen und Zusatzzeichen	Ge- oder Verbote Erläuterungen

1	Zeichen 201[2]
	
	Andreaskreuz
		Ge- oder Verbot
		1. Wer ein Fahrzeug führt, muss dem Schienenverkehr Vorrang gewähren.
		2. Wer ein Fahrzeug führt, darf bis zu 10 m vor diesem Zeichen nicht halten, wenn es dadurch verdeckt wird.
		3. Wer ein Fahrzeug führt, darf vor und hinter diesem Zeichen
		   a) innerhalb geschlossener Ortschaften (Zeichen 310 und 311) bis zu je 5 m,
		   b) außerhalb geschlossener Ortschaften bis zu je 50 m
		nicht parken.
		4. Ein Zusatzzeichen mit schwarzem Pfeil zeigt an, dass das Andreaskreuz nur für den Straßenverkehr in Richtung dieses Pfeils gilt.
		Erläuterung
		Das Zeichen (auch liegend) befindet sich vor dem Bahnübergang, in der Regel unmittelbar davor. Ein Blitzpfeil in der Mitte des Andreaskreuzes zeigt an, dass die Bahnstrecke eine Spannung führende Fahrleitung hat.

---

[1] Die Allgemeinen Verwaltungsvorschriften zu den jeweiligen Verkehrszeichen sind im Anschluss an Anlage 4 StVO abgedruckt. – Durch die Neufassung der StVO v 6.3.13 (BGBl I S 367, 390 ff) erfolgten in den Anlagen 1 bis 4 in erster Linie Klarstellungen bei Ge- oder Verboten und Erläuterungen sowie sprachliche und redaktionelle Anpassungen.

[2] **Erläuterungen** bei § 19 Rn 6, 9, 18, 19.

Vorschriftzeichen **Anl. 2 StVO**

Lfd. Nr.	Zeichen und Zusatzzeichen	Ge- oder Verbote Erläuterungen
2	Zeichen 205[3] Vorfahrt gewähren.	**Ge- oder Verbot** 1. Wer ein Fahrzeug führt, muss Vorfahrt gewähren. 2. Wer ein Fahrzeug führt, darf bis zu 10 m vor diesem Zeichen nicht halten, wenn es dadurch verdeckt wird. **Erläuterung** Das Zeichen steht unmittelbar vor der Kreuzung oder Einmündung. Es kann durch dasselbe Zeichen mit Zusatzzeichen, das die Entfernung angibt, angekündigt sein.
2.1	(Zusatzzeichen Fahrrad mit Doppelpfeil)	**Ge- oder Verbot** Ist das Zusatzzeichen zusammen mit dem Zeichen 205 angeordnet, bedeutet es: Wer ein Fahrzeug führt, muss Vorfahrt gewähren und dabei auf Radverkehr von links und rechts achten. **Erläuterung** Das Zusatzzeichen steht über dem Zeichen 205.
2.2	(Zusatzzeichen Straßenbahn)	**Ge- oder Verbot** Ist das Zusatzzeichen zusammen mit dem Zeichen 205 angeordnet, bedeutet es: Wer ein Fahrzeug führt, muss der Straßenbahn Vorfahrt gewähren. **Erläuterung** Das Zusatzzeichen steht über dem Zeichen 205.
3	Zeichen 206[4] **STOP** Halt. Vorfahrt gewähren.	**Ge- oder Verbot** 1. Wer ein Fahrzeug führt, muss anhalten und Vorfahrt gewähren. 2. Wer ein Fahrzeug führt, darf bis zu 10 m vor diesem Zeichen nicht halten, wenn es dadurch verdeckt wird. 3. Ist keine Haltlinie (Zeichen 294) vorhanden, ist dort anzuhalten, wo die andere Straße zu übersehen ist.
3.1	**STOP 100 m**	**Erläuterung** Das Zusatzzeichen kündigt zusammen mit dem Zeichen 205 das Haltgebot in der angegebenen Entfernung an.

---

[3] **Erläuterungen** bei § 8 Rn 21; § 37 Rn 2 u 23; § 39 Rn 15a u 17.
[4] **Erläuterungen** bei § 8 Rn 21; § 37 Rn 2, 23; § 39 Rn 15a.

StVO Anl. 2

Anlage 2

Lfd. Nr.	Zeichen und Zusatzzeichen	Ge- oder Verbote Erläuterungen
3.2		**Ge- oder Verbot** Ist das Zusatzzeichen zusammen mit dem Zeichen 206 angeordnet, bedeutet es: Wer ein Fahrzeug führt, muss anhalten und Vorfahrt gewähren und dabei auf Radverkehr von links und rechts achten. **Erläuterung** Das Zusatzzeichen steht über dem Zeichen 206.
Zu 2 und 3		**Erläuterung** Das Zusatzzeichen gibt zusammen mit den Zeichen 205 oder 206 den Verlauf der Vorfahrtstraße (abknickende Vorfahrt) bekannt.
4	Zeichen 208[5] Vorrang des Gegenverkehrs	**Ge- oder Verbot** Wer ein Fahrzeug führt, hat dem Gegenverkehr Vorrang zu gewähren.

Abschnitt 2. Vorgeschriebene Fahrtrichtungen

Lfd. Nr.	Zeichen und Zusatzzeichen	Ge- oder Verbote Erläuterungen
zu 5 bis 7		**Ge- oder Verbot** Wer ein Fahrzeug führt, muss der vorgeschriebenen Fahrtrichtung folgen. **Erläuterung** Andere als die dargestellten Fahrtrichtungen werden entsprechend vorgeschrieben. Auf Anlage 2 laufende Nummer 70 wird hingewiesen.
5	Zeichen 209[6] Rechts	

---

[5] **Erläuterungen** bei § 2 Rn 78; § 37 Rn 2.
[6] **Erläuterungen** der Zeichen 209–214 bei § 9 Rn 44 f; § 37 Rn 2; § 39 Rn 18.

Vorschriftzeichen **Anl. 2 StVO**

Lfd. Nr.	Zeichen und Zusatzzeichen	Ge- oder Verbote Erläuterungen
6	Zeichen 211 Hier rechts	
7	Zeichen 214 Geradeaus oder rechts	
8	Zeichen 215[7] Kreisverkehr	**Ge- oder Verbot** 1. Wer ein Fahrzeug führt, muss der vorgeschriebenen Fahrtrichtung im Kreisverkehr rechts folgen. 2. Wer ein Fahrzeug führt, darf die Mittelinsel des Kreisverkehrs nicht überfahren. Ausgenommen von diesem Verbot sind nur Fahrzeuge, denen wegen ihrer Abmessungen das Befahren sonst nicht möglich wäre. Mit ihnen darf die Mittelinsel und Fahrbahnbegrenzung überfahren werden, wenn eine Gefährdung anderer am Verkehr Teilnehmenden ausgeschlossen ist. 3. Es darf innerhalb des Kreisverkehrs auf der Fahrbahn nicht gehalten werden.
9	Zeichen 220[8] Einbahnstraße Einbahnstraße	**Ge- oder Verbot** Wer ein Fahrzeug führt, darf die Einbahnstraße nur in Richtung des Pfeiles befahren. **Erläuterung** Das Zeichen schreibt für den Fahrzeugverkehr auf der Fahrbahn die Fahrtrichtung vor.

[7] **Erläuterungen** bei § 8 Rn 27 u 35a. Das angeordnete Gebot, der vorgeschriebenen Fahrtrichtung im Kreisverkehr nach rechts zu folgen, gilt nur für den fließenden Verkehr; derjenige, der iSd § 10 S 1 StVO rückwärts von einem Grundstück auf die Straße auffährt, nimmt hingegen noch nicht am fließenden Verkehr teil (VGH Mannheim NZV 2017, 101).

[8] **Erläuterungen** bei § 9 Rn 46. – **Zusatzzeichen zu Zeichen 220,** durch die nach den **bis zum 1.4.13 geltenden Vorschriften** der Fahrradverkehr in der Gegenrichtung zugelassen werden konnte, soweit in einer Einbahnstraße mit geringer Verkehrsbelastung die zulässige Höchstgeschwindigkeit durch VZ auf 30 km/h oder weniger beschränkt ist, bleiben **bis zum 1.4.17 gültig** (§ 53 II Nr 3 StVO).

StVO Anl. 2

Anlage 2

Lfd. Nr.	Zeichen und Zusatzzeichen	Ge- oder Verbote Erläuterungen
9.1	[Zusatzzeichen: Fahrrad mit Doppelpfeil]	**Ge- oder Verbot** Ist Zeichen 220 mit diesem Zusatzzeichen angeordnet, bedeutet dies: Wer ein Fahrzeug führt, muss beim Einbiegen und im Verlauf einer Einbahnstraße auf Radverkehr entgegen der Fahrtrichtung achten. **Erläuterung** Das Zusatzzeichen zeigt an, dass Radverkehr in der Gegenrichtung zugelassen ist. Beim Vorbeifahren an einer für den gegenläufigen Radverkehr freigegebenen Einbahnstraße bleibt gegenüber dem ausfahrenden Radfahrer der Grundsatz, dass Vorfahrt hat, wer von rechts kommt (§ 8 Absatz 1 Satz 1) unberührt. Dies gilt auch für den ausfahrenden Radverkehr. Mündet eine Einbahnstraße für den gegenläufig zugelassenen Radverkehr in eine Vorfahrtstraße, steht für den aus der Einbahnstraße ausfahrenden Radverkehr das Zeichen 205.

Abschnitt 3. Vorgeschriebene Vorbeifahrt

Lfd. Nr.	Zeichen und Zusatzzeichen	Ge- oder Verbote Erläuterungen
10	Zeichen 222[9] [blaues rundes Schild mit Pfeil nach rechts unten] Rechts vorbei	**Ge- oder Verbot** Wer ein Fahrzeug führt, muss der vorgeschriebenen Vorbeifahrt folgen. **Erläuterung** „Links vorbei" wird entsprechend vorgeschrieben.

Abschnitt 4. Seitenstreifen als Fahrstreifen, Haltestellen und Taxenstände

Lfd. Nr.	Zeichen und Zusatzzeichen	Ge- oder Verbote Erläuterungen
Zu 11 bis 13		**Erläuterung** Wird das Zeichen 223.1, 223.2 oder 223.3 für eine Fahrbahn mit mehr als zwei Fahrstreifen angeordnet, zeigen die Zeichen die entsprechende Anzahl der Pfeile.

---

[9] **Erläuterungen** bei § 9 Rn 45; § 37 Rn 2; § 39 Rn 18. – Zur Verkehrssicherungspflicht Einführung Rn 123.

Vorschriftzeichen **Anl. 2 StVO**

Lfd. Nr.	Zeichen und Zusatzzeichen	Ge- oder Verbote Erläuterungen
11	Zeichen 223.1 Seitenstreifen befahren	**Ge- oder Verbot** Das Zeichen gibt den Seitenstreifen als Fahrstreifen frei; dieser ist wie ein rechter Fahrstreifen zu befahren.
11.1	Ende in .... m	**Erläuterung** Das Zeichen 223.1 mit dem Zusatzzeichen kündigt die Aufhebung der Anordnung an.
12	Zeichen 223.2 Seitenstreifen nicht mehr befahren	**Ge- oder Verbot** Das Zeichen hebt die Freigabe des Seitenstreifens als Fahrstreifen auf.
13	Zeichen 223.3 Seitenstreifen räumen	**Ge- oder Verbot** Das Zeichen ordnet die Räumung des Seitenstreifens an.
14	Zeichen 224[10] Haltestelle	**Ge- oder Verbot** Wer ein Fahrzeug führt, darf bis zu 15 m vor und hinter dem Zeichen nicht parken. **Erläuterung** Das Zeichen kennzeichnet eine Haltestelle des Linienverkehrs und für Schulbusse. Das Zeichen mit dem Zusatzzeichen „Schulbus" (Angabe der tageszeitlichen Benutzung) auf einer gemeinsamen weißen Trägerfläche kennzeichnet eine Haltestelle nur für Schulbusse.

---

[10] **Erläuterungen** bei § 12 Rn 49a; § 20 Rn 1.

StVO Anl. 2

Lfd. Nr.	Zeichen und Zusatzzeichen	Ge- oder Verbote Erläuterungen
15	Zeichen 229[11] Taxenstand	**Ge- oder Verbot** Wer ein Fahrzeug führt, darf an Taxenständen nicht halten, ausgenommen sind für die Fahrgastbeförderung bereitgehaltene Taxen. **Erläuterung** Die Länge des Taxenstandes wird durch die Angabe der Zahl der vorgesehenen Taxen oder das am Anfang der Strecke aufgestellte Zeichen mit einem zur Fahrbahn weisenden waagerechten weißen Pfeil und durch ein am Ende aufgestelltes Zeichen mit einem solchen von der Fahrbahn wegweisenden Pfeil oder durch eine Grenzmarkierung für Halt- und Parkverbote (Zeichen 299) gekennzeichnet.

Abschnitt 5. Sonderwege

Lfd. Nr.	Zeichen und Zusatzzeichen	Ge- oder Verbote Erläuterungen
16	Zeichen 237[12] Radweg	**Ge- oder Verbot** 1. Der Radverkehr darf nicht die Fahrbahn, sondern muss den Radweg benutzen (Radwegbenutzungspflicht). 2. Anderer Verkehr darf ihn nicht benutzen. 3. Ist durch Zusatzzeichen die Benutzung eines Radwegs für eine andere Verkehrsart erlaubt, muss diese auf den Radverkehr Rücksicht nehmen und der ander Fahrzeugverkehr muss erforderlichenfalls die Geschwindigkeit an den Radverkehr anpassen. 4. § 2 Absatz 4 Satz 6 bleibt unberührt.
17	Zeichen 238 Reitweg	**Ge- oder Verbot** 1. Wer reitet, darf nicht die Fahrbahn, sondern muss den Reitweg benutzen. Dies gilt auch für das Führen von Pferden (Reitwegbenutzungspflicht). 2. Anderer Verkehr darf ihn nicht benutzen. 3. Ist durch Zusatzzeichen die Benutzung eines Reitwegs für eine andere

---

[11] **Erläuterungen** bei § 12 Rn 31.

[12] **Erläuterungen** bei § 2 Rn 18 u 58 ff – **Unbenutzbare Radwege** (zB tiefer Schnee, Eis, Löcher) müssen nicht benutzt werden. Ist dies der Fall oder in Fahrtrichtung kein Radweg oder Seitenstreifen vorhanden, hat der Radfahrer auf der Fahrbahn möglichst weit rechts zu fahren

Vorschriftzeichen Anl. 2 StVO

Lfd. Nr.	Zeichen und Zusatzzeichen	Ge- oder Verbote Erläuterungen
		Verkehrsart erlaubt, muss diese auf den Reitverkehr Rücksicht nehmen und der Fahrzeugverkehr muss erforderlichenfalls die Geschwindigkeit an den Reitverkehr anpassen.
18	Zeichen 239[13] Gehweg	**Ge- oder Verbot** 1. Anderer als Fußgängerverkehr darf den Gehweg nicht nutzen. 2. Ist durch Zusatzzeichen die Benutzung eines Gehwegs für eine andere Verkehrsart erlaubt, muss diese auf den Fußgängerverkehr Rücksicht nehmen. Der Fußgängerverkehr darf weder gefährdet noch behindert werden. Wenn nötig, muss der Fahrverkehr warten; er darf nur mit Schrittgeschwindigkeit fahren. **Erläuterung** Das Zeichen kennzeichnet einen Gehweg (§ 25 Absatz 1 Satz 1), wo eine Klarstellung notwendig ist.
19	Zeichen 240[14] Gemeinsamer Geh- und Radweg	**Ge- oder Verbot** 1. Der Radverkehr darf nicht die Fahrbahn, sondern muss den gemeinsamen Geh- und Radweg benutzen (Radwegbenutzungspflicht). 2. Anderer Verkehr darf ihn nicht benutzen. 3. Ist durch Zusatzzeichen die Benutzung eines gemeinsamen Geh- und Radwegs für eine andere Verkehrsart erlaubt, muss diese auf den Fußgänger- und Radverkehr Rücksicht nehmen. Erforderlichenfalls muss der Fahrverkehr die Geschwindigkeit an den Fußgängerverkehr anpassen. 4. § 2 Absatz 4 Satz 6 bleibt unberührt. **Erläuterung** Das Zeichen kennzeichnet auch den Gehweg (§ 25 Absatz 1 Satz 1).

und nicht auf dem Radweg oder Seitenstreifen der anderen Fahrbahnseite (OLG Naumburg DAR 12, 146 = NZV 12, 180: **Mithaftung des den Radweg gegenläufig befahrenden Radfahrers**). – 50% **Mitverschulden bei Verstoß gegen die Radwegbenutzungspflicht** und Sturz des Radfahrers aufgrund einer Ölspur eines auf der Straße vorausfahrenden Pkw (OLG Frankfurt/M NZV 12, 179).

[13] **Erläuterungen** bei § 12 Rn 71; § 46 Rn 2.
[14] **Erläuterungen** bei § 2 Rn 62.

StVO Anl. 2

Lfd. Nr.	Zeichen und Zusatzzeichen	Ge- oder Verbote Erläuterungen
20	Zeichen 241[15] Getrennter Rad- und Gehweg	**Ge- oder Verbot** 1. Der Radverkehr darf nicht die Fahrbahn, sondern muss den Radweg des getrennten Rad- und Gehwegs benutzen (Radwegbenutzungspflicht). 2. Anderer Verkehr darf ihn nicht benutzen. 3. Ist durch Zusatzzeichen die Benutzung eines getrennten Geh- und Radwegs für eine andere Verkehrsart erlaubt, darf diese nur den für den Radverkehr bestimmten Teil des getrennten Geh- und Radwegs befahren. 4. Die andere Verkehrsart muss auf den Radverkehr Rücksicht nehmen. Erforderlichenfalls muss anderer Fahrzeugverkehr die Geschwindigkeit an den Radverkehr anpassen. 5. § 2 Absatz 4 Satz 6 bleibt unberührt. **Erläuterung** Das Zeichen kennzeichnet auch den Gehweg (§ 25 Absatz 1 Satz 1).
21	Zeichen 242.1[16] Beginn einer Fußgängerzone	**Ge- oder Verbot** 1. Anderer als Fußgängerverkehr darf die Fußgängerzone nicht benutzen. 2. Ist durch Zusatzzeichen die Benutzung einer Fußgängerzone für eine andere Verkehrsart erlaubt, dann gilt für den Fahrverkehr Nummer 2 zu Zeichen 239 entsprechend.
22	Zeichen 242.2 Ende einer Fußgängerzone	

---

[15] **Erläuterungen:** Zum Abschleppen eines teilweise (für Radverkehr verblieb nur etwa ⅔ der Gesamtbreite des für Gegenverkehr ausgebauten Radwegs) auf einem getrennten Rad- und Gehweg abgestellten Fahrzeugs (OVG Münster zfs 11, 479).

[16] **Erläuterungen** bei § 2 Rn 18; § 10 Rn 5; § 12 Rn 71.

Vorschriftzeichen **Anl. 2 StVO**

Lfd. Nr.	Zeichen und Zusatzzeichen	Ge- oder Verbote Erläuterungen
23	Zeichen 244.1[17] Beginn einer Fahrradstraße	**Ge- oder Verbot** 1. Anderer Fahrzeugverkehr als Radverkehr darf Fahrradstraßen nicht benutzen, es sei denn, dies ist durch Zusatzzeichen erlaubt. 2. Für den Fahrverkehr gilt eine Höchstgeschwindigkeit von 30 km/h. Der Radverkehr darf weder gefährdet noch behindert werden. Wenn nötig, muss der Kraftfahrzeugverkehr die Geschwindigkeit weiter verringern. 3. Das nebeneinander Fahren mit Fahrrädern ist erlaubt. 4. Im Übrigen gelten die Vorschriften über die Fahrbahnbenutzung und über die Vorfahrt.
24	Zeichen 244.2 Ende einer Fahrradstraße	
25	Zeichen 245[18] Bussonderfahrstreifen	**Ge- oder Verbot** 1. Anderer Fahrzeugverkehr als Omnibusse des Linienverkehrs sowie nach dem Personenbeförderungsrecht mit dem Schulbus-Schild zu kennzeichnende Fahrzeuge des Schüler- und Behindertenverkehrs dürfen Bussonderfahrstreifen nicht benutzen. 2. Mit Krankenfahrzeugen, Taxen, Fahrrädern und Bussen im Gelegenheitsverkehr darf der Sonderfahrstreifen nur benutzt werden, wenn dies durch Zusatzzeichen angezeigt ist. 3. Taxen dürfen an Bushaltestellen (Zeichen 224) zum sofortigen Ein- und Aussteigen von Fahrgästen halten.

---

[17] **Erläuterungen** bei § 2 Rn 56.
[18] **Erläuterungen** bei § 9 Rn 38; § 12 Rn 32; § 37 Rn 24; § 45 Rn 7.

StVO Anl. 2

Lfd. Nr.	Zeichen und Zusatzzeichen	Ge- oder Verbote Erläuterungen
		4. [19] Mit elektrisch betriebenen Fahrzeugen darf der Bussonderfahrstreifen nur benutzt werden, wenn dies durch Zusatzzeichen angezeigt ist.
25.1[10]	[Zeichen: Auto mit Stecker, „frei"]	**Ge- oder Verbot** Mit diesem Zusatzzeichen sind elektrisch betriebene Fahrzeuge auf dem Bussonderfahrstreifen zugelassen.

Abschnitt 6. Verkehrsverbote

Lfd. Nr.	Zeichen und Zusatzzeichen	Ge- oder Verbote Erläuterungen
26		**Ge- oder Verbot** Die nachfolgenden Zeichen 250 bis 261 (Verkehrsverbote) untersagen die Verkehrsteilnahme ganz oder teilweise mit dem angegebenen Inhalt. **Erläuterung** Für die Zeichen 250 bis 259 gilt: 1. Durch Verkehrszeichen gleicher Art mit Sinnbildern nach § 39 Absatz 7 können andere Verkehrsarten verboten werden. 2. Zwei der nachstehenden Verbote können auf einem Schild vereinigt sein.
27	[Zeichen: 7,5 t]	**Ge- oder Verbot** Ist auf einem Zusatzzeichen eine Masse, wie „7,5 t", angegeben, gilt das Verbot nur, soweit die zulässige Gesamtmasse dieser Verkehrsmittel die angegebene Grenze überschreitet.
27.1[21]	[Zeichen: Auto mit Stecker, „frei"]	**Ge- oder Verbot** Mit diesem Zusatzzeichen sind elektrisch betriebene Fahrzeuge von Verkehrsverboten (Zeichen 250, 251, 253, 255, 260) ausgenommen.

---

[19] Siehe hierzu Übergangsbestimmung in § 52.
[10] Siehe hierzu Übergangsbestimmung in § 52.
[21] Siehe hierzu Übergangsbestimmung in § 52.

Vorschriftzeichen   **Anl. 2 StVO**

Lfd. Nr.	Zeichen und Zusatzzeichen	Ge- oder Verbote Erläuterungen
28	Zeichen 250[22] Verbot für Fahrzeuge aller Art	**Ge- oder Verbot** 1. Verbot für Fahrzeuge aller Art. Das Zeichen gilt nicht für Handfahrzeuge, abweichend von § 28 Absatz 2 auch nicht für Reiter, Führer von Pferden sowie Treiber und Führer von Vieh. 2. Krafträder und Fahrräder dürfen geschoben werden.
29	Zeichen 251[23] Verbot für Kraftwagen	**Ge- oder Verbot** Verbot für Kraftwagen und sonstige mehrspurige Kraftfahrzeuge.
30	Zeichen 253[24] Verbot für Kraftfahrzeuge über 3,5 t	**Ge- oder Verbot** Verbot für Kraftfahrzeuge mit einer zulässigen Gesamtmasse über 3,5 t, einschließlich ihrer Anhänger, und für Zugmaschinen. Ausgenommen sind Personenkraftwagen und Kraftomnibusse.

---

[22] **Erläuterungen** bei § 2 Rn 80, 81; § 28 Rn 10; § 31 Rn 3, 6; § 37 Rn 24; § 39 Rn 19a. – Zur Verkehrssicherungspflicht Einführung Rn 123.

[23] **Erläuterungen** bei § 2 Rn 81.

[24] **Erläuterungen:** Fahrten, die dem Erreichen oder Verlassen eines im Verbotsbereichs gelegenen Grundstücks dienen, sind uneingeschränkt privilegiert; eine einschränkende Auslegung dahingehend, dass die Privilegierung nur greift, wenn der Verkehrsteilnehmer den Verbotsbereich auf dem Weg von oder zu dem Grundstück auf dem kürzest möglichen Weg passiert, kommt nicht in Betracht (OLG Frankfurt/M SVR 10, 270 m Praxishinweis Sattler). – Zur Verhältnismäßigkeit einer auf § 45 IX 3 StVO gestützten Sperrung für den Durchgangsverkehr mit Kraftfahrzeugen von mehr als 12 t (Mautausweichverkehr) BVerwG, Urt v 15.12.11, 3 C 40.10, zfs 12, 234 = DAR 12, 412. – Nr 1a der Erläuterung zu lfd. Nr 30.1 der Anlage 2 zu § 41 I StVO (überregionaler Güterverkehr) nimmt nur den an Hand von Frachtpapieren nachzuweisenden durchzuführenden überregionalen Be- und Entladeverkehr bezogen auf ein Zielgrundstück im Verbotsbereich vom Durchgangsverkehr für Lkw über 12 t aus (OLG Frankfurt NZV 12, 606 [Leitsatz 1]). – Nr 1b der Erläuterung zu lfd. Nr 30.1 der Anlage 2 zu § 41 I StVO (regionaler Güterverkehr) nimmt den Regionalverkehr in einem Umkreis von 75 km um den Beladeort vom Durchgangsverkehr aus. Wird dieser Bereich verlassen, endet die Privilegierung (OLG Frankfurt NZV 12, 606 [Leitsatz 2]).

StVO Anl. 2

Anlage 2

Lfd. Nr.	Zeichen und Zusatzzeichen	Ge- oder Verbote Erläuterungen

30.1	Durchgangs-verkehr
	
	12t
		Ge- oder Verbot
		Wird Zeichen 253 mit diesen Zusatzzeichen angeordnet, bedeutet dies:
		1. Das Verbot ist auf den Durchgangsverkehr mit Nutzfahrzeugen, einschließlich ihrer Anhänger, mit einer zulässigen Gesamtmasse ab 12 t beschränkt.
		2. Durchgangsverkehr liegt nicht vor, soweit die jeweilige Fahrt
		  a) dazu dient, ein Grundstück an der vom Verkehrsverbot betroffenen Straße oder an einer Straße, die durch die vom Verkehrsverbot betroffene Straße erschlossen wird, zu erreichen oder zu verlassen,
		  b) dem Güterkraftverkehr im Sinne des § 1 Absatz 1 des Güterkraftverkehrsgesetzes in einem Gebiet innerhalb eines Umkreises von 75 km, gerechnet in der Luftlinie vom Mittelpunkt des zu Beginn einer Fahrt ersten Beladeorts des jeweiligen Fahrzeugs (Ortsmittelpunkt), dient; dabei gehören alle Gemeinden, deren Ortsmittelpunkt innerhalb des Gebietes liegt, zu dem Gebiet, oder
		  c) mit im Bundesfernstraßenmautgesetz bezeichneten Fahrzeugen, die nicht der Mautpflicht unterliegen, durchgeführt wird.
		3. Ausgenommen von dem Verkehrsverbot ist eine Fahrt, die auf ausgewiesenen Umleitungsstrecken (Zeichen 421, 442, 454 bis 457.2 oder Zeichen 460 und 466) durchgeführt wird, um besonderen Verkehrslagen Rechnung zu tragen.
		
		Erläuterung
		Diese Kombination ist nur mit Zeichen 253 zulässig.

Vorschriftzeichen   Anl. 2 StVO

Lfd. Nr.	Zeichen und Zusatzzeichen	Ge- oder Verbote Erläuterungen
31	Zeichen 254[25] Verbot für Radverkehr	**Ge- oder Verbot** Verbot für den Radverkehr
32	Zeichen 255 Verbot für Krafträder	**Ge- oder Verbot** Verbot für Krafträder, auch mit Beiwagen, Kleinkrafträder und Mofas
33	Zeichen 259 Verbot für Fußgänger	**Ge- oder Verbot** Verbot für den Fußgängerverkehr
34	Zeichen 260[26] Verbot für Kraftfahrzeuge	**Ge- oder Verbot** Verbot für Krafträder, auch mit Beiwagen, Kleinkrafträder und Mofas sowie für Kraftwagen und sonstige mehrspurige Kraftfahrzeuge
35	Zeichen 261[27] Verbot für kennzeichnungspflichtige Kraftfahrzeuge mit gefährlichen Gütern	**Ge- oder Verbot** Verbot für kennzeichnungspflichtige Kraftfahrzeuge mit gefährlichen Gütern

---

[25] **Erläuterungen:** Ein Fahrradfahrer, der einen für Fahrradfahrer gesperrten Gehweg (hier zudem kurz vor Einmündungs-/Unfallstelle Zeichen 254) entgegen der Fahrtrichtung befährt, hat kein Vorfahrtrecht und haftet zu 100% (AG Starnberg NZV 10, 152).

[26] **Erläuterungen:** Zeichen 260 **verbietet lediglich das Fahren** mit Krafträdern im gesperrten Verkehrsbereich, **nicht** aber das bloße **Schieben** und auch nicht das **Halten und Parken** (OLG Karlsruhe DAR 09, 340 m Anm Köpke = VRS 116/09, 124).

[27] **Erläuterungen** bei § 2 Rn 54.

StVO Anl. 2 — Anlage 2

Lfd. Nr.	Zeichen und Zusatzzeichen	Ge- oder Verbote Erläuterungen
zu Nr 36 bis 40		**Ge- oder Verbot** Die nachfolgenden Zeichen 262 bis 266 verbieten die Verkehrsteilnahme für Fahrzeuge, deren Maße oder Massen, einschließlich Ladung, eine auf dem jeweiligen Zeichen angegebene tatsächliche Grenze überschreiten. **Erläuterung** Die angegebenen Grenzen stellen nur Beispiele dar.
36	Zeichen 262 (5,5t) Tatsächliche Masse	**Ge- oder Verbot** Die Beschränkung durch Zeichen 262 gilt bei Fahrzeugkombinationen für das einzelne Fahrzeug, bei Sattelkraftfahrzeugen gesondert für die Sattelzugmaschine einschließlich Sattellast und für die tatsächlich vorhandenen Achslasten des Sattelanhängers.
37	Zeichen 263 (8t) Tatsächliche Achslast	
38	Zeichen 264 (2m) Tatsächliche Breite	**Erläuterung** Die tatsächliche Breite gibt das Maß einschließlich der Fahrzeugaußenspiegel an.
39	Zeichen 265[28] (3,8m) Tatsächliche Höhe	

---

[28] **Erläuterungen:** Grob fahrlässig ist das Missachten der begrenzten **Durchfahrthöhe** (Zeichen 265) einer **Autobahnunterführung,** sodass die Entschädigung gem § 81 II VVG um ⅓ gekürzt werden kann (LG Göttingen zfs 10, 213), ebenso das Missachten der begrenzten

Vorschriftzeichen   **Anl. 2 StVO**

Lfd. Nr.	Zeichen und Zusatzzeichen	Ge- oder Verbote Erläuterungen
40	Zeichen 266 Tatsächliche Länge	**Ge- oder Verbot** Das Verbot gilt bei Fahrzeugkombinationen für die Gesamtlänge.
41	Zeichen 267[29] Vorbot der Einfahrt	**Ge- oder Verbot** Wer ein Fahrzeug führt, darf nicht in die Fahrbahn einfahren, für die das Zeichen angeordnet ist. **Erläuterung** Das Zeichen steht auf der rechten Seite der Fahrbahn, für die es gilt oder auf beiden Seiten dieser Fahrbahn.
41.1		**Ge- oder Verbot** Durch das Zusatzzeichen zu dem Zeichen 267 ist die Einfahrt für den Radverkehr zugelassen.
42	Zeichen 268[30] Schneeketten vorgeschrieben	**Ge- oder Verbot** Wer ein Fahrzeug führt, darf die Straße nur mit Schneeketten befahren.

Höhe der Einfahrt in ein Parkhaus, wobei eine Kürzung nach § 81 II VVG um ½ in Betracht kommt (LG Konstanz zfs 10, 214 m Anm Rixecker). – Wenn der Fahrer eines Mietfahrzeugs mit einer großen Aufbauhöhe die durch eine entsprechende Beschilderung gekennzeichnete niedrige Durchfahrtshöhe einer Unterführung bzw. eines Tunnels missachtet und bei einer Tunneldurchfahrtshöhe von 3,10 m und einer Fahrzeughöhe von 3,50 m mit der rechten Seite des Kofferaufbaus des Lkw an die Tunneldecke stößt, hat er den Schaden an dem Fahrzeug in objektiver Hinsicht grob fahrlässig herbeigeführt; ist dem Fahrer auch in subjektiver Hinsicht grobe Fahrlässigkeit anzulasten (auch bei Fehlen nennenswerter Erfahrung im Führen von Lkw; keine hinreichenden und tragfähigen Anhaltspunkte für den Fahrer, dass das Passieren der Unterführung mit dem höheren Fahrzeug entgegen der ausgewiesenen Durchfahrtshöhe möglich wäre; an der Windschutzscheibe angebrachter Hinweis auf das Höhenproblem); ist eine Haftungsquote von 50 Prozent angemessen (LG Hagen NZV 13, 37 [Leitsätze]).

[29] **Erläuterungen** bei § 9 Rn 46.
[30] **Erläuterungen** bei § 3 Rn 63.

Lfd. Nr.	Zeichen und Zusatzzeichen	Ge- oder Verbote Erläuterungen
43	Zeichen 269[31] Verbot für Fahrzeuge mit wassergefährdender Ladung	**Ge- oder Verbot** Wer ein Fahrzeug führt, darf die Straße mit mehr als 20 l wassergefährdender Ladung nicht benutzen.
44	Zeichen 270.1[32] Beginn einer Verkehrsverbotszone zur Verminderung schädlicher Luftverunreinigungen in einer Zone	**Ge- oder Verbot** 1. Die Teilnahme am Verkehr mit einem Kraftfahrzeug innerhalb einer so gekennzeichneten Zone ist verboten. 2. § 1 Absatz 2 sowie § 2 Absatz 3 in Verbindung mit Anhang 3 der Verordnung zur Kennzeichnung der Kraftfahrzeuge mit geringem Beitrag zur Schadstoffbelastung vom 10. Oktober 2006 (BGBl. I S. 2218), die durch Artikel 1 der Verordnung vom 5. Dezember 2007 (BGBl. I S. 2793) geändert worden ist, bleiben unberührt. Die Ausnahmen können im Einzelfall oder allgemein durch Zusatzzeichen oder Allgemeinverfügung zugelassen sein. 3. Von dem Verbot der Verkehrsteilnahme sind zudem Kraftfahrzeuge zur Beförderung schwerbehinderter Menschen mit außergewöhnlicher Gehbehinderung, beidseitiger Amelie oder Phokomelie oder mit vergleichbaren Funktionseinschränkungen sowie blinde Menschen ausgenommen.

[31] S hierzu auch Fn zu Z 421 u 422 (VkBl 88, 500) sowie Richtlinien für die Anordnung von verkehrsregelnden Maßnahmen für den Transport gefährlicher Güter v 9.12.87, VkBl 857; ber v 21.7.88, VkBl 576.

[32] Z 270.1 u 270.2 eingefügt durch Art 2 VO zum Erlass und zur Änderung von Vorschriften über die Kennzeichnung emissionsarmer Kraftfahrzeuge v 10.10.06 (BGBl I 2218, 2226); Z 270.2 ber BGBl 06 I 2543. Inkrafttreten: 1.3.07. – S auch 35. BImSchV (Verordnung zur Kennzeichnung der Kraftfahrzeuge mit geringem Beitrag zur Schadstoffbelastung) BGBl 06 I 2218 u Bekanntmachung der Maßgaben zur VO zum Erlass und zur Änderung der Vorschriften über die Kennzeichnung emissionsarmer Kraftfahrzeuge VkBl 07, 3. – Zur Rechtmäßigkeit der Einführung einer Umweltzone VG Berlin DAR 10, 156. – **Weitere Erläuterungen** bei § 25a StVG Rn 2.

Vorschriftzeichen Anl. 2 StVO

Lfd. Nr.	Zeichen und Zusatzzeichen	Ge- oder Verbote Erläuterungen
		Erläuterung Die Umweltzone ist zur Vermeidung von schädlichen Umwelteinwirkungen durch Luftverunreinigungen in einem Luftreinhalteplan oder einem Plan für kurzfristig zu ergreifende Maßnahmen nach § 47 Absatz 1 oder 2 des Bundes-Immissionsschutzgesetzes festgesetzt und auf Grund des § 40 Absatz 1 des Bundes-Immissionsschutzgesetzes angeordnet. Die Kennzeichnung der Umweltzone erfolgt auf Grund von § 45 Absatz 1f.
45	Zeichen 270.2 Ende einer Verkehrsverbotszone zur Verminderung schädlicher Luftverunreinigungen in einer Zone	
46	frei Freistellung vom Verkehrsverbot nach § 40 Absatz 1 des Bundes-Immissionsschutzgesetzes	**Ge- oder Verbot** Das Zusatzzeichen zum Zeichen 270.1 nimmt Kraftfahrzeuge vom Verkehrsverbot aus, die mit einer auf dem Zusatzzeichen in der jeweiligen Farbe angezeigten Plakette nach § 3 der Verordnung zur Kennzeichnung der Kraftfahrzeuge mit geringem Beitrag zur Schadstoffbelastung ausgestattet sind.
47	Zeichen 272 Verbot des Wendens	**Ge- oder Verbot** Wer ein Fahrzeug führt, darf hier nicht wenden.

StVO Anl. 2

Lfd. Nr.	Zeichen und Zusatzzeichen	Ge- oder Verbote Erläuterungen
48	Zeichen 273[33] Verbot des Unterschreitens des angegebenen Mindestabstandes	**Ge- oder Verbot** Wer ein Kraftfahrzeug mit einer zulässigen Gesamtmasse über 3,5 t oder einer Zugmaschine führt, darf den angegebenen Mindestabstand zu einem vorausfahrenden Kraftfahrzeug gleicher Art nicht unterschreiten. Personenkraftwagen und Kraftomnibusse sind ausgenommen.

Abschnitt 7. Geschwindigkeitsbeschränkungen und Überholverbote

Lfd. Nr.	Zeichen und Zusatzzeichen	Ge- oder Verbote Erläuterungen
49	Zeichen 274[34] Zulässige Höchstgeschwindigkeit	**Ge- oder Verbot** 1. Wer ein Fahrzeug führt, darf nicht schneller als mit der jeweils angegebenen Höchstgeschwindigkeit fahren. 2. Sind durch das Zeichen innerhalb geschlossener Ortschaften bestimmte Geschwindigkeiten über 50 km/h zugelassen, gilt das für Fahrzeuge aller Art. 3. Außerhalb geschlossener Ortschaften bleiben die für bestimmte Fahrzeugarten geltenden Höchstgeschwindigkeiten (§ 3 Absatz 3 Nummer 2 Buchstabe a und b und § 18 Absatz 5) unberührt, wenn durch das Zeichen eine höhere Geschwindigkeit zugelassen ist.
49.1	bei Nässe	**Ge- oder Verbot** Das Zusatzzeichen zu dem Zeichen 274 verbietet Fahrzeugführenden, bei nasser Fahrbahn die angegebene Geschwindigkeit zu überschreiten.

---

[33] **Erläuterungen** bei § 4 Rn 21.
[34] **Erläuterungen** bei § 3 Rn 3, 64 ff; § 19 Rn 11 u 18; § 39 Rn 19 u 19a. – Wer als Kfz-Führer vor dem Erreichen eines Parkplatzes ein die Höchstgeschwindigkeit begrenzendes Verkehrszeichen passiert, kann sich nach dem Verlassen des Parkplatzes und Weiterfahrt in die ursprüngliche Richtung nicht damit entlasten, dass sich nicht unmittelbar nach der Ausfahrt des Parkplatzes erneut ein entsprechendes Verkehrszeichen befunden und er die angeordnete Geschwindigkeitsbegrenzung mittlerweile vergessen habe (OLG Oldenburg NZV 12, 193 = SVR 12, 32 m Praxishinweis Demandt).

Lfd. Nr.	Zeichen und Zusatzzeichen	Ge- oder Verbote Erläuterungen
50	Zeichen 274.1[35] Beginn einer Tempo 30-Zone	**Ge- oder Verbot** Wer ein Fahrzeug führt, darf innerhalb dieser Zone nicht schneller als mit der angegebenen Höchstgeschwindigkeit fahren. **Erläuterung** Mit dem Zeichen können in verkehrsberuhigten Geschäftsbereichen auch Zonengeschwindigkeitsbeschränkungen von weniger als 30 km/h angeordnet sein.
51	Zeichen 274.2 Ende einer Tempo 30-Zone	
52	Zeichen 275[36] Vorgeschriebene Mindestgeschwindigkeit	**Ge- oder Verbot** Wer ein Fahrzeug führt, darf nicht langsamer als mit der angegebenen Mindestgeschwindigkeit fahren, sofern nicht Straßen-, Verkehrs-, Sicht- oder Wetterverhältnisse dazu verpflichten. Es verbietet, mit Fahrzeugen, die nicht so schnell fahren können oder dürfen, einen so gekennzeichneten Fahrstreifen zu benutzen.
Zu 53 und 54		**Ge- oder Verbot** Die nachfolgenden Zeichen 276 und 277 verbieten Kraftfahrzeugen das Überholen von mehrspurigen Kraftfahrzeugen und Krafträdern mit Beiwagen. Ist auf einem Zusatzzeichen eine Masse, wie „7,5 t" angegeben, gilt das Verbot nur, soweit die zulässige Gesamtmasse dieser Kraftfahrzeuge, einschließlich ihrer Anhänger, die angegebene Grenze überschreitet.

---

[35] **Erläuterungen** bei § 3 Rn 3, 64 ff.
[36] **Erläuterungen** bei § 3 Rn 45.

Lfd. Nr.	Zeichen und Zusatzzeichen	Ge- oder Verbote Erläuterungen
53	Zeichen 276[37] Überholverbot für Kraftfahrzeuge aller Art	
54	Zeichen 277 Überholverbot für Kraftfahrzeuge über 3,5 t	**Ge- oder Verbot** Überholverbot für Kraftfahrzeuge mit einer zulässigen Gesamtmasse über 3,5 t, einschließlich ihrer Anhänger, und für Zugmaschinen. Ausgenommen sind Personenkraftwagen und Kraftomnibusse.
54.1	2,8t	**Ge- oder Verbot** Mit dem Zusatzzeichen gilt das durch Zeichen 277 angeordnete Überholverbot auch für Kraftfahrzeuge über 2,8 t, einschließlich ihrer Anhänger.
54.2	auch	**Ge- oder Verbot** Mit dem Zusatzzeichen gilt das durch Zeichen 277 angeordnete Überholverbot auch für Kraftomnibusse und Personenkraftwagen mit Anhänger.
54.3	↑ 2 km ↑	**Erläuterung** Das Zusatzzeichen zu dem Zeichen 274, 276 oder 277 gibt die Länge einer Geschwindigkeitsbeschränkung oder eines Überholverbots an.
55		**Erläuterung** Das Ende einer streckenbezogenen Geschwindigkeitsbeschränkung oder eines Überholverbots ist nicht gekennzeichnet, wenn das Verbot nur für eine kurze Strecke gilt und auf einem Zusatzzeichen die Länge des Verbots angegeben ist. Es ist auch nicht gekennzeichnet, wenn das Verbotszeichen zusammen mit einem Gefahrzeichen angebracht ist und sich aus der Örtlichkeit zweifelsfrei

---

[37] **Erläuterungen** bei § 4 Rn 28, 29.

Vorschriftzeichen **Anl. 2 StVO**

Lfd. Nr.	Zeichen und Zusatzzeichen	Ge- oder Verbote Erläuterungen
		ergibt, von wo an die angezeigte Gefahr nicht mehr besteht. Sonst ist es gekennzeichnet durch die Zeichen 278 bis 282.
56	Zeichen 278 Ende der zulässigen Höchstgeschwindigkeit	
57	Zeichen 279[38] Ende der vorgeschriebenen Mindestgeschwindigkeit	
58	Zeichen 280 Ende des Überholverbots für Kraftfahrzeuge aller Art	
59	Zeichen 281 Ende des Überholverbots für Kraftfahrzeuge über 3,5 t	

[38] **Erläuterungen** bei § 3 Rn 45.

StVO Anl. 2

Lfd. Nr.	Zeichen und Zusatzzeichen	Ge- oder Verbote Erläuterungen
60	Zeichen 282 Ende sämtlicher streckenbezogener Geschwindigkeitsbeschränkungen und Überholverbote	

Abschnitt 8. Halt- und Parkverbote

Lfd. Nr.	Zeichen und Zusatzzeichen	Ge- oder Verbote Erläuterungen
61		**Ge- oder Verbot** 1. Die durch die nachfolgenden Zeichen 283 und 286 angeordneten Haltverbote gelten nur auf der Straßenseite, auf der die Zeichen angebracht sind. Sie gelten bis zur nächsten Kreuzung oder Einmündung auf der gleichen Straßenseite oder bis durch Verkehrszeichen für den ruhenden Verkehr eine andere Regelung vorgegeben wird. 2. Mobile, vorübergehend angeordnete Haltverbote durch Zeichen 283 und 286 heben Verkehrszeichen auf, die das Parken erlauben. **Erläuterung** Der Anfang der Verbotsstrecke kann durch einen zur Fahrbahn weisenden waagerechten weißen Pfeil im Zeichen, das Ende durch einen solchen von der Fahrbahn wegweisenden Pfeil gekennzeichnet sein. Bei in der Verbotsstrecke wiederholten Zeichen weist eine Pfeilspitze zur Fahrbahn, die zweite Pfeilspitze von ihr weg.

Vorschriftzeichen   **Anl. 2 StVO**

Lfd. Nr.	Zeichen und Zusatzzeichen	Ge- oder Verbote Erläuterungen
62	Zeichen 283[39] Absolutes Haltverbot	**Ge- oder Verbot** Das Halten auf der Fahrbahn ist verboten.
62.1		**Ge- oder Verbot** Das mit dem Zeichen 283 angeordnete Zusatzzeichen verbietet das Halten von Fahrzeugen auch auf dem Seitenstreifen.

---

[39] **Erläuterungen:** Z 283 verbietet nur das **Halten auf der Fahrbahn.** Durch ein entsprechendes **Zusatzzeichen** kann das Verbot auf den nach § 2 I 2 StVO nicht zur Fahrbahn gehörenden **Seitenstreifen** ausgedehnt oder begrenzt werden (OLG Jena NZV 08, 215 = VRS 113/07, 368). Anders als ein Zonenhaltverbot (Z 290) gilt **Z 283 nicht** auch **für sonstige Flächen außerhalb der Fahrbahn,** wie Parkstreifen, Park- und Ladebuchten oder freie Plätze (OLG Jena NZV 08, 215 = VRS 113/07, 368). – **Abschleppen/Umsetzen:** Ein zunächst erlaubt abgestelltes Kfz kann nach VGH Mannheim (NZV 07, 487) ab dem vierten Tag nach dem Aufstellen eines **mobilen Haltverbotsschildes** (Z 283; **Baumpflegearbeiten**) auf Kosten des Halters abgeschleppt werden. Wird die Änderung der Verkehrsführung mit einem geringeren zeitlichen Vorlauf angekündigt, ist eine Kostenbelastung nur gerechtfertigt, wenn die bevorstehende Änderung sich für den VT deutlich erkennbar als unmittelbar bevorstehend abzeichnet (VGH Mannheim NZV 07, 487 m ablehnender Anm Weber; Hauptproblem: wirksam bekanntgegebener VA an nicht anwesenden Fahrzeugführer oder Fahrzeughalter? – s dazu auch § 39 StVO Rn 15). Das OVG Hamburg (NZV 08, 313) sieht es als nicht unverhältnismäßig an, einem VT, der nach den von ihm wahrgenommenen Umständen damit rechnen muss, dass eine Haltverbotszone, die für **Filmarbeiten** schon in der Vorwoche mit einem noch andauernden Gültigkeitszeitraum eingerichtet gewesen ist, mit Wochenbeginn – nach einem Verstellen der Haltverbotsschilder – wieder in Gang gesetzt wird, die Abschleppkosten aufzuerlegen. Zulässig ist auch das Umsetzen eines verbotswidrig im **Sicherheitsbereich** (Z 283 vor Oberschule der Jüdischen Gemeinde in Berlin) geparkten Pkw (VG Berlin zfs 11, 59. – S zum Abschleppen auch § 12 StVO Rn 93 ff – **Weitere Erläuterungen** bei § 12 Rn 13 u bei Erläuterungen zu Zeichen 286. – **Weitere Erläuterungen:** Ohne Zusatzzeichen versehene Verkehrszeichen 283 und 286 beziehen sich **nur** auf **die für den fließenden Verkehr bestimmte Fahrbahn,** die durch die mit ihnen angeordneten Haltverbote von Behinderungen durch haltende und parkende Fahrzeuge freigehalten werden sollen, jedoch **nicht auf für den ruhenden Verkehr bestimmte Parkstreifen, Park- und Ladebuchten,** die nach ihrer äußeren Anlage für jeden unbefangenen Betrachter gerade zum Halten und Parken bestimmt sind und ersichtlich nicht dem fließenden Verkehr dienen. Dabei reicht es zur Annahme einer Parkbucht und damit eines für den fließenden Verkehr nicht bestimmten Teils der Straße, der somit nicht zur „Fahrbahn" iSd durch die Zeichen 283 angeordneten Verbots gehört, aus, dass es sich um eine aus dem Gehsteig ausgesparte und gegen diesen abgesenkte Fläche handelt, wobei an deren Beginn und Ende der Gehsteig um die Breite der Bucht verbreitert ist und die gedachte Verbindungslinie der am weitesten vorragenden Gehsteigkanten die Abgrenzung der Bucht gegenüber dem fließenden Verkehr dienenden Fahrbahn darstellt (KG DAR 12, 32). – **Grün- oder Schotterstreifen** können **Seitenstreifen** sein, auf die das Haltverbot mit Zusatzzeichen erstreckt werden kann (AG Schmallenberg NZV 12, 256 [LS der NZV-Schriftleitung]).

Lfd. Nr.	Zeichen und Zusatzzeichen	Ge- oder Verbote Erläuterungen
62.2	auf dem Seitenstreifen	**Ge- oder Verbot** Das mit dem Zeichen 283 angeordnete Zusatzzeichen verbietet das Halten von Fahrzeugen nur auf dem Seitenstreifen.
63	Zeichen 286[40] Eingeschränktes Haltverbot	**Ge- oder Verbot** 1. Wer ein Fahrzeug führt, darf nicht länger als 3 Minuten auf der Fahrbahn halten, ausgenommen zum Ein- oder Aussteigen oder zum Be- oder Entladen. 2. Ladegeschäfte müssen ohne Verzögerung durchgeführt werden.
63.1		**Ge- oder Verbot** Mit dem Zusatzzeichen zu Zeichen 286 darf auch auf dem Seitenstreifen nicht länger als 3 Minuten gehalten werden, ausgenommen zum Ein- oder Aussteigen oder zum Be- oder Entladen.
63.2	auf dem Seitenstreifen	**Ge- oder Verbot** Mit dem Zusatzzeichen zu Zeichen 286 darf nur auf dem Seitenstreifen nicht länger als drei Minuten gehalten werden, ausgenommen zum Ein- oder Aussteigen oder zum Be- oder Entladen.
63.3	mit Parkausweis Nr. .... frei	**Ge- oder Verbot** 1. Das Zusatzzeichen zu Zeichen 286 nimmt schwerbehinderte Menschen mit außergewöhnlicher Gehbehinderung, beidseitiger Amelie oder Phokomelie oder mit vergleichbaren Funktionseinschränkungen sowie blinde Menschen, jeweils mit besonderem Parkausweis Nummer ..., vom Haltverbot aus. 2. Die Ausnahme gilt nur, soweit der Parkausweis gut lesbar ausgelegt oder angebracht ist.

---

[40] **Erläuterungen:** S. auch **Anlage 2 StVO lfd Nr 61 u 63.2** (beidseitige Amelie bedeutet, dass den Betroffenen beide Arme fehlen; Phokomelie bedeutet, dass Hände oder Füße unmittelbar am Rumpf ansetzen); s auch § 6 I Nr 14 StVG u amtl Begr BRDrs 87/09 = VkBl 09, 314 sowie § 6 StVG Rn 3. – Zu **Zusatzzeichen für Elektrofahrzeuge** Vorbem StVO Rn 1. – **Weitere Erläuterungen** bei § 12 Rn 16; § 39 Rn 19a.

Lfd. Nr.	Zeichen und Zusatzzeichen	Ge- oder Verbote Erläuterungen
63.4	**Bewohner** mit Parkausweis Nr. ||||||| **frei**	**Ge- oder Verbot** 1. Das Zusatzzeichen zu Zeichen 286 nimmt Bewohner mit besonderem Parkausweis vom Haltverbot aus. 2. Die Ausnahme gilt nur, soweit der Parkausweis gut lesbar ausgelegt oder angebracht ist.
63.5[41]	frei	**Ge- oder Verbot** Durch das Zusatzzeichen zu Zeichen 286 wird das Parken für elektrisch betriebene Fahrzeuge innerhalb der gekennzeichneten Flächen erlaubt.
64	Zeichen 290.1[42] ZONE Beginn eines Eingeschränkten Haltverbots für eine Zone	**Ge- oder Verbot** 1. Wer ein Fahrzeug führt, darf innerhalb der gekennzeichneten Zone nicht länger als 3 Minuten halten, ausgenommen zum Ein- oder Aussteigen oder zum Be- oder Entladen. 2. Innerhalb der gekennzeichneten Zone gilt das eingeschränkte Haltverbot auf allen öffentlichen Verkehrsflächen, sofern nicht abweichende Regelungen durch Verkehrszeichen oder Verkehrseinrichtungen getroffen sind. 3. Durch Zusatzzeichen kann das Parken für Bewohner mit Parkausweis oder mit Parkschein oder Parkscheibe (Bild 318) innerhalb gekennzeichneter Flächen erlaubt sein. 4. Durch Zusatzzeichen kann das Parken mit Parkschein oder Parkscheibe (Bild 318) innerhalb gekennzeichneter Flächen erlaubt sein. Dabei ist der Parkausweis, der Parkschein oder die Parkscheibe gut lesbar auszulegen oder anzubringen.
64.1[43]	frei	**Ge- oder Verbot** Durch das Zusatzzeichen zu Zeichen 290.1 wird das Parken für elektrisch betriebene Fahrzeuge innerhalb der gekennzeichneten Flächen erlaubt.

---

[41] Siehe hierzu Übergangsbestimmung in § 52.
[42] **Erläuterungen** bei § 12 Rn 17; § 13 Rn 5a.
[43] Siehe hierzu Übergangsbestimmung in § 52.

StVO Anl. 2

Anlage 2

Lfd. Nr.	Zeichen und Zusatzzeichen	Ge- oder Verbote Erläuterungen
65	Zeichen 290.2 Ende eines eingeschränkten Haltverbots für eine Zone	

Abschnitt 9. Markierungen

Lfd. Nr.	Zeichen und Zusatzzeichen	Ge- oder Verbote Erläuterungen
66	Zeichen 293[44] Fußgängerüberweg	**Ge- oder Verbot** Wer ein Fahrzeug führt, darf auf Fußgängerüberwegen sowie bis zu 5 m davor nicht halten.
67	Zeichen 294[45] Haltlinie	**Ge- oder Verbot** Ergänzend zu Halt- oder Wartegeboten, die durch Zeichen 206, durch Polizeibeamte, Lichtzeichen oder Schranken gegeben werden, ordnet sie an: Wer ein Fahrzeug führt, muss hier anhalten. Erforderlichenfalls ist an der Stelle, wo die Straße eingesehen werden kann, in die eingefahren werden soll (Sichtlinie), erneut anzuhalten.
68	Zeichen 295[46] Fahrstreifenbegrenzung und Fahrbahnbegrenzung	**Ge- oder Verbot** 1. a) Wer ein Fahrzeug führt, darf die durchgehende Linie auch nicht teilweise überfahren. b) Trennt die durchgehende Linie den Fahrbahnteil für den Gegenverkehr ab, ist rechts von ihr zu fahren.

---

[44] **Erläuterungen** bei § 25 Rn 15; § 26 Rn 2; § 37 Rn 2.
[45] **Erläuterungen** bei § 8 Rn 20 ff; § 37 Rn 14a, 17.
[46] **Erläuterungen:** Wer bei unklarer Verkehrslage überholt und dabei die Fahrstreifenbegrenzung (Z 295) überfährt, verwirklicht nicht die Tatbestände der Nr 19.1 und 19.1.1 BKatV, weil Z 295 dem Schutz des Gegenverkehrs dient, sich die unklare Verkehrslage (§ 5 III Nr 1 StVO) jedoch auf den zu Überholenden und den Querverkehr bezieht, weil der Gegenverkehr bereits durch § 5 II 1 StVO ausreichend geschützt wird (OLG Stuttgart VRS 113/07, 131). – Weitere Erläuterungen bei § 2 Rn 91; § 9 Rn 50; § 12 Rn 56; § 18 Rn 10.

Vorschriftzeichen Anl. 2 StVO

Lfd. Nr.	Zeichen und Zusatzzeichen	Ge- oder Verbote Erläuterungen
		c) Grenzt sie einen befestigten Seitenstreifen ab, müssen außerorts landwirtschaftliche Zug- und Arbeitsmaschinen, Fuhrwerke und ähnlich langsame Fahrzeuge möglichst rechts von ihr fahren.
		d) Wer ein Fahrzeug führt, darf auf der Fahrbahn nicht parken, wenn zwischen dem abgestellten Fahrzeug und der Fahrstreifenbegrenzungslinie kein Fahrstreifen von mindestens 3 m mehr verbleibt.
		2. a) Wer ein Fahrzeug führt, darf links von der durchgehenden Fahrbahnbegrenzungslinie nicht halten, wenn rechts ein Seitenstreifen oder Sonderweg vorhanden ist.
		b) Wer ein Fahrzeug führt, darf die Fahrbahnbegrenzung der Mittelinsel des Kreisverkehrs nicht überfahren.
		c) Ausgenommen von dem Verbot zum Überfahren der Fahrbahnbegrenzung der Mittelinsel des Kreisverkehrs sind nur Fahrzeuge, denen wegen ihrer Abmessungen das Befahren sonst nicht möglich wäre. Mit ihnen darf die Mittelinsel überfahren werden, wenn eine Gefährdung anderer am Verkehr Teilnehmenden ausgeschlossen ist.
		3. a) Wird durch Zeichen 223.1 das Befahren eines Seitenstreifens angeordnet, darf die Fahrbahnbegrenzung wie eine Leitlinie zur Markierung von Fahrstreifen einer durchgehenden Fahrbahn (Zeichen 340) überfahren werden.
		b) Grenzt sie einen Sonderweg ab, darf sie nur überfahren werden, wenn dahinter anders nicht erreichbare Parkstände angelegt sind und das Benutzen von Sonderwegen weder gefährdet noch behindert wird.
		c) Die Fahrbahnbegrenzungslinie darf überfahren werden, wenn sich dahinter eine nicht anders erreichbare Grundstückszufahrt befindet.

StVO Anl. 2

Anlage 2

Lfd. Nr.	Zeichen und Zusatzzeichen	Ge- oder Verbote / Erläuterungen
		Erläuterung 1. Als Fahrstreifenbegrenzung trennt das Zeichen den für den Gegenverkehr bestimmten Teil der Fahrbahn oder mehrere Fahrstreifen für den gleichgerichteten Verkehr voneinander ab. Die Fahrstreifenbegrenzung kann zur Abtrennung des Gegenverkehrs aus einer Doppellinie bestehen. 2. Als Fahrbahnbegrenzung kann die durchgehende Linie auch einen Seitenstreifen oder Sonderweg abgrenzen.
69	Zeichen 296[47] Fahrstreifen **B** Fahrstreifen **A** Einseitige Fahrstreifenbegrenzung	**Ge- oder Verbot** 1. Wer ein Fahrzeug führt, darf die durchgehende Linie nicht überfahren oder auf ihr fahren. 2. Wer ein Fahrzeug führt, darf nicht auf der Fahrbahn parken, wenn zwischen dem parkenden Fahrzeug und der durchgehenden Fahrstreifenbegrenzungslinie kein Fahrstreifen von mindestens 3 m mehr verbleibt. 3. Für Fahrzeuge auf dem Fahrstreifen B ordnet die Markierung an: Fahrzeuge auf dem Fahrstreifen B dürfen die Markierung überfahren, wenn der Verkehr dadurch nicht gefährdet wird.
70	Zeichen 297[48] Pfeilmarkierungen	**Ge- oder Verbot** 1. Wer ein Fahrzeug führt, muss der Fahrtrichtung auf der folgenden Kreuzung oder Einmündung folgen, wenn zwischen den Pfeilen Leitlinien (Zeichen 340) oder Fahrstreifenbegrenzungen (Zeichen 295) markiert sind. 2. Wer ein Fahrzeug führt, darf auf der mit Pfeilen markierten Strecke der Fahrbahn nicht halten (§ 12 Absatz 1). **Erläuterung** Pfeile empfehlen, sich rechtzeitig einzuordnen und in Fahrstreifen nebeneinander zu fahren. Fahrzeuge, die sich eingeordnet haben, dürfen auch rechts überholt werden.

---

[47] **Erläuterungen** bei § 2 Rn 97.
[48] **Erläuterungen** bei § 5 Rn 63; § 7 Rn 13; § 9 Rn 51; § 12 Rn 28; § 37 Rn 2.

Vorschriftzeichen **Anl. 2 StVO**

Lfd. Nr.	Zeichen und Zusatzzeichen	Ge- oder Verbote Erläuterungen
71	Zeichen 297.1 Vorankündigungspfeil	**Erläuterung** Mit dem Vorankündigungspfeil wird eine Fahrstreifenbegrenzung angekündigt oder das Ende eines Fahrstreifens angezeigt. Die Ausführung des Pfeiles kann von der gezeigten abweichen.
72	Zeichen 298[49] Sperrfläche	**Ge- oder Verbot** Wer ein Fahrzeug führt, darf Sperrflächen nicht benutzen.
73	Zeichen 299[50] Grenzmarkierung für Halt- oder Parkverbote	**Ge- oder Verbot** Wer ein Fahrzeug führt, darf innerhalb einer Grenzmarkierung für Halt- oder Parkverbote nicht halten oder parken. **Erläuterung** Grenzmarkierungen bezeichnen, verlängern oder verkürzen ein an anderer Stelle vorgeschriebenes Halt- oder Parkverbot.
74	Parkflächenmarkierung[51]	**Ge- oder Verbot** Eine Parkflächenmarkierung erlaubt das Parken; auf Gehwegen aber nur Fahrzeugen mit einer zulässigen Gesamtmasse bis zu 2,8 t. Die durch die Parkflächenmarkierung angeordnete Aufstellung ist einzuhal-

[49] **Erläuterungen** bei § 2 Rn 98.
[50] **Erläuterungen** bei § 12 Rn 62.
[51] **Erläuterungen:** Die **Parkflächenmarkierung** bedeutet, dass ein Parken **innerhalb** der weißen Linien erlaubt ist; innerhalb bedeutet, dass das Fahrzeug nicht darauf steht oder darüber hinausragt, da Markierungen nach allgemeiner Auffassung als äußerste Begrenzung zu verstehen sind (VG Berlin NJW 08, 870, 871). Das Parken auf der Markierung oder **außerhalb** stellt für sich genommen keinen Parkverstoß dar (VG Berlin NJW 08, 870, 871). In Betracht kommen kann aber zB ein Verstoß gegen § 1 StVO, etwa bei konkreter Beeinträchtigung des Straßenbahnverkehrs. S auch **Z 325.1 StVO [Verkehrsberuhigter Bereich]:** Parken außerhalb der gekennzeichneten Flächen unzulässig; dies bedeutet, dass das Fahrzeug zwar auf der Markierung stehen, aber nicht darüber hinausragen darf.

StVO Anl. 3

Anlage 3

Lfd. Nr.	Zeichen und Zusatzzeichen	Ge- oder Verbote Erläuterungen
		ten. Wo sie mit durchgehenden Linien markiert ist, darf diese überfahren werden. **Erläuterung** Sind Parkflächen auf Straßen erkennbar abgegrenzt, wird damit angeordnet, wie Fahrzeuge aufzustellen sind.

Anlage 3[1]
(zu § 42 Absatz 2)

Richtzeichen

Abschnitt 1. Vorrangzeichen

Lfd. Nr.	Zeichen und Zusatzzeichen	Ge- oder Verbote Erläuterungen
1	Zeichen 301[2] Vorfahrt	**Ge- oder Verbot** Das Zeichen zeigt an, dass an der nächsten Kreuzung oder Einmündung Vorfahrt besteht.
2	Zeichen 306[3] Vorfahrtstraße	**Ge- oder Verbot** Wer ein Fahrzeug führt, darf außerhalb geschlossener Ortschaften auf Fahrbahnen von Vorfahrtstraßen nicht parken. Das Zeichen zeigt an, dass Vorfahrt besteht bis zum nächsten Zeichen 205 „Vorfahrt gewähren.", 206 „Halt. Vorfahrt gewähren." oder 307 „Ende der Vorfahrtstraße".
2.1		**Ge- oder Verbot** 1. Wer ein Fahrzeug führt und dem Verlauf der abknickenden Vorfahrtstraße folgen will, muss dies rechtzeitig und deutlich ankündigen; dabei sind die Fahrtrichtungsanzeiger zu benutzen. 2. Auf den Fußgängerverkehr ist besondere Rücksicht zu nehmen. Wenn nötig, muss gewartet werden. **Erläuterung** Das Zusatzzeichen zum Zeichen 306 zeigt den Verlauf der Vorfahrtstraße an.

---

[1] Die Allgemeinen Verwaltungsvorschriften zu den jeweiligen Verkehrszeichen sind im Anschluss an Anlage 4 StVO abgedruckt.
[2] **Erläuterungen** bei § 8 Rn 23.
[3] **Erläuterungen** bei § 8 Rn 20 ff; § 9 Rn 40 ff.

Richtzeichen **Anl. 3 StVO**

Lfd. Nr.	Zeichen und Zusatzzeichen	Ge- oder Verbote Erläuterungen
3	Zeichen 307[4] Ende der Vorfahrtstraße	
4	Zeichen 308[5] Vorrang vor dem Gegenverkehr	**Ge- oder Verbot** Wer ein Fahrzeug führt, hat Vorrang vor dem Gegenverkehr.

Abschnitt 2. Ortstafel

Lfd. Nr.	Zeichen und Zusatzzeichen	Ge- oder Verbote Erläuterungen
zu 5 und 6		**Erläuterung** Ab der Ortstafel gelten jeweils die für den Verkehr innerhalb oder außerhalb geschlossener Ortschaften bestehenden Vorschriften.
5	Zeichen 310[6] **Wilster** Kreis Steinburg Ortstafel Vorderseite	Die Ortstafel bestimmt: Hier beginnt eine geschlossene Ortschaft.

---

[4] **Erläuterungen** bei § 8 Rn 24.
[5] **Erläuterungen** bei § 2 Rn 78.
[6] **Erläuterungen** zu Zeichen 310 und Zeichen 311 bei § 3 Rn 64 ff – **Weitere Erläuterungen:** In Baden-Württemberg steht der **Messung kurz vor dem Ende einer Geschwindigkeitsbegrenzung** (Zeichen 310) eine Verwaltungsvorschrift nicht entgegen (OLG Stuttgart NZV 12, 96 – **Aufgabe von OLG Stuttgart,** Beschl v 3.2.11, 2 Ss 8/11 und v 16.5.11, 4 Ss 297/11).

StVO Anl. 3

Anlage 3

Lfd. Nr.	Zeichen und Zusatzzeichen	Ge- oder Verbote Erläuterungen
6	Zeichen 311[7] *(Ortstafel Rückseite: Schotten 6 km ↑ / Wilster durchgestrichen)* Ortstafel Rückseite	Die Ortstafel bestimmt: Hier endet eine geschlossene Ortschaft.

Abschnitt 3. Parken

Lfd. Nr.	Zeichen und Zusatzzeichen	Ge- oder Verbote Erläuterungen
7	Zeichen 314[8] *(P-Schild)* Parken	**Ge- oder Verbot** 1. Wer ein Fahrzeug führt, darf hier parken. 2. a) Durch ein Zusatzzeichen kann die Parkerlaubnis insbesondere nach der Dauer, nach Fahrzeugarten, zugunsten der mit besonderem Parkausweis versehenen Bewohner oder auf das Parken mit Parkschein oder Parkscheibe beschränkt sein. b) Ein Zusatzzeichen mit Bild 318 (Parkscheibe) und Angabe der Stundenzahl schreibt das Parken mit Parkscheibe und dessen zulässige Höchstdauer vor. c) Durch Zusatzzeichen können Bewohner mit Parkausweis von der Verpflichtung zum Parken mit Parkschein oder Parkscheibe freigestellt sein. d) Durch ein Zusatzzeichen mit Rollstuhlfahrersinnbild kann die Parkerlaubnis beschränkt sein auf schwerbehinderte Menschen mit außergewöhnlicher Gehbehinderung, beidseitiger Amelie oder Phokomelie oder mit vergleichbaren

---

[7] **Erläuterungen: Bereits angeordnete Zeichen 311,** die **im oberen Teil weiß** sind, wenn die Ortschaft, auf die hingewiesen wird, zu derselben Gemeinde wie die zuvor durchfahrene Ortschaft gehört, bleiben **weiterhin gültig** (§ 53 II Nr 5 StVO).

[8] **Erläuterungen** bei § 12 Rn 64 ff; s auch Zeichen 314.1 (Parkraumbewirtschaftungszone) u § 13 II StVO. – Zu **Formblättern für Ausnahmegenehmigung** § 46 StVO Rn 1. – Zu **Zusatzzeichen für Elektrofahrzeuge** Vorbem StVO Rn 1.

Lfd. Nr.	Zeichen und Zusatzzeichen	Ge- oder Verbote Erläuterungen
		Funktionseinschränkungen sowie auf blinde Menschen.[9] e) Die Parkerlaubnis gilt nur, wenn der Parkschein, die Parkscheibe oder der Parkausweis gut lesbar ausgelegt oder angebracht ist.[10] f) Durch Zusatzzeichen kann ein Parkplatz als gebührenpflichtig ausgewiesen sein. 3. a) Durch Zusatzzeichen kann die Parkerlaubnis zugunsten elektrisch betriebener Fahrzeuge beschränkt sein. b) Durch Zusatzzeichen können elektrisch betriebene Fahrzeuge von der Verpflichtung zum Parken mit Parkschein oder Parkscheibe freigestellt sein. c) Durch Zusatzzeichen kann die Parkerlaubnis für elektrisch betriebene Fahrzeuge nach der Dauer beschränkt sein. Der Nachweis zur Einhaltung der zeitlichen Dauer erfolgt durch Auslegen der Parkscheibe. Die Parkerlaubnis gilt nur, wenn die Parkscheibe gut lesbar ausgelegt oder angebracht ist. **Erläuterung** 1. Der Anfang des erlaubten Parkens kann durch einen zur Fahrbahn weisenden waagerechten weißen Pfeil im Zeichen, das Ende durch einen solchen von der Fahrbahn wegweisenden Pfeil gekennzeichnet sein. Bei in der Strecke wiederholten Zeichen weist eine Pfeilspitze zur Fahrbahn, die zweite Pfeilspitze von ihr weg. 2. Das Zeichen mit einem Zusatzzeichen mit schwarzem Pfeil weist auf die Zufahrt zu größeren Parkplätzen oder Parkhäusern hin. Das Zeichen kann auch durch Hinweise ergänzt werden, ob es sich um ein Parkhaus handelt.

---

[9] S auch **Erläuterungen** zu Zeichen 286 (Fn).
[10] Die Ausnahmen für schwer behinderte Menschen besteht nur, wenn der (von der zuständigen Straßenverkehrsbehörde ausgestellte) **besondere Parkausweis** gut lesbar im geparkten Fahrzeug ausgelegt ist (OVG NRW NZV 09, 412). **Nicht ausreichend** ist der vom **Versorgungsamt** ausgestellte Schwerbehindertenausweis (OVG NRW NZV 09, 412).

StVO Anl. 3

Lfd. Nr.	Zeichen und Zusatzzeichen	Ge- oder Verbote Erläuterungen

8	Zeichen 314.1
	
	Beginn einer Parkraumbewirtschaftungszone
		Ge- oder Verbot
		1. Wer ein Fahrzeug führt, darf innerhalb der Parkraumbewirtschaftungszone nur mit Parkschein oder mit Parkscheibe (Bild 318) parken, soweit das Halten und Parken nicht gesetzlich oder durch Verkehrszeichen verboten ist.
		2. Durch Zusatzzeichen können Bewohner mit Parkausweis von der Verpflichtung zum Parken mit Parkschein oder Parkscheibe freigestellt sein.
		3. Die Parkerlaubnis gilt nur, wenn der Parkschein, die Parkscheibe oder der Parkausweis gut lesbar ausgelegt oder angebracht ist.
		4. [11]
		   a) Durch Zusatzzeichen kann die Parkerlaubnis zugunsten elektrisch betriebener Fahrzeuge beschränkt sein.
		   b) Durch Zusatzzeichen können elektrisch betriebene Fahrzeuge von der Verpflichtung zum Parken mit Parkschein oder Parkscheibe freigestellt sein.
		   c) Durch Zusatzzeichen kann die Parkerlaubnis für elektrisch betriebene Fahrzeuge nach der Dauer beschränkt sein. Der Nachweis zur Einhaltung der zeitlichen Dauer erfolgt durch Auslegen der Parkscheibe. Die Parkerlaubnis gilt nur, wenn die Parkscheibe gut lesbar ausgelegt oder angebracht ist.
		
		Erläuterung
		Die Art der Parkbeschränkung wird durch Zusatzzeichen angezeigt.

9	Zeichen 314.2 Ende einer Parkraumbewirtschaftungszone	

---

[11] Siehe hierzu Übergangsbestimmungen § 52.

Lfd. Nr.	Zeichen und Zusatzzeichen	Ge- oder Verbote Erläuterungen
10	Zeichen 315[12] Parken auf Gehwegen	**Ge- oder Verbot** 1. Wer ein Fahrzeug führt, darf auf Gehwegen mit Fahrzeugen mit einer zulässigen Gesamtmasse über 2,8 t nicht parken. Dann darf auch nicht entgegen der angeordneten Aufstellungsart des Zeichens oder entgegen Beschränkungen durch Zusatzzeichen geparkt werden. 2. a) Durch ein Zusatzzeichen kann die Parkerlaubnis insbesondere nach der Dauer, nach Fahrzeugarten, zugunsten der mit besonderem Parkausweis versehenen Bewohner oder auf das Parken mit Parkschein oder Parkscheibe beschränkt sein. b) Ein Zusatzzeichen mit Bild 318 (Parkscheibe) und Angabe der Stundenzahl schreibt das Parken mit Parkscheibe und dessen zulässige Höchstdauer vor. c) Durch Zusatzzeichen können Bewohner mit Parkausweis von der Verpflichtung zum Parken mit Parkschein oder Parkscheibe freigestellt sein. d) Durch ein Zusatzzeichen mit Rollstuhlfahrersinnbild kann die Parkerlaubnis beschränkt sein für schwerbehinderte Menschen mit außergewöhnlicher Gehbehinderung, beidseitiger Amelie oder Phokomelie oder mit vergleichbaren Funktionseinschränkungen sowie für blinde Menschen. e) Die Parkerlaubnis gilt nur, wenn der Parkschein, die Parkscheibe oder der Parkausweis gut lesbar ausgelegt oder angebracht ist. 3. [13] a) Durch Zusatzzeichen kann die Parkerlaubnis zugunsten elektrisch

---

[12] **Erläuterungen** bei § 12 Rn 60, 69; § 39 Rn 6; s auch § 13 II StVO. – Zu **Formblättern für Ausnahmegenehmigung** § 46 StVO Rn 1. – Zu **Zusatzzeichen für Elektrofahrzeuge** Vorbem StVO Rn 1.

[13] Siehe hierzu Übergangsbestimmungen § 52.

StVO Anl. 3

Lfd. Nr.	Zeichen und Zusatzzeichen	Ge- oder Verbote Erläuterungen
		betriebener Fahrzeuge beschränkt sein. b) Durch Zusatzzeichen können elektrisch betriebene Fahrzeuge von der Verpflichtung zum Parken mit Parkschein oder Parkscheibe freigestellt sein. c) Durch Zusatzzeichen kann die Parkerlaubnis für elektrisch betriebene Fahrzeuge nach der Dauer beschränkt sein. Der Nachweis zur Einhaltung der zeitlichen Dauer erfolgt durch Auslegen der Parkscheibe. Die Parkerlaubnis gilt nur, wenn die Parkscheibe gut lesbar ausgelegt oder angebracht ist. **Erläuterung** 1. Der Anfang des erlaubten Parkens kann durch einen zur Fahrbahn weisenden waagerechten weißen Pfeil im Zeichen, das Ende durch einen solchen von der Fahrbahn wegweisenden Pfeil gekennzeichnet sein. Bei in der Strecke wiederholten Zeichen weist eine Pfeilspitze zur Fahrbahn, die zweite von ihr weg. 2. Im Zeichen ist bildlich dargestellt, wie die Fahrzeuge aufzustellen sind.
11	Bild 318[14] Parkscheibe	**Ge- oder Verbot**[15] Ist die Parkzeit bei elektrisch betriebenen Fahrzeugen beschränkt, so ist der Nachweis durch Auslegen der Parkscheibe zu erbringen.

---

[14] S zu elektronischen Parkscheiben § 13 III StVO. Zur Ausgestaltung von elektronischen Parkscheiben VkBl 12, 502. – Die Verwendung einer Parkscheibe, die um ein Vielfaches kleiner ist als gemäß Bild 318 vorgeschrieben, ist unzulässig (OLG Brandenburg NStZ-RR 12, 27 = NZV 12, 97). – **Weitere Erläuterungen** bei § 13 Rn 5.

[15] Siehe hierzu Übergangsbestimmungen in § 52.

Abschnitt 4. Verkehrsberuhigter Bereich

Lfd. Nr.	Zeichen und Zusatzzeichen	Ge- oder Verbote Erläuterungen
12	Zeichen 325.1[16] Beginn eines verkehrsberuhigten Bereichs	**Ge- oder Verbot** 1. Wer ein Fahrzeug führt, muss mit Schrittgeschwindigkeit fahren. 2. Wer ein Fahrzeug führt, darf den Fußgängerverkehr weder gefährden noch behindern; wenn nötig, muss gewartet werden. 3. Wer zu Fuß geht, darf den Fahrverkehr nicht unnötig behindern. 4. Wer ein Fahrzeug führt, darf außerhalb der dafür gekennzeichneten Flächen nicht parken, ausgenommen zum Ein- oder Aussteigen und zum Be- oder Entladen. 5. Wer zu Fuß geht, darf die Straße in ihrer ganzen Breite benutzen; Kinderspiele sind überall erlaubt.
13	Zeichen 325.2 Ende eines verkehrsberuhigten Bereichs	**Erläuterung** Beim Ausfahren ist § 10 zu beachten.

---

[16] **Erläuterungen:** Der **Regelungsbereich des verkehrsberuhigten Bereichs** (Z 325.1 – bisher Z 325) endet nicht unmittelbar am Standort des Z 325.2. Entscheidend ist vielmehr, ob das Einfahren in eine andere Straße bei objektiver Betrachtung noch als Verlassen des verkehrsberuhigten Bereichs (iSd § 10 StVO) erscheint. Das ist idR zu bejahen, wenn das Z 325.2 (bisher Z 326) nicht mehr als 30 Meter vor der Einmündung oder Kreuzung aufgestellt ist und keine konkreten Anhaltspunkte eine abweichende Beurteilung rechtfertigen (BGH NZV 08, 193 = NJW 08, 1305 = SVR 08, 181 m Praxishinweis Schröder = DAR 08, 137 = zfs 08, 256 = VRS 114/08, 122). Zur **Aufsichtspflicht** der Eltern gegenüber einem sechsjährigen Kind auf einer Spielstraße Wittmann NZV 12, 317; s auch AG Mönchengladbach-Rheydt (NZV 12, 387). – **Weitere Erläuterungen** bei § 1 Rn 43; § 2 Rn 89; § 3 Rn 32, 69; § 10 Rn 5; § 12 Rn 71; § 39 Rn 6 u 19.

Abschnitt 5. Tunnel

Lfd. Nr.	Zeichen und Zusatzzeichen	Ge- oder Verbote Erläuterungen
14	Zeichen 327[17] Tunnel	**Ge- oder Verbot** 1. Wer ein Fahrzeug führt, muss beim Durchfahren des Tunnels Abblendlicht benutzen und darf im Tunnel nicht wenden. 2. Im Falle eines Notfalls oder einer Panne sollen nur vorhandene Nothalte- und Pannenbuchten genutzt werden.

Abschnitt 6. Nothalte- und Pannenbucht

Lfd. Nr.	Zeichen und Zusatzzeichen	Ge- oder Verbote Erläuterungen
15	Zeichen 328[18] Nothalte- und Pannenbucht	**Ge- oder Verbot** Wer ein Fahrzeug führt, darf nur im Notfall oder bei einer Panne in einer Nothalte- und Pannenbucht halten.

Abschnitt 7. Autobahnen und Kraftfahrstraßen

Lfd. Nr.	Zeichen und Zusatzzeichen	Ge- oder Verbote Erläuterungen
16	Zeichen 330.1[19] Autobahn	**Erläuterung** Ab diesem Zeichen gelten die Regeln für den Verkehr auf Autobahnen.

---

[17] **Erläuterungen** zum Wenden bei § 9 Rn 56 ff; s auch **Erläuterungen** bei § 17 Rn 1 u 21. – S auch VwV zu Zeichen 277 III Rn 6.

[18] **Erläuterungen** zum Halten bei § 12 Rn 3 f.

[19] **Erläuterungen** bei § 18 Rn 1, 7; s auch § 18 Rn 25.

Richtzeichen   **Anl. 3 StVO**

Lfd. Nr.	Zeichen und Zusatzzeichen	Ge- oder Verbote Erläuterungen
17	Zeichen 330.2 Ende der Autobahn	
18	Zeichen 331.1[20] Kraftfahrstraße	**Erläuterung** Ab diesem Zeichen gelten die Regeln für den Verkehr auf Kraftfahrstraßen.
19	Zeichen 331.2 Ende der Kraftfahrstraße	
20	Zeichen 333 Ausfahrt von der Autobahn	**Erläuterung** Auf Kraftfahrstraßen oder autobahnähnlich ausgebauten Straßen weist das entsprechende Zeichen mit schwarzer Schrift auf gelbem Grund auf die Ausfahrt hin. Das Zeichen kann auch auf weißem Grund ausgeführt sein.
21	Zeichen 450 Ankündigungsbake	**Erläuterung** Das Zeichen steht 300 m, 200 m (wie abgebildet) und 100 m vor einem Autobahnknotenpunkt (Autobahnanschlussstelle, Autobahnkreuz oder Autobahndreieck). Es steht auch vor einer bewirtschafteten Rastanlage. Vor einem Knotenpunkt kann auf der 300 m-Bake die Nummer des Knotenpunktes angezeigt sein.

---

[20] **Erläuterungen** bei § 18 Rn 1, 7; s auch § 18 Rn 25.

StVO Anl. 3

Abschnitt 8. Markierungen

Lfd. Nr.	Zeichen und Zusatzzeichen	Ge- oder Verbote Erläuterungen
22	Zeichen 340[21] Leitlinie	**Ge- oder Verbot** 1. Wer ein Fahrzeug führt, darf Leitlinien nicht überfahren, wenn dadurch der Verkehr gefährdet wird. 2. Wer ein Fahrzeug führt, darf auf der Fahrbahn durch Leitlinien markierte Schutzstreifen für den Radverkehr nur bei Bedarf überfahren. Der Radverkehr darf dabei nicht gefährdet werden. 3. Wer ein Fahrzeug führt, darf auf durch Leitlinien markierte Schutzstreifen für den Radverkehr nicht parken. **Erläuterung** Der Schutzstreifen für den Radverkehr ist in regelmäßigen Abständen mit dem Sinnbild „Radverkehr" auf der Fahrbahn gekennzeichnet.
23	Zeichen 341[22] Wartelinie	**Erläuterung** Die Wartelinie empfiehlt dem Wartepflichtigen, an dieser Stelle zu warten.

---

[21] **Erläuterungen:** Zulässig ist die Benutzung des Schutzstreifens, um an verkehrsbedingt haltenden Verkehrsteilnehmern zum Erreichen einer weiter vorne befindlichen Rechtsabbiegespur vorbeizugelangen, sofern der Schutzstreifen nicht von Radfahrern genutzt wird (AG Berlin-Mitte NZV 12, 381). – **Weitere Erläuterungen** bei § 2 Rn 100; § 7 Rn 14.
[22] **Erläuterungen** bei § 37 Rn 17.

Richtzeichen **Anl. 3 StVO**

Abschnitt 9. Hinweise

Lfd. Nr.	Zeichen und Zusatzzeichen	Ge- oder Verbote Erläuterungen
24	Zeichen 350[23] Fußgängerüberweg	
25	Zeichen 354[24] Wasserschutzgebiet	
26	Zeichen 356 Verkehrshelfer	
27	Zeichen 357 Sackgasse	**Erläuterung** Im oberen Teil des Verkehrszeichens kann die Durchlässigkeit der Sackgasse für den Radverkehr und/oder Fußgängerverkehr durch Piktogramme angezeigt sein.
zu 28 und 29		**Erläuterung** 1. Durch solche Zeichen mit entsprechenden Sinnbildern können auch andere Hinweise gegeben werden, wie auf Fußgängerunter- oder -überfüh-

---

[23] **Erläuterungen** bei § 26 Rn 3.
[24] S VkBl 88, 500.

Lfd. Nr.	Zeichen und Zusatzzeichen	Ge- oder Verbote Erläuterungen
		rung, Fernsprecher, Notrufsäule, Pannenhilfe, Tankstellen, Zelt- und Wohnwagenplätze, Autobahnhotel, Autobahngasthaus, Autobahnkiosk.[25] 2. Auf Hotels, Gasthäuser und Kioske wird nur auf Autobahnen und nur dann hingewiesen, wenn es sich um Autobahnanlagen oder Autohöfe handelt.
28	Zeichen 358 Erste Hilfe	
29	Zeichen 363 Polizei	
30	Zeichen 385 Ortshinweistafel	
zu 31 und 32		**Erläuterung** Die Zeichen stehen außerhalb von Autobahnen. Sie dienen dem Hinweis auf touristisch bedeutsame Ziele und der Kennzeichnung des Verlaufs touristischer Routen. Sie können auch als Wegweiser ausgeführt sein.

---

[25] Bek BMV v 31.7.72 (VkBl 610). Fernsprecher: Z 360; Tankstelle Z 361; Zeltplatz/Wohnwagenplatz: Z 366; Fremdenverkehrsbüro: Z 367. – Autogastankstelle (LPG: Liquid Petroleum Gas) Z 365–53; Erdgastankstelle (CNG = Compressed Natural Gas) Z 365–54 (Bek BMVBS v 27.6.06, VkBl 06, 633). – Notrufsäule (SOS) Z 365–51 (VkBl 06, 478) soll das Notruf-Zeichen 360–51 ersetzen. – **Weitere Erläuterungen:** Zum **Anspruch auf Hinweisbeschilderung** für eine Autogastankstelle (LPG: Liquid Petroleum Gas) mit Z 365–53 OVG Koblenz NJW 09, 695 (s auch § 39 StVO Rn 1b).

Richtzeichen

Anl. 3 StVO

Lfd. Nr.	Zeichen und Zusatzzeichen	Ge- oder Verbote Erläuterungen
31	Zeichen 386.1 **Burg Eltz** Touristischer Hinweis	
32	Zeichen 386.2 **Deutsche Weinstraße** Touristische Route	
33	Zeichen 386.3 Rheinland Touristische Unterrichtungstafel	**Erläuterung** Das Zeichen steht an der Autobahn. Es dient der Unterrichtung über touristisch bedeutsame Ziele.
34	Zeichen 390 MAUT Mautpflicht nach dem Bundesfernstraßenmautgesetz	
35	Zeichen 391 MAUT Mautpflichtige Strecke	
36	Zeichen 392 ZOLL DOUANE Zollstelle	

StVO Anl. 3 Anlage 3

Lfd. Nr.	Zeichen und Zusatzzeichen	Ge- oder Verbote Erläuterungen
37	Zeichen 393 Informationstafel an Grenz-übergangsstellen	
38	Zeichen 394[26] Laternenring	**Erläuterung** Das Zeichen kennzeichnet innerhalb geschlossener Ortschaften Laternen, die nicht die ganze Nacht leuchten. In dem roten Feld kann in weißer Schrift angegeben sein, wann die Laterne erlischt.

Abschnitt 10. Wegweisung

1. Nummernschilder

Lfd. Nr.	Zeichen und Zusatzzeichen	Ge- oder Verbote Erläuterungen
39	Zeichen 401 Bundesstraßen	
40	Zeichen 405 Autobahnen	

---

[26] **Erläuterungen** bei § 17 Rn 17.

Richtzeichen   **Anl. 3 StVO**

Lfd. Nr.	Zeichen und Zusatzzeichen	Ge- oder Verbote Erläuterungen
41	Zeichen 406[27] (26) Knotenpunkte der Autobahnen	**Erläuterung** So sind Knotenpunkte der Autobahnen (Autobahnausfahrten, Autobahnkreuze und Autobahndreiecke) beziffert.
42	Zeichen 410 E 36 Europastraßen	

2. Wegweiser außerhalb von Autobahn

a) Vorwegweiser

Lfd. Nr.	Zeichen und Zusatzzeichen	Ge- oder Verbote Erläuterungen
43	Zeichen 438 München / Erding	
44	Zeichen 439 [14] Nürnberg / Stuttgart / Uhlbach	
45	Zeichen 440 [8] Langenfeld / Düsseldorf [59] / Köln [59]	

---

[27] **Erläuterungen** bei § 18 Rn 2.

StVO Anl. 3   Anlage 3

Lfd. Nr.	Zeichen und Zusatzzeichen	Ge- oder Verbote Erläuterungen
46	Zeichen 441	

b) Pfeilwegweiser

Lfd. Nr.	Zeichen und Zusatzzeichen	Ge- oder Verbote Erläuterungen
zu 47 bis 49		**Erläuterung** Das Zusatzzeichen „Nebenstrecke" oder der Zusatz „Nebenstrecke" im Wegweiser weist auf eine Straßenverbindung von untergeordneter Bedeutung hin.
47	Zeichen 415 Dorsten 28 km Bottrop 14 km	**Erläuterung** Pfeilwegweiser auf Bundesstraßen.
48	Zeichen 418 Hildesheim 49 km Elze 31 km	**Erläuterung** Pfeilwegweiser auf sonstigen Straßen.
49	Zeichen 419 Eichenbach	**Erläuterung** Pfeilwegweiser auf sonstigen Straßen mit geringerer Verkehrsbedeutung.
50	Zeichen 430 Berlin	**Erläuterung** Pfeilwegweiser zur Autobahn.
51	Zeichen 432 Bahnhof	**Erläuterung** Pfeilwegweiser zu Zielen mit erheblicher Verkehrsbedeutung.

Richtzeichen

c) Tabellenwegweiser

Lfd. Nr.	Zeichen und Zusatzzeichen	Ge- oder Verbote Erläuterungen
52	Zeichen 434	**Erläuterung** Der Tabellenwegweiser kann auch auf einer Tafel zusammengefasst sein. Die Zielangaben in einer Richtung können auch auf separaten Tafeln gezeigt werden.

d) Ausfahrttafel

Lfd. Nr.	Zeichen und Zusatzzeichen	Ge- oder Verbote Erläuterungen
53	Zeichen 332.1	**Erläuterung** Ausfahrt von der Kraftfahrstraße oder einer autobahnähnlich ausgebauten Straße. Das Zeichen kann innerhalb geschlossener Ortschaften auch mit weißem Grund ausgeführt sein.

e) Straßennamensschilder

Lfd. Nr.	Zeichen und Zusatzzeichen	Ge- oder Verbote Erläuterungen
54	Zeichen 437	**Erläuterung** Das Zeichen hat entweder weiße Schrift auf dunklem Grund oder schwarze Schrift auf hellem Grund. Es kann auch an Bauwerken angebracht sein.

StVO Anl. 3

3. Wegweiser auf Autobahnen

a) Ankündigungstafeln

Lfd. Nr.	Zeichen und Zusatzzeichen	Ge- oder Verbote Erläuterungen
zu 55 und 58		**Erläuterung** Die Nummer (Zeichen 406) ist die laufende Nummer der Autobahnausfahrten, Autobahnkreuze und Autobahndreiecke der gerade befahrenen Autobahn. Sie dient der besseren Orientierung.
55	Zeichen 448[28] (Düsseldorf-Benrath 1000 m)	**Erläuterung** Das Zeichen weist auf eine Autobahnausfahrt, ein Autobahnkreuz oder Autobahndreieck hin. Es schließt Zeichen 406 ein.
56		**Erläuterung** Das Sinnbild weist auf eine Ausfahrt hin.
57		**Erläuterung** Das Sinnbild weist auf ein Autobahnkreuz oder Autobahndreieck hin; es weist auch auf Kreuze und Dreiecke von Autobahnen mit autobahnähnlich ausgebauten Straßen des nachgeordneten Netzes hin.
58	Zeichen 448.1 (Autohof)	**Erläuterung** 1. Mit dem Zeichen wird ein Autohof in unmittelbarer Nähe einer Autobahnausfahrt angekündigt. 2. Der Autohof wird einmal am rechten Fahrbahnrand 500 bis 1000 m vor dem Zeichen 448 angekündigt. Auf einem Zusatzzeichen wird durch grafische Symbole der Leistungsumfang des Autohofs dargestellt.

[28] **Erläuterungen** bei § 18 Rn 2.

Richtzeichen   Anl. 3 StVO

b) Vorwegweiser

Lfd. Nr.	Zeichen und Zusatzzeichen	Ge- oder Verbote Erläuterungen
59	Zeichen 449	

c) Ausfahrttafel

Lfd. Nr.	Zeichen und Zusatzzeichen	Ge- oder Verbote Erläuterungen
60	Zeichen 332	

d) Entfernungstafel

Lfd. Nr.	Zeichen und Zusatzzeichen	Ge- oder Verbote Erläuterungen
61	Zeichen 453	**Erläuterung** Die Entfernungstafel gibt Fernziele und die Entfernung zur jeweiligen Ortsmitte an. Ziele, die über eine andere als die gerade befahrene Autobahn zu erreichen sind, werden unterhalb des waagerechten Striches angegeben.

StVO Anl. 3

Abschnitt 11. Umleitungsbeschilderung

1. Umleitung außerhalb von Autobahnen

a) Umleitungen für bestimmte Verkehrsarten

Lfd. Nr.	Zeichen und Zusatzzeichen	Ge- oder Verbote Erläuterungen
62	Zeichen 442[29] Vorwegweiser	**Erläuterung** Vorwegweiser für bestimmte Verkehrsarten
63	Zeichen 421[30]	**Erläuterung** Vorwegweiser für bestimmte Verkehrsarten
64	Zeichen 422	**Erläuterung** Wegweiser für bestimmte Verkehrsarten

b) Temporäre Umleitungen (zB infolge von Baumaßnahmen)

Lfd. Nr.	Zeichen und Zusatzzeichen	Ge- oder Verbote Erläuterungen
65		**Erläuterung** Der Verlauf der Umleitungsstrecke kann gekennzeichnet werden durch

---

[29] **Erläuterungen:** Nach den „Richtlinien für die Anordnung von verkehrsregelnden Maßnahmen für den Transport gefährlicher Güter auf Straßen" ist das **Symbol aus Z 269 erforderlichenfalls in die Schilder Z 421 u 442 einzusetzen** (s Bek BMV v 14.6.88, VkBl 500).

[30] **Erläuterungen:** Nach den „Richtlinien für die Anordnung von verkehrsregelnden Maßnahmen für den Transport gefährlicher Güter auf Straßen" ist das **Symbol aus Z 269 erforderlichenfalls in die Schilder Z 421 u 442 einzusetzen** (s Bek BMV v 14.6.88, VkBl 500).

Richtzeichen   **Anl. 3 StVO**

Lfd. Nr.	Zeichen und Zusatzzeichen	Ge- oder Verbote Erläuterungen
66	Zeichen 454 *(gelbes Pfeilschild "Umleitung")*	**Erläuterung** Umleitungswegweiser oder
67	Zeichen 455.1 *(gelbes Schild mit "U" und Pfeil nach oben)*	**Erläuterung** Fortsetzung der Umleitung
zu 66 und 67		**Erläuterung** Die Zeichen 454 und 455.1 können durch eine Zielangabe auf einem Schild über den Zeichen ergänzt sein. Werden nur bestimmte Verkehrsarten umgeleitet, sind diese auf einem Zusatzzeichen über dem Zeichen angegeben.
68		**Erläuterung** Die temporäre Umleitung kann angekündigt sein durch Zeichen 455.1 oder
69	Zeichen 457.1 *(gelbes Schild "Umleitung")*	**Erläuterung** Umleitungsankündigung
70		**Erläuterung** jedoch nur mit Entfernungsangabe auf einem Zusatzzeichen und bei Bedarf mit Zielangabe auf einem zusätzlichen Schild über dem Zeichen.
71		**Erläuterung** Die Ankündigung kann auch erfolgen durch
72	Zeichen 458[31] *(Planskizze mit Stuttgart, A-Dorf, B-Dorf, 80m)*	**Erläuterung** eine Planskizze

[31] **Erläuterungen** bei § 45 Rn 19.

StVO Anl. 3

Lfd. Nr.	Zeichen und Zusatzzeichen	Ge- oder Verbote Erläuterungen
73		**Erläuterung** Das Ende der Umleitung kann angezeigt werden durch
74	Zeichen 457.2 *Umleitung* (durchgestrichen)	**Erläuterung** Ende der Umleitung oder
75	Zeichen 455.2 (durchgestrichenes U)	**Erläuterung** Ende der Umleitung

2. Bedarfsumleitung für den Autobahnverkehr

Lfd. Nr.	Zeichen und Zusatzzeichen	Ge- oder Verbote Erläuterungen
76	Zeichen 460[32] U22 Bedarfsumleitung	**Erläuterung** Das Zeichen kennzeichnet eine alternative Streckenführung im nachgeordneten Straßennetz zwischen Autobahnanschlussstellen.
77	Zeichen 466 U24 / U22 (durchgestrichen) / U22 Weiterführende Bedarfsumleitung	**Erläuterung** Kann der umgeleitete Verkehr an der nach Zeichen 460 vorgesehenen Anschlussstelle noch nicht auf die Autobahn zurückgeleitet werden, wird er durch dieses Zeichen über die nächste Bedarfsumleitung weitergeführt.

[32] **Erläuterungen** bei § 18 Rn 2.

Richtzeichen   **Anl. 3 StVO**

Abschnitt 12. Sonstige Verkehrsführung

1. Umlenkungspfeil

Lfd. Nr.	Zeichen und Zusatzzeichen	Ge- oder Verbote Erläuterungen
78	Zeichen 467.1 Umlenkungspfeil	**Erläuterung** Das Zeichen kennzeichnet Alternativstrecken auf Autobahnen, deren Benutzung im Bedarfsfall empfohlen wird (Streckenempfehlung).
79	Zeichen 467.2	**Erläuterung** Das Zeichen kennzeichnet das Ende einer Streckenempfehlung.

2. Verkehrslenkungstafeln

Lfd. Nr.	Zeichen und Zusatzzeichen	Ge- oder Verbote Erläuterungen
80		**Erläuterung** Verkehrslenkungstafeln geben den Verlauf und die Anzahl der Fahrstreifen an, wie beispielsweise:
81	Zeichen 501 Überleitungstafel	**Erläuterung** Das Zeichen kündigt die Überleitungen des Verkehrs auf die Gegenfahrbahn an.

Hühnermann

StVO Anl. 4

Lfd. Nr.	Zeichen und Zusatzzeichen	Ge- oder Verbote Erläuterungen
82	Zeichen 531 Einengungstafel	
82.1	Reißverschluss erst in........m	**Erläuterung** Bei Einengungstafeln wird mit dem Zusatzzeichen der Ort angekündigt, an dem der Fahrstreifenwechsel nach dem Reißverschlussverfahren (§ 7 Absatz 4) erfolgen soll.

3. Blockumfahrung

Lfd. Nr.	Zeichen und Zusatzzeichen	Ge- oder Verbote Erläuterungen
83	Zeichen 590 Blockumfahrung	**Erläuterung** Das Zeichen kündigt eine durch die Zeichen „Vorgeschriebene Fahrtrichtung" (Zeichen 209 bis 214) vorgegebene Verkehrsführung an.

Anlage 4[1]
(zu § 43 Absatz 3)

Verkehrseinrichtungen

Abschnitt 1. Einrichtungen zur Kennzeichnung von Arbeits- und Unfallstellen oder sonstigen vorübergehenden Hindernissen

Lfd. Nr.	Zeichen	Ge- oder Verbot Erläuterungen
1	Zeichen 600 Absperrschranke	

---

[1] Die Allgemeinen Verwaltungsvorschriften zu den jeweiligen Verkehrszeichen sind im Anschluss an die Anlage 4 StVO abgedruckt.

Verkehrseinrichtungen   **Anl. 4 StVO**

Lfd. Nr.	Zeichen	Ge- oder Verbot Erläuterungen
2	Zeichen 605 Leitbake Pfeilbake Schraffenbake	
3	Zeichen 628 Leitschwelle mit mit Pfeilbake Schraffenbake	
4	Zeichen 629 Leitbord mit mit Pfeilbake Schraffenbake	
5	Zeichen 610 Leitkegel	
6	Zeichen 615 Fahrbare Absperrtafel	

StVO Anl. 4

Anlage 4

Lfd. Nr.	Zeichen	Ge- oder Verbot Erläuterungen
7	Zeichen 616 Fahrbare Absperrtafel mit Blinkpfeil	
zu 1 bis 7		**Ge- oder Verbot** Die Einrichtungen verbieten das Befahren der so gekennzeichneten Straßenfläche und leiten den Verkehr an dieser Fläche vorbei. **Erläuterung** 1. Warnleuchten an diesen Einrichtungen zeigen rotes Licht, wenn die ganze Fahrbahn gesperrt ist, sonst gelbes Licht oder gelbes Blinklicht. 2. Zusammen mit der Absperrtafel können überfahrbare Warnschwellen[2] verwendet sein, die quer zur Fahrtrichtung vor der Absperrtafel ausgelegt sind.

Abschnitt 2. Einrichtungen zur Kennzeichnung von dauerhaften Hindernissen oder sonstigen gefährlichen Stellen

Lfd. Nr.	Zeichen	Ge- oder Verbot Erläuterungen
8	Zeichen 625 Richtungstafel in Kurven	Die Richtungstafel in Kurven kann auch in aufgelöster Form angebracht sein.

---

[2] **Erläuterungen:** Überfahrbare **Warnschwellen,** auch **Rüttelstreifen** o **Andreasstreifen** genannt, sind ein grundlegend neues Element in der StVO (Schubert DAR 08, 130, 132) und dienen der Verkehrssicherheit an Arbeitsstellen im Straßenraum.

Verkehrseinrichtungen **Anl. 4 StVO**

Lfd. Nr.	Zeichen	Ge- oder Verbot Erläuterungen
9	Zeichen 626 Leitplatte	
10	Zeichen 627 Leitmal	Leitmale kennzeichnen in der Regel den Verkehr einschränkende Gegenstände. Ihre Ausführung richtet sich nach der senkrechten, waagerechten oder gewölbten Anbringung beispielsweise an Bauwerken, Bauteilen und Gerüsten.

Abschnitt 3. Einrichtungen zur Kennzeichnung des Straßenverlaufs

Lfd. Nr.	Zeichen	Ge- oder Verbot Erläuterungen
11	Zeichen 620 Leitpfosten (links) (rechts)	Um den Verlauf der Straße kenntlich zu machen, können an den Straßenseiten Leitpfosten in der Regel im Abstand von 50 m und in Kurven verdichtet stehen.

Abschnitt 4. Warntafel zur Kennzeichnung von Fahrzeugen und Anhängern bei Dunkelheit

Lfd. Nr.	Zeichen	Ge- oder Verbot Erläuterungen
12	Zeichen 630[3] Parkwarntafel	

---

[3] **Erläuterungen** bei § 17 Rn 17.

Allgemeine Verwaltungsvorschriften zu den Verkehrszeichen (Anlagen 1 bis 4 StVO)

VwV zu Zeichen 101 Gefahrstelle

1   I. Das Zeichen darf nicht anstelle der Zeichen 102 bis 151 dauerhaft verwendet werden.

2   II. Vor Schienenbahnen ohne Vorrang darf nur durch dieses Zeichen samt einem Zusatzzeichen zB mit dem Sinnbild „Straßenbahn" (1048–19) oder dem Sinnbild aus Zeichen 151 gewarnt werden, bei nicht oder kaum benutzten Gleisen auch durch Zeichen 112.

VwV zu Zeichen 102 Kreuzung oder Einmündung mit Vorfahrt von rechts

1   Das Zeichen darf nur angeordnet werden vor schwer erkennbaren Kreuzungen und Einmündungen von rechts, an denen die Vorfahrt nicht durch Vorfahrtzeichen geregelt ist. Innerhalb geschlossener Ortschaften ist das Zeichen im Allgemeinen entbehrlich.

VwV zu den Zeichen 103 Kurve und 105 Doppelkurve

1   I. Die Zeichen sind nur dort anzuordnen, wo die Erforderlichkeit einer erheblichen Reduzierung der Geschwindigkeit in einem Kurvenbereich nicht rechtzeitig erkennbar ist, obwohl Richtungstafeln aufgestellt sind (vgl Nummer II VwV zu § 43 Absatz 3 Anlage 4 Abschnitte 2 und 3; Randnummer 6).

2   II. Es dürfen nur die im Katalog der Verkehrszeichen aufgeführten Varianten der Zeichen 103 und 105 angeordnet werden. Eine nähere Darstellung des Kurvenverlaufs auf den Zeichen ist unzulässig.

3   III. Mehr als zwei gefährliche Kurven im Sinne der Nummer I sind durch ein Doppelkurvenzeichen mit einem Zusatzzeichen, das die Länge der kurvenreichen Strecke angibt, anzukündigen. Vor den einzelnen Kurven ist dann nicht mehr zu warnen.

VwV zu den Zeichen 108 Gefälle und 110 Steigung

1   Die Zeichen dürfen nur dann angeordnet werden, wenn der Verkehrsteilnehmer die Steigung oder das Gefälle nicht rechtzeitig erkennen oder wegen besonderer örtlicher Verhältnisse oder des Streckencharakters die Stärke oder die Länge der Neigungsstrecke unterschätzen kann. Die Länge der Gefahrstrecke kann auf einem Zusatzzeichen angegeben werden.

VwV zu Zeichen 112 Unebene Fahrbahn

1   I. Das Zeichen ist nur für sonst gut ausgebaute Straßen und nur dann anzuordnen, wenn Unebenheiten bei Einhaltung der jeweils zulässigen Höchstgeschwindigkeit oder der Richtgeschwindigkeit auf Autobahnen eine Gefahr für den Fahrzeugverkehr darstellen können.

2   II. Es ist empfehlenswert, die Entfernung zwischen dem Standort des Zeichens und dem Ende der Gefahrstelle anzugeben, wenn vor einer unebenen Fahrbahn von erheblicher Länge gewarnt werden muss.

3   III. Vgl. auch Nummer II zu Zeichen 101; Randnummer 2.

VwV zu Zeichen 114 Schleuder- oder Rutschgefahr bei Nässe oder Schmutz

I. Das Zeichen ist nur dort anzuordnen, wo die Gefahr nur auf einem kurzen Abschnitt besteht. Besteht die Gefahr auf längeren Streckenabschnitten häufiger, ist stattdessen die zulässige Höchstgeschwindigkeit bei Nässe zu beschränken. Innerhalb geschlossener Ortschaften ist das Zeichen in der Regel entbehrlich.

II. Vor der Beschmutzung der Fahrbahn ist nur zu warnen, wenn die verkehrsgefährdende Auswirkung schwer erkennbar ist und nicht sofort beseitigt werden kann; vgl Nummer I zu § 32 Absatz 1; Randnummer 1.

VwV zu den Zeichen 120 und 121 Verengte Fahrbahn

Verengt sich die Fahrbahn nur allmählich oder ist die Verengung durch horizontale und vertikale Leiteinrichtungen ausreichend gekennzeichnet, bedarf es des Zeichens nicht. Innerhalb geschlossener Ortschaften sollen die Zeichen nur bei Baustellen angeordnet werden.

VwV zu Zeichen 123 Arbeitsstelle

Zur Ausführung von Straßenarbeitsstellen vgl Richtlinien für die Sicherung von Arbeitsstellen an Straßen (RSA).

VwV zu Zeichen 125 Gegenverkehr

Das Zeichen ist nur dann anzuordnen, wenn eine Fahrbahn mit Verkehr in einer Richtung in eine Fahrbahn mit Gegenverkehr übergeht und dies nicht ohne Weiteres erkennbar ist.

VwV zu Zeichen 131 Lichtzeichenanlage

Das Zeichen ist innerhalb geschlossener Ortschaften nur anzuordnen, wenn die Lichtzeichenanlage für die Fahrzeugführer nicht bereits in so ausreichender Entfernung erkennbar ist, dass ein rechtzeitiges Anhalten problemlos möglich ist. Außerhalb geschlossener Ortschaften ist das Zeichen stets in Verbindung mit einer Geschwindigkeitsbeschränkung vor Lichtzeichenanlagen anzuordnen; vgl III. zu Zeichen 274.

VwV zu Zeichen 133 Fußgänger

Das Zeichen ist nur dort anzuordnen, wo Fußgängerverkehr außerhalb von Kreuzungen oder Einmündungen über oder auf die Fahrbahn geführt wird und dies für den Fahrzeugverkehr nicht ohne Weiteres erkennbar ist.

VwV zu Zeichen 136 Kinder

I. Das Zeichen darf nur angeordnet werden, wo die Gefahr besteht, dass Kinder häufig ungesichert auf die Fahrbahn laufen und eine technische Sicherung nicht möglich ist. Die Anordnung des Zeichens ist in Tempo-30-Zonen in der Regel nicht erforderlich (vgl Nummer XI zu § 45 Absatz 1 bis 1e).

II. Vgl. auch zu § 31; Randnummer 1.

VwV zu Zeichen 138 Radfahrer

Das Zeichen ist nur dort anzuordnen, wo Radverkehr außerhalb von Kreuzungen oder Einmündungen die Fahrbahn quert oder auf sie geführt wird und dies für den Kraftfahrzeugverkehr nicht ohne Weiteres erkennbar ist. Vgl. III zu den Zeichen 237, 240 und 241.

StVO VwV zu Anl. 1–4 Anhang

VwV zu Zeichen 142 Wildwechsel

1   I. Das Zeichen darf nur für Straßen mit schnellem Verkehr für bestimmte Streckenabschnitte angeordnet werden, in denen Wild häufig über die Fahrbahn wechselt. Diese Gefahrstellen sind mit den unteren Jagd- und Forstbehörden sowie den Jagdausübungsberechtigten festzulegen.

2   II. Auf Straßen mit Wildschutzzäunen ist das Zeichen entbehrlich.

VwV zu den Zeichen 151 bis 162 Bahnübergang

1   I. Die Zeichen sind außerhalb geschlossener Ortschaften in der Regel für beide Straßenseiten anzuordnen.

2   II. In der Regel sind die Zeichen 156 bis 162 anzuordnen. Selbst auf Straßen von geringer Verkehrsbedeutung genügt das Zeichen 151 allein nicht, wenn dort schnell gefahren wird oder wenn der Bahnübergang zu spät zu erkennen ist.

3   Innerhalb geschlossener Ortschaften genügt das Zeichen 151, wenn nicht schneller als 50 km/h gefahren werden darf und der Bahnübergang gut erkennbar ist.

VwV zu Zeichen 201 Andreaskreuz

1   I. Die Andreaskreuze sind in der Regel möglichst nahe, aber nicht weniger als 2,25 m vor der äußeren Schiene aufzustellen.

2   II. Andreaskreuze sind am gleichen Pfosten wie Blinklichter oder Lichtzeichen anzubringen. Mit anderen Verkehrszeichen dürfen sie nicht kombiniert werden.

3   III. Wo in den Hafen- und Industriegebieten den Schienenbahnen Vorrang gewährt werden soll, müssen Andreaskreuze an allen Einfahrten angeordnet werden. Vorrang haben dann auch Schienenbahnen, die nicht auf besonderem Bahnkörper verlegt sind. Für Industriegebiete kommt eine solche Regelung nur in Betracht, wenn es sich um geschlossene Gebiete handelt, die als solche erkennbar sind und die nur über bestimmte Zufahrten erreicht werden können.

IV. Weitere Sicherung von Übergängen von Schienenbahnen mit Vorrang

4   1. Wegen der ständig zunehmenden Verkehrsdichte auf den Straßen ist die technische Sicherung der bisher nicht so gesicherten Bahnübergänge anzustreben. Besonders ist darauf zu achten, ob Bahnübergänge infolge Zunahme der Verkehrsstärke einer technischen Sicherung bedürfen. Anregungen sind der höheren Verwaltungsbehörde vorzulegen.

5   2. Auf die Schaffung ausreichender Sichtflächen an Bahnübergängen ohne technische Sicherung ist hinzuwirken. Wo solche Übersicht fehlt, ist die zulässige Höchstgeschwindigkeit vor dem Bahnübergang angemessen zu beschränken. Das Zeichen 274 ist über den ein- oder zweistreifigen Baken (Zeichen 159 oder 162) anzubringen.

6   3. Dort, wo Längsmarkierungen angebracht sind, empfiehlt es sich, auch eine Haltlinie (Zeichen 294), in der Regel in Höhe des Andreaskreuzes zu markieren. Zur Anordnung einer einseitigen Fahrstreifenbegrenzung (Zeichen 296) vgl zu § 19 Absatz 1.

7   4. Vgl. auch zu den Zeichen 151 bis 162.

8   5. Bevor ein Verkehrszeichen oder eine Markierung angeordnet oder entfernt wird, ist der Betreiber des Schienennetzes zu hören.

V. Straßenbahnen und die übrigen Schienenbahnen (Privatanschlussbahnen)

1. Über die Zustimmungsbedürftigkeit der Aufstellung und Entfernung von Andreaskreuzen vgl Nummer III zu § 45 Absatz 1 bis 1e; Randnummer 3 ff. Außerdem sind, soweit die Aufsicht über die Bahnen nicht bei den obersten Landesbehörden liegt, die für die Aufsicht zuständigen Behörden zu beteiligen; sind die Bahnen Zubehör einer bergbaulichen Anlage, dann sind auch die obersten Bergbaubehörden zu beteiligen.
2. Der Vorrang darf nur gewährt werden, wenn eine solche Schienenbahn auf besonderem oder unabhängigem Bahnkörper verlegt ist, dies auch dann, wenn der besondere Bahnkörper innerhalb des Verkehrsraums einer öffentlichen Straße liegt. Eine Schienenbahn ist schon dann an einem Übergang auf besonderem Bahnkörper verlegt, wenn dieser an dem Übergang endet. Ein besonderer Bahnkörper setzt mindestens voraus, dass die Gleise durch ortsfeste, körperliche Hindernisse vom übrigen Verkehrsraum abgegrenzt und diese Hindernisse auffällig kenntlich gemacht sind; abtrennende Bordsteine müssen weiß sein.

VI.1. Straßenbahnen auf besonderem oder unabhängigem Bahnkörper, der nicht innerhalb des Verkehrsraums einer öffentlichen Straße liegt, ist in der Regel durch Aufstellung von Andreaskreuzen der Vorrang zu geben. An solchen Bahnübergängen ist schon bei mäßigem Verkehr auf der querenden Straße oder wenn auf dieser Straße schneller als 50 km/h gefahren wird, die Anbringung einer straßenbahnabhängigen, in der Regel zweifarbigen Lichtzeichenanlage (vgl § 37 Absatz 2 Randnummer 3) oder von Schranken zu erwägen. Auch an solchen Bahnübergängen über Feld- und Waldwege sind Andreaskreuze dann erforderlich, wenn der Bahnübergang nicht ausreichend erkennbar ist; unzureichende Übersicht über die Bahnstrecke kann ebenfalls dazu Anlass geben.

2. a) Liegt der besondere oder unabhängige Bahnkörper innerhalb des Verkehrsraums einer Straße mit Vorfahrt oder verläuft er neben einer solchen Straße, bedarf es nur dann eines Andreaskreuzes, wenn der Schienenverkehr für den kreuzenden oder abbiegenden Fahrzeugführer nach dem optischen Eindruck nicht zweifelsfrei zu dem Verkehr auf der Straße mit Vorfahrt gehört. Unmittelbar vor dem besonderen Bahnkörper darf das Andreaskreuz nur dann aufgestellt werden, wenn so viel Stauraum vorhanden ist, dass ein vor dem Andreaskreuz wartendes Fahrzeug den Längsverkehr nicht stört. Wird an einer Kreuzung oder Einmündung der Verkehr durch Lichtzeichen geregelt, muss auch der Straßenbahnverkehr auf diese Weise geregelt werden, und das auch dann, wenn der Bahnkörper parallel zu einer Straße in deren unmittelbarer Nähe verläuft. Dann ist auch stets zu erwägen, ob der die Schienen kreuzende Abbiegeverkehr gleichfalls durch Lichtzeichen zu regeln oder durch gelbes Blinklicht mit dem Sinnbild einer Straßenbahn zu warnen ist.
   b) Hat der gleichgerichtete Verkehr an einer Kreuzung oder Einmündung nicht die Vorfahrt, ist es nur in Ausnahmefällen möglich, der Straßenbahn Vorrang zu gewähren.

VwV zu Zeichen 205 Vorfahrt gewähren

I. Ist neben einer durchgehenden Fahrbahn ein Fahrstreifen vorhanden, welcher der Einfädelung des einmündenden Verkehrs dient, ist das Zeichen am Beginn dieses Fahrstreifens anzuordnen. Vgl. Nummer I zu § 7 Absatz 1 bis 3; Randnummer 1. An Einfädelungsstreifen auf Autobahnen und Kraftfahrstraßen ist das Zeichen im Regelfall nicht erforderlich (vgl § 18 Absatz 3).

StVO VwV zu Anl. 1–4 Anhang

2   II. Über Kreisverkehr vgl zu Zeichen 215.

3   III. Nur wenn eine Bevorrechtigung der Schienenbahn auf andere Weise nicht möglich ist, kann in Ausnahmefällen das Zeichen 205 mit dem Zusatzzeichen mit Straßenbahnsinnbild (1048–19) angeordnet werden, insbesondere wo Schienenbahnen einen kreisförmigen Verkehr kreuzen oder wo die Schienenbahn eine Wendeschleife oder ähnlich geführte Gleisanlagen befährt. Für eine durch Zeichen 306 bevorrechtigte Straße darf das Zeichen mit Zusatzzeichen nicht angeordnet werden.

VwV zu Zeichen 206 Halt. Vorfahrt gewähren

   I. Das Zeichen 206 ist nur dann anzuordnen, wenn

1   1. die Sichtverhältnisse an der Kreuzung oder Einmündung es zwingend erfordern,

2   2. es wegen der Örtlichkeit (Einmündung in einer Innenkurve oder in eine besonders schnell befahrene Straße) schwierig ist, die Geschwindigkeit der Fahrzeuge auf der anderen Straße zu beurteilen, oder

3   3. es sonst aus Gründen der Sicherheit notwendig erscheint, einen Wartepflichtigen zu besonderer Vorsicht zu mahnen (zB in der Regel an der Kreuzung zweier Vorfahrtstraßen).

4   II. Zusätzlich ist im Regelfall eine Haltlinie (Zeichen 294) dort anzubringen, wo der Wartepflichtige die Straße übersehen kann. Bei einem im Zuge der Vorfahrtstraße (Zeichen 306) verlaufenden Radweg ist die Haltlinie unmittelbar vor der Radwegefurt anzubringen.

VwV zu den Zeichen 205 und 206 Vorfahrt gewähren. und Halt. Vorfahrt gewähren.

1   I. Die Zeichen sind unmittelbar vor der Kreuzung oder Einmündung anzuordnen.

2   II. Die Zeichen sind nur anzukündigen, wenn die Vorfahrtregelung aufgrund der örtlichen Gegebenheiten (Straßenverlauf, Geschwindigkeit, Verkehrsstärke) anderenfalls nicht rechtzeitig erkennbar wäre. Innerhalb geschlossener Ortschaften ist die Ankündigung in der Regel nicht erforderlich. Außerhalb geschlossener Ortschaften soll sie 100 bis 150 m vor der Kreuzung oder Einmündung erfolgen. Die Ankündigung erfolgt durch Zeichen 205 mit der Entfernungsangabe auf einem Zusatzzeichen. Bei der Ankündigung des Zeichens 206 enthält das Zusatzzeichen neben der Entfernungsangabe zusätzlich das Wort „Stop".

3   III. Das Zusatzzeichen mit dem Sinnbild eines Fahrrades und zwei gegenläufigen waagerechten Pfeilen (1000–32) ist anzuordnen, wenn der Radweg im Verlauf der Vorfahrtstraße für den Radverkehr in beide Richtungen freigegeben ist.

4   IV. Wo eine Lichtzeichenanlage steht, sind die Zeichen in der Regel unter oder neben den Lichtzeichen am gleichen Pfosten anzubringen.

5   V. Nur wo eine Straße mit Wartepflicht in einem großräumigen Knoten eine Straße mit Mittelstreifen kreuzt und für den Verkehrsteilnehmer schwer erkennbar ist, dass es sich um die beiden Richtungsfahrbahnen derselben Straße handelt, ist zusätzlich auf dem Mittelstreifen eines der beiden Zeichen aufzustellen.

6   VI. Jede Kreuzung und Einmündung, in der vom Grundsatz „Rechts vor Links" abgewichen werden soll, ist sowohl positiv als auch negativ zu beschildern, und zwar sowohl innerhalb als auch außerhalb geschlossener Ortschaften. Ausgenommen sind Ausfahrten aus verkehrsberuhigten Bereichen (Zeichen 325.1, 325.2) sowie Feld- und Waldwege, deren Charakter ohne Weiteres zu erkennen ist. Stra-

Beneinmündungen, die wie Grundstückszufahrten aussehen, sowie Einmündungen von Feld- oder Waldwegen können einseitig mit Zeichen 205 versehen werden.

VII. Zusatzzeichen „abknickende Vorfahrt" Über die Zustimmungsbedürftigkeit vgl Nummer III 1 Buchstabe a zu § 45 Absatz 1 bis 1e, Randnummer 4; über abknickende Vorfahrt vgl ferner zu den Zeichen 306 und 307 und Nummer III zu Zeichen 301; Randnummer 3. | **7**

VwV zu Zeichen 208 Dem Gegenverkehr Vorrang gewähren

I. Das Zeichen ist nur dann anzuordnen, wenn

1. bei einseitig verengter Fahrbahn dem stärkeren Verkehrsfluss abweichend von § 6 Vorrang eingeräumt werden muss oder | **1**
2. bei beidseitig verengter Fahrbahn für die Begegnung mehrspuriger Fahrzeuge kein ausreichender Raum vorhanden und der Verengungsbereich aus beiden Fahrtrichtungen überschaubar ist. Welcher Fahrtrichtung der Vorrang einzuräumen ist, ist auf Grund der örtlichen Verhältnisse und der beiderseitigen Verkehrsstärke zu entscheiden. | **2**

II. Am anderen Ende der Verengung muss für die Gegenrichtung das Zeichen 308 angeordnet werden. | **3**

III. In verkehrsberuhigten Bereichen ist auf die Regelung stets, in geschwindigkeitsbeschränkten Zonen in der Regel zu verzichten. | **4**

VwV zu den Zeichen 209 bis 214 Vorgeschriebene Fahrtrichtung

I. In Abweichung von den abgebildeten Grundformen dürfen die Pfeilrichtungen dem tatsächlichen Verlauf der Straße, in die der Fahrverkehr eingewiesen wird, nur dann angepasst werden, wenn dies zur Klarstellung notwendig ist. | **1**

II. Die Zeichen „Hier rechts" und „Hier links" sind hinter der Stelle anzuordnen, an der abzubiegen ist, die Zeichen „Rechts" und „Links" vor dieser Stelle. Das Zeichen „Geradeaus" und alle Zeichen mit kombinierten Pfeilen müssen vor der Stelle stehen, an der in eine oder mehrere Richtungen nicht abgebogen werden darf. | **2**

III. In Verbindung mit Lichtzeichen dürfen die Zeichen nur dann angebracht sein, wenn für den gesamten Richtungsverkehr ein Abbiegever- oder -gebot insgesamt angeordnet werden soll. Sie dürfen nicht nur fahrstreifenbezogen zur Unterstützung der durch die Fahrtrichtungspfeile oder Pfeile in Lichtzeichen vorgeschriebenen Fahrtrichtung angeordnet werden. | **3**

IV. Vgl. auch Nummer IV zu § 41; Randnummer 4 und über die Zustimmungsbedürftigkeit Nummer III 1 Buchstabe d zu § 45 Absatz 1 bis 1e; Randnummer 7. | **4**

VwV zu Zeichen 215 Kreisverkehr

I. Ein Kreisverkehr darf nur angeordnet werden, wenn die Mittelinsel von der Kreisfahrbahn abgegrenzt ist. Dies gilt auch, wenn die Insel wegen des geringen Durchmessers des Kreisverkehrs von großen Fahrzeugen überfahren werden muss. Zeichen 295 als innere Fahrbahnbegrenzung ist in Form eines Breitstrichs auszuführen (vgl RMS). | **1**

II. Außerhalb geschlossener Ortschaften ist der Kreisverkehr mit Vorwegweiser (Zeichen 438) anzukündigen. | **2**

StVO VwV zu Anl. 1–4   Anhang

3   III. Die Zeichen 205 und 215 sind an allen einmündenden Straßen anzuordnen. Ist eine abweichende Vorfahrtregelung durch Verkehrszeichen für den Kreisverkehr erforderlich, ist Zeichen 209 (Rechts) anzuordnen.

4   IV. Die Anordnung von Zeichen 215 macht eine zusätzliche Anordnung von Zeichen 211 (Hier rechts) auf der Mittelinsel entbehrlich. Außerhalb geschlossener Ortschaften empfiehlt es sich, auf baulich angelegten, nicht überfahrbaren Mittelinseln gegenüber der jeweiligen Einfahrt vorrangig Zeichen 625 (Richtungstafel in Kurven) anzuordnen.

5   V. Wo eine Straßenbahn die Mittelinsel überquert, darf Zeichen 215 nicht angeordnet werden. Der Straßenbahn ist regelmäßig Vorfahrt zu gewähren; dabei sind Lichtzeichen vorzuziehen.

6   VI. Der Fahrradverkehr ist entweder wie der Kraftfahrzeugverkehr auf der Kreisfahrbahn zu führen oder auf einem baulich angelegten Radweg (Zeichen 237, 240, 241). Ist dieser baulich angelegte Radweg eng an der Kreisfahrbahn geführt (Absatzmaß max. 4–5 m), so sind in den Zufahrten die Zeichen 215 (Kreisverkehr) und 205 (Vorfahrt gewähren) vor der Radfahrerfurt anzuordnen. Ist der baulich angelegte Radweg von der Kreisfahrbahn abgesetzt oder liegt der Kreisverkehr außerhalb bebauter Gebiete, ist für den Radverkehr Zeichen 205 anzuordnen.

7   VII. Zur Anordnung von Fußgängerüberwegen auf den Zufahrten vgl R-FGÜ.

VwV zu Zeichen 220 Einbahnstraße

1   I. Das Zeichen 220 ist stets längs der Straße anzubringen. Es darf weder am Beginn der Einbahnstraße noch an einer Kreuzung oder Einmündung in ihrem Verlauf fehlen. Am Beginn der Einbahnstraße und an jeder Kreuzung ist das Zeichen dergestalt anzubringen, dass es aus beiden Richtungen wahrgenommen werden kann.

2   II. Bei Einmündungen (auch bei Ausfahrten aus größeren Parkplätzen) empfiehlt sich die Anbringung des Zeichens 220 gegenüber der einmündenden Straße, bei Kreuzungen hinter diesen. In diesem Fall soll das Zeichen in möglichst geringer Entfernung von der kreuzenden Straße angebracht werden, damit es vom kreuzenden Verkehr leicht erkannt werden kann.

3   III. Geht im Verlauf eines Straßenzuges eine Einbahnstraße in eine Straße mit Gegenverkehr über, s. zu Zeichen 125.

4   IV. 1. Beträgt in Einbahnstraßen die zulässige Höchstgeschwindigkeit nicht mehr als 30 km/h, kann Radverkehr in Gegenrichtung zugelassen werden, wenn

5   a) eine ausreichende Begegnungsbreite vorhanden ist, ausgenommen an kurzen Engstellen; bei Linienbusverkehr oder bei stärkerem Verkehr mit Lastkraftwagen muss diese mindestens 3,5 m betragen,

6   b) die Verkehrsführung im Streckenverlauf sowie an Kreuzungen und Einmündungen übersichtlich ist,

7   c) für den Radverkehr dort, wo es orts- und verkehrsbezogen erforderlich ist, ein Schutzraum angelegt wird.

8   2. Das Zusatzzeichen 1000–32 ist an allen Zeichen 220 anzuordnen. Wird durch Zusatzzeichen der Fahrradverkehr in der Gegenrichtung zugelassen, ist bei Zeichen 267 das Zusatzzeichen 1022–10 (Sinnbild eines Fahrrades und „frei") anzubringen. Vgl. zu Zeichen 267.

VwV zu Zeichen 222 Rechts vorbei

I. Das Zeichen ist anzuordnen, wo nicht zweifelsfrei erkennbar ist, an welcher Seite vorbeizufahren ist. [1]

II. Wenn das Zeichen angeordnet wird, ist in der Regel auf eine Kenntlichmachung der Hindernisse durch weitere Verkehrszeichen und Verkehrseinrichtungen zu verzichten. Die zusätzliche Anordnung von Zeichen 295 ist außerorts vor Inseln erforderlich, innerorts kann sie sich außerhalb von Tempo-30-Zonen empfehlen. [2]

III. Kann an einem Hindernis sowohl rechts als auch links vorbeigefahren werden, verbietet sich die Anordnung des Zeichens. In diesen Fällen kommt die Anordnung von Leitplatten (Zeichen 626) und/oder von Fahrbahnmarkierungen in Betracht. [3]

VwV zu den Zeichen 223.1 bis 223.3 Befahren eines Seitenstreifens als Fahrstreifen

I. Die Zeichen dürfen nur für die Tageszeiten angeordnet werden, zu denen auf Grund der Verkehrsbelastung eine erhebliche Beeinträchtigung des Verkehrsablaufs zu erwarten ist. Sie sind deshalb als Wechselverkehrszeichen auszubilden. Die Anordnung darf nur erfolgen, wenn der Seitenstreifen von den baulichen Voraussetzungen her wie ein Fahrstreifen (vgl § 7 Abs 1 Satz 2 StVO) befahrbar ist. Vor jeder Anordnung ist zu prüfen, ob der Seitenstreifen frei von Hindernissen ist. Während der Dauer der Anordnung ist die Prüfung regelmäßig zu wiederholen. [1]

II. Die Zeichen sind beidseitig anzuordnen. Die Abmessung der Zeichen beträgt 2,25 m × 2,25 m. [2]

III. Das Zeichen 223.1 soll durch ein Zusatzzeichen „Seitenstreifen befahren" unterstützt werden. Das Zusatzzeichen soll dann zu jedem Zeichen angeordnet werden. [3]

IV. Das Zeichen 223.1 darf nur in Kombination mit einer Beschränkung der zulässigen Höchstgeschwindigkeit (Zeichen 274) auf nicht mehr als 100 km/h angeordnet werden. Zusätzlich empfiehlt sich bei starkem Lkw-Verkehr die Anordnung von Zeichen 277. [4]

V. Das Zeichen 223.1 ist je nach örtlicher Situation in Abständen von etwa 1000 bis 2000 m aufzustellen. Die Standorte sind mit einer Verkehrsbeeinflussungsanlage abzustimmen. Im Bereich einer Verkehrsbeeinflussungsanlage können die Abstände zwischen zwei Zeichen vergrößert werden. [5]

VI. Das Zeichen 223.2 ist in der Regel im Bereich einer Anschlussstelle anzuordnen. Wenigstens 400 m vorher ist entweder Zeichen 223.3 oder 223.1 mit dem Zusatz „Ende in ... m" anzuordnen. Die Anordnung von Zeichen 223.1 mit dem Zusatz „Ende in ... m" empfiehlt sich nur, wenn der befahrbare Seitenstreifen in einer Anschlussstelle in den Ausfädelungsstreifen übergeht und nur noch vom ausfahrenden Verkehr benutzt werden kann. Zeichen 223.3 soll durch ein Zusatzzeichen „Seitenstreifen räumen" unterstützt werden. [6]

VII. Im Bereich von Ausfahrten ist die Nutzung des Seitenstreifens als Fahrstreifen in der Wegweisung zu berücksichtigen. Vorwegweiser und Wegweiser sind dann fahrstreifenbezogen als Wechselwegweiser auszuführen. [7]

VIII. Zur Markierung vgl zu Zeichen 295 Nummer 2 (lfd. Nummer 68 der Anlage 2). [8]

StVO VwV zu Anl. 1–4

9   IX. Die Zeichen können durch Dauerlichtzeichen unterstützt werden. Dies empfiehlt sich besonders für Zeichen 223.2; vgl Nummer I zu § 37 Abs 3; Randnummer 45.

VwV zu Zeichen 224 Haltestelle

1   I. Abweichend von Nummer III 3b) zu §§ 39 bis 43; Randnummer 13 darf das Zeichen einen Durchmesser von 350 bis 450 mm haben.

2   II. Auch Haltestellen für Fahrzeuge des Behindertenverkehrs können so gekennzeichnet werden.

3   III. Über die Verkehrsbedienung und die Linienführung sowie den Fahrplan mit Angabe der Haltestellen wird von der nach dem Personenbeförderungsrecht zuständigen Behörde entschieden. Über die Festlegung des Ortes der Haltestellenzeichen vgl die Straßenbahn-Bau- und Betriebsordnung und die Verordnung über den Betrieb von Kraftfahrunternehmen im Personenverkehr.

4   IV. Im Orts- und Nachbarorts-Linienverkehr gehört zu dem Zeichen ein Zusatzzeichen mit der Bezeichnung der Haltestelle (Haltestellenname). Darüber hinaus kann die Linie angegeben werden.

5   Bei Bedarf können dazu das Symbol der Straßenbahn und/oder des Kraftomnibusses gezeigt werden.

6   V. Schulbushaltestellen werden mit einem Zusatzzeichen „Schulbus (Angabe der tageszeitlichen Benutzung)" gekennzeichnet.

7   VI. Auch andere Haltestellen können insbesondere bei erheblichem Parkraummangel mit einem Zusatzzeichen, auf dem die tageszeitliche Benutzung angegeben ist, gekennzeichnet werden.

8   VII. Soweit erforderlich, kann der Anfang und das Ende eines Haltestellenbereichs durch Zeichen 299 gekennzeichnet werden.

VwV zu Zeichen 229 Taxenstand

1   I. Das Zeichen darf nur angeordnet werden, wo zumindest während bestimmter Tageszeiten regelmäßig betriebsbereite Taxen vorgehalten werden.

2   II. Für jedes vorgesehene Taxi ist eine Länge von 5 m zugrunde zu legen. Die Markierung durch Zeichen 299 empfiehlt sich nur, wenn nicht mehr als fünf Taxen vorgesehen sind. Dann ist das Zeichen 229 nur am Anfang der Strecke aufzustellen.

VwV zu den Zeichen 237, 240 und 241 Radweg, gemeinsamer und getrennter Geh- und Radweg

1   I. Zur Radwegebenutzungspflicht vgl zu § 2 Absatz 4 Satz 2; Randnummer 8 ff.

2   II. Zur Radverkehrsführung vgl zu § 9 Absatz 2, Randnummer 3 ff.

3   III. Wo das Ende eines Sonderweges zweifelsfrei erkennbar ist, bedarf es keiner Kennzeichnung. Ansonsten ist das Zeichen mit dem Zusatzzeichen „Ende" anzuordnen.

4   IV. Die Zeichen können abweichend von Nummer III 3 zu den §§ 39 bis 43; Randnummer 12 ff bei baulich angelegten Radwegen immer, bei Radfahrstreifen in besonders gelagerten Fällen, in der Größe 1 aufgestellt werden.

VwV zu Zeichen 237 Radweg

1   Zur Radwegebenutzungspflicht und zum Begriff des Radweges vgl zu § 2 Absatz 4 Satz 2; Randnummer 8 ff.

VwV zu Zeichen 238 Reitweg

Der Klarstellung durch das Zeichen bedarf es nur dort, wo die Zweckbestimmung eines Straßenteils als Reitweg sich nicht aus dessen Ausgestaltung ergibt. 1

VwV zu Zeichen 239 Gehweg

I. Der Klarstellung durch das Zeichen bedarf es nur dort, wo die Zweckbestimmung des Straßenteils als Gehweg sich nicht aus dessen Ausgestaltung ergibt. Soll ein Seitenstreifen den Fußgängern allein vorbehalten werden, so ist das Zeichen zu verwenden. 1

II. Die Freigabe des Gehweges zur Benutzung durch Radfahrer durch das Zeichen 239 mit Zusatzzeichen „Radfahrer frei" kommt nur in Betracht, wenn dies unter Berücksichtigung der Belange der Fußgänger vertretbar ist. 2

III. Die Beschaffenheit und der Zustand des Gehweges sollen dann auch den gewöhnlichen Verkehrsbedürfnissen des Radverkehrs (zB Bordsteinabsenkung an Einmündungen und Kreuzungen) entsprechen. 3

VwV zu Zeichen 240 Gemeinsamer Geh- und Radweg

I. Die Anordnung dieses Zeichens kommt nur in Betracht, wenn dies unter Berücksichtigung der Belange der Fußgänger vertretbar und mit der Sicherheit und Leichtigkeit des Radverkehrs vereinbar ist und die Beschaffenheit der Verkehrsfläche den Anforderungen des Radverkehrs genügt. 1

II. An Lichtzeichenanlagen reicht im Regelfall eine gemeinsame Furt für Fußgänger und Radverkehr aus. 2

VwV zu Zeichen 241 Getrennter Rad- und Gehweg

I. Die Anordnung dieses Zeichens kommt nur in Betracht, wenn die Belange der Fußgänger ausreichend berücksichtigt sind und die Zuordnung der Verkehrsflächen zweifelsfrei erfolgen kann. Zur Radwegebenutzungspflicht vgl zu § 2 Abs 4 Satz 2; Rn 8 ff. 1

II. An Lichtzeichenanlagen ist in der Regel auch eine Führung der Fußgänger durch eine Fußgängerfurt (vgl Nummer III zu § 25 Absatz 3; Randnummer 3 und 5) erforderlich. Zur Lichtzeichenregelung vgl zu § 37 Absatz 2 Nr 5 und 6; Randnummer 42 ff. 2

VwV zu den Zeichen 242.1 und 242.2 Beginn und Ende eines Fußgängerbereichs

I. Die Zeichen dürfen nur innerhalb geschlossener Ortschaften angeordnet werden. Fahrzeugverkehr darf nur nach Maßgabe der straßenrechtlichen Widmung zugelassen werden. 1

II. Auf Nummer XI zu § 45 Absatz 1 bis 1e wird verwiesen. 2

VwV zu den Zeichen 244.1 und 244.2 Beginn und Ende einer Fahrradstraße

I. Fahrradstraßen kommen dann in Betracht, wenn der Radverkehr die vorherrschende Verkehrsart ist oder dies alsbald zu erwarten ist. 1

II. Anderer Fahrzeugverkehr als der Radverkehr darf nur ausnahmsweise durch die Anordnung entsprechender Zusatzzeichen zugelassen werden (zB Anliegerverkehr). Daher müssen vor der Anordnung die Bedürfnisse des Kraftfahrzeugverkehrs ausreichend berücksichtigt werden (alternative Verkehrsführung). 2

StVO VwV zu Anl. 1–4

Anhang

VwV zu Zeichen 245 Bussonderfahrstreifen

1 Durch das Zeichen werden markierte Sonderfahrstreifen den Omnibussen des Linienverkehrs sowie des Schüler- und Behindertenverkehrs vorbehalten.

2 I. Der Sonderfahrstreifen soll im Interesse der Sicherheit oder Ordnung des Verkehrs Störungen des Linienverkehrs vermeiden und einen geordneten und zügigen Betriebsablauf ermöglichen. Er ist damit geeignet, den öffentlichen Personenverkehr gegenüber dem Individualverkehr zu fördern (vgl Nummer I 2 letzter Satz zu den §§ 39 bis 43; Randnummer 5).

3 II. 1. Die Anordnung von Sonderfahrstreifen kommt dann in Betracht, wenn die vorhandene Fahrbahnbreite ein ausgewogenes Verhältnis im Verkehrsablauf des öffentlichen Personenverkehrs und des Individualverkehrs unter Berücksichtigung der Zahl der beförderten Personen nicht mehr zulässt. Auch bei kurzen Straßenabschnitten (zB vor Verkehrsknotenpunkten) kann die Anordnung von Sonderfahrstreifen gerechtfertigt sein. Die Anordnung von Sonderfahrstreifen kann sich auch dann anbieten, wenn eine Entflechtung des öffentlichen Personenverkehrs und des Individualverkehrs von Vorteil ist oder zumindest der Verkehrsablauf des öffentlichen Personennahverkehrs verbessert werden kann.

4 2. Vor der Anordnung des Zeichens ist stets zu prüfen, ob nicht durch andere verkehrsregelnde Maßnahmen (zB durch Zeichen 220, 253, 283, 301, 306, 421) eine ausreichende Verbesserung des Verkehrsflusses oder eine Verlagerung des Verkehrs erreicht werden kann.

5 3. Sonderfahrstreifen dürfen in Randlage rechts, in Einbahnstraßen rechts oder links, in Mittellage allein oder im Gleisraum von Straßenbahnen sowie auf baulich abgegrenzten Straßenteilen auch entgegengesetzt der Fahrtrichtung angeordnet werden.

6 4. Die Sicherheit des Radverkehrs ist zu gewährleisten. Kann der Radverkehr nicht auf einem gesonderten Radweg oder Radfahrstreifen geführt werden, sollte er im Benehmen mit den Verkehrsunternehmen auf dem Sonderfahrstreifen zugelassen werden. Ist das wegen besonderer Bedürfnisse des Linienverkehrs nicht möglich und müsste der Radverkehr zwischen Linienbus- und dem Individualverkehr ohne Radfahrstreifen fahren, ist von der Anordnung des Zeichens abzusehen.

7 5. Werden Krankenfahrzeuge, Fahrräder, Busse im Gelegenheitsverkehr oder elektrisch betriebene Fahrzeuge zugelassen, dürfen auf dem Sonderfahrstreifen keine besonderen Lichtzeichen (§ 37 Absatz 2 Nummer 4 Satz 2, 2. Halbsatz) für den öffentlichen Personenverkehr (Anlage 4 der BOStrab) gezeigt werden, es sei denn, für diese Verkehre werden eigene Lichtzeichen angeordnet.

8 6. Taxen sollen grundsätzlich und elektrisch betriebene Fahrzeuge dürfen auf Sonderfahrstreifen zugelassen werden, wenn dadurch der Linienverkehr nicht wesentlich gestört wird. Satz 1 gilt nicht für Sonderfahrstreifen im Gleisraum von Schienenbahnen. Insbesondere für den Übergang der Sonderfahrstreifen zum allgemeinen Verkehrsraum gilt für die Zulassung von elektrisch betriebenen Fahrzeugen auf diesen Sonderfahrstreifen, dass die Gewährleistung eines sicheren und flüssigen allgemeinen Verkehrsablaufs stets vorgeht.

9 7. Gegenseitige Behinderungen, die durch stark benutzte Zu- und Abfahrten (zB bei Parkhäusern, Tankstellen) hervorgerufen werden, sind durch geeignete Maßnahmen, wie Verlegung der Zu- und Abfahrten in Nebenstraßen, auf ein Mindestmaß zu beschränken.

VwV zu den Verkehrszeichen **VwV zu Anl. 1–4 StVO**

8. Sonderfahrstreifen ohne zeitliche Beschränkung in Randlage dürfen nur dort angeordnet werden, wo kein Anliegerverkehr vorhanden ist und das Be- und Entladen, zB in besonderen Ladestraßen oder Innenhöfen, erfolgen kann. Sind diese Voraussetzungen nicht gegeben, sind für die Sonderfahrstreifen zeitliche Beschränkungen vorzusehen.
9. Zur Befriedigung des Kurzparkbedürfnisses während der Geltungsdauer der Sonderfahrstreifen sollte die Parkzeit in nahe gelegene Nebenstraßen beschränkt werden.
10. Sonderfahrstreifen im Gleisraum von Straßenbahnen dürfen nur im Einvernehmen mit der Technischen Aufsichtsbehörde nach § 58 Absatz 3 der Straßenbahn-, Bau- und Betriebsordnung angeordnet werden.
11. Die Zeichen sind auf die Zeiten zu beschränken, in denen Linienbusverkehr stattfindet. Dies gilt nicht, wenn sich der Sonderfahrstreifen in Mittellage befindet und baulich oder durch Zeichen 295 von dem Individualverkehr abgegrenzt ist. Dann soll auf eine zeitliche Beschränkung verzichtet werden. Die Geltungsdauer zeitlich beschränkter Sonderfahrstreifen sollte innerhalb des Betriebsnetzes einheitlich angeordnet werden.
12. Die Anordnung von Sonderfahrstreifen soll in der Regel nur dann erfolgen, wenn mindestens 20 Omnibusse des Linienverkehrs pro Stunde der stärksten Verkehrsbelastung verkehren.

III. 1. Zur Aufstellung vgl Nummer III 8 zu §§ 39 bis 43. Das Zeichen ist an jeder Kreuzung und Einmündung zu wiederholen. Zur Verdeutlichung kann die Markierung „BUS" auf der Fahrbahn aufgetragen werden.
2. Ist das Zeichen zeitlich beschränkt, ist der Sonderfahrstreifen durch eine Leitlinie (Zeichen 340), ansonsten grundsätzlich durch eine Fahrstreifenbegrenzung (Zeichen 295) zu markieren. Auch Sonderfahrstreifen ohne zeitliche Beschränkung sind dort mit Zeichen 340 zu markieren, wo ein Überqueren zugelassen werden muss (zB aus Grundstücksein- und -ausfahrten). Die Ausführung der Markierungen richtet sich nach den Richtlinien für die Markierung von Straßen (RMS).
3. Sonderfahrstreifen in Einbahnstraßen entgegen der Fahrtrichtung, die gegen die Fahrbahn des entgegengerichteten Verkehrs baulich abzugrenzen sind, sollen auch am Beginn der Einbahnstraße durch das Zeichen kenntlich gemacht werden. Es kann sich empfehlen, dem allgemeinen Verkehr die Führung des Busverkehrs anzuzeigen.
4. Kann durch eine Markierung eine Erleichterung des Linienverkehrs erreicht werden (Fahrstreifen in Mittellage, im Gleisraum von Straßenbahnen oder auf baulich abgesetzten Straßenteilen), empfiehlt es sich, auf das Zeichen zu verzichten.
Die Voraussetzungen für die Einrichtung eines Sonderfahrstreifens gelten entsprechend.
5. Die Flüssigkeit des Verkehrs auf Sonderfahrstreifen an Kreuzungen und Einmündungen kann durch Abbiegeverbote für den Individualverkehr (zB Zeichen 209 bis 214) verbessert werden. Notfalls sind besondere Lichtzeichen (§ 37 Absatz 2 Nummer 4) anzuordnen. Die Einrichtung von Busschleusen oder die Vorgabe bedarfsgerechter Vor- und Nachlaufzeiten an Lichtzeichenanlagen wird empfohlen.
6. Ist die Kennzeichnung des Endes eines Sonderfahrstreifens erforderlich, ist das Zeichen mit dem Zusatzzeichen „Ende" anzuordnen.

IV. Die Funktionsfähigkeit der Sonderfahrstreifen hängt weitgehend von ihrer völligen Freihaltung vom Individualverkehr ab.

StVO VwV zu Anl. 1–4

VwV zu Zeichen 261 Verbot für kennzeichnungspflichtige Kraftfahrzeuge mit gefährlichen Gütern

1. I. Gefährliche Güter sind die Stoffe und Gegenstände, deren Beförderung auf der Straße und Eisenbahn nach § 2 Nummer 9 der Gefahrgutverordnung Straße und Eisenbahn (GGVSE) in Verbindung mit den Anlagen A und B des Europäischen Übereinkommens über die internationale Beförderung auf der Straße (ADR) verboten oder nur unter bestimmten Bedingungen gestattet ist. Die Kennzeichnung von Fahrzeugen mit gefährlichen Gütern ist in Kapitel 5.3 zum ADR geregelt.

2. II. Das Zeichen ist anzuordnen, wenn zu besorgen ist, dass durch die gefährlichen Güter infolge eines Unfalls oder Zwischenfalls, auch durch das Undichtwerden des Tanks, Gefahren für das Leben, die Gesundheit, die Umwelt oder Bauwerke in erheblichem Umfang eintreten können. Hierfür kommen zB Gefällestrecken in Betracht, die unmittelbar in bebaute Ortslagen führen. Für die Anordnung entsprechender Maßnahmen erlässt das Bundesministerium für Verkehr und digitale Infrastruktur im Einvernehmen mit den obersten Landesbehörden Richtlinien, die im Verkehrsblatt veröffentlicht werden.

VwV zu den Zeichen 262 bis 266

1. Die betroffenen Fahrzeuge sind rechtzeitig auf andere Straßen umzuleiten (Zeichen 421 und 442).

VwV zu den Zeichen 264 und 265

1. I. Bei Festlegung der Maße ist ein ausreichender Sicherheitsabstand zu berücksichtigen.

2. II. Muss das Zeichen 265 bei Ingenieurbauwerken angebracht werden, unter denen der Fahrdraht einer Straßenbahn oder eines Oberleitungsomnibusses verlegt ist, so ist wegen des Sicherheitsabstandes der Verkehrsunternehmer zu hören.

3. III. Siehe auch Richtlinien für die Kennzeichnung von Ingenieurbauwerken mit beschränkter Durchfahrtshöhe über Straßen.

VwV zu Zeichen 267 Verbot der Einfahrt

1. Für Einbahnstraßen vgl zu Zeichen 220.

VwV zu Zeichen 268 Schneeketten sind vorgeschrieben

1. Das Zeichen darf nur zu den Zeiten sichtbar sein, in denen Schneeketten wirklich erforderlich sind.

VwV zu Zeichen 269 Verbot für Fahrzeuge mit wassergefährdender Ladung

1. I. Das Zeichen ist nur im Benehmen mit der für die Reinhaltung des Wassers zuständigen Behörde anzuordnen.

2. II. Wassergefährdende Stoffe sind feste, flüssige und gasförmige Stoffe, insbesondere

3. • Säuren, Laugen,
4. • Alkalimetalle, Siliciumlegierungen mit über 30 Prozent Silicium, metallorganische Verbindungen, Halogene, Säurehalogenide, Metallcarbonyle und Beizsalze,
5. • Mineral- und Teeröle sowie deren Produkte,
6. • flüssige sowie wasserlösliche Kohlenwasserstoffe, Alkohole, Aldehyde, Ketone, Ester, halogen-, stickstoff- und schwefelhaltige organische Verbindungen,
7. • Gifte

VwV zu den Verkehrszeichen **VwV zu Anl. 1–4 StVO**

die geeignet sind, nachhaltig die physikalische, chemische oder biologische Beschaffenheit des Wassers nachteilig zu verändern. 8

III. Vgl. auch zu Zeichen 354 und über die Zustimmungsbedürftigkeit Nummer III 1a zu § 45 Abs 1 bis 1e; Rn 4. 9

IV. Auf die zu Zeichen 261 erwähnten Richtlinien wird verwiesen. 10

VwV zu Zeichen 272 Wendeverbot

Nummer III zu Zeichen 209 bis 214; Randnummer 3 gilt entsprechend. 1

VwV zu Zeichen 273 Verbot des Fahrens ohne einen Mindestabstand

Das Zeichen darf dort angeordnet werden, wo Überbeanspruchungen von Brücken oder sonstigen Ingenieurbauwerken mit beschränkter Tragfähigkeit dadurch auftreten können, dass mehrere schwere Kraftfahrzeuge dicht hintereinander fahren. Die Anordnung kommt ferner vor Tunneln in Betracht, bei denen das Einhalten eines Mindestabstandes aus Verkehrssicherheitsgründen besonders geboten ist. In der Regel ist die Länge der Strecke durch Zusatzzeichen anzugeben. 1

VwV zu Zeichen 274 Zulässige Höchstgeschwindigkeit

I. Geschwindigkeitsbeschränkungen aus Sicherheitsgründen sollen auf bestehenden Straßen angeordnet werden, wenn Unfalluntersuchungen ergeben haben, dass häufig geschwindigkeitsbedingte Unfälle aufgetreten sind. Dies gilt jedoch nur dann, wenn festgestellt worden ist, dass die geltende Höchstgeschwindigkeit von der Mehrheit der Kraftfahrer eingehalten wird. Im anderen Fall muss die geltende zulässige Höchstgeschwindigkeit durchgesetzt werden. Geschwindigkeitsbeschränkungen können sich im Einzelfall schon dann empfehlen, wenn aufgrund unangemessener Geschwindigkeiten häufig gefährliche Verkehrssituationen festgestellt werden. 1

II. Außerhalb geschlossener Ortschaften können Geschwindigkeitsbeschränkungen nach Maßgabe der Nummer I erforderlich sein,

1. wo Fahrzeugführer insbesondere in Kurven, auf Gefällstrecken und an Stellen mit besonders unebener Fahrbahn (vgl aber Nummer I zu § 40; Randnummer 1), ihre Geschwindigkeit nicht den Straßenverhältnissen anpassen; die zulässige Höchstgeschwindigkeit soll dann auf diejenige Geschwindigkeit festgelegt werden, die vorher von 85% der Fahrzeugführer von sich aus ohne Geschwindigkeitsbeschränkungen, ohne überwachende Polizeibeamte und ohne Behinderung durch andere Fahrzeuge eingehalten wurde, 2
2. wo insbesondere auf Steigungs- und Gefällstrecken eine Verminderung der Geschwindigkeitsunterschiede geboten ist; die zulässige Höchstgeschwindigkeit soll dann auf diejenige Geschwindigkeit festgelegt werden, die vorher von 85% der Fahrzeugführer von sich aus ohne Geschwindigkeitsbeschränkungen, ohne überwachende Polizeibeamte und ohne Behinderung durch andere Fahrzeuge eingehalten wurde, 3
3. wo Fußgänger oder Radfahrer im Längs- oder Querverkehr in besonderer Weise gefährdet sind; die zulässige Höchstgeschwindigkeit soll auf diesen Abschnitten in der Regel 70 km/h nicht übersteigen. 4

III. Außerhalb geschlossener Ortschaften ist die zulässige Höchstgeschwindigkeit vor Lichtzeichenanlagen auf 70 km/h zu beschränken. 5

IV. Das Zeichen soll so weit vor der Gefahrstelle aufgestellt werden, dass eine Gefährdung auch bei ungünstigen Sichtverhältnissen ausgeschlossen ist. Innerhalb 6

StVO VwV zu Anl. 1–4

geschlossener Ortschaften sind im Allgemeinen 30 bis 50 m, außerhalb geschlossener Ortschaften 50 bis 100 m und auf Autobahnen und autobahnähnlichen Straßen 200 m ausreichend.

7   V. Vor dem Beginn geschlossener Ortschaften dürfen Geschwindigkeitsbeschränkungen zur stufenweisen Anpassung an die innerorts zulässige Geschwindigkeit nur angeordnet werden, wenn die Ortstafel (Zeichen 310) nicht rechtzeitig, im Regelfall auf eine Entfernung von mindestens 100 m, erkennbar ist.

8   VI. Auf Autobahnen und autobahnähnlichen Straßen dürfen nicht mehr als 130 km/h angeordnet werden. Nur dort darf die Geschwindigkeit stufenweise herabgesetzt werden. Eine Geschwindigkeitsstufe soll höchstens 40 km/h betragen. Der Mindestabstand in Metern zwischen den unterschiedlichen Höchstgeschwindigkeiten soll das 10-fache der Geschwindigkeitsdifferenz in km/h betragen. Nach Streckenabschnitten ohne Beschränkung soll in der Regel als erste zulässige Höchstgeschwindigkeit 120 km/h angeordnet werden.

9   VII. Das Zeichen 274 mit Zusatzzeichen „bei Nässe" soll statt des Zeichens 114 dort angeordnet werden, wo das Gefahrzeichen als Warnung nicht ausreicht.

10   VIII. Innerhalb geschlossener Ortschaften kommt eine Anhebung der zulässigen Höchstgeschwindigkeit auf höchstens 70 km/h grundsätzlich nur auf Vorfahrtstraßen (Zeichen 306) in Betracht, auf denen benutzungspflichtige Radwege vorhanden sind und der Fußgängerquerverkehr durch Lichtzeichenanlagen sicher geführt wird. Für Linksabbieger sind Abbiegestreifen erforderlich.

11   IX. Zur Verwendung des Zeichens an Bahnübergängen vgl Nummer IV 2 zu Zeichen 201; Randnummer 5 und an Arbeitsstellen vgl die Richtlinien für die Sicherung von Arbeitsstellen an Straßen (RSA), die das Bundesministerium für Verkehr und digitale Infrastruktur im Einvernehmen mit den obersten Landesbehörden im Verkehrsblatt bekannt gibt.

12   X. Geschwindigkeitsbeschränkungen aus Gründen des Lärmschutzes dürfen nur nach Maßgabe der Richtlinien für straßenverkehrsrechtliche Maßnahmen zum Schutz der Bevölkerung vor Lärm (Lärmschutzrichtlinien – StV) angeordnet werden. Zur Lärmaktions- und Luftreinhalteplanung siehe Bundes-Immissionsschutzgesetz.

VwV zu den Zeichen 274.1 und 274.2 Tempo-30-Zone

1   I. Vgl. Nummer XI zu § 45 Absatz 1 bis 1e.

2   II. Am Anfang einer Zone mit zulässiger Höchstgeschwindigkeit ist Zeichen 274.1 so aufzustellen, dass es bereits auf ausreichende Entfernung vor dem Einfahren in den Bereich wahrgenommen werden kann. Dazu kann es erforderlich sein, dass das Zeichen von Einmündungen oder Kreuzungen abgesetzt oder beidseitig aufgestellt wird. Abweichend von Nummer III 9 zu §§ 39 bis 43; Rn 28 empfiehlt es sich, das Zeichen 274.2 auf der Rückseite des Zeichens 274.1 aufzubringen.

3   III. Das Zeichen 274.2 ist entbehrlich, wenn die Zone in einen Fußgängerbereich (Zeichen 242.1) oder in einen verkehrsberuhigten Bereich (Zeichen 325.1) übergeht. Stattdessen sind die entsprechenden Zeichen des Bereichs anzuordnen, in den eingefahren wird.

4   IV. Zusätzliche Zeichen, die eine Begründung für die Zonengeschwindigkeitsbeschränkung enthalten, sind unzulässig.

VwV zu den Verkehrszeichen **VwV zu Anl. 1–4 StVO**

VwV zu Zeichen 275 Vorgeschriebene Mindestgeschwindigkeit

I. Das Zeichen darf nur fahrstreifenbezogen, niemals aber auf dem rechten von mehreren Fahrstreifen, angeordnet werden. **1**

II. Die vorgeschriebene Mindestgeschwindigkeit muss bei normalen Straßen-, Verkehrs- und Sichtverhältnissen unbedenklich sein. **2**

III. Innerhalb geschlossener Ortschaften dürfen die Zeichen nicht angeordnet werden. **3**

IV. Die Anordnung kann insbesondere auf drei- oder mehrstreifigen Richtungsfahrbahnen von Autobahnen aus Gründen der Leichtigkeit des Verkehrs in Betracht kommen. **4**

VwV zu Zeichen 276 Überholverbot

I. Das Zeichen ist nur dort anzuordnen, wo die Gefährlichkeit des Überholens für den Fahrzeugführer nicht ausreichend erkennbar ist. **1**

II. Wo das Überholen bereits durch Zeichen 295 unterbunden ist, darf das Zeichen nicht angeordnet werden. **2**

III. Außerhalb geschlossener Ortschaften ist das Zeichen in der Regel auf beiden Straßenseiten aufzustellen. **3**

IV. Zur Verwendung des Zeichens an Gefahrstellen vgl Nummer I zu § 40; Randnummer 1. **4**

VwV zu Zeichen 277 Überholverbot für Kraftfahrzeuge über 3,5 t

I. Das Zeichen soll nur auf Straßen mit erheblichem und schnellem Fahrverkehr angeordnet werden, wo der reibungslose Verkehrsablauf dies erfordert. Das kommt zB an Steigungs- und Gefällstrecken in Frage, auf denen Lastkraftwagen nicht mehr zügig überholen können; dabei ist maßgeblich die Stärke und Länge der Steigung oder des Gefälles; Berechnungen durch Sachverständige empfehlen sich. **1**

II. Bei Anordnung von Lkw-Überholverboten auf Autobahnen und autobahnähnlich ausgebauten Straßen ist ergänzend Folgendes zu beachten:

1. Bei Anordnung von Lkw-Überholverboten auf Landesgrenzen überschreitenden Autobahnen müssen die Auswirkungen auf den im anderen Bundesland angrenzenden Streckenabschnitt berücksichtigt werden. **2**
2. Auf Autobahnen empfehlen sich Lkw-Überholverbote an unfallträchtigen Streckenabschnitten (zB an Steigungs- oder Gefällstrecken, Ein- und Ausfahrten oder vor Fahrstreifeneinziehung von links). **3**
3. Auf zweistreifigen Autobahnen können darüber hinaus Überholverbote – auch zB auf längeren Strecken – in Betracht kommen, wenn bei hohem Verkehrsaufkommen durch häufiges Überholen von Lkw die Geschwindigkeit auf dem Überholstreifen deutlich vermindert wird und es dadurch zu einem stark gestörten Verkehrsfluss kommt, durch den die Verkehrssicherheit beeinträchtigt werden kann. **4**
4. Unter Beachtung des Grundsatzes der Verhältnismäßigkeit kann das Überholverbot auf Fahrzeuge mit einem höheren zulässigen Gesamtgewicht als 3,5 t beschränkt werden, insbesondere an Steigungsstrecken. Wenn das Verkehrsaufkommen und die Fahrzeugzusammensetzung kein ganztägiges Überholverbot erfordern, kommt eine Beschränkung des Überholverbots auf bestimmte Tageszeiten in Betracht. **5**

StVO VwV zu Anl. 1–4

6   III. Aufgrund der bei Überholmanövern in Tunneln von Lkw ausgehenden Gefahr sollte in Tunneln mit mehr als einem Fahrstreifen in jeder Richtung ein Lkw-Überholverbot angeordnet werden. Von einer Anordnung des Zeichens kann abgesehen werden, wenn nachgewiesen wird, dass hiervon keine negativen Auswirkungen auf die Verkehrssicherheit ausgehen.

VwV zu den Zeichen 274, 276 und 277

1   I. Die Zeichen sind nur dort anzuordnen, wo Gefahrzeichen oder Richtungstafeln (Zeichen 625) nicht ausreichen würden, um eine der Situation angepasste Fahrweise zu erreichen. Die Zeichen können dann mit Gefahrzeichen kombiniert werden, wenn

2   1. ein zusätzlicher Hinweis auf die Art der bestehenden Gefahr für ein daran orientiertes Fahrverhalten im Einzelfall unerlässlich ist oder

3   2. aufgrund dieser Verkehrszeichenkombination eine Kennzeichnung des Endes der Verbotsstrecke entbehrlich wird (vgl Erläuterung zu den Zeichen 278 bis 282).

4   II. Gelten diese Verbote für eine längere Strecke, kann die jeweilige Länge der restlichen Verbotsstrecke auf einem Zusatzzeichen 1001 angegeben werden.

5   III. Die Zeichen 274, 276 und 277 sollen hinter solchen Kreuzungen und Einmündungen wiederholt werden, an denen mit dem Einbiegen ortsunkundiger Kraftfahrer zu rechnen ist. Wo innerhalb geschlossener Ortschaften durch das Zeichen 274 eine Geschwindigkeit über 50 km/h zugelassen ist, genügt dagegen dessen Wiederholung in angemessenen Abständen. Grundsätzlich richten sich die Abstände, in denen die Zeichen zu wiederholen sind, nach den jeweiligen Verkehrsverhältnissen und der Verkehrssituation. Auf Autobahnen empfiehlt es sich in der Regel, die Zeichen nach 1000 m zu wiederholen.

6   IV. Vgl. auch Nummer IV zu § 41, Randnummer 4 und über die Zustimmungsbedürftigkeit Nummer III 1c und e zu § 45 Absatz 1 bis 1e; Randnummer 6 und 8.

VwV zu Zeichen 283 Absolutes Haltverbot

1   I. Das Haltverbot darf nur in dem Umfang angeordnet werden, in dem die Verkehrssicherheit, die Flüssigkeit des Verkehrs oder der öffentliche Personennahverkehr es erfordert. Deshalb ist stets zu prüfen, ob eine tages- oder wochenzeitliche Beschränkung durch Zusatzzeichen anzuordnen ist.

2   II. Befindet sich innerhalb einer Haltverbotsstrecke eine Haltestelle (Zeichen 224), ist ein Zusatzzeichen, das Linienomnibussen das Halten zum Fahrgastwechsel erlaubt, überflüssig.

VwV zu Zeichen 286 Eingeschränktes Haltverbot

1   I. Das Zeichen ist dort anzuordnen, wo das Halten die Sicherheit und Flüssigkeit des Verkehrs zwar nicht wesentlich beeinträchtigt, das Parken jedoch nicht zugelassen werden kann, ausgenommen für das Be- und Entladen sowie das Ein- und Aussteigen. Das Verbot ist in der Regel auf bestimmte Zeiten zu beschränken (zB „9–12h" oder „werktags").

2   II. Durch ein Zusatzzeichen können bestimmte Verkehrsarten vom Haltverbot ausgenommen werden.

3   III. Zum Bewohnerbegriff vgl Nummer X 7 zu § 45 Absatz 1 bis 1e; Randnummer 35.

IV. Zur Bevorrechtigung von elektrisch betriebenen Fahrzeugen wird auf die VwV zu § 45 Absatz 1g verwiesen. Zeichen 286 soll nur in begründeten Einzelfällen angeordnet werden. **4**

VwV zu den Zeichen 283 und 286

I. Den Anfang einer Verbotsstrecke durch einen zur Fahrbahn weisenden Pfeil zu kennzeichnen, ist zumindest dann zweckmäßig, wenn wiederholte Zeichen aufgestellt sind oder das Ende der Verbotsstrecke gekennzeichnet ist. Eine Wiederholung innerhalb der Verbotsstrecke ist nur angezeigt, wenn ohne sie dem Sichtbarkeitsprinzip nicht Rechnung getragen würde. **1**

II. Das Ende der Verbotsstrecke ist zu kennzeichnen, wenn Verbotszeichen wiederholt aufgestellt sind oder wenn die Verbotsstrecke lang ist. Das gilt nicht, wenn die Verbotsstrecke an der nächsten Kreuzung oder Einmündung endet oder eine andere Regelung für den ruhenden Verkehr durch Verkehrszeichen unmittelbar anschließt. **2**

III. Verbotszeichen mit Pfeilen sind im spitzen Winkel zur Fahrbahn anzubringen. **3**

VwV zu den Zeichen 290.1 und 290.2 Beginn und Ende eines eingeschränkten Haltverbotes für eine Zone

I. Die Zeichen sind so aufzustellen, dass sie auch für den einbiegenden Verkehr sichtbar sind, ggf. auf beiden Straßenseiten. **1**

II. Soll das Kurzzeitparken in der gesamten Zone oder in ihrem überwiegenden Teil zugelassen werden, sind nicht Zeichen 290.1, 290.2, sondern Zeichen 314.1, 314.2 anzuordnen. **2**

VwV zu Anlage 2 Abschnitt 9 Markierungen

Vgl. § 39 und VwV zu den §§ 39 bis 43, insbesondere Randnummer 49 ff. **1**

VwV zu Zeichen 295 Fahrstreifenbegrenzung und Fahrbahnbegrenzung

Zu Nummer 1 Fahrstreifenbegrenzung

I. Das Zeichen ist zur Trennung des für den Gegenverkehr bestimmten Teils der Fahrbahn in der Regel dann anzuordnen, wenn die Straße mehr als einen Fahrstreifen je Richtung aufweist. In diesen Fällen ist die Fahrstreifenbegrenzung in der Regel als Doppellinie auszubilden. Auf Straßen mit nur einem Fahrstreifen je Richtung ist das Zeichen nur dann anzuordnen, wenn das Befahren des für den Gegenverkehr bestimmten Teils der Fahrbahn aus Verkehrssicherheitsgründen nicht zugelassen werden kann. In diesen Fällen soll zuvor eine Leitlinie von ausreichender Länge angeordnet werden, deren Striche länger sein müssen als ihre Lücken (Warnlinie). Die durchgehende Linie ist dort zu unterbrechen, wo das Linksab- und -einbiegen zugelassen werden soll. Soll das Linksab- oder -einbiegen nur aus einer Fahrtrichtung zugelassen werden, ist an diesen Stellen die einseitige Fahrstreifenbegrenzung (Zeichen 296) anzuordnen. **1**

II. Zeichen 295 ist außerdem anzuordnen, wenn mehrere Fahrstreifen für den gleichgerichteten Verkehr vorhanden sind, ein Fahrstreifenwechsel jedoch verhindert werden soll. Die Fahrstreifen müssen dann mindestens 3 m breit sein. **2**

III. In den übrigen Fällen reicht eine Abgrenzung vom Gegenverkehr durch eine Leitlinie (Zeichen 340) aus. **3**

IV. Wegen der Zustimmungsbedürftigkeit vgl Nummer III 1c zu § 45 Absatz 1 bis 1e; Randnummer 6. **4**

Zu Nummer 2 Fahrbahnbegrenzung

5 Außerhalb geschlossener Ortschaften ist auf Straßen zumindest bei starkem Kraftfahrzeugverkehr der Fahrbahnrand zu markieren.

VwV zu Zeichen 297.1 Vorankündigungspfeil

1 I. Aus Gründen der besseren Erkennbarkeit für den Kraftfahrer wird empfohlen, zur Ankündigung des Endes eines Fahrstreifens eine abweichende Ausführung des Pfeils zu verwenden. Diese gibt das Bundesministerium für Verkehr und digitale Infrastruktur nach Anhörung der zuständigen obersten Landesbehörden im Verkehrsblatt bekannt.

2 II. Auf Nummer IV zu §§ 39 bis 43 Allgemeines über Verkehrszeichen und Verkehrseinrichtungen wird verwiesen.

VwV zu Anlage 2 lfd. Nummer 74 Parkflächenmarkierungen

1 I. Eine Parkflächenmarkierung ist an Parkuhren vorzunehmen und überall dort, wo von der vorgeschriebenen Längsaufstellung abgewichen werden soll oder das Gehwegparken ohne Anordnung des Zeichens 315 zugelassen werden soll. Die erkennbare Abgrenzung der Parkflächen kann mit Markierungen, Markierungsknopfreihen oder durch eine abgesetzte Pflasterlinie erfolgen. In der Regel reicht eine Kennzeichnung der Parkstandsecken aus.

2 II. Das Parken auf Gehwegen darf nur zugelassen werden, wenn genügend Platz für den unbehinderten Verkehr von Fußgängern gegebenenfalls mit Kinderwagen oder Rollstuhlfahrern auch im Begegnungsverkehr bleibt, die Gehwege und die darunter liegenden Leitungen durch die parkenden Fahrzeuge nicht beschädigt werden können und der Zugang zu Leitungen nicht beeinträchtigt werden kann sowie die Bordsteine ausreichend abgeschrägt und niedrig sind. Die Zulassung des Parkens durch Markierung auf Gehwegen ist dort zu erwägen, wo nur wenigen Fahrzeugen das Parken erlaubt werden soll; sonst ist die Anordnung des Zeichens 315 ratsam.

VwV zu Zeichen 299 Grenzmarkierung für Halt- und Parkverbote

1 I. Vgl. zu § 12 Abs 3 Nummer 1; Randnummer 2.

2 II. Die Markierung kann auch vor und hinter Kreuzungen oder Einmündungen überall dort angeordnet werden, wo das Parken auf mehr als 5 m verboten werden soll. Sie kann ferner angeordnet werden, wo ein Haltverbot an für die Verkehrssicherheit bedeutsamen Stellen verlängert werden muss, zB an Fußgängerüberwegen. Die Markierung ist nicht an Stellen anzuwenden, an denen sich Halt- und Parkverbote sonst nicht durchsetzen lassen.

3 III. Bei gesetzlichen Halt- oder Parkverboten reicht es in der Regel aus, nur den Beginn und das Ende bzw. den Bereich der Verlängerung durch eine kombinierte waagerechte und abgeknickte Linie zu markieren.

VwV zu Zeichen 301 Vorfahrt

1 I. Das Zeichen steht unmittelbar vor der Kreuzung oder Einmündung.

2 II. An jeder Kreuzung und Einmündung, vor der das Zeichen steht, muss auf der anderen Straße das Zeichen 205 oder das Zeichen 206 angeordnet werden.

3 III. Das Zusatzzeichen für die abknickende Vorfahrt (hinter Zeichen 306) darf nicht zusammen mit dem Zeichen 301 angeordnet werden.

VwV zu den Verkehrszeichen **VwV zu Anl. 1–4 StVO**

IV. Das Zeichen ist für Ortsdurchfahrten und Hauptverkehrsstraßen nicht anzuordnen. Dort ist das Zeichen 306 zu verwenden. Im Übrigen ist innerhalb geschlossener Ortschaften das Zeichen 301 nicht häufiger als an drei hintereinander liegenden Kreuzungen oder Einmündungen zu verwenden. Sonst ist das Zeichen 306 zu verwenden. Eine Abweichung von dem Regelfall ist nur angezeigt, wenn die Bedürfnisse des Buslinienverkehrs in Tempo-30-Zonen dies zwingend erfordern. 4

V. Über Kreisverkehr vgl zu Zeichen 215. 5

VwV zu den Zeichen 306 und 307 Vorfahrtstraße und Ende der Vorfahrtstraße

I. Innerhalb geschlossener Ortschaften ist die Vorfahrt für alle Straßen des überörtlichen Verkehrs (Bundes-, Landes- und Kreisstraßen) und weitere für den innerörtlichen Verkehr wesentliche Hauptverkehrsstraßen grundsätzlich unter Verwendung des Zeichens 306 anzuordnen (vgl zu § 45 Absatz 1 bis 1e). 1

II. Das Zeichen 306 steht in der Regel innerhalb geschlossener Ortschaften vor der Kreuzung oder Einmündung, außerhalb geschlossener Ortschaften dahinter. 2

III. An jeder Kreuzung und Einmündung im Zuge einer Vorfahrtstraße muss für die andere Straße das Zeichen 205 oder Zeichen 206 angeordnet werden; siehe aber auch § 10. 3

IV.1. Das Zeichen 306 mit dem Zusatzzeichen „abknickende Vorfahrt" ist immer vor der Kreuzung oder Einmündung anzubringen. Über die Zustimmungsbedürftigkeit vgl Nummer III 1 Buchstabe a zu § 45 Absatz 1 bis 1e; Randnummer 4. 4

2. Die abknickende Vorfahrt ist nur anzuordnen, wenn der Fahrzeugverkehr in dieser Richtung erheblich stärker ist als in der Geradeausrichtung. Der Verlauf der abknickenden Vorfahrt muss deutlich erkennbar sein (Markierungen, Vorwegweiser). 5

3. Treten im Bereich von Kreuzungen oder Einmündungen mit abknickender Vorfahrt Konflikte mit dem Fußgängerverkehr auf, ist zum Schutz der Fußgänger das Überqueren der Fahrbahn durch geeignete Maßnahmen zu sichern, zB durch Lichtzeichenregelung für die Kreuzung oder Einmündung oder Geländer. 6

V. Wird eine weiterführende Vorfahrtstraße an einer Kreuzung oder Einmündung durch Zeichen 205 oder 206 unterbrochen, darf das Zeichen 307 nicht aufgestellt werden. Zeichen 306 darf in diesem Fall erst an der nächsten Kreuzung oder Einmündung wieder angeordnet werden. 7

VI. Endet eine Vorfahrtstraße außerhalb geschlossener Ortschaften, sollen in der Regel sowohl das Zeichen 307 als auch das Zeichen 205 oder das Zeichen 206 angeordnet werden. Innerhalb geschlossener Ortschaften ist das Zeichen 307 entbehrlich. Anstelle des Zeichens 307 kann auch das Zeichen 205 mit Entfernungsangabe als Vorankündigung angeordnet werden. 8

VwV zu Zeichen 308 Vorrang vor dem Gegenverkehr

Das Zeichen steht vor einer verengten Fahrbahn. Am anderen Ende der Verengung muss das Zeichen 208 angeordnet werden (vgl zu Zeichen 208, Rn 3). 1

VwV zu den Zeichen 310 und 311 Ortstafel

I. Die Zeichen sind ohne Rücksicht auf Gemeindegrenze und Straßenbaulast in der Regel dort anzuordnen, wo ungeachtet einzelner unbebauter Grundstücke die geschlossene Bebauung auf einer der beiden Seiten der Straße für den ortseinwärts Fahrenden erkennbar beginnt. Eine geschlossene Bebauung liegt vor, wenn die anliegenden Grundstücke von der Straße erschlossen werden. 1

665

StVO VwV zu Anl. 1–4 Anhang

2   II. Die Zeichen sind auf der für den ortseinwärts Fahrenden rechten Straßenseite so anzuordnen, dass sie auch der ortsauswärts Fahrende deutlich erkennen kann. Ist das nicht möglich, ist die Ortstafel auch links anzubringen.

3   III. Die Ortstafel darf auch auf unbedeutenden Straßen für den allgemeinen Verkehr nicht fehlen.

4   IV. Das Zeichen 310 nennt den amtlichen Namen der Ortschaft und den Verwaltungsbezirk. Die Zusätze „Stadt", „Kreisstadt", „Landeshauptstadt" sind zulässig. Die Angabe des Verwaltungsbezirks hat zu unterbleiben, wenn dieser den gleichen Namen wie die Ortschaft hat (zB Stadtkreis). Ergänzend auch den höheren Verwaltungsbezirk zu nennen, ist nur dann zulässig, wenn dies zur Vermeidung einer Verwechslung nötig ist. Andere Zusätze sind nur zulässig, wenn es sich um Bestandteile des amtlichen Ortsnamens oder Titel handelt, die auf Grund allgemeiner kommunalrechtlicher Vorschriften amtlich verliehen worden sind.

5   V. Das Zeichen 311 nennt auf der unteren Hälfte den Namen der Ortschaft oder des Ortsteils, die oder der verlassen wird. Angaben über den Verwaltungsbezirk sowie die in Nummer IV genannten zusätzlichen Bezeichnungen braucht das Zeichen 311 nicht zu enthalten. Die obere Hälfte des Zeichens 311 nennt den Namen der nächsten Ortschaft bzw. des nächsten Ortsteiles. An Bundesstraßen kann stattdessen das nächste Nahziel nach dem Fern- und Nahzielverzeichnis gewählt werden. Unter dem Namen der nächsten Ortschaft bzw. des nächsten Ziels ist die Entfernung in ganzen Kilometern anzugeben.

6   VI. Durch die Tafel können auch Anfang und Ende eines geschlossenen Ortsteils gekennzeichnet werden. Sie nennt dann am Anfang entweder unter dem Namen der Gemeinde den des Ortsteils in verkleinerter Schrift, zB „Stadtteil Pasing", „Ortsteil Parksiedlung" oder den Namen des Ortsteils und darunter in verkleinerter Schrift den der Gemeinde mit dem vorgeschalteten Wort: „Stadt" oder „Gemeinde". Die zweite Fassung ist dann vorzuziehen, wenn zwischen den Ortsteilen einer Gemeinde eine größere Entfernung liegt. Die erste Fassung sollte auch dann, wenn die Straße nicht unmittelbar dorthin führt, nicht gewählt werden.

7   VII. Gehen zwei geschlossene Ortschaften ineinander über und müssen die Verkehrsteilnehmer über deren Namen unterrichtet werden, sind die Ortstafeln für beide etwa auf gleicher Höhe aufzustellen. Deren Rückseiten sind freizuhalten.

8   VIII. Andere Angaben als die hier erwähnten, wie werbende Zusätze, Stadtwappen, sind auf Ortstafeln unzulässig.

VwV zu Zeichen 314 Parken

1   I. Das Zeichen ist bei der Kennzeichnung von Parkplätzen im Regelfall an deren Einfahrt anzuordnen.

2   II. Zur Kennzeichnung der Parkerlaubnis auf Seitenstreifen oder am Fahrbahnrand ist es nur anzuordnen, wenn

3   a) dort das erlaubte Parken durch Zusatzzeichen beschränkt werden soll oder
       b) für Verkehrsteilnehmer nicht erkennbar ist, dass dort geparkt werden darf, und eine Parkflächenmarkierung nicht in Betracht kommt.

4   III. Als Hinweis auf größere öffentlich oder privat betriebene Parkplätze und Parkhäuser ist es nur dann anzuordnen, wenn deren Zufahrt für die Verkehrsteilnehmer nicht eindeutig erkennbar ist, aber nur im unmittelbaren Bereich dieser Zufahrt. Durch zwei weiße dachförmig aufeinander zuführende Schrägbalken über dem „P"

VwV zu den Verkehrszeichen **VwV zu Anl. 1–4 StVO**

kann angezeigt werden, dass es sich um ein Parkhaus handelt. Nicht amtliche Zusätze im unteren Teil des Zeichens mit der Angabe „frei", „besetzt" oder der freien Zahl von Parkständen bzw. Stellplätzen sind zulässig.

IV. Durch Zusatzzeichen mit dem Sinnbild eines Fahrrades kann auf Parkflächen für Fahrräder hingewiesen werden. **5**

V. Zur Bevorrechtigung von elektrisch betriebenen Fahrzeugen wird auf die VwV zu § 45 Absatz 1g verwiesen. **6**

VwV zu den Zeichen 314.1 und 314.2 Parkraumbewirtschaftungszone

Das Zeichen ist dann anzuordnen, wenn in einem zusammenhängenden Bereich mehrerer Straßen ganz oder überwiegend das Parken nur mit Parkschein oder mit Parkscheibe zugelassen werden soll. Die Art des zulässigen Parkens ist durch Zusatzzeichen anzugeben. Innerhalb der Zone kann an einzelnen bestimmten Stellen das Halten oder Parken durch Zeichen 283 oder 286 verboten werden. Vgl. auch Nummer II zu den Zeichen 290.1 und 290.2; Randnummer 2. **1**

VwV zu Zeichen 315 Parken auf Gehwegen

I. Das Parken auf Gehwegen darf nur zugelassen werden, wenn genügend Platz für den unbehinderten Verkehr von Fußgängern gegebenenfalls mit Kinderwagen oder Rollstuhlfahrern auch im Begegnungsverkehr bleibt, die Gehwege und die darunter liegenden Leitungen durch die parkenden Fahrzeuge nicht beschädigt werden können und der Zugang zu Leitungen nicht beeinträchtigt werden kann. **1**

II. Im Übrigen vgl II zu Parkflächenmarkierungen (lfd. Nummer 74 der Anlage 2). **2**

III. Zur Bevorrechtigung von elektrisch betriebenen Fahrzeugen wird auf die VwV zu § 45 Absatz 1g verwiesen. **3**

VwV zu Bild 318 Parkscheibe

Einzelheiten über die Ausgestaltung der Parkscheibe gibt das Bundesministerium für Verkehr und digitale Infrastruktur im Einvernehmen mit den zuständigen obersten Landesbehörden im Verkehrsblatt bekannt. **1**

VwV zu den Zeichen 325.1 und 325.2 Verkehrsberuhigter Bereich

I. Ein verkehrsberuhigter Bereich kommt nur für einzelne Straßen oder für Bereiche mit überwiegender Aufenthaltsfunktion und sehr geringem Verkehr in Betracht. Solche Bereiche können auch in Tempo-30-Zonen integriert werden. **1**

II. Die mit Zeichen 325.1 gekennzeichneten Straßen müssen durch ihre besondere Gestaltung den Eindruck vermitteln, dass die Aufenthaltsfunktion überwiegt und der Fahrzeugverkehr eine untergeordnete Bedeutung hat. In der Regel wird ein niveaugleicher Ausbau für die ganze Straßenbreite erforderlich sein. **2**

III. Zeichen 325.1 darf nur angeordnet werden, wenn Vorsorge für den ruhenden Verkehr getroffen ist. **3**

IV. Zeichen 325.1 ist so aufzustellen, dass es aus ausreichender Entfernung wahrgenommen werden kann; erforderlichenfalls ist es von der Einmündung in die Hauptverkehrsstraße abzurücken oder beidseitig aufzustellen. **4**

V. Mit Ausnahme von Parkflächenmarkierungen sollen in verkehrsberuhigten Bereichen keine weiteren Verkehrszeichen angeordnet werden. Die zum Parken bestimmten Flächen sollen nicht durch Zeichen 314 gekennzeichnet werden, sondern durch Markierung, die auch durch Pflasterwechsel erzielt werden kann. **5**

StVO VwV zu Anl. 1–4   Anhang

VwV zu Zeichen 327 Tunnel

1   I. Das Zeichen ist an jeder Tunneleinfahrt anzuordnen. Bei einer Tunnellänge von mehr als 400 m ist der Name des Tunnels und die Tunnellänge mit „...m (km)" anzugeben. In der Regel erfolgt dies durch Angabe im Zeichen unterhalb des Sinnbildes. Bei einer Tunnellänge von weniger als 400 m ist die Angabe des Namens nur notwendig, wenn besondere Umstände dies erfordern.

2   II. Bei einem Tunnel von mehr als 3000 m Länge ist alle 1000 m die noch zurückzulegende Tunnelstrecke durch die Angabe „noch ... m" anzuzeigen.

3   III. Das Zeichen kann zusätzlich in ausreichendem Abstand vor dem Tunnel mit einem Hinweis „Tunnel in ... m" in dem Zeichen oder durch Zusatzzeichen 1004 angeordnet werden.

VwV zu Zeichen 328 Nothalte- und Pannenbucht

1   I. Das Zeichen steht am Beginn einer Nothalte- und Pannenbucht. Bei besonderen örtlichen und verkehrlichen Gegebenheiten kann Zeichen 328 auch als Vorankündigung in ausreichendem Abstand (zB in Tunnel ca. 300 m) vor einer Nothalte- und Pannenbucht aufgestellt werden; dann ist zum Zeichen 328 das Zusatzzeichen 1004 (in ... m) anzubringen.

2   II. Hinsichtlich der Anordnung des Zeichens Notrufsäule (Zeichen 365–51) wird auf die Richtlinien für die Ausstattung und den Betrieb von Straßentunneln (RABT) verwiesen.

VwV zu Zeichen 330.1 Autobahn

1   I. Das Zeichen ist sowohl am Beginn der Autobahn als auch an jeder Anschlussstellenzufahrt aufzustellen. In der Regel muss es am Beginn der Zufahrt aufgestellt werden.

2   II. Das Zeichen darf auch an Straßen aufgestellt werden, die nicht als Bundesautobahnen nach dem Bundesfernstraßengesetz gewidmet sind, wenn diese Straßen für Schnellverkehr geeignet sind, frei von höhengleichen Kreuzungen sind, getrennte Fahrbahnen für den Richtungsverkehr haben und mit besonderen Anschlussstellen für die Zu- und Ausfahrten ausgestattet sind. Voraussetzung ist aber, dass für den Verkehr, der Autobahnen nicht befahren darf, andere Straßen, deren Benutzung zumutbar ist, und für die Anlieger anderweitige Ein- und Ausfahrten zur Verfügung stehen.

VwV zu den Zeichen 330.1, 331.1, 330.2 und 331.2

1   Über die Zustimmungsbedürftigkeit vgl Nummer III 1a zu § 45 Absatz 1 bis 1e; Randnummer 4. Ist die oberste Landesbehörde nicht zugleich oberste Landesbehörde für den Straßenbau, muss auch diese zustimmen.

VwV zu den Zeichen 330.2 und 331.2 Ende der Autobahn und Kraftfahrstraße

1   I. Das jeweilige Zeichen ist am Ende der Autobahn oder der Kraftfahrstraße und an allen Ausfahrten der Anschlussstellen anzuordnen, wobei eine Vorankündigung in aller Regel entbehrlich ist.

2   II. Das jeweilige Zeichen entfällt, wenn die Autobahn unmittelbar in eine Kraftfahrstraße übergeht oder umgekehrt. Dann ist stattdessen Zeichen 330.1 oder 331.1 anzuordnen.

VwV zu den Verkehrszeichen **VwV zu Anl. 1–4 StVO**

VwV zu Zeichen 331.1 Kraftfahrstraße

I. Voraussetzung für die Anordnung des Zeichens ist, dass für den Verkehr, der 1 Kraftfahrstraßen nicht befahren darf, andere Straßen, deren Benutzung zumutbar ist, zur Verfügung stehen.

II. Das Zeichen ist an allen Kreuzungen und Einmündungen zu wiederholen. 2

VwV zu Zeichen 332.1 Ausfahrt von der Kraftfahrstraße

Vgl. Nummer III VwV zu den Zeichen 332, 448, 449 und 453, Randnummer 4. 1

VwV zu Zeichen 333 Ausfahrt von der Autobahn

Außerhalb von Autobahnen darf das Zeichen nur an einer autobahnähnlich ausge- 1 bauten Straße (vgl Nummer II zu Zeichen 330.1, Randnummer 2) angeordnet werden. Dann hat das Zeichen entweder einen gelben oder – sofern es Zeichen 332 in weiß mit Zielen gemäß Zeichen 432 folgt – weißen Grund. Die Schrift und der Rand sind schwarz.

VwV zu Anlage 3 Abschnitt 8 Markierungen

Vgl. § 39 und VwV zu den §§ 39 bis 43. 1

VwV zu Zeichen 340 Leitlinie

I. Der für den Gegenverkehr bestimmte Teil der Fahrbahn ist in der Regel durch 1 Leitlinien (Zeichen 340) zu markieren, auf Fahrbahnen mit zwei oder mehr Fahrstreifen für jede Richtung durch Fahrstreifenbegrenzungen (Zeichen 295). Die Fahrstreifenbegrenzung sollte an Grundstückszufahrten nur dann unterbrochen werden, wenn andernfalls für den Anliegerverkehr unzumutbare Umwege oder sonstige Unzuträglichkeiten entstehen; wenn es erforderlich ist, das Linksabbiegen zu einem Grundstück zuzulassen, das Linksabbiegen aus diesem Grundstück aber verboten werden soll, kommt gegebenenfalls die Anbringung einer einseitigen Fahrstreifenbegrenzung (Zeichen 296) in Frage. Fahrstreifenbegrenzungen sind nicht zweckmäßig, wenn zu gewissen Tageszeiten Fahrstreifen für den Verkehr aus der anderen Richtung zur Verfügung gestellt werden müssen. Vgl. § 37 Absatz 3.

II. Schutzstreifen für Radfahrer

1. Die Leitlinie für Schutzstreifen ist im Verhältnis Strich/Lücke 1:1 zu markieren 2 und auf vorfahrtberechtigten Straßen an Kreuzungen und Einmündungen als Radverkehrsführung fortzusetzen.
2. Auf die Markierung einer Leitlinie in Fahrbahnmitte ist zu verzichten, wenn abzüg- 3 lich Schutzstreifen der verbleibende Fahrbahnanteil weniger als 5,50 m breit ist.
3. Zu Schutzstreifen vgl auch zu Nummer I 5 zu § 2 Absatz 4 Satz 2. 4

III. Leitlinien sind nach den Richtlinien für die Markierung von Straßen (RMS) 5 auszuführen. Vgl. zu Markierungen (Anlage 3).

IV. Vgl. auch Nummer I zu § 7 Abs 1 bis 3. 6

VwV zu Zeichen 341 Wartelinie

Die Wartelinie darf nur dort angeordnet werden,

1. wo das Zeichen 205 anordnet: „Vorfahrt gewähren.", 1
2. wo Linksabbieger den Gegenverkehr durchfahren lassen müssen, 2
3. wo vor einer Lichtzeichenanlage, vor dem Zeichen 294 oder vor einem Bahnüber- 3 gang eine Straße oder Zufahrt einmündet; in diesen Fällen ist die Anordnung des Zusatzzeichens „bei Rot hier halten" im Regelfall entbehrlich.

StVO VwV zu Anl. 1–4 Anhang

VwV zu Zeichen 350 Fußgängerüberweg

1 Das Zeichen darf nicht in Kombination mit anderen Zeichen aufgestellt werden.

VwV zu Zeichen 354 Wasserschutzgebiet

1 I. Es ist an den Grenzen der Einzugsgebiete von Trinkwasser und von Heilquellen auf Straßen anzuordnen, auf denen Fahrzeuge mit wassergefährdender Ladung häufig fahren. In der Regel ist die Länge der Strecke, die durch das Wasserschutzgebiet führt, auf einem Zusatzzeichen (§ 40 Abs 4) anzugeben.

2 II. Nummer I zu Zeichen 269 (Rn 1) gilt auch hier.

3 III. Vgl. auch Nummer II zu Zeichen 269, Rn 2 bis 8.

4 IV. Es empfiehlt sich, das Zeichen voll retroreflektierend auszuführen.

VwV zu Zeichen 356 Verkehrshelfer

1 I. Verkehrshelfer sind Schülerlotsen, Schulweghelfer oder andere Helfer für den Fußgängerverkehr.

2 II. An Lichtzeichenanlagen und Fußgängerüberwegen ist das Zeichen nicht anzuordnen.

VwV zu Zeichen 357 Sackgasse

1 I. Das Zeichen ist nur anzuordnen, wenn die Straße nicht ohne Weiteres als Sackgasse erkennbar ist.

2 II. Ist die Durchlässigkeit einer Sackgasse für Radfahrer und Fußgänger nicht ohne Weiteres erkennbar, ist im oberen Teil des Zeichens je nach örtlicher Gegebenheit ein Sinnbild für „Fußgänger" oder „Fahrrad" in verkleinerter Ausführung in das Zeichen zu integrieren.

VwV zu Zeichen 358 Erste Hilfe

1 I. Das Zeichen zeigt stets das rote Kreuz ohne Rücksicht darauf, wer den Hilfsposten eingerichtet hat.

2 II. Es darf nur verwendet werden zum Hinweis auf regelmäßig besetzte Posten.

VwV zu Zeichen 363 Polizei

1 Das Zeichen darf nur für Straßen mit einem erheblichen Anteil ortsfremden Verkehrs und nur dann angeordnet werden, wenn die Polizeidienststelle täglich über 24 Stunden besetzt oder eine Sprechmöglichkeit vorhanden ist.

VwV zu Zeichen 385 Ortshinweistafel

1 Das Zeichen ist nur dann anzuordnen, wenn der Name der Ortschaft nicht bereits aus der Wegweisung ersichtlich ist.

VwV zu den Zeichen 386.1, 386.2 und 386.3 Touristischer Hinweis, touristische Route und touristische Unterrichtungstafel

1 I. Touristische Beschilderungen mit den Zeichen 386.1 bis 386.3 dürfen nur äußerst sparsam angeordnet werden. Durch sie darf die Auffälligkeit, Erkennbarkeit und Lesbarkeit anderer Verkehrszeichen nicht beeinträchtigt werden. Die Zeichen 386.2 und 386.3 dürfen nicht zusammen mit anderen Verkehrszeichen aufgestellt werden.

2 II. Die Zeichen 386.1 und 386.2 können neben einer kennzeichnenden auch eine wegweisende Funktion erfüllen. Als Wegweiser soll Zeichen 386.2 nur dazu einge-

setzt werden, den Verlauf touristischer Routen zu kennzeichnen, dem Prinzip von Umleitungsbeschilderungen entsprechend.

III. Im Hinblick auf die Anordnung touristischer Beschilderung sollen die touristisch bedeutsamen Ziele und touristischen Routen unter Beteiligung von Interessenvertretern des Tourismus und anderen interessierten Verbänden von der Straßenverkehrsbehörde festgelegt werden. Zu beteiligen sind von Seiten der Behörden vor allem die Straßenbaubehörde, die für den Tourismus zuständige Behörde, die Denkmalbehörde, die Forstbehörde. **3**

IV. Die Ausgestaltung und Aufstellung der Zeichen richtet sich nach den Richtlinien für touristische Beschilderung (RtB). Die Fundstelle gibt das zuständige Bundesministerium bekannt. **4**

VwV zu Zeichen 390 Mautpflicht nach dem Autobahnmautgesetz

Die Anordnung des Verkehrszeichens ist an den Straßenabschnitten erforderlich, wo nicht schon durch Zeichen 330.1 die Widmung zur Bundesautobahn für den Verkehrsteilnehmer erkennbar ist und nach dem Autobahnmautgesetz eine Mautpflicht besteht.

I. Das Zeichen ist beiderseitig am Beginn der mautpflichtigen Strecke und zusätzlich ca. 750 m vor der letzten Ausfahrt vor Beginn der mautpflichtigen Strecke mit dem Zusatzzeichen 1004 unter Angabe der Entfernung bis zum Beginn der mautpflichtigen Strecke anzuordnen. **1**

Die Anordnung an einmündenden oder kreuzenden Straßen kann zusätzlich mit der entsprechenden Richtungsangabe durch Zusatzzeichen 1000 versehen werden. Das Zusatzzeichen 1004 gibt dann die Entfernung bis zum Entscheidungspunkt an.

II. Zur besseren Orientierung bei der Annäherung an den Beginn einer mautpflichtigen Strecke kann das Zeichen in verkleinerter Form in den Pfeilen der Vorwegweiser Zeichen 438, 439 oder Zeichen 440, 449 dargestellt werden. Dabei richtet sich die Ausführung auch für Zeichen 440, 449 nach den RWB. **2**

VwV zu Zeichen 391 Mautpflichtige Strecke

I. Es wird auf die VwV zu Zeichen 390 Mautpflicht nach dem Autobahnmautgesetz verwiesen. **1**

II. Die Kosten für die Beschaffung, Anbringung, Unterhaltung und Entfernung der Zeichen trägt der Betreiber der mautpflichtigen Strecke (vgl § 2 Absatz 2 Satz 1 FStrPrivFinÄndG). **2**

VwV zu Zeichen 392 Zollstelle

Das Zeichen sollte in der Regel 150 bis 250 m vor der Zollstelle aufgestellt werden. Die Zollbehörden sind zu hören. **1**

VwV zu Zeichen 394 Laternenring

Ringe und Schilder sind 70 mm hoch, Schilder 150 mm breit. **1**

VwV zu Anlage 3 Abschnitt 10 Wegweisung

I. Die Wegweisung soll den ortsunkundigen Verkehrsteilnehmer über ausreichend leistungsfähige Straßen zügig, sicher und kontinuierlich leiten. Hierbei sind die tatsächlichen Verkehrsbedürfnisse und die Bedeutungen der Straßen zu beachten. Eine Zweckentfremdung der Wegweisung aus Gründen der Werbung ist unzulässig. **1**

StVO VwV zu Anl. 1–4

2   II. Die Ausgestaltung und Aufstellung der wegweisenden Zeichen richten sich nach den Richtlinien für wegweisende Beschilderung außerhalb von Autobahnen (RWB) und den Richtlinien für wegweisende Beschilderung auf Autobahnen (RWBA). Das Bundesministerium für Verkehr und digitale Infrastruktur gibt die RWB und RWBA im Einvernehmen mit den zuständigen obersten Landesbehörden im Verkehrsblatt bekannt.

VwV zu den Zeichen 415 bis 442 Wegweiser außerhalb von Autobahnen

1   Für Bundesstraßen gibt das Bundesministerium für Verkehr und digitale Infrastruktur das Bundesstraßenverzeichnis heraus. Es enthält u. a. die Fern- und Nahziele der Bundesstraßen sowie die Entfernungen benachbarter Ziele auf der Bundesstraße. Das Bundesstraßenverzeichnis sowie die entsprechenden Verzeichnisse der obersten Landesbehörden für die übrigen Straßen sind bei der Auswahl der Ziele zu beachten.

VwV zu den Zeichen 421, 422, 442 und 454 bis 466 Umleitungsbeschilderung

1   I. Umleitungen, auch nur von Teilen des Fahrverkehrs, und Bedarfsumleitungen sind in der Regel in einem Umleitungsplan festzulegen. Die zuständige Behörde hat sämtliche beteiligten Behörden und die Polizei, gegebenenfalls auch die Bahnunternehmen, Linienverkehrsunternehmen und die Versorgungsunternehmen zur Planung heranzuziehen. Dabei sind die Vorschriften des Straßenrechts, insbesondere des § 14 des Bundesfernstraßengesetzes und die entsprechenden Vorschriften der Landesstraßengesetze zu berücksichtigen. Bei allen in den Verkehrsablauf erheblich eingreifenden Umleitungsplänen empfiehlt es sich, einen Anhörungstermin anzuberaumen.

2   II. Die Ausgestaltung und Aufstellung der Umleitungsbeschilderung richtet sich nach den Richtlinien für Umleitungsbeschilderungen (RUB). Das Bundesministerium für Verkehr und digitale Infrastruktur gibt die RUB im Einvernehmen mit den zuständigen obersten Landesbehörden im Verkehrsblatt bekannt.

VwV zu Zeichen 432 Wegweiser zu Zielen mit erheblicher Verkehrsbedeutung

1   I. Ziele mit erheblicher Verkehrsbedeutung können sein:
- Ortsteile (zB Parksiedlung, Zentrum, Kurviertel),
- öffentliche Einrichtungen (zB Flughafen, Bahnhof, Rathaus, Messe, Universität, Stadion),
- Industrie- und Gewerbegebiete,
- Erholungs- und Freizeitgebiete oder -einrichtungen.

2   II. Zu anderen Zielen darf nur dann so gewiesen werden, wenn dies wegen besonders starken auswärtigen Zielverkehrs unerlässlich ist und auch nur, wenn allgemeine Hinweise wie „Industriegebiet Nord" nicht ausreichen. Die Verwendung von Logos oder anderen privaten Zusätzen ist nicht zulässig. (Vgl. VwV zu Anlage 3 Abschnitt 10 Wegweisung; Randnummer 1.)

3   III. Bei touristisch bedeutsamen Zielen ist vorzugsweise eine Beschilderung mit Zeichen 386.1 vorzunehmen, sofern die Richtlinien für touristische Beschilderung (RtB) dies zulassen.

VwV zu Zeichen 434

1   In dem Zeichen kann durch Einsätze auf Verkehrszeichen hingewiesen werden, die im weiteren Verlauf der Strecke gelten. Dafür wird das entsprechende Verkehrs-

VwV zu den Verkehrszeichen   **VwV zu Anl. 1–4 StVO**

zeichen verkleinert zentral auf dem jeweiligen Pfeilschaft dargestellt. Die Ausführung entspricht den Vorgaben der RWB.

VwV zu Zeichen 437 Straßennamensschilder

I. Die auf die gezeigte Weise aufgestellten Straßennamensschilder sind beiderseits zu beschriften. 1

II. Die Zeichen sollen für alle Kreuzungen und Einmündungen und müssen für solche mit erheblichem Fahrverkehr angeordnet werden. 2

VwV zu den Zeichen 438 bis 441

In den Zeichen kann durch Einsätze auf Verkehrszeichen hingewiesen werden, die im weiteren Verlauf der Strecke gelten. Dafür wird das entsprechende Verkehrszeichen verkleinert zentral auf dem jeweiligen Pfeilschaft dargestellt. Die Ausführung entspricht den Vorgaben der RWB. 1

VwV zu Zeichen 442 Vorwegweiser für bestimmte Verkehrsarten

Das Zeichen 442 kann mit Entfernungsangabe auf einem Zusatzzeichen auch den Beginn einer Umleitung kennzeichnen. 1

VwV zu den Zeichen 332, 448, 449 und 453 Wegweiser auf Autobahnen

I. 1. Auf Autobahnen darf nur in den Zeichen 332 und 449 auf folgende Ziele hingewiesen werden: 1
   – Flughäfen, Häfen,
   – Industrie- und Gewerbegebiete, Plätze für Parken und Reisen (P+R), Güterverkehrszentren,
   – Einrichtungen für Großveranstaltungen (zB Messe, Stadion, Multifunktionsarena),
   – Nationalparks.
2. Voraussetzung ist, dass eine Wegweisung zu diesen Zielen aus Gründen der Verkehrslenkung dringend geboten ist. 2

II. Zur Begrenzung der Zielangaben vgl RWBA. 3

III. Auf autobahnähnlich ausgebauten Straßen sind die Zeichen 332, 448, 449 und ggf. 453 gemäß den Richtlinien für die wegweisende Beschilderung außerhalb von Autobahnen (RWB) auszuführen. 4

VwV zu Zeichen 448.1 Autohof

I. Die Abmessung des Zeichens beträgt 2,0 m × 2,8 m. 1

II. Zeichen 448.1 ist nur anzuordnen, wenn folgende Voraussetzungen erfüllt sind:
1. Der Autohof ist höchstens 1 km von der Anschlussstelle entfernt. 2
2. Die Straßenverbindung ist für den Schwerverkehr baulich und unter Berücksichtigung der Anliegerinteressen Dritter geeignet. 3
3. Der Autohof ist ganzjährig und ganztägig (24h) geöffnet. 4
4. Es sind mindestens 50 Lkw-Stellplätze an schwach frequentierten (DTV bis 50 000 Kfz) und 100 Lkw-Stellplätze an stärker frequentierten Autobahnen vorhanden. Pkw-Stellplätze sind davon getrennt ausgewiesen. 5
5. Tankmöglichkeit besteht rund um die Uhr; für Fahrzeugreparaturen werden wenigstens Fachwerkstätten und Servicedienste vermittelt. 6
6. Von 11 bis 22 Uhr wird ein umfassendes Speiseangebot, außerhalb dieser Zeit werden Getränke und Imbiss angeboten. 7

StVO VwV zu Anl. 1–4 Anhang

8 7. Sanitäre Einrichtungen sind sowohl für Behinderte als auch für die besonderen Bedürfnisse des Fahrpersonals vorhanden.

9 III. Die Abmessung des Zusatzzeichens beträgt 0,8 m × 2,8 m, die der in einer Reihe anzuordnenden grafischen Symbole 0,52 m × 0,52 m. Sollen mehr als 4 (maximal 6) Symbole gezeigt werden, sind diese entsprechend zu verkleinern.

10 IV. Das Zusatzzeichen enthält nur grafische Symbole für rund um die Uhr angebotene Leistungen. Es dürfen die Symbole verwendet werden, die auch das Leistungsangebot von bewirtschafteten Rastanlagen beschreiben (vgl RWBA 2000, Kap. 8.12). Zusätzlich kann auch das Symbol „Autobahnkapelle" verwendet werden, wenn ein jederzeit zugänglicher Andachtsraum vorhanden ist. Zur Verwendung des Symbols „Werkstatt" vgl RWBA 2000, Kap. 15.1 (5).

11 V. Die Autohof-Hinweiszeichen, deren Aufstellung vor der Aufnahme des Zeichens 448.1 (Autohof) in die StVO erfolgte und deren Maße nicht den Vorgaben (2,0 m × 2,8 m) entsprechen, sind bis zum 1. Januar 2006 gegen die entsprechenden Zeichen auszutauschen.

VwV zu den Zeichen 454 und 455.1

1 I. Das Zeichen 454 oder 455.1 muss im Verlauf der Umleitungsstrecke an jeder Kreuzung und Einmündung angeordnet werden, wo Zweifel über den weiteren Verlauf entstehen können.

2 II. Zusätzliche Zielangaben sind nur anzuordnen, wo Zweifel entstehen können, zu welchem Ziel die Umleitung hinführt.

3 III. Das Zeichen 455.1 kann im Verlauf der Umleitungsstrecke anstelle von Zeichen 454 angeordnet werden. Wo eine Unterscheidung mehrerer Umleitungsstrecken erforderlich ist, kann es mit einer Nummerierung versehen werden.

4 IV. Das Zeichen 455.1 kann als Vorwegweiser wie auch als Wegweiser eingesetzt werden.

5 V. Zum Einsatz als Ankündigung einer Umleitung siehe VwV zu Zeichen 457.1 und 458.

VwV zu den Zeichen 455.2 und 457.2 Ende der Umleitung

1 Das Zeichen ist dann anzuordnen, wenn das Ende der Umleitungsstrecke nicht aus der folgenden Wegweisung erkennbar ist.

VwV zu den Zeichen 457.1 und 458

1 I. Größere Umleitungen sollten immer angekündigt werden, und zwar in der Regel durch die Planskizze.

2 II. Kleinere Umleitungen auf Straßen mit geringer Verkehrsbedeutung bedürfen der Ankündigung nur, wenn das Zeichen 454 oder 455.1 nicht rechtzeitig gesehen wird.

3 III. Bei Umleitungen für eine bestimmte Verkehrsart ist in Zeichen 458 das entsprechende Verkehrszeichen nach § 41 Absatz 1 (Anlage 2) anstatt Zeichen 250 anzuzeigen.

VwV zu Zeichen 467.1 Umlenkungspfeil

1 I. Das Zeichen wird entweder zusätzlich oder in den Schildern gezeigt, die der Ankündigung, Vorwegweisung, Wegweisung und Bestätigung einer empfohlenen

Umleitungsstrecke dienen. Sie sind zusätzlich zur blauen Autobahnwegweisung aufgestellt.

II. Die Umlenkungsbeschilderung zeigt den Umlenkungspfeil und etwaige schwarze Symbole und Aufschriften auf weißem Grund.   **2**

III. Der umzulenkende Verkehr wird am Beginn der Umlenkung durch entsprechende Ziele und den orangefarbenen Umlenkungspfeil geführt. Im Verlauf der Umlenkungsroute brauchen die Ziele nicht erneut ausgeschildert zu werden. Der Umlenkungspfeil als Leitsymbol übernimmt die weitere Wegführung.   **3**

IV. Bei Überschneidungen von umgelenkten Routen kann es zweckmäßig sein, die Routen regional zu nummerieren. Die Nummer kann in schwarzer Schrift in dem Pfeilzeichen eingesetzt werden.   **4**

V. Einzelheiten werden in den „Richtlinien für Wechselverkehrszeichen an Bundesfernstraßen (RWVZ)" festgelegt, die das Bundesministerium für Verkehr und digitale Infrastruktur im Einvernehmen mit den zuständigen obersten Landesbehörden im Verkehrsblatt bekanntgibt.   **5**

VwV zu den Zeichen 501 bis 546 Verkehrslenkungstafeln

1. Verkehrslenkungstafeln umfassen Überleitungstafeln (Zeichen 501 und 505), Verschwenkungstafeln (Zeichen 511 bis 515), Fahrstreifentafeln (Zeichen 521 bis 526), Einengungstafeln (Zeichen 531 bis 536), Aufweitungstafeln (Zeichen 541 bis 546), Trennungstafeln (Zeichen 533) und Zusammenführungstafeln (Zeichen 543 und 544). Die Zeichen sind im amtlichen Katalog der Verkehrszeichen (VzKat) dargestellt.   **1**

2. Verkehrslenkungstafeln werden 200 m vor dem Bezugspunkt aufgestellt. Abweichend davon beträgt der Abstand zum Bezugspunkt auf Straßen innerhalb geschlossener Ortschaften mit einem Fahrstreifen pro Richtung zwischen 50 und 100 m. Bei Straßen innerhalb und außerhalb geschlossener Ortschaften mit mehr als einem Fahrstreifen pro Richtung wird eine weitere Verkehrslenkungstafel etwa 400 m vor dem Bezugspunkt angeordnet. Auf Straßen mit baulich getrennten Richtungsfahrbahnen sind Verkehrslenkungstafeln beidseitig der Fahrbahn aufzustellen.   **2**

3. Der Abstand zum Bezugspunkt ist durch ein Zusatzzeichen (Zeichen 1004 „Entfernungsangabe") anzuzeigen.   **3**

4. Fahrstreifentafeln können mit dem Zusatzzeichen Zeichen 1001 „Länge einer Strecke" versehen werden. Sie sind dann in Abständen von 1000 bis 2000 m zu wiederholen.   **4**

5. Den Einsatz von Verkehrslenkungstafeln bei Arbeitsstellen an Straßen regeln die RSA.   **5**

6. Die Standardgröße beträgt 1600 × 1250 mm (Höhe × Breite). Bei einer Aufstellung innerorts kann das Maß auf 70% der Standardgröße verringert werden (1120 × 875 mm).   **6**

7. Verkehrslenkungstafeln können fahrstreifenbezogene verkehrsrechtliche Anordnungen beinhalten. Die Vorschriftzeichen werden verkleinert zentral auf dem Pfeilschaft dargestellt. Liegen die Pfeile dicht nebeneinander, werden Vorschriftzeichen vertikal versetzt dargestellt. Die Ausführung entspricht den Vorgaben der RWB. Gilt die gleiche verkehrsrechtliche Anordnung für benachbarte Fahrstreifen, ist nur ein Vorschriftzeichen auf den Pfeilschäften darzustellen. Ein Vorschriftzeichen, das für mehr als zwei Fahrstreifen gilt, wird nicht auf der Tafel angezeigt.   **7**

Aktualisierungsanhang
Dreiundfünfzigste Verordnung zur Änderung straßenverkehrsrechtlicher Vorschriften

Durch diese Verordnung vom 6. Oktober 2017, die am 19.10.2017 mit Veröffentlichung im Bundesgesetzblatt (BGBl I 3549 ff) in Kraft getreten ist, sind unter anderem die nachfolgend aufgeführten Regelungen der Straßenverkehrs-Ordnung, der Bußgeldkatalog-Verordnung und der Fahrerlaubnis-Verordnung geändert worden:

§ 23 StVO

1. § 23 wird wie folgt geändert:

a) Absatz 1a wird durch die folgenden Absätze 1a und 1b ersetzt:

„(1a) Wer ein **Fahrzeug führt, darf ein elektronisches Gerät, das der Kommunikation, Information oder Organisation dient oder zu dienen bestimmt ist, nur benutzen, wenn**

1. hierfür das Gerät weder aufgenommen noch gehalten wird und
2. entweder
   a) nur eine Sprachsteuerung und Vorlesefunktion genutzt wird oder
   b) zur Bedienung und Nutzung des Gerätes nur eine kurze, den Straßen-, Verkehrs-, Sicht- und Wetterverhältnissen angepasste Blickzuwendung zum Gerät bei gleichzeitig entsprechender Blickabwendung vom Verkehrsgeschehen erfolgt oder erforderlich ist.

Geräte im Sinne des Satzes 1 sind auch Geräte der Unterhaltungselektronik oder Geräte zur Ortsbestimmung, insbesondere Mobiltelefone oder Autotelefone, Berührungsbildschirme, tragbare Flachrechner, Navigationsgeräte, Fernseher oder Abspielgeräte mit Videofunktion oder Audiorekorder. Handelt es sich bei dem Gerät im Sinne des Satzes 1, auch in Verbindung mit Satz 2, um ein auf dem Kopf getragenes visuelles Ausgabegerät, insbesondere eine Videobrille, darf dieses nicht benutzt werden. Verfügt das Gerät im Sinne des Satzes 1, auch in Verbindung mit Satz 2, über eine Sichtfeldprojektion, darf diese für fahrzeugbezogene, verkehrszeichenbezogene, fahrtbezogene oder fahrtbegleitende Informationen benutzt werden. Absatz 1c und § 1b des Straßenverkehrsgesetzes bleiben unberührt.

(1b) Absatz 1a Satz 1 bis 3 gilt nicht für

1. ein stehendes Fahrzeug, im Falle eines Kraftfahrzeuges vorbehaltlich der Nummer 3 nur, wenn der Motor vollständig ausgeschaltet ist,
2. den bestimmungsgemäßen Betrieb einer atemalkoholgesteuerten Wegfahrsperre, soweit ein für den Betrieb bestimmtes Handteil aufgenommen und gehalten werden muss,
3. stehende Straßenbahnen oder Linienbusse an Haltestellen (Zeichen 224).

Das fahrzeugseitige automatische Abschalten des Motors im Verbrennungsbetrieb oder das Ruhen des elektrischen Antriebes ist kein Ausschalten des Motors in diesem Sinne. Absatz 1a Satz 1 Nummer 2 Buchstabe b gilt nicht für

1. die Benutzung eines Bildschirms oder einer Sichtfeldprojektion zur Bewältigung der Fahraufgabe des Rückwärtsfahrens oder Einparkens, soweit das Fahrzeug nur mit Schrittgeschwindigkeit bewegt wird, oder

2. die Benutzung elektronischer Geräte, die vorgeschriebene Spiegel ersetzen oder ergänzen."

b) Der bisherige Absatz 1b wird Absatz 1c.

c) Folgender Absatz 4 wird angefügt:

„(4) Wer ein Kraftfahrzeug führt, darf sein Gesicht nicht so verhüllen oder verdecken, dass er nicht mehr erkennbar ist. Dies gilt nicht in Fällen des § 21a Absatz 2 Satz 1."

Diese Änderung beruht darauf, dass erwiesen ist, dass die Fahrleistung des Fahrzeugführers durch Ablenkung auf Grund eines zu langen Blickkontaktes durch Informations-, Kommunikations- und Unterhaltungsmittel während der Fahrt gesunken und die Anzahl der hierdurch versursachten Unfälle gestiegen ist. Der technischen Fortentwicklung gerade im Kommunikations- und Informationsbereich wird nun in § 23 Abs. 1a StVO Rechnung getragen. Insbesondere ist das „Hand-Held-Verbot" in § 23 Abs. 1a nun auf sämtliche technischen Geräte der Kommunikations-, Informations- und Unterhaltungselektronik ausgeweitet. Auch ist § 23 durch ein Verbot der Verdeckung oder Verhüllung der das Kraftfahrzeug führenden Person ergänzt worden.

Diese Ergänzungen beruhen auf vielfältigen Untersuchungen die belegen, dass eine erhebliche gefährdende Ablenkung fahrfremder Tätigkeiten besteht. Es handelt sich um einen besonders verantwortungsloses Verhalten des Fahrzeugführers, dem auch mit der Erhöhung des Bußgeldes auf 100,00 € bzw. 150,00 € und Fahrverbot von 1 Monat (mit Gefährdung) und mit 200,00 € und einem Fahrverbot von 1 Monat bei einer Sachbeschädigung Rechnung getragen wurde. Auch der Verstoß beim Radfahren wird nur mit einem Bußgeld von 55,00 € geahndet.

Zur Gewährung einer effektiven Verkehrsüberwachung ist ein neuer Absatz 4 eingefügt worden. Da der Verstoß gegen das dort beschriebene Verhüllungsverbot vorsätzlich erfolgt, ist dieser mit einem Bußgeld in Höhe von 60 € belegt worden (Anlage zu § 1 Abs. 1 BKatV, lfd. Nr. 247a, s.u.).

§ 25 StVO

2. § 25 Absatz 3 Satz 1 wird durch die folgenden Sätze ersetzt:

„Wer zu Fuß geht, hat Fahrbahnen unter Beachtung des Fahrzeugverkehrs zügig auf dem kürzesten Weg quer zur Fahrtrichtung zu überschreiten. Wenn die Verkehrsdichte, Fahrgeschwindigkeit, Sichtverhältnisse oder der Verkehrsablauf es erfordern, ist eine Fahrbahn nur an Kreuzungen oder Einmündungen, an Lichtzeichenanlagen innerhalb von Markierungen, an Fußgängerquerungshilfen oder auf Fußgängerüberwegen (Zeichen 293) zu überschreiten."

Mit dieser Neuregelung ist der bisher benutzte unbestimmte Rechtsbegriff „wenn es die Verkehrslage erfordert, konkretisiert worden durch „Verkehrsdichte, Fahrgeschwindigkeit, Sichtverhältnisse, Verkehrsablauf". Insofern ist das Merkmal der „Verkehrslage" durch konkretere Bezeichnungen ersetzt worden. Das Ziel des Gesetzgebers ist auch ein Sicherheitsgewinn für den Fahrzeugführer, der sich besser auf ein zu erwartendes Querungsverhalten der Fußgänger einstellen kann.

StVO Aktualisierungsanhang

§ 30 StVO

3. § 30 wird wie folgt geändert:

a) Absatz 3 wird wie folgt geändert:

aa) In Satz 1 werden nach der Angabe „22.00 Uhr" die Wörter **„zur geschäftsmäßigen oder entgeltlichen Beförderung von Gütern einschließlich damit verbundener Leerfahrten"** eingefügt und das Wort „verkehren" durch die Wörter **„geführt werden"** ersetzt.

bb) Satz 2 wird wie folgt geändert:

aaa) Nach Nummer 2 werden die folgenden Nummern 3 bis 5 eingefügt:

„**3. die Beförderung von Material der Kategorie 1 nach Artikel 8 und Material der Kategorie 2 nach Artikel 9 Buchstabe f Ziffer i der Verordnung (EG) Nr. 1069/2009 des Europäischen Parlaments und des Rates vom 21. Oktober 2009 mit Hygienevorschriften für nicht für den menschlichen Verzehr bestimmte tierische Nebenprodukte und zur Aufhebung der Verordnung (EG) Nr. 1774/2002 (Verordnung über tierische Nebenprodukte) (ABl. L 300 vom 14.11.2009, S. 1; L 348 vom 4.12.2014, S. 31),**
4. den Einsatz von Bergungs-, Abschlepp- und Pannenhilfsfahrzeugen im Falle eines Unfalles oder eines sonstigen Notfalles,
5. den Transport von lebenden Bienen,".

bbb) Die bisherigen Nummern 3 und 4 werden die Nummern 6 und 7.

ccc) Die neue Nummer 6 wird wie folgt gefasst:

„**6. Leerfahrten, die im Zusammenhang mit Fahrten nach den Nummern 2 bis 5 stehen,"**.

b) In Absatz 4 werden nach den Wörtern „Reformationstag (31. Oktober), jedoch" die Wörter **„mit Ausnahme im Jahr 2017"** eingefügt.

Entsprechend der Neufassung der VwV-StVO wird nun in § 30 Abs. 3 Satz 1 geregelt, dass das Sonn- und Feiertagsverbot für Lastkraftwagen nur auf den gewerblichen Güterverkehr Anwendung findet. Dies wurde auch für die bisher geltende Fassung des § 30 Abs. 3 StVO vertreten. Mit der Neuregelung soll allerdings eine entsprechende Klarstellung erfolgen. In Satz 2 wird eine Ausnahme vom Sonn- und Feiertagsverbot für Lastkraftwagen, u.a. für den Einsatz von Bergungs- und Abschleppfahrzeugen, aufgehoben. Verunfallte oder liegengebliebene Fahrzeuge (auch mit verlorenem Ladungsgut) stellen eine Gefährdung und ein Verkehrshindernis dar, so dass hier schnelles Verbringen aus dem Straßenraum erforderlich ist und Gefahren minimiert. Aus diesem Grunde gelten für entsprechende Einsatz- und Abschleppfahrzeuge Ausnahmen vom Fahrverbot an Sonn- und Feiertagen.

Eine weitere Ausnahme in Satz 2 dient dem Transport bestimmter tierischer Produkte und beruht auf geändertem EU-Recht. In Nummer 5 ist eine weitere Ausnahme für den Transport von Bienenvölkern aufgeführt.

§ 35 StVO

4. Dem § 35 wird folgender Absatz 9 angefügt:

„**(9) Wer ohne Beifahrer ein Einsatzfahrzeug der Behörden und Organisationen mit Sicherheitsaufgaben (BOS) führt und zur Nutzung des BOS-Funks berechtigt ist, darf unbeschadet der Absätze 1 und 5a abweichend von § 23**

StVO Aktualisierungsanhang

Absatz 1a ein Funkgerät oder das Handteil eines Funkgerätes aufnehmen und halten."

Ziel dieser Regelung ist es, im Interesse des schnellen Einsatzes und der Gefahrenabwehr, ausnahmsweise dem Einsatzfahrer, der alleine das Fahrzeug führt, zu erlauben, das Funkgerät abweichend von § 23 Abs. 1a in der Hand zu halten.

Änderungen der Bußgeldkatalog-Verordnung

Die Bußgeldkatalog-Verordnung ist wie folgt geändert worden:

1. § 4 Absatz 1 Satz 1 wird wie folgt geändert:

a) In Nummer 3 wird nach der Angabe „21.2," die Angabe „**50.1, 50.2, 50.3, 135, 135.1, 135.2,**" eingefügt.

b) In Nummer 4 wird nach der Angabe „244" das Wort „oder" durch ein Komma ersetzt und die Angabe „**246.2, 246.3,**" eingefügt sowie nach der Angabe „248" die Angabe „**oder 250a**" eingefügt.

2. Die Anlage zu § 1 Absatz 1 wird wie folgt geändert:

a) Die laufende Nummer 50 wird wie folgt gefasst:

Lfd. Nr.	Tatbestand	Straßenverkehrs-Ordnung (StVO)	Regelsatz in Euro (€), Fahrverbot in Monaten
„50	Bei stockendem Verkehr auf einer Autobahn oder Außerortsstraße für die Durchfahrt von Polizei- oder Hilfsfahrzeugen keine vorschriftsmäßige Gasse gebildet	§ 11 Absatz 2 § 49 Absatz 1 Nummer 11	200 €
50.1	– mit Behinderung	§ 11 Absatz 2 § 1 Absatz 2 § 49 Absatz 1 Nummer 11	240 € **Fahrverbot 1 Monat**
50.2	– mit Gefährdung		280 € **Fahrverbot 1 Monat**
50.3	– mit Sachbeschädigung		320 € **Fahrverbot 1 Monat**".

a₁) Die laufende Nummer 135 wird wie folgt gefasst:

Lfd. Nr.	Tatbestand	Straßenverkehrs-Ordnung (StVO)	Regelsatz in Euro (€), Fahrverbot in Monaten
„135	Einem Einsatzfahrzeug, das blaues Blinklicht zusammen mit dem Einsatzhorn verwendet hatte, nicht sofort freie Bahn geschaffen	§ 38 Absatz 1 Satz 2 § 1 Absatz 2 § 49 Absatz 3 Nummer 3	240 € **Fahrverbot 1 Monat**

StVO Aktualisierungsanhang

Lfd. Nr.	Tatbestand	Straßenverkehrs-Ordnung (StVO)	Regelsatz in Euro (€), Fahrverbot in Monaten
135.1	– mit Gefährdung		280 € **Fahrverbot** **1 Monat**
135.2	– mit Sachbeschädigung		320 € **Fahrverbot** **1 Monat**".

b) Die laufende Nummer 246 wird wie folgt gefasst:

Lfd. Nr.	Tatbestand	Straßenverkehrs-Ordnung (StVO)	Regelsatz in Euro (€), Fahrverbot in Monaten
„246	Elektronisches Gerät rechtswidrig benutzt	§ 23 Absatz 1a § 49 Absatz 1 Nummer 22	
246.1	beim Führen eines Fahrzeugs		100 €
246.2	– mit Gefährdung		150 € **Fahrverbot** **1 Monat**
246.3	mit Sachbeschädigung		200 € **Fahrverbot** **1 Monat**
246.4	beim Radfahren		55 €".

c) In der laufenden Nummer 247 wird in der Spalte „StVO" die Angabe „§ 23 Absatz 1b" durch die Angabe „**§ 23 Absatz 1c**" ersetzt.

d) Nach der laufenden Nummer 247 wird folgende Nummer 247a eingefügt:

Lfd. Nr.	Tatbestand	Straßenverkehrs-Ordnung (StVO)	Regelsatz in Euro (€), Fahrverbot in Monaten
„247a	Beim Führen eines Kraftfahrzeugs Gesicht verdeckt oder verhüllt	§ 23 Absatz 4 Satz 1 § 49 Absatz 1 Nummer 22	60 €".

e) Nach der laufenden Nummer 250 wird folgende Nummer 250a eingefügt:

Lfd. Nr.	Tatbestand	Straßenverkehrs-Ordnung (StVO)	Regelsatz in Euro (€), Fahrverbot in Monaten
250a	„**Verkehrseinrichtungen zum Schutz der Infrastruktur** Vorschriftswidrig ein Verbot für Kraftwagen mit einem die Gesamtmasse beschränkenden Zusatzzeichen (Zeichen 251 mit Zusatzzeichen 1053-33) oder eine tatsächliche Höhenbeschränkung (Zeichen 265) nicht beachtet, wobei die Straßenfläche zusätzlich durch Verkehrseinrichtungen (Anlage 4 lfd. Nr. 1 bis 4 zu § 43 Absatz 3) gekennzeichnet ist.	§ 41 Absatz 1 i.V.m. Anlage 2 lfd. Nr. 27 Spalte 3, lfd. Nr. 29 (Zeichen 251) Spalte 3, lfd. Nr. zu 36 bis 40, lfd. Nr. 39 (Zeichen 265) § 43 Absatz 3 Satz 2 § 49 Absatz 3 Nummer 4, 6	500 € **Fahrverbot 2 Monate**".

Änderungen der Fahrerlaubnis-Verordnung

Die Fahrerlaubnis-Verordnung ist durch Art. 4 der 53. StVO-ÄndVO geändert worden.

1. Anlage 12 Abschnitt A wird wie folgt geändert:

a) In der laufenden Nummer 2.1 wird nach der Zeile „das Abbiegen, Wenden und Rückwärtsfahren (§ 9)" folgende Zeile eingefügt:

„die Pflichten des Fahrzeugführers bei stockendem Verkehr auf einer Autobahn oder Außerortsstraße in Bezug auf das Bilden einer vorschriftsmäßigen Gasse	(§ 11 Absatz 2)".

b) In der laufenden Nummer 2.1 wird nach der Zeile „das Verhalten an öffentlichen Verkehrsmitteln und Schulbussen (§ 20 Absatz 2, 3 und 4, Anlage 2 zu § 41 Absatz 1)" folgende Zeile eingefügt:

„die sonstigen Pflichten des Fahrzeugführers in Bezug auf den Betrieb eines elektronischen Gerätes	(§ 23 Absatz 1a)".

In der laufenden Nummer 2.1 wird nach der Zeile „das Verhalten an Wechsellichtzeichen, Dauerlichtzeichen und Zeichen 206 (Halt! Vorfahrt gewähren!) sowie gegenüber Haltzeichen von Polizeibeamten (§ 36, § 37 Absatz 2, 3, Anlage 2 zu § 41 Absatz 1)" folgende Zeile angefügt:

„das Verhalten bei blauem Blinklicht zusammen mit dem Einsatzhorn	(§ 38 Absatz 1 Satz 2)".

StVO Aktualisierungsanhang

2. Die Anlage 13 wird wie folgt geändert:

a) Nach der laufenden Nummer 2.2.5 wird folgende laufende Nummer 2.2.5a eingefügt:

laufende Nummer	Ordnungswidrigkeit	laufende Nummer der Anlage zur Bußgeldkatalog-Verordnung (BKat)
„2.2.5a	Bei stockendem Verkehr auf einer Autobahn oder Außerortsstraße für die Durchfahrt von Polizei- oder Hilfsfahrzeugen keine vorschriftsmäßige Gasse gebildet	50, 50.1, 50.2, 50.3".

b) Nach der laufenden Nummer 2.2.8 werden die folgenden laufenden Nummern 2.2.8a und 2.2.8b eingefügt:

laufende Nummer	Ordnungswidrigkeit	laufende Nummer der Anlage zur Bußgeldkatalog-Verordnung (BKat)
„2.2.8a	Einem Einsatzfahrzeug, das blaues Blinklicht zusammen mit dem Einsatzhorn verwendet hatte, nicht sofort freie Bahn geschaffen	135, 135.1, 135.2
2.2.8b	Beim Führen eines Kraftfahrzeugs elektronisches Gerät rechtswidrig benutzt mit Gefährdung oder mit Sachbeschädigung	246.2, 246.3".

2. Teil

Gesetz zur Bevorrechtigung des Carsharing (Carsharinggesetz – CsgG)

Vom 5. Juli 2017 (BGBl I S. 2230)

§ 1 Anwendungsbereich

Mit diesem Gesetz werden Maßnahmen zur Bevorrechtigung des Carsharing ermöglicht, um die Verwendung von Carsharingfahrzeugen im Rahmen stationsunabhängiger oder stationsbasierter Angebotsmodelle zur Verringerung insbesondere klima- und umweltschädlicher Auswirkungen des motorisierten Individualverkehrs zu fördern.

Mit dem zum 1.09.17 in Kraft tretenden Carsharinggesetz v 5.7.17 (BGBl I 2230) ist erstmals eine Parkbevorrechtigung und die Möglichkeit der Befreiung von Parkgebühren für Carsharingfahrzeuge geschaffen worden.

Sowohl die nähere Bestimmung der Bevorrechtigungen, die Einzelheiten der Inanspruchnahme sowie die erforderlichen Änderungen in den Verordnungen sind im Rahmen einer Änderungsverordnung nach § 6 I StVG aufgrund der Ermächtigungsgrundlage durch das Bundesministerium für Verkehr und digitale Infrastruktur gemeinsam mit dem Bundesministerium für Wirtschaft und Energie und dem Bundesministerium für Umwelt, Naturschutz, Bau und Reaktorsicherheit zu schaffen. So wird insbesondere gewährleistet, dass der Verordnungsgeber jede Neuregelung zur Förderung des Carsharing mit Blick auf deren Vereinbarkeit mit der Verkehrssicherheit und dem Verkehrsfluss erlässt sowie durch die Beteiligung des Bundesministeriums für Wirtschaft und Energie und des Bundesministeriums für Umwelt, Naturschutz, Bau und Reaktorsicherheit sichergestellt ist, dass auch bei der Schaffung von Privilegien für Carsharingfahrzeuge im Straßenverkehrsrecht Aspekte des Wettbewerbsrechts und des Umwelt- und Klimaschutzes ebenfalls Berücksichtigung finden. (BT-Drs 18/11285 S 18).

In § 1 wird der Anwendungsbereich festgelegt.

§ 2 Begriffsbestimmungen

Im Sinne dieses Gesetzes ist
1. ein Carsharingfahrzeug ein Kraftfahrzeug, das einer unbestimmten Anzahl von Fahrern und Fahrerinnen auf der Grundlage einer Rahmenvereinbarung und einem die Energiekosten mit einschließenden Zeit- oder Kilometertarif oder Mischformen solcher Tarife angeboten und selbstständig reserviert und genutzt werden kann,
2. ein Carsharinganbieter ein Unternehmen unabhängig von seiner Rechtsform, das Carsharingfahrzeuge stationsunabhängig oder stationsbasiert zur Nutzung für eine unbestimmte Anzahl von Kunden

und Kundinnen nach allgemeinen Kriterien anbietet, wobei Mischformen der Angebotsmodelle möglich sind,
3. stationsunabhängiges Carsharing ein Angebotsmodell, bei dem die Nutzung des Fahrzeugs ohne Rücksicht auf vorab örtlich festgelegte Abhol- und Rückgabestellen begonnen und beendet werden kann und
4. stationsbasiertes Carsharing ein Angebotsmodell, das auf vorab reservierbaren Fahrzeugen und örtlich festgelegten Abhol- oder Rückgabestellen beruht.

§ 2 enthält die Begriffsdefinitionen des Carsharingsfahrzeugs, Carsharinganbieters sowie des stationsunabhängigen und stationsbasierten Carsharings. Im Unterschied zu anderen Mobilitätsdienstleitungen können Carsharingfahrzeuge selbstständig durch die Nutzer reserviert, geöffnet, gefahren und wieder zurückgegeben werden, ohne dass es dafür eines persönlichen Kontaktes zum Anbieter bedarf. Grundlage hierfür sind in der Regel Handlungen auf der Basis von Informations- und Kommunikationstechnologien. Weiterhin werden die beiden am Markt zu findenden Modelle des stationsbasierten und des stationsunabhängigen Carsharing definiert. Der Anwendungsbereich ist auf Unternehmen in Abgrenzung zum privaten Carsharing begrenzt (BT-Drs 18/11285 S 32).

§ 3 Bevorrechtigungen

(1) **Wer ein Fahrzeug im Sinne des § 2 Nummer 1 führt, kann nach Maßgabe der folgenden Vorschriften Bevorrechtigungen bei der Teilnahme am Straßenverkehr erhalten, soweit dadurch die Sicherheit und Leichtigkeit des Verkehrs nicht beeinträchtigt werden.**

(2) **Bevorrechtigungen sind möglich**
1. **für das Parken auf öffentlichen Straßen oder Wegen,**
2. **im Hinblick auf das Erheben von Gebühren für das Parken auf öffentlichen Straßen oder Wegen.**

(3) **In Rechtsverordnungen nach § 6 Absatz 1 des Straßenverkehrsgesetzes können**
1. **die Bevorrechtigungen näher bestimmt werden,**
2. **die Einzelheiten der Anforderungen an deren Inanspruchnahme festgelegt werden,**
3. **die erforderlichen straßenverkehrsrechtlichen Anordnungen, insbesondere Verkehrszeichen und Verkehrseinrichtungen, für stationsunabhängiges und stationsbasiertes Carsharing bestimmt werden und**
4. **die Einzelheiten zur Regelung des Verkehrs zu Gunsten von Fahrzeugen eines oder mehrerer bestimmter Carsharinganbieter, die ein stationsbasiertes Angebot zur Verfügung stellen, festgelegt werden, soweit der jeweilige Carsharinganbieter im Rahmen der wegerechtlichen Vorschriften zur Sondernutzung des öffentlichen Straßenraums berechtigt ist.**

Rechtsverordnungen mit Regelungen im Sinne des Satzes 1 erlässt das Bundesministerium für Verkehr und digitale Infrastruktur gemeinsam mit dem Bundesministerium für Wirtschaft und Energie und dem Bundesministerium für Umwelt, Naturschutz, Bau und Reaktorsicherheit. § 6 Absatz 3 des Straßenverkehrsgesetzes ist auf eine Rechtsverordnung mit Regelungen nach Satz 1 nicht anzuwenden.

(4) **In Rechtsverordnungen nach § 6a Absatz 6 Satz 2, auch in Verbindung mit Satz 4, des Straßenverkehrsgesetzes können als Bevorrechtigungen Ermäßigungen oder Befreiungen von der Gebührenpflicht vorgesehen werden.**

§ 3 regelt die einzelnen Möglichkeiten der Bevorrechtigungen und welcher Verordnungsgeber zu deren Bestimmung ermächtigt ist. Carsharingfahrzeuge sind deutlich zu kennzeichnen (§ 4 CsgG).

Abs 2 Nr 1 ermöglicht die Schaffung separater Parkplätze für Carsharingfahrzeuge im öffentliche Verkehrsraum. Hierbei wird insbesondere an gut erreichbare Orte in Wohn- und Mischgebieten als auch an Haltestellen des ÖPNV gedacht (BT-Drs 18/11285 S 33).

Abs 2 Nr 2 ermöglicht die Schaffung von Ermäßigungen bzw Befreiungen von Parkgebühren auf öffentlichen Wegen und Straßen (BT-Drs 18/11285 S 33).

Abs 3 legt eine gemeinsame unselbstständige Verordnungsermächtigung nach § 6 Abs 1 StVG fest, mithin können entsprechende Verordnungen nur iVm einer Verordnung nach § 6 StVG erlassen werden (BT-Drs 18/11285 S 33).

Abs 4 regelt die Verordnungsermächtigung zur Gebührenbefreiungsoption.

§ 4 Kennzeichnung

(1) **Bevorrechtigungen nach § 3 dürfen nur für Fahrzeuge gewährt werden, die mit einer deutlich sichtbaren Kennzeichnung als Carsharingfahrzeug versehen sind.**

(2) **In einer Rechtsverordnung nach § 6 Absatz 1 Nummer 3 des Straßenverkehrsgesetzes können das Bundesministerium für Verkehr und digitale Infrastruktur, das Bundesministerium für Wirtschaft und Energie und das Bundesministerium für Umwelt, Naturschutz, Bau und Reaktorsicherheit gemeinsam**
1. **die Art und Weise der Kennzeichnung im Sinne des Absatzes 1,**
2. **die für das Erteilen der Kennzeichnung erforderlichen Angaben und**
3. **das Verfahren für das Erteilen der Kennzeichnung**
näher bestimmen. Das Verfahren kann auch über eine einheitliche Stelle nach § 71a des Verwaltungsverfahrensgesetzes abgewickelt werden. § 6 Absatz 3 des Straßenverkehrsgesetzes ist auf Rechtsverordnungen nach Satz 1 nicht anzuwenden.

(3) **Für individuell zurechenbare öffentliche Leistungen nach Absatz 1 in Verbindung mit Rechtsverordnungen nach Absatz 2 werden Gebühren und Auslagen erhoben. § 6a Absatz 2 bis 5 und 8 des Straßenverkehrsgesetzes gilt entsprechend.**

§ 4 regelt die Kennzeichnungspflicht für Carsharingfahrzeuge, deren nähere Bestimmung in einer Rechtsverordnung zu regeln ist. Die Erteilung der Kennzeichnung kann nur auf Antrag erfolgen (BT-Drs 18/11285 S 34). Die Gebührenpflicht regelt Abs 3.

§ 5 Sondernutzung öffentlichen Straßenraums

(1) **Unbeschadet der sonstigen straßenrechtlichen Bestimmungen zur Sondernutzung an Bundesfernstraßen kann die nach Landesrecht zustän-**

dige Behörde zum Zwecke der Nutzung als Stellflächen für stationsbasierte Carsharingfahrzeuge dazu geeignete Flächen einer Ortsdurchfahrt im Zuge einer Bundesstraße bestimmen. Ist die nach Landesrecht zuständige Behörde nicht der Straßenbaulastträger, darf sie die Flächen nur mit Zustimmung der Straßenbaubehörde bestimmen. Die Flächen sind so zu bestimmen, dass die Funktion der Bundesstraße und die Belange des öffentlichen Personennahverkehrs nicht beeinträchtigt werden sowie die Anforderungen an die Sicherheit und Leichtigkeit des Verkehrs gewahrt sind.

(2) Die Flächen sind von der nach Landesrecht zuständigen Behörde im Wege eines diskriminierungsfreien und transparenten Auswahlverfahrens einem Carsharinganbieter nach Maßgabe der folgenden Vorschriften zum Zwecke der Nutzung für stationsbasierte Carsharingfahrzeuge für einen Zeitraum von längstens acht Jahren zur Verfügung zu stellen (Sondernutzungserlaubnis). Absatz 1 Satz 2 gilt entsprechend. Nach Ablauf der Geltungsdauer der Sondernutzungserlaubnis ist eine Verlängerung oder Neuerteilung nur nach Durchführung eines erneuten Auswahlverfahrens nach Satz 1 möglich. Das Verfahren nach Satz 1 kann für einzelne Flächen getrennt durchgeführt werden.

(3) In dem Auswahlverfahren nach Maßgabe der Absätze 5 bis 7 wird die Sondernutzung der nach Absatz 1 ausgewählten Flächen einem geeigneten und zuverlässigen Carsharinganbieter erlaubt. Geeignet ist ein Carsharinganbieter, der die nach Absatz 4 festgelegten Anforderungen an die von ihnen im Rahmen der Sondernutzung zu erbringende Leistung (Eignungskriterien) erfüllt. Unzuverlässig ist ein Carsharinganbieter, der bei der Erbringung von Carsharingdienstleistungen wiederholt in schwerwiegender Weise gegen Pflichten aus der Straßenverkehrs-Zulassungs-Ordnung verstoßen hat sowie in den in § 123 des Gesetzes gegen Wettbewerbsbeschränkungen genannten Fällen. Erfüllen mehrere Carsharinganbieter die Anforderungen des Satzes 1, ist durch Los zu entscheiden.

(4) Das Bundesministerium für Verkehr und digitale Infrastruktur, das Bundesministerium für Wirtschaft und Energie und das Bundesministerium für Umwelt, Naturschutz, Bau und Reaktorsicherheit werden ermächtigt, gemeinsam durch Rechtsverordnung mit Zustimmung des Bundesrates die Eignungskriterien festzulegen und an den aktuellen Stand der Technik anzupassen. Die Eignungskriterien sind mit dem Ziel festzulegen, dass sie geeignet sind, durch die von dem jeweiligen Carsharinganbieter angebotene Leistung
1. zu einer Verringerung des motorisierten Individualverkehrs, insbesondere durch eine Vernetzung mit dem öffentlichen Personennahverkehr, und
2. zu einer Entlastung von straßenverkehrsbedingten Luftschadstoffen, insbesondere durch das Vorhalten elektrisch betriebener Fahrzeuge im Sinne des Elektromobilitätsgesetzes,

am besten beizutragen. Bis zum erstmaligen Inkrafttreten einer Rechtsverordnung nach Satz 1 bestimmen sich die Eignungskriterien nach der Anlage.

(5) Die Bekanntmachung über das vorgesehene Auswahlverfahren muss allen interessierten Unternehmen kostenfrei und ohne Registrierung

zugänglich sein. Sie ist auf der Internetseite www.bund.de und nach Maßgabe des Rechts der Europäischen Union im Amtsblatt der Europäischen Union zu veröffentlichen. Die Bekanntmachung muss alle für die Teilnahme an dem Auswahlverfahren erforderlichen Informationen enthalten, insbesondere Informationen über den vorgesehenen Ablauf des Auswahlverfahrens, Anforderungen an die Übermittlung von Unterlagen sowie die Eignungskriterien. Sie muss zudem die vorgesehene Dauer der Sondernutzung enthalten. Fristen sind angemessen zu setzen. Das Auswahlverfahren ist von Beginn an fortlaufend zu dokumentieren. Alle wesentlichen Entscheidungen sind zu begründen.

(6) Die Frist für die Erteilung der Sondernutzungserlaubnis im Rahmen des Auswahlverfahrens nach Absatz 2 beträgt drei Monate. Die Frist beginnt mit Ablauf der Einreichungsfrist. Sie kann einmal verlängert werden, wenn dies wegen der Schwierigkeit der Angelegenheit gerechtfertigt ist. Die Fristverlängerung ist zu begründen und rechtzeitig allen teilnehmenden Anbietern mitzuteilen. Das Verfahren kann auch über eine einheitliche Stelle nach § 71a des Verwaltungsverfahrensgesetzes abgewickelt werden.

(7) Die nach Landesrecht zuständige Behörde hat jeden nicht berücksichtigten Bewerber unverzüglich in dem jeweils ablehnenden Bescheid über die Gründe für seine Nichtberücksichtigung sowie über den Namen des ausgewählten Bewerbers zu unterrichten. Die nach Landesrecht zuständige Behörde hat bei ihren Entscheidungen das Benehmen mit dem für die Aufstellung des Nahverkehrsplans zuständigen Aufgabenträger im Sinne des § 8 Absatz 3 des Personenbeförderungsgesetzes herzustellen.

(8) Eine nach den vorstehenden Absätzen erteilte Sondernutzungserlaubnis kann auch die Befugnis verleihen, dass der Sondernutzungsberechtigte geeignete bauliche Vorrichtungen für das Sperren der Fläche für Nichtbevorrechtigte anbringen kann. Der Sondernutzungsberechtigte hat sich bei dem Anbringen geeigneter Fachunternehmen zu bedienen.

(9) § 8 Absatz 1 Satz 1 und 6 und Absatz 2, 2a, 3, 7a und 8 des Bundesfernstraßengesetzes gilt entsprechend.

§ 5 enthält Regelungen zur straßenrechtlichen Sondernutzung, denn eine solche stellen die bevorrechtigten Parkplätze dar. Entscheidend ist hier nicht der Parkvorgang durch den Kunden, sondern die Verlagerung der Gewerbefläche in den öffentlichen Straßenraum; denn beim stationsbasierten Carsharing wird die Nutzung des öffentlichen Straßenraums einem bestimmten Unternehmen und dessen Kunden unter Ausschluss aller anderen Verkehrsteilnehmer zur Verfügung gestellt, was eine Einschränkung des Gemeingebrauchs der Straße darstellt, woran auch der Umstand, dass grundsätzlich jedermann Vertragspartner dieses Carsharinganbieters werden kann, nichts ändert (BT-Drs 18/11285 S 35). Die Gesetzgebungskompetenz des Bundes erstreckt sich hier nur auf Straßen nach dem BFStrG, insoweit kann er Stellflächen nur außerhalb von Ortsdurchfahrten schaffen, der Rest ist Ländersache (BT-Drs 18/11285 S 36).

Die Regelungen in den Absätzen 3–7 enthält Regelungen für das vorgesehene Auswahlverfahren. Das Verfahren ist diskriminierungsfrei und transparent zu gestalten, um den geeigneten Anbieter zu finden, da die Sondernutzungserlaubnis für einzelne Stellplätze immer nur einem Anbieter gewährt werden kann. Das Verfahren ist so zu gestalten, dass in regelmäßigen Abständen eine Neuvergabe statt findet; ein Zeitraum von 5 Jahren sollte nicht überschritten werden (BT-Drs 18/11285 S 37). Weiterhin ist vorgesehen, dass ein Interessebekundungsverfahren Teil des Vergabeverfahrens sein kann (BT-Drs 18/11285 S 37).

Sowohl die Fristenregelung als auch die Regelung über die Abwicklung über eine einheitliche Stelle gemäß §§ 71a bis e Verwaltungsverfahrensgesetz in Abs 6 dienen der Umsetzung von Art 6 u Art 13 Abs 3 der RL 2006/123/EG. Durch die Möglichkeit der Abwicklung des Auswahlverfahrens über eine einheitliche Stelle sollen dem Antragssteller eine weitere Zugangsmöglichkeit zum Verfahren sowie eine elektronische Verfahrensabwicklung geschaffen werden. Die einheitliche Stelle soll Anzeigen, Anträge, Willenserklärungen und Unterlagen entgegen nehmen und unverzüglich an die zuständigen Behörden weiterleiten (BT-Drs 18/11285 S 38).

Der Abs 9 ermöglicht die Erhebung von Sondernutzungsgebühren. Insbesondere kann die erteilte Befugnis auch die Berechtigung zur Errichtung von geeigneten Absperrvorrichtungen beinhalten.

§ 6 Berichterstattung

Das Bundesministerium für Verkehr und digitale Infrastruktur, das Bundesministerium für Wirtschaft und Energie und das Bundesministerium für Umwelt, Naturschutz, Bau und Reaktorsicherheit evaluieren gemeinsam bis zum 1. Juli 2021 dieses Gesetz.

§ 6 sieht eine Evaluierung nach 4 Jahren vor.

§ 7 Inkrafttreten

(1) **Dieses Gesetz tritt vorbehaltlich des Absatzes 2 am 1. September 2017 in Kraft.**

(2) **Soweit dieses Gesetz zum Erlass von Rechtsverordnungen befugt, tritt es am Tag nach der Verkündung in Kraft.**

3. Teil. Straßenverkehrsgesetz[1]

(Auszug)

I. Verkehrsvorschriften

§ 1 Zulassung

(1) Kraftfahrzeuge und ihre Anhänger, die auf öffentlichen Straßen in Betrieb gesetzt werden sollen, müssen von der zuständigen Behörde (Zulassungsbehörde) zum Verkehr zugelassen sein. Die Zulassung erfolgt auf Antrag des Verfügungsberechtigten des Fahrzeugs bei Vorliegen einer Betriebserlaubnis, Einzelgenehmigung oder EG-Typgenehmigung durch Zuteilung eines amtlichen Kennzeichens.

(2) Als Kraftfahrzeuge im Sinne dieses Gesetzes gelten Landfahrzeuge, die durch Maschinenkraft bewegt werden, ohne an Bahngleise gebunden zu sein.

(3) Keine Kraftfahrzeuge im Sinne dieses Gesetzes sind Landfahrzeuge, die durch Muskelkraft fortbewegt werden und mit einem elektromotorischen Hilfsantrieb mit einer Nenndauerleistung von höchstens 0,25 kW ausgestattet sind, dessen Unterstützung sich mit zunehmender Fahrzeuggeschwindigkeit progressiv verringert und
1. beim Erreichen einer Geschwindigkeit von 25 km/h oder früher,
2. wenn der Fahrer im Treten einhält,
unterbrochen wird. Satz 1 gilt auch dann, soweit die in Satz 1 bezeichneten Fahrzeuge zusätzlich über eine elektromotorische Anfahr- oder Schiebehilfe verfügen, die eine Beschleunigung des Fahrzeuges auf eine Geschwindigkeit von bis zu 6 km/h, auch ohne gleichzeitiges Treten des Fahrers, ermöglicht. Für Fahrzeuge im Sinne der Sätze 1 und 2 sind die Vorschriften über Fahrräder anzuwenden.

Übersicht

	Rn
1. Zulassungsbestimmungen der FZV für Kraftfahrzeuge	1
2. Erteilung und Dauer der Zulassung	2
3. Begriff „Kraftfahrzeug"	8
4. Inbetriebsetzen	9
5. Auf öffentlichen Straßen	10
6. Einschränkung und Entziehung der Zulassung	11
7. Ausländische Fahrzeuge	12
8. Zuwiderhandlungen	13
9. Literatur	14

---

[1] In der Fassung der Bekanntmachung vom 5.3.03 (BGBl I 310, ber BGBl I 919), zuletzt geändert durch Art 1 Fünftes G zur Änd des StVG u anderer G. Die nicht unmittelbar die Ordnung des Straßenverkehrs betreffenden §§ 31–65 (Fahrzeugregister, Fahrerlaubnisregister, ZEVIS) sind hier nicht abgedruckt.

StVG § 1 I. Verkehrsvorschriften

1   **1. Zulassungsbestimmungen der FZV für Kraftfahrzeuge.** § 1 I normiert die **Zulassungspflicht** von Kraftfahrzeugen und Anhängern auf öffentlichen Straßen. Die Vorschrift wird durch die FZV ergänzt, welche die Zulassungsvoraussetzungen und das Verfahren im Einzelnen regelt. Das BMVI kann durch VO nach § 6 I 2 Buchst u oder III Ausn hiervon zulassen.
Durch Drittes G zur Änd des StVG u und G v 20.6.11 (BGBl. I 1124) erfolgten durch die Ergänzung von § 1 I 2 und Streichung von Satz 3 redaktionelle Anpassungen, in Kraft getreten am 26.6.11. § 1 III wurde zur Schaffung von Rechtsklarheit bei der verkehrsrechtlichen **Einstufung von Elektrofahrrädern (Pedelec)** mit Wirkung zum 21.6.13 neu eingefügt durch Art 5 G zur Änd des Güterkraftverkehrsgesetzes u und G v 17.6.13 (BGBl. I 1558, 1560, 1561; s auch amtl Begr BTDr 17/12856 S 11 sowie BRDrs 391/13 u BRDrs 391/13 [Beschluss]).

2   **2. Erteilung und Dauer der Zulassung. Das Zulassungsverfahren** ist nicht mehr in der StVZO, die jetzt praktisch nur noch Regelungen zur Betriebserlaubnis, Bauartgenehmigung sowie Bau- und Betriebsvorschriften enthält, sondern seit 1.3.07 in der FZV (s zum neuen Zulassungsrecht zB Liebermann NZV 06, 357; Roth DAR 07, 110; Huppertz, Zulassung von Fahrzeugen, 2. Aufl 07; Rebler SVR 10, 453 [Arbeitshilfe]; s auch dtv StVR E VII) geregelt. Ausn von der Zulassungspflicht enthalten jetzt zB die §§ 1, 3 II FZV (zur Besitzstandswahrung für nach § 18 II StVZO aF zulassungsfreie Fahrzeuge: § 50 FZV), 16 FZV (die bisherigen §§ 18 u 28 StVZO aF sind zum 1.3.07 [BGBl I/06 988, 1069, 1070] außer Kraft getreten), § 1 I der 2. AusnVO v 28.2.89 (BGBl I 481, zul geänd durch VO v 25.4.06, BGBl I 988, 1078) für land- u forstwirtschaftliche Zugmaschinen bei Brauchtumsveranstaltungen u § 17 FZV für **Oldtimer** (die bisherige 49. AusnVO v 15.9.94 [BGBl I 2416] trat zum 1.3.07 außer Kraft [BGBl I/06 988, 1084]); s im Übrigen die Ausn-VOen unter 2a der Loseblatt-Textsammlung StraßenVR sowie die elektronischen Sammlungen StraßenVR Texte CD und StraßenverkehrDirekt bei Beck).

2a Gemäß § 1 FZV erstreckt sich der Anwendungsbereich auf die Zulassung von Kfz mit einer bauartbedingten Höchstgeschwindigkeit von mehr als 6 km/h und die Zulassung ihrer Anhänger. Die Zulassung wird auf Antrag erteilt. **Zulassungsvoraussetzung** ist das Vorliegen einer Betriebserlaubnis, einer Einzelgenehmigung oder einer EG-Typengenehmigung für das jeweilige Fz, § 3 I 2 FZV. Die **Zulassung erfolgt** durch Zuteilung eines Kennzeichens (§ 8 FZV), Abstempelung der Kennzeichenschilder (§ 10 III 1 FZV) und der Ausfertigung einer Zulassungsbescheinigung bestehend aus den Teilen I und II; § 3 I 3 FZV. Das Zulassungsverfahren selbst ist in den §§ 6 ff FZV geregelt.
Die Zulassungsbescheinigung Teil I entspricht dem bisherigen Fz-Schein, die Zulassungsbescheinigung Teil II dem früheren Fz-Brief (s auch §§ 11, 12 FZV). Der **Fz-Schein** (s zum Übergangsrecht bzw Bestandsschutz § 50 III Nrn 1, 3, 4, 6) bzw die **Zulassungsbescheinigung I** ist zwar eine **öffUrkunde** (§ 271 StGB), in der beglaubigt wird, dass das darin nach seinen erkennbaren Merkmalen bezeichnete Kfz unter Zuteilung des angegebenen amtl KennZ zum öff Verkehr zugelassen ist (BGHSt 20, 186 zum frühren Recht), dh auch hinsichtlich der Identität des zum StrV zugelassenen Fahrzeugs (BGH DAR 09, 95 = NZV 09, 300 [LS]), u ist Zubehör des Kfz; er beweist aber nicht zu öff Glauben, dass die Eintragungen über die Person des Zulassungsinhabers richtig sind (BGHSt 22, 201 zum frühren Recht). – Der **Fz-Brief** (früher §§ 20 III, 25 StVZO aF) dient (s zum Übergangsrecht bzw Bestandsschutz § 50 I Nrn 2, 5 FZV), wie jetzt die

Zulassung **§ 1 StVG**

Zulassungsbescheinigung II (als Nachweis der Verfügungsberechtigung über das Fz; s zur Entwicklung des Kfz-Briefs im Zivilrecht Fritsche/Würdinger DAR 07, 501) der Sicherung des Eigentums am Kfz; obwohl keine Traditionspapiere (BGH(Z) VRS 38, 241; s Wirsing VD 80, 361; zum früheren Recht), schließt das Fehlen idR den guten Glauben des Erwerbers aus (BGH(Z) NZV 94, 312 zum früheren Recht). Das Eigentum am Kfz ergibt sich aber nicht aus der Eintragung in der Zulassungsbescheinigung II bzw dem Kfz-Brief, die als verwaltungsrechtliche Urkunden ohne öffentlichen Glauben lediglich dokumentieren, auf welche Person ein Kfz bei der Zulassungsstelle zugelassen ist (KG NZV 08, 93 = VRS 113/07, 209; KG VRS 114/08, 416); vgl auch § 12 VI 1 FZV bzw § 25 IV 1 StVZO aF.

Die **Zulassung erlischt,** falls sie nicht ausdrücklich entzogen wird (unten 3 Rn 11), **mit** der **endgültigen Außerbetriebsetzung** des Kfz (§ 14 FZV).

Mit der **Betriebserlaubnis** erhält das Fz die amtliche Anerkennung der Vor- 4 schriftsmäßigkeit seiner baulichen und technischen Beschaffenheit, § 2 Nr 6 FZV. Sie wird unbefristet für ein „Fzleben" erteilt und besteht unabhängig von der Zulassung des Fz bis zu seiner endgültigen Außerbetriebsetzung bspw durch Verschrottung. Sie ist vielmehr Zulassungsvoraussetzung. Die BE erlischt nur durch Entziehung oder in den Fällen des § 19 II 2 StVZO, wenn Änderungen vorgenommen werden, die die genehmigte Fahrzeugart ändern, eine Gefährdung von VT erwarten lassen oder das Abgas- und Geräuschverhalten verschlechtern.

Das Entfallen der Betriebserlaubnis eines zugelassenen Kfz bewirkt jedoch nicht das Entfallen der Zulassung, sondern das Fz darf dann gem. § 19 V FZV nicht mehr im öff StrV in Betrieb gesetzt werden. Ein Verstoß stellt eine OW dar.

Die BE erlischt auch nicht bei **Untersagung des Betriebs eines Fahrzeugs** (§§ 5 I, 13 I 5, 13 III 4 FZV, 17 I, 29 VII 4 StVZO) durch die Verwaltungsbehörde, weil die Betriebserlaubnis nicht mehr Teil des Zulassungsverfahrens, sondern ein eigenständiger VA ist (Dauer DAR 12, 660, 661; str.).

§ 13 FZV (früher § 27 StVZO aF, aufgehoben) enthält die **Meldepflichten** 5 im Falle der Veräußerung u Veränderung des Kfz. Da Änderungen der Fahrzeugart (jetzt wohl gleichbedeutend mit dem neuen Begriff der Fahrzeugklasse) nach § 13 I 1 Nr 2 FZV der Zulassungsbehörde unverzüglich mitzuteilen sind, sind insofern etwaige „**Verstöße**" gegen § 19 II 2 Nr 1 StVZO bei unterlassener Mitteilung nunmehr praktisch nach **§§ 13 I 1 Nr 2, 48 Nr 12 FZV** erfasst; bei erfolgter Mitteilung kann die Behörde Maßnahmen nach § 5 III FZV treffen (s auch Albrecht/Janker SVR 07, 401). Änderungen der Abgas- und Geräuschwerte (**§ 19 II Nr 3 StVZO**) sind nur mitteilungspflichtig, sofern sie sich auf die Kfz-Steuer oder Verkehrsverbote auswirken (**§ 13 I 1 Nr 9 FZV).** Wird von der Polizei im öff Verkehrsraum das Fahren mit erloschener BE festgestellt, sollte neben der Verfolgung und Ahndung der Ordnungswidrigkeiten stets auch eine Meldung an die Zulassungsbehörde erfolgen, die dann den Betrieb des Fz nach § 5 I FZV untersagen kann (s Albrecht/Janker SVR 07, 401).

§ 16 FZV (früher § 28 StVZO aF, aufgehoben) enthält Sonderbestimmungen 6 für **Prüfungs-, Probe-** u **Überführungsfahrten** (Legaldefinitionen § 2 Nr 23 FZV [Probefahrt], Nr 24 [Prüfungsfahrt], Nr 25 [Überführungsfahrt]). Das **rote KennZ** bzw das **KurzzeitkennZ,** das gem § 17 V iVm § 10 V FZV grds (früher § 60 II S 1 iVm § 28 II StVZO aF, beide aufgehoben) außen an Vorder- u Rückseite des Fz anzubringen u nicht nur hinter der Windschutzscheibe mitzuführen ist (BayObLG DAR 90, 268; NZV 89, 123 zum früheren Recht), ist keine Urkunde iS von § 267 StGB (OLG Stuttgart VRS 47, 25), seine unberechtigte Benutzung daher keine Urkundenfälschung, uU aber **KennZ-Missbrauch** nach

StVG § 1 I. Verkehrsvorschriften

§ 22 I 1 StVG (BGHSt 34, 375 zum früheren Recht). Es dient der vereinfachten Zulassung ohne BE, die **bei einmaliger Verwendung** mit der Ausgabe als **Kurzzeitkennzeichen, bei wiederkehrender** als **rotes Kennzeichen** mit der Konkretisierung auf ein bestimmtes Fz bewirkt wird (BayObLG NZV 93, 404 zum früheren Recht – aktuell zu Fahrten mit rotem Kennzeichen Rebler DAR 12, 285). Zur Anwendung von § 16 III FZV und Ausgabe roter Kennzeichen auch an Unternehmen aus anderen EU- bzw EWR-Staaten VkBl 07, 421. – Selbst eine längere zur Erprobung des Fz vorgenommene Fahrt verliert nicht die Eigenschaft der Probefahrt, auch wenn daneben noch andere Zwecke verfolgt werden (OLG Düsseldorf VRS 50, 140 zum früheren Recht). Probefahrt ohne Anbringung des zugeteilten KurzzeitkennZ oder roten KennZ verstößt nur gegen §§ 10 XII iVm 1 6 V 3 u § 48 Nr 1b FZV (§ 28 I S 2 iVm § 69a II 4 StVZO aF; BayObLG VRS 67, 155 zum früheren Recht). Die **missbräuchliche Verwendung** eines **roten Kennzeichens** (oder eines Kurzzeitkennzeichens) zu anderen als in § 16 I FZV genannten Zwecken (Prüfungs-, Probe- und Überführungsfahrten), wie etwa zu einer **Einkaufsfahrt** anstatt Probe- bzw Überführungsfahrt ist, wie früher unter Geltung des § 18 StVZO, ein Zulassungsverstoß (Inbetriebsetzen ohne die erforderliche Zulassung für die nicht privilegierte Fahrt) und damit **ordnungswidrig nach §§ 3 I 1, 48 Nr 1a FZV, 24 StVG** (OLG Düsseldorf NJW 11, 3176 = DAR 11, 646 m Anm Deutscher); s. auch § 22 StVG Rn 3). Im Rahmen eines bestehenden Versicherungsvertrages ist diese missbräuchliche Verwendung als bloße Obliegenheitspflichtverletzung jedoch nicht nach § 6 PflVG strafbar (OLG Hamm ZfS 07, 352, 353 = NZV 07, 375 = NJW 07, 2133 [LS]). – **Überführungsfahrt** (Def: § 2 Nr 25 FZV) dient der Verbringung eines nicht zugelassenen) Kfz an einen anderen Ort; unmaßgeblich ist die gleichzeitige Beförderung von Sachen oder Personen (OLG Celle VRS 67, 65 zum früheren Recht) u die spätere Verwendung (BayObLG StVE § 28 StVZO 4 zum frühern Recht).

Näher zum **Missbrauch von Kurzzeitkennzeichen durch gewerbsmäßigen Handel** (Beantragung größerer Mengen von Kurzzeitkennzeichen und Veräußerung an Dritte) Blum SVR 09, 126 sowie Thiemer (strafrechtliche und praktische Probleme des Handels mit Kurzzeit- und roten Kennzeichen) NZV 09, 587.

Ein **Unternehmen,** das mit der **gewerblichen Weitergabe von Kurzzeitkennzeichen iSd § 16 FZV** befasst ist, ist bei Weitergabe des Kennzeichens an Dritte **nicht Halter** des vom Dritten genutzten Fahrzeugs (OLG Hamm NJW 13, 1248 = NZV 13, 301).

Oldtimer (Def.: § 2 Nr 22 FZV), die an Veranstaltungen teilnehmen, die der Darstellung von Oldtimer-Fz und der Pflege des kraftfahrzeugtechnischen Kulturgutes dienen, benötigen hierfür soweit für Anfahrten zu und Abfahrten von solchen Veranstaltungen keine Betriebserlaubnis und keine Zulassung, wenn sie ein rotes Kennzeichen führen (§ 17 I 1 FZV); die bisherige 49. AusnVO (s dazu VkBl 95, 248) wurde in die FZV übernommen, s zum erforderlichen Alter eines Oldtimers § 2 Nr 22 FZV; umfassend zur Zulassung historischer Kfz Steinle DAR 08, 725 und zur Oldtimerzulassung unter Berücksichtigung des neuen Anforderungskatalogs für die Begutachtung eines Fahrzeugs zur Einstufung als Oldtimer gemäß § 23 StVZO Remsperger DAR 12, 72). – Zur Klarstellung, dass rote KennZ nicht Dritten überlassen werden dürfen, ist die Verwendung nunmehr auf die betriebliche beschränkt (s § 16 III FZV; s auch VG Berlin NZV 08, 421 m Anm Dauer).

Zulassung **§ 1 StVG**

Durch Missbrauch ausländ Überführungskennz, die in Deutschland an den betreffenden Fz angebracht werden, kann eine unzulässige **Fernzulassung** vorliegen, vgl Näheres Rn 3a zu § 22 StVG.

Nach **§ 19 V StVZO** dürfen mit Fzen, deren BE nach § 19 II StVZO erloschen ist, nur solche Fahrten durchgeführt werden, die unmittelbar zur Erlangung einer neuen BE notwendig sind (zur Notwendigkeit s BayObLGSt 77, 167 = VRS 54, 228; zur freien Auswahl der nahe gelegenen Prüfstelle s OLG Düsseldorf VM 93, 56, alle zum früheren Recht). Bei der Fahrt sind die bisherigen oder rote KennZ oder KurzzeitkennZ nach § 16 FZV (früher § 28 StVZO aF, aufgehoben) zu führen. 7

3. Begriff „Kraftfahrzeug". § 1 II definiert den Begriff des **Kraftfahrzeug**s iSd StVG als durch Maschinenkraft ohne Bindung an Bahngleise fortbewegte Landkraftfahrzeuge. Die Fortbewegungsart abgesehen von dem Erfordernis des fehlenden Schienenbindung ist ebenso unerheblich wie der Verwendungszweck. Als Kfz gilt auch ein Fahrrad, das durch einen auf dem Rücken des Fahrers geschnallten Gleitschirmpropellermotor fortbewegt wird, OLG Oldenburg NZV 99, 390, mit Anm von Grunewald NZV 00, 384. **Minimotorräder** („Pocketbike"), die überwiegend mit Verbrennungsmotoren, teilweise bis 60 km/h und mehr erreichen, sind ebenfalls Kfz bzw Krafträder (OLG Dresden DAR 14, 396s Ternig ZfS 06, 666); ebenso **Segways**, vgl § 1 II MobHV, wobei diese zulassungsfrei sind, sofern die Voraussetzungen des § 1 I MobHV eingehalten werden, § 3 I FEV. Allerdings dürfen auch die Segways, die die Anforderungen des § 1 II MobHV erfüllen auf öffentlichen Straßen nur dann in Betrieb gesetzt werden, wenn eine nationale Typgenehmigung oder eine Einzelgenehmigung vorliegt und das Segway über ein gültiges Versicherungskennzeichen (§§ 26, 27 FZV) verfügt, § 2 I MobHV. Der Fzführer bedarf gemäß § 3 MobHV mind. der Berechtigung zum Führen eines Mofas (Mofa-Prüfbescheinigung). 8

§ 1 III StVG regelt seit 21.6.13 (BGBl I/13 S 1558, 1560, 1561) Einordnung von **Elektrofahrrädern,** dh Fahrräder mit zusätzlichem Elektromotor (**Pedelec** oder auch E-Bike, LEV [Light Electric Vehicle] genannt). Ob es sich hierbei um Kfz handelt, hängt von der Höchstgeschwindigkeit, der Leistung u der Art der Motorunterstützung ab. Pedelecs mit einem **elektrischen Hilfsantrieb** mit einer **Nennleistung von höchstens 0,25 kW,** dessen **Unterstützung** sich mit zunehmender Geschwindigkeit **progressiv verringert und beim Erreichen von 25 km/h oder früher, wenn der Fahrer nicht mehr tritt, unterbrochen** wird, sind gem § 1 III 1 StVG Fahrräder und keine Kfz (s zur Frage der Schutzhelmtragepflicht § 21a StVO Rn 7a). Dies gilt gem **§ 1 III 2** StVG (was früher umstritten war) auch für Pedelecs mit **Anfahr- oder Schiebehilfe,** die eine Beschleunigung auf **max 6 km/h,** auch ohne gleichzeitiges Treten, ermöglichen. Für diese Pedelecs, die Fahrrädern gleichgestellt sind, sind die Vorschriften über Fahrräder anzuwenden (§ 1 III 3 StVG), wie zB die Benutzungspflicht bei benutzungspflichtigen Radwegen. Andere als in § 1 III definierte Elektrofahrräder, insbesondere solche mit einer höheren Geschwindigkeit als 25 km/h sind Kfz und dann zumeist als **Kleinkraftrad** einzuordnen (s zu Elektrofahrrädern auch Huppertz DAR 13, 488; Schäpe Anm zu OLG Hamm [DAR 13, 712] DAR 13, 712, 713: E-Bike bei dem die Geschwindigkeit durch Drehung des Lenkradgriffs erhöht werden kann, ohne die Pedale zu treten, u zur früheren Rechtslage insb Huppertz NZV 10, 390, 393; Huppertz DAR 11, 561; Ternig zfs 10, 2; Jaeger zfs 11, 663; Rebler SVR 12, 15, 16; Huppertz DAR 12, 23; Brockmann SVR

StVG § 1   I. Verkehrsvorschriften

12, 210, 211 ff). Mit Einfügung des § 1 III StVG wurden die Abgrenzungsmerkmale aus Art. 1 II a und h der Richtlinie 2002/24/EG übernommen und entsprechende Beschlüsse der Bund-Länder-Fachausschüsse Technisches Kraftfahrwesen und StVO sowie die Empfehlung des 50. VGT 2012 umgesetzt (näher dazu amtl Begr BTDr 17/12856).

8a   **Anhänger** (zum Anhängen an ein Kfz bestimmtes und geeignetes Fz; s Def § 2 Nr 2 FZV) sind zwar keine Kfze (BGH VRS 72, 38), sie unterliegen aber nach § 1 I StVG u §§ 1, 3 FZV (bis 28.2.07 § 18 StVZO aF) den Vorschriften über die Zulassung.
Anhänger an Fahrrädern mit Hilfsmotor s § 61a StVZO. Für die straßenverkehrsrechtliche Einstufung von **„Kombinationsfahrzeugen"**

8b   Zu den Begriffen „Fortbewegungsmittel" und „Fahrzeuge" s auch Erl zu § 24 StVO. – Zum Betrieb von sog „Partybikes" bzw „Bierbikes" und der Qualifizierung als „Fahrrad" Klenner NZV 11, 234; Rebler SVR 12, 15, 18; Huppertz, NZV 12, 23, 25 und NZV 12, 164, s auch Einf Rn 94 (Sondernutzung).

9   **4. Inbetriebsetzen.** Inbetriebsetzen bedeutet, dass das Fz zu seiner bestimmungsmäßigen Verwendung, der Fortbewegung unter Verwendung seiner Maschinenkraft, in den öff Verkehr eingeführt wird (zum Begriff „Betrieb" s Greger 32 ff zu § 7 StVG). Der **Betrieb beginnt** spätestens mit dem Anlassen des Motors, dh früher als das „Führen" eines Kfz (vgl 5 ff zu § 2 StVO); er geht weiter als der des Inbetriebnehmens (s dazu § 23 StVO 34). „Inbetriebsetzen" verlangt – iG zum „Inbetriebnehmen" – kein persönliches Führen des Kfz. Gegen § 18 I, § 69a II 3 StVZO aF (bis 28.2.07) u ab 1.3.07 gegen § 3 I 1, § 48 Nr 1a FZV verstößt auch, wer – gleichgültig, ob als Halter oder auf Grund einer sonstigen Verfügungsmöglichkeit – das Kfz durch einen Dritten im öff Verkehr führen lässt (BayObLGSt 72, 123; OLG Köln VRS 72, 137; OLG Hamm VRS 59, 468 = StVE § 25 StVG 4; OLG Düsseldorf VRS 68, 385; 79, 451; s auch BayObLGSt 81, 142, 165 zum Beurteilungszeitpunkt; alle noch zum früheren Recht).

9a   Der Betrieb **endet** nach dem zu § 7 StVG entwickelten verkehrstechnischen Betriebsbegriff nicht mit jedem Halten, sondern dann, wenn das Kfz nach Abschluss der Fahrt aus dem Verkehr gezogen, zB vorschriftsmäßig auf einem Parkplatz abgestellt ist (BGHZ 29, 163; OLG Celle VRS 47, 476; Bouska DAR 72, 263; Tschernitschek NJW 84, 42; einschränkend für die Anwendung des § 69a StVZO Bay 74, 58; vgl § 23 StVO 5). Der Betrieb des Kfz umfasst zwar auch das Abladen, zB mittels einer vom Fz-Motor betriebenen Kippvorrichtung, doch stellt die Verwendung des Motors eines stehenden Sonder-Kfz zum Ingangsetzen dessen Arbeitsmaschine, zB zum Betrieb eines Baukrans oder des Kompressors eines Gebläses, keinen Betrieb des Kfz dar (vgl BGH(Z) NJW 75, 1886), auch nicht Dauerparken (BayObLG v 26.8.87, 1 Ob OWi 162/87).

10   **5. Auf öffentlichen Straßen.** Der anstelle von **„öff Wegen u Plätzen"** durch das StVG ÄndG v 24.4.98 neu eingeführte Begriff **„öff Straßen"** deckt sich mit dem des „öffentlichen Verkehrs" in § 1 StVO (vgl dort Rn 13); eine inhaltliche Änd ist damit nicht verbunden.

11   **6. Einschränkung und Entziehung der Zulassung.** Die Zulassung endet nicht mit der bloßen Zustellung der nach § 5 I FZV (früher § 17 I StVZO, der jetzt nur noch Anwendung auf Fz findet, die nicht der FZV unterliegen) ergangenen Verfügung (Untersagung des Betriebs eines Fahrzeugs auf öffentlichen Straßen), weil damit die Zulassung iSd § 3 I FZV nicht rückgängig gemacht wird. Die

Zulassung kann nur durch förmliche Außerbetriebsetzung gemäß § 14 I FZV beendet werden (Dauer DAR 12, 660, 662; aA Vorauflage). Ein formloser Widerruf der Fahrzeugzulassung, der nicht in einer entsprechenden Eintragung in der Zulassungsbescheinigung und/oder am Fahrzeugkennzeichen zum Ausdruck kommt, kommt nach der gesetzlichen Systematik nicht (mehr) in Betracht (VGH Mannheim DAR 12, 224). Das abgestempelte KennZ ist eine Urkunde iS des § 267 StGB, während dem nicht abgestempelten KennZ diese Eigenschaft nicht zukommt (BGH aaO; OLG Hamburg VM 59, 40 zum früheren Recht).

7. Ausländische Fahrzeuge. Für **ausl Kfze** gelten die §§ 20 ff FZV (früher 12 §§ 1–3a, 5–7a u 11 I IntKfzVO, aufgehoben). Danach sind ausl Kfze zum Verkehr zugelassen u vorübergehend, dh bis zu einem Jahr (§ 20 VI FZV; früher § 5 IntKfzVO), im Inland von den inländischen Vorschriften über das Zulassungsverfahren u – nach Maßgabe der § 31d, 31e StVZO nF (früher § 3, 3a IntKfzVO aF, aufgehoben) – auch von den sachlichrechtlichen Beschaffenheits- u Ausrüstungsvorschriften der StVZO befreit. Unabhängig davon gelten die inländischen Betriebsvorschriften für alle im Inland verkehrenden Fze. Insb müssen sich diese in verkehrssicherem Zustand befinden (s § 20 III FZV). Die Mindestprofiltiefe von 1,6 mm gilt aber grundsätzlich nicht für ausländische Fahrzeuge, sodass ein Fahrzeugführer aus einem Nicht-EU-/EWR-Staat, der im Inland ein Kfz führt, dessen Reifen nicht mehr die nach § 36 II StVZO vorgeschriebene Profiltiefe aufweisen, demnach zwar nicht gegen § 36 StVZO verstößt, wohl aber gegen § 23 StVO, weil so weit abgefahrene Reifen verkehrsunsicher sind (BayObLG 77, 133 = VRS 53, 469; s § 23 StVO Rn 11; Huppertz, SVR 10, 121, 123). Für Fahrzeuge aus den EU-/EWR-Staaten gilt dagegen nach § 31d IV StVZO die Mindestprofiltiefe (näher dazu Huppertz, SVR 10, 121, 123). Ausführlich zu möglichen Verstößen ausländischer Fahrzeugführer bei nicht (mehr) betriebs- oder verkehrssicheren Fahrzeugen Huppertz SVR 10, 121. Nichtführen des Unterscheidungszeichens des Zulassungsstaates (früher NationalitätsZ) ist OWi nach §§ 21 I 1 iVm 48 Nr 19 FZV (früher § 14 Nr 1 IntKfzVO, aufgehoben), s Nr 185c BKat (früher Nr 234 BKat). – S zur (nicht nur) vorübergehenden Teilnahme ausl Fze am Straßenverkehr bei Arbeitnehmern mit Auslandswohnsitz („Saisonarbeiter", Berufspendler) Huppertz DAR 07, 577.

8. Zuwiderhandlungen. Das Inbetriebsetzen eines nicht zugelassenen – 13 zulassungspflichtigen – Kfz (oder Anhängers) ist OW nach § 24 StVG iVm §§ 3 I 1, 48 Nr 1a FZV (bis 28.2.07: §§ 18 I, 69a II 3 StVZO aF, Nr 178 BKat aF), s Nr 175 BKat. Das Inbetriebsetzen eines zulassungsfreien Kfz (oder Anhängers) ohne erforderliche EG-Typgenehmigung oder Betriebserlaubnis ist OW nach § 24 StVG iVm §§ 4 I, 48 Nr 1a FZV (s Nr 175 BKat). **Irrtum:** Der Kfz-Halter darf sich auf die Auskunft einer Fachwerkstätte, dass die BE durch eine Maßnahme (Einbau einer Anhängerkupplung) nicht erlösche, verlassen (BayObLGSt 73, 13 = VM 73, 54), sofern nicht bes Umstände eine Kontrolle nahe legen (s OLG Koblenz VRS 46, 467: auffällige unterschiedliche Reifengröße). Ebenso nach Überprüfung durch den TÜV (OLG Koblenz v 30.6.81, 2 Ss 305/81) u bei unzulässiger Bereifung durch eine Spezialwerkstatt (OLG Zweibrücken ZfS 81, 355; BayObLG VRS 59, 60; OLG Karlsruhe VRS 85, 305) oder bei Neukauf (BayObLGSt 86, 4 = VM 86, 90). Wegen des Erlöschens der BE s oben 3. Zur inneren Tatseite beim Führen eines Kfz, dessen BE erloschen ist, s OLG Köln VRS 60, 474 = StVE § 19 StVZO 13 (MietFz), BayObLG VRS 62, 68 (keine Überprüfungspflicht bei

14   **9. Literatur. Albrecht/Janker** „Inbetriebnahme zulassungspflichtiger Kfz trotz erloschener Betriebserlaubnis" SVR 07, 401; **Brockmann** „Pedelecs und Segways – Umweltfreundlich aber gefährlich?" SVR 2012, 210; **Dauer** „Wann ist ein Fahrzeug zugelassen" NZV 07, 442; **ders** „Untersagung des Betriebs eines Fahrzeugs" DAR 12, 660; **Fritsche/Würdinger** „Die Entwicklung des Kraftfahrzeugbriefs im Zivilrecht" DAR 07, 501; **Huppertz** „Segway – eine Erwiderung" NZV 08, 389; **ders** „Das Erlöschen der Betriebserlaubnis im Lichte der neuen FZV" DAR 08, 172; **ders** „Rechtsfolgen im Zusammenhang mit dem Erlöschen der Betriebserlaubnis" SVR 09, 321; **ders** „Betriebs- und Verkehrssicherheit ausländischer Fahrzeuge" SVR 10, 121; **ders** „Verkehrsrechtliche Einordnung von Elektrofahrrädern" NZV 10, 390; **ders** „Elektrofahrräder" DAR 11, 561; **ders** „Pedelec, Segway, Bierbike: Lust oder Last?" NZV 12, 23; **ders** „ Das ‚Partybike' als Fahrrad und Objekt i. S. d. § 316 StBG – Ergänzung zum Beitrag von Klenner, NZV 2011, 234" NZV 12, 164; **ders** „Zulassungs- und fahrerlaubnisrechtliche Folgen beim Betrieb bauartveränderter Mofas" DAR 12, 290; **ders** „Elektrofahrräder" DAR 13, 488; **Jaeger** „Elektrofahrräder" zfs 11, 663; **Janker** „Elektronische Mobilitätshilfen (Segway) – Arbeitshilfe" SVR 12, 101; **Kettler** „Segway" NZV 08, 71; **Liebermann** „Wechselkennzeichen können ab 1.7.2012 zugeteilt werden DAR 12, 425; **Rebler** „Die Außerbetriebsetzung von Fahrzeugen bei fehlendem Versicherungsschutz" SVR 10, 206; **ders** „Einzelbetriebserlaubnis, Allgemeine Betriebserlaubnis, Typengenehmigung" SVR 10, 361; **ders** „Die Zulassung von Fahrzeugen nach der Fahrzeug-Zulassungs-Verordnung (FZV) – Arbeitshilfe" SVR 10, 453; **ders** „Moderne Zeiten: Neue Fahrzeugformen und die Schwierigkeit ihrer rechtlichen Behandlung" SVR 12, 15; **ders** „Fahrten mit rotem Kennzeichen" DAR 2012, 285; **Remsperger** „Die Oldtimerzulassung unter Berücksichtigung des neuen Anforderungskatalogs für die Begutachtung eines Fahrzeugs zur Einstufung als Oldtimer gemäß § 23 StVZO" DAR 2012, 72; **Scheidler** „Die Mobilitätshilfenverordnung – Rechtsgrundlagen für eine neue Form der Fortbewegung im Straßenverkehr" DAR 09, 536; **ders** „Wiedereinführung der Auto-Altkennzeichen" DAR 13, 228; **Ternig** „Segway und Elektrofahrrad" zfs 10, 2; **Thiemer** „Strafrechtliche und praktische Probleme des Handels mit Kurzzeit- und roten Kennzeichen" NZV 09, 587; **Zunner** „Genehmigung von Fahrzeugen nach Umsetzung der Richtlinie 2007/46/EG in nationales Recht" SVR 09, 441.

§ 1a Kraftfahrzeuge mit hoch- oder vollautomatisierter Fahrfunktion

(1) **Der Betrieb eines Kraftfahrzeugs mittels hoch- oder vollautomatisierter Fahrfunktion ist zulässig, wenn die Funktion bestimmungsgemäß verwendet wird.**

(2) ¹**Kraftfahrzeuge mit hoch- oder vollautomatisierter Fahrfunktion im Sinne dieses Gesetzes sind solche, die über eine technische Ausrüstung verfügen,**
1. **die zur Bewältigung der Fahraufgabe – einschließlich Längs- und Querführung – das jeweilige Kraftfahrzeug nach Aktivierung steuern (Fahrzeugsteuerung) kann,**
2. **die in der Lage ist, während der hoch- oder vollautomatisierten Fahrzeugsteuerung den an die Fahrzeugführung gerichteten Verkehrsvorschriften zu entsprechen,**
3. **die jederzeit durch den Fahrzeugführer manuell übersteuerbar oder deaktivierbar ist,**
4. **die die Erforderlichkeit der eigenhändigen Fahrzeugsteuerung durch den Fahrzeugführer erkennen kann,**

5. die dem Fahrzeugführer das Erfordernis der eigenhändigen Fahrzeugsteuerung mit ausreichender Zeitreserve vor der Abgabe der Fahrzeugsteuerung an den Fahrzeugführer optisch, akustisch, taktil oder sonst wahrnehmbar anzeigen kann und
6. die auf eine der Systembeschreibung zuwiderlaufende Verwendung hinweist.
²Der Hersteller eines solchen Kraftfahrzeugs hat in der Systembeschreibung verbindlich zu erklären, dass das Fahrzeug den Voraussetzungen des Satzes 1 entspricht.

(3) Die vorstehenden Absätze sind nur auf solche Fahrzeuge anzuwenden, die nach § 1 Abs. 1 zugelassen sind, den in Abs. 2 Satz 1 enthaltenen Vorgaben entsprechen und deren hoch- oder vollautomatisierte Fahrfunktionen
1. in internationalen, im Geltungsbereich dieses Gesetzes anzuwendenden Vorschriften beschrieben sind und diesen entsprechen oder
2. eine Typgenehmigung gemäß Artikel 20 der Richtlinie 2007/46/EG des Europäischen Parlaments und des Rates vom 5.9.2007 zur Schaffung eines Rahmens für die Genehmigung von Kraftfahrzeugen und Kraftfahrzeuganhängern sowie von Systemen, Bauteilen und selbstständigen technischen Einheiten für diese Fahrzeuge (Rahmenrichtlinie) (ABl. L 263 vom 9.10.2007, S. 1) erteilt bekommen haben.

(4) Fahrzeugführer ist auch derjenige, der eine hoch- oder vollautomatisierte Fahrfunktion im Sinne des Abs. 2 aktiviert und zur Fahrzeugsteuerung verwendet, auch wenn er im Rahmen der bestimmungsgemäßen Verwendung dieser Funktion das Fahrzeug nicht eigenhändig steuert.

Übersicht

	Rn
1. Norm	2
2. Einleitung	3
3. Einsatz (§ 1a I StVG)	7
4. § 1a II StVG	9
a) Begriff (S. 1)	9
b) Garantie (S. 2)	12
5. Zulassung (§ 1a III StVG)	13
6. Fahrzeugführer (§ 1a IV StVG)	14

Zum Thema: *von Bodungen/Hoffmann* NZV 2016, 449; *Lange,* NZV 2017, 345; *Schmidt/Wessels* NZV 2017, 357; *Singler* NZV 2017, 353; *Ternig* zfs 2016, 303. 1

1. Norm. Die Regelungen zum Fahren von Kfz mit hoch- und vollautomatisierter Fahrfunktion (§§ 1a, 1b, 1c StVG) wurden eingefügt durch das Achte Gesetz zur Änderung des Straßenverkehrsgesetzes (8. StVGÄndG) v. 16.6.2017 BGBl I 2017, 1648. Zur Gesetzesbegründung siehe BT-Drucksache 18/11300 v. 20.2.2017 und BT-Drucksache 18/11776 v. 29.3.2017. 2

2. Einleitung. §§ 1a, 1b StVG regeln das Zusammenwirken zwischen dem Kfz mit seiner hoch- oder vollautomatisierten Fahrfunktion und dem Fahrzeugführer. Der gleichzeitig eingefügte § 63a StVG regelt die Datenverarbeitung bei Kfz mit hoch-/oder vollautomatisierter Fahrfunktion. 3

4   Technische Assistenzsysteme in Kfz unterstützen den Fahrzeugführer bei Längs- (Beschleunigen/Verzögern) oder Querführung (Lenken) des Kfz (z.b. Adaptive Cruise Control [Beschleunigen/Verzögern mit Hilfe einer angepassten Abstands- und Geschwindigkeitsregelung]; Parkassistenzsysteme). Neue technische Systeme (**automatisierte Systeme**) können sowohl Längs- als auch Querführung für einen gewissen Zeitraum und/oder in spezifischen Anwendungsfällen übernehmen (z.b. Stauassistent) und sind in der Lage, automatisiert die Aufgaben der Fahrzeugsteuerung nahezu insgesamt selbstständig zu bewältigen, zugleich aber ihre Grenzen zu erkennen, um den Fahrzeugführer dann rechtzeitig zur Übernahme der Fahrzeugsteuerung aufzufordern.

5   Die automatisierte Fahrfunktion ist von der autonomen zu unterscheiden: Beim **autonomen Fahren** gibt es keinen Fahrer mehr (§ 1a IV StVG gilt dann nicht), sondern nur noch Passagiere.

6   Das StVG wurde dahingehend ergänzt, dass Kfz mit weiterentwickelten automatisierten Systemen (**hoch-** oder **vollautomatisiert**) im Verkehr auf öffentlichen Straßen in der Form eingesetzt und genutzt werden können, dass der Fahrzeugführer dem technischen System in bestimmten Situationen die Fahrzeugsteuerung übergeben kann.

7   **3. Einsatz (§ 1a I StVG).** § 1a StVG stellt klar, dass der Betrieb von Kfz mittels hoch-/vollautomatisierter Fahrfunktion im Rahmen der bestimmungsgemäßen Verwendung zulässig ist. Geregelt wird lediglich der Betrieb mittels einer solchen technischen Ausrüstung.

8   Die Bestimmungsgemäßheit ist konstruktionsabhängig. Ist eine automatisierte Fahrfunktion z.b. nur für den Einsatz auf Autobahnen vorgesehen, darf das System nicht zum Verkehr auf anderen Straßen eingesetzt werden. Die Systembeschreibung des Fahrzeugs muss über die Art der Ausstattung mit automatisierter Fahrfunktion und den Grad der Automatisierung unmissverständlich Auskunft geben, um den Fahrer über den Rahmen der bestimmungsgemäßen Verwendung zu informieren (siehe § 1a III 2 StVG).

9   **4. § 1a II StVG. a) Begriff (S. 1).** § 1a II 1 StVG enthält die Definition der zum automatisierten Fahren privilegierten Fahrzeuge.

10 Automatisierte Fahrfunktionen zeichnen sich dadurch aus, dass sie zur Bewältigung der Fahraufgabe (einschließlich Längs-und Querführung) nach Aktivierung durch den Fahrzeugführer die Fahraufgabe übernehmen können, jederzeit aber durch den Fahrzeugführer manuell übersteuerbar oder deaktivierbar sind, das Erfordernis der eigenhändigen Fahrzeugsteuerung durch den Fahrzeugführer mit ausreichender Zeitreserve erkennen können und ihm das Erfordernis der eigenhändigen Fahrzeugsteuerung signalisieren anzeigen können. Die eingesetzte automatisierte Fahrfunktion muss in der Lage sein, sich während ihres Betriebs regelkonform zu verhalten.

11 Für Kfz mit automatisierten Fahrfunktionen, die nicht internationalen Vorschriften unterfallen, gelten die allgemeinen straßenverkehrsrechtlichen Vorschriften.

12 **b) Garantie (S. 2).** § 1a II 2 StVG fordert vom Fahrhersteller verbindliche Systembeschreibungen.

13 **5. Zulassung (§ 1a III StVG).** § 1a III bestimmt, dass auch Kfz mit hoch- oder vollautomatisierten Fahrfunktionen die in § 1 I StVG geregelten Voraussetzungen zur Zulassung für den Betrieb auf öffentlichen Straßen erfüllen müssen.

Rechte und Pflichten des Fahrzeugführers § 1b StVG

Insbesondere bedürfen sie einer Betriebserlaubnis, Einzelgenehmigung oder Typgenehmigung.

6. Fahrzeugführer (§ 1a IV StVG). § 1a IV StVG stellt klar, dass bei hoch-/ **14** vollautomatisierten Fahrfunktionen – im Gegensatz zum autonomen Fahren – weiterhin ein Fahrzeugführer erforderlich ist, es jedoch Fahrphasen gibt, in denen das System das Fahrzeug steuert.

Während der automatisierten Phase wird der Fahrzeugführer nicht durch das **15** hoch-/vollautomatisierte System ersetzt. Der Fahrer des betreffenden Kfz bleibt Fahrzeugführer, auch wenn er im Rahmen der bestimmungsgemäßen Verwendung dieser Funktion das Fahrzeug nicht eigenhändig steuert.

Das wäre erst beim autonomen Fahren der Fall, bei dem es keinen Fahrer, **16** sondern nur Passagiere gibt.

§ 1b Rechte und Pflichten des Fahrzeugführers bei Nutzung hoch- oder vollautomatisierter Fahrfunktionen

(1) **Der Fahrzeugführer darf sich während der Fahrzeugführung mittels hoch- oder vollautomatisierter Fahrfunktionen gemäß § 1a vom Verkehrsgeschehen und der Fahrzeugsteuerung abwenden; dabei muss er derart wahrnehmungsbereit bleiben, dass er seiner Pflicht nach Abs. 2 jederzeit nachkommen kann.**

(2) **Der Fahrzeugführer ist verpflichtet, die Fahrzeugsteuerung unverzüglich wieder zu übernehmen,**
1. **wenn das hoch- oder vollautomatisierte System ihn dazu auffordert oder**
2. **wenn er erkennt oder auf Grund offensichtlicher Umstände erkennen muss, dass die Voraussetzungen für eine bestimmungsgemäße Verwendung der hoch- oder vollautomatisierten Fahrfunktionen nicht mehr vorliegen.**

Übersicht

	Rn
1. Norm	1
2. § 1b I StVG	2
3. § 1b II StVG	5
4. Haftung	6
a) Betriebshaftung	6
b) Regress	7
c) § 12 StVG	8
5. § 63a StVG	10

1. Norm. Die Regelungen zum Fahren von Autos mit hoch- und vollautoma- **1** tisierter Fahrfunktion (§§ 1a, 1b, 1c StVG) wurden eingefügt durch das Achte Gesetz zur Änderung des Straßenverkehrsgesetzes (8. StVGÄndG) v. 16.6.2017 BGBl I 2017, 1648. Zur Gesetzesbegründung siehe BT-Drucksache 18/11300 v. 20.2.2017 und BT-Drucksache 18/11776 v. 29.3.2017.

2. § 1b I StVG. § 1b I 1. Halbs. StVG lässt es zu, dass der Fahrzeugführer sich **2** während des automatisierten Fahrens vom Verkehrsgeschehen abwendet.

StVG § 1c

3   Der Fahrzeugführer darf im Rahmen der Systembeschreibung die Hände vom Lenkrad nehmen, den Blick von der Straße wenden und anderen Tätigkeiten nachgehen (z.B. Bearbeiten von Mails im Infotainment-System) (BT-Drucksache 18/11776, S. 10).

4   Zugleich wird der Fahrzeugführer verpflichtet (§ 1b I 2. Halbs. StVG), weiterhin derart wahrnehmungsbereit zu bleiben, dass er entsprechend seiner Pflicht nach § 1b II StVG jederzeit eingreifen kann.

5   **3. § 1b II StVG.** Der Fahrzeugführer ist zur unverzüglichen Übernahme der Fahrzeugsteuerung verpflichtet, wenn er durch das System zur Übernahme der Fahrzeugsteuerung aufgefordert wird (§ 1b II Nr. 1 StVG) oder er erkennt (erkennen muss), dass das System nicht ordnungsgemäß funktioniert. Stellt der Fahrzeugführer Unregelmäßigkeiten im Fahrverhalten fest, muss er von sich aus reagieren.

6   **4. Haftung. a) Betriebshaftung.** Trifft den Fahrzeugführer keine Ersatzpflicht (Verschuldenshaftung; § 18 StVG, § 823 BGB) für einen Unfall aufgrund technischen Versagens, bleibt es bei der Halterhaftung (Gefährdungshaftung; § 7 StVG). Das gilt auch bei aufgrund von Systemversagen verursachten Unfällen mit automatisierten Fahrzeugen.

7   **b) Regress.** Haftpflichtversicherung des Halters und Versicherung des Herstellers werden gegebenenfalls klären müssen, wen im Ergebnis die Verantwortung für den Unfall trifft.

8   **c) § 12 StVG.** Aus Gründen des Verkehrsopferschutzes bei Fahrzeugen mit automatisierten Systemen (§ 1a StVG) sind die Höchstbeträge in § 12 StVG insofern für den Fall, dass der Unfall durch Systemfehler verursacht wurde, pauschal um 100% angehoben.

9   Siehe § 12 StVG, Rn 10d ff.

10   **5. § 63a StVG.** § 63a StVG regelt die Datenverarbeitung bei Kfz mit automatisierter Fahrfunktion iSv §§ 1a, 1b StVG.

11   Die Aufzeichnung (§ 63a StVG), wann und wo das automatisierte System zur Fahrzeugsteuerung eingeschaltet war, ob eine Störung eintrat und wann das System den Fahrzeugführer zur Übernahme der Fahrzeugsteuerung aufforderte, soll sicherstellen, dass der Fahrzeugführer sich nicht pauschal auf ein Versagen des automatisierten Systems berufen kann. Zugleich soll die Regelung dem Fahrzeugführer ermöglichen, einen gegen ihn erhobenen Schuldvorwurf positiv zu entkräften, sollte z.B. ein Unfall ausschließlich auf ein Systemversagen zurückzuführen sein.

12   Auf die Daten können die in § 63a StVG näher bezeichneten Behörden zugreifen (§ 63a II StVG). Die konkrete Erhebungsbefugnis der jeweils zuständigen Behörde bei Verkehrsverstößen ergibt sich aus StPO und OWiG.

13   Dritte haben nach Maßgabe von § 63a III, V StVG ein eigenes Zugriffsrecht auf die Daten.

§ 1c Evaluierung

¹Das Bundesministerium für Verkehr und digitale Infrastruktur wird die Anwendung der Regelungen in Artikel 1 des Gesetzes vom 16.6.2017 (BGBl I S. 1648) nach Ablauf des Jahres 2019 auf wissenschaftlicher Grundlage evaluieren.

²**Die Bundesregierung unterrichtet den Deutschen Bundestag über die Ergebnisse der Evaluierung.**

1. Norm. Die Regelungen zum Fahren von Autos mit hoch- und vollautomatisierter Fahrfunktion (§§ 1a, 1b, 1c StVG) wurden eingefügt durch das Achte Gesetz zur Änderung des Straßenverkehrsgesetzes (8. StVGÄndG) v. 16.6.2017 BGBl I 2017, 1648. Zur Gesetzesbegründung siehe BT-Drucksache 18/11300 v. 20.2.2017 und BT-Drucksache 18/11776 v. 29.3.2017.

2. Evaluierung. Da die Rechtsnormen zur Regelung des Zusammenwirkens von Fahrer und hoch- oder vollautomatisierten Systemen ein in die Zukunft gerichtetes Gesetz ist, bedarf es gerade mit Blick auf weitere Entwicklungen auf diesem Gebiet der Evaluierung.

§ 2 Fahrerlaubnis und Führerschein[1]

(1) **Wer auf öffentlichen Straßen ein Kraftfahrzeug führt, bedarf der Erlaubnis (Fahrerlaubnis) der zuständigen Behörde (Fahrerlaubnisbehörde). Die Fahrerlaubnis wird in bestimmten Klassen erteilt. Sie ist durch eine amtliche Bescheinigung (Führerschein) nachzuweisen. Nach näherer Bestimmung durch Rechtsverordnung auf Grund des § 6 Absatz 1 Nummer 1 Buchstabe b und x kann die Gültigkeitsdauer der Führerscheine festgelegt werden.**

(2) **Die Fahrerlaubnis ist für die jeweilige Klasse zu erteilen, wenn der Bewerber**
1. **seinen ordentlichen Wohnsitz im Sinne des Artikels 12 der Richtlinie 2006/126/EG des Europäischen Parlaments und des Rates vom 20. Dezember 2006 über den Führerschein (ABl. L 403 vom 30.12.2006, S. 26) im Inland hat,**
2. **das erforderliche Mindestalter erreicht hat,**
3. **zum Führen von Kraftfahrzeugen geeignet ist,**
4. **zum Führen von Kraftfahrzeugen nach dem Fahrlehrergesetz und den auf ihm beruhenden Rechtsvorschriften ausgebildet worden ist,**
5. **die Befähigung zum Führen von Kraftfahrzeugen in einer theoretischen und praktischen Prüfung nachgewiesen hat,**
6. **Erste Hilfe leisten kann und**

---

[1] Neu gefasst durch StVG-ÄndG v 24.4.1998 (BGBl I 747); gilt seit 1.1.1999. Abs 15 geänd durch G v 3.5.2005 (BGBl I S 1221); Abs 10, 11 und 13 geänd u Abs 16 angefügt durch Fünftes G zur Änd des StVG v 17.7.2009 (BGBl I S 2021), in Kraft getreten am 23.7.2009. Abs 1 S 4 angefügt u Abs 2 S 1 Nr 1 geänd durch G zur Änd des StVG und des Kraftfahrsachverständigengesetzes v 2.12.2010 (BGBl I S 1748), in Kraft getreten am 9.12.2010. Abs 10 S 5–8 aufgehoben, Abs 10a eingefügt, Abs 13 S 4 und Abs 16 neu gefasst durch Siebtes G zur Änd des StVG v 23.6.2011 (BGBl I S 1213), in Kraft getreten am 29.6.2011. Durch 5. StVGuaÄndG v 28.8.2013 (BGBl I 3313) erfolgten im Zusammenhang mit der Reform des Verkehrszentralregisters und der Einführung des neuen Fahreignungsregisters mWv 1.5.2014 in Abs 7, 9 u 16 redaktionelle Anpassungen sowie in Abs 16 S 1 Nr 3 nach dem jetzigen 8-Punkte-System eine Herabsetzung von bisher 3 Punkten auf nunmehr 2 Punkte. Das 6. StVGuaÄndG v 28.11.16 sah lediglich redaktionelle Anpassungen in Abs 6 vor.

7. keine in einem Mitgliedstaat der Europäischen Union oder einem anderen Vertragsstaat des Abkommens über den Europäischen Wirtschaftsraum erteilte Fahrerlaubnis dieser Klasse besitzt.

Nach näherer Bestimmung durch Rechtsverordnung gemäß § 6 Abs. 1 Nr. 1 Buchstabe g können als weitere Voraussetzungen der Vorbesitz anderer Klassen oder Fahrpraxis in einer anderen Klasse festgelegt werden. Die Fahrerlaubnis kann für die Klassen C und D sowie ihre Unterklassen und Anhängerklassen befristet erteilt werden. Sie ist auf Antrag zu verlängern, wenn der Bewerber zum Führen von Kraftfahrzeugen geeignet ist und kein Anlass zur Annahme besteht, dass eine der aus den Sätzen 1 und 2 ersichtlichen sonstigen Voraussetzungen fehlt.

(3) Nach näherer Bestimmung durch Rechtsverordnung gemäß § 6 Abs. 1 Nr. 1 Buchstabe b und g kann für die Personenbeförderung in anderen Fahrzeugen als Kraftomnibussen zusätzlich zur Fahrerlaubnis nach Absatz 1 eine besondere Erlaubnis verlangt werden. Die Erlaubnis wird befristet erteilt. Für die Erteilung und Verlängerung können dieselben Voraussetzungen bestimmt werden, die für die Fahrerlaubnis zum Führen von Kraftomnibussen gelten. Außerdem können Ortskenntnisse verlangt werden. Im Übrigen gelten die Bestimmungen für Fahrerlaubnisse entsprechend, soweit gesetzlich nichts anderes bestimmt ist.

(4) Geeignet zum Führen von Kraftfahrzeugen ist, wer die notwendigen körperlichen und geistigen Anforderungen erfüllt und nicht erheblich oder nicht wiederholt gegen verkehrsrechtliche Vorschriften oder gegen Strafgesetze verstoßen hat. Ist der Bewerber auf Grund körperlicher oder geistiger Mängel nur bedingt zum Führen von Kraftfahrzeugen geeignet, so erteilt die Fahrerlaubnisbehörde die Fahrerlaubnis mit Beschränkungen oder unter Auflagen, wenn dadurch das sichere Führen von Kraftfahrzeugen gewährleistet ist.

(5) Befähigt zum Führen von Kraftfahrzeugen ist, wer
1. ausreichende Kenntnisse der für das Führen von Kraftfahrzeugen maßgebenden gesetzlichen Vorschriften hat,
2. mit den Gefahren des Straßenverkehrs und den zu ihrer Abwehr erforderlichen Verhaltensweisen vertraut ist,
3. die zum sicheren Führen eines Kraftfahrzeugs, gegebenenfalls mit Anhänger, erforderlichen technischen Kenntnisse besitzt und zu ihrer praktischen Anwendung in der Lage ist und
4. über ausreichende Kenntnisse einer umweltbewussten und energiesparenden Fahrweise verfügt und zu ihrer praktischen Anwendung in der Lage ist.

(6) Wer die Erteilung, Erweiterung, Verlängerung oder Änderung einer Fahrerlaubnis oder einer besonderen Erlaubnis nach Absatz 3, die Aufhebung einer Beschränkung oder Auflage oder die Ausfertigung oder Änderung eines Führerscheins beantragt, hat der Fahrerlaubnisbehörde nach näherer Bestimmung durch Rechtsverordnung gemäß § 6 Abs. 1 Nr. 1 Buchstabe h mitzuteilen und nachzuweisen
1. Familiennamen, Geburtsnamen, sonstige frühere Namen, Vornamen, Ordens- oder Künstlernamen, Doktorgrad, Geschlecht, Tag und Ort der Geburt, Anschrift, Staatsangehörigkeit, Art des Ausweisdokuments und

2. das Vorliegen der Voraussetzungen nach Absatz 2 Satz 1 Nr. 1 bis 6 und Satz 2 und Absatz 3

sowie ein Lichtbild abzugeben. Außerdem hat der Antragsteller eine Erklärung darüber abzugeben, ob er bereits eine in- oder ausländische Fahrerlaubnis der beantragten Klasse oder einen entsprechenden Führerschein besitzt.

(7) Die Fahrerlaubnisbehörde hat zu ermitteln, ob der Antragsteller zum Führen von Kraftfahrzeugen, gegebenenfalls mit Anhänger, geeignet und befähigt ist, und ob er bereits eine in- oder ausländische Fahrerlaubnis oder einen entsprechenden Führerschein besitzt. Sie hat dazu Auskünfte aus dem Fahreignungsregister und dem Zentralen Fahrerlaubnisregister nach den Vorschriften dieses Gesetzes einzuholen. Sie kann außerdem insbesondere entsprechende Auskünfte aus ausländischen Registern oder von ausländischen Stellen einholen sowie die Beibringung eines Führungszeugnisses zur Vorlage bei der Verwaltungsbehörde nach den Vorschriften des Bundeszentralregistergesetzes verlangen.

(8) Werden Tatsachen bekannt, die Bedenken gegen die Eignung oder Befähigung des Bewerbers begründen, so kann die Fahrerlaubnisbehörde anordnen, dass der Antragsteller ein Gutachten oder Zeugnis eines Facharztes oder Amtsarztes, ein Gutachten einer amtlich anerkannten Begutachtungsstelle für Fahreignung oder eines amtlich anerkannten Sachverständigen oder Prüfers für den Kraftfahrzeugverkehr innerhalb einer angemessenen Frist beibringt.

(9) Die Registerauskünfte, Führungszeugnisse, Gutachten und Gesundheitszeugnisse dürfen nur zur Feststellung oder Überprüfung der Eignung oder Befähigung verwendet werden. Sie sind nach spätestens zehn Jahren zu vernichten, es sei denn, mit ihnen im Zusammenhang stehende Eintragungen im Fahreignungsregister oder im Zentralen Fahrerlaubnisregister sind nach den Bestimmungen für diese Register zu einem früheren oder späteren Zeitpunkt zu tilgen oder zu löschen. In diesem Fall ist für die Vernichtung oder Löschung der frühere oder spätere Zeitpunkt maßgeblich. Die Zehnjahresfrist nach Satz 2 beginnt mit der rechts- oder bestandskräftigen Entscheidung oder mit der Rücknahme des Antrags durch den Antragsteller. Die Sätze 1 bis 4 gelten auch für entsprechende Unterlagen, die der Antragsteller nach Absatz 6 Satz 1 Nr. 2 beibringt. Anstelle einer Vernichtung der Unterlagen sind die darin enthaltenen Daten zu sperren, wenn die Vernichtung wegen der besonderen Art der Führung der Akten nicht oder nur mit unverhältnismäßigem Aufwand möglich ist.

(10) Bundeswehr, Bundespolizei und Polizei können durch ihre Dienststellen Fahrerlaubnisse für das Führen von Dienstfahrzeugen erteilen (Dienstfahrerlaubnisse). Diese Dienststellen nehmen die Aufgaben der Fahrerlaubnisbehörde wahr. Für Dienstfahrerlaubnisse gelten die Bestimmungen dieses Gesetzes und der auf ihm beruhenden Rechtsvorschriften, soweit gesetzlich nichts anderes bestimmt ist. Mit Dienstfahrerlaubnissen dürfen nur Dienstfahrzeuge geführt werden.

(10a) Die nach Landesrecht zuständige Behörde kann Angehörigen der Freiwilligen Feuerwehren, der nach Landesrecht anerkannten Rettungsdienste, des Technischen Hilfswerks und sonstiger Einheiten des Katastro-

phenschutzes, die ihre Tätigkeit ehrenamtlich ausüben, Fahrberechtigungen zum Führen von Einsatzfahrzeugen auf öffentlichen Straßen bis zu einer zulässigen Gesamtmasse von 4,75 t – auch mit Anhängern, sofern die zulässige Gesamtmasse der Kombination 4,75 t nicht übersteigt – erteilen. Der Bewerber um die Fahrberechtigung muss
1. mindestens seit zwei Jahren eine Fahrerlaubnis der Klasse B besitzen,
2. in das Führen von Einsatzfahrzeugen bis zu einer zulässigen Gesamtmasse von 4,75 t eingewiesen worden sein und
3. in einer praktischen Prüfung seine Befähigung nachgewiesen haben.

Die Fahrberechtigung gilt im gesamten Hoheitsgebiet der Bundesrepublik Deutschland zur Aufgabenerfüllung der in Satz 1 genannten Organisationen oder Einrichtungen. Die Sätze 1 bis 3 gelten entsprechend für den Erwerb der Fahrberechtigung zum Führen von Einsatzfahrzeugen bis zu einer zulässigen Gesamtmasse von 7,5 t – auch mit Anhängern, sofern die zulässige Gesamtmasse der Kombination 7,5 t nicht übersteigt.

(11) Nach näherer Bestimmung durch Rechtsverordnung gemäß § 6 Abs. 1 Nr. 1 Buchstabe j berechtigen auch ausländische Fahrerlaubnisse zum Führen von Kraftfahrzeugen im Inland.

(12) Die Polizei hat Informationen über Tatsachen, die auf nicht nur vorübergehende Mängel hinsichtlich der Eignung oder auf Mängel hinsichtlich der Befähigung einer Person zum Führen von Kraftfahrzeugen schließen lassen, den Fahrerlaubnisbehörden zu übermitteln, soweit dies für die Überprüfung der Eignung oder Befähigung aus der Sicht der übermittelnden Stelle erforderlich ist. Soweit die mitgeteilten Informationen für die Beurteilung der Eignung oder Befähigung nicht erforderlich sind, sind die Unterlagen unverzüglich zu vernichten.

(13) Stellen oder Personen, die die Eignung oder Befähigung zur Teilnahme am Straßenverkehr oder Ortskenntnisse zwecks Vorbereitung einer verwaltungsbehördlichen Entscheidung beurteilen oder prüfen oder die in Erster Hilfe (§ 2 Abs. 2 Satz 1 Nr. 6) ausbilden, müssen für diese Aufgaben gesetzlich oder amtlich anerkannt oder beauftragt sein. Personen, die die Befähigung zum Führen von Kraftfahrzeugen nach § 2 Abs. 5 prüfen, müssen darüber hinaus einer Technischen Prüfstelle für den Kraftfahrzeugverkehr nach § 10 des Kraftfahrsachverständigengesetzes angehören. Voraussetzungen, Inhalt, Umfang und Verfahren für die Anerkennung oder Beauftragung und die Aufsicht werden – soweit nicht bereits im Kraftfahrsachverständigengesetz oder in auf ihm beruhenden Rechtsvorschriften geregelt – durch Rechtsverordnung gemäß § 6 Abs. 1 Nr. 1 Buchstabe k näher bestimmt. Abweichend von den Sätzen 1 bis 3 sind Personen, die die Voraussetzungen des Absatzes 16 für die Begleitung erfüllen, berechtigt, die Befähigung zum Führen von Einsatzfahrzeugen der in Absatz 10a Satz 1 genannten Organisationen oder Einrichtungen zu prüfen.

(14) Die Fahrerlaubnisbehörden dürfen den in Absatz 13 Satz 1 genannten Stellen und Personen die Daten übermitteln, die diese zur Erfüllung ihrer Aufgaben benötigen. Die betreffenden Stellen und Personen dürfen diese Daten und nach näherer Bestimmung durch Rechtsverordnung gemäß § 6 Abs. 1 Nr. 1 Buchstabe k die bei der Erfüllung ihrer Aufgaben anfallenden Daten verarbeiten und nutzen.

Fahrerlaubnis und Führerschein § 2 StVG

(15) **Wer zur Ausbildung, zur Ablegung der Prüfung oder zur Begutachtung der Eignung oder Befähigung ein Kraftfahrzeug auf öffentlichen Straßen führt, muss dabei von einem Fahrlehrer oder einem Fahrlehreranwärter im Sinne des Fahrlehrergesetzes begleitet werden.** Bei den Fahrten nach Satz 1 sowie bei der Hin- und Rückfahrt zu oder von einer Prüfung oder einer Begutachtung gilt im Sinne dieses Gesetzes der Fahrlehrer oder der Fahrlehreranwärter als Führer des Kraftfahrzeugs, wenn der Kraftfahrzeugführer keine entsprechende Fahrerlaubnis besitzt.

(16) **Wer zur Einweisung oder zur Ablegung der Prüfung nach Absatz 10a ein entsprechendes Einsatzfahrzeug auf öffentlichen Straßen führt, muss von einem Fahrlehrer im Sinne des Fahrlehrergesetzes oder abweichend von Absatz 15 Satz 1 von einem Angehörigen der in Absatz 10a Satz 1 genannten Organisationen oder Einrichtungen, der**
1. **das 30. Lebensjahr vollendet hat,**
2. **mindestens seit fünf Jahren eine gültige Fahrerlaubnis der Klasse C1 besitzt und**
3. **zum Zeitpunkt der Einweisungs- und Prüfungsfahrten im Fahreignungsregister mit nicht mehr als zwei Punkten belastet ist,**
begleitet werden. Absatz 15 Satz 2 gilt entsprechend. Die nach Landesrecht zuständige Behörde kann überprüfen, ob die Voraussetzungen des Satzes 1 erfüllt sind; sie kann die Auskunft nach Satz 1 Nummer 3 beim Fahreignungsregister einholen. Die Fahrerlaubnis nach Satz 1 Nummer 2 ist durch einen gültigen Führerschein nachzuweisen, der während der Einweisungs- und Prüfungsfahrten mitzuführen und zur Überwachung des Straßenverkehrs berechtigten Personen auszuhändigen ist.

Übersicht

	Rn
1. Allgemeines	1
2. Fahrerlaubniszwang	2
3. Voraussetzungen für die Erteilung der Fahrerlaubnis	4
a) Fahrerlaubnisprüfung	5
b) Eignung	7
c) Erste Hilfe	13
d) Weitere Voraussetzungen	13a
e) Amtsermittlungen der FE-Behörde	13b
4. Voraussetzungen für Neuerteilung der Fahrerlaubnis nach vorangegangenem Entzug	13c
5. Erteilung der Fahrerlaubnis	14
a) Allgemeines	14
b) Nach Entziehung	15
c) Bindung an strafgerichtliche Entscheidungen (§ 3 III, IV)	16
d) Übergangsvorschriften	16a
e) Neuerteilung ohne MPU	16b
6. Beschränkte Fahrerlaubnis	17
7. Geltungsbereich der FE, auch ausländischer Fahrerlaubnisse	18
a) Ausländische FSche	18
b) „Ordentlicher Wohnsitz"	18a
c) Die 6-Monatsfrist	20
d) Berufspendler	20a

	Rn
e) Anerkennung von EU-/EWR-Fahrerlaubnissen	21
f) „Umschreibung" von EU-/EWR- u Drittland-Fahrerlaubnissen	50
8. Fahrten zur Ausbildung, Prüfung oder Begutachtung	51
a) Fahrlehrer	52
b) Fahrschüler	55
c) Kfz-Sachverständige	56
d) Freiwillige Feuerwehr, Rettungsdienst, technisches Hilfswerk und sonstige Einheiten des Katastrophenschutzes (Abs 10a)	57
9. Straftaten und Owen	58
10. Lenk- und Ruhezeiten	59
11. Berufskraftfahrer	60
12. Literatur (zu §§ 2, 2a und 3 StVG)	61

1 **1. Allgemeines.** Die Anordnung des Fahrerlaubniszwangs zum Führen von Fzen auf öffentlichen Straßen dient vor allem dem Schutz der öffentlichen Sicherheit und Ordnung. Die **FE** selbst ist ein begünstigender VA und beinhaltet die **öffentlich-rechtliche Erlaubnis** zum Führen von Kfzen im öffentlichen Verkehr, die durch den **Führerschein** (FSch) nachgewiesen wird; dessen Verlust berührt daher nicht den Fortbestand der FE, während umgekehrt bei Entz der FE der Besitz des FSch nicht zum Führen von Kfzen berechtigt (s dazu § 21 StVG Rn 5). Der FSch beweist als öff Urkunde, dass der Besitzer mit der im FSch bezeichneten Person identisch ist (BGHSt 25, 95 f u VRS 73, 43: auch bzgl des Geburtsdatums; zum Fz-Schein s aber BGHSt 22, 201; § 1 StVG Rn 2a). Wegen Neuerteilung der FE nach Entzug s unten Rn 15 ff, § 3 VI StVG u § 20 FeV. – Die FE kann weder vorübergehend noch bedingt erteilt werden. Auch einer einstweiligen AO zur Erteilung einer „vorläufigen FE" steht idR das Verbot der Vorwegnahme der Hauptsache entgegen (VGH BW VM 91, 100).

Das Recht Kfze im öffentlichen Verker zu führen ist Bestandteil der allgemeinen Handlungsfreiheit des Art. 2 I GG, dessen Schutzbereich zum Schutz anderer Rechtsgüter insbesondere der Sicherheit des Straßenverkehrs eingeschränkt werden darf. § 2 I ist insoweit verfassungsgemäß (BVerfG NJW 02, 2378). Gerade das Interesse der Allgemeinheit an der Sicherheit des Straßenverkehrs und der aus Art. 2 I GG ableitbare Auftrag zum Schutz vor erheblichen Gefahren für Leib und Leben gebieten, dass hohe Anforderungen an die Eignung zum Führen von Kraftfahrzeugen zu stellen sind; ebenso rechtfertigt eine darauf bezogene präventive Kontrolle von Kraftfahrern, wie in § 4 vorgesehen (BVerfG NJW 02, 2378). – § 2 StVG ist **SchutzG** iS von § 823 II BGB. –

Das Fahrerlaubnisrecht ist in den §§ 2–4b, 6e und auf der Grundlage der §§ 6 I Nr 1, Nr 3c, Nr 7, IIa; 6e I, 30c und 63 in der **FeV** (s Anh I a) geregelt und basiert auf der RL 2006/126/EG v 30.12.06 (ABl EU L 403, S 18), **der 3. EU-Führerscheinrichtlinie.**

Die Möglichkeit des **Verzichts** auf die FE ist gesetzlich nicht geregelt, nach allgemeinen Grundsätzen als einseitige empfangsbedürftige Willenserklärung gegenüber der Fahrerlaubnisbehörde jedoch möglich und wird in § 2a I 6 vorausgesetzt. Der Verzicht muss eindeutig und unmissverständlich erklärt werden und darauf gerichtet sein, die FE zum Erlöschen zu bringen. Ob dies der Fall ist, kann durch Auslegung gemäß §§ 133, 157 BGB ermittelt werden, wobei der geäußerte Wille nach dem Empfängerhorizont maßgebend ist (BVerwG BeckRS 2014, 59080; VG Halle BeckRS 2015, 46761). Sofern sich aus den Gesamtumständen nicht ausnahmsweise etwas anderes ergibt, stellt die freiwillige Rückgabe des Führerscheins grds auch einen Verzicht auf die FE dar (OVG Magdeburg NZV 16, 597).

Die FE wird für bestimmte Klassen erteilt, näheres zur Einteilung regelt § 6 **1a** FeV. Zu den Regelungen über Besitzstände aus dem alten bundesdeutschen Recht und dem ehemaligen DDR-Recht s Anlage 3 FeV. **FE alten Rechts** (bis 18.1.13 erteilt) bleiben im Umfang der bisherigen Berechtigung, wie er sich aus **Anlage 3 FeV** ergibt, bestehen und erstrecken sich grundsätzlich, soweit sich aus den Übergangsregelungen in § 76 FeV nichts anderes ergibt (§ 6 VI 1 FeV), auch auf den Umfang der ab dem 19.1.13 geltenden FE-Klassen nach § 6 I FeV. Auf Antrag ist ein freiwilliger Umtausch bzw Umstellung auf das neue Recht möglich (§ 6 VI 2 FeV). Die Gültigkeit der ab 19.1.13 ausgestellten **Führerscheine** ist **auf 15 Jahre befristet** (§ 24a I 1 FeV); war der Führerschein bereits vor dem 19.1.13 ausgestellt, besteht ein Anspruch auf einen unbefristeten Führerschein, auch wenn die Aushändigung erst nach dem 19.1.13 erfolgt (VG Göttingen NJW 13, 2984 [LS] = NJOZ 13, 1079 [Sachverhalt und Gründe]). Führerscheine, die vor dem 19.1.13 ausgestellt wurden, sind **bis zum 19.1.33 umzutauschen** (§ 24a II 1 FeV). Die Geltungsdauer bestimmter FE-Klassen nach § 23 I FeV bleibt davon unberührt. S zur Umsetzung der 3. EU-FSch-RiLi zB Buchardt, DAR 13, 48; Huppertz DAR 13, 191; Janker Die Polizei 13, 314; Ternig zfs 13, 9.

Mit der bei der Umstellung erfolgenden Aushändigung des neuen Führerscheins verliert der alte seine Gültigkeit. Die Erlaubnisbehörde ist in diesem Fall gehindert, nachträglich einen Führerschein alten Musters auszufertigen, auch wenn der neue Führerschein einen eingeschränkten Geltungsbereich aufweist (VG München NZV 02, 336). Da sich der Umfang der „alten" und „neuen" FE seit 19.1.13 nach Anlage 3 FeV richtet, ist diese Fallkonstellation nunmehr bedeutungslos.

2. Fahrerlaubniszwang. § 2 I hat den früher in § 2 I S 1 u II enthaltenen **2** Grundsatz der FE- u FSch-Pflicht übernommen; die in II (nF) gen Voraussetzungen für die Erteilung einer FE entsprechen ebenfalls weitgehend dem bish R. § 2 (aF) ist verfassungskonform (BVerfG VM 79, 66) u gilt für alle Kfze iS des § 1 II. Für **Mofas** (§ 5 FeV) incl **Leichtmofas** bedarf es einer bloßen Prüfung gem § 5 I 1 FeV und einer **Prüfbescheinigung,** wenn keine FE vorliegt (§ 5 I 2 FeV). Die Prüfung einer erteilten FE ist gleichgestellt (gem § 4 I 2 Nr 1 FeV ist ein Mofa fahrerlaubnisfrei); wird letztere entzogen, darf ein Mofa mit Prüfung und Prüfbescheinigung oder nach § 76 Nr 3 FeV (keine Prüfung erforderlich, wenn vor dem 1.4.1965 geboren) weiter geführt werden, soweit dies nicht auch nach §§ 2, 3 FeV verboten (s SchlHolst VG BA 87, 158) oder sonst zusätzlich ein FV nach § 44 StGB oder § 25 StVG angeordnet worden ist (s Janiszewski 670).

Fahrerlaubnisfrei ist auch ein **motorisierter Krankenfahrstuhl** iSv § 4 I 2 **2a** Nr 2 FeV, der namentlich „nach Bauart zum Gebrauch durch körperl behinderte Personen bestimmt" ist; auf äußeres Erscheinungsbild kommt es nicht an (VGH München NZV 01, 444; LG München NZV 01, 385; AG Leutkirch NZV 00, 513); dagegen: BayObLG NZV 01, 136; VG Würzburg NZV 00, 104. Nach BVerwG NZV 02, 246 wird neben der Eignung des Kfz zur Benutzung durch den besagten Personenkreis lediglich „die durch konstruktive Maßnahmen erzielte und auf Dauer angelegte Einhaltung der weiteren vorgeschriebenen Merkmale (Einsitzigkeit, Gewicht, Höchstgeschwindigkeit)" vorausgesetzt. – Beim Umbau eines Pkw in mot KrankenFahrst kommt es darauf an, ob den Bedürfnissen von Gebrechl und Behinderten nach erleichterter Benutzung und Bedienung in nach-

StVG § 2 I. Verkehrsvorschriften

haltiger Weise Rechnung getragen wird (VGH München aaO). – Benutzung ohne FE ist auch durch nicht behinderte o gebrechl Personen zulässig (BVerwG aaO). S zu Entwicklung der Vorschriften, Rechtsprechung u Literatur Huppertz, Fahrerlaubnisfreie motorisierte Krankenfahrstühle, NZV 03, 460.
Führen eines Kfz: § 2 StVO 8 ff **Öff Str** s § 1 StVO 13 ff.

3   Die FE wird im Einklang mit Art 4 der 3. EU-FSch-RiLi (v 20.12.06, ABl EU L 403, S 18) nach **§ 6 I FeV** in den **Klassen AM, A1, A2, A, B, BE, C1, C1E, C, CE, D1, D1E, D, DE** sowie den **Klassen T u L** erteilt. Sie darf nur einem Bewerber erteilt werden, der seinen ordentlichen Wohnsitz im Inland (§ 2 II Nr 1 StVG, § 7 FeV) u das für die betr Klasse nach **§ 10 FeV** vorgesehene **Mindestalter** (§ 2 II Nr 2) hat; für die FE Klasse AM liegt, abweichend von § 10 I Nr 1 FeV (16 Jahre), im Rahmen des bis 30.4.18 befristeten **Modellprojekts „AM mit 15 Jahren"** im Hoheitsgebiet der Länder **Sachsen, Sachsen-Anhalt** und **Thüringen** das Mindestalter bei 15 Jahren (BGBl 2013/I S 940; VkBl 2013, 560 m amtl Begr). Personen, die die Altersgrenze noch nicht erreicht haben, dürfen eine Fahrschule besuchen u Übungsfahrten in Begleitung eines Fahrlehrers (§ 2 XV StVG) ausführen, damit sie sofort nach Erreichen des Mindestalters die FE erwerben können. Das gilt aber nur für ernsthafte Bewerber, nicht etwa für 12-jährige Kinder; sie dürfen auch nicht in Begleitung eines Fahrlehrers ein Kfz führen (OLG Hamm VRS 22, 372; OLG Bremen VRS 28, 445; s auch § 5 V FeV; Bouska VD 80, 255 zur Ausbildung Minderjähriger). – S auch § 6e StVG (Führen von Kfz in Begleitung) u § 48a FeV (Begleitetes Fahren ab 17 Jahre). Ausnahmen vom Mindestalter sind nach § 74 FeV möglich, dabei ist jedoch ein strenger Maßstab anzuwenden und eine **Ausnahmegenehmigung** praktisch nur möglich, wenn außergewöhnliche Umstände vorliegen, die für den Betr im Vergleich zu Gleichaltrigen eine außergewöhnliche Härte darstellen (VG Braunschweig NZV 08, 315 m Anm Dauer). Dieser strenge Maßstab gilt auch für Ausnahmen von der Begleitauflage des § 48a II I FeV (Dauer, Anm zu VG Braunschweig NZV 08, 318). Allein die Tatsache, dass ein Minderjähriger bereits im Rahmen des Modells „Begleitetes Fahren ab 17 Jahre" ohne Beanstandungen Kfz geführt hat, rechtfertigt keine Ausnahme, da dann ohne Einzelfallprüfung nach einer gewissen Zeit unfallfreien Fahrens eine Ausnahmegenehmigung zu erteilen wäre, wobei unberücksichtigt bliebe, dass das gerade auf dem Einfluss der Begleitperson beruht (VGH BW zfs 08, 719 = VRS 115/08, 383 = NJW 09, 870).

4   **3. Voraussetzungen für die Erteilung der Fahrerlaubnis.** Die grundlegenden materiellen Voraussetzungen der FE sind in § 2 II ff geregelt; dazu gehört vor allem die durch eine Prüfung nachzuweisende (theoretische u praktische) **Befähigung** zum Führen von Kfzen (§ 2 II Nr 5; Def s § 2 V) sowie die Eignung durch Nachweis bestimmter Anforderungen, zB an das Sehvermögen, und im Übrigen durch Fehlen von Tatsachen, die die Eignung ausschließen (§ 2 IV, VII u VIII; BVerwG VRS 63, 222 = StVE § 15b StVZO aF 8) u Vorlage der Ausbildungsbescheinigung (§ 2 II 4 StVG, Anlagen 7.1, 7.2 und 7.3 FahrschAusbO). – S zu Auswirkungen der 3. EU-FSch-RiLi Gehrmann NZV 09, 12. – Für **Krafträder der** Klassen A, A1 und A2 wird das **Prinzip des stufenweisen Zugangs** (§ 15 III FeV) weiter gestärkt (BRDrs 660/10 S 51). – Für **Dienstfahrerlaubnisse** s § 2 X 1–4 StVG und § 26 FeV (näher zu Dienstfahrerlaubnis und Fahreignung Müller, D. NZV 12, 57) und für **ausländische Fahrerlaubnisse** und Führerscheine s § 2 XI u § 28 ff FeV; früher IntKfzVO. – Die 2. EU-FSch-RiLi brachte die gegenseitige unbeschränkte Anerkennung der FSche aus anderen Mitgliedstaa-

ten, auch bei Wohnsitzverlegung nach Deutschland (keine Umtauschpflicht mehr); s § 28 FeV.

a) Fahrerlaubnisprüfung. Die nötige **Befähigung** ergibt sich aus den in 5 § 2 V Nr 1–4 aufgeführten Voraussetzungen; sie ist gem § 2 II 5 in einer Prüfung nachzuweisen (Überlegungen zu einer zeitgemäßen Fahrschulausbildung bei Müller, D NZV 13, 14). Die **Fahrerlaubnisprüfung** (s § 2 II Nr 5 StVG; § 15 FeV) besteht aus einer theoretischen u praktischen Prüfung. Durch diese soll die ausreichende Kenntnis der VVorschriften, der umweltbewussten u energiesparenden Fahrweise, der Abwehr der VGefahren u die Fähigkeit zur sicheren Führung eines Kfz im Verkehr nachgewiesen werden.

Die Abnahme der theoretischen u praktischen Prüfung obliegt einem amtl 6 anerkannten SV oder Prüfer für den Kfz-Verkehr (s § 2 XIII; § 15 VFeV); näher zu Ausnahmen von der Pflichtausbildung in der Fahrschule Dauer DAR 09, 729. Beschränkung der FE auf Kfz mit automatischer Kraftübertragung s § 17 VI FeV.

b) Eignung. Die **Eignung** (s § 2 I Nr 3 u IV; § 11 FeV) ist aufgrund umfassen- 7 der Würdigung der **„Gesamtpersönlichkeit"** (alle Eigenschaften, Fähigkeiten und Verhaltensweisen, die für die Beurteilung der Verkehrsgefährlichkeit relevant sind; Hentschel/König/Dauer-Dauer § 3 StVG Rn 3) nach dem Maßstab seiner Gefährlichkeit für den öffentlichen Straßenverkehr zu beurteilen (BVerwG VM 87, 71; 88, 17; VRS 88, 225; näher dazu Himmelreich/Janker/Karbach Rn 272 ff); wie sie zu überprüfen u nachzuweisen ist, ergibt sich aus § 2 VI–VIII. Der Begriff **„Eignung"** ist ein **unbestimmter Rechtsbegriff** (zur Problematik unbestimmter Rechtsbegriffe Geiger SVR 09, 41), der von den Verwaltungsgerichten voll überprüft werden kann (s zB Geiger SVR 09, 41, 44). Es besteht **keine Eignungsvermutung,** vielmehr muss die Eignung bei der (Neu-)Erteilung der FE positiv festgestellt werden (OVG Münster NJW 07, 2938 = DAR 07, 720 = VRS 113/07, 142 = SVR 08, 152 m Praxishinweis Geiger). S zu **Mitteilungspflichten der Polizei** bei nicht nur vorübergehenden Eignungs- oder Befähigungsmängeln § 2 XII; ausf dazu Müller, D. SVR 07, 241 und Müller, D. DAR 13, 69; s auch Laub SVR 08, 81, 85. Die **mangelnde Eignung** kann – wie bisher – vor allem in körperlichen, geistigen u charakterlichen Mängeln des Bewerbers bestehen. Die Behörde muss **von Amts wegen** vor Erteilung der FE oder bei der sog Umschreibung einer ausl FE hierüber Ermittlungen anstellen (s § 2 VI–VIII; BVerwG NZV 96, 292; s auch § 20 FeV); materielle Anforderungen s Anlagen 4, 5 und 6 FeV sowie **Begutachtungs-Leitlinien zur Kraftfahrereignung,** BAST (Reihe Mensch und Sicherheit, Heft M 115); VB kann ggf bei Bedenken gegen die Eignung (nicht ohne konkreten Anlass: Hess VGH ZfS 95, 199) unter Beachtung des Verhältnismäßigkeitsgrundsatzes (BVerwG NJW 87, 2455) ein **Gutachten** verlangen (§ 2 VIII; § 11 II, III FeV). Das Gutachten muss nachvollziehbar und nachprüfbar sein, Anlage 15 FeV (s auch Kunkel ZfS 96, 241; ausführlich zu Fragen mangelhafter Gutachten Himmelreich/Janker/Karbach Rn 1104 f; s auch AG Bautzen DAR 07, 406 m Anm Karbach). Anforderung u Verwertung von MPU-Gutachten ist verfassungskonform (BVerfG ZfS 84, 380; BVerfG 89, 69 = NZV 1993, 413 unter Beachtung der Verhältnismäßigkeit) u als bloß vorbereitende Maßnahme bislang nicht selbstständig anfechtbar (OVG Münster NZV 01, 396; OVG Lüneburg NJW 07, 454; BVerwG DAR 94, 372 zu § 15b StVZO aF sowie amtliche Begründung zu § 11 FeV, VkBl 98, 1067; s aber Grünning/Ludovisy DAR 93, 53 sowie Letzterer beim 32. VGT; zu Fehlern bei der MPU s Stephan DAR 93, 41); zur Problematik s § 3 StVG Rn 7d. **Verweigert** der Bewerber die Vorlage des rechtmäßig angeord-

StVG § 2 I. Verkehrsvorschriften

neten Gutachtens trotz **berechtigter Zweifel** an seiner Eignung, kann die VB die Nichteignung als erwiesen erachten, § 11 VIII FeV (ebenso VGH BW VM 72, 107; OVG Hamburg VRS 35, 348); das gilt auch bei gerichtlicher AO (BVerwG VRS 70, 231; Hess VGH VRS 76, 42; VGH BW VRS 83, 301). Die von der Fahrerlaubnisbehörde zu bestimmende Vorlagefrist, an deren Verstreichenlassen sich die Rechtsfolge des § 11 VIII FeV knüpft, richtet sich allein nach dem Zeitraum, der zur Erstellung des Gutachtens notwendig ist. Unberücksichtigt zu bleiben hat, dass der Betroffene ggf zusätzlich Zeit benötigt, um vorab etwaige Eignungsdefizite zu beseitigen, denn eine solche Handhabung wäre mit dem öffentlichen Interesse an der Sicherheit des Straßenverkehrs und dem Grundsatz effektiver Gefahrenabwehr unvereinbar (OVG Münster BeckRS 2015, 48633) – Näher dazu § 3 StVG Rn 7e. – Die die Gutachtenanforderung begründenden Zweifel müssen bis zum Verfahrensende verwertbar sein, dh von der Gutachtensanordnung bis zum Abschluss des behördlichen Verfahrens (VGH München NZV 97, 198 u BeckRS 2007, 30665); aA OVG Bautzen BeckRS 2016, 117469 – das für die Beurteilung der Rechtmäßigkeit einer Anordnung zur Gutachtenbeibringung lediglich auf den Zpkt der Gutachtenanforderung abstellt und ein danach im Widerspruchsverfahren eingetretenes Verwertungsverbot bzgl der darauf gestützten Anordnung für unbeachtlich hält.

8 **Körperliche Mängel** beeinträchtigen die **Eignung** zum Führen von Kfzen nur, wenn sie nicht durch geeignete Hilfsmittel ausgeglichen werden können (s hierzu Vorbemerkung Nr 3 zu Anlage 4 FeV; s zur körperlichen und geistigen Eignung auch: Koehl SVR 12, 6, 7; zu Handlungsmöglichkeiten der Fahrerlaubnisbehörde und Fragen des Restrisikos Dauer DAR 12, 181 [50. VGT 2012]; zur krankheitsbedingten Fahruntüchtigkeit im Strafrecht de Vries SVR 12, 332). Die FE kann in solchen Fällen unter **Auflagen,** die der Kfz-Führer beachten muss, erteilt werden (§ 2 IV), zB unter der Auflage, beim Fahren eine Brille zu tragen (s Rn 17) oder Alkoholabstinenz nachzuweisen (OVG Koblenz NJW 90, 1194). Wegen der Mindestanforderungen an das **Sehvermögen** s § 12 FeV; werden die festgelegten Mindestanforderungen nicht erreicht, ist die FE zu versagen bzw zu entziehen (BVerwG NZV 93, 126). **Farbensehen:** Mit Anomalquotient unter 0,5 unzulässig bei Bus-Klassen (D etc) und bei FzF; bei Lkw-Klassen (C etc) genügt Aufklärung des Betroffenen über mögliche Gefährdung, Anlage 6 FeV. Beeinträchtigtes **Hörvermögen** schließt die Eignung nicht grundsätzlich aus (zur Schwerhörigkeit u Gehörlosigkeit s Nr 2 der Anlage 4 FeV). Diese Gesichtspunkte sind daher bei der Entscheidung über die Erteilung der FE zu berücksichtigen.

8a **Krankheit,** die die Fahrtüchtigkeit entweder ständig unter das erforderliche Maß herabsetzt oder auch nur die erhebliche Gefahr einer plötzlich u überraschend eintretenden Fahruntüchtigkeit bildet, kann Nichteignung bewirken (s Anlage 4 FeV). **Hirnverletzungen, altersbedingte Leistungsschwäche,** schwere **Diabetes** können Eignungsmängel darstellen (aber nicht bei gut eingestellten, sich an die ärztliche VO Haltenden: Nr 5 der Anlage 4 FeV), jedoch ist auch hier zu prüfen, ob der Fehler nicht durch Gewöhnung u charakterliche Zuverlässigkeit oder ordnungsgem Behandlung ausgeglichen wird, Vorbem Nr 3 zu Anlage 4 FeV (vgl auch BVerwG VM 66, 159 f; VRS 30, 386; VM 71, 103; OVG Berlin VM 67, 71; VGH BW NZV 91, 287), wobei bei schwieriger Einstellbarkeit der Diabetes und stark schwankenden Blutzuckerwerten, die in der Vergangenheit mehrfach zu Verkehrsunfällen geführt haben, die FE zu entziehen ist, wenn der Betr aus fachärztlicher Sicht nicht in der Lage ist, ohne Gefahr für sich oder andere Verkehrsteilnehmer Kfz sicher zu führen (VG Mainz NZV 10, 218); anfallartige Bewusstseinsstörungen können die Eignung ausschließen (OVG Lüneburg ZfS 93, 393), sofern es sich nicht um eine einmalige Erscheinung (nach Tabletteneinnahme) ohne Wiederholungsrisiko handelt (OVG NW NZV 95, 412), s auch Nr 6 der Anlage 4 FeV. Zur bedingten Entziehung der FE bei **Fahrten unter Medikamenteneinfluss** Krismann NZV 11, 417, 418.

Bei Anhaltspunkten für fehlende körperliche bzw geistige Eignung für die **Beförderung von Fahrgästen** ist idR zunächst lediglich eine medizinische Begutachtung erforderlich, wenn nicht zusätzlich Zweifel an der charakterlichen Eignung vorliegen (OVG Saarland DAR 07, 475 = ZfS 07, 475 [zur Entziehung der FE zur Fahrgastbeförderung]). Geben die Anknüpfungstatsachen für eine Gutachtenanordnung nur Anlass zu Zweifeln an der charakterlichen Eignung zur Fahrgastbeförderung, ist eine Fragestellung unverhältnismäßig, die darüber hinaus auch die Erfüllung der körperlichen und geistigen Anforderungen für das Führen von Kfz als Gegenstand der Begutachtung festlegt (VGH Mannheim NJW 13, 1896 = zfs 13, 475 = SVR 13, 353 m Praxishinweis Koehl). Die bei der Beförderung von Fahrgästen erforderliche besondere Verantwortung iSv § 11 I 4 FeV **verlangt** eine **erhöhte Zuverlässigkeit** bei der Beachtung straßenverkehrsrechtlicher Vorschriften, sodass auch solche Straftaten und OWi zu berücksichtigen sind, die im Fale einer allgemeinen Fahrerlaubnis noch keine Reaktionen nach sich ziehen würden (OVG Münster NJW 13, 2217).

Hohes Alter allein genügt nicht zur Annahme der Nichteignung (BVerwG VM **8b** 66, 159 f; OVG Berlin VRS 24, 158; OVG Koblenz DAR 69, 332; VGH BW VRS 76, 411; VG Saarland zfs 10, 660 **[85 Jahre];** VG Saarlouis DAR 11, 722 [80 Jahre]; OVG Berlin-Brandenburg zfs 12, 657 [82 Jahre – mit relevanten Leistungsdefiziten]; eingehend dazu Himmelreich DAR 95, 12); es müssen greifbare Ausfallerscheinungen vorliegen (OVG Bremen VRS 68, 395 = StVE § 4 StVG 14). Auch hohes Alter (85 Jahre) und die Unerklärlichkeit eines Verkehrsunfalls genügen nicht (VG Saarland zfs 10, 660). Dementsprechend bietet allein das hohe Alter eines Fahrerlaubnisinhabers und das damit regelmäßig verbundene Absinken sowohl der geistigen als auch der körperlichen Leistungsfähigkeit **keinen Anlass, die Eignung zum Führen von Kraftfahrzeugen durch ein ärztliches Gutachten gem § 11 II 2 FeV überprüfen zu lassen** (VG Saarlouis DAR 11, 722 [80 Jahre]), **enscheidend** ist vielmehr, dass es **im Einzelfall zu nicht mehr ausreichend kompensierbaren, für die Kraftfahreignung relevanten Ausfallerscheinungen oder Leistungsdefiziten** gekommen ist, wobei dann auch jahrzehntelange unfallfreie Teilnahme am Straßenverkehr den Befund nicht entkräften kann (OVG Berlin-Brandenburg zfs 12, 657 [82 Jahre – mit relevanten Leistungsdefiziten: hereditäre motorisch-sensible Neuropathie, HMSN, schwerwiegende Auffälligkeiten in der selektiven Aufmerksamkeit, Orientierungs- und Reaktionsverhalten]). – Näher zur Kraftfahreignung alter Menschen Weber, K SVR 12, 441.

Geistige Eignungsmängel sind hes organische Geisteskrankheiten, schwere **9** Nervenleiden, psychopathische Veranlagung mit Neigung zu Alkoholmissbrauch (BVerwG JR 64, 72; s aber OVG Saarland VM 78, 55 einschränkend) u Drogenkonsum (VGH BW VRS 78, 154), Schwachsinn erheblichen Grades u fortgeschrittene Cerebralsklerose (Hess VGH DAR 64, 255) sowie schwere psychische Störungen (auch außerhalb des StraßenV: VGH BW NZV 92, 502); zur Abgrenzung zw zulässiger Meinungsäußerung und den StraßenV gefährdenden Wahnvorstellungen (s OVG Berlin-Brandenburg BeckRS 2015, 46584, LKV 2015, 178). Analphabeten oder wenig Intelligente müssen nicht unbedingt auch zum Führen von Kfzen ungeeignet sein (vgl OVG Bremen VRS 25, 154 u OVG NW NJW 75, 181). S zur körperlichen und geistigen Eignung auch Koehl SVR 12, 6, 7.

StVG § 2 I. Verkehrsvorschriften

9a Bewerber um eine FE der **Kl C u D** m Unterkl haben ihre geistige u körperliche Eignung zum Kfz-Führen nach **Anlage 5** FeV nachzuweisen (§ 11 IX FeV).

9b Zur Frage der Beeinträchtigung der Eignung zum Führen von Kfz durch Medikamente s Pluisch NZV 99, 1.

10 Unter den Begriff **Eignung** fällt auch die **persönliche Zuverlässigkeit** als Ausdruck gesteigerter charakterlicher Eignung (Begr BRDrs 821/96, 67, VkBl 99, 789, zu § 2; s auch Krismann NZV 11, 417, 422). **Charakterliche Mängel,** die auch bzgl des Führens landwirtschaftlicher Fze nicht geringer einzuschätzen sind (VGH BW VM 94, 12), können bereits in sonst nicht verwerfbaren Eigenschaften, wie unbeherrschter Impulsivität, übertriebener Schreckhaftigkeit oder Neigung zu unbesonnenen Reaktionen auf äußere Einflüsse liegen; sie treten aber hauptsächlich bei beharrlichem oder oft wiederholtem Hinwegsetzen über VBestimmungen oder bei Missbrauch des Kfz zur Begehung **strafbarer Handlungen** in Erscheinung (s § 2 IV). Dabei ist das Gesamtverhalten des FSch-Bewerbers zu beurteilen (s zB BVerwG NJW 64, 1686 u 77, 1077). Auch weit zurückliegende VStraftaten u Halterdelikte dürfen bei der umfassenden Würdigung der „Gesamtpersönlichkeit" ebenso berücksichtigt werden (BVerwG VRS 75, 142) wie Vorstrafen wegen Taten, die in keinem Zusammenhang mit dem Führen eines Kfz stehen, wenn sich aus ihnen ergibt, dass der Besitz einer FE des Bewerbers eine Gefahr für die übrigen VT oder die Allgemeinheit bildet, wenn er insb derartige Straftaten erleichtern oder den Bewerber in seiner Neigung fördern würde (BVerwG VRS 20, 394); deshalb ist ein Auszug aus dem FAER (bis 30.4.14 VZR) und ggf aus dem BZR einzuholen (§ 2 VII; § 22 II FeV). So wurden Bestrafungen wegen Sittlichkeitsverbrechen, wie Unzucht mit Kindern, sogar wegen Vergehen nach § 183 StGB, als ausreichende Eignungsmängel angesehen (OVG NW VRS 29, 310).

Die Regelung des **§ 11 III 1 Nr 5–7 FeV** sieht wegen der AO einer MPU insoweit eine Beschränkung vor, als hierfür nur noch solche **Straftaten** relevant sind, die entweder im **Zusammenhang mit dem Straßenverkehr oder mit der Kraftfahreignung** stehen **oder** bei denen Anhaltspunkte für ein **hohes Aggressionspotenzial** vorliegen. Wiederholte vorsätzliche gefährliche Körperverletzungen begründen Zweifel an der charakterlichen Kraftfahreignung (VGH München SVR 12, 279 m Praxishinweis Koehl). Allerdings lässt nicht jede grundsätzlich bestehende bzw partiell vorhandene Aggressionsbereitschaft Rückschlüsse auf die Kraftfahreignung zu, es muss vielmehr zu besorgen sein, dass der Betroffene bei konflikthaften Verkehrssituationen (zB bei Fahrfehlern anderer) emotional impulsiv handelt und dadurch das Risiko einer gefährdenden Verkehrssituation erhöht, sowie eigene Bedürfnisse aggressiv durchsetzt (VGH München SVR 12, 474 m Praxishinweis [und Leitsätzen] Koehl). Auch vor erneuter Anerkennung eines ausländischen EU-FSch (hier: ungarischer FSch) kann die Beibringung eines MPU-Gutachtens angeordnet werden, wenn nach vorheriger bestandskräftiger Aberkennungsentscheidung wiederholte und erhebliche Verstöße gegen verkehrsrechtliche Vorschriften bzw. Strafgesetze (§ 11 III 1 Nr 4 u Nr 5 FeV) zu verzeichnen sind (VG Saarlouis zfs 13, 719). Für Eignungsüberprüfungen nach **§ 11 III 1 Nr 6 u Nr 7 FeV** bei Anhaltspunkten für ein hohes Aggressionpotential kommen insbesondere Straftaten in Betracht, die sich durch Aggression gegen Personen oder Sachen ausdrücken, wie zB schwere oder gefährliche Körperverletzung, Raub, Widerstand gegen Vollstreckungsbeamte, Beleidigung, Nötigung oder Sachbeschädigung (VGH Kassel zfs 13, 478, 479 = SVR 13, 315 m Praxishinweis Koehl). Die Straftaten, die Anlass zur Eignungsbegutachtung geben können, müs-

Fahrerlaubnis und Führerschein **§ 2 StVG**

sen nicht rechtskräftig abgeurteilt sein, vielmehr genügt es, wenn sich ihr Vorliegen aus Feststellungen etwa der Polizei oder aus anderen Erkenntnissen in einem strafrechtlichen Ermittlungsverfahren hinreichend zuverlässig ergibt (VGH Kassel zfs 13, 478, 479 = SVR 13, 315 m Praxishinweis Koehl). S auch § 3 StVG Rn 5. – Zu Aggressivität im Straßenverkehr auch 51. VGT 2013, AK III (Referenten: Bornewasser; Manssen; Randel); Unger/Glitsch/Bornewasser, SVR 13, 329.

Auch eine größere Anzahl von im Einzelnen leichteren Verstößen kann charakterliche Unzuverlässigkeit beweisen (BVerwG VRS 52, 461 = StVE § 4 StVG 3). 11

Bei **Alkoholauffälligkeit** kommt Erteilung der FE erst in Betracht, wenn Abhängigkeit oder Missbrauch nicht mehr bestehen, vgl im Einzelnen unten Rn 13d, im Übrigen § 3 StVG Rn 3.

Rauschmittelabhängigkeit und Rauschmitteleinnahme führen idR zur Nichteignung (Anlage 4 Nr 9.1 u 9.3 FeV, s auch § 3 StVG Rn 4). Zur Bewertung von **Cannabis**konsum s § 3 StVG Rn 4a. Im Übrigen vgl zu Eignungs- und Begutachtungsfragen § 3 StVG Rn 2 ff betr FE-Entzug.

Bei der gebotenen Prüfung der „Gesamtpersönlichkeit" dürfen auch die verwertbaren Eintragungen aus **BZR** und **FAER** berücksichtigt werden (vgl § 29 StVG Rn 13 u 20 ff). 11a

Bußgeldentscheidungen, die nicht in das FAER aufzunehmen sind, bleiben bei der Prüfung der Eignung eines Kf grundsätzlich unberücksichtigt (zur bisherigen Rechtslage BVerwG VRS 45, 234); das gilt aber ausnahmsweise nicht bei hartnäckiger Missachtung von VVorschriften, zB von Parkverboten (zur bisherigen Rechtslage BVerwG VRS 52, 461 = StVE § 4 StVG 3). 12

Für wiederholt begangene Verstöße gegen Verkehrsvorschriften gilt § 4 StVG (Fahreignungs-Bewertungssystems) als Spezialvorschrift. Zugleich hat § 4 StVG nur subsidiäre Geltung: Das Fahreignungs-Bewertungssystems (bisher Mehrfachtäter-Punktsystem) findet keine Anwendung, wenn sich die Notwendigkeit früherer oder anderer Maßnahmen aufgrund anderer Vorschriften ergibt (§ 4 I 3 StVG nF; § 4 I 2 StVG aF). 12a

c) Erste Hilfe. Mit dem Gesetz zur Änderung des Fahrpersonalgesetzes und des StVG vom 2.3.2015 wurde die Regelung in II Nr 6 auf den Nachweis des Leistens von Erster Hilfe gekürzt. Die Änderung erfolgte vor dem Hintergrund, dass seit dem 1.4.2015 eine Straffung der Unterrichtseinheiten auf die Vermittlung der lebensrettenden Maßnahmen und einfache Erste-Hilfe-Maßnahmen sowie grundsätzliche Handlungsstrategien erfolgt, so dass es auf die Alternative in der Formulierung nicht mehr ankam; BTDrs 18/3586 S 7). Es genügt mithin nunmehr der Nachweis der Ausbildung in Erster Hilfe (§ 19 II FeV). Zur Mitführung Erste-Hilfe-Materials in Kfzen verpflichtet § 35h StVZO. 13

d) Weitere Voraussetzungen. Zusätzliche Voraussetzungen seit 1.1.99 sind, dass der FE-Bewerber noch keine FE der beantragten Klasse aus einem Mitgliedstaat im Geltungsbereich der 2. bzw 3. EU-FSch-RiLi besitzen darf (§ 2 II Nr 7, § 8 FeV) u seinen ordentlichen Wohnsitz im Inland hat (§ 2 II Nr 1; § 7 FeV). 13a

e) Amtsermittlungen der FE-Behörde. Die FE-Behörde hat **von Amts wegen zu ermitteln**, ob die **Voraussetzungen** für die Erteilung der FE **vorliegen** (§ 2 VII, VIII). Die Regelung in § 2 über Art und Umfang der Ermittlungen ist jedoch nicht abschließend; so kann FE-Behörde zur Überprüfung der Fahreignung auch Abschrift eines Strafurteils anfordern, wenn dies nach StPO und EinführgsG zum GVG zulässig ist (VGH Mannheim NZV 05, 168); s auch § 20 FeV. 13b

StVG § 2   I. Verkehrsvorschriften

13c   **4. Voraussetzungen für Neuerteilung der Fahrerlaubnis nach vorangegangenem Entzug.** Die **Voraussetzungen** für die **Neuerteilung** der FE nach vorangegangenem Entzug sind etwas reduzierter und in § 20 FeV näher geregelt. Es gelten zwar grds die Vorschriften für die Ersterteilung, jedoch darf eine erneute Fahrprüfung nur unter den Voraussetzungen des § 20 II FeV angeordnet werden, wenn Tatsachen vorliegen, die die Annahme rechtfertigen, dass dem Bewerber die erforderlichen Fähigkeiten und Kenntnisse nunmehr fehlen. Dies ist insbesondere der Fall, wenn seit dem Entzug der FE ein erheblicher Zeitraum vergangen ist und sich die Fahrpraxis zuvor auf ein geringes Maß beschränkte; so bspw OVG Bautzen Beschluss vom 30.9.2014, Az 3 D 35/14, bei Beantragung nach mehr als 16 Jahren ohne Fahrpraxis; VGH München BeckRS 2012, 52695 nach 18 Jahren ohne Fahrpraxis; OVG Münster BeckRS 2012, 49115 nach 14 Jahren ohne Fahrpraxis. – S zur Neuerteilung der FE nach vorangegangener Entziehung zB Himmelreich/Janker/Karbach Rn 780 ff.

13d   Lag ein FE-Entzug wegen Alkoholabhängigkeit o Alkoholmissbrauch vor, müssen Abhängigkeit und Missbrauch beendet sein, soll die FE neu erteilt werden. Beendigung der **Alkoholabhängigkeit** setzt eine Entwöhnungsbehandlung und idR ein Jahr Abstinenz voraus (Anlage 4 Nr 8.4 FeV – s zur Abstinenz auch die RsprÜb bei Köhler-Rott DAR 07, 682, 682 u Geiger SVR 13, 281, 285; zum Verhältnis der FeV zu den Abstinenzerfordernissen der Begutachtungs-Kriterien Koehl DAR 13, 624). Für Beendigung des **Alkoholmissbrauchs** ist erforderlich die Änderung des Trinkverhaltens und die Festigung dieser Änderung (Anlage 4 Nr 8.2 FeV).

Im Verfahren auf Wiedererteilung der FE ist ein **MPU-Gutachten** erforderlich (wahrheitswidrige Angaben des Bewerbers im Rahmen einer MPU-Untersuchung können die Aussagekraft eines Gutachtens in Frage stellen, soweit sie den Gutachter von einer falschen Tatsachengrundlage für die Gutachtenerstellung ausgehen lassen; OVG Münster NJW 07, 2938 = DAR 07, 720 = VRS 113/07, 142 = SVR 08, 152 m Praxishinweis Geiger), wenn Entzug der FE wegen **Alkoholmissbrauch o wiederholter o einmaliger erheblicher Alkoholauffälligkeit** erfolgt ist, § 13 Nr 2 FeV (VGH BW NZV 02, 149). Die AO der MPU steht nicht im Ermessen der FE Behörde (nach § 13 Nr 2 FeV „ordnet" FE Behörde Beibringung des Gutachtens an), so auch VGH BW, aaO, mit weiteren Nachw aus Lit u Rechtspr. – **Keine MPU** bei erfolgr **Kurs** nach § 70 FeV, s Rn 16b.

Von **Alkoholmissbrauch** ist auch auszugehen bei einer einzigen Fahrt erstmalig unter hoher Alkoholkonzentration ohne Anzeichen einer Alkoholwirkung (Begutachtungs-Leitlinien Nr 3.11.1), gemäß § 13 Nr 2c liegt diese **Schwelle bei 1,6 Promille BAK** bzw 0,8 mg/l AAK als Anlass für MPU-AO (s auch VGH BW NZV 02, 149). In der obergerichtliche Rspr hatte sich in den letzten Jahren seit der Entscheidung des VGH Mannheim vom 20.9.11 DAR 12, 603 (wiederholend mit Entscheidung vom 7.7.2015 BeckRS 2015, 48868 = DAR 15, 592), der eine MPU bereits bei einer einmaligen Trunkenheitsfahrt mit einer BAK ab 1,4 Promille gem § 13 Nr 2a 2. Alt FeV für erforderlich hält, sofern weitere Indizien für eine Alkoholgewöhnung hinzutreten, eine Tendenz dahin entwickelt, dass entgegen dem Wortlaut des § 13 Nr. 2c FeV insbesondere bei strafrechtlicher Entziehung der FE gestützt auf die Regelung des § 13 Nr 2d FeV eine MPU bereits bei Werten ab 1,13 Promille gefordert wurde (OVG Berlin-Brandenburg BeckRS 2015, 48989; OVG Greifswald DAR 14, 601; VGH München ZfSch 16, 52 u BeckRS 2016, 44407). Auf die vom VGH München jeweils zugelassenen

Revisionen wurde dieser Rechtsprechungsentwicklung seitens des BVerwG ein deutlicher Riegel vorgeschoben. Das BVerwG machte mit Entscheidungn vom 6.4.17 (BeckRS 2017, 116419) zutreffend deutlich, dass nach strafrechtlicher Entziehung der FE aufgrund einer einmaligen Trunkenheitsfahrt mit weniger als 1,6 Promille eine MPU im Neuerteilungsverfahren nur dann gefordert werden kann, wenn zusätzliche Tatsachen vorliegen, die die Annahme künftigen Alkoholmissbrauchs begründen. Insbesondere normiert § 13 Nr. 2d FeV keinen von den Voraussetzungen des § 13 Nr. 2a–c FeV unabhängigen Anordnungsgrund bei vorangegangener strafrechtlicher Entziehung der FE, wofür bereits der Wortlaut der Norm spreche.

Bei **rückfälligen Trunkenheitstätern** kommt nach OVG NW (VRS 66, 389) im Hinblick auf die hohe Rückfallquote zwar eine Wiedererteilung nur bei sicherem Ausschluss der Rückfälligkeit auf Grund Sachverständigengutachtens in Betracht (s BVerwG VM 92, 47; OVG Bremen VRS 67, 309), doch ist dabei die Würdigung der „Gesamtpersönlichkeit" entscheidend u nicht allein ein Rückfallwahrscheinlichkeitsgrenzwert (BVerwG VRS 72, 393). Bei vorangegangenem Alkoholmissbrauch ist für Neuerteilung ein Jahr Abstinenz nicht erforderlich, sondern nach Anlage 4 Nr 8.2 FeV lediglich „Festigung der Änderung des Trinkverhaltens" (OVG Saarland ZfS 03, 101).

Wiedererlangung der Kraftfahreignung nach Abhängigkeit oder Missbrauch von Drogen u Wiedererteilung der FE setzen Entgiftung u Entwöhnung sowie anschließende einjährige Drogenabstinenz voraus (Anlage 4 Nr 9.5 FeV, Begutachtungs-Leitlinien Nr 3.12.1), desgl OVG Koblenz ZfS 00, 418 u VGH BW NZV 03, 56 = ZfS 02, 600); Abkürzung der Drogenabstinenz nur vertretbar, wenn auf Grund besonderer Umstände verkürzte Dauer ausreicht, um Betr zu entgiften und zu entwöhnen (VGH BW aaO). – Einjährige Abstinenz ist vom Betr durch vier unvorhersehbare in unregelmäßigen Abständen innerhalb der Jahresfrist anberaumte Laboruntersuchungen nachzuweisen (Begutachtungs-Leitlinien Nr 3.12.1; s auch VGH BW NZV 93, 45). – S auch Zwerger in DAR 05, 431, 437. 13e

Erforderlich ist MPU, wenn wegen der Einnahme oder Abhängigkeit von Drogen seinerzeit die FE entzogen wurde (§ 14 II Nr 1 FeV). Begutachtungs-AO ist auch dann rechtmäßig, wenn **FE-Entzug viele Jahre** zurückliegt und seitdem keine Hinweise auf erneuten Drogenkonsum vorliegen (VGH BW NZV 05, 215).

Einschränk d BVerwG: Unterliegt allerdings die Vortat wegen Zeitablaufs einem Verwertungsverbot, ist MPU-AO nach § 14 II Nr 2 FeV nicht mehr zulässig (BVerwG DAR 05, 578 = NJW 05, 3440).

MPU-AO nach § 14 II Nr 2 FeV zur Klärung, ob Betr noch abhängig ist oder noch Drogen einnimmt, ist nicht an Einhaltung einer bestimmten Frist nach dem letzten erwiesenen Drogenmissbrauch gebunden; allerdings kann **nicht jeder beliebig weit in der Vergangenheit liegende Drogenkonsum Grundlage der AO** sein (BVerwG DAR 05, 581 = NZV 06, 52 = VRS 109, 300; VGH BW zfs 07, 536: 5 Jahre zurück); vielmehr muss der zurückliegende Drogenmissbrauch nach Gewicht, Zeitablauf und Anhaltspunkten für Rückfallgefährdung noch geeignet sein, die Kraftfahreignung in Zweifel zu ziehen (BVerwG, aaO; VGH BW aaO); s auch § 3 StVG Rn 7b. – Zur Anordnung eines ärztlichen Gutachtens nach § 14 I 1 Nr 2 FeV bei BtM Krause SVR 07, 287.

Zurückliegende Entziehung der FE kann sowohl durch den Strafrichter (§ 69 StGB), als auch durch die Verwaltungsbehörde (§§ 3, 4 StVG) verhängt worden sein (VGH BW ZfS 04, 536); dies ist auch bei GutachtenAO von § 14 II 13f

StVG § 2 I. Verkehrsvorschriften

Nr 1 FeV abgedeckt (aaO); ebenso bei § 13 Nr 2d FeV (BVerwG NJW 13, 3670; OVG Greifswald zfs 13, 595). Grundsätzlich spielt es auch für § 13 Nr 2d FeV keine Rolle, ob die vorangegangene FE-Entziehung durch inländische oder ausländische Entscheidung erfolgt ist (VG Augsburg BA 03, 264; Hentschel NJW 04, 657); anders jedoch, falls bei Alkoholverstoß eine Atemprobe entnommen wurde und das dabei verwendete Atemalkoholmessgerät nicht den Anforderung nach deutschem Recht entsprach (Hentschel, aaO).

Zur dauerhaften Wiederherstellung der Kraftfahreignung nach Alkoholauffälligkeit Scheucher/Eggerdinger/Aschersleben, Individuelle Kurzzeit-Verkehrstherapie für alkoholauffällige Kraftfahrer, DAR 03, 19; s auch Hillmann DAR 05, 601, 603; Himmelreich A. Himmelreich-FS S 147. Vor Neuerteilung kann VB MPU anordnen, wenn Verkehrsverstoß, der zur Entziehung der Fahrerlaubnis geführt hat, unter Alkoholeinfluss (0,95 Promille) und unter gleichzeitigem Cannabis-Einfluss begangen worden ist, VGH BW NZV 99, 54.

Wegen Anforderungen an GutachtenAO und Folgen aus der Gutachtenweigerung s § 3 Rn 7a ff.

14 **5. Erteilung der Fahrerlaubnis. a) Allgemeines.** Die FE – auch die auf Probe – ist ein begünstigender, formgebundener VA, der grundsätzlich **unbefristet** u **bedingungslos** zu erteilen ist (BGH VM 60, 104; Weber SVR 09, 121 [122]; s unten 17; § 2a StVG) u durch die Aushändigung des FSch rechtswirksam wird (§ 22 IV S 7 FeV). Wer die ges Voraussetzungen erfüllt, hat einen im Verwaltungsrechtsweg verfolgbaren Rechtsanspruch auf Erteilung der FE. Andererseits darf die VB die FE nicht – etwa aus Gefälligkeit oder aus sozialen Gründen – erteilen, wenn eine der erforderlichen Voraussetzungen fehlt (VGH München DAR 57, 368; BGH(Z) DAR 66, 217). **Zuständig** ist nach § 73 FeV die untere VB oder die durch LandesR bestimmte sonstige Behörde am Wohnsitz des Antragstellers (s Sonderbestimmung §§ 26, 27 FeV für Dienst-FE). Bei **erstmaligem** Erwerb der FE gelten die bes Vorschriften der §§ 2a–2c StVG.

15 **b) Nach Entziehung.** War die FE durch **Gerichtsentscheidung** nach den §§ 69 ff StGB entzogen, darf vor Ablauf der Sperrfrist (§ 69a StGB) keine neue FE erteilt werden. Eine in Unkenntnis der Sperre erteilte FE ist zwar fehlerhaft, aber nicht nichtig (OLG Hamm VRS 26, 345). Nach Ablauf der Sperre hat der Betr keinen Anspruch auf sofortige Erteilung einer neuen FE. Die VB muss vielmehr vorher wie bei der ersten FE prüfen, ob alle Voraussetzungen erfüllt sind (s § 20 FeV). Dabei muss sie auch Umstände berücksichtigen, die im Straf-Urt, das sich nur mit der angeklagten Tat befasst, nicht untersucht wurden. Selbst wenn außer dem Urt, durch das die FE entzogen wurde, keine nachteiligen Tatsachen gegen den Antragsteller vorliegen, ist die VB nicht verpflichtet, die FE „automatisch" zu erteilen; denn das Straf-Urt bindet die VB nur insoweit, als sie vor Ablauf der Sperrfrist eine neue FE nicht erteilen darf (BVerfG VRS 32, 1; BVerwG VRS 26, 227; BGHSt 15, 393). – Der Antrag kann 8–10 Wochen vor Fristablauf gestellt werden (s Himmelreich ZfS 89, 181). Liegt im **Wiedererteilungsverfahren bereits** ein **verwertbares negatives MPU-Gutachten** vor und will er zur Wiedererlangung der Fahrerlaubnis auf seine Kosten ein neues MPU-Gutachten einholen, hat der Betroffene einen aus Art. 20 III GG (Rechtsstaatsprinzip) folgenden **Anspruch auf Überlassung der Führerscheinakten an einen von ihm neu beauftragten Gutachter** (OVG Koblenz NJW 97, 2343; Hillmann/Mehlhorn DAR 12, 111; s auch § 3 StVG Rn 22). – Keine Wiedererteilung der FE durch einstweilige Anordnung nach § 123 VwGO (VG München SVR 05, 394 m Praxishinweis Möthrath).

c) Bindung an strafgerichtliche Entscheidungen (§ 3 III, IV). Die FE-Behörde darf den Sachverhalt, der Gegenstand eines anhängigen Strafverfahrens gegen den Inhaber der Fahrerlaubnis ist, in dem deren Entziehung nach § 69 StGB in Betracht kommt, im verwaltungsbehördl Entziehungsverfahren nicht berücksichtigen, aber durchaus im Neuerteilungsverfahren (LG Erfurt NZV 03, 523). Hier darf die FB grds von den für die Fahreignung relevanten strafrichterlichen Feststellungen ausgehen, sofern nicht ausnahmsweise gewichtige Anhaltspunkte für deren Unrichtigkeit bestehen (VGH München DAR 15, 219). Insbesondere entfaltet die in einem Strafurteil enthaltene Eignungsbeurteilung in einem späteren Neuerteilungsverfahren keine Bindungswirkung, denn die Regelung des § 3 III 1 StVG bezieht sich nur auf das Entziehungs- und nicht auf das Neuerteilungsverfahren (VGH Mannheim BeckRS 2016, 50097).
Im Übrigen siehe wegen der Bindungswirkung § 3 StVG Rn 9 ff.

16

d) Übergangsvorschriften. Die Übergangsvorschriften in § 76 Nr 9 FeV gelten nur für die Umstellung („Umtausch") von Fahrerlaubnissen alten Rechts (Erteilung bis 31.12.98), also für die Umstellung *noch bestehender* FE, hingegen nicht für die Neuerteilung von Fahrerlaubnissen, die *bereits entzogen* sind; hier ist ausschließlich § 20 FeV maßgebend (BVerwG NZV 03, 253 = ZfS 03, 375). S auch Veltgens, Wege zur Wiedererlangung der Fahrerlaubnis aus verkehrspsychologischer Sicht, ZfS 02, 462.

16a

e) Neuerteilung ohne MPU. Im **Neuerteilungsverfahren,** im Entziehungsverfahren kommt eine Wiederherstellung der Fahreignung durch Teilnahme an einem Kurs nach § 11 X FeV schon nach dessen Wortlaut nicht in Betracht, besteht die Möglichkeit der Rehabilitation gemäß § 11 X FeV über die Wiederherstellung der Eignung **ohne** erneute **MPU**.
Statt der erneuten MPU genügt eine Bescheinigung über die Kursteilnahme gemäß § 11 X FeV, wenn
− der betreffende **Kurs** nach **§ 70 FeV** anerkannt ist
− aufgrund der (ersten) MPU die Teilnahme des Betroffenen an dieser Art von Kursen als geeignete Maßnahme angesehen wird, seine Eignungsmängel zu beheben,
− der Betroffene nicht Inhaber einer Fahrerlaubnis ist und
− die FE-Behörde der Kursteilnahme zugestimmt hat.
Der Kurs kann nach § 70 FeV von der zuständigen Behörde anerkannt werden, wenn
− ein auf wissenschaftlicher Grundlage entwickeltes Konzept zugrunde liegt
− die Eignung des Kurses durch unabhängiges wissenschaftliches Gutachten bestätigt ist
− die Kursleiter die vorgeschriebene Qualifikation besitzen (Dipl-Psychologe, etc)
− die Wirksamkeit des Kurses wissenschaftlich evaluiert ist
− ein Qualitätssicherungs-System nach § 72 FeV vorgelegt wird.
Die **Kurse nach § 70 FeV betreffen die Wiederherstellung der Kraftfahreignung von alkohol- oder drogenauffälligen Kraftfahrern,** die früheren Kurse für Punktetäter sind durch die Änderung des § 70 FeV zum 1.1.11 (BGBl 2010/I, S 2279, 2294 entfallen (s zum Wegfall dieser Kurse Buchardt/Brieler SVR 11, 401).

16b

StVG § 2 I. Verkehrsvorschriften

Neu entwickelte Kurse sind vorläufig anzuerkennen, wenn die Voraussetzungen von § 70 I Nr 1–3 u Nr 5 FeV erfüllt sind, auch wenn die Wirksamkeit des Kursmodells noch nicht nachgewiesen ist (OVG Schleswig NZV 08, 373). Die vorläufige Anerkennung noch nicht evaluierter Kurse ist zu befristen oder mit einem Widerrufsvorbehalt für den Fall zu versehen, dass die Wirksamkeit des Kurses nach § 70 I Nr 4 FeV nicht innerhalb einer bestimmten Frist nachgewiesen wird (OVG Schleswig NZV 08, 373).

Für den **Betr persönl** ist also – außer der Bestätigung durch Erst-MPU (dass zur Behebung seiner Eignungsmängel ein solcher Kurs geeignet ist) und der Bescheinigung über die Kursteilnahme – noch die vorherige Zustimmung der FE-Beh zur Teilnahme am Kurs erforderlich.

Wegen dieser fehlenden Zustimmung der FE-Beh in einem konkreten Fall ist eine interessante und bedeutende Entscheidung des VG Neustadt (NZV 05, 437 = ZfS 05, 367) – das Entziehungsverfahren und die Rechtslage vor dem 28.12.16 betreffend- ergangen; ebenso VG Weimar bei entgegenstehenden VwV des Ministeriums BeckRS 2012, 59610 = NJW-Spezial 2012, 747. Danach hat Betr idR einen Anspruch auf vorherige Zustimmung der FE-Beh, wenn Eignung eines solchen Kurses durch Erst-MPU festgestellt u bescheinigt wird (aaO). Die FE-Beh „darf keine Maßnahmen ergreifen, die die Wiederherstellung der Fahreignung behindern", oder sich der erforderlichen „Mitwirkung verschließen" (aaO).

Der Einführung der Kurse nach § 70 FeV liegen Modell-Versuche zugrunde, die sich bereits bewährt haben; insbesondere ist die Rückfallquote der Kursteilnehmer nicht schlechter als die der positiv Beurteilten (amtl Begründg in VkBl 1998 S 1069).

Nähere Auskünfte erteilen die örtl FE-Behörden.

17 **6. Beschränkte Fahrerlaubnis.** Beschränkte Fahrerlaubnis. Auch der nur bedingt Geeignete hat einen RAnspruch auf Erteilung einer FE unter entspr Beschränkungen oder Auflagen (§ 2 IV; § 23 II FeV); das gilt auch für die FE auf Probe. Die **Auflage** ist immer dann geboten, wenn ein an die Person des Fz-Führers gerichtetes Gebot erforderlich ist, zB das Tragen einer Brille, Anbringung eines zusätzlichen Außenspiegels (BGH(Z) VRS 36, 401; Bay 69, 210 = VRS 38, 467), Nachtfahrverbot (VG Frankfurt/M NJW 87, 796), Nachweis der Alkohol-Abstinenz (OVG Koblenz s Rn 8) oder Vorlage der Leberlaborwerte (VGH BW VRS 92, 301). Das Gleiche gilt für die Beschränkung, eine landwirtschaftliche Zugmaschine nur im Ortsbereich zu führen; eine derartige Einengung der FE selbst wäre nicht zulässig (BayObLGSt 69, 186 = VM 70, 21). Auflagen sind – anders als Bedingungen (Beschränkungen) – selbstständig anfechtbar (VGH BW VRS 92, 301); sie schränken die FE nicht ein, Verstöße gegen sie stellen daher nicht Vergehen nach § 21 StVG dar, sondern nur OWen, u zwar nach §§ 23 II 1, 75 Nr 9 FeV, wenn u solange der Betr wegen körperlicher oder geistiger Mängel nur bedingt fahrtauglich ist (BayObLG aaO; zur Unbeachtlichkeit einer Auflage zum Brilletragen bei Wegfall der Sehbeeinträchtigung s BGHSt 32, 80 = StVE § 12 StVZO aF 3). Zu Auflagen und Beschränkungen bei rauschmittelbeeinflusster Straßenverkehrsteilnahme Krismann NZV 11, 417.

17a Die VB kann aber die FE auch in der Weise beschränken, dass der Berechtigte nur Fze einer **bestimmten Bauart** oder mit bestimmten Einrichtungen, zB bes Lenkungs- u Bremseinrichtungen für Amputierte oder mit automatischem Getriebe (§ 17 VI FeV), verwenden darf. In solchen Fällen ist die FE **inhaltlich beschränkt;** sie gilt nur für Fze dieser Bauart oder mit diesen bes Einrichtungen.

Der FE-Inhaber, der ein der beschränkten Zulassung nicht entspr Fz benutzt, fährt ebenso wie der Inhaber einer zu niedrigen FE-Kl ohne FE iS des § 21 StVG; er verletzt nicht eine Auflage im Rahmen einer OW nach § 75 Nr 9 FeV (OLG Stuttgart DAR 63, 26; OLG Schleswig SchlHA 65, 241; OLG Celle VRS 10, 377; Bouska VD 72, 296; vgl auch § 21 StVG Rn 4). Wegen dieser unterschiedlichen Folgen müssen die Fahrerlaubnisse (u Urt nach § 21 StVG) eindeutig die RGrundlage erkennen lassen (BayVBl 90, 377; BGHSt 28, 72).

7. Geltungsbereich der FE, auch ausländischer Fahrerlaubnisse. a) Ausländische FSche. Gemäß § 29 I FeV ist es ausl Kf erlaubt im Umfang ihrer Berechtigung im Inland Kfze zu führen, sofern sie auf Grund einer ausl FE einen der in § 29 II FeV gen Führerscheine besitzen u sie hier keinen ordentlichen Wohnsitz haben bzw bis zu 6 Mon seit Begründung eines ordentlichen Wohnsitzes fahren. Diese AusnRegelung gilt also nur für einen **vorübergehenden** Aufenthalt im Inland. Zur Anerkennung und Umschreibung von US-Führerscheinen in Deutschland Nissen/Schäpe DAR 08, 563. – Für **EU-FE-Inhaber** s unten Rn 21 ff u 52. – Zum **Internationalen Führerschein** s §§ 25a und 25b FeV. 18

b) „Ordentlicher Wohnsitz". Der „ordentliche Wohnsitz" wird definiert in § 7 FeV und liegt vor, wenn der Betreffende im Inland nicht nur kurzfristig, sondern auf längere Zeit, dh mind 185 Tage, hintereinander wohnt. Wer im In- u Ausland einen ordentlichen Wohnsitz hat, sei es als Neben- oder Doppelwohnsitz, hält sich idR nicht nur „vorübergehend" im Inland auf (s OLG Zweibrücken DAR 91, 350), wobei es nicht darauf ankommt, wo der Schwerpunkt der Lebensverhältnisse liegt (OLG Stuttgart VRS 34, 226; BayObLG NJW 71, 336; OLG Karlsruhe MDR 78, 251; OLG Zweibrücken DAR 91, 350). Es kommt nicht nur auf die Begründung des Wohnsitzes, sondern auch auf dessen Beendigung an (BayObLG NZV 00, 261); jedoch kann auch ein Wohnsitz gegeben sein, wenn der Zeitraum kürzer als 185 Tage war, der Betr aber glaubhaft machen kann, dass er seinerzeit mehr als 185 Tage wohnen bleiben wollte (BayObLG, aaO). 18a

Inhaber einer **ausländischen Fahrerlaubnis** ist ohne Rücksicht auf seine Staatsangehörigkeit, wer in einem ausl Staat berechtigt ist, ein Kfz zu führen (BayObLG VRS 40, 375; zu EU- u EWR-Staaten s Rn 51). Demnach darf auch ein Deutscher, der im Ausland (Drittland, dh nicht EU-/EWR-Staat) eine FE erworben hat u erst dann seinen ständigen Aufenthalt in die BRep verlegt, noch bis zum Ablauf von 6 Monaten ein Kfz ohne dt FE führen (§ 29 I FeV; früher § 4 IntKfzVO; OLG Hamm VM 63, 143; VGH München VRS 63, 154; AG Bad Homburg vdH DAR 86, 158), **nicht** aber, wer bereits beim Erwerb der ausl FE seinen ordentlichen Wohnsitz im Inland hatte (§ 29 III 1 Nr 2 u 2a FeV); so schon zum früheren R: BVerwG VRS 66, 302) oder nach Entz der FE im Ausland nur einen zweiten oder Scheinwohnsitz begründet u dort eine FE erwirbt (§ 29 III 1 Nr 2a FeV). Das gilt nach § 29 III Nr 3 u 4 FeV für Deutsche u Ausländer auch, solange gegen sie eine vorläufige Entz der FE oder Sperrfrist (§§ 69a, b StGB) wirkt und nach § 29 IV FeV auf Antrag des Betr die Fahrberechtigung nicht wieder eingeräumt wurde. Hierbei spielt es keine Rolle, ob die ausl FE zum Zeitpunkt der Entziehung der deutschen FE bereits bestand oder ob sie erst später erworben wurde (VGH Mannheim ZfS 03, 268 = DAR 03, 383). Außerdem besteht keine Fahrberechtigung, solange dem Inhaber des Führerscheins im Inland, in dem Staat, der die Fahrerlaubnis erteilt hatte, oder in dem Staat, in dem er seinen ordentlichen Wohnsitz hat, einem Fahrverbot unterliegt oder der Führer- 19

StVG § 2 I. Verkehrsvorschriften

schein nach § 94 StPO beschlagnahmt, sichergestellt oder in Verwahrung genommen ist (§ 29 III 1 Nr 5 FeV).

Seit 1.7.11 gilt gem § 29 III Nr 1a FeV die zB im Rahmen eines **Schüleraustausches** erworbene ausländische Fahrberechtigung im Inland nicht mehr für Fahrerlaubnisinhaber, die das nach § 10 I 1 Nr 3 FeV für die Klassen B und BE vorgeschriebene **Mindestalter noch nicht erreicht** haben.

20 c) **Die 6-Monatsfrist.** Die **6-Monatsfrist** gilt auch dann, wenn der Ausländer während dieser Zeit im Inland einen Wohnsitz begründen u nicht mehr ausreisen will (BGH(Z) VRS 27, 88; OLG Stuttgart VRS 61, 479; für EU-FE-Inhaber s Rn 52); die formelle Beibehaltung des ausl Wohnsitzes hindert den Beginn der Frist nicht (OLG Koblenz VRS 39, 365; Slapnicar NJW 85, 2861/63).

20a d) **Berufspendler.** Unbefristet gilt die AusnRegelung des § 29 I FeV für im Ausland (nicht im Inland!) lebende **Berufspendler,** die mit ihrer ausl FE Kfze auch im Inland führen u regelmäßig, dh täglich oder mind einmal wöchentlich u nicht nur alle 14 Tage zum Wochenende, an ihren ausl Wohnsitz zurückkehren, denn sie haben eben keinen ordentlichen Wohnsitz im Inland.

21 e) **Anerkennung von EU-/EWR-Fahrerlaubnissen. Anerkennung von EU- u EWR-Fahrerlaubnissen.** Für Inhaber einer FE aus einem **EU-** oder **EWR-Mitgliedstaat,** die ihren ordentlichen Wohnsitz in Deutschland begründet haben, richtet sich ihre weitere Berechtigung zum Führen von Kfz gem § 29 I 2 FeV nach **§ 28 FeV.** Ihre mitgebrachte ausländische FE gilt weiter in Deutschland. Von einer sog Umschreibung in eine deutsche FE sind sie befreit. Der Umfang der Fahrberechtigung in Deutschland entspricht dem der ausländischen FE; mitgebrachte Bedingungen und Auflagen gelten daher auch hier. Sie sind insoweit grundsätzlich den in Deutschland erteilten Fahrerlaubnissen gleichgestellt.

Maßstab für die Pflicht zur Anerkennung einer in einem anderen Mitgliedstaat der EU bzw des EWR erworbenen Fahrerlaubnis sind insb folgende Entscheidungen des **EuGH** („Kapper"; „Halbritter"; „Kremer"; „Wiedemann/Funk"; „Zerche/Seuke/Schubert"; „Möginger"; „Weber"; „Schwarz" „Wierer"; „Scheffler"; „Grasser"; „Apelt"; „Köppl"; „Akyüz"). Von besonderem Interesse ist dabei auch die Entwicklung der EuGH-Rspr, die deshalb hier aufgezeigt werden soll. – Instruktiv zu Entwicklung u Problemen der EuGH-Rspr insb auch Säftel NZV 07, 493; Geiger SVR 07, 441; Geiger SVR 08, 366; Morgenstern NZV 08, 425; Zwerger zfs 08, 609; Grabolle zfs 08, 662; Riedmeyer zfs 09, 422; Blum, Verkehrsstrafrecht, 11. Kapitel, Rn 94 ff; **ders** SVR 09, 368; Hailbronner NZV 09, 361; Geiger DAR 10, 557; Geiger Gunnar DAR 10, 121; Koehl SVR 10, 377; Pießkalla/Leitgeb NZV 10, 329; Gehrmann in Berz/Burmann, Handbuch, Abschn 17 B. – Speziell zum Umtausch von EU-Führerscheinen Maierhöfer DAR 09, 684. Zu den aktuellen Entwicklungen siehe auch Koehl DAR 16, 186.

22 aa) **Wohnsitzerfordernis.** Von Bedeutung für die Anwendung des § 28 FeV ist zunächst die Entscheidung des **EuGH v 29.4.04** (C-476/01 – **„Kapper"** – DAR 04, 333 = ZfS 04, 287 = NZV 04, 372), mit der der EuGH die damalige Regelung in § 28 IV Nr 2 FeV, die vorsah, dass eine ausländische FE nicht zu einem Zpkt erteilt worden sein durfte, zu dem der Inhaber der FE einen ordentlichen Wohnsitz im Inland inne hatte, als gemeinschaftsrechtswidrig ansah. Insbesondere verbiete der in der RL 91/439 (Art. 1 II 2. EU-FS-RL) aufgestellte Grundsatz der gegenseitigen Anerkennung der Führerscheine es dem Aufnahmemitgliedstaats, die Anerkennung eines Führerscheins, der von einem anderem

Mitgliedstaat ausgestellt wurde, mit der Begründung zu verweigern, dass der Inhaber des Führerscheins nach den Informationen, über die der Aufnahmemitgliedstaat verfügt, zum Zeitpunkt der Ausstellung des Führerscheins seinen ordentlichen Wohnsitz im Hoheitsgebiet dieses Mitgliedstaats und nicht im Hoheitsgebiet des Ausstellungsstaats gehabt habe, da nach der RL die Prüfung der Voraussetzung einer FE-Erteilung dem ausstellenden Mitgliedstaat obliege. Die Korrektur der fehlerhaften Ausstellung sei nicht Sache des Anerkennungsstaates, sondern des Ausstellungsstaates. Dieser sei über die Fehlerhaftigkeit zu unterrichten. Bleibt der Ausstellungsstaat untätig, könne der Anerkennungsstaat gegen ihn „nur" ein Vertragsverletzungsverfahren nach Art 227 EGV einleiten.

Auch machte der EuGH deutlich, dass Art. 1 II iVm Art 8 IV der RL so zu verstehen sei, dass ein Mitgliedstaat die Anerkennung der Gültigkeit eines von einem anderen Mitgliedstaat ausgestellten Führerscheins nicht deshalb ablehnen dürfe, weil im Hoheitsgebiet des erstgenannten Mitgliedstaats auf den Inhaber des Führerscheins eine Maßnahme des Entzugs oder der Aufhebung einer von diesem Staat erteilten Fahrerlaubnis angewendet wurde, wenn die zusammen mit dieser Maßnahme angeordnete Sperrfrist für die Neuerteilung der Fahrerlaubnis in diesem Mitgliedstaat abgelaufen war, bevor der Führerschein von dem anderen Mitgliedstaat ausgestellt worden ist.

Weitere Einschränkungen dieses Anerkennungsgrundsatzes, insbesondere dann, wenn sich aus den dem FS selbst oder aus dem vom Ausstellerstaat herrührenden unbestreitbaren Informationen, die dafür sprechen, dass das **Wohnsitzerfordernis** gerade nicht eingehalten wurde, erfolgten mit den Entscheidungen des **EuGH** v 26.6.08 (C-329/06 u C 343/06 „**Wiedemann/Funk**" NJW 08, 2403 und C-334/06 – C 336/06 „**Zerche/Seuke/Schubert**" DAR 08, 459). Diese Grundsätze finden auch auf die 3. EU-FS-RL uneingeschränkt Anwendung (EuGH v 1.3.12 C-467/19 „**Akyüz**" DAR 12, 192).

Die große Bedeutung des **Grundsatzes der gegenseitigen Anerkennung** 23 der Führerscheine (Art. 1 II 2. EU-FSch-RiLi) hat der **EuGH** in einer weiteren Entsch v **6.4.06** (C-227/05; DAR 06, 375 = ZfS 06, 416 = NZV 06, 498 m Anm Weber; s dazu auch den Vorlageschluss des VG München NJW 05, 2800 = NZV 05, 552) – „**Halbritter**" – **bestätigt** und betont, dass ein Mitgliedstaat die Anerkennung auch nicht deshalb versagen darf, weil sich der Fahrerlaubnisinhaber **nicht** der nach den Rechtsvorschriften dieses Mitgliedstaates für die Erteilung einer neuen Fahrerlaubnis nach dem genannten Entzug erforderlichen **Fahreignungsprüfung** unterzogen hat, wenn die mit diesem Entzug verbundene Sperrfrist für die Erteilung einer neuen Fahrerlaubnis abgelaufen war, als der FSch in dem anderen Mitgliedstaat ausgestellt wurde. Nach diesen Grundsätzen können dem Betr auch keine **Eignungsmängel,** die **vor Ausstellung** der ausländ FE entstanden sind und über deren Erteilungszeitraum hinauswirken (so aber zB OVG Lüneburg DAR 05, 704 = NJW 06, 1158 = ZfS 06, 54; OVG Münster DAR 06, 43; VG Wiesbaden DAR 06, 527; VG Sigmaringen SVR 06, 196 m Praxishinweis Ternig; s auch VGH Kassel DAR 06, 345, 347 = NZV 06, 504) entgegengehalten werden (zutr VG Augburg DAR 06, 527 = ZfS 06, 479; OVG Hamburg DAR 07, 103 NZV 07, 267 = ZfS 07, 174 m Anm Haus; s dazu auch Zwerger ZfS 06, 543; Ludovisy DAR 06, 9 u DAR 06, 532).

Problematisch ist wegen der Souveränität der Mitgliedsstaaten trotz aller berechtigter Bedenken auch die Ablehnung der Anerkennung mit dem Argument, es läge eine Umgehung (insb der MPU) und damit eine **missbräuchliche Berufung auf den Grundsatz der gegenseitigen Anerkennung** vor (s zB VGH Mann-

StVG § 2 I. Verkehrsvorschriften

heim ZfS OVG Weimar DAR 06, 583 = NJW 07, 1163; VGH BW ZfS 06, 596 m abl Anm Zwerger; OVG Berlin-Brandenburg ZfS 07, 114, 115; OVG Münster NZV 07, 266 = NJW 07, 1900; VG Freiburg DAR 06, 529 = SVR 07, 230 m Praxishinweis Christ; zusammenfassend Dezsö DAR 06, 643; gegen die Anerkennung in Missbrauchsfällen auch Zypries NJW 07, 1424, 1425; s auch Geiger DAR 06, 490). Dies gilt jedenfalls **solange keine gezielte Täuschung** der Fahrerlaubnisbehörde des Ausstellerstaates (etwa durch die wahrheitswidrige Angabe auf dem ausländ Führerscheinantrag, dass ihm das Führen von Motorfahrzeugen nicht verboten worden sei und dass er nicht an Krankheiten leide, die ihn zum Führen von Kfz untauglich machen; s dazu VG Stade ZfS 06, 542 = BeckRS 06 Nr 25 431; zutr OVG Hamburg DAR 07, 103 = NZV 07, 267 = NJW 07, 1160 = ZfS 07, 174 m Anm Haus: der Einwand der unzulässigen Rechtsausübung kann nicht allein auf Zweifel an der Erfüllung des Wohnsitzerfordernisses oder die Erwägung gestützt werden, der Betr habe sich die unterschiedlichen Ausstellungsbedingungen für einen FSch in den Mitgliedstaaten zu Nutze gemacht) und kein kollusives Zusammenwirken mit der ausländ Behörde vorliegt (s dazu Vorlagebeschluss d VG Sigmaringen ABl EU C 249, 3 = BeckRS 06, 25 097 = DAR 06, 640 [L]). Zutr für Verweigerung der Anerkennung bzw Aberkennung des Rechts von der EU-FE im Inland Gebrauch zu machen bei **Verheimlichung wesentlicher Umstände** gegenüber der ausländischen Behörde auch OVG Lüneburg ZfS 07, 235; OVG Greifswald NJW 07, 1154 = VRS 111, 383; s auch Demandt SVR 08, 118. Wird die **FE in** einem **EU-Mitgliedstaat durch gezielte Täuschung erschlichen oder aufgrund kollusiven Zusammenwirkens mit** der **ausländ Behörde erteilt,** muss die FE somit nicht anerkannt werden.

24 Mit der Entscheidung v 9.7.09 (C-445/08 – „**Wierer**" – DAR 09, 637 = NJW 10, 217 = SVR 09, 469 m Praxishinweis Geiger) geht der EuGH, entsprechend seinen bisherigen Grundsätzen, davon aus, dass **auch bei rechtsmissbräuchlicher Berufung auf die Niederlassungsfreiheit** die **EU/EWR-FE anzuerkennen** ist und die Aufzählung der Erkenntnisquellen in den Urteilen Wiedemann und Funk sowie Zerche ua, auf die sich der Aufnahmemitgliedstaat stützen kann, um die Anerkennung einer FE abzulehnen, „abschließend und erschöpfend" ist (EuGH Rn 53; dem folgend BVerwG NJW 10, 1828 m Anm Dauer). – Bereits vorher für Anerkennung in diesen „Missbrauchsfällen", da die Mitgliedstaaten auf die Rechtmäßigkeit der FE-Erteilung zu vertrauen haben und keine Kompetenz besitzen, diese Entscheidung in Frage zu stellen, solange nicht der Ausstellungsstaat selbst zu erkennen gibt, dass die Voraussetzungen für die Erteilung der FE nicht gegeben waren OVG Koblenz DAR 09, 50 (Aufgabe der bisherigen Rspr OVG Koblenz NJW 07, 2650); s auch VGH München NZV 07, 539 = DAR 07, 535 = zfs 07, 354. – aA OVG Weimar DAR 07, 538 m Anm Dauer; Sächsisches OVG SVR 07, 395 m Praxishinweis Geiger – str.

Die „Umgehung" einer im Inland erforderlichen MPU (§ 13 Nr 2 FeV) begründet für sich allein ohnehin nicht den Einwand der rechtsmissbräuchlichen Berufung auf Gemeinschaftsrecht (VG Stuttgart SVR 08, 32 m Praxishinweis Geiger; Mosbacher/Gräfe NJW 09, 801 [803]).

Die Entscheidungen „**Kapper**" u „**Halbritter**" betrafen strafrechtliche Entziehungen der FE, nicht den Erwerb einer FE nach verwaltungsrechtlicher Entziehung der FE (§ 3 StVG), die unterschiedlich bewertet wurden (Nichtanerkennung der FE nach verwaltungsrechtlicher Entziehung unzulässig: OVG RhPf ZfS 05,

521, 522; Schmid-Drüner NZV 06, 617, 621; Zwerger ZfS 06, 543, 545. – Nichtanerkennung zulässig: Haus ZfS 04, 483, 484).

In einer weiteren grundlegenden Entscheidung des **EuGH** v 28.9.06 (C-340/ 05; ABl EU C 326, 23 [L] = DAR 07, 77 = NJW 07, 1863) – „**Kremer**" – wurde die Problematik der **verwaltungsrechtlichen Entziehung der FE** behandelt (s auch d Vorlagebeschluss dazu: VG Chemnitz DAR 06, 637 = ZfS 06, 542 = NJOZ 06, 3758). Danach ist eine in einem Mitgliedstaat erworbene FE auch dann anzuerkennen, wenn eine (verwaltungsrechtliche) Entziehung der FE ohne gleichzeitige Anordnung einer strafrechtlichen Sperrfrist vorlag. 25

Die Entscheidungen des **EuGH** v 26.6.08 (C-329/06 u C-343/06; NJW 08, 2403 = DAR 08, 465 = SVR 08, 270 m Praxishinweis Geiger = zfs 08, 473 m Anm Haus) „**Wiedemann/Funk**" betrafen ebenfalls **verwaltungsrechtliche Entziehungen** der FE. Die Besonderheit im Fall Wiedemann war, dass ihm die FE an einem Sonntag erteilt wurde und im Führerschein sein Wohnort in Deutschland eingetragen war. Aufgrund dieses **offensichtlichen Verstoßes gegen das Wohnsitzerfordernis** (Art 7 I b 2. EU-FSch-RiLi bzw Art 7 I e 3. EU-FSch-RiLi) entschied der **EuGH** überzeugend, dass ein Mitgliedstaat die **Anerkennung** einer in einem anderen Mitgliedstaat erworbenen FE **ablehnen** kann, **wenn sich aufgrund von Angaben im FSch selbst oder anderen vom Ausstellermitgliedstaat herrührenden unbestreitbaren Informationen feststellen lässt, dass die Wohnsitzvoraussetzung zum Zeitpunkt der Ausstellung des FSch nicht erfüllt war, auch wenn er außerhalb der Sperrfrist ausgestellt wurde.** Gleichzeitig bekräftigt der EuGH zu Recht, dass der von einem Mitgliedstaat ausgestellte FSch grds ohne jede Formalität anzuerkennen ist, dass es Aufgabe des Ausstellungsmitgliedstaates ist, zu prüfen, ob die im Gemeinschaftsrecht aufgestellten Mindestvoraussetzungen, insbesondere diejenigen hinsichtlich des Wohnsitzes und der Fahreignung, erfüllt sind und dass die **Anerkennung** einer in einem anderen Mitgliedstaat erworbenen FE **versagt** werden kann, **wenn** sie **während des Laufs einer Sperrfrist erteilt** wurde. 26

bb) Vom Ausstellermitgliedstaat herrührende unbestreitbare Informationen. Geklärt hat der **EuGH** in seiner Entscheidung **v 9.7.09** (C-445/08 – „**Wierer**" – DAR 09, 637 = NJW 10, 217 = SVR 09, 469 m Praxishinweis Geiger) die Frage, ob für den Nachweis des Wohnsitzverstoßes die **eigene Einlassung des Betr** („Funk") ausreicht (so vor dieser Entscheidung OVG Münster DAR 09, 159 u OVG Münster DAR 09, 480) u dies verneint, weil, es sich dabei, wie auch bei Ermittlungsergebnissen, die im Aufnahmemitgliedstaat gewonnen wurden, nicht um Informationen handelt, die vom Ausstellermitgliedstaat stammen (dem folgend BVerwG BeckRS 2016, 47564 u NJW 10, 1828 m Anm Dauer; OVG Saarland DAR 10, 281 [LS]). 27

– **Vom Ausstellermitgliedstaat „herrührende" Informationen** sind nur solche, die diesem Staat **tatsächlich bekannt** waren **bzw vorlagen,** dh von einer Behörde des Ausstellungsmitgliedsstaates stammen (BVerwG v 9.4.09, 3 B 116.8, BeckRS 09, 33459: „unbestreitbare Informationen auch solche Angaben …, die dem Ausstellermitgliedstaat vorlagen und deren Richtigkeit der Betroffene selbst bestätigte."), selbst wenn diese nur indirekt in Form von Mitteilungen Dritter übermittelt wurden (VGH München BeckRS 2017, 10228), wobei zB eine Mitteilung der Ausstellungsbehörde (VGH BW zfs 09, 474, 475) oder der ausländischen Meldebehörde (OVG Münster DAR 12, 416; OVG Münster DAR 12, 419 [LS]), aber auch die Angabe einer deutschen Adresse

im Antragsformular genügt, selbst wenn im FSch dann ein Wohnort im Ausstellermitgliedstaat eingetragen ist (VGH BW zfs 09, 56 = NJW 09, 698 [L] = VRS 115/08, 392]). Ausreichend ist auch eine **Meldebescheinigung** des Ausstellermitgliedstaats, aus der sich ergibt, dass der Fahrerlaubnisinhaber zum Zeitpunkt der Fahrerlaubniserteilung dort nicht seinen ordentlichen Wohnsitz hatte (185-Tage-Regelung iSd § 7 I FeV); BVerwG DAR 15, 30f; VG Oldenburg SVR 13, 396 m Praxishinweis Geiger). Nicht ausreichend zum Nachweis des Wohnsitzerfordernisses ist jedoch eine Aufenthaltserlaubnis, da dieser insoweit eine andere Funktion zukommt (VGH München BeckRS 2015, 45770). Die bloße Möglichkeit einer längeren Aufenthaltsdauer als der bescheinigten stellt die „Unbestreitbarkeit" der Information nicht in Frage (BVerwG v 30.5.13, 3 C 18.12, FD-StrVR 13, 346812 = zfs 13, 534; aA OVG Magdeburg [Vorinstanz] v 14.3.12, 3 L 56/09, BeckRS 12, 51429). Ebenso genügen Mitteilungen des Gemeinsamen Zentrums der deutsch-tschechischen Polizei- und Zollzusammenarbeit (VGH BW SVR 10, 34 m Praxishinweis Geiger; OVG Münster DAR 12, 419; VGH München zfs 12, 416 = SVR 12, 468 m Praxishinweis Koehl; BVerwG DAR 13, 594 Nr 16), nicht jedoch Informationen, die bei ordnungsgemäßer Prüfung hätten bekannt sein müssen (aA VGH BW zfs 09, 56 = NJW 09, 698 [L] = VRS 115/08, 392]). Nicht erforderlich ist, dass die Informationen vom Ausstellermitgliedstaat übermittelt worden sind (VGH BW zfs 09, 56 = NJW 09, 698 [L] = VRS 115/08, 392]). Unbestreitbar sind auch solche Informationen, die dem Ausstellermitgliedstaat zur Verfügung standen und von den Angaben des FE-Inhabers im Verwaltungs- oder Gerichtsverfahren bestätigt werden (VGH BW zfs 09, 56 = NJW 09, 698 [L] = VRS 115/08, 392]). Ausreichend ist, dass die Informationen von ausländischen Behörden stammen, sie müssen nicht von diesen selbst übermittelt werden (EuGH „Akyüz" aaO EuGH-Rn 67 ff; Dauer NJW 12, 1345, 1346; näher dazu unten Rn 37). Liegt der Fahrerlaubnisbehörde eine Auskunft aus einem ausländischen Register vor, die den Angaben des Antragstellers entgegen steht, ist es dessen Sache und nicht Aufgabe der FB, mit den Behörden des anderen EU-Staates die Richtigkeit der Registerauskunft zu klären (VGH München BeckRS 2015, 45772 = NJW 15, 3114).
— **Freiwillige Angaben des Betroffenen zum Wohnsitz** im Inland, die nicht vom Ausstellermitgliedstaat stammen, dürften deshalb allein nicht genügen (so auch König DAR 13, 361, 364; OLG Oldenburg NZV 13, 353; aA OLG München DAR 12, 341; OLG München DAR 12, 342 [gegen OLG München aaO OLG Oldenburg aaO]) und auch nicht eine durchgängige melderechtliche Beibehaltung eines deutschen Wohnsitzes (aA VGH Mannheim DAR 12, 657). Allerdings kann sich aus einem ununterbrochenen Hauptwohnsitz in Deutschland ein Anlass für weitere Ermittlungen ergeben. Jedenfalls bei einem **Antrag auf Umschreibung** einer EU/EWR-FE in eine deutsche FE ist der **Beteiligte prozessual verpflichtet, Angaben zu machen,** die es dem Gericht ermöglichen, Informationen aus dem Ausstellermitgliedstaat im Zusammenhang mit der Einhaltung des Wohnsitzerfordernisses (hier: **tschechische Hoteladresse**) zu erlangen und diese unter Berücksichtigung der von den Beteiligten dazu gemachten Angaben zu bewerten (VGH München BeckRS 2017,111563 u SVR 13, 118 m Praxishinweis Koehl = NZV 13, 259). Stammt die Meldebescheinigung dagegen nicht aus Deutschland, sondern aus dem Ausstellermitgliedstaat, stammen diese Informationen von einer ausländischen Behörde, sodass die in diesem Mitgliedstaat erteilte Fahrerlaubnis nicht anerkannt werden

muss (BVerwG v 30.5.13, 3 C 18.12, DAR 13, 405 [LS u Hinweis der DAR-Redaktion]). **Solange aus** dem **Ausstellermitgliedstaat keine Informationen vorliegen,** darf nicht allein deshalb, weil auf Nachfrage keine Informationen gegeben wurden, auf eine Verletzung des Wohnsitzprinzips geschlossen werden (VG Düsseldorf DAR 11, 603). Wurde an den Austellermitgliedstaat ein gerichtliches Auskunftsersuchen gestellt (hier: Wohnsitz), überwiegt bis zur Klärung das Interesse des FE-Inhabers an der Nutzung der erteilten FE (VG Düsseldorf DAR 11, 603).

– **Unerheblich** ist, **ob** im Zeitpunkt der FSch-Erteilung durch den Ausstellermitgliedstaat das **Wohnsitzerfordernis bereits in nationales Recht umgesetzt war,** da es nur auf den Verstoß gegen das Wohnsitzerfordernis der Richtlinie ankommt (BVerwG DAR 09, 215).

– Ein **Verstoß gegen das Wohnsitzerfordernis** „steht auf der Grundlage vom Ausstellermitgliedstaat herrührender unbestreitbarer Informationen fest, wenn bei Heranziehung allein der Informationen, die vom Ausstellermitgliedstaat stammen, das Fehlen eines Wohnsitzes so sehr wahrscheinlich ist, dass kein vernünftiger, die Lebensverhältnisse klar überschauender Mensch noch zweifelt" (OVG Rheinland-Pfalz SVR 10, 315 m Praxishinweis Geiger). Ist in Feld 8 des FS ein nicht im Ausstellermitgliedstaat liegender Ort eingetragen, so ist der volle Beweis des Nichtvorliegens des Wohnsitzerfordernisses erbracht (OVG Magdeburg BeckRS 2017, 53905).

– Im Rahmen der Prüfung, ob es sich um unbetreitbaren Informationen aus dem Ausstellungsmitgliedstaat handelt, können alle Umstände aus dem anhängigen Verfahren herangezogen werden, insbesonder muss der FE-Inhaber in dem Fall, in dem die Informationen gegen die Erfüllung des Wohnsitzerfordernisses sprechen, substantiiert und verifiziert zu Beginn und Ende des Aufenthalt, persönlichen u beruflichen Beziehungen etc vortragen (VGH München BeckRS 2017, 102279).

– Die vom Ausstellerstaat herrührenden Informationen bilden den **Prüfungsrahmen,** innerhalb dessen seitens der nationalen Gerichte alle Umstände des Falls berücksichtigt werden dürfen. Für die Feststellung eines **Scheinwohnsitz**es im Ausstellermitgliedstaat reicht es aus, wenn die vom Ausstellerstaat herrührenden Informationen „Indizcharakter" haben (OVG Lüneburg BeckRS 2016, 43696; OVG Koblenz DAR 16, 218; VGH München BeckRS 2017, 100997).

– Die **Anerkennung** der EU/EWR-FE ist auch bei einem **nachträglich umgeschriebenen FSch** (dort **jetzt Wohnort im Ausstellermitgliedstaat eingetragen**) zu **versagen,** wenn sich aus dem Eintrag im ursprünglich ausgestellten (jetzt umgeschriebenen) FSch aufgrund der Eintragung des Wohnorts in Deutschland der offensichtliche Verstoß gegen das Wohnsitzerfordernis ergeben hat (VG Stuttgart DAR 09, 225). – Dies **gilt auch, wenn in einem anderen EU/EWR-Staat keine neue Fahrerlaubnis (nach den Regeln des Ausstellerstaates) erworben wurde, sondern lediglich ein (deutscher) FSch „umgetauscht" wurde** (s auch OVG Lüneburg zfs 09, 414 = DAR 09, 408: jedenfalls dann, wenn der FSch „lediglich durch Umtausch eines deutschen Führerscheins erlangt wurde und die dem deutschen Führerschein zugrunde liegende Fahrerlaubnis im Zeitpunkt des Umtausches nicht mehr bestand."; VGH München SVR 11, 268 m Praxishinweis Koehl: „Die gegenseitige Anerkennungspflicht erstreckt sich nur auf neu erworbene Fahrerlaubnisse und greift daher nicht im Fall des bloßen Umtauschs eines deutschen Führerscheins in einen Führerschein aus einem anderen Mitgliedstaat."). Deshalb besteht auch keine Anerkennungspflicht, wenn eine deutsche FE in einem anderen EU-Mitgliedstaat (hier: **Tschechien**) umgetauscht wird und sich aus dem dort ausgestellten Führerschein ein deutscher Wohnsitz ergibt und zwar unabhängig davon, ob mit dem **Umtausch** eine neue ausländische Fahrerlaubnis erteilt wurde oder nur ein neues Führerscheindokument ausgestellt wurde (OVG Saarlouis BeckRS 2017, 104559; BVerwG NJW 13, 487 = zfs 13, 52 = SVR 13, 71 m Praxishinweis Koehl = NZV 13, 208 [LS]; OLG Oldenburg NJW 11, 3315). Keine Anerkennungspflicht auch, wenn eine nur **vermeintlich,** tatsächlich nicht **bestehende deutsche Fahrerlaubnis** in eine EU/EWR-FE **umgetauscht** (BVerwG zfs 12, 597) oder eine **entzogene deutsche Fahrerlaubnis** in eine schweizerische FE **umgeschrieben** wurde (OVG Bautzen zfs 12, 598 = SVR 13, 115 m Praxishinweis Koehl). Soweit im „Umtausch" eine „Neuerteilung" durch den Ausstellermitgliedstaat gesehen wird, wovon auch das BVerwG (NJW 13, 487 = zfs 13, 52 = SVR 13, 71 m Praxishinweis Koehl = NZV 13, 208 [LS]) ausgeht, muss die Fahrerlaubnis anerkannt werden (OLG Jena NZV 13, 509 m Anm Säftel – S zu Nichtanerkennungsregelungen nach Umtausch auch § 28 IV 1 Nr 7 und Nr 8 FeV).

War die **Umschreibung der Fahrerlaubnis rechtswidrig** (Voraussetzungen des § 30 FeV nicht erfüllt), **kann** die Fahrerlaubnis nach § 48 VwVfG **zurück genommen werden (VG Ansbach SVR 13, 437 m Praxishinweis Koehl).**

28 Ablehnung der Fahrberechtigung bei offensichtlichem Verstoß gegen das **Wohnsitzerfordernis,** der EuGH-Rspr folgend, zB: VGH München DAR 08, 662 = VRS 115/08, 470 (Wohnort in Deutschland im FSch eingetragen); VG Stuttgart DAR 09, 225 (Wohnort in Deutschland im FSch eingetragen); BVerwG DAR 09, 212 = NJW 09, 1689 = VRS 116/09, 233 u BVerwG zfs 09, 233; VGH Mannheim DAR 11, 482; VGH München SVR 11, 399 m Praxishinweis Koehl (jew Wohnsitz in Deutschland im FSch eingetragen).

29 Mit Urteil v 19.5.11 hat der EuGH (C-184/10 – „**Grasser**" – DAR 11, 385 m Anm Geiger = zfs 11, 413 m Anm Haus; ergangen auf Vorlagebeschluss des VGH München DAR 10, 414 = zfs 10, 352, s dazu auch Geiger DAR 10, 61) klargestellt, dass ein in einem anderen Mitgliedstaat ausgestellter Führerschein nicht anerkannt werden muss, „**wenn aufgrund von Angaben in diesem Führerschein feststeht, dass die den ordentlichen Wohnsitz betreffenden Voraussetzungen ... nicht beachtet wurden" und zwar auch dann, wenn der Aufnahmemitgliedstaat zuvor keine Fahrerlaubnisentziehung bzw vergleichbare Maßnahme angewandt hat** (EuGH, Urt v 19.5.11, C-184/10 – „Grasser" – DAR 11, 385 m teilweise krit Anm Geiger = zfs 11, 413 m Anm Haus).

30 **cc) nach vorangegangener strafrechtlicher Entziehung und Sperrfrist.** Die Entscheidung des **EuGH v 3.7.08** (C-225/07; SVR 08, 432 m Praxishinweis Geiger = DAR 08, 582 = DAR 08, 640 [L] m Anm König = NJW 09, 207) – „**Möginger**" – betraf eine **strafrechtliche Entziehung der FE,** wobei die **FE in einem anderen Mitgliedstaat während des Laufs der Sperrfrist erteilt,** von ihr **aber erst nach Ablauf der Sperrfrist Gebrauch gemacht** wurde. Diese Fallkonstellation war bis dahin umstritten (s oben Rn 22 Erl zu EuGH „Kapper" sowie § 21 StVG Rn 6a u Rn 10; für Anerkennung nach Ablauf der Sperrfrist zB VG Augsburg zfs 08, 235 = DAR 08, 278 [n rkr] – die Rspr hierzu ist durch die Entscheidung des EuGH „Möginger" insoweit überholt). Der bisherigen Linie entsprechend bestätigt der EuGH, dass die Anerkennung der FE

versagt werden darf, wenn der Inhaber zum Zeitpunkt der Ausstellung des FSch in einem anderen Mitgliedstaat einer Sperrfrist für die Neuerteilung der FE unterlag und dass sich daran nichts ändert, wenn der Betr erst nach Ablauf der Sperrfrist von der FE Gebrauch macht (s auch § 21 StVG Rn 6a u Rn 12). Dass der EuGH auf die Ausstellung des FSch und nicht auf die Erteilung der FE abstellt, was zeitlich auseinander fallen kann, dürfte auf der Komplexität des deutschen Fahrerlaubnisrechts beruhen, so dass im Ergebnis auf die Erteilung der FE abzustellen ist.

Die Entscheidung des **EuGH v 20.11.08** (C-1/07; NJW 08, 3767 = NZV 09, 54 = DAR 09, 26 m Anm Geiger) − „**Weber**" − betraf den eher selteneren Fall des Erwerbs einer Fahrerlaubnis im Zusammenhang mit einem **Fahrverbot** (s zur Problematik des hier noch nicht rechtskräftigen Fahrverbots Geiger DAR 09, 26 [28]). Konsequent u zutreffend entschied der EuGH im Ergebnis, dass die **Anerkennung einer FE abgelehnt** werden kann, **wenn** der **FSch während eines laufenden Fahrverbots** (Sprachgebrauch des EuGH: der Dauer der Gültigkeit einer Maßnahme der Aussetzung der erteilten FE) **ausgestellt** (bzw eine FE erteilt) wurde und sowohl das FV als auch die Entziehung der FE aus zum Zeitpunkt der Ausstellung des zweiten FSch bereits vorliegenden Gründen gerechtfertigt sind. 31

Einen sehr speziellen Fall der Erteilung der FE durch einen späteren EU-Mitgliedstaat vor dessen EU-Beitritt betraf die Entscheidung des **EuGH v 19.2.09** (C-321/07; NJW 09, 828 [LS] = SVR 09, 106 m Praxishinweis Geiger = DAR 09, 191 = zfs 09, 293 = NZV 09, 255 [LS]) − „**Schwarz**". Nach dieser Entscheidung kann ein Mitgliedstaat das Recht zum Führen von Kraftfahrzeugen ablehnen, das sich aus einer Fahrerlaubnis ergibt, die ein anderer Staat vor seinem Beitritt zur Union erteilt hat, wenn diese Fahrerlaubnis vor einer Fahrerlaubnis erteilt wurde, die der Anerkennungsmitgliedstaat erteilt hat, in dem diese zweite Fahrerlaubnis wegen Nichteignung ihres Inhabers zum Führen von Kraftfahrzeugen entzogen wurde. Dass diese Ablehnung nach Ablauf der mit der Entziehung verbundenen Sperrfrist für die Neuerteilung einer Fahrerlaubnis erfolgt, ist insoweit ohne Bedeutung. 32

Mit der Entscheidung v **2.12.10** (C-334/09 − „**Scheffler**" − DAR 11, 74 = NJW 11, 587 m Anm Dauer) hat der EuGH klargestellt, dass eine EU/EWR-FE nicht anerkannt werden muss, wenn sich die Ablehnung auf ein **negatives Fahreignungsgutachten** stützt, das **nach** dem Zeitpunkt der **Führerscheinausstellung** und auf der Grundlage einer nach diesem Zeitpunkt durchgeführten Untersuchung des Betroffenen erstellt wurde und sich auf ein **nach** der **Ausstellung des FS festgestelltes Verhalten** des Betr bezieht. Bezieht sich das Gutachten ausschließlich auf vor der Ausstellung des FS liegende Tatsachen, muss die FE anerkannt werden. Wobei das Verhalten, das die Fahreignung in Frage stellt, nicht zwingend im Straßenverkehr erfolgt sein muss (EuGH Rn 75 NJW 11, 587, 590), wovon bisher auch das BVerwG (NJW 10, 3318, 3320 Rn 25) ausgegangen ist. 33

dd) Fahrerlaubnisklassen. Mit seinem Urteil v 13.10.11 hat sich der **EuGH** (C-224/10 − „**Apelt**" − DAR 11, 629 = NJW 12, 369 m Anm Dauer; ergangen auf Vorlagebeschluss des LG Baden-Baden [soweit ersichtlich nicht veröffentlicht]) mit der **Erweiterung** der „mit einer Unregelmäßigkeit behafteten" (EuGH „Apelt" aaO EuGH-Rn 47; hier: Verstoß gegen Wohnsitzerfordernis) Klasse B um Klasse D befasst und festgestellt, dass die „**bemakelte**" **Fahrerlaunis der Klasse B,** die eine unabdingbare Grundlage für den Erhalt der Fahrerlaubnisklasse 34

StVG § 2 I. Verkehrsvorschriften

D darstellt (EuGH „Apelt" aaO EuGH-Rn 46), insoweit **„durchschlägt"**, als **auch Klasse D** (die für sich gesehen ordnungsgemäß erteilt wurde) **nicht anerkannt werden muss** (s auch Dauer NJW 12, 371). Diese Grundsätze gelten auch für die „Erweiterung" um andere Fahrerlaubnisklassen, wie Klasse B um Klasse C (zu dieser Konstellation OLG Odenburg NJW 11, 870 = DAR 11, 154 m Anm Dauer; VGH München DAR 11, 100) oder Klasse B um Klasse E (zu dieser Konstellation VGH München SVR 11, 396). Jedenfalls soweit § 9 FeV den **Vorbesitz bestimmter Fahrerlaubnisklassen** erfordert, dürfte eine „bemakelte" Grundfahrerlaubnis generell „durchschlagen", da dann keine wirksame Basis vorliegt (VGH München SVR 12, 356 m Praxishinweis Koehl). Dagegen könnte allerdings sprechen, worauf Dauer hinweist (Dauer NJW 12, 371, 372), dass § 28 IV 1 FeV diesen Fall bisher nicht ausdrücklich erfasst und dann § 28 I 1 FeV gilt, was jedenfalls für die Schaffung einer eindeutigen gesetzlichen Grundlage spricht (Dauer NJW 12, 371, 372). In dem Fall „Apelt" ging es um ein Strafverfahren wegen Fahrens ohne Fahrerlaubnis. Die grundlegende (tschechische) Fahrerlaubnis Klasse B wurde unter Missachtung des Wohnsitzerfordernisses zu einem Zeitpunkt ausgestellt, als sich der Führerschein in amtlicher Verwahrung befand (polizeiliche Beschlagnahme), aber bevor die Fahrerlaubnis entzogen worden war. Die (tschechische) Fahrerlaubnis der Klasse D wurde nach Entziehung der Fahrerlaubnisklasse B und nach Ablauf der Sperrfrist erteilt. – Zum **unvermeidbaren Verbotsirrtum** bei „bemakelter" Grundfahrerlaubnis § 21 StVG Rn 10. – Zur Frage, ob diese Grundsätze des „Durchschlagens" auch für nach unionsrechtlichen Vorgaben **fahrerlaubnisklassenübergreifende Eignungsmängel** gelten (hier: Kokainkonsum und Erweiterung der bisherigen FE der Klasse B um die Klasse A in Polen), wozu das OVG Berlin-Brandenburg (NJW 12, 2374) mit Bezug auf EuGH „Apelt" neigt, wurde bisher vom EuGH noch nicht entschieden.

35 Der Beschluss des **EuGH** (C-590/10 – **„Köppl"** – NJW 22, 2018 = zfs 12, 173 = DAR 12, 198 = NZV 12, 501 m Anm Dauer; ergangen zur Vorlagebeschluss des VGH München, BeckRS 11, 45075) v 22.11.11 betrifft ebenfalls die **„Erweiterung" einer Fahrerlaubnis,** allerdings im Verfahren um die Anerkennung der (tschechischen) Fahrerlaubnis in Deutschland. Der EuGH hat im Einklang mit der Entscheidung „Apelt" (siehe oben Rn 35) bestätigt, dass eine Fahrerlaubnis der Klassen B und C nicht anerkannt werden muss, wenn die (tschechische) Fahrerlaubnis der Klasse B, wie sich aus dem Eintrag im Führerschein ergibt, unter Verstoß gegen das Wohnsitzerfordernis erteilt wurde und die (tschechische) Fahrerlaubnis auf Grundlage dieser Klasse B erteilt wurde und sich aus dem neuen Führerschein nicht (mehr) der Wohnsitzverstoß ergibt. Auch hier schlägt die grundlegende „bemakelte" Klasse B durch.

36 Vom **EuGH,** Urt v 13.10.11 (C-224/10 – **„Apelt"** – DAR 11, 629 = NJW 12, 369 m Anm Dauer; s auch oben Rn 35), **entschieden** ist inzwischen der Fall, dass eine **EU/EWR-FE** zunächst unter Verstoß gegen das Wohnsitzerfordernis (tschechischer FS mit Angabe eines Wohnorts in Deutschland) erteilt und diese dann später **erweitert** wurde (bisherige Klassen A und B wurden zusätzlich auf Klasse C erweitert) und in dieser neuen EU/EWR-FE jetzt ein im Ausstellungsmitgliedstaat liegender Wohnort angegeben ist (VGH München DAR 11, 100 = SVR 11, 193 m Praxishinweis Koehl – Vorlage an EuGH). Da die Erweiterung auf der ursprünglich ausgestellten, wegen des Verstoßes gegen das Wohnsitzerfordernis nicht anzuerkennenden EU/EWR-FE basiert und die Erteilung der Klasse C den – wirksamen – Vorbesitz der Klasse B voraussetzt (2. EU-FSchRiLi Art 5 I lit a; 3. EU-FSchRiLi Art 6 I lit a; § 9 1 FeV), war zweifelhaft, ob die Anerken-

nung der erweiterten EU/EWR-FE abgelehnt werden kann (so in der Tendenz VGH München DAR 11, 100 = SVR 11, 193 m Praxishinweis Koehl u Geiger DAR 11, 61, 62). Die **„bemakelte" Fahrerlaunis der Klasse B,** die eine unabdingbare Grundlage für den Erhalt der Fahrerlaubnisklasse D darstellt (EuGH aaO Rn 46), „schlägt durch", sodass **auch Klasse D** (die für sich gesehen ordnungsgemäß erteilt wurde) **nicht anerkannt werden muss** (s auch Dauer NJW 12, 371 und oben bei EuGH „Apelt"). Vergleichbar ist der Fall des OLG Oldenburg (DAR 11, 154 m krit Anm Dauer = SVR 11, 76 m Praxishinweis Krumm), in dem der Betr zunächst während des Laufs der Sperrfrist in Polen eine FE der Klasse B erworben hat, die dann nach Ablauf der Sperrfrist auf die Klasse C erweitert wurde (wohl auch eher für Anerkennung König/Seitz DAR 11, 361, 363), s auch VGH München SVR 11, 396 m Praxishinweis Koehl, wonach eine EU/EWR-FE der **Klasse B,** die **während** des Laufs einer **Sperrfrist** erworben wurde, auch dann nicht anerkannt werden muss, wenn die **Klasse BE nach Ablauf der Sperrfrist** erworben wurde. Auch diese FE muss somit nicht anerkannt werden (Dauer NJW 12, 371, 372).

ee) 3. EU-FS-RL. Das Urteil des **EuGH** v 1.3.12 (C-467/10 – „**Akyüz**" – 37 NJW 12, 1341 m Anm Dauer = DAR 12, 192 m Anm Geiger = SVR 12, 149 m Praxishinweis Koehl) ist die erste Entscheidung, die sich auf die **3. EU-FS-RL** und vor allem auf deren Anwendbarkeit bezieht. Der EuGH geht dabei davon aus, dass die 3. EU-FS-RL **nicht nur auf Fahrerlaubnisse anwendbar ist, die ab dem 19.1.09 erteilt wurden** (so die wohl bis dahin hM; s dazu auch Koehl SVR 12, 155; Dauer NJW 12, 1345), sondern auch auf vorher erteilte FE und „nur" **entscheidend** ist, **wann von der FE Gebrauch gemacht wurde** und stellt zudem weiterhin auf die bisher zur 2. EU-FSchRiLi entwickelten Grundsätze ab. Sonach greift die 3. EU-FSchRiLi nicht erst mit Außerkrafttreten der 2. EU-FSchRiLi am 19.1.13, sondern auch für Ereignisse in der Zwischenzeit (s auch Dauer NJW 12, 1345). Zudem hat der EuGH klargestellt, dass die **Anerkennung** einer (tschechischen) FE **nicht versagt werden darf, wenn die FE in Deutschland wegen fehlender Fahreignung versagt, in einem anderen Mitgliedstaat jedoch erteilt, wurde.** Dies bedeutet, dass § 28 IV 1 Nr 3 FeV hinsichtlich der Nichtanerkennung einer EU/EWR-FE, die in Deutschland wegen fehlender Kraftfahreignung versagt wurde, nicht mit EU-Recht vereinbar ist (Dauer NJW 12, 1345). Im Zusammenhang mit der Nichtanerkennung eines Wohnsitzverstoßes, der sich nicht aus der Eintragung im Führerschein, sondern aus **„unbestreitbaren Informationen"** vom Ausstellungsmitgliedstaat (vgl § 28 IV 1 Nr 2 FeV) ergibt, erkennt der EuGH an, dass die Informationen **nicht unbedingt von ausländischen Behörden übermittelt werden müssen,** sondern zwar von diesen stammen müssen, aber auch von anderer Stelle (hier: Mitteilung der Deutschen Botschaft in Prag) übermittelt werden können (EuGH „Akyüz" aaO EuGH-Rn 67 ff; Dauer NJW 12, 1345, 1346). Der EuGH lässt bei der Frage zur Bewertung dieser „unbestreitbaren Informationen" **Missbrauchsüberlegungen** zulässt und sagt: „Es (hier: das Gericht) kann insbesondere den Umstand berücksichtigen, dass die vom Ausstellermitgliedstaat herrührenden Informationen darauf hinweisen, dass sich der Inhaber des Führerscheins im Gebiet dieses Staates nur für ganz kurze Zeit aufgehalten hat oder einen rein fiktiven Wohnsitz allein zum dem Zweck errichtet hat, der Anwendung der strengeren Bedingungen für die Ausstellung eines Führerscheins im Mitgliedstaat seines tatsächlichen Wohnsitzes zu entgehen." (EuGH „Akyüz" aaO EuGH-Rn 75).

StVG § 2 I. Verkehrsvorschriften

Jedenfalls bei einem **Scheinwohnsitz** kann damit die Anerkennung der FE abgelehnt werden (Dauer NJW 12, 1345, 1346; Geiger DAR 12, 197; Koehl SVR 12, 155). Den nationalen Gerichten wurde ausdrücklich die Befugnis ausgesprochen, die vorliegenden Informationen nicht nur daraufhin zu prüfen, ob sie aus dem Ausstellerstaat stammen, sondern auch inhaltlich dahingehend zu bewerten, ob sie unter Berücksichtigung der gesamten Umstände des Falles belegen, dass das Wohnsitzerfordernis tatsächlich erfüllt ist. Der EuGH führt dazu aus, dass es Sache des nationalen Gerichts ist zu prüfen, ob die Informationen als aus dem Ausstellermitgliedstaat herrührende Informationen eingestuft werden können. Das nationale Gericht muss die genannten Informationen gegebenenfalls auch bewerten und beurteilen, ob es sich um unbestreitbare Informationen handelt, die beweisen, dass der Inhaber des Führerscheins zu dem Zeitpunkt, als er ihn erhalten hat, seinen ordentlichen Wohnsitz nicht im Hoheitsgebiet des Ausstellermitgliedstaates hatte (EuGH „Akyüz" aaO, VG Neustadt an der Weinstraße BeckRS 2014, 56137) – vgl auch Rn 27.

38   Konsequent betont der **EuGH** unter Heranziehung der zur 2. EU-FSchRiLi entwickelten Grundsätze mit Urteil v 26.4.12 (C-419/10 – **„Hofmann"** – NJW 12, 1935 m Anm Dauer = DAR 12, 319 m Anm Geiger = zfs 12, 351 m Anm Haus = SVR 12, 273 m Praxishinweis Koehl), dass auch unter Geltung der **3. EU-FSch-RiLi** eine **FE anzuerkennen** ist, **wenn** sie **bei Beachtung des Wohnsitzerfordernisses außerhalb einer Sperrfrist für die Neuerteilung erteilt** wurde.

Entscheidend für die Pflicht zur Anerkennung ist nach den Grundsätzen des EuGH, dass die Fahrerlaubnis nach Ablauf der strafrechtlichen Sperrfrist oder einer Fahrverbotsfrist bzw bei einer verwaltungsrechtlichen Entziehung nach den jeweiligen Vorschriften des Mitgliedstaates ordnungsgemäß erteilt wurde; hier ist zu Recht der ausschließlichen **Beurteilungskompetenz des Ausstellungsstaates** der **Vorrang einzuräumen** (so im Ergebnis wohl auch Hailbronner/Thoms NJW 07, 1089, 1092 u Schünemann, B./Schünemann, S. DAR 07, 382, 384 m Erwiderungen v Geiger DAR 07, 540 u Schünemann, B./Schünemann, S. DAR 08, 109); zu einem bei Verstößen ggf erforderlichen Vertragsverletzungsverfahren s oben. Mit seiner Entscheidung v 2.12.10 (C-334/09 – „Scheffler" – DAR 11, 74 = NJW 11, 587 m Anm Dauer) hat der EuGH seinen bisherigen Weg, wonach der Beurteilungskompetenz des Ausstellungsstaates der Vorrang zukommt und die Mitgliedstaaten grundsätzlich davon auszugehen haben, dass im Zeitpunkt der Fahrerlaubniserteilung alle Voraussetzungen vorgelegen haben, überzeugend bestätigt (s auch Dauer NJW 11, 590).

Diese Grundsätze zur gegenseitigen Anerkennung von EU-FSch gelten auch für die **Aberkennung des Rechts** von einer EU-FE **im Inland** Gebrauch zu machen (s dazu OVG Schleswig ZfS 07, 179).

39   Da die 2. EU-FSch-RiLi gem Art 17 3. EU-FSch-RiLi einerseits (erst) zum 19.1.13 aufgehoben wurde und andererseits nach den Entscheidungen des EuGH („Akyüz" und „Hofmann", s dazu oben) die **zur 2. EU-FSchRiLi entwickelten Grundsätze weiterhin auch für die 3. EU-FSchRiLi heranzuziehen** sind, hat die auf der 2. EU-FSch-RiLi basierende Rechtsprechung weiterhin Bedeutung. Zumal die bisher wohl überwiegend vertretene Ansicht, wonach die 3. EU-FSchRiLi für ab dem 19.1.09 erteilte EU/EWR-FE gilt, überholt ist (s auch Koehl DAR 12, 446; DAR NJW 12, 1345) und der EuGH in seinem Urteil v 1.3.12 (C-467/10 – „Akyüz, s dazu oben) zudem praktisch nicht auf die Ausstel-

Fahrerlaubnis und Führerschein § 2 StVG

lung sondern auf das bloße Gebrauchmachen der EU/EWR-FE ab dem 19.1.09 abstellt (s auch Koehl DAR 12, 446; Dauer NJW 12, 1345).

Nicht anzuerkennen ist nach den bisherigen Grundsätzen des EuGH sowohl **40** eine **bis einschließlich 18.1.09 als auch eine ab 19.1.09 erteilte EU/EWR-FE** (Zusammenfassung – s auch Koehl DAR 13, 241 „Anwaltliche Checkliste für Verfahren über die Inlands(un)gültigkeit einer ausländischen EU-Fahrerlaubnis")
- die **während** des Laufes einer strafrechtlichen **Sperrfrist erworben** wurde (s zB OLG Düsseldorf NZV 06, 489 = DAR 06, 518 = SVR 07, 67 m Praxishinweis Krumm; VGH Kassel NZV 06, 668; OVG RhPf ZfS 06, 593; OVG Hamburg DAR 07, 103 = NZV 07, 267 = NJW 07, 1160 = ZfS 07, 174 m Anm Haus; OLG Stuttgart DAR 07, 159 = BeckRS 07, 01 041) OLG Hamm NZV 10, 162 [LS]; auch wenn von der EU-FE erst nach Ablauf der Sperrfrist Gebrauch gemacht wurde (ausdrücklich klarstellend dazu EuGH SVR 08, 432 m Praxishinweis Geiger = DAR 08, 582 = DAR 08, 640 [L] m Anm König = NJW 09, 207 – „Möginger"; zuletzt EuGH – **„Hofmann"** aaO EuGH-Rn 51 mwN; s auch oben – **aA**, die zwar weitgehend die frühere und überholte *strafrechtliche RSpr* [s auch oben]: AG Straubing DAR 07, 102 m Anm T. Fuchs = NZV 07, 326; OLG München ZfS 07, 170 = DAR 07, 276 = NZV 07, 214 = NJW 07, 1152 = DAR 07, 342 [L] m abl Anm Dauer DAR 07, 342; OLG Nürnberg BeckRS 07, 01 840 = DAR 07, 278), da nach EuGH (DAR 04, 333 = ZfS 04, 287 = NZV 04, 372 – „Kapper"; DAR 06, 375 = ZfS 06, 416 = NZV 06, 498 m Anm Weber – „Halbritter") eine während der Sperrfrist erworbene FE nicht anerkannt werden muss (s auch Hentschel/König/Dauer-König § 21 StVG Rn 2a u Hentschel/König/Dauer-Dauer § 28 FeV Rn 34); s auch den Vorlagebeschluss des AG Landau a. d. Isar (DAR 07, 409 in der Sache „Möginger"). Dies gilt **auch, wenn** die FE **innerhalb der gesetzlichen Sperrfrist des § 4 X 1 StVG erworben** wurde (so auch Hentschel/König/Dauer-Dauer § 28 FeV Rn 34; aA OLG Nürnberg v 16.1.07, 2 St Ss 286/06, BeckRS 07, 01 840); s auch § 21 StVG Rn 6a.
- Nach Ansicht des OVG Bremen (SVR 13, 35 m Praxishinweis Koehl = DAR 12, 532l) gilt die Nichtanerkennung nicht nur für den Fall, dass die Fahrerlaubnis während der Dauer einer laufenden Sperre erteilt wurde, sondern auch in Fällen, in denen die **Fahrerlaubnis während eines noch andauernden Entziehungsverfahrens erteilt** wurde (eine ausdrückliche Klarstellung des EuGH zu dieser Frage liegt bisher, soweit ersichtlich, nicht vor).
- die während des Laufes einer isolierten Sperre (§ 69a I 3 StGB) erteilt wurde, wobei letzlich die Nichteignung fest steht, allerdings keine Fahrerlaubnismaßnahme (eingeschränkt, ausgesetzt, entzogen) voraus ging (s zur Problematik Koehl DAR 13, 241, 246)
- die zwar **nach Ablauf der Sperrfrist erworben** wurde, gegen deren Inhaber **aber** dann **erneut** eine (isolierte) **Sperre verhängt** wurde (OLG Düsseldorf NZV 06, 489 = DAR 06, 518 = SVR 07, 67 m Praxishinweis Krumm; s auch OLG Saarbrücken NStZ-RR 05, 50; OVG Saarland DAR 09, 718; OLG Köln NJW 10, 2817) **oder zuerst** eine **EU/EWR-FE erteilt** worden und erst **danach** eine **isolierte Sperre verhängt** worden war (VGH München zfs 13, 114; s dazu auch Koehl zfs 13, 304, 308). – zur Strafbarkeit nach § 21 StVG dort Rn 6a
- die **während** des Laufs eines **Fahrverbots** erteilt wurde (vgl EuGH „Weber"; näher dazu oben)

Hühnermann   731

StVG § 2 I. Verkehrsvorschriften

- die durch gezielte Täuschung erschlichen oder aufgrund kollusiven Zusammenwirkens mit der ausländ Behörde erteilt wurde (s dazu oben)
- bei der sich aufgrund von Angaben im Führerschein selbst oder anderen vom Ausstellungsmitgliedstaat herrührenden unbestreitbaren Informationen feststellen lässt, dass die **Wohnsitzvoraussetzung** zum Zeitpunkt der Ausstellung des FSch bzw der Erteilung der FE nicht erfüllt war (vgl „Zerche/Seuke/Schubert"; „Wiedemann/Funk"; s auch BVerwG DAR 09, 212 = NJW 09, 1689 = VRS 116/09, 233 u BVerwG zfs 09, 233, DAR 15, 30f; s zB auch OVG Koblenz SVR 09, 396 m Praxishinweis Geiger und die Aufgabe der bisherigen Rspr OVG Koblenz DAR 10, 343 = SVR 10, 232 m Praxishinweis Geiger zu § 28 IV Nr 2 FeV aF). Dies gilt auch, wenn eine deutsche FE in einem anderen EU-Mitgliedstaat umgetauscht wird und sich aus dem dort ausgestellten Führerschein ein deutscher Wohnsitz ergibt und zwar unabhängig davon, ob mit dem Umtausch eine neue ausländische Fahrerlaubnis erteilt wurde oder nur ein neues Führerscheindokument ausgestellt wurde (BVerwG NJW 13, 487 = zfs 13, 52 = SVR 13, 71 m Praxishinweis Koehl = NZV 13, 208 [LS]; VGH München SVR 12, 193 m Praxishinweis Koehl; VGH München SVR 12, 195 m Praxishinweis Koehl; s zum Umtausch einer FE auch § 28 IV 1 Nr 7 u Nr 8 FeV sowie oben Rn 27 u 38)
- die auf der **„Erweiterung" einer bemakelten, „mit einer Unregelmäßigkeit behafteten", Grundfahrerlaubnis** beruht (EuGH v 13.10.11, C-224/10 – **„Apelt"** aaO EuGH-Rn 46 u 47; hier Erweiterung der mit Wohnsitzmakel behafteten FE Klasse B um Klasse D; s auch oben EuGH „Apelt"); ähnlich EuGH v 22.11.11 (C-590/10 – **„Köppl"** aaO EuGH-Rn 49; hier Erweiterung der mit Wohnsitzmakel behafteten Klasse B um Klasse C).
- **Auch unter Geltung der 3. EU-FSchRiLi** ist ein Aufnahmemitgliedstaat nur dann berechtigt, eine in einem anderen Mitgliedstaat nach Ablau einer Sperrfrist ausgestellte Fahrerlaubnis nicht anzuerkennen, wenn ein Verstoß gegen das Wohnsitzerfordernis vorliegt (EuGH – „Hofmann" aaO EuGH-Rn 51 und EuGH-Rn 89 u 90; s auch Koehl, DAR 12, 446, 447).

Deutschland ist als Aufnahmemitgliedstaat grundsätzlich verpflichtet, die von einem anderen Mitgliedstaat ausgestellte Fahrerlaubnis anzuerkennen und regelmäßig nicht befugt, die Beachtung der Ausstellungsvoraussetzungen nachzuprüfen (zusammenfassend OLG Bamberg DAR 13, 277).

Diese Anerkennungspflicht gilt letztlich aber nur für eine in einem anderen Mitgliedstaat erworbene FE (Neuerteilung), deren Erteilung eine Eignungprüfung nach den unionsrechtlichen Vorgaben vorausgegangen ist, sie betrifft nicht Fälle einer „Ersetzung" oder bloßen Umtausch (zusammenfassend OLG Bamberg DAR 13, 277; s auch Koehl DAR 13, 241, 243); zum Rücktausch von FS § 30a FeV.

Indiz für bloße „Ersetzung" bzw Umtausch ohne Eignungprüfung ist ein aus dem (neueren) Führerscheindokument ersichtliches früheres Datum der Erteilung der FE bzw die Bezugnahme auf eine früher erworbene FE (OLG Bamberg DAR 13, 277, 278).

Zum Fahren ohne FE, wenn die Fahrerlaubnis nicht anerkannt werden muss § 21 StVG Rn 6a.

41 **Anzuerkennen** ist nach den bisherigen Grundsätzen des EuGH sowohl eine **bis einschließlich 18.1.09 als auch ab 19.1.09 erteilte EU/EWR-FE** (Zusammenfassung – s auch Koehl DAR 13, 241 „Anwaltliche Checkliste für Verfahren über die Inlands(un)gültigkeit einer ausländischen EU-Fahrerlaubnis")

Fahrerlaubnis und Führerschein § 2 StVG

- die **nach Ablauf der strafrechtlichen Sperrfrist** in einem anderen Mitgliedstaat **erteilt** wurde, soweit sich nicht aufgrund von Angaben im Führerschein selbst oder anderen vom Ausstellungsmitgliedstaat herrührenden unbestreitbaren Informationen feststellen lässt, dass die Wohnsitzvoraussetzung zum Zeitpunkt der Ausstellung des FSch bzw der Erteilung der FE nicht erfüllt war (vgl „Zerche/Seuke/Schubert"; „Wiedemann/Funk"; zuletzt EuGH – „**Hofmann**" aaO EuGH-Rn 51 und EuGH-Rn 89 u 90 mwN; s auch BVerwG DAR 09, 212 = NJW 09, 1689 = VRS 116/09, 233 u BVerwG zfs 09, 233; zB auch: OVG Münster DAR 09, 480; OLG Hamm DAR 12, 712 = NZV 13, 255 [spanische Fahrerlaubnis]).
- die nach Ablauf der strafrechtlichen Sperrfrist in einem anderen Mitgliedstaat erworben wurde und in Deutschland **umgeschrieben** werden soll (vgl „Halbritter"), soweit sich nicht aufgrund von Angaben im Führerschein selbst oder anderen vom Ausstellungsmitgliedstaat herrührenden unbestreitbaren Informationen feststellen lässt, dass die Wohnsitzvoraussetzung zum Zeitpunkt der Ausstellung des FSch bzw der Erteilung der FE nicht erfüllt war (vgl „Zerche/Seuke/Schubert"; „Wiedemann/Funk"; s auch BVerwG DAR 09, 212 = NJW 09, 1689 = VRS 116/09, 233 u BVerwG zfs 09, 233).
- die nach **verwaltungsrechtlicher Entziehung** ohne Sperrfrist in einem anderen Mitgliedstaat **erworben** wurde (vgl „Kremer"), soweit sich nicht aufgrund von Angaben im Führerschein selbst oder anderen vom Ausstellungsmitgliedstaat herrührenden unbestreitbaren Informationen feststellen lässt, dass die Wohnsitzvoraussetzung zum Zeitpunkt der Ausstellung des FSch bzw der Erteilung der FE nicht erfüllt war (vgl „Zerche/Seuke/Schubert"; „Wiedemann/Funk"; s auch BVerwG DAR 09, 212 = NJW 09, 1689 = VRS 116/09, 233 u BVerwG zfs 09, 233.
- die **nach Ablauf eines Fahrverbots** erteilt wurde, soweit sich nicht aufgrund von Angaben im Führerschein selbst oder anderen vom Ausstellungsmitgliedstaat herrührenden unbestreitbaren Informationen feststellen lässt, dass die Wohnsitzvoraussetzung zum Zeitpunkt der Ausstellung des FSch bzw der Erteilung der FE nicht erfüllt war (vgl näher dazu oben: EuGH „Weber" u auch „Zerche/Seuke/Schubert"; „Wiedemann/Funk").

Zusammenfassend zur aktuellen Anerkennungsproblematik unter Berücksichtigung der Rechtsprechung des EuGH (einschließlich der zeitlich vorerst letzten Entscheidung „Hofmann" v 26.4.12): Koehl DAR 16, 186 u DAR 12, 446; Rebler NZV 12, 516; Geiger SVR 12, 361; Haase SVR 12, 281; Rebler SVR 12, 338 [Arbeitshilfe]; Lempp Verkehrsjurist 2/12, 1; Koehl, DAR 13, 241; Gehrmann in Berz/Burmann, Handbuch, Abschn 17 B.

Zwar mag im Ergebnis die RSpr des EuGH dem „Führerscheintourismus" **42** teilweise eher förderlich und der Verkehrssicherheit vielleicht abträglich sein, so zeigt aber die Bedeutung europäischen Rechts sowie die Notwendigkeit einheitlicher europäischer Regelungen im Bereich des Verkehrsrechts. Trotz beachtenswerter Bedenken sind die Entscheidungen weitere europarechtliche Meilensteine (s auch Ludovisy DAR 06, 532; Ternig ZfS 06, 428; Schünemann, B./Schünemann, S. DAR 07, 382 m Erwiderungen v Geiger DAR 07, 540 u Schünemann, B./Schünemann, S. DAR 08, 109). Hinzu kommt, dass der EuGH die Bedeutung der Verkehrssicherheit immer wieder hervorhebt (vgl EuGH „Weber" NJW 08, 3767 = NZV 09, 54 = DAR 09, 26 m Anm Geiger, Rn 39 u 40; EuGH „Schwarz" NJW 09, 828 [LS] = SVR 09, 106 m Praxishinweis Geiger = DAR 09, 191 – Rn 96 u 97 = zfs 09, 293 = NZV 09, 255 [LS]) und die anfänglich sehr weitgehende Anerkennungspflicht insb bei offensichtlichen Verstößen gegen das Wohnsitzerfordernis eingeschränkt wurde. **Ziel der EuGH-Rechtsprechung** ist letztlich auch die **Schaffung einheitlicher Regelungen** in allen Mitgliedstaaten über die Erteilung und Entziehung der Fahrerlaubnis (Gehrmann NZV 13, 569, 574).

Die für die Anerkennung einer EU/EWR-FE bedeutsamen **Regelungen der 3. EU-FSch-RiLi wurden mit Wirkung zum 19.1.09 fristgerecht umgesetzt** (nach Art 16 3. EU-FSch-RiLi mussten die Bestimmungen bis spätestens 19.1.11 in nationales Recht umgesetzt (Umsetzung erfolgt durch Sechste VO zur Änd der FeV und anderer straßenverkehrsrechtlicher Vorschriften v 7.1.11 [BGBl 2011/I S 3]; s zur fahrerlaubnisrechtlichen Umsetzung der 3. EU-Führerscheinrichtlinie zB: Buchardt DAR 13, 48; Ternig zfs 13, 9; Huppertz DAR 13, 191) **und werden seit dem 19.1.13 angewendet**; s auch E Rn 98).

43 **Auch nach Inkrafttreten und Umsetzung der 3. EU-FSch-RiLi zum 19.1.09 sowie nach der Aufhebung der 2. EU-FSch-RiLi zum 18.1.13** bleibt es bei eher eingeschränkten Möglichkeiten, dem Führerscheintourismus wirksamer Einhalt gebieten zu können, da insb **§ 28 IV 1 Nr 3 FeV, wie bisher, eng auszulegen** und **nicht** wie – auch hier in der Vorauflage – erhofft, **ab 19.1.09 wieder uneingeschränkt anwendbar** ist (näher dazu zB Dauer NJW 12, 1940, 1941 Anm zu EuGH „Hofmann"; zu insoweit überholten Auffassungen die Vorauflage).

– Der **EuGH** betont unter Heranziehung der zur 2. EU-FSchRiLi entwickelten Grundsätze mit Urteil v 26.4.12 (C-419/10 – **„Hofmann"** – NJW 12, 1935 m Anm Dauer = DAR 12, 319 m Anm Geiger = zfs 12, 351 m Anm Haus = SVR 12, 273 m Praxishinweis Koehl), dass auch unter Geltung der **3. EU-FSch-RiLi eine FE anzuerkennen ist, wenn sie bei Beachtung des Wohnsitzerfordernisses außerhalb einer Sperrfrist für die Neuerteilung erteilt** wurde, was auch in der Literatur (zB Hentschel/König/Dauer-Dauer § 28 FeV Rn 40; Ziegert zfs 12, 311) und nicht zuletzt auch dem **BVerfG** (BVerfG SVR 11, 468 m Praxishinweis Koehl = DAR 12, 14 = zfs 12, 5) schon so gesehen wurde. Dementsprechend hat das VGH Mannheim (NJW 12, 3194 = zfs 12, 534 = DAR 12, 660 [LS] = NZV 13, 464 [LS]) seine bisherige Rechtsprechung aufgegeben und sieht nunmehr § 28 IV 1 Nr 3 FeV insoweit als unvereinbar mit Unionsrecht an, als dort unter verlangt wird, dass kumulativ ein Wohnsitzverstoß vorliegen muss und hebt gleichzeitig, ebenfalls im Einklang mit der Rspr des EuGH hervor, dass Behörden und Gerichte des Aufnahmemitgliedstaates befugt sind, vom Ausstellermitgliedstaat herrührende Informationen unter Berücksichtigung der gesamten Umstände des Falls daraufhin zu prüfen und zu bewerten, ob sie belegen, dass der Fahrerlaubnisinhaber tatsächlich seinen ordentlichen Wohnsitz iSd 2. und 3. EU-FSchRiLi im Ausstellerstaat hatte (VGH Mannheim NJW 12, 3194 = zfs 12, 534 = DAR 12, 660 [LS] = NZV 13, 464 [LS]; s zum Wohnsitzerfordernis und dem Anwendungsvorrang des EU-Rechts auch OLG München NZV 12, 553). Beschränkt sich der **Tatrichter** lediglich auf **Feststellungen** zum Ausstellungsort und zu den Daten eines EU-Führerscheins sowie zum Wohnsitz des Angekl zum Zeitpunkt der Fahrt, ohne Feststellungen dazu zu treffen, welchen Wohnsitz der Angekl zum Zeitpunkt der Ausstellung des EU-Führerscheins hatte und ob vor Ausstellung des EU-Führerscheins die Voraussetzungen eines ordentlichen Wohnsitzes im Ausstellermitgliedstaat gegeben waren, reichen die getroffenen Feststellungen weder für eine Verurteilung noch für einen Freispruch aus (OLG München

NZV 12, 553). Zum Probl der Geltung verschärfter Prüfungspflichten durch den Ausstellermitgliedstaat erst ab 19.1.11 Hailbronner NZV 09, 361, 365/ 366). Nicht nach § 28 IV 1 Nr 3 FeV darf die Anerkennung einer EU/EWR-FE verweigert werden, wenn diese nach den dortigen Vorgaben erteilt wurde, die **FE in Deutschland** jedoch **wegen fehlender Kraftfahreignung verweigert** wurde, insoweit ist **§ 28 IV 1 Nr 3 FeV europarechtswidrig** (s dazu oben Rn 37 u EuGH v 1.3.12 – „**Akyüz**").

Der **Verzicht auf die FE** steht der Entziehung gleich (VGH Mannheim DAR 09, 286 [LS]; OLG Stuttgart NJW 10, 2818; OLG Hamburg DAR 11, 647 – aA OVG Koblenz NJW 10, 2825); eine ausdrückliche Klarstellung des EuGH zu dieser Frage liegt, soweit ersichtlich, bisher nicht vor.

Nach **§ 28 IV 1 Nr 2 FeV** gilt die Fahrberechtigung einer EU/EWR-FE nicht **44** bei Inhabern, die „ausweislich des Führerscheins oder vom Ausstellungsmitgliedstaat herrührender unbestreitbarer Informationen zum Zeitpunkt der Erteilung ihren ordentlichen Wohnsitz im Inland hatten", es sei denn, dass sie als **Studierende oder Schüler** (OVG Lüneburg NZV 13, 312 = zfs 13, 356: dies **gilt nicht für** ein „**Praktikum**" im Rahmen eines Arbeitsverhältnisses, das dem Besuch einer Hochschule oder Schule nicht gleichsteht) iSd § 7 II FeV die FE während eines mindestens sechsmonatigen Aufenthalts erworben haben (dies entspricht der Rspr des EuGH „Zerche/Seuke/Schubert"; „Wiedemann/Funk"); die Neuregelung des § 28 IV 1 Nr 2 FeV ist europarechtskonform, **Wohnsitzerfordernis und Anerkennungsprinzip stehen gleichberechtigt nebeneinander** (str), Leitmeier NZV 10, 377 mwN; krit Dauer NJW 10, 2758, 2762 (fraglich, ob § 28 IV 1 FeV europarechtskonform ist); Pießkalla NZV 09, 479 (Verstoß gegen Art. 2, 11 3. EU-FSch-RiLi). Auf den Vorlagebeschluss des VGH München DAR 10, 414 = zfs 10, 352 (s dazu auch Geiger DAR 10, 61) v 16.3.10 hat der **EuGH** (Urt v 19.5.11, C-184/10 – „**Grasser**" – DAR 11, 385 m Anm Geiger = zfs 11, 413 m Anm Haus) klargestellt, dass ein in einem anderen Mitgliedstaat ausgestellter **Führerschein nicht anerkannt werden muss,** „wenn aufgrund von Angaben in diesem Führerschein feststeht, dass die den ordentlichen Wohnsitz betreffenden Voraussetzungen ... nicht beachtet wurden" und zwar auch dann, wenn im Aufnahmemitgliedstaat zuvor keine Fahrerlaubnisentziehung oder eine vergleichbare Maßnahme erfolgt ist (**EuGH,** Urt v 19.5.11, C-184/10 – „**Grasser**" – DAR 11, 385 m teilweise krit Anm Geiger = zfs 11, 413 m Anm Haus); deutlich hebt der **EuGH** hervor, dass das Gericht jeweils **zu prüfen** hat, **ob der Betr zur Zeit des Erwerbs seines Führerscheins seinen ordentlichen Wohnsitz in dem Ausstellermitgliedstaat hatte.** „Wäre dies nicht der Fall, wären die deutschen Behörden befugt, die Anerkennung der Gültigkeit dieses Führerscheins abzulehnen" (EuGH „**Hofmann**" aaO EuGH-Rn 90; s auch EuGH „**Akyüz**" aaO EuGH-Rn 75). – S auch **§ 29 III 1 Nr 2a FeV.**

– In diesen Fällen ist, wie dies nunmehr **§ 28 IV 2 FeV** ausdrücklich vorsieht, ein **feststellender Verwaltungsakt über die fehlende Berechtigung,** von der ausländischen Fahrerlaubnis im Inland Gebrauch machen zu dürfen, erforderlich, um den entsprechenden Verbotsvermerk gem § 47 II FeV in den ausländischen Führerschein eintragen zu können (ausführlicher dazu Geiger SVR 09, 253 mit Hinweisen zu Problemen der Eintragung in den FSch). Dieser feststellende Verwaltungsakt dient auch gegenüber dem Betroffenen der Klarstellung des Verbots, von der ausländischen Fahrerlaubnis im Inland Gebrauch machen zu dürfen, was bei Missachtung wiederum für eine Strafbarkeit wegen

StVG § 2

45 Die **bisherige weitere Argumentation des EuGH** beruhte auf der Überlegung, dass Art 1 II iVm Art 8 IV 2. EU-FSch-RiLi einem Mitgliedstaat verbietet, „**auf unbestimmte Zeit**" die **Anerkennung der Gültigkeit eines Führerscheins,** der dem Betroffenen später von einem anderen Mitgliedstaat ausgestellt worden ist, **abzulehnen** (zB schon EuGH „Kapper" NJW 04, 172 [178 – Rn 76] = NZV 04, 372 = DAR 04, 333 = zfs 04, 287; s zB auch EuGH „Wiedemann/Funk" NJW 08, 2403 [2406 – Rn 63] = DAR 08, 465 = SVR 08, 270 m Praxishinweis Geiger = zfs 08, 473 m Anm Haus; EuGH „Zerche/Seuke/ Schubert" DAR 08, 459 [462 – Rn 60] m Anm Geiger u Anm König; EuGH „Schwarz" NJW 09, 828 [LS] = SVR 09, 106 m Praxishinweis Geiger = DAR 09, 191 [195 – Rn 85] = zfs 09, 293 = NZV 09, 255 [LS]). Diesem zeitlichen Element soll durch die **Dritte VO zur Änd der FeV** mit der Einfügung von § 28 IV 3 FeV Rechnung getragen werden, wonach § 28 IV 1 Nr 3 u Nr 4 FeV nur anzuwenden sind, wenn die dort genannten Maßnahmen im FAER (bis 30.4.14 VZR) eingetragen und nicht nach § 29 StVG getilgt sind. Ob diese Eintragungs- und Tilgungszeiträume, die 10 Jahre lang sein können (s § 29 StVG Rn 6 ff), den Anforderungen des EuGH genügen, wird zu klären sein; eine **Nichtanerkennung auf „unbestimmte Zeit"** ist jedenfalls **nicht mehr vorgesehen.**

46 Die **Nichtanerkennung der EU/EWR-FE nach § 28 IV 1 Nr 3 u 4 FeV – und damit auch die Strafbarkeit einer Fahrt –** setzt seit **19.1.09** aufgrund dieser seitdem geltenden Regelung voraus, dass die in Nr 3 u 4 genannten **Maßnahmen im FAER** (bis 30.4.14 VZR) **eingetragen und nicht nach § 29 StVG getilgt** sind (s dazu § 21 StVG Rn 6a).

47 Nach Art 11 II 3. EU-FS-RL kann (seit 19.1.07 in Kraft; Abl EU L 403, S 25, 27), vorbehaltlich des straf- und polizeirechtlichen Territorialitätsgrundsatzes, der **Mitgliedstaat des ordentlichen Wohnsitzes** auf den Inhaber eines von einem anderen Mitgliedstaat ausgestellten Führerscheins **seine innerstaatlichen Vorschriften über Einschränkung, Aussetzung, Entzug oder Aufhebung der Fahrerlaubnis anwenden** (s auch VG Düsseldorf DAR 07, 279; krit dazu Thoms DAR 07, 287). Aufgrund der vorrangigen Beurteilungskompetenz des Ausstellungsstaates sind danach (anders bei neuen Vorfällen nach Erteilung der EU-FE) **grds aber keine Maßnahmen zur Eignungsüberprüfung (MPU-Anordnung) zulässig** (OVG RhPf ZfS 05, 520; Otte/Kühner NZV 04, 321; OLG Düsseldorf NJW 07, 2133 = DAR 07, 399 [LS]: Umschreibung ausländ FE darf nicht von erneuter Untersuchung der Fahreignung im Inland abhängig gemacht werden; so auch OLG Düsseldorf NZV 07, 484 = SVR 08, 225 m Praxishinweis Schaller; aA VGH BW ZfS 05, 212; VGH München ZfS 05, 471, 472; Haus ZfS 05, 214, 523). – Siehe auch Rn 33 **EuGH** v **2.12.10** (C-334/ 09 – „**Scheffler**" – DAR 11, 74 = NJW 11, 587 m Anm Dauer).

Neue, nach Erteilung einer EU/EWR-FE, festgestellte Vorfälle können uneingeschränkt **berücksichtigt werden** und die AO ein MPU-Gutachten beizubringen rechtfertigen (s zB OVG Lüneburg NZV 15, 356 – die Frage der Zuständigkeit für die Gutachtenanordnung ist von den dt. Behörden unter Würdigung aller relevanten Umstände zu prüfen; OVG RhPf ZfS 06, 713; VGH München ZfS 07, 354, VG München DAR 08, 283 = NZV 08, 476 = SVR 08, 399 m Praxishinweis Otto; zusammenfassend Dezsö DAR 06, 643, 648; s auch Hailbronner NZV 09, 361, 363); dies gilt **auch** für den Fall, dass der Betr nach dem Erwerb der EU-FE durch **Vorlage eines negativen Fahreignungsgutach-**

tens neue Tatsachen offenbart (VGH München ZfS 07, 354, 359; VG Augsburg zfs 08, 54 [nicht rkr]); **wobei** auch **Vorfälle außerhalb des Straßenverkehrs** genügen (EuGH v **2.12.10** – C-334/09 – „**Scheffler**" – DAR 11, 74 = NJW 11, 587 m Anm Dauer; BVerwG 10, 3318, 3320 Rn 25; s dazu auch § 3 StVG Rn 3).

Ausdrücklich klargestellt hat dies der EuGH nunmehr mit Entscheidung vom 23.4.15, C-260/13, „**Aykul**" (BeckRS 15, 80556 = DAR 15, 316). Hiernach sind die Art 2 I und 11 IV Unterabs. 2 der Richtlinie 2006/126/EG vom 20.12.2006 dahin auszulegen, dass sie einen Mitgliedstaat, in dessen Hoheitsgebiet sich der Inhaber eines von einem anderen Mitgliedstaat ausgestellten Führerscheins vorübergehend aufhält, **nicht daran hindern, die Anerkennung der Gültigkeit dieses Führerscheins wegen einer Zuwiderhandlung seines Inhabers abzulehnen, die in diesem Gebiet nach Ausstellung des Führerscheins stattgefunden hat** und die gem den nationalen Vorschriften des erstgenannten Mitgliedstaats geeignet ist, die fehlende Eignung zum Führen von Kfz herbeizuführen Der ablehnende Mitgliedstaat ist dafür zuständig, die Bedingungen festzulegen, die der Inhaber dieses FS erfüllen muss, um das Recht wiederzuerlangen, in seinem Hoheitsgebiet zu fahren. Es ist Sache des inländischen Gerichts, zu untersuchen, ob die von den Rechtsvorschriften des Mitgliedstaats vorgesehenen Voraussetzungen gemäß dem Verhältnismäßigkeitsgrundsatz nicht die Grenzen dessen überschreiten, was zur Erreichung des von der Richtlinie 2006/126 verfolgten Ziels, das in der Verbesserung der Sicherheit im Straßenverkehr besteht, angemessen und erforderlich ist.

Ein **in Widerspruch zur 2. EU-FS-RL stehender Bescheid,** mit dem das Recht aberkannt wurde, von der ausländischen EU-Fahrerlaubnis im Inland Gebrauch zu machen, ist rechtswidrig und **kann** (vgl § 48 I 1 VwVfG bzw entspr landesrechtlichen Regelungen; keine Ermessensreduzierung auf Null) **zurückgenommen werden** (VG Augsburg v 16.1.07, ZfS 07, 296 = DAR 07, 228).

Instruktiv zur eingeschränkten Möglichkeit der **Wiederaufnahme des Verfahrens aufgrund** einer für den Betr positiven **Rechtsprechung** d EuGH: Zwerger ZfS 06, 543, 546.

ff) Wiedererteilung des Rechts, von der EU/EWR-FE im Inland 48 **Gebrauch zu machen.** Der Ausschluss der Fahrberechtigung nach § 28 IV FeV ist – unabhängig von § 29 III FeV – selbstständig. Die Regelung entspricht jedoch inhaltlich § 29 III FeV.

Ist eine ausländische FE für das Gebiet der Bundesrepublik Deutschland wegen mangelnder Eignung zum Führen von Kfz entzogen worden, setzt die **Wiedererteilung des Rechts, von der EU/EWR-FE im Inland Gebrauch zu machen** (vgl § 29 IV FeV), den Nachweis wiedergewonnener Fahreignung voraus. Dieser Nachweis wird nicht durch einen FSch erbracht, der in einem anderen EU/EWR-Staat zwar nach Ablauf der in Deutschland verhängten Sperrfrist ausgestellt worden ist, sich aber nach Art eines Ersatzführerscheins darauf beschränkt, die bisherige, für das Gebiet der Bundesrepublik Deutschland entzogene FE auszuweisen (BVerwG zfs 09, 298 = NJW 09, 1687; VGH Mannheim BeckRS 2017, 117714). Die EuGH-Rspr, dass eine nach Ablauf der Sperrfrist ausgestellte EU/EWR-FE anzuerkennen ist, ist hier nicht einschlägig, da die FE nicht neu erteilt wurde (BVerwG zfs 09, 298 [299] = NJW 09, 1687).

Wird dem Inhaber einer durch einen anderen EU-Mitgliedsstaat ausgestellten FE von einer deutschen Behörde das **Recht aberkannt, von** dieser **FE im**

Inland Gebrauch zu machen, kann der Betr aus Gründen der Verhältnismäßigkeit **nicht** verpflichtet werden, den **ausländischen FSch ersatzlos abzuliefern,** da insb die Eintragung eines Sperrvermerks mögl ist (VGH München DAR 06, 38; OVG Lüneburg NJW 10, 3675 [LS]; s auch VG Wiesbaden DAR 06, 527; VG Düsseldorf DAR 07, 279, 280).

Die nach den Grundsätzen der EuGH-Rspr „berechtigte" Nichtanerkennung einer EU/EWR-FE **(Aberkennung des Rechts von der FE in Deutschland Gebrauch zu machen)** stellt keine **Amtspflichtverletzung** dar und kann allenfalls dann zu Amtshaftungsansprüchen führen, wenn die maßgebenden innerstaatlichen Normen verletzt wurden (BGH NZV 08, 615 = DAR 08, 694 = VRS 115/08, 293 = zfs 09, 51). Bei **rechtswidriger Sicherstellung** (bzw **Beschlagnahme**) eines **EU/EWR-FSch,** obwohl der Betr nach der Rspr des EuGH das Recht hatte, im Inland von seiner FE Gebrauch zu machen (hier: Erwerb einer polnischen FE nach Ablauf der Sperrfrist) kommt ein **Anspruch auf Entschädigung** nach § 5 II 1 **StrEG** in Betracht (LG Neuruppin NZV 09, 250). − S zum (nicht vorliegenden) Verstoß gegen das Willkürverbot bei Verurteilung trotz „positiver" EuGH-Rspr § 21 StVG Rn 6a.

Besteht **Streit über die Gültigkeit einer EU/EWR-Fahrerlaubnis,** die unter Geltung der **3. EU-FS-RL** ohne Verstoß gegen das Wohnsitzerfordernis erworben wurde bestehen aufgrund der strittigen Fragen (näher dazu § 21 StVG Rn 6a) jedenfalls derzeit hinrichtende Erfolgsaussichten im Sinne von § 114 ZPO, sodass **Prozesskostenhilfe** möglich ist (VGH München SVR 10, 348 m Praxishinweis Koehl). Ebenso, wenn es um die bisher noch offene Frage geht, ob die Verhängung einer isolierten Sperre nach § 69a I 3 StGB den Maßnahmen in Art 8 II **2. EU-FS-RL** gleichzustellen ist (VGH München zfs 11, 176). Prozesskostenhilfe kommt grundsätzlich in Betracht, **wenn** die **Entscheidung in der Hauptsache von der Beantwortung einer schwierigen, bislang ungeklärten Rechtsfrage abhängt** (BVerfG NJW 10, 1129; VGH München zfs 11, 176).

49 Im **Verfahren des vorläufigen Rechtsschutzes im Fahrerlaubnisrecht** sind die Anforderungen an die formelle Begründung der Sofortvollzugsanordnung reduziert. Weder eine im Hinblick auf die schwankende EuGH-Rspr erfolgte mehrjährige Duldung der Nutzung einer unter Wohnsitzverstoß erworbene EU-FE noch ein Gehbehinderung können deshalb im Regelfall dazu führen, dass das Suspensivinteress eines in der Vergangenheit alkoholauffälligen Fahrzeugführers höher zu gewichten wäre als das öffentliche Interesse am Sofortvollzug einer Feststellung der Nichtanerkennung der EU-FE (VGH Mannheim DAR 12, 603 = SVR 13, 108 m Praxishinweis Koehl).

Zusammenfassend und instruktiv zum Rechtsschutz (einschließlich vorläufigem) im Zusammenhang mit Verfahren über die Inlands(un)gültigkeit einer ausländischen EU-FE Koehl DAR 13, 241.

50 f) „Umschreibung" von **EU-/EWR- u Drittland-Fahrerlaubnissen.** Inhaber von EU- oder EWR-Fahrerlaubnissen, die ihren Wohnsitz in Deutschland begründet haben, können auf Antrag (anstelle ihrer mitgebrachten FE) eine deutsche FE mit der entsprechenden Klasse erwerben (§ 30 FeV), sog Umschreibung (zur Anerkennung und Umschreibung von US-Führerscheinen in Deutschland Nissen/Schäpe DAR 08, 563). Inhaber mit einer Drittland-FE, deren Gültigkeit 6 Monate nach Wohnsitznahme in Deutschland abläuft (§ 29 I 3 FeV; früher § 4 I 3 IntKfzVO) können auf Antrag eine deutsche FE mit der entsprechenden Klasse nach § 31 FeV erwerben (Umschreibung); zur Umschreibung türkischer Fahrer-

laubnisse Gutmann SVR 13, 293. Unbeschadet der Erleichterungen und Vergünstigungen nach § 30 oder § 31 FeV ist jedoch bei Zweifeln an der Eignung des Antragstellers die umschreibende FE-Behörde berechtigt (und verpflichtet, vgl § 2 VII StVG), diesen Zweifeln mit den Mitteln der FeV und des StVG nachzugehen (VGH BW NZV 04, 319).

Aus einem „umgetauschten" ausländischen **EU/EWR-Führerschein** in einen von einem anderen Mitgliedstaat ausgestellten Führerschein (hier: tschechischer in ungarischen Führerschein) können sich **keine weiteren Rechte ergeben, als der umgetauschte Führerschein** enthält (VGH München SVR 09, 398 m Praxishinweis Geiger; OVG NRW NZV 10, 167). Zum Rücktausch von Führerscheinen § 30a FeV; zu Fragen des „Umtausches" oben Rn 27 u 40.

Ausf zu Fragen der Anwendung der §§ 28 bis 31 FeV auf umgetauschte EU-Führerscheine Maierhöfer DAR 09, 684.

8. Fahrten zur Ausbildung, Prüfung oder Begutachtung. § 2 XV ent- 51 spricht im Wesentlichen dem alten bis 31.12.98 geltenden § 3.

a) Fahrlehrer. Vgl dazu FahrlG, FahrschAusbO. – § 3 aF ist SchutzG zugunsten 52 des Fahrschülers u anderer VT (BGH(Z) VRS 37, 346 = StVE 1; KG NZV 89, 150).

Der Fahrlehrer **gilt als Führer** des Kfz, er trägt die Verantwortung für die 53 Erfüllung der VPflichtens aus der StVO, StVZO, FZV und FeV. Allerdings führt die gesetzliche Fiktion in § 2 XV nicht dazu, dass der Fahrlehrer als Führer des Fahrzeugs im Sinne des § 23 I a StVO anzusehen ist, denn diese gesetzliche Fiktion findet auf § 23 I a StVO keine Anwendung (OLG Düsseldorf DAR 14, 40 = NZV 14, 328; entgegen OLG Bamberg NJW 09, 2393). Führer eines Kfz ist nur, wer es unter bestimmungsgemäßer Anwendung seiner Antriebskräfte unter eigener Allein- oder Mitverantwortung in Bewegung setzt oder unter Handhabung seiner technischen Vorrichtungen während der Fahrtbewegung durch den öffentlichen Verkehrsraum ganz oder wenigstens zum Teil lenkt, erforderlich ist ein Bedienen wesentlicher Einrichtungen des Fz. Diese Voraussetzungen erfüllt ein Fahrlehrer erst mit dem Eingreifen in Lenk- oder Betriebsvorgänge vom Beifahrersitz, so dass ein Fahrlehrer, der als **Beifahrer während einer Ausbildungsfahrt** einen Fahrschüler begleitet, dessen fortgeschrittener Ausbildungsstand zu einem **Eingreifen** in der konkreten Situation **keinen Anlass** gibt, nicht Führer des Kraftfahrzeugs im Sinne des § 23 I a StVO ist und beim **Telefonieren vom Beifahrersitz** in dieser konkreten Situation keine OWi (BGHSt 59, 311 = NJW 15, 145; OLG Düsseldorf DAR 14, 40f; entgegen OLG Bamberg NJW 09, 2393) begeht. Auch ein alkoholisierter Fahrlehrer, der sich während einer Fahrschulfahrt auf die Bestimmung des Fahrweges und eine mündliche Korrektur der Fahrweise beschränkt, führt das Fahrzeug aber **nicht** iSd **§ 316 StGB** und **§ 24a StVG** (OLG Dresden NZV 06, 440 = NW 06, 1013 = DAR 06, 159 m zust Anm König; krit Blum/Weber NZV 07, 228; s auch § 24a StVG Rn 2). Da er den Fahrschüler bis zur Prüfungsreife fördern muss, darf er ihn bei entspr Ausbildungsstand auch mit schwierigen VAufgaben betrauen (vgl OLG Hamm MDR 68, 666: Übungsfahrt auf Blaubasaltdecke bei Regen; s auch OLG Hamm NJW 79, 993; KG NZV 89, 150), muss aber dabei durch Belehrung des Fahrschülers u erforderlichenfalls rechtzeitiges Eingreifen die Schädigung Dritter verhindern (KG VM 66, 122). Hierbei ist ein strenger Maßstab anzulegen; der Fahrlehrer muss bereits in dem Augenblick, in dem sich der Fahrschüler situationswidrig anschickt, die typischen einer Wiederanfahrt vorausgehenden Bedienungsbewe-

StVG § 2 I. Verkehrsvorschriften

gungen zu machen, sofort eingreifen, um eine solche Wiederanfahrt schon vor ihrem bewegungsmäßigen Beginn zu vermeiden (OLG Koblenz NZV 04, 401). Der Fahrlehrer muss den Fahrschüler grundsätzlich im SchulFz auf dem Beifahrersitz begleiten u jederzeit in der Lage sein, auf die Kfz-Führung zB durch Benutzung der Doppelbedienungseinrichtung einzuwirken (BGH(Z) aaO; OVG Berlin NZV 91, 46). Ausn sind zulässig, wenn sie unvermeidbar oder für die Ausbildung erforderlich sind, zB Unterricht an einsitzigen Fzen (s dazu KG aaO), Ausbildung einer Gruppe bereits fortgeschrittener Fahrschüler, Erzielung größerer Selbstständigkeit eines Schülers. In solchen Fällen muss der Fahrlehrer die Fahrt bes sorgfältig vorbereiten – Auswahl von Zeit u Ort, genaue Anweisung (OLG Hamm VM 61, 110). **Gleichzeitiger** praktischer Fahrunterricht **für mehrere** Krad-Fahrschüler ist untersagt (§ 5 VIII FahrschAusbO; OLG Karlsruhe VRS 64, 153 = StVE § 6 StVZO aF 2).

54 § 2 XV enthält keine gegen den Fahrlehrer gerichteten BußgeldTBe, etwa dahin, dass dieser eine OW begeht, wenn er die Aufsichtspflicht verletzt (s BGH(Z) DAR 72, 187). Der Fahrlehrer ist aber als verantwortlicher Führer des Kfz Täter der auf der Fahrt begangenen VVerstöße u für Folgen aus einer Vernachlässigung seiner Pflichten nach den allg Strafvorschriften (§§ 222, 230 StGB) verantwortlich (KG VM 58, 82; OLG Saarbrücken VRS 46, 212), nicht aber, wenn die Schulfahrt mit einem leeren Bus nur der Erlangung des Personenbeförderungsscheins dient u der Schüler die entspr FE besitzt (OLG Hamm v 14.7.82, 3 Ss OWi 76/82). – Die **zivilrechtliche Haftung** gegenüber dem Fahrschüler u anderen VT kann sich aus § 823 BGB u § 18 I StVG ergeben (s RSprÜb DAR 88, 58; OLG Hamm NZV 05, 637; KG NZV 89, 150: zur Haftung des Fahrschulinhabers bei Unfall eines auszubildenden Kradf). Wegen sonstiger Verletzung der Berufspflichten des Fahrlehrers s § 36 FahrlG, § 18 DVO FahrlG u § 8 FahrschAusbO.

55 **b) Fahrschüler.** Der **Fahrschüler** muss die altersmäßigen Voraussetzungen nach § 10 FeV wenigstens annähernd erfüllen (s dazu § 2 StVG Rn 3). Er ist für die Körperverletzung oder Tötung eines anderen verantwortlich, wenn er schuldhaft von Anweisungen des Fahrlehrers abweicht, zB vorsätzlich schneller oder mit einem größeren Gang fährt als der Fahrlehrer gestattet. Fahrlässige Verstöße bei Übungsfahrten können im Hinblick auf den anzulegenden Maßstab der subjektiven Leistungsfähigkeit nur dem fortgeschrittenen Fahrschüler zur Last gelegt werden a uch nur dann, wenn sie bei seinem Ausbildungsstand unschwer vermeidbar sind (BGH(Z) oben Rn 3). Ein Verschulden ist idR nicht anzunehmen, wenn er lediglich Anweisungen des Fahrlehrers befolgt (OLG Hamm StVE 3). – S zur straf- und ordnungswidrigkeitenrechtlichen Verantwortlichkeit des Fahrschülers auch Thiele DAR 06, 368.

Zivilrechtliche Haftung: Der Fahrschüler unterliegt grundsätzlich keiner StVG-Haftung (s auch Thiele DAR 06, 368). Ihn trifft jedoch gegenüber dritten VT die allgemeine Verschuldenshaftung, wenn er Fahrfehler begeht, die – nach seinem Ausbildungsstand – vermeidbar wären (OLG Köln NZV 04, 401).

56 **c) Kfz-Sachverständige.** Der **Kfz-Sachverständige,** der die FE-Prüfung abnimmt, trägt idR keine Verantwortung für die Fahrweise des Prüflings, wenn dieser durch eine andere Begleitperson (Fahrlehrer) beaufsichtigt wird. Übernimmt er aber selbst die Rolle der Begleitperson, so trägt er auch deren Verantwortung (BayObLGSt [alte Folge] 25, 198). Näheres über Sachverständige u **Technische Prüfstellen** s KfSachvG.

d) Freiwillige Feuerwehr, Rettungsdienst, technisches Hilfswerk und 57
sonstige Einheiten des Katastrophenschutzes (Abs 10a). Durch Siebtes G zur Änd des StVG v 23.6.11 (BGBl I S 1213; amtl Begr VkBl 11, 504, 505; s auch Beck NZV 12, 61) wurden die bislang in § 2 X 5–8 StVG geregelten Fahrberechtigungen zum Führen von Einsatzfahrzeugen bis zu einer zulässigen Gesamtmasse von 4,75 t aufgehoben. Die Neuregelungen, die sich jetzt ausdrücklich auf ehrenamtlich tätige Mitglieder der genannten Organisationen beziehen, wurden mit Wirkung vom 29.6.11 weitestgehend in den zudem umfassenderen neuen Abs 10a übernommen (BRDrs 858/10 S 6).

Nach den seit 1999 geltenden fahrerlaubnisrechtlichen Vorschriften stehen den Freiwilligen Feuerwehren, den nach Landesrecht anerkannten Rettungsdiensten, dem Technischen Hilfswerk sowie dem Katastrophenschutz immer weniger junge Ehrenamtliche zur Verfügung, die über eine zum Führen der Einsatzfahrzeuge notwendige Fahrerlaubnis verfügen. Lediglich ältere Fahrerlaubnisinhaber, die vor dem 1.1.99 ihre Fahrerlaubnis erworben haben, können aufgrund ihres Bestandsschutzes auch diese Fahrzeuge mit über 3,5 t mit dem bisherigen Führerschein der (alten) Klasse 3 fahren. Nachdem diese älteren Fahrer den Freiwilligen Feuerwehren und den o.g. Diensten nunmehr langsam aus Altergründen nicht mehr zur Verfügung stehen, müssen jüngere Fahrer nachrücken, die aber nicht mehr über die benötigte Fahrerlaubnis für die zwischenzeitlich aus technischen Gründen schwerer gewordenen Einsatzfahrzeuge verfügen. Grund für diese Entwicklung ist die 2. EU-FSchRiLi von 1991, nach der das Fahrerlaubnisrecht und insbesondere die deutschen Fahrerlaubnisklassen zum 1.1.99 an die gemeinschaftsrechtlichen Vorgaben anzupassen waren. Seither dürfen mit einer Fahrerlaubnis der Klasse B (Pkw) nur noch Kraftfahrzeuge bis zu einer zulässigen Gesamtmasse von bis zu 3,5 t gefahren werden. Für Kraftfahrzeuge mit einer zulässigen Gesamtmasse zwischen 3,5 t und 7,5 t ist hingegen seit 1999 eine Fahrerlaubnis der Klasse C1 und für Kraftfahrzeuge über 7,5 t eine Fahrerlaubnis der Klasse C erforderlich. Diese Rechtsänderung wurde von der Europäischen Gemeinschaft eingeführt, um durch eine auf die unterschiedlichen Fahrzeugklassen ausgerichtete spezifische Ausbildung und Prüfung die Verkehrssicherheit zu erhöhen. (BRDrs 858/10, S. 4). Mit der Neuregelung zum 29.6.11 wurden zudem die Massen von 4,75 t auf 7,5 t angehoben, weil in der Praxis eine Vielzahl der neuen kleineren Einsatzfahrzeuge bereits über der Gesamtmasse von 4,75 t liegen und im Sinne einer umfassenden Lösung alle für die üblichen Einsatzfahrten benötigen Fahrzeugtypen berücksichtigt werden sollten. Gründe hierfür sind die zunehmende Ausstattung mit Fahrerassistenzsystemen, die der Verkehrssicherheit dienen, wie ABS, ESP und Airbags, aber auch Einsatzausrüstungen wie Motorsägen, Pumpen und Scheinwerfer. Da auch zunehmend Anhänger im Einsatz benötigt werden, wurden auch diese von der Neuregelung mit umfasst. (BRDrs 858/10, S. 4). Bundesweit sind nach Schätzung des Deutschen Feuerwehrverband ca 16.000 Fahrzeuge betroffen, für die in der Regel fünf oder mehr Fahrer benötigt werden, um die Einsatzfähigkeit rund um die Uhr zu gewährleisten. (BRDrs 858/10, S. 2).

Die **Fahrberechtigungen werden durch die nach Landesrecht zuständige Behörde erteilt.** Rechtsgrundlagen hierfür enthalten § 2 Xa und § 6 V StVG. Die Regelungen in § 2 XIII 4 und XVI ermöglichen die Ausbildung und Prüfung zur Erlangung einer Fahrberechtigung zum Führen von Einsatzfahrzeugen und Kombinationen bis zu einer zulässigen Gesamtmasse von 7,5 t innerhalb der Organisation durch eigene Mitglieder oder durch Fahrlehrer als Ausbilder und Prüfer. **Anforderungen an Bewerber sowie Ausbilder** sind in **Abs 10a und**

StVG § 2   I. Verkehrsvorschriften

Abs 16 geregelt. Der begleitende **Ausbilder** oder Prüfer gilt während der Einweisungs- oder Prüfungsfahrt nach § 2 XVI 2 iVm XV 2 StVG als verantwortlicher Führer des Einsatzfahrzeugs. Näher zu den Neuregelungen BRDrs 858/18; BRDrs 858/1/10; BRDrs 858/2/19; BRDrs 858/10 (Beschluss); BRDrs 244/11; BRDrs 244/11 (Beschluss). – Die bisherigen und nunmehr aufgehobenen Regelungen in Abs 10 S 5–8 waren rechtlich problematisch und wohl weitgehend mit **EU-Recht** unvereinbar, da Art. 4 V 2 3. EU-FSchRiLi zwar Ausnahmen für den (in der früheren Regelung nicht mehr) enthaltenen Katastrophenschutz vorsieht, nicht aber für Einsatzfahrzeuge der Freiwilligen Feuerwehren, den nach Landesrecht anerkannten Rettungsdienste und der technischen Hilfsdienste (Hentschel/König/Dauer-Dauer § 2 StVG Rn 83; s auch Engelke NZV 10, 183; Beck NZV 10, 493; Beck NZV 12, 61). Diese **Bedenken** dürften nunmehr **ausgeräumt** sein, weil mit der Neuregelung in § 2 Xa StVG klargestellt wurde, dass es sich bei den Feuerwehren, den nach Landesrecht anerkannten Rettungsdiensten und dem Technischen Hilfswerk letztlich um Einsatzpotentiale des Katastrophenschutzes handelt (BRDrs 858/10 [Beschluss] S 1; krit. dazu und aA: Beck NZV 12, 61, 65; Hentschel/König/Dauer-Dauer § 2 StVG Rn 83).

58   **9. Straftaten und OWen. Führen** eines Kfz **ohne Fahrerlaubnis** ist **Vergehen** nach § 21 StVG. Vorlage eines bzgl der FE-Klasse verfälschten FSch erfüllt auch dann § 267 StGB, wenn sich die Fälschung nicht auf die Klasse des von ihm geführten Fz bezieht (BGHSt 33, 105 m abl St Kühl JR 86, 297 u Puppe JZ 86, 938, 947). In Betracht kommt auch § 281 StGB: Missbrauch des FSch. – Verstöße gegen §§ 4 II 2, 75 Nr 4 FeV (Nichtmitführen oder Nichtvorzeigen des FSch bei oder in engem zeitlichem Zusammenhang mit der Fahrt: OLG Koblenz VRS 45, 398 = StVE § 4 StVZO aF 1) sind OWen; für Inhaber ausl FSch § 4 II 3 FeV (früher § 14 Nr 4 IntKfzVO). Zusammentreffen mit anderen OWen oder Straftaten s § 24 StVG Rn 10 ff.

59   **10. Lenk- und Ruhezeiten.** Diese sind nicht mehr, wie früher, in § 15a StVZO aF vorgeschrieben; diese Regelung ist durch VO zur Änd fahrpersonal- u straßenverkehrsrechtlicher Vorschriften aufgehoben u durch § 6 FahrpersVO ersetzt worden; Ablösung des § 6 FahrpersVO durch §§ 21 ff FahrpersVO (BGBl I 2005 S 1882 ff). Siehe zu Verstößen gegen Lenk- und Ruhezeiten auch §§ 8, 8a FahrpersG. Zu zwischenzeitlichen Regelungslücken OLG Hamburg NZV 07, 372 = DAR 07, 400; OLG Koblenz NJW 07, 2344 = ZfS 07, 471 m Anm Bode; OLG Frankfurt/M DAR 07, 473 m Anm Schäpe; OLG Bamberg DAR 08, 99; OLG Düsseldorf NZV 08, 161 = NJW 08, 930; OLG Koblenz NZV 08, 311; OLG Frankfurt/M SVR 09, 101 m Praxishinweis Ebner. § 8 III FahrpersG idF v 6.7.07 verstößt nicht gegen das Rückwirkungsverbot des Art 103 II GG (OLG Bamberg DAR 08, 99; OLG Dresden DAR 08, 153; BVerfG NJW 08, 3769 = DAR 09, 78). Von Bedeutung ist außerdem die VO (EG) Nr 561/2006 zur Harmonisierung von Sozialvorschriften im Straßenverkehr; siehe dazu auch Ternig NZV 07, 341; Langer, DAR 07, 415 u Langer DAR 08, 421. Zu den Darlegungsanforderungen bei Verstößen gegen die Tageslenkzeit OLG Koblenz NZV 13, 94 (genaue Angaben zu Beginn und Ende der Fahrt sowie zu etwaigen Fahrtunterbrechungen erforderlich); OLG Koblenz NZV 13, 150, 151 (Feststellungen dazu, ob die geahndeten Lenktätigkeiten anlässlich einer der VO (EG) Nr 561/2006 unterfallenden Fahrt unternommen wurden); OLG Saarbrücken zfs 13, 293 (Beginn und Ende der tatsächlichen Lenkzeiten sowie der vorgenommenen Fahrtunterbrechungen). **Lenkpausen,** auch solche **von weniger als 15 Minuten,**

zählen nicht zur Lenkzeit, wenn sie aus anderen als verkehrsbedingten Gründen stattfinden oder so lange dauern, dass der Fahrer dabei seinen Platz am Lenkrad verlassen kann (OLG Saarbrücken zfs 13, 293, 294). Bei Überschreitung von Tageslenkzeit und Doppelwochenlenkzeit besteht Tateinheit (OLG Koblenz SVR 10, 341 m Praxishinweis Fromm; OLG Frankfurt/M NZV 11, 99, 101). Kommt es nur zu einem Doppelwochenverstoß, stehen selbständige Wochenverstöße, die nicht von diesem Doppelwochenverstoß miterfasst werden, untereinander in Tatmehrheit (OLG Frankfurt/M NZV 11, 99, 101). Innerhalb eines Doppelwochenverstoßes begangene selbstständige Tages- oder Wochenverstöße stehen zueinander in Tateinheit (OLG Hamm DAR 12, 401 m Anm Humbert). Zu Kriterien der natürlichen Handlungseinheit bei Lenkzeitverstößen OLG Koblenz NZV 13, 152. Wenn kein Wochenverstoß vorliegt, stehen selbständige Tagesverstöße untereinander ebenfalls in Tatmehrheit (OLG Frankfurt/M NZV 11, 99, 101). Mehrere rechtlich **selbstständige Handlungen** iSd § 20 OWiG können nicht allein deshalb als eine **Tat im prozessualen Sinn** angesehen werden, weil sie innerhalb eines Kontroll- oder Überprüfungszeitraums begangen wurden (BGH NJW 13, 3668). – Zur Bußgeldzumessung bei Fahrpersonalsachen Fromm SVR 12, 290. Zur **zivilrechtlichen Haftung** des **Geschäftsherrn** bei Nichteinhaltung der vorgeschriebenen Lenk- und Ruhezeiten OLG Hamm NJW 09, 2685.

11. Berufskraftfahrer. Berufskf ist, wer die FE der Kl C u D erworben u die Fertigkeiten u Kenntnisse des Ausbildungsberufsbildes in einer Abschlussprüfung nachgewiesen hat; Berufskraftfahrer-Ausbildungsverordnung v 19.4.2001 (BGBl I S 642); siehe auch Berufskraftfahrer-Qualifikations-Gesetz (BKrFQG) und Berufskraftfahrer-Qualifikations-Verordnung (BKrFQV) sowie Gesetz zur Regelung der Arbeitszeit von selbständigen Kraftfahrern v 11.7.2012 (BGBl I S 1479). Zur **Strafbarkeit** von **Fahrerkartenmanipulationen** Duchstein SVR 13, 361. 60

12. Literatur (zu §§ 2, 2a und 3 StVG). Barthelmess „Aggressivität im Straßenverkehr" NZV 13, 22; **Beck, L** „Feuerwehr-Führerscheine' auch für Feuerwehren? – Replik zu Engelke, NZV 10, 183" NZV 10, 493; **ders** „Nachbesserungen bei den Feuerwehr-Führerscheinen" NZV 12, 61; **Berr/Krause** „Fahreignung bei nachgewiesenem einmaligen Konsum von Cannabis und mangelnde Trennung zwischen dem Konsum und dem Führen eines Kfz" Himmelreich-FS S 91; **Blum** „Ausländische Fahrerlaubnisse" NZV 08, 176; **ders** „Das EU-Fahrerlaubnisrecht" SVR 09, 368; **Blum/Weber** „Wer ist Führer des Fahrschulwagens? – Zugleich eine kritische Anmerkung zum Beschluss des OLG Dresden vom 19.12.2005 (NZV 2006, 440)" NZV 07, 228; **Bode** „Zur Verfassungswidrigkeit des § 14 FeV" DAR 03, 15; **ders** Einnahme von Betäubungsmittel (außer Cannabis) und Kraftfahreignung" DAR 02, 24; **Bode/Winkler** Fahrerlaubnis, Deutscher Anwalt Verlag, 2006, 5. Aufl.; **Bönke** „Grenzüberschreitende Ahndung von Verkehrsverstößen – Das EU-Übereinkommen zur Vollstreckung von Geldstrafen und Geldbußen" NZV 06, 19; **Bouska** „FE auf Probe" DAR 86, 333; „FE-Recht" Beck 1987; **ders** „Änderungen des FE-Rechts" DAR 93, 241; **ders** „Umsetzung der FSch-RiLi EU v 29.7.91" DAR 96, 276; **Brenner** „Führerschein-Tourismus in Europa – Eine Option mit Grenzen" DAR 05, 363; **ders** „Der Rechtsstaat und die MPU" ZRP 06, 223; **ders** „Der deutsche Autofahrer – recht- und schutzlos in Europa?" DAR 08, 627; **Buchardt** „Die Umsetzung der 3. EU-Führerscheinrichtlinie – der schwierige Weg zum neuen Recht" DAR 13, 48; **Buchardt/Brieler** „Wegfall der Kurse nach § 70 FeV für Punktetäter" SVR 11, 401; **Dauer** „Verkehrszentralregister: Wann entstehen Punkte?" NZV 07, 593; ders „Ausnahmen von der Pflichtausbildung in der Fahrschule" DAR 09, 729; ders „Ablehnung der Anerkennung ausländischer EU/EWR-Fahrerlaubnisse nur bei vorheriger Entziehung der Fahrerlaubnis?" NJW 10, 557; **ders** „Krankheitsbedingte Mängel der Fahreignung aus verwaltungsrechtlicher Sicht" DAR 12, 181; **Demandt** „Der Umgang der Oberver- 61 waltungsgerichte mit den Entscheidungen *Kapper* und *Halbritter* des EuGH" SVR 08, 118; **Denker** „Risiko Verkehrsrecht – eine kritische Zwischenbilanz" DAR 04, 626; **de Vries** „Krankheitsbedingte Fahruntüchtigkeit im Strafrecht" SVR 12, 332; **Dezsö** „Die EuGH-Entscheidungen zur Anerkennung ausländischer Führerscheine in der gerichtlichen Praxis" DAR 06, 643; **Driehaus** „Die Anordnung eines medizinisch-psychologischen Gutachtens bei der Entziehung der Fahrerlaubnis wegen Drogenauffälligkeit" DAR 06, 7; **Duchstein** „Die Strafbarkeit von Fahrerkartenmanipulationen" SVR 13, 361; **Eisenmenger** „Drogen im Straßenverkehr – Neue Entwicklungen" NZV 06, 24; **Engelbrecht** „Auswirkungen des 1. Justizmodernisierungsgesetzes auf das verkehrsrechtliche Mandat" DAR 04, 494; **Engelke** „Der neue ‚Feuerwehr-Führerschein': Reichweite und europarechtliche Probleme des neugefassten § 2 X StVG" NZV 10, 183; **Fromm** „Eignungszweifel bei wiederholten Verkehrsverstößen – Rechtfertigen Verkehrsstraftaten und Ordnungswidrigkeiten Bedenken an der Eignung zum Führen von Kraftfahrzeugen?" zfs 11, 428; **ders** „Bußgeldzumessung bei Fahrpersonalsachen" SVR 12, 290; **Fromm/Schmidt** „Die Beschränkung der verwaltungsbehördlichen Zuständigkeit nach § 3 III 1 StVG – Der Vorrang des Strafverfahrens bei der Fahrerlaubnisentziehung" NZV 07, 217; **Gehrmann** „Die neuen Begutachtungs-Leitlinien zur Kraftfahrereignung" NZV 00, 445; **ders** „Die Eignungsbeurteilung von Drogen konsumierenden Kraftfahrern nach neuem Fahrerlaubnisrecht (zur Frage der Verfassungsmäßigkeit von § 14 FeV)" NZV 02, 201; **ders** „Neue Erkenntnisse über die medizinische und psychologische Begutachtung von Kraftfahrern (zur Kommentierung der Begutachtungs-Leitlinien, Januar 2002, von Schubert/Schneider/Eisenmenger/Stephan)" NZV 02, 488; **ders** „Bedenken gegen die Kraftfahrereignung und Eignungszweifel in ihren grundrechtlichen Schranken" NZV 03, 10; **ders** „Das Problem der Wiederherstellung der Kraftfahreignung nach dem neuen Fahrerlaubnisrecht" NZV 04, 167; **ders** „Der Arzt und die Fahreignungsmängel seines Patienten" NZV 05, 1; **ders** „Die Bedeutung der Obergutachterstellen für die Beurteilung der Fahreignung" NZV 07, 112; **ders** „Grenzwerte für Drogeninhaltsstoffe im Blut und die Beurteilung der Eignung im Fahrerlaubnisrecht – Die verfassungsmäßigen und die fahrerlaubnisrechtlichen Grundlagen für die Festsetzung von Grenzwerten für im Serum nachweisbare Drogeninhaltsstoffe" NZV 08, 265; **ders** „Die Anforderungen der Verfassung an Entscheidungsgrenzwerte für Drogeninhaltsstoffe im Blut und an Prozenträge bei ärztlichen Leistungstests" Himmelreich-FS S 117; **ders** „Befristung und Beschränkung der Fahrerlaubnis – Europarechtliche Vorgaben, Altersbegrenzung, Pflichtuntersuchung" NZV 09, 12; **ders** „Die medizinisch-psychologische Untersuchung auf dem Prüfstand – MPU als Instrument der Verkehrssicherheit. Wer prüft die Prüfer. Alternativen" NZV 10, 12; **ders** „Die freizügige Einwanderung von Ausländern in die Bundesrepublik und die Verkehrssicherheit" NZV 13, 569; **Geiger, G** „Die unendliche Geschichte des Führerscheintourismus" DAR 10, 121; **Geiger, H** „Fahrerlaubnis und Drogenkonsum – Konsequenzen aus der neueren Rechtsprechung" NZV 03, 272; **ders** „Neuere Rechtsprechung zur Fahreignung bei Alkohol- und Drogenauffälligen" DAR 03, 97; **ders** „Überlegungen zur Weiterentwicklung der medizinisch-psychologischen Untersuchung" DAR 03, 494; **ders** „Verwertung von Erkenntnissen über Drogen- und Alkoholauffällige im Ausland durch deutsche Fahrerlaubnisbehörden" DAR 04, 184; **ders** „Aktuelle Rechtsprechung zum Fahrerlaubnisrecht" DAR 04, 690; **ders** „Entziehung und Wiedererteilung der Fahrerlaubnis durch die Verwaltungsbehörde – dargestellt am Beispiel von alkoholauffälligen Kraftfahrern" NZV 05, 623; **ders** „Rechtsschutzmöglichkeiten im Fahrerlaubnisrecht" SVR 06, 121; **ders** „Aktuelle Rechtsprechung zum Recht der Fahrerlaubnis" SVR 06, 401; **ders** „Die Bedeutung von Nachschulungskursen für Erwerb oder Erhalt von Fahrerlaubnissen" SVR 06, 447; **ders** „Die Überprüfung des Wohnsitzerfordernisses bei EG-Führerscheinen aus Sicht der Rechtsprechung – Vertragsverletzungsverfahren bei Missachtung durch Mitgliedstaaten" DAR 06, 490; **ders** „Neues Ungemach durch die 3. Führerscheinrichtlinie der Europäischen Gemeinschaften?" DAR 07, 126; **ders** „Verbot des Führens nicht fahrerlaubnispflichtiger Fahrzeuge" SVR 07, 161; **ders** „Die Bedeutung der medizinisch-psychologischen Untersuchung im Fahrerlaubnisrecht" NZV 07, 489; **ders** „Aktuelle Rechtsprechung zum Fahrerlaubnisrecht" SVR 07, 441; **ders** „Die Bekämpfung des Führerscheintourismus in Deutschland – Eine Entgegnung auf Schünemann/Schünemann, DAR 2007, 382" DAR 07, 540; **ders** „Die gegenseitige Anerkennungspflicht bei EG-Führerscheinen – Eine Auseinandersetzung mit der Rechtsprechung des EuGH" SVR 08, 366; **ders** „Die Fragestellung für die Erstellung von Fahreignungsgutachten (§ 11 Abs 6 FeV)" SVR 08, 405; **ders** „Streitwerte in verkehrsverwaltungsrechtlichen Streitigkeiten" DAR-Extra 08, 760; **ders** „Aktuelle Rechtsprechung zum Fahrerlaubnisrecht" DAR 09, 61; **ders** „Die Zulässigkeit unbestimmter Rechtsbegriffe – Darstellung an ausgewählten Beispielen aus dem Verkehrsverwaltungsrecht" SVR 09, 41; **ders** „Der feststellende Verwaltungsakt nach § 28 Abs 4 Satz 2 FeV" SVR 09, 253; **ders** „Der Einsatz von Alkohol-Interlocks aus verwaltungsrechtlicher Sicht" DAR 09, 414; **ders** „Die MPU: Untersuchungsanlässe, inhaltliche Anforderungen, Reformansätze" SVR 10, 81; **ders** „Die Umsetzung der 3. Führerscheinrichtlinie in Deutschland" DAR 10, 557; **ders** „Auswirkungen des Straf- und Ordnungswidrigkeitenrechts auf das Verwaltungsrecht" DAR 10, 373; **ders** „Überlegungen zur Reform der MPU" SVR 10, 408; **ders** „Aktuelle Rechtsprechung zum Fahrerlaubnisrecht" DAR 11, 61; **ders** „Teilgutachten im Rahmen der Fahreignungsbegutachtung" DAR 11, 244; **ders** „Psychologische Fahrverhaltensbeobachtung" DAR 11, 623; **ders** „Die Fahrerlaubnis im Europäischen Recht" DAR 12, 45; **ders** „Aktuelle Rechtsprechung zum Fahrerlaubnisrecht" DAR 12, 121; **ders** „Die Umschreibung ausländischer Führerscheine" DAR 12, 381; **ders** „Zur Reformbedürftigkeit der Medizinisch-Psychologischen Untersuchung (MPU)" SVR 12, 447; **ders** „Private MPU im Strafverfahren? Eine notwendige Erwiderung auf Hillmann DAR 2013, 119" DAR 13, 231; **ders** „Aktuelle Entwicklungen bei der medizinisch-psychologischen Untersuchung" SVR 13, 281; **Geiger/Rebler** „Maßnahmen gegen Führerscheintourismus" SVR 12, 361; **Grabolle** „Das Ende des Führerscheintourismus? Aktuelle Entwicklungen im Recht der Fahrerlaubnis" zfs 08, 662; **Graumann** „Der Gang der medizinisch-psychologischen Untersuchung" ZfS 05, 168; **Grosche/Höft** „Richtlinienkonforme Rechtsfortbildung ohne Grenzen? – Zugleich Besprechung von BGH, NJW 09, 427 – Quelle" NJOZ 09, 2294 = NJW 09, 2416 (Kurzfassung); **Grünning/Ludovisy** „Der Rechtscharakter der MPU-Anordnung" DAR 93, 53; **Gutmann** „Umschreibung türkischer Fahrerlaubnisse?" SVR 13, 293; **Haase** „Verfassungskonforme Anwendung der Fahrerlaubnisverordnung im Falle von Konsum oder Besitz von Cannabis mit oder ohne Bezug zum Straßenverkehr" ZfS 07, 2; **ders** „Zur Entwicklung des Europäischen Fahrerlaubnisrechts bis zur Hofmann-Entscheidung des EuGH vom 26.4.2012" SVR 12, 281; **Hailbronner** „Anerkennung der in anderen EU-Mitgliedstaaten erworbenen Fahrerlaubnisse" NZV 09, 361; **Hailbronner/Thoms** „Der Führerschein im EU-Recht" NJW 07, 1089; **Heiler/Jagow/Tschöpe** „Führerschein" Vogel-Verlag Mü 2006, 6. Aufl.; **Hellwig/Meyer** „Verkehrspsychotherapie in Deutschland: Woher kommt sie und was kann sie leisten?" DAR 03, 102; **Herbert** „Anforderungen an die Begutachtungsstellen für Fahreignung zur Erstellung einer Begutachtung der Fahreignung (medizinisch-psychologisches Gutachten)" DAR 10, 288; **Hering** „Der Verwaltungs-Rechtsschutz in Verkehrssachen" SVR 06, 165; **Hillmann** „Zweifel an der Fahreignung MPU – Nachweisfragen – Rechtsprobleme (Verhältnismäßigkeit/Rechtsnatur)" DAR 03, 106; **ders** „Reformüberlegungen zum neuen Fahrerlaubnisrecht" DAR 03, 546; **ders** „Fahrerlaubnisentziehung – Einsatz von pädagogisch-psychologischen Maßnahmen" DAR 05, 601; **ders** „Rechtsschutz gegen Maßnahmen der Verwaltungsbehörde" DAR 06, 128; **ders** „Verteidigungsstrategien in Verkehrsstrafsachen im Hinblick auf die MPU" DAR 08, 376 = Himmelreich-FS S 17; **ders** „,Idiotentest' auf dem Prüfstand" DAR 10, 288; **ders** „Drogendelikte im Straßenverkehr – Eine kritische Betrachtung" DAR 11, 178; **ders** „Private MPU im strafrechtlichen Hauptverfahren" DAR 12, 231; **ders** „Private MPU im strafrechtlichen Hauptverfahren – Antwort auf Kritik" DAR 13, 119; **Hillmann/Mehlhorn** „Ist die Fahrerlaubnisbehörde verpflichtet, mehrere MPU-Begutachtungen innerhalb eines Verfahrens zuzulassen?" DAR 12, 111; **Himmelreich, A.** „Forensische Verkehrstherapie (IVT-Hö®) in 10 Schritten" Himmelreich-FS S 147; **Himmelreich** „Alkoholkonsum – privat und *ohne* Verkehrsteilnahme: Fahrerlaubnisentzug im Verkehrsverwaltungsrecht wegen Alkoholmissbrauchs?" DAR 02, 60; **ders** „Sperrfrist-Abkür-

StVG § 2   I. Verkehrsvorschriften

zung für die Wiedererteilung der Fahrerlaubnis (§ 69a Abs 7 Satz 1 StGB) durch eine Verkehrstherapie" DAR 03, 110; **ders** „Cannabis-Konsum und seine rechtlichen Folgen für den Führerschein im Verkehrs-Verwaltungsrecht" DAR 02, 26; **ders** „Bindungswirkung einer strafgerichtlichen Eignungs-Beurteilung gegenüber der Fahrerlaubnisbehörde bei einem Trunkenheitsdelikt mit einer BAK ab 1,6 Promille" NZV 05, 337; **ders** „Nachschulung, Aufbau-Seminar, Wieder-Eignungs-Kurs und Verkehrs-Therapie zur Abkürzung der strafrechtlichen Fahrerlaubnissperre bei Trunkenheitsdelikt im Blickpunkt der neuen Rechtsprechung" DAR 04, 8; **ders** „Eignung oder Nichteignung des älteren Kf ..." DAR 95, 12; **ders** „Psychologische oder therapeutische Schulungs-Maßnahmen zwecks Reduzierung oder Aufhebung der Fahrerlaubnissperre (§ 69a StGB) – ein Irrgarten für den Strafrichter?" DAR 05, 130; **Himmelreich/Janker/Karbach** „Fahrverbot, Fahrerlaubnisentzug und MPU-Begutachtung im Verwaltungsrecht" Luchterhand-Verlag 2007, 8. Aufl.; **Himmelreich/Karbach** „Wegfall oder Verkürzung von Fahrerlaubnisentzug und Fahrverbot bei Nachschulung und Therapie im Strafrecht" SVR 09, 1; **Hofmann/Petermann/Witthöft** „Der Beitrag der Psychologie zum Thema Aggressionen im Straßenverkehr" SVR 13, 12; **Huppertz** „Fahrerlaubnisfreie motorisierte Krankenfahrstühle" NZV 03, 460; **ders** „Besitzstandswahrung im neuen Fahrerlaubnisrecht (FeV 2013)" DAR 13, 191; **Jagow** „Aushändigung des FSch als Voraussetzung für FE" VD 85, 145; **ders** „FSch auf Probe" VD 85, 241; **ders** „EG-FSch" DAR 92, 453; **ders** „2. EG-FSch-RiLi – Besitzstandsfragen" DAR 94, 312; **ders** „Selbständige Anfechtbarkeit einer MPU-Anordnung" NZV 06, 27; **Janker** „Punkteabbau durch Teilnahme an verkehrspsychologischer Beratung" SVR 07, 87; **ders** „Punktereduzierung durch Teilnahme an Aufbauseminaren oder verkehrspsychologischer Beratung – Voraussetzungen und Inhalte" DAR 08, 166; **Jung** „MPU bei 8 Punkten? Das Spannungsverhältnis von § 11 Abs 3 S. 1 Nr 4 FeV zum Punktesystem nach § 4 StVG" Himmelreich-FS S 185; **Kalus/Feiertag** „Reaktionsmöglichkeiten der Fahrerlaubnisbehörden ‚außerhalb' der Regelungen des Punktsystems" DAR 09, 7; **Koehl** „Die Inlandsgültigkeit von ausländischen EU-Fahrerlaubnissen" SVR 10, 377; **ders** „Neuere Rechtsprechung im Straßenverkehrsverwaltungsrecht" SVR 11, 441"; **ders** „Fehlende Faheignung – Zweifel an der Faheignung" SVR 12, 6; **ders** „Cannabiskonsum und Faheignung" DAR 12, 185; **ders** „Wichtige Entscheidungen zur Überprüfung der Faheignung bei Alkoholproblematik" SVR 12, 413; ders „Führerscheintourismus: Die Rechtsprechung des EuGH zur dritten EU-Führerscheinrichtlinie und ihre Konsequenzen für verwaltungsbehördliche und gerichtliche Verfahren" DAR 12, 446; **ders** „Entziehung der Fahrerlaubnis: Konkurrenzen zwischen Strafgericht und Fahrerlaubnisbehörde" DAR 12, 682; **ders** „Neuere Rechtsprechung im Verkehrsverwaltungsrecht" NZV 12, 570; **ders** „Aggressivität im Straßenverkehr – Auswirkungen auf die Faheignung" SVR 13, 9; **ders** „Anwaltliche Checkliste für Verfahren über die Inlands(un)gültigkeit einer ausländischen EU-Fahrerlaubnis" DAR 13, 241; **ders** „Das Verhältnis der FeV zu den Abstinenzerfordernissen der Begutachtungs-Kriterien" DAR 13, 624; **Köhler-Rott** „Obergerichtliche Rechtsprechung zur Drogenproblematik im Verkehrsverwaltungsrecht" DAR 07, 682; **Kokott** „Verkehrsraum Europa: Der EuGH steuert mit" DAR 06, 604; **Krause** „Drogen im Straßenverkehr" SVR 05, 52; **ders** „THC-Konzentration im Blutserum" SVR 05, 404; **ders** „Nachgewiesene THC-Konzentration durch Passiv-Rauchen von Cannabis?" DAR 06, 175; **ders** „Anordnung eines Gutachtens im Zusammenhang mit Cannabis" SVR 06, 454; **ders** „Die Anordnung eines ärztlichen Gutachtens gem § 14 Abs 1 S 1 Nr 2 FeV" SVR 07, 287; **Krismann** „Die bedingte Eignung zum Führen von Kraftfahrzeugen sowie die beschränkte und mit Auflagen versehene Fahrerlaubnis bei rauschmittelbeeinflusster Straßenverkehrsteilnahme" NZV 11, 417; **Krumdiek** „Cannabis sativa L. und das Aufleben alter Vorurteile" NStZ 08, 437; **Kunkel** „Faheignungsgutachten der MPU" ZfS 96, 241; **Kürti** „Fehlerquellen bei psychologischer Begutachtung" BA 86, 450; **Kürti** „Zur möglichen Reform der Medizinischen-Psychologischen Fahrereignungsbegutachtung" SVR 10, 327; **Langer** „Novellierung der Lenk- und Ruhezeiten im Straßenverkehr und das neue digitale Kontrollgerät" DAR 07, 415; **ders** „Anpassung der nationalen Vorschriften über die Lenk- und Ruhezeiten an das geltende EU-Recht" DAR 08, 421; **Laub** „Drogenkonsum und

Verkehrsteilnahme" – Das Einschreiten der Polizei zur Gefahrenabwehr" SVR 08, 81; **Leifeld** „Zur Strafbarkeit der Vorlage gefälschter Therapiebescheinigungen im Rahmen der Medizinisch-Psychologischen-Untersuchung" NZV 13, 422; **Leitmeier** „§ 28 IV Nr 2 FeV – endlich europarechtskonform?" NZV 10, 377; **Liniger** „Die forensisch-toxikologische Haaranalyse auf Ethylglucuronid – eine beweiskräftige Untersuchungsmethode zur Überprüfung des Alkoholkonsums in der verkehrsmedizinischen Begutachtung" in: Schaffhauser (Hrsg) „Jahrbuch zum Strassenverkehrsrecht 2006" Schriftenreihe des Instituts für Rechtswissenschaft und Rechtspraxis (Band 41) Universität St. Gallen (Schweiz), S 42; **ders** „Ethylglucuronid-Haaranalytik: Zum intraindividuellen Vergleich von Kopf- und Nichtkopfhaaren" in: Schaffhauser (Hrsg) „Jahrbuch zum Strassenverkehrsrecht 2013", S. 37; **Ludovisy** „Gültigkeit und Anerkennung im europäischen Ausland erworbener Führerscheine" DAR 05, 7; **ders** „Entwicklung der Rechtsprechung zur Anerkennung ausländischer Führerscheine" DAR 06, 9; **ders** „Auswirkung der EuGH-Entscheidung (zur Anerkennung ausländischer Führerscheine [DAR 2006, 375] auf die Praxis der Fahrerlaubnisanerkennung" DAR 06, 532; **Mahlberg** „Sind ‚wiederholte Zuwiderhandlungen im Straßenverkehr unter Alkoholeinfluss' iSv. § 13 Nr 2b FeV und „Tatmehrheit" iSv. § 53 StGB gleichbedeutend?" DAR 08, 233; **ders** „Überlegungen zur neuen, Dritten Führerscheinrichtlinie der Europäischen Gemeinschaften" Himmelreich-FS S 201; **ders** „Anforderung von Fahreignungsgutachten im Zusammenhang mit einer ‚Alkoholproblematik'" DAR 10, 1; **ders** „Aufforderung zur Beibringung eines medizinisch-psychologischen Fahreignungsgutachtens nach verkehrsrechtlichen/strafrechtlichen Zuwiderhandlungen – Besprechung von VGH Mannheim, B. v. 30.6.2011 (10 S 2785/10), zugleich ein Plädoyer für die isolierte Anfechtbarkeit der Gutachtenanforderung; **Maierhöfer** „Die Anwendung der §§ 28 bis 31 FeV auf EU-Führerscheine, die durch Umtausch eines drittstaatlichen Führerscheines erworben wurden" DAR 09, 684; **Manssen** „Aggression im Straßenverkehr – Staatliche Schutzpflicht gegen Rücksichtslosigkeit im Verkehr" SVR 13, 246; **Mehlhorn/Lehmann** „MPU nach vielen Parkverstößen oder Verwarnungsdelikten doch nicht rechtmäßig?" DAR 12, 434; **Morgenstern** „Der Abgesang des Führerscheintourismus" NZV 08, 425; **Müller, D.** „Inhalte und Grenzen polizeilicher Mitteilungspflichten an Fahrerlaubnisbehörden" SVR 07, 241; **ders** „Dienstfahrerlaubnis und Fahreignung" NZV 12, 57; **ders** „Gedanken zu einer zeitgemäßen Fahrschulausbildung für eine Hochrisikogruppe" NZV 13, 14; **ders** „Probleme des Fahreignungsrechts und die Pflichtmitteilungen der Polizei gem. § 2 Abs 12 StVG" DAR 13, 69; **Müller, K** „Begutachtung und Förderung der Fahreignung – MPU, Beratung und Kurse für verkehrsauffällige Kraftfahrer" SVR 09, 409; **Müller, K/Veltgens** „Verkehrspsychologie und Fahreignung" Himmelreich-FS S 211; **Müller, W** „Zur Rechtsmittelfähigkeit einer MPU-Anordnung – Gibt es im interdisziplinären Diskurs eine spezifische verkehrspsychologische Position?" DAR 06, 534; **Mußhoff/Madea** „Chemisch-toxikologische Analysen auf berauschende Mittel im Rahmen der Fahreignungsdiagnostik" NZV 08, 485; **Mußhoff/Madea** „Die chemisch-toxikologische Analyse auf berauschende Mittel im Rahmen der Fahreignungsdiagnostik" Himmelreich-FS S 227; **Nissen** „Punktesysteme in Europa – eine Übersicht" DAR 07, 564; **Nissen/Schäpe** „Anerkennung und Umschreibung von US-Führerscheinen in Deutschland" DAR 08, 563; **Otte/Kühner** „Führerscheintourismus ohne Grenzen?" NZV 04, 321; **Patzak/Goldhausen** „Die aktuellen Wirkstoffgehalte von Cannabis …" NStZ 07, 195; **Patzak/Marcus/Goldhausen** „Cannabis – wirklich eine harmlose Droge?" NStZ 06, 259; **Pechstein/Kubicki** „Gültigkeitskontrolle und Bestandskraft von EG-Rechtsakten" NJW 05, 1825; **Pießkalla** „Aktuelle Fragen zur Fahreignung gelegentlicher Cannabiskonsumenten unter besonderer Berücksichtigung des Mischkonsums mit Alkohol" NZV 08, 542; **ders** „§ 28 IV Nr 2 FeV – (wieder) ein Verstoß gegen die EG-Führerscheinrichtlinie?" NZV 09, 479; **Pießkalla/Leitgeb** „§ 28 IV 1 Nr 3 FeV: Anerkennungspflicht auf für nach dem 18.1.2009 ausgestellte EU-Führerscheine" NZV 10, 329; **Pott** „Reaktionsmöglichkeiten der Fahrerlaubnisbehörde nach Besitz oder Konsum von Cannabis" NZV 12, 111"; **Rebler** „(Keine) Anordnung einer medizinisch-psychologischen Begutachtung nach Verzicht auf die Fahrerlaubnis in der Probezeit" DAR 09, 666 = SVR 10, 41; **ders** „Gesundheitliche Eignung von Verkehrsteilnehmern – Maßnah-

StVG § 2   I. Verkehrsvorschriften

men der Fahrerlaubnisbehörde in Zweifelsfällen" SVR 11, 121; **ders** „Die Anerkennungspflicht für EU-Führerscheine in der Rechtsprechung des EuGH" SVR 12, 338; **ders** „Alkoholisierte Radfahrer im Straßenverkehr" SVR 12, 401; **ders** „Die gegenseitige Anerkennung von Fahrerlaubnissen in der EU" NZV 12, 516; **Riedmeyer** „Entwicklungen beim Europäischen Fahrerlaubnisrecht" zfs 09, 422; **Säftel** „Drei Jahre ‚Führerscheintourismus' und kein Ende" NZV 07, 493; **Scheidler** „Bessere Möglichkeiten deutscher Behörden, ausländischen Führerscheinen die Anerkennung zu versagen durch die 3. Führerscheinrichtlinie? – Eine Auseinandersetzung mit der Judikatur des OVG Münster und des BayVGH" NZV 12, 66; **Scheucher/Eggerdinger/Aschersleben** „Individuelle Kurzzeit-Verkehrstherapie für alkoholauffällige Kraftfahrer (eine dauerhafte Wiederherstellung der Kraftfahreignung?)" DAR 03, 19; **Scheufen/Müller-Rath** „Bindungswirkung strafgerichtlicher Sperrfristverkürzungsbeschlüsse" NZV 06, 353; **Schmidt-Drüner** „EU-Führerscheine und Verkehrssicherheit – ein Widerspruch? – Gleichzeitig eine Besprechung von EuGH, Rs C-227/05, Halbritter (NZV 2006, 498)" NZV 06, 617; **Schubert** „Die Oberbegutachtung im Fahrerlaubnisrecht – Anmerkungen zur Rechtslage" NZV 08, 436; **Schünemann, B./Schünemann, S.** „Deutsche Bekämpfung des ‚Führerscheintourismus' scheitert am europäischen Prinzip der gegenseitigen Anerkennung" DAR 07, 382; **dies** „Nochmals: Die Bekämpfung des Führerscheintourismus in Deutschland – Replik auf die Entgegnung von Geiger, DAR 2007, 540" DAR 08, 109; **Stephan** „Stärken und Schwächen ‚objektiver' psychologischer und medizinischer Befunde als Basis der Krankheitsdiagnose und der Verkehrsverhaltensprognose – unter Berücksichtigung psychometrischer Leistungstests und biomechanischer Marker" NZV 03, 57; **ders** „Die Bedeutung der bedingten Eignung für die Einzelfallgerechtigkeit bei alkoholauffälligen Kraftfahrern im Verwaltungsrecht" Himmelreich-FS S 245; **Stuttmann** „Die Entziehung der Fahrerlaubnis wegen Cannabiskonsums" NJW 11, 1919 (Kurzfassung) = NJOZ 11, 1113 (Langfassung); **Tepe** „Haust Du, dann läufst Du! – Zur Berücksichtigung von Aggressionspotenzial im Fahrerlaubnisrecht" NZV 10, 64; **ders** „Von Aggressionen, Alkoholmissbrauch und Aggressionen unter Alkoholeinfluss im Fahrerlaubnisrecht" DAR 13, 372; **Ternig** „EU-Fahrerlaubnisse: Möglichkeiten der Nutzung im Inland beim Erwerb im Ausland – EUGH-Urteil vom 29.4.2004 und andere Entscheidungen" ZfS 04, 293; **ders** „EU-Fahrerlaubnisse" ZfS 05, 585; **ders** „VO (EG) Nr 561/2006 – Lenkzeiten, Lenkzeit-/Fahrtunterbrechungen, Ruhezeiten" NZV 07, 341; **ders** „Änderungen der Fahrerlaubnis-Verordnung (FeV) zum Juni 2012 und Januar 2013" zfs 13, 9; **Thiele** „Zur Verantwortlichkeit von Fahrschülern bei straßenverkehrsrechtlichen Ordnungswidrigkeiten" DAR 06, 368; **Thiele/Eschenbacher/Haag-Dawoud** „Neue Grundsätze zur Abstinenzkontrolle" Jahrbuch zum Straßenverkehrsrecht 2012; **Thoms** „Ab wann gelten die 3. Europäischen Führerscheinrichtlinien?" DAR 07, 287; **Uhle/Löhr-Schwaab** „Abstinenz-Check bei Führerscheinproblemen wegen Alkohol" ZfS 07, 192; **Vries**, (siehe de Vries); **Weber, K** „Keine selbständige Anfechtbarkeit einer MPU-Anordnung" NZV 06, 399; **ders** „Zur Rückgabe des Führerscheins bei Entziehung der Fahrerlaubnis durch die Fahrerlaubnisbehörde" SVR 2009, 121; **ders** „Der Widerspruch gegen die Entziehung der Fahrerlaubnis nach § 3 StVG" SVR 10, 39; **ders** „Zum Verfahren nach § 80 V VwGO in straßenverkehrsrechtlichen Angelegenheiten" SVR 11, 281; **ders** „Zur Kraftfahreignung alter Menschen" SVR 12, 441; **Wendlinger** „Fahrerlaubnisrecht: Ermessensausübung bei der Überprüfung der charakterlichen Eignung" NZV 06, 505; **Winkler** „Aktuelle Fragen zur verkehrspsychologischen Eignungsbegutachtung" ZVS 86, 163; **Ziegert** „Rechtsfragen zum Punktsystem" zfs 07, 602; **ders** „Die Reduzierung des Punktestandes im Widerspruchsverfahren" Himmelreich-FS S 255; **Zwerger** „Aktuelle Rechtsfragen beim Entzug der Fahrerlaubnis wegen Drogenauffälligkeit" DAR 05, 431; **ders** „Erschwerter Rechtsschutz durch Regelungsdefizite in der Fahrerlaubnis-Verordnung, insbesondere bei Drogenauffälligkeit" ZfS 06, 362; **ders** „Grenzenloser Fahrspaß in Europa? Zu den Konsequenzen aus dem Beschluss des Europäischen Gerichtshofs vom 6.4.2006 (C-227/05)" ZfS 06, 543; **ders** „Berührungspunkte von Toxikologie und Rechtsprechung: Blutwerte nach Cannabiskonsum und Fahreignung" zfs 07, 551; **ders** „Aktuelle Rechtsprechung des Europäischen Gerichtshofs zur Anerkennung von Fahrerlaubnissen aus anderen EU-Staaten:

Ausnahmen von der Anerkennungspflicht" zfs 08, 609; **ders** „Problemfelder zum Punktesystem aus Sicht der Verwaltungsgerichtsbarkeit" zfs 09, 128; **Zypries** „Das Verkehrsrecht, die Justiz und die deutsche EU-Ratspräsidentschaft. Freie Fahrt durchs vereinte Europa?" NJW 07, 1424.

§ 2a Fahrerlaubnis auf Probe[1]

(1) **Bei erstmaligem Erwerb einer Fahrerlaubnis wird diese auf Probe erteilt; die Probezeit dauert zwei Jahre vom Zeitpunkt der Erteilung an. Bei Erteilung einer Fahrerlaubnis an den Inhaber einer im Ausland erteilten Fahrerlaubnis ist die Zeit seit deren Erwerb auf die Probezeit anzurechnen. Die Regelungen über die Fahrerlaubnis auf Probe finden auch Anwendung auf Inhaber einer gültigen Fahrerlaubnis aus einem Mitgliedstaat der Europäischen Union oder einem anderen Vertragsstaat des Abkommens über den Europäischen Wirtschaftsraum, die ihren ordentlichen Wohnsitz in das Inland verlegt haben. Die Zeit seit dem Erwerb der Fahrerlaubnis ist auf die Probezeit anzurechnen. Die Beschlagnahme, Sicherstellung oder Verwahrung von Führerscheinen nach § 94 der Strafprozessordnung, die vorläufige Entziehung nach § 111a der Strafprozessordnung und die sofort vollziehbare Entziehung durch die Fahrerlaubnisbehörde hemmen den Ablauf der Probezeit. Die Probezeit endet vorzeitig, wenn die Fahrerlaubnis entzogen wird oder der Inhaber auf sie verzichtet. In diesem Fall beginnt mit der Erteilung einer neuen Fahrerlaubnis eine neue Probezeit, jedoch nur im Umfang der Restdauer der vorherigen Probezeit.**

(2) **Ist gegen den Inhaber einer Fahrerlaubnis wegen einer innerhalb der Probezeit begangenen Straftat oder Ordnungswidrigkeit eine rechtskräftige Entscheidung ergangen, die nach § 28 Absatz 3 Nummer 1 oder 3 Buchstabe a oder c in das Fahreignungsregister einzutragen ist, so hat, auch wenn die Probezeit zwischenzeitlich abgelaufen oder die Fahrerlaubnis nach § 6e Absatz 2 widerrufen worden ist, die Fahrerlaubnisbehörde**
1. **seine Teilnahme an einem Aufbauseminar anzuordnen und hierfür eine Frist zu setzen, wenn er eine schwerwiegende oder zwei weniger schwerwiegende Zuwiderhandlungen begangen hat,**
2. **ihn schriftlich zu verwarnen und ihm nahe zu legen, innerhalb von zwei Monaten an einer verkehrspsychologischen Beratung nach Absatz 7 teilzunehmen, wenn er nach Teilnahme an einem Aufbauseminar innerhalb der Probezeit eine weitere schwerwiegende oder zwei weitere weniger schwerwiegende Zuwiderhandlungen begangen hat,**
3. **ihm die Fahrerlaubnis zu entziehen, wenn er nach Ablauf der in Nummer 2 genannten Frist innerhalb der Probezeit eine weitere schwerwie-**

---

[1] § 2a wurde durch das StVG-ÄndG v 24.4.98 geändert; gilt seit 1.1.99. Absatz 2a wurde durch Ges v 19.3.01 geändert; gilt seit 27.3.01. Abs 2 S 1 u Abs 5 geänd durch G zur Änd des StVG u des Kraftfahrsachverständigengesetzes v 2.12.10 (BGBl I S 1748), in Kraft getreten am 9.12.10. Durch Fünftes Gesetz zur Änderung des StVG und anderer Gesetze v 28.8.13 (BGBl I 3313) erfolgten mWv 1.5.14 insbesondere redaktionelle Anpassungen im Zusammenhang mit der Reform des Verkehrszentralregisters und der Einführung des neuen Fahreignungsregisters; Abs 7 wurde neu angefügt.

gende oder zwei weitere weniger schwerwiegende Zuwiderhandlungen begangen hat.
Die Fahrerlaubnisbehörde ist bei den Maßnahmen nach den Nummern 1 bis 3 an die rechtskräftige Entscheidung über die Straftat oder Ordnungswidrigkeit gebunden.

(2a) Die Probezeit verlängert sich um zwei Jahre, wenn die Teilnahme an einem Aufbauseminar nach Absatz 2 Satz 1 Nr. 1 angeordnet worden ist. Die Probezeit verlängert sich außerdem um zwei Jahre, wenn die Anordnung nur deshalb nicht erfolgt ist, weil die Fahrerlaubnis entzogen worden ist oder der Inhaber der Fahrerlaubnis auf sie verzichtet hat.

(3) Ist der Inhaber einer Fahrerlaubnis einer vollziehbaren Anordnung der zuständigen Behörde nach Absatz 2 Satz 1 Nr. 1 in der festgesetzten Frist nicht nachgekommen, so ist die Fahrerlaubnis zu entziehen.

(4) Die Entziehung der Fahrerlaubnis nach § 3 bleibt unberührt; die zuständige Behörde kann insbesondere auch die Beibringung eines Gutachtens einer amtlich anerkannten Begutachtungsstelle für Fahreignung anordnen, wenn der Inhaber einer Fahrerlaubnis innerhalb der Probezeit Zuwiderhandlungen begangen hat, die nach den Umständen des Einzelfalls bereits Anlass zu der Annahme geben, dass er zum Führen von Kraftfahrzeugen ungeeignet ist. Hält die Behörde auf Grund des Gutachtens seine Nichteignung nicht für erwiesen, so hat sie die Teilnahme an einem Aufbauseminar anzuordnen, wenn der Inhaber der Fahrerlaubnis an einem solchen Kurs nicht bereits teilgenommen hatte. Absatz 3 gilt entsprechend.

(5) Ist eine Fahrerlaubnis entzogen worden
1. nach § 3 oder nach § 4 Absatz 5 Satz 1 Nummer 3 dieses Gesetzes, weil innerhalb der Probezeit Zuwiderhandlungen begangen wurden, oder nach § 69 oder § 69b des Strafgesetzbuches,
2. nach Absatz 3, weil einer Anordnung zur Teilnahme an einem Aufbauseminar nicht nachgekommen wurde,
oder wurde die Fahrerlaubnis nach § 6e Absatz 2 widerrufen, so darf eine neue Fahrerlaubnis unbeschadet der übrigen Voraussetzungen nur erteilt werden, wenn der Antragsteller nachweist, dass er an einem Aufbauseminar teilgenommen hat. Das Gleiche gilt, wenn der Antragsteller nur deshalb nicht an einem angeordneten Aufbauseminar teilgenommen hat oder die Anordnung nur deshalb nicht erfolgt ist, weil die Fahrerlaubnis aus anderen Gründen entzogen worden ist oder er zwischenzeitlich auf die Fahrerlaubnis verzichtet hat. Ist die Fahrerlaubnis nach Absatz 2 Satz 1 Nr. 3 entzogen worden, darf eine neue Fahrerlaubnis frühestens drei Monate nach Wirksamkeit der Entziehung erteilt werden; die Frist beginnt mit der Ablieferung des Führerscheins. Auf eine mit der Erteilung einer Fahrerlaubnis nach vorangegangener Entziehung gemäß Absatz 1 Satz 7 beginnende neue Probezeit ist Absatz 2 nicht anzuwenden. Die zuständige Behörde hat in diesem Fall in der Regel die Beibringung eines Gutachtens einer amtlich anerkannten Begutachtungsstelle für Fahreignung anzuordnen, sobald der Inhaber einer Fahrerlaubnis innerhalb der neuen Probezeit erneut eine schwerwiegende oder zwei weniger schwerwiegende Zuwiderhandlungen begangen hat.

(6) **Widerspruch und Anfechtungsklage gegen die Anordnung des Aufbauseminars nach Absatz 2 Satz 1 Nr. 1 und Absatz 4 Satz 2 sowie die Entziehung der Fahrerlaubnis nach Absatz 2 Satz 1 Nr. 3 und Absatz 3 haben keine aufschiebende Wirkung.**

(7) In der verkehrspsychologischen Beratung soll der Inhaber einer Fahrerlaubnis auf Probe veranlasst werden, Mängel in seiner Einstellung zum Straßenverkehr und im verkehrssicheren Verhalten zu erkennen und die Bereitschaft zu entwickeln, diese Mängel abzubauen. Die Beratung findet in Form eines Einzelgesprächs statt. Sie kann durch eine Fahrprobe ergänzt werden, wenn der Berater dies für erforderlich hält. Der Berater soll die Ursachen der Mängel aufklären und Wege zu ihrer Beseitigung aufzeigen. Erkenntnisse aus der Beratung sind nur für den Inhaber einer Fahrerlaubnis auf Probe bestimmt und nur diesem mitzuteilen. Der Inhaber einer Fahrerlaubnis auf Probe erhält jedoch eine Bescheinigung über die Teilnahme zur Vorlage bei der nach Landesrecht zuständigen Behörde. Die Beratung darf nur von einer Person durchgeführt werden, die hierfür amtlich anerkannt ist. Die amtliche Anerkennung ist zu erteilen, wenn der Bewerber
1. persönlich zuverlässig ist,
2. über den Abschluss eines Hochschulstudiums als Diplom-Psychologe oder eines gleichwertigen Masterabschlusses in Psychologie verfügt und
3. eine Ausbildung und Erfahrungen in der Verkehrspsychologie nach näherer Bestimmung durch Rechtsverordnung nach § 6 Absatz 1 Nummer 1 Buchstabe u nachweist.

Übersicht

	Rn
1. Allgemeines	1
2. Probezeit	3
3. Abs 2	4
4. Abs 5	7
5. Abs 7	9

1. Allgemeines. Die FE auf Probe wurde durch G v 13.5.86 (BGBl I 700), iVm VO v 31.12.86 (BGBl I 80), eingeführt; sie gilt seit 1.11.86. Die §§ 2a–c erhielten durch das StVG-ÄndG v 24.4.1998 (BGBl I 747) neue Fassungen. – Nach § 2a I werden auch die Inhaber von FEen aus EU- u EWR-Staaten einbezogen, die ihren Wohnsitz in Deutschland begründet haben. – Ergänzende Regelungen enthalten die §§ 32–38 FeV. 1

Die FE auf Probe kommt nur beim **erstmaligen** Erwerb „einer" (irgendeiner) FE iSd § 2a StVG (von der Probezeit ausgenommen sind die Klassen AM, L und T: § 32 FeV) in Betracht, unabhängig vom Alter des Bewerbers. Die Probezeitregelung gilt deshalb nicht für spätere Erweiterungen der FE auf eine andere Klasse oder für eine später erworbene zusätzliche FE (Hentschel/König/Dauer-Dauer, § 2a StVG Rn 19), weil sich der Fahranfänger schon entsprechend bewährt hat. Die FE auf Probe gilt **auch** für eine im Rahmen des „**Begleiteten Fahrens ab 17 Jahre**" (s §§ 48a, 48b FeV) erteilte Fahrerlaubnis, so dass auch hier die Anordnung zur Teilnahme an einem Aufbauseminar gem § 2a II Nr 1 StVG in Betracht kommt (VG Göttingen DAR 13, 342 = NJW 13, 2697). Die FE auf Probe bildet 2

StVG § 2a I. Verkehrsvorschriften

keine Ausn von dem allg Prinzip der unbefristeten u bedingungslosen Erteilung der FE (s § 2 StVG Rn 14); die allg Vorschriften über die Erteilung, Beschränkung (s § 2 StVG Rn 17) u Entz der FE gelten vielmehr auch hier; sie werden durch die §§ 2a–c lediglich ergänzt (s Begr VkBl 98, 791). Daher gibt die FE auf Probe (auch im internationalen Verkehr) die vollen Rechte der jew Kl. Sie bedarf nach Ablauf der (im FSch zu vermerkenden) Probezeit (s Rn 3) keiner Erneuerung oder Verlängerung.

2a Alkoholisierte junge Fahrer haben gegenüber nüchternen Fahrern ein 139-mal höheres Unfallrisiko (Weibrecht NZV 05, 563). Dem wurde mit der Einführung von § 24c StVG (s dort) zum 1.8.07 Rechnung getragen.

3 **2. Probezeit.** Sie dauert ab Erteilung (Aushändigung iSd § 22 IV 7 FeV) der FE 2 Jahre (§ 2a I S 1) und endet vorzeitig, wenn die FE durch VB oder Gericht (nach §§ 3 StVG oder 69 StGB) rechtskräftig u nicht nur vorläufig nach § 111a StPO entzogen wird oder der Inhaber auf sie verzichtet (§ 2a I). Bei Wiedererteilung einer FE – auch nach Verzicht (s I letzter Satz) – wird auf die neue Probezeit die bisher absolvierte angerechnet. Beschlagnahme, Sicherstellung, Verwahrung des Führerscheins nach § 94 StPO oder vorläufige EdFE (§ 111a StPO) hemmen den Ablauf der Probezeit (§ 2a I S 5), da sich der Betr in dieser Zeit nicht bewähren kann.

Die Probezeit verlängert sich um zwei Jahre, wenn Verstöße begangen werden, die zur Teilnahme an einem Aufbauseminar führen bzw führen sollen, vgl Abs 2a.

Die **Probezeit beginnt** mit dem Tag der Aushändigung des Führerscheins bzw. bei begleitetem Fahren ab 17 Jahre (§ 48a FeV) der Prüfungsbescheinigung (Hentschel/König/Dauer-Dauer § 2a StVG Rn 21); VG Düsseldorf BeckRS 13, 49711).

Bei der **Probezeit** handelt es sich um eine **Ereignisfrist** iSd § 31 I VwVfG iVm § 187 I BGB, da fristauslösendes Ereignis nach § 22 IV 7 FeV der Tag der Aushändigung ist. Sie **endet** deshalb mit Ablauf des Tages, der mit seinem Datum dem Tag der Erteilung (Aushändigung) entspricht (VG Düsseldorf BeckRS 13, 49711; Hentschel/König/Dauer-Dauer § 2a StVG Rn 21); fällt das Ende der Probezeit auf einen Sonntag, gesetzlichen Feiertag oder Samstag, endet die Probezeit nach Sinn und Zweck, abweichend von § 31 III 1 VwVfG, nicht erst am nächsten Werktag (Hentschel/König/Dauer-Dauer § 2a StVG Rn 21).

4 **3. Abs 2.** Nach dem Wortlaut sind Anordnungen nach II und III **zwingend,** der Behörde steht kein Ermessen zu. **Abs 2 setzt für die AO** einer der in Nrn 1 u 2 bzw 3 vorgesehenen Maßnahmen nur eine **rechtskräftige Entscheidung wegen eines bestimmten Verkehrsdelikts voraus** (dessen Bewertung in Anlage 12 FeV festgelegt ist). Ausreichend ist auch ein rechtskräftiger Strafbefehl (VGH Mannheim DAR 12, 41). FE-Behörde und Gericht ist die Nachprüfung untersagt, ob Inhaber der FE auf Probe die Straftat oder OWi, hinsichtlich der gegen ihn eine rechtskräftige Entscheidung ergangen ist, auch tatsächlich selbst begangen hat (OVG Hamburg NZV 00, 269; OVG Hamburg ZfS 07, 233 = NJW 07, 1225; OVG Münster BeckRS 2013, 55465); die entgegengesetzte frühere Rechtsprechung des BVerwG (NZV 94, 374, 413) ist durch die entsprechende ab 1.1.1999 geltende Änderung des § 2a II StVG überholt; dies gilt entspr bei Maßnahmen nach dem Punktsystem (vgl § 4 V 4 StVG nF [bis 30.4.14 § 4 III 2 StVG]; s § 4 StVG Rn 28). Das Delikt muss während der Probezeit begangen sein, wobei die Tatzeit entscheidet (OVG Lüneburg DAR 93, 308), nicht der Verurteilungszeitpunkt. Ist dieser VVerstoß nach § 28 (III 1–3) StVG in das FAER

Fahrerlaubnis auf Probe § 2a StVG

(bis 30.4.14 VZR) einzutragen, so ist die VB ohne Ermessensspielraum (zur bisherigen Rechtslage VG Frankfurt/M NZV 91, 487; OVG Saarland ZfS 94, 190) an diese Verurteilung gebunden (§ 2a II 2; Begr BRDrs 821/96 S 70, VkBl 98, 791; OVG Berlin – Brandenburg BeckRS 2016, 49772) u verpflichtet, je nach Schwere u Häufigkeit der Tat die in II 1 u 2 bzw 3 vorgesehenen AOen zu treffen, auch wenn seit der Tat eine längere beanstandungsfreie Zeit verstrichen ist (BVerwG NZV 95, 291, 370). Im Rahmen der Verwaltungsgerichtsbarkeit wird nur die RM der behördlichen Maßnahmen geprüft, die Feststellungen eines vorausgegangenen strafrechtlichen Urteils oder Bußgeldbescheids sind dagegen bindend (OVG Berlin – Brandenburg BeckRS 2016, 49772). Nach VG Karlsruhe DAR 13, 42 ist die Anordnung eines Aufbauseminars bei einem Geschwindigkeitsverstoß um 8 km/h in Tateinheit mit einem Handyverstoß nicht gerechtfertigt, weil § 2a II 1 Nr 1 StVG eine kausale Verknüpfung zwischen der rechtskräftig festgestellten schwerwiegenden Zuwiderhandlung und der Eintragungspflicht in dem Sinne voraussetzt, dass dieser schwerwiegende Verstoß für sich genommen und nicht erst wegen tateinheitlichen Hinzutretens eines weiteren, nur weniger schwerwiegenden, Verstoßes in das FAER (bis 30.4.14 VZR) einzutragen ist (teleologische Reduktion der Norm). Die **Anordnung der Teilnahme** an einem Aufbauseminar für Fahranfänger ist **rechtswidrig**, wenn die im VZR eingetragene **rechtskräftige Entscheidung** über eine während der Probezeit begangene OWi **im Zeitpunkt des Erlasses der AO** bereits **getilgt oder tilgungsreif** war (zur bisherigen Rechtslage VGH Mannheim NJW 13, 1754; OVG Münster BeckRS 2015, 43736).

Durch die AO nach II 1 verlängert sich die Probezeit gem II a um weitere 2 Jahre. Die Regelung ist verfassungskonform (OVG Saarland aaO; OVG Rheinl-Pfalz NZV 02, 528 = ZfS 02, 308); eines entspr Hinweises auf diese verwaltungsrechtlichen Folgen bedarf es im Bußgeldbescheid nicht (VG Frankfurt/M aaO). Die Bewertung der Verstöße nach Anlage 12 FeV ist verfassungskonform und steht nicht in Widerspruch zur Bewertung der Verstöße im allgemeinen Punktsystem gemäß § 4 StVG (VG Nürnberg NZV 00, 222; VGH BW zfs 09, 654) bzw jetzt Fahreignungs-Bewertungssystem. Auch die Tatsache, dass bereits eine schwerwiegende Zuwiderhandlung die Anordnung der Teilnahme an einem Aufbauseminar und die Verlängerung der Probezeit nach sich zieht, begegnet keinen verfassungsrechtlichen Bedenken (OVG Lüneburg NZV 12, 559).

Die verpflichtende Teilnahme an einem Aufbauseminar stellt für Inhaber einer FaP eine zusätzliche Maßnahme dar, die der spezifischen Anfängersituation Rechnung trägt. Sie verdrängt aber nicht die allgemeinen Regelungen über die Fahrerlaubnisentziehung wegen fehlender Eignung, sodass die bloße Teilnahme an einem Aufbauseminar nicht die positive Feststellung eines Einstellungswandels ersetzen kann und im Wiedererteilungsverfahren weiterhin ein positives Eignungsgutachten erforderlich ist (OVG Bremen DAR 10, 342).

Die Teilnahme an einem obligatorischen Aufbauseminar nach § 2a II 1 Nr 1 StVG führt nicht zu einem Punktabzug (VGH München VRS 108, 386 = ZfS 05, 417 = SVR 06, 195 m Praxishinweis Ternig). Zum Punkterabatt bei freiwilliger Teilnahme an einem Fahreignungsseminar im Rahmen des Fahreignungs-Bewertungssystems/Punktsystems ab 1.5.14 § 4 StVG Rn 37; zur vorherigen Möglichkeit des Punkteabbaus durch Teilnahme an verkehrspsych Beratung Janker SVR 07, 87; zu Voraussetzungen und Inhalten von früheren Aufbausemniaren und verkehrspsychologischer Beratung Janker DAR 08, 166. – Zu Wegfall oder Ver-

StVG § 2a   I. Verkehrsvorschriften

kürzung von Fahrerlaubnisentzug und Fahrverbot bei Nachschulung und Therapie im Strafrecht Himmelreich/Karbach SVR 09, 1.

5   **Widerspruch** u **Anfechtungsklage** gegen diese VAe haben keine aufschiebende Wirkung, um einen möglichst umgehenden Vollzug der AO zu sichern (**§ 2a VI;** s aber § 80 V VwGO). – Zum Inhalt u Durchführung der Nachschulung bzw des Aufbauseminars s § 2b. **Nichtbefolgung der AO** führt – ohne Feststellung der Nichteignung – **zwingend zur Entz der FE (§ 2a III;** zur Wirkung s § 3 II u § 69 StGB 16; BVerwG ZfS 94, 429), auch wenn zB die **Frist** für die Nachschulung unverschuldet versäumt wurde, denn Abs 3 knüpft allein an die objektive Fristversäumung an, so dass es auf ein Verschulden nicht ankommt (OVG Berlin-Brandenburg BeckRS 2012, 50052, VG Saarlouis BeckRS 2015, 46630; OVG Saarland NZV 90, 87; VGH Kassel NZV 93, 87). Wurde die nach § 2a II 1 Nr 1 StVG zwingend erforderliche **Frist nicht gesetzt,** darf die **FE nicht** nach § 2a III StVG **entzogen** werden (OVG NRW VRS 113/07, 398 = DAR 08, 104). Wurde die Teilnahme an dem angeordneten Aufbauseminar innerhalb der gesetzten Frist absolviert, die in § 37 FeV vorgesehene **Teilnahmebescheinigung** aber erst **nach Fristablauf vorgelegt,** darf die FE nicht nach § 2 III StVG entzogen werden, weil sich die vollziehbare Anordnung nach § 2a II 1 Nr 1 StVG auf die „Teilnahme", nicht aber auf die Vorlage der Teilnahmebescheinigung bezieht (von OVG NRW VRS 113/07, 398 = DAR 08, 104 offen gelassen). Eine **Verwaltungsgebühr** für die Entziehung der FE darf **nur** dann angeordnet werden, **wenn** die **Amtshandlung rechtmäßig** ist oder zumindest nicht mehr mit Rechtsmitteln angefochten werden kann (OVG NRW VRS 113/07, 398 = DAR 08, 104: hier unterlassene Fristsetzung nach § 2a II 1 Nr 1 StVG). Rechtmäßigkeit der Entziehung der FE auf Probe nach § 2a III hängt nicht davon ab, dass die vorausgegangene AO der Nachschulung rechtmäßig ist; es genügt deren Vollziehbarkeit, OVG Mannheim NZV 99, 269. Eine nach der Tat abgelegte weitere Befähigungsprüfung ersetzt nicht die zuvor angeordnete Nachschulung (BVerwG ZfS 94, 429; NZV 95, 291; VG Stade VM 94, 110; VGH München NZV 91, 167), auch nicht der Verzicht auf FE der (bish) Kl 1b, wenn die zuvor erworbene (bish) FE Kl 3 fortbesteht (BVerwG NZV 95, 370 zum bish R).

6   Unabhängig von den nach § 2a II vorgesehenen Probezeitmaßnahmen kann nach **§ 2a IV** ein **MPU-Gutachten** angefordert oder sogar sofort die Entz der FE eingeleitet bzw angeordnet werden, wenn sich sonstige Eignungsmängel oder Zweifel an der Eignung ergeben haben; es bedarf dann auch bei Probezeit-FE-Inhabern nicht erst der Durchführung der og Probezeitmaßnahmen. Zu den Maßnahmen im Einzelnen s Bode/Winkler Rn 30 ff zu § 11.

7   **4. Abs 5.** Abs 5 regelt das Verfahren nach verwaltungsbehördlicher oder gerichtlicher Entz der FE. Auch hier wird der Verzicht auf eine FE der EdFE gleichgestellt.

8   Wird FE nach Entzug neu erteilt, beginnt eine neue Probezeit, jedoch nur im Umfang der Restdauer der vorherigen Probezeit (§ 2a I 7 StVG). Werden in der neuen Probzeit wieder Verstöße begangen, erfolgen keine Maßnahmen nach Abs 2 (Aufbauseminar, etc), sondern VB hat „in der Regel" ein **med-psych Gutachten** anzuordnen (§ 2a V 5 StVG); das gilt **auch bei** einem **Verzicht auf die FE** (OVG Berlin-Brandenburg zfs 17, 236 -das die Regelung des § 2a V 4 u 5 analog auf diesen Fall anwendet, sofern der Maßnahmekatalog des Abs 2 S 1 Nr. 1 u 2 bereits einmal durchlaufen wurde), denn der Betr müsste auch bei Verzicht auf die FE an einem Aufbauseminar teilnehmen, um die FE wieder

zu erlangen. Eine erneute Teilnahme an einem Aufbauseminar nach weiteren Verkehrsverstößen ist deshalb nicht sinnvoll, zumal nunmehr idR Zweifel an der Kraftfahreignung bestehen (OVG Berlin-Brandenburg zfs 17, 236; VGH Kassel NJW 09, 2231; krit u abl dazu: Rebler DAR 09, 666 = SVR 10, 41; VG Düsseldorf NJW 11, 2601). „In der Regel" erstreckt sich nicht auf eine Bewertung der Verstöße in Anlage 12 FeV (diese Bewertung wurde verbindlich ohne Ausnahmemöglichkeit vom VO-Geber vorgenommen), sondern auf anderweitige Anknüpfungspunkte als Art und Bedeutung der Verstöße (VGH Mannheim NZV 00, 479).

5. Abs 7. Abs 7 übernimmt die bisher sowohl für die Reglungen über die 9
Fahrerlaubnis auf Probe als auch für die Regelungen nach dem bisherigen Punktsystem vorgesehene verkehrspsychologische Beratung aus dem bisherigen § 4 IX StVG, weil es diese Maßnahme seit 1.5.14 nur noch für Inhaber einer Fahrerlaubnis auf Probe, aber nicht mehr im Fahreignungs-Bewertungssystem, gibt (BTDr 17/12636 S 44; s auch § 4 StVG Rn 37). Zu Inhalten der verkehrspsychologischen Beratung § 38 FeV.

§ 2b Aufbauseminar bei Zuwiderhandlungen innerhalb der Probezeit[1]

(1) **Die Teilnehmer an Aufbauseminaren sollen durch Mitwirkung an Gruppengesprächen und an einer Fahrprobe veranlasst werden, eine risikobewusstere Einstellung im Straßenverkehr zu entwickeln und sich dort sicher und rücksichtsvoll zu verhalten. Auf Antrag kann die anordnende Behörde dem Betroffenen die Teilnahme an einem Einzelseminar gestatten.**

(2) **Die Aufbauseminare dürfen nur von Fahrlehrern durchgeführt werden, die Inhaber einer entsprechenden Erlaubnis nach dem Fahrlehrergesetz sind. Besondere Aufbauseminare für Inhaber einer Fahrerlaubnis auf Probe, die unter dem Einfluss von Alkohol oder anderer berauschender Mittel am Verkehr teilgenommen haben, werden nach näherer Bestimmung durch Rechtsverordnung gemäß § 6 Abs. 1 Nr. 1 Buchstabe n von hierfür amtlich anerkannten anderen Seminarleitern durchgeführt.**

(3) **Ist der Teilnehmer an einem Aufbauseminar nicht Inhaber einer Fahrerlaubnis oder unterliegt er einem rechtskräftig angeordneten Fahrverbot, so gilt hinsichtlich der Fahrprobe § 2 Abs. 15 entsprechend.**

Abs 1 sieht grundsätzlich Gruppengespräche vor; auf Antrag kann dem Betr 1
aber ausnahmsweise die Teilnahme an einem Einzelseminar gestattet werden, wenn ihm etwa auf Grund seiner persönlichen Lebenssituation ein Gruppenseminar nicht zumutbar ist. Bei der Mitwirkung an Gruppengesprächen müssen die Betr die evtl Hintergründe ihres zugrunde liegenden VVerstoßes nicht offenbaren (amtl Begr, VkBl 98, 792).

Abs 2 dehnt die Aufbauseminare auf Fahranfänger aus, die unter Alkohol oder 2
Drogeneinfluss am StrVerkehr teilgenommen hatten.

---

[1] § 2b wurde durch StVG-ÄndG v 24.4.1998 geändert; gilt seit 1.1.1999. Abs 3 S 1 geänd durch G zur Änd des StVG u des Kraftfahrsachverständigengesetzes v 2.12.2010 (BGBl I S 1748), in Kraft getreten am 9.12.2010.

Zum Widerruf der Fahrschul- und Fahrlehrererlaubnis wegen Unzuverlässigkeit nach § 8 II 2 FahrlG bei falschen Bescheinigungen über die Teilnahme an einem Aufbauseminar (VG Augsburg ZfS 05, 576).

§ 2c Unterrichtung der Fahrerlaubnisbehörden durch das Kraftfahrt-Bundesamt[1]

Das Kraftfahrt-Bundesamt hat die zuständige Behörde zu unterrichten, wenn über den Inhaber einer Fahrerlaubnis Entscheidungen in das Fahreignugsregister eingetragen werden, die zu Anordnungen nach § 2a Abs. 2, 4 und 5 führen können. Hierzu übermittelt es die notwendigen Daten aus dem Zentralen Fahrerlaubnisregister sowie den Inhalt der Eintragungen im Fahreignungsregister über die innerhalb der Probezeit begangenen Straftaten und Ordnungswidrigkeiten. Hat bereits eine Unterrichtung nach Satz 1 stattgefunden, so hat das Kraftfahrt-Bundesamt bei weiteren Unterrichtungen auch hierauf hinzuweisen.

§ 3 Entziehung der Fahrerlaubnis[1*]

(1) **Erweist sich jemand als ungeeignet oder nicht befähigt zum Führen von Kraftfahrzeugen, so hat ihm die Fahrerlaubnisbehörde die Fahrerlaubnis zu entziehen. Bei einer ausländischen Fahrerlaubnis hat die Entziehung – auch wenn sie nach anderen Vorschriften erfolgt – die Wirkung einer Aberkennung des Rechts, von der Fahrerlaubnis im Inland Gebrauch zu machen. § 2 Abs. 7 und 8 gilt entsprechend.**

(2) **Mit der Entziehung erlischt die Fahrerlaubnis. Bei einer ausländischen Fahrerlaubnis erlischt das Recht zum Führen von Kraftfahrzeugen im Inland. Nach der Entziehung ist der Führerschein der Fahrerlaubnisbehörde abzuliefern oder zur Eintragung der Entscheidung vorzulegen. Die Sätze 1 bis 3 gelten auch, wenn die Fahrerlaubnisbehörde die Fahrerlaubnis auf Grund anderer Vorschriften entzieht.**

(3) **Solange gegen den Inhaber der Fahrerlaubnis ein Strafverfahren anhängig ist, in dem die Entziehung der Fahrerlaubnis nach § 69 des Strafgesetzbuchs in Betracht kommt, darf die Fahrerlaubnisbehörde den Sachverhalt, der Gegenstand des Strafverfahrens ist, in einem Entziehungsverfahren nicht berücksichtigen. Dies gilt nicht, wenn die Fahrerlaubnis von einer Dienststelle der Bundeswehr, der Bundespolizei oder der Polizei für Dienstfahrzeuge erteilt worden ist.**

(4) **Will die Fahrerlaubnisbehörde in einem Entziehungsverfahren einen Sachverhalt berücksichtigen, der Gegenstand der Urteilsfindung in einem Strafverfahren gegen den Inhaber der Fahrerlaubnis gewesen ist, so kann sie zu dessen Nachteil vom Inhalt des Urteils insoweit nicht abweichen, als es sich auf die Feststellung des Sachverhalts oder die Beurteilung der Schuldfrage oder der Eignung zum Führen von Kraftfahrzeugen bezieht.**

---

[1] Durch Fünftes Gesetz zur Änderung des StVG und anderer Gesetze v 28.8.13 (BGBl I 3313) erfolgten mWv 1.5.14 redaktionelle Anpassungen im Zusammenhang mit der Reform des Verkehrszentralregisters und der Einführung des neuen Fahreignungsregisters.

[1*] § 3 grundlegend neu gefasst durch StVG-ÄndG v 24.4.98, gilt seit 1.1.99.

Der Strafbefehl und die gerichtliche Entscheidung, durch welche die Eröffnung des Hauptverfahrens oder der Antrag auf Erlass eines Strafbefehls abgelehnt wird, stehen einem Urteil gleich; dies gilt auch für Bußgeldentscheidungen, soweit sie sich auf die Feststellung des Sachverhalts und die Beurteilung der Schuldfrage beziehen.

(5) **Die Fahrerlaubnisbehörde darf der Polizei die verwaltungsbehördliche oder gerichtliche Entziehung der Fahrerlaubnis oder das Bestehen eines Fahrverbots übermitteln, soweit dies im Einzelfall für die polizeiliche Überwachung im Straßenverkehr erforderlich ist.**

(6) **Für die Erteilung des Rechts, nach vorangegangener Entziehung oder vorangegangenem Verzicht von einer ausländischen Fahrerlaubnis im Inland wieder Gebrauch zu machen, an Personen mit ordentlichem Wohnsitz im Ausland gelten die Vorschriften über die Neuerteilung einer Fahrerlaubnis nach vorangegangener Entziehung oder vorangegangenem Verzicht entsprechend**

(7) **Durch Rechtsverordnung auf Grund des § 6 Absatz 1 Nummer 1 Buchstabe r können Fristen und Voraussetzungen**
1. **für die Erteilung einer neuen Fahrerlaubnis nach vorangegangener Entziehung oder nach vorangegangenem Verzicht, oder**
2. **für die Erteilung des Rechts, nach vorangegangener Entziehung oder vorangegangenem Verzicht von einer ausländischen Fahrerlaubnis im Inland wieder Gebrauch zu machen, an Personen mit ordentlichem Wohnsitz im Ausland**

bestimmt werden.

Übersicht

	Rn
1. Allgemeines	1
2. Voraussetzungen der Entziehung der Fahrerlaubnis	2
a) Gründe	2
b) Eignungsmängel aufgrund erwiesener Tatsachen	7
c) Voraussetzungen für Eignungsgutachten	7a
d) Hinreichende Bestimmtheit der Gutachtenanordnung	7c
e) Anordnung des Gutachtens (kein anfechtbarer Verwaltungsakt)	7d
f) Nichtbeibringung des Gutachtens	7e
g) Verwertung trotz rechtswidriger Anordnung	7f
h) Obergutachten	7g
i) Bedeutung der Anlage 4 FeV	7h
3. Rechtliche Bedeutung der Entziehung	8
4. Bedingungen, Beschränkungen, Auflagen	8a
5. Abs 3 u 4: Vorrang des Strafverfahrens	9
a) Anhängige Strafverfahren	10
b) Rechtskräftige gerichtliche Entscheidungen (IV)	12
6. Geltungsbereich der Entziehung, ausländische Fahrerlaubnisse	16
7. Wirkung der Entziehung	17
8. Beschränkungen gegenüber Personen ohne Kfz	18
9. Verzicht auf die Fahrerlaubnis	19
10. Vorläufige Entziehung der Fahrerlaubnis und Beschlagnahme des Führerscheins	20

StVG § 3 I. Verkehrsvorschriften

	Rn
11. Fehlerhaft erteilte Fahrerlaubnis	21
12. Wiedererteilung bzw Neuerteilung der Fahrerlaubnis	22
13. Literatur	23

1 **1. Allgemeines.** Entz der FE ist durch den Strafrichter (§§ 69 ff StGB) und durch die Verwaltungsbehörde (§ 3 StVG, § 46 FeV) möglich. Gründe für die Entz der FE nach § 3 können mangelnde Eignung oder mangelnde Befähigung zum Führen von Kfz sein (§ 3 I S 1). Spezielle Vorschriften zum Entz der FE bestehen für Fahranfänger (§ 2a II S 1 Nr 3 und III) und für sog „Punktetäter" (§ 4 V 1 Nr 3): Entz der FE bei Erreichen einer bestimmten Eingriffs- bzw Punkteschwelle. Abs. 6 u 7, eingefügt mit dem 6. StVGuaÄndG v 28.11.16 (BGBl I 2722) enthalten nunmehr eine generelle Klarstellung für **ausl FEe,** dass die Regelungen für inländische FE insoweit anzuwenden sind, als es um die Befugnis geht, im Inland von der ausl FE Gebrauch zu machen (BR-Drs 126/16 S. 19). Dem Inhaber einer EU-FE kann das **Recht aberkannt** werden, **von dieser FE im Inland Gebrauch zu machen,** wenn er der Fahrerlaubnisbehörde ein **medizinisch-psychologisches Gutachten** vorgelegt hat, in dem unter Berücksichtigung von **nach der FE-Erteilung liegenden Umständen** seine mangelnde Fahreignung festgestellt wird (BVerwG NJW 10, 3318); im Ergebnis bestätigt durch EuGH v 2.12.10, C-334/09 [Scheffler], NJW 11, 587 m Anm Dauer). – Mit Entscheidung vom 23.4.15, C-260/13, **„Aykul"** (BeckRS 15, 80556 = DAR 15, 316) wurde vom EuGH auf Vorlage durch das VG Sigmaringen (DAR 13, 410) nunmehr auch die Frage der **Zuständigkeit der deutschen Behörden bei Auslandswohnsitz des FE-Inhabers** klargestellt, sofern im Inland eine Zuwiderhandlung begangen wurde, die nach den nationalen Vorschriften die Ungeeignetheit zum Führen von Kfz herbeiführt. Zur internationalen Zuständigkeit enthält die FeV keine Regelungen; § 73 FeV regelt nur die örtliche Zuständigkeit im Inland (Geiger DAR 13, 413).

Das **Ablösen behördlicher Aufkleber** auf einem ausländischen Führerschein mit dem Hinweis, dass die FE in Deutschland nicht gilt, stellt keine Verfälschung der Gesamturkunde iSd § 267 StGB dar, sondern vielmehr ggf eine Urkundenunterdrückung (Vernichtung) iSd § 274 StGB bzw (subsidiär) eine Veränderung von amtlichen Ausweisen iSd § 273 I Nr 1 StGB (OLG Köln NZV 09, 610).

Es besteht **kein Norm- bzw Wertungswiderspruch** zwischen §§ 24a II, 25 I 2 StVG (wonach „nur" die Verhängung eines Fahrverbots erfolgt) und der Entziehung der FE nach § 3 StVG, da es sich hier um eine Maßnahme der Gefahrenabwehr handelt, die dem Schutz der Allgemeinheit dient und die Verhängung eines Fahrverbots keine Aussage zur Eignung trifft (vgl auch OVG Hamburg NJW 08, 1465 = NZV 08, 262 = zfs 08, 239 = DAR 08, 224 = VRS 114/08, 66; Hentschel/König/Dauer-Dauer § 46 FeV Rn 2; krit u aM Dencker DAR 04, 626, 630).

Unabhängig von der Entz der FE haben die Fahrerlaubnisbehörden u Verwaltungsgerichte nach § 3 FeV die Möglichkeit, das Führen nicht fahrerlaubnispflichtiger Fahrzeuge (zB Mofas u Fahrräder) zu verbieten (ausf dazu Geiger SVR 07, 161; OVG Lüneburg NJW 08, 2059; Himmelreich/Janker/Karbach Rn 1).

2 **2. Voraussetzungen der Entziehung der Fahrerlaubnis. a) Gründe.** Gemäß Abs 1 ist die FE von der gemäß § 73 II FEB örtlich zuständigenFE-Behörde zu entziehen, wenn sich deren Inhaber aufgrund einer **Würdigung**

Entziehung der Fahrerlaubnis § 3 StVG

seiner „**Gesamtpersönlichkeit**" (s § 2 StVG Rn 7; BVerwG VRS 88, 225) **als nicht geeignet oder nicht** befähigt zum Führen eines Kfz **erweist**.

aa) Nichteignung / Nichtbefähigung. Die Nichteignung u Nichtbefähigung ergibt sich im Allg aus den gleichen Mängeln, die im Rahmen des § 2 zur Versagung der FE führen können (s oben § 2 StVG Rn 7 ff), nach VGH Kassel (NJW 85, 2909 = StVE 15), selbst dann, wenn sie schon vor Erteilung der FE bestanden. Maßgeblich für die Beurteilung sind nur die Belange der **V-Sicherheit**, nicht wirtschaftliche Folgen für den Betr (BVerwG VM 56, 116; DAR 63, 286; OVG Lüneburg VRS 43, 473; Himmelreich/Janker/Karbach Rn 652) oder Billigkeitserwägungen (VGH München VRS 81, 70). Mit der Einführung der FE auf Probe sind die Anforderungen an den Nachweis der Nichteignung nicht herabgesetzt worden (VG Frankfurt/M DAR 88, 283).

bb) körperliche Mängel. Die Nichteignung kann auf körperlichen Mängeln beruhen. Eine abschließende Auflistung aller in Betracht kommenden Mängel ist nicht möglich. **Anlage 4** FeV enthält insoweit eine Zusammenstellung häufig vorkommender Mängel und Erkrankungen, die die Führung von Kfz längere Zeit beeinträchtigen oder aufheben können. 2a

Zur fehlenden Kraftfahreignung bei **Parkinson** siehe VGH München SVR 13, 37 m Praxishinweis Koehl; nach einem **Schlaganfall** VGH München BeckRS 2016, 48812; **Diabetes mellitus** VGH München BeckRS 2017, 110440 (allein das Vorliegen einer Diabetes mellitus ohne vorherige Abklärung hinsichtlich Art u Schwere der Erkrankung rechtfertigt noch keine sofortige Anordnung der Beibringung eines ärztlichen Gutachtens); zur **Migräne** OVG Bautzen BeckRS 2015, 56308.

Zum **Sehvermögen** sind in **Anlage 6** verbindliche Anforderungen und Grenzwerte sowie Kompensationen durch Sehhilfen enthalten. Über besondere Anforderungen an Inhaber der Klassen C, C 1, D, D 1 und der zugehörigen Anhängerklassen sowie der Fahrerlaubnis zur Fahrgastbeförderung, also namentlich für **Lkw- u Busfahrer**, vgl **Anlage 5** (siehe § 2 StVG Rn 8 ff).

Hohes Alter allein genügt nicht für die Annahme der Nichteignung (vgl § 2 StVG Rn 8b).

cc) Geistige Mängel. wie zB Geisteskrankheiten, schwere Nervenleiden so iE organische, affektive und schizophrene Psychosen (vgl Anlage 4) sowie endogene paranoid-halluzinatorische Psychose (OVG Saarland ZfS 02, 309), hirnorganisches Psychosyndrom (VHG BW NZV 02, 248), Epilepsie (VGH München BeckRS 2015, 42423) und Demenz (OVG Münster BeckRS 2014, 56194; bei diagnostizierter Demenz kann zur Abklärung der Fahreignung die psycho-physische Leistungsfähigkeit durch eine neuropsychologische Zusatzuntersuchung mit geeigneten, objektivierbaren psychologischem Testverfahren überprüft werden, wobei bei den computergestützten Testverfahren darauf zu achten ist, dass die Normvergleiche auch bei der betreffenen Altersgruppe des zu Testenden anwendbar sind (VGH München BeckRS 2017, 102523), können zur Nichteignung führen u den Entz der FE erforderlich machen (vgl auch § 2 StVG Rn 9). Der bloße Verdacht auf paranoide oder schizotype Störungen rechtfertigt die Entziehung der Fahrerlaubnis nicht, wenn keine akuten Stadien vorliegen, bzw Symptome oder Störungen nicht nachweisbar sind, die das Realitätsurteil erheblich beeinträchtigen (VGH München SVR 05, 276 m Praxishinweis Möthrath); eine akute paranoide Schizophrenie schließt gem Nr 7.6.1 Anlage 4 FeV Eignung und bedingte Eignung aus 2b

StVG § 3 I. Verkehrsvorschriften

(VG Freiburg SVR 09, 40 m Praxishinweis Tings). Völlig abwegig erscheinende Erklärungen rechtlicher oder tatsächlicher Art – hier eines „Reichsbürgers" – vermögen für sich allein keine als ausreichend anzusehende Grundlage für die Annahme einer die Fahreignung beeinträchtigenden Gesundheitsstörung darstellen, treten jedoch neben den abstrusen Staats- und Rechtsverständnis eine verworrene Gedankenführung, die einen inneren logischen Sinnzusammenhang vermissen lässt, sowie sprachlich gravierende Unstimmigkeiten hinzu, die sich der Sprachlogik des Durchschnittsbürgers entziehen, rechtfertigt dies eine fachmedizinische Abklärung (OVG Weimar BeckRS 2017, 113857).

3   **dd) Alkohol.** Bei **Missbrauch** (keine Trennung von Alkohol und Fahren) oder **Abhängigkeit** liegt eine Nichteignung zum Führen von Kfz vor (vgl Nr 8.1 und 8.3 der Anlage 4 FeV sowie Nr 3.11 der Begutachtungs-Leitlinien zur Kraftfahreignung). Chronischer Alkoholkonsum bzw ein Alkoholproblem dürfen nicht mit Alkoholabhänigigkeit gleichgesetzt werden (OVG Münster BeckRS 2015, 49231; VG Augsburg zfs 08, 117; OVG Mannheim NJW 09, 1829 [1830]). Das Vorliegen von Kriterien der Krankheit **„Alkoholabhängigkeit"** kann uU auch nach **Aktenlage** u ohne Hinzuziehung (weiterer) ärztlicher Sachkunde festgestellt werden, zB aufgrund eines Attests einer Klinik, wonach eine Abhängigkeitssymptomatik bescheinigt wird, wenn der konkreten Diagnose insoweit ein hoher Grad an Verlässlichkeit zukommt (VGH München v 27.7.12 – 11 CS 11.1511 bei Koehl zfs 13, 304). Allerdings stellt die Tatsache einer von einer suchttherapeutischen Einrichtung extern diagnostizierten Alkoholabhängigkeit nur ein Kriterium für das Vorliegen einer Alkoholabhängigkeit dar, denn zur Diagnosetizierung der Krankheit ist das Vorliegen von mind drei Kriterien der ICD-10 erforderlich (VGH München BeckRS 2017, 113690).

Wie entspr **Eignungszweifel bei einer Alkoholproblematik durch Gutachten zu klären** sind, ist im Einzelnen (abschließend) in § 13 FeV geregelt (zu Fragen der Gutachtenanforderung bei Alkoholproblematik Mahlberg DAR 10, 1; Rechtsprechungsübersicht zur Überprüfung der Fahreignung bei Alkoholproblematik bei Koehl DAR 12, 413). **Soll geklärt werden, ob Alkoholabhängigkeit** vorliegt, kann nach **§ 13 Satz 1 Nr 1 FeV nur** die Beigringung eines **ärztlichen Gutachtens** verlangt werden (VGH München SVR 11, 275 m Praxishinweis Koehl). Insbesonder ist im Rahmen des § 13 S 1 Nr 1 FeV nicht erforderlich, dass die die Annahme der Alkoholabhängigkeit begründenden Tatsachen im Zusammenhang mit dem Straßenverkehr stehen (BVerwG DAR 16, 216). Ist keiner der Tatbestände des § 13 FeV einschlägig, scheidet ein Rückgriff auf die Ermessensvorschrift des § 11 III 1 Nr 9 FeV (auch im Rahmen eines Verfahrens auf Neuerteilung der FE trotz § 20 V FeV) aus, soweit es um die Abklärung von Eignungsfragen im Zusammenhang mit Alkohol geht (VGH München SVR 09, 113 m zust Praxishinweis Geiger; Aufgabe der bisherigen gegenteiligen Rspr VGH München zfs 01, 523 = DAR 02, 328). Trunkenheitsfahrt mit 1,56‰ und ärztliche Feststellungen zu gefahrträchtig überhöhter Alkoholgewöhnung sowie 1 Jahr zurückliegender gefährlicher Köperverletzung unter erheblichem Alkoholeinfluss können GutachtenAO nach § 13 Satz 1 Nr 2a FeV rechtfertigen (OVG Münster DAR 11, 602), nicht aber bereits eine einmalige starke Alkoholisierung mit anschließendem aggressiven Verhalten ohne verkehrsbezogene Umstände, wenn keine weiteren konkreten Tatsachen vorliegen und insbesondere, wie hier, keine BAK- oder AAK-Messung erfolgte (VGH München SVR 12, 317 m Praxishinweis Koehl). Wiederholte Auffälligkeit wegen Trunkenheit im Verkehr kann Missbrauch oder

Abhängigkeit indizieren und durch Gutachten – § 13 Nr 2b FeV – bestätigen. Aber auch eine einzelne Trunkenheitsfahrt kann Verdacht auf Nichteignung begründen, wenn besondere Anzeichen für überdurchschnittliche Alkoholgewöhnung oder gar -abhängigkeit sprechen (BVerwG DAR 94, 332; OVG Münster NZV 92, 127) o Verdacht auf Unvermögen besteht, Trinken und Fahren zuverlässig zu trennen (VGH BW NZV 02, 580 u NZV 02, 582); bei über 2‰ (OVG Lüneburg ZfS 95, 438), insb iVm fehlenden Ausfallerscheinungen, was auf Alkoholgewöhnung hindeutet (OVG Saarland ZfS 95, 37; NdsOVG ZfS 95, 438; VG Augsburg zfs 08, 117, 119: Anhaltspunkte für Toleranzbildung, die Alkoholabhängigkeit nahe legen, was bei 1,81‰ nicht ohne weiteres Fall ist), auch bei Ersttätern ab 1,6‰ (BVerwG NZV 94, 376); bei BAK ab 1,6‰ auch ohne diese besonderen Anzeichen (OVG Schleswig NZV 92, 379; VGH BW aaO). Hoher Alkoholwert (auch über 2 ‰) muss nicht stets ohne Berücksichtigung der Umstände des Einzelfalles auf Alkoholgewöhnung o Abhängigkeit beruhen, sondern kann auf Missbrauch hinweisen und MPU-AO nach § 13 Nr 2a (2. Altern) FeV rechtfertigen (VGH BW NZV 02, 580; desgl auch Hentschel/König/Dauer-Dauer § 2 StVG Rn 46 mwN). Lag in der Vergangenheit eine Alkoholabhängigkeit vor und Bestehen aktuell hinreichende Anhaltspunkte für eine erneute Abhängigkeit, so ist mittels ärztlichen Gutachtens die Problematik der Alkoholabhängigkeit zu klären, im Falle eines einmaligen Ausrutschers während der Abstinenz ist mittels MPU zu prüfen, ob der Ausrutscher mit der Erwartung an eine langfristig stabile Lebensweise vereinbar ist (VGH München BeckRS 2016, 50107).

Der Verdacht einer fortbestehenden Alkoholabhängigkeit rechtfertigt die Entziehung der Fahrerlaubnis nicht; auch nicht allein **Alkoholmissbrauch**, iS eines übermäßigen, die gesellschaftlich anerkannten Normen übersteigenden oder aus medizinischer Sicht bedenklichen Alkoholkonsums. Es muss vielmehr feststehen, dass das **Führen von Kraftfahrzeugen von einem die Fahrsicherheit beeinträchtigenden Alkoholkonsum nicht hinreichend getrennt werden kann;** Anhaltspunkte hierfür können sich aus dem gefahrerhöhenden täglichen Angewiesensein auf ein Fz, Tätigkeit im Bereitschaftsdienst, sonstigen Verhaltensweisen wie der Begehung alkoholtypischer Straftaten außerhalb des Straßenverkehrs, agressivem Auftreten unter Alkoholeinfluss oder sonstigen irrationalen Handlungen, die auf alkohlbedingten Kontrollverlust hinweisen, ergeben (OVG Münster BeckRS 2015, 49231; VGH München SVR 05, 276 m Praxishinweis Möthrath). Bei chronisch überhöhtem Alkoholkonsum und damit einhergehender Unfähigkeit zu einer realistischen Einschätzung der bei einer Teilnahme am StrV drohenden Gefahren setzt die Bejahung der Kraftfahreignung regelmäßig eine **stabile Änderung des Trinkverhaltens** voraus (BVerwG NJW 08, 2601 m Anm Reichel = DAR 08, 537 = zfs 08, 535). Allerdings ergeben sich erneute Zweifel, ob der Betroffene in den früheren missbräuchlichen Alkoholkonsum zurück gefallen ist, wenn er 3 Jahre später mit einer Atemakoholkonzentration von 1,79 Promille orientierungslos zu Fuß auf einer Autobahn in Schlangenlinien laufend von der Polizei aufgegriffen wird (VG Neustadt a.d. Weinstraße BeckRS 2015, 47358 = DAR 15, 539).

AO einer MPU nach **§ 13 S 1 Nr 2a FeV** (wenn „sonst Tatsachen die Annahme von Alkoholmissbrauch begründen") **setzt nicht unbedingt Auffälligkeit im Zusammenhang mit Teilnahme am Straßenverkehr voraus** (VGH BW NZV 02, 582; OVG Lüneburg DAR 07, 227; Geiger NZV 05, 623, 625; VG Augsburg zfs 08, 117; OVG Mannheim NJW 09, 1829; krit dazu, insb auch im Vergleich mit Cannabiskonsum, Hillmann DAR 11, 178), es muss **aber**

StVG § 3 I. Verkehrsvorschriften

ein **innerer Zusammenhang** zwischen der Alkoholisierung und einer Verkehrsteilnahme bestehen (VG Augsburg zfs 08, 117), dh es muss Anlass zu der begründeten Annahme bestehen, der Betr werde angesichts seiner Alkoholgewohnheiten in überschaubarer Zukunft nach dem Genuss von Alkohol ein Kfz im Straßenverkehr führen (VG Oldenburg DAR 10, 42); dem entsprechend kann allein aus der Tatsache, dass die Alkoholvorfälle in der Wohnung bzw im häuslichem Unfeld ohne unmittelbarem Zusammenhang zur Benutzung eines Kfz standen, nicht gefolgert werden, dass der fehlende konkrete Bezug zur Teilnahme am Straßenverkehr der Rechtmäßigkeit der Untersuchungsanordnung entgegen steht (OVG Münster BeckRS 2015, 49231; VG Saarland zfs 08, 58; VG Oldenburg DAR 10, 42). Entscheidend ist mithin ob Tatsachen (nicht lediglich Vermutungen: OVG Mannheim NJW 09, 1829 [1832]) vorhanden sind, die für die Gefahr einer Trunkenheitsfahrt sprechen, zB frühere Trunkenheitsfahrt mit Restalkohol in vergleichbarem Fall (VG Saarland zfs 08, 58; ähnlich OVG RhPf zfs 07, 657 m Anm Haus: wenn besondere Umstände nahe legen, dass in überschaubarer Zukunft ein Kfz geführt wird, etwa weil der Betr zwingensd auf das regelmäßige Führen eines Kfz im Straßenverkehr angewiesen ist), zB zum Erreichen der Arbeitsstelle o als Taxifahrer (OVG Lüneburg DAR 07, 227) bzw Berufskraftfahrer (zu Verteidigungsstrategien in Verkehrsstrafsachen im Hinblick auf die MPU gerade auch in diesen Fällen Hillmann DAR 08, 376 = Himmelreich FS S 17). Ausreichend ist, dass die außerhalb des Straßenverkehrs aufgetretene Alkoholauffälligkeit Anlass zu der begründeten Annahme gibt, „der Betr werde angesichts der bei ihm erkennbar gewordenen Alkoholgewohnheiten voraussichtlich schon in überschaubarer Zukunft auch nach dem Genuss von Alkohol ein Kraftfahrzeug führen und so zu einer konkreten Gefahr für andere Verkehrsteilenhmer werden" (OVG Mannheim NJW 09, 1829 [1830]). Im Ausnahmefall kann ein MPU-Gutachten nach § 13 S 1 Nr 2a FeV auch dann angeordnet werden, wenn der Betr mehrere schwere Alkoholisierungen außerhalb der Teilnahme am Straßenverkehr begangen hat und unter dieser Alkoholisierung ein Ausmaß an unbeherrschter Aggressivität und Rücksichtslosigkeit gegen die Interessen anderer offenbart hat (mehrere Körperverletzungen unter Alkoholeinfluss: Einschlagen auf Busfahrer auf Betriebshof, auf Fahrgast in einer Straßenbahn und Prügelei vor Diskothek), das auf einen allgemeinen Verlust der Steuerungsfähigkeit unter Alkoholeinfluss hinweist und hinreichende Zweifel daran begründet, dass der Betr zukünftig die nötige Selbstkontrolle aufbringen wird, um von der Teilnahme am Straßenverkehr unter Alkoholeinfluss abzusehen (OVG Bremen NJW 12, 473).

Ob gelegentlicher Cannabiskonsum und **Beigebrauch von Alkohol** idR nur bei Hinzutreten weiterer Tatsachen die Annahme mangelnder Fahreignung rechtfertigt, war umstritten (offen gelassen bei VGH Mannheim zfs 13, 655 mwH). Nach VGH München SVR 12, 396, 398 m Praxishinweis Koehl (ähnlich VGH München BeckRS 12, 59068) stellt, jedenfalls in dem konkreten Fall, ein nicht im Zusammenhang mit dem Führen von Fahrzeugen im Straßenverkehr stehender Gebrauch von Alkohol und Cannabis **(Mischkonsum)** keinen Umstand dar, der die Anforderung eines Gutachtens nach § 14 I 3 FeV rechtfertigt. Gegent Ansicht und für erforderlichen Zusammenhang mit Teilnahme am Straßenverkehr: OVG Saarland ZfS 01, 92 u Himmelreich DAR 02, 60); VG Minden DAR 11, 720; differenzierend (Fußgänger als Verkehrsteilnehmer) Himmelreich/Janker/Karbach Rn 1221 u Rn 148 mwN. S auch unten Rn 4a (Parallelkonsum von Cannabis und Alkohol ohne Teilnahme am Straßenverkehr); erforderlich ist aber, dass es sich um Mängel handelt, die bei vernünftiger, lebensnaher Einschätzung die ernsthafte

Besorgnis begründen, der Betr werde sich als Kfz-Führer nicht verkehrsgerecht umsichtig verhalten (OVG Saarland ZfS 07, 477, dort zur Anforderung eines ärztl Gutachtens). – Innerer Zusammenhang zwisch Alkoholmissbrauch u Straßenverkehr muss dargelegt werden, und zwar durch Umstände, die zusätzl zur Alkoholisierung vorliegen (VG Augsburg ZfS 05, 420 = DAR 05, 711). – S zur Rechtmäßigkeit von Gutachtenanforderungen § 3 StVG Rn 7a ff.

Seitens des **BVerwG** (BVerwGE 148, 230 = zfs 14, 175 = NJW 2014, 1318; so auch OVG Lüneburg DAR 16, 602) wurde jedoch deutlich gemacht, dass es nicht geboten ist, Nr 9.2.2 der Anlage 4 zur FeV im Hinblick auf den Beigebrauch von Alkohol aus Gründen der Verhältnismäßigkeit einschränkend auszulegen; vorausgesetzt es liegt ein Mischkonsum vor, der in zeitlicher und mengenmäßiger Hinsicht zu einer kombinierten Rauschwirkung führen kann, wovon auszugehen ist, wenn die Einnahme beider Substanzen im Rahmen eines einheitlichen Lebensvorgangs erfolgt.

Werden **bei Gelegenheiten ohne „Verkehrsberührung"** (OVG Mannheim NJW 09, 1829 [1831]) **hohe Alkoholkonzentrationen** (hier: 2,22 Promille) erreicht, lässt sich **mangels gefestigter wissenschaftlicher Nachweise** in diesen Fällen derzeit **nicht der zwingende Schluss auf eine mögliche Gefahr von Fahrten unter Alkoholeinfluss** belegen (OVG Mannheim NJW 09, 1829 [1831]).

Wird im ärztl Gutachten deutl erhöhter **CDT-Wert** festgestellt, kann dies Verdacht auf Alkohol-Missbrauch begründen u MPU-AO rechtfertigen (OVG Saarland ZfS 05, 106; Koehl SVR 12, 413, 415).

Zur Nachweismöglichkeit einer angegebenen Alkoholabstinenz mit Labortests durch Bestimmung des **EtG-Wertes (Ethylglucuronid)** Uhle/Löhr-Schwaab ZfS 07, 192. Der EtG-Wert ist ein hochspezifischer Alkoholmarker, der es **ermöglicht,** eine behauptete **Alkoholabstinenz unmittelbar nachzuweisen** oder zu widerlegen (OVG Mannheim NJW 09, 1829 [1832]). Diese Nachweismöglichkeit ist für die Frage der Verhältnismäßigkeit der Gutachtenanordnung von Bedeutung (OVG Mannheim NJW 09, 1829 [1832]). – Zur forensisch-toxikologischen **Haaranalyse** auf Ethylglucuronid (EtG) zur Überprüfung des **Alkoholkonsums** Liniger, Jahrbuch zum Straßenverkehrsrecht 2006, 42 u Thiele/Eschenbacher/Haag-Dawoud, Jahrbuch zum Straßenverkehrsrecht 2012, 1; zur (möglichen) Verwendung von **Nichtkopfhaaren** Liniger, Jahrbuch zum Straßenverkehrsrecht 2013, 37.

Gutachtenanordnung ist auch zulässig bei **Radfahrer** mit hoher BAK (noch zum früheren Recht BVerwG NZV 96, 84; heutige Grundlage: **§ 13 S 1 Nr 2c FeV,** s auch unten) und **ab 1,6 Promille obligatorisch** (BVerwG NJW 08, 2601 m Anm Reichel = DAR 08, 537 = zfs 08, 535 [hier: mind 2,09 Promille]; VGH München SVR 10, 192 m Praxishinweis Geiger; OVG Bautzen SVR 11, 352 m Praxishinweis Geiger; auch bei einmaliger Radfahrt, VG Neustadt NZV 05, 437 = ZfS 05, 67 u SVR 06, 314 m Praxishinweis Ternig; OVG Greifswald NZV 07, 53 mwN; BVerwG NJW 08, 2601 m Anm Reichel = DAR 08, 537 = zfs 08, 535 BVerwG zfs 13, 474 = NJW 13, 2696 [1,9 Promille]; VG Münster NZV 12, 56 [1,93 Promille]); zu Fragen der Verhältnismäßigkeit nachfolgend (ausführlich zu Maßnahmen gegen alkoholauffällige Radfahrer Rebler SVR 12, 401). Bei einer Trunkenheitsfahrt mit einem Fahrrad besteht idR Anlass, mittels medizinisch-psychologischer Fachkunde zu untersuchen, ob dies das mit dem Fahrrad gezeigte Verhalten auch auf das Führen von Kfz auswirken kann (VG Potsdam NZV 06, 331, 332; s auch BVerwG NJW 08, 2601 m Anm Reichel =

StVG § 3 I. Verkehrsvorschriften

DAR 08, 537 = zfs 08, 535). MPU auch bei abweichenden Leberfunktionswerten (VGH BW VM 92, 10). Auch das Sitzen auf einem rollenden Fahrrad, stellt ein Führen des Fahrrads dar, da ein rollendes Fahrrad des Lenkens bedarf (VGH München DAR 15, 107- in Abgrenzung zu bloßen Vorbereitungshandlungen).

Bei Trunkenheitsfahrt mit 1,6 Promille bzw 0,8 mg/l AAK oder jeweils mehr ist MPU-Gutachten bei Kfz u Radfahrer **auch bei nur knapper Überschreitung der Grenze** (1,62 Promille: OVG Greifswald NZV 07, 53) und auch bei einem **Ersttäter** (OVG Greifswald NZV 07, 53 mwN; BVerwG NJW 08, 2601 m Anm Reichel = DAR 08, 537 = zfs 08, 535) obligatorisch; nicht aber bei einmaliger Fahrt mit Werten darunter (VGH München BeckRS 2014, 59365; VG Oldenburg DAR 09, 410 m Anm Hillmann; aA VGH Mannheim BeckRS 2015, 48868 = DAR 15, 592; s.a. § 2 Rn 13d). Verfassungsrechtliche Bedenken gegen zwingende Gutachtenanforderung bei Fahrradfahrern bei Bode/Winkler Rn 34 zu § 7; s auch Mahlberg, in Himmelreich/Halm Kap 35 Rn 217 ff.

Wird ein **Fahrradfahrer** nach einer Trunkenheitsfahrt mit 1,96 Promille zur Beibringung eines MPU-Gutachtens aufgefordert und kommt er dem nicht nach, ist neben der Entziehung der FE auch die **Untersagung ein fahrerlaubnisfreies Fahrzeug zu führen** verhältnismäßig und zulässig (VG München DAR 10, 656); das Verbot des Führens fahrerlaubnisfreier Fahrzeuge ist auch bei einer Fahrradfahrt mit 1,77 Promille und unberechtigter Weigerung ein Gutachten beizubringen, zulässig (OVG Weimar DAR 12, 721). Die Anordnung, ein MPU-Gutachten beizubringen, ist bei einem Fahrradfahrer aber **unverhältnismäßig,** wenn er **nicht im Besitz einer FE** ist (str) und erstmals nachts mit dem Fahrrad mit 2,33 Promille auf dem Fahrradweg gefahren ist (OVG Koblenz DAR 10, 35 – Änderung der Rspr durch OVG Koblenz NJW 12, 3388 = zfs 12, 716 m Anm Haus = DAR 12, 601 = NZV 13, 103= SRV 12, 478 m Praxishinweis Koehl; s auch VGH München SVR 11, 187 m Praxishinweis Koehl: bei Trunkenheitsfahrt mit Fahrrad mit 2,16 Promille „jedenfalls dann gerechtfertigt, wenn der Betroffene Inhaber einer Fahrerlaubnis ist"; aA VGH Kassel DAR 11, 45 [LS]; VGH München SVR 11, 187 m Praxishinweis Koehl; jetzt auch OVG Koblenz NJW 12, 3388 = zfs 12, 716 m Anm Haus = DAR 12, 601 = NZV 13, 103= SRV 12, 478 m Praxishinweis Koehl); das wegen Nichtvorlage des Gutachtens ausgesprochene **Verbot, fahrerlaubnisfreie Fahrzeuge (Fahrrad und Mofa) zu führen,** ist damit rechtswidrig (OVG Koblenz DAR 10, 35). Nach VGH München SVR 11, 187 m Praxishinweis Koehl erscheint es jedoch **zweifelhaft, für** die **Verhältnismäßigkeit der** doppelten (nicht nur Überprüfung der Eignung zum Führen von Kraftfahrzeugen sondern auch der Eignung zum Führen von fahrerlaubnisfreien Fahrzeugen bei Fahrradfahrer [hier: 2,16 Promille]) **Gutachtenanforderung darauf abzustellen, ob der betroffene Fahrradfahrer auch Inhaber einer Fahrerlaubnis ist oder nicht,** weil das von einem Fahrradfahrer ausgehende Gefahrenpotenzial davon nicht beeinflusst wird. Für eine Gutachtenanordnung zur **Überprüfung der Eignung zum Führen fahrerlaubnisfreier Fahrzeuge** gelten gem **§ 3 II FeV** die §§ 11 bis 14 FeV entsprechend (Praxishinweis Koehl SVR 11, 189, 190). Die Anordnung einer **MPU Begutachtung nach § 13 S 1 Nr 2a Alt 2 FeV** zur Klärung der Frage, ob ein Verkehrsteilnehmer Alkoholgenuss und das Führen eines fahrerlaubnisfreien Fahrzeugs in einem die Fahrsicherheit beeinträchtigenden Zustand hinreichend sicher trennen kann, ist nicht schon dann gerechtfertigt, wenn der Verkehrsteilnehmer als Kraftfahrer alkoholauffällig geworden ist (OVG Koblenz NJW 11, 3801 = zfs 11, 657 = NZV 112, 103). Vielmehr müssen die **Gesamtumstände** zu der begründeten Annahme

Anlass geben, der Betroffene werde voraussichtlich schon **in überschaubarer Zukunft nach dem Genuss von Alkohol ein fahrerlaubnisfreies Fahrzeug führen und so zu einer konkreten Gefahr für andere Verkehrsteilnehmer** werden. Andernfalls ist die wegen Nichtvorlage des Gutachtens ausgesprochene Untersagung des Führens fahrerlaubnisfreier Fahrzeuge rechtswidrig (OVG Koblenz NJW 11, 3801 = zfs 11, 657 = NZV 112, 103; s dazu auch Geiger DAR 12, 121, 123). Einem Verkehrsteilnehmer, der bisher nur fahrerlaubnispflichtige Kraftfahrzeuge in einem eignungsausschließenden Zustand geführt hat, kann die Nutzung fahrerlaubnisfreier Fahrzeuge (ggf auch eines Fahrrades) nach § 3 I FeV verboten werden, wenn nach den Umständen des Einzelfalls Anlass zu der begründeten Annahme besteht, er werde in überschaubarer Zukunft ein fahrerlaubnisfreies Fahrzeug im Zustand der Nichteignung führen und zu einer konkreten Gefahr für andere Verkehrsteilnehmer werden (OVG Lüneburg DAR 12, 161); s zur Fragestellung an den Gutachter § 3 StVG Rn 7c.

§ 14 II Nr 2b FeV (Gutachtenanforderung bei wiederholten Zuwiderhandlungen im Straßenverkehr nach § 24a StVG) erfasst sowohl Delikte nach § 24a I StVG (Alkohol) als auch nach § 24a II StVG (Drogen): OVG Münster DAR 09, 598.

S auch grundlegende Ausführungen von Stephan, Stärken und Schwächen „objektiver" psychologischer und medizinischer Befunde als Basis der Krankheitsdiagnose und Verkehrsverhaltensprognose, NZV 03, 57, sowie Gehrmann, Bedenken gegen die Kraftfahreignung und Eignungszweifel in ihren grundrechtlichen Schranken (Referat auf dem VGT 2003), NZV 03, 10. – Zur forensisch-toxikologischen **Haaranalyse** auf Ethylglucuronid zur Überprüfung des **Alkoholkonsums** Liniger, Jahrbuch zum Strassenverkehrsrecht 2006, 42; zur (möglichen) Verwendung von **Nichtkopfhaaren** Liniger, Jahrbuch zum Straßenverkehrsrecht 2013, 37.

ee) **Berauschende Mittel, Drogen.** Abgesehen von Cannabis (s Rn 4a) führen bei Drogen (dh Betäubungsmittel im Sinne des Betäubungsmittelgesetzes) **Einnahme** o **Abhängigkeit** durchweg zur **Nichteignung zum Führen von Kfz** (Anlage 4 Nr 9.1 u 9.3 FeV). 4

Als **Untersuchungsmaterial** für chemisch-toxikologische Analysen **zum Nachweis** oder Ausschluss des Konsums berauschender Mittel kommen grundsätzlich **Blut, Urin, Haare, Speichel** oder Abstriche von **Hautschweiß** in Betracht (näher dazu Mußhoff/Madea NZV 08, 485; s auch Mußhoff/Madea Himmelreich-FS S 227).

Eine von einem Polizeibeamten **entgegen** dem **Richtervorbehalt** des § 81a II **StPO angeordnete** und insoweit rechtswidrige **Blutentnahme unterliegt** im Fahrerlaubnisrecht **keinem Beweisverwertungsverbot** (VG Berlin NZV 09, 206), weil es hier nicht nur um das Spannungsfeld zwischen dem staatlichen Strafverfolgungsanspruch und dem Grundrechtsschutz des Betroffenen, sondern vielmehr auch um den Schutz der Allgemeinheit vor ungeeigneten Kraftfahrzeugführern geht (VG Berlin NZV 09, 206 [207]; VGH Mü SVR 10, 190 m Praxishinweis Geiger; VGH Ma DAR 10, 537; OVG Lü NJW 10, 629; OVG Schleswig SVR 10, 154 m Praxishinweis Weide). Lässt sich nicht sicher sagen, ob eine richterliche Anordnung nach § 81a II StPO ergangen wäre, entscheidet über die Verwertbarkeit der Blutprobe eine Interessenabwägung im Einzelfall (VGH München SVR 10, 190 m Praxishinweis Geiger). Insbesondere kann die Frage der RM der Blutentnahme dann dahinstehen, wenn der Betroffene im Strafverfahren sowohl den Eigenkonsum erheblicher Mengen von Marihuana als auch von

StVG § 3   I. Verkehrsvorschriften

Amphetamin eingeräumt hat, denn diese Einlassung muss er sich im FE-Entziehungsverfahren entgegen halten lassen (VGH München BeckRS 2016, 50803). Dem gegenüber genügt die bloße Angabe in einem Strafurteil, dass der Angeklagte drogenabhängig sei, allein nicht für eine Annahme des Drogenkonsums, sondern dies kann nur Anlass für weitere Aufklärungsmaßnahmen sein (VGH München BeckRS 2017, 107811). Das Auffinden eines Kokaingemischs in der Hosentasche bei einer Polizeikontrolle kann die Anordnung eines ärztlichen Gutachtens zur Überprüfung des Drogenkonsums rechtfertigen (VGH München BeckRS 2016, 110054).

Eine **„unwissentliche" Aufnahme** von Betäubungsmitteln begründet keinen Regelfall für die Annahme der Nichteignung zum Führen von Kfz, da sich hieran keine beachtliche Wiederholungswahrscheinlichkeit anknüpft und die „Einnahme" (vgl zB Nr 9.1 Anl 4 FeV) begrifflich eine bewusste Aufnahme voraussetzt (OVG Sachsen-Anhalt v 28.2.07, Az 1 M 219/06, bei Köhler-Rott, DAR 07, 682), wobei jedoch die Frage einer bloßen Schutzbehauptung besonders sorgfältig zu prüfen ist; insbesondere erfordert dies einen zugrundeliegenden detaillierten, in sich schlüssigen und auch im Übrigen glaubhaften Sachvortrag, der einen solchen Geschehensablauf als ernsthaft möglich erscheinen lässt.(VGH München BeckRS 2011, 32917; Köhler-Rott DAR 07, 682). Hat der Betr Anhaltspunkte dafür, dass ihm Drogen ohne sein Wissen verabreicht wurden, trifft ihn vor Fahrtantritt eine erhöhte Sorgfalts- und Selbstprüfungspflicht hinsichtlich etwaiger Wirkungen des Betäubungsmittels (VGH München v 23.2.06, Az 11 CS 05.1968, bei Köhler-Rott DAR 07, 682).

Bei der **Einnahme von Arzneimitteln,** die Stoffe enthalten, die unter das BtMG fallen, kann die fehlende Fahreignung nicht schon aus der ein- oder mehrmaligen Einnahme von BtM nach Nr 9.1 Anlage 4 FeV hergeleitet werden, da insoweit Nr 9.4 Anlage 4 FeV (missbräuchliche Einnahme, dh **regelmäßig übermäßiger Gebrauch,** von psychoaktiv wirkenden Arzneimitteln – hier: **Dolantin** und **Faustan**) spezieller ist (Sächsisches OVG SVR 09, 352 m Praxishinweis Geiger); s auch OVG Münster DAR 11, 169: für den Konsum von Cannabis sind die Regelungen in Nr 9.2 Anlage 4 FeV abschließend; VGH Mannheim DAR 13, 163 (LS) = NZV 13, 261 = zfs 13, 353: **ärztlich verordnete Therapie mit Opiaten; Nr 9.4 und Nr 9.6.2 Anlage 4 FeV** hierzu mit **spezielleren Anforderungen.**

Einmalige Einnahme (Ausnahme Cannabis) sog **harter Drogen genügt** (OVG Saarlouis BeckRS 2017, 114549; OVG Koblenz DAR 01, 183; OVG Lüneburg DAR 02, 471 u ZfS 03, 476; OVG Thüringen ZfS 02, 406; VGH BW ZfS 02, 408 u ZfS 02, 410 sowie ZfS 05, 158; OVG Niedersachsen ZfS 05, 48; OVG Saarland ZfS 02, 552; OVG NRW SVR 07, 355 m Praxishinweis Krause **[Kokain];** OVG Niedersachsen zfs 09, 597 **[Kokain];** VG Bremen NJW 13, 2844 [LS] = BeckRS 13, 48138 = SVR 13, 357 m Praxishinweis Koehl [Kokain]; VG Hannover zfs 10, 532 **[Kokain** u Cannabis]; VG Berlin NZV 09, 206 **[Amphetamin;** hier zusammen mit 1,45‰ BAK]; VG Saarland zfs 10, 535; OVG Magdeburg SVR 13, 76 m Praxishinweis Koehl **[Amphetamin];** VGH München SVR 11, 389 m Praxishinweis Koehl; OVG Münster BeckRS 2015, 49232 [Konsum von Kokain, Ecstasy, Speed und PEP, neben ärztlich verordnetem amphetaminhaltigem Medikament; s dazu auch die RsprÜb bei Köhler-Rott DAR 07, 682); dies gilt jedoch nur für Regelfall, der Ausnahmen zulässt (aaO). Einmal-Konsum (Kokain) genügt, wobei nicht erforderl ist, dass Betr unter Einwirkung von Drogen Kfz geführt hat (VG Braunschweig NZV 05, 435 = SVR 05, 352

Entziehung der Fahrerlaubnis § 3 StVG

m Praxishinweis Krause). **Abweich** Hessischer VGH (ZfS 02, 599), wonach einmaliger Konsum von Kokain u Amphetamin nicht genügt für Annahme der Nichteignung u Nr 9.1 wg Verhältnismäßigkeit u wg Vorbem Nr 2 zu Anlage 4 FeV: „einschränkend auszulegen"; Berufung des VGH auf Vorbem Nr 2 (Nachw idR durch ärztliches Gutachten, in bes Fällen durch mediz-psychol Gutachten) geht jedoch fehl, da Entz d FE ohnehin durchweg auf Gutachten, zumind ärztl Screening, gestützt wird. Zutreffend hingegen VGH BW (ZfS 02, 408, 410) unt Hinweis auf Vorbem 3 (nicht 2) zu Anlage 4 FeV, wonach Nr 9.1 als Regelfall anzusehen ist, der nach Vorbem 3 Ausnahmen zulässt, wenn die Wirkungen des Drogenkonsums kompensiert werden durch bes menschl Veranlagung, Gewöhnung, bes Einstellung o bes Verhaltenssteuerungen u -umstellungen. Zutreffend (wenn auch durch Hinweis auf Vorbem 2 der Anlage 4 mit falscher Begründung) OVG Saarland (aaO), wonach Nr 9.1 keine „starre Vorschrift" sei, sondern eine „Regelfall-Normierung", die für Einzelfallwürdigung Raum lässt u auch dem Verhältnismäßigkeitsgrundsatz Rechnung trägt. Die Gründe für die **Ausnahme vom Regelfall,** Besonderheiten und atypische Umstände etc müssen vom Drogenkonsumenten vorgetragen und nachgewiesen werden (VGH BW aaO, OVG Thüringen aaO; siehe auch Hentschel NJW 04, 651, 662). Bei **im Einzelfall nachgewiesener bedingter Eignung** liegt **kein Regelfall** nach Nr 9.1 Anlage 4 FeV vor, da damit der Regelfall, dass der Betr nicht (bedingt) geeignet ist, widerlegt ist (s auch VG Freiburg NJW 09, 309 u § 3 StVG Rn 6b u 7h).

Für die Frage des einmaligen Konsums von harten Drogen im Fahrerlaubnisentziehungsverfahren kann sich der Fahrerlaubnisinhaber grundsätzlich nicht allein mit dem **pauschalen Vorbringen** entlasten, die Drogen **(Kokain)** seien ihm **ohne sein Wissen von Dritten verabreicht** worden oder es habe eine Verwechslung von Trinkgläsern stattgefunden (OVG Greifswald NJW 12, 548 = NZV 12, 358).

Auch wenn der **Grenzwert unter dem für die OWi nach § 24a II StVG maßgeblichen analytischen Grenzwert** (s § 24a StVG Rn 5a) liegt, rechtfertigt der Konsum harter Drogen (Kokain) die Entziehung der FE (VG Bremen NJW 13, 2844 [LS] = BeckRS 13, 48138 = SVR 13, 357 m Praxishinweis Koehl).

Das (regelmäßige) Trinken von **Red Bull Cola** kann nicht zu einer BZE-Konzentration (Kokain) von 21 ng/ml führen (VG Bremen NJW 13, 2844 [LS] = BeckRS 13, 48138 = SVR 13, 357 m Praxishinweis Koehl).

Der Konsum von **Khat** führt nach der Regelannahme gemäß Nr 9.1 Anlage 4 FeV dazu, dass sich ein Konsument dieser Droge als ungeeignet zum Führen von Kfz erweist (VGH Kassel, NJW 12, 2294 = NZV 13, 101; aA OVG Münster VRS 116/09, 384 = BeckRS 08, 40612, wonach bislang nicht hinreichend geklärt ist, wie sich der Konsum von **Khat** auf die Kraftfahreignung auswirkt, sodass eine Regelannahme nach Nr 9.1 Anlage 4 FeV ausscheidet und die Umstände des Einzelfalles entscheidend sind).

Auch die synthetischen Cannabinoide **„Spice"** (mit Aufnahme in die Anlage II zum BtMG seit dem 21.1.09, VG München v 25.6.17, M 1 S 10.2252; VGH München BeckRS 2015, 50382); **„Jamaican Gold Extreme"** (mit Aufnahme in die Anlage II des BtMG zum 26.7.12, VG Augsburg SVR 2014, 117) sowie **„Millenium"** (wg Nachweis des Wirkstoffs AM2201 als harte Droge eingestuft – VGH München BeckRS 13, 59040) sind harte Drogen (Koehl Zfs 15, 369). Soweit ein in der Liste der Anlage II zum BtMG aufgeführter Wirkstoff nachgewiesen wird, kommt es auf die Höhe der im Blut nachgewiesenen Konzentration

StVG § 3

aufgrund der Gefährlichkeit derartiger Drogen nicht an (VG Trier Zfs 15, 417 – zum Konsum einer Käutermischung).
S zum **bloßen Besitz** sog harter Drogen unten Rn 7a.
Bei Eignungszweifeln im Zusammenhang mit der **Einnahme von ärztlich verschriebenen Medikamenten** (hier: **Diazepam**) ist regelmäßig ein MPU-Gutachten erforderlich (OVG Rheinland-Pfalz NZV 10, 478 m Anm Jagow). Maßgeblich ist hier als spezielle Regelung **Nr 9.4 Anlage 4 FeV,** nicht Nr 9.1 Anlage 4 FeV, obwohl Diazepam ein BtM iSd Anlage III BtMG darstellt (Jagow NZV 10, 480).
Ergibt sich aus einer **Haaranalyse** der Nachweis von mehrfachem Kokainkonsum, folgt daraus gem § 46 iVm Nr 9.1 der Anlage 4 FeV für den Regelfall (vgl Vorbem 3 der Anlage 4 FeV) die Nichteignung zum Führen von Kfz (VGH BW DAR 04, 417). Die **Verwertbarkeit einer Haaranalyse** zum positiven oder negativen Nachweis eines **Drogenkonsums** setzt insb die sichere Identifizierung des Betr und den Ausschluss einer Manipulation der Haarprobe von der Probennahme bis zur Analyse voraus (VGH Mannheim DAR 11, 100 [LS] = SVR 11, 190 m Praxishinweis Geiger).
Der **Nachweis des Konsums „harter" Drogen** geschieht nach § 14 I 1 Nr 2 FeV durch ein **ärztliches Gutachten** (VGH München zfs 10, 653, 655); aus dem Verhältnismäßigkeitsgrundsatz folgt, dass es, trotz formaler Erfüllung der Voraussetzungen des § 14 I 3 FeV, nicht zulässig ist, bei feststehendem gelegentlichen Cannabiskonsum und dem Verdacht auf den Einnahme „harter" Drogen, sofort ein MPU-Gutachten anzufordern (VGH München zfs 10, 653 unter Aufgabe früherer Rspr). Bereits ein **positiver Drogenschnelltest** auf **Kokain** kann den dringenden Verdacht auf den Konsum dieser Droge begründen, selbst wenn die später erfolgte Blutuntersuchung diesen Befund nicht bestätigt, weil die Abbaugeschwindigkeiten im Blut und Urin unterschiedlich ausfallen (OVG Münster BeckRS 2015, 40392; VG Bremen SVR 12, 71 m Praxishinweis Koehl). Die Feststellung von **Kokainkonsum** durch eine methodisch einwandfreie Blutuntersuchung kann, soweit es um die Frage einmaligen Konsums geht, beim derzeitigen Erkenntnisstand nicht durch eine **Haaranalyse** mit Negativbefund widerlegt werden (VGH Mannheim DAR 11, 100 [LS] = SVR 11, 190 m Praxishinweis Geiger; s auch Koehl SVR 12, 441, 443).
Wird nach Entzug die FE wieder erteilt mit der Auflage, an einem Drogenkontrollprogramm teilzunehmen, und wird durch ärztl Screening erneuter Drogenkonsum nachgewiesen, so ist Nichteignung erwiesen, ohne dass es weiterer Aufklärungsmaßnahmen bedarf; es entfällt insb MPU nach § 14 II Nr 2 FeV, was sich aus § 11 VII FeV ergibt (s auch VGH BW NZV 02, 296). – Die **Nichteignung entfällt erst nach angemessener Abstinenz** (VGH München NZV 91, 288; VGH BW NZV 93, 45; VGH München NZV 99, 100: mind 1 Jahr; VGH München SVR 09, 111 m krit Praxishinweis Geiger: eine wegen BtM-Konsum verloren gegangene Fahreignung kann idR erst nach einjähriger nachgewiesener Abstinenz wiedererlangt werden; zur Kritik an dieser Rspr auch Geiger SVR 07, 441 [446] – problematisch an dieser Rspr zur notwendigen Abstinenz von regelmäßig einem Jahr ist ua, dass der Betr nach den allg verwaltungsprozessualen Grundsätzen für die Wiedererlangung seiner Fahreignung darlegungs- und beweispflichtig ist und deshalb die Frist im Einzelfall länger oder kürzer sein kann [Geiger SVR 09, 113, Praxishinweis zu VGH München SVR 09, 111]; bzgl der Droge „Khat" ging der VGH München (BeckRS 2017, 100325 =NZV 17, 198) bei einer Drogengefährdung ohne Anzeichen für eine fortgeschrittene Drogen-

problematik von einer Abstinenzzeit von 6 Monaten aus, wobei der Antragsteller die Droge nur legal und gelegentlich in seinem Heimatland Äthiopien konsumiert hatte und sich im Verfahren kooperativ zeigte; zum Verhältnis der FeV zu den Abstinenzerfordernissen der Begutachtungs-Kriterien Koehl DAR 13, 624). Behauptet der FE-Inhaber, dem die FE wegen Drogenkonsum nach § 11 VII FeV entzogen werden soll, der Fahrerlaubnisbehörde gegenüber **hinreichend substanziiert** seine langfristig bestehende **Drogenabstinenz,** ist es der Fahrerlaubnisbehörde **spätestens nach Ablauf eines Jahres** ab dem behaupteten Beginn der Abstinenz nicht mehr möglich, die Annahme fortbestehender Fahruntauglichkeit ohne **weitere Ermittlungen** allein auf die Drogenfahrt zu stützen (OVG Magdeburg NJW 13, 3113). Nach Anlage 4 Nr 9.5 FeV auch 1 Jahr Abstinenz. – Zur „teilweisen" Entz s unten Rn 8a. – Zum (zulässigen) Nachschieben oder Auswechseln von Gründen s OVG Saarland NZV 93, 454. – Zur Eignung bei Substituierung mit **Methadon** s OVG Hamburg NZV 97, 247; OVG Saarland NJW 06, 2651 = NZV 06, 615 = ZfS 06, 416; VG Saarland DAR 10, 45; zur Substituierung mit **Subutex** s VG Freiburg SVR 10, 278 m Praxishinweis Plümacher. Auch die regelmäßige Einnahme des cannabishaltigen Medikaments **Dronabinol** zu Therapiezwecken kann, ähnlich wie zB eine Methadonsustitution, in Ausnahmefällen eine Sonderbehandlung rechtfertigen und eine positive Beurteilung der Fahreignung im Einzelfall ermöglichen (OVG Lüneburg zfs 13, 238 = DAR 13, 288 = NZV 13, 263).

Cannabis. Es ist grds davon auszugehen, dass die Fahrtüchtigkeit eines Kfz- **4a** Führers im akuten Haschischrausch und während der Dauer einer mehrstündigen Abklingphase aufgehoben ist (BVerfG v 8.7.02 unter Bezug auf wissenschaftl Untersuchungen, aaO unten; s auch Patzak/Marcus/Goldhausen „Cannabis – wirklich eine harmlose Droge?" NStZ 06, 259; zu physischen, psychischen und sozialen Auswirkungen von Cannabiskonsum Krumdiek NStZ 08, 437). **Passivrauchen** genügt, wenn sich der Betr vor der Autofahrt längere Zeit bewusst in einem Raum mit stark cannabishaltigem Rauch aufgehalten hat (VGH BW NZV 05, 214 = DAR 04, 604 = SVR 04, 397 m Praxishinweis Krause; s auch Krause DAR 06, 175. Näher zu aktuellen Wirkstoffgehalten von Cannabis Patzak/Goldhausen NStZ 07, 195.

Anlage 4 Nr 9 FeV sieht für **Cannabis** eine **differenzierte Regelung** vor: Bei *regelmäßiger* Einnahme ist die **Fahreignung zu verneinen** (Nr 9.2.1), bei nur *gelegentlicher* Einnahme ist Fahreignung gegeben, wenn eine **strikte Trennung** von Konsum und Fahren sowie kein zusätzl Konsum von Alkohol oder anderen psychoaktiv wirkenden Stoffen, keine Störung der Persönlichkeit u kein Kontrollverlust vorliegen (Nr 9.2.2); (krit zur Differenzierung nach einmaligem, gelegentlichem und regelmäßigem Cannabiskonsum als alleinige Kriterien für die Regelbeurteilung der Fahreignung Gehrmann NZV 08, 265 u NZV 08, 377; s auch Gehrmann Himmelreich-FS S 117). – Zu Reaktionsmöglichkeiten der Fahrerlaubnisbehörde nach Besitz oder Konsum von Cannabis Pott NZV 12, 111; zu Voraussetzungen der Gutachtenanforderung bei Cannabiskonsum § 3 StVG Rn 7a ff.

Der nur **gelegentliche Konsum** von Cannabis ist eine **Tatbestandsvoraussetzung,** sodass die **Beweislast bei der Behörde** liegt (VGH Kassel NJW 09, 1523 [1524] = NZV 09, 312 [LS]; s auch Stuttmann NJW 11, 1919 [Kurzfassung] = NJOZ 11, 1113 [Langfassung]; VG Frankfurt/Oder DAR 12, 484 m Anm Szymanski). Von einem gelegentlichen oder regelmäßigen Konsum kann dann zweifelsfrei ausgegangen werden, wenn der **Betroffene** ein solches **Verhal-**

ten selbst eingeräumt hat (VGH Kassel NJW 09, 1523 [1524] = NZV 09, 312 [LS]; VG Frankfurt/Oder DAR 12, 484 m Anm Szymanski). Ist dies nicht der Fall, darf die FE nur dann ohne weitere Aufklärung des Sachverhalts entzogen werden, wenn die Behörde auch den gelegentlichen Konsum zweifelsfrei nachweisen kann (VGH Kassel NJW 09, 1523 [1524] = NZV 09, 312 [LS]; VG Frankfurt/Oder DAR 12, 484 m Anm Szymanski; OVG Lüneburg zfs 12, 473, 475: idR kein ausreichender Nachweis gelegentlichen Konsums, wenn der Betr schweigt oder den erfolgten Konsum offensichtlich falsch darstellt). Nach OVG Koblenz DAR 11, 279 = NJW 11, 1985 soll jedoch entgegen VGH Kassel NJW 09, 1523 = NZV 09, 312 (LS) von gelegentlichem Cannabiskonsum bereits dann ausgegangen werden können, wenn sich der Betr nach einer Teilnahme am Straßenverkehr unter Cannabiseinfluss nicht ausdrücklich auf einen Erstkonsum beruft und die Einzelumstände dieses Konsums nicht substantiiert und glaubhaft darlegt. – Instruktiv **zur Darlegungs- und Beweislast bei Entziehung der Fahrerlaubnis wegen Cannabiskonsums** Stuttmann NJW 11, 1919 (Kurzfassung) = NJOZ 11, 1113 (Langfassung).

Gelegentlicher Konsum setzt mehrfache, **mindestens zweimalige** Einnahme voraus (BVerwG zfs 15, 173; VGH München DAR 06, 349; VG Augsburg zfs 07, 597; Niedersächsisches OVG zfs 09, 358; VGH Kassel DAR 12, 656; s dazu auch die RsprÜb bei Köhler-Rott DAR 07, 682, 686) Cannabiskonsum voraus, wobei die einzelnen Konsumepisoden auch länger auseinander liegen können (VG Augsburg zfs 07, 597; VGH Kassel DAR 12, 656 [ca dreieinhalb Jahre]). Allerdings kann je nach den Umständen des Einzelfalls der Abstand mehrer Jahre zwischen zwei Einnahmen eine zeitliche Zäsur bewirken, die bei der fahrerlaubnisrechtlichen Einordnung des Konsums einen Rückgriff auf den früheren Vorgang verbietet, die Festlegung schematischer Zeiträume sei jedoch nicht geboten (BVerwG zfs 15, 173); soweit der erfolgte Konsum nach Gewicht und unter zeitlichen Gesichtspunkten von der Art ist, dass von einem gelegentlichen Konsum gesprochen werden kann (OVG Lüneburg zfs 12, 473, 474: nicht ausreichend hier Konsum im Jahr 2006 im Alter von 17/18 Jahren und dann 2011 vor der Fahrt); ein einmaliger Konsumakt reicht nicht aus (VGH BW NZV 04, 215; VGH München DAR 06, 349; OVG Magdeburg SVR 07, 112 m Praxishinweis Krause; Niedersächsisches OVG zfs 09, 358; aA OVG Hamburg VRS 109, 214 = SVR 06, 113 m Praxishinweis Krause u OVG Hamburg NJW 06, 1367: „einmalige Einnahme" genügt). Ein in der Vergangenheit liegender Drogenkonsum ist nach einer Neuerteilung der FE, der eine mehrjährige Drogenabstinenz vorausging, nicht mehr zur Beurteilung der „gelegentlichen" Einnahme heranzuziehen (OVG Magdeburg SVR 07, 112 m Praxishinweis Krause). Wird die FE neu erteilt, nachdem ein MPU-Gutachten zu dem Ergebnis kommt, dass eine längere Drogenabstinenz vorliegt, stellt der frühere Drogenkonsum ein abgeschlossenes Ereignis dar, das keinen für die Erfüllung des Merkmals „gelegentlich" relevanten Zusammenhang mit einem späteren – einmaligen – Cannabiskonsum nach der Neuerteilung aufweist (OVG Magdeburg SVR 07, 112 m krit Praxishinweis Krause).

Zur Entz bei **regelmäßigem Drogen-Konsum** s BVerwG VRS 75, 139; VGH BW NZV 94, 47; NZV 99, 352; Kar VR S 75, 81; OVG Bremen ZfS 94, 229; OVG Nds ZfS 94, 230; DAR 96, 509. Regelmäßiger Konsum liegt vor, wenn das Mittel über längere Zeit immer wieder eingenommen wird (VGH BW ZfS 95, 478; VGH München aaO: zwei- bis dreimal wöchentlich) u nicht nur gelegentlich (VG Berlin NZV 96, 423). **Regelmäßiger Konsum** bedeutet eine

Entziehung der Fahrerlaubnis **§ 3 StVG**

über einen längeren Zeitraum sich ständig wiederholende Einnahme (VGH BW VRS 96, 395; Himmelreich DAR 02, 30; s auch Hentschel/König/Dauer-Dauer § 2 StVG Rn 55 u die RsprÜb bei Köhler-Rott DAR 07, 682, 685), wobei ein Zeitraum von sechs Wochen genügen kann (VG München DAR 08, 105); ebenso ein bis zwei Joints täglich über einen Zeitraum von etwas mehr als einem halben Jahr (VGH München SVR 10, 310 m Praxishinweis Koehl); eine exakte Definition existiert nicht, überwiegend wird unter regelmäßig verstanden: **täglich oder nahezu täglich** (BVerwG DAR 09, 342 = zfs 09, 354; s auch Berr/Krause/ Sachs Rn 879 ff mwN; VG Saarland ZfS 06, 539; VG Augsburg zfs 07, 597; VG Oldenburg zfs 11, 117; OVG Münster DAR 11, 169) bzw gewohnheitsmäßig, wobei eine gewohnheitsmäßige Einnahme von Cannabis nur dann als regelmäßig angesehen werden kann, wenn sie nicht deutlich seltener als täglich erfolgt (OVG Münster DAR 11, 169). Eine positive **Haaranalyse** (hier: 0,44 ng/ml THC) und der Besitz von 5,45 g Marihuana beweisen keinen „regelmäßigen" Cannabiskonsum (OVG Niedersachsen SVR 07, 113 m Praxishinweis Krause). *Einmaliger* Cannabiskonsum ist nicht in Nr 9 der Anlage 4 enthalten (auch nicht erforderlich, da Anlage 4 keinen Anspruch auf Vollständigkeit erhebt, vgl Vorbem Nr 1). Daher muss Eignungsbegutachtung insoweit individuell (dh ohne allgemeine Maßstäbe) durchgeführt werden. Bei *Abhängigkeit* von Cannabis wird – wie bei den anderen Betäubungsmitteln iS des BtMG – die Fahreignung verneint (Nr 9.3). Wie bei Verdachtsmomenten zu verfahren ist bzw Eignungszweifel zu klären sind (Fahreignungsprüfung/-begutachtung), regeln **§ 14** u ergänzend **§ 11 FeV**.

Zur Problematik des Cannabiskonsums sind zwei grundlegende Entscheidungen des **BVerfG** ergangen, die sich zwar noch auf das alte Recht erstrecken (§ 15b StVZO aF), jedoch wegen ihrer grundsätzl Bedeutung auch für das neue FERecht Geltung beanspruchen dürften: Einmaliger oder gelegentlicher Cannabiskonsum ohne Bezug zum Straßenverkehr rechtfertigt **nicht** die AO einer Fahreignungsbegutachtung (auch nicht als bloßes Screening), BVerfG v **20.6.02** (NZV 02, 422 = DAR 02, 405 = ZfS 02, 454) unter Bestätigung des BVerwG (NJW 02, 78 = ZfS 02, 47). Allein aus dem einmalig beabsichtigten Eigenkonsum einer kleinen Menge (5 g) Haschisch kann nicht der Schluss gezogen werden, der Betr könne nicht zwischen Konsum und Teilnahme am aktiven Straßenverkehr zuverlässig trennen (BVerfG aaO). Sind jedoch hinreichend konkrete Verdachtsmomente festgestellt, dass Betr während der Teilnahme am Straßenverkehr Cannabis konsumiert oder sonst wie unter Cannabiseinfluss ein Kfz geführt hat, bestehen **keine** verfassungsrechtl **Bedenken** gegen die AO einer Fahreignungsüberprüfung, die auch in Form eines Drogen-Screenings erfolgen kann, BVerfG v **8.7.02** (NZV 02, 425 = DAR 02, 41 0 = ZfS 02, 460).

Einmaliger Probier-/Experimentierkonsum – nach spontaner Blutentnahme kann bei einer Konzentration unter 100 ng/ml THC-COOH ein einmaliger Probier-/Experimentierkonsum nicht ausgeschlossen werden; Zwerger zfs 07, 551, 554; s auch Niedersächsische OVG zfs 09, 358 [360]) **Cannabis-Konsum** kann Anlass für AO eines Drogenscreenig sein, wenn **zusätzlich konkrete tatsächl Verdachtsmomente** (zB eigene Angaben des Betr oder frühere Auffälligkeit als Cannabiskonsument: OVG Koblenz DAR 11, 279, 280 = NJW 11, 1985, 1986) ermittelt sind, dass **Betr nicht zuverlässig Haschkonsum u Fahren trennen** kann (BVerfG NJW 2002, 2381; desgl BVerwG NZV 00, 345 u VGH Thüringen DAR 03, 91; OVG Koblenz DAR 11, 279 = NJW 11, 1985; s auch Berr/Krause/Sachs Rn 773 ff; Krause SVR 06, 454). Anders VGH BW (NZV 02, 294), aus dessen Urteilsgründen sich ledigl der v Betr eingeräumte Cannabiskonsum als Grundlage für die AO der fachärztl Begutachtung ergibt. Gegen die einschlägige Verfahrensvorschrift des § 14 I 1 Nr 2 FeV werden verfassungsrechtl Bedenken geltend gemacht, weil sie auf die bloße „Einnahme" abstellt und der VB kein Ermessen zugesteht (Kreuzer NZV 99, 353, 357; vgl auch Bode DAR 03, 15). Die Bestimmung ist deshalb nunmehr unter Beachtung der og Entscheidungen des BVerfG verfassungskonform anzuwenden, vgl auch Gehrmann NZV 02, 201/210, 211 u Haase ZfS 07, 2. Die Begutachtung ist individuell (ohne Vorgabe allgemeiner Maßstäbe in Nr 9 der Anlage 4 FeV) vorzunehmen (vgl obige Ausführungen hierzu). Im Einzelfall kommt es – abgesehen von der Blutanalyse – auf Eignung der betreffenden Untersuchung an: Im Urin kann zwar auch ein einmaliger Cannabis-Konsum festgestellt werden, während die Nachweismöglichkeit in der **Haaranalyse** beim wöchentlichen Konsum beginnt. Im Urin ist Cannabis-Konsum aber nur über einen kurzen Zeitraum nachweisbar (je nach Häufigkeit des Konsums einige Tage bis ein oder zwei Monate). Nachweis eines länger zurückliegenden regelmäßigen oder gewohnheitsmäßigen Cannabis-Konsums kann daher nur durch Untersuchung der Haare geführt werden (Gehrmann, NZV 1997, 462; VGH München NZV 99, 525, 528). Zum Nachweis im Blut vgl nachstehende Ausführungen.

Bei **gelegentlichem** Cannabiskonsum ist die Eignung zu bejahen, wenn eine strikte Trennung von Konsum und Fahren und kein zusätzlicher Gebrauch von Alkohol oder anderen psychoaktiv wirkenden Stoffen gewährleistet sind sowie keine Störung der Persönlichkeit und kein Kontrollverlust bestehen (9.2.2 der Anlage 4). – S zum Mischkonsum mit Alkohol Pießkalla NZV 08, 542. Zwar gibt es gibt keinen Erfahrungssatz, wonach Personen, die einen **Mischkonsum von Cannabis und Alkohol** betreiben, früher oder später mit Sicherheit in diesem Zustand ein Fahrzeug im Straßenverkehr führen werden (VGH München SVR 12, 396, 398 m Praxishinweis Koehl; dazu auch Koehl NZV 12, 570). Jedoch gebietet es der Verhältnismäßigkeitsgrundsatz gerade nicht, die Fahreignung eines Mischkonsumenten nur dann zu verneinen, wenn mit Sicherheit zu erwarten ist, dass früher oder später unter Einwirkung von Rauschmitteln ein Fahrzeug geführt wird, also die Trennungsbereitschaft aufgeben wird. Vielmehr **rechtfertigt angesichts des Gefährdungspotenzials schon der Umstand, dass ein solcher Mischkonsum die Aufgabe der Trennungsbereitschaft möglich erscheinen lässt, die Annahme einer fehlenden Faheignung** (BVerwG BVerwGE 148, 230; BVerwG zfs 15, 174). Insbesondere ist es für die Annahme der fehlenden Fahreignung nicht erforderlich, dass beim Mischkonsum die Alkohol-Grenzwerte erreicht werden. Vielmehr begründet bereits die Tatsache des Mischkonsums gem Nr 9.2.2 Anl 4 FeV selbst dann die mangelnde Fahreignung, wenn die Einnahme der Substanzen nicht im Zusammenhang mit der Teilnahme im Straßenverkehr steht (BVerwGE 148, 230).

Die **Eignung entfällt,** wenn insb vom **fehlenden Trennungsvermögen** zwischen Konsum u Kfz-Führen (s **Nr 9.2.2 Anlage 4 FeV**) auszugehen ist (BVerfG v 8.7.02, aaO; BVerwG NZV 00, 345; VG Hamburg ZfS 05, 107; OVG Saarland ZfS 01, 188; OVG Saarland SVR 07, 111 m Praxishinweis Krause; OVG Münster NJW 07, 3085 = NZV 07, 591 = VRS 113/07, 147; s dazu auch die RsprÜb bei Köhler-Rott DAR 07, 682). Dies gilt auch für fahrerlaubnisfreie Kfz, wie zB ein Mofa (OVG Hamburg SVR 06, 77 m Praxishinweis Krause). Steht der Cannabiskonsum in keinem Zusammenhang mit dem Führen von Fahrzeugen im Straßenverkehr, liegen keine hinreichenden Anhaltspunkte für fehlendes Trennungsvermögen vor (VG Oldenburg zfs 11, 117; VGH München SVR 12, 396;

Entziehung der Fahrerlaubnis **§ 3 StVG**

VGH München NZv 13, 415 (LS) = BeckRS 12, 59068 [Mischkonsum von Alkohol und Cannabis]). Bei einer Teilnahme am Straßenverkehr unter der Wirkung von Cannabis kann ohne weitere Aufklärungsmaßnahmen von fehlendem Trennungsvermögen u damit auch fehlender Eignung ausgegangen werden, wenn nicht ausdrücklich behauptet u substantiiert vorgetragen wird, dass es sich um erstmaligen Konsum gehandelt habe (VGH BW ZfS 07, 295 = SVR 07, 352 m Praxishinweis Geiger = NZV 08, 424 [LS]; OVG Münster DAR 12, 275). Die **fehlende Trennung belegt** bereits ein im zeitlichen Zusammenhang mit dem Führen eines Kraftfahrzeuges ermittelter Wert **ab 1,0 ng/ml THC** im Serum; von diesem „**Risikowert**" ist auch kein **Sicherheitsabschlag** im Hinblick auf Messungenauigkeiten vorzunehmen (BVerwG zfs 15, 173; OVG Schleswig BeckRS 2015, 45155). Trotz der Empfehlungen der Grenzwertkommission vom Sep 2015 (Blutalkohol 2015,322), die erst ab einer THC- Konzentration von 3,0 ng/ml von einer fehlenden Trennung ausgeht, ist übereinstimmend mit der oberverwaltungsgerichtlichen Rspr von einem fehlenden Trennungsvermögen auszugehen, wenn im Blutserum die Konzentration von 1,0 ng/ml THC festgestellt wurde (OVG Bremen NZV 16, 495; VGH München ZfSch 16, 534; VGH Mannheim DAR 16, 665 u BeckRS 2017, 103930; OVG Schleswig BeckRS 2017, 100797; OVG Koblenz BeckRS 2017, 109057).

Auch ist die Fahrerlaubnis bereits **beim erstmaligen Verstoß** gegen das Trennungserfordernis zu entziehen, der Einholung eines medizinisch-psychologischen Gutachtens bedarf es insoweit nicht (OVG Greifswald LSK 2016, 42873; OVG Lüneburg BeckRS 2017, 110507; OVG Münster BeckRS 2017, 108279). Soweit der VGH München mittlerweile die Auffassung vertritt, dass bei einem erstmaligen Verstoß gegen das Trennungsgebot die FE-Behörde im Ermessenwege darüber zu entscheiden habe, ob es nach § 14 I S 3 FeVzuvor einer medizinisch-psychologischen Untersuchung zum Trennungsvermögen bedarf (VGH München BeckRS 2017, 120238; BeckRS 2017, 111559 u DAR 16, 666 mit Anmerkung Koehl), so kann der Auffassung gerade nicht gefolgt werden. Dem steht insbesondere der deutliche Wortlaut der maßgeblichen Bestimmung in Nr. 9.2.2 der Anlage 4 zur FeV entgegen. Hiernach wird eine Fahreignung bei gelegentlichem Konsum nur als gegeben angesehen, wenn strikte Trennung zw Konsum und Teilnahme am StV vorliegt, wogegen bereits ein erstmaliger Verstoß spricht (OVG Lüneburg BeckRS 2017, 110507; OVG Münster BeckRS 2017, 108279).

Zur Feststellung, ob eine Einnahme vorliegt, ist ein ärztl Gutachten erforderlich (§ 14 I 1 Nr 2 FeV).

Der einmalig festgestellt **bloße Besitz von Cannabis** rechtfertigt allein nicht die Anordnung, ein ärztliches Gutachten nach § 14 I 1 Nr 2 FeV beizubringen (OVG Koblenz NJW 09, 1522); auch nicht der Besitz von 200 g Haschisch für den Eigenbedarf bei zweieinhalb Jahre zurückliegenden Anknüpfungstatsachen (Einlassung zum Eigenverbrauch in Strafverfahren) für die Gutachtenanordnung (VGH Kassel NJW 11, 1691); s auch § 3 StVG Rn 7a.

Blutanalyse ist zuverlässiges Verfahren und wird immer häufiger praktiziert zur Ermittlung des Konsumverhaltens. Für die Unterscheidung eines einmaligen o gelegentlichen o regelmäßigen Konsums kann auf die Konzentration des sich nur langsam abbauenden wirkungsfreien Metaboliten THC-COOH abgestellt werden (zu den Anforderungen der Verfassung an Entscheidungsgrenzwerte für Drogeninhaltsstoffe im Blut und an Prozenträngen bei ärztlichen Leistungstests Gehrmann Himmelreich-FS S 117; zusammenfassende Darstellung der chemisch-toxikologischen Analyse auf berauschende Mittel im Rahmen der Fahreignungsdiagnostik Mußhoff/Madea Himmelreich-FS S 227 [Blut-, Urin-, Haaranalyse]; s auch Mußhoff/Madea NZV 08, 485). Zur Aussagekraft von Laborwerten zB auch Pott NZV 12, 111, 113.

Dauernder oder **gewohnheitsmäßiger bzw regelmäßiger Konsum** ist bei einer Blutentnahme nach Ankündigung in einem Zeitraum von bis zu acht Tagen bei einer **THC-COOH**-Konzentration (THC-Carbonsäure) von über **75 ng/ml** anzunehmen (OVG Saarland ZfS 03, 44; VG Saarland ZfS 06, 538/539; krit. Koehl DAR 12, 185: mehr als einmaliger Konsum von Cannabis kann nur bei zwei getrennten Konsumakten **ab einem THC-COOH-Wert** von mehr als **100 ng/ml** angenommen werden; Zwerger zfs 07, 551, 552; Himmelreich DAR 02, 26/29, beide mit Hinweis auf Studien v Daldrup ua; Hentschel/König/Dauer-Dauer § 2 StVG Rn 56), wobei zu berücksichtigen ist, dass auch ein einmaliger Cannabiskonsum zu THC-COOH-Werten von bis zu 100 ng/ml führen kann (Niedersächsisches OVG zfs 09, 358 [360]); **bei spontaner Blutentnahme** (zB nach VU) ist bei einem Wert von über **150 ng/ml** von regelmäßigem Konsum auszugehen (Zwerger DAR 05, 431, 434; Zwerger zfs 07, 551, 552; VG Augsburg zfs 07, 597; s auch Himmelreich/Janker/Karbach Rn 172 mwN).

Nach spontaner Blutentnahme liegen ab 100 ng/ml THC-COOH Anhaltspunkte für gelegentlichen Konsum vor; unterhalb dieser Konzentration kann ein einmaliger Probier-/Experimentierkonsum nicht ausgeschlossen werden; **unterhalb von 100 ng/ml THC-COOH ist keine gesicherte Annahme von gelegentlichem Konsum möglich** [OVG Münster BeckRS 2015, 41729, VGH Kassel NJW 09, 1523, 1525 = NZV 09, 312 {LS}; Niedersächsiches OVG zfs 09, 358, 360]; s auch Berr/Krause Himmelreich-FS S 91 [111], die darauf hinweisen, dass bei einem erstmaligen inhalativen Marihuanakonsum die THC-COOH-Konzentration auf 101 ng/ml ansteigen kann, mit Hilfe von Blutproben nachgewiesen (Zwerger DAR 05, 431, 434 mw Nachw aus Rechtsprechung und Literatur; umfassend zur Nachweisdauer von THC und THC-COOH im Blut: Berr/Krause/Sachs Rn 477 ff u Rn 897 ff; s auch Krause SVR 05, 404).

Auch sind weder eine konkrete Gefährdung anderer VT noch zusätzliche Beweisanzeichen für eine Fahrunsicherheit im Zpkt des Führens eine Fz im Straßenverkehr erforderlich, denn Anknüpfungspunkt ist die an der Verkehrssicherheit und der vorbeugenden Gefahrenabwehr ausgerichtete abstrakte Gefährdung (OVG Saarland SVR 08, 151 m Praxishinweis Geiger).

Der im Bereich des Strafrechts in Bezug auf den Konsum von Cannabis zum Nachweis der „absoluten" Fahruntüchtigkeit entwickelte **„Cannabis-Influence-Factor"** (CIF) ist für das Zusatzelement des fehlenden Trennungsvermögens iSv Nr 9.2.2 Anlage 4 FeV nicht von Bedeutung (VGH Mannheim NJW 06, 934 = NZV 06, 221). Zum Nachweis durch Blutuntersuchung s auch OVG Lüneburg DAR 03, 480 u OVG NW ZfS 03, 427 u VG Hamburg ZfS 05, 107; zu chemisch-toxikologischen Analysen auf berauschende Mittel im Rahmen der Fahreignungsdiagnostik aus rechtsmedizinischer Sicht mit Hinweisen zur Nachweisdauer Mußhoff/Madea NZV 08, 485; Mußhoff/Madea Himmelreich-FS S 227. Im Verfahren einstweiligen Rechtsschutzes kann im Einzelfall auch ein polizeilicher **Drogenschnelltest** als ausreichender Nachweis eines BtM-Konsums (THC u Amphetamin) angesehen werden, wenn das Ergebnis durch weitere Umstände, wie ein Geständnis oder Besitz des nachgewiesenen BtM, bestätigt wird (VGH München SVR 06, 76 m Praxishinweis Laub; OVG Münster zfs 12, 113 mit weiteren Ausführungen zum Amphetaminnachweis).

Entziehung der Fahrerlaubnis **§ 3 StVG**

Zusätzl Indizien können sein bei pol Verkehrskontrolle festgestellte körperl Anzeichen von Konsum u Auffinden geringer Mengen Drogen in Wohnung des Betr (OVG Saarland ZfS 03, 47). Indiz kann auch jugendliches Alter sein, das bei gelegentl Cannabis-Einnahme die AO einer MPU rechtfertigt, § 14 I 4 FeV (OVG Lüneburg DAR 03, 45 = ZfS 03, 322). – Konsum kurz vor (dem Betr bekannten) Termin zum Drogen-Screening zeigt, dass er sein Konsumverhalten nicht hinreichend steuern kann (OVG Münster DAR 03, 187/189).

Bei gelegentl Konsum ist § 14 I 4 die speziellere Norm gegenüber § 14 II Nr 2 FeV und genießt Anwendungspriorität (VG Augsburg NZV 02, 291); § 14 II Nr 2 mit MPU-AO setzt frühere Abhängigkeit o frühere eignungsausschließenden Konsum voraus (aaO). – Bei MPU-AO nach § 14 I 4 FeV hat VB unmittelbaren Zusammenhang zwischen Konsum und Kfz-Führen herzustellen, und zwar durch konkrete Tatsachenfeststellungen; allgemeine nicht hinreichend bestimmte Ausführungen, dass Betr Kfz unter Drogeneinfluss führt, reichen nicht (VG Oldenburg ZfS 03, 323). – Med-psychol Gutachten ist kein Ersatz für mangelhaftes Facharztgutachten, notfalls muss Facharzt nachbessern; § 11 III 1 Nr 1 FeV kommt nicht zum Zuge (VG Augsburg NZV 02, 291). – AO nach § 14 FeV kommt nur bei Eignungszweifeln in Betracht; steht Nichteignung für VB fest, unterbleibt AO zur Eignungsbegutachtung, § 11 VII FeV (VGH BW ZfS 03, 266). – AO der MPU nach § 14 I 4 FeV ist nicht zulässig bei einmalig Cannabiskonsum und auch nicht bei Fehlen sonstiger Eignungszweifel bei gelegentl Konsum (OVG Bautzen DAR 02, 234); hier bleibt nur ärztl Gutachten/Screening nach § 14 I 1 Nr 2 FeV (so auch VGH BW NZV 04, 215; s auch VGH München DAR 06, 349).

Zur **alleinigen Klärung der Frage, ob Konsum von Cannabis gelegentlich oder regelmäßig erfolgt,** ist AO eines med-psych Gutachtens nicht zulässig (OVG Saarland, aaO); hier ist lediglich **ärztl Gutachten** einzuholen (§ 14 I 1 Nr 2 FeV), s auch VGH München DAR 06, 349. Alleinige – auch nur gelegentliche – Auffälligkeit durch Konsum von Cannabis *ohne Bezug zum Straßenverkehr* rechtfertigt AO einer med-psych Begutachtung *nicht* (BVerfG NJW 2002, 2381; BVerwG DAR 01, 522; OVG Bremen NZV 00, 477; s auch Pießkalla NZV 08, 542, 544).

Bei **regelmäßig Konsum von Cannabis,** ohne dass schon Abhängigkeit besteht, ist **Nichteignung** anzunehmen (Nr 9.2.1 der Anlage 4 FeV, vgl auch VG Freiburg NZV 00, 388), im Zweifel AO eine ärztlichen Gutachtens (§ 14 I Nr 2 FeV). Wird die Regelmäßigkeit durch Blutuntersuchung erwiesen, kommt es auf zusätzl Auffälligkeiten/Verdachtsmomente nicht mehr an (OVG Münster DAR 03, 187). Die Frage nach Trennung von Konsum und Fahren ist hier ohne rechtliche Bedeutung (VG Oldenburg ZfS 03, 323; VGH BW DAR 03, 481). Bei der Prüfung, ob ein regelmäßiger Cannabiskonsum vorliegt, kann lediglich ein Drogen-Screening verlangt werden (BVerfG, ZfS 1993, 285; die Anordnung eines med-psych Gutachtens ist in einem solchen Fall unverhältnismäßig (VG Oldenburg ZfS 03, 323). In das ärztl Gutachten ist auch ggf zwischenzeitliche Drogenabstinenz einzubeziehen (OVG Saarland ZfS 03, 44).

Auch Tagebuchaufzeichnungen eines Dritten über Cannabiskonsum können ergänzend verwertet werden (VGH BW ZfS 03, 524); ebenso polizeiliche Protokolle über Beschuldigtenvernehmungen (OVG Lüneburg ZfS 05, 575). S auch § 3 StVG Rn 7.

Von einem **regelmäßigen bzw gewohnheitsmäßigen Cannabiskonsum** kann ausgegangen werden, wenn täglicher o mindestens nahezu täglicher Konsum vorliegt (VGH München ZfS 03, 429; s auch oben).

Wer täglich oder nahezu täglich Cannabis konsumiert, ist „regelmäßig" zum Führen von Kfz „ungeeignet" (VGH BW NZV 04, 213; vgl auch Hentschel NJW 04, 651, 662 u NJW 05, 641, 649).

Bei **Abhängigkeit** von Cannabis ist fehlende Eignung anzunehmen (Nr 9.3 der Anlage 4 FeV), im Zweifel AO eines ärztlichen Gutachtens (§ 14 I Nr 1 FeV).

Zur **Wiedererlangung der Fahreignung** nach regelmäßigem Cannabiskonsum verlangt VG München (DAR 08, 105) nach Nr 9.2.5 Anlage 4 FeV den Nachweis einer mindestens **einjährigen Abstinenz** und die Beibringung eines medizinisch-psychologischen Gutachtens, was so absolut zweifelhaft ist, weil die Regelung nur für Betäubungsmittelabhängige gilt (Berr/Krause/Sachs Rn 1293) und Anlage 4 nur Regelfälle vorsieht, die keine Bindungswirkung entfalten (Berr/Krause/Sachs Rn 1295).

4b **Besitz** von Rauschgift (auch Cannabis) rechtfertigt allein keine Fahreignungsüberprüfung (BVerfG NJW 2002, 2381; OVG NRW NZV 02, 427 = DAR 02, 185; OVG Lüneburg SVR 10, 435 m Praxishinweis Rebler; VGH München SVR 11, 432 m Praxishinweis Koehl). AO nur zulässig, wenn über den bloßen Besitz hinaus konkrete tatsächl Verdachtsmomente ermittelt worden sind, dass der Betr Cannabis konsumiert sowie Konsum u Führung eines Kfz nicht zuverlässig zu trennen vermag o zu trennen bereit ist (BVerfG NJW 2002, 2381); auch der einmalige oder nur gelegentliche Konsum von Cannabis ohne Hinweise auf gewohnheitsmäßigen Konsum genügt nicht (OVG Lüneburg SVR 10, 434 m Praxishinweis Rebler). In diesem Rahmen ist § 14 I 2 FeV als Ermessensvorschrift (ärztl Gutacht „kann" angeordnet werden) auch verfassungskonform (OVG NRW NZV 02, 427). Dem OVG ist zuzustimmen; im Rahmen des Ermessens ist die Vorschrift unter Beachtung der o g Entscheidungen des BVerfG (aaO) anzuwenden. Liegen dagegen Anzeichen dafür vor, dass über den Besitz hinaus ein aktueller Konsum von Betäubungsmitteln stattgefunden hat, muss die Vorlage eines ärztlichen Gutachtens nach § 14 I 1 Nr 2 FeV angeordnet werden (VGH München SVR 11, 432 m Praxishinweis Koehl); s auch § 3 StVG Rn 7a.

4c Die unterschiedl Behandlung des Konsums von Alkohol und von Betäubungsmitteln (außer Cannabis) im Hinblick auf die Fahreignung ist mit Art 3 I GG vereinbar und beruht auf den unterschiedl Wirkungsweisen, dem unterschiedl Wissen über Auswirkungen der Drogen auf die Fahreignung und auf den Unterschieden in der sozialen Kontrolle des Konsums (VGH BW ZfS 05, 158).

5 **ff) Charakterliche Mängel.** Charakterliche Eignung bedeutet, dass nicht erheblich oder nicht wiederholt gegen verkehrsrechtliche Vorschriften oder gegen Strafgesetze verstoßen wird (§ 2 IV 1 StVG); s zur Ermessensausübung bei Überprüfung der charakterlichen Fahreignung Wendlinger NZV 06, 505. Eignungszweifel können sich somit generell ergeben aus erheblichen oder wiederholten Verstößen gegen verkehrsrechtliche Vorschriften oder Straftaten im Zusammenhang mit dem Straßenverkehr oder der Kraftfahreignung oder aus Taten, bei denen Anhaltspunkte für ein hohes Aggressionspotential bestehen (OVG Münster NJW 07, 3084 = SVR 08, 154 m Praxishinweis Geiger; zur Berücksichtigung von Aggressionspotenzial im Fahrerlaubnisrecht Tepe NZV 10, 64 u Tepe DAR 13, 372; näher zu Auswirkungen von Aggressivität im Straßenverkehr auf die Fahreignung Koehl SVR 13, 8; zu Aggressivität im Straßenverkehr aus psychologischer Sicht: Hofmann/Petermann/Witthöft SVR 13, 12; Barthelmess NZV 13, 22; Bornewasser, 51. VGT 2013, Tagungsband S 99, AK III; Unger/Glitsch/Bornewasser, SVR 13, 329; s auch § 2 StVG Rn 10; zur staatlichen Schutzpflicht gegen

Entziehung der Fahrerlaubnis   § 3 StVG

aggressives Verkehrsverhalten Manssen SVR 13, 246). **Verkehrsverstöße** können – soweit sie nicht schon im Strafverfahren mit Bindungswirkung (s Rn 9 ff) berücksichtigt sind – die Nichteignung nach § 3 erweisen, wobei hier uU ausreichen kann – anders als bei § 69 StGB – eine wiederholte Trunkenheitsfahrt als **Radfahrer** (OVG Bremen VRS 73, 155; BVerwG NZV 89, 205) oder in der Vergangenheit liegende VVerstöße (BVerwG NZV 88, 80), **nicht** aber eine **einmalige Radfahrt unter Alkohol** (VG Bremen NZV 92, 295; VG Oldenburg zfs 08, 353) oder **bloße Verwarnungsfälle** (OVG Hamburg DAR 97, 290; VG Berlin zfs 13, 59 m Anm Haus; zu Datenschutzfragen bei Mitteilungen über abgeschlossene Verwarnungsverfahren Mehlhorn/Lehmann DAR 12, 434). Grundsätzlich sind Ordnungswidrigkeiten im Bagatellbereich für die Frage der Eignung unbeachtlich. Zeigt sich allerdings aufgrund einer erheblichen Anzahl an Ordnungswidrigkeiten im Bagatellbereich, dass der VT die Rechtsordnung im ruhenden Verkehr nicht anerkennt und offensichtlich nicht Willens ist, auch bloße Ordnungsvorschriften einzuhalten, so offenbart diese hartnäckige Ignoranz, dann wenn auf ein Jahr gesehen nahezu wöchentlich ein geringfügiger Verstoß anfällt, nicht nur ein laxe Einstellung gegenüber den regelnden Verkehrsvorschriften, sondern eine Gleichgültigkeit gegenüber Verkehrsvorschriften jedweder Art und vermag eine Entziehung zu rechtfertigen (VG Berlin zfs 13, 59 m Anm Haus; VGH Mannheim NJW 15, 1035; NJW 14, 2520). Auch die Entz der FE wegen unerlaubten Entfernens vom Unfallort (**§ 142 StGB**) begründet für sich allein keine Eignungszweifel, die ein MPU-Gutachten rechtfertigen (OVG Saarland SVR 07, 113 m Praxishinweis Krause; Himmelreich/Mahlberg DAR 11, 288). Zweifel an der charakterl Eignung können sich aber aus erheblichen oder **wiederholten Geschwindigkeitsüberschreitungen** ergeben (OVG Lüneburg NJW 07, 313 = DAR 07, 162 = SVR 07, 191 m Praxishinweis Geiger = NZV 07, 327: innerorts um 47 km/h bzw 32 km/h). In diesem Fall kann auch bei „nur" sieben Punkten (bei einem Punkterahmen von bisher 1–18 Punkten) im VZR die Beibringung eines MPU-Gutachtens angeordnet werden (zur bisherigen Rechtslage: OVG Lüneburg NJW 07, 313 = DAR 07, 313 = SVR 07, 191 m Praxishinweis Geiger = NZV 07, 327; s auch VG München DAR 07, 167: drei Geschwindigkeitsüberschreitungen und erreichte acht Punkte; s zur Problematik auch Jung Himmelreich-FS S 185). Diese Grundsätze gelten auch im Zusammenhang mit dem FAER bei einem Punkterahmen von 1–8 Punkten, sodass auch hier bei wiederholten Verstößen und weit unter 7 Punkten eine Gutachtenanordnung möglich ist. S zur Gutachtenanordnung auch § 3 StVG Rn 7a. Eine **einmalige erhebliche Geschwindigkeitsüberschreitung** rechtfertigt keine Gutachtenanforderung (VG München DAR 07, 167 m zust Anm Birkeneder). Drei Geschwindigkeitsüberschreitungen und unerlaubtes Entfernen vom Unfallort vor weit mehr als 10 Jahren rechtfertigen nur bei besonderen Gründen, die in einer Ermessensentscheidung auch zum Ausdruck kommen müssen, eine Gutachtenanforderung (VG München DAR 08, 283 = NZV 08, 476 = SVR 08, 399 m Praxishinweis Otto). Bei nur einmaligem Fehlverhalten (hier: unerlaubtes Entfernen vom Unfallort) bestehen nicht ohne weiteres Eignungszweifel, vielmehr muss hinsichtlich der Gutachtenanordnung eine eingehende Einzelfallprüfung erfolgen (VG Saarland zfs 09, 655 m Anm Haus). Welche Verstöße „erheblich" sind, richtet sich nach der konkret erforderlichen Kraftfahreignung; „erheblich" bedeutet nicht „schwerwiegend", sodass schwerwiegende Verstöße nicht in jedem Fall auch erheblich sein müssen (Himmelreich/Janker/Karbach Rn 208). Generell muss ein **„Verlassen des Punktesystems"** (OVG Koblenz DAR 09, 478; OVG NRW zfs 11, 179 = SVR 11, 199 m Praxishinweis Geiger = NJW 11, 1242 m Anm Dauer; OVG NRW zfs 11, 536; VG Neustadt a d Weinstraße zfs 13, 178 = DAR 13, 343 [dort auch zur Ermessensausübung und zur Begründung der Anordnung der sofortigen Vollziehung] – s auch § 4 StVG Rn 20) und die Anordnung „anderer Maßnahmen" nach § 4 I 3 StVG wegen Eignungszweifeln **auf eng begrenzte, besonders gelagerte Ausnahmefälle beschränkt** bleiben (OVG Koblenz DAR 09, 478). Diese besonderen Gründe müssen sich aus der Art, Häufigkeit sowie dem Tathergang der Verkehrsverstöße ergeben und in spezifischer Weise für die Fahreignung Bedeutung haben; dies kann anzunehmen sein, wenn der FEinhaber durch beharrliche und häufige Verkehrsverstöße, die isoliert betrachtet von weniger Gewicht sind, auffällig wurde und sich hieraus Bedenken an der charakterlichen Eignung ableiten lassen (bzgl. im Jahresdurchschnitt nahezu wöchentlichen Parkverstößen VGH Mannheim NJW 15, 1035; NJW 14, 2520). Unabhängig vom aktuellen Punktestand ist die FE zu entziehen, wenn deren Inhaber nach einer vormaligen Entziehung der FE nach dem Punktesystem, der Vorlage eines positiven MPU-Gutachtens und der Neuerteilung der FE binnen kurzer Zeit und in rascher Folge neuerlich Zuwiderhandlungen im Straßenverkehr begeht (OVG Münster DAR 12, 718 m Anm Hillmann). **Bloße Formalverstöße** ohne konkrete Gefährdung werden idR nicht „erheblich" sein (Himmelreich/Janker/Karbach Rn 208; s auch Hentschel/König/Dauer § 2 StVG Rn 68); anders bei wiederholten „Formalverstößen" (s auch OVG Lüneburg NJW 07, 313). **Erheblich sind Verstöße,** die nach ihrer Art und der im konkreten Fall zu Tage getretenen Intensität der Tat eine – bezogen auf die Masse der Verstöße – überdurchschnittliche Beeinträchtigung der Sicherheit und/oder der Ordnung des Straßenverkehrs bedeuten" (Bouska/Laeverenz § 2 StVG Anm 20c); zur Orientierung kann auch die Rspr zur Verhängung von Fahrtenbuchauflagen (§ 31a StVZO) dienen (Kalus/Feiertag DAR 09, 7, 10). – S auch § 3 StVG Rn 7c. – Bereits im FAER oder BZRG (VGH München BeckRS 2016, 53200) getilgte oder tilgungsreife Verstöße dürfen nicht verwertet werden, s § 2 StVG Rn 12 u § 29 StVG Rn 13 u 20 ff. Ein einmaliges Vergehen beweist die Nichteignung idR nur bei schweren VStraftaten oder anderen, die Gefährlichkeit des Betr offenbarenden Taten (s § 2 StVG Rn 10), bzw auf ein **hohes Aggressionspotential** hinweisenden Taten (§ 11 III Nr 4 FeV), im Übrigen insb Trunkenheit am Steuer, soweit nicht bereits eine Entz der FE im Strafverfahren erfolgt ist (s unten Rn 12 ff). Eine Trunkenheitsfahrt und andere dazu in **Tatmehrheit (§ 53 StGB)** stehende Straftaten stellen keine „wiederholten Zuwiderhandlungen" dar, wenn es sich um einen einheitlichen natürlichen Lebenssachverhalt ohne eindeutige Zäsur handelt (Hentschel/König/Dauer-Dauer § 13 FeV Rn 22; Mahlberg DAR 08, 233, 234). Die spezielle Bestimmung zur Bewertung und Behandlung von wiederholten Verkehrsverstößen ist § 4 StVG (Fahreignungs-Bewertungssystem).

5a Bei der Beurteilung darf auch auf **nichtverkehrsrechtliche Straftaten** zurückgegriffen werden, wenn sie Anlagen erkennen lassen, deren Auswirkung im StraßenV eine Gefährdung der VSicherheit befürchten lässt (VG Saarland ZfS 97, 239; zur Def der Nichteignung § 2 IV), so auch auf Rauschgiftdelikte (BVerwG VM 81, 56; NZV 89, 205; VGH BW NZV 92, 88) u selbst auf weit zurückliegende, jedoch noch verwertbare (s § 29 VIII StVG) sowie Halterdelikte (BVerwG NZV 88, 80; VGH BW NZV 93, 45; s unten Rn 6 u § 2 StVG Rn 10).

5b **gg) Bedingte Eignung.** Ist der Betreffende noch bedingt geeignet und sind die Mängel durch **Beschränkungen** oder **Auflagen kompensierbar,** ist vom

Entz der FE abzusehen; FEBehörde hat die entsprechenden Beschränkungen oder Auflagen anzuordnen, § 2 IV S 2 StVG, § 23 II FeV (vgl auch unten Rn 8a sowie § 2 StVG Rn 17 und 17a). Der Betroffene hat Anspruch auf Erteilung dieser FE (amtl Begr in VkBl 1998, 788, 789). – Zur Frage des Einsatzes von Alkohol-Interlocks (atemalkoholgesteuerte Wegfahrsperre) als Auflage oder Beschränkung bei bedingter Eignung Geiger DAR 09, 414.

Bei bestimmten Krankheiten und Mängeln enthält Anlage 4 FeV Hinweise auf entsprechende Beschränkungen und Auflagen. Fälle bedingter Eignung und deren Kompensierung nur bei körperlichen und geistigen Mängeln, **nicht** aber im Bereich der **charakterlichen** Eignung (§ 2 IV S 2 StVG, amtl Begr, aaO). Auch nach Auffassung der Rechtsprechung kann bei Charaktermängeln die FE in der Regel nur vollständig entzogen werden (BVerwG NJW 62, 977; BVerwG 13, 288). Dem entspricht auch die Regelung des § 69a II StGB über die Ausnahme bestimmter Arten von Kfz von der Sperre, „wenn besondere Umstände die Ausnahme rechtfertigen, so dass der Zweck der Maßregel dadurch nicht gefährdet wird" (vgl Rn 4 u 4a zu § 69a StGB). In der Praxis ist dies von Bedeutung bei körperlichen und geistigen Mängeln, bei charakterlichen Mängeln jedoch nur unter ganz besonderen Umständen zulässig, die ausführlich darzulegen sind und keine Gefahr für die Allgemeinheit erkennen lassen müssen (Rn 4a zu § 69a StGB). Sind nach § 69a II StGB bei charakterlichen Mängeln ausnahmsweise (zB) landw Kfz von der Sperre ausgenommen, müsste FEBehörde eigentlich die FE für diese Kfz erteilen können und dürfte durch § 2 IV 2 StVG nicht daran gehindert sein, was aber nach dem Wortlaut (körperliche bzw geistige Mängel) nicht so ist (Hentschel/König/Dauer-Dauer § 2 StVG Rn 71; siehe auch Himmelreich DAR 96, 129). – Die Anforderungen an die Eignung zum Führen landwirtschaftlicher Fze sind nicht geringer als bei sonstigen Kfzen (VGH BW VM 94, 12).

hh) Nichteignung des Halters. Auch ein Halter kann seine Nichteignung 6 als Kfz-Führer erweisen (BVerwG NZV 88, 80; Hess VGH VM 79, 87 = StVE 6; OVG NW DAR 97, 501).

ii) Mangelnde Befähigung. Die FE ist bei fehlender theoretischer u praktischer Befähigung zu entziehen – was § 3 I 1 verdeutlicht – (Legal-Def § 2 V; BVerwG VRS 63, 222 = StVE § 15b StVZO aF 8 m Anm Himmelreich NJW 83, 603; DAR 88, 32 = NJW 88, 1042). Nicht aber, wenn die praktische Fahrprüfung unter Verstoß gegen § 17 III 1 FeV nicht am Ort der Hauptwohnung (hier: Hamburg), sondern an einem nicht zugelassenen andern Prüfort (ohne großstädtischen Verkehr) abgelegt wurde (OVG Hamburg NJW 09, 103 = NZV 09, 104 [LS] = zfs 08, 655 = VRS 115/08, 308). Die fehlende Befähigung ist ein eigenständiger Entz-Grund. 6a

jj) Maßgeblicher Beurteilungszeitpunkt. Maßgeblich für die **Beurteilung** 6b **der Sach- und Rechtslage der Fahrerlaubnisentziehung** ist grundsätzlich der **Stand** bei **Abschluss des Verwaltungsverfahrens bzw** der **letzten Behördenentscheidung** (BVerwG VM 74, 25; BVerwG NZV 96, 84; BVerwG NJW 05, 3081 = DAR 05, 581 = VRS 109, 300; VGH München NZV 99, 183; OVG Schleswig DAR 94, 40; VG Freiburg NJW 09, 309; OVG Lüneburg NJW 09, 1160; s aber auch die Differenzierungen bei § 4 StVG Rn 31 mwN).

Gelingt dem Betr bis dahin der **Nachweis der** Wiedererlangung seiner (bedingten) **Fahreignung, muss dies** im Entziehungsverfahren **berücksichtigt werden** (VG Freiburg NJW 09, 309; VGH München v 8.2.08, Az 11 CS 07.3017,

StVG § 3　　　　　　　　　　　　　　　　　I. Verkehrsvorschriften

bei Geiger DAR 09, 61, 66. Ist der Betr wieder **bedingt geeignet,** ist das Belassen der Fahrerlaubnis unter **Auflagen** das mildere Mittel gegenüber der Entziehung (VG Freiburg NJW 09, 309). Dies kann (ausnahmsweise) in Betracht kommen, wenn das krisenhafte Geschehen, das zu einem Drogenmissbrauch (Kokain) geführt hat, beendet ist; selbst wenn es neben einem ausreichenden Abstinenzzeitraums noch einer intensiven verkehrspsychologischen Aufarbeitung des Persönlichkeitsproblems bedarf, da das durch Auflagen angeordnet werden kann (VG Freiburg NJW 09, 309); bei nachgewiesener bedingter Eignung liegt auch kein Regelfall nach Anlage 4 FeV vor (s dazu § 3 StVG Rn 4 u 7h).

Wird Entscheidung der FEBehörde im Verwaltungsgerichtsverfahren angefochten, kann späteres nach der Entscheidung gezeigtes Wohlverhalten des Betroffenen grundsätzlich nicht mehr berücksichtigt werden, sondern ist bei Antrag auf Neuerteilung der FE geltend zu machen (BVerwG NVwZ 90, 654; VGH München NZV 95, 167). Hat allerdings das VG ohnehin Zweifel, ob Bewertung der FEBehörde richtig ist, kann ausnahmsweise das Verhalten des Betroffenen nach Entz der FE eine Indizwirkung gegen die Richtigkeit der verwaltungsbehördlichen Beurteilung haben (BVerwG NVwZ 90, 654).

Wird ein zunächst rechtskräftig abgeschlossenes **Strafverfahren** auf Antrag des Verurteilten nachträglich wieder aufgenommen, bewirkt die **Wiederaufnahme** die Zurückversetzung des angefochtenen Urteils bzw Strafbefehls in den Zustand der Rechtshängigkeit; die Beseitigung der rechtlichen Folgen des Urteils bzw Strafbefehls hat aber grds nicht zur Folge, dass auch Entscheidungen, die außerhalb des von der Wiederaufnahme betroffenen Verfahrens in der Zeit zwischen der Rechtskraft des früheren Urteils und der Wiederaufnahme ergangen sind (hier: Entziehung der FE durch FEB nach Nichtvorlage eines angeforderten Gutachtens), rückwirkend so zu beurteilen wären, als habe bei Erlass das frühere – zunächst – rechtskräftige Urteil nicht bestanden, sodass die **zwischenzeitlich ergangene behördliche Maßnahme nicht nachträglich rechtswidrig** wird (OVG Lüneburg NJW 09, 1160; a.A. OVG Schleswig BeckRS 2017, 101212). Eine Einschränkung ist allerdings dann geboten, wenn bereits bei Erlass der verwaltungsbehördlichen Entscheidung Anhaltspunkte dafür vorlagen, dass die rechtskräftige strafgerichtliche Entscheidung inhaltlich unrichtig ist (OVG Lüneburg NJW 09, 1160 [1161]).

7　**b) Eignungsmängel aufgrund erwiesener Tatsachen.** Die mangelnde Eignung muss sich aus **erwiesenen Tatsachen** ergeben (VGH BW NZV 91, 287); bloßer Verdacht genügt nicht (BVerwG bei Fischer DAR 77, 227; VGH BW NZV 92, 88; OVG Schleswig DAR 94, 40; VGH München NZV 99, 183; Himmelreich DAR 85, 202 mwN), auch nicht der Umstand, dass sich nicht feststellen lässt, ob die Eignung vorhanden ist (BVerwG DAR 77, 166 f); die Nichteignung muss festgestellt werden, wobei zwar die VB die volle Beweislast hat (BVerwG NJW 65, 1098; VGH BW VM 92, 10 u NZV 92, 88; Jagow § 46 FeV Nr 8a; § 24 II LVwVfG BW); bestehen aber aufgrund konkreter tatsächlicher Anhaltspunkte **berechtigte Zweifel** an der Eignung, kann die VB zur Vorbereitung ihrer Entscheidung auf Kosten des Betr ein **Gutachten** anfordern. Rechtsgrundlage ist **§ 46 III iVm § 11 II** (Facharzt-Gutachten), **§ 11 III** (med-psych Gutachten) u **§ 11 IV FeV** (Gutachten eines amtl anerk Sachv/Prüf). Spezialregelungen bei Sehvermögen nach **§ 12 FeV,** Alkohol nach **§ 13 FeV** (s oben Rn 3) bei Drogen u Arzneimitteln nach **§ 14 FeV** (s oben Rn 4 ff). Zusammenfassend zu möglichen Maßnahmen der Fahrerlaubnisbehörde bei Faheignungszweifeln Rebler SVR 11, 121.

Das **Beweiserhebungsverbot** nach § 136a III 2 StPO tritt gegenüber der Gewährleistung der Sicherheit im Straßenverkehr zurück (OVG Lüneburg NZV 01, 183). **Verwertet werden können** auch **länger zurück liegende Vorfälle**, wie zB ein früherer Drogenkonsum (OVG Bremen NJW 11, 3595). Der zeitliche Zusammenhang wird auch nicht ohne weiteres durch ein zwischenzeitlich ergangenes (für den Betr günstiges) MPU-Gutachten unterbrochen (OVG Bremen NJW 11, 3595).

Gds können auch im **Ausland begangene und festgestellte Zuwiderhandlungen** Grundlage einer Gutachtenanordnung sein (OVG Münster NJW 17, 903 =NZV 17, 100 mit Anm Koehl; OVG Greifswald NJW 08, 3016; VGH München BeckRS 2010, 31414). Allerdings reicht der unbesehene Rückgriff auf das ausländische Strafurteil allein nicht aus, aufgrund der durch die in den einzelnen Staaten bestehenden unterschiedlichen Rechtsordnungen, deren Unterschiede sich nicht nur auf das materielle Straßenverkehrsrecht bzw. die damit zusammenhängenden Straf- oder Ordnungswidrigkeitenbestimmungen, sondern auch auf Regelungen und Gepflogenheiten im vorgelagerten Ermittlungsverfahren beziehen. Erforderlich ist vielmehr, dass die aus dem betreffenden europäischen Staat stammenden Erkenntnisse einen hinreichend gesicherten Schluss auf das Überschreiten einer nach inländischem Recht bestehenden Eingriffsschwelle zulassen; die ergänzende Einholung einer polizeilichen Auskunft zum verwandten Meßgerät und Messverfahren sind insoweit erforderlich (OVG Münster NJW 17, 903). **Voraussetzung für die Verwertbarkeit einer im Ausland begangenen Tat** ist, mithin dass diese in gleichem Maße hinreichend nachgewiesen (OVG Münster NJW 17, 903 =NZV 17, 100 mit Anm Koehl; OVG Münster BeckRS 2014, 58161; VGH München DAR 12, 660 [LS]: „belastbar feststeht"; VGH München BeckRS 2010, 31414; OVG Greifswald NJW 08, 3016) ist, wie dies bei einer entsprechenden Tat im Inland gefordert werden müsste (OVG Münster NJW 17, 903), wobei die Akten in deutscher Sprache vollständig, nachvollziehbar und einer gerichtlichen Überprüfung zugänglich vorliegen müssen (OVG Greifswald NJW 08, 3016, 3018 = VRS 115/08, 58 = NZV 08, 592 [LS] = DAR 08, 714 m Anm Schlie). Bei einer Atemalkoholmessung bedeutet dies zudem insb auch Angaben über den Vorgaben der Messung, die Art des Messgeräts, die Einhaltung von Wart- und Kontrollzeiten (OVG Greifswald NJW 08, 3016, 3018 = VRS 115/08, 58 = NZV 08, 592 [LS] = DAR 08, 714 m Anm Schlie). Auch Tagebuchaufzeichnungen eines Dritten oder Angaben in einem (polizeilichen) Vernehmungsprotokoll (vgl Himmelreich/Janker/Karbach Rn 39 mwN) können verwertet werden; ebenfalls Aussagen von Angehörigen (OVG Lüneburg DAR 07, 227 = SVR 07, 315 m Praxishinweis Ternig) oder Aussagen des Betr im Strafverfahren, selbst wenn er nicht nach § 136 I 2 StPO über sein Schweigerecht belehrt wurde (VGH BW NJW 07, 2571 = ZfS 07, 478 m Anm Haus = VGH BW NZV 08, 55 = VRS 113/07, 139). Auch eine im Rahmen eines strafrechtlichen Ermittlungsverfahrens entnommene Haarprobe darf berücksichtigt werden (VGH BW DAR 04, 271 = ZfS 04, 93). S auch § 3 StVG Rn 4a.

Ein **Arzt** kann nach pflichtgem Abwägung ausnahmsweise u nur dann befugt sein, die bei einem Patienten festgestellte Fahruntüchtigkeit der VB mitzuteilen, wenn der Patient einer Abmahnung nicht folgt (BGH NJW 68, 2288; VGH München VBl 87, 119; Händel DAR 85, 213; Schlund DAR 95, 50), sonst droht § 203 StGB!

Zur Verwertung von Bescheiden ausl Behörden sowie von ausl Gutachten s Geiger, DAR 04, 184; Geiger NZV 05, 623 (625).

StVG § 3 I. Verkehrsvorschriften

7a **c) Voraussetzungen für Eignungsgutachten. Ermächtigungsgrundlage für die Gutachten-AO** ist § 46 III iVm § 11 II–VIII u §§ 12–14 FeV u Begutachtungs-Leitlinien (s § 2 StVG Rn 7). §§ 13, 14 FeV sind lex spec zu § 11 III Nr 4 (MPU-AO bei „erhebl o wiederholt Verstößen" seit 1.2.05, VO v 9.8.04 – BGBl I 2092), s auch oben Rn 5. Bei Gutachten-AO ist **Verhältnismäßigkeitsgrundsatz** zu beachten (s § 11 VI 1 FeV). VB legt unter Berücksichtigung der Besonderheiten des Einzelfalls und unter Beachtung der Anlagen 4 und 5 in der AO fest, welche Fragen im Hinblick auf die Eignung des Betroffenen zum Führen von Kfz zu klären sind. Sie hat dem Betroffenen in der Beibringungsanordnung außer den Tatsachen, die die Eignungsbedenken begründen und der Fachrichtung des Arztes, der die Begutachtung durchführen soll, auch die zu untersuchende Fragestellung so mitzuteilen, dass der Betroffene unter Einbeziehung der weiteren Darlegungen in der Beibringungsanordnung zweifelsfrei erkennen kann, welche Problematik in welcher Weise geklärt werden soll, und er in der Lage ist zu beurteilen, ob die Aufforderung rechtmäßig, insbesondere anlassbezogen und verhältnismäßig ist (BVerwG DAR 15, 216; s auch § 3 StVG Rn 3). Die AO hat sich auf die nötige Untersuchung zu beschränken (BVerfG ZfS 93, 285; VGH München DAR 95, 79; OVG Hamburg ZfS 96, 158: Drogen-Screening; OVG Hamburg ZfS 96, 160: bei Alkoholproblematik keine Einbeziehung orthopädischer Beschwerden). Medizinisch-psychologische **„(Doppel-)Begutachtung"** ist erst dann zulässig, wenn die medizinische oder die psychologische (VG Augsburg zfs 08, 296 m Anm Haus: aus ausführlichen fachärztlichen Gutachten ergab sich Aufklärungsbedarf nur noch hinsichtlich einer psychologischen Untersuchung) allein nicht ausreicht (BVerwG VRS 70, 231; VGH München DAR 95, 79; OVG Saarland DAR 07, 475 = ZfS 07, 475 [zur Entziehung der FE zur Fahrgastbeförderung]; VG Gießen NZV 93, 455; s aber VGH BW NZV 94, 248; ausf zur „Doppel-", bzw „Teil-Begutachtung" Geiger DAR 11, 244; s auch Himmelreich/Janker/Karbach Rn 1104 ff und Jagow § 11 FeV Nr 5a). Unter Umständen genügt auch die AO einer bloßen Fahrprobe (VGH BW NJW 91, 315). Zu vermeiden ist auch doppelte bzw bloße Wiederholung der medizinischen Begutachtung in der MPU; hier kann auf die vorangegangene ärztl Begutachtung (zB Bluttest zur Drogenfeststellung) Bezug genommen werden (VG München NJW 2000, 893 = DAR 05, 437 Rn 78). Geben die Anknüpfungstatsachen für eine Gutachten-AO nur Anlass zu Zweifeln an der charakterlichen Eignung (hier zur Fahrgastbeförderung), ist eine Fragestellung unverhältnismäßig, die darüber hinaus auch die Erfüllung der körperlichen und geistigen Anforderungen für das Führen von Kfz als Gegenstand der Begutachtung festlegt (VGH Mannheim NJW 13, 1896 = zfs 13, 475 = SVR 13, 353 m Praxishinweis Koehl).

Der einmalig festgestellte **bloße Besitz von Cannabis** rechtfertigt allein nicht die Anordnung, ein ärztliches Gutachten nach § 14 I 1 Nr 2 FeV beizubringen; die Anordnung einer ärztlichen Begutachtung bei Cannabis setzt voraus, dass entweder hinreichend konkrete tatsächliche Anhaltspunkte dafür gegeben sind, dass gelegentlicher Konsum und fehlendes Trennungsvermögen vorliegen oder dass Anhaltspunkte für eine regelmäßige Einnahme gegeben sind (OVG Koblenz NJW 09, 1522); auch der Besitz von 200 g Haschisch für den Eigenbedarf und die Einräumung gelegentlichen Cannabiskonsums begründet ohne Hinzutreten weiterer Umstände nicht die Annahme, dass eine „Einnahme" von Betäubungsmitteln „vorliegt", wenn die Anknüpfungstatsachen (Einlassung zum Eigenverbrauch in Strafverfahren) im Zeitpunkt der Anordnung zur Beibringung des ärztlichen Gutachtens zweieinhalb Jahre zurückliegen (VGH Kassel NJW 11, 1691).

Zwei feststehende selbstständige Konsumakte eines Joints im Zeitraum von weniger als einem Jahr und der **widerrechtliche Erwerb von 100 g Cannabis** reichen allerdings aus, um Zweifel an der Fahreignung hervorzurufen (VGH München SVR 13, 150 m Praxishinweis Koehl) und rechtfertigen bei Anhaltspunkten für Cannabiskonsum und der klärungsbedürftigen Frage des Konsummusters auch die Anordnung eines ärztlichen Gutachtens nach § 14 I 1 Nr 2 FeV (VGH München SVR 13, 150 m Praxishinweis Koehl). Der bloße **Besitz sog harter Drogen** (Amphetamin) rechtfertigt die Anordnung ein **ärztliches Gutachten** nach **§ 14 I 2 FeV** beizubringen (VG Saarlouis NJW 12, 405 = zfs 12, 188). Dies soll bei im Wohnzimmerschrank der gemeinsamen ehelichen Wohnung aufgefundenem Amphetamin, was keinem der Eheleute zugeordnet werden kann, sogar die Gutachtenanordnung gegenüber beiden Eheleuten rechtfertigen (VG Saarlouis NJW 12, 405 = zfs 12, 188). Der bloße Besitz von Betäubungsmitteln rechtfertigt aber nicht ohne Weiteres die Annahme der Einnahme iSd **§ 14 I 1 Nr 2 FeV.** Werden aber neben dem Besitz von Betäubungsmitteln **auch Konsumutensilien** und/oder sonstige Gegenstände mit Bezug zum Konsum **gefunden,** begründet dies idR die Annahme des Konsums, sodass die AO einer ärztlichen Untersuchung nach § 14 I 1 Nr 2 FeV zwingend ist (VG Bremen SVR 13, 393 m Praxishinweis Koehl). S auch § 3 StVG Rn 4b.

Bei Zweifeln an einer vom Betr angegebenen **Alkoholabstinenz kann** die **Gutachten-AO unverhältnismäßig sein,** wenn sich die Abstinenzbehauptung durch die **Bestimmung des EtG-Wertes** unmittelbar nachweisen oder widerlegen lässt (OVG Mannheim NJW 09, 1829 [1832]; s auch § 3 StVG Rn 3).

Führen eines **Fz** im Straßenverkehr liegt vor (als Voraussetzung für GutachtenAO nach § 13 Nr 2 lit c FeV), wenn jemand bei laufendem Motor und eingeschaltetem Abblendlicht mit seinem Fz auf einem Parkstreifen steht, wobei das Fz mit dem Frontbereich ca 1 m in die Fahrbahn hineinragt, und (angegurtet) auf dem Fahrsitz eingeschlafen ist (OVG Saarland NZV 04, 484). Radfahren ist bereits dann gegeben, wenn man auf einem rollenden Fahrrad sitzt, da dies bereits des Lenkens und damit des Führens bedarf (VGH München DAR 15, 107).

Die **AO** zur Beibringung eines Gutachtens **ist berechtigt** (s zur Rechtswidrig- **7b** keit der AO § 3 StVG Rn 7e und 7 f), wenn **aufgrund konkreter tatsächlicher Anhaltspunkte Zweifel** an der Kraftfahreignung des betroffenen Kf bestehen u die angeordnete Überprüfung ein geeignetes u verhältnismäßiges Mittel ist, um gerade die konkret entstandenen Eignungszweifel aufzuklären (BVerwG NZV 96, 467; VG Saarland zfs 11, 298). „Anfangsverdacht" muss durch Tatsachen belegt sein, die die Behörde ggf zu ermitteln hat (OVG Koblenz DAR 02, 471). Entsprechende konkrete Anhaltspunkte können sich insb bei einer **Verkehrskontrolle** ergeben (VG Saarland zfs 11, 298: Anhaltspunkte für Vorliegen eines Anfallsleidens [hier: Epilepsie]). Ein bloßer Verdacht auf die Einnahme von BtM genügt nicht, ein Gutachten nach § 14 I 1 Nr 2 FeV anzuordnen (VG Oldenburg zfs 08, 597). Erforderlich sind hinreichend konkrete Verdachtsmomente (Tatsachen), die einen Eignungsmangel als nahe liegend erscheinen lassen (VG Oldenburg zfs 08, 597). Für den Verdacht auf die Einnahme von BtM ist es nicht ausreichend, wenn bei dem Betroffenen bloß gerötete Augen festgestellt werden und er sich bei der Polizeikontrolle nervös verhält, sodass eine Gutachtenanordnung nach § 14 I 1 Nr 2 FeV nicht gerechtfertigt ist (VGH München SVR 13, 312 m Praxishinweis Koehl). Eine **feste Frist für die MPU-AO** nach dem letzten nachgewiesenen BtM-Konsum **gibt es nicht;** entscheidend ist, ob unter Berücksichtigung aller Umstände, insb nach Art, Umfang und Dauer des Drogenkonsums, noch hinrei-

StVG § 3 I. Verkehrsvorschriften

chende Anhaltspunkte zur Begründung eines Gefahrenverdachts bestehen (BVerwG NZV 06, 52 = DAR 05, 581 = VRS 109, 300). Auch bei zwei nicht tilgungsreifen Verkehrsverstößen unter Alkoholeinfluss (zwei Trunkenheitsfahrten tagsüber), die neun Jahre auseinanderliegen, kann die GutachtenAO zulässig sein (VGH Mannheim DAR 11, 164). Liegen Konsum „harter Drogen" und Fahren unter Drogeneinfluss fast vier Jahre zurück und fehlt es an Anhaltspunkten für weiteren Konsum, ist nicht mehr von Ungeeignetheit, sondern von Eignungszweifeln auszugehen, die allerdings MPU-AO rechtfertigen (VG Lüneburg DAR 05, 54); s auch § 2 StVG Rn 13e.
– Zur Frage, ob Auffälligkeit im Zusammenhang mit der Teilnahme am Straßenverkehr erforderlich ist § 3 StVG Rn 3.
– Zur Gutachtenanforderung nach Aufhebung eines Strafbefehls § 3 StVG Rn 13.
FE-Beh ist jedoch nicht verpflichtet, Betr vor AO des Gutachtens anzuhören oder die Umstände, die Grundlage der AO sind, vorher durch förml Beweisaufnahme unter Beteiligung des Betr zu erhärten (VGH BW ZfS 05, 316 = DAR 05, 352 = VRS 108, 127).

7c **d) Hinreichende Bestimmtheit der Gutachtenanordnung. AO zur Beibringung des Gutachtens muss hinreichend bestimmt** und aus sich heraus verständlich sein (BVerwG DAR 15, 216; VGH Mannheim NJW 10, 3256). Die **Gutachtenanordnung** muss danach **im Wesentlichen aus sich heraus verständlich** sein. Der Betr muss ihr entnehmen können, was konkret ihr **Anlass** ist und ob das in ihr Verlautbarte die behördlichen Zweifel an seiner Fahreignung zu rechtfertigen vermag. Umstände, die lediglich auf die entfernt liegende Möglichkeit eines Eignungsmangels hindeuten, sind keine hinreichender Grund für die Anforderung eines ärztl Gutachtens (BVerwG DAR 15, 216; OVG Saarland NJW 06, 1305 = SVR 06, 273 m Praxishinweis Krause; OVG Saarland ZfS 07, 477; s auch oben Rn 5 u Rn 7a). Erforderl ist eindeutige u nachvollziehbare Darlegung, welche Umstände Zweifel an der Kraftfahreignung begründen (BVerwG DAR 01, 522; BVerwG DAR 15, 216). Die verdachtsbegründenden Tatsachen müssen so genau bezeichnet sein, dass es dem Betroffenen möglich ist, ggf unter Heranziehung eines Rechtsanwalts abzuschätzen, ob nach den Bestimmungen des Fahrerlaubnisrechts hinreichender Anlass zu der angeordneten Fahreignungsüberprüfung besteht (VGH BW NZV 02, 580 = ZfS 02, 504; BVerwG DAR 15, 216). Für den Betr muss ua erkennbar sein, was der Anlass für die angeordnete Untersuchung ist und ob die genannten Gründe die behördlichen Bedenken an der Kraftfahreignung zu rechtfertigen vermögen (OVG NRW SVR 13, 314 m Praxishinweis Koehl); liegen der Gutachten-AO Straftaten zugrunde, die keinen Bezug zum Straßenverkehr gehabt haben, muss näher begründet werden, warum sich gerade daraus Zweifel an der Fahreignung ergeben (OVG NRW SVR 13, 314 m Praxishinweis Koehl). Die FEB muss „Zurückhaltung üben", wenn sie aus Verstößen gegen verkehrsrechtliche Vorschriften oder Strafgesetze, die mit weniger als 8 Punkten nach dem Punksystem zu bewerten sind, auf die charakterliche Ungeeignetheit schließen will (s auch § 3 StVG Rn 5); in einem solchen Fall ist die FEB gehalten, die Umstände des Einzelfalls sorgfältig zu prüfen bzw zu würdigen und ihre Entscheidung auf Grund einer umfassenden Würdigung der Gesamtpersönlichkeit des Betr und der von ihm ausgehenden Gefahren für den öffentlichen StrV zu treffen. Die den Verdacht begründenden Umstände müssen so genau bezeichnet sein, dass es dem Betr möglich ist, abzuschätzen, ob nach den Vorschriften der FeV hinreichender Anlass zur angeordneten Überprüfung besteht (VG Karlsruhe zfs 07, 714).

Dazu gehört weiter nach § 11 II 3 Nr 1 FeV die genaue Angabe der Fachrichtung des Arztes, der das Gutachten erstellen soll (OVG Mümster NZV 01, 95). Unzulässig ist aber die Festlegung auf einen bestimmten Arzt; **Betroffener hat ein Wahlrecht** unter den in Betracht kommenden Ärzten und Stellen (OVG Hamburg NZV 00, 348; VG Oldenburg zfs 10, 179). − Nicht mitgeteilt werden müssen nach VHG BW (NZV 02, 294; aA VGH München v 28.9.06, Az 11 CS 06.732, bei Geiger DAR 09, 61, 62, s nachfolgend) die nach § 11 VI 1 FeV intern festzulegenden Fragen an den Gutachter (s zur Fragestellung zB auch Geiger SVR 13, 281, 283).

Nach Sinn u Zweck ist es, auch wenn § 11 VI 2 FeV das nicht ausdrücklich vorschreibt, dem **Betr die Fragestellung mitzuteilen;** BVerwG DAR 15, 216): er trägt das Risiko, dass die FEB bei einer Weigerung nach § 11 VIII FeV auf die Nichteignung schließt (VGH Mannheim NJW 10, 3256; OVG Magdeburg NJW 12, 2604 = NZV 13, 53; s auch unten Rn 7e), sodass er als Adressat wissen muss, was genau von ihm verlangt wird (VGH München v 28.9.06, Az 11 CS 06.732, bei Geiger DAR 09, 61, 62; ausf zur Fragestellung für die Erstellung von Fahreignungsgutachten Geiger SVR 08, 405; s auch § 3 StVG Rn 7 f).

Die Gutachtenanordnung muss den **formellen Anforderungen** des § 11 Abs 6 S 2 2. Hs und Abs 8 S 2 FeV genügen. D.h.dem Betroffenen muss in der Beibringungsanordnung nicht nur die zu klärende Fragestellung, die die Zweifel an der Fahreignung begründenden Umstände, die in Betracht kommenden Untersuchungsstellen, die Kostentragung durch den FE-Inhaber, die Frist zur Vorlage des Gutachtens sondern auch mitgeteilt werden, dass ihm ein Akteneinsichtsrecht in die an die Begutachtungstelle zu übersendenen Unterlagen gem § 11 Abs 6 S 2 2. Hs FeV zusteht, als auch dass die FE bei Nichtvorlage des Gutachtens gem § 11 Abs 8 2 FeV zu entziehen ist (BVerwG NJW 17, 1765). Vor dem Hintergrund, dass die formellen Anforderungen an den Inhalt einer Beibringensaufforderung dem Betroffenen es ermöglichen sollen, eine fundierte Entscheidung darüber zu treffen, ob er sich der geforderten Begutachtung unterziehen will oder nicht, sind sowohl die **Hinweispflichten** nach § 11 Abs 6 S 2 2. Hs FeV als auch nach § 11Abs 8 S 2 FeV **keine bloßen Ordnungsvorschriften,** sondern führen beim Fehlen zur Rechtswidrigkeit der Anordnung (BVerwG NJW 17, 1765; OVG Koblenz NZV 17, 55). Insbesondere führt die Nachholung des Hinweises im Widerspruchsverfahren nicht zur Rechtmäßigkeit der Anordnung (OVG Koblenz NZV 17, 55).

Die Anordnung, ein **fachärztliches Gutachten** beizubringen, erfordert grundsätzlich die **genaue Angabe der Fachrichtung** des (Fach-)Arztes, bei dem die gebotene Untersuchung erfolgen kann (BVerwG DAR 15, 216; OVG Magdeburg NJW 12, 2604 = NZV 13, 53; VG des Saarlandes zfs 13, 297). − Der **Gutachter** ist nach Nr 1a Satz 2 Anlage 15 FeV **an die Fragestellung gebunden** und darf davon nicht abweichen (OVG Saarlouis zfs 16, 234; VGH München SVR 09, 275 m Praxishinweis Geiger; andernfalls ist das Gutachten idR keine verlässliche Entscheidungsgrundlage für die VB (s auch VGH München SVR 09, 275 m Praxishinweis Geiger u unten Rn 7 f). Beabsichtigt die Fahrerlaubnisbehörde, das Führen von Fahrzeugen jeglicher Art zu untersagen (s dazu § 3 StVG Rn 3) und die Fahrerlaubnis zu entziehen, ist es geboten, dem Gutachter auch die Fragestellung vorzugeben, ob zu erwarten ist, dass ein Kfz unter Alkoholeinfluss geführt werde (OVG Lüneburg DAR 12, 716 = NZV 12, 149). Zur (**individuellen**) **Fragestellung bei ärztlich verordneter Therapie mit Opiaten** (VGH Mannheim DAR 13, 163 (LS) = NZV 13, 261 = zfs 13, 353).

Die Dauer der festzusetzenden Frist zur Beibringung des Gutachtens ist gesetzlich nicht verankert. Diese muss jedoch konkret von der FEB bestimmt werden. Sie muss von angemessener Sein, dass dem Betroffenen die Vorlage des Gutachtens möglich und zumutbar ist. Unberücksichtigt bleibt allerdings, welche Zeit der Betroffene zur Wiedererlangung seiner Fahreignung bräuchte, denn das Gutachten dient allein der Beurteilung der gegenwärtigen Fahreignung des Betroffenen (OVG Bautzen BeckRS 2015, 56086).

Steht die **Anordnung des Gutachtens im Widerspruch zu früheren Verlautbarungen der Behörde** (hier: Bestätigung der Berechtigung zum Gebrauch einer EU-FE im Inland), bedarf die Anordnung einer näheren Begründung, wobei die **Auswechslung der Begründung für die Anordnung** im verwaltungsgerichtlichen Verfahren **nicht zulässig** ist (VGH BW zfs 10, 356; VGH München SVR 12, 317, 318 m Praxishinweis Koehl).

Die **Beurteilung der Rechtmäßigkeit der Gutachtenanforderung** als vorbereitende Maßnahme (s unten Rn 7d) für eine Verwaltungsentscheidung richtet sich nach Maßgabe des materiellen Rechts nach dem **Zeitpunkt der Gutachtenanforderung** (OVG Mecklenburg-Vorpommern SVR 07, 354 m Praxishinweis Geiger; OVG Berlin-Brandenburg NJW 11, 1832; OVG Berlin-Brandenburg SVR 13, 153 m Praxishinweis Koehl = NJW 13, 1548; Geiger SVR 07, 441 [443]; VG des Saarlandes zfs 13, 297 [298]), jedenfalls bei Weigerung des Betr, ein Gutachten beizubringen (soweit nicht ein positives Gutachten nachträglich vorgelegt wird) oder wenn während des Verfahrens für Delikte, die Grund für die Gutachtenanforderung waren, Tilgungsreife eingetreten ist (Praxishinweis Geiger SVR 07, 355; OVG Berlin-Brandenburg NJW 11, 1832); die nachträgliche Tilgungsreife und das damit einhergehende Verwertungsverbot lassen die Rechtmäßigkeit der darauf gestützten Gutachtenanordnung nicht wieder entfallen (BVerwG NJW 17, 1765; OVG Berlin-Brandenburg SVR 13, 153 m Praxishinweis Koehl = NJW 13, 1548). Werden die Eignungszweifel zwischenzeitlich beseitigt (positives Gutachten), wird dagegen auf die letzte Behördenentscheidung (Widerspruchsbescheid) abzustellen sein (Praxishinweis Geiger SVR 07, 355). – S auch § 4 StVG Rn 31.

7d **e) Anordnung des Gutachtens (kein anfechtbarer Verwaltungsakt).** Auch wenn man in Anbetracht des vollen Engriffscharakters der AO zur Gutachtenbeibringung und unter Berücksichtigung der Konsequenz der FE-Entziehung bei Nichtbeibringung des Gutachtens gute Argumente dafür vorbringen kann, dass der AO Verwaltungsaktscharakter zukommen sollte, so wird sowohl vom Gesetzgeber als auch der Rspr die AO zur Vorlage eines Gutachtens nach wie vor als bloße **vorbereitende Maßnahme** angesehen, die **nicht selbstständig anfechtbar** ist (s § 2 StVG Rn 7; BVerwG NJW 17, 1765 u DAR 94, 372; OVG Hamburg ZfS 03, 262 mwN; OVG Lüneburg NJW 07, 454 = NZV 07, 270 = SVR 07, 193 m Praxishinweis Ebner; differenzierend Weber NZV 06, 399; VG Oldenburg DAR 12, 533 m abl Anm Hillmann). Die Verweigerung der selbstständigen Anfechtung wird zunehmend kritisiert, da der Rechtsschutz des Bürgers unangemessen beeinträchtigt bzw verletzt wird (eingeh Ausführg von Haus/Zwerger, Das verkehrsrechtliche Mandat, § 17 Rn 21 ff, § 18 Rn 12 ff; Bode/Winkler Rn 3 ff zu § 10; Gehrmann NZV 03, 10, 12; Hillmann DAR 03, 106; Grünning/ Ludovisy DAR 93, 53 ff; Jung „MPU von Kraftfahrern", VGT 1997, 321; Denker „Risiko Verkehrsrecht" DAR 04, 626, 629; Haus zu OVG Hamburg ZfS 03, 262; Hillmann DAR 06, 128, 132; Zwerger ZfS 06, 362, 363; Hillmann Himmelreich-

FS S 17 (27 f); Hillmann zu VG Oldenburg DAR 12, 533; s auch Brenner ZRP 06, 223; Brenner DAR 08, 627 (633): eigenständige Anfechtbarkeit der MPU-Anordnung ist aus verfassungsrechtlichen Gründen geboten. – Zur Anfechtbarkeit aus Sicht der Verkehrspsychologie W. Müller DAR 06, 534). Daher verbleibt letztlich bei einer rw Anordnung nur der missliche Weg der Nichtvorlage des Gutachtens und Anfechtung der daraus folgenden Entziehung der FE und damit der inzidenten Überprüfung der Gutachtensanordnung.

Lediglich die mit der Anordnung verbundene Gebührenfestsetzung stellt einen selbstständigen und anfechtbaren VA dar (vgl VG Düsseldorf BeckRS 05, 28 449; VG Weimar BeckRS 05, 29 811; einschränkend OVG Lüneburg NJW 07, 454, 455 = NZV 07, 270, 272 = SVR 07, 193 m Praxishinweis Ebner, nur wenn keine anfechtbare abschließende Sachentscheidung [Entziehung der FE] ergeht).

f) Nichtbeibringung des Gutachtens. Wird das **Gutachten nicht** oder nicht fristgerecht **vorgelegt,** darf die VB daraus den Schluss ziehen, das der Betroffene nicht geeignet ist **(§ 11 VIII FeV),** wobei § 11 VIII 1 FeV der Behörde bei Nichtvorlage des Gutachtens **kein Ermessen** einräumt (VGH Mannheim DAR 12, 164 = NJW 12, 3321; VGH München SVR 12, 354, 356 m Praxishinweis Koehl). Als Begründung hierfür wird angenommen, der Betr wolle nur einen Eignungsmangel verbergen (BVerwG DAR 77, 250; OVG NW VRS 91, 215; OVG Koblenz v 3.6.08, Az 10 B 10 356/08, bei Geiger DAR 09, 61, 63; VGH München SVR 12, 354, 356 m Praxishinweis Koehl). Dies gilt auch, wenn der Betr **mangels finanzieller Mittel** das **Gutachten nicht erstellen** lässt (OVG Lüneburg NZV 95, 294: Sozialhilfeempfänger; Hbg VRS 89, 158; OVG Bautzen SVR 11, 352 m Praxishinweis Geiger: Ratenzahlungsmöglichkeit; OVG Berlin-Brandenburg SVR 11, 350 m Praxishinweis Geiger; s auch Hentschel/König/Dauer-Dauer § 11 FeV Rn 53; einschränkend jedoch BVerwG VRS 69, 154: nur unter bes Umständen). Schluss auf Nichteignung ist auch dann zulässig, wenn negatives fachärztl Gutachten über Blut- u Urintest nicht innerh der gesetzten kurzen Frist beigebracht wird; Kurzfristigkeit war erforderlich wegen zeitl beschränkter Nachweismöglichkeiten in Blut u Urin (OVG Münster DAR 03, 283; VGH München zfs 10, 594); damit aus der **Nichtbefolgung einer Anordnung** zur regelmäßigen Vorlage von Befundberichten die Fahrungeignetheit vermutet werden kann, dürfen keine geringeren Anforderungen gestellt werden, als sie bei einer förmlichen Aufforderung, ein Fahreignungsgutachten beizubringen, erforderlich sind (VGH München zfs 10, 594). Gutachten-Verweigerung liegt auch vor, wenn Betroffener die rechtmäßig angeordnete rechtsmedizinisch-toxikologische Untersuchung durch Kürzen der Haupthaare verhindert (OVG Hamburg NZV 04, 483; VG d Saarlandes ZfS 06, 538). Voraussetzung ist stets, dass die **AO zur Beibringung des Gutachtens vollständig rechtmäßig,** insbesondere anlassbezogen und verhältnismäßig, erfolgt ist (OVG Saarland DAR 96, 292; BVerwG NZV 98, 300; OVG Münster NZV 01, 95; VGH München DAR 02, 328; BVerwG DAR 05, 578, 579; BVerwG NZV 06, 52 = DAR 05, 581 = VRS 109, 300; VGH Mannheim DAR 12, 164; VGH München SVR 13, 312 m Praxishinweis Koehl; OVG NRW SVR 13, 314 m Praxishinweis Koehl); OVG Münster DAR 13, 723. Wird die Gutachtenanordnung auf eine **nicht einschlägige Befugnisnorm** (hier: § 13 1 Nr 2e FeV) gestützt, ist die **AO rechtswidrig** und lässt bei Nichtvorlage keinen Schluss auf die fehlende Eignung nach § 11 VIII FeV zu (VG Oldenburg zfs 13, 357 [rkr]). Ein **Rückschluss auf die fehlende Eignung** ist auch **nur** dann **gerechtfertigt,** wenn dem Betr zuvor eine **genau**

StVG § 3 I. Verkehrsvorschriften

bestimmte Frist gesetzt worden ist, innerhalb derer er das geforderte Gutachten beizubringen hat (OVG Saarland DAR 10, 416), wobei eine Frist von sechs Wochen erfahrungsgemäß ausreicht (VGH Mannheim DAR 12, 164). Die Formulierung eines bloßen Angebots an den Betr, seine Kraftfahreignung mittels Beibringung eines MPU-Gutachtens nachzuweisen genügt regelmäßig nicht (OVG Münster DAR 12, 416). Eine **bestandskräftige, auf § 11 VIII FeV gestützte, Entziehung der FE** bedeutet **keine Bestätigung, dass bei dem Betroffenen tatsächlich Fahrungeeignetheit aus den in der Gutachtenanforderung genannten Gründen vorliegt** (VGH München SVR 12, 236, 237 m Praxishinweis Koehl), sodass der durch § 11 VIII FeV erlaubte Schluss auf die Nichteignung, der zur Entziehung der FE geführt hat, zugleich bedeutet, dass auch im Neuerteilungsverfahren ein MPU-Gutachten angefordert werden kann (BVerwG NZV 13, 462, 464 [Rn 22] = SVR 13, 351 m Praxishinweis Koehl; war dort jedoch nicht mehr zu entscheiden). Generell müssen für die Rechtmäßigkeit der AO die von § 11 VI 2 FeV geforderten Angaben erfolgt sein (VG Osnabrück NJW 11, 2986 = NZV 12, 152: fehlender Hinweis auf Einsichtnahme in die zu übersendenden Unterlagen). An die Anlassbezogenheit und Verhältnismäßigkeit der Fragestellung sind **mangels selbstständiger Anfechtbarkeit der Gutachten-AO und der einschneidenden Folgen bei unberechtigter Gutachtenverweigerung strenge Anforderungen** zu stellen (s § 3 Rn 7c).

Hat sich der **Betr in** einer **Vereinbarung mit** der **FEB verpflichtet**, ein **Gutachten beizubringen** und erfüllt er diese Verpflichtung dann nicht, darf die FEB nur dann gem § 11 VIII FeV auf die Nichteignung schließen, wenn der Betroffene hierauf bei der Vereinbarung entsprechend § 11 VIII 2 FeV hingewiesen wurde (BVerwG NJW 08, 3014 = NZV 08, 644 = DAR 08, 712).

Bei der Aufforderung zur Gutachtenbeibringung nach § 11 III 1 Nr 4 FeV muss erkennbar **Ermessen** („*kann* zur Klärung von Eignungszweifeln ... angeordnet werden") ausgeübt werden; andernfalls kann aus der Nichtvorlage des Gutachtens nicht auf fehlende Eignung geschlossen werden (VG München NJW 06, 1687).

Zur (unzulässigen) Gutachtenanforderung bei Bindungswirkung nach § 3 IV 1 StVG Rn 12.

Zur **Fortsetzungsfeststellungsklage** nach Verweigerung der Wiedererteilung der FE BVerwG NZV 13, 462 = SVR 13, 351 m Praxishinweis Koehl (Rehabilitierungsinteresse nur, wenn die Beibringungsanordnung wegen besonderer Umstände des Einzelfalls eine diskriminierende Wirkung hat).

7f g) **Verwertung trotz rechtswidriger Anordnung.** Die **Rechtswidrigkeit der AO** zur Beibringung des Gutachtens steht seiner **Verwertung,** sofern das Gutachten der FE-Behörde vorgelegt wird, nicht entgegen (BVerwG DÖV 96, 879). Die Frage der Rechtmäßigkeit der Gutachtenanordnung stellt sich mithin nur bei der Weigerung des Betroffenen das Gutachten beizubringen (§ 11 VIII FeV; s oben Rn 7e).

Liegt das Gutachten der VB vor, ist dies als neue Tatsache zu berücksichtigen, ohne dass es noch auf die Frage der Rechtmäßigkeit der AO nach § 11 FeV ankommt (BVerwG DAR 96, 329 m krit Anm Gehrmann NZV 96, 332).

Allerdings darf die Entz der FE nicht auf ein **Gutachten** gestützt werden, das die **FEB ohne Zustimmung des Betr** zur Kenntnis bekommen hat (BVerwG NJW 08, 3014 = NZV 08, 644 = DAR 08, 712). Im **Entziehungsverfahren** hat der Betroffene bei Vorliegen eines verwertbaren negativen MPU-Gutachtens auch **keinen Anspruch auf Übersendung der Führerscheinakten zur Erstel-**

lung eines weiteren (positiven) MPU-Gutachtens, weil insofern das öffentliche Interesse an der alsbaldigen Klärung der Fahreignung vorrangig ist Hillmann/Mehlhorn DAR 12, 111, 112; anders ist dies im Wiedererteilungsverfahren, s dazu auch Hillmann/Mehlhorn DAR 12, 111 und § 2 StVG Rn 15; zur privaten MPU im strafrechtlichen Hauptverfahren Hillmann DAR 12, 231 und Hillmann DAR 13, 119 [Antwort auf Kritik dazu] und Erwiderung hierauf Geiger DAR 13, 231). Die **Überlassung der Fahrerlaubnisakte an eine andere Begutachtungsstelle** zur Erstellung eines weiteren Gutachtens ist nach OVG NRW (NZV 13, 360) als Verfahrenshandlung im Neuerteilungsverfahren aber auch nach § 44a 1 VwGO selbstständig gerichtlich durchsetzbar (OVG NRW NZV 13, 360), was Bedenken begegnet, wenn man mit OVG Rheinland-Pfalz (NJW 97, 2342) einen aus dem Rechtsstaatsprinzip (Art 20 III GG) abgeleiteten Anspruch auf Überlassung der Führerscheinakte zur Erstellung eines Parteigutachtens bejaht, wenngleich es dort darum ging, dass dem Antragsteller mit dem Zweitgutachten eine qualifizierte Auseinandersetzung mit dem Erstgutachten ermöglicht werden sollte, was das OVG NRW (NZV 13, 360) hervorhebt.

Ein **nicht nachvollziehbares Fahreignungsgutachten** stellt keine ausreichende Entscheidungsgrundlage für die VB dar (OVG Münster BeckRS 2016, 54007; VG Neustadt SVR 06, 273 m Praxishinweis Laeverenz). Hält die VB das Gutachten für ergänzungs- oder erläuterungsbedürftig, darf sie sich nicht ohne weiteres an die Gutachterstelle wenden, sond muss dies dem Betr als Auftraggeber des Gutachtens mitteilen oder sich dessen Einwilligung geben lassen (VG Neustadt SVR 06, 273 m Praxishinweis Laeverenz; s auch § 3 StVG Rn 7c). Richtet sich die Fragestellung der Begutachtung auf die Beurteilung, „ob zu erwarten ist, dass der Betroffene auch zukünftig ein Kraftfahrzeug unter Alkoholeinfluss führen wird …", muss der Gutachter die individuelle Wahrscheinlichkeit ermitteln; wird lediglich ausgeführt, dass ein Rückfall zu erwarten ist, nicht aber, mit welcher Wahrscheinlichkeit, ist das Gutachten mangelhaft (AG Köln DAR 10, 102). Zu **Anforderungen an Eignungsgutachten** im Einzelnen und zu **Rechten bei mangelhaften Gutachten** Himmelreich/Janker/Karbach Rn 1104 ff; s auch Geiger NZV 07, 489, 491. – Näher zu de **Anforderungen an die Begutachtungsstellen für Fahreignung** Herbert DAR 10, 288. – **Vertrag über „gekaufte" MPU** ist gem § 138 I BGB nichtig und schließt Geldrückerstattungsanspruch aus (OLG Karlsruhe DAR 06, 21). Zur **Strafbarkeit der Vorlage gefälschter Therapiebescheinigungen** nach § 279 StGB (Gebrauch unrichtiger Gesundheitszeugnisse) im Rahmen der MPU Leifeld NZV 13, 422.

h) Obergutachten. Ein Obergutachten wird erstellt, wenn das ursprünglich in Auftrag gegebene Gutachten (sog Erstgutachten) fehlerhaft oder sonst unbrauchbar ist und daher seinen Zweck nicht erfüllen kann. Nach Bode/Winkler Rn 376 zu § 7, ergab eine Überprüfung von 600 MPU-Begutachtungen über verkehrsauffällige Kraftfahrer, dass ca 40% dieser Gutachten zu Beanstandungen Anlass gaben. Im Straßenverkehrsrecht besteht keine generelle Regelung zum Einsatz von Obergutachtern, was verschiedentlich bedauert und kritisiert wird (insb. Hillmann, DAR 03, 546, 549; Haus/Zwerger, Das verkehrsrechtliche Mandat, § 17 Rn 130 ff; Bode/Winkler Rn 116 zu § 6 u Rn 359 ff zu § 7; Gehrmann NZV 07, 112, 113; Geiger SVR 13, 281, 284). Die Befugnis für die FE-Behörde, ein fehlerhaftes Gutachten durch ein qualitativ besseres korrigieren zu lassen, ergibt sich letztlich aus dem Amtsermittlungsprinzip (§ 2 VII 1 StVG, § 24 VwVfG). Die Begutachtungs-Leitlinien zur Kraftfahrereignung Nr 2.2 lit d sagen

7g

dazu: „Nach Weisung der jeweil oberst Landesbehörden können die FE-Behörden zusätzl Gutachten fordern, die von Persönlichkeiten mit herausragender Qualifikation erstattet werden und die dazu besonders benannt worden sind."

7h **i) Bedeutung der Anlage 4 FeV.** Die Anlage 4 enthält eine Auswahl vorkommender Krankheiten und Mängel sowie ihre Bewertung bezügl der Auswirkungen auf die Kraftfahreignung nach den Kategorien Eignung/Nichteignung und bedingte Eignung. Aufbereitet ist dies in Form einer Tabelle, die sich am Anhang III der 2. EU-FSch-RiLi 91/439/EWG orientiert. Bei Anwendung der Anlage 4 besteht nicht selten der Eindruck, dass wie nach einer Checkliste verfahren und beim Auffinden der Bewertungskategorie zur betreff Krankheit/zum betreff Mangel das „Ergebnis abgehakt" wird. Dabei wird leider die wichtige **Vorbem Nr 3** zur Anlage 4 übersehen, in der ausdrücklich und verbindlich bestimmt ist, dass die in der Anlage 4 vorgenommenen Bewertungen **nur „für den Regelfall"** gelten; **„Kompensationen"** sind möglich durch
– besondere menschliche Veranlagung
– Gewöhnung
– besondere Einstellung
– besondere Verhaltenssteuerungen und -umstellungen.

Dies sind vier eigenständige Kompensationsmöglichkeiten, die bei der Eignungsbeurteilung namentlich durch ärztliches oder MPU-Gutachten (vgl Nr 2 u Nr 3 S 2 der Vorbem zu Anlage 4) Punkt für Punkt durchzuprüfen sind u die sicher manchem Betroffenen Chancen eröffnen. Dies ergibt sich nicht nur aus dem VO-Text selbst, sondern auch aus der amtl Begründ (VkBl 1998 S 1067/68), wonach es *nicht* Aufgabe der Tabelle ist, eine „abschließende Regelung" zu treffen, weder hinsichtlich der „Aufzählung der Krankheiten und Mängel" noch inhaltlich bezüglich der „Bewertung der Eignung". Weiter enthält die amtl Begründung (aaO) ua ausdrücklich den Hinweis, dass durch „ärztlich verordnete Therapie" die Fähigkeit bzw Fahreignung „wieder erworben werden" kann, dh durch „besondere Einstellung" im Sinne der Vorbem Nr 3.

Soweit die Rechtspr bislang mit der Thematik befasst war, ist festzuhalten:
– Die Bewertungen in Anlage 4 gelten nach Vorbem Nr 3 nur für den **Regelfall.** Von **Abweichungen** kann deshalb nur dann ausgegangen werden, wenn im konkreten Fall besond Umstände vorliegen, die entgegen der wissenschaft Erfahrungssätzen beruhenden Regelbewertung zu anderen Ergebnis führen bzw die Eignung o bedingte Eignung bejahen (OVG Bandenburg ZfS 05, 50; VG Braunschweig NZV 05, 435 = SVR 05, 352 m Praxishinweis Krause; VG Hamburg ZfS 05, 107; Anm v Haus in ZfS 05, 108). – Die Auffassung von VGH München (ZfS 05, 471) u VGH BW (NZV 02, 475 = ZfS 02, 408), Abweichungen von der Regelbewertung könnten nur „aus atypischen Gegebenheiten resultieren", erscheint jedoch zu eng und entspricht nicht der Zielsetzung des VO-Gebers; im Übrigen ist Kompensation von körperl u geistig Mängeln keineswegs so atypisch, sondern wird tagtäglich unzählige Male verwirklicht.
– Derartige Abweichungen von der Regelbewertung sind **vom Betr** substanziiert vorzutragen und glaubhaft zu machen (VGH BW ZfS 02, 408 u 03, 266; Haus ZfS 05, 49, 108 mwN).
– Besondere Bedeutung für **„Drogenfälle":**
– Nach OVG Brbg (aaO) sind die in Vorbem Nr 3 genannten Kriterien nur beispielhaft; es verbleibe dem jeweiligen Drogenkonsumenten, die normative

Regelvermutung zu entkräften. Dies trifft wohl nicht zu, denn sonst hätte VO-Geber die Vorbem Nr 3 mit „insbesondere" oder „zum Beispiel" eingeleitet.
- VG Lüneburg (ZfS 04, 239) hat Regelfall dann verneint, wenn der Ecstasy-Konsum vor fast vier Jahren erfolgte und zwischenzeitl keine Anhaltspunkte für weiteren Drogenkonsum vorliegen.
- Sachfremd erscheint allerdings, das Abweichen von Regelbewertung allein am Grundsatz der Verhältnismäßigkeit festzumachen und damit zu begründen (erstmalige und einmalige Einnahme harter Drogen ohne Straßenverkehrsbezug mit der Konsequenz der Nichteignung sei unverhältnismäßig, vgl OVG Brandenburg (aaO), Hess VGH (ZfS 02, 599); Anlage 4 FeV ist nämlich nach fachl medizin und psycholog Kriterien konzipiert und nicht nach rechtl Gesichtspunkten.
- Dies schließt jedoch nicht aus, dass der Betr **im Einzelfall bedingt geeignet** ist und das Belassen der FE unter Auflagen das mildere Mittel gegenüber der Entziehung ist (VG Freiburg NJW 09, 309), was ausnahmsweise bei der erstmaligen und einmaligen Einnahme harter Drogen (hier: **Kokain**) sein kann, wenn das krisenhafte Geschehen, das zur Drogeneinnahme geführt hat, abgeschlossen ist (VG Freiburg NJW 09, 309); s auch § 3 StVG Rn 4 u Rn 6b.

3. Rechtliche Bedeutung der Entziehung. Die Eignung zum Führen eines 8 Kfz ist eine **Rechtsfrage,** die im Verwaltungsrechtsweg voll **nachgeprüft** wird. Gegen die Entz-Vfg der VB ist **Widerspruch** binnen Monatsfrist (§§ 69, 70 VwGO), gegen die AO sofortigen Vollzugs Antrag im einstweiligen Rechtschutz zulässig (§ 80 V VwGO). Bei Prüfung der Rechtmäßigkeit der Entz der FE ist die bei Abschluss des Verwaltungsverfahrens bestehende Sach- u RLage maßgebend (BVerwG VM 74, 33; NZV 96, 84; BayVGH VRS 88, 316. Der **Streitwert** richtet sich nach der Bedeutung der FE für den Betr (vgl § 52 I GKG). Das Gerichtskostenrecht wurde durch das KostRModG (BGBl 04/I 718) neu geregelt. Der Regelstreitwert beträgt 5000 Euro. Die wichtigsten Fallgestaltungen soll der sog Streitwertkatalog 2013 (NVwZ Sonderbeilage Januar 2014) abdecken. Der Streitwertkatalog 2013, der in alphabetischer Reihenfolge nach Sachgebieten unterteilt ist, enthält lediglich Vorschläge, ist für den Richter aber nicht verbindlich. Bei **Entz der FE mehrerer Klassen** sind diejenigen Beträge zu addieren, die für die nach § 6 III FeV eigenständig bedeutsamen FE-Klassen nach dem Streitwertkatalog anzusetzen sind (OVG Weimar DAR 09, 357 m Anm Heinrich; VGH BW DAR 08, 277; soweit in den einzelnen Klassen „Unterklassen" enthalten sind (s § 6 III FeV), gilt der Streitwert der „Hauptklasse" (Geiger DAR-Extra 08, 760, 762; aA VGH München SVR 11, 38 m Praxishinweis Koehl unter Änderung der bisherigen Rechtsprechung, sodass danach auch die eingeschlossene Klasse zu berücksichtigen ist). Im **Verfahren des einstweiligen Rechtsschutzes** ist der sich ergebende **Betrag** zu **halbieren** (OVG Weimar DAR 09, 357 [358] m Anm Heinrich). – Die Festsetzung einer **Verwaltungsgebühr für** die **Entziehung der Fahrerlaubnis** (belastende Amtshandlung) nach der GebOSt **setzt voraus, dass** die **Amtshandlung rechtmäßig** ist oder zumindest mit Rechtsmitteln nicht mehr angefochten werden kann (OVG NRW VRS 113/07, 398 = DAR 08, 104 [zu § 2a StVG]).

4. Bedingungen, Beschränkungen, Auflagen. Die Entz der FE auf Zeit 8a oder unter einer **Bedingung** dergestalt, dass sie nach Zeitablauf oder nach Eintritt der Bedingung von selbst wieder auflebt, ist unzulässig (OVG Lüneburg VkBl 57, 19). Ergibt sich aber, dass der Betr noch bedingt geeignet ist, so darf die VB nach dem Grundsatz der Verhältnismäßigkeit die FE nicht ganz entziehen, sondern muss sie **beschränkt** oder unter **Auflagen** aufrechterhalten (§ 2 IV StVG, § 46 II FeV) oder dem Betr auf seinen Antrag eine auf bestimmte Fz-Arten begrenzte FE belassen (VGH München VRS 88, 316). Auch bei charakterlichen Mängeln kann die Entz der FE auf eine bestimmte Fz-Kl beschränkt werden (BVerwG NZV 96, 127). Die Auflage nach § 46 II FeV (zB AO der Nachuntersuchung eines nur bedingt geeigneten Kf) ist – anders als die AO zur Beibringung eines Gutachtens nach § 11 II, III oder IV FeV (s dazu Rn 7d) – selbstständig anfechtbar (s VGH BW NZV 97, 199). Zu Fristen u Bedingungen für die Neuerteilung einer FE nach Entz s § 3 VI.

9   **5. Abs 3 u 4: Vorrang des Strafverfahrens.** Neben der EdFE nach § 3 durch die VBn besteht nach §§ 69 u 69b StGB die gerichtliche Zuständigkeit für die Entz im Strafverfahren. Der Vermeidung widersprechender Entscheidungen der Gerichte u VBn dienen die Absätze 3 und 4 (BVerwG NZV 92, 501). Hierbei wird den gerichtlichen Entscheidungen der Vorrang eingeräumt. Abs 3 schränkt die Entscheidungsbefugnis der VBn mit Rücksicht auf laufende Strafverfahren ein, während Abs 4 Widersprüche zu rechtskräftigen gerichtlichen Entscheidungen verhindern soll (s dazu Fromm/Schmidt NZV 07, 217; Niedersächsisches OVG zfs 08, 114).

9a Die Bindungswirkung besteht nur für ein verwaltungsbehördliches Entziehungsverfahren (nach § 3 I, § 4 III Nr 3 oder VII oder § 2a III oder IV StVG, § 46 I oder § 48 X FeV) hingegen nicht für ein Verfahren zur Erteilung bzw Wiedererteilung der FE (VG Berlin NZV 01, 139; VG Frankfurt/M DAR 03, 384; LG Erfurt NZV 03, 523).

10 **a) Anhängige Strafverfahren. Abs 3** verbietet die Verwertung eines Sachverhalts durch die VB, solange dieser Gegenstand eines Strafverfahrens ist, in dem eine EdFE nach § 69 StGB in Betracht kommt (s BVerwG NZV 89, 205: § 69 StGB Rn 9). Dabei kommt eine Entziehung der FE nicht erst dann „in Betracht", wenn eine überwiegende Wahrscheinlichkeit dafür besteht, sondern schon dann, wenn die **EdFE nicht auszuschließen** ist (VG München DAR 08, 666). Die Bindungswirkung besteht **nur für den Fall, dass** die **Entz der FE rechtlich möglich** ist (Niedersächsisches OVG zfs 08, 114, 115; OVG Magdeburg NJW 10, 3465 = SVR 10, 435 m Praxishinweis Geiger = NZV 11, 55 = NZV 11, 272 [LS] m Anm Ternig; OVG Berlin-Brandenburg NZV 17, 281), nicht bei einem Verstoß gegen § 29 BtMG (kein Regelfall nach § 69 II StGB), solange keine „Zusammenhangstat" nach § 69 I StGB angenommen werden kann (Niedersächsisches OVG zfs 08, 114, 115; OVG Magdeburg NJW 10, 3465 = SVR 10, 435 m Praxishinweis Geiger = NZV 11, 55 = NZV 11, 272 [LS] m Anm Ternig). „**Anhängig**" ist das Strafverfahren von der Einleitung des Ermittlungsverfahrens durch die Pol oder StA an, sobald es wegen einer bestimmten Straftat gegen den Inhaber der fraglichen FE geführt wird (VG München DAR 08, 666, 667). Die Anhängigkeit dauert bis zur Einstellung des Verfahrens bzw bis zur RKraft der ergehenden Entscheidung (s auch Niedersächsisches OVG zfs 08, 114; VG München DAR 08, 666, 667). Das Strafverfahren erstreckt sich auf den gesamten geschichtlichen Vorgang iS des § 264 StPO, der im Strafverfahren untersucht werden soll, nicht etwa nur auf einzelne ges TBe. Die **Bindungswirkung** besteht darin, dass die VB den Sachverhalt des laufenden Strafverfahrens in einem Entz-Verfahren nicht berücksichtigen darf, auch nicht bei einer AO nach § 46 III FeV (BVerwG NJW 89, 116) u bei der Entscheidung über die sofortige Vollzie-

hung nach § 80 II 4, III VwGO (VG Saarland ZfS 93, 107; OVG Koblenz DAR 62, 375).

Die **Bindung erfasst** den Sachverhalt, der Gegenstand des Strafverfahrens ist, nicht nur die Tat iSd sachlichen Strafrechts, sondern den gesamten Vorgang, auf den sich die Untersuchung erstreckt, gilt aber nur für den Fall, dass die gerichtliche Entziehung der FE rechtlich möglich ist (OVG Münster BeckRS 2015, 45419; OVG Magdeburg NJW 10, 3465 = SVR 10, 435 m Praxishinweis Geiger = NZV 11, 55 = NZV 11, 272 [LS] m Anm Ternig); ausf zur Bindungswirkung Himmelreich/Janker/Karbach Rn 280 ff mwN; Koehl DAR 12, 682; s auch Fromm/Schmidt NZV 07, 217. Entscheidet die VB über die Entz vor dem rechtskr Abschluss des Strafverfahrens, ist der FE-Inhaber stets in seinen Rechten verletzt (OVG Koblenz NJW 06, 2714). Dagegen kann ein Entz-Verfahren der VB, das sich allein auf andere, im Strafverfahren nicht geprüfte Tatsachen stützt, ungehindert durchgeführt werden (BVerwG VRS 74, 468; NJW 89, 116; VGH BW ZfS 07, 294 = NZV 07, 326). Berücksichtigt werden dürfen auch Tatsachen (Kokainkonsum) aus einem inzwischen nach § 170 II StPO **eingestellten Strafverfahren** (VGH BW ZfS 07, 294 = NZV 07, 326 = SVR 07, 351 m Praxishinweis Geiger). Ob in einem anhängigen Strafverfahren die Entz d FE nach § 69 StGB gem § 3 III 1 StVG „in Betracht kommt", ist mit einer auf den Zeitpunkt der Einleitung des Strafverfahrens abstellenden Prognose zu beurteilen; spätere Erkenntnisse, wonach die FE im Strafverfahren mutmaßlich doch nicht entzogen wird, sind unerheblich (VG Osnabrück SVR 07, 159 m Praxishinweis Krause). Wird die FE trotzdem entzogen, kann ein Antrag nach § 80 V VwGO auf Wiederherstellung der aufschiebenden Wirkung erfolgreich sein (s Praxishinweis Krause SVR 07, 159 zu VG Osnabrück).

Eine **Bindungswirkung durch Entscheidungen ausländischer Strafgerichte besteht nicht,** sodass die Behörde bei entsprechenden Erkenntnissen in eigener Zuständigkeit etwaige Maßnahmen prüfen muss (Geiger DAR 10, 373, 374).

§ 3 III StVG betrifft nur das Verhältnis zu Strafverfahren; ein noch nicht rechtskräftig abgeschlossenes **Ordnungswidrigkeitenverfahren** steht der Entz der FE deshalb nicht entgegen (VGH Mannheim DAR 07, 664 = zfs 07, 713 = SVR 08, 194 m Praxishinweis Fromm = VRS 113/07, 389). S auch § 3 IV StVG u § 3 StVG Rn 15.

Von der **Bindung** an das Strafverfahren **ausgenommen** sind nach III S 2 **11** Verfahren der dort aufgeführten Dienststellen, die auf die Entz einer von ihnen zu dienstlichen Zwecken erteilten FE gerichtet sind. Ausgenommen ist außerdem die Fahrerlaubnis zur Fahrgastbeförderung nach § 48 FeV für **Führer von Taxen, Krankenkraftwagen, Pkw im Linienverkehr sowie beim Einsatz für Ausflugs- u Ferienziele,** die zusätzlich zur allgemeinen FE (§ 6 FeV) erteilt wird. Sie darf auch während des Laufes eines Strafverfahrens unter Verwertung der dem Beschuldigten zur Last liegenden Tat durch die VB entzogen werden. Geschieht dies nicht, so erlischt die Fahrgasterlaubnis zugleich mit der Entz der allg FE (§ 48 X FeV).

b) Rechtskräftige gerichtliche Entscheidungen (IV). Sie binden die VBn **12** nur insoweit, als sie eine Sachentscheidung über die angeklagte Tat enthalten (BVerwG NZV 88, 238; VGH BW zfs 09, 179; Himmelreich NZV 05, 337, 340), selbst wenn das Urt rechtswidrig ist (VG Frankfurt/M NZV 91, 207); daher keine **Bindung** bei Einstellung des Verfahrens aus prozessualen Gründen oder auf

StVG § 3   I. Verkehrsvorschriften

Grund einer Amnestie, wenn sie die EdFE mit umfasst. Die Bindung besteht darin, dass die VB keinen anderen, dem Betr nachteiligen **Sachverhalt** feststellen, insb die Beweise nicht zu seinen Ungunsten anders als das Gericht würdigen darf (OVG Saarland ZfS 95, 399; OVG Münster zfs 12, 539 = DAR 12, 606 [LS] = SVR 12, 473 m Praxishinweis Koehl); andererseits muss der Betr den gerichtlich festgestellten Sachverhalt gegen sich gelten lassen, sofern gegen die Richtigkeit nicht gewichtige Anhaltspunkte sprechen (BVerwG VRS 84, 79 mwN). – Dagegen kann die VB alle **Tatsachen, die nicht Gegenstand der richterlichen Untersuchung waren,** insb auch solche, die erst nach dem Urt eingetreten sind, oder die der Strafrichter (zB infolge unrichtigen Strafregisterauszugs (BVerwG VRS 74, 468) übersehen hat (VGH BW NZV 93, 495: Mitberücksichtigung eines vom Gericht nicht gewürdigten psychiatrischen Gutachtens), berücksichtigen (VGH BW SVR 10, 235 m Praxishinweis Geiger). Das ist allerdings nicht der Fall, wenn die VB die Gutachtenanforderung nur auf strafgerichtliche Vorverurteilungen stützt, die das Strafgericht in seinem letzten Urteil bei der Strafzumessung berücksichtigt hat (VGH BW SVR 10, 235 m Praxishinweis Geiger). – Die richterliche Entscheidung über die **Schuldfrage** auf Grund des festgestellten Sachverhalts ist ebenfalls für die VB bindend. Der Freispruch wegen Schuldunfähigkeit nach § 20 StGB jedoch nicht, weil die der Gefahrenabwehr dienenden Maßnahmen der Fahrerlaubnisbehörde zur Überprüfung der Fahreignung verschuldensunabhängig sind (VGH Mannheim NZV 10, 110). – An die Auffassung des Gerichts über die **Eignung des Angeklagten zum Führen von Kfzen** ist die VB nur gebunden, wenn u soweit das Gericht eine Entscheidung nach § 69 StGB im Urteilssatz oder in den **Urteilsgründen ausdrücklich schriftlich** getroffen hat (BVerwG NJW 89, 116; VGH BW zfs 09, 178; BVerwG, Urt v 28.6.12, 3 C 30.11, NJW 12, 3669 = DAR 12, 595 = zfs 12, 592 = FD-StrVR 12, 334091 = NZV 13, 154; OVG Münster zfs 12, 539, 540 = DAR 12, 606 [LS] = SVR 12, 473 m Praxishinweis Koehl; OVG Bautzen BeckRS 2017, 116972), da sich die Bindungswirkung nur dann rechtfertigen lässt, wenn die VB den schriftlichen Urteilsgründen sicher entnehmen kann, dass überhaupt und mit welchem Ergebnis das Strafgericht die Fahreignung beurteilt hat (VGH BW zfs 09, 178; OVG Münster zfs 12, 539, 540 = DAR 12, 606 [LS] = SVR 12, 473 m Praxishinweis Koehl). Maßgeblich sind die Feststellungen im Urteil, nicht jedoch der Inhalt der Sitzungsniederschrift (OVG Bautzen BeckRS 2017, 116972). Hat das Gericht die an sich gebotene Prüfung unterlassen, so ist die VB nicht gebunden (BVerwG NZV 96, 84; Sa VRS 21, 65); dasselbe gilt, wenn die Urteilsgründe nicht klar erkennen lassen, ob das Gericht die Eignung eigenständig beurteilt hat (BVerwG NJW 89, 116; VGH BW zfs 09, 178, 179) oder wenn es nur im Hinblick auf die seit Tatbegehung verstrichene Zeit von der EdFE abgesehen hat (BVerwG NZV 89, 125), ohne deutlich zu machen, dass es wegen der in dieser Zeit vollzogenen vorläufigen Entz eine Nichteignung nicht mehr für gegeben hält (s § 69 StGB 8; s hierzu auch Hentschel NZV 89, 100 u Himmelreich DAR 89, 285; Himmelreich/Janker/Karbach Rn 303). Nicht ausreichend für die Bindungswirkung ist die Formulierung, dass das Gericht nicht habe positiv feststellen können, dass der Angeklagte zum Führen von Kfz noch ungeeignet ist; diese Formulierung spreche gerade für bestehende Eignungszweifel, die von der FE-Behörde zu überprüfen seien (OVG Lüneburg zfs 16, 537). Nach § 267 VI S 2 StPO ist in den Urt Gründen anzugeben, weshalb die Maßregel nach §§ 69, 69a StGB nicht angeordnet wurde, „obwohl dies nach der Art der strafbaren Handlung in Betracht kam".

Die **Bindungswirkung** gilt nicht nur für die Entziehung der FE, sondern nach ihrem Sinn und Zweck für das gesamte Entziehungsverfahren, einschließlich der vorbereitenden Maßnahmen, sodass schon die **Beibringung eines Gutachtens** nicht angeordnet werden darf (VGH BW zfs 09, 178, 179; VGH BW SVR 10, 235 m Praxishinweis Geiger; OVG Münster, zfs 12, 539, 540 = DAR 12, 606 [LS] = SVR 12, 473 m Praxishinweis Koehl). Zur Anordnung einer „zweiten" MPU, nachdem in einem Strafverfahren wegen fahrlässiger Trunkenheit im Verkehr aufgrund einer „privaten" MPU von der Fahrerlaubnisentziehung abgesehen wurde VG Oldenburg DAR 12, 533 m Anm Hillmann. S auch § 3 StVG Rn 7e. Allerdings wird die Bindungswirkung nach Abs 4 dann überlagert, wenn trotz rw Gutachtenanordnung das Gutachten vom Betroffenen freiwillig vorgelegt wird, denn das Ergebnis des freiwillig vorgelegten Gutachtens stellt sodann eine neue und damit berücksichtigungsfähige Tatsache dar (OVG Magdeburg BeckRS 2016, 47678).

Zur Frage der Bindung der FE-Beh, wenn Strafrichter bei reduzierter oder völliger **Sperrfrist-Aufhebung** aufgrund erfolgreicher psychologischer oder therapeutischer Schulungsmaßnahmen die Wiederherstellung der Eignung voraussetzt (Neu-Erteilung der FE ohne an sich erforderliche MPU?) s Himmelreich in DAR 05, 130, 131 u Scheufen/Müller-Rath NZV 07, 353.

Das Berücksichtigungsverbot (Bindungswirkung) des § 3 III StVG dient dazu, widersprüchliche Entscheidungen von Fahrerlaubnisbehörde und Strafgericht in Bezug auf einen Sachverhalt zu vermeiden, der einem noch anhängigen Strafverfahren zugrunde liegt. Dieses vorübergehende Verfahrenshindernis für die Fahrerlaubnisbehörde wandelt sich in das Verbot einer widersprüchlichen Entscheidung iSv § 3 IV StVG, wenn mittlerweile ein rechtskräftiges Strafurteil ergangen ist. Soweit danach widersprüchliche Entscheidungen von Fahrrlaubnisbehörde und Strafgericht ausgeschlossen sind, wird der Sachverhalt für die Fahrerlaubnisbehörde berücksichtigungsfähig (BVerwG, Urt v 28.6.12, 3 C 30.11, NJW 12, 3669 = DAR 12, 595 = zfs 12, 592 = FD-StrVR 12, 334091 = NZV 13, 154).

§ 267 VI S 2 StPO gilt nach § 409 I S 3 StPO auch für den **Strafbefehl** entspr; **13** nach § 3 IV sind der Strafbefehl u die gerichtliche Entscheidung, durch welche die Eröffnung des Hauptverfahrens oder der Erl eines Strafbefehls abgelehnt wird, ausdrücklich einem Urt gleichgestellt. Die Gerichte müssen daher in jeder einschlägigen Entscheidung zur Eignungsfrage Stellung nehmen. Ist dies unterblieben, so steht es der VB frei, ein Verfahren nach § 3 StVG einschl AO einer MPU einzuleiten (BVerwG NZV 96, 292; BGH VRS 20, 117; Lenhart DAR 02, 302). Die Aufhebung eines Strafbefehls und der darin erfolgte Freispruch vom Vorwurf fahrlässiger Trunkenheit im Verkehr wegen Schuldunfähigkeit iSd § 20 StGB schließt die Gutachtenanordnung nach § 13 S 1 Nr 2c FeV nicht aus, da die Anordnung unabhängig von der Schuld des Betr zu erfolgt (VGH Mannheim zfs 09, 419). – Eine Bindung wird auch dann verneint, wenn das Gericht ein FV nach § 44 StGB angeordnet oder als nicht erforderlich abgelehnt hat (OVG Bremen VRS 65, 238 beim abgekürzten Urt), ohne dabei die Eignungsfrage ausdrücklich zu behandeln (so Himmelreich/Janker/Karbach Rn 324 im Anschl an OVG Lüneburg NJW 71, 956; VG Frankfurt/M VRS 74, 394); das gilt auch beim FV nach § 25 StVG (BVerwG VM 94, 67).

Im Übrigen ist es der VB nicht verwehrt, eine gerichtliche Verurteilung, die **14** für sich allein dem Strafrichter zur EdFE nicht ausgereicht hat, zur Unterstützung weiterer, vom Strafrichter nicht beurteilter Entz-Gründe mitheranzuziehen. Maßgebend für ihre Entscheidung ist der gesamte im Zeitpunkt der Entscheidung des

StVG § 3 I. Verkehrsvorschriften

letzten Rechtszuges bekannte Sachverhalt (BVerwG NZV 88, 37; vgl auch BVerwG VRS 57, 73 = StVE 10 zur Bindungswirkung des Strafbefehls). Demnach müssen auch Tatsachen, die erst im Verwaltungsgerichtsverfahren aufgetreten oder bekannt geworden sind, wie längere gute Führung oder zwischenzeitliche neue Verfehlungen, berücksichtigt werden (aA BVerwG VRS 20, 394).

15 **Zugunsten** des Betr darf die VB jederzeit von der Beurteilung des Gerichts abweichen. **Bußgeldentscheidungen** binden die VB nur hinsichtlich der Feststellung des Sachverhalts u der Beurteilung der Schuldfrage, da eine Prüfung der Fahrtauglichkeit hier nicht stattfindet (s § 3 IV). S auch § 3 StVG Rn 10.

16 **6. Geltungsbereich der Entziehung, ausländische Fahrerlaubnisse. Geltungsbereich** der EdFE ist die BRep. Auch eine **ausl** FE kann nach den Grundsätzen der §§ 3 Abs 6, 7 StVG, 3 u 46 FeV für die Nutzung im Bundesgebiet (EuGH „Aykul" BeckRS 2015, 80556 = DAR 15, 316; BVerwG NJW 83, 1279; OVG Saarland NJW 77, 1413; ZfS 92, 322; OVG RhPf DAR 90, 433) bei fehlender Eignung entzogen oder unter Bedingungen abhängig gemacht werden. Die Untersagung ist auf dem ausl oder internationalen FSch zu vermerken; in der BRep ausgestellte internationale FSch sind der untersagenden Behörde abzuliefern. Die 2. EU-FSch-RiLi gibt den Mitgliedstaaten auch die Möglichkeit, FSche aus anderen Mitgliedstaaten von Personen, die ihren ordentlichen Wohnsitz im entziehenden Staat haben, an die ausstellende Behörde zurückzuschicken (vgl dazu §§ 30 III, 31 IV FeV). – Eine dt FE, die aufgrund eines **gefälschten ausl** FSch erteilt wurde, ist nicht nach § 3 iVm § 46 FeV zu entziehen, sondern nach allg VwVfR zurückzunehmen.

17 **7. Wirkung der Entziehung.** Die Wirkung der Entziehung regelt § 3 II S 1, der auch für die Entz der FE aufgrund anderer Vorschriften gilt. Bei einer inl FE erlischt das R zum Führen von Kfzen, bei einer ausl ist diese Wirkung auf das Inland beschränkt. Die Untersagung, von der ausl FE im Inland Gebrauch zu machen (§ 46 I, V FeV; früher § 11 II IntKfzVO), wirkt als FV. Die Entz wird erst mit der RKraft der Verwaltungsverfügung wirksam, sofern nicht **sofortiger Vollzug** angeordnet ist (s § 80 II 4, III VwGO), weil ein überwiegendes öff Interesse an der sofortigen Vollziehung besteht, um eine evtl Gefährdung anderer VT auszuschließen (OVG Nds ZfS 95, 479), was individuell schriftlich zu begründen ist (VG Saarland ZfS 93, 107 u VG Braunschweig ZfS 93, 106). – Die Wirkung der Entz ist nicht von der nach § 3 II S 3 vorgeschriebenen Ablieferung des FSch abhängig u bewirkt den Verlust der FE für alle Kl, incl der Erlaubnis zur Fahrgastbeförderung (s § 48 X FeV). Führen eines Kfz danach ist Vergehen nach § 21. Der **FSch ist abzuliefern** oder – ein ausl – zur Eintragung der Entscheidung vorzulegen (§ 3 II S 3), sonst OW nach § 75 Nr 10 FeV, Nr 170 BKat. Hat die Behörde die Entziehung einer FE verfügt, hat die sofortige Vollziehbarkeit dieses „Grundverwaltungsakts" nach § 47 I 2 FeV zur Folge, dass eine darauf aufbauende Verfügung, die die Ablieferung oder Vorlage des Führerscheins anordnet, nicht mehr gesondert für sofort vollziehbar erklärt werden muss (VGH München VRS 109/05, 141. – AA OVG Berlin-Brandenburg SVR 08, 277 m abl Praxishinweis Geiger). Der Erlass einer Herausgabe- bzw. Vorlageanordnung bleibt dabei unverzichtbar, um die Ablieferungs- oder Vorlagepflicht vollstrecken zu können; zwar besteht eine dahingehende Verpflichtung unmittelbar kraft Rechtsnorm (vgl § 47 I 1 FeV); aus Art 18 I VwZVG folgt jedoch, dass die zwangsweise Durchsetzung materiellrechtlicher Gebote einen konkretisierenden Verwaltungsakt voraus-

Entziehung der Fahrerlaubnis § 3 StVG

setzt (VGH München VRS 109/05, 141). Zur Rückgabe des FSch bei Entziehung der FE durch die Fahrerlaubnisbehörde Weber SVR 09, 121.

8. Beschränkungen gegenüber Personen ohne Kfz. Auch ohne Kfz dürfen 18 **Personen,** die infolge **körperlicher** oder **geistiger Mängel** sich nicht sicher im Verkehr bewegen können, nach § 2 I FeV am Verkehr nur teilnehmen, wenn in geeigneter Weise sichergestellt ist, dass sie andere nicht gefährden (Näheres dazu s § 2 II FeV). Nach § 3 FeV kann ungeeigneten Personen das Führen von Fzen oder Tieren untersagt oder durch Auflagen eingeschränkt werden. Verstöße gegen solche AOen sind OWen nach § 24 StVG iVm § 3 I S 1, § 75 Nr 3 FeV. – Radfahrverbot nach § 3 I FeV (VG Neustadt NZV 05, 437 = ZfS 05, 367; s auch Tepe DAR 13, 372, 375). – Zur Gutachtenanforderung bei Fahrradfahrern nach § 13 S 1 Nr 2c FeV oben § 3 StVG Rn 3.

9. Verzicht auf die Fahrerlaubnis. Zunehmend war festzustellen, dass die 19 Betroffenen durch Verzicht auf die Fahrerlaubnis einem FE-Entzug nach § 3 StVG oder § 69 StGB zuvorkommen wollen (s § 2 Rn 1).

Wirksame Verzichtserklärung setzt voraus, dass sie gegenüber der zuständigen Behörde (Fahrerlaubnisbehörde) §§ 2 I 1, 3 I 1 StVG erklärt wird. Durch Verzicht wird FE unmittelbar zum Erlöschen gebracht. Der Verzicht wird auch im FAER eingetragen (§ 28 III Nr 7 StVG).

Seit 1.5.14 regelt § 4 III StVG die Löschung der Punkte bei einer Entziehung der FE und einem Verzicht auf die Fahrerlaubnis neu. Zum Löschen der Punkte im FAER kommt es erst, wenn die FE nach vorheriger Entziehung bzw dem Verzicht auf die FE danach neu erteilt wird. Damit wird dem Umstand Rechnung getragen, dass die Behörde den Betroffenen erst mit der Neuerteilung wieder als geeignet zum Führen von Kfz einstuft (s auch amtl Begr BTDr 17/12636 S 46/47).

10. Vorläufige Entziehung der Fahrerlaubnis und Beschlagnahme des 20 **Führerscheins.** Vorläufige Entz der FE ist nach § 111a StPO durch Gericht möglich. Außerdem kann nach § 94 StPO für Zwecke des Strafverfahrens der Führerschein beschlagnahmt werden mit der Wirkung, dass die FE-Berechtigung nicht ausgeübt werden darf (vgl auch § 21 II Nr 2 u 3 StVG).

Im Verwaltungsverfahren oder durch Polizei auf der Straße ist Einzug des Führerscheins zur Gefahrenabwehr zulässig. Rechtsgrundlage sind die Polizeigesetze der Bundesländer. Die Befugnis endet mit der Gefahr, die durch die Maßnahme bekämpft werden soll.

11. Fehlerhaft erteilte Fahrerlaubnis. Wird FE von Behörde in Unkenntnis 21 der Sperrfrist (§ 69a StGB) erteilt, so ist dieser Verwaltungsakt fehlerhaft, aber nicht nichtig (OLG Hamm VRS 26, 345). Wird FE mangels Eignung oder Befähigung fehlerhaft erteilt, ist sie zu entziehen, wenn Mangel nicht behoben werden kann und weiterhin besteht (VGH BW ZfS 03, 99; OVG Hamburg ZfS 02, 256 = NZV 02, 531). Da Mangel schon bei Erteilung bestand und weiter besteht, braucht dem Betr vor dem Entzug auch nicht Möglichkeit zur Vorlage eines Gutachtens eingeräumt werden (VGH BW aaO). Entziehung nach § 3 I ist nicht auf Fälle beschränkt, in denen Mangel erst nach Erteilung eintritt (OVG Hamburg aaO, VGH BW aaO). § 3 I verdrängt als Spezialregelung die allgemeinen landesrechtl Vorschriften des Verwaltungsverfahrens über Rücknahme u Widerruf von VA (OVG Hamburg aaO), jedoch – entspr Geltungsbereich von § 3 I – nur bei Eignungs- u Befähigungsmängeln (aaO). Jedoch kann FE nicht zurückgenommen

22 **12. Wiedererteilung bzw Neuerteilung der Fahrerlaubnis.** Nach rechtswirksamer Entziehung der FE (s Rn 17) kann unter etwas erleichterten Voraussetzungen (§§ 20 FeV) die Erteilung einer neuen Fahrerlaubnis beantragt werden. Hierbei sind gesetzliche Sperrfristen zu beachten (nach § 69a StGB oder die 6-Monatsfrist bei Entz gemäß Fahreignungs-Bewertungssystem/Punktsystem nach § 4 X 1 StVG). Nicht verbindlich sind jedoch etwa von der Behörde bei Entz der FE gesetzte Fristen (OVG NW VRS 49, 300; Hentschel/König/Dauer-Dauer § 3 StVG Rn 63 ff). Im Übrigen siehe oben § 2 StVG Rn 15 (dort auch zum Anspruch auf Vorlage mehrerer MPU-Gutachten im Wiedererteilungsverfahren).

22a Der Besuch von **Kursen** zur Wiedererlangung der Fahreignung nach § 70 FeV **befreit** idR von einer **erneuten MPU**; nähere Einzelheiten s § 2 StVG Rn 16b.

23 **13. Literatur.** (s zu § 2 StVG).

§ 4 Fahreignungs-Bewertungssystem[1]

(1) Zum Schutz vor Gefahren, die von Inhabern einer Fahrerlaubnis ausgehen, die wiederholt gegen die die Sicherheit des Straßenverkehrs betreffenden straßenverkehrsrechtlichen oder gefahrgutbeförderungsrechtlichten Vorschriften verstoßen, hat die nach Landesrecht zuständige Behörde die in Absatz 5 genannten Maßnahmen (Fahreignungs-Bewertungssystem) zu ergreifen. Den in Satz 1 genannten Vorschriften stehen jeweils Vorschriften gleich, die dem Schutz
1. von Maßnahmen zur Rettung aus Gefahren für Leib und Leben von Menschen oder
2. zivilrechtlicher Ansprüche Unfallbeteiligter
dienen. Das Fahreignungs-Bewertungssystem ist nicht anzuwenden, wenn sich die Notwendigkeit früherer oder anderer die Fahreignung betreffender Maßnahmen nach den Vorschriften über die Entziehung der Fahrerlaubnis nach § 3 Absatz 1 oder einer auf Grund § 6 Absatz 1 Nummer 1 erlassenen Rechtsverordnung ergibt. Das Fahreignungs-Bewertungssystem und die Regelungen über die Fahrerlaubnis auf Probe sind nebeneinander anzuwenden.

(2) Für die Anwendung des Fahreignungs-Bewertungssystems sind die in einer Rechtsverordnung nach § 6 Absatz 1 Nummer 1 Buchstabe s bezeichneten Straftaten und Ordnungswidrigkeiten maßgeblich. Sie werden nach Maßgabe der in Satz 1 genannten Rechtsverordnung wie folgt bewertet:
1. Straftaten mit Bezug auf die Verkehrssicherheit oder gleichgestellte Straftaten, sofern in der Entscheidung über die Straftat die Entziehung der Fahrerlaubnis nach den §§ 69 und 69b des Strafgesetzbuches oder

---

[1] Ursprünglich eingeführt durch das StVG-ÄndG v 24.4.1998 (BGBl I 747) mWv 1.1.1999 und durch Fünftes Gesetz zur Änderung des StVG und anderer Gesetze v 28.8.2013 (BGBl I 3313) im Zusammenhang mit der Reform des Verkehrszentralregisters und der Einführung des neuen Fahreignungs-Bewertungssystems und des Fahreignungsregisters grundlegend neu gefasst mWv 1.5.2014; Abs 3 Satz 4, Abs 5 Satz 6 und Abs 6 neu gef., Abs 4 und Abs 10 Satz 2 geänd. mWv 5.12.2014 durch G v. 28.11.2014 (BGBl. I S. 1802).

eine Sperre nach § 69a Absatz 1 Satz 3 des Strafgesetzbuches angeordnet worden ist, mit drei Punkten,
2. Straftaten mit Bezug auf die Verkehrssicherheit oder gleichgestellte Straftaten, sofern sie nicht von Nummer 1 erfasst sind, und besonders verkehrssicherheitsbeeinträchtigende oder gleichgestellte Ordnungswidrigkeiten jeweils mit zwei Punkten und
3. verkehrssicherheitsbeeinträchtigende oder gleichgestellte Ordnungswidrigkeiten mit einem Punkt.
Punkte ergeben sich mit der Begehung der Straftat oder Ordnungswidrigkeit, sofern sie rechtskräftig geahndet wird. Soweit in Entscheidungen über Straftaten oder Ordnungswidrigkeiten auf Tateinheit entschieden worden ist, wird nur die Zuwiderhandlung mit der höchsten Punktzahl berücksichtigt.

(3) Wird eine Fahrerlaubnis erteilt, dürfen Punkte für vor der Erteilung rechtskräftig gewordene Entscheidungen über Zuwiderhandlungen nicht mehr berücksichtigt werden. Diese Punkte werden gelöscht. Die Sätze 1 und 2 gelten auch, wenn
1. die Fahrerlaubnis entzogen,
2. eine Sperre nach § 69a Absatz 1 Satz 3 des Strafgesetzbuches angeordnet oder
3. auf die Fahrerlaubnis verzichtet
worden ist und die Fahrerlaubnis danach neu erteilt wird. Die Sätze 1 und 2 gelten nicht bei
1. Entziehung der Fahrerlaubnis nach § 2a Absatz 3,
2. Verlängerung einer Fahrerlaubnis,
3. Erteilung nach Erlöschen einer befristet erteilten Fahrerlaubnis,
4. Erweiterung einer Fahrerlaubnis oder
5. vereinfachter Erteilung einer Fahrerlaubnis an Inhaber einer Dienstfahrerlaubnis oder Inhaber einer ausländischen Fahrerlaubnis.

(4) Inhaber einer Fahrerlaubnis mit einem Punktestand von einem Punkt bis zu drei Punkten sind mit der Speicherung der zugrunde liegenden Entscheidungen nach § 28 Absatz 3 Nummer 1 oder 3 Buchstabe a oder c für die Zwecke des Fahreignungs-Bewertungssystems vorgemerkt.

(5) Die nach Landesrecht zuständige Behörde hat gegenüber den Inhabern einer Fahrerlaubnis folgende Maßnahmen stufenweise zu ergreifen, sobald sich in der Summe folgende Punktestände ergeben:
1. Ergeben sich vier oder fünf Punkte, ist der Inhaber einer Fahrerlaubnis beim Erreichen eines dieser Punktestände schriftlich zu ermahnen;
2. ergeben sich sechs oder sieben Punkte, ist der Inhaber einer Fahrerlaubnis beim Erreichen eines dieser Punktestände schriftlich zu verwarnen;
3. ergeben sich acht oder mehr Punkte, gilt der Inhaber einer Fahrerlaubnis als ungeeignet zum Führen von Kraftfahrzeugen und die Fahrerlaubnis ist zu entziehen.
Die Ermahnung nach Satz 1 Nummer 1 und die Verwarnung nach Satz 1 Nummer 2 enthalten daneben den Hinweis, dass ein Fahreignungsseminar nach § 4a freiwillig besucht werden kann, um das Verkehrsverhalten zu verbessern; im Fall der Verwarnung erfolgt zusätzlich der Hinweis, dass hierfür kein Punktabzug gewährt wird. In der Verwarnung nach

Satz 1 Nummer 2 ist darüber zu unterrichten, dass bei Erreichen von acht Punkten die Fahrerlaubnis entzogen wird. Die nach Landesrecht zuständige Behörde ist bei den Maßnahmen nach Satz 1 an die rechtskräftige Entscheidung über die Straftat oder die Ordnungswidrigkeit gebunden. Sie hat für das Ergreifen der Maßnahmen nach Satz 1 auf den Punktestand abzustellen, der sich zum Zeitpunkt der Begehung der letzten zur Ergreifung der Maßnahme führenden Straftat oder Ordnungswidrigkeit ergeben hat. Bei der Berechnung des Punktestandes werden nur die Zuwiderhandlungen
1. unabhängig davon berücksichtigt, ob nach deren Begehung bereits Maßnahmen ergriffen worden sind,
2. nur dann berücksichtigt, wenn deren Tilgungsfrist zu dem in Satz 5 genannten Zeitpunkt noch nicht abgelaufen war.
Spätere Verringerungen des Punktestandes auf Grund von Tilgungen bleiben unberücksichtigt.

(6) Die nach Landesrecht zuständige Behörde darf eine Maßnahme nach Absatz 5 Satz 1 Nummer 2 oder 3 erst ergreifen, wenn die Maßnahme der jeweils davor liegenden Stufe nach Absatz 5 Satz 1 Nummer 1 oder 2 bereits ergriffen worden ist. Sofern die Maßnahme der davor liegenden Stufe noch nicht ergriffen worden ist, ist diese zu ergreifen. Im Fall des Satzes 2 verringert sich der Punktestand mit Wirkung vom Tag des Ausstellens der ergriffenen
1. Ermahnung auf fünf Punkte,
2. Verwarnung auf sieben Punkte,
wenn der Punktestand zu diesem Zeitpunkt nicht bereits durch Tilgungen oder Punktabzüge niedriger ist. Punkte für Zuwiderhandlungen, die vor der Verringerung nach Satz 3 begangen worden sind und von denen die nach Landesrecht zuständige Behörde erst nach der Verringerung Kenntnis erhält, erhöhen den sich nach Satz 3 ergebenden Punktestand. Späteren Tilgungen oder Punktabzügen wird der sich nach Anwendung der Sätze 3 und 4 ergebende Punktestand zugrunde gelegt.

(7) Nehmen Inhaber einer Fahrerlaubnis freiwillig an einem Fahreignungsseminar teil und legen sie hierüber der nach Landesrecht zuständigen Behörde innerhalb von zwei Wochen nach Beendigung des Seminars eine Teilnahmebescheinigung vor, wird ihnen bei einem Punktestand von ein bis fünf Punkten ein Punkt abgezogen; maßgeblich ist der Punktestand zum Zeitpunkt der Ausstellung der Teilnahmebescheinigung. Der Besuch eines Fahreignungsseminars führt jeweils nur einmal innerhalb von fünf Jahren zu einem Punktabzug. Für den zu verringernden Punktestand und die Berechnung der Fünfjahresfrist ist jeweils das Ausstellungsdatum der Teilnahmebescheinigung maßgeblich.

(8) Zur Vorbereitung der Maßnahmen nach Absatz 5 hat das Kraftfahrt-Bundesamt bei Erreichen der jeweiligen Punktestände nach Absatz 5, auch in Verbindung mit den Absätzen 6 und 7, der nach Landesrecht zuständigen Behörde die vorhandenen Eintragungen aus dem Fahreignungsregister zu übermitteln. Unabhängig von Satz 1 hat das Kraftfahrt-Bundesamt bei jeder Entscheidung, die wegen einer Zuwiderhandlung nach

1. § 315c Absatz 1 Nummer 1 Buchstabe a des Strafgesetzbuches,
2. den §§ 316 oder 323a des Strafgesetzbuches oder
3. den §§ 24a oder 24c

ergangen ist, der nach Landesrecht zuständigen Behörde die vorhandenen Eintragungen aus dem Fahreignungsregister zu übermitteln.

(9) **Widerspruch und Anfechtungsklage gegen die Entziehung nach Absatz 5 Satz 1 Nummer 3 haben keine aufschiebende Wirkung.**

(10) **Ist die Fahrerlaubnis nach Absatz 5 Satz 1 Nummer 3 entzogen worden, darf eine neue Fahrerlaubnis frühestens sechs Monate nach Wirksamkeit der Entziehung erteilt werden.** Das gilt auch bei einem Verzicht auf die Fahrerlaubnis, wenn zum Zeitpunkt der Wirksamkeit des Verzichtes mindestens zwei Entscheidungen nach § 28 Absatz 3 Nummer 1 oder 3 Buchstabe a oder c gespeichert waren. Die Frist nach Satz 1, auch in Verbindung mit Satz 2, beginnt mit der Ablieferung des Führerscheins nach § 3 Absatz 2 Satz 3 in Verbindung mit dessen Satz 4. In den Fällen des Satzes 1, auch in Verbindung mit Satz 2, hat die nach Landesrecht zuständige Behörde unbeschadet der Erfüllung der sonstigen Voraussetzungen für die Erteilung der Fahrerlaubnis zum Nachweis, dass die Eignung zum Führen von Kraftfahrzeugen wiederhergestellt ist, in der Regel die Beibringung eines Gutachtens einer amtlich anerkannten Begutachtungsstelle für Fahreignung anzuordnen.

Übersicht

	Rn
1. Allgemeines	1
2. Übergangsbestimmungen (§ 65 StVG)	9
a) Überführung der Regelungen in das Fahreignungs-Bewertungssystem	10
b) Umrechnung bereits bestehende Einträge vom VZR ins FAER	13
c) Überführung der Regelungen über Punktabzüge und Aufbauseminare	16
3. Abs 1: Zweckbestimmung des Fahreignungs-Bewertungssystems	20
4. Abs 2: Aufbau und Anwendung	21
5. Abs 3: Punktelöschung	23
6. Abs 4: Systematik	24
7. Abs 5: Maßnahmen	25
8. Abs 6: Maßnahmenabstufung	35
9. Abs 7: Punkteabbau	37
10. Abs 8: Mitteilungspflichten	39
11. Abs 9: Keine aufschiebende Wirkung	40
12. Abs 10: Neuerteilung der FE	41
13. Ergänzende Vorschriften in der FeV	42
14. Fahreignungs-Bewertungssystem/Punktsystem und Vielfahrer	43
15. Verfassungsmäßigkeit des Fahreignungs-Bewertungssystems/Punktsystems	44
16. Literatur	45

1. Allgemeines. Die Vorschrift ist (mit Änderungen) seit 1.1.1999 in Kraft. **1** Mit dem ÄndG v 28.8.13 (BGBl I 3313) erfolgte nicht nur eine umfassende Reform sondern ein ganzer Systemwandel, mit der die Änderung des früheren

Mehrfachtäter-Punktsystems zum Fahreignungs-Bewertungssystem, die Abkehr von der Warn- und Erziehungsfunktion des Abs 5 zu einer bloßen Hinweisfunktion, eine Abkehr vom Tattagsprinzip in Abs 6 sowie das Ersetzen des früheren Verkehrszentralregister (VZR) durch das Fahreignungsregister (FAER) einher ging.

Auch bei dem Fahreignungs-Bewertungssystem handelt es sich weiterhin um ein „Punktsystem", sodass dieser Begriff hier idR weiter verwendet wird. Darüber hinaus wurde die **Eintragungsgrenze** von bisher 40 Euro auf nunmehr **60 Euro** angehoben, indem die Verwarnungsgeldobergrenze nach § 56 I OWiG von bisher 35 Euro auf 55 Euro angehoben wurde (s auch Albrecht/Kehr DAR 13, 437, 439). Allerdings sind **jetzt nicht mehr alle Entscheidungen mit einer Geldbuße von 60 Euro oder mehr im FAER einzutragen. Ob eine Entscheidung wegen einer Straftat oder OWi in das FAER eingetragen wird oder nicht,** beurteilt sich nach **§ 28 III StVG** und der **Benennung des Tatbestandes in der abschließenden „Liste" der einzutragenden Straftaten und Ordnungswidrigkeiten** in **Anlage 13 FeV**. Grund dafür ist, dass nach dem Fahreignungs-Bewertungssystem in erster Linie nur noch verkehrssicherheitsbeeinträchtigende oder gleichgestellte Verstöße (s auch § 4 StVG Rn 21) erfasst werden sollen. Ähnlich ist es bei Straftaten (s auch Albrecht/Kehr DAR 13, 437, 438/439). Besonders hervorzuheben ist, dass die **vormalige Tilgungshemmung** (§ 29 VI StVG aF) **zum 1.5.14 entfallen** und **festen einheitlichen Tilgungsfristen** mit einer **Überliegefrist von 1 Jahr** gewichen ist (§ 29 StVG s näher dort). **Zudem beginnt der Ablauf der Tilgungsfrist** nunmehr einheitlich **mit der Rechtskraft** der entsprechenden Entscheidung (§ 29 IV StVG; s auch Albrecht/Kehr DAR 13, 437, 441). Ausführlich zu Kernpunkten der Neuregelung Albrecht/Kehr DAR 13, 437.

Im Zusammenhang mit der Einführung des neuen Fahreignungs-Bewertungssystems wurde zum **1.5.14** auch der **Bußgeldkatalog** „angepasst", was **mit teilweise erheblich höheren Bußgeldregelsätzen** einherging (Neunte VO zur Änd der FeV und anderer straßenverkehrsrechtlicher Vorschriften v 5.11.13, BGBl I 3920, 3933; s ursprünglich BRDrs 810/12 u neu BRDrs 676/13; BRDrs 676/13[B]). Mangels Verkehrssicherheitsrelevanz führt dies aber, soweit die Verstöße nicht in der „Liste" (Anlage 13 FeV nF) enthalten sind, auch **bei Regelsätzen von mindestens 60 Euro nicht mehr zwingend** zu Punkten.

2 **Hauptziele** der Refrom waren die **Verbesserung der Verkehrssicherheit, Transparenz** und **Vereinfachung** sowie eine **Beschränkung der Eintragungen auf verkehrssicherheitsrelevante Verstöße.** Bereits nach dem Gesetzesentwurf sollte der Begriff Verkehrszentralregister (VZR) durch den Begriff **Fahreignungsregister (FAER)** ersetzt werden (BTDr 17/12636 S 19; „Diskussionsentwurf für die Ausarbeitung der Reform des Verkehrszentralregisters [BMVBS]" Der Verkehrsanwalt (DV) 2/2012 S 51).

3 Mit dem Gesetz zur Änderung des StVG, der GewO und des Bundeszentralregistergesetzes v 28.11.14 in Kraft getreten am 5.12.14 BGBl I 2014, S 1802 wurden Abs 3 S 4 ergänzt und Abs 5 S 6 sowie Abs 6 neu gefasst. Die Neufassung dient nach der Gesetzesbegründung der Klarstellung zur Punkteberechnung sowie zur deutlichen Abgrenzung zur Rspr des BVerwG mit Urteil v 29.9.08, NJW 09, 612. Der zum 1.5.14 vollzogene Systemwechsel von der Warn- und Erziehungsfunktion der Maßnahmestufen und Bonusregelungen zu einer bloßen Hinweisfunktion sollte so nochmals verdeutlicht werden. Der BT-Drs 18/2775 S. 9 f ist hierzu zu entnehmen:

"Um den Systemwechsel deutlicher zu fassen und deutlicher zu machen, dass 4 die bisherige zum Punktsystem ergangene Rechtsprechung des BVerwG nicht auf die Punkteberechnung im neuen System in diesem Detail erstreckt werden soll, wird nunmehr die vorliegende Klarstellung vorgenommen. Es kommt nach dem Fahreignungs-Bewertungssystem demnach nicht darauf an, dass eine Maßnahme den Betroffenen vor der Begehung weiterer Verstöße erreicht und ihm die Möglichkeit zur Verhaltensänderung einräumt, bevor es zu weiteren Maßnahmen kommen darf. Denn das neue System kennt keine verpflichtende Seminarteilnahme und versteht den Erziehungsgedanken damit auch nicht so, dass jede einzelne Maßnahme den Fahrerlaubnis-Inhaber individuell ansprechen können muss in dem Sinne, dass nur sie die Verhaltensbeeinflussung bewirken kann. Die Erziehungswirkung liegt vielmehr dem Gesamtsystem als solchem zu Grunde, während die Stufen in erster Linie der Information des Betroffenen dienen. Die Maßnahmen stellen somit lediglich eine Information über den Stand im System dar."

Die Neufassung des Abs 6 beinhaltet eine Ausnahme vom Tattagsprinzip, welches nur für die Punkteentstehung gilt, jedoch für das Ergreifen von Maßnahmen keine Relevanz hat, denn Maßnahmen können erst nach Rechtskraft (und Registrierung) der Entscheidung über die Tat und damit deutlich später an die Tat geknüpft werden. Die Prüfung der Behörde, ob die Maßnahme der vorangehenden Stufe bereits ergriffen worden ist, ist daher vom Kenntnisstand der Behörde bei der Bearbeitung zu beurteilen und beeinflusst das Entstehen von Punkten nicht (BTDrs 18/2775 S. 9 f BVerwG ZfSch 2017, 355 ff).

Wichtige Drucksachen zur Reform des Punktsystems: 5
– (Vormals) Viertes Gesetz zur Änderung des StVG und anderer Gesetze: BRDrs 799/12; BRDrs 799/1/12; BRDrs 799/12 (Beschluss); BTDr 17/12636; BTDr 17/13452; BRDrs 387/13; BRDrs zu 387/13; BRDrs 387/1/13; BRDrs 387/13 (Beschluss)
– Neunte VO zur Änderung der FeV und anderer straßenverkehrsrechtlicher Vorschriften: BRDrs 810/12; BRDrs 676/13; BRDrs 676/13 (Beschluss)
– Gesetz zur Änderung des StVG, der GewO und des Bundeszentralregistergesetzes: BTDrs 18/2775

Das **Fahreignungs-Bewertungssystem** und dessen Maßnahmen gelten **nur** 6 **für Inhaber einer Fahrerlaubnis. Gespeichert** werden nach § 28 III StVG **aber auch Zuwiderhandlungen von Personen, die nicht Inhaber einer Fahrerlaubnis** sind und Verstöße, die nicht als Kraftfahrzeugführer, sondern als anderer Verkehrsteilnehmer begangen wurden, weil auch diese für die Beurteilung der Fahreignung von Bedeutung sind (BTDr 17/12636 S 48). Auch diese Punkte sind bei der Berechnung der Punktezahl für die Entziehung der Fahrerlaubnis nach § 4 V StVG (vormals § 4 III StVG aF) zu berücksichtigen (zur früheren Rechtslage VG Freiburg SVR 11 466 m Praxishinweis Koehl).

Das Fahreignungs-Bewertungssystem hat zwar eine erhebliche Präventivwirkung, die Bepunktung eines einzelnen VVerstoßes ist indessen **keine Sanktion** (zur früheren Rechtslage BayObLG NJW 69, 2296), sondern eine wertneutrale Folge, die lediglich die Grundlage für eine evtl spätere verwaltungsrechtliche Maßnahme bildet (s § 28 StVG Rn 3). – Das Fahreignungs-Bewertungssystem findet Anwendung auf die FE auf Probe (s I 4). Vor u während der Probezeit begangene VVerstöße werden also auch bepunktet u können (nach Abschluss der Probezeit) zu Maßnahmen nach dem Fahreignungs-Bewertungssystem/Punktsystem führen.

Nach Entziehung der FE ist der FSch gem § 47 FeV abzuliefern (s zur Rückgabe des FSch bei Entziehung der FE durch die Fahrerlaubnisbehörde Weber SVR 09, 121).

7 **Zweck** des Fahreignungs-Bewertungssystems ist, weiterhin nicht nur das Entdecken von ungeeigneten Kf, sondern es soll auch Hilfen bieten, aufgetretene Eignungsmängel frühzeitig zu beheben (früher durch Aufbauseminare, verkehrspsych Beratung und nunmehr durch entsprechende Fahreignungsseminare).

8 § 4 StVG enthält keine Anspruchsgrundlage auf Erlass eines Verwaltungsaktes, der einen bestimmten Punktestand im FAER feststellt. Im Rahmen von § 4 StVG sind **Feststellungsklagen** auf verbindliche Feststellung des **Punktestandes** wegen der Möglichkeit des nachträglichen Rechtsschutzes gegen Maßnahmen der Fahrerlaubnisbehörde nach § 4 V 1 StVG und des danach fehlenden Feststellungsinteresses regelmäßig **ausgeschlossen** (zur früheren Rechtslage nach dem VZR: VGH Mannheim NJW 07, 1706 = NZV 07, 382 = ZfS 07, 414; VGH Mannheim ZfS 07, 417; s zur Anfechtbarkeit von Mitteilungen der Verkehrsbehörden an das Kraftfahrtbundesamt sowie der Eintragung von verkehrsrechtlichen Entscheidungen im FAER § 28 StVG Rn 4).

9 **2. Übergangsbestimmungen (§ 65 StVG).** Mit der Umstellung des früheren VZR auf das FAER zum 1.5.14 wurde eine **Überführung der bisher bereits bestehenden Eintragungen** von maximal 18 Punkten in das neue Punktespektrum von nunmehr maximal 8 Punkten erforderlich. Die detaillierten **Übergangsbestimmungen** enthält **§ 65 III StVG**.

10 **a) Überführung der Regelungen in das Fahreignungs-Bewertungssystem. Teilweise Löschung bestehender Eintragungen zum 1.5.14.** Entscheidungen, die nach dem bis 30.4.13 geltenden Recht gem § 28 III StVG aF im VZR gespeichert worden sind und nach § 28 III StVG nF ab 1.5.14 nicht mehr zu speichern waren, wurden am 1.5.14 gelöscht **(§ 65 III Nr 1 StVG nF)**. Mit dieser Regelung wurde der Entscheidung des Gesetzgebers, „nur" noch verkehrssicherheitsrelevante oder gleichgestellte Verstöße in die Fahreignungsbeurteilung einzubeziehen, Rechnung getragen. Eine Amnestie war damit nicht verbunden (Albrecht/Kehr DAR 13, 437, 445, 446). Betroffen davon waren alle Eintragungen, die nicht mehr zu Maßnahmen nach dem Fahreignungs-Bewertungssystem führen, dh nicht in Anlage 13 FeV aufgelistet sind (näher dazu Albrecht/Kehr DAR 13, 437, 439, 440 und dort die Zusammenstellungen in Fußnote 19), sowie Eintragungen wegen Entscheidungen ausländischer Gerichte und Behörden, in denen Inhabern einer deutschen Fahrerlaubnis das Recht aberkannt wurde, von der Fahrerlaubnis in dem betreffenden Land Gebrauch zu machen (Albrecht/Kehr DAR 13, 437, 446); letztere werden nach der Streichung von § 28 III Nr 10 StVG nicht mehr im FAER erfasst (s zum Hintergrund der Streichung § 3 StVG Rn 7).

11 **Weitergeltung des § 29 StVG aF bis 30.4.19 für „Altfälle".** Andere, dh nicht von § 65 III Nr 1 StVG erfasste Entscheidungen, die noch nach § 28 III StVG aF gespeichert worden sind, werden noch für 5 Jahre (bis zum 30.4.19) nach den „alten" Regelungen des § 29 StVG aF getilgt und gelöscht **(§ 65 III Nr 2 Satz 1 StVG).** Dies betrifft Delikte, die auch nach neuem Recht zur Speicherung führen (Albrecht/Kehr DAR 13, 437, 446). Mit der vorübergehenden und teilweisen Beibehaltung insbesondere auch der bisherigen Hemmungsregelungen soll ein kontinuierlicher Übergang erreicht und vermieden werden, dass eingetragene Entscheidungen innerhalb eines Registervorganges sofort zum Stichtag getilgt werden müssen und damit eine nicht gewollte faktische Teilamnestie eintreten würde (Albrecht/Kehr DAR 13, 437, 446). Auch bei weitergeltender Anwendung des § 29 StVG aF kann aber keine Ablaufhemmung nach § 29 VI 2 StVG aF durch Entscheidungen ausgelöst werden, die erst ab dem 1.5.14 im FAER gespeichert werden (**§ 65 III Nr 2 Satz 2 StVG nF**). Entscheidungen nach § 24a StVG, für die nach § 29 VI 4 StVG aF bisher keine maximale Tilgungsfrist im Rahmen der Tilgungshemmung gilt, werden jetzt nach **§ 65 III Nr 2 Satz 3 StVG nF** spätestens 5 Jahre nach Rechtskraft der Entscheidung getilgt, sofern sich nicht nach altem Recht eine frühere Tilgungsreife ergibt (Albrecht/Kehr DAR 13, 437, 446). **§ 65 III Nr 2 Satz 4 StVG nF** enthält weitere, ab dem 1.5.19 geltende Regelungen im Zusammenhang mit der Berechnung der Tilgungsfrist bzw der Löschung für „Altfälle".

Delikte mit Tattag bis 30.4.14. Entscheidungen, die bis 30.4.14 begangene 12 Delikte ahnden und erst ab dem 1.5.14 im FAER gespeichert werden, werden nach § 65 III Nr 3 StVG auf der Grundlage des neuen Rechts gespeichert und getilgt, wobei ggf anstelle der neuen Grenze von 60 Euro die bisherige Grenze von 40 Euro gilt. Dies gilt unabhängig vom Zeitpunkt der Rechtskraft der Entscheidung (Albrecht/Kehr DAR 13, 437, 446).

b) Umrechnung bereits bestehende Einträge vom VZR ins FAER. Per- 13 sonen, zu denen bis zum Ablauf des 30.4.14 Entscheidungen im VZR gespeichert worden sind, sind nach der **Tabelle** in **§ 65 III Nr 4 StVG** in das Fahreignungs-Bewertungssystem einzuordnen.

Punktestand vor dem 1. Mai 2014	Fahreignungs-Bewertungssystem ab dem 1. Mai 2014	
	Punktestand	Stufe
1 – 3	1	Vormerkung (§ 4 Absatz 4)
4 – 5	2	
6 – 7	3	
8 – 10	4	**1:** Ermahnung (§ 4 Absatz 5 Satz 1 Nummer 1)
11 – 13	5	
14 – 15	6	**2:** Verwarnung (§ 4 Absatz 5 Satz 1 Nummer 2)
16 – 17	7	
> = 18	8	**3:** Entzug (§ 4 Absatz 5 Satz 1 Nummer 3)

Ab 1.5.14 wird der neue Punktestand nach dieser Tabelle (Rn 13) **ermit-** 14 **telt.** Danach ergibt sich dann die erreichte Stufe im System des FAER, die dann für künftige Maßnahmen zugrunde gelegt wird (Albrecht/Kehr DAR 13, 437, 446). Damit wird erreicht, dass jeder, der sich im bisherigen Punktsystem in einer Maßnahmenstufe befunden hat, zunächst gem § 65 III Nr 4 S 2 StVG in die entsprechende Maßnahmenstufe des neuen Fahreignungs-Bewertungssystems überführt wird. Das Ergreifen der Maßnahmen erfolgt dann nach dem neuen Recht auf der Grundlage des überführten neuen Punktestandes, wobei gem § 65 III Nr 4 S 3 StVG allein die Umstellung und die erstmalige Einordnung in die neue Maßnahmenstufe nicht zum Ergreifen derjenigen Maßnahme führt, die die Stufe des neuen Systems nach § 4 V StVG vorsieht. Vielmehr führen erst eine neue Zuwiderhandlung und das darauf folgende erstmalige Erreichen einer neuen

Maßnahmenstufe zu einer Maßnahme (VGH München NJW 16, 1836; Albrecht/ Kehr DAR 13, 437, 446).

15 Bei einer vor der Rechtsänderung zum 1.5.2014 begangenen und rechtskräftig geahndeten, aber erst danach im Fahreignungsregister eingetragenen Zuwiderhandlung erfolgt die Berechnung des Punktestands am Tattag zunächst durch Umrechnung des nach altem Recht bestehenden Punktestands nach der Tabelle des § 65 III Nr 4 und der anschließenden Addition der nach neuem Recht neu hinzukommenden Punkte (VGH München NJW 15, 2139 u BeckRS 2015, 46720; OVG Münster NJW 15, 2138; OVG Berlin-Brandenburg BeckRS 2015, 47515; offen gelassen VGH Mannheim NJW15, 2134). Insbesondere begenet die **Regelung in § 65 III Nr 3 u 4 keinen verfassungsrechtlichen Bedenken,** denn sie ist mit dem verfassungsrechtlichen Grundsatz des Vertrauensschutzes aus Art. 20 III GG vereinbar, insbesonder hält sich die tatbestandliche Rückanknüpfung in den Grenzen der Zumutbarkeit (VGH München BeckRS 2015, 46720; OVG Berlin-Brandenburg BeckRS 2015, 47515; OVG Lüneburg BeckRS 2015, 48846; OVG Bautzen LKV 2015, 468). Mit der Änderung des Mehrfachtäterpunktsystems in das Fahreignungs-Bewertungssystem wollte der Gesetzgeber die Vorschriften vereinfachen und die Transparenz sowie die Verkehrssicherheit verbessern (BT-Drs 17/ 12636, S 17 f). Die Anwendung des neuen Rechts auf alle Neueintragungen im Fahreignungsregister hat zur Folge, dass dem Anliegen der Vereinfachung und der Verbesserung der Verkehrssicherheit durch Neubewertung der Verkehrsverstöße ab 1.5.2014 weitest möglich zum Durchbruch verholfen wird. Daher erscheint es auch nicht unverhältnismäßig, sondern vielmehr förderlich für den Gesetzeszweck, die Schwierigkeiten der Überführung des alten in das neue System dahingehend zu lösen, dass möglichst weitgehend die neuen gesetzlichen Wertungen zur Anwendung kommen und nicht die nach Ansicht des Gesetzgebers komplizierten, intransparenten und im Hinblick auf die Verhältnismäßigkeit problematischen Vorschriften ggf. noch jahrelang Geltung beanspruchen. Vielmehr sollen die neuen Vorschriften nach der Vorstellung des Gesetzgebers die Akzeptanz der Fahrerlaubnisinhaber für das System fördern und sie in die Lage versetzen, ihren Punktestand und ihren Stand im System einfacher berechnen zu können (BT-Drs 17/12636, S 17 f; VGH München BeckRS 2015, 46720).

16 c) **Überführung der Regelungen über Punktabzüge und Aufbauseminare. Punkteabzüge** werden gem **§ 65 III Nr 5a StVG noch nach bisherigem Recht** (§ 4 IV 1 u 2 StVG aF) vorgenommen, wenn die **Bescheinigung** über die freiwillige Teilnahme an einem Aufbauseminar oder einer verkehrspsychologischen Beratung **bis zum 30.4.14 vorgelegt** wurde (Albrecht/Kehr DAR 13, 437, 446).

17 **Aufbauseminare** nach § 4 III 1 Nr 2 StVG aF, die noch **vor dem 1.5.14 angeordnet und begonnen,** aber noch nicht abgeschlossen worden sind, können gem **§ 65 III Nr 5c StVG nF** bis 30.11.14 nach den bisherigen Regelungen zu Ende geführt werden (Albrecht/Kehr DAR 13, 437, 446).

Aufbauseminare nach § 4 III 1 Nr 2 StVG aF, die noch **vor dem 1.5.14 angeordnet, aber noch nicht begonnen** worden sind, können gem **§ 65 III Nr 5d StVG nF** nach Wahl des Betroffenen entweder als Aufbauseminar oder anstelle dessen als verkehrspädagogische Teilmaßnahme des neuen Fahreignungsseminars absolviert werden (Albrecht/Kehr DAR 13, 437, 446).

18 Die nach Landesrecht zuständige **Behörde** hat dem KBA gem **§ 65 III Nr 5e StVG nF** die **Teilnahme an** einem **Aufbauseminar** oder einer **verkehrspsychologischen Beratung unverzüglich mitzuteilen.**

Nachträgliche Veränderungen des Punktestandes nach § 65 III Nr 2 (Tilgung 19 bei Altfällen nach § 29 StVG aF) oder Nr 5 (Teilnahme an Aufbauseminar) StVG führen gem § 65 III Nr 6 StVG im Hinblick auf etwaige Maßnahmen nach dem Fahreignungs-Bewertungssystem zu einer Aktualisierung der ursprünglich erreichten Stufe und damit zu einer Rückstufung.

3. Abs 1: Zweckbestimmung des Fahreignungs-Bewertungssystems. 20 Abs 1 S 1 **überträgt die Zweckbestimmung** des Mehrfachtäter-Punktsystems auf das **Fahreignungs-Bewertungssystem** (vgl BTDr 17/12636 S 38). Erfasst werden soll hauptsächlich Fehlverhalten, das für die Verkehrssicherheit tatsächlich relevant ist. **Verkehrssicherheit** bedeutet, dass die entsprechende Handlung zumindest potenziell negative Folgen für ein Unfallgeschehen erwarten lassen (BTDr 17/12636 S 38). **S 2** erweitert den Kreis der relevanten Delikte, da der Schutz der Verkehrssicherheit mehr verlangt und auch die Einhaltung der Rechtsordnung im Straßenverkehr betrifft. Zweifel an der charakterlichen Fahreignung sind auch bei schwerwiegenden oder hartnäckigen Verstößen, unabhängig von der unmittelbaren Relevanz für die Verkehrssicherheit, gerechtfertigt (BTDr 17/13881 S 2). **S 3** stellt wie bisher klar, dass das **Fahreignungs-Bewertungssystem** ein **zusätzliches Instrument** ist, **um** die **Fahreignung** von Fahrerlaubnisinhabern **feststellen zu können.** Unabhängig vom Fahreignungs-Bewertungssystem können weiterhin aufgrund anderweitiger Erkenntnisse der Behörde Maßnahmen aufgrund anderer Vorschriften, insbesondere nach § 3 StVG, ergriffen werden (BTDr 17/12636 S 38). Abs 1 stellt damit klar, dass das Fahreignungs-Bewertungssystem/Punktsystem keine Anwendung findet, wenn die Entz der FE bereits nach anderen Vorschriften zu erfolgen hat, dh also, wenn die Gesamtwürdigung der Persönlichkeit des Betr bereits seine Nichteignung ergibt (s § 3). Soweit sich allerdings die Frage der Fahreignung wegen **wiederholter Verkehrsverstöße** stellt, sind gemäß I 1 die Maßnahmen des **Fahreignungs-Bewertungssystem/Punktsystem** nach **§ 4 vorrangig** (VGH Mannheim BeckRS 2014, 51967; BT-Drs 17/12636 S 38 -s zu Reaktionsmöglichkeiten der FEB außerhalb des Punktsystems nach bisherigem Recht Kalus/Feiertag DAR 09, 7). Generell muss aber ein „**Verlassen des Punktsystems**" (zur vormaligen Rechtslage OVG Koblenz DAR 09, 478; OVG NRW zfs 11, 179 = SVR 11, 199 m Praxishinweis Geiger = NJW 11, 1242 m Anm Dauer – s auch § 3 StVG Rn 5) und die Anordnung „anderer Maßnahmen" wegen Eignungszweifeln **auf eng begrenzte, besonders gelagerte Ausnahmefälle beschränkt** sein (zur früheren Rechtslage OVG Koblenz DAR 09, 478; OVG NRW zfs 11, 179 = SVR 11, 199 m Praxishinweis Geiger = NJW 11, 1242 m Anm Dauer). Das Merkmal „Notwendigkeit" in § 4 I 3 StVG ist ein unbestimmter Rechtsbegriff, der der VB keinen Beurteilungsspielraum eröffnet, sondern der unbeschränkten gerichtlichen Kontrolle unterliegt (zur früheren Rechtslage OVG NRW zfs 11, 179 = SVR 11, 199 m Praxishinweis Geiger = NJW 11, 1242 m Anm Dauer). Wird die Beibringung eines MPU-Gutachtens angeordnet, muss sich aus der Anforderung ergeben, warum die VB ausnahmsweise von den Maßnahmen des Punktsystems bzw des Fahreignungs-Bewertungssystems abweicht (zur früheren Rechtslage OVG NRW zfs 11, 179 = SVR 11, 199 m Praxishinweis Geiger = NJW 11, 1242 m Anm Dauer). Das **Fahreignungs-Bewertungssystem** und die Regelungen der **Fahrerlaubnis auf Probe (§ 2a StVG)** sind nach **S 4 nebeneinander anzuwenden.** Das bedeutet, dass der Inhaber einer Fahrerlaubnis auf Probe sowohl im System nach § 2a StVG als auch im System nach § 4 StVG gespeichert wird und ihm gegenüber die jeweils vorgesehenen Maßnahmen zu ergreifen sind (BTDr 17/12636 S 45).

21 **4. Abs 2: Aufbau und Anwendung.** Aus Abs 2 ergeben sich die Zuwiderhandlungen, die im Rahmen des Fahreignungs-Bewertungssystems für Maßnahmen nach Abs 5 herangezogen werden sollen. Hiermit wird nach wie vor sichergestellt, dass Verstöße, die durch bloße Verwarnung erledigt oder sonst bereits getilgt sind, unberücksichtigt bleiben. Dies ergibt sich aus der Bezugnahme auf die auf § 6 I Nr 1s StVG beruhende Rechtsverordnung (FeV) und Anlage 13 FeV. In Anbetracht des absehbaren Anpassungsbedarfs und der schnelleren Umsetzungsmöglichkeit sind die relevanten Verstöße nicht im StVG selbst geregelt, sondern das Gesetz verweist bezüglich der zu berücksichtigenden Zuwiderhandlungen auf die zu seiner Umsetzung zu erlassende Rechtsverordnung (BTDr 17/12636 S 45). Den **Rahmen zur Bepunktung** mit **3 Punkten** (Straftaten mit Bezug auf die Verkehrssicherheit oder gleichgestellte Straftaten, sofern in der Entscheidung über die Straftat die Entziehung der FE nach den §§ 69 und 69b StGB oder eine Sperre nach § 69a I 3 StGB angeordnet wurde), mit **2 Punkten** (Straftaten mit Bezug auf die Verkehrssicherheit oder gleichgestellte Straftaten, die nicht mit 3 Punkten zu bewerten sind sowie besonders verkehrssicherheitsbeeinträchtigenden oder gleichgestellte OWi) sowie mit **1 Punkt** (verkehrssicherheitsbeeinträchtigende oder gleichgestellte OWi) geben **Abs 2 S 2 Nr 1 bis 3** vor.

22 Wann sich die Punkte „ergeben", stellt S 3 vor dem Hintergrund der Entscheidung des BVerwG v 25.9.08, Az 3 C 3.07 (DAR 09, 46 m krit u zutr Anm Dauer = NJW 09, 612 = NZV 09, 96 = zfs 09, 113 = VRS 115/08, 443; s dazu auch Vorauflage § 4 StVG aF Rn 3a) in einer **Kombination aus Tattag- und Rechtskraftprinzip** nunmehr ausdrücklich klar: „**Punkte ergeben sich mit der Begehung der Straftat oder Ordnungswidrigkeit, sofern sie rechtskräftig geahndet wird.**" Nach **S 4** wird bei **Tateinheit** nur der Verstoß mit der **höchsten Punktzahl** berücksichtigt. Inhaltlich entspricht dies § 4 II 2 StVG aF, wobei nunmehr klargestellt wird, dass die Entscheidung, ob Tateinheit vorliegt, in der Entscheidung über die OWi oder Straftat getroffen wird und dies dann hinsichtlich der Punktebewertung nur noch für das Register übernommen wird (BTDr 17/12636 S 46). Mit der BT-Drs 18/2775 S 10 hat der Gesetzgeber nochmals deutlich gemacht, dass für die Punkteentstehung das **Tattagsprinzip** gilt (OVG Lüneburg BeckRS 2016, 55230- NZV 17, 104; OVG Berlin-Brandenburg NZV 17, 103; VGH München ZfSch 15, 654; BVerwG BeckRS 2017, 103747).

23 **5. Abs 3: Punktelöschung.** Die **Löschung der Punkte** erfolgt im Gegensatz zu § 4 II 3 StVG aF erst **bei Neuerteilung.** Dies trägt der Überlegung Rechnung, dass die Eignung des Betroffenen zum Führen eines Kfz bei der Erst- oder Neuerteilung der Fahrerlaubnis von Bedeutung ist. Die Löschung der Punkte für einen als geeignet eingestuften Antragsteller ist dann konsequent (BTDr 17/12636 S 46). **Für die Zeit zwischen der Entziehung der FE und der Neuerteilung bleibt es bei den angesammelten Punkten und der Addition von weiteren Punkten,** die der Betroffene sammelt, auch wenn er nicht im Besitz einer Fahrerlaubnis ist (zB auch als Radfahrer). Dieser Punktestand bei (Neu-)Erteilung der Fahrerlaubnis lässt wichtige Rückschlüsse auf das bisherige Verkehrsverhalten und die Eignung zu und soll deshalb bei der Entscheidung über die Fahrerlaubniserteilung im Einzelfall entsprechende Berücksichtigung finden (BTDr 17/12636 S 39/40). Der **Entziehung der FE sind die isolierte Sperre (§ 69a I 3 StGB) und der Verzicht auf die FE gem § 4 III 3 Nr 1–3 StVG gleichgestellt.** Damit soll nach Feststellung der Eignung ein unbelasteter „Neustart" im Fahreignungs-Bewertungssystem ermöglicht werden (BTDr 17/636 S 40). Die Gleichstellung des Verzichts auf die FE mit der Entziehung der FE weicht von der bis 30.4.14 geltenden Rechtslage ab. Das BVerwG hatte in seiner Entscheidung v 3.3.11, Az 3 C1.10 (NJW 11, 1690 = NZV 11, 516 = SVR 11, 346 m Praxishinweis Geiger) mangels ausdrücklicher gesetzlicher Regelung in § 4 II StVG aF und bewusstem Absehen des früheren Gesetzgebers von einer Löschung im Falle freiwilligen Verzichts auf die FE von einer analogen Anwendung abgesehen (BTDr 17/12636 S 40). Gedacht ist insbesondere an Fälle, in denen der FE-Inhaber einer drohenden Entziehung der FE durch einen vorherigen Verzicht zuvorkommen will. Um zu vermeiden, dass FE-Inhaber die Löschung von Punkten durch einen Verzicht und einen kurz danach gestellten Neuantrag erreichen können, werden Entziehung und Verzicht auch hinsichtlich der Frist zur Neuerteilung gleichgestellt. Die Behörde muss auch nach einem Verzicht auf die FE vor der (Neu-)Erteilung die Eignung feststellen (BTDr 17/12636 S 40). Zudem gilt, wie bei Entziehung der FE nach § 4 V 1 Nr 3 StVG gem § 4 X 1 u 2 StVG eine **sechsmonatige Sperrfrist,** wenn zum Zeitpunkt des Verzichts mindestens zwei Entscheidungen nach § 28 III Nr 1 oder Nr 3 StVG, also mindestens 2 Punkte, im Fahreignungsregister gespeichert waren (BTDr 17/12636 S 40).

Keine Löschung der Punkte erfolgt gem § 4 III 4 StVG wenn die FE bei einem Inhaber einer **FE auf Probe** nach **§ 2a III StVG** wegen der Nichtteilnahme an einem entsprechenden Seminar entzogen wurde und ihm die FE nach nachträglicher Teilnahme wieder erteilt wird (BTDr 17/12636 S 40) sowie bei Verlängerung einer FE oder der Erteilung nach Erlöschen einer befristeten FE. Bei bloßer Verlängerung oder Neuerteilung nach Ablauf einer befristeten FE, die praktisch eine Verlängerung darstellt, erfolgt keine vollständige Eignungsprüfung, sodass auch in diesen beiden Fällen der Punktestand zur Erkennung wiederholt auffälliger FE-Inhaber weiterzuführen ist (BTDr 17/13452 S 8).

6. Abs 4: Systematik. In Abs. 4 ist die **Vormerkung** entsprechend der Systematik des Fahreignungs-Bewertungssystem („Vormerkung" – „Ermahnung" – „Verwarnung" – „Entziehung der Fahrerlaubnis") geregelt. Bei der Vormerkung handelt es sich jedoch noch nicht um eine Maßnahmestufe des Fahreignungs-Bewertungssystem, sondern lediglich um eine dieser vorgelagerte Registrierung von 1–3 Punkten im FAER. Ein vorgemerkter FE-Inhaber ist weiterhin ohne jede Einschränkung zum Führen von Kfz geeignet (BTDr 17/12636 S 40), kann aber durch freiwillige Teilnahme an dem neuen Fahreignungsseminar gem § 4 VII StVG 1 Punkt abbauen. 24

7. Abs 5: Maßnahmen. Abs 5 beschreibt die **Maßnahmen,** die beim Erreichen bestimmter Punktzahlen von der nach Landesrecht zuständigen Behörde zu ergreifen sind (zum **„Verlassen des Punktsystems"** bzw des Fahreignungs-Bewertungssystems und der Anordnung „anderer Maßnahmen nach § 4 I 2 StVG s oben Rn 20 u § 3 StVG Rn 5). Das Fahreignungs-Bewertungssystem enthält, nach der „Vormerkung", bei einer Punkteskala von 4 bis 8 Punkten (früher 8 bis 18 Punkte) drei (weitere) Maßnahmenstufen: **„Ermahnung" bei 4 oder 5 Punkten** – (schriftliche) **„Verwarnung" bei 6 oder 7 Punkten** und die **Entziehung der FE bei 8 oder mehr Punkten.** 25

Mit der **„Ermahnung"** (**§ 4 V 1 Nr 1 StVG** – 4 oder 5 Punkte) erhält der FE-Inhaber den Hinweis, dass er zur Verbesserung des Verkehrsverhaltens freiwillig ein Fahreignungsseminar besuchen kann (§ 4 V 2 StVG), wodurch gem § 4 VII StVG (bei maximal 5 Punkten) auch 1 Punkt abgebaut werden kann.

Bei einer „**Verwarnung**" (§ 4 V 1 Nr 2 StVG – 6 oder 7 Punkte) ist ein Punktabbau nicht mehr möglich. Hierauf wird der Verwarnte auch hingewiesen und zudem darüber unterrichtet, dass bei Erreichen von 8 Punkten die FE entzogen wird (§ 4 V 3 StVG).

Beim Erreichen von **8 Punkten** gilt der FE-Inhaber als **ungeeignet zum Führen von Kfz (§ 4 V 1 Nr 3 StVG).** Die VB ist verpflichtet, die FE zu entziehen (sog Automatik). Ein Ermessen besteht insoweit nicht. Auch eine Vielzahl von punktebewerten Parkverstößen rechtfertigt deshalb die Entziehung der FE (zur früheren Rechtslage OVG Münster NZV 06, 224 = VRS 110, 232; s auch § 3 StVG Rn 5).

26 Das BVerwG hat mit Urteil vom 26.1.17 (BeckRS 2017, 103747= DAR 17, 406) deutlich herausgestellt, dass die Regelungen in Abs 5 u 6 verfassungskonform sind (so auch OVG Berlin – Brandenburg ZfSch 17, 55 u OVG Bautzen LKV 2015, 468). Die Gesetzesänderung diente der Effektivierung des Fahreignungs-Bewertungssystems und der Stärkung der Verkehrssicherheit. Diese Ziele lassen sich nur erreichen, wenn FE- Inhaber, die durch das Erreichen von acht oder mehr Punkten nach der Wertung des Gesetzgebers als ungeeignet erwiesen haben, auch tatsächlich vom Führen von Kraftfahrzeugen ausgeschlossen werden. Dies setzt die Anwendbarkeit der Neuregelung auf vor ihrem Inkrafttreten begangene, aber noch nicht rechtskräftig geahndete Verkehrsverstöße voraus. Insbesondere genießt die Erwartung, dass das der Gefahrenabwehr dienende Fahrerlaubnisrecht nach Begehung einer noch nicht rechtskräftig geahndeten Straftat oder Ordnungswidrigkeit sich nicht zum Nachteil des FE- Inhabers Nachteil ändert, gerade keinen besonderen verfassungsrechtlichen Schutz. Somit ist sowohl die unechte Rückwirkung verfassungsrechtlich gerechtfertigt, als auch ist die Neuregelung mit Art. 3 I GG vereinbar, denn eine sich aus dem Umstand, dass die Ahndung eines Verkehrsverstoßes von seiner Rechtskraft abhängt und in dieser Zwischenzeit die Möglichkeit der Begehung weiterer Zuwiderhandlungen besteht, ergebende Ungleichbehandlung wurde vom Gesetzgeber explizit hingenommen. Auch sind verfahrensbedingte Unterschiede bei der Ahndung von Verkehrsverstößen, wie sie z.B. bei der Verhängung von Fahrverboten auftreten können, von Rechtsordnung auch sonst akzeptiert. (BVerwG BeckRS 2017, 103747= DAR 17, 406).

27 Über die Ermittlung des Punktestandes sowie über die Reduzierung der Punkte nach § 4 V StVG wird nicht durch gesonderten VA entschieden (zur früheren Rechtslage: OVG Sachsen-Anhalt NZV 02, 431; BVerwG NJW 07, 1299 = DAR 07, 344 m Anm Dauer DAR 07, 474), sondern nur inzident als Element bei der Berechnung des Punktestandes zur Vorbereitung der Maßnahmen, die von der FE Behörde nach § 4 V ergriffen werden (aaO). Die ggf falsche Berechnung des Punktestandes kann bei der Anfechtung der Maßnahmen der FE Behörde (Entzug d FE) geltend gemacht werden. – Desgleichen wurde das Rechtsschutzbedürfnis für eine Leistungs- oder Feststellungsklage gegen den Punktestand abgelehnt (OVG Sachsen-Anhalt aaO). – Zum Rechtsweg gegen Mitteilungen an das KBA § 28 StVG Rn 4).

28 Bei den Maßnahmen ist die Behörde **an die rechtskräftige Entscheidung** über die Straftat oder OWi **gebunden (§ 4 V 4 StVG),** sodass keine Überprüfung der eingetragenen und mit Punkten bewerteten Verstöße bzw Entscheidungen mehr stattfindet (OVG Schleswig ZfSch 17, 238; OVG Berlin-Brandenburg BeckRS 2015, 46714). Der Betr muss einen rkr Bußgeldbescheid so lange gegen sich gelten lassen, wie die Rechtskraft dieser Entscheidung besteht (zur früheren

Rechtslage OVG Lüneburg SVR 10, 195 m Praxishinweis Geiger). Im Verwaltungsverfahren beachtlich kann jedoch eine im Strafverfahren gewährte Wiedereinsetzung, aufgrund des damit verbundenen rückwirkenden Wegfalls der Rechtskraft eines zum Punkteintrag führenden Bußgeldbescheides sein (OVG Schleswig NZV 17, 293).

Bei der **Berechnung des Punktestandes** zum Ergreifen der Maßnahmen ist **29** auf den Punktstand abzustellen, der sich zum Zeitpunkt der letzten (zur Maßnahme führenden) Straftat oder OWi **(Tattagprinzip)** ergeben hat **(§ 4 V 5 StVG);** wobei nur die Verstöße berücksichtigt werden dürfen, deren **Tilgungsfrist** in diesem Zeitpunkt **noch nicht abgelaufen** war (§ 4 V 6 StVG)(OVG Lüneburg NZV 17, 104; BVerwG BeckRS 2017, 103747; VGH München BeckRS 2017, 114814). **§ 4 V 6 StVG** stellt ausdrücklich klar, dass spätere Verringerungen des Punktestandes aufgrund von Tilgungen unberücksichtigt bleiben. Damit wird klargestellt, dass es ausreicht, wenn die jeweilige Maßnahmenstufe einmal erreicht wurde (BVerwG BeckRS 2017, 103747). Falls sich der Punktstand danach aufgrund von Tilgungen reduziert, muss dennoch die Maßnahme der mit dem Tattag erreichten Stufe ergriffen werden; es kommt nicht darauf an, welcher Punktestand dann am Tag des Ergreifens der Maßnahme durch die Behörde besteht. Geht der Behörde eine Mitteilung des KBA über den Punktestand zu und sollte bis zum Tätigwerden der Behörde eine Punktereduktion durch Tilgung eintreten, ist die nach dem Tattagprinzip veranlasste Maßnahme dennoch zu ergreifen (BT-Drs 17/12636 S 42). **Tilgung** von Zuwiderhandlungen, die nach dem früheren, mit Ablauf des 30. April 2014 außer Kraft getretenen Punktsystem mit Punkten zu bewerten waren, führen jedoch dazu, dass eine Neuberechnung der erreichten Stufe nach § 65 Abs 3 Nr 4 StVG zum 1. Mai 2014 durchzuführen ist (VGH München BeckRS 2017, 114814).

Mit Inkrafttreten zum 5.12.2014 wurden Abs 5 S 6 und Abs 6 neu gefasst. Insbesondere wurde vom Gesetzgeber mit der Neuregelung klar gestellt, dass **Abs 6 eine Ausnahme zum Tattagsprinzip** enthält. Dieses findet nur auf die Punkteentstehung, nicht jedoch für das Ergreifen von Maßnahmen Anwendung, denn Maßnahmen können erst nach Rechtskraft (und Registrierung) der Entscheidung über die Tat und damit deutlich später an die Tat geknüpft werden. Die Prüfung der Behörde, ob die Maßnahme der vorangehenden Stufe bereits ergriffen worden ist, ist nach dem Kenntnisstand der Behörde bei der Bearbeitung zu beurteilen und beeinflusst das Entstehen von Punkten nicht (BT-Drs 18/2775 S 10; OVG Münster NJW 15, 2136 = BeckRS 2015, 45056 – jedoch Anwendung des Tattagsprinzip für die Bonusregelung für den Zeitraum vom 1.5.14–5.12.14 unter Zugrundelegung der Vorgängernorm; VGH München BeckRS 2015, 48010).

Auch wurde vom BVerwG klar gestellt, dass **entscheidend** für die Rechtmäßigkeit von Maßnahmen gemäß § 4 Abs. 5 sowie die Frage der Verringerung des Punktestandes gemäß § 4 Abs. 6 **die im FAER eingetragenen und der Behörde im Zeitpunkt des Ergreifens der Maßnahme mitgeteilten Zuwiderhandlungen** sind (BVerwG BeckRS 2017, 103747; VG Schleswig BeckRS 2017, 107898). Insbesondere ist die FE-Behörde mangels gesetzlicher Statuierung nicht verpflichtet unmittelbar vor dem Ergreifen der Maßnahme, nochmals einen aktuellen Punktestand beim Kraftfahrt-Bundesamt abzufragen (BVerwG BeckRS 2017, 103747). Die FE-Behörde hat nur die ihr vom Kraftfahrt-Bundesamt mitgeteilten Eintragungen zu berücksichtigen; Informationen Dritter oder vom FE-Inhaber selbst der FE-Behörde vermittelt, stehen diesen nicht gleich (OVG Münster BeckRS 2016, 49732; VG Schleswig BeckRS 2017, 107898; OVG Münster NJOZ 2016, 1783).

30 Vom Ergreifen der Maßnahmen ist der generelle **Ablauf der verschiedenen Maßnahmenstufen** zu unterscheiden: Durch die Tilgung von Eintragungen und den damit verbundenen echten Punktereduzierungen wird der FE-Inhaber im System wieder zurückgestuft. Mit dieser **Rückstufung** errechnet sich dann zwar ein geringerer Punktestand, ein „Ergeben" dieses Punktestandes iSv § 4 V 1 Nr 1 oder Nr 2 StVG mit der etwaigen Folge eines erneuten Ergreifens der dort genannten Maßnahmen ist damit aber nicht verbunden, weil der **Punktestand „von oben" errechnet** und nicht aufgrund wiederholter Zuwiderhandlungen „von unten" angesammelt wird (BTDr 17/12636 S 42).

Die „Vormerkung" und insbesondere die **Maßnahmenstufen** „Ermahnung" und „Verwarnung" **können** aber **„von unten" mehrfach durchlaufen** werden, wenn sich nach der Punktereduzierung wieder neue Punkte ansammeln und sich danach der maßgebliche Punktestand neu „ergibt", was durch den Begriff „in der Summe" in § 4 V 1 StVG ausdrücklich verdeutlicht werden soll (BTDr 17/12636 S 42). In diesen Fällen sind die Maßnahmen, die den Betroffenen auch weiter entsprechend „warnen" und ihm Hilfestellung zur Verhaltensänderung geben sollen, jeweils erneut zu ergreifen.

31 Grundsätzlich ist auch bei einer **Anfechtungsklage** im Fahrerlaubnisrecht, insbesondere auch für die Frage der **Eignung** zum Führen von Kfz, der **Zeitpunkt der letzten Behördenentscheidung,** dh der Zeitpunkt des Erlasses des Widerspruchsbescheides für die Beurteilung der Sach- und Rechtslage maßgeblich (BVerwG BeckRS 2017, 103747; s zur früheren Rechtslage: Himmelreich/Janker/Karbach Rn 682 u 402 mwN; BVerwG NJW 05, 3081 = DAR 05, 581 = VRS 109, 300; OVG Münster VRS 111, 230 = BeckRS 06, 23 977 = DAR 07, 164; VG Neustadt/Weinstraße NZV 05, 437, 438). Maßgeblicher **Zeitpunkt** für die Beurteilung der **Sach- und Rechtslage** in Fällen der **Fahrerlaubnisentziehung** nach § 4 V 1 Nr 3 StVG ist dagegen nicht der Erlass des Widerspruchsbescheids, sondern derjenige der **Bekanntgabe der Entziehungsverfügung.** Entscheidend ist, ob die zum Zeitpunkt der Bekanntgabe dieser Verfügung zu berücksichtigenden Zuwiderhandlungen mit 8 oder mehr Punkten zu bewerten sind, weil der Betr ab dann als unwiderlegbar fahrungeeignet gilt, ihm nach § 4 X 1 StVG frühestens sechs Monate nach der Entziehung wieder eine Fahrerlaubnis erteilt werden darf und die Entziehungsentscheidung nach § 4 IX 2 StVG kraft Gesetzes sofort vollziehbar ist. Reduzierungen des Punktestandes, die *nach* Erlass der Verfügung, aber vor Zustellung des Widerspruchsbescheids erfolgen, berühren die Rechtmäßigkeit der Entziehungsverfügung ebenfalls nicht (VGH München BeckRS 2017, 114814; zur früheren Rechtslage: VGH Mannheim VRS 108, 454 = SVR 06, 195; VGH München NJW 08, 1547 = DAR 07, 717 m Anm Dauer; OVG Münster DAR 08, 540).

Ist allerdings eine Eintragung im FAER wegen Ablaufs der Überliegefrist gelöscht, so steht dies der Verwertung zum Zwecke einer Entziehung der FE nach dem Fahreignungs-Bewertungssystem auch dann entgegen, wenn die **Löschung** nur zum Zeitpunkt der Entziehungsentscheidung der FE-Behörde gegeben war, nicht aber bereits zu dem in § 4 Abs 5 S 5 bezeichneten Zpkt; § 4 Abs 5 S 7 findet insoweit keine analoge Anwendung. Vielmehr sieht der Gesetzgeber in der Löschung einer Eintragung **ein absolutes Hindernis** für deren Verwertung, das auch durch die in § 4 Abs 5 S 5 vorgegebene rückschauende Ermittlung des Punktestandes nicht überwunden wird (OVG Lüneburg NJW 17, 1769).

Bei einer **Einstellung eines OWi-Verfahrens** ist der Betr jedoch so zu stellen, als seien ihm die sich ursprünglich daraus ergebenden Punkte nie zur Last gefallen; die **Verfahrenseinstellung** führt zu einer **rückwirkenden Korrektur des Punktestandes,** die nicht mit dem Ergreifen einer Maßnahme nach § 4 V 1 StVG vergleichbar ist (OVG Schleswig NZV 17, 293; zur früheren Rechtslage OVG Münster DAR 08, 540). Die rückwirkende Verminderung des Punktestandes ist auch im laufenden Beschwerdeverfahren zu berücksichtigen, sodass hier **nicht** auf den **Zeitpunkt der Entziehungsverfügung** abzustellen ist (zur früheren Rechtslage OVG Münster DAR 08, 540). – Zum Beurteilungszeitpunkt bei Gutachtenanforderung als vorbereitende Maßnahme § 3 StVG Rn 7c.

S zur Wiedererteilung nach Entziehung der FE wegen 8 oder mehr Punkten Abs 10 u unten Rn 41.

Bei einer Entziehung der FE wegen **Erreichens der 8-Punkte-Grenze** 32 infolge wiederholter Verstöße ist jede einzelne OWi oder Straftat ein selbstständiger **Rechtsschutzfall.** Anspruch auf **Deckungsschutz** hat der Versicherungsnehmer nur, wenn der der für die Entziehung der FE maßgeblichen Verstöße innerhalb des versicherten Zeitraums liegt (zur früheren 18-Punkte-Grenze BGH NJW 06, 3001 = NZV 06, 575 =VRS 111, 270 = SVR 07, 26 m Praxishinweis Hering = ZfS 07, 166). Der **Streitwert** eines Klageverfahrens, das eine gemäß § 4 III 1 Nr 1 StVG aF erteilte Verwarnung zum Gegenstand hatte, war bisher mit einem Viertel des Auffangwertes zu bemessen (OVG Hamm VRS 116/09, 143); dies gilt jetzt entsprechend für eine Ermahnung nach § 4 V 1 Nr 1 StVG nF.

Die **Unterrichtung über den Punktestand** nach § 4 V 1 Nr 1 StVG ist 33 hinsichtlich des mitgeteilten Punktestandes **nicht bindend** für nachfolgende Maßnahmen der FEB, weil die Eintragung keinen VA darstellt und die FEB die Richtigkeit der Punktebewertung eigenständig überprüfen muss (zur bisherigen Rechtslage bei § 4 III 1 Nr 1 StVG aF BVerwG NZV 07, 486).

Übergangsbestimmungen (§ 65 StVG), s oben Rn 9 ff u Rn 19. 34

8. Abs 6: Maßnahmenabstufung. Abs 6 S 1 enthält praktisch die früheren 35 Grundsätze des Mehrfachtäter-Punktsystems, dass ein FE-Inhaber auch die **Maßnahmen des Fahreignungs-Bewertungssystems stufenweise durchlaufen** muss, bevor ihm die FE entzogen wird. Vor der Stufe 3 („Entziehung") muss also die Stufe 2 („Verwarnung") und vor dieser die Stufe 1 („Ermahnung") durchlaufen worden sein, bevor die jeweilige Maßnahme ergriffen werden darf; die Vormerkung gehört nicht zu den zu durchlaufenden Maßnahmenstufen (BVerwG BeckRS 2017, 103747; BTDr 17/12636 S 42). Wurde eine der vorausgehenden Stufen nicht durchlaufen, wird der FE-Inhaber auf den höchsten Punktestand der nicht durchlaufenen Maßnahmenstufe zurückgestuft. Spätere Verringerungen des Punktestandes aufgrund von Tilgungen werden nach Abs 6 S 4 von dem nach der Rückstufung reduzierten Punktestand abgezogen, weil der reduzierte Punktestand die Stufe im Fahreignungs-Bewertungssystem wiedergibt (BTDr 17/12636 S 50). Die **Punktereduzierungen bei nicht durchlaufenen Maßnahmenstufen** gelten jeweils nur für Inhaber einer Fahrerlaubnis, nicht für andere im Fahreignungsregister erfasste Personen (BTDr 17/12636 S 42).

Für die Anwendung der Bonusregelung (Punktereduzierung, wenn die Fahrerlaubnisbehörde keine Maßnahmen nach Abs 5 ergriffen hat) ist nach der Neuregelung nur hinsichtlich der Punkteentstehung, nicht jedoch der zu ergreifenden Maßnahmen auf das **Tattagprinzip** abzustellen (vgl Rn 3 u 29). Es handelt sich dabei um eine „echte", **dauerhafte Punktereduzierung** (zur früheren Rechtslage: OVG Münster ZfS 06, 116 = VRS 109, 312 = BeckRS 05, 27 490; VG München ZfS 07, 57; VGH München zfs 08, 652; Ziegert zfs 07, 602, 613. – AA OVG Berlin-Brandenburg NZV 07, 645 = zfs 07, 592 = SVR 08, 357 m Praxishinweis Geiger), was sich bereits aus dem Wortlaut „auf … reduziert" ergibt (VG München zfs 08, 652, 654). Sind die eingetragenen Punkte gem § 4 VI 3 StVG auf 7 Punkte zu reduzieren, kann bei begründeten Eignungszweifeln die Vorlage eines MPU-Gutachtens verlangt werden (OVG NRV NZV 07, 590 zu § 4 V 2 StVG aF bei Reduzierung auf 17 Punkte); s zur Gutachtenanordnung bei erheblichen oder wiederholten Verstößen § 3 StVG Rn 5.

36 Die Reduzierung ist auch dann vorzunehmen, wenn eine an sich zu wiederholende Maßnahme (mehrmals hintereinander) unterblieben ist (zum früheren Recht: OVG Münster DAR 03, 433 u DAR 06, 173, 174; OVG Bautzen NJW 07, 168 = SVR 07, 189 m Praxishinweis Christ; OVG Münster NJW 07, 1768, 1771; Ziegert zfs 07, 602, 616; Zwerger zfs 09, 128, 129), weil der Betr sonst nicht ausreichend „gewarnt" wird und nicht die Möglichkeit hat, die vom Gesetz gebotenen Hilfestellungen anzunehmen und sein Verhalten zu ändern [Zwerger zfs 09, 128, 129], anders aber OVG RhPf [ZfS 03, 522 = DAR 03, 576], wonach bei erneutem Punkte-Anstieg eine wiederholte Reduzierung nach (früher § 4 V StVG aF, jetzt) § 4 VI StVG nF nicht erfolgt, auch wenn die Vbehörde die Maßnahmen unterlassen hatte; es sei nicht hinnehmbar, dass bei Untätigbleiben der VB der Punktestand immer wieder gem § 4 V StVG aF, jetzt § 4 VI StVG nF, reduziert wird [OVG RhPf, aaO, mit – zu Recht – kritischer Anm von Haus; s auch Ziegert zfs 07, 602, 616; Zwerger zfs 09, 128, 129]).

37 **9. Abs 7: Punkteabbau.** Mit Abs 7 wird nach sehr kontroversen Diskussionen im Interesse der Förderung des Fahreignungsseminars die **Möglichkeit des Punkterabatts bei freiwilliger Seminarteilnahme,** ähnlich der früheren Möglichkeit nach dem Mehrfachtäter-Punktsystem, weitergeführt (BTDr 17/13452 S 8). Gegenüber der bis 30.4.14 geltenden Regelung in § 4 StVG aF besteht aufgrund des geringeren Punkterahmens von 1 bis 8 Punkten nur noch die Möglichkeit zum **Abbau von 1 Punkt;** dies weiterhin nur jeweils **einmal innerhalb von 5 Jahren.** Nach Abs 7 S 1 wird bei einem Punktestand von 1 bis 5 Punkten 1 abgezogen, sodass weiterhin keine Punktegutschrift erfolgen. Erforderlich für den Punkterabatt ist, dass die **Teilnahmebescheinigung der zuständigen Behörde innerhalb von zwei Wochen nach Beendigung des Seminars vorgelegt** wird. Maßgeblicher Zeitpunkt für den zu verringernden Punktestand und die Berechnung der Fünfjahresfrist ist das **Ausstellungsdatum der Teilnahmebescheinigung.**

Die Teilnahmebescheinigung wird vom Seminarleiter der abschließenden Teilmaßnahme (s § 4a StVG) ausgestellt (§ 44 I 1 FeV). Die **Bescheinigung** ist zu **verweigern,** wenn der Seminarteilnehmer **nicht an allen Sitzungen** des Seminars **teilgenommen** hat, eine offene Ablehnung gegenüber den Zielen der Maßnahme zeigt oder den Lehrstoff und Lernstoff nicht aktiv mitgestaltet (§ 44 II FeV).

Die freiwillige Teilnahme an einem **Aufbauseminar während** eines anhängigen **OWi-Verfahrens** kann zur **Aufhebung** eines im Bußgeldbescheid **angedrohten Fahrverbots** führen (zur früheren Rechtslage Heinrich NZV 10, 237).

S zum **„Punktehandel":** Brock/Wiechers, „Zur umfangreichen rechtlichen Einordnung des Punktehandels im Internet", DAR 03, 484; Ebner, in Ferner

(Hrsg.), Straßenverkehrsrecht, § 43 Rn 53 ff; Hentschel/König/Dauer-Dauer § 4 StVG Rn 70.

Übergangsbestimmungen (§ 65 StVG), s oben Rn 15 ff. **38**

10. Abs 8: Mitteilungspflichten. Abs 8 regelt die **Mitteilungspflichten des** **39** **Kraftfahrt-Bundesamtes (KBA)** zur Vorbereitung der Maßnahmen nach Abs 5.

11. Abs 9: Keine aufschiebende Wirkung. Widerspruch und Anfech- **40** **tungsklage gegen die Entziehung der FE** nach Erreichen der Schwelle von 8 Punkten haben, wie bisher, **keine aufschiebende Wirkung.**

12. Abs 10: Neuerteilung der FE. Nach Entziehung der FE nach Erreichen **41** von (mindestens) 8 Punkten gem § 4 V 1 Nr 3 StVG darf die **neue FE, frühestens sechs Monate nach Wirksamkeit der Entziehung** erteilt werden (S 1). Dies gilt nunmehr **auch bei einem Verzicht auf die FE, wenn** zum Zeitpunkt der Wirksamkeit des Verzichts mindestens zwei Entscheidungen nach § 28 III Nr 1 oder Nr 3 StVG **(mindestens 2 Punkte) gespeichert waren.** Diese Einschränkung stellt sicher, dass die Sperrfrist tatsächlich nur Personen betrifft, die auf die FE praktisch nur mit Blick auf ihren Punktestand verzichten (BTDr 17/12636 S 43). Die Sechs-Monats-Frist beginnt gem S 3, wie bisher, mit der Ablieferung des Führerscheins. Ebenfalls wie bisher nach dem Mehrfachtäter-Punktsystem ist für die Neuerteilung der FE nach Entziehung wegen Erreichens von (mindestens) 8 Punkten und (neu gleichgestellt) bei einem (taktischen) Verzicht auf die FE **in der Regel** die **Beibringung eines Gutachtens einer amtlich anerkannten Begutachtungsstelle für Fahreignung** anzuordnen.

13. Ergänzende Vorschriften in der FeV. Ergänzende Vorschriften zum **42** Fahreignungs-Bewertungssystem enthalten §§ 40–44 FeV.

14. Fahreignungs-Bewertungssystem/Punktsystem und Vielfahrer. **43** Eine Sonderregelung für sog **Vielfahrer** ist nicht vorgesehen, letztlich nicht geboten und wäre auch nur schwer zu praktizieren. Wer viel fährt, setzt auch mehr Gefahren im Verkehr; ihn trifft deshalb auch mehr Verantwortung. Und für das Verkehrsopfer ist es kein „Trost", nicht durch einen „Wenigfahrer", sondern durch einen „Vielfahrer" zu Tode gekommen zu sein.

15. Verfassungsmäßigkeit des Fahreignungs-Bewertungssystems/Punkt- **44** **systems.** Trotz der Automatik (Entziehung der FE bei 8 Punkten) ist das Fahreignungs-Bewertungssystem/Punktsystem **verhältnismäßig** u **verfassungskonform** (s Rn 26; BVerwG BeckRS 2017, 103747; OVG Berlin-Brandenburg BeckRS 2015, 47515; OVG Lüneburg BeckRS 2015, 48846; VGH München BeckRS 2015, 46720). Seine hohe **Transparenz** ermöglicht dem Betroffenen, sich rechtzeitig einzustellen; die Punktestände treffen ihn nicht unvorbereitet; er hat Anspruch auf unentgeltliche Auskunft aus dem FAER (früher VZR) über seine eigenen Eintragungen und Punktestände (§ 30 VIII StVG). Mit Hilfe der freiwilligen Teilnahme an einem Fahreignungsseminar kann der Betr seinen Punktestand gem Abs 7 verringern. Das Gesetz **garantiert** ihm die Ausschöpfung aller Chancen des Fahreignungs-Bewertungssystems/Punktsystems. Durch § 6 I Nr 1w wird die Möglichkeit eröffnet, dass die VB in besonders gelagerten (atypischen) Fällen durch **Ausnahmegenehmigung** vom automatischen Entzug der FE bei 8 Punkten befreit.

16. Literatur. (s oben Rn 5 u zur bisherigen Rechtslage § 2 StVG) **45**

§ **4a** Fahreignungsseminar[1]

(1) Mit dem Fahreignungsseminar soll erreicht werden, dass die Teilnehmer sicherheitsrelevante Mängel in ihrem Verkehrsverhalten und insbesondere in ihrem Fahrverhalten erkennen und abbauen. Hierzu sollen die Teilnehmer durch die Vermittlung von Kenntnissen zum Straßenverkehrsrecht, zu Gefahrenpotenzialen und zu verkehrssicherem Verhalten im Straßenverkehr, durch Analyse und Korrektur verkehrssicherheitsgefährdender Verhaltensweisen sowie durch Aufzeigen der Bedingungen und Zusammenhänge des regelwidrigen Verkehrsverhaltens veranlasst werden.

(2) Das Fahreignungsseminar besteht aus einer verkehrspädagogischen und aus einer verkehrspsychologischen Teilmaßnahme, die aufeinander abzustimmen sind. Zur Durchführung sind berechtigt
1. für die verkehrspädagogische Teilmaßnahme Fahrlehrer, die über eine Seminarerlaubnis Verkehrspädagogik nach § 46 des Fahrlehrergesetzes und
2. für die verkehrspsychologische Teilmaßnahme Personen, die über eine Seminarerlaubnis Verkehrspsychologie nach Absatz 3
verfügen.

(3) Wer die verkehrspsychologische Teilmaßnahme des Fahreignungsseminars im Sinne des Absatzes 2 Satz 2 Nummer 2 durchführt, bedarf der Erlaubnis (Seminarerlaubnis Verkehrspsychologie). Die Seminarerlaubnis Verkehrspsychologie wird durch die nach Landesrecht zuständige Behörde erteilt. Die nach Landesrecht zuständige Behörde kann nachträglich Auflagen anordnen, soweit dies erforderlich ist, um die Einhaltung der Anforderungen an Fahreignungsseminare und deren ordnungsgemäße Durchführung sicherzustellen. § 13 des Fahrlehrergesetzes gilt entsprechend.

(4) Die Seminarerlaubnis Verkehrspsychologie wird auf Antrag erteilt, wenn der Bewerber
1. über einen Abschluss eines Hochschulstudiums als Diplom-Psychologe oder einen gleichwertigen Master-Abschluss in Psychologie verfügt,
2. eine verkehrspsychologische Ausbildung an einer Universität oder gleichgestellten Hochschule oder Stelle, die sich mit der Begutachtung oder Wiederherstellung der Kraftfahreignung befasst, oder eine fachpsychologische Qualifikation nach dem Stand der Wissenschaft durchlaufen hat,
3. über Erfahrungen in der Verkehrspsychologie
    a) durch eine mindestens dreijährige Begutachtung von Kraftfahrern an einer Begutachtungsstelle für Fahreignung oder eine mindestens dreijährige Durchführung von besonderen Aufbauseminaren oder von Kursen zur Wiederherstellung der Kraftfahreignung,
    b) durch eine mindestens fünfjährige freiberufliche verkehrspsychologische Tätigkeit, deren Nachweis durch Bestätigungen von Behörden oder Begutachtungsstellen für Fahreignung oder durch die

---

[1] Neu eingeführt durch Fünftes Gesetz zur Änderung des Straßenverkehrsgesetzes und anderer Gesetze v 28.8.13 (BGBl I 3313, 3315/3316); in Kraft seit 1.5.14.

Dokumentation von zehn Therapiemaßnahmen für verkehrsauffällige Kraftfahrer, die mit einer positiven Begutachtung abgeschlossen wurden, erbracht werden kann, oder
c) durch eine mindestens dreijährige freiberufliche verkehrspsychologische Tätigkeit nach vorherigem Erwerb einer Qualifikation als klinischer Psychologe oder Psychotherapeut nach dem Stand der Wissenschaft

verfügt,
4. im Fahreignungsregister mit nicht mehr als zwei Punkten belastet ist und
5. eine zur Durchführung der verkehrspsychologischen Teilmaßnahme geeignete räumliche und sachliche Ausstattung nachweist.

Die Erlaubnis ist zu versagen, wenn Tatsachen vorliegen, die Bedenken gegen die Zuverlässigkeit des Antragstellers begründen.

(5) Die Seminarerlaubnis Verkehrspsychologie ist zurückzunehmen, wenn bei ihrer Erteilung eine der Voraussetzungen des Absatzes 4 nicht vorgelegen hat. Die nach Landesrecht zuständige Behörde kann von der Rücknahme absehen, wenn der Mangel nicht mehr besteht. Die Seminarerlaubnis Verkehrspsychologie ist zu widerrufen, wenn nachträglich eine der in Absatz 4 genannten Voraussetzungen weggefallen ist. Bedenken gegen die Zuverlässigkeit bestehen insbesondere dann, wenn der Seminarleiter wiederholt die Pflichten grob verletzt hat, die ihm nach diesem Gesetz oder den auf ihm beruhenden Rechtsverordnungen obliegen.

(6) Der Inhaber einer Seminarerlaubnis Verkehrspsychologie hat die personenbezogenen Daten, die ihm als Seminarleiter der verkehrspsychologischen Teilmaßnahme bekannt geworden sind, zu speichern und fünf Jahre nach der Ausstellung einer vorgeschriebenen Teilnahmebescheinigung unverzüglich zu löschen. Die Daten nach Satz 1 dürfen
1. vom Inhaber der Seminarerlaubnis Verkehrspsychologie längstens neun Monate nach der Ausstellung der Teilnahmebescheinigung für die Durchführung des jeweiligen Fahreignungsseminars genutzt werden,
2. vom Inhaber der Seminarerlaubnis Verkehrspsychologie der Bundesanstalt für Straßenwesen übermittelt und von dieser zur Evaluierung nach § 4b genutzt werden,
3. von der Bundesanstalt für Straßenwesen oder in ihrem Auftrag an Dritte, die die Evaluierung nach § 4b im Auftrag der Bundesanstalt für Straßenwesen durchführen oder an ihr beteiligt sind, übermittelt und von den Dritten für die Evaluierung genutzt werden,
4. vom Inhaber der Seminarerlaubnis Verkehrspsychologie ausschließlich in Gestalt von Name, Vorname, Geburtsdatum und Anschrift des Seminarteilnehmers sowie dessen Unterschrift zur Teilnahmebestätigung
   a) der nach Landesrecht zuständigen Behörde übermittelt und von dieser zur Überwachung nach Absatz 8 genutzt werden,
   b) an Dritte, die ein von der zuständigen Behörde genehmigtes Qualitätssicherungssystem nach Absatz 8 Satz 6 betreiben und an dem der Inhaber der Seminarerlaubnis Verkehrspsychologie teilnimmt, übermittelt und im Rahmen dieses Qualitätssicherungssystems genutzt werden.

Die Empfänger nach Satz 2 haben die Daten unverzüglich zu löschen, wenn sie nicht mehr für die in Satz 2 jeweils genannten Zwecke benötigt werden, spätestens jedoch fünf Jahre nach der Ausstellung der Teilnahmebescheinigung nach Satz 1.

(7) Jeder Inhaber einer Seminarerlaubnis Verkehrspsychologie hat alle zwei Jahre an einer insbesondere die Fahreignung betreffenden verkehrspsychologischen Fortbildung von mindestens sechs Stunden teilzunehmen.

(8) Die Durchführung der verkehrspsychologischen Teilmaßnahme des Fahreignungsseminars unterliegt der Überwachung der nach Landesrecht zuständigen Behörde. Die nach Landesrecht zuständige Behörde kann sich bei der Überwachung geeigneter Personen oder Stellen nach Landesrecht bedienen. Die nach Landesrecht zuständige Behörde hat mindestens alle zwei Jahre an Ort und Stelle zu prüfen, ob die gesetzlichen Anforderungen an die Durchführung der verkehrspsychologischen Teilmaßnahme eingehalten werden. Der Inhaber der Seminarerlaubnis Verkehrspsychologie hat die Prüfung zu ermöglichen. Die in Satz 3 genannte Frist kann von der nach Landesrecht zuständigen Behörde auf vier Jahre verlängert werden, wenn in zwei aufeinanderfolgenden Überprüfungen keine oder nur geringfügige Mängel festgestellt worden sind. Die nach Landesrecht zuständige Behörde kann von der wiederkehrenden Überwachung nach den Sätzen 1 bis 5 absehen, wenn der Inhaber einer Seminarerlaubnis Verkehrspsychologie sich einem von der nach Landesrecht zuständigen Behörde anerkannten Qualitätssicherungssystem angeschlossen hat. Im Fall des Satzes 6 bleibt die Befugnis der nach Landesrecht zuständigen Behörde zur Überwachung im Sinne der Sätze 1 bis 5 unberührt. Das Bundesministerium für Verkehr und digitale Infrastruktur soll durch Rechtsverordnung mit Zustimmung des Bundesrates Anforderung an Qualitätssicherungssysteme und Regeln für die Durchführung der Qualitätssicherung bestimmen.

Übersicht

	Rn
1. Allgemeines	1
2. Inhalt des Fahreignungsseminars	2
3. Seminarerlaubnis	3
4. Qualitätssicherung	4
5. Datenspeicherung	5
6. Literatur	6

1 **1. Allgemeines.** § 4a wurde durch Fünftes Gesetz zur Änderung des StVG und anderer Gesetze v 28.8.13 (BGBl I 3313, 3315) mWv 1.5.14 neu eingefügt und **bestimmt den rechtlichen Rahmen für die Durchführung und Ausgestaltung des Fahreignungsseminars,** mit dem die vormaligen **Interventionsmaßnahmen (Aufbauseminar und verkehrspsychologische Beratung) ersetzt** wurden (BTDr 17/12636 S 52).

2 **2. Inhalt des Fahreignungsseminars.** Das Fahreignungsseminar besteht aus einer verkehrspädagogischen und aus einer verkehrspsychologischen Teilmaßnahme (Abs 2 S 1). Die **verkehrspädagogische Teilmaßnahme** zielt auf die

Vermittlung von Kenntnissen zum Risikoverhalten, die Verbesserung der Gefahrenkognition, die Anregung zur Selbstreflexion und die Entwicklung von Verhaltensvarianten ab. Sie umfasst zwei Module zu je 90 Minuten entsprechend Anlage 16 FeV (§ 42 II FeV 1 u 2). Sie kann als Einzelmaßnahme oder in Gruppen mit bis zu 6 Teilnehmern durchgeführt werden (§ 42 II 5 FeV). Die **verkehrspsychologische Teilmaßnahme** zielt darauf ab, dem Teilnehmer Zusammenhänge zwischen auslösenden und aufrechterhaltenden Bedingungen des regelwidrigen Verkehrsverhaltens aufzuzeigen. Sie soll beim Teilnehmer Reflexionsbereitschaft erzeugen und Veränderungsbereitschaft schaffen. Sie umfasst zwei Sitzungen zu je 75 Minuten und ist als Einzelmaßnahe durchzuführen (§ 42 VI FeV).

3. Seminarerlaubnis. Die **verkehrspädagogische Teilmaßnahme** darf von **Fahrlehrern** durchgeführt werden, die über eine **Seminarerlaubnis Verkehrspädagogik** nach § 31a FahrlehrerG (Erfordernis, Inhalt und Voraussetzungen der Seminarerlaubnis Verkehrspädagogik) verfügen (Abs 2 S 2 Nr 1). S auch § 31b FahrlehrerG (Voraussetzung für die Durchführung von Einweisungslehrgängen nach § 31a Abs 2 S 1 Nr 4), § 31c FahrlehrerG (Voraussetzungen für die Durchführung von Einführungsseminaren für Lehrgangsleiter u § 31d FahrlehrerG (Evaluierung).

Zur Durchführung der **verkehrspsychologischen Teilmaßnahme** ist berechtigt, wer über eine **Seminarerlaubnis Verkehrspsychologie** nach Abs 3 verfügt (Abs 2 S 2 Nr 2).

4. Qualitätssicherung. Die Durchführung der verkehrspsychologischen Teilmaßnahme des Fahreignungsseminars unterliegt der Überwachung der nach Landesrecht zuständigen Behörde (Abs 8 S 1). **§ 4b StVG** enthält Regelungen zur **Evaluierung des Fahreignungsseminars.** Zur Notwendigkeit der Gewährleistung einer bundesweit einheitlich hohen Qualität bei der Durchführung der Fahreignungsseminare und den bisher durchgeführten Aufbauseminaren, die die an sie gestellten Erwartungen nicht immer in dem gebotenen Maße erfüllt hatten Albrecht/Kehr DAR 13, 437, 444.

Nach § 4a VIII 8 StVG sollten, entsprechend der Vereinbarung im Vermittlungsverfahren (Albrecht/Kehr DAR 13, 437, 445), durch Rechtsverordnung des BMVdI mit Zustimmung des Bundesrates Anforderungen an Qualitätssicherungssysteme und Regeln für die Durchführung der Qualitätssicherung bestimmt werden. Die Regelungen dazu enthält § 43 FeV.

5. Datenspeicherung. In Abs. 6 wird die Speicherung und Löschung personenbezogener Daten geregelt. Hiernach sind vom Seminarleiter die ihm bekannt gewordenen Daten für einen Zeitraum von 5 Jahren nach Ausstellung der Seminarbescheinigung zu speichern und nach Ablauf der Frist zu löschen.

6. Literatur. Albrecht/Kehr DAR 13, 437.

§ 4b Evaluierung[1]

Das Fahreignungsseminar, die Vorschriften hierzu und der Vollzug werden von der Bundesanstalt für Straßenwesen wissenschaftlich begleitet und evaluiert. Die Evaluierung hat insbesondere zu untersuchen, ob das

---

[1] Neu eingeführt durch Fünftes Gesetz zur Änderung des StVG v 28.8.2013 (BGBl I 3313, 3316; in Kraft seit 1.5.2014.

Fahreignungsseminar eine verhaltensverbessernde Wirkung im Hinblick auf die Verkehrssicherheit hat. Die Bundesanstalt für Straßenwesen legt das Ergebnis der Evaluierung bis zum 1. Mai 2019 dem Bundesministerium für Verkehr und digitale Infrastruktur in einem Bericht zur Weiterleitung an den Deutschen Bundestag vor.

1 **1. Allgemeines.** § **4b** wurde durch Fünftes Gesetz zur Änderung des StVG und anderer Gesetze v 28.8.13 (BGBl I 3313, 3316) mWv 1.5.14 neu eingefügt und bestimmt eine **wissenschaftliche Begleitung und Evaluierung des neuen Fahreignungsseminars durch die Bundesanstalt für Straßenwesen** (BASt). Die Evaluierung hat gem S 2 insbesondere zu untersuchen, ob das Fahreignungsseminar eine verhaltensverbessernde Wirkung im Hinblick auf die Verkehrssicherheit hat. Das Ergebnis der Evaluierung ist dem Bundesministerium für Verkehr und digitale Infrastruktur in einem **Bericht** zur Weiterleitung an den Bundestag **bis zum 1. Mai 2019** vorzulegen (S 3). Das Fahreignungsseminar ist mithin ein auf 5 Jahre angelegter Modellversuch. Der BT wird dann zu entscheiden haben, ob sich das Modell bewähren konnte.

2 **2. Überwachung und Qualitätssicherung der Fahreignungsseminare.** Das Fahreignungsseminar besteht aus zwei Teilmaßnahmen, einer verkehrspädagogischen und einer verkehrspsychologischen Teilmaßnahme (§ 4a II StVG; s dazu § 4a StVG Rn 2). Beide Teilmaßnahmen unterliegen zur Qualitätssicherung der Überwachung der nach Landesrecht zuständigen Behörde, deren Anforderungen grundlegend in § 4a StVG geregelt sind (s dazu auch Albrecht/Kehr DAR 13, 437, 445).

3 **3. Literatur.** Albrecht/Kehr DAR 13, 437.

§ 5 Verlust von Dokumenten und Kennzeichen

Besteht eine Verpflichtung zur Ablieferung oder Vorlage eines Führerscheins, Fahrzeugscheins, Anhängerverzeichnisses, Fahrzeugbriefs, Nachweises über die Zuteilung des amtlichen Kennzeichens oder über die Betriebserlaubnis oder EG-Typgenehmigung, eines ausländischen Führerscheins oder Zulassungsscheins oder eines internationalen Führerscheins oder Zulassungsscheins oder amtlicher Kennzeichen oder Versicherungskennzeichen und behauptet der Verpflichtete, der Ablieferungs- oder Vorlagepflicht deshalb nicht nachkommen zu können, weil ihm der Schein, das Verzeichnis, der Brief, der Nachweis oder die Kennzeichen verloren gegangen oder sonst abhanden gekommen sind, so hat er auf Verlangen der Verwaltungsbehörde eine Versicherung an Eides statt über den Verbleib des Scheins, Verzeichnisses, Briefs, Nachweises oder der Kennzeichen abzugeben. Dies gilt auch, wenn jemand für einen verloren gegangenen oder sonst abhanden gekommenen Schein, Brief oder Nachweis oder ein verloren gegangenes oder sonst abhanden gekommenes Anhängerverzeichnis oder Kennzeichen eine neue Ausfertigung oder ein neues Kennzeichen beantragt.

1 Durch § 5 soll die Ablieferung der erwähnten Papiere und Kennzeichen in den aufgeführten Fällen wirksamer durchgesetzt werden. Weitere Ablieferungs- u Vorlagepflichten enthalten §§ 30 III, 30a II, 31 IV 2 oder 47 I FeV (früher

Unterhaltung der Verkehrszeichen § 5b StVG

§ 11 III IntKfzVO); §§ 5 II iVm 14 FZV, 13 I, II, III, IV FZV (früher: §§ 1 7 II, 25 IV, 27 I, IV, V, VII StVZO aF). – Die Versicherung soll nur nach Ausschöpfung anderer Aufklärungsmittel verlangt werden (OLG Stuttgart NZV 96, 415).

Das **Verfahren** hierfür richtet sich im Einzelnen nach den Verwaltungsverfah- 2 rensgesetzen der Länder. Die eidesstattliche Versicherung muss die textlichen **Mindestanforderungen** v § 27 III VwVfG (bzw entspr landesrechtlicher Regelungen) erfüllen u ist dann, unabhängig von der Art der Aufnahme, von der Behörde zu akzeptieren, unterliegt aber der freien Beweiswürdigung (Kutsch NZV 06, 237, 239/240). Sie muss nicht zur Niederschrift vor der Behörde oder vor einem Notar abgegeben werden (zu Recht krit gegü einer selbstgefertigten eidesstattlichen Versicherung Kutsch NZV 06, 237, 241). **Zuständig** ist die FE-Behörde (§ 73 FeV), dort idR der Behördenleiter (§ 27 II VwVfG, Stu Rn 1), auch Notare (§ 22 II BNotO). Zur **Belehrungspflicht** über strafrechtliche Bedeutung s § 27 IV VwVfG (bzw entspr landesrechtlicher Regelungen). Strafrechtliche Folgen s §§ 156, 163 StGB; Straflosigkeit bei rechtzeitiger Berichtigung § 163 II StGB.

Auf die Ausstellung eines Ersatzführerscheins besteht ein Rechtsanspruch (OVG 3 Koblenz NZV 99, 143).

§ 5a *(weggefallen)*

§ 5b[1] Unterhaltung der Verkehrszeichen

(1) **Die Kosten der Beschaffung, Anbringung, Entfernung, Unterhaltung und des Betriebs der amtlichen Verkehrszeichen und -einrichtungen sowie der sonstigen vom Bundesministerium für Verkehr und digitale Infrastruktur zugelassenen Verkehrszeichen und -einrichtungen trägt der Träger der Straßenbaulast für diejenige Straße, in deren Verlauf sie angebracht werden oder angebracht worden sind, bei geteilter Straßenbaulast der für die durchgehende Fahrbahn zuständige Träger der Straßenbaulast. Ist ein Träger der Straßenbaulast nicht vorhanden, so trägt der Eigentümer der Straße die Kosten.**

(2) **Diese Kosten tragen abweichend vom Absatz 1**
a) **die Unternehmer der Schienenbahnen für Andreaskreuze, Schranken, Blinklichter mit oder ohne Halbschranken;**
b) **die Unternehmer im Sinne des Personenbeförderungsgesetzes für Haltestellenzeichen;**
c) **die Gemeinden in der Ortsdurchfahrt für Parkuhren und andere Vorrichtungen oder Einrichtungen zur Überwachung der Parkzeit, Straßenschilder, Geländer, Wegweiser zu innerörtlichen Zielen und Verkehrszeichen für Laternen, die nicht die ganze Nacht brennen;**
d) **die Bauunternehmer und die sonstigen Unternehmer von Arbeiten auf und neben der Straße für Verkehrszeichen und -einrichtungen, die durch diese Arbeiten erforderlich werden;**
e) **die Unternehmer von Werkstätten, Tankstellen sowie sonstigen Anlagen und Veranstaltungen für die entsprechenden amtlichen oder zugelassenen Hinweiszeichen;**

---
[1] Geänd durch das StVG-ÄndG v 24.4.98 (BGBl I 747) und durch das Gesetz zur Einführung einer Grundqualifikation und Weiterbildung der Fahrer im Güterkraft- oder Personenverkehr v 14.8.06 (BGBl I 1958, 1961).

f) die Träger der Straßenbaulast der Straßen, von denen der Verkehr umgeleitet werden soll, für Wegweiser für Bedarfsumleitungen.

(3) Das Bundesministerium für Verkehr und digitale Infrastruktur wird ermächtigt, durch Rechtsverordnung mit Zustimmung des Bundesrates bei der Einführung neuer amtlicher Verkehrszeichen und -einrichtungen zu bestimmen, dass abweichend von Absatz 1 die Kosten entsprechend den Regelungen des Absatzes 2 ein anderer zu tragen hat.

(4) Kostenregelungen auf Grund kreuzungsrechtlicher Vorschriften nach Bundes- und Landesrecht bleiben unberührt.

(5) Diese Kostenregelung umfasst auch die Kosten für Verkehrszählungen, Lärmmessungen, Lärmberechnungen und Abgasmessungen.

(6) Können Verkehrszeichen oder Verkehrseinrichtungen aus technischen Gründen oder wegen der Sicherheit und Leichtigkeit des Straßenverkehrs nicht auf der Straße angebracht werden, haben die Eigentümer der Anliegergrundstücke das Anbringen zu dulden. Schäden, die durch das Anbringen oder Entfernen der Verkehrszeichen oder Verkehrseinrichtungen entstehen, sind zu beseitigen. Wird die Benutzung eines Grundstücks oder sein Wert durch die Verkehrszeichen oder Verkehrseinrichtungen nicht unerheblich beeinträchtigt oder können Schäden, die durch das Anbringen oder Entfernen der Verkehrszeichen oder Verkehrseinrichtungen entstanden sind, nicht beseitigt werden, so ist eine angemessene Entschädigung in Geld zu leisten. Zur Schadensbeseitigung und zur Entschädigungsleistung ist derjenige verpflichtet, der die Kosten für die Verkehrszeichen und Verkehrseinrichtungen zu tragen hat. Kommt eine Einigung nicht zustande, so entscheidet die höhere Verwaltungsbehörde. Vor der Entscheidung sind die Beteiligten zu hören. Die Landesregierungen werden ermächtigt, durch Rechtsverordnung die zuständige Behörde abweichend von Satz 5 zu bestimmen. Sie können diese Ermächtigung auf oberste Landesbehörden übertragen.

1 § 5b regelt die Kostentragungspflicht für die VZ. Primär sind diese vom Straßenbaulastträger zu tragen (Abs 1 S 1). § 5b schließt Parkuhrgebühren nach § 6a nicht aus (BVerwG VRS 58, 287 = StVE § 6a StVG 1; s auch § 6a VI u Begr VkBl 80, 249). Sonderregelungen für die dort aufgeführten Tb enthält Abs 2 und Abs 6 die Duldungspflicht des Grundstückeigentümers – Zur Duldung der Aufstellung von Verkehrszeichen oder Verkehrseinrichtungen auf Privatgrundstück s auch § 39 StVO Rn 1.

§ 6[1] Ausführungsvorschriften

(1) **Das Bundesministerium für Verkehr und digitale Infrastruktur wird ermächtigt, Rechtsverordnungen mit Zustimmung des Bundesrates zu erlassen über**

---

[1] Geänd durch StVG-ÄndG v 24.4.98 (BGBl I 747) und 11.9.02 (BGBl I 3574) sowie durch das Gesetz zur Einführung einer Grundqualifikation und Weiterbildung der Fahrer im Güterkraft- oder Personenverkehr v 14.8.06 (BGBl I 1958, 1961) Geänd durch G zur Änd des StVG und zur Änd des G zur Änd der Anlagen 1 und 3 des ATP-Übereinkommens v 3.2.09 (BGBl I 150); Abs 1 Nr 1i geänd u Abs 5 angefügt durch Fünftes G zur Änd des StVG

1. die Zulassung von Personen zum Straßenverkehr, insbesondere über
   a) Ausnahmen von der Fahrerlaubnispflicht nach § 2 Absatz 1 Satz 1, Anforderungen für das Führen fahrerlaubnisfreier Kraftfahrzeuge, Ausnahmen von einzelnen Erteilungsvoraussetzungen nach § 2 Absatz 2 Satz 1 und vom Erfordernis der Begleitung und Beaufsichtigung durch einen Fahrlehrer nach § 2 Absatz 15 Satz 1,
   b) den Inhalt der Fahrerlaubnisklassen nach § 2 Absatz 1 Satz 2 und der besonderen Erlaubnis nach § 2 Absatz 3, die Gültigkeitsdauer der Fahrerlaubnis der Klassen C und D, ihrer Unterklassen und Anhängerklassen, die Gültigkeitsdauer der Führerscheine und der besonderen Erlaubnis nach § 2 Absatz 3 sowie Auflagen und Beschränkungen zur Fahrerlaubnis und der besonderen Erlaubnis nach § 2 Absatz 3,
   c) die Anforderungen an die Eignung zum Führen von Kraftfahrzeugen, die Beurteilung der Eignung durch Gutachten sowie die Feststellung und Überprüfung der Eignung durch die Fahrerlaubnisbehörde nach § 2 Absatz 2 Satz 1 Nummer 3 in Verbindung mit Absatz 4, 7 und 8,
   d) die Maßnahmen zur Beseitigung von Eignungsmängeln, insbesondere Inhalt und Dauer entsprechender Kurse, die Teilnahme an solchen Kursen, die Anforderungen an die Kursleiter sowie die Zertifizierung der Qualitätssicherung, deren Inhalt einschließlich der hierfür erforderlichen Verarbeitung und Nutzung personenbezogener Daten und die Begutachtung, einschließlich der verfahrensmäßigen und fachwissenschaftlichen Anforderungen der für die Qualitätssicherung verantwortlichen Stellen oder Personen durch die Bundesanstalt für Straßenwesen, um die ordnungsgemäße Durchführung der Kurse zu gewährleisten, wobei ein Erfahrungsaustausch unter Leitung der Bundesanstalt für Straßenwesen vorgeschrieben werden kann,
   e) die Prüfung der Befähigung zum Führen von Kraftfahrzeugen, insbesondere über die Zulassung zur Prüfung sowie über Inhalt, Gliederung, Verfahren, Bewertung, Entscheidung und Wiederholung der Prüfung nach § 2 Absatz 2 Satz 1 Nummer 5 in Verbindung mit Absatz 5, 7 und 8 sowie die Erprobung neuer Prüfungsverfahren,

---

v 17.7.09 (BGBl I S 2021) und in Kraft getreten am 23.7.09 (s dazu auch § 2 StVG Rn 21h); Abs 6 neu angefügt durch Sechstes G zur Änd des StVG v 17.7.09 (BGBl I 2023) und in Kraft getreten am 23.7.09. Abs 1 Nr 1b, d, k und n sowie x geänd durch G zur Änd des StVG u des Kraftfahrsachverständigengesetzes v 2.12.10 (BGBl I 1748), in Kraft getreten am 9.12.10. Durch Drittes G zur Änd des StVG u G v 20.6.11 (BGBl I 1124) wurden Abs 1 Nr 2i, l und m sowie Nr 5c geändert, in Kraft getreten am 25.6.11 (näher dazu BRDrs 171/11; BRDrs 171/11 [B] u BT-Drs 17/4144). Abs I Nr 1i und Abs 5 geänd durch Siebtes G zur Änd des StVG v 23.6.11 (BGBl I 1213), in Kraft getreten am 29.6.11. Durch Fünftes Gesetz zur Änderung des StVG v 28.8.13 (BGBl I 3313) wurden mWv 1.5.14 durch die Änderungen in Abs 1 Nr 1n und Nr 1s erforderliche Ermächtigungsgrundlagen geschaffen. Mit dem sechsten Gesetz zur Änderung des StVG und anderer Gesetze v 28.11.16, in Kraft getreten am 7.12.16 wurde Abs 7 neu eingefügt.

f) die Prüfung der umweltbewussten und energiesparenden Fahrweise nach § 2 Absatz 2 Satz 1 Nummer 5 in Verbindung mit Absatz 5 Nummer 4,

g) die nähere Bestimmung der sonstigen Voraussetzungen nach § 2 Absatz 2 Satz 1 und 2 für die Erteilung der Fahrerlaubnis und die Voraussetzungen der Erteilung der besonderen Erlaubnis nach § 2 Absatz 3,

h) den Nachweis der Personendaten, das Lichtbild sowie die Mitteilung und die Nachweise über das Vorliegen der Voraussetzungen im Antragsverfahren nach § 2 Absatz 6,

i) die Sonderbestimmungen bei Dienstfahrerlaubnissen nach § 2 Absatz 10 und die Erteilung von allgemeinen Fahrerlaubnissen auf Grund von Dienstfahrerlaubnissen,

j) die Zulassung und Registrierung von Inhabern ausländischer Fahrerlaubnisse und die Behandlung abgelieferter ausländischer Führerscheine nach § 2 Absatz 11 und § 3 Absatz 2,

k) die Anerkennung oder Beauftragung von Stellen oder Personen nach § 2 Absatz 13, die Aufsicht über sie, die Übertragung dieser Aufsicht auf andere Einrichtungen, die Zertifizierung der Qualitätssicherung, deren Inhalt einschließlich der hierfür erforderlichen Verarbeitung und Nutzung personenbezogener Daten und die Begutachtung, einschließlich der verfahrensmäßigen und fachwissenschaftlichen Anforderungen, der für die Qualitätssicherung verantwortlichen Stellen oder Personen durch die Bundesanstalt für Straßenwesen, um die ordnungsgemäße und gleichmäßige Durchführung der Beurteilung, Prüfung oder Ausbildung nach § 2 Absatz 13 zu gewährleisten, wobei ein Erfahrungsaustausch unter Leitung der Bundesanstalt für Straßenwesen vorgeschrieben werden kann, sowie die Verarbeitung und Nutzung personenbezogener Daten für die mit der Anerkennung oder Beauftragung bezweckte Aufgabenerfüllung nach § 2 Absatz 14,

l) Ausnahmen von der Probezeit, die Anrechnung von Probezeiten bei der Erteilung einer allgemeinen Fahrerlaubnis an Inhaber von Dienstfahrerlaubnissen nach § 2a Absatz 1, den Vermerk über die Probezeit im Führerschein,

m) die Einstufung der im Fahreignungsregister gespeicherten Entscheidungen über Straftaten und Ordnungswidrigkeiten als schwerwiegend oder weniger schwerwiegend für die Maßnahmen nach den Regelungen der Fahrerlaubnis auf Probe gemäß § 2a Absatz 2,

n) die Anforderungen an die Aufbauseminare, besonderen Aufbauseminare und Fahreignungsseminare, insbesondere an Inhalt, Methoden und Dauer, einschließlich der Befugnis der nach Landesrecht zuständigen Behörde zur Feststellung der Gleichwertigkeit anderer Inhalte und Methoden, die Teilnahme an den Seminaren nach § 2b Absatz 1 und 2, die Anforderungen an die Seminarleiter und deren Anerkennung nach § 2b Absatz 2 Satz 2 oder deren Seminarerlaubnis nach § 4a Absatz 2, die Anforderungen an die Qualitätssicherung, deren Inhalt und Methoden einschließlich der hierfür erforderlichen Erhebung, Verarbeitung und Nutzung personenbezogener Daten, die Anforderungen an die Begutachtung und die Überwachung der Einhaltung der Anforderungen sowie Ausnahmen von der Überwachung einschließlich der Befugnis der nach Landesrecht zuständigen Behörde zur Genehmigung eines Qualitätssicherungssystems, wobei eine Bewertung des Qualitätssicherungssystems durch die Bundesanstalt für Straßenwesen und ein Erfahrungsaustausch unter Leitung der Bundesanstalt für Straßenwesen vorgeschrieben werden können,

o) die Übermittlung der Daten nach § 2c, insbesondere über den Umfang der zu übermittelnden Daten und die Art der Übermittlung,

p) Maßnahmen zur Erzielung einer verantwortungsbewussteren Einstellung im Straßenverkehr und damit zur Senkung der besonderen Unfallrisiken von Fahranfängern
 – durch eine Ausbildung, die schulische Verkehrserziehung mit der Ausbildung nach den Vorschriften des Fahrlehrergesetzes verknüpft, als Voraussetzung für die Erteilung der Fahrerlaubnis im Sinne des § 2 Abs. 2 Satz 1 Nr. 4 und
 – durch die freiwillige Fortbildung in geeigneten Seminaren nach Erwerb der Fahrerlaubnis mit der Möglichkeit der Abkürzung der Probezeit, insbesondere über Inhalt und Dauer der Seminare, die Anforderungen an die Seminarleiter und die Personen, die im Rahmen der Seminare praktische Fahrübungen auf hierfür geeigneten Flächen durchführen, die Anerkennung und die Aufsicht über sie, die Qualitätssicherung, deren Inhalt und die wissenschaftliche Begleitung einschließlich der hierfür erforderlichen Verarbeitung und Nutzung personenbezogener Daten sowie über die, auch zunächst nur zur modellhaften Erprobung befristete, Einführung in den Ländern durch die obersten Landesbehörden, die von ihr bestimmten oder nach Landesrecht zuständigen Stellen,

q) die Maßnahmen bei bedingt geeigneten oder ungeeigneten oder bei nicht befähigten Fahrerlaubnisinhabern oder bei Zweifeln an der Eignung oder Befähigung nach § 3 Abs. 1 sowie die Ablieferung, die Vorlage und die weitere Behandlung der Führerscheine nach § 3 Abs. 2,

r) die Neuerteilung der Fahrerlaubnis nach vorangegangener Entziehung oder vorangegangenem Verzicht und die Erteilung des Rechts, nach vorangegangener Entziehung oder vorangegangenem Verzicht von einer ausländischen Fahrerlaubnis wieder Gebrauch zu machen, nach § 3 Absatz 7,

s) die Bezeichnung der Straftaten und Ordnungswidrigkeiten, auch soweit sie gefahrgutrechtliche Vorschriften oder im Sinne des § 4 Absatz 1 Satz 2 gleichgestellte Vorschriften betreffen, die als Entscheidungen im Rahmen des Fahreignungs-Bewertungssystems zugrunde zu legen sind und die Bewertung dieser
 aa) Straftaten mit Bezug auf die Verkehrssicherheit,

StVG § 6   I. Verkehrsvorschriften

                aaa) sofern in der Entscheidung über die Straftat die Entziehung der Fahrerlaubnis nach den §§ 69 und 69b des Strafgesetzbuches oder eine Sperre nach § 69a Absatz 1 Satz 3 des Strafgesetzbuches angeordnet worden ist, mit drei Punkten oder
                bbb) in den übrigen Fällen mit zwei Punkten,
           bb) Ordnungswidrigkeiten als
                aaa) besonders verkehrssicherheitsbeeinträchtigende Ordnungswidrigkeit mit zwei Punkten oder
                bbb) verkehrssicherheitsbeeinträchtigende Ordnungswidrigkeit mit einem Punkt;
        der Bezeichnung der Straftaten ist deren Bedeutung für die Sicherheit im Straßenverkehr zugrunde zu legen, der Bezeichnung und der Bewertung der Ordnungswidrigkeiten sind deren jeweilige Bedeutung für die Sicherheit des Straßenverkehrs und die Höhe des angedrohten Regelsatzes der Geldbuße zugrunde zu legen,
   t) (weggefallen)
   u) die Anforderungen an die verkehrspsychologische Beratung, insbesondere über Inhalt und Dauer der Beratung, die Teilnahme an der Beratung sowie die Anforderungen an die Berater und ihre Anerkennung nach § 2a Absatz 7,
   v) die Herstellung, Lieferung und Gestaltung des Musters des Führerscheins und dessen Ausfertigung sowie die Bestimmung, wer die Herstellung und Lieferung durchführt, nach § 2 Abs. 1 Satz 3,
   w) die Zuständigkeit und das Verfahren bei Verwaltungsmaßnahmen nach diesem Gesetz und den auf diesem Gesetz beruhenden Rechtsvorschriften sowie die Befugnis der nach Landesrecht zuständigen Stellen, Ausnahmen von § 2 Abs. 1 Satz 3, Abs. 2 Satz 1 und 2, Abs. 15, § 2a Absatz 2 Satz 1 Nummer 1 bis 3 und Absatz 7 Satz 7 Nummer 3, § 2b Abs. 1, § 4 Absatz 5 Satz 1 Nummer 3, Absatz 10 sowie Ausnahmen von den auf diesem Gesetz beruhenden Rechtsvorschriften zuzulassen,
   x) den Inhalt und die Gültigkeit bisher erteilter Fahrerlaubnisse, den Umtausch von Führerscheinen, deren Muster nicht mehr ausgefertigt werden, sowie die Neuausstellung von Führerscheinen, deren Gültigkeitsdauer abgelaufen ist, und die Regelungen des Besitzstandes im Falle des Umtausches oder der Neuausstellung,
   y) Maßnahmen, um die sichere Teilnahme sonstiger Personen am Straßenverkehr zu gewährleisten, sowie die Maßnahmen, wenn sie bedingt geeignet oder ungeeignet oder nicht befähigt zur Teilnahme am Straßenverkehr sind;
1a. (weggefallen)
2. die Zulassung von Fahrzeugen zum Straßenverkehr einschließlich Ausnahmen von der Zulassung, die Beschaffenheit, Ausrüstung und Prüfung der Fahrzeuge, insbesondere über
   a) Voraussetzungen für die Zulassung von Kraftfahrzeugen und deren Anhänger, vor allem über Bau, Beschaffenheit, Abnahme,

Ausrüstung und Betrieb, Begutachtung und Prüfung, Betriebserlaubnis und Genehmigung sowie Kennzeichnung der Fahrzeuge und Fahrzeugteile, um deren Verkehrssicherheit zu gewährleisten und um die Insassen und andere Verkehrsteilnehmer bei einem Verkehrsunfall vor Verletzungen zu schützen oder deren Ausmaß oder Folgen zu mildern (Schutz von Verkehrsteilnehmern),

b) Anforderungen an zulassungsfreie Kraftfahrzeuge und Anhänger, um deren Verkehrssicherheit und den Schutz der Verkehrsteilnehmer zu gewährleisten, Ausnahmen von der Zulassungspflicht für Kraftfahrzeuge und Anhänger nach § 1 Abs. 1 sowie die Kennzeichnung zulassungsfreier Fahrzeuge und Fahrzeugteile zum Nachweis des Zeitpunktes ihrer Abgabe an den Endverbraucher,

c) Art und Inhalt von Zulassung, Bau, Beschaffenheit, Ausrüstung und Betrieb der Fahrzeuge und Fahrzeugteile, deren Begutachtung und Prüfung, Betriebserlaubnis und Genehmigung sowie Kennzeichnung,

d) den Nachweis der Zulassung durch Fahrzeugdokumente, die Gestaltung der Muster der Fahrzeugdokumente und deren Herstellung, Lieferung und Ausfertigung sowie die Bestimmung, wer die Herstellung und Lieferung durchführen darf,

e) das Herstellen, Feilbieten, Veräußern, Erwerben und Verwenden von Fahrzeugteilen, die in einer amtlich genehmigten Bauart ausgeführt sein müssen,

f) die Allgemeine Betriebserlaubnis oder Bauartgenehmigung, Typgenehmigung oder vergleichbare Gutachten von Fahrzeugen und Fahrzeugteilen einschließlich Art, Inhalt, Nachweis und Kennzeichnung sowie Typbegutachtung und Typprüfung,

g) die Konformität der Produkte mit dem genehmigten, begutachteten oder geprüften Typ einschließlich der Anforderungen zB an Produktionsverfahren, Prüfungen und Zertifizierungen sowie Nachweise hierfür,

h) das Erfordernis von Qualitätssicherungssystemen einschließlich der Anforderungen, Prüfungen, Zertifizierungen und Nachweise hierfür sowie sonstige Pflichten des Inhabers der Erlaubnis oder Genehmigung,

i) die Anerkennung von
   aa) Stellen zur Prüfung und Begutachtung von Fahrzeugen und Fahrzeugteilen und
   bb) Stellen zur Prüfung und Zertifizierung von Qualitätssicherungssystemen einschließlich der Voraussetzungen hierfür sowie
   die Änderung und Beendigung von Anerkennung und Zertifizierung einschließlich der hierfür erforderlichen Voraussetzungen für die Änderung und die Beendigung und das Verfahren; die Stellen zur Prüfung und Begutachtung von Fahrzeugen und Fahrzeugteilen müssen zur Anerkennung die Gewähr dafür bieten, dass für die beantragte Zuständigkeit die ordnungsgemäße Wahrnehmung der Prüfaufgaben nach den allgemeinen Krite-

rien zum Betreiben von Prüflaboratorien und nach den erforderlichen kraftfahrzeugspezifischen Kriterien an Personal- und Sachausstattung erfolgen wird,

j) die Anerkennung ausländischer Erlaubnisse und Genehmigungen sowie ausländischer Begutachtungen, Prüfungen und Kennzeichnungen für Fahrzeuge und Fahrzeugteile,

k) die Änderung und Beendigung von Zulassung und Betrieb, Erlaubnis und Genehmigung sowie Kennzeichnung der Fahrzeuge und Fahrzeugteile,

l) Art, Umfang, Inhalt, Ort und Zeitabstände der regelmäßigen Untersuchungen und Prüfungen, um die Verkehrssicherheit der Fahrzeuge und den Schutz der Verkehrsteilnehmer zu gewährleisten, sowie Anforderungen an Untersuchungsstellen und Fachpersonal zur Durchführung von Untersuchungen und Prüfungen, einschließlich den Anforderungen an eine zentrale Stelle, die von Trägern der Technischen Prüfstellen und von amtlich anerkannten Überwachungsorganisationen gebildet und getragen wird, zur Überprüfung der Praxistauglichkeit von Prüfvorgaben oder deren Erarbeitung, sowie Abnahmen von Fahrzeugen und Fahrzeugteilen einschließlich der hierfür notwendigen Räume und Geräte, Schulungen, Schulungsstätten und -institutionen,

m) den Nachweis der regelmäßigen Untersuchungen und Prüfungen sowie Abnahmen von Fahrzeugen und Fahrzeugteilen einschließlich der Bewertung der bei den Untersuchungen und Prüfungen festgestellten Mängel und die Weitergabe der festgestellten Mängel an die jeweiligen Hersteller von Fahrzeugen und Fahrzeugteilen sowie das Kraftfahrt-Bundesamt; dabei ist die Weitergabe personenbezogener Daten nicht zulässig,

n) die Bestätigung der amtlichen Anerkennung von Überwachungsorganisationen, soweit sie vor dem 18. Dezember 2007 anerkannt waren, sowie die Anerkennung von Überwachungsorganisationen zur Vornahme von regelmäßigen Untersuchungen und Prüfungen sowie von Abnahmen, die organisatorischen, personellen und technischen Voraussetzungen für die Anerkennungen einschließlich der Qualifikation und der Anforderungen an das Fachpersonal und die Geräte sowie die mit den Anerkennungen verbundenen Bedingungen und Auflagen, um ordnungsgemäße und gleichmäßige Untersuchungen, Prüfungen und Abnahmen durch leistungsfähige Organisationen sicherzustellen,

o) die notwendige Haftpflichtversicherung anerkannter Überwachungsorganisationen zur Deckung aller im Zusammenhang mit Untersuchungen, Prüfungen und Abnahmen entstehenden Ansprüche sowie die Freistellung des für die Anerkennung und Aufsicht verantwortlichen Landes von Ansprüchen Dritter wegen Schäden, die die Organisation verursacht,

p) die amtliche Anerkennung von Herstellern von Fahrzeugen oder Fahrzeugteilen zur Vornahme der Prüfungen von Geschwindigkeitsbegrenzern, Fahrtschreibern und Kontrollgeräten, die amt-

Ausführungsvorschriften § 6 StVG

liche Anerkennung von Kraftfahrzeugwerkstätten zur Vornahme von regelmäßigen Prüfungen an diesen Einrichtungen, zur Durchführung von Abgasuntersuchungen und Gasanlagenprüfungen an Kraftfahrzeugen und zur Durchführung von Sicherheitsprüfungen an Nutzfahrzeugen sowie die mit den Anerkennungen verbundenen Bedingungen und Auflagen, um ordnungsgemäße und gleichmäßige technische Prüfungen sicherzustellen, die organisatorischen, personellen und technischen Voraussetzungen für die Anerkennung einschließlich der Qualifikation und Anforderungen an das Fachpersonal und die Geräte sowie die Erhebung, Verarbeitung und Nutzung personenbezogener Daten des Inhabers der Anerkennungen, dessen Vertreters und der mit der Vornahme der Prüfungen betrauten Personen durch die für die Anerkennung und Aufsicht zuständigen Behörden, um ordnungsgemäße und gleichmäßige technische Prüfungen sicherzustellen,

q) die notwendige Haftpflichtversicherung amtlich anerkannter Hersteller von Fahrzeugen oder Fahrzeugteilen und von Kraftfahrzeugwerkstätten zur Deckung aller im Zusammenhang mit den Prüfungen nach Buchstabe p entstehenden Ansprüche sowie die Freistellung des für die Anerkennung und Aufsicht verantwortlichen Landes von Ansprüchen Dritter wegen Schäden, die die Werkstatt oder der Hersteller verursacht,

r) Maßnahmen der mit der Durchführung der regelmäßigen Untersuchungen und Prüfungen sowie Abnahmen und Begutachtungen von Fahrzeugen und Fahrzeugteilen befassten Stellen und Personen zur Qualitätssicherung, deren Inhalt einschließlich der hierfür erforderlichen Verarbeitung und Nutzung personenbezogener Daten, um ordnungsgemäße, nach gleichen Maßstäben durchgeführte Untersuchungen, Prüfungen, Abnahmen und Begutachtungen an Fahrzeugen und Fahrzeugteilen zu gewährleisten,

s) die Verantwortung und die Pflichten und Rechte des Halters im Rahmen der Zulassung und des Betriebs der auf ihn zugelassenen Fahrzeuge sowie des Halters nicht zulassungspflichtiger Fahrzeuge,

t) die Zuständigkeit und das Verfahren bei Verwaltungsmaßnahmen nach diesem Gesetz und den auf diesem Gesetz beruhenden Rechtsvorschriften für Zulassung, Begutachtung, Prüfung, Abnahme, regelmäßige Untersuchungen und Prüfungen, Betriebserlaubnis, Genehmigung und Kennzeichnung,

u) Ausnahmen von § 1 Abs. 1 Satz 2 und 3 sowie Ausnahmen von auf Grund dieses Gesetzes erlassenen Rechtsvorschriften und die Zuständigkeiten hierfür,

v) die Zulassung von ausländischen Kraftfahrzeugen und Anhängern, die Voraussetzungen hierfür, die Anerkennung ausländischer Zulassungspapiere und Kennzeichen, Maßnahmen bei Verstößen gegen die auf Grund des Straßenverkehrsgesetzes erlassenen Vorschriften,

w) Maßnahmen und Anforderungen, um eine sichere Teilnahme von nicht motorisierten Fahrzeugen am Straßenverkehr zu gewährleisten,
x) abweichende Voraussetzungen für die Erteilung einer Betriebserlaubnis für Einzelfahrzeuge und Fahrzeugkombinationen des Großraum- und Schwerverkehrs sowie für Arbeitsmaschinen, soweit diese Voraussetzungen durch den Einsatzzweck gerechtfertigt sind und ohne Beeinträchtigung der Fahrzeugsicherheit standardisiert werden können, die Begutachtung der Fahrzeuge und die Bestätigung der Einhaltung der Voraussetzungen durch einen amtlich anerkannten Sachverständigen;
3. die sonstigen zur Erhaltung der Sicherheit und Ordnung auf den öffentlichen Straßen, für Zwecke der Verteidigung, zur Verhütung einer über das verkehrsübliche Maß hinausgehenden Abnutzung der Straßen oder zur Verhütung von Belästigungen erforderlichen Maßnahmen über den Straßenverkehr, und zwar hierzu unter anderem
   a) (weggefallen)
   b) (weggefallen)
   c) über das Mindestalter der Führer von Fahrzeugen und ihr Verhalten,
   d) über den Schutz der Wohnbevölkerung und Erholungsuchenden gegen Lärm und Abgas durch den Kraftfahrzeugverkehr und über Beschränkungen des Verkehrs an Sonn- und Feiertagen,
   e) über das innerhalb geschlossener Ortschaften, mit Ausnahme von entsprechend ausgewiesenen Parkplätzen sowie von Industrie- und Gewerbegebieten, anzuordnende Verbot, Kraftfahrzeuganhänger und Kraftfahrzeuge mit einem zulässigen Gesamtgewicht über 7,5 Tonnen in der Zeit von 22 Uhr bis 6 Uhr und an Sonn- und Feiertagen, regelmäßig zu parken,
   f) über Ortstafeln und Wegweiser,
   g) über das Verbot von Werbung und Propaganda durch Bildwerk, Schrift, Beleuchtung oder Ton, soweit sie geeignet sind, außerhalb geschlossener Ortschaften die Aufmerksamkeit der Verkehrsteilnehmer in einer die Sicherheit des Verkehrs gefährdenden Weise abzulenken oder die Leichtigkeit des Verkehrs zu beeinträchtigen,
   h) über die Beschränkung des Straßenverkehrs zum Schutz von kulturellen Veranstaltungen, die außerhalb des Straßenraums stattfinden, wenn dies im öffentlichen Interesse liegt,
   i) über das Verbot zur Verwendung technischer Einrichtungen am oder im Kraftfahrzeug, die dafür bestimmt sind, die Verkehrsüberwachung zu beeinträchtigen;
4. (weggefallen)
4a. das Verhalten der Beteiligten nach einem Verkehrsunfall, das geboten ist, um
   a) den Verkehr zu sichern und Verletzten zu helfen,
   b) zur Klärung und Sicherung zivilrechtlicher Ansprüche die Art der Beteiligung festzustellen und
   c) Haftpflichtansprüche geltend machen zu können;
5. (weggefallen)

Ausführungsvorschriften § 6 StVG

5a. Bau, Beschaffenheit, Ausrüstung und Betrieb, Begutachtung, Prüfung, Abnahme, Betriebserlaubnis, Genehmigung und Kennzeichnung der Fahrzeuge und Fahrzeugteile sowie über das Verhalten im Straßenverkehr zum Schutz vor den von Fahrzeugen ausgehenden schädlichen Umwelteinwirkungen im Sinne des Bundes-Immissionsschutzgesetzes; dabei können Emissionsgrenzwerte unter Berücksichtigung der technischen Entwicklung auch für einen Zeitpunkt nach Inkrafttreten der Rechtsverordnung festgesetzt werden;

5b. das Verbot des Kraftfahrzeugverkehrs in den nach § 40 des Bundes-Immissionsschutzgesetzes festgelegten Gebieten nach Bekanntgabe austauscharmer Wetterlagen;

5c. den Nachweis über die Entsorgung oder den sonstigen Verbleib der Fahrzeuge nach ihrer Außerbetriebsetzung, um die umweltverträgliche Entsorgung von Fahrzeugen und Fahrzeugteilen sicherzustellen;

6. Art, Umfang, Inhalt, Zeitabstände und Ort einschließlich der Anforderungen an die hierfür notwendigen Räume und Geräte, Schulungen, Schulungsstätten und -institutionen sowie den Nachweis der regelmäßigen Prüfungen von Fahrzeugen und Fahrzeugteilen einschließlich der Bewertung der bei den Prüfungen festgestellten Mängel sowie die amtliche Anerkennung von Überwachungsorganisationen und Kraftfahrzeugwerkstätten nach Nummer 2 Buchstabe n und p und Maßnahmen zur Qualitätssicherung nach Nummer 2 Buchstabe r zum Schutz vor von Fahrzeugen ausgehenden schädlichen Umwelteinwirkungen im Sinne des Bundes-Immissionsschutzgesetzes;

7. die in den Nummern 1 bis 6 vorgesehenen Maßnahmen, soweit sie zur Erfüllung von Verpflichtungen aus zwischenstaatlichen Vereinbarungen oder von bindenden Beschlüssen der Europäischen Gemeinschaften notwendig sind;

8. die Beschaffenheit, Anbringung und Prüfung sowie die Herstellung, den Vertrieb, die Ausgabe, die Verwahrung und die Einziehung von Kennzeichen (einschließlich solcher Vorprodukte, bei denen nur noch die Beschriftung fehlt) für Fahrzeuge, um die unzulässige Verwendung von Kennzeichen oder die Begehung von Straftaten mit Hilfe von Fahrzeugen oder Kennzeichen zu bekämpfen;

9. die Beschaffenheit, Herstellung, Vertrieb, Verwendung und Verwahrung von Führerscheinen und Fahrzeugpapieren einschließlich ihrer Vordrucke sowie von auf Grund dieses Gesetzes oder der auf ihm beruhenden Rechtsvorschriften zu verwendenden Plaketten, Prüffolien und Stempel, um deren Diebstahl oder deren Missbrauch bei der Begehung von Straftaten zu bekämpfen;

10. Bau, Beschaffenheit, Ausrüstung und Betrieb, Begutachtung, Prüfung, Abnahme und regelmäßige Untersuchungen, Betriebserlaubnis und Genehmigung sowie Kennzeichnung von Fahrzeugen und Fahrzeugteilen, um den Diebstahl der Fahrzeuge zu bekämpfen;

11. die Ermittlung, Auffindung und Sicherstellung von gestohlenen, verloren gegangenen oder sonst abhanden gekommenen Fahrzeugen, Fahrzeugkennzeichen sowie Führerscheinen und Fahrzeugpa-

pieren einschließlich ihrer Vordrucke, soweit nicht die Strafverfolgungsbehörden hierfür zuständig sind;
12. die Überwachung der gewerbsmäßigen Vermietung von Kraftfahrzeugen und Anhängern an Selbstfahrer
    a) zur Bekämpfung der Begehung von Straftaten mit gemieteten Fahrzeugen oder
    b) zur Erhaltung der Ordnung und Sicherheit im Straßenverkehr;
13. die Einrichtung gebührenpflichtiger Parkplätze bei Großveranstaltungen im Interesse der Ordnung und Sicherheit des Verkehrs;
14. die Beschränkung des Haltens und Parkens zugunsten der Bewohner städtischer Quartiere mit erheblichem Parkraummangel sowie die Schaffung von Parkmöglichkeiten für schwerbehinderte Menschen mit außergewöhnlicher Gehbehinderung, mit beidseitiger Amelie oder Phokomelie oder vergleichbaren Funktionseinschränkungen sowie für blinde Menschen, insbesondere in unmittelbarer Nähe ihrer Wohnung oder Arbeitsstätte;
14a. die Einrichtung und die mit Zustimmung des Verfügungsberechtigten Nutzung von fahrerlosen Parksystemen im niedrigen Geschwindigkeitsbereich auf Parkflächen, die durch bauliche oder sonstige Einrichtungen vom übrigen öffentlichen Straßenraum getrennt sind und nur über besondere Zu- und Abfahrten erreicht und verlassen werden können,
15. die Kennzeichnung von Fußgängerbereichen und verkehrsberuhigten Bereichen und die Beschränkungen oder Verbote des Fahrzeugverkehrs zur Erhaltung der Ordnung und Sicherheit in diesen Bereichen, zum Schutz der Bevölkerung vor Lärm und Abgasen und zur Unterstützung einer geordneten städtebaulichen Entwicklung;
16. die Beschränkung des Straßenverkehrs zur Erforschung des Unfallgeschehens, des Verkehrsverhaltens, der Verkehrsabläufe sowie zur Erprobung geplanter verkehrssichernder oder verkehrsregelnder Regelungen und Maßnahmen;
17. die zur Erhaltung der öffentlichen Sicherheit erforderlichen Maßnahmen über den Straßenverkehr;
18. die Einrichtung von Sonderfahrspuren für Linienomnibusse und Taxen;
19. Maßnahmen, die zur Umsetzung der Richtlinie 92/59/EWG des Rates vom 29. Juni 1992 über die allgemeine Produktsicherheit (ABl. EG Nr. L 228 S. 24) erforderlich sind;
20. Maßnahmen über die technische Unterwegskontrolle von Nutzfahrzeugen, die am Straßenverkehr teilnehmen, und daran die Mitwirkung amtlich anerkannter Sachverständiger oder Prüfer für den Kraftfahrzeugverkehr einer technischen Prüfstelle, von amtlich anerkannten Überwachungsorganisationen betraute Prüfingenieure sowie die für die Durchführung von Sicherheitsprüfungen anerkannten Kraftfahrzeugwerkstätten.

(2) Rechtsverordnungen nach Absatz 1 Nr. 8, 9, 10, 11 und 12 Buchstabe a werden vom Bundesministerium für Verkehr und digitale Infrastruktur und vom Bundesministerium des Innern erlassen.

(2a) Rechtsverordnungen nach Absatz 1 Nr. 1 Buchstabe f, Nr. 3 Buchstabe d, e, Nr. 5a, 5b, 5c, 6 und 15 sowie solche nach Nr. 7, soweit sie sich auf Maßnahmen nach Nr. 1 Buchstabe f, Nr. 5a, 5b, 5c und 6 beziehen, werden vom Bundesministerium für Verkehr und digitale Infrastruktur und vom Bundesministerium für Umwelt, Naturschutz, Bau und Reaktorsicherheit erlassen.

(3) Abweichend von den Absätzen 1 bis 2a bedürfen Rechtsverordnungen zur Durchführung der Vorschriften über die Beschaffenheit, den Bau, die Ausrüstung und die Prüfung von Fahrzeugen und Fahrzeugteilen sowie Rechtsverordnungen über allgemeine Ausnahmen von den auf diesem Gesetz beruhenden Rechtsvorschriften nicht der Zustimmung des Bundesrates; vor ihrem Erlass sind die zuständigen obersten Landesbehörden zu hören.

(3a) Das Bundesministerium für Verkehr und digitale Infrastruktur wird ermächtigt, durch Rechtsverordnung mit Zustimmung des Bundesrates Vorschriften über das gewerbsmäßige Feilbieten, gewerbsmäßige Veräußern und das gewerbsmäßige Inverkehrbringen von Fahrzeugen, Fahrzeugteilen und Ausrüstungen zu erlassen.

(4) Das Bundesministerium für Verkehr und digitale Infrastruktur wird ermächtigt, durch Rechtsverordnung, die nicht der Zustimmung des Bundesrates bedarf, im Einvernehmen mit den beteiligten Bundesministerien, soweit Verordnungen nach diesem Gesetz geändert oder abgelöst werden, Verweisungen in Gesetzen und Rechtsverordnungen auf die geänderten oder abgelösten Vorschriften durch Verweisungen auf die jeweils inhaltsgleichen neuen Vorschriften zu ersetzen.

(4a) Rechtsverordnungen auf Grund des Absatzes 1 Nummer 1, 2 oder 3 können auch erlassen werden, soweit dies erforderlich ist, um den besonderen Anforderungen der Teilnahme von Kraftfahrzeugen mit hoch- oder vollautomatisierter Fahrfunktion am Straßenverkehr Rechnung zu tragen.

(5) Die Landesregierungen werden ermächtigt, durch Rechtsverordnung besondere Bestimmungen über das Erteilen einschließlich der Einweisung und die Prüfung für Fahrberechtigungen zum Führen von Einsatzfahrzeugen der Freiwilligen Feuerwehren, der nach Landesrecht anerkannten Rettungsdienste, des Technischen Hilfswerks und des Katastrophenschutzes auf öffentlichen Straßen nach § 2 Absatz 10a zu erlassen. Bei der näheren Ausgestaltung sind die Besonderheiten der unterschiedlichen Gewichtsklassen der Fahrberechtigung nach § 2 Absatz 10a Satz 1 und 4 zu berücksichtigen. Die Landesregierungen können die Ermächtigung nach Satz 1 durch Rechtsverordnung auf die zuständige oberste Landesbehörde übertragen.

(6) Das Bundesministerium für Verkehr und digitale Infrastruktur wird ermächtigt, durch Rechtsverordnung mit Zustimmung des Bundesrates die Landesregierungen zu ermächtigen, Ausnahmen von den auf Grundlage des 6 Absatz 1 Nummer 2 Buchstabe c, d, k, m, r, s, t und v erlassenen Rechtsverordnungen für die Dauer von drei Jahren zur Erprobung eines Zulassungsverfahrens unter Einsatz von Informations- und Kommunikationstechnik durch Rechtsverordnung zu regeln.

(7) Das Bundesministerium für Verkehr und digitale Infrastruktur wird ermächtigt, durch Rechtsverordnung mit Zustimmung des Bundesrates

die erforderlichen Vorschriften zu erlassen, um den nach Landesrecht zuständigen Behörden zur Durchführung von Großraum- und Schwertransporten zu ermöglichen,
1. natürlichen oder juristischen Personen des Privatrechts bestimmte Aufgaben zu übertragen (Beleihung) oder
2. natürliche oder juristische Personen des Privatrechts zu beauftragen, bei der Erfüllung bestimmter Aufgaben zu helfen (Verwaltungshilfe).

Personen im Sinne des Satzes 1 müssen fachlich geeignet, zuverlässig, auch hinsichtlich ihrer Finanzen, und im Falle der Beleihung unabhängig von den Interessen der sonstigen Beteiligten sein. In Rechtsverordnungen nach Satz 1 können ferner

1. die Aufgaben und deren Erledigung bestimmt werden,
   a) mit denen Personen beliehen oder
   b) zu deren hilfsweisen Erfüllung Personen beauftragt werden können,
2. die näheren Anforderungen an Personen im Sinne des Satzes 1 festgelegt werden, einschließlich deren Überwachung, des Verfahrens und des Zusammenwirkens der zuständigen Behörden bei der Überwachung,
3. die notwendige Haftpflichtversicherung der beliehenen oder beauftragten Person zur Deckung aller im Zusammenhang mit der Wahrnehmung der übertragenen Aufgabe oder der Hilfe zur Erfüllung der Aufgabe entstandenen Schäden sowie die Freistellung der für Übertragung oder Beauftragung und Aufsicht zuständigen Landesbehörde von Ansprüchen Dritter wegen etwaiger Schäden, die die beliehene oder beauftragte Person verursacht, geregelt werden.

Das Bundesministerium für Verkehr und digitale Infrastruktur wird ermächtigt, durch Rechtsverordnung mit Zustimmung des Bundesrates die Ermächtigung nach Satz 1 in Verbindung mit Satz 3 ganz oder teilweise auf die Landesregierungen zu übertragen. Die Landesregierungen können die Ermächtigung auf Grund einer Rechtsverordnung nach Satz 4 durch Rechtsverordnung auf die zuständige oberste Landesbehörde übertragen.

1 § 6 enthält die grundlegende Ermächtigung für den BMV zum Erl von Ausführungsvorschriften auf den einzeln aufgeführten Rechtsgebieten. **Rechtsverordnungen** bedürfen nach Art 80 II GG der Zustimmung des BR „vorbehaltlich anderweitiger bundesgesetzlicher Regelung"; eine solche enthält § 6 III, für die rein techn Vorschriften. Im Übrigen Bindung des VOGebers durch den im Rechtsstaatsprinzip begründeten Verhältnismäßigkeitsgrundsatz. Die VOen müssen sich im Rahmen der ges Ermächtigung halten (BVerfG NW 72, 859). Verkündung nach Art 82 I GG im BGBl. Nach § 66 StVG (neu eingefügt durch Ges zur Änd des StVG und zur Änd des Ges zur Änd der Anlagen 1 u 3 des ATP-Übereinkommens v 3.2.09 (BGBl I 150; in Kraft getreten am 7.2.09) können Rechtsverordnungen abweichend von § 1 des Ges über die Verkündung von Rechtsverordnungen auch im elektronischen Bundesanzeiger (www.ebundesanzeiger.de) verkündet werden, worauf gem § 66 S 2 StVG im BGBl nachrichtlich hinzuweisen ist.

2 Das Verbot von Tätigkeiten, die allg geeignet sind, die Sicherheit u Leichtigkeit des Verkehrs zu gefährden, ist durch die Ermächtigung des § 6 gedeckt (BVerwG VRS 39, 309; VM 95, 1).

Ausführungsvorschriften **§ 6 StVG**

Neben § 6 I Nr 1 für die FeV und insbesondere § 6 I Nr 2 für die StVZO 3
und die FZV ist namentlich § 6 I Nr 3 die Grundlage für die im VerkehrsR
bedeutsame DurchführungsVO, die StVO; wegen seiner ausreichenden Konkretisierung vgl BVerfGE 26, 259; BVerwG NZV 94, 374. Die hier gen Regelungsbereiche haben – wie die Eingangsformulierung („insbesondere") zeigt – nur beispielhaften Charakter (BVerfG aaO).

§ 6 I Nr 1n enthält mWv 1.5.14 die im Zusammenhang mit der **Reform des Verkehrszentralregisters** und der Einführung des neuen Fahreignungsregisters erforderliche **Anpassung der Ermächtigungsgrundlage an die Einführung der neuen Fahreignungsseminare im Rahmen des neuen Fahreignungs-Bewertungssysems** (vgl Fünftes Gesetz zur Änderung des StVG und anderer Gesetze v 28.8.13 [BGBl I 3313, 3316/3317] u BTDr 17/12636 S 54).

§ 6 I Nr 1s enthält ebenfalls mWv 1.5.14 eine im Zusammenhang mit der **Reform des Verkehrszentralregisters** und der Einführung des neuen Fahreignungsregisters erforderliche **Anpassung der Ermächtigungsgrundlage**, da nicht mehr unmittelbar im StVG, sondern durch **Rechtsverordnung** festgelegt wird, **welche Straftaten und Ordnungswidrigkeiten im neuen Fahreignungsregister gespeichert werden** (vgl Fünftes Gesetz zur Änderung des StVG und anderer Gesetze v 28.8.13 [BGBl I 3313, 3317] u BTDr 17/12636 S 54).

§ 6 I **Nr 1x** genügt den Bestimmtheitsanforderungen des Art 80 I 2 GG, § 76 Nr 9 S 10 FeV ist deshalb von dieser Ermächtigung gedeckt (OVG Hamburg DAR 07, 106); ebenso § 6 I **Nr 1y** (OVG Lüneburg NJW 08, 2059 [hinsichtlich Untersagung des Führens fahrerlaubnisfreier Fahrzeuge].

Durch die Änd in § 6 I **Nrn b** (iVm § 2 Abs 1 S 4 StVG) **und x** wurden die Ermächtigungsgrundlagen zur **Befristung von Führerscheinen** und zur Regelung der **Umtauschpflicht aller bis zum 18.1.13 unbefristet ausgestellten Führerscheinen bis zum 19.1.33 in befristete Führerscheine** (BRDrs 489/10 S 12) geschaffen.

§ 6 I **Nr 14** ist ebenfalls verfassungskonform (OLG Düsseldorf VRS 63, 377 = StVE § 45 StVO 25); durch Ges zur Änd des StVG und zur Änd des Ges zur Änd der Anlagen 1 u 3 des ATP-Übereinkommens v 3.2.09 (BGBl I 150; in Kraft getreten am 7.2.09; amtl Begr BRDrs 636/08; s auch BRDrs 905/08) wurde die Rechtsgrundlage für **erweiterte Benutzungsmöglichkeiten von Behindertenparkplätzen** durch schwerbehinderte Menschen geschaffen (s dazu 45. VO zur Änd straßenverkehrsrechtlicher Vorschriften v 26.3.09 [BGBl I 734], amtl Begr BRDrs 87/09 = VkBl 09, 314); die Umsetzung ist ursprünglich in § 41 II Nr 8 S 5 Erl zu Z 286 erfolgt und findet sich seit 1.9.09 in Anlage 2 StVO, lfd Nr 63.2 zu Z 286. § 6 I Nr 14 StVG und § 45 Ib 1 Nr 2 StVO bezwecken, außergewöhnlich Gehbehinderte zu begünstigen, soweit für sie eine Zumutbarkeitsgrenze überschritten und bei Berücksichtigung der allgemeinen örtlichen Verhältnisse der übrige Verkehr weder behindert noch gefährdet wird (OVG Hamburg DAR 12, 416 [LS 2]). § 45 Ib 1 Nr 2 StVO verleiht schwerbehinderten Personen ein subjektiv öffentliches Recht auf ermessensfehlerfreie Entscheidung über den Antrag, einen **personengebundenen Behindertenparkplatz einzurichten** (OVG Hamburg DAR 12, 416). Zur Rechtmäßigkeit der verkehrsrechtlichen Anordnung eines Parklizenzgebiets nach § 45 I 1, I b 1 Nr 2a StVO auf der Grundlage von § 6 I Nr 14 StVG (VGH München VRS 116/09, 135). – Näher zur außergewöhnlichen Gehbehinderung iSd § 6 I Nr 14 StVG und maßgeblichen Regelungen des SGB IX Dahm NZV 12, 424.

§ 6 I **Nr 17** dient ua auch der Gebäudesicherung (BVerwG DAR 92, 473).

3a Mit dem Sechsten G zur Änd des StVG v 17.7.09 (BGBl I S 2023) wurde zum 23.7.09 mit **Abs 6** eine **Experimentierklausel** zur Erprobung neuer Verfahrensweisen in der Fahrzeugzulassung im Rahmen von Pilotprojekten, die von den zuständigen Landesbehörden zur Anwendung von **E-Government** durchgeführt werden, eingefügt. Mit ihr wird das BMVBS ermächtigt, den Landesregierungen die Möglichkeit zu eröffnen, schnell und flexibel die Rechtsgrundlage schaffen zu dürfen, um notwendige Neuerungen im Verfahren der **Fahrzeugzulassung** zu erproben (BTDr 16/13109 S 6; siehe auch BRDrs 643/09 [Beschluss]; BRDrs 643/09; BTDr 16/13617).

4 § 6 IIIa (eingefügt durch Viertes Gesetz zur Änd des StVG v 22.12.08, BGBl I 2965) trägt der Tatsache Rechnung, dass insbes Fahrzeugteile nicht nur der Genehmigung aufgrund nationaler Vorschriften bedürfen, sondern dass die Genehmigung auch aufgrund europäischer Rechtsvorschriften erforderlich sein kann. Es handelt sich um die nach den Typgenehmigungsrichtlinien genehmigungs- und kennzeichnungspflichtigen Bauteile oder selbständigen technischen Einheiten, die Bestandteil eines Fahrzeugs werden sollen sowie Teile oder Ausrüstungen iSv Art 31 I und II Richtlinie 2007/46/EG v 5.9.07 (ABl EU Nr L 263 S 1), für die eine Autorisierung erforderlich ist. – Siehe auch die Änd des § 23 durch Viertes Gesetz zur Änd des StVG v 22.12.08, BGBl I 2965.

§ 6a[1] Gebühren

(1) **Kosten (Gebühren und Auslagen) werden erhoben**
1. **für Amtshandlungen, einschließlich Prüfungen und Überprüfungen im Rahmen der Qualitätssicherung, Abnahmen, Begutachtungen, Untersuchungen, Verwarnungen – ausgenommen Verwarnungen im Sinne des Gesetzes über Ordnungswidrigkeiten – und Registerauskünften**
   a) **nach diesem Gesetz und nach den auf diesem Gesetz beruhenden Rechtsvorschriften,**
   b) **nach dem Gesetz zu dem Übereinkommen vom 20. März 1958 über die Annahme einheitlicher Bedingungen für die Genehmigung der Ausrüstungsgegenstände und Teile von Kraftfahrzeugen und über die gegenseitige Anerkennung der Genehmigung vom 12. Juni 1965 (BGBl. 1965 II S. 857) in der Fassung des Gesetzes vom 20. Dezem-**

---

[1] Geänd durch das Gesetz zur Einführung einer Grundqualifikation und Weiterbildung der Fahrer im Güterkraft- oder Personenverkehr v 14.8.06 (BGBl I S 1958, 1961). – Anpassungen in Abs 2 und 3 durch G zur Strukturreform des Gebührenrechts des Bundes v 7.8.13 (BGBl I 3154, 3190) mWv 15.8.13. – Redaktionelle Anpassung in Abs 1 Nr 3 an die geänderte Terminologie im Zulassungsrecht („Außerbetriebsetzung" anstatt bisher „Stillegung") durch Viertes Gesetz zur Änderung des StVG und anderer Gesetze (im Zusammenhang mit der Reform des Punktsystems wurde es zunächst als Fünftes Gesetz zur Änderung des StVG und anderer Gesetze eingebracht) v 28.8.13 (BGBl I 3310; s auch BTDr 17/13026 S 17). Durch Fünftes Gesetz zur Änderung des StVG und anderer Gesetze v 28.8.13 (BGBl I 3313) wurden zudem mWv 1.5.14 in Abs 1 Nr 1 sowie in Abs 2 Klarstellungen und redaktionelle Anpassungen im Zusammenhang mit der Reform des Verkehrszentralregisters und der Einführung des neuen Fahreignungsregisters vorgenommen. Mit dem sechsten Gesetz zur Änderung des StVG und anderer Gesetze v 28.11.16, in Kraft getreten am 7.12.16 wurde Abs 8 neu gefasst.

ber 1968 (BGBl. 1968 II S. 1224) und nach den auf diesem Gesetz beruhenden Rechtsvorschriften,
   c) nach dem Gesetz zu dem Europäischen Übereinkommen vom 30. September 1957 über die internationale Beförderung gefährlicher Güter auf der Straße (ADR) vom 18. August 1969 (BGBl. 1969 II S. 1489) und nach den auf diesem Gesetz beruhenden Rechtsvorschriften,
   d) nach dem Fahrpersonalgesetz und den darauf beruhenden Rechtsverordnungen, soweit die Amtshandlungen vom Kraftfahrt-Bundesamt vorgenommen werden,
   e) nach dem Berufskraftfahrer-Qualifikations-Gesetz und den darauf beruhenden Rechtsverordnungen,
2. für Untersuchungen von Fahrzeugen nach dem Personenbeförderungsgesetz in der im Bundesgesetzblatt Teil III, Gliederungsnummer 9240-1, veröffentlichten bereinigten Fassung, zuletzt geändert durch Artikel 7 des Gesetzes über die unentgeltliche Beförderung Schwerbehinderter im öffentlichen Personenverkehr vom 9. Juli 1979 (BGBl. I S. 989), und nach den auf diesem Gesetz beruhenden Rechtsvorschriften,
3. für Maßnahmen im Zusammenhang mit der Außerbetriebsetzung von Kraftfahrzeugen und Kraftfahrzeuganhängern.

(2) Das Bundesministerium für Verkehr und digitale Infrastruktur wird ermächtigt, die gebührenpflichtigen Amtshandlungen sowie die Gebührensätze für die einzelnen Amtshandlungen, einschließlich Prüfungen und Überprüfungen im Rahmen der Qualitätssicherung, Abnahmen, Begutachtungen, Untersuchungen, Verwarnungen – ausgenommen Verwarnungen im Sinne des Gesetzes über Ordnungswidrigkeiten – und Registerauskünften im Sinne des Absatzes 1 durch Rechtsverordnung zu bestimmen und dabei feste Sätze, auch in Form von Zeitgebühren, oder Rahmensätze vorzusehen. Die Gebührensätze sind so zu bemessen, dass der mit den Amtshandlungen, einschließlich Prüfungen, Abnahmen, Begutachtungen, Untersuchungen, Verwarnungen – ausgenommen Verwarnungen im Sinne des Gesetzes über Ordnungswidrigkeiten – und Registerauskünften verbundene Personal- und Sachaufwand gedeckt wird; der Sachaufwand kann den Aufwand für eine externe Begutachtung umfassen; bei begünstigenden Amtshandlungen kann daneben die Bedeutung, der wirtschaftliche Wert oder der sonstige Nutzen für den Gebührenschuldner angemessen berücksichtigt werden. Im Bereich der Gebühren der Landesbehörden übt das Bundesministerium für Verkehr und digitale Infrastruktur die Ermächtigung auf der Grundlage eines Antrags oder einer Stellungnahme von mindestens fünf Ländern beim Bundesministerium für Verkehr und digitale Infrastruktur aus. Der Antrag oder die Stellungnahme sind mit einer Schätzung des Personal- und Sachaufwands zu begründen. Das Bundesministerium für Verkehr und digitale Infrastruktur kann die übrigen Länder ebenfalls zur Beibringung einer Schätzung des Personal- und Sachaufwands auffordern.

(3) Im Übrigen findet das Verwaltungskostengesetz in der bis zum 14. August 2013 geltenden Fassung Anwendung. In den Rechtsverordnungen nach Absatz 2 können jedoch die Kostenbefreiung, die Kosten-

gläubigerschaft, die Kostenschuldnerschaft, der Umfang der zu erstattenden Auslagen und die Kostenerhebung abweichend von den Vorschriften des Verwaltungskostengesetzes geregelt werden.

(4) In den Rechtsverordnungen nach Absatz 2 kann bestimmt werden, dass die für die einzelnen Amtshandlungen, einschließlich Prüfungen, Abnahmen, Begutachtungen und Untersuchungen, zulässigen Gebühren auch erhoben werden dürfen, wenn die Amtshandlungen aus Gründen, die nicht von der Stelle, die die Amtshandlungen hätte durchführen sollen, zu vertreten sind, und ohne ausreichende Entschuldigung des Bewerbers oder Antragstellers am festgesetzten Termin nicht stattfinden konnten oder abgebrochen werden mussten.

(5) Rechtsverordnungen über Kosten, deren Gläubiger der Bund ist, bedürfen nicht der Zustimmung des Bundesrates.

(6) Für das Parken auf öffentlichen Wegen und Plätzen können in Ortsdurchfahrten die Gemeinden, im Übrigen die Träger der Straßenbaulast, Gebühren erheben. Für die Festsetzung der Gebühren werden die Landesregierungen ermächtigt, Gebührenordnungen zu erlassen. In diesen kann auch ein Höchstsatz festgelegt werden. Die Ermächtigung kann durch Rechtsverordnung weiter übertragen werden.

(7) Die Regelung des Absatzes 6 Satz 2 bis 4 ist auf die Erhebung von Gebühren für die Benutzung gebührenpflichtiger Parkplätze im Sinne des § 6 Abs. 1 Nr. 13 entsprechend anzuwenden.

(8) Die Zulassung eines Fahrzeugs oder die Zuteilung eines Kennzeichens für ein zulassungsfreies Fahrzeug kann durch Rechtsvorschriften davon abhängig gemacht werden, dass die nach Absatz 1 in Verbindung mit einer Rechtsverordnung nach Absatz 2 für die Zulassung des Fahrzeugs oder Zuteilung des Kennzeichens vorgesehenen Gebühren und Auslagen, einschließlich rückständiger Gebühren und Auslagen aus vorausgegangenen Zulassungsvorgängen, entrichtet sind. Eine solche Regelung darf
1. für den Fall eines in bundesrechtlichen Vorschriften geregelten internetbasierten Zulassungsverfahrens vom Bundesministerium für Verkehr und digitale Infrastruktur durch Rechtsverordnung mit Zustimmung des Bundesrates,
2. von den Ländern in den übrigen Fällen sowie im Fall der Nummer 1, solange und soweit das Bundesministerium für Verkehr und digitale Infrastruktur von seiner Ermächtigung nach Nummer 1 nicht Gebrauch gemacht hat,
getroffen werden.

1 § 6a stellt die Rechtsgrundlage für eine Gebührenerhebung für Amtshandlungen auf der Grundlage des StVG einschließlich der darauf basierenden Rechtsverordnungen dar. Soweit die Regelungen des § 6a StVG, der GebOSt und des VwKostG die landesrechtlichen Regelungen nicht verdrängen, gilt das jeweilige Landeskostenrecht (BVerwG VRS 57 70).

2 Die rm AO der VB zur Beibringung eines SV-Gutachtens vom FE-Inhaber ist gemäß I Nr 1a iVm § 1 I, 2 I Nr 1, 4 I Nr 1 GebOSt gebührenpflichtig (vgl VG Augsburg BeckRS 2014, 58746). Die Gebührenfestsetzung beruht auf § 1 I GebOSt iVm Gebühren-Nr 208 der Anlage Nr 1 GebOSt Die Erhebung der

Auslagen für die Postzustellungen hat ihre Rechtsgrundlage in § 3 I Nr 1 GebOSt. Allerdings ist die Erhebung einer gesonderten Gebühr für Anordnungen von Maßnahmen zur Vorbereitung der Entscheidung über die Erteilung einer FE rechtswidrig (OVG Lüneburg DAR 17, 416).

Für die Ausstellung von Sonderparkausweisen an Anlieger für bevorrechtigtes **3** Parken können Verwaltungsgebühren erhoben werden, wobei der wirtschaftliche Wert des Ausweises unter Berücksichtigung der erhöhten Parkchance u der sonstigen Parkmöglichkeiten zu ermitteln ist (OVG NW VRS 72, 391). – Vgl auch Anm zu § 5b.

Werden einem Kfz-Halter mit behördlicher Verfügung die Beseitigung von Mängeln seines Kfz für den Fall, dass diese jetzt noch vorhanden sind, sowie die Mitteilung über die Mängelbeseitigung auferlegt, ist diese Verfügung auch dann rechtmäßig und Grundlage für eine Gebührenerhebung, wenn die Mängel bei Erlass der Verfügung zwar beseitigt waren, der Kfz-Halter dies aber noch nicht mitgeteilt hat (VGH Mannheim DAR 07, 42).

Gebühren für Amtshandlungen aufgrund einer VwV sind durch § 6a nicht **4** gedeckt (OVG Lüneburg VRS 57, 155; s auch VG Hamburg DAR 93, 404).

§ 6b[1] Herstellung, Vertrieb und Ausgabe von Kennzeichen[2]

(1) Wer Kennzeichen für Fahrzeuge herstellen, vertreiben oder ausgeben will, hat dies der Zulassungsbehörde vorher anzuzeigen.

(2) (weggefallen)

(3) Über die Herstellung, den Vertrieb und die Ausgabe von Kennzeichen sind nach näherer Bestimmung (§ 6 Abs. 1 Nr. 8) Einzelnachweise zu führen, aufzubewahren und zuständigen Personen auf Verlangen zur Prüfung auszuhändigen.

(4) Die Herstellung, der Vertrieb oder die Ausgabe von Kennzeichen ist zu untersagen, wenn diese ohne die vorherige Anzeige hergestellt, vertrieben oder ausgegeben werden.

(5) Die Herstellung, der Vertrieb oder die Ausgabe von Kennzeichen kann untersagt werden, wenn
1. **Tatsachen vorliegen, aus denen sich die Unzuverlässigkeit des Verantwortlichen oder der von ihm mit Herstellung, Vertrieb oder Ausgabe von Kennzeichen beauftragten Personen ergibt, oder**
2. **gegen die Vorschriften über die Führung, Aufbewahrung oder Aushändigung von Nachweisen über die Herstellung, den Vertrieb oder die Ausgabe von Kennzeichen verstoßen wird.**

§ 6c[1*] Herstellung, Vertrieb und Ausgabe von Kennzeichenvorprodukten

§ 6b Abs. 1, 3, 4 Nr. 1 sowie Abs. 5 gilt entsprechend für die Herstellung, den Vertrieb oder die Ausgabe von bestimmten – nach näherer Bestimmung durch das Bundesministerium für Verkehr und digitale

---
[1] Geänd durch das StVG-ÄndG v 24.4.98 (BGBl I 747); gilt seit 1.1.99.
[2] Strafvorschrift dazu § 22a.
[1*] Geänd durch das Gesetz zur Einführung einer Grundqualifikation und Weiterbildung der Fahrer im Güterkraft- oder Personenverkehr v 14.8.06 (BGBl I 1958, 1961).

Infrastruktur festzulegenden (§ 6 Abs. 1 Nr. 8, Abs. 2) – Kennzeichenvorprodukten, bei denen nur noch die Beschriftung fehlt.

§ 6d Auskunft und Prüfung

(1) Die mit der Herstellung, dem Vertrieb oder der Ausgabe von Kennzeichen befassten Personen haben den zuständigen Behörden oder den von ihnen beauftragten Personen über die Beachtung der in § 6b Abs. 1 bis 3 bezeichneten Pflichten die erforderlichen Auskünfte unverzüglich zu erteilen.

(2) Die mit der Herstellung, dem Vertrieb oder der Ausgabe von Kennzeichenvorprodukten im Sinne des § 6c befassten Personen haben den zuständigen Behörden oder den von ihnen beauftragten Personen über die Beachtung der in § 6b Abs. 1 und 3 bezeichneten Pflichten die erforderlichen Auskünfte unverzüglich zu erteilen.

(3) Die von der zuständigen Behörde beauftragten Personen dürfen im Rahmen der Absätze 1 und 2 Grundstücke, Geschäftsräume, Betriebsräume und Transportmittel der Auskunftspflichtigen während der Betriebs- oder Geschäftszeit zum Zwecke der Prüfung und Besichtigung betreten.

§ 6e[1] Führen von Kraftfahrzeugen in Begleitung

(1) Das Bundesministerium für Verkehr und digitale Infrastruktur wird ermächtigt, durch Rechtsverordnung mit Zustimmung des Bundesrates zur Senkung des Unfallrisikos junger Fahranfänger die erforderlichen Vorschriften zu erlassen, insbesondere über
1. das Herabsetzen des allgemein vorgeschriebenen Mindestalters zum Führen von Kraftfahrzeugen mit einer Fahrerlaubnis der Klassen B und BE,
2. die zur Erhaltung der Sicherheit und Ordnung auf den öffentlichen Straßen notwendigen Auflagen, insbesondere dass der Fahrerlaubnisinhaber während des Führens eines Kraftfahrzeuges von mindestens einer namentlich benannten Person begleitet sein muss,
3. die Aufgaben und Befugnisse der begleitenden Person nach Nummer 2, insbesondere über die Möglichkeit, dem Fahrerlaubnisinhaber als Ansprechpartner beratend zur Verfügung zu stehen,
4. die Anforderungen an die begleitende Person nach Nummer 2, insbesondere über
   a) das Lebensalter,

---

[1] Eingefügt durch Ges v 14.8.05 (BGBl I S 2412); geänd durch das Gesetz zur Einführung einer Grundqualifikation und Weiterbildung der Fahrer im Güterkraft- oder Personenverkehr v 14.8.06 (BGBl I 1958, 1961). Abs 1 S 1 geänd u Abs 1 S 2 sowie Abs 2 aufgehoben u bisheriger Abs 3 (jetzt Abs 2) geänd durch G zur Änd des StVG u des Kraftfahrsachverständigengesetzes v 2.12.10 (BGBl I S 1748), in Kraft getreten am 9.12.10. Der bisherige Abs 4 wurde Abs 3. Durch Fünftes Gesetz zur Änderung des StVG und anderer Gesetze v 28.8.13 (BGBl I 3313) erfolgten mWv 1.5.14 redaktionelle Anpassungen im Zusammenhang mit der Reform des Verkehrszentralregisters und der Einführung des neuen Fahreignungsregisters.

b) den Besitz einer Fahrerlaubnis sowie über deren Mitführen und Aushändigung an zur Überwachung zuständige Personen,
c) ihre Belastung mit Eintragungen im Fahreignungsregister sowie
d) über Beschränkungen oder das Verbot des Genusses alkoholischer Getränke und berauschender Mittel,
5. die Ausstellung einer Prüfungsbescheinigung, die abweichend von § 2 Abs. 1 Satz 3 ausschließlich im Inland längstens bis drei Monate nach Erreichen des allgemein vorgeschriebenen Mindestalters zum Nachweis der Fahrberechtigung dient, sowie über deren Mitführen und Aushändigung an zur Überwachung des Straßenverkehrs berechtigte Personen,
6. die Kosten in entsprechender Anwendung des § 6a Abs. 2 in Verbindung mit Abs. 4 und
7. das Verfahren.

(2) Eine auf der Grundlage der Rechtsverordnung nach Absatz 1 erteilte Fahrerlaubnis der Klassen B und BE ist zu widerrufen, wenn der Fahrerlaubnisinhaber entgegen einer vollziehbaren Auflage nach Absatz 1 Nummer 2 ein Kraftfahrzeug ohne Begleitung durch eine namentlich benannte Person führt. Die Erteilung einer neuen Fahrerlaubnis erfolgt unbeschadet der übrigen Voraussetzungen nach den Vorschriften des § 2a.

(3) Im Übrigen gelten die allgemeinen Vorschriften über die Fahrerlaubnispflicht, die Erteilung, die Entziehung oder die Neuerteilung der Fahrerlaubnis, die Regelungen für die Fahrerlaubnis auf Probe, die Fahrerlaubnisregister und die Zulassung von Personen zum Straßenverkehr. Für die Prüfungsbescheinigung nach Absatz 1 Nr. 5 gelten im Übrigen die Vorschriften über den Führerschein entsprechend.

Übersicht

	Rn
1. Allgemeines	1
2. Evaluierung	3
3. Zuwiderhandlungen	4
4. Zivilrecht	5
5. Literatur	6

1. Allgemeines. Das zunächst nur als Modellversuch bis zum 31.12.2010 mit Gesetz v 14.8.05 (BGBl I S 2412) eingeführte „Begleitete Fahren ab 17 Jahre" wurde, nach dem Bewähren in der Praxis zum 1.11.11 dauerhaft fortgeführt. Ergebnisse der BASt belegen einen deutlichen Gewinn für die Verkehrssicherheit der jungen Fahranfänger und Fahranfängerinnen. Wesentliche Regelungen enthalten § 6e StVG und §§ 48a und 48b FeV. 1

Wesentliche Eckpunkte des „Begleiteten Fahrens ab 17 Jahre" sind: 2
— Herabsetzung des Mindestalters (§ 10 FeV) für das Führen von Kfz mit der Fahrerlaubnis der Klassen B und BE auf 17 Jahre (§ 48a I FeV).
— Auf den Fahrten Begleitung durch eine Person, die mindestens 30 Jahre alt ist, mindestens fünf Jahre die Fahrerlaubnis der Klasse B oder eine entsprechende deutsche FE (Klasse 3 alt), EU/EWR-FE oder schweizerische FE besitzt und (seit 1.5.14) zum Zeitpunkt der Beantragung der FE nicht mehr als einen Punkt im FAER (bis 30.4.14: drei Punkte im VZR – die Herabsetzung der Punkte ist dem neuen Punktsystem von jetzt 1–8 Punkten anstatt vorher 1–18 Punkten

geschuldet) haben darf (§ 48a V FeV). Die möglichen Begleitpersonen sind in der Prüfungsbescheinigung (s unten) namentlich aufgeführt (§ 48a III 3 FeV).
– Die Fahrerlaubnis der Klasse B und BE des 17-Jährigen ist mit der Auflage versehen, dass von ihr nur Gebrauch gemacht werden darf, wenn der Inhaber während des Führens des Kfz von mindestens einer namentlich benannten Person begleitet wird, die den Anforderungen von § 48a V u VI FeV genügt.
– Der Fahranfänger erhält kein Führerscheindokument, sondern eine Prüfungsbescheinigung (§ 48a III FeV) als Nachweis der Fahrberechtigung (Anlage 8a FeV), die mit Erreichen des Mindestalters von 18 Jahren auf Antrag in einen regulären Führerschein umgetauscht wird (§ 48a VII FeV).
– Die Prüfungsbescheinigung gilt nur im Inland (§ 48a III 1 FeV).

Die Einzelheiten sind in den §§ 48a und 48b FeV geregelt, die ebenfalls mit dem Gesetz vom 14.8.05 (BGBl I S 2412) erlassen wurden. Vgl auch amtl Begründung in BTDr 15/5315 und 15/5706 sowie VkBl 05, 686.

Die im Rahmen des „Begleiteten Fahrens ab 17 Jahre" erworbene FE unterliegt den Regeln der Fahrerlaubnis auf Probe nach § 2a StVG (s § 2a II 1 und V 1 StVG).

Eine **Ausnahmegenehmigung für unbegleitetes Fahren vor Vollendung des 18. Lebensjahres** nach § 74 I FeV kann nur nach einer einzelfallbezogenen Prüfung anhand der generell geltenden strengen Maßstäbe erteilt werden (Scheidler DAR 12, 451, 454; s auch: VG Braunschweig NZV 08, 315 m Anm Dauer; VGH Mannheim NJW 09, 870).

3   **2. Evaluierung.** Für den befristeten Modell-Versuch war eine Evaluierung vorgesehen (vgl § 48b FeV sowie amtl Begründung in BTDr 15/5315 und VkBl 05, 686, 692), die mit der Überführung der Regelungen in Dauerrecht zum 31.12.10 abgeschlossen wurde. Eine weitere Datenerhebung ist nicht mehr erforderlich. § 48b FeV stellt datenschutzrechtlich weiterhin sicher, dass mit den im Rahmen des Modellversuchs erhobenen Daten wie bisher vorgesehen verfahren wird (BRDrs 580/10 S 29). Die Daten sind spätestens am 31.12.2015 zu löschen oder so zu anonymisieren oder zu pseudonymisieren, dass ein Personenbezug nicht mehr hergestellt werden kann.

4   **3. Zuwiderhandlungen.** Der **Fahranfänger** handelt gem § 75 Nr 15 FeV (bis 31.12.10: **§ 75 Nr 9 FeV**) ordnungswidrig, wenn er gegen die vollziehbare **Auflage** nach § 48a II 1 FeV verstößt, dh während der Fahrt nicht mindestens einer in der Prüfungsbescheinigung namentlich benannten Person begleitet wird oder die Begleitperson nicht den Anforderungen von § 48a V u VI FeV genügt. Es liegt dann eine Ordnungswidrigkeit (Auflagenverstoß), keine Straftat nach § 21 StVG, vor (s auch Fischinger/Seibl NJW 05, 2886, 2889; Lempp NK Haus/ Krumm/Quarch § 48b Rn 9; s auch § 21 StVG Rn 3). Das Fahren ohne entsprechende Begleitperson ist nur vorsätzlich begehbar (vgl auch Albrecht SVR 05, 281, 283). – Zur Problematik der Bußgeldbemessung bei praktisch nur vorsätzlich begehbaren Ordnungswidrigkeiten § 26 StVG Rn 2a.

Zulässig ist das Führen eines Kfz der **Klassen AM und L ohne Begleitperson,** da diese Klassen gem § 6 III Nr 4 FeV in Klasse B (bzw BE) enthalten sind, sich die Auflage nach § 48a FeV nur auf die Klassen B und BE bezieht und die Kfz der genannten Klassen ab 16 Jahre geführt werden dürfen (vgl § 10 I Nr 1 u Nr 11 FeV).

Bei der Fahrt mit einer **alkoholisierten** bzw **unter Drogeneinfluss stehenden Begleitperson,** die nicht (mehr) den Anforderungen v § 48a VI FeV genügt, muss der 17-Jährige die Alkoholisierung von 0,25 mg/l AAK oder mehr bzw 0,5 Promille BAK oder mehr bzw die Tatsache, dass die Begleitperson unter der Wirkung eines in der Anlage zu § 24a StVG genannten berauschenden Mittels steht, zumindest pflichtwidrig nicht bemerkt bzw für Vorsatz billigend in Kauf genommen haben. Erforderlich sind hier ernsthafte Anhaltspunkte, zB, dass das Trinken oder die Drogeneinnahme bekannt waren (Albrecht SVR 05, 281, 283; s auch Brock DAR 06, 63, 67).

Gem **§ 75 Nr 13 FeV** handelt der **Fahranfänger** ordnungswidrig, wenn er entgegen § 48a III 2 FeV die **Prüfungsbescheinigung nicht mitführt** oder aushändigt.

An diesen Ordnungswidrigkeiten kommt **bei vorsätzlichen Verstößen** auch eine **Beteiligung der Begleitperson** nach den allgemeinen Grundsätzen des § 14 OWiG in Betracht.

Verstöße der Begleitperson gegen § 48a V o VI FeV (insb Begleitung trotz Alkoholisierung oder unter der Wirkung berauschender Mittel) sind **nicht** als **eigene OWi** erfasst, weil die Begleitperson nicht als VT gilt (Hentschel/König/Dauer-Dauer § 48a FeV Rn 26). Deshalb braucht die Begleitperson grds keine Untersuchung zur **Feststellung von Alkohol oder berauschenden Mitteln** zu dulden (Hentschel/König/Dauer-Dauer § 48a FeV Rn 26; Tolksdorf DAR 10, 686, 689 f); dies gilt jedoch nicht, wenn ein Anfangsverdacht dafür besteht, dass die Begleitperson (physische o psychische Unterstützung) nach **§ 14 OWiG** an der (vorsätzlichen) Tat des 17-jährigen Fahrers nach §§ 48 II 1, 75 Nr 15 FeV, 24 StVG beteiligt ist, weil sie dann selbst als Täter („Einheitstäter") einer OWi in Betracht kommt; auch eine Blutentnahme nach **§ 81c II StPO** iVm § 46 OWiG ist, soweit kein Zeugnisverweigerungsrecht besteht (vgl § 81c III 1 StPO), möglich. Zudem ist dann, jedenfalls bei einem positiven Atemalkohol-Messergebnis bei der Begleitperson iSd § 48a VI Nr 1 FeV, ein **Weiterfahrverbot** (zB § 17 ASOG Berlin) auszusprechen (Albrecht SVR 05, 281, 283), da sonst die Gefahr besteht, dass eine weitere OWi begangen wird.

Die **Begleitperson** hat nur den Status eines Beifahrers und ist **nicht Führer des Kfz** (s § 24a StVG Rn 2).

Die mögliche **strafrechtliche Verantwortlichkeit** des 17-jährigen, insb nach §§ 315c, 316 oder § 142 StGB, richtet sich nach **Jugendstrafrecht** (s Brock DAR 06, 63, 66).

Eine etwaige **Beteiligung der Begleitperson an Straftaten** des 17-jährigen Fahrers ist nach den allgemeinen Grundsätzen der Beteiligung (insb §§ 26, 27 StGB) möglich (s auch Brock DAR 06, 63, 67; Fischinger/Seibl NJW 05, 2886, 2889; Feltz/Kögel DAR 04, 121, 128).

Bei Zuwiderhandlungen gegen eine vollziehbare Auflage über die Begleitung ist die **FE** nach § 6e II 1 StVG zu **widerrufen**. Insbesondere setzt der Verstoß gegen die Auflage, nur in Begleitung einer namentlich benannten Person ein Fahrzeug zu führen gerade nicht voraus, dass dieser Verstoß zu einer Eintragung im FAER führte (VGH Mannheim DAR 17, 163) bzw. der Verstoß überhaupt als OW geahndet wurde (VG Düsseldorf BeckRS 2015, 43165). Der Widerruf der FE durch die VB ist zwingende RF ohne Ermessensspielraum (VG Düsseldorf BeckRS 2015, 43165).

4. Zivilrecht. S zu Haftungsfragen bei begleitetem Fahren zB Lang/Stahl/Huber NZV 06, 449; Sapp NJW 06, 408; Feltz/Kögel DAR 04, 121. **5**

5. Literatur. Albrecht „Begleitetes Fahren mit 17 und neue Straftatbestände im Stra- **6** ßenverkehrsgesetz" SVR 05, 281; **Brock** „Rechtliche Probleme beim begleiteten Fahren ab

17" DAR 06, 63; **Feltz/Kögel** „Risikominimierung bei begleitetem Fahren – Der Führerschein mit 17" DAR 04, 121; **Fischinger/Seibl** „Rechtliche Probleme des Projekts ‚Begleitetes Fahren ab 17'" NJW 05, 2886; **Lang/Stahl/Huber** „Das Modell ‚Begleitetes Fahren mit 17' aus haftungs- und versicherungsrechtlicher Sicht" NZV 06, 449; **Sapp** „Das Modell ‚Begleitetes Fahren ab 17' im Haftungsrecht" NJW 06, 408; **Scheidler** „Ausnahmen vom Mindestalter für die Fahrerlaubnisklasse B" DAR 12, 451.

§ 6f Entgeltordnung für Begutachtungsstellen für Fahreignung

(1) **Begutachtungsstellen für Fahreignung, soweit sie aus Anlass von Verwaltungsverfahren nach straßenverkehrsrechtlichen Vorschriften medizinisch-psychologische Untersuchungen durchführen, haben für ihre damit in Zusammenhang stehenden Leistungen von dem jeweiligen Auftraggeber ein Entgelt nach Maßgabe einer Rechtsverordnung nach Absatz 2 zu erheben.**

(2) **Das Bundesministerium für Verkehr und digitale Infrastruktur wird ermächtigt, durch Rechtsverordnung mit Zustimmung des Bundesrates die Entgelte der in Absatz 1 bezeichneten Begutachtungsstellen für Fahreignung zu regeln. Dabei ist den berechtigten Interessen der Leistungserbringer und der zur Zahlung der Entgelte Verpflichteten Rechnung zu tragen. Soweit der Leistungsumfang nicht einheitlich geregelt ist, sind dabei Mindest- und Höchstsätze festzusetzen.**

Die Regelung wurde mit dem sechsten Gesetz zur Änderung des StVG und anderer Gesetze v 28.11.16, in Kraft getreten am 7.12.16, neu eingefügt.

§ 6g Internetbasierte Zulassungsverfahren bei Kraftfahrzeugen

(1) **In Ergänzung der allgemeinen Vorschriften über die Zulassung von Fahrzeugen zum Straßenverkehr, die Zuteilung von Kennzeichen für zulassungsfreie Fahrzeuge und die Außerbetriebsetzung von Fahrzeugen können diese Verwaltungsverfahren nach Maßgabe der nachstehenden Vorschriften internetbasiert durchgeführt werden (internetbasierte Zulassung). Für dieses Verwaltungsverfahren ist das Verwaltungsverfahrensgesetz anzuwenden.**

(2) **Ein Verwaltungsakt kann nach näherer Bestimmung einer Rechtsverordnung nach Absatz 4 Satz 1 Nummer 1 vollständig durch automatische Einrichtungen erlassen werden, wenn**
1. **die maschinelle Prüfung der Entscheidungsvoraussetzungen auf der Grundlage eines automatisierten Prüfprogrammes erfolgt, das bei der zuständigen Behörde eingerichtet ist und ausschließlich von ihr betrieben wird, und**
2. **sichergestellt ist, dass das Ergebnis der Prüfung nur die antragsgemäße Bescheidung oder die Ablehnung des Antrages sein kann.**

Ein nach Satz 1 erlassener Verwaltungsakt steht einen Monat, beginnend mit dem Tag, an dem der Verwaltungsakt wirksam wird, unter dem Vorbehalt der Nachprüfung. Solange der Vorbehalt wirksam ist, kann der Verwaltungsakt jederzeit aufgehoben oder geändert werden.

(3) **Nach näherer Bestimmung einer Rechtsverordnung nach Absatz 4 Satz 1 Nummer 3 bis 5 können**

1. natürlichen oder juristischen Personen des Privatrechts bestimmte Aufgaben eines internetbasierten Zulassungsverfahrens, ausgenommen die Entscheidung über den Antrag, oder bei der Inbetriebnahme derart zugelassener Fahrzeuge übertragen werden (Beleihung) oder
2. natürliche oder juristische Personen des Privatrechts beauftragt werden, an der Durchführung von Aufgaben im Sinne der Nummer 1 mitzuwirken (Verwaltungshilfe).

Personen im Sinne des Satzes 1 müssen fachlich geeignet, zuverlässig, auch hinsichtlich ihrer Finanzen, und unabhängig von den Interessen der sonstigen Beteiligten sein.

(4) Das Bundesministerium für Verkehr und digitale Infrastruktur wird ermächtigt, durch Rechtsverordnung mit Zustimmung des Bundesrates
1. die Einzelheiten des Erlasses und der Aufhebung eines Verwaltungsaktes im Sinne des Absatzes 2 zu regeln, insbesondere
   a) die Anforderungen an das Prüfprogramm,
   b) besondere Bestimmungen zur Bekanntgabe, zur Wirksamkeit sowie zur Rücknahme und zum Widerruf des Verwaltungsaktes,
2. das für die Identifizierung von Antragstellern zu wahrende Vertrauensniveau zu regeln,
3. die Aufgaben im Sinne des Absatzes 3 zu bestimmen,
   a) mit denen Personen beliehen oder
   b) an deren Durchführung Verwaltungshelfer beteiligt
   werden können, sowie die Art und Weise der Aufgabenerledigung,
4. die näheren Anforderungen an Personen im Sinne des Absatzes 3 zu bestimmen, einschließlich deren Überwachung, des Verfahrens und des Zusammenwirkens der zuständigen Behörden bei der Überwachung,
5. die notwendige Haftpflichtversicherung der beliehenen oder beauftragten Person zur Deckung aller im Zusammenhang mit der Wahrnehmung der übertragenen Aufgabe oder der Hilfe zur Erfüllung der Aufgabe entstandenen Schäden sowie die Freistellung der für Übertragung oder Beauftragung und Aufsicht zuständigen Bundesbehörde oder Landesbehörde von Ansprüchen Dritter wegen etwaiger Schäden, die die beliehene oder beauftragte Person verursacht, zu regeln,
6. bestimmte Aufgaben eines internetbasierten Zulassungsverfahrens dem Kraftfahrt-Bundesamt zu übertragen, soweit die Aufgaben eine bundeseinheitliche Durchführung erfordern, und das Zusammenwirken mit den für die Zulassung zuständigen Behörden zu regeln,
7. besondere Anforderungen an die Inbetriebnahme von Fahrzeugen, die internetbasiert zugelassen sind, zu regeln, insbesondere hinsichtlich
   a) des Verwendens befristet gültiger Kennzeichenschilder einschließlich deren Herstellung, Ausstellung, Anbringung und Gültigkeitsdauer,
   b) des Versandes von Zulassungsunterlagen und der endgültigen Kennzeichenschilder,
8. die Ausstellung befristet gültiger elektronischer Fahrzeugdokumente, insbesondere zum Nachweis der Zulassung, und deren Umwandlung in körperliche Dokumente zu regeln, insbesondere

a) die Art und Weise der Erstellung, der Verwendung und der Speicherung solcher Dokumente,
   b) die Speicherung der Dokumente in einer Datei, die beim Kraftfahrt-Bundesamt errichtet und von diesem betrieben wird,
9. die Errichtung und den Betrieb einer zentralen Datei beim Kraftfahrt-Bundesamt
   a) mit fahrzeugbezogenen Daten, die für die Prüfung der Zulassungsfähigkeit der Fahrzeuge erforderlich sind, insbesondere mit den Daten der unionsrechtlich vorgeschriebenen Übereinstimmungsbescheinigungen einschließlich der Fahrzeug-Identifizierungsnummer,
   b) mit den Daten der Fahrzeuge, die Auskunft über nach oder auf Grund von Unionsrecht einzuhaltende Fahrzeugeigenschaften geben,
   sowie die Pflicht zur Übermittlung dieser Daten durch die Hersteller oder Einführer der Fahrzeuge zu regeln,
10. die Durchführung anderer als straßenverkehrsrechtlicher Rechtsvorschriften bei einer internetbasierten Zulassung zu regeln.

Die in Satz 1 Nummer 9 vorgesehene Datenbank darf weder mit dem Zentralen Fahrzeugregister des Kraftfahrt-Bundesamtes noch mit den örtlichen Fahrzeugregistern der Zulassungsbehörden verknüpft werden.

(5) Für Vorschriften des Verwaltungsverfahrens in den Absätzen 1 bis 3 und in Rechtsverordnungen auf Grund des Absatzes 4 kann durch Rechtsverordnung des Bundesministeriums für Verkehr und digitale Infrastruktur mit Zustimmung des Bundesrates vorgeschrieben werden, dass von diesen Vorschriften durch Landesrecht nicht abgewichen werden kann. Die Vorschriften, von denen durch Landesrecht nicht abgewichen werden kann, sind dabei zu nennen.

Die Regelung wurde mit dem sechsten Gesetz zur Änderung des StVG und anderer Gesetze v 28.11.16, in Kraft getreten am 7.12.16, neu eingefügt.

II. Haftpflicht[1]

§ 7 Haftung des Halters, Schwarzfahrt

(1) **Wird bei dem Betrieb eines Kraftfahrzeugs oder eines Anhängers, der dazu bestimmt ist, von einem Kraftfahrzeug mitgeführt zu werden, ein Mensch getötet, der Körper oder die Gesundheit eines Menschen verletzt oder eine Sache beschädigt, so ist der Halter verpflichtet, dem Verletzten den daraus entstehenden Schaden zu ersetzen.**

(2) **Die Ersatzpflicht ist ausgeschlossen, wenn der Unfall durch höhere Gewalt verursacht wird.**

(3) **Benutzt jemand das Fahrzeug ohne Wissen und Willen des Fahrzeughalters, so ist er anstelle des Halters zum Ersatz des Schadens ver-**

---

[1] Die entspr Vorschriften der §§ 7–20 finden im Gebiet der ehem DDR nur auf solche Schadensereignisse Anwendung, die nach dem Wirksamwerden des Beitritts eingetreten sind (s Ein-Vertr Anl I, Kap XI, Sachgeb B III 1i).

pflichtet; daneben bleibt der Halter zum Ersatz des Schadens verpflichtet, wenn die Benutzung des Fahrzeugs durch sein Verschulden ermöglicht worden ist. Satz 1 findet keine Anwendung, wenn der Benutzer vom Fahrzeughalter für den Betrieb des Kraftfahrzeugs angestellt ist oder wenn ihm das Fahrzeug vom Halter überlassen worden ist. Die Sätze 1 und 2 sind auf die Benutzung eines Anhängers entsprechend anzuwenden.

Übersicht

	Rn
1. Allgemeines	1
2. Abs 1: Haftungsbegründender Tatbestand	2
a) Begriff Kfz	2
b) Begriff Anhänger	3
c) Halter	5
d) Betrieb eines Kfz	7
e) Betrieb eines Anhängers	12
f) Ursächlichkeit, Zurechnungszusammenhang	13
g) Haftungsbegründender Schaden	16
3. Ausschlusstatbestände	17
a) Abs 2: höhere Gewalt	17
b) Abs 3: Haftungsausschluss bei Schwarzfahrten	23
4. Beweisfragen	28
5. Literatur	29

1. Allgemeines. Das Zweite Gesetz zur Änderung schadensrechtlicher Vorschriften hat auch für § 7 StVG tiefgreifende Änderungen gebracht. Zum einen ist die Halterhaftung auf Anhänger ausgedehnt worden und zum anderen ist das Merkmal der „höheren Gewalt" an die Stelle des „unabwendbaren Ereignisses" in Abs 2 getreten. Nach wie vor gilt, dass die Haftung aus § 7 StVG kein Verhaltensunrecht voraussetzt. Als Gefährdungshaftung bezweckt sie den Ausgleich des durch den zulässigen Betrieb eines Kfz's entstandenen Schadens (BGHZ 117, 337 = NJW 92, 1684). Somit ist entscheidend, ob sich eine Gefahr realisiert hat, die von dem Kfz in seiner Eigenschaft als Verkehrsmittel ausgeht (vgl Greger/Zwickel § 3 Rz. 60; Wussow – Fad Kap. 17, Rz. 62; Burmann/Jahnke DAR 16, 313 ff). Unberührt bleibt die Haftung aus anderen Normen, insbesondere nach §§ 823 ff BGB (§ 16 StVG). 1

2. Abs 1: Haftungsbegründender Tatbestand. a) Begriff Kfz. Der Begriff des Kfz ergibt sich aus der Legaldefinition des § 1 Abs 2 StVG. Es werden also Landfahrzeuge erfasst, die durch Maschinenkraft bewegt werden, ohne an Bahngleise gebunden zu sein. Von daher fallen Eisenbahnen, Schwebebahnen oder Drahtseilbahnen nicht unter das StVG sondern unter § 1 HaftpflG. Die Antriebsart ist im Rahmen des StVG unerheblich. Die Maschinenkraft kann auch durch Explosionsgase, Elektrizität oder Dampf erzeugt werden, wobei sie von außen, zB über eine elektrische Oberleitung, zugeführt werden kann (Geigel-Kaufmann § 25 Rn 22). Kfz sind neben Pkw's und Krädern jeglicher Art (OLG Frankfurt VersR 00, 197: Trike; BGH-NJW 71, 198: Moped; Fahrzeuge mit Hilfsmotor (BGH DAR 69, 212), E-Bikes(vgl §§ 30a III StVOZ, 1 III StVO, Burmann/Jahnke DAR 16, 313, 317; selbstfahrende Arbeitsmaschinen, Bagger (OLG Düsseldorf DAR 83, 232), Gabelstapler (OLG Köln VersR 88, 194), Traktoren (OLG Rostock DAR 98, 474), Go-Karts (LG Karlsruhe VersR 76, 252), 2

Straßenwalzen, Motorschlitten und Raupenfahrzeuge. Unerheblich ist die Zulassung des Kfz's (OLG Düsseldorf NZV 96, 113; Jahnke/Burmann/Müller Kap. 1, Rz. 180). Anhänger oder Auflieger sind keine Kfz (OLG München NZV 99, 124; Greger-Zwickel § 3 Rn 115). Wegen des Ausschlusses der Gefährdungshaftung bei Unfällen durch langsam fahrende Kfz s. § 8 Nr 1 StVG.

3 **b) Begriff Anhänger.** Abs. 1 sieht für Kfz – Anhänger in gleicher Weise eine Gefährdungshaftung vor wie für Kfz.

4 Der Begriff „Anhänger" umfasst (Greger-Zwickel § 3 Rn 22) alle hinter Kfzen mitgeführten Fahrzeuge, mit Ausnahme von betriebsunfähigen Fahrzeugen, die abgeschleppt werden und von Abschleppachsen. Nach dem Wortlaut des § 7 Abs 1 StVG unterliegen die Halter aller Kfz-Anhänger, ob mit einem Kfz verbunden oder nicht verbunden, der Gefährdungshaftung, und zwar auch solcher Anhänger, die nach § 2 Abs 1 Nr 6c PflVG iVm § 3 Abs 2 Nr 2 FZV nicht der Versicherungspflicht unterliegen wie zB Pferdesportanhänger und Bootstrailer (Burmann/Jahnke DAR 16, 313, 317). Weil die Haftpflichtversicherer zT das Anhängerrisiko aus der Privathaftpflicht ausgeschlossen haben, ist den Haltern solcher Anhänger dringend zu empfehlen, für sie eine Haftpflichtversicherung abzuschließen, zumal nach Auffassung des Versicherungsvertragssenats des BGH (BGHZ 187, 211 = NJW 11, 447) bei dem Unfall eines Gespanns idR neben dem Kfz-Halter auch der Anhängerhalter idR verpflichtet ist, im Innenverhältnis die Hälfte des Drittschadens zu tragen (dazu Lemcke r+s 11, 56). Fahrradanhänger, Pferdewagen oder Kutschen unterfallen nicht § 7 Abs. 1 (vgl Laws/Lohmeyer/Finke juris PK-StVR 16).

5 **c) Halter.** Halter ist derjenige, der das Kfz oder den Anhänger im eigenen Namen nicht nur ganz vorübergehend für eigene Rechnung in Gebrauch hat und der die Verfügungsgewalt über das Kfz oder den Anhänger ausübt (BGH NJW 54, 1198; 83, 1492; 92, 900). Die Verfügungsgewalt besteht darin, Anlass, Zeit und Zeitpunkt der Fahrt selbst zu bestimmen (Hentschel-König § 7 StVG Rn 14). Auf wen das Fahrzeug zugelassen und haftpflichtversichert ist, ist für die Frage der Haltereigenschaft von untergeordneter Bedeutung (BGH VersR 69, 907; OLG Hamm NZV 90, 363); ebenso die Eigentumslage. Wird das Fahrzeug verliehen oder vermietet, so kann daher der Mieter neben dem Vermieter Halter des Fahrzeuges sein, wenn er das Kfz oder den Anhänger zur alleinigen Verwendung auf eigene Rechnung für die Fahrt selbst benutzt und Verfügungsgewalt innehat (OLG Hamm ZfS 90, 165). Eine kurzfristige Anmietung kann aber keine Haltereigenschaft begründen (BGHZ 116, 200). Der Vermieter verliert die Haltereigenschaft, wenn das Kfz oder der Anhänger völlig seinem Einfluss entzogen wird. Bei Leasingverträgen ist regelmäßig der Leasingnehmer Halter (BGHZ 173, 182 = NJW 07, 3120; BGHZ 87, 133 = NJW 83, 1492). Wer durch strafbare Handlungen (Diebstahl, Unterschlagung) den Besitz eines Kfz an sich bringt, wird auch zum Halter, wenn er eine eigene dauerhafte und ungestörte Verfügungsmacht begründet hat (KG NZV 89, 273). Beim Verkauf eines Kfz's oder Anhängers wird der Erwerber mit der Übergabe Halter (OLG Köln DAR 95, 485). Das gilt auch, wenn für das Kfz ein Eigentumsvorbehalt des Verkäufers weiterbesteht (Grüneberg in B/B Kap 4 A Rn 18).

6 Mehrere Personen können zugleich Halter sein, zB Mieter und Vermieter (vgl Rn 3). Bei Eheleuten ist das der Fall, wenn der Pkw gemeinsam angeschafft, finanziert und gemeinsam genutzt wird. Verfügt eine OHG oder eine BGB-Gesellschaft über ein Kfz oder einen Anhänger, ist grundsätzlich jeder Gesellschaf-

ter als Halter anzusehen (vgl Geigel-Kaufmann Kap 25 Rn 43). Beim Car-Sharing erfasst die Halterhaftung alle Miteigentümer (vgl Geigel-Kaufmann aaO Rn 41).

d) Betrieb eines Kfz. Beim Betrieb eines Fahrzeuges hat sich der Unfall 7 ereignet, wenn sich eine Gefahr realisiert, die mit dem Fahrzeug als Verkehrsmittel verbunden ist. Der Begriff „bei dem Betrieb" ist weit zu fassen (BGH NZV 14, 207; NJW 10, 3713; NJW-RR 08, 764; NZV 95, 19). Nach der sogenannten verkehrstechnischen Auffassung ist ein Kfz oder Anhänger in Betrieb, solange es sich im Verkehr befindet und andere Verkehrsteilnehmer gefährdet. Fahrtzweck und Fahrerabsicht sind insoweit irrelevant (BGH NZV 89, 18). Ausreichend ist, dass bei einer wertenden Betrachtung das Schadensgeschehen durch das Kraftfahrzeug zumindestens mitgeprägt worden ist (BGH NZV 15, 327; 14, 207). Insoweit reicht ein naher zeitlicher und örtlicher Zusammenhang mit einem Betriebsvorgang oder einer Betriebseinrichtung des Kfz oder des Anhängers aus (BGH NZV 14, 207; 12, 325 NJW-RR 08, 764; NJW 05, 2081). Eine Berührung mit dem Kfz oder dem Anhänger ist nicht erforderlich. Es genügt, dass sich eine vom Kfz ausgehende Gefahr ausgewirkt hat, also dass das Fahrzeug durch seine Fahrweise oder sonstige Verkehrsbeeinflussung zu der Entstehung des Schadens beigetragen hat (BGH NJW 17, 1173; 10, 3713). Insoweit ist nicht erforderlich, dass die Reaktion des Geschädigten subjektiv erforderlich war (NJW 10, 3713).

Die (engere) maschinentechnische Auffassung, wonach ein Kfz nur in Betrieb 8 ist, solange seine Motorkräfte auf dieses einwirken, wurde vom BGH in früheren Entscheidungen (NJW 75, 1886) für Unfälle außerhalb des öffentlichen Verkehrs vertreten. Diese Ansicht ist jedoch abzulehnen, da auch auf einem Privatgelände, insbesondere auf einem Betriebsgelände, reger Kraftfahrzeugverkehr herrschen kann, so dass eine Ausnahme von der Gefährdungshaftung nicht gerechtfertigt ist (vgl Hentschel-König 5a; Grüneberg in B/B Kap 4 Rn 28; wohl auch BGH NZV 95, 19, ohne allerdings die maschinentechnische Auffassung ausdrücklich aufzugeben; aA OLG München NZV 96, 199).

Der Betrieb endet in der Regel, wenn das Fahrzeug an einen Ort außerhalb 9 des allgemeinen Verkehrs verbracht wurde. Von daher befinden sich außerhalb des öffentlichen Verkehrsbereiches abgestellte Fahrzeuge nicht mehr in Betrieb, wenn sie ordnungsgemäß verschlossen abgestellt wurden und sämtliche durch den Fahrbetrieb hervorgerufene Umstände (zB Motorwärme, vgl insoweit OLG Düsseldorf NZV 11, 195) abgeklungen sind (OLG München NZV 96, 199; OLG Brandenburg DAR 05, 27; OLG Saarbrücken NZV 10, 207; Geigel-Kaufmann Kap. 25 Rn 58; Burmann/Jahnke DAR 16, 313, 317). Nach Auffassung des BGH (NZV 14, 207) unterfallen der Betriebsgefahr auch technische Defekte einer Betriebseinrichtung eines Kfz, ohne dass es auf einen Zusammenhang mit einem Betriebsvorgang ankommt (ebenso OLG Karlsruhe NJW – RR 15, 866; Laws/Lohmeyer/Finke in jurisPK-StVR 68; Hentschel-König 10). Ein Kfz ist als „abgeschaltete Maschine" aber nicht ohne weiteres gefährlicher als Maschinen, die einer Betriebsgefahrhaftung nicht unterliegen. Der Umstand, dass aus einem abgestellten Kfz auslaufendes Benzin oder ein Kurzschluss in der Elektrik eine Explosion auslöst, ist wertungsmäßig nicht anders zu behandeln, als wenn derartiges sich bei einer in einer Garage abgestellten Arbeitsmaschine ereignen würde. Für letztere gilt eine Gefährdungshaftung nur im Rahmen des § 1 ProdHaftG. Warum soll für im privaten Bereich abgestellte Fahrzeuge eine schärfere Haftung gelten? Von daher ist es nicht gerechtfertigt, eine über § 1 II ProdHaftG hinausgehende Gefährdungshaftung für im privaten Bereich abgestellte Fahrzeuge anzunehmen (vgl

StVG § 7 II. Haftpflicht

Lemke r+s 14, 195; Herbers NZV 14, 208; Schwab DAR 14, 197; Burmann/Jahnke DAR 16, 313, 18; LG Köln v. 5.10.2017 – 2 O 372/16, BeckRS 2017, 127743).

10 Im öffentlichen Verkehrsbereich unterbricht vorübergehendes Abstellen den Betrieb nicht, da es generell den Verkehr beeinflussen kann (BGH NZV 95, 19; Geigel-Kaufmann Kap. 25 Rn 58; Hentschel-König § 7 StVG Rn 8). In Betrieb sind liegengebliebene und fahruntüchtige Kfz (BGH NJW 96, 2023; OLG Frankfurt VersR 04, 1149), das mit Seil bzw Stange abgeschleppte Kfz, das noch gelenkt werden muss (OLG Köln DAR 86, 321; OLG Koblenz VersR 87, 707), das unfallbeschädigte Kfz an der Unfallstelle (Hentschel-König 8), nicht aber ein aufgeladenes Fahrzeug auf einem Abschleppwagen (OLG Karlsruhe NZV 15, 76, 1576). Verbotswidrig an der Straße abgestellte Fahrzeuge befinden sich in Betrieb, weil sie für den fließenden Verkehr eine Gefahr darstellen (BGH NJW 83, 1326; OLG Hamm NZV 99, 291; Geigel-Kaufmann Kap 25 Rn 60). Be- u Entladen gehört dann zum Betrieb, wenn ein innerer Zusammenhang mit der Funktion des Kfz's als Verkehrs- und Transportmittel besteht (NZV 89, 18; OLG Hamm NZV 01, 84; Geigel-Kaufmann, Kap 25 Rn 63). Das gilt auch dann, wenn das Entladen mit Hilfe spezieller Entladevorrichtungen des Kfz's erfolgt (BGH aaO; OLG Hamm NZV 92, 109, 115). Kein Betrieb jedoch, wenn die Motorkraft ausschließlich als Arbeitsmaschine eingesetzt wird (BGH NJW 15, 1681), zB beim Ein- bzw Abpumpen von Öl (BGH MDR 95, 365; OLG Köln NZV 89, 276). Schäden, die während der Fahrt durch die Ladung oder durch Insassen verursacht werden, sind dem Betrieb des Kfz's zuzurechnen (OLG Köln VRS 88, 171). Entsprechendes gilt für Schäden durch umherfliegendes Streugut eines Streufahrzeuges (BGH NZV 89, 18) sowie bei Wegschleudern eines Steines durch einen sich im Mähvorgang auf dem Seitenstreifen befindlichen Unimogs (BGH NZV 05, 305; OLG Hamm vom 3.7.2015 – 11U 94/14; Beck RS 2015, 14127).

11 Zuzurechnen ist die Betriebsgefahr nur dann, wenn es sich um eine Auswirkung derjenigen Gefahren handelt, hinsichtlich derer der Verkehr nach dem Sinn der Haftungsvorschrift schadlos gehalten werden soll (BGH NJW 12, 1951; NJW 2013, 1679). Daher besteht keine Haftung, wenn ein parkendes Fahrzeug durch Dritte vorsätzlich in Brand gesetzt wird (BGH NJW-RR 08, 764) oder beim Sturz eines Unfallbeteiligten auf eisglatter Fahrbahn nach Verlassen des Fahrzeuges (NJW 13, 1679).

12 **e) Betrieb eines Anhängers.** Diese Grundsätze sind entsprechend auf den **Betrieb von Anhängern** anzuwenden. Insbesondere ist ein Anhänger nicht lediglich dann im Betrieb, wenn er mit einem Zugfahrzeug verbunden ist. Ziel des Gesetzgebers war es ausdrücklich, für Anhänger in der gleichen Weise eine Gefährdungshaftung zu schaffen wie für Kraftfahrzeuge, so dass etwa auch ein vorübergehend im öffentlichen Verkehrsraum abgestellter Anhänger „im Betrieb" ist (vgl Stellungnahme des Bundesrates, BTDr 14/7752 S 50 einerseits und Stellungnahme der Bundesregierung hierzu, S 56 andererseits).

13 **f) Ursächlichkeit, Zurechnungszusammenhang.** Der Betrieb des Kfz muss den eingetretenen Schaden **adäquat verursacht** haben. Die Adäquanz bildet jedoch im Rahmen des § 7 StVG nur einen groben Filter. Erforderlich ist darüber hinaus, dass das Schadensereignis dem Betrieb eines Kfz nach dem **Schutzzweck** der Gefährdungshaftung auch zugerechnet werden kann (BGH NJW 17, 1173; OLG Stuttgart NZV 13, 349). Hierbei kommt es maßgeblich darauf an, ob der Unfall in einem nahen örtlichen und zeitlichen Zusammenhang mit einem

bestimmten Betriebsvorgang oder einer bestimmten Betriebsreinrichtung des Kfzs steht (BGH NJW 17, 1173; 05, 2081). Dieser Zurechnungszusammenhang fehlt insbesondere für Schäden, in denen sich ein gegenüber der Betriebsgefahr eigenständiger Gefahrenkreis verwirklicht hat (BGH NZV 90, 425 m Anm Lange NZV 91, 387; NJW 04, 1375; OLG Frankfurt NJW-RR 04, 172). Von daher ist der Zurechnungszusammenhang zu verneinen, wenn bei einem Kfz die Fahrzeugeigenschaft gegenüber der Verwendung als Arbeitsmaschine keine Rolle mehr spielt (BGH NJW 15, 1681; NZV 91, 185; 95, 185; OLG Hamm r+s 14, 202). Anders verhält es sich, wenn eine fahrbare Arbeitsmaschine während der Fahrt bestimmungsgem Arbeiten verrichtet (BGH NZV 05, 305; OLG Saarbrücken NZV 06, 418). Dem Betrieb des Kfz nicht mehr zuzurechnen ist es, wenn dessen Fahrer nach einem Unfall den Unfallgegner fälschlich beschuldigt und sich dieser darüber so aufregt, dass er einen Schlaganfall erleidet (BGH NJW 89, 2616), wenn ein am Unfall Unbeteiligter durch das Miterleben des Geschehens psych. Schäden erleidet (BGH NJW 07, 2764), wenn sich ein an einem Unfall beteiligter Fahrer im Zustand geistiger Verwirrung in Selbsttötungsabsicht vor ein anderes Fahrzeug wirft (Fra NZV 90, 395), oder die durch Fahrzeuglärm ausgelöste Panikreaktion von Tieren (BGHZ 115, 84 = NZV 91, 387; OLG Hamm MDR 97, 350). Der Zurechnungszusammenhang fehlt auch, wenn der Schaden durch ein vorsätzlich in Brand gesetztes Kfz verursacht wurde (BGH NJW-RR 08, 764; OLG München NZV 95, 125), nicht jedoch, wenn die Inbrandsetzung einen Kurzschluss verursacht und das Kfz dadurch in Bewegung versetzt wird (OLG Saarbrücken NZV 98, 327; OLG Düsseldorf NZV 96, 113) oder bei Selbstentzündung nach vorausgegangener Fahrt (OLG Koblenz NVwZ-RR 01, 382). Der Zurechnungszusammenhang ist gegeben beim Sturz eines Verkehrsunfallbeteiligten auf eisglatter Fahrbahn während der Inaugenscheinnahme der Unfallfolgen (BGH NJW 13, 1679). Zum haftungsrechtlichen Zusammenhang zwischen Erst- und Folgeunfall vgl BGH NJW 04, 1375; 11, 292; OLG Koblenz NJW-RR 05, 970; OLG München r+s 13, 568; zwischen durch Polizeifahrzeuge herbeigeführten „künstlichen" Stau u Auffahrunfall OLG Bamberg NZV 07, 241.

Der Zurechnungszusammenhang scheitert nicht daran, dass es an einer Fahrzeugberührung fehlt (BGH NJW 88, 2802; KG VersR 97, 1292). Er ist zB zu bejahen, wenn durch Kettenfahrzeuge die Fahrbahn verschmutzt worden ist und deshalb später ein anderes Kfz ins Schleudern gerät (BGH NJW 82, 2669), wenn von einer an einem Kfz angebrachten Mähmaschine, mit der der Grünstreifen geschnitten wird, ein Stein aufgewirbelt wird, durch den ein vorbeifahrendes Kfz beschädigt wird (BGH NZV 05, 305), wenn der Luftsog eines fahrenden Lkw bewirkt, dass ein die Fahrbahn überragender Ast eines Baumes abbricht und dadurch eine Radfahrerin verletzt (OLG Hamm NZV 09, 31), wenn sich in der Garage Teile an dem noch heißen Auspuff entzünden und durch den jetzt ausbrechenden Brand Dritte geschädigt werden (OLG Düsseldorf NZV 11, 195). Auch wenn der Unfall unmittelbar durch das eigene Verhalten des Geschädigten ausgelöst wurde, reicht es aus, dass dieses durch das Kfz des Unfallgegners (mit-)veranlasst worden ist. Selbst eine obj nicht erforderliche Reaktion ist dem auslösenden Kfz zuzurechnen; es genügt, wenn zB eine Ausweichreaktion durch den Betrieb des gegnerischen Kfz ausgelöst worden ist (BGH NJW 10, 3713; BGH NJW 88, 2802; NJW 05, 2081; OLG Hamm NZV 01, 301). Nicht erforderl ist, dass die von dem Geschädigten vorgenommene Ausweichreaktion aus seiner Sicht erforderl war oder sich gar für ihn als die einzige Möglichkeit darstellte, um eine 14

Kollision zu vermeiden (BGH NZV 10, 612; NK-GVR/Kuhnert Rn 31; aA KG NZV 00, 43).

15 Auch insoweit sind die für Kfz entwickelten Grundsätze entsprechend auf **Kfz-Anhänger** zu übertragen. Einer Haftung steht nicht entgegen, dass der Schaden nicht oder nicht ausschließlich durch den Anhänger, sondern durch das Zugfahrzeug verursacht wird (BTDr 14/7752, 29). In diesen Fällen gewähren §§ 17 Abs 2, 18 Abs 3 StVG nF dem Halter des Anhängers jedoch im Innenverhältnis ein Rückgriffsrecht; allerdings ist der Drittschaden nach der Auffassung des Versicherungsvertragssenats des BGH nicht nur versicherungsvertraglich, sondern auch zivilrechtlich idR von beiden Haltern hälftig zu tragen (BGHZ 187, 211 = NJW 11, 447; dazu Lemcke r+s 11, 56).

16 g) **Haftungsbegründender Schaden.** Bei dem eingetretenen Schaden muss es sich um einen **Personen- oder Sachschaden** handeln. Sachschaden idS ist auch die Beeinträchtigung eines Besitzrechts (BGH NJW 81, 750). Ein reiner Vermögensschaden ist nicht haftungsbegründend. Zum Einzelnen vgl Greger § 3, 33 ff.

17 3. **Ausschlusstatbestände. a) Abs 2: höhere Gewalt.** Nach § 7 Abs 2 StVG nF ist die Ersatzpflicht dann ausgeschlossen, wenn der Unfall durch „**höhere Gewalt**" verursacht worden ist. Der Gesetzgeber hat sich damit vom Ausschlussgrund des „unabwendbaren Ereignisses" nach § 7 Abs 2 aF verabschiedet. Damit sollte gerade im Bereich der Kinderunfälle das als unbillig empfundene Ergebnis vermieden werden, dass Kindern im Falle (vgl BTDr 14/7752 S 16, 30) eines unabwendbaren Ereignisses kein Ersatzanspruch zustand. Ziel der Änderung ist es daher, die Position von nicht motorisierten Verkehrsteilnehmern zu stärken, was insbesondere Kindern, älteren Menschen und sonstigen hilfsbedürftigen Personen zu Gute kommt.

18 Für den Bereich des Haftpflichtschadens hat die Rechtsprechung höhere Gewalt definiert als ein betriebsfremdes, von außen durch elementare Naturkräfte oder durch Handlungen dritter Personen herbeigeführtes Ereignis, das nach menschlicher Einsicht und Erfahrung unvorhersehbar ist, mit wirtschaftlich erträglichen Mitteln auch durch äußerste Sorgfalt nicht verhütet oder unschädlich gemacht werden kann und auch nicht wegen seiner Häufigkeit in Kauf zu nehmen ist (BGHZ 62, 351, 354; 109, 8, 14 f; NJW 86, 2319; Geigel-Kaufmann Kap 25 Rn 95). Hiervon im Bereich des StVG abzuweichen, besteht kein Anlass (OLG Celle DAR 05, 677; LG Itzehoe NJW-RR 03, 1465; Häußer 55 ff).

19 Die drei wesentlichen Elemente der „höheren Gewalt" sind dahin zusammenzufassen, dass es eines **von „außen"** einwirkenden, **außergewöhnlichen** und **nicht abwendbaren** Ereignisses bedarf. Ein von außen auf den Betrieb einwirkendes Ereignis liegt vor, wenn es mit dem FzBetrieb oder seinen Einrichtungen nicht in einem ursächlichen Zusammenhang steht (Geigel-Kaufmann Kap 26 Rn 30 f). Dies können Naturereignisse wie ein Erdrutsch, Blitzschlag als auch Handlungen dritter Personen, also solche, die nicht beim Betrieb angestellt oder tätig sind, sein, wie etwa Attentate, Sabotageakte, aber auch eine Selbsttötung durch Überfahrenlassen (zu letzterem OLG Frankfurt VersR 79, 451; allg Geigel-Kaufmann Kap 26 Rn 31 ff; Laws/Lohmeyer/Finke jurisPK-StVR 142). Doch setzt „höhere Gewalt" immer auch das Vorliegen der übrigen Voraussetzungen voraus. Insbesondere muss es sich um ein außergewöhnliches Ereignis handeln. Ein solches liegt vor, wenn es sich um einen seltenen in seiner Art nach einmaligen Vorfall mit Ausnahmecharakter handelt (BGH VRS 51, 259). So ist etwa ein

Naturereignis nur dann außergewöhnlich, wenn nach den konkreten Umständen des Einzelfalls nicht mit ihm gerechnet werden musste (Geigel-Kaufmann Kap 25 Rn 96; Wussow-Rüge Kap 15 Rn 23). Nicht außergewöhnlich ist auch ein Fehlverhalten anderer Verkehrsteilnehmer, insbesondere von Kindern (RGZ 44, 27; 50, 92; 54, 404; Geigel-Kaufmann Kap 25 Rn 95). Des Weiteren muss das Ereignis auch unabwendbar sein. Dies ist der Fall, wenn es nach menschlicher Einsicht und Erfahrung unvorhersehbar war, mit wirtschaftlich erträglichen Mitteln auch durch äußerste Sorgfalt nicht verhütet oder unschädlich gemacht werden konnte (BGHZ 62, 351; Bsp zu § 1 HPflG bei Geigel-Kaufmann Kap 26 Rn 31 sowie Wussow-Rüge Kap 15 Rn 24 ff). Auch Tierunfälle stellen regelmäßig keine höhere Gewalt dar (Laws/Lohmeyer/Finke jurisPK-StVR 169 f; vgl auch BGH NZV 0879). Für den Bereich des StVG bleiben vor dem Hintergrund der komplexen und unüberschaubaren Betriebsgefahren als Anwendungsbereiche der höheren Gewalt außergewöhnliche Naturereignisse und vorsätzliche Eingriffe anderer in den Straßenverkehr (vgl Laws/Lohmeyer/Finke juris PK-StVR 160 f).

Für Unfälle, die sich vor dem 1.8.2002 ereignet haben, ist die Ersatzpflicht **20** bereits bei Vorliegen eines **unabwendbaren Ereignisses** ausgeschlossen. Nach der Rechtsprechung ist ein Ereignis dann im Sinne des § 7 II StVG aF unabwendbar, wenn es auch durch äußerste Sorgfalt nicht abgewendet werden kann (BGHZ 117, 337). Gefordert wird nicht absolute Unvermeidbarkeit, sondern ein an durchschnittlichen Verhaltensanforderungen gemessenes ideales, also überdurchschnittliches Verhalten (BGH NJW 86, 183; OLG Koblenz NZV 06, 201). Dazu gehört sachgemäßes, geistesgegenwärtiges Handeln über den gewöhnlichen und persönlichen Maßstab hinaus, wobei alle möglichen Gefahrenmomente zu berücksichtigen sind (BGHZ 113, 164 = NJW 91, 1771). Bei unvorhergesehenen Gefahren ist auch dem „Idealfahrer" eine sog Schreckzeit zuzubilligen (BGH VersR 64, 753), falls er nicht durch sein Verhalten vor Eintritt der Gefahrenlage deren Auftritt hätte vermeiden können (BGHZ 117, 337 = NJW 92, 1684). Nach dem Zweck des § 7 II aF ist der Schädiger von Schäden freizustellen, die sich auch bei vorsichtigen Vorgehen nicht vermeiden lassen (BGHZ 105, 65, 69; DAR 05, 263). Unabwendbarkeit wurde bejaht bei Schleudern des Kfz's auf die Gegenfahrbahn (BGH NZV 94, 391), bei „feindlichem" Grün einer Verkehrsampel (OLG Köln NZV 92, 364), nicht aber bei Vorhandensein einer Ölspur (OLG Köln NZV 94, 230). Das Hochschleudern von Steinen durch die Räder eines Kfz's stellt in der Regel ein unabwendbares Ereignis dar (vgl LG Nürnberg NJW – RR 17, 730; LG Halle NZV 13, 490). Anders aber, wenn die Gefahr aufgrund der Umstände (Baustellen, unbefestigter Weg) nahe liegt. Dann muss die Geschwindigkeit reduziert werden (Greger § 3 Rn 486 mwN). Hochschleudern von Steinen im Rahmen und Mäharbeiten kann ein unabwendbares Ereignis sein (OLG Hamm NJW – RR 15, 1370). Unabwendbarkeit scheidet aus bei Überschreitung der Richtgeschwindigkeit von 130 km/h auf der Autobahn, wenn der Unfall bei deren Einhalt möglicherweise vermieden worden wäre (BGHZ 117, 337 = NJW 92, 1684; OLG Nürnberg NJW 11, 1155; OLG Hamm NZV 00, 42; OLG Hamm NZV 94, 193). Unabwendbarkeit wurde auch verneint bei Fehlreaktion nach Platzen eines Reifens bei 90 km/h auf der Autobahn. Die Unabwendbarkeit entfällt auch dann, wenn der Fahrer in der kritischen Situation zwar optimal reagiert hat, der Idealfahrer jedoch gar nicht erst in diese Situation gekommen wäre (OLG Bremen DAR 01, 273; OLG Koblenz NZV 06, 201). Auch für den Idealfahrer gilt – wenn auch in eingeschränktem Ausmaß – der Vertrauensgrundsatz (vgl § 1 StVO Rn 24). Der Idealfahrer darf darauf vertrauen, dass andere Verkehrsteilnehmer grobe Verkehrsverstöße unterlassen (vgl BGH VersR 85, 86; NJW 86, 183; OLG Hamm NZV 99, 374; OLG München NZV 93, 26). Der Idealfahrer darf grundsätzlich auf die Wartung des grünen Lichtes einer Ampelanlage vertrauen (BGH NJW 75, 695; OLG Köln NZV 92, 364; § 37 StVO Rn 9 mwN). Der Vertrauensgrundsatz gilt auch im Hinblick auf Kinder. Hierbei ist allerdings die Wertung des § 3 II a StVO zu berücksichtigen, so dass an den Idealfahrer insoweit noch erhöhte Anforderungen an die Sorgfalt zu stellen sind (vgl OLG Celle NZV 05, 261; OLG Hamm NZV 01, 302).

21 Beruht der Unfall auf einer plötzlichen Bewusstlosigkeit oder einem sonstigen körperlichen oder geistigen Versagen des Fahrers, so scheidet ein unabwendbares Ereignis aus (BGHZ 23, 90). Solche Ausfälle sind dem Versagen der Verrichtungen gleich zu setzen (Grüneberg in B/B Kap 4 A Rn 44).

22 **Fehler in der Beschaffenheit** des Fahrzeuges führen immer zum Eingreifen der Halterhaftung, wobei auf den zum Unfallzeitpunkt geltenden Stand der Technik abzustellen ist (vgl Grüneberg in B/B Kapitel 4 A Rn 39). Beschaffenheitsfehler sind solche, die auf der Konstruktion und auf der Bauausführung, aber auch auf mangelhafter Unterhaltung des Fahrzeuges und seiner Teile beruhen. Auch ein Versagen der Verrichtung des Fahrzeuges führt immer zur Halterhaftung. Hierunter sind solche Defekte zu verstehen, die plötzlich auftreten, wie zB Störung der Lenkung, Reißen der Anhängerkupplung wegen eines verborgenen Materialfehlers, Versagen der Bremsstoffzufuhr, plötzliche Motorschäden oder Hinterlassen einer Ölspur (vgl Hentschel-König 37, § 17 StVG Rn 30 mwN).

23 **b) Abs 3: Haftungsausschluss bei Schwarzfahrten.** Die Halterhaftung nach Abs 1 scheidet auch dann aus, wenn jemand das Kfz ohne Wissen und Wollen des Halters benutzt und dies nicht auf einem Verschulden des Halters beruht. **Benutzer** ist derjenige, der sich das Kfz unter Verwendung der motorischen Kraft als Fortbewegungsmittel dienstbar macht und dadurch sich eine halterähnliche Verfügungsmacht über das Fahrzeug verschafft (BGH NJW 57, 500). Aus dem Erfordernis einer halterähnlichen Verfügungsmacht folgt, dass das Benutzen des Kfz nicht zwangsläufig ein Führen voraussetzt (BGH DAR 61, 118). Benutzer ist auch derjenige, der zwar nicht selber fährt, jedoch im Rahmen der Schwarzfahrt eine derart dominante Position einnimmt, dass er ihr seinen Stempel aufdrückt, sie veranlasst und steuert.

24 Die Benutzung muss **ohne Wissen und Wollen des Halters** erfolgt sein (RGZ 79, 312). Entscheidend ist, dass die Benutzung gegen den ausdrücklichen oder konkludenten Willen des Halters erfolgt (vgl OLG Nürnberg NZV 11, 538 Geigel-Kaufmann Kap 25 Rn 227). Maßgeblich ist der Gesamtcharakter der Fahrt. Geringfügige Abweichungen im Hinblick auf Zweck, Ziel und Dauer der Fahrt von der Weisung des Halters können unerheblich sein, wenn eine Genehmigung bei verständiger Würdigung nicht ausgeschlossen erscheint (BGH VersR 84, 834). Die private Nutzung eines Geschäftswagens stellt bei fehlender Genehmigung eine „Schwarzfahrt" dar (BGH VersR 93, 1092).

25 Trotz Vorliegens einer „Schwarzfahrt" bleibt die Haftung des Halters neben der des unberechtigten Benutzers bestehen, wenn er die „Schwarzfahrt" durch sein schuldhaftes Verhalten ermöglicht hat. Insoweit ist ein **persönlich** anzurechnendes Verschulden erforderlich. Das Fehlverhalten von Angestellten oder sonstigen Hilfspersonen wird dem Halter nicht zugerechnet (OLG Jena NZV 04, 312). Ein Verschulden des Halters setzt daher eine mangelnde Beaufsichtigung des Kfz, ein fehlerhaftes Verhalten bei der Auswahl oder Beaufsichtigung des Fahrers

voraus. An die Sorgfalt des Halters sind strenge Anforderungen zu stellen (OLG Oldenburg NZV 99, 294; OLG Köln NJW-RR 96, 601). Insbes ist der Halter verpflichtet, das Kfz ggü einer Benutzung durch Unbefugte zu sichern. Hier können die Anforderungen des § 14 II StVO als Maßstab herangezogen werden (vgl Geigel-Kaufmann Kap 25 Rn 235). Der Halter darf den Schlüssel generell nicht im Zündschloss stecken lassen, auch wenn er nur für wenige Augenblicke sein Kfz verlässt (Je NZV 99, 331). Zündschlüssel und Garagenschlüssel sind sorgfältig und sicher aufzubewahren. Sie dürfen nur zuverlässigen Personen anvertraut werden (BGH VersR 70, 66; OLG Hamm VersR 85, 843). Ggü Familienangehörigen müssen die Schlüssel aber nur dann unzugänglich aufbewahrt werden, wenn aufgrund früherer Verhaltensweisen mit einer unbefugten Benutzung gerechnet werden musste (OLG Frankfurt VersR 87, 54; OLG Hamm VersR 87, 205).

Abs 3 Satz 2 versagt dem Halter den haftungsausschließenden Einwand der 26 Schwarzfahrt auch dann, wenn der Benutzer vom Halter für den Betrieb des Kfz angestellt worden ist, oder wenn der Halter dem Benutzer das Fahrzeug überlassen hat. **Für den Betrieb des Kfz ist derjenige angestellt,** der in dem ihm vom Halter zugewiesenen Aufgabenbereich das Kfz steuern und benutzen soll (BGH DAR 61, 253). Er muss nicht unbedingt Arbeitnehmer des Halters sein (vgl Geigel-Kaufmann Kap 25 Rn 248). Der Halter hat dem Benutzer das Kfz **überlassen,** wenn er diesem die Benutzungsmöglichkeit eingeräumt hat (BGH VersR 72, 1070). Die Halterhaftung endet jedoch dann, wenn der Überlassende durch den Vollzug der Verfügungsgewalt nicht mehr als Halter angesehen werden kann (BGH NZV 97, 116).

Versicherungsrechtlich stellt sich eine Schwarzfahrt als Obliegenheitsverletzung 27 im Sinne des § 6 Abs 1 VVG dar. Wie sich aus § 5 Abs 3 KfzPflVV ergibt, besteht Leistungsfreiheit bis maximal 5000,– Euro.

4. Beweisfragen. Der Geschädigte muss nach allgemeinen Grundsätzen den 28 Haftungsgrund beweisen. Er trägt somit die Beweislast für den Ursachenzusammenhang zwischen dem Betrieb des beteiligten Kfz und dem Unfall (OLG Köln NZV 89, 237) sowie zwischen dem Unfall und dem Schaden (vgl im Einzelnen Geigel-Kaufmann Kap 25 Rn 249; Grüneberg in B/B Kap 4 A Rn 60 ff). Dem **Halter** obliegt der Nachweis derjenigen Tatsachen, aus deren Vorliegen sich „höhere Gewalt" nach § 7 II ergibt. Entsprechendes gilt auch für die Voraussetzungen des unabwendbaren Ereignisses. Der Geschädigte, der den unbefugten **Nutzer** nach § 7 III 1 in Anspruch nehmen will, muss neben der sonstigen Voraussetzungen des § 7 I statt der Haltereigenschaft des Anspruchsgegners dessen unbefugte Nutzung nachweisen. Will er auch den Halter in Anspruch nehmen, muss er entsprechend 7 III 1 Hs 2 nachweisen, dass dieser die unbefugte Nutzung schuldhaft ermöglicht hat (vgl OLG Düsseldorf VersR 84, 895; OLG Hamm NZV 95, 320; OLG Jena NZV 04, 312). Der sicherungspflichtige Halter muss jedoch darlegen, durch welche Maßnahmen er sein Kfz gegen eine unbefugte Nutzung gesichert hat (Geigel-Kaufmann Kap 25 Rn 263). Wenn feststeht, dass objektiv gegen die Pflicht verstoßen wurde, das Kfz ordnungsgemäß zu sichern, so spricht regelmäßig der Anscheinsbeweis dafür, dass der Halter die erforderliche Sorgfalt nicht angewandt hat (OLG Karlsruhe NZV 92, 485). Auch für die Voraussetzungen des § 7 III 2 muss der Geschädigte die Voraussetzungen beweisen. Der in Anspruch genommene unbefugte Benutzer kann sich entlasten, indem er die Tatsache nachweist, welche die Entlastungstatbestände des § 7 II oder 7 III Satz 2 erfüllen.

29 **5. Literatur.** Burmann/Jahnke „Haftung für Betriebsgefahr" DAR 2016; 313 ff; Häußer, „Der Tatbestand der höheren Gewalt im StVG" Berlin 2006.

Vor §§ 8, 8a

Die §§ 8 und 8a StVG sind durch das 2. SchadÄndG mit Wirkung vom 1.8.2002 wesentlich verändert worden (vgl hierzu Heß/Jahnke, 33). Insbesondere ist die in § 8a Abs 1 StVG aF geregelte Beschränkung der Haftung im Falle der Verletzung oder Tötung auf **entgeltlich beförderte Personen** entfallen (eine Forderung des VGT 1995). Die Insassen sind jetzt **allen übrigen Geschädigten gleichgestellt** (s. näher § 8a Rn 2 ff). Die gesetzliche Regelung von 2002 verbessert die Rechtsstellung des unentgeltlich beförderten Insassen in zweierlei Hinsicht: Er erhält nun überhaupt erst einen Schadensersatzanspruch aus der Gefährdungshaftung, die durch die Neufassung der §§ 11 S 2 StVG, 253 BGB dann auch ein Schmerzensgeld umfasst. Ist der Insasse bei einem Unfall mit einem anderen Kfz verletzt worden, kann er nun gesamtschuldnerisch Ansprüche gegen den Halter und Fahrer (bzw den Versicherer) des Fahrzeugs, in dem er sich befunden hat, und/oder gegen Halter und Fahrer (bzw Versicherer) des anderen beteiligten Fahrzeuges geltend machen (Heß/Jahnke, 33). Ferner ist auch hier berücksichtigt, dass der **Anhänger** jetzt in die Gefährdungshaftung mit einbezogen ist.

§ 8 Ausnahmen

Die Vorschriften des § 7 gelten nicht,
1. **wenn der Unfall durch ein Kraftfahrzeug verursacht wurde, das auf ebener Bahn mit keiner höheren Geschwindigkeit als 20 Kilometer in der Stunde fahren kann, oder durch einen im Unfallzeitpunkt mit einem solchen Fahrzeug verbundenen Anhänger,**
2. **wenn der Verletzte bei dem Betrieb des Kraftfahrzeugs oder des Anhängers tätig war oder**
3. **wenn eine Sache beschädigt worden ist, die durch das Kraftfahrzeug oder durch den Anhänger befördert worden ist, es sei denn, dass eine beförderte Person die Sache an sich trägt oder mit sich führt.**

Übersicht

	Rn
1. Allgemeines	1
2. Ausschluss der Gefährdungshaftung bei langsam fahrenden Kfz	2
3. Ausschluss der Gefährdungshaftung gegenüber bei dem Betrieb des Kfz oder Anhängers tätigen Personen	7
4. Ausschluss der Gefährdungshaftung bei Beförderung von Sachen	11

1 **1. Allgemeines.** Unter den Voraussetzungen des § 8 StVG besteht ein Ausschluss der Gefährdungshaftung (§ 7 StVG). Allerdings kann sich eine Haftung aus §§ 823 ff BGB ergeben (vgl § 16 StVG). Die Voraussetzungen des § 8 StVG muss der Halter beweisen (BGH NZV 97, 390).

2 **2. Ausschluss der Gefährdungshaftung bei langsam fahrenden Kfz.** Ansprüche aus der Gefährdungshaftung nach §§ 7, 18 StVG bestehen nicht, wenn

Ausnahmen **§ 8 StVG**

der Unfall durch ein Kfz verursacht wurde, das auf ebener Bahn mit keiner höheren Geschwindigkeit als **20 km/h** fahren kann. Die Regelung ist, obwohl von derartigen Kfz im Straßenverkehr heute eher größere als geringere Gefahren ausgehen als von schnelleren Kfz (Medicus DAR 00, 442; Greger HaftR § 19 Rn 4), durch das 2. SchadÄndG nicht aufgehoben worden; sie ist vor allem deshalb fragwürdig, weil schnellere Fahrzeuge auch dann der Gefährdungshaftung unterliegen, wenn sie auf der Fahrbahn abgestellt sind.

a) Maßgebend ist nach der neueren Rechtsprechung des BGH (BGHZ 136, 69 = NZV 97, 390 – Radlader; s a LG Bad Kreuznach r+s 00, 324 – Gabelstapler) nicht die bauartbedingte, sondern die **konstruktionsbedingte Beschaffenheit;** es reicht aus, dass im Unfallzeitpunkt eine höhere Geschwindigkeit als 20 km/h infolge technischer Vorrichtungen oder Sperren nicht erreichbar war (OLG Hamm NZV 14, 213). Der Halter, der sich auf diese Ausnahmevorschrift beruft, hat den Tatbestand des § 8 StVG zu beweisen (BGHZ 136, 69 = NZV 97, 390). 3

b) Neu aufgenommen ist, dass dieser Haftungsausschluss jetzt auch für einen im Unfallzeitpunkt mit einem solchen Fahrzeug **verbundenen Anhänger** gilt. 4

c) Bei einem Unfall mit einem derartigen Kfz oder Anhänger können **nur Ansprüche aus der Verschuldenshaftung** (§§ 823, 831 BGB, § 115 VVG) gegen Fahrer, Halter und Haftpflichtversicherer bestehen. Das gilt auch für verletzte Insassen. Liegen die besonderen Voraussetzungen des § 2 Abs 1 Nr 6 PflVG (Arbeitsmaschine, nicht schneller als 6 km/h) vor, fällt das Kfz nicht unter die KH-Pflichtversicherung. Es besteht dann evtl allenfalls eine Betriebs-Haftpflichtversicherung. In diesem Falle kann der Haftpflichtversicherer (ebenso wie zB bei Ansprüchen gegen Fußgänger oder Radfahrer) nicht im Wege der Direktklage aus § 115 VVG in Anspruch genommen werden (BGH NZV 97, 511 = ZfS 98, 8; OLG Hamm r+s 02, 11). 5

Weil der **Halter eines mit einem Kfz verbundenen Anhängers** jetzt gem § 7 StVG haftpflichtig ist, ist hier aufgenommen worden, dass bei einem langsam fahrenden Kfz § 7 StVG für den Halter des Anhängers nicht gilt. 5a

Das ist konsequent. Für den **Halter eines von dem langsam fahrenden Kfz getrennten Anhängers** fehlt aber eine entsprechende Regelung. Es muss deshalb angenommen werden, dass beim getrennten Anhänger § 7 StVG immer Anwendung findet. Das ist nicht besonders einleuchtend (krit zur derz Regelung auch Medicus DAR 00, 442 und G. Müller DAR 02, 549). Greger (§ 3 Rn 119) lehnt die Haftung des Anhänger-Halters in diesem Fall im Wege der teleologischen Reduktion ab. 5b

Ist bei dem Unfall mit dem langsam fahrenden Kfz auch ein der Gefährdungshaftung unterliegendes Kfz beteiligt, ist § 17 StVG – insbes auch § 17 Abs 3 StVG – nicht anwendbar; § 17 StVG setzt voraus, dass beide Seiten, Schädiger und Geschädigter, als Kfz-Halter für die Betriebsgefahr des Kfz nach § 7 StVG einstehen müssen. Die Abwägung hat in diesem Falle – wie bei einem Unfall mit einem Fußgänger oder Radfahrer – nach **§ 254 BGB** zu erfolgen, evtl iVm § 9 StVG. 6

3. Ausschluss der Gefährdungshaftung gegenüber bei dem Betrieb des Kfz oder Anhängers tätigen Personen. Schon nach § 8 StVG aF bestanden Ansprüche aus der Gefährdungshaftung nicht, wenn der Verletzte „**bei dem Betrieb des Kfz tätig**" war. Insoweit ist jetzt in § 8 Nr 2 StVG nF ausdrücklich erwähnt, dass dieses auch dann gilt, wenn der Verletzte „**bei dem Betrieb des Anhängers tätig**" war. Die bei dem Betrieb tätigen Personen können somit allenfalls aus der Vertrags- oder der Verschuldenshaftung Schadensersatzansprüche 7

Heß 857

gegen den Kfz-Halter haben. Dies entspricht auch dem Normzweck, denn wer sich freiwillig in den Gefahrenbereich begibt, hat ein geringeres Schutzbedürfnis (vgl auch Greger HaftR § 19 Rn 9). Beim Betrieb tätig sind Personen, die durch unmittelbare Beziehung zu den Kfz-Triebkräften der typ BG mehr als andere ausgesetzt sind (BGH NJW 11, 292; NJW 54, 393). Nur tatsächliches Verhalten erfüllt den Begriff des Tätigseins, nicht schon das Veranlassen einer fremden Tätigkeit (BGH NZV 92, 145). Es handelt sich um eine eng auszulegende Ausnahmevorschrift (BGH NZV 92, 145).

8 **a)** Zu diesem Personenkreis gehört in erster Linie der **Fahrer**. Verunglückt zB der Fahrer eines Mietwagens aufgrund eines technischen Fehlers des Mietwagens, kommen nur Ersatzansprüche aus der Vertrags- oder der Verschuldenshaftung gegen den Halter in Betracht. Das leuchtet ein, da der Halter ihm die Beherrschung der Betriebsgefahr anvertraut hat.

9 **b)** Zu diesem Personenkreis gehört auch der **Fahrschüler** (BGH NZV 89, 105; OLG Saarbrücken NZV 98, 246; Geigel-Kaufmann Kap 25, Rn 287). Zwar gilt nicht nach § 2 Abs 15 S 2 StVG allein der Fahrerlehrer als der Fahrer des Kfz; der Fahrschüler wird aber ebenfalls bei dem Betrieb des Kfz tätig. Der **Beifahrer** kann zu diesem Personenkreis gehören, aber nur, während er irgendwie beim Betrieb des Kfz oder Kfz-Anhängers tatsächlich tätig wird, zB bei der Überprüfung eines Defekts (BGH NZV 89, 105), oder wenn er Einfluss auf die Fahrstrecke nimmt (OLG Saarbrücken SP 09, 389 = OLGR 09, 511). Dagegen hat der Beifahrer, der zur Ablösung mitfährt, bei einem Unfall während der Mitfahrt wie jeder sonstige Insasse Ansprüche aus der Gefährdungshaftung (Greger § 19 Rn 10 f). Der Insasse wird beim Betrieb tätig, wenn er die Wagentür öffnet (OLG München VersR 66, 987; Greger aaO). Insgesamt ist, nachdem grundsätzlich die Insassen allen übrigen Geschädigten gleichgestellt worden sind, die Regelung des § 8 Nr 1 StVG insoweit als Ausnahmevorschrift eng auszulegen (s. auch BGH NJW 11, 292).

10 **c)** Zu dem unter § 8 Nr 2 StVG fallenden Personenkreis können schließlich auch alle Personen gehören, die beim **Tanken, Reparieren, Waschen, Be- und Entladen, An- und Wegschieben** des Kfz oder des Anhängers Hilfe leisten (Wussow/Baur, UHR, 15. Aufl, Kap 17, Rn 13; Geigel/Kaufmann Kap 25 Rn 294 ff). Allerdings gilt das nur, wenn ihre Tätigkeit in unmittelbarer Beziehung zum Betrieb des Kfz steht und wenn sie den vom Kfz ausgehenden besonderen Gefahren stärker ausgesetzt sind als die Allgemeinheit; die Tätigkeit muss der Förderung des Betriebes dienen, zudem muss sie von gewisser Dauer sein, gelegentliche Mithilfeleistungen unbeteiligter Personen reichen nicht aus (BGH NJW 11, 292; Greger § 19 Rn 11). Der Halter haftet deshalb aus § 7 StVG, wenn nach einem Unfall ein Unbeteiligter bei dem Versuch verletzt wird, zur Absicherung der Unfallstelle das Warndreieck aus dem Kofferraum des Unfallfahrzeugs zu nehmen (BGH NJW 11, 292). Demgegenüber wird derjenige, der im Winter auf schneeglatter Fahrbahn ein stehengebliebenes Fahrzeug anschiebt, bei dessen Betrieb tätig (OLG Düsseldorf BeckRS 2015, 06717). Geht es nicht um Nothilfe iSd § 2 Abs 1 Nr 13a SGB VII, sondern um Mithilfe iSd § 2 Abs 2 SGB VII, ist zudem zu beachten, dass Ersatzansprüche wegen Personenschäden häufig schon nach den Regelungen über die Haftungsfreistellung (§§ 104 ff SGB VII) ausgeschlossen sind.

11 **4. Ausschluss der Gefährdungshaftung bei Beförderung von Sachen. a)** Die Gefährdungshaftung greift bei der **Beschädigung beförderter Sachen**

grundsätzlich nicht ein. Dann kommen nur vertragliche Ansprüche oder Ansprüche aus der Verschuldenshaftung in Betracht. Dieses ist jetzt klarer dadurch geregelt, dass die Regelung nicht mehr in § 8a Abs 1 S 2 StVG versteckt ist, sondern in § 8 StVG und in einen selbstständigen Absatz (Abs 3) übernommen ist. Dort ist jetzt klargestellt, dass dieses auch für auf einem **Anhänger** beförderte Sachen gilt.

b) Anders war es immer schon geregelt im Falle der entgeltl Personenbeförderung hinsichtl der **Sachen, die eine beförderte Person an sich trägt oder mit sich führt.** Insoweit konnte bisher **bei entgeltlicher, geschäftsmäßiger Personenbeförderung** auch iRd Gefährdungshaftung Ersatz gefordert werden. 12

Nachdem für Personenschäden von Insassen die Beschränkung auf entgeltliche, geschäftsmäßige Personenbeförderung gefallen ist, musste sie auch hier fallen. Seit dem 1.8.2002 ist deshalb **auch bei unentgeltlicher Personenbeförderung** im Rahmen der Gefährdungshaftung Ersatz zu leisten für Schäden an Sachen, die Insassen an sich tragen oder mit sich führen. 13

Zu den Sachen, die eine beförderte Person an sich trägt oder mit sich führt, gehören insbesondere mitgeführte Koffer samt Inhalt und sonstiges Gepäck, ferner zB mitgeführte Fotoapparate, Fahrräder, Skier, Tiere. Zu beachten ist aber, dass nach AKB 1.5.5. Versicherungsschutz nur für Sachen besteht, die Insassen „üblicherweise mit sich führen", zB Kleidung, Brille, Brieftasche, dagegen zB nicht für einen Laptop (LG Erfurt NZV 13, 400). Hier kann evtl. für Halter und Fahrer eine erhebliche Deckungslücke bestehen (Huber NZV 2013, 401; Jahnke jurisPR-VerkR 10/2013 Anm. 4). Nicht unter § 8 Nr 3 fallen verbundene Anhänger und abgeschleppte Fahrzeuge (Greger HaftR § 3 Rn 252, § 19 Rn 14). Bei letzteren kommen evt. wechselseitig Ansprüche aus § 7 in Betracht (OLG Celle NZV 13, 292). Nicht hierunter fallen Anhänger und abgeschleppte Fahrzeuge, allerdings ist eine haftungsrechtl Betriebseinheit denkbar (Greger HaftR § 3 Rn 254, § 19 Rn 14). 14

§ 8a Entgeltliche Personenbeförderung, Verbot des Haftungsausschlusses

Im Fall einer entgeltlichen, geschäftsmäßigen Personenbeförderung darf die Verpflichtung des Halters, wegen Tötung oder Verletzung beförderter Personen Schadensersatz nach § 7 zu leisten, weder ausgeschlossen noch beschränkt werden. Die Geschäftsmäßigkeit einer Personenbeförderung wird nicht dadurch ausgeschlossen, dass die Beförderung von einer Körperschaft oder Anstalt des öffentlichen Rechts betrieben wird.

§ 8a StVG nF ordnet an, dass im Falle einer entgeltlichen geschäftsmäßigen Personenbeförderung die Verpflichtung des Halters, wegen Tötung oder Verletzung beförderter Personen Ersatz zu leisten, **weder ausgeschlossen noch eingeschränkt** werden darf. Sie liegt zB vor bei der Beförderung im Bus oder Taxi, dagegen nicht bei der Mitnahme in einer Fahrgemeinschaft (BGH NJW 81, 1842; aA Greger HaftR § 19 Rn 38). Der Begriff der Entgeltlichkeit iS des § 8a StVG ist weit auszulegen (BGH VersR 69, 161 und BGHZ 80, 303 (306) = NJW 81, 1842). Es genügt jedweder auch nur mittelbar erstrebte wirtschaftliche Vorteil (BGHZ 80, 303 (306) = NJW 81, 1842). Geschäftsmäßigkeit ist zu bejahen, wenn Personenbeförderungen gleicher Art wiederholt werden sollen und sich als dauernder oder wiederkehrender Teil der geschäftlichen Betätigung darstellen (BGH NJW 81, 1842; 91, 2143). 1

2   a) Nach der Rechtslage bis zum 31.7.2002 (§ 8a Abs 1 Satz 1 StVG aF) bestanden Ersatzansprüche des Insassen gegen den Halter und/oder Führer des Kfz, in dem er befördert worden ist, aus der Gefährdungshaftung **nur bei entgeltlicher geschäftsmäßiger Personenbeförderung** (zB bei der Beförderung im **Bus** oder **Taxi,** nicht dagegen bei der Mitnahme in einer Fahrgemeinschaft; BGH NJW 81, 1842). Bei unentgeltlicher Personenbeförderung kamen immer nur Ersatzansprüche aus der **Verschuldenshaftung** in Betracht. Die hinter der alten Regelung stehende Erwägung, wer in ein Kfz einsteige und sich so selbst freiwillig der Betriebsgefahr aussetze, sei nicht schutzwürdig, passt nicht mehr in die heutige Zeit; das hat der Gesetzgeber berücksichtigt und diese Regelung ersatzlos gestrichen. Bei der Gefährdungshaftung sind jetzt die **Insassen** sämtlich den **übrigen Geschädigten gleichgestellt.**

3   b) **Insassen** können also Fahrer und Halter des Kfz, in dem sie befördert worden sind, wegen ihrer Personen- und Sachschäden immer auch aus der Gefährdungshaftung in Anspruch nehmen, die Haftung beschränkt sich allerdings hinsichtlich der Sachschäden weiterhin auf die Sachen, die die beförderte Person an sich trägt oder mit sich führt (vgl § 8 Abs 3 StVG, Rn 11).

4   Insassen in diesem Sinne sind nicht die Personen, die zugleich zum Kreis der bei dem Betrieb des Kfz oder Kfz-Anhängers tätigen **Personen iSd § 8 Nr 1 StVG** gehören (§ 8 StVG Rn 7 ff). Für sie bleibt es deshalb bei dem Ausschluss der Gefährdungshaftung; der Fahrer kann also nicht den Halter des von ihm gefahrenen Kfz auf Ersatz in Anspruch nehmen, allenfalls aus § 823 BGB, wenn er ihm das Kfz in einem verkehrsunsicheren Zustand überlassen hat.

5   Wird der **Halter** als Insasse in seinem Kfz verletzt, kann er den Fahrer ebenfalls nur aus der Verschuldenshaftung in Anspruch nehmen, nicht aus § 18 StVG. Die Gefährdungshaftung soll **andere** vor den von einem Kfz ausgehenden Gefahren schützen, nicht den Halter, der das Kfz in den Verkehr gebracht hat und für dessen Gefahren selbst verantwortlich ist (Greger § 3, Rz. 246, 252; Wussow/Baur, UHR, Kap 17, Rn 95).

6   Das gilt auch für den Insassen, der ein fremdes Fahrzeug im Besitz hat und die Führung dieses Fahrzeugs einem anderen überlässt (OLG Saarbrücken SP 09, 389 = OLGR 09, 511).

7   c) Die Gleichstellung der Insassen mit den übrigen Geschädigten hat erhebliche Bedeutung für **Unfälle ohne Beteiligung eines weiteren Kfz,** wenn das Verschulden des Fahrers evtl nicht beweisbar (zB mögliches technisches Versagen; nicht erkennbare Glätte; Fehlverhalten eines Dritten) ist. Der verletzte Insasse kann ohne diese Nachweisprobleme Fahrer, Halter und KH-Versicherer aus der Gefährdungshaftung in Anspruch nehmen (OLG Hamm SP12, 397). Das gilt auch für verletzte Familienangehörige des Fahrers/Halters. Die unter Familienangehörigen grds geltenden Haftungsbeschränkungen gem §§ 1359, 1664 BGB greifen nicht ein, weil der Angehörige als Schädiger durch eine KH-Versicherung geschützt ist (BGH VersR 74, 117; VersR 70, 672; OLG Hamm NJW 93, 542; Ha r+s 94, 15 m Anm Lemcke).

8   Die Neuregelung hat aber auch erhebliche Bedeutung für **Unfälle unter Beteiligung mehrerer Kfz,** wenn evtl nicht aufklärbar ist, welcher Fahrer den Unfall verschuldet hat, oder wenn die Inanspruchnahme des KH-Versicherers des Unfallgegners problematisch ist (zB ausländisches Kfz). Die Insassen können den Halter des Kfz, in dem sie befördert worden sind, und dessen KH-Versicherer aus §§ 7 StVG, 115 VVG auf Schadensersatz in Anspruch nehmen; gem § 253 BGB iVm § 11 StVG auch auf Zahlung eines Schmerzensgeldes (OLG Nürnberg r+s

Mitverschulden § 9 StVG

12, 408). Es ist dann deren Sache, ggf den Unfallgegner und dessen Haftpflichtversicherer im Wege des Gesamtschuldnerausgleiches heranzuziehen.

§ 9 Mitverschulden

Hat bei der Entstehung des Schadens ein Verschulden des Verletzten mitgewirkt, so finden die Vorschriften des § 254 des Bürgerlichen Gesetzbuchs mit der Maßgabe Anwendung, dass im Fall der Beschädigung einer Sache das Verschulden desjenigen, welcher die tatsächliche Gewalt über die Sache ausübt, dem Verschulden des Verletzten gleichsteht.

Übersicht

	Rn
1. Allgemeines/Eigenes Mitverschulden	1
2. Mitverschulden dritter Personen	4
a) Erfüllungsgehilfe	4
b) Inhaber der tatsächlichen Gewalt	6
c) Fahrer/Halter	7
3. Haftungsabwägung nach § 9 StVG iVm § 254 BGB	10
a) Verletztes Kind unter 10 Jahren	13
b) Verletzter Jugendlicher unter 18 Jahren	14
c) Verletzter Erwachsener (Fußgänger oder Radfahrer)	17
d) Verletzter Insasse	20

1. Allgemeines/Eigenes Mitverschulden. Bestehen Ersatzansprüche aus der 1 Gefährdungs- oder Verschuldenshaftung gegen einen Kfz-Halter oder Fahrer, muss der Geschädigte dann, wenn er selbst ebenfalls für die **Betriebsgefahr eines Kfz** nach §§ 7, 18 StVG einstehen muss, evtl gem **§ 17 StVG** eine Anspruchskürzung hinnehmen.

Hat der Geschädigte aber – zB als Fußgänger oder Radfahrer – nur für ein 2 **Mitverschulden** einzustehen, muss er bei der Inanspruchnahme des Kfz-Halters oder Fahrers eine Anspruchskürzung hinnehmen, bei Ansprüchen aus der Verschuldenshaftung nach § 254 BGB, bei Ansprüchen aus der Gefährdungshaftung nach §§ 9 StVG, 254 BGB. Die Darlegungs- und Beweislast hinsichtlich eines Mitverschuldens trifft den Schädiger (BGH, Beschl. v. 19.8.2014 – VI ZR 308/13 = juris). Bei besonderen Fallgestaltungen kann die Abwägung der Verursachungsbeiträge zu dem Ergebnis kommen, dass einer der Beteiligten allein für den Schaden aufkommen (BGH NJW 98, 1137). Eine vollständigen Kürzung unter dem Gesichtspunkt des Mitverschuldens ist aber nur ausnahmsweise in Betracht zu ziehen (BGH BeckRS 15, 09446).

Bei der Abwägung der Verursachungsbeiträge sind nur feststehende Umstände, die für das Ereignis zumindest mitkausal waren, einzubeziehen. Nur vermutete oder nur mögliche Tatbeiträge haben außer Betracht zu bleiben (st. Rechtspr. BGH NJW 12, 2425).

§ 9 StVG stellt also klar, dass sich der Geschädigte auch im Rahmen der Gefähr- 3 dungshaftung ein mitwirkendes Verschulden evtl gem § 254 BGB anspruchskürzend zurechnen lassen muss; diese Regelung ist durch das 2. SchadÄndG **nicht verändert** worden.

Das Mitverschulden kann sich nicht nur auf die Entstehung des Schadens (§ 254 I BGB) beziehen (Verletzung von Verkehrsvorschriften), sondern auch auf den Schadensumfang (§ 254 II BGB). Dieses liegt insbesondere vor bei der Verletzung der Gurt- und Helmpflicht (vgl § 21a StVO Rn 6 ff). Ob und wann für Radfahrer eine Helmpflicht besteht, ist umstritten (bejahend OLG Schleswig, r+s 13, 353, noch offen gelassen in BGH NZV 09, 177). Nun hat der BGH diese Frage für den Unfall mit einem Cityrad für das Unfalljahr 2011 entschieden und ein Mitverschulden entgegen der Vorinstanz (OLG Schleswig r+s 2013, 353) verneint (BGH VI ZR 152/78= NJW 14, 2493; so auch OLG Celle BeckRS 14, 03723). Für das Unfalljahr konnte der BGH noch nicht das erforderliche Bewusstsein feststellen, dass ein verständiger Radfahrer sich mit einem Helm schützt. Offen gelassen wurde dies für spätere Unfalljahre wie für einen bestimmten Kreis von Radfahrern, bei denen eine erhöhte Gefährdung vorliegt (Kinder, Rennradfahrer). So wird für Rennradfahrer idR ein Mitverschulden bejaht (OLG Düsseldorf NZV 07, 614 und 619; OLG Saarbrücken NZV 08, 202; OLG München, BeckRS 2012, 18086 – auch zum Anscheinsbeweis für sportliche Fahrweise – Rennrad, Klickpedale; zur Diskussion Fahrradhelm vgl Huber, NZV 14, 489; Scholten SVR 12, 161; Figgener, NJW-Spezial 14, 522). So hat das LG Bonn (NZV 15, 395) das Mitverschulden eines ohne Helm fahrenden sog. Speed-Pedelec – Fahrers (Unfallgeschwindigkeit zwischen 35 und 40 km) mit 50% bewertet. Das OLG Hamm (9 U 173/16) hat auch für das Jahr 2013 noch kein ausreichendes Bewusstsein zum Tragen eines Fahrradhelmes festgestellt. Für die Anrechnung eines Mitverschulden muss aber immer zusätzlich feststehen, dass das geforderte Verhalten den Schaden verhindert oder zumindest abgemildert hätte. Die Frage des Mitverschuldens und des Fahrradhelms waren auch Gegenstand eines Arbeitskreises beim 50 VGT in Goslar.

Das OLG München (BeckRS 17, 112372) hat für die Zurechnung eines Mitverschuldens noch kein ausreichendes allgemeines Verkehrsbewusstsein zum Tragen von Motorradstiefeln festgestellt. Das OLG Brandenburg (NJW-RR 10, 538) hat dies für das Tragen von Schutzkleidung bejaht.

Ausführlich zu der Frage des Mitverschuldens vgl Jahnke § 254 BGB.

4   **2. Mitverschulden dritter Personen. a) Erfüllungsgehilfe.** Für ein **Mitverschulden dritter Personen** hat der Geschädigte im Rahmen des § 254 BGB nach § 278 BGB einzustehen, wenn sie **Erfüllungsgehilfe** sind; § 254 Abs 2 S 2 BGB gilt nach allgemeiner Meinung auch für § 254 Abs 1 BGB.

5   Voraussetzung für die Anwendung des § 278 BGB ist aber, dass zwischen dem Geschädigten und dem Schädiger im Augenblick des Unfalls bereits eine vertragliche Beziehung, ein Schuldverhältnis oder eine einem Schuldverhältnis ähnliche **Sonderrechtsbeziehung** bestand (BGH NJW 88, 2667); nur dann kann ein Dritter Erfüllungsgehilfe des Geschädigten iS des § 278 BGB gewesen sein. Eine derartige Beziehung entsteht jedoch idR erst mit dem Unfall. Deshalb braucht sich zB das verletzte Kind ein Mitverschulden der Eltern bei der Schadensentstehung dem Schädiger gegenüber nicht gem §§ 254, 278 BGB anspruchskürzend zurechnen zu lassen; anders ist es, wenn die Eltern erst nach dem Unfall im Zuge der Schadensbehebung gegen das Gebot zur Schadensgeringhaltung verstoßen, zB eine gebotene Heilbehandlung unterlassen.

6   **b) Inhaber der tatsächlichen Gewalt.** Für den Bereich der **Gefährdungshaftung** enthält § 9 StVG hinsichtlich des Mitverschuldens dritter Personen eine **besondere Regelung.** Danach muss sich der Geschädigte im Falle der Beschädigung einer Sache das Verschulden desjenigen zurechnen lassen, der im Augenblick des Unfalls die **tatsächliche Gewalt** über die Sache ausübt. Wird also zB eine

Mitverschulden **§ 9 StVG**

von einem Kutscher geführte Kutsche von einem Kfz angefahren und werden bei dem Unfall der Eigentümer verletzt und die Kutsche beschädigt, muss sich der Geschädigte bei der Inanspruchnahme des Kfz-Halters aus § 7 StVG das Mitverschulden des Kutschers gem § 9 StVG, § 254 BGB anspruchskürzend zurechnen lassen. Das gilt auch für einen Unfall mit einem geliehenen Fahrrad.

c) Fahrer/Halter. Sind an einem Unfall mehrere Kfz beteiligt und hat der Geschädigte **als Halter oder Fahrer** ebenfalls für die Betriebsgefahr eines Kfz einzustehen, gilt die **Sonderregelung des § 17 StVG.** Danach muss sich der geschädigte Kfz-Halter das Mitverschulden seines Fahrers und der geschädigte Fahrer die Mitverantwortung seines Halters schon deshalb anspruchskürzend zurechnen lassen, weil sie in einer Zurechnungseinheit stehen; die Betriebsgefahr des Kfz und das Fehlverhalten des Fahrers verschmelzen zu einem einheitlichen Verantwortungsbeitrag. 7

Das gilt aber nur für den geschädigten Halter und Fahrer, dessen Kfz der **Gefährdungshaftung** unterliegt. Wird zB ein Gabelstapler oder ein Bagger, der nicht schneller als 20 km/h fahren kann, von einem Kfz angefahren und beschädigt, ist § 17 StVG nicht anwendbar, weil ein solches Kfz gem § 8 StVG nicht der Gefährdungshaftung unterliegt; der Halter eines solchen Kfz muss sich aber gem § 9 StVG iVm § 254 BGB das Mitverschulden des Fahrers anspruchskürzend zurechnen lassen (Greger § 23 Rn 27 f). Diese Zurechnungserweiterung gilt jedoch nur iRd Gefährdungshaftung, nicht iRd Verschuldenshaftung; dann fehlt eine dem § 9 StVG entspr Zurechnungsnorm (BGHZ 173, 182 = NJW 07, 3120; NJW 65, 1273; Ha NJW 95, 2233; Wussow/Baur, UHR, Kap 31, Rn 31). 8

Der Kfz-Eigentümer ist nicht immer zugleich auch der Kfz-Halter. Das gilt insbesondere für ein **Leasingfahrzeug** oder für ein **sicherungsübereignetes Fahrzeug;** in diesen Fällen ist der Leasingnehmer bzw der Sicherungsgeber Halter (BGHZ 173, 182 = NJW 07, 3120; BGHZ 87, 133, 136; BGH VersR 86, 169). Macht zB nach einem Unfall mit einem Leasingfahrzeug der Leasinggeber als Eigentümer selbst gegen den gegnerischen Kfz-Halter Schadensersatzansprüche geltend, ist der Gegner zwar nach § 17 Abs 3 StVG nF schon dann entlastet, wenn er den Unabwendbarkeitsnachweis führen kann; iÜ ist § 17 StVG aber nicht anwendbar, weil der Geschädigte nicht Halter des Kfz ist (BGHZ 173, 182 = NJW 07, 3120 = NZV 07, 610 m Anm Heß; OLG Hamm NJW 95, 2233). 9

Deshalb muss sich der Leasinggeber, wenn er nach einem Unfall als Eigentümer des Leasingfahrzeugs gegen den Unfallgegner und dessen KH-Versicherer Ersatzansprüche aus der **Verschuldenshaftung** geltend machen kann, weder das Verschulden des Leasingnehmers (bzw seines Fahrers) noch die Betriebsgefahr des Leasingfahrzeugs anspruchskürzend zurechnen lassen; es fehlt eine Zurechnungsnorm (BGHZ 173, 182 = NJW 07, 3120). Dem gegnerischen KH-Versicherer bleibt dann nur die Möglichkeit, den mitverantwortlichen Leasingnehmer im Wege des Gesamtschuldnerausgleichs nach §§ 426, 254 BGB in Anspruch zu nehmen, der seinerseits idR durch eine für das Leasingfahrzeug bestehende Kasko-Versicherung geschützt ist. Voraussetzung ist aber, dass der Leasingnehmer dem Leasinggeber tatsächlich gesamtschuldnerisch mithaftet. Insoweit ist zu beachten, dass der Leasinggeber den Leasingnehmer und seinen Fahrer nur aus der Verschuldenshaftung auf Ersatz des Schadens am Leasingfahrzeug in Anspruch nehmen kann, nicht aus der Gefährdungshaftung (BGH NZV 11, 179). 9a

Im Ergebnis ist also, wenn der Leasinggeber selbst die Ersatzansprüche geltend macht und beiderseits ein Verschulden gegeben ist, in die Ebene des Gesamtschuldnerausgleichs verlagert, was sonst bei der Geltendmachung von Ersatzansprüchen durch den geschädigten Halter nach einem Kfz-Kfz-Unfall direkt gilt; allerdings trägt der gegnerische KH-Versicherer das Risiko der Realisierbarkeit des Gesamtschuldnerausgleichs. Ist dagegen nur auf Seiten des Unfallgegners ein Verschulden gegeben, trägt der gegnerische KH-Versicherer den Schaden am Leasingfahrzeug immer voll; in diesem Fall kämme allerdings auch dann, wenn der Leasingnehmer den Ersatzanspruch geltend machen würde, allenfalls ein geringer Quotenabzug in Betracht.

9b Anders ist es im Rahmen der **Gefährdungshaftung.** Hier muss sich der geschädigte Leasingnehmer ein **Verschulden des Fahrers seines Leasingfahrzeugs** gem § 9 StVG iVm § 254 BGB anspruchskürzend zurechnen lassen. Weil dann aber nur auf Seiten des Leasingnehmers ein Verschulden gegeben ist, wird gegen den Unfallgegner allenfalls ein geringer Quotenanspruch bestehen. Anders ist es dann, wenn auch auf Seiten des Leasinggebers ein Verschulden nicht gegeben oder jedenfalls nicht bewiesen ist. Jetzt haften der Unfallgegner und sein KH-Versicherer aus der Gefährdungshaftung voll, und ein Abzug nach §§ 9 StVG, 254 BGB scheidet aus, weil das erforderliche Mitverschulden des Fahrers nicht gegeben ist (s. näher Lemcke, r+s 11, 134, in BGH NZV 11, 179 offenbar übersehen). Der gegnerische KH-Versicherer kann dann aber auch den Gesamtschuldnerausgleich nicht durchführen, weil der Leasinggeber den Leasingnehmer und seinen Fahrer nicht aus der Gefährdungshaftung in Anspruch nehmen kann (BGH NZV 11, 179) und weil deshalb ein Gesamtschuldverhältnis nicht besteht.

Bei einem unaufgeklärten Unfall hat der gegnerische KH-Versicherer also dem Leasinggeber den Schaden am Leasingfahrzeug immer endgültig voll zu ersetzen. Stoßen zwei Leasingfahrzeuge auf einer mit einer LZA versehenen Kreuzung zusammen und bleibt ungeklärt, wer den Rotlichtverstoß begangen hat, haben sogar beide Leasinggeber gegen den gegnerischen KH-Versicherer einen vollen Ersatzanspruch (Lemcke r+s 11, 134). Derartige Ergebnisse sind grob unbillig; eine Gesetzesänderung, wie auf dem VGT 2011 empfohlen (Born NZV 11, 120, 122 zu 4.), ist deshalb dringend erforderlich, zumal bei sicherungsübereigneten Kfz dieselbe Problematik besteht. Dies gilt auch deshalb, weil der BGH erwartungsgemäß seine Rechtsprechung zum Leasing ausdrücklich auch auf das Sicherungseigentum bezogen hat. Mit Urteil vom 7.3.2017 (BeckRS 17, 110223) hat er darauf hingewiesen, dass auch der Sicherungsgeber, der (wie regelmäßig) nicht Halter ist, sich die Betriebsgefahr des sicherungsübereigneten Fahrzeuges nicht anrechnen lassen muss, weil es hierfür an einer Zurechnungsnorm fehlt (BGH aaO). Nur im Fall eines festgestellten (Mit-) Verschuldens des Führers des Fahrzeuges ist eine Zurechnung über § 9 StVG, § 254 BGB möglich (BGH aaO). Hieran ändert sich auch nichts dadurch, wenn der Halter im Rahmen der gewillkürten Prozessstandschaft von der Sicherungsnehmerin zur Geltendmachung der Ansprüche im eigenen Namen ermächtigt worden ist (Buchholz/Rabe NJW-Spezial 17, 393).

10 **3. Haftungsabwägung nach § 9 StVG iVm § 254 BGB.** Ist bei einem Verkehrsunfall mit einem Kfz der Halter und/oder Fahrer nach §§ 7, 18 StVG haftpflichtig und hat ein Verschulden des Geschädigten, der selbst nicht als Halter oder Fahrer eines Kfz beteiligt ist, bei der Entstehung des Schadens mitgewirkt, muss sich der Geschädigte sein Mitverschulden nach § 9 StVG iVm § 254 BGB zurechnen lassen; es hängen dann nach § 254 Abs 1 BGB „die **Verpflichtung zum Ersatz** und der **Umfang des zu leistenden Ersatzes** von den Umständen,

Mitverschulden §9 StVG

insbesondere davon ab, inwieweit der Schaden **vorwiegend von dem einen oder dem anderen Teil verursacht** worden ist". Die Formulierung entspricht der des § 17 Abs 1 StVG.

In einem **ersten Schritt** ist der **Verursachungsbeitrag** beider Seiten zu 11 ermitteln. Dabei muss berücksichtigt werden, dass dann, wenn auf der Schädigerseite Halter und Fahrer personenverschieden sind, diese eine **Haftungseinheit** bilden; sie haften zwar gesamtschuldnerisch, ihre Verursachungsbeiträge verschmelzen aber zu einem einheitlichen Beitrag, der nicht deshalb höher ist, weil dem Geschädigten zwei Schädiger gegenüberstehen. Es muss ferner berücksichtigt werden, dass hier – wie auch bei der Abwägung nach § 17 Abs 1 StVO (§ 17 Rn 16) – nur **feststehende Umstände** berücksichtigt werden dürfen, und zwar auch nur solche, die sich auf den Unfall – auf den Unfallhergang oder auf den Schadensumfang – **ausgewirkt** haben (BGH NZV 00, 466 = r+s 00, 409). So ist die Tatsache, dass der Unfallfahrer ohne Fahrerlaubnis gefahren ist, nur zu berücksichtigen, wenn feststeht, dass sich dieser Umstand auch in dem Unfall tatsächlich ausgewirkt hat (BGH NJW 07, 506 = NZV 07, 190: Überfahren eines auf der Fahrbahn liegenden Betrunkenen). Ein nur gesetzlich vermutetes Verschulden begründet kein Mitverschulden (BGH r+s 12, 356).

In einem **zweiten Schritt** sind sodann die beiden Verursachungsbeiträge 12 gegeneinander **abzuwägen.** Dabei ist zu beachten, dass hier immer nur auf Seiten des Schädigers die Betriebsgefahr eines Kfz mitgewirkt hat und den Verantwortungsanteil beeinflusst.

a) Verletztes Kind unter 10 Jahren. Kinder **unter 7 Jahren** sind für ihr 13 Verhalten gem. § 828 Abs 1 BGB nicht verantwortlich. Als Schädiger haften sie nicht, als Geschädigter haben sie immer einen vollen Ersatzanspruch; sie müssen sich auch nie das Mitverschulden eines Aufsichtspflichtigen zurechnen lassen (BGH NJW 88, 2267; OLG Hamm r+s 94, 294; Lemcke, r+s 09, 45, 53 ff).

Durch die neuen schadensrechtlichen Vorschriften ist – für Unfälle ab dem 1.8.2002, keine Rückwirkung (BGH NZV 05, 460, OLG Celle NZV 04, 360 m NA BGH) – die Rechtsstellung von Kindern **bis zu 10 Jahren** bei Unfällen mit motorisiertem Verkehr erheblich verbessert worden (vgl hierzu Heß/Buller ZfS 03, 218 ff; Lemcke r+s 09, 45, 53). Gem § 828 Abs 2 BGB haften Kinder bis zum 10. Lebensjahr bei einem Unfall mit Kfz und Bahnen nicht (Kind als Täter). Gem § 254 Abs 1 BGB iVm §§ 823, 828 Abs 2 BGB gilt dies auch für die Frage eines mitwirkenden Verschuldens (Kind als Opfer). Ein Kind unter 10 Jahren muss sich daher bei einem solchen Unfall kein anspruchsminderndes Verschulden anrechnen lassen.

Allerdings hat der BGH diese Neuregelung im Wege der **teleologischen Reduktion** eingeschränkt. Danach gilt die erhöhte Altersgrenze des § 828 Abs 2 BGB ausnahmsweise dann nicht, wenn sich, was vom Kraftfahrer darzulegen und ggf zu beweisen ist, **keine typische Überforderungssituation** des Kindes durch die spezifischen Gefahren des motorisierten Verkehrs realisiert hat (BGHZ 181, 368 = NZV 09, 551; NZV 09, 77). Im praktischen Ergebnis bedeutet dies, dass die 10-Jahres-Grenze des § 828 Abs 2 BGB insbesondere bei Unfällen im **fließenden Verkehr** immer gilt; ein verkehrsbedingt anhaltendes Kfz befindet sich noch im fließenden Verkehr, ein ordnungsgemäß geparktes Kfz nicht mehr. Eine typische Überforderungssituation hat der BGH bejaht für ein Kind dieser Altersgruppe, das mit dem Fahrrad auf dem Gehweg gegen einen möglicherweise nicht ordnungsgemäß geparkten Pkw fuhr (BGHZ 181, 368 = NZV 09, 551), das beim Abbiegen nach rechts gegen einen mit offenen Türen am Fahrbahnrand haltenden Pkw fuhr (BGH NZV 09, 77), das bei ungünstigen Sichtverhältnissen infolge überhöhter Geschwindigkeit gegen einen in einer Straßeneinmündung anhaltenden Pkw fuhr (BGH NZV 08, 403), das sein Fahrrad auf dem Gehweg führungslos rollen ließ mit der Folge, dass es versehentlich auf die Fahrbahn gegen einen vorbeifahrenden Pkw rollte (BGH NZV 08, 22). Eine Überforderungssituation ist zB auch bejaht worden beim falschen Abbiegen eines neunjährigen Radfahrers (OLG Oldenburg VersR 05, 807). Dagegen hat der BGH eine derartige Überforderungssituation verneint beim Fahren mit einem Kickbord oder mit einem Fahrrad gegen einen ordnungsgemäß am Fahrbahnrand oder auf einem Parkplatz geparkten Pkw (BGH NZV 05, 185; NZV 05, 137 und 139). Es ist somit nicht zwingend zwischen ruhendem und fließendem Verkehr die Unterscheidung zu treffen. Auch beim ruhenden Verkehr kann sich ausnahmsweise die typische Überforderungssituation im motorisierten Verkehr realisieren (BGHZ 181, 368 = NZV 09, 551). Die Darlegungs- und Beweislast, dass trotz Vorliegen des § 828 II BGB (Kind noch nicht 10 Jahre) gleichwohl eine Überforderungssituation nicht vorgelegen hat, liegt beim Kraftfahrer (BGHZ 181, 368 = NZV 09, 551). Liegt eine Überforderungssituation nicht vor, gilt für das Kind zwischen 7 und 10 Jahren die Regelung des § 828 Abs 3 BGB; als Täter ist es evtl haftpflichtig, als Opfer muss es evtl eine Anspruchskürzung gemäß § 254 BGB hinnehmen (Lemcke, r+s 09, 45, 54). Die Betriebsgefahr des Kfz ist nicht zu berücksichtigen, wenn sie sich nicht ausgewirkt hat (BGH NZV 05, 137 und 139).

Die Neuregelung der Deliktsfähigkeit ist beschränkt auf Unfälle mit Kfz und Bahnen. Kollidieren zB Skateboarder oder Radfahrer miteinander oder mit einem Fußgänger, verbleibt es bei der grds Verantwortlichkeitsschwelle mit dem 7. Lebensjahr (Heß/Jahnke 54 ff).

Wenn Halter und Fahrer nach §§ 7, 18 StVG haftpflichtig sind, **haften sie bei Unfällen im fließenden Verkehr mit Kindern unter 10 Jahren immer in vollem Umfang,** weil das Kind gem § 828 Abs 1 und 2 BGB noch nicht für sein Verhalten verantwortlich ist und deshalb auch bei grobem eigenen Fehlverhalten keine Anspruchskürzung gem § 254 BGB hinnehmen muss. Eine Anspruchskürzung gem §§ 254, 829 BGB kommt nicht in Betracht, wenn der Schädiger wie hier durch eine Pflichtversicherung geschützt ist; die KH-Versicherung soll nicht nur den Schädiger, sondern auch das Opfer schützen (BGH NJW 73, 1795; KG NZV 95, 109). Ein evtl Mitverschulden der Eltern braucht sich das Kind unter 10 Jahren nicht zurechnen zu lassen (BGH NJW 88, 2667: OLG Köln OLGR 07, 645); die Zurechnung nach § 254 Abs 2 S 2 BGB setzt eine schon bestehende Sonderrechtsbeziehung zwischen Kind und Kraftfahrer voraus.

14 **b) Verletzter Jugendlicher unter 18 Jahren.** Der Jugendliche unter 18 Jahren muss sich nach §§ 828 Abs 3, 254 BGB eine Anspruchskürzung gefallen lassen, wenn ihn ein **Mitverschulden** trifft, es sei denn, er hatte bei Begehung der schädigenden Handlung noch nicht die erforderliche **Einsicht.** Das Mitverschulden muss der Schädiger nachweisen, es kommt insoweit auf das Wissen und Können der Altersgruppe an, der der Jugendliche angehört **(Gruppenfahrlässigkeit).** Die fehlende Einsichtsfähigkeit muss der Jugendliche nachweisen.

15 Bei der Abwägung muss berücksichtigt werden, dass ein Fehlverhalten im Straßenverkehr insbesondere bei jüngeren **Jugendlichen weniger schwer** wiegt, als bei einem Erwachsenen. Auf Seiten des Kraftfahrers kann die Betriebsgefahr durch Verschulden erhöht sein. Es kann deshalb zu bejahen sein, weil er die besonderen

Sorgfaltsanforderungen des **§ 3 Abs 2a StVO** nicht beachtet hat. Danach hat sich der Kraftfahrer ua gegenüber Kindern durch Verminderung der Fahrgeschwindigkeit und durch Bremsbereitschaft so zu verhalten, dass eine Gefährdung der Kinder ausgeschlossen ist. Die Grenze liegt bei ca 14 Jahren; für den Kraftfahrer muss erkennbar gewesen sein, dass der Verletzte dieser Altersgruppe angehörte (OLG Hamm NZV 96, 70).

Zwar kann das Verschulden des Jugendlichen so schwer wiegen, dass dahinter 16 die einfache Betriebsgefahr des Kfz zurücktritt (OLG Nürnberg NZV 07, 205; OLG Celle MDR 04, 994); idR wird sie aber, insbes bei jüngeren Jugendlichen, nicht voll zurücktreten (BGH NZV 04, 187; BGH NJW 01, 152; OLG Saarbrücken NZV 12, 483, OLG Karlsruhe NZV 12, 596, vgl auch § 25 Rn 33 mWn).

c) **Verletzter Erwachsener (Fußgänger oder Radfahrer).** Ist auf **beiden** 17 **Seiten ein Verschulden** gegeben, muss im Rahmen der Haftungsabwägung berücksichtigt werden, dass auf Seiten des Kfz-Halters bzw Fahrers die Betriebsgefahr hinzutritt; es ist eine durch Verschulden erhöhte Betriebsgefahr gegeben. IdR wird deshalb der verletzte Fußgänger bzw Radfahrer mehr als 50% seines Schadens ersetzt verlangen können.

Haftet der Halter bzw Fahrer **nur aus der Gefährdungshaftung,** kann dessen 18 Haftungsquote bei grobem Verschulden des verletzten Fußgängers bzw Radfahrers auf Null sinken (OLG Saarbrücken NJW-Spezial 13, 490; OLG Celle MDR 04, 994; auch OLG Düsseldorf r+s 12, 562 bei tödl. Verletzung). Das gilt insbes in den Fällen, in denen der Halter sich nachweisl wie ein **Idealfahrer** verhalten hat und nach § 7 Abs 2 StVG dennoch nicht entlastet ist. Bei richtiger Anwendung der §§ 7, 9 StVG iVm § 254 BGB führt deshalb der Umstand, dass der Halter nur noch bei höherer Gewalt entlastet ist, bei mitwirkenden Verschulden des Fußgängers bzw Radfahrers nicht zu einer vermehrten Haftung des Halters. So tritt die Betriebsgefahr hinter einem groben Verschulden des Fußgängers (zB Überqueren einer mehrspurigen Straße bei Rot) vollständig zurück (OLG Saarbrücken MDR 11, 537; OLG Hamm NZV 11, 25; OLG Karlsruhe SP 10, 317; OLG Celle OLGR 04, 269; Nü NZV 05, 422; siehe auch § 25 StVO Rn 28).

Im Ergebnis hat aufgrund des 2. SchadÄndG bei einem Kfz-Unfall mit einem 19 verletzten Fußgänger oder Radfahrer zwar die Zahl der Fälle zugenommen, in denen der Kraftfahrer **nicht gem § 7 Abs 2 StVG entlastet** ist und in denen deshalb eine Abwägung erforderlich wird; zumindest bei erheblichem Verschulden führt aber jetzt die **Abwägung** dazu, dass der Fußgänger oder Radfahrer seinen Schaden allein zu tragen hat. Anders ist es dann, wenn der – insoweit beweispflichtige – Halter ein Mitverschulden des Fußgängers oder Radfahrers nicht nachweisen kann; dann ist der Halter aus § 7 StVG voll haftpflichtig.

d) **Verletzter Insasse.** Er hat gegen den Halter und Fahrer des Kfz, in dem 20 er befördert worden ist, idR einen **quotenmäßig ungekürzten Ersatzanspruch.** Die Betriebsgefahr des Kfz braucht er sich nicht zurechnen zu lassen. Das gilt auch für den Halter als Insasse in seinem Kfz (BGH NJW 72, 1415); er kann den Fahrer seines Kfz aber allenfalls aus der Verschuldenshaftung in Anspruch nehmen (§ 8a Rn 5).

Ein Mitverschulden des (Nur-)Insassen kann allenfalls gegeben sein, wenn er 21 die **Anschnallpflicht** verletzt hat und dieses für seine Verletzungen mitursächlich geworden ist oder wenn er bei einem erkennbar **alkoholisierten Fahrer** mitgefahren ist (OLG Celle NZV 05, 421; OLG Schleswig NZV 95, 357), bei einem Businsassen dann, wenn er **nicht für ausreichenden Halt** gesorgt hat (Mü NZV

06, 477). Hat sich aber zB der Businsasse pflichtgemäß verhalten und wurde er dennoch verletzt, weil der Busfahrer durch grobes Fehlverhalten eines anderen unbekannt gebliebenen Verkehrsteilnehmers zum scharfen Bremsen gezwungen wurde, ist der Bus-Halter selbst bei nachgewiesenem Idealverhalten des Fahrers nicht mehr entlastet und deshalb nach § 7 Abs 1 StVG zum vollen Schadensersatz verpflichtet (Mü NZV 06, 477).

Vor § 10 StVG

Art. 229 § 8 EGBGB – Übergangsvorschriften zum Zweiten Gesetz zur Änderung schadensersatzrechtlicher Vorschriften vom 19.7.2002

(1) Die durch das Zweite Gesetz zur Änderung schadensersatzrechtlicher Vorschriften im

1. Arzneimittelgesetz
2. Bürgerlichen Gesetzbuch
3. Bundesberggesetz
4. Straßenverkehrsgesetz
5. Haftpflichtgesetz
6. Luftverkehrsgesetz
7. Bundesdatenschutzgesetz
8. Gentechnikgesetz
9. Produkthaftungsgesetz
10. Umwelthaftungsgesetz
11. Handelsgesetzbuch
12. Bundesgrenzschutzgesetz
13. Bundessozialhilfegesetz
14. Gesetz über die Abgeltung von Besatzungsschäden
15. Atomgesetz
16. Bundesversorgungsgesetz
17. Pflichtversicherungsgesetz und

in der Luftverkehrs-Zulassungs-Ordnung geänderten Vorschriften sind mit Ausnahme des durch Artikel 1 Nr. 2 des Zweiten Gesetzes zur Änderung schadensersatzrechtlicher Vorschriften eingefügten § 84a des Arzneimittelgesetzes und des durch Artikel 1 Nr. 4 des Zweiten Gesetzes zur Änderung schadensersatzrechtlicher Vorschriften geänderten § 88 des Arzneimittelgesetzes anzuwenden, wenn das schädigende Ereignis nach dem 31. Juli 2002 eingetreten ist.

(2) (Vom Abdruck wird abgesehen.)

(3) (Vom Abdruck wird abgesehen.)

Art. 229 EGBGB § 43 – Überleitungsvorschrift zum Gesetz zur Einführung eines Anspruchs auf Hinterbliebenengeld

Wenn die zum Tode führende Verletzung nach dem 22. Juli 2017 eingetreten ist, sind die durch das Gesetz zur Einführung eines Anspruchs auf Hinterbliebenengeld vom 17. Juli 2017 (BGBl. I S. 2421) geänderten Vorschriften in folgenden Gesetzen anzuwenden:

1. Bürgerlichen Gesetzbuch,
2. Arzneimittelgesetz,

Vorbemerkungen zu § 10   Vor § 10 StVG

3. Gentechnikgesetz
4. Produkthaftungsgesetz,
5. Umwelthaftungsgesetz,
6. Atomgesetz,
7. Straßenverkehrsgesetz und
8. Haftpflichtgesetz.

Übersicht

	Rn
1. Rechtsänderungen	1
a) Rückwirkungsverbot	2
b) Haftpflichtbeziehung	5
2. Anspruchsgegner	7
a) Anspruchsgrundlagen	7
b) Haftpflichtige Person	8
c) Direktklage	9a
3. Rechtsgutverletzung	12
4. Schadenersatz	13
5. Europarecht	14

1. Rechtsänderungen. Überleitungsvorschriften dürfen im Einzelfall – nur 1 begrenzt rechtlich zulässige – Rückwirkungen entfalten. So verzichtet das **Zweite Gesetz zur Änderung schadensersatzrechtlicher Vorschriften** (BGBl I 2002, 2674) außerhalb der Arzneimittelhaftung im Interesse der Rechtssicherheit ausdrücklich auf eine rückwirkende Erstreckung auf Altfälle (§ 11 StVG, Rn 4 f). Nach Art. 229, § 8 I EGBGB sind die geänderten Vorschriften nicht anzuwenden, soweit das primär schädigende Ereignis vor dem **1.8.2002** (dem Zeitpunkt des Inkrafttretens) eingetreten ist. Beide Rechtssysteme laufen **parallel.** Entsprechendes gilt gemäß Art. 229 § 43 EGBGB für die Einführung des Hinterbliebenengeldes (u.a. in § 10 III StVG und § 844 III BGB) durch das **Gesetz zur Einführung eines Anspruchs auf Hinterbliebenengeld** (BGBl I 2017, 2421) für Haftpflichtgeschehen **ab 23.7.2017.**

a) Rückwirkungsverbot. Verfassungsrechtlich stärkt ein – allerdings nicht 2 uneingeschränktes (dazu BVerfG NJW 2011, 1058; BFH DB 2013, 1028; BSG BSGE 113, 1) – **Rückwirkungsverbot** das Vertrauen in den Fortbestand einer Rechtslage.

Echte Rückwirkung liegt vor, wenn ein Gesetz nachträglich ändernd in abge- 3 wickelte, der Vergangenheit angehörende, Tatbestände eingreift oder wenn der Beginn seiner zeitlichen Anwendung auf einen Zeitpunkt festgelegt ist, der vor dem Zeitpunkt liegt, zu dem die Norm durch ihre Verkündung rechtlich existent, d.h. gültig geworden ist (BVerfG NJW 2010, 3705).

Unechte Rückwirkung oder **tatbestandliche Rückanknüpfung** liegt vor, 4 wenn eine Norm auf gegenwärtige, noch nicht abgeschlossene, Sachverhalte und Rechtsbeziehungen für die Zukunft einwirkt und damit zugleich die betroffene Rechtsposition nachträglich entwertet (BVerfG NJW 1986, 39), oder wenn die Rechtsfolgen einer Norm zwar erst nach ihrer Verkündung eintreten, deren Tatbestand aber Sachverhalte erfasst, die bereits vor der Verkündung ins Werk gesetzt worden sind (BVerfG NJW 1987, 1749).

b) Haftpflichtbeziehung. Neuregelungen gelten nicht für bereits entstandene 5 und bestehende Haftpflichtbeziehungen; diese sind bis zum Abschluss der Regulierung nach dem **im Unfallzeitpunkt geltenden Recht** abzuwickeln (vor § 10 StVG, Rn 1). Das gilt zum einen für die **deckungsrechtlich** zu beurteilende Eintrittspflicht (einschließlich Vorleistungspflicht, Direktklage und Mindestversicherungssumme) des Versicherers, zum anderen für die Bestimmung der **haftungsrechtlichen** Verantwortlichkeit des Versicherten zum Grund des Anspruches (z.B. Veränderung von Schuldmaßstab oder Haftungsbeschränkung) und zur Höhe des zu leistenden Schadenersatzes (z.B. Schaffung weiterer immaterieller Ansprüche). Auch die Anhebung von Mindestversicherungssummen bzw. Haftungshöchstsummen (siehe aber § 12 StVG, Rn 36) durch Änderungsgesetze betrifft nur Schadenereignisse für die Zeit ab Inkrafttreten der jeweiligen Neuregelung; auf außerhalb dieses Zeitraumes liegende Unfallgeschehen sind die geänderten Vorgaben nicht anwendbar (BGH VersR 1969, 1042; BGH NJW 1969, 656). Für eine Rückwirkung neuerer Gesetze auf frühere Schadenfälle besteht keine Rechtsgrundlage.

6   Das am Tag der Verletzungshandlung (Unfalltag) geltende Recht bestimmt (dem Grund und der Höhe nach) ohne zeitliche Begrenzung weiterhin die Abwicklung aller Schadensfälle, die sich z.B. vor dem 1.8.2002 ereignen, auch wenn sich erst nach dem 31.7.2002 **Spätfolgen** (z.B. Arthrose, Amputation, Erwerbsunfähigkeit, Tod) herausstellen oder Aufwendungen und Schäden entstehen (BGH NJW 2009, 2952; BGH NZV 2005, 460; BGH NZV 2005, 305; siehe auch BGH NJW 1997, 1783; BGH NJW 1996, 1674). Entsprechendes gilt für das erst für Primärereignisse ab 23.7.2017 zu beanspruchende Hinterbliebenengeld (siehe auch § 844 BGB, Rn 72 ff).

7   **2. Anspruchsgegner. a) Anspruchsgrundlagen.** Zu den Anspruchsgrundlagen siehe vor § 249 BGB, Rn 152 ff, 170 ff, 236 f, § 254 BGB, Rn 17 ff und die Ausführungen zu § 16 StVG.

8   **b) Haftpflichtige Person.** Wird beim **Betrieb** eines Kfz oder Anhängers jemand in seinen geschützten Rechtsgütern verletzt, ist der nach §§ 7, 8a, 17, 18 StVG Haftpflichtige (Halter, § 7 I, III StVG; Fahrer § 18 I 1 StVG; Nutzer, § 7 III StVG) (auch bei vorsätzlicher Schädigung; BGH NJW 1962, 1676, siehe ergänzend § 103 VVG, Rn 47) in den durch §§ 12, 12a, 12b StVG gesteckten Grenzen zum Ersatz der Schäden verpflichtet.

9   Halter und Fahrer desselben schädigenden Fahrzeugs bilden eine **Haftungseinheit,** die unterschiedliche Haftungsquoten zwischen beiden verbietet (§ 254 BGB, Rn 170).

9a **c) Direktklage. Zum Thema:** *Stiefel/Maier-Jahnke,* § 115 VVG Rn 66 ff.
10 Die Direktklagemöglichkeit (§ 115 I 1 Nr. 1 VVG setzt § 3 I Nr. 1 S. 1 PflVG aF fort) ermöglicht dem Anspruchsberechtigten („Opfer", aber auch Drittleistungsträger; zum Begriff des „Dritten" siehe *Stiefel/Maier-Jahnke,* § 115 VVG Rn 11 ff m.w.H.) zwar außergerichtlichen Verhandlungen – und im Prozessfall, seinen Anspruch unmittelbar gegen den Kfz-Haftpflichtversicherer geltend zu machen (im Detail vor § 249 BGB, Rn 164 ff, ferner § 16 StVG, Rn 27, § 840 BGB, Rn 26) –, eröffnet darüber hinaus aber keine weitergehenden Ansprüche. Der gegen den Versicherer zu verfolgende Anspruch ist **akzessorisch** zu dem Haftungsanspruch des unmittelbar zum Schadenersatz Verpflichteten („Täter"); auch durch eine Regulierungszusage geht der Versicherer keine eigene Zahlungsverpflichtung gegenüber dem Geschädigten ein (LG Berlin r+s 2013, 119; LG Frankfurt v. 16.11.2012 – 2-08 O 171/12; *Kröger* r+s 2013, 119).

Nur unter eingeschränkten Voraussetzungen können Ansprüche gegenüber dem Entschädigungsfond der **Verkehrsopferhilfe** (VOH) geltend gemacht werden (dazu vor § 249 BGB, Rn 224 ff). 11

3. Rechtsgutverletzung. Die in §§ 823 ff BGB und §§ 10 ff StVG **geschützten Rechtsgüter** (wie Leben, Körper, Gesundheit, Eigentum, Besitz [Mieter: BGH NJW 1981, 750; KG SP 2007, 172; Leasingnehmer: OLG München DAR 2000, 121; LG Nürnberg NZV 2012, 140; privat genutzter Firmenwagen: OLG Hamm NZV 1998, 158; LG Itzehoe NZV 2004, 366]) sind identisch. Das Schadenersatzsystem bei Verletzung dieser Rechtsgüter läuft in seinen Grundzügen (mit nur wenigen Ausnahmen, z.b. fehlt eine Entsprechung zu § 845 BGB) parallel. 12

4. Schadenersatz. §§ 7, 18 StVG enthalten keine abschließende Regelung des Umfangs der Ersatzpflicht des Schädigers, sondern verweisen auf die allgemeinen Regeln über Art und Umfang der Ersatzleistung (u.a. §§ 249 ff, 849 BGB) (BGH NJW 1983, 1614). Während für den Ersatz von **Körperschäden** das StVG spezielle Regeln in §§ 10, 11 StVG enthält, richtet sich der **Sachschadenersatz** an §§ 249 ff BGB (ohne spezielle Regel im StVG) aus (§ 12 StVG, Rn 5). 13

5. Europarecht. Die Mitgliedstaaten haben unionsrechtlich dafür Sorge zu tragen, dass die Haftpflicht bei Fahrzeugen durch eine Versicherung gedeckt ist. Die Deckungspflicht ist aber vom Umfang der Entschädigung zu unterscheiden: Der Entschädigungsumfang wird im Wesentlichen durch nationales Recht festgelegt und garantiert (EuGH BeckRS 2013, 82042, EuGH DAR 2013, 701). Die Unions-Richtlinien bezwecken keine Harmonisierung der Haftpflichtregelungen der Mitgliedstaaten; diese dürfen vielmehr frei regeln, welche Schäden zu ersetzen sind, welchen Umfang dieser Schadensersatz hat und welche Personen Anspruch darauf haben (EuGH VersR 2014, 617). 14

Siehe auch vor § 1 AuslPflVG, Rn 14 f. 15

§ 10 Umfang der Ersatzpflicht bei Tötung

(1) ¹Im Fall der Tötung ist der Schadensersatz durch Ersatz der Kosten einer versuchten Heilung sowie des Vermögensnachteils zu leisten, den der Getötete dadurch erlitten hat, dass während der Krankheit seine Erwerbsfähigkeit aufgehoben oder gemindert oder eine Vermehrung seiner Bedürfnisse eingetreten war.
²Der Ersatzpflichtige hat außerdem die Kosten der Beerdigung demjenigen zu ersetzen, dem die Verpflichtung obliegt, diese Kosten zu tragen.

(2) ¹Stand der Getötete zur Zeit der Verletzung zu einem Dritten in einem Verhältnis, vermöge dessen er diesem gegenüber kraft Gesetzes unterhaltspflichtig war oder unterhaltspflichtig werden konnte, und ist dem Dritten infolge der Tötung das Recht auf Unterhalt entzogen, so hat der Ersatzpflichtige dem Dritten insoweit Schadensersatz zu leisten, als der Getötete während der mutmaßlichen Dauer seines Lebens zur Gewährung des Unterhalts verpflichtet gewesen sein würde.
²Die Ersatzpflicht tritt auch dann ein, wenn der Dritte zur Zeit der Verletzung gezeugt, aber noch nicht geboren war.

(3) ¹Der Ersatzpflichtige hat dem Hinterbliebenen, der zur Zeit der Verletzung zu dem Getöteten in einem besonderen persönlichen Nähe-

verhältnis stand, für das dem Hinterbliebenen zugefügte seelische Leid eine angemessene Entschädigung in Geld zu leisten.
²Ein besonderes persönliches Näheverhältnis wird vermutet, wenn der Hinterbliebene der Ehegatte, der Lebenspartner, ein Elternteil oder ein Kind des Getöteten war.

Übersicht

	Rn
1. Norm	1
2. Erbe, Hinterbliebener	2
3. Ansprüche bis zum Tod	7
4. Ansprüche wegen Tötung	13
a) Allgemein	13
b) Mittelbare Schädigung	15a
c) Beerdigungskosten	16
d) Unterhaltsschaden	17
e) Schockschaden, Fernwirkungsschaden	18
f) Hinterbliebenengeld	18a
g) Entgangene Dienste	19
h) Mitverantwortung	20

1 **1. Norm. Zum Thema:** Kommentierung zu § 844 BGB sowie umfassend *Jahnke*, Unfalltod und Schadenersatz, 2. Aufl. 2012.

1a § 10 III StVG wurde eingefügt m.W.v. 23.7.2017 (Art. 229 § 43 Nr. 7 EGBGB).

2 **2. Erbe, Hinterbliebener.** Bei fremdverschuldeten Unfällen mit Todesfolge ist zu unterscheiden zwischen

3 – einerseits den Schadenersatzansprüchen des – verstorbenen – **Unfallverletzten**, die dieser selbst noch zu Lebzeiten erworben hat und die dann im Wege der Gesamtrechtsnachfolge (§ 1922 BGB) auf die **Erben** übergehen, und

4 – andererseits den originären Ansprüchen (vor allem unterhaltsberechtigter) **Dritter**, die diesen **aus eigenem Recht** zustehen und die daher nicht zum Nachlass des Getöteten gehören.

5 Erben einerseits und Unterhaltsberechtigte andererseits sind nicht zwingend personenidentisch. Dem Erben stehen die in der Person des Verstorbenen noch selbst entstandenen Ansprüche aus erebtem Recht zu; aus eigenem Recht macht der Erbe Beerdigungskosten geltend. Unterhaltsberechtigte Hinterbliebene haben aus eigenem Recht nur Ansprüche wegen Unterhaltsschaden (und uU wegen entgangener Dienste).

6 Ist der Erbe zugleich auch anspruchsberechtigter Hinterbliebener, verfolgt er seine Ansprüche aus § 10 StVG, §§ 844, 845 BGB aus eigenem Recht **neben** den ererbten Ansprüchen.

7 **3. Ansprüche bis zum Tod.** Die Ersatzpflicht für Kosten (auch bei nur versuchter) Heilung sowie Ansprüche wegen Verdienstausfall, Schmerzensgeld und vermehrter Bedürfnisse in der Zeit einer dem Tod vorausgegangenen unfallkausalen Erkrankung (§ 10 I 1 StVG) entsprechen inhaltlich der Ersatzpflicht bei Haftung wegen Körperverletzung nach dem BGB (§§ 249, 251, 842, 843 BGB).

8 Fahrzeugschäden sind wie andere **Sachschäden** auch dann zu ersetzen, wenn der Unfallbeteiligte sofort verstirbt (BGH VersR 1972, 460).

9 Anspruchsberechtigt für vor seinem Ableben noch entstandene unfallkausale **materielle Vermögensnachteile** (neben dem Sachschaden z.B. Einkommensminderung, Heilbehandlungskosten, vermehrte Bedürfnisse) und/oder erworbene **immaterielle Ansprüche** (Schmerzensgeld) ist der Verletzte selbst, von dem dann Drittleistungsträger und Erben unmittelbar ihre Rechte ableiten.

Diese in der Person des unmittelbar Verletzten entstandenen Ansprüche gehen im Wege der Rechtsnachfolge, soweit noch nicht vom Ersatzpflichtigen reguliert, auf die **Erben** über (BGH NJW 2004, 2894; OLG Hamm r+s 2000, 458). Die Erben eines Getöteten sind als Gesamtrechtsnachfolger (§ 1922 BGB) anspruchsberechtigt. 10

Vererbt werden nur Ersatzansprüche, wie sie in der Person des Erblassers **vor seinem Tode entstanden** sind; nicht aber Ansprüche, die entstanden wären, wenn er weitergelebt hätte. Die Schadenentwicklung endet insofern mit dem Tod. Die Erben sind auf diejenigen Ersatzansprüche beschränkt, die der Erblasser selbst zu seinen Lebzeiten noch hätte geltend machen können; das gilt auch dann, wenn die Folgen des Haftpflichtgeschehens noch über den Erbfall hinaus wirken und das Vermögen des Erblassers nach seinem Tode nunmehr in der Person der Erben schädigen (BGH NJW 2004, 2894; BGH VersR 1968, 554). Entwertungsschäden mindern zwar die Erbmasse, sind aber nicht ersatzfähig (§ 844 BGB, Rn 49). 11

Der Erbe führt den **Nachweis** durch Erbschein oder in anderer ausreichender Form (z.B. durch ein eröffnetes öffentliches Testament) (BGH WM 2005, 1432; BGH FamRZ 2005, 515). 12

4. Ansprüche wegen Tötung. a) Allgemein. Verstirbt als Folge des Betriebes eines Kfz oder Anhängers i.S.d. § 7 I StVG ein Mensch, sind nach § 10 StVG – mit Ausnahme der entgangenen Dienste – letztlich dieselben Ersatzansprüche auszugleichen wie das **BGB** für den Fall der Tötung vorsieht (zu den Ansprüchen bei Tötung detailliert *Jahnke,* Unfalltod und Schadenersatz, 2. Aufl. 2012). 13

Unterschiede im **Anspruchsvolumen** ergeben sich nur aus der summenmäßigen Haftungsbegrenzung in §§ 12, 12a StVG. 14

Der Kreis der Anspruchsberechtigten ist auf die in § 10 StVG **abschließend** aufgeführten Personenkreise, die den in § 844 BGB genannten mittelbar Geschädigten entsprechen, beschränkt. Ansprüche wegen Tötung eines Dritten stehen diesen Personen aus eigenem Recht zu und gehören nicht zum Nachlass des Getöteten. 15

b) Mittelbare Schädigung. Während den unmittelbar beteiligten Personen der Gesetzgeber ein großes Spektrum ersatzfähiger Schadenpositionen zubilligt, gilt dieses für die am Haftpflichtgeschehen („Unfall") nicht unmittelbar Beteiligten nur in engen Grenzen: Materielle Einbußen der Hinterbliebenen werden nur über §§ 844, 845 BGB (und die entsprechenden spezialrechtlichen Schadenersatznormen) aufgefangen; immaterielle Ansprüche gibt es außerhalb von § 844 III BGB und den gleichstehenden Normen (abgesehen von der Schockschaden-Rechtsprechung) nicht (siehe vor § 249 Rn 142 ff). 15a

c) Beerdigungskosten. Nach § 10 I 2 StVG sind wie nach § 844 I BGB dem Erben die von diesem getragenen Beerdigungskosten zu ersetzen (siehe § 844 BGB, Rn 7 ff). 16

d) Unterhaltsschaden. Den unterhaltsberechtigten Hinterbliebenen (Nasciturus: § 10 II 2 StVG entspricht § 844 II 2 BGB) ist nach § 10 II StVG wie nach § 844 II BGB der durch das schädigende Ereignis entzogene **familienrechtlich** geschuldete Unterhalt zu zahlen (siehe § 844 BGB, Rn 15 ff). 17

18 e) Schockschaden, Fernwirkungsschaden. Schock-/Fernwirkungsschäden nächster Angehöriger sind nach den denselben Grundsätzen wie bei einer Haftung nach §§ 823 ff BGB zu ersetzen (siehe vor § 249 BGB, Rn 122a ff).

18a f) Hinterbliebenengeld. Der Anspruch auf Hinterbliebenengeld richtet sich nach denselben Kriterien wie § 844 III BGB. Zu Einzelfragen siehe § 844 BGB, Rn 72 ff.

18b Ein Anspruch besteht nur, wenn das schädigende Primärereignis (Unfall) sich **ab dem 23.7.2017** ereignete. Nur nach diesem Stichtag geschehene Unfälle führen auch zu einem Anspruch auf Hinterbliebenengeld entschädigt; frühere Unfälle sind nicht anspruchsbegründend. Bei Versterben nach dem 22.7.2017 kommt es auf den primären Verletzungszeitpunkt – und nicht den Zeitpunkt des Todeseintrittes – an (Art. 229 § 43 EGBGB; siehe vor § 10 StVG, Rn 1).

19 g) Entgangene Dienste. Ansprüche wegen entgangener Dienste (§ 845 BGB) setzen die Haftung nach den Tatbeständen der §§ 823 ff BGB, § 53 II LuftVG (§ 17 BesatzSchG ist ab 9.5.2008 außer Kraft, Art. 25 Gesetz zur Bereinigung von Bundesrecht im Zuständigkeitsbereich des Bundesministeriums der Finanzen und zur Änderung des Münzgesetzes v. 8.5.2008, BGBl I 2008, 810) voraus und sind bei einer Haftung nur nach dem StVG **nicht** zu ersetzen.

20 h) Mitverantwortung. § 846 BGB gilt entsprechend für auf das StVG gestützte Ansprüche (BT-Drucksache 18/11397, S. 12, 17).

21 Hat lediglich die **Betriebsgefahr** eines Kfz mitgewirkt oder geht es um eine Abwägung nach § 17 StVG, ist § 846 BGB analog anwendbar (BGH NJW 1983, 2315). Der Einwand setzt keine Verschuldensfähigkeit voraus, soweit ein Verschulden im StVG nicht haftungsbegründend vorausgesetzt wird (siehe § 254 BGB, Rn 185).

22 Der Einwand des **Mitverschuldens** (zu Anspruchsgrund und Anspruchshöhe) setzt Verschuldensfähigkeit voraus (siehe § 254 BGB, Rn 182).

§ 11 Umfang der Ersatzpflicht bei Körperverletzung

¹Im Fall der Verletzung des Körpers oder der Gesundheit ist der Schadensersatz durch Ersatz der Kosten der Heilung sowie des Vermögensnachteils zu leisten, den der Verletzte dadurch erleidet, dass infolge der Verletzung zeitweise oder dauernd seine Erwerbsfähigkeit aufgehoben oder gemindert oder eine Vermehrung seiner Bedürfnisse eingetreten ist.
²Wegen des Schadens, der nicht Vermögensschaden ist, kann auch eine billige Entschädigung in Geld gefordert werden.

Übersicht

	Rn
1. Norm	1
2. Schockschaden, Fernwirkungsschaden; Hinterbliebenengeld	3
3. Schmerzensgeld	4
4. Heilbehandlungskosten	6
5. Vermehrte Bedürfnisse	7
6. Verdienstausfall	8
7. Haushaltsführungsschaden	9
8. Entgangene Dienste	10

Umfang der Ersatzpflicht bei Körperverletzung § 11 StVG

1. Norm. Wird ein Mensch infolge des Betriebes eines Kfz oder Anhängers 1
i.S.d. § 7 I StVG verletzt, sind im Falle der Körper- und Gesundheitsverletzung
nach § 11 StVG dieselben (mit Ausnahme entgangener Dienste, § 845 BGB)
Ersatzansprüche auszugleichen wie sie das **BGB** für den Fall entsprechender Verletzung vorsieht.

Unterschiede im **Anspruchsvolumen** ergeben sich nur aus der summenmäßi- 2
gen Haftungsbegrenzung in §§ 12, 12a StVG.

2. Schockschaden, Fernwirkungsschaden; Hinterbliebenengeld. Für 3
Schock-/Fernwirkungsschäden gelten die zur BGB-Haftung aufgestellten Grundsätze (siehe vor § 249 BGB, Rn 122a ff).

Angehörigengeld (analog dem Hinterbliebenengeld) wird nicht gezahlt. Das 3a
Hinterbliebenengeld wird nach dem erklärten gesetzgeberischen Willen (BT-Drucksache 18/11397 v. 7.3.2017, S. 9) nicht bei Verletzung eines Angehörigen
gewährt (§ 844 BGB, Rn 194 ff).

3. Schmerzensgeld. Die zeitliche Zäsur schafft das 2. Schadenrechtsände- 4
rungsgesetz (Art. 229 EGBGB, § 8) zum **1.8.2002** (siehe vor § 10 StVG, Rn 1).
Nur nach diesem Stichtag geschehene Unfälle werden hinsichtlich der immateriellen Ansprüche nach dem neuen Recht (§ 253 II BGB, § 11 S. 2 StVG und entsprechende Regelungen) entschädigt.

Altfälle (Unfälle vor dem 1.8.2002) sind bis zu ihrer abschließenden Regu- 5
lierung nur nach dem im Unfallzeitpunkt geltenden Recht (§ 847 BGB aF)
abzuwickeln (Art. 229, § 8 I EGBGB) (BGH NJW 2009, 2952; BGH NZV
2005, 460; BGH NZV 2005, 305). Besteht in einem Altfall Haftung nur nach
dem StVG, besteht kein Anspruch auf Schmerzensgeld (§ 847 BGB aF). Das gilt
auch, soweit sich **Spätfolgen** aus früheren Unfällen erst nach dem 31.7.2002
herausstellen.

4. Heilbehandlungskosten. Ersatz von Heilbehandlungskosten (§§ 10 I 1, 11 6
S. 1 StVG) richtet sich nach den zur BGB-Haftung (§§ 249, 251 BGB) aufgestellten Kriterien (siehe § 249 BGB, Rn 468 ff).

5. Vermehrte Bedürfnisse. Vermehrte Bedürfnisse (§§ 10 I 1, 11 S. 1 StVG) 7
sind entsprechend den zu § 843 I 2. Alt. BGB aufgestellten Grundsätzen zu ersetzen (siehe § 843 BGB, Rn 9 ff).

6. Verdienstausfall. Erwerbsschäden (§§ 10 I 1, 11 S. 1 StVG) sind dem Ver- 8
letzten wie nach §§ 842, 843 I 1. Alt. BGB auszugleichen (siehe § 842 BGB,
Rn 2 ff).

7. Haushaltsführungsschaden. Der Ausfall im Haushalt ist entsprechend den 9
Bestimmungen des BGB (§§ 842, 843 BGB) zu entschädigen (siehe § 842 BGB,
Rn 92 ff). §§ 10, 11 StVG laufen inhaltlich parallel.

8. Entgangene Dienste. Ein Anspruch wegen entgangener Dienste besteht 10
ausschließlich bei einer Haftung nach §§ 823 ff BGB oder dem LuftVG (§ 44 II
LuftVG); § 17 BesatzSchG ist ab 9.5.2008 außer Kraft (Art. 25 Gesetz zur Bereinigung von Bundesrecht im Zuständigkeitsbereich des Bundesministeriums der
Finanzen und zur Änderung des Münzgesetzes v. 8.5.2008, BGBl I 2008, 810).
Das StVG kennt eine entsprechende Ersatznorm **nicht**.

§ 12 Höchstbeträge

(1) ¹Der Ersatzpflichtige haftet
1. im Fall der Tötung oder Verletzung eines oder mehrerer Menschen durch dasselbe Ereignis nur bis zu einem Betrag von insgesamt 5.000.000 Euro, bei Verursachung des Schadens auf Grund der Verwendung einer hoch- oder vollautomatisierten Fahrfunktion gemäß § 1a nur bis zu einem Betrag von insgesamt 10.000.000 Euro; im Fall einer entgeltlichen, geschäftsmäßigen Personenbeförderung erhöht sich für den ersatzpflichtigen Halter des befördernden Kraftfahrzeugs oder Anhängers bei der Tötung oder Verletzung von mehr als acht beförderten Personen dieser Betrag um 600.000 Euro für jede weitere getötete oder verletzte beförderte Person;
2. im Fall der Sachbeschädigung, auch wenn durch dasselbe Ereignis mehrere Sachen beschädigt werden, nur bis zu einem Betrag von insgesamt 1.000.000 Euro, bei Verursachung des Schadens auf Grund der Verwendung einer hoch- oder vollautomatisierten Fahrfunktion gemäß § 1a, nur bis zu einem Betrag von insgesamt 2.000.000 Euro.

²Die Höchstbeträge nach Satz 1 Nr. 1 gelten auch für den Kapitalwert einer als Schadensersatz zu leistenden Rente.

(2) Übersteigen die Entschädigungen, die mehreren auf Grund desselben Ereignisses zu leisten sind, insgesamt die in Abs. 1 bezeichneten Höchstbeträge, so verringern sich die einzelnen Entschädigungen in dem Verhältnis, in welchem ihr Gesamtbetrag zu dem Höchstbetrag steht.

Übersicht

	Rn
1. Norm	1
2. Schadenersatz	5
3. Haftungshöchstsumme, Versicherungssumme	6
a) Haftungsbegrenzung	6
b) Deckungsbegrenzung	10
c) Summen	10b
4. Geschädigte	11
5. Erschöpfung	15
a) Grundsatz	15
b) Mithaftung	16
c) Schädigermehrheit	17
d) Kapital – Rente	20
e) Höchstbetrag	23a
f) Vorrechte	24
6. Prozessuales	29
7. § 12 StVG aF (1.8.2002 – 17.12.2007)	35
a) Zeitlicher Geltungsbereich	36
b) Globale Grenze, individuelle Grenze	37
c) Rente	39
8. Veränderungen der Haftungshöchstgrenzen (Historie)	40

Höchstbeträge § 12 StVG

1. Norm. Haftungshöchstbeträge werden in § 12 StVG als Ausgleich dafür 1 bestimmt, dass die Ersatzpflicht kein Verschulden voraussetzt und gelten daher nicht bei einer Verschuldenshaftung (z.b. § 823 BGB) (LG Dortmund DAR 2012, 463).

§ 12 StVG wurde durch das „2. Gesetz zur Änderung des PflVG und anderer 2 versicherungsrechtlicher Vorschriften" (BGBl I 2007, 2833) mit Wirkung für Verkehrsunfälle (Unfalltag) ab 18.12.2007 in Befolgung EU-rechtlicher Vorgaben (5. KH-Richtlinie) geändert. Die Haftungshöchstsumme u.a. bei schwerer Verletzung nur einer Person wurde für Unfälle ab dem 18.12.2007 (Unfalltag) durch den Wegfall der individuellen Beschränkung deutlich angehoben (BR-Drucksache 225/07, S. 36).

§ 12 I StVG wurden ergänzt anlässlich der Einführung der Regelungen zum 2a Fahren von Autos mit hoch- und vollautomatisierter Fahrfunktion (§ 1a StVG) durch das „Achte Gesetz zur Änderung des Straßenverkehrsgesetzes" (BGBl I 2017, 1648) für Verkehrsunfälle (Unfalltag) **ab 21.6.2017.** Zur Gesetzesbegründung siehe BT-Drucksache 18/11300 v. 20.2.2017 und BT-Drucksache 18/11776 v. 29.3.2017.

Für **Altfälle** (Unfall bis zum 17.12.2007) bleibt § 12 StVG aF (dazu § 12 StVG, 3 Rn 35 ff) weiterhin gültig.

Der deutsche Gesetzgeber hat die Erhöhung der Haftungshöchstsumme zwar 4 erst mit zeitlicher Verzögerung umgesetzt, der Bundesregierung war aber jedenfalls eine Umsetzungsfrist bis zum 11.6.2007 eingeräumt (Art. 6 I der 5. KH-Richtlinie [Richtlinie 2005/14/EG des Europäischen Parlaments und des Rates v. 11.5.2005], BT-Drucksache 16/5551, S. 22; siehe auch EuGH NZV 2001, 122). Für die zivilrechtliche Einstandspflicht eines nach den StVG-Vorschriften Verantwortlichen kommt es nur auf das jeweils geltende nationale (deutsche) Recht an; dieses beinhaltet für Verkehrsunfälle bis 17.12.2007 eine Beschränkung auf 600.000 €. Die **verzögerte Umsetzung** europarechtlicher Vorgaben durch den deutschen Gesetzgeber führt nicht zu einer individuell erhöhten Einstandspflicht des Schädigers (der zuvor auch keine Notwendigkeit hatte, sich entsprechend der gestiegenen Inanspruchnahmemöglichkeit höher zu versichern; siehe BT-Drucksache 16/5551, S. 21 zu Art. 7). Erleidet ein Einzelner nach Ablauf der Umsetzungsfrist in Folge der fehlenden oder mangelhaften Umsetzung einen Nachteil, kann er aber uU den Mitgliedstaat im Wege der **Staatshaftung** auf Schadensersatz in Anspruch nehmen (siehe dazu EuGH NJW 1992, 165; BGH NJW 1997, 123).

Die Haftungsbegrenzung ist europarechtlich unbedenklich. Den Mitgliedstaa- 4a ten steht es weitgehend frei, Umfang und Grenzen des Schadensersatzes eigenständig zu regeln (EuGH VersR 2014, 617; siehe auch vor § 10 StVG, Rn 14).

2. Schadensersatz. Während §§ 10, 11 StVG sich zum Ersatz bei **Körperver-** 5 **letzung** und **Tod** verhalten, richtet sich der **Sachschadenersatz** nach den Vorschriften des BGB (§§ 249 ff, 849 BGB) (siehe auch BGH NJW-RR 2009, 1479).

3. Haftungshöchstsumme, Versicherungssumme. a) Haftungsbegren- 6 **zung.** § 12 StVG begrenzt die finanzielle Einstandspflicht des nach dem StVG Schadensersatzpflichtigen (**Halter,** § 7 I, III StVG; **Fahrer,** § 18 I 1 StVG; **Nutzer,** § 7 III StVG) auf Maximalbeträge (Haftungshöchstsumme) (BGH NJW 1996, 3418; OLG Celle OLGR 2007, 505).

Der **Halter,** der nur nach StVG haftet, hat niemals mehr als den Höchstbetrag 7 nach § 12 StVG zu zahlen (BGH DAR 1957, 129; OLG Celle OLGR 2007, 505).

8 Der **Fahrer** haftet bei nach § 18 I StVG vermutetem Verschulden nur in den Grenzen des § 12 StVG (§ 18 I 1 StVG) (OLG Saarbrücken v. 12.10.2010 – 4 U 110/10). Für eine Haftung auch jenseits von § 12 StVG bedarf es des Verschuldensnachweises insbesondere nach § 823 BGB.

9 Sind Fahrer und Halter nicht identisch, steht gleichwohl der Höchstbetrag der StVG-Haftung nur ein einziges Mal zur Verfügung (BGH NJW 1979, 866; BGH NJW 1969, 656; OLG Saarbrücken SP 2011, 100). Fahrer und Halter desselben schädigenden Fahrzeugs bilden eine **Haftungseinheit** (§ 254 BGB, Rn 170), an welcher der Haftpflichtversicherer des Fahrzeugs wegen des sich aus § 115 I 4 VVG (§ 3 Nrn. 1, 2 PflVG aF) ergebenden Schuldbeitritts ebenfalls teilnimmt. Für die **Gesamtschau** neben weiteren Schädigern und Geschädigten sind sie wie ein einziger Schädiger zu behandeln.

10 **b) Deckungsbegrenzung.** Von der Haftungshöchstsumme ist die Deckungssumme eines Versicherungsvertrages zu unterscheiden: Die **Haftungshöchstsumme** beschränkt bereits die finanzielle Verantwortlichkeit des unmittelbar handelnden bzw. für eine gefährliche Sache verantwortlichen Schadenersatzpflichtigen gegenüber dem Anspruchsberechtigten im Haftungsverhältnis (Schadenersatzverhältnis), während die **Deckungssumme** (oder im Falle der Versicherungsschutzversagung bei Pflichtversicherung die **Mindestversicherungssumme;** zu Details siehe die Anlage 2 zu § 4 PflVG) erst den Freistellungsanspruch des Haftpflichtigen im Verhältnis zu seinem Versicherer im Deckungsverhältnis (Versicherungsverhältnis) bestimmt.

10a Bei Anspruchsverfolgung gegenüber einem Haftpflichtversicherer (**Direktklage**) sind dessen Beschränkungen (Deckungssumme) schon im Erkenntnisverfahren zu berücksichtigen (BGH NJW-RR 2003, 1461; BGH NJW 1982, 2321).

10b **c) Summen. aa) Personenschaden (§ 12 I Nr. 1 StVG).** Die Höhe des zur Verfügung stehenden Höchstbetrages für Personenschäden regelt § 12 I Nr. 1 StVG.

10c **bb) Sachschaden (§ 12 I Nr. 2 StVG).** Die Höhe des zur Verfügung stehenden Höchstbetrages für Sachschäden regelt § 12 I Nr. 2 StVG.

10d **cc) Automatisiertes Fahren.** Im Falle eines unvermeidbaren Unfalls aufgrund technischen Versagens haftet mangels Verschulden der Fahrzeugführer nicht nach § 18 StVG, § 823 BGB; die Halterhaftung (§ 7 StVG) bleibt i.d.R. bestehen. Um zu vermeiden, dass die Möglichkeit automatisierter Fahrzeugsteuerung (§ 1a StVG) zulasten möglicher Unfallopfer geht, wurden für den Fall der Verursachung des Schadens auf Grund der Verwendung einer hoch- oder vollautomatisierten Fahrfunktion (nur) insoweit die Höchstbeträge in § 12 StVG (mangels Erfahrungen zu Unfällen von Fahrzeugen mit hoch- oder vollautomatisierter Fahrfunktionen) pauschal verdoppelt (BT-Drucksache 18/11300, S. 14 f, 24).

10e Das Gesetz ist zum 21.6.2017 in Kraft getreten. Eine gleichzeitige Anpassung der Mindestversicherungssummen (Anlage 2 zu § 4 PflVG) unterblieb, sodass die Haftung von Fahrer und Halter nicht mit einer entsprechenden versicherungsvertraglichen Mindestsicherung korrespondiert.

10f **dd) Nebeneinander von Sach- und Personenschaden.** Die jeweiligen Höchstsummen für Sachschaden (§ 12 I Nr. 2 StVG) einerseits und Personenschaden (§ 12 I Nr. 1 StVG) andererseits stehen nebeneinander für die Regulie-

Höchstbeträge **§ 12 StVG**

rung zur Verfügung: Beträgt z.b. der Sachschaden 1,5 Mio. € und der Personenschaden 6 Mio. € (Unfall nach dem 1.8.2002), so stehen nach § 12 StVG 1 Mio. € für den Sachschaden und 5 Mio. € für den Personenschaden zur Verfügung. Wird der Sachschadenbetrag nicht vollständig ausgeschöpft, steht die offene Restsumme nicht für den Personenschaden zur Verfügung, und umgekehrt.

4. Geschädigte. Die Höchstgrenze kann auch dann voll ausgeschöpft werden, **11** wenn **nur ein Mensch** verletzt oder getötet wird (zu § 12 StVG aF siehe § 12 StVG, Rn 37).

Die Bestimmung, dass diejenigen Entschädigungen, die mehreren Personen auf **12** Grund desselben Ereignisses zu leisten sind, dann verhältnismäßig zu kürzen sind, wenn sie insgesamt die gesetzlichen Höchstbeträge übersteigen (§ 12 II StVG), ist auf die Tötung und Verletzung eines Menschen entsprechend anzuwenden, wenn die Ansprüche **verschiedenen Gläubigern** zustehen (z.b. Witwe und mehrere SVT) (BGH NJW 1969, 656).

Bei **Mehrfachschäden** gilt die anteilige Reduktion der einzelnen Entschädi- **13** gungen für alle in § 12 I StVG genannten Haftungshöchstbeträge. § 12 II StVG ist auch dann anzuwenden, wenn bei Tötung einer einzelnen Person **mehrere Unterhaltsgeschädigte** Ansprüche verfolgen (BGH VersR 1967, 902).

Auch wenn **Anwaltskosten** vom nach § 7 StVG ersatzpflichtigen Kfz-Halter **14** zu ersetzen sind, werden sie nicht in die Höchstbeträge des § 12 StVG einbezogen (BGH VersR 1969, 1042; BGH NJW 1968, 1962; *Hentschel/König/Dauer-König*, § 12 StVG Rn 3).

5. Erschöpfung. a) Grundsatz. § 12 StVG begrenzt nur die Zahlungspflicht. **15** Es ist daher zunächst derjenige Betrag zu ermitteln, den der für den Schaden Verantwortliche als Schadenersatz zu leisten hat. Übersteigt dieser Betrag die Haftungshöchstsumme, ist die finanzielle Belastung des Haftenden auf diesen Grenzbetrag beschränkt.

Die Haftungshöchstgrenzen des § 12 StVG sind auf eine zu § 7 StVG konkurrie- **15a** rende **verschuldensabhängige Haftung** (z.b. § 823 BGB) **nicht** anzuwenden (OLG Celle OLGR 2007, 505).

Der Höchstbetrag erhöht sich nicht um **Zinsen** für Rücklagen, die der Ersatz- **15b** pflichtige zur Erfüllung seiner Verbindlichkeit gebildet hat (BGH NJW 1996, 3418).

b) Mithaftung. Bei Mitverantwortung oder Mitverschulden des Anspruchsbe- **16** rechtigten beschränkt sich die Haftung nicht auf eine entsprechende Quote von der Haftungshöchstsumme; auch mit der Quote haftet der Ersatzpflichtige bis zur Höchstgrenze des § 12 StVG (BGH NJW 1974, 1818; RG RGZ 87, 402; OLG München r+s 2003, 388).

c) Schädigermehrheit. Haften mehrere Gesamtschuldner jeweils nur nach **17** StVG, ist die Zahlungsverantwortlichkeit jedes einzelnen Gesamtschuldners auf den Betrag des § 12 StVG beschränkt. Die Höchstsumme steht dann (entsprechend der Zahl der Gesamtschuldner) mehrfach zur Verfügung.

Halter und Fahrer bilden keine Schädigermehrheit (§ 12 StVG, Rn 9). **18**

Kann einer von mehreren Gesamtschuldnern sich auf das **Angehörigenprivi- 19 leg** (§ 86 III VVG) berufen, ist der Höchstbetrag des § 12 StVG nicht deswegen zu kürzen.

StVG § 12 II. Haftpflicht

20 d) **Kapital – Rente.** Siehe auch § 843 BGB, Rn 63 ff.

20a Das Haftungshöchstsummen-Kapital kann durch Zahlung von Kapital(einzel)beträgen erschöpft werden. Auch die (uU um Kapitalzahlungen gekürzte, siehe § 12 StVG, Rn 21) Rente ist endlich.

21 Werden Kapitalbeträge neben Rentenzahlung erbracht, ist die Haftungshöchstsumme um die erbrachten Kapitalbeträge zu kürzen (OLG Celle OLGR 2007, 505; OLG München r+s 2003, 388). Kapitalzahlungen, die der Schädiger geleistet hat, sind bei der Errechnung der Rente, die er dem Verletzten im Haftungsrahmen des § 12 StVG noch entrichten muss, voll zu berücksichtigen, so dass sich dadurch die Jahresrente entsprechend mindert (BGH NJW 1969, 656; BGH NJW 1962, 1676). Wird der Schaden **zum Teil** als Kapital und zum Teil als Rente geltend gemacht, sind zur Ermittlung des Gesamtschadensbetrags i.S.d. § 12 I Nr. 1 StVG die Renten zunächst auf das Kapital umzurechnen (BGH NJW 1969, 656). Dabei sind die Rentenbeträge dergestalt zu berücksichtigen, dass die Rente bei der Umrechnung auf einen Kapitalbetrag 6% (in Schadenfällen bis 17.12.2007; in Schadenfällen ab 18.12.2007 ist der Zinssatz individuell anzusetzen) dieses Kapitals ausmacht (BGH NJW 2001, 1214; BGH VersR 1968, 664; BGH VersR 1958, 324; OLG Oldenburg v. 20.11.2011 – 1 U 126/10). Dabei ist zunächst die Haftungshöchstsumme um diejenigen Beträge zu mindern, die als Kapital geschuldet sind. Der Zinsertrag auf den verbleibenden Restbetrag steht dann als Jahreshöchstrente zur Verfügung (BGH MDR 1964, 494; OLG Celle OLGR 2007, 505).

22 Da europarechtlich ein fester Kapitalisierungsfaktor nicht festschreibbar war, wurde die fixe Rentenkapitalisierung mit 6% (§ 12 StVG aF) abgeschafft. Der **Zinsfuß** für den Zinsertrag, der dann als Rente zur Verfügung steht, ist in Neufällen (Unfalltag **ab 18.12.2007**) individuell zu ermitteln (BR-Drucksache 225/07, S. 36). Da der Wegfall des gesetzlich vorgegebenen Zinsfußes nur auf fehlendem europarechtlichem Konsens beruht, der Gesetzgeber aber in anderen – europarechtlich nicht vereinheitlichten – Gefährdungstatbeständen (z.B. § 117 BBergG, § 9 HaftpflG, § 37 LuftVG; bei den Haftungshöchstbeträgen nach § 10 HaftpflG, § 10 ProdHG, § 15 UmweltHG wird auf eine Rentenbewertung verzichtet; § 541 I 2 HGB stellt auf den Rentenkapitalwert ab) die Verzinsung von 6% aufrechterhält, gibt dieser Zinsfuß jedenfalls ein Indiz für die Höhe des Zinsfußes mit der Folge, dass derjenige, der einen abweichenden Zinsfuß verlangt, hierfür darlegungs- und beweisbelastet ist.

22a Der Kapitalwert der Rente richtet sich nach dem Alter des Geschädigten, der Höhe und der Dauer der Rente und dem für die Abzinsung (fiktiver Zinssatz der noch nicht fälligen Rentenbeträge) anzusetzenden Zinsfuß. Die Berechnung hat nach versicherungsmathematischen Grundsätzen unter Berücksichtigung des konkreten Falls unter Beachtung der sich aus anerkannten statistischen Unterlagen ergebenden Durchschnittswerte zu erfolgen. Wird ein **Gutachten** eingeholt, sind vom Gericht dem Sachverständigen die rechtlichen Bewertungsgrundlagen vorzugeben (KG KGR 1994, 246).

23 Die auf den Höchstbetrag beschränkte Leistungspflicht kann durch Abschluss eines Abfindungsvergleiches auch über eine **geringere Summe** mit Erlass der Restschuld (z.B. bei Kapitalisierung oder anderer Abgeltung von Forderungen vor Fälligkeit) erbracht werden (BGH NJW 1996, 3418). Bei vorzeitiger Ablösung durch Kapitalzahlung wird der Haftungshöchstbetrag dann durch eine betragsmäßig unter dem Höchstbetrag liegende Zahlung ausgeschöpft.

Höchstbeträge **§ 12 StVG**

e) Höchstbetrag. Der Geschädigte kann die ausschließlich nach dem StVG 23a
Haftenden nur bis zu der in § 12 StVG bestimmten Höchstgrenze in Anspruch
nehmen (OLG Celle BeckRS 2016, 11968 = jurisPR-VerkR 14/2017 Anm.
2; OLG Celle OLGR 2007, 505; *Hentschel/König/Dauer-König*, § 12 StVG
Rn 2). § 12 StVG ist summenmäßig **absolut beschränkt,** auch wenn ratierlich
gezahlt wird. Die Höchstbeträge nach § 12 I 1 StVG gelten nach § 12 I 2 StVG
auch für den Fall einer Rentenverpflichtung; selbst dann, wenn gesetzlich eine
Rentenzahlung (so für § 12 StVG a.F. für Schadenfälle vor 18.12.2007) eingeräumt ist. Bei einer Rentenzahlung erschöpft sich die Haftungssumme durch
Addition der gezahlten Renten. Das gilt nicht nur für die Fassungen des § 12
StVG bis 17.12.2007, sondern auch für die eine Rentenzahlung nicht mehr
erwähnende Fassung ab 18.12.2007 (siehe BT-Drucksache 16/5551, S. 18 [zu
§ 12 StVG] sowie BT-Drucksache 14/7752, S. 17 [zu A.III.6.]). Für anderweitige Haftungshöchstsummen (z.B. § 88 AMG, §§ 9 f HaftPflG) gilt Entsprechendes.

Beträgt die Haftungshöchstsumme z.B. 600.000 € und werden jährlich 36.000 € 23b
vom Schadenersatzpflichtigen gezahlt (vgl § 12 StVG im Zeitraum 1.8.2002 –
17.12.2007 [Unfalltag]), endet auch die Rentenzahlung mit Erreichen des addierten Betrages nach 16 Jahren und 8 Monaten (36.000 € * 16,67 = 600.000 €).
Beträgt der jährliche Rentenbetrag 250.000 €, so ist die Haftungshöchstsumme
von 5.000.000 € (Unfalltag ab 18.12.2007) nach 20 Jahren aufgebraucht. Mischen
sich Rentenanspruch (vgl § 843 IV BGB = Regelfall) und vereinzelte Kapitalbei-
träge, tangiert dieses den Maximalbetrag nicht. Wird z.B. ein Schmerzensgeld
i.H.v. 500.000 € und eine Umbaumaßnahme i.H.v. 500.000 € gezahlt, stehen bei
einem Jahresrentenbetrag i.H.v. 250.000 € nur insgesamt noch 4.000.000 € für
die restliche Laufzeit (16 Jahre * 250.000 €) zur Verfügung.

Es kommt nicht zu einem Kürzungsverfahren (OLG Celle BeckRS 2016, 23c
11968 = jurisPR-VerkR 14/2017 Anm. 2).

f) Vorrechte. aa) Geschädigter. Reicht die Haftungshöchstsumme (Gleiches 24
gilt für eine unzureichende Versicherungssumme) nicht aus, die Ansprüche aller
Anspruchsteller und Drittleistungsträger zu erfüllen, ist grundsätzlich zunächst der
unmittelbar Geschädigte aus dem für die Schadenregulierung unzureichenden
Betrag vorrangig zu bedienen (BGH NJW 1979, 271); erst ein verbleibender
Betrag ist unter den Drittleistungsträgern aufzuteilen (siehe § 116 II – IV SGB X,
§ 6 III EFZG, § 86 I 2 VVG, § 67 I 2 VVG aF, § 76 BBG, § 87a Nr. 2 S. 2 BBG aF,
§ 52 S. 3 BRRG aF i.V.m. Art 125a I GG). Auch bei vertraglich vorgesehener
Abtretungsverpflichtung (z.B. an betriebliche Altersversorgung, Berufsständische
Versorgung) ist dem Verletzten regelmäßig ein Vorrecht eingeräumt. Siehe im
Detail, auch zu Rangfolgen und Verteilung, *Jahnke*, Unfalltod und Schadenersatz,
§ 2 Rn 887 ff; *Jahnke/Burmann-Jahnke/Burmann*, Handbuch des Personenschadensrechts, Kap. 5 Rn 2886 ff.

bb) Sozialversicherung. Bei sozialversicherten Verletzten ist wie folgt zu **dif-** 25
ferenzieren:
– Nur Sozialversicherte **ohne Mitverantwortlichkeit** haben ein ihren gesamten 26
 Schaden erfassendes Vorrecht (§ 116 II SGB X) (BGH NJW 1997, 1785).
– Bei **Mitverantwortlichkeit** anlässlich der Schadenbegründung (z.B. fehlen- 27
 der Unabwendbarkeitsbeweis; kein Gurt) hat eine modifizierte relative Ver-
 teilung unter Einbeziehung der SVT zu erfolgen (BGH NJW 2007, 370;
 BGH NJW 2001, 1214); dem Geschädigten steht bei teilweisem Forderungs-

übergang auf SVT ein Quotenvorrecht nicht zu. Das gilt aber nicht, wenn den Verletzten erst bei der Schadenabwicklung ein Mitschulden zur Höhe des Anspruchs trifft (z.b. unzureichende Verwertung noch vorhandener Arbeitskraft).

28   cc) **Keine Sozialversicherung.** Für Verletzte, bei denen der Forderungsübergang nach § 116 SGB X nicht zu beachten ist, gelten bei Mitverantwortlichkeit nicht selten uneingeschränkte Befriedigungsvorrechte (z.b. § 86 I 2 VVG; Beamtenquotenvorrecht) gegenüber anderen Drittleistungsträgern.

29   **6. Prozessuales.** Die Haftungsbegrenzung ist **von Amts wegen** zu beachten (BGH NJW 2008, 2033).

30   Aus dem **Klageantrag** muss deutlich hervorgehen, ob der Geschädigte Rente oder Kapitalabfindung begehrt. Der Klageantrag ist erforderlichenfalls im Wege des Fragerechtes oder der Auslegung klarzustellen (BGH MDR 1964, 494).

30a Bei Feststellungsklagen entfällt, wenn die Haftungshöchstgrenze des § 12 StVG bereits erreicht ist, i.d.R. das nach § 256 ZPO erforderliche Feststellungsinteresse.

31   Stützt der Geschädigte seine Ansprüche nur auf das StVG, kann die Auslegung eines Vergleiches dazu führen, dass eine **Beschränkung** auf die Höchstbeträge vorliegt (OLG München r+s 2003, 215).

32   Die Beschränkung auf eine Haftungshöchstsumme sollte in den **Tenor** eines Feststellungsurteils oder einer urteilersetzenden Erklärung (z.b. gerichtlicher Vergleich, außergerichtliches Anerkenntnis) mit aufgenommen werden (BGH VersR 1986, 565). Fehlt die beschränkte Eintrittspflicht im Tenor, begründet dieses zwar einerseits keine Beschwer, wenn nach den Entscheidungsgründen des Urteiles zweifelsfrei die Haftung nur auf StVG gestützt ist (BGH zfs 1989, 119; vgl auch BGH NJW 2006, 2110); andererseits kann aber in diesem Falle keine Leistung über die Haftungshöchstsumme hinaus begehrt werden (OLG Brandenburg jurisPR-VerkR 18/2011 Anm. 2 = r+s 2012, 619).

33   Die Haftungsbeschränkung des § 12 I StVG kann sich auch ohne ausdrückliche Aufnahme in den Urteilstenor aus dem Tenor i.V.m. dem **Tatbestand** und den **Entscheidungsgründen** ergeben (BGH zfs 1989, 119; BGH NJW 1982, 447; OLG Saarbrücken OLGR 1998, 1). BGH NJW 1986, 2703 hat diese Rechtsauffassung im Rahmen der Überprüfung der Beschränkung der Eintrittspflicht des Haftpflichtversicherers nach § 115 VVG (§ 3 Nr. 1 PflVG aF) bestätigt und dahin erweitert, dass auch die tatbestandlichen Feststellungen zur Klärung herangezogen werden können.

34   Entsprechendes gilt bei fehlender Beschränkung im Urteilstenor auf die **Versicherungssumme** (OLG München r+s 2003, 388).

7. § 12 StVG aF (1.8.2002 – 17.12.2007).

35   *§ 12 StVG – Höchstbeträge (Geltung für Unfälle vom 1.8.2002 bis 17.12.2007)*
(1) Der Ersatzpflichtige haftet
1. im Fall der Tötung oder Verletzung eines Menschen nur bis zu einem Kapitalbetrag von 600.000 Euro oder bis zu einem Rentenbetrag von jährlich 36.000 Euro;
2. im Fall der Tötung oder Verletzung mehrerer Menschen durch dasselbe Ereignis, unbeschadet der in Nr. 1 bestimmten Grenzen, nur bis zu einem Kapitalbetrag von insgesamt 3.000.000 Euro oder bis zu einem Rentenbetrag von jährlich 180.000 Euro; im Fall einer entgeltlichen, geschäftsmäßigen Personenbeförderung gilt diese Beschränkung jedoch nicht für den ersatzpflichtigen Halter des Kraftfahrzeugs oder des Anhängers;

3. im Fall der Sachbeschädigung, auch wenn durch dasselbe Ereignis mehrere Sachen beschädigt werden, nur bis zu einem Betrag von 300.000 Euro.

(2) Übersteigen die Entschädigungen, die mehreren auf Grund desselben Ereignisses nach Abs. 1 zu leisten sind, insgesamt die in Nr. 2 Halbsatz 1 und Nr. 3 bezeichneten Höchstbeträge, so verringern sich die einzelnen Entschädigungen in dem Verhältnis, in welchem ihr Gesamtbetrag zu dem Höchstbetrag steht.

a) Zeitlicher Geltungsbereich. Die Anhebung der Haftungshöchstsummen 36 durch das Schadenrechtsänderungsgesetz v. 19.7.2002 (BGBl I 2002, 2674) betrifft nur Schadenereignisse in der Zeit vom 1.8.2002 bis zum 17.12.2007. Auf außerhalb dieses Zeitraumes liegende Unfallgeschehen ist § 12 StVG aF nicht anwendbar, Art. 229 § 8 I EGBGB (OLG Celle OLGR 2007, 505; OLG Oldenburg v. 20.11.2011 – 1 U 126/10; *Hentschel/König/Dauer-König*, § 12 StVG Rn 1). Für die jeweilige Haftungshöchstgrenze (siehe § 12 StVG, Rn 41) ist stets auf den **Unfalltag** (und nicht auf den Tag des Schadeneintritts) abzustellen (siehe vor § 10 StVG, Rn 1 ff) (zu abweichenden gesetzlichen Anordnungen in der Vergangenheit siehe *Höffmann* DAR 2011, 447).

b) Globale Grenze, individuelle Grenze. § 12 StVG aF unterscheidet hin- 37 sichtlich der Grenzen zwischen einerseits der **individuellen** Haftungshöchstgrenze je verletzter Person und andererseits der **globalen** Haftungsgrenze bei mehreren verletzten Personen; auch bei Schädigung mehrerer Personen bleibt der einzelne Verletzte auf die individuelle Höchsthaftung beschränkt (BR-Drucksache 742/01, S. 77). Übersteigt der Gesamtschaden die Haftungshöchstgrenzen, sind die jeweils geschuldeten Entschädigungen verhältnismäßig herabzusetzen.

Bei entgeltlicher, geschäftsmäßiger Personenbeförderung ist die Halterhaftung 38 zwar nicht auf die Globalbeträge des § 12 I Nr. 2, 1. Halbs. StVG aF (3.000.000 € Kapital, 180.000 € jährliche Rente) beschränkt (§ 12 I Nr. 3, 2. Halbs. StVG aF). Erhalten bleibt aber die individuelle Grenze des § 12 Nr. 1 StVG aF (600.000 € Kapital bzw. 36.000 € jährliche Rente) pro Person.

c) Rente. Für Schadenfälle bis zum 17.12.2007 ist das verbliebene Haftungs- 39 höchstsummenkapital mit dem gesetzlich fixierten, nicht individuell verhandelbaren, Satz von 6% zu verzinsen und steht mit diesem Zinsertrag als Rente zur Verfügung (RG RGZ 156, 392; OLG Celle OLGR 2007, 505).

8. Veränderungen der Haftungshöchstgrenzen (Historie). Die Anhe- 40 bung der Haftungshöchstsumme (Gleiches gilt für die Mindestversicherungssumme) durch die jeweiligen Änderungsgesetze betrifft nur Schadenereignisse für die Zeit ab Inkrafttreten der jeweiligen Neuregelung; auf außerhalb dieses Zeitraumes liegende Unfallgeschehen sind die geänderten Vorgaben nicht anwendbar (BGH VersR 1969, 1042; BGH NJW 1969, 656) (siehe auch vor § 10 StVG, Rn 1 ff).

StVG § 12

Norm	Unfalltag		
	1.1.1978 bis 31.7.2002	1.8.2002 bis 17.12.2007	ab 18.12.2007	ab 21.6.2017
§ 12 StVG				
Tötung/Verletzung einer Person	500.000 DM 30.000 DM/Jahr	600.000 Euro 36.000 Euro/Jahr	5.000.000 Euro Rente individuell	
Tötung/Verletzung mehrerer Personen	750.000 DM 45.000 DM/Jahr	3.000.000 Euro 180.000 Euro Ausnahme: § 12 I Nr 2, 2. Halbs.	5.000.000 Euro Rente individuell Erhöhung bei entgeltlicher geschäftsmäßiger Personenbeförderung	
Sachschaden	100.000 DM	300.000 Euro	1.000.000 Euro	
§ 12a StVG – Transport gefährlicher Güter				
Tötung/Verletzung einer Person	500.000 DM 30.000 DM/Jahr	600.000 Euro 36.000 Euro/Jahr	10.000.000 Euro 36.000 Euro/Jahr	
Tötung/Verletzung mehrerer Personen	750.000 DM 45.000 DM/Jahr	6.000.000 Euro 360.000 Euro/Jahr Ausnahme: § 12 I Nr 2, 2. Halbs.	10.000.000 Euro 360.000 Euro/Jahr Erhöhung bei entgeltlicher geschäftsmäßiger Personenbeförderung	
Sachschaden an Immobilie	100.000 DM	6.000.000 Euro	10.000.000 Euro	
sonstiger Sachschaden	100.000 DM	300.000 Euro	1.000.000 Euro	
§ 12b StVG – Gleiskettenfahrzeug				
Sach-/Personenschaden	§ 12 StVG	ohne Begrenzung	ohne Begrenzung	
§ 1a StVG – Kraftfahrzeuge mit hoch- oder vollautomatisierter Fahrfunktion				
Tötung/Verletzung einer Person	–	–	–	10.000.000 Euro
Tötung/Verletzung mehrerer Personen	–	–	–	10.000.000 Euro
Sachschaden	–	–	–	2.000.000 Euro

§ 12a Beförderung gefährlicher Güter

(1) ¹Werden gefährliche Güter befördert, haftet der Ersatzpflichtige
1. im Fall der Tötung oder Verletzung eines oder mehrerer Menschen durch dasselbe Ereignis nur bis zu einem Betrag von insgesamt 10.000.000 Euro,
2. im Fall der Sachbeschädigung an unbeweglichen Sachen, auch wenn durch dasselbe Ereignis mehrere Sachen beschädigt werden, nur bis zu einem Betrag von insgesamt 10.000.000 Euro,

sofern der Schaden durch die die Gefährlichkeit der beförderten Güter begründenden Eigenschaften verursacht wird. ²Im Übrigen bleibt § 12 Abs. 1 unberührt.

(2) Gefährliche Güter im Sinne dieses Gesetzes sind Stoffe und Gegenstände, deren Beförderung auf der Straße nach den Anlagen A und B zu dem Europäischen Übereinkommen vom 30.9.1957 über die internationale Beförderung gefährlicher Güter auf der Straße (ADR) (BGBl II 1969, 1489) in der jeweils geltenden Fassung verboten oder nur unter bestimmten Bedingungen gestattet ist.

(3) Abs. 1 ist nicht anzuwenden, wenn es sich um freigestellte Beförderungen gefährlicher Güter oder um Beförderungen in begrenzten Mengen unterhalb der im Unterabschnitt 1.1.3.6. zu dem in Abs. 2 genannten Übereinkommen festgelegten Grenzen handelt.

(4) Abs. 1 ist nicht anzuwenden, wenn der Schaden bei der Beförderung innerhalb eines Betriebs entstanden ist, in dem gefährliche Güter hergestellt, bearbeitet, verarbeitet, gelagert, verwendet oder vernichtet werden, soweit die Beförderung auf einem abgeschlossenen Gelände stattfindet.

(5) § 12 Abs. 2 gilt entsprechend.

Übersicht

	Rn
1. Norm	1
2. Gefährliches Gut	4
3. Automatisiertes Fahren	6a
4. Voraussetzungen	7
a) StVG-Haftung	8
b) Gefahrträchtige Eigenschaft	10
c) Grenzmengenüberschreitung	12
5. Keine Geltung	13
6. Erhöhte Haftungssummen	14
a) Sachschaden	14
b) Personenschaden	16
c) Mehrere Geschädigte	17
7. Anspruchskonkurrenz	18
8. ADR	20
9. § 12a StVG aF (bis 17.12.2007)	24

1. Norm. Zum Thema: *Bollweg* NZV 2007, 599, *Nugel* NJW-Spezial 2009, 41, *Rebler* VD 2009, 129, *Rebler/Borzym* VD 2009, 151, *Richter* DAR 2012, 243, *Schwab* DAR 2009, 186.   **1**

2   Die Höchstbeträge bei Gefahrguttransporten wurden durch das „2. Gesetz zur Änderung des PflVG und anderer versicherungsrechtlicher Vorschriften" (BGBl I 2007, 2833) mit Wirkung für Verkehrsunfälle ab 18.12.2007 (Unfalltag) in Befolgung EU-rechtlicher Vorgaben (5. KH-Richtlinie) deutlich angehoben.

3   § 12a StVG (erstmals eingeführt durch das Zweite Gesetz zur Änderung schadensersatzrechtlicher Vorschriften, BGBl I 2002, 2674) berücksichtigt das von Gefahrguttransporten ausgehende zusätzliche Risiko durch Anhebung der Haftungshöchstgrenzen im Falle der reinen Gefährdungshaftung nach StVG. Bei Transporten von Gefahrgut (Legaldefinition in § 12a II StVG) kann sich neben der Betriebsgefahr des beförderten Kfz auch die Gefahr des beförderten Ladegutes niederschlagen. Wegen der erhöhten Gefahr von Boden-, Gewässer- und Grundwasserverunreinigungen oder sonstiger Umweltschädigung ist die Begrenzung des Sachschadenersatzes nur für unbewegliche Sachen erfolgt.

4   **2. Gefährliches Gut.** § 12a II StVG definiert die gefährlichen Güter durch Verweis auf das **ADR**. Es wird die Begrifflichkeit des Art. 1 Buchst b) ADR übernommen.

5   Gegenüber § 12 StVG **erhöhte Haftungshöchstsummen** gelten nach § 12a III StVG nicht, wenn gefährliche Güter transportiert werden, deren Beförderung entweder von den besonderen Sicherheitsanforderungen freigestellt ist oder die nur in begrenzten Mengen transportiert werden.

6   Wenn **ausländische Transporteure** im Inland einen Gefahrgutunfall verursachen, unterfallen sie deutschem Haftungsrecht (BT-Drucksache 14/7752, S. 33).

6a **3. Automatisiertes Fahren.** Siehe zum automatisierten Fahren (§ 1a StVG) § 12 StVG, Rn 10e.

7   **4. Voraussetzungen.** Eine über § 7 StVG hinausgehende haftungsrechtliche Veränderung enthält § 12a StVG erklärtermaßen nicht (BR-Drucksache 742/01, S. 80). Wegen der erhöhten Gefährlichkeit sind die Haftungshöchstsummen für die StVG-Haftung nur dann heraufgesetzt, wenn (**kumulative Voraussetzungen**)

a) StVG-Haftung.

8   – Haftung nach dem StVG (insbesondere Schaden beim Betrieb entstanden) besteht.

9   Es darf u.a. kein Haftungsausschluss nach § 8 StVG vorliegen.

b) Gefahrträchtige Eigenschaft.

10 – und der Schaden durch diejenigen Eigenschaften, die die Gefährlichkeit des beförderten Gutes begründet, verursacht ist.

11 Es muss sich das zusätzliche Schadensrisiko des Gefahrguttransportes realisiert haben. Hat sich die besondere Gefährlichkeit des Gutes nicht auf den Schaden ausgewirkt, bleibt es bei den Haftungshöchstsummen des § 12 StVG.

c) Grenzmengenüberschreitung.

12 – und die Mengenbegrenzung nach § 12a III StVG überschritten wurde.

13 **5. Keine Geltung.** Ist der Schaden während einer **freigestellten Beförderung** (§ 12a III 1. Alt. StVG), bei Beförderung **geringer Mengen** (§ 12a III 2. Alt. StVG) oder bei Beförderung auf einem abgeschlossenen **Betriebsgelände** (§ 12a IV StVG, siehe auch § 1 I 2 Nr. 1 GGBefG; möglich aber Haftung nach § 3 III UmweltHG) entstanden, gilt keine erhöhte Haftungshöchstsumme.

Beförderung gefährlicher Güter § 12a StVG

6. Erhöhte Haftungssummen. a) Sachschaden. Der erhöhten Gefahr von Boden-, Gewässer- und Grundwasserverunreinigung oder sonstiger Umweltschädigung wird durch die höhere globale Haftungshöchstsumme bei gefahrgutbedingter Schädigung **unbeweglicher Sachen** (§ 12a I Nr. 2 StVG) Rechnung getragen. 14
Soweit **bewegliche Sachen** trotz gefahrgutbedingter Schädigung betroffen sind, bleibt es beim geringeren Betrag des § 12 I Nr. 2 StVG (§ 12 I 2 StVG). 15

b) Personenschaden. Bei Personenschaden sind die Höchstbeträge gegenüber § 12 I Nr. 1 StVG angehoben. Der gegenüber § 12 StVG höhere Betrag steht auch dann zur Verfügung, wenn nur eine Person verletzt oder getötet wird. 16

c) Mehrere Geschädigte. Sind mehrere Sachen beschädigt oder mehrere Personen verletzt bzw. getötet, gilt wie bei § 12 II StVG die relative Herabsetzung (§ 12a V StVG). 17

7. Anspruchskonkurrenz. Konkurrierend kann eine Haftung nach § 89 **WHG** (dazu BT-Drucksache 280/09 v. 3.4.2009), § 22 WHG aF und §§ 823 ff **BGB** ohne Höhenbeschränkung in Betracht kommen. 18
Das **UmweltHG** enthält eine Haftungsbegrenzung in § 15 UmweltHG. 19
Zur Deckung von Umweltschäden in der Kfz-Versicherung siehe (Kfz-Umweltschadensversicherung – **Kfz-USV**) *Stiefel/Maier-Meinecke*, Kfz-USV. 19a

8. ADR. Das Europäische Übereinkommen v. 30.9.1957 (ratifiziert durch Gesetz v. 18.8.1969, BGBl II 1969, 1489) über die internationale Beförderung gefährlicher Güter auf der Straße (Accord européen relatif au transport international des marchandises Dangereuses par Route – ADR) enthält in seinen Anlagen A und B detaillierte Vorgaben für die Gefahrgutbeförderung. Das ADR enthält als umfassendes Basisregelwerk Vorschriften u.a. für Klassifizierung, Verpackung, Kennzeichnung und Dokumentation gefährlicher Güter, für den Umgang während der Beförderung und für die verwendeten Fahrzeuge. Das ADR wird regelmäßig an die technische und rechtliche Entwicklung angepasst; der Internetauftritt des Bundesministeriums für Verkehr und digitale Infrastruktur (BMVI) enthält Hinweise auf den jeweils aktuellen Stand. Die Neufassung des ADR 2015 v. 17.4.2015 BGBl II 2015, 504 nebst Anlageband wurde zum 1.1.2017 durch 25. ADR-Änderungsverordnung v. 25.10.2016 BGBl II 2016, 1203 aktualisiert. 20

Die **Anlage A** enthält allgemeine Vorschriften sowie Vorschriften für gefährliche Stoffe und Gegenstände. Sie legt u.a. iSv Art. 2 ADR fest, welche gefährlichen Güter zur internationalen Beförderung (und dann unter welchen Bedingungen) zugelassen und welche davon ausgeschlossen sind. 21

Die **Anlage B** legt die Bedingungen für Bau, Ausrüstung und Betrieb derjenigen Fahrzeuge fest, die für die Beförderung gefährlicher Güter zugelassen sind, und enthält Vorgaben für die Durchführung der Beförderung. 22

Zu den ADR-Unterzeichnern zählen neben sämtlichen EU-Staaten noch weitere Länder **(Unterzeichnerstaaten):** Albanien, Andorra, Aserbeidschan, Belarus (Weißrussland), Belgien, Bosnien-Herzegowina, Bulgarien, BRD, Dänemark, Estland, Finnland, Frankreich, Griechenland, Großbritannien (Vereinigtes Königreich), Irland, Island, Italien, Kasachstan, Kroatien, Lettland, Liechtenstein, Litauen, Luxemburg, Malta, Marokko, Mazedonien, Montenegro, Niederlande, Norwegen, Österreich, Polen, Portugal, Republik Moldau, Rumänien, Russische Föderation, Schweden, Schweiz, Serbien, Slowakische Republik, Slowenien, Spa- 23 nien, Tadschikistan, Tschechische Republik, Türkei, Tunesien, Ukraine, Ungarn, Zypern.

9. § 12a StVG aF (bis 17.12.2007).

24 **§ 12a StVG – Höchstbeträge bei Beförderung gefährlicher Güter** *(Fassung bis 17.12.2007)*

(1) ¹Werden gefährliche Güter befördert, haftet der Ersatzpflichtige
1. im Fall der Tötung oder Verletzung mehrerer Menschen durch dasselbe Ereignis, unbeschadet der in § 12 Abs. 1 Nr. 1 bestimmten Grenzen, nur bis zu einem Kapitalbetrag von insgesamt 6.000.000 € oder bis zu einem Rentenbetrag von jährlich 360.000 €,
2. im Fall der Sachbeschädigung an unbeweglichen Sachen, auch wenn durch dasselbe Ereignis mehrere Sachen beschädigt werden, bis zu einem Betrag von 6.000.000 €,

sofern der Schaden durch die die Gefährlichkeit der beförderten Güter begründenden Eigenschaften verursacht wird. ²Im Übrigen bleibt § 12 Abs. 1 unberührt.
(2)–(5) (unverändert)

25 Für **Altfälle** (Unfall bis zum 17.12.2007) bleibt § 12 StVG aF mit seinen niedrigeren Höchstsummen weiterhin gültig (zu Altfällen siehe § 12 StVG, Rn 41).

26 Bei Personenschaden sind nur die globalen Höchstbeträge angehoben. Sind **mehrere Personen** betroffen, bleibt es für den Einzelnen bei der individuellen Grenze des § 12 I Nr. 1 StVG aF.

§ 12b Gepanzerte Gleiskettenfahrzeuge

Die §§ 12 und 12a sind nicht anzuwenden, wenn ein Schaden bei dem Betrieb eines gepanzerten Gleiskettenfahrzeugs verursacht wird.

Übersicht

	Rn
1. Norm	1
2. Gepanzerte Gleiskettenfahrzeuge	3
3. Unfallbeteiligung von Streitkräften	5
a) Bundeswehr	5
b) Ausländische Streitkräfte	7a
4. Prozessuales	22
5. Historie	23

1 **1. Norm.** Der generelle Wegfall von Haftungssummenbeschränkungen für Gleiskettenfahrzeuge wurde erstmals (in Anlehnung an die fehlende Freistellung für militärische Luftfahrzeuge, § 53 I LuftVG) mit dem Zweiten Gesetz zur Änderung schadensersatzrechtlicher Vorschriften (BGBl I 2002, 2674) eingeführt.

2 Die unbegrenzte Haftung betrifft ausschließlich Unfälle nach dem **31.7.2002**, Art. 229 § 8 I Nr. 4 EGBGB; für **Altfälle** vor dem 1.8.2002 gilt § 12 StVG aF (siehe § 12 StVG, Rn 41).

3 **2. Gepanzerte Gleiskettenfahrzeuge.** Gepanzerte Gleiskettenfahrzeuge sind solche zur Teilnahme am öffentlichen Straßenverkehr zugelassene Fahrzeuge, die ganz oder teilweise auf endlosen Ketten oder Bändern (**Gleiskettenfahrzeug**, § 34b I 1 StVZO) laufen, mit integriertem Schutz für den Fahrer und die Besatzung gegen ballistische Geschosse; ferner auch Fahrzeuge ohne solchen Schutz,

wenn sie Trägerfahrzeuge eines Waffensystems (u.a. Mehrfachraketenwerfer, Minenwerfer) sind (BT-Drucksache 14/7752, S. 35).
Für **andere Militärfahrzeuge** gilt § 12b StVG nicht. 4

3. Unfallbeteiligung von Streitkräften. a) Bundeswehr. Haben Fahrer von 5 Bundeswehrfahrzeugen einen Unfall verursacht, ist diejenige **Wehrbereichsverwaltung** (WBV) zuständig, in deren Bereich das Kfz stationiert ist:
– *WBV West* (Wilhelm-Raabe-Straße 46, 40470 Düsseldorf),
– *WBV Nord* (Hans-Böckler-Allee 16, 30173 Hannover),
– *WBV Ost* (Prötzeler Chaussee 25, 15344 Strausberg),
– *WBV Süd* (Löwentorzentrum – Heilbronner Straße 186, 70191 Stuttgart).

Der Anspruch richtet sich nach **§ 839 BGB, Art 34 GG.** Die Haftung eines 6 beamteten Kfz-Führers aus § 18 StVG ist ausgeschlossen (KG VersR 1976, 193; OLG Schleswig NZV 1998, 25).

Das Verweisungsprivileg (§ 839 I 2 BGB) gilt nicht, wenn der Fahrzeugführer 7 den Verkehrsunfall schuldhaft bei Teilnahme am allgemeinen Verkehr verursachte.

b) Ausländische Streitkräfte. Zum Thema: *Auswärtiges Amt* (www.aus- 7a waertiges-amt.de/DE/Aussenpolitik/InternatRecht/ Truppenstationierungsrecht_node.html); *Wagner*, Archiv des Stationierungsrechts, 3. Aufl. 2012 (www.humanitaeres-voelkerrecht.de/AdS.pdf).

aa) Privatunfall. Ist ein Mitglied ausländischer Streitkräfte an einem Unfall 8 beteiligt, ist für Schadenfälle mit dem Privatfahrzeug der jeweilige Kfz-Haftpflichtversicherer zuständig.

bb) Dienstunfall. (1) Allgemeines. Das AuslPflVG gilt nicht für ausländische 9 Streitkräfte (§ 1 V AuslPflVG). Bei Unfallbeteiligung von ausländischen Streitkräften in Ausübung ihres Dienstes sind die Regeln des NATO-Truppenstatuts, PfP-Truppenstatuts, EU-Truppenstatuts bzw. des Streitkräfteaufenthaltsgesetzes zu beachten.

(2) Schadenregulierungsstelle. Für Schadenfälle mit **Dienstfahrzeugen** 10 sind die Aufgaben der Schadenregulierung auf die *Bundesanstalt für Immobilienaufgaben* (BImA) übertragen (Gesetz über die Bundesanstalt für Immobilienaufgaben [BImAG] v. 9.12.2004, BGBl I 2004, 3235). Die früheren Ämter für Verteidigungslasten sind aufgelöst, ebenso mittlerweile die SRB Soltau. Zuständig sind die **Schadenregulierungsstellen** des Bundes (SRB), deren Aufgaben von den Regionalbüros in (Bekanntmachung [Bundesministerium der Finanzen] der für die Durchführung von Verwaltungsaufgaben auf dem Gebiet der Verteidigungslasten zuständigen Behörden v. 11.7.2013, Amtlicher Teil des Bundesanzeigers v. 2.8.2013):
– Regionalbüro Ost *Erfurt* (Drosselbergstrasse 2, 99097 Erfurt; Tel. 0361 3482-131)
 zuständig (sämtliche Schäden) für Regierungsbezirk Unterfranken (Bayern), Berlin, Brandenburg, Hessen, Sachsen, Thüringen,
 zuständig ferner bei Personendauerschäden für Bremen, Hamburg, Mecklenburg-Vorpommern, Niedersachsen, Regierungsbezirk Detmold (Nordrhein-Westfalen), Sachsen-Anhalt, Schleswig-Holstein,
– Regionalbüro West *Koblenz* (Schloss [Hauptgebäude], 56068 Koblenz; Tel. 0261 3908-0)

zuständig (sämtliche Schäden) für Nordrhein-Westfalen (ohne Regierungsbezirk Detmold), Rheinland-Pfalz, Saarland,
- Regionalbüro Süd *Nürnberg* (Krelingstrasse 50, 90408 Nürnberg; Tel. 0911 99261-0)
zuständig (sämtliche Schäden) für Baden-Württemberg, Bayern (ohne Regierungsbezirk Unterfranken)
zuständig (ohne Personendauerschäden) für Bremen, Hamburg, Mecklenburg-Vorpommern, Niedersachsen, Regierungsbezirk Detmold (Nordrhein-Westfalen), Sachsen-Anhalt, Schleswig-Holstein
nach regionalen Aspekten wahrgenommen werden.

10a **(3) Nato-Truppenstatut. Zum Thema:** *Böhme/Biela* Kap. 3 Rn 22 ff, Kap. 13 Rn 39 ff, Kap. 13 Rn 28; *Dumbs* VersR 2012, 768; *Dumbs/Hartl* VersR 2013, 1095; *Geigel-Kapsa*, Kap. 34; *Hentschel/König/Dauer-König*, § 16 Rn 22.

11 Sind an Verkehrsunfällen Angehörige der **NATO-Streitkräfte** in Ausübung ihres Dienstes unfallbeteiligt, richtet sich die Ersatzpflicht wie bei Bundeswehrfahrzeugen nach deutschem Recht (§ 839 BGB, Art 34 GG), allerdings unter Beachtung der Besonderheiten des NATO-Truppenstatutes (NTS) mit den dieses Statut ergänzenden Vorschriften (BGBl II 1961, 1183, 1190, 1213, 1313; BGBl II 1994, 2594) (siehe auch BGH VersR 2012, 768).

12 Rechte und Pflichten der Streitkräfte aus NATO-Staaten, die in Deutschland auf Grundlage des Aufenthaltsvertrages dauerhaft stationiert sind, richtet sich nach den stationierungsrechtlichen Regelungen des NTS v. 19.6.1951 (Abkommen zwischen den Parteien des Nordatlantikvertrags über die Rechtsstellung ihrer Truppen, BGBl II 1961, 1190) sowie des Zusatzabkommens zum NTS v. 3.8.1959 (Zusatzabkommen zu dem Abkommen zwischen den Parteien des Nordatlantikvertrags über die Rechtsstellung ihrer Truppen hinsichtlich der in der Bundesrepublik Deutschland stationierten ausländischen Truppen, BGBl II 1961, 1183, 1218). Nach der Herstellung der deutschen Einheit wurde das NTS durch das Abkommen v. 18.3.1993 (BGBl II 1994, 2594, 2598) umfassend angepasst. Zwar sind nach Anl. I Kap. I Abschnitt I Ziff. 5, 6 zum Einigungsvertrag das NTS sowie das Zusatzabkommen zum NTS von der Geltung in den neuen Bundesländern ausgenommen, durch Notenwechsel v. 25.9.1990 (BGBl II 1990, 1251, BGBl II 1994, 29) sowie v. 12.9.1994 (BGBl II 1994, 3716) ist vereinbart, dass die Truppen der Stationierungsstaaten, ihre zivilen Gefolge sowie ihre Mitglieder und Angehörigen in den Ländern Berlin, Brandenburg, Mecklenburg-Vorpommern, Sachsen, Sachsen-Anhalt und Thüringen die gleiche Rechtsstellung haben wie in den Altbundesländern.

13 Ansprüche (auch wegen Gesamtschuldnerausgleich, Bereicherung) sind binnen einer **Ausschlussfrist** von 3 Monaten (Art. 6 NTS) bei der SRB anzumelden. Die Frist beginnt mit Kenntnis vom Schadenseintritt und der Verantwortlichkeit der Streitkräfte; die Fristversäumung führt zum materiell-rechtlichen Anspruchsausschluss.

13a Die Schadensmeldung des Verletzten an die BRD, vertreten durch die BImA (zu Einzelheiten siehe *MüKo/ZPO-Patzina*, § 18 ZPO Rn 17; *Zöller-Vollkommer*, § 18 ZPO, Rn 6, 13), wirkt fristwahrend iSv Art. 6 IV NTS-AG zu Gunsten der beteiligten Versicherungsträger, auf die seine Ansprüche wegen von ihnen vorgenommener oder vorzunehmender Ansprüche übergegangen sind oder übergehen (OLG Frankfurt HVBG-INFO 1994, 1513; OLG Oldenburg NJW-RR 2005, 617).

Gegen einen Bescheid der SRB, der für beide Seiten bindend über die Ansprüche entscheidet, muss binnen 2 Monaten **Klage** (Prozessstandschaft der Bundesrepublik Deutschland, §§ 12 II, 25 NTS), gegebenenfalls beim Landgericht (unabhängig vom Streitwert, § 71 II Nr. 2, III GVG) erhoben werden. Auch die Klageeinreichung beim sachlich unzuständigen Amtsgericht wahrt die Frist (BGH NJW 1961, 2259). Klagefristversäumung führt zum materiell-rechtlichen Anspruchsverlust. In beiden Fällen der Fristversäumung (Anmeldefrist, Klagefrist) ist Wiedereinsetzung in den vorigen Stand entsprechend den ZPO-Regelungen über Notfristen möglich (BGH NJW 1968, 2009; OLG Frankfurt NJW-RR 1989, 418). 14

Sind neben Stationierungskräften weitere Fahrzeuge am Unfallgeschehen beteiligt, ist der Verlust des Anspruchs durch unterlassene Anmeldung bei der SRB keine zugunsten aller Gesamtschuldner wirkende Tatsache (BGH NJW 1979, 2039; OLG Karlsruhe VersR 1978, 968). 15

Art. 8 V NTS findet keine Anwendung bei Schäden, die Mitgliedern einer Truppe oder deren Angehörigen durch andere Mitglieder der gleichen Truppe zugefügt werden (OLG Zweibrücken NJW 1985, 1298). 16

cc) PfP-Truppenstatut. Für Streitkräfte aus Mitgliedsstaaten der NATO-Partnerschaft für den Frieden (PfP), die sich vorübergehend in Deutschland aufhalten, gelten nach Art. I des PfP-Truppenstatuts v. 19.6.1995 (Übereinkommen zwischen den Vertragsstaaten des Nordatlantikvertrags und den anderen an der Partnerschaft für den Frieden teilnehmenden Staaten über die Rechtsstellung ihrer Truppen, BGBl II 1998, 1338) die Vorschriften des NTS, soweit im PfP-Truppenstatut nichts anderes bestimmt ist. 17

dd) EU-Truppenstatut. Im Rahmen der Europäischen Union, insbesondere für Truppen und Zivilpersonal, die der EU zur Erfüllung ihrer Aufgaben von den Mitgliedsstaaten zur Verfügung gestellt werden, gilt das EU-Truppenstatut v. 17.11.2003 (ABl. EU 2003 C 321/02, BGBl II 2005, 18). 18

ee) Manövertruppen. Bei Beteiligung anderer ausländischer Streitkräfte (Manövertruppen, **UNO-Truppen**) gilt seit 20.7.1995 das Streitkräfteaufenthaltsgesetz (SkAufG) (BGBl II 1995, 554). Die Entsendestaaten haften zwar unmittelbar (§§ 15, 16 SkAufG), die BRD gilt die Ansprüche aber für den Entsendestaat (§ 16 IV SkAufG) ab. 19

Für die Regulierung gelten die Vorschriften des NTS (insbesondere auch Fristen und Folgen deren Versäumnis) entsprechend (Art. 3 § 5 SkAufG). 20

ff) Ex-Gratia-Zahlung. Siehe § 16 StVG, Rn 35 f. 21

4. Prozessuales. Die Zuständigkeitsregeln des § 71 II, III GVG sind zu beachten (§ 12b StVG, Rn 13a). 22

5. Historie. Zur Historie (Unfall bis zum 17.12.2007) siehe § 12 StVG, Rn 41. 23

§ 13 Geldrente

(1) **Der Schadensersatz wegen Aufhebung oder Minderung der Erwerbsfähigkeit und wegen Vermehrung der Bedürfnisse des Verletzten sowie der nach § 10 Abs. 2 einem Dritten zu gewährende Schadensersatz ist für die Zukunft durch Entrichtung einer Geldrente zu leisten.**

(2) **Die Vorschriften des § 843 Abs. 2 bis 4 des Bürgerlichen Gesetzbuchs finden entsprechende Anwendung.**

(3) **Ist bei der Verurteilung des Verpflichteten zur Entrichtung einer Geldrente nicht auf Sicherheitsleistung erkannt worden, so kann der Berechtigte gleichwohl Sicherheitsleistung verlangen, wenn die Vermögensverhältnisse des Verpflichteten sich erheblich verschlechtert haben; unter der gleichen Voraussetzung kann er eine Erhöhung der in dem Urteil bestimmten Sicherheit verlangen.**

1 Ersatz wegen Verdienstausfalls, Erwerbsminderung, vermehrter Bedürfnisse oder entzogenem Unterhalt ist nach dem gesetzlichen Leitbild grundsätzlich in Rentenform nach Maßgabe der §§ 843, 760 BGB innerhalb der Höchstgrenzen der §§ 12, 12a StVG zu gewähren.

2 Die Entschädigung in Form eines **Kapitalbetrages** auch für die Zukunft ist in der außergerichtlichen Praxis eher die Regel und folgt den zu § 843 BGB entwickelten Regularien (zu Einzelheiten siehe § 843 BGB, Rn 63 ff).

§ 14 Verjährung

Auf die Verjährung finden die für unerlaubte Handlungen geltenden Verjährungsvorschriften des Bürgerlichen Gesetzbuchs entsprechende Anwendung.

Übersicht

	Rn
1 Norm	1a
2. Allgemeines	1b
3. Fristenlauf	2
a) Frist	6
b) Kenntnis	10
c) Neubeginn (Unterbrechung)	25
d) Hemmung	27a
e) Schädigermehrheit	42
f) Verjährungserleichterung, Verjährungsverzicht	47
4. Treu und Glauben	51a
5. Wiederkehrende Leistung	52
6. Anspruchssicherung	60
7. Wirkung	61
8. Prozessuales	64
a) Einrede	64
b) Beweislast	67
c) Urteilswirkung	68
9. Verwirkung	72
a) Allgemeines	73
b) Voraussetzungen	75
c) Beweislast	78

1 **Zum Thema:** *Jahnke*, Abfindung von Personenschadenansprüchen, § 5; *Jahnke/Burmann-Lemcke*, Handbuch des Personenschadensrechts, Kap. 6 Rn 1404 ff; *Marburger* NZV 2015, 218.

Verjährung **§ 14 StVG**

1 Norm. Es gelten nach Aufhebung des § 852 BGB aF (BGBl I 2001, 3138) **1a**
die §§ 194 ff BGB, und zwar auch für Schadenfälle vor dem 31.12.2001 (Art. 229
§ 6 EGBGB) (*Jahnke* zfs 2002, 111).

2. Allgemeines. Die Frage, ob der Verletzte bei einem **Auslandsunfall** seinen **1b**
Ersatzanspruch unmittelbar gegen einen Versicherer des Ersatzpflichtigen geltend
machen kann, richtet sich gemäß Art. 40 IV EGBGB alternativ nach dem auf die
unerlaubte Handlung oder dem auf den Versicherungsvertrag anzuwendenden
Recht. Führen die beiden Anknüpfungsalternativen zu unterschiedlichen Rechtsordnungen, ist das für den Geschädigten im konkreten Einzelfall günstigere Recht
anzuwenden; dieses ist vom Gericht von Amts wegen zu ermitteln. Dem von
Art. 40 IV EGBGB zur Anwendung berufenen Recht unterliegt auch die Frage,
ob der Direktanspruch verjährt ist (BGH NJW 2016, 1648).

Verjährungsrecht ist vor allem ein Anwendungsfall des **Schuldnerschutzes 1c**
(BGH NJW 2017, 2755; BGH NJW 2017, 3004), das aus dem Verhalten des
Gläubigers erwächst. Werden Ansprüche jahrelang nicht verfolgt, ist der Schuldner
vor ihrer Durchsetzung zu schützen, weil sie vermutlich nicht oder nicht mehr
gerechtfertigt sind (BGH NJW 1972, 1460). Bezüglich der Frage eines Forderungsüberganges und der Höhe der Ansprüche ist ein Schuldner häufig nicht
schutzwürdig (BGH NJW 2002, 1877). Dem **Gläubiger** eines Anspruches soll
eine „faire Chance" (BT-Drucksache 14/6040, S. 90) eröffnet werden, seinen
Anspruch geltend zu machen und durchzusetzen. Dazu muss er ausreichend Gelegenheit haben, Bestand und Berechtigung seiner Forderung zu erkennen und zu
prüfen, Beweismittel zu sammeln und notfalls die gerichtliche Klärung herbeizuführen. Sein Wissen um mögliche Ansprüche ist nicht grenzenlos schutzwürdig,
so dass er auch unabhängig von seiner Kenntnis die Verjährung seiner Forderungen
hinnehmen muss (BT-Drucksache 14/6040, S. 95).

3. Fristenlauf. Der Zeitpunkt des Fristbeginns, die Fristdauer (und damit ihr **2**
Ende) sowie deren Ablauf hemmende oder unterbrechende Umstände bestimmen
die Verjährung.

Das Verjährungsrecht berücksichtigt den Ablauf einer Verjährungsfrist beein- **3**
flussende Umstände und Ereignisse durch **Hemmung** (Nichteinrechnung
bestimmter Zeiten in die Verjährungsfrist, §§ 203–209 BGB), **Ablaufhemmung**
(Verjährungsfrist läuft frühestens eine bestimmte Zeit nach Wegfall von Gründen
ab, die der Geltendmachung des Anspruchs entgegenstehen, §§ 210, 211 BGB)
oder **Unterbrechung** der Verjährung (Neubeginn der Verjährung, § 212 BGB).

War die Verjährung unterbrochen oder gehemmt, läuft die Frist unmittelbar **4**
am folgenden Tag und nicht erst nach Jahresultimo weiter.

Haftet der Ersatzpflichtige nur **subsidiär** (z.B. §§ 829, 839 BGB), beginnt die **5**
Verjährung erst mit der Kenntnis des Verletzten von der fehlenden Einstandspflicht
des primär Verpflichteten (BGH VersR 1998, 1019; BGH VersR 1993, 436; BGH
VersR 1985, 642).

a) Frist. Für die Gefährdungshaftung beträgt die Frist 3 Jahre ab Kenntnis bzw. **6**
Kennenmüssen von Schaden und Schädiger (§§ 195, 199 I BGB) mit einem auf
den Ablauf des jeweiligen 31.12. des laufenden Jahres verschobenen **Fristbeginn**.

Unabhängig von einer Kenntnis verjähren Ersatzansprüche wegen Verletzung **7**
von Körper, Gesundheit und Leben in 30 Jahren, gerechnet ab Unfalltag (§ 199
II BGB) (OLG Celle VersR 2016, 1266), andere Ersatzansprüche (u.a. wegen
Sachschaden) in 10 Jahren ab Entstehung (§ 199 III Nr. 1 BGB). **Entstehung**

setzt Fälligkeit voraus (vgl auch BGH VersR 1955, 97; OLG Stuttgart zfs 2014, 513).

8 Für Ansprüche aus vollstreckbaren Titeln gilt eine Frist von 30 Jahren (§ 197 I Nrn. 3–5 BGB), beginnend mit der Rechtskraft der Entscheidung (§ 201 BGB) (siehe auch § 14 StVG, Rn 68 ff). Bei einem Feststellungsurteil (oder einer ein solches Urteil ersetzenden außergerichtlichen Erklärung) über regelmäßig wiederkehrende Leistungen, unterliegen der 30-jährigen Verjährung des § 197 I Nr. 3 BGB alle Ansprüche, die bis zum Eintritt der Rechtskraft fällig geworden und tituliert sind, der kürzeren 3-jährigen Verjährung demgegenüber die erst nach Rechtskraft fällig gewordenen bzw. werdenden Ansprüche (§ 197 II BGB) (BGH VersR 2000, 1116; BGH NZV 1998, 456).

9 Die Fristen nach § 195 BGB und § 197 II BGB können unterschiedlich laufen. Dies ist für **wiederkehrende Leistungen** von Belang (dazu § 14 StVG, Rn 57).

10 **b) Kenntnis. aa) Allgemeines.** Für die Kenntnis vom Schaden und der Person des Ersatzpflichtigen reicht aus, wenn der Geschädigte auf Grundlage der ihm bekannten anspruchsbegründenden Tatsachen zumindest eine aussichtsreiche, wenn auch nicht risikolose, Feststellungsklage erheben kann (BGH NJW 2017, 949; BGH MDR 2015, 1180; BGH DB 2011, 1265). Zweifel an der Beweisbarkeit des Sachverhaltes schließen den Verjährungsbeginn nicht aus (BGH NJW 2001, 885).

11 Den (möglichen) Wissensstand des Anwaltes oder eines gesetzlichen Vertreters (z.B. Eltern eines verletzten Kindes) muss sich der Anspruchsberechtigte zurechnen lassen (**Wissensvertretung**, § 166 BGB) (BGH NJW 2017, 949; siehe auch BGH NJW 2014, 1294; BGH NJW 2013, 611). Ein Anwalt ist aber nicht verpflichtet, sich im Hinblick auf einen Haftungsprozess medizinisches Fachwissen anzueignen (BGH NJW 2007, 217).

12 Die für den Beginn der Verjährung erforderliche Kenntnis des Geschädigten kann fehlen, wenn dieser infolge einer durch die Verletzung erlittenen **retrograden Amnesie** keine Erinnerung an das Geschehen hat (BGH NJW 2013, 939; BGH NJW 1993, 2614).

13 Bei **mehreren möglichen Schädigern** beginnt die Verjährung zu unterschiedlichen Zeiten (§ 14 StVG, Rn 42 ff).

14 Der gesamte aus einer unerlaubten Handlung entspringende Schaden stellt sich verjährungsrechtlich nicht als Summe einzelner selbständiger, nicht zusammenhängender Schäden, sondern als Einheit dar, die alle Folgezustände umfasst, die im Zeitpunkt der Erlangung allgemeinen Wissens um den Schaden überhaupt nur als möglich vorauszusehen waren **(Schadenseinheit)** (BGH NJW-RR 2017, 37; BGH r+s 2017, 98). Es gibt nur einen Anspruch auf Ersatz dieses Schadens und nur eine Verjährungsfrist (BGH VersR 2017, 693). Da der Schaden eine Einheit darstellt, beginnt die Frist schon mit der Kenntnis des Schadens im Allgemeinen und umfasst alle (auch künftigen) Beeinträchtigungen und Schadenfolgen, deren Eintritt im Zeitpunkt der allgemeinen Schadenkenntnis nur als möglich vorausehbar waren (BGH NZV 2000, 204). Die volle Übersehbarkeit des Umfanges und der Höhe des Schadens ist für den Verjährungsbeginn nicht erforderlich. Nur für solche Spätfolgen, die auch für Fachkreise nicht voraussehbar waren, läuft seit ihrem Bekanntwerden und der Kenntnis des Kausalzusammenhanges mit dem Schadenereignis eine besondere Verjährungsfrist (BGH NJW 1997, 2448), gerechnet ab dem Tag der tatsächlichen Kenntnis oder des Kennenmüssens.

15 **bb) Grob fahrlässige Unkenntnis.** Auch grob fahrlässige Unkenntnis von Schaden und Schädiger setzt die Verjährung in Lauf. Grobe Fahrlässigkeit bedeutet eine objektiv schwere, ungewöhnlich krasse Verletzung der im Verkehr erforderlichen Sorgfalt, also ein Fehlverhalten, das auch subjektiv nicht entschuldbar ist und den gewöhnlichen Umfang erheblich übersteigt. Grob fahrlässig handelt, wer die von ihm zu fordernde Sorgfalt in einem ungewöhnlich groben Maße verletzt hat, indem er alles das unbeachtet gelassen hat, was im gegebenen Fall jedem hätte einleuchten müssen (BT-Drucksache 14/6040, S. 108). Es muss ein schwerer Obliegenheitsverstoß in der eigenen Angelegenheit der Anspruchsverfolgung vorliegen; dabei trifft den Gläubiger generell keine Obliegenheit, im Interesse des Schuldners an einem möglichst frühzeitigen Beginn der Verjährungsfrist Nachforschungen zu betreiben (BGH NJW-RR 2010, 1623).

Die **inhaltlichen Anforderungen** an den Begriff der groben Fahrlässigkeit 16 richten sich immer auch an dem Rechtsumfeld aus, für das der Vorwurf geprüft wird (BGH VersR 1978, 441). Man kann in Ansehung dieser Prämisse zur Einschätzung indiziell auf die Rechtsprechung zu §§ 277, 300, 521, 599, 680, 968 BGB, § 61 VVG aF (BGH r+s 1989, 62; BGH NJW 1985, 2648; BGH VersR 1970, 622), nur mit Zurückhaltung auch zu § 640 RVO und § 110 SGB VII (BGH VersR 1989, 582; BGH NJW 1988, 1265), zugreifen.

Eine den Verjährungsbeginn auslösende, weil auf grober Fahrlässigkeit beruhende, Unkenntnis der Gläubigerseite kann auch darin liegen, dass der Gläubiger auf der Hand liegende, leicht zugängliche Informationsquellen, die weiterführende Erkenntnisse über die anspruchsbegründenden Umstände erwarten lassen, nicht genutzt hat. Entsprechendes gilt, wenn von dritter Seite angebotene Erkenntnismöglichkeiten nicht innerhalb angemessener Zeit oder offenkundig nur unvollständig genutzt wurden (BGH NJW 2012, 2644; OLG Bamberg VersR 2014, 748). 16a

cc) Drittleistungsträger, Drittversorgungsträger. Zum Thema: *Jahnke,* 17 Abfindung von Personenschadenansprüchen, § 5 Rn 337 ff, 393 ff; *Jahnke/Burmann-Lemcke,* Handbuch des Personenschadensrechts, Kap. 6 Rn 685 ff; *Küppersbusch/Höher* Rn 792.

Bei Drittleistungsträgern ist vor allem ein **Organisationsverschulden** zu 17a berücksichtigen. Eine dem Sozialleistungsträger zuzurechnende grob fahrlässige Unkenntnis kann vorliegen, wenn die für den Regress zuständige Organisationseinheit ohne weiteres hätte erkennen können, dass ein Regress veranlasst sein kann. Sie kommt ferner in Betracht, wenn diese Organisationseinheit nicht in geeigneter Weise behördenintern sicherstellt, dass sie frühzeitig von Umständen Kenntnis erhält, die einen Regress begründen können (BGH NJW 2012, 2644). Bei der Frage, ob eine Kenntnis oder grob fahrlässige Unkenntnis im vorgenannten Sinn gegeben ist, sind die Grundsätze der sekundären Darlegungslast anwendbar (BGH NJW-RR 2016, 1360; BGH NJW 2012, 2644). Das Fehlen eines verlässlichen Informationsflusses in einer Behörde mit verschiedenen Abteilungen deutet auf eine grob fahrlässige Unkenntnis des Bestehens eines Regressanspruches hin (OLG Saarbrücken BeckRS 2010, 24181; *Diehl* zfs 2014, 61).

Drittleistungsträger (u.a. SVT) und deren Mitarbeiter können sich dem Vorwurf 18 der groben Fahrlässigkeit i.S.d. § 199 BGB nicht dadurch entziehen, dass sie ihre Mitarbeiter unzureichend ausbilden und überlasten (OLG Schleswig-Holstein NJW-RR 2012, 658).

Bei **Forderungswechsel** auf SVT und andere Drittversorgungsträger ist, wenn 19 der Anspruch bereits **im Unfallzeitpunkt** übergeht (z.B. § 116 SGB X, Beamtenrecht), für den Fristenlauf auf die Kenntnis oder grob fahrlässige Unkenntnis des

StVG § 14 II. Haftpflicht

für den Regress zuständigen Sachbearbeiters abzustellen (BGH NJW 2012, 2644; BGH NJW 2011, 1799; OLG Hamm jurisPR-VerkR 7/2017 Anm. 3 = VersR 2017, 252).

20   Erfolgt der **Forderungsübergang** erst zeitlich **nach dem Unfall** (spätere Begründung des Sozialversicherungs- oder Beamtenverhältnisses, § 6 EFZG, § 67 VVG aF, § 86 VVG, Abtretung), ist der Drittleistungsträger Rechtsnachfolger des Verletzten, dessen Kenntnis er sich zurechnen lassen muss, ohne dass es dann auf die Sachbearbeiterkenntnis noch ankommt (BGH NJW 2011, 2357).

20a   Der **Rechtsnachfolger** (z.B. nachfolgender Sozialleistungsträger) muss die Ersatzforderung in demjenigen Zustand hinnehmen, in dem sie sich beim Rechtsübergang befindet (BGH VersR 2014, 1226; BGH NJW 2014, 2492; BGH NJW 1985, 2756; BGH NJW 1982, 1761). Der Gläubigerwechsel, der sich ohne Willen des Schuldners vollzieht, darf dessen Stellung grundsätzlich nicht verschlechtern (§§ 404, 412 BGB, siehe auch BGH NJW 1998, 902; BGH VersR 1985, 732; für den erstmaligen Forderungsübergang BGH NJW 2012, 3639; BGH NJW 1956, 461). Im Falle des Gläubigerwechsels durch Abtretung (§ 398 BGB), Legalzession (§ 412 BGB) oder Gesamtrechtsnachfolge muss sich der neue Gläubiger (entsprechend § 404 BGB) die Kenntnis oder grob fahrlässige Unkenntnis des alten Gläubigers zurechnen lassen (BGH MDR 2015, 910; BGH NJW 2014, 2492; BGH NJW 1996, 117).

21   Für Regressansprüche nach **§ 110 SGB VII** regelt die Spezialnorm des § 113 SGB VII die Verjährung (zum Thema *Möhlenkamp* VersR 2013, 544). § 113 SGB VII knüpft den Beginn der Verjährung an eine Entscheidung des erstattungspflichtigen Leistungsträgers und nicht an die Entstehung des Anspruchs. Da in der Praxis häufig formale Entscheidungen (z.B. Bewilligungsbescheide) des Leistungsträgers unterbleiben (OLG Celle v. 16.2.2017 – 5 U 89/16 – juris, LSG Baden-Württemberg v. 28.9.2011 – L 5 KR 2152/10), beginnt die Verjährung jedenfalls mit der Entstehung des Anspruchs; das ist im Regelfall der Unfalltag, zu dem die Leistungspflicht des SVT objektiv feststeht (siehe BGH NJW 2003, 3193). BGH BeckRS 2017, 127522 hat die Rechtsfrage, ob § 113 SGB VII eine Rechtsgrund- oder eine Rechtsfolgenverweisung enthält, zugunsten der Rechtsfolgenverweisung entschieden. Es hat eine taggenaue Berechnung der Verjährungsfrist, und zwar unabhängig von einer Kenntnis des Gläubigers i.S.v. § 199 I BGB, ab der bindenden Feststellung der Leistungspflicht zu erfolgen. Für den Verjährungsbeginn nach § 113 S. 1 SGB VII genügt allein die bindende Leistungspflichtfeststellung des UVT, eine Bewilligung konkreter Leistungen wird nicht verlangt. Es kommt es nur darauf an, dass die für den Anspruch aus § 110 I SGB VII bedeutsame Frage, ob ein Versicherungsfall vorliegt, endgültig geklärt, nicht aber darauf, dass die vom UVT zu gewährende Leistung auch der Höhe nach endgültig ist. Ausreichend für den Beginn der Verjährung ist bereits schlichtes Verwaltungshandeln (OLG Brandenburg SVR 2015, 139; offengelassen in BGH VersR 2016, 551).

22   **dd) Gesamtschuld.** Auch der Gesamtschuldnerausgleich fällt unter die 3-Jahres-Frist (OLG Koblenz VersR 2009, 676). Der Ausgleichsanspruch unter Gesamtschuldnern unterliegt unabhängig von seiner Ausprägung als Mitwirkungs-, Befreiungs- oder Zahlungsanspruch einer einheitlichen Verjährung. Auch soweit er auf Zahlung gerichtet ist, ist er mit der Begründung der Gesamtschuld iSv § 199 BGB entstanden (BGH VersR 2017, 170; BGH VersR 2016, 1208).

23   Nach § 199 IV BGB verjährt der Ausgleichsanspruch, sofern keine Hemmung/Unterbrechung erfolgt, ohne Rücksicht auf Kenntnis oder grob fahrlässige Unkenntnis in **10 Jahren** vom Schadenzeitpunkt an.

Für eine **Kenntnis** (§ 199 I Nr. 2 BGB) aller Umstände, die einen Ausgleichsanspruch nach § 426 I BGB begründen, ist es erforderlich, dass der Ausgleichsberechtigte Kenntnis erstens von denjenigen Umständen hat, die einen Anspruch des Gläubigers gegen den Ausgleichsverpflichteten begründen, zweitens von denjenigen, die einen Anspruch des Gläubigers gegen ihn selbst begründen, drittens von denjenigen, die das Gesamtschuldverhältnis begründen, und viertens von den Umständen, die im Innenverhältnis eine Ausgleichspflicht begründen (BGH NJW 2010, 60). Für den Beginn der Verjährung ist es nicht erforderlich, dass der Ausgleichsanspruch beziffert werden bzw. Gegenstand einer Leistungsklage sein kann (BGH VersR 2017, 170). Für die Beurteilung der Frage, wann der Ausgleichsanspruch eines zum Schadensersatz verpflichteten Gesamtschuldners gegen den anderen i.S.d. § 199 I BGB in Hinblick auf Schäden entstanden ist, die erst nach der Verwirklichung des haftungsbegründenden Tatbestands eingetreten sind, ist der Grundsatz der **Schadenseinheit** (dazu § 14 StVG, Rn 14) heranzuziehen (BGH VersR 2017, 170). 24

ee) Rückforderung. Die Verjährung des Rückforderungsanspruchs einer Haftpflichtversicherung infolge Bedienung einer zu hohen Haftungsquote beginnt nicht erst mit zutreffender Bewertung der Rechtslage (LG Hannover jurisPR-VerkR 16/2017 Anm. 2). Zur **Verpflichtung, die Einrede im Außenverhältnis zu erheben,** siehe § 840 BGB, Rn 22b. 24a

c) Neubeginn (Unterbrechung). Zum Neubeginn der Verjährungsfrist führen **Anerkenntnis** des Leistungsverpflichteten (§ 212 I Nr. 1 BGB) und **Vollstreckungshandlung** des Gläubigers (§ 212 I Nr. 2 BGB). Jede einzelne (auch Abschlags-)Zahlung des Ersatzpflichteten stellt ein Anerkenntnis auch dann dar, wenn der Schädiger zur Höhe Vorbehalte macht. 25

Als die Verjährung unterbrechendes Anerkenntnis iSv § 212 BGB gilt jede Handlung oder Äußerung gegenüber dem Berechtigten, aus der sich das Bewusstsein des Verpflichteten vom Bestehen des Anspruchs eindeutig (siehe auch § 14 StVG, Rn 71) ergibt (BGH NJW 2012, 3633; BGH NJW 2012, 1293). Ein solches tatsächliches Anerkenntnis ist insbesondere dann anzunehmen, wenn der Schadenersatzpflichtige (oder der auch insoweit für ihn handelnde Haftpflichtversicherer) dem Geschädigten bzw. dessen Rechtsnachfolger auf dessen Verlangen hin Schadenersatzleistungen erbringt. Auch wenn der Schädiger nur Einzelansprüche des Geschädigten erfüllt, liegt darin eine Leistung auf den Gesamtanspruch, durch die auch dessen Verjährung neu beginnt (BGH NZV 2009, 131; OLG Celle NJW 2008, 1088). Aus einer vorbehaltlosen Zahlung ist nicht ohne weiteres ein Anerkenntnis zu entnehmen; dazu bedarf es vielmehr des Vorliegens weiterer Umstände, die geeignet sind, eine derartige Wertung zu tragen (BGH DB 2017, 2154). 26

Handlungen nach Verjährungseintritt (wie tatsächliches Anerkenntnis oder aber Verhandlungen nach abgelaufener Verjährungsfrist) beseitigen die Verjährung nicht (§ 14 StVG, Rn 63). 26a

Die vorbehaltlose Erfüllung von **Einzelansprüchen** unterbricht die Verjährung des Gesamtanspruches; es sei denn, aus den Umständen ergibt sich, dass die Reichweite des Anerkenntnisses eingeschränkt sein soll (OLG Koblenz NZV 2007, 198). 27

d) Hemmung. aa) Zeitraum. Ein Zeitraum, während dessen die Verjährung gehemmt ist (§ 209 BGB), kann nur der nach Verjährungsbeginn verstrichene sein. Liegen die Voraussetzungen eines Hemmungstatbestands ausschließl. oder auch 27a während eines Zeitraums vor Beginn der Verjährung vor, ist dieser bei **Berechnung der Verjährungsfrist** nicht zu berücksichtigen (BGH VersR 2017, 903).

27b Die Hemmung läuft taggenau und ist nicht auf das Jahresultimo ausgerichtet. Der Tag, in dessen Verlauf der Hemmungsgrund wegfällt, gehört ebenfalls zur Hemmungszeit (BGH NJW 2017, 1879; BGH NJW 2014, 3435).

27c Verjährungsneubeginn und Verjährungshemmung können nebeneinander treten (BGH NJW 2017, 2271; BGH VersR 1984, 441).

28 **bb) Kfz-Haftpflichtversicherer.** Die Anmeldung von Ansprüchen beim **Kfz-Haftpflichtversicherer** hemmt bis zu dessen schriftlicher Entscheidung die Verjährung (§ 115 II 3 VVG; § 3 Nr. 3 S. 3 PflVG aF). Ausreichend ist, dass der Geschädigte zum Ausdruck bringt, er fordere aus einem bestimmten Ereignis Schadensersatz. Solange die Anmeldung des Dritten nicht ausdrücklich auf Einzelansprüche beschränkt ist, hemmt sie die Verjährung wegen **aller möglichen Ansprüche** (BGH VersR 2017, 816). Der Hemmungstatbestand des § 115 II 3 VVG gilt nur für die **erstmalige Anmeldung** des Anspruchs (BGH VersR 2017, 903; OLG Köln r+s 2015, 371).

29 Die Hemmung **endet** mit einer positiven oder negativen schriftlichen (Textform, § 126b BGB) Erklärung des Versicherers, aus der der Geschädigte erkennt, ob die angemeldeten Ansprüche befriedigt werden oder nicht. Eine Ablehnung ist allerdings nicht erforderlich (BGH NZV 1998, 457). Die **positive Entscheidung des Versicherers** beendet die Verjährungshemmung i.S.d. § 115 II 3 VVG nur dann, wenn der Anspruchsteller aufgrund dieser Entscheidung sicher sein kann, dass auch künftige Forderungen aus dem Schadensfall freiwillig bezahlt werden, sofern er die entsprechenden Schadensposten der Höhe nach ausreichend belegt. Demgemäß muss die Erklärung zu den Ansprüchen erschöpfend, umfassend und endgültig sein (BGH VersR 2017, 903; BGH NJW 2017, 2271; BGH NZV 1996, 141; BGH NZV 1992, 231).

29a Die bloße **Untätigkeit des Anspruchstellers** während eines längeren Zeitraumes berechtigt keineswegs zu der Annahme, der schriftliche Bescheid sei überflüssig und sinnlos, mit ihm könne der Anspruchsteller billigerweise nicht mehr rechnen (BGH NJW 2017, 2271; BGH NJW 1977, 674).

30 Führt ein für alle Beteiligten eintrittspflichtiger Haftpflichtversicherer mit dem Verletzten **Regulierungsverhandlungen,** ist der Lauf der Verjährung regelmäßig gegen alle versicherten Personen, die Ansprüchen ausgesetzt sein können, gehemmt; und zwar auch – mangels entgegenstehender ausdrücklicher Erklärung – über die Deckungssumme hinaus (BGH NZV 2004, 623).

31 Ein Geschädigter, der sich auf eine Hemmung der Verjährung beruft, muss sich an Treu und Glauben (**§ 242 BGB**) messen lassen. Danach verliert die Schutzwirkung des § 115 II 3 VVG (§ 3 Nr. 3 S. 3 PflVG aF) ihre Berechtigung, wenn für den Geschädigten keinerlei Schutzbedürfnis mehr besteht, z.B. wenn die Erteilung eines schriftlichen Bescheids durch den Versicherer keinen vernünftigen Sinn mehr hätte und eine reine Förmelei wäre, weil der Geschädigte die von ihm zunächst angemeldeten Ansprüche inzwischen offensichtlich nicht mehr weiterverfolgt und daher auf einen endgültig ablehnenden Bescheid des Versicherers gar nicht mehr wartet (BGH VersR 1978, 423; BGH NJW 1977, 674; OLG Celle SP 2006, 278; OLG Hamm NJW 2013, 1458; OLG Oldenburg VersR 2002, 303).

32 **cc) Familie.** Innerhalb der Familie besteht, um zu verhindern, dass Ansprüche aus emotionalen Gründen vor ihrer Verjährung nicht geltend gemacht werden

(BGH NJW-RR 2017, 37), für die Dauer des gemeinsamen Zusammenlebens Hemmung nach § 207 BGB (BGH NJW-RR 1987, 407).

dd) Verhandlungen. Schweben zwischen Ersatzberechtigten und Ersatzpflichtigen Verhandlungen über den zu leistenden Schadensersatz, ist die Verjährung solange gehemmt, bis eine der verhandelnden Parteien die Fortsetzung der Verhandlung ablehnt (§ 203 BGB). Zu „falschen" Verhandlungsteilnehmern siehe § 14 StVG, Rn 39 ff. 33

Der Begriff der Verhandlungen iSv § 203 S. 1 BGB ist weit auszulegen (BGH NJW 2012, 3633). Der Gläubiger muss dafür lediglich klarstellen, dass er einen Anspruch geltend machen und worauf er ihn stützen will. Anschließend genügt jeder ernsthafte Meinungsaustausch über den Anspruch oder seine tatsächlichen Grundlagen, sofern der Schuldner dies nicht sofort und erkennbar ablehnt. Verhandlungen schweben bereits dann, wenn eine der Parteien Erklärungen abgibt, die der jeweils anderen die Annahme gestatten, der Erklärende lasse sich auf Erörterungen über die Berechtigung des Anspruches oder dessen Umfang ein. Nicht erforderlich ist, dass dabei Vergleichsbereitschaft oder Bereitschaft zum Entgegenkommen signalisiert wird oder dass Erfolgsaussicht besteht (BGH NJW-RR 2010, 975; BGH NJW 2004, 1654). Die Geltendmachung eines Zurückbehaltungsrechts im Prozess führt nicht zu einer Hemmung der Verjährung des Gegenanspruchs (BGH NJW 2015, 1007). 34

Für das Vorliegen von die Verjährung hemmenden Verhandlungen genügt, wenn der Berechtigte Anforderungen an den Verpflichteten stellt und dieser nicht sofort ablehnt, sondern sich auf Erörterungen einlässt. Antwortet der Verpflichtete auf die Mitteilung des Berechtigten alsbald in solcher Weise, dass dieser annehmen darf, der Verpflichtete werde im Sinne einer Befriedigung der Ansprüche Entgegenkommen zeigen, tritt eine Verjährungshemmung ein, die auf den Zeitpunkt der Anspruchsanmeldung zurückwirkt (BGH VersR 2014, 597 m.w.H.; enger OLG München MedR 2011, 514). 34a

Eine Verhandlungspause (z.B. weil die weitere gesundheitliche Entwicklung abgewartet werden soll) beendet nicht die Verhandlung. Schlafen Verhandlungen ein oder werden sie verschleppt, entfällt die Hemmung in demjenigen Zeitpunkt, zu dem eine Erklärung auf die letzte Äußerung der jeweils anderen Seite (Gläubigers oder Schuldner) spätestens zu erwarten gewesen wäre (BGH NJW 2017, 949). Es ist auf den Zeitpunkt abzustellen, zu dem nach Treu und Glauben in der jeweiligen Situation der nächste Schritt zu erwarten gewesen wäre (OLG Hamm BauR 2013, 138; OLG Düsseldorf BeckRS 2005, 14413; LG Münster v. 13.1.2016 – 4 O 106/15 – juris). 35

Die **Wiederaufnahme abgebrochener Verhandlungen** führt nicht zu einer auf den Beginn der Verhandlungen rückwirkenden Hemmung der Verjährung (BGH MDR 2017, 199). Die Wiederaufnahme von zuvor (durch Einschlafenlassen) beendeten Verhandlungen erfordert eine diesbezügliche Willensäußerung beider Verhandlungsparteien (LG Münster v. 13.1.2016 – 4 O 106/15 – juris; LG Nürnberg-Fürth WM 2006, 571). 35a

ee) Prozessuale Maßnahmen. Prozessuale Maßnahmen (u.a. **Klage**, Mahnbescheid, Streitverkündung, Beweissicherungsverfahren, Prozesskostenhilfeantrag) hemmen die Verjährung (§ 204 BGB), das Ruhen des Verfahrens beseitigt die Hemmung dann wieder. Die Veranlassung der Bekanntgabe des erstmaligen Antrags auf **Prozesskostenhilfe** hemmt nur dann die Verjährung, wenn der Gläubiger die richtige Anschrift des Schuldners mitgeteilt hat (BGH NJW 2016, 151). Die Zustellung 36 eines Mahnbescheids, mit dem ein **Teilbetrag aus mehreren Einzelforderungen** geltend gemacht wird, hemmt die Verjährung nicht, wenn eine genaue Aufschlüsselung der Einzelforderungen unterblieben ist und die Individualisierung erst nach Ablauf der Verjährungsfrist im anschließenden Streitverfahren nachgeholt wird (BGH NJW 2016, 1083; BGH NJW 2009, 56). Diese Rechtsprechung bezieht sich aber nur auf die Aufschlüsselung mehrerer Einzelforderungen, nicht auf die **nachträgliche Individualisierung** von mehreren Rechnungsposten einer einheitlichen Forderung (BGH ZInsO 2016, 656; BGH NJW 2014, 3298).

36a Der Umfang der Verjährungshemmung nach § 204 I Nr. 3 BGB wird grundsätzlich durch den Streitgegenstand der Klage bzw. des im Mahnverfahren geltend gemachten Begehrens bestimmt. Bei Schadensersatzansprüchen erstreckt sich die Hemmung nicht auf andere, nicht eingeklagte Schadensfolgen. Zu einer Verjährungshemmung führt ein Mahnbescheid nur, wenn und soweit er hinreichend individualisiert ist (OLG Köln r+s 2015, 371).

37 Weder die Erhebung einer **(negativen) Feststellungsklage** durch den Schuldner noch der Verteidigung des Gläubigers gegen eine solche Klage reicht aus, um eine Hemmung der Verjährung zu bewirken (BGH NJW 2012, 3633; BGH NJW 1993, 1847; BGH NJW 1978, 1975; BGH NJW 1994, 3107).

38 Wird eine rechtshängige Forderung abgetreten und macht der Zessionar den Anspruch noch während des Vorprozesses erneut rechtshängig, hemmt auch die neue Klage die Verjährung (BGH NJW 2011, 2193).

39 **ff) Verhandlungspartner, Prozesspartei.** Nur Verhandlungen mit dem Schuldner oder dessen Vertreter hemmen die Verjährung, nicht aber irrtümliche Verhandlungen des Gläubigers mit einer anderen Rechtsperson als der des Schuldners. Wird mit dem **falschen Ansprechpartner** verhandelt, ist die Verjährung nicht gehemmt (OLG Koblenz VersR 2016, 1453; OLG Koblenz VersR 2011, 759).

40 Die Inanspruchnahme einer **falschen Konzerngesellschaft** kann im Zivilprozess grundsätzlich nur durch Parteiauswechselung korrigiert werden. Die Frage, wer Prozesspartei ist, unterliegt – auch im Mahnverfahren – der Auslegung (BGH NJW-RR 2013, 394); der dann richtige Anspruchsgegner darf sich auf die Verjährung berufen (OLG Hamburg VersR 1987, 66). Es kann aber eine Vertrauenshaftung des passiv legitimierten Anspruchsgegners in Betracht kommen (BGH VersR 2000, 717).

41 Die Hemmung tritt nur dann ein, wenn der **materiell Berechtigte** klagt (OLG Koblenz VersR 2011, 1294). Berechtigter ist neben dem ursprünglichen Rechtsinhaber und dessen Rechtsnachfolger auch der gesetzliche oder gewillkürte Prozessstandschafter (BGH NJW 2010, 2270). Siehe auch § 14 StVG, Rn 46.

42 **e) Schädigermehrheit.** Die Verjährung eines Anspruchs ist gegenüber jedem einzelnen Verantwortlichen (auch bei Gesamtschuld einer juristischen Person und ihrer Organe [BGH r+s 2001, 243]) **getrennt zu prüfen.**

43 Die Verjährung beginnt zu verschiedenen Zeiten, wenn der Verletzte von den (mehreren) Haftpflichtigen nicht zu gleicher Zeit **Kenntnis** erhält (BGH NZV 2001, 466; BGH NJW 2001, 964; BGH VersR 1978, 564).

44 Auch bei mehreren möglichen Schädigern beginnt die Verjährung, wenn keine wesentlichen Zweifel über die Person des Verantwortlichen bestehen (BGH r+s 2001, 243; BGH VersR 1999, 1149; BGH NJW-RR 1990, 222; OLG Hamburg OLGR 2000, 441). Das gilt auch, wenn der Verletzte irrtümlich eine andere der in Frage kommenden Personen für den eigentlichen Ersatzpflichtigen hält (OLG München r+s 1998, 463).

Ist unklar, wer der Schuldner ist und kann sich der Verletzte nicht entschließen, 45
mehrere oder alle gleichzeitig zu verklagen, wird die Verjährung nur im Verhältnis
zum jeweils in Anspruch Genommenen gehemmt. Wenn der Verjährungslauf
nicht durch anderweitige Erklärungen der weiteren in Betracht kommenden
Schuldner angehalten ist, empfiehlt sich die **Streitverkündung**, deren hemmende
Wirkung aber nur bis zur rechtskräftigen Erledigung des Prozesses fortdauert
(§§ 204 I Nr. 6 BGB, 204 II 1 BGB) (OLG Naumburg VersR 2005, 1242).

Sind **mehrere Verletzte** oder mehrere als **Ersatzpflichtige** in Betracht kom- 46
mende Personen (oder deren Haftpflichtversicherer) vorhanden, beeinflussen Verhandlungen, die einer von ihnen führt, nicht den Lauf der Verjährung bei den anderweitigen Anspruchsbeziehungen. Dies gilt nicht, wenn und soweit der Handelnde
(Verhandelnde) die übrigen bei diesen Verhandlungen (erkennbar) vertritt (OLG
Düsseldorf VersR 2000, 457; siehe auch OLG Oldenburg VersR 2007, 1277).

f) Verjährungserleichterung, Verjährungsverzicht. Verjährungserleichte- 47
rungen, insbesondere Verjährungsverzichte, für längstens 30 Jahre sind seit der
Schuldrechtsreform zum 1.1.2002 zulässig (§ 202 BGB) und nicht formgebunden.
Ein über 30 Jahre hinausgehender Verjährungsverzicht ist auch nicht unter dem
Aspekt von Treu und Glauben (§ 242 BGB) wirksam; es liegt ein Verstoß gegen
die gesetzgeberische Wertung in § 202 II BGB vor (siehe auch BGH VersR 2008,
366).

Durch einen vom Schuldner erklärten befristeten Verjährungsverzicht wird der 47a
Ablauf der Verjährung zwar nicht beeinflusst. Folge des Verzichts ist jedoch, dass
die Befugnis des Schuldners, die Einrede der Verjährung zu erheben, für den
genannten Zeitraum ausgeschlossen ist (BGH NJW 2016, 1171; BGH NJW 2014,
2267; BGH NJW 2009, 1598). Das für die Zulässigkeit einer **Feststellungsklage**
erforderliche Rechtsschutzbedürfnis ist zu verneinen, wenn der gegnerische Haftpflichtversicherer mit Wirkung für die bei ihm Versicherten die Schadensersatzpflicht für die angemeldeten und die zukünftigen materiellen und immateriellen
Schäden anerkannt und mit Wirkung eines rechtskräftigen Feststellungsurteils auf
die Einrede der Verjährung verzichtet hat (OLG Hamm BeckRS 2015, 06845;
OLG Koblenz r+s 2015, 259).

Verzichte können bereits vor Eintritt der Verjährung abgegeben werden (BGH 48
VersR 2008, 366). Die Verzichtserklärung ist eine **Willenserklärung,** die der
Auslegung zugänglich ist (*Halm/Hauser* DAR 2013, 85 m.w.H.). Der rechtsgeschäftliche Aufgabewille ist nicht zu vermuten (BGH NJW 2006, 298; BGH NJW
1997, 516), konkludentes Verhalten muss eindeutig auf einen Verzicht hindeuten
(BGH NJW 2006, 298). Ein befristeter Verjährungseinredeverzicht soll dem Gläubiger im Zweifel nur die gerichtliche Geltendmachung des Anspruchs vor Ablauf
der Verzichtsfrist ermöglichen. Eine Auslegungsregel, der Verzicht solle den Gläubiger im Zweifel so stellen, dass sämtliche während der Verzichtsfrist auftretende
Tatbestände für eine Hemmung oder einen Neubeginn der Verjährung sich auch
auf den Lauf der Verzichtsfrist auswirken, gibt es nicht (BGH NJW 2014, 2267).

Verjährungsverzichtserklärungen, die der Schuldner nur im Verhältnis zum 48a
Rechtsvorgänger abgegeben hat, wirken grds. nicht zugunsten eines **Rechtsnachfolgers** (BGH jurisPR-VerkR 24/2014 Anm. 2 = VersR 2014, 1226).

Allein das Signalisieren der Bereitschaft zum **Wiedereinstieg in die Regulie-** 49
rung ist noch nicht als Verjährungsverzicht auszulegen. Die Wiederaufnahme
von zuvor (durch Einschlafenlassen) beendeten Verhandlungen erfordert eine
diesbezügliche Willensäußerung beider Verhandlungsparteien (LG Münster v.

13.1.2016 – 4 O 106/15 – juris; LG Nürnberg-Fürth WM 2006, 571). Äußerungen im Rahmen eines TV-Interviews kommt regelmäßig nicht der Charakter eines Verjährungsverzichts zu (OLG Frankfurt DAR 2013, 83).

50 Ein **Rechtsanspruch** auf die Abgabe eines Verjährungsverzichtes besteht nicht. Ansprüche müssen dann durch Klage oder klageersetzende vertragliche Erklärungen gesichert werden.

51 **Bis 31.12.2001** waren individuell oder global (z.B. Teilungsabkommen, genereller Verjährungsverzicht) erklärte Verjährungsverzichte unwirksam (BGH NJW 1998, 902) und allenfalls nach Treu und Glauben (Arglisteinrede, § 242 BGB; der Einwand aus § 242 BGB ist von Amts wegen zu beachten; BGH NJW 2017, 3235; BGH NJW 2011, 3149) von Bedeutung. Wurde der geschaffene Vertrauenstatbestand durch entsprechende Erklärung beseitigt, musste der Erklärungsempfänger innerhalb einer kurzen Überlegungsfrist (maximal 1 Monat) Klage erheben (BGH NJW 1998, 902). Die Unwirksamkeit von vor dem 1.1.2002 abgegebenen Verjährungsverzichten wurde nicht durch die Gesetzesnovelle geheilt (*Heß* NZV 2002, 65); erst nach dem 31.12.2001 ausdrücklich oder konkludent mit erneuter Willensbetätigung erklärte Verzichte sind wirksam und bindend, frühere Erklärungen bleiben unwirksam.

51a **4. Treu und Glauben.** Der Verjährungseinrede kann der Arglisteinwand (§ 242 BGB) nicht nur dann entgegengesetzt werden, wenn der Schuldner den Gläubiger absichtlich von der Erhebung der Klage abgehalten hat. Im Einzelfall kann auch ausreichen, dass der Schuldner durch sein Verhalten objektiv (auch unabsichtlich) bewirkt, dass die Klage nicht rechtzeitig erhoben wird, und die spätere Verjährungseinrede unter Berücksichtigung aller Einzelfallumstände als mit dem Gebot von Treu und Glauben unvereinbar erweist, wobei insoweit ein strenger Maßstab anzulegen ist (BGH FamRZ 2017, 580; BGH NJW-RR 2015, 193; BGH jurisPR-VerkR 24/2014 Anm. 2 VersR 2014, 1226).

52 **5. Wiederkehrende Leistung.** Das Gesetz bezweckt, das übermäßige Anwachsen von Verbindlichkeiten zu verhindern (BGH r+s 2012, 154).

53 Ist das **Stammrecht verjährt,** sind auch die aus dem Stammrecht fließenden weiteren regelmäßig wiederkehrenden Ansprüche verjährt (BGH NJW 2003, 1524).

54 Die 3-jährige Verjährungsfrist des § 852 I BGB aF gilt nur für das Stammrecht, nicht dagegen für die aus dem Stammrecht fließenden weiteren Ansprüche auf wiederkehrende Leistungen. Für diese gilt (unmittelbar) die 4-jährige Verjährungsfrist des § 197 BGB aF. Die ausschließliche Anwendbarkeit des § 197 BGB aF gilt auch hinsichtlich des Beginns der Verjährungsfrist, sodass Ansprüche auf wiederkehrende Leistungen bereits vor Kenntniserlangung verjährt sein können (BGH r+s 2012, 154). Soweit rechtskräftig festgestellte (oder in einer einem Urteil gleichstehenden Erklärung anerkannte) Ansprüche künftig fällig werdende **regelmäßig wiederkehrende Leistungen** zum Inhalt haben, ist mit dem **1.1.2002** nach § 197 II BGB an die Stelle der 30-jährigen Verjährungsfrist die regelmäßige 3-jährige Verjährungsfrist des § 195 BGB getreten, beginnend (§ 199 I BGB) am Jahresende.

54a Ein Schadensersatzanspruch auf wiederkehrende Leistungen, der auf eine **vor dem 1.1.2002 erfolgte Verletzung** gestützt wird, unterliegt auch nach dem 1.1.2002 bis zu seiner endgültigen Abwicklung weiterhin der kurzen Verjährung nach § 197 BGB aF in der bis zum 31.12.2001 geltenden Fassung (Beispiel: Unfall 15.6.1998; Verdienstausfall wird erst in 2017 rückwirkend geltend gemacht: Wiederkehrende Leistungen sind bis 31.12.2012 verjährt [4 Jahre rückwärts, bezogen auf Ultimo]) (BGH NJW 2014, 2951; BGH NJW 2006, 44; *Jahnke*, Abfindung von Personenschadenansprüchen, § 5 Rn 67). BGH NJW 2014, 2951 versteht Art. 229 § 6 IV 2 EGBGB für Schadenfälle vor dem 1.1.2001 so, dass es bei dem Ablauf nach früherem Recht (vor 1.1.2002) verbleibt, wenn die nach altem Recht längere Frist (4 Jahre) früher abläuft als die kürzere Frist nach neuem (ab dem 1.1.2002 geltenden) Recht; der Schadensersatzanspruch wegen entgangener Zinsgewinne war für die Jahre 1998 – 2006 daher nach den weiter geltenden §§ 197, 201 BGB a.F. verjährt. Art. 229 § 6 I 1 EGBGB ist lex specialis zur allgemeinen Überleitungsvorschrift des Art. 229 § 5 EGBGB (BGH NJW 2006, 44). Liegt der Haftungsgrund vor der Gesetzesänderung zum 1.1.2002, bleibt es für (wiederkehrende) Forderungen auch in der Zeit nach 1.1.2002 bei der Anwendung des § 197 BGB a.F. (ebenso BGH BeckRS 2016, 113674; BGH NJW 2014, 2342; BGH NJW 2006, 44; BGH NJW 2005, 739; OLG Stuttgart BeckRS 2016, 118693). Es gilt für die aus dem Stammrecht fließenden weiteren Ansprüche (auf wiederkehrende Leistungen) unmittelbar die 4-jährige Verjährungsfrist des § 197 BGB a.F. (siehe auch BGH NJW-RR 2000, 1412; BGH jurisPR-VerkR 12/2012, Anm. 1 = VersR 2012, 372); und zwar auch dann, wenn sie auf den Gesichtspunkt des Schadensersatzes gestützt werden (BGH NJW 2010, 596), sei es aus unerlaubter Handlung, sei es aus Verschulden bei Vertragsschluss, sei es aus § 286 I BGB, § 288 II BGB a.F. (BGH NJW 2014, 2951).

54b Wiederkehrende Leistungen verjähren auch dann, wenn die Höhe des Anspruchs noch nicht bekannt ist. Ist die Schadenhöhe noch unbekannt, ist dem Geschädigten die Erhebung einer Feststellungsklage zur Hemmung einer möglichen Verjährung zumutbar (OLG München NZV 2017, 94).

55 Die Verjährung von Zinsansprüchen, Schadenersatzrenten und sonstigen regelmäßig wiederkehrenden Leistungen richtet sich nach § 197 II BGB. § 197 II BGB enthält keine abschließende Aufzählung von bestimmten Leistungen, sondern ist allgemein und generell auf regelmäßig anfallende Beträge anzuwenden. Entscheidend ist die **regelmäßige Wiederkehr** und nicht die Gleichmäßigkeit des Betrages (BGH NJW 2006, 364; BGH NJW 2005, 3146; BGH NJW 1959, 239). Der Anspruch muss sich seiner Natur nach auf Leistungen ausrichten, die in zeitlicher regelmäßiger Wiederkehr zu erbringen sind (BGH r+s 2012, 154; BGH NZV 2006, 75; BGH NJW 2001, 1063; BGH NJW 1986, 2564).

56 Neben **Verdienstausfall** (BGH NJW 2003, 1524; BGH NJW 2002, 1791; BGH NJW-RR 1989, 215; BGH VersR 1980, 927), Steuerlast (OLG München NZV 2017, 94), Beitragsregress nach **§ 119 SGB X** (LG Bochum v. 19.12.2014 – I-4 O 384/13 – juris; LG Hof v. 31.1.2014 – 22 O 337/13 – juris; *Jahnke* VersR 2005, 1210; *Lang* jurisPR-VerkR 7/2017 Anm. 3. Die abweichende Auffassung [KG v. 16.5.2002 – 20 U 5124/00] stellte entscheidend darauf ab, dass § 197 BGB aF nicht für deliktische Ansprüche gelte; das lässt sich spätestens seit BGH r+s 2012, 154 [Rn 16 ff] nicht mehr halten; siehe *Jahnke*, Der Verdienstausfall im Schadenersatzrecht, § 14 Rn 93, 98 m.w.H.) und **§ 179 Ia SGB VI** sowie **Unterhaltsschaden** (BGH jurisPR-VerkR 12/2012, Anm. 1 = r+s 2012, 154) können, wenn sie in gewissen regelmäßigen Abständen erbracht werden, auch **vermehrte Bedürfnisse** (z.B. Pflegekosten) (BGH r+s 2012, 154; BGH r+s 2006, 40; BGH r+s 2000, 417; BGH NZV 1998, 456; BGH NJW-RR 1990, 664) und **Heilbehandlungskosten** der kurzen Verjährung unterfallen (*Diehl* zfs 2005, 336). Die Verjährung greift auch für deliktische Ansprüche in Rentenform (BGH r+s 2012, 154).

StVG § 14

57 Bei einem **Feststellungsurteil** über regelmäßig wiederkehrende Leistungen, das ganz allgemein die Ersatzpflicht des Schädigers ausspricht, unterliegen
58 – der **30-jährigen** Verjährung des § 197 I Nr. 3 BGB (bis zum 31.12.2001 § 218 I BGB aF) alle Ansprüche, die **bis** zum **Eintritt der Rechtskraft** fällig geworden und tituliert sind,
59 – einer **kürzeren** 3-jährigen Verjährung (bis zum 31.12.2001 geltendes Recht: 4 Jahre gemäß § 218 II BGB aF) demgegenüber die erst **nach** Rechtskraft fällig gewordenen bzw. werdenden Ansprüche (§ 197 II BGB) (BGH NZV 1998, 456; BGH NJW 1998, 1058; BGH NJW-RR 1990, 664; BGH NJW-RR 1989, 215).

60 **6. Anspruchssicherung.** In einem Haftpflichtfall ist die Feststellungsklage zulässig, wenn sich der Schaden bei Klageerhebung noch in der Entwicklung befindet; der Kläger muss dann seine Klage nicht in Leistungs- und Feststellungsklage aufspalten (BGH r+s 2012, 461; BGH NJW 2003, 2827; BGH NJW 1999, 3774; BGH VersR 1991, 788; zu den Voraussetzungen einer Feststellungsklage BGH NJW-RR 2014, 840).

61 **7. Wirkung.** Mit dem Hauptanspruch verjähren gemäß § 217 BGB auch die von ihm abhängigen Nebenleistungen (u.a. Zinsen, Kosten) sowie **Verzugsschäden** (BT-Drucksache 14/6040, S. 124).

62 Der Anspruch erlischt mit Erheben der Verjährungseinrede nicht, es wird nur ein (dauerhaftes) **Leistungsverweigerungsrecht** begründet (§ 214 I BGB). Aufrechnung und Zurückbehaltungsrechte können auch nach Eintritt der Verjährung noch geltend gemacht werden, wenn sich beide Forderungen zu irgendeinem Zeitpunkt nicht-einredebehaftet gegenüberstanden (§ 215 BGB).

63 Anerkenntnis oder Verhandlungen nach abgelaufener Verjährungsfrist beseitigen die Verjährung nicht (BGH NJW-RR 1988, 1195; BGH NJW 1985, 791). Ein Anerkenntnis kann mit verjährungsunterbrechender Wirkung (§ 208 BGB aF, § 212 I Nr. 1 BGB) nur innerhalb einer noch laufenden Verjährungsfrist abgegeben werden (BGH NJW 2015, 1589; BGH NJW 2014, 2267). **Zahlungen** nach Verjährungseintritt können zwar nicht zurückgefordert werden (§ 214 II BGB), führen aber nicht zu einer Hemmung oder Unterbrechung des bereits verjährten Anspruches; der Anspruch bleibt einredebehaftet (BGH NJW 2015, 1589; BGH NJW 2003, 1524).

64 **8. Prozessuales. a) Einrede.** Der Verjährungseinwand ist als Einrede in einem Prozess **nicht von Amts wegen** zu beachten (BGH zfs 2006, 153). Ein **Versäumnisurteil** gegen den ausgebliebenen Beklagten (§ 331 II ZPO) ist selbst dann möglich, wenn die klagende Partei vorträgt, der Gegner habe sich bereits vorprozessual auf Verjährung berufen (BGH BB 2003, 2595).

65 Das Berufen auf den Ablauf der Verjährungsfrist steht im Prozess zur **Disposition der Partei,** ohne dass eine Verpflichtung zum unverzüglichen Geltendmachen besteht (BGH zfs 2006, 153). Es reicht aus, wenn die Verjährungseinrede einmal erhoben ist (BGH VersR 1989, 286).

66 Die Einrede kann bis zum Schluss der mündlichen Verhandlung, auch noch in der **Berufungsinstanz** (BGH NJW 2008, 3434) – wenn die Erhebung der Verjährungseinrede und die den Verjährungseintritt begründenden tatsächlichen Umstände zwischen den Prozessparteien unstreitig sind (BGH NJW-RR 2010, 664) –, nicht aber in der Revision (BGH NJW 1951, 557) erhoben werden.

67 **b) Beweislast.** Der Leistungspflichtige **(Schadenersatzschuldner),** der sich auf den Verjährungseintritt berufen will, hat Beginn (u.a. Kenntnis oder die grob

fahrlässige Unkenntnis seines Gläubigers [BGH NJW-RR 2017, 175; BGH MDR 2015, 910]) und Ablauf der Verjährungsfrist darzulegen und zu beweisen (BGH NJW 2016, 2645), der Gläubiger (**Geschädigter,** Drittleistungsträger) die Voraussetzungen von Hemmung und Unterbrechung. Allerdings obliegt es dem Gläubiger, soweit es um Umstände aus seiner Sphäre geht, an der Sachaufklärung mitzuwirken: Er hat deswegen die Umstände darzulegen, die ihn an der Erkenntnis gehindert haben, dass ihm ein Anspruch zusteht; gleiches gilt für das, was er zur Ermittlung der Voraussetzungen seines Anspruchs getan hat (BGH MDR 2015, 910).

c) **Urteilswirkung.** Die Verjährungsfrist für vollstreckbare Titel (auch Feststellungsurteile, gerichtliche Vergleiche [§ 794 I Nr. 1 ZPO]) beträgt 30 Jahre ab Rechtskraft des zugrundeliegenden Titels und gilt auch für Ansprüche aus vertraglicher Ersetzung eines rechtskräftigen Feststellungsurteils (vgl OLG Oldenburg NZV 2011, 446). **68**

In die Verjährungsfrist des § 197 I Nr. 3 BGB sind bei einem Feststellungsurteil die während des Laufs der Verjährung bezifferbaren Spätfolgeschäden eingeschlossen. Der Ersatzpflichtige kann auf Schadenersatz für **Spätfolgen** nur innerhalb dieser Frist von 30 Jahren in Anspruch genommen werden (OLG Düsseldorf MDR 1995, 160). **69**

Werden aufgrund eines Feststellungsurteils in der Folgezeit nach dessen Rechtskraft Zahlungen erbracht, wird dadurch nur dem rechtskräftigen Feststellungsurteil Folge geleistet; ein stetiges neues Anerkenntnis kann darin nicht gesehen werden (LG Oldenburg v. 15.12.2004 – 9 O 3000/04). Der Verletzte muss also, wenn er über den 30-Jahreszeitraum hinaus Ersatz weiterer Spätfolgen beanspruchen will, rechtzeitig eine Verjährungsverzicht erwirken oder aber eine erneute Feststellungsklage erheben (LG Oldenburg v. 15.12.2004 – 9 O 3000/04; *Küppersbusch/Höher* Rn 784, *Stiefel/Maier-Jahnke*, § 115 VVG Rn 365 ff), die zur Verhinderung des Verjährungseintritts auch unerlässlich und zulässig gewesen wäre (BGH NJW-RR 2003, 1076). **70**

Die vorbehaltlose Erfüllung von Einzelansprüchen eines Schadenersatzberechtigten unterbricht die Verjährung des rechtskräftig festgestellten Gesamtanspruchs (BGH NZV 2009, 131; BGH NJW 1967, 2353; OLG Koblenz VersR 1994, 1438). Das soll auch über die Frist von 30 Jahren seit Rechtskraft eines Titels hinaus gelten (OLG Celle NJW 2008, 1088). Dieses ist zu kritisieren: Zwar beginnt die Verjährung nach § 212 I Nr. 1 BGB neu zu laufen, wenn der Schuldner dem Gläubiger gegenüber den Anspruch durch Abschlagszahlung oder in anderer Weise anerkennt. Das darf aber nur für **freiwillige Zahlungen** gelten, ein verurteilter (Rententitel, Feststellungstitel) Schädiger zahlt aber nicht freiwillig, sondern beugt sich mit seiner Zahlung nur der Verurteilung (LG Oldenburg v. 15.12.2004 – 9 O 3000/04) allein zur Vermeidung einer Zwangsvollstreckung (*Lang* jurisPR-VerkR 4/2009 Anm. 2, *Lemcke* in: Versicherung, Recht und Schaden, Festschrift für Johannes Wälder zum 75. Geburtstag, 2009, S. 179 ff, *Stiefel/Maier-Jahnke*, § 115 VVG Rn 369). Tritt mit jeder Zahlung eine Verjährungsunterbrechung ein, wodurch eine immer wieder eine 30-jährige Verjährungsfrist zu laufen beginnt, könnten gerichtlich festgestellte Ansprüche danach nicht verjähren, wenn im Verlaufe der Zeit aufgrund des Feststellungstitels einzelne Zahlungen erbracht werden. Die Konsequenz dieser Rechtsprechung ist, dass der Versicherer, will er den Neubeginn der Verjährung vermeiden, bei jeder Zahlung jeweils ausdrücklich erklären muss, mit der Zahlung sei kein Anerkenntnis verbunden (*Lemcke* in: Versicherung, Recht und Schaden, Festschrift für Johannes Wälder zum 75. Geburtstag, 2009, S. 179 ff). **71**

72 **9. Verwirkung.** Unabhängig von Verjährung kann ein Anspruch verwirkt sein. Neben dem Ausschlusstatbestand des § 15 StVG kommen allgemeine Grundsätze zur Anwendung.

73 **a) Allgemeines.** Die Verwirkung eines Anspruches kann **vor** der **Verjährung** des Anspruches eintreten (BGH NJW 1992, 1755). Es gilt die allgemeine Regel, dass umso seltener Raum für eine Verwirkung ist, je kürzer die Verjährungsfrist ist (BGH NJW 1992, 1755; BSG Breith 2011, 130). Vor Ablauf der 3-jährigen Verjährungsfrist tritt Verwirkung deliktischer Ansprüche i.d.R. nicht ein (BAG NJW 2015, 2061; BGH NJW 2011, 212; BGH NJW 1992, 1755; BGH NJW-RR 1989, 818; OLG Düsseldorf NJW-RR 2016, 85).

74 Von der Verjährung unterscheidet sich die Verwirkung dadurch, dass sie **von Amts wegen,** die Verjährung aber nur auf die ausdrücklich erhobene (Partei)Einrede zu berücksichtigen ist. Zur Beurteilung, ob Verwirkung eingetreten ist, sind die besonderen Umstände des Falles tatrichterlich zu würdigen (BGH DB 2017, 2154; BGH WM 2017, 1258).

75 **b) Voraussetzungen. aa) Zeitmoment.** Verwirkung kommt in Betracht, wenn der Berechtigte eine längere Zeit nicht geltend macht (Zeitmoment), obwohl er dazu in der Lage wäre, und der Verpflichtete sich mit Rücksicht auf das gesamte Verhalten des Berechtigte darauf einrichten durfte und auch eingerichtet hat, dass dieser sein Recht auch in Zukunft nicht geltend machen werde (BAG MDR 2001, 1302; BGH NJW-RR 2004, 649; BGH NJW 2003, 128; BSG Breith 2011, 130; BVerwG NVwZ-RR 2004, 314; OLG Düsseldorf zfs 2011, 527). Vor **Fälligkeit** kann ein Anspruch nicht verwirkt sein (BGH NJW 2007, 1273). Im familienrechtlichen Unterhaltsrecht werden keine strengen Anforderungen an das Zeitmoment der Verwirkung gestellt (BGH NJW 2010, 3714), nicht zuletzt mit Blick auf die Schwierigkeit der Aufklärung der maßgeblichen Einkommensverhältnisse.

76 **bb) Umstandsmoment.** Neben das Zeitmoment tritt das Umstandsmoment. Zwischen dem Zeitmoment und dem Umstandsmoment besteht insofern eine Wechselwirkung, als der Zeitablauf (im Rahmen des Zeitmoments) um so kürzer sein kann, je gravierender die sonstigen Umstände (im Rahmen des Umstandsmoments) sind (OLG Düsseldorf NJW-RR 2016, 85). Es müssen besondere Umstände sowohl im Verhalten des Berechtigten als auch des Verpflichteten vorliegen, die es rechtfertigen, die späte Geltendmachung des Rechts als mit Treu und Glauben unvereinbar und für den Verpflichteten als unzumutbar anzusehen (BAG NJW 2015, 2061; BAG MDR 2001, 1302; BGH NJW 2003, 824; OLG Hamm VersR 2002, 565). Verlangt werden besondere, auf dem Verhalten des Berechtigten beruhende Umstände, die das **Vertrauen des Verpflichteten** rechtfertigen, der Berechtigte werde seinen Anspruch nicht mehr geltend machen (BGH DB 2017, 2154; BGH NJW 2016, 3512; BGH NJW 2014, 1230). Das Erfordernis des Vertrauensschutzes auf Seiten des Verpflichteten muss das Interesse des Berechtigten derart überwiegen, dass ihm die Erfüllung des Anspruchs nicht mehr zuzumuten ist (BAG NJW 2015, 2061). **Bloßes Nichtstun** als Verwirkungsverhalten reicht regelmäßig nicht aus; vielmehr muss ein konkretes Verhalten des Gläubigers hinzukommen, welches bei dem Schuldner die berechtigte Erwartung erweckt hat, dass eine Forderung nicht besteht oder nicht geltend gemacht wird (BSG Breith 2011, 130; BSG HV-Info 1989, 2030; BSG BSGE 47, 194). Die **Beweisnot** eines Schuldners führt grundsätzlich nicht dazu, dass hieraus ein Rückschluss auf

Verwirkung § 15 StVG

dessen Vertrauensschutz gezogen werden kann (LG München I v. 29.4.2011 – 17 S 15280/10).

Es kommt nicht auf konkrete Vertrauensinvestitionen des Schuldners bzw. auf das Entstehen besonderer Nachteile durch die späte Inanspruchnahme an (BGH NJW 2010, 3714; BGH NJW 2003, 128). Der entscheidende Grund für den eintretenden Rechtsverlust ist, dass die verspätete Geltendmachung des Rechtes wegen des geschaffenen Vertrauenstatbestandes als eine mit **Treu und Glauben** unvereinbare Härte erscheint (BGH NJW 1992, 1755; OLG Hamm VersR 2002, 565; OLG Köln VersR 1996, 240). Die Verwirkung ist ein Sonderfall der unzulässigen Rechtsausübung (§ 242 BGB), mit der die illoyal verspätete Geltendmachung von Rechten ausgeschlossen wird (BAG NJW 2015, 2061). 77

c) Beweislast. Der Verpflichtete trägt die Beweislast für die Voraussetzungen der Verwirkung; der Berechtigte ist dafür darlegungspflichtig, wann und wie er den in Rede stehenden Anspruch geltend gemacht hat (OLG Düsseldorf NJW-RR 2016, 85). 78

§ 15 Verwirkung

¹**Der Ersatzberechtigte verliert die ihm auf Grund der Vorschriften dieses Gesetzes zustehenden Rechte, wenn er nicht spätestens innerhalb zweier Monate, nachdem er von dem Schaden und der Person des Ersatzpflichtigen Kenntnis erhalten hat, dem Ersatzpflichtigen den Unfall anzeigt.**

²**Der Rechtsverlust tritt nicht ein, wenn die Anzeige infolge eines von dem Ersatzberechtigten nicht zu vertretenden Umstands unterblieben ist oder der Ersatzpflichtige innerhalb der bezeichneten Frist auf andere Weise von dem Unfall Kenntnis erhalten hat.**

Übersicht

	Rn
1. Norm	1
2. Anzeige	4
3. Fristenlauf	6
4. Verschulden	8
5. Forderungsübergang	11
6. Wirkung	12
7. Prozessuales	13
a) Von Amts wegen	13
b) Beweislast	14

1. Norm. Zweck der Vorschrift ist, dem Ersatzpflichtigen die Möglichkeit einzuräumen, Beweismittel zu sichern. 1

Verwirkung und Verjährung sind verschiedene Möglichkeiten der Rechtsentgegnung aufgrund Zeitenlaufes (siehe auch § 14 StVG, Rn 72 ff). 2

§ 15 StVG, § 40 LuftVG gelten nicht analog für Ansprüche aus Delikt oder Vertragsverletzung. 3

2. Anzeige. Die Anzeige ist eine empfangsbedürftige, formlose Willenserklärung, die dem Ersatzpflichtigen selbst oder seinem – dafür zuständigen (BGH VersR 1963, 523) – Vertreter **zugegangen** sein muss. 4

StVG § 16 II. Haftpflicht

5 Nicht erforderlich ist die Substantiierung der Ersatzansprüche.

6 **3. Fristenlauf.** Die Frist läuft ab dem Zeitpunkt, zu dem der Berechtigte vom Schaden bzw. Ersatzpflichtigen **Kenntnis** erlangte. Es gelten für den Fristbeginn ähnliche Kriterien wie bei der Verjährung (siehe § 14 StVG, Rn 10 ff), allerdings wird grobe Fahrlässigkeit nicht sanktioniert.

7 Im Rahmen von § 15 StVG sind weder **Hemmung** noch **Neubeginn** (Unterbrechung) zu berücksichtigen.

8 **4. Verschulden.** § 15 S. 2 StVG (ähnlich § 40 LuftVG; OLG Schleswig NJW 1989, 1937) knüpft den Rechtsverlust an verschuldete (§ 276 BGB) Versäumung einer Anzeige- und Meldefrist von 2 Monaten ab dem Zeitpunkt der Kenntnis von Schaden und Schädiger an; es sei denn, der Ersatzpflichtige hat innerhalb dieser Frist bereits auf andere Weise (z.B. durch Schadenanzeige des Versicherten an seinen Haftpflichtversicherer) Kenntnis vom Unfall (nicht erforderlich: Kenntnis von der Person des Anspruchsberechtigten) erlangt.

9 Fallen dem Berechtigten bei der Fristversäumung weder Fahrlässigkeit noch Vorsatz (Vertretenmüssen, § 276 I 1 BGB) zur Last (z.B. schwere Erkrankung), bleiben die Ansprüche gewahrt (§ 15 S. 2, 1. Alt. StVG).

10 Zum Eingreifen der Verwirkung der Ansprüche nach § 15 StVG reicht – anders als bei der Verjährung (§ 14 StVG) – eine (grob) fahrlässige Unkenntnis nicht aus (OLG München NZV 2001, 220).

11 **5. Forderungsübergang.** Die Anmeldefrist gilt auch zulasten eines Drittleistungsträgers (z.B. Arbeitgeber, Dienstherr, SVT), der aus übergegangenem Recht Ansprüche verfolgt. Die Rechtsprechung zur Fristwahrung bei Ansprüchen aus dem **Reisevertragsrecht** ist entsprechend übertragbar (siehe zum Reiserecht: BGH NJW 2009, 2811; BGH NJW-RR 2009, 1570; BGH NJW 2004, 3178; OLG Koblenz OLGR 2009, 45; LG Düsseldorf RRa 2011, 118; siehe *Jahnke,* Unfalltod und Schadensersatz, § 2 Rn 306 ff; *Staudinger* RRa 2004, 231).

12 **6. Wirkung.** Die Verwirkung führt (anders als die Verjährung, § 14 StVG, Rn 62) zum **Rechtsverlust** (RG RGZ 48, 157), sodass erbrachte Leistungen nach § 812 BGB zurückgefordert werden können.

13 **7. Prozessuales. a) Von Amts wegen.** Die Verwirkung ist von Amts wegen zu berücksichtigen.

14 **b) Beweislast.** Der sich auf Verwirkung berufende Leistungspflichtige (Schadenersatzschuldner) hat darzulegen und zu beweisen, dass und wann der Gläubiger (Geschädigter, Drittleistungsträger) Kenntnis vom Schaden erlangte.

15 Den Gläubiger trifft dann die Last hinsichtlich der Beachtung der Ausschlussfrist und der Voraussetzungen von § 15 S. 2 StVG.

§ 16 Sonstige Gesetze

Unberührt bleiben die bundesrechtlichen Vorschriften, nach welchen der Fahrzeughalter für den durch das Fahrzeug verursachten Schaden in weiterem Umfang als nach den Vorschriften dieses Gesetzes haftet oder nach welchen ein anderer für den Schaden verantwortlich ist.

§ 16 StVG

Übersicht

	Rn
1. Einleitung	1
2. Norm	2
3. Anwaltlicher Vortrag	4a
4. StVG-Haftung	5
a) Versicherungsnehmer	5a
b) Halter	6
c) Fahrer	12
d) Konkurrierende Haftung von Fahrer und Halter	15b
e) Beifahrer	15c
f) Nutzer	16
g) Besondere Halterhaftung	17
h) Fahrschule	22a
i) Autonomes Fahren	22n
5. Verschuldenshaftung	23
6. Billigkeitshaftung	24
7. Haftpflichtversicherungsschutz	26
8. Spezielle Haftungsgesetze	28
9. Amtshaftung	30
a) Beamter	30
b) Hoheitliches Handeln Privater	30a
c) Subsidiarität	31
d) Handlung	32a
e) Beweiserleichterung	33
10. Unfallbeteiligung von Streitkräften	34
11. Ex Gratia	35
12. Härteleistungen für Opfer terroristischer Straftaten	36a
13. Tumultschaden	36h
14. Aufopferung, enteignungsgleicher Eingriff	37
15. Selbstaufopferung	41c
16. Nothilfe	42
17. Drittschadensliquidation	43
18. Geschäftsführung ohne Auftrag (GoA) (§§ 683 S. 1, 670 BGB)	45
a) Anwendbarkeit	45a
b) Schmerzensgeld	47
c) Hilfeleistung	48
d) Ausweichmanöver	50
e) Aufwendungsersatz	52
f) Beseitigungsanspruch	55
g) Sozialversicherung, gesetzliche Unfallversicherung	57
h) Herausforderung	58
i) Mitverschulden	59
j) Deckung	60
19. Vertragshaftung	61
a) pVV, cic	61
b) Vertrag mit Schutzwirkung für dritte Personen	62
20. Teilungsabkommen	66b
a) Vertrag	67
b) Drittwirkung	72
c) Prozessuales	74a

StVG § 16 II. Haftpflicht

	Rn
d) Gesamtschuldner-Innenausgleich	75
21. § 242 BGB (Treu und Glauben)	76

1 **1. Einleitung.** Zu den Anspruchsgrundlagen siehe auch vor § 10 StVG, Rn 7, vor § 249 BGB, Rn 152 ff, Rn 236 f und § 254 BGB Rn 17 ff.

1a Eine Verkehrssicherung, die jede Schädigung ausschließt, ist im praktischen Leben nicht erreichbar; nicht jeder abstrakten Gefahr kann vorbeugend begegnet werden. Ein allgemeines Verbot, andere nicht zu gefährden, wäre utopisch (BGH NJW 2013, 48; BGH NJW 2014, 2104). Es gibt damit durchaus Fälle, in denen ein Geschädigter zwar ein Unglück erleidet, gleichwohl aber dem Schädiger kein Unrecht vorhalten kann und seinen Schaden selbst tragen muss: „*Der Geschädigte hat ein 'Unglück' erlitten und kann dem Schädiger kein 'Unrecht' vorhalten*" (BGH NJW 2014, 2104; BGH NZV 2014, 167).

2 **2. Norm.** § 16 StVG verdeutlicht, dass die StVG-Haftung andere Verantwortlichkeiten nicht ausschließt (anders z.B. § 548 HGB). Anspruchskonkurrenz ist möglich.

3 Neben den Tatbeständen der StVG-Gefährdungshaftung kommen Ansprüche insbesondere aus **Delikthaftung** (§ 823 I BGB; § 823 II BGB i.V.m. Schutzgesetzverletzung, u.a. StVO, StVZO), **Amtshaftung** sowie anderweitiger **Gefährdungshaftung** (§ 833 BGB, § 22 WHG aF, § 89 WHG) in Betracht.

4 Eine Haftung setzt nicht voraus, dass ein Verhalten des Schädigers alleinige Ursache für die Schadenzufügung war; eine **Mitursächlichkeit,** sei sie auch nur Auslöser neben erheblichen anderen Umständen, reicht regelmäßig aus (BGH NZV 2006, 412 m.w.N.).

4a **3. Anwaltlicher Vortrag.** Die anwaltliche Verpflichtung, die zugunsten seiner Partei sprechenden tatsächlichen und rechtlichen Gesichtspunkte so umfassend wie möglich darzustellen, erfährt durch Grundsatz „iura novit curia" keine Einschränkung. Wird eine Klage auf mehrere selbständige Vertragsverletzungen gestützt, hat der Anwalt zu den jeweiligen Anspruchsvoraussetzungen substantiiert vorzutragen (BGH NJW 2016, 957 mit zutreffender Kritik *Diehl* zfs 2016, 387).

5 **4. StVG-Haftung.** S.a. § 16 StVG Rn 15b, 20, § 254 BGB Rn 96, 189 ff.

5a **a) Versicherungsnehmer.** Der Versicherungsnehmer (Vertragspartner des Versicherers) haftet in dieser Eigenschaft nicht (vor § 249 BGB, Rn 156 ff).

6 **b) Halter. aa) Halterverantwortung.** Zur Haltereigenschaft siehe § 7 StVG, Rn 5 f sowie § 254 BGB, Rn 193 ff. Zur (fehlenden) Betriebshaftung bei in **Brand** geratenem Kfz siehe BGH NJW 2014, 1182; BGH jurisPR-VerkR 10/2008 Anm. 2 = NJW-RR 2008, 764; OLG Hamm NJW-RR 2013, 974; OLG Karlsruhe jurisPR-VerkR 25/2014 Anm. 2 = NZV 2015, 76; OLG Saarbrücken jurisPR-VerkR 4/2013 Anm. 1 = NJW-RR 2013, 805; LG Heidelberg r+s 2016, 481. Siehe zur Halterhaftung *Burmann/Jahnke* DAR 2016, 313 sowie zur Fehlinterpretation der Rechtshistorie durch BGH NJW 2014, 1182 ausführlich *Lemcke* r+s 2016, 483. Siehe auch § 7 StVG, Rn 9 ff und vor § 249 BGB, Rn 29a.

6a Auch der **eigene Fahrer** ist Insasse im Fahrzeug. Der Fahrer hat aber keine Ansprüche nach StVG gegenüber dem Halter, es greift die Ausnahme des § 8 Nr. 2 StVG (Tätigkeit beim Betrieb des Fahrzeuges). Ist offen, ob der Verletzte Fahrer oder Beifahrer war, hat der Halter das Eingreifen des Ausschlusstatbestands (§ 8 StVG) – und damit die Fahrereigenschaft – zu beweisen (BGH NJW 1997,

2517; RG RGZ 128, 149; KG BeckRS 2016, 11918; OLG Brandenburg BeckRS 2009, 26179; OLG Dresden jurisPR-VerkR 22/2016 Anm. 1; OLG München VRR 2013, 66).

Gegenüber dem **Fahrer** eines **anderen beteiligten Fahrzeugs** haftet der Halter nach § 7 StVG, kann sich aber auf Unabwendbarkeit (§§ 18 III, 17 III StVG) berufen. Eine Entlastung wegen höherer Gewalt (§ 7 II StVG) entfällt (siehe OLG Nürnberg r+s 2012, 408, *Jahnke* jurisPR-VerkR 9/2012 Anm. 3). Entsprechendes gilt auch für andere Gefährdungshaftungen (siehe § 17 III, IV StVG; dazu BGH NJW 2015, 1311; BGH NJW 2011, 139) mit Ausnahmen der Luftverkehrshaftung (unbemannte Luftfahrtsysteme und Flugmodelle unterliegen wie alle Luftfahrzeuge den Haftungsbestimmungen der §§ 33 ff LuftVG; zu Drohnen siehe die zum 7.4.2017 in Kraft getretene Drohnenverordnung BGBl I 2017, 683 sowie *Schaefer* VersR 2017, 849). 7

Keine StVG-Haftung besteht im Zuge eines **Abschleppvorganges.** Schleppendes und abgeschlepptes Fahrzeug bilden eine Betriebseinheit (BGH NJW 2014, 2577). Siehe *Jahnke* jurisPR-VerkR 25/2014 Anm. 2. Zu Gespannschäden siehe § 16 StVG Rn 80. 7a

Einem Fahrgast gegenüber, der beim Einsteigen in einen den Anforderungen des § 2 BOKraft entsprechenden **Bus** stürzt, besteht keine Haftung (OLG Naumburg NZV 2014, 356). Zu haftungs- und versicherungsrechtlichen Besonderheiten der Personenbeförderung durch Taxi, ÖPNV, Busreise siehe *Kreuter-Lange* DAR 2016, 478. 7b

Der verletzte Insasse eines Fahrzeuges kann wahlweise neben anderen Haftenden auch den Halter (§ 7 StVG) des eigenen Fahrzeuges in Anspruch nehmen. Der Halter eines Kfz haftet den **Insassen** seines **eigenen Fahrzeuges** nach § 7 StVG wegen deren Personenschäden (Sachschadensersatz entfällt, vgl § 8 Nr. 3 StVG, § 4 Nr. 3 KfzPflVV; LG Erfurt jurisPR-VerkR 10/2013 Anm. 4 = NJW-RR 2013, 358; *Breideneichen* r+s 2013, 417; (*Stiefel/Maier-Jahnke*, § 4 KfzPflVV Rn 216 ff) und kann sich nur nach § 7 II StVG (höhere Gewalt) und nicht schon bei Unabwendbarkeit entlasten. § 8a StVG eröffnet die (eher theoretische) Möglichkeit der Haftungsbeschränkung. 8

Bei **entgeltlicher, geschäftsmäßiger Personenbeförderung** ist es untersagt, die Halterhaftung für Personenschäden auszuschließen oder zu beschränken (§ 8a S. 1 StVG); ansonsten ist die Beschränkung der Gefährdungshaftung auch für Personenschäden grundsätzlich möglich. Für Sachschäden (hier ist § 8 Nr. 3 StVG zu beachten; siehe auch § 254 StVG Rn 259 ff) besteht kein zwingendes Freizeichnungsverbot. Zur Inhaltskontrolle von Individualvereinbarungen (§ 138 BGB) und Allgemeinen Geschäftsbedingungen (§§ 307 ff BGB) siehe § 254 BGB, Rn 99 ff. 8a

Gegenüber den **Insassen** eines **drittbeteiligten Fahrzeuges** oder nichtmotorisierten Verkehrsteilnehmern besteht eine verschuldensunabhängige Gefährdungshaftung des Fahrzeughalters nach § 7 StVG. Zu seiner Entlastung kann der Halter sich nur auf höhere Gewalt (§ 7 II StVG), nicht aber auf Unabwendbarkeit (§ 17 III StVG) berufen. § 17 III StVG regelt das Innenverhältnis zwischen den beteiligten Fahrzeughaltern, gegenüber Dritten verbleibt es bei der gesamtschuldnerischen Haftung nach § 7 StVG (OLG Nürnberg r+s 2012, 408, *Jahnke* jurisPR-VerkR 9/2012 Anm. 3). Zur Anspruchskürzung im Hinblick auf eine zu verantwortende Betriebsgefahr siehe § 254 BGB, Rn 200 ff. 9

bb) Eigene Verletzung. Der durch das von ihm gehaltene Fahrzeug **selbst verletzte Halter** (auch als Mithalter, dazu § 254 BGB, Rn 198 f) kann keine Ansprüche 10

StVG § 16 II. Haftpflicht

nach §§ 7, 18 StVG geltend machen (§ 16 StVG, Rn 14; LG Berlin r+s 2013, 119); das gilt auch für den dem Kfz-Haftpflichtversicherer gegenüber geltend gemachten Direktanspruch (*Eggert* VA aktuell 2005, 98; *Lemcke* zfs 2002, 318 [327]; *Stiefel/Maier-Jahnke*, § 155 VVG Rn 29). Dem Halter stehen aber Personenschadenansprüche (§ 4 Nr. 1 KfzPflVV, A.1.5.6 AKB) nach § 823 BGB zu (siehe auch EuGH v. 20.7.2017 – C-340/16, wonach die Deckung von haftpflichtrechtlich bestehenden Ansprüchen des Versicherungsnehmers gegen den Fahrer seines Fahrzeugs nicht deswegen ausgeschlossen sein darf, weil er Versicherungsnehmer und Eigentümer des Fahrzeugs war). Falls der Fahrer aus **Delikt** haftet, kann der Halter nicht nur ihn in Anspruch nehmen, sondern im Wege der Direktklage auch seinen eigenen Kfz-Haftpflichtversicherer, diesen allerdings nicht wegen Sach- und Vermögensschäden (*Stiefel/Maier-Jahnke,* § 5 KfzPflVV Rn 27). Gelingt der Schuldnachweis nicht, geht der Halter leer aus: Schutz kann eine Insassenunfallversicherung oder Fahrerschutz-Versicherung (Fahrer-Kasko); dazu vor § 249 BGB, Rn 180 ff) bieten. Zur Anspruchskürzung siehe § 254 BGB, Rn 201. Zur Verletzung des Halters durch das eigene Tier siehe *Palandt-Sprau,* § 833 BGB Rn 13.

10a Ersatz für seinen **Fahrzeugschaden** erhält der Halter von seinem Fahrer nur, wenn dieser schuldhaft gehandelt hat. Grenzen schafft das Arbeits-/Dienstrecht (siehe § 254 BGB, Rn 138 ff). Eine Kaskoversicherung muss in Anspruch genommen werden (der Ersatzanspruch beschränkt sich dann auf Selbstbeteiligung und Prämienschaden).

11 cc) **Schwarzfahrt. Benutzt** jemand das Fahrzeug (Kfz, Anhänger) **ohne Wissen und Willen** (BGH NJW 1971, 459; OLG Hamm r+s 1996, 435; OLG Nürnberg NZV 2011, 538) des Fahrzeughalters **(Schwarzfahrt),** ist der Halter nur dann zum Ersatz des Schadens verpflichtet (§ 7 III StVG), wenn er entweder die Benutzung des Fahrzeugs schuldhaft (§ 276 BGB) ermöglichte (BGH NJW 1971, 459; OLG Hamm NZV 2006, 253, 303; OLG Nürnberg jurisPR-VersR 2/2012, Anm. 5 = NZV 2011, 538; OLG Oldenburg NZV 1999, 294), der Benutzer vom Fahrzeughalter für den Fahrzeugbetrieb angestellt ist oder ihm das Fahrzeug vom Halter überlassen worden war.

11a dd) **Sicherungseigentum.** Dem Schadensersatzanspruch des nicht-haltenden Sicherungseigentümers aus § 7 StVG kann die Betriebsgefahr des sicherungsübereigneten Kfz nicht entgegengehalten werden, wenn ein Verschulden desjenigen, der die tatsächliche Gewalt über die Sache ausübt, nicht feststeht (BGH r+s 2017, 380 [Anm. *Lemcke*]). Ohne festgestelltes Verschulden des Fahrzeugführers scheidet § 9 StVG i.V.m. § 254 BGB als Zurechnungsnorm aus, da § 9 StVG Verschulden voraussetzt.

11b Nur im Fall des (Mit-)Verschuldens des Führers des sicherungsübereigneten Fahrzeugs ist die Betriebsgefahr gemäß § 9 StVG, § 254 BGB zu berücksichtigen (BGH r+s 2017, 380; BGH NJW 1965, 1273). Ein nur vermutetes Verschulden genügt nicht. Siehe auch § 254 BGB, Rn 208 ff.

12 c) **Fahrer.** Die Fahrerhaftung entspricht gemäß § 18 I 1 StVG der Halterhaftung (§§ 8–15 StVG). § 8 StVG ist anwendbar (BGH VersR 1977, 228), ebenso § 9 StVG i.V.m. § 254 BGB sowie die Haftungsbegrenzungen in §§ 12, 12a StVG. Auch der Fahrer eines Fahrzeugs ist Insasse im Fahrzeug (§ 16 StVG, Rn 6a).

12a Eine **Legaldefinition** zum Fahrzeugführer besteht nicht. Fahrzeugführer (vgl auch §§ 1a, 2 StVG, § 23 StVO) ist, wer ein Gerät zur Fortbewegung (= Fahrzeug; z.B. Kfz, Fahrrad, aber auch Anhänger) verantwortlich in Bewegung setzt, anhält, parkt oder nach Fahrtunterbrechung weiterfährt. Auch der Beifahrer kann zum Fahrer werden, wenn er z. B. dem ohnmächtigen Fahrer ins Lenkrad greift.

Beim **begleiteten Fahren** ab 17 (§ 6e StVG) ist der Minderjährige Fahrzeugführer. Die Begleitperson ist nur Beifahrer (siehe § 6e StVG, Rn 4; *Hentschel/König/Dauer-Dauer*, § 6e StVG Rn 17). Die Begleitperson haftet, nur sofern sie Halter ist, nach § 7 StVG, im Übrigen nach allgemeinen Deliktsrecht (§ 832 I BGB, § 823 II BGB i. V. m. § 48 a VI FeV). **12b**

Der vom Halter personenverschiedene Fahrer (§ 2 StVG, § 23 StVO) eines Kfz oder Anhängers haftet seinen **Insassen gegenüber** nach § 18 I StVG mit der Möglichkeit der Entlastung wegen fehlendem Verschulden (vermutete Verschuldenshaftung, § 18 I 2 StVG). Der Nachweis eines unabwendbaren Ereignisses oder gar höherer Gewalt wird nicht verlangt, zu widerlegen ist die Vermutung einfacher Fahrlässigkeit (vgl *Kunschert* NJW 2003, 950). Daneben kommt insbesondere eine Haftung aus § 823 BGB in Betracht, § 18 II StVG verweist auf § 16 StVG. **13**

Aus der Bezugnahme in § 18 I 1 StVG folgt, dass der Fahrzeugführer **dem Halter gegenüber**, wenn dieser sich in seinem Fahrzeug als Beifahrer befindet, nicht aus § 18 StVG haftet (*Hentschel/König/Dauer-König*, § 18 StVG Rn 3, *Stiefel/Maier-Jahnke*, § 115 VVG Rn 29). **14**

Muss der Fahrer eines Kfz dem Halter für das beim Unfall schuldhaft beschädigte Fahrzeug Ersatz leisten, kann er ihm nicht die Betriebsgefahr des Fahrzeugs anrechnen (BGH NJW 1972, 1415). **14a**

Gegenüber dem Fahrer eines **anderen beteiligten Fahrzeugs** haftet der Fahrer nach § 18 StVG, kann sich aber auf Unabwendbarkeit (§§ 18 III, 17 III StVG) und fehlendes Verschulden (§ 18 I 2 StVG) berufen. **15**

Zu Fahrschule, Fahrschüler und -lehrer siehe § 16 StVG, Rn 22a ff, zum automatisierten Fahren siehe § 16 StVG, Rn 22o. **15a**

d) Konkurrierende Haftung von Fahrer und Halter. Kann ein verletzter Insasse (oder sein Rechtsnachfolger) Ansprüche gegen den Fahrer wegen eines Privilegs (Angehörigenprivileg, Arbeits-/Dienstunfall) oder eines privaten Haftungsausschlusses keine Ansprüche geltend machen, und geht er deswegen gegen den Halter vor, kommen die Rechtsaspekte der gestörten Gesamtschuld zur Anwendung. Trifft dabei Verschulden des Fahrers für eine Haftung des Halters nur aus Betrieb, entfällt wegen der insoweit tragenden Aspekte der gestörten Gesamtschuld auch der Anspruch gegen den Halter (siehe § 86 VVG, Rn 135 f). **15b**

e) Beifahrer. Zur Feststellung, welcher der Fahrzeuginsassen zum Unfallzeitpunkt der Fahrzeugführer war, siehe § 16 StVG, Rn 6a. **15c**

Der Beifahrer ist i.d.R. keine in der Kfz-Haftpflichtversicherung **mitversicherte Person** (siehe *Stiefel/Maier-Maier*, A.1 AKB Rn 158 ff; *Stiefel/Maier-Jahnke*, § 1 PflVG VVG Rn 25 f). Wenn ein Beifahrer durch unvorsichtiges Öffnen der Fahrzeugtür einen Anderen schädigt, kann dieses aber noch Ausfluss der Halterhaftung oder Fahrerverantwortlichkeit sein (und deswegen in den Deckungsbereich der Kfz-Haftpflichtversicherung fallen) (siehe LG Saarbrücken NZV 2016, 128 m.w.H.). **15d**

§ 8 Nr. 2 StVG gilt nicht nur für den Fahrer, sondern kann sich im Einzelfall auch zu Lasten von Bei- und Mitfahrern auswirken (grundlegend BGH NJW 1954, 393). Siehe auch § 16 BGB, Rn 6a, § 254 BGB, Rn 97. **15e**

f) Nutzer. Wird beim Betrieb eines Kfz oder Anhängers jemand in seinen geschützten Rechtsgütern verletzt, ist auch der Nutzer des Fahrzeugs (§ 7 III StVG) ersatzpflichtig. Zur Schwarzfahrt siehe § 16 StVG, Rn 11. **16**

StVG § 16 II. Haftpflicht

17 **g) Besondere Halterhaftung. aa) Überlassungsverschulden.** Dem **Fahrer** seines Kfz/Anhängers **gegenüber** haftet der Fahrzeughalter allenfalls wegen Überlassungsverschulden, nicht aber aus § 7 StVG.

18 Ansprüche des Fahrers aus § 823 BGB und Vertrag (pVV, cic) gegen den Fahrzeughalter kommen in Betracht, wenn das überlassene Fahrzeug Defizite in seiner Verkehrstüchtigkeit oder Fahrzeugbeschaffenheit (BGH NJW-RR 1993, 911; BGH NJW 1972, 1415) hat oder der Fahrer (dem Halter erkennbare) Defizite in seiner persönlichen oder fachlichen Eignung zum Führen des Fahrzeuges aufweist (dazu *Jahnke* VersR 1996, 294, 296 m.w.N.).

18a Siehe auch § 249 BGB, Rn 488 ff.

19 **bb) Fahrer der Zugmaschine und Halter des Anhängers.** Der Fahrer der Zugmaschine ist zugleich Führer des Anhängers (BGH NJW 2011, 447).

20 Es gibt keine StVG-Haftung des Anhängerhalters dem Fahrer der Zugmaschine gegenüber, da dieser zugleich auch beim Betrieb des Anhängers tätig ist (**§ 8 Nr. 2 StVG**). § 8 Nr. 2 StVG erfasst Personen, die durch die unmittelbare Beziehung ihrer Tätigkeit zum Betrieb des Kfz den von ihm ausgehenden besonderen Gefahren stärker ausgesetzt sind als die Allgemeinheit, auch wenn sie nur aus Gefälligkeit beim Betrieb des Kfz tätig geworden sind (z.B. Sturz des Pannenhelfers beim Anschieben; BGH NJW 2011, 292; OLG Düsseldorf r+s 2015, 256).

21 Eine Haftung des Halters aus Verschulden (Überlassungsverschulden) ist nicht ausgeschlossen. Neben § 823 BGB kommt auch die Vertragshaftung (Arbeitsrecht, Autovermietung) in Betracht.

22 Zu beachten sind die arbeitsvertragsrechtl. Haftungsbeschränkungen sowie die Grundsätze des Haftungsausschlusses beim Arbeitsunfall (siehe § 254 BGB, Rn 11 ff).

22a **h) Fahrschule. Zum Thema:** *Berz/Burmann-Grüneberg*, Kap. 4 A Rn 77; *Geigel-Kaufmann*, Kap. 25 Rn 318; *Stiefel/Maier-Maier*, AKB D.1 Rn 96 f.

22b Zum am 1.1.2018 in Kraft getretenen **Fahrlehrergesetz** (BGBl I 2017, 2162) siehe BT-Drucksache 18/10937. Zur **Fahrschüler-Ausbildungsordnung** (BGBl I 2012, 1318) siehe BR-Drucksache 232/12.

22c **aa) Haftung des Fahrschülers.** Eine Haftung eines Fahrschülers bei einem Verkehrsunfall nach **§ 18 I StVG** kommt nicht in Betracht, da er nicht als Kfz-Führer i.S.d. dieser Vorschrift anzustehen ist. Während der Fahrausbildung (also bei Übungs- und Prüfungsfahrten) gilt der den Fahrunterricht erteilende Fahrlehrer allein als verantwortlicher Führer des vom Fahrschüler gefahrenen Kfz (§ 2 XV 2 StVG; vgl auch das FahrlehrerG v. 25.8.1969 BGBl I S. 1336 [geändert durch Art. 289 der Verordnung v. 31.10.2006 BGBl I S. 2407]). Den Fahrlehrer trifft allein die Haftung nach § 18 I StVG (LG Saarbrücken NJW-RR 2014, 1310). Das ändert sich unmittelbar mit Aushändigung der Fahrerlaubnis durch den Fahrprüfer; ab diesem Moment ist der (nunmehr ehemalige) Fahrschüler, auch wenn er weiterhin das Fahrschulfahrzeug steuert, Fahrer i.S.d. StVG.

22d Der Fahrlehrer ist für die Führung des Schulfahrzeugs auch dann verantwortlich, wenn der Motorradfahrschüler auf dem von ihm gesteuerten Motorrad seinem Fahrlehrer nachfährt oder vorausfährt (KG NZV 2004, 93; KG NZV 1989, 150; OLG Saarbrücken NZV 1998, 246).

22e Eine Verschuldenshaftung des Fahrschülers aus **§ 823 BGB** kommt in Betracht, wenn er einen Fahrfehler begeht, den er auch unter Berücksichtigung seiner Ausbildungssituation nach Maßgabe seines subjektiven Wissens und Könnens hätte vermeiden können. Das Maß des Verschuldens orientiert sich an der Ausbildungssituation (OLG Koblenz NJW-RR 2004, 891; AG Krefeld SP 2010, 283); aber auch dem Vorhandensein anderweitiger Fahrerlaubnisklassen beim Fahrschüler (LG Hannover 2004, 404). In diesen Fällen besteht keine Haftung des Fahrlehrers gegenüber dem Fahrschüler (OLG Hamm NZV 2004, 403; LG Hannover NZV 2004, 404).

Ein **Fahrlehrer,** der als Beifahrer während einer Ausbildungsfahrt einen Fahrschüler begleitet, dessen fortgeschrittener Ausbildungsstand zu einem Eingreifen in der konkreten Situation keinen Anlass gibt, ist nicht Führer des Kfz i.S.d. § 23 Ia 1 StVO (BGH NJW 2015, 1124) bzw. §§ 2 II, 49 I Nr. 2 StVO (OLG Stuttgart DAR 2015, 410 = jurisPR-VerkR 13/2015 Anm. 6); siehe ergänzend *Stiefel/Maier-Maier*, AKB D.1 Rn 96. 22f

bb) Ansprüche des Fahrschülers. Ansprüche des Fahrschülers aus StVG gegenüber dem Fahrlehrer bestehen nicht. Ein Fahrschüler ist zwar nicht Fahrer, allerdings Betriebstätiger (§ 8 Nr. 2 StVG) (KG NZV 1989, 150; OLG Hamm NZV 1991, 354; OLG Nürnberg NJW 1961 1024; OLG Saarbrücken NZV 1998, 246; siehe auch § 8 StVG, Rn 9, § 2 StVG Rn 57). 22g

Zu den **Haftungsvoraussetzungen** (wie § 823 BGB, Vertragshaftung) und Mitverschulden siehe KG VRS 111, 405; OLG Hamm NZV 2005, 637; OLG München BeckRS 2008, 24026 = openJur 2012, 95788; OLG Rostock DAR 2005, 32). Siehe auch § 16 StVG, Rn 22d. 22h

§ 15 XV 1 StVG (§ 3 I StVG aF) ist **Schutzgesetz** i.S.d. § 823 II BGB (KG NZV 1989, 150). 22i

Durch § 15 XV StVG wird sowohl im Verhältnis zum Fahrschüler als auch zu Dritten eine Rechtspflicht des Fahrlehrers zur Gefahrenabwehr und zur Beaufsichtigung des Fahrschülers bei Übungsfahrten begründet (vgl. BGH VRS 10, 225). Der Fahrlehrer ist grundsätzlich für das verkehrsgerechte Verhalten des Fahrschülers verantwortlich (KG NZV 1989, 150). Dem Fahrlehrer obliegen u.a. nach §§ 2 XV StVG, § 12 FahrlG (§ 6 FahrlG aF), §§ 1, 3, 5 Fahrschüler-Ausbildungsordnung dem Fahrschüler gegenüber **Sorgfaltspflichten,** die er zu beachten hat und bei deren Verletzung er schadensersatzpflichtig ist. Zu den Pflichten gehört, dass dem Fahrschüler keine Aufgaben gestellt werden, die er (noch) nicht bewältigen kann, weil sie seinem Ausbildungsstand noch nicht entsprechen (KG VerkMitt 2004, 4; OLG Celle OLGR Celle 2001, 115; OLG Hamm VersR 1998, 910). An die Erfüllung dieser Pflicht ist ein strenger Maßstab anzulegen, insbesondere wenn es sich um einen Zweiradfahrschüler handelt (OLG Hamm NZV 2004, 403). 22j

cc) Ansprüche des Fahrlehrers. Wird der Fahrlehrer durch vorwerfbares Fehlverhalten seines Fahrschülers verletzt (§ 823 BGB), hat der Haftpflichtversicherer des Fahrschulwagens für den Personenschaden des Fahrlehrers einzustehen (OLG Stuttgart NZV 1999, 470). 22k

dd) Deckung. Für Haftungsrecht (StVG) und Versicherungsrecht (AKB) gilt ein einheitlicher Begriff des Fahrzeugführers (Fahrers). Der versicherungsvertraglichen Deckungspflicht liegt dabei ein **doppelter Fahrerbegriff** zugrunde (OLG Köln NZV 1990, 313): Der Fahrlehrer ist tatsächlich der Fahrer des Fahrschulwagens und zusätzlich fiktiver Fahrer des Krades nach § 2 XV StVG. Der Fahrschüler ist tatsächlicher Lenker des Fahrzeuges. Für beide im versicherungsrechtlichen Bereich als Fahrer angesehene Personen besteht Deckungspflicht (BGH NJW 1972, 869; BGH VersR 1969, 125). 22l

StVG § 16 II. Haftpflicht

22m Wird der Fahrlehrer gemäß § 2 XV StVG in Anspruch genommen, muss dessen Haftpflichtversicherer eintreten, sofern der Fahrlehrer die für seinen Beruf erforderlichen Genehmigungen hatte. Dem Fahrlehrer gegenüber kann sich der Haftpflichtversicherer auf eine Verletzung der Führerscheinklausel nicht schon dann berufen, wenn dieser den Fahrschüler mangelhaft und unzweckmäßig beaufsichtigt hat, sondern erst, wenn der Fahrlehrer es an einer wirksamen Beaufsichtigung überhaupt fehlen lässt (BGH NJW 1972, 869; *Stiefel/Maier-Maier*, AKB D.1 Rn 97).

22n i) **Autonomes Fahren.** Siehe zum autonomen Fahren § 1a StVG, Rn 1 ff.

23 **5. Verschuldenshaftung.** Derjenige, der sich auf deliktische Haftung wegen **Verletzung eines Schutzgesetzes** stützt, hat grundsätzlich alle Umstände darzulegen und zu beweisen, aus denen sich die Verwirklichung der einzelnen Tatbestandsmerkmale des Schutzgesetzes ergibt (BGH NJW-RR 2011, 1661; BGH NJW 2002, 1123; BGH NJW 1999, 714). Dies entspricht dem allgemeinen Grundsatz, dass der Anspruchsteller alle Tatsachen behaupten und beweisen muss, aus denen sich sein Anspruch herleitet.

23a Zu Ansprüchen wegen Verletzung von Verkehrssicherungspflichten siehe zusammenfassend BGH NZV 2014, 167, ferner *Geigel-Wellner*, Kap. 14 Rn 1 ff.

23b Gemeindesatzungen zum Straßenreinigungs- und Winterdienst begründen i.d.R. keine Leistungspflichten, die über die Grenze der Zumutbarkeit und Verhältnismäßigkeit hinausgehen (BGH NZV 2017, 337). Dies gilt auch für Anlieger (BGH NJW-RR 2017, 858; siehe auch OLG Karlsruhe openJur 2014, 15743).

24 **6. Billigkeitshaftung.** Haftung aus Gründen der Billigkeit (**§ 829 BGB**) gegenüber dem Direktgeschädigten wird von der Rechtsprechung gerade bei Bestehen einer Haftpflichtversicherung eher weit gesehen (BGH NJW 1995, 452).

24a Da die verschuldensunabhängige Haftung aus § 829 BGB im deliktischen Haftungssystem eine Ausnahme bildet, ist ein Schadensersatzanspruch nicht schon dann zu gewähren, wenn die Billigkeit es erlaubt, sondern nur dann, wenn die gesamten Umstände des Falles eine Haftung des schuldlosen Schädigers aus Billigkeitsgründen geradezu erfordern (BGH VersR 2017, 296). Dazu bedarf es stets eines Vergleichs der Vermögenslagen der Beteiligten, wobei für einen Anspruch aus § 829 BGB ein wirtschaftliches Gefälle zugunsten des Schädigers vorliegen muss (BGH NJW 1980, 1623; BGH NJW 1979, 2096). Die Billigkeit erfordert es nicht, dem Bestehen einer freiwilligen Haftpflichtversicherung ungeachtet des Trennungsprinzips eine anspruchsbegründende Bedeutung zukommen zu lassen (BGH VersR 2017, 296; BGH [VGS] NZV 2017, 179). Allein das Bestehen von Versicherungsschutz kann die Billigkeitshaftung nicht auslösen (BGH NJW 1995, 452). Vielmehr sind darüber hinaus die gesamten Umstände des Falles zu berücksichtigen, etwa die Besonderheiten der die Schadensersatzpflicht auslösenden Handlung (BGH NJW 1957, 674) sowie Anlass, Hergang und Folgen der Tat (BGH VersR 2017, 296; BGH NJW 1979, 2096).

25 Zugunsten von **Drittleistungsträgern** (insbesondere SVT) gilt § 829 BGB nicht (OLG Hamm, Vergleichsprotokoll v. 27.3.1995 – 6 U 196/92 unter Hinweis auf *RGRK-Steffen*, § 829 Rn 15).

26 **7. Haftpflichtversicherungsschutz.** Sinn und Zweck einer Haftpflichtversicherung besteht nicht darin, die Einstandspflicht des Versicherten auf Sachverhalte zu erweitern, für die er ohne Versicherung nicht haften müsste (LG Duisburg VersR 2006, 223). Der Umstand, dass der Schadenersatzpflichtige haftpflichtversichert ist, kann nicht haftungsbegründend berücksichtigt werden; es gilt der

Grundsatz, dass der Versicherungsschutz dem Haftpflichtrecht folgt und nicht etwa das Bestehen von Versicherungsschutz zu einer Erweiterung der Haftung führt (§ 254 BGB, Rn 108 ff). *Diehl* zfs 2016, 387 (390 zu 5.) bemerkt dazu: *„Es wirkt nicht überzeugend, Haftung mit bestehendem Versicherungsschutz zu begründen (Mäsch JuS 2016, 459)"*. Der Haftpflichtversicherer haftet nicht selbst, sondern schuldet **akzessorisch** nur – im Rahmen seiner Deckung – anstelle der bei ihm versicherten Person den Schadenersatzbetrag (LG Berlin r+s 2013, 119; *Kröger* r+s 2013, 119) (siehe vor § 10 StVG, Rn 10, vor § 249 BGB, Rn 164 ff, § 840 BGB, Rn 26).

Bestehender Haftpflichtschutz aus einer Pflichtversicherung kann allerdings auf einen fehlenden Haftungsverzicht schließen lassen (§ 254 BGB, Rn 113). Während die Pflichthaftpflichtversicherung (PflVG) dem Opferschutz dient, schützt allerdings der Abschluss einer privaten Haftpflichtversicherung den Täter (BGH VersR 2017, 296). **27**

8. Spezielle Haftungsgesetze. Die Haftung aufgrund spezieller Haftungsnormen (u.a. AMG, HaftpflG, UmweltHG, USchadG, WHG) kann konkurrierend bestehen. **28**

Auch im Bereich der Fahrzeugnutzung können **Produkthaftungsansprüche** in Betracht kommen (z.B. Fehlfunktion eines Airbags [BGH NJW 2009, 2952]). **29**

9. Amtshaftung. a) Beamter. Amtshaftung (§ 839 BGB, Art 34 GG) ersetzt die Haftung nach § 823 BGB und schließt die **persönliche Haftung** des Bediensteten (auch aus § 18 StVG) (BGH NJW 2014, 1665; BGH NJW 1992, 2882), nicht aber die **Halterhaftung** des § 7 StVG aus (zur Anwendbarkeit bei Ansprüchen **zwischen Hoheitsträgern** siehe BGH VersR 2014, 1084). Zu den Anforderungen an § 839 BGB siehe BGH NJW 2014, 3580. **30**

b) Hoheitliches Handeln Privater. Zieht der Staat private Unternehmer zur Erfüllung ihm obliegender Aufgaben auf privatrechtlicher Grundlage heran, hängt die Qualifikation der Tätigkeit des Unternehmers als hoheitlich oder nicht hoheitlich von dem Charakter der wahrgenommenen Aufgabe, der Sachnähe der übertragenen Tätigkeit zu dieser Aufgabe und dem Grad der Einbindung des Unternehmers in den behördlichen Pflichtenkreis ab (BGH NJW 2014, 2577). Jedenfalls im Bereich der Eingriffsverwaltung kann sich der Staat der Amtshaftung für fehlerhaftes Verhalten seiner Bediensteten nicht dadurch entziehen, dass er die Durchführung einer von ihm angeordneten Maßnahme durch privatrechtlichen Vertrag auf einen privaten Unternehmer überträgt (BGH NJW 2014, 2577). **30a**

Wird hoheitlich gehandelt, trifft die Verantwortlichkeit für etwaiges Fehlverhalten gemäß allein die Anstellungskörperschaft (Art 34 S. 1 GG). Diese Haftungsverlagerung führt dazu, dass der Beamte, der seine Amtspflicht verletzt hat, persönlich nicht aus unerlaubter Handlung in Anspruch genommen werden kann (BGH NJW 2014, 2577). **30b**

c) Subsidiarität. Die Subsidiaritätsklausel (§ 839 I 2 BGB) findet bei dienstlicher Teilnahme am allgemeinen Straßenverkehr keine Anwendung (BGH NJW 1977, 1238). Werden Sonderrechte (§ 35 StVO; dazu *Gutt* zfs 2014, 490; *Müller* NZV 2015, 428; *Ternig* DAR 2014, 105; *Wenker* jurisPR-VerkR 16/2017, Anm. 3) in Anspruch genommen, bleibt es bei der Subsidiarität (BGH NJW 1983, 1667); zur Haftung siehe OLG Brandenburg NZV 2011, 26; OLG Thüringen MDR 2007, 884; LG Düsseldorf SP 2015, 151. **31**

Der Grundsatz haftungsrechtlicher Gleichbehandlung (d.h. keine Berufung auf § 839 I 2 BGB möglich) gilt auch bei Verletzung der als hoheitliche Aufgabe **32**

StVG § 16 II. Haftpflicht

ausgestalteten allgemeinen Verkehrssicherungspflichten (BGH NJW 1981, 682; BGH NJW 1979, 2043; zu Kanaldeckelfällen *Holwitt* DAR 2013, 356; zur Streupflicht BGH NZV 2017, 337). Siehe auch § 16 StVG, Rn 23a.

32a **d) Handlung.** Staatsanwaltschaftliche und richterliche (außerhalb § 839 II 1 BGB) Handlungen, bei denen ein Beurteilungsspielraum des Entscheidungsträgers besteht, sind im Amtshaftungsprozess nicht auf ihre Richtigkeit, sondern nur auf ihre Vertretbarkeit zu überprüfen sind (BGH NJW 2017, 1322).

33 **e) Beweiserleichterung.** § 832 BGB kommt auch beim Amtshaftungsanspruch zur Anwendung (BGH NJW 2013, 1233; dazu *Bernau* NZV 2013, 237).

34 **10. Unfallbeteiligung von Streitkräften.** Zu Formalien und Haftung bei Beteiligung von Streitkräften siehe § 12b StVG, Rn 5 ff.

35 **11. Ex Gratia.** Bei Schädigung durch **Streitkräfte** kann eine Zahlung ohne Rechtspflicht (Ex Gratia) in Betracht kommen (vgl Art. VIII Abs. 6, 7 NTS) (zur Überprüfung siehe BGH NJW 1968, 1044; zum Forderungsübergang auf SVT siehe BGH VersR 1968, 170). Die Möglichkeit, vom Entsendestaat eine Ex-Gratia-Zahlung zu verlangen, besteht neben der Forderung auf Schadenersatz und bildet kein Hindernis für die gerichtliche Geltendmachung des Schadens (OLG Hamm OLGR 2006, 787).

36 Gegenüber Einrichtungen und Vereinen, die sich dem **Opferschutz aus freiwilligen Stücken** heraus verschrieben haben, besteht auch unter dem Aspekt von Art 3 GG kein Rechtsanspruch auf deren satzungsgemäße Leistungen (OLG Koblenz MDR 2008, 267). Siehe auch vor § 249 BGB, Rn 232.

36a **12. Härteleistungen für Opfer terroristischer Straftaten. Zum Thema:** *Bundesamt für Justiz* https://www.bundesjustizamt.de/DE/Themen/Buergerdienste/Opferhilfe/Opferhilfe_node.html. Siehe zum Opferschutz auch § 103 VVG, Rn 50 ff sowie auch vor § 249 BGB, Rn 231 ff.

36b Der Deutsche Bundestag stellt mit Inkrafttreten des Haushaltsgesetzes 2010 (1.1.2010) Mittel für Opfer extremistischer Übergriffe und terroristischer Straftaten zur Verfügung. Auf diese freiwillig aus Billigkeit gewährte Härteleistung (also Soforthilfe für das Opfer) besteht kein Rechtsanspruch (siehe auch § 16 StVG, Rn 36).

36c Die Leistung wird als einmalige Kapitalleistung gewährt.

36d Neben deutschen Staatsbürgern können auch Ausländer, die sich berechtigt im Bundesgebiet aufhalten, eine Härteleistung erhalten. Antragsberechtigt sind Personen, die Opfer eines extremistischen Übergriffs geworden sind, und deren Hinterbliebene (nahe Angehörige). Auch Nothelfer (Personen, die bei Abwehr eines extremistischen Übergriffs auf einen anderen oder bei Hilfeleistung für einen Anderen verletzt wurden) können Ansprüche stellen.

36e Der Härteausgleich wird für Körper- und Gesundheitsverletzungen und Verletzungen des allgemeinen Persönlichkeitsrechts gewährt. Unterhaltsschäden und Nachteile beim beruflichen Fortkommen können bei der Bemessung der Härteleistung Berücksichtigung finden.

36f Für Sachschäden gibt es keinen Ausgleich.

36g Zu **Amokfahrten** siehe § 103 VVG, Rn 26a ff, 50 ff.

36h **13. Tumultschaden.** Schäden anlässlich von Tumulten können nach dem Tumultschadengesetz (Gesetz über die durch innere Unruhen verursachten Schäden v. 12.5.1920 RGBl 1920, 941) zum Ersatz von Sach- und Personenschäden

Sonstige Gesetze § 16 StVG

führen. Zum Anwendungsbereich des Tumultschadengesetz siehe *Geigel-Kapsa*, Kap. 21 Rn 214 ff, ferner OVG Berlin BeckRS 2004, 31162115.

14. Aufopferung, enteignungsgleicher Eingriff. Der Aufopferungsanspruch ist nicht gleichrangig zum Schadenersatzanspruch (BGH NJW 1989, 2127; OLG Frankfurt VersR 2008, 649). Einen bürgerlich-rechtlichen Aufopferungsanspruch (*Wussow-vom Brocke*, Anhang zu Kap. 13) gibt es außerhalb des Immissionsrechtes praktisch nicht. 37

§ 839 I 2 BGB gilt nicht für andere selbständige Erstattungsansprüche gegen den Staat (BGH NJW 2013, 1736). 38

Ansprüche aus **enteignendem Eingriff** kommen in Betracht, wenn an sich rechtmäßige hoheitliche Maßnahmen bei einem Betroffenen unmittelbar zu Nachteilen führen, die er aus rechtlichen oder tatsächlichen Gründen hinnehmen muss, die aber die Schwelle des enteignungsrechtlich Zumutbaren übersteigen (BGH NJW 2017, 1322; BGH NJW 2013, 1736; BGH NJW 2005, 1363). Es muss sich nicht um atypische und unvorhergesehene Nachteile handeln (BGH NJW 2013, 1736; BGH NJW 1986, 2423); ausreichend ist, dass sich eine Gefahr verwirklicht hat, die in der hoheitlichen Maßnahme selbst angelegt war (BGH NJW 1987, 2573). Ob eine hoheitliche Maßnahme die Opfergrenze überschreitet, ist eine Frage des Einzelfalls (BGH VersR 1988, 1022; BGH NJW 1960, 379). 39

Ein Entschädigungsanspruch aus **enteignungsgleichem Eingriff** setzt voraus, dass rechtswidrig in eine durch Art 14 GG geschützte Rechtsposition von hoher Hand unmittelbar eingegriffen wird, die hoheitliche Maßnahme also unmittelbar eine Beeinträchtigung des Eigentums herbeiführt, und dem Berechtigten dadurch ein besonderes, anderen nicht zugemutetes, Opfer für die Allgemeinheit auferlegt wird (BGH NJW 2017, 1322 m.w.H.). 39a

Auch beim Entschädigungsanspruch aus enteignungsgleichem Eingriff sind **Mitverschulden** des Geschädigten bzw. mitwirkende Betriebsgefahren nach den Einzelfallumständen zu berücksichtigen (OLG Karlsruhe VersR 2014, 598). Hat sich der nachteilig Betroffene freiwillig in eine gefährliche Situation begeben, sind deren Folgen von ihm grundsätzlich selbst zu tragen (BGH NJW 2013, 1736). 39b

Wer als Eigentümer aufgrund eines Gefahrenverdachts rechtmäßig als **Störer** in Anspruch genommen wird, kann für die dadurch erlittenen Nachteile wie ein Nichtstörer Entschädigung verlangen, wenn sich nachträglich herausstellt, dass die Gefahr in Wirklichkeit nicht bestand, und wenn er die Verdacht begründenden Umstände nicht zu verantworten hat (OLG Karlsruhe NZV 2013, 486). 39c

Das Abverlangen eines Sonderopfers im öffentlichen Interesse ist regelmäßig zu verneinen, wenn sich der nachteilig **Betroffene** freiwillig in eine gefährliche Situation **begeben** hat, deren Folgen dann letztlich von ihm herbeigeführt und deshalb grundsätzlich von ihm selbst zu tragen sind. Wer daher schuldhaft den Anschein einer polizeilichen Gefahr hervorruft, hat keinen Anspruch aus enteignendem Eingriff auf Ersatz eines Vermögensnachteils, der ihm aus einer hierauf zurückzuführenden polizeilichen Maßnahme entstanden ist (BGH NJW 2017, 1322). 39d

Wird das Fahrzeug eines Verkehrsteilnehmers, der einem **Sonderrechte** (§ 35 StVO) in Anspruch nehmenden Fahrzeug auf neben der Straße gelegenes Gelände ausweicht, dabei beschädigt, scheidet zwar die Halterhaftung des Sondereinsatzfahrzeuges regelmäßig aus. Es kann aber ein Anspruch wegen enteignenden Eingriffs vorliegen (der dann uU beim LG geltend zu machen ist, § 71 II Nr. 2, III GVG [OLG Brandenburg BeckRS 2007, 04805]) (AG Ludwigslust NZV 2013, 127). 40

War ohne die das Eigentum **schädigende polizeiliche Maßnahme** (z.B. gezieltes Rammen eines entwendeten Kfz durch verfolgende Polizeifahrzeuge) 41

StVG § 16 II. Haftpflicht

der endgültige Verlust der Sache zu befürchten, entfällt ein Entschädigungsanspruch wegen Aufopferung bzw. enteignendem Eingriffs. Hinzu kommt, dass nur durch dieses Eingreifen die Aussicht begründet wurde, deliktische Schadensersatzansprüche gegen den eigentlichen Schadensverursacher realisieren zu können (BGH NJW 2011, 3157). Wird ein Kfz im Zuge strafrechtlicher Ermittlungen als Beweismittel sichergestellt und in Verwahrung genommen, steht dem Eigentümer für Schäden, die durch vorsätzliche Fremdeinwirkung (Vandalismus) an dem Fahrzeug entstehen, keine Entschädigung aus dem Gesichtspunkt des enteignenden Eingriffs zu (BGH NJW 1987, 2573).

41a Bei einem enteignungsgleichen Eingriff schuldet der Staat keinen Ersatz sämtlicher adäquat verursachten Schäden i.S.d. § 249 BGB, sondern nur *„angemessene Entschädigung"*. Dazu gehören bei einem Verkehrsunfall der Ausgleich des Substanzverlustes (Reparaturkosten incl. Minderwert, Wiederbeschaffungskosten), der Selbstbehalt und der Rückstufungsschaden in der Kaskoversicherung sowie vorgerichtliche Anwaltskosten (OLG Karlsruhe VersR 2014, 598). Zu ersetzen sind Verluste in der Erwerbsfähigkeit (BGH NJW 1971, 1176).

41b Mittelbare Folgekosten (wie Anwaltsgebühren für die Verteidigung in einem Bußgeldverfahren) sind nicht erstattungsfähig (OLG Karlsruhe VersR 2014, 598).

41c **15. Selbstaufopferung.** Siehe § 16 StVG, Rn 58, vor § 249 BGB, Rn 58 ff, vor § 249 BGB, Rn 268.

42 **16. Nothilfe.** Zur Nothilfe siehe § 16 StVG, Rn 48 ff, vor § 249 BGB, Rn 58 ff, vor § 249 BGB, Rn 268, § 249 BGB, Rn 326.

43 **17. Drittschadensliquidation.** Die Drittschadensliquidation wurde von der Rechtsprechung nur für ganz bestimmte, fest umrissene, Fallkonstellationen entwickelt (dazu BGH NJW 2016, 1089; *Palandt-Grüneberg* Vorb v§ 249 BGB Rn 105 ff), wobei gleichzeitig einer Ausweitung dieser Rechtsfigur auf andere als die anerkannten Fälle entgegengetreten wird (OLG Köln SP 2007, 427). Im deliktischen Schadenersatzrecht findet bereits keine zufällige Schadensverlagerung statt, sodass insbesondere **Drittleistungsträger** (wie Arbeitgeber, SVT, siehe vor § 249 BGB, Rn 290) auf die Rechtsfigur der Drittschadensliquidation keine Ansprüche stützen können (OLG Frankfurt OLGR 2001, 91; OLG Köln SP 2007, 427; OLG Thüringen GesR 2010, 367). Ausnahmsweise kann eine Werklohnforderung Gegenstand einer Drittschadensliquidation sein bei Beschädigung anlässlich einer Probefahrt mit einem frischreparierten, vom Auftraggeber aber noch nicht abgenommenen, Fahrzeug (LG Bonn SP 2013, 176; siehe auch LG Limburg VersR 1984, 592 mit zutreffend kritischer Anm. *Klimke* VersR 1985, 171, *Geigel-Pardey*, Kap. 4 Rn 20).

44 Der Wegfall von Arbeits- und Hilfskraft ist außerhalb der entgangenen Dienste bzw. des Unterhaltsschadens (Haushaltsschaden, Betreuungsschaden) nicht erstattungsfähig. Kein Ersatzanspruch besteht für den Bauherrn wegen des Ausfalles der Arbeitskraft des Verletzten, der ihm bei seinem **Bau geholfen** hat (OLG Köln r+s 1993, 242); das gilt umso mehr im Falle der Tötung. Solche Schadensverlagerungen sind als nicht-typische Fälle auch nicht unter dem Aspekt der Drittschadensliquidation zu ersetzen.

45 **18. Geschäftsführung ohne Auftrag (GoA) (§§ 683 S. 1, 670 BGB).** **Zum Thema:** *Jahnke/Burmann-Jahnke/Burmann*, Handbuch des Personenschadensrechts, Kap. 5 Rn 2967 ff. Siehe auch vor § 249 BGB, Rn 58 ff.

a) **Anwendbarkeit.** Öffentliches Ordnungsrecht schließt die Anwendung der GoA aus. So kann ein Polizeibeamter, der in dienstlicher Eigenschaft hoheitlich tätig wird, nicht zugleich das bürgerlich-rechtliche Geschäft eines Dritten führen (BGH NJW 2004, 513; LG Hamburg VersR 1980, 1031). 45a

Beruht die Verpflichtung des Geschäftsführers auf einem wirksam geschlossenen Vertrag, der die Rechte und Pflichten des Geschäftsführers (insbesondere die Entgeltfrage) umfassend regelt, kann ein Dritter, dem das Geschäft auch zugutekommt, nicht auf Aufwendungsersatz aus GoA in Anspruch genommen werden (BGH NZV 2011, 595; BGH NJW-RR 2004, 81; BGH NJW-RR 2004, 956). 46

b) **Schmerzensgeld.** § 670 BGB gibt keinen Anspruch auf Schmerzensgeld (BGH NJW 1969, 835). Ein Nichtmitglied, das ein Vereinsmitglied zu einer Sportveranstaltung fährt und auf der Strecke einen Unfall erleidet, hat gegen den Verein weder Anspruch auf Ersatz seiner materiellen Schäden noch auf Schmerzensgeld analog § 670 BGB (BGH NJW 2015, 2880; a.A. noch Vorinstanz OLG Celle r+s 2014, 624). 47

c) **Hilfeleistung.** Zugunsten desjenigen, der einem anderen in einer Gefahr für Leib und Leben unaufgefordert Hilfe leistet, finden die Vorschriften über die Geschäftsführung ohne Auftrag (**GoA**) Anwendung (BGH NJW 1985, 492). Siehe auch § 16 StVG, Rn 42. 48

Der Geschäftsführer hat keinen Anspruch, wenn er nicht die Absicht hatte, vom Geschäftsherrn Ersatz zu verlangen (§ 685 I BGB). Unter nahen Verwandten wird dieses widerlegbar vermutet. Zum fehlenden Anspruch bei Eigengefährdung siehe OLG Düsseldorf r+s 2015, 256. 49

d) **Ausweichmanöver.** Wich ein Fahrzeugführer einem **schuldunfähigen Kind** aus, hatte er bis zum 31.7.2002 ausnahmsweise Ansprüche aus GoA, wenn sich das Geschehen für ihn als unabwendbares Ereignis darstellte (BGH NJW 1963, 390; OLG Hamm VersR 2002, 1254; OLG Köln r+s 1994, 13). 50

Nachdem in § 7 II StVG für Unfälle am 1.8.2002 die Unabwendbarkeit durch **höhere Gewalt** (zum begrifflichen Inhalt siehe auch die Rechtsprechung zu § 1 III HaftpflG; *Filthaut* NZV 2016, 297; *Filthaut* NZV 2015, 161) ersetzt ist, kann ein Erstattungsanspruch zugunsten des Fahrzeugführers nicht mehr angenommen werden (OLG Köln r+s 1994, 13; OLG Oldenburg VersR 2005, 807; LG Köln NZV 2007, 577). 51

e) **Aufwendungsersatz.** Ansprüche aus GoA sind keine Schadenersatz-, sondern Aufwendungsersatzansprüche. Es findet auch insoweit kein Forderungsübergang (z.B. nach § 116 SGB X) auf Drittleistungsträger statt (BGH NJW 1985, 492; BGH NJW 1961, 118; OLG Frankfurt OLGR 2001, 91). Siehe auch vor § 249 BGB, Rn 292 f. 52

Wer einen beim Abfüllen von Öl entstandenen Ölschaden als Geschäftsführer ohne Auftrag beseitigt, kann Aufwendungsersatz nicht mittels Direktklage vom Versicherer des Halters des Kfz verlangen (BGH NZV 2011, 595, 1070; BGH VersR 1978, 870; OLG Zweibrücken VersR 2015, 723; *Schwab* DAR 2011, 610, *Borchardt/Schwab* DAR 2014, 75). Zu Ansprüchen gegen den Verursacher einer Straßenverschmutzung, wenn das Unternehmen von der Gemeinde mit der Reinigung der Straße beauftragt worden ist, siehe BGH VersR 2015, 1522; BGH jurisPR-BGHZivilR 21/2013 Anm. 3 = NZV 2014, 163; BGH VersR 2013, 1544; BGH NZV 2012, 535. 53

StVG § 16 II. Haftpflicht

54 Aufwendungen (§§ 670, 683 BGB) sind alle Opfer, die der Helfer zum Zwecke der Hilfeleistung erbracht hat. Neben Sachaufwendungen (z.b. Einsatz eines Feuerlöschers, Verschmutzung des Fahrzeuges beim Transport des Verletzten [OLG Hamm MDR 1974, 312]; siehe auch *Leube* NZV 2011, 277) sind auch Opfer an Leben und Gesundheit einzubeziehen (BGH NJW 1985, 492). Zum Sachschaden siehe § 249 BGB, Rn 326.

55 **f) Beseitigungsanspruch.** Der Beseitigungsanspruch aus § 1004 I 1 BGB kann durch ein **Mitverschulden** des Eigentümers entsprechend § 254 BGB beschränkt sein (BGH NJW 1997, 2234; BGH NJW 1995, 395 m.w.N.), da der auf lediglich objektiver Rechtswidrigkeit beruhende Beseitigungsanspruch nicht weiter gehen kann als ein auf schuldhaftem Handeln beruhender Schadensersatzanspruch (siehe auch zu § 251 BGB BGH MDR 1974, 571) und ein Bedürfnis zur entsprechenden Anwendung schadensersatzrechtlicher Anspruchsbeschränkungen besteht.

56 Gleiches gilt für die Berücksichtigung eines Abzugs **neu für alt** (BGH NJW 2012, 1080).

57 **g) Sozialversicherung, gesetzliche Unfallversicherung.** Soweit es um den Ersatz für Schäden des Helfers in Notfällen wegen übernommener Risiken geht, verlagert weitgehend § 2 SGB VII Ersatz von Körperschäden auf die Sozialversicherung. Eine Absicherung eines ausweichenden Kraftfahrers über § 2 I Nr. 13a SGB VII (**Nothilfe**) kann in Betracht kommen (SG Dortmund r+s 2017, 48 [Anm. *Lemcke*]; *Jahnke/Burmann-Jahnke/Burmann*, Handbuch des Personenschadensrechts, Kap. 1 Rn 1147 ff; *Schirmer* DAR 2004, 22) (siehe vor § 249 BGB, Rn 61a).

57a Eine selbst geschaffene Gefahr oder etwaige Mitverantwortlichkeit des Helfers am Unfall oder der Gefahrensituation schließt den gesetzlichen Unfallversicherungsschutz nicht grundsätzlich aus (BSG NJW 1974, 919; HessLSG BeckRS 2008, 55132). Versicherungsschutz besteht selbst dann, wenn die Gefahr durch den späteren Retter grob fahrlässig herbeigeführt wurde (BSG NJW 1974, 919; BSG BeckRS 1980, 03178).

58 **h) Herausforderung.** Zu Ansprüchen wegen provozierten Verhaltens (gefährliche Hilfeleistung, Verfolgung) siehe vor § 249 BGB, Rn 58 ff, 65 f, 70 ff.

59 **i) Mitverschulden.** Bei Ansprüchen nach § 670 BGB kommt anspruchsmindernd § 254 BGB zur Anwendung (BGH NJW 2005, 981; BAG NZA 2000, 727).

60 **j) Deckung.** Aufwendungsersatzansprüche aus GoA fallen dann unter den Begriff des Schadensersatzanspruchs nach A 1.1.1 AKB (§ 10 Nr. 1 AKB aF), wenn sie schadensersatzähnlichen Charakter haben, weil die Aufwendungen dem Geschäftsführer infolge einer gesetzlichen Pflicht zum Eingreifen entstanden sind (BGH NJW-RR 2012, 163).

61 **19. Vertragshaftung. a) pVV, cic.** Bei Haftung aus bzw. in Zusammenhang mit vertraglicher Beziehung (z.B. **positive Vertragsverletzung** [pVV, §§ 280 I, 241 II BGB], **culpa in contrahendo** [cic, §§ 311 II, 280 I, 241 II BGB]) können wirtschaftliche Rahmenbedingungen den Haftungsmaßstab eingrenzen (BGH NJW 2005, 1937).

62 **b) Vertrag mit Schutzwirkung für dritte Personen.** Auch dritte, an einem Vertrag nicht unmittelbar beteiligte, Personen können in den Schutzbereich eines

Vertrages einbezogen werden mit der Folge, dass der Schuldner ihnen gegenüber zwar nicht zur Leistung, wohl aber unter Umständen zum Schadenersatz verpflichtet ist (BGH NJW-RR 2011, 462; BGH NJW 2010, 3152; BGH NJW 1996, 2927). Wegen der damit zwangsläufig verbundenen Ausweitung des Haftungsrisikos des Schuldners sind an die Einbeziehung von Dritten in den vertraglichen Schutz strenge Anforderungen zu stellen (BGH NJW-RR 2017, 888).

Erstreckt ein Vertrag erkennbar Schutzwirkungen auch auf dritte Personen, stehen diesen eigene – und nicht nur abgeleitete – Ansprüche (Vertrag mit Schutzwirkung für dritte Personen) gegen den Schädiger zu. Der Schadensersatzanspruch **setzt** dabei **voraus**, dass der Dritte bestimmungsgemäß mit der (Haupt-)Leistung ebenso in Berührung kommt wie der Gläubiger (**Leistungsnähe**), der Vertragspartner ein schutzwürdiges Interesse an der Einbeziehung des Dritten hat (**Einbeziehungsinteresse**), dies für den Schuldner erkennbar und zumutbar ist (**Erkennbarkeit** und **Zumutbarkeit**) und der Dritte keine eigenen vertraglichen Ansprüche desselben Inhalts hat (BGH NJW 2016, 3432; BGH NJW 2013, 1002; BGH NJW 2006, 1975; BGH NJW 2004, 3630; BGH NJW 1995, 1739). Für die Ausdehnung des Vertragsschutzes muss nach Treu und Glauben ein Bedürfnis bestehen, weil der der Dritte anderenfalls nicht ausreichend geschützt wäre (**Schutzbedürfnis**) (BGH NJW-RR 2017, 888). 63

Um eine uferlose Ausdehnung des Kreises der in den **Schutzbereich** einbezogenen Personen zu vermeiden, ist die Einbeziehung eines am Vertrag nicht beteiligten Dritten abzulehnen, wenn ein Schutzbedürfnis des Dritten nicht besteht. Dies ist im Allgemeinen dann der Fall, wenn dem Dritten eigene vertragliche Ansprüche – gleich gegen wen – zustehen, die denselben oder zumindest einen gleichwertigen Inhalt haben wie diejenigen Ansprüche, die ihm über eine Einbeziehung in den Schutzbereich des Vertrages zukämen (BGH NJW 2014, 2577; BGH NJW-RR 2011, 462; BGH NJW 1996, 2927; BGH NJW 1978, 883; OLG Köln VersR 2016, 796). Dass der Anspruch gegen den eigenen Vertragspartner wegen dessen Insolvenz wirtschaftlich praktisch wertlos ist, ist nicht relevant (BGH NJW 2004, 3630). 64

Ein **Sachverständiger** kann wegen mangelnder Sorgfalt bei der Erstellung eines vom Verkäufer in Auftrag gegebenen Wertgutachtens zum Schadenersatz verpflichtet sein (BGH NJW 1999, 392; BGH NJW 2001, 360). Zum Rückgriff bei unzutreffendem Sachverständigengutachten siehe § 249 BGB, Rn 170. 65

Für Transportschäden ist die **Frachtführerhaftung** (u.a. §§ 425 I, 428, 437 HGB) einzubeziehen (zur Begrenzung siehe § 249 BGB, Rn 335 und § 254 BGB, Rn 93). § 249 BGB gilt auch für die Frachtführerhaftung (BGH NJW-RR 2009, 1479). 66

Auch **Personenbeförderungsverträge** gehören zu den Verträgen mit Drittschutz (BGH VersR 1960, 153; OLG Saarbrücken VersR 2014, 73 m.w.H.). Neben Personenschäden sind auch Vermögensschäden zu ersetzen (BGH NJW 1968, 885; BGH NJW 1996, 2927; OLG Saarbrücken VersR 2014, 73 m.w.H.). 66a

20. Teilungsabkommen. Zum Thema: *Clasen,* Teilungs- und Regressverzichtsabkommen mit Haftpflichtversicherern, Karlsruhe 1958; *Geigel-Plagemann* Kap. 30 Rn 95; *Jahnke,* Der Verdienstausfall im Schadenersatzrecht, § 2 Rn 587 ff; *Jahnke,* Unfalltod und Schadenersatz, § 2 Rn 850 ff; *Jahnke/Burmann-Stahl,* Handbuch des Personenschadensrechts, Kap. 5 Rn 3965 ff; *Küppersbusch/Lang/Stahl* NZV 2006, 628; *Marburger* NZV 2012, 521; *Plagemann/Schafhausen* NZV 1991, 49; *Prölss/Martin-Armbrüster,* § 86 VVG Rn 110 ff; *Stiefel/Maier-Jahnke,* § 116 VVG Rn 101 ff, 107 ff m.w.H.; *Wussow,* Teilungsabkommen, 4. Aufl. 1975. 66b

StVG § 16 II. Haftpflicht

67 **a) Vertrag.** Die Ausgleichung von Forderungen aufgrund von Teilungsabkommen zwischen einem Haftpflichtversicherer und einem Drittleistungsträger (z.b. Krankenkasse, Berufsgenossenschaft) geschieht allein aufgrund **vertraglicher Verpflichtung** des Abkommenspartners zur Leistung (BGH NJW-RR 2007, 1470; zu weiteren Einzelheiten *Stiefel/Maier-Jahnke*, § 116 VVG Rn 101 ff, 101 ff m.w.H.).

68 § 115 I VVG (§ 3 Nr. 1 S. 1 PflVG aF) gilt nicht.

69 Der Regressbeziehung aufgrund von Teilungsabkommen liegt **kein Forderungsübergang** zugrunde. Teilungsabkommen können von daher eigenständig bestimmen, ob und in welchem Umfange **Kongruenzen** den Rückgriff beeinflussen.

70 Teilungsabkommen sind – anders als Gesetze – **nicht einheitlich gefasst**, sondern variieren – wie Verträge ansonsten auch – in ihrem jeweiligen Inhalt. Entscheidend für die Auslegung eines Teilungsabkommens ist die Interessenlage der Abkommenspartner, nicht die der Unfallbeteiligten (BGH NJW-RR 1993, 911).

71 Teilungsabkommen können eigenständig bestimmen, wen ein Drittleistungsträger (zumeist SVT) bei Vorhandensein mehrerer Ersatzpflichtiger in Anspruch nehmen darf. So bestimmen viele Teilungsabkommen, dass bei Vorhandensein eines Gespannes sich der Rückgriffsanspruch primär gegen den Versicherer der Zugmaschine richten muss.

72 **b) Drittwirkung.** Zwischen Sozialversicherung und Haftpflichtversicherung bestehende Teilungsabkommen beeinflussen nicht die Ansprüche der unmittelbar verletzten Unfallbeteiligten.

73 Die Regulierung aufgrund Teilungsabkommens hat Auswirkungen auch auf Dritte; so hat ein Teilungsabkommen eine drittbefreiende Wirkung. Der Regressgläubiger (z.B. SVT) nimmt die Abkommensquote **an Erfüllung statt** für diejenigen Aufwendungen an, die durch die Quote gedeckt werden sollen. Der SVT kann danach wegen seines nicht gedeckten Aufwandes weder auf den Haftpflichtversicherer (Abkommenspartner) noch auf dessen mitversicherte Personen im Rahmen deren Haftung zurückgreifen (§ 364 BGB) (BGH NJW 1991, 1546; BGH NJW 1978, 2506; KG VersR 1982, 690). Eine Klage gegen die versicherte Person ist nicht möglich, sofern das Abkommenslimit nicht erreicht ist. Auch Verfahrensregeln für Verhalten nach Limitüberschreitung können Drittwirkung entfalten (LG Braunschweig VersR 1999, 242).

74 Der Rückgriff des Drittleistungsträgers gegenüber weiteren am Haftpflichtgeschehen Beteiligten (**Gesamtschuldner**) ist nur dann möglich, wenn die anzuwendenden Teilungsabkommen dieses auch gestatten. Ansonsten ist der Regress gegen weitere Personen auch nach einem dort bestehenden Teilungsabkommen gesperrt.

74a **c) Prozessuales. aa) Gerichtsstandsvereinbarung.** Da es sich um einen Anspruch aus Vertrag handelt, gilt – sofern vertraglich nichts anderes vereinbart ist, nicht der deliktische Gerichtsstand.

74b **bb) Schiedsabrede.** Bei bilateralen Abkommen wird regelmäßig vereinbart, dass Streitigkeiten den entsprechenden Hauptverwaltungen von Haftpflichtversicherung und SVT zur Klärung vorgelegt werden (LG Köln zfs 1991, 335). So enthält das Teilungsabkommen zwischen AOK Nordwest und der ADAC-Autoversicherung in § 10 II Rahmen-Teilungsabkommen eine Klausel, wonach vor

Klageerhebung eine Diskussion auf Direktionsebene zu erfolgen hat. Das OLG Hamm (v. 5.11.2015 – I-6 U 129/15 – [BGH Beschl. v. 20.9.2016 – VI ZR 697/15] juris) erstreckt diese Abrede auch auf die nach Limit-Überschreitung verfolgten Rechtslageansprüche und erklärt die sofortige Rechtslage-Klage für unzulässig.

d) Gesamtschuldner-Innenausgleich. Gegenüber weiteren für den Haftpflichtfall Mitverantwortlichen (Zweitschädiger) kann der aufgrund eines Teilungsabkommens regulierende Haftpflichtversicherer nach § 426 BGB bzw. § 812 BGB (gesetzlich konkurrierend) dann Ausgleich beanspruchen (BGH VersR 1978, 843; LG Cottbus DAR 2000, 70; *Stiefel/Maier-Jahnke*, § 116 VVG Rn 162). Der Ausgleich orientiert sich an der (letztlich fiktiv zu betrachtenden) Rechtslagehaftung unter Außerachtlassen der sich an vertraglichen Aspekten ausrichtenden Leistungsverpflichtung aufgrund der Teilungsabkommen. 75

21. § 242 BGB (Treu und Glauben). § 242 BGB gilt im Rahmen rechtlicher Sonderbeziehungen, damit auch im Rahmen eines **gesetzlichen Schuldverhältnisses** (u.a. begründet durch Regressbeziehung [§ 823 ff BGB, § 7 StVG; *Palandt-Grüneberg*, Überbl v§ 311 BGB Rn 5, *Palandt-Sprau*, Einf v§ 823 BGB Rn 6], auch Teilungsabkommen {BGH NJW 2003, 3193}]) (vgl BGH NJW 2003, 3193; BGH zfs 2002, 24; BGH NJW 1996, 2724). 76

Aus § 242 BGB können durch bloße Subsumtion **keine unmittelbaren Rechtsfolgen** hergeleitet werden (BGH NJW 1985, 2580; *Jahnke/Burmann-Jahnke/Burmann*, Handbuch des Personenschadensrechts, Kap. 5 Rn 2975 ff). 77

§ 242 BGB ist **keine Anspruchsgrundlage** für einen Leistungsanspruch (BGH NJW 1984, 729; BGH NJW 1986, 177; BGH NJW 1981, 1779) (sondern wirkt nur als Schranke der Rechtsausübung) und kann nicht an die Stelle von (fehlenden) Forderungsübergängen treten, auch wenn dies im Einzelfall zu einem Vorteil für den Schadenersatzpflichtigen führt. Hier ist das Vertrauen auf Abwicklung mit dem „richtigen Ersatzgläubiger" zu sehen, um Doppelzahlungen zu vermeiden (BGH jurisPR-VerkR 17/2009, Anm. 2 = VersR 2009, 203). 78

Treu und Glauben kann aber im Einzelfall ein **Abwehrrecht** gegenüber auf § 812 BGB gestützten Rückforderungsansprüchen geben (*Palandt-Grüneberg*, § 242 BGB Rn 16 ff). Die Grundsätze von Treu und Glauben beanspruchen gerade im Bereicherungsrecht unter dem Blickpunkt der Billigkeit in besonderem Maße Geltung (BGH NJW 2003, 3193; BGH NJW 1996, 3409; BGH WM 1978, 708). 79

§ 17 Schadensverursachung durch mehrere Kraftfahrzeuge

(1) **Wird ein Schaden durch mehrere Kraftfahrzeuge verursacht und sind die beteiligten Fahrzeughalter einem Dritten kraft Gesetzes zum Ersatz des Schadens verpflichtet, so hängt im Verhältnis der Fahrzeughalter zueinander die Verpflichtung zum Ersatz sowie der Umfang des zu leistenden Ersatzes von den Umständen, insbesondere davon ab, inwieweit der Schaden vorwiegend von dem einen oder dem anderen Teil verursacht worden ist.**

(2) **Wenn der Schaden einem der beteiligten Fahrzeughalter entstanden ist, gilt Absatz 1 auch für die Haftung der Fahrzeughalter untereinander.**

(3) **Die Verpflichtung zum Ersatz nach den Absätzen 1 und 2 ist ausgeschlossen, wenn der Unfall durch ein unabwendbares Ereignis verursacht**

wird, das weder auf einem Fehler in der Beschaffenheit des Fahrzeugs noch auf einem Versagen seiner Vorrichtungen beruht. Als unabwendbar gilt ein Ereignis nur dann, wenn sowohl der Halter als auch der Führer des Fahrzeugs jede nach den Umständen des Falles gebotene Sorgfalt beobachtet hat. Der Ausschluss gilt auch für die Ersatzpflicht gegenüber dem Eigentümer eines Kraftfahrzeugs, der nicht Halter ist.

(4) Die Vorschriften der Absätze 1 bis 3 sind entsprechend anzuwenden, wenn der Schaden durch ein Kraftfahrzeug und einen Anhänger, durch ein Kraftfahrzeug und ein Tier oder durch ein Kraftfahrzeug und eine Eisenbahn verursacht wird.

Übersicht

	Rn
1. Allgemeines	1
2. Anspruchskürzung nach § 17 Abs 2 StVG wegen eigener Mitverantwortung des Geschädigten	6
a) Haftungsausschluss nach § 17 Abs 2 iVm Abs 3 StVG	7
b) Haftungsabwägung nach § 17 Abs 2 iVm Abs 1 StVG	10
3. Gesamtschuldnerausgleich nach § 17 Abs 1 StVG	24
4. Die Bedeutung der Regelung des § 17 Abs 4 StVG	26

1. Allgemeines. § 17 StVG ist durch das 2. SchadÄndG mit Wirkung vom 1.8.2002 ebenfalls wesentlich verändert worden (vgl Heß/Jahnke, 22 ff). Zunächst mussten aus dem Umstand, dass der **Kfz-Anhänger** gem § 7 StVG in die Gefährdungshaftung einbezogen worden ist, für § 17 StVG die nötigen Folgerungen gezogen werden. Ferner hat der Gesetzgeber der vielfach geäußerten Befürchtung, infolge der Einschränkung des Haftungsausschlusses – Entlastung nur noch bei **höherer Gewalt** – könne es zu einer starken Vermehrung von Quotenfällen kommen, Rechnung getragen, und zwar dadurch, dass in allen Fällen, in denen neben dem Schädiger auch der Geschädigte als **Kfz-Halter** für die Betriebsgefahr eines Kfz einstehen muss, nach § 17 Abs 3 StVG die Haftung des Schädigers weiterhin schon bei **unabwendbarem Ereignis** ausgeschlossen ist. Schließlich ist § 17 StVG neu strukturiert worden.

§ 17 Abs 1 StVG enthält Regelungen über den **Gesamtschuldnerausgleich** zwischen mehreren unfallbeteiligten Kfz-Haltern für den Fall, dass **ein Dritter durch mehrere Kfz geschädigt** wird und die Kfz-Halter dem Dritten aus § 7 StVG (und evtl auch aus §§ 823, 831 BGB) gesamtschuldnerisch zum Schadensersatz verpflichtet sind. Für diese Fälle enthält § 17 Abs 1 StVG eine Sonderregelung zu § 426 Abs 1 BGB. (Ausgleich der Gesamtschuldner untereinander zu Kopfteilen).

§ 17 Abs 2 StVG enthält dagegen Regelungen über das **Haftungsverhältnis** zwischen mehreren unfallbeteiligten Kfz-Haltern für selbst erlittene Schäden, wenn der Geschädigte für seinen Schaden mitverantwortlich ist und deshalb eine quotenmäßige Anspruchskürzung in Betracht kommt. Insoweit enthält § 17 Abs 2 StVG eine Sonderregelung zu § 254 Abs 1 BGB, und zwar auch dann, wenn auf einer Seite oder auf beiden Seiten die Betriebsgefahr durch ein Verschulden erhöht ist.

In der Regulierungspraxis steht die Anwendung des § 17 Abs 2 StVG, der auf § 17 Abs 1 StVG verweist, im Vordergrund; hier liegt die **Hauptbedeutung des § 17 StVG.** In die Abwägung sind nur unstreitige, bewiesene, nicht lediglich nur mögliche oder vermutete Tatsachen einzustellen (BGH NZV 05, 407; s. unten Rn 14 ff). Für das Einstellen in die Haftungsabwägung reicht es aus, wenn der

Unfall zwar nicht vermieden, die Folgen aber wesentlich geringer ausgefallen wären (OLG Saarbrücken BeckRS 14, 16824).

Gem § 18 Abs 3 StVG gelten die Regelungen des § 17 StVG auch für haftpflich- 5
tige **Kfz-Führer** und für das Verhältnis zwischen gegnerischen Haltern und Führern. Zu beachten ist, dass bei einem Verkehrsunfall zwischen zwei Kraftfahrzeugen die Verantwortungsbeiträge von Halter und Führer auf der einen wie auf der anderen Seite jeweils zu einem einheitlichen Verantwortungsbeitrag verschmelzen; die Betriebsgefahr ist ggf. zu Lasten beider durch Verschulden des Fahrers erhöht. Für die Haftungsabwägung ist es deshalb auf beiden Seiten ohne Bedeutung, wenn der Halter sein Fahrzeug nicht selbst gefahren hat. Halter und Fahrer bilden auf der Schädigerseite eine **Haftungseinheit**, auf der Geschädigtenseite eine **Zurechnungseinheit**. Halter und Fahrer haften, soweit sie für den Unfall nach §§ 823, 831 BGB bzw §§ 7, 18 StVG verantwortlich sind – der Halter also ggf. nur im Rahmen der StVG-Haftungshöchstbeträge –, im Rahmen der Haftungsabwägung nach § 17 StVG immer auf dieselbe Quote. Sind bei dem Unfall eines Gespanns oder Lastzugs die Halter von Zugmaschine und Anhänger personenverschieden, steht auch der Halter des Anhängers mit in dieser Haftungs- oder Zurechnungseinheit; der Fahrer der Zugmaschine ist dann auch Fahrer des Anhängers (BGHZ 187, 211 = NJW 11, 447).

2. Anspruchskürzung nach § 17 Abs 2 StVG wegen eigener Mitverant- 6
wortung des Geschädigten. **§ 17 Abs 2 StVG** kommt als Sonderregelung zu § 254 BGB zur Anwendung bei einem Unfall mit mehreren Kraftfahrzeugen, wenn **beide Seiten,** Schädiger und Geschädigter, als **Halter** für die Betriebsgefahr eines unfallbeteiligten Kfz einzustehen haben. In diesem Falle ist für die selbst erlittenen Schäden die Haftungsquote durch eine **Abwägung nach § 17 Abs 1 StVG** zu bestimmen. Die Haftung des Schädigers ist aber nach § 17 Abs 3 StVG ausgeschlossen, wenn der Unfall durch ein **unabwendbares Ereignis** verursacht wird.

a) Haftungsausschluss nach § 17 Abs 2 iVm Abs 3 StVG. Nach der jetzi- 7
gen Gesetzeslage besteht für den Kfz-Halter als Schädiger ein **zweigestufter Entlastungsbeweis** (Lemcke ZfS 03, 318, 320):
– Gegenüber einem Geschädigten, der **selbst nicht als Kfz-Halter für die Betriebsgefahr** eines unfallbeteiligten Kfz einzustehen hat, ist der Schädiger als Kfz-Halter **nur bei höherer Gewalt** entlastet (§ 7 Abs 2 StVG); § 17 StVG ist nicht anwendbar.
– Gegenüber einem Geschädigten, der **selbst ebenfalls als Kfz-Halter für die Betriebsgefahr** eines unfallbeteiligten Kfz einzustehen hat, ist der Schädiger als Kfz-Halter **schon bei unabwendbarem Ereignis** entlastet (§ 17 Abs 3 StVG).

Die Voraussetzungen für den **Unabwendbarkeitsnachweis** sind nicht verän- 8
dert worden, der Wortlaut des § 17 Abs 3 S 1 und 2 StVG ist weitgehend identisch mit dem des § 7 Abs 2 S 1 und 2 StVG aF; die bis zum 2. SchadÄndG zum Unabwendbarkeitsnachweis entwickelten Rechtsgrundsätze können deshalb voll übernommen werden. Absolute Unvermeidbarkeit wird danach nicht gefordert (BGH NZV 05, 305). Es reicht aus, dass der Unfall auch bei der äußersten möglichen Sorgfalt nicht abgewendet werden kann (BGH NZV 05, 305; OLG Koblenz NZV 06, 201; s näher § 7 StVG, Rn 20 ff). Hierbei kommt es allerdings nicht nur darauf an, wie ein „Idealfahrer" in der konkreten Gefahrensituation reagiert hätte, sondern auch darauf, ob ein „Idealfahrer" überhaupt in eine solche Gefahrenlage geraten wäre (BGH NJW 92, 1684; OLG Koblenz NZV 06, 201).

Ein im deliktsrechtlichen Sinne „rechtmäßiges" Schädigerverhalten, etwa zur Abwehr von Gefahren, welche einen höheren Schaden begründen können, ist unabwendbar, OLG Hamm NJW 88, 1096; Greger HaftR § 3 Rn 365 mwN (Bsp: Polizei rammt Fluchtfahrzeug); dies gilt nicht gegenüber anderen Verkehrsteilnehmern. Ein unabwendbares Ereignis kann zB vorliegen, wenn ein auf der Straße liegender Stein von den Rädern eines Lkw aufgewirbelt und auf das nachfolgende Fahrzeug geschleudert wird (LG Nürnberg-Fürth BeckRS 17, 106118). § 17 III StVG kann auch anwendbar sein, wenn bei Mäharbeiten mit einem entsprechenden Traktor mit Mähausleger. ein Kfz durch einen hochgewirbelten Gegenstand beschädigt wird. Ist der Betrieb ordnungsgemäß, insbesondere mit einen den Sicherheitsanforderungen genügenden Mähwerk durchgeführt worden, kann ein unabwendbares Ereignis gem. § 17 Abs 3 StVG vorliegen (OLG Hamm BeckRS 15, 14127).

9 Nach der Regelung des § 17 Abs 3 S 3 gilt der Haftungsausschluss nach § 17 Abs 3 S 1 und 2 auch für die Ersatzpflicht gegenüber dem **Eigentümer eines Kfz, der nicht selbst Halter** ist. Diese Regelung gilt insbesondere für Leasingfahrzeuge und für sicherungsübereignete Fahrzeuge; in diesen Fällen ist der Leasingnehmer bzw. der Sicherungsgeber Halter. Der Gesetzgeber hat mit dieser Regelung verhindern wollen, dass der Kfz-Eigentümer, der nicht Halter ist, den Halter des anderen unfallbeteiligten Kfz selbst dann auf Schadensersatz in Anspruch nehmen kann, wenn dieser sich nachweislich wie ein „Idealfahrer" verhalten hat. Hieraus lässt sich aber auch im Wege der Auslegung nicht entnehmen, dass sich der Eigentümer, der nicht Halter ist, dennoch die Betriebsgefahr seines Kfz anspruchskürzend zurechnen lassen muss (BGHZ 173, 182 = NZV 07, 610).

Die Frage, ob und in welchen Fällen sich der Eigentümer, der nicht Halter seines Kfz ist, den **Verantwortungsbeitrag des Fahrers** seines Kfz zurechnen lassen muss, hat der BGH inzwischen beantwortet (BGHZ 173, 182 = NZV 07, 610; NZV 11, 179). Danach muss sich der Leasinggeber, der Eigentümer, aber nicht Halter des Leasingfahrzeug ist, im Rahmen der Geltendmachung eines SE-Anspruchs nach § 823 BGB wegen Verletzung seines Eigentums am Leasingfahrzeug bei einem Verkehrsunfall weder ein Mitverschulden des Leasingnehmers oder des Fahrers des Leasingfahrzeugs noch dessen Betriebsgefahr anspruchsmindernd zurechnen lassen; denn es fehlt eine Zurechnungsnorm. Anders ist es, wenn lediglich Ersatzansprüche des Leasinggebers aus §§ 7, 18 StVG bestehen; dann muss sich der Leasinggeber zwar nicht die Betriebsgefahr, aber ein Verschulden des Fahrers als des Inhabers der tatsächlichen Gewalt nach §§ 9 StVG, 254 BGB zurechnen lassen (s näher § 9 Rn 9–9b).

10 **b) Haftungsabwägung nach § 17 Abs 2 iVm Abs 1 StVG.** Zu dieser Haftungsabwägung kommt es nur dann, wenn der in Anspruch genommene Kfz-Halter den Unabwendbarkeitsbeweis nicht führen kann (§ 17 Abs 3 StVG).

11 In diesem Falle gilt nach § 17 Abs 2 StVG für die Haftungsabwägung Abs 1 entsprechend. Nach Abs 1 hängt im Verhältnis der Kfz-Halter zueinander die **Verpflichtung zum Ersatz** sowie der **Umfang des zu leistenden Ersatzes** von den Umständen, insbesondere davon ab, inwieweit der Schaden **vorwiegend von den einen oder dem anderen Teil verursacht** worden ist.

12 In einem **ersten Schritt** ist das **Gewicht des Verursachungsbeitrags** des einen und des anderen Kfz-Halters zu bestimmen. Dabei ist zu beachten, dass insoweit zum Nachteil der einen oder der anderen Seite nur **feststehende**

Umstände berücksichtigt werden dürfen, und zwar auch nur solche Umstände, die sich auch **nachweislich auf den Unfall ausgewirkt** haben, entweder auf den Unfallhergang oder auf den Schadensumfang (BGH NZV 07, 190 – Fahren ohne Fahrerlaubnis; BGH NJW 95, 1029 – Fahren unter Alkoholeinfluss; s. auch BGH NJW 00, 3069). Ein nur gesetzlich vermutetes Verschulden darf nicht berücksichtigt werden (BGH r+s 12, 356).

Sodann sind in einem **zweiten Schritt** die beiden Verursachungsanteile, die notwendigerweise immer zusammen 100% ergeben müssen, **gegeneinander abzuwägen**. Wenn Gewichtsunterschiede nicht festzustellen sind, ergibt sich eine Haftungsquote von 50% (zB BGH NZV 07, 354). Das Gewicht des Verursachungsbeitrags des Schädigers kann aber auch bis auf 0% sinken oder bis auf 100% steigen (zB BGH NZV 07, 451; NZV 95, 145; OLG Köln ZfS 11, 259; OLG Celle NJW-Spezial 09, 44; OLG Frankfurt/M. NZV 01, 169; OLG Hamm NZV 01, 171). Im Ergebnis kann sich also auch noch im Rahmen der Abwägung nach § 17 Abs 1 StVG eine volle Haftung oder eine völlige Haftungsfreistellung des Schädigers ergeben; das folgt schon daraus, dass in § 17 Abs 1 StVG auch „die Verpflichtung zum Ersatz" angesprochen ist. 13

aa) Ermittlung des jeweiligen Verursachungsbeitrags. Der Verursachungsbeitrag wird gebildet durch die **Summe der Gefahren,** die in der konkreten Unfallsituation von dem Kfz ausgegangen sind und sich bei dem Unfall ausgewirkt haben, und zwar zum Nachteil des Unfallgegners; der Eigenschaden bleibt außer Betracht (BGH NZV 10, 293). Lediglich mögliche oder vermutete Tatsachen bleiben außer Betracht (BGH NZV 05, 407). Die Abwägung ist Sache des Tatrichters (BGH NJW 08, 1305). Der BGH prüft dies in der Revisionsinstanz nur daraufhin, ob die Tatinstanz alle in Betracht kommenden Umstände vollständig und richtig berücksichtigt und der Abwägung nur rechtlich zulässige Erwägungen zugrunde gelegt hat (BGH NJW 00, 217). 14

Die Gefahren können sich aus **objektiven Umständen** ergeben, zB aus der Beschaffenheit des Kfz (insbesondere seiner Masse), aus der Geschwindigkeit des Kfz, aus dem konkreten Fahrmanöver (zB Wenden, Ein- oder Ausfahren, Überholen), aber auch aus **subjektiven Umständen,** insbesondere aus dem Fahrverhalten des Fahrers (Verstoß gegen Verkehrsregeln), das wiederum durch Eignungsmängel (keine Fahrerlaubnis, Alkohol, Übermüdung) beeinflusst sein kann. Liegen derartige objektive oder subjektive Umstände vor, ist die von dem Kfz in der konkreten Unfallsituation ausgehende Betriebsgefahr evtl **durch Verschulden des Fahrers erhöht** mit der Folge, dass der Verursachungs-(Verantwortungs-)Beitrag schwerer wiegt (BGH NZV 10, 167; 07, 190). 15

Zu beachten ist aber, dass diese Umstände **feststehen** müssen, und ferner, dass auch feststehen muss, dass sie sich auf den Unfall – Unfallhergang oder Schadensumfang – **ausgewirkt** haben, und zwar zum Nachteil des Unfallgegners (BGH NZV 10, 293). 16

Deshalb erhöht zB eine **Alkoholisierung** des Fahrers nicht die Betriebsgefahr, wenn sie sich nicht auf den Unfall für den Unfallgegner nachteilig ausgewirkt hat (BGH NJW 95, 1029). Dieses muss mindestens im Wege des Anscheinsbeweises feststehen. Das gilt auch dann, wenn dem Fahrer zum Unfallzeitpunkt die **Fahrerlaubnis** wegen Fahrens im Zustand absoluter Fahruntüchtigkeit entzogen worden war (BGH NZV 07, 190).

Eine **Geschwindigkeitsüberschreitung** darf ebenfalls nur berücksichtigt werden, wenn sie sich zum Nachteil des Unfallgegners auf den Unfall – Unfallhergang oder Schadensumfang – ausgewirkt hat. Insoweit reicht es nicht aus, dass der Kraftfahrer bei Einhaltung der zulässigen Geschwindigkeit den Unfallort erst später erreicht hätte. Geschwindigkeitsüberschreitung und Unfallverursachung müssen in einem **haftungsrechtlichen Zurechnungszusammenhang** stehen. Dazu ist es erforderlich, die Vermeidbarkeitsbetrachtung an einen bestimmten Zeitpunkt anzuknüpfen. Maßgeblicher Zeitpunkt ist nach der Rechtsprechung (BGH NZV 10, 293; NZV 04, 21) der Zeitpunkt des Eintritts der konkreten kritischen Verkehrssituation. Sie beginnt für einen Verkehrsteilnehmer dann, wenn die ihm erkennbare Verkehrssituation **konkreten Anlass** dafür bietet, dass eine **Gefahrensituation unmittelbar entstehen** kann. Gibt der Vorfahrtberechtigte durch eigenes Fehlverhalten dem Wartepflichtigen Anlass, die Wartepflicht zu verletzen (zB überhöhte Geschwindigkeit mit Fehleinschätzung des Wartepflichtigen) kann die kritische Verkehrssituation bereits vor der eigentlichen Vorfahrtverletzung eintreten (BGH NZV 04, 21). Der haftungsrechtliche Zurechnungszusammenhang ist gegeben, wenn der Unfall vermeidbar gewesen wäre, wenn der Kraftfahrer zum maßgeblichen Zeitpunkt mit der zulässigen statt mit der tatsächlichen Geschwindigkeit gefahren wäre, vermeidbar entweder **räumlich** durch Anhalten oder **zeitlich** durch späteres Erreichen des Gefahrenbereiches, nachdem der Geschädigte ihn bereits verlassen hätte (BGH NZV 02, 365).

17 bb) **Ermittlung der Haftungsquote.** Weil bei der Abwägung in erster Linie das Maß der Verursachung maßgeblich ist, in dem die Beteiligten zur Schadensentstehung beigetragen haben – das Verschulden ist nur ein Faktor der Abwägung –, trägt derjenige den größeren Verantwortungs- und damit als Schädiger auch den größeren Haftungsanteil, dessen Verhalten den **Eintritt des Schadens in höherem Maße wahrscheinlich** gemacht hat (BGH NZV 10, 293; NZV 07, 354; NJW 98, 1137; NJW-RR 88, 1373).

18 Wer zB schuldhaft eine Verkehrsregel missachtet, trägt im Verhältnis zu demjenigen, der lediglich hierauf schuldhaft verspätet reagiert, idR den größeren Haftungsanteil.

19 Begehen zwar beide Kfz-Führer schuldhaft einen Verkehrsverstoß, hatte aber einer der Kfz-Führer ein **gesteigertes Maß an Sorgfalt** zu beachten – bei bestimmten Fahrmanövern (zB beim Ein- und Ausfahren aus einem Grundstück und beim Wenden) muss sich der Kfz-Führer nach den Regeln der StVO so verhalten, dass eine Gefährdung anderer **„ausgeschlossen"** ist (s zB §§ 9 Abs 5, 10 StVO) –, ist es idR gerechtfertigt, dieser Seite den größeren Verantwortungsanteil aufzuerlegen (zB OLG Nürnberg NZV 03, 89; KG NZV 03, 89).

20 Gegenüber der **durch Verschulden erhöhten Betriebsgefahr** auf der einen Seite wird die **einfache Betriebsgefahr** auf der anderen Seite üblicherweise mit **20%** bewertet; bei einem **schwerwiegenden Verkehrsverstoß** ist es aber oft gerechtfertigt, die einfache Betriebsgefahr **ganz zurücktreten** zu lassen (BGH NZV 07, 451; NZV 96, 272; NZV 95, 145; NZV 94, 184).

21 Ist **beiderseits ein Verschulden nicht nachgewiesen,** können dennoch die bei dem Unfall mitwirkenden Betriebsgefahren unterschiedlich hoch gewesen sein, zB auf Grund unterschiedlicher **Massen oder Geschwindigkeiten;** der Verursachungsanteil wiegt dann aus diesem Grund schwerer (zB OLG Schleswig r+s 97, 500 = VersR 98, 473).

22 Insgesamt können die Besonderheiten des Falles immer ein Abweichen von derartigen Grundregeln rechtfertigen. Eine schematische Quotenbildung scheidet aus. Um Orientierungshilfen zu gewinnen, können Quotentabellen hilfreich sein

(zB Grüneberg, Haftungsquoten bei Verkehrsunfällen, 11. Aufl 2008; Splitter, Schadensverteilung bei Verkehrsunfällen, 6. Aufl 2007; Brüseken/Krumbholz/ Thiermann, NZV 00, 441 ff). Die Entscheidung über die Haftungsverteilung ist in der Revisionsinstanz nur eingeschränkt nachprüfbar (BGH NZV 07, 451; NZV 07, 354).

Weil der Kfz-Halter, der sich nachweislich wie ein Idealfahrer verhalten hat, 23 gegenüber dem geschädigten Kfz-Halter schon nicht haftpflichtig ist, können die von der Rechtsprechung entwickelten **Grundsätze für die Haftungsabwägung nach § 17 StVG** auch für Unfälle nach dem 1.8.2002 – dem Inkrafttreten des 2. SchadÄndG – **unverändert** angewendet werden. Weil den **Verschulden** das Gewicht des Verantwortungsanteils beeinflusst, muss in allen Abwägungsfällen nach § 17 StVG wie bisher die Verschuldensfrage geklärt werden.

cc) Abwägung bei mehreren Unfallbeteiligten und Mitverschulden des 23a **Geschädigten.** Ist der Schaden durch mehrere Schädiger (fahrlässige Nebentäter) verursacht worden und ist der Geschädigte für seinen Schaden mitverantwortlich, ist zunächst zu klären, ob die Verantwortungsbeiträge der Schädiger **identisch** sind – dann sind sie im Rahmen der Abwägung wie ein Schädiger zu behandeln **(Haftungseinheit)** – oder ob ihre Verantwortungsbeiträge **selbständig** nebeneinander stehen – dann haben ihre Verantwortungsbeiträge zusammen ein höheres Gewicht (Lemcke, r+s 09, 45, 48). Letzteres ist bei einem Verkehrsunfall unter Beteiligung mehrerer Kfz der **Regelfall** (BGH NZV 95, 185; NZV 96, 359; OLG Hamm VersR 00, 1036). Nimmt der Geschädigte in einem solchen Fall mehrere Schädiger auf Ersatz in Anspruch, sind die vom BGH entwickelten Grundsätze zur **Einzelabwägung und Gesamtschau** anzuwenden; zunächst hat zwischen dem Geschädigten und jedem Schädiger eine Einzelabwägung stattzufinden, bei der dann erforderlichen Gesamtabwägung (Gesamtschau) sind die Haftungsanteile der Schädiger zu addieren, während der Anteil des Geschädigten jetzt nur einmal berücksichtigt werden darf (BGH NJW 06, 169 = r+s 06, 169 m Anm Lemcke; ders r+s 09, 45, 48; Figgener NJW-Spezial 06, 543; Steffen, DAR 90, 41, 45). Nimmt zB der mitverantwortliche Geschädigte (G) bei einem Gesamtschaden in Höhe von 12 000 Euro drei Nebentäter (A, B und C) in Anspruch und sind alle vier Verantwortungsbeiträge gleichwertig (je ¼), so kann er von jedem Nebentäter („Einzelabwägung") nur die Hälfte (½ = 6000 Euro), von den drei Nebentätern zusammen („Gesamtabwägung") aber ¾ seines Schadens (9000 Euro) ersetzt verlangen. Hieraus ist eine Solidarquote für Gesamtschuldner und eine Separatquote für die einzelnen Schädiger zu bilden, die selbst dann noch besteht, wenn einer der Schädiger seinen sich aus der Einzelabwägung ergebenden Anteil voll geleistet hat. Als Ergebnis einer anzustellenden Gesamtschau kann G somit von A, B und C als Gesamtschuldner 4500 Euro (Solidarquote) und von jedem der drei Schädiger als Einzelschuldner 1500 Euro (Separatquote) ersetzt verlangen (s. näher Lemcke, r+s 09, 45, 49). Dem Grundsatz der „Gesamtschau" liegt die Erwägung zugrunde, dass es bei Beteiligung mehrerer Schädiger nicht sachgerecht wäre, wenn der Geschädigte im Ergebnis nicht über die Höchstquote hinauskäme, die sich bei der Einzelabwägung im Verhältnis zu dem am stärksten beteiligten Schädiger ergibt (BGH NJW 1971, 33; Steffen, DAR 90, 41). Nimmt der Geschädigte einen Gesamtschuldner in Anspruch, bleibt es bei der Einzelabwägung (OLG Hamm r+s 98, 501, r+s 00, 235, NZV 00, 103); er kann dann auch danach noch weitergehende Ansprüche gegen die übrigen Schädiger geltend machen (Lemcke, r+s 09, 45, 49).

StVG § 17 — II. Haftpflicht

24 **3. Gesamtschuldnerausgleich nach § 17 Abs 1 StVG.** § 17 Abs 1 StVG enthält Regelungen über den **Gesamtschuldnerausgleich** zwischen mehreren unfallbeteiligten Kfz-Haltern für den Fall, dass **ein Dritter durch mehrere Kfz geschädigt** wird und die Kfz-Halter dem Dritten aus § 7 StVG (und evtl auch aus §§ 823, 831 BGB) gesamtschuldnerisch zum Schadensersatz verpflichtet sind. Insoweit bestimmen sich
– die **Ausgleichsquote nach Abs 1** hinsichtlich des Schadens des Dritten und
– die **Haftungsquote nach Abs 2** hinsichtlich der eigenen Schäden
nach denselben Maßstäben.

25 Wenn also zB bei einer Kollision zwischen zwei Kraftfahrzeugen ein Fußgänger, Radfahrer oder Insasse verletzt wird, haften die beiden Kfz-Halter dem verletzten **Dritten** gem § 7 StVG gesamtschuldnerisch voll. Im **Innenverhältnis der beiden Kfz-Halter** bestimmt § 17 Abs 1 StVG, zu welchen Anteilen sie den Ersatzanspruch des Dritten intern zu tragen haben; diese Quote ist dann zugleich nach § 17 Abs 2 iVm Abs 1 StVG maßgeblich für **ihre wechselseitige Haftpflicht** für die selbst erlittenen Schäden. Ist ein Mitverschulden des Geschädigten gegeben, sind im Verhältnis zum Geschädigten die Grundsätze der Einzel- und Gesamtabwägung anzuwenden (Rn 23a); nur soweit eine Gesamtschuld besteht (Solidarquote), hat der Gesamtschuldnerausgleich zu erfolgen, die Aufteilung erfolgt nach dem Verhältnis der jeweiligen Einzelquoten (Steffen DAR 90, 41, 46).

25a Weil der **Kfz-Anhänger** jetzt selbstständig der Gefährdungshaftung unterliegt und zB bei einem Unfall mit einem Gespann oder Lastzug Zugmaschine und Anhänger oft verschiedenen Haltern gehören, kann auch zwischen ihnen ein Gesamtschuldverhältnis bestehen. Der **Innenausgleich** zwischen den beiden Haltern und ggf. auch des Fahrers erfolgt nicht nach §§ 17, 18 Abs 3 StVG, sondern nach § 426 BGB (Greger § 4 Rn 32; § 36 Rn 3). Bisher herrschte die Meinung vor, dass bei einem Unfall mit einem Gespanns oder Lastzug im Innenverhältnis idR der Halter und/oder der Fahrer des Zugfahrzeugs den Drittschaden allein tragen; anders war es allenfalls dann, wenn Mängel des Anhängers unfallursächlich geworden sind (Heß/Jahnke, 44; Stahl/Jahnke NZV 10, 57, 61). Der Versicherungssenat des BGH hat es in einem Fall, in dem der Fahrer auch Halter beider Fahrzeuge war, die aber bei verschiedenen Versicherern versichert waren, und in dem der schleudernde Anhänger für den Drittschaden wesentlich mitursächlich war, anders entschieden (BGHZ 187, 211 = NJW 11, 447). Danach haben die beiden Versicherer den Drittschaden wegen der hinsichtlich des Anhängers bestehenden Doppelversicherung im Innenverhältnis nach § 78 Abs 2 VVG (früher § 59 Abs 2 VVG) idR je zur Hälfte zu tragen.

Das soll, so der BGH, auch haftungsrechtlich idR so gelten. Haftungsrechtlich ist der Drittschaden aber auch in einer Haftungseinheit nicht immer anteilig aufzuteilen; hat der Fahrer den Unfall verschuldet, während der oder die Halter nur aus § 7 StVG mithaften, trägt er den Drittschaden im Innenverhältnis idR nach §§ 426, 254 Abs 1 BGB allein (Lemcke, r+s 11, 56; Langenick, NZV 11, 577, 580). Zwar ist der Fahrer auch in der Anhängerversicherung mitversicherte Person; es ist aber idR vorwiegend die Betriebsgefahr des allein motorgetriebenen Zugfahrzeugs unfallursächlich geworden, nicht die des gezogenen Anhängers. Dennoch sollen auch dann beide Versicherer den Drittschaden im Innenverhältnis anteilig zu tragen haben (OLG Celle, DAR 13, 329).

Anhänger für Sportzwecke und bestimmte landwirtschaftliche Anhänger sind versicherungsfrei (33 2 Abs 1 Nr 6c PflVG, 3 Abs 2 Nr 2 FVZ). Der Halter des unversicherten, aber verbundenen Anhängers ist zwar in der Versicherung für das

Zugfahrzeug mitversichert. Der Schutz endet aber, wenn sich der Anhänger zB nach einem Unfall getrennt hat und nicht mehr in Bewegung ist (§ 3 KfzPflVV; AKB A 1.1.5). Wird jetzt durch ihn ein weiterer Unfall verursacht, haftet der Anhängerhalter ohne Versicherungsschutz aus § 7 StVG für den Drittschaden, evtl. wird er vom Zugfahrzeugversicherer auf Ausgleichung in Anspruch genommen. Insgesamt besteht jetzt für Halter nichtversicherter Kfz-Anhänger ein erhebliches Haftungsrisiko.

4. Die Bedeutung der Regelung des § 17 Abs 4 StVG. Abs 4 kommt iVm **Abs 2** zur Anwendung, wenn der **Schädiger** als Halter eines Kfz oder Anhängers aus § 7 StVG haftet und nicht nach § 17 Abs 3 StVG entlastet ist und wenn auf Seiten des **Geschädigten** die Betriebsgefahr eines **Anhängers** oder einer **Eisenbahn** oder die Tiergefahr eines **Tieres** mitgewirkt hat und **der Geschädigte für die Betriebs- oder Tiergefahr einstehen** muss. Dann erfolgt die Haftungsabwägung nach denselben Maßstäben wie im Falle der Abwägung unter mehreren unfallbeteiligten Kfz-Haltern, also nach § 17 Abs 1 StVG. Von wesentlicher Bedeutung ist auch hier, ob die mitwirkende Betriebs- oder Tiergefahr durch **Verschulden** erhöht ist. 26

Zu beachten ist, dass § 17 StVG in diesem Falle **Spezialregelung zu § 13 HPflG** ist (BGH NZV 94, 146; OLG Köln NZV 97, 192 = r+s 97, 192). Kommt es zB auf einem Bahnübergang zu einem Unfall zwischen einem Lastzug und einer Eisenbahn, kann der Bahnunternehmer die beiden Halter der Zugmaschine und des Anhängers gesamtschuldnerisch aus § 7 StVG auf Schadensersatz in Anspruch nehmen (und den Fahrer evtl zusätzlich aus § 18 StVG). Ist der Eisenbahnunternehmer selbst gem § 1 HPflG für den Unfall mitverantwortlich, erfolgt die Haftungsabwägung nicht nach § 13 HPflG, sondern nach § 17 Abs 4 iVm Abs 1 StVG. 27

Abs 4 kommt iVm **Abs 1** zur Anwendung, wenn ein **Dritter** durch ein **Kfz und einen Kfz-Anhänger**, durch ein **Kfz und ein Tier** oder durch ein **Kfz und eine Eisenbahn** geschädigt worden ist. Dann erfolgt hinsichtlich der Schäden des Dritten der Gesamtschuldnerausgleich nach denselben Maßstäben wie hinsichtlich der eigenen Schäden; allerdings ist jetzt die Sonderregelung in § 840 Abs 3 BGB zu beachten (OLG Schleswig OLGR 03, 499). 28

Bei der Abwägung der **Betriebsgefahr eines Kfz oder Anhängers** gegenüber der **Betriebsgefahr einer Eisenbahn** oder der **Tiergefahr** sind Besonderheiten zu beachten, die sich aus der Unterschiedlichkeit der Gefahren ergeben (s dazu Grüneberg, Haftungsquoten bei Verkehrsunfällen, 11. Aufl 2008). Die Betriebsgefahr der **Bahn** ist aufgrund der bewegten Masse und des langen Bremsweges höher als die eines fahrenden Kfz zu bewerten. Allerdings ist bei der Haftungsverteilung zu berücksichtigen, dass sich der Kraftfahrer gem. § 19 Abs 1 einem Bahnübergang nur mit mässiger Geschwindigkeit nähern darf. Er kann allerdings bei geöffneter Bahnschranke darauf vertrauen, dass kein Zug kommt (LG Detmold BeckRS 2014, 13986). Bei Unfällen zwischen Kfz und einem **Hund** kommt idR eine überwiegende oder gar alleinige Haftung des Hundehalters in Betracht, da angesichts der schwer vorauszuahnenden schnellen Bewegungen des Hundes dem Pkw-Fahrer wenig Zeit für eine angemessene Reaktion verbleibt; ebenso bei einem Zusammenstoß mit einem frei umherlaufenden Pferd (Grüneberg Rn 512 und 515). Schadensteilung mit einem Haftungsanteil mind in Höhe der Betriebsgefahr zu Lasten des Kfz-Halters bei Kollision mit einem Rind, da dieses weithin sichtbar und aufgrund seiner langsamen Bewegungen einigermaßen erkennbar ist (Grüneberg Rn 518 ff). 28a

Bei der Abwägung ist nur die typische Tiergefahr zu berücksichtigen. Diese äußert sich in einem der tierischen Natur entsprechenden unberechenbaren und selbständigen Verhalten des Tieres (grundlegend BGH NJW 1976, 2130). Das tierische Verhalten muss auch nicht die einzige Ursache des Unfalles sein. Es reicht hierfür auch eine adäquate Mitursächlichkeit aus (BGH NJW 15, 1824).

Der Kfz-Halter ist nach § 17 Abs 4 iVm Abs 3 schon bei Unabwendbarkeit nicht erst bei höherer Gewalt entlastet. Er hat dann auch gegenüber dem Tierhalter auch wenn dieser sich bei einem Nutztier nicht entlasten kann einen vollen Ersatzanspruch. Kann der Unabwendbarkeitsbeweis nicht erbracht werden, ist – wie bei einem Unfall zwischen zwei beteiligten Kfz – die mitwirkende Tiergefahr und die mitwirkende Betriebsgefahr des Kfz, die jeweils durch ein Verschulden erhöht sein können, gegeneinander abzuwägen (OLG Hamm NZV 2000, 36). In der Regel wiegt bei Verkehrsunfällen zwischen einem Kfz und einem Tier die Tiergefahr aber schwerer (OLG Hamm NZV 07, 143; 02, 326; OLG Celle OLGR 05, 88; OLG Schleswig 05, 717; OLG Köln 01, 1396).

§ 18 Ersatzpflicht des Fahrzeugführers

(1) In den Fällen des § 7 Abs. 1 ist auch der Führer des Kraftfahrzeugs oder des Anhängers zum Ersatz des Schadens nach den Vorschriften der §§ 8 bis 15 verpflichtet. Die Ersatzpflicht ist ausgeschlossen, wenn der Schaden nicht durch ein Verschulden des Führers verursacht ist.

(2) Die Vorschrift des § 16 findet entsprechende Anwendung.

(3) Ist in den Fällen des § 17 auch der Führer eines Kraftfahrzeugs oder Anhängers zum Ersatz des Schadens verpflichtet, so sind auf diese Verpflichtung in seinem Verhältnis zu den Haltern und Führern der anderen beteiligten Kraftfahrzeuge, zu den Haltern und Führern der anderen beteiligten Anhänger, zu dem Tierhalter oder Eisenbahnunternehmer die Vorschriften des § 17 entsprechend anzuwenden.

Übersicht

	Rn
1. Allgemeines	1
2. Haftung des Führers des Kfz oder Anhängers	3
3. Entlastungsbeweis des Führers des Kfz oder Anhängers	8
4. Entsprechende Anwendung des § 16 StVG	10
5. Ausgleichungspflicht des Führers des Kfz oder Anhängers	11

1 **1. Allgemeines.** § 18 StVG ist durch das 2. SchadÄndG nur geringfügig geändert worden. Es ist lediglich die notwendige Konsequenz daraus gezogen worden, dass jetzt der Kfz-Anhänger haftungsrechtlich dem Kfz gleichgestellt ist. Es kann jetzt auch der **Führer eines Kfz-Anhängers** nach § 18 StVG haftpflichtig sein; bei einem verbundenen Anhänger ist der Führer der Zugmaschine auch Führer des Anhängers. § 18 StVG ist eigenständige Haftungsnorm, nicht bloße Beweislastregel (Greger HaftR § 4 Rn 2).

2 Zu beachten ist, dass durch das 2. SchadÄndG der **Entlastungsbeweis für den Kfz-Führer nicht verschärft** worden ist; während der Halter nach § 7 Abs 2 StVG nur noch bei **höherer Gewalt** entlastet ist, ist der Fahrer auch weiterhin schon dann entlastet, wenn er nachweist, dass der Schaden **nicht durch sein**

Verschulden verursacht ist. Deshalb wird in Zukunft häufiger als bisher die Situation eintreten, dass der Halter haftpflichtig ist, während der Fahrer sich entlasten kann. Das ist zwar für die Eintrittspflicht des Haftpflichtversicherers nach § 115 Abs 1 VVG (früher § 3 Nr 1 PflVG) bedeutungslos; es hat aber für den Kläger im Prozess Kostenfolgen, wenn der Fahrer erfolglos mit verklagt wird.

2. Haftung des Führers des Kfz oder Anhängers. Die Haftungsvoraussetzungen des § 18 Abs 1 Satz 1 StVG entsprechen denen des § 7 Abs 1 StVG; nach Abs 1 Satz 2 ist lediglich der Entlastungsbeweis für den Kfz-Führer erleichtert. Kfz-Führer iS des § 18 Abs 1 StVG ist derjenige, der im Augenblick des Unfalls das Kfz lenkt und die **tatsächliche Gewalt** über das Steuer hat. Zweifelhaft ist, ob auch derjenige Fahrer ist, der ein Kfz versehentlich in Gang setzt (s dazu Burmann ZfS 98, 411 mwN). Beim Fahrschulbetrieb gilt nach § 2 Abs 15 S 2 StVG der **Fahrlehrer** als Führer des Fahrschulfahrzeugs (OLG Koblenz NZV 04, 401). Bei einem Unfall kann der Fahrschüler aber neben ihm aus § 823 BGB haftpflichtig sein (OLG Koblenz NZV 04, 401). Zum Begriff des Führens eines Kfz s auch § 2 StVO Rn 6 ff. 3

Solange der **Anhänger mit dem Kfz verbunden** ist, ist der Führer des Kfz zugleich der Führer des Anhängers. Der vom Kfz **gelöste oder abgestellte Kfz-Anhänger** kann aber selbst einen Führer haben, der dann auch gem § 18 StVG haftpflichtig werden kann, wenn dieser Anhänger einen Unfall verursacht. 4

Der im öffentlichen Verkehrsraum abgestellte Anhänger ist – wie das abgestellte Kfz – ebenfalls noch **„im Betrieb"** iS des § 7 Abs 1 StVG (s näher § 7 StVG, Rn 7 ff). Es kann deshalb auch die Haftung des Führers des Anhängers weiter bestehen. 5

Der Führer eines Kfz oder eines Kfz-Anhängers haftet nach § 18 Abs 1 S 1 StVG **„in den Fällen des § 7 Abs 1"**. Er haftet also unter **denselben Voraussetzungen wie der Halter.** Insoweit ergibt sich kein Unterschied; nur der Entlastungsbeweis ist erleichtert. Es kann deshalb auf die Ausführungen zu § 7 StVG verwiesen werden (§ 7 StVG Rn 7 ff). 6

Andererseits verweist § 18 Abs 1 StVG auch auf die **§§ 8 bis 15 StVG.** Deshalb gelten zB die Haftungsausschlüsse des § 8 StVG und die Regelungen des § 9 StVG zur Berücksichtigung des Mitverschuldens auch zugunsten des Fahrers. 7

3. Entlastungsbeweis des Führers des Kfz oder Anhängers. Die Ersatzpflicht des Führers ist unter erleichterten Voraussetzungen ausgeschlossen, nämlich gem § 18 Abs 1 S 2 StVG schon dann, wenn er nachweist, dass der Schaden nicht durch sein Verschulden verursacht ist. Diese gesetzliche **Verschuldensvermutung** kann zB widerlegt sein, wenn der Unfall auf einem technischen Fehler (zB geplatzter Reifen, Versagen der Bremsen) beruht; es ist dann aber Sache des Fahrers, den Nachweis zu führen, dass er deshalb schuldlos die Kontrolle über das Kfz verloren hat. Die Verschuldensvermutung ist ferner widerlegt, wenn der Führer nachweist, dass er **verkehrsrichtig** verhalten hat (OLG Hamm NZV 98, 463 = OLGR 98, 222). 8

Wird zB ein plötzlich auf die Fahrbahn laufendes **Kind unter 10 Jahren** von einem Lastzug angefahren und verletzt, kann das Kind neben den beiden Haltern der Zugmaschine und des Anhängers auch den Fahrer gesamtschuldnerisch aus §§ 7, 18 StVG auf Schadensersatz in Anspruch nehmen. Während sich auch die beiden Halter idR nicht entlasten können – höhere Gewalt gem § 7 Abs 2 StVG liegt in einem derartigen Fall idR nicht vor –, ist der Fahrer schon dann gem § 18 Abs 1 S 2 StVG entlastet, wenn er seine Schuldlosigkeit beweisen kann. 9

10 **4. Entsprechende Anwendung des § 16 StVG.** Nach § 18 Abs 2 StVG findet § 16 StVG entsprechende Anwendung. Damit ist klargestellt, dass nicht nur hinsichtlich des Halters, sondern auch hinsichtlich des Fahrers bundesrechtliche Vorschriften unberührt bleiben, nach denen Halter oder Fahrer in weiterem Umfang als nach den Vorschriften des StVG haften (zB nach § 823 BGB) oder nach denen ein anderer für den Schaden verantwortlich ist (zB nach § 839 BGB iVm Art 34 GG).

11 **5. Ausgleichungspflicht des Führers des Kfz oder Anhängers.** § 18 Abs 3 StVG nF stellt klar, dass bei einem Unfall mit mehreren Kraftfahrzeugen der aus § 18 Abs 1 StVG nF haftpflichtige **Führer eines Kfz oder Kfz-Anhängers** ebenfalls in das Haftungs- und Ausgleichssystem des § 17 StVG nF einbezogen ist.

12 Dabei bilden zB bei einem Unfall zwischen zwei Lastzügen Fahrer und Halter von Zugmaschine und Anhänger jeweils eine **Haftungs- bzw Zurechnungseinheit.** Es ist dann nach § 17 Abs 2 StVG eine einheitliche Haftungsquote zu bilden, bei der jeweils neben den Betriebsgefahren der beiden Fahrzeuge das Verhalten des Fahrers – er ist auch Fahrer des Anhängers – zu berücksichtigen ist; evtl. ist die Betriebsgefahr eines oder beider Lastzüge durch Verschulden des Fahrers erhöht.

13 Die Einbeziehung des Führers des Kfz oder Kfz-Anhängers in das Haftungs- und Ausgleichssystem des § 17 StVG gilt auch bei einem Unfall zwischen Kfz und Tier oder Kfz und Eisenbahn für das Verhältnis zu dem unfallbeteiligten **Tierhalter** oder **Eisenbahnunternehmer.**

14 Der **Innenausgleich** zwischen Halter und Fahrer erfolgt nicht nach §§ 17, 18 Abs 3 StVG, sondern nach § 426 BGB (Greger § 4 Rn 32). Das ist aber im Regelfall ohne Bedeutung, weil der Fahrer mitversicherte Person ist und der Fremdschaden deshalb im Regelfall durch den Haftpflichtversicherer getragen wird (§ 116 Abs 1 VVG).

15 Bei einem Gespann oder Lastzug ist der Fahrer der Zugmaschine auch Fahrer des Anhängers; sind die Halter personenverschieden, erfolgt der Innenausgleich zwischen den beiden Haltern und dem Fahrer ebenfalls nach § 426 BGB (Greger § 36 Rn 3). Sind Zugmaschine und Anhänger bei verschiedenen KH-Versicherern versichert, tragen diese den Schaden des Dritten nach § 78 Abs 2 VVG (früher § 59 Abs 2 VVG) idR im Innenverhältnis je zur Hälfte (BGHZ 187, 211 = NJW 11, 447). In dieser Entscheidung hat der BGH die Auffassung vertreten, dass diese Aufteilung unter den beiden Haltern auch haftungsrechtlich gilt (aA Lemcke r+s 11, 56). Ist die Auffassung des BGH richtig, gilt die hälftige Aufteilung unter den beiden Haltern auch dann, wenn der Anhänger nach § 2 Abs 1 Nr 6c PflVG iVm § 3 Abs 2 Nr 2 FZV gar nicht versicherungspflichtig ist und deshalb auch nicht haftpflichtversichert ist, der Halter aber nach § 7 StVG dennoch haftpflichtig ist (s dazu § 7 StVG Rn 4). In einem solchen Fall muss und wird zwar der KH-Versicherer der Zugmaschine den Drittschaden zunächst voll regulieren. Es besteht dann aber nicht nur die Gefahr, dass dieser KH-Versicherer den Halter des Anhängers persönlich auf Gesamtschuldnerausgleich in Höhe von 50% in Anspruch nimmt, sondern dass auch der Fahrer – er ist auch Fahrer des Anhängers, aber nur in der Zugfahrzeug-Versicherung mitversicherte Person – zumindest von dem Halter des Anhängers persönlich teilweise auf Ausgleichung in Anspruch genommen wird, zumindest dann, wenn er den Unfall verschuldet hat. Auch das zeigt, wie wichtig eine Gesetzesänderung ist (s. auch § 17 Rn 25a).

§ 19 *(weggefallen)*

§ 20 Örtliche Zuständigkeit

Für Klagen, die auf Grund dieses Gesetzes erhoben werden, ist auch das Gericht zuständig, in dessen Bezirk das schädigende Ereignis stattgefunden hat.

III. Straf- und Bußgeldvorschriften

§ 21 Fahren ohne Fahrerlaubnis

(1) Mit Freiheitsstrafe bis zu einem Jahr oder mit Geldstrafe wird bestraft, wer
1. ein Kraftfahrzeug führt, obwohl er die dazu erforderliche Fahrerlaubnis nicht hat oder ihm das Führen des Fahrzeugs nach § 44 des Strafgesetzbuchs oder nach § 25 dieses Gesetzes verboten ist, oder
2. als Halter eines Kraftfahrzeugs anordnet oder zulässt, dass jemand das Fahrzeug führt, der die dazu erforderliche Fahrerlaubnis nicht hat oder dem das Führen des Fahrzeugs nach § 44 des Strafgesetzbuchs oder nach § 25 dieses Gesetzes verboten ist.

(2) Mit Freiheitsstrafe bis zu sechs Monaten oder mit Geldstrafe bis zu 180 Tagessätzen wird bestraft, wer
1. eine Tat nach Absatz 1 fahrlässig begeht,
2. vorsätzlich oder fahrlässig ein Kraftfahrzeug führt, obwohl der vorgeschriebene Führerschein nach § 94 der Strafprozessordnung in Verwahrung genommen, sichergestellt oder beschlagnahmt ist, oder
3. vorsätzlich oder fahrlässig als Halter eines Kraftfahrzeugs anordnet oder zulässt, dass jemand das Fahrzeug führt, obwohl der vorgeschriebene Führerschein nach § 94 der Strafprozessordnung in Verwahrung genommen, sichergestellt oder beschlagnahmt ist.

(3) In den Fällen des Absatzes 1 kann das Kraftfahrzeug, auf das sich die Tat bezieht, eingezogen werden, wenn der Täter
1. das Fahrzeug geführt hat, obwohl ihm die Fahrerlaubnis entzogen oder das Führen des Fahrzeugs nach § 44 des Strafgesetzbuchs oder nach § 25 dieses Gesetzes verboten war oder obwohl eine Sperre nach § 69a Abs. 1 Satz 3 des Strafgesetzbuchs gegen ihn angeordnet war,
2. als Halter des Fahrzeugs angeordnet oder zugelassen hat, dass jemand das Fahrzeug führte, dem die Fahrerlaubnis entzogen oder das Führen des Fahrzeugs nach § 44 des Strafgesetzbuchs oder nach § 25 dieses Gesetzes verboten war oder gegen den eine Sperre nach § 69a Abs. 1 Satz 3 des Strafgesetzbuchs angeordnet war, oder
3. in den letzten drei Jahren vor der Tat schon einmal wegen einer Tat nach Absatz 1 verurteilt worden ist.

StVG § 21 III. Straf- und Bußgeldvorschriften

Übersicht

Rn

1. Allgemeines 1
2. Wesen und Zusammenhang der Vorschriften 2
3. Abs 1: Führen und Zulassen des Führens eines Kfz ohne Fahrerlaubnis oder trotz Fahrverbotes 4
   a) Nichtbesitz der FE 4
   b) Entziehung der Fahrerlaubnis 7
   c) Fahren trotz Fahrverbotes 8
   d) Halter 9
   e) Vorsätzliche Begehung (Subjektiver Tatbestand) 10
4. Abs 2 Nr 1: Fahrlässige Begehung 11
5. Abs 2 Nr 2, 3: Vorübergehende Sicherstellung des Führerscheins   13
6. Abs 3: Einziehung des Kraftfahrzeugs 14
7. Zusammentreffen mit anderen Straftaten 16
8. Teilnahme 18
9. Strafzumessung und Verfahren 19
10. Zivilrecht 20

1 **1. Allgemeines.** Zur historischen Entwicklung s Janiszewski 616; dazu und generell zu § 21 StVG Wember, Fahren ohne Fahrerlaubnis (§ 21 StVG), Dissertation, 2010, S 187. I 1 erste Alternative u II 1 sind **verfassungskonform** (BVerfG BGBl I 1979 S 489 = VRS 56, 401 = StVE 9). § 21 ist **Dauerdelikt** (Überblick bei Krumm SVR 10, 279) u hat Schutzfunktion für die VSicherheit u die Individualinteressen einzelner VT (s auch Mitsch NZV 07, 66, 68) aller VT (§ 21 I Nr 2 StVG ist SchutzG iS von § 823 II BGB bzgl anderer VT, nicht aber des Fahrers: BGH(Z) VRS 80, 170); unter den Voraussetzungen des § 7 StGB ist er daher auch auf im Ausland begangene Taten anwendbar (BGHSt 8, 349), nicht allerdings, wenn die Tat dort nur als Verwaltungsübertretung geahndet wird (BGHSt 27, 5; BayObLG VRS 61, 115; wie bspw in Österreich oder Spanien). Dogmatische Bedenken gegen die Strafbarkeit des Fahrens trotz Fahrverbots (Strafrecht zweckentfremdet, da insoweit bloßes Beugemittel und verkapptes Vollstreckungsinstrument) bei Mitsch NZV 07, 66. § 21 **gilt nur im öff VRaum** (§ 1 StVO 13 ff). – Zum Begriff Kfz vgl § 1 StVG Rn 8.

2 **2. Wesen und Zusammenhang der Vorschriften.** § 21 enthält die Strafvorschriften für Zuwiderhandlungen gegen die FE-Pflicht des § 2. **I** enthält den mit höherer Strafe bedrohten GrundTB des vorsätzlichen Führens ohne FE oder entgegen einem FV. **II** bedroht mit geringerer Strafe die fahrlässige Begehungsform des Vergehens nach I u das – sowohl vorsätzliche wie fahrlässige – Führen eines Kfz durch Personen, die zwar eine FE besitzen, deren FSch aber behördlich sichergestellt ist. **III** enthält Einziehungsbestimmungen. **„Führen"** eines Kfz: s § 2 StVO 6 ff.

3 **Nicht unter § 21** fällt die Nichtbeachtung einer **Auflage,** wie zB die zum Tragen einer Brille oder zur Anbringung eines zusätzlichen Außenspiegels, was den Bestand der FE nicht berührt (vgl hierzu § 2 StVG Rn 17); Verstöße gegen Auflagen nach § 23 II 1, 28 I 2 und 46 II FeV sind nur OW nach § 75 Nr 9 FeV; gegen § 48a II 1 FeV (Auflagen bei begleitetem Fahren ab 17 Jahre; s dazu § 6e StVG Rn 4) OW nach § 75 Nr 15 FeV; gegen § 10 III FeV (Mindestalter für das Führen von fahrerlaubnisfreien Kfz) OW nach § 75 Nr 7 FeV, gegen § 5 I 1 FeV

Fahren ohne Fahrerlaubnis **§ 21 StVG**

(Mofa-Führen ohne Mofa-Prüfung) OW nach § 75 Nr 5 FeV (s auch unten 4–6 u 13). Wegen der unterschiedlichen Ahndungsmöglichkeiten ist in der Entscheidung der VB oder im Urt eindeutig anzugeben, ob nur eine Auflage oder eine inhaltliche Beschränkung vorliegt (BayObLG NZV 90, 322).

Nichtbeachten der Vorschrift über die erforderliche **FE zur Fahrgastbeförderung** fällt nicht unter § 21 und ist nur OWi, vgl § 75 Nr 12, § 48 I FeV.

Ebenfalls nicht unter § 21 StVG fällt das bloße **Nichtmitführen des Führerscheins,** das eine OWi nach §§ 4 II 2, 75 Nr 4 FeV, 24 StVG (ausführlich zur Differenzierung zwischen Fahren ohne Fahrerlaubnis und Fahren ohne Führerschein Mitsch NZV 12, 512). Zur Mitführpflicht des Internationalen Führerscheins sowie des nationalen ausländischen Führerscheins und ggf einer Übersetzung § 4 II 3 FeV.

3. Abs 1: Führen und Zulassen des Führens eines Kfz ohne Fahrerlaub- 4
nis oder trotz Fahrverbotes. a) Nichtbesitz der FE. Der TB umfasst das Führen jedes Kfz (s dazu § 1 StVO Rn 8, § 2 StVO StVO 8 ff), für das nach § 2 eine FE irgendeiner Klasse erforderlich ist (s auch §§ 4 I u 5 FeV); zur Besitzstandswahrung nach der FeV in der ab 19.1.13 geltenden Fassung und zur Besonderheit, dass nach **§ 6 VII FeV Inhaber einer FE alten Rechts** ab dem 19.1.13 zusätzlich zum bisherigen Umfang ihrer FE auch Kfz führen dürfen, die vom neuen Umfang der jeweiligen Klasse, entsprechend **Anlage 3 FeV** und unter Berücksichtigung von § 76 Nr 9 FeV, umfasst sind Huppertz DAR 13, 191. Auch das Führen eines **Kfz mit einem FSch einer zu geringen Klasse** verstößt gegen § 21 I (OLG Bremen VM 63, 83; OLG Saarbrücken NZV 89, 474; zum Abschleppen s § 23 StVO 26), wobei ein als Pkw zugelassenes Kfz nicht dadurch zum Kraftomnibus wird, dass mehr Personen transportiert werden, als zulassungsrechtlich berücksichtigte Sitzplätze vorhanden sind (OLG München DAR 10, 653 m Anm Sandherr). Ebenso verstößt gegen § 21 I StVG das Führen eines führerscheinfreien **Mofas,** das *ohne bauliche Veränderungen* (AG Geilenkirchen NZV 93, 125) eine höhere Geschwindigkeit erreicht (OLG Hamm NJW 78, 332; BVerfG VRS 56, 401, 409; OLG Karlsruhe DAR 03, 132) oder nach „Umfrisieren" (OLG Stuttgart VRS 21, 451; BayObLG VRS 67, 373 = StVE 21; s auch OLG Düsseldorf NZV 06, 448 = NJW 06, 855 = VRS 110, 30 = ZfS 06, 173 u unten Rn 10) und damit fahrerlaubnispflichtig wird. Ausführlich zu zulassungs- und fahrerlaubnisrechtlichen Folgen beim Betrieb bauartveränderter Mofas Huppertz DAR 12, 290.

„Bauliche Veränderung" bzw „Veränderung der Bauart" mit der Absicht der **4a**
Änderung der bauartbestimmten Höchstgeschwindigkeit des betr Kfz liegt nur vor, wenn in die konstruktive Beschaffenheit der Bauteile eingegriffen wird, die die Fortbewegung des Fz ermöglichen (zB Fahrgestell, Bereifung, Motor, Getriebe), vgl OLG Brandenburg NZV 02, 146.

Zur Abgrenzung zwischen „Klein Pkw" u mot KrankenFahrst s Erl Rn 2a zu **4b**
§ 2 StVG. Zur Fahrerlaubnispflicht bei **Minimotorrädern** (sog **„Pocketbike")** Ternig ZfS 06, 666 (669); s auch Erl Rn 8 zu § 1 StVG. Für **„Minisattelzüge"** (Kombination aus Sattelzugmaschine mit zGM ≤ 3,5 t und einem Sattelanhänger mit einer zGM des gesamten Zuges ≤ 7,5 t) ist Klasse BE bzw Klasse 3 alt ausreichend (vgl Huppertz NZV 05, 351; Huppertz NZV 13, 529). Zur erforderlichen FE beim Abschleppen, Anschleppen und Schleppen Blum SVR 09, 455.

Entspr gilt bei einer sachlichen **Einschränkung** der FE, wenn sie zB aus techn **4c**
Gründen eingeschränkt (§ 23 II FeV), nach § 23 I 2 FeV befristet oder nur für

bestimmte Klassen oder Automatik-Kfze (s § 17 VI FeV) erteilt ist u diese Einschränkungen nicht beachtet werden. – Der **Fahrschüler** ist während der Ausbildungsfahrt auch dann nicht „Führer" iS des § 21, wenn der Fahrlehrer ihn von außen anleitet (BGH DAR 72, 187) oder verbotswidrig mehrere Fahrschüler gleichzeitig praktisch ausbildet; die ges Fiktion des § 2 XV gilt auch dann.

5   Nach I ist nur strafbar, wer die **FE**, also das **Recht** zum Führen eines Kfz, nicht hat, während es auf den Besitz des FSch nicht ankommt (OLG Schleswig VRS 31, 66; OLG Köln VRS 30, 69). Wer seinen FSch entgegen § 4 II 2 FeV auf der Fahrt nicht mit sich führt, weil er ihn verloren oder nur vergessen hat, ist nicht nach § 21 I strafbar, sondern begeht nur eine OW nach § 75 Nr 4 FeV (s oben § 21 StVG Rn 3 u Nr 168 BKat). Erteilt eine VB in Unkenntnis einer noch laufenden Sperrfrist eine neue FE, so ist dieser VA zwar fehlerhaft, aber nicht nichtig, so dass der Inhaber der zu Unrecht erteilten FE nicht gegen § 21 I verstößt (OLG Hamm VRS 26, 345); das gilt auch für die aufgrund Bestechung pflichtwidrig erteilte FE (BGHSt 37, 207); s § 3 StVG Rn 21. Wer aber trotz Entz der FE fährt, nachdem er die Herausgabe eines eingezogenen FSch durch unlautere Machenschaften erschlichen hatte, ist nach § 21 strafbar.

6   Inhaber einer **ausl Fahrerlaubnis** sind nach I strafbar, wenn sie im Inland ein Kfz führen, ohne dass die Voraussetzungen des § 29 FeV vorliegen oder wenn diese Berechtigungen nach § 29 FeV nicht mehr gelten, die Erlaubnis nach § 46 FeV entzogen worden ist (s dazu § 2 StVG Rn 18 ff) oder die 6-Monatsfrist (§ 29 I 3 FeV) oder wenn für Ausländer, die nicht dem nach § 28 FeV bevorrechtigten Personenkreis angehören, die **Frist** verstrichen ist (OLG Celle NZV 96, 327; OLG Köln NZV 96, 289; BayObLG NZV 96, 502; aA LG Memmingen DAR 94, 412 u AG Lippstadt ZfS 95, 313 aus unzutr Gründen; dagegen m R Hentschel NZV 95, 60). Für EU/EWR-FSch-Inhaber gilt die Berechtigung nach § 28 I FeV auch nach 6 Mon unbefristet weiter, soweit sich eine etwaige Befristung nicht aus der mitgebrachten ausl FE oder aufgrund von EU-Vorschriften (zB für die Klassen C und D) ergibt. – Zum Begriff: **„ordentlicher Wohnsitz"** vgl § 2 StVG Rn 18a. – Strafbar war bis 18.1.13 nach § 21 auch, wer vor Vollendung des 18. Lebensjahres **(Mindestalter)** als Inhaber einer FE der Kl A 1 ein Krad mit mehr als 80 km/h bauartbedingter Höchstgeschwindigkeit führte (§ 6 II 3 FeV aF – siehe zur Neuregelung § 6 I FeV und zur Geltung der bis zum 18.1.13 erteilten FE § 6 VI FeV u zB Buchardt, DAR 13, 48; Huppertz DAR 13, 191; Ternig zfs 13, 9). Zur Strafbarkeit bei Fahrt mit **ausl Lernführerschein** Huppertz SVR 11, 48. Nichtmitführen der **dt Übersetzung** (§ 4 II 3 FeV; früher: § 4 II 2 iVm § 10 IntKfzVO – aufgehoben) berührt die FE nach § 29 I FeV nicht, ist bloße OW (§ 75 Nr 4 FeV; s Nr 168 BKat). – Nach BGH (NZV 02, 45), BayObLG (NZV 91, 481) soll der Ausländer nicht nach § 21 strafbar sein, der (unwiderlegt) behauptet, eine ausl FE zu besitzen, dies aber nicht (gem § 29 II FeV) „nachweisen" kann (zutr, weil die Fahrberechtigung nicht vom „Nachweis" der FE abhängt, so auch Hentschel/König/Dauer-König § 21 StVG Rn 2b).

6a Bei der Anwendung des § 21 StVG ist auch die **Rechtsprechung** des **EuGH** zu beachten; vgl auch OLG Karlsruhe (DAR 04, 714); Hentschel (NJW 05, 641, 644); zur Strafbarkeit des Führerscheintourismus im Spiegel der Rechtsprechung des EuGH Keil DAR 12, 376; s zu Inhalt und Bedeutung der EuGH Rspr § 2 StVG Rn 21 ff.

Ob eine **EU-/EWR-FE** anzuerkennen ist, orientiert sich an der Rspr des EuGH (s § 2 StVG Rn 21 ff).

Deshalb macht sich ein deutscher Kfz-Führer **nicht** wegen vorsätzl Fahrens ohne FE **strafbar**, wenn er FE eines anderen EU- oder EWR-Staates (zB eine spanische) besitzt, die ihm **nach Ablauf** der in Deutschland angeordneten **Sperrfrist** ausgestellt worden war (OLG Karlsruhe DAR 04, 714; OLG Saarbrücken NStZ-RR 05, 50 = NJW 05, 1293 [L]; OLG Düsseldorf NJW 07, 2133 = DAR 07, 399 [L]; OLG Düsseldorf NZV 07, 484 = SVR 08, 225 m Praxishinweis Schaller; Je SVR 08, 77 m Praxishinweis Otto; aA AG Kassel NZV 05, 601), soweit sich nicht aufgrund von Angaben im FSch selbst oder anderen vom Ausstellungsmitgliedstaat herrührenden unbestreitbaren Informationen feststellen lässt, dass die Wohnsitzvoraussetzung zum Zeitpunkt der Ausstellung des FSch bzw der Erteilung der FE nicht erfüllt war (vgl EuGH „Zerche/Seuke/Schubert"; „Wiedemann/Funk"; BVerwG DAR 09, 212 = NJW 09, 1689 = VRS 116/09, 233 u BVerwG zfs 09, 233; näher dazu § 2 StVG Rn 26 u 28). Die Anerkennung einer solchen EU-FE kann auch nicht mit der Begründung versagt werden, der Betr habe kein MPU-Gutachten vorgelegt. Die nach Ablauf der Sperrfrist erworbene FE ist im Inland ipse iure wirksam und berechtigt den Inhaber zum Führen entspr Kfz (OLG Saarbrücken NStZ-RR 05, 50 = NJW 05, 1293 [L]; aA AG Kassel NZV 05, 601). Eine **während** des Laufes der **Sperrfrist erworbene EU-/ EWR-FE berechtigt** demgegenüber **nicht** zum Führen von Kfz (BVerwG NJW 14, 2214; OLG Braunschweig BeckRS 2015, 12359; OLG Stuttgart DAR 07, 159 = BeckRS 07, 01 041; OLG Celle zfs 09, 109 = NZV 09, 92 = VRS 115/ 08, 373; OLG München SVR 09, 313 m Praxishinweis Schiele = VRS 116/09, 281 [Aufgabe der bisherigen Rechtsauffassung]; Hentschel/König/Dauer-König § 21 StVG Rn 2a; Hentschel/König/Dauer-Dauer § 28 FeV Rn 34 krit dazu Wember, Fahren ohne Fahrerlaubnis (§ 21 StVG), Dissertation, 2010, S 187); s insb auch § 2 StVG Rn 22 ff), **auch nicht nach Ablauf der Sperrfrist** (OLG Celle zfs 09, 109 = NZV 09, 92 = VRS 115/08, 373; OLG Thüringen VRS 116/09, 457; OLG Brandenburg VRS 117/09, 212 – s zum Verbotsirrtum unten Rn 10). Die Berechtigung besteht auch dann nicht, wenn die FE innerhalb der gesetzlichen Sperrfrist des § 4 X 1 StVG erworben wurde (näher dazu § 2 StVG Rn 22). Für Gültigkeit der FE zumindest bei Gebrauch nach Ablauf der Sperrfrist aber bislang zB AG Straubing (DAR 07, 102 m Anm T. Fuchs) u OLG München (ZfS 07, 170 = DAR 07, 276 = NZV 07, 214 = NJW 07, 1152 = DAR 07, 342 [L] m abl Anm Dauer DAR 07, 342 – OLG München SVR 09, 313 m Praxishinweis Schiele = VRS 116/09, 281: Aufgabe der bisherigen Rechtsauffassung; OLG Jena DAR 07, 404) wonach eine während des Laufs der (strafrechtlichen) Sperrfrist erteilte FE (hier: Tschechien) jedenfalls nach Ablauf der Sperrfrist uneingeschränkt zum Führen von Kfz berechtigen soll (s auch OLG Nürnberg v 16.1.07, 2 St Ss 286/06, BeckRS 07, 01 840 = DAR 07, 278; OLG Bamberg zfs 07, 586 [zum Erwerb während der gesetzlichen Sperrfrist des § 4 X 1 StVG]). – Diese Rspr, die von einer Gültigkeit bei Gebrauch nach Ablauf der Sperrfrist ausging, ist durch die Entscheidung des EuGH v 3.7.08 (C-225/07; SVR 08, 432 m Praxishinweis Geiger = DAR 08, 582 = DAR 08, 640 [L] m Anm König = NJW 09, 207 – „Möginger" – überholt; s dazu auch § 2 StVG Rn 22 u 29).

Auch eine **nach verwaltungsrechtlicher Entziehung erworbene EU-/ EWR-FE berechtigt zum Führen von Kfz**, soweit sich nicht aufgrund von Angaben im FSch selbst oder anderen vom Ausstellungsmitgliedstaat herrührenden unbestreitbaren Informationen feststellen lässt, dass die Wohnsitzvoraussetzung zum Zeitpunkt der Ausstellung des FSch bzw der Erteilung der FE nicht erfüllt war (vgl EuGH „Zerche/Seuke/Schubert"; „Wiedemann/Funk"; näher dazu § 2 StVG Rn 26 u 28). – AA LG Potsdam zfs 07, 651 = DAR 08, 219).

Ebenso berechtigt eine **nach Ablauf der Fahrverbotsfrist erworbene EU/ EWR-FE** zum Führen von Kfz, soweit sich nicht aufgrund von Angaben im FSch selbst oder anderen vom Ausstellungsmitgliedstaat herrührenden unbestreitbaren Informationen feststellen lässt, dass die Wohnsitzvoraussetzung zum Zeitpunkt der Ausstellung des FSch bzw der Erteilung der FE nicht erfüllt war (vgl EuGH „Weber"; näher dazu § 2 StVG Rn 30).

Eine vor der EuGH-Entscheidung rechtskräftig gewordene Verurteilung nach § 21 StVG begründet, auch nach erfolglosem Wiederaufnahmeverfahren, keine Amtshaftungsansprüche (OLG Karlsruhe DAR 06, 392). § 28 IV Nr 3 FeV erfordert mit Rücksicht auf die EuGH-Entscheidg eine restriktive Auslegung (OLG Karlsruhe, aaO).

Eine **strafrechtliche Verurteilung** wegen Fahrens ohne FE **trotz „positiver" EuGH-Rspr verstößt grds nicht gegen das Willkürverbot** (Art 3 I; 103 II GG). Aus der Rspr des EuGH folgt nicht, dass ein mit europäischem Sekundärrecht unvereinbarer VA nicht nur rechtswidrig, sondern ohne weiteres nichtig wäre. Damit entbehrt die rechtliche Würdigung der Teilnahme am Straßenverkehr entgegen einer für sofort vollziehbar erklärten Verfügung als fahrlässiges Fahren ohne FE nicht jeden sachlichen Grundes. Ob sie auch einfachrechtlich zutrifft, hat das BVerfG nicht zu entscheiden. Fehlerhafte Auslegung eines Gesetzes allein macht eine Gerichtsentscheidung noch nicht willkürlich. Willkür liegt erst dann vor, wenn die Rechtslage in krasser Weise verkannt wird. Dies ist nicht der Fall, wenn sich das Gericht mit der Rechtslage eingehend auseinandergesetzt hat und seine Auffassung nicht jeden sachlichen Grundes entbehrt (BVerfG DAR 08, 386). – Rechtsprechungsübersicht zur Strafbarkeit des Gebrauchs von EU-FSch: Schaller SVR 08, 296; zur Strafbarkeit von „Führerscheintourismus" nach neuem Recht Mosbacher/Gräfe NJW 09, 801.

Die Grundsätze der EuGH-RSpr zur Anerkennung gelten nicht bei Besitz einer schweizerischen FE, da die Schweiz weder EU- noch EWR-Mitgliedstaat ist.

Eine ausländ FE (hier: italienische FE), die vor einer strafrichterlichen Entziehung erteilt wurde, berechtigt auch nach Ablauf der Sperrfrist nicht (mehr) zum Führen von Kfz im Inland (VG München NZV 05, 439 = NJW 05, 1818), hier Bestehen bei Nachweis der subjektiven Seite keine Bedenken gegen eine Strafbarkeit nach § 21 StVG.

Wegen Fahrens ohne FE ist auch derjenige strafbar, der nach Erteilung einer EU-Fahrerlaubnis (bzw Aushändigung eines wegen EU-Beitritts neuen [hier: litauischen] FS) trotz erneut verhängter **isolierter Sperre** während der Sperrfrist im Inland ein Kfz führt (OLG Düsseldorf NZV 06, 489 = DAR 06, 518 = SVR 07, 67 m Praxishinweis Krumm; OLG Köln NJW 10, 2817). Eine EU-FE (hier: tschechische FE) berechtigt gem § 28 IV FeV nicht zum Fahren in Deutschland, wenn die deutsche FE nach Erteilung der ausländ FE entzogen wurde; dies gilt auch, wenn der Zeitpunkt der Entziehung vor dem EU-Beitritt liegt (OLG Stuttgart DAR 07, 100 = NJW 07, 528 = NZV 07, 324).

Zur **Umschreibung** und Nichtanerkennung eines **gefälschten ukrainischen Führerscheins** in einen „echten" ungarischen Führerschein und der Strafbarkeit nach § 267 I StGB (OLG Stuttgart DAR 12, 221); zur **Umschreibung eines total gefälschten belgischen Führerscheins in Polen** und der Strafbarkeit nach § 21 I Nr 1 StVG (OLG München zfs 12, 711 = NZV 13, 96).

Fahren ohne Fahrerlaubnis **§ 21 StVG**

Muss die EU/EWR-FE nach den Grundsätzen der EuGH-Rspr im Inland nicht anerkannt werden, stellt sich die Frage, ob diese dann von **vornherein ungültig** ist und Fahren ohne FE (§ 21 StVG) vorliegt oder die deutschen Behörden „nur" berechtigt sind, dem Betr das Recht abzuerkennen, von der FE im Inland Gebrauch zu machen (s zu diesen Fragen auch VGH BW NJW 08, 3512 = SVR 08, 397 m Praxishinweis Geiger = DAR 08, 599 = zfs 08, 595 = VRS 115/08, 237; VGH BW DAR 08, 660 = VRS 115/08, 474 = NJW 09, 698 [L] = NZV 09, 208 [L]; VGH BW zfs 09, 56 =VRS 115/08, 392 = NJW 09, 698 [L]; Geiger SVR 08, 366 [371]: „nur" die Möglichkeit gegeben, die Gültigkeit der FE im Inland durch entspr Bescheid zu beschränken). Da in diesen Fällen § 28 IV 1 Nr 2 u Nr 3 FeV zur Anwendung kommen und die Berechtigung nicht gilt, liegt § 21 StVG vor (Hentschel/König/Dauer-König § 21 StVG Rn 2a; VGH München DAR 08, 662 [663] = VRS 115/08, 470; OLG Thüringen VRS 116/09, 457; VGH München SVR 09, 356 m Praxishinweis Geiger; VGH München SVR 10, 313 m Praxishinweis Koehl; VGH München NJW 11, 1380, 1381; OLG Koblenz NZV 11, 359 (LS) = BeckRS 11, 4037; BVerwG vom 25.8.11, 3 C 25.10 (NJW 12, 96 = NZV 12, 51 = DAR 12, 98), 3 C 28.10 (DAR 12, 102), 3 C 9.11: Automatische Nichtgeltung einer EU/EWR-FE bei Verstoß gegen Wohnsitzerfordernis oder Erteilung während noch laufender Sperrfrist; s auch Mosbacher/Gräfe NJW 09, 801 [803]; Hailbronner NZV 09, 361 [365]; Schäfer DAR 10, 486: auch bei „vom Ausstellungsmitgliedstaat herrührenden unbestreitbaren Informationen"). Zur Klarstellung kann gem § 28 IV 2 FeV ein **feststellender VA über die fehlende Berechtigung** erlassen werden (s auch Riedmeyer zfs 09, 422 [427 ff]), wobei die Entziehung einer EU/EWR-FE nicht in eine förmliche Feststellung nach § 28 IV FeV **umgedeutet** werden kann (OVG Koblenz DAR 10, 535). Eine als „Aberkennung" bezeichnete Verfügung kann jedoch in einen feststellenden VA über die fehlende Berechtigung zum Führen von Kfz im Inland umgedeutet werden (OVG Saarland DAR 10, 602; OVG Münster DAR 12, 416; OVG Saarland zfs 12, 411 = SVR 13, 155 m Praxishinweis Koehl; s auch VGH München: Umdeutung einer Untersagungsverfügung). Stellt die Fahrerlaubnisbehörde, ohne die sofortige Vollziehung anzuordnen, fest, dass eine EU-EWR/FE nicht zum Führen eines Kfz im Bundesgebiet berechtigt und weist sie in der Entscheidung auf die Strafbarkeit der Verkehrsteilnahme hin, liegt darin aber der faktische Vollzug des feststellenden VA (VGH BW SVR 10, 156 m Praxishinweis Geiger; s auch OVG Lüneburg DAR 10, 595). In der Anbringung eines **Ungültigkeitsvermerks** (Sperrvermerk) auf einem EU/EWR-Führerschein kann im Einzelfall der Erlass eines festellenden VA iSd § 28 IV 2 FeV zu sehen sein (VGH München SVR 12, 75 m Praxishinweis Koehl = NZV 12, 406).

Nach **§ 28 IV 1 Nr 2 FeV** gilt die Berechtigung zum Führen von Kfz im Inland nicht für Inhaber einer EU/EWR-FE, die „ausweislich ... vom Ausstellungsmitgliedstaat herrührender unbestreitbarer Informationen zum Zeitpunkt der Erteilung ihren ordentlichen Wohnsitz im Inland hatten" (s zur näheren Umschreibung dieser TB-Merkmale § 2 StVG Rn 27; s auch Schäfer DAR 10, 486). Ob diese wenig konkrete Regelung für die Strafbarkeit nach § 21 StVG dem verfassungsrechtlichen **Bestimmtheitsgebot** (§ 1 StGB; Art 103 II GG) genügt, erscheint zweifelhaft (Mosbacher/Gräfe NJW 09, 801 [805]).

Trotz eines Verstoßes gegen das Wohnsitzerfordernis kann die **Anerkennung** der EU/EWR-FE **nicht mehr versagt** werden, wenn die Fahrerlaubnisbehörde dem Betroffenen gegenüber rechtsverbindlich festgestellt hat, dass er seine Fahreig-

StVG § 21 III. Straf- und Bußgeldvorschriften

nung durch ein nach der Fahrerlaubniserteilung eingeholtes **positives Sachverständigengutachten** nachgewiesen hat (OVG Koblenz DAR 10, 535).

Ein EU/EWR-Fahrerlaubnisinhaber kann sich bei **Fahrten ab und vor dem 19.1.09** aufgrund der seitdem geltenden Regelung in **§ 28 IV 3 FeV** in Fällen, in denen die Nichtanerkennung der EU/EWR-FE auf **§ 28 IV 1 Nr 3 u 4 FeV** gestützt wird, nur dann nach § 21 StVG strafbar machen, wenn die in Nr 3 u 4 genannten **Maßnahmen im FAER** (bis 30.4.14 VZR) **eingetragen und nicht nach § 29 StVG getilgt** sind (OLG Oldenburg BeckRS 2015, 12358; KG Berlin NStZ-RR 15, 25; s zur bisherigen Rechtslage: OLG Oldenburg DAR 11, 154 m krit Anm Dauer = SVR 11, 76 m Praxishinweis Krumm; VGH München zfs 13, 114). Dies gilt als **mildestes Gesetz** auch dann, wenn die **Tat vor dem 19.1.09** begangen wurde (s zur bisherigen Rechtslage OLG Oldenburg DAR 11, 154 m krit Anm Dauer = SVR 11, 76 m Praxishinweis Krumm).

Fahren ohne FE liegt auch vor, wenn dem Betr durch einen sofort vollziehbaren VA das **Recht abgesprochen** wurde, **im Inland von** seiner **EU/EWR-FE Gebrauch zu machen** und der VA nicht nichtig ist; auf die Rechtmäßigkeit des Bescheids kommt es grds nicht an (OLG Nürnberg NJW 07, 2935 = NZV 07, 531 = DAR 07, 527 = SVR 07, 469 m Praxishinweis Ebner).

6b Durch Änderung des § 69b I StGB zum 1.1.99 (G v 24.4.98 – BGBl I 747) erfolgt der Entz einer ausl FE durch Aberkennung des Rechts, von ihr im Inland Gebrauch zu machen mit der Folge, dass – nach Ablauf einer verhängten Sperre – das Recht nicht mehr automatisch wieder auflebt, sondern von der zuständ FEBehörde nach VA wieder erteilt wird (gem § 28 V FeV). Deshalb gilt der Berechtigung nach § 28 FeV nicht für einen in Deutschland wohnenden französischen Staatsangehörigen, dem die in Frankreich ausgestellte FE im Inland durch ein Gericht rechtskräftig entzogen worden ist, sodass § 21 StVG in Betracht kommt (OLG Jena VRS 114/08, 440).

Vor dem 1.1.99 hingegen hatte der Entz einer ausl FE nach § 69b StGB nur die Wirkung eines Fahrverbots, so dass nach Ablauf einer Sperrfrist das Recht, von der ausl FE wieder Gebrauch zu machen, automatisch auflebte.

Die Neuregelung gilt auch für sog Altfälle, dh, Entz einer ausl FE durch Aberkennung gem § 69b StGB aF vor dem 1.1.99, und zwar selbst dann, wenn vor diesem Zeitpunkt nach Ablauf der Sperrfrist die ausl Berechtigung (gem alt Recht) automat wieder aufgelebt war (BGH v 20.6.02 NZV 02, 406 = DAR 02, 419 = ZfS 02, 448). Gegen diese sog „unechte" Rückwirkung (Rechtsfolgen nach Inkrafttreten der Neuregelung, jedoch Anknüpfung des Tatbestandes an ein in Vergangenheit liegenden Sachverhalt) bestehen keine verfassungsrechtl Bedenken (BGH aaO). Somit macht sich der Inhaber einer EU-/EWR-FE unter den vorgen Voraussetzungen nach § 21 I Nr 1 StGB iVm § 28 IV Nr 3 FeV strafbar (BGH aaO).

7 **b) Entziehung der Fahrerlaubnis. Die Entz der FE** bewirkt den Verlust des R aus ihrer Erteilung. Von der Rechtskraft der Entscheidung an hat der Betr keine FE mehr. Gleichgültig ist, ob die FE durch die VB nach § 3 StVG oder durch ein Gericht nach § 69 oder § 69b StGB entzogen worden ist. Gegen § 21 verstößt auch, dh ohne FE fährt, wer mehrere, von verschiedenen Behörden zu verschiedenen Zeiten ausgestellte FSche besitzt, von denen aber nur einer beschlagnahmt ist, weil die Erlaubnis zum Führen eines Kfz im Inland schlechthin, u nicht etwa die von einer bestimmten Behörde erteilte entzogen wird (OLG Köln NZV 91, 360; OLG Hamm VRS 55, 344). Die Entz dauert bis zur Erteilung einer neuen FE (BayObLG VRS 18, 212; s auch § 69 StGB 16). Auch die **vorläufige Entz der FE** nach § 111a StPO bewirkt den Verlust der FE iS von § 21 (OLG Karlsruhe VRS 53, 461, obwohl sie nur die Wirkung eines „Fahrverbots" hat: s § 111a StPO 3) von dem Zeitpunkt an, in dem der Beschl zugestellt oder formlos (jedoch nicht nur mündlich durch einen Pol bei einer Kontrolle: OLG Hamm VRS 57, 125) mitgeteilt wird (BGH(Z) VRS 23, 433; OLG Düsseldorf VM 58, 70; OLG Hamm DAR 57, 25), allerdings mit Ausn der etwa nach § 111a I S 2 StPO ausgenommenen Kfz-Art (s § 111a StPO 3). Bei der Strafbarkeit wegen Fahrens ohne Fahrerlaubnis nach **verwaltungsbehördlicher Entziehung** überprüft das Strafgericht **lediglich die formelle Wirksamkeit der behördlichen Entscheidung**, nicht aber deren sachliche Richtigkeit. Zur formellen Wirksamkeit der Entscheidung der Verwaltungsbehörde gehört allerdings die (wirksame) Bekanntgabe der behördlichen Entziehungsentscheidung (OLG Celle BeckRS 2008, 12 923 = SVR 09, 101 m Praxishinweis M. Otto). So macht sich grds auch derjenige nach § 21 StVG strafbar, dessen EU/EWR-FE im Zeitpunkt der Fahrt von einer deutschen VB oder einem deutschen Gericht durch bestandskräftige oder sofort vollziehbare Entscheidung entzogen war und diese Entscheidung nicht nichtig ist (OLG Jena DAR 09, 406). – Die **Anfechtungsklage** gegen die EdFE durch eine VB nach § 3 StVG hat aufschiebende Wirkung (§ 80 I VwGO) solange die VB nicht den **sofortigen Vollzug** nach **§ 80 II 4 VwGO** angeordnet hat. – Wird im **Wiederaufnahmeverfahren** (§§ 359 ff StPO) ein die EdFE anordnendes Urt rkr aufgehoben, ist der Verurteilte so zu behandeln, als wäre die EdFE nie erfolgt (BayObLG NZV 92, 42 m zust Anm Asper NStZ 94, 171).

c) Fahren trotz Fahrverbotes. Die nach § 44 StGB u § 25 StVG zulässigen 8 FVe bewirken zwar nicht den Verlust, sondern nur das Ruhen der FE; vorsätzliches Zuwiderhandeln gegen das FV ist aber wegen des darin zum Ausdruck kommenden Ungehorsams gegenüber dem Verbot zum Führen eines Kfz ohne FE strafrechtlich gleichgestellt. Wiedereinsetzungsantrag beseitigt die Wirksamkeit eines rechtskräftigen FV nicht (OLG Köln VRS 71, 48).

d) Halter. § 21 I Nr 2 ist abstraktes Gefährdungsdelikt (s 1 zur Schutzfunk- 9 tion); er bedroht auch den **Halter** mit gleicher Strafe, der anordnet oder zulässt, dass jemand (uU auch der Mithalter: BayObLGSt 83, 64 = VRS 65, 216) sein Kfz führt, der die erforderliche FE nicht besitzt oder infolge FVs nicht ausüben darf. Er ist verpflichtet, sich notfalls durch Einsichtnahme in den FSch zu vergewissern (BGH VRS 34, 354; KG VRS 40, 284; OLG Zweibrücken VRS 63, 53, 55; s dazu aber OLG Köln NZV 89, 319 u KG NZV 06, 487 [L] = NStZ-RR 06, 249 [L] = BeckRS 06, 03 276 u unten Rn 10). § 21 I Nr 2 findet jedoch keine Anwendung, wenn der Halter sein Kfz verkauft u es dem (keine FE besitzenden) Käufer unter Aushändigung der Kfz-Schlüssel übergibt (BGH(Z) VRS 57, 163 = StVE 10) oder wenn der Fahrlehrer entgegen § 5 VIII S 1 FahrschAusbO mehrere (Motorrad-)Fahrschüler gleichzeitig praktisch ausbildet, da die Fiktion des § 2 XV trotzdem fortwirkt.

Zu den Anforderungen an die **Führerscheinkontrolle durch den Arbeitgeber** bei Überlassung von Firmenfahrzeugen an den Arbeitnehmer Mielchen/Meyer DAR 08, 5: eine Überprüfung pro Kalenderjahr, soweit keine Umstände bekannt sind, die auf einen möglichen Verlust der FE oder auf ein FV hindeuten (Mielchen/Meyer DAR 08, 5, 7).

10 e) **Vorsätzliche Begehung (Subjektiver Tatbestand).** Abs 1 setzt sowohl beim Kfz-Führer (Nr 1) wie beim Halter (Nr 2) mind bedingten **Vorsatz** voraus. Dieser muss sich sowohl auf das Führen des Kfz als auch auf das Fehlen der FE oder das Vorliegen eines FVs beziehen (vgl BayObLGSt 60, 282 = VM 60, 110). Die Feststellungen zur inneren Tatseite müssen sich auf einer Tatsachengrundlage beruhen, die tragfähig, verstandesmäßig einsehbar und in den Urteilsgründen belegt ist. Es genügt nicht, wenn nur das Ergebnis der Schlussfolgerungen, nicht aber die zugrunde liegenden Tatsachen mitgeteilt werden, weil dann eine revisionsrechtliche Nachprüfung der tatrichterlichen Überzeugungsbildung nicht möglich ist (OLG Düsseldorf NZV 06, 448 = NJW 06, 855 = VRS 110, 30 = ZfS 06, 173). Bei Führen eines technisch veränderten („frisierten") Kleinkraftrades, für das die FE nicht mehr ausreicht, sind konkrete Anhaltspunkte dafür nötig, dass es der Täter selbst oder durch Dritte verändert hat oder dass die Abweichung von der Bauart äußerlich sichtbar war und dies erkannt wurde (OLG Düsseldorf NZV 06, 448 = NJW 06, 855 = VRS 110, 30 = ZfS 06, 173; s auch oben Rn 4). Wer sich nach Ablehnung seiner Anträge auf Erteilung einer Fahrerlaubnis durch die zuständige Behörde einen Fantasie-Führerschein beschafft („Führerschein Deutsches Reich") weiß bzw nimmt billigend in Kauf, dass er keine FE besitzt und handelt idR vorsätzlich (OLG Karlsruhe NZV 07, 157 = DAR 07, 219). Der **Halter**, der einem anderen ein Kfz zum Führen überlasst, ist grds verpflichtet, sich den Führerschein zeigen zu lassen (KG NZV 06, 487 [L] = NStZ-RR 06, 249 [L] = BeckRS 06, 03 276). Dies gilt allerdings nicht, wenn er vorher sichere Kenntnis davon hatte, dass der andere über die erforderliche FE verfügt. Er darf dann grds vom Fortbestehen der FE ausgehen, wenn ihm keine Anhaltspunkte dafür vorliegen oder bei pflichtgemäßer Sorgfalt vorliegen müssten, dass die FE inzwischen entzogen worden sein könnte (KG NZV 06, 487 [L] = NStZ-RR 06, 249 [L] = BeckRS 06, 03 276). Zur Abgrenzung zwischen bedingtem Vorsatz und bewusster Fahrlässigkeit beim Fahren trotz Fahrverbots vgl OLG Hamm NZV 01, 224.

Ein **Tatbestandsirrtum** liegt vor, wenn der Fahrer oder Halter über die tatsächlichen Voraussetzungen der FE (Erteilung, Entz, Dauer der Sperrfrist) irrt; Tatirrtum kann auch vorliegen, wenn dem Betr nicht alle zur Rechtskraft eines Fahrverbots führenden tatsächlichen Umstände bekannt waren (BayObLG NZV 00, 133).

Ein **Verbotsirrtum** liegt vor, wenn sich der Irrtum bei Kenntnis der tatsächlichen Vorgänge auf deren rechtliche Tragweite bezieht, zB auf die Befugnisse, die eine bestimmte FSch-Klasse gibt, die Rechtswirkung der vorläufigen Entz oder der Beschränkung der FE, zB in techn Hinsicht (BayObLG VM 78, 32) oder beim nicht manipulierten Mofa, das schneller als 25 km/h fährt (AG Geilenkirchen NZV 93, 125). Ebenso wer glaubt, bei Entz der dt FE aufgrund einer ausl in der BRep weiterfahren zu dürfen (s OLG Hamm VRS 55, 344) oder solange zum Weiterfahren berechtigt zu sein, als der FSch noch nicht beschlagnahmt oder abgeliefert ist (OLG Köln VRS 15, 115. Wenn zum Tatzeitpunkt eine **widersprüchliche Rspr gleichrangiger Gerichte zur Unrechtsfrage** vorliegt (hier Anerkennung einer EU/EWR-FE), ist es eine Frage der Zumutbarkeit, ob der Angeklagte die Handlung, deren Verbotensein unklar ist, unterlassen muss, bis diese Frage entschieden ist, wobei das Interesse des Einzelnen an der Vornahme der fraglichen Handlung einerseits und das Interesse der Allgemeinheit am Unterlassen dieser Handlung andererseits abzuwägen und dabei die Umstände des Einzelfalls zu berücksichtigen sind (OLG Stuttgart NJW 08, 243 = NZV 08, 101 = DAR

08, 158 = zfs 08, 109 [Verbotsirrtum unvermeidbar]; OLG Celle zfs 09, 109 = NZV 09, 92 = VRS 115/08, 373 [Verbotsirrtum vermeidbar]); aufgrund der klarstellenden Rspr des EuGH zum Gebrauch der während einer Sperre erworbenen EU/EWR-FE nach Ablauf der Sperrfrist (s § 2 StVG Rn 22 u oben Rn 6a) ist ein Verbotsirrtum insoweit nunmehr vermeidbar (s auch Mosbacher/Gräfe NJW 09, 801 [805]). Ein **unvermeidbarer Verbotsirrtum** liegt vor, wenn der Betroffene die Rspr des EuGH nicht kannte und auch nicht kennen konnte. Von einem juristischen Laien kann nicht verlangt werden, dass er die Rspr des EuGH und die sich daraus ergebenden Konsequenzen für seine Fahrerlaubnissituation fortlaufend verfolgt und etwa verpflichtet ist, periodisch bei deutschen Führerscheinbehörden nachzufragen (LG Oldenburg DAR 13, 713: „bemakelte" Grundfahrerlaubnis; näher dazu § 2 StVG Rn 35). Zum vermeidbaren Verbotsirrtum bei Benutzung einer EU/EWR-FE trotz bestandskräftiger Entziehung (OLG Jena DAR 09, 406, 407). Zum **Verbotsirrtum bei fahrlässiger Tat** („Führerscheintourismus" – tschechische FE) OLG Koblenz NZV 11, 359 (LS) = BeckRS 11, 4037 (s auch § 21 StVG Rn 11). Zum Verbotsirrtum eines Ausländers s OLG Köln VM 78, 72). Ein unvermeidbarer Verbotsirrtum kann in Betracht kommen, wenn bei einer zuverlässigen Auskunftsperson nachgefragt wurde, zB beim Straßenverkehrsamt, bei der Polizei (OLG Stuttgart NJW 08, 243 = NZV 08, 101 = DAR 08, 158 = zfs 08, 109; OLG Celle zfs 09, 109 = NZV 09, 92 = VRS 115/ 08, 373) oder einem Rechtsanwalt (AG Hamburg-Altona zfs 10, 350), nicht aber bei einem ausländ Fahrzeugverleiher oder einem deutschen Händler (vgl OLG Hamm ZfS 05, 612 im Zusammenhang mit AUB 94). Macht der Angekl einen Verbotsirrtum geltend, muss in den **Urteilsgründen** neben seinem konkreten Vorbringen hierzu auch mitgeteilt werden, **welches Ergebnis eine dem Angeklagten zugemutete Erkundigung gehabt hätte** (hier Nachfrage bei einer deutschen Führerscheinbehörde zur Frage der Gültigkeit einer EU/EWR-FE), weil sonst vom Revisionsgericht nicht nachgeprüft werden kann, ob ein Verbotsirrtum nach § 17 StGB zu Recht ausgeschlossen wurde (OLG Oldenburg SVR 10, 224 m Praxishinweis Krumm). – Kein **rechtfertigender Notstand** für den Mitfahrer, der keine FE besitzt u das Kfz wegfährt, weil er ein Liegenbleiben auf der AB vermeiden will (OLG Düsseldorf VM 80, 18). – Zum **Gesamtvorsatz** s BGH VRS 28, 190; St 40, 138 sowie OLG Düsseldorf VRS 74, 180. **Fortsetzungszusammenhang** dürfte für den nach BGHSt 40, 138 wohl nicht (mehr) in Betracht kommen (s auch BayObLG v 15.12.95, 1 StRR 179/95); da die Dauertat nach § 21 aber erst mit dem Abschluss der Fahrt endet (BayObLG NZV 95, 456) kann zB eine an einem Tag von vornherein vorgesehene Fahrt zu Arbeitsstelle u zurück **eine** Tat darstellen (BayObLG v 15.12.95 s o), nicht aber Fahrten an mehreren Tagen (Bay aaO). – Zur Unanwendbarkeit der alic bei § 21 BGH NZV 96, 500.

Die **Dauerstraftat** des Fahrens ohne Fahrerlaubnis endet regelmäßig erst mit Abschluss einer von vornherein für einen längeren Weg geplanten Fahrt und wird nicht durch kurze Unterbrechungen in selbstständige Taten aufgespalten (BGH DAR 04, 229). Die Dauertat wird weder durch ein Anhalten durch Polizeibeamte wegen eines einfachen Geschwindigkeitsverstoßes und Personalienfeststellung unterbrochen, wenn die ursprünglich beansichtigte Fahrt fortgesetzt wird (AG Dortmund BeckRS 2017, 114671), noch durch einen kurzen Tankaufenthalt (KG Berlin VRS 130, 248).

4. Abs 2 Nr 1: Fahrlässige Begehung. Die fahrlässige Begehung setzt vorwerfbares Nichtwissen voraus (s BayObLG v 28.3.90, 2 St 89/90). – Fahrlässiges

Zulassen der Führung eines Kfz nach **I 2** durch einen Fahrer, der keine FE hat oder gegen den ein FV besteht, setzt nicht voraus, dass der Halter mind mit bedingtem Vorsatz die Führung des Kfz duldet (BGHSt 24, 352; OLG Koblenz VRS 71, 144 = StVE 23; aA BayObLG VRS 32, 144; Hentschel/König/Dauer-König § 21 StVG Rn 18). Bloßes fahrlässiges **Ermöglichen** der Benutzung des Fz zB durch mangelhafte Verwahrung, Steckenlassen oder unterlassene Rückforderung eines in Verwahrung gegebenen Zündschlüssels genügt (OLG Düsseldorf VM 79, 101; OLG Köln NZV 99, 485) mind dann, wenn bes konkrete Umstände die Benutzung befürchten lassen (BayObLG 82, 129 = StVE 16; DAR 96, 323 Ls; OLG Hamm v 12.3.85, 5 Ss 18/85; s auch OLG Düsseldorf VRS 68, 337; DAR 87, 125; Janiszewski NStZ 83, 110; OLG München VersR 88, 1017), ebenso bei Verwahrung eines unverschlossenen Motorrads (BayObLG v 3.9.87, 1 St 168/87).

Auch bei einer fahrlässigen Tat kann grds ein **Verbotsirrtum** nach § 17 StGB in Betracht kommen (OLG Koblenz NZV 11, 359 (LS) = BeckRS 11, 4037). Bei unbewusster Fahrlässigkeit kommt nach OLG Koblenz (NZV 11, 359 (LS) = BeckRS 11, 4037) ein Verbotsirrtum nur in Form einer sog Regelunkenntnis in Betracht, dh in den Fällen, in denen dem Täter auch bei vorsätzlichem Handeln die Unrechtseinsicht gefehlt hätte. Beruht die Unkenntnis von der Unzulässigkeit des Tuns auf der irrtümlichen Annahme, im Besitz einer gültigen FE zu sein (hier: „Führerscheintourismus" – tschechische FE), handele es sich um bloße Tatsachenunkenntnis; in einem solchen Fall sei im Bereich der **unbewussten Fahrlässigkeit kein Raum für einen Verbotsirrtum,** weil das im subjektiven geminderte Tatunrecht hier schon durch die fahrlässige Begehungsweise und die geringere Rechtsfolgenandrohung erfasst ist (OLG Koblenz NZV 11, 359 (LS) = BeckRS 11, 4037), wobei, jedenfalls in Fällen des „Führerscheintourismus", ohne entsprechende Gewissensanspannung und Erkundigung des Täters über die tatsächliche Gültigkeit der ausländischen FE ein zur Strafbarkeit führender vermeidbarer Verbotsirrtum vorliegt. – Zum Verbotsirrtum bei vorsätzlicher Tat § 21 StVG Rn 10.

12 An die **Sorgfaltspflicht des Halters** sind zwar strenge Anforderungen zu stellen (BGHSt 24, 352), sie dürfen aber auch nicht überspannt werden (BayObLGSt 82, 129; DAR 96, 323; OLG Düsseldorf JZ 87, 316); ihre Verletzung muss für den Verstoß kausal sein (OLG Köln NZV 89, 319: Rechtswidrigkeitszusammenhang). Der Halter muss sich idR vom Fahrer den FSch vorlegen lassen, wenn er nicht sicher weiß, dass der andere eine FE besitzt (BGH VRS 34, 354; BayObLGSt 68, 6 = VRS 35, 121; s oben Rn 9 u 10). Bei einem zuverlässigen Bekannten oder Verwandten oder etwa bei einem Vorgesetzten kann dessen Zusicherung, er besitze die FE, genügen (Tatfrage; vgl OLG Hamm VRS 31, 64; OLG Schleswig VRS 31, 66). Besitzt der Kfz-Halter zuverlässige Kenntnis davon, dass dem Dritten, dem er die Führung des Fzs gestattet, die hierzu erforderliche FE erteilt worden ist, so muss er sich nur dann (erneut) dessen FSch vorlegen lassen, wenn ihm bes Umstände Grund zu der Befürchtung geben müssen, dem Dritten könne zwischenzeitlich die FE entzogen worden sein (BayObLGSt 77, 163 = StVE 4; DAR 88, 387; OLG Koblenz VRS 60, 56 = StVE 12; KG NZV 06, 487 [L] = NStZ-RR 06, 249 [L] = BeckRS 06, 03 276; s auch BGH VRS 31, 22). – Fahrlässig handelt auch, wer es unterlässt, Erkundigungen über das Wirksamwerden eines FV bei versäumter Belehrung einzuholen (BayObLG VRS 62, 460). Andererseits dürfen insbesondere unter Eheleuten die Anforderungen an die Vorkehrungen für die Verhinderung des Fahrens ohne Fahrerlaubnis nicht überspannt werden (OLG Köln NZV 99, 485). Zu **Sorgfaltspflichten bei der Überlassung von Firmenfahrzeugen** an Mitarbeiter und zur **elektronischen Führerscheinkontrolle durch den Arbeitgeber** (Halter) Schäler DAR 13, 235.

5. Abs 2 Nr 2, 3: Vorübergehende Sicherstellung des Führerscheins. 13
Abs 2 Nr 2, 3 erfassen die Fälle von geringerem Unrechtsgehalt, in denen der FSch nach § 94 StPO (s 5. Teil) nur **vorübergehend amtlich verwahrt, sichergestellt** oder **beschlagnahmt** ist. Formalrechtlich kommt insoweit zwar auch eine Sicherstellung zB wegen Fälschungsverdachts nach § 94 I StPO in Betracht; das ist aber im Ergebnis uninteressant, wenn daneben eine „echte" FE vorliegt; fehlt diese, ist I gegeben; diesem gegenüber gilt II 2, 3 ohnehin subsidiär. Sie scheidet durch GKonkurrenz aus, wenn der weitergehende TB des I erfüllt ist, insb die auf Grund von § 94 StPO erfolgten Sicherstellungsmaßnahmen nach § 111a III, IV StPO in die vorl Entz der FE übergegangen sind. Die vorl Maßnahmen werden durch die tatsächliche Wegnahme des FSch rechtswirksam; dass der Betr von der Beschlagnahme nur „erfuhr", genügt nicht (OLG Stuttgart VRS 79, 303); so stellt auch die mündliche Mitteilung der Beschlagnahme des FSch durch einen Hilfsbeamten der StA ohne Wegnahme der Urkunde idR keine wirksame Beschlagnahme dar u begründet nicht die Bestrafung nach § 21 II 2 (OLG Stuttgart VRS 35, 138). Eine richtig durchgeführte Beschlagnahme des FSch ist auch dann wirksam, wenn der Beamte darüber irrt, ob Gefahr im Verzug ist (OLG Stuttgart VRS 26, 432; s dazu § 111a StPO Rn 4). Nach Beschlagnahme nach § 94 III StPO darf der Täter auch nicht mit einem anderen gültigen FSch ein Kfz führen (OLG Düsseldorf VM 72, 74; OLG Köln NZV 91, 360; s auch oben Rn 7).

Es muss Beschlagnahme des FSch nach §§ 94, 98 I StPO vorliegen; Beschlagnahme aufgrund **polizeirechtl** Vorschriften genügt **nicht** (Trupp NZV 04, 389, 394).

6. Abs 3: Einziehung des Kraftfahrzeugs. § 21 III geht § 74 I StGB vor; im 14 Übrigen gelten nach § 74 IV StGB auch hier der § 74 II, III, §§ 74a, b, c, e bis 76a StGB (BayObLG VM 74, 26 f; OLG Hamm VM 74, 43; OLG Koblenz VRS 49, 134; OLG Köln VRS 85, 219; KG NZV 09, 407). Die Einz unterliegt dem pflichtgem Ermessen des Gerichts („kann") u vor allem stets dem **Verhältnismäßigkeitsgrundsatz** (§ 74b StGB; BGH StV 86, 58; BayObLG VRS 79, 41; OLG Schleswig StV 89, 156; KG NZV 09, 407; LG Bielefeld DAR 13, 399). Sie ist nur bei den vorsätzlichen Taten nach I (KG VRS 57, 20 = StVE 7) u nach vorl Entz zulässig (OLG Hamm VRS 32, 32; s oben 7), nicht aber bei einer ersten Verurteilung, bei der die bes Voraussetzungen des III 1 oder 2 fehlen; hier kommt sie nach III 3 erst im Wiederholungsfall in Betracht, was aber keine ganze oder teilweise Verbüßung der Vorstrafe voraussetzt (OLG Hamm aaO).

Die **Einz** ist **verhältnismäßig**, wenn für zwei vorsätzliche Taten des Fahrens ohne FE Freiheitsstrafen zu verhängen sind und die Einz des Tatfahrzeugs (hier: Wert 14 000 Euro) nicht existenzbedrohend ist (OLG Nürnberg DAR 07, 530).

Die Einziehung kommt als verfassungsrechtlich unbedenkliche Nebenstrafe 15 (s BVerfG 95, 78; BGH NStZ 85, 362) u als Sicherungsmaßnahme in Betracht (s KG VRS 57, 20; OLG Koblenz VRS 70, 7). Als **Nebenstrafe** ist sie im Rahmen der Strafzumessung zu berücksichtigen u nur gegenüber dem Eigentümer zulässig (§ 74 I 1 StGB; OLG Düsseldorf VM 72, 58; OLG Hamm VRS 50, 420; BGHSt 24, 222: nicht bei Sicherungsübereignung). Dabei ist zu prüfen, ob sie

StVG § 21   III. Straf- und Bußgeldvorschriften

nicht außer Verhältnis zu Bedeutung von Tat u Schuld steht (OLG München StVE 14; OLG Köln VRS 85, 219; OLG Nürnberg NZV 06, 665 = NJW 06, 3448). Die Einziehung eines Tatfahrzeugs im Wert von 14 000 Euro ist nicht unverhältnismäßig, wenn für zwei Taten des vors Fahrens ohne FE Freiheitsstrafen zu verhängen sind und festgestellt wird, dass die Einziehung für den Täter nicht existenzvernichtend ist (OLG Nürnberg NZV 06, 665 = NJW 06, 3448). Als **Sicherungsmaßnahme** kommt sie auch gegenüber Dritteigentümern (§ 74 IV StGB iVm §§ 21 III StVG u 74 II 2, III StGB; KG aaO; BayObLG VRS 46, 271) in Betracht, wenn nach den (festzustellenden!) Umständen wahrscheinlich ist, dass der Täter das Kfz auch künftig für rechtswidrige Taten benutzen wird (BGH VM 76, 11). Sicherungseinz ist auch im Falle eines im Vollrausch (schuldunfähig) oder in TE mit § 316 StGB begangenen Vergehens nach § 21 I 1 zulässig (KG aaO; OLG Hamburg NStZ 82, 246; OLG Koblenz VRS 70, 7). Auch bei der fakultativen Sicherungseinziehung ist deren wirtschaftliche Wirkung hinreichend abzuwägen, wobei es ua auf den konkreten Wert des Einziehungsgegenstandes (hier: Porsche), die Bedeutung der Tat und auf den Vorwurf gegenüber dem Dritteigentümer ankommt; sofern Gegenstand des Verfahrens kein besonders schwerwiegendes Vergehen ist, muss auch geprüft werden, ob weniger einschneidende Maßnahmen als die Einziehung den Sicherungszweck erreichen können (KG NZV 09, 407; LG Bielefeld DAR 13, 399).

Zu den Voraussetzungen der (hier verneinten) Einziehung von Ausweispapieren (hier: Personalausweis und Führerschein des „Deutschen Reichs" mit Reichsadler) nach § 74 StGB bei Straftat nach § 21 StVG (OLG Jena VRS 115/08, 412).

16   **7. Zusammentreffen mit anderen Straftaten.** Über „Führen" als Dauerstraftat u das Zusammentreffen mit OWen s § 24 StVG Rn 10. Eine **Tateinheit** kommt nur dann in Betracht, wenn sowohl ein enger zeitlicher und örtlicher Zusammenhang besteht als auch ein innerer Beziehungs- bzw Bedingungszusammenhang zw den Taten (OLG Hamm DAR 2017, 393 – hier verneint für den Transport von Drogen in einem Pkw und Oranisation eines zweiten Pkw zum Abschleppen des liegengebliebenen Fz). Zwischen den Vergehen nach § 21 I 1, II 1, 2 u einer auf der Fahrt begangenen fahrlässigen Körperverletzung oder Tötung besteht Tateinheit (BGH VM 55, 39); ebenso mit unerlaubter Entfernung vom Unfallort (§ 142 StGB) u den dabei uU außerdem begangenen Taten (BGHSt 22, 67; s aber auch OLG Hamm VRS 42, 99), auch mit Vergewaltigung u Entführung möglich (s BGH NStZ 82, 69, 111). Mehrere auf derselben Fahrt voneinander unabhängig begangene Widerstände, Körperverletzungen oder Tötungen können aber durch das Vergehen nach § 21 nicht zur Tateinheit verbunden werden (BGHSt 1, 67; 3, 165; 22, 67, 76; OLG Koblenz VRS 74, 196; Janiszewski 635). TE zwischen fahrlässiger Tötung oder Körperverletzung u dem Vergehen nach § 21 I 2, II 1 oder 3 besteht nur, wenn der Halter für eine fahrlässige Tötung oder Körperverletzung deshalb verantwortlich ist, weil er das Kfz einem Führer ohne Fahrerlaubnis überlassen hat u dabei über das bloße Ermöglichen der eigenverantwortlichen, straflosen Selbstgefährdung des Ermächtigten hinaus Anhaltspunkte für dessen bes leichtfertiges u vertrauensunwürdiges VVerhalten hatte (OLG Stuttgart VRS 67, 429 im Anschl an BGH NJW 84, 1469; aA OLG Köln VRS 29, 30). Wer ein fremdes Kfz dadurch „wegnimmt", dass er es von seinem Standort wegfährt, obwohl er keine Fahrerlaubnis besitzt, begeht Diebstahl (§ 242 StGB) oder unbefugte Ingebrauchnahme (§ 248b StGB) in Tateinheit mit dem Vergehen nach § 21 (BGH VRS 13, 350; 30, 283; VM 55, 87; SVR 12, 271 [Wegnahme eines Motorrades gerade durch das Wegfahren ohne Fahrerlaubnis] m Praxishinweis Ebner). Die **Dauerstraftat Fahren ohne Fahrerlaubnis wird nicht durch während der Fahrt auftretende Ereignisse unterbrochen, wenn die Fahrt danach, dem anfänglichen Tatentschluss folgend, fortgesetzt wird,** weil es sich dann um eine einheitliche Tat handelt (LG Postdam DAR 09, 285), auch ein Tankaufenthalt (hier: mit Tankbetrug) unterbricht das Dauerdelikt nicht (BGH DAR 10, 273). Natürliche Handlungseinheit liegt deshalb zB vor, wenn der Täter, der noch nie eine FE besessen hat, nach einer Verkehrskontrolle seine Fahrt wie von Anfang an beabsichtigt, fortsetzt (LG Potsdam DAR 09, 285).

Dagegen **Tatmehrheit** bei mehreren Fahrten ohne FE, sofern sie nicht zu 17 natürlicher Handlungseinheit (s dazu BGH DAR 95, 207) verbunden sind u keine Dauertat darstellen (BayObLG NZV 95, 456 im Anschl an BGHSt 40, 138; OLG Köln VRS 90, 288: keine fortgesetzte Tat), ebenso mit allen Straftaten, deren TB nicht durch das Führen des Kfz, sondern nur gelegentlich der Fahrt verwirklicht wird (vgl zB BGH VRS 45, 177). TM auch dann, wenn die Fahrt das Mittel zur Ausführung einer anderen Tat ist, ohne dass deren TB durch die Führung des Kfz als solche mind zum Teil verwirklicht wird (vgl BGHSt 18, 29) sowie zwischen fortgesetztem Fahren ohne FE (soweit Fortsetzungstat nach der RSpr des BGH überhaupt noch in Betracht kommt) u hinzutretender fahrlässiger Berauschung (OLG Karlsruhe VRS 67, 117; Hein NStZ 82, 235). Eine etwa 15-minütige Fahrtunterbrechung auf Grund einer Geschwindigkeitskontrolle mit polizeilicher Anzeigenaufnahme beendet das Delikt des Fahrens ohne FE jedenfalls dann, wenn der Angekl nach der Kontrolle zunächst auf Anordnung der Polizei von einer Weiterfahrt absieht und sich dafür entscheidet, das mitgeführte Kleinkraftrad weiterzuschieben. Steigt er dann ca 350 m weiter mit neu gefasstem Vorsatz auf sein Kleinkraftrad und fährt los, stellt das eine neue Tat des Fahrens ohne FE dar. Der innere, zeitliche und örtliche Zusammenhang der beiden Teilfahrten ändert daran nichts (AG Lüdinghausen NZV 10, 365). Während der Tat begangene OWen werden nach § 21 I S 1 OWiG durch die Straftat verdrängt. – **Wahlfeststellung** zwischen fahrlässigem Gestatten des Fahrens ohne FE u fahrlässiger Begehung des § 316 StGB ist zulässig (OLG Hamm VRS 62, 33; s auch BGH NJW 81, 1567).

8. Teilnahme. Die Teilnahme ist nach den allg Grundsätzen möglich (§§ 26, 18 27 StGB). Beihilfe leistet, wer einem anderen, der keine FE besitzt, die Führung des Kfz überlässt (OLG Hamm VRS 15, 288), sofern der Täter tatsächlich in der Lage ist, das Kfz zu führen (AG Bingen ZfS 89, 105: so nicht ein sechsjähriges Mädchen auf einem Traktor), oder sich von ihm eigens zu einem bestimmten Ziel befördern lässt (BayObLGSt 82, 55 = StVE 13); möglich ist auch Beihilfe des Führers eines geschleppten zweiachsigen Kfz zum Vergehen des Führers des schleppenden Fz, der die erforderliche FE (hier: Kl 2) nicht hat (KG VRS 26, 155).

9. Strafzumessung und Verfahren. Verhängung der ges Höchststrafe nur in 19 denkbar schweren Fällen ohne Milderungsgründe (BayObLG VRS 59, 187); zur Bewährung bei wiederholtem Verstoß gegen § 21 s Ko VRS 60, 36; 69, 298. Abstrakte Gefährdung ist kein zulässiger Strafschärfungsgrund, da diese dem TB u seinem Strafrahmen bereits immanent ist (Verbot der Doppelverwertung, s § 46 III StGB; Lackner § 46 StGB Rn 45), es sei denn, dass ein außergewöhnliches Ausmaß vorlag. Das Gericht darf im Zusammenhang mit der Einziehung des Tatfahrzeugs nur dann, wenn wegen eines verhältnismäßig geringen Wertes des Tatfahrzeugs auszuschließen ist, dass die Einziehung die Zumessung beeinflussen kann, auf die Erörterung verzichten, ob und ggf inwieweit die Einziehung als Nebenstrafe strafmildernd zu berücksichtigen ist (OLG Nürnberg NZV 06, 665 = NJW 06, 3448). Ist aus mehreren Einzelfreiheitsstrafen eine Gesamtfreiheitsstrafe zu bilden, genügt die Berücksichtigung der Einziehung bei der Bemessung Letzterer (OLG Nürnberg NZV 06, 665 = NJW 06, 3448). Zu den Anforderungen bei der Gesamtstrafenbildung auch BGH SVR 06, 188 m Praxishinweis Krumm (Körperverletzung und vorsätzliches Fahren ohne FE in einhundert Fällen).

Auf die Divergenzvorlage des OLG Nürnberg hat der **BGH** die **Frage der Zulässigkeit einer Berufungsbeschränkung gemäß § 318 StPO auf den Rechtsfolgenausspruch** bei einer Verurteilung wegen Fahrens ohne Fahrerlaubnis **entgegen** der Ansichten des OLG München zfs 12, 472 und OLG Bamberg DAR 13, 585 bejaht und festgestellt, dass das Berufungsgericht bei dieser Sachlage unter keinem verfahrensrechtlichen Gesichtspunkt daran gehindert ist, – soweit erforderlich – eigene Feststellungen zu den Beweggründen der Fahrt und deren Gegebenheiten, d.h. Dauer und Länge, beabsichtigte Fahrstrecke, Verkehrsbedeutung der Straße, herbeigeführte Gefahren u.a. zu treffen und somit auch den für die Rechtsfolgenentscheidung maßgebenden Schuldumfang näher zu bestimmen. Hierbei hat das Berufungsgesricht lediglich zu beachten, dass die von ihm getroffenen weiteren Feststellungen nicht in Widerspruch zu den Feststellungen stehen dürfen, die das Erstgericht zum Schuldspruch schon getroffen hat. Der BGH macht deutlich, dass diese weiteren Feststellungen, wären sie bereits vom Amtsgericht getroffen worden, als sog. umgebende Feststellungen noch zum Unterbau des Schuldspruchs und damit zu dem vom Rechtsmittelangriff ausgenommenen, nach § 316 Abs. 1 StPO unabänderlich (teilrechtskräftig) gewordenen Teil des Ersturteils gezählt hätten, ihrer Nachholung nicht entgegen steht (BGH Beschluss vom 27.4.17, Az 4 StR 547/16, BeckRS 2017, 114623).

Fahren ohne FE ist eine typische Verkehrsstraftat iSd § 69 I StGB, die wegen fehlender Kraftfahreignung (über die Regelbeispiele des § 69 II StGB hinaus) regelmäßig, soweit vorhanden, die **Entziehung der FE** bzw der Verhängung einer **isolierten Sperrfrist** für die Neuerteilung der FE rechtfertigt (BGH NZV 15, 252; BGH NZV 07, 212 = DAR 07, 338 [L]). Im Einzelfall kann uU aber doch von der Kraftfahreignung ausgegangen werden, etwa wenn ein wegen Fahrens ohne FE Angekl nach der jetzt abzuurteilenden Tat inzwischen eine neue FE erworben und nach dem Erwerb mehr als drei Monate unbeanstandet am Straßenverkehr teilgenommen hat; allerdings kann dann noch die Verhängung eines Fahrverbots nach § 44 StGB geboten sein (AG Lüdinghausen NZV 11, 102).

Auch beim Vorwurf des Fahrens ohne FE kann die **Bestellung eines Pflichtverteidigers** notwendig sein (LG Zweibrücken DAR 09, 612).

Zu den notwendigen **tatrichterlichen Feststellungen beim** Vorbringen eines **Verbotsirrtums** oben Rn 10.

Ein **Anfangsverdacht für Fahren ohne Fahrerlaubnis** ergibt sich nicht bereits aus dem Besitz eines EU/EWR-FSch oder der Vermutung, die FE sei missbräuchlich erlangt, sondern erst bei Anhaltspunkten für das Vorliegen der fehlenden Berechtigung nach § 28 IV FeV. Zur Orientierung dient hier die Zusammenstellung von Mosbacher/Gräfe NJW 09, 801 (805), wonach Fahren ohne Fahrerlaubnis **in folgenden Fällen** nahe liegt (hinsichtlich VZR noch zur bisherigen Rechtslage):

„(1) Wenn der Betroffene lediglich im Besitz eines Lernführerscheins oder eines anderen vorläufig ausgestellten Führerscheins ist (§ 28 IV 1 Nr 1 FeV),

(2) wenn sich aus dem ausländischen Führerschein selbst ergibt, dass der Betroffene im Zeitpunkt der Ausstellung des Führerscheins seinen Wohnsitz nicht im Ausstellerstaat hatte (§ 28 IV 1 Nr 2 FeV), oder nach § 28 IV 2 FeV ein feststellender Verwaltungsakt über die fehlende Berechtigung ergangen ist,

(3) wenn gegen den Betroffenen ausweislich eines Eintrags im [FAER (bis 30.4.14 VZR)] ... der Entzug der Fahrerlaubnis oder deren bestandskräftige Versagung angeordnet wurde, er anschließend seine Fahrerlaubnis in der Zeit bis zum 18.1.2009 während des Laufs einer daneben oder isoliert angeordneten Sperrfrist erworben hat und ihm nicht nach § 28 V FeV das Recht erteilt wurde, von dieser Fahrerlaubnis im Inland Gebrauch zu machen (§ 28 IV 1 Nrn 3 und 4, 3 FeV für Altfälle),

(4) wenn gegen den Betroffenen ausweislich eines Eintrags im [FAER (bis 30.4.14 VZR)] ... der Entzug der Fahrerlaubnis oder deren bestandskräftige Versagung angeordnet wurde, er anschließend seine Fahrerlaubnis in der Zeit ab dem 19.1.2009 erworben hat und ihm nicht nach § 28 V FeV das Recht erteilt wurde, von dieser Fahrerlaubnis im Inland Gebrauch zu machen (§ 28 IV 1 Nrn 3 und 4, 3 FeV für Neufälle),

(5) wenn nach Erwerb der ausländischen Fahrerlaubnis gegen den Betroffenen ausweislich eines Eintrags im [FAER (bis 30.4.14 VZR)] ... der Entzug der Fahrerlaubnis im Inland angeordnet und ihm nicht nach § 28 V FeV das Recht erteilt wurde, von dieser Fahrerlaubnis im Inland Gebrauch zu machen (§ 28 IV 1 Nr 3 FeV),

(6) wenn von der Fahrerlaubnis in dem Zeitraum Gebrauch gemacht wird, in dem der Inhaber im Inland, im Ausstellerstaat oder im Wohnsitzstaat einem Fahrverbot unterliegt oder sein Führerschein nach § 94 StPO beschlagnahmt, sichergestellt oder in Verwahrung genommen worden ist (§ 28 IV 1 Nr 5 FeV),

(7) wenn der Betroffene in einem Umfang von der Fahrerlaubnis Gebrauch macht, die nicht seiner aus dem Führerschein ersichtlichen Berechtigung entspricht (§ 28 II FeV), die gegen Auflagen verstößt (vgl § 28 I 2 FeV) oder nach Ablauf der Geltungsdauer erfolgt (vgl § 28 III FeV)."

10. Zivilrecht. Eine fehlende FE kann grds auch bei der Haftungsabwägung nach § 254 BGB berücksichtigt werden; allerdings nur, wenn feststeht, dass sich dieser Umstand bei dem Unfall tatsächlich ausgewirkt hat (BGH NJW 07, 506 = NZV 07, 190 = SVR 07, 339 m Praxishinweis Siegel). Der Halter eines Kraftrades, der das Kfz einem Dritten, der das notwendige Alter für die Fahrerlaubnis noch nicht erreicht hat, überlassen hat, muss sich vorher grundsätzlich den Führerschein zeigen lassen und haftet sonst zivilrechtlich voll für Unfallschäden des Dritten (AG Minden SVR 10, 386 m Praxishinweis Richter). 20

§ 22 Kennzeichenmissbrauch

(1) **Wer in rechtswidriger Absicht**
1. **ein Kraftfahrzeug oder einen Kraftfahrzeuganhänger, für die ein amtliches Kennzeichen nicht ausgegeben oder zugelassen worden ist, mit einem Zeichen versieht, das geeignet ist, den Anschein amtlicher Kennzeichnung hervorzurufen,**
2. **ein Kraftfahrzeug oder einen Kraftfahrzeuganhänger mit einer anderen als der amtlich für das Fahrzeug ausgegebenen oder zugelassenen Kennzeichnung versieht,**

3. das an einem Kraftfahrzeug oder einem Kraftfahrzeuganhänger angebrachte amtliche Kennzeichen verändert, beseitigt, verdeckt oder sonst in seiner Erkennbarkeit beeinträchtigt,

wird, wenn die Tat nicht in anderen Vorschriften mit schwererer Strafe bedroht ist, mit Freiheitsstrafe bis zu einem Jahr oder mit Geldstrafe bestraft.

(2) Die gleiche Strafe trifft Personen, welche auf öffentlichen Wegen oder Plätzen von einem Kraftfahrzeug oder einem Kraftfahrzeuganhänger Gebrauch machen, von denen sie wissen, dass die Kennzeichnung in der in Absatz 1 Nr. 1 bis 3 bezeichneten Art gefälscht, verfälscht oder unterdrückt worden ist.

Übersicht

	Rn
1. Strafrechtlicher Schutz der Kennzeichen	1
2. Abs 1	3
a) Abs 1 Nr 1	3a
b) Abs 1 Nr 2	4
c) Abs 1 Nr 3	5
d) Rechtswidrige Absicht	6
3. Abs 2: Gebrauch falsch gekennzeichneter Kfze	7
4. Subsidiarität	8
5. Literatur	10

1 **1. Strafrechtlicher Schutz der Kennzeichen.** Auch nach der Entkriminalisierung des VRechts (s E 35) sind nach § 22 die TBe, die auf Täuschung der PolBehörden über die amtl Kennzeichnung von Kfzen gerichtet sind, wegen ihres kriminellen Gehaltes weiterhin Vergehen. § 22 wird durch § 22a ergänzt.

2 **Amtl Kennzeichen** iS des § 22 sind die nach §§ 8–10 FZV (früher: § 18 IV, §§ 23, 60 StVZO aF) zugeteilten allg KennZ für inländische Kfze, die öff Urkunden darstellen (OLG Düsseldorf NZV 97, 319 m krit Anm Krack NStZ 87, 602), die roten KennZ und KurzzeitkennZ (OLG München DAR 11, 151) nach § 16, 17 FZV (früher: § 28 StVZO aF), das NationalitätsZ „D" (§ 10 X FZV), die NationalitätsZ u KennZ der ausl Kfze nach § 21 FZV (BayObLGSt 83, 128 = VRS 65, 459) sowie AusfuhrkennZ nach § 19 FZV (früher: § 7 II 4 IntKfzVO – aufgehoben), **nicht** aber die nichtamtlichen, von Versicherungen ausgegebenen VersicherungskennZ (§§ 26, 27 FZV; früher: §§ 29e, 60a StVZO aF; so auch OLG Hamm ZfS 07, 352, 353).

3 **2. Abs 1.** Abs 1 stellt drei Formen der **Herstellung** des täuschenden Zustandes unter Strafe:

a) Abs 1 Nr 1. Nr 1 betrifft den Fall, dass für das zulassungspflichtige Kfz ein **amtl KennZ nicht ausgegeben** ist. Die Handlung besteht darin, dass ein Kfz mit einem ihm nicht amtl zugeteilten KennZ oder einem anderen Gegenstand versehen wird, der einem amtl KennZ so ähnlich sieht, dass er mit einem solchen verwechselt werden kann. Nicht ausreichend ist, dass das verwendete Kennzeichen bei einem Betrachter lediglich den Eindruck erwecken kann, es handele sich um ein ihm unbekanntes ausländisches Kraftfahrzeugkennzeichen, welches aber keine Verwechslungsgefahr mit einem amtlichen deutschen Kennzeichen hervorruft (OLG Naumburg DAR 12, 345). Eine feste techn Verbindung zwischen Fz u

KennZ ist nach Wortbedeutung u Sinn der Vorschrift nicht nötig; es genügt eine räumliche Zuordnung, die den Eindruck erweckt, es handle sich um das dem Fz zugeteilte amtl KennZ (OLG Hamburg NZV 94, 369: Aufstellung hinter der Windschutzscheibe). Wer ein Kfz, dessen KennZ entstempelt wurde oder ein mit einem **roten KennZ** (§§ 16, 17 FZV; früher: § 28 StVZO aF) versehenes Kfz nach der Überführungsfahrt oder **entgegen den** sonst **in §§ 16, 17 FZV** (früher: § 28 StVZO aF) **genannten Zwecken benutzt**, begeht kein Täuschungsvergehen nach § 22 (BayObLGSt 87, 22; v 23.2.88, 2 St 21/88; Rebler DAR 12, 285, 290). Denn er hat das Kfz nicht mit einem unechten KennZ „versehen"; hierunter ist nur die Anbringung zu Täuschungszwecken, nicht aber die Belassung eines rechtmäßig angebrachten KennZ über die zul Zeit hinaus zu verstehen (OLG Hamburg VM 61, 98; BayObLGSt 63, 111 = VRS 25, 287; 73, 62; aA Förschner DAR 86, 287, 290); anders bei Verwendung eines ungültigen roten KennZ (BGH StVE 3) oder zur Täuschung über die fehlende Konkretisierung der Zulassung für ein bestimmtes Kfz (BayObLG NZV 93, 404). Die Tat ist mit dem „Anbringen" mind eines der beiden vorgeschriebenen falschen KennZ vollendet (BGH bei Martin DAR 70, 113); der TB erfordert nicht die Absicht, mit dem Kfz am öff Verkehr teilzunehmen. – Bei missbräuchlicher Verwendung eines roten Kennzeichens oder eines Kurzzeitkennzeichens zu anderen als den in § 16 I FZV genannten Zwecken, liegt ein Verstoß gegen §§ 3 I, 48 Nr 1a FZV, 24 StVG vor (OLG Düsseldorf, NJW 11, 3176; s auch § 1 StVG Rn 6).

Dem Empfänger des rot Kennz (zur wiederkehrend Verwendung) wird nach § 16 III FZV (früher: § 28 StVZO aF) das Recht eingeräumt, selbst zu bestimmen, welchen Fahrzeugen das rot Kennz zugeordnet wird. Mit Ausübung dieses Bestimmungsrechts erfolgt Zuordnung des rot Kennz zu einem bestimmt Kfz mit der Wirkung, dass dieses damit als behördl zugelassen gilt (BayObLG NZV 03, 147). Bestimmte Form hierfür ist nicht vorgeschrieben; erforderl ist lediglich, dass durch rot Kennz eine tatsächliche Beziehung hergestellt wird, die nach außen kenntl ist, wobei – unter Gewährleistung der Ablesbarkeit von außen – das Kennz auch im Fzinneren vor Windschutz- u Heckscheibe angebracht werden kann (BayObLG aaO); unschädlich ist Verwendung des rot Kennz durch Dritten mit Vollmacht des Kennzeicheninhabers, und zwar auch für Fahrten, die mit dessen Betrieb in keinem Zusammenhang stehen; da betr Fz mithin zugelassen war, scheidet Strafbarkeit nach § 22 I Nr 1 aus (BayObLG aaO), **aA** Windhorst NZV 03, 310.

Strafbar nach § 22 I Nr 1, II StVG ist, wer mit ital Überführungskennz Fz aus **3a** Deutschland nach Italien verbringt (BayObLG ZfS 02, 303 u DAR 04, 402); ist auch nicht durch deutsch-italienisch Abkommen (VkBl 94, 94) gedeckt, das ital Überführungskennz nur für Kfz-Überführung aus Italien nach Deutschland zulässt (aaO). Es handelt sich, auch nach Einführung der FZV, die diesbezüglich keine Rechtsänderung gebracht hat (s Holm/Liebermann SVR 08, 161), um **unzulässige Fernzulassungen.** Das Inbetriebsetzen eines Kfz unter Verwendung ausländischer Kennz im Wege der Fernzulassung und damit ohne gültiges Kennz verstößt auch gegen §§ 3 I, 48 Nr 1a FZV, 24 StVG (früher: §§ 18 I, 69a II Nr 3 StVZO aF, 24 StVG); s Huppertz DAR 07, 542, 543; Holm/Liebermann SVR 08, 161. – S zur Fernzulassung auch: Huppertz DAR 05, 412; Huppertz DAR 07, 542; Holm/Liebermann SVR 08, 161).

Ein Fahrzeug, das nach Fernzulassung mit gültigen Zulassungsdokumenten und amtlichen Überführungskennzeichen des EU-Heimatstaates des Fahrzeughalters in einem anderen EU-Mitgliedsstaat in den Verkehr gebracht worden ist, um es in einen weiteren EU-Mitgliedsstaat zu überführen, ist dagegen nach § 1 IntKfzV aF (neu: § 20 FZV) zum **(Transit-)Verkehr** im Inland zugelassen. Der Fahrzeugführer macht sich dann **nicht** wegen Kennzeichenmissbrauchs gem § 22 I Nr 1, II StVG **strafbar** (OLG Bamberg zfs 07, 704 = SVR 08, 383 m Praxishinweis Ebner = DAR 08, 33 [LS]; OLG Nürnberg DAR 12, 273 = zfs 12, 348; OLG Bamberg DAR 12, 530); s zu zulässigen Transitfahrten auch Huppertz DAR 07, 542, 543; Holm/Liebermann SVR 08, 161, 164.

4 **b) Abs 1 Nr 2.** Abs 1 Nr 2 betrifft den **Austausch** des rechtmäßigen amtl KennZ durch eine **andere Kennzeichnung,** wie er hauptsächlich von Kfz-Dieben u Hehlern zur Verdeckung des Diebstahls vorgenommen wird. Wer ein verlorenes KennZ durch ein gleichartiges anderes ersetzt, muss dieses nach § 10 III FZV (früher: § 23 IV StVZO) amtl abstempeln lassen, widrigenfalls er eine OW nach §§ 10 XII, 48 Nr 1b FZV, 24 StVG, bei rechtswidriger Absicht sogar ein Vergehen nach § 22 I Nr 2 begeht. Verwendung eines von der VB fehlerhaft abgestempelten KennZ ist kein „KennZ-Missbrauch" iS von Abs 1 Nr 2 (OLG Düsseldorf NZV 93, 79).

5 **c) Abs 1 Nr 3.** Abs 1 Nr 3 betrifft Handlungen, durch die das echte KennZ in seinem Sinngehalt **verändert, beseitigt** oder durch Verdecken oder Beschädigung seine **Ablesbarkeit erschwert** wird (BayObLG DAR 81, 242), zB durch reflektierende Folie (OLG Düsseldorf NZV 97, 319) oder durch farblose Flüssigkeit, die bei Blitzlichtaufnahmen zu einer starken Reflektion führt (BayObLG NZV 99, 213). Abs 1 Nr 3 erfordert nicht die Absicht der Teilnahme am öff Verkehr.

Keine Strafbarkeit wegen „Beeinträchtigung der Erkennbarkeit" des Kennzeichens, wenn Kfz-Führer (nach Begehung einer Straftat) davonfährt, ohne Beleuchtung (also auch ohne Kennzeichenbeleuchtung) einzuschalten (AG Bielefeld NZV 02, 242), da die Beeinträchtigung auf eine unmittelbare Manipulation des Kennzeichens zurückgehen muss (Zopfs NZV 08, 387, 388; **aA** BayObLG DAR 81, 242; OLG Stuttgart DAR 11, 542; LG Verden DAR 12, 405; König/Seitz DAR 12, 361, 363; Hentschel/König/Dauer-König § 22 StVG Rn 5). Wird keine unmittelbare Manipulation des Kennzeichens verlangt, soll das Anbringen eines einzelnen neu für den Pkw zugeteilten Kennzeichenschildes vorn unter gleichzeitigem Belassen des sich davon unterscheidenden alten nicht mehr zugelassenen, aber noch nicht entstempelten Kennzeichenschildes hinten § 22 I Nr 3 Alt 4 StVG erfüllen (LG Verden DAR 12, 405; krit dazu König DAR 13, 361, 365). Denn durch das Beibehalten zweier unterschiedlicher Kennzeichen könne das angebrachte zugelassene Kennzeichen allein durch das weitere Vorhandensein des nicht mehr amtlich zugeteilten Kennzeichens in seiner Erkennbarkeit beeinträchtigt sein, da Erkennbarkeit in diesem Fall die richtige Zuordnung des amtlich zugelassenen Kennzeichens für das betreffende Kfz erschwert bzw beeinträchtigt (LG Verden DAR 12, 405, 406). Eine Urkundenfälschung liegt dagegen in diesem Fall nicht vor (LG Verden DAR 12, 405).

Keine Urkundenfälschung (§ 267 StGB), auch wenn durch die vorgen Mittel Ablesbarkeit erschwert wird (BGH NZV 00, 47; s dazu auch Krack NStZ 97, 602 u aA OLG Düsseldorf NZV 97, 319); allenfalls OW nach §§ 10 XII iVm 10 II 1, 48 Nr 1b FZV, 24 StVG (früher: § 60 I 4 iVm § 69a II Nr 4 StVZO); ob Verstoß gegen § 22 StVG vorliegen kann, lässt BGH offen.

6 **d) Rechtswidrige Absicht.** Die rechtswidrige Absicht, die in Abs 1 über den Vorsatz hinaus verlangt wird, geht dahin, mittels der verbotswidrigen Kennzeichnung im RVerkehr andere zu täuschen (RGSt 47, 199; 53, 141, 157; OLG Stuttgart VRS 36, 306).

3. Abs 2: Gebrauch falsch gekennzeichneter Kfze. Der Gebrauch falsch 7
gekennzeichneter Kfze setzt voraus, dass an der Kennzeichnung eine der in I
verbotenen Handlungen vorgenommen wurde. Gebrauch macht von dem Kfz,
wer es selbst fährt, die Fahrt veranlasst oder in anderer Weise zu ihr beiträgt, aber
nicht, wer bloß als Fahrgast an der Fahrt des anderen teilnimmt (BayObLGSt 63,
111 = VRS 25, 287). Auch das bloße Schieben eines (fahruntüchtigen) Pkw ist
ein „Gebrauchmachen" iS des § 22 II (OLG Köln NZV 99, 341). Abs 2 setzt
nicht voraus, dass der Hersteller der verbotenen Kennzeichnung in rechtswidriger
Absicht gehandelt hat, wohl aber, dass der **Benutzer** um die verbotene Kennzeichnung weiß u seinerseits in Täuschungsabsicht handelt (vgl RGSt 12, 112),
um ungehindert fahren zu können (OLG Stuttgart VRS 36, 306). Die hM hält
unter Berufung auf RGSt 72, 27, 29 bedingten Vorsatz hinsichtlich des Wissens
für ausreichend (s Preisendanz LdR Anm III 2 zu „Kennzeichenmissbrauch"; im
Hinblick auf den GWortlaut „... wissen, dass ..." aber zw). Wer eine nach Abs 1
verbotene Handlung begeht, um anschl das Kfz zu gebrauchen, u dies tut, ist
nach Abs 2, nicht auch wegen des Vergehens nach Abs 1 strafbar (BayObLGSt
56, 161 = VM 56, 108).

4. Subsidiarität. Die Anwendung des Abs 1 tritt infolge GKonkurrenz hinter 8
Abs 2 u hinter artverwandten Straftaten, insb hinter Urkundenfälschung nach
§ 267 StGB zurück (BayObLGSt 81, 156 = VRS 62, 136 = StVE 2). Ein amtl
KennZ ist eine Urkunde, wenn es amtl abgestempelt ist (RGSt 72, 369;
BGHSt 18, 66, 70; BayObLG v 27.4.88, 1 St 29/88). Seine inhaltliche Veränderung stellt ebenso wie seine Anbringung an einem anderen Kfz Urkundenfälschung dar (BGH VRS 21, 125). Dagegen ist die Anbringung eines nicht abgestempelten oder entstempelten KennZ keine Urkundenfälschung, sondern
Vergehen nach § 22 (OLG Koblenz NStZ-RR 2016, 388 mit Anmerkung Jäger
JA 2017, 231; OLG Hamburg VM 59, 40; BayObLG v 27.4.88 wie oben; zur
Abgrenzung s a Blum in NK Haus/Krumm/Quarch § 22 Rn 2 ff). **TE** besteht,
wenn das Vergehen nach § 22 II mit anderen, mit der Täuschungshandlung nicht
verwandten Straftaten, zB mit fahrlässiger Körperverletzung oder VGefährdung,
zusammentrifft (BayObLGSt 56, 161 = VM 56, 108).

Wer an einem **Kleinkraftrad** ein für ein anderes Fz ausgegebenes **Versiche-** 9
rungskennZ (§§ 26, 27 FZV) anbringt, begeht Urkundenfälschung (BayObLGSt
77, 74).

5. Literatur. Holm/Liebermann „Fernzulassung von Fahrzeugen?" SVR 08, 161; 10
Huppertz „Fernzulassung (Fortschreibung aus DAR 2005, 412)" DAR 07, 542; **Rebler**
„Fahrten mit rotem Kennzeichen" DAR 12, 285; **Zopfs** „Kennzeichenmissbrauch (§ 22
StVG) durch Nichtbeleuchtung des Kennzeichens?" NZV 08, 387; **Jäger** JA 2017.

§ 22a Missbräuchliches Herstellen, Vertreiben oder Ausgeben von Kennzeichen

(1) **Mit Freiheitsstrafe bis zu einem Jahr oder mit Geldstrafe wird bestraft, wer**
1. **Kennzeichen ohne vorherige Anzeige bei der zuständigen Behörde herstellt, vertreibt oder ausgibt oder**

2. (weggefallen)
3. Kennzeichen in der Absicht nachmacht, dass sie als amtlich zugelassene Kennzeichen verwendet oder in Verkehr gebracht werden oder dass ein solches Verwenden oder Inverkehrbringen ermöglicht werde, oder Kennzeichen in dieser Absicht so verfälscht, dass der Anschein der Echtheit hervorgerufen wird, oder
4. nachgemachte oder verfälschte Kennzeichen feilhält oder in den Verkehr bringt.

(2) Nachgemachte oder verfälschte Kennzeichen, auf die sich eine Straftat nach Absatz 1 bezieht, können eingezogen werden. § 74a des Strafgesetzbuchs ist anzuwenden.

1 **1. Allgemeines.** Die Vorschrift soll § 22 durch Erfassung bestimmter Vorbereitungshandlungen ergänzen. Sie stellt – jedenfalls in Abs 1 Nr 3 u 4 – auch den Missbrauch ausl Kfz-KennZ unter Strafe, nicht aber den Vertrieb bloßer PhantasieZ, die mit amtl KennZ nicht verwechslungsfähig sind (BayOblG VRS 65, 459 = StVE 1) u hat auch bei der allg Kriminalitätsbekämpfung Bedeutung (BTDr 8/971).

2 **2. Abs 1.** Abs 1 Nr 1 bezieht sich nur auf KennZ für dt Fze; Nrn 3 u 4 auch auf **ausl** (BayOblG VRS 65, 459). Vor dem Hintergrund der Verhinderung von Kennzeichenmissbrauch im Zusammenhang mit Straftaten und zum Schutz des staatlichen Zulassungswesens erfasst § 22a I Nr 1 StVG nach OLG München (DAR 11, 151 = NZV 11, 263 m abl Anm Dauer u abl Anm dazu bei König/Seitz DAR 11, 361, 363) jede Abgabe von Fahrzeugkennzeichen (hier: **Kurzzeitkennzeichen**) an Dritte ohne vorherige Anzeige an die zuständige Zuslassungsstelle gem § 6b StVG. Aufgrund der vom Gesetzgeber gewollten Ergänzung des § 22 StVG durch § 22a StVG und der damit verbundenen Parallelität der beiden Vorschriften würden auch von § 22a StVG Kurzzeitkennzeichen erfasst (OLG München DAR 11, 151 = NZV 11, 263 m abl Anm Dauer u abl Anm dazu bei König/Seitz DAR 11, 361, 363) und dementsprechend auch die unzulässige Weitergabe **roter Kennzeichen** ohne vorherige Anzeige nach § 6b StVG (Rebler DAR 12, 285, 290).

3 **3. Vorsatz.** Vorsatz ist erforderlich, bedingter genügt (s § 15 StGB). Rechtswidrige Absicht wird hier aber – anders als bei § 22 – nicht verlangt (s aber Abs 1 Nr 3).

4 **4. Konkurrenzen.** § 22a steht zu § 22 in GKonkurrenz, wenn der Hersteller das KennZ selbst zu einer Tat nach § 22 benutzt. Überlässt er es anderen, steht § 22a in TE m Beihilfe zu § 22 bzw § 267 StGB.

§ 22b Missbrauch von Wegstreckenzählern und Geschwindigkeitsbegrenzern[1]

(1) **Mit Freiheitsstrafe bis zu einem Jahr oder mit Geldstrafe wird bestraft, wer**
1. die Messung eines Wegstreckenzählers, mit dem ein Kraftfahrzeug ausgerüstet ist, dadurch verfälscht, dass er durch Einwirkung auf das Gerät oder den Messvorgang das Ergebnis der Messung beeinflusst,

---

[1] Eingefügt durch Ges v 14.8.05 (BGBl I S 2412).

Wegstreckenzähler und Geschwindigkeitsbegrenzer § 22b StVG

2. die bestimmungsgemäße Funktion eines Geschwindigkeitsbegrenzers, mit dem ein Kraftfahrzeug ausgerüstet ist, durch Einwirkung auf diese Einrichtung aufhebt oder beeinträchtigt oder
3. eine Straftat nach Nummer 1 oder 2 vorbereitet, indem er Computerprogramme, deren Zweck die Begehung einer solchen Tat ist, herstellt, sich oder einem anderen verschafft, feilhält oder einem anderen überlässt.

(2) In den Fällen des Absatzes 1 Nr. 3 gilt § 149 Abs. 2 und 3 des Strafgesetzbuches entsprechend.

(3) Gegenstände, auf die sich die Straftat nach Absatz 1 bezieht, können eingezogen werden. § 74a des Strafgesetzbuches ist anzuwenden.

Übersicht

	Rn
1. Allgemeines	1
2. Tathandlungen und Anwendungsbereich	2
a) Abs 1 Nr 1	2
b) Abs 1 Nr 2	3
c) Abs 1 Nr 3	4
3. Vorsatz	9
4. Tätige Reue	10
5. Einziehung	11

1. Allgemeines. Mit Gesetz v 14.8.05 (BGBl I S 2412) wurde durch § 22b **1** StVG die Möglichkeit eröffnet, die Verfälschung von Messdaten bei Wegstreckenzählern, das Manipulieren an Geschwindigkeitsbegrenzern sowie das Vorbereiten von Manipulationen an Wegstreckenzählern und Geschwindigkeitsbegrenzern strafrechtlich zu verfolgen (s auch amtl Begründung in BTDr 15/5315, S 8 u 10; BTDr 15/5706; Albrecht SVR 05, 281, 283; Blum NZV 07, 70; Humberg SVR 11, 164, 165); damit sollen bisher straflose Taten im Vorfeld des Betruges besser erfasst werden können (Albrecht SVR 05, 281, 284). – Zur grds Nichtanwendbarkeit deutschen Strafrechts, wenn die Manipulationen im Ausland vorgenommen werden Blum NZV 07, 70.

2. Tathandlungen und Anwendungsbereich. a) Abs 1 Nr 1. Abs 1 Nr 1 **2** erfasst das Verfälschen der Messung eines Wegstreckenzählers (§ 57 III StVZO; „Kilometerzähler"), mit dem ein Kfz ausgerüstet ist, durch Einwirkung auf das Gerät oder den Messvorgang. Ein **Verfälschen der Messung** liegt vor, wenn die durch den Wegstreckenzähler geleistete Aufzeichnung so verändert wird, dass sie nicht über die tatsächliche Laufleistung des Kfz Auskunft gibt (BVerfG NZV 06, 482 = DAR 06, 437; s auch Albrecht SVR 05, 281, 284). Dies ist auch dann der Fall, wenn bei einem Oldtimer infolge von Restaurierungsarbeiten der Tachometerstand auf Null gesetzt wird (OLG München BeckRS 2016, 21053). Ein Verfälschen liegt nicht vor, wenn auf den Wegstreckzähler zu Zwecken der Reparatur, Justierung, Konvertierung oder Datenrestauration eingewirkt wird, weil dies Handlungen auf die Gewährleistung oder Wiederherstellung der ordnungsgemäßen Funktion des Wegstreckenzählers, also auf die Anzeige der tatsächlichen Laufleistung des Kfz, abzielen (BVerfG NZV 06, 482 = DAR 06, 437; s auch Albrecht SVR 05, 281, 285; Blum NZV 07, 70, 71).

StVG § 22b III. Straf- und Bußgeldvorschriften

3 **b) Abs 1 Nr 2.** Abs 1 Nr 2 erfasst Manipulationen an **Geschwindigkeitsbegrenzern iSd §§ 57c, 57d StVZO;** nicht in den Schutzbereich fallen andere (mechanische oder elektronische) Einrichtungen zur Drosselung der Geschwindigkeit (zB an Mofas) und auch nicht Tempomaten in Pkw (Hentschel/König/Dauer-König § 22b Rn 5) oder die Aufhebung der Begrenzung auf 250 km/h bei Sportwagen. Bestraft wird, wer die bestimmungsgemäße Funktion eines Geschwindigkeitsbegrenzers, mit dem ein Kfz ausgerüstet ist, durch Einwirkung auf diese Einrichtung aufhebt oder beeinträchtigt (s auch Albrecht SVR 05, 281, 285). Strafbar ist hier die Manipulation (zB Stilllegung des Geschwindigkeitsbegrenzers), nicht der bloße Gebrauch eines funktionsuntüchtigen Geschwindigkeitsbegrenzers (s auch Blum NZV 07, 70, 71). Bei Fahrten ohne oder mit stillgelegtem Geschwindigkeitsbegrenzer kommt eine OWi nach §§ 57c II oder V, 69a III Nr 25b StVZO, 24 StVG in Betracht.

4 **c) Abs 1 Nr 3.** Abs 1 Nr 3 betrifft das Vorbereiten einer Straftat nach Abs 1 Nr 1 u 2, indem **Computerprogramme, deren Verwendungszweck** die Begehung einer solchen Straftat ist, hergestellt, sich oder einem anderen verschafft, feilgehalten oder einem anderen überlassen werden. Die Struktur der Vorschrift entspricht § 263a III StGB, bei dem die Straftat „objektiver Zweck" des Computerprogramms sein muss (BVerfG NZV 06, 482 = DAR 06, 437; Humberg SVR 11, 164, 166). Nach diesem Maßstab und in Abgrenzung zu den systematisch vergleichbaren Normen der §§ 149 u 275 StGB, die an die bloße Eignung der Software zur Begehung von Straftaten anknüpfen, ist **für** eine **„Strafbarkeit"** nach Abs 1 Nr 3 **nicht ausreichend,** dass das Computerprogramm lediglich zur Begehung der genannten Straftaten geeignet ist oder im Einzelfall der Begehung solcher Straftaten dient. Es muss sich vielmehr – zweckgerichtet – um „Verfälschungssoftware" für die strafbare Manipulation von Wegstreckenzählern oder Geschwindigkeitsbegrenzern handeln (BVerfG NZV 06, 482 = DAR 06, 437; s zur vergleichbaren Problematik bei § 263a III StGB zB Fischer § 263a StGB Rn 32). Eine Software zur Reparatur, Justierung und Umstellung von Wegstreckenzählern, deren Zweck nicht die Begehung einer Tat nach § 22b I Nr 1 u Nr 2 ist, wird von der „Strafbewehrung" nach Nr 3 nicht erfasst (vgl BVerfG NZV 06, 482 = DAR 06, 437; Albrecht SVR 05, 281, 286). Problematisch ist hier, wie auch bei § 263a StGB, die **Verwendung von neutralen Programmen mit hohem „Missbrauchspotential"** (Fischer § 263a StGB Rn 32) u deren dogmatische Einordnung. Soweit ein Programm den Zweck hat, auf die Messung bzw Funktion von Wegstreckenzählern bzw Geschwindigkeitsbegrenzern entsprechend einzuwirken, fällt es unter den **obj Tatbestand** (vgl auch Hentschel/König/Dauer-König § 22b StVG Rn 9). Von der „Strafbarkeit" erfasst wird deshalb zB auch derjenige, der sich ein **objektiv neutrales Computerprogramm („Reparaturprogramm")** zur Begehung einer Tat nach § 22b I Nr 1o 2 StVG verschafft, feilhält oder einem anderen überlässt (ähnlich Fischer § 263a StGB Rn 32 zur dort vergleichbaren Problematik; s auch Heintschel-Heinegg-Valerius BeckOK StGB § 263a Rn 48). Dies dürfte auch der Argumentation des BVerfG (aaO), das auf die „Strafbarkeit" abstellt, nicht entgegenstehen und außerdem dem Willen des Gesetzgebers entsprechen; nach der amtl Begr (BTDr 15/5315 S 10) „ist es strafbar, in Vorbereitung auf Manipulationen an Wegstreckenzählern oder Geschwindigkeitsbegrenzern Computerprogramme herzustellen, sich oder einem anderen zu verschaffen, feilzuhalten oder einem anderen zu überlassen. Diese Handlungen sind ebenso vorwerfbar wie das Manipulieren selbst und sollen deshalb ebenfalls unter Strafe gestellt werden." Über die Strafbarkeit im Einzelfall entscheidet dann der Vorsatz, der sich auch auf den Verwendungszweck (Tat nach Abs 1 Nr 1 u 2) beziehen muss (so auch Hentschel/König/Dauer-König § 22b StVG Rn 9). Zweifelsfälle sind, wie bei § 263a StGB, zugunsten des Betroffenen zu entscheiden (vgl Fischer § 263a StGB Rn 31).

Ein Computerprogramm ist, entsprechend § 263a StGB, **hergestellt,** wenn die 5 wesentlichen Bestandteile der Programmstruktur (Quellcode, Scripte) in einer maschinenlesbaren Sprache geschrieben und auf einem von Computern ausführbaren Speicher festgehalten sind (Fischer § 263a StGB Rn 33); „Herstellen" setzt die Existenz des Programmes voraus und ist deshalb ein Erfolgsdelikt (s auch Fischer § 263a StGB Rn 33).

Verschaffen kann insb durch den Erwerb oder das Kopieren des Computerpro- 6 gramms (auch Quellcode) erfolgen (Fischer § 263a StGB Rn 33), wobei die Erlangung (**sich** verschaffen) oder Einräumung (**einem anderen** verschaffen) der tatsächlichen Herrschaftsgewalt erforderlich ist (Hentschel/König/Dauer-König § 22b StVG Rn 10). Einem-anderen-Verschaffen liegt zB in der Weitergabe oder der Vermittlung zur Beschaffung des Programms o Quellcodes (s auch Fischer § 263a StGB Rn 33).

Feilhalten umfasst das jedenfalls für Insider nach außen erkennbare Bereithal- 7 ten des Computerprogramms zum entgeltlichen Erwerb (Fischer § 263a StGB Rn 33; Hentschel/König/Dauer-König § 22b StVG Rn 10).

Einem anderen überlassen bedeutet die Einräumung, des (auch nur vorüber- 8 gehenden) Gebrauchs (s Fischer § 184 StGB Rn 10) des Computerprogramms; dies kann auch durch bloßes Zulassen des Gebrauchs erfolgen (Hentschel/König/ Dauer-König § 22b StVG Rn 10).

3. Vorsatz. Bedingter Vorsatz genügt. Bei Abs 1 Nr 3 muss sich der Vorsatz 9 auch auf die zukünftige Straftat des Verfälschens von Messungen eines Wegstreckenzählers oder die Aufhebung oder Beeinträchtigung der Funktion eines Geschwindigkeitsbegrenzers beziehen; auch hier genügt billigendes in Kauf nehmen (s auch Albrecht SVR 05, 281, 286; u oben Rn 4).

4. Tätige Reue. Abs 2 verweist – nur – in den Fällen von Abs 1 Nr 3 auf die 10 Regelungen der tätigen Reue in § 149 II, III StGB (s dazu zB Fischer § 149 StGB Rn 8 ff u Humberg SVR 11, 164, 166).

5. Einziehung. Abs 3 erlaubt die Einziehung von Gegenständen, auf die sich 11 die Straftat nach Abs 1 bezieht. Bei solchen **Beziehungsgegenständen** handelt es sich um Sachen oder Rechte, die notwendiger Gegenstand der Tat selbst sind (BVerfG NZV 06, 482, 483 = DAR 06, 437 mwN). In Betracht kommen hier verfälschte Wegstreckenzähler und Geschwindigkeitsbegrenzer sowie Verfälschungssoftware (BVerfG NZV 06, 482, 483 = DAR 06, 437). Eine Einziehung des gesamten Kfz ist unverhältnismäßig (so auch Blum NZV 07, 70, 72).

§ 23 Feilbieten nicht genehmigter Fahrzeuge, Fahrzeugteile und Ausrüstungen

(1) **Ordnungswidrig handelt, wer vorsätzlich oder fahrlässig Fahrzeugteile, die in einer vom Kraftfahrt-Bundesamt genehmigten Bauart ausgeführt sein müssen, gewerbsmäßig feilbietet, obwohl sie nicht mit einem**

StVG § 24 III. Straf- und Bußgeldvorschriften

amtlich vorgeschriebenen und zugeteilten Prüfzeichen gekennzeichnet sind.

(2) Ordnungswidrig handelt, wer vorsätzlich oder fahrlässig einer Vorschrift einer auf Grund des § 6 Abs. 3a erlassenen Rechtsverordnung oder einer auf Grund einer solchen Rechtsverordnung ergangenen vollziehbaren Anordnung zuwiderhandelt, soweit die Rechtsverordnung für einen bestimmten Tatbestand auf diese Bußgeldvorschrift verweist.

(3) **Die Ordnungswidrigkeit kann mit einer Geldbuße bis zu fünftausend Euro geahndet werden.**

(4) **Fahrzeuge, Fahrzeugteile und Ausrüstungen, auf die sich die Ordnungswidrigkeit bezieht, können eingezogen werden.**

1 **1. Abs 1.** Die Norm dient vor allem der Verkehrssicherheit. **Die bauartgenehmigungspflichtigen Fz-Teile** sind in § 22a StVZO aufgeführt. Maßgeblich für eine OW nach I ist nur die objektive Verwendungsmöglichkeit, nicht die subjektive Verwendungsbestimmung der Teile (OLG Schleswig VRS 74, 55). Der TB erfasst auch das Anbieten von Fahrzeugteilen ohne Prüfzeichen soweit Hinweise wie: „... nicht für den Straßenverkehr zugelassen und entspricht nicht der STVZO!" oder ähnliche Formulierungen verwendet werden (OLG Hamm BeckRS 13, 1456399).

2 **2. Abs 3.** Die erhöhte Bußgelddrohung (III) richtet sich nur gegen das **gewerbsmäßige Feilbieten** nach I bzw II (vgl § 6 IIIa StVG). Abs 2 wurde durch Viertes Gesetz zur Änd des StVG v 22.12.08 (BGBl I 2965 neu gefasst) betrifft über Abs 1 hinaus jetzt das gewerbsmäßige Feilbieten weiterer Fahrzeugteile und von Fahrzeugen, die in der VO nach § 6 IIIa geregelt sind. Nicht gewerbsmäßiges Feilbieten ist – ebenso wie allg der Erwerb oder die Verwendung solcher Teile – OW nach § 24 StVG iVm § 69a II 7 StVZO. Zur „Gewerbsmäßigkeit" ist die Absicht des Täters erforderlich u genügend, sich durch wiederholte Begehung der Straftat eine laufende Einnahmequelle mind von einiger Dauer zu verschaffen (BGHSt 1, 383; 19, 76). Bei Vorliegen dieser Absicht ist bereits die erste Handlung gewerbsmäßig begangen. Handelt ein ges Vertreter oder verantwortlicher Angestellter für den Betriebsinhaber, so braucht Gewerbsmäßigkeit nur bei dem Vertretenen vorzuliegen; denn Gewerbsmäßigkeit ist ein persönliches Merkmal iS der §§ 9 II OWiG, 14 II StGB (s Göhler/Gürtler § 9 OWiG Rn 6).

3 **3. Zuständige Verfolgungsbehörde.** Zuständige Verfolgungsbehörde ist nach § 26 II seit 29.4.09 nicht mehr das KBA, sondern, um eine größere Nähe zu den die Verstöße feststellenden Bediensteten zu haben, die Behörde, die von der Landesregierung durch Rechtsverordnung näher bestimmt wird (vgl Viertes Gesetz zur Änd des StVG v 22.12.08, BGBl I 2965; BTDr 16/10 175 S 8).

4 **4. Verjährung.** Die OW verjährt gem § 31 II 2 OWiG: 2 Jahre. Nach Ablauf der Verjährungsfrist wird auch die Einziehung gem Abs 4 unzulässig; § 31 I OWiG.

§ 24 Verkehrsordnungswidrigkeit

(1) **Ordnungswidrig handelt, wer vorsätzlich oder fahrlässig einer Vorschrift einer auf Grund des § 6 Absatz 1, des § 6e Absatz 1 oder § 6g Absatz 4 erlassenen Rechtsverordnung oder einer auf Grund einer solchen Rechtsverordnung ergangenen Anordnung zuwiderhandelt, soweit die**

Rechtsverordnung für einen bestimmten Tatbestand auf diese Bußgeldvorschrift verweist. Die Verweisung ist nicht erforderlich, soweit die Vorschrift der Rechtsverordnung vor dem 1. Januar 1969 erlassen worden ist.

(2) **Die Ordnungswidrigkeit kann mit einer Geldbuße bis zu zweitausend Euro geahndet werden.**

Übersicht

	Rn
1. Allgemeines	1
2. Blankettgesetz	3
3. Vorsatz und Fahrlässigkeit	4a
4. Täterschaft, Teilnahme	5
5. Abs 2: Ahndung durch Geldbuße	8
a) Allg Höhe	8
b) Bemessung	8a
6. Zusammentreffen von Straftaten und Ordnungswidrigkeiten	9
a) Tatmehrheit, Tateinheit, Gesetzeskonkurrenz	9
b) Beendigung der Dauertat	12
7. Verfolgungsverjährung s § 26 III	13
8. Einziehung	13a
9. Literatur	14

1. **Allgemeines.** § 24 ist der für die Praxis bedeutsamste BußgeldTB; er stellt 1 die rechtliche Grundlage für die Ahndung von Verstößen gegen Vorschriften der auf Grund des § 6 erlassenen VOen, dh insb der StVO, FeV, FZV u StVZO, dar. Allerdings sind – entspr der neueren GGebungstechnik – nur solche Verstöße als OWen verfolgbar, auf die in der VO selbst hinsichtlich eines bestimmten TB ausdrücklich verwiesen ist (s dazu 3). – Der nach § 26a erlassene BKat stellt keine zusätzliche Ahndungsgrundlage dar (s Rn 4 zu § 26a).

Ordnungswidrigkeit definiert sich gemäß § 1 I OWiG als eine rechtswidrige u 2 vorwerfbare Handlung, die den TB eines G verwirklicht, das die Ahndung mit einer Geldbuße zulässt.

Das **Bestimmtheitsgebot (Art. 103 II GG)** gilt auch für Bußgeldtatbestände (BVerfGE 71, 108 [114] = NJW 86, 1671; BVerfGE 87, 363 [391] = NVwZ 93, 878; BVerfG, NJW 05, 349) und verpflichtet den Gesetzgeber, die Voraussetzungen der Ahndbarkeit so genau zu umschreiben, dass sich Tragweite und Anwendungsbereich des jeweiligen Ordnungswidrigkeitentatbestands durch Auslegung ermitteln lassen. Art. 103 II GG enthält insoweit einen strengen Gesetzesvorbehalt. Für die Bestimmtheit der Bußgeldbewehrung ist in erster Linie der erkennbare und verstehbare Wortlaut des gesetzlichen Tatbestands, also die Sicht des Bürgers maßgebend (st Rspr; vgl zB BVerfGE 64, 389 [393 f] = NJW 84, 225 = NStZ 83, 509; BVerfGE 71, 108 [114 ff] = NJW 86, 1671; BVerfGE 87, 209 [224] = NJW 93, 1457 = NStZ 93, 75; BVerfGE 105, 135 [152 f] = NJW 02, 1779; BVerfG, NJW 98, 2589 [2590] = NStZ 98, 506; BVerfG, NJW 05, 349, jew mw Nachw; so überzeugend dargelegt v OLG Bamberg NJW 06, 3732 = NZV 07, 49).

Die Unrechtsfolge einer OW ist keine mit einem sozialethischen Unwerturteil verbundene Kriminalstrafe. Die wegen einer OW erfolgende Sanktion ist vielmehr iw darauf gerichtet, eine bestimmte Ordnung durchzusetzen sowie ein nachdrücklicherer Pflichtenappell an den Betr künftig Ge- u Verbote zu beachten. Zur deutlichen Unterscheidung vom StrafR gebraucht das OWiG daher den Ausdruck **„Vorwerfbarkeit"** anstelle des im StrafR gebräuchlichen Begriffs „Schuld", ebenso den Ausdruck „Unerlaubtes" statt „Unrecht", weil mit den im StrafR üblichen Ausdrücken das Element sozialethischer Missbilligung verbunden werden könnte.

Die **Tat** iS des § 264 StPO (iVm § 46 I OWiG) bilden die tatbestandsmäßige Handlung u die damit zusammenhängenden natürlichen Ereignisse u Gegebenheiten, die sie von anderen Geschehnissen unterscheiden. Sie muss auch im BG-Verfahren festgestellt u nach § 66 I Nr 3 OWiG im BG-Bescheid näher „bezeichnet" werden. Die Tat muss so eindeutig konkretisiert sein, dass keine Unklarheit darüber möglich ist, welche Handlung dem Betr zur Last gelegt wird (ausführlich KK-OWiG/Kurz § 66 OWiG Rn 10 ff; Göhler/Seitz § 66 OWiG Rn 11 ff; Bohnert § 66 OWiG Rn 9 ff).

Der Beurteilung zurückliegender VVorgänge muss die jew im Tatzeitpunkt geltende ges Regelung zugrunde gelegt werden. ÄnderungsGe enthalten die erforderlichen Übergangsbestimmungen, die – oft für einzelne Vorschriften unterschiedlich – den Zeitpunkt des Inkrafttretens regeln. Fehlt eine solche Bestimmung, so tritt das G oder die VO zwei Wochen nach der Verkündung im BGBl in Kraft (Art 82 II 2 GG). Der RZustand im Tatzeitpunkt ist allein dafür maßgebend, ob der Täter rechtmäßig oder rechtswidrig gehandelt hat, so dass zB die Nichtbeachtung eines VZ auch dann geahndet werden kann, wenn es später beseitigt worden ist (BGHSt 23, 86). Nach ihm bemessen sich auch die zivilrechtlichen Folgen der Tat.

Für die Ahndung gilt grundsätzlich das R des Tatzeitpunktes (§§ 2 I StGB, 4 I OWiG; BGHSt 32, 152; DAR 85, 259). Erst nach der Tat geschaffene oder verschärfte Straf- oder Bußgeld-TBe unterliegen dem **Rückwirkungsverbot** (s Janiszewski 38), das sich aus dem das SanktionenR beherrschenden Schuldgrundsatz (Art 103 II GG) ergibt (BVerfGE 20, 331; NStZ 96, 192). Es gilt aber **nicht** bei einer zwischen Tat u Entscheidung erfolgten Änderung der bloßen **Auslegung** eines fortbestehenden G (zB Senkung des Beweisgrenzwertes zu § 316 StGB; s dazu § 316 StGB Rn 22b; BVerfG NStZ 90, 537; BGHSt 21, 157; OLG Bremen VRS 63, 124; BayObLG NZV 90, 400; OLG Düsseldorf NZV 90, 481; Allgaier DAR 90, 50), auch nicht bei **Änderung der Ahndungspraxis** auf der Grundlage des unverändert fortgeltenden ges Straf- oder Bußgeldrahmens (wie zB bei Verschärfung der Regelsätze im BKat; s § 26a StVG Rn 4) u für Maßregeln der Besserung u Sicherung (wie Entz oder FE), die nach zZ der Entscheidung geltenden G zu beurteilen sind, wenn das G nichts anderes bestimmt (§ 2 VI StGB; BGHSt 5, 168). Ändert sich das G zwischen Tat u Entscheidung, so ist das **mildeste** anzuwenden (§§ 2 III StGB, 4 III OWiG; Lackner/Kühl § 2, 3 ff). Dieses **Rückwirkungsgebot** gilt auch bei der Änderung, insb Aufhebung einer § 24 StVG ausfüllenden VVorschrift (§ 75 FeV, § 49 StVO, § 48 FZV u § 69a StVZO), denn es kommt für die Frage des mildesten G auf den gesamten RZustand an, von dem die Sanktion abhängt, nicht allein auf die Blankettvorschrift (BGHSt 20, 25, 177, 181; s § 24 StVG 3). Ein VVerstoß kann daher nicht mehr geahndet werden, wenn das entspr Verbot vor der Entscheidung aufgehoben u zB in den §§ 49 StVO, 69a StVZO nicht mehr erwähnt ist (s auch BVerfG NJW 90, 1103).

Eine Ausn vom Rückwirkungsgebot auf das mildeste G gilt für die sog **Zeitgesetze** (§§ 2 IV StGB, 4 IV OWiG), dh solche, die entweder ausdrücklich durch Angabe eines Zeitpunktes oder eines bestimmten Ereignisses (ZeitG im eigentlichen Sinne) oder ihrem Inhalt nach eine nur vorübergehende Regelung für wechselnde Zeitverhältnisse treffen wollen (BGHSt 6, 30, 36/7; 18, 14; OLG Naumburg NZV 93, 410; OLG Stuttgart NZV 89, 121). Sie sind auf Taten, die während ihrer Geltung begangen sind, auch dann anzuwenden, wenn sie inzw außer Kraft getreten sind; dazu gehören zB zeitlich befristete PolVOen (BayObLGSt 62, 24), vorübergehende Fahr- u Geschwindigkeitsbeschränkungen während der Ölkrise 73/4 (VO v 19.11.73; BGBl I 1676), die Ende 1989 ausgelaufene ZonengeschwindigkeitsVO (v 19.2.85, BGBl I 385) u nach Ein-Vertr vorübergehend fortgeltende Vorschriften der StVO/DDR (Nau aaO). Bei **OWen** ist allerdings bes zu prüfen, ob noch ein öff Interesse an der Verfolgung besteht (Göhler/Gürtler zu § 4 OWiG Rn 10c). Nicht zu den ZeitG gehört zB eine einzelne VRegelung, soweit sie nicht ausnahmsweise als vorübergehend erkennbar (BGH aaO) u etwa nur aus veränderten sachlichen Gründen geändert worden ist (s auch OLG Köln VRS 73, 223; OLG Stuttgart aaO u OLG Düsseldorf VRS 74, 45: EWGVO 3820/85 betr Lenkzeit (aufgehoben zum 11.4.07 – vgl ab 11.4.07 VO (EG) 561/06 v 15.3.06, ABl Nr L 102 S 1) u 3821/85 betr Kontrollgerät sind keine ZeitG). Entscheidend für die Frage der Einordnung als ZeitG ist es, ob die Änderung auf eine geläuterte RAuffassung oder auf eine Änderung der zeitbedingten (wirtschaftlichen) Verhältnisse zurückzuführen ist (BGHSt 20, 177; krit Rüping NStZ 84, 450).

Zur Notwendigkeit der **Vollziehbarkeit** einer Einzelanordnung zZ der Missachtung als Ahndungsvoraussetzung s § 49 StVO 4; Janiszewski 35a, wegen der Wirkung fehlerhafter oder gar nichtiger AOen s § 39 StVO Rn 9 ff.

2. Blankettgesetz. § 24 ist ein sog BlankettG (s Janiszewski 34 f, 167), das 3 erst zusammen mit der ausfüllenden Norm, dh der nach § 6 erlassenen VO oder einer darauf beruhenden EinzelAO, den BußgeldTB, dh die mit Geldbuße bedrohte Handlung iS des § 1 OWiG ergibt, wenn der TB hinreichend bestimmt ist u sich im Rahmen der ges Ermächtigung des § 6 I hält (vgl BGH VRS 56, 133). Die nötige Bestimmtheit wird durch die sog **„Rückverweisungstechnik"** erzielt, indem die hier bes interessierenden §§ 49 StVO, 75 FeV, 48 FZV u 69a StVZO jew „für einen bestimmten Tatbestand" mind stichwortartig auf die Blankettvorschrift verweisen (s 1; OLG Stuttgart VRS 45, 318); ohne diese Rückverweisung würde § 24 nicht eingreifen (s BayObLG VwBl 90, 158). Unzul wäre eine Verweisung auf die „jew in Kraft befindliche" VO (OLG Koblenz NStZ 89, 188).

Diese Vorschriften haben aber nicht etwa bloße Verweisungsfunktion, sondern 4 enthalten zT echte TB-Merkmale, deren Erfüllung notwendige Voraussetzung für die Anwendung des Blanketts, dh des § 24, ist (vgl dazu BGHSt 28, 213; 25, 338 sowie Janiszewski aaO oben Rn 3). Die einzelnen, in der Verweisungsvorschrift aufgeführten, das Blankett ausfüllenden Vorschriften u AOen stehen sich, jede im Zusammenhang mit § 24, als selbständige, mit Geldbuße bedrohte TBe gegenüber, die zueinander im Verhältnis der TE, Tatmehrheit oder GKonkurrenz stehen können, was jew, soweit veranlasst, bei den einzelnen Vorschriften erläutert ist. Bei Änderung der ausfüllenden Vorschriften gilt das mildere G (vgl Rn 2). Andere, in den Verweisungen der §§ 49 StVO, 75 FeV, 48 FZV u 69a StVZO nicht aufgeführte Vorschriften sind **nicht bußgeldbewehrt** (vgl zB §§ 1 I, 7 I–III u 11 III StVO; KG VRS 70, 475 zur ASU sowie Janiszewski NStZ 84, 406 zu § 23 I StVO). – Die Regelung ist **verfassungskonform** (BVerfGE 14, 187, 245; VRS 37, 241).

3. Vorsatz und Fahrlässigkeit. In subjektiver Hinsicht verlangt § 24 Vor- 4a satz oder Fahrlässigkeit. Die Schuldform muss im BG-Bescheid nicht ausdrücklich erwähnt werden, ihr kommt jedoch insoweit Bedeutung zu, als dass nach § 17 II OWiG fahrlässiges Handeln nur mit der Hälfte des angedrohten Höchstbetrages der Geldbuße geahndet werden kann. IdR ist hier von Fahrlässigkeit auszugehen (Krumm in NK Haus/Krumm/Quarch § 24 Nr 3; Janiszewski 94; OLG Hamm VRS 61, 292). Soll daher im gerichtlichen Verfahren Vorsatz in Betracht kommen, bedarf es eines entspr Hinweises (§§ 71 I OWiG, 265 StPO; OLG Hamm VRS 63, 56 u aaO; OLG Düsseldorf DAR 94, 163 Ls). Vorsatz liegt idR bei bes eklatanten Verstößen, wie zB bei hoher Geschwindigkeitsüberschreitung (KG VRS 65, 213), hoher Überladung uä OWen nahe, doch bedarf es auch hier stets der Prüfung der Einzelumstände. – Im Urt ist die Schuldform schon im Hinblick auf § 17 II OWiG stets anzugeben (OLG Koblenz VRS 70, 224; OLG Düsseldorf DAR 96, 66).

5   **4. Täterschaft, Teilnahme.** Wer Täter einer OW sein kann, hängt davon ab, an wen sich die verletzte Vorschrift richtet (Fz-Führer, VT, Fz-Halter oder auch nicht am Verkehr Beteiligte, s §§ 32 I, 33, 45 VI, 49 II 6 StVO). Wer zB das Fz nicht führt, kann nicht gegen eine Fahrvorschrift, die nur den Fz-Führer verpflichtet, als Allein- oder Nebentäter verstoßen (BGHSt 18, 6). Im Rahmen dieser Einschränkung kann die OW aber auch durch ein pflichtwidriges Unterlassen begangen werden (vgl § 1 StVO Rn 50, § 12 StVO Rn 72 sowie BayObLGSt 86, 10 = VRS 70, 471: Verantwortung des Halters für Einhaltung des Sonntagsfahrverbots nach § 30 III 1 StVO). Allein aus der Haltereigenschaft kann – ohne weitere Beweisanzeichen – nicht auf dessen Täterschaft geschlossen werden (BGHSt 25, 365; OLG Köln NZV 98, 37). Die Täterschaft beurteilt sich nach denselben Grundsätzen wie im StrafR. Auch eine OW kann nach § 8 OWiG durch pflichtwidriges Unterlassen begangen werden (§ 1 StVO Rn 50)

Im OWRecht gilt ein **einheitlicher Täterbegriff** („Einheitstäter"), der nicht zwischen Täter, Mittäterschaft, Beihilfe u Anstiftung unterscheidet (§ 14 OWiG). Dies dient der Vereinfachung des Verfahrens; so bedarf es keiner ausdrücklichen Klarstellung der Art der Tatbeitrages, da ohnehin keine unterschiedlichen RFolgen vorgesehen sind (OLG Düsseldorf VRS 64, 205; Göhler/Gürtler § 14 OWiG Rn 1, 2, 7). Trotzdem ist der als Täter Beschuldigte auf die Veränderung des rechtlichen Gesichtspunktes hinzuweisen, wenn seine Verurteilung „nur" noch als „Beteiligter" (s Rn 7) in Betracht kommt (BayObLGSt 78, 175; Göhler/Gürtler § 14 OWiG Rn 21).

Wahlfeststellung zwischen Täterschaft u Beteiligung (zB bzgl eines Parkverstoßes nach § 12 StVO) kommt wegen der Einheitstäter-Regelung in § 14 OWiG grundsätzlich nicht in Betracht (OLG Hamm NJW 81, 2269; BayObLG bei Rüth DAR 83, 255; Göhler NStZ 82, 11; s auch § 23 StVO Rn 33); bei der zulässigen Verurteilung aufgrund **wahlweiser Tatsachenfeststellung** bedarf es der doppelten Feststellung, dass er entweder selbst vorsätzlich falsch gehandelt (geparkt) oder die vorsätzliche Tat des anderen vorsätzlich gefördert hat (BayObLGSt aaO; KG VRS 66, 154; OLG Celle NdsRPfl 84, 223); anders im strafrechtlichen Bereich (s dazu OLG Karlsruhe VRS 59, 248; OLG Hamm VRS 29, 306). Eine Verurteilung auf mehrdeutiger Tatsachengrundlage setzt auch exklusive Alternativität voraus, das bedeutet, dass bei Vorliegen der einen Alternative die andere Alternative ausgeschlossen sein muss (OLG Rostock NStZ-RR 09, 152 [154]).

6   Der **Halter** ist der eigentliche Träger der aus der Zulassung eines Fz zum Betrieb entstehenden Rechtspflichten, denn auf ihn wird das Fz zugelassen (§§ 6 ff FZV). Deshalb ist er nicht nur verantwortlich für den technischen Zustand und die vorschriftsmäßige Zulassung des Fz, sondern er trägt auch die Verantwortung

für die Nutzung des Fahrzeugs durch einen Dritten (zB erforderliche Fahrerlaubnis und Fahrtüchtigkeit des Dritten, hin bis zur Einhaltung der Vorschriften über Besetzung und Ladung des Fz sowie Lenk- und Ruhezeiten). Zentrale Vorschrift ist § 31 II StVZO, vgl Rn 31 ff zu § 23 StVO.

Der mitfahrende Halter ist nicht verpflichtet, den ihm als zuverlässig bekannten Fahrer während der Fahrt zu beaufsichtigen, muss aber einschreiten, wenn er ein vorschriftswidriges Verhalten des Fahrers wahrnimmt (vgl § 23 StVO Rn 33). Andere Fahrgäste, auch der diensthöhere Beamte auf einer Dienstfahrt, sind nicht verpflichtet, regelmäßig auch gar nicht zuständig, dem Fahrer Weisungen über das Verhalten im Verkehr zu geben, außer, wenn ihnen grobe Verstöße auffallen.

Allerdings kommt **Nebentäterschaft** in Betracht, wenn zB der Halter für den mit seinem Kfz begangenen Verstoß mitverantwortlich war (BayObLG s § 12 StVO Rn 89). Eine generelle Pflicht des Halters, der das Kfz einem anderen überlassen hatte, sich bei der Rückgabe des Fz in seinen Obhutsbereich darüber Gewissheit zu verschaffen, ob es vom Fahrer ordnungsgemäß abgestellt worden ist, besteht zwar nicht (OLG Hamm VRS 61, 131), doch kann bei Übernahme der Fahrerverantwortlichkeit für das falsch abgestellte Kfz (zB durch dessen Übergabe an den vorher mitgefahrenen Halter) sogar eigene Täterschaft durch Unterlassen der Beseitigung des rechtswidrigen Zustands vorliegen (vgl BayObLGSt 62, 278; v 27.8.86, 1 Ob OWi 101/86; s auch § 12 StVO Rn 89).

Die Haltereigenschaft des Angeklagten, der die Einlassung zur Sache verweigert, kann für sich allein, auch wenn es sich um ein privat genutztes Fahrzeug handelt, nicht als ausreichendes Beweisanzeichen dafür gewertet werden, dass er das Fahrzeug zur Tatzeit geführt hat (OLG Düsseldorf DAR 03, 40).

Zur **Beteiligung** an einer OW iS des § 14 OWiG. Die Ahndung wegen Beteili- 7 gung (Mittäter, Anstifter oder Gehilfe) an einer VerkOW setzt voraus, dass alle Beteiligten vorsätzlich gehandelt haben (BGHSt 31, 309; OLG Stuttgart DAR 90, 188). **Fahrlässige** Zuwiderhandlungen kann nur derjenige begehen, der sämtliche Tatumstände erfüllt; eine mittelbare Täterschaft oder Beteiligung an einer fremden Tat gibt es bei ihnen nicht; zur fahrlässigen **Nebentäterschaft** OLG Karlsruhe NStZ 86, 128.

5. Abs 2: Ahndung durch Geldbuße. a) Allg Höhe. § 24 II nennt (seit 8 30.12.08; BGBl I 2965) einen eigenen BG-Rahmen (wie zB auch die §§ 24a u b), der um das Doppelte über dem nach § 17 I u II OWiG allg-gültigen Satz (zwischen 5 u 500 Euro für fahrlässige bzw bis 1000 Euro für vorsätzliche Owen) liegt. Damit soll einerseits dem Umstand Rechnung getragen werden, dass es sich hier um einen ausschließlich verkehrlich motivierten Bußgeldrahmen handelt, andererseits soll dadurch auch eine differenziertere Anhebung der Regelsätze in der BKatV ermöglicht werden (vgl amtl Begr BTDr 16/10 175 S 8; s auch Schubert DAR 09, 74 u Einf Rn 62).

b) Bemessung. Grundlage für die Bemessung sind nach § 17 III S 1 OWiG 8a die **Bedeutung** der OW u der **Vorwurf,** der den Täter trifft (eingehend dazu Göhler/Gürtler § 17 OWiG Rn 15 ff; vgl auch Schall NStZ 86, 1); das gilt auch für Heranwachsende; erzieherische Gesichtspunkte sind erst im Vollstreckungsverfahren zu berücksichtigen (OLG Düsseldorf NZV 92, 418; Göhler/Gürtler § 17 OWiG Rn 21). Hiernach hat auch der Tatrichter die Geldbuße im Rahmen seines Ermessens festzusetzen, während das Rechtsbeschwerdegericht nur zu prüfen hat, ob er dabei von rechtlich zutreffenden Erwägungen ausgegangen ist u sein Ermes-

StVG § 24

sen rechtsfehlerfrei ausgeübt hat (vgl OLG Düsseldorf VRS 69, 229; 72, 120; 77, 228; 86, 463; NZV 96, 78; st Rspr).

Bei der **Verhängung** relativ **hoher Geldbußen** (OLG Hamm zfs 08, 408: jedenfalls bei 750 Euro) ist die Leistungsfähigkeit der Betr zu berücksichtigen, da es von ihr abhängt, wie empfindlich eine Geldbuße den Täter trifft. Es sind dann nähere Ausführungen zu den wirtschaftlichen Verhältnissen, insb Einkommen, Schulden und Verpflichtungen, Bestehen etwaiger Unterhaltsverpflichtungen, ggf Einkommen des Ehepartners, erforderlich (OLG Hamm zfs 08, 408; siehe auch Rn 8g).

8b Eine Bemessung nach **mathematischen** Regeln ist ebenso unzul (s BayObLG VRS 61, 133; OLG Düsseldorf aaO, VRS 82, 463; 86, 188) wie eine Doppelverwertung von TB-Merkmalen (s § 46 III StGB; Göhler/Gürtler § 17 OWiG Rn 17 u Rn 30; OLG Düsseldorf v 8.2.93 bei Janiszewski NStZ 93, 576). Allerdings sieht **§ 3 IVa 1 BKatV** nunmehr für dort aufgeführte schwerwiegende Verstöße mit einem **Regelsatz von mehr als 55 Euro** eine **Verdoppelung** für **vorsätzlich** verwirklichte **OW** nach Abschnitt I BKat ausdrücklich vor (s auch § 26a StVG Rn 6a; König in Hentschel/König/Dauer § 24 Rn 48). – Die Ablehnung einer Vw darf nicht verschärfend verwertet werden (Ko VRS 62, 202); die an den BKat gebundene VB hat dann also eine etwaige Geldbuße grundsätzlich dem im Kat vorgeschriebenen Satz anzupassen, von dem auch das Gericht im Einspruchsverfahren nicht ohne zwingenden Grund abgehen sollte (s § 26a Rn 18).

8c Verwaltungsinterne Richtlinien für die Bußgeldbemessung können für das Gericht allenfalls grobe Orientierungshilfen sein, die eine Prüfung der Einzelfallumstände nicht entbehrlich machen. Diese Richtlinien finden unter dem Gesichtspunkt einer möglichst gleichmäßigen Behandlung gleichgelagerter Sachverhalte nur dann Beachtung, wenn sie festgestelltermaßen in der Praxis einen breiteren Anwendungsbereich erreicht haben (OLG Düsseldorf NZV 00, 425).

8d Auch **fehlende Einsicht** (OLG Koblenz NStZ 85, 369), soweit diese nicht auf RFeindschaft beruht, die Gefahr künftiger RBrüche (OLG Köln VRS 73, 297; OLG Düsseldorf VRS 78, 440; Göhler/Gürtler § 17 OWiG Rn 26a) u darauf schließen lässt, dass eine niedrige Geldbuße nicht ausreichend beeindruckt (BayObLG DAR 72, 207; v 30.1.95, 2 ObOWi 21/95; OLG Köln VRS 81, 200), oder bloßes Schweigen u Bestreiten (OLG Zweibrücken VRS 64, 454; BGH StV 87, 5; NStZ 87, 171; KG NZV 92, 249 mwN) wirken nicht bußgelderhöhend (OLG Hamm ZfS 97, 236).

8e Bei fahrlässiger OW eines **Ersttäters** kommt das Höchstmaß nur in den denkbar schwersten Fällen in Betracht (BayObLG VRS 69, 72), so uU auch bei Absehen von einem an sich gerechtfertigten FV (OLG Koblenz VRS 66, 476); bei Voreintragungen, wenn sie massive Pflichtverletzungen u keine ausreichende Wirkung der Sanktionen erkennen lassen (BayObLG v 9.12.94, 2 ObOWi 603/94); dabei darf der Höchstsatz aber nicht überschritten werden (OLG Düsseldorf StVE § 25 StVG 8; OLG Hamm NZV 94, 201).

8f Bei der Bewertung des Vorwurfs kommt es neben der Bedeutung der OW für die VSicherheit auch auf **bes Umstände in der Person** des Täters an, die den Vorwurf verstärken oder mindern können, wie zB bes leichtfertiges Handeln oder grobe Verletzung von Berufspflichten (zB grobe OW eines VPol oder VRichters), bzw andererseits verständliche Beweggründe u geringe Beteiligung. Obwohl die **berufliche oder soziale Stellung** des Betr grundsätzlich außer Betracht bleiben muss, kann sie im Einzelfall doch zulässiges Zumessungskriterium sein, wenn zwischen der beruflichen oder sozialen Stellung des Betr und der Begehung der

Verkehrsordnungswidrigkeit § 24 StVG

OW eine innere Beziehung besteht (OLG Bamberg DAR 11, 92 – hier offen gelassen für „Vorbildfunktion als Mitglied des Landtages").

Eine **besondere Stresssituation** (hier: Fahrt einer Hundehalterin mit überhöhter Geschwindigkeit [128 km/h statt max 100 km/h auf BAB] zum Tierarzt bei lebensbedrohlicher Situation eines ausgebildeten Rettungshundes) kann die **Reduzierung der Geldbuße** rechtfertigen (AG Koblenz DAR 13, 402).

Auch frühere OWen können nachteilig berücksichtigt werden, soweit sachlich u zeitlich ein innerer Zusammenhang mit der neuen Tat besteht (BayObLG NStZ 84, 461). Das gilt auch für **nicht registrierte** OWen, sofern sie bei hypothetischer Eintragungsfähigkeit nicht tilgungsreif wären (s Göhler/Gürtler § 17 OWiG Rn 20b; s hierzu u zur Verwertbarkeit getilgter u tilgungsreifer OWen Rn 3, 3a u 4 zu § 29 StVG), insb bei auffälliger Häufung entspr Vorwarnungen (OLG Düsseldorf JMBl NW 86, 45); Verwertungsverbot für nicht eintragungspflichtige OWen besteht nicht (OLG Karlsruhe DAR 90, 109). Die Zahl der sich aus Eintragungen im FAER (bis 30.4.14 VZR) ergebenden **Punkte** ist für die BG-Bemessung unerheblich (s zur bisherigen Rechtslage OLG Düsseldorf VRS 76, 395). – **Geringfügige** OWen sollten zwar grundsätzlich unberücksichtigt bleiben, doch ist ihre Berücksichtigung insb dann nicht unzulässig, wenn sie ohne Rückgriff auf allein dafür geführte Listen bekannt sind u ein innerer Zusammenhang zur neuen OW (zB lfde Parkverstöße) besteht (Göhler/Gürtler § 17 OWiG Rn 20c; OLG Köln VRS 71, 214; OLG Düsseldorf aaO); dann bedarf es näherer Angaben zur Verwertbarkeit, insb über Rechtskraft u Art der OW (OLG Köln aaO; OLG Koblenz VRS 64, 215).

Die **wirtschaftlichen Verhältnisse** bleiben bei **geringfügigen OWen,** dh bei 8g solchen im Verwarnungsbereich (OLG Köln VRS 74, 372), idR unberücksichtigt (§ 17 III S 2 OWiG; OLG Karlsruhe NStZ 88, 137; OLG Düsseldorf NZV 92, 418). Soweit die Geringfügigkeitsgrenze über **100 Euro** ausgedehnt wird (vgl OLG Koblenz VRS 60, 422; OLG Zweibrücken VRS 53, 61; OLG Düsseldorf VRS 64, 284: 100 DM) oder gar vermehrt bis **250 Euro** (vgl OLG Düsseldorf NZV 00, 425) ist das bedenklich (s Göhler NStZ 85, 63; Janiszewski 189 u NStZ 83, 259); in diesen Bereichen, wie überhaupt bei zunehmender Höhe der GB kommen sie durchaus in Betracht u **können** lediglich unbeachtet bleiben (so zutr BayObLG v 6.2.86, 2 Ob OWi 424/85; Göhler NStZ 84, 63; s auch oben Rn 8a und § 26a StVG Rn 5 und Göhler/Gürtler § 17 OWiG Rn 24). Über 100 Euro sind sie im Urt zu erörtern (vgl OLG Koblenz VRS 70, 224; OLG Düsseldorf VM 93, 64; OLG Celle ZfS 93, 32; OLG Köln VRS 87, 40); davon kann nur abgesehen werden, wenn keine Anhaltspunkte dafür vorliegen, dass sie vom Durchschnitt erheblich abweichen (OLG Düsseldorf NZV 93, 363; OLG Köln NZV 93, 119), dh außergewöhnlich gut oder schlecht sind (s Göhler/Gürtler § 17 OWiG Rn 24, 29 mwN; OLG Hamm NZV 96, 246 zu § 24a u DAR 97, 285; OLG Hamm DAR 12, 400) u die GB dem Regelsatz des BKat entspricht (OLG Brandenburg ZfS 97, 153); das gilt insb bei Erhöhung des Regelsatzes gem § 1 IV BKatV (OLG Düsseldorf aaO). Bei Verhängung der **Regelgeldbuße** nach dem BKatV sind (unabhängig von der Bußgeldhöhe im Einzelfall) **grds keine näheren Ausführungen zu den wirtschaftlichen Verhältnissen des Betr in den Urteilsgründen erforderlich** (OLG Hamm DAR 12, 400 Nr 21 u Nr 22). Eine **Ausnahme** von diesem Grundsatz besteht nur, wenn **tatsächliche Anhaltspunkte** dafür vorliegen, dass die wirtschaftlichen Verhältnisse außergewöhnlich gut oder schlecht sind (OLG Hamm DAR 12, 400 Nr 21 u Nr 22). Dabei ist die **Arbeitslosigkeit** des Betr regelmäßig ein Anhaltspunkt für außergewöhnlich schlechte wirtschaftliche Verhältnisse (OLG Hamm DAR 12, 400 Nr 22), **nicht** aber die bloße Mitteilung, dass der Betr **Rentner** ist (OLG Hamm DAR 12, 400 Nr 21). Bei nicht mehr geringfügigen OWen besteht eine **Verpflichtung des Gerichts zur Aufklärung der Vermögensverhältnisse** (OLG Schleswig NZV 11, 410). Bei **Geldbußen über 250 Euro** sind die **persönlichen und wirtschaftlichen Verhältnisse** des Betroffenen **zu berücksichtigen,** insbesondere können bei Wertung der Verhältnisse auch die Regelsätzes des BKatV unterschritten werden (AG Herford DAR 17, 212). Fehlen derartige Feststellungen, so sind die **Erwägungen zur Bemessung der Rechtsfolge materiell-rechtlich unvollständig** und unterliegen daher der Aufhebung (KG DAR 12, 395, 396). Im BG-Bescheid bedarf es hingegen grundsätzlich keiner Begründung der Höhe der GB (§ 66 III OWiG).

In der obergerichtl Rechtspr bestehen **unterschiedl Ansichten** zur **Geringfügigkeitsgrenze** in der Bemessung der Geldbuße bei OW mit **Tendenz zu 250 Euro:** 100 Euro nach OLG Celle (ZfS 05, 314); Aufgabe dieser Rechtsprechung durch OLG Celle (NJW 08, 3079 = SVR 09, 233 m Praxishinweis Sattler: 250 Euro). Nach OLG Frankfurt/M (ZfS 04, 283) sind 280 Euro u nach OLG Köln (ZfS 06, 116 m Anm Bode) u OLG Koblenz (ZfS 07, 231 m Anm Bode) 250 Euro geringfügig; zur ebenf unterschiedl Rechtspr aus der „DM-Zeit" s obig Ausführ. Vgl die zutr krit Anm von Bode (ZfS 04, 284 u 05, 315).

Die Geringfügigkeitsgrenze sollte, auch im Hinblick auf § 80 II Nr 1 OWiG, weiterhin bei 100 Euro gezogen werden (vgl auch Göhler/König, 14. Aufl 2006, § 17 OWiG Rn 24; aA Göhler/Gürtler § 17 OWiG Rn 24: 250 Euro).

8h Für häufig vorkommende OWen im StraßenV sind im Interesse einer im allg gerechter erscheinenden Gleichbehandlung im **Bußgeldkatalog** Regelsätze festgelegt worden, an die die VBen u Gerichte gebunden sind (s dazu § 26a Rn 4 f).

9 **6. Zusammentreffen von Straftaten und Ordnungswidrigkeiten. a) Tatmehrheit, Tateinheit, Gesetzeskonkurrenz.** Wegen der Subsidiarität der OWen gegenüber den Straf-TBen (§ 21 I OWiG) darf eine GB neben einer Strafe nicht verhängt werden, wenn die OW mit der Straftat in GKonkurrenz oder TE steht, während bei TM Strafe u GB nebeneinander zulässig sind. Im OWRecht kommt es demnach darauf an, ob eine mit GB bedrohte Handlung selbstständig neben der Straftat steht (§ 20 OWiG, § 53 StGB), während der Unterschied zwischen TE u GKonkurrenz keine Bedeutung hat, da in beiden Fällen sowohl die Erwähnung der OW im Schuldspruch als auch die Verhängung einer GB neben der Strafe ausgeschlossen ist. Mehrere auf derselben Fahrt hintereinander begangene Verstöße stehen zueinander in **TM,** wenn bei natürlicher Betrachtung kein unmittelbarer zeitlicher räumlicher u innerer Zusammenhang iS eines einheitlichen, zusammengehörenden Tuns vorliegt (BayObLGSt 68, 57; 75, 155; OLG Hamm VRS 46, 277, 370; OLG Düsseldorf NZV 88, 195), insb bei Begehung an verschiedenen Stellen (BayObLG v 13.7.87, 1 Ob OWi 100/87; s auch § 3 StVO Rn 100a). Mehrere Taten in verfahrensrechtlichen Sinn können auch im Rahmen einer einheitlichen Fahrt dann angenommen werden, wenn dabei in unterschiedlichen Verkehrslagen mehrfach gegen Verkehrsvorschriften verstoßen wurde (BayObLG NZV 02, 145; OLG Braunschweig DAR 05, 521). Bei TM ist für jede OWi gesondert eine GB festzusetzen (§ 20 OWiG); die im BKat vorgesehenen Beträge sind nicht etwa zu addieren (OLG Düsseldorf v 21.10.97, 5 Ss (OWi) 307/97 – (OWi) 160/97 I). TM als solche ist allein kein Erhöhungsgrund der einzelnen GB, deren Kumulation idR genügt (OLG Düsseldorf v 18.11.97, 5 Ss (OWi) 281/97 – (OWi) 170/97 I).

Verkehrsordnungswidrigkeit § 24 StVG

Mehrere Straftaten u OWen, deren TB durch dasselbe Führen eines Fz verwirk- 10
licht wird, stehen im Verhältnis der **TE** (BGH VRS 52, 129). Das Führen eines
Fz in betrunkenem Zustand (§ 316, evtl § 315c I 1a StGB) oder trotz Fehlens der
FE (§ 21 I 1 StVG) steht demnach in TE mit den auf der Fahrt begangenen
Verstößen gegen die StVO; für Letztere ist daher keine gesonderte Ahndung
zulässig. Führen eines LKW ohne vorgeschriebenen Geschwindigkeitsbegrenzer
(§ 69a III Nr 25b StVZO) steht in TE mit einem dabei begangenen Geschwindigkeitsverstoß (§ 49 I Nr 18 StVO), OLG Zweibrücken NZV 02, 97). TE besteht
auch zwischen den genannten Verstößen u der OW nach § 23 I S 2 StVO oder
§ 69a StVZO, wenn das Fz den Beschaffenheitsvorschriften der StVZO nicht
entspricht (BGH aaO). Jedoch treten die engeren TBe des § 69a StVZO an die
Stelle des § 23 I S 2 u schließen dessen Anwendung durch **Gesetzeskonkurrenz**
aus (vgl § 23 StVO 52).

Auch das Nichtmitführen des FSch nach § 4 II S 2 FeV ist ein Begehungsdelikt, 11
das erst durch das Führen des Fz verwirklicht wird (ebenso OLG Köln VRS 77,
78 bzgl der Mitführung anderer Beförderungspapiere nach der GGVS). Es steht
daher ebenfalls in TE mit den gen Vergehen (BayObLGSt 62, 154; 64, 95); aber
TM, wenn der Fz-Führer seinen FSch auf Verlangen einer zuständigen Person
nicht aushändigt. Eine echte Unterlassungstat kann mit einer gleichzeitig verwirklichten Begehungstat nicht in TE stehen (BGHSt 6, 230). Durch GKonkurrenz
scheidet eine Anwendung der BG-Vorschriften insb in den Fällen aus, in denen
ein VVerstoß nach der StVO grob verkehrswidrig u rücksichtslos begangen u
deshalb als VGefährdung nach § 315c I 2 StGB qualifiziert ist. Einzelfragen des
Zusammentreffens von BußgeldTBen sind bei den einzelnen Vorschriften erörtert.

b) Beendigung der Dauertat. Grundsätzlich bewirkt jede willentliche, nicht 12
durch äußere Umstände erzwungene, Rückkehr zu ordnungsgemäßem Verhalten
(Aufgabe einer Ordnungswidrigkeit) eine Zäsur, so dass eine nachfolgende (weitere neue) Ordnungswidrigkeit aufgrund eines neuen Tatentschlusses in Tatmehrheit zu dem vorausgehenden Verstoß (zB wiederholte Verstöße gegen das Rechtsfahrgebot nach zwischenzeitlicher Einhaltung des Rechtsfahrgebots) steht
(Albrecht SVR 07, 121, 127).

Jeweils an den Fahrvorgang (Begehungsdelikte) anknüpfende, sich überlagernde
Willensbetätigungen des Betr stellen zeitgleich-einheitliches Handeln und damit
Tateinheit dar (OLG Jena VRS 117/09, 352: Geschwindigkeitsüberschreitung
Zeichen 274 und Telefonieren entgegen § 23 Ia StVO). Eine Fahrt entgegen § 24a
oder mit einem mangelhaften Kfz endet zB erst mit Abschluss der Fahrt (s auch
OLG Düsseldorf ZfS 82, 350; BayObLG ZfS 82, 351; Albrecht SVR 07, 121,
124; näher dazu § 24a StVG Rn 12).

7. Verfolgungsverjährung s § 26 III. 13

8. Einziehung. Bei OWen nach § 24 StVG (somit bei Verstößen gegen 13a
StVO, StVZO, FZV, FeV) ist eine **Einziehung nach § 22 OWiG**, zB des Tatfahrzeugs, mangels entsprechender gesetzlicher Regelung (§ 22 I OWiG) **nicht zulässig** (Hentschel/König/Dauer-König § 24 StVG Rn 66).

9. Literatur. Albrecht „Die Abgrenzung von Tateinheit und Tatmehrheit bei Straßen- 14
verkehrsordnungswidrigkeiten (Eine Empfehlung für Bußgeldbehörden u Gerichte)" Diss.,
2004; **ders** „Die Abgrenzung von Tateinheit und Tatmehrheit bei mehreren gleichzeitig
begangenen Straßenverkehrsordnungswidrigkeiten" NZV 05, 62; **ders** „Die unbefriedigenden Lösungen zur Konkurrenz bei Verkehrsverstößen" DAR 07, 61; **ders** „Tateinheit und

Tatmehrheit bei mehreren nacheinander begangenen gleichartigen Straßenverkehrsordnungswidrigkeiten" SVR 07, 121; **Krumm** „Die prozessuale Tat im verkehrsrechtlichen Bußgeldverfahren" [Arbeitshilfe] SVR 10, 332; **Müller, D.** „BT-KAT-OWi – Leitfaden für Rechtsanwender", 2007; *ders* „Der neue Bundeseinheitliche Tatbestandskatalog – eine kritische Einführung" DAR 13, 604; **Sumpmann** „Konkurrenzen im Verkehrsordnungswidrigkeitenrecht", 2004; **Struensee** „Tateinheit oder Tatmehrheit" DAR 05, 656. – S auch Lit zu § 21a StVO.

§ 24a[1] 0,5 Promille-Grenze

(1) **Ordnungswidrig handelt, wer im Straßenverkehr ein Kraftfahrzeug führt, obwohl er 0,25 mg/l oder mehr Alkohol in der Atemluft oder 0,5 Promille oder mehr Alkohol im Blut oder eine Alkoholmenge im Körper hat, die zu einer solchen Atem- oder Blutalkoholkonzentration führt.**

(2) **Ordnungswidrig handelt, wer unter der Wirkung eines in der Anlage zu dieser Vorschrift genannten berauschenden Mittels im Straßenverkehr ein Kraftfahrzeug führt. Eine solche Wirkung liegt vor, wenn eine in dieser Anlage genannte Substanz im Blut nachgewiesen wird. Satz 1 gilt nicht, wenn die Substanz aus der bestimmungsgemäßen Einnahme eines für einen konkreten Krankheitsfall verschriebenen Arzneimittels herrührt.**

(3) **Ordnungswidrig handelt auch, wer die Tat fahrlässig begeht.**

(4) **Die Ordnungswidrigkeit kann mit einer Geldbuße bis zu dreitausend Euro geahndet werden.**

(5) **Das Bundesministerium für Verkehr und digitale Infrastruktur wird ermächtigt, durch Rechtsverordnung im Einvernehmen mit dem Bundesministerium für Gesundheit und Soziale Sicherung und dem Bundesministerium der Justiz und für Verbraucherschutz mit Zustimmung des Bundesrates die Liste der berauschenden Mittel und Substanzen in der Anlage zu dieser Vorschrift zu ändern oder zu ergänzen, wenn dies nach wissenschaftlicher Erkenntnis im Hinblick auf die Sicherheit des Straßenverkehrs erforderlich ist.**

Anlage (zu § 24a)[2]

Liste der berauschenden Mittel und Substanzen

Berauschende Mittel	Substanzen
Cannabis	Tetrahydrocannabinol (THC)
Heroin	Morphin

[1] Abs 1 idF d Ges v 19.3.01 (BGBl I 386). Abs 4 geänd durch Viertes Gesetz zur Änd des StVG v 22.12.08 (BGBl I 2965). Abs 5 geänd durch das Gesetz zur Einführung einer Grundqualifikation und Weiterbildung der Fahrer im Güterkraft- oder Personenverkehr v 14.8.06 (BGBl I 1958, 1961).

[2] Anlage erweitert durch VO zur Änd der Anl zu § 24a StVG u and Vorschriften v 6.6.07, BGBl I 1045; s dazu auch BRDrs 231/07. – Inkrafttreten: 15.6.07 (BGBl I 1045, 1047).

0,5 Promille-Grenze **§ 24a StVG**

Berauschende Mittel	Substanzen
Morphin	Morphin
Cocain	Cocain
Cocain	Benzoylecgonin
Amfetamin	Amfetamin
Designer-Amfetamin	Methylendioxyamfetamin (MDA)
Designer-Amfetamin	Methylendioxyethylamfetamin (MDE)
Designer-Amfetamin	Methylendioxymethamfetamin (MDMA)
Metamfetamin	Metamfetamin

Übersicht

	Rn
1. Allgemeines	1
2. Abs 1 (Alkohol)	3
a) Tatbestandliche Ausgestaltung	3
b) Alkohol im Blut oder im Körper	3a
c) „Sicherheitszuschlag"	3b
d) „Aufrundung"	3c
3. Der Nachweis der alkoholischen Beeinträchtigung erfolgt	4
a) durch Blutprobe	4
b) durch Prüfung der Atemluft (Alveolarluft)	4a
4. Abs 2 (Drogen)	5
5. Vorsatz und Fahrlässigkeit	6
a) Fahrlässigkeit	6
b) Vorsatz	7
6. Beteiligung	8
7. Die Ahndung ist in IV dem Unwertgehalt des Tb angepasst:	9
a) Geldbuße	9
b) Fahrverbot	10
c) Verjährung	11
8. Konkurrenzen	12
9. Verfahrenshinweise	13

1. Allgemeines. Zur systematischen Einordnung der Vorschrift u Entste- 1
hungsgeschichte s Janiszewski 404 ff. Die Neufassung war zunächst eine Kompromisslösung nach jahrelangen Auseinandersetzungen (s zB Janiszewski DAR 90, 415) über die Höhe des Grenzwertes u die Zulassung der AA-Probe (zur Begr s BTDr 13/1439 u 3764). Die **Abs 1 u 4** wurden erst nach Einschaltung des Vermittlungsausschusses vom BT am 27.3.98 endgültig beschlossen u als StVG-ÄndG v 27. 4. am 30.4.98 verkündet (BGBl I 795); sie sind am 1.5.98 in Kraft getreten. Abs 1 u 4 wurden erneut geändert durch Ges v 19.3.01 (BGBl I 386) mit dem Ziel, einen einzigen Gefahrengrenzwert von 0,5 Promille bzw 0,25 mg/l einzuführen, unter Aufhebung der ab 1.5.98 eingeführten Regelung mit zwei Grenzwerten (0,5 und 0,8 Promille bzw 0,25 und 0,40 mg/l mit jeweils unterschiedlicher Ahndung). **Abs 2** als StVG-ÄndG v 28.4.98 (BGBl I 810) in Kraft erst ab 1.8.98. Die Liste der berauschenden Mittel (Anl zu § 24a) wurde durch VO v 6.6.07 (BGBl I 1045) um Cocain als Substanz sowie Metamfetamin und MDA ergänzt (s auch BRDrs 231/07). – **Abs 1** 2. Alternative (Alkoholmenge im Körper) galt schon bisher als verfassungskonform (BVerfG BA 78, 456; BayObLG VRS 48, 48).

StVG § 24a III. Straf- und Bußgeldvorschriften

2   Während sich die §§ 315c, 316 StGB gegen alle **Fz-Führer** richten, gilt **§ 24a nur für Führer von Kraftfahrzeugen** iS des § 1 II (§ 1 StVG Rn 8 – dort auch näher zur Einstufung von **Elektrofahrrädern/Pedelec** iSd § 1 III StVG, die keine Kfz iSd StVG sind; s auch OLG Hamm BeckRS 13, 18137 = DAR 13, 712 m Anm Schäpe), einschl der nach § 3 II zulassungsfreien, also auch für Fahrräder u Leichtmofas m betriebenem Hilfsmotor (BGH NZV 93, 443), Arbeitsmaschinen (wie zB Bagger: OLG Hamm VRS 51, 300 = StVE 1; OLG Düsseldorf VRS 64, 115; LG Osnabrück ZfS 84, 154: Aufsitzrasenmäher; s § 2 StVO Rn 10), Mobilitätshilfen iSd MobHV (s Scheidler DAR 09, 536, 538; Blum SVR 11, 173, 175), die gem § 1 II MobHV Kfz sind (zB Segway), maschinell angetriebene Krankenstühle, unabhängig davon, ob sie fahrerlaubnispflichtig sind und Segways (OLG Hamburg NZV 17, 193), **aber nicht** für die **Führer von Schienen- oder anderen Fzen.** § 24a verbietet das **Führen** von Kfzen, dh deren Bewegung im Verkehr (hierzu § 2 StVO Rn 8 ff), in einem I u II beschriebenen Zustand auf **öff Str** (hierzu Einf Rn 26 u § 1 StVO Rn 13 ff).

Kfz-Führer iSd § 24a I u II StVG **ist trotz** der Regelung in **§ 2 XV 2 StVG** auch der das Kfz steuernde **Fahrschüler** (Hentschel/König/Dauer-König § 24a StVG Rn 10; s auch OLG Bamberg NJW 09, 2393), weil er es unter bestimmungsgemäßer Anwendung seiner Antriebskräfte unter Mitverantwortung in Bewegung setzt bzw es unter Handhabung seiner technischen Vorrichtungen während der Fahrbewegung durch den öffentlichen Verkehrsraum unter oder wenigstens zum Teil leitet (BGHSt 35, 390); s auch § 2 StVG Rn 55 **[alkoholisierter Fahrlehrer]**; zum Führen eines Fahrschulfahrzeugs Blum/Weber NZV 07, 228. – Der Fahrlehrer kann bei einer vorsätzlichen Haupttat des Fahrschülers nach den allgemeinen Grundsätzen nach § 14 OWiG Beteiligter sein (s § 24a Rn 8).

Kein Kfz-Führer ist aber die **Begleitperson beim begleiteten Fahren ab 17 Jahre** (§ 48a FeV; § 6e StVG), der den „Status" eines bloßen Beifahrers (amtl Begr VkBl 05, 686 [690] hat, nur Ansprechpartner für den Fahranfänger ist und ihm gem § 48a IV 1 Nr 2 FeV lediglich Sicherheit vermitteln soll (Hentschel/König/Dauer-Dauer § 48a FeV Rn 21).

Über das Alkoholdelikt im Allg, Fragen der Resorption, Nachweis der BAK pp s Erl zu § 316 StGB; **Blutalkoholtabellen** s § 316 StGB 39.

3   **2. Abs 1 (Alkohol). a) Tatbestandliche Ausgestaltung.** § 24a I verbietet das Führen eines Kfz unter nicht mehr völlig unerheblichem Alkoholeinfluss ohne Rücksicht darauf, ob der Betr noch fahrsicher ist oder Ausfallerscheinungen zeigt (OLG Düsseldorf NZV 93, 405); darauf oder auf die zusätzliche Einwirkung von Rauschmitteln pp kommt es nicht an (Janiszewski 403, 405). – § 24a I ist ein **abstrakter Gefährdungs-TB** (s auch Geppert DAR 08, 125, 126), der erfüllt ist, wenn ein Kfz im öff Verkehr geführt wird, obwohl der in I gen **Gefahrengrenzwert** erreicht ist, ohne dass es dabei einer konkreten Gefährdung anderer VT bedarf. Die Höhe des in I fixierten Gefahrengrenzwertes von 0,5 rechtfertigt sich aus der Erkenntnis, dass die Fahrsicherheit eines Kfz ab einer BAK von 0,5‰ , unter ungünstigen Umständen sogar schon bei einer BAK von 0,3‰ nicht mehr gegeben sein kann (s § 316 StGB Rn 21 u Janiszewski Rn 343 ff mwN), so dass er dann für die Allgemeinheit eine Gefahr bildet.

Ein spezielles „Alkoholverbot" für Fahranfänger enthält seit 1.8.07 § 24c StVG (s dort; generell zur Frage eines Alkoholverbots für Fahranfänger zB Weibrecht NZV 05, 563 u oben § 2a StVG Rn 2a).

3a **b) Alkohol im Blut oder im Körper.** Die OW setzt nicht nur voraus, dass der Betr schon im Zeitpunkt der Fahrt die in I gen BAK oder AAK aufweist, sondern es genügt nach der 2. Alternative, dass der vor Antritt der Fahrt eingenommene Alkohol – wenn auch erst nach Fahrtbeendigung – diese Höhe erreicht (OLG Koblenz VRS 69, 231; Näheres bei Janiszewski 412). Eine **Rückrechnung** entfällt deshalb, wenn das Messergebnis den Grenzwert oder mehr ausweist. Liegt die gemessene Alkoholkonzentration unter dem Gefahrengrenzwert, ist – wie bei § 316 StGB (s dort Rn 14) – bei abgeschlossener Resorption zurückzurechnen; lässt sich nicht ausschließen, dass die Resorption noch nicht beendet war, ist zu prüfen, ob zur Klärung eine 2. Blutprobe ausnahmsweise vertretbar u nötig ist (s Nr 3.5.4 RiBA u Janiszewski 379). Beim AA-Test ist ein zweiter Test idR uninteressant u eine Rückrechnung problematisch (s Heifer/Pluisch NZV 92, 342). Im Übrigen gelten für die BAK-Bestimmung zZ der Tat auch hier die zu § 316 StGB dargestellten Regeln entspr (s § 316 StGB Rn 8 ff, 24: Nachtrunk pp).

c) „Sicherheitszuschlag". Da in dem Gefahrengrenzwert von 0,5‰ ein **3b** **„Sicherheitszuschlag"** von 0,1‰ (s BTDr 13/1439 S 4) bereits enthalten ist, um etwaige Fehlerquellen der Blutalkoholbestimmung auszugleichen (Janiszewski 410), kommt ein (nochmaliger!) Sicherheitszuschlag zum Ergebnis der Blutuntersuchung nicht in Betracht (OLG Koblenz DAR 74, 248; BayObLGSt 74, 95 = DAR 74, 301; OLG Düsseldorf BA 98, 76; s auch BGA NZV 90, 104).

d) „Aufrundung". Ein (wenn auch nur geringfügig) unter dem Gefahren- **3c** grenzwert liegender mittlerer Analysenwert darf nicht auf einen in I gen Grenzwert **aufgerundet** werden (BGHSt 28, 1 = StVE 4; OLG Hamm VRS 52, 138; BayObLG VRS 53, 53; OLG Düsseldorf BA 79, 61).

3. Der Nachweis der alkoholischen Beeinträchtigung erfolgt. a) durch **4** **Blutprobe.** Die **Zulässigkeit der Blutentnahme** richtet sich über § 46 IV OWiG nach § 81a StPO (vgl hierzu die unter Rn 40 zu § 316 StGB abgedr RiLien); zur Auswertung s § 316 StGB Rn 8 ff u 13a. Bei Anordnung einer Blutentnahme nach § 81a StPO muss (wie bei der Wohnungsdurchsuchung) eine effektive nachträgliche gerichtliche Kontrolle der (staatsanwaltschaftlichen) Eilanordnung möglich sein. Die Anordnungskompetenz der StA und der Polizei (Ermittlungspersonen der StA) besteht hier nur, wenn aufgrund der Verzögerung durch die Einholung einer richterlichen Entscheidung der Untersuchungserfolg gefährdet wird, so dass die **Strafverfolgungsbehörden** regelmäßig **versuchen müssen, die Anordnung des zuständigen Richters zu erlangen**, bevor sie selbst die Blutentnahme anordnen; die Tatsachen, die den Untersuchungserfolg gefährden, müssen für die gerichtliche Überprüfung einzelfallbezogen in den Ermittlungsakten vermerkt werden. Geschieht dies nicht bzw prüft das Gericht die Voraussetzungen der Eilkompetenz nicht, ist der Betr in seinen Rechten aus **Art 19 IV GG** verletzt (BVerfG v 12.2.07 – 2 BvR 273/06, NJW 07, 1345; BVerfG v 11.6.10 – 2 BvR 1046/08, NJW 10, 2864 = zfs 10, 525). Dass die strafgerichtliche RSpr allein bei einer fehlenden Dokumentation kein Verwertungsverbot annimmt, ist verfassungsrechtlich nicht zu beanstanden, zumal die Möglichkeit bleibt, den Dokumentationsmangel in der notwendigen Abwägung zu berücksichtigen (BVerfG v 24.2.11 – 2 BvR 1596/10 u 2 BvR 2346/10, DAR 11, 196; instruktiv zum Beweisverwertungsverbot bei Nachtrunk OLG Bamberg DAR 11, 268) und bei Drogen iSd § 24a II StVG (OLG Düsseldorf NZV 11, 456); allerdings hat das BVerfG mit Nichtannahmebeschluss vom 28.6.14, 1 BvR 1837/12 (NZV 15, 307) für den Bereich verwaltungsbehördlicher Eingriffsmaßnahmen und die hier von den OVGen gebilligte Praxis, die den gesetzlichen

StVG § 24a III. Straf- und Bußgeldvorschriften

Richtervorbehalt des § 81a StPO für die Entnahme von Blutproben durch eine großzügige Verwertung rechtswidrig erlangter Beweismittel flächendeckend aushebelt, sowohl unter rechtsstaatlichen (Art. 20 III GG) als auch grundrechtlichen (Art. 2 II GG) Aspekten als bedenklich angesehen. Zu verteidigungsrelevanten Aspekten rund um den Richtervorbehalt aus § 81a II StPO bei Drogen- und Trunkenheitsfahrten Vergho SVR 11, 201). – Ausführlicher § 81a StPO Rn 3 und Hentschel/König/Dauer-König § 81a StPO Rn 5.

Bei der Blutentnahme ohne richterliche Anordnung kann bei nicht ausgetragenen Rechtsfragen zum Verwertungsverbot eine **Pflichtverteidigerbestellung** (§ 140 StPO) in Betracht kommen (OLG Brandenburg NZV 10, 310 [LS]; LG Koblenz NZV 10, 103 m Anm Nold).

Nach BGH v 25.9.02 (DAR 03, 31 zu § 61 VVG aF [§ 81 VVG nF]) entfaltet BA-Bestimmung Bindungswirkung nur dann, wenn sie nach standardisierten Regeln getroffen worden ist, die einen hinreichend sicheren Ausschluss möglicher Mess- und Berechnungsfehler gewährleisten. Bei der Analyse einer Blutprobe muss deshalb das Messergebnis dem arithmetischen Mittelwert aus einer Mindestzahl voneinander unabhängiger Einzelmesswerte entnommen werden. Werden diese nach dem Widmark- und dem ADH-Verfahren ermittelt, so sind insgesamt fünf Einzeluntersuchungen erforderlich. Wird das Widmark-Verfahren durch eine automatische gaschromatographische Analyse (GC) ersetzt, genügen je zwei Einzeluntersuchungen nach der ADH-Methode und der Gaschromatographie (BGHSt 28, 1, 2; vgl auch BGHSt 21, 157, 167; BGH VersR 88, 950 unter I 2b). Das dient dem Zweck, mittels wechselseitiger Kontrolle der gewonnenen Messergebnisse möglichst weitgehende Annäherung des Messergebnisses an den wahren BAH-Wert zu ereichen. Eine solche mehrfach abgesicherte BA-Bestimmung liegt nicht vor, wenn nur eine BA-Messung nach ADH vorgenommen wird (BGH aaO).

4a **b) durch Prüfung der Atemluft (Alveolarluft).** Der **AA-Test** ist nach Inkrafttreten der Neufassung (1.5.98) aufgrund eines vom BGA 1991 erstatteten Gutachtens zum Nachweis der alkoholischen Beeinträchtigung ebenfalls zul („Beweissicherheit der Atemalkoholanalyse" Unfall- und Sicherheitsforschung Straßenverkehr, hrsg im Auftrag des Bundesministers für Verkehrs von der Bundesanstalt für Straßenwesen, Heft 96, 1992). Da eine bestimmte AAK nicht ohne weiteres auf eine entspr BAK umgerechnet werden kann (s dazu § 316 StGB Rn 18), hat der GGeber im Anschl an das gen Gutachten einen der jew BAK entspr AA-Wert neben der BAK eingeführt. Beide Messmethoden sind in der Praxis nebeneinander unentbehrlich (Blutprobe zB, wenn kein AA-Test bei Bewusstlosigkeit oder sonstigem körperlichen Unvermögen möglich ist).

4b Zur im Schrifttum umstrittenen Beurteilung der AA-Analyse (vgl Übersicht bei Hentschel/König/Dauer-König § 24a StVG Rn 16 ff und § 316 StGB Rn 52 StGB sowie bei Janker, „Der langsame Abschied von der Blutprobe", in DAR 02, 49) und zu einigen Zweifeln in der Rechtsprechung (Hentschel/König/Dauer-König aaO und Janker aaO) erfolgte Klärung durch BGH v 3.4.01 (NZV 01, 267 = DAR 01, 275 = ZfS 01, 277):

„Bei der Bestimmung der Atemalkoholkonzentration im Sinne von § 24a I StVG unter Verwendung eines Atemalkoholmessgerätes, das die Bauartzulassung für die amtliche Überwachung des Straßenverkehrs erhalten hat, ist der gewonnene Messwert *ohne Sicherheitsabschläge* verwertbar, wenn das Gerät unter Einhaltung der Eichfrist geeicht ist und die Bedingungen für ein gültiges Messverfahren gewahrt sind."

0,5 Promille-Grenze   § 24a StVG

Vgl ebenso BayObLG NZV 00, 295; KG NZV 01, 388.
Hervorzuheben sind folgende Gesichtspunkte:
– Es handelt sich um ein standardisiertes Messverfahren, bei dessen Anwendung die Mitteilung des Messverfahrens und des Messergebnisses in den Urteilsgründen genügt (BayObLG aaO, KG, aaO).
– Das Verfahren ist zuverlässig und beweiskräftig (BGH, BayObLG, KG, aaO).
– Ein genereller Sicherheitsabschlag (wegen Verkehrsfehlergrenze, Einfluss von Fremdsubstanzen) ist nicht erforderlich, weil dies im BGA-Gutachten bereits berücksichtigt und durch Gerätetechnik ausgeschlossen wird. Durch Bauartgenehmigung der PTB, Eichung und halbjährliche Nacheichung wird Einhaltung diesbezüglicher Qualitätsanforderungen sichergestellt (BGH, BayObLG, aaO; OLG Hamm NZV 01, 440). Nacheichung ist ggf nachzuweisen, Herstellerbescheinigung über Ersteichung reicht nicht aus (OLG Hamm, aaO).
– Nichterforderlichkeit eines generellen Sicherheitsabschlages schließt nicht aus, dass im Einzelfall konkrete Anhaltspunkte für einen Messfehler bestehen, denen das Gericht im Rahmen seiner Aufklärungspflicht oder auf einen entsprechenden Beweisantrag hin nachzugehen hat (BGH, aaO). Hier gilt das Gleiche wie bei konkreten Anhaltspunkten für einen Messfehler bei der BA-Analyse.
– Erforderlich ist auch Einhaltung der Verfahrensregeln:
– Zeitablauf seit Trinkende mind 20 Minuten, Kontrollzeit von 10 Minuten vor der Atemalkoholmessung, Doppelmessung im Zeitabstand von maximal 5 Minuten und Einhaltung der zulässigen Variationsbreite zwischen den Einzelwerten (BGH, BayObLG, KG, aaO; OLG Hamm NZV 01, 441; OLG Jena DAR 06, 225 = VRS 111, 149; OLG Hamm SVR 07, 228 m Praxishinweis Schmidt; OLG Bamberg DAR 10, 143); s auch Heß/Burmann NJW 07, 486, 490 u § 24a StVG Rn 4.
– Umstritten ist, ob neben dem Mittelwert auch die zugrunde liegenden Einzelwerte mitgeteilt werden müssen (BayObLG NZV 01, 524 gegen OLG Stuttgart DAR 00, 537; für bloße Angabe des Mittelwertes, gegen BayObLG aaO OLG Bamberg DAR 07, 92 u OLG Bamberg zfs 12, 529, 530 [Nennung des Messverfahrens und Angabe des Messergebnisses mit zwei Dezimalstellen im Mittelwert jedenfalls dann ausreichend, wenn keine konkreten Anhaltspunkte für eine Fehlmessung vorliegen]; s näher dazu unten Rn 4c.
– Zur Errechnung des Mittelwertes wie auch der Einzelwerte ist die dritte Dezimalstelle hinter dem Komma außer Betracht zu lassen, weil ihr ein signifikanter Aussagewert ohnehin nicht zukommt (OLG Hamm NZV 00, 340; OLG Köln NZV 01, 137; OLG Hamm DAR 06, 339; OLG Jena VRS 110, 32); s zur geänderten Software des „Dräger Alcotest 7110 Evidential MK III" unten Rn 4c.
– Die Regelung zur AA-Analyse in § 24a I ist verfassungskonform (BGH, BayObLG, aaO).
– **Kein Beweisverwertungsverbot, wenn** die **AAK-Messung ohne Belehrung über die Freiwilligkeit** der Mitwirkung erfolgt ist, weil der Betroffene dadurch nicht schlechter gestellt wird, sondern die Mitwirkung an der AAK-Messung nur die günstigere Alternative gegenüber der sonst erforderlichen, erzwingbaren, Blutentnahme darstellt (AG Michelstadt NZV 12, 97. – AA AG Frankfurt/M NZV 10, 266: Beweisverwertungsverbot bei fehlender Belehrung).
Zur statistischen Auswertung von Daten aus den Bundesländern zum Vergleich von BAK und AAK s Slemeyer/Arnold/Klutzny/Brackemeyer in NZV 01, 281.

Richtlinien der Bundesländer zur Feststellung von Alkohol-, Medikamenten- und Drogeneinfluss bei Straftaten und OWi ... s Rn 40 zu § 316 StGB.
Nicht verwertbar ist die AA-Analyse
a) bei Weigerung oder Unfähigkeit des Betr zum Blasen, zumal seine Mitwirkung nicht erzwingbar ist (vgl BGHSt 34, 39, 46), oder
b) wenn sie nicht unmittelbar nach der Tat erfolgt, da dann – anders als bei der Blutprobe – eine Rückrechnung auf den maßgeblichen Tatzeitpunkt idR problematisch, wenn nicht gar unmöglich ist (s Heifer/Pluisch NZV 92, 337, 342), oder
c) zum Nachweis anderer berauschender Mittel oder eines behaupteten Nachtrunks (s § 316 StGB Rn 24), oder
d) bei Nichteinhaltung der Wartezeit von 20 Min zwischen Trinkende und erster AAK-Messung (s unten Rn 4c).

4c Die in der Folgezeit ergangen Entscheidungen zur AAA befassen sich vornehml mit der Frage, welche Einzelheiten der AA-Messung in die Urteilsgründe aufzunehmen sind. Da es sich um **standardisiertes Messverfahren** (im Sinne der BGH-Rechtspr) handelt, reicht grundsätzl **Angabe der Messmethode bzw des Messverfahrens** und des **Gesamtwerts bzw Mittelwerts** aus, falls sich im konkreten Fall nicht gegenteil Anhaltspunkte ergeben (BayObLG v 5.3.03 NZV 03, 393 = DAR 03, 232; Ha – 3. Senat – NZV 02, 198; OLG Hamburg NZV 04, 269; OLG Dresden NZV 05, 328; OLG Jena DAR 06, 340; OLG Jena VRS 110, 443; OLG Bamberg DAR 07, 92; OLG Bamberg zfs 13, 711 sowie im Prinzip auch OLG Düsseldorf NZV 02, 523); wenn sich der Gerätetyp neben seiner Nennung im Bußgeldbescheid unzweifelhaft den Urteilsgründen entnehmen lässt, kann ausnahmsweise auf die ausdrückliche Bezeichnung in den Urteilsgründen verzichtet werden (OLG Bamberg zfs 13, 711); **aA** OLG Hamm – 2. Senat – v 3.6.02 NZV 02, 414 u v 9.12.02 ZfS 03, 209 = NZV 03, 538 sowie OLG Zweibrücken DAR 02, 279, wonach zusätzl Art des Messgeräts mit Bauartzul, Gültigk der Eichung u Einhaltung der Bedingungen für das Messverfahren (20 Min Frist nach Trinkende, Kontrollzeit von 10 Min vor AA-Messung, Doppelmessung im Zeitabstand von max 5 Min) anzugeben sind. **Angabe der beiden Einzelmesswerte kann allerdings entfallen, wenn nachteilige Mittelwertbildung durch unzureichendes Aufrunden auszuschließen ist** (OLG Düsseldorf aaO) oder durch **geeignete Software** vermieden wird (OLG Zweibrücken aaO, OLG Stuttgart DAR 00, 537); seit der Änderung der Software (Software-Version Rev. 1.5) des „Dräger Alcotest 7110 Evidential MK III" und des Ausdrucks eines auf zwei Dezimalstellen gestrichenen Mittelwerts kann auf die Angabe der Einzelmesswerte, soweit nicht zum Ausschluss einer unzulässigen Aufrundung erforderlich, verzichtet werden; eine Berechnung des Mittelwerts durch das Gericht ist dann nicht erforderlich (OLG Bamberg DAR 07, 92 u OLG Bamberg zfs 12, 529; OLG Bamberg zfs 13, 711); s aber auch OLG Hamm DAR 06, 339; OLG Jena VRS 110, 32, 35). – Gültigkeitsdauer der Eichung für AA-Messgeräte beträgt 6 Monate (KG NZV 02, 471); Tatrichter muss im Urteil feststellen, ob das für die AA-Messung verwendete AA-Messgerät zum Zeitpunkt der Messung noch gültig geeicht war (OLG Düsseldorf ZfS 03, 517). – Ausführlich zu AAK-Messung und AAK-Grenzwerten aus naturwissenschaftlicher Sicht Haffner/Graw NZV 09, 209 ff.
Weitere Punkte:
– **Keine durchgehende Konvertierbarkeit** zwischen AAK und BAK, so dass aus gemessenem AAK-Wert die BAK nicht zuverlässig errechnet werden kann (Zw aaO; s auch Haffner/Graw NZV 09, 209 [212 ff]).

0,5 Promille-Grenze § 24a StVG

- Bei **Abweichen** der Messergebnisse von **AAK u BAK** von mehr als 0,4 Promille liegt schwierige medizin Frage vor, die idR nur durch Experten zutreffend beurteilt werden kann; Gericht kann hier Beweisantrag nicht mit Hinweis auf eigene Sachkunde zurückweisen, ohne die Quellen seiner Erkenntnis mitzuteilen (OLG Karlsruhe DAR 03, 235).
- Die **Wartezeit** von mindestens **20 Minuten** zwischen dem (gesicherten) Trinkende und der Messung ist **unverzichtbar** (für mind 30 Minuten Wartezeit Iffland/Beuth/Wienandts DAR 08, 382; Iffland/Beuth/Wienandts Himmelreich-FS 169; Haffner/Graw NZV 09, 209 [212]), Nichteinhaltung hat grundsätzlich die **Nichtverwertbarkeit** des Ergebnisses zur Folge, zutreff BayObLG (NZV 05, 53 = DAR 05, 40 = ZfS 05, 44); OLG Dresden (DAR 05, 226); OLG Jena (DAR 06, 225 = VRS 111, 149 u DAR 06, 340; OLG Hamm (SVR 07, 228 m Praxishinweis Schmidt); AG Plön (DAR 08, 408 m Anm Karkossa/Keden); Hentschel/Krumm Rn 378; Verwertbarkeit kann auch nicht durch Sicherheitsabschlag vom Messwert herbeigeführt werden (OLG Dresden, OLG Jena, jew aaO); Einhaltung der Wartezeit sei jedenfalls dann erforderlich, wenn der gemessene Wert (hier: 026 mg/l) nur knapp über dem gesetzl Gefahrengrenzwert von 025 mg/l liegt (OLG Karlsruhe NZV 04, 426; s auch OLG Karlsruhe NZV 06, 438 = ZfS 06, 473 = DAR 06, 465); wichtiger sei die Beachtung der **Kontrollzeit** von **10 Minuten vor der Messung,** während der der Betr keinerlei Substanzen zu sich nehmen darf (OLG Hamm NZV 05, 109; OLG Hamm SVR 07, 228, 229 m Praxishinweis Schmidt; OLG Hamm NZV 08, 260 = DAR 08, 394 = VRS 114/08, 292 = SVR 09, 103 m Praxishinweis F. Schmidt [Ausschluss von Verfälschungen des Messergebnisses durch evtl vorhandenen Restalkohol oder andere Restsubstanzen im Mund, wie zB **Hustenlöser** in Zahnfleischtasche]); völlig gegenteil A OLG Celle, wonach Einhaltung der Wartezeit ohne Bedeutung sei, wenn im Einzelfall eine Fehlmessung mit dem Messgerät „Alcotest 7110 Evidential" der Fa Dräger auszuschließen ist (OLG Celle NZV 04, 318). Nach OLG Karlsruhe (NZV 06, 438 = ZfS 06, 473 = DAR 06, 465) könne **bei Nichteinhaltung der Wartezeit von 20 Min,** aber deutlicher Überschreitung (hier um 20%: 0,31 mg/l) des Gefahrengrenzwertes durch Einholung eines **SV-Gutachtens** geklärt werden, ob die mit der Nichteinhaltung verbundenen Messwertschwankungen durch einen Sicherheitszuschlag ausgeglichen werden können (OLG Karlsruhe NZV 06, 438 = ZfS 06, 473 = DAR 06, 465; OLG Saarbrücken zfs 13, 531 [0,52 mg/l]). Für strikte Einhaltung der Wartezeit ebenso Iffland NZV 04, 433, 441, 505 und NZV 05, 81); auch nach Slemeyer ist Einhaltung der Warte- und Kontrollzeit „für den Regelfall" und „nicht nur formaljuristisch" erforderlich (NZV 04, 515, 617), womit er sein Gutachten für OLG Celle erläutert (vgl Hentschel, NJW 05, 645).
- Zum **Nachweis der Wartezeit** durch Vermerk des Polizeibeamten (OLG Saarbrücken zfs 13, 531).
- Ausführungen im Urteil zur Ordnungsmäßigkeit des Messverfahrens sind erforderl, wenn konkrete Anhaltspunkte für Messfehler vorliegen (OLG Dresden DAR 05, 224 u 226).
- Nach dem aktuellen Stand der Wissenschaft lässt sich allein durch die Messtechnik des AAK-Messgeräts Dräger Alcotest 7110 Evidential MK III im Grenzwertbereich von 0,25 mg/l eine entscheidungserhebliche Beeinflussung durch **Hypoventilation** (Luftanhalten vor Atmung) nicht sicher ausschließen (OLG

StVG § 24a   III. Straf- und Bußgeldvorschriften

Bamberg NJW 06, 2197 = NZV 06, 490; abweichend BayObLG NZV 00, 295, 298).
- Wird vorgebracht, ein in einer **Zahnfleischtasche** verbliebener Rest eines **Hustenlöser** könnte das Ergebnis der zweiten Messung mit dem Gerät Dräger Evidential verfälscht haben, kann die **Einholung** eines **SV-Gutachtens** erforderlich sein (OLG Hamm NZV 08, 260 = DAR 08, 394 = VRS 114/08, 292 = SVR 09, 103 m Praxishinweis F. Schmidt).

Weiterführende Hinweise: Zur möglichen **Verfälschung der AAK** durch Mundwasser, Hustenmittel oder alkoholhaltige Prothesenhaftmittel Heinricht DAR 09, 727. – Rechtsprechungsübersicht zur AAK-Messung mit dem Gerät **Dräger 7110 Evidential** Krumm SVR 10, 132 und **Grundlagen zur beweissicheren AAK-Messung** (mit Checkliste) Krumm NJW 12, 1860.

5   **4. Abs 2 (Drogen).** Abs 2 wurde eingeführt durch das StVG-ÄndG v 28.4.98 (BGBl I 810) u gilt seit 1.8.98; er soll folgenlose Kfz-Fahrten unter der Einwirkung bestimmter Rauschmittel erfassen, denen bei einem der Fahrer zwar nicht nachweisbar fahrunsicher iS des § 316 StGB ist, so dass eine strafrechtliche Verfolgung hiernach entfällt, die aber allg geeignet sind, die Verkehrs- u Fahrsicherheit zu beeinträchtigen. II stellt somit – wie I – einen **abstrakten Gefährdungs-TB** (s auch Geppert DAR 08, 125, 126) dar, bei dem es auf eine tatsächliche Beeinträchtigung der Fahrsicherheit oder Gefährdung anderer VT im Einzelfall nicht ankommt (s auch OLG Bamberg ZfS 07, 287 m Anm Bode = DAR 07, 272 m Anm Krause; OLG Bremen NZV 06, 276; OLG Köln DAR 05, 646), u der gem § 21 OWiG zurücktritt, wenn infolge Nachweises der Fahrunsicherheit eine Verfolgung nach den §§ 315c oder 316 StGB möglich ist. Die hierfür in Betracht kommenden berauschenden Mittel u die zu ihrem Nachweis geeigneten Substanzen (Wirkstoffe bzw Abbauprodukte) sind in der Anl zu § 24a aufgeführt, die gem **V** durch VO geänd werden kann. Werden Letztere im Blut nicht nachgewiesen, ist der TB nicht erfüllt (krit dazu Geppert DAR 08, 125, 126). Sind sie nachweisbar, ist das TB-Merkmal der „Wirkung" stets gegeben, ohne dass es weiterer Nachweise bedarf (BTDr 13/8979 S 6), wobei seit BVerfG v 21.12.04 relevante Konzentrationen vorliegen müssen (s Rn 5a). Erforderlich ist hier also stets die Untersuchung einer Blutprobe (zu deren Entnahme s Rn 4).

5a   Zum **objektiven TB** nach II gehört lediglich das **Führen eines Kfz** unter der **Wirkung** (OLG Stuttgart DAR 11, 218: „unter der Wirkung" ist Tatbestandsmerkmal) eines der in der Anl zu § 24a (Anl erweitert zum 15.6.07; s dazu oben Rn 1) gen berauschenden Mittels (OLG Saarbrücken NJW 07, 309; OLG Saarbrücken NJW 07, 1373 = NZV 07, 320). Erforderlich ist, dass die gen Substanzen im Blut nachweisbar sind (OLG Zweibrücken DAR 02, 135; Krumm NJW 11, 1259, 1260); gleichwohl führt nicht schon geringste Konzentration zur Sanktion; vom blutanalytischen Wirkstoffnachweis werden nur Konzentrationen erfasst, die deutl oberhalb des Nullwerts liegen (BayObLG NZV 03, 252; Stein NZV 99, 441/448). Bestätigt wurde dies durch **BVerfG v 21.12.04** (NJW 05, 349 = NZV 05, 270 = DAR 05, 70). Da Wirkungs- und Nachweisdauer – wegen der seit Schaffung des „Drogentatbestandes" (Einfügung von Abs 2 in § 24a StVG) im Jahr 1998 inzwischen erheblich verbesserten Messtechnik – nicht mehr übereinstimmen, kann nicht mehr jeder Nachweis von THC im Blut des Verkehrsteilnehmers für eine Verurteilung nach § 24a II StVG ausreichen. Festgestellt werden muss vielmehr eine Konzentration, die es entsprechend dem Charakter der Vorschrift als eines abstrakten Gefährdungsdelikts als möglich erscheinen lässt, dass der unter-

0,5 Promille-Grenze **§ 24a StVG**

suchte Kfz-Führer am Straßenverkehr teilgenommen hat, obwohl seine Fahrtüchtigkeit eingeschränkt war (s auch OLG München NJW 06, 1606 = NZV 06, 277 = DAR 06, 287 = VRS 110, 296; OLG Bamberg ZfS 07, 287 m Anm Bode = DAR 07, 272 m Anm Krause). Dies setzt eine THC-Konzentration von deutlich oberhalb des Nullwerts voraus (BVerfG, aaO). § 24a II gebietet keine Feststellung zur Wirkung der Substanz im Sinne einer konkreten Beeinträchtigung, sondern den Nachweis der in der Anlage zu § 24a genannten Substanzen durch Blutanalyse (OLG Zweibrücken NZV 05, 430 = DAR 05, 408).

Hierbei bietet sich an, auf die Arbeiten der „Grenzwertkommission" der toxikologischen Institute und Experten zurückzugreifen. Somit könnte § 24a II verfassungskonform angewendet werden, wenn mindestens die von der „Grenzwertkommission" am 20.11.02 beschlossenen sog analytischen Grenzwerte erreicht sind (zutreffend Hentschel NJW 05, 641, 646). Siehe auch Anm von Bönke zur Entscheidg des BVerfG mit einer Liste der „analytischen Grenzwerte" (NZV 05, 272); umfassend und sehr informativ zu den jeweiligen Grenzwerten Berr/Krause/Sachs Rn 504 ff m zahlr Nw aus Lit u RSpr; s auch: Eisenmenger NZV 06, 24; D. Müller SVR 06, 81; Haase/Sachs DAR 06, 61; Wehner NZV 07, 498. – Krit zu Grenzwertsetzungen (juristische Anforderungen und naturwissenschaftliche Wahrhaftigkeit) Nehm DAR 08, 1.

Die Überschreitung der von der Grenzwertkommission genannten analytischen (nicht normativen) Grenzwerte lässt keinen Rückschluss auf absolute Fahrunsicherheit zu (LG Berlin NZV 12, 397 [hier Kokain]).

Der von der Grenzwertkommission genannte Grenzwert für **THC (Cannabis)** beträgt **1 ng/ml** (s Bönke NZV 05, 272, 273). Eine Beeinträchtigung der Fahrtüchtigkeit ist grds erst ab dieser Konzentration möglich (vgl BVerfG aaO; s die Nachweise zu konträren Auffassungen in RSpr u Lit bei Berr/Krause/Sachs Rn 530 ff; Krause SVR 05, 300). Eine **„Wirkung"** iSd § 24a II StVG kann deshalb derzeit nur angenommen werden, wenn zumindest der **analytische Grenzwert von 1 ng/ml THC erreicht** ist (OLG Köln DAR 05, 646; s auch OLG Bamberg DAR 06, 286 m abl Anm König; OLG Karlsruhe NZV 07, 248 = DAR 07, 405 [LS]; OLG Saarbrücken NJW 07, 1373 = NZV 07, 320), da bisher davon auszugehen ist, dass es keine entsprechend **gesicherten wissenschaftlichen Studien** darüber gibt, dass Auffälligkeiten bei Kfz-Führern mit THC-Konzentrationen unter 1,0 ng/ml auf Cannabis zurückzuführen sind (vgl Berr/Krause/Sachs Rn 537), sodass jedenfalls nach dem Grundsatz **in dubio pro reo** zu entscheiden ist (zutr Berr/Krause/Sachs Rn 539). Einschränkend OLG Bamberg (ZfS 07, 297 m Anm Bode), wonach weder aus Art. 2 I GG noch aus sonstigen verfassungsrechtlichen Gründen davon ausgegangen werden muss, dass erst ab Erreichen einer bestimmten Wirkstoffkonzentration im Blut iS eines analytischen, lediglich einen Qualitätsstandard beschreibenden Grenzwertes eine Ahnung nach § 24a II StVG in Betracht kommt (s auch OLG München NJW 06, 1606). Bei einer 44-fachen Überschreitung des THC-Grenzwertes und einem Zeitraum von weniger als einem Tag zwischen Cannabiskonsum und Führen eines Kfz sind Beeinträchtigungen der Fahrsicherheit anzunehmen (OLG Bremen NZV 06, 276). Entscheidend ist der THC-Wert; ein **THC-Carbonsäure-Wert** lässt **keine Rückschlüsse** darauf zu, ob der Betr zum Tatzeitpunkt unter der Wirkung von Cannabis gestanden hat, da THC-Carbonsäure ein rauschunwirksames Abbauprodukt (Metabolit) von THC ist (OLG Frankfurt/M DAR 11, 474). – Zu tatrichterlichen Feststellungen im Urteil unten Rn 13.

StVG § 24a III. Straf- und Bußgeldvorschriften

Bei **Amphetamin** beträgt der analytische Grenzwert, ab dem sicher mit dem Auftreten von Ausfallerscheinungen zu rechnen ist **25 ng/ml** (s Bönke NZV 05, 272, 273; OLG München NJW 06, 1606 = NZV 06, 277 = DAR 06, 287 = VRS 110, 296). Wird dieser **Grenzwert nicht erreicht**, kommt auch dann eine **Verurteilung** nach § 24a II StVG in Betracht, **wenn** Umstände festgestellt werden, aus denen sich ergibt, dass die **Fahrtüchtigkeit** trotz der verhältnismäßig niedrigen BtM-Konzentration **eingeschränkt war** (OLG München NJW 06, 1606 = NZV 06, 277 = DAR 06, 287 = VRS 110, 296). Dies gilt auch beim Konsum verschiedener BtM (hier: THC/Amphetamin), die jeweils unter dem analytischen Grenzwert liegen (OLG Koblenz NJW 09, 1222). Da etwaige Kombinationswirkungen kaum abschätzbar sind, verbietet sich in diesen Fällen eine Addition der Werte, es ist vielmehr zugunsten des Betr zunächst davon auszugehen, dass keine der Substanzen relevante Auswirkungen auf die Fahrsicherheit hatte (OLG Koblenz NJW 09, 1222 [1223]). Zu klären ist dann, ob auch unterhalb des analytischen Grenzwerts und ggf. in der Kombinationswirkung, tatsächlich substanzbedingte verkehrsrelevante Beeinträchtigungen vorgelegen haben (OLG Koblenz NJW 09, 1222; Hentschel/König/Dauer-König § 24a StVG Rn 21b). – Es liegen keine wissenschaftlichen Erkenntnisse darüber vor, wonach der in **"Aspirin Complex"** enthaltene Wirkstoff Pseudoephedrin während der toxikologischen Untersuchung von Blut- und Urinproben künstlich in **Amphetamin** umgewandelt werden kann und deshalb die Feststellung von Amphetamin auf die Einnahme von „Aspirin Complex" zurückzuführen sein (VG Neustadt/Weinstraße NZV 10, 638).

Für **Morphin** liegt der analytische Grenzwert bei **10 ng/ml** (s Bönke NZV 05, 272, 273), der bei verfassungskonformer Anwendung des § 24a II StVG heranzuziehen ist (OLG Köln DAR 05, 699 = SVR 07, 30 m Praxishinweis Krause).

Für **XTC (Ecstasy)** und **MDE** (s Anl zu § 24a StVG) liegen die analytischen Grenzwerte bei jeweils **25 ng/ml** (s Bönke NZV 05, 272, 273).

Bei **BZE** (s Anl zu § 24a StVG – **Cocain**) liegt der analytische Grenzwert bei **75 ng/ml** (s Bönke NZV 05, 272, 273). Ab diesem Benzoylecgonin-Wert besteht die überwiegende Wahrscheinlichkeit einer Beeinträchtigung der Fahrtauglichkeit (OLG Hamm NZV 07, 248 = SVR 07, 478 m Praxishinweis Horn). Das Teegetränk **"Mate de Coca"** enthält das von § 24a II StVG erfasste sog. „reine" Cocain (Benzoylecgoninmethylester), sodass insoweit Cocainkonsum vorliegt (OLG Zweibrücken VRS 117/09, 208). – S auch die **Tabelle** mit den **analytischen Grenzwerten** zu den berauschenden Mitteln iSd § 24a II StVG im Bundeseinheitlichen Tatbestandskatalog (BT-KAT-OWI) S 358/1 (verfügbar unter www.kba.de; VkBl 13, 1030); zu den notwendigen tatrichterlichen Feststellungen u Rn 13.

Ausführlich zu rechtsmedizinischen Fragestellungen der häufigsten Drogen im Straßenverkehr Buck/Krumbholz-Priemer § 10 Rn 92 ff.

Zusammengefasst ergibt sich, dass die **analytischen Grenzwerte keine Tatbestandsmerkmale** (Hentschel/König/Dauer-König § 24a StVG Rn 21b) und **keine objektiven Bedingungen der Ahndbarkeit** (OLG Koblenz NJW 09, 1222; OLG Celle NZV 09, 300; siehe aber auch OLG Zweibrücken NJW 05, 2168 = NZV 05, 430) darstellen, **sondern** dass **bei Werten ab dem jeweiligen Grenzwert** von einer „Wirkung" (auch ohne „Ausfallerscheinungen") ausgegangen werden kann und **bei Werten darunter** entscheidend ist, ob tatsächlich substanzbedingte verkehrsrelevante Beeinträchtigungen („Ausfallerscheinungen") vorliegen, weil dann ebenfalls von einer „Wirkung" auszugehen ist; bei Konzentrationen unter dem jeweiligen analytischen Grenzwert kann bei Fehlen von „Ausfallerscheinungen" keine Ahndung erfolgen (Hentschel/König/Dauer-König § 24a StVG Rn 21b; OLG Celle NZV 09, 300). – Zwischen § 24a II StVG und §§ 316, 315c I Nr 1a StGB ergeben sich Schnittstellen: Bei „Ausfallerscheinungen", die schon eine relative Fahrunsicherheit bedeuten, ist der Bereich des Strafrechts erreicht; bei „Ausfallerscheinungen", die zwar noch keine relative Fahrunsicherheit, aber doch schon eine „eingeschränkte" Fahrunsicherheit (Haase/Sachs NZV 08, 221), eine „Wirkung", belegen, kommt § 24a II StVG zur Anwendung; grundlegend und nach Rauschmitteln differenzierend dazu Haase/Sachs NZV 08, 221 „Drogenfahrt mit Blutspiegeln unterhalb der Grenzwerte der Grenzwertkommission – Straftat (§ 316 StGB), Ordnungswidrigkeit (§ 24a StVG) oder Einstellung (§ 47 OWiG)" und Haase/Sachs NZV 11, 584, 586 mit instruktiver tabellarischer **Übersicht zur straf- und ordnungswidrigkeitenrechtlichen Einordnung von Drogenfahrten nach Konsum von Drogen iSd Anlage zu § 24a StVG.**

Durch die gesonderte Festlegung der für das jew berauschende Mittel nachzuweisenden Substanz in der Anl zu § 24a wird sichergestellt, dass nur die Phase der akuten Wirkung (zur Tatzeit) erfasst wird, da die aufgeführten Substanzen jew nur wenige Stunden im Blut nachweisbar sind. Ihre Feststellung im Blut beweist somit den erforderlichen engen zeitlichen Zusammenhang zwischen Einnahme u Blutprobe, also die im TB geforderte „Wirkung" zur Tatzeit, so dass es insoweit keiner weiteren Beweise bedarf. Nach OLG Hamm (NZV 01, 484) ist Nachweis durch Blutuntersuchung sogar unverzichtbare Voraussetzung für Ahndung nach § 24a II; kritisch hierzu Anm von Ulrich Stein NZV 01, 485. 5b

Dies setzt allerdings voraus, dass exakt einer von den in Anlage zu § 24a StVG genannten Substanzen zum Zeitpunkt des Führens des Kfz beim Betroffenen im Blut nachgewiesen wird. Ist nicht auszuschließen, dass zur Zeit der Fahrt beim Betroffenen lediglich (als Vorprodukt) Methamphetamin nachzuweisen war und erst später das in der Anlage zu § 24a bezeichnete Amphetamin, kommt eine Verurteilung nach § 24a II nicht in Betracht (BayObLG NZV 04, 267 = DAR 04, 457; OLG Jena DAR 05, 465).

Zudem sind nach KG DAR 13, 390 **beachtliche Zweifel** angebracht, ob nach dem gegenwärtigen Stand der Wissenschaft überhaupt eine zuverlässige Methode der **Rückrechnung** existiert, die es erlaubt, den Konsumzeitpunkt oder eine bestimmte **THC-Konzentration** im Blutserum für einen bestimmten in der Vergangenheit liegenden Zeitpunkt zu bestimmen (KG DAR 13, 390, 391).

Zur Annahme der **Fahrunsicherheit** isv § 316 StGB reicht Nachweis von Drogenwirkstoffen im Blut für sich allein nicht aus; hinzutreten muss die Feststellung „drogenbedingter Ausfallerscheinungen" (BGH NZV 00, 419). 5c

Abs 2 S 3 stellt klar, dass keine OW vorliegt, wenn die nachgewiesene Substanz aus der Einnahme eines im konkreten Krankheitsfall verordneten **Arzneimittels** herrührt. 5d

Zu Abs 2 insgesamt s Bönke (NZV 98, 393) und Kreuzer (NZV 99, 353, 357), der – trotz teils erheblicher Kritik – die Neuregelung für verfassungskonform hält; ebenso OLG Zweibrücken DAR 02, 135 u KG NZV 03, 250. – Zur Verteidigung bei Fahren unter Rauschmitteleinwirkung Lenhart/Blume NJW 2010, 3205. 5e

Durchsuchung der **Wohnung** nach Betäubungsutensilien durch AO der Staatsanwaltschaft ist wg Gefahr im Verzug zur Strafverfolgung zul, wenn zu befürchten ist, dass der vorübergehend festgenommene, aber mangels Haftgrunds unverzüglich zu entlassende Verdächtige vor dem Erlass der richterlichen Durchsuchungsanordnung die in der Wohnung zu vermutenden Beweismittel beseitigt 5f

StVG § 24a   III. Straf- und Bußgeldvorschriften

haben wird, Grundrecht der Unverletzlichkeit der Wohnung wird durch die verfassungsrechtlich gebotene Gewährleistung einer wirksamen Strafverfolgung beschränkt (BayObLG NZV 03, 148).

6   **5. Vorsatz und Fahrlässigkeit. a) Fahrlässigkeit.** Die **Schuldform** ist im Urt (schon im Hinblick auf § 17 II OWiG) anzugeben (OLG Koblenz VRS 70, 224; OLG Köln DAR 05, 699 = SVR 07, 30 m Praxishinweis Krause; s § 24 Rn 4a). Nach III genügt **Fahrlässigkeit** für alle TB-Formen. Es gibt zwar keinen allg Erfahrungssatz dahin, dass ein Kf auf Grund seines subjektiven Befindens feststellen müsste, dass der getrunkene Alkohol eine bestimmte Alkoholkonzentration im Körper bewirkte (OLG Hamm VRS 56, 112), doch setzt das Erreichen eines Gefahrengrenzwertes (I) im Allg einen nicht ganz geringen Alkoholkonsum voraus, so dass dem Betr jedenfalls vorzuwerfen ist, dass er annehmen konnte u musste, den fraglichen Grenzwert zu erreichen bzw ihn zu überschreiten (OLG Celle NZV 97, 320; Janiszewski 416 ff; vgl die Tab bei § 316 StGB Rn 39); s aber auch OLG Jena VRS 110, 443: Fahrl schon, wenn trotz Kenntnis vorausgegangenen Alkoholgenusses das Kfz geführt wurde. Im Regelfall besteht daher für den Tatrichter kein Anlass, an dem subjektiven Sorgfaltsverstoß zu zweifeln, wenn der analytische Grenzwert bei der Fahrt erreicht wird. Der Tatrichter ist nur dann, wenn es Anhaltspunkte dafür gibt, dass der Betroffene trotz Erreichen des analytischen Grenzwertes seinen Sorgfalts- und Erkundigungspflichten nachgekommen ist, gehalten, sich angesichts der entgegenstehenden Messwerte mit der Möglichkeit eines solchen Tatverlaufs auseinanderzusetzen (OLG Celle BeckRS 2015, 13080). Seine Sorgfaltspflicht verletzt auch, wer sich nicht genügend Gedanken darüber macht, ob durch die eingenommene Alkoholmenge einer der Grenzwerte erreicht oder überschritten sein kann (OLG Hamm aaO); es sei denn, der Betr hat die Beimengung hochprozentigen Alkohols in ein Getränk unwiderlegbar nicht bemerkt (vgl hierzu OLG Hamm aaO u BA 79, 501; OLG Köln BA 79, 229; OLG Oldenburg VRS 64, 224 = StVE § 316 StGB 52), was allerdings krit Prüfung bedarf (Janiszewski NStZ 83, 257). Das Vertrauen in die eigene Alkoholverträglichkeit u die deshalb noch angenommene Fahrtüchtigkeit ist unbeachtlich, da es § 24a hierauf – iG zu § 316 StGB – nicht abstellt (OLG Celle NZV 97, 320; OLG Düsseldorf VRS 61, 454).

7   **b) Vorsatz. Vorsätzlich nach Abs 1** handelt, wer weiß oder mind billigend in Kauf nimmt, dass der eingenommene Alkohol zu einer verbotenen BAK (I) führte (OLG Celle NZV 97, 320 zu 0,8‰), aber auch, wem es gleichgültig ist, welche Alkoholkonzentration er beim anschl Fahren haben wird (Hentschel/König/Dauer-König § 24a StVG Rn 26). Bei dem heutigen Aufklärungs- u Wissensstand kommt auch ein unvermeidbarer Verbotsirrtum iS des § 11 II OWiG ernsthaft kaum noch in Betracht. Bloße Kenntnis einer Alkoholbeeinflussung reicht aber für die Annahme von Vorsatz nicht (BayObLG v 28.2.86, 1 Ob OWi 394/85). Auch aus der Höhe der BAK allein, schon gar nicht bei nur geringer Überschreitung des Grenzwertes (insb infolge Restalkohols) kann nicht ohne weiteres auf Vorsatz geschlossen werden (OLG Zweibrücken VRS 76, 453), auch nicht aus einschlägigen Vorverurteilungen (BayObLG DAR 87, 304 bei Bär 3a); es bedarf entspr Feststellungen.

7a   **Vorsatz** und **Fahrlässigkeit** müssen sich bei **Abs 2** nicht lediglich auf den Konsumvorgang, sondern auch auf die Wirkungen des Rauschmittels zum Tatzeitpunkt beziehen (OLG Saarbrücken NJW 07, 1373 = NZV 07, 320 = SVR 08, 30 m Praxishinweis Horn).

Gegen Abs 2 verstößt **vorsätzlich,** wer bewusst eine der in der Anl gen Substanz einnimmt u dann ein Kfz führt, obwohl er weiß oder mind in Kauf nimmt, dass es sich dabei um ein nach der Anl zu § 24a berauschendes Mittel handelt. **Fahrlässigkeit** setzt voraus, dass der Betr die Möglichkeit der fortbestehenden Wirkung des Rauschmittelkonsums bei Fahrtantritt entweder erkannt oder jedenfalls hätte erkennen müssen; das bloße Wissen um den Konsum allein genügt nicht (OLG Celle NZV 09, 89 = zfs 09, 288 = VRS 116/09, 37; OLG Frankfurt/M NZV 10, 530).

Es genügt, dass Vorsatz u Fahrlässigk sich auf das beziehen, was die „Wirkung" des Mittels beim Kfz-Führen ausmacht (OLG Zweibrücken DAR 02, 135; OLG Hamm DAR 05, 640, 641); hingegen ist nicht erforderlich, dass sich Betr „spürbaren" oder „messbaren" Wirkstoffeffekt vorstellt oder zu entsprech exakten physiologischen und biochemischen Einordnung in der Lage ist (OLG Zweibrücken aaO; OLG Saarbrücken NJW 07, 309, 311; Stein NZV 99, 441; Stein NZV 03, 251). Erforderl, aber auch ausreich ist, wenn sich Vorsatz oder Fahrlässigkeit auf den Konsum-Vorgang und auf die Wirkung des Rauschmittels zum Tatzeitpunkt erstreckt (OLG Hamm NZV 05, 428; OLG Hamm DAR 05, 640, 641; OLG Saarbrücken NJW 07, 309, 311; KG NZV 09, 572 = NZV 10, 423; OLG Stuttgart DAR 11, 218; s auch Häcker zfs 11, 243); an der Erkennbarkeit einer möglichen körperlichen Beeinflussung im Tatzeitpunkt kann es fehlen, wenn **zwischen Einnahme des Rauschmittels und Begehung der Tat längere Zeit** (OLG Hamm DAR 05, 640, 641: 3 Tage; AG Karlsruhe SVR 11, 314 m Praxishinweis Demandt; OLG Karlsruhe NZV 11, 413: 2 Tage) vergeht; auch schon bei einem mehr als 28 Stunden zurückliegenden Einnahmezeitpunkt (OLG Saarbrücken NJW 07, 1373 = NZV 07, 320) o 23 Stunden (OLG Celle NZV 09, 89 = zfs 09, 288 = VRS 116/09, 37; zutreffend OLG Celle BeckRS 2015, 45155: auch 30 Stunden nach dem letztmaligen Konsum von Cannabis kann ein Gelegenheitskonsument nicht davon ausgehen, dass er wieder fahrtauglich – der THC Wert im Blut also gesunken– ist; zu Recht krit dazu Krumm in NK Haus/Quarch/Krumm § 24a Rn 28; König/Seitz DAR 09, 361, 366; s auch Krumm NJW 11, 1259, 1261; Häcker zfs 11, 243, 244); verlangt wird auch „zeitnaher" Konsum (KG DAR 10, 274 m krit Anm König), wobei allein Zeugenaussagen (Polizeibeamter) über einen „zittrigen Eindruck" und „auffälligen Pupillen" ohne nähere Konkretisierung keinen zeitnahen Drogenkonsum belegen können (OLG Frankfurt/M NZV 10, 530). In einem solchen Fall sind nähere Ausführungen dazu erforderlich, auf Grund welcher Umstände sich der Betr hätte bewusst machen können, dass der zurückliegende Cannabiskonsum noch Auswirkungen haben konnte; neben Ausfallerscheinungen im engeren Sinn können insoweit ua die Menge und Qualität des konsumierten Cannabis, die Häufigkeit des Cannabiskonsums und die Einlassung des Betr zu seinem Vorstellungsbild Rückschlüsse zulassen (OLG Celle NZV 09, 89 = zfs 09, 288 = VRS 116/09, 37; OLG Frankfurt/M DAR 10, 652). Muss der Täter ausnahmsweise nicht (mehr) damit rechnen, unter der Wirkung des berauschenden Mittels zu stehen, entfällt der innere Tatbestand bzw der Schuldvorwurf (OLG Hamm DAR 05, 640, 641; OLG Zweibrücken NStZ 02, 95, 96). Entscheidend ist, ob der Betr noch mit einer „Wirkung" (dh der festgestellten relevanten Wirkstoffkonzentration) rechnen musste (Pflicht zur Selbstprüfung), nicht ob er tatsächlich damit gerechnet hat (s auch König/Seitz DAR 08, 361, 366; Hentschel/König/Dauer-König § 24a StVG Rn 25b; zur Problematik auch Krumm SVR 08, 340, 342); vertraut er auf ungesicherter Grundlage auf einen bereits erfolgten Abbau der Droge handelt er obj und subj fahrlässig (König DAR 07, 626, 628; König NStZ 09, 425, 427). Bei **Fahrtantritt bis zu 24 Stunden nach dem Konsum** muss dem Betr, solange keine greifbaren tatsächlichen Anhaltspunkte dagegen sprechen, grds bewusst sein, noch unter der Wirkung der Drogen zu stehen **(bewusste Fahrlässigkeit), bei länger zurückliegendem Konsum** kann davon jedoch nicht mehr ausgegangen werden und es sind konkrete Anhaltspunkte dafür erforderlich, dass dem Betr **Anzeichen der drogenbedingten Fahrunsicherheit** vor Fahrtantritt bewusst waren (bewusste Fahrlässigkeit) oder er die Anzeichen hierfür wegen ihrer Deutlichkeit hätte erkennen können (unbewusste Fahrlässigkeit), Kraatz DAR 11, 5; s zum Nachweis der Fahrlässigkeit auch Krumm SVR 11, 5, 7; Gehrmann NZV 11, 6, 8. Allerdings hat der **BGH** als Beantwortung einer Divergenzvorlage an die Anforderungen an die Feststellungen von fahrlässigem Handeln nach vorausgegangenem Cannabiskonsum nunmehr klar gestellt, dass der Tatrichter in den Fällen, in denen **eine Fahrt nicht im zeitlichen Zusammenhang mit einem Cannabiskonsum erfolt, nicht gehindert ist, allein aus der Feststellung einer den Grenzwert überschreitenden THC-Konzentration im Blut und dem Fehlen gegenläufiger Beweisanzeichen** auf ein objektiv und subjektiv sorgfaltswidriges Verhalten iSd § 24a Abs 2 u 3 zu schließen (BGH NJW17, 1403; entg OLG Karlsruhe StV 14, 622; OLG Stuttgart DAR 11, 216 u OLG Saarbrücken NJW 07, 1373; bestätigend OLG Bremen DAR 14, 588, OLG Koblenz Blutalkohol 51, 351 und OLG Frankfurt NStZ-RR 13, 47).

Wer sich vor einer Fahrt **nicht** hinreichend **über** die **mögliche Wirkdauer** der zuvor eingenommenen Drogen **erkundigt** hat, handelt bei einer Fahrt, unabhängig vom Zeitpunkt des Drogenkonsums, **fahrlässig**, weil er sich nicht der Gefahrlosigkeit seiner Fahrt gewiss sein kann (OLG Frankfurt/M NZV 13, 406). Bei einer **„verhältnismäßig geringen" Überschreitung de**s analystischen **Grenzwertes,** hier THC-Wert von 4,6 ng/ml, kann die Vorhersehbarkeit der Tatbestandsverwirklichung problematisch sein (OLG Frankfurt/M NZV 10, 530). Wird der **Nachweis des fahrlässigen Fahrens unter Drogeneinfluss** (§ 24a II StVG) auf ein **Sachverständigengutachten** gestützt, ist zu beachten, dass beachtliche Zweifel angebracht sind, ob nach gegenwärtigem Stand der Wissenschaft überhaupt eine zuverlässige Methode der Rückrechnung existiert, die es erlaubt, den Konsumzeitpunkt zu bestimmen. Deshalb muss in den Urteilsgründen nachvollziehbar ausgeführt werden, welche konkrete Methode der Sachverständige zur Bestimmung des Konsumzeitpunktes angewandt hat und inwieweit gegen die Feststellungsmethode erhobene wissenschaftliche Einwände durch den Sachverständigen entkräftet wurden (KG SVR 12, 235 m Praxishinweis Demandt). – **Fahrlässig** handelt auch, wer während des Kfz-Führens wusste, dass er kurz zuvor in einem einschlägig Lokal aus den Gläsern anderer Gäste getrunken hatte, und ihm klar war oder klar sein musste, dass „innerhalb der von ihm frequentierten Szene die charakterl Zuverlässigkeit im Hinblick auf Betäubungsmittelkonsum nicht immer ausgeprägt ist und so ein Konsum von Drogen durch Trinken aus fremden Gläsern nicht fernliegend war" (KG NZV 03, 250 mit im Wesentl zustimmender Anm von Stein).

8 **6. Beteiligung.** Die Beteiligung an der OW richtet sich nach § 14 OWiG (s E 44). § 24a stellt zwar ein **eigenhändiges Delikt** dar, Täter kann nur der Fz-Führer selbst sein oder im Falle des § 2 XV der Begleiter (Fahrlehrer). Beteiligung an § 24a in Form von „Anstiftung" u „Beihilfe" kommt aber in Betracht (Näheres bei Janiszewski 75, 142 u 420); sie kann selbst dann vorliegen, wenn der Fahrer

0,5 Promille-Grenze § 24a StVG

neben dem vorsätzlichen Verstoß gegen § 24a zugleich den TB einer fahrlässigen Trunkenheitsfahrt nach § 316 StGB verwirklicht hat (OLG Köln VRS 63, 283 m zust Anm Göhler NStZ 83, 64). – Der **Halter,** der einer Person, die eine verbotene Alkoholmenge oder Rauschmittel im Körper hat, die Führung seines Fz überlässt, begeht eine selbstständige OW nach §§ 31 II, 69a V 3 StVZO, wenn er diesen Zustand des Fahrers kannte oder aus Fahrlässigkeit nicht kannte (OLG Hamburg VM 76, 59; OLG Hamm BA 78, 299; He/Bo 514; s auch § 69 StGB Rn 7 u § 316 StGB Rn 3).

7. Die Ahndung ist in IV dem Unwertgehalt des Tb angepasst: a) Geld- 9 **buße.** Das G (IV) droht für OWen nach I u II eine GB bis zu 3000 Euro ohne Unterscheidung zwischen vorsätzlichen u fahrlässigen Verstößen an (Anhebung der Obergrenze von 1500 Euro auf 3000 Euro durch Viertes Gesetz zur Änd des StVG v 22.12.08 [BGBl I 2965]; s zum Hintergrund Albrecht SVR 09, 81 [83]). Da fahrlässiges Handeln nach § 17 II OWiG nur mit der Hälfte des angedrohten Höchstbetrages geahndet werden kann, kommt der Feststellung, ob die OW vorsätzlich oder fahrlässig begangen wurde, mind im Urt (OLG Koblenz VRS 70, 224), bes Bedeutung zu. Dabei kann der Grad der Überschreitung des Grenzwertes ein wichtiges Indiz sein; deren nur geringe Überschreitung rechtfertigt aber kein Abweichen vom Regelsatz des BKat (OLG Düsseldorf VRS 61, 454; OLG Oldenburg ZfS 97, 36). Die **Regelsätze** (Nrn 241–242.2 BKat) gehen nach § 1 II 2 BKatV in Abschnitt I von Fahrlässigkeit aus u entsprechen grundsätzlich dem (höheren) Unwertgehalt der Tat (OLG Hamm NZV 96, 246); s zur Erhöhung bei Vorsatz § 24 StVG Rn 8b u § 26a StVG Rn 6a.

Auch bei Festsetzung des nach dem Bußgeldkatalog vorgesehenen Regelsatzes muss jedenfalls im Falle einer Geldbuße von 500 Euro aus den Urteilsgründen ersichtlich sein, ob der Betroffene in außergewöhnlich schlechten oder guten wirtschaftlichen Verhältnissen lebt. Dazu können statt der Feststellung des konkreten Einkommens und Vermögens Sekundärfeststellungen zB zum Beruf oder sozialen Status ausreichen (OLG Hamburg NZV 04, 269). S zur Unterschreitung der Regelgeldbuße bei arbeitslosem Betroffenen Erl § 26a StVG Rn 8.

b) Fahrverbot. Nach § 25 I S 2 ist bei einem Verstoß gegen § 24a I o II, jew 10 auch iVm III, neben der GB idR auch ein FV anzuordnen (OLG Oldenburg DAR 90, 150; OLG Düsseldorf DAR 96, 469; vgl hierzu Nrn 241–242.2 BKat u § 25 StVG Rn 12), selbst wenn die BAK auf **Restalkohol** beruht (OLG Düsseldorf NZV 90, 240); aber **keine Entz der FE.** Die nur geringe Überschreitung des Grenzwertes allein rechtfertigt keine Ausn vom FV (OLG Düsseldorf VRS 68, 228; OLG Hamm SVR 07, 274 m Praxishinweis Krumm), wie umgekehrt eine hohe BAK keine Verlängerung der im BKat vorgeschriebenen Monatsfrist bedingt (OLG Köln NZV 89, 404). **Vom FV kann abgesehen werden,** wenn ihm wegen Anrechnung einer vorläufigen Entz der FE nur noch deklaratorische Bedeutung zukommen würde und die Zeit der vorläufigen Fahrerlaubnismaßnahmen die Dauer des eigentlich anzuordnenden RegelFV deutlich überschritten hat (AG Lüdinghausen NZV 08, 419). Im **Wiederholungsfall,** der auch bei (noch nicht tilgungsreifen) Vorverurteilungen nach den §§ 315c I 1a u 316 StGB vorliegt (OLG Düsseldorf NZV 93, 405), erhöhen sich GB u FV-Dauer (s Nrn 241.1, 241.2, 242.1 u 242.2 BKat).

Ein **Absehen von** einem **FV** (s dazu § 25 StVG Rn 20) kommt bei § 24a StVG **nur bei Vorliegen ganz besonderer Ausnahmeumstände äußerer und innerer Art** in Betracht oder wenn das Fahrverbot für den Betr eine außerge-

StVG § 24a III. Straf- und Bußgeldvorschriften

wöhnliche Härte bedeuten würde (OLG Hamm DAR 08, 652 m Anm Krumm; OLG Bamberg DAR 09, 39). Der Tatrichter bleibt aber auch bei § 24a StVG aufgrund des rechtsstaatlichen **Übermaßverbotes** verpflichtet, sich mit möglichen Folgen eines FV für den Betr auseinanderzusetzen, wenn dieser einen drohenden Verlust seiner wirtschaftlichen Existenz vorgetragen hat (OLG Bamberg DAR 09, 39).

Die Anordnung eines FV ist unverhältnismäßig bei Rückwärtsrollenlassen eines Kfz ohne Anlassen des Motors auf leicht abschüssigem Gelände über eine Strecke von nur 1–2 m, um einem anderen Kraftfahrer die Ausfahrt zu ermöglichen (BayObLG DAR 05, 458). Bei einer unmittelbar nach der Tat erfolgten Sicherstellung des FSch und **vorläufiger Entziehung der FE, die insgesamt die Dauer des festzusetzenden Regelfahrverbots weit übersteigt** (hier um 4 Wochen) kann die **Verhängung eines FV nicht mehr geboten** sein, sodass davon abgesehen werden kann (AG Lüdinghausen DAR 09, 102). Zum Absehen vom Regelfahrverbot bei konkreter Existenzgefährdung eines Handelsvertreters AG Hof DAR 07, 40; berufliche Probleme als Folge des FV reichen nach OLG Hamm SVR 07, 274 (m Praxishinweis Krumm) auch bei Verdoppelung der Geldbuße, fehlenden einschlägigen Voreintragungen und nur geringem Überschreiten des Grenzwerts (hier: 0,26mg/l AAK) nicht aus, um von FV abzusehen.

Zwischen dem FV nach § 25 I StVG und der Entz der FE nach § 3 StVG wegen mangelnder Eignung bei Betäubungsmittelkonsum besteht kein Norm- bzw Wertungswiderspruch (s dazu § 3 StVG Rn 1).

11 c) **Verjährung. Verjährung** der Verfolgung bei Vorsatz nach § 31 II Nr 2 OWiG in zwei Jahren; bei Fahrlässigkeit in einem Jahr (§ 31 II Nr 3 iVm § 17 II OWiG).

12 8. **Konkurrenzen.** Die Tat ist **Dauerdelikt** (OLG Düsseldorf VRS 73, 470; Albrecht SVR 07, 121, 124; Krumm SVR 10, 279), dh keine Teilung durch Fortsetzung der Fahrt jenseits der Landesgrenze (OLG Karlsruhe NStZ 87, 371; s E 25); auch durch eine kurzzeitige Unterbrechung der Fahrt von 5 bis 10 Minuten (Aussteigenlassen eines Mitfahrers und Verlassen des Autos) wird die Fahrt (hier Trunkenheitsfahrt nach § 316 StGB) **nicht unterbrochen,** wenn der Täter von Anfang an vor hatte, die Fahrt zu Ende zu führen (AG Lüdinghausen NZV 07, 485); auch das Einkaufen von Spirituosen an einer Tankstelle mit Ziel anschließender Weiterfahrt unterbricht die Tat (Dauerdelikt; einheitliche Tat im materiellrechtlichen Sinne) nicht (AG Lüdinghausen NZV 08, 419). Mit während der Fahrt begangenen anderen VerkehrsOWen ist Idealkonkurrenz möglich. Zu § 2 I FeV besteht Gesetzeskonkurrenz mit Vorrang des § 24a (lex specialis). Bei **Tateinheit mit Straftaten** nach den §§ 315c I 1a u 316 StGB wird § 24a gem § 21 I OWiG verdrängt; das gilt auch beim Zusammentreffen mit anderen Straftaten, wie zB der fahrlässigen Körperverletzung oder auch versuchter Erpressung und Handeltreiben mit Betäubungsmitteln (BGH NZV 12, 250 = DAR 12, 390; Ernemann DAR 11, 617, 622; Krumm NZV 12, 210), doch kann die OW strafschärfend berücksichtigt werden (s dazu auch Krumm NZV 12, 210). Auch das Regel-FV nach § 25 I S 2 kann hier gem § 21 I S 2 OWiG als Regel-Nebenfolge zur Anwendung kommen. Gegenüber § 316 StGB stellt § 24a einen subsidiären **AuffangTB** dar. Sind die Voraussetzungen des § 316 StGB, auch diejenigen der sog relativen Fahrunsicherheit (§ 316 StGB 26), bewiesen, so scheidet eine Ahndung nach § 24a aus (§ 21 I OWiG). Ist bei einer BAK unter 1,1‰ oder beim Nachweis der in der Anl gen Rauschmittel zweifelhaft, ob der Täter noch fahrsicher iS der §§ 315c u 316 StGB war, so ist er aus § 24a zu verurteilen, soweit dessen Voraussetzungen vorliegen.

Eine **neue Tat** liegt vor, wenn der Betr nach einer AAK-Messung darauf hingewiesen wurde, wenigstens drei bis vier Stunden keinen Pkw führen zu dürfen, er dann aber dennoch einen Pkw führt. Die Alkoholkontrolle stellt hier eine Zäsur dar, die zu einem neuen Tatentschluss führt und das Dauerdelikt beendet (OLG Hamm zfs 08, 593).

Wegen zwei in Tatmehrheit stehender Drogenfahrten nach § 24a II StVG kann bei gleichzeitiger Aburteilung nur auf ein einheitliches **Fahrverbot** erkannt werden (OLG Hamm DAR 10, 335).

Zwischen unerlaubtem Besitz von Betäubungsmitteln und einer Ordnungswidrigkeit nach § 24a II StVG besteht keine Tateinheit, wenn der unter Wirkung des Rauschmittels stehende Fahrzeugführer die illegalen Drogen während der Fahrt bei sich hat (LG München NZV 01, 359) bzw wenn das Mitführen des Betäubungsmittels im Kfz in keinem inneren Beziehungs- oder Bedingungszusammenhang mit dem Fahrvorgang steht (BGH NZV 05, 52). 12a

Die Verurteilung wegen der Straftat des § 29 I 1 Nr 1 BtMG steht einer späteren Verfolgung der Ordnungswidrigkeit nach § 24a II StVG nicht entgegen (LG München aaO).

9. Verfahrenshinweise. Die festgestellten AA- u BA-Werte können nur gem 13 § 256 StPO durch Verlesung des Gutachtens oder Vernehmung des Gutachters, nicht aber durch bloßen Vorhalt in die **HV eingeführt** werden (BGHSt 28, 235 = StVE § 316 StGB 31; OLG Düsseldorf VRS 59, 269; s auch Molketin BA 89, 124 u § 81a StPO G). Vom **Messgerät ausgedruckte Protokolle** über das Ergebnis einer AAK-Messung können Gegenstand des Urkundsbeweises sein und gem § 249 StPO verlesen werden (BGH NZV 05, 542 = NStZ 05, 526). Der Tatrichter muss, wenn er sich einem **Sachverständigengutachten**, dem er Beweisbedeutung beimisst, anschließt, idR dessen Ausführungen in einer zusammenfassenden Darstellung, die zugrunde liegenden Anknüpfungstatsachen und die daraus gezogenen Schlussfolgerungen im Urteil wiedergeben (OLG Köln DAR 05, 699 = SVR 07, 30 m Praxishinweis Krause).

Wird bei einer verdachtsunabhängigen **Verkehrs-Alkoholkontrolle** durch die Polizei in einem Fahrzeug Alkoholgeruch festgestellt, so reicht dies für sich allein noch nicht aus, Fragen des Polizeibeamten nach der Herkunft des Alkoholgeruchs als „Vernehmung" des Fahrers mit entsprechender vorheriger Belehrungspflicht zu bewerten (BayObLG NZV 03, 435 mit krit Anm von Thomas Heinrich NZV 04, 159).

Eine AAK-Messung mittels Draeger Evidential unterliegt bei **fehlender Belehrung** über die Freiwilligkeit an der Teilnahme einem **Beweisverwertungsverbot** (LG Freiburg NZV 09, 614; AG Frankfurt/M NZV 10, 266 [LS]; m beachtlichen Argumenten ablehnend Cierniak/Herb NZV 12, 409, weil die Belehrungspflicht des § 136 I 2 StPO auf die Freiheit der Aussage beschränkt sei und auch das nemo-tenetur-Prinzip oder der Grundsatz des fairen Verfahrens keine Belehrung über die Freiwilligkeit gebieten). Eine ohne Belehrung erlangte AAK-Messung ist jedenfalls dann **unverwertbar,** wenn die Ermittlungsbehörden rechtsmissbräuchlich oder willkürlich vorgehen, zB dem Betroffenen die **Pflicht zur Mitwirkung vorspiegeln oder ein offensichtlicher Irrtum über die Mitwirkungspflicht bewusst ausgenutzt** wird (Cierniak/Herb NZV 12, 409, 413).

Bei einer Verurteilung nach § 24a II StVG nach Kokainkonsum gehört zu den notwendigen **tatrichterlichen Feststellungen** auch die Mitteilung der BZE (Benzoylecgonin)-Konzentration im Blut (OLG Hamm NZV 07, 248; s auch oben Rn 5).

Bei einer Verurteilung nach § 24a II StVG gehört dementsprechend die THC-Konzentration zu den notwendigen **tatrichterlichen Feststellungen** (OLG Koblenz NStZ-RR 05, 385 = BeckRS 05, 11 181).

Eine **Beschränkung des Einspruchs auf den Rechtsfolgenausspruch** ist bei einer Drogenfahrt nach § 24a II StVG nur wirksam, wenn sich dem Bußgeldbescheid entnehmen lässt, dass eine Konzentration eines berauschenden Mittels vorgelegen hat, die eine Beeinträchtigung der Fahrsicherheit zumindest als möglich erscheinen lässt (OLG Hamm SVR 10, 229 m Praxishinweis Krumm = SVR 12, 234 m Praxishinweis Tings).

Zu gefahrenabwehrenden **Maßnahmen der Polizei** bei Drogenkonsum und Verkehrsteilnahme, ua zu Weiterfahrverbot, Führerscheinmaßnahmen u Unterrichtung der FEB nach § 2 XII StVG Laub SVR 08, 81; s auch § 2 StVG Rn 7.

Zur **Gutachtenanforderung** bei wiederholten Zuwiderhandlungen im Straßenverkehr nach § 24a I bzw II StVG (Alkohol bzw Drogen) nach **§ 14 II Nr 3 FeV** OVG Münster DAR 09, 598.

Wird dem Betr zunächst eine Trunkenheitsfahrt nach § 316 StGB zur Last gelegt, der Betr dann durch ein **Sachverständigengutachten** insoweit entlastet, als „nur" eine OWi nach § 24a I StVG in Betracht kommt, ist es sachgerecht, ihm die **Kosten** für das Gutachten nicht aufzuerlegen (LG Hildesheim NZV 10, 48).

§ 24b Mangelnde Nachweise für Herstellung, Vertrieb und Ausgabe von Kennzeichen

(1) **Ordnungswidrig handelt, wer vorsätzlich oder fahrlässig einer Vorschrift einer auf Grund des § 6 Abs. 1 Nr. 8 erlassenen Rechtsverordnung oder einer auf Grund einer solchen Rechtsverordnung ergangenen vollziehbaren Anordnung zuwiderhandelt, soweit die Rechtsverordnung für einen bestimmten Tatbestand auf diese Bußgeldvorschrift verweist.**

(2) **Die Ordnungswidrigkeit kann mit einer Geldbuße bis zu zweitausendfünfhundert Euro geahndet werden.**

§ 24c Alkoholverbot für Fahranfänger und Fahranfängerinnen

(1) **Ordnungswidrig handelt, wer in der Probezeit nach § 2a oder vor Vollendung des 21. Lebensjahres als Führer eines Kraftfahrzeugs im Straßenverkehr alkoholische Getränke zu sich nimmt oder die Fahrt antritt, obwohl er unter der Wirkung eines solchen Getränks steht.**

(2) **Ordnungswidrig handelt auch, wer die Tat fahrlässig begeht.**

(3) **Die Ordnungswidrigkeit kann mit einer Geldbuße geahndet werden.**

Übersicht

	Rn
1. Allgemeines	1
2. Tathandlungen	3

Alkoholverbot für Fahranfänger und Fahranfängerinnen § 24c StVG

	Rn
a) Zusichnehmen alkoholischer Getränke als Führer eines Kfz ...	4
b) Antreten der Fahrt unter der Wirkung alkoholischer Getränke	12
3. Probezeit und vor Vollendung des 21. Lebensjahres	16
4. Vorsatz und Fahrlässigkeit	17
5. Vorwerfbarkeit	18
6. Teilnahme	19
7. Ahndung	20
8. Aufbauseminar und MPU	21
9. Literatur	22

1. Allgemeines. Die Vorschrift wurde durch G v 19.7.07 (BGBl I 1460) eingefügt und enthält ein absolutes Alkoholverbot für Fahranfänger in der Probezeit bzw vor Vollendung des 21. Lebensjahres (s auch amtl Begr BTDr 16/5047 S 8; BRDrs 124/07 S 7, BRDrs 124/1/07 S 5), das – anders als § 24a I StVG (0,5-Promille-Grenze) – gerade nicht auf einen bestimmten Gefahrengrenzwert abstellt. Gründe dafür sind nach der amtl Begr, dass ein Gefahrengrenzwert dazu verleiten könnte, sich an diese Promillegrenze „heranzutrinken" und sie dann möglicherweise auch zu überschreiten. Hinzu kommt, dass „die Einführung einer absoluten Null-Promille-Grenze vor allem aus messtechnischen und medizinischen Gründen problematisch ist und eine Grenzwertbestimmung einschließlich des erforderlichen Sicherheitszuschlages für die Alkoholmessung im Bereich von 0,1 bis 0,3 Promille liegen müsste. Soll daher ein möglichst umfassendes Verbot normiert werden, unter Alkoholeinfluss ein Kraftfahrzeug zu führen, muss die Regelung auf den Konsum von Alkohol unmittelbar vor und während der Fahrt abstellen" (BTDr 16/5047 S 9; s zum Hintergrund der Regelung auch Krell VD 07, 87, 88; Krell SVR 07, 321; einen zusammenfassenden Überblick zu § 24c StVG gibt Krumm SVR 12, 176 „Alkoholverbot für Fahranfänger – 10 Fragen und 10 Antworten – Arbeitshilfe"). 1

Die zunächst vorgesehene Koppelung des Alkoholverbots allein an die zweijährige Probezeit, die bei Erwerbern der Klassen A1 bereits mit 18 Jahren und bei Teilnehmern am Modellversuch „Begleitetes Fahren ab 17" mit 19 Jahren beendet ist, hätte dem Zweck des Alkoholverbots und der gewünschten Signalwirkung, dass „Fahren und Trinken" nicht zu vereinbaren sind, nicht ausreichend Rechnung getragen (s BRDrs 124/1/07 S 3 u BRDrs 391/07). Ziel ist es, dass Kfz nur in nicht alkoholisiertem Zustand geführt werden (vgl amtl Begr BTDr 16/5047 S 8; s auch Krell VD 07, 87, 88; Krell SVR 07, 321). Das Alkoholverbot ist angelehnt an entsprechende Regelungen für das im Fahrdienst des öffentlichen Linienverkehrs mit Omnibussen und Kraftomnibussen eingesetzte Betriebspersonal und für Fahrer von Taxen und Mietwagen nach § 8 III BOKraft sowie für Fahrer von Gefahrguttransporten nach § 9 XI Nr 18 GGVSE. Es entspricht außerdem dem Vorgehen mehrerer Mitgliedstaaten der EU, wie Spanien, Österreich und die Niederlande, die jungen Fahrern oder Fahranfängern niedrige Promillegrenzen oder ein absolutes Alkoholverbot auferlegen. In etlichen Staaten der EU existieren bereits für alle Kraftfahrer Null-Promille-Regelungen (Slowakei, Tschechische Republik und Ungarn) oder Promillegrenzen unter 0,5 Promille (Estland, Litauen, Polen, Schweden), sodass dort für gesonderte Bestimmungen für Fahranfänger kein Raum bleibt (s amtl Begr BTDr 16/5047 S 8). – Für eine Ausweitung des Anwendungsbereichs auf illegale Drogen Ternig NZV 08, 271, 275. – S auch § 24a StVG Rn 3. 2

StVG § 24c   III. Straf- und Bußgeldvorschriften

3 **2. Tathandlungen.** Sanktioniert wird das Zusichnehmen alkoholischer Getränke als Führer eines Kfz im Straßenverkehr sowie das Antreten der Fahrt unter der Wirkung solcher Getränke in der Probezeit nach § 2a StVG oder vor Vollendung des 21. Lebensjahres.

4 **a) Zusichnehmen alkoholischer Getränke als Führer eines Kfz.** Alt 1 verbietet das Zusichnehmen alkoholischer Getränke als Führer eines Kfz.

5 **Führen** entspricht dem Begriff in § 21 StVG (s § 21 StVG Rn 2 iVm § 2 StVO Rn 5 ff). – S zur **Dauer der Fahrt** unten Rn 12.

6 Der Begriff **Kraftfahrzeug** ergibt sich aus § 1 II StVG (s § 1 StVG Rn 8).

7 Die Vorschrift stellt in **Alt 1** auf den **Konsum (Zusichnehmen)** alkoholischer Getränke ab und enthält damit ein **Handlungsverbot** (s auch Krell VD 07, 87, 88; Krell SVR 07, 321, 323), welches **praktisch** zu einer **0-Promille-Regelung** führt. Erfasst ist bereits ein einziger Schluck eines alkoholischen Getränks (vgl auch BRDrs 124/1/07 S 5).

8 **Verfassungsrechtlich** ist dies **nicht unproblematisch,** da die Sanktion nur dann iSd Art 2 I GG verfassungskonform sein dürfte, wenn der Fahrzeugführer für die Verkehrssicherheit zumindest abstrakt gefährlich ist. Es muss damit wenigstens die Möglichkeit bestehen, dass die Aufnahme des alkoholischen Getränks die Leistung als Kraftfahrzeugführer beeinträchtigt. Nach naturwissenschaftlich-medizinischen Erkenntnissen ist das aber bei einem einzigen Schluck keinesfalls möglich, s die berechtigten Bedenken von Verkehrs- und Innenausschuss; BRDrs 124/1/07 S 5/6 sowie Nehm DAR 08, 1, 4; s zur teilweise vergleichbaren Problematik § 24a StVG Rn 5a ff). Verstärkt werden die Bedenken durch Diskrepanzen mit § 24a StVG: Dort ist das bloße Zusichnehmen illegaler Drogen während der Fahrt bisher nicht eigenständig sanktioniert und außerdem nicht ahndbar (s BVerfG NZV 05, 270 u § 24a StVG Rn 5a ff), wenn während der Fahrt keine nennenswerte Blutwirkstoffkonzentration herbeigeführt werden kann (vgl auch die Bedenken von Verkehrs- und Innenausschuss, BRDrs 124/1/07 S 5/6 u die Gegenäußerung d BReg BTDr 16/5047 S 14); eine früher bei § 24a II StVG angenommene 0-Wert-Grenze ist nach der Rspr des BVerfG (aaO) nicht (mehr) gegeben.

9 Da Alt 1 nicht auf Fahrunsicherheit abstellt, kommt dem Tatbestandsmerkmal „alkoholische Getränke" wegen des auch für Bußgeldtatbestände geltenden (vgl BVerfGE 87, 363, 391; BVerfG NJW 05, 349 = NZV 05, 270 = DAR 05, 70) **Bestimmtheitsgebots** (Art 103 II GG) größere Bedeutung zu als bei §§ 316, 315c StGB. **Alkoholische Getränke** sind grds solche, die Alkohol enthalten (neben Spirituosen, Wein und Bier sind damit zB auch „Light"-Biere oder alkoholhaltige Süßgetränke (Alkopop; s auch § 1 AlkopopStG) erfasst. Erfasst sind auch alkoholhaltige Getränkemischungen wie zB Radler bzw Alsterwasser oder Weinschorle; unabhängig davon, ob sie selbst hergestellt wurden. **Ausgenommen** und nicht vom objektiven Tatbestand erfasst sind Getränke mit geringfügigen **Alkoholanteilen bis 0,5% vol** (Hentschel/König/Dauer-König § 24c StVG Rn 8: 1,0%; aA und gegen eine Bagatellgrenze im objektiven Tatbestand Hentschel/Krumm Rn 423: entscheidend ist, ob das Getränk Alkohol enthält oder nicht), wie zB alkoholfreies Bier (bis 0,5% vol; wobei inzwischen auch alkoholfreies Bier mit 0,0% vol erhältlich ist), Kefir (s zum geringen Alkoholgehalt von Milchkefir, anders bei Wasserkefir, Buck/Krumbholz-Primer § 10 Rn 9 ff) oder Fruchtsäfte, die ebenfalls Spuren von Alkohol enthalten können; dies entspricht auch der Interpretation des Begriffs „alkoholische Getränke" in § 9 I Nr 2 JuSchG

(vgl Erbs/Kohlhaas-Liesching J 214 § 9 JuSchG Rn 4; siehe zu Alkoholanteilen in Getränken zB www.madaus.de/Alkoholgehalt-in-Prozent-und-G.412.0.html). Anhaltspunkt für den Alkoholgehalt und gleichzeitig von Bedeutung für die Vorsatzfrage (s auch unten Rn 19) sind hier zB die Angaben zum Alkoholgehalt auf dem Getränkeetikett; um möglichen Schutzbehauptungen entgegenzuwirken, muss darüber hinaus im Einzelfall beweissicher festgestellt werden, ob der Betr tatsächlich ein alkoholisches Getränk zu sich genommen hat, was ggf eine Alkoholgehaltsbestimmung erforderlich machen kann.

Erfasst ist nicht nur das **Zusichnehmen** alkoholischer Getränke im Fahren am Steuer, sondern vielmehr das Zusichnehmen „als Führer eines Kraftfahrzeugs", dh generell **während der gesamten Fahrt.** Nach den vergleichbaren, bei § 21a StVO (Sicherheitsgurte, Schutzhelme) geltenden Grundsätzen, gehört zur „Fahrt" **auch das verkehrsbedingte, vorübergehende Anhalten** (s § 21a StVO Rn 2), sodass zB das Trinken während eines Halts an einer „roten" Ampel ebenfalls untersagt ist (ein Irrtum darüber stellt lediglich einen vermeidbaren Verbotsirrtum iSd § 11 II OWiG dar; s auch unten Rn 20). Die Fahrt dauert bis zu ihrer (freiwilligen) **Beendigung** und endet jedenfalls mit dem Aussteigen aus dem Fahrzeug. Eine anschließende erneute Fahrt wird ggf von Alt 2 erfasst (s unten Rn 16 ff).   **10**

Verboten ist nur das Zusichnehmen alkoholischer Getränke, **nicht** aber die Einnahme **alkoholhaltiger Medikamente** oder **Lebensmittel,** sodass das Zusichnehmen von Arzneimitteln (Hustensäften, Tinkturen und ähnlichen Mitteln) oder alkoholhaltigen Süßwaren (zB Weinbrandbohnen) den Tatbestand nicht erfüllt (s amtl Begr BTDr 16/5047 S 9; krit dazu Hufnagel NJW 07, 2577, 2579). Nicht erfasst ist danach zB auch die Einnahme von Melissengeist, der kein „alkoholisches Getränk" darstellt (vgl auch BRDrs 124/1/07 S 6).   **11**

b) Antreten der Fahrt unter der Wirkung alkoholischer Getränke. Alt 2 **12**
verbietet das Antreten der Fahrt unter der Wirkung alkoholischer Getränke.

Unter der Wirkung alkoholischer Getränke (s zum Anwendungsbereich Rn 11, 13) steht der Fahrer, „wenn der aufgenommene Alkohol zu einer Veränderung physischer oder psychischer Funktionen führen kann und in einer nicht nur völlig unerheblichen Konzentration (im Spurenbereich) im Körper vorhanden ist. Auf die Feststellung einer konkreten alkoholbedingten Beeinträchtigung der für das Führen von Kraftfahrzeugen relevanten Leistungsfähigkeit des Betroffenen kommt es dabei nicht an" (amtl Begr BTDr 16/5047 S 9; BRDrs 124/07 S 7). – Unabhängig davon und doch korrespondierend mit der 0,2-Promille-Grenze in Alt 2 (s unten Rn 16) dürfte sich die **Frage** nach **relativer Fahrunsicherheit,** jedenfalls **bei Fahranfängern,** teilw neu stellen, da Blutuntersuchungen von insgesamt fast 200 000 tödlich verunglückten Fahrern in den USA gezeigt haben, dass schon eine Blutalkoholkonzentration von nur 0,1‰ bei der Gruppe mit den meisten Fahranfängern und Fahranfängerinnen (dh Fahrern und Fahrerinnen unter 21 Jahren) zu einem 25%igen Anstieg des Risikos führt, im Straßenverkehr zu verunglücken (s D. F. Preusser, BAC and Fatal Crash Risk, in: ICADTS Symposium Report „The Issue of Low BAC", 2002, S 937; zit nach BRDrs 124/07 S 5). Gerade bei Fahranfängern und Fahranfängerinnen erhöht das Zusammentreffen von Unerfahrenheit und „Alkohol am Steuer" das ohnehin schon hohe Unfallrisiko dieser Personengruppe, da bei diesen Fahrern Wahrnehmungsstrategien und Automatismen der Fahrzeugbeherrschung erst im Aufbau begriffen sind. „Sie müssen komplexere Fahraufgaben noch bewusst vollziehen und sind daher für die negativen Alkoholwirkungen besonders anfällig. Schon durch ‚Routineaufgaben'   **13**

StVG § 24c III. Straf- und Bußgeldvorschriften

wie Spurhalten, Geschwindigkeitsanpassung oder Fahrzeugbedienung werden Fahranfänger und Fahranfängerinnen stark beansprucht, so dass zusätzliche Anforderungen schnell an die Grenzen der kognitiven Leistungsfähigkeit führen können" (s BRDrs 124/07 S 4).

14 § 24c I StVG enthält in **Alt 2** (anders als in Alt 1, s oben Rn 9) **keine 0-Promille-Regelung.** Von einer Wirkung iSd § 24c StVG ist nach der amtl Begr (BTDr 16/5047 S 9; BRDrs 124/07 S 8) vielmehr nach derzeitigem wissenschaftlichem Erkenntnisstand erst **ab** einem Wert von **0,2 Promille Alkohol im Blut oder 0,1 mg/l Alkohol in der Atemluft** auszugehen, da Grenzwerte von 0,0 Promille bzw. 0,0 mg/l nicht bestimmbar sind (KG NStZ-RR 16, 224; OLG Düsseldorf DAR 16, 395; AG Langenfeld/Rheinfeld zfs 11, 472; aA AG Herne v 17.12.08 – 15 Owi 60 Js 584/08 – 5/08: „Wirkung" erst ab 0,3 Promille – die Einholung eines Sachverständigengutachtens zur weiteren Aufklärung erscheint unverhältnismäßig [König/Seitz DAR 10, 361, 365]; OLG Stuttgart DAR 13, 396 m Anm Janker = NJW 13, 2296: „Wirkung" regelmäßig ab 0,15 Promille), und um Messwertunsicherheiten und endogenen Alkohol auszuschließen. In den genannten Werten sind die erforderlichen Sicherheitszuschläge enthalten (KG NStZ-RR 16, 224). Diese Werte entsprechen einer Empfehlung der „Alkohol-Kommission" der Deutschen Gesellschaft für Rechtsmedizin sowie einer Empfehlung der Grenzwertkommission, die sich im Auftrag des Bundesministeriums für Verkehr, Bau und Stadtentwicklung mit Nachweisfragen im Bereich ‚Drogen im Straßenverkehr' beschäftigt" (amtl Begr BTDr 16/5047; BRDrs 124/07 S 8). Dieser Ansatz entspricht auch der Sichtweise zur „Wirkung" der berauschenden Mittel bei § 24a II StVG (s § 24a StVG Rn 5a ff) und dem Verhältnismäßigkeitsgrundsatz. – S zur Frage relativer Fahrunsicherheit oben Rn 15 und zur beweissicheren AAK-Messung § 24a StVG Rn 4a sowie zusammenfassend Krumm NJW 12, 1860.

Die Beschränkung auf „alkoholische Getränke" dürfte, worauf auch der Verkehrs- und Innenausschuss eindringlich hinwies, zu erheblichen **Beweisschwierigkeiten** führen. „Denn der Fahrzeugführer kann sich darauf berufen, dass seine Alkoholisierung (mit) auf den Konsum von in der Regel hochprozentigen homöopathischen Arzneimitteln, Tinkturen (Baldriantinktur, Alkoholgehalt von 50%) oder auch Melissengeist (der wohl nicht als ‚alkoholisches Getränk' anzusehen ist) zurückzuführen sei. Zur Dokumentation seines Vortrags könnte er (ständig) ein Fläschchen eines solchen Mittels mit sich führen. Denkbar wäre auch, dass sich der Fahrzeugführer ergänzend auf Medikamenteneinnahme beruft (ein paar Schlucke Bier oder Wein, außerdem wegen Magenverstimmung Klosterfrau Melissengeist). Dann müsste die gerade durch die Medikamenteneinnahme aufgebaute Blutalkoholkonzentration herausgerechnet werden" (BRDrs 124/1/07 S 6; s auch die Gegenäußerung d BReg BTDr 16/5047 S 14 u Bode zfs 07, 488, 489).

15 Erfasst ist von Alt 2 insb der Fall, dass ein Mitfahrer vor oder während der Fahrt alkoholische Getränke zu sich nimmt und das Fahrzeug anschließend selbst führt, dh die Fahrt antritt, obwohl er noch unter der Wirkung dieser Getränke steht (vgl amtl Begr BRDrs 16/5047 S 9).

16 **3. Probezeit und vor Vollendung des 21. Lebensjahres.** Alkoholverbot **in der Probezeit und vor Vollendung des 21. Lebensjahres.**

Voraussetzungen und Dauer der **Probezeit** von grds **2 Jahren** ergeben sich aus § 2a StVG (Ausnahmen von der Probezeit: § 32 FeV; s auch § 2a StVG

Rn 1 ff). Die Probezeit ist unabhängig vom Alter des Fahrerlaubnisinhabers und gilt damit auch für ältere Fahranfänger (s zB Hentschel/König/Dauer-Dauer § 2a StVG Rn 20). Die **Probezeit verlängert** sich bei innerhalb der Probezeit begangenen, rechtskräftig festgestellten, Verstößen gegen § 24c StVG unter den Voraussetzungen von § 2a II a StVG um zwei auf **vier Jahre** (s zur Anordnung, an einem Aufbauseminar teilzunehmen unten Rn 23). Die Probezeitverlängerung kommt bei Verstößen, die erst nach Ablauf der Probezeit, aber vor Vollendung des 21. Lebensjahres begangen werden, naturgemäß nicht in Betracht.

Nicht abschließend geklärt ist, ob das Alkoholverbot des § 24c StVG generell **vor Vollendung des 21. Lebensjahres** und damit auch für Fahrerlaubnisse, die gem § 32 FeV nicht der Probezeit unterliegen und auch für fahrerlaubnisfreie Kraftfahrzeuge, wie einem Mofa, gilt. Der Wortlaut „oder" vor Vollendung des 21. Lebensjahres schließt eine Anwendung generell bis zur Vollendung des 21. Lebensjahres jedenfalls nicht aus (für eine Anwendung Ternig NZV 13, 167 mwN).

4. Vorsatz und Fahrlässigkeit. Vorsätzlich nach **Alt 1** handelt, wer weiß 17 oder mind billigend in Kauf nimmt, als Kfz-Führer während der Fahrt ein alkoholisches Getränk (s oben Rn 9, 11) zu sich genommen zu haben. Verstöße gegen das Handlungsverbot in Alt 1 werden idR vorsätzlich sein (s zur Erhöhung des Regelsatzes bei Vorsatz unten Rn 22).

Nach **Alt 2** handelt vorsätzlich, wer die Fahrt antritt, obwohl er weiß oder mind billigend in Kauf nimmt, dass der konsumierte Alkohol zu einer BAK von mind 0,2 Promille bzw einer AAK von mind 0,1 mg/l geführt hat und dennoch ein Kfz führt oder wem es gleichgültig war, welche Alkoholkonzentration er beim anschl Fahren haben wird (s auch § 24a StVG Rn 7). Wie bei § 24a StVG reicht auch hier die bloße Kenntnis, Alkohol konsumiert zu haben nicht aus (s § 24a StVG Rn 7); allerdings wird aufgrund des niedrigen Promille- bzw Atemalkoholwertes und auch aufgrund des heutigen Aufklärungs- und Wissensstandes hinsichtlich Alkohol Vorsatz häufiger nachweisbar sein, als dies im Zusammenhang mit höheren BAK- bzw AAK-Werten der Fall ist (s zur Erhöhung des Regelsatzes bei Vorsatz unten Rn 22).

Darüber hinaus ist gem § 24c II StVG auch **Fahrlässigkeit** für die Verwirklichung des Tatbestandes ausreichend (s zu Fahrlässigkeitsanforderungen § 24a StVG Rn 6).

5. Vorwerfbarkeit. Wie bei § 24a StVG (0,5-Promille-Grenze) kommt ein 18 unvermeidbarer Verbotsirrtum iSd § 11 II OWiG kaum in Betracht (s § 24a StVG Rn 7). S auch oben Rn 12.

6. Teilnahme. Die **Beteiligung** richtet sich nach **§ 14 OWiG** (s auch 19 E Rn 44). Obwohl § 24c StVG ein **eigenhändiges Delikt** darstellt, kommt (wie bei § 24a StVG) Beteiligung in Betracht (näher zu dieser Problematik § 24a StVG Rn 8).

7. Ahndung. Abs 3 droht eine **Geldbuße** an, die gem § 17 I OWiG höchstens 20 1000 Euro beträgt; Regelsatz nach Nr 243 BKat 250 Euro; hinzu kommt seit 1.5.14 aufgrund des geänderten Punktegefüges durch die Reform des Punktsystems „nur" noch 1 Punkt (vgl Nr 3.1.1 Anlage 13 FeV – bis 30.4.14 2 Punkte gem Nr 6.1 Anl 13 FeV aF). Der Regelsatz bezieht sich gem § 1 II BKatV auf Fahrlässigkeit, sodass bei Vorsatz (s oben Rn 19) eine angemessene Erhöhung in Betracht kommt (zur Erhöhung der Regelsätze bei Vorsatz zB Janiszewski/Buddendiek Rn 91; s auch oben § 24a StVG Rn 9 u generell zur Erhöhung § 26a StVG Rn 6a).

Ein **Fahrverbot** ist bei Verstößen gegen § 24c StVG, anders als bei § 24a StVG (s Nr 241 ff BKat), **nicht vorgesehen.**

Zwischen **§ 24a StVG** (0,5-Promille-Grenze) und **§ 24c StVG** besteht **TE** (§ 19 II OWiG); Hentschel/König/Dauer-König § 24c StVG Rn 15: Konsumtion. § 24a I, III StVG und § 24c I Alt 2, II StVG stehen zueinander in TE, wobei letzterer im Konkurrenzwege (Konsumtion) hinter § 24a StVG zurück tritt (OLG Bamberg zfs 13, 711).

Für die **Beweisführung** ist **nicht zwingend** eine **Blutprobe** oder **Atemalkoholanalyse** erforderlich; ausreichend ist für den Nachweis, dass der Betroffene während der Fahrt oder vor Fahrtantritt Alkohol zu sich genommen hat, zB **auch** die Aussage von Polizeibeamten oder anderen **Zeugen** (vgl auch amtl Begr BTDr 16/5047 S 9).

Rechtskräftige Entscheidungen nach § 24c StVG werden gem § 28 III Nr 3a bzw Nr 3b StVG nF im FAER (bis 30.4.14 VZR) eingetragen. Die Eintragung erfolgt gem § 28a Satz 1 StVG (wie bei § 24a StVG) unabhängig von den wirtschaftlichen Verhältnissen des Betr (vgl amtl Begr BTDr 16/5047 S 9). Durch die Aufnahme von § 24c StVG in § 36 StVG können Fahrzeug- und Halterdaten (wie bei § 24a StVG) durch **Abruf im automatisierten Verfahren** übermittelt werden (s amtl Begr BTDr 16/5047 S 9/10).

21 **8. Aufbauseminar und MPU.** Verstöße gegen § 24c StVG sind gem Abschnitt A Nr 2.3 Anl 12 FeV **schwerwiegende Verstöße** und führen bei **Begehung innerhalb der Probezeit** (§ 2a StVG gilt nicht bei Verstößen nach Ablauf der Probezeit, aber vor Vollendung des 21. Lebensjahres) gem § 2a II 1 StVG zur Anordnung, an einem Aufbauseminar teilzunehmen; es handelt sich dabei gem §§ 36, 43 FeV um ein **besonderes Aufbauseminar** für FE-Inhaber, die unter dem Einfluss von Alkohol am Straßenverkehr (§§ 315c I Nr 1a, 316, 323a StGB, 24a, 24c StVG), teilgenommen haben (s dazu zB Himmelreich/Janker/Karbach Rn 378 ff; s auch Hufnagel NJW 07, 2578). S zur Verlängerung der Probezeit oben Rn 18.

Zuwiderhandlungen gegen **§ 24c StVG** genügen **nicht** für eine **MPU-Anordnung;** sie dürfen im Rahmen des § 13 Satz 1 Nr 2b FeV (wiederholte Zuwiderhandlungen im Straßenverkehr unter Alkoholeinfluss) nach § 13 Satz 2 FeV nicht berücksichtigt werden. Verstöße gegen § 24a StVG sind dagegen maßgeblich (s zB Hentschel/König/Dauer-Dauer § 13 FeV Rn 22 mwN).

22 **9. Literatur. Bode** „Absolutes Alkoholverbot für Fahranfänger und Fahranfängerinnen?" zfs 07, 488; **Hufnagel** „Das absolute Alkoholverbot für Fahranfänger" NJW 07, 2577; **Krumm** „Alkoholverbot für Fahranfänger – 10 Fragen und 10 Antworten – Arbeitshilfe" SVR 12, 176; **Jachau/Wittig/Krause, D.** „Zur Kontrolle des Alkoholverbots für Fahranfänger mittels Blutalkohol- oder Atemalkoholmessung" BA 07, 117; **Janker** „Das neue Alkoholverbot für Fahranfänger und Fahranfängerinnen (§ 24c StVG)" DAR 07, 497; **ders** „Alkoholverbot für Fahranfänger und Fahranfängerinnen (§ 24c StVG) – Grundlagen und Verteidigungsansätze" SVR 08, 378; **Krell** „Alkohol am Steuer: Für Fahranfänger bald tabu" VD 07, 87; **dies** „Das Alkoholverbot für Fahranfänger und Fahranfängerinnen" SVR 07, 321; **Ternig** „0,0‰ BAK-Grenze für Fahranfänger und Grenzwerte bei § 24a StVG" NZV 08, 271; **ders** „Der Adressatenkreis des § 24c StVG" NZV 13, 167; **Weibrecht** „ ‚Alkoholverbot' für Fahranfänger" NZV 05, 563.

§ 25 Fahrverbot[1]

(1) Wird gegen den Betroffenen wegen einer Ordnungswidrigkeit nach § 24, die er unter grober oder beharrlicher Verletzung der Pflichten eines Kraftfahrzeugführers begangen hat, eine Geldbuße festgesetzt, so kann ihm die Verwaltungsbehörde oder das Gericht in der Bußgeldentscheidung für die Dauer von einem Monat bis zu drei Monaten verbieten, im Straßenverkehr Kraftfahrzeuge jeder oder einer bestimmten Art zu führen. Wird gegen den Betroffenen wegen einer Ordnungswidrigkeit nach § 24a eine Geldbuße festgesetzt, so ist in der Regel auch ein Fahrverbot anzuordnen.

(2) Das Fahrverbot wird mit der Rechtskraft der Bußgeldentscheidung wirksam. Für seine Dauer werden von einer deutschen Behörde ausgestellte nationale und internationale Führerscheine amtlich verwahrt. Dies gilt auch, wenn der Führerschein von einer Behörde eines Mitgliedstaates der Europäischen Union oder eines anderen Vertragsstaates des Abkommens über den Europäischen Wirtschaftsraum ausgestellt worden ist, sofern der Inhaber seinen ordentlichen Wohnsitz im Inland hat. Wird er nicht freiwillig herausgegeben, so ist er zu beschlagnahmen.

(2a) Ist in den zwei Jahren vor der Ordnungswidrigkeit ein Fahrverbot gegen den Betroffenen nicht verhängt worden und wird auch bis zur Bußgeldentscheidung ein Fahrverbot nicht verhängt, so bestimmt die Verwaltungsbehörde oder das Gericht abweichend von Absatz 2 Satz 1, dass das Fahrverbot erst wirksam wird, wenn der Führerschein nach Rechtskraft der Bußgeldentscheidung in amtliche Verwahrung gelangt, spätestens jedoch mit Ablauf von vier Monaten seit Eintritt der Rechtskraft.

(2b) Werden gegen den Betroffenen mehrere Fahrverbote rechtskräftig verhängt, so sind die Verbotsfristen nacheinander zu berechnen. Die Verbotsfrist auf Grund des früher wirksam gewordenen Fahrverbots läuft zuerst. Werden Fahrverbote gleichzeitig wirksam, so läuft die Verbotsfrist auf Grund des früher angeordneten Fahrverbots zuerst, bei gleichzeitiger Anordnung ist die frühere Tat maßgebend.

(3) In anderen als in Absatz 2 Satz 3 genannten ausländischen Führerscheinen wird das Fahrverbot vermerkt. Zu diesem Zweck kann der Führerschein beschlagnahmt werden.

(4) Wird der Führerschein in den Fällen des Absatzes 2 Satz 4 oder des Absatzes 3 Satz 2 bei dem Betroffenen nicht vorgefunden, so hat er auf Antrag der Vollstreckungsbehörde (§ 92 des Gesetzes über Ordnungswidrigkeiten) bei dem Amtsgericht eine eidesstattliche Versicherung über den Verbleib des Führerscheins abzugeben. § 883 Abs. 2 und 3 der Zivilprozessordnung gilt entsprechend.

(5) Ist ein Führerschein amtlich zu verwahren oder das Fahrverbot in einem ausländischen Führerschein zu vermerken, so wird die Verbotsfrist erst von dem Tag an gerechnet, an dem dies geschieht. In die Verbotsfrist wird die Zeit nicht eingerechnet, in welcher der Täter auf behördliche Anordnung in einer Anstalt verwahrt wird.

---

[1] Absatz 1 Satz 2 idF d Ges v 19.3.2001 (BGBl I 386).

StVG § 25 III. Straf- und Bußgeldvorschriften

(6) Die Dauer einer vorläufigen Entziehung der Fahrerlaubnis (§ 111a der Strafprozessordnung) wird auf das Fahrverbot angerechnet. Es kann jedoch angeordnet werden, dass die Anrechnung ganz oder zum Teil unterbleibt, wenn sie im Hinblick auf das Verhalten des Betroffenen nach Begehung der Ordnungswidrigkeit nicht gerechtfertigt ist. Der vorläufigen Entziehung der Fahrerlaubnis steht die Verwahrung, Sicherstellung oder Beschlagnahme des Führerscheins (§ 94 der Strafprozessordnung) gleich.

(7) Wird das Fahrverbot nach Absatz 1 im Strafverfahren angeordnet (§ 82 des Gesetzes über Ordnungswidrigkeiten), so kann die Rückgabe eines in Verwahrung genommenen, sichergestellten oder beschlagnahmten Führerscheins aufgeschoben werden, wenn der Betroffene nicht widerspricht. In diesem Fall ist die Zeit nach dem Urteil unverkürzt auf das Fahrverbot anzurechnen.

(8)[2] Über den Zeitpunkt der Wirksamkeit des Fahrverbots nach Absatz 2 oder 2a Satz 1 und über den Beginn der Verbotsfrist nach Absatz 5 Satz 1 ist der Betroffene bei der Zustellung der Bußgeldentscheidung oder im Anschluss an deren Verkündung zu belehren.

Übersicht

	Rn
1. Allgemeines	1
a) § 25 StVG und Bußgeldkatalog	1
b) Nebenfolge einer Geldbuße	1a
c) „Denkzettel- und Besinnungsmaßnahme", zeitl Nähe zur Tat	1b
d) nur bei Verstößen des Kfz-Führers nach §§ 24 u 24a StVG	2
e) AO des FV grunds Ermessensentscheidung	3
f) Verhältnismäßigkeit	4
g) FV und Höhe der Geldbuße	5
h) Begründungspflicht – Prüfpflicht	6
i) Begründungspflicht bei Erhöhung eines RegelFV nach BKatV	7
2. Fahrverbot nach § 25 I S 1 StVG	8
a) Grobe Pflichtverletzungen des Kfz-Führers	9
b) Beharrliche Pflichtverletzung	10
c) Regel-Fahrverbote nach § 25 I S 1, § 4 I der BKatV (grobe Verstöße)	14
d) Regel-FV nach § 25 I S 1 StVG, § 4 II BKatV (beharrliche Verstöße)	28
3. Gesetzliches Regel-Fahrverbot nach § 25 I S 2 StVG für OWi nach § 24a StVG	29
a) Allgemeines	29
b) Absehen vom FV	30
c) Berufliche Nachteile, außergewöhnliche Härten, Existenzvernichtung	31
d) Einschränkung der FV, Verschiebung des Eintritts der Wirksamkeit	33
4. Beschränkung, Wirksamkeit und Dauer des Fahrverbots	34
a) Beschränkung, Verhältnismäßigkeit	34

---

[2] IdF d G zur Änd d OWiG v 26.1.1998 (BGBl I 156).

Fahrverbot § 25 StVG

	Rn
b) Wirksamkeit, Zeitpunkt	35
c) Regelung nach Abs 2a	36
d) Fristbeginn nach Abs 2a	37
e) Dauer	38
f) Anrechnung der vorläuf Entz- bzw Verwahrdauer	39
5. Verfahrensrechtliche Anmerkungen	40
a) Erkennung auf nur ein Fahrverbot	40
b) Erhöhung der GB bei Absehen vom FV	41
c) FV im gerichtlichen Einspruchsverfahren	42
d) Persönl Erscheinen in der Hauptverhandlung	43
e) Rechtsbeschwerde	44
f) Beschlagnahme des FS, Durchsuchung der Wohnung	45
g) Vollstreckung mehrerer Fahrverbote	46
h) Zusammentreffen von Fahrverbot u vorläuf FE-Entzug	47
6. Literatur	48

1. Allgemeines. a) § 25 StVG und Bußgeldkatalog. Das **Fahrverbot** (FV) 1 nach § 25 ist in seiner Grundkonzeption dem gerichtlichen FV nach § 44 StGB nachgebildet. § 25 ist die alleinige RGrundlage für ein FV im OWi-Verfahren, die weder durch § 26a noch durch § 4 (bis 31.12.01: § 2) BKatV eine Änderung erfahren hat. Bei den Verstößen nach dem **Bußgeldkat** (Katalogtaten) handelt es sich Regelbeispiele, deren Verwirklichung das Vorliegen einer groben oder beharrlichen Verletzung der Pflichten eines Kfz-Führers **indiziert,** die aber dieses gesetzliche Merkmal des § 25 I StVG nicht etwa ersetzen oder abändern (BGHSt 38, 125 = NZV 92, 117; BGHSt 38, 231 = NZV 92, 286; BGHSt 43, 241 = NZV 97, 525). Die BKatV befreit die Bußgeldbehörden und Gerichte nicht vom Erfordernis einer Einzelfallprüfung; sie schränkt nur den Ermittlungs- und Begründungsaufwand ein (BVerfG NZV 96, 284; BGH NZV 92, 117 u 97, 525; BayObLG NZV 04, 102; Hentschel-König 21). Anlass für Gericht, einer Verneinung des Regelfalls nachzugehen, besteht nur, wenn hierfür Anhaltspunkte vorliegen, insb der Betr dies im Verfahren einwendet (BGH NZV 97, 525).

b) Nebenfolge einer Geldbuße. Als **Nebenfolge** setzt § 25 die AO einer 1a GB (keine bloße Vw nach § 56 OWiG) voraus (OLG Düsseldorf VRS 86, 314).

c) „Denkzettel- und Besinnungsmaßnahme", zeitl Nähe zur Tat. Das 1b FV dient als **„Denkzettel- u Besinnungsmaßnahme"** in erster Linie spezialpräventiven Zwecken. Wesentl ist bei AO des FV die **Nähe zur Tat.** Es kann daher sinnlos u unverhältnism erscheinen, wenn seit der Tat längere Zeit (mehr als 2 Jahre) bis zur Entscheidung verstrichen ist, vgl BayObLG NZV 02, 280, OLG Stuttgart ZfS 98, 194, OLG Köln NZV 00, 217, OLG Düsseldorf NZV 01, 435, OLG Hamm NZV 07, 635; DAR 12, 340, OLG Naumburg DAR 03, 133, OLG Brandenburg NZV 05, 278; OLG Köln NZV 04, 422 bei Nichtverantwortlichkeit für lange Verfahrensdauer; ebenso OLG Karlsruhe NStZ-RR 07, 323; BayObLG NZV 04, 100 durch Reduzierung des zweimonatigen FV; BayObLG NZV 04, 210: nur Anhaltspunkt für tatrichterl Prüfung; KG NZV 02, 281 bei 13 Mon, wenn spätes Urteil nicht vom Betr zu vertreten ist, OLG Brandenburg ZfS 97, 314 insb bei verfahrensbedingter Verzögerung; Die zT vorgenommene Einschränkung, die Verfahrenslänge dürfe nicht vom Betr zu verantworten sein, überzeugt im Hinblick auf die spezialpräventiven Zwecke des FV nicht. Im Übrigen wird auch prozessual zulässiges Verhalten dem Betr nicht angelastet wer-

StVG § 25 — III. Straf- und Bußgeldvorschriften

den können (vgl auch OLG Hamm DAR 09, 405; Schlesw DAR 00, 584; OLG Zweibrücken DAR 00, 586 sowie § 44, 7). Nach OLG Hamm (ZfS 03, 521) kann ein FV andererseits auch bei 1 Jahr u 9 Monaten zwischen Tat u tatrichterl Urteil verhängt werden. Für die Berechnung des relevanten Zeitraumes ist auf die letzte tatrichterliche Entscheidung abzustellen (KG v. 25.3.2015, Beck RS 2015, 08204; OLG Saarbrücken vom 31.3.2014, Beck RS 2014 13932, OLG Hamm DAR 12, 340; OLG Oldenburg NZV 11, 564). Verzögerungen nach der Urteilsverkündung sind vom Rechtsmittelgericht nach den Grundsätzen der rechtsstaatswidrigen Verfahrensverzögerung zu berücksichtigen (OLG Saarbrücken v. 31.3.2014, Beck RS 2014, 13932; Hentschel-König Rn 24). Eine derartige Verfahrensverzögerung kann Auswirkungen auf Bestand und Dauer eines FV haben (OLG Bamberg NZV 09, 201: Noch nicht bei 7 Monaten; OLG Düsseldorf NZV 08, 534: Vielfaches der normalen Verjährungsfrist; OLG Saarbrücken v. 6.5.2014, Beck RS 2014, 13932).

2   **d) nur bei Verstößen des Kfz-Führers nach §§ 24 u 24a StVG.** Das FV ist nur zul bei Pflichtverstößen eines **Kfz-Führers,** die nach den §§ 24, 24a, dh nicht auch nach anderen Vorschriften zu ahnden sind; nicht also auch – wie bei § 44 StGB – bei Taten, die mit dem Führen eines Kfz nur „im Zusammenhang" stehen (OLG Koblenz VRS 50, 61), nicht bei einem Halter, der nicht selbst gefahren ist (BayObLG NZV 96, 37; OLG Hamm VRS 59, 468 = StVE 4; OLG Köln VRS 85, 209) oder gar bei VVerstößen eines Radf. – S auch Dreher/Fad NZV 04, 231.

3   **e) AO des FV grunds Ermessensentscheidung.** Die AO eines FV unterliegt dem **Ermessen** der zust Stelle; es „kann" angeordnet werden (s auch § 4 IV BKatV), soweit das G nichts anderes vorschreibt (s § 25 I S 2; unten Rn 12); FV wird jedoch in den von § 4 I (grobe Pflichtverl) und § 4 II (beharrl Pflichtverl) BKatV gen Fällen indiziert („kommt in Betracht"), so dass Absehen v FV nur in Ausnahmefällen zul ist und besonderer Begründung bedarf. Es ist auch gegenüber **ausl Fahrerlaubnisinhabern** (§ 25 III S 1) u Jugendlichen anwendbar. – Die Missachtung des FV ist Vergehen nach § 21.

4   **f) Verhältnismäßigkeit.** § 25 ist bei Beachtung des **Verhältnismäßigkeitsgrundsatzes** nach den strengen Anforderungen des BVerfG verfassungskonform (BVerfG VRS 37, 161; NZV 96, 284; BayObLG NZV 91, 120). Wegen der oft schwerwiegenden Folgen bedarf es idR eines bes Pflichtenverstoßes, dessen Gewicht dem Unrechtsgehalt u der Unrechtsfolge entsprechen muss (BGHSt 38, 125, 129; ausführlich dazu Hentschel FS Salger S 472 ff).

5   **g) FV und Höhe der Geldbuße.** Zur Wahrung der Verhältnismäßigkeit ist nach der RSpr des BVerfG (NZV 96, 284 = DAR 96, 196) – nicht die Feststellung nötig, dass die erforderliche Einwirkung auch mit einer **erhöhten** oder für den Betr unter Berücksichtigung seiner Verhältnisse **empfindlichen GB** nicht erreicht werden kann (so BGH NZV 92, 79; NZV 92, 117; NZV 92, 286).

6   **h) Begründungspflicht – Prüfpflicht.** Es genügt in diesen Fällen, in denen ein FV idR in Betracht kommt, wenn sich der Tatrichter dieser Möglichkeit ausweislich der Entscheidungsgründe bewusst war, und zwar für die grobe wie für die beharrl Pflichtverletzung (BGH NZV 92, 117 u NZV 92, 286; desgl OLG Hamm NZV 97, 129; OLG Jena ZfS 97, 435; OLG Hamm NZV 01, 355; OLG Köln NZV 01, 391; OLG Hamm NZV 03, 245; s aber OLG Hamm NZV 11,

455), u eine Erhöhung möglich wäre (s OLG Düsseldorf NZV 92, 493; OLG Hamm NZV 93, 445; OLG Hamm NZV 04, 156).

Wird vom *Regelfahrverbot abgesehen* und dafür die **Geldbuße erhöht**, bedarf dies allerd einer eingehenden Begründung im Urteil, die durch entsprech Feststellungen untermauert ist, so dass Nachprüfung durch Rechtsbeschwerdegericht mögl ist (OLG Hamm NZV 02, 381; s. Rdn. 38); insbes sind Feststellungen der persönl u berufl Verhältnisse des Betr erforderl (OLG Hamm DAR 02, 366 = ZfS 03, 42). Erhöhte Geldbuße statt Regel- FV: bei wirtschaftl bedrängten Verhältnissen eines Taxifahrers (OLG Hamm NZV 01, 436); bei drohend Verlust des Arbeitspl als Taxifahrer (OLG Hamm NZV 02, 381); Wehrpflichtiger, bei dem mehrere einfache Milderungsgründe vorlagen – auch berufl Art – (OLG Oldenburg NZV 02, 414); durch berufl Umstände veranlasste Gesamtschau führte zur Reduzierung des FV von 3 auf 1 Monat unter Erhöhung der Regelgeldbuße (AG Linz DAR 02, 469). Aber auch bei einem unvorbelastetem Betroffenen und fahrlässiger Tatbegehung kann eine – massive – Erhöhung der Geldbuße ausreichend sein (OLG Hamm NZV 07, 100; Deutscher NZV 99, 113), es sei denn, es handelt sich um einen massiven Verkehrsverstoß (OLG Hamm NZV 08, 307; Deutscher NZV 09, 113). Ein Absehen vom Regelfahrverbot mit der Konsequenz, dass die Geldbuße zu erhöhen ist, liegt auch vor, wenn nur auf ein Fahrverbot für bestimmte Fahrzeugarten erkannt wird (OLG Jena ZfS 2007, 412, aAKrumm DAR 06, 100). Eine Erhöhung der Geldbuße ist unzulässig, wenn das Fahrverbot von seinem Zweck her als nicht als erforderlich verhängt wurde, etwa wegen Zeitablauf (s 1b) oder weil dem Betroffenen bereits die Fe entzogen wurde (OLG Zweibrücken NZV 06, 328).

i) Begründungspflicht bei Erhöhung eines RegelFV nach BKatV. Auch 7 eine **Erhöhung** des nach BKatV vorgesehenen **Regelfahrverbots** ist an sich zulässig, bedarf aber einer stichhaltigen Begründung (OLG Hamm NZV 01, 178).

2. Fahrverbot nach § 25 I S 1 StVG. Die OW muss unter „**grober oder** 8 **beharrlicher**" Pflichtverletzung eines Kfz-Führers begangen sein. Das erfordert entweder die Feststellung einer bes Verantwortungslosigkeit unter Berücksichtigung von VLage u Örtlichkeiten (s 9 ff) oder auch wiederholter hartnäckiger Missachtung von VVorschriften (BGHSt 29, 274 = StVE 5; s 11). Auch das Verhalten nach der Tat kann maßgeblich sein (OLG Hamm v 28.7.82, 6 Ss OWi 1151/82). Bei gleichzeitiger Beurteilung mehrerer OWen ist auf das Gesamtverhalten abzustellen (BayObLG 76, 58). – **Vermeidbarer Verbotsirrtum** kann der Annahme bes Rücksichts- u Verantwortungslosigkeit entgegenstehen (OLG Düsseldorf VRS 85, 296; KG NZV 94, 159; BayObLG NZV 03, 430).

a) Grobe Pflichtverletzungen des Kfz-Führers. Grobe Pflichtverletzun- 9 **gen** sind – abgesehen von den im BKat erfassten Regel-FV-Fällen (s 14 ff) – solche von dem Gewicht, die **objektiv** als häufige Unfallursachen abstrakt oder konkret bes gefährlich sind **und** (dh kumulativ, nicht alternativ: BGH ZfS 97, 433; Hentschel FS Salger S 473) **subjektiv** bes verantwortungslos erscheinen (vgl BGH ZfS 97, 432).

Selbst bei einer **objektiv** schwerwiegenden **V-OW** kommt ein FV also nur im Falle eines **subjektiv bes verantwortungslosen** Verhaltens in Betracht, wobei wegen des Verhältnismäßigkeitsgrundsatzes (Übermaßverbot u Schuldgrundsatz) selbst bei objektiver Gefährlichkeit eine strenge Prüfung (s OLG Stuttgart DAR 85, 124) auch in subjektiver Hinsicht erforderlich ist (BGH ZfS 97, 432; OLG

Saarbrücken VRS 84, 109). Bes Verantwortungslosigkeit ist namentl gegeben, wenn die OWi auf groben Leichtsinn, grobe Nachlässigkeit oder Gleichgültigkeit zurückgeht (BGH aaO, OLG Hamm NZV 00, 52; OLG Celle DAR 03, 323). Bes Verantwortungslosigkeit muss aber nicht vorliegen, wenn dem Kf bei Begehung des objektiv schwerwiegenden VVerstoßes nur **leichte Fahrlässigkeit** zur Last fällt (BGH ZfS 97, 432; OLG Zweibrücken NZV 98, 420; OLG Braunschweig NZV 99, 303), was insbes. bei **Augenblicksversagen** der Fall sein kann (s Rn 15 f). Leichte Fahrlässigkeit kann insbesondere bei Übersehen eines Verkehrszeichens in Betracht kommen (BGH ZfS 97, 432; OLG Jena DAR 95, 260).

10 **b) Beharrliche Pflichtverletzung. aa) Allgemeines. Beharrlich** begangen sind Pflichtverletzungen, die zwar ihrer Art oder den Umständen nach nicht bereits zu den objektiv oder subjektiv groben zählen, durch deren zeit- u sachnahe wiederholte Begehung der Täter aber unter Missachtung der Vorwarnung zeigt, dass ihm die für die Teilnahme am StraßenV erforderliche rechtstreue Gesinnung u die notwendige Einsicht in zuvor begangenes Unrecht fehlen (Begr BTDr V/ 1319 zu § 25; BayObLG, NZV 04, 102; OLG Hamm NZV 16, 348; 01, 221;OLG Düsseldorf NZV 01, 487; OLG Jena DAR 97, 410; Braunschweig NZV 99, 303; KG NZV 05, 330; OLG Koblenz NZV 05, 383; OLG Bamberg NZV 08, 48).

Entfällt ein Regelbeispiel, schließt dies aber ein allein auf § 25 I 1 StVG gestütztes Fahrverbot nicht zwangsläufig aus; bei Fehlen der Voraussetzungen des § 4 II 2 BkatV bedarf es allerdings hierzu näherer Feststellungen und einer Gesamtabwägung (OLG Koblenz NZV 05, 383; OLG Bamberg NJW 08, 3155).

11 **bb) Vorahndung.** Das setzt zwangsläufig eine **vorangegangene Warnung** durch eine Vorahndung voraus, durch die dem Betr die (neue) Tat voll bewusst wird; dieses Bewusstsein ist subjektive Voraussetzung für die Annahme der Beharrlichkeit (BayObLG NZV 95, 499, OLG Bamberg FS DAR 16, 90), nicht aber des Vorsatzes bei der Wiederholungstat (s Hentschel FS Salger S 489 mwN). Die Vorahndung muss allerdings – anders als im Falle des § 4 II S 2 BKatV (s Rn 28) – zZ der neuen Tat nicht ausnahmslos rkr gewesen sein (OLG Bamberg DAR 15, 392; OLG Hamm NZV 98, 292 u 00, 53; OLG Düsseldorf NZV 99, 432), zumal auch sonstige vorangegangene Verfolgungsmaßnahmen wegen der Vortat hinreichende Warnung bewirkt haben können (BayObLG NZV 95, 499; OLG Bamberg DAR 16, 90). Die Vortat einschließlich ihres Unrechtsgehalts muss dem Betroffenen voll bewusst geworden sein, was auch auf andere Weise als durch rechtskräftige Ahndung geschehen kann, zB durch die Zustellung des Bußgeldbescheides (OLG Hamm NZV 98, 292; OLG Düsseldorf NZV 99, 432; Hentschel/ Bücken in B/B Kap 16 B Rn 64; aA Deutscher NZV 07, 164: Rechtskraft erforderlich), doch bedarf es in einem solchen Fall ausreichender tatrichterlicher Feststellungen, die den Schluss zulassen, der Betroffene habe sich über den vorausgegangenen Warnappell hinweggesetzt (BVerfG NZV 96, 284; OLG Bamberg DAR 15, 392; OLG Hamm NZV 98, 292). Ersatzzustellung des Bußgeldbescheides reicht nicht (OLG Hamm NZV 00, 53). Dass vorangegangene Verkehrsverstöße mit einem „erhöhten" Bußgeld geahndet wurden, ist für die Annahme von „Beharrlichkeit" nicht erforderlich (OLG Bamberg v. 22.10.2009 – 3 Ss (OWi) 1194/09; BeckRs 2009, 86276).

Nach BayObLG genügt es, die Beharrlichkeit auf Feststellungen zu stützen, die den Eintragungen im VZR zu entnehmen sind. Der Tatrichter ist grundsätzlich nicht verpflichtet, weitere Einzelheiten zu den dort enthaltenen Vortaten festzustellen und mitzuteilen, insbesondere nicht zur Motivationslage des Betroffe-

Fahrverbot § 25 StVG

nen (BayObLG NZV 04, 102 u NZV 04, 48; OLG Oldenburg NZV 13, 457). Werden jedoch konkrete Einwände gegen die Täterschaft erhoben, muss sich der Tatrichter vom Vorliegen der Vortaten erneut überzeugen und bei der Beweiswürdigung erkennen lassen, dass er auch den für die Täterschaft entsprechenden Umständen/Indizien (Hinnahme des Bußgeldbescheids, Geständnis zur Täterschaft oder Feststellung/Beweiswürdigung des früheren Urteils zur Täterschaft) angemessenes Gewicht zuerkannt hat (BayObLG NZV 04, 48; OLG Bamberg NZV 14, 98; aA OLG Celle NZV 97, 488; Gebhardt § 27, 76).

cc) Erster Rückfall. Dieser muss noch nicht den Vorwurf „beharrlicher" 12 Pflichtverletzung begründen, wenn die erste Tat nur einen geringen Vorwurf rechtfertigt (OLG Frankfurt VM 79, 18; OLG Düsseldorf NZV 01, 488), keinen allzu hohen Unrechtsgehalt (OLG Frankfurt aaO; BayObLG DAR 88, 350) oder keinen inneren Zusammenhang mit der neuen OW hatte (OLG Celle DAR 03, 472; OLG Braunschweig NZV 98, 420; OLG Karlsruhe DAR 99, 417), zu lange zurückliegt (BayObLG NZV 93, 118: 3 Jahre, Hentschel/Bücken in B/B Kap 16 B Rn 65) oder eine ungewöhnlich hohe Fahrleistung vorliegt (AG Rüsselsheim DAR 91, 233). – **Aber** Beharrlichkeit ist andererseits bei einer einzigen, über längere Zeit oder Strecke begangenen Geschwindigkeitsüberschreitung angenommen worden (OLG Hamm VRS 51, 66; KG NZV 91, 119; zw; s auch Hentschel FS Salger S 479). Im Übrigen kommt es auf die Einzelheiten der vorangegangenen u erneuten OWen an (OLG Jena DAR 97, 410); allein reicht weder eine wiederholte Zuwiderhandlung noch eine zeitliche Nähe aus (OLG Jena NZV 99, 304; s. aber auch OLG Bamberg NZV 11, 515). Erforderlich ist, dass die Taten auf einem Mangel an rechtstreuer Gesinnung beruhen (OLG Hamm NZV 16, 348; OLG Bamberg NZV 08, 48; Karlsruhe NZV 06, 325). Im Urteil muss mitgeteilt werden, welche zuvor begangenen Verstöße die Beharrlichkeit begründen sollen. Insoweit ist auch erforderlich, dass mitgeteilt wird, wie die jeweilige Tatahndung erfolgte, wann die Vorverstöße begangen und wann sie rechtskräftig wurden (OLG Bamberg NSOZ 17, 1403; NZV 07, 535). Erstmalig wg beharrl Pflichtverletzung angeordnetes FV sollte gem § 4 I 1 BKatV idR einen Monat betragen (zwei Monate sind unverhältnism), KG NZV 02, 473.

dd) Subjektiver Aspekt bei Beharrlichkeit. Die Grundsätze, die der BGH 13 (NZV 97, 525) und übrige Rechtsprechung zum Vorsatz sowie zur groben/ einfachen Fahrlässigkeit bei grober Pflichtwidrigkeit entwickelt haben, gelten entsprechend für Fälle „beharrlicher" Pflichtwidrigkeiten (OLG Braunschweig NZV 99, 303; OLG Hamm NZV 00, 92; BayObLG NZV 01, 46; OLG Köln NZV 03, 397; OLG Dresden DAR 03, 472). Zwar gibt es deutliche Unterschiede im obj. Tatbestand, sie entsprechen sich aber weitgehend im subj. Tatbestand (besonders verantwortungsloses Handeln, Mangel an rechtstreuer Gesinnung, grobe Nachlässigkeit, Gleichgültigkeit, aaO).

c) Regel-Fahrverbote nach § 25 I S 1, § 4 I der BKatV (grobe Ver- 14 **stöße).** Um eine Entwertung des FV zum Nachteil der VSicherheit zu verhindern u eine möglichst weitgehende Gleichbehandlung zu erzielen, ist auf der Grundlage von § 26a StVG in verfassungskonformer Weise (BVerfG NZV 96, 284) in § 4 I BKatV vorgeschrieben worden, dass bei bestimmten, bes schwerwiegenden Verstößen ein FV idR „in Betracht" kommt. Zu unterscheiden sind die Regelwirkung auf der Tatbestandsebene und die Regelwirkung auf der Rechtsfolgenebene (vgl auch Deutscher, NZV 07, 161).

15 **aa) Tatbestandsbezogene Regelwirkung.** Diese Regelfälle enthalten insofern eine **Vorbewertung,** als sie nur bes gefährliche Verhaltensweisen betreffen, deren Begehung in objektiver u subjektiver Hinsicht idR ein **FV indiziert** (s BGH ZfS 97, 432, 433; BGHSt 38, 125 = NZV 92, 117; 94, 327; KG NZV 95, 37; OLG Köln NZV 91, 201; Ka NZV 91, 203; OLG Hamm NZV 00, 95; eingehend zum Regel-FV Deutscher s aaO, Rn 48). Dadurch wird aber die ges Regelung nach § 25 nicht ersetzt; die oben (9 ff) beschriebenen **Voraussetzungen** gelten vielmehr grundsätzlich auch hinsichtlich der Beurteilung eines sog Regel-FV nach der BKatV, dh eine im BKat als Regelfall umschriebene Handlung kann nicht mit einem FV geahndet werden, wenn sie sich nach der auch hier notwendigen Würdigung der Umstände des Einzelfalles (vgl BVerfG NJW 96, 1809; BGHSt 38, 125; BayObLG NZV 95, 497) in objektiver u subjektiver Hinsicht letztlich nicht als „grobe Pflichtverletzung" erweist, was zB im Falle eines **Augenblickversagens** der Fall sein kann (BGH NZV 97, 525; KG NZV 17, 340). Hierunter ist ein kurzfristiges Fehlverhalten bzw Außerachtlassen der gebotenen Sorgfalt zu verstehen (OLG Hamm NZV 07, 259), was jedem sorgfältigen und pflichtbewussten Fahrer unterlaufen kann (OLG Hamm NZV 05, 489; Ka NZV 07, 213; ausf. Krumm NZV 13, 428).

16 Für Augenblicksversagen reicht momentane Unaufmerksamkeit allein in der Regel nicht aus. Vielmehr müssen alle näheren Umstände gewürdigt werden, die auch die Ursachen des momentanen Versagens erkennen und ggf in einem milderen Licht erscheinen lassen (OLG Koblenz NZV 04, 255). Nur wenn (zB bei einem Geschwindigkeitsverstoß) keine weiteren Umstände vorliegen, aufgrund deren sich eine Geschwindigkeitsbeschränkung aufdrängen musste, kann von leichter Fahrlässigkeit bzw Augenblicksversagen ausgegangen werden (OLG Jena NZV 17, 289; OLG Rostock NZV 04, 481; OLG Bamberg vom 1.6.2010 – 3 Ss Owi 814/10, BeckRS 2011, 18214). Keine momentane Unaufmerksamkeit liegt vor bei Übersehen mehrfach aufgestellter Schilder oder eines sog Geschwindigkeitstrichters (OLG Koblenz NZV 05, 383); kein Augenblicksversagen bei gravierendem Verhalten, das praktisch kaum anders als durch einen vorsätzl Verstoß zu erklären ist (OLG Koblenz, aaO). Ein Augenblicksversagen kann auch der Umstand nicht begründen, dass der Betroffene sich auf einer Probefahrt mit einem ihm unbekannten ungewohnten Fahrzeug befand (OLG Bamberg NZV 13, 52). Ein Augenblicksversagen kann vorliegen, wenn innerhalb geschlossener Ortschaft ein Ortsfremder eine gut ausgebaute vierspurige Straße befährt und das die geschwindigkeitsbegrenzende Ortseingangsschild übersieht, weil er auf Grund der örtlichen Bebauung davon ausging, er befände sich außerorts (OLG Dresden DAR 06, 30). Entsprechendes gilt auch, wenn eine Geschwindigkeitsbeschränkung auf einer dreispurigen autobahnmäßig ausgebauten Landstraße mit Mittelleitplanke übersehen wird, wenn keine Gründe für eine Geschwindigkeitsreduzierung wie beispielsweise Baustellen oder Belagsmängel vorhanden sind (Ka NZV 06, 325).

Augenblicksversagen kann auch gegeben sein bei zwei Verkehrsschildern in kurzem Abstand, die aber zwei unterschiedliche Geschwindigkeitsbegrenzungen enthalten (OLG Hamm NZV 00, 96). Dies gilt jedoch nicht, wenn die Fehlleistung ihrerseits auf grobem Leichtsinn, grober Nachlässigkeit oder Gleichgültigkeit beruht (BGH NZV 97, 525; Zweibrücken NZV 98, 420; OLG Karlsruhe NZV 07, 214). Keine grobe Pflichtverletzung bei Fehldeutung des VZ 274 (als klappbares Schild), es sei denn, dass gerade die Fehldeutung auf grobe Nachlässigkeit oder Gleichgültigkeit zurück geht (BayObLG NZV 00, 300; s a OLG Bamberg NZV

07, 633). Grob fahrlässig ist hingegen, bei defektem Tachometer sich dem Verkehrsfluss anzupassen, wenn dabei die zul Höchstgeschwindigkeit massiv überschritten wird (BayObLG NZV 00, 216). Blendung durch Sonne entlastet nicht (OLG Hamm NJW 07, 2198).

Das für die Verhängung des Fahrverbots erforderliche Handlungsunrecht kann 17 auch gemindert sein, wenn ein Arzt innerorts die zul Höchstgeschw um 36 km/h überschreitet, um akut schwerkranken Patienten zu erreichen, ohne dass Notfall i rechtl Sinn gegeben ist, BayObLG NZV 00, 215. Der für die Verhängung des Fahrverbotes erforderliche Handlungsunwert kann auch entfallen, wenn die Geschwindigkeitsmessung unter Missachtung der im jeweiligen Bundesland geltenden **Richtlinien für den Abstand einer Messung** (s. Sobisch DAR 15, 136) vom Ortseingangsschild erfolgte (OLG Bamberg DAR 17, 384; OLG Frankfurt DAR 16, 395; OLG Dresden DAR 10, 29; Krumm NJW 07, 258; zu den Anforderungen an die Urteilsfeststellungen vgl auch OLG Bamberg NZV 13, 52). Etwas anderes gilt nur dann, wenn die Abweichung von den Richtlinien wegen einer besonderen Gefahrenstelle erfolgte oder unbedeutend gewesen ist (OLG Oldenburg NZV 96, 375; OLG Bamberg DAR 06, 464) bzw der Meßstelle ein Geschwindigkeitstrichter voran ging (OLG Koblenz v. 24.3.11 – 2 Ss Bs 154/10, BeckRS 2011, 20795). Auch wenn zwischen Tat und Aburteilung die Geschwindigkeitsbeschilderung geändert wurde, so dass ein Fahrverbot nunmehr nicht zu verhängen wäre, ist das Handlungsunrecht geringer zu bewerten (Krumm NJW 07, 258). Unerheblich ist dagegen, dass das Fahrverbot nur aus Gründen des Lärmschutzes angeordnet wurde (OLG Bamberg DAR 07, 94 Ka NZV 04, 369) oder wenn der Sinn des Verkehrszeichen zweifelhaft ist. Es ist nicht Aufgabe des Bußgeldrichters, die sachliche Angemessenheit einer Verkehrsregelung zu überprüfen (OLG Düsseldorf NZV 96, 372). Ablenkung durch Gespräche über geschäftliche Angelegenheiten ist nicht geeignet, eine Absenkung des Ausmaßes des subjektiven Pflichtenverstoßes zu begründen (OLG Hamm NZV 02, 142).

Die Regelbeispiele der BKatV entfalten im Hinblick auf das subjektive Element 18 der groben Pflichtverletzung eine gewichtige – nur ausnahmsweise auszuräumende – Indizwirkung. Der Bußgeldrichter hat sich daher mit der Frage, ob Verkehrsverstoß subjektiv eine grobe Pflichtverletzung darstellt, nur dann auseinander zu setzen, wenn aufgrund der Einlassung des Betroffenen dazu Anlass besteht (BGH NZV 97, 525; OLG Hamm NZV 99, 302; Deutscher NZV 07, 165; s a Ka NZV 06, 325; Augenblicksversagen kann sich auch ohne entsprechende Behauptung aus der Verkehrssituation ergeben). Der Tatrichter darf Einlassung des Betroffenen, er habe VZ 274 aufgrund einfacher Fahrlässigkeit übersehen, grundsätzlich nicht ohne weiteres hinnehmen; er hat vielmehr in nachprüfbarer Weise darzulegen, aufgrund welcher konkreten Tatsachen er diese Einlassung für glaubhaft oder für nicht widerlegbar hält (BayObLG NZV 99, 342).

Die Indizwirkung bzw der Regelfall kann nur verneint werden, wenn Umstände vorliegen, die das Tatgeschehen aus dem Rahmen der typischen Begehungsweise einer solchen Ordnungswidrigkeit im Sinne einer Ausnahme herausheben (BayObLG DAR 94, 501; NZV 00, 216). Liegt aber ein Regelfall vor, so sind keine näheren Feststellungen mehr darüber erforderlich, ob zB ein bes verkehrsfeindliches, gefährliches Verhalten vorlag (Ka NZV 94, 237).

bb) Rechtsfolgenbezogene Regelwirkung. Ist der Tatbestand des Regelfal- 19 les erfüllt und ist die darauf beruhende Vermutungswirkung nicht widerlegt (s

StVG § 25   III. Straf- und Bußgeldvorschriften

15), so wird hierdurch die Erforderlichkeit des Fahrverbots zur Einwirkung auf den Betr **indiziert**. Wird vom Fahrverbot ausnahmsweise abgesehen, so soll die Geldbuße für den Regelsatz angemessen erhöht werden, § 4 IV BKatV. – Das Entfallen des Regelbeispiels – auch wegen Augenblicksversagens – schließt aber ein *allein auf § 25 I 1 StVG gestütztes FV* nicht zwangsläufig aus (OLG Koblenz NZV 05, 283; AG Riesa DAR 05, 109).

20 Da die Regel-FV-Fälle nach § 4 I, II BKatV als bes schwerwiegend vorbewertet sind, kommt ein **Absehen vom FV** nach der RSpr nur in Frage, wenn **wesentliche Besonderheiten** sachlicher oder persönlicher Art, erhebliche Härten oder eine Vielzahl an sich gewöhnlicher, durchschnittlicher Milderungsgründe zugunsten des Betr vorliegen, die – einzeln oder in einer Gesamtwürdigung (OLG Köln NStZ-RR 96, 52; OLG Hamm VRS 91, 67, 383; 92, 223, 366; 93, 215; ZfS 97, 38) – trotz tatbestandlichen Vorliegens eines Regelfalles zur Beurteilung führen, dass das FV eine unangemessene **unverhältnismäßige Reaktion** auf die Tat darstellt (BGHSt 38, 134; OLG Hamm VRS 91, 67; OLG Düsseldorf NZV 96, 463), wie Rotlichtmissachtung durch Ortsunkundigen (OLG Hamm DAR 96, 69) oder an Baustelle ohne QuerV (OLG Köln NZV 94, 41, 161; KG VRS 87, 52; s auch OLG Düsseldorf NZV 93, 409; 95, 35; BayObLG NZV 94, 287, 370; DAR 96, 31; OLG Hamm NZV 94, 369), an leerem Überweg (OLG Düsseldorf ZfS 95, 234; OLG Karlsruhe ZfS 96, 274), bei vermeidbarem Verbotsirrtum (2 Vorschriftszeichen u 1 Zusatzschild an einem Pfosten, die optisch richtig wahrgenommen, jedoch in ihrer rechtl Bedeutung falsch interpretiert wurden; BayObLG DAR 03, 426; OLG Bamberg NZV 07, 633); bei vermeidb Verbotsirrtum durch Arzt im Notfalleinsatz (OLG Köln DAR 05, 574); bei atypischem Rotlichtverstoß (BayObLG ZfS 03, 519); bei Ausschluss jeder Gefährdung (KG DAR 97, 361; anders OLG Oldenburg DAR 97, 363; OLG Düsseldorf VRS 91, 202) oder bei Betriebsruhe (AG Aachen NZV 94, 450), bei Einspurigkeit der durch Rot gesicherten Strecke (OLG Oldenburg ZfS 95, 75; BayObLG DAR 96, 31; OLG Celle VRS 91, 306), bei erheblichem Mitverschulden des bei Rotlichtverstoß Gefährdeten (OLG Celle NZV 94, 40; Ka ZfS 01, 477; s auch § 37 StVO 31), bei Gehbehinderung (OLG Frankfurt NZV 94, 286) oder Querschnittslähmung (OLG Frankfurt DAR 95, 260) oder wenn das FV den Betr **unverhältnismäßig härter** als den Durchschnitt treffen würde (Dr DAR 95, 498), wie insb bei Arbeits- oder Existenzverlust (OLG Celle NZV 94, 332; OLG Oldenburg ZfS 95, 34, 275: Taxi-Fahrer, nicht aber bei erheblichen Vorahndungen: OLG Hamm NZV 95, 498; OLG Düsseldorf NZV 93, 446 u 95, 161; OLG Braunschweig ZfS 96, 194), die auch durch Vollstreckung im Urlaub oder andere Maßnahmen nicht vermeidbar sind (OLG Hamm NZV 07, 259; 08, 306; Ka NZV 06, 325; BayObLG NZV 03, 349 u somit unzumutbar erschienen (BayObLG ZfS 98, 34). Eine Kreditaufnahme zur Abwendung der aus dem FV resultierenden Folgen ist bei einem abhängig Beschäftigten idR nicht zumutbar (OLG Hamm NZV 07, 583; Krumm NZV 07, 561). Auch Pflegebedürftigkeit naher Angehöriger kann einen Ausnahmefall begründen (OLG Hamm NZV 06, 664).

Bei unverhältnismäßiger Härte ist zu prüfen, ob als Denkzettelmaßnahme Beschränkung des FV auf bestimmte Fz-Art ausreicht (Ka NZV 04, 653; OLG Bamberg DAR 06, 515). Dann ist die Geldbuße angemessen zu erhöhen (OLG Jena ZfS 07, 421). – Trotz außerordentlicher Härte kein Absehen vom FV bei wiederholter Auffälligkeit und bleibender Uneinsichtigkeit des Betroffenen (Ka NZV 04, 316 u ZfS 05, 517).

Fahrverbot **§ 25 StVG**

Bei drohender **Existenzvernichtung** kann Absehen vom FV als ultima ratio in Betracht kommen (OLG Bamberg ZfS 16, 290, NZV 10, 46; OLG Hamm NZV 01, 438; BayObLG NZV 02, 143; OLG Hamm NZV 99, 301); jedoch muss der Betroffene Umstände konkret darlegen u stichhaltig begründen; keine unkritische Übernahme durch Gericht, sondern sorgfältige Aufklärung (OLG Bamberg NZV 10, 46; OLG Hamm NZV 99, 391; OLG Düsseldorf NZV 99, 477; OLG Karlsruhe NZV 05, 54); bei Arbeitsplatzverlust durch Kündigung ist dem Betr grds. nicht zuzumuten, die Rechtmäßigkeit der Kündigung gerichtlich überprüfen zu lassen (OLG Celle NStZ-RR 96, 182; OLG Brandenburg a. d. Havel NStZ-RR 04, 9), es sei denn, die Kündigung ist offensichtlich rechtswidrig (OLG Brandenburg a. d. Havel aaO); s im Übrigen zum RegelFV bei Alkoholverstößen unten Rn 31 f.

Keine Ausn rechtfertigen: Vielfahrereigenschaft (OLG Bamberg NZV 10, 46; OLG Hamm NZV 07, 100; OLG Bamberg DAR 06, 464); schwaches Verkehrsaufkommen (OLG Hamm NZV 07, 259); Schuldeingeständnis (BayObLG 96, 44, 47; OLG Düsseldorf VRS 89, 228); geringe Grenzwertüberschreitung (OLG Köln NStZ-RR 96, 52; OLG Naumburg NZV 95, 161), Fehlen von Voreintragungen (BayObLG NZV 94, 487; OLG Hamm NZV 07, 259, da die Regel-AO des BKat ohnehin keine Vorbelastung voraussetzt (OLG Hamm NZV 07, 259; VRS 91, 67), Fehlen konkreter Gefährdung (OLG Karlsruhe DAR 96, 33 u OLG Hamm VRS 91, 67 bei Rotlichtverstoß; OLG Hamm VRS 90, 60 u OLG Oldenburg DAR 97, 363 bei nächtlicher Geschwindigkeitsüberschreitung), guter Eindruck in der HV (OLG Dresden DAR 95, 498), lange unfallfreie Fahrpraxis (OLG Hamm NZV 07, 152; OLG Düsseldorf VRS 91, 136; aA OLG Saarbrücken ZfS 96, 113), Schwerbehinderung (OLG Hamm NZV 07, 152), alleinerziehende berufstätige Mutter (OLG Hamm NZV 08, 308), günstige Prognose (BayObLG NZV 96, 464; s aber NZV 07, 258), Nachschulung allein (BayObLG NStZ-RR 96, 282; OLG Düsseldorf NZV 97, 365; aA AG Rendsburg NZV 06, 411), Fahrverbot bei ungewohntem – größerem – Fahrzeug (OLG Düsseldorf NZV 98, 296), dringende Notdurft, wenn ihr anderweitig abgeholfen werden kann (OLG Zweibrücken ZfS 97, 196), länger andauernde Blendung (OLG Hamm NJW 07, 2198) Benötigen des Kfz für Wochenendheimfahrten (OLG Frankfurt NZV 94, 77) oder Arztbesuche (OLG Hamm NZV 99, 522; *jedoch Absehen vom FV* bei Arzt im Notfalleinsatz: OLG Karlsruhe NZV 05, 54), Geschwindigkeitsüberschreitung von 41 km/h auf AB (Nau NZV 95, 201), am Beginn einer Geschwindigkeitsbegrenzung (OLG Karlsruhe VRS 88, 476), berufliches Angewiesensein auf das Kfz (OLG Hamm NZV 07, 259; OLG Düsseldorf NZV 93, 37; 97, 447; DAR 95, 374; OLG Hamm VRS 90, 210; NZV 96, 247; 97, 240, 446: Taxifahrer: KG NZV 16, 535; OLG Oldenburg NZV 93, 445; OLG Zweibrücken DAR 96, 156) oder sonstige Erschwernisse bei der Berufsausübung, die üblicherweise mit einem FV verbunden u daher hinzunehmen sind (OLG Hamm NZV 07, 259; 261; OLG Karlsruhe NStZ-RR 06, 282; OLG Düsseldorf DAR 96, 413; OLG Köln DAR 96, 507). Zu prüfen ist ferner, ob auf Regelung nach § 25 II a ausgewichen werden kann (OLG Hamm NZV 00, 96; NZV 07, 261; OLG Karlsruhe NZV 06, 325), ob der Betroffene einen Fahrer einstellen (OLG Karlsruhe NZV 06, 235) oder Urlaub nehmen kann (KG NZV 16, 535; OLG Frankfurt SVR 10, 30). Vgl hierzu Krumm DAR 09, 416 sowie 6, 220 ff.

In „Doppelverdienerehe" mit monatl Gesamtnettoeinkommen von über 7000,– Euro ist es zumutbar, für Dauer des FV einen Fahrer einzustellen (AG Lüdinghausen NZV 05, 545).

StVG § 25 III. Straf- und Bußgeldvorschriften

22   Das **Absehen** von der **Regelfolge** bedarf eingehender, nachvollziehbarer **Begründung** im Urt durch Tatsachen (BGHSt 38, 231, 237; OLG Brandenburg NStZ-RR 97, 345; OLG Jena DAR 97, 455; OLG Koblenz NZV 96, 373; OLG Düsseldorf DAR 96, 413; BayObLG DAR 94, 501; OLG Hamm NZV 01, 222; OLG Köln NZV 01, 391; KG NZV 02, 47; s § 267 III S 2, 3 StPO iVm § 71 I OWiG), wobei zu beachten ist, dass der BKat von Fahrlässigkeit ausgeht, so dass Ausn bei Vorsatztaten bes schwer begründbar sein dürften (s OLG Düsseldorf VRS 87, 218; OLG Karlsruhe VRS 88, 476). Entlastendes Vorbringen darf nicht ohne weiteres hingenommen werden (OLG Bamberg ZfS 17, 233; OLG Zweibrücken ZfS 16, 294; KG DAR 16, 281;OLG Stuttgart NZV 94, 371; OLG Düsseldorf NZV 95, 405), sondern muss gem § 77 OWiG überprüft werden (OLG Celle NZV 96, 117; OLG Koblenz NZV 97, 48; OLG Brandenburg NStZ-RR 97, 345; Ka NZV 05, 54). Dem Tatrichter steht bei Absehen vom Regel-FV kein rechtlich ungebundenes Ermessen zu (OLG Hamm NZV 07, 258; 06, 101); deshalb ist hierfür auf Tatsachen gestützte, besonders eingehende Begründung erforderlich mit Ausführungen, welche besonderen Umstände in objektiver und subjektiver Hinsicht ein Absehen vom FV rechtfertigen. Verbleiben nach der Beweiserhebung Zweifel, so wirken sich diese zu Gunsten des Betroffenen aus (vgl OLG Braunschweig NJW 07, 96, 98; aA wohl OLG Hamm NZV 07, 261). Andererseits unterliegt die Annahme einer Ausn der tatrichterlichen Würdigung, die vom RBeschwerdegericht nur auf R-(Ermessens-)Fehler zu prüfen u „bis zur Grenze des Vertretbaren" zu respektieren ist (so OLG Hamm NZV 07, 258; 06, 101; OLG Köln NZV 94, 161; BayObLG NZV 94, 327).

Bei der Annahme einer außergewöhnlichen Härte infolge drohenden Arbeitsplatzverlustes bedarf es nicht der Prüfung der rechtlichen Durchsetzbarkeit der angedrohten Kündigung (OLG Celle ZfS 96, 35). – Bei Absehen v FV sind die konkreten Umstände im Urt anzuführen wie Position u Ausgestaltung des VZ u Entfernungen, um die Fehlleistung des Betr beurteilen zu können; unzureichend ist der bloße Satz „Betr habe bei Wiederauffahrt vom Rastplatz auf die Autobahn VZ 274 übersehen" (OLG Zweibrücken DAR 03, 134).

23   **cc) Geschwindigkeitsüberschreitungen.** Bei Geschwindigkeitsüberschreitungen ist die Feststellung einer konkreten Gefährdung anderer Verkehrsteilnehmer nicht erforderlich. Es reicht, dass eine abstrakte Gefährdung nicht ausgeschlossen werden kann (BayObLG NZV 00, 422). Der Feststellung einer **konkreten Gefährdung** bedarf es nur dort, wo der jew TB eine solche voraussetzt (s zB § 3 III BKatV oder Nr 2.2, 7.2.2., 132.1, 133.3.2 BKat; BGH ZfS 97, 432, 433 = NZV 97, 525). Dass die Geschwindigkeitsbeschränkung „nur" aus **Lärmschutzgründen** angeordnet war, ist unbeachtlich (BayObLG NZV 94, 370 unter Abgrenzung von BayObLG NZV 90, 401 sowie OLG Karlsruhe NZV 04, 369 – s dazu Scheffler NZV 95, 214).

24   **dd) Rotlichtverstöße.** Bei Rotlichtverstößen kommt es im Allg auf die jew Umstände an (s dazu auch § 37 StVO Rn 30g, h). Für die Einstufung als Regelfall ist es nicht erforderlich, dass eine konkrete Gefahr festgestellt wird (Ka NZV 96, 38; NZV 03, 351). War jedoch eine Gefährdung des Querverkehrs ausgeschlossen, so ist in der Regel der Erfolgsunwert gemindert, so dass ein grober Verstoß häufig zu verneinen sein wird (vgl KG VRS 128, 142; BayObLG NZV 05, 433; DAR 02, 173; OLG Dresden DAR 02, 522). Dies kann insbesondere bei Baustellenampeln der Fall sein (OLG Köln NZV 94, 41; OLG Düsseldorf NZV 95, 35; Hentschel-König § 37 StVO Rn 54). Entsprechendes gilt auch bei einer Fußgängerampel, wenn der Betroffene die Fußgänger hat passieren lassen (OLG Karlsruhe ZfS 96, 274; OLG Frankfurt ZfS 01, 42; aA BayObLG NZV 97, 320) oder wer auf Grund eines Wahrnehmungsfehlers (so genanntes Mitziehen) noch vor Umschalten auf Grün in die Kreuzung einfährt (OLG Hamm NZV 01, 221; OLG Karlsruhe NZV 10, 412 m. Anm. Sandherr; OLG Koblenz NZV 04, 272; Deutscher NZV 07, 169; OLG Bamberg NJW 09, 3736; OLG Hamm v. 19.10.09 – 3 Ss (OWi) 763/09; BeckRs 2009, 89039). Auch fremdes Mitverschulden kann die Verneinung eines Regelfalles rechtfertigen (OLG Celle NZV 94, 40; KA VRS 100, 460; Hentschel/Bücken in B/B Kap 16 B Rn 100). Ein Regelfall eines Rotlichtverstoßes mit Gefährdung oder Sachbeschädigung (Nr 132.1 BKat) liegt nicht vor, wenn es am erforderlichen Pflichtwidrigkeitszusammenhang fehlt (OLG Koblenz NZV 07, 589: Ampel bezweckt nicht den Schutz des aus anliegenden Grundstücken auf die Straße einfahrenden Verkehrs.)

Andererseits wird „grobe Pflichtverletzung" bejaht, wenn Kfz-Führer Rotlichtverstoß infolge Ablenkung durch Telefonanruf begeht (OLG Düsseldorf NZV 98, 335) oder Ampelanlage nicht wahrnimmt, weil er in Gedanken war (OLG Hamm DAR 06, 521). „Grobe Pflichtverletzung" auch in subjektiver Hinsicht bejaht, wenn Kfz-Führer trotz schwieriger Lichtverhältnisse (Einstrahlung von Sonnenlicht auf eine LZA) ohne weitere Vorsichtsmaßnahmen in einen Kreuzungsbereich einfährt und dort einen Unfall verursacht (OLG Hamm NZV 99, 302). Weitere FV-Fälle s Rn 30 ff zu § 37 StVO.

ee) Zu geringer Abstand. Unterschreiten des Mindestabstandes in den Fällen, in denen nach Tab 2 zur BKatV ein FV in Betracht zu ziehen ist, deutet „nahezu zwingend auf eine auch subjektiv grobe Pflichtverletzung hin" (BGH NZV 97, 525/526). 25

ff) Wenden und Rückwärtsfahren auf Autobahnen und Kraftfahrstraßen. Regel FV beträgt nach Nr 83.3 BKat einen Monat. Auch hier liegt „nahezu zwingend" subjektiv grobe Pflichtverletzung vor (BGH aaO; B/B-Niehaus Kap. 16 B Rn 101). 26

gg) Gefährliches Überholen. Für qualifizierten Überholverstoß nach Nr 19.1.1 u 21.1 BKat kommt Regel FV in Betracht. 27

d) Regel-FV nach § 25 I S 1 StVG, § 4 II BKatV (beharrliche Verstöße). Einen **Regelfall der Beharrlichkeit** sieht § 4 II S 2 BKatV bei wiederholter erheblicher Geschwindigkeitsüberschreitung binnen Jahresfrist ab Rechtskraft der Vorentscheidung (OLG Bamberg DAR 15, 392; OLG Düsseldorf NZV 94, 41) vor, wobei eine Verzögerung des Eintritts der Rechtskraft – egal aus welchen Gründen – unbeachtlich ist (BayObLG NStZ-RR 97, 346). Die Vorentscheidung muss aber zZ der tatrichterlichen Entscheidung über den Wiederholungsfall noch verwertbar, dh nicht tilgungsreif sein (OLG Karlsruhe ZfS 97, 75). Auf den Zeitpunkt der Vortat kommt es dagegen nicht an (BayObLG NZV 95, 499). – Diese Regelung ist zul u verbindlich (BVerfG NZV 96, 284; BGH NZV 92, 117, 286; OLG Stuttgart DAR 91, 468; OLG Celle NZV 91, 279; OLG Düsseldorf VRS 81, 299, 380; VM 92, 54). Aber auch bei wiederholtem Überschreiten der Geschwindigkeit um mehr als 26 km/h sind die Tatumstände zu berücksichtigen (BGH NJW 92, 1397; OLG Braunschweig NZV 99, 303; Hentschel-König 23). So reicht das bloße Übersehen eines Verkehrsschildes als Ursache für die Geschwindigkeitsüberschreitung nicht aus, um ein Fahrverbot nach § 4 Abs 2 28

StVG § 25   III. Straf- und Bußgeldvorschriften

BKatV zu rechtfertigen (OLG Naumburg ZfS 00, 318; B/B-Niehaus Kap. 16B Rz. 419; Hentschel-König 23).

29   **3. Gesetzliches Regel-Fahrverbot nach § 25 I S 2 StVG für OWi nach § 24a StVG. a) Allgemeines.** Während nach § 4 I, II BKatV ein FV idR nur „in Betracht kommt", ist bei einer OW nach **§ 24a IV** das FV bereits durch das G (§ 25 I S 2) **„in der Regel"** vorgeschrieben (zur Unterscheidung s BGH NZV 92, 117; OLG Köln VRS 86, 152; OLG Düsseldorf NZV 93, 446; OLG Hamm 02, 98); das gilt auch bei Mofa-Fahrern (OLG Düsseldorf DAR 96, 469 Ls; s auch § 24a Rn 2) u Fahrlässigkeit (§ 24a III iVm § 25 I S 2). Damit hat der GGeber die Bewertung der in § 24a umschriebenen, bes schwerwiegenden Verhaltensweise in bezug auf die AO eines FV vorweggenommen, so dass es nicht der Prüfung der allg Voraussetzungen des § 25 I S 1 (s n 8 ff) bedarf. FV ist verhältnismäßig u verfassungskonform (BayObLG 03, 252).

30   **b) Absehen vom FV.** (Vgl. hierzu auch Krumm SVR 07, 142). Das ges Regel-FV, das den vom BVerfG aufgestellten Grundsätzen entspricht (BGH NZV 92, 117), setzt zwar ebenfalls nicht voraus, dass der mit der Maßnahme angestrebte Erfolg im Einzelfall auch mit verschärfter GB nicht erreicht werden kann (OLG Hamm DAR 74, 250; NZV 95, 496; 96, 246); es ist aber auch hier – wie bei §§ 69 II u 44 I S 2 StGB – unter Anlegung strenger Maßstäbe zu prüfen, ob ganz außergewöhnliche Umstände äußerer oder innerer Art von der AO eines Regel-FV eine **Ausn** zulassen (OLG Hamm BA 09, 337; OLG Düsseldorf VRS 68, 282; OLG Hamm NZV 02, 98; OLG Schleswig BA 92, 77: auch bei 1,01‰; OLG Saarbrücken ZfS 96, 114), nach denen die Tat derart aus dem Rahmen der typischen Begehungsweise einer OW nach § 24a fällt, dass sie eigentlich gar keinen Regelfall mehr darstellt (OLG Hamm BA 82, 190; NZV 96, 246; B/B-Niehaus Kap. 16B Rn 104), wie zB dann, wenn der Betr nachts auf einem Tankstellen- oder Parkgelände einen Pkw nur um wenige Meter umgesetzt hat (OLG Düsseldorf VRS 59, 282 = StVE 3; VRS 73, 142; OLG Hamm VRS 74, 136: nachts 15 m; OLG Celle DAR 90, 150: ½ m; OLG Köln NZV 94, 157; nachts 2 m: BayObLG DAR 05, 458). Absehen v FV gegen deutlich erhöhte Geldbuße bei Ärztin mit ständiger Rufbereitschaft, keine Urlaubsmöglichkeit, Versorgung des 86-jährigen pflegebedürftigen Vaters (OLG Hamm ZfS 02, 404). – Im Gegensatz zum indizierten Regel-FV nach § 25 I 1 (s oben Rn 6, 14 f) ist beim gesetzl Regel-FV nach § 25 I 2 nicht zu beanstanden, wenn in den Urteilsgründen der Hinweis auf tatrichterl Bewusstsein fehlt, von der FV-Verhängung gegen Erhöhung der Geldbuße absehen zu können (OLG Hamm DAR 02, 324). Vgl auch die zu § 69 II StGB Rn 16 ff aufgeführten AusnBeispiele, die auch hier entspr gelten).

Ein „Regelfall" **entfällt aber nicht** deshalb, weil der Betr bisher verkehrsrechtlich noch unbelastet zu verkehrsarmer Nachtzeit nur 400 m gefahren ist (OLG Hamm VRS 48, 450; NZV 95, 496; BayObLG VRS 47, 306), weil zwischen dem Ende eines erheblichen Alkoholkonsums u der Fahrt mit dem Pkw ein längerer Zeitraum lag u der Grenzwert nur geringfügig überschritten wurde (OLG Hamm VRS 53, 207; OLG Düsseldorf DAR 93, 479; OLG Bamberg v. 29.10.12 – 3 Ss OWi 1374/12, BeckRS 2012, 24386), auf Restalkohol beruhte (OLG Düsseldorf NZV 90, 240) oder weil der Betr mehrere Monate nach der Tat nicht mehr aufgefallen ist (OLG Düsseldorf VRS 65, 390).

31   **c) Berufliche Nachteile, außergewöhnliche Härten, Existenzvernichtung.** Auch allg **berufliche oder wirtschaftliche Nachteile** genügen zur Begr

Fahrverbot § 25 StVG

der Ausn idR **nicht** (OLG Hamm BA 82, 190; OLG Koblenz VRS 54, 142; OLG Düsseldorf VRS 68, 228), da solche im allg mit einem FV stets verbunden sind (OLG Dresden ZfS 95, 477), so die AO des FV gegen vorbestraften Berufskraftfahrer (OLG Hamm NZV 01, 486), auch nicht schwierige VVerbindungen (BayObLG DAR 91, 305), es sei denn, dass das FV unverhältnismäßig erscheint (s OLG Celle ZfS 93, 32), weil es eine ganz **außergewöhnliche Härte,** wobei die Anforderungen an die „Härte" höher sind als beim Regelfahrverbot nach § 25 I 1 (OLG Hamm NZV 02, 98, BA 04, 177; Hentschel-König 18; Krumm 7, 121 ff), wie zB bei evtl Arbeitsplatzverlust (s OLG Celle NZV 89, 158; BayObLG NZV 91, 436; AG Hof DAR 07, 41), Existenzgefährdung (OLG Oldenburg NZV 93, 198; ZfS 93, 248; OLG Düsseldorf NZV 93, 446; OLG Dresden ZfS 95, 477; OLG Stuttgart DAR 97, 31; OLG Hamm NZV 99, 214; OLG Düsseldorf NZV 99, 257; OLG Frankfurt ZfS 94, 109: Taxifahrer; s aber OLG Hamm NZV 95, 498), u solche Folgen auch nicht durch andere Maßnahmen vermeidbar sind, wie zB Vollzug während des Urlaubs (OLG Köln VRS 88, 392; OLG Hamm NZV 95, 366; OLG Düsseldorf DAR 94, 408 bei 1-Monat-FV für Taxif; NZV 95, 161) oder Ausweichen auf Regelung nach § 25 II a (OLG Hamm NZV 99, 214), Beschränkung des FV nach § 25 I 1 (OLG Saarbrücken ZfS 96, 114; OLG Koblenz NZV 97, 48) oder bei hoher Sanktionsempfindlichkeit (OLG Karlsruhe NZV 91, 159). Damit muss sich das Urt, bes bei mehrmonatigem FV, auseinandersetzen, wenn entspr Anhaltspunkte vorliegen (OLG Celle ZfS 93, 32) u nicht bereits erhebliche Vorahndungen berufliche Nachteile zurücktreten lassen (OLG Hamm NZV 95, 498). Die Anknüpfungstatsachen sind darzulegen (Ka NZV 93, 277).

Insbesondere bei drohender **Existenzvernichtung** kann Absehen vom FV in 32 Betracht kommen (OLG Hamm NZV 99, 214; OLG Düsseldorf NZV 99, 257); jedoch muss Betroffener die Umstände konkret darlegen und stichhaltig begründen (OLG Hamm NZV 99, 214, 215), keine unkritische Übernahme durch den Richter, sondern sorgfältige Aufklärung (OLG Düsseldorf NZV 99, 477; OLG Hamm NZV 99, 300; jeweils zu § 41 II 7 u § 3 III 1 StVO). Auch ist sorgfältig zu prüfen, ob die Konsequenz des Existenzverlustes nicht durch andere zumutbare Vorkehrungen abgewendet bzw vermieden werden kann, zB durch Ausweichen auf öffentliche Verkehrsmittel, Einstellung eines Fahrers bei beruflichem Einsatz in ländlichen Gegenden (BayObLG DAR 99, 559); entstehende Mehrkosten und Unbequemlichkeiten, auch soweit sie mit der Nutzung öffentlicher Verkehrsmittel zur Nachtzeit einhergehen (AG Lüdingshausen NZV 12, 603), sind vom Betroffenen als selbstverschuldet hinzunehmen, wirtschaftliche Nachteile als häufige Folge eines FV rechtfertigen idR keine Ausnahme (OLG Hamm NZV 99, 214, 215; OLG Düsseldorf NZV 99, 257).

d) Einschränkung der FV, Verschiebung des Eintritts der Wirksamkeit. 33 **Keine Ausn,** wenn der evtl Härte durch ein **eingeschränktes FV** (nach § 25 I S 1; s unten 34) oder eine **Verschiebung des Eintritts** der Wirksamkeit nach II a (s unten Rn 36) abgeholfen werden (OLG Bremen DAR 90, 190; OLG Saarbrücken ZfS 96, 114; OLG Koblenz NZV 97, 48; OLG Hamm NZV 99, 214, 215; BayObLG DAR 91, 110: sonst unzul Übermaß!) oder Arbeitsplatzverlust durch Urlaub für die FV-Dauer abgewendet werden kann (OLG Oldenburg ZfS 93, 248; OLG Düsseldorf DAR 94, 408; OLG Hamm NZV 95, 366; OLG Köln VRS 88, 392).

4. Beschränkung, Wirksamkeit und Dauer des Fahrverbots. a) Beschrän- 34 **kung, Verhältnismäßigkeit.** Das FV kann nach § 25 I S 1 auf bestimmte Arten

StVG § 25 III. Straf- und Bußgeldvorschriften

von Kfzen **beschränkt** werden (s § 69a StGB Rn 4, 5; AG Lüdinghausen NZV 14, 481; Krumm SVR 10, 52), wodurch unverhältnismäßige Auswirkungen vermieden werden sollen; das gilt auch beim ges Regel-FV. Reicht ein beschränktes FV als Denkzettel, so **muss** eine Beschränkung erfolgen, wenn ein unbeschränktes FV gegen den Verhältnismäßigkeitsgrundsatz verstieße (OLG Düsseldorf NZV 94, 407: Ausn landwirtsch Fze; OLG Celle ZfS 93, 32; OLG OLG Karlsruhe ZfS 05, 101; AG Eisenach ZfS 95, 196: Lkw für Berufs-Kf; OLG Düsseldorf NZV 08, 104 Feuerwehrfahrzeug für Feuerwehrmann; OLG Bamberg NStZ-RR 08, 119 für Taxiunternehmer). Ein einmonatiges FV ist zwar beim Berufs-Kf idR kein Kündigungsgrund u muss deshalb keine Ausn für das Berufs-Kfz begründen (BayObLG v 22.12.87 bei Janiszewski NStZ 88, 265), anders aber, wenn er bei dreimonatiger Dauer mit Entlassung rechnen muss (BayObLG DAR 91, 110).

35   **b) Wirksamkeit, Zeitpunkt.** Das FV wird grundsätzlich (Ausn s II a; s Rn 37) **mit der Rechtskraft der Entscheidung wirksam** (§ 25 II S 1). Von diesem Zeitpunkt an darf im Inland (s dazu Bouska DAR 95, 93) kein Kfz mehr im StraßenV geführt werden, u zwar auch dann nicht, wenn der nach § 25 II S 3 während der Verbotsfrist amtl zu verwahrende FSch noch nicht der als Vollstreckungsbehörde zuständigen VB (§§ 90, 92 OWiG) übergeben wurde (BayObLG VRS 72, 278; § 25 II S 2; s auch § 44 StGB) oder Wiedereinsetzungsantrag gestellt ist (OLG Köln VRS 71, 48). Zur vorläufigen Aussetzung der Wirksamkeit durch einstweilige AO des BVerfG bei Versagung des rechtlichen Gehörs auf nicht offensichtlich unzul oder unbegründete Beschwerde s BVerfG ZfS 94, 108; s dazu Göhler NZV 94, 343.

Die Verbots**frist** (die mind 1 Monat u nicht 15 Tage beträgt: OLG Koblenz VRS 64, 213) wird erst von dem Tage der Übergabe des FSch zur amtl Verwahrung an gerechnet (§ 25 V S 1); eine Verzögerung der Herausgabe (sei es auch durch amtl (militärische) Zwischenstellen) verlängert mithin die Verbotsdauer (s hierzu auch Rn 11, 12 zu § 44 StGB). **Fehlende Belehrung (VIII)** bewirkt Fristbeginn ab Rechtskraft (II S 1; s auch OLG Celle VRS 54, 128). Zur Fristberechnung bei Unmöglichkeit der Vorlage s Hentschel DAR 88, 156.

Bei **Verlust des FSch** *vor* Rechtskraft der FV-Entscheidg beginnt Verbotsfrist ab Rechtskraft der Entscheidg zu laufen (AG Neunkirchen ZfS 05, 208); tritt Verlust erst *nach* Rechtskraft der FV-Entscheidg ein, ist für Beginn der Verbotsfrist der Tag des Verlustes maßgebend (AG Neunkirchen, aaO; AG Viechtach NZV 06, 352; Hentschel-König 31; vgl auch aA LG Essen NZV 06, 166; Eingang der Verlustanzeige bei Gericht oder Vollstreckungsbehörde).

36   **c) Regelung nach Abs 2a.** Die Regelung des **Abs 2a** soll die Justiz von Einsprüchen entlasten, die nur zur Verschiebung des Eintritts der Wirksamkeit des FV nach II S 1 auf einen späteren Zeitpunkt eingelegt werden. Unter den in II a gen Voraussetzungen kann jetzt der Beginn der Wirksamkeit bis auf 4 Mon nach Rechtskraft der Entscheidung hinausgeschoben werden. Dazu hat zunächst die VB oder das Gericht – bei Vorliegen der Voraussetzungen zusammen mit der BG-Entscheidung die von II S 1 abweichende AO zu treffen (notfalls im Beschwerdeverfahren: Köln NZV 98, 165); danach hat es der Betr in der Hand, durch entspr späte Abgabe des FSch den Eintritt der Wirksamkeit des FV auf einen ihm binnen 4 Mon genehmen Zeitpunkt zu verschieben (s dazu auch Hentschel DAR 98, 138 u Albrecht NZV 98, 131).

Für VB oder Gericht besteht **kein Ermessen,** ob II a angewendet wird oder nicht (OLG Düsseldorf NZV 98, 472 u 01, 89; OLG Hamm NZV 01, 440); es

Fahrverbot § 25 StVG

liegt ausschließlich beim Betroffenen, wann er den Führerschein innerhalb der 4-Monatsfrist abliefert bzw in „amtliche Verwahrung" gelangen lässt.

d) Fristbeginn nach Abs 2a. Streitig ist, wann die **2-Jahresfrist beginnt.** 37
Nach der einen Auffassung, der zuzustimmen ist, kommt es auf den Zeitpunkt an, in welchem das frühere Fahrverbot rechtskräftig geworden ist (OLG Celle NStZ-RR 13, 250; BayObLG NZV 99, 50; BGH NZV 00, 420; Hentschel-König 30). Nach der anderen Auffassung ist auf den Zeitpunkt abzustellen, an dem die letzte sachliche Entscheidung über das vormalige Fahrverbot ergangen war (Ka NZV 99, 177; zustimmend Deutscher, NZV 99, 185, 188).

Ist in den zwei Jahren vor der neuen OWi kein Fahrverbot verhängt, sondern die FE nach § 69 I, II Nr 2 StGB entzogen worden, wird dadurch die Anwendung von § 25 II a 1 StVG nicht ausgeschlossen. Dies ergibt sich aus dem Analogieverbot zu Lasten des Betroffenen nach § 3 OWiG (OLG Dresden NZV 99, 432; mit im Ergebnis zustimmender Anm von Bönke NZV 99, 433 sowie OLG Hamm NZV 01, 440; OLG Karlsruhe NZV 05, 211).

e) Dauer. Eine **FV-Dauer** von mehr als 1 Mon kommt nur in Betracht, wenn 38
gewichtige Umstände, die im Urt darzulegen sind (OLG Stuttgart NZV 96, 159), wie zB Tatschwere oder Schuld, zuungunsten des Betr erkennen lassen, dass die Regeldauer von 1 Mon nicht ausreicht (OLG Düsseldorf NZV 98, 384; B/B-Niehaus Kap. 16B Rn 111; Janiszewski NStZ 91, 579), nicht aber, weil diese für den Betr keine nennenswerten Nachteile mit sich bringt (BayObLG NZV 94, 487). Auch bei gleichzeitiger Ahndung zweier sachlich zusammentreffender VOWen, die jew 1 Mon FV rechtfertigen würden, darf **nicht additiv** auf 2 Mon FV erkannt werden; die Dauer dieses einheitlichen FV ist vielmehr entspr seinem Zweck (Rn 1) u den jew Umständen zu bemessen (OLG Brandenburg DAR 13, 391; OLG Stuttgart NZV 96, 159). Auch bei beharrlicher Pflichtverletzung ist idR 1 Mon angemessen, wenn es zum ersten Mal angeordnet wird (OLG Düsseldorf NZV 98, 38). AO der Höchstfrist von 3 Mon ist nur bei überdurchschnittlich schweren OWen zul (OLG Oldenburg DAR 77, 137; OLG Düsseldorf VM 71, 89); sie bedarf aber bei fahrlässiger Ersttat (BayObLG v 3.8.88 bei Janiszewski NStZ 88, 545) u erstmaligem FV näherer Begr, soweit diese sich nicht schon aus der Schwere der OW ergibt (OLG Oldenburg aaO; Ka VRS 53, 54), wie zB bei der sog Geisterfahrt (BayObLG NZV 97, 489). Ist in der BKatV eine Regeldauer vorgesehen, so erstreckt die vom Verordnungsgeber vorgenommene Vorbewertung auch auf die Dauer des Fahrverbotes. Der Tatrichter kann daher eine Verkürzung der vorgesehenen Regeldauer nur vornehmen, wenn Besonderheiten vorliegen, die ausnahmsweise die Abkürzung rechtfertigten und daneben eine angemessene Erhöhung der Regelbuße als ausreichend erscheinen lassen (OLG Bamberg DAR 14, 332; 06, 515; OLG Stuttgart NZV 14, 535, 06, 515; Hentschel-König 27).

f) Anrechnung der vorläuf Entz- bzw Verwahrdauer. Abs VI S 1 u 3 39
schreibt **Anrechnung** der vorläufigen Entz- bzw Verwahrdauer (S 3) auf das FV vor; das gilt analog auch bei rkr Entz-Zeit nach Wiedereinsetzung in den vorigen Stand (BayObLG VRS 72, 278; zust Berz JR 87, 513). Die Anrechnung nach VI S 1, 3 ist grundsätzlich Aufgabe der Vollstreckungsbehörde (BGHSt 27, 287). Anrechnung oder Nichtanrechnung nach VI S 2 werden im Urt angeordnet (OLG Düsseldorf DAR 70, 195).

40 5. **Verfahrensrechtliche Anmerkungen. a) Erkennung auf nur ein Fahrverbot.** Innerhalb ein u derselben Entscheidung ist auch dann auf nur **ein** FV zu erkennen, wenn mehrere sachlich zusammentreffende VerkehrsOWen oder eine OW u eine Straftat geahndet werden, von denen jede bereits für sich allein die AO eines FV rechtfertigen würde (BGH NZV 16, 342; OLG Brandenburg DAR 13, 391; OLG Düsseldorf; NZV 98, 298; 98, 512, 513; KG NZV 15, 566; aA OLG Hamm DAR 15, 535). Das gilt auch, wenn dieselbe Handlung sowohl die Voraussetzungen einer groben als auch einer beharrlichen Verletzung der Pflichten eines Kraftfahrzeugführers erfüllt (OLG Brandenburg NZV 11, 358). − Tritt die OW wegen TE mit einer Straftat zurück (§ 21 I S 1 OWiG), kann im Strafverfahren gleichwohl ein (Regel-)FV nach § 25 angeordnet werden (§ 21 I S 2 OWiG; BGH NZV 2012, 250; Krumm NZV 2012, 210).

41 b) **Erhöhung der GB bei Absehen vom FV.** Wird ein angeordnetes FV aufgehoben oder von der AO eines an sich vorgesehenen FV abgesehen, so ist das Gericht durch das **Verschlechterungsverbot** nicht daran gehindert, die ursprüngliche GB angemessen (aber nur bis zur ges Höchstgrenze: OLG Düsseldorf VRS 65, 51 = StVE 8; OLG Stuttgart VRS 70, 288; OLG Hamm NZV 94, 201) zu erhöhen (BGH NJW 71, 105; OLG Oldenburg NZV 91, 37; s auch § 2 IV BKatV), wenn die materiellen Voraussetzungen für ein FV an sich vorgelegen haben (OLG Saarbrücken ZfS 84, 253; Janiszewski 219 mwN); die neben dem FV im BKat vorgesehene Regel-GB allein ist nach OLG Stuttgart (NZV 94, 371) dann unzureichend. Die AO eines FV oder die Verlängerung der FV-Dauer wegen Senkung der GB ist dagegen eine unzul Verschlechterung (OLG Stuttgart DAR 15, 271; OLG Bamberg NZV 15, 460; OLG Hamm NZV 07, 635).

42 c) **FV im gerichtlichen Einspruchsverfahren.** Kommt ein FV im **Einspruchsverfahren** in Betracht, während im BG-Bescheid kein FV angeordnet war, muss der Betr auf diese Möglichkeit in sinngem Anwendung des § 265 II StPO **hingewiesen** werden, da es hier − anders als bei § 44 StGB (s dort Rn 16) − zusätzlicher Feststellungen bedarf, auf die sich der Betr einstellen können muss, um notfalls seinen Einspruch zurückzunehmen (BGHSt 29, 274; OLG Koblenz VRS 71, 209; OLG Düsseldorf StVE 17). Die Belehrungspflicht gilt auch, wenn das Gericht abweichend von der vor der HV erklärten Einschätzung doch auf ein FV erkennen will (OLG Oldenburg ZfS 93, 248). Der Einspruch kann auf die Rechtsfolgen beschränkt werden, § 67 II OWiG nF (BayObLG NZV 99, 51); innerhalb des Rechtsfolgenausspruchs ist aber eine weitere Beschränkung nicht zulässig, zB auf ein angeordnetes FV (BayObLG NZV 00, 50).

43 d) **Persönl Erscheinen in der Hauptverhandlung.** Zur Frage der Verpflichtung des Betr zum **persönl. Erscheinen** in der HV, etwa zur Klärung der Frage, ob ein FV zu einer (behaupteten) Existenzvernichtung führen würde, s **E** 75 ff.

44 e) **Rechtsbeschwerde.** Die **Rechtsbeschwerde** ist bei AO eines FV aufgrund gleichzeitiger Verurteilung wegen mehrerer OWen bzgl aller Owen ohne Rücksicht auf die Höhe der GB im Einzelfall zul, wenn für das FV das Gesamtverhalten maßgeblich war (BayObLG 85, 90 = VRS 69, 385; s oben 5); sie kann aber wegen der Wechselwirkung zwischen FV u GB grundsätzlich nicht auf eine der beiden Rechtsfolgen beschränkt werden (s § 44 StGB Rn 17; BGHSt 24, 11; OLG Hamm VRS 59, 440; OLG Düsseldorf VRS 84, 46; NZV 94, 117; OLG Koblenz VRS 76, 391; 78, 362; Göhler-Seitz, § 79, 9 zu § 79); zulässig ist dagegen die

Beschränkung des Einspruchs auf den Rechtsfolgenausspruch, soweit BG-Bescheid den Anforderungen des § 66 I OWiG entspricht (KG NZV 02, 466; OLG Jena VRS 112, 359). Das Gleiche gilt für das Rechtsbeschwerdeverfahren, wobei streitig ist, welche Mindestangaben das angefochtene Urteil enthalten muss, damit die Beschränkung wirksam ist (s im Einzelnen Niehaus NZV 03, 409; OLG Köln NZV 03, 100; OLG Hamm NZV 02, 282). Die unterlassene Anordnung nach § 25 II a kann eigenständig angefochten werden (OLG Jena VRS 111, 152; Deutscher NZV 08, 187). Erhöhung der Geldbuße bei Wegfall des FV nach erfolgreicher Rechtsbeschwerde verstößt nicht gegen das Verbot der **reformatio in peius** (OLG Hamm NZV 07, 635).

f) Beschlagnahme des FS, Durchsuchung der Wohnung. Für die **Be-** 45 **schlagnahme** nach § 25 II S 3 u III S 2 ist die Vollstreckungsbehörde (§ 92 OWiG) zuständig; einer richterlichen Bestätigung bedarf es nicht (Göhler 29 zu § 90). In dieser AO wird nach zutr hM zugleich auch die AO zur **Durchsuchung der Wohnung** des Betr gesehen, vgl LG Lüneburg NZV 11, 153; LG Berlin NZV 06, 385; Göhler § 91 Rn 7, Meyer-Goßner § 463b Rn 1; Hentschel-König 32). Diese Auffassung ist mit der Rechtsprechung des BVerfG zur Wohndurchsuchung (BGH NJW 01, 1121; v. 16.4.2015 – 2 BvR 330/14, Beck RS 2015, 09346) nicht zu vereinbaren. Es ist daher ein besonderer richterlicher Beschluss erforderlich (vgl LG Lüneburg NZV 11, 153; B/B-Niehaus Kap. 16B Rd. 117; so auch Hentschel-König 32 für den Fall, dass das FV durch Bußgeldbescheid angeordnet wurde). Z.T. wird auch vertreten, dass die Wohnungsdurchsuchung zur Beschlagnahme eines FS generell unzulässig ist, das es an einer Ermächtigungsgrundlage fehlt (AG Tiergarten NZV 96, 506; AG Leipzig, NZV 99, 308; AG Karlsruhe DAR 99, 568).

g) Vollstreckung mehrerer Fahrverbote. Aufgrund der Neuregelung des 46 § 25 II b erfolgt die Vollstreckung mehrerer Fahrverbote nacheinander. Hinsichtlich des bis zum 23.8.2017 geltenden Rechts vgl 24. Aufl. Rn 46.

h) Zusammentreffen von Fahrverbot u vorläuf FE-Entzug. Trifft **Fahr-** 47 **verbot** mit einem durch Verwaltungsbehörde angeordneten **vorläufigen Entzug der FE** zusammen, steht das Analogieverbot einer Anschlussvollstreckung des FV nach § 25 II b StVG entgegen (OLG Karlsruhe NZV 05, 211); es reicht aus für Beginn der Verbotsfrist, wenn Betroffener der Vollstreckungsbehörde mitteilt, dass der Führerschein bei einer anderen Behörde in amtl Verwahrung ist und ab welchem Zeitpunkt innerhalb der Viermonatsfrist das FV wirksam werden soll (OLG Karlsruhe aaO).

6. Literatur. Albrecht „... Wahlrecht zu § 25 II a" NZV 98, 131; **ders,** Anm zu OLG 48 Karlsruhe NZV 99, 177; **Beck** „Ausn vom FV" DAR 97, 32; **Bode** ZfS 95, 2; **Bönke,** Anm zu OLG Dresden NZV 99, 433; **Deutscher** „Das Regel-FV bei Geschwindigkeitsüberschreitungen u Rotlichtverstößen" NZV 97, 18; 98, 134; 99, 111; 00, 105; 01, 101; 02, 105; 03, 117; 04, 173; 05, 120; 06, 123; 07, 161; 08, 182; 09, 111; 10, 175; 11, 273; 12, 105; 13; 111; 14; 145; 15; 366; 16, 209; 17; 112; **Gepper** „Das ordnungsrechtliche FV ..." DAR 97, 260; **Grohmann,** „Fahrverbot gem § 25 Abs 1 S 1 StVO" DAR 00, 52; **Hentschel** „RProbleme bei der AO des FV nach § 25 I S 1 StVG" FS Salger S 471; **Krumm:** „Parallelvollstreckung von Fahrverboten", ZfS 2013, 368; „Anwaltstrategien bei drohenden Fahrverbot" NJW 2007, 257 ff; „Absehen vom (Regel-)Fahrverbot wegen beruflicher Härten" DAR 09, 416; „Fahrverbot in Bußgeldsachen" 4. Aufl.; **Metzger** „Fahrverbot nach 2 Jahren – zur Frage des Fahrverbots nach langer Verfahrensdauer" NZV 05, 178; **Niehaus** „Rechtsmittelbeschränkung im Verkehrs-Ordnungswidrigkeitenverfahren" NZV 03, 409; **Scheffler** „Grober

VVerstoß bei Nichtbeachtung einer aus Lärmschutzgründen angeordneten Geschwindigkeitsbeschränkung" NZV 95, 214; **Schmitz** „Erfolgsaussichten einer Rechtsbeschwerde gegen ein Fahrverbot" ZfS 03, 436; **Sobisch** „Richtlinien der Bundesländer zur Geschwindigkeitsüberwachung", DAR 10, 48; 15, 163

§ 25a Kostentragungspflicht des Halters eines Kraftfahrzeugs

(1) Kann in einem Bußgeldverfahren wegen eines Halt- oder Parkverstoßes der Führer des Kraftfahrzeugs, der den Verstoß begangen hat, nicht vor Eintritt der Verfolgungsverjährung ermittelt werden oder würde seine Ermittlung einen unangemessenen Aufwand erfordern, so werden dem Halter des Kraftfahrzeugs oder seinem Beauftragten die Kosten des Verfahrens auferlegt; er hat dann auch seine Auslagen zu tragen. Von einer Entscheidung nach Satz 1 wird abgesehen, wenn es unbillig wäre, den Halter des Kraftfahrzeugs oder seinen Beauftragten mit den Kosten zu belasten.

(2) Die Kostenentscheidung ergeht mit der Entscheidung, die das Verfahren abschließt; vor der Entscheidung ist derjenige zu hören, dem die Kosten auferlegt werden sollen.

(3) Gegen die Kostenentscheidung der Verwaltungsbehörde und der Staatsanwaltschaft kann innerhalb von zwei Wochen nach Zustellung gerichtliche Entscheidung beantragt werden. § 62 Abs. 2 des Gesetzes über Ordnungswidrigkeiten gilt entsprechend; für die Kostenentscheidung der Staatsanwaltschaft gelten auch § 50 Abs. 2 und § 52 des Gesetzes über Ordnungswidrigkeiten entsprechend. Die Kostenentscheidung des Gerichts ist nicht anfechtbar.

Übersicht

	Rn
1. Allgemeines	1
2. Anwendungsvoraussetzungen	2
3. Formelle Fragen	14
a) Abs 2	14
b) Abs 3	15
4. Zivilrecht	15a
5. Literatur	16

1 **1. Allgemeines.** § 25a ist in gewissem Zusammenhang mit § 109a I OWiG zu sehen; er ist **verfassungskonform** (BVerfG NZV 89, 398; Brenner DAR 10, 126, 128) u soll helfen, die bei KennZ-Anzeigen (s E 46 ff) wegen OWen im ruhenden Verkehr aufgetretenen Verfolgungsschwierigkeiten zu vermindern (zur Problematik s BRDrs 371/82; Janiszewski DAR 86, 256; Janiszewski Rn 143 ff u AnwBl 81, 350; Mößinger DAR 85, 267 ff; Rediger Diss Bochum 93, Rn 16; VGT 81, 127 ff; 85, 304 ff). § 25a ist **keine Sanktion,** sondern **bloße Kostenregelung,** die subsidiär, dh erst nach (ergebnisloser) Beendigung eines BG-Verfahrens durch Einstellung oder Freispruch akut wird, dann aber die allg Kostenregelungen nach Einstellung u Freispruch verdrängt (Göhler/Gürtler vor § 109a OWiG Rn 5; zum Verhältnis zwischen § 109a OWiG u § 25a s Rogosch NZV 89, 218). Sie setzt, insb hinsichtlich der Nichtermittlung des Fahrers, **kein Verschulden** voraus, sondern beruht auf dem **Veranlasserprinzip:** Der Halter, der

als solcher feststehen muss (s dazu Mürbe DAR 87, 71), wird nur für den Kostenaufwand in Anspruch genommen, der dadurch entstanden ist, dass das wegen einer mit seinem Kfz im ruhenden Verkehr begangenen OW von der zuständigen VB pflichtgem eingeleitete Ermittlungsverfahren eingestellt werden musste, weil der Zuwiderhandelnde nicht festgestellt werden konnte, zumal auch der Halter zur Ermittlung nicht beigetragen hat, obwohl er die Überlassung seines Kfz an einen anderen zu verantworten hatte (s BRDrs 371/82, 38; vgl auch VG Münster VRS 73, 319: Kostenhaftung als Zustandsstörer).

Der **Halter** ist nach Einstellung des Verfahrens oder nach Freispruch nicht mehr „Betroffener", sondern bloßer Kostenschuldner; das ergibt sich bes deutlich aus II Halbs 2 (s unten 13 u Janiszewski DAR 86, 256). Seine **Auskunfts- u Aussageverweigerungsrechte** als Betroffener oder Zeuge nach den §§ 52, 55 StPO iVm § 46 I OWiG bleiben **unberührt** (BVerfG aaO); nur muss er dann, wenn er davon Gebrauch macht, – ähnlich wie bei der Fahrtenbuchauflage (s § 23 StVO 45) – die Kostentragung nach § 25a in Kauf nehmen, die auch durch **RSchutzversicherung** nicht (mehr) gedeckt ist (s VO v 25.3.87, BAnz Nr 62; AG Dü ZfS 88, 80). – Durch § 25a wird auch kein unzulässiger Zwang zur **Selbstbezichtigung** ausgeübt (vgl dazu BVerfG wistra 88, 302 zur Auskunftspflicht des Steuerpflichtigen ohne Rücksicht auf dadurch aufgedeckte Straftaten). **1a**

Die Anwendung des § 25a StVG setzt eine hoheitliche Tätigkeit zur Verfolgung bzw Ahndung des Verkehrsverstoßes voraus; lediglich durch eine private Stelle durchgeführte Verkehrsüberwachung ist keine ausreichende Grundlage für den Erlass eines Kostenbescheides nach § 25a (AG Düsseldorf NZV 99, 142).

2. Anwendungsvoraussetzungen. Sachliche Voraussetzung ist ein – ggf nach Abschluss eines erfolglosen, durch § 25a nicht erfassten Vw-Verfahrens (s E 60) – gegen den **Halter,** einen Dritten oder gegen Unbekannt gerichtetes **Bußgeldverfahren** wegen eines mit dem Kfz des Halters (vorrangig im formellen Sinn; s dazu § 23 StVO Rn 29; Berz NZV 88, 116; Hentschel DAR 89, 90; AG Osnabrück NZV 88, 196; AG Essen DAR 89, 115) begangenen **„Halt- oder Parkverstoßes"** im Rechtssinn (s dazu Krumm SVR 07, 277), insb nach den §§ 1 II, 12, 13 u 18 VIII, § 49 I Nrn 1, 12, 13 u 18 StVO (zu § 1 II s § 12 StVO Rn 19 f), auch wenn er mit einer anderen OW in TE steht (aA LG Freiburg VRS 78, 300, wenn die andere OW überwiegt); **nicht** aber wegen eines im Zusammenhang mit verbotenem Halten oder Parken begangenen Vergehens, zB nach § 229o § 240 StGB (Hentschel/König/Dauer-König § 25a StVG Rn 4) oder wegen anderer OWen, die nur gelegentlich an sich erlaubten Haltens oder Parkens, wie zB solche nach den §§ 14, 15 oder 17 IV StVO (aA zu § 17 IV Hentschel NJW 87, 762 u Hentschel/König/Dauer-König § 25a StVG Rn 5) oder nach LandesR auf privaten Grundstücken außerhalb des öff VRaumes (s § 1 StVO 13) begangen wurden (AG Freiburg ZfS 87, 381; Janiszewski NStZ 88, 38), sofern § 25a nicht ausdrücklich für entspr Halt- oder Parkverstöße im öff (nicht privaten) Bereich für anwendbar erklärt ist (s zB § 20a LWaldGBln). Ohne eine solche Erstreckungsklausel gilt § 25a (entgegen AG Frankfurt/M NZV 95, 121 m zutr abl Anm Rediger) auch nicht bei Halt- u Parkverstößen auf Kundenparkplätzen der Bahn nach den §§ 62, 64 EBO, da es § 25a nach seiner Entstehung u Stellung im StVG grundsätzlich nur auf OWen nach § 24 abstellt (so auch Hentschel/König/Dauer-König § 25a StVG Rn 5; Rediger NZV 95, 121; Janiszewski NStZ 88, 121), selbst wenn die gen Parkplätze dem öff VRaum (s dazu § 1 Rn 15–19) zugerechnet würden. **2**

StVG § 25a III. Straf- und Bußgeldvorschriften

Dem ruhenden Verkehr (Halt- oder Parkverstoß) **zuzurechnen** ist das Verkehrsverbot **Z 270.1 (Umweltzone),** mit der Folge, dass ein Halten oder Parken in einer Umweltzone ohne Plakette auch als Anlassordnungswidrigkeit in Betracht kommt (AG Dortmund ZfSch 14, 474; VerfGH Berlin DAR 14, 191; AG Tiergarten DAR 08, 409; Carsten in NK Haus/Krumm/Quarch § 25a Rn 4; König in Hentschel/König/Dauer § 25a Rn 5; aA Janker in der Vorauflage mit Verweis auf AG Hannover NZV 11, 53 u AG Frankfurt DAR 09, 593). Die gegenteilige Auffassung war für die Rechtslage vor dem Inkrafttreten der 46. VO zur Änderung straßenverkehrsrechtlicher Vorschriften zum 1.9.09 durchaus zutreffend, jedoch hat der Gesetzgeber in der Begründung deutlich gemacht, dass das Verkehrsverbot des Zeichens 270.1 sowohl den fließenden als auch den ruhenden Verkehr umfasst, um eine unterschiedliche Auslegung auszuschließen, insbesondere sollte sichergestellt werden, dass auch im ruhenden Verkehr festgestellte Verstöße geahndet werden, was eine Kostentragungspflicht nach § 25a nach sich zieht (BRDrs 153/09 (B) S. 9 f).

Dass OWen im **fließenden Verkehr** aus sachlichen Gründen mR nicht erfasst sind (Janiszewski DAR 86, 256; s auch Rediger NZV 96, 94), widerspricht nicht dem Gleichheitsgrundsatz nach Art 3 I GG (BVerfG NJW 89, 2679).

3 Der Halt- oder Parkverstoß muss – wie bei § 31a StVZO, der weitgehend als Vorbild gedient hat – **objektiv festgestellt** (VerfGH Berlin DAR 11, 387 = zfs 11, 408 = NZV 11, 570 m Anm Sandherr), der Täter jedoch entweder (1. Alternative) vor Ablauf der Verfolgungsverjährungsfrist (s § 26 III) nicht oder (2. Alternative) nicht mit angemessenem Aufwand zu ermitteln sein. Bestreitet der Halter mit seinem Antrag auf gerichtliche Entscheidung nach § 25a III StVG den zugrunde liegenden Verstoß, muss das Gericht, jedenfalls wenn konkrete Einwendungen und nicht bloß pauschal bestritten wird, ggf dazu Ermittlungen anstellen (ausführlich dazu Sandherr NZV 07, 433, 535; s auch Stollenwerk DAR 11, 174, 176). Geht das Gericht auf das Vorbringen d Beschwerdeführers, der Verstoß wurde nicht im öffentlichen Verkehrsraum begangen, nicht ein, ist das für die objektive Feststellung des Verstoßes entscheidungserheblich und es liegt ein **Verstoß gegen das Grundrecht auf rechtliches Gehör** vor, der zu einer erfolgreichen **Verfassungsbeschwerde** gegen den Kostenbescheid geführt hat (VerfGH Sachsen SVR 10, 308 m Praxishinweis Sandherr). Verfassungsrechtlich nicht zu beanstanden (kein Verstoß gegen das Willkürverbot als Ausprägung des allgemeinen Gleichheitssatzes) ist es dagegen, wenn die Behörde bei Einwendungen zu einem objektiv begangenen Parkverstoß keine weiteren Ermittlungen aufnimmt bzw. veranlasst, weil es sich bei § 25a StVG um eine reine Kostenregelung ohne strafähnlichen Charakter im Bereich massenhaft begangenen geringsten Verwaltungsunrechts handelt (VerfGH München DAR 10, 638). Wendet der Betr **im Bußgeldverfahren gegen den Kostenbescheid nach § 25a StVG** ein, er habe den formlos an ihn abgesandten Anhörungsbogen nicht erhalten, und legt er mit seinem Antrag auf gerichtliche Entscheidung (§ 25a Abs 3 StVG) **substantiiert** dar, ein **Parkverstoß liege** unabhängig von der Frage der Halterverantwortlichkeit **nicht vor,** ist das AG verpflichtet, den Vortrag im Rahmen der Überprüfung des Kostenbescheides zu würdigen. Es verletzt sonst das **Grundrecht** des Betr auf Gewährung **rechtlichen Gehörs vor Gericht** und auf effektiven Rechtsschutz, wenn es diesen Vortrag als zum jetzigen Zeitpunkt verspätet zurückweist (VerfGH Berlin DAR 11, 387, 388 = zfs 11, 408, 410 = NZV 11, 570 m Anm Sandherr). Wurde im Anhörungsverfahren die verantwortliche Fahrzeugführereigenschaft zugege-

ben, ist ein Halterhaftungsbescheid unzulässig (AG Viechtach DAR 05, 704 m Anm Walser).

Die **1. Alternative, nicht vor Eintritt der Verfolgungsverjährung,** bedeu- 3a tet nicht, dass die Kostenentscheidung nach § 25a etwa stets erst nach Verjährungseintritt zul ist (wie Hentschel DAR 89, 92 meint), das jedenfalls dann nicht, wenn ohnehin kein konkreter Anhalt für die Ermittlung des Fahrers vorliegt, die Voraussetzungen des § 25a also von vornherein gegeben sind. Diese Einschränkung soll nur Versuchen beggnen, die Kostentragungspflicht u eine evtl Verfolgung durch die Benennung des Fahrers nach Verjährungseintritt zu umgehen, wie es früher oft üblich war. Die Behörde muss „ausreichend" ermitteln u darf sich nicht mit Übersendung des Anhörungsbogens begnügen, wenn Betr hierauf erklärt hat, er könne vielleicht drei Personen als mögliche Fahrer benennen u möchte noch weiter recherchieren; Antwortaufforderung mit Fristsetzung durch Behörde wäre erforderlich gewesen (AG Warendorf NZV 02, 417).

Wird das OWi-Verfahren gegen den Halter wegen Verjährung eingestellt und kann es gegen den tatsächlichen FzF aufgrund der Verjährung nicht eingeleitet werden, steht dies der Kostentragungspflicht des Halters nicht entgegen, wenn der Eintritt darauf beruht, dass der Fahrer nicht ermittelt werden konnte; somit ist **unerheblich, ob der zugrunde liegende Verstoß im Zeitpunkt des Erlasses des Kostenbescheids verjährt war** (Sandherr NZV 07, 433, 437 mwN; Hentschel/König/Dauer-König § 25a StVG Rn 8 m Hinweisen auf die wohl noch herrschende gegenteilige Auffassung [Göhler/König, 14. Aufl 2006, bzw Göhler/ Gürtler vor § 109a OWiG Rn 13]). Die Annahme einer Sperrwirkung bei Verjährung entspricht nicht Sinn und Zweck der Kostenregelung, da andernfalls § 25a StVG insoweit „Leerlaufen" würde (Sandherr NZV 07, 433, 437).

Die **2. Alternative, Unmöglichkeit der Täterermittlung** mit angemesse- 3b nem Aufwand steht in der Praxis im Vordergrund, da bei den hier in Frage kommenden Bagatellverstößen im ruhenden Verkehr die Ermittlung des nicht angetroffenen Täters in aller Regel einen unangemessenen Aufwand erfordert. Auf eine objektive Unmöglichkeit der Ermittlung kommt es (wie bei § 31a StVZO, s dazu § 23 StVO 46 f) nicht an; die **Feststellung ist** bereits dann „**nicht möglich",** wenn die Behörde nicht in der Lage war, den Täter zu ermitteln, obwohl sie alle **angemessenen u zumutbaren** Maßnahmen ergriffen hat (vgl BVerwG VRS 56, 77; 70, 78; NJW 87, 143 zu § 31a StVZO; VGH BW ZfS 84, 381; s auch Krumm SVR 07, 277); die entspr RSpr zu § 31a StVZO gilt insoweit weitgehend auch hier, als danach die Ermittlungen so bald wie möglich durchzuführen sind, so dass sich der Betr an den Vorfall noch erinnern kann (BVerwG VRS 42, 61).

Dazu gehört zunächst die **umgehende Benachrichtigung** des Betr, wofür 3c nach hM die Anbringung eines schriftlichen Vw-Angebots (möglichst mit Anhörungsbogen) genügt (OVG Koblenz VRS 54, 380; AG Augsburg ZfS 88, 264, AG Detmold NZV 89, 367 u AG Frankfurt/M VM 90, 62; Hentschel DAR 89, 92; Göhler/Gürtler vor § 109a Rn 9; aA AG Tiergarten Beschluss v 27.4.16, Az: 290 OWi 389/16; AG Bergisch Gladbach NZV 89, 366 u AG Würzburg VM 89, 94, die idR schriftliche Anhörung fordern; s dazu abl St Janiszewski NStZ 90, 274). Unterbleibt diese Form der Benachrichtigung, muss der Halter anderweitig, insb durch unverzügliche Übersendung eines Anhörungsbogens, dh nach BVerwG (VRS 56, 306 zu § 31a StVZO) idR binnen **2 Wochen** angehört werden (ebenso AG Bergisch Gladbach aaO; AG Warendorf DAR 89, 392 m ausführlicher RSprÜb der Redaktion; Hentschel aaO; Berr DAR 91, 36; aA jetzt AG Minden

DAR 90, 73, das unter Aufg seiner früheren Ansicht (DAR 88, 283) nur noch eine Anhörung „ohne vermeidbare Verzögerung" ohne Fristsetzung verlangt).

3d **Verweigert der Halter** daraufhin sachdienliche Angaben, indem er zB den Anhörungsbogen nicht, unter Bestreiten seiner Täterschaft oder ohne Angaben zum Täter zurückschickt u erscheinen weitere Ermittlungen aussichtslos, weil es an konkreten Anhaltspunkten zur Ermittlung einer bestimmten Person als Täter fehlt, ist es der Pol oder VB nicht zuzumuten, wahllos zeitraubende Ermittlungen anzustellen, da dies mit einem verständigen Verwaltungshandeln bei der Verfolgung der hier in Betracht kommenden Bagatellverstöße im ruhenden Verkehr nicht vereinbar wäre (AG Lörrach NZV 91, 285; Rediger S 122); die Feststellung des Fahrers ist dann „nicht möglich" (vgl BVerwG VRS 64, 466 = StVE § 31a StVZO 15; OVG NW VRS 70, 78; VGH München VBl 86, 625 zu den Abschleppkosten); dies gilt zB auch, wenn Eheleute nach Rückkehr von der Reise erklären, sich nicht mehr daran erinnern zu können, wer zur Tatzeit gefahren ist (VG Hannover VRS 52, 70), wenn sich der Halter nicht mehr an den Fahrer erinnert (vgl OLG Koblenz VRS 52, 70) oder einen Ausländer benennt (Rogosch NZV 89, 218). Auch bei **unklaren Angaben des Halters** (hier: Bestreiten des Vorliegens eines Haltverstoßes durch den als Betroffenen oder Zeuge angehörten und zugleich nach § 25a II StVG als Halter belehrten Halters ohne sich oder einen Dritten als Fahrer zu benennen) sind der Behörde weitere Ermittlungen nicht zuzumuten und sie kann, wenn sie vom Vorliegen des Verstoßes überzeugt ist, einen Kostenbescheid erlassen (AG Gelnhausen SVR 13, 309 m Praxishinweis Sandherr).

4 Andererseits dürfen die Ermittlungen nicht voreilig „auf Kosten des Halters" eingestellt werden, denn die Ermittlungspflicht wird durch § 25a nicht eingeschränkt (vgl BVerwG DAR 72, 26 zu § 31a StVZO). Ein solches Vorgehen wäre unzul u verkehrspolitisch unklug, insb bei bedeutsamen u Wiederholungsfällen.

5 Wird eine bestimmte, unschwer erreichbare Person als Fahrer benannt (zB von der Mieter des Kfz) oder aus sonstigen Gründen als Täter verdächtigt, sind entspr Ermittlungen idR nicht unangemessen u zunächst durchzuführen, sofern sie nicht von vornherein aussichtslos erscheinen oder zu der Bedeutung des Verstoßes in keinem angemessenen Verhältnis stehen (s 3), wie etwa die aufwendige Ermittlung u Vernehmung von Ausländern oder mehrerer Personen wegen eines geringfügigen Parkverstoßes.

6 Aus Rn 3b ergibt sich, dass von einer „Unmöglichkeit" der Feststellung des Täters dann nicht auszugehen ist, wenn diese Voraussetzung nur durch (unangemessene) verzögerliche Ermittlungen der VB entstanden ist; dann liegt die entspr Voraussetzung für eine Kostenentscheidung zum Nachteil des Halters nicht vor (s aber AG Bonn NJW 88, 218). Solche Versäumnisse der VB gehen jetzt schon im Rahmen des § 31a StVZO nicht zu Lasten des Halters (vgl OVG NW VRS 18, 479; BVerwG VM 71, 42); sie sind von Amts wegen, nicht erst auf Einwand des Betr zu berücksichtigen.

7 Das Verfahren muss durch Einstellung oder Freispruch **aus den Gründen des § 25a I** beendet worden sein, also nicht etwa, wenn der Fahrer feststeht u das Verfahren nach § 47 I S 2 OWiG oder wegen unwiderlegbaren Bestreitens der tatsächlichen oder rechtlichen Voraussetzungen des erhobenen Vorwurfes eingestellt worden ist (AG Bad Kissingen DAR 91, 35). Eines Nachweises, dass der Halter die Nichtermittlung des Fahrers zu vertreten habe, bedarf es nicht; es kommt mithin auf ein Verschulden des Fahrzeughalters bei der Nichtermittlung des Fahrers gerade nicht an (s Rn 1).

Die Benennung des Fahrers nach Eintritt der Verjährung beseitigt die Kostentragungspflicht nach § 25a I nicht. **8**

Halter ist (wie bei § 7 StVG) derjenige, der das Fz im eigenen Namen nicht nur ganz vorübergehend für eigene Rechnung in Gebrauch hat und der die Verfügungsgewalt ausübt (s § 7 StVG Rn 5 mwN), s auch Hentschel/König/Dauer-König § 25a StVG Rn 10. Halter ist nicht zwingend derjenige, der in der Zulassungsbescheinigung (§§ 11, 12 FZV) bzw Fahrzeugbrief o Fahrzeugschein (s dazu Übergangsbestimmung § 50 III FZV) eingetragen ist (s AG Stralsund NZV 08, 533 m Anm Gaedtke/Kettner). VB, StA und Gericht dürfen aber solange davon ausgehen, dass der Eingetragene tatsächlich Halter ist, bis dieser substantiiert das Gegenteil vorträgt (Hentschel/König/Dauer-König § 25a StVG Rn 10; Sandherr NZV 07, 433, 436, 437). **9**

Statt des Halters kann auch dessen **Beauftragter** als Kostenschuldner in Frage kommen, wenn dieser die Verfügungsgewalt über das Fz (als Mieter, Entleiher oder infolge einer Betriebsorganisation pp) anstelle des Halters hatte.

Die Kostenfolge ist keine Ermessensentscheidung, sondern **zwingend** vorgesehen, um Auseinandersetzungen über die Frage einer rechtmäßigen Ermessensausübung zu vermeiden. **10**

Von der Kostenauferlegung ist nach § 25a I S 2 nur aus **Billigkeitsgründen** abzusehen, so zB dann, wenn das Fz nachweisbar entwendet, entgegen § 248b StGB benutzt oder vermietet worden ist (s AG Salzgitter ZfS 88, 189: Nichtermittlung des Fahrers trotz Kooperationsbereitschaft des Halters); **nicht** aber, weil der Halter sich „beim besten Willen" oder „bei der Vielzahl der Benutzer" an den Fahrer zur Tatzeit nicht erinnern kann, denn das sind die typischen Fälle, die § 25a I S 1 erfassen soll (Janiszewski DAR 86, 258); auch nicht, weil der Anhörungsbogen erst 6 Wochen nach der Tat zugegangen ist (AG Stade NZV 91, 246). **11**

Zu den Kosten des Verfahrens gehören im Falle einer Kostenentscheidung nach § 25a I **Gebühren** u **Auslagen. I S 1 Halbs 2** stellt im Hinblick auf die §§ 467 I, III, IV, 467a iVm § 46 I, 105 I u 109a II OWiG klar, dass der Halter im Falle des S 1 Halbs 1 auch seine eigenen Auslagen zu tragen hat, nicht aber im Härtefall des I S 2 (Göhler/Gürtler vor § 109a OWiG Rn 19 u 22); eines ausdrücklichen entspr Ausspruchs bedarf es nicht. – Wegen der Auslagen im Einzelnen vgl § 107 III OWiG (Göhler/Gürtler § 107 OWiG Rn 7, 7a). **12**

Eine Entscheidung über die Erstattung von Rechtsanwaltskosten durch die Staatskasse ist erst zulässig, wenn ein BG-Bescheid (nach Erlass) wieder zurückgenommen wurde, § 105 I OWiG, § 467a StPO (LG Wiesbaden NZV 99, 485).

Zu den aufzuerlegenden Kosten des Verfahrens gehören ferner die in einem gegen einen **Dritten** gerichtet gewesenen Verfahren wegen eines mit dem Kfz des Halters begangenen Halt- oder Parkverstoßes entstandenen Kosten, das aus den Gründen des § 25a I S 1 durch Einstellung oder Freispruch beendet werden musste, nicht aber die dem Dritten entstandenen eigenen Auslagen, die ihm aus der Staatskasse erstattet werden (Göhler/Gürtler vor § 109a OWiG Rn 21). **13**

3. Formelle Fragen. a) Abs 2. Nach **II Halbs 1** soll die **Kostenentscheidung** zwar grundsätzlich zusammen mit der abschl (einstellenden oder freisprechenden) Entscheidung ergehen, das schließt aber eine ausnahmsweise spätere selbstständige Kostenentscheidung nicht aus (BRDrs 371/82 S 39), so zB, wenn in einem BG-Verfahren gegen einen Dritten der Halter nach **Halbs 2** nicht rechtzeitig vor der abschl Entscheidung (zB in der HV) gehört werden konnte. Die **14**

StVG § 26 III. Straf- und Bußgeldvorschriften

Nichtbeachtung dieser bloßen Formvorschrift rechtfertigt nicht die Aufteilung der Kostenentscheidung. – Die **Anhörung des Halters** nach § 25a II **Halbs 2** ist zwingend (AG Wolfratshausen v 21.3.94, 3 OWi 19/94; einschränkend AG Winsen (Luhe) NZV 94, 293 m krit Anm Rediger); sie sollte zwar zweckmäßigerweise zugleich mit der nach § 55 OWiG erfolgen (so Göhler/Gürtler vor § 109a OWiG Rn 26), doch reicht das nicht, wenn inzw neue Umstände (zB für eine Billigkeitsentscheidung) aufgetreten sind (AG Wolfratshausen u Göhler/Gürtler aaO; s dazu auch Rediger NZV 94, 294). Der Kostenbescheid der VB ist zuzustellen (§ 50 I OWiG).

15 b) **Abs 3.** III regelt die selbstständige **Anfechtbarkeit** (nur) der Kostenentscheidung, die unabhängig von der (evtl unanfechtbaren) Einstellungsverfügung besteht. Die **gerichtliche Überprüfung** hat sich auf das Vorliegen der sachlichen Voraussetzungen des § 25a I (s 2 ff) zu beschränken (Näheres bei Göhler/Gürtler vor § 109a OWiG Rn 27 ff); sie ist unanfechtbar (OLG Rostock NZV 94, 287). Zur erforderlichen **Würdigung des Vortrags im Verfahren nach § 25a III StVG** und möglicher Verletzung des Grundrechts auf rechtliches Gehör § 25a StVG Rn 13. Für die Kosten- u Auslagenentscheidung hinsichtlich des Antrags auf gerichtliche Entscheidung gelten die §§ 25a III S 2 StVG, 62 II S 2 OWiG, 467 I, 473 I S 1 StPO (s AG Hannover NdsRPfl 88, 143; AG Saarbrücken NZV 89, 125). – Wird der Kostenbescheid der VB aufgehoben, fallen die Kosten der Staatskasse zur Last (s AG Freiburg ZfS 87, 381; Göhler/Gürtler vor § 109a OWiG Rn 29a). – Zur **Anwaltsvergütung** für Anträge auf gerichtliche Entscheidung gegen einen Kostenbescheid nach § 25a StVG Meyer SVR 08, 94.

15a **4. Zivilrecht.** Aus § 25a StVG iVm § 823 II BGB kann kein Schadensersatzanspruch hergeleitet werden, da diese Vorschrift nur den Ersatz von Verwaltungskosten vorsieht und nicht den Besitzer eines privaten Parkplatzes schützt, der Ersatzansprüche für einen Abschleppauftrag geltend macht (LG Hamburg NJW 06, 1601).

16 **5. Literatur. Benneter** „Nichtanbringen der Umweltplakette an der Windschutzscheibe kann nach geltender Rechtslage nicht mit einem Bußgeldbescheid geahndet werden" DAR 10, 489; **Brenner** „Perspektiven der Halterhaftung in Deutschland nach dem Lissabon-Urteil des Bundesverfassungsgerichts" DAR 10, 126; **Hentschel** „Die Kostentragungspflicht des Halters …" DAR 89, 89; **Ilussi** „Verkehrsverbot in der Umweltzone: Parken erlaubt?" NZV 09, 483; **Janiszewski** „Zur Kosten-Halterhaftung …" DAR 86, 256; **Kaufhold** „Die Kostentragungspflicht des Halters" VGT 87; **Krumm** „Grundlagenwissen: Halterhaftung nach § 25a StVG" SVR 07, 277; **Meyer** „Anwaltsvergütung für Anträge auf gerichtliche Entscheidung gegen einen Kostenbescheid nach § 25a StVG (Halterhaftung)" SVR 08, 94; **Rebler** „Straßenverkehrsrechtliche und zulassungsrechtliche Probleme bei der Festsetzung von Umweltzonen" SVR 09, 449; **Rediger** „Rechtl Probleme der sog Halterhaftung", Diss 93, Verlag Agema, Lünen; **Rogosch** „Verhältnis der §§ 25a StVG u 109a OWiG bei Kennzeichenanzeigen" NZV 89, 218; **Sandherr** „Einwendungen des Halters gegen den Kostenbescheid nach § 25a StVG" NZV 07, 433; **Stollenwerk** „Rechtsfragen zur Kostentragungspflicht nach § 25a StVG" DAR 11, 174.

§ 26 Zuständige Verwaltungsbehörde; Verjährung[1]

(1) Bei Ordnungswidrigkeiten nach den §§ 23 bis 24a und 24c ist Verwaltungsbehörde im Sinne des § 36 Abs. 1 Nr. 1 des Gesetzes über Ord-

---

[1] Abs 1 geänd durch Ges v 19.7.07 (BGBl I 1460). Abs 2 geänd durch Viertes Ges v 22.12.08 (BGBl I 2965).

nungswidrigkeiten die Behörde oder Dienststelle der Polizei, die von der Landesregierung durch Rechtsverordnung näher bestimmt wird. Die Landesregierung kann die Ermächtigung auf die zuständige oberste Landesbehörde übertragen.

(2) Abweichend von Absatz 1 ist Verwaltungsbehörde im Sinne des § 36 Absatz 1 Nummer 1 des Gesetzes über Ordnungswidrigkeiten bei Ordnungswidrigkeiten nach den §§ 23 und 24 das Kraftfahrt-Bundesamt, soweit es für den Vollzug der bewehrten Vorschriften zuständig ist.

(3) Die Frist der Verfolgungsverjährung beträgt bei Ordnungswidrigkeiten nach § 24 drei Monate, solange wegen der Handlung weder ein Bußgeldbescheid ergangen noch öffentliche Klage erhoben ist, danach sechs Monate.

1. Zuständigkeitsregelungen. Abs 1, der verfassungskonform ist (BVerfG 1 VRS 37, 241), überträgt die **Zuständigkeit** der VBn für das BG-Verfahren bei OWen nach § 24, die im StraßenV begangen werden, u nach § 24a entspr § 36 I 1 OWiG der Behörde oder Dienststelle der **Polizei,** die von der Landesregierung bestimmt wird. Das sind nach den entspr Regelungen der Länder (s beck-online, Stand 27.07.17, Fn 2 zu § 26 StVG) in:

Baden-Württemberg	die unteren Verwaltungsbehörden, bei Ordnungswidrigkeiten auf Bundesautobahnen das Regierungspräsidium Karlsruhe (VO der Landesregierung über Zuständigkeiten nach dem G über Ordnungswidrigkeiten (OWiZuVO));
Bayern	die Zentrale Bußgeldstelle im Bayerischen Polizeiverwaltungsamt und subsidiär die Dienststellen der Bayerischen Landespolizei, der Bayerischen Grenzpolizei und der Bayerischen Bereitschaftspolizei (VO über Zuständigkeiten im Ordnungswidrigkeitenrecht (ZuVOWiG));
Berlin	der Polizeipräsident (VO über sachliche Zuständigkeiten für die Verfolgung und Ahndung von Ordnungswidrigkeiten (ZustVO-OwiG));
Brandenburg	das Polizeipräsidium und die Kreisordnungsbehörden (VerkehrsordnungswidrigkeitenzuständigkeitsVO – VOWiZustV);
Bremen	die Ortspolizeibehörden (VO über die Zuständigkeit für die Verfolgung und Ahndung von Ordnungswidrigkeiten nach den §§ 24 und 24a des StraßenverkehrsG);
Hamburg	die Behörde für Inneres und Sport (Anordnung über die Zuständigkeiten auf dem Gebiet des Straßenverkehrs);
Hessen	in der Stadt Frankfurt der Oberbürgermeister als örtliche Ordnungsbehörde, im übrigen das Regierungspräsidium Kassel als Bezirksordnungsbehörde (VO zur Bestimmung verkehrsrechtlicher Zuständigkeiten)
Mecklenburg-Vorpommern	die Landräte und Oberbürgermeister der kreisfreien Städte (Straßenverkehr-ZuständigkeitsVO – StVZustLVO M-V);
Niedersachsen	die Landkreise und kreisfreien Städte, (VO über sachliche Zuständigkeiten für die Verfolgung und Ahndung von Ordnungswidrigkeiten (ZustVO-OWi));
Nordrhein-Westfalen	die Kreisordnungsbehörden (VO zur Bestimmung der für die Verfolgung und Ahndung von Verkehrsordnungswidrigkeiten zuständigen Verwaltungsbehörden);

Rheinland-Pfalz	das Polizeipräsidium Rheinland-Pfalz (§ 8 LandesVO über Zuständigkeiten auf dem Gebiet des Straßenverkehrsrechts);
Saarland	das landesverwaltungsamt (§ 2 StraßenverkehrszuständigkeitsG (StVzustG));
Sachsen	die großen Kreisstädte Görlitz, Hoyerswerda, Plauen und Zwickau, bei Ordnungswidrigkeiten auf Bundesautobahnen die Landesdirektion Sachsen (Ordnungswidrigkeiten-ZuständigkeitsVO (OWiZuVO));
Sachsen-Anhalt	die Zentrale Bußgeldstelle im Technischen Polizeiamt, (ZustVO OWi);
Schleswig-Holstein	die Landräte und die Bürgermeister der kreisfreien Städte (Ordnungswidrigkeiten-ZuständigkeitsVO – OWi-ZustVO);
Thüringen	die Zentrale Bußgeldstelle bei der Landespolizeiinspektion, die Dienststellen der Polizei und Einheiten der Bereitschaftspolizei (Thüringer VO über Zuständigkeiten für die Verfolgung und Ahndung von Verkehrsordnungswidrigkeiten).

2 Die sachliche Zuständigkeit der VB bildet im gerichtlichen BG-Verfahren keine von Amts wegen zu prüfende Verfahrensvoraussetzung; ihr Fehlen bewirkt nur ausnahmsweise Nichtigkeit des Bußgeldbescheides (BayObLGSt 73, 5, 137 = VRS 46, 58).

2a **Politessen** gehören zu den Beamten des Pol-Dienstes (BVerwG VkBl 70, 710), **nicht** aber die auf den Bereich der Bahnanlagen beschränkte **Bahn-Pol** auf Bahnhofsvorplätzen, wo grundsätzlich die jew Landes-Pol zuständig ist (OLG Karlsruhe VRS 54, 78; OLG Hamm VRS 56, 159; OLG Hamburg MDR 79, 1046), soweit ihr die Befugnis nicht ausdrücklich übertragen ist (s Göhler/Gürtler § 53 OWiG Rn 6a).

Ob das allein durch Angestellte eines **Privatunternehmens** ohne Beteiligung eines Behördenvertreters ermittelte Ergebnis einer V-Überwachung gegen einen Betr verwertet werden darf, wird überwiegend verneint (KG DAR 96, 504; s auch OLG Frankfurt/M DAR 95, 335; AK II 27. VGT. Die **Hinzuziehung privater Dienstleister** im Rahmen der Verkehrsüberwachung und Auswertung der dabei gewonnen Daten ist zulässig, solange die **Verwaltungsbehörde Herrin des Verfahrens** bleibt. Vor dem Hintergrund, dass Feststellung, Ahndung und Verfolgung von OW zum Kernbereich originärer Staatsaufgaben gehört, scheidet die eigenverantwortliche Tätigkeit Privater von vornherein aus. Insoweit ist die Hinzuziehung privater technischer Hilfe auf die Bereiche beschränkt, in denen die Behörde keine ausschließlich ihr zugewiesene hoheitliche Aufgabe wahrnimmt. Die **Behörde muss** jedoch die Entscheidungsgewalt darüber inne haben, wann, wo und wie und in welchem Umfang die Verkehrsüberwachung erfolgt, sie muss den Messvorgang kontrollieren, ihr muss die Auswertung der Messergebnisse, namentlich der Falldateien, vorbehalten bleiben sowie die Entscheidung über die Einleitung des Bußgeldverfahrens; (OLG Saarbrücken BeckRS 2017, 115820; OLG Frankfurt DAR 17, 386 u NStZ-RR 16, 185; OLG Stuttgart VerkMitt 16, Nr 56). Da die Authentizität der digitalen Messrohdateien (Falldateien) nur von der Behörde garantiert werden kann, verlang das OLG Frankfurt, dass diese Falldateien in ununterbrochenen Besitz der Behörde zu verbleiben haben (OLG Frankfurt DAR 17, 386). Unproblematisch ist nach OLG Stuttgart (VerkMitt 16, Nr 56) wenn der private Dienstleister die von der Behörde gewonnenen Fotodateien des Geräts PoliScan Speed lediglich darauf prüft, ob die Position des Auswerterahmens korrekt im Foto positioniert ist, um unbrauchbare Bilder auszusortieren. Unzulässig ist es jedoch, wenn sich die Behörde auf die vom Privatunternehmen vorbereiteten Auswertungen ohne eigene Prüfung verlässt; (OLG Saarbrücken BeckRS 2017, 115820). Die Feststellung von Parkverstößen durch private Firmen zur Ermittlung von OWen wird auch dann für unzul erachtet, wenn die zust Gemeinde die Auswertung u bußgeldrechtliche Verfolgung vornimmt (BayObLG NZV 97, 486; abl auch Steiner, DAR 96, 272); Scholz (NJW 97, 14) würde die private Parkraumüberwachung allenfalls bei entspr ges Regelung (zB im Rahmen des § 26) bejahen (aA Ronellenfitsch DAR 97, 147).

Zulässig ist, dass zur V-Überwachung Geschwindigkeitsmessungen von einem Leiharbeiter durchgeführt werden, wenn dieser aufgrund einer Vereinbarung in die zuständige Gemeinde „physisch-räumlich und organisatorisch integriert" ist (BayObLG NZV 99, 258; s auch BayObLG DAR 05, 633). Ebenso zulässig ist die Durchführung von Geschwindigkeitsmessungen durch Angestellte eines Landkreises (OLG Oldenburg NZV 10, 163).

Näher zu Möglichkeiten und Grenzen des Einsatzes und der Einbindung Privater in die Überwachung des ruhenden Verkehrs Brenner SVR 11, 129 (Vortrag 49. VGT 2011).

Gegen die sachliche Zuständigkeit des Zweckverbandes „Kommunale Verkehrssicherheit in Bayern" bestehen zwar (aus kommunalrechtlicher Sicht) Bedenken (BayObLG NZV 05, 277 = DAR 04, 709); dies ist jedoch unschädlich für die Wirksamkeit von Bußgeldbescheiden, die vom Zweckverband erlassen werden (BayObLG, aaO).

Die **örtliche Zuständigkeit** für die Verfolgung und Ahndung von Owen kann durch **Zweckvereinbarung** wirksam von einer Gemeinde auf eine andere Gebietskörperschaft übertragen werden (OLG Bamberg NZV 10, 368).

Zu Möglichkeiten und Grenzen der Verkehrsüberwachung durch Private Rebler SVR 11, 1.

2. Zuständigkeitsregelung bei OW nach §§ 23, 24 StVG (Abs 2). Abs 2 3 begründet für **OWen** nach § 23 und § 24 die Zuständigkeit des KBA.

3. Verjährung (Abs 3). Die Verfolgungsverjährungs-Frist bei OWen nach 4 § 24 beträgt abw von § 31 OWiG, bis ein BG-Bescheid ergangen oder öffentliche Klage erhoben ist, 3 Mon, danach 6 Mon (s dazu OLG Schleswig ZfS 95, 35). Dadurch soll das summarische Verfahren zunächst beschleunigt durchgeführt werden, später aber zur weiteren Aufklärung genügend Zeit zur Verfügung stehen. Die 6-Mon-Frist gilt auch nach Rücknahme des BG-Bescheids (OLG Celle NZV 95, 40 im Anschl an BRDrs 371/82, 41). Die **Verlängerung** der Verjährungsfrist auf sechs Monate wird mit Erlass des Bußgeldbescheides wirksam, sofern dieser binnen 2 Wochen wirksam zugestellt wird (OLG Brandenburg VRS 117/09, 106); andernfalls ist der Zeitpunkt der Zustellung maßgeblich; dies gilt auch dann, wenn zwischen Erlass und Zustellung andere verjährungsunterbrechende Maßnahmen getroffen werden (BGH NZV 00, 131 = DAR 00, 74; OLG Bamberg NZV 06, 314 = NJW 06, 1078 = SVR 06, 272 m Praxishinweis Krumm); abzulehnen ist Auffassung des BayObLG NZV 99, 433, wonach die 6-Monatsfrist nach Erlass des BG-Bescheides und – unabhängig von der Zustellung – bei jeder Unterbrechungshandlung beginnt; s hierzu auch KG DAR 98, 449 u Gübner NZV 98, 235; 99, 434. Bei einer „verspäteten", aber wirksamen Zustellung ist der Zeitpunkt der späteren wirksamen Zustellung für den Beginn der 6-Monatsfrist maßgeblich, selbst wenn zwischen dem Erlass und der Zustellung andere verjährungsunterbrechende Maßnahmen getroffen wurden (OLG Bamberg NZV 06, 314 = NJW 06, 1078 = SVR 06, 272 m Praxishinweis Krumm).

Bei § 24a beträgt die Verjährungsfrist nach § 31 II 3 OWiG ein Jahr, bei fahrlässiger Begehung von § 24a sechs Monate, § 31 II 4 OWiG (BayObLG NZV 99, 476). – **Ruhen** u **Unterbrechung** der Verjährung: §§ 32, 33 OWiG. Die Unterbrechungshandlung muss sich gegen eine bestimmte, der Person nach bekannte Person richten (BGH NJW 97, 598; OLG Hamm ZfS 97, 195); sie wirkt nur gegenüber dem, auf den sie sich bezieht, dh nicht gegenüber dem Fahrer, wenn sie gegen den Halter gerichtet war (§ 33 IV OWiG; Schl aaO). Rechtl unzul Ermittlungsmaßnahmen (rechtswidr Fahrer-Ermittlungen in Wohn- u Geschäftsräumen) unterbrechen die Verjährung nicht (AG Stuttgart NZV 02, 330 mit Anm von Niehaus NZV 03, 164). Auch nicht eine Ersatzzustellung des Bußgeldbescheids an die „Meldeadresse", unter der der Betr nicht wohnt (OLG Koblenz ZfS 05, 363; s auch OLG Bamberg NZV 06, 314 = NJW 06, 1078 = SVR 06, 272 m Praxishinweis Krumm) oder die Einstellung des Verfahrens gem § 205 StPO iVm § 46 I OWiG, wenn in Kenntnis der richtigen Anschrift an eine falsche Adresse zugestellt wurde (AG Wittenberg SVR 06, 75 m Praxishinweis Franke).

Wird im EDV-Programm bei der Ermittlung (Versendung von Anhörungsbogen) vom Halter auf den Fahrer umgestellt, erfolgt Unterbrechung der Verjährung nur dann, wenn der Sachbearbeiter diese Umstellung in der Akte handschriftlich mit Unterschrift oder Namenskürzel gezeichnet hat; bloße Änderung der Daten im EDV-Vorgang reicht nicht (OLG Dresden DAR 04, 534).

§ 26a[1] Bußgeldkatalog

(1) **Das Bundesministerium für Verkehr und digitale Infrastruktur wird ermächtigt, durch Rechtsverordnung mit Zustimmung des Bundesrates Vorschriften zu erlassen über**
1. **die Erteilung einer Verwarnung (§ 56 des Gesetzes über Ordnungswidrigkeiten) wegen einer Ordnungswidrigkeit nach § 24,**
2. **Regelsätze für Geldbußen wegen einer Ordnungswidrigkeit nach den §§ 24, 24a und 24c,**
3. **die Anordnung des Fahrverbots nach § 25.**

(2) **Die Vorschriften nach Absatz 1 bestimmen unter Berücksichtigung der Bedeutung der Ordnungswidrigkeit, in welchen Fällen, unter welchen Voraussetzungen und in welcher Höhe das Verwarnungsgeld erhoben, die Geldbuße festgesetzt und für welche Dauer das Fahrverbot angeordnet werden soll.**

Übersicht

	Rn
1. Allgemeines	1
2. Bußgeldkatalog	3
3. Verwarnung (Vw)	10
4. Verwarnung ohne Verwarnungsgeld	11
5. Zulässigkeit der Verwarnung	12

---

[1] IdF d Ges v 19.3.01 (BGBl I 386). Geänd durch das Gesetz zur Einführung einer Grundqualifikation und Weiterbildung der Fahrer im Güterkraft- oder Personenverkehr v 14.8.06 (BGBl I 1958, 1961). Abs 1 Nr 2 geänd durch G v 19.7.07 (BGBl I 1460).

Bußgeldkatalog **§ 26a StVG**

	Rn
a) Allgemeines	12
b) Zuständigkeit	13
c) Materielle Voraussetzungen	14
6. Höhe des Verwarnungsgeldes	15
7. Verwarnungsgeld-Erteilung	16
8. Wirksamkeit der Verwarnung	19
9. Zusammentreffen mehrerer Ordnungswidrigkeiten	21
10. Verwarnung als Verfahrenshindernis	22
11. Durchführung der Verwarnung	23

1. Allgemeines. Die Ermächtigungsgrundlage in § 26a StVG wurde durch 1 Ges v 19.3.01 (BGBl I 386) neu gefasst, um auch die Grundlage für den Erlass von Vorschriften über die Erteilung von Verwarnungen einzubeziehen. Auf dem neuen § 26a beruht die seit 1.1.02 geltende und zum 1.4.13 neu bekannt gegebene und im Zusammenhang mit der umfassenden Reform des Punktsystems zum 1.5.14 (näher dazu § 4 StVG Rn 1) weiter angepasste BKatV, deren Bußgeldkatalog auch den Verwarnungsbereich (5 bis 55 Euro) umfasst (abgedruckt im Anhang III). § 1 I 2 BKatV bestimmt entsprechend, dass OWi, bei denen der Bußgeldkatalog einen Regelsatz bis zu 55 Euro (bis 30.4.14: 35 Euro) vorsieht, als Verwarnungen mit Verwarnungsgeld zu ahnden sind. Damit beruhen jetzt die Verwarnungsregelung und der Verwarnungsgeldkatalog (integriert in den neuen Bußgeldkatalog) auf einer Rechts-VO und nicht mehr – wie früher – auf einer allgemeinen Verwaltungsvorschrift. Folgerichtig wurde die bisherige VwV für die Erteilung einer Verwarnung mit Verwarnungsgeldkatalog mit Ablauf des 31.12.01 aufgehoben. Die Aufhebung des § 27 StVG (als Ermächtigungsgrundlage für den bisherigen selbstständigen Verwarnungsgeldkatalog) war durch Ges v 19.3.01 erfolgt.

Der BKat soll nicht nur eine eindeutige, verbindliche Grundlage für die Eintra- 2 gungen im FAER (bis 30.4.14 VZR) bieten (s § 28 StVG), sondern auch eine möglichst gleichmäßige Behandlung der massenhaft vorkommenden u gleichartig erscheinenden VerkOWen gewährleisten; deshalb darf von seinen Regelsätzen nicht ohne bes Grund abgewichen werden (s Rn 5). Diese ges Regelung ist **verfassungskonform** (BVerfG NZV 96, 284). – Hiervon zu unterscheiden ist der (wie die BKatV) seit 1.1.02 geltende **bundeseinheitliche Tatbestandskatalog** (BT-KAT-OWI; s aktuelle Ausgabe unter www.kba.de), der (im Zusammenhang mit einem Verstoß gegen das verfassungsrechtlich verankerte Zitiergebot in der 46. Verordnung zur Änderung straßenverkehrsrechtlicher Vorschriften v 5.8.09; s dazu oben Vorbemerkungen StVO Rn 1) mit Wirkung zum 1. April 2013 in der 9. Auflage 2013 (s auch VkBl 13, 292 ff) und laufend angepasst wird. Er dient der Vereinheitlichung und Vereinfachung der Verwaltungspraxis für die häufigsten Verkehrsverstöße und enthält die Vorgaben der BKatV in vorformulierten Tatvorwürfen und bundeseinheitlichen, sechsstelligen Tatbestandsnummern (TBNR); s auch Krumm DAR 06, 493, 494. Er wurde im Wesentlichen auch für die computermäßige Verarbeitung erstellt und ersetzt die bis dahin bereits in einigen Bundesländern verwendeten Tatbestandskataloge. Seit 1.1.03 werden Mitteilungen der Bußgeldbehörden, der Gerichte und der Staatsanwaltschaften über Verkehrsordnungswidrigkeiten vom Kraftfahrt-Bundesamt (KBA) nur noch angenommen, wenn eine der dem BT-KAT-OWI zu entnehmende bundeseinheitliche Tatbestandsnummer (TBNR) angegeben ist (vgl BT-KAT-OWI, S 3, Anm 3.1; umfassend zum BT-KAT-OWI Müller, BT-KAT-OWI Leitfaden für Rechtsanwender, 2007; s auch Müller DAR 13, 604). Der **BT-KAT-OWI** basiert

StVG § 26a III. Straf- und Bußgeldvorschriften

zwar auf der BKatV, ist aber, anders als die BKatV, als bloße **VerwaltungsRiLi für** die **Gerichte nicht verbindlich** (OLG Jena DAR 07, 157; Schäpe DAR 05, 695, 696, Anm zu OLG Hamm DAR 05, 695; s auch Krumm DAR 06, 493, 494; Albrecht SVR 06, 41, 44; s zur Bindungswirkung der BKatV unten Rn 3).

Der BT-KAT-OWI enthält grundsätzlich nur diejenigen Regelgeldbußen und -fahrverbote, die auch in der BKatV enthalten sind, geht teilweise aber darüber hinaus. Dies betraf insb Verstöße, wie zB die unzulässige Benutzung eines Mobiltelefons durch den Fahrzeugführer (§ 23 Ia StVO), die praktisch **nur vorsätzlich begangen** werden können. Die Verschärfung bei Vorsatz konnte früher wegen der Grundsätze für die Anwendbarkeit des Bußgeldkatalogs in § 1 II BKatV („Die im Bußgeldkatalog bestimmten Beträge sind Regelsätze, die von fahrlässiger Begehung ausgehen ...") nicht im Rahmen des Bußgeldkataloges erfolgen (s § 1 II BKatV: „Die im Bußgeldkatalog bestimmten Beträge sind Regelsätze. Sie gehen in Abschnitt I des Bußgeldkatalogs von fahrlässiger Begehung und gewöhnlichen Tatumständen und in Abschnitt II des Bußgeldkatalogs von vorsätzlicher Begehung und gewöhnlichen Tatumständen aus"). Der Weg war deshalb bisher, was Albrecht (SVR 04, 81, 86 f) ausführlich erläutert, folgender: „Der Verordnungsgeber hielt es ... für angezeigt, so vorzugehen wie dies auch bei anderen ausschließlich oder regelmäßig vorsätzlich begangenen Zuwiderhandlungen, wie der Beteiligung an illegalen Kfz-Rennen, erfolgt ist. Der betreffende Tatbestand wurde in solchen Fällen bisher nicht im Bußgeldkatalog geregelt, sondern es erfolgt eine Absprache der Länder über die regelmäßige Höhe der Ahndung. Die bundesweite Einheitlichkeit wurde dann über deren Erlasse, seit 1.1.03 durch den bundeseinheitlichen Tatbestandskatalog, gewährleistet. Für die Zuwiderhandlung gegen § 23 Ia StVO wird die dort festgelegte Sanktion – so die Amtliche Begründung zur Verordnung ausdrücklich – 40 EUR bei einer Kraftfahrerin oder einem Kraftfahrer und 25 EUR bei einer Radfahrerin oder einem Radfahrer betragen" (s Albrecht SVR 04, 81, 86/87 mwN). Aus diesen Gründen wurden auch Nr 109 ff BKat gestrichen (jetzt ist ein Verstoß gegen § 23 Ia StVO in Abschnitt II, vorsätzlich begangene Verstöße, Nr 246 ff BKat, geregelt) und damals die Sanktionen „nur" in den BT-KAT-OWI (TBNR 123 500 u 123 012) aufgenommen (vgl Janker NZV 06, 69, 72; Krumm DAR 06, 493, 494; Albrecht SVR 04, 81, 86 f; s auch Albrecht SVR 06, 41, 44 zum vorsätzlichen Umfahren von Bahnschranken), wobei zum 1.5.14 der Regelsatz angehoben wurde. Diese **Verschiebung der Regelahndung in den BT-KAT-OWI** (Krumm DAR 06, 493) bei nur vorsätzlich denkbaren Verstößen war insbesondere wegen der für Gerichte fehlenden Verbindlichkeit problematisch und erforderte jeweils eine Einzelfallprüfung durch das Gericht, da das Bußgeld dann nach § 17 III OWiG zu bemessen ist (s auch Rn 4 u 6a; sowie Krumm DAR 06, 493, 495). Eine Anpassung der BKatV und Aufnahme vorsätzlicher Verstöße war deshalb dringend erforderlich (vgl auch den Lösungsvorschlag von Krumm DAR 06, 493, 495). Diese Anpassung ist mit der VO zur Änd der BKatV v 5.1.09 (BGBl I S 9 ff) zum 1.2.09 erfolgt (s dazu auch Albrecht SVR 09, 81 [83 ff]). – Zu weiteren Fragen (Anordnung eines Fahrverbots) im Zusammenhang mit dem BT-KAT-OWI Krumm DAR 06, 493, 495.

Im Gegensatz zu den auf § 26a StVG beruhenden und auch für die Gerichte verbindlichen Bußgeldkatalog über Straßenverkehrs-Ordnungswidrigkeiten (BKatV) ist der „Bußgeld- und Verwarnungsgeldkatalog Sozialvorschriften im Straßenverkehr", der vom Länderausschuss für Arbeitsschutz und Sicherheitstech-

Bußgeldkatalog § 26a StVG

nik erstellt wurde, für die Gerichte nicht verbindlich (OLG Karlsruhe NZV 05, 329).

2. Bußgeldkatalog. Der Bußgeld-Katalog (s zu Änderungen durch die **3** Reform des Punktsystems zum 1.5.14 § 4 StVG Rn 1)ist – als RechtsVO – nicht nur für die VBen, sondern auch für die Gerichte **verbindlich** (BGH NZV 92, 117; OLG Düsseldorf NZV 91, 82; 94, 41; OLG Karlsruhe VRS 81, 45; NZV 94, 237; OLG Hamm NZV 96, 246; OLG Karlsruhe NJW 07, 166; Krumm DAR 06, 493); dies ist **verfassungskonform**, denn „Gesetz" iS von Art 97 I GG ist auch eine VO (s Janiszewski NJW 89, 3113). Für die Gerichte nicht bindend ist der bundeseinheitliche Tatbestandskatalog (s oben Rn 2a).

Der Katalog hat allerdings lediglich den rechtlichen Charakter einer **Zumes- 4 sungsregel,** wie sie selbst im StrafR längst üblich sind (vgl die ges Regelbeispiele der §§ 69 II, 94 II, 95 III, 243 pp StGB; s dazu Lackner § 46 Rn 7 u BVerfG oben Rn 2). Er ist **keine Ahndungsvoraussetzung,** so dass das Fehlen eines TB im Kat nicht etwa die Ahndung hindert; es fehlt dann bloß eine Zumessungsregel, so dass die GB nach § 17 III OWiG zu bemessen ist (OLG Düsseldorf VRS 76, 23; OLG Hamm NZV 95, 83; AG Waldshut-Tiengen VRS 67, 464; AG Königstein VRS 68, 63; s auch unten Rn 5 u § 24 StVG Rn 8), die sich an vergleichbaren TBen des Vw- bzw BKat zu orientieren hat (s auch OLG Hamm aaO). Das gilt auch, wenn das verkehrswidrige Verhalten keinem Regel-TB entspricht (OLG Düsseldorf VRS 82, 463; Janiszewski NJW 89, 3116).

Der Kat gibt nur **Regelbeispiele** (vgl § 1 II BKatV), die der Bewertung des **5** Einzelfalls, insb hinsichtlich der Vorwerfbarkeit, genügend Raum lassen (s BVerfGE 45, 187 ff; vgl auch BVerfGE 54, 100). Sind die Voraussetzungen der Umschreibung eines Regelfalls im BKat erfüllt u keine Besonderheiten in der Tat oder Persönlichkeit des Täters ersichtlich, sind – abgesehen davon, dass der BG-Bescheid ohnehin keiner Begründung bedarf (§ 66 III OWiG) – auch im gerichtlichen Verfahren grundsätzlich keine Angaben über die Angemessenheit der Geldbuße oder des FV nötig, vielmehr genügt der Hinweis auf die Kat-Nr mit dem Zusatz, dass keine Anhaltspunkte für ein Abweichen ersichtlich waren, denn dem Gericht obliegt – wie bei § 69 II StGB oder § 25 I S 2 StVG – nur die Prüfung, ob Anhaltspunkte für ein ausnahmsweises Abweichen vom Regelsatz vorliegen; bejahendenfalls ist dies darzulegen (so bisher schon KG VRS 39, 448; BayObLG VRS 37, 296 u BGH NZV 92, 117; OLG Düsseldorf NZV 93, 241). – S auch § 25 StVG Rn 1.

Sieht die **BKatV** für einen Verstoß **keinen Regelsatz** vor, kann das Gericht hinsichtlich der Bußgeldbemessung auf einen in der BKatV enthaltenen, vergleichbaren Verstoß abstellen. Da die BKatV für nicht enthaltene Verstöße **keine negative Indizwirkung** entfaltet (Krumm DAR 07, 341, 342, Anm zu OLG Hamm DAR 07, 340 = NZV 07, 428), erfolgt die Bußgeldzumessung dann nach § 17 III OWiG. Somit handelt es sich auch **nicht** um eine **unzulässige Analogie** zu Lasten des Betr (OLG Hamm DAR 07, 340 = NZV 07, 428 m zust Anm Krumm aaO); hier: Umgehung einer „roten" LZA über einen Parkplatz und Annahme eines Verstoßes gegen die Fahrbahnbenutzungspflicht gem § 2 I 1 StVO (Nr 88 BKat analog; 75 Euro); kein Rotlichtverstoß, da der Schutzbereich der LZA nicht verletzt wurde (OLG Hamm DAR 07, 340 = NZV 07, 428).

Die **Regelsätze** berücksichtigen allerdings nur die durchschnittliche Bedeu- **6** tung der OW **(„gewöhnliche Tatumstände")**; daraus u aus der Natur des Regelsatzes folgt, dass bei Vorliegen von Milderungsgründen bzw erschwerenden

Umständen der Regelsatz zu unterschreiten bzw zu erhöhen ist. Die GB muss zum Grad der Vorwerfbarkeit in angemessenem Verhältnis stehen (OLG Düsseldorf DAR 91, 307; NZV 93, 320; VRS 86, 463). Bei Eintritt einer Gefährdung sieht die BKatV teilweise höhere Regelsätze vor (s zB Nr 1.3 BKat); vorausgesetzt wird dabei immer eine konkrete Gefährdung, eine bloß abstrakte Gefährdung genügt nicht (s auch Müller/Köhler SVR 06, 407).

Die freiwillige **Teilnahme an** einem **Aufbauseminar** gemäß § 4 VIII StVG aF kann zur **Verringerung des vorgesehenen Regelsatzes** führen (AG Bad Liebenwerda DAR 12, 39; dies gilt dementsprechend auch für die freiwillige Teilnahme an einem **Fahreignungsseminar** nach § 4 VII StVG nF.

6a Die Regelsätze gehen in **Abschnitt I BKatV** von der bei VerkOWen häufig üblichen **Fahrlässigkeit** aus (s § 1 II 1 u 2 BKatV); deshalb wäre im BKat der nach § 17 I, II OWiG allg zulässige Höchstsatz der GB als „Regel"-Satz unzul (BayObLG VRS 69, 72, 74). Bei grober oder nur leichter Fahrlässigkeit liegt kein Regelfall vor (OLG Celle VRS 68, 14), auch nicht bei **Vorsatz** (vgl BGH NZV 92, 79), doch kann bei (auch nur bedingtem) **Vorsatz** der für Fahrlässigkeit vorgesehene Regelsatz als Richtschnur verwendet u angemessen erhöht werden (OLG Koblenz VRS 63, 74); eine pauschale Verdoppelung des Regelsatzes bei Vorsatz verstieße aber gegen die Zumessungsregel des § 17 III OWiG (OLG Hamm VRS 57, 203; OLG Celle VRS 69, 227 = NStZ 86, 464 m zust Anm Schall; s aber OLG Düsseldorf VRS 80, 471, 473). Diese Grundsätze der angemessenen **Erhöhung bei Vorsatz** gelten auch weiterhin bei Verstößen im Verwarnungsgeldbereich bis 55 Euro (seit 1.5.14 – bis 30.4.14: 35 Euro), die in Abschnitt I BKatV enthalten sind (s auch § 24 StVG Rn 8b). Auch bei **Voreintragungen** liegt **kein Regelfall** vor, sodass die Regelgeldbuße erhöht werden kann. Erhöht der Tatrichter die Regelgeldbuße wegen Voreintragungen, ist nicht nur die Mitteilung der Voreintragungen, sondern auch die Mitteilung des Zeitpunkts der Rechtskraft der früheren Entscheidungen erforderlich, da das Rechtsbeschwerdegericht sonst nicht überprüfen kann, ob uU bereits Tilgungsreife eingetreten ist (Brandenburgisches OLG NZV 13, 206).

In **Abschnitt II BKatV** sind jetzt **spezielle Regelsätze** für bestimmte **vorsätzlich begangene OWi** (die praktisch nur vorsätzlich begehbar sind, wie zB das verbotswidrige Benutzen eines Mobiltelefons; § 23 Ia StVO, Nr 246 ff BKat) enthalten. Der Regelsatz gilt auch hier nur bei gewöhnlichen Tatumständen (s § 1 II 1 u 2 BKatV), sodass zB Voreintragungen im FAER (bis 30.4.14 VZR) oder das Verhalten nach der Tat weiterhin für die Bemessung der Geldbuße von Bedeutung sein können (s zur bisherigen Rechtslage Janiszewski/Buddendiek Rn 95; s auch unten Rn 7).

Darüber hinaus enthält **§ 3 IVa BKatV** eine **weitere spezielle Regelung – Verdoppelung des Regelsatzes – für vorsätzliche Verstöße im Bußgeldbereich** von mehr als 55 Euro: Wird ein Tatbestand des Abschnitts I (fahrl Verstöße) vorsätzlich verwirklicht, für den ein Regelsatz von mehr als 55 Euro vorgesehen ist, ist genannter Regelsatz zu verdoppeln, selbst wenn bereits eine Erhöhung nach § 3 II, III o IV BKatV vorgenommen worden ist. Der ermittelte Betrag ist nach § 4 IV a 2 BKatV auf den nächsten vollen Euro-Betrag abzurunden (näher zum Hintergrund Albrecht SVR 09, 81 [84 f]; s auch § 24 StVG Rn 8b).

Im Bereich der Verwarnungsgelder, Regelfahrverbot und Punkte sind durch die zum 1.2.09 erfolgten Neuregelungen der BKatV materiellrechtlich keine Änderungen erfolgt (Albrecht SVR 09, 81 [85 f]). Durch die BKatV 2013 erfolgten Anpassungen an die StVO 2013, zudem wurden, insbesondere bei Tatbestän-

Bußgeldkatalog § 26a StVG

den bei denen die Regelsätze keine präventive Wirkung mehr haben sowie auch im Interesse der Förderung des Radverkehrs und der Verkehrssicherheit, teilweise Verwarnungsgelderhöhungen vorgenommen. Weitere Anpassungen erfolgten zum 1.5.14 im Zusammenhang mit der Reform des Verkehrszentralregisters und der Einführung des Fahreignungs-Bewertungssystems (s dazu § 4 StVG Rn 1).

Verwaltungsinterne Richtlinien für die nicht in der BKatV geregelte Bußgeldbemessung (zB der Tatbestandskatalog für Straßenverkehrsordnungswidrigkeiten – BT-KAT-OWI) können für Gerichte allenfalls „grobe Orientierungshilfen" sein, die eine Prüfung der Einzelfallumstände nicht entbehrlich machen (OLG Düsseldorf ZfS 05, 46; s auch oben Rn 2a).

Auch sonstige Umstände, die von den nach § 1 II BKatV zugrunde liegenden 7 „gewöhnlichen Tatumständen" abweichen, können zu einer Verminderung oder Erhöhung des Regelsatzes führen, wie zB Voreintragungen im FAER (bis 30.4.14 VZR), s zur bisherigen Rechtslage OLG Köln VRS 61, 152 = StVE § 37 StVO 22; zur Darlegung der Fakten s OLG Koblenz VRS 64, 215), Gefährdung oder Schädigung anderer (soweit dies nicht bereits im BKat berücksichtigt ist) u andere, nicht unmittelbar mit der OW zusammenhängende Umstände (wie das Verhalten danach: OLG Hamm v 28.7.82, 6 Ss OWi 1151/82; nicht aber Ablehnung der Vw oder Unbelehrbarkeit: OLG Koblenz VRS 62, 202; OLG Hamburg VRS 58, 52; s aber BayObLG DAR 72, 207; Leugnen: OLG Zweibrücken VRS 64, 454).

Bei **Abweichungen** aus **wirtschaftlichen** Gründen ist § 28a zu zitieren. Der 8 BKat geht zwar nicht mehr ausdrücklich von durchschnittlichen wirtschaftlichen Verhältnissen aus, doch versteht sich das von selbst (Göhler NStZ 92, 75 mwN); es gilt insoweit § 17 III S 2 OWiG (OLG Düsseldorf VM 91, 42; s hierzu Janiszewski/Buddendiek III.5 Rn 96). Nur außergewöhnlich gute oder schlechte wirtschaftliche Verhältnisse (s § 24 Rn 8b) sind zu berücksichtigen, wenn Anhaltspunkte dafür vorliegen (OLG Hamm VRS 54, 290; NZV 96, 246; OLG Karlsruhe NJW 07, 166 = NZV 07, 98: Arbeitslosigkeit) oder eine höhere GB (etwa ab 100 Euro) in Betracht kommt (BayObLG DAR 82, 256; OLG Hamm VRS 59, 440: Studenten; s auch § 24 StVG Rn 8g; OLG Oldenburg VRS 79, 375; Göhler/Gürtler § 17 OWiG Rn 29 u Rn 22); die Urteilsgründe müssen dann eine entspr Prüfung erkennen lassen (OLG Köln VRS 81, 56; zum Regelsatz bei § 24a iVm Nr 241 BKat s § 24a Rn 9). Die Regelsätze können (Ausnahme Verwarnungsgeld bis 55 Euro) unterschritten werden, wenn die Verhängung eine unverhältnismäßige, da von dem Betroffenen nicht leistbare, Sanktion darstellen würde (OLG Karlsruhe NJW 07, 166 = NZV 07, 98: Arbeitslosigkeit).

Unter Berücksichtigung der RSpr des BVerfG (VRS 37, 161) enthält der BKat 9 Regeln für die AO eines **Fahrverbots,** allerdings nur bei den OWen, die ein „**besonders** verantwortungsloses" Verhalten widerspiegeln (s auch § 4 BKatV). Durch die Konkretisierung der Anwendungsvoraussetzungen in § 4 I BKatV ist diese RFolge vorhersehbar u berechenbar; dies trägt den Grundsgeboten der normativen Bestimmtheit u Verhältnismäßigkeit Rechnung (BGHSt 38, 231 u BVerfG NZV 96, 284). In den Fällen, in denen danach idR ein FV „in Betracht kommt", bedarf es weder der Prüfung der Angemessenheit noch der Frage, ob nicht auch eine erhöhte Geldbuße ausreicht (Näheres dazu s Erl zu § 25).

3. Verwarnung (Vw). Die in § 56 OWiG geregelte Vw mit VwGeld zielt auf 10 eine Vermeidung von BG-Verfahren wegen geringfügiger OWen ab. Das Wesen der Vw besteht darin, dem Betr bei einem geringfügigen Ordnungsverstoß das

Fehlverhalten möglichst sofort vorzuhalten, ohne darüber eingehende Ermittlungen vorzunehmen u eine bewertende Entscheidung zu treffen; sie kann allerdings auch noch nach Abschluss der Ermittlungen (KK-OWiG/Wache § 56 OWiG Rn 1), jedoch nur bis zum Erlass des BG-Bescheides, erteilt werden (Göhler/Gürtler § 56 OWiG Rn 41) u nicht mehr nach Einspruch. Ein Anspruch auf ihre Erteilung besteht nicht (Göhler/Gürtler § 56 OWiG Rn 17a mwN; AG Saalfeld VRS 110, 366). Da ihr die wesentlichen Merkmale einer echten Unrechtsfolge fehlen, ist die Vw keine „Ahndung" (Göhler/Gürtler vor § 56 OWiG Rn 6; OLG Hamm VRS 57, 198).

11 **4. Verwarnung ohne Verwarnungsgeld.** Die Vw ohne VwGeld ist (OWiG-ÄndG v 26.1.98 (BGBl I 156) nach § 56 I S 2 OWiG ausdrücklich zugelassen; zu ihrer rechtlichen Bedeutung s unten Rn 14. Keine Überprüfung nach § 62 OWiG (Göhler/Gürtler § 56 OWiG Rn 35 u Bode DAR 87, 369: Gegenvorstellung bzw Aufsichtsbeschwerde).

12 **5. Zulässigkeit der Verwarnung. a) Allgemeines.** Die Vw mit VwGeld ist **verfassungsrechtlich** unbedenklich (BVerfGE 22, 125 zum früheren, BRDrs 371/82 § 17 zum neuen R). Sie ist unzulässig gegenüber **exterritorialen** u sonstigen **bevorrechtigten** Personen (vgl dazu RdSchr des BMI „Zur Behandlung von Diplomaten und anderen bevorrechtigten Personen in der Bundesrepublik Deutschland", GMBl 08, 1154 = VkBl 09, 173 [178]), nicht aber gegenüber **Abgeordneten** u Angehörigen der in der BRep stationierten Truppen (vgl dazu Göhler/Seitz vor § 59 OWiG Rn 38 ff; Einführung Rn 28 ff).

13 **b) Zuständigkeit. Zuständig** für die Erteilung einer Vw sind nach § 56 I OWiG die VB oder hierzu ausdrücklich ermächtigte Beamte des Außen- u Pol-Dienstes (§ 57 OWiG), dh auch Politessen (BVerwG VkBl 70, 710), nicht aber Bahnpol außerhalb des Bahngeländes, wie zB auf Bahnhofsvorplätzen (OLG Hamm VRS 56, 159).

14 **c) Materielle Voraussetzungen. Materielle Voraussetzung** ist die Feststellung einer **geringfügigen** VerkehrsOW, was sich nach der Bedeutung der Tat u dem Grad der Vorwerfbarkeit beurteilt (Näheres bei Göhler/Gürtler § 56 OWiG Rn 6 u oben § 24 StVG Rn 8a, b); Fehlbeurteilung berührt die Wirksamkeit der Vw nicht (OLG Frankfurt/M VRS 16, 59; OLG Karlsruhe VRS 52, 25).

15 **6. Höhe des Verwarnungsgeldes.** Sie beträgt bei VerkehrsOWen (iS von § 24 StVG) nach § 56 I 1 OWiG und § 2 III BKatV mind 5 u höchstens 55 Euro (seit 1.5.14 – bis 30.4.14: 35 Euro. Die wirtschaftlichen Verhältnisse bleiben bei geringfügigen VerkehrsOWen nach § 17 III S 2 Halbs 2 OWiG idR unberücksichtigt (s auch OLG Koblenz VRS 52, 200), dh sie können im obersten Bereich berücksichtigt werden, wenn sie als außergewöhnlich schlecht bekannt sind (s BRDrs 371/82, 15); dann kommt Ermäßigung nach § 2 V BKatV in Betracht.

16 **7. Verwarnungsgeld-Erteilung. a)** Die Erteilung der Verwarnung mit Verwarngeld beruht auf § 2 BKatV.

17 Der Verwarnende ist an den Bußgeld-Kat gebunden. Entschließt er sich zur Vw mit VwGeld, so hat er den im Katalog für den Verstoß genannten Betrag zu erheben, selbst wenn er diesen für unzutreffend hält; er darf also zB für Halten im Haltverbot ohne konkrete Behinderung nicht den für mit Behinderung vorgesehenen höheren Betrag fordern, weil sE eine solche Tat stets (abstrakt) mit Behinderung verbunden sei. Auch eine Ermäßigung des Verwarnungsgeldes vor Ort ist bei Vorliegen eines Regelfalls wegen der Bindungswirkung der Regelsätze und da die wirtschaftlichen Verhältnisse idR nicht entsprechend beurteilt werden können, nicht zulässig (s auch D. Müller SVR 05, 286 u oben Rn 3 ff). Erachtet der Verwarnende einen im Kat aufgeführten Verstoß nicht als „geringfügig", so hat er Anzeige zu erstatten.

b) Bei den im BKat genannten Verstößen mit einem Regelsatz von mehr als 55 Euro kommt eine Vw grundsätzlich nicht in Betracht, es sei denn, dass ganz bes Umstände sie als ausreichend erscheinen lassen. Die Vw ist danach selbst bei unfallträchtigen Delikten nicht ausgeschlossen, insb dann nicht, wenn kein anderer gefährdet worden ist. – Nur dann, wenn ein geringfügiger Verstoß nicht im BKat aufgeführt ist, setzt der Verwarnende das VwGeld nach pflichtgemäßem Ermessen fest, wobei das konkret festgesetzte Verwarnungsgeld nicht höher als 55 Euro betragen darf. **18**

8. Wirksamkeit der Verwarnung. Die Vw ist ein sog mitwirkungsbedürftiger VA u wird nur wirksam, wenn der Betr mit der Vw (uU stillschweigend durch Zahlung) einverstanden ist (wovon bei Widerstand gegen Anbringung des VwZettels am Kfz nicht auszugehen ist: OLG Düsseldorf VRS 66, 350). Deshalb ist er auch nach § 56 II S 1 OWiG vor der Erteilung der Vw über sein R, die Vw ablehnen zu können, zu belehren; andernfalls kann er die Vw **anfechten** (BVerwGE 24, 9; BayObLG VRS 48, 287). Das gilt auch, wenn das Einverständnis nur auf Grund arglistiger Täuschung oder Drohung abgegeben wurde (OVG Koblenz NJW 65, 1781). Die Anfechtung ist aber nicht mit der Behauptung möglich, es habe keine OW vorgelegen oder das VwGeld sei nicht nach den Sätzen des Katalogs festgesetzt worden (Göhler/Gürtler § 56 OWiG Rn 33; Grundsätzliches zur Anfechtung bei Göhler/Gürtler § 56 OWiG Rn 31 ff). – Die Vw wird ferner nur dann wirksam, wenn der Betr das VwGeld entweder sofort oder innerhalb einer ihm bewilligten Frist zahlt, die idR 1 Woche betragen soll (§ 56 II OWiG; OLG Düsseldorf NZV 91, 441; OLG Köln VRS 88, 375); bei Postüberweisung gilt der Einzahlungstag (s Göhler/Gürtler § 56 OWiG Rn 27). Wird das **Verwarnungsgeld unter** einem materiellrechtlich begründeten **Vorbehalt bezahlt** (hier: Bezahlung „vorbehaltlich der Benennung von geeigneten Alternativen" zum Parken), wird dadurch das erforderliche Einverständnis iSd § 56 II 1 OWiG nicht in Frage gestellt, sodass die Verwarnung nicht mehr angefochten werden kann (OVG Münster DAR 11, 427). Dem Sinn des Verfahrens zur raschen Abwicklung sehr vieler OWen entspr gibt es gegen die Versäumung der Frist zwar keine Wiedereinsetzung in den vorigen Stand, wohl aber kann die VB die Frist – auch stillschweigend nach Ablauf – verlängern u das VwGeld annehmen, wenn dieses verspätet eingeht (OLG Koblenz DAR 72, 165). Die Annahme einer verspäteten Überweisung bedeutet allein aber keine Fristverlängerung (OLG Köln VRS 66, 364). Geht die Zahlung nicht fristgemäß ein, ist die Vw unwirksam (OLG Koblenz VRS 56, 158). **19**

Eine wirksam erteilte Vw ist zuungunsten des Betr nicht mehr zurücknehmbar; sie erlangt eine Art Rechtskraft (OLG Stuttgart VRS 17, 376; Göhler/Gürtler § 56 OWiG Rn 37a); anders zugunsten des Betr, wenn sich nachträglich das Fehlen der Voraussetzungen für die Erteilung herausstellt (Rebmann-RH 30 zu § 56) oder die Vw noch nicht wirksam geworden ist (KG NJW 90, 1803; Göhler NStZ 91, 74). **20**

9. Zusammentreffen mehrerer Ordnungswidrigkeiten. Bei **tateinheitlicher** Verwirklichung mehrerer verwarnungsfähiger VVerstöße ist nach § 2 VI **21**

BKatV nur **ein** VwGeld, u zwar das höchste der in Betracht kommenden, zu erheben. Es ist unzul, die unselbstständigen Teile einer einheitlichen Handlung (zB Führen eines Kfz mit vier abgefahrenen Reifen) jew selbstständig abzurügen (BayObLG VRS 61, 133; zust Janiszewski NStZ 81, 337 X). – Bei **Tatmehrheit** ist jeder Verstoß getrennt zu behandeln (§ 2 VII BKatV). – S zu Tateinheit und Tatmehrheit auch die Erläuterungen in BT-KAT-OWi Nr 6 (aktuelle Fassung unter www.kba.de).

22   **10. Verwarnung als Verfahrenshindernis.** Ist die Vw nach § 56 II S 1 OWiG wirksam, so kann die Tat nach § 56 IV OWiG unter denselben tatsächlichen u rechtlichen Gesichtspunkten nicht mehr als OW nach § 24 weiterverfolgt werden. Dieses Verfahrenshindernis besteht allerdings nicht, wenn der Beamte den Betr nicht verwarnt hat, obwohl die Voraussetzungen für eine Vw vorgelegen hatten (OLG Hamm VM 68, 59) oder solange das VwGeld nicht bezahlt ist (OLG Düsseldorf NZV 91, 441). Das Verfahrenshindernis erfasst auch nicht strafrechtlich zu beurteilende Handlungen oder Teile davon (OLG Karlsruhe VRS 52, 25; Göhler/Gürtler § 56 OWiG Rn 45) sowie mit der verwarnten Tat in TE oder TM stehende Verstöße (OLG Düsseldorf NZV 90, 487); es gilt nach dem Wortlaut des § 56 IV auch nicht für eine nach § 56 I S 2 OWiG ohne VwGeld erteilte Vw (s Göhler/Gürtler § 56 OWiG Rn 2, 42); denn § 56 IV ist nach Einführung der Vw ohne VwGeld (§ 56 I S 2 OWiG) nicht auch auf § 56 I S 2 erstreckt worden. – Aus § 56 IV OWiG folgt andererseits, dass rechtlich oder faktisch nicht erfasste Teile der Handlung weiterverfolgt werden dürfen (OLG Karlsruhe VRS 53, 368; OLG Köln VRS 54, 135; OLG Düsseldorf NZV 96, 251: Vw als Verfahrenshindernis bei Dauer-OW). Treffen OWen u Straftaten in TE zusammen, so ist eine gesonderte Vw wegen der OW nach § 21 I OWiG unzul; erfolgt sie trotzdem, so hindert sie das Strafverfahren nicht. In einem solchen Fall kann das Gericht auch weder das VwGeld auf die Strafe anrechnen noch seine Zurückzahlung anordnen; der Verurteilte kann es aber von der VB zurückfordern (BayObLGSt 61, 60 = VM 61, 74).

23   **11. Durchführung der Verwarnung.** Über die Vw mit VwGeld ist eine Bescheinigung auszuhändigen, aus der sich die Höhe des VwGeldes, dessen Bezahlung u der Grund der Vw ergeben (§ 56 III S 1 OWiG). Dies ist im Hinblick auf das Verfahrenshindernis nach § 56 IV OWiG von bes Bedeutung (s oben Rn 23). Kann der Betr nicht sofort u nicht in bar zahlen oder ist das VwGeld höher als 10 Euro (s § 56 II OWiG), können – entspr internen Dienstvorschriften – auch anerkannte Zahlungsmittel (wie zB Euro-Scheck, Reisescheck uÄ) entgegengenommen bzw eine Frist für die Bezahlung gewährt werden (s oben 20). – Die Verwarnung ist gebührenfrei; sie wird auch nicht im FAER (bis 30.4.14 VZR) registriert.

§ 27[1] Informationsschreiben

(1) **Hat die Verwaltungsbehörde in einem Bußgeldverfahren den Halter oder Eigentümer eines Kraftfahrzeugs auf Grund einer Abfrage im Sinne des Artikels 4 der Richtlinie (EU) 2015/413 des Europäischen Parlaments und des Rates vom 11. März 2015 zur Erleichterung des grenzüberschrei-**

---

[1] Neu eingefügt durch Viertes G zur Änd des StVG v 28.8.13 (BGBl I 3310) mwV 31.8.13 (s auch Rn 1).

Informationsschreiben **§ 27 StVG**

tenden Austauschs von Informationen über die Straßenverkehrssicherheit gefährdende Verkehrsdelikte (ABl. L 68 vom 13.3.2015, S. 9) ermittelt, übersendet sie der ermittelten Person ein Informationsschreiben. In diesem Schreiben werden die Art des Verstoßes, Zeit und Ort seiner Begehung, das gegebenenfalls verwendete Überwachungsgerät, die anwendbaren Bußgeldvorschriften sowie die für einen solchen Verstoß vorgesehene Sanktion angegeben. Das Informationsschreiben ist in der Sprache des Zulassungsdokuments des Kraftfahrzeugs oder in einer der Amtssprachen des Mitgliedstaates zu übermitteln, in dem das Kraftfahrzeug zugelassen ist.

(2) **Absatz 1 gilt nicht, wenn die ermittelte Person ihren ordentlichen Wohnsitz im Inland hat.**

Übersicht

	Rn
1. Allgemeines	1
a) Umsetzung der Richtlinie 2011/82/EU (Enforcement-Richtlinie)	1
b) Halterdatenaustausch bei Verkehrsdelikten, die die Straßenverkehrssicherheit gefährden (§ 37b StVG)	2
c) Verantwortlichkeit des Fahrers	6
2. Amtliche Begründung zu § 27 StVG	7
3. Informationsschreiben	8
a) § 27 I StVG	9
b) § 27 II StVG	10
c) Muster für Informationsschreiben	11
4. Literatur	12

1. Allgemeines. a) Umsetzung der Richtlinie 2011/82/EU (Enforce- 1 **ment-Richtlinie).** § 27 StVG dient, neben den entsprechend angepassten und ergänzten Regelungen, insbesondere in § 36 StVG und § 37b StVG (Übermittlung von Fahrzeug- und Halterdaten nach der Richtlinie 2011/82/EU), der **Umsetzung der Richtlinie 2011/82/EU** (sog **Enforcement-Richtlinie;** s Erläuterung zu TOP 48, 908. BR-Sitzung, 22.3.13, zu BRDrs 103/13) des Europäischen Parlaments und des Rates v 25.10.11 zur Erleichterung des grenzüberschreitenden Austauschs von Informationen über die Straßenverkehrssicherheit gefährdende Verkehrsdelikte (ABl EU 11 Nr L 288 v 5.11.11; BTDr 17/13026 S 3 *-Fußnote). Die **RL 2011/82/EU** über den Halterdatenaustausch **ergänzt** den **Rahmenbeschluss über die gegenseitige Anerkennung von Geldstrafen und Geldbußen vom 24.2.05** (ABl EU 05 Nr L 76), die bereits zum 28.10.10 (BGBl I 1408) durch Regelungen vor allem in § 86 ff IRG, umgesetzt wurde (s Einführung Rn 25a; Funke NZV 12, 361, 364; umfassend zur EU-weiten Vollstreckung von Geldbußen und Geldstrafen Neidhart/Nissen, Bußgeld im Ausland; s auch Neidhart/Nissen, Bußgeldkataloge in Europa). § 27 StVG wurde durch Viertes Gesetz zur Änderung des StVG und anderer Gesetze (im Zusammenhang mit der Reform des Punktsystems wurde es zunächst als Fünftes Gesetz zur Änderung des StVG und anderer Gesetze eingebracht) v 28.8.13 (BGBl I 3310) mit Wirkung zum 31.8.13 neu eingefügt (wichtige Drucksachen dazu BTDr 17/13026; BTDr 17/13351; BRDrs 103/13; BRDrs 388/13 u BRDrs 388/13 [Beschluss]; s auch VKBl 13, 974 [amtl Begründung]). Gleichzeitig ist generell eine Anpassung der Rechtsgrundlagen für

StVG § 27   III. Straf- und Bußgeldvorschriften

die Auskunftserteilung an die Betroffenen, der Reglung der Auskunftserteilung an die Behörden der EU-Staaten und der Umfang des in der EU-Richtlinie in Art 5 RL 2011/82/EU geforderte Informationsschreiben im Rahmen des Bußgeldverfahrens (in § 27 StVG) erfolgt (s auch Erläuterung zu TOP 48, 908. BR-Sitzung, 22.3.13, zu BRDrs 103/13). Damit wurde die Richtlinie 2011/82/EU über den **Halterdatenaustausch**, die am 6.11.11 in Kraft getreten ist, fristgerecht innerhalb von zwei Jahren in nationales Recht umgesetzt (s dazu auch Einführung Rn 25a). Mit Geltung ab dem 7.12.16 erfolgte eine redaktionelle Anpassung an die neue RL (EU) 2015/413. Die Richtlinie entspricht inhaltlich den Pflichten, die die RL 2011/82/EU den Mitgliedstaaten auferlegte. Der EUGH hat mit Entscheidung vom 6.5.14, Az C-43/12, die RL 2011/82/EU für nichtig erklärt, die Wirkungen jedoch aufrecht erhalten mit der Maßgabe binnen 12 Monaten eine neue RL zu erlassen, was mit der RL (EU) 2015/413 erfolgte; Drs-BR 126/16. Nähere Ausführungen, auch zum konkreten Verfahren, enthält das **Rundschreiben des BMVBS zur Umsetzung der Richtlinie** (VKBl 13, 984).

2   b) **Halterdatenaustausch bei Verkehrsdelikten, die die Straßenverkehrssicherheit gefährden (§ 37b StVG).** Anstelle bisheriger einzeln geschlossener bilateraler Abkommen erhalten die für OWi zuständigen Stellen nunmehr allgemein die Möglichkeit zur **EU-weiten Halterabfrage** (s Erläuterung zu TOP 48, 908. BR-Sitzung, 22.3.13, zu BRDrs 103/13). Dies betrifft die **in Art 2 RL (EU) 2015/413 vormals RL 2011/82/EU aufgeführten Delikte** (s Erläuterung zu TOP 48, 908. BR-Sitzung, 22.3.13, zu BRDrs 103/13; Art 2 RiLi 2011/82/EU, ABl EU 11 Nr L 288 S 5): „a) Geschwindigkeitsübertretung, b) Nichtanlegen des Sicherheitsgurts, c) Überfahren eines roten Lichtzeichens, d) Trunkenheit im Straßenverkehr, e) Fahren unter Drogeneinfluss, f) Nichttragen eines Schutzhelms, g) unbefugte Benutzung eines Fahrstreifens, h) rechtswidrige Benutzung eines Mobiltelefons oder anderer Kommunikationsgeräte beim Fahren." (Art 2 RL (EU) 2015/413, ABl EU L 68 vom 13.3.15, S 9-25)

3   Präzisiert wird dies in **§ 37b StVG (Übermittlung von Fahrzeug- und Halterdaten nach der Richtlinie (EU) 2015/413) – Gesetzestext**
„(1) Das Kraftfahrt-Bundesamt unterstützt nach Absatz 2 die in Artikel 4 Absatz 3 der Richtlinie (EU) 2015/413genannten nationalen Kontaktstellen der anderen Mitgliedstaaten der Europäischen Union bei den Ermittlungen in Bezug auf folgende in den jeweiligen Mitgliedstaaten begangenen, die Straßenverkehrssicherheit gefährdenden Verkehrsdelikte:
1. Geschwindigkeitsübertretungen,
2. Nicht-Anlegen des Sicherheitsgurtes,
3. Überfahren eines roten Lichtzeichens,
4. Trunkenheit im Straßenverkehr,
5. Fahren unter Einfluss von berauschenden Mitteln,
6. Nicht-Tragen eines Schutzhelmes,
7. unbefugte Benutzung eines Fahrstreifens,
8. rechtswidrige Benutzung eines Mobiltelefons oder anderer Kommunikationsgeräte beim Fahren.

(2) Auf Anfrage teilt das Kraftfahrt-Bundesamt der nationalen Kontaktstelle eines anderen Mitgliedstaates der Europäischen Union folgende nach § 33 gespeicherten Daten zu Fahrzeug und Halter mit:
1. amtliches Kennzeichen,
2. Fahrzeug-Identifizierungsnummer,

Informationsschreiben **§ 27 StVG**

3. Land der Zulassung,
4. Marke des Fahrzeugs,
5. Handelsbezeichnung,
6. EU-Fahrzeugklasse,
7. Name des Halters,
8. Vorname des Halters,
9. Anschrift des Halters,
10. Geschlecht,
11. Geburtsdatum,
12. Rechtsperson,
13. Geburtsort,

wenn dies im Einzelfall für die Erfüllung einer Aufgabe der nationalen Kontaktstelle des anfragenden Mitgliedstaates der Europäischen Union oder der zuständigen Behörde des anfragenden Mitgliedstaates der Europäischen Union erforderlich ist."

Unerheblich ist, ob diese Tatbestände nach dem Recht der jeweiligen Mitgliedstaaten als OWi oder als Straftat eingestuft sind (Funke NZV 12, 361, 362). 4

Nicht erfasst sind, trotz großer Bedeutung für die Verkehrssicherheit, Abstandsverstöße (Funke NZV 12, 361, 362), was schade ist.

Amtliche Begründung zu § 37b StVG: 5

„Bereits nach geltender Rechtslage dürfen Registerbehörden die gespeicherten Fahrzeug- und Halterdaten zur Verfolgung von Verkehrsverstößen im Wege des automatisierten Abrufs an hierfür zuständige Stellen in anderen Mitgliedstaaten übermitteln (§ 37a Absatz 1, § 37 Absatz 1 Buchstabe c und d StVG). Nach § 37a Absatz 1 StVG ist der Registerbehörde bei der Übermittlung der Daten jedoch ein Ermessen eingeräumt („dürfen"), während nach Artikel 4 Absatz 1 der Richtlinie 2011/82/EU die Übermittlung der Daten nicht in das Ermessen der Mitgliedstaaten gestellt ist. Auch der Ausschluss der Datenübermittlung in den in § 37a Absatz 3 StVG genannten Fällen ist in der Richtlinie 2011/82/EU nicht vorgesehen. Nach dieser Vorschrift ist der Datenabruf nur zulässig, wenn der automatisierte Abruf unter Berücksichtigung der schutzwürdigen Interessen der Betroffenen wegen der Vielzahl der Übermittlungen oder ihrer Eilbedürftigkeit angemessen ist und der Empfängerstaat die EU-Richtlinie über den Schutz natürlicher Personen bei der Verarbeitung personenbezogener Daten und zum freien Warenverkehr anwendet.

Es ist daher zu bestimmen, dass die Fahrzeug- und Halterdaten im Falle des automatisierten Abrufs nach der Richtlinie zwingend an den anfragenden Mitgliedstaat zu übersenden sind, sofern die in der Richtlinie geregelten Voraussetzungen für den Datenabruf erfüllt sind.

Es ist zu verhindern, dass von Deutschland übermittelte Halterdaten in anderen Mitgliedstaaten im Rahmen der Halterhaftung zur Sanktionierung des Halters unabhängig von seinem individuellen Verschulden verwendet werden können. Wegen des strafrechtlichen Charakters des deutschen Ordnungswidrigkeitenrechts wird eine verschuldensunabhängige Haftung in diesem Bereich als unvereinbar mit dem Schuldgrundsatz angesehen. Um sicherzustellen, dass die übermittelten Daten nur zur Fahrerermittlung verwendet werden, ist bei der Übermittlung der Daten an den Empfängerstaat ausdrücklich darauf hinzuweisen, dass die übermittelten Daten nur verwendet werden dürfen, um den Fahrer des Kraftfahrzeugs zu ermitteln, der den der Anfrage zugrunde liegenden Verstoß begangen hat. Nach Artikel 4 Absatz 2 Unterabsatz 3 der Richtlinie 2011/82/EU verwendet der Mitgliedstaat, in dem der Verkehrsverstoß begangen wurde, die erhaltenen Daten, um die Person festzustellen, die persönlich für den Verkehrsverstoß haftbar ist. Deutschland hat hierzu im Verkehrsministerrat die Erklärung abgegeben, dass die Regelung so verstanden wird, dass als persönlich haftbare Person in diesem Sinne ausschließlich der Fahrer in Frage kommt, da nur er den Verkehrsverstoß begangen hat, und die übermittelten Halterdaten damit ausschließlich zur Fahrerermittlung verwendet werden dürfen (Erklärung Deutschlands im Verkehrsministerrat am 2. Dezember 2011, Rats-Dok 17409/10 ADD 1).

Das Bundesministerium für Verkehr, Bau und Stadtentwicklung wird dem KBA als für die Datenübermittlung zuständige nationale Kontaktstelle zu dem konkreten Verfahren eine entsprechende Weisung erteilen und die ausländischen Stellen hierüber informieren." (BTDr 17/13026 S 21/22)

6   **c) Verantwortlichkeit des Fahrers.** Nach nationalem Recht ist **persönlich haftbare Person** iSd Art. 4 II Unterabsatz 3 RL (EU) 2015/413 **ausschließlich der Fahrer,** sodass die übermittelten Halterdaten auch nur zum Zwecke der Fahrerermittlung verwendet werden (Funke NZV 12, 361, 363). Näher zur **Unvereinbarkeit der Halterhaftung mit dem Schuldprinzip** (Art. 20 III GG – „nulla poena sine culpa") und verfassungsrechtlichen Fragen Funke NZV 12, 361, 363. Unabhängig davon wird die Unzulässigkeit der sanktionsrechtlichen Halterhaftung des Halters als „Täter" eine bloß gebührenrechtliche Regelung, ähnlich einer Kostentragungspflicht des Halters nach § 25a StVG, nicht ausschließen.

7   **2. Amtliche Begründung zu § 27 StVG.** „Zu Nummer 2 (§ 27 StVG). Die Vorschrift dient der Umsetzung der Richtlinie 2011/82/EU des Europäischen Parlaments und des Rates vom 25. Oktober 2011 zur Erleichterung des grenzüberschreitenden Austauschs von Informationen über die Straßenverkehrssicherheit gefährdende Verkehrsdelikte (ABl. L 288 vom 5.11.2011, S. 1) in deutsches Recht. Abfrage i. S. d. Absatzes 1 Satz 1 der Vorschrift meint die automatisierte Suche nach Artikel 4 Absatz 1 der vorgenannten Richtlinie.

In Artikel 5 der Richtlinie 2011/82/EU ist geregelt, dass die Verwaltungsbehörde nach Erhalt der ausländischen Halter- und Fahrzeugdaten an den Halter oder Eigentümer des Kraftfahrzeugs oder die anderweitig identifizierten Person, die des Verkehrsverstoßes verdächtig ist, im Rahmen des Bußgeldverfahrens ein Informationsschreiben übermittelt, wenn sie „Folgemaßnahmen einleitet". Die Übersendung eines Informationsschreibens ist daher nicht erforderlich, wenn die Verwaltungsbehörde nach Erhalt der Daten im Rahmen ihres Ermessens von der Verfolgung des Verkehrsverstoßes absieht. Die Art, der Inhalt und die Form des Informationsschreibens stehen unter dem Vorbehalt des nationalen Rechts des Deliktsmitgliedstaates. Insbesondere stellt Artikel 5 Absatz 1 Satz 3 der Richtlinie 2011/82/EU klar, dass die Mitteilung konkreter Rechtsfolgen oder Sanktionen vor Abschluss des Verfahrens nicht erfolgen muss, soweit das nationale Recht des Mitgliedstaates, in dem der Verkehrsverstoß begangen wurde, dies nicht vorsieht.

Das Informationsschreiben soll die in Artikel 5 der Richtlinie genannten Informationen über den Verkehrsverstoß enthalten und wird in der Sprache des Zulassungsdokuments oder in einer Amtssprache des Mitgliedstaates übermittelt, in dem das Kraftfahrzeug zugelassen ist.

Das deutsche Recht sieht bislang die Versendung eines solchen Informationsschreibens bislang nicht vor. Im Rahmen des Bußgeldverfahrens stellt das Informationsschreiben eine Form der Anhörung des Betroffenen bzw. Vernehmung eines Zeugen dar. Die wichtigsten Inhalte sowie die Sprache, in der das Informationsschreiben verfasst wird, gibt die Richtlinie vor; es gilt jedoch auch hier der Vorbehalt des nationalen Rechts des Mitgliedstaates, in dem der Verkehrsverstoß begangen wurde. Im Übrigen gelten die Verfahrensregelungen nach dem Gesetz über Ordnungswidrigkeiten und nach der Strafprozessordnung. Die Verfahren der internationalen Rechtshilfe in Strafsachen bleiben jedoch unberührt. Der Empfänger des Informationsschreibens kann sowohl Betroffener als auch Zeuge sein und wird daher entsprechend belehrt.

Nach Absatz 2 erfolgt die Anhörung bzw. Vernehmung der ermittelten Person nach den allgemeinen Regeln des Bußgeldverfahrens, wenn die ermittelte Person ihren Wohnsitz im Inland hat. Denn nach Sinn und Zweck der Richtlinie soll mit dem Informationsschreiben der im EU-Ausland ansässige Halter oder Betroffene in einer ihm verständlichen Sprache über den Vorwurf informiert werden.

Das Bundesministerium für Verkehr, Bau und Stadtentwicklung beabsichtigt, im Einvernehmen mit dem Bundesministerium der Justiz und den Ländern ein Muster eines Informationsschreibens im Verkehrsblatt bekannt zu geben." (BTDr 17/13026 S 17/18)

3. Informationsschreiben. Nach Art 5 I RL (EU) 2015/413 hat der Mitgliedstaat den Betroffenen bzw Beschuldigten nach Maßgabe des nationalen Rechts durch ein rechtlich unverbindliches „Informationsschreiben" zu unterrichten (Funke NZV 12, 361, 363; Albrecht SVR 13, 441, 442). 8

a) § 27 I StVG. Für betroffene ausländische Verkehrsteilnehmer bedeutet dies, dass sie ein Informationsschreiben erhalten, in dem gemäß § 27 I 2 StVG „die Art des Verstoßes, Zeit und Ort seiner Begehung, das gegebenenfalls verwendete Überwachungsgerät, die anwendbaren Bußgeldvorschriften sowie die für einen solchen Verstoß vorgesehene Sanktion angegeben" werden muss. 9

Das Informationsschreiben ist gemäß § 27 I 3 StVG „in der Sprache des Zulassungsdokuments des Kraftfahrzeugs oder in einer der Amtssprachen des Mitgliedstaates zu übermitteln, in dem das Kraftfahrzeug zugelassen ist.

b) § 27 II StVG. Die Anforderungen aus § 27 I StVG an das Informationsschreiben gelten nach § 27 II StVG nicht, wenn die ermittelte Person ihren ordentlichen Wohnsitz im Inland hat. 10

Eine Pflicht, das Informationsschreiben in der „Muttersprache" abzufassen und ein Anspruch darauf besteht somit nicht.

c) Muster für Informationsschreiben. In Anhang II enthält die RL (EU) 2015/413 ein Muster für ein Informationsschreiben, das die Mitgliedstaaten verwenden können (nicht müssen). Neben den Angaben zum Tatvorwurf sieht das Muster auch den Hinweis auf eine innerhalb einer bestimmten Frist freiwillig zu bezahlende Geldbuße bzw Geldstrafe vor. Wobei damit aber keine verbindliche Festsetzung der Sanktionen durch das Informationsschreiben erfolgt (Funke NZV 12, 361, 363). 11

4. Literatur. Albrecht „Die grenzüberschreitende Verfolgung von Verkehrsverstößen – ein Überblick" SVR 07, 361; **ders** „Verkehrsverstöße deutscher Kraftfahrer im Ausland" SVR 08, 15; **ders** „Die VZR-Reform und andere Neuregelungen des Straßenverkehrsgesetzes 2013" SVR 13, 441; **Funke** „Europaweite Ahndung von Verkehrsverstößen: EU-Richtlinie über den Halterdatenaustausch" NZV 12, 361; **Neidhart/Nissen** „Bußgeld im Ausland" 3. Auflage 2011; **dies** „Bußgeldkataloge in Europa – Strafzettel in 20 Reiseländern" 1. Auflage 2013. 12

IV. Fahreignungsregister

§ 28 Führung und Inhalt des Fahreignungsregisters[1]

(1) Das Kraftfahrt-Bundesamt führt das Fahreignungsregister nach den Vorschriften dieses Abschnitts.

(2) Das Fahreignungsregister wird geführt zur Speicherung von Daten, die erforderlich sind
1. für die Beurteilung der Eignung und der Befähigung von Personen zum Führen von Kraftfahrzeugen oder zum Begleiten eines Kraftfahrzeugführers entsprechend einer nach § 6e Abs. 1 erlassenen Rechtsverordnung,
2. für die Prüfung der Berechtigung zum Führen von Fahrzeugen,
3. für die Ahndung der Verstöße von Personen, die wiederholt Straftaten oder Ordnungswidrigkeiten, die im Zusammenhang mit dem Straßenverkehr stehen, begehen oder
4. für die Beurteilung von Personen im Hinblick auf ihre Zuverlässigkeit bei der Wahrnehmung der ihnen durch Gesetz, Satzung oder Vertrag übertragenen Verantwortung für die Einhaltung der zur Sicherheit im Straßenverkehr bestehenden Vorschriften.

(3) Im Fahreignungsregister werden Daten gespeichert über
1. rechtskräftige Entscheidungen der Strafgerichte wegen einer Straftat, die in der Rechtsverordnung nach § 6 Absatz 1 Nummer 1 Buchstabe s bezeichnet ist, soweit sie auf Strafe, Verwarnung mit Strafvorbehalt erkennen oder einen Schuldspruch enthalten,
2. rechtskräftige Entscheidungen der Strafgerichte, die die Entziehung der Fahrerlaubnis, eine isolierte Sperre oder ein Fahrverbot anordnen, sofern sie nicht von Nummer 1 erfasst sind, sowie Entscheidungen der Strafgerichte, die die vorläufige Entziehung der Fahrerlaubnis anordnen,
3. rechtskräftige Entscheidungen wegen einer Ordnungswidrigkeit
    a) nach den §§ 24, 24a oder § 24c, soweit sie in der Rechtsverordnung nach § 6 Absatz 1 Nummer 1 Buchstabe s bezeichnet ist und gegen den Betroffenen
        aa) ein Fahrverbot nach § 25 angeordnet worden ist oder
        bb) eine Geldbuße von mindestens sechzig Euro festgesetzt worden ist und § 28a nichts anderes bestimmt,
    b) nach den §§ 24, 24a oder § 24c, soweit kein Fall des Buchstaben a vorliegt und ein Fahrverbot angeordnet worden ist,
    c) nach § 10 des Gefahrgutbeförderungsgesetzes, soweit sie in der Rechtsverordnung nach § 6 Absatz 1 Nummer 1 Buchstabe s bezeichnet ist,
4. unanfechtbare oder sofort vollziehbare Verbote oder Beschränkungen, ein fahrerlaubnisfreies Fahrzeug zu führen,

---

[1] § 28 StVG wurde durch Fünftes Gesetz zur Änderung des StVG und anderer Gesetze v 28.8.2013 (BGBl I 3313) im Zusammenhang mit der Reform des Verkehrszentralregisters und der Einführung des neuen Fahreignungsregisters grundlegend neu gefasst mWv 1.5.2014.

5. unanfechtbare Versagungen einer Fahrerlaubnis,
6. unanfechtbare oder sofort vollziehbare
   a) Entziehungen, Widerrufe oder Rücknahmen einer Fahrerlaubnis,
   b) Feststellungen über die fehlende Berechtigung, von einer ausländischen Fahrerlaubnis im Inland Gebrauch zu machen,
7. Verzichte auf die Fahrerlaubnis,
8. unanfechtbare Ablehnungen eines Antrags auf Verlängerung der Geltungsdauer einer Fahrerlaubnis,
9. die Beschlagnahme, Sicherstellung oder Verwahrung von Führerscheinen nach § 94 der Strafprozessordnung,
10. *(aufgehoben)*
11. Maßnahmen der Fahrerlaubnisbehörde nach § 2a Abs. 2 Satz 1 Nr. 1 und 2 und § 4 Absatz 5 Satz 1 Nr. 1 und 2,
12. die Teilnahme an einem Aufbauseminar, an einem besonderen Aufbauseminar und an einer verkehrspsychologischen Beratung, soweit dies für die Anwendung der Regelungen der Fahrerlaubnis auf Probe (§ 2a) erforderlich ist,
13. die Teilnahme an einem Fahreignungsseminar, soweit dies für die Anwendung der Regelungen des Fahreignungs-Bewertungssystems (§ 4) erforderlich ist,
14. Entscheidungen oder Änderungen, die sich auf eine der in den Nummern 1 bis 13 genannten Eintragungen beziehen.

(4) Die Gerichte, Staatsanwaltschaften und anderen Behörden teilen dem Kraftfahrt-Bundesamt unverzüglich die nach Absatz 3 zu speichernden oder zu einer Änderung oder Löschung einer Eintragung führenden Daten mit. Die Datenübermittlung nach Satz 1 kann auch im Wege der Datenfernübertragung durch Direkteinstellung unter Beachtung des § 30a Absatz 2 bis 4 erfolgen.

(5) Bei Zweifeln an der Identität einer eingetragenen Person mit der Person, auf die sich eine Mitteilung nach Absatz 4 bezieht, dürfen die Datenbestände des Zentralen Fahrerlaubnisregisters und des Zentralen Fahrzeugregisters zur Identifizierung dieser Personen genutzt werden. Ist die Feststellung der Identität der betreffenden Personen auf diese Weise nicht möglich, dürfen die auf Anfrage aus den Melderegistern übermittelten Daten zur Behebung der Zweifel genutzt werden. Die Zulässigkeit der Übermittlung durch die Meldebehörden richtet sich nach den Meldegesetzen der Länder. Können die Zweifel an der Identität der betreffenden Personen nicht ausgeräumt werden, werden die Eintragungen über beide Personen mit einem Hinweis auf die Zweifel an deren Identität versehen.

(6) Die regelmäßige Nutzung der auf Grund des § 50 Abs. 1 im Zentralen Fahrerlaubnisregister gespeicherten Daten ist zulässig, um Fehler und Abweichungen bei den Personendaten sowie den Daten über Fahrerlaubnisse und Führerscheine der betreffenden Person im Fahreignungsregister festzustellen und zu beseitigen und um das Fahreignungsregister zu vervollständigen.

Übersicht

	Rn
1. Allgemeines	1
2. Abs 1 und Abs 2: Registerführung	5

	Rn
3. Abs 3: Grundlagen zur Speicherung	6
4. Abs 3 Nr 1 bis 14: Zu speichernde Vorgänge	7
5. Abs 4: Mitteilungspflichten	18
6. Abs 5 u Abs 6: Datenschutz	19

1 **1. Allgemeines.** Die **§§ 28 bis 30c StVG** enthalten die Rechtsgrundlagen für die Erfassung, Tilgung u Verwertung bestimmter Entscheidungen der Gerichte, Staatsanwaltschaften u VBn. § 28 StVG wurde im Zusammenhang mit dem neuen Fahreignungs-Bewertungssystem mWv 1.5.14 grundlegend neu gefasst und hinsichtlich der Umbenennung des Verkehrszentralregisters (VZR) in Fahreignungsregister (FAER) redaktionell angepasst (BTDr 17/12636 S 45).

2 Das frühere VZR und jetzt dem entsprechend das neue FAER ist „die **allein maßgebende Erfassungs- u Auskunftsstelle** der für die Belange der VSicherheit bedeutsamen gerichtlichen u verwaltungsbehördlichen Entscheidungen" (zur bisherigen Rechtslage BVerwG VRS 52, 381 = StVE § 29 StVG 1). Dennoch hält es das OVG NW (zur bisherigen Rechtslage VRS 57, 156) für zul, wenn die örtl Ordnungsbehörde vorübergehend Unterlagen über erteilte Verwarnungen aufbewahrt u sie beim Erlass von BG-Bescheiden verwertet.

3 Die Eintragung ist weiterhin **keine Sanktion** (zur bisherigen Rechtslage: BayObLG NJW 69, 2296; OLG Hamm NZV 09, 156 = NJW 09, 1014; s auch § 4 StVG Rn 6), sondern eine wertneutrale Folge u deshalb auch weder mildernd bei der Festsetzung der Höhe der GB zu berücksichtigen (aA zur bisherigen Rechtslage OLG Hamburg VRS 53, 136) noch als VA zu betrachten (zur bisherigen Rechtslage BVerwG VD 87, 183, zust Jagow VD 87, 169). Sie ist auch keine „Nebenfolge nichtvermögensrechtlicher Art" iS von § 79 I OWiG (zur bisherigen Rechtslage OLG Hamm DAR 97, 29, 410) und auch keine Nebenfolge, die mit einem Fahrverbot vergleichbar wäre (zur bisherigen Rechtslage OLG Hamm NZV 09, 156 = NJW 09, 1014). Es ist deshalb **nicht möglich durch Erhöhung der Geldbuße** vorgesehene **Punkte entfallen zu lassen;** gesetzlich ist dies nicht vorgesehen; da keine Regelungslücke besteht ist eine Analogie unzulässig (zur bisherigen Rechtslage OLG Hamm NZV 09, 156 = NJW 09, 1014). Bagatellverstöße im **Verwarnungsgeldbereich** (mit **GB unter 60 Euro** [seit 1.5.14] bzw bis 30.4.14: 40 Euro) sind **von der Registrierung nicht erfasst** (s aber § 28a). Daneben hatte das frühere VZR und dem entsprechend jetzt das neue FAER durch seine bloße Existenz allg eine hohe abschreckende Wirkung u damit einen guten verkehrserzieherischen Effekt, was allein schon an der Vielzahl der nur mit dem Ziele der Nichteintragung eingelegten Einsprüche gegen BG-Bescheide ablesbar ist.

4 Die **Mitteilungen** der Verkehrsbehörden **an** das **Kraftfahrtbundesamt** (§ 28 IV) sowie die **Eintragung** als auch die **Tilgung/Löschung** von verkehrsrechtlichen Entscheidungen im Verkehrszentralregister sind **keine anfechtbaren Verwaltungsakte** (zur bisherigen Rechtslage: VG Braunschweig NZV 01, 535; OVG Bautzen NJW 07, 169, 170; BVerwG NZV 07, 486; OVG Lüneburg zfs 13, 239). Auch wird seitens des KBA bei der Eintragung nicht geprüft, ob die mitgeteilten Entscheidungen ergangen, unanfechtbar oder richtig sind (BVerwG NJW 88, 87). Zum praktisch fehlenden Rechtsschutz gegen falsche Eintragungen im VZR nach bisheriger Rechtslage Rebler SVR 10, 248.

Gegen die **Mitteilung bestimmter Daten durch die StA an das KBA zur** dortigen **Registrierung** ist – nach vorheriger Beschwerde – der **Rechtsweg** nach §§ 23 ff EGGVG eröffnet (OLG Karlsruhe NZV 93, 364; OLG Hamm NZV 08, 365), da die Mitteilungen der Strafbehörden über verkehrsstrafrechtliche Verurteilungen Mitteilungen iSd § 22 I EGGVG sind, für die der Rechtsweg nach § 23 EGGVG gegeben ist (zur bisherigen Rechtslage: OVG Bautzen NJW 07, 169; vgl auch OLG Stuttgart NJW 05, 3226 = NZV 06, 93 = VRS 109, 371; OLG Jena NStZ-RR 06, 321 = ZfS 06, 652 = DAR 07, 402; OLG Hamm NZV 08, 365; OLG Jena VRS 115/08, 439; s auch Ziegert zfs 07, 602, 606). Allerdings ist nach § 22 I 2 EGGVG der Rechtsweg nach § 23 EGGVG im Einzelfall ausgeschlossen, wenn aufgrund der übermittelten Daten bereits eine Entscheidung (zB Entziehung der FE) getroffen wurde, bevor gegen die Datenübermittlung ein Antrag auf gerichtliche Entscheidung gestellt wurde (zur bisherigen Rechtslage OVG Bautzen NJW 07, 169, 170). Die Richtigkeit der Datenmitteilung kann dann aber im Fahrerlaubnisentziehungsverfahren überprüft werden (zur bisherigen Rechtslage OVG Bautzen NJW 07, 169, 170). – S zur Klage auf Feststellung eines bestimmten Punktestandes im VZR nach bisheriger und hinsichtlich des FAER vergleichbaren Rechtslage: VGH Mannheim NJW 07, 1706 = NZV 07, 382 = ZfS 07, 414; VGH Mannheim ZfS 07, 417 u § 4 StVG Rn 7.

2. Abs 1 und Abs 2: Registerführung. Die Abs 1 u 2 enthalten **Regelungen zur Registerführung** durch das **KBA** sowie zum **Zweck des FAER**. Inhaltlich blieben beide Abs im Zusammenhang mit der Reform des VZR zum 1.5.14, von der Umbenennung des VZR in FAER abgesehen, unverändert. 5

Personen ohne Fahrerlaubnis erhalten für Zuwiderhandlungen iSd § 28 III Nr 1 bis 3 StVG **ebenfalls Punkte,** die bei der Berechnung der Punktzahl für die Entziehung der Fahrerlaubnis nach § 4 V StVG nF (bisher § 4 III StVG aF) zu berücksichtigen sind (zur bisherigen Rechtslage VG Freiburg SVR 11 466 m Praxishinweis Koehl).

3. Abs 3: Grundlagen zur Speicherung. Abs 3 Nr 1 bis 3 enthalten die **wesentlichen Neuregelungen über die im FAER über rechtskräftige Entscheidungen zu speichernden Daten.** Bislang wurde unmittelbar im StVG geregelt, welche Straftaten und Ordnungswidrigkeiten zu speichern waren. **Ab 1.5.14** erfolgt eine **Speicherung im FAER, wenn die Straftaten und Ordnungswidrigkeiten in einer abschließenden „Liste" (Anlage 13 FeV) aufgezählt** sind. Ermächtigungsgrundlage für die Bestimmung der abschließenden „Liste" ist § 6 I Nr 1 s StVG; dabei wird es dem Verordnungsgeber überlassen, zu bestimmen, **welche Straftaten und Ordnungswidrigkeiten künftig im Fahreignungsregister gespeichert werden.** Diese „Liste" in Anlage 13 FeV ist zugleich auch die „Liste", mit der bestimmt wird, welche Straftaten und Ordnungswidrigkeiten für die Anwendung des Fahreignungs-Bewertungssystems (s § 4 II 1 StVG) maßgeblich sind (BTDR 17/12636 S 45). 6

Entscheidungen, die bis 30.4.14 begangene Delikte ahnden und erst ab dem 1.5.14 im FAER gespeichert werden, werden nach § 65 III Nr 3 StVG auf der Grundlage des neuen Rechts gespeichert und getilgt; wobei ggf anstelle der neuen Grenze von 60 Euro die bisherige Grenze von 40 Euro maßgeblich ist. Dies gilt unabhängig vom Zeitpunkt der Rechtskraft der Entscheidung (Albrecht/Kehr DAR 13, 437, 446). – S zum Übergangsrecht auch § 4 StVG Rn 8 ff.

4. Abs 3 Nr 1 bis 14: Zu speichernde Vorgänge. Abs 3 Nr 1 regelt die Speicherung von rechtskräftigen Entscheidungen der Strafgerichte im FAER, soweit sie auf Strafe, Verwarnung mit Strafvorbehalt erkennen oder einen Schuld- 7 spruch enthalten und zu Maßnahmen nach dem Fahreignungs-Bewertungssystem nach § 4 V StVG führen, wobei die zweite Bedingung neu ist. Künftig genügt es nicht mehr, dass eine Straftat vorliegt, die im Zusammenhang mit dem Führen eines Kfz steht oder unter Verletzung der Pflichten eines Kfz-Führers begangen worden ist, sondern die betreffende Straftat muss ausdrücklich für die Speicherung in der durch den VO-Geber erlassenen Rechtsverordnung („Liste" in Anlage 13 FeV) bestimmt sein (BTDr 17/12636 S 45).

8 **Abs 3 Nr 2** wurde inhaltlich unverändert beibehalten und lediglich um eine systematische Abgrenzung zu Nr 1 ergänzt. Sie betrifft die Speicherung fahrerlaubnisbeschränkender Maßnahmen, die von den Strafgerichten angeordnet werden. Deren Speicherung dient nach wie vor der Überprüfbarkeit der Fahrberechtigung. Diese strafgerichtlichen Anordnungen können auch bei Entscheidungen über Straftaten erfolgen, die nicht im Fahreignungs-Bewertungssystem verwertet werden und damit nicht bereits nach Nr 1 gespeichert werden. Auch bei diesen Straftaten muss die Einhaltung solcher Anordnungen überwacht werden können (BTDr 17/12636 S 46).

9 **Abs 3 Nr 3a** betrifft, die Speicherung rechtskräftiger Entscheidungen wegen Ordnungswidrigkeiten nach den §§ 24, 24a und 24c StVG, die wie bisher auch, erfasst werden. Sie werden jedoch nur noch dann gespeichert, soweit sie in der entsprechenden VO (Liste) aufgeführt sind und wenn zusätzlich die in den Unterbuchstaben aa) und bb) genannten Voraussetzungen vorliegen, dh (aa) gegen den Inhaber einer FE ein Fahrverbot nach § 25 StVG angeordnet worden ist oder (bb) eine Geldbuße von mindestens 60 Euro verhängt worden ist. Neben der Höhe der Geldbuße ist für eine Speicherung im Fahreignungsregister jetzt auch erforderlich, dass die Ordnungswidrigkeit ausdrücklich in der VO („Liste" in Anlage 13 FeV) genannt ist. Hiermit wird eine abschließende Regelung erreicht, sodass bei nicht in der VO („Liste" in Anlage 13 FeV) aufgeführten Ordnungswidrigkeiten auch dann keine Speicherung erfolgt, wenn höhere Geldbußen verhängt werden (BTDr 17/12636 S 46).

10 **Abs 3 Nr 3b** betrifft die Speicherung rechtskräftiger Ordnungswidrigkeiten nach den §§ 24, 24a oder 24c StVG bei denen ein Fahrverbot angeordnet worden ist und nicht bereits eine Speicherung nach Abs 3 Nr 3a erfolgt. Diese Regelung ist für die Überwachung entsprechender Fahrverbote erforderlich (BTDr 17/12636 S 46).

11 **Abs 3 Nr 3c** ist neu geregelt und enthält die Rechtsgrundlage für die Eintragung von gefahrgutrechtlichen Verstößen. Bisher konnten (aufgrund der Gesetzeskonkurrenz) Ordnungswidrigkeiten, die gleichzeitig nach dem StVG und nach den Gefahrgutvorschriften zu ahnden sind, nicht eingetragen werden, da die gefahrgutrechtliche Sanktionsnorm die straßenverkehrsrechtliche als speziellere Norm verdrängt. Verstöße gegen straßenverkehrsrechtliche Vorschriften, die auf Grund der Gefährdung für die Verkehrssicherheit eigentlich hätten eingetragen werden müssen, konnten bisher im VZR nicht eingetragen und mit Punkten bewertet werden, weil gleichzeitig eine (speziellere) gefahrgutrechtliche Norm verletzt wurde (BTDr 17/12636 S 46). In der VO („Liste" in Anlage 13 FeV) der zu speichernden Verstöße sollen nur Gefahrgutverstöße aufgenommen werden, die eine Parallelregelung im StVG aufweisen (BTDr 17/12636 S 46).

12 **Abs 3 Nr 4 bis Nr 9** blieben im Zusammenhang mit der Reform des VZR unverändert und enthalten ua Regelungen zur Speicherung von Verboten oder Beschränkungen ein fahrerlaubnisfreies Fahrzeug zu führen (Nr 4), unanfechtbare Versagungen einer Fahrerlaubnis (Nr 5), unanfechtbare oder sofort vollziehbare

Entziehungen, Widerrufe, Aberkennungen oder Rücknahmen einer FE oder die Feststellung über die Fehlende Fahrberechtigung im Inland (Nr 6), Verzichte auf die FE (Nr 7), unanfechtbare Ablehnungen eines Antrags auf Verlängerung der Geltungsdauer einer FE (Nr 8) und die Beschlagnahme, Sicherstellung oder Verwahrung von FSch nach § 94 StPO (Nr 9).

Die **bisherige Nr 10** wurde **aufgehoben,** sodass die unanfechtbaren **Ent-** 13 **scheidungen ausländischer Gerichte und Verwaltungsbehörden,** in denen Inhabern einer deutschen Fahrerlaubnis das Recht aberkannt wird, von der FE in dem betreffenden Land Gebrauch zu machen, nicht mehr gespeichert werden (BTDr 17/12636 S 46). Hintergrund der Aufhebung ist, dass für diese Entscheidungen keine ausdrückliche Mitteilungspflicht besteht und die Mitteilungen nur sehr sporadisch die zuständigen Behörden erreicht haben und zur Speicherung mitgeteilt wurden. Mit dem Verzicht auf die Speicherung wird eine bisher mögliche Ungleichbehandlung bereinigt (BTDr 17/12636 S 46).

Abs 3 Nr 11 enthält nur eine redaktionelle Folgeänderung aufgrund der Neu- 14 fassung des § 4 StVG.

Abs 3 Nr 12 regelt (nur noch) die Speicherung von Daten über die Teilnahme 15 an einem (besonderen) Aufbauseminar und die Teilnahme an einer verkehrspsychologischen Beratung, soweit dies für die Anwendung der Regelungen der Fahrerlaubnis auf Probe (§ 2a StVG) erforderlich ist (BTDr 17/12636 S 46).

Abs 3 Nr 13 enthält neue Regelungen, die aufgrund der Einführung des neuen 16 Fahreignungsseminars erforderlich wurden. Geregelt wird die Speicherung von Daten über die Teilnahme an dem neuen Fahreignungsseminar, soweit dies für die Anwendung des Fahreignungs-Bewertungssystems (§ 4 StVG) notwendig ist.

Abs 3 Nr 14 entspricht der bisherigen Nr 13 (siehe zum Vorstehenden BTDr 17 17/12636 S 46).

5. Abs 4: Mitteilungspflichten. Abs 4 blieb unverändert und regelt – wie 18 bisher – die **Mitteilungspflichten** der Gerichte, Staatsanwaltschaften u anderen Behörden an das KBA. Mit Geltung ab dem 7.12.16 wurde S 2 eingefügt. Das FAER soll zukünftig auf eine vollelektronische Registerführung umgestellt werden. Hierfür wurde die Rechtsgrundlage geschaffen. Gerichte, StA und Fahrerlaubnisbehörden sollen zukünftig die Daten an das KBA zur Einstellung in das FAER direkt automatisiert in das Register einbringen können (Drs-BR 126/16 S. 23)

6. Abs 5 u Abs 6: Datenschutz. Abs 5 u 6 sind **datenschutzrechtliche** 19 **Bestimmungen,** die die Richtigkeit des FAER und seiner Eintragungen gewährleisten sollen und den bisherigen Regelungen entsprechen.

§ 28a Eintragung beim Abweichen vom Bußgeldkatalog[1]

Wird die Geldbuße wegen einer Ordnungswidrigkeit nach den §§ 24, 24a und 24c lediglich mit Rücksicht auf die wirtschaftlichen Verhältnisse des Betroffenen abweichend von dem Regelsatz der Geldbuße festgesetzt, der für die zugrunde liegende Ordnungswidrigkeit im Bußgeldkatalog

---

[1] Geänd durch G v 19.7.07 (BGBl I 1460). Durch Fünftes Gesetz zur Änderung des StVG und anderer Gesetze v 28.8.13 (BGBl I 3313, 3318) wurden im Zusammenhang mit der Reform des Verkehrszentralregisters und der Einführung des neuen Fahreignungsregisters mWv 1.5.14 die bisherigen Eintragungsgrenzen von 40 Euro auf nunmehr 60 Euro angepasst.

(§ 26a) vorgesehen ist, so ist in der Entscheidung dieser Paragraph bei den angewendeten Bußgeldvorschriften aufzuführen, wenn der Regelsatz der Geldbuße
1. sechzig Euro oder mehr beträgt und eine geringere Geldbuße festgesetzt wird oder
2. weniger als sechzig Euro beträgt und eine Geldbuße von sechzig Euro oder mehr festgesetzt wird.
In diesen Fällen ist für die Eintragung in das Fahreignungsregister der im Bußgeldkatalog vorgesehene Regelsatz maßgebend.

1 **1. Allgemeines.** Die Regelung wurde ursprünglich auf Grund der Anhebung der Eintragungsgrenze auf 80 DM, seit 1.1.2002 bis 30.4.2014 40 Euro und seit 1.5.2014 auf 60 Euro (BGBl 2013/I S 3313, 3318) erforderlich, weil in diesem Bereich nach § 17 III S 2 OWiG auch die – für die Registerzwecke uninteressanten – wirtschaftlichen Verhältnisse in Betracht kommen können (OLG Hamm VRS 67, 450; aA OLG Zweibrücken VRS 53, 61 u OLG Koblenz VRS 60, 422, die die wirtschaftlichen Verhältnisse bei GB bis zu 200 DM bzw dem entsprechend 100 Euro unberücksichtigt lassen wollen, was nicht unbedenklich ist; s § 24 Rn 8b; Janiszewski 189). Nach § 28a ist deshalb in jedem Fall der im BKat vorgesehene Regelsatz **für die Eintragung im FAER** (bis 30.4.14 VZR) entscheidend. Einsprüche mit dem Ziel, allein aus schlechten wirtschaftlichen Verhältnissen die Festsetzung einer GB unterhalb der Eintragungsgrenze zu erreichen, sind danach uninteressant.

2 Für andere Umstände, die zu einer geringeren oder höheren Bewertung führen können (geringere oder erhöhte Vorwerfbarkeit oder Bedeutung der OW, Voreintragungen, Gefährdung anderer pp), gilt § 28a nicht.

3 **2. Besonderheiten.** Liegen die Voraussetzungen des § 28a vor, ist in der Entscheidung bei den nach § 260 V StPO iVm § 46 I OWiG anzugebenden BG-Vorschriften zusätzlich § 28a aufzuführen (Zitiergebot) (s auch BayObLG v 17.1.86, 1 Ob OWi 351/85), einer ausdrücklichen Entscheidung im Urt-Tenor über die Eintragungspflicht bedarf es nicht (OLG Düsseldorf VRS 83, 361). – Nach Anhebung der – verbindlichen – Verwarnungsgeldgrenze auf zunächst 35 Euro und nunmehr 55 Euro ist § 28a Nr 2 obsolet. Insoweit kommt auch eine entspr Anwendung des § 28a zugunsten des Betr nicht mehr in Betracht.

§ 28b *(aufgehoben)*

§ 29 Tilgung der Eintragungen[1]

(1) **Die im Register gespeicherten Eintragungen werden nach Ablauf der in Satz 2 bestimmten Fristen getilgt. Die Tilgungsfristen betragen**
1. **zwei Jahre und sechs Monate**
   bei Entscheidungen über eine Ordnungswidrigkeit,
   a) **die in der Rechtsverordnung nach § 6 Absatz 1 Nummer 1 Buchstabe s Doppelbuchstabe bb Dreifachbuchstabe bbb als verkehrssi-**

---

[1] § 29 StVG wurde durch Fünftes Gesetz zur Änderung des StVG und anderer Gesetze v 28.8.2013 (BGBl I 3313, 3318/3319) im Zusammenhang mit der Reform des Verkehrszentralregisters und der Einführung des neuen Fahreignungsregisters grundlegend neu gefasst mWv 1.5.2014.

cherheitsbeeinträchtigende oder gleichgestellte Ordnungswidrigkeit mit einem Punkt bewertet ist oder
  b) soweit weder ein Fall des Buchstaben a noch der Nummer 2 Buchstabe b vorliegt und in der Entscheidung ein Fahrverbot angeordnet worden ist,
2. fünf Jahre
  a) bei Entscheidungen über eine Straftat, vorbehaltlich der Nummer 3 Buchstabe a,
  b) bei Entscheidungen über eine Ordnungswidrigkeit, die in der Rechtsverordnung nach § 6 Absatz 1 Nummer 1 Buchstabe s Doppelbuchstabe bb Dreifachbuchstabe aaa als besonders verkehrssicherheitsbeeinträchtigende oder gleichgestellte Ordnungswidrigkeit mit zwei Punkten bewertet ist,
  c) bei von der nach Landesrecht zuständigen Behörde verhängten Verboten oder Beschränkungen, ein fahrerlaubnisfreies Fahrzeug zu führen,
  d) bei Mitteilungen über die Teilnahme an einem Fahreignungsseminar, einem Aufbauseminar, einem besonderen Aufbauseminar oder einer verkehrspsychologischen Beratung,
3. zehn Jahre
  a) bei Entscheidungen über eine Straftat, in denen die Fahrerlaubnis entzogen oder eine isolierte Sperre angeordnet worden ist,
  b) bei Entscheidungen über Maßnahmen oder Verzichte nach § 28 Absatz 3 Nummer 5 bis 8.

Eintragungen über Maßnahmen der nach Landesrecht zuständigen Behörde nach § 2a Absatz 2 Satz 1 Nummer 1 und 2 und § 4 Absatz 5 Satz 1 Nummer 1 und 2 werden getilgt, wenn dem Inhaber einer Fahrerlaubnis die Fahrerlaubnis entzogen wird. Sonst erfolgt eine Tilgung bei den Maßnahmen nach § 2a Absatz 2 Satz 1 Nummer 1 und 2 ein Jahr nach Ablauf der Probezeit und bei Maßnahmen nach § 4 Absatz 5 Satz 1 Nummer 1 und 2 dann, wenn die letzte Eintragung wegen einer Straftat oder Ordnungswidrigkeit getilgt ist. Verkürzungen der Tilgungsfristen nach Absatz 1 können durch Rechtsverordnung gemäß § 30c Abs. 1 Nr. 2 zugelassen werden, wenn die eingetragene Entscheidung auf körperlichen oder geistigen Mängeln oder fehlender Befähigung beruht.

(2) Die Tilgungsfristen gelten nicht, wenn die Erteilung einer Fahrerlaubnis oder die Erteilung des Rechts, von einer ausländischen Fahrerlaubnis wieder Gebrauch zu machen, für immer untersagt ist.

(3) Ohne Rücksicht auf den Lauf der Fristen nach Absatz 1 und das Tilgungsverbot nach Absatz 2 werden getilgt
1. Eintragungen über Entscheidungen, wenn ihre Tilgung im Bundeszentralregister angeordnet oder wenn die Entscheidung im Wiederaufnahmeverfahren oder nach den §§ 86, 102 Abs. 2 des Gesetzes über Ordnungswidrigkeiten rechtskräftig aufgehoben wird,
2. Eintragungen, die in das Bundeszentralregister nicht aufzunehmen sind, wenn ihre Tilgung durch die nach Landesrecht zuständige Behörde angeordnet wird, wobei die Anordnung nur ergehen darf, wenn dies zur Vermeidung ungerechtfertigter Härten erforderlich ist und öffentliche Interessen nicht gefährdet werden,

3. Eintragungen, bei denen die zugrunde liegende Entscheidung aufgehoben wird oder bei denen nach näherer Bestimmung durch Rechtsverordnung gemäß § 30c Abs. 1 Nr. 2 eine Änderung der zugrunde liegenden Entscheidung Anlass gibt,
4. sämtliche Eintragungen, wenn eine amtliche Mitteilung über den Tod des Betroffenen eingeht.

(4) Die Tilgungsfrist (Absatz 1) beginnt
1. bei strafgerichtlichen Verurteilungen und bei Strafbefehlen mit dem Tag der Rechtskraft, wobei dieser Tag auch dann maßgebend bleibt, wenn eine Gesamtstrafe oder eine einheitliche Jugendstrafe gebildet oder nach § 30 Abs. 1 des Jugendgerichtsgesetzes auf Jugendstrafe erkannt wird oder eine Entscheidung im Wiederaufnahmeverfahren ergeht, die eine registerpflichtige Verurteilung enthält,
2. bei Entscheidungen der Gerichte nach den §§ 59, 60 des Strafgesetzbuchs und § 27 des Jugendgerichtsgesetzes mit dem Tag der Rechtskraft,
3. bei gerichtlichen und verwaltungsbehördlichen Bußgeldentscheidungen sowie bei anderen Verwaltungsentscheidungen mit dem Tag der Rechtskraft oder Unanfechtbarkeit der beschwerenden Entscheidung,
4. bei Aufbauseminaren nach § 2a Absatz 2 Satz 1 Nummer 1, verkehrspsychologischen Beratungen nach § 2a Absatz 2 Satz 1 Nummer 2 und Fahreignungsseminaren nach § 4 Absatz 7 mit dem Tag der Ausstellung der Teilnahmebescheinigung.

(5) Bei der Versagung oder Entziehung der Fahrerlaubnis wegen mangelnder Eignung, der Anordnung einer Sperre nach § 69a Abs. 1 Satz 3 des Strafgesetzbuchs oder bei einem Verzicht auf die Fahrerlaubnis beginnt die Tilgungsfrist erst mit der Erteilung oder Neuerteilung der Fahrerlaubnis, spätestens jedoch fünf Jahre nach der Rechtskraft der beschwerenden Entscheidung oder dem Tag des Zugangs der Verzichtserklärung bei der zuständigen Behörde. Bei von der nach Landesrecht zuständigen Behörde verhängten Verboten oder Beschränkungen, ein fahrerlaubnisfreies Fahrzeug zu führen, beginnt die Tilgungsfrist fünf Jahre nach Ablauf oder Aufhebung des Verbots oder der Beschränkung.

(6) Nach Eintritt der Tilgungsreife wird eine Eintragung vorbehaltlich der Sätze 2 und 4 gelöscht. Eine Eintragung nach § 28 Absatz 3 Nummer 1 oder 3 Buchstabe a oder c wird nach Eintritt der Tilgungsreife erst nach einer Überliegefrist von einem Jahr gelöscht. Während dieser Überliegefrist darf der Inhalt dieser Eintragung nur noch zu folgenden Zwecken übermittelt, genutzt oder über ihn eine Auskunft erteilt werden:
1. an die nach Landesrecht zuständige Behörde zur Anordnung von Maßnahmen im Rahmen der Fahrerlaubnis auf Probe nach § 2a,
2. an die nach Landesrecht zuständige Behörde zur Ergreifung von Maßnahmen nach dem Fahreignungs-Bewertungssystem nach § 4 Absatz 5,
3. zur Auskunftserteilung an den Betroffenen nach § 30 Absatz 8.

Die Löschung einer Eintragung nach § 28 Absatz 3 Nummer 3 Buchstabe a oder c unterbleibt in jedem Fall so lange, wie der Betroffene im Zentralen Fahrerlaubnisregister als Inhaber einer Fahrerlaubnis auf Probe gespeichert ist.

Tilgung der Eintragungen § 29 StVG

(7) Ist eine Eintragung im Fahreignungsregister gelöscht, dürfen die Tat und die Entscheidung dem Betroffenen für die Zwecke des § 28 Absatz 2 nicht mehr vorgehalten und nicht zu seinem Nachteil verwertet werden. Unterliegt eine Eintragung im Fahreignungsregister über eine gerichtliche Entscheidung nach Absatz 1 Satz 2 Nummer 3 Buchstabe a einer zehnjährigen Tilgungsfrist, darf sie nach Ablauf eines Zeitraums, der einer fünfjährigen Tilgungsfrist nach den vorstehenden Vorschriften entspricht, nur noch für folgende Zwecke an die nach Landesrecht zuständige Behörde übermittelt und dort genutzt werden:
1. zur Durchführung von Verfahren, die eine Erteilung oder Entziehung einer Fahrerlaubnis zum Gegenstand haben,
2. zum Ergreifen von Maßnahmen nach dem Fahreignungs-Bewertungssystem nach § 4 Absatz 5.
Außerdem dürfen für die Prüfung der Berechtigung zum Führen von Kraftfahrzeugen Entscheidungen der Gerichte nach den §§ 69 bis 69b des Strafgesetzbuches an die nach Landesrecht zuständige Behörde übermittelt und dort genutzt werden. Die Sätze 1 und 2 gelten nicht für Eintragungen wegen strafgerichtlicher Entscheidungen, die für die Ahndung von Straftaten herangezogen werden. Insoweit gelten die Regelungen des Bundeszentralregistergesetzes.

Übersicht

	Rn
1. Allgemeines	1
2. Weitergeltung des § 29 StVG aF bis 30.4.19 für „Altfälle"	3
3. Abs 1: Tilgungsfristen	4
4. Abs 2: Tilgungsverbot	14
5. Abs 3: erweiterte Tilgungsregelungen	15
6. Abs 4: Beginn der Tilgungsfrist	16
7. Abs 5: hinausgeschobener Tilgungsbeginn	18
8. Abs 6: Überliegefrist	19
9. Abs 7: Verwertungsverbote	20

1. Allgemeines. § 29 StVG wurde im Zusammenhang mit der Reform des **1** VZR und der Einführung des neuen Fahreignungs-Bewertungssystems **mWv 1.5.14 grundlegend neu gefasst** und hinsichtlich der Umbenennung des VZR in FAER redaktionell angepasst (BT-Drs 17/12636 S 46 ff). § 29 StVG regelt weiterhin die **Tilgung der Eintragungen,** jetzt **im neuen Fahreignungsregister (FAER).** Die Neugestaltung der Fristen berücksichtigt hierbei die Schwere der Zuwiderhandlung unter dem Gesichtspunkt der Verhältnismäßigkeit.

Besonders hervorzuheben ist dabei, dass die bisherige **Tilgungshemmung** (§ 29 VI StVG aF) mWv 1.5.14 aus Gründen der Transparenz und Vereinfachung des Systems **aufgehoben** wurde und in § 29 I StVG nF **feste Tilgungsfristen** eingeführt wurden (BT-Drs 17/12636 S 47).

Zum **Löschungsanspruch** bei unzulässiger Eintragung s Jagow VD 87, 172; **2** BVerwG VM 94, 104: aus dem R der informationellen Selbstbestimmung.

2. Weitergeltung des § 29 StVG aF bis 30.4.19 für „Altfälle". § 29 StVG **3** aF gilt für „Altfälle", dh nicht von § 65 III Nr 1 StVG nF erfasste Entscheidungen, also Entscheidungen, die nicht zum 30.4.14 gelöscht wurden und noch nach § 28 III StVG aF gespeichert worden sind, bis zum 30.4.19 fort, diese werden mithin noch für 5 Jahre (bis zum 30.4.19) nach den „alten" Regelungen des § 29 StVG aF getilgt und gelöscht (§ 65 III Nr 2 Satz 1 StVG nF). Dies betrifft Delikte, die auch nach neuem Recht zur Speicherung führen (Albrecht/Kehr DAR 13, 437, 446). Mit der vorübergehenden und teilweisen Beibehaltung insbesondere auch der bisherigen Hemmungsregelungen soll ein kontinuierlicher Übergang erreicht und vermieden werden, dass eingetragene Entscheidungen innerhalb eines Registervorganges sofort zum Stichtag getilgt werden müssen und damit eine nicht gewollte faktische Teilamnestie eintreten würde (Albrecht/Kehr DAR 13, 437, 446).

Auch bei weitergeltender Anwendung des § 29 StVG aF kann aber keine Ablaufhemmung nach § 29 VI 2 StVG aF durch Entscheidungen ausgelöst werden, die erst ab dem 1.5.14 im FAER gespeichert werden (**§ 65 III Nr 2 Satz 2 StVG nF**). Entscheidungen nach § 24a StVG, für die nach § 29 VI 4 StVG aF bisher keine maximale Tilgungsfrist im Rahmen der Tilgungshemmung gilt, werden jetzt nach **§ 65 III Nr 2 Satz 3 StVG nF** spätestens 5 Jahre nach Rechtskraft der Entscheidung getilgt, sofern sich nicht nach altem Recht eine frühere Tilgungsreife ergibt (Albrecht/Kehr DAR 13, 437, 446). **§ 65 III Nr 2 Satz 4 StVG nF** enthält weitere, ab dem 1.5.19 geltende Regelungen im Zusammenhang mit der Berechnung der Tilgungsfrist bzw der Löschung für „Altfälle". Hinsichtlich § 29 StVG aF wird auf die Kommentierung der Vorauflage verwiesen.

4 **3. Abs 1: Tilgungsfristen.** § 29 StVG enthält in Abs 1 S 2 die einzelnen **Tilgungsfristen,** die bezogen auf OW stärker differenzieren. Mit der Neugestaltung der Fristen wird die Schwere der Zuwiderhandlung unter dem Blickwinkel der Verhältnismäßigkeit berücksichtigt. Mit der Reform wurden aus Transparenzgründen und zur Systemvereinfachung die Tilgungsfristen zu **festen Fristen,** die Verlängerung diente dazu, die gestrichene Tilgungshemmung auszugleichen (BT-Drs 17/12636 S 46f).

Entscheidungen, die bis 30.4.14 begangene Delikte ahnden und erst ab dem 1.5.14 im FAER gespeichert werden, werden nach § 65 III Nr 3 StVG **auf der Grundlage des neuen Rechts gespeichert und getilgt,** wobei ggf anstelle der neuen Grenze von 60 Euro die bisherige Grenze von 40 Euro maßgeblich ist. Dies gilt unabhängig vom Zeitpunkt der Rechtskraft der Entscheidung (Albrecht/Kehr DAR 13, 437, 446). S zum Übergangsrecht auch § 4 StVG Rn 8 ff.

Tilgungsfristen sind von Amts wegen zu beachten (zur bisherigen Rechtslage: OLG Düsseldorf NZV 11, 316).

5 Die Tilgungsfristen betragen nunmehr zweieinhalb (Abs. 1 S 2 Nr 1), fünf (Abs. 1 S 1 Nr. 2) und 10 (Abs. 1 S 1 Nr. 3) Jahre. Durch die Verlängerung der Tilgungsfristen wird den Behörden ein ausreichender Beobachtungszeitraum zur Beurteilung der Fahreignung zur Verfügung gestellt (BT-Drs 17/13452 S 9; BT-Drs 17/12636 S 46).

6 Für **verkehrssicherheitsbeeinträchtigende oder gleichgestellte OWi** (1 Punkt) beträgt die Tilgungsfrist nach **Abs 1 S 2 Nr 1a** jetzt **2,5 Jahre.**

Für **besonders verkehrssicherheitsbeeinträchtigende oder gleichgestellte OWi** (2 Punkte) beträgt die Tilgungsfrist nach **Abs 1 S 2 Nr 2b 5 Jahre.**

7 Bei **Straftaten** beträgt die Tilgungsfrist nach **Abs 1 S 2 Nr 2a** grundsätzlich ebenfalls **5 Jahre;** wurde die **Fahrerlaubnis entzogen** oder eine **isolierte Sperre** verhängt, beträgt die Tilgungsfrist jedoch nach **Abs 1 S 2 Nr 3a 10 Jahre.** Bei Straftaten wird jetzt nur noch danach differenziert, ob auch die Fahrerlaubnis entzogen oder eine isolierte Sperre angeordnet wurde (BT-Drs 17/12636 S 46).

Straftaten nach § 315c I Nr 1a, § 316 und § 323a StGB (ohne Fahrerlaubnismaßnahmen) werden jetzt nach bereits 5 Jahren und nicht mehr wie bisher erst nach 10 Jahren getilgt (BT-Drs 17/12636 S 47).

Wird bei einer Entscheidung über eine **OWi** ein **Fahrverbot** angeordnet beträgt die Tilgungsfrist nach **Abs 1 S 2 Nr 1b 2,5 Jahre,** sofern kein Fall von Abs 1 S 2 Nr 1a oder Nr 2b vorliegt. 8

Entscheidungen über **Verbote oder Beschränkungen ein fahrerlaubnisfreies Fahrzeug zu führen** (Fahrradfahrverbot iSd § 3 FeV) werden jetzt gemäß Abs 1 Nr 2c **5 Jahre** gespeichert. 9

Mitteilungen über die Teilnahme an einem **Fahreignungsseminar** (s § 4a StVG nF) werden nach **Abs 1 S 2 Nr 2d** ebenfalls, wie bisher bereits die Teilnahme an einem **Aufbauseminar, 5 Jahre** gespeichert. 10

Entscheidungen über **Maßnahmen oder Verzichte nach § 28 III Nr 5 bis 8 StVG** (dh unanfechtbare Versagungen einer Fahrerlaubnis [§ 28 III Nr 5], unanfechtbare oder sofort vollziehbare Entziehungen, Widerrufe, Aberkennungen oder Rücknahmen einer Fahrerlaubnis oder die Feststellung über die fehlende Berechtigung, von der Fahrerlaubnis im Inland Gebrauch zu machen [§ 28 III Nr 6], Verzichte auf die Fahrerlaubnis [§ 28 III Nr 7], unanfechtbare Ablehnungen eines Antrags auf Verlängerung der Geltungsdauer einer Fahrerlaubnis [§ 28 III Nr 7]) werden nach Abs 1 S 2 Nr 3b **10 Jahre** gespeichert. 11

Eintragungen über Maßnahmen im Rahmen der **Fahrerlaubnis auf Probe** (§ 2a II 1 Nr 1 u Nr 2 StVG) und des **Fahreignungs-Bewertungssystems** (§ 4 V 1 Nr 1 u Nr 2 StVG), ausgenommen die Entziehung der Fahrerlaubnis, werden nach **Abs 1 S 3** getilgt, wenn die Fahrerlaubnis entzogen wird. Sonst ein Jahr nach Ablauf der Probezeit bzw wenn die Eintragung wegen einer Straftat oder OWi getilgt ist **(Abs 1 S 4).** 12

Tilgung bedeutet Entfernung oder Unkenntlichmachung der Eintragung nach bestimmtem Zeitablauf (s § 3 IV Nr 5 BDSG). **Tilgung und Tilgungsreife** sind **wesensgleich** (s zur bisherigen Rechtslage zB KG DAR 04, 101; s aber auch AG Wolfratshausen NZV 06, 488 u DAR 11, 480). 13

Getilgte oder tilgungsreife Eintragungen im FAER unterliegen bei der Verfolgung von VerkOWen nach Abs 7 (bis 30.4.14: Abs 8) einem **Verwertungsverbot** (s BVerwG NJW 17, 1765 ff; OVG Lüneburg NJW 17, 112; OLG Karlsruhe DAR 16, 401; zur alten Rechtslage: BVerwG VRS 52, 381; OLG Düsseldorf VRS 85, 120; 86, 359; OLG Hamm DAR 05, 693; OLG Karlsruhe ZfS 05, 411) u sind daher grds **(Ausnahmen in Abs 7) nicht mehr zum Nachteil des Betr** verwertbar (s BVerwG NJW 17, 1765 ff; OVG Lüneburg NJW 17, 112; OLG Karlsruhe DAR 16, 401; zur alten Rechtslage: OLG Düsseldorf VRS 86, 190; ZfS 94, 305; BayObLG DAR 96, 243; OLG Schleswig DAR 92, 311; OLG Köln VRS 71, 214, OLG Hamm DAR 05, 693; OLG Hamm NZV 06, 487; OLG Bamberg DAR 07, 38; OVG Berlin-Brandenburg NZV 07, 645 = zfs 07, 592 = SVR 08, 357 m Praxishinweis Geiger [tilgungsreife Straftaten und OWi, die nach § 4 II 1 StVG zu bewerten sind]; OLG Hamm SVR 08, 29 m Praxishinweis Krumm; OLG Düsseldorf NZV 11, 316; s auch § 29 StVG Rn 20 ff), u zwar auch nicht im gerichtlichen Einspruchsverfahren, wenn beim Erlass des BG-Bescheids noch keine Tilgungsreife gegeben war (s zur bisherigen Rechtslage OLG Hamm DAR 81, 157 = StVE 3; OLG Düsseldorf VRS 85, 120; Göhler/Gürtler § 17 OWiG Rn 20a). Maßgeblicher Zeitpunkt für das Eingreifen des Verwertungsverbots des Abs. 7 ist dabei der Zeitpunkt der Entziehungsentscheidung der Fahrerlaubnisbehörde (OVG Lüneburg NJW 17, 112).

14 **4. Abs 2: Tilgungsverbot.** § 29 II StVG blieb unverändert und betrifft Fälle, in denen die **Erteilung** einer **FE** oder die Erteilung des Rechts von einer ausländischen FE wieder Gebrauch machen zu können, **für immer untersagt** ist. Die Tilgungsfristen gelten hier nicht.

15 **5. Abs 3: erweiterte Tilgungsregelungen.** § 29 III StVG blieb ebenfalls unverändert. Die Regelungen betreffen ua im BZR **angeordnete Tilgungen** (Abs 3 Nr 1) oder Eintragungen gerichtlicher Entscheidungen über die **vorläufige Entziehung der Fahrerlaubnis** (§ 28 III Nr 2 StVG) oder die **Beschlagnahme des Führerscheins nach § 94 StPO** (§ 28 III Nr 9 StVG), deren Tilgung sich nach **§ 63 II FeV** richtet und erfolgt, wenn die betreffende **Entscheidung aufgehoben** wurde (Abs 3 Nr 3).

16 **6. Abs 4: Beginn der Tilgungsfrist.** § 29 IV StVG bestimmt den Beginn der Tilgungsfrist. Im Verhältnis zur alten Rechtslage wurde die **unterschiedliche Behandlung der Tilgungsfristen** für strafgerichtliche Verurteilungen und Strafbefehle (bisher war der Tag der Unterzeichnung durch den Richter maßgeblich) beseitigt und es wird **nunmehr** gemäß **Abs 4 Nr 1 einheitlich** auf den **Tag der Rechtskraft** abgestellt (BT-Drs 17/12636 S 47). Auch bei gerichtlichen **Entscheidungen nach §§ 59, 60 StGB** oder nach **§ 27 JGG** ist nunmehr gemäß **Abs 4 Nr 2** der Tag der Rechtskraft maßgeblich. Gemäß **Abs 4 Nr 3** ist der Tag der Rechtskraft (oder der Tag der Unanfechtbarkeit der beschwerenden Entscheidung) auch bei **gerichtlichen und verwaltungsbehördlichen Bußgeldentscheidungen bzw. bei anderen Verwaltungsentscheidungen** maßgeblich.

Ein durch die **Einlegung von Rechtsmitteln verzögerter Eintritt der Rechtskraft** und ein dementsprechend späterer Anlauf der Tilgungsfrist gem § 29 IV Nr 3 StVG fällt grds in die Risikosphäre des Fahrerlaubnisinhabers (VGH Mannheim DAR 11, 424). Bei einer zwei Jahre nicht überschreitenden Dauer eines über zwei Instanzen geführten Rechtsbehelfsverfahrens besteht auch noch **kein Anlass für** eine **fiktive Vorverlegung des Tilgungsfristenanlaufs** (VGH Mannheim DAR 11, 424).

17 Bei der **Speicherung** (§ 28 III Nr 12 u Nr 13 StVG) **von Teilnahmebescheinigungen** für **Aufbauseminare und verkehrspsychologische Beratungen im Rahmen der Fahrerlaubnis auf Probe** (§ 2a StVG) beginnt die Tilgungsfrist gemäß Abs 4 Nr 4, ebenso wie für **Fahreignungsseminare** nach § 4a StVG mit dem **Tag der Ausstellung der Teilnahmebescheinigung** (BT-Drs 17/12636 S 47).

18 **7. Abs 5: hinausgeschobener Tilgungsbeginn.** Abs 5 regelt den hinausgeschobenen Tilgungsbeginn bei Versagung oder Entziehung der Fahrerlaubnis, der Anordnung einer Sperre oder bei einem Verzicht auf die Fahrerlaubnis. Hier beginnt die Tilgungsfrist erst mit der Erteilung oder Neuerteilung der Fahrerlaubnis, spätestens 5 Jahre nach Rechtskraft oder dem Tag des Zugangs der Verzichtserklärung bei der zuständigen Behörde, weil während der Zeit der fehlenden Fahrberechtigung keine Bewährung durch Teilnahme am Straßenverkehr stattfinden kann.

19 **8. Abs 6: Überliegefrist.** Die bisherige **Tilgungshemmung** (§ 29 VI StVG aF) wurde **mWv 1.5.14** aus Gründen der Transparenz und Vereinfachung des Systems **aufgehoben** und in § 29 I StVG **feste Tilgungsfristen** eingeführt (BT-Drs 17/12636 S 47). Der bisherige § 29 VI StVG aF wurde deshalb aufgehoben.

Der **Abs 6** enthält jetzt (neben teilweise modifizierten Regelungen aus § 29 VII StVG aF) **Regelungen zur Überliegefrist** und zur systematischen Klarstellung den **Grundsatz, dass Eintragungen** grundsätzlich **bei Tilgungsreife** zu **löschen** sind. Diese Tilgungsreife tritt nach Ablauf der Tilgungsfristen und sonstigen Tilgungsbedingungen nach Abs 1 bis Abs 5 ein (BT-Drs 17/12636 S 47). Wurde eine Eintragung im FAER wegen Ablaufs der Überliegefrist gelöscht, steht dies der Verwertung im FE-Entziehungsverfahren auch dann entgegen, wenn die Löschung im Zpkt der Entziehungsentscheidung der FE-Behörde gegeben war, nicht jedoch im Zpkt des § 4 Abs 5 S 7 StVG durch Einlegung eines Rechtsbehelfs gegen die Entziehungsentscheidung (OVG Lüneburg NJW 17, 1769).

Die **Löschung** erfolgt aber **erst nach Ablauf der Überliegefrist von 1 Jahr** (§ 29 VI 2 StVG) und **unterbleibt auch solange, wie der Betroffene im Zentralen Fahrerlaubnisregister als Inhaber einer Fahrerlaubnis auf Probe gespeichert ist** (§ 29 VI 4 StVG). Tilgungsreife führt somit nicht zur sofortigen Löschung.

Während der Überliegefrist dürfen die **Eintragungen nur** noch **eingeschränkt,** in den in Abs 6 S 3 Nr 1 bis 3 genannten Fällen, **übermittelt, genutzt oder** darüber **Auskunft erteilt** werden. Anders und weitergehend als bisher dürfen die Eintragungen gemäß **Abs 6 S 2 Nr 1 u Nr 2** jetzt ausdrücklich zur Anordnung von Maßnahmen im Rahmen der Fahrerlaubnis auf Probe (§ 2a StVG) und zur Ergreifung von Maßnahmen nach dem (neuen) Fahreignungs-Bewertungssystem (§ 4 V StVG) übermittelt werden. Und weiterhin **(Abs 6 S 2 Nr 3)** auch zur Auskunftserteilung (s zur früheren Regelung § 29 VII 2 StVG aF) an den Betroffenen nach § 30 VIII StVG (BT-Drs 17/12636 S 57).

Abs 6 S 4 übernimmt für Inhaber einer Fahrerlaubnis auf Probe inhaltlich die bisherigen Regelungen aus § 29 VI 5 StVG aF (BT-Drs 17/12636 S 47).

9. Abs 7: Verwertungsverbote. Abs 7 enthält Regelungen, die bisher teilweise in § 29 VIII aF enthalten waren.

Abs 7 S 1 enthält ein **generelles Verwertungsverbot für alle im Fahrnungsregister** (nach Ablauf der Tilgungsfrist und der Überliegefrist) **gelöschten Eintragungen** (BVerwG NJW 17, 1765 ff; OVG Lüneburg NJW 17, 112; OLG Karlsruhe DAR 16, 401; BT-Drs 17/12636 S 48). Das **Verwertungsverbot greift auf jeder Stufe des Verfahrens, das** die **Beurteilung der Eignung betrifft.** Deshalb darf **auch** ein **Gutachter** die betroffene Tat und Entscheidung dem Betroffenen nicht mehr vorhalten bzw zu seinem Nachteil verwerten (VGH München BeckRS 2017, 111557 und BeckRS 2017, 113687; OVG Greifswald zfs 13, 595 zu § 29 VIII 1 StVG aF).

Nach **Abs 7 S 2** dürfen die dort genannten Eintragungen trotz 10-jähriger Tilgungsfrist nach 5 Jahren **nur** noch **eingeschränkt** iSd Nr 1 u Nr 2 **übermittelt und verwertet** werden. Vor dem Hintergrund der Entscheidung des OVG Magdeburg v 18.8.11 (NJW 11, 3466 – wonach eine Eintragung über eine gerichtliche Entscheidung im damaligen Verkehrszentralregister zur Anordnung eines Aufbauseminars nach § 4 III 1 Nr 2 StVG aF nach Ablauf eines Zeitraums, der einer fünfjährigen Tilgungsfrist entspricht, nicht mehr verwertet werden konnte) erlaubt Abs 7 S 2 Nr 2 nunmehr ausdrücklich, dass Eintragungen über eine gerichtliche Entscheidung mit 10-jähriger Tilgungsfrist nach § 29 I 2 Nr 3a StVG (betrifft Straftaten bei denen die Fahrerlaubnis entzogen oder eine isolierte Sperre angeordnet worden ist) nach einem Zeitraum von 5 Jahren auch für das Ergreifen von Maßnahmen nach dem Fahreignungs-Bewertungssystem nach § 4

V StVG verwertet werden dürfen. Sinn und Zweck des Fahreignungs-Bewertungssystems ist es, alle rechtskräftigen Entscheidungen, die mit Punkten bewertet sind, zur Ermittlung des Punktestandes und den damit verbundenen Maßnahmen nach dem Fahreignungs-Bewertungssystem heranziehen zu können. Die Auffassung des OVG Magdeburg (NJW 11, 3466) zur bisherigen Regelung hätte zur Folge gehabt, dass Maßnahmen erst aufgrund weiterer Zuwiderhandlungen ergriffen werden könnten, während die nichtberücksichtigte strafgerichtliche Entscheidung aber bereits zur Entziehung der Fahrerlaubnis führen könnte, was eine ungewollte Ausnahme darstellen würde (BT-Drs 17/12636 S 48).

Abs 7 S 3 bis 5 entsprechen inhaltlich den bisherigen Regelungen in § 29 VIII 3 u 4 StVG aF. Danach gilt das **Verwertungsverbot**, wie bisher, **nicht für die Prüfung der Berechtigung zum Führen von Kfz** und es dürfen Entscheidungen der Gerichte nach den §§ 69 bis 69b StGB übermittelt und genutzt werden. Das Verwertungsverbot nach Abs 7 S 1 u 2 gilt hinsichtlich der Ahndung von Straftaten, wegen des **Vorrangs des BZR,** auch nicht für Eintragungen wegen strafgerichtlicher Entscheidungen.

21   Im **FAER getilgte oder tilgungsreife Vorahndungen wegen Straftaten, die noch im BZR enthalten** und nach dem BZRG verwertbar sind, dürfen für die Strafzumessung herangezogen werden. Die Regelung in § 29 VII 4 StVG nF (bisher § 29 VIII 4 StVG; neu eingefügt durch Viertes Gesetz zur Änderung des StVG v 22.12.08, BGBl I 2965 – Inkrafttreten gem Art 82 II GG am 12.1.98 [Albrecht SVR 09, 81, 83]) trägt den insoweit übergeordneten Verwertungsregelungen des BZR, insb § 51 I BZRG, Rechnung, und entspricht der Wertung des Gesetzgebers, dass sich das VZR bzw das FAER auf die Belange der Verkehrssicherheit beschränkt (vgl auch amtl Begr BRDrs 348/08; zust auch König DAR 08, 398 u Hentschel/König/Dauer-Dauer § 29 StVG Rn 12; für Verwertungsverbot, aber noch vor Einfügung von § 29 VIII 4 StVG aF (jetzt § 29 VII 4 StVG nF) und insoweit überholt, OLG München NZV 08, 216 = zfs 08, 167 = SVR 08, 111 m Praxishinweis Ebner = DAR 08, 398 m Anm König).

22   Ist eine **Verkehrsstraftat im BZR getilgt, im FAER aber noch nicht,** bleibt das Verwertungsverbot nach § 51 I BZRG grundsätzlich bestehen, jedoch mit der Ausnahme, dass für Verfahren, die die Erteilung o Entziehung der FE zum Gegenstand haben, und für die Prüfung der Berechtigung zum Führen von Kfz die Verwertung weiterhin möglich ist, jedoch nur so lange, wie die Verwertung nach den Vorschriften der §§ 28 ff StVG zulässig ist (vgl § 52 II BZRG u § 29 VII StVG).

23   Für **nur im FAER einzutragende Ordnungswidrigkeiten** enthält § 29 VII StVG keine ausdrückliche Regelung zur Verwertbarkeit nach der Tilgung. VII spricht nur von den im BZR registrierten „gerichtlichen Entscheidungen". Sind solche Entscheidungen im FAER getilgt, aber möglicherweise noch im BZR registriert, gilt das Verwertungsverbot von § 29 VII. Für nur im FAER enthaltene Eintragungen (OWen und Verwaltungsentscheidungen) bedurfte es nach Ansicht des GGebers keines ausdrücklichen Verwertungsverbots, wenn sie im VZR (jetzt FAER) gelöscht sind.

24   **Nicht registerpflichtige Ahndungen** und **nicht geahndete Sachverhalte** bleiben im Prinzip nachteilig verwertbar. Hier liegt eine sachbedingte Schwäche der Regelungen über Tilgung und Verwertungsverbot (s zur bisherigen Rechtslage: OLG Düsseldorf VRS 73, 394). Dies gilt für nicht registerpflichtige Entscheidungen aller Art und für Sachverhalte bei Freisprüchen (s zur alten Rechtslage: OLG Düsseldorf VRS 73, 392, OLG Köln VRS 71, 214, OLG Karlsruhe

NZV 90, 159) sowie für nicht eintragungspflichtige Bußgeldentscheidungen (s zur alten Rechtslage OLG Düsseldorf VRS 73, 392). Solche Entscheidungen und Sachverhalte sind jedoch nur dann zu berücksichtigen, wenn ein innerer Zusammenhang mit der neuen Tat in sachlicher u zeitlicher Hinsicht gegeben war (s zur alten Rechtslage: OLG Hamm v 10.2.83 bei Göhler NStZ 84, 63; OLG Düsseldorf VRS 73, 392 u 76, 145; BayObLG NStZ 84, 461; OLG Köln VRS 71, 214; OLG Karlsruhe NZV 90, 159) u sie bei unterstellter Eintragungspflichtigkeit noch nicht tilgungsreif gewesen wären (s zur alten Rechtslage: OLG Köln aaO; OLG Karlsruhe aaO; OLG Düsseldorf VRS 73, 392; Göhler/Gürtler § 17 OWiG Rn 20, 20b9.

Maßgeblicher Zeitpunkt für das Vorliegen des Verwertungsverbots wegen 25 Tilgungsreife bei der Aburteilung einer neuen Tat ist der **Tag des Erlasses des letzten tatrichterlichen Urteils,** nicht der Tattag (s BVerwG NJW 17, 1765 ff; OVG Lüneburg NJW 17, 112; OLG Karlsruhe DAR 16, 401; zur alten Rechtslage: OLG Bandenburg DAR 08, 218; OLG Frankfurt/M NZV 10, 161; OLG Bamberg DAR 10, 332; OLG Stuttgart DAR 10, 403; OLG Düsseldorf NZV 11, 316; Hentschel/König/Dauer-Dauer § 29 StVG Rn 12; Janker DAR 10, 353). Vorahndungen, die zum Zeitpunkt der Hauptverhandlung nach § 29 VI StVG **tilgungsreif** sind, dürfen nicht mehr zu Ungunsten des Betr verwertet werden (s zur bisherigen Rechtslage: Brbg DAR 08, 218; OLG Bamberg DAR 10, 332, dazu Janker DAR 10, 353; OLG Stuttgart DAR 10, 403; aA AG Wolfratshausen DAR 11, 480).

Bei der Frage der **Verwertbarkeit von Vorstrafen** handelt es sich nicht um 26 Verfahrensrecht, sondern um eine Regelung des sachlichen Rechts, so dass bei einer Gesetzesänderung zwischen Tat und Verurteilung das mildeste Gesetz Vorrang hat (OLG München DAR 10, 100).

§ 30[1] Übermittlung

(1) **Die Eintragungen im Fahreignungsregister dürfen an die Stellen, die**
1. **für die Verfolgung von Straftaten, zur Vollstreckung oder zum Vollzug von Strafen,**
2. **für die Verfolgung von Ordnungswidrigkeiten und die Vollstreckung von Bußgeldbescheiden und ihren Nebenfolgen nach diesem Gesetz und dem Gesetz über das Fahrpersonal im Straßenverkehr oder**
3. **für Verwaltungsmaßnahmen auf Grund dieses Gesetzes oder der auf ihm beruhenden Rechtsvorschriften**

zuständig sind, übermittelt werden, soweit dies für die Erfüllung der diesen Stellen obliegenden Aufgaben zu den in § 28 Abs. 2 genannten Zwecken jeweils erforderlich ist.

---

[1] Abs 10 angefügt durch G zur Änd des StVG u des Kraftfahrsachverständigengesetzes v 2.12.10 (BGBl I S 1748), in Kraft getreten am 9.12.10. Abs 8 Satz 3 u 4 angefügt durch G zur Förderung der elektronischen Verwaltung sowie zur Änd weiterer Vorschriften v 25.7.13 (BGBl I S 2749, 2758) mWv 1.8.13. Durch Fünftes Gesetz zur Änderung des StVG und anderer Gesetze v 28.8.13 (BGBl I 3313) wurde im Zusammenhang mit der Reform des Verkehrszentralregisters und der Einführung des neuen Fahreignungsregisters mWv 1.5.14 Abs 4b neu eingefügt sowie redaktionelle Anpassungen vorgenommen. Weitere redaktionelle Änderungen erfolgten durch das 6. StVGuaÄndG mit Geltung ab dem 7.12.16.

(2) Die Eintragungen im Fahreignungsregister dürfen an die Stellen, die für Verwaltungsmaßnahmen auf Grund des Gesetzes über die Beförderung gefährlicher Güter, des Kraftfahrsachverständigengesetzes, des Fahrlehrergesetzes, des Personenbeförderungsgesetzes, der gesetzlichen Bestimmungen über die Notfallrettung und den Krankentransport, des Güterkraftverkehrsgesetzes einschließlich der Verordnung (EWG) Nr. 881/92 des Rates vom 26. März 1992 über den Zugang zum Güterkraftverkehrsmarkt in der Gemeinschaft für Beförderungen aus oder nach einem Mitgliedstaat oder durch einen oder mehrere Mitgliedstaaten (ABl. EG Nr. L 95 S. 1), des Gesetzes über das Fahrpersonal im Straßenverkehr oder der auf Grund dieser Gesetze erlassenen Rechtsvorschriften zuständig sind, übermittelt werden, soweit dies für die Erfüllung der diesen Stellen obliegenden Aufgaben zu den in § 28 Abs. 2 Nr. 2 und 4 genannten Zwecken jeweils erforderlich ist.

(3) Die Eintragungen im Fahreignungsregister dürfen an die für Verkehrs- und Grenzkontrollen zuständigen Stellen übermittelt werden, soweit dies zu dem in § 28 Abs. 2 Nr. 2 genannten Zweck erforderlich ist.

(4) Die Eintragungen im Fahreignungsregister dürfen außerdem für die Erteilung, Verlängerung, Erneuerung, Rücknahme oder den Widerruf einer Erlaubnis für Luftfahrer oder sonstiges Luftfahrpersonal nach den Vorschriften des Luftverkehrsgesetzes oder der auf Grund dieses Gesetzes erlassenen Rechtsvorschriften an die hierfür zuständigen Stellen übermittelt werden, soweit dies für die genannten Maßnahmen erforderlich ist.

(4a) Die Eintragungen im Fahreignungsregister dürfen außerdem an die hierfür zuständigen Stellen übermittelt werden für die Erteilung, den Entzug oder das Anordnen des Ruhens von Befähigungszeugnissen und Erlaubnissen für Kapitäne, Schiffsoffiziere oder sonstige Seeleute nach den Vorschriften des Seeaufgabengesetzes und für Schiffs- und Sportbootführer und sonstige Besatzungsmitglieder nach dem Seeaufgabengesetz oder dem Binnenschifffahrtsaufgabengesetz oder der aufgrund dieser Gesetze erlassenen Rechtsvorschriften, soweit dies für die genannten Maßnahmen erforderlich ist.

(4b) Die Eintragungen im Fahreignungsregister dürfen außerdem für die Erteilung, Aussetzung, Einschränkung und Entziehung des Triebfahrzeugführerscheins auf Grund des Allgemeinen Eisenbahngesetzes oder der auf Grund dieses Gesetzes erlassenen Rechtsvorschriften an die hierfür zuständigen Stellen übermittelt werden, soweit die Eintragungen für die dortige Prüfung der Voraussetzungen für die Erteilung, Aussetzung, Einschränkung und Entziehung des Triebfahrzeugführerscheins erforderlich sind.

(5) Die Eintragungen im Fahreignungsregister dürfen für die wissenschaftliche Forschung entsprechend § 38 und für statistische Zwecke entsprechend § 38a übermittelt und genutzt werden. Zur Vorbereitung von Rechts- und allgemeinen Verwaltungsvorschriften auf dem Gebiet des Straßenverkehrs dürfen die Eintragungen entsprechend § 38b übermittelt und genutzt werden.

(6) Der Empfänger darf die übermittelten Daten nur zu dem Zweck verarbeiten und nutzen, zu dessen Erfüllung sie ihm übermittelt worden

Übermittlung **§ 30 StVG**

sind. Der Empfänger darf die übermittelten Daten auch für andere Zwecke verarbeiten und nutzen, soweit sie ihm auch für diese Zwecke hätten übermittelt werden dürfen. Ist der Empfänger eine nichtöffentliche Stelle, hat die übermittelnde Stelle ihn darauf hinzuweisen. Eine Verarbeitung und Nutzung für andere Zwecke durch nichtöffentliche Stellen bedarf der Zustimmung der übermittelnden Stelle.

(7) Die Eintragungen im Fahreignungsregister dürfen an die zuständigen Stellen anderer Staaten übermittelt werden, soweit dies
1. für Verwaltungsmaßnahmen auf dem Gebiet des Straßenverkehrs,
2. zur Verfolgung von Zuwiderhandlungen gegen Rechtsvorschriften auf dem Gebiet des Straßenverkehrs oder
3. zur Verfolgung von Straftaten, die im Zusammenhang mit dem Straßenverkehr oder sonst mit Kraftfahrzeugen, Anhängern oder Fahrzeugpapieren, Fahrerlaubnissen oder Führerscheinen stehen,

erforderlich ist. Der Empfänger ist darauf hinzuweisen, dass die übermittelten Daten nur zu dem Zweck verarbeitet oder genutzt werden dürfen, zu dessen Erfüllung sie ihm übermittelt werden. Die Übermittlung unterbleibt, wenn durch sie schutzwürdige Interessen des Betroffenen beeinträchtigt würden, insbesondere wenn im Empfängerland ein angemessener Datenschutzstandard nicht gewährleistet ist.

(8) Dem Betroffenen wird auf Antrag schriftlich über den ihn betreffenden Inhalt des Fahreignungsregisters und über die Anzahl der Punkte unentgeltlich Auskunft erteilt. Der Antragsteller hat dem Antrag einen Identitätsnachweis beizufügen. Die Auskunft kann elektronisch erteilt werden, wenn der Antrag unter Nutzung des elektronischen Identitätsnachweises nach § 18 des Personalausweisgesetzes oder nach § 78 Absatz 5 des Aufenthaltsgesetzes gestellt wird. Hinsichtlich der Protokollierung gilt § 30a Absatz 3 entsprechend.

(9) Übermittlungen von Daten aus dem Fahreignungsregister sind nur auf Ersuchen zulässig, es sei denn, auf Grund besonderer Rechtsvorschrift wird bestimmt, dass die Registerbehörde bestimmte Daten von Amts wegen zu übermitteln hat. Die Verantwortung für die Zulässigkeit der Übermittlung trägt die übermittelnde Stelle. Erfolgt die Übermittlung auf Ersuchen des Empfängers, trägt dieser die Verantwortung. In diesem Fall prüft die übermittelnde Stelle nur, ob das Übermittlungsersuchen im Rahmen der Aufgaben des Empfängers liegt, es sei denn, dass besonderer Anlass zur Prüfung der Zulässigkeit der Übermittlung besteht.

(10) Die Eintragungen über rechtskräftige oder unanfechtbare Entscheidungen nach § 28 Absatz 3 Nummer 1 bis 3 und 6, in denen Inhabern ausländischer Fahrerlaubnisse die Fahrerlaubnis entzogen oder ein Fahrverbot angeordnet wird oder die fehlende Berechtigung von der Fahrerlaubnis im Inland Gebrauch zu machen festgestellt wird, werden vom Kraftfahrt-Bundesamt an die zuständigen Stellen der Mitgliedstaaten der Europäischen Union übermittelt, um ihnen die Einleitung eigener Maßnahmen zu ermöglichen. Der Umfang der zu übermittelnden Daten wird durch Rechtsverordnung bestimmt (§ 30c Absatz 1 Nummer 3).

1. Allgemeines. Da nicht nur die Speicherung, sondern auch die Übermitt- **1**
lung personenbezogener Daten einen Eingriff in das grundrechtlich geschützte

Recht auf informelle Selbstbestimmung gem. Art. 2 I GG darstellt, bedarf es insoweit einer Rechtsgrundlage, dem ist der Gesetzgeber mit der Einführung der seit dem 1.1.99 geltenden und zum 1.5.14 modifizierten Regelung in § 30 für die Übermittlung von Daten aus dem früheren VZR und jetzigem FAER nachgekommen. Die Regelung wird insbesondere von folgenden datenschutzrechtlichen Grundsätzen getragen:
– strenge Zweckbestimmung bei der Übermittlung
– Begrenzung der Übermittlung auf die Empfänger, die die Daten für ihre Aufgabenerfüllung benötigen
– Begrenzung der Übermittlung auf die Daten, die für die Aufgabenerfüllung des Empfängers „erforderlich" sind.

Die Absätze **I–V** enthalten die abschließende Auflistung der inländischen Stellen, denen die Eintragungen bzw Daten des FAER (bis 30.4.14 VZR) im Rahmen der Zweckbindung nach § 28 II zur Verfügung stehen. **IVa** wurde durch Gesetz zur Änderung seeverkehrsrechtlicher, verkehrsrechtlicher und anderer Vorschriften mit Bezug zum Seerecht v 8.4.08 (BGBl I 706, 712) mWv 18.4.08 eingefügt und ermöglicht nunmehr (neben der nach **IV** schon möglichen Übermittlung für den Bereich des Luftverkehrs) auch die Übermittlung von Daten aus dem FAER (bis 30.4.14 VZR) für den Bereich der See- und Binnenschifffahrt. Dahinter steht die Überlegung, dass im FAER (bis 30.4.14 VZR) Daten über Kfz-Führer gespeichert sind, die ua Rückschlüsse auf Alkoholmissbrauch im Straßenverkehr (und ggf auch für andere Verkehrsarten) zulassen. Die Regelung ergänzt § 9e des Seeaufgabengesetzes und trägt dem Grundsatz der einheitlichen Behandlung aller Verkehrsträger überzeugend Rechnung (vgl amtl Begr BTDr 16/7415 S 31; BRDrs 722/07 S 57/58). Ähnliches gilt nach **IVb**, der im Zusammenhang mit der Reform des Verkehrszentralregisters und der Einführung des neuen Fahreignungsregisters durch Fünftes Gesetz zur Änderung des StVG und anderer Gesetze v 28.8.13 (BGBl I 3313, 3319) mWv 1.5.14 neu eingefügt wurde, für den Eisenbahnverkehr. Die Daten aus dem FAER sollen an die für die Erteilung, Aussetzung, Einschränkung und der Entziehung von Triebfahrzeugführerscheinen zuständige Stellen übermittelt werden dürfen, weil sich die hierbei durchgeführte Prüfung der Zuverlässigkeit eines Triebfahrzeugführers nach § 5 I 1 Nr 6 u Satz 5 der Triebfahrzeugführerscheinverordnung auch auf wiederholte Verstöße gegen verkehrsrechtliche Vorschriften erstreckt (vgl amtl Begr BTDr 17/12636 S 58).

VI bringt eine Verwendungsregelung für den Empfänger der Daten und entspricht inhaltlich § 43 StVG.

VII regelt die Übermittlung von Daten an ausländische Stellen. Über VII hinausgehende Regelungen bedürfen entweder eines völkerrechtlichen Vertrages und eines Ratifizierungsgesetzes oder einer Änderung des StVG.

VIII enthält die unentgeltliche Auskunftserteilung aus dem FAER (bis 30.4.14 VZR) an den Betroffenen selbst über den ihn betreffenden Inhalt des FAER (sog Eigen- oder Selbstauskünfte). Die Auskunft kann auch elektronisch erteilt werden.

IX enthält allgemeine Regelungen, die für alle Datenübermittlungen aus dem FAER (bis 30.4.14 VZR) gelten und aus dem BDSG (§ 15 II) hergeleitet sind, insbesondere Zulässigkeit der Datenübermittlung nur auf Ersuchen; Übermittlung ohne Ersuchen von Amts wegen nur dann, wenn dies aufgrund besonderer Rechtsvorschrift zugelassen ist. S Begr (VkBl 98, 802).

X enthält eine Ermächtigungsgrundlage zu Regelungen zur Übermittlung von straf- und verwaltungsbehördlichen Entscheidungen über die Aberkennung des Rechts, von einer ausländischen Fahrerlaubnis Gebrauch zu machen, und über Beschränkungen ausländischer Fahrerlaubnisse an das Ausland von Amts wegen unter Verwendung der im FAER (bis 30.4.14 VZR) enthaltenen Daten. Von dieser Ermächtigung wird erst zusammen mit der Umsetzung des Art 15 der 3. EU-FSch-RiLi zum 19.1.13 über die Einrichtung eines EU-Führerscheinnetzwerkes Gebrauch gemacht werden. Dieses Netzwerk wird einen automatischen Datenaustausch in einem Online-Informationsnetzwerk ermöglichen (BRDrs 489/10 S 13).

2. Auskunftserteilung des KBA. Die Auskunftserteilung an eine Privatperson über den sie betr Inhalt des FAER (bis 30.4.14 VZR) setzt nach VIII einen Identitätsnachweis voraus. Diese Auskunft erfolgt gem § 58 StVG kostenlos. Der entspr Antrag ist an das KBA, Fördestr 16, 24 932 Flensburg, zu richten; ein formloser „Antrag auf Auskunft aus dem Fahreignungsregister" ist ausreichend (s noch zum VZR zB Himmelreich/Janker/Karbach Rn 645 ff); Formularvordrucke sind unter **www.kba.de** erhältlich. **Fernmündliche** Auskünfte werden nicht erteilt. Einzelheiten über den Identitätsnachweis für sog Eigenauskünfte nach § 30 VIII StVG sind in § 64 FeV geregelt. **Seit 30.4.11** wird aufgrund der ersten Verordnung über Ausnahmen von den Vorschriften der Fahrerlaubnis-Verordnung vom 15.4.2011 (BGBl I 650), abweichend von § 64 FeV bei Auskünften nach § 30 VIII StVG oder § 58 StVG, auch der **elektronische Identitätsnachweis nach § 18 PersonalausweisG als Identitätsnachweis anerkannt.** 2

3. Ergänzende Vorschriften enthält § 60 FeV.

§§ 30a, 30b Abruf im automatisierten Verfahren

Der durch das StVG-ÄndG v 24.4.98 (BGBl I 747) sowie durch Fünftes Gesetz zur Änderung des StVG und anderer Gesetze v 28.8.13 (BGBl I 3313, 3319) zuletzt mWv 7.12.16 (BGBl I 2722) geänd § 30a u der durch das StVG-ÄndG v 24.4.98 (BGBl I 747) neu eingef und durch Fünftes Gesetz zur Änderung des StVG und anderer Gesetze v 28.8.13 (BGBl I 3313, 3319) ebenfalls mWv 1.5.14 geänd § 30b regeln den Abruf im automatisierten Verfahren und für das automatisierte Anfrage- und Auskunftsverfahren beim KBA für die in § 30 genannten Stellen. Die Ergänzungen durch das Sechste Gesetz zur Änderung des StVG und anderer Gesetze v 28.11.16 dienen der vollelektronischen Registerführung, bei der die Daten im Wege der Direkteinstellung in das Register übermittelt werden können (Drs-BR 126/16 S 24). Die Aufzählung der Daten, die übermittelt werden dürfen, erfolgt durch §§ 61, 62 FeV. Da sie im wesentlichen Anweisungen für die Durchführung der online-Abrufe und des Anfrage- u Auskunftsverfahrens beim KBA enthalten, nicht aber den in diesem Kommentar im Mittelpunkt stehenden Fragen der Verkehrs-Ordnung selbst dienen, ist von ihrem Abdruck ebenso abgesehen worden wie bish schon von dem der §§ 31–47 (über die Fahrzeugregister und „ZEVIS"), zumal diese Vorschriften den zuständigen Stellen ohnehin zur Verfügung stehen. Das Gleiche gilt für die Vorschriften der §§ 48 ff über die Fahrerlaubnisregister. 1

Dagegen steht der nachfolgend abgedr, durch das oben gen StVG-ÄndG eingef § 30c in engem Zusammenhang mit den §§ 28 ff StVG. Er enthält die nötigen Ermächtigungsgrundlagen für den Erlass von VOen u allg VwV. 2

§ 30c[1] Ermächtigungsgrundlagen, Ausführungsvorschriften

Das Bundesministerium für Verkehr und digitale Infrastruktur wird ermächtigt, Rechtsverordnungen mit Zustimmung des Bundesrates zu erlassen über
1. den Inhalt der Eintragungen einschließlich der Personendaten nach § 28 Abs. 3,
2. Verkürzungen der Tilgungsfristen nach § 29 Abs. 1 Satz 5 und über Tilgungen ohne Rücksicht auf den Lauf der Fristen nach § 29 Abs. 3 Nr. 3,
3. die Art und den Umfang der zu übermittelnden Daten nach § 30 Absatz 1 bis 4b, 7 und 10 sowie die Bestimmung der Empfänger und den Geschäftsweg bei Übermittlungen nach § 30 Abs. 7 und 10,
4. den Identitätsnachweis bei Auskünften nach § 30 Abs. 8,
5. die Art und den Umfang der zu übermittelnden Daten nach § 28 Absatz 4 Satz 2 und § 30a Abs. 1, die Maßnahmen zur Sicherung gegen Missbrauch nach § 30a Abs. 2, die weiteren Aufzeichnungen nach § 30a Abs. 4 beim Abruf im automatisierten Verfahren und die Bestimmung der Empfänger bei Übermittlungen nach § 30a Abs. 5,
6. die Art und den Umfang der zu übermittelnden Daten nach § 30b Abs. 1 und die Maßnahmen zur Sicherung gegen Missbrauch nach § 30b Abs. 2 Nr. 1,
7. die Art und Weise der Durchführung von Datenübermittlungen,
8. die Zusammenarbeit zwischen Bundeszentralregister und Fahreignungsregister.

Die Rechtsverordnungen nach Satz 1 Nummer 7, soweit Justizbehörden betroffen sind, und nach Satz 1 Nummer 8 werden im Einvernehmen mit dem Bundesministerium der Justiz und für Verbraucherschutz erlassen.

---

[1] Geänd durch das Gesetz zur Einführung einer Grundqualifikation und Weiterbildung der Fahrer im Güterkraft- oder Personenverkehr v 14.8.06 (BGBl I S 1958, 1961). Abs 1 Nr 3 geänd durch G zur Änd des StVG u des Kraftfahrsachverständigengesetzes v 2.12.10 (BGBl I S 1749), in Kraft getreten am 9.12.10. Der Paragraf wurde komplett neu gefasst durch das 6. StVGuaÄndG v 28.11.16 mit Wirkung ab dem 7.12.16. Es sollte insbesondere die Ermächtigung zum Erlass von Vorschriften für das Datenübermittlungsverfahren des vormaligen Abs. 2 auf eine tragfähige Basis gestellt werden (Drs-BT 126/16 S25f).

4. Teil. Straßenverkehrsrecht des Strafgesetzbuches

(Auszug)

Vorbemerkung

Die folgenden Erläuterungen befassen sich (in numerischer Folge) nur mit den bedeutendsten, spezifischen straßenverkehrsstrafrechtlichen Regelungen des StGB, soweit sie mit den Vorschriften der StVO u des StVG in engerem Zusammenhang stehen (wie § 4 StVG – §§ 69 ff StGB; § 25 StVG – § 44 StGB; § 34 StVO – § 142 StGB; §§ 315b u c StGB iVm entspr VerkehrsOWen; § 24a StVG – §§ 315c I 1a, 316, 323a StGB), nicht also auch mit den – andere VArten betreffenden – §§ 315 u 315a StGB oder den allg Straf-TBen der §§ 230 u 240 StGB; zu Letzteren u zur systematischen Darstellung des gesamten Vstrafrechts s Janiszewski.

Inhaltsübersicht

A. Das gerichtliche Fahrverbot (§ 44)
B. Gerichtliche Entziehung der Fahrerlaubnis (§§ 69 ff)
C. Unerlaubtes Entfernen vom Unfallort (§ 142)
D. Gefährliche Eingriffe in den StraßenV (§§ 315b, 315c)
E. Alkoholdelikte

A. Das gerichtliche Fahrverbot

§ 44 Fahrverbot

(1) **Wird jemand wegen einer Straftat zu einer Freiheitsstrafe oder einer Geldstrafe verurteilt, so kann ihm das Gericht für die Dauer von einem Monat bis zu sechs Monaten verbieten, im Straßenverkehr Kraftfahrzeuge jeder oder einer bestimmten Art zu führen. Auch, wenn die Straftat nicht bei oder im Zusammenhang mit dem Führen eines Kraftfahrzeugs oder unter Verletzung der Pflichten eines Kraftfahrzeugführers begangen wurde, kommt die Anordnung eines Fahrverbots namentlich in Betracht, wenn sie zur Einwirkung auf den Täter oder zur Verteidigung der Rechtsordnung erforderlich erscheint und hierdurch die Verhängung einer Freiheitsstrafe oder deren Vollstreckung vermieden werden kann. Ein Fahrverbot ist in der Regel anzuordnen, wenn in den Fällen einer Verurteilung nach § 315c Abs. 1 Nr. 1 Buchstabe a, Abs. 3 oder § 316 die Entziehung der Fahrerlaubnis nach § 69 unterbleibt.**

(2) **Das Fahrverbot wird wirksam, wenn der Führerschein nach Rechtskraft des Urteils in amtliche Verwahrung gelangt, spätestens jedoch mit Ablauf von einem Monat seit Eintritt der Rechtskraft. Für seine Dauer werden von einer deutschen Behörde ausgestellte nationale und internationale Führerscheine amtlich verwahrt. Dies gilt auch, wenn der Führer-**

schein von einer Behörde eines Mitgliedstaates der Europäischen Union oder eines anderen Vertragsstaates des Abkommens über den Europäischen Wirtschaftsraum ausgestellt worden ist, sofern der Inhaber seinen ordentlichen Wohnsitz im Inland hat. In anderen ausländischen Führerscheinen wird das Fahrverbot vermerkt.

(3) **Ist ein Führerschein amtlich zu verwahren oder das Fahrverbot in einem ausländischen Führerschein zu vermerken, so wird die Verbotsfrist erst von dem Tage an gerechnet, an dem dies geschieht.** In die Verbotsfrist wird die Zeit nicht eingerechnet, in welcher der Täter auf behördliche Anordnung in einer Anstalt verwahrt worden ist.

(4) **Werden gegen den Täter mehrere Fahrverbote rechtskräftig verhängt, so sind die Verbotsfristen nacheinander zu berechnen. Die Verbotsfrist auf Grund des früher wirksam gewordenen Fahrverbots läuft zuerst. Werden Fahrverbote gleichzeitig wirksam, so läuft die Verbotsfrist auf Grund des früher angeordneten Fahrverbots zuerst, bei gleichzeitiger Anordnung ist die frühere Tat maßgebend.**

Übersicht

	Rn
1. Allgemeines	1
2. Voraussetzungen	6
3. Inhalt, Dauer und Durchführung	9
4. Verfahrensfragen	15

1   **1. Allgemeines.** Das Fahrverbot (FV) ist **Nebenstrafe,** die neben Geld- oder Freiheitsstrafe als Denkzettel auferlegt werden kann (BGHSt 24, 348, 351; OLG Düsseldorf NZV 93, 76; BT – Drucks 18/11272, 14). Durch die Neuregelung ist die Beschränkung der Verhängung des Fahrverbotes auf Verkehrsdelikte entfallen. Zur kriminalpolitischen Diskussion vgl Bode, NZV 17, 1; Berwanger ZRP 17, 26; Zopfs VGT 2017, 25 ff; Wedler NZV 15, 209). Zur Reichweite des Fahrverbotes gem. § 44 in der bis zum 01.07.2017 geltenden Fassung vgl 24. Auflage – Das Fahrverbot gilt nur im Inland (s. Bouska DAR 95, 93).

2   Obwohl das FV Strafe ist, stellt es im **Verhältnis zu § 69** die geringere Maßnahme dar. Abgesehen von der kürzeren Dauer bewirkt es vor allem nicht den Verlust der FE, sondern nur deren vorübergehendes Ruhen; nach Ablauf der Verbotsfrist darf – ohne Beantragung einer neuen FE – sofort wieder ein Kfz geführt werden; daher kein Verstoß gegen § 331 StPO bei Ersetzung der EdFE durch ein FV in der Rechtsmittelinstanz (s unten Rn 18).

3   Ist die EdFE nach § 69 anzuordnen, bleibt für ein FV idR kein Raum, es sei denn, dass durch ein FV das Führen auch solcher Kfze zusätzlich verboten werden soll, die von der Sperre ausgenommen sind (OLG Düsseldorf VM 72, 23) oder ohne FE geführt werden dürfen (§ 4 I StVZO; OLG Düsseldorf VM 70, 82).

4   Während das FV von vornherein auf bestimmte Fz-Arten beschränkt werden kann (§ 44 I S 1; s unten Rn 9), erfasst die EdFE stets die gesamte FE; Ausn sind dort nur bei der Sperre nach § 69a II zulässig.

5   Gegenüber **ausl** Kfz-Führern ist das FV nach Aufhebung von II (durch das 32. StrÄndG, BGBl I 1995 S 747) nun auch unter den Voraussetzungen von I zul, nicht also nur mehr bei „Verkehrsstraftaten", sondern auch bei den sog Zusammenhangstaten (s Rn 9 zu § 69).

Fahrverbot **§ 44 StGB**

2. Voraussetzungen. „Straftat" ist eine tatbestandsmäßige, rechtswidrige, 6 schuldhafte Handlung, die nicht unerheblich sein darf (BGHSt 24, 350; OLG Düsseldorf VM 71, 92: nötigendes Drängeln bei hoher Geschwindigkeit; BGH VRS 43, 92: Wiederholungstäter) u deretwegen eine Verurteilung erfolgt. Bloße OW genügt nicht; dann gilt § 25 StVG. Die Tat muss im **öff StrV** begangen sein, da § 44 nur dessen Schutz bezweckt (s Begr zum 2. G zur Sicherung des StrV BTDr IV/651; Sch/Sch-Kizing 7; aA LG Stuttgart NZV 96, 213; OLG Oldenburg VRS 55, 120; Fischer 7). Zu den Voraussetzungen „bei oder im Zusammenhang" sowie „Führen eines **Kfz**" § 69, 5 u 9 ff; § 2 StVO 7 ff, 10 u Janiszewski 655 ff. Zur Anwendung auf Teilnehmer iSd §§ 26, 27 vgl Dreher/Fad NZV 04, 231, 235. Das Merkmal „Verletzung der Pflichten eines Kfz-Führers" greift ein, wenn gegen gesetzliche Pflichten verstoßen wurde, die einem Kfz-Führer über das Lenken eines Kfz im Verkehr hinaus obliegen. Insoweit kommt das Überlassen eines Kfzs an Personen ohne FE (BGH 15, 316) oder an Betrunkene (OLG Koblenz NJW 88, 152) in Betracht. Nicht ausreichend ist bloßer Verstoß gegen Halterpflichten wie die Steuer- oder Versicherungspflicht, die Pflicht muss im Zusammenhang mit dem Führen eines Kfz bestehen (Fischer § 44, 11; Janiszewski Rn 656)

Das FV ist Strafe u wird daher im Rahmen des Ermessens nach **allg Strafzu-** 7 **messungsregeln** (§ 46; BGHSt 29, 58; OLG Düsseldorf NZV 93, 76 mwN; OLG Köln DAR 96, 154), jedoch unter vorwiegend spezialpräventiven Gesichtspunkten verhängt (OLG Celle VRS 35, 15; OLG Hamm VM 70, 35; LG Münster NZV 05, 75; Sch/Sch/Stree-Kizinig 1). Insbesondere bei Verkehrsdelikten wird man nach wie vor die Warn- und Besinnungsfunktion des FV berücksichtigen müssen. Diese Funktion kann es optimal nur erfüllen, wenn es sich bei kurzem zeitlichen Abstand zur Tat auf den Täter auswirkt; bei längerem Zeitablauf kann es daher zur Einwirkung auf den Täter ungeeignet sein (BGH NZV 03, 46; OLG Düsseldorf NZV 93, 76), für den Fall einer 1 Jahr 9 Monate zurückliegenden Tat vgl OLG Hamm NZV 04, 599. Einschränkend OLG Hamm 04, 600, wonach Fahrverbot trotz erheblichen Zeitablaufs verhängt werden kann, wenn die zeitliche Verzögerung dem Beschuldigten anzulasten ist. Abgesehen davon, dass prozessual zulässiges Verhalten dem Beschuldigten nicht angelastet werden kann (Sch/Sch/Stree-Kizinig 18a; Müko StVR – Schwerdtfeger 28), überzeugt die Einschränkung auch im Hinblick auf den spezialpräventiven Zweck des § 44 nicht, vgl ferner Krumm NJW 04, 1627, 1629. Eine Dauer von 1 Jahr zwischen Tat und Urteil hindert die Verhängung eines Fahrverbots idR nicht (AG Lüdinghausen NZV 05, 213; Fischer, 17). – Es kommt im Übrigen nur in Betracht, wenn der spezialpräventive Erfolg mit der Hauptstrafe allein, dh auch durch eine empfindlich erhöhte Geldstrafe nicht erreichbar ist (KG DAR 07, 594; OLG Hamm NZV 599; OLG Köln NZV 92, 159; Lackner-Kühl 6), so dass insb dessen Notwendigkeit u Auswirkung auf den (evtl auf sein Kfz angewiesenen, wenn auch gerade arbeitslosen) Täter (OLG Celle VRS 62, 38; BayObLG v 16.1.86, 1 St 375/85) zu prüfen, evtl auch das Wohlverhalten nach der Tat (§ 46 II; BGH StV 88, 487; OLG Düsseldorf NZV 93, 76). Haupt- u Nebenstrafe müssen schuldangemessen sein (OLG Köln DAR 96, 154); sie dürfen das Maß der Schuld nicht überschreiten (BGHSt 29, 58, 61; OLG Hamm DAR 17, 390; Fischer, 17). Eine Anhebung der Tagessatzhöhe zur Kompensation eines Fahrverbots ist – anders als ein Bußgeldsatz – nur im Rahmen des § 40 II möglich (Ka NStZ-RR 06, 23). Das FV darf nicht mit den Merkmalen der begangenen Tat begründet werden (§ 46 III; OLG Köln VRS 59, 104; OLG Düsseldorf NZV 93, 76) oder mit den Regeln des

StGB § 44

BKat (OLG Köln DAR 96, 154). Das Prozessverhalten kann ein FV allenfalls rechtfertigen, wenn es zB Einblicke in eine missbilligenswerte Einstellung des Täters zu seiner Tat gewährt (OLG Köln VM 85, 11 im Anschl an BGH MDR 80, 240; BayObLG bei Rüth DAR 85, 239) oder fehlende Einsicht u Reue auf RFeindlichkeit u künftige RBrüche schließen lassen (BGH NStZ 83, 453).

8   Das **Regel-FV** nach § 44 I S 2 kommt in Betracht, wenn bei den **Alkoholdelikten** nach den §§ 315c I 1a, 316 (nicht auch in den anderen in § 69 II genannten Fällen: BayObLG VRS 58, 362; OLG Köln DAR 92, 152) die EdFE ausnahmsweise unterblieben ist, sei es auch nur, weil der Entz-Zweck durch längere vorl Entz erreicht war; (BGH 29, 58). Das FV hat dann im Hinblick auf die Anrechnung nach § 51 I, V[1] nur noch registerrechtliche Bedeutung (B/B/Niehaus Kap. 16B 21). Diese, mit § 25 I S 2 StVG koordinierte Vorschrift (vgl OLG Koblenz VRS 47, 97) engt das Ermessen ein, denn durch sie wird die Notwendigkeit eines FV (7) indiziert; deshalb darf – wie bei § 69 II – von der Regel-AO nur unter ganz bes Umständen abgesehen werden, die eingehender Begr bedürfen (OLG Frankfurt VM 77, 40; OLG Zweibrücken StV 89, 250; s auch § 69 StGB 14), wie außergewöhnliche Härte (OLG Hamm NJW 75, 1983) oder bes nachteilige Auswirkungen (OLG Frankfurt VRS 55, 41).

9   **3. Inhalt, Dauer und Durchführung.** Das FV kann auf **bestimmte Arten** von Kfzen **beschränkt** werden (§ 44 I S 1; s dazu § 69a StGB 4, 5); die Prüfung dieser Frage ist – bes beim Berufs-Kf – unter den Gesichtspunkten der jew Strafempfänglichkeit u Verhältnismäßigkeit geboten (OLG Köln DAR 91, 112; B/B/Niehaus Kap. 16 B 21a); die VB stellt dann entspr beschränkten FSch aus (VkBl 66, 48).

10 Die **Dauer** ist nach allg Strafzumessungsregeln zu bemessen (§ 46), auch unter Berücksichtigung der wirtschaftlichen Folgen, insb beim Berufs-Kf (OLG Celle VRS 62, 38), u zwar nach vollen Mon, nicht nach Tagen (OLG Koblenz VRS 64, 213 zu § 25 StVG); auch keine Begrenzung durch bestimmten Kalendertag (BayObLG 66, 66 = VRS 31, 355); zur **Anrechnungsmöglichkeit** s Rn 11 aE.

11 Das FV wirkt 1 Monat ab Rechtskraft (§ 44 II S 1), dh von diesem Tage an darf kein Kfz mehr geführt werden; die Verbots**frist** läuft aber erst ab Ablieferung des FSch (§ 44 III), so dass Verzögerung der Ablieferung die Verbotsfrist verlängert; daher entspr **Belehrungspflicht** nach § 268c StPO, bei deren Versäumung die Verlängerung insb dann nicht eintritt, wenn das FV ab Rechtskraft befolgt worden ist. Verbotsfrist ruht während der Verbüßung einer Freiheitsstrafe (§ 44 III S 2), auch beim Freigänger (OLG Stuttgart StVE § 44 Nr 10; OLG Frankfurt NJW 84, 812 Ls); sie verkürzt sich uU unter den Voraussetzungen des § 450 III StPO. Bei FSch-Verlust vor rkr Entscheidung beginnt die Verbotsfrist mit Eintritt der Rechtskraft (LG Hagen DAR 03, 327), zumindest aber mit Eingang der Verlust-

---

[1] § 51 StGB Anrechnung

(1) Hat der Verurteilte aus Anlaß einer Tat, die Gegenstand des Verfahrens ist oder gewesen ist, Untersuchungshaft oder eine andere Freiheitsentziehung erlitten, so wird sie auf zeitige Freiheitsstrafe und auf Geldstrafe angerechnet. Das Gericht kann jedoch anordnen, daß die Anrechnung ganz oder zum Teil unterbleibt, wenn sie im Hinblick auf das Verhalten des Verurteilten nach der Tat nicht gerechtfertigt ist ….

(5) Für die Anrechnung der Dauer einer vorläufigen Entziehung der Fahrerlaubnis (§ 111a der Strafprozeßordnung) auf das Fahrverbot nach § 44 gilt Absatz 1 entsprechend. In diesem Sinne steht der vorläufigen Entziehung der Fahrerlaubnis die Verwahrung, Sicherstellung oder Beschlagnahme des Führerscheins (§ 94 der Strafprozeßordnung) gleich.

mitteilung beim Gericht oder der Vollstreckungsbehörde (OLG Köln NStZ – RR 16, 153; LG Essen NZV 06, 166; B/B/Niehaus Kap. 16B, 34). Bei Verlust nach Rechtskraft des Fahrverbotes beginnt die Frist mit dem Tage des Verlustes (AG Viechtach NZV 07, 159; AG Neukirchen ZfS 05, 208; Hentschel-König § 25 StVG, 31; aA OLG Düsseldorf NZV 99, 521; AG Bremen NZV 11, 151; MüKo-StVR/Schwerdtfeger 50: Beginn der Verbotsfrist mit dem Tag, an dem eidesstattliche Versicherung über den Verlust bei der zuständigen Behörde eingeht). – Die Regelung des § 25 II a StVG gilt nicht beim FV nach § 44. Auf die Frist ist gemäß § 51 V die Zeit einer vorl. Entziehung der FE nach § 111a StPO oder einer Verwahrung, Sicherstellung oder Beschlagnahme des Führerscheins gemäß § 94 StPO anzurechnen. Erfolgt bei noch nicht rechtskräftiger Verurteilung eine weiterer Einbehalt des in amtlicher Verwahrung befindlichen Führerscheins, ist die Zeit zwischen Urteilsverkündung und rechtskräftiger Entscheidung nach § 450 III StPO anzurechnen. Nicht angerechnet wird nach § 44 III 2 StPO die Zeit, in welcher eine neben dem Fahrverbot verhängte Freiheitsstraße verbüßt wird. Dies gilt auch bei Freigang oder Urlaub des Verurteilten (OLG Köln NStZ 08, 213; Fischer, 18).

Während der Verbotsfrist ist nach § 44 II S 2 der von einer dt Behörde ausgestellter, dh auch ein von ihr erteilter internationaler (s Bouska DAR 95, 93) FSch **amtlich,** dh nach § 59a StVollstrO bei der Vollstreckungsbehörde, zu **verwahren;** das gilt auch für **Bundeswehr-FSche,** doch ist hier zusätzlich die Zeit der Übersendung von der amtl Abnahme bis Eingang bei der Vollstreckungsbehörde einzubeziehen (§ 59a V S 2 StVollstrO). Die Verwahrungspflicht gilt jetzt nach dem neu eingef II S 3 auch für die dort gen FSch-Inhaber. – § 44 II S 2 ist nicht auf **Mofa-Prüfbescheinigungen** anwendbar, die nicht zu beschlagnahmen u zu verwahren sind (BayObLG NZV 93, 199); die FVDauer beginnt hier also bereits mit der Rechtskraft (BayObLG aaO). – In anderen als den in II S 3 gen **ausl** FSchen ist das FV nach II S 4 zu vermerken, notfalls bei techn Unmöglichkeit gem § 56 II S 3 iVm § 59a III StVollstrO mittels Lochung u Anheftung des Vermerks (s auch § 69b Rn 2). – Erzwingung dieser Maßnahmen nach § 463b StPO. 12

Gemäß § 44 Abs. sind Fahrverbote nunmehr nacheinander zu vollstecken und zwar in der zeitlichen Reihenfolge ihrer (rechtskräftigen) Anordnung. Zur Vollstreckung mehrerer FVe, die vor der Neuregelung des § 44 rechtskräftig wurden, vgl 24. Aufl. Rn 13. Bei mehreren gleichzeitig abzuurteilenden Taten kommt nur ein FV in Betracht (BGH NJW 16, 1188; OLG Celle ZfS 93, 30, Hentschel – König 13). 13

Sicherung der Durchführung: Fahren trotz FV ist nach § 21 StVG strafbar u rechtfertigt uU die EdFE (OLG Schleswig VM 66, 93). Wiedereinsetzungsantrag beseitigt die Wirksamkeit nicht (OLG Köln v 25.2.86 bei Janiszewski NStZ 86, 402). 14

4. Verfahrensfragen. Zulässig ist das FV im Urt u Strafbefehl (§ 407 II 1 StPO), im Verfahren gegen Abwesende (§§ 232 I, 233 I StPO) u gegen Jugendliche nach § 76 JGG sowie neben Erziehungsmaßnahmen u Zuchtmitteln; **nicht** im Falle der §§ 59 (BayObLG 75, 90 = JR 78, 73 m krit Anm Schöch; BayObLG 81, 190 = StVE 8; OLG Stuttgart DAR 94, 332) u 60 StGB u nicht neben der Aussetzung der Verhängung einer Jugendstrafe (§ 27 JGG; so auch Fischer 13; aA Lackner-Kühl 5). 15

Hinweispflicht auf Möglichkeit der AO eines FV besteht zwar grundsätzlich **nicht** (BGHSt 18, 66; 22, 336, 338; anders bei § 25 StVG, s dort Rn 18); insb 16

StGB § 69 B. Gerichtliche Entziehung der Fahrerlaubnis

17 nicht, wenn auf die EdFE hingewiesen war (OLG Celle VRS 54, 268). Hinweis sollte aber erfolgen, wenn das Gebot des fairen Verfahrens dies erfordert, insb wenn der Angeklagte sonst überrascht werden würde (BayObLG VRS 55, 416, Fischer, 23).

17 Eine **Beschränkung des Rechtsmittels** auf die FV-Verhängung ist wegen der engen Verknüpfung der Zumessungserwägung von Hauptstrafe und FV (s 7) nicht möglich (OLG Düsseldorf NZV 93, 76; OLG Hamm NZV 06, 167; 592). Zulässig ist die Beschränkung auf die Anordnung des FV und die Gesamtstrafe (Je NZV 06, 167; Fischer 24).

18 Das **Verschlechterungsverbot** ist nicht verletzt, wenn anstelle Freiheitsstrafe erstmals ein FV neben einer angemessenen Geldstrafe (BayObLG 77, 153 = StVE 5; Fischer 25), statt der weitergehenden EdFE ein FV angeordnet (OLG Koblenz VRS 47, 416; OLG Stuttgart VRS 35, 16; OLG Celle VRS 34, 420; OLG Düsseldorf NZV 91, 237; s oben 2), bei wegfallendem FV die (von der Aufhebung des FV ebenfalls betroffene) Höhe der Tagessätze (nicht deren Anzahl!; OLG Hamm NZV 04, 598) unter Beachtung des § 40 II (BayObLG NStZ 83, 267; Ka NStZ-RR 06, 23) angehoben (BayObLG MDR 76, 601; NJW 80, 824; Fischer, 25). Unzulässig ist jedoch, im Berufungsurteil erstmals ein Fahrverbot zu verhängen bei Herabsetzung einer Geldstrafe (Fischer 25; Lackner-Kühl 12, aA OLG Schleswig VRS 65, 386). Entsprechendes gilt für die Ersetzung der isolierten Sperre nach § 69a I S 2 durch ein FV (OLG Frankfurt VRS 64, 12).

B. Gerichtliche Entziehung der Fahrerlaubnis

§ 69 Entziehung der Fahrerlaubnis

(1) **Wird jemand wegen einer rechtswidrigen Tat, die er bei oder im Zusammenhang mit dem Führen eines Kraftfahrzeuges oder unter Verletzung der Pflichten eines Kraftfahrzeugführers begangen hat, verurteilt oder nur deshalb nicht verurteilt, weil seine Schuldunfähigkeit erwiesen oder nicht auszuschließen ist, so entzieht ihm das Gericht die Fahrerlaubnis, wenn sich aus der Tat ergibt, daß er zum Führen von Kraftfahrzeugen ungeeignet ist. Einer weiteren Prüfung nach § 62[1] bedarf es nicht.**

(2) **Ist die rechtswidrige Tat in den Fällen des Absatzes 1 ein Vergehen**
1. **der Gefährdung des Straßenverkehrs (§ 315c),**
1a. **des verbotenen Kraftfahrzeugrennens (§ 315d),**
2. **der Trunkenheit im Verkehr (§ 316),**
3. **des unerlaubten Entfernens vom Unfallort (§ 142), obwohl der Täter weiß oder wissen kann, daß bei dem Unfall ein Mensch getötet oder nicht unerheblich verletzt worden oder an fremden Sachen bedeutender Schaden entstanden ist, oder**
4. **des Vollrausches (§ 323a), der sich auf eine der Taten nach den Nummern 1 bis 3 bezieht,**

so ist der Täter in der Regel als ungeeignet zum Führen von Kraftfahrzeugen anzusehen.

---

[1] Betrifft Grundsatz der Verhältnismäßigkeit.

Entziehung der Fahrerlaubnis § 69 StGB

(3) **Die Fahrerlaubnis erlischt mit der Rechtskraft des Urteils. Ein von einer deutschen Behörde ausgestellter**[2] **Führerschein wird im Urteil eingezogen.**

Übersicht

	Rn
1. Allgemeines	1
2. Voraussetzungen	2
3. § 69 II: Gesetzliche Vermutung des Eignungsmangels	19
a) Tatbestände	19
b) Ausnahmen	21
4. Wirkung	24
5. Verfahrensfragen	26
6. Literatur	29

1. Allgemeines. Die Fahrerlaubnisentziehung (EdFE) ist eine Maßregel der 1 Sicherung und Besserung (§ 61 StGB) die sich allein an der Sicherheit des Straßenverkehrs zu orientieren hat (BGH; NJW 05, 1957 (Großer Senat); NJW 04, 3499; NStZ 04, 86 (jeweils 4. Senat); 04, 144 (2. Senat); Sowada NStZ 04, 171; Hentschel NZV 04, 61; Geppert NStZ 03, 288; aA BGH NStZ 03, 658 (1. Senat)). Zwar ist grundsätzlich die Verwaltungsbehörde (VB) zuständig, ungeeignete Fahrzeugführer nach § 3 StVG aus dem Verkehr zu entfernen. Kommt die EdFE aber aus Anlass einer Straftat in Betracht, so sind gemäß § 3 Abs 3 StVG die Strafgerichte zuständig. Ihre Entscheidungen sind gemäß § 3 Abs 4 StVG für die VB bindend. Nach der Rechtsprechung des Bundesverwaltungsgerichts tritt eine Bindung der VB aber nur ein, wenn der Strafrichter die Eignung positiv festgestellt hat bzw alle entscheidungserheblichen Tatsachen gekannt hat (BVerwG NZV 88, 37; BVerwG NZV 96, 292; § 3 StVG, Rn 12, krit Hentschel NZV 89, 161).

2. Voraussetzungen. Der Täter muss eine rechtswidrige Tag begangen haben, 2 wobei auch die Teilnahme an einer rechtswidrigen Tat ausreicht (Sch-Sch-Kinzig 11). Es genügt das Vorliegen eines strafbaren Versuches (OLG Düsseldorf NZV 99, 172) allerdings nicht, wenn der Täter mit strafbefreiender Wirkung vom Versuch zurückgetreten ist (BGH DRiZ 83, 183; Sch-Sch-Kinzig 11). Die Begehung von Ordnungswidrigkeiten reicht nicht.

Der Täter muss wegen der rw Tat verurteilt worden sein, wobei es nicht darauf 3 ankommt, welche Rechtsfolge verhängt wird. Es genügt daher die Anordnung von Erziehungsmaßregeln und Zuchtmitteln des Jugendstrafrechts ebenso wie die Schuldfeststellung nach § 27 JGG (Sch-Sch-Kinzig 21). Möglich ist die EdFE auch, wenn zB gem § 60 StGB von der Strafe abgesehen wird. Eine Strafaussetzung zur Bewährung hindert die EdFE nicht (BGH NZV 01, 434; Fischer 7), doch ist dann eingehend zu begründen, wieso trotz pos Prognose eine Gefährlichkeit des Täters gegeben sein soll (BGH VRS 29, 14; Sch-Sch-Kinzig 23). Bei der EdFE im Strafbefehlsverfahren ist zu beachten, dass die Sperre nicht mehr als 2 Jahre betragen darf (§ 407 II 2 StPO). Zulässig ist die EdFE auch im beschl Verfahren (§ 419 I 3 StPO) sowie bei Verurteilung in Abwesenheit des Angeklagten (§§ 232 I 3; 233 I 3 StPO). Unzulässig ist gem § 59 III 2 StGB die EdFE bei Verwarnung mit Strafvorbehalt, im Privatklageverfahren (§ 384 StPO), bei Einstellung

---

[2] Siehe Fn zu § 44 II u III.

StGB § 69 B. Gerichtliche Entziehung der Fahrerlaubnis

des Verfahrens nach §§ 153 ff StPO oder bei Vorliegen eines Verfahrenshindernisses wie Verjährung (Sch-Sch-Stree-Kinzig § 69, 28). Wird der Täter nur deshalb nicht verurteilt, weil **Schuldunfähigkeit** vorliegt, oder diese nicht ausgeschlossen werden kann, so ist die EdFE zulässig.

4   Die Tat muss bei oder im Zusammenhang mit dem Führen eines Kfz (Def für Land-Kfzs, die im Vordergrund stehen, s § 1 II StVG. Insoweit ist die Definition des § 1 Abs. II StGV heranzuziehen (BayObLG NZV 93, 239; Hentschel-König 3a; B/B/Niehaus Kap 16A Rn 11). Von daher unterfallen Mofas und Segways dem Anwendungsbereich des § 69 (Hentschel/König3a). Auch das Führen von Pedelec kann ausreichen, wenn die Voraussetzungen des § 1 Abs 3 StVG nicht gegeben sind. Eine als Radf (OLG Köln VRS 63, 118; LG Mainz DAR 85, 390), als Führer einer Schienenbahn (BayObLG NZV 93, 239) oder als Motorbootführer (OLG Brandenburg a. d. Havel NZV 08, 474; OLG Rostock NZV 08, 472; BayObLG MDR 93, 1100; aA LG Kiel NZV 07, 160) verwirklichte Tat reicht nicht aus.

5   Umstritten ist, ob § 69 ein **eigenes** Führen des Kfz voraussetzt. Dies muss wohl nach Wortlaut, Entstehungsgeschichte u Zielrichtung der Vorschrift bejaht werden (KG VRS 11, 357, 367; LG Köln NZV 90, 445; LK-Geppert 45; B/B/Niehaus Kap. 16 A 21; Zopfs NZV 10, 179 aA BGHSt 10, 333; OLG München NJW 92, 2777; OLG Düsseldorf NStZ-RR 02, 314; LG Ravensburg NZV 93, 32 m abl Anm Körfer; Dreher/Fad NZV 04, 231), mag der Täter es auch nicht ganz allein bedient haben (s § 2 StVO 11). Nur bei der 3. Alternative (Pflichtverletzung) genügt jede Außerachtlassung der dem Kfz-Führer obliegenden Sorgfaltspflichten, auch wenn er das Kfz nicht selbst geführt hat. Es reicht aus, wenn er zB eine Fahrt mit einem unvorschriftsmäßigen Kfz zulässt oder ein Kfz einem Betrunkenen oder einer Person ohne FE überlässt (BGHSt 15, 316; OLG Celle VM 56, 115; OLG Koblenz NJW 88, 152 = StVE 28: Beihilfe des Halters zur Alkohol-Fahrt; aA LG Köln NZV 90, 445 im Falle des § 21 I 2 StVG, da Halter nicht „Führer" iS des § 69 sei; Zopfs NZV 10, 179).

6   **Beim Führen** werden idR alle VVergehen begangen, wie fahrl Körperverletzung u Tötung, VGefährdung pp; ebenso Vergehen nach § 6 PflVersG, § 21 StVG uä (zum „Führen" s § 2 StVO 3).

7   Die mangelnde Eignung zum Führen von Kfzen kann entweder darauf beruhen, dass der Täter aufgrund **körperlicher oder geistiger Mängel** nicht in der Lage ist, ein Kfz sicher zu führen oder ihm insoweit die erforderliche **charakterliche Zuverlässigkeit** fehlt.

8   **Die mangelnde Eignung** zum Führen von Kfzen muss sich **aus der Tat** aufgrund erwiesener Fakten ergeben (BGHSt 15, 393, 396). Ein nicht eindeutig aufgeklärter Sachverhalt darf nicht zu Ungunsten des Angeklagten verwertet werden. Insoweit greift der **Zweifelssatz** ein (Sch-Sch-Kinzig 57; B/B/Niehaus Kap. 16, 72) nicht aber für die Prognose selbst (KG VRS 60, 109 = StVE 13), für sie genügt Wahrscheinlichkeit.

9   Erforderlich ist, dass die Tat im **Zusammenhang** mit dem Führen eines Kfz steht. Hier kommen Verkehrsverstöße in Betracht ebenso wie der Umstand, dass das Kfz der Durchführung der Tat förderlich war (BGH NJW 05, 1957; NZV 02, 378). Dabei ist es gleichgültig, ob die Straftat dem Führen des Kfz nachfolgte, vorausgegangen oder gleichzeitig mit dem Führen begangen wurde (BGH NJW 69, 1129; NStZ 01, 477). Nicht ausreichend ist ein bloß äußeres Zusammentreffen. Vielmehr muss ein innerer Zusammenhang mit der Straftat bestehen (BGH NJW 69, 1125; OLG Hamm DAR 99, 178). Zusammenhang mit dem Führen

Entziehung der Fahrerlaubnis § 69 StGB

eines Kfzs wurde zum Beispiel bejaht: bei der Benutzung des Kfz zur Vorbereitung u Durchführung einer Notzucht (BGHSt 22, 328), zur Durchführung von Rauschgiftgeschäften (BGH VRS 81, 369; NStZ 92, 586; 00, 26; NStZ-RR 98, 43), Transport von Haschisch (OLG Düsseldorf VRS 82, 341), auch zum Eigenverbrauch (OLG Düsseldorf NZV 97, 364), zu Betrügereien (BGHSt 5, 179; 17, 218), insbesondere zu Betrugszwecken bei manipulierten Unfällen (BGH VRS 82, 19; OLG München NJW 92, 2776), zu Hehlerei (BGH VM 67, 1), zum Wegschaffen von Diebesgut (OLG Düsseldorf VRS 67, 255), bei tätlichen Angriffen auf einen anderen VT wegen eines wirklichen oder vermeintlichen VVerstoßes des anderen VT (BayObLG NJW 59, 2117; OLG Zweibrücken DAR 95, 502; KG NZV 97, 126). Entsprechendes gilt auch für eine absichtliche mit dem Fahrzeug herbeigeführte Verletzung (BGH NZV 98, 418).

Der **erforderliche Zusammenhang** fehlt, wenn das Kfz nur bei Gelegenheit **10** einer Straftat benutzt wird. Es reicht nicht aus, wenn das Kfz dem Täter nur als Beförderungsmittel dient, beispielsweise bei der Fahrt zum Tatort (BGH NZV 02, 378; DAR 05, 520) und der Rückfahrt vom Tatort mit dem Opfer (BGH NStZ-RR 98, 271). Entsprechendes gilt, wenn der Täter den Tatentschluss erst nach Beendigung der Fahrt gefasst hat und danach den Tatort mit seinem Fahrzeug verlässt (BGH NZV 95, 156; Sch-Sch-Kinzig 15). Der Zusammenhang fehlt auch, wenn eine Vergewaltigung ausschließlich in dem Zeitraum geplant und durchgeführt wird, in dem das Fahrzeug in einem Feldweg geparkt ist (BGH bei Hürxthal DRiZ 81, 338; zur Abgrenzung bei Sexualdelikten siehe auch Molketin NZV 95, 383). Ebenso wenig reicht es für die Annahme eines Zusammenhanges aus, wenn die Straftat im Zusammenhang mit dem Besitz eines Kfz verübt wird (vgl Hentschel-König 4 f.; Lackner-Kühl § 44, 3; Sch-Sch-Kinzig 15; BGHSt 17, 218).

Soweit die EdFE wie in den meisten Fällen des § 69 auf **charakterliche Unge-** **11** **eignetheit** gestützt werden soll, muss das Gericht eine **umfassende Prüfung der Persönlichkeit** des Täters vornehmen und dabei alle Umstände, die Schlüsse auf das Verantwortungsbewusstsein des Täters im Verkehr zulassen, berücksichtigen (BGH bei Tolksdorf DAR 97, 174; NStZ 03, 311; NStZ-RR 15, 123; LK-Geppert § 69, 105 ff). Eine pauschal vorgenommene Würdigung genügt nicht (BGH bei Tolksdorf, DAR 95, 184). Abzustellen ist aber nur auf solche Umstände, die in der Tat zum Ausdruck gekommen sind (BGH NStZ-RR 97, 197; 98, 43; OLG Düsseldorf NZV 97, 364).

Von **entscheidender Bedeutung** ist, ob der Täter das Kfz im Zusammenhang mit der Tat in einer rücksichtslosen und anderen Verkehrsteilnehmer gefährdenden Art und Weise eingesetzt hat. Steht eine derartige Fahrweise fest, so liegt die charakterliche Ungeeignetheit auf der Hand. Fraglich ist, ob allein aus dem Umstand, dass der Täter möglicherweise bei einer Entdeckung der Tat, beispielsweise im Rahmen einer Verfolgung, sich zu einer besonders riskanten Fahrweise entschlossen hätte, die Ungeeignetheit belegen kann (BGH NStZ 03, 658). Ein entsprechender Erfahrungssatz besteht in dieser Allgemeinheit nicht (BGH DAR 03, 128; 180 für BtM-Transporte; NStZ 04, 144; Sowada NStZ 04, 172). Man wird nicht sagen können, dass jeder Drogenkurier oder Bankräuber gegebenenfalls zu einer riskanten Fahrweise in Konfliktsituationen neigt. Anders mag es sich verhalten, wenn der Täter das Fahrzeug schon einmal in ähnlichen Situationen entsprechend eingesetzt hat oder wenn bestimmte Tatsachen darauf hindeuten, dass der Täter zu einer besonders riskanten Fahrweise entschlossen war (zB Äußerungen gegenüber Dritten, Vorstrafen wegen Verkehrsstraftaten vgl BGH NJW

StGB § 69 B. Gerichtliche Entziehung der Fahrerlaubnis

05, 1957, 1959). Allein aus der Benutzung eines Kfzs im Zusammenhang mit einer erheblichen Straftat außerhalb des Kataloges des § 69 Abs 2 lässt sich nicht folgern, dass die charakterliche Zuverlässigkeit in aller Regel verneint werden müsse (so aber BGH NStZ 00, 26 für BtM-Delikte sowie NStZ 03, 658 für Taten schwerer Kriminalität). Dann würde nämlich einer Deliktsgruppe im Ergebnis die gleiche Wirkung wie dem Katalog Straftatbestände des § 69 Abs 2 zugemessen werden (vgl NZV 03, 199; DAR 03, 180). Man wird außerhalb des Katalogs des § 69 Abs 2 StGB verlangen müssen, dass im Zusammenhang mit der Tat deutlich wurde, dass der Täter die allgemeinen Regeln des Straßenverkehrs verletzt hat oder zumindestens unter Inkaufnahme ihrer Verletzung die Straftat begangen hat. Nur wenn dieser **spezifische verkehrsrechtliche Bezug der Straftat** gegeben ist, lässt sich die für die EdFE erforderliche negative Prognose im Bezug auf Verkehrssicherheitsbelange rechtfertigen. Es sind daher konkrete Anhaltspunkte für die Gefahr, der Täter werde seine kriminellen Ziele über die in Verkehr gebotene Sorgfalt und Rücksichtnahme stellen, erforderlich (BGH (Gr. Sen.) NJW 05, 1957, 1959; NStZ 04, 86; NStZ 04, 144; NZV 03, 199 = NStZ 03, 74; NStZ 03, 311; DAR 03, 180; OLG Köln NZV 04, 423; OLG Hamm StV 03, 624; Hentschel-König 11; Geppert, NStZ 03, 288, 290; Fischer 44).

Ein derartiger Anhaltspunkt kann ein in der Tat deutlich gewordenes Aggressionspotential sein, wenn davon auszugehen ist, dass der Täter aufgrund seiner Persönlichkeitsstruktur diese Aggressionen auch im Straßenverkehr ausleben wird. Die Argumentation, der Täter, der sein Kfz bewusst zur Begehung gewichtiger rechtswidriger Taten einsetze, sei charakterlich ungeeignet, weil er die Fahrerlaubnis missbrauche bzw damit zu erkennen gebe, dass er seine eigenen kriminellen Ziele über die Achtung anderer stelle (vgl BGH NStZ 03, 658), lässt sich mit dem Charakter des § 69 als Maßregel nicht vereinbaren. § 69 soll nicht die Begehung allgemeiner Straftaten verhindern, sondern dient allein der Sicherung des Straßenverkehrs. Auch Kriminelle können durchaus sichere und verantwortungsbewusste Kraftfahrer sein. Gegen den Verzicht auf das Erfordernis einer verkehrsspezifischen Auswirkung der Tat spricht auch die **Ausgestaltung des verwaltungsrechtlichen Fahrerlaubniserteilungs-** bzw -entziehungsverfahrens (BGH NJW 05, 1957, 1959). Durch die Regelung der §§ 2 VI, VIII, 3 I, 4, 11, 14, 16 StVG wird der VB die Möglichkeit gegeben, präventive Maßnahmen gegen Fahrerlaubnisbewerber u -inhaber zu ergreifen. Voraussetzung ist immer das Vorliegen einer konkreten verkehrszulassungsrechtlichen Gefahr (Gehrmann in B/B 17 A 4, 6 f). Gem § 11 I 3 FeV kann die Erteilung einer Fahrerlaubnis mangels Eignung auch bei Begehung allgemeiner Straftaten versagt werden. Dieses setzt aber voraus, dass sich aus der Tat Anhaltspunkte dafür ergeben, dass der Betreffende sich im Straßenverkehr nicht ordnungsgemäß verhalten werde. Es ist daher im Rahmen des Fahrerlaubnisverfahrens aufzuzeigen, worin das charakterliche Defizit besteht, aus dem die Gefahren für die Sicherheit des Straßenverkehrs folgen können, falls die Versagung auf die Begehung von Straftaten gestützt werden soll (vgl BVerwG NJW 02, 78; 87, 2246; OVG Koblenz ZfS 00, 320; NJW 94, 2436; s auch § 2 StVG, 10). Für den Fall der verwaltungsrechtlichen Entziehung der Fahrerlaubnis hat das BVerfG ausgeführt, dass charakterlich-sittliche Mängel, die zum Ausschluss der Fahrerlaubnis führen können, voraussetzen, dass der Betroffene bereit sei, das Interesse der Allgemeinheit an sicherer und verkehrsgerechter Fahrweise dem jeweiligen eigenen Interesse unterzuordnen und hieraus resultierende Gefahren ... oder Beeinträchtigungen des Verkehrs in Kauf zu nehmen (BVerfG NZV 02, 422, 424). Wenn dies für die umfassende Prüfung der Ungeeignetheit durch die VB gilt, so ist kein Grund ersichtlich, warum im Rahmen des § 69 StGB etwas anderes gelten soll (BGH NStZ 04, 86; NJW 04, 3497, 3503). Dass eine Versagung der Fahrerlaubnis hinsichtlich der Begehung allgemeiner Straftaten nur zulässig ist, wenn sich die Straftaten im Straßenverkehr auswirken können, wird auch durch Regelung des § 11 III Nr 4 FeV gestützt. Danach ist die Anordnung einer MPU nur dann möglich, wenn die Straftat im Zusammenhang mit dem Straßenverkehr steht oder der Täter ein hohes Aggressionspotential aufweist, welches sich im Straßenverkehr auswirken kann. Schon zur Vermeidung von Wertungswidersprüchen zwischen den verwaltungsrechtlichen Fahrerlaubniserteilungsverfahren und dem strafrechtlichen Entziehungsverfahren wird man daher auf eine verkehrsspezifische Auswirkung der Tat nicht verzichten können (Burmann DAR 05, 61 ff).

Vor diesem Hintergrund wird man daher auch im Rahmen des § 69 I eine Entziehung nur vornehmen können, wenn die Straftat geeignet wäre, eine Erteilung der Fahrerlaubnis zu versagen (Burmann DAR 05, 61 ff).

Unter Zugrundelegung der Prämissen des Gr. Sen. (BGH NJW 05, 1957) hat **12** der 1. StS eine Indizwirkung bejaht bei einer Fahrt zum Zwecke der Begehung einer Tat nach § 176. Entscheidend war hier die Inkaufnahme der Gefahren, die vom ungesicherten Transport des Hundes des Opfers im Pkw auf den Straßenverkehr ausgingen (NStZ 06, 334). Der 4. StS hat dagegen den speziellen verkehrsrechtlichen Bezug beim Verbringen eines Tatopfers unter Anwendung einer List in einem Fahrzeug zu einem abgelegten Ort, um dort eine Sexualstraftat zu begehen, verneint (NZV 05, 589). Nach Ka NStZ-RR 06, 57 soll der spezifische verkehrsrechtliche Zusammenhang bei einer Sachbeschädigung mittels Durchstechen von Reifen gegeben sein. Hier dürfte aber der erforderliche Zusammenhang mit dem Führen eines Kraftfahrzeuges fehlen (vgl Rn 9; zustimmend jedoch König/Seitz DAR 07, 361).

Geht es um die **Verletzung** der **Pflichten eines Kraftfahrzeugführers,** so **13** setzt die Annahme eines Zusammenhangs voraus, dass es sich um die **Verletzung einer spezifisch dem Kraftfahrer obliegenden Pflicht handelt** (Dreher/Fad NZV 04, 233; Sch-Sch-Kinzig 18). Dies ist gegeben bei typischen „Verkehrsdelikten" (BGH, NJW 05, 1957, 1959) wie zB dem Fahren ohne Fahrerlaubnis (BGH NStZ-RR 07, 89), aber auch beim Überlassen des Kfz an einen offensichtlichen Fahrunsicheren oder jemanden ohne Fe (Hentschel-König 8). Eine solche verkehrspezifische Pflicht ist nicht verletzt, wenn die Tat zwar gegen andere Verkehrsteilnehmer gerichtet war (Steinwurf auf Kfz), der Täter jedoch weder vor noch nach der Tat ein Kfz geführt hat (BGH NZV 01, 133). Entsprechendes gilt auch bei der Manipulation einer Bremsanlage des Fahrzeuges in der Absicht, den Fahrer dadurch zu Tode zu bringen (OLG Celle NZV 98, 170; Hentschel-König 6a) oder bei Durchführung einer Sexualstraftat in einem PKW (BGH NZV 05, 589).

Da es sich bei § 69 um eine Maßregel handelt, kann der Beruf des Angeklagten **14** keinen Umstand bilden, der bei der Beurteilung der Eignungsfrage zu seinem Nachteil ausschlagen kann. Der Beruf des Angeklagten hat regelmäßig mit seiner Fahreignung nichts zu tun (vgl insoweit auch Hentschel/Bücken in B/B 16 A 39). Bei der Beurteilung der Eignung spielt keine Rolle, wie sich die EdFE wirtschaftlich auf die Tat auswirkt (Sch-Sch-Kinzig 56, Fischer 49). Zu berücksichtigen sind aber aufgrund einer vorliegenden EdFE eingetretene wirtschaftliche Nachteile, wenn diese den Täter nachhaltig beeinflusst haben, so dass der Eignungsmangel entfallen ist (Sch-Sch-Kinzig 55; Fischer 49).

Eignungsmängel, die zum Tatgeschehen nicht beigetragen haben, aber **15** im Zuge des Strafverfahrens festgestellt werden, berechtigen nicht zur EdFE

StGB § 69 B. Gerichtliche Entziehung der Fahrerlaubnis

(BGHSt 5, 168; OLG Frankfurt NStZ-RR 96, 25). So darf Neigung zum Alkoholgenuss nicht berücksichtigt werden, wenn die Tat unwiderlegt in nüchternem Zustand begangen wurde (OLG Celle VRS 30, 178). Kommt aber die Mitwirkung eines Eignungsmangels zum Tatgeschehen in Betracht, so muss das Gericht zwar auf Grund aller ihm bekannten Tatsachen prüfen, ob er vorliegt u die Entz begründen.

16 **Maßgebend** für die Beurteilung der Eignung ist der **Zeitpunkt der tatrichterlichen Urteilsfindung** (BGH NZV 01, 434; OLG Köln DAR 13, 393); daher auch EdFE zulässig, die die VB irrtümlich erst nach der die Nichteignung ergebenden Tat erteilt hat (r+s 87, 359). Das Gericht muss daher auch Umstände berücksichtigen, die zwischen Tat u HV hervorgetreten sind, soweit sie Schlüsse auf das Verantwortungsbewusstsein im Tatzeitpunkt zulassen, zB neuerliche einschlägige Verfehlungen trotz des laufenden Strafverfahrens (BGH aaO); andererseits ist kein Raum für eine EdFE (mehr), wenn der Eignungsmangel inzw entfallen ist, weil zB die Tat lange zurückliegt u der Täter seitdem nicht mehr nachteilig aufgefallen ist u/oder die erzieherische Wirkung der vorläufigen EdFE auf den Täter eine weitere Sicherungsmaßnahme uU nicht mehr erfordert (BGH VRS 82, 19; OLG Hamm DAR 15, 399; OLG Karlsruhe DAR 01, 469; bei Janiszewski NStZ 95, 270; Krumm NJW 04, 1627, 1629 ff), selbst wenn die vorl Entz die sich aus § 69a I S 1 oder III ergebende Mindestsperrfrist noch nicht erreicht hat (BayObLG 70, 180 = VRS 40, 12). Ist also zB die Nichteignung zZ der Berufungsverhandlung nicht mehr gegeben, kommt eine EdFE nicht mehr in Betracht (BayObLG NJW 77, 445; Janiszewski DAR 89, 137). Die Verfahrensdauer allein ist jedoch nicht geeignet, das Entfallen des Eignungsmangels zu begründen (BGH DAR 00, 532). Dagegen dürfen körperliche oder geistige Mängel, die erst nach der Tat, zB als Folgen des durch die angeklagte Tat herbeigeführten Unfalles, eingetreten sind, nicht berücksichtigt werden (BGHSt 15, 393), auch nicht legitimes Verteidigungsvorbringen (OLG Celle DAR 84, 93) u generalpräventive Gründe (da Maßregel: BGH ZfS 91, 284; OLG Düsseldorf NZV 93, 117).

17 Bei der Eignungsprüfung dürfen entgegen dem grundsätzlichen Verwertungsverbot des § 51 I BZRG nach § 52 II BZRG hier auch **getilgte u tilgungsreife Einträge** berücksichtigt werden, wenn die Verurteilung wegen dieser Tat im VZR einzutragen war (OLG Düsseldorf VRS 54, 50; missverständlich BVerwG NZV 88, 37) und eine Verurteilung nach §§ 28–30b StVG verwertet werden darf (B/B/Niehaus Kap. 16 A 57). Das **Punktsystem** nach § 4 StVG (nF) ist bei der Entz nach § 69 bedeutungslos.

18 Bei Vorliegen der ges Voraussetzungen **muss** das Gericht die FE entziehen, keine Ermessensentscheidung (BGHSt 5, 176; 7, 165; Hentschel-König 24); keine teilweise Entz (BGH NStZ 83, 168 = StVE 18; krit dazu Bode DAR 89, 447; s auch VGT 80, 285 ff); dann evtl Ausn von der Sperre nach § 69a II.

19 **3. § 69 II: Gesetzliche Vermutung des Eignungsmangels. a) Tatbestände. Regeltatbestände** Bei den in II aufgeführten bes schweren VVergehen, die grundsätzlich auf ein gefährliches Maß von Verantwortungslosigkeit des Täters im StrV schließen lassen, ergibt sich der Eignungsmangel idR allein aus der – auch erstmaligen – Tat. Liegt eine dieser Taten vor, muss die Nichteignung nicht zusätzlich näher geprüft, geschweige denn im Urt näher begründet werden; es genügt vielmehr, wenn das Gericht summarische Ausführungen darüber macht, dass es den Regelfall für gegeben erachtet hat (OLG Koblenz VRS 64, 125; 71, 278; s aber 14). Einer Würdigung der Gesamtpersönlichkeit bedarf es hier ebenso

Entziehung der Fahrerlaubnis **§ 69 StGB**

wie einer Prüfung der Verhältnismäßigkeit (vgl BVerfG DAR 00, 565, OLG Düsseldorf NZV 92, 331) nicht. II gilt auch bei Anwendung von JugendstrafR (vgl BGH NStZ 91, 384; OLG Düsseldorf NZV 90, 237; OLG Nürnberg NZV 12, 48; Wölfl NZV 99, 69; aA LG Oldenburg BA 85, 186; 88, 199; AG Saalfeld VRS 01, 194: der Erziehungsgedanke habe vorrangige Bedeutung).

Wegen der Regel-Entz in den Fällen der Verkehrsgefährdung (II 1) u der Alko- **20** holtaten (II 2 u 4) wird auf die Erl zu den jew TBen verwiesen. **„Unfallflucht"** (II 3) begründet den RegelTB der Nichteignung nur in schweren Fällen, wenn es Tote oder Schwerverletzte oder „bedeutenden Schaden" gegeben hat. „Bedeutender Schaden" ist der unter objektiven wirtschaftlichen Gesichtspunkten zu ermittelnde, tatsächlich entstandene, **erkennbare** (s OLG Schleswig VRS 54, 33; LG Köln ZfS 90, 105; OLG Hamm VRS 61, 430; König in B/B 13 A Rn 118) Fremdschaden (OLG Karlsruhe VRS 53, 424) – u nicht etwa der gefährdete Wert (wie bei § 315c StGB) –, der heute zumindest bei 1300,– Euro (OLG Dresden NJW 05, 2633; OLG Jena NStZ-RR 05, 183; OLG Hamm NZV 11, 356 LG Hamburg NZV 07, 660 (1500,– Euro); Fischer 29; H/K/S 401;a.A OLG Braunschweig DAR 16, 596: 1500,– Euro; LG Berlin NZV 06, 106: 1100,– Euro; vgl ferner H/K/S 411) anzunehmen ist. Zu berücksichtigen sind nur zivilrechtlich erstattungsfähige Schadenspositionen (OLG Hamm NZV 11, 356), so dass im Rahmen einer fiktiven Abrechnung nur der Netto-Reparaturbetrag bzw. bei einem wirtschaftlichen Totalschaden nur die Differenz aus Wiederbeschaffungswert und Restwert zu berücksichtigen ist (OLG Hamm NZV 11, 356; B/B/Niehaus Kap. 16 A, Rn 33). Da § 69 Abs. 2. Nr. 3 einen Schaden „an fremden Sachen" verlangt, sind nur die Reparaturkosten und ein merkantiler Minderwertrelevant. Mittelbare Schadenpositionen wie Abschlepp-, Anwalts- und Gutachterkosten, Nutzungsausfallentschädigung und Mietwagenkosten sind nicht zu berücksichtigten (vgl B/B/Niehaus Kap. 16, A Rn 33; MüKo StVR – Kretschmer Rn 47; vgl auch z.T abweichend OLG Dresden NJW 2005, 2633; Fischer, 27.; Hentschel – König, 17). Mehrere Schäden sind zu addieren; dazu gehören auch die am fremden Fluchtfahrzeug (BGHSt 9, 267). Bei geleasten Kfz ist darauf abzustellen, wer nach dem Leasingvertrag das Risiko einer Beschädigung zu tragen hat. Trägt dieses der mit dem Fahrer identische Leasingnehmer, so bleiben Beschädigungen des Kfz außer Betracht (OLG Hamm NJW 90, 1925).

Verletzungen von Mitfahrern des Täters u Sachschäden an dem von ihm geführten eigenen Fz (B/B/Niehaus Kap. 16A 34, Lackner-Kühl 7) oder seiner Ladung sowie **später etwa entstehende Kosten,** wie zB Anwalts-, Gutachteru Mietwagen-Kosten oder eine evtl Nutzungsausfallentschädigung pp, sind dabei nicht zu berücksichtigen (OLG Hamburg VRS 76, 282; LG Hamburg DAR 94, 127; Sch-Sch-Kinzig 39; Hentschel-König, 17; H/K/S 403; aA, OLG Naumburg NZV 96, 204; OLG Stuttgart VRS 62, 123, LG Berlin NZV 07, 538), zumal diese am Unfallort idR nicht erkennbar sind u II 3 darauf abstellt, dass der Täter „weiß oder wissen kann", dass ein bedeutender Schaden eingetreten ist (s dazu LG Ol ZfS 81, 191; OLG Celle VRS 64, 366; OLG Stuttgart VRS 60, 300; Himmelreich DAR 94, 508; 97, 82; krit dazu Mollenkott ZfS 95, 321); maßgeblich ist also letztlich die laienhafte Vorstellung des Schädigers vom SchadensUmfang, nicht die der erfahrenen Pol (H/K/S, 405 f); er muss auch keine ziffernmäßige Beurteilung vornehmen, wohl aber den Schaden objektiv als bedeutend einschätzen (OLG Naumburg NZV 96, 204; AG Saalfeld, StV 04, 325; Fischer 27). Auch die merkantile Wertminderung ist nicht zu berücksichtigen (aA OLG Naumburg DAR 96, 108; Hentschel-König 17 mwN), da sie idR durch

StGB § 69   B. Gerichtliche Entziehung der Fahrerlaubnis

einen Sachverständigen ermittelt werden muss. Abgesehen vom Regelfall kann eine EdFE allerdings auch bei nur unbedeutendem Schaden nach I in Betracht kommen (s OLG Düsseldorf VM 91, 49), wenn sich aus der sonstigen Beurteilung eine Nichteignung ergibt. Zum bedeutenden Schaden vgl Himmelreich/Krumm/Staub DAR 2012, 49 sowie Krumm NJW 2012, 829.

21   **b) Ausnahmen.** Der Ermessensspielraum des Gerichts ist hier auf die Prüfung der Frage beschränkt, ob etwa im Einzelfall **bes günstige Umstände** in der **Person des Täters** (einmaliges Versagen nach langjähriger Praxis: Saarbrücken DAR 81, 395; aA LG Saarbrücken ZfS 98, 152; längere vorl EdFE: OLG Zweibrücken StV 89, 250; OLG Düsseldorf ZfS 94, 186; OLG Stuttgart NZV 97, 317; Ka NZV 04, 537) oder unbeanstandete Teilnahme am Straßenverkehr über einen längeren Zeitraum nach der Tat (OLG Hamm DAR 15, 399: LG Düsseldorf ZfS 80, 187; LG Dresden ZfS 99, 122; Sch/Sch-Kinzig 46;, aA OLG Stuttgart NZV 97, 316; OLG Düsseldorf NZV 97, 92) oder in den **Tatumständen** vorliegen, die der Tat die Indizwirkung nehmen (s Rn 14a; BGH VRS 92, 204) oder den an sich formell zur Entz ausreichenden Verstoß nicht evtl doch in einem günstigeren Licht erscheinen lassen als den Regelfall, so dass ausnahmsweise von einer EdFE abgesehen werden könnte (BGH VRS 21, 259, 261; KG VRS 60, 109; OLG Köln VRS 59, 25; 61, 118). Das Urt muss ergeben, dass sich der Richter dieser Möglichkeit bewusst war u eine Abwägung aller fraglichen Umstände vorgenommen hat (OLG Hamm VRS 52, 24; OLG Düsseldorf VRS 74, 259); die Ausn ist im Urt näher zu begründen (OLG Koblenz VRS 71, 278 = StVE 24; OLG Zweibrücken StV 89, 250; s auch § 44 Rn 8). Die generelle Ausn etwa aller Leichtmofas, obwohl sie „Kfze" u somit von § 69 erfasst sind, ist contra legem (so aber LG Ol DAR 90, 72 m abl St Janiszewski NStZ 90, 272).

22   An die **Voraussetzungen einer Ausn** werden zwar strenge Anforderungen gestellt; sie kann aber vorliegen, wenn die Tat so deutlich aus dem Rahmen einer typischen Begehungsweise herausfällt (OLG Stuttgart NJW 87, 142; NZV 97, 317; OLG Köln DAR 89, 115; OLG Zweibrücken BA 78, 140; Ka DAR 01, 469), dass die **Indizwirkung** der in II aufgeführten TBe **entfällt,** wie zB bei in Trunkenheit bes vorsichtig ausgeführter kurzer Fahrt auf verkehrsstiller Str (BayObLG v 12.7.88, 2 St 172/88, bei Janiszewski NStZ 88, 543; OLG Hamm VRS 52, 24: 50 m; AG Regensburg ZfS 85, 123 u LG Gera DAR 99, 420 jeweils 20 m), Umparken nachts auf leerem Parkplatz (OLG Stuttgart NJW 87, 142; LG Köln DAR 89, 115; OLG Karlsruhe NZV 90, 277; aA LG Dessau ZfS 95, 73: Umparken bei Tageslicht m Sachschaden), zur Beseitigung eines ow Zustands (OLG Düsseldorf VRS 73, 142; NZV 88, 29; StV 91, 21; vgl auch die zu § 25 StVG 12 aufgeführten Fälle) oder wenn die Tat unter außergewöhnlichen Umständen ausgeführt wurde (s zB AG Homburg ZfS 88, 124), die am Rande von Rechtswidrigkeit u Schuld lagen, wie zB bei Veranlassung der vorher nicht beabsichtigten Fahrt durch den Arbeitgeber (OLG Hamm DAR 57, 77), Hilfeleistung eines alkoholisierten Arztes, bei nicht vorhersehbarem Zusammenwirken von Alkohol u Medikamenten (OLG Celle NJW 63, 2385; vgl BayObLG VRS 36, 170) oder bei geringer Vorwerfbarkeit der Nichtbeachtung plötzlicher Ermüdung (BayObLG v 22.7.88, 2 St 99/88, bei Janiszewski NStZ 88, 543). Bei § 142 StGB wurde die Indizwirkung verneint, weil der Schädiger sich am nächsten Tag bei der Polizei meldete, den Schaden regulierte und der Geschädigte nach Entschuldigung des Täters erklärte, kein Interesse an der Verfolgung zu haben (LG Zweibrücken NZV 03, 439; vgl auch H/K/S, 412 zur fehlgeschlagenen

Entziehung der Fahrerlaubnis **§ 69 StGB**

„tätigen Reue") oder auch wenn sich der Betroffene nicht unverzüglich sondern erst 40 Minuten später bei der Polizei meldet u die erforderlichen Angaben macht (LG Aurich NZV 13, 53). Liegen solche bes Umstände vor, ist eine dennoch erfolgende EdFE bes zu begründen (BGH VRS 92, 204). Eine Ausn wird bei Fahrlässigkeits- eher als bei Vorsatztaten vertretbar sein. Entscheidend ist aber immer, wo sich aus der Tat die Gefährlichkeit des Täters im Straßenverkehr, insb. die Bereitschaft zu riskanten Fahrten ableiten lässt. – Ob unbeanstandetes langjähriges Fahren, längerfristige vorläufige EdFE oder längeres, beanstandungsfreies Führen eines Kfz nach der Tat eine Ausn rechtfertigen, wird unterschiedlich beurteilt; s hierzu Schulz NZV 97, 62; Bode BA 94, 148 f; B/B/Niehaus Kap. 16 A 70, sowie § 111a StPO 4b.

Auch **Umstände nach der Tat** können die Überzeugung begründen, dass 23 eine EdFE nicht (mehr) erforderlich ist (OLG Zweibrücken StV 89, 250; LG Wuppertal NJW 86, 1769; OLG Köln VRS 41, 101; BayObLG VRS 40, 12; Geppert ZRP 81, 85), so insb eine etwa inzw erfolgte wirksame **Nachschulung** (Aufbauseminar, s dazu ausführlich Himmelreich DAR 04, 8; Himmelreich/Hahn NStZ 2013, 454; B/B/Niehaus Kap. 16 A 147; OLG Karlsruhe DAR 17, 155; OLG Karlsruhe NZV 04, 537; AG Homburg DAR 91, 472: Wegfall der ges vermuteten Nichteigung durch intensive Einzelnachschulung; OLG Köln DAR 13, 393; LG Potsdam, ZfS 04, 183; AG Lüdinghausen NZV 10, 272; LG Düsseldorf DAR 08, 597), die allerdings nach der RSpr allein noch nicht stets eine Ausn von der Regelentz rechtfertigen (KG DAR 04, 657; OLG Köln BA 81; VM 81, 92; OLG Hamburg VRS 60, 192 = StVE 14; OLG Koblenz VRS 66, 40; LG Oldenburg DAR 02, 327), wenn nicht andere beachtliche Umstände, wie insb eine längere vorläufige EdFE hinzukommen (vgl zB OLG Köln NStZ 81, 32; 82, 107 mwN; Seib DRiZ 81, 161; Zabel BA 85, 115 u Hentschel-König 19b). Ihr eigentliches Anwendungsfeld wird ohnehin mehr im „Nachverfahren" nach § 69a VII gesehen, zumal sie eigentlich erst dann ihrer Aufgabe gerecht werden kann, die (erfolgte) EdFE in ihrer Wirkung zu unterstützen (s Janiszewski 751; Fischer, 36), doch stehen ihrer Berücksichtigung schon im Erkenntnisverfahren jedenfalls keine rechtlichen Bedenken entgegen (Ka NZV 04, 537; zur Behandlung in der RSpr (Himmelreich/Hahn NStZ 12, 486). – Bei bes verantwortungslosem Verhalten kommt eine Ausn nicht in Betracht (OLG Koblenz VRS 64, 125; KG VRS 60, 109).

4. Wirkung. Die FE **erlischt mit Rechtskraft** des Urt mit Wirkung für alle 24 FSch-Klassen, SonderFE (BayObLG VRS 79, 149) u eine evtl ausl FE (OLG Hamm VRS 55, 344; § 4 II b IntKfzVO, Anh II) sowie die Erlaubnis zur Fahrgastbeförderung (§§ 48 IX, 2 FeV). Eine Beschränkung auf bestimmte Fz-Arten oder FSch-Klassen ist bei der EdFE selbst (anders bei der Sperre, § 69a II) ebenso wenig zul (BGH NJW 83, 1744; VG Berlin NZV 01, 139) wie etwa eine befristete Entz mit der Wirkung, dass die FE nach Fristablauf von selbst wieder auflebt. Die FE bleibt solange entzogen, bis eine neue durch die VB erteilt ist (BGHSt 6, 183); sie kann **fristlose Kündigung** rechtfertigen, wenn das Arbeitsverhältnis nicht zu geänderten Bedingungen fortgesetzt werden kann (BAG, Der Betrieb 78, 1790; LAG RhPf DAR 91, 226; ArbG Hamburg BA 88, 71: s auch SozG Dortmund VRS 71, 151; LAG Schleswig BA 87, 229 m Anm Molketin; zur unterhaltsrechtlichen Komponente Bamberg NJW-RR 87, 774; Bay LSG NZA 85, 608).

Nach § 69 III ist ein dt FSch im Urt **einzuziehen;** Vollstreckung nach § 459g I 25 1 StPO durch Wegnahme. Diese Entscheidung kann auch bei alleiniger Berufung

StGB § 69 B. Gerichtliche Entziehung der Fahrerlaubnis

des Angeklagten vom Berufungsgericht nachgeholt werden (BGHSt 5, 168). Bei einer ausl Fahrerl kommt der Entziehung nach § 69b die Wirkung einer Aberkennung des Rechts zu, von der Fahrerl Gebrauch zu machen. Der Führerschein darf nicht eingezogen, sondern nur zur Anbringung eines entsprechenden Vermerks beschlagnahmt werden (BGH ZfS 93, 402). Nach BGH NZV 99, 47 ist die ausl Fahrerl jedoch zu entziehen, wenn der Täter mit dieser ohnehin nicht im innerdeutschen Verkehr teilnehmen durfte. EU-Führerscheine werden eingezogen und an die zuständige Behörde zurückgesandt, wenn der Täter seinen ordentlichen Wohnsitz im Inland hat. Führen eines Kfz trotz EdFE ist Vergehen nach § 21 StVG.

26 **5. Verfahrensfragen. Beweisanträge** auf sachverständige Begutachtung zur charakterlichen Fahreignung können idR mit Hinweis auf die eigene Sachkunde (vgl § 244 IV 1 StPO) des Richters zurückgewiesen werden (BGH NJW 05, 1957, 1959). **Rechtsmittelbeschränkung** auf die Entscheidung nach § 69 ist zul, soweit diese losgelöst vom übrigen Urt-Inhalt, insb von der Strafzumessung, beurteilt werden kann (vgl BGHSt 6, 183; VRS 18, 348; OLG Düsseldorf VRS 70, 137; OLG Frankfurt NZV 02, 382), so nach hM wenn die Nichteignung auf körperlichen oder geistigen Mängeln beruht (vgl OLG Koblenz VRS 50, 30; VRS 81, 184; OLG Frankfurt NZV 96, 414 mwN). Sie ist unzul, wenn die Nachprüfung ohne Eingehen auf die Tatsachen, die dem Strafausspruch zugrunde liegen, nicht möglich ist, wie insb bei charakterlicher Nichteignung (OLG Hamm VRS 61, 42) u Wechselbeziehung zur Strafzumessung (BGH NZV 01, 434; OLG Nürnberg NZV 07, 642; BayObLG NZV 05, 592); das gilt auch für die Beschränkung des Einspruchs gem § 410 II StPO (Meyer-Goßner 4–6 zu § 410). Rechtsmittel der StA zu Ungunsten des Angeklagten können nicht auf die Entscheidung nach § 69 beschränkt werden (BayObLG MDR 89, 89), ebenso wenig auf die Anfechtung der Bewilligung einer Ausnahme nach II (BayObLG VRS 66, 445; 81, 443). Zur nachträglichen Gesamtstrafenbildung vgl BGH NStZ 01, 245. – Bei erfolgreichem Rechtsmittel fallen die Gerichtskosten u die notwendigen Auslagen des Angeklagten der Staatskasse zur Last (§§ 46 5 I, 467, 473 III StPO), die notwendigen Auslagen aber dann nicht, wenn von Maßnahmen nach den §§ 69, 69a nur wegen des weiteren Zeitablaufs abgesehen worden ist (s ebenso zum früheren R: § 473 V StPO; OLG Düsseldorf VRS 69, 41; OLG Köln VRS 62, 200; Janiszewski NStZ 82, 240).

27 Als Maßregel unterliegt die EdFE dem Verbot der reformatio in peius (Sch-Sch-Kinzig 74 mwN); dies gilt auch für die Sperrfrist (OLG Karlsruhe VRS 48, 425; OLG Oldenburg MDR 76, 162; s a § 69a, 7a). Keine **reformatio in peius** bei Ersetzung der EdFE durch FV (s § 44 Rn 18); wohl aber bei EdFE statt isolierter Sperre nach § 69a I S 3 (OLG Koblenz VRS 51, 96; 60, 431).

28 **Pflichtverteidigung** kann bei hoher Freiheitsstrafe ohne Bewährung u EdFE bei einem BerufsKf nach § 140 II StPO in Betracht kommen (s dazu § 316 Rn 37a; Meyer-Goßner 23, 25 zu § 140; Molketin NZV 89, 94; BayObLG NZV 90, 202; OLG Bremen BA 96, 175: lebenslange EdFE; s aber OLG Koblenz VRS 69, 293: nicht wegen langer Sperre; Janiszewski 460a, 708a). – **Hinweispflicht** besteht gem § 265 II StPO, wenn die EdFE in Anklage u EB nicht erwähnt ist (BGH ZfS 92, 102; 93, 355 zur Sperre). Auch eine Fahrverbotsandrohung im Strafbefehl entbindet von der Hinweispflichtung, falls eine EdFE verhängt werden soll (BayObLG DAR 04, 100; NZV 04, 425).

29 **6. Literatur. Bode** „Beratung u Schulung alkoholauffälliger Kf ..." DAR 94, 348; **Burmann** „Das Fahrerlaubnisrecht – Schnittstellen zwischen Verwaltungs- und Strafrecht"

DAR 05, 61; **Dencker** „Strafzumessung bei der Sperrfristbemessung?" StV 88, 454; **Dreher/Fad** „Entziehung der Fahrerlaubnis und Verhängung eines Fahrverbotes bei Teilnehmern" NZV 04, 231; **Geppert** „Schwierigkeiten der Sperrfristbemessung bei vorläufiger Entz" ZRP 81, 85; „Nachschulung alkoholauffälliger Ersttäter" BA 84, 55; Neuere Rechtsprechung des BGH zur Entziehung der Fahrerlaubnis bei Nicht-Katalogtaten, NStZ 03, 288; **Halecker:** „Das Merkmal der so genannten ‚Zusammenhangstat' beim Fahrverbot (§ 44 Abs 1 StGB) und der Entziehung der Fahrerlaubnis (§ 69 Abs 1 StGB)" BA 05, 93; **Hentschel** „Die Voraussetzungen für die strafrechtliche EdF unter Berücksichtigung der jüngsten Rechtsprechung des BGH" NZV 04, 57; **Himmelreich** „Nachschulung, Aufbau-Seminar, Wieder-Eignungs-Kurs und Verkehrstherapie zur Abkürzung der strafrechtlichen Fahrerlaubnis-Sperre bei einem Trunkenheitsdelikt" DAR 04, 8; „Psychologische und therapeutische Schulungsmaßnahmen zwecks Reduzierung oder Aufhebung der Fahrerlaubnis-Sperre (§ 69a StGB) – ein Irrgarten für Strafrichter?" DAR 05, 130; „Bedeutender Fremd-Sach-Schaden u EdFE" DAR 94, 508; **Himmelreich/Hahn** „Überblick über neue Entscheidungen in Verkehrsstraf- und -bußgeldsachen" NStZ 13, 454; **Himmelreich/Krumm/Staub** „Verkehrsunfallflucht" 6. Aufl. 2013; **Krumm** „Fahrverbot und Fahrerlaubnisentziehung bei langer Verfahrensdauer" NJW 04, 1627; **Kulemeier** „FV u EdFE" Diss 1990 Lübeck, Schmidt-Römhild 1991; **Molketin** „EdFE als Reaktion auf VStraftaten Jugendlicher u Heranwachsender" DAR 82, 115; „EdFE wegen Tätlichkeiten gegenüber anderen VTn" DAR 81, 380; „Notwendige Verteidigung bei VDelikten" NZV 89, 93; **Piesker** „Fahrverbot statt Entziehung der Fahrerlaubnis auch bei Trunkenheitsdelikten und anderen Katalogtaten des § 69 II StGB" NZV 02, 297; **Scherer** „Ausn zu § 69 II" BA 83, 125; **Schulz** „Wegfall der Ungeeignetheit ... durch Zeitablauf" NZV 97, 62; **Sowada:** „Die Entziehung der Fahrerlaubnis (§ 69 StGB) bei Taten der allgemeinen Kriminalität" NStZ 04, 169; **Wölfl** „Die Geltung der Regelvermutung des § 69 II StGB im Jugendstrafrecht" NZV 99, 69; **Zabel** „Nachschulung für Alkoholtäter" BA 85, 115; s auch Janiszewski 701.

§ 69a Sperre für die Erteilung einer Fahrerlaubnis

(1) **Entzieht das Gericht die Fahrerlaubnis, so bestimmt es zugleich, daß für die Dauer von sechs Monaten bis zu fünf Jahren keine neue Fahrerlaubnis erteilt werden darf (Sperre). Die Sperre kann für immer angeordnet werden, wenn zu erwarten ist, daß die gesetzliche Höchstfrist zur Abwehr der von dem Täter drohenden Gefahr nicht ausreicht. Hat der Täter keine Fahrerlaubnis, so wird nur die Sperre angeordnet.**

(2) **Das Gericht kann von der Sperre bestimmte Arten von Kraftfahrzeugen ausnehmen, wenn besondere Umstände die Annahme rechtfertigen, daß der Zweck der Maßregel dadurch nicht gefährdet wird.**

(3) **Das Mindestmaß der Sperre beträgt ein Jahr, wenn gegen den Täter in den letzten drei Jahren vor der Tat bereits einmal eine Sperre angeordnet worden ist.**

(4) **War dem Täter die Fahrerlaubnis wegen der Tat vorläufig entzogen (§ 111a der Strafprozeßordnung), so verkürzt sich das Mindestmaß der Sperre um die Zeit, in der die vorläufige Entziehung wirksam war. Es darf jedoch drei Monate nicht unterschreiten.**

(5) **Die Sperre beginnt mit der Rechtskraft des Urteils. In die Frist wird die Zeit einer wegen der Tat angeordneten vorläufigen Entziehung eingerechnet, soweit sie nach Verkündung des Urteils verstrichen ist, in dem die der Maßregel zugrunde liegenden tatsächlichen Feststellungen letztmals geprüft werden konnten.**

(6) Im Sinne der Absätze 4 und 5 steht der vorläufigen Entziehung der Fahrerlaubnis die Verwahrung, Sicherstellung oder Beschlagnahme des Führerscheins (§ 94 der Strafprozeßordnung) gleich.

(7) Ergibt sich Grund zu der Annahme, daß der Täter zum Führen von Kraftfahrzeugen nicht mehr ungeeignet ist, so kann das Gericht die Sperre vorzeitig aufheben. Die Aufhebung ist frühestens zulässig, wenn die Sperre drei Monate, in den Fällen des Absatzes 3 ein Jahr gedauert hat; Absatz 5 Satz 2 und Absatz 6 gelten entsprechend.

Übersicht

	Rn
1. Voraussetzungen und Wirkung	1
2. Abs 2: Beschränkung der Sperre	4
3. Abs 3: Verlängerte Sperrfrist	6
4. Abs 4: Verkürzte Sperrfrist	7
5. Abs 5: Berechnung der Sperrfrist	8
6. Abs 7: Vorzeitige Aufhebung	9

1 **1. Voraussetzungen und Wirkung.** Nach **I** muss im Urt-Tenor neben dem Ausspruch der EdFE u der Einz des FSch auch die **Frist** bestimmt werden, innerhalb der die VB dem Verurteilten keine neue FE erteilen darf; darauf ist gem § 265 II StPO hinzuweisen (BGH ZfS 93, 355). Die Frist ist grundsätzlich nicht nach Strafzumessungsregeln, sondern nach der voraussichtlichen Dauer der Nichteignung zu bemessen (BGH NStZ 91, 183). **Maßgebend für die Bemessung** ist die durch die Schwere der Tat unter Berücksichtigung der Täterpersönlichkeit anzunehmende Dauer der Nichteignung (vgl BGHSt 15, 397; VRS 20, 430; 21, 262; OLG Düsseldorf NZV 93, 117; OLG Koblenz VRS 71, 431; ZfS 03, 94; 03, 95). Von Bedeutung sind insbes. verkehrsrechtliche Vorstrafen (BGHSt 29, 59). Insoweit ist aber zu berücksichtigen, dass gem § 52 II S 2, BZRG (s § 69, 14) tilgungsreife Vorstrafen nicht berücksichtigt werden dürfen. Auch ein nach § 153a StPO eingestelltes Verfahren ist nicht zu berücksichtigen, da die Einstellung die Unschuldsvermutung des § 6 II MRK nicht berührt (BVerfG NJW 91, 1530, 1531, Gebhardt § 58, 11). Sachwidrig ist auch eine schematische Orientierung der Länge der Sperrfrist an der Höhe der BAK (B/B/Niehaus Kap. 16 A113; LK-Geppert 17; Burmann DAR 05, 64). Die Schwere der Schuld oder sonstige Strafzumessungsgründe kommt Bedeutung nur zu, soweit sie Hinweise auf die charakterliche Ungeeignetheit geben können (BGH NZV 03, 46; BGH NStZ 91, 183; Denker StV 88, 455); generalpräventive Gründe gehören nicht dazu (BGH aaO; OLG Düsseldorf NZV 93, 117; Fischer, 15). – Die **Mindestsperrfrist** von 6 bzw 3 Mon (IV) soll zugleich die **Regelsperrfrist** beim Fehlen bes negativer Umstände (OLG Düsseldorf NStZ-RR 96, 182; Gebhardt § 58, 6) kennzeichnen. Diese Auffassung ist mit der Ausgestaltung des § 69 als Maßregel unvereinbar (B/B/Niehaus Kap. 16A, 113; Lackner-Kühl 2). Wirtschaftl Folgen der Tat können berücksichtigt werden, wenn davon ausgegangen werden kann, dass die Folgen besonders auf ihn einwirken (Fischer, 19).

1a Die **Frist beginnt** mit Rechtskraft des Urt (V S 1), also auch während Freiheitsentziehung. Ihre Dauer muss innerhalb des Rahmens von 6 Mon (im Wiederholungsfall des III von einem Jahr) bis zu 5 Jahren nach ihrer Länge (in Jahren oder Mon), nicht etwa durch Bezeichnung eines kalendermäßigen Endtermins bestimmt werden (BayObLG 66, 66 = VRS 31, 355). Eine Sperre für immer

Sperre für die Erteilung einer Fahrerlaubnis **§ 69a StGB**

oder auf die zeitliche **Höchstdauer** von 5 Jahren muss näher begründet werden (BGH DAR 68, 23; OLG Hamm VRS 50, 274 = StVE 2; OLG Koblenz VRS 71, 431); bei der lebenslänglichen Sperre ist darzulegen, warum eine Sperre bis zu 5 Jahren nicht reicht (BGH NStZ 91, 183; NStZ-RR 97, 331; OLG Köln NJW 01, 3491); sie kann mit der Annahme günstiger Prognose bei Bewährung in Widerspruch geraten (OLG Köln BA 81, 56). – Bei EdFE im **Sicherungsverfahren** (§ 413 StPO) ist die voraussichtliche Dauer der krankheitsbedingten Nichteignung zu begründen (BayObLG v 11.12.91, 2 St 209/91). Zu berücksichtigen ist auch die Anordnung einer Unterbringung gem § 64 StGB (BGH NZV 96, 457).

Bei Bildung einer **Gesamtstrafe** aus mehreren Urt, in denen je eine zeitlich **1b** befristete Sperrfrist festgesetzt ist (also nicht, wenn die neue Tat keine EdFE rechtfertigt: BGH NStZ 92, 231), ist eine einheitliche Sperrfrist von höchstens 5 Jahren zu bestimmen (BGH NJW 00, 3654; OLG Stuttgart VRS 71, 275; OLG Düsseldorf VRS 80, 273), die mit der Rechtskraft des früheren Urt beginnt; zur Klarstellung ist aber der Beginn der Sperrfrist im Urt anzugeben (s OLG Stuttgart u BayObLG aaO). Die frühere, einbezogene Maßregel wird damit gegenstandslos (§ 55 II StGB). Ist wegen einer weiteren, nicht einzubeziehenden Tat ebenfalls eine EdFE gerechtfertigt, so ist auf eine weitere, gesonderte Sperrfrist zu erkennen (BayObLG VRS 71, 179 u aaO). Entfällt im Falle einer nachträglichen Gesamtstrafenbildung im Rechtsmittelzug die Verurteilung wegen der Anlasstat und wird der Maßregelausspruch deswegen aufgehoben, so ist vom Rechtsmittelgericht auszusprechen, dass die früher erkannte Maßnahme aufrechterhalten bleibt (BGH NJW 00, 3654).

Während bei der EdFE auf die **wirtschaftlichen Auswirkungen** für den Täter **2** keine Rücksicht genommen wird, können diese hier mittelbar insofern bedeutsam sein, als bes wirtschaftliche Härten geeignet sein können, eine Besserung rascher herbeizuführen; deshalb sind bei Verhängung einer längeren Sperre sorgfältige Erwägungen geboten, wenn die Maßnahme erstmalig angeordnet u der Angeklagte durch sie in seiner beruflichen Tätigkeit einschneidend getroffen wird (BGH DAR 69, 49; OLG Koblenz VRS 71, 431; B/B/Niehaus Kap. 16 A 122). Erforderlichenfalls sind Ausn von der Sperre nach II zu bewilligen, wenn deren Voraussetzungen vorliegen (s 4 ff).

In der **Berufungsinstanz** sind die tatsächlichen Voraussetzungen für die EdFE u die Dauer der Sperre selbstständig zu prüfen; sie ist nicht gehindert, die gleiche Sperrfrist wie der Amtsrichter festzusetzen (s OLG Naumburg ZfS 00, 554; B/B/Niehaus Kap. 16 A 208 f). Auch bei Berücksichtigung vorl Entz-Zeiten hat sie die verbleibende Dauer der Sperre im Urt-Tenor genau anzugeben (OLG Köln VRS 32, 114).

Besitzt der Täter keine FE, so wird nur die sog „**isolierte**" **Sperre** verhängt **3** (I S 3), wenn die sonstigen Voraussetzungen des § 69 I S 1 (s § 69 Rn 6) vorliegen, dh nicht beim VVerstoß eines Radf (OLG Köln VRS 63, 118); sie ist ebenfalls eine Maßregel (OLG Zweibrücken VRS 64, 443) u nach § 267 VI StPO zu begründen (BGH NStZ-RR 15, 123; 07, 40). Neben einer laufenden Sperrfrist muss eine weitere verhängt werden, wenn ihre Voraussetzungen vorliegen (BGHSt 6, 398, 400; OLG Dresden NZV 93, 402). Auch diese läuft von der Rechtskraft des (neuen) Urt ab, nicht etwa erst im Anschl an die alte Sperrfrist; eine „**Anschlusssperre**" widerspricht § 69a V S 1 u ist daher unzulässig (OLG Zweibrücken StVE 12a; Fischer, 25 mwN). Die beiden Sperren laufen daher, soweit sie sich decken, gleichzeitig nebeneinander (wie beim FV; s Rn 13 zu § 44). Wird aber der Angeklagte wegen mehrerer sachlich zusammentreffender Straftaten verurteilt,

StGB § 69a   B. Gerichtliche Entziehung der Fahrerlaubnis

so darf wegen seines Gesamtverhaltens die FE nur einmal entzogen u nur **eine** Sperre angeordnet werden, da nur eine einheitliche Entscheidung über die Eignung zum Führen eines Kfz möglich ist. – Ersetzung der isolierten Sperre durch EdFE auf Berufung des Angeklagten verstößt gegen reformatio in peius (OLG Koblenz VRS 51, 96; 60, 431; s aber auch BGH r+s 87, 359 u oben § 69 Rn 24). – Einem **ausl** Kf, der keine FE besitzt, darf nicht nach § 11 II IntKfzVO verboten werden, von einer evtl späteren FE gem § 4 I IntKfzVO Gebrauch zu machen (VGH BW VRS 92, 61).

4   **2. Abs 2: Beschränkung der Sperre. Die sachliche Beschränkung der Sperre** auf bestimmte Fz-Arten entspricht dem Übermaßverbot (OLG Düsseldorf DAR 84, 122) u dem Bedürfnis, Arbeitskräften, die während der Arbeit die zum Führen von Arbeits-Fzen (Traktoren, Baukränen usw) erforderliche Zuverlässigkeit besitzen, aber in ihrer Freizeit zu gewissen VVerstößen neigen, die Weiterbeschäftigung zu ermöglichen u die berufliche Existenz der Betr zu schützen (s Janiszewski 732), wenn auch dies als Denkzettel ausreicht (OLG Düsseldorf DAR 84, 122), zumal die EdFE wegen Trunkenheit beim Berufs-Kf idR einen wichtigen Kündigungsgrund iS von § 626 I BGB darstellen kann (BAG NJW 79, 332; LAG Schleswig-Holstein NZA-RR 14, 582; Molketin/Gress BA 82, 229; s auch OLG Bremen DAR 90, 190 u BayObLG DAR 91, 110 zum ges Regel-FV nach § 25 StVG).

4a   In der Beschränkung der Sperre liegt kein Widerspruch zur grundsätzlichen Unteilbarkeit der Eignung, sondern nur ein Zugeständnis an die geringere oder gar fehlende Gefährlichkeit des Betreffenden in einem abgrenzbaren Bereich (Stephan DAR 89, 1, 5; Janiszewski 732; OLG Celle NZV 89, 158; BayObLG NZV 91, 395; Hentschel-König 6; OLG Hamm VRS 62, 124; vgl auch Krumm NZV 06, 234 f). Eine Ausnahme bestimmter Fahrzeug von der Sperre setzt insbesondere voraus, dass von Einsatz der betreffenden Fahrzeugarten im öffentlichen Straßenverkehr eine geringere Gefahr zu erwarten ist. Insoweit kann die geringere Höchstgeschwindigkeit oder Schwerfälligkeit des Fahrzeuges von erheblicher Bedeutung sein. Auch die Art und Weise der Verkehrsteilnahme und die Art des Einsatzes als Verkehrsmittel (landwirtschaftliche Traktoren, Baumaschinen, Bagger) können relevant sein (B/B/Niehaus Kap. 16A 160 f; Hentschel-König 69). Wirtschaftliche Härte spielen für die Ausnahmebewilligung keine Rolle (OLG Düsseldorf NZV 92, 331; B/B/Niehaus Kap. 16 Rz. 167).

5   Die Ausnahme kann nur für bestimmte Arten von Kraftfahrzeugen bewilligt werden. Demzufolge können beispielsweise alle von einer Fahrerlaubnisklasse im Sinne des § 6 I 1 FeV umfassten Fahrzeuge von der Sperre ausgenommen werden. Ferner können Fahrzeugarten, auf die Fahrerlaubnis nach § 6 I 2 FeV beschränkt werden kann sowie Fahrzeuge mit einem bestimmten objektiv-konstruktiven Verwendungszweck von der Sperre ausgenommen werden (vgl BayObLG NZV 05, 592; Fischer, 29; B/B/Niehaus Kap. 16A Rn 152). Entscheidende Bedeutung hat dabei der Verwendungszweck des Fahrzeuges (OLG Celle DAR 96, 64; OLG Stuttgart DAR 75, 305). Ausnahmen wurden beispielsweise bewilligt für ein speziell für den Krankentransport ausgerüstetes Rettungs-Kfz (BayObLG VRS 77, 456; LG Hamburg DAR 92, 191; AG Itzehoe ZfS 93, 176), einem Behindertentransporter (LG Hamburg NJW 87, 3211), einem Feuerlösch-Fz (BayObLG NZV 91, 397), Pannenhilfs-Fz (LG Hamburg DAR 92, 438), Leichenwagen (AG Homburg ZfS 93, 31). Keine eigene Fahrzeugart stellt dagegen ein bestimmtes Fahrzeug oder ein bestimmtes Fabrikat dar (OLG Hamm NJW 71, 1193; BayObLG NZV

Sperre für die Erteilung einer Fahrerlaubnis **§ 69a StGB**

05, 592). Entsprechendes gilt für Fahrzeuge mit bestimmten Merkmalen konstruktiver Art wie zB Automatikgetriebe oder Dieselmotor (OLG Saarbrücken NJW 70, 1052; OLG Stuttgart DAR 75, 305) sowie für Fahrzeuge eines bestimmten Halters (OLG Celle DAR 96, 64) oder eines bestimmten Eigentümers (OLG Oldenburg BA 81, 373).

Die durch Urteil ausgesprochene EdF erfasst die Fahrerlaubnis im Ganzen. Eine 5a beschränkte Entziehung ist unzulässig (BGH NJW 83, 1774; VG München NZV 00, 271). § 69 II ermöglicht es dem Gericht daher nur, der VB die Erteilung einer Ausnahmefahrerlaubnis zu gestatten. Erst mit der neu erteilten FE durch die VB darf der Kf wieder am Straßenverkehr teilnehmen (OLG Hamm NJW 71, 1193, Gebhardt § 59, 7). In diesem Zusammenhang ist die gesetzliche **Wertung des § 9 FeV** durch das Gericht zu beachten. Eine Ausnahme für die Klassen C, C1, D und D1 darf nicht erteilt werden, wenn die Erlaubnis für die Klasse B entzogen wird (vgl LG Münster 15 Ns 26 Js 1649/02 (6/03); Denker DAR 04, 54; Burmann DAR 05, 63 f; Hentschel NZV 04, 285). Insoweit ist zu beachten, dass § 9 FeV nicht nur eine schlichte Verordnung des deutschen Gesetzgebers darstellt, sondern die Umsetzung der zweiten EG-Führerscheinrichtlinie darstellt. Soweit § 69a mit dem EG-Recht kollidiert, ist die Verpflichtung zur europakonformen Auslegung zu beachten (vgl insoweit Sch/Sch/Eser vor § 1 Rn 26). Selbst wenn man jedoch den Strafrichter im Hinblick auf das Verhältnismäßigkeitsgebot für verpflichtet ansehen sollte, Ausnahmen für die Fahrerlaubnis von Lkw und Bussen auszusprechen (Hentschel NZV 04, 285), so dürfte die praktische Relevanz gering sein. Die Prüfungskompetenz für die Erteilung einer neuen (beschränkten) Fahrerlaubnis obliegt allein den Verwaltungsbehörden. Diese müssen nach den Grundsätzen der FEV entscheiden (VG Berlin NZV 01, 139; Lackner/Kühl 3; Geiger NZV 05, 623, 627).

Nachträgliche Ausn nach § 69a II nach rkr Entscheidung ist nicht mehr mög- 5b lich (AG Alsfeld VM 80, 126; AG Kempten DAR 81, 234; Fischer 34; aA AG Wismar DAR 98, 32; vgl auch Wölfl NZV 01, 369), allenfalls im Rahmen des § 69a VII. – Zu den Grenzen revisionsrichterlicher Überprüfbarkeit einer tatrichterlichen Entscheidung nach § 69a II s OLG Hamm VRS 62, 445. – Die AusnAO ist nicht selbstständig anfechtbar (OLG Köln VM 85, 32; OLG Düsseldorf VRS 66, 42 = StVE 16).

3. Abs 3: Verlängerte Sperrfrist. Die vorgeschriebene **Erhöhung** des Min- 6 destmaßes der Sperre gilt nur bei vorangegangener **gerichtlicher,** nicht bei EdFE durch die VB (OLG Hamm VRS 53, 342 = StVE 6).

4. Abs 4: Verkürzte Sperrfrist. Die verkürzte Sperrfrist soll die Berück- 7 sichtigung der auf die Sperre nicht anrechenbaren Zeit (s § 111a StPO 13) der vorl Entz (u die der in **VI** genannten Maßnahmen) ermöglichen (s auch OLG Köln VRS 52, 271), soweit das ges Mindestmaß (I S 1) unangemessen wäre. Die Zeit der vorl Entz ist auch dann anrechenbar, wenn der FSch gleichzeitig zur Vollstreckung eines FV amtlich verwahrt wurde (LG Stuttgart Justiz 89, 309). Eine noch kürzere Sperre als 3 Mon ist allerdings unzul u mit dem Merkmal der Nichteignung unvereinbar (OLG Zweibrücken StVE 20; Lackner JZ 65, 120). IV ist im Falle einer **isolierten Sperre** (oben 3) nicht entspr anwendbar (hM; s OLG Karlsruhe VRS 57, 108; OLG Düsseldorf VRS 39, 259; BayObLG DAR 91, 305; OLG Nürnberg bei Janiszewski NStZ 87, 112; OLG Zweibrücken NZV 97, 279 m abl Anm Saal; Hentschel BA 86, 1, 8, 9).

StGB § 69a   B. Gerichtliche Entziehung der Fahrerlaubnis

8   **5. Abs 5: Berechnung der Sperrfrist.** Die nach dem Urt der letzten Tatsacheninstanz verstrichene Zeit der **vorl Entz** oder der ihr nach VI gleichstehenden Maßnahmen wird in die Sperre **voll eingerechnet**. Wird das Urt auf Revision aufgehoben, so gilt für das neue tatrichterliche Urt nicht V, sondern wieder IV. Die Einrechnung nach V ergibt sich – iG zur „Anrechnung" beim FV – unmittelbar aus dem G; sie bedarf keiner Erwähnung im Urt. Das Einrechnungsgebot gilt auch, wenn ein Rechtsmittel oder Einspruch gegen einen Strafbefehl zurückgenommen wird. Ist die vom Tatrichter festgesetzte Sperrfrist infolge der Einrechnung bis zum Erlass der Revisionsentscheidung abgelaufen, so verwirft das Revisionsgericht trotzdem die Revision auch hinsichtlich der Sperre. Der Angeklagte kann dann bei der VB sofort eine neue FE beantragen. Entstehen Zweifel über die Berechnung der Sperre, so kommt Entscheidung nach § 458 StPO in Betracht. V S 2 findet nach hM im Falle einer **isolierten Sperre** keine entspr Anwendung (s wN Janiszewski NStZ 84, 112; OLG Nürnberg DAR 87, 28; OLG Zweibrücken NZV 97, 297; LG Gießen NStZ 85, 112; aA LGe Nürnberg-Fürth NJW 77, 446; Heilbronn NStZ 84, 112, 263 m zust Anm Geppert; LG Stuttgart NZV 01, 180).

9   **6. Abs 7: Vorzeitige Aufhebung.** Abs 7 lässt die **vorzeitige Aufhebung** einer rkr angeordneten Sperre (uU auch der lebenslangen: OLG Düsseldorf VRS 63, 273; NZV 91, 477; OLG München MDR 81, 1035; Ka DAR 02, 87) nach Ablauf der 3 monatigen Mindestsperrzeit zu, sofern **neue Tatsachen** den Schluss (nicht die Gewissheit) rechtfertigen, dass die erneute Zulassung verantwortet werden kann (OLG Hamm NZV 07, 251; DAR 04, 660; LG Hof NZV 01, 92; B/B/Niehaus Kap 16 A Rn 197), was selbst bei rückfälligem Alkoholtäter der Fall sein kann (OLG Düsseldorf VRS 66, 347; s aber OLG Koblenz VRS 67, 343 u 71, 26: nicht bei hoher BAK), nicht aber auch unbedingt bei Aussetzung eines Strafrestes (OLG Koblenz VRS 68, 353) oder weitgehendem Sperrfristablauf während Freiheitsentzuges (OLG Hamm DAR 04, 660; OLG Düsseldorf NZV 90, 237). Verbleibende Zweifel gehen zu Lasten des Verurteilten (OLG Düsseldorf NZV 91, 477).

9a   Erfolgreiche **Nachschulung** aufgrund wissenschaftlich anerkannter Modelle (s dazu OLG Hamburg VRS 60, 192; LG Ol ZfS 97, 35: uU auch nach zuverlässiger privater Therapie; Stephan ZfV 86, 1; Zabel BA 91, 345; Himmelreich DAR 03, 110; LG Köln DAR 05, 702; LG Münster ZfS 05, 623) dh Teilnahme an einer Verkehrstherapie (AG Lüdinghausen NZV 08, 530) oder einem sog **Aufbauseminar** (s § 2a IV, V StVG), kann als neue Tatsache in Betracht kommen (LG Leipzig NZV 10, 105; LG Hof NZV 01, 92; AG Hof NZV 04, 101; AG Lüdingshausen NZV 04, 429; LG Hildesheim ZfS 02, 594; 03, 370) u die Verkürzung der Sperrfrist rechtfertigen (AG Düren DAR 96, 157; LG Dresden DAR 02, 280), soweit sie nicht bereits im Erkenntnisverfahren „verbraucht" ist; sie rechtfertigt jedoch nicht zwingend die Abkürzung der Sperre, oben § 69, 23; Hentschel-König § 69, 19b; § 69a, 14), insb nicht bei hoher Tatzeit-BAK (LG Hildesheim DAR 04, 110; aA LG Kleve DAR 04, 470). – Auch die Abkürzung kann nach hM auf bestimmte Fz-Arten beschränkt werden (s oben 5; LG Koblenz DAR 77, 193; OLG Köln NJW 60, 2255; AG Wismar DAR 98, 32; – Die Aufhebung beseitigt nicht die EdFE, sondern ermächtigt nur die VB zur Erteilung einer neuen FE (s hierzu § 2 StVG).

9b   **Zuständig** ist nach § 462a II StPO das Gericht des 1. Rechtszuges, wenn die Strafe voll verbüßt ist (OLG Stuttgart VRS 57, 113; OLG Celle VRS 71, 432;

OLG Hamm JMBlNW 89, 33; OLG Düsseldorf NZV 90, 237; anders OLG Düsseldorf VRS 64, 432 iF des § 462a I S 2 StPO); keine Abgabe an das Wohnsitzgericht (BGH NJW 82, 1005); das gilt auch im JugendstrafR (OLG Düsseldorf NZV 90, 237). – Die ges Mindestfrist verkürzt sich unter den Voraussetzungen von V S 2, VI um die entspr Zeit (s oben 8); die Entscheidung kann jedoch schon (4–6 Wochen) vor Fristablauf beantragt u erlassen werden (AG Öhringen NJW 77, 447; aA LG Düsseldorf NJW 66, 897 m Anm Miersch S 2024). – Gegen die Entscheidung über den Antrag auf vorzeitige Aufhebung der Sperre ist sofortige Beschwerde zulässig (§§ 462 III, 463 V StPO).

C. Unerlaubtes Entfernen vom Unfallort

§ 142 Unerlaubtes Entfernen vom Unfallort

(1) Ein Unfallbeteiligter, der sich nach einem Unfall im Straßenverkehr vom Unfallort entfernt, bevor er
1. zugunsten der anderen Unfallbeteiligten und der Geschädigten die Feststellung seiner Person, seines Fahrzeugs und der Art seiner Beteiligung durch seine Anwesenheit und durch die Angabe, daß er an dem Unfall beteiligt ist, ermöglicht hat oder
2. eine nach den Umständen angemessene Zeit gewartet hat, ohne daß jemand bereit war, die Feststellungen zu treffen,

wird mit Freiheitsstrafe bis zu drei Jahren oder mit Geldstrafe bestraft.

(2) Nach Absatz 1 wird auch ein Unfallbeteiligter bestraft, der sich
1. nach Ablauf der Wartefrist (Absatz 1 Nr. 2) oder
2. berechtigt oder entschuldigt

vom Unfallort entfernt hat und die Feststellungen nicht unverzüglich nachträglich ermöglicht.

(3) Der Verpflichtung, die Feststellungen nachträglich zu ermöglichen, genügt der Unfallbeteiligte, wenn er den Berechtigten (Absatz 1 Nr. 1) oder einer nahe gelegenen Polizeidienststelle mitteilt, daß er an dem Unfall beteiligt gewesen ist, und wenn er seine Anschrift, seinen Aufenthalt sowie das Kennzeichen und den Standort seines Fahrzeugs angibt und dieses zu unverzüglichen Feststellungen für eine ihm zumutbare Zeit zur Verfügung hält. Dies gilt nicht, wenn er durch sein Verhalten die Feststellungen absichtlich vereitelt.

(4) Das Gericht mildert in den Fällen der Absätze 1 und 2 die Strafe (§ 49 Abs. 1) oder kann von Strafe nach diesen Vorschriften absehen, wenn der Unfallbeteiligte innerhalb von vierundzwanzig Stunden nach einem Unfall außerhalb des fließenden Verkehrs, der ausschließlich nicht bedeutenden Sachschaden zur Folge hat, freiwillig die Feststellungen nachträglich ermöglicht (Absatz 3).

(5) Unfallbeteiligter ist jeder, dessen Verhalten nach den Umständen zur Verursachung des Unfalls beigetragen haben kann.

Übersicht

	Rn
1. Allgemeines	1
2. Schutzzweck der Vorschrift	3

StGB § 142   C. Unerlaubtes Entfernen vom Unfallort

	Rn
3. Verkehrsunfall	4
4. Unfallbeteiligter	7
5. Abs 1: Die Tathandlung	9
a) Das Entfernen	10
b) Ermöglichung der Feststellungen	14
c) Dauer der Wartepflicht	21
6. Abs 2: Ermöglichung nachträglicher Feststellungen	24
a) Die nachträgliche Meldepflicht	24
b) Unverzüglich	28
7. Abs 3 Satz 1: Die Art u Weise der nachträglichen Ermöglichung	31
8. Abs 3 Satz 2: Vereitelung der nachträglichen Feststellungen	33
8a. Abs 4: Tätige Reue	33a
9. Vorsatz	34
10. Täterschaft und Teilnahme	37
11. Folgen	38
a) Strafzumessung	38
b) Nebenfolgen	39
c) Versicherungsrecht	40
12. Konkurrenzen	41
a) Allgemein	41
b) Zum Verhältnis zu § 34 StVO	43
13. Literatur	44

1 **1. Allgemeines.** Zur Entstehungsgeschichte s Janiszewski 467 ff. Die 1975 beschlossene Fassung hält grundsätzlich an der bloß „passiven Feststellungspflicht" fest, entspr dem Grundsatz, dass der Täter nicht selbst zu seiner Überführung beitragen muss (BVerfGE 38, 105; 56, 37; anders BVerfG wistra 88, 302 zur Auskunftspflicht des Steuerpflichtigen). Sie ist verfassungskonform (vgl BVerfGE 16, 191 zu § 142 aF) u SchutzG iS von § 823 II BGB (BGH(Z) JZ 81, 228). Während § 142 dem Schutz der zivilrechtlichen Ansprüche der UBen dient, schreibt § 34 StVO ergänzend Verhaltensweisen auch unter dem Gesichtspunkt des öff Interesses vor. Die Vorschrift ist seit jeher umstritten (s Janiszewski 471, 560).

2 Ein erhöhter Strafrahmen für bes schwere Fälle ist ebenso wenig vorgesehen wie eine Strafbarkeit des Versuchs.

3 **2. Schutzzweck der Vorschrift.** Allein die zivilrechtlichen Interessen dienende Beweissicherung zur Klärung der einem Geschädigten entstandenen sowie die Abwehr ungerechtfertigter Schadensersatzansprüche (Janiszewski 472 ff) wird vom Normzweck erfaßt, die keine Anwendung bei bloßer Selbstschädigung (BGHSt 8, 263; OLG Celle VRS 69, 394 = StVE § 34 StVO 4). In der sozialschädlichen Verletzung dieser Pflichten liegt der rechtsethische Grund für diese Strafnorm (vgl OLG Düsseldorf VM 91, 49). Außerhalb des Zwecks liegt die Erleichterung der Strafverfolgung dadurch, dass die Wartepflicht die sonst zul Selbstbegünstigung erheblich einschränkt.

4 **3. Verkehrsunfall.** Hierunter ist ein plötzliches, mind für einen Beteiligten ungewolltes (s Rn 6a) Ereignis im öff StraßenV (s dazu § 1 StVO 13 ff; OLG Hamm NZV 08, 257; H/K/S 196 ff) zu verstehen – andere VArten scheiden aus (wie Unfälle auf Wasserstraßen: BGHSt 14, 116 oder beim Skilaufen: Janiszewski 477) –, das zur Tötung oder Verletzung eines Menschen oder einer nicht völlig belanglosen Sachbeschädigung führt (BGHSt 8, 263; 12, 253; s 5) u mit den typischen VGefahren zusammenhängt (BGH NJW 02, 626). Letzteres ist zB nicht der Fall bei Beschädigung der Schranke einer öff Garage nach dem Ausfahren (BayObLG NZV 92, 326), bei Verletzung eines Fußgängers durch raufende Hunde (BayObLG StVE 21), Bewerfen eines Pkw mit Flaschen (OLG Hamm StVE 54), bei dem Loslassen einer zuvor ergriffenen Mülltonne, so dass diese andere Fz beschädigt (BGH NJW 02, 626), bei verkehrsatypischer Benutzung eines Kfz (LG Frankfurt VRS 61, 349; s aber BayObLG 85, 76 = StVE 74), nach BayObLG (VRS 71, 277) auch beim Zerschlagen der Windschutzscheibe durch entgegenkommenden Fußgänger (aA Janiszewski NStZ 86, 540 u Hentschel JR 87, 247). – Unfall auf **privatem** Grund ist nur erfasst, wenn er in unmittelbarem Zusammenhang mit dem öff StraßenV steht (BGH VRS 59, 185; OLG Düsseldorf NJW 82, 2391; Lackner-Kühl 6; § 1 StVO 20), was beim Unfall auf dem Wagendeck eines Fährschiffes während des Übersetzens verneint wird (OLG Karlsruhe NZV 93, 77; krit Janiszewski NStZ 93, 275). – Andererseits genügen Unfälle im **ruhenden** Verkehr (OLG Düsseldorf NStZ 12, 326; OLG Köln NStZ-RR 11, 352; BayObLG NJW 80, 299: sichtbehinderndes Parken) oder zwischen Radf u Reitern pp, ja selbst solche mit einem zum Verkehr bestimmten Fzen (OLG Stuttgart VRS 47, 15). Auch eine Kollision mit wegrollenden **Einkaufswagen** stellt einen Unfall im Straßenverkehr dar (OLG Düsseldorf NStZ 12, 326; aA LG Düsseldorf NStZ-RR 11, 335). Ausreichend ist ein Unfall ausschließlich unter Fußgängern (Lackner-Kühl 6; Hentschel-König 24; aA LK-Geppert 25) zwischen Inlineskatern (vgl BGH NZV 02, 225) sowie die einseitige Beschädigung fremder Sachen (Gartenzaun, Laterne, Ladung) oder auch des gestohlenen Flucht-Kfz (BayObLG v 20.1.84 bei Rüth DAR 85, 240 im Anschl an BGHSt 9, 267; OLG Hamburg VRS 72, 361; OLG Hamm VersR 88, 509; zum **geleasten Kfz** s Rn 19). Bloße Selbstschädigung oder **Gefährdung** anderer genügt nicht.

Ein **Schaden ist völlig belanglos,** wenn Schadensersatzansprüche üblicherweise nicht gestellt werden. Maßgebend ist der objektive Verkehrswert nach dem Eindruck zur Tatzeit unter Berücksichtigung gewöhnlicher Reparaturkosten (OLG Hamm VRS 61, 430 = StVE 48; KG VRS 63, 349); erst später erkennbare Umstände müssen außer Betracht bleiben (BGHSt 12, 253, 258; KG aaO); ebenso erst mittelbar hinzutretende Schäden (zB Abschleppkosten: OLG Hamm VRS 18, 113), wirtschaftliche Verhältnisse des Geschädigten (OLG Karlsruhe VRS 18, 47) u bes Umstände, die im Einzelfall die spätere Schadensbehebung mit nur geringem finanziellen Aufwand ermöglicht haben (wie persönliches handwerkliches Geschick, verbilligter Einkauf pp; OLG Hamm VRS 61, 430). Die Grenze der Belanglosigkeit wird unter den heutigen Verhältnissen bei 50,– € zu ziehen sein (OLG Nürnberg, NZV 07, 536; MüKoStVR-Schwerdtfeger 29). Für 25,– € sprechen sich aus: LG Gießen, DAR 97, 364; OLG Jena StV 06, 529; Fischer 11; nach OLG Düsseldorf VRS 78, 109 u ZfS 97, 73; OLG Köln VRS 86, 279; bei etwa 20,– € (40,– DM); aA Sch-Sch-Cramer/Sternberg-Lieben § 142, 9: 150,– €). Beim Überfahren eines Huhns oder einer Katze wird im Allg nicht mit Ersatzansprüchen gerechnet, anders uU bei Hunden (s Bär/Hauser I 5d). Beim Anfahren oder Töten von herrenlosem **Wild** wird das Vorliegen eines Unfalls iS des § 142 überwiegend verneint (Bär/Hauser I 5d mwN; beachte aber Jagdrecht!). – **Irrtum** über die Höhe des entstandenen Schadens ist TB-Irrtum (OLG Düsseldorf NZV 98, 383; OLG Hamm NStZ-RR 97, 90; Fischer 39; Hentschel-König 62).

Bei **körperlichen Schäden** scheiden ganz unerhebliche, nur vorübergehende Beeinträchtigungen, wie geringfügige Schmerzen oder Hautabschürfungen (OLG Hamm DAR 58, 308) oder blaue Flecken (OLG Köln VRS 44, 97), vgl auch BGH NJW 92, 1043 (Bagatellverletzung) aus.

StGB § 142 C. Unerlaubtes Entfernen vom Unfallort

6a   Dem Unfallbegriff steht nicht entgegen, dass ein Beteiligter den Unfall vorsätzlich herbeigeführt hat (BGHSt 24, 382; NJW 03, 1613; Fischer, 13; Hentschel-König, 26). Entscheidend ist, ob sich ein verkehrstypisches Unfallrisiko realisiert hat oder ob das Schadensereignis schon nach seinem äußeren Erscheinungsbild Folge einer deliktischen Planung ist (BGH NJW 02, 626; OLG Jena NZV 08, 366; MüKoStVR-Schwerdtfeger 40). Kein Unfall liegt aber vor, wenn alle Beteiligten bei einem vorgetäuschten Unfall vorsätzlich zusammengewirkt haben (Fischer, 13; Hentschel-König, 26).

7   **4. Unfallbeteiligter.** Täter kann nur der in V (= § 34 II StVO, den Schild für verfassungswidrig hält: NZV 89, 79) umschriebene UB sein (Sonderdelikt), dh derjenige, der – sei es auch zu Unrecht – nach dem äußeren Anschein in dem nicht ganz unbegründeten Verdacht einer irgendwie gearteten (nicht notwendig schuldhaften) Mitverursachung steht (BGHSt 15, 1; OLG Köln NZV 92, 80; 93, 157; s aber BayObLG VRS 78, 43; Janiszewski 492 mwN). In Betracht kommt aber nach der zT recht extensiven RSpr (dagegen mR Hentschel-König 29) nicht nur der Fz-Führer, sondern zB auch der mitfahrende Leasingnehmer (OLG Oldenburg NZV 91, 35), oder Fz-**Halter** (BayObLG bei Rüth DAR 84, 240 u 85, 241), wenn zum maßgeblichen Zeitpunkt kein Hinweis vorlag, dass ein anderer das Fz geführt hat (BayObLG NZV 00, 133), sein tatsächliches Verhalten für den Unfall mitursächlich war oder hätte gewesen sein können (OLG Zweibrücken VRS 82, 114; BayObLG NZV 93, 35; s aber Rn 8), er entgegen seinen Möglichkeiten u Pflichten (s § 31 II StVZO) den betrunkenen Fahrer nicht von der Weiterfahrt abgehalten hat (BayObLG bei Rüth DAR 79, 237 mwN) oder der Mitf, der irgendwie auf die Führung des Kfz Einfluss genommen hat (BGHSt 15, 1) oder sonst aufgrund konkreter Umstände im nicht ganz unbegründeten Verdacht steht, das Kfz geführt zu haben (OLG Köln NZV 99, 173; 92, 80; Hentschel-König 29 mwN); ebenso ein am Unfallort anwesender **Fußgänger**, der verdächtig ist, durch sein Verhalten zum Unfall beigetragen zu haben (s auch OLG Köln NZV 93, 157). Allein der Umstand, dass nicht feststeht, wer von zwei Insassen zur Tatzeit Fz-Führer war, macht noch nicht beide zu UBen; der Verdacht muss sich aus den konkreten Umständen ergeben (OLG Frankfurt NZV 97, 125; Fischer, 15; Tepperwien, Nehm-FS 432).

7a   Die Pflichten aus § 142 sind nicht davon abhängig, dass der Täter den Unfall **verschuldet** hat (s OLG Düsseldorf NZV 93, 157; OLG Köln NZV 92, 80); entscheidend ist die **Kausalität,** auch ungewollter Vorgänge (OLG Karlsruhe VRS 74, 432). Auch der Verletzte u derjenige, der zu Unrecht in den nicht offensichtlich abwegigen Verdacht geraten ist, den Unfall verursacht zu haben, sind daher wartepflichtig (BGHSt 8, 263; BayObLG 54, 48; BayObLG 61, 43 = VM 61, 58; s aber BayObLG NJW 90, 335). Täter kann nur derjenige sein, der zum Zeitpunkt des Unfalls am Unfallort anwesend war (OLG Jena DAR 04, 599; BayObLG NZV 00, 133; Hentschel-König 29; Fischer, 16).

8   **Nicht erfasst** ist, wessen Verhalten zweifelsfrei nicht zur Verursachung des Unfalls beigetragen hat, sich dieser also mit Sicherheit auch ohne ihn so ereignet hätte (OLG Düsseldorf VM 93, 29; OLG Köln NZV 92, 80); ebenso wenig der nicht mitgefahrene Kfz-Mechaniker nach unsachgem Reparatur (BGHSt 15, 1, 3; OLG Stuttgart StVE 47), der erst nachträglich eintreffende Halter (KG VRS 46, 434) oder Unfallverursacher (BayObLG DAR 87, 61 = StVE 80; BayObLG NJW 90, 335; OLG Köln NJW 89, 1683; OLG Stuttgart NStZ 92, 384), es sei denn, der Unfallverursacher (zB Falschparker) gelangt zu einer Zeit zum Unfallort, zu der noch Feststellungen möglich u zu erwarten sind (Bär/Hauser I 3b mwN; str; s OLG Stuttgart aaO). Bei bloß **indirekter** Unfallbeteiligung kommt eine Wartepflicht nur bei regelwidrigem Verhalten oder einem entspr Verdacht in Betracht; **nicht** also zB beim verkehrsrichtig wartenden Linksabbieger wegen der Kollision unachtsamer Nachfolger (BayObLG VRS 42, 200; OLG Karlsruhe DAR 88, 281, OLG Stuttgart NStZ-RR 03, 279), beim bloßen Zeugen, dessen Fahrweise für den Unfall nicht ursächlich war (OLG Koblenz NZV 89, 200), beim **Halter** allein wegen seiner Haltereigenschaft (OLG Köln NZV 98, 37) oder wegen seines bloßen Mitfahrens ohne konkreten Verdacht einer Unfallbeteiligung (s BGHSt 15, 1; OLG Frankfurt NJW 83, 2038; NStZ-RR 96, 86; OLG Zweibrücken ZfS 91, 429: auf sein Verhalten kommt es an; s aber Rn 7) oder der Überlassung des Kfz an den späteren Unfallverursacher (OLG Frankfurt aaO; BayObLG bei Rüth DAR 82, 249; 84, 240; 85, 241; OLG Köln VRS 86, 279), es sei denn, dass er dadurch ein zusätzliches Gefahrenmoment in den StraßenV gebracht hat (OLG Frankfurt NStZ-RR 96, 86: Überlassung an einen Fahruntüchtigen oder ohne FE oder eines verkehrsunsicheren Fz); auch wenn dieser keine FE besitzt, es sei denn, letzteres beruht auf dessen Nichteignung, die für den Unfall ursächlich war (OLG Stuttgart VRS 72, 186). Ebenso wenig können beide Fz-Insassen als UB angesehen werden, nur weil nicht feststeht, wer von ihnen das Fz geführt oder den Unfall sonst wie verursacht hat (OLG Zweibrücken VRS 75, 292). – Zur Teilnahmemöglichkeit bei fehlendem Täternachweis s OLG Köln NZV 92, 80; OLG Stuttgart NJW 81, 2369 u unten Rn 37.

5. Abs 1: Die Tathandlung. I verlangt generell ein **Verbleiben am Unfall-** 9 **ort,** nach Nr 1 in Gegenwart feststellungsbereiter Personen (Feststellungsduldungspflicht; s Rn 14), nach Nr 2 in deren Abwesenheit (eigentliche Wartepflicht). **Die Tathandlung** des in I enthaltenen GrundTB besteht in dem Sich-Entfernen vom Unfallort vor Erfüllung der in I 1 u 2 normierten Vorstellungs-, Feststellungsduldungs- u Wartepflicht; geboten ist ein Verbleiben an der Stelle, an der sich der Unfall ereignet hat oder mind in der unmittelbaren Umgebung („Unfallort"; s Rn 10), bis die erforderlichen Feststellungen getroffen sind. **Verschleierungshandlungen,** wie Beseitigen von Spuren, Nachtrinken von Alkohol, fallen nicht unter § 142 (BGHSt 5, 124; BayObLG 69, 13 = VM 69, 45; OLG Frankfurt NJW 67, 2073); darin kann lediglich ein Strafschärfungsgrund liegen (BGHSt 17, 143; s aber § 34 III StVO). Der UB ist nicht verpflichtet, den Unfall anzuzeigen oder an der Aufklärung aktiv mitzuwirken (BGH VRS 30, 281 f); seine Erklärungen gegenüber seiner Haftpflichtversicherung sind aber im Strafverfahren verwertbar (BVerfG NZV 96, 203).

a) Das Entfernen. Für das TB-Merkmal „sich entfernen" kommt es nicht 10 darauf an, dass sich der Täter so weit entfernt hatte, dass er nicht mehr ohne weiteres erreichbar oder als Beteiligter feststellbar war; es genügt schon eine Absetzbewegung derart, dass der räumliche Zusammenhang zwischen ihm u dem Unfallort aufgehoben (BayObLG VRS 50, 186; KG DAR 79, 22) u seine Verbindung mit dem Unfall nicht mehr ohne weiteres erkennbar ist, so dass der UB nicht mehr uneingeschränkt zu sofortigen Feststellungen an Ort u Stelle zur Verfügung steht (OLG Stuttgart VM 77, 73; BayObLG StVE 16; OLG Köln NJW 81, 2367; 89, 1683), sondern erst durch Umfragen ermittelt werden muss (s OLG Köln VRS 62, 39). Wann dies der Fall ist, ist nach den Umständen des Einzelfalles zu beurteilen (OLG Stuttgart VRS 59, 416; nach OLG Karlsruhe VRS 74, 432 sind 250 m auf der AB schon zu weit); vgl auch König in B/B 13 A 71 ff.

StGB § 142

11   **Kein Entfernen** liegt danach vor, wenn der UB sein Fz an einem nicht gefährdeten Platz in unmittelbarer Nähe der Unfallstelle abstellt, dies die anderen sehen u sein Verbleiben auch nicht für weitere Feststellungen unerlässlich ist (OLG Bremen VRS 52, 423); dasselbe gilt, wenn er mit Wissen der übrigen in der Nähe wartet u dort für sie erreichbar bleibt oder wenn er zu einem nahe gelegenen Streckentelefon oder Haus geht, um die Pol oder Geschädigte zu benachrichtigen oder gem § 34 I 2 „beiseite fährt", wenn nur geringfügiger Schaden entstanden ist u es auf seine Position zur Feststellung der Art seiner Beteiligung nicht ankommt (s hierzu auch OLG Köln VRS 60, 434 = StVE 35). Kein strafbares Entfernen ferner, wenn der UB im Einvernehmen mit den anderen zum nächsten Parkplatz (OLG Köln DAR 89, 151) oder etwa 100 m zu einem geeigneten Standplatz (BayObLG DAR 79, 237) oder sogar 250 m weiterfährt, wenn nur der Sicht- u Rufkontakt fortbesteht (OLG Hamm StVE 71a) oder lediglich sein Fz (zur Reparatur) wegbringen lässt (BayObLG NJW 90, 1861 = NZV 90, 398).

12   Nach dem Gesetzeswortlaut („... vom Unfallort entfernt...") kommt ein strafbares Entfernen nur **vom Unfallort** aus in Betracht (BGHSt 28, 130), nicht auch von einem anderen Ort, wohin sich der UB befugterweise begeben hat (zB eine in der Nähe liegende Wohnung: OLG Köln NJW 81, 2367, Fischer, 20; Krankenhaus oder Pol; Janiszewski 519); doch kann dann die nachträgliche Meldepflicht nach II eingreifen (s dazu 24 ff). Unfallort ist der Bereich, in dem sich das schädigende Ereignis zugetragen hat bzw. wo der Fahrer erstmalig unter Beachtung des § 34 Abs 1 Nr 2 StVO anhalten konnte (BGH NStZ 2011, 209; OLG Hamburg, NZV 2009, 301, Fischer, 20; OLG Düsseldorf NZV 08, 107).

13   Das „Sich"-Entfernen nach I erfordert grundsätzlich eine **willentliche Handlung** (BayObLG NJW 93, 410 = NZV 93, 35; OLG Hamm VRS 56, 340 = StVE 13; VRS 68, 111; OLG Düsseldorf VRS 65, 364 = StVE 63), dh **kein** „Sich"-Entfernen (dh keine Handlung im strafrechtlichen Sinne, Jacob MDR 83, 461), wenn der UB bewusstlos weggebracht (OLG Köln VRS 57, 406 = StVE 18; BayObLG VRS 59, 27) oder von anderen (unfreiwillig) entfernt, zB vorläufig festgenommen oder zur Blutprobe gebracht wird (BayObLG NJW 93, 410 = NZV 93, 35; OLG Düsseldorf VRS 65, 364; näher Janiszewski 518a u unten 25); die Frage ist aber wegen regelmäßigen Fehlens des subjektiven TB (Vorsatz!) u der Rechtswidrigkeit nicht hier, sondern im Rahmen des II von Bedeutung. Die Anwendbarkeit von II dürfte in diesen Fällen aber im Hinblick auf BVerfG NJW 07, 1666 idR ausscheiden (s 25). Allerdings entfernt sich, wer sich (bewusst) von einem anderen wegfahren lässt. – Zur Frage eines fahrlässigen Verstoßes gegen § 34 I 1 StVO bei unvorsätzlichem Verlassen des Unfallortes s 5 zu § 34 StVO.

14   **b) Ermöglichung der Feststellungen. aa) Vorstellungspflicht.** Nach I 1 hat jeder UB die nach hM verfassungskonforme **Vorstellungspflicht,** dh er muss angeben, **dass** er an dem Unfall beteiligt war (OLG Karlsruhe VRS 58, 404), nicht aber **wie,** dh keine Selbstbezichtigung (vgl BGHSt 30, 163; Volk DAR 82, 82; s aber Rogall Rn 44). Die Vorstellung hat unmittelbar nach dem Unfall (s Janiszewski JR 83, 506) u nicht erst auf Befragen, sondern selbst dann zu geschehen, wenn der Geschädigte den Schaden noch gar nicht wahrgenommen hat (OLG Frankfurt NJW 77, 1833; Berz DAR 75, 311). Sie soll die UBen erkennbar machen u ihnen so die nötigen Feststellungen ermöglichen; deshalb entfällt sie, wenn die UBen bereits bekannt sind (OLG Celle NdsRpfl 78, 286; BayObLG NZV 93, 35).

14a Die Vorstellung ist gegenüber den Berechtigten oder sonst **feststellungsbereiten Personen** vorzunehmen, soweit diese dazu bereit u geeignet sind (BayObLG

ZfS 83, 92; OLG Zweibrücken DAR 91, 431: uU auch ein Arbeitskollege oder sonstiger Dritter: OLG Koblenz NZV 96, 324; Janiszewski 504), nicht gegenüber jedermann oder Kindern u Betrunkenen. Sind feststellungsbereite Personen nicht anwesend u auch nicht in angemessener Zeit zu erwarten (I 2), so entfällt die Pflicht. Die Vorstellungspflicht zwingt nicht auch zur Angabe der Personalien (s OLG Stuttgart NJW 82, 2266; Fischer 28; aA OLG Düsseldorf NJW 85, 2725); sie ist aber in § 34 I 5b StVO dahin ergänzt, dass den Berechtigten auf Verlangen die erforderlichen Personal- u Fz-Papiere vorzuzeigen u Angaben über die Haftpflichtversicherung zu machen sind (vgl auch § 111 OWiG). Verletzung der Vorstellungspflicht allein ohne Entfernen vom Unfallort ist nicht nach § 142 strafbar (BayObLG NJW 84, 1365; s aber BayObLG v 27.10.86 bei Janiszewski NStZ 87, 113: strafbar bei Entfernen), aber ow (OLG Hamm StVE 13; s § 34 StVO 5).

Zögert der UB die Vorstellung bis zum Weggang der anderen Berechtigten **15** hinaus oder provoziert er deren Weggang durch falsche Angaben, um sich dann ebenfalls unerkannt zu entfernen, ist I erfüllt, selbst wenn der UB am Unfallort formell eine zur Erfüllung der Wartezeit an sich ausreichende Zeit herumgestanden hat, denn gerade derartigen Fällen soll die Vorstellungspflicht beggenen, die nach früherem R strafrechtlich nicht erfassbar waren (BTDr 7/2434 II 1 S 7; OLG Stuttgart NJW 82, 2266; Janiszweski JR 83, 505; Hentschel NJW 84, 1514; 85, 1318; Schwab MDR 84, 639; aA BayObLG 83, 40 = StVE 64 u ergänzend dazu BayObLG 84, 11 = StVE 69; OLG Frankfurt VRS 77, 436; Bauer NStZ 85, 301). Der Vorstellungspflicht genügt auch nicht, wer sich zwar zu erkennen gibt, aber seine tatsächliche Beteiligung am Unfall durch die unwahre Erklärung, er sei am Unfall nicht beteiligt, positiv leugnet (OLG Frankfurt NJW 77, 1833; OLG Karlsruhe MDR 80, 160; Janiszewski aaO; Fischer, 28; aA OLG Hamm NJW 85, 445).

bb) Feststellungsduldungspflicht. Nach der Vorstellung (s 14) u bei Vorlie- **16** gen eines Feststellungsinteresses (s Rn 19) hat der UB die nötigen Feststellungen zu dulden u abzuwarten, selbst wenn ihn feststellungsbereite Personen erst nach Ablauf der Wartefrist am Unfallort antreffen (OLG Stuttgart NJW 82, 1769). Er braucht nicht mit zur Pol zu fahren (OLG Köln DAR 89, 151) oder bei den Feststellungen aktiv mitzuwirken, sondern sie nur „durch seine Anwesenheit ermöglichen" (BGHSt 18, 114, 118). Verweigerung der Mitwirkung, Beeinträchtigung der Feststellungen, Spurenbeseitigung (BGHSt 5, 124, 130; LK-Geppert 101; s aber § 34 III StVO) u Nachtrunk (Ol NJW 55, 192) sind nicht durch § 142 erfasst, wirken aber uU strafschärfend (s Rn 38). Entsprechendes gilt auch bei einer Flucht vor der Blutprobe, wenn alle Feststellungen getroffen wurden, die Blutprobe für die Beurteilung der zivilrechtlichen Haftung ohne Bedeutung ist. (OLG Zweibrücken ZfS 01, 518; OLG Köln NZV 99, 173; Hentschel-König 36). Ist die Blutprobe haftungsrelevant, so darf sich der Beklagte nicht entfernen (BGH VersR 70, 728; BayObLG DAR 88, 365; OLG Köln NZV 99, 173; aA OLG Zweibrücken NZV 90, 78).

Die Feststellungen erstrecken sich auf die **Person,** das **Fahrzeug** u die **Art 17 der Beteiligung;** zu letzterer gehören auch der Grad der Trunkenheit u der Wagenzustand (BGHSt 4, 144; VRS 39, 184; OLG Köln NZV 99, 173, sofern diese möglicherweise Einfluss auf den Unfallhergang hatten (s Küper JZ 90, 510, 512 ff). Der UB darf sich daher nicht entfernen, solange nicht **sämtliche** Feststellungen getroffen sind, dh wenn er (nur) seine Adresse u Fz-Nummer mitgeteilt u auf Verlangen durch Vorlage von Ausweisen nachgewiesen hat, der andere aber

StGB § 142 C. Unerlaubtes Entfernen vom Unfallort

aus objektiv (s OLG Zweibrücken NZV 92, 371) berechtigtem Grund auf weitere Feststellungen über die Art der Beteiligung, insb auf Zuziehung der Pol, Wert legt (OLG Karlsruhe VRS 44, 426), auch dann nicht, wenn er seine Schuld am Unfall zugegeben hat (BayObLG VRS 60, 111 = StVE 37; OLG Koblenz VRS 71, 187 = StVE 77); auch bloßer Hinweis auf pol Kennzeichen genügt nicht (BGHSt 16, 139; OLG Stuttgart VRS 59, 416). Der Geschädigte kann die Hinzuziehung der Polizei jedoch nicht verlangen, wenn die Polizei den Unfall wegen der Geringfügigkeit nicht mehr aufnimmt, sondern nur noch den Austausch von Personalkarten veranlasst (Fischer 24; aA KG VRS 63, 42). Das Verlangen, auf das Eintreffen der Polizei zu warten, muss nicht ausdrücklich erklärt werden, bei erheblichen Schäden drängt sich das Interesse an einer polizeilichen Unfallaufnahme idR auf (BayObLG NZV 92, 245). Der UB braucht (auf Wunsch des Geschädigten) auf die Pol aber **nicht nur** zur Feststellung seiner **alkoholischen Beeinflussung** zu warten, wenn es darauf zur Sicherung der zivilrechtlichen Ansprüche nicht ankommt, so insb dann nicht, wenn er alle übrigen Feststellungen ermöglicht u sich sogar zum Schadensersatz bereit erklärt hat u Mitverschulden bzw Mithaftung aus dem Gesichtspunkt der Betriebsgefahr auf Seiten des Geschädigten entfällt (BayObLG VRS 65, 136; 58, 410; OLG Zweibrücken NJW 89, 2765 m krit Anm Geppert; OLG Zweibrücken NZV 92, 371; OLG Koblenz NZV 96, 324; OLG Köln NZV 99, 173).

18 Das Hinterlassen einer „**Visitenkarte**" ersetzt im Allg die Pflichten aus § 142 nicht (OLG Köln VRS 64, 115; BayObLG bei Bär DAR 91, 366; Janiszewski DAR 75, 174; s aber OLG Zweibrücken DAR 91, 33; B/B-König Kap 13 A 51; Näheres bei Janiszewski 511), insb nicht bei Nichterfüllung der Wartepflicht (LG Zweibrücken VRS 93, 333). Nach § 34 I 6b StVO ist das Hinterlassen einer solchen Karte nur beim **erlaubten** Verlassen des Unfallorts, dh also auch erst nach Ablauf der Wartefrist, vorgeschrieben, da eine solche Notiz nichts über die Art der Beteiligung aussagt, die ebenfalls der Feststellung bedarf. Die RSpr hat allerdings bei **Bagatellschäden** eine entspr Praxis mitunter deshalb akzeptiert, weil sie davon ausgeht, dass in solchen Fällen entweder das Feststellungsinteresse des Geschädigten hinsichtlich der Art der Beteiligung seines Partners befriedigt oder eine weitere Wartepflicht deshalb überflüssig sein könnte, weil sie nach beiderseitiger Interessenabwägung nicht länger zumutbar gewesen sei (KG VRS 33, 275; BayObLG VRS 38, 434; bei Bär DAR 91, 366; OLG Köln VRS 38, 436; StVE 51; OLG Hamm VRS 37, 433; B/B-König Kap 13 A 51). Man wird diese Übung bei kleineren Sachschäden als üblich u ausreichend erachten können, wenn der Schädiger dem Geschädigten seine richtige (!) u vollständige Anschrift u Kfz-Nummer mitteilt, seine Alleinschuld am Unfall anerkennt (BayObLG VRS 38, 434 u OLG Köln VRS 38, 436), u die Nachricht den Geschädigten auch erreicht u er nachträglich unverzüglich die nötigen Feststellungen (Abs 2) nachholt (s dazu auch OLG Köln NZV 89, 357); auf diese Weise kann sich insb die Wartefrist (21) verkürzen (Lackner-Kühl 19; B/B-König Kap 13 A 66). Die Hinterlassung einer solchen Mitteilung kann auch in subjektiver Hinsicht bedeutsam sein (s OLG Zweibrücken DAR 91, 33; OLG Köln aaO; Hartmann-Hilter NZV 92, 429). In solchen Fällen hat der Geschädigte im allg auch kein Interesse an der Feststellung einer etwaigen Alkoholbeeinflussung des Schädigers (OLG Hamm VRS 37, 433). Der Schädiger muss aber Feststellungen über die Art seiner Beteiligung abwarten, wenn er ein Mitverschulden des Geschädigten, etwa durch verkehrsgefährdendes Parken, geltend machen will (KG VRS 33, 275 = JR 67, 469 m Anm Schröder; BayObLG v 21.12.87, 2 St 416/87). Wer einen Zettel mit

Namen u Anschrift zunächst an der Windschutzscheibe des beschädigten Fz anbringt, sich dann erlaubterweise entfernt, später aber den Zettel wieder beseitigt, begeht keinen Verstoß gegen § 142, sondern Urkundenunterdrückung nach § 274 I 1 (BayObLG VRS 35, 277).

cc) Feststellungsinteresse. Ein Feststellungsinteresse des Geschädigten muss 19 vorliegen, so selbst dann, wenn nur das vom Täter geführte, einem Dritten gehörende Fz beschädigt wird (BGHSt 9, 267; BayObLG bei Rüth DAR 85, 240: gestohlenes, OLG Celle StVE 6 = VRS 54, 36 LG Darmstadt MDR 88, 1072: Mietwagen). Beim **Leasing** entscheidet Vertragsinhalt (OLG Hamm NZV 90, 197); haftet danach der Leasing-Nehmer grundsätzlich, ja selbst für Zufall, besteht kein Feststellungsinteresse (OLG Hamm NZV 92, 240, 98, 33; OLG Hamburg NZV 91, 33; OLG Frankfurt NZV 91, 34; aA OLG Karlsruhe ZfS 92, 269 ohne Differenzierung; Ol NZV 91, 35). **Es kann fehlen,** dh die Tatbestandsmäßigkeit kann ausgeschlossen (Fischer, 12) oder die Tat gerechtfertigt sein (Lackner-Kühl 14; Cramer 79; Küper JZ 81, 209, 212), wenn kein anderer an einem Unfall beteiligt war, RBeziehungen zu anderen also nicht entstanden sind, ebenso bei Wildschäden (aA AG Öhringen NJW 76, 580 m abl St Jagusch; s auch Rn 5). Auf die RBeziehungen des Täters zu seiner Versicherung bezieht sich § 142 nicht (BGHSt 8, 263; Fischer 12), auch nicht auf die des bloßen Sicherungseigentümers (Fischer 12).

Ferner **kein Feststellungsinteresse,** wenn der Schaden sofort ersetzt oder 19a anerkannt wird, wenn sämtliche Feststellungen getroffen sind (OLG Hamburg StVE 15; MüKoStVR-Schwerdtfeger 67), wenn der Berechtigte auf Feststellungen ausdrücklich oder durch schlüssiges Handeln **verzichtet** (BayObLG VRS 71, 189; OLG Düsseldorf VM 78, 94; NZV 92, 246; OLG Koblenz VRS 71, 187) oder auf sonstige Weise zu erkennen gegeben hat, dass er auf Feststellungen keinen Wert (mehr) legt, so zB wegen der Geringfügigkeit oder wenn er selbst ohne anzuhalten weiterfährt (BayObLG VRS 14, 439; Lackner-Kühl 35; Rüth JR 79, 80), es sei denn, er hat den Unfall nicht bemerkt (BayObLG VRS 61, 31); dann kann sich aber der UB im TB-Irrtum befinden, der aus dem Wegfahren des anderen auf einen Verzicht schließt (OLG Köln VRS 33, 347; OLG Karlsruhe VRS 36, 350; BayObLG 58, 7; NZV 90, 397 mwN). Der Verzicht darf aber nicht erschlichen sein (BayObLG VRS 61, 120; OLG Stuttgart VRS 63, 203; Fischer, 31a), er kann auch von keinem Minderjährigen erklärt werden, der von dessen Bedeutung keine genügende Vorstellung hat (BayObLG ZfS 91, 320; OLG Düsseldorf NZV 91, 77; s dazu Janiszewski 122 mwN); ein solcher Verzicht kann das Entfernen nicht rechtfertigen. Der Verzicht kann auch unwirksam sein, weil das Unfallopfer infolge eines Schocks die Folgen der Erklärung nicht übersehen oder einschätzen konnte (BayObLG NZV 92, 245).

Das Feststellungsinteresse, kann ganz ausnahmsweise (OLG Düsseldorf NZV 20 91, 77 mwN; BayObLG 82, 144 = StVE 59) auch unter dem Gesichtspunkt der rechtfertigenden **mutmaßlichen Einwilligung** entfallen (Sch/Sch-Cramer/Sternberg-Lieben 53), wenn die ausdrückliche Einwilligung nicht rechtzeitig zu erlangen ist (OLG Düsseldorf NZV 91, 77) u der Schädiger nach Abwägung aller Umstände annehmen konnte, der Geschädigte lege keinen Wert auf Feststellungen (OLG Hamm NZV 92, 240), weil er sich entfernte (Ol ZfS 95, 112) oder weil er zB nach Hinterlassen des Kennzeichens dem Entfernen nicht widersprach (BayObLG NZV 92, 245) oder glaubte, der Geschädigte sei bei einem geringfügigen Unfall auf der Überholspur der BAB mit einer Weiterfahrt zum nächsten Parkplatz einverstanden (OLG Köln DAR 89, 151) oder der abwesende Geschädigte, der nicht rechtzeitig befragt werden kann (OLG Koblenz VRS 57, 13), werde keinen Wert auf sofortige Feststellungen am Unfallort legen (Bär/Hauser I 12e), so insb bei bes persönlichen Beziehungen zwischen Unfallverursacher u Geschädigtem, bei nahen Angehörigen (OLG Hamm VRS 23, 105; OLG Zweibrücken DAR 82, 332), bei entfernter Verwandtschaft oder guter Bekanntschaft (OLG Hamm VRS 17, 415; BayObLG VRS 64, 121; VRS 68, 114; VRS 71, 34) u sonstigen engen freundschaftlichen oder geschäftlichen Beziehungen (BayObLG NZV 92, 413: Firmenwagen), wenn der Geschädigte sein Fahrzeug dem Fahrer in Kenntnis dessen überlassen hatte, dass dieser nicht über eine Fahrerlaubnis verfügt (OLG Köln NZV 02, 278), wenn Schaden gering u Beweislage einfach war (Kö VRS 66, 128 mwN; OLG Düsseldorf NZV 91, 77). Zum vermeintlichen Verzicht s BayObLG VRS 65, 280. Je höher der Schaden, umso unbegründeter ist die Annahme eines mutmaßlichen Verzichts (OLG Düsseldorf NZV 92, 246).

21 c) **Dauer der Wartepflicht.** Die **Dauer der Wartepflicht** nach I 2 ist im G nicht genau bestimmt; sie richtet sich nach den Umständen des Einzelfalles (OLG Köln DAR 94, 204) u dauert so lange, wie es für die Feststellungen nötig ist (BGH VRS 16, 267); sie hängt ab vom Grad des **Feststellungsbedürfnisses** (Erforderlichkeit) u der **Zumutbarkeit.** Dafür sind insb maßgeblich Art u Schwere des Unfalls, Höhe des Schadens, Schwere etwaiger Verletzungen, Lage des Unfallortes (OLG Köln aaO; NZV 01, 312; OLG Düsseldorf VM 94, 38), Tageszeit, Witterung u VDichte, Möglichkeiten, den Geschädigten über die Pol zu verständigen, etwa zur Sicherung der Feststellungen ergriffene Maßnahmen u der Wahrscheinlichkeit des Eintreffens feststellungsbereiter Personen (BTDr 7/2434 S 7; ausführlich dazu H/K/S 249 ff; B/B-König Kap 13 A 67 ff). Bei schweren Verletzungen oder gar Tötung eines Menschen ist eine Wartezeit von nur 15 Min unzureichend (OLG Hamm VRS 26, 430), ebenso bei erheblicher Beschädigung von VEinrichtungen (BayObLG Rüth DAR 85, 241); umgekehrt können bei unbedeutendem (OLG Düsseldorf VM 68, 101) oder geringfügigem Sachschaden (OLG Düsseldorf VM 76, 79) oder unter bes Umständen ausnahmsweise auch 10–15 Min genügen (OLG Stuttgart VRS 60, 300; BayObLG bei Janiszewski NStZ 86, 401: bei grimmiger Kälte), so, wenn mit dem Erscheinen feststellungsbereiter Personen nicht zu rechnen u weiteres Warten unzumutbar ist (OLG Stuttgart VRS 73, 192: nachts innerorts Sachschaden: 20 Min; ebenso OLG Zweibrücken NZV 91, 479 bei eindeutiger Unfallsituation; zahlreiche Beisp bei H/K/S 258 ff). Weniger als 30 Min kann bei geringfügiger Beschädigung einer ABBrücke u unverzüglicher Unterrichtung der Straßenmeisterei genügen (OLG Hamm VRS 59, 258).

22 Unbedeutend ist, aus welchen (anderen) Gründen der UB ausreichend lange am Unfallort gewartet hat, so zB zur Instandsetzung seines Kfz oder zum Abwarten eines Abschlepp-Fz (OLG Hamm VRS 32, 204; OLG Köln NZV 01, 312; 02, 276). Dagegen kommt dem Wartepflichtigen die an der Unfallstelle verbrachte Zeit nicht zugute, wenn er die am Unfallort erscheinenden Personen durch Täuschungshandlungen von der Vornahme von Feststellungen abhält (BGH VM 57, 27; BayObLG VRS 72, 363; OLG Köln NZV 01, 312; aA Hentschel NJW 88, 1127).

23 Nach Erfüllung der Feststellungspflichten gegenüber anwesenden Beteiligten nach I besteht keine weitere Wartepflicht mehr gegenüber abwesenden Geschädigten (BayObLG VRS 59, 340; s auch oben 17).

24 **6. Abs 2: Ermöglichung nachträglicher Feststellungen. a) Die nachträgliche Meldepflicht.** Zur Gewährleistung des angestrebten Rechtsgüterschutzes verlangt II vom UB die unverzügliche nachträgliche Ermöglichung der nötigen Feststellungen iS des I, wenn er sich nach Ablauf der in I 2 genannten Wartefrist oder sonst „berechtigt oder entschuldigt" vom Unfallort entfernt hat u bis dahin keine Feststellungen getroffen werden konnten (BayObLG NZV 93, 35). Die Nichtmeldung ist ein **echtes Unterlassungsdelikt** (BayObLG 81, 86/88), das sich in der Unterlassung erschöpft; auf einen Erfolg kommt es deshalb nicht an.

Diese Verpflichtung trifft nur den UB, der sich **erlaubterweise** (s Rn 27), dh 24a ohne dass die Voraussetzungen des I vorlagen, vom Unfallort entfernt hat (auch wenn dies im Einvernehmen mit dem Geschädigten geschah, um sich an anderer Stelle zu weiteren Feststellungen oder Übergabe des vereinbarten Schadensersatzes zu treffen: BayObLG VRS 60, 114; OLG Köln StVE 45; DAR 89, 151; 94, 204). Hat der UB seine Pflichten nach I 1 voll erfüllt (OLG Hamburg VRS 56, 344) oder hat der Berechtigte endgültig auf Feststellungen verzichtet, kommt die Meldepflicht nach II nicht mehr in Betracht (s Rn 19; BayObLG ZfS 91, 320). Das gilt auch, wenn der TB des I bereits durch unerlaubte Entfernung verwirklicht ist; beide TBe schließen sich gegenseitig aus (BayObLG VRS 59, 340; OLG Köln VRS 63, 352). Die vollendete Tat nach I kann auch nicht durch eine nachträgliche Meldung beseitigt werden (OLG Hamburg VM 78, 79); in solchen Fällen sollte aber die Einstellung des Verfahrens nach den §§ 153 f StPO geprüft werden. II ist solange nicht vollendet, als die Unverzüglichkeitsfrist (Rn 28) noch nicht abgelaufen ist, mag der Täter die nachträglichen Feststellungen auch gar nicht beabsichtigen (BayObLG VRS 67, 221).

Die nachträgliche Meldepflicht besteht nach der bislang hM auch, wenn der 25 UB (zwangsweise) vom Unfallort entfernt **worden** ist (zB als mitfahrender Halter durch seinen Fahrer: BayObLG 81, 200), dazu Janiszewski NStZ 82, 108; OLG Düsseldorf VRS 65, 364; durch die Pol zur Feststellung seiner Personalien; BGHSt 28, 129; VRS 61, 208; BayObLG VRS 59, 27; Janiszewski 520, 523; s auch Rn 13; aA OLG Hamm VRS 56, 340 = StVE 13; Klinkenberg ua NJW 82, 2359: Analogie). Dasselbe gilt, wenn der UB vorübergehend bewusstlos oder zur Behandlung eigener Verletzungen weggebracht worden war u danach noch ein Bedürfnis zur Ermöglichung nachträglicher Feststellungen besteht. Diese Auffassung dürfte vor dem Hintergrund von BVerfG NJW 07, 1666 nicht mehr aufrecht zu erhalten sein (s König in B/B Kap 13 A 83; Fischer 52).

Zum **Ablauf der Wartefrist** s oben 21 ff. Die Meldepflicht besteht hier auch, 26 wenn die Wartefrist wegen der Einfachheit der Sach- u RLage auf ein Minimum reduziert war (Lackner-Kühl 22; Hartmann-Hilter NZV 92, 429) oder wenn andere Gründe die Verkürzung der Wartefrist gerechtfertigt haben (Janiszewski 511).

„**Berechtigt oder entschuldigt**" iS von II ist zwar jedes Entfernen, das aus 27 den allg anerkannten strafrechtlichen Rechtfertigungs- oder Entschuldigungsgründen erfolgt (zB zwecks ärztlicher Versorgung: BayObLG bei Rüth DAR 85, 241; bei Einwilligung des Geschädigten: s Rn 19, 20; OLG Köln DAR 89, 151; weitere Beisp bei Janiszewski 523); die Begriffe sind aber nicht nur in diesem streng formal-dogmatischen Sinne zu verstehen (BGHSt 28, 129; BayObLG NJW 89, 1685: „erlaubtes Verlassen"; Laschewski NZV 07, 444, 446; aA Werner NZV 88, 88; vgl auch BVerfG NJW 07, 1666), so dass eine Beschränkung auf die eigentlichen Entschuldigungsgründe nicht angezeigt ist. Soweit nach der bisherigen Rechtsprechung (BGHSt 28, 129; BayObLG NJW 82, 1059; OLG Koblenz NZV 89, 241) als entschuldigt auch derjenige galt, der zunächst in Unkenntnis

StGB § 142 C. Unerlaubtes Entfernen vom Unfallort

des Unfalles weiterfuhr, dann aber alsbald Kenntnis vom Unfall erlangte, so ist diese Rechtsprechung nicht aufrechtzuerhalten, da sie gegen Analogieverbot des Art 103 II GG verstößt (BVerfG NJW 07, 1666; OLG Düsseldorf NZV 08, 107; ebenso Fischer, 52; Lackner-Kühl 25).

27a **Entschuldigt** ist auch, wer irrig die tatsächlichen Umstände eines Rechtfertigungs- oder Entschuldigungsgrundes angenommen und sich zunächst entfernt hat (Fischer, 50; Lackner-Kühl, 24; aA MüKoStVR-Schwerdtfeger 97). Entschuldigt ist auch derjenige, der bei vorübergehender Schuldunfähigkeit den Unfallort verlässt (Lackner-Kühl aaO.; Sch/Sch/Sternberg-Lieben, 54). Bei rauschbedingter vorübergehender Schuldunfähigkeit erfolgt jedoch eine Bestrafung nur nach § 323a StGB. § 142 Abs 2 ist nicht anwendbar (BayObLG NJW 89, 1685; Lackner-Kühl, 24; Fischer 48 mwN). Entschuldigt ist, wer seine Frau ins Krankenhaus begleitet (OLG Köln VRS 66, 128), oder das Entfernen Unfallort um im Winter völlig durchnässte Kleidung zu wechseln (BayObLG VRS 60, 112).

28 **b) Unverzüglich.** Unverzüglich sind die nachträglichen Feststellungen zu ermöglichen, dh ohne jedes (nach strafrechtlichen Gesichtspunkten) vorwerfbare Zögern (BTDr 7/2434 S 8; OLG Koblenz VRS 61, 432; Fischer 54; aA Bouska VD 75, 196, der „unverzüglich" im zivilrechtlichen Sinne versteht; vermittelnd OLG Hamm VRS 52, 416). Unverzüglich bedeutet zwar nicht „sofort" (OLG Köln VRS 54, 350); der UB darf sich also zB zunächst ärztlich versorgen lassen, sein Fz sichern u versuchen, den Berechtigten zu erreichen, soweit dies die unverzüglichen Feststellungen erlauben, dh er darf dies zB nicht erst durch eine zeitraubende schriftliche Anfrage bei der Zulassungsstelle versuchen (OLG Schleswig SchlHA 78, 184; 45; aA Sch/Sch-Cramer/Sternberg-Lieben 65); dann muss er sich notfalls an die Pol wenden (OLG Hamm VRS 52, 416). Da § 142 der Vermeidung späterer Beweisschwierigkeiten dient, muss der Ersatzvornahme nach II in möglichst unmittelbarer, unverfälschter Form so wirklichkeitsgetreu wie nur möglich durchgeführt werden (OLG Stuttgart VRS 52, 181), zumal bei längerem zeitlichem Abstand uU wichtige Beweise für den Unfallhergang, die Art der Beteiligung u den Zustand des UB u seines Fz zur Unfallzeit verloren gehen können (zB Änderung der alkoholischen Beeinflussung, der Witterungsverhältnisse pp). Die Beweissituation des Berechtigten darf nicht gefährdet werden (OLG Oldenburg VRS 54, 279; Lackner-Kühl 26; B/B-König Kap 13 A, 83), dh die erforderlichen Feststellungen müssen noch vollständig u ohne zusätzlichen Ermittlungsaufwand getroffen werden können (OLG Karlsruhe MDR 82, 164); sie dürfen nicht erschwert oder vereitelt werden (OLG Hamm NJW 77, 207; OLG Köln VRS 54, 280). Maßgeblich sind ua Art u Höhe des Schadens, Möglichkeit des Beweisverlustes, Unfallzeit u -ort (BGH VRS 55, 420; H/K/S 287 ff).

29 Die Frage der Anforderungen an die RPflicht der „unverzüglichen" Ermöglichung der nachträglichen Feststellungen kann nicht einheitlich beantwortet werden, sondern hängt – unter Berücksichtigung von Sinn u Zweck des § 142 – von den Umständen des Einzelfalles ab (BGHSt 29, 138; OLG Düsseldorf VRS 58, 254; KG VRS 67, 258). Umso strengere Maßstäbe sind anzulegen, je schwerer der Unfall u je unklarer die Ersatzpflichtlage ist (BayObLG VRS 52, 348), u umgekehrt sind geringere Anforderungen bei eindeutiger Ersatzpflicht u geringem Schaden zu stellen (BayObLG VRS 55, 124; 67, 221).

30 So neigt die RSpr zunehmend dazu, **Unverzüglichkeit** anzunehmen, wenn zB bei **nächtlichen** Unfällen mit einfacher Sach- u RLage, relativ geringem Schaden u eindeutiger Haftungslage die Feststellungen erst am nächsten Morgen

ermöglicht werden, wenn auch so die Interessen des Geschädigten noch ausreichend geschützt werden können (BGH VRS 58, 200; OLG Köln NZV 89, 357; OLG Hamm NZV 03, 424; BayObLG VRS 58, 406, 410, 26; VRS 68, 114; ZfS 86, 348; OLG Köln VRS 60, 434; VRS 64, 116; NZV 89, 357: 6500 DM Schaden; OLG Hamm VRS 61, 263 bei 1500 DM Schaden an Leitplanken u Meldung 4½ Std nach erlaubtem Entfernen; ebenso OLG Stuttgart VRS 60, 196; 65, 202; VRS 73, 191 sowie OLG Frankfurt VRS 65, 30 bei Zurücklassung des Kfz; OLG Karlsruhe MDR 82, 164; OLG Zweibrücken DAR 91, 352; NZV 91, 479); **aber** Meldung eines Unfalls, der sich in der Nacht von Samstag auf Sonntag ereignet hat, erst Montagmorgen ist nach OLG Oldenburg (NdsRPfl 84, 264) nicht mehr unverzüglich. Ein nicht nachts, sondern um 18.45 Uhr erfolgter Unfall ist noch am selben Abend zu melden (OLG Köln ZfS 92, 67; s auch OLG Köln ZfS 91, 33: nicht erst am späten Vormittag; vgl auch König in B/B 13 A 85).

7. Abs 3 Satz 1: Die Art u Weise der nachträglichen Ermöglichung. 31
Diese ergeben sich – beispielhaft – aus **III**, deren Erfüllung in jedem Fall ausreicht, um die Anwendbarkeit des II auszuschließen (BTDr 7/2434 S 8; BGHSt 29, 138; OLG Karlsruhe VRS 59, 420; s aber Rn 33). Danach hat der UB grundsätzlich die Wahl, ob er sich bei den (dh allen, OLG Stuttgart VM 76, 121) Berechtigten (iS von I 1) oder einer **nahe gelegenen PolDienststelle** meldet u dort die in III beschriebenen Angaben macht; es muss nicht die „nächste" PolDienststelle sein, wohl aber eine solche, bei der die Feststellungen am ehesten unverzüglich ermöglicht werden können (Janiszewski 537), wie zB bei einer nahe gelegenen AB-PolDienststelle, nicht erst in einer 35 km entfernten Großstadt (OLG Hamm VRS 64, 16), denn der eingeschlagene Weg muss dem Unverzüglichkeitsgebot des II gerecht werden, dh die Feststellungen unverzüglich ermöglichen (BGHSt 29, 138).

Die **Form der nachträglichen Meldung** hängt von den jew Umständen ab 31a (BGH aaO); so kann die Mitteilung an den (oder die) Berechtigten mündlich, telefonisch, telegrafisch (OLG Zweibrücken NZV 91, 479), schriftlich oder durch einen vertrauenswürdigen Dritten erfolgen (OLG Stuttgart VM 76, 123); der Aufenthaltsort ist insb anzugeben, wenn es auf die Feststellung des physischen oder psychischen Zustands ankommt (BayObLG DAR 85, 241). Er kann auch zum Unfallort zurückkehren, wenn dort die nötigen Feststellungen noch am ehesten möglich sind, weil noch Berechtigte oder feststellungsbereite Personen anzutreffen sind. Eine Pflicht zur Rückkehr besteht allerdings ebenso wenig (BayObLG VRS 67, 221) wie etwa eine „Wartepflicht" (iS des I) an dem Ort, an dem der UB von seiner (zunächst nicht wahrgenommenen) möglichen Unfallbeteiligung Kenntnis erlangt hat (s aber BayObLG 78, 147; 81, 86 = VRS 61, 351; vgl hierzu auch BayObLG VRS 56, 437; VRS 67, 221 zur Feststellungsermöglichung an Ort u Stelle der späteren Unterrichtung); eine „echte" Wartepflicht hat das G für diesen Fall nicht vorgesehen (OLG Karlsruhe VRS 59, 42; Janiszewski JR 79, 341 f), sondern nur die nachträgliche Meldepflicht, deren Befolgung lediglich ein gewisses, zumutbares Abwarten, wie auch bei Informierung in Sichtweite vom Unfallort (BayObLG VRS 67, 137), bedingen kann (s hierzu auch OLG Köln StVE 45: Abwarten der Pol in der Wohnung). – Zur Frage, wann die Pflicht aus II entfällt, weil zZ der Kenntniserlangung von dem Unfall kein räumlicher u zeitlicher Zusammenhang mehr besteht, s oben Rn 27 u BayObLG VRS 59, 191.

Nachträgliche Feststellungen sind nur insoweit zu ermöglichen, als sie nach 32 objektiver Sachlage erforderlich sind, um Schadensersatzansprüche durchzusetzen oder abzuwehren. Ist die Haftungslage eindeutig (zB Anfahren eines ordnungsgem geparkten Pkw ohne Personenschaden), kann bei der nachträglichen Meldung uU auch nur die Angabe des Namens, der Anschrift u des Kfz-Kennzeichens genügen (BayObLG v 24.2.86, 1 St 379/85), zumal die in III S 1 aufgeführten Angaben u Verhaltensweisen nur als Beisp dafür gelten, dass dann jedenfalls die nötigen Feststellungen ausreichend ermöglicht sind. Das schließt nicht aus, dass in geeigneten Fällen dem Schutzzweck der Vorschrift auch anders genügt werden kann. Da auch die nach § 34 I 6b StVO vorgeschriebene Hinterlassung einer Adresse zur Klärung der Haftungsfrage beitragen kann, kommt ihr auch bei der Beurteilung der nach § 142 III zu stellenden Anforderungen Bedeutung zu (OLG Köln DAR 89, 352).

33   **8. Abs 3 Satz 2: Vereitelung der nachträglichen Feststellungen.** III S 2 stellt klar, dass eine Bestrafung nach II dann nicht ausgeschlossen ist, wenn der UB sich zwar formell gem III S 1 verhalten, dabei aber in der Absicht gehandelt hat, die (wahren) Feststellungen zu vereiteln, indem er zB nach erlaubter Entfernung vom Unfallort bei der nachträglichen Meldung seine (nüchterne) Ehefrau als angebliche Fahrerin vorgibt oder inzw Unfallspuren am Fz beseitigt (s dazu Janiszewski 538) oder seine Unfallbeteiligung abstreitet (OLG Zweibrücken VRS 58, 26; DAR 91, 352). Zum Verbot der Spurenbeseitigung am Unfallort s auch § 34 III StVO sowie BayObLG NZV 90, 398 u oben Rn 16; zur Feststellungsvereitelung durch Leugnen nach erlaubtem Entfernen s OLG Zweibrücken aaO.

33a   **8a. Abs 4: Tätige Reue.** Tätige Reue ist – nach langjährigen Auseinandersetzungen (s dazu Janiszewski 560; DAR 94, 1; VGT 1986) – durch das 6. StrRG eingefügt worden. Es gilt nur für Bagatellunfälle im ruhenden Verkehr, dh bei unbedeutenden Parkschäden, die – iG zu § 69 II 3 – keinen bedeutenden Sachschaden zur Folge hatten. Das dürfte nach dem Gegenschluss zur bish RSpr zu § 69 II 3 (s dort Rn 13) jedenfalls bei erkennbaren Fremdschäden unter 1300 € (Fischer, 64; MüKoStVR-Schwerdtfeger 123) anzunehmen sein. Die Rückmeldung muss binnen 24 Std nach dem Unfall, nicht erst nach vollendeter Unfallflucht erfolgen. Streifschäden beim Vorbeifahren an parkenden oder haltenden Fzgen werden durch IV nicht erfasst (OLG Köln VRS 98, 122; H/K/S, 296; Fischer 63; Hentschel-König 69; aA Gebhardt § 43, 61; Bönke NZV 98, 129 f; Böse StV 98, 512) – IV greift nicht, wenn der Täter vor seiner freiwilligen Meldung binnen 24 Std gestellt wird, denn die Tat ist nach seiner unerlaubten Entfernung zunächst vollendet u er trägt das Risiko seiner Entdeckung (s Begr BRDrs 164/97 – Beschluss). Die Neuregelung garantiert bei rechtzeitiger Meldung lediglich Strafmilderung, während das Absehen von Strafe fakultativ ist. Die Möglichkeit, von der Anklageerhebung abzusehen, eröffnet im Ermittlungsverfahren § 153b I StPO. – Zur Frage, wie die nötigen Feststellungen nachträglich zu ermöglichen sind, verweist IV ohne Einschränkung auf III. Danach ist auch III S 2 erfasst, so dass hiernach u nach der ratio legis die Vorteile des IV ausgeschlossen sind, wenn der Täter die Feststellung der wahren Tatsachen durch sein Verhalten absichtlich vereitelt.

34   **9. Vorsatz.** Vorsatz ist in den Fällen von I u II erforderlich, wobei auch bedingter Vorsatz genügt (Fischer 60). Er muss alle TB-Merkmale umfassen (OLG Zweibrücken DAR 82, 332; H/K/S, 339). Der Täter muss im Falle des I wissen oder zumindest damit rechnen (bedingter Vorsatz), dass ein Unfall mit einem nicht

§ 142 StGB

völlig belanglosen Fremdschaden passiert ist (KG NZV 16, 392;OLG Hamm ZfS 03, 569; OLG Düsseldorf ZfS 97, 73; NZV 98, 383; OLG Köln NZV 01, 526; Krumm NZV 16, 362), an dem er (möglicherweise) beteiligt war, u dass er die insoweit erforderlichen Feststellungen hinsichtlich seiner Person, seines Fz u der Art seiner Beteiligung (I 1) nicht ermöglicht (BGHSt 15, 1; OLG Karlsruhe VRS 62, 186) u im Falle der Nr 2 keine angemessene Zeit gewartet hat. Dass er den Schaden hätte erkennen können u müssen, genügt auch für dolus nicht (OLG Jena StV 06, 529; OLG Köln DAR 02, 88; NZV 11, 510; KG NZV 12, 497; MüKoStVR-Schwerdtfeger 82). – Bei **II** ist zusätzlich das Bewusstsein erforderlich, dass er die gebotenen unverzüglichen nachträglichen Feststellungen durch sein Verhalten vereitelt oder zumindest erschwert (Lackner-Kühl 32).

Auf eine **Absicht,** die nötigen Feststellungen zu vereiteln, kommt es nicht an (BayObLG DAR 56, 15). Deshalb handelt auch derjenige vorsätzlich, der sich zwar in erster Linie der Strafverfolgung entziehen will, dabei aber damit rechnet, dass er dadurch zugleich auch die nötigen Feststellungen zugunsten der Berechtigten nicht ermöglicht (BGH VRS 21, 118; OLG Düsseldorf VM 71, 18); zieht er Letzteres nicht ins Kalkül, will er sich also nur den Feststellungen durch die Pol entziehen, so soll es am nötigen Vorsatz fehlen (OLG Oldenburg NJW 68, 2019; KG VRS 33, 275; OLG Hamm VRS 40, 19). Vorsatz wird angenommen, wenn zB jemand heftig auf einen Gegenstand auffährt u, ohne sich darum zu kümmern, seine Fahrt fortsetzt (BGH VRS 30, 45, 48; 37, 263) oder dem sich sonst durch äußere Umstände (wie Anstoßgeräusche, Erschütterung des Fz uÄ) die Vorstellung aufdrängt, „etwas passiert ist" (BGH VRS 37, 263; OLG Frankfurt VRS 64, 265; OLG Köln DAR 02, 88; zur Wahrnehmbarkeit von Kollisionen s Welther u Wolff (s. 44); König in B/B 13 A 112; Buck DAR-Extra 14, 766; Baumgart DAR 06, 283). Je geringer der Schaden umso höhere Anforderungen sind an die Annahme von Vorsatz zu stellen (OLG Hamm VRS 42, 360; König in B/B 13 A 108 f; s auch Rn 34). Es gibt keinen Erfahrungssatz, dass Berührungen zweier Fze stets fühlbar sind (OLG Köln NZV 92, 37). Es gibt keinen Erfahrungssatz, dass, der, der beim Einparken gegen ein anderes Fz stößt u unter Aufgabe seines ursprünglichen Vorhabens die eben aufgesuchte Parklücke sofort wieder verlässt, dies in der Vorstellung tut, einen seine Feststellungspflicht auslösenden Schaden verursacht zu haben (KG NZV 12, 497). 35

Der **Vorsatz kann fehlen,** wenn der UB im Falle von I erst nach dem Entfernen vom Unfallort vom Unfall u seiner möglichen Beteiligung Kenntnis erlangt (BayObLG JR 78, 114; OLG Stuttgart VM 77, 73; s auch BGHSt 28, 129: kein dolus subsequens), wenn er sich vor Ablauf der Wartefrist (I 2) entfernt, um den Geschädigten aufzusuchen (OLG Koblenz NZV 96, 324) oder wenn tiefgreifende Bestürzung, Verwirrung oder ein anhaltender Schock das Bewusstsein ausgeschlossen haben, sich den Feststellungen zu entziehen (s dazu Arbab-Zadeh NJW 65, 1049 sowie Fischer 39; s auch Laubichler BA 77, 247: Fahrerflucht im Dämmerzustand), wenn die Voraussetzungen des **TB-Irrtums** am Unfallort (BayObLG NZV 90, 397) vorliegen, wie zB die Annahme, es sei kein oder nur völlig belangloser Schaden entstanden (OLG Düsseldorf VRS 20, 118; BayObLG VRS 24, 123; OLG Koblenz VRS 48, 337) oder die Berechtigten seien an weiteren Feststellungen uninteressiert (BayObLG VRS 71, 189; ZfS 90, 321; NZV 90, 397; OLG Koblenz VRS 71, 187; OLG Köln VRS 53, 430; Janiszewski 545 f), alle Feststellungen seien getroffen (OLG Düsseldorf NZV 92, 246; OLG Stuttgart StVE 8), es liege mutmaßlicher Verzicht auf Feststellungen vor (BayObLG NZV 92, 413) oder ein Dritter würde die nachträglichen Feststellun- 36 gen auftragsgemäß erledigen (BayObLG bei Rüth DAR 84, 240; weitere Beisp bei H/K/S Rn 351 f). Wird der TB-Irrtum erst nach Verlassen des Unfallortes erkannt, bleibt der Vorsatz ausgeschlossen (BayObLG NZV 90, 397); für die Frage, ob dann § 142 II eingreift, gelten die (oben) für das unvorsätzliche Entfernen dargelegten Grundsätze (s auch 27). Zur Frage der **Wahrnehmungsfähigkeit** u damit des Vorsatzes nach Alkoholeinnahme s H/K/S Rn 344 f sowie Wolff (Rn 44); danach besteht bis 1,0‰ keine verminderte Wahrnehmbarkeit, erst ab 1,5‰ bestehen leichte Einschränkungen; bei 2,7‰ gibt es nach OLG Schleswig (VRS 59, 112) ernsthafte Zweifel. Eine im Rahmen des I beachtliche vorübergehende Schuldunfähigkeit (Schock) ist nach ihrem Wegfall für die dann aus II resultierenden Pflichten bedeutungslos (s 27a). – An die Voraussetzungen des **Verbotsirrtums** sind strenge Anforderungen zu stellen, da sich jeder Kf mit seinen Pflichten vertraut zu machen hat (OLG Hamburg VM 78, 79 Hentschel-König, 63); er (u nicht TB-Irrtum) kann vorliegen, wenn der UB über den Umfang der Wartepflicht irrt (OLG Stuttgart VM 76, 121; OLG Köln VRS 63, 353) oder annimmt, nach Schadensbeseitigung (OLG Düsseldorf VRS 70, 349 = StVE 76) oder deshalb keine Warte- oder Meldepflicht zu haben, weil der Schaden im Wesentlichen nur an dem von ihm geführten Fremd-Fz entstanden ist (OLG Hamm VersR 88, 509); zum mutmaßlichen Verzicht u Verbotsirrtum s BayObLG NZV 92, 413; weitere Beisp bei H/K/S, 358 ff – Zur **Rechtfertigung** unerlaubten Entfernens s OLG Koblenz VRS 57, 13; Janiszewski 546.

Zweifel an der Wahrnehmungsfähigkeit können sich auch auf Grund medizinischer Umstände wie Schwerhörigkeit (Buck DAR–Extra 14, 766) oder Sehschwäche ergeben. Allerdings ist hier immer §§ 2 IV, 3 StVG, 3 FeV zu beachten (vgl § 2 StVG 8). Auch die Einnahme von Medikamenten im Zusammenwirken mit Alkoholgenuss kann zu ausgeprägten Wahrnehmungsstörungen führen (vgl Freyschmidt Rn 235).

Eine Wahrnehmbarkeit kann auch auf Grund einer innerer Einflüsse wie Stress, Angst oder äußerer Einflüsse wie schwierige Verkehrssituation der Lichtverhältnisse oder Fahrunebenheiten ausgeschlossen sein (vgl Löhle S 84; Freyschmidt Rn 233). Soweit es um die Wahrnehmbarkeit eines Unfalls geht, ist darauf zu achten, ob der Beschuldigte den Unfall **visuell, akustisch bzw taktil** wahrnehmen konnte (vgl Freyschmidt Rn 239 ff; Gebhardt § 44 Rn 12 ff; H/K/S 131 ff).

Diese Fragen sind regelmäßig nur durch Einschaltung eines technischen Sachverständigen zu klären (Schmedding NZV 03, 24). Es gibt keinen Erfahrungssatz, dass die Berührung zweier Fahrzeuge immer von den Fahrzeuginsassen taktil wahrgenommen wird (vgl OLG Köln NZV 92, 37).

37 **10. Täterschaft und Teilnahme.** § 142 ist ein echtes Sonderdelikt; als solches kann es nur vom UB begangen werden (7). Aus der Haltereigenschaft allein kann idR – ohne weitere Beweisanzeichen – nicht auf dessen Täterschaft geschlossen werden (BGHSt 25, 365; OLG Köln NZV 98, 37). Ist Täterschaft nicht nachweisbar, können Anstiftung u Beihilfe in Betracht kommen; für sie gelten die allg Grundsätze (§§ 26–31 StGB; s BayObLG VRS 78, 443). **Anstiftung** kann in der Aufforderung zum Wegfahren liegen („hau ab!"); durch verbale, psychische Unterstützung kann auch **Beihilfe** erfolgen; zur Abgrenzung s OLG Zweibrücken VRS 75, 292. Beihilfe kann auch durch **Unterlassen** begangen werden, wenn eine Rechtspflicht zum Handeln besteht, so insb durch den mitfahrenden Halter (OLG Düsseldorf VM 66, 76), der den Fahrer nicht am Weiterfahren hindert, obwohl das möglich u zumutbar war (s oben Rn 7; OLG Stuttgart NJW 81,

2369; BayObLG bei Rüth DAR 84, 240; OLG Zweibrücken VRS 63, 53; 75, 292; OLG Köln NZV 92, 80), ihn selbst wegfährt (OLG Köln VRS 86, 279) oder durch Beseitigen von Unfallspuren (BayObLG NZV 90, 398). Zur Beihilfe durch Abnahme des Namenszettels vom beschädigten Fz nach Entfernen des Täters s BayObLG VRS 57, 345. Zur Beihilfe genügt es, wenn der Haupttäter in seinem schon vorhandenen Tatentschluss bestärkt wird (BGH VRS 59, 185). Sie ist bis zur Erreichung des Fahrtzieles möglich (OLG Karlsruhe NStZ-RR 2017, 355).

11. Folgen. a) Strafzumessung. Der sog **Nachtrunk** (s § 316 Rn 24) kann **38** **strafverschärfend** berücksichtigt werden (BGHSt 17, 143; krit dazu Baumann NJW 62, 1793); ebenso wenn der Täter wusste, dass er den anderen schwer oder lebensgefährlich verletzt (BGH VRS 40, 21; OLG Köln NZV 12, 349; zur Annahme des Tötungsvorsatzes vgl BGH NZV 92, 77) u zugleich keine Hilfe geleistet hat (BGH VRS 32, 437); Art und Höhe des Schadens sind grundsätzlich maßgebliche Bemessungsfaktoren (vgl B/B-König Kap 13 A, 128; Sch-Sch-Cramer/Sternberg-Lieben § 142, 86) ebenso wie die Schwere des Unfalls u seiner Folgen (OLG Frankfurt a.M. NZV 12, 349), **nicht** aber das Entfernen, um sich der Blutprobe zu entziehen (OLG Düsseldorf BA 85, 410; § 46 III StGB), Spurenbeseitigung zur Verminderung des Entdeckungsrisikos (BGH StV 91, 106; NStZ 85, 21; BayObLG v 21.5.93 bei Janiszewski NStZ 93, 572) oder Umstände, die sich nur auf den vorangegangenen Unfall beziehen (BayObLG v 28.2.89 bei Janiszewski NStZ 89, 258). **Strafmildernd** kann wirken eine freiwillige Rückkehr (BGHSt 25, 115), Meldung bei Pol (BGH VRS 25, 115) oder Unfallschock (BGH VRS 24, 189). – Zur Strafaussetzung zur Bewährung bei schweren Unfallfolgen s OLG Koblenz VRS 65, 25.

b) Nebenfolgen. Unter den Voraussetzungen des § 69 II 3 idR EdFE (s § 69 **39** StGB 13); unterbleibt sie, produziert die Eintragung im VZR 7 Punkte, auch im Falle des IV. – Das benutzte Fz kann nach § 74 als Mittel der Tat eingezogen werden (BGHSt 10, 337).

c) Versicherungsrecht. Versicherungsrechtlich stellt sich die Unfallflucht **40** sowohl in der Kfz-Haftpflicht wie auch in der Vollkaskoversicherung als Verstoß gegen die Aufklärungsobliegenheit dar (BGH NJW 96, 2935; 87, 2374). Zu den Rechtsfolgen siehe im Einzelnen § 28 VVG.

12. Konkurrenzen. a) Allgemein. Die zum Unfall führende OW, VGefähr- **41** dung sowie die Körperverletzung oder Tötung stehen zu § 142 in TM, zumal es dieser auf ein Entfernen „nach" einem Unfall abstellt, was idR auch eine entspr gesonderte Willensbildung nach dem Unfall voraussetzt (BGHSt 21, 203; 25, 72; OLG Düsseldorf VM 94, 38; LK-König 211; s aber Werner DAR 90, 11). Das gilt idR auch dann, wenn ein betrunkener Fahrer die Fahrt nach dem Unfall fortsetzt, ohne anzuhalten (BGHSt 21, 203), selbst wenn der Täter die Flucht schon vor der Gefährdung beabsichtigte (BGH VRS 36, 354); nach OLG Celle (VRS 61, 345) ist entscheidend die unfallbedingt neue Motivationslage des Täters. Dagegen sind sämtliche im Verlauf eines ununterbrochenen Fluchtweges mit dem Kfz verübten strafbaren Handlungen als einheitliche Tat anzusehen (BGH NZV 01, 265; DAR 94, 180 bei Nehm, OLG Düsseldorf NZV 99, 388). Nur schwerwiegende Straftaten, wie Mordversuch an verfolgenden PolBeamten, unterbrechen die Einheitlichkeit der Flucht (BGH VRS 48, 191; Martin DAR 73, 145; vgl auch § 24 StVG 9 ff).

StGB § 142 — C. Unerlaubtes Entfernen vom Unfallort

42 **Verfahrensrechtlich** ist der aus VGefährdung u unerlaubter Entfernung bestehende geschichtliche Vorgang als einheitliche Tat iS des § 264 StPO zu werten, gleichviel, ob die Fahrt als solche gegen ein ges Verbot verstößt oder nicht u ob der Täter die Fahrt nach dem Unfall kurzfristig unterbricht oder ohne Halt fortsetzt (BGHSt 23, 141, 144 f; BGH VM 70, 102; VRS 63, 39 = StVE § 315b StGB 15). Sie erstreckt sich aber nicht auf eine nach Beendigung der Unfallflucht (s oben Rn 10) während der weiteren Trunkenheitsfahrt begangene neue VGefährdung. – Beihilfe zur Unfallflucht u Gestatten des Fahrens ohne FE können eine Tat iS von § 264 StPO bilden (OLG Zweibrücken VRS 63, 53). – **Kein Beweisverwertungsverbot** bzgl der Angaben des Angeklagten gegenüber seiner Versicherung, wenn er im Strafverfahren schweigt (BVerfG VRS 90, 8; KG NZV 94, 403).

42a **Wahlfeststellung** zwischen § 142 I u II ist zulässig (OLG Köln VRS 64, 115 = StVE 51; BayObLG bei Rüth DAR 80, 265). Aber **Hinweis** gem § 265 I StPO ist nötig, wenn entgegen Anklage u EB Verurteilung nach II statt nach I in Betracht kommt (BayObLG VRS 61, 31; OLG Frankfurt NZV 89, 40; StV 92, 60).

43 **b) Zum Verhältnis zu § 34 StVO.** Zum Verhältnis zu § 34 StVO, wo die Verhaltenspflichten nach einem Unfall im StraßenV teils synchron mit § 142, teils darüber hinausgehend in detaillierter Form dargestellt sind, vgl § 34 StVO 5; LG Flensburg DAR 78, 279; Janiszewski 554 ff.

44 **13. Literatur. Amtl Begr** BTDr 7/2434 u 3503; **Arloth** „Grenzen von Täterschaft u Teilnahme" GA 85, 492; **Bär/Hauser** „Unfallflucht", Loseblattkommentar m umfangr Lit-Verz; **Bär** „Wer ist Feststellungsberechtigter?" DAR 83, 215; **Beulke** „Strafbarkeit gem § 142 bei vorsatzlosem Sich-Entfernen vom Unfallort" NJW 79, 400; **Baumert** „Zur taktilen Bemerkbarkeit leichter Fahrzeugkollisionen" DAR 00, 283; **Buck** „Aktuelles zur Unfallflucht in der unfallanalytischen Bewertung" DAR-Extra 14, 766; **Dornseifer** „Struktur u Anwendungsbereich des § 142" JZ 80, 299; **Dvorak** „Zur Wartepflicht auf die Pol nach einem VUnfall bei Trunkenheitsverdacht" JZ 81, 16; **Freyschmidt/Krumm** „Verteidigung in Straßenverkehrssachen", 10. Aufl. 2013; **Gebhardt** „Das verkehrsrechtliche Mandat" 7. Aufl. § 43 ff; **Geppert** „Zur Frage der VUnfallflucht bei vorsätzlich herbeigeführtem VUnfall" GA 70, 1; **Haubrich** „Nächtliche VUnfälle u die Unverzüglichkeitsfrist des § 142 II" DAR 81, 211; **Hauser** „Unfallflucht – ein typisches Alkoholdelikt" BA 82, 194; **Himmelreich/Krumm/Staub** „Verkehrsunfallflucht", 6. Auflage 2013; **Himmelreich** „Ablenkung und andere Blickrichtung, welcher Sachverständige als Gutachter?" DAR 03, 46; **Höfle** „Unerlaubtes Entfernen vom Unfallort – § 142 StGB" ZfS 99, 458; **Janiszewski** „Zur Neugestaltung des § 142" DAR 75, 169; DAR 94, 1; **Küper** „Zur Tatbestandsstruktur der Unfallflucht" NJW 81, 853; „Grenzfragen der Unfallflucht" JZ 81, 209; „RichterR im Bereich der VUnfallflucht" Festschrift für Uni Heidelberg 1986 bei C. F. Müller; **Laschewski** „Vorsatzloses Entfernen vom Unfallort – weiterhin strafbar?" NZV 07, 444; **Lessing** „Neue Aspekte der Bemerkbarkeit im Rahmen der Unfallflucht" DAR 97, 329; **König** Kap 13 in Berz/Burmann „Handbuch des Straßenverkehrs" Kap 13 A; **Magdowski** „Die Unfallflucht in der Strafrechtsreform" Lübeck 79; **Mitsch** „Die verfassungskonforme Anwendung des § 142 II Nr 2 StGB" NZV 2008, 217; „Vollendung und Beendigung der „Unfallflucht" (§ 142 StGB)" NZV 09, 103; „§ 142 StGB findet auch auf der Autobahn" NZV 10, 225; **Preisendanz** „Aktuelle Probleme u Rechtsfolgen der Unfallflucht" Der Amtsanwalt 80, 23; **Rogall** „Der Beschuldigte als Beweismittel gegen sich selbst" Bd 49 Schriften zum ProzeßR bei Duncker u Humblot 1977; **Schmedding** „Unfallflucht aus der Sicht des technischen Sachverständigen" NZV 03, 24; „In jedem Fall Unfallflucht?" DAR 2012, 728; **Tepperwien** „Der Beifahrer in Verkehrsrechtsstrafsachen" Festschrift für Kay Nehm, 427 ff; **Volk** „Die Pflichten des UB" DAR 82, 81; **Welther** „Zur Wahrnehmbarkeit leichter Kollisionen" Schweizer Verlag 1983;

Werner „Rauschbedingte Schuldunfähigkeit u Unfallflucht" NZV 88, 88; **Wolff** „Wahrnehmbarkeit leichter Pkw-Kollisionen" DAR 94, 391.

D. Verkehrsgefährdungen

§ 315b Gefährliche Eingriffe in den Straßenverkehr

(1) **Wer die Sicherheit des Straßenverkehrs dadurch beeinträchtigt, daß er**
1. **Anlagen oder Fahrzeuge zerstört, beschädigt oder beseitigt,**
2. **Hindernisse bereitet oder**
3. **einen ähnlichen, ebenso gefährlichen Eingriff vornimmt,**
und dadurch Leib oder Leben eines anderen Menschen oder fremde Sachen von bedeutendem Wert gefährdet, wird mit Freiheitsstrafe bis zu fünf Jahren oder mit Geldstrafe bestraft.

(2) **Der Versuch ist strafbar.**

(3) **Handelt der Täter unter den Voraussetzungen des § 315 Abs. 3**[1]**, so ist die Strafe Freiheitsstrafe von einem Jahr bis zu zehn Jahren, in minder schweren Fällen Freiheitsstrafe von sechs Monaten bis zu fünf Jahren.**

(4) **Wer in den Fällen des Absatzes 1 die Gefahr fahrlässig verursacht, wird mit Freiheitsstrafe bis zu drei Jahren oder mit Geldstrafe bestraft.**

(5) **Wer in den Fällen des Absatzes 1 fahrlässig handelt und die Gefahr fahrlässig verursacht, wird mit Freiheitsstrafe bis zu zwei Jahren oder mit Geldstrafe bestraft.**

Übersicht

	Rn
1. Wesen und Zusammenhang der Vorschrift	1
2. Tathandlungen	3
a) Nr 1: Anlagen	3
b) Nr 2: Bereiten eines Hindernisses	4
c) Nr 3: Ähnlicher, ebenso gefährlicher Angriff	6
3. Beeinträchtigung der Verkehrssicherheit	8
4. Konkrete Gefährdung	9
5. Abs 2 Versuch	10
6. Der subjektive Tatbestand unterscheidet vier Begehungsformen:	11
a) Vorsatz	11
b) Abs 3: Absicht	12
c) Abs 4: Gemischt vorsätzlich-fahrlässige Tat	13
d) Abs 5: Fahrlässigkeit	15
7. Abs 6: Tätige Reue	16

---

[1] § 315 III lautet idF des 6. StrRG:
(3) Auf Freiheitsstrafe nicht unter einem Jahr ist zu erkennen, wenn der Täter
1. in der Absicht handelt,
   a) einen Unglücksfall herbeizuführen oder
   b) eine andere Straftat zu ermöglichen oder zu verdecken, oder
2. durch die Tat eine schwere Gesundheitsschädigung eines anderen Menschen oder eine Gesundheitsschädigung einer großen Zahl von Menschen verursacht.

	Rn
8. Konkurrenzen	17
9. Einziehung	18
10. Literatur	19

1   1. Wesen und Zusammenhang der Vorschrift. Durch § 315b wird die Sicherheit des öffentlichen Straßenverkehrs (BGH NStZ 15, 263; 04 625; 03, 266) geschützt. Geschützt werden daneben auch die gefährdeten einzelnen VT einschließlich der Fußgänger auf dem Gehweg (BGH NStZ 03, 196), Auch wenn § 315b nur im öffentlichen Verkehrsraum (BGH NZV 04, 479; NStZ 04, 625; vgl auch NZV 13, 508) gilt, ist nicht erforderlich, dass der Gefahr- oder Verletzungserfolg innerhalb des öffentlichen Verkehrsraums eintritt (BGH NStZ 04, 625; LK-König 61). § 315b soll vornehmlich verkehrsfremde Eingriffe in die Verkehrssicherheit von außen abwehren (BGHSt 28, 87; 48, 233, 236 ff; König NStZ 01, 175). Fehlleistungen des FZ-Führers im fließenden Verkehr sind nach § 315c zu bestrafen, welcher insoweit eine abschließende Regelung darstellt (BGHSt 48, 233 = NJW 2003, 1613).

2   Eine **Ausn** gilt nur, wenn ein Fz-Führer (zum Beifahrer s 6d) durch **verkehrsfeindliches Verhalten** einen der in § 315b I aufgeführten Eingriffe **beabsichtigt** (BGHSt 28, 87 = NJW 78, 2607; OLG Koblenz VRS 69, 378, sog **Inneneingriff**), wenn also der Schaffung des Hindernisses oder der sonstige Eingriff nicht die bloße Folge, sondern der Zweck der verbotenen Fahrweise ist (BGHSt 21, 301; NZV 90, 77; 01, 265), das Kfz nicht als Fortbewegungsmittel, sondern als Waffe zur Verletzung anderer oder als Nötigungsmittel missbraucht wird (BGH NZV 90, 35; 92, 325; NJW 96, 208; NZV 97, 226; NZV 98, 36). Neben dem Einsatz als Nötigungsmittel verlangt der BGH (nicht aber beim Außeneingriff (s. 1)), dass der Täter insoweit mindestens mit **bedingtem Schädigungsvorsatz** handelt. Gefährdungsvorsatz reicht nicht, um einen verkehrswidrigen Vorgang zu einem Eingriff in den Straßenverkehr zu „pervertieren" (BGHSt 48, 233 = NJW 03, 1613; NStZ 10, 391; NZV 14, 184; 16, 345; 123; OLG Hamm NZV 08, 261; OLG Köln DAR 04, 469; ablehnend König NStZ 04, 175). Das Kfz muss als Waffe oder als Schädigungswerkzeug missbraucht werden. Nur wenn (bedingter) Schädigungsvorsatz vorliegt, erfüllt das Abschneiden des Weges, um ein Überholen zu verhindern oder das Zufahren auf einen Polizeibeamten, der den Fahrer zum Anhalten veranlassen will, um ihm zum Beiseitespringen und zur Freigabe des Weges zu zwingen, den TB des § 315b StGB (BGH NZV 16, 345 anders BGHSt 7, 329; 23, 4; 41, 231). Die meisten Fälle des Zufahrens auf eine Person oder Fahrzeug unterfallen somit nicht mehr dem § 315b ebenso wie „schlichte Nötigungsfälle" (s. Hentschel-König 11).

3   **2. Tathandlungen.** sind die in I 1 bis 3 aufgeführten Eingriffe:

a) Nr 1: Anlagen. Anlagen sind alle dem Verkehr u seiner Sicherung dienenden Vorrichtungen, wie die Str selbst (Straßenoberfläche, Brücken), Gullideckel (BGH NZV 02, 517), die VZeichen, Signalampeln, Straßenbeleuchtungseinrichtungen und FZ. Durch Beschädigung eines **Fz** kann den StraßenV gefährden, wer Bremsleitungen abreißt (BGH VRS 68, 116; NJW 96, 208 = NZV 95, 364) oder ein Fz rammt (BGH VRS 50, 94).

4   **b) Nr 2: Bereiten eines Hindernisses.** Bereiten eines Hindernisses ist das Herbeiführen eines Vorgangs, der geeignet ist, durch körperliche Einwirkung den reibungslosen VAblauf zu hemmen oder zu verzögern (BGHSt 41, 231 =

NZV 95, 493; OLG Zweibrücken NZV 97, 239). Eine nur unwesentliche Behinderung reicht nicht aus (BGHSt 22, 365; VRS 64, 267 = StVE 17), auch nicht eine im Rahmen des § 45 I 1 StVO zulässige bauliche Maßnahme zur VBeruhigung (OLG Frankfurt NZV 92, 38 m zust Anm Molketin: sog „Kölner Teller"; s aber OLG Celle NZV 91, 353; OLG Nürnberg NZV 90, 433 u OLG Hamm NZV 90, 352: **Verletzung der Verkehrssicherungspflicht** durch Aufstellen ungenügend gesicherter Blumenkübel, Poller u Schwellen auf der Fahrbahn, insb außerhalb verkehrsberuhigter Bereiche, hier kommt Hindernisbereiten durchaus in Betracht, s LK-König, Rn 29). Ein Hindernis bereitet, wer im fließenden Verkehr mit seinem Kfz einem anderen absichtlich den Weg abschneidet, um ihm die Weiterfahrt (BGHSt 21, 301) oder auf dem Gehweg einem Fußgänger das Weitergehen unmöglich zu machen (BGH VRS 64, 267 = StVE 17) oder wer umgekehrt als **Fußgänger** auf der Fahrbahn den normalen Verkehr beeinträchtigt (BGH NZV 95, 493), wer als Bauunternehmer eine Baustelle im Fahrbahnraum pflichtwidrig nicht absichert (BGH VM 59, 27), als Schrankenwärter, die Schranken ohne Vorwarnung so plötzlich senkt, dass ein Fz-Führer nicht mehr rechtzeitig vor ihnen anhalten kann (BGH VRS 19, 452), wer auf der Fahrbahn eines öff Weges eine Sperre errichtet (BayObLG 60, 258 = VRS 20, 441; OLG Frankfurt VRS 28, 423), einen anderen in die Fahrbahn stößt oder auf ihr zu Fall bringt (vgl BGH NStZ 07, 34), oder auf die Motorhaube eines herankommenden Kfz springt, so dass es zur Notbremsung gezwungen wird (OLG Hamm VRS 25, 186; OLG Zweibrücken NZV 97, 239; s auch unten 6, 7). Wer herabgefallene Teile seiner Ladung oder ein abgesprungenes Rad, eine ungesicherte größere Ölspur (OLG Stuttgart VRS 16, 200; OLG Hamm DAR 69, 76), eine Benzinspur (BayObLG NZV 89, 443) oder eine umgefahrene Bake auf der Fahrbahn lässt, bereitet durch sein **Unterlassen** ein Hindernis (BayObLG 69, 67 = VRS 37, 439).

Das gilt auch für den, der absichtlich ohne verkehrsgerechten Grund stark bremst, um den nachfolgenden VT auf sein Fz auffahren zu lassen (BGH NZV 12, 393; NZV 92, 157: Anhalten bei Gelb), nicht aber, wenn der nachfolgende Fahrer ohne Schädigungsvorsatz zu abruptem Bremsen gezwungen werden soll (anders noch OLG Düsseldorf NZV 89, 441; 94, 37; OLG Köln NZV 92, 80). OLG Hamm (SVR 16, 181) verlangt ein Abbremsen aus hoher Geschwindigkeit, wofür ein Abbremsen aus ca. 40 km/h nicht genügt (abl. Konig DAR 17, 364). Ein Hindernis kann auch der Beifahrer bereiten, z.B. durch Öffnen der Tür, um einen Radfahrer „auffahren" zu lassen (OLG Hamm NZV 17, 288).

Kein „Hindernis" iS der Vorschrift ist die Behinderung anderer, die über 5 eine fehlerhafte VTeilnahme nicht hinausgeht (oben 1, 2); zu ihr gehört auch das Fahren mit einem verkehrsunsicheren Fz (OLG Stuttgart VRS 29, 193; Ha VRS 30, 356; BGH NJW 96, 208: zerstörte Bremsleitung) oder die unzureichende Sicherung eines neben der Fahrbahn abgestellten Fz, so dass dieses in die Fahrbahn rollt (BayObLG 74, 13 = VRS 47, 27). Wer sein Fz auf der AB wendet, ist nur nach 315c I 2 f, wer es ohne ausreichende Kenntlichmachung auf der Fahrbahn stehen lässt, nach § 315c I 2g strafbar. Auch alle anderen Verstöße von Fz-Führern, die über bloße fehlerhafte VTeilnahme nicht hinausgehen, zB das Befahren einer AB in gegenläufiger Richtung (sog **„Geisterfahrer"**), sind kein Hindernisbereiten iS des § 315b, wenn ein solches nicht beabsichtigt ist (OLG Stuttgart VRS 58, 203 LK-König 31, 45; Janiszewski Rn 250).

c) Nr 3: Ähnlicher, ebenso gefährlicher Angriff. Die Vorschrift ist wegen 6 der weiten Fassung eng auszulegen (BayObLG VRS 47, 27). Ähnliche, ebenso

StGB § 315b

gefährliche Eingriffe in den StraßenV können nur im öff VRaum begangen werden, nicht daneben in einem Getreidefeld (BGH VRS 61, 122; aA LG Bonn NStZ 83, 223; anders bei § 315c).

6a Der Eingriff setzt eine **grobe Einwirkung** in den VAblauf von einigem Gewicht voraus (BGHSt 26, 176; 41, 231 = NZV 95, 493), der die Sicherheit des Straßenverkehrs beeinträchtigt (Dencker, Nehm-FS 379). Dies setzt voraus, dass der Eingriff eine Qualität aufweist, die einen Verkehrsteilnehmer bei argloser Verkehrsteilnahme gerade in seiner Eigenschaft als Verkehrsteilnehmer in Gefahr bringen kann. Es muss daher das aus der Eigenbewegung des betroffenen Verkehrsteilnehmers sich ergebende Verkehrsgrundrisiko durch den Eingriff gefährlich erhöht werden (Dencker aaO, 382 f). Der Eingriff kann auch in dem Führen eines Fz im fließenden Verkehr bestehen, wenn es sich um einen bewusst zweckwidrigen, verkehrsfeindlichen Einsatz des Kfz handelt (BGH NZV 90, 77; OLG Koblenz VRS 69, 378), durch den der VVorgang zu einem Eingriff „pervertiert" wird (s Rn 1, 2; BGH NZV 90, 35; 98, 36).

6b Beispiele: falsche Signale, erschreckende Licht- oder Schalleinwirkungen durch Außenstehende, ebenso Sabotageakte am stehenden Kfz, die sich auf der Fahrt auswirken können, wie Lockern der Radschrauben, Abreißen der Bremsleitung (BGH VRS 68, 116; NJW 96, 208 = NZV 95, 364; NStZ 06, 446), Verstopfen der Luftzufuhr zum Motor oder des Auspuffrohrs oder Werfen von Steinen auf Autos (BGH VRS 63, 119; NZV 03, 196), Schüsse auf Fahrzeuge (BGH NStZ 09, 100). Stoßen eines anderen vor einen herankommenden Pkw (BGH DRiZ 85, 137; s aber OLG Köln VRS 69, 30), das gezielte Zufahren auf ein anderes Kfz, um es zu beschädigen (BGH VRS 65, 359; NZV 90, 77), das Rammen eines vorausfahrenden Fz mit einer relativen Aufprallgeschwindigkeit von 40 bis 50 km/h (BGH NStZ-RR 01, 298) oder eines Fz am Fahrbahnrand (BGH NZV 95, 115), Abdrängen eines Überholenden (BGHSt 22, 67; OLG Koblenz VRS 73, 58; jedoch nur bei Schädigungsvorsatz s Rn 2), Mitnahme eines anderen auf der Kühlerhaube des Fz bei hoher Geschwindigkeit (BGH VRS 48, 352; OLG Köln VRS 53, 184), Mitschleifen eines anderen auf der Flucht, um ihn abzuschütteln (BGH VRS 56, 189; DAR 95, 334), sowie das Anfahren u Zufallbringen eines wegen Tatverdachts verfolgten Kradfahrers, um ihn festnehmen zu können (BayObLG NStZ 88, 518). Auch ein äußerlich verkehrsgerechtes Verhalten, das dazu dient, einen Unfall herbeizuführen, stellt einen gefährlichen Eingriff dar (BGH NJW 99, 3132; NZV 92, 157; Fischer 10). Da I 3 einen „bewusst verkehrsfeindlichen" Einsatz des Kfz fordert, kann dieser TB vom Fz-Führer grundsätzlich **nicht fahrlässig** begangen werden (s unten Rn 15).

6c Die gefährdende Handlungsweise ist konkret zu umschreiben u nicht durch allg Begriffe, wie Vollbremsung, Ausbremsen uÄ zu ersetzen (OLG Düsseldorf NZV 94, 37; OLG Koblenz DAR 00, 371; Fischer 18).

6d Wer als **Beifahrer** gewaltsam in die Steuerung eingreift, um das Fz der Herrschaft des Fz-Führers zu entziehen u es in verkehrsfeindlicher Absicht zweckzuentfremden (BGH NStZ 85, 267), begeht ebenfalls einen Eingriff iS der Vorschrift (BGH VRS 36, 267; NZV 90, 35; Fischer 8). Nach BGH NZV 90, 35 unterfällt eine Handlung des Beifahrers dann nicht § 315b, wenn nur auf einen bestimmten Verkehrsvorgang Einfluss genommen werden soll (Abbiegen, Anhalten; vgl auch OLG Hamm NJW 00, 2686: Anziehen der Handbremse, um verkehrsgerechte Geschwindigkeit zu erreichen, ohne damit eine Zweckentfremdung des Fz zu beabsichtigen). BGH NStZ 07, 34 hat ausdrücklich offen gelassen, ob an dieser Auffassung uneingeschränkt festzuhalten sei. Die von BGH NZV 90, 35 vorgenommene Einschränkung der Reichweite des § 315b StGB ist ungerechtfertigt. Die geforderte Zweckentfremdung des Kfz (s. 2) ist auf den Beifahrer nicht anzuwenden. Sein Handeln ist nicht als Inneneingriff (s. 2) zu klassifizieren, da der Fahr- und Steuerungsvorgang allein dem Kfz-Führer obliegt. Eingriffe des Beifahrers sind daher als externe Störungen (s. 1) zu bewerten (Grupp-Kinzig NZV 07, 132; Hentschel-König 16, vgl auch Sch-Sch-/Sternberg-Lieben/Hecker 11).

Kein gefährlicher Eingriff bei Benutzung des Kfz lediglich als **Fluchtmittel** 7 (BGH VRS 53, 31; BGHSt 28, 87; NStZ 85, 267; ZfS 97, 232; OLG Hamm NStZ-RR 01, 104, s aber oben 6a); oder zum Zwecke der Fortbewegung. Daher reicht gewaltsame Verhinderung eines Aussteigeversuches des Mitfahrers nicht (BGH NZV 01, 352); Antippen des Bremspedals stellt keinen gefährlichen Eingriff dar, auch wenn der nachfolgende Fahrer dadurch ins Schleudern gerät (OLG Köln NZV 97, 318); zum **„Auto-Surfen"** auf Feldwegen (s OLG Düsseldorf NStZ-RR 97, 325). Wer Benzin im Bus verspritzt u dadurch zwar eine Explosionsgefahr, aber keinen regelwidrigen VVorgang herbeiführt (BGH NZV 97, 363), begeht keinen gefährlichen Eingriff. Die mangelhafte oder pflichtwidrig unterlassene Kfz-Reparatur ist nur dann ein „Eingriff" iS des § 315b I, wenn das Fz absichtlich beschädigt oder in schadhaftem Zustand belassen wird (BayObLG 73, 198).

3. Beeinträchtigung der Verkehrssicherheit. Beeinträchtigt ist die Sicher- 8 heit des Verkehrs (TB-Merkmal: OLG Düsseldorf NJW 82, 2391 = StVE 16) durch eine der Tathandlungen, wenn die normale abstrakte VGefahr so gesteigert worden ist (vgl BGHSt 13, 69), dass konkrete Gefahren deutlich wahrscheinlicher geworden sind (BGH VRS 68, 116; OLG Köln DAR 92, 469; BayObLG NZV 88, 70), für andere die gefahrlose Teilnahme am Verkehr nicht mehr möglich ist (BGHSt 22, 6; OLG Düsseldorf aaO). Die Gefährdung eines Einzelnen ist nicht Begriffsmerkmal der Beeinträchtigung, aber ein wesentliches Indiz (BGHSt 6, 1; 13, 69); die Beschädigung eines Kfz allein genügt nur, wenn sie sich auf den öff Verkehr auswirkt (BGH NStZ 2003, 206; Sch-Sch/Sternberg-Lieben/Hecker 3).

4. Konkrete Gefährdung. Eine konkrete Gefährdung (vgl § 1 StVO 71; 9 § 315c Rn 4 ff) eines anderen, dh nicht eines Tatteilnehmers (BGH NStZ-RR 08, 289; NStZ 92, 233), muss als Folge der Beeinträchtigung hinzukommen (BGH NStZ 96, 85 unter Aufg von BGH NStZ 85, 263; NJW 02, 626). Daran fehlt es, wenn das langsam herangeführte Kfz 1–2 m vor dem Opfer angehalten (BGH VRS 69, 125 = StVE 24; s auch VRS 44, 437), die Zerstörung der Bremsleitung keine konkrete Kollisionsgefahr herbeigeführt hat (BGH StV 12, 217;NZV 95, 364) oder auch bei „gestellten" Verkehrsunfällen (BGH NZV 99, 72). Insoweit hat BGHSt 48, 119 = NZV 03, 196, m Anm Berz/Saal das Erfordernis aufgegeben, dass der Eingriff und der Eintritt der konkreten Gefährdung zeitlich auseinander fallen müssen (so noch BGH NZV 98, 187; NJW 02, 626). Der TB kann auch erfüllt sein, wenn die Tathandlung **unmittelbar zu einer konkreten Gefahr oder Schädigung führt.** Vor dem Hintergrund des Schutzmaßes des § 315b ist es aber erforderlich, dass der Eingriff zu einer **verkehrsspezifischen Gefährdung** geführt hat (BGH BGHSt 48, 119 = NZV 03, 196; NStZ 10, 100). Die konkrete Gefahr muss daher auf die für Verkehrsvorgänge typischen Fortbewegungskräfte zurückzuführen sein (BGH NStZ 09, 100; NZV 16, 40). Es reicht nicht aus, wenn die konkrete Gefährdung oder Schädigung in keinem Zusammenhang mit typischen Vorgängen des Straßenverkehrs steht (Lackschaden an Pkw durch Bewerfen mit Dosen, Schüsse auf fahrende Autos: BGH NStZ-RR 15, 352). An die Feststellung einer konkreten Gefährdung sind zur Verhinderung einer ausufernden Anwendung strenge Anforderungen zu stellen (OLG Düsseldorf NJW 93, 3212, OLG Hamm NZV 98, 212, NZV 94, 37); es bedarf konkreter Feststellungen, ob u weshalb eine RGutVerletzung nahe lag (OLG Düsseldorf VRS 88, 35), wobei die Anforderungen andererseits nicht übertrieben werden dürfen (BGH NStZ 96, 83 m Anm Berz; Tepperwien Nehm-FS 436). Eine konkrete Gefährdung von Leib oder Leben kann nicht mit der Erwägung begründet werden, bei provozierten (Auffahr-) Unfällen bestehe regelmäßig die Gefahr von Verletzungen im Kopf- u Halswirbelbereich selbst bei geringen Geschwindigkeiten; vielmehr sind konkrete Feststellungen insb zu den Geschwindigkeiten der Pkw im Zeitpunkt der Kollision u der Intensität des Aufpralls zwischen den beteiligten Fzen erforderlich (BGH NZV 12, 393; NStZ 12, 700). − **"Anderer"** s § 1 StVO 68; zum bedeutenden Sachwert s § 315c Rn 6, 7. Das vom Täter geführte Fahrzeug bleibt als notwendiges Tatwerkzeug auch dann außer Betracht, wenn es im fremden Eigentum steht (BGH DAR 99, 174).

10   **5. Abs 2 Versuch.** Der Versuch ist nur im Falle des I strafbar, wenn sich der mind bedingte Vorsatz auch auf die Gefährdung erstreckt (BGH NZV 96, 37; s auch Rn 13). Für das Verbrechen nach III ergibt sich die Strafbarkeit des Versuchs aus § 23 I. Versuch kann zB vorliegen, wenn der Eingriff misslingt oder die konkrete Gefährdung ausbleibt (BGH bei Spiegel DAR 78, 146, 148; BGH DAR 89, 30). Zum Versuch im Falle von IV s Rn 13.

11   **6. Der subjektive Tatbestand unterscheidet vier Begehungsformen: a) Vorsatz.** Grundform ist die **vorsätzliche Begehung** nach I. Bei ihr muss sich der mind bedingte Vorsatz auf alle TB-Merkmale, also auch auf die Herbeiführung einer konkreten Gefährdung erstrecken (BGH NJW 95, 493, 495; VRS 39, 187; s aber IV unten Rn 13). Mit Gefährdungsvorsatz handelt, wer die Umstände kennt, welche die Schädigung eines der in § 315b geschützten Rechtsgüter als nahe liegende Möglichkeit erscheinen lassen, u den Eintritt der Gefahrenlage zumindest billigend in Kauf nimmt (BayObLG NZV 92, 415). Der Vorsatz muss sich aber nicht darauf erstrecken, dass ein anderer geschädigt, insb verletzt wird (BGH VRS 55, 126; NZV 92, 325). Vorsätzlich gefährdet daher auch derjenige, der die von ihm verursachte, einen anderen bedrohende Gefahr bewusst als Mittel einsetzt, um den anderen zum Ausweichen zu zwingen, selbst wenn er dabei überzeugt ist, dass der andere rechtzeitig ausweichen werde (BGHSt 22, 67; VRS 34, 361; VRS 64, 112 zum bedingten Vorsatz; s auch OLG Düsseldorf VRS 62, 269). Bei Eingriffen innerhalb des fließenden Verkehrs reicht Gefährdungsvorsatz nicht. Erforderlich ist **Schädigungsvorsatz** (BGH 48, 233 = NJW 03, 1613, s Rn 2).

12   **b) Abs 3: Absicht.** Abs 3 erhebt das vorsätzliche Vergehen nach I (nicht nach IV!) zum Verbrechen (BGH NZV 96, 37; BayObLG NZV 94, 204), wenn der Täter in der **Absicht** handelt, den in § 315 III 1 oder 2 umschriebenen Erfolg, dh einen **Unglücksfall herbeizuführen** (s BGH NZV 01, 265; 96, 37; VM 88, 31) oder eine **andere Straftat, zu ermöglichen oder zu verdecken.** Unter einem Unglücksfall ist ein plötzliches Ereignis mit Schadensfolge für Menschen oder Sachen zu verstehen; dass der Schaden eintritt, ist nicht erforderlich (Lackner-Kühl § 315, 8; Hentschel-König 30). Ein einverständlich herbeigeführter Zusammenstoß reicht nicht (BGH NZV 91, 157). Der Wille des Täters muss darauf gerichtet sein, nicht nur eine Gefährdung, sondern einen Schaden herbeizuführen. Erforderlich ist zielorientierter, unbedingter direkter Vorsatz (OLG München NJW 05, 3794). Weiterhin ist Abs 3 gegeben, wenn die Tat eine andere Straftat, zB das Führen eines Fz ohne Fe oder im

betrunkenen Zustand ermöglichen oder verdecken soll (§ 315 III 1b; (BGH VRS 62, 190; DAR 95, 259: zweckwidriger Einsatz des Fz als Widerstandshandlung iS von § 113 StGB). Eine OW genügt nicht (BGHSt 28, 93 = JR 79, 515 m zust Anm Rüth), auch nicht die Absicht, einen anderen nur zu erschrecken oder ihm einen Denkzettel zu verpassen (BGH NJW 96, 329 = NStZ 96, 85). Dass die andere Straftat tatsächlich begangen ist, setzt § 315b III nicht voraus; es genügt, dass der Täter dies irrig glaubt (Spiegel DAR 79, 173, 179 mwN). Wer einen Fußgänger anfährt, um ihn zu verletzen, handelt nicht, um eine andere Straftat zu ermöglichen, sondern um einen Unglücksfall herbeizuführen (III iVm § 315 III 1: BayObLG v 29.7.88 bei Janiszewski NStZ 88, 544; Sch-Sch-Sternberg – Lieben/Hecker § 315 Rn 22). Stellt die Verwirklichung des TB des § 315c sich zugleich als eine Nötigung dar, so führt dies nicht zur Anwendung des § 315b III (BGH NZV 01, 265; NJW 07, 2130). Das Bestreben einen zeitlichen Vorsprung zu erzielen, um fliehen zu können, reicht für Verdeckungsabsicht nicht aus (OLG Hamm NZV 08, 261). Der Verweis auf § 315 III Nr 2 enthält eine Erfolgsqualifikation für besonders gravierende Fälle, nämlich der Verursachung einer schweren Gesundheitsbeschädigung eines anderen oder die Gesundheitsbeschädigung einer großen Zahl anderer Menschen (vgl Fischer § 306b, 4 f). Für die Herbeiführung der schweren Folge reicht Fahrlässigkeit aus (Fischer § 315, 23).

c) Abs 4: Gemischt vorsätzlich-fahrlässige Tat. Abs 4: Gemischt vorsätz- 13 lich-fahrlässige **Begehung** liegt vor, wenn der Täter vorsätzlich handelt, aber die Gefährdung nur fahrlässig herbeiführt. Hier handelt es sich gleichwohl um eine **vorsätzliche Tat**, bei der nur die Folge, die Gefährdung, nicht gewollt, sondern fahrlässig verursacht ist (§ 11 II StGB; BGH VRS 57, 271). Aus dem Charakter als vorsätzl. Tat ergibt sich die Möglichkeit der fortgesetzten Begehung, der strafbaren Teilnahme u anderer Folgen vorsätzl. Straftaten (Lackner-Kühl § 11 Rn 23 ff; OLG Stuttgart VRS 50, 265). Der Versuch dieser Begehungsform ist nicht strafbar, da II den erst in IV geregelten TB nicht erfasst (OLG Düsseldorf NZV 94, 486).

IV ist auch dann anwendbar, wenn nicht nur die Gefährdung, sondern auch 14 die Beeinträchtigung der VSicherheit fahrlässig herbeigeführt werden, da beide praktisch weitgehend zusammenfallen (OLG Köln NZV 91, 319). Auf Fälle des „Inneingriffs" (s 2) ist IV ebenso wie V vor dem Hintergrund, dass Schädigungsvorsatz erforderlich ist, nicht anwendbar.

d) Abs 5: Fahrlässigkeit. Abs 5: Die fahrlässige Begehungsform liegt vor, 15 wenn außer der Gefährdung u Beeinträchtigung mind ein weiterer Tatumstand nur fahrlässig begangen ist. Das Vergehen nach § 315b I 3 kann zwar vom Außenstehenden, auch vom Mitfahrer, aber idR nicht vom Fz-Führer fahrlässig begangen werden, da eine bewusst verkehrsfeindliche Einsetzung des Kfz vorausgesetzt wird (BGHSt 23, 4; VRS 57, 271; NZV 95, 493, 495; OLG Karlsruhe VRS 68, 452 = StVE 22; OLG Köln NZV 91, 319; VRS 87, 35 zu I 2).

7. Abs 6: Tätige Reue. Tätige Reue ist durch 6. StrRG aufgehoben. Nach 16 § 320 II (neu) kann aber in den Fällen des Abs 1, 3 oder 4, Abs 3 iVm § 315 III 1 die Strafe gemildert oder von ihr abgesehen werden, wenn der Täter freiwillig die Gefahr abgewendet hat, bevor ein erheblicher Schaden entstanden ist (Wertgrenze ca 1.300,00 €). Unter derselben Voraussetzung bleibt der fahrlässige Täter (V) nach § 320 III 1 immer straffrei. Wird ohne Zutun des Täters die Gefahr abgewendet, so genügt nach § 320 IV sein freiwilliges u ernsthaftes Bemühen, dieses Ziel zu erreichen. Tätige Reue kommt auch in Betracht, wenn einerseits

StGB § 315c D. Verkehrsgefährdungen

eine Gefährdung bereits eingetreten, die Straftat also vollendet, andererseits aber noch kein erheblicher Schaden entstanden ist. Rücktritt vom Versuch – vor Eintritt einer Gefährdung – richtet sich nach § 23 StGB.

17 **8. Konkurrenzen.** Für die **Abgrenzung gegenüber § 211 StGB** kommt es nicht allein auf das objektive Tatgeschehen, sondern vor allem auf die subjektive Vorstellung des Täters vom Geschehensablauf an (BGH NStZ 84, 19 = StVE 20; NZV 00, 88). – Aus dem bewussten Anfahren eines Fußgängers mit nur 20 km/h kann nicht sicher auf Tötungsvorsatz (§ 212) geschlossen werden (BGH NZV 89, 400), ebenso wenig beim Durchbrechen einer Pol-Sperre (BGH ZfS 92, 390), es sei denn, dass der Täter erkannt hatte, dass sich im Pol-Fz oder in unmittelbarer Nähe ein Pol-Beamter aufhielt (BGH NZV 96, 156). Zum bedingten Tötungsvorsatz beim Mitschleifen eines anderen VT s BGH NZV 93, 237, zur Manipulation an der Bremsanlage s BGH NStZ 06, 446, zum Mordmerkmal „mit gemeingefährlichen" beim Einsatz eines Kfz als Tatwerkzeug s BGH NZV 06, 272.

17a Bei gleichzeitiger Gefährdung mehrerer wird der TB nur einmal und nicht in gleichartiger TE verwirklicht (BGH NJW 89, 2550 = NZV 89, 357 unter Aufg von VRS 55, 185; s auch 10 zu § 315c). Gleiches gilt, wenn durch einen Eingriff (Bsp nach Geppert Jura 96, 639: Beschädigung der Bremsanlage eines Fz) nacheinander mehrere Gefährenlagen für verschiedene Personen oder fremde Sachen herbeigeführt werden (LK-König Rn 97). Mangels Vorliegen einer natürlichen Handlungseinheit dagegen regelmäßig TM, wenn – auch falls dem ein einheitlicher Tatentschluss zugrunde liegt – im Verlauf einer Fahrt vorsätzlich mehrere Unfälle herbeigeführt werden (BGH NJW 95, 1766). Anders jedoch in Fällen der sog Polizeiflucht, in welchen der BGH in ständiger Rspr von natürlicher Handlungseinheit ausgeht (BGHSt 22, 67; BGH NStZ-RR 1997, 331; BGH DAR 01, 316; 03, 228; kritisch zum Ganzen Sowada NZV 95, 465).

17b TE ist möglich mit Verletzungsdelikten insb. §§ 211 ff (BGH VRS 63, 119), §§ 223 ff (BGH VRS 56, 141) und §§ 303 ff (vgl LK-König Rn 93); ebenso mit Dauerdelikten wie § 21 StVG (BGHSt 22, 67), § 316 StGB (BGHSt 25, 313) und § 29 BtMG (BGH MDR 1980, 455). Bei Zusammentreffen mit § 315c ist idR vom Vorrang des 315b auszugehen, möglich ist aber auch Tateinheit (BGH NZV 07, 151; s a BGHSt 22, 67; Lackner-Kühl § 315b, 7 TE); ausführlich zum Ganzen LK-König Rn 93 ff); ferner TE möglich mit § 240 StGB (OLG Celle VRS 68, 43; OLG Düsseldorf VRS 68, 449 = StVE 23). TM liegt dagegen idR aufgrund der Zäsurwirkung eines Unfalls im Verhältnis zu § 142 StGB vor (BGH VRS 36, 354; Geppert Jura 96, 639), anders aber bei Polizeiflucht (eine Tat) s Rn 17a.

18 **9. Einziehung.** Die Tat nach § 315b begründet die für eine Einziehung des Tat-Fz nach § 74 II S 2 iVm III nötige nahe Wahrscheinlichkeit, dass das Fz auch künftig zu Straftaten benutzt wird (BGH StV 91, 262).

19 **10. Literatur.** Dencker „Zur Tatbestandsstruktur des § 315b StGB" Festschrift für Kay Nehm, 373 ff; **Grupp/Kinzig** „Der Griff ins Lenkrad" NZV 07, 132; **Tepperwin** „Der Beifahrer in Verkehrsstrafsachen" Festschrift für Kay Nehm, 427 ff.

§ 315c Gefährdung des Straßenverkehrs

(1) **Wer im Straßenverkehr**
1. **ein Fahrzeug führt, obwohl er**
    a) **infolge des Genusses alkoholischer Getränke oder anderer berauschender Mittel oder**

b) infolge geistiger oder körperlicher Mängel
nicht in der Lage ist, das Fahrzeug sicher zu führen, oder
2. grob verkehrswidrig und rücksichtslos
   a) die Vorfahrt nicht beachtet,
   b) falsch überholt oder sonst bei Überholvorgängen falsch fährt,
   c) an Fußgängerüberwegen falsch fährt,
   d) an unübersichtlichen Stellen, an Straßenkreuzungen, Straßeneinmündungen oder Bahnübergängen zu schnell fährt,
   e) an unübersichtlichen Stellen nicht die rechte Seite der Fahrbahn einhält,
   f) auf Autobahnen oder Kraftfahrstraßen wendet, rückwärts oder entgegen der Fahrtrichtung fährt oder dies versucht oder
   g) haltende oder liegengebliebene Fahrzeuge nicht auf ausreichende Entfernung kenntlich macht, obwohl das zur Sicherung des Verkehrs erforderlich ist,

und dadurch Leib oder Leben eines anderen Menschen oder fremde Sachen von bedeutendem Wert gefährdet, wird mit Freiheitsstrafe bis zu fünf Jahren oder mit Geldstrafe bestraft.

(2) In den Fällen des Absatzes 1 Nr. 1 ist der Versuch strafbar.

(3) **Wer in den Fällen des Absatzes 1**
1. die Gefahr fahrlässig verursacht oder
2. fahrlässig handelt und die Gefahr fahrlässig verursacht,

wird mit Freiheitsstrafe bis zu zwei Jahren oder mit Geldstrafe bestraft.

Übersicht

	Rn
1. Wesen und Zusammenhang der Vorschrift	1
2. Täter	3
3. Die Gefährdung	4
a) Geschützte Rechtsgüter	5
b) Geschützte Rechtsgüter	8
4. Abs 1 Nr 1a: Verkehrsgefährdung durch alkohol- und rauschmittelbedingte Fahrunsicherheit (FU)	9
a) Allgemeines	9
b) Gefährdung durch Trunkenheit	11
c) Ursächlichkeit	12
d) Voraussehbarkeit	14
5. Abs 1 Nr 1b: Verkehrsgefährdung durch körperliche oder geistige Mängel	15
a) Allgemeines	15
b) Übermüdung	16
6. Abs 1 Nr 2: Grob verkehrswidrige und rücksichtslose Verkehrsverstöße	17
a) Grob verkehrswidrig	18
b) Rücksichtslos	19
7. Die einzelnen Fälle des Abs 1 Nr 2	21
a) Missachtung der Vorfahrt	21
b) Falsches Überholen	22
c) Falsches Fahren an Fußgängerüberwegen	23
d) Zu schnelles Fahren an unübersichtlichen Stellen	24

		Rn
	e) Verletzung des Rechtsfahrgebotes an unübersichtlichen Stellen	27
	f) Wenden, Rückwärtsfahren u Fahren entgegen der Fahrtrichtung	28
	g) Sicherung liegen gebliebener Fze	29
	h) Kausalität zu I 2	30
8.	Abs 2: Versuch	31
9.	Subjektiver Tatbestand	32
	a) Die vorsätzliche Begehung	32a
	b) Die vorsätzlich-fahrlässige Begehung nach Abs 3 Nr 1	33
	c) Die fahrlässige Begehungsform	34
10.	Rechtswidrigkeit	35
11.	Die Schuldfähigkeit	36
12.	Konkurrenzen	37
13.	Strafzumessung	38
14.	Zivilrecht	39

1 **1. Wesen und Zusammenhang der Vorschrift.** Die Vorschrift bezweckt, wie schon ihre Stellung im 27. Abschnitt des StGB „Gemeingefährliche Straftaten" zeigt, in erster Linie den **Schutz** des **öff** (§ 1 StVO 5) **StraßenV** in seiner Gesamtheit, der VGemeinschaft (Geppert NStZ 89, 320) u nur sekundär den Schutz der in ihr aufgeführten Rechtsgüter von Einzelpersonen (BGHSt 6, 232), die nur stellvertretend für die Allgemeinheit stehen (Geppert aaO). Hieran hat sich auch dadurch nichts geändert, dass nach der Neufassung der Vorschrift durch das 2. StrVerkSichG nicht mehr eine Gemeingefahr, sondern nur noch eine konkrete Gefährdung Einzelner zum ges TB gehört (vgl BTDr IV/651 S 28; s dazu BGH VRS 61, 122, 123 mwN). Denn die GrundTBe des § 315c sind Gefährdungshandlungen, die schon wegen ihrer abstrakten Gefährlichkeit mit Strafe oder Geldbuße bedroht sind (§ 316, Vorschriften der StVO).

2 Die Strafbarkeit nach § 315c entfällt daher nicht durch **Einwilligung des Gefährdeten** (35). § 315c knüpft an ähnliche Folgen an, wie § 1 StVO, der ebenfalls in erster Linie dem Schutz der VGemeinschaft dient, obwohl der TB erst erfüllt ist, wenn gegenüber einem Einzelnen eine missbilligte Folge eingetreten ist (vgl BGHSt 12, 282 ff). Abgrenzung gegenüber § 315b s dort Rn 1, 2.

3 **2. Täter.** Nur der **Führer** eines – auch nicht motorisierten – Fz kann Täter dieses eigenhändigen Delikts sein (BGH NJW 96, 208 = NZV 95, 364; vgl auch § 2 StVO 6 ff). Im Falle des I 2g ist Täter, wer das Fz als Fz-Führer abgestellt hat; daneben kommt derjenige in Betracht, der die Pflichten des VT nach dem Anhalten übernommen hat (OLG Hamm VRS 47, 465; vgl § 1 StVO 9, § 12 StVO 72). Im Übrigen gilt das zu § 316 Rn 2 u 3 Ausgeführte. – Zur Teilnahmemöglichkeit (nur) an Vorsatztat s Janiszewski 305.

4 **3. Die Gefährdung.** Gefährdung allein genügt; ein Schaden ist nicht erforderlich (BGH NZV 95, 325). Die abstrakte Gefährlichkeit des begangenen Verstoßes in einer bes VSituation muss sich so **konkret** verwirklicht haben, dass es nur noch vom Zufall abhing, ob das RGut verletzt wurde oder nicht. Es reicht hierfür nicht aus, dass sich Menschen oder Sachen in räumlicher Nähe zum Täterfahrzeug befanden. Die Annahme einer konkreten Gefahr steht aber auch nicht entgegen, dass sich der Gefährdete noch in Sicherheit bringen konnte oder weil der Täter objektiv überraschend sein Fahrzeug noch zum Stehen bringen konnte. Erforder-

Gefährdung des Straßenverkehrs **§ 315c StGB**

lich ist somit ein Verkehrsvorgang, der zu einem „Beinahe-Unfall" geführt hat, bei dem ein Unbeteiligter zu der Einschätzung gelangt, „es sei noch einmal gut gegangen." (BGH NStZ 96, 83 m Anm Berz = NZV 95, 325; NZV 12, 249; 10, 261 OLG Köln DAR 02, 278; eingehend zum Gefährdungsbegriff OLG Frankfurt NZV 94, 365). Entscheidend ist, ob die Verletzung des Rechtsguts nur noch vom Zufall abhing, was nach allgemeiner Lebenserfahrung aufgrund einer objektiv nachträglichen Progonose zu beurteilen ist (BGH NZV 2012, 448; NStZ 13, 167). Zur Annahme der konkreten Gefahr bedarf es der Darlegung der sie begründenden Fakten (BGH v. 21.5.15 – 4 StR 164/15, Beck RS 2015, 12689; NStZ-RR 08, 289), Wertungen wie „Gefahrenbremsung" oder „deutlich überhöhte Geschwindigkeit" reichen nur aus, wenn sich entsprechende Tatsachengrundlagen in den Urteilsgründen finden lassen (BGH v. 27.04.2017 – 4 StR 61/17 Beck RS 2017, 112023; NStZ – RR 13, 320; OLG Koblenz SVR 16, 353; OLG Hamm DAR 15, 399; anders wohl BGH NZV 95, 325). Zur Vermeidung einer ausufernden Anwendung sind an die tatrichterlichen Feststellungen jedoch strenge Anforderungen zu stellen (OLG Koblenz DAR 00, 371). Zur Gefährdung des vom alkoholbedingt fahrunsicheren Kfz-Führer mitgenommenen Insassen. s Rn 11. Verwirklicht sich die Gefahr in einer konkreten VLage, so wird davon betroffen, wer sich gerade im Gefahrenbereich aufhält (s aber Rn 8), **nicht** aber, wer sich erst später der StrStelle nähert u etwa durch eine vom Täter umgefahrene VEinrichtung gefährdet wird (BayObLG 69, 67 = VRS 37, 439; BGHSt 19, 371, 373; OLG Celle VRS 39, 257), auch eine bloße räumliche Nähe zum „gefährdenden" Fz genügt nicht (OLG Düsseldorf NZV 90, 8; BGH VM 95, 8). Erst mit dem Eintritt der konkreten Gefährdung ist die Tat vollendet; sie ist daher – anders als § 316 – **kein Dauerdelikt** (BGHSt 23, 141, 148; VRS 62, 191; Lackner-Kühl Rn 4, Hentschel-König Rn 69; anders noch BGHSt 22, 67; OLG Düsseldorf NZV 99, 388; Sch/Sch-Cramer/Sternberg-Lieben Rn 53), sondern ein zweiaktiges **Erfolgsdelikt** (BayObLG aaO; Berz NZV 89, 414), das mit dem Aufhören der Gefahr beendet ist (Fischer 23).

a) Geschützte Rechtsgüter. Ein **anderer** (s dazu § 1 StVO 72) iS dieser 5 Vorschrift ist auch der Insasse des vom Täter geführten Fz (s BGH NStZ 85, 262; NZV 89, 31; 95, 80; s auch 11), ohne Rücksicht darauf, ob er als persönlicher Gast, Ehegatte (BGH VM 95, 8) oder als Taxibenutzer mitfährt, außer wenn er selbst Teilnehmer an der Straftat ist (BGHSt 6, 100; NJW 09, 1155, 1157; NZV 12, 448). Der andere braucht nicht VT zu sein, zB der Bauer auf dem Feld (BGH VRS 11, 61; 61, 122 f; weitere Beisp bei Janiszewski 289). Auch die gezielte Gefährdung einer Person, auf die es der Täter abgesehen hat, fällt unter § 315c (früher anders zur Gemeingefahr BGHSt 14, 395; BayObLG 59, 132 = VRS 17, 351; s aber auch § 315b).

Fremde Sachen können bewegliche oder unbewegliche (Haus, Zaun) sein, 6 auch wenn sie sich auf privatem Grund außerhalb der Str befinden, aber durch einen VVorgang beschädigt werden (OLG Hamm VM 66, 38). Das vom Täter geführte Fz u sein Anhänger sind nach hM als Tatwerkzeuge keine geschützten fremden Sachen iS der Vorschrift (BGHSt 27, 40; NZV 12, 448; Fischer, 15b mwN), selbst wenn sie ihm nicht gehören (BGH VRS 69, 436; NStZ 92, 233; DAR 99, 174); oder das Fahrzeug gegen den Willen des Berechtigten geführt wird (BGH NStZ 99, 350; Gebhardt § 39, 18) wohl aber die vom Täter beförderte fremde Ladung (OLG Hamm DAR 60, 121).

Während die Gefährdung der körperlichen Unversehrtheit („Leib oder Leben") 7 immer geeignet ist, den TB der VGefährdung zu begründen, so dass es dazu auf

StGB § 315c   D. Verkehrsgefährdungen

die Höhe eines Sachschadens nicht mehr ankommt (BGH VRS 45, 38), reicht die Gefährdung von fremden Sachen nur aus, wenn sie einen **bedeutenden Wert** darstellen. Maßgebend ist nicht – wie bei § 6 9 II 3 – der tatsächliche Schaden, sondern der **gefährdete materielle Sachwert** (OLG Koblenz VRS 52, 350; OLG Köln VRS 64, 114), wobei auf den Verkehrswert abzustellen ist (BGH NZV 10, 261; NStZ-RR 08, 289); auf die Bedeutung der Sache für die Allgemeinheit kommt es nicht an (OLG Celle VM 59, 91; OLG Schleswig VM 63, 135). Grenze ist aber immer der Zeitwert (BGH NStZ 99, 350). Nach Auffassung des BGH (NStZ 13, 167; NZV 10, 261; NStZ-RR 08, 83) ist die Wertgrenze bei 750 € zu ziehen. Der Ansatz eines niedrigen Schwellenwertes als bei § 69 II 3 wird damit gerechtfertigt, dass bei § 315c Bergungs- und Abschleppkosten nicht zu berücksichtigen seien (ebenso Henschel-König Rz. 38). Derartige Kosten fallen in der Regel nur bei Unfällen mit weitaus größeren Schäden an, so dass die Abweichung von § 69 II 3 im Hintergrunde des identischen Wortlautes nicht gerechtfertigt ist. Die Grenze sollte daher bei 1.300 Euro gezogen werden (OLG Jena v. 17.9.2008; BeckRS 2009, 00044; OLG Hamm NZV 11, 356; Sch/Sch/Sternberg-Lieben/Hecker 31). Auch ein gebrauchter Pkw ist im Allg ein bedeutender Sachwert, außer wenn er beinahe schrottreif ist oder die og Wertgrenze nicht erreicht (OLG Hamm VRS 18, 438; OLG Hamburg VM 68, 85; Hentschel-König 7). Trück (NZV 13, 361) will für die Bestimmung des bedeutenden Wertes nur die Beschädigung solcher Fahrzeugteile ausreichen lassen, die für die Funktion des Kfz oder für die Sicherheit der Insassen maßgeblich sind. Die Höhe des (drohenden) Schadens ist nach der am Marktwert zu messenden Wertminderung zu berechnen (BGH NStZ-RR 08, 289).

7a   Die Gefährdung bedeutender Sachwerte ist allerdings ohne weiteres festgestellt, wenn ein „bedeutender" **Sachschaden** eingetreten ist. Ist kein oder nur ein leichter Schaden entstanden, so muss festgestellt werden, ob durch die Fahrweise des Täters über diesen hinaus eine Person oder ein bedeutender Wert gefährdet worden ist, ein größerer Schaden also nur durch glückliche Umstände oder Maßnahmen des Gefährdeten abgewendet wurde (BGH VRS 45, 38; OLG Hamm VRS 39, 201; OLG Köln VRS 64, 114; BayObLG v 9.2.90, 2 St 417/89); iG zum fließenden Verkehr, bei dem die fremde Sache idR in vollem Umfang gefährdet wird, ist zB beim Einparken auf die tatsächliche oder zu erwarten gewesene Schadenshöhe abzustellen (BayObLG bei Rüth DAR 85, 241 Nr 8a; s auch Janiszewski NStZ 85, 257). Zu beachten ist aber, dass die Gefährdung einer Sache von bedeutendem Wert dann nicht ausreicht, wenn diese nur in unbedeutendem Umfang (also nicht in ihrem gesamten bedeutenden Wert) gefährdet wird (BGH NJW 90, 194; BayObLG DAR 74, 178; 75, 204; OLG Koblenz DAR 73, 48; OLG Frankfurt StV 85, 111; Janiszewski 292 f; Fischer § 315, 16b).

8   **b) Geschützte Rechtsgüter.** Gefährdet ist auch (s § 1, 75), wer rechtzeitig vor einem Fz auf die Seite springt oder ausweicht (BGH NZV 95, 80), wenn er sonst vom Fz erfasst würde, **nicht** aber, wer sich lediglich in der vom verkehrswidrig fahrenden Täter gebildeten allg „Gefahrenzone" befindet (BGH NZV 95, 326; OLG Düsseldorf NZV 90, 80) ohne direkt in seiner Sicherheit beeinträchtigt zu sein (BGH NZV 89, 31) oder sich bereits zu einem Zeitpunkt aus dem Gefahrenbereich begibt, in dem der Fahrer noch seinerseits in der Lage ist, einen Unfall sicher zu vermeiden (OLG Stuttgart VM 58, 23; BayObLG v 25.10.67 – 1b St 290/67) oder sich nach rechtzeitiger Warnung gar nicht erst in den Gefahrenbereich begibt (OLG Schleswig VRS 77, 442).

Gefährdung des Straßenverkehrs § 315c StGB

Das in Abs 1 umschriebene Fehlverhalten muss für die Gefahr **ursächlich** 8a
gewesen sein („und **dadurch** ..."). Der ursächliche Zusammenhang besteht, wenn
das reibungslose Ineinandergreifen bestimmter einzelner VVorgänge gerade mit
Rücksicht auf den Verstoß weniger wahrscheinlich war als ohne ihn. Es muss also
geprüft werden, ob die Gefahr für den anderen vom Angeklagten auch dann
ausgegangen wäre, wenn er nüchtern bzw richtig gefahren wäre (BGHSt 8, 28,
32 f; OLG Hamm NZV 02, 279; Lackner-Kühl 27; vgl für den Fall der VGefährdung durch Trunkenheit unten 12).

4. Abs 1 Nr 1a: Verkehrsgefährdung durch alkohol- und rauschmittel- 9
bedingte Fahrunsicherheit (FU). a) Allgemeines. GrundTB der Alkoholdelikte ist § 316. Überschreiten des in § 24a StVG gen Gefahrengrenzwertes ohne
Nachweis der FU erfüllt den TB nicht. Zur durch Alkohol u andere Umstände
bedingten FU s 21 ff zu § 316, zum Aufbau der Alkoholdelikte insgesamt Janiszewski 318 ff.

§ 315c I 1a enthält einen durch das TB-Merkmal der Gefährdung qualifizierten 10
TB der Trunkenheit im Verkehr (§ 316); das unten zu § 316 Ausgeführte gilt
daher auch hier. § 316 tritt gegenüber § 315c I 1a infolge seiner Subsidiaritätsklausel zurück.

b) Gefährdung durch Trunkenheit. Die **Gefährdung** eines anderen durch 11
Trunkenheit liegt nicht schon dann vor, wenn ein alkoholbedingt Fahrunsicherer
ein Fz auf öff Straße oder an einem anderen vorbeifährt, sondern grundsätzlich
erst dann, wenn sich die Trunkenheit auf die Sicherheit von Menschen oder
Sachwerten erkennbar auswirkt. Dies braucht nicht notwendig in einer fehlerhaften Fahrweise zum Ausdruck zu kommen. Die Gefahr kann vielmehr auch
dadurch gegeben sein, dass der alkoholisierte Fahrer in einer bestimmten schwierigen Lage nicht genügend schnell u sicher reagieren kann u deshalb eine VLage
gerade noch meistert, der er in nüchternem Zustand sicher gewachsen wäre. Die
Gefährdung des anderen besteht in der nahegerückten Möglichkeit, dass es letztlich vom Zufall abhängt, ob es zu einer RGutverletzung kommt (BGH NStZ 85,
263; Geppert NStZ 89, 322; Berz NStZ 96, 85; s § 1 StVO 75). Die Mitnahme
eines **Mitfahrers** durch einen alkoholbedingt fahrunsicheren Fahrer reicht daher
zur Annahme einer konkreten Gefährdung nur aus, wenn es während der Fahrt
eines auf der Trunkenheit beruhenden Fahrfehlers zu einer **krit VSituation**
gekommen ist (so jetzt auch BGH NJW 95, 3131 = NZV 95, 325 unter „Klarstellung" sein früheren entgegenstehenden Meinung in NJW 89, 1227; NJW 96,
329 f; Fischer 15b; Hentschel-König 32). – Ob dagegen aus einer hohen BAK
allein auf eine konkrete Gefährdung geschlossen werden kann, hängt vom Einzelfall u insb davon ab, ob die Trunkenheit einen solchen Grad erreicht hatte, dass
der Fahrer nicht mehr in der Lage war, kontrollierte Fahrmanöver auszuführen
(BGH DAR 95, 296; Lackner-Kühl 23). Aber auch hier wird man das Auftreten
kritischer Verkehrssituationen verlangen müssen (Tepperwien Nehm-FS 436;
Hentschel-König 32).

c) Ursächlichkeit. Ursächlichkeit der Trunkenheit für die **Gefährdung** liegt 12
vor, wenn der Täter in nüchternem Zustand bei sonst gleichen Umständen den
Unfall bzw die Gefahr vermieden hätte. „Dadurch", dh durch die alkohol- oder
rauschmittelbedingte FU, muss die Gefährdung erfolgt sein (BGH VRS 65, 359 ff;
BayObLG NZV 89, 359 m krit Anm Deutscher NZV 89, 360; NZV 94, 283).
Es fehlt daher an der Kausalität, wenn der Eintritt der Gefährdung möglicherweise

seine Ursache in anderen Gründen als der Fahruntüchtigkeit hat (BGH NStZ 95, 88; OLG Köln DAR 02, 278; Fischer 16). Erforderlich u genügend ist danach der Kausalzusammenhang zwischen der alkoholbedingten FU u der Gefährdung. Soweit der BGH demgegenüber, im Rahmen der §§ 222, 230 StGB, die Ansicht vertritt, dass es darauf ankomme, ob es auch bei einer dem alkoholisierten Zustand angepassten Geschwindigkeit zu dem Unfall gekommen wäre (BGHSt 24, 31; NZV 13, 305; ebenso OLG Koblenz VRS 71, 281 zu § 315c ohne Auseinandersetzung mit der Gegenmeinung), ist diese Ansicht jedenfalls nicht auf die allein schon durch den zwingenden GWortlaut anders geartete Situation bei § 315c zu übertragen. BayObLG (NZV 94, 283) legt überzeugend dar, dass es im Rahmen des § 315c I 1a jedenfalls auf die Feststellung ankommt, ob ein nüchterner Fahrer bei sonst gleich bleibenden Umständen die Gefahr hätte vermeiden können (vgl BayObLG NStZ 97, 390; Puppe JZ 85, 295 f; NStZ 97, 389; LK-König 172).

13 Die Ursächlichkeit der Trunkenheit für die Gefährdung muss ausreichend begründet werden. Wenn ein angetrunkener Fahrer einen nicht alkoholtypischen Fahrfehler begeht, der auch bei nüchternen Fahrern häufig vorkommt (wie zB Geschwindigkeitsüberschreitung: vgl BGH VersR 85, 779; OLG Saarbrücken VRS 72, 377), genügt es nicht, im Urt zu sagen, dass für den Unfall ursächliche Fehlverhalten sei „offenbar" auf den Alkohol zurückzuführen (BGH VRS 22, 137); diese Annahme bedarf vielmehr näherer Begr. Die bloße Möglichkeit oder Wahrscheinlichkeit einer konkreten Gefährdung genügt nicht (BGH VRS 26, 347); ist sie nicht nachweisbar, können § 316 StGB oder § 24a StVG vorliegen.

14 **d) Voraussehbarkeit.** Zur **Voraussehbarkeit** eines Unfalls, der durch eine Bewusstseinsstörung verursacht wurde, die auf Zusammenwirken von Alkoholgenuss u niedrigem Blutdruck beruhte: BayObLG 69, 82 = VRS 38, 112.

15 **5. Abs 1 Nr 1b: Verkehrsgefährdung durch körperliche oder geistige Mängel. a) Allgemeines.** Unter Nr 1b fallen geistige (psychopathologische) Symptome, wie zB Bewusstseinsstörungen, verminderte Konzentrations-, Reaktions- u Kritikfähigkeit pp) u körperliche Mängel, wie Krankheiten, auch Anfallsleiden (BGH DAR 95, 114), Unwohlsein, Kurzsichtigkeit oder Fehlen von Gliedmaßen, soweit sie nicht durch Vorkehrungen nach § 2 StVZO ausgeglichen sind, bes aber Übermüdung (s Rn 16) sowie solche Mängel, die durch Pharmaka (soweit sie nicht zu den „anderen berauschenden Mitteln" nach Nr 1a gehören), insb auch Psychopharmaka, bewirkt sind (Anästhetika, Anorektika, Antihistaminika, Analgetika, Tranquilizer, Psychostimulantien pp). Jeder Kf hat vor Fahrtantritt seine Fahrtüchtigkeit zu überprüfen (BGH(Z) DAR 88, 54); ob er allerdings in der Lage war, seine FU zu erkennen, richtet sich nach seinen persönlichen Kenntnissen u Fähigkeiten, Intelligenz u Selbstkritik (BGH aaO; BayObLG VRS 59, 336); **vorgerücktes Alter** muss – ohne sonstige Anzeichen – noch keine durchgreifenden Bedenken begründen (BayObLG DAR 96, 152). Zur Vorwerfbarkeit bei unterwegs plötzlich auftretender Verschlechterung des Gesundheitszustands s BayObLG NZV 90, 399. – Liegen die Voraussetzungen der Nr 1a vor, ist 1b durch die Spezialregelung der Nr 1a ausgeschlossen (BGH VM 71, 100: GKonkurrenz; s Rn 10). – Zu **altersbedingten** Auffälligkeiten s BGH(Z) DAR 88, 54.

16 **b) Übermüdung.** Sie ist vorwerfbar, wenn der Fahrer bei sorgfältiger Selbstbeobachtung sie hätte bemerken oder mit ihrem Eintritt rechnen müssen, zB Fahren nach durchwachter Nacht, zu lange Fahrdauer (BGH(Z) VM 55, 74; VersR 74, 593) u trotzdem weitergefahren ist (OLG Köln NZV 89, 357). Bei der Überprüfung seiner Fahrtüchtigkeit (s oben BGH(Z) DAR 88, 54) muss der Kf auch auf Ermüdungserscheinungen sorgfältig achten u die Fahrt rechtzeitig unterbrechen (vgl OLG Schleswig VM 55, 31), zumal er, bevor er am Steuer einschläft (einnickt), idR deutliche Zeichen der Ermüdung an sich wahrnehmen kann, außer wenn er an Narkolepsie leidet (BGHSt 23, 156; BayObLG NJW 03, 3499; OLG Frankfurt NZV 93, 32; OLG Hamm VRS 41, 30; NZV 98, 210; aA Ol NVersZ 99, 80) oder evtl ein sog „jetlag" nach einer Flugreise über mehrere Zeitzonen hinweg ohne Vorankündigung zu einem Sekundenschlaf geführt hat (s dazu OLG Koblenz v 16.1.95 bei Janiszewski NStZ 95, 584).

Unerheblich ist, ob die Fahruntüchtigkeit sich aus dem Zusammenwirken körperl oder geistiger Mängel mit Alkohol oder sonstigen berauschenden Mitteln ergibt. Wird ein ermüdeter, aber noch fahrtauglicher Fz-Führer dadurch fahruntauglich, dass er eine geringere Menge Alkohol, die für sich allein die Fahrsicherheit nicht beeinträchtigen würde, trinkt, so ist nur Nr 1a (SpezialG!) anwendbar (BGH VRS 14, 282; OLG Düsseldorf VM 57, 137; vgl auch § 316 Rn 28). Vorschriften über Lenk- u Ruhezeiten enthält § 6 FahrpersonalVO (s auch Rn 44). **16a**

6. Abs 1 Nr 2: Grob verkehrswidrige und rücksichtslose Verkehrsverstöße. I 2 erhebt die Gefährdung anderer durch Verstöße gegen die StVO, die bes häufig zu Unfällen führen, die sog sieben Todsünden des Verkehrs, zu Vergehen, wenn sie grob verkehrswidrig u rücksichtslos begangen worden sind, wobei „rücksichtslos" die subjektive, „grob verkehrswidrig" im wesentlichen die objektive Seite betrifft (s dazu Spöhr/Karst NZV 93, 257). Beide Merkmale müssen nebeneinander vorliegen (BGH VM 59, 110; Ol DAR 02, 89), da nur so der Vergehenscharakter zu rechtfertigen ist (s Janiszewski 311), so dass die immer wieder angeregte Streichung des kumulativen „und" oder eines dieser Merkmale unvertretbar wäre. **17**

a) Grob verkehrswidrig. Grob verkehrswidrig handelt, wer **objektiv** bes gefährlich gegen VVorschriften verstößt (BGHSt 5, 392, 395; OLG Düsseldorf NZV 96, 245; OLG Köln DAR 92, 469; OLG Koblenz NZV 89, 241; VRS 64, 125 = StVE 11: Überholen in unübersehbarer S-Kurve; OLG Düsseldorf VM 74, 50: zu schnelles Heranfahren an Fußgängerüberweg; s auch NZV 88, 149 u 96, 245: Rotlichtmissachtung bei QuerV; OLG Braunschweig VRS 32, 372: Rechtsüberholen auf AB). **18**

b) Rücksichtslos. Rücksichtslos handelt, wer sich aus eigensüchtigen Gründen, insbesondere um seines ungehinderten schnellen Vorwärtskommens willen über seine Pflichten gegenüber anderen Verkehrsteilnehmern bewusst hinweggesetzt oder aus Gleichgültigkeit von vornherein Bedenken erst gar nicht aufkommen lässt, sondern ungekümmert um die Folgen seines Verhaltens darauf losfährt (BGH VRS 50, 343; NZV 95, 80; Ol DAR 02, 89; OLG Jena NZV 95, 238). Rücksichtslosigkeit bezeichnet die gesteigerte subjektive Vorwerfbarkeit. Erforderlich ist daher ein überdurchschnittliches Fehlverhalten, dass von einer besonderen verwerflichen Vgesinnung geprägt sein muss (KG NStZ-RR 08, 257; OLG Köln NZV 95, 159; Ka VRS 107, 292;). Ein „Augenblicksversagen" reicht nicht (OLG Bamberg r+s 2010, 527). Hat der Täter vorsätzlich andere Verkehrsteilnehmer gefährdet, so wird regelmäßig Rücksichtslosigkeit vorliegen (Sch-Sch-Cramer/Sternberg-Lieben 31). Wird lediglich der Verkehrsverstoß vorsätzlich begangen, so kommt den Beweggründen des Täters entscheidende Bedeutung zu (OLG **19**

StGB § 315c D. Verkehrsgefährdungen

Düsseldorf NZV 00, 337; NJW 89, 2763; Sch-Sch-Cramer/Sternberg-Lieben 31).

Rücksichtsloses Fahren wurde bejaht bei bewusst riskantem Fahren (OLG Düsseldorf VM 74, 50); Schneiden nach dem Überholen, um Denkzettel zu erteilen (OLG Köln VRS 35, 436; 45, 436); Überholen im dichten GroßstadtV unter Gefährdung des GegenV (OLG Köln VM 72, 44); auch ein verständliches Motiv schließt Rücksichtslosigkeit idR nicht aus (BGH NZV 95, 80; BayObLG JR 60, 70; KG VRS 40, 268; Sch-Sch-Cramer/Sternberg-Lieben 31).

20 **Bloß fahrlässiger Verstoß**, zB Übersehen eines Rotlichts, begründet für sich allein nicht den Vorwurf der Rücksichtslosigkeit, auch nicht bei Eintritt einer konkreten Gefährdung (OLG Jena NZV 95, 238; OLG Düsseldorf NZV 96, 245: Ampelverwechslung), Entsprechendes kann bei psychischen Ausnahmesituationen (OLG Düsseldorf NZV 95, 115: Wenden auf der AB: OLG Oldenburg Ol DAR 02, 89) der Fall sein, wie hochgradige, das Bewusstsein einengende Regung (BGH VM 62, 140; OLG Zweibrücken VRS 61, 434). Bloße Gedankenlosigkeit (OLG Düsseldorf NZV 00, 337; Hentschel-König 28) reicht ebenso wenig, bloße Freude an zügigem Fahren (OLG Düsseldorf VM 79, 17), falsche Lagebeurteilung (BGH VRS 13, 28; OLG Düsseldorf NZV 95, 115; 00, 337; OLG Stuttgart DAR 76, 23), momentane Unaufmerksamkeit oder sonstiges menschliches Versagen (BGHSt 5, 301, 393, 396; OLG Köln DAR 92, 469; AG Homburg ZfS 83, 285), Bestürzung oder Schrecken (BGH VRS 23, 291; OLG Zweibrücken aaO) oder der Versuch, eine gefährliche Situation durch verkehrswidriges Verhalten zu entschärfen (OLG Köln NZV 95, 159; OLG Düsseldorf NZV 95, 115); diese Umstände sind bes beim „Geisterfahrer" (28) beachtlich.

21 **7. Die einzelnen Fälle des Abs 1 Nr 2. a) Missachtung der Vorfahrt.** Dieser Fall (I, II a) erfasst jede Verkehrssituation, in der sich die Fahrlinien zweier Fz kreuzen oder sich derartig nahe kommen, dass nach den Regelungen der StVO einem Verkehrsteilnehmer der Vorrang eingeräumt wird (erweiterter Vorfahrtsbegriff, BGH NStZ-RR 09, 185; KG NStZ-RR 04, 285; Fischer, 5a; Sch-Sch-Cramer/Sternberg-Lieben 16). Die Regelung erfasst daher nicht nur die eigentlichen Vorfahrtsfälle der §§ 8, 18 III StVO, sondern auch Verstöße gegen § 9 III (BGHSt 11, 219), § 10 StVO (BGH NStZ-RR 09, 185), das vorzeitige Einfahren in eine Autobahn (BGHSt 13, 129), das Verletzen des Vorrangs in einer Engstelle (Z 208; OLG Oldenburg VRS 42, 34) sowie Rotlichtverstöße, wenn dadurch der Vorrang des Querverkehrs beeinträchtigt wird (OLG Düsseldorf NZV 96, 245; Ka VRS 107, 292). Aber **keine Vorfahrtsverletzung,** wenn ein links Fahrender einem Entgegenkommenden nicht rechts ausweicht (BGH VRS 38, 100, 102) oder aus der linken Fahrspur nach rechts abbiegt u dabei einen auf dem rechten Fahrstreifen Herankommenden gefährdet (OLG Stuttgart VRS 43, 274) oder bei fehlenden Ausweichen bei Befahren einer Einbahnstraße in Gegenrichtung (KG DAR 04, 459); auch nicht in Fällen des **Vorrangs von Fußgängern** nach den §§ 9 III S 3 oder 26 StVO (OLG Düsseldorf NZV 89, 317; KG VRS 84, 444; OLG Hamm VRS 91, 117; SK 10; Fischer 5a; s auch 74 zu § 9 StVO) oder wenn sie bei Grün die Kreuzung überqueren (KG aaO) oder für sich allein ein Rotlichtverstoß (OLG Jena NZV 95, 237; Fischer 5a; Lackner-Kühl 13).

22 **b) Falsches Überholen.** (I 2b) Hierunter fällt ist jedes verkehrswidrige Verhalten bei Einleitung u Durchführung eines Überholvorganges, nicht nur Verstöße gegen § 5 StVO (BGH NZV 16, 585; NZV 17, 135; Lackner-Kühl 14), beginnend mit dem Ansetzen zum Überholen (s § 5 StVO 8; OLG Frankfurt VRS 56,

Gefährdung des Straßenverkehrs § 315c StGB

286, 288) bis zum Einordnen nach rechts vor den Überholten. Überholen iS der StVO (s § 5 StVO) ist der gesamte Vorgang des Vorbeifahrens von hinten an einem anderen, der sich auf derselben Fahrbahn in derselben Richtung bewegt oder nur mit Rücksicht auf die VLage anhält (BGHSt 25, 293; 26, 73; s § 5 StVO 2). Der Begriff des Überholens bei § 315c ist wesentlich weiter als im Rahmen des § 5 StVO. Daher wird jedes Verhalten im Straßenverkehr erfasst, das durch bes Rücksichtslosigkeit im Zusammenhang mit einem „Überholvorgang" eine gesteigerte Gefahr für andere Verkehrsteilnehmer heraufbeschwört. Ein falsches Überholen ist somit auch dann gegeben, wenn die Verkehrsflächen, auf denen sich der Vorgang abgestellt hat, ineinander übergehen und sich der Verkehrsvorgang bei natürlicher Betrachtung als Überholen darstellt (OLG Düsseldorf DAR 04, 596; KG DAR 04, 459; Lackner-Kühl 14). Das Überholen ist mit dem Ausscheren nach links breits vollendet (OLG Koblenz NZV 93, 318; BayObLG DAR 93, 269), aber erst mit dem Wiedereinornden nach rechts beendet (BGH ST 25, 293, OLG Düsseldorf NJW 80, 1116). Ein Fehlverhalten nach Abschluss des Überholens wird nicht von Nr 2b erfasst (OLG Hamm DAR 15, 399, Sch-Sch-Sternberg-Lieben/Hecker Rz. 17).

Zum falschen Überholen gehört bes das „Schneiden" des Überholten (OLG **22a** Zweibrücken VRS 33, 200; BayObLG NJW 88, 273), auch nach Rechtsüberholen (OLG Düsseldorf VM 70, 93), sowie Fehler beim Überholen oder „Vorziehen" im mehrspurigen Verkehr (§§ 7, 37 IV StVO; OLG Düsseldorf VM 75, 5), Überholen in unübersichtlicher Rechtskurve unter Benutzung der Gegenfahrbahn (OLG Koblenz NZV 93, 318; s aber OLG Düsseldorf NZV 89, 441 u BayObLG DAR 93, 269 einschränkend, Vorbeifahren auf dem rechten Gehweg (BGH NZV 16, 585 oder Vorfahren auf dem rechten Gehweg (§ 5 StVO 57) u zu dichtes Auffahren, wenn es den Überholvorgang einleitet (BayObLG DAR 93, 269) sowie der Verstoß gegen § 26 III StVO (insoweit GKonkurrenz mit I 2c). Auch das Überholen auf dem Ausfahrts- oder Verzögerungsstreifen der BAB stellt ein falsches Überholen dar (OLG Düsseldorf DAR 04, 596; zum verbotenen Rechtsüberholen auf der so genannten **Kriech- oder Standspur** der BAB s § 5 StVO 59). – Unter I 2b fallen aber nicht nur Fehler des Überholenden, sondern auch solche des **Überholten,** wie plötzliches Ausscheren nach links u Beschleunigen während des Überholvorgangs. Erfasst sind alle VVerstöße, die dem Überholvorgang in einem inneren Zusammenhang stehen (OLG Düsseldorf VRS 62, 44 = StVE 9a), solange er nicht abgeschlossen ist, also zB nicht das spätere Abbiegen entgegen § 9 III S 2 StVO (OLG Düsseldorf NZV 89, 317 OLG Hamm DAR 15, 399). Vgl im Übrigen § 5 StVO 57 ff.

c) Falsches Fahren an Fußgängerüberwegen. Dieses (I 2c) ist an § 26 StVO **23** zu messen. Die Vorschrift schützt nur den Verkehr auf den nach **Z 293** markierten Fußgängerüberwegen, nicht auf sonstigen Fußgängerübergängen (BGH NZV 08, 528; OLG Celle NZV 13, 252); auch dann nicht, wenn der Zebrastreifen zusätzlich durch eine LZA gesichert u diese in Betrieb ist, da die Ampelregelung vorgeht u somit die Wirkung des Z 293 suspendiert (§ 37 I, II 2 StVO; OLG Stuttgart NJW 69, 889; OLG Hamm 69, 440; BayObLG NJW 67, 406; OLG Düsseldorf VRS 66, 135; König NZV 08, 492; aA OLG Koblenz VM 76, 16; zweifelnd auch BGH NV 08, 528). Falsches Halten (§ 12 I 4 StVO) fällt nicht unter die Vorschrift, da es kein „Fahren" darstellt. – Zur Rücksichtslosigkeit am Fußgängerüberweg s OLG Köln VRS 59, 123 = StVE 9; im Übrigen s Erl zu § 26 StVO.

d) Zu schnelles Fahren an unübersichtlichen Stellen. Zu schnelles Fahren **24** an unübersichtlichen Stellen (I 2d; vgl § 3 StVO 25 ff). Die Unübersichtlichkeit

StGB § 315c D. Verkehrsgefährdungen

braucht hier nicht nur auf den örtl Verhältnissen zu beruhen, sondern kann auch durch andere Hindernisse begründet werden, wie Dunkelheit (BayObLG 55, 96, 99; 55, 240 = VM 56, 19), Nebel (BayObLG DAR 88, 277) oder dichten Schneefall (BayObLG 52, 45 f), Blendwirkung entgegenkommender Fze (OLG Stuttgart DAR 65, 103), wobei die jew Merkmale im Urt darzulegen sind (OLG Düsseldorf VRS 79, 370). Ob hierher auch Vereisung oder Beschlag der Scheiben des eigenen Fz gehört (bejahend noch BayObLG VRS 35, 280, 283), dürfte zu verneinen sein, da es sich hierbei nicht um eine unübersichtliche „Stelle" im Verlauf der Fahrstrecke handelt, auf die es § 315c I 2d abstellt (so auch Fischer 8; Hentschel-König 16; s auch § 2 StVO 41, § 5 StVO 19). Eine unklare Verkehrslage allein begründet keine Unübersichtlichkeit (Fischer 8; Sch-Sch-Cramer/Sternberg-Lieben 22).

25 An **Straßenkreuzungen u -einmündungen** kommt I 2d nur zur Anwendung, soweit nicht Verletzung der Vorfahrt nach I 2a vorliegt, hauptsächlich also bei Verstößen des Vorfahrtberechtigten (vgl §§ 3 I u 8 StVO m Anm). Der TB der Nr 2 setzt voraus, dass die durch den Fahrfehler herbeigeführte Gefahr in innerem Zusammenhang mit der bes Gefahrenlage im Bereich der aufgeführten Örtlichkeiten steht (BGH NStZ 07, 222). § 315c I 2d dient auch dem Schutz von Fußgängern gegenüber einbiegenden Kfzen (KG VRS 37, 445), **Bahnübergang** vgl § 19 StVO.

26 „**Zu schnell**" fährt, wer mit überhöhter Geschwindigkeit auf eine Einmündung zufährt u sich dieser soweit genähert hat, dass er infolge seiner Geschwindigkeit nicht mehr verkehrsgerecht reagieren (BGH VRS 48, 28), dh seinen Pflichten an der Einmündung (Kreuzung) nicht mehr genügen kann (BayObLG VRS 61, 212); die überhöhte Geschwindigkeit muss sich also noch in der Einmündung (Kreuzung) auswirken (BayObLG VRS 50, 425). Zur Benutzung einer Fahrbahn entgegen der vorgeschriebenen Fahrtrichtung vgl OLG Celle NZV 13, 252.

27 **e) Verletzung des Rechtsfahrgebotes an unübersichtlichen Stellen.** (I 2e; s oben Rn 24 u § 2 II StVO 40 ff). Unter die Vorschrift fällt bes das Schneiden unübersichtlicher Kurven (BayObLG VRS 64, 123). Der TB setzt voraus, dass der Täter die rechte Fahrbahnhälfte wenigstens teilweise nach links überschreitet, nicht bloß „nicht scharf rechts fährt" (BGH VRS 44, 422). Ist die Sicht nur beeinträchtigt, nicht aber gänzlich verwehrt, muss das Schneiden einer Linkskurve nicht unter § 315c I 2e fallen (OLG Düsseldorf VM 79, 17). Der TB greift nicht auf mehrspurigen Fahrbahnen für eine Richtung ohne GegenV (s auch § 5 Rn 21).

28 **f) Wenden, Rückwärtsfahren u Fahren entgegen der Fahrtrichtung.** (I 2 f: sog „Geisterfahrer"; s § 2 I StVO 24) **auf der AB u auf Kraftfahrstraßen** sind **verboten**, ebenso der entspr Versuch. „**Geisterfahrten**", dh Fahrten entgegen der Fahrtrichtung, setzen nicht stets ein Wenden voraus (vgl OLG Celle StVE 15; OLG Koblenz VRS 63, 74: nur OW nach § 18 VII StVO); dieses Verhalten ist kein Rückwärtsfahren (OLG Köln VRS 60, 221; zum Wenden und Rückwärtsfahren s § 9 StVO 56 u 67 ff, § 18 StVO 19 ff) u nicht ohne weiteres als „Hindernisbereiten" iS von § 315b I 3 anzusehen (OLG Stuttgart VRS 58, 203; § 315b Rn 5; zur Problematik s Janiszewski DAR 86, 262); es muss nicht auch (bedingten) Tötungsvorsatz umfassen (BGH VM 89, 12). Auch das Befahren des Standstreifens einer BAB entgegen der Fahrtrichtung erfüllt den Tb (BGH NStZ 03, 486). Kurzes Fahren entgegen der Fahrtrichtung zur Beseitigung einer Gefahrenlage muss nicht „rücksichtslos" sein (vgl OLG Köln NZV 95, 159).

g) **Sicherung liegen gebliebener Fze.** Diese (I 2g) richtet sich nach den 29
§§ 15 u 17 IV StVO. Die Sicherungspflicht kann entfallen, wenn ihre Vornahme
länger dauern würde als das Entfernen des Fz (OLG Köln NZV 95, 159); zur
Täterschaft s oben Rn 3.

h) **Kausalität zu I 2.** Der Kausalzusammenhang muss zwischen den umschrie- 30
benen Verhaltensweisen u der konkreten Gefahr bestehen („dadurch"; s BGH
NStZ 07, 222 Lackner-Kühl 27; Janiszewski 294 mwN). Die Gefahr darf nicht
nur gelegentlich eines solchen Verhaltens eingetreten sein (BayObLG VM 76,
74). Fehlt die Kausalität, können die zugrunde liegenden OWen gegeben sein (im
Übrigen s oben Rn 12).

8. Abs 2: Versuch. Der Versuch ist nur in den Fällen der vorsätzlichen Bege- 31
hung nach I 1 u im Rahmen der Sonderregelung des I 2 f, nicht auch im Falle
III 1 strafbar. Er setzt voraus, dass sich der Täter vorstellt, er könne einen anderen
gefährden, u trotzdem, also auch hinsichtlich der Gefährdung, vorsätzlich handelt
(OLG Düsseldorf VRS 35, 29); die bloß allg Vorstellung, es könne etwas passieren,
reicht nicht aus.

9. Subjektiver Tatbestand. Für jeden der in I aufgeführten VergehensTBe 32
sind drei Begehungsformen zu unterscheiden:

a) **Die vorsätzliche Begehung.** Sie setzt nach I voraus, dass der Täter hinsicht- 32a
lich aller Tatumstände mind mit bedingtem Vorsatz handelt (BGHSt 22, 67), also
auch hinsichtlich seiner FU u der Herbeiführung einer konkreten Gefährdung anderer (BGH NZV 95, 495; 96, 457; s auch § 315b Rn 11 u OLG Dresden NZV 95,
236), wobei sich der Vorsatz auf die konkrete Gefahrensituation beziehen muss (BGH
NZV 16, 288; 98, 211). Die gleichzeitige Selbstgefährdung steht der Vorsatznahme
nicht entgegen (BGH NZV 15, 44; 96, 457). – Vorsatz ist für **I 1a** nicht allein aus der
Höhe der BAK ableitbar (s § 316, 29), auch nicht allein aus oder iVm einem Fahrfehler (OLG Zweibrücken ZfS 90, 33). Bei einer hohen BAK kann die Beurteilungs-
möglichkeit vermindert sein (vgl BGH NZV 91, 117; OLG Köln StVE 50; OLG
Celle StV 90, 400; s auch § 316 Rn 29 mwN). – Bei **Übermüdung (I 1b)** muss der
Fahrer wissen, dass er so müde ist, dass dies zur FU führt oder mind damit rechnen u
dies in Kauf nehmen (BayObLG DAR 91, 367). – Vorsätzliche Begehung der in **I 2**
aufgeführten Vergehen setzt nicht das Wissen des Täters voraus, er handle grob verkehrswidrig u rücksichtslos, sondern nur die Kenntnis u Billigung der Tatsachen, die
diese Wertung rechtfertigen (BayObLG 68, 91 = VRS 36, 363). Ergibt sich aber die
Rücksichtslosigkeit aus der Gefährlichkeit der Fahrweise, muss er sich dieser bewusst
sein, u nicht nur der für die Gefährlichkeit begründenden OLG Koblenz VRS 71,
279). – Kommt in Abweichung vom EB Verurteilung nicht wegen fahrlässiger, sondern vorsätzlicher Begehung in Betracht, bedarf es eines entspr Hinweises nach
§ 265 I StPO (OLG Koblenz VRS 63, 50).

b) **Die vorsätzlich-fahrlässige Begehung nach Abs 3 Nr 1.** Die gemischt 33
vorsätzlich-fahrlässige Begehungsform des III 1 entspr § 315b IV. Sie setzt
voraus, dass der Vorsatz des Täters alle TB-Merkmale mit Ausn der Gefährdung anderer umfasst, diese aber fahrlässig herbeigeführt wird. Hier liegt zwar insgesamt eine
vorsätzliche Tat vor, im Falle des **I 1a** ein vorsätzliches Vergehen der Trunkenheitsfahrt, das durch die fahrlässig herbeigeführte Folge qualifiziert ist (s § 11 II StGB;
E 67; Janiszewski 301; BGH NZV 91, 117; DAR 97, 177 bei Tolksdorf; OLG
Koblenz NZV 93, 318), der Strafrahmen bestimmt sich insoweit aber aus III.

StGB § 315c D. Verkehrsgefährdungen

34 **c) Die fahrlässige Begehungsform.** Die fahrlässige Begehungsform des III 2 liegt vor, wenn außer der Gefährdung ein weiteres TB-Merkmal nur fahrlässig begangen ist, zB wenn der Täter fahrlässig annimmt, er sei trotz des Alkoholgenusses oder altersbedingter Auffälligkeiten (BGH DAR 88, 54) fahrsicher oder wenn er Bedenken wegen seiner gefährlichen Fahrweise gar nicht erst aufkommen lässt (OLG Koblenz VRS 71, 279 = StVE 20; bei Übermüdung s oben Rn 16). Der Fahrlässigkeitsvorwurf kann, insb bei § 315c I 1b, durch evtl Unzumutbarkeit normgerechten Verhaltens begrenzt sein (BGH aaO; BayObLG NZV 90, 399). – Obwohl III – anders als § 315b IV u V – für die beiden Begehungsformen denselben Strafrahmen vorsieht, ist eine genaue Feststellung, welche von ihnen vorliegt, schon im Hinblick darauf erforderlich, dass am vorsätzlichen Vergehen der Nr 1 eine Teilnahme Dritter möglich ist, während sie bei einem fahrlässigen Vergehen ausscheidet. Fahrlässige Begehung ist auch bei grob verkehrswidriger u rücksichtsloser Verhaltensweise möglich (Fischer, 19b mwN).

35 **10. Rechtswidrigkeit.** Sie wird durch Einwilligung des (mitfahrenden) Gefährdeten nicht ausgeschlossen, da § 315c in erster Linie die – nicht der Disposition des Einzelnen unterstehende – Sicherheit des StraßenV (u nicht des Einzelnen) schützen will (s oben Rn 2; BGHSt 23, 261; NZV 92, 370; 95; 80; Hentschel-König 52; Janiszewski 297 f; aA OLG Hamburg NJW 69, 336; Sch/Sch-Cramer/Sternberg-Lieben 43; differenzierend Geppert ZStW 83, 947, 984). – Wenden nach „Geisterfahrt" kann gerechtfertigt sein (OLG Karlsruhe VRS 65, 470), uU auch kurzes Fahren entgegen der Fahrtrichtung zur Beseitigung einer Gefahrenlage (OLG Köln NZV 95, 159).

36 **11. Die Schuldfähigkeit.** Diese ist für den Zeitpunkt der konkreten Gefährdung, nicht nach dem Zustand bei Fahrtantritt zu bestimmen (BGH VRS 62, 191; OLG Zweibrücken VRS 63, 445 f), anders aber wohl nach der RSpr des BGH (NZV 89, 31) bei Mitnahme eines Mitfahrers durch einen alkoholbedingt fahrunsicheren Kfz-Führer (s oben Rn 11). – Die Grundsätze der alic sind auf § 315c nicht anwendbar (s BGH NZV 96, 500).

37 **12. Konkurrenzen. a)** Gegenüber I 1b ist Nr 1a lex specials (BGH VRS 41, 95). Erfüllt ein und derselbe Verkehrsvorgang mehrere Begehungsformen des § 315c und führt er zu einer konkreten Gefährdung derselben Person oder Sache, so liegt nur eine Straftat, nicht TE mehrerer Taten vor (OLG Hamm VRS 41, 40; BayObLG VRS 73, 379; Sch/Sch-Cramer/Sternberg-Lieben 50). Gleiches gilt, wenn ein und derselbe Verkehrsvorgang gleichzeitig mehrere Personen gefährdet (BGH NZV 89, 31; BayObLG VRS 63, 275; 65, 366; OLG Düsseldorf NZV 99, 388; zust. Geppert NStZ 89, 320; LK-König 208; aA noch BGH VRS 55, 185 zu 315b und SK-Horn 26; gleichartige Tateinheit). Lediglich eine einmalige Verwirklichung des Tatbestands ist auch hA gegeben, wenn ein und dieselbe – also nicht durch eine Zäsur unterbrochene – Trunkenheitsfahrt zu mehreren einander folgenden Gefährdungslagen für verschiedene Personen oder fremde Sachen führt (BGH NZV 89, 31; NZV 01, 265; Sch/Sch-Cramer/Sternberg-Lieben 53; Geppert NStZ 89, 320; vgl aber auch BGHSt 23, 141).

37a **b)** Zwischen den Vergehen nach I 2 und § 316 besteht TE, wenn Erstere nicht Folgen der Trunkenheit sind (Fischer 24), sonst tritt § 316 aufgrund formeller Subsidiarität zurück. TE besteht (Grund: Klarstellungsfunktion) mit zugleich verwirklichten Verletzungs- oder Gefährdungsdelikten, wie zB §§ 222, 229, 211 ff, 223 ff, 248b, 113, 240 uÄ (vgl Sch-Sch-Cramer/Sternberg-Lieben 55). Zum Verhältnis zu § 315b vgl dort Rn 17b. Zum Verhältnis des § 315c zu § 142 s dort Rn 41. Zusammentreffen mit Owen s § 24 StVG 9.

13. Strafzumessung. Fahren im Zustand der Fahrunsicherheit, ohne dass **38** hierfür eine Notwendigkeit besteht, entspricht dem RegelTB des § 315c I 1a, so dass dies nicht strafschärfend verwertet werden darf (BGH VRS 57, 284). Strafaussetzung zur Bewährung ist auch hier zulässig (BGH NZV 89, 400), je nach den Umständen selbst bei Schwerstfolgen (BGH NStZ 94, 336 = BA 95, 61 m krit Anm Horn; BayObLG NJW 03, 3498; Ka StV 94, 188). Zur „Verteidigung der Rechtsordnung" bei Trunkenheitsfahrten mit schwersten Folgen für völlig unbeteiligte VT s OLG Koblenz VRS 59, 33; NZV 92, 451: keine Bewährung!; BGH NJW 90, 188; OLG Hamm DAR 90, 308; OLG Stuttgart NZV 91, 80; LG Bad Kreuznach NZV 92, 420; s auch K NZV 04, 156. Zur Strafbemessung bei Übermüdung: BayObLG NJW 03, 3499. (Unwirksame) Einwilligung des Pkw-Insassen kann Strafzumessung günstig beeinflussen (OLG Koblenz BA 02, 483). § 315c ist Regelfall für EdFE nach § 69 II 1, notfalls FV nach § 44 I S 2. – Unterbleibt die EdFE, produziert die im VZR eingetragene Verurteilung 7 Punkte. – Zum Absehen von Strafe gem § 60 StGB s AG Freiburg ZfS 92, 212.

14. Zivilrecht. Sowohl im Haftungs- wie auch Versicherungsrecht gilt der **39** Grenzwert von 1,1 Promille, die Zivilgerichte folgen insoweit der strafrechtlichen Judikatur (BGH NJW 92, 119; OLG Hamm ZfS 93, 313; vgl auch BSG NZV 93, 267). **Haftungsrechtlich** führt Trunkenheit sowohl bei absoluter wie auch bei relativer Fahrtüchtigkeit (BGH VersR 86, 141; NJW 88, 1846) dazu, dass der Anscheinsbeweis für die Ursächlichkeit eingreift, wenn sich der Unfall uU ereignet hat, die einem nüchternen Kraftfahrer keine Schwierigkeiten bereitet hätten; BGH NJW 88, 1846; 95, 1029 = NZV 95, 145; 92, 27. Beweispflichtig für die Umstände, aus denen folgt, dass ein nüchterner Fahrer die Situation nicht hätte meistern können, ist der alkoholisierte Fahrer (Lepa NZV 92, 132). Im Rahmen der Haftungsabwägung gemäß § 17 StVG ist eine alkoholbedingte Fahruntüchtigkeit nur zu berücksichtigen, wenn die Mitursächlichkeit feststeht (BGH NJW 95, 1029 = NZV 95, 145; aA OLG Hamm NZV 90, 393). Sind beide Unfallbeteiligte fahruntüchtig, greift der Anscheinsbeweis nicht ein (OLG Schleswig NZV 91, 233). Die zu berücksichtigende Alkoholisierung führt zu einer Erhöhung der Betriebsgefahr des Kfz (OLG Celle VersR 88, 608; Hentschel-König § 17 StVG, 11).

Wird durch den im Zustand der Fahruntüchtigkeit verursachten Unfall ein **40** **Mitfahrer** verletzt, so kommt ein Mitverschulden in Betracht. Der Insasse muss jedoch begründete Zweifel an der Fahruntüchtigkeit gehabt haben, etwa aufgrund der Kenntnis der Menge des getrunkenen Alkohols oder wegen alkoholbedingter Ausfallserscheinungen. Allein die Kenntnis vom Alkoholgenuss oder eines Gaststättenbesuches reicht nicht (BGH NJW 88, 2365; VersR 79, 938; Ffm VersR 89, 1079). Der Haftungsanteil des Fahrers/Halters wird regelmäßig überwiegen (BGH VersR 85, 965; OLG München VersR 86, 925). Der Insasse muss auch auf sich aufdrängende Anzeichen von Fahruntüchtigkeit infolge Medikamenteneinnahme oder Übermüdung achten (OLG Düsseldorf VersR 75, 57).

In der **Kfz-Haftpflichtvers** führt alkohol- oder rauschmittelbedingte Fahrun- **41** tüchtigkeit zu einer Verletzung einer vor Eintritt des Versicherungsfalles zu erfüllenden **Obliegenheit** (§ 5 I Nr 5 KfzPflVV, D.2 AKB 2008 ff), welche gem § 5 Abs 3 KfzPflVV zu einer auf 5000,– € begrenzten Leistungsfreiheit des Vers führt. Gemäß § 28 II VVG ist der Versicherer leistungsfrei, wenn der VN die Obliegenheit vorsätzlich verletzt hat. Im Falle einer grob fahrlässigen – grobe Fahrlässigkeit

42 In der Kaskoversicherung kann der Versicherer wegen grob- fahrlässiger Herbeiführung des Versicherungsfalls gemäß § 81 VVG eine Kürzung seiner Leistungen vornehmen, wenn der Unfall infolge alkohol- oder rauschmittelbedingter Fahruntüchtigkeit sich ereignete (s. hierzu § 81).

wird vermutet – Verletzung der Obliegenheit ist der Versicherer berechtigt, seine Leistung entsprechend der Schwere des Verschuldens des VN zu kürzen. Dem Versicherer obliegt der Beweis, dass die Obliegenheitsverletzung für den Versicherungsfall kausal wurde (vgl hierzu § 28).

43 In der **Unfallversicherung** greift bei alkohol- oder rauschmittelbedingter Fahruntüchtigkeit der Risikoausschluss gem. 5.1.1. AUB 2014 bzw A.4.10 AKB 2008 ein (BGH NZV 88, 17; OLG Hamm ZfS 93, 313; Rüther NZV 94, 457). Der Versicherer muss die tatsächlichen Voraussetzungen des Risikoausschlusses beweisen. Im Bereich der Kausalität greift auch hier der Anscheinsbeweis ein (BGH VersR 90, 1343). Bei einer BAK von weniger als 0,8 Promille kommt der Anscheinsbeweis auch dann nicht zur Anwendung, wenn strafrechtlich relative Fahruntüchtigkeit anzunehmen wäre (BGH NZV 88, 220; Rüther NZV 94, 464).

44 Unfälle, die auf **Übermüdung** zurückzuführen sind, können den Vorwurf der groben Fahrlässigkeit iS des § 81 VVG begründen. Erforderlich ist, dass der Fahrer sich über von ihm erkennbare deutliche Anzeichen der Übermüdung bewusst hinweggesetzt hat (BGH VersR 77, 619). IdR gehen dem Einnicken für den Fahrer jedoch stets derartige Anzeichen voraus (Ha NZV 98, 210; OLG Frankfurt NZV 93, 32; aA OLG Oldenburg NVersZ 99, 90; s auch Rn 16). Auch hier ist auf Grund der Neuregelung des VVG nur noch eine Kürzung der Versicherungsleistung zulässig.

45 **Nachtrunk** (s § 316, 24) stellt sich in der KH-Vers als Verletzung der Aufklärungsobliegenheit dar, so dass der Versicherer gemäß § 6 KfzPfVV beschränkt leistungsfrei ist, es sei denn, die BAK lag trotz des Nachtrunks außerhalb des kritischen Bereichs der Fahruntüchtigkeit (BGH NJW 76, 371) oder die BAK lag ohne den Nachtrunk bereits oberhalb der 1,1 Promillegrenze (BGH VersR 70, 826; 71, 659). In der Kaskoversicherung verletzt der VN die Aufklärungsobliegenheiten, wenn bei dem Unfall Dritte zu Schaden gekommen sind oder als mögliche Mitverursacher in Betracht kommen (BGH VersR 76, 84). Bei einem Unfall ohne Fremdschaden stellt der Nachtrunk nur dann eine Obliegenheitsverletzung dar, wenn der VN polizeiliche Feststellungen zu seiner zum Unfallzeitpunkt bestehenden Alkoholisierung verschleiern will (OLG München NZV 95, 490; OLG Köln VersR 97, 1222). Für Fälle, die der Neuregelung des VVG unterfallen, greift vollständige Leistungsfreiheit nur noch bei (vom Vers. zu beweisendem) Vorsatz ein, bei grober Fahrlässigkeit erfolgt dagegen eine Leistungskürzung (vgl § 28 II VVG nF). Der Nachtrunk dürfte allerdings regelmäßig vorsätzlich begangen werden (vgl BGH VersR 76, 84; Felsch in Rüffer/Halbach/Schimikowski, § 28 Rn 64).

§ 315d Verbotene Kraftfahrzeugrennen

(1) **Wer im Straßenverkehr**
1. **ein nicht erlaubtes Kraftfahrzeugrennen ausrichtet oder durchführt,**
2. **als Kraftfahrzeugführer an einem nicht erlaubten Kraftfahrzeugrennen teilnimmt oder**

Verbotene Kraftfahrzeugrennen § 315d StGB

3. sich als Kraftfahrzeugführer mit nicht angepasster Geschwindigkeit und grob verkehrswidrig und rücksichtslos fortbewegt, um eine höchstmögliche Geschwindigkeit zu erreichen,

wird mit Freiheitsstrafe bis zu zwei Jahren oder mit Geldstrafe bestraft.

(2) **Wer in den Fällen des Absatzes 1 Nummer 2 oder 3 Leib oder Leben eines anderen Menschen oder fremde Sachen von bedeutendem Wert gefährdet, wird mit Freiheitsstrafe bis zu fünf Jahren oder mit Geldstrafe bestraft.**

(3) **Der Versuch ist in den Fällen des Absatzes 1 Nummer 1 strafbar.**

(4) **Wer in den Fällen des Absatzes 2 die Gefahr fahrlässig verursacht, wird mit Freiheitsstrafe bis zu drei Jahren oder mit Geldstrafe bestraft.**

(5) **Verursacht der Täter in den Fällen des Absatzes 2 durch die Tat den Tod oder eine schwere Gesundheitsschädigung eines anderen Menschen oder eine Gesundheitsschädigung einer großen Zahl von Menschen, so ist die Strafe Freiheitsstrafe von einem Jahr bis zu zehn Jahren, in minder schweren Fällen Freiheitsstrafe von sechs Monaten bis zu fünf Jahren.**

Zielsetzung der Vorschrift. Die Vorschrift wurde im Rahmen des Straf- 1
rechtsänderungsgesetzes zur „Strafbarkeit nicht genehmigter Kraftfahrzeugrennen im Straßenverkehr" anstelle des § 315d StGB a.F. neu geschaffen. Hintergrund der Vorschrift ist dabei, dass – so die Gesetzesbegründung – immer häufiger Fälle von illegalen Kraftfahrzeugrennen zu beobachten seien, bei denen Unbeteiligte getötet oder schwer verletzt werden (BT-Drucks. 18/10145, 7). Durch die Ahndung als Ordnungswidrigkeiten in § 29 Abs. 1, § 49 Abs. 2 Nr. 5 StVO a.F. sei eine Abschreckung für die vielerorts etablierten „Raser-Szenen" nicht zu erreichen gewesen (BT-Drucks. 18/10145, 7). Mangels konkreter Zahlen ist insoweit jedoch streitig, ob vorliegend eine Strafvorschrift überhaupt notwendig ist (vgl. Piper, NZV 2017, 70 (72)).

Abs. 1: abstrakte Gefährdung. § 315d StGB will illegale Autorennen gene- 2
rell verhindern. Für die Erfüllung des Tatbestandes kommt es nicht darauf an, dass eine konkrete Gefahr einer Rechtsgutverletzung eingetreten ist. Es handelt sich um einen abstrakten Gefährdungstatbestand.

a) Voraussetzungen. Die Tat muss „im Straßenverkehr" begangen werden, 3
so dass die Verkehrsfläche, auf der das Rennen stattfindet, für den öffentlichen Verkehr gewidmet sein muss (vgl. Jansen, NZV 17, 214, 215; Lackner/Kühl/ Heger 315c,2).

Ein Rennen setzt Wettbewerb oder einen Wettbewerbsteil zur Erzielung von 4
Höchstgeschwindigkeiten mit Kfz, bei denen zwischen mindestens 2 Teilnehmern ein Sieger durch Erzielung einer möglichst hohen Geschwindigkeit ermittelt wird. Einer vorherigen Absprache aller Beteiligten bedarf es nicht (PT-Drucks. 18, 10145, 9) Geschicklichkeits-, Zuverlässigkeits-, Leistungsprüfungs-, und Orientierungsfahrten erfüllen den Tatbestand nicht (vgl. zu § 29 StVO OLG Oldenburg DAR 17, 93; OLG Jena, DAR 0543; Jansen NZV 17, 214, 216; § 29, 2; a. A. OLG Hamm, NZV 13, 403). Entscheidend ist somit für die Annahme eines Rennens das jeweilige Streben nach der höheren Geschwindigkeit (MüKO StVR/ Sauthoff, § 29, 6). Unerheblich ist, ob das Rennen „spontan stattfindet oder geplant und vorab verabredet wurde" (OLG Hamm NZV 13, 403; OLG Bamberg NZV 11, 208; § 29, 217, 214, 216).

StGB § 315e   D. Verkehrsgefährdungen

5 „Nicht erlaubt" ist ein Kraftfahrzeugrennen dann, wenn eine Genehmigung nach § 29 Abs. 2 i.V.m. § 46 Abs. 2 S. 1, 3 n. F. StVO fehlt oder von dieser abgewichen wird (Jansen, NZV 17, 214 (215)).

6 Das in Abs. 1 Nr. 1 aufgeführte „Ausrichten" oder „Durchführen" eines Kraftfahrzeugrennens hat den im ursprünglichen Gesetzesentwurf (BT-Drucks. 18/10145) vorgesehenen und in § 29 StVO a.F. bisher enthaltenen Begriff des Veranstaltens ersetzt. Dies hat inhaltlich jedoch keine Auswirkungen, da als „Ausrichter" weiterhin derjenige, der als Organisator im Hintergrund bleibt, erfasst werden soll (BT-Drucks. 18/12964, S. 5). Hierunter fällt, wer das Rennen vorbereitet, organisiert oder eigenverantwortlich ins Werk setzt, also der geistige und praktische Urheber, der Planer und Veranlasser des Rennens (BT-Drucks. 18/12964, S. 5; OLG Karlsruhe NZV 2012, 348 (349)), beispielsweise derjenige, der die Strecke plant, Teilnehmer anwirbt, Startbedingungen und Regeln festlegt, Startgelder entgegennimmt und Preisgelder auszahlt, etc. (Jansen, NZV 17, 214 (216)).

7 Täter kann aufgrund des Merkmals des „Durchführens" auch der vor Ort Tätige sein (BT-Drucks. 18/12964, 5).

8 Als „Kraftfahrzeugführer teilnehmen" (Abs. 1 Nr. 2) bedeutet nichts anderes als das „Mitmachen" beim Rennens (Jansen, NZV 17, 214 (217)) und somit das Führen eines Fahrzeuges (Mitsch, DAR 17, 70 (71; vgl. § 315c, 2). Wer ohne Kraftfahrzeugführer zu sein als Anstifter oder Gehilfe teilnimmt ist – sofern er nicht nach Nr. 1 Täter ist – aus § 315d Abs. 1 Nr. 2 i.Vm. §§ 26, 27 StGB strafbar (Mitsch, DAR 2017, 70 (71)). Mittäterschaft oder mittelbare Täterschaft sind möglich, ein eigenhändiges Delikt liegt nicht vor (Mitsch, DAR 17, 70 (71)). Streckenposten, Startzeichengeber oder Beifahrer können wegen Beihilfe strafbar sein (Preus NZV 17, 105, 109; Jansen NZV 17, 214, 217).

9 Durch Abs. 1 Nr. 3 werden diejenigen Fälle erfasst, in denen nur ein einziges Fahrzeug objektiv und subjektiv ein Rennen nachstellt. Hierfür ist nicht angepasstes, also zu schnelles Fahren erforderlich, welches der konkreten Verkehrssituation widerspricht oder durch welches Geschwindigkeitsbegrenzungen verletzt werden (BT-Drucks. 18/12964, 5). Darüber hinaus muss das Fahren grob verkehrswidrig und rücksichtslos sein (vgl. § 315c Abs. 1 Nr. 2 StGB). In subjektiver Hinsicht ist das Anliegen erforderlich, eine höchstmögliche Geschwindigkeit erreichen zu wollen. Bloße Geschwindigkeitsüberschreiten sollen nicht von der Vorschrift erfasst werden, auch wenn sie erheblich sind (BT-Drucks. 18/12964, 6).

10 **Abs. 2: konkrete Gefährdung.** Abs. 2 enthält mit dem Abstellen auf die konkrete Gefährdung einen Qualifikationstatbestand, der die Begrifflichkeiten des § 315c Abs. 1 StGB verwendet, so dass auf deren Auslegung durch Rechtsprechung und Literatur zurückgegriffen werden kann (Jansen, NZV 17, 214 (218; s. § 315c, 4).

11 **Abs. 5: Qualifikation.** § 315d Abs. 5 StGB stellt ein erfolgsqualifiziertes Delikt dar. Insoweit ist gem. § 18 StGB für die schwere Folge wenigstens Fahrlässigkeit erforderlich. Da hier die Begrifflichkeiten des § 315 Abs. 3 Nr. 2 StGB verwendet werden, kann auch insoweit auf die entsprechende Auslegung durch Rechtsprechung Literatur zurückgegriffen werden (BT-Drucks. 18/12964, 7).

12 **Konkurrenzen.** Nimmt der „Veranstalter" nach Abs. 1 Nr. 1 auch am Rennen selbst teil, so stehen die Tathandlungen gem. § 53 StGB in Realkonkurrenz (Jansen, NZV 2017, 214 (217)).

§ 315e *(nicht abgedruckt)*

Trunkenheit im Verkehr **§ 316 StGB**

§ 315f Einziehung

¹Kraftfahrzeuge, auf die sich eine Tat nach § 315d Absatz 1 Nummer 2 oder Nummer 3, Absatz 2, 4 oder 5 bezieht, können eingezogen werden. ²§ 74a ist anzuwenden.

E. Alkoholdelikte

§ 316 Trunkenheit im Verkehr

(1) Wer im Verkehr (§§ 315 bis 315e) ein Fahrzeug führt, obwohl er infolge des Genusses alkoholischer Getränke oder anderer berauschender Mittel nicht in der Lage ist, das Fahrzeug sicher zu führen, wird mit Freiheitsstrafe bis zu einem Jahr oder mit Geldstrafe bestraft, wenn die Tat nicht in § 315a oder § 315c mit Strafe bedroht ist.

(2) Nach Absatz 1 wird auch bestraft, wer die Tat fahrlässig begeht.

Übersicht

	Rn
1. Allgemeines	1
2. Täterschaft, Verantwortlichkeit Dritter	2
3. Tathandlung	5
a) Alkoholbedingte Fahrunsicherheit	6
b) Rückrechnung	14
c) Alkoholbestimmung aus der Atemluft	18
d) Feststellung der FU ohne Blutprobe u AA-Test	19
e) Wirkung des Alkohols	21
f) Andere berauschende Mittel	27
g) Zusammenwirken von Alkohol u anderen Umständen	28
4. Vorsatz und Fahrlässigkeit	29
5. Schuldfähigkeit	30
6. Rechtswidrigkeit	31
7. Zusammentreffen mit anderen Straftaten	32
8. Rechtsfolgen	33
9. Prozessrecht	37c
10. Literatur	38
11. Tabellen zur Bestimmung des Alkohols im Blut	39
12. Text der Richtlinie	40

1. Allgemeines. Die **Überschrift** ist unzutreffend, da keine (völlige) Trunkenheit, sondern nur (alkohol- oder rauschmittelbedingte) **Fahrunsicherheit** (FU) verlangt wird (Janiszewski 323, 331). – § 316 ist **abstraktes Gefährdungsdelikt,** das auf der Erkenntnis beruht, dass das beschriebene Verhalten idR gefährlich ist; die abstrakte Gefährdung ist mithin TB-Merkmal (OLG Saarbrücken ZfS 96, 73; s auch Rn 35). Kommt es zu konkreter Gefährdung anderer, tritt § 316 hinter § 315c I 1a zurück (I letzter Halbsatz; BGH VRS 65, 131). – § 316 ist **Dauerdelikt** (BGHSt 23, 141), das durch § 24a StVG ergänzt wird (zur Abgrenzung s § 24a StVG 11). § 316 gilt für **Fz-Führer** aller Art (s § 2 StVO 2; für andere VT, wie Fußgänger, Reiter pp s § 2 StVZO), die an einer der in den §§ 315–315d genannten VArten, dh Straßen-, Eisenbahn-, Luft- u SchiffsV (zum SchiffsV s Schifffahrtsobergericht Bln VRS 72,

StGB § 316 E. Alkoholdelikte

111; Geppert BA 87, 262 u unten Rn 25a) im öff Bereich (s § 1 StVO 5 ff; BGH NZV 13, 508) teilnehmen, uU auch im Ausland (zB Schweiz: OLG Karlsruhe VRS 69, 280). Für Betriebspersonal im Fahrdienst gilt vor u während der Fahrt absolutes Alkoholverbot (§§ 8 III, 45 II 1a, 2a u 3a BOKraft iVm § 61 I 4 PBefG); ebenso für Luftfahrtpersonal (s § 1 III, § 43 Nr 3 LuftVO).

2 **2. Täterschaft, Verantwortlichkeit Dritter. Führen eines Fahrzeuges** (für motorisierte Krankenfahrstühle vgl OLG Nürnberg NZV 11, 358; s.a. Wegerich/Scheibenpflug NZV 12, 414; zu Segways s. OLG Hamburg NZV 17, 193; für Fahrräder vgl BayVGH DAR 15, 107) setzt voraus, dass das Fahrzeug willentlich (s. OLG Frankfurt NZV90, 277; OLG Düsseldorf NZV 92, 197) in Bewegung gesetzt also nicht nur gestartet, oder unter Handhabung seiner technischen Vorrichtungen während der Fahrbewegung gelenkt wird (BGHSt 35, 390; NZV 95, 364; OLG Düsseldorf NZV 89, 202 zu § 24a StVG). Es handelt sich um ein eigenhändiges Delikt, so dass eine Strafbarkeit auf Grund mittelbarer Täterschaft, Mittäterschaft sowie Nebentäterschaft ausgeschlossen ist (BGHSt 18, 6; OLG Dresden NJW 06, 1013; Janiszewski 390). Wer Bremsen und Lenkung beim abgeschleppten Fahrzeug betätigt, führt ein Fahrzeug (BGH NZV 90, 157). Der (betrunkene) Fahrlehrer, der den Fahrschüler fahren lässt, ist kein Führer (BGH NZV 14, 328; OLG Düsseldorf NZV 14, 328; OLG Dresden NJW 06, 1013; Lackner-Kühl § 315c, 3; Fischer, § 315c, 3a; Sch-Sch-Sternberg-Lieben/Hecker 20). Auch die Begleitperson beim „Fahren ab 17" führt das Kfz nicht (Tolksdorf, Nehm-FS 441). Vorgänge nach Beendigung der Fahrt, wie Unterlassen von Sicherungsmaßnahmen, Abstellen des Motors oder Verlassen des Kfz stellen kein Führen dar (OLG Karlsruhe NZV 06, 441). Auch der vergebliche Versuch, ein im Waldboden feststehendes Fahrzeug freizubekommen, ist nicht als Führen aufzufassen, so lange das Fahrzeug nicht von seinem Standort fortbewegt wird (OLG Brandenburg DAR 06, 219; Fischer, § 315c, 3b). Eingehend zum Führen s § 2 StVO 6, 10 ff Sch-Sch-Sternberg-Lieben/Hecker 19 f.

3 Überlässt der **Halter** die Führung einem alkoholbedingt fahrunsicheren Führer, handelt er uU nicht nur ow nach §§ 31 II, 69a V 3 StVZO (s OLG Hamm BA 78, 299; § 24a StVG 5), es ist auch **Teilnahme** an vorsätzlicher Tat (§ 316 I) nach den allg Regeln möglich (vgl dazu OLG Koblenz NJW 88, 152).

4 Die **Verantwortlichkeit** nach den §§ 222, 223, 230 StGB für eine **fahrlässige Tötung** oder **Körperverletzung,** die der Betrunkene auf der Fahrt verursacht, kann auch Personen treffen, die zu der Fahrt beigetragen haben, ohne das Fz zu führen, insb den **Halter** (BGH VRS 4, 608; 13, 470; OLG Hamm VRS 23, 107). Durch **Unterlassen** ist mitschuldig, wer den Betrunkenen von der Fahrt nicht abhält, obwohl er auf Grund einer **Garantenstellung** dazu verpflichtet ist. Gemeinsames Zechen begründet für sich allein keine Pflicht zur Gefahrenabwendung (BGH VRS 7, 105). Aber auch, wer zur Herbeiführung der Gefahr beiträgt, ist dann nicht zu ihrer Abwendung verpflichtet, wenn sie sich erst über das auf einem eigenen, selbstverantwortlichen Entschluss beruhende Handeln eines Dritten auswirkt. So ist der **Gastgeber** oder Gastwirt, der Alkohol an seine Gäste ausschenkt, nicht für deren anschl Führung eines Kfz verantwortlich, wenn der Gast nicht etwa so betrunken ist, dass er nicht mehr eigenverantwortlich handeln kann (BGHSt 19, 152; 26, 35).

5 **3. Tathandlung.** Tathandlung ist das Führen eines Fz (s 2), obwohl der Täter infolge der Einnahme alkoholischer Getränke oder anderer berauschender Mittel nicht in der Lage ist, das Fz über eine längere Strecke, u zwar auch beim plötzlichen Auftreten schwieriger VLagen, sicher zu führen (BGHSt 13, 83, 90; 21, 157; s

unten Rn 21). Zum Nachweis des Führens bei einer am Steuer eines Pkws schlafend aufgefundenen Person vgl Ka NJW 04, 3356.

a) Alkoholbedingte Fahrunsicherheit. Die **alkoholbedingte FU** steht in 6 der Praxis im Vordergrund. Entgegen dem GText kommt es – wie auch bei den „berauschenden Mitteln" (unten 27) – nicht auf einen **„Genuss"**, sondern auf die bloße (uU sogar widerwillige) Einnahme der Mittel an (BayObLG NZV 90, 317; OLG Frankfurt BA 79, 407; Salger DAR 86, 386; aA OLG Karlsruhe BA 79, 59 im Anschl an BayObLG VRS 15, 202).

aa) Verhalten des Alkohols im Körper: Alkohol gelangt vom Magen auf 7 dem Verdauungswege in den Blutkreislauf u verteilt sich anschl auf die Gewebe – **Resorption** oder **Aufnahme** des Alkohols (näher dazu Janiszewski 333 ff). Dabei nehmen stark durchblutete Körperteile mehr Alkohol auf als Knochen u Fettgewebe (s Rn 8). Die Resorption geht bei nüchternem Magen schnell vor sich, zB 1 Glas Schnaps in ca 5 Min, 200 ccm Bier in 10–15 Min. Wird nach einem kräftigen Essen getrunken oder werden gleichzeitig Speisen oder größere Flüssigkeitsmengen eingenommen, so verlangsamt sich die Resorption. Außerdem wird dann ein Teil des Alkohols im Magen oder Darm verarbeitet u gelangt nicht in die Blutbahn; dieses **Resorptionsdefizit**, das zwischen 10 u 30% des getrunkenen Alkohols betragen kann (Gerchow/Heberle S 11; in bes Ausn-Fällen bis 70%: Heifer BA 88, 299, 307), ist aber nur bei fehlender Blutprobe, dh bei Berechnung der BAK aus der getrunkenen Alkoholmenge (auch beim Nachtrunk s Rn 24) zu berücksichtigen, nicht auch bei der Rückrechnung nach Blutprobe (BGH NStZ 88, 119; bei Janiszewski, s ferner Rn 14). Im Rahmen des § 21 ist der dem Angeklagten günstigste Mindestwert von 10% zugrunde zu legen (BGH VRS 71, 177; 72, 359), sonst (insb beim **Nachtrunk:** BGH DAR 87, 104; BayObLG DAR 94, 383) der höchste (30%). – In der RSpr u Lit wird zwar eine **Resorptionsdauer** bis 1½ Std angenommen; nach BGHSt 25, 246 ist aber – unter Hinzurechnung eines Sicherheitszuschlags – zugunsten des Angeklagten von 2 Std auszugehen, wenn nicht im Einzelfall – Zuziehung eines SV meistens erforderlich – eine kürzere Dauer festgestellt werden kann (s auch Rn 14); I die **Anknüpfungstatsachen** (Trinkzeit, -menge u -art pp) sind im Urt darzustellen (BGH DAR 07, 272; OLG Koblenz NZV 09, 157). Beim sog **Sturztrunk** (Einnahme erheblicher Alkoholmengen in kurzer Zeit) kann die Resorption zwischen 20 u 120 Min dauern (OLG Düsseldorf VRS 63, 62 = StVE 46; zur Auswirkung s Rn 23).

bb) Die Blutalkoholkonzentration – BAK –, der in Promille (dh Alkohol 8 in Gramm pro 1000 ccm Blut) ausgedrückte Alkoholgehalt des Blutes, ist das wichtigste Beweisanzeichen zum Nachweis alkoholbedingter FU (BGHSt 31, 42, 44 = StVE 49). Sie wird idR durch die Entnahme einer Blutprobe festgestellt (s dazu § 81a StPO 4 f) oder bei deren Fehlen aufgrund der festgestellten Trinkmenge ermittelt (s Rn 19, zum AA-Test s Rn 18). – Da nicht alle Körperteile (insb Fett u Knochen) gleichmäßig Alkohol aufnehmen, wird der Berechnung das **„reduzierte Körpergewicht"** zugrunde gelegt. Dh: Das Gesamtkörpergewicht (ohne Kleidung!) muss auf die gedachte Masse reduziert werden, bei der die Konzentration überall gleich der des Blutes ist. Der dafür verwendete **Reduktionsfaktor (r)** schwankt; er kann im Einzelfall je nach Körperkonstitution zwischen 0,5 (Pyknikern u Frauen) u 0,95 (Leptosomen) liegen (s Forster-Ropohl Rn 38 S 247); er beträgt bei Männern durchschnittlich 0,7, bei Frauen 0,6, das reduzierte Körpergewicht, mithin 50–95% des gesamten Körpergewichts (s Tab Rn 39).

8a **Beispiel:** Gesamtgewicht eines Mannes 80 kg; reduziertes Gewicht (80 × 0,7 =) 56 kg; bei einer festgestellten BAK von 1‰ sind also 56 g Alkohol aufgenommen worden, bei einem 70 kg schweren Mann wären es bei 1‰ (70 × 0,7) 49 g (zur Berechnung s unten 9c). Zugunsten des Angeklagten muss vom jew günstigsten Faktor r ausgegangen werden (OLG Köln VRS 67, 459 = StVE 65: bei Nachtrunk; BayObLG v 7.3.86, 1 St 2/86), wenn nicht durch einen SV (so namentlich bei grenznaher BAK: OLG Stuttgart VRS 61, 379) der wirkliche ermittelt worden ist (BayObLG bei Rüth DAR 79, 229, 235; VRS 58, 391; s dazu auch Gerchow/Heberle S 44 u unten Rn 10).

9 Die unter Rn 39 abgedr **Blutalkoholtabellen** geben theoretische **Richtwerte** an, die von (wirklichkeitsfremder) sofortiger Einnahme der angegebenen Alkoholmengen „in einem Zuge" ausgehen, also bei voller Resorption des Alkohols dem Durchschnitt entsprechen. Der tatsächliche Wert kann aber nach dem oben Ausgeführten geringer, bei unterdurchschnittlichem r des Betr auch höher sein. Er verändert sich naturgemäß bei verzögerter Trinkweise über längere Zeit, da zugleich mit der Einnahme auch der Abbau einsetzt (s Rn 10) u entspr zu berücksichtigen ist, dh von der jew angegebenen BAK wären bei einem durchschnittlichen Abbaufaktor 0,1‰/h abzuziehen (s Rn 14).

9a Die **Tab A** gibt an, welche Alkoholmenge (in Gramm) bei dem jew Körpergewicht zu bestimmten BAKen führt. Umgekehrt kann hier aus einer bekannten BAK für das jew Körpergewicht die eingenommene Alkoholmenge (in Gramm) abgelesen werden (**Beispiel:** 1,3‰ bei einem 80 kg wiegenden Mann sind auf rd 73 g Alkohol zurückzuführen).

9b **Tab B** gibt einen Überblick über den Alkoholgehalt (in Gramm) einiger häufiger Getränke. Dabei sind die erheblichen Schwankungen der Alkoholgehalte zu berücksichtigen. Ist der Alkoholgehalt eines Getränks nicht in Gramm, sondern – wie üblich – in Vol-% angegeben, lässt sich das Alkohol-Gewicht als das Produkt aus der Getränke-Menge, dem Prozent-Vol u dem spezifischen Gewicht von Alkohol (0,8) wie folgt errechnen:

Beispiel: 1000 ccm 32%iger Branntwein enthalten nach der Formel 1000 × 32% × 0,8 = 256 gr Alkohol, oder 4 Li Bier à 5 Vol-%: 4000 × 5% × 0,8 = 160 gr.

Aus der Kombination der Tab A u B lässt sich annähernd entnehmen, welche Alkoholmenge bei voller Resorption zu welcher BAK führt.

Beispiel: Nach Tab B enthält ½ Lit Vollbier durchschnittlich 20 g Alkohol; aus Tab A ist ersichtlich, dass diese Menge bei einem 60 kg wiegenden Mann zu etwa 0,5‰ führt. Oder: Nach Tab B enthält 1 Lit Weißwein im Durchschnitt 90 g Alkohol; aus Tab A ist ablesbar, dass diese Menge BAK eine solche Alkoholmenge bei verschiedenen Menschen je nach r-Faktor u Gewicht führen kann.

9c Die Tabellen können natürlich nur **durchschnittliche Richtwerte** wiedergeben; wichtig ist bei ihrer Anwendung, insb der Tab A, die genaue Feststellung des Alkoholgehalts in Gramm u die Beachtung der sonstigen Voraussetzungen für die Berechnung einer BAK (s insb Rn 8, 12 ff). Ansonsten lässt sich die Alkoholmenge (a), die zu einer festgestellten BAK geführt hat, annähernd nach der **Widmark'schen Formel** als das Produkt aus der BAK (c), dem Körpergewicht (p) u dem Reduktionsfaktor (r) wie folgt ermitteln: c 3 p 3 r = a. Umgekehrt lässt sich aus der Formel

$$\frac{a}{p \, 3 \, r}$$ annähernd die BAK errechnen.

cc) Der Abbau setzt alsbald nach der Aufnahme ein. Ein geringer Teil (5 bis 10%) wird durch die Atmung u Nieren ausgeschieden, der Rest durch Enzyme der Leber verbrannt (zum Resorptionsdefizit s 7). Dabei wird eine ziemlich gleich bleibende Alkoholmenge, die bei den einzelnen Menschen zwischen 0,1 u 0,2‰, im Durchschnitt 0,14–0,17‰ beträgt (BGA S 53–60), stündlich ausgeschieden, **Abbaufaktor (= wert)** genannt. Der „**individuelle**" Abbauwert lässt sich nachträglich nicht ermitteln (BGH VRS 71, 176; 72, 359; NStZ 91, 329; Gerchow BA 83, 540), ein experimentell festgestellter gilt nur für dieses Experiment (BGH NStZ 86, 114 Nr 2; Gerchow BA 85, 77); soweit dieser dennoch gefordert wird (vgl OLG Köln VRS 65, 426), ist der unter Berücksichtigung der bekannten Anknüpfungstatsachen (Trinkende, -menge u Nahrungsaufnahme) im konkreten Fall dem Abbauwert am nächsten kommende Wert gemeint (He/Bu 248). Alkoholgewohnte Personen produzieren in ihrer Leber mehr Alkoholhydrogenase (ADH, das zum Abbau dienende Ferment) u erreichen dadurch einen höheren Abbauwert als Nichttrinker. Der jew zugrunde gelegte Abbauwert ist im Urt anzugeben (OLG Saarbrücken ZfS 95, 473).

Lebererkrankung kann den Alkoholstoffwechsel lediglich bei sehr schweren Funktionsstörungen beeinflussen, die idR stationären Aufenthalt gebieten, eine VTeilnahme daher gewöhnlich ausschließen (OLG Düsseldorf VRS 60, 219); wer sich einer solchen Erkrankung bewusst ist, hat eine evtl Abbauverzögerung in Rechnung zu stellen (OLG Düsseldorf aaO). – **Körperliche Arbeit** beschleunigt den Abbau im Allg nicht (Ponsold S 238), ebenso wenig Gegengifte, wie Kaffee oder Pervitin, nur gewisse Symptome des Rauschzustandes beeinflussen, die gestörte Leistungsfähigkeit aber nicht wiederherstellen (atypische oder Pseudo-Ernüchterung). **Kaffee** kann die Alkoholwirkung uU sogar steigern, der Leistungsabfall ist nach seiner Wirkung uU bes stark. Es gibt bisher kein **Ernüchterungsmittel,** das die Alkoholwirkung über eine evtl Verzögerung der Resorption hinaus etwa aufheben könnte (eingehend Schneble BA 88, 18).

dd) Das Ergebnis der **Blutalkoholprobe**, das gem § 256 StPO in die HV einzuführen (s dazu § 81a StPO 6; § 24a StVG 2) u im Urt anzugeben ist (OLG Hamm VRS 74, 443), ist nur bei Beachtung der vom BGA festgesetzten RiLien (s Gutachten 1966 Anl 6a u unten 40) verwertbar (OLG Düsseldorf VRS 73, 217), die auch im **Zivil**prozess gelten (BGH(Z) VRS 75, 444). Danach wird die BAK idR aufgrund von 3 Analysen nach der **Widmark-** u mind 2 Analysen nach der **ADH-Methode** bestimmt (BGHSt 21, 157); die hierbei verwendeten Geräte unterliegen nicht der **Eichpflicht** (OLG Düsseldorf DAR 95, 372; OLG Schleswig BA 96, 54; BayObLG v 17.10.95, 1 StRR 139/95). Zugrunde zu legen ist stets der **Mittelwert** von allen Einzelwerten der nach den gen RiLien erforderlichen 5 Analysen (BGHSt 28, 1; OLG Düsseldorf VRS 67, 35 = StVE 63; OLG Hamm VRS 36, 422; Janiszewski 378), weil er dem „**Wahren Wert**" am nächsten kommt (BayObLG NZV 96, 75). Der Mittelwert ist aber nur dann verwertbar, wenn die zul **Variationsbreite** eingehalten ist (Nr 3.6 RiBA), dh wenn die Differenz zwischen dem höchsten u dem niedrigsten Einzelwert nicht mehr als 10% des Mittelwertes, bei einem Mittelwert unter 1‰ nicht mehr als 0,1‰ beträgt (Gutachten BGA 1966 Nr 6 Anl 6a; BGH NZV 90, 357; 99, 386; OLG Hamm BA 85, 484; BayObLG NZV 96, 75; OLG Düsseldorf DAR 87, 293); sonst ist die Analyse zu wiederholen (Nr 3.6 RiBA). Der dritten Dezimale hinter dem Komma kommt weder bei der Errechnung des Mittelwertes noch bei der Bestimmung des Einzelwertes ein signifikanter Aussagewert zu, so dass sie außer Betracht zu bleiben hat (OLG Hamm NZV 00, 340: OLG Köln NZV 01, 137). Einer

StGB § 316 E. Alkoholdelikte

Berechnung der sog **Standardabweichung** der Einzelwerte bedarf es nicht (BGH NZV 99, 386; aA Schoknecht NZV 96, 217).

13 Bei Anwendung der **automatischen gaschromatographischen Methode,** die wegen ihrer bes Zuverlässigkeit zunehmend Bedeutung gewonnen hat, gelten die gleichen Grundsätze (OLG Düsseldorf VRS 45, 116; OLG Hamm VM 76, 10). Jedoch genügt der Mittelwert von 4 Einzelanalysen, wenn 2 durch automatisierte gaschromatographische Untersuchung u 2 nach der ADH-Methode gewonnen sind, zum Nachweis der BAK (BGH VRS 54, 452; BayObLG 76, 14 = StVE 16). Auf die Kontrolluntersuchung nach der ADH-Methode darf auch hier nach heutigem Erkenntnisstand nicht verzichtet werden (OLG Hamburg VRS 51, 65 = StVE 15; OLG Düsseldorf VRS 57, 445; NZV 97, 445). Werden diese Voraussetzungen nicht eingehalten, so kann der Tatrichter nicht auf die geltenden Beweisregeln für best. Alkoholisierungsgrade (Grenzwert 1,1%) zurückgreifen. Er ist jedoch nicht gehindert, das Ergebnis der Blutprobe als Indiz zB im Zusammenhang mit Fahrfehlern oder Ausfallerscheinungen zu verwerten (BGH (Z) NVZ 02, 559; NJW-RR 88, 1576; BayObLG Vers 62, 461; Hentschel-König 36). Zu ermitteln ist insb. unter Hinzuziehung eines SV, welche Aussagekraft dem jeweiligen Messwert zukommt (BGH (Z) NZV 02, 559, s a AG Langen NZV 88, 223 m Anm Hentschel).

13a Die **Berechnungsgrundlagen** müssen zwar grundsätzlich im Urt nachprüfbar mitgeteilt werden (BGH NStZ 86, 114, 310; OLG Koblenz NZV 09, 157), doch genügte bisher im allg die bloße Angabe des Mittelwertes (BGHSt 28, 235 = StVE 31), jedenfalls wenn er weit über dem Grenzwert lag (OLG Köln VRS 57, 23) u das Labor versicherte, dass die RiBA (Rn 40) eingehalten sind u **nicht aufgerundet** worden ist (s Rn 22a; § 24a StVG 3). Im Hinblick auf die Senkung des Sicherheitszuschlags (Rn 22, 22a) verlangt der BGH (NZV 90, 357) allerdings inzw von den Instituten in der schriftlichen Mitteilung der Analysenergebnisse die Versicherung, dass das untersuchende Institut zur Kontrolle seiner Zuverlässigkeit an den durch Nr 3.6 RiBA vorgeschriebenen Ringversuchen teilnimmt. Außerdem ist durch die **Bekanntgabe aller Einzelmesswerte** nachzuweisen, dass die sich ergebende Abweichung der Einzelwerte unter den im Gutachten (NZV 90, 106) angegebenen Maximalwerten liegt (zur sog Standardabweichung s BGH NZV 90, 357, 358 u BayObLG NZV 96, 75). Werden die Einzelwerte nicht mitgeteilt, ist – insb im Grenzbereich – bei evtl Bedenken ein Beweisantrag auf Vorlage aller Einzelwerte zu erwägen (BGH NStZ 86, 114, 310), bei dessen Ablehnung ein Verfahrensfehler vorliegen kann (OLG Karlsruhe NJW 77, 1111). Grundsätzlich besteht ein Anspruch des Beschuldigten auf Bekanntgabe der einzelnen Messergebnisse (BGH NZV 90, 357).

14 **b) Rückrechnung.** Da die Blutprobe idR nicht unmittelbar nach der Tat, sondern meist erst einige Zeit später abgenommen wird, während der Alkohol abgebaut wird (s Rn 10), maßgeblich aber die BAK zur Tatzeit ist, ist eine **Rückrechnung** (iS einer Hochrechnung) vom ermittelten Wert der Blutprobe auf die **Tatzeit** erforderlich (BGHSt 21, 157, 163). Dem Untersuchungsergebnis muss der zwischen Tat u Blutabnahme **abgebaute Alkohol hinzugerechnet werden.** Dabei ist stets der dem Angeklagten günstigste Abbauwert zugrunde zu legen (BGH BA 87, 224; OLG Köln VRS 65, 426), dh wenn sich eine möglichst **niedrige BAK** zugunsten des Angeklagten auswirkt (Fahrtüchtigkeit!), ein gleich bleibender stündlicher Abbauwert von **0,1‰/h** (vgl BGHSt 25, 246; 34, 29), obwohl der wirkliche Abbauwert im Allg höher (zwischen ca 0,14 u 0,17‰/h, s Gerchow ua BA 85, 77, 104; oben

Rn 10; BGA S 53–64) liegt. Diese Rückrechnung ist aber nur zulässig, wenn feststeht, dass die **Resorption** (7) bei der Blutentnahme **abgeschlossen** war (BGH NJW 74, 246; BayObLG NZV 95, 117; sonst s Rn 17); diese Feststellung ist idR nicht ohne SV möglich (BGH NJW 74, 246). Da die Resorption bis zu 2 Std dauern kann (s Rn 7), sind die ersten 2 Std nach Trinkende bei „normalem Trinkverlauf" (dh 0,5–0,8 g Alkohol pro kg Körpergewicht in 1 Std) grundsätzlich von der Rückrechnung auszunehmen (BGHSt 25, 246; OLG Köln VM 81, 60; StV 84, 516; OLG Zweibrücken ZfS 94, 385; BayObLG NZV 95, 117: nicht nur 1 Std), weil in ihnen der Abbau möglicherweise durch die weitere Resorption von Alkohol ausgeglichen wird, es sei denn, dass ein früheres Resorptionsende feststellbar ist (s oben Rn 7 u Janiszewski 374) oder ein SV zugezogen worden ist (OLG Hamm NJW 75, 702; s auch unten Rn 17).

Beispiel:	Blutprobenergebnis 5 Std nach der Tat:	+ 0,95‰
	hinzuzurechnen (unter Weglassung der ersten zwei Std) 3 × 0,1%/h:	+ 0,30‰
	zur Tatzeit:	+ 1,25‰.

Da der persönliche Abbauwert nicht feststellbar ist (s dazu oben Rn 10), muss, **15** wenn sich eine **hohe BAK** zugunsten des Täters auswirkt (**Schuldunfähigkeit** §§ 20, 21 StGB) vom höchstmöglichen Abbauwert ausgegangen werden, den die RSpr im Anschluss an entspr wissenschaftliche Erkenntnisse bei 0,2‰/h festgesetzt hat (s BGHSt 37, 231, 237; VRS 70, 207; NStZ 95, 539; Thü ZfS 97, 312; OLG Zweibrücken ZfS 94, 385; anders bei fehlender Blutprobe: s Rn 20; zum (höheren) Abbauwert bei Alkoholikern s BGH NStZ 97, 591, 592). Mit diesem Wert, der durch das äußere Erscheinungsbild nicht relativiert werden darf (BGH NStZ 95, 539), ist hier – anders als bei der Ermittlung der FU (oben Rn 14) – auch in die beiden ersten Stunden nach Trinkende hineinzurechnen u ein einmaliger Sicherheitszuschlag von 0,2‰ hinzuzufügen; dieser Rückrechnungsmodus gilt auch bei kürzestem Abstand zwischen Entnahme- u Tatzeit, da der mögliche Konzentrationsabfall pro Stunde umso höher ist, je kürzer die Rückrechnungszeit ist (BayObLG VRS 76, 423).

Beispiel:	Blutprobenergebnis 5 Std nach der Tat:	+ 0,95‰
	zuzüglich 5 × 0,2‰ =	+ 1,00‰
	zuzüglich Sicherheitszuschlag	+ 0,20‰
	ergibt zur Tatzeit	+ 2,15‰.

Dies kann dazu führen, dass bei der Rückrechnung der BAK auf den Tatzeit- **16** punkt **zwei verschiedene Werte,** nämlich der geringstmögliche Abbauwert bei Ermittlung der Fahrsicherheit, aber der höchstmögliche bei Prüfung der Schuldfähigkeit zugrunde zu legen sind (ebenso OLG Hamm VRS 41, 410 u 53, 24; s dazu Salger Rn 38). Im allg darf sich der Tatrichter in einfach gelagerten Fällen die erforderliche Sachkunde für die Rückrechnung zutrauen (BGH VRS 21, 54 f; 65, 128; OLG Koblenz VRS 75, 40); Zuziehung eines SV ist aber zur Ermittlung wirklichkeitsnaher persönlicher Abbauwerte oder Klärung spezieller Fragen unerlässlich (s BGHSt 25, 250; Jessnitzer BA 78, 315). Weicht der Richter auf Grund eines SV-Gutachtens von den Richtwerten ab, so muss er die maßgeblichen Gesichtspunkte im Urt darlegen (OLG Hamm VRS 47, 269). Wurden nacheinander in zeitlichem Abstand 2 Blutproben entnommen, darf die Differenz zwischen den beiden BAK-Werten nicht der zwischenzeitlichen Veränderung der BAK gleichgesetzt werden (BayObLG 75, 88 = StVE 6). Über Erfahrungen bei

StGB § 316 E. Alkoholdelikte

Doppelblutentnahmen berichten Berghaus/Althoff BA 79, 375. Verhältnis zwischen BAK u **UrinAlkoholkonzentration** s OLG Düsseldorf VM 71, 96. – Zur indiziellen Bedeutung der BAK unter Berücksichtigung des Zweifelssatzes s BGH NStZ 89, 17 = BGHSt 35, 308; zur Abnahme der Aussagekraft der BAK bei längerer Rückrechnungszeit s BGH BA 93, 132 mwN; s auch **E** 126b.

17 Wenn die **Resorption** im **Tatzeitpunkt noch nicht abgeschlossen** war oder dies auch mit Hilfe eines SV nicht feststellbar ist, ist Rückrechnung an sich unzulässig, weil der Täter dann benachteiligt würde (BGHSt 25, 246); zumind muss dann aber vom Untersuchungsergebnis der möglicherweise erst nach der Tat resorbierte Alkohol abgezogen werden. Hierfür gibt es keine rechnerische Formel. Zuziehung eines SV ist erforderlich. Der Richter muss aber möglichst genaue Feststellungen über Trinkzeit, -menge, Getränkeart, Einnahme von Mahlzeiten u dergl treffen (OLG Koblenz VRS 39, 202; OLG Köln VRS 65, 426). War der Trinkverlauf „normal" im oben (14) erörterten Sinn, so ist die Resorption bei Anwendung der dargelegten Rückrechnungsmethode bereits berücksichtigt; sie darf nicht noch einmal vom Ergebnis abgezogen werden; anders bei individueller Beurteilung, bes nach Aufnahme großer Alkoholmengen gegen Ende der Trinkzeit (Sturztrunk s unten Rn 22). Ergab die Blutprobe 1,1‰ oder mehr, steht die sog absolute FU (Rn 22) zur Tatzeit jedenfalls fest, weil die Alkoholwirkung in der Anflutungsphase die gleichen Folgen auf die Fahrsicherheit hat, wie eine BAK von 1,1‰ in der Eliminationsphase (BGHSt 25, 246, 251; s auch Salger Rn 38).

18 **c) Alkoholbestimmung aus der Atemluft.** Die **Alkoholbestimmung** kann außerhalb des § 24a StVG (vgl § 24a StVG 4a ff) nicht mittels der Bestimmung des **Atemalkoholwertes (AAK)** erfolgen. Ein Rückschluss vom festgestellten AAK auf eine bestimmte BAK ist zu Lasten des Angeklagten nicht möglich. Die gemessenen AAK-Werte können nicht mit der notwendigen Genauigkeit in BAK-Werte umgerechnet werden (vgl BGH NZV 01, 267; BayObLG NZV 00, 295; Na ZfS 01, 136; BGA-G „Atemalkohol" 1991, 32 f; Iffland-Hentschel NZV 99, 489 ff; Iffland-Eisenmenger-Bilzer NJW 99, 1379 ff; s auch Laschewski NZV 09, 1). Der AAK-Wert kann jedoch ein gewichtiges Beweisanzeichen für eine Fahruntüchtigkeit sein (vgl König NZV 00, 299; Maatz 56; Gebhardt § 37, 137; vgl auch BGH NStZ-RR 10, 275, Janker DAR 09, 1), allein ist er aber unzureichend (Na ZfS 01, 136; KG BA 08, 74; aA LK-König 56a). Bei den von der Polizei verwandten Vortestgeräten, die nicht von der physikalisch-technischen Bundesanstalt zugelassen sind, kommt hinzu, dass die AAK-Messwerte durch eine Vielzahl physiologischer Einflüsse wie bsp Luftfeuchtigkeit oder Magenluft durch Aufstoß verfälscht werden können. Auch die Atemtechnik kann das Ergebnis eines derartigen Atemalkoholtestes beeinflussen (vgl Hentschel/Bücker in B/B 14 A 55a ff mwN). Fehlende Notifizierung des Messgerätes durch die Europäische Kommission bewirkt kein Verwertungsverbot (EuGH NZV 98, 469).

18a Der **Atemtest** darf **nicht erzwungen** werden; im Weigerungsfall kann aber – bei Vorliegen der Voraussetzungen dazu (s § 81a StPO) – eine Blutentnahme angeordnet werden (BGH VRS 39, 184; BayObLG 63, 15 = DAR 63, 221; s dazu RiBA Nr 2 unten Rn 40); diese ist auch dann nicht rechtswidrig, wenn der nach den RiBA (Rn 40) vorgesehene Atemtest wegen anderer Verdachtsgründe unterbleibt (OLG Köln NStZ 86, 234).

18b Wurde sowohl eine Atemalkoholanalyse als auch eine Blutprobe vorgenommen, so kann sich das Gericht im Strafverfahren nur auf das Ergebnis der Blutprobe stützen (BayObLG NZV 02, 578).

Trunkenheit im Verkehr §316 StGB

d) Feststellung der FU ohne Blutprobe u AA-Test. Fehlen derartige 19 Untersuchungsergebnisse ausnahmsweise, so ist die Frage der FU anhand zuverlässiger Beweisanzeichen in freier Beweiswürdigung zu entscheiden (OLG Düsseldorf NZV 92, 81; OLG Köln NZV 89, 357; OLG Hamm ZfS 05, 261; OLG Zweibrücken DAR 99, 278), wobei notfalls von den unwiderlegbaren Angaben des Angeklagten zur Trinkmenge u -zeit auszugehen u die Berechnung der BAK aufgrund der **Widmarkformel** (s 9c) vorzunehmen ist, sofern die Angaben nicht zu vage sind (s BGH NStZ 94, 334 mwN). Erforderlich ist für diese Berechnung die Kenntnis der getrunkenen Alkoholmenge (in Gramm) u das Gewicht des Betr (zum Zweifelssatz bei der Berechnung der BAK s BGH StV 90, 100).

An die Beweisanzeichen sind strenge Anforderungen zu stellen (OLG Köln 19a NZV 89, 357; OLG Koblenz VRS 54, 282; OLG Düsseldorf ZfS 82, 188 = StVE 43a; aA OLG Zweibrücken DAR 99, 278) u sachverständige Hilfe beizuziehen (BGH VRS 65, 359). Hier kann auch uU ein noch nicht den strengen Anforderungen des BGA (s Rn 18) entspr AA-Test als Indiz verwertet werden (LG Gera DAR 96, 156).

Einem **Gutachten** darf sich das Gericht nicht einfach anschließen (BGHSt 7, 19b 238); es muss mind die wesentlichen Anknüpfungstatsachen wiedergeben (BGHSt 12, 311; VRS 71, 22, 357; v 11.1.95 bei Detter NStZ 95, 487), insb Körpergewicht, Alkoholgehalt der Getränke, den verwendeten Reduktionsfaktor (s 8) u das angenommene Resorptionsdefizit (s Rn 7; BayObLG v 17.3.88 bei Janiszewski NStZ 88, 544); zur Berechnung der BAK s BGH NStZ 89, 473. – Die Feststellung der BAK aus dem (nach Litern oder Gramm u nicht nach „Gläsern") **ermittelten Alkoholkonsum** ist im Hinblick auf die unterschiedliche Alkoholverteilung u -verarbeitung bei den einzelnen Menschen nur in groben Umrissen möglich; kann aber aus der festgestellten Alkoholmenge im Zusammenhang mit typischen Fahrfehlern auf alkoholbedingte FU geschlossen werden, bedarf es der Feststellung der BAK nicht (vgl OLG Hamm VRS 59, 40 = StVE 33).

Kommt es bei **fehlender Blutprobe** auf die Beurteilung der **Schuldfähigkeit** 20 an, ist bei der Berechnung der (höchstmöglichen) BAK aufgrund der Trinkmenge von dem dem Angeklagten günstigsten **minimalsten** Rückrechnungswert von 0,1‰/h auszugehen (BGHSt 34, 29, 32; LG Ravensburg NStZ-RR 97, 36; zur Anwendung des Zweifelssatzes in diesem Falle s BGH NStZ 90, 121), beim Nachweis der alkoholbedingten **Fahrunsicherheit** vom **maximalen** Abbauwert von 0,2‰/h (BGH aaO; VRS 71, 360, 363; BayObLG StVE 93; Salger DRiZ 89, 174).

e) Wirkung des Alkohols. Die **Wirkung des Alkohols** besteht in der ersten 21 Phase nach der Aufnahme in einer Lockerung der Persönlichkeit u Steigerung des Selbstbewusstseins, Wegfall von Hemmungen. Der „Angeheiterte" neigt daher zu leichtsinniger Unterschätzung der Gefahren. Im weiteren Verlauf tritt Ermüdung, Nachlassen des Auffassungsvermögens u der Reaktionsfähigkeit ein (Näheres bei Janiszewski 339 ff). **Ein Kf ist** nicht erst dann **fahrunsicher,** wenn bei ihm bestimmte schwerwiegende psychophysische Ausfallerscheinungen auftreten, sondern schon dann, **wenn seine Gesamtleistungsfähigkeit, namentlich infolge Enthemmung sowie geistig-seelischer u körperlicher Leistungsausfälle, so weit herabgesetzt ist, dass er nicht mehr fähig ist, sein Fz im StraßenV eine längere Strecke, u zwar auch bei plötzlichem Eintritt schwieriger VLagen, sicher zu lenken** (BGHSt 13, 83, 90; 19, 243). Die Feststellung der FU hängt zwar nicht allein von der Ermittlung eines bestimmten

StGB § 316 E. Alkoholdelikte

Promille-Wertes ab (s 19); dessen Kenntnis erleichtert aber die Rechtsfindung. Die **Fahrsicherheit** eines **Kf** kann ab einer BAK von 0,5‰ – ausnahmsweise, dh unter ungünstigen Umständen, bereits ab 0,3‰ (BGH VRS 49, 429) – erlöschen (s dazu Janiszewski 343 u unten Rn 26).

22 aa) **Absolute Fahrunsicherheit eines Kf** beginnt bei **1,1‰** (BGHSt 37, 89 = NZV 90, 357 im Anschl an Gutachten BGA NZV 90, 104 u unter Abweichung von BGHSt 21, 157: 1,3‰); dieser Wert setzt sich aus dem **Grundwert** von 1,0‰ u einem zum Ausgleich für etwaige Unsicherheiten bei der BA-Bestimmung für erforderlich gehaltenen **Sicherheitszuschlag** von 0,1‰ zusammen (BGHSt aaO; Salger NZV 90, 1; BGA NZV 90, 104); er gilt für alle Kfz-Arten, also auch für motorisierte Zweirad-Fze einschl **Mofas** (BGHSt 30, 251) soweit es mit eingeschaltetem Motor nicht nur geschoben wird (BayObLG VRS 66, 202), motorbetriebene **Leichtmofas** u **Mopeds** (OLG Hamm VRS 50, 206; aA bei Leichtmofas LG Oldenburg DAR 90, 72: 1,7‰ wie bei Radfahrern s unten Rn 25) u wenn der Motor durch Treten der Pedale in Betrieb gesetzt werden soll (anders bei § 24a StVG, s dort Rn 2), ja selbst für den Führer eines mittels Abschleppseiles abgeschleppten Kfz (BGH NZV 90, 157; s § 2 StVO 7; aA OLG Frankfurt NJW 85, 2961) und auch für den Fahrer eines motorisierten Krankenfahrstuhls (OLG Nürnberg NZV 11, 358). – Die Verwendung dieses **Beweisgrenzwertes** zur Ausfüllung des ges Begriffs der FU verstößt nicht gegen Art 103 II GG (BVerfG VRS 88, 1 u BA 95, 116).

22a Der Grenzwert von 1,1‰ ist auch **rückwirkend** anwendbar (BVerfG NZV 90, 481 m krit Anm v Hüting/Konzak NZV 91, 255; BSG NZV 93, 267; BGH(Z) NZV 92, 27), da es sich hierbei nicht um eine G-Änderung handelt, sondern nur um eine Änderung einer Beweisregel (BVerfG NZV 90, 481). Er gilt für alle Verkehrs- u Witterungsverhältnisse (BGHSt 31, 42). Ergibt der maßgebliche **Mittelwert** der Einzelanalysen (auch nur knapp) weniger als 1,1‰, darf nicht zuungunsten des Angeklagten **aufgerundet** werden (OLG Hamm VRS 56, 147 = StVE 28).

23 In der **Resorptionsphase** kann ein **Sturztrunk** (s oben 7) durch die plötzliche Überflutung des Gehirns eine stärkere Beeinträchtigung der Fahrsicherheit bewirken als eine gleiche BAK in der Abbauphase u dadurch die geringere BAK mind ausgleichen. Deshalb gilt nicht nur derjenige als absolut fahrunsicher, der zur Tatzeit den sog absoluten Grenzwert (s Rn 22) erreicht hat, sondern auch derjenige, der eine Alkoholmenge im Körper hat, die erst nach der Tat zu einer solchen BAK führt, denn nach rechtsmedizinischen Erkenntnissen wirkt die alkoholische Beeinträchtigung in der Resorptionsphase mind ebenso stark wie nach Erreichen des Invasionsgipfels (s Heifer BA 70, 383, 472; Janiszewski 412). Ist diese festgestellt, so erübrigt sich demnach eine Rückrechnung auf den Tatzeitpunkt (BGHSt 25, 246; ebenso die ges Regelung in § 24a StVG expressis verbis). Außerdem kann aus einem Sturztrunk kurz vor Fahrtantritt (sog **Schluss-Sturztrunk**) darauf geschlossen werden, dass der Fahrer schon vorher enthemmt u kritiklos, mithin mind relativ fahrunsicher war (BGHSt 24, 200; BayObLG 72, 267 = VRS 44, 285); selbst aber die durch einen Schluss-Sturztrunk bewirkte „aufsteigende Rauschphase" rechtfertigt bei einer BAK unter 1,1‰ nicht den Verzicht auf den Nachweis von FU-Anzeichen (s 26; OLG Zweibrücken BA 91, 115; beachte auch OLG Düsseldorf VRS 64, 436: Sturztrunk u sofortiger Fahrtantritt vor Übergang des Alkohols ins Blut). Zur Dauer der Resorptionsphase bei Sturztrunk s oben Rn 7 u OLG Düsseldorf VRS 63, 62 = StVE 46.

§ 316 StGB

24   Zu unterscheiden hiervon ist der sog „**Nachtrunk**", dh die Alkoholaufnahme nach der Tat. Nachtrunk wird zwar oft nur als Schutzbehauptung vorgegeben, um darzutun, dass die festgestellte BAK nicht schon zur Tatzeit bestanden habe; Nachweis kann aber uU durch **2. Blutprobe** (Zink/Reinhardt BA 81, 377; krit Iffland NZV 96, 129; BA 03, 403; Hafner, Die Polizei 99, 291) eine Harnprobe (Rn 26c), insb aber durch gaschromatographische **Begleitstoffanalyse** erfolgen, durch die bestimmte (Fusel-)Alkohole nachweisbar sind, wie zB Obstbranntwein (OLG Celle BA 83, 535; Bonte BA 81, 303; 83, 313; Iffland ua BA 82, 235; eingehend dazu Aderjan ua NZV 07, 167; Janiszewski 356b; Gebhardt § 37, 115) oder auch durch eine – nicht erzwingbare – **Harnprobe** (Iffland, Die Polizei 99, 295).

24a   Die **2. Blutprobe** darf frühestens 30 Min nach der ersten erfolgen (s 3.5.4 RiBA; Iffland NZV 96, 129; OLG Karlsruhe BA 97, 85); sie kann uU Rückschlüsse darauf zulassen, ob sich der Betr zur Tatzeit noch in der Resorptionsphase oder schon in der Abbauphase befand (s Iffland aaO), doch ist ihr Wert umstritten (s Iffland u Bär aaO). Wenn aber Nachtrunk nicht widerlegbar ist, ist die BAK zur Tatzeit unter Berücksichtigung (dh Abzug) des Nachtrunks zu ermitteln (OLG Köln VRS 67, 459). Die abzuziehende Nachtrunk-BAK ergibt sich aus der Dividierung der nachgetrunkenen Alkoholmenge (in gr) durch das mit dem (günstigsten!) Reduktionsfaktor (s oben 8) multiplizierte Körpergewicht (s Rn 9c; BayObLG VRS 58, 391; zu den nötigen Feststellungen s OLG Köln VRS 66, 352; OLG Koblenz DAR 15, 402; zur Berücksichtigung des höchstmöglichen Resorptionsdefizits s oben Rn 7).

25   Für **Radf** hatte der BGH den absoluten Grenzwert bei **1,7‰** (1,5‰ Grundwert + 0,2‰ Sicherheitszuschlag) festgesetzt (BGHSt 34, 133 unter Aufg v BGHSt 19, 82; ebenso BGH(Z) VRS 72, 434. Da aber der Sicherheitszuschlag aus den Gründen des Gutachtens des BGA (NZV 90, 104) infolge Verbesserung der Bestimmungsmethoden auch hier auf 0,1‰ zu senken ist (s 22a), kommt als Grenzwert für Radf nur 1,6‰ in Frage (so auch OLG Karlsruhe NZV 97, 486; OLG Celle ZfS 92, 175; OLG Hamm NZV 92, 198; OLG Zweibrücken NZV 92, 372; BayObLG BA 93, 254; aA LG Verden: 1,5‰). Zur rechtspolitischen Diskussion vgl Böske NZV 15, 16; Wandtney u.a. NZV 15,20).

25a   Für **Schiffsführer** besteht zwar noch keine absolute Grenze der FU (s dazu Seifert NZV 97, 147), zumal die insoweit für Pkw-Fahrer bestehenden Grundsätze (s oben Rn 22) bisher nicht auch auf Schiffsführer übertragbar gelten (KG BA 70, 470; aA OLG Braunschweig NStZ-RR 02, 222). Bei **Motorbootführern** wird sie unterschiedlich bei 1,1‰ (AG Rostock NZV 96, 124 m zust Anm Reichart; Fischer § 315a, 6), bei 1,3‰ (OLG Schleswig SchlHAnz 87, 107), 1,7‰ (OLG Köln NJW 90, 847) u 2‰ angenommen (Schifffahrtsobergericht Bln VRS 72, 111 mwN; s dazu Geppert BA 87, 262).

25b   Der Grenzwert gilt nicht für den Führer eines **Schienenfahrzeuges** (BayObLG NZV 93, 239; Meyer NZV 11, 374).

26   **bb) Relative Fahrunsicherheit.** Ist der Grenzwert der sog absoluten FU (s 22) nicht erreicht, kann bei BAK unter 1,1‰ die sog relative FU vorliegen. Die Unterscheidung zwischen „absoluter" u „relativer" FU kennzeichnet nur die unterschiedlichen Nachweisbereiche, nicht den Grad der Trunkenheit oder der Leistungsminderung (BGHSt 31, 42; NZV 08, 528). FU kann unter ungünstigen Umständen (Ermüdung, widrige Witterungsverhältnisse pp) bereits ab 0,3‰ vorliegen (BGH VRS 49, 429; Heifer BA 86, 368; 91, 121; idR aber nicht darunter (OLG Saarbrücken NStZ-RR 00,12: strenge Anforderungen an die Beweiswürdi-

StGB § 316 E. Alkoholdelikte

gung; aA OLG Köln NZV 89, 357 keine rel Fahruntüchtigkeit bei Werten u 0,3‰), sofern nicht bes Umstände vorliegen (BayObLG StVE 93; OLG Köln ZfS 91, 33); jedoch bedarf es bei einer BAK unter 1,1‰ der zusätzlichen Feststellung bes Umstände, aus denen sich die alkoholbedingte (!) FU des Kf ergibt (BGH NZV 95, 80; OLG Karlsruhe ZfS 93, 161; KG BeckRS 2007 15740); das gilt auch im **ZivilR** (BGH(Z) NJW 82, 2612), wo unterhalb des absoluten Grenzwertes nicht etwa kraft Anscheinsbeweises auf die FU geschlossen werden darf (BGH NZV 88, 17; OLG Köln r+s 93, 407).

26a Die **Umstände** können in der Person des Täters oder der Umwelt liegen oder sich als Ausfallerscheinungen in der Fahrweise darstellen (Beisp bei Janiszewski 362 f). Letztere sind für die Annahme alkoholbedingter FU unverzichtbar (BGHSt 31, 42 = StVE 49). Die Anforderungen an die Aussagekraft eines zusätzlichen Beweisanzeichens sind umso höher zu stellen, je weiter die BAK vom absoluten Grenzwert entfernt ist u umgekehrt (BGH aaO mwN; OLG Koblenz VRS 75, 37, 39; BayObLG NZV 88, 110; OLG Köln NZV 95, 454). Die sorglose u leichtsinnige oder bewusst verkehrswidrige Fahrweise (Enthemmung! OLG Celle DAR 84, 121; OLG Köln VRS 37, 200; OLG Düsseldorf ZfS 97, 113), ein **Schluss-Sturztrunk** (s Hentschel in B/B 14 B 44; oben 23 mwN) sowie für einen Angetrunkenen typische Fahrfehler (zB Fahren in Schlangenlinien; nicht aber unbedingt beim älteren, bergauf fahrenden Radf: BayObLG bei Janiszewski NStZ 88, 544) können ausreichen (BGH VRS 25, 438; 33, 118), insb wenn sie bei Nüchternen seltener vorkommen, uU auch Flucht vor der Blutprobe (LG Gera DAR 96, 156); Abkommen von gerader Fahrbahn bzw. Geradeausfahren in einer Kurve (LK-König, 102); – **nicht** aber allein überhöhte Geschwindigkeit (BGH VRS 69, 368; NZV 95, 80; OLG Schleswig DAR 94, 30), insb wenn sie anders als nur durch Alkohol erklärlich ist (BGH ZfS 94, 464; DAR 95, 166; OLG Köln VRS 90, 119; LG Osnabrück DAR 94, 128: Pol-Flucht; OLG Saarbrücken VRS 72, 377 = StVE 78; OLG Koblenz VRS 78, 448), riskantes Fahren Jugendlicher (BayObLG v 18.2.86, 2 St 31/86; v 2.6.95, 1 St RR 53/95: fliegender Fahrerwechsel), aggressives, rücksichtloses Fahren (s OLG Zweibrücken BA 91, 115), die Fortsetzung der Fahrt trotz widriger Witterungs- oder StrVerhältnisse, die auch nüchterne Fahrer nicht durchweg abgehalten haben (BayObLG DAR 89, 427), Überfahren der Mittellinie auf kurvenreicher Strecke (LG Zweibrücken NZV 94, 450), Fehler beim Abbiegen, die auch oft nüchternen Fahrern unterlaufen (LG Osnabrück DAR 95, 79), Ausweichmanöver bei Wildwechsel (OLG Köln StVE 109) oder eine „psychopathische Charakterstruktur", die zu keiner konkreten, vom Alkoholgenuss zumindest mitverursachten Ausfallerscheinung geführt hat (BGH StVE 49; weitere Beisp bei Janiszewski 362a).

26b Es muss feststehen, dass der Fahrfehler alkoholbedingt war (BGH StV 94, 543; BVerfG VRS 90, 1) u dass dieser Angeklagte sich in nüchternem Zustand anders verhalten hätte (BGH VRS 36, 174; BayObLG NZV 88, 110; OLG Köln NZV 95, 454; Hentschel-Bücken in B/B 14 B 30 f; krit. LK-König, 99); der Alkoholeinfluss muss also kausal für sein Verhalten gewesen sein; dem Verhalten nüchterner Kraftfahrer kommt jedoch eine Indizwirkung zu (OLG Köln NZV 95, 454; Mettke NZV 00, 20). Wer Alkohol getrunken hat, muss – wenn überhaupt! – langsamer als ein Nüchterner fahren; die zul Höchstgeschwindigkeit vermindert sich für ihn entspr der alkoholbedingten Verlängerung der Reaktionszeit (BGH VRS 4, 30, 134; 6, 203; 9, 296; BGHSt 24, 31). Auffällig langsames Fahren mit einer BAK unter 1,1‰ beweist nicht ohne weiteres FU, sondern kann gerade ein Anzeichen dafür sein, dass der Fahrer verantwortungsbewusst seiner verminderten

Reaktionsfähigkeit Rechnung trägt (vgl OLG Düsseldorf VM 68, 113; OLG Köln NZV 95, 454, Hentschel-Bücken in B/B 14 B 37; LK-König 113).

Zusätzliche Beweisanzeichen für die Beurteilung der FU können (freiwillig abgegebene! s Janiszewski 381) **Harnproben** (Ifland, Die Polizei 1999, 295), insb zur Prüfung der Nachtrunkbehauptung (27) u der Rauschmitteleinnahme (27), sowie anlässlich der Blutentnahme durchgeführte **klinische Untersuchungen** (s Gebhardt § 37, 82 f.; Hentschel-König 70) erbringen, die – anders als die Blutprobe – aber nicht erzwingbar sind (s RiBA Nr 4); zum begrenzten Beweiswert des sog **Drehnachnystagmus** s OLG Köln VRS 65, 440 u OLG Zweibrücken StVE 60 = BA 84, 534 m Anm Heifer sowie OLG Koblenz NZV 93, 444; OLG Zweibrücken NZV 96, 158: allenfalls grobschlägier verwertbar; „Nüchternbefund" erforderlich. Fehleinschätzungen der FU bei der klinischen Untersuchung, die beim AA-Test künftig fehlt, sind – je nach Erfahrung des Arztes (s Ponsold S 219) – nicht selten. 26c

f) Andere berauschende Mittel. Hierunter fallen solche Mittel, die in ihren Auswirkungen denen des Alkohols vergleichbar sind u zu einer Beeinträchtigung des Hemmungsvermögens sowie der intellektuellen u motorischen Fähigkeiten führen (BGH VRS 53, 356 = StVE 19; BayObLG NZV 90, 317; OLG Düsseldorf NZV 93, 276; 94, 326, 490; Salger DAR 94, 433; Burmann DAR 87, 134; Janiszewski BA 87, 247). Das sind insb die in den Anl I–III zu § 1 I BtMG genannten Stoffe, wie zB Rauschgifte aller Art, Kokain (BGH DAR 00, 57), Morphin, Heroin, Opium, LSD, Marihuana, Haschisch (BayObLG NZV 94, 285; OLG Düsseldorf NZV 94, 326 mwN), die – wie Alkohol – auf das zentrale Nervensystem einwirken (OLG Köln BA 90, 447; OLG Düsseldorf NZV 93, 276 m zust Anm Trunk; s Übersicht bei Maatz/Mille DRiZ 93, 18 ff; Nehm DAR 93, 377 sowie Möller in B/B Kap. 15, 7 ff), doch **nicht Medikamente** oder sonstige Mittel, die keinen Alkohol enthalten u auch sonst keine berauschende Wirkung haben (OLG Karlsruhe BA 79, 59; aA Schewe BA 76, 87 u 79, 60; OLG Köln NZV 91, 158); wohl aber zB Klosterfrau-Melissengeist (OLG Oldenburg DAR 56, 253) ua alkoholhaltige Säfte (Baldrian-Tinktur: OLG Celle BA 81, 176) oder Medikamente, die bei entspr Dosierung als Rauschmittel wirken können (zB Dolviran: OLG Koblenz VRS 59, 199; Lexotanil in Überdosis: OLG Celle VM 86, 36; Valium: OLG Köln BA 77, 124; OLG Hamm StVE 56; Mandrax: OLG Düsseldorf VM 78, 97; Phanodorm: KG VRS 19, 111; Eusedon: AG OLG Köln BA 81, 263 m Anm Schewe S 265, Appetitzügler: LG Freiburg NStZ-RR 07, 186; zu Psychopharmaka s Salger DAR 86, 383). Die Wirkung als berauschendes Mittel ist – idR nach Anhörung eines SV – im Urt darzulegen (OLG Köln NZV 91, 158); eine bloße generelle Eignung zur Beeinträchtigung der Fahrsicherheit allein reicht nicht aus (OLG Köln aaO; OLG Frankfurt NZV 92, 289). Die **Halbwertzeit** beträgt bei Haschisch 60 Stden, dh: noch 60 Stden nach der Einnahme von Haschisch ist dessen psychotrope Wirkung zu 50% vorhanden (nach Randonat 21. VGT S 51). – Darauf, ob die Mittel zum „Genuss", dh zur Erzielung lustbetonter Empfindungen, bestimmt sind oder aus welchen Gründen sie genommen werden, kommt es nicht an (s oben Rn 6). 27

Da es noch **keinen Beweis-Grenzwert** für die Annahme einer absoluten FU nach Rauschmittelkonsum gibt (BGH NStZ 12,324; NZV 99, 49; 00, 419; OLG Düsseldorf NZV 94, 326; BayObLG NZV 94, 236; OLG Frankfurt NZV 95, 116 jew zu Haschisch: OLG Frankfurt NZV 92, 289: Heroin; OLG Düsseldorf NZV 99, 174: Amphetamin; Nehm DAR 93, 375; aA AG Berlin-Tiergarten 27a

StGB § 316 E. Alkoholdelikte

NZV 12, 398), ist im Einzelfall entspr den Grundsätzen zur Beurteilung der alkoholbedingten relativen FU (BGH aaO; OLG Düsseldorf NZV 99, 174 = DAR 99, 81) anhand etwaiger typischer rauschgiftbedingter Ausfallerscheinungen festzustellen (OLG Köln NZV 90, 439; OLG Saarbrücken NStZ-RR 15, 228), ob das eingenommene Mittel in der konkreten Verkehrssituation eine Fahrunsicherheit bewirkt hat (BGH NZV 08, 528 m. Anm. König NZV 08, 492; OLG Frankfurt NZV 95, 116; OLG Zweibrücken ZfS 03, 422; Krumm NZV 09, 215 ff). Eine allg. Drogenenthemmung reicht nicht, die drogenbedingten Beeinträchtigungen müssen sich unmittelbar auf die Fahreignung beziehen (OLG Zweibrücken NStZ-RR 04, 149). Der Feststellung eines Fahrfehlers bedarf es dazu nicht unbedingt, es genügt, wenn die erhebliche Beeinträchtigung des Reaktions- oder Wahrnehmungsvermögens auf irgendeine andere Weise festgestellt wird (BGH NZV15, 562; 99, 49; BayObLG DAR 97, 76; 02, 134; OLG Zweibrücken NStZ-RR 04, 149; OLG München NZV 06, 275). Waghalsige Fahrweise kann Beweisanzeichen bilden (BGH NZV 17, 278). Körperliche Erscheinungen wie glänzende Augen, stark erweiterte Pupillen, schnelle Ermüdung und Schläfrigkeit, Teilnahmslosigkeit oder Nervosität reichen aber nicht aus (OLG Düsseldorf NZV 99, 174 = DAR 99, 81; OLG Zweibrücken ZfS 03, 422; aA wohl OLG München NZV 07, 377; bei entsprechender sachverständiger Beratung; LK-König, 162; s. auch OLG Saarbrücken NZV 16, 97). Die Anforderungen an Art und Ausmaß drogenbedingter Ausfallerscheinungen sind umso geringer, je höher die festgestellte Wirkstoffkonzentration ist (OLG Zweibrücken NStZ-RR 04, 247; LK-König, 161). Eine Rückrechnung der THC-Konzentration auf den Konsumzeitpunkt dürfte nicht möglich sein (KG vom 30.10.2012 – 3 Ws (B) 478/12 BeckRS 2013, 12171).

28 **g) Zusammenwirken von Alkohol u anderen Umständen.** Die FU ist auch dann „infolge" des Alkoholgenusses eingetreten, wenn der Täter durch eine für sich allein unschädliche Alkoholmenge fahrunsicher wird, weil er wegen seiner körperlichen oder seelischen Verfassung bes anfällig ist, zB Ermüdung, Neigung zu Schlaftrunkenheit nach Alkoholgenuss, erregter Gemütszustand (BGHSt 22, 8; BayObLG 68, 28 = VRS 35, 367; vgl auch § 315c Rn 16 u He/Bo 218 f). Beim Zusammenwirken von Alkohol u **Medikamenten** kommt es darauf an, ob durch den Genuss des Alkohols allein oder im Zusammenwirken mit anderen Ursachen ein alkoholbedingt fahrunsicherer Zustand verursacht wurde, außer wenn nur ganz geringe Alkoholmengen hinzukommen, die dem Gesamtbild nicht den Charakter einer alkoholisch bedingten FU geben (BayObLG 58, 108 = VRS 15, 202; OLG Hamburg VM 67, 50; OLG Düsseldorf VRS 23, 443; OLG Hamm BA 78, 454; vgl auch § 315c Rn 15). Der Kf kann bei Einnahme von Medikamenten oder ihm unbekannten Getränken verpflichtet sein, sich über ihren etwaigen Alkoholgehalt u ihre etwaige Eignung zur Beeinträchtigung der Fahrsicherheit (Beipackzettel beachten!) zu vergewissern (OLG Hamm VM 69, 34; vgl OLG Celle BA 81, 176 zur Einnahme von Baldrian-Tinktur). Es gibt keine festen Beurteilungsmaßstäbe über die Auswirkung der Kombination von Alkohol u Medikamenten auf die Fahrsicherheit. Für die Annahme von FU bedarf es daher in solchen Fällen idR zusätzlicher Beweisanzeichen. Jedoch sind Fälle denkbar, in denen trotz einer BAK von unter 1,1‰ durch zusätzlich eingenommene Medikamente – je nach Art u Menge – eine derartige Leistungsminderung eintritt, dass von FU auszugehen ist u sich die Feststellung zusätzlicher Beweisanzeichen erübrigt (BayObLG BA 80, 220 m Anm Hentschel).

4. Vorsatz und Fahrlässigkeit. Vorsatz liegt vor, wenn sich der Täter ab 29 Fahrtantritt seiner alkohol- oder rauschmittelbedingten (s dazu Harbort NZV 96, 432) FU bewusst ist oder mind mit ihr rechnet u sie in Kauf nimmt (bedingter Vorsatz genügt; OLG Köln DAR 97, 499; BayObLG VRS 64, 189). Bei einer BAK weit über dem absoluten Grenzwert liegt bedingter Vorsatz zwar nahe (BGH NJW 15, 1834; OLG Düsseldorf VM 74, 79 noch zu 1,3‰; NZV 94, 367; Seib BA 78, 61), eine so hohe BAK ist idR ein wichtiges Indiz dafür (BGH NJW 15, 1834; OLG Köln VRS 72, 367;krit. König DAR 15, 737), zumal neben der meist deutlich spürbaren Alkoholwirkung idR das Wissen um die getrunkene erhebliche Alkoholmenge u die daraus uU resultierende FU steht (s dazu OLG Hamm NJW 74, 2058 u BA 85, 409 = StVE 68; OLG Düsseldorf NZV 94, 367: bei 2,32‰; OLG Frankfurt ZfS 95, 232; NStZ-RR 96, 85; AG Rheine DRiZ 94, 101; Grüner BA 84, 279); doch kann nach einhelliger RSpr weder aus reichlichem Alkoholkonsum noch aus einer hohen BAK allein ohne weiteres auf Vorsatz geschlossen werden (OLG Düsseldorf NZV 17,98;OLG Stuttgart NZV 11, 412; OLG Dresden NZV 95, 236; OLG Jena ZfS 97, 312; OLG Karlsruhe NZV 99, 301; OLG Saarbrücken ZfS 95, 432; 96, 234; OLG Hamm NZV 03, 47; 05, 161 so auch 33. VGT; Zink ua BA 83, 503; aA für hohe BAK OLG Koblenz NZV 08, 305). **Es gibt keinen allg medizinischen Erfahrungssatz,** dass ein Kf seine alkoholbedingte FU nach erheblichem Alkoholkonsum bei einer hohen BAK erkennt oder mind für möglich hält (OLG Stuttgart NZV 11, 412; BayObLG ZfS 93, 174; OLG Köln VRS 72, 367; DAR 97, 499; KG VRS 80, 448; OLG Düsseldorf VM 79, 84; OLG Celle StV 90, 400; OLG Jena ZfS 97, 312), zumal dieser die Erkenntnis- u Kritikfähigkeit schon frühzeitig (BGHSt 13, 278, 281: ab 0,5–1,0‰) einschränken (OLG Hamm ZfS 96, 233) u mit der Folge vermindern kann, dass sich der Alkoholisierte infolge Euphorie bes leistungsfähig fühlt (OLG Köln StVE 50; OLG Celle aaO; OLG Karlsruhe DAR 91, 227; s auch OLG Zweibrücken NZV 93, 240, 277; ZfS 94, 385; OLG Saarbrücken aaO; OLG Koblenz ZfS 93, 246; BGH NJW 91, 117; Reinhardt BA 84, 274; Hentschel/Bücken in B/B 14 D 18 ff; König DAR 15, 737). Allerdings stützt sich diese Auffassung nach BGH NJW 15, 1834 (obiter dictum) auf einen nicht vorhandenen Erfahrungssatz. Die bei steigernder BAK möglicherweise eintretende Selbstüberschätzung der eigenen Leistungsfähigkeit beseitigt danach nicht die Kenntnis, eine große Menge Alkohol im Blut zu haben.

Die **Beurteilung des Vorsatzes** hängt stets von den Umständen des Einzelfal- 29a les ab, die insb bzgl der Alkoholgewöhnung u -verträglichkeit, der körperlichen u psychischen Verfassung, Grad evtl Ermüdung, Zeit u Art vorheriger Nahrungsaufnahme, des Trinkverhaltens u des Zusammenhangs mit dem Fahrtantritt (OLG Celle NZV 96, 204: Fahrt zur Gaststätte, um größere Alkoholmengen zu trinken) sowie der Frage, ob der Täter sich auch der Art u Menge des getrunkenen Alkohols u dessen Wirkung (OLG Celle aaO; OLG Zweibrücken ZfS 00, 511) bewusst gewesen ist, konkret festzustellen u zu würdigen sind (OLG Köln VRS 67, 226; StV 84, 516; OLG Karlsruhe NZV 93, 117; BayObLG ZfS 93, 174; OLG Koblenz ZfS 93, 246; OLG Düsseldorf NZV 92, 328: Trinken in seelischer Ausn-Situation; OLG Frankfurt NStZ-RR 96, 85 u OLG Celle aaO; OLG Hamm ZfS 96, 234). Selbst bei 1,9‰ ist daher Vorsatz zu begründen (OLG Hamm VRS 54, 44); er ergibt sich auch nicht daraus, dass der bereits alkoholisierte Täter unmittelbar vor Fahrtantritt noch zusätzlich erhebliche Alkoholmengen getrunken hat (OLG Saarbrücken ZfS 95, 432) oder mit dem Taxi heimfahren wollte (OLG Hamm ZfS 96, 233, 234). Maßgeblich ist der Zustand zZ der Fahrt, nicht danach (OLG

StGB § 316

Hamm aaO). Die Notwendigkeit zusätzlicher Feststellungen nimmt allerdings mit zunehmender Höhe der BAK reziprok ab (OLG Düsseldorf NZV 94, 367). Zu weit geht es aber, wenn bei einer BAK von 2,31‰ die Annahme vorsätzlichen Handelns darauf gestützt wird, dass keine greifbaren Anhaltspunkte gegeben seien, die gegen den Indizwert der hohen BAK sprechen, wobei der Tatrichter Hinweise auf entlastende Umstände vom Angeklagten selbst erwarten könne (OLG Koblenz NZV 01, 357; 08, 304). Damit wird eine dem Prozessrecht fremde Mitwirkungspflicht des Angeklagten postuliert. Aus einer früheren Verurteilung wg einer Trunkenheitsfahrt kann grds auf vorsätzl Handeln geschlossen werden (OLG Jena ZfS 97, 312; OLG Celle NZV 98, 123). Voraussetzung hierfür ist aber immer, dass der Sachverhalt mit dem abzuurteilenden vergleichbar ist. Dieses gilt insb für die Höhe der BAK, das Trinkverhalten und die Trinkmenge (OLG Koblenz NZV 08, 304; OLG Hamm NZV 03, 47; OLG Celle NZV 98, 123; OLG Naumburg ZfS 99, 401). Gravierende Fahrfehler können auf Vorsatz hindeuten (OLG Saarbrücken NStZ 08, 585). – Bes vorsichtiges Fahren muss nicht das Bewusstsein der FU beweisen (OLG Köln VRS 72, 367), auch nicht allein ein Fahrfehler (OLG Zweibrücken ZfS 90, 33; OLG Koblenz ZfS 93, 246) oder ein verlängerter Drehnachnystagmus (OLG Koblenz aaO). Das **Fehlen von Auffälligkeiten** trotz hoher BAK kann darauf schließen lassen, dass sich der Täter für fahrtüchtig gehalten hat (OLG Zweibrücken ZfS 91, 428). Ob die Fähigkeit zur Selbstkritik noch erhalten war, kann, muss aber nicht stets auch von der Intelligenz des Täters abhängen (OLG Celle VRS 61, 35 entgegen OLG Hamm StVE 23; OLG Koblenz v 23.9.94, 2 Ss 254/94 mwN), mit der sich das Urt im Übrigen nur unter bes Umständen befassen muss (BayObLG DAR 82, 251).

29b   Der **Fahrlässigkeitsvorwurf** ist angesichts der intensiven Aufklärung in der Öffentlichkeit idR bei objektiv vorliegender FU begründet (OLG Koblenz VRS 44, 199; Lackner 5; Hentschel NJW 84, 351), jedenfalls aber, wenn derjenige, der bewusst Alkohol in einer Menge getrunken hat, die zur FU führen kann, den Eintritt dieser Möglichkeit außer Acht lässt, sei es, dass er die nötige Selbstprüfung unterlässt oder trotz dabei aufgetretener Zweifel fährt (s OLG Hamm VRS 48, 100; OLG Hamburg VM 70, 26; OLG Celle StV 90, 400; Janiszewski 385 f u NStZ 83, 404); er handelt idR grob fahrlässig (OLG Hamm VersR 90, 846; s hierzu auch BGH(Z) NJW 89, 1612).

29c   Fahrlässigkeit kann auch vorliegen **bei niedriger BAK** (BayObLG BA 84, 374: 0,69‰; OLG Hamm ZfS 94, 132–134: unter 1,1‰) u bei beachtlichem **Restalkohol** (OLG Zweibrücken VRS 66, 136; ZfS 90, 33; Janiszewski 388 u NStZ 84, 112), dessen erkennbare Wirkung allerdings oft gering u unbekannt ist. Deshalb bedarf es hier sowie bei unbewusster Alkoholaufnahme u sonstigen Ausn-Fällen, wie uU beim sog **Schluss-Sturztrunk** (OLG Düsseldorf VRS 64, 436 m Anm Janiszewski NStZ 83, 404) einer bes Prüfung; das gilt auch bei evtl Überbewertung vermeintlicher Gegenmittel (s Rn 11), deren mögliche Verzögerungswirkung das subjektive Empfinden vermindern kann. – Ein **Wechsel der Schuldform** während der Dauerstraftat (von Fahrlässigkeit auf Vorsatz) begründet nicht die Annahme zweier Taten: Erkennt der Angeklagte während einer kurzen, unfallbedingten Unterbrechung der Fahrt, dass er fahrunsicher ist u setzt die Fahrt gleichwohl ohne erhebliche Abweichung vom vorher gefassten Gesamtplan fort, so liegt nur **eine** Tat vor (BayObLG VRS 59, 195). – Trotz gleicher Strafdrohung muss erkennbar sein, ob I oder II vorliegt, da dies für weitere Schlüsse uU bedeutsam sein kann.

5. Schuldfähigkeit. Alkoholische Beeinflussung kann die Schuldfähigkeit im 30
Sinne der §§ 20, 21 StGB – und zwar regelmäßig die Steuerungsfähigkeit (Hemmungsvermögen) – beeinträchtigen. Insoweit kommt den unter Beachtung des Zweifelsatzes festgestellten Tatzeit BAK-Werten erhebliche Bedeutung zu (BGH NStZ 97, 592; 00, 136), wenn sie auch nicht schematisch angewandt werden dürfen. Zu prüfen sind auch alle äußeren und inneren Kennzeichen des Tatgeschehens und der Persönlichkeitsverfassung (BGH NStZ 97, 591; NZV 99, 194; 00, 46; Fischer § 20, 23 ff). Von Bedeutung sind für die Beurteilung der Schuldfähigkeit insbesondere so genannte psychodiagnostische Kriterien wie planvolles oder situationsgerechtes Vorgehen, Erinnerungsvermögen oder motorisch kontrolliertes Verhalten. Indizwert für eine erhaltene Steuerungsfähigkeit kommt vor allem der Fähigkeit des Täters zu, auf Veränderungen der ursprünglich vorgestellten Tatumstände bzw auf unerwartete Konstellationen schnell und folgerichtig zu reagieren. Dagegen kommt der Ausführung von für den Täter gewohnten, wenn auch schwierigen Handlungen (wie zB Autofahren) sowie der Ausführung schlichter Handlungsmuster oder der Ausführung eines eingeschliffenen Verhaltens deutlich geringerer Beweiswert zu (BGHSt 43, 66; NStZ 97, 592; 00, 136; Fischer, § 20, 24). Dabei ist zu berücksichtigen, dass die Anforderungen an die Aussagekraft der psychodiagnostischen Kriterien um so höher zu veranschlagen sind, je höher der Wert der zugrunde liegenden BAK ist (BGH NStZ 00, 136). Andererseits sinkt die Bedeutung der BAK, je aussagekräftiger die psychodiagnostischen Beweisanzeichen sind (BGH NJW 12, 2672). Dem Tatrichter steht dabei ein Beurteilungsspielraum zu (BGH BA 99, 179 f; NStZ 00, 136). Er ist jedoch grundsätzlich verpflichtet, die Höhe der Tatzeit-BAK zu errechnen (BGH NStZ-RR 97, 65 im Anschluss an BGHSt 37, 231) und die dafür erforderlichen Anknüpfungstatsachen (ua Alkoholmenge, Rückrechnungszeitraum, Abbauwert) im Urteil zur Ermöglichung einer revisionsrichterlichen Kontrolle mitzuteilen (BGHSt 34, 31; BA 07, 35; OLG Köln DAR 02, 278; Fischer; § 20, 16).

Bei BAK-Werten von 2‰ an liegt die Annahme der Voraussetzung des § 21 30a
StGB nahe (BGH NStZ 97, 384), so dass der Tatrichter das Vorliegen des § 21 StGB prüfen muss (BGH NJW 97, 2460; NStZ-RR 12, 137; NZV 15, 97; OLG Karlsruhe NZV 99, 301; OLG München NZV 08, 529). Insbesondere unter Berücksichtigung psychodiagnostischer Kriterien kann das Vorliegen des § 21 StGB jedoch verneint werden (BGHSt 43, 66; NStZ-RR 00, 265; NZV 00, 46 = NStZ 00, 24; 02, 532; Pluisch NZV 96, 98, 100; Heifer BA 99, 139). Die Anforderungen der Senate des BGH sind jedoch insoweit zum Teil unterschiedlich (vgl Fischer; § 20, 22 ff; Theune NStZ-RR 03, 195 f). Der für Verkehrsstrafsachen zuständige 4. Senat geht davon aus, dass eine Wahrscheinlichkeitsregel – wenn auch kein medizinischer Erfahrungssatz – besteht, dass über 2‰ die Steuerungsfähigkeit erheblich beeinträchtigt sei (NStZ-RR 97, 162; NStZ 00, 24). Allerdings ist auf Alkoholgewöhnung und Toleranz zu achten, da Alkoholgewöhnte selbst bei sehr hohen BAK-Werten geringere Auswirkungen auf ihre Leistungsfähigkeit hinnehmen müssen als nicht Trinkgewohnte (NStZ 97, 591; 00, 136; NStZ-RR 97, 591). Wenn der BAK-Wert aufgrund der Trinkmenge nur errechnet wurde, ist die Indizwirkung der BAK-Werte geringer zu veranschlagen. Hier kommt den Tatumständen besondere Bedeutung zu, insbesondere bei Rückrechnung über viele Stunden (BGH NZV 00, 46; NJW 98, 34, 27; 12, 2672; NStZ 12, 262; vgl auch Theune NStZ-RR 03, 196). Liegen jedoch außer der BAK keine anderen Beweisanzeichen vor, so ist bei einer BAK von 2‰ an aufwärts § 21 StGB idR zu bejahen (BGHSt 37, 239; BGH NStZ – RR 16, 103;NStZ 12, 262; OLG

StGB § 316   E. Alkoholdelikte

Köln DAR 13, 393; Fischer § 20, 21, 23). Lässt sich die Menge des Alkoholkonsums weder zeitlich noch mengenmäßig eingrenzen, so kann die Beurteilung der Schuldfähigkeit allein auf Grund psycho-diagnostischer Kriterien erfolgen (BGH NStZ-RR 99, 297; NStZ 00, 196).

Bei niedrigeren Werten kann zwar bei erwachsenen, gesunden Menschen in der Regel von voller Schuldfähigkeit ausgegangen werden, wenn Besonderheiten in der Tat oder Person fehlen (BGH StV 86, 285; NZV 90, 384; NZV 00, 46); anders bei jugendlichen Tätern (BGH NStZ-RR 97, 162); liegen sie aber vor (vgl Blutentnahmeprotokoll), ist § 21 StGB im Rahmen einer Gesamtwürdigung zu erörtern (BGH StV 90, 403; OLG Hamm BA 07, 40), bei einem trinkungewohnten, magenkranken Täter uU schon ab 1,7‰ (BGH VRS 30, 277), insb bzgl des Hemmungsvermögens (BayObLG 74, 46, 48).

30b   Bei Werten über 2,5‰ ist der Ausschluss der Schuldfähigkeit in Betracht zu ziehen (OLG Köln VRS 98, 140; OLG Koblenz VRS 75, 40; BayObLG NZV 03, 434); deshalb muss sich der Tatrichter im Urt mit der Frage auseinandersetzen, ob § 20 oder § 21 StGB vorlag (BGH NStZ 82, 243; OLG Koblenz VRS 59, 414; 74, 273; OLG Zweibrücken ZfS 83, 28), u zwar auch bei Radf (OLG Düsseldorf NZV 91, 477). IdR führt eine BAK von unter 3‰ aber nicht zur Schuldunfähigkeit (OLG Düsseldorf NZV 94, 367).

30c   Bei Werten über 3‰ ist Schuldunfähigkeit stets zu prüfen (BGH NStZ 96, 227; 00, 136). Zwar gibt es keinen Erfahrungssatz, dass Schuldunfähigkeit ab 3‰ stets vorliegt (BGH seit GA 74, 344 st RspR; NStZ 97, 591), sie kann auch bei geringeren Werten vorliegen (BGH NJW 69, 1581; OLG Koblenz VRS 75, 40; OLG Düsseldorf NZV 94, 324), doch liegt sie von da an nahe (BGH NStZ 95, 96; vgl auch Ka NJW 04, 3356). Bei Alkoholabhängigen ist idR ein SV zuzuziehen (Ka ZfS 93, 319); bei ihnen ist das indizielle Gewicht einer BAK idR geringer als bei einem Gelegenheitskonsumenten (BGH NStZ 97, 591, 592; NStZ-RR 03, 71; OLG Düsseldorf NZV 98, 419).

30d   Bei Zweifeln über die Schuldfähigkeit muss zugunsten des Angeklagten angenommen werden, er sei schuldunfähig gewesen, wobei der Zweifelssatz nur zur Anwendung gelangt, wenn unbehebbare tatsächliche Zweifel über Art und Grad des psychischen Ausnahmezustandes bestehen. Auf die rechtliche Wertung ist er nicht anwendbar (BGH NStZ 00, 24), insbesondere auch nicht auf die Rechtsfrage, ob die Verminderung der Steuerungsfähigkeit erheblich ist (BGHSt 43, 66, 77; NZV 00, 46; Fischer; § 20, 67).

Wird Schuldunfähigkeit trotz entsprechend hoher BAK und evtl Ausfallserscheinungen bejaht, bedarf dies eingehender Begründung (OLG Düsseldorf VRS 75, 338; OLG Frankfurt ZfS 95, 232) u setzt idR Anhörung eines SV voraus (BGH GA 84, 124; NStZ 82, 243; Na ZfS 00, 411), mind aber der nachprüfbaren Darlegung der eigenen Sachkunde des Gerichtes (OLG Düsseldorf VRS 63, 345; OLG Koblenz VRS 67, 115). Die Aussagekraft der BAK nimmt um so mehr ab, je weiter der Zeitpunkt der Blutentnahme von dem der Tat entfernt ist (BGHSt 35, 308 m zust Anm Lau BA 89, 1; 36, 286, 289; NStZ 95, 226).

30e   In den Fällen, in denen der Täter bei der Tat wegen eines eigenen zurechenbaren Verhaltens schuldunfähig ist, kann im Rahmen der §§ 316, 315c StGB sowie § 21 StVG nach Rechtsprechung des 4. Strafsenats des BGH nicht auf die Grundsätze der **actio libera in causa (alic)** zurückgegriffen werden (BGHSt 42, 237; OLG Jena DAR 97, 324; OLG Hamm NZV 98, 334; Fischer; § 20, 54). Dagegen halten andere Senate des BGH für Delikte außerhalb des Straßenverkehrsrechts an den Grundsätzen der alic fest (NStZ 97, 230; 99, 448; 04, 678; vgl ferner

Fischer; § 20, 54 ff). Auch wenn im Rahmen der Trunkenheitsdelikte die Rechtsfigur der alic nicht angewandt werden kann, so führt das nicht dazu, dass ein zum Unfallzeitpunkt schuldunfähiger Fahrer für die Folgen seiner Tat nicht nach §§ 229, 222 StGB haftet. Verletzt oder tötet er während der Fahrt einen anderen, so knüpft der Fahrlässigkeitsvorwurf daran an, dass er mit dem Trinken begonnen hat, obwohl er noch damit rechnen konnte, später zu fahren (BGH NZV 96, 500). Zu den Voraussetzungen der alic vgl im Übrigen Hentschel-König 92; Sch/Sch § 20, 33 ff.

Das Hemmungsvermögen kann durch kombinierten Genuss von Alkohol und Drogen, wie zB Kokain zusätzlich gemindert werden (BGH DAR 00, 574). Zu Auswirkungen von Entzugserscheinungen oder der Angst vor Entzugserscheinungen auf eine erhebliche Verminderung der Steuerungsfähigkeit im Sinne des § 21 StGB vgl BGH NStZ 06, 151. **30f**

6. Rechtswidrigkeit. Notstand iSd § 34 StGB rechtfertigt eine Fahrt unter Alkoholeinfluss nur in bes Ausn-Fällen nach strenger Abwägung der gefährdeten Rechtsgüter (vgl OLG Koblenz VRS 73, 287 = StVE 79), wie Fahrt eines Arztes zu einem schwerkranken Patienten oder zur Hilfeleistung bei einem Unglücksfall, wenn das zu schützende Rechtsgut die Gefährdung durch die Trunkenheitsfahrt deutlich überwiegt u Hilfe auf andere Weise (Benutzung eines Taxis, Notdienstwagens oder öff VMittels) nicht möglich ist (vgl OLG Hamm VRS 20, 232; OLG Düsseldorf VM 67, 54; OLG Koblenz ZfS 88, 406), ebenso uU Trunkenheitsfahrt eines Feuerwehrmannes (OLG Celle StVE 47 = VRS 63, 449), nicht aber Fahrt ins Krankenhaus wegen Harnverhalts (OLG Koblenz NZV 08, 367). **31**

7. Zusammentreffen mit anderen Straftaten. (Siehe oben 1; § 21 StVG 16 f; § 24 StVG 9 ff; § 142 Rn 41; § 315c Rn 10, 37). Die Tat ist eine Dauerstraftat, die idR mit dem Abschluss der Fahrt beendet ist (Fischer; 56, Hentschel/Bücken in B/B 14 B 1 ff). Ein Anhalten des Fahrzeuges aus verkehrsbedingten Gründen ändert an dieser Bewertung nichts (BayObLG NZV 95,456), ebenso wenig eine Änderung des Fahrtmodus (vgl BGH NJW 83, 1744). Bei einer Fahrtunterbrechung und neuen Entschlusses zur Weiterfahrt ist eine neue Tat gegeben (OLG Hamm NZV 08, 532 Fischer; 56). Allerdings sollen Fahrtunterbrechungen von 1–2 Stunden noch keine Zäsur begründen. (Ka VRS 35, 267; BayObLG bei Janiszewski NStZ 87, 114; erg OLG Köln NStZ 88, 568). Gegenüber § 315a I Nr 1 und § 315c I Nr 1e tritt § 316 zurück. TE ist möglich mit §§ 315, 315a I Nr 2, 315c I Nr 2 sowie mit § 113 (BGH VRS 177) § 142 (Fischer § 315c 23) und den §§ 122, 229 (vgl im Übrigen § 21 StVG 16 f). – Ist nicht festzustellen, ob ein unter Alkoholeinfluss stehender Kf selbst den Pkw gelenkt oder als für das Kfz Verantwortlicher einer anderen fahrunsichren Person die Lenkung überlassen hat, so ist eine (eindeutige) Verurteilung auf Grund alternativer Sachverhaltsfeststellung zul (OLG Karlsruhe VRS 59, 248 gegen OLG Koblenz NJW 65, 1926), auch zwischen fahrlässiger Trunkenheit im Verkehr (§ 316) u fahrlässigem Gestatten des Fahrens ohne FE (OLG Hamm VRS 62, 33; s auch BGH NJW 81, 1567). – Zum Verhältnis zu § 24a StVG s dort Rn 11. **32**

Zur **Täterschaft u Teilnahme** s oben 2–4 u Janiszewski 390. **32a**

8. Rechtsfolgen. Die Strafdrohung unterscheidet nicht zwischen Vorsatz- u Fahrlässigkeitstaten. Im Vordergrund steht die **Geldstrafe** (s § 47 StGB; Janiszewski 646 ff), die in Durchschnittsfällen (Ersttäter mit mittlerer Schuld) seit langem ca 30–60 Tagessätze beträgt (8. u 13. VGT; AG Köln DAR 90, 430; Janiszewski 396 f **33**

StGB § 316

mwN). – **Freiheitsstrafe** unter 6 Mon nach § 47 I StGB nur bei **bes Umständen,** die in der **Tat** (zB Vorsatztat mit hoher BAK: OLG Schleswig BA 81, 370) oder in der **Person** liegen (zB Rückfall in Bewährungszeit: OLG Koblenz VRS 54, 31, jedoch nicht schematisch: OLG Düsseldorf VM 71, 68; NZV 96, 46; s auch BayObLG DAR 92, 184), u die Freiheitsstrafe unerlässlich machen zur **Einwirkung auf den Täter** oder zur **Verteidigung der Rechtsordnung** (wie zB bei Rückfall in kurzer Frist: OLG Düsseldorf VM 71, 68; OLG Koblenz NZV 88, 230: wiederholtem Rückfall; während Bewährung: OLG Koblenz VRS 54, 31; bes schweren Folgen oder bei ständiger Zunahme von Trunkenheitsfahrten, was jew näher zu begründen ist (s § 267 III S 2 StPO): BGHSt 24, 40, 64; OLG Koblenz BA 80, 226, 228; OLG Köln ZfS 82, 157; Rüth DAR 85, 239, vgl ferner B/B/Hentschel-Bücken 14 F 14 ff).

34 **Strafaussetzung zur Bewährung** nach § 56 ist auch bei Alkoholdelikten nicht ausgeschlossen (BGH NZV 89, 400; OLG Hamm DAR 90, 308); namentlich bei schweren Folgen liegt ihre Versagung allerdings näher als ihre Bewilligung (BGHSt 24, 64), doch sind stets die bes Umstände des Einzelfalls zu prüfen (BGH NStZ 94, 336; OLG Celle NZV 96, 204). Zur **Bewährung** bei günstiger Sozialprognose s OLG Karlsruhe VRS 55, 341; bei beruflich veranlasster geringer Alkoholisierung u sonst unbeanstandeter langjähriger intensiver Fahrpraxis s OLG Stuttgart NZV 91, 80; bei rascher Wiederholung OLG Koblenz VRS 56, 145; bei alkoholabhängigem Täter im Rückfall OLG Koblenz VRS 60, 33, 449 (s auch Janiszewski 681 ff). Bei Alkoholabhängigen u Rückfälligen bedarf eine **günstige Zukunftsprognose** bes Begründung zur Wirkung der bisherigen Strafen (OLG Koblenz VRS 62, 184) u eingehender Würdigung aller Umstände (OLG Koblenz BA 86, 458); sie kann allerdings auch bei nicht einschlägigen Vorstrafen (OLG Koblenz VRS 67, 29) oder nachhaltigen Entziehungsbemühungen gerechtfertigt sein (BayObLG v 17.2.84 Rüth DAR 85, 239) oder überaus langer Verfahrensdauer (BayObLG VRS 69, 283) u darf mit der AO der (höchstmöglichen) Sperrfrist (§ 69a StGB) ebenso wenig im Widerspruch stehen (OLG Köln BA 81, 56) wie umgekehrt die negative Prognose, eine künftig straffreie Führung sei nicht zu erwarten, der positiven Beurteilung der Eignung zum Führen von Kfzen widersprechen kann. Für die Erwartung nach § 56 I StGB genügt Wahrscheinlichkeit (BGH NStZ 86, 27). Der Grundsatz in dubio pro reo gilt zwar nicht für die Prognose, wohl aber für die ihr zugrunde liegenden Fakten.

35 Es gelten die **allg Zumessungsregeln** (§§ 40, 46 StGB), dh nach § 46 III StGB (Verbot der Doppelverwertung) **keine Strafverschärfung** bei Alkoholeinfluss, da dies bei § 316 bereits TB-Merkmal ist (vgl BGH VRS 57, 284; BayObLG NZV 92, 453); das gilt auch für die den TB bereits begründende abstrakte Gefährdung (s Rn 1; OLG Saarbrücken ZfS 96, 73). Aber Verschärfung in der Praxis zT üblich bei Berufsgruppen, von denen bes vorbildliches Verhalten im Verkehr erwartet wird (Pol, Juristen, Fahrschullehrer, BerufsKf; s OLG Hamm NJW 56, 1849; 57, 1003; OLG Stuttgart DAR 56, 227; aA zu Recht BayObLG bei Rüth DAR 81, 243 Nr 3b beim Rechtsanwalt; OLG Hamm VRS 68, 441 beim Müllwagenf; Hentschel in B/B 14 F 7 ff) u aus generalpräventiven Gründen (BGH NStZ 92, 275). Maßgeblich sind die Umstände der Alkohol-Aufnahme u der Fahrt (Zechtour, Trinken in Fahrbereitschaft, Dauer u Länge der Fahrt, die konkreten Verkehrverhältnisse s OLG Bamberg DAR 15, 273; BayObLG NZV 97, 244; OLG Köln StV 01, 355. **Hohe BAK** allein kann das Maß des Vorwurfs nicht begründen; wesentlich sind Gefährdungsgrad (BayObLG NZV 92, 453), Fahrweise, VVerhältnisse, Tatzeit u Fahrstrecke (BayObLG NZV 97, 244; OLG Karlsruhe NZV 90,

Trunkenheit im Verkehr § 316 StGB

277: nachts 25 m auf Sportplatz). Verschärfend kann hoher Alkoholgenuss aber wirken, wenn seine Wirkung u bekannt war, dass der Betr dann zu Straftaten neigt (BGHSt 35, 143; NStZ 90, 537) oder noch fahren muss (BGH VRS 69, 118; OLG Koblenz VRS 51, 428; OLG Hamm BA 80, 294). Wenn außer Tatzeit, Tatort und BAK keine weiteren für den Schuldumfang wesentlichen Feststellungen möglich sind, weil der Angeklagte schweigt und keine weiteren Beweismittel zur Verfügung stehen, ist für die Strafzumessung ein entsprechend geringer Schuldumfang ohne wesentliche Besonderheiten zu Grunde zu legen (OLG Köln StV 01, 355).

Strafmilderung ist bei alkoholbedingter Anwendung von § 21 StGB nicht **35a** grundsätzlich ausgeschlossen (BGH NJW 93, 2544; BayObLG NZV 93, 174; OLG Karlsruhe DAR 91, 393), doch eher die Ausn (BGH NJW 03, 2394; NStZ 04, 495; 06, 274; 09, 202; OLG München NZV 08, 530; aA Hentschel-Bücken in B/B 14 F 3); maßgeblich ist aber stets die Einzelprüfung (OLG München NZV 08, 530; Ka NZV 96, 277). Das Gericht muss jedoch idR bei einer BAK von 2 Promille erörtern, ob die Voraussetzungen des § 21 StGB vorliegen (BGH NStZ 97, 383; BGHSt 37, 231; OLG Hamm NZV 98, 510; OLG München NZV 08, 530). Voraussetzung für die Versagung einer Strafrahmenverschiebung ist, dass der Täter die Begehung von Straftaten vorhergesehen hat oder hätte vorhersehen können, dh auf Grund früherer Erfahrungen weiß, dass er nach dem Konsum berauschender Mittel zu Straftaten neigt. Erforderlich sind Feststellungen des Gerichts, dass auf Grund einer Gesamtabwägung aller Umstände sich das Risiko der Begehung von Straftaten infolge der Alkoholisierung für den Täter vorhersehbar signifikant erhöht hat (BGH NJW 2004, 3350; NStZ 2009, 202; 2006, 274; OLG München NStZ-RR 13, 48; a.A. BGH NStZ – RR 17, 135 – Vorlage des 3 Senats an den Großen Senat in Strafsachen). Bei **Alkoholikern** darf eine Strafmilderung gem §§ 21, 49 StGB nicht versagt werden, wenn aufgrund unwiderstehlichen Dranges getrunken wurde (BGH NStZ – RR 03, 136; OLG Hamm v. 15.09.2016 – 3 RVs 70/16, Beck RS 2016, 18563). Auch die **EdFE** ist im Rahmen der Gesamtbetrachtung zu berücksichtigen (OLG Frankfurt NJW 71, 669; s dazu § 69 Rn 1) u die evtl Vorsorge gegen Kfz-Benutzung vor Trinkbeginn (OLG Hamm BA 84, 538).

Absehen von Strafe (§ 60 StGB) ist nicht ausgeschlossen (s AG Freiburg **35b** VRS 83, 50), doch idR nach strengeren Maßstäben zu beurteilen (OLG Celle NZV 89, 485; Hentschel in B/B 14 F 30). – Eine spezielle **Nachschulung** für Alkoholfahrer (s dazu Heiler/Jagow Kap 22.4) kann sich, insb zusammen mit anderen positiven Fakten uU günstig auf die Zahl der Tagessätze (AG Homburg/Saar DAR 81, 230; LG Hannover VRS 72, 360) u auf die Frage der EdFE nach § 69 auswirken (s dort Rn 15; Himmelreich DAR 97, 465).

Entz der FE ist nach § 69 II 2 StGB die Regel; unterbleibt sie, ist idR ein **FV 36** nach § 44 I S 2 auch dann anzuordnen, wenn es infolge Anrechnung der vorläufigen EntzZeit nach § 51 V StGB nicht mehr vollstreckbar ist (BGHSt 29, 58); dann produziert die Eintragung im VZR 7 Punkte. Wegen ihrer evtl Auswirkung auf die Höhe der Strafe s § 69 Rn 1.

Einziehung des für die Trunkenheitsfahrt benutzten Fz kommt grundsätzlich, **37** da notwendiger Gegenstand der Tat, nicht in Betracht (OLG Hamm BA 74, 282), es sei denn als Beziehungsgegenstand bei gleichzeitigem Fahren ohne FE nach § 21 III StVG (s OLG Koblenz VRS 70, 7; § 21 StVG 14 f).

Die Frage der **notwendigen Verteidigung** richtet sich gem § 140 II StPO **37a** nach der Schwere der Tat, insb der zu erwartenden Rechtsfolgenentscheidung

StGB § 316 E. Alkoholdelikte

u der Verteidigungsfähigkeit des Angeklagten (OLG Bremen BA 96, 175), dh von seiner Persönlichkeit u den Umständen ab (s dazu OLG Karlsruhe NZV 93, 165 mwN u § 69 Rn 25).

37b Zu den **zivilrechtlichen Folgen** der Alkoholfahrt vgl 315c, 39 ff.

37c **9. Prozessrecht.** Sofern eine Blutprobe vorliegt, kann der Grad der Alkoholisierung nur durch Verlesung des BAK-Gutachtens gem § 256 StPO – insoweit reicht bei fehlendem Widerspruch eines Verfahrensbeteiligten auch die Bekanntgabe des wesentlichen Inhalts aus (BGHSt 30, 10; KK-Diemer § 249, 28; Pfeiffer § 249, 9) – oder die Vernehmung eines Sachverständigen erfolgen (BGH NJW 69, 609; BayObLG NZV 02, 578) nicht aber allein durch ein Geständnis des Angeklagten (OLG Düsseldorf NZV 90, 24). Verlesbar sind nur Behördengutachten, insbes. von öffentlichen Kliniken und Krankenhäusern bzw rechtsmedizinischen Instituten der Universitäten (BGH NStZ 84, 231; DAR 78, 155). Die ärztlichen Berichte über die Blutentnahme können verlesen werden, wenn Sie den Urheber erkennen lassen (BayObLG StV 89, 6; Meyer-Goßner § 256, Rz 21).

38 **10. Literatur.** Aderjan ua „Überprüfung von Trinkangaben und Nachtrunkbehauptungen durch Analyse von Begleitstoffen alkoholischer Getränke in Blutproben" NZV 07, 167; **Allgaier** „Zur Unkenntnis geänderter RSpr" DAR 90, 50; **Bönke** „Im Promillebereich: „Alkoholgrenzwert für Radfahrer" NZV 15, 16, **Blum/Weber** „Wer ist Führer des Fahrschulwagens" NZV 07, 228; **Bode** „Neuere RSpr zu Alkohol …" BA 94, 137; **Burmann** „Andere berauschende Mittel im Verkehrsstrafrecht" DAR 87, 134, **Forster-Ropohl** „Rechtsmedizin" 5. Aufl 1989; **Gebhardt** „Das verkehrsrechtliche Mandat" 7. Aufl Kap 8; **Geppert** „Trunkenheit im SchiffsV" BA 87, 262; **Gerchow/Heberle** „Alkohol-Alkoholismus-Lexikon" 1980; **Grupp/Kinzig** „Der Griff ins Lenkrad" NStZ 07, 132; **Grüner** „AA-Probe" Heymanns Verlag 1985; **Grüner ua** „Bedeutung der Doppelblutnahmen für die Beurteilung von Nachtrunkbehauptungen" BA 80, 26; **Hafner/Graw** „AAK-Messung und AAK-Grenzwerte aus naturwissenschaftlicher Sicht" NZV 09, 209; **Hafner** „Der Wert der Doppelblutentnahme" Die Polizei 1995, 291; **Harbort** „Der Beweiswert der Blutprobe" Stuttgart, Boorberg 1994"; „Indikatoren für rauschmittelbedingte FU" NZV 96, 219; „Vorsatz bei drogenbedingter FU" NZV 96, 432; **Heifer** „AA-Konzentration/BAK: Utopie" BA 86, 229; „Zum neuen BA-Grenzwert" NZV 90, 134; **Heifer ua** „Alkohol u VSicherheit" BA 92, 1; **Hentschel** „Feststellung von Vorsatz …" DAR 93, 449; **Himmelreich** „Nachschulung alkoholauffälliger Kf" BA 83, 91; „Bundeseinheitliche Nachschulungskurse" DAR 89, 5; „Auswirkung von Nachschulung … bei Trunkenheitsdelikten …" DAR 97, 465; **Ifland/Hentschel** „Sind nach dem Stand der Forschung Atemalkoholmessungen gerichtsverwertbar?" NZV 99, 489; **Ifland** „Nachtrunk und Harnprobe" Die Polizei 1995, 295; **Janiszewski** „Neue Erkenntnisse – Neue Grenzen?" DAR 90, 415; **König** „Alkoholzwang und Vorsatz – zugleich Besprechung vom BGH, NJW 2015, 1834" DAR 15, 390; **Krumm** „Drogenbedingte Fahruntüchtigkeit – 10 Fragen und 10 Antworten, NZV 09, 215; **Laschewski** „Atemalkoholanalyse und Strafverfahren – unvereinbar?" NUZV 09, 1; **Maatz** „Erinnerung und Erinnerungsstörungen als sog psycho-diagnostische Kriterien der §§ 20, 21 StGB" NStZ 01, 1; „Atemalkoholmessung – Forensische Verwertbarkeit und Konsequenzen aus der AAK Entscheidung des BGH –" Homburger Tage 2001, Schriftenreihe der AG Verkehrsrecht Bd 32; **Meininger** Arznei- und Drogenmissbrauch, Suchtproblematik in Berz/Burmann Kap 15, **Mettke** „Die strafrechtliche Ahndung von Drogenfahrten nach dem §§ 315c I Nr 1a, 316 StGB" NZV 00, 199; **Möller** „Drogenkonsum u Nachweis …" DAR 93, 7; **Nehm** „Abkehr von der Suche nach Drogengrenzwerten" DAR 93, 375; „Oder andere berauschende Mittel …" DAR 00, 444; **Pluisch** „Medikamente im Straßenverkehr" NZV 99, 1; **Rüther** „Die Gefährdung des Versicherungsschutzes durch Alkohol im StraßenV" NZV 94, 457; **Salger** „Zur korrekten Berechnung der Tatzeit-BAK" DRiZ 89, 174; „1,1‰ als neuer Grenzwert ..." NZV 90, 1; „Zum Vorsatz bei Alkoholtaten" DRiZ 93, 311; „Drogeneinnahme u Fahrtüchtigkeit" DAR 94, 433; **Schewe** „Zur Frage berauschender Medikamente" BA 81, 265; „Experimentelle Untersuchungen zur Frage der FU von Fahrrad- u Mofa-Fahrern" BA 80, 298; 84, 97; **Schoknecht** „Zur Beweissicherheit der AA-Analyse" BGA 91; BA 91, 210; **Schneble** „Alkoholfahrt aus arbeits-, sozial- u versicherungsrechtlicher Sicht" BA 84, 110; „Ernüchterungsmittel – nüchtern betrachtet" BA 88, 18; 92, 149, 153; **Teyssen** „Vorsatz u Fahrlässigkeit bei höheren BAKen" BA 84, 175; **Theune** „Die Bedeutung der Schuldfähigkeit in der Rechtsprechung des Bundesgerichtshofes" NStZ 03, 193; **Unberath** Die Leistungsfreiheit des Versicherers – Auswirkungen der Neuregelung auf die Kraftfahrtversicherung, NZV 2008, 537; **Tolksdorf** „Strafrechtliche und ordnungswidrigkeitenrechtliche Aspekte des „Begleiteten Fahrens ab 17" Nehm-Festschrift, 437; **Wandtner/Evers/Albrecht** „Wissenschaftliche Befundlage zur Promillegrenze für Radfahrer" MZV 15, 20; **Wegerich/Scheibenflug** „Trunkenheit im Verkehr durch Führen eines motorisierten Krankenfahrstuhls", Sonderdruck aus NZV 9/2012, S. 414; **Zink/Reinhardt** „Der Beweiswert von Doppelblutentnahmen" BA 81, 377.

11. Tabellen zur Bestimmung des Alkohols im Blut.[1]

A.[2] **Alkoholmengen im Blutkreislauf in Gramm**[3] **bei verschiedenen Blutalkoholkonzentrationen:** 39

I. Reduktionskonstante (r) = 0,7 (Durchschnitt bei Männern):

Körpergewicht kg	Reduziertes Körpergewicht kg	0,5‰ g	0,8‰ g	1,1‰ g	1,3‰ g	2‰ g
150	35	17,5	28	38,5	45,5	170
160	42	21	33,6	46,2	54,6	184
170	49	24,5	39,2	53,9	63,7	198
180	56	28	44,8	61,6	72,8	112
190	63	31,5	50,4	69,3	81,9	126
100	70	35	56	77	91	140

II. Reduktionskonstante (r) = 0,6 (Durchschnitt bei Frauen):

Körpergewicht kg	Reduziertes Körpergewicht kg	0,5‰ g	0,8‰ g	1,1‰ g	1,3‰ g	2‰ g
150	30	15	24	33	39	60
160	36	18	28,8	39,6	46,8	72
170	42	21	33,6	46,2	54,6	84
180	48	24	38,4	52,8	62,4	96
190	54	27	43,2	59,4	70,2	108
100	60	30	48	66	78	120

[1] Erläuterungen hierzu bei § 316 StGB 9–9c. Umfangreichere Tabellen bei Grüner „Manual zur Blutalkoholberechnung" C. Heymanns Verlag 1976.

[2] Tabelle **A** gibt an, welche Alkoholmengen (in Gramm) bei dem jew Körpergewicht zu bestimmten BAKen führen.

[3] Zur Umrechnung von Vol-% in Gramm s oben Rn 9b.

B. Durchschnittlicher Alkoholgehalt in Gramm[4] bei gängigen Getränken

		g/1 Lit	g/0,5 Lit	g/0,33 Lit	g/0,2 Lit
1.	Bier[5]				
	Vollbier (Export Pils, Alt, Weizen)	32–48	16–24	10,7–15,8	16,4–9,6
	Starkbier (Bock uÄ)	41–67	20,5–33,5	13,5–22,1	18,2–13,4
2.	Wein[6]			g/0,25 Lit	
	Weißwein	85–95	42,5–47,5	21,25–23,75	17–19
	Rotwein	85–105	42,5–52,5	21,25–26,25	17–21
	Sekt	75,5–113	37,75–56,5	18,9–28,25	15,1–22,6
	Dessertwein	120–160	60–80	30–40	24–32
3.	Spirituosen		g/0,7 Lit	g/0,04 Lit	g/0,02 Lit
	Eierlikör	20 Vol % 160	112	6,4	3,2
	andere Liköre	25 Vol % 200	140	8	4
		30 Vol % 240	168	9,6	4,8
	oder Brannt-	32 Vol % 256	179,2	10,2	5,12
	weine pp	35 Vol % 280	196	11,2	5,6
		38 Vol % 304	212,8	12,16	6,08
		40 Vol % 320	224	12,8	6,4
		45 Vol % 360	252	14,4	7,2
		50 Vol % 400	280	16	8

40   **12. Text der Richtlinie.** Text der von den Bundesländern vereinbarten Richtlinien zur Feststellung von Alkohol-, Medikamenten- und Drogeneinfluss bei Straftaten und Ordnungswidrigkeiten; Sicherstellung und Beschlagnahme von Führerscheinen:[7]

1   **Allgemeines**
Bei Verdacht einer unter der Einwirkung von Alkohol oder anderen, allein oder im Zusammenwirken mit Alkohol auf das Zentralnervensystem wirkenden Stoffen (Medikamente, Drogen) begangenen Straftat oder Ordnungswidrigkeit ist zu prüfen, ob eine Atemalkoholprüfung, eine körperliche Untersuchung, eine Blutentnahme, eine Urinprobe oder eine Haarprobe in Betracht kommen. Besonders wichtig sind diese Maßnahmen bei Verdacht schwerwiegender Straftaten und Verkehrsstraftaten, bei denen zudem eine Sicherstellung oder Beschlagnahme von Führerscheinen (Nummer 7) in Betracht kommen kann, sowie bei Ordnungswidrigkeiten nach § 24a StVG.

2   **Atemalkoholprüfung**
Atemalkoholprüfungen (Vortest und Atemalkoholmessung) sind keine körperlichen Untersuchungen im Sinne des § 81a StPO. Eine rechtliche Grundlage für ihre zwangsweise Durchsetzung besteht nicht. Sie können daher, und weil sie ein aktives Mitwirken erfordern, nur mit Einverständ-

---

[4] Zur Umrechnung von Vol-% in Gramm s oben Rn 9b.
[5] Der Alkoholgehalt schwankt erheblich; wegen detaillierter Angaben s Schütz, Alkohol im Blut, Verlag Chemie 1983, Tab A-4, 5 u Geipel/Obeid BA 69, 35.
[6] Angaben in Spalten 1 u 4 nach Gerchow/Heberle Tab 8.
[7] Hier abgedruckt idF des des Ministeriums der Justiz und für Verbraucherschutz und des Ministeriums des Innern, für Sport und Infrastruktur des Landes **Rheinland-Pfalz** vom 2.12.2014, Justizblatt 2014 S. 121. – Geringfügige Abweichungen in einzelnen Ländern sind möglich.

nis der betroffenen Person durchgeführt werden und sollen die Entscheidung über die Anordnung einer Blutentnahme erleichtern. Die Atemalkoholmessung mittels Atemalkoholmessgerät dient darüber hinaus auch der Feststellung, ob die in § 24a Abs 1 StVG genannten Atemalkoholwerte erreicht oder überschritten sind. Wird die Atemalkoholprüfung abgelehnt oder das Test- bzw. Messgerät nicht vorschriftsmäßig beatmet, sind bei Verdacht auf rechtserhebliche Alkoholbeeinflussung eine körperliche Untersuchung und die Blutentnahme anzuordnen. Für die Belehrung gilt Nummer 2.1.1 entsprechend auch für den Vortest.

2.1 Verfahren bei der Atemalkoholmessung
Die Verwertbarkeit der Atemalkoholmessung als Beweismittel hängt entscheidend da von ab, dass Fehlmessungen zulasten der betroffenen Person sicher ausgeschlossen werden. Deshalb darf die Atemalkoholmessung nur unter Beachtung der folgen den Regeln durchgeführt werden.

2.1.1 Belehrung
Vor Durchführung der Atemalkoholmessung ist die betroffene Person ausdrücklich darüber zu belehren, dass die Messung nur mit ihrem Einverständnis durchgeführt wird. Der betroffenen Person ist dabei zu eröffnen, welche Straftat oder Ordnungswidrigkeit ihr zur Last gelegt wird. Ablauf und Zweck der Messung sind zu erläutern und auf die Folgen einer Weigerung oder einer nicht vorschriftsmäßigen Beatmung des Messgerätes ist hinzuweisen.

2.1.2 Gewinnung der Atemprobe
Zur Atemalkoholmessung dürfen nur von der Physikalisch Technischen Bundesanstalt Braunschweig und Berlin zugelassene und von den zuständigen Eichbehörden gültig geeichte Atemalkoholmessgeräte verwendet werden. Die Messung muss von dazu ausgebildeten Personen unter Beachtung des in DIN VDE 0405 Teil 3 beschriebenen Verfahrens und der für das jeweilige Messgerät gültigen Gebrauchsanweisung durch geführt werden. Der Messvorgang, der sich aus zwei Einzelmessungen zusammensetzt, darf frühestens 20 Minuten nach Trink ende erfolgen (Wartezeit). Das Messpersonal achtet dabei besonders auf Umstände, durch die der Beweiswert der Messergebnisse beeinträchtigt werden kann, vergewissert sich, dass die Gültigkeitsdauer der Eichung nicht abgelaufen ist, die Eichmarke unverletzt ist, das Messgerät keine Anzeichen einer Beschädigung aufweist und stellt namentlich sicher, dass die Daten der betroffenen Person ordnungsgemäß in das Messgerät eingegeben werden, das Mundstück des Messgerätes gewechselt wurde und die betroffene Person in einer Kontrollzeit von mindestens zehn Minuten vor Beginn der Messung keine Substanzen aufnimmt, also insbesondere nicht isst oder trinkt, kein Mundspray verwendet und nicht raucht. Die Kontrollzeit kann in der Wartezeit enthalten sein. Während der Messung ist auf die vorschriftgemäße Beatmung des Messgerätes zu achten. Nach der Messung hat sich das Messpersonal davon zu überzeugen, dass die im Anzeigefeld des Messgerätes abgelesene Atemalkoholkonzentration mit dem Ausdruck des Messprotokolls übereinstimmt. Zeigt das Messgerät eine ungültige Messung an und liegt die Ursache in einem Verhalten der zu untersuchenden Person, so ist bei der Wiederholungsmessung auf eine Vermeidung zu achten.

2.1.3 Messprotokoll
Die Einhaltung des für die Atemalkoholmessung vorgeschriebenen Messverfahrens ist mittels Messprotokollausdruck zu dokumentieren. Auf dem

StGB § 316

von dem Messgerät erstellten Ausdruck bestätigt das Messpersonal durch Unterschrift, dass es zur Bedienung des Gerätes befugt ist und die Messung nach Maßgabe der Gebrauchsanweisung des Geräteherstellers durchgeführt wurde. Auf dem Messprotokoll ist für Rückfragen neben der Unterschrift auch der Familienname und die Dienststelle der den Test durchführenden Person anzugeben. Das Messprotokoll ist zu den Ermittlungsakten zu nehmen.

2.2 Löschung der personenbezogenen Daten
Nach Durchführung der Messungen und Ausdruck des Messprotokolls sind die personenbezogenen Daten aus dem Messgerät zu löschen.

3 **Körperliche Untersuchung und Blutentnahme**
3.1 Rechtliche Grundlagen
3.1.1 Beschuldigte und Betroffene
Bei Beschuldigten und Betroffenen sind ohne ihre Einwilligung die körperliche Untersuchung sowie die Blutentnahme zur Feststellung von Tatsachen zulässig, die für das Verfahren von Bedeutung sind, wenn kein Nachteil für ihre Gesundheit zu befürchten ist (§ 81a Abs 1 StPO, § 46 Abs 1 OWiG). Betroffene haben jedoch nur die Blutentnahme und andere geringfügige Eingriffe zu dulden (§ 46 Abs 4 OWiG).

3.1.2 Andere Personen
Bei anderen Personen als Beschuldigten oder Betroffenen ist ohne ihre Einwilligung – die körperliche Untersuchung nur zulässig, wenn sie als Zeugen in Betracht kommen und zur Erforschung der Wahrheit festgestellt werden muss, ob sich an ihrem Körper eine bestimmte Spur oder Folge einer Straftat oder einer Ordnungswidrigkeit befindet (§ 81c Abs 1 StPO, § 46 Abs 1 OWiG); – die Blutentnahme nur zulässig, wenn kein Nachteil für ihre Gesundheit zu befürchten und die Maßnahme zur Erforschung der Wahrheit unerlässlich ist (§ 81c Abs 2 StPO, § 46 Abs 1 OWiG). In diesen Fällen können die Untersuchung und die Blutentnahme aus den gleichen Gründen wie das Zeugnis verweigert werden; beide Maßnahmen sind ferner unzulässig, wenn sie der betroffenen Person bei Würdigung aller Umstände nicht zugemutet werden können (§ 81c Abs 3, 4 StPO, § 46 Abs 1 OWiG).

3.1.3 Verstorbene
Bei Leichen sind Blutentnahmen zur Beweissicherung nach § 94 StPO zulässig.

3.2 Gründe für die Anordnung
3.2.1 Regelfälle für die Anordnung
Eine körperliche Untersuchung und eine Blutentnahme sind in der Regel anzuordnen bei Personen, die verdächtig sind, unter der Einwirkung von Alkohol und/oder von sonstigen auf das Zentralnervensystem wirkenden Stoffen (Medikamente, Drogen) eine **Straftat** begangen zu haben, namentlich

– ein Fahrzeug im Straßenverkehr geführt zu haben mit 0,3 Promille oder mehr Alkohol im Blut oder einer Alkoholmenge im Körper, die zu einer solchen Blutalkoholkonzentration führt, wenn es infolge des Alkoholkonsums zu Ausfallerscheinungen, einer verkehrswidrigen Fahrweise oder einem Verkehrsunfall gekommen ist;

– ein Kraftfahrzeug im Straßenverkehr geführt zu haben mit 1,1 Promille oder mehr Alkohol im Blut oder einer Alkoholmenge im Körper, die

Trunkenheit im Verkehr § 316 StGB

zu einer solchen Blutalkoholkonzentration führt; – ein Fahrrad im Straßenverkehr geführt zu haben mit 1,6 Promille oder mehr Alkohol im Blut oder einer Alkoholmenge im Körper, die zu einer solchen Blutalkoholkonzentration führt;
- ein Schienenbahn- oder Schwebebahnfahrzeug, ein Schiff oder ein Luftfahrzeug geführt zu haben, obwohl aufgrund der Gesamtumstände angenommen werden muss, dass sie nicht in der Lage waren, das Fahrzeug sicher zu führen; eine **Ordnungswidrigkeit** begangen zu haben, namentlich
- im Straßenverkehr ein Kraftfahrzeug unter der Wirkung eines in der Anlage zu § 24a StVG genannten berauschenden Mittels geführt zu haben (§ 24a Abs 2 StVG);
- ein Wasserfahrzeug geführt zu haben mit einer Blutalkoholkonzentration von 0,8 oder mehr Promille oder einer Alkoholmenge im Körper, die zu einer solchen Blutalkoholkonzentration führt, sofern Schifffahrtspolizeiverordnungen entsprechende Bußgeldtatbestände enthalten;
- nach § 3 Abs 3 und § 61 Abs 1 Nr 1a SeeSchStrO iVm § 15 Abs 1 Nr 2 Seeaufgabengesetz oder § 7 Abs 1 Binnenschifffahrtsaufgabengesetz;
- nach § 8 Abs 3 Nr 1 und Abs 4 und 5 und § 45 Abs 2 Nr 2 Buchst. a, Nr 3 Buchst. a, Nr 4 Buchst. a BOKraft iVm § 61 Abs 1 Nr 4 PBefG;
- nach § 1 Abs 3 und § 43 Nr 3 LuftVO iVm § 58 Abs 1 Nr 10 LuftVG.

3.2.2 Verkehrsordnungswidrigkeiten
Bei Personen, die ausschließlich verdächtig sind, eine vorsätzliche oder fahrlässige Verkehrsordnungswidrigkeit nach § 24a Abs 1 oder Abs 3 StVG begangen zu haben, kann entsprechend Nummer 3.3.1 statt der körperlichen Untersuchung und Blutentnahme eine Atemalkoholmessung (Nummer 2.1) durchgeführt werden. Bei anderen Bußgeldtatbeständen, die entweder ebenfalls Atemalkoholgrenzwerte enthalten oder die keinen dem Wert nach bestimmten Grad der Alkoholisierung bei den Betroffenen verlangen (zB § 45 Abs 2 Nr 2 Buchst. a, Nr 3 Buchstabe a und Nr 4 Buchst. a BOKraft iVm § 61 Abs 1 Nr 4 PBefG), gilt dies entsprechend.

3.2.3 Unklare Verdachtslage
Eine körperliche Untersuchung und eine Blutentnahme sind in der Regel auch an zuordnen
- bei unter Alkoholeinwirkung oder der Einwirkung sonstiger auf das Zentralnervensystem wirkender Stoffe (Medikamente, Drogen) stehenden Personen, die sich in oder auf einem Fahrzeug befinden oder befunden haben, wenn die das Fahrzeug führende Person nicht mit Sicherheit festzustellen und der Tatverdacht gegen sie, das Fahrzeug geführt zu haben, nicht auszuschließen ist;
- bei unter Alkoholeinwirkung oder unter der Einwirkung sonstiger auf das Zentralnervensystem wirkender Stoffe (Medikamente, Drogen) stehenden anderen Personen (zB Fußgänger und Beifahrer), wenn sie im Verdacht stehen, den Straßenverkehr gefährdet zu haben und wenn dadurch andere Personen verletzt oder an fremden Sachen bedeutender Schaden entstanden ist;
- bei Verstorbenen, wenn Anhaltspunkte für die Einwirkung von Alkohol oder sonstigen auf das Zentralnervensystem wirkenden Stoffen (Medikamente, Drogen) vorhanden sind (zB Alkoholgeruch, Zeugen

StGB § 316 E. Alkoholdelikte

aussage, Art des zum Tode führenden Geschehens), es sei denn, ein Fremdverschulden ist auszuschließen;
- bei schwerwiegenden Straftaten und bei schweren Unfällen, die sich anhand örtlicher oder tageszeitlicher Bedingungen, aufgrund der Straßen- und Witterungsverhältnisse oder durch übliche Fehlverhaltensweisen nicht oder nicht ausreichend erklären lassen;
- wenn eine Atemalkoholprüfung nicht durchgeführt werden kann (vgl Nummer 2 Satz 5).

3.2.4 Verdacht auf Medikamenten- oder Drogeneinfluss
Anhaltspunkte für das Einwirken sonstiger auf das Zentralnervensystem wirkender Stoffe (Medikamente, Drogen) sind insbesondere typische Ausfallerscheinungen oder unerklärliche Fahrfehler, die trotz auszuschließender Alkoholeinwirkung bzw. nicht eindeutiger oder ausschließlicher Alkoholbeeinflussung (zB nach vorhergegangenem Atemalkoholtest) festgestellt werden. Als weitere Anhaltspunkte kommen das Auffinden von Medikamenten, Drogen oder Gegenständen, die dem Konsum von Betäubungsmitteln dienen, sowie die positive Kenntnis früherer Verstöße gegen das Betäubungsmittelgesetz (BtMG) in Betracht.

3.3 Verzicht auf die Anordnung

3.3.1 Privatklagedelikte, leichte Vergehen, Ordnungswidrigkeiten, Ergebnis der Atemalkoholprüfung
Eine körperliche Untersuchung und eine Blutentnahme sollen grundsätzlich unterbleiben
- bei den Privatklagedelikten des Hausfriedensbruchs (§ 123 StGB), der Beleidigung (§§ 185 bis 189 StGB) und der einfachen Sachbeschädigung (§ 303 StGB);
- bei leichten Vergehen und bei Ordnungswidrigkeiten, mit Ausnahme der unter Nummer 3.2.1 genannten Regelfälle, es sei denn, dass Anhaltspunkte dafür bestehen, dass der Täter schuldunfähig oder vermindert schuldfähig sein könnte (§§ 20, 21 und 323a StGB, § 12 Abs 2 und § 122 OWiG);
- wenn im Rahmen der Atemalkoholprüfung bei vorschriftsmäßiger Beatmung des elektronischen Atemalkoholprüfgerätes (Vortest- oder Atemalkoholmessgerät) weniger als 0,25 mg/l (oder 0,5 Promille) angezeigt werden;
- wenn die entsprechend Nummer 2.1 durchgeführte Atemalkoholmessung einen Atemalkoholwert unter 0,55 mg/l ergeben hat und lediglich der Verdacht einer vorsätzlichen oder fahrlässigen Verkehrsordnungswidrigkeit nach § 24a Abs 1 StVG besteht.

3.3.2 Ausnahmen
Die Maßnahmen müssen auch in diesen Fällen angeordnet werden
- falls sie nach pflichtgemäßer Überprüfung wegen der Besonderheiten des Einzelfalles (Schwere oder Folgen der Tat, Verdacht auf Medikamenten- oder Drogeneinfluss, relative Fahruntüchtigkeit) ausnahmsweise geboten sind;
- falls das Testergebnis zwar einen unter 0,25 mg/l (oder 0,5 Promille) liegenden Atemalkoholwert ergibt, der Test aber erst später als eine Stunde nach der Tat durchgeführt werden konnte und
- äußere Merkmale (zB gerötete Augen, enge oder weite Pupillen, Sprechweise, schwankender Gang) oder

- die Art des nur durch alkoholtypische Beeinträchtigung erklärbaren Verkehrsverhaltens auf eine Alkoholbeeinflussung zur Tatzeit hindeuten;
- auf Weisung der jeweils zuständigen Staatsanwaltschaft an die Polizei.

3.4 Zuständigkeit für die Anordnung
Die Anordnung einer körperlichen Untersuchung sowie einer Blutentnahme steht dem Richter, bei Gefährdung des Untersuchungserfolges durch Verzögerung auch der Staatsanwaltschaft, deren Ermittlungspersonen und den Verfolgungsbehörden zu. Sollen Minderjährige oder Betreute, die nicht beschuldigt oder betroffen sind, körperlich untersucht oder einer Blutentnahme unterzogen werden, so kann das Gericht und, wenn dieses nicht rechtzeitig erreichbar ist, die Staatsanwaltschaft die Maßnahme anordnen, falls der gesetzliche Vertreter zustimmen müsste, aber von der Entscheidung ausgeschlossen oder an einer rechtzeitigen Entscheidung gehindert ist, und die sofortige Untersuchung oder Blutentnahme zur Beweissicherung erforderlich erscheint (§ 81a Abs 2, § 81c Abs 3 und 5 und § 98 Abs 1 StPO, § 46 Abs 1 und 2 und § 53 Abs 2 OWiG).

3.5 Verfahren bei der Blutentnahme

3.5.1 Entnahme der Blutprobe
Blutentnahmen dürfen nur von Ärzten nach den Regeln der ärztlichen Kunst durchgeführt werden. Ersuchen um Blutentnahmen sind an Ärzte zu richten, die dazu rechtlich verpflichtet oder bereit sind. Andere Ärzte sind nicht verpflichtet, Ersuchen um Blutentnahmen nachzukommen.

Da die Richtigkeit der bei der Untersuchung auf Alkohol sowie Drogen und Medikamente gewonnenen Messwerte wesentlich von der sachgemäßen Blutentnahme ab hängt, ist dabei grundsätzlich wie folgt zu verfahren:
- Das Blut ist möglichst bald nach der Tat zu entnehmen.
- Es ist durch Venen-Punktion mittels eines von der zuständigen Landesbehörde zugelassenen Blutentnahmesystems zu entnehmen, bei dem die Verletzungs- und Kontaminationsgefahr minimiert ist. Die Einstichstelle ist mit einem geeigneten nicht alkoholischen Desinfektionstupfer, der luftdicht verpackt gewesen sein muss, zu desinfizieren. Die Punktion ist in der Regel aus einer Vene der oberen Extremitäten vorzunehmen. Zumindest für die jeweiligen Nadelsysteme und Tupfer sind geeignete Entsorgungsgefäße vorzuhalten.
- Bei Leichen ist das Blut in der Regel aus einer durch Einschnitt freigelegten Oberschenkelvene zu entnehmen. Dabei ist darauf zu achten, dass keine Spuren vernichtet werden. Falls bei einer Obduktion die Blutentnahme aus der Oberschenkelvene nicht möglich ist, müssen die Entnahmestelle und die Gründe für ihre Wahl angegeben werden.

3.5.2 Protokoll
Die polizeiliche Vernehmung/Anhörung über die Aufnahme von Alkohol, Drogen oder Medikamenten sowie die körperliche Untersuchung sind nach Maß gabe der hierzu verwendeten Formblätter vorzunehmen. Sie sind möglichst umgehend nach der Tat durchzuführen, um den zur Zeit der Tat bestehenden Grad der alkohol-, drogen- oder medikamentenbedingten Einwirkung festzustellen. Das Protokoll ist zu den Ermittlungsakten zu nehmen. Sofern eine Ausfertigung der

StGB § 316 E. Alkoholdelikte

Untersuchungsstelle übersandt wird, ist sie in der Weise zu anonymisieren, dass zumindest Anschrift, Geburtstag und Geburtsmonat nicht übermittelt werden.

3.5.3 Anordnung/Anwendung von Zwang
Beschuldigte oder Betroffene, die sich der körperlichen Untersuchung oder Blutentnahme widersetzen, sind mit den nach den Umständen erforderlichen Mitteln zu zwingen, die körperliche Untersuchung und die Blutentnahme zu dulden. Gegen andere Personen als Beschuldigte oder Betroffene (vgl Nummer 3.1.2) darf unmittelbarer Zwang nur auf besondere richterliche Anordnung angewandt werden (§ 81c Abs 6 StPO, § 46 Abs 1 OWiG).

3.5.4 Zweite Blutentnahme
Eine zweite Blutentnahme ist im Hinblick auf den Grundsatz der Verhältnismäßigkeit nur in Ausnahmefällen und unter Berücksichtigung der besonderen Umstände des Einzelfalles anzuordnen. Dazu besteht zB Anlass, wenn
– Anhaltspunkte für die Annahme gegeben sind, dass Beschuldigte oder Betroffene innerhalb einer Stunde vor der ersten Blutentnahme Alkohol zu sich genommen haben;
– sich Beschuldigte oder Betroffene auf Nachtrunk berufen oder Anhaltspunkte für einen Nachtrunk vorliegen.
Die zweite Blutentnahme soll 30 Minuten nach der ersten Blutentnahme erfolgen.

3.5.5 Sicherung der Blutproben
Die die körperliche Untersuchung und Blutentnahme anordnende oder eine von ihr zu beauftragende Person soll bei dem gesamten Blutentnahmevorgang zugegen sein. Sie hat darauf zu achten, dass Verwechselungen von Blutproben bei der Blutentnahme ausgeschlossen sind.
Die bei der Blutentnahme anwesende Person ist auch für die ausreichende Kennzeichnung der Blutprobe(n) verantwortlich. Zu diesem Zweck sollen mehrteilige Klebezettel verwendet werden, die jeweils die gleiche Identitätsnummer tragen.
Die für die Überwachung verantwortliche Person hat die Teile des Klebezettels über einstimmend zu beschriften. Ein Teil ist auf das mit Blut gefüllte Röhrchen aufzukleben. Der zweite Abschnitt ist auf das Untersuchungsprotokoll aufzukleben, das der Untersuchungsstelle übersandt wird. Ihm ist zugleich der dritte Abschnitt lose anzuheften. Er ist nach Feststellung des Blutalkohol- bzw. Drogengehalts für das Gutachten zu verwenden. Der vierte Teil des Klebezettels ist in die Ermittlungsvorgänge einzukleben. Bei einer zweiten Blutentnahme ist auf den Klebezetteln die Reihenfolge anzugeben. Die Richtigkeit der Beschriftung ist von dem Arzt zu bescheinigen. Die bruchsicher verpackten Röhrchen sind auf dem schnellsten Weg der zuständigen Untersuchungsstelle zuzuleiten. Bis zur Übersendung sind die Blutproben möglichst kühl, aber ungefroren zu lagern.

3.6 Verfahren bei der Untersuchung
Die Untersuchungsstelle hat die erforderlichen Maßnahmen zu treffen, um sicherzustellen, dass Verwechselungen von Blutproben ausgeschlossen werden. Die Aufzeichnungen über die Kennzeichnung der Proben und die Ergebnisse der Bestimmung von Blutalkohol und/oder von berauschenden Mitteln und deren Abbauprodukten sind für die Dauer von sechs Jahren auf-

zubewahren, damit sie ggf. dem Gericht oder der Verfolgungsbehörde vorgelegt werden können. Die Blutalkoholbestimmung für forensische Zwecke ist nach den vom ehemaligen Bundesgesundheitsamt aufgestellten Richtlinien durchzuführen. Wird die rechtlich zulässige Variationsbreite überschritten, muss die Analyse wiederholt werden. Dem Gutachten sind dann nur die Ergebnisse der zweiten Untersuchung zu grunde zu legen. Tritt ausnahmsweise auch bei dieser eine Überschreitung der zulässigen Variationsbreite ein, so ist dies im Gutachten zu erläutern. Weichen Sachverständige im Einzelfall von den vorstehenden Grundsätzen ab, so haben sie dem Gericht oder der Verfolgungsbehörde darzulegen, ob hierdurch die Zuverlässigkeit des Untersuchungsergebnisses beeinträchtigt wird. Die Untersuchungsstellen haben zur Gewährleistung einer gleichbleibenden Zuverlässigkeit ihrer Ergebnisse laufend interne Qualitätskontrollen vorzunehmen und regelmäßig an Ringversuchen teilzunehmen. Das Gutachten der Untersuchungsstelle ist umgehend der Behörde zuzuleiten, die die Untersuchung veranlasst hat, sofern diese nicht die Übersendung an eine andere Stelle angeordnet hat. Die Blutprobenreste sollen gekühlt, das Blutserum muss tiefgekühlt aufbewahrt werden. Nummer 6.1 ist zu beachten.

4 **Urinproben**
Ergeben sich Anhaltspunkte für die Einnahme von Medikamenten oder Drogen, ist im Fall des Verdachts einer Straftat oder einer schwerwiegenden Ordnungswidrigkeit (zB nach § 24a Abs 2 StVG) neben der Blutnahme auf die Abgabe einer Urinprobe hinzuwirken. Die Entscheidung trifft die die Blutentnahme anordnende Person grundsätzlich nach ärztlicher Beratung. Eine solche Maßnahme ist jedoch nur mit Einwilligung der betroffenen Person möglich. Diese ist hierüber zu belehren; die Belehrung ist aktenkundig zu machen. Für die Untersuchung der Urinprobe sollte Urin in ausreichender Menge (möglichst 50 bis 100 ml) zur Verfügung stehen. Gibt die betroffene Person eine Urinprobe nicht ab, ist bei der Blutentnahme darauf zu achten, dass nicht nur die für die Alkoholfeststellung übliche Blutmenge (ca. 8–10 ml) entnommen wird. In diesen Fällen sollen im Hinblick auf weitergehende Untersuchungen mindestens 15 ml Blut der betroffenen Person entnommen werden.

Bis zur Übersendung sind Urinproben möglichst kühl zu lagern. Sie müssen in dicht schließenden Behältnissen sowie festem Verpackungsmaterial ggf. gemeinsam mit gleichzeitig entnommenen Blutproben auf schnellstem Weg der zuständigen Untersuchungsstelle zugeleitet werden. Dabei sollen mit der Blutprobe gleichlautende Identitätsnummern verwendet werden.

Die Untersuchungsstelle hat die Urinprobe, soweit sie nicht einer sofortigen Untersuchung unterzogen wird, zur Sicherung einer gerichtsverwertbaren Untersuchung auf berauschende Mittel unverzüglich tiefzufrieren und tiefgefroren aufzubewahren. Forensisch relevante Analyseergebnisse sind durch Einsatz spezieller Methoden abzusichern. Der hierzu erforderliche Standard ist durch regelmäßige interne und externe Qualitätskontrollen zu gewährleisten. Für die Entnahme von Urinproben bei Verstorbenen gilt Nummer 3.1.3 entsprechend.

5 **Haarproben**
Daneben kommt die Sicherung einer Haarprobe durch Abschneiden in Betracht, wenn die länger dauernde Zufuhr von Medikamenten und Dro-

gen infrage steht. Die Entnahme einer Haarprobe stellt eine körperliche Untersuchung dar und darf gegen den Willen des Beschuldigten nur von dem Richter, bei Gefährdung des Untersuchungserfolges durch Verzögerung auch durch die Staatsanwaltschaft und ihre Ermittlungspersonen angeordnet werden (§ 81a Abs 2 StPO). Die Haarprobe kann durch Angehörige des Polizeidienstes entnommen werden. Bei der Probenahme ist Folgendes zu beachten:
- Die Probenahme, das Verpacken und Versenden darf nicht in der Nähe von Rauschmittelasservaten stattfinden.
- Die Entnahme sollte in erster Linie über dem Hinterhauptshöcker erfolgen. Ist dies nicht möglich, muss die Entnahmestelle entsprechend dokumentiert werden.
- Die Probe sollte aus einem mindestens bleistift- bis kleinfingerdicken Strang bestehen.
- Die Haare sind vor dem Abschneiden mit einem Bindfaden, möglichst 2–3 cm von der Kopfhaut entfernt, fest zusammenzubinden.
- Die zusammengebundenen Haare sind möglichst direkt an der Kopfhaut abzuschneiden. Sollte dies nicht möglich sein, ist die Länge der zurückgebliebenen Haarreste zu dokumentieren.
- Die entnommene Haarprobe ist fest in Papier oder Aluminiumfolie einzurollen. Die Proben beschriftung mit Probenkennung, Bezeichnung der Entnahmestelle, Kennzeichnung von kopfnahem Ende und Haarspitze sowie Angaben zur Länge der ver bliebenen Haarreste ist auf dem Bogen zu vermerken. Für die Sicherung der Qualität der Untersuchung gilt Nummer 4 Abs 4 entsprechend.

6 Vernichtung des Untersuchungsmaterials
6.1 Untersuchungsproben
Die den Betroffenen entnommenen Untersuchungsproben einschließlich des aus ihnen aufbereiteten Materials und der Zwischenprodukte sind unverzüglich zu vernichten, so bald sie für das betreffende oder ein anderes anhängiges Straf- bzw. Ordnungswidrigkeitenverfahren nicht mehr benötigt werden, im Regelfall nach rechtskräftigem Abschluss des oder der Verfahren. Etwas anderes kann sich im Einzelfall insbesondere dann ergeben, wenn Anhaltspunkte für das Vorliegen von Umständen vorhanden sind, welche die Wiederaufnahme des Verfahrens oder die Wiedereinsetzung in den vorigen Stand wegen Versäumung einer Frist rechtfertigen können. Die Entscheidung über die Vernichtung hat diejenige Stelle zu treffen, der jeweils die Verfahrensherrschaft zukommt.
6.2 Untersuchungsbefunde
Die Untersuchungsbefunde sind zu den Verfahrensakten zu nehmen und mit diesen nach den dafür geltenden Bestimmungen zu vernichten.

7 Sicherstellung/Beschlagnahme von Führerscheinen
7.1 Voraussetzungen
Liegen die Voraussetzungen für eine vorläufige Entziehung der Fahrerlaubnis (§ 111a Abs 1 und 6 StPO, §§ 69 und 69b StGB) vor, so ist der Führerschein sicherzustellen oder zu beschlagnahmen (§ 94 Abs 3, § 98 Abs 1 und § 111a Abs 6 StPO).
7.1.1 Atemalkoholprüfung
Ist ein Kraftfahrzeug geführt worden, so hat dies jedenfalls dann zu erfolgen, wenn bei vorschriftsmäßiger Beatmung des elektronischen Atemal-

koholprüfgerätes (Vortest- oder Atemalkoholmessgerät) 0,55 mg/l (oder 1,1 Promille) und mehr angezeigt werden oder Anhaltspunkte für eine relative Fahruntüchtigkeit bestehen.

7.1.2 Weigerung
Der Führerschein ist auch dann sicherzustellen oder zu beschlagnahmen, wenn von einer relativen oder absoluten Fahruntüchtigkeit auszugehen ist oder die beschuldigte Person sich weigert, an der Atemalkoholprüfung mitzuwirken und deshalb eine Blutentnahme angeordnet und durchgeführt wird.

7.2 Verfahren

7.2.1 Abgabe an die Staatsanwaltschaft
Der sichergestellte – auch freiwillig herausgegebene – oder beschlagnahmte Führerschein ist unverzüglich mit den bereits vorliegenden Ermittlungsvorgängen der Staatsanwaltschaft zuzuleiten oder – bei entsprechenden Absprachen – dem Amtsgericht, bei dem der Antrag nach § 111a StPO oder Antrag auf beschleunigtes Verfahren nach § 417 StPO gestellt wird. Die Vorgänge müssen vor allem die Gründe enthalten, die eine vorläufige Entziehung der Fahrerlaubnis erforderlich erscheinen lassen.

7.2.2 Rückgabe an Betroffene
Steht fest, dass lediglich eine Ordnungswidrigkeit in Betracht kommt und befindet sich der sichergestellte oder beschlagnahmte Führerschein noch bei der Polizeidienststelle, ist seine Rückgabe an die betroffene Person unverzüglich im Einvernehmen mit der Staatsanwaltschaft zu veranlassen.

7.2.3 Ausländische Führerscheine
Die Nummern 7.2.1 und 7.2.2 gelten auch für von einer Behörde eines Mitgliedstaates der Europäischen Union oder eines anderen Vertragsstaates des Abkommens über den Europäischen Wirtschaftsraum ausgestellte Führerscheine, sofern die Inhaberin oder der Inhaber ihren oder seinen ordentlichen Wohnsitz im Inland hat.
Handelt es sich um andere ausländische Führerscheine, die zum Zwecke der Anbringung eines Vermerkes über die vorläufige Entziehung der Fahrerlaubnis sichergestellt oder beschlagnahmt worden sind (§ 111a Abs 6 StPO), gelten sie mit der Maßgabe, dass diese Führerscheine nach der Anbringung des Vermerkes unverzüglich zurückzugeben sind.

8 Bevorrechtigte Personen

8.1 Abgeordnete
Soweit von Ermittlungshandlungen Abgeordnete des Deutschen Bundestages, der Gesetzgebungsorgane der Länder oder Mitglieder des Europäischen Parlaments aus der Bundesrepublik Deutschland betroffen sind, wird auf das Rundschreiben des Bundesministers des Innern vom 10. Januar 1983 (P II 5-640180/9, GMBl. S. 37) verwiesen.
Danach ist es nach der Praxis der Immunitätsausschüsse in Bund und Ländern zulässig, nach Maßgabe von Nummer 191 Abs 3 Buchst. h und Nummer 192b Abs 1 RiStBV Abgeordnete zum Zwecke der Blutentnahme zur Polizeidienststelle und zu einem Arzt zu bringen.
Die sofortige Sicherstellung oder Beschlagnahme des Führerscheines eines Abgeordneten ist, sofern nicht die Durchführung von Ermittlungsverfahren durch die jeweiligen Parlamente allgemein genehmigt ist, nicht zulässig. Die Staatsanwaltschaft ist unverzüglich fernmündlich zu unterrichten.
Mitglieder des Europäischen Parlaments aus anderen Mitgliedstaaten der

Europäischen Union dürfen im Bundesgebiet weder festgehalten noch gerichtlich verfolgt wer den.

8.2 Diplomaten ua
Bei Personen, die diplomatische Vorrechte und Befreiungen genießen, sind Maßnahmen nach den §§ 81a und 81c StPO und die Beschlagnahme des Führerscheins nicht zulässig (§§ 18 und 19 GVG).
Bei Angehörigen konsularischer Vertretungen sind sie nur unter gewissen Einschränkungen zulässig; danach kommt eine Immunität von, Konsularbeamten und Bediensteten des Verwaltungs- und technischen Personals nur dann in Betracht, wenn die Handlung in engem sachlichen Zusammenhang mit der Wahrnehmung konsularischer Aufgaben steht (zB nicht bei Privatfahrten). Soweit eine Strafverfolgung zulässig ist, werden bei Verdacht schwerer Straftaten gegen die zwangsweise Blutentnahme aufgrund einer Entscheidung der zuständigen Justizbehörde keine Bedenken zu erheben sein (vgl Rundschreiben des Bundesministers des Innern vom 17. August 1993 – PI6 – 640005/1 GMBl. S. 589 sowie die Nummern 193 bis 195 RiStBV).

8.3 Stationierungskräfte
8.3.1 Grundsätze
Bei Mitgliedern der Stationierungsstreitkräfte und des zivilen Gefolges sowie deren Angehörigen sind Maßnahmen nach den §§ 81a und 81c StPO grundsätzlich zulässig (vgl Artikel VII NATO-Truppenstatut), soweit die Tat
– nach deutschem Recht, aber nicht nach dem Recht des Entsendestaates (dessen Truppe hier stationiert ist) strafbar ist, oder
– sowohl nach deutschem Recht als auch nach dem Recht des Entsendestaates strafbar ist, jedoch nicht in Ausübung des Dienstes begangen wird und sich nicht lediglich gegen das Vermögen oder die Sicherheit des Entsendestaates oder nur gegen die Person oder das Vermögen eines Mitgliedes der Truppe, deren zivilen Gefolges oder an derer Angehörige richtet, und die deutschen Behörden nicht auf die Ausübung der Gerichtsbarkeit verzichten.

In allen anderen Fällen ist von der Anwendung der §§ 81a und 81c StPO abzusehen, da das Militärrecht verschiedener Stationierungsstreitkräfte die Blutentnahme gegen den Willen der Betroffenen für unzulässig erklärt.

8.3.2 Erlaubnisse zum Führen dienstlicher Kraftfahrzeuge
Auf Führerscheine, die Mitgliedern der Stationierungsstreitkräfte oder des zivilen Gefolges von einer Behörde eines Entsendestaates zum Führen dienstlicher Kraftfahrzeuge erteilt worden sind, ist § 69b StGB nicht anwendbar (Artikel 9 Abs 6a und b NTS-ZA). Eine Sicherstellung oder Beschlagnahme eines Führerscheines ist deshalb nicht zulässig. Jedoch nimmt die Polizei den Führerschein im Rahmen der gegenseitigen Unterstützung (Artikel 3 NTS-ZA) in Verwahrung und übergibt ihn der zuständigen Militärpolizeibehörde.

8.3.3 Erlaubnisse zum Führen privater Kraftfahrzeuge
Führerscheine zum Führen privater Kraftfahrzeuge, die Mitgliedern der Stationierungsstreitkräfte oder des zivilen Gefolges und deren Angehörigen im Entsendestaat oder von einer Behörde der Truppe erteilt worden sind, können ausnahmsweise in den Fällen, in denen die deutschen Gerichte die Gerichtsbarkeit ausüben, nach Maßgabe des § 69b StGB entzogen werden

(Artikel 9 Abs 6b NTS-ZA). Bis zur Eintragung des Vermerks über die vorläufige Entziehung der Fahrerlaubnis kann der Führerschein sichergestellt oder nach § 111a Abs 6 Satz 2 StPO auch beschlagnahmt werden. Die Beschlagnahme ist jedoch nur anzuordnen, wenn die Militärpolizei erklärt, keine Ermittlungen führen zu wollen. Erscheint die Militärpolizei nicht oder nicht rechtzeitig, so ist unverzüglich eine Entscheidung der Staatsanwaltschaft über die Beschlagnahme einzuholen.

9 **Sprachformen**
Soweit in dieser Vorschrift Bezeichnungen, die für Frauen und Männer gelten, in der männlichen Sprachform verwendet werden, gelten diese Bezeichnungen für Frauen in der weiblichen Sprachform.

10 **Kosten**
Die Kosten der körperlichen Untersuchung, der Blutentnahme und -untersuchung sowie der Urin- und Haarprobe und deren Untersuchung sind zu den Akten des Strafverfahrens oder des Bußgeldverfahrens mitzuteilen. Über die Pflicht der Kostentragung wird im Rahmen des Strafverfahrens oder des Bußgeldverfahrens entschieden. Eine vorherige Einziehung unterbleibt.

11 **Inkrafttreten**
Diese Verwaltungsvorschrift tritt am 1. Januar 2015 in Kraft.
Gleichzeitig tritt die Verwaltungsvorschrift des Ministeriums der Justiz und des Ministeriums des Innern und für Sport vom 13. Oktober 1999 (JM 4103-4-3) – JBl. S. 241 (MinBl. S. 428); JBl. 2009 S. 150, – geändert durch Verwaltungsvorschrift des Ministeriums der Justiz vom 12. Dezember 2009 (JM 1281-1-1) – JBl. S. 150 –, außer Kraft.

§ 323a Vollrausch

(1) **Wer sich vorsätzlich oder fahrlässig durch alkoholische Getränke oder andere berauschende Mittel in einen Rausch versetzt, wird mit Freiheitsstrafe bis zu fünf Jahren oder mit Geldstrafe bestraft, wenn er in diesem Zustand eine rechtswidrige Tat begeht und ihretwegen nicht bestraft werden kann, weil er infolge des Rausches schuldunfähig war oder weil dies nicht auszuschließen ist.**

(2) **Die Strafe darf nicht schwerer sein als die Strafe, die für die im Rausch begangene Tat angedroht ist.**

(3) **Die Tat wird nur auf Antrag, mit Ermächtigung oder auf Strafverlangen verfolgt, wenn die Rauschtat nur auf Antrag, mit Ermächtigung oder auf Strafverlangen verfolgt werden könnte.**

Übersicht

	Rn
1. Allgemeines	1
2. Tathandlung	2
3. Subjektiver Tatbestand	5
4. Rauschtat	7
5. Teilnahme	8
6. Konkurrenzen	9
7. Strafe	10

StGB § 323a   E. Alkoholdelikte

1 **1. Allgemeines.** § 323a ist verfassungskonform (BVerfG DAR 79, 181); er dient dem **Schutz der Allgemeinheit** vor den von Berauschten erfahrungsgem ausgehenden Gefahren (BGHSt 16, 124, 128; 26, 363); er gilt daher nach hM als abstraktes Gefährdungsdelikt (Lackner-Kühl 1), obwohl nicht schon jedes Sichberauschen allein, sondern erst dann mit Strafe bedroht ist, wenn sich dessen Gefährlichkeit durch eine im Rausch begangene rechtswidrige Tat (Rauschtat, s 7) gezeigt hat. Ist die Rauschtat eine bloße OW, so gilt § 122 OWiG. – Zur Abgrenzung des (seltenen) **pathologischen Rausches** s BGHSt 40, 198. Er beruht idR auf Hirnschädigung oder anderer schwerer Erkrankung, die Alkoholunverträglichkeit zur Folge hat, so dass er idR bei geringer BAK auftritt u vom Betr beim ersten Mal meist nicht vorhersehbar ist (BGH aaO).

2 **2. Tathandlung.** Sie besteht im Sichversetzen in einen Rausch. Hierunter ist ein durch Intoxikation herbeigeführter Allgemeinzustand der Beeinträchtigung geistiger und körperlicher Fähigkeiten zu verstehen, der in seinem ganzen Erscheinungsbild als Folge des Konsums von Rauschmitteln anzusehen ist (vgl BGHSt 26, 363; Lackner-Kühl 3; Sk-Horn 4; Denker NJW 80, 2163; Förster-Rengier NJW 86, 2871). Der Rausch muss durch die Einnahme alkoholischer Getränke oder anderer berauschender Mittel (s 27 zu § 316) herbeigeführt werden, wobei es unerheblich ist, ob damit ein Rausch erstrebt wird (oder zB Selbstmord: BayObLG VRS 79, 116; OLG Frankfurt BA 79, 407). Eine Einnahme zum Genuss oder zur Erzielung „lustbetonter Empfindungen" ist nicht erforderlich (BayObLG NJW 90, 2334; Burmann DAR 87, 137; Fischer, 4 mwN; aA Ka NJW 79, 611). Auch der pathol Rausch infolge Alkoholüberempfindlichkeit (BGHSt 40, 198) und der epileptoide Rausch nach Alkoholkonsum (BGHSt 4, 73) wird erfasst.

3 Streitig ist, ob der Rausch einen bestimmten Mindestschweregrad aufweisen muss. Einigkeit besteht, dass es ausreicht, wenn zumindestens der Zustand des § 21 StGB feststeht und möglicherweise sogar Schuldunfähigkeit gegeben ist (BGHSt 32, 48; Fischer 11). Offengelassen wurde vom BGH die Frage, ob ein Rausch auch angenommen werden kann, wenn nicht sicher festgestellt werden kann, ob der Täter schuldunfähig, vermindert schuldfähig oder schuldfähig war. Unter Berufung auf das vom BGH angenommene normativ-ethische Stufenverhältnis zwischen der Gefährdungsnorm des § 323a und dem Verletzungstatbestand, wird diese Frage zT bejaht (Fischer, 11c ff mwN; Sk-Wolters/Horn 16). Nach hM ist dagegen erforderlich, dass zumindestens der Zustand des § 21 StGB feststeht (BayObLG NJW 78, 957; OLG Köln BA 85, 243; DAR 01, 230; OLG Zweibrücken NZV 93, 488; OLG Karlsruhe NJW 04, 3356; OLG Braunschweig NZV 14, 478; Lackner-Kühl 4; Denker NJW 80, 2159; JZ 84, 453; Förster-Rengier NJW 86, 2869 sowie die frühere Rechtsprechung des BGH zB NJW 79, 1370; JR 80, 32). Der hM ist zuzustimmen, da ansonsten das Tatbestandsmerkmal des Rausches konturenlos würde (vgl Lackner-Kühl 4; Denker JZ 84, 453). Die hM muss zwar Strafbarkeitslücken in Kauf nehmen, diese können aber nur vom Gesetzgeber geschlossen werden. Soweit es um den Verkehrsbereich geht, ist zu beachten, dass auch dann, wenn die Annahme eines Rausches sich nicht beweisen lässt, zumindestens eine Entziehung der Fahrerlaubnis möglich bleibt. § 69 setzt nur das Vorliegen einer rw Tat dann voraus (BGH DAR 82, 248) Allerdings ist auch nach der Mindermeinung § 323a nicht anwendbar, wenn sogar das Ob der Berauschung zweifelhaft bleibt (Fischer 12; Sk-Horn 16).

4 **Alkohol u andere berauschende Mittel** können auch zusammenwirken oder durch andere Faktoren verstärkt werden, wie Medikamente, Erregung, Krankheit oder Alkoholintoleranz pp (s BGHSt 4, 73; 26, 363; OLG Hamm BA 79, 460). So findet § 323a auch Anwendung, wenn der Alkohol den Täter im Zusammenwirken mit einer vor dessen Einnahme bereits vorhandenen bes körperlichen oder seelischen Verfassung schuldunfähig gemacht hat, gleichgültig, ob diese Verfassung allg bestanden hat oder durch vor Trinkbeginn liegende äußere oder innere Umstände hervorgerufen wurde (BGHSt 22, 8; 26, 363). Ebenso, wenn der Angetrunkene einen anderen angreift u durch dessen berechtigte Abwehrmaßnahmen erst schuldunfähig wird (OLG Celle VM 72, 8). Tritt die Schuldunfähigkeit erst im Zusammenwirken des Rauschzustandes mit der affektiven Erregung ein, muss sich der Schuldvorwurf auch auf das mögliche Hinzutreten dieses Erregungszustands erstrecken (BGH NStZ 82, 116). Dagegen ist § 323a nicht anwendbar, wenn der Täter durch die Alkoholeinnahme nur vermindert schuldfähig war u erst durch ein von ihm nicht zu vertretendes Ereignis schuldunfähig geworden ist (BGH DAR 76, 49).

3. Subjektiver Tatbestand. Der Rauschzustand muss (mind bedingt) **vorsätzlich** oder **fahrlässig** herbeigeführt sein, was bei Einnahme von Medikamenten, soweit sie keine typischen Rauschmittel sind (s § 316 Rn 27), bes Prüfung bedarf (BayObLG VRS 79, 116). **Vorsätzlich** handelt, wer Alkohol oder andere Rauschmittel einnimmt, obwohl er weiß oder mind billigend in Kauf nimmt, dadurch in einen Rauschzustand zu geraten, der seine Einsichts- oder Steuerungsfähigkeit erheblich vermindert, wenn nicht gar ausschließt (BGHSt 16, 187; NStZ-RR 01, 15; OLG Düsseldorf NZV 92, 328). Ob er diese persönlichkeitsbeeinträchtigenden Wirkungen bewusst herbeiführen wollte oder zumind mit ihnen gerechnet u sie billigend in Kauf genommen hat, ist nach den Einzelumständen, insb auch der Persönlichkeit des Täters, seiner Intelligenz u Selbstkritik zu beurteilen, die bei starker Alkoholisierung vermindert sein kann (BayObLG aaO u v 16.10.91, 1 St 216/91). Vorsätzliches Berauschen ist im Hinblick auf das Doppelverwertungsverbot kein zul Strafverschärfungsgrund (BGH StV 92, 230). – Bei **Fahrlässigkeit** genügt Vorhersehbarkeit des Rausches, die sich beim Zusammenwirken von Alkohol mit anderen Mitteln oder Umständen zB schwere affektive Erregung) auch auf deren entspr (Gesamt-)Wirkung beziehen muss (BGH NStZ 82, 116). Bei bes Alkoholempfindlichkeit s BGH VRS 50, 358; bei Selbstmord s BayObLG VRS 79, 116. Bei Alkohol- u gleichzeitiger Medikamenteneinnahme muss sich der Täter über die evtl Wirkung informieren (s OLG Köln VRS 32, 349), sofern er die Wirkung bei der Einnahme nicht ohnehin spüren konnte (OLG Hamm BA 78, 460). Die Rauschtat selbst (s 7) braucht nicht voraussehbar zu sein, auch nicht die Möglichkeit, im Rausch irgendwelche rechtswidrigen Taten zu begehen (BGHSt 16, 124; Lackner-Kühl 14); doch muss, wer sich berauscht, idR mit solchem Tun rechnen, wenn er keine bes Vorkehrungen dagegen trifft; deshalb bedarf es hierzu idR keiner bes Feststellungen (BGHSt 10, 247, 251; OLG Celle NJW 69, 1916; OLG Hamm NJW 75, 2252; BayObLG NJW 90, 2334; aA OLG Hamm NStZ 09, 40 mAnm Geisler; bei Vorsatz BayObLG NJW 74, 1520).

Wer sich vorsätzlich oder fahrlässig in einen Rauschzustand versetzt, begründet **6** damit wegen der abstrakten Gefährlichkeit des Rausches auch die Vorwerfbarkeit einer vorsätzlichen Rauschtat, wenn nicht die Umstände des Einzelfalls ausnahmsweise das Gegenteil ergeben (BayObLG 74, 20 unter Aufg von BayObLG 68, 44). Wenn sich der Täter vor Trinkbeginn nicht nur irgendeine, sondern die bestimmte Straftat, die er dann im Rausch ausgeführt hat, vorstellte oder vorstellen

StGB § 323a
E. Alkoholdelikte

musste, ist er nicht nach § 323a, sondern wegen des in verantwortlichem Zustand in Gang gesetzten Vergehens (actio libera in causa), zu verurteilen (BGHSt 17, 335; 21, 381; 23, 356; BayObLG aaO), sofern die Grundsätze alle überhaupt anwendbar sind (s § 316, 30e).

7   **4. Rauschtat. Die Begehung einer rechtswidrigen Tat (Rauschtat)** ist zwar nicht TB-Merkmal, sondern **Bedingung der Strafbarkeit** (BGHSt 16, 124; 17, 334; NZV 96, 500), es bedarf jedoch trotzdem auch der Feststellung ihrer tatbestandlichen Merkmale (OLG Zweibrücken NZV 93, 488). Die Tat muss zwar noch vom Willen gesteuert sein (OLG Hamm NJW 75, 2252), der Täter darf also zB nicht handlungsunfähig, also sinnlos betrunken sein (Fischer, 6). Reflexhandlungen scheiden aus. Soweit Vorsatz vorausgesetzt wird, genügt aber der sog „natürliche Vorsatz" (BGH VRS 41, 94; Janiszewski 443 ff). Die subjektiven TB-Merkmale sind auch bzgl der Rauschtat festzustellen, da diese oft nur so genau bestimmbar ist (Sch/Sch-Cramer/Sternberg-Lieben 16 f; Lackner-Kühl, 7; Fischer, 7). Ist die Rauschtat nach den Grundsätzen der a. l. i. c. (zur Nichtanwendbarkeit der a. l. i. c. bei Verkehrsdelikten s § 316, 30e) so gelangt § 323a nicht zur Anwendung (Fischer, 19, Lackner-Kühl 19). Es sei denn, den Täter träfe nur ein unspezifischer auf die konkrete Rauschtat gar nicht bezogener Schuldvorwurf; Fischer, 19).

8   **5. Teilnahme.** Beteiligung am Sichberauschen in Form der **Mittäterschaft** ist schon wegen des **eigenhändigen** Charakters (Fischer, 20) nicht möglich, hinsichtlich sonstiger Teilnahmeformen umstritten (s Fischer, 20), wohl aber an der Rauschtat denkbar (Lackner-Kühl 17).

9   **6. Konkurrenzen.** Bei mehreren, im selben Rausch begangenen Rauschtaten (7) liegt nur eine Tat nach § 323a vor (BGHSt 13, 225). Fortsetzungszusammenhang zwischen mehreren Taten nach § 323a ist möglich (BGHSt 16, 124). Begeht jemand jedoch im Zustand des Vollrausches mehrere mit Strafe bedrohte Handlungen, die er zT nach § 323a, zT deshalb zu verantworten hat, weil er den Geschehensablauf in verantwortlicher Weise in Gang gesetzt hat, so stehen diese Taten zueinander in TE (BGHSt 17, 333; s dazu auch OLG Zweibrücken BA 91, 343, oben § 315c Rn 37).

10   **7. Strafe. Die Strafe** ist durch II, die **Strafverfolgung** durch III begrenzt. Zur Verfassungsmäßigkeit des Strafrahmens s BVerfG bei Spiegel DAR 79, 181. Maßgeblich ist die Vorwerfbarkeit des Sichberauschens, die Art, Umstände u die dem Täter bekannte Gefährlichkeit im Rausch, nicht aber Motive u Gesinnung, die zur Rauschtat führten (BGH bei Mösl NStZ 82, 150). Vorkehrungen gegen evtl Rauschtaten können strafmildernd wirken (Haubrich DAR 80, 359; Horn JR 82, 347), bei Alkoholikern ebenso der unwiderstehliche Drang zum Alkohol (BGH StV 84, 154; BayObLG v 14.8.91 bei Janiszewski NStZ 91, 576). Bei Alkohol- bzw Drogensucht kann die Schuldfähigkeit ausgeschlossen oder vermindert sein (BGH StV 92, 230; bei Nehm DAR 93, 168; Lackner-Kühl 13), wenn sich der Zustand der §§ 20, 21 schon bei Herbeiführung der Berauschung auswirkte. Schwere u Folgen der Rauschtat können sich verschärfend auswirken (BGHSt 16, 124, 127; 23, 375), müssen aber uU eine Aussetzung zur Bewährung nach § 56 nicht ausschließen (OLG Karlsruhe VRS 91, 361). – Zur regelmäßigen **Entz der FE** s § 69 II 4; **Einziehung** des im Vollrausch zur Fahrt ohne FE benutzten Kfz ist zulässig (Hbg NStZ 82, 246; KG VRS 57, 20; BGHSt 31, 80). – Muss ein Angeklagter freigesprochen werden, weil eine Wahlfeststellung zwischen

§ 316 und § 323a nicht möglich ist (s Rn 3), so ist keine **Entschädigung** wegen einer vorläufigen Entziehung der Fahrerlaubnis zu leisten, da diese durch die Teilnahme am Straßenverkehr im alkoholbedingten Zustand grob fahrlässig iSd § 5 II StrEG herbeigeführt wurde (Ka NJW 04, 3356).

5. Teil. Strafprozessordnung

(Auszug)

§ 81a [Körperliche Untersuchung des Beschuldigten]

(1) **Eine körperliche Untersuchung des Beschuldigten darf zur Feststellung von Tatsachen angeordnet werden, die für das Verfahren von Bedeutung sind.** Zu diesem Zweck sind Entnahmen von Blutproben und andere körperliche Eingriffe, die von einem Arzt nach den Regeln der ärztlichen Kunst zu Untersuchungszwecken vorgenommen werden, ohne Einwilligung des Beschuldigten zulässig, wenn kein Nachteil für seine Gesundheit zu befürchten ist.

(2) **Die Anordnung steht dem Richter, bei Gefährdung des Untersuchungserfolges durch Verzögerung auch der Staatsanwaltschaft und ihren Ermittlungspersonen (§ 152 des Gerichtsverfassungsgesetzes) zu.**

(3) **Dem Beschuldigten entnommene Blutproben oder sonstige Körperzellen dürfen nur für Zwecke des der Entnahme zugrundeliegenden oder eines anderen anhängigen Strafverfahrens verwendet werden; sie sind unverzüglich zu vernichten, sobald sie hierfür nicht mehr erforderlich sind.**

Übersicht

	Rn
1. Allgemeines	1
2. Zulässigkeit	2
3. Durchführung	3

1. Allgemeines. § 81a gilt nur gegenüber Beschuldigten; die Regelung ist 1 bei Beachtung des Verhältnismäßigkeitsgrundsatzes **verfassungskonform** (BVerfGE 47, 239, 248 = NJW 78, 1149); das gilt namentlich für die bei VStraftaten zum Nachweis der FU (§ 316 StGB 12) sowie zur Feststellung der Schuldfähigkeit im Vordergrund stehende **Blutentnahme,** die (auch bei zwangsweiser Vornahme) grundsätzlich als harmloser, ungefährlicher Eingriff gilt (OLG Köln NStZ 86, 234; s aber Rittner BA 81, 161) u daher auch bei OWen nach § 24a StVG gem § 46 IV OWiG zul ist (Göhler 23 zu § 46), sofern keine Nachteile für die Gesundheit des Betr zu befürchten sind (Hämophilie); bloße Spritzenphobie ist unbeachtlich (s Händel BA 76, 389; Gerchow BA 76, 392). Andere körperliche Eingriffe stellen die Entnahme von Blut, Speichel, Samen, Harn oder Liquor sowie die Zuführung von Stoffen in den Körper dar. Die Untersuchungsanordnung muss die zulässigen Eingriffe genau bezeichnen. Die Art des Eingriffs darf nicht dem Arzt überlassen werden (OLG Düsseldorf StV 05, 490; Meyer-Goßner 27).

2. Zulässigkeit. Unzulässig ist die zwangsweise Blutentnahme bei fehlen- 2 dem Verdacht merkbarer Alkoholbeeinflussung (OLG Schleswig NJW 64, 2215), insb bei Unverhältnismäßigkeit (zB bei einem Fußgänger wegen geringfügiger, folgenloser VerkehrsOW: u wenn Nachteile für die Gesundheit zu befürchten sind (§ 81a I S 2), wie bei einem Bluter oder bei kompliziertem Rausch mit hochgradigem Erregungszustand (Umsichschlagen, toxischer Erregungssturm: Grüner Abschn A II 1; nicht aber bei bloßen vorübergehenden Schmerzen oder Ängsten). – Zwangsweise **Harnentnahme** zur Ermittlung von Medikamenten u Drogen ist bei OWen unverhältnismäßig (Göhler 24 zu § 46) u auch sonst aus verfassungsrechtlicher (Menschenwürde, Verhältnismäßigkeit), praktischer u medizinischer Sicht abzulehnen (Meyer-Goßner 21); eine Urinprobe ist nur bei freiwilliger Abgabe verwertbar (s Nr 4 RiBA bei § 316 StGB 40).

3 **3. Durchführung. Für die Durchführung** der Blutentnahme gelten die bundeseinheitlichen RiBA (abgedr bei § 316 StGB 40); die Blutprobe ist auch ohne vorherigen Atemtest zulässig (OLG Köln VRS 70, 366). Die Anordnung der Blutentnahme steht grundsätzlich dem Richter zu (BVerfG NZV 07, 581). In den Fällen, in denen der begründete Verdacht einer alkohol- oder rauschmittelbedingten Fahruntüchtigkeit (§§ 315a I 1, 315c I 1a, 316 StGB) kann die Anordnung durch die Staatsanwaltschaft oder nachrangig durch ihre Ermittlungspersonen erfolgen. Die Rechtmäßigkeit der Anordnung kann auf Antrag des Betroffenen nachträglich entsprechend § 98 II 2 StPO durch das Gericht überprüft werden. Für die bis zum 23.8.2017 durchgeführten Blutentnahmen war eine Anordnungskompetenz der StA und nachrangig ihrer Ermittlungspersonen nur bei Gefährdung des Untersuchungserfolges durch die mit der Einholung einer richterlichen Entscheidung einhergehenden Verzögerung begründet (BVerfG NJW 10, 2864; Meyer-Goßner 25a). Von daher müssen die Strafverfolgungsbehörden regelmäßig versuchen, eine Anordnung des zuständigen Richters zu erlangen, bevor sie selbst eine Blutentnahme anordnen (BVerfG aaO). Für die Annahme von Gefahr im Verzug reicht die **abstrakte Gefahr,** dass durch den körpereigenen Abbau der Stoffe der Nachweis einer Tatbegehung erschwert oder gar verhindert wird, nicht aus (BVerfG NJW 10, 2864; OLG Bamberg NJW 09, 2146; OLG Jena DAR 09, 283; OLG Düsseldorf NZV 11, 456). Abzustellen ist vielmehr auf die Tageszeit, die Entfernung zum Krankenhaus mit Erreichbarkeit eines Arztes, Vorliegen einer AAK-Messung sowie Vorhandensein von Ausfallserscheinungen (vgl OLG Bamberg DAR 09, 278; OLG Köln ZfS 09, 50; OLG Jena DAR 09, 283; Denker DAR 09, 257). Die AO-Befugnis der Ermittlungsbehörden ist umso eher gegeben, je unklarer das Erscheinungsbild der Situation und je komplexer der Sachverhalt als solcher ist und je genauer die Analyse der Blutwerte sein muss (OLG Jena DAR 09, 283; Denker aaO; Meyer-Goßner 25b). Die Gefährdung des Untersuchungserfolges muss mit den auf den Einzelfall bezogenen Tatsachen begründet werden, die in den Ermittlungsakten zu dokumentieren sind, sofern die Dringlichkeit nicht evident ist (BVerfG NJW 10, 2864; Meyer-Goßner 25a). Der Anordnungskompetenz der StA bzw der Polizeibeamten steht nicht entgegen, dass ein Ermittlungsrichter in der Nachtzeit nicht erreichbar ist (BVerfG ZfS 11, 287, OLG Bamberg NZV 10, 310; OLG Celle NZV 11, 46; aA OLG Hamm NZV 10, 308; Heinrich NZV 10, 278). Die anders lautende Rechtsprechung des BVerfG zur Wohnungsdurchsuchung (BVerfG NJW 07, 1444; 2269) ist auf § 81a StPO nicht zu übertragen (BVerfG ZfS 11, 287).

Wird die AO-Kompetenz willkürlich angenommen, unterliegt die Blutprobe einem **Verwertungsverbot** (OLG Hamm DAR 09, 336; OLG Dresden NJW 09, 2149; OLG Celle NZV 09, 463; 611; OLG Oldenburg NJW 09, 3591;

Körperliche Untersuchung des Beschuldigten § 81a StPO

Dencker aO; OLG Jena DAR 09, 283, s a BGH NJW 07, 2269, OLG Stuttgart NStZ 08, 238), wobei Willkür objektiv zu verstehen ist (BVerfGE 80, 48; 51, 86; 59, 63; Dencker aaO, 261). Zu den Rügeanforderungen in der Revision vgl OLG Hamburg NJW 08, 2597; OLG Hamm NJW 09, 242. Nach OLG Hamm NJW 09, 242, ist ein Widerspruch gegen die Verwertung der Blutprobe erforderlich (OLG Hamm NJW 11, 468) sowie die Darlegung der von der Polizei zur Begründung von Gefahr in Verzug herangezogener Umstände (OLG Hamm NJW 11, 469; OLG Celle NZV 09, 463). Insgesamt wird man allerdings konstatieren müssen, dass die Rechtsprechung bei Annahme eines Verwertungsverbotes bei Verstoß gegen den Richtervorbehalt sehr zurückhaltend ist (OLG Düsseldorf DAR 11, 336; OLG Frankfurt DAR 10, 145; OLG Celle NZV 10, 362; KG NStZ-RR 09, 243: Hentschel-König 6; Meyer-Goßner Rz. 32 m. w. N.). Die restriktive Handhabung der Rechtsprechung ist vor dem Hintergrund, dass das erste Urteil des BVerfGs zur Anordnungskompetenz des Richters vom 12.12.2007 stammt, nicht unbedingt überzeugend. Man wird doch von den Ermittlungsbehörden verlangen können, dass diese sich an die gesetzlichen Regelungen halten. Von daher zu Recht kritisch gegenüber der Verwertung von unter Verstoß gegen den Richtervorbehalt erlangten Blutproben (BVerfG NJW 15, 1005)

Zur Durchsetzung sind unter Beachtung des Verhältnismäßigkeitsgrundsatzes unmittelbarer Zwang u kurzfristige Freiheitsbeschränkung (Verbringen aufs Pol-Revier, Warten auf den Arzt pp) zul (BayObLG VRS 66, 275; OLG Köln VRS 71, 183); für Letztere bedarf es keines Vorführungsbefehls oder einer Entscheidung nach Art 104 II GG (Meyer-Goßner 28 f). Ihr steht auch nicht die **Immunität** eines Abgeordneten, wohl aber die **Exterritorialität** entgegen (Janiszewski 58).

Blutentnahme muss nach den Regeln der ärztlichen Kunst durch einen approbierten **Arzt** (nicht Zahnarzt) erfolgen (BGHSt 24, 125, 127; vgl §§ 2, 2a u 3 BÄrzteO u Nrn 3.5 u 6 RiBA); idR aber kein Verwertungsverbot für anderweitig erlangte Blutproben (BGHSt 24, 125, 128; str s KK-Senge Rn 14 mwN), auch nicht bei deren Erlangung bei Operationsvorbereitung, wenn eine AO nach § 81a zwar fehlte, deren Voraussetzungen aber vorgelegen hätten (OLG Celle BA 89, 420; OLG Zweibrücken VRS 86, 64 m abl St Weiler NStZ 95, 98; OLG Frankfurt NStZ-RR 99, 246) oder der Betr eingewilligt hat (Meyer-Goßner 19); anders bei bewusster Täuschung über die Arzteigenschaft (OLG Hamm NJW 65, 1089). 4

Der Beschuldigte muss den Eingriff nur dulden, nicht aber dabei mitwirken; das gilt auch für die mit der Blutentnahme idR verbundenen u für den Nachweis der FU uU bedeutsamen (OLG Hamm BA 80, 172) klinischen Tests (§ 316 StGB 26c; Nystagmusprüfung, Geh- u Schriftproben pp; Meyer-Goßner 11 mwN); einer bes **Belehrung** darüber durch den Arzt bedarf es zwar nicht (OLG Hamm BA 80, 171), wohl aber durch die Strafverfolgungsbehörden (Meyer-Goßner 12; s dazu auch AG Homburg ZfS 94, 29). 5

Einführung des Blutproben-Ergebnisses in die HV erfolgt durch Verlesung des Gutachtens gem § 256 StPO, durch Vernehmung des SV (OLG Düsseldorf VRS 77, 364; Meyer-Goßner § 256, 22) oder bei fehlenden Widerspruch eines Verfahrensbeteiligten, durch die Bekanntgabe des Gutachteninhalts (BGHSt 30, 10; KK-Diemer § 249, 28, Pfeiffer § 249, 9), aber nicht durch bloßen Vorhalt (OLG Celle StV 84, 107; bei Janiszewski NStZ 87, 271; OLG Düsseldorf VRS 74, 40; Molketin BA 89, 124). Wurde das Gutachten nicht vorschriftsmäßig eingeführt, in der HV aber erörtert u nicht bestritten, beruht das Urt nicht darauf, dass es nicht verlesen worden ist (OLG Düsseldorf VRS 85, 452). Der Arztbericht 6 über die Blutentnahme darf nur verlesen werden, wenn er erkennen lässt, von wem er herrührt (BayObLG ZfS 88, 331). – § 256 StPO dürfte nicht auch für die künftige Behandlung des Ergebnisses des **AA**-Tests gelten, das wohl nur durch Vernehmung des PolBeamten oder eines S V oder – je nach Ausgestaltung der AA-Testgeräte – in Form eines Urkundenbeweises (§ 249 StPO) durch Vorlage u Verlesung des Ausdruckstreifens, der die maßgeblichen Daten urkundlich erfasst hat, in die HV eingeführt werden kann. – Zur Frage, wann ein **Beweisantrag**, mit dem behauptet wird, die Blutprobe stamme nicht vom Angeklagten, als Beweisermittlungsantrag abgelehnt werden kann, s OLG Köln VRS 93, 435.

§ 111a [Vorläufige Entziehung der Fahrerlaubnis]

(1) **Sind dringende Gründe für die Annahme vorhanden, daß die Fahrerlaubnis entzogen werden wird (§ 69 des Strafgesetzbuches), so kann der Richter dem Beschuldigten durch Beschluß die Fahrerlaubnis vorläufig entziehen. Von der vorläufigen Entziehung können bestimmte Arten von Kraftfahrzeugen ausgenommen werden, wenn besondere Umstände die Annahme rechtfertigen, daß der Zweck der Maßnahme dadurch nicht gefährdet wird.**

(2) **Die vorläufige Entziehung der Fahrerlaubnis ist aufzuheben, wenn ihr Grund weggefallen ist oder wenn das Gericht im Urteil die Fahrerlaubnis nicht entzieht.**

(3) **Die vorläufige Entziehung der Fahrerlaubnis wirkt zugleich als Anordnung oder Bestätigung der Beschlagnahme des von einer deutschen Behörde ausgestellten Führerscheins. Dies gilt auch, wenn der Führerschein von einer Behörde eines Mitgliedstaates der Europäischen Union oder eines anderen Vertragsstaates des Abkommens über den Europäischen Wirtschaftsraum ausgestellt worden ist, sofern der Inhaber seinen ordentlichen Wohnsitz im Inland hat.**

(4) **Ist ein Führerschein beschlagnahmt, weil er nach § 69 Abs. 3 Satz 2 des Strafgesetzbuches eingezogen werden kann, und bedarf es einer richterlichen Entscheidung über die Beschlagnahme, so tritt an deren Stelle die Entscheidung über die vorläufige Entziehung der Fahrerlaubnis.**

(5) **Ein Führerschein, der in Verwahrung genommen, sichergestellt oder beschlagnahmt ist, weil er nach § 69 Abs. 3 Satz 2 des Strafgesetzbuches eingezogen werden kann, ist dem Beschuldigten zurückzugeben, wenn der Richter die vorläufige Entziehung der Fahrerlaubnis wegen Fehlens der in Absatz 1 bezeichneten Voraussetzungen ablehnt, wenn er sie aufhebt oder wenn das Gericht im Urteil die Fahrerlaubnis nicht entzieht. Wird jedoch im Urteil ein Fahrverbot nach § 44 des Strafgesetzbuches verhängt, so kann die Rückgabe des Führerscheins aufgeschoben werden, wenn der Beschuldigte nicht widerspricht.**

(6) **In anderen als in Absatz 3 Satz 2 genannten ausländischen Führerscheinen ist die vorläufige Entziehung der Fahrerlaubnis zu vermerken. Bis zur Eintragung dieses Vermerkes kann der Führerschein beschlagnahmt werden (§ 94 Abs. 3, § 98).**

Übersicht

	Rn
1. Allgemeines	1
2. Voraussetzungen	4
3. Ermessensentscheidung	6
4. Zuständigkeit	7
5. Abs 3: Wirkung des Beschlusses	9
6. Aufhebung	10
7. Anrechnung	13
8. Vollstreckung	14
9. Registrierung	15
10. Entschädigung	16

1. Allgemeines. Die verfassungskonforme (BVerfG NStZ 82, 78) **Präventiv-** 1
maßnahme nach § 111a soll die Allgemeinheit schon vor dem Urt vor weiterer
Gefährdung durch den ungeeigneten Kf schützen (BVerfG NJW 01, 357) u die
Durchsetzung der späteren EdFE sichern (s § 94 III). Erforderlich ist daher ein
dringendes, sofortiges Bedürfnis für die Ausschaltung des Täters (BGHSt 7, 165,
171) unter Berücksichtigung aller Umstände (s Rn 4). Ein Ermittlungsverfahren,
in dem die vorl Entz angeordnet wurde, muss ebenso beschleunigt erfasst werden
wie eine Haftsache (OLG Köln NZV 91, 243; Meyer-Goßner 1; s auch Rn 5).
Der Beschluss ist zu begründen (§ 34; Meyer-Goßner 6), insb wenn er erst nach
Einspruch ergeht (LG Stuttgart StV 86, 427 LS).

Die Maßnahme ist auch gegenüber **Ausländern** (§ 111a VI; § 69b StGB; Ludo- 2
visy DAR 97, 80) u unter bestimmten Voraussetzungen auch gegenüber **Abgeordneten** zulässig (s Meyer-Goßner 20); bei Letzteren ist der Parlamentspräsident
zu unterrichten (Nr 192 ff RiStBV; insges s Nr 7 RiBA bei § 316 StGB 40).

Inhaltlich lässt die AO nach I die FE unberührt u bewirkt lediglich ab Bekannt- 3
gabe (OLG Köln VRS 52, 271) ein (nach § 21 I 1 StVG strafbewehrtes) Verbot,
von der FE Gebrauch zu machen. Weder eine Zustellung des Beschlusses an den
Verteidiger noch eine Ersatzzustellung stellt eine Bekanntgabe des Beschlusses dar
(BGH NJW 62, 2104; OLG Köln VRS 52, 271). Davon können unter den
Voraussetzungen von I S 2 bestimmte Arten von Kfzen zur Vermeidung unnötiger
Härten u zur Wahrung der Verhältnismäßigkeit ausgenommen werden. Zum
Begriff „Kraftfahrzeugarten" vgl § 69 StGB, 5. Anders als bei der Ausnahme von
der Entziehung im Sinne des § 69 Abs 2 StGB gelten im Rahmen des § 111a die
aus § 9 FeV sich ergebenden Beschränkungen (s § 69 StGB, 5) nicht. Da bei einer
im Rahmen der vorläufigen Entziehung erteilten Ausnahme die Erlaubnis zum
Fahren der ausgenommen Fahrzeugart zu keinem Zeitpunk entzogen war, muss
insoweit auch keine entsprechende Fahrerlaubnis bei der Verwaltungsbehörde
beantragt werden (vgl Gebhardt § 59, 11 ff; Meyer-Goßner 4; Hentschel-Bücken
in B/B 16 A 279). Eine Ausnahme darf nur dann bewilligt werden, wenn besondere Umstände den Schluss zulassen, eine Gefährdung der Allgemeinheit sei bei
der Benutzung bestimmter Fahrzeugarten durch den an sich ungeeigneten Fahrer
nicht gegeben (KK-Nack 5). Das Vorliegen derartiger Umstände muss eingehend
begründet werden (BGH NStZ 83, 168). In Betracht kommt eine Ausnahme für
Fahrzeuge, die wegen ihrer geringen Geschwindigkeit ungefährlicher sind wie
Traktoren oder Baumaschinen (OLG Karlsruhe DAR 78, 139; LG Saarbrücken
ZfS 02, 307). Der Umstand, dass ein Berufskraftfahrer den Verlust seines Arbeitsplatzes befürchten muss, kann ausreichen. Erforderlich ist aber die Prognose, dass

er vor dem Hintergrund des wirtschaftlichen Drucks seinen Beruf aller Wahrscheinlichkeit nach ohne Beanstandungen ausüben wird (BVerfG NJW 01, 357, KK-Nack 5). Diese Prognose kann besonders dann gerechtfertigt sein, wenn der Arbeitgeber scharfe Kontrollen, insbesondere auf Alkoholgenuss durchführt (LG Hamburg DAR 96, 108). Auch das Nachtatverhalten, wie das Absolvieren einer verkehrspsychologischen Maßnahme kann einen Ausnahmegrund bilden (LG Oldenburg DAR 02, 327; Gebhardt § 59, 33). Bei Wiederholungstätern kommt eine Ausnahme nicht in Betracht (KK-Nack 5) ebenso wenn ein Kfz mit Alkoholwerten von über 1,6‰ geführt wurde (LG Saarbrücken ZfS 98, 152).

Die VB **hat** einen entspr beschränkten Ersatz-FSch auszustellen (s Janiszewski 753; VG Mainz NJW 86, 3158); vorheriges Führen eines Kfz der ausgenommenen Art fällt nicht unter § 21 StVG, allenfalls OW nach § 69a I 5a StVZO. Die vorl Entz erfasst auch die bes FE zur Fahrgastbeförderung (s § 69 StGB 4, 16).

4 **2. Voraussetzungen.** Voraussetzung ist, dass dringende Gründe, dh dringender (vgl §§ 112 I S 1, 112a I S 1) Tatverdacht iS des § 69 I S 1 StGB, u eine hohe Wahrscheinlichkeit für die Annahme vorliegen, dass die FE nach § 69 StGB entzogen wird (s Nr 6 RiBA). Das ist zwar bei Vergehen nach § 69 II StGB idR der Fall u bedarf dort nur einer Prüfung, wenn sich wichtige Gegengründe aufdrängen (s Hentschel DAR 80, 171; 88/90; Meyer-Goßner, Rn 2; LG Zw ZfS 03, 260); das gilt aber nicht im Falle des § 69 II 3 bei unbedeutendem Schaden (OLG Oldenburg ZfS 81, 191) oder wenn der Angeschuldigte nicht wusste oder erkennen konnte, dass der Schaden bedeutend war (OLG Schleswig VRS 54, 33; s § 69 StGB 13) oder aus sonstigen Gründen kein Regelfall vorliegt (s § 69 StGB 14; AG Homburg ZfS 88, 124; OLG Düsseldorf VRS 82, 341 empfiehlt m R Zurückhaltung) bzw wenn bei Alkoholdelikten (§§ 315c I 1a, 316 StGB) noch kein verlässlicher Nachweis für die FU, insb noch kein Blutprobenergebnis oder wenigstens das eines zuverlässigen AA-Testgeräts (s § 316 StGB 18) vorliegt, wonach eine Strafverfolgung zu erwarten ist.

4a Da die Entscheidung nach § 111a idR einen gravierenden Eingriff bedeutet, setzt sie grundsätzlich eine umfassende **Abwägung der Gesamtumstände** voraus, wobei auch die Persönlichkeit des Täters, sein Vorleben u sein persönlicher Lebensbereich zu berücksichtigen sind, woraus sich oft erst ableiten lässt, ob der Schluss auf mangelndes Verantwortungsbewusstsein im StraßenV gerechtfertigt ist (OLG Düsseldorf VRS 82, 341 im Anschl an BGHSt 7, 165, 176; DAR 56, 161, vgl LG Zweibrücken DAR 23, 575: keine vorl. Einziehung bei Tat in einer extremen psych Ausnahmesituation). Längere unbeanstandete VTeilnahme nach der Tat steht nach hM in den Regelfällen des § 69 II StGB der vorl Entz idR nicht entgegen (OLG Dresden OLG-NL 97, 71; OLG Stuttgart NZV 77, 316; OLG Düsseldorf DAR 96, 413; Hentschel NJW 95, 636; Meyer-Goßner 3). Soweit seitens der hM auf die Dunkelziffern bei VStraftaten sowie darauf verwiesen wird, dass der Druck des Strafverfahrens das Wohlverhalten bewirkt haben kann, so übersieht diese Argumentation, dass im Rahmen der Prognose nur feststehende Tatsachen berücksichtigt werden dürfen. Von daher kann – muss aber nicht – eine ursprünglich bestehende Ungeeignetheit aufgrund des Zeitablaufes entfallen sein (KK-Bruns 3; vergl auch LG München I DAR 14, 280; LG Bonn NZV 10, 214; LG Hagen NZV 94, 334; LG Nürnberg-Fürth DAR 00, 374; LG Kiel, StV 03, 325; OLG Hamm NZV 02, 380 u KG v. 1.4.2011 – 3 Ws 153/11, BeckRS 2011, 20095: bes sorgfältige Prüfung des Verhältnismäßigkeitsgrundsatzes erforderlich, vgl auch BVerfG NJW 05, 1767). Wegen der meist erheblichen

Auswirkungen ist das Verfahren aus Gründen der Verhältnismäßigkeit jedenfalls tunlichst zu **beschleunigen** (BVerfG NZV 05, 537; OLG Köln DAR 91, 229; OLG Düsseldorf ZfS 94, 186; OLG Hamm NZV 02, 380) u Detailfragen ggf in der schleunigst anzuberaumenden HV zu klären (LG Köln ZfS 92, 427), bei Verstoß gegen das Beschleunigungsverbot kann Aufhebung der vorl Entz wegen Unverhältnismäßigkeit geboten sein (OLG Düsseldorf aaO; NZV 01, 354; OLG Karlsruhe NZV 05, 402; OLG Nürnberg StV 06, 685; s. auch OLG Hamm NZV 07, 639: nur bei groben Pflichtverletzungen und erheblichen von der Justiz zu vertretenden Verzögerungen).

Wurde in der ersten Instanz eine Entziehung gemäß § 69 StGB abgelehnt, so **4b** kann das Berufungsgericht bei **unveränderter** Sach- und Rechtslage nur bei Aufhebung des erstinstanzlichen Urteils eine vorl Entz aussprechen (BVerfG NZV 95, 77; Ol NZV 92, 124; Meyer-Goßner 3; Hentschel-Bücken in B/B 16 A 299). Das gilt auch, wenn die erstinstanzliche Entscheidung „eindeutig falsch" war (Hentschel/Bücken aaO, Meyer-Goßner aaO; aA Ko VRS 73, 290). Entsprechendes gilt bei Einspruch gegen einen Strafbefehl, in dem eine Entziehung nicht angeordnet war (Meyer-Goßner aaO). Wurde im erstinstl Urteil nur eine Entziehung nach § 69 StGB, jedoch keine vorl Entz angeordnet, so kann das Berufungsgericht die Anordnung nachholen (OLG Dresden OLG-NL 97, 71; Fra NJW 81, 1680; Meyer-Goßner 3 mwN).

Eine vorl Entz kommt **nicht** in Betracht, wenn infolge Fehlens einer FE nur **5** eine **isolierte Sperre** nach § 69a I S 3 StGB möglich (OLG Hamm VRS 51, 43; aA Engel DAR 84, 108) oder nur ein Fahrverbot nach § 44 StGB zu erwarten ist.

3. Ermessensentscheidung. Die AO ist zwar **Ermessensentscheidung 6** („kann"), die bei Vorliegen der Voraussetzungen (4) aber idR zu treffen ist (vgl KK-Bruns 4), u zwar auch, wenn der Betreffende (zB wegen Inhaftierung) am Führen eines Kfz vorl gehindert ist, da die Maßnahme auch der Sicherung der späteren Vollstreckung dient; doch auch, wenn er den FSch freiwillig herausgibt, da die Maßnahme in ihrer Wirkung über die Sicherstellung hinausgeht (1; so auch Cramer § 69 StGB 62; KK-Nack Rn 4; aA Meyer-Goßner Rn 3; Michel DAR 97, 393 zusammenfassend) u der Beschuldigte sein Einverständnis oder die Ausn-Situation uU jederzeit beseitigen kann (s Cramer aaO).

4. Zuständigkeit. Zuständig ist grundsätzlich der Richter, der mit der Sache **7** befasst ist u über die Beschlagnahme zu entscheiden hätte (§ 162 I S 1; OLG Hamm NJW 69, 149); im Vorverfahren aber auch jedes andere nach den §§ 7 ff oder § 98 II zuständige **Amtsgericht** (Meyer-Goßner 7; aA LG Köln BA 82, 89 u Heilbronn Justiz 82, 139 m abl St Janiszewski NStZ 82, 239), so auch das Gericht, in dessen Bezirk die Sicherstellung erfolgt (LG Zweibrücken NZV 94, 293). Nach Anklageerhebung ist das mit der Sache befasste Gericht (OLG Köln NZV 91, 243) zuständig, das Berufungsgericht nach Aktenvorlage gem § 321 S 2 (OLG Düsseldorf NZV 92, 202; Meyer-Goßner 7). Im Revisionsverfahren ist der letzte Tatrichter zuständig (BGH NJW 78, 384; OLG Celle NJW 77, 160; OLG Düsseldorf ZfS 83, 61). – Vor der Entscheidung ist die StA nach § 33 II, der Beschuldigte nach § 33 III StPO zu hören; der Beschluss ist dem Beschuldigten bekanntzumachen (möglichst zuzustellen, s Hentschel-Bücken in B/B 16 A 268 ff).

Polizei u StA können den FSch lediglich nach § 94 III sicherstellen oder bei **8** Gefahr im Verzug (§ 98 I S 1) unter den Voraussetzungen des § 111a I, dh wenn zu besorgen ist, dass der Täter weitere Alkoholfahrten oder sonst bedeutsame VVerstöße begehen wird (BGHSt 22, 385; Stu NJW 69, 760), beschlagnahmen (s RiBA Nr 6, § 316 StGB 40); einer richterlichen Entscheidung bedarf es dann nur unter den Voraussetzungen des § 98 II; diese erfolgt dann aber nicht über die Zulässigkeit der Beschlagnahme, sondern über die vorl Entz der FE (§ 111a IV).

8a Die übrigen pol Möglichkeiten zur unmittelbaren **Gefahrenabwehr** bleiben unberührt; sie richten sich nach LandesR (s dazu Geppert DAR 88, 12). Nach den PolG der Länder kann die Pol zur Gefahrenabwehr den FSch beschlagnahmen (OLG Köln NJW 68, 666), Zündschlüssel oder Kfz sicherstellen (BGH VersR 56, 219; s auch BGH NJW 68, 633), solange die Gefahr besteht (Meyer-Goßner 16).

9 **5. Abs 3: Wirkung des Beschlusses.** Nach III S 1 bewirkt die Maßnahme nach § 111a I zugleich die AO oder Bestätigung der Beschlagnahme des FSch. Das gilt nach (dem durch das StVG-ÄndG v 24.4.1998 BGBl I 747 angefügten) **S 2** auch für Inhaber von FEen aus EU- u EWR-Staaten, die ihren ordentlichen Wohnsitz im Inland haben. – Der Beschluss, auch der des erkennenden Gerichts, ist mit der **Beschwerde** anfechtbar (§§ 304, 305 S 2), die keine aufschiebende Wirkung hat, sofern die Vollziehung nicht ausgesetzt wird (§ 307 StPO); weitere Beschwerde ist unzul (§ 310 II). Hat das LG aber nicht als Beschwerde-, sondern als das nach Anklageerhebung mit der Hauptsache befasste Gericht entschieden, liegt keine (unzul) weitere Beschwerde vor (OLG Hamm VRS 49, 111; OLG Karlsruhe MDR 74, 159; OLG Düsseldorf VRS 72, 370; 82, 350; Meyer-Goßner 19; aA OLG Stuttgart NStZ 90, 141). – Gegen die im Berufungsverfahren angeordnete vorläufige EdFE ist auch nach Revisionseinlegung die Beschwerde zulässig (OLG Karlsruhe NZV 17, 230; OLG Hamm NZV 15, 335; OLG Jena VRS 115, 353; OLG Stuttgart DAR 02, 279; OLG Düsseldorf NZV 00, 383; KG DAR 01, 374; Habetha NZV 08, 605; vgl auch BVerfG NStZ-RR 02, 377; aA OLG Düsseldorf NZV 95, 459; OLG Hamm ZfS 96, 355; OLG Brandenburg NStZ-RR 96, 170; OLG Karlsruhe NZV 99, 345; Meyer-Goßner 19; KK-Bruns 22). Allerdings ist nach OLG Hamm, OLG Brandenburg u OLG Karlsruhe aaO die Beschwerde dann zulässig, wenn die Voraussetzungen des § 69 StGB offensichtlich nicht vorliegen; dem KG zufolge besteht eine Prüfungskompetenz nur dahingehend, ob die Entscheidung über die EdF unter revisionsrechtlichen Gesichtspunkten Bestand haben wird (KG ZfS 06, 528; ebenso OLG Jena VRS 115, 353). Eine derartige Beschränkung ist nicht gerechtfertigt (OLG Hamm NZV 15, 355).

10 **6. Aufhebung.** Die Aufhebung ist unter den Voraussetzungen des § 111a **II von amtswegen(!)** anzuordnen; die Notwendigkeit ist daher permanent zu überwachen (s 16). Das Verfahren ist zwar mit bes Beschleunigung durchzuführen (OLG Köln DAR 91, 229 sowie Rn 4a); eine Aufhebung muss aber nur erfolgen bei unverhältnismäßig langer Verfahrensdauer (Br VRS 31, 454, OLG Düsseldorf NZV 01, 354), insb des **Berufungs**verfahrens, wenn dadurch die endgültige Entz unwahrscheinlich geworden ist (KG VRS 35, 392; Mü DAR 75, 132; 77, 49; OLG Frankfurt DAR 92, 187; s auch Ko VRS 64, 30; 69, 130); allerdings rechtfertigt der bloße Ablauf der erstinstanzlichen Sperrfrist allein nicht die Aufhebung, da das Berufungsgericht nicht gehindert ist, die gleiche Sperre wie im angefochtenen Urteil festzusetzen (OLG Hamm NStZ-RR 12, 376; OLG Düsseldorf NZV 99, 389; Meyer-Goßner 11; Hentschel-Bücken in B/B Kap 16A Rn 285 f; DAR 88, 331). – Zur Zuständigkeit über den Aufhebungsantrag s Bra NZV 96, 122.

Ob eine Aufhebung auch erfolgen muss, wenn in dem vom Angeklagten betrie- 11
benen **Revisions**verfahren die vom Tatrichter festgesetzte Sperrfrist inzw „verstrichen" ist, wird von der hM verneint (s KG VRS 53, 278; Stu VRS 63, 363; OLG Hamm BA 85, 409; OLG Düsseldorf NZV 99, 389; OLG Frankfurt NStZ-RR 98, 76; Meyer-Goßner 12; Hentschel-König 9; aA OLG Frankfurt DAR 89, 311; OLG Köln ZfS 81, 188; Hentschel-Bücken in B/B 16 A 291 ff; Dencker NStZ 82, 461 u Janiszewski NStZ 83, 111 u 92, 584), obwohl diese Präventivmaßnahme grundsätzlich nur so lange dauern darf wie sie erforderlich ist (vgl Gebhardt § 56, 63). Nach vermittelnder Ansicht (OLG Hamburg VRS 60, 397; OLG Hamm JMBlNW 81, 228) kommt Aufhebung nur bei unverhältnismäßig langer Dauer des Revisionsverfahrens in Betracht. – Faktische Verlängerung der Sperre im Rechtsmittelverfahren ist zwar bei normalem Verfahrensablauf nicht verfassungswidrig (BVerfG v 11.9.89 bei Janiszewski NStZ 90, 581; OLG Düsseldorf VRS 79, 23), durch beschleunigte Verfahrensabwicklung jedoch häufig vermeidbar (s auch VGT 1989).

Zuständig für die Aufhebung ist bis Anklageerhebung das Gericht, das die 12
AO getroffen hat, dann das mit der Sache befasste (Meyer-Goßner 14); das Berufungsgericht nach Vorlage der Akten gem § 321 S 2; das Revisionsgericht nur, wenn es selbst die im angefochtenen Urt angeordnete Entz aufhebt (BayObLG NZV 93, 240; OLG Düsseldorf VRS 80, 214), sonst nach hM grundsätzlich der letzte Tatrichter (BGH NJW 78, 384; OLG Zweibrücken VRS 69, 293; OLG Düsseldorf aaO; OLG Stuttgart VRS 74, 186; Meyer-Goßner 14; KK-Bruns 12); nach aA das Revisionsgericht auch dann, wenn während des Revisionsverfahrens eine der Sperrfrist entspr Zeit verstrichen ist (OLG Karlsruhe NJW 75, 455; OLG Frankfurt VRS 58, 419; DAR 89, 311), jedenfalls aber, wenn es mit der Sache befasst u eine baldige Sachentscheidung zu erwarten ist (so mit guten Gründen Ko MDR 86, 871; NZV 08, 367; Habetha NZV 08, 610; Hentschel DAR 88, 330). – Zur (Un-)Zulässigkeit der **Beschwerde** nach § 304 I StPO neben eingelegter Revision s Rn 9.

7. Anrechnung. Hinsichtlich der Dauer der vorl Entz auf die spätere Sperrfrist 13
sieht das G nur im Falle des § 69a V S 2 StGB eine Anrechnung vor. Zum Fahrverbot s § 51 V StGB (s dazu Maatz StV 88, 84) sowie § 25 VI StVG (§ 25 StVG 15b; Janiszewski 725, 762). Die ges Mindestsperrfrist (6 Mon) kann sich je nach Dauer der vorl Entz nach § 69a IV StGB auf 3 Mon verkürzen (s § 69a StGB 7).

8. Vollstreckung. Die AO erfolgt bei dt u den in III S 2 gen FSchen durch 14
amtl Verwahrung (s IV u V), bei anderen als in III S 2 gen **ausl** wird sie durch die Eintragung eines entspr Vermerks **(VI)** vollstreckt. Der ausl FSch kann nach dem eindeutigen Wortlaut des § 111a VI S 2 nur bis zur Erledigung der Eintragung, einbehalten werden (ebenso nach Nr 6.2.3 RiBA); anders nach Art 42 I a Weltabkommen 1968: bis zum Verlassen der BRep. Nach Art 42 I c Weltabkommen 1968 ist die Eintragung des gen Vermerks zwar nur bei internat FSch vorgesehen, insoweit hat sich die BRep jedoch die Handhabung nach ihrem geltenden R vorbehalten.

9. Registrierung. Die AO nach § 111a wird gem § 13 I 2i StVZO im VZR 15
registriert.

10. Entschädigung. Ungerechtfertigte vorl Entz kann **Entschädigungsan-** 16
sprüche auslösen (vgl §§ 2 ff StrEG; Janiszewski 764 ff); uU selbst dann, wenn von endgültiger Entz nur abgesehen wird, weil die vorl unverhältnismäßig lange

gedauert hat (BayObLG VRS 71, 386). – Zum **Ausschluss** der Entschädigung nach § 5 StrEG s Janiszewski 766; grobe Fahrlässigkeit iS von § 5 II S 1 StrEG liegt idR vor bei nicht unerheblichem Alkoholkonsum (ab 0,8‰; s Janiszewski 768 mwN; BayObLG DAR 89, 427; uU schon bei 0,5‰: LG Düsseldorf DAR 91, 272; Hentschel-König 12), Einnahme von Cannabisprodukten vor Fahrtantritt (BayObLG NZV 94, 285; OLG Düsseldorf DAR 94, 502) u bei sonstigem unbesonnenen Verhalten, das den Verdacht einer VStraftat heraufbeschwört (vgl OLG Düsseldorf NZV 89, 364) u bei Nachtrunk (OLG Nürnberg NStZ-RR 97, 189). Keine Entschädigung, wenn von der Entziehung nur deshalb abgesehen wird, weil die Voraussetzungen nicht mehr zum Zeitpunkt des Urteils vorliegen (OLG Düsseldorf DAR 01, 38).

# 6. Teil. Schadensersatzrecht des BGB

Vor § 249 BGB

Übersicht

	Rn
1. Kausalität, Zurechnung	1
a) Kausalität	2
aa) Zivilrecht – Sozialrecht	2
(1) Unfallversicherung	3
(2) Dienstrecht	4
(3) Zivilrecht	5
bb) Haftungsbegründende Kausalität	6
cc) Haftungsausfüllende Kausalität	8
dd) Außergerichtliche Regulierung – Prozess	10
b) Verletzungsvermittlung	12
c) Unfallfremde Schadensanfälligkeit	14
aa) Sozialrecht	15
bb) Dienstrecht	18
cc) Zivilrecht	19
d) Prozessuale Darlegung	23a
e) Überholende Kausalität, Reserveursache	24
f) Teilkausalität	26a
g) Sowieso-Kosten	26d
h) Rechtmäßiges Alternativverhalten	27
i) Zurechnungszusammenhang	29
aa) Eigener Aufgabenkreis	31
bb) Neuer Gefahrenkreis	32
cc) Allgemeines Lebensrisiko	35
dd) Geringfügigkeit, Unangemessenheit	38
ee) Psyche	40
ff) Höhere Gewalt	42
gg) Verletzung – Tod	43
j) Fehlverhalten Dritter	44
aa) Zweitschädiger, Gesamtschuld	47
bb) Arzt	49
cc) Straßensperre	53
dd) Straftat	56
k) Hilfeleistung	57
aa) Selbstschädigung	58
bb) Unfallversicherungsschutz	61a
cc) Schadenvergrößerung	62
l) Verfolgung	65
m) Beziehungskrise	68
n) Verkehrsgetümmel und Provokation	70
aa) Haftung	70
bb) Deckung	73
2. Schadenersatz	76
a) Differenzhypothese	76b

	Rn
b) Rechtsgutverletzung	77
aa) Materieller – immaterieller Schaden	77a
bb) Sachschaden	78
cc) Verlust	80
dd) Eigentumsverletzung	81
ee) Eingriff in den eingerichteten Gewerbebetrieb	84
ff) Körperschaden	87
(1) Begriff	88
(2) Psychisch vermittelter Schaden	90
(3) Anderweitige Folgen, Fernwirkung	92a
(4) Begehrensneurose	93
(5) Bagatelle	94
(6) Nachweis	96
(7) HWS-Verletzung	101
(8) Tinnitus	108
(9) PTBS	108b
(10) Verbitterungsstörung	108d
(11) Verletzungsverdacht	109
(12) Nasciturus	113
c) Schock-/Fernwirkungsschaden	122a
aa) Mittelbare gesundheitliche Einwirkung	123
bb) Voraussetzungen	125
cc) Haftungseinwände	134
dd) Arbeits-/Dienstunfall	136
ee) Eigenes Fehlverhalten	139
d) Nutzlose/vergebliche Aufwendungen	140
e) Mittelbarer Schaden	142
aa) Ausnahmetatbestände	143
bb) Reflexwirkung	145
3. Fälligkeit	148a
4. Einstweiliger Rechtsschutz	149
5. Anspruchsteller	150a
6. Anspruchsgegner	151
a) Schadenersatzpflichtiger	152
b) Versicherungsnehmer	156
c) Gesamtschuldner	158
aa) Mehrfachversicherung, Doppelversicherung	159
bb) Verjährung	160
cc) Spätere Schädigungshandlung	161
dd) Innenausgleich	163
d) Haftpflichtversicherer	164
aa) Direktklagemöglichkeit	164
bb) Gesamtschuldnerausgleich	166
cc) Versichererinsolvenz	167
dd) Deckungssummenüberschreitung	169a
e) Drittleistungsträger	170
aa) Sachschaden	170
bb) Körperschaden	173
cc) Schutzbriefversicherer	177
dd) Kaskoversicherer	178
f) Fahrerschutz-Versicherung (Fahrer-Kasko)	180
aa) Schadenversicherung	181

Vorbemerkung zu § 249 BGB   **Vor § 249 BGB**

	Rn
bb) Anspruchsberechtigung	184
cc) Deckung	186
(1) Eintrittspflicht	186
(2) Unfallereignis	187
(3) Fahrzeuglenker	190
(4) Leistungsvolumen	191
(5) Leistungsbegrenzungen	192
(6) Kein Versicherungsschutz	193
(7) Versicherungsschutzversagung	196
dd) Leistung	198
(1) Fiktiver Schadenersatzanspruch	198
(2) Schadenminderung, Vorteilsausgleich	202
ee) Subsidiarität	206
ff) Verjährung	212
gg) Forderungswechsel	214
(1) Forderungsübergang	214
(2) Haftungsausschluss	215
g) Finanzamt	216
h) Arbeitgeber	217b
i) Opferschutz	218
aa) Vorleistung	218
bb) Opferentschädigungsrecht	219
cc) Verkehrsopferhilfe (VOH)	224
dd) Freiwillige Leistungen	231
ee) Terrorakt	233a
ff) Tumult	233b
j) Auslandsbezug	234
7. Massenunfall	236
a) Gemeinsame Regulierungsaktion	238
aa) Voraussetzung	239
bb) Lenkungskommission	243
cc) Beteiligte ohne Mitgliedschaft im GDV	245
b) Regulierende Versicherer	246
aa) Ansprechpartner	246
bb) Schadenfreiheitsrabatt	248
c) Regulierung	249
aa) Direktanspruch	249
(1) Allgemeines	249
(2) Halter und Fahrer	251
(3) Insassen	255
bb) Drittleistungsträger	256
cc) Kaskoversicherer, Schutzbriefversicherer	258
8. Forderungsübergang	260
a) Schadenregulierungsprinzip	261
aa) Einleitung	262
bb) 1. Schritt	263
cc) Zwischenschritt	265
dd) 2. Schritt	266
b) Sachschaden	267
c) Personenschaden	269
aa) Uneinheitliches System	270
bb) Maßgebliche Übergangsnorm	274

	Rn
cc) Kongruenz	275
dd) Falschleistung	278
d) Rechtshandlungen des Verletzten	279
e) Anspruchsgrundlagen für Drittbetroffene	283
aa) Forderungsübergang	284
bb) Eigener originärer Anspruch	285
cc) Gewillkürte (freiwillige) Abtretung	286
dd) Bereicherungsrecht	289
ee) Drittschadensliquidation	290
ff) Geschäftsführung ohne Auftrag	292
gg) Eingriff in eingerichteten und ausgeübten Gewerbebetrieb	294
f) Sinn und Zweck von Forderungsübergängen	295
9. Rückforderung, Rückforderungsvorbehalt	296

1 **1. Kausalität, Zurechnung. Zum Thema:** *Hepp* NZV 2012, 257; *Hentschel/König/Dauer-König*, Einleitung Rn 110 f; *Jahnke/Burmann-Müller*, Handbuch des Personenschadensrechts, Kap. 1 Rn 630 ff.

2 **a) Kausalität. aa) Zivilrecht – Sozialrecht.** Im Haftpflichtrecht gelten andere **Kausalitäts-** und **Beweisanforderungen** als im Sozialrecht. Die sozialrechtlichen Kriterien gelten nicht für die zivilrechtliche Auseinandersetzung (BGH SP 2006, 240; BGH NJW-RR 2005, 897). Bejaht beispielsweise ein UVT die Kausalität zwischen Unfall und Schaden, bindet diese Entscheidung nicht den Schädiger, da dessen Verantwortung sich allein nach der zivilrechtlichen Kausalität, korrigiert durch den Zurechnungszusammenhang (siehe vor § 249 BGB, Rn 22, vor § 249 BGB, 29 ff) richtet.

3 **(1) Unfallversicherung.** In der **gesetzlichen Unfallversicherung** gilt die **Theorie der wesentlichen Bedingung** (dazu vor § 249 BGB, Rn 15, vor § 249 BGB, Rn 29).

3a In der **privaten Unfallversicherung** genügt für einen adäquaten Kausalzusammenhang zwischen Unfallereignis und Gesundheitsbeeinträchtigung, dass das Unfallereignis an der eingetretenen Funktionsbeeinträchtigung mitgewirkt hat, wenn diese Mitwirkung nicht gänzlich außerhalb aller Wahrscheinlichkeit liegt. Da eine wesentliche oder richtungsgebende Mitwirkung nicht zu verlangen ist, schließen Vorschäden für sich genommen die Kausalität nicht aus (BGH NJW 2017, 263).

4 **(2) Dienstrecht.** Für das öffentliche Dienstrecht gilt Entsprechendes wie im Sozialrecht (OLG Hamm NZV 2002, 171).

5 **(3) Zivilrecht.** Im zivilen Haftungsrecht gilt die **Adäquanztheorie** (dazu vor § 249 BGB, Rn 19 ff).

6 **bb) Haftungsbegründende Kausalität.** Die Nachweispflicht eines Verletzten erstreckt sich auf Eintritt und Höhe des Schadens (BGH VersR 1970, 903). Er hat den ursächlichen Zusammenhang (haftungsbegründende Kausalität) zwischen schädigendem Verhalten und eingetretener Rechtsgutverletzung nach dem strengen Maßstab des § 286 ZPO nachzuweisen (BGH NZV 2008, 502; BGH NJW 2008, 1381; BGH NJW 2004, 777). Mitursächlichkeit der unerlaubten Handlung reicht aus (BGH NJW 2007, 66; BGH NJW 2006, 2397; OLG Brandenburg NJW-Spezial 2008, 682).

Vorbemerkung zu § 249 BGB **Vor § 249 BGB**

Der **Umstand** der Verletzung („überhaupt verletzt") und der dann daraus resul- 7
tierende **Umfang** der Verletzung (das gilt allgemein und nicht nur für den Bereich
der HWS-Verletzung; siehe zum HWS *Böhm* zfs 2011, 423, 483; *Mergner* NZV
2011, 326) ist vom Anspruchsteller nach § 286 ZPO – und nicht unter den
Beweiserleichterungen des § 287 ZPO – darzulegen und zu beweisen (BGH NJW
2008, 1381; BGH NJW 2004, 777; KG NZV 2005, 470; OLG Celle r+s 2013,
574; OLG München SP 2013, 431) (siehe auch vor § 249 BGB, Rn 101 ff).

Auch wenn **mehrere Verletzungen** vorgetragen werden, gilt hinsichtlich 7a
jeder Verletzung jeweils § 286 ZPO (OLG Dresden NJOZ 2017, 1085). Siehe
auch § 249 BGB, Rn 96 ff.

cc) **Haftungsausfüllende Kausalität.** Erst wenn der erste Verletzungserfolg 8
feststeht, kommt für die Weiterentwicklung (haftungsausfüllende Kausalität) des
Schadens (einschließlich der Frage einer unfallkausalen Verschlimmerung von Vorschäden) dem Verletzten die Beweiserleichterung des § 287 I ZPO zugute, wobei
je nach Lage des Falles eine (deutlich) höhere Wahrscheinlichkeit genügt (BGH
NJW 2008, 1381; BGH NJW 2005, 3275; OLG Hamm VersR 2002, 992; OLG
München r+s 2006, 474).

Die Rechtskraft eines vorausgegangenen **Feststellungsurteils** betreffend die 9
Ersatzpflicht sämtlicher materieller Schäden aus dem Unfallereignis erfasst nicht
die Frage, ob und in welcher Höhe für einen bestimmten Zeitraum ein Schaden
(z.B. Verdienstausfallschaden) dann auch tatsächlich eingetreten ist (BGH NZV
2009, 131; BGH NZV 2005, 519).

dd) **Außergerichtliche Regulierung – Prozess.** Außergerichtliche **Teil-** 10
zahlungen des Haftpflichtigen sind kein Schuldanerkenntnis (OLG Hamm VersR
2017, 372; LG Essen SP 2013, 359; LG Gera r+s 2014, 359; LG Ravensburg SP
2014, 13; LG Saarbrücken NJW 2013, 87; *Eggert* Verkehrsrecht aktuell 2004, 204;
siehe auch OLG Naumburg jurisPR-VerkR 20/2013 Anm. 1 = NJW-RR 2013,
1363).

Stellt jemand die Behauptung auf, bei einem Unfall eine Verletzung erlitten 11
zu haben, folgt nicht bereits aus dem außergerichtlichen Regulierungsverhalten
des Schadenersatzpflichtigen (oder seines Haftpflichtversicherers) zwingend ein
Anerkenntnis oder Geständnis (§ 288 ZPO). Auch die haftungsbegründende Kausalität einer zunächst außergerichtlich nicht ausdrücklich streitig gestellten Grund-
verletzung kann **anschließend** prozessual vom Unfallverursacher durchaus
bestritten und die Beweislast für eine Verletzung Behauptenden gestellt werden (BGH NJW 2001, 2550; KG NZV 2011, 442; OLG Düsseldorf BeckRS
2008, 11859; OLG Hamm r+s 2003, 434; OLG Hamm VersR 2002, 992; LG
Saarbrücken NJW 2013, 87; LG Stade SP 2009, 250).

Zu den Voraussetzungen eines konstitutiven Schuldanerkenntnisses in Abgren- 11a
zung zu einem deklaratorischen Schuldanerkenntnis siehe *Duchstein* jurisPR-
VerkR 20/2014 Anm. 4.

Siehe auch vor § 249 BGB, Rn 37b, vor § 249 BGB, Rn 96 ff, § 249 BGB, **11b**
Rn 433b.

b) **Verletzungsvermittlung.** Der unmittelbare Gesundheitsschaden eines 12
Dritten kann auch durch Verletzung einer anderen Person vermittelt werden (z.B.
durch Infektion, bei Schwangerschaft). Voraussetzung ist, dass schon im Zeitpunkt
der haftungsbegründenden Handlung eine personenrechtliche Sonderbeziehung
(Kind, Ehepartner, uU auch nicht-ehelicher Partner) des Dritten zum Verletzten

bestanden hat, die bei wertender Betrachtung seine Einbeziehung in den Schutzbereich der Haftungsnorm rechtfertigt (BGH NJW 2005, 2614; BGH NJW 1991, 1948).

13 Im Ausnahmefall stehen einem geschädigt zur Welt gekommenen Kind (z.B. Infektion der Kindesmutter vor Zeugung [BGH NJW 1972, 1126; BGH NJW 1953, 417]) auch dann Ansprüche zu, wenn es zur Zeit der gegen seine Mutter begangenen Verletzungshandlung noch nicht einmal als Leibesfrucht existent war. Das gilt allerdings nicht für die Eintrittspflicht der gesetzlichen Unfallversicherung (BSG NJW 2002, 312; BSG NJW 1986, 1589 [BVerfG NJW 1988, 757]). Siehe ergänzend vor § 249 BGB, Rn 113 ff.

14 **c) Unfallfremde Schadensanfälligkeit.** Im Haftpflichtrecht gelten andere Kausalitäts- und Beweisanforderungen als im Sozialrecht.

15 **aa) Sozialrecht.** Ist der Unfall nicht die eigentliche Schadensursache, sondern ein schon bestehender Vorschaden, eine schicksalsbedingte Schadensanfälligkeit oder eine vorbestehende psychische Labilität, führt zwar im gesetzlichen Unfallversicherungsrecht (BSG FamRZ 2004, 1198; BSG VersR 2000, 789; BAG NZV 2004, 627; BGH SP 2006, 240; BGH NJW-RR 2005, 897; *Dahm* jurisPR-SozR 19/2013, Anm. 3; *Plagemann* VersR 1997, 9) uU die **Lehre von der wesentlichen Bedingung** wegen Verneinens einer Kausalität zu einem Ausschluss der Leistungspflicht des zuständigen SVT.

16 Das Erfordernis der **haftungsbegründenden Kausalität** soll den Unfallversicherungsschutz auf solche Unfälle begrenzen, die wesentlich durch das versicherte Risiko ausgelöst wurden. Haben mehrere Ursachen zum Eintritt eines Unfalles wesentlich beigetragen, ist auch dann ein Arbeitsunfall anzunehmen, wenn nur eine dieser Ursachen der versicherten Tätigkeit zuzurechnen ist. Tritt dagegen diese Ursache gegenüber den anderen Ursachen deutlich zurück, bleibt sie als rechtlich unwesentlich außer Betracht und es liegt kein Arbeitsunfall (in diesem Betrieb) vor (BSG BSGE 96, 196; HessLSG BeckRS 2011, 74299).

17 Durch das Unfallgeschehen muss sodann ein Gesundheitsschaden beim Geschädigten eingetreten sein (**haftungsausfüllende Kausalität**). Dieses ist dann der Fall, wenn das Unfallereignis die wesentliche Ursache gewesen ist (BAG NZV 2004, 627). Als (Mit-)Ursachen für einen Unfall sind unter Abwägung ihres verschiedenen Wertes nur jene Bedingungen anzusehen, die wegen ihrer besonderen Bedeutung für den Erfolg zu dessen Eintritt wesentlich beigetragen haben. Dabei ist im Einzelfall auf die Auffassung des praktischen Lebens abzustellen (BSG BSGE 12, 242). Es genügt für die Kausalbeziehungen zwischen dem unfallbringenden Verhalten und der Krankheit bzw. Verletzungsfolgen der **Beweismaßstab** der hinreichenden Wahrscheinlichkeit, der dann gegeben ist, wenn mehr für als gegen den Ursachenzusammenhang spricht (BSG BSGE 32, 203).

18 **bb) Dienstrecht.** Dieselben Aspekte wie im Sozialrecht gelten für das öffentliche Dienstrecht (OLG Hamm NZV 2002, 171).

19 **cc) Zivilrecht.** Nach der für das Zivilrecht geltenden **Adäquanztheorie** ist jede Bedingung, die nicht hinweggedacht werden kann, ohne dass der Erfolg entfiele, ursächlich für Unfallereignis und dessen Folgen.

20 Im Haftungsrecht ist entscheidend, ob es auch ohne Unfall zu dieser gesundheitlichen Entwicklung gekommen wäre (BGH NJW 2012, 2964; BGH SP 2006, 240; BGH NJW-RR 2005, 897; BGH VersR 2002, 200): Der Schädiger haftet auch dann, wenn der Unfall der letzte Tropfen gewesen ist, der das Fass zum

Vorbemerkung zu § 249 BGB   **Vor § 249 BGB**

Überlaufen gebracht hat (BGH NJW 1998, 813). Der Schädiger hat keinen Anspruch darauf, so behandelt zu werden, als ob er einen Gesunden verletzt oder getötet hätte, und muss es daher hinnehmen, wenn der Schaden nur deshalb besonders groß ist, weil er das Pech hatte, auf einen gesundheitlich bereits zuvor geschwächten Menschen zu treffen (BGH NJW 1998, 813; BGH NJW 1998, 810; BGH NJW 1996, 2425; OLG Hamm NZV 2014, 462; OLG Rostock DAR 2006, 278). Den Schädiger entlastet nicht, wenn er auf eine Konstitution (**unfallfremde Schadensanfälligkeit**) eines Unfallbeteiligten trifft, die den Schadenseintritt erleichtert oder vergrößert (BGH NJW 1998, 810; BGH VersR 1964, 49). Die Einstandspflicht trifft den Schädiger auch dann, wenn der Schaden auf einem Zusammentreffen körperlicher Vorschäden und den Unfallverletzungen beruht (BGH NJW-RR 2005, 897).

Wer einen gesundheitlich schon geschwächten Menschen verletzt, kann zwar nicht verlangen so gestellt zu werden, als wenn der Betroffene gesund gewesen wäre (BGH NJW-RR 2005, 897), die unfallfremden Faktoren können allerdings für **Dauer und Höhe** des Schadenersatzanspruches (u.a. unter dem Aspekt der überholenden Kausalität oder des eingeschränkten körperlichen und psychischen Leistungsvermögens) von Bedeutung sein. 21

Bejaht man zivilrechtlich eine **adäquate Kausalität,** tritt (da die Anwendung der Adäquanztheorie zu einer uferlosen Ausweitung der Haftung führen würde) als korrigierendes Moment dann aber der **Zurechnungszusammenhang** hinzu, ergänzt durch Einschränkungen nach dem **Schutzzweck der Norm.** In aller Regel kommen Zivilrecht und Sozialrecht – wenn auch mit verschiedenen Ausschlusskomponenten – letztlich zum selben Ergebnis (siehe vor § 249 BGB, Rn 29 ff, vor § 249 BGB, Rn 36a). 22

Der Schädiger haftet auch, wenn eine bislang beschwerdefreie Arthrose durch das Unfallereignis aktiviert wurde; beschränkt aber auf diejenigen Schäden, die infolge der vorzeitigen Verschlechterung der Arthrose eingetreten sind (OLG Naumburg SP 2011, 359). 23

d) Prozessuale Darlegung. Ein beauftragter medizinischer Sachverständiger muss eine möglichst genaue Kenntnis vom Gesundheitszustand vor dem Unfall haben. Der Sachverständige hat daher vorhandene bildgebende Untersuchungsbefunde aus der Zeit vor dem Unfall sowie die Krankenunterlagen und gegebenenfalls das Vorerkrankungsverzeichnis der Krankenkasse beizuziehen (OLG München jurisPR-VerkR 19/2012 Anm. 3; OLG München BeckRS 2011, 22232; OLG München BeckRS 2011, 10021; OLG Saarbrücken MDR 2003, 1250). Das kann sich auch zugunsten des Geschädigten auswirken: Vorschäden können uU die Verletzbarkeit erhöhen (für Haftung des Schädigers reicht Mitursächlichkeit des Unfalls aus); auch kann eventuell ein Vorschadenverdacht durch das Vorerkrankungsverzeichnis ausgeschlossen werden. Zum Thema siehe *Jahnke/Burmann-Lemcke*, Handbuch des Personenschadensrechts, Kap. 2 Rn 123; siehe ergänzend § 249 BGB, Rn 354 ff, § 249 BGB, Rn 517 ff. 23a

e) Überholende Kausalität, Reserveursache. Führt eine Ursache (z.B. Verkehrsunfall) den Erfolg herbei und verhindert damit, dass eine andere – auch hypothetisch zu betrachtende – Kausalkette (z.B. schwere Erkrankung, konjunktureller Arbeitsplatzverlust) sich ganz oder teilweise früher oder später auswirkt, kann die Ersatzpflicht gemindert oder ausgeschlossen sein (BGH VersR 1995, 681). Soweit insbesondere Erwerbsschäden, Heilkostenbedarf und vermehrte Bedürfnisse infolge einer bereits vorhandenen Erkrankung bzw. Disposition auch ohne 24

Jahnke 1181

BGB Vor § 249

das schadenstiftende Ereignis zu einem bestimmten Zeitpunkt ganz oder teilweise eingetreten wären (sog. Reserveursache), ist die Schadensersatzpflicht auf diejenigen Nachteile beschränkt, die durch den früheren Schadenseintritt bedingt sind (BGH NJW 2016, 3785; BGH NJW 1985, 676). Siehe auch § 252 BGB, Rn 4a.

25 Der Schädiger hat zu beweisen, dass sich ein hypothetischer Kausalverlauf bzw. eine Reserveursache ebenso ausgewirkt haben würde, wie der tatsächliche Geschehensablauf (BGH NJW 2016, 3522; BGH NJW 2005, 2072). Auch dem beweispflichtigen Schädiger kommen die **Beweiserleichterungen** der § 252 BGB, § 287 ZPO zugute (BGH NJW 2016, 3785; BGH NJW 1998, 810; OLG Hamm NZV 2002, 171). Auch dann, wenn es nicht gelingt, die hypothetische Kausalität nachzuweisen, ist im Rahmen einer Prognose bei der Ermittlung des Verdienstausfalles zu berücksichtigen, wie sich der weitere Lebensweg des Geschädigten unter Berücksichtigung der Vorerkrankungen gestaltet hätte.

26 Werden anlässlich der unfallkausalen Untersuchung **anderweitige Erkrankungen** oder Umstände (z.B. Verfehlungen) **aufgedeckt,** die ihrerseits zu Vermögenseinbußen (z.B. Arbeitsplatzverlust) führen, sind diese Schäden nicht zu ersetzen (BGH NJW 1968, 2287).

26a **f) Teilkausalität. Zum Thema:** *Jahnke/Burmann-Jahnke/Burmann,* Handbuch des Personenschadensrechts, Kap. 2 Rn 310 f.

26b Eine Mitursächlichkeit, und sei es auch nur im Sinne eines Auslösers neben erheblichen anderen Umständen, steht der Alleinursächlichkeit grundsätzlich haftungsrechtlich in vollem Umfang gleich (BGH NJW-RR 2014, 1118; BGH VersR 2010, 627; BGH NJW 2000, 3423; OLG Hamm NZV 2014, 462).

26c Eine Ausnahme gilt wenn feststeht, dass der Behandlungsfehler nur zu einem **abgrenzbaren Teil** des Schadens geführt hat (abgrenzbare Teilkausalität) (BGH NJW-RR 2014, 1118; VersR 2014, 1130). Erforderlich ist, dass sich der Schadensbeitrag der schädigenden Handlung einwandfrei von dem anderen Schadensbeitrag – etwa einer Vorschädigung des Verletzten – abgrenzen und damit der Haftungsanteil des Täters bestimmen lässt (BGH NJW-RR 2014, 1118; BGH BeckRS 2007, 18609; BGH NJW 2005, 2072). Andernfalls verbleibt es bei der Einstandspflicht für den gesamten Schaden, auch wenn dieser durch andere, schicksalhafte Umstände wesentlich mitverursacht worden ist (OLG Schleswig OLGR Schleswig 2005, 273).

26d **g) Sowieso-Kosten.** Ergibt sich aus dem unfallverursachenden Fehlverhalten kein Vermögensnachteil für den Verletzten, weil alternativ sicher anfallende Kosten (z.B. einer stationär vorzunehmenden Therapie) die als Schaden geltend gemachten Behandlungskosten in jedem Fall überstiegen hätten, besteht kein Ersatzanspruch (OLG Hamm BeckRS 2016, 20260).

27 **h) Rechtmäßiges Alternativverhalten.** Der Einwand eines hypothetischen Kausalverlaufs bei rechtmäßigem Alternativverhalten (d.h. der Einwand, der Schaden wäre auch bei einer ebenfalls möglichen, rechtmäßigen Verhaltensweise entstanden) setzt die Feststellung voraus, dass das vom Schädiger zu verantwortende Verhalten für den Schaden überhaupt kausal geworden ist (BGH NJW 2017, 1104; BGH NJW 2012, 850). Danach erst betrifft er die uU auftretende Frage, ob die auf der Pflichtverletzung beruhenden Folgen dem Schädiger billigerweise auch zugerechnet werden können (BGH NJW 2003, 295; BGH NJW 1992, 2694; BGH NJW 1996, 311). Voraussetzung ist, dass derselbe Erfolg effektiv

herbeigeführt worden wäre; die bloße Möglichkeit, ihn rechtmäßig herbeiführen zu können, reicht nicht aus (BGH NJW 2017, 1104; BGH NJW 1959, 1316).

Für die den Anspruchsgrund betreffende Frage der Kausalität ist der Verletzte 28 nach allgemeinen Grundsätzen beweispflichtig (abgesehen von den Fällen der Beweislastumkehr z.b. bei grobem Behandlungsfehler). Beim Einwand des rechtmäßigen Alternativverhaltens trägt der Schädiger für seine Behauptung, dass der Schaden auf jeden Fall eingetreten wäre, die **Beweislast** (BGH NJW 1991, 166; BGH VersR 1980, 573). Entsprechendes gilt auch in den Fällen der hypothetischen Kausalität (BGH NJW 1981, 628). Dem Schädiger fällt die Beweislast für entlastenden Vortrag erst dann zu, wenn der Ursachenzusammenhang zwischen Pflichtwidrigkeit und eingetretenem Schaden feststeht (BGH NJW 2012, 850).

i) Zurechnungszusammenhang. Die sozialrechtlichen Korrektive (Theorie 29 der wesentlichen Bedingung, vor § 249 BGB, Rn 15) der **Kausalität** finden ihre zivilrechtliche Entsprechung im Zurechnungszusammenhang. Eine adäquat durch ein Unfallgeschehen herbeigeführte Schadenfolge ist dann nicht ersatzfähig, wenn es am Zurechnungszusammenhang fehlt. Der Ursachenzusammenhang setzt neben einer rein naturwissenschaftlichen Betrachtung (Äquivalenz: Welcher Umstand kann nicht hinweggedacht werden, ohne dass der Erfolg entfällt?) und einer Einschränkung durch eine nachträgliche objektive Prognose (Adäquanz: Welcher Schadenseintritt liegt außerhalb jeder Wahrscheinlichkeit?) auch eine juristisch wertende Betrachtung voraus, um eine allzu ausufernde Haftung sinnvoll zu begrenzen (u.a. Schutzbereich der Norm) (LG Duisburg BeckRS 2016, 03526).

Eine Haftung tritt aus § 7 StVG erst dann ein, wenn das Schadensereignis 29a dem Betrieb eines Kfz nach dem Schutzzweck der Gefährdungshaftung auch zugerechnet werden kann (BGH NJW 2015, 1311). An diesem Zusammenhang fehlt es, wenn die Schädigung nicht mehr eine spezifische Auswirkung derjenigen Gefahren ist, für die die Haftungsvorschrift den Verkehr schadlos halten will (BGH NJW 1990, 2885). Soweit BGH NJW 2014, 1182 die Betriebshaftung damit begründen will, andernfalls liefe die Haftung aus § 7 I StVG leer, wenn *„unabhängig von einem Betriebsvorgang allein ein technischer Defekt einer Betriebseinrichtung"* einen Schaden verursacht, überzeugt dies nicht: Die Norm läuft bei bloßen technischen Defekten von Betriebseinrichtungen nicht leer, sondern sie erfasst sie schlichtweg nicht (LG Köln v. 5.10.2017 – 2 O 372/16).

Eine Haftung des Schädigers entfällt, wenn der **haftungsrechtliche Zurech-** 30 **nungszusammenhang** zu verneinen ist. Dieser Zusammenhang bildet diejenige Grenze, bis zu der die Haftung reicht, und von der ab dem Schädiger die Haftung billigerweise nicht mehr zugemutet werden kann. Allgemein verbindliche Grundsätze, in welchen Fällen ein solcher Zurechnungszusammenhang bejaht oder verneint werden muss, lassen sich nicht aufstellen; es kommt letztlich auf eine wertende Betrachtung der jeweiligen Einzelfallumstände an (BGH NJW 2013, 1679). Schäden an einem Drittfahrzeug durch einen Rettungshubschrauber aufgewirbelte Gegenstände sind dem Verursacher des Unfalles, der den Hubschraubereinsatz veranlasst hat, nicht zuzurechnen (OLG München r+s 2013, 568). Kein Zurechnungszusammenhang besteht, wenn der Geschädigte einen Bandscheibenvorfall erleidet, weil er sich wegen der Nachricht von der unfallbedingten Beschädigung des eigenen Fahrzeuges ruckartig umdreht (OLG Stuttgart NJW-RR 2013, 539). Der Zurechnungszusammenhang zwischen psychischen Erkrankungen und dem Unfallgeschehen entfällt, wenn der Geschädigte den Unfall lediglich

BGB Vor § 249   Schadensersatzrecht des BGB

zum Anlass nimmt, um den Schwierigkeiten des Erwerbslebens auszuweichen oder sich das Schadensereignis selbst als Bagatelle darstellt (BGH VersR 2015, 590).

31   **aa) Eigener Aufgabenkreis.** Der haftungsrechtliche Zusammenhang zwischen Unglück und Schaden fehlt, wenn sich jemand **von Berufs wegen** (z.B. Feuerwehr, Polizei, Sanitäter; siehe *Brose* VersR 2014, 1172) zu einer Unglücksstelle begibt (LG Duisburg BeckRS 2016, 03526) und dabei verletzt wird (OLG Celle VersR 2006, 1376).

32   **bb) Neuer Gefahrenkreis.** Der haftungsrechtliche Zusammenhang fehlt, wenn nicht der Unfall selbst, sondern erst nachträgliche Ereignisse, durch die ein neuer Gefahrenkreis eröffnet wird (BGH NJW 2015, 1311; BGH NJW 1990, 2885), zur Rechtsgutverletzung führen (z.B. Herzinfarkt infolge der Aufregung über die polizeiliche Unfallaufnahme [BGH NJW 1989, 2616; OLG Celle SP 2011, 287; Schädigung von Tieren durch plötzliche, von einem Kfz ausgehende Lärmentwicklung [BGH NJW 1991, 2568; RGZ 158, 34]; OLG Hamm r+s 2011, 406; siehe auch *Lemcke* r+s 2011, 408], weltanschaulich geprägtes Verhalten [siehe § 254 BGB, Rn 274 ff]). Es ist nicht Aufgabe der Verkehrsvorschriften, einen Unfallbeteiligten vor psychischen oder physischen Belastungen eines etwa gegen ihn gerichteten Ermittlungs- oder Strafverfahrens oder der zivilrechtlichen Regulierung seines Schadens zu schützen; nicht zuletzt im Hinblick auf die Gefährdungshaftung des StVG muss die Verantwortlichkeit von Halter und Fahrer auf solche Schäden beschränkt bleiben, in denen sich gerade die vom Kfz als solchen ausgehenden Gefahren aktualisiert haben (OLG Celle SP 2011, 287; siehe auch AG Ibbenbüren DAR 2014, 330). Treffen bei einem Sturm umstürzende Bäume ein Kfz und wird dabei der Beifahrer verletzt, ist dieses dem Fahrzeugbetrieb nicht zuzurechnen. Gleich gilt, wenn ein Motorrad bei Sturm vor roter Ampel steht und ein umkippender Laternenmast auf den Sozius fällt.

33   Auch der **Verursachungsbeitrag eines Zweitschädigers** (dazu auch vor § 249 BGB, Rn 44 f) kann einem Geschehen eine Wendung geben, die die Wertung erlaubt, dass die durch den Erstunfall geschaffene Gefahrenlage für den Zweitunfall von völlig untergeordneter Bedeutung ist und eine Haftung des Erstschädigers nicht mehr rechtfertigt (BGH NJW 2013, 1679; BGH NJW 2011, 292; BGH NJW 2004, 1375).

34   Wird jemand erst **anlässlich** der **Schadensbegutachtung** verletzt oder getötet, entfällt ein Schadensersatzanspruch (LG Aachen VersR 1985, 1097). Verlässt ein Unfallbeteiligter sein Fahrzeug, um sich über die Unfallfolgen zu informieren, eröffnet er dadurch keinen eigenständigen Gefahrenkreis; stürzt er infolge Eisglätte, verwirklicht sich eine besondere durch den Unfall entstandene Gefahrenlage (BGH NJW 2013, 1679).

35   **cc) Allgemeines Lebensrisiko.** Handelt es sich bei wertender Betrachtungsweise um Verwirklichung des allgemeinen Lebensrisikos, entfällt eine Ersatzpflicht mangels inneren Zusammenhanges zwischen der vom Schädiger geschaffenen Gefahrenlage und dem eingetretenen Schaden (BGH NJW 1989, 2616; BGH VRS 71, 256; OLG Nürnberg NZV 2008, 38). Die Einstandspflicht eines Schädigers erstreckt sich nicht auf solche Folgeschäden seiner unerlaubten Handlung, die bei wertender Betrachtung nicht mehr in einem inneren Zusammenhang mit der Unfallverletzung des Geschädigten stehen, sondern mit dieser nur eine bloß zufällige äußere Verbindung haben und sich deshalb letztlich als Verwirklichung

Vorbemerkung zu § 249 BGB   **Vor § 249 BGB**

eines allgemeinen Lebensrisikos darstellen (BGH NJW 1985, 791; BGH NJW 1957, 1475; BGH NJW 1976, 1143).

Schreckzustände sind dem allgemeinen Lebensrisiko zuzuordnen und unter- **36** fallen nicht dem Schutzzweck der deliktischen Haftung (BGH NJW 2014, 2190; OLG Köln NJW-RR 2000, 760; OLG Oldenburg DAR 2001, 313; OLG Stuttgart NJW-RR 2013, 539; LG Gera SP 2006, 8). Siehe auch vor § 249 BGB, Rn 123.

Durch die Mitteilung belastender Informationen ausgelöste psychische Störun- **36a** gen von Krankheitswert (ohne ICD-Schlüsselung ist ein Gutachten nicht brauchbar; siehe vor § 249 BGB, Rn 108b f) können eine Gesundheitsverletzung i.S.d. § 823 I BGB darstellen (BGH NJW 2014, 2190 m.w.H.). Die Schadensersatzpflicht wird dabei allerdings (unabhängig davon, auf welche Bestimmung die Haftung gestützt wird) durch den **Schutzzweck der Norm** begrenzt (BGH NJW 2012, 2024; BGH NJW 2010, 2873; BGH NJW 1958, 1041). Eine Schadensersatzpflicht besteht nur, wenn die Tatfolgen, für die Ersatz begehrt wird, aus dem Bereich der Gefahren stammen, zu deren Abwendung die verletzte Norm erlassen oder die verletzte vertragliche oder vorvertragliche Pflicht übernommen worden ist; ferner muss die verletzte Bestimmung überhaupt den Schutz Einzelner bezwecken und der Verletzte dem geschützten Personenkreis angehören. Die Bestimmung soll nicht nur das verletzte Rechtsgut schützen, sondern den Schutz des Rechtsguts gerade gegen die vorliegende Schädigungsart bezwecken (BGH NJW-RR 2006, 965). Daran fehlt es i.d.R., wenn sich eine Gefahr realisiert hat, die dem allgemeinen Lebensrisiko und damit dem Risikobereich des Geschädigten zuzurechnen ist. Der Schädiger kann nicht für solche Verletzungen oder Schäden haftbar gemacht werden, die der Betroffene in seinem Leben auch sonst üblicherweise zu gewärtigen hat (BGH NJW 2007, 2764; BGH NJW 1972, 904; BGH NJW 1968, 2287; BGH NJW 1971, 198), was wertend zu bestimmen ist (BGH NJW 2014, 2190; BGH NJW 2003, 2311; BGH NJW 1989, 768; BGH NJW 1986, 1329). Schäden, die auch beim rechtmäßigen Verhalten des Schädigers entstanden wären, werden vom Schutzzweck einer Norm grundsätzlich nicht erfasst.

Den **Schutzzweck der Norm** kann auch die Haftung im Rahmen des § 823 **36b** II BGB begrenzen. Voraussetzung ist, dass das verletzte Schutzgesetz gerade eine Person wie den Verletzten vor Schäden wie dem erlittenen schützen soll. Gerade die Vorschriften der StVO und der StVZO sollen nicht vor allen, sondern jeweils vor bestimmten Gefahren des Straßenverkehrs schützen. So dient z.B. das Rechtsfahrgebot (§ 2 II StVO) nur dem Schutz des Gegen- und Überholverkehrs (BGH NJW 1991, 292; BGH VersR 1975, 37), nicht dagegen dem Schutz des die Straße querenden Fußgängers (OLG Köln VersR 1984, 645) oder des linksabbiegenden Gegenverkehrs (BGH NJW 1981, 2301).

Kommt es bei lediglich zufällig anwesenden **Unfallzeugen** zu einer Schädi- **37** gung, die aus der bloßen Anwesenheit bei einem schrecklichen Ereignis herrührt, ist dieses dem allgemeinen Lebensrisiko zuzuschlagen (BGH NJW 2007, 2764). Eine Haftpflicht des Unfallverursachers kann nur dann in Betracht kommen, wenn der Geschädigte als unmittelbar am Unfall Beteiligter infolge einer auf dieser Beteiligung beruhenden psychischen Schädigung eine schwere Gesundheitsstörung erleidet (BGH VersR 2015, 590; BGH NJW 2015, 1451; BGH NJW 1993, 589; BGH NJW 1991, 2347), da in diesem Fall der Schädiger dem Geschädigten die Rolle eines unmittelbaren Unfallbeteiligten aufgezwungen hat (BGH NJW 1986, 777).

38 **dd) Geringfügigkeit, Unangemessenheit.** Eine Zurechnung entfällt beim Körperschaden, wenn das Schadensereignis ganz **geringfügig** ist und nicht gerade speziell auf die Schadensanlage des Verletzten trifft (BGH VersR 1998, 201).

39 Nicht zu ersetzen sind Folgen **unangemessener Erlebnisverarbeitung,** die, auch wenn das Unfallereignis bedrohlich gewirkt hat, im Missverhältnis zu einem Verkehrsunfall, wie er täglich vorkommen kann, außer Verhältnis stehen (OLG Nürnberg VersR 1999, 1117; LG Gera SP 2006, 8; AG Betzdorf SP 2009, 401; *Jahnke* jurisPR-VerkR 11/2010 Anm. 4). Der Zurechnungszusammenhang fehlt, wenn ein Herzinfarkt erst durch die Auseinandersetzungen mit dem Unfallgegner im Zuge der polizeilichen Unfallaufnahme ausgelöst wurde (BGH NJW 1989, 2616; siehe auch OLG Nürnberg VersR 1999, 1117).

40 **ee) Psyche.** Der haftungsrechtliche Zurechnungszusammenhang kann dann fehlen, wenn sich aus einer unfallbedingten Bagatellverletzung psychische Folgewirkungen entwickeln (BGH VersR 2015, 590). Zum Bagatellvorwurf siehe vor § 249 BGB, Rn 94 ff. Zu den anwaltlichen Pflichten bei Geltendmachung eines Verkehrsunfallschadens, wenn eine psychische Schädigung des Mandanten in Betracht kommt, siehe BGH NJW 2013, 2965.

41 Der haftungsrechtliche Zusammenhang kann ausnahmsweise dann zu bejahen sein, wenn der Verletzte selbst aufgrund der schweren Verletzungen in den **Selbstmord** getrieben wird; eine nur psychische Belastung eines **Angehörigen** des Unfallopfers reicht bei seinem Suizid nicht aus. Neben Verkehrsunfällen (OLG Hamm r+s 1997, 65) waren Mobbing (BGH NJW 2002, 3172; OLG Stuttgart VersR 2004, 786) und fehlende Aufsicht bei stationärer Behandlung (BGH NJW 1986, 775; BGH NJW 1958, 1579) Gegenstand der Rechtsprechung (siehe ergänzend *Jahnke,* Unfalltod und Schadensersatz, § 2 Rn 163 ff, *Harrer/Mitterauer* VersR 2007, 579).

42 **ff) Höhere Gewalt.** Außergewöhnliches Verhalten kann höhere Gewalt (§ 7 II StVG) darstellen (dazu vor § 249 BGB, Rn 56).

43 **gg) Verletzung – Tod.** Fehlt der haftungsrechtliche Zusammenhang zwischen Verletzung und Tod, gehen zwar die dem unmittelbar Unfallbeteiligten selbst entstandenen Sach- und Personenschäden auf die Erben über, Schadenersatzansprüche etwaiger unterhaltsberechtigter Dritter entstehen aber nicht. Entsprechendes gilt für Beerdigungskosten, Hinterbliebenengeld und entgangene Dienste.

44 **j) Fehlverhalten Dritter.** Ein in den Kausalverlauf eingreifendes Fehlverhalten Dritter, insbesondere bei der Schadensbeseitigung, unterbricht den Zurechnungszusammenhang regelmäßig nicht (BGH NJW 2004, 1375; BGH NJW 2000, 947; BGH NJW 1972, 904; OLG Karlsruhe NZV 1991, 269; OLG Oldenburg VersR 2016, 664).

45 Der für die Bejahung einer Mitverursachung des Schadens durch den Erstschädiger erforderliche Zurechnungszusammenhang fehlt, wenn die von diesem zuerst gesetzte Ursache für den eingetretenen Schaden von **völlig untergeordneter Bedeutung** gewesen ist, weil ein nachfolgendes Verhalten dem zum Schadenseintritt führenden Geschehen eine völlig neue Wendung gegeben hat (BGH NJW 2015, 3373; BGH NJW 2011, 292). Ein Schaden ist dann nicht mehr zurechenbar verursacht, wenn der Verletzte oder ein Dritter in ungewöhnlicher oder unsachgemäßer Weise in das in Gang gesetzte Geschehen eingreift, da unter solchen Voraussetzungen zwischen den beiden Schadensbeiträgen bei wertender Betrachtung nur ein äußerlicher, gleichsam zufälliger, Zusammenhang besteht und dem Erstschädi-

Vorbemerkung zu § 249 BGB **Vor § 249 BGB**

ger ein Einstehenmüssen auch für diese Folgen deshalb billigerweise nicht mehr zugemutet werden kann (BGH NJW 2012, 2024; BGH NJW 1998, 138; BGH NJW 1997, 865; BGH NJW 1989, 767; BGH BGHZ 3, 261; OLG Düsseldorf NZV 1989, 114). Das ist nicht nur für ärztliche oder anwaltliche Fehler entschieden (BGH NJW 1993, 2797; BGH NJW 1989, 767; BGH VersR 1968, 773, RG RGZ 140, 1, RG RGZ 102, 230), sondern dieser Grundsatz gilt allgemein und für das gesamte Schadensrecht (BGH BGHZ 3, 261; BGH VersR 1977, 325; BGH VersR 1977, 519; siehe auch BGH NJW 1985, 791; BGH NJW 1992, 1381; BGH NJW 1997, 865). Zum **Reflexschaden** siehe vor § 249 BGB, Rn 145 ff. 46

aa) **Zweitschädiger, Gesamtschuld.** Der Verursachungsbeitrag eines Zweit- 47 schädigers kann einem Geschehen eine Wendung geben, die die Wertung erlaubt, dass die durch den Erstunfall geschaffene Gefahrenlage für den Zweitunfall von völlig untergeordneter Bedeutung ist und eine Haftung des Erstschädigers nicht mehr rechtfertigt (z.B. Zweitunfall, weil dessen Verursacher ordnungsgemäße und ausreichende **Absicherungsmaßnahmen** nicht beachtet, die nach einem die Fahrbahn versperrenden oder verengenden Erstunfall getroffen worden sind [BGH NJW 2011, 292; BGH NJW 2004, 1375; BGH VersR 1969, 895]; mit polizeilicher Unfallaufnahme darf Verkehrsteilnehmer davon ausgehen, dass die notwendigen Sicherungsmaßnahmen veranlasst werden [LG Dortmund NJW-RR 2007, 1321]).

Es kann **gesamtschuldnerische Haftung** zwischen Erst- und Folgeschädiger 48 bestehen. Wird z.B. eine auf der Straße liegende Person **mehrfach überrollt,** haftet derjenige, der diesen Lagezustand verantwortlich verursachte, auch für den durch späteres Überfahren eingetretenen Tod selbst dann, wenn sich nicht mehr aufklären lässt, wer denn nun den Tod letztlich herbeiführte (BGH NJW 1979, 544; BGH NJW 1976, 1934; BGH NJW 1969, 2136). § 830 I 2 BGB darf allerdings nicht dazu missbraucht werden, dem Geschädigten weitere, eventuell solventere, Schuldner zu verschaffen (BGH VersR 1985, 268; BGH NJW 1979, 544). Gleiches gilt bei Verletzung beim Krankentransport (BGH VersR 1971, 321).

bb) **Arzt. Ärztliche Fehler** unterbrechen die Kausalität nur, wenn es sich um 49 einen fundamentalen Diagnoseirrtum oder ein Versehen handelt, das in Anbetracht der Eindeutigkeit der Befunde unter keinem denkbaren Gesichtspunkt entschuldbar erscheint (BGH NJW 1989, 768; OLG Hamm r+s 2014, 255; OLG Koblenz NJW 2008, 3006). Der Arzt haftet für seine Fehler ohne Rücksicht auf ein Mitverschulden des Patienten am davor liegenden Haftpflichtereignis (gestuft) gesamtschuldnerisch mit dem Erstschädiger (OLG Hamm NJW 1996, 789; OLG München BeckRS 2011, 26528; siehe aber auch OLG Köln NZV 1997, 357) (zum Gesamtschuldnerausgleich *Jahnke,* Abfindung von Personenschadensansprüchen, § 2 Rn 880 ff). Bei der Abwägung der Schädigerbeiträge anlässlich des Gesamtschuldnerinnenausgleichs kann der Beitrag des Erstschädigers (Unfallverursacher) vollständig hinter den Beitrag des Krankenhauses zurücktreten, wenn der Beitrag des Zweitschädigers wesentlich eher geeignet ist, Schäden der konkreten Art herbeizuführen (OLG Oldenburg VersR 2016, 664).

Bei einer Hepatitis-C-**Infektion** nach einem stationären Krankenhausaufent- 50 halt mit operativem Eingriff hat der Patienten nach § 286 ZPO zu beweisen, dass die Infektion während des stationären Aufenthalts entstanden sein muss, wenn keine hinreichenden Anhaltspunkte für Hygienemängel oder Nichteinhaltung

BGB Vor § 249   Schadensersatzrecht des BGB

fachlich gebotenen Hygienestandards vorliegen (OLG München VersR 2011, 885).

51 Der Zurechnungszusammenhang fehlt, wenn nicht der Unfall, sondern erst eine **ärztliche Fehldiagnose** (OLG Hamm r+s 2006, 394), ärztliche **Behandlungsmaßnahmen** (OLG Hamm VersR 2002, 78) oder die **Mitbehandlung unfallfremder Leiden** (BGH VersR 1968, 773; BGH NJW 1957, 1475) zu einer Gesundheitsverletzung führen (siehe auch BGH NJW 2012, 2024 m.w.N.).

52 Die Pensionierung nach **Entdeckung verborgener unfallfremder Erkrankung** ist dem Schädiger nicht zuzurechnen (BGH NJW 1968, 2287).

53 cc) **Straßensperre.** Wer wegen eines Unfalls die Straße versperrt (**Liegenbleiben des Fahrzeuges**), haftet nicht für solche Schäden, die Dritte durch das Umfahren dieses Hindernisses anrichtet (BGH NJW 1991, 2568; BGH NJW 1972, 904). Beeinträchtigungen und Vermögensschäden von Verkehrsteilnehmern wegen einer auf einem Verkehrsverstoß beruhenden Verkehrsstockung sind entschädigungslos hinzunehmen (BGH NJW 1991, 292; BGH NJW 1983, 1326; BGH NJW 1977, 2264). Siehe vor § 249 BGB, Rn 81 ff, vor § 249 BGB, Rn 145.

54 Werden Straßen und andere Zuwegungen durch verantwortliches Handeln eines Dritten **unpassierbar** und können deswegen Anlieger und Eigentümer ihre Anlagen nicht gewinnbringend nutzen, steht diesen mangels Anspruchsgrundlage kein Schadensersatz zu (BGH NJW 2015, 1174; BGH NJW 1983, 2313; BGH NJW 1971, 886).

55 Grundsätzlich besteht keine Einstandspflicht für Aufwendungen, die Straßenbehörden pp. zur allgemeinen Sicherung bzw. Absperrung der Unfallstelle oder **Umleitung des Verkehrs** betreiben (LG Hof VersR 2011, 913; LG Hamburg VersR 1980, 1031; LG Osnabrück Beschl. v. 28.6.2012 – 5 S 177/12 [AG Meppen v. 26.3.2012 – 8 C 1244/11]; AG Lingen v. 13.6.2012 – 12 C 1225/11; AG Münster v. 23.3.2012 – 4 C 65/12 [bestätigt LG Münster, Hinweis nach § 522 II ZPO v. 1.10.2012 – 03 S 92/12]). Ansprüche aus § 7 StVG, § 823 BGB bestehen nicht, da es am Zusammenhang mit einer Sachsubstanzverletzung fehlt (OLG Oldenburg NZV 1990, 190; AG Schwabach VersR 2011, 1315). Die StVO ist nicht in ihrer Gesamtheit Schutzgesetz iSv § 823 II BGB, auch wenn einzelne Vorschriften zugleich dem Schutz von Individualinteressen dienen (BGH NJW 2004, 356; siehe auch BGH NJW 2012, 2024). Im Übrigen schließt öffentliches Ordnungsrecht die Anwendung der GoA aus (BGH NJW 2004, 513). Maßnahmen, die eine Behörde zur Absicherung einer Unfallstelle oder eines liegen gebliebenen Fahrzeugs in Wahrnehmung einer öffentlichen Aufgabe und zugleich im Interesse des Halters des Fahrzeugs vornimmt, stellen keine Geschäftsbesorgung zugunsten des Haftpflichtversicherers des Halters dar (BGH NJW-RR 2012, 163; BGH NJW 1970, 1841; BGH VersR 1978, 962). Werden durch die öffentliche Hand im Rahmen der Gefahrenabwehr bzw. der sie selbst treffenden Verkehrssicherungspflicht als Straßeneigentümerin Absperr- und Sicherungsmaßnahmen vorgenommen, um Unfälle mit liegen gebliebenen Fahrzeugen zu vermeiden, kann ein privatrechtlicher Aufwendungsersatzanspruch (GoA) in Betracht kommen, für den dann auch Deckung aus der Kfz-Haftpflichtversicherung besteht (BGH NJW-RR 2012, 163).

56 dd) **Straftat.** Führen Straftaten Dritter (z.B. **Steinewerfer** von Autobahnbrücken, Sabotageakt, Autobombe), aber auch Selbstmordversuche (LG Leipzig NZV 2013, 79) zu Schäden (z.B. an Gebäuden oder bei Fahrzeuginsassen), sind diese Schäden, wenn man nicht schon höhere Gewalt (§ 7 II StVG) annimmt, jedenfalls

nicht dem Betrieb des Fahrzeuges zuzurechnen (zum Thema *Berz/Saal* NZV 2003, 198; *Ferner* SVR 2004, 96; *Geigel-Kaufmann* Kap. 25 Rn 96; *König* JR 2003, 255; BGH NJW 2003, 836; BGH NJW 1992, 1381; OLG Frankfurt zfs 2014, 135; OLG Hamm NJW-RR 2005, 393; OLG Köln r+s 1995, 414; OLG München NJW-RR 1991, 924).

k) Hilfeleistung. Hilfeleistung ist eine auch im StGB (§ 323c StGB) verankerte **57** Bürgerpflicht. Mit juristischen Folgen muss derjenige rechnen, der die gebotene Hilfeleistung unterlässt, obwohl es erforderlich und ihm nach den Umständen zumutbar war. Zum Nothelfer siehe *Jahnke* NJW-Spezial 2013, 201; *Loyal* VersR 2013, 966 sowie § 16 StVG, Rn 42.

aa) Selbstschädigung. Kommt ein Nothelfer bei der Hilfeleistung zu Scha- **58** den, können ihm zivilrechtliche Ansprüche (gestützt auf § 823 BGB und nicht auf GoA, siehe § 16 StVG, Rn 48 ff; zu § 7 StVG siehe auch *Diehl* zfs 2015, 435) gegenüber demjenigen zustehen, der diese Notlage **schuldhaft** herbeigeführt und damit die Nothilfe **herausgefordert** hat (OLG Düsseldorf r+s 1995, 251; OLG Karlsruhe VersR 1991, 353). Ereignet sich der Folgeunfall mehrere Kilometer von der Erstunfallstelle entfernt, verwirklicht sich in diesem Fall nur das allgemeine Lebensrisiko, nicht aber ein gesteigertes Risiko eines Erstunfalls (LG Trier SP 2014, 370).

Grundsätzlich steht einem Unfallgeschädigten, der zu einem selbstgefährdenden **58a** Verhalten „herausgefordert" worden ist, gegen den Herausforderer aus dem Gesichtspunkt der deliktischen Haftung nur dann ein Schadenersatzanspruch zu, wenn sein Schaden die Folge einer **Gefahrsteigerung** ist, in die er durch die Herausforderung geraten ist, mithin nur dann, wenn seine Verletzung die Folge eines mit der Geschäftsbesorgung verbundenen tätigkeitsspezifischen gesteigerten Risikos ist (BGH NJW 1993, 2234; OLG Düsseldorf r+s 2015, 256; LG Köln v. 25.4.2013 – 2 O 214/12 – bld.de; LG Trier SP 2014, 370; AG Brandenburg BeckRS 2015, 10376).

Sind **professionelle Helfer** (z.B. Feuerwehr, Sanitäter, Abschleppdienst) zur **59** Hilfe gerade beauftragt, besteht kein Anspruch aus GoA (LG Trier SP 2014, 370). Erlebt jemand als **Zuschauer** einen Unfall mit, resultieren daraus keine Ansprüche (siehe vor § 249 BGB, Rn 36, vor § 249 BGB, Rn 123 ff, ferner § 249 BGB, Rn 458 f).

Eine **Mitverantwortlichkeit** des Hilfeleistenden/Verletzten ist nach allgemei- **60** nem Haftungsrecht zu berücksichtigen (BGH VersR 2001, 76). Auch der Pannenhelfer muss sich im eigenen Interesse umsichtig verhalten und das Risiko, infolge seiner Hilfeleistung selbst verletzt zu werden, möglichst ausschalten (BGH NJW 1981, 760; LG Stuttgart SP 2013, 214; siehe auch BGH NJW 2011, 292). Siehe *Hentschel/König/Dauer-König*, Einleitung Rn 109; *Jahnke/Burmann-Jahnke*, Handbuch des Personenschadensrechts, Kap. 2 Rn 990 ff m.w.H.

Gesetzlicher Unfallversicherungsschutz (und damit Leistungsanspruch gegen- **61** über dem **UVT**) besteht nach § 2 I Nr. 13 lit. a SGB VII. Zum satzungsgemäßen Sachschadenersatz siehe vor § 249 BGB, Rn 172.

bb) Unfallversicherungsschutz. Zum Nothelfer siehe vertiefend *Jahnke/Bur-* **61a** *mann-Jahnke*, Handbuch des Personenschadensrechts, Kap. 1 Rn 1002, 1130 ff, 1484 ff. Siehe auch § 16 StVG BGB, Rn 57.

cc) Schadenvergrößerung. Kommt es durch (nicht professionelle) Helfer zu **62** einer Schadenvergrößerung (z.B. bei Beatmung werden Verletztem Rippen gebrochen, beim Herausziehen des Kfz wird Achse beschädigt), ist deren Verantwortlichkeit analog § 680 BGB auf **grobe Fahrlässigkeit** beschränkt.

63 Anderes gilt für zur Unfallstelle gerufene **professionelle Helfer** (Abschleppdienst, Sanitäter, Notarzt, Feuerwehr), die dem normalen Haftungsmaßstab (§ 276 BGB) unterworfen sind.

64 Ist der Helfer zwar zufällig Arzt, wird er aber als solcher nicht tätig, gilt der Maßstab für „unprofessionelle" Personen (OLG München NJW 2006, 1883).

65 l) **Verfolgung.** Wer sich pflichtwidrig durch Flucht der Festnahme oder Feststellung seiner Personalien durch Polizeibeamte oder anderer befugter Personen entzieht und dadurch Personen Anlass zur Verfolgung gibt, haftet für Schäden der Verfolgenden (BGH NJW 1993, 2234; BGH NJW 1981, 760; BGH VersR 1981, 192; OLG Köln SP 2001, 82; *Kunschert* NZV 1996, 485, *Schwab* DAR 2012, 490), wenn zwischen dem Zweck der Verfolgung und den damit verbundenen Risiken ein **angemessenes Verhältnis** besteht (BGH jurisPR-VerkR 10/2012 Anm. 2 = NJW 2012, 1951; BGH NJW 1996, 1533; OLG Bremen VersR 2000, 1287) und die Rechtsgutverletzung durch die mit der Verfolgung verbundenen **gesteigerten Risiken** eingetreten ist (OLG Düsseldorf SP 1997, 95; OLG Koblenz OLGR 2006, 759; OLG Nürnberg NZV 1996, 411; LG Lüneburg DAR 1999, 550; AG Bremen NZV 2015, 445). Der Anspruchsteller ist hinsichtlich der die Zurechenbarkeit begründenden Tatsachen darlegungs- und beweisbelastet (BGH NJW 2017, 2561; BGH NJW 1981, 570).

66 Die Verantwortlichkeit des Verletzten beschränkt sich auf die gesteigerten Risiken einer Verfolgung. Ein **Mitverschulden** des verletzten Verfolgers an seiner Verletzung ist zu berücksichtigen, wenn die Untragbarkeitsgrenze überschritten ist (BGH NJW 1996, 1533; OLG München DAR 2004, 150; OLG München zfs 1997, 125; LG Aachen zfs 2010, 390). Allgemeines Lebensrisiko während Verfolgung wird dem herausfordernden Schädiger nicht angelastet (KG VerkMitt 1992, 69).

67 Ist die unmittelbare **Verfolgungssituation abgeschlossen** und kommt es anschließend zu einem Unfall des Verfolgers, entfällt regelmäßig der Zurechnungszusammenhang (OLG Nürnberg NZV 1996, 411; LG Dortmund DAR 2012, 463).

68 m) **Beziehungskrise.** Bricht ein Dritter in eine bestehende Beziehung (Ehe, aber auch andere zuvor gefestigte Beziehung) ein, indem er eine intime Beziehung zu einem Partner unterhält, ist eine Verletzungshandlung des anderen Partners nicht durch Notwehr gerechtfertigt. Unterlassungsansprüche sind auf dem Rechtsweg und nicht durch **Selbstjustiz** zu sichern (OLG Köln NJW 1975, 2344; LG Flensburg JurBüro 1988, 320).

69 Die mit dem Eindringen verbundene Provokation des anderen Partners kann aber, wenn dieser handgreiflich wird, schmerzensgeldausschließend wirken und hinsichtlich weiterer materieller Ersatzansprüche (z.B. Heilbehandlungskosten, Verdienstausfall) deutliche Anspruchsminderungen nach sich ziehen (BGH NJW 2002, 2232; OLG Köln NJW-RR 2002, 1392; OLG Köln NJW 1982, 2260; OLG Bremen NJW-RR 2008, 765; LG Paderborn NJW 1990, 260).

70 n) **Verkehrsgetümmel und Provokation. aa) Haftung.** Lassen sich Verkehrsteilnehmer durch ein vorangegangenes Verhalten (z.B. subjektiv empfundenes bewusstes Versperren der Straße durch Fahrzeuge [LG Duisburg SP 2013, 5], Fußgänger und langsam fahrende Radfahrer/Kfz, teilweise auch verbunden mit

Vorbemerkung zu § 249 BGB   **Vor § 249 BGB**

beleidigenden Handlungen) anderer Verkehrsteilnehmer zu schädigenden Handlungen hinreißen (BayObLG VersR 1993, 495; OLG Düsseldorf VRS 87, 116; OLG Saarbrücken NJW 2008, 1166; OLG Saarbrücken zfs 2001, 501; OLG Schleswig DAR 1993, 150), **haften** sie für die Folgen ihres Tuns nach § 823 BGB, §§ 7, 18 StVG.

Der Tatbeitrag des Verletzten kann zur **Anspruchsminderung** (§ 254 BGB, 71 § 9 StVG) und im Einzelfall auch zum Haftungsausschluss führen (BGH NJW 1988, 129; KG NZV 2009, 237; OLG Düsseldorf NJW-RR 1992, 855; OLG Koblenz SP 2013, 136; OLG Saarbrücken NJW 2008, 1166; LG Berlin NJW 1978, 2343; LG Erfurt BeckRS 2011, 10278). Ein aufgebrachter Verkehrsteilnehmer, der verbal einschüchternd gegenüber einem Fahrzeugführer auftritt und Tätlichkeiten gegenüber dem Pkw verübt, muss mit dessen Flucht aus dieser bedrohlichen Situation rechnen. Kommt es bei dem Fortfahren zu Verletzungen des Verkehrsteilnehmers, kann eine Haftung des Fahrzeugführers aufgrund überwiegender eigener Verantwortlichkeit des Geschädigten entfallen (LG Karlsruhe NZV 2016, 579; ähnlich OLG Hamm r+s 1987, 188; siehe auch § 254 BGB, Rn 222).

Beleidigungen zwischen den Fahrzeugführern sind den **Insassen** der jeweiligen 72 Fahrzeuge nicht ohne weiteres zuzurechnen; das gilt umgekehrt auch für Verhalten der Insassen.

bb) Deckung. Der Versicherungsschutz in der privaten (OLG Hamm NJW- 73 RR 2009, 608) und gesetzlichen (LSG Berlin HVBG-Info 1999, 22; LSG Saarland BeckRS 2004, 18225) **Unfallversicherung** kann entfallen.

Nach § 103 VVG entfällt der Versicherungsschutz in der **Kfz-Haftpflichtver-** 74 **sicherung** vollständig (KG v. 10.7.1989 – 12 U 4852/88 – juris; LG Coburg jurisPR-VerkR 6/2008, Anm. 2).

Ist das schädigende Verhalten nicht mehr dem Gebrauch eines Kfz und damit 75 der Kfz-Haftpflichtversicherung zuzurechnen (BGH VersR 1984, 854; OLG Saarbrücken zfs 2001, 501; LG Stuttgart VersR 1980, 473), kann die **private Haftpflichtversicherung** zuständig sein (OLG Saarbrücken NVersZ 2000, 46).

2. Schadenersatz. Die Vorschriften der §§ 249 ff BGB bestimmen als **Scha-** 76 **denersatznormen,** welcher Schaden **der Höhe nach** dem Geschädigten vom Schädiger zu ersetzen ist. §§ 249 ff gelten auch im Bereich der Haftung nach §§ 7 ff StVG sowie der gleichstehenden Normen der speziellen Haftungsgesetze. Zuvor bedarf es der Feststellung einer Verantwortlichkeit **dem Grunde nach** (Vorliegen einer **Haftungsnorm**).

Europarechtlich steht es den Mitgliedstaaten weitgehend frei, Anspruchsbe- 76a rechtigung, Umfang und Grenzen des Schadensersatzes eigenständig zu regeln (EuGH VersR 2014, 617; siehe auch vor § 10 StVG, Rn 14).

a) Differenzhypothese. Ob ein zu ersetzender **Vermögensschaden** vorliegt, 76b ist nach der sog. Differenzhypothese grundsätzlich durch einen Vergleich der infolge des haftungsbegründenden Ereignisses eingetretenen Vermögenslage mit derjenigen, die sich ohne dieses Ereignis ergeben hätte, zu beurteilen (BGH VersR 2017, 1282; BGH NJW 2012, 601).

Davon zu unterscheiden ist der Anspruch auf Ersatz des **Erfüllungsinteresses.** 76c Dieses ist zu ersetzen, wenn der Anspruchsinhaber verlangen kann, so gestellt zu werden, als ob eine Verbindlichkeit ordnungsgemäß erfüllt worden wäre. Da die deliktische Haftung nicht an das Bestehen einer Verbindlichkeit und deren Nicht-

oder Schlechterfüllung anknüpft, stellt sich im Deliktsrecht die Frage nach dem Erfüllungsinteresse als solche nicht (BGH NJW 2011, 1962). Der deliktische Schadensersatzanspruch richtet sich allein auf das Erhaltungsinteresse. Das gilt für die deliktische Haftung auch dann, wenn sie neben einer vertraglichen Schadensersatzpflicht besteht. Der durch eine unerlaubte Handlung Geschädigte hat grundsätzlich keinen Anspruch darauf, besser zu stehen als er stünde, wenn der Schädiger die unerlaubte Handlung nicht begangen hätte (BGH BeckRS 2015, 05906).

77 **b) Rechtsgutverletzung.** Geschützte Rechtsgüter i.S.d. Haftungsnormen (BGB, StVG) sind neben Eigentum und Besitz einer Sache Körper, Gesundheit und Leben des Unfallbeteiligten. Fehlt es an einer Verletzung eines Rechtsgutes, entfällt ein Anspruch bereits dem Grunde nach, ohne dass es einer Prüfung der Schadenhöhe noch bedarf (BGH NJW 2013, 3634).

77a **aa) Materieller – immaterieller Schaden.** Materieller Schaden entsteht, wenn es sich um einen Vermögensschaden handelt, d.h. der gegenwärtige und reale Vermögenswert ist geringer als der Vermögenswert, der ohne den Eintritt des schädigenden Ereignisses vorliegen würde. Immaterielle Schäden zeichnen sich dadurch aus, dass sie keine Vermögensminderung hervorrufen, sondern sich z.B. in körperlichen Schmerzen, Ehrverletzungen oder seelischen Beeinträchtigungen ausdrücken.

78 **bb) Sachschaden.** Unmittelbare Sachbeschädigung liegt vor, wenn durch ein regelwidriges Ereignis die Sachsubstanz angegriffen oder vernichtet wird.

79 Nach § 249 BGB besteht bei Beschädigung oder Zerstörung einer Sache (nicht nur Kfz, sondern auch andere Sachgegenstände) Anspruch auf die Wiederherstellung desjenigen Zustandes, der ohne das schädigende Ereignis bestehen würde.

80 **cc) Verlust.** Der Verlust von Wertgegenständen bei oder nach einem Unfall (auch durch Diebstahl oder Unterschlagung Dritter nach dem Unfall, uU auch im Krankenhaus) kann entschädigungspflichtige Folge eines Haftpflichtgeschehens sein (BGH NJW 1997, 865; OLG Köln NZV 2005, 523). Etwas anderes kann gelten, wenn die Gegenstände abhanden kommen, nachdem sie in polizeilichen Gewahrsam genommen worden sind (BGH NJW 1997, 865).

81 **dd) Eigentumsverletzung.** Eine Eigentumsverletzung kann nicht nur durch eine Beeinträchtigung der Sachsubstanz, sondern auch durch eine sonstige, die Eigentümerbefugnisse treffende, tatsächliche Einwirkung auf die Sache erfolgen (etwa wenn ein Kfz jede Bewegungsmöglichkeit verliert und seinem bestimmungsgemäßen Gebrauch entzogen wird; BGH NZV 2017, 25 m.w.H.; BGH VersR 1991, 105).

82 An einer Rechtsverletzung fehlt es, wenn das Kfz unter Beibehaltung seiner Bewegungsmöglichkeit im Übrigen an einer konkret geplanten Fahrt gehindert und dadurch seine wirtschaftliche Nutzung vorübergehend eingeengt wird (BGH VersR 1977, 965). Die bloße **Sperrung** eines bestimmten Weges stellt keine Verletzung des Eigentums an dem betroffenen Transportmittel dar; ebenso wenig kommt ein Eingriff in den Gewerbebetrieb in Betracht (AG Achim SP 2006, 273; AG Menden NZV 2006, 259) (siehe auch vor § 249 BGB, Rn 53, vor § 249 BGB, Rn 145).

83 Ein **Baustellen-Halteverbot** dient nicht dem Schutz von Vermögensinteressen des an der Ein- und Ausfahrt Gehinderten (BGH NJW 2004, 356).

ee) Eingriff in den eingerichteten Gewerbebetrieb. Erleidet der **Partner** 84
oder **Mitgesellschafter** des Verletzten durch dessen Ausfall eigene Vermögenseinbußen, sind ihm diese Schäden auch nicht aus dem Rechtsaspekt des Eingriffes in den eingerichteten und ausgeübten Gewerbebetrieb zu ersetzen (BGH NJW 2003, 1040; zu den Voraussetzungen siehe BAG NJW 2016, 666; BGH NJW-RR 2014, 1508).

Arbeitgeber können nur den auf sie nach § 6 EFZG übergegangenen Erwerbsschaden ihres Arbeitnehmers geltend machen, nicht aber darüber hinaus ihre eigenen wirtschaftlichen Einbußen. Die Schädigung einer zum Betrieb gehörenden Person stellt keinen betriebsbezogenen Eingriff dar (BGH NJW 2009, 355; BGH NJW 2003, 1040). Siehe *Burmann/Jahnke* NZV 2013, 313. 85

Die Unterbrechung der **Stromzufuhr** durch Beschädigung eines Stromkabels 86
auf einem nicht zum betroffenen Unternehmen gehörenden Grundstück ist kein Eingriff in das Recht am eingerichteten und ausgeübten Gewerbebetrieb (BGH VersR 1977, 1006; KG r+s 2005, 41; OLG Nürnberg VersR 2005, 281).

ff) Körperschaden. Im Falle der Körperverletzung/Gesundheitsbeschädigung 87
besteht Anspruch auf Ersatz erforderlicher Heilbehandlungskosten (§ 249 BGB, §§ 10 I 1, 11 S. 1 StVG), vermehrter Bedürfnisse (§ 843 I 2. Alt. BGB, §§ 10 I 1, 11 S. 1 StVG), Erwerbseinbußen (§§ 252, 842, 843 I 1. Alt. BGB, §§ 10 I 1, 11 S. 1 StVG), entgangener Dienste (§ 845 BGB) (**materielle Schäden**) sowie Schmerzensgeld (§ 253 II BGB, § 11 S. 2 StVG) (**immaterieller Schaden**).

(1) Begriff. Gesundheitsverletzung ist das Hervorrufen eines von den normalen körperlichen Funktionen nachteilig abweichenden Zustandes unabhängig davon, ob Schmerzzustände auftreten, eine tiefgreifende Veränderung der Befindlichkeit eingetreten oder es zum Ausbruch der Krankheit gekommen ist. 88

Körperverletzung ist jeder unbefugte Eingriff in die körperliche Befindlichkeit; und zwar auch dann, wenn der Verletzte noch nicht geboren war (zum Nasciturus siehe vor § 249 BGB, Rn 12 f, vor § 249 BGB, Rn 113 ff). 89

(2) Psychisch vermittelter Schaden. Eine Körper- oder Gesundheitsverletzung kann auch ohne eine biomechanische Einwirkung (sogar unabhängig davon; BGH NJW 2007, 2764) durch das Unfallerlebnis ausgelöst werden (psychisch vermittelte Kausalität). Hierzu zählen vor allem Schock- oder Fernwirkungsschäden infolge des Miterlebens oder des Erhalts der Nachricht vom Unfalltod eines nahen Angehörigen. 90

Zu psychisch vermittelter **Körperverletzung** siehe BGH NJW 1989, 2616 91
(Schlaganfall nach Aufregung über Alkoholvorwurf seitens des Schädigers anlässlich eines fremdverschuldeten Unfalls); BGH NJW 1976, 1143 (Gehirnblutung als Folgeschaden aus Erregung über wörtliche und tätliche Beleidigung); OLG Hamm NZV 2002, 36 (Berufsunfähigkeit eines Lokführers aufgrund mehrerer im Dienst schuldlos, teilweise mit tödlichem Ausgang, erlittener Unfälle); OLG Köln NJW-RR 2000, 760 (Schreck über ein auf das Fahrzeug schlagendes Kabel); OLG Schleswig NJW 1989, 1937 (Herzinfarkt durch von Tiefflieger ausgehendem Düsenlärm). Zu den anwaltlichen Aufklärungspflichten bei möglicher psychischer Schädigung siehe BGH NJW 2013, 2965.

Mit psychisch vermittelter **Gesundheitsverletzung** befasste sich z.B. BGH 92
NJW 1993, 2173 (gesundheitliche Beeinträchtigungen durch militärischen Tieffluglärm); BGH NJW 1986, 777 (Autofahrer verletzt einen Fußgänger tödlich

BGB Vor § 249

und nimmt sich das Erlebnis, obwohl an dem Unfall schuldlos, so zu Herzen, dass er an einer Neurose erkrankt).

92a **(3) Anderweitige Folgen, Fernwirkung.** Das Beklagen von Beeinträchtigungen im HWS-Bereich, von Tinnitus-Beschwerden oder psychischen Belastungen kann auch **anderweitig Folgen** zeigen (so Verlust der Flugtauglichkeit bei Freizeitpiloten; vgl LG Münster zfs 1988, 38). Siehe auch vor § 249 Rn 140.

93 **(4) Begehrensneurose.** Für die Verneinung des Zurechnungszusammenhangs zwischen unfallbedingten Verletzungen und Folgeschäden wegen einer Begehrensneurose ist ausreichend, dass die Beschwerden entscheidend durch eine neurotische Begehrenshaltung geprägt sind (BGH VersR 2015, 590; BGH NJW 2012, 2964). Für die Beurteilung, ob eine neurotische Begehrenshaltung prägend im Vordergrund steht, kommt es auf den Schweregrad des objektiven Unfallereignisses und seiner objektiven Folgen (BGH NJW 1993, 1523), auf das subjektive Erleben des Unfalls und seiner Folgen, auf die Persönlichkeit des Geschädigten und auf eventuell bestehende sekundäre Motive (vgl BGH NJW 1956, 1108) an (BGH NJW 2012, 2964; OLG Hamm NZV 2014, 462).

94 **(5) Bagatelle.** Auch wenn der Tatbestand der Körperverletzung grundsätzlich erfüllt ist, reichen **Bagatellverletzungen** nicht aus, eine schadensrechtliche Verantwortlichkeit zu begründen (BGH NJW 1998, 810; AG Leverkusen SP 2013, 291). Eine Bagatelle ist eine vorübergehende, im Alltagsleben typische und häufig auch aus anderen Gründen als einem besonderen Schadensfall entstehende Beeinträchtigung des Körpers oder seelischen Wohlbefindens. Gemeint sind Beeinträchtigungen, die sowohl von der Intensität als auch der Art der Primärverletzung her nur ganz geringfügig sind und üblicherweise den Verletzten nicht nachhaltig beeindrucken, weil er schon aufgrund des Zusammenlebens mit anderen Menschen daran gewöhnt ist, vergleichbaren Störungen seiner Befindlichkeit ausgesetzt zu sein (BGH NJW 1997, 1640). Ein HWS-Schleudertrauma mit einer 6-wöchigen Arbeitsunfähigkeit ist keine Bagatelle (BGH NJW 2004, 1945).

95 Ist der **Unfall** selbst als Bagatelle (dazu OLG Hamm NZV 2002, 37) einzustufen, sind psychisch vermittelte Schäden nicht mehr zurechenbar (OLG Hamm VersR 2002, 992 m.w.N.). Unangemessene Erlebnisverarbeitung ist dem Schädiger eines Unfallgeschehens nicht zuzurechnen (OLG Nürnberg VersR 1999, 1117).

96 **(6) Nachweis.** Der Umstand und der daraus dann resultierende Umfang einer Verletzung (das gilt allgemein und nicht nur für behauptete HWS-Verletzungen) ist vom **Anspruchsteller** (BGH NJW 2013, 3634) – und damit auch von seinen **Rechtsnachfolgern** (BGH r+s 2012, 204) – im Rahmen des Strengbeweises (§ 286 ZPO) und nicht unter den Beweiserleichterungen des § 287 ZPO zu beweisen (OLG Brandenburg VersR 2006, 237; KG NZV 2004, 460; siehe vor § 249 BGB, Rn 6 ff; siehe *Burmann/Jahnke* NZV 2012, 505; *Lemcke* r+s 2013, 572; *Wessel* zfs 2012, 364; Leitlinien zur Begutachtung psychischer und psychosomatischer Erkrankungen der Deutschen Gesellschaft für Psychosomatische Medizin und Ärztliche Psychotherapie [www.awmf.org/leitlinien/detail/ll/051-029.html]; zu Leitlinien siehe auch BGH NJW-RR 2014, 1053). Zu den Anforderungen an anwaltlichen Vortrag siehe BGH NJW 2013, 2965. Aus dem Umstand einer bereits eingeleiteten außergerichtlichen Regulierung kann kein Anerkenntnis zum Haftungsgrund bzw. zum Bestehen einer Verletzung hergeleitet werden (siehe vor § 249 BGB, Rn 10 f).

Vorbemerkung zu § 249 BGB

Auch **zur Höhe** kann der **Rechtsnachfolger** zum Schadennachweis nicht 97 lediglich auf den Umstand verweisen, dass er aufgrund seiner eigenen leistungsrechtlichen Beziehung zum Geschädigten diesem Leistungen in der geltend gemachten Höhe gezahlt habe. Der Rechtsnachfolger hat den konkret dem unmittelbar Verletzten entstandenen Schaden in gleichem Maße wie dieser nachzuweisen (*Zoll* r+s Sonderheft 2011 zum 75. Geburtstag von Hermann Lemcke, S. 142). Der Nachweis wird nicht durch Hinweis auf die Leistungssätze (z.b. der gesetzlichen Unfallversicherung) geführt (BGH NJW 2010, 1532). Die zivilrechtliche Frage, ob zwischen der Schädigung und dem geltend gemachten Schaden ein Kausalzusammenhang besteht, wird von der Bindungswirkung des **§ 118 SGB X** nicht umfasst (BGH BeckRS 2009, 12597).

In den Fällen leichtester Verletzungen, die kurz nach dem Unfallereignis ausge- 97a heilt sind, ist die Erholung von unfallanalytischen, biomechanischen und medizinischen **Gutachten** nur veranlasst, wenn der Schädiger nachweisen will, dass eine Verletzung nicht eingetreten ist (OLG München DAR 2017, 38).

Die Rechtskraft eines vorausgegangenen **Feststellungsurteils** begründet kei- 98 nen Nachweis des im Einzelfall entstandenen Schadens (BGH NJW 2008, 1381; BGH NJW-RR 2005, 1517).

Ärztliche Atteste, die letztlich allein auf subjektiven Beschwerdebeschreibun- 99 gen des Patienten beruhen, genügen nicht zum Nachweis seiner Verletzung (BGH NZV 2008, 502; KG NZV 2005, 470; OLG Frankfurt NZV 2000, 165; OLG Hamm VersR 2002, 992; OLG Koblenz SP 2006, 349; LG Darmstadt zfs 2005, 542; LG Hamburg SP 2013, 13; LG NZV 2016, 186). Zeitnah nach einem Unfall erstellte ärztliche Atteste sind für einen medizinischen Sachverständigen eher von untergeordneter Bedeutung (OLG Hamm BeckRS 2016, 119046). Im Regelfall wird das Ergebnis der unfallnahen Erstuntersuchung nur als eines unter mehreren Indizien für den Zustand des Geschädigten nach dem Unfall Berücksichtigung finden können (BGH NJW-RR 2008, 1380 mit Hinweis auf *Müller* VersR 2003, 137, 146; OLG Düsseldorf NJW 2011, 3043).

Die Vorlage einer **Arbeitsunfähigkeitsbescheinigung** stellt keinen Nachweis 99a für eine unfallbedingte Verletzung dar, da sie nur die Erwerbsunfähigkeit bescheinigt und nicht deren Unfallbedingtheit (LG Duisburg BeckRS 1999, 30896795; LG Chemnitz SP 2005, 230; LG Stade NJW-RR 2016, 99) (siehe auch § 842 BGB, Rn 94).

Allein der **zeitliche Zusammenhang** zwischen Unfallereignis und dem Auf- 100 treten geklagter Beschwerden reicht zum Nachweis der Kausalität nicht aus (OLG Celle SP 2014, 52; OLG Hamm r+s 2000, 153). Macht der Kläger unmittelbar nach dem Unfall am Unfallort eine unfallbedingte Verletzung nicht geltend und vergehen vom Unfalltag bis zur erstmaligen Inanspruchnahme ärztlicher Hilfe mehrere Tage, besteht zwischen der ärztlichen Feststellung einer Verletzung und dem Unfall kein naher zeitlicher Zusammenhang, der möglicherweise indiziell auf eine Unfallursächlichkeit hindeuten könnte (KG zfs 2010, 392).

(7) HWS-Verletzung. Ob eine Verletzung der Halswirbelsäule (HWS) anläss- 101 lich eines Unfalles erfolgte, ist im Einzelfall ohne schematische Orientierung festzustellen (§ 286 ZPO). Zweifel gehen zu Lasten des beweispflichtigen Geschädigten (OLG Bamberg r+s 2013, 573; OLG Celle r+s 2013, 574; OLG Düsseldorf NJW 2011, 3043; OLG Hamm VersR 2002, 992; OLG München r+s 2015, 574; OLG München SP 2013, 431). Zu den sozialrechtlichen Ansätzen siehe LSG Stuttgart jurisPR-SozR 19/2013, Anm. 3 = NZS 2013, 830, ferner vor § 249

BGB, Rn 15. Der Anspruchsteller hat substantiiert unter Vorlage zeitnaher Arztberichte vorzutragen (OLG Hamm SP 2014, 51). Auch bei Überschreiten des Grenzwertes der kollisionsbedingten Geschwindigkeitsänderung genügen zur Feststellung einer HWS-Distorsion subjektive Beschwerden wie Kopf-, Nackenschmerzen oder Spannungsgefühl für sich nicht, weil insoweit lediglich ein zeitlicher Zusammenhang herzustellen wäre, sie nicht verletzungstypisch und daher ohne besondere Aussagekraft sind (KG DAR 2016, 456).

102 Der **Umstand eines Auffahrunfalls** führt nicht zum Anscheinsbeweis für eine HWS-Verletzung (LG Osnabrück VersR 2000, 1516; AG Düsseldorf SP 2002, 14; siehe zum Anscheinsbeweis BGH NJW 2012, 608; BGH NJW 2011, 685; ferner *von Pentz* zfs 2012, 64, 124; siehe § 254 BGB, Rn 205), ebenso wenig allein der **zeitliche Zusammenhang** zwischen Unfallereignis und dem Auftreten von geklagten Beschwerden (KG NJW 2000, 877; OLG Hamm r+s 2000, 153; OLG München BeckRS 2010, 14333; LG Hamburg SP 2011, 362; LG München II SP 2014, 268). Zur interdisziplinären Begutachtung *Castro/Hein/Lepsien/Mazotti* NZV 2013, 525.

103 Eine ärztlich bescheinigte **Steilstellung der HWS** reicht nicht, eine unfallkausale Beeinträchtigung zu bejahen (KG NZV 2007, 146; AG Lüdenscheid SP 2011, 289). Attestierte Befunde wie **Druckschmerzhaftigkeit,** Bewegungseinschränkungen und Muskelverhärtungen sind Beeinträchtigungen, die sich sowohl bei unfallunabhängigen als auch bei unfallabhängigen Beschwerdebildern der HWS einstellen können. Sie sind deshalb in Bezug auf eine Distorsionsschädigung der HWS ebenso wenig verletzungstypisch wie ein röntgenologischer Befund einer HWS-Steilstellung (BGH NJW-RR 2008, 1380; OLG Düsseldorf NJW 2011, 3043).

104 Eine Verletzung der HWS setzt jedenfalls ein gewisses Maß an **biomechanischer Einwirkung** voraus; bei nur geringer biomechanischer Einwirkung ist eine HWS-Verletzung jedenfalls belanglos (KG VersR 2001, 595; OLG Düsseldorf r+s 1997, 457; OLG Hamburg r+s 1998, 63; OLG Hamm VersR 2002, 992; OLG Frankfurt VersR 2000, 609; OLG Karlsruhe zfs 1998, 375). Auch wenn der BGH (BGH NJW 2008, 2845; BGH NZV 2008, 502; BGH NJW 2003, 1116) eine schematische Anwendung einer nur auf eine **Geschwindigkeitsänderung** zurückgeführten Belastungsgrenze nicht billigt, kommt derjenigen Belastung, der Insassen ausgesetzt sind, eine erhebliche indizielle Bedeutung zu (OLG Hamburg SP 2007, 10; LG Hamburg SP 2011, 362; LG Essen SP 2013, 359; AG Berlin-Mitte SP 2012, 256; *Burmann/Heß* NZV 2008, 481; *von Hadeln/Zuleger* NZV 2004, 273): Je geringer die Krafteinwirkung bzw. biomechanische Belastung ist, desto höher ist die Anforderung an den brauchbaren Grad von Gewissheit, der für den Nachweis der Unfallsächlichkeit der behaupteten Verletzungen benötigt wird (OLG Celle r+s 2013, 574; OLG Düsseldorf NJW 2011, 3043; OLG Thüringen r+s 2009, 170; LG Stade NZV 2016, 186). Zum Bandscheibenvorfall siehe OLG Celle SP 2014, 53.

105 Die **Position des Anspruchstellers** zum Zeitpunkt des Anpralles (Out-of-position-Haltung: „Ampelblick", Suchen im Handschuhfach etc.) ist als ein verletzungsfördernder Faktor nicht gesichert (OLG NZV 2002, 503; OLG Hamm NZV 2002, 322; *Mazotti/Kandaouroff/Castro* NZV 2004, 561; *Staab* VersR 2003, 1216).

106 Abbremsmanöver bzw. **Vollbremsungen** ohne Kollision führen regelmäßig nicht zu HWS-Verletzung der Insassen (OLG Karlsruhe SP 2005, 88; AG Ludwigsburg DAR 2002, 77), stellen jedenfalls aber ein anspruchsausschließendes Bagatellereignis dar (LG Würzburg NZV 2008, 35).

Mit der allgemeinen Erwägung, bei einem provozierten Auffahrunfall bestehe regelmäßig die Gefahr, dass der plötzliche Aufprall bei den von der Situation überraschten Insassen des auffahrenden Fahrzeugs, dessen Auffahrgeschwindigkeit der Täter nicht beeinflussen könne, zu nicht unerheblichen Verletzungen namentlich im Kopf- und HWS-Bereich führe, lässt sich die von **§ 315b I StGB** geforderte konkrete Gefährdung von Leib und Leben eines anderen Menschen nicht hinreichend belegen (BGH NZV 2010, 261) Es sind vielmehr konkrete Feststellungen u.a. zu den Geschwindigkeiten der kollidierenden Pkw und der Aufprallintensität erforderlich (BGH NZV 2008, 639; BGH NZV 2012, 393). 107

(8) Tinnitus. Zum Thema: *Jahnke/Burmann-Hugemann*, Handbuch des Personenschadensrechts, Kap. 2 Rn 362 ff; *Hugemann* NZV 2003, 404, *Mergner* VersR 2010, 1566. 108

Tinnitus ist keine Diagnose, sondern ein **Symptom,** welches zahlreiche Ursachen haben kann (*Hugemann* NZV 2003, 404, *Mergner* VersR 2010, 1566). Zumeist wird der Tinnitus nur vom Betroffenen selbst wahrgenommen (subjektiver Tinnitus). Ein Tinnitus kann **vielfältige Ursachen** haben, daher lässt sich der Nachweis (§ 286 ZPO; OLG München v. 26.10.2012 – 10 U 4531/11 – juris; OLG Düsseldorf v. 17.9.2007 – 1 U 96/06 – juris; LG Berlin NZV 2012, 81) nur führen, wenn zu den stark subjektiv geprägten Beschwerden objektivierbare pathologische Befunde hinzutreten (LG Limburg v. 1.4.2011 – 3 S 333/10; AG Erfurt SP 2016, 9). Es ist fachärztlich mittels Differentialdiagnostik auf der Grundlage standardisierter Erhebungen (z.B. Tinnitus-Leitlinie der Deutschen Gesellschaft für Hals-Nasen-Ohren-Heilkunde, Kopf- und Hals-Chirurgie) die Ursache zu bestimmen. Dem Unfallgeschädigten obliegt der Nachweis für seine Behauptung, dass sich ein Ohrgeräusch [Tinnitus] infolge des Verkehrsunfalls verstärkt hat (OLG München v. 16.12.2011 – 10 U 1528/11 – juris). 108a

Führen HWS-Distorsionen zu Symptomen am Gehör (z.B. Tinnitus), treten diese entweder sofort nach dem Unfall oder mit einem Intervall von einigen Stunden auf. Ein Tinnitus als alleiniges Symptom lässt sich i.d.R. nicht als Unfallfolge begründen. Für leichte Distorsionen der HWS gilt: Je länger das beschwerdefreie Intervall nach dem Unfall und je protrahierter der Verlauf mit Ausweitung der Symptomatik später war, desto weniger wahrscheinlich ist, dass der Unfall die alleinige und wesentliche Ursache für das Beschwerdebild war (LSG Berlin-Brandenburg NJW-Spezial 2014, 361).

(9) PTBS. Bei psychischen Erkrankungen ist eine Diagnosestellung nach **ICD-10** erforderlich (BGH NZV 2015, 281; siehe ergänzend zum medizinischen Score-Verfahren *Quaiser* NZV 2015, 465). Im Kap. V (F00-F99) der ICD werden psychische und Verhaltensstörungen beschrieben. Gegenstand des Unterabschnitts F43 sind Reaktionen auf schwere Belastungen und Anpassungsstörungen, die als direkte Folge einer akuten schweren Belastung oder eines kontinuierlichen Traumas entstehen, erfolgreiche Bewältigungsstrategien behindern und aus diesem Grunde zu Problemen der sozialen Funktionsfähigkeit führen (BGH NJW 2015, 1451). Nach anerkannter medizinischer Definition wird ein posttraumatisches Belastungssyndrom (ICD10: F43.1) durch ein schwerwiegendes traumatisches Erleben ausgelöst. Es handelt sich um eine verzögerte oder protrahierte Reaktion auf ein belastendes Ereignis oder eine Situation kürzerer oder längerer Dauer mit 108b außergewöhnlicher Bedrohung oder katastrophenartigem Ausmaß, die bei fast jedem eine tiefe Verzweiflung hervorrufen würde (BGH NZV 2015, 281).

108c Nicht ausreichend für das Vorliegen einer posttraumatischen Belastungsstörung ist eine bloße zeitliche Nähe zwischen einem Unfallereignis und dem Auftreten von Beschwerden. Zudem ist es unwahrscheinlich, dass eine posttraumatische Belastungsstörung erst ein halbes Jahr nach dem Ereignis auftritt, zumal dann, wenn weder eine kontinuierliche psychotherapeutische Behandlung noch eine psychosomatische rehabilitative Therapie durchgeführt wurde (LG Osnabrück jurisPR-VerkR 19/2014 Anm. 3 = SP 2014, 302).

108d **(10) Verbitterungsstörung.** Ist der Geschädigte über das Unfallgeschehen verbittert, jedoch nicht traumatisch erschüttert (so, wenn er der Auffassung ist, er habe alles verloren), liegt kein durch den Unfall hervorgerufenes posttraumatisches Belastungssyndrom vor (OLG Düsseldorf BeckRS 2016, 15560; siehe auch *Jahnke/Burmann-Jahnke/Burmann*, Handbuch des Personenschadensrechts, Kap. 2 Rn 285).

109 **(11) Verletzungsverdacht. (a) Sachschaden.** Bei möglicher Beschädigung von **Versorgungleistungen** kann bei Verletzung eines dinglichen Rechtes (sonstiges Recht iSv § 823 BGB) ein Anspruch auf Ersatz der Untersuchungskosten bestehen (BGH NJW-RR 2012, 1048).

110 Auch ohne festgestellte Substanzverletzung kann bei einer Sachbeschädigung allein aufgrund eines der betroffenen Sache anhaftenden und zu einer **Wertminderung** führenden Schadenverdachts ein Untersuchungsrecht bestehen (BGH TranspR 2002, 440; BGH NJW-RR 2001, 322) (zum Kaufrecht siehe BGH NJW 2014, 2351).

111 **(b) Personenschaden.** Ist eine **Primärverletzung nicht bewiesen,** fehlt es an einer Rechtsgutverletzung i.S.d. Haftungstatbestände; u.a. Behandlungs- und Anwaltskosten (soweit es um Körperschadenersatzansprüche geht) sind mangels Rechtsgutverletzung nicht zu ersetzen (BGH NJW 2013, 3634; KG NZV 2006, 146; KG NZV 2005, 470; OLG Hamm r+s 2006, 394; OLG Hamm r+s 2003, 434; OLG Thüringen r+s 2009, 170). Die Rechtsprechung zum Sachschadenrecht, wonach auch ohne festgestellte Substanzverletzung allein aufgrund eines Schadenverdachts ein Untersuchungsrecht bestehen kann, ist mangels Äquivalent zum Minderwert auf Personenschäden nicht übertragbar.

111a Außergerichtliche Vorschussleistungen bedeuten kein gerichtsfestes Anerkenntnis, dass überhaupt Personenschaden eingetreten ist. Bei Scheitern außergerichtlicher Verhandlungen verbleibt es beim Beweismaß des § 286 ZPO. Siehe vor § 249 BGB, Rn 10 f, vor § 249 BGB, Rn 96 ff § 249 Rn 433b.

112 Auch ein Anspruch von **Drittleistungsträgern** (z.B. Krankenkasse nach „rein vorsorglicher Untersuchung", Lohnfortzahlung) entfällt mangels eines in der Person des unmittelbar Unfallbeteiligten entstandenen Anspruchs (BGH NJW 2013, 3634; OLG Oldenburg DAR 2001, 313; LG Berlin SP 2005, 194; LG Chemnitz SP 2005, 230; AG Berlin-Mitte SP 2005, 122; AG Dieburg SP 2004, 265; *Lemcke* r+s 2011, 354). Drittleistungsträger haben keinen Anspruch aus eigenem Recht, sondern machen nur vom Verletzten abgeleitete (gesetzlicher oder privatrechtlicher Forderungsübergang) Rechte geltend, deren Bestand oder Nichtbestand durch den Forderungswechsel – auch beweisrechtlich – nicht berührt wird.

113 **(12) Nasciturus. (a) Rechtliche Stellung.** Der Nasciturus ist zivilrechtlich nur passiv mit eigenen Rechten (§§ 1, 844 II 2, 1923 II BGB, § 10 II 2 StVG)

ausgestattet. Zu beachten ist seine Miterbenstellung (§§ 1, 1923 II BGB). Siehe ergänzend *Jahnke* r+s 2003, 89.

Der Nasciturus ist nicht **staatsangehörigkeit**sfähig (OVG Bautzen NJW 2009, 2839). 114

Wann bei **In-vitro-Fertilisation** oder ähnlichen Verfahren rechtlich vom Nasciturus auszugehen ist, ist für das Schadenersatzrecht ebenso zu beantworten wie im Erb- und Familienrecht (siehe auch § 3 StZG, § 8 ESchG; ferner BGH NJW 1994, 127). 115

(b) Anspruch bei Überleben. Das ungeborene Kind kann durch **unmittelbare physische Einwirkung** auf den Fötus oder durch **Verletzung der Mutter** (z.B. Medikamentenbehandlung, Sauerstoffunterversorgung) eigene Schäden erleiden (BGH NJW 1985, 1390), die ihm (erst) im Falle des Überlebens zuwachsen (siehe auch vor § 249 BGB, Rn 12 f). 116

Das im Unfallzeitpunkt noch ungeborene Kind muss eine eigene unfallbedingte Verletzung (§ 286 ZPO) nachweisen und kann nicht auf unfallkausale Verletzung der Mutter verweisen (BGH NJW 1972, 1126; OLG Celle OLGR 2001, 104). 117

Ein **Unterhaltsanspruch** des Nasciturus kommt nur in Betracht, wenn er bereits vor dem Schadenfall gezeugt wurde (§ 844 II 2 BGB) (OLG Hamm r+s 1997, 65). 118

Anspruch auf **Hinterbliebenengeld** (§ 844 III BGB) hat der erst nach einem Haftpflichtgeschehen Geborene mangels Rechtsfähigkeit (§ 1 BGB) nicht (§ 844 BGB, Rn 143). 118a

(c) Anspruchsbeeinträchtigung. Bei einem Arbeits(wege)unfall besteht **gesetzlicher Unfallversicherungsschutz** nach § 12 SGB VII, § 30 I 2 BeamtVG (siehe ergänzend vor § 249 BGB, Rn 13). Ein etwaiges Haftungsprivileg (§§ 104 ff SGB VII) erstreckt sich auch auf die verletzte Leibesfrucht. 119

Vor der Geburt sind Mutter und Leibesfrucht eine **Einheit** (OLG Koblenz NJW 1988, 2959; OLG Oldenburg NJW 1991, 2355), sodass eine Mitverantwortung (Betriebsgefahr, Mitverschulden) der Mutter zur unmittelbaren Anspruchskürzung der Direktansprüche des geschädigt Geborenen führt. Bei Alleinverschulden der Mutter (z.B. Drogen-Abusus, misslungener Abort, selbstverschuldeter Unfall) hat der Nasciturus hinsichtlich seiner Körper- oder Gesundheitsstörung keine gegen seine Mutter gerichteten Ansprüche. 120

(d) Tod der Leibesfrucht. Die Tötung der Leibesfrucht begründet weder vom Nasciturus vererbliche Ansprüche (z.B. Schmerzensgeld) noch Ansprüche Dritter wegen entzogenen Unterhalts, Hinterbliebenengeld, Beerdigungskosten oder entgangener Dienste. 121

Der Tod der Leibesfrucht an sich bedeutet noch keine Körperverletzung der Mutter. Ihr kann aber uU wegen Schockschadens ein Schmerzensgeldanspruch zustehen (LG Berlin NZV 1997, 45). 122

c) Schock-/Fernwirkungsschaden. Zum Thema: *Fischer*, Die Haftung für Schockschäden vor dem Hintergrund der gesetzlichen Neuregelung eines Angehörigenschmerzensgeldes, VersR 2016, 1155. Zum Hinterbliebenengeld siehe § 844 BGB, Rn 72 ff. 122a

aa) Mittelbare gesundheitliche Einwirkung. Schreckzustände unterfallen als Ausdruck des allgemeinen Lebensrisikos nicht dem Schutzzweck der deliktischen Haftung (OLG Celle VersR 2006, 1376; OLG Köln NJW-RR 2000, 760; 123

OLG Oldenburg DAR 2001, 313). Der Schreck anlässlich eines erlebten Unfalls ist regelmäßig dem allgemeinen Lebensrisiko zuzurechnen und rechtfertigt grundsätzlich keinen Schmerzensgeldanspruch (LG Stade NZV 2016, 186; Stöhr NZV 2009, 161). Auch eine psychische Erkrankung durch das Miterleben eines schweren Unfalles, bei dem der Betroffene nur als Zuschauer anwesend, sonst aber nicht beteiligt war, ist grundsätzlich dem **allgemeinen Lebensrisiko** zuzuordnen (BGH NJW 2007, 2764). Im Ausnahmefall können Ansprüche derjenigen bestehen, die **unmittelbar am Unfallgeschehen beteiligt** waren (BGH NJW 2006, 3268; OLG Hamm NZV 2002, 36; siehe ausführlich *Quaiser* NZV 2015, 465). Der Partner eines unfallkausal impotenten Verletzten hat keinen Schmerzensgeldanspruch (OLG Köln VersR 2016, 796). Siehe auch vor § 249 BGB, Rn 36.

123a Bei der Beurteilung der Frage, ob psychische Beeinträchtigungen infolge des Unfalltodes naher Angehöriger eine Gesundheitsverletzung i.S.d. § 823 I BGB darstellen, kommt dem Umstand maßgebliche Bedeutung zu, ob die Beeinträchtigungen auf die direkte Beteiligung des Schockgeschädigten an dem Unfall oder das Miterleben des Unfalls zurückzuführen oder ob sie durch den Erhalt einer Unfallnachricht ausgelöst worden sind (BGH NJW 2015, 1451).

124 Der Schock eines Dritten durch den Unfalltod eines nahen Angehörigen löst in aller Regel keinen Schmerzensgeldanspruch aus. Zum **Hinterbliebenengeld** siehe § 844 BGB, Rn 72 ff.

125 **bb) Voraussetzungen.** Psychische Beeinträchtigungen sind nur in eng begrenzten Ausnahmefällen als entschädigungspflichtige Gesundheitsbeschädigungen anzusehen. Angehörige, die anlässlich eines Unfalles einen sog. Schock- oder Fernwirkungsschaden erleiden, sind nicht mittelbar, sondern unmittelbar verletzt und haben, allerdings nur unter engen Voraussetzungen, aus **eigenem Recht** Ansprüche (BVerfG NJW 2000, 2187).

125a Das Erschrecken (**Schockschaden**) eines Dritten durch Miterleben des Unfalltodes eines nahen Angehörigen (BGH NJW 2015, 1451) oder die Schreckreaktion (**Fernwirkungsschaden**) auf die Nachricht vom Versterben (BGH NJW 2015, 2246) lösen in aller Regel keinen Schmerzensgeldanspruch aus (siehe *Jahnke/Burmann-Jahnke*, Handbuch des Personenschadensrechts, Kap. 4 Rn 1177 m.w.H.). Die Rechtsprechung ist deutlich um die Eingrenzung der Fälle der Ersatzpflicht bemüht (LG Frankenthal AHRS 0455/104).

126 Ein Anspruch aus dem Aspekt des Schock- oder Fernwirkungsschadens besteht nur unter engen Voraussetzungen (siehe vertiefend *Jahnke*, Unfalltod und Schadenersatz, § 2 Rn 570 ff, *Lang* jurisPR-VerkR 11/2013 Anm. 1):

127 – Die Gesundheitsbeschädigung muss über dasjenige hinausgehen, was Nahestehende als mittelbar Betroffene in derartigen Fällen erfahrungsgemäß an Belastungen erfahren.

128 – Der Schock muss im Hinblick auf seinen Anlass verständlich und nachvollziehbar sein.

129 – Der Betroffene muss zum Verunglückten in einer besonderen individuellen Beziehung (naher Angehöriger) gestanden haben.

130 Um einer Ausuferung vorzubeugen, ist der Anspruch beschränkt auf **nahe Familienangehörige** (Ehegatte; Eltern bei Kinderunfall; Lebenspartner [LPartG]; eigene Kinder) (BGH NJW 2005, 2614). Auch bei gefestigter Partnerschaft dürfte dem nicht-ehelichen Lebenspartner angesichts der sich wandelnden Rechtsprechung (siehe BGH VersR 2013, 520 sowie § 86 VVG, Rn 106 ff) ein Anspruch zustehen (OLG Köln VersR 2011, 674; LG Düsseldorf SP 2012, 73).

Vorbemerkung zu § 249 BGB   **Vor § 249 BGB**

Sonstige Dritte (Großeltern, Geschwister, Stiefkinder, geschiedene oder getrenntlebende Ehegatten; Fahrzeuginsassen [LG Magdeburg SP 2008, 46]; Nachbarn [AG Oberhausen SP 2014, 193]) gehören nicht zum anspruchsberechtigten Personenkreis.

Wird ein Mensch **getötet** oder **sehr schwer verletzt** (Reaktion auf den Tod **131** eines geliebten Tieres oder die Beeinträchtigung einer Sache reicht nicht [BGH jurisPR-VerkR 9/2012, Anm. 1 = NJW 2012, 1730]; siehe auch § 249 BGB, Rn 292, § 253 BGB, Rn 79), begründet die seelische Erschütterung durch die Nachricht vom Unfall eines Angehörigen einen Anspruch nicht schon dann, wenn sie zwar medizinisch fassbare Auswirkungen hat, diese aber nicht über gesundheitliche Beeinträchtigungen hinausgehen, denen nahe Angehörige bei Todesnachrichten erfahrungsgemäß ausgesetzt sind (BGH NJW 1989, 2317). Es muss zu psycho-pathologischen Ausfällen mit **echtem Krankheitscharakter** von einiger Dauer kommen, die pathologisch fassbar sind und deshalb nach der allgemeinen Verkehrsauffassung als Verletzung des Körpers oder der Gesundheit angesehen werden (KG NZV 2005, 315; OLG Frankfurt zfs 2004, 452).

Schockschaden setzt einen überraschenden, unvermittelten Eingriff voraus **132** (OLG Naumburg VersR 2014, 591). Die psychische Reaktion muss in einem **engen zeitlichen Zusammenhang** mit dem Haftpflichtgeschehen stehen. Psychische Fehlleitungen in einem zeitlichen Abstand von 3 – 6 Monaten nach dem Haftpflichtgeschehen sind dem allgemeinen Lebensrisiko zuzuordnen und nicht mehr vom Unfallverursacher zu verantworten (BSG NJW 2004, 1477; OLG Oldenburg v. 30.6.2000 – 6 U 109/00).

Für den **Beweis** einer auf dem Unfall beruhenden psychischen Beeinträchti- **133** gung gilt der Maßstab des § 286 ZPO (KG NZV 2005, 315; OLG München NZV 2003, 474).

cc) **Haftungseinwände.** Trifft den Verstorbenen, dessen Tod den Schock- **134** bzw. Fernwirkungsschaden auslöste, eine **Mitverantwortlichkeit** (Mitverschulden, aber auch Verantwortlichkeit für eine Betriebsgefahr oder Gefahrenquelle), ist der Anspruch des betroffenen Angehörigen entsprechend dieser Mitverantwortlichkeit zu mindern (BGH zfs 2001, 305; BGH VersR 1971, 905; OLG Frankfurt zfs 2004, 452) (Analogie zu **§ 846 BGB** [LG Rostock SP 2001, 302] oder Anrechnung fremden Mitverschuldens nach **§§ 242, 254 BGB** [KG NZV 1999, 329]). Ansprüche des durch die Fernwirkung Geschädigten sind mit denselben Grundeinwendungen zu regulieren wie die dem hypothetisch überlebenden, tatsächlich aber verstorbenen Unfallbeteiligten gegenüber hätten eingewandt werden können.

Beruht der Schock auf dem **Tod mehrerer Angehöriger,** wobei dabei nur **135** eine getötete Person eine Mitverantwortlichkeit trifft, kann im Einzelfall eine Anspruchsminderung entfallen (OLG Hamm VersR 1982, 557).

dd) **Arbeits-/Dienstunfall.** Ein Haftungsausschluss wegen Arbeitsunfall **136** (§§ 104 ff SGB VII) im Verhältnis zwischen Schädiger und Getötetem bleibt für den Anspruch wegen Schockschädigung unberücksichtigt (BGH NZV 2007, 453).

Für Unfälle von Soldaten (z.B. **Wehrdienstbeschädigung** bei einem Bundes- **137** wehreinsatz) schließt § 91a I 2 SVG demgegenüber auch bei einem Schockschaden Ansprüche der Eltern aus (OLG Celle OLGR 2007, 548). Der VI. Zivilsenat des BGH (BGH NZV 2013, 380) lehnt eine einheitliche Betrachtung von Arbeitsunfall und Dienstunfall ab.

BGB Vor § 249　　　　　　　　　　Schadensersatzrecht des BGB

138　Gleiches wie für Soldaten hat für den **Dienstunfall** von Beamten zu gelten.

139　**ee) Eigenes Fehlverhalten.** Eigenes Fehlverhalten des Geschockten (z.b. vorwerfbar unterlassene Mitarbeit bei der Trauerverarbeitung) ist nach allgemeinen Grundsätzen wie bei unmittelbar physisch Verletzten schadenmindernd anzusetzen (BGH NJW 2015, 2246).

140　**d) Nutzlose/vergebliche Aufwendungen.** Aufwendungen des Verletzten, die dieser bereits vor dem Unfall getätigt hatte und die nachher nutzlos geworden oder als vergebens zu betrachten sind (**frustrierte Aufwendungen**) (z.B. Theaterkarte, Fußballkarte [AG Mönchengladbach NJW-RR 2015, 157; AG Mönchengladbach SP 2014, 269], Jahreskarte, Urlaub, Clubbeiträge (LG Köln BeckRS 2009, 16264), Jagdpacht, Wochenendhaus, Piloten-/Motorradführerschein), sind nicht zu ersetzen (siehe ausführlich *Jahnke*, Der Verdienstausfall im Schadensersatzrecht, § 3 Rn 318 ff, ferner § 249 BGB, Rn 208; *Enzinger* DAR 2015, 489).

141　Waren wegen anderweitiger Erkrankungen vor dem Unfall Aufwendungen (z.B. Kur) erfolgt, die durch das Unfallgeschehen entwertet werden, sind diese nicht erstattungsfähig (OLG Naumburg NJW-RR 2011, 245; siehe auch *Palandt-Grüneberg*, Vorb v§ 249 BGB Rn 19 und § 249 BGB Rn 61).

142　**e) Mittelbarer Schaden.** Infolge eines Haftpflichtgeschehens erwachsen nicht nur den unmittelbar am Unfall beteiligten Personen Schäden und Aufwendungen, auch Dritte können durchaus wirtschaftliche Einbußen erleiden.

143　**aa) Ausnahmetatbestände.** Abzugrenzen von den schadensersatzberechtigten – in ihren Rechten unmittelbar betroffenen – Verletzten und unfallkausal Verstorbenen sind die lediglich mittelbar Geschädigten. Während den unmittelbar beteiligten Personen das Schadenersatzrecht ein großes Spektrum ersatzfähiger Schadenpositionen zubilligt, gilt dieses für die am Unfall nicht unmittelbar Beteiligten nur in engen Grenzen. Mittelbar beeinträchtigten Personen, die zwar weder körperlich verletzt noch in Sachen geschädigt worden sind, aber doch eine (u.U. sogar erhebliche) Vermögenseinbuße anlässlich des Haftpflichtgeschehens erlitten haben, gibt (mit Ausnahme besonders geregelter Fälle, z.B. §§ 844, 845 BGB) das Recht der unerlaubten Handlung **keine eigenen Ersatzansprüche** (BGH NJW 2004, 2894); ihre Forderungsberechtigung beschränkt sich auf die gesetzlich oder durch Abtretung übergegangenen Ansprüche.

144　Soweit die **Sonderregeln** zugunsten Dritter (§§ 844, 845 BGB bzw. entsprechenden Regelungen in den Spezialgesetzen) keinen Anspruch begründen, können die Geschädigten ihre wirtschaftlichen Einbußen nicht beim Unfallverursacher einfordern (OLG Hamm zfs 2003, 593). Die vorgenannten Sonderregelungen dürfen weder auf andere Drittgeschädigte noch auf andere als die dort genannten Schäden ausgedehnt werden (BGH NJW 1986, 984; OLG Frankfurt zfs 2004, 452).

145　**bb) Reflexwirkung.** Es gilt der Grundsatz, dass Ersatz für mittelbaren Vermögensschaden, den ein Dritter bei Verletzung eines fremden Rechtsgutes durch bloße Reflexwirkung erleidet, grundsätzlich nicht geschuldet wird (*Diehl* zfs 2007, 627) (z.B. Stau auf Autobahn, den eine dritte Person verursacht und der dazu führt, dass ein Geschäftsmann infolgedessen einen Geschäftsabschluss verpasst) (LG Arnsberg v. 7.2.2006 – 5 S 101/05 [Vorinstanz AG Menden NZV 2006, 259]; AG Achim SP 2006, 273). Siehe auch vor § 249 BGB, Rn 53 ff, vor § 249 BGB, Rn 81 ff.

Werden Straßen und andere Zuwegungen durch verantwortliches Handeln 146
eines Dritten unpassierbar und können deswegen Anlieger und Eigentümer ihre
Anlagen (z.B. Straßenbahn) (LG Hannover NZV 2006, 660) nicht gewinnbringend nutzen, steht diesen mangels Anspruchsgrundlage kein Schadenersatz zu
(BGH VersR 2005, 515; BGH NJW 1983, 2313).

Landet der Rettungshubschrauber auf Privatgelände, versperrt er die Straße 147
oder schädigt er Dritte, besteht gegen den ursprünglichen Veranlasser (verunfalltes
Fahrzeug) mangels Zurechnungszusammenhang kein Anspruch (OLG Köln NZV
2007, 317; OLG München r+s 2013, 568). Bricht ein Feuerwehrmann bei der
Löschaktion in das Garagendach einer benachbarten Garage ein und beschädigt
das dort abgestellte Fahrzeug, kann dieses dem Betrieb des brandauslösenden
Fahrzeugs zuzurechnen sein (OLG Düsseldorf NJW-RR 2011, 317).

Kosten für Umleitung des Verkehrs sind der Gemeinde, Straßenbaulastträger 148
pp. nicht zu ersetzen (vor § 249 BGB, Rn 55).

3. Fälligkeit. Schadenersatzansprüche sind zwar sofort fällig (§ 271 BGB) 148a
(OLG Stuttgart VersR 2010, 1074), eine Verzinsung des Ersatzanspruches ist
jedoch erst ab vollständiger Erfüllung der Verzugsvoraussetzungen geschuldet. Der
Ersatzpflichtige kommt in **Verzug**, wenn er trotz Mahnung (zur Entbehrlichkeit
§ 286 II BGB) vorwerfbar (§§ 286 IV, 276 BGB) eine fällige Schadenersatzleistung
nicht erbringt. Auch im Fall der grundlosen Erfüllungsverweigerung bleibt die
Fälligkeit der Forderung Anspruchsvoraussetzung (BGH VersR 2008, 368).

Zum **Schmerzensgeld** siehe § 253 BGB, Rn 105 ff. 148b

4. Einstweiliger Rechtsschutz. Schadenersatzrenten (insbesondere nach 149
§§ 842 ff BGB) können nur dann durch einstweilige Verfügung sichergestellt werden, wenn eine solche Absicherung zur **Abwendung existenzgefährdender
Nachteile** für den Verletzten erforderlich ist (OLG Celle VersR 1990, 212; OLG
Düsseldorf VersR 1988, 803; OLG Saarbrücken OLGR 2000, 244). Der Antragsteller muss sich in einer **Notlage** befinden, die anders als durch Leistungen
des Antragsgegners nicht behoben werden kann; zu berücksichtigen sind dabei
diejenigen Leistungen, die wegen des schädigenden Ereignisses bereits vom
Antragsgegner an den Antragsteller erbracht wurden.

Der **Verfügungsgrund** fehlt, wenn die Notlage vom Geschädigten dadurch 150
mitverursacht wurde, dass er schuldhaft die rechtzeitige Verfolgung von Ansprüchen im Wege des Klageverfahrens verabsäumte (OLG Frankfurt NJW 2007,
851).

5. Anspruchsteller. Wer eine Rechtsgutverletzung und daraus resultierenden 150a
Schadenersatz fordert, muss auch darlegen und beweisen, dass er Rechtsinhaber –
entweder originär oder im Wege des Forderungswechsels – ist. Eine gerichtliche
Hinweispflicht auf die Möglichkeiten einer gewillkürten Prozessstandschaft oder
einer Abtretung des Schadensersatzanspruchs besteht nicht (LG Essen BeckRS
2012, 16326).

Bei der Geltendmachung seiner Ersatzansprüche hat der Fordernde alle 150b
anspruchsbegründenden Voraussetzungen zu **beweisen.** Dazu gehört vor allem
auch seine **aktuelle Aktivlegitimation** (BGH jurisPR-VerkR 11/2010, Anm.
1 = NJW-RR 2010, 839; AG Wertheim DAR 2006, 283; *Jahnke,* Abfindung von
Personenschadenansprüchen, § 5 Rn 619 ff). Während die **Feststellungsklage**
den Nachweis der aktuellen Rechtsinhaberschaft hinsichtlich der prinzipiell verfolgbaren Ansprüche verlangt, ist bei der **Leistungsklage** zusätzlich der konkrete

BGB Vor § 249 Schadensersatzrecht des BGB

Schadennachweis notwendig. Veränderungen sind prozessual uU noch bis zur letzten mündlichen Verhandlung einzubeziehen. Wenn die zunächst auf eigenes Recht gestützte Klage auf abgetretenes/übergegangenes Recht umgestellt wird, handelt es sich um eine Klageänderung iSv § 263 ZPO. In der Berufungsinstanz ist eine Klageänderung nur zulässig, wenn der Gegner einwilligt oder das Gericht dies für sachdienlich hält (§ 533 ZPO) (OLG Düsseldorf SP 2013, 343).

150c Anlässlich eines Schadenfalles erbringen neben dem Ersatzpflichtigen häufig auch Dritte (wie Kaskoversicherung, Sozialversicherung, Arbeitgeber) Leistungen, die ihrerseits dann den Schädiger aus übergegangenem Recht in Regress nehmen (wollen). Es ist daher darauf zu achten, ob der Direktgeschädigte hinsichtlich derjenigen Forderungsposition, die er selbst und unmittelbar vom Schädiger einfordert, überhaupt noch forderungsberechtigt oder ob die zugrundeliegende Forderung bereits auf einen Drittleistenden übergegangen ist (BGH jurisPR-VerkR 11/2010, Anm. 1 = NJW-RR 2010, 839). **Drittleistungsträger** (vor allem SVT), die mit ihrer künftigen Zuständigkeit und daran anknüpfender Leistungspflicht zwar bereits rechnen, aber noch keine Beiträge erhalten haben oder aktuell unzuständig sind, können mangels aktueller Aktivlegitimation weder Feststellungsklage erheben (BGH jurisPR-VerkR 14/2012, Anm. 2 = NJW 2012, 3639; BGH NZV 2001, 259; BGH VersR 1985, 732) noch Anerkenntnis oder Verjährungsverzicht verlangen (*Jahnke,* Abfindung von Personenschadensansprüchen, § 2 Rn 58).

151 **6. Anspruchsgegner.** Siehe auch vor § 10 StVG, Rn 7 und § 16 StVG, Rn 6 ff.

152 **a) Schadenersatzpflichtiger.** Wird jemand durch einen Unfall verletzt oder getötet, haben der unmittelbar Verletzte (bzw. seine Hinterbliebenen) Ansprüche gegen andere Unfallbeteiligte, wenn diese den Schaden haftungsrechtlich relevant zumindest mitverursacht haben. Der in seinen Rechtsgütern unmittelbar verletzte Unfallbeteiligte (im Fall der unfallkausalen Tötung sein Hinterbliebener) erhält vom für die schadenstiftende Ereignis Verantwortlichen (dem „Schädiger" im weiteren Sinne) im Rahmen dessen Verantwortlichkeit seinen Schaden ersetzt.

153 Die Haftung des Halters (§ 7 StVG) und die des Fahrers (§ 18 StVG) ist auf die **Haftungshöchstsumme** (§ 12 StVG) beschränkt. Die Haftung (vor allem des Fahrers) aus § 823 ff BGB ist der Höhe nach unbeschränkt.

154 Die Haftung kann bei fehlendem bzw. unzureichendem **Versicherungsschutz** für den Schädiger **existenzvernichtend** sein. Für nicht-vorsätzliche Verstöße besteht die Möglichkeit der Restschuldbefreiung (§ 302 I InsO). Siehe auch § 103 VVG, Rn 56.

155 Während Arbeitgeber und private Versorger (private Kranken- und Pflegeversicherung, Berufsständische Versorgung, betriebliche Altersversorgung) keine Verpflichtung trifft, ihre Forderungen – uU nach Ermessensprüfung – gegebenenfalls niederzuschlagen, besteht gegenüber SVT (§ 76 II Nr. 3 SGB IV gilt auch für nach § 116 SGB X übergeleitete Schadensersatzansprüche; BVerfG NJW 1998, 3557) die Möglichkeit, einen **Forderungserlass** zu beantragen (siehe *Geigel-Haag* Kap. 16 Rn 12; *Jahnke/Burmann,* Hdb. des Personenschadensrechts, Kap. 5 Rn 2987 ff).

156 **b) Versicherungsnehmer.** Soweit als Anspruchsgegner in § 115 I 4 VVG und § 115 II VVG vom „*ersatzpflichtigen Versicherungsnehmer*" gesprochen wird, erstreckt sich der Anwendungsbereich auch auf jeden anderen ersatzpflichtigen Mitversi-

Vorbemerkung zu § 249 BGB **Vor § 249 BGB**

cherten (BT-Drucksache 16/3945, S. 89); gemeint ist in § 115 I 1 Nrn. 2 und 3 VVG der **mitversicherte Schädiger** (BT-Drucksache 16/5862, S. 99).

Der Versicherungsnehmer ist in seiner **Eigenschaft** als Vertragspartner des 157 Versicherers kein „für das Schadenereignis Verantwortlicher" (OLG Schleswig NZV 1997, 442). Durch den Abschluss eines Versicherungsvertrages begründet er nur den Versicherungsschutz bzw. die Vorleistungspflicht (§ 117 VVG, § 3 PflVG). Wird der Versicherungsnehmer **mitverklagt**, ist die Klage mit der daraus resultierenden Kostenfolge mangels Haftung abzuweisen, wenn ihn (den Versicherungsnehmer) nicht außerdem Verantwortlichkeiten aus eigenem Handeln (insbesondere als Fahrer) oder Sachherrschaft (Betriebsgefahr des Halters) treffen.

c) Gesamtschuldner. Haben mehrere den Schaden herbeigeführt, haften sie 158 dem Geschädigten gegenüber als Gesamtschuldner (siehe auch vor § 249 BGB, Rn 47 f).

aa) Mehrfachversicherung, Doppelversicherung. Haben für einen Versi- 159 cherungsnehmer mehrere Haftpflichtversicherer einzutreten, erfolgt der Innenausgleich nur nach § 78 VVG (Mehrfachversicherung; § 59 VVG aF) (§ 86 VVG, Rn 68).

bb) Verjährung. Der Ausgleichsanspruch verjährt innerhalb der 3-Jahresfrist 160 des § 195 BGB (§ 14 StVG, Rn 22; § 840 BGB, Rn 22).

cc) Spätere Schädigungshandlung. Eine Gesamtschuld kann nicht nur 161 durch das Verhalten Mehrerer im Unfallzeitpunkt begründet werden. Auch das spätere Eingreifen Dritter in den haftungsbegründenden Kausalverlauf kann für darauf zurückzuführende weitere Schädigungen eine (gestufte) Gesamtschuld begründen und daran anknüpfend einen Ausgleich rechtfertigen (z.B. Verletzung beim **Transport** von der Unfallstelle, **Arztfehler** bei der nachfolgenden Behandlung im Krankenhaus oder der weiteren medizinischen Versorgung) (dazu *Jahnke*, Abfindung von Personenschadenansprüchen, § 2 Rn 881 ff).

Führen Fehler von Drittleistungsträgern (z.B. unterlassene Reha-Maßnahme 162 eines RVT, verspätete innerbetriebliche Umsetzung durch Arbeitgeber oder Dienstherr [BGH NJW 2010, 927; BGH NJW 1981, 1099]) zu einer Schadenvergrößerung, werden diese Dritten damit nicht in den Bereich der gesamtschuldnerisch für ein Haftungsgeschehen Verantwortlichen einbezogen (allerdings kann der Regress eingeschränkt sein, § 254 BGB, Rn 331 ff). Die möglichen gesamtschuldnerischen Beziehungen sind regelmäßig auf die **Anspruchsentstehung** beschränkt.

dd) Innenausgleich. Siehe § 840 BGB, Rn 23 f. 163

d) Haftpflichtversicherer. aa) Direktklagemöglichkeit. Die Direktklage- 164 möglichkeit (siehe ergänzend *Stiefel/Maier-Jahnke*, § 115 VVG Rn 66 ff) nach § 115 I 1 Nr. 1 VVG (insoweit § 3 I Nr. 1 S. 1 PflVG aF fortsetzend) ermöglicht dem Anspruchsberechtigten (nicht nur für die außergerichtlichen Verhandlungen, sondern auch für den Prozessfall) lediglich, seinen Anspruch unmittelbar gegenüber dem Kfz-Haftpflichtversicherer geltend zu machen (siehe vor § 10 StVG, Rn 10, ferner § 16 StVG, Rn 26, § 840 BGB, Rn 26).

Ein Direktanspruch gegenüber der Kfz-Haftpflichtversicherung (§ 115 I 1 Nr. 1 164a VVG) besteht nur, wenn das Fahrzeug auf **öffentlichen Wegen und Plätzen** (§ 1 PflVG i.V.m. § 1 StVG) verwendet worden ist (LG Magdeburg jurisPR-VerkR 19/2015 Anm. 3; *Jahnke* jurisPR-VerkR 1/2015 Anm. 1; *Lemcke* r+s 2014, 195;

Schwab DAR 2014, 197; *Stiefel/Maier-Jahnke* § 115 VVG Rn 80 f; *Wenker* jurisPR-VerkR 19/2015 Anm. 3). Gegen eine erweiternde Auslegung spricht auch die Strafvorschrift des § 6 PflVG, die auf dieselbe Begrifflichkeit wie § 1 PflVG abstellt.

165 Der Anspruchsberechtigte muss seine Rechte (Haftpflichtanspruch) also nicht zunächst gegen den Schadenersatzpflichtigen verfolgen und sich dann dessen vertraglichen Anspruch auf Deckung gegen den Haftpflichtversicherer durch Rechtsübertragung (z.B. Pfändung und Überweisung; zum Streitwert eines solchen Verfahrens BGH VersR 2016, 274) besorgen (dies gilt aber z.B. für den Bereich der privaten Haftpflichtversicherung, die dem Täterschutz – und nicht dem Opferschutz – dient [BGH VersR 2017, 296; BGH NJW 1980, 1623)). Die Möglichkeit der direkten Inanspruchnahme begründet aber keine über die Haftung des Schadenersatzpflichtigen hinausgehende Verantwortlichkeit des Versicherers. Der Versicherer kann nicht über dasjenige hinaus in Anspruch genommen werden, was er aus dem Versicherungsvertrag zu regulieren verpflichtet ist (BGH NJW 2007, 370; BGH NJW 1982, 2321).

166 bb) **Gesamtschuldnerausgleich.** Siehe § 840 BGB, Rn 25 f.

167 cc) **Versichererinsolvenz.** Ersatzansprüche können auch gegen den Entschädigungsfonds für Schäden aus Kfz-Unfällen, dessen Aufgaben die VOH übernimmt (§ 13 PflVG; siehe auch § 12 IV 2 PflVG), verfolgt werden, wenn die Versicherungsaufsichtsbehörde den Antrag auf Eröffnung eines Insolvenzverfahrens über das Vermögen des leistungspflichtigen Versicherers stellt bzw., sofern der Versicherer seinen Sitz in einem Mitgliedstaat der Europäischen Union oder einem Vertragsstaat des Abkommens über den Europäischen Wirtschaftsraum hat, von der zuständigen Aufsichtsbehörde eine vergleichbare Maßnahme ergriffen wird (§ 12 I 1 Nr. 4 PflVG). Siehe näher *Stiefel/Maier-Jahnke*, § 12 PflVG Rn 212, 214 ff).

168 Soweit der Entschädigungsfonds Ersatzansprüche befriedigt, ist sein **Regressrecht** gegenüber Versicherungsnehmer und mitversicherten Personen auf jeweils 2.500 € beschränkt (§ 12 VI 4, 5 PflVG).

169 Soweit der Entschädigungsfond nicht einzutreten hat, bleibt die unmittelbare Verantwortlichkeit des Schadenersatzpflichtigen (u.a. aus §§ 7, 18 StVG, § 823 BGB) bestehen.

169a dd) **Deckungssummenüberschreitung.** Die VOH greift nicht ein bei Deckungssummenüberschreitung (§ 12 IV 1 PflVG, § 117 VVG; siehe *Stiefel/Maier-Jahnke*, § 12 PflVG Rn 210 ff). Das Ausfallrisiko trifft den Geschädigten.

170 e) **Drittleistungsträger. aa) Sachschaden.** Der **Arbeitgeber** hat analog § 670 BGB seinem Arbeitnehmer an dessen Fahrzeug entstandene Unfallschäden zu ersetzen, wenn das Fahrzeug mit Billigung des Arbeitgebers in dessen Betätigungsbereich eingesetzt wurde; es sei denn, der Arbeitnehmer hat eine besondere zur Abdeckung des Unfallschadensrisikos bestimmte Vergütung erhalten (LAG Düsseldorf VersR 2015, 1565; LAG Rheinland-Pfalz BeckRS 2013, 69954). Bei Fremdschädigung erfolgt kein Forderungsübergang nach § 6 EFZG, es bedarf der Abtretung. Um einen Einsatz im Betätigungsbereich des Arbeitgebers handelt es sich u.a., wenn ohne den Einsatz des Arbeitnehmerfahrzeugs der Arbeitgeber ein eigenes Fahrzeug einsetzen und damit dessen Unfallgefahr tragen müsste (BAG NJW 2011, 1247) oder der Arbeitgeber den Arbeitnehmer auffordert, das eigene Fahrzeug für eine Fahrt zu nutzen (BAG NZA 2012, 91; BAG NJW 2007, 1486).

Vorbemerkung zu § 249 BGB **Vor § 249 BGB**

Der Anspruch des Arbeitnehmers ist bei grob fahrlässiger Schadensverursa- **171**
chung ausgeschlossen. Bei mittlerer Fahrlässigkeit ist der Schaden grundsätzlich
anteilig unter Berücksichtigung der Gesamtumstände des Einzelfalls nach Billigkeitsgrundsätzen und Zumutbarkeitsgesichtspunkten zu verteilen (BAG zfs 2011, 313).

Für Unfallschäden an Privat-Pkw kann bei dienstlichem Bezug auch Beamten **171a**
ein Ersatzanspruch gegenüber dem **Dienstherrn** (z.B. § 32 BeamtVG, Art. 98
BayBG, § 32 HessBeamtVG, § 32 LBeamtVG Mecklenburg-Vorpommern) zustehen.

Nach § 13 SGB VII leistet der **UVT** auf Antrag auch Sachschaden- und Auf- **172**
wendungsersatz (vor allem Hilfeleistenden im öffentlichen Interesse; dazu *Leube*
NZV 2011, 277). Teilweise ist der Sachschadenersatz durch Satzung erweitert
(§ 94 SGB VII). Es erfolgt dann ein Forderungsübergang nach § 116 SGB X (allerdings ohne Quotenvorrecht [vgl § 86 VVG] des unmittelbar Geschädigten).

bb) Körperschaden. Zum Thema: Zu Drittleistungen ausführlich *Jahnke/* **173**
Burmann-Jahnke, Handbuch des Personenschadenrechts, Kap. 5 Rn 6 ff.

Es können Ansprüche des Verletzten/Hinterbliebenen gegen Drittleistungsver- **173a**
pflichtete bestehen, die aufgrund gesetzlicher Verpflichtung (z.B. EFZG, Sozialgesetzbuch, Sozialhilferecht) oder vertraglicher Vorsorge (z.B. Arbeitsvertrag, Tarifvertrag, privater Versicherungsvertrag) eintrittspflichtig sind. Aufgrund
gesetzlicher Verpflichtung haben SVT (Krankenkasse, Pflegekasse, RVT, UVT, Arbeitsverwaltung) Leistungen zu erbringen ohne Rücksicht darauf, ob der Unfall
vom Verletzten ganz oder teilweise mitverschuldet wurde; auch Selbständige können Anspruch auf gesetzliche Sozialversicherungsleistungen haben. Aufgrund **privater Vorsorge** kann der Verletzte Ansprüche gegen seine private Kranken- oder
Pflegeversicherung (auch Zusatzversicherung) haben. Abhängig Beschäftigte
erhalten für begrenzte Zeiträume ihr Einkommen trotz Arbeitsunfähigkeit von
ihrem Arbeitgeber/Dienstherrn fortgezahlt. Das **soziale Netz** fängt letztlich auch
diejenigen auf, die nicht im Rahmen gesetzlicher oder privater Vorsorge Schutz
genießen: SHT oder ausführende Behörden (z.B. im Rahmen des AsylbLG) greifen ein. Weitere Versorgungsträger (z.B. Berufsständische Versorgung, betriebliche
Altersversorgung) sichern daneben den Verletzten bzw. dessen Hinterbliebene.

Die Abwicklung gerade von Personenschäden ist geprägt durch die Leistungen **174**
Dritter anlässlich des Schadenfalles und den damit zu deren Gunsten verbundenen
Forderungszuweisungen (*Jahnke* r+s Sonderheft 2011 zum 75. Geburtstag von
Hermann Lemcke, S. 43; *Jahnke/Burmann-Jahnke*, Handbuch des Personenschadenrechts, Kap. 5 Rn 2997 ff). Die Regulierung vollzieht sich dabei im Spannungsfeld von zivilrechtlichen Schadenersatzansprüchen und (überwiegend sozialrechtlichen) Leistungsansprüchen, die ihre Verknüpfung u.a. in uneinheitlich
ausgestalteten **Forderungsübergängen** finden. Gerade mit Blick auf die vielfältigen Drittleistungen ist stets und immer wieder aufs Neue zu prüfen, ob der
Fordernde (unmittelbar Verletzter, Drittleistungsträger) auch tatsächlich Inhaber
der Forderung schon oder noch ist (BGH jurisPR-VerkR 11/2010 Anm. 1 =
NJW-RR 2010, 839) (siehe auch vor § 249 BGB, Rn 150a ff).

Während sich die Schadenersatzberechtigung des unmittelbar Geschädigten am **175**
zivilrechtlich geprägten Schadenersatzrecht ausrichtet, gelten für die Eintritts-
und Leistungsverpflichtungen des Dritten (Drittleistungsträger) gegenüber dem
unmittelbar Betroffenen andere rechtliche Rahmenbedingungen (wie Arbeitsrecht, Beamtenversorgungsrecht, Privatversicherungsrecht, Sozialversicherungs-

recht, Sozialhilferecht), die sich häufig an unterschiedlichen Rechtsaspekten (nicht nur zu Leistungsanspruch und Leistungsumfang) als dem des Schadenersatzes ausrichten.

176 Zum Rückgriff des Drittleistungsträgers siehe vor § 249 BGB, Rn 260 ff.

177 **cc) Schutzbriefversicherer.** Der Schutzbriefversicherer haftet nicht für Fehler des **Abschleppunternehmens.** Geschuldet wird nicht die Rückführung, sondern lediglich die Vermittlung des Transportes und Kostenersatz (OLG Hamm SP 2014, 63; OLG Saarbrücken VersR 2005, 1724; LG München I v. 3.11.2016 – 30 O 18073/15; LG München I zfs 1989, 278; AG München v. 11.1.2016 – 251 C 18763/15 – dejure.org; AG München SP 2010, 249).

177a Ein vom Automobilclub (z.B. ADAC) beauftragtes Abschleppunternehmen kann nicht unmittelbar mit einem parallel vorhandenen Schutzbriefversicherer abrechnen (OLG Düsseldorf NZV 2017, 326 [Anm. *Nugel*] NZV 2017, 329).

178 **dd) Kaskoversicherer.** Es handelt sich nicht um eine Haftpflichtversicherung, sondern um eine Sachversicherung. Daher kommen die schadenersatzrechtlichen Aspekte (§ 249 BGB) nicht zum Tragen. Es gelten die vertraglichen Vereinbarungen. Siehe § 249 BGB, Rn 18.

179 Regelungen in den AKB zur Erstattung nur tatsächlich angefallener MwSt sind wirksam (KG VersR 2010, 1633). Die zum Schadenrecht aufgestellte Rechtsprechung gilt in diesem Zusammenhang nicht.

180 **f) Fahrerschutz-Versicherung (Fahrer-Kasko). Zum Thema:** *Heinrichs* DAR 2011, 557; *Jahnke,* Unfalltod und Schadenersatz, § 6 Rn 1107 ff; *Jahnke/Burmann-Jahnke,* Handbuch des Personenschadensrechts, Kap. 8 Rn 526 ff; *Maier* r+s 2014, 219; *Stiefel/Maier-Meinecke,* AKB A.5 Rn 1 ff.

181 **aa) Schadenversicherung.** Die Fahrerschutz-Versicherung (u.a. auch Fahrer-Kasko, FahrerPlus genannt) ist **keine Haftpflichtversicherung,** sondern eine freiwillige und eigenständige **Zusatzversicherung** (Restschadenversicherung) zur Kfz-Versicherung bei gleichzeitigem Bestehen einer Kfz-Haftpflichtversicherung (uU auch Kaskoversicherung). Es handelt sich um eine als **Schadenversicherung** ausgeprägte spezielle Unfallversicherung (siehe § 86 VVG, Rn 8) zur persönlichen Absicherung des berechtigten Fahrers, die sich hinsichtlich ihres Leistungsvolumen nicht an festen Summen, sondern an den Grundsätzen der Schadenversicherung mit näher bestimmten Anrechnungs- und Verrechnungsmodalitäten orientiert (OLG Zweibrücken r+s 2017, 181).

181a Soweit Versicherungsunternehmen die Fahrerschutzversicherung nur für Versicherungsnehmer, die das 23. Lebensjahr vollendet haben, anbieten, ist dies mit dem Verbot der Altersdiskriminierung vereinbar. Zulässiges Differenzierungskriterium ist u.a., dass der Restausgleich (die Fahrerschutzversicherung ist eine Restschadensversicherung) bei jüngeren Fahrern wesentlich größer ist als bei älteren Versicherten.

182 Werden ausschließlich Ansprüche gegenüber der Fahrerschutz-Versicherung geltend gemacht, beeinflusst dies den **Schadenfreiheitsrabatt** in der Kfz-Haftpflichtversicherung nicht.

183 Auch wenn der leistungsbestimmende Unfallbegriff § 178 II VVG entlehnt ist, finden **§§ 178 ff VVG** keine unmittelbare Anwendung.

183a Ein Versicherungsvertreter kann im Rahmen seines Beratungsgespräches vor Abschluss eines Kfz-Versicherungsvertrags auch verpflichtet sein, auch über eine Fahrerschutzversicherung aufzuklären (OLG Zweibrücken r+s 2017, 181).

Vorbemerkung zu § 249 BGB   **Vor § 249 BGB**

bb) Anspruchsberechtigung. Während Fahrzeuginsassen bei Unfällen, häu- 184
fig unabhängig vom Verschulden des Fahrers, Schadenersatzansprüche gegenüber
der Kfz-Haftpflichtversicherung des Halters haben (siehe § 16 StVG, Rn 5 ff),
erhält der **Fahrer** selbst, sofern er den Schaden verursacht hat oder kein Schädiger
feststellbar ist, keine Entschädigung (siehe § 16 StVG, Rn 17 ff). Die Fahrerschutz-
Versicherung schließt diese Absicherungslücke (uU auch im Fall der **Mitverursachung** bei der Haftungsbeurteilung dem Grunde nach). Der Fahrer des verunfallten Fahrzeuges erhält Entschädigungsleistungen für Personenschäden, die durch
selbst- bzw. teilverschuldete Unfälle, unbekannte Schädiger oder Unfälle aufgrund
höherer Gewalt entstanden sind.

Andere **Fahrzeuginsassen** sind nicht anspruchsberechtigt. Versichert ist nur 184a
der berechtigte Fahrer (A.5.1, A.5.2 AKB 2015).

Schockschäden von Angehörigen sind nicht zu leisten. Insofern ist nicht der 185
Fahrer verletzt, sondern originär der Angehörige, der von dessen Tod erfährt
(*Stiefel/Maier-Meinecke*, A.5 AKB 2015 Rn 30, 58). Zum originären Anspruch des
Angehörigen siehe zu § 249 BGB, Rn 123 ff, vor § 249 BGB, Rn 201.

Hinterbliebenengeld ist nur dann aus dem Vertragsversprechen geschuldet, 185a
wenn es ausdrücklich (z.B. in den AKB) vor dem Unfallgeschehen erwähnt ist.
Das Hinterbliebenengeld wurde systemändern durch den Gesetzgeber erst zum
23.7.2017 (primärer Schadentag) eingeführt und hat keine vorangehende rechtliche Entsprechung (§ 844 BGB, Rn 81, 213).

cc) Deckung. (1) Eintrittspflicht. Leistungsvoraussetzungen und Leistungen 186
sind je nach Versicherungsunternehmen **unterschiedlich** ausgestaltet. Da es sich
nicht um eine Pflichtversicherung handelt, sind die Versicherer in der Ausgestaltung ihres Leistungsangebotes frei. Diese Versicherungsart hat mittlerweile einen
Platz in den Muster-AKB (A.5 AKB 2015) gefunden (siehe zu Einzelfragen *Stiefel/
Maier-Meinecke*, AKB A.5 Rn 1 ff).

(2) Unfallereignis. (a) Begriff. Ein Unfall liegt vor, wenn der Fahrer durch 187
ein plötzlich von außen auf seinen Körper wirkendes Ereignis (Unfallereignis)
unfreiwillig eine Gesundheitsschädigung erleidet (A.5.1 AKB; siehe auch § 178 II
VVG, § 8 I 2 SGB VII).

(b) Unfreiwilligkeit. Selbsttötung ist kein unfreiwilliges Ereignis (OLG Düs- 188
seldorf NJW-RR 2003, 530; siehe auch *Müller* NZV 1990, 333). Selbsttötung
kann Arbeitsunfall i.S.d. SGB VII sein (BSG HVBG-INFO 1999, 238; *Benz* NZS
1999, 43).

(c) Kausalität. Erforderlich ist unmittelbare Kausalität, d.h. der Personenscha- 189
den muss **durch** den **Verkehrsunfall** hervorgerufen sein. Kein Leistungsanspruch
besteht, wenn der Fahrzeugführer Opfer einer Schlägerei wird, die ihren Ursprung
in einem vorangegangenen Fahrverhalten hat (verärgerter Fußgänger verprügelt
Autofahrer, Schlägerei nach Unfall); ebenso wenig, wenn der Fahrer beim Lenken
z.B. einen Herzinfarkt erleidet.

(3) Fahrzeuglenker. Der Fahrerschutz erstreckt sich regelmäßig auf **Perso-** 190
nenschäden, die der berechtigte Fahrer bei einem Unfall im Zusammenhang
mit dem **Lenken seines Fahrzeuges** erleidet. Ausgeschlossen werden häufig
beim Ein- oder Aussteigen, Be- oder Entladen entstandene Schäden.

(4) Leistungsvolumen. Die Leistung bei **psychischer Erkrankung** kann 191
ausgeschlossen sein.

BGB Vor § 249   Schadensersatzrecht des BGB

192   **(5) Leistungsbegrenzungen.** Da es sich um einen vertraglichen Anspruch handelt, ist es zulässig, **Entschädigungsgrenzen** (z.B. für Umbaumaßnahmen, Pflegekosten) und **Selbstbehalte** einzubeziehen.

193   **(6) Kein Versicherungsschutz.** Der Deckungsbereich ist nicht auf die beschränkenden Tatbestände der **KfzPflVV** (u.a. der §§ 4, 5 KfzPflVV) eingeschränkt, sondern kann darüber hinaus **weitere Ausschlusstatbestände** beinhalten. Die Handhabung kann unterschiedlich ausfallen. Neben einem Ausschluss der Leistungspflicht ist eine Leistungskürzung denkbar.

194   Versicherungsschutz kann ausgeschlossen sein, wenn der Fahrer infolge des Genusses alkoholischer Getränke oder anderer **berauschender Mittel** nicht in der Lage war, das Fahrzeug sicher zu führen.

195   Versicherungsschutz kann (unabhängig von einer Kausalitätsprüfung) vollständig wegfallen, wenn der vorgeschriebene **Gurt** nicht genutzt wurde.

196   **(7) Versicherungsschutzversagung.** Bei fehlendem Versicherungsschutz besteht Leistungsfreiheit des Versicherers. Es gibt **keine Vorleistungspflicht** wie in der Kfz-Pflichtversicherung.

197   Bei Verletzung von Obliegenheiten gilt § 28 VVG.

198   **dd) Leistung. (1) Fiktiver Schadenersatzanspruch.** Die Versicherungsleistung schützt den Fahrer (ähnlich wie die Kfz-Haftpflichtversicherung den Mitfahrer) durch Gewährung von Leistungen entsprechend dem deutschen **Recht der unerlaubten Handlung** (Verdienstausfall, Leistungen für sonstige Folgeschäden wie behindertengerechten Umbau, Haushaltshilfe). Umfang und Höhe der Leistungen richten sich regelmäßig danach, was im Falle der Verursachung durch einen Dritten unabhängig von der Haftungsfrage als Schadensersatz nach **deutschem Schadensersatzrecht** zu leisten wäre (*„Der Baum hat die Vorfahrt verletzt"*), wobei einzelne Ansprüche versicherungsvertraglich ausgeschlossen werden dürfen.

199   **Sachschäden** deckt die **Kaskoversicherung** – und nicht die Fahrerschutz-Versicherung – ab.

200   **Schmerzensgeld** wird nicht immer und auch nicht unter denselben Voraussetzungen gewährt.

201   Leistungen an **Hinterbliebene** im Todesfall (z.B. Witwen-/Waisenrente) können Leistungsbestandteil sein. Hinterbliebenengeld kann – soweit für den neu geschaffenen systemändernden Anspruch solches vertraglich vereinbart ist (siehe vor § 249 BGB, Rn 185a) – von der Fahrerschutz-Versicherung umfasst sein. Es kommt auf die jeweilige Ausgestaltung der Versicherungsbedingungen nach dem 23.6.2017 (positive Nennung des Hinterbliebenengeldes als Leistungsbestandteil) an. Zum Schockschaden siehe vor § 249 BGB, Rn 185.

202   **(2) Schadenminderung, Vorteilsausgleich.** Da sich die Versicherungsleistung der Höhe nach an einer fiktiv von einem – dem Grunde nach voll eintrittspflichtigen – Dritten geschuldeten Schadenersatzleistung orientiert, bedarf es zur Einbeziehung der im Schadenersatzrecht bekannten Mitverschuldenseinwände und Vorteilsausgleichungen keines ausdrücklichen Hinweises auf § 82 VVG (auch § 184 VVG wäre abdingbar, § 191 VVG).

203   Während der Anspruchsgrund (Haftung dem Grunde nach, dazu § 254 BGB, Rn 188 ff) regelmäßig dem Streit entzogen ist, kommen zur Anspruchshöhe sämtliche **Mitwirkungsaspekte** anspruchsmindernd zum Tragen (z.B. fehlende Mitwirkung bei der Heilbehandlung, Verstoß gegen die Pflicht zur Arbeitskraftverwertung); siehe zu den Kürzungsaspekten § 254 BGB, Rn 263 ff.

Vorbemerkung zu § 249 BGB **Vor § 249 BGB**

Vorteilsausgleiche (z.b. ersparte Aufwendungen für die Zeit der Arbeitsunfä- 204 higkeit) kürzen wie beim von einem Dritten geschuldeten Schadensersatz den Anspruch gegenüber dem Versicherer.

Die **Fälligkeit** der Leistung kann vertraglich abweichend von § 14 VVG gere- 205 gelt werden.

ee) Subsidiarität. Die Fahrerschutz-Versicherung ist nach ihren Bedingungen 206 regelmäßig hinsichtlich der unfallbedingten Personenschäden nur subsidiär eintrittspflichtig (zum Wegfall einer möglichen Doppelversicherung BGH NJW-RR 2004, 1100) (häufig als Restschadenversicherung ausgestaltet). Die Leistungspflicht Dritter kann auch als Leistungsausschluss definiert sein.

Solange die Versicherung den Schaden nicht reguliert und sich auf die Nachran- 207 gigkeit beruft, bleibt der verletzte Fahrer gegenüber dem Unfallgegner **aktivlegitimiert.** Hat der Fahrer wegen seiner Ansprüche aus Personenschaden (wie Schmerzensgeld, Verdienstausfall, Haushaltsführungsschaden) von seinem regulierenden Fahrerschutz-Versicherer eine Abfindung erhalten, entfällt insoweit seine Aktivlegitimation (OLG Koblenz VersR 2014, 1365).

Ob und inwieweit Forderungswechsel und Anrechnungen zum Tragen kom- 208 men, ist abhängig vom jeweiligen Vertragswerk. Regelmäßig besteht kein Anspruch auf Leistungen, wenn und soweit dem Fahrer aufgrund gesetzlicher oder vertraglicher Regelungen **kongruente Ansprüche** wegen des Unfalls **gegen Dritte** zustehen (z.B. Unfallgegner, SVT, öffentlich-rechtliche Institutionen [dazu zählen auch Sozialhilfeträger, Berufsständische Versorgungswerke], Arbeitgeber, betriebliche Altersversorger, privater Krankenversicherer).

Die Fahrerschutz-Versicherung dient nicht der Prozessfinanzierung gegenüber 208a diesen Dritten. Dies ist Aufgabe u.a. der Rechtsschutzversicherung.

Vereinbarungen, die **mit Dritten** über deren Leistungen getroffen werden, 209 binden den Fahrerschutz-Versicherer nicht. Häufig wäre dies zudem ein unzulässiger Vertrag zulasten Dritter.

Dies gilt auch für Schadenersatzansprüche gegen Dritte und deren Haftpflicht- 210 versicherer. Die Leistungspflicht beschränkt sich auf beim Geschädigten nach Abzug von Drittleistungen verbliebene Spitzbeträge. Eine Leistungspflicht kann in Betracht kommen, wenn der berechtigte Fahrer glaubhaft machen kann, dass ein **Durchsetzen der Ansprüche** gegen den Dritten nicht erfolgversprechend ist; die fehlende Durchsetzbarkeit hat der Versicherte zu beweisen.

Die **VOH** kann verweisen (§ 12 I 2 PflVG) (*Stiefel/Maier-Meinecke*, AKB A.5 211 Rn 72).

ff) Verjährung. Es handelt sich um einen Anspruch aus einem Versicherungs- 212 vertrag, nicht aber um einen Haftpflichtanspruch.

Die Verjährung richtet sich nach §§ 195 ff VVG. Es gilt daher § 199 IV BGB 213 (10 Jahre), nicht die 30-Jahres-Regel des § 199 II BGB. §§ 115 II, 116 I VVG gelten nicht, da die Fahrerschutz-Versicherung keine Haftpflichtversicherung ist, wohl aber § 15 VVG (siehe *Muschner/Wendt* MDR 2008, 609).

gg) Forderungswechsel. (1) Forderungsübergang. Da es sich um eine 214 Schadenversicherung handelt, kommt § 86 VVG zur Anwendung (OLG Koblenz VersR 2014, 1365).

(2) Haftungsausschluss. Sofern keine Leistungsfreiheit für den Fall des Vor- 215 liegens eines Arbeits-/Dienstunfalles (dazu § 254 BGB, Rn 11 ff) vereinbart ist (siehe zur privaten Krankenversicherung § 5 III MB/KK 2009 [Musterbedingungen 2009 für die Krankheitskosten- und Krankenhaustagegeldversicherung]), kommt der Haftungsausschluss nicht zum Tragen.

216 **g) Finanzamt.** Unfallkausale Aufwendungen und Belastungen spiegeln sich auch im Steuerrecht wider: Schadenbeseitigungskosten können Werbungskosten darstellen, Aufwendungen bei Körperschäden können als außergewöhnliche Belastungen die Steuerschuld mindern (siehe § 249 BGB, Rn 541 f; ferner *Viskorf* DAR 2013, 561).

217 Erleidet ein nicht-selbständig tätiger Steuerpflichtiger mit seinem privaten PKW auf einer Fahrt zwischen Wohnung und Arbeitsstätte einen Unfall, kann er den dadurch entstandenen Schaden als Fahrtaufwand nach § 9 I 1 EStG abziehen (BFH BFH/NV 1995, 668). Dieser Abzug ist aber, wenn das Fahrzeug nach dem Unfall unrepariert veräußert wird, nicht mit der Differenz zwischen den Wiederbeschaffungswerten vor und nach dem Unfall zu bemessen, sondern mit der Differenz zwischen dem rechnerisch ermittelten fiktiven Buchwert (Anschaffungskosten abzgl. fiktiver Absetzung für Abnutzung [AfA] vor dem Unfall und dem Veräußerungserlös (BFH NJW 2013, 639).

217a Zur steuerlichen Absetzbarkeit von Prozesskosten siehe § 249 BGB, Rn 433.

217b **h) Arbeitgeber.** Siehe vor § 249 BGB, Rn 170 ff.

218 **i) Opferschutz. aa) Vorleistung.** Auch wenn aus dem Versicherungsvertrag keine Deckung besteht, kann im Bereich der Pflichtversicherung eine Vorleistungspflicht des Haftpflichtversicherers in Betracht kommen (siehe u.a. § 117 I 2 VVG, § 3 PflVG).

219 **bb) Opferentschädigungsrecht. Zum Thema:** *Jahnke/Burmann-Jahnke*, Handbuch des Personenschadensrechts, Kap. 4 Rn 1208 m.w.H.

219a Das Gesetz über die Entschädigung für Opfer von Gewalttaten (Opferentschädigungsgesetz – **OEG**) gewährt Versorgungsleistungen In- und Ausländern (§ 1 IV – VII OEG), die durch einen vorsätzlichen, rechtswidrigen tätlichen Angriff in Deutschland oder auf einem deutschen Schiff bzw. Flugzeug gesundheitlich zu Schaden gekommen sind (§ 1 I OEG).

219b Einer Entschädigung nach dem OEG steht nicht entgegen, dass der Verletzte durch Leistungen aus einer privaten Unfallversicherung hinreichend geschützt ist (BSG NJW 1982, 596).

220 Wurde für den tätlichen Angriff ein **Kfz** oder ein Anhänger gebraucht, ist das OEG, nicht zuletzt mit Blick auf die VOH (§ 12 PflVG), unanwendbar (§ 1 XI OEG). Die in § 7 II StVG enthaltene Einschränkung auf **Anhänger,** *die dazu bestimmt sind, von einem Kraftfahrzeug mitgeführt zu werden,* enthält das OEG nicht (was auf einem offensichtlichen gesetzgeberischen Versehen beruht).

221 Die Schädigung kann auch **psychischer** Natur sein (BSG NJW-RR 2002, 957). Ansprüche können vergleichbar der **Schockschaden**rechtsprechung bestehen.

222 Auch **Hinterbliebene** sind nach dem OEG anspruchsberechtigt (§ 1 VIII OEG). Im Opferentschädigungsrecht erkannte das BVerfG (BVerfG NJW 2005, 1413) eine nicht-gerechtfertigte Benachteiligung der **nicht-ehelichen Partnerschaft** mit Kindern; der Gesetzgeber hat (rückwirkend ab 1.11.1994) § 1 VIII OEG auf Partner einer eheähnlichen Gemeinschaft erweitert. Eine Erweiterung auf Ansprüche gegen die für Fahrzeugunfälle zuständige VOH erfolgte nicht.

223 Beim Forderungsübergang ist das **Quotenvorrecht** nach § 5 I OEG, § 81a BVG zu beachten. Für die **Kenntnis vom Rechtsübergang** nach § 5 OEG genügt grundsätzlich die Kenntnis von Tatsachen, nach denen mit Leistungen nach dem OEG zu rechnen ist (BGH NJW 2008, 1162).

cc) Verkehrsopferhilfe (VOH). Zum Thema: *Stiefel/Maier-Jahnke*, § 12 PflVG Rn 1 ff; *Münchener Kommentar/StVR-Rolfs/Bintz*; § 12 PflVG Rn 1 ff.   224

Wer durch ein nicht-identifiziertes Fahrzeug einen Personen- und Sachschaden erleidet, ist durch §§ 12 ff PflVG geschützt: Der betroffene Geschädigte kann dann eine Entschädigung von der VOH (*Verkehrsopferhilfe e.V., Wilhelmstr. 43/43G, 10117 Berlin*; Tel. +49 30 20 20 5000, www.verkehrsopferhilfe.de) verlangen (*Hofmann* NZV 1991, 409; *Lemor* DAR 2014, 248; *Schröder* SVR 2008, 196).   224a

VOH greift nicht bei **Haftungs-** und **Deckungssummenüberschreitung.** Das Ausfallrisiko trifft den Geschädigten.

Dem Haftpflichtversicherer obliegt – auch wenn die Kfz-Haftpflichtversicherung als Pflichtversicherung ausgestaltet ist – nicht die Aufgabe (z.B. aus gesellschaftspolitischer Verantwortung) zu ermitteln, ob sein Vertragspartner (Versicherungsnehmer) eventuell an einem schadensverursachenden Unfall beteiligt war (OLG Saarbrücken zfs 1999, 291).   225

Nur unter eingeschränkten **Voraussetzungen** bestehen Ansprüche gegenüber dem Entschädigungsfonds der VOH zu. Keine Ansprüche haben **Bundesbahn** (BGH VersR 1985, 185), Unternehmen, die für den Baulastträger einer öffentlichen Straße die **Sicherung einer Baustelle** übernehmen (BGH NJW 1978, 164) sowie kommunale **Energieversorger** (AG Mainz RdE 1987, 214). Nach § 12 I PflVG können in den Fällen des **nicht ermittelbaren Fahrzeuges** (§ 12 I 1 Nr. 1 PflVG), des **fehlenden Versicherungsschutzes** (LG Bochum VersR 2010, 1179) (§ 12 I 1 Nr. 2 PflVG) sowie des **vorsätzlich** (§ 103 VVG) **handelnden Schädiger** (§ 12 I 1 Nr. 3 PflVG) Ansprüche unmittelbar gegenüber dem Entschädigungsfonds (dessen Aufgaben der VOH zugewiesen ist) geltend gemacht werden.   226

Der Geschädigte muss beweisen (§ 286 ZPO; OLG Stuttgart VersR 2013, 623), dass der eingetretene Unfallschaden durch den Gebrauch eines anderen Fahrzeuges verursacht worden ist (LG Bochum VersR 2010, 1179). Soweit Schmerzensgeld verlangt wird, muss für Schadensereignisse **vor dem 1.8.2002** der Verletzte beweisen, dass der Fahrer oder Halter des anderen unfallbeteiligten Fahrzeuges aus **Verschulden** haftet (LG Krefeld VersR 1986, 270); für Unfälle **ab dem 1.8.2002** gilt § 11 S. 2 StVG.   227

Die Eintrittspflicht der VOH ist **subsidiär.** Sie tritt erst dann ein, wenn der ermittelte Täter selbst nicht mehr leisten kann (siehe *Jahnke* jurisPR-VerkR 5/2008 Anm. 2 und jurisPR-VerkR 6/2008 Anm. 2). Leistungspflicht besteht nur, soweit der Schaden weder vom Halter, Eigentümer oder Fahrer des Fahrzeugs zu erlangen noch von dritter Seite (z.B. Sozialversicherung, private Krankenversicherung, Rechtsschutzversicherung [AG Idar-Oberstein DAR 2010, 271]; aber auch weiterer Schädiger [BGH VersR 1976, 885], gegebenenfalls dessen Haftpflichtversicherer; siehe auch § 117 III VVG) zu ersetzen ist (§ 12 I 2–5, IV PflVG) (BGH NJW 1978, 164). Der Geschädigte hat sich zu den ihm möglichen weiteren Leistungsverpflichteten unaufgefordert und vollständig zu erklären.   228

Da ein schadenersatzpflichtiger Täter keinen Versicherungsschutz in seiner Kfz-Haftpflichtversicherung genießt, muss er den Schaden vollständig aus dem eigenen Vermögen begleichen: Die VOH dient **nicht** dem **Täterschutz,** sondern nur dem Opferschutz (siehe auch § 86 VVG, Rn 99a, § 103 VVG Rn 55; ferner *Stiefel/Maier-Jahnke*, § 103 VVG Rn 97 ff).   228a

229 Soweit gegenüber der VOH Ansprüche geltend gemacht werden können, ersetzt diese Schäden des Opfers entsprechend der **Haftung** unter Berücksichtigung dessen etwaiger Mitverantwortung (Mitverschulden, Verantwortung für eigene Betriebsgefahr), dem Volumen nach beschränkt auf die gesetzlich im Unfallzeitpunkt vorgesehene **Mindestversicherungssumme** (§ 12 IV PflVG).

230 Neben dem Ersatz **materieller Schäden** (einschließlich des **Beitragsregresses;** nur § 119 SGB X [nicht § 179 Ia SGB VI]) ist auch – allerdings unter weiteren Voraussetzungen (dazu § 253 BGB, Rn 82) – ein **Schmerzensgeld** zu zahlen. Zum **Hinterbliebenengeld** siehe § 844 BGB Rn 95. **Unterhaltsschäden** erfassen mangels gesetzlicher Regelung, anders als nach dem OEG, nicht Ansprüche der nicht-ehelichen Partner. Die VOH hat auch **Anwaltskosten** zu ersetzen, soweit eine Rechtsschutzversicherung keine Deckung zu gewähren hat (§ 12 I 2 PflVG) (LG Bremen DAR 2010, 587; AG Idar-Oberstein DAR 2010, 271).

231 **dd) Freiwillige Leistungen.** Karitative Begünstigungen stehen in der Disposition des Spendenwilligen, ohne an Art 3 GG gebunden zu sein. Verrechnungen auf den Ersatzanspruch sind an § 843 IV BGB zu messen.

232 Gegenüber Einrichtungen, die sich dem Opferschutz aus freiwilligen Stücken heraus verschrieben haben (z.B. **Weißer Ring**), besteht kein Rechtsanspruch auf deren satzungsgemäße Leistungen (OLG Koblenz MDR 2008, 267).

233 Zur **Ex Gratia-Zahlung** siehe § 16 StVG, Rn 35 ff.

233a **ee) Terrorakt. Zum Thema:** *Schwab* DAR 2017, 168.

233b **ff) Tumult.** Siehe § 16 StVG, Rn 41c.

234 **j) Auslandsbezug. Zum Thema:** *Stiefel/Maier-Riedmeyer*, Teil 4. Regulierung von Auslandsunfällen. Siehe ergänzend die Ausführungen zum AuslPflVG.

234a Wird mit einem im Ausland zugelassenen Fahrzeug **in Deutschland** ein Unfall verursacht und ist für dieses Fahrzeug eine Grüne Karte ausgestellt oder trägt das Fahrzeug ein Kennzeichen eines Landes, dass die Zusatzvereinbarung zum Abkommen über die internationale Versicherungskarte (EG-Richtlinie v. 24.4.1972 – 72/166/EWG – und v. 15.3.1991), unterzeichnet hat, kann der Geschädigte die Schadenregulierung durch das Deutsche Grüne-Karte-Büro (Anschrift: *Deutsches Büro Grüne Karte e.V., Wilhelmstr. 43/43G, 10117 Berlin* bzw. *Postfach 101402, 20009* Hamburg; Tel. +49 40 33440 0, Claims@Gruene-Karte.de) verlangen. Wird durch einen vom im Inland zuständigen Grüne-Karte-Büro beauftragten Schadenregulierer nach einem Verkehrsunfall der Schaden reguliert, bleibt das Grüne-Karte-Büro Leistender iSv § 812 BGB (OLG Hamm v. 6.4.2017 – 24 U 110/16 – bld.de).

235 Wurde nach dem 31.12.2002 durch den Gebrauch eines Kfz oder eines Anhängers **im Ausland** ein Personen- oder Sachschaden verursacht (zu Einzelheiten *Stiefel/Maier-Riedmeyer*, AuslUnf Rn 7 ff, *Stiefel/Maier-Jahnke*, § 3a PflVG Rn 3 ff), kann nach § 12a I PflVG ein Geschädigter mit Wohnsitz in Deutschland seine Ansprüche gegen die Entschädigungsstelle für Schäden aus Auslandsunfällen (Entschädigungsstelle) geltend machen, wenn das Versicherungsunternehmen oder sein Schadenregulierungsbeauftragter nicht binnen 3 Monaten nach der Geltendmachung des Entschädigungsanspruchs eine begründete Antwort erteilt (§ 12a I Nr. 1 PflVG) oder der ausländische Versicherer keinen Schadenregulierungsbeauftragten bestellt hat (§ 12a I Nr. 2 PflVG) bzw. das Fahrzeug nicht oder das Versicherungsunternehmen nicht innerhalb von 2 Monaten nach dem Unfall ermittelt

Vorbemerkung zu § 249 BGB Vor § 249 BGB

werden konnte (§ 12a I Nr. 3 PflVG). Die Aufgaben der Entschädigungsstelle sind der VOH überantwortet.

Nicht nur die Frage der Haftungsquote, sondern auch die Haftungsfolgen aus einem Verkehrsunfall richten sich grundsätzlich nach dem **Recht** desjenigen Staates, in dem sich der Unfall (Tatortrecht) ereignete (EuGH NJW 2016, 466; siehe § 253 BGB, Rn 58a). Anderes gilt, wenn Anspruchsteller und Anspruchsgegner ihren jeweiligen Wohnsitz im gleichen Staat haben. 235a

7. Massenunfall. Zum Thema: *Stiefel/Maier-Schurer*, I.4 AKB Rn 24 ff. 236

Wenn auf deutschen Straßen und Autobahnen eine Vielzahl von Fahrzeugen miteinander kollidieren, führen zum Schutz der Verkehrsopfer die deutschen Kfz-Haftpflichtversicherer bei Massenunfällen gemeinsame Regulierungsaktionen durch, um eine schnelle und reibungslose Schadenabwicklung zu ermöglichen. Die bisherigen Grundsätze für gemeinsame Regulierungsaktionen bei Massenunfällen wurden zum 1.7.2015 überarbeitet und verändert (GDV-Sonderrundschreiben K 02/2015 v. 21.1.2015). 236a

Zur **Rechtslageregulierung** siehe u.a. OLG Hamm NJW 2014, 3790. 236b

Ansprechpartner ist der **GDV** (Anschrift: *Gesamtverband der Deutschen Versicherungswirtschaft e.V., Wilhelmstraße 43/43G, 10117 Berlin*, Tel.: +49 30 2020 5326, www.gdv.de). 237

a) Gemeinsame Regulierungsaktion. Der GDV hat Grundsätze für gemeinsame Regulierungsaktionen bei Massenunfällen aufgestellt. Diese Grundsätze gelten nur im Verhältnis der teilnehmenden Versicherer untereinander; Dritte können hieraus keine Rechte herleiten. Zum 1.7.2015 ist eine Neufassung in Kraft getreten. 238

aa) Voraussetzung. Voraussetzung für die gemeinsame Aktion ist die Beteiligung von **mindestens 50** (ab 1.7.2015 40) **Fahrzeugen**. Als beteiligt gelten alle Fahrzeuge, bei denen ein enger zeitlicher und räumlicher Zusammenhang mit dem Unfallgeschehen besteht und sich das Gesamtgeschehen als einheitliches Ereignis darstellt. 239

Bei einer Beteiligung von **20 – 49** (ab 1.7.2015 20 – 39) **Fahrzeugen** erfolgt grundsätzlich keine gemeinsame Regulierung. Ausnahmsweise kann eine gemeinsame Aktion dann stattfinden, wenn besondere Umstände hierfür sprechen. Das kann der Fall sein, wenn die Rekonstruktion des Unfallhergangs (z.B. wegen Nebel oder Glatteis) und die Aufteilung der beteiligten Fahrzeuge in einzelne Unfallkomplexe mit erheblichen Schwierigkeiten verbunden sind. 240

Bei Unfällen mit **weniger als 20 beteiligten Fahrzeugen** entfällt eine gemeinsame Regulierung. Es gibt **keine Regulierungsaktion,** wenn der **Verursacher** des Unfallereignisses feststeht. 241

Wenn es mehrere, voneinander **abgetrennte, Unfallstellen** gibt oder der **Hergang nachvollziehbar** ist, liegen die Voraussetzungen für eine Regulierungsaktion nicht vor. 242

bb) Lenkungskommission. Die Lenkungskommission des GDV entscheidet aufgrund der Unfallschilderungen der Polizei, ob eine gemeinsame Regulierungsaktion eingeleitet wird oder nicht. Eine gerichtliche Überprüfung dieser Entscheidung findet nicht statt. 243

Die Durchführung der Regulierung wird ausschließlich nach gerichtlich nicht nachprüfbaren Zweckmäßigkeitsgesichtspunkten von der Lenkungskommission 244 verfügt. Die Lenkungskommission ist auch zuständig für die Klärung auftauchender Probleme und für die Entscheidung von Streitfällen.

245 **cc) Beteiligte ohne Mitgliedschaft im GDV.** Bei Beteiligung von Fahrzeugen, deren Halter von der Versicherungspflicht befreit, nicht versichert oder bei einem ausländischen bzw. dem GDV nicht angeschlossenen Versicherer versichert sind, nehmen die regulierenden Versicherer Rückgriff nach Sach- und Rechtslage, soweit nicht die Lenkungskommission ein anderes Vorgehen beschließt oder eine gesonderte Vereinbarung über die Teilnahme an gemeinsamen Regulierungsaktionen besteht.

246 **b) Regulierende Versicherer. aa) Ansprechpartner.** Die Lenkungskommission beauftragt einen oder mehrere der beteiligten Versicherer mit der zentralen Regulierung der Sach- und Personenschäden, wobei eine spätere Zuweisung von Einzelfällen (z.B. Großschäden) an bestimmte Versicherer möglich ist. Die regulierenden Versicherer schreiben die am Massenunfall beteiligten Geschädigten, soweit sie ihnen bekannt sind, an und benennen die Ansprechpartner zur Geltendmachung von Ansprüchen. Ab 1.7.2015 sollen die jeweiligen Kfz-Haftpflichtversicherer (statt einiger beauftragter Versicherer) die Schäden der bei ihnen versicherten Fahrzeuge, ihrer Fahrer und Insassen regulieren.

247 Schadenaufwand und Kosten der Regulierung werden nach einem internen Verfahren verteilt.

248 **bb) Schadenfreiheitsrabatt.** Durch die Beteiligung an den Gesamtaufwendungen wird der Schadenfreiheitsrabatt der einzelnen Fahrzeughalter in der Kfz-Haftpflichtversicherung nicht berührt.

249 **c) Regulierung. aa) Direktanspruch. (1) Allgemeines.** Die gemeinsame Regulierungsaktion umfasst alle mit dem Massenunfall zusammenhängenden Schäden ohne Rücksicht auf die Höhe.

250 Die Ansprüche der Geschädigten werden nach Sach- und Rechtslage im Rahmen des geltenden Haftpflichtsystems reguliert. Die Geschädigten können **frei entscheiden,** ob sie an der gemeinsamen Regulierungsaktion teilnehmen oder nicht. Falls sich ein Geschädigter gegen die Teilnahme entscheidet, obliegt es ihm, den konkreten Schädiger zu ermitteln und die anspruchsbegründenden Tatsachen darzulegen. **Passiv legitimiert** ist dann der Schädiger (und sein Versicherer), nicht aber die Lenkungskommission oder der GDV.

251 **(2) Halter und Fahrer.** Die Unfallverursachung und die Verschuldensanteile der einzelnen Unfallbeteiligten können bei Massenunfällen oft nicht mehr rekonstruiert werden. Die aus dem Massenunfall resultierenden Schadensersatzansprüche werden deshalb nach einem vereinfachten Verfahren reguliert, um eine möglichst einheitliche Schadenregulierung nach Sach- und Rechtslage durch die regulierenden Versicherer sicherzustellen. Bei einer für einen Massenunfall typischen Unfallkonstellation wird grundsätzlich nach folgenden **Quoten** vorgegangen:

252 – Liegt nur ein **Heckschaden** vor, wird der Schaden zu 100% reguliert.
253 – Bei Vorliegen eines **Frontschadens** werden 25% (aus Verschuldenshaftung bei eigenem Auffahren) des Schadens gezahlt.
254 – Bei **Schäden an Front und Heck** werden ⅔ getragen (auch bei Totalschäden und weiteren Schäden rundum).
254a Ab 1.7.2015 entfällt die vorstehende schematische Lösung.

(3) Insassen. Die Quoten gelten nicht für aus dem Massenunfall resultierende 255
Schäden von Fahrzeuginsassen, die weder Fahrer noch Halter sind. Hier wird
nach Sach- und Rechtslage reguliert.

bb) Drittleistungsträger. Die „Grundsätze für gemeinsame Regulierungsak- 256
tionen bei Massenunfällen" finden keine Anwendung auf die Regressabwicklung
mit SVT oder sonstigen Drittleistungsträgern (z.B. Arbeitgeber, Dienstherr,
Berufsständische Versorgung, Sozialhilfe).

Dem regulierenden Versicherer steht es frei, die Regressabwicklung (z.B. auf- 257
grund Teilungsabkommen, das den SVT sowohl mit dem haftenden Versicherer
als auch mit ihm selbst verbindet) durchzuführen oder den SVT entsprechend der
Rechtslage an den haftenden Versicherer zu verweisen.

cc) Kaskoversicherer, Schutzbriefversicherer. Der Regress des **Kaskover-** 258
sicherers wird mit der gleichen Haftungsquote abgewickelt, welche der Regulierung der Direktansprüche zugrunde gelegt wurde. Die Haftungsquote ist für den
Kaskoversicherer verbindlich.

Zum Rückgriff des gewerblichen Autovermieters gegenüber seinem Kunden 258a
siehe BGH NJW 2014, 3234 (siehe auch § 254 BGB, Rn 104).

Für den Regress des **Schutzbriefversicherers** gilt Gleiches. 259

8. Forderungsübergang. Bei der Geltendmachung von Ersatzansprüchen hat 260
der Fordernde alle anspruchsbegründenden Voraussetzungen zu **beweisen;** dazu
gehört vor allem auch seine Aktivlegitimation (AG Wertheim DAR 2006, 283).
Wenn die zunächst auf eigenes Recht gestützte Klage auf abgetretenes/übergegan-
genes Recht umgestellt wird, handelt es sich um eine Klageänderung (§ 263 ZPO),
die in der Berufungsinstanz nur bei Einwilligung des Gegners oder gerichtlich
bejahter Sachdienlichkeit zulässig ist (§ 533 ZPO) (OLG Düsseldorf SP 2013,
343).

Eine rechtskräftige Entscheidung entfaltet **Bindungswirkung** regelmäßig nur 260a
gegenüber den Parteien des Vorprozesses (BGH NZV 2015, 179). Der Drittleistungsträger, auf den die Forderung bereits im Unfallzeitpunkt übergegangen ist
(z.B. nach § 116 SGB X), muss die Forderung zum Grund und zur Höhe eigenständig verhandeln. Geht die Forderung erst später über (z.B. § 86 VVG, § 6
EFZG; spätere Begründung der Mitgliedschaft im Sozialversicherungssystem,
Erwerb der Beamtenstellung), wirkt der Rechtsvorgänger (das kann such der
Verletzte selbst sein) auf den Bestand der Forderung ein: Der Rechtsvorgänger
kann verbindlich für den Nachfolger Haftungs- und Kausalitätsquoten vereinbaren, die Ansprüche ganz oder teilweise abfinden, sie aber auch verjähren lassen.
Zu Einzelheiten siehe *Jahnke/Burmann-Jahnke/Burmann*, Handbuch des Personen-
schadensrechts, Kap. 5 Rn 3245 m.w.H.

Für die **Kenntnis** von einem Forderungsübergang nach § 116 I SGB X reicht, 260b
dass der Schädiger tatsächliche Umstände kennt, von denen allgemein bekannt
ist, dass sie versicherungspflichtig machen (BGH NZV 2015, 179).

a) Schadenregulierungsprinzip. Die Abwicklung eines Schadenfalles erfolgt 261
in letztlich zwei voneinander strikt zu trennenden Schritten.

aa) Einleitung. Wenn im Tagesgeschäft häufig von „Anrechnung der Drittleis- 262
tung" die Rede ist, ist dieses juristisch betrachtet unzutreffend: Die Anrechnung
(z.B. eines Vorteiles) mindert bereits den Schaden selbst (und zählt damit zum 1.
Schritt), während der Forderungsübergang den Forderungsbestand (gleichbedeu-

BGB Vor § 249 Schadensersatzrecht des BGB

tend mit dem vorgenannten Schaden) unangetastet lässt, die Forderung allerdings einem anderen zuweist (und damit zum 2. Schritt gehört) (BGH NJW-RR 2010, 839) – und zwar unabhängig von dem Umstand, ob dieser Dritte dann den Schadensersatzanspruch auch tatsächlich verfolgt oder verfolgen kann (KG NZV 1999, 208).

263 **bb) 1. Schritt.** Im ersten Schritt wird zunächst festgestellt, **ob** überhaupt und gegebenenfalls dann **in welcher Höhe** der Schadenersatzpflichtige Schadensersatzleistungen zu erbringen hat. Das gilt auch, soweit Aufwendungsersatz nach § 110 SGB VII an UVT und RVT zu erbringen sind.

264 Einwendungen aus dem Schadenersatzverhältnis zwischen dem verletzten Ersatzberechtigten und dem Ersatzpflichtigen zum Haftungsgrund und zur Schadenhöhe prägen diesen Prüfungsschritt. Dabei sind auch Haftungsbeschränkungen (wie § 12 StVG) und Haftungsausschlüsse (z.B. §§ 104 ff SGB VII, § 254 BGB, Rn 32 ff) zu bedenken. Auch aus der Haftung herrührende Besserstellungen (wie das Witwen-/Witwer-Quotenvorrecht, dazu § 254 BGB, Rn 326 f) des Unfallgeschädigten sind an dieser Stelle zu berücksichtigen.

265 **cc) Zwischenschritt.** In einem Zwischenschritt ist gegebenenfalls zu klären, ob die zur Verfügung stehende **Versicherungssumme** ausreicht, den festgestellten Schaden zu befriedigen. Sollte dieses nicht der Fall sein, kann eine ungleiche Verteilung zwischen unmittelbar geschädigter Person und Drittleistungsträgern in Betracht kommen. Eine entsprechende Prüfung kann auch wegen einer etwaigen (vertraglichen oder gesetzlichen) **Haftungssummenbeschränkung** notwendig sein.

266 **dd) 2. Schritt.** Im zweiten Schritt wird anschließend ermittelt, **wem** (unmittelbar verletzte Person, Drittleistungsträger, manchmal auch Abtretungs- oder Pfändungsgläubiger) die zuvor (abschließend im ersten Schritt) bestimmten Schadenersatzleistungen ganz oder teilweise zustehen. Forderungsübergänge, Kongruenzen, Sperren (z.B. Angehörigenprivileg) und Quotenvorrechte (z.B. § 116 V SGB X, Beamtenquotenvorrecht) gilt es zu beachten.

267 **b) Sachschaden.** Bei Schädigung von Sachen (wie Kfz, Gebäude) kann der Geschädigte auch Ansprüche gegen Sachversicherer aus von ihm zuvor abgeschlossenen Versicherungsverträgen haben. Sofern diese als Schadenversicherer leisten, erfolgt ein Forderungsübergang nach § 86 VVG. Nach der Versicherungsleistung kann der Geschädigte mit Rücksicht auf den Forderungsübergang Ansprüche nicht mehr selbsttätig verfolgen. Zum Quotenvorrecht siehe § 254 BGB, Rn 312 ff.

268 Soweit nach § 2 I Nr. 11 lit. a und Nr. 13 lit. a, c SGB VII den dort genannten Versicherten (Hilfeleistende im öffentlichen Interesse, u.a. Rettungsdienste und Nothelfer) nicht nur Körperschäden auszugleichen sind, sondern auf Antrag gemäß § 13 S. 1 SGB VII auch Sachschaden- und Aufwendungsersatz zu leisten ist, erfolgt ein Forderungsübergang nach § 116 SGB X (§ 13 S. 2 SGB VII), allerdings ohne Quotenvorrecht des unmittelbar Geschädigten.

269 **c) Personenschaden.** Die Forderungsberechtigung eines Drittleistungsträgers (z.B. SVT, Arbeitgeber, Dienstherr) ist nicht nur den Beschränkungen (wie unzureichender kongruenter Schaden, Abfindung durch Rechtsvorgänger) aus dem **Haftungsverhältnis** zwischen dem verletzten Ersatzberechtigten und dem Ersatzpflichtigen, unterworfen, sondern unterliegt weitergehenden Einwänden aus dem

Deckungsverhältnis zwischen dem Haftpflichtversicherer und dem Ersatzpflichtigen (nur eingeschränkte Vorleistungspflicht). Darüber hinaus sind die Voraussetzungen des privat- oder sozialrechtlich geprägten **(Dritt-)Leistungsverhältnis** zwischen Drittleistendem und Verletzten sowie das **Zessionsverhältnis** zwischen Verletztem und Drittleistungsträger in die Regulierung einzubeziehen (siehe *Stiefel/Maier-Jahnke,* vor § 113 VVG, Rn 16 ff).

aa) Uneinheitliches System. Bei der Regulierung sind Forderungsübergänge 270 und etwaige künftige Leistungen von dritter Seite (SVT, Arbeitgeber, Dienstherr, sonstige Drittleistungs- und Versorgungsträger) zu berücksichtigen. Hervorzuheben ist die Unübersichtlichkeit des Versorgungssystems, das weder einheitliche Forderungsübergänge noch stets gleichmäßiges Verteilen von Gläubigerleistungen kennt. Siehe dazu im Detail *Jahnke/Burmann-Jahnke/Burmann,* Handbuch des Personenschadensrechts, Kap. 5 Rn 6 ff.

Beim Personenschaden kommen eine Vielzahl von unterschiedlichen Forde- 271 rungsübergängen für die Abwicklung desselben Schadenfalles in Betracht. Das Zessionssystem ist nicht einheitlich gestaltet, sondern mit vielen Besonderheiten u.a. in Abhängigkeit vom Unfallzeitpunkt, dem Zeitpunkt des Forderungsüberganges, der Person des Verletzten, aber auch der Person des Schädigers und der Haftung versehen.

Nicht in allen Fällen bekommen einerseits der unmittelbar Verletzte und ande- 272 rerseits der diesem Leistungen erbringende Drittleistungsträger einen ihrem (kongruenten) Aufwand entsprechenden Anteil am vom Schadenersatzpflichtigen zur Verfügung zu stellenden Ersatzbetrag. Auch die Drittleistungsträger werden im Verhältnis zueinander teilweise verschieden behandelt. Ursache für diese unterschiedliche Behandlung kann in anzuwendenden **Quotenvorrecht** zu Gunsten eines (oder mehrerer) Beteiligter sein. Quotenvorrechte regeln eine ungleichmäßige (und damit Einzelne bevorteiligende bzw. benachteiligende) Verteilung eines vom Ersatzpflichtigen zur Verfügung gestellten Geldbetrages unter mehreren Fordernden, wenn dieser Geldbetrag (z.B. bei Mithaftung des Verletzten) nicht ausreicht, die kongruenten Schadensersatzansprüche aller zu befriedigen. Im Gegensatz zum Quotenvorrecht werden bei Anwendung der **relativen Theorie** (z.B. § 116 SGB X) bei unzureichendem Schadenersatz die Forderungen bei allen Beteiligten im selben Verhältnis reduziert.

Zu Einzelheiten § 254 BGB, Rn 311 ff, § 840 BGB, Rn 7 sowie *Jahnke,* Unfall- 273 tod und Schadenersatz, § 2 Rn 625 ff, *Jahnke,* Der Verdienstausfall im Schadenersatzrecht, § 2 Rn 77 ff.

bb) Maßgebliche Übergangsnorm. Während sich der Anspruch des Ver- 274 letzten bzw. Hinterbliebenen auf Leistungen aus dem Drittleistungssystem nach dem jeweils aktuell geltenden und sich – unter Beachtung der jeweiligen Überleitungsvorschriften – wandelnden Recht (z.B. EFZG, SGB) richtet, orientiert sich der Forderungswechsel während der gesamten Zeit der Abwicklung bis hin zur endgültigen Erledigung ausschließlich an dem im **Unfallzeitpunkt** geltenden, den Forderungswechsel herbeiführenden Recht (BGH NJW 2004, 3176; BGH NJW 1996, 1674). Das gilt auch, wenn die Rechtsgrundlagen sich später ändern (so wurde § 1542 RVO durch § 116 SGB X abgelöst, § 67 VVG aF wird durch § 86 VVG fortgeführt, Abtretungen werden durch Legalzession ersetzt).

cc) Kongruenz. Die Grenzen der Regressmöglichkeit bestimmt die Kongru- 275 enz (sachliche Kongruenz: Behebung eines Schadens der gleichen Art; zeitliche

BGB Vor § 249 Schadensersatzrecht des BGB

Kongruenz: auf denselben Zeitraum bezogene Leistungen) (BGH r+s 2007, 478; BGH NJW 1979, 2313). Soweit es an kongruenten Ansprüchen des geschädigten Leistungsberechtigten fehlt, entfällt eine Regressnahme des Drittleistungsträgers trotz seiner finanziellen Belastung; er ist insoweit **mittelbar geschädigt.** Auch beim Forderungsübergang auf einen Drittleistungsträger ist Gegenstand der Ersatzpflicht nur der Schaden des Verletzten; die Ersatzverpflichtung wird durch die Aufwendungen, die der Leistungsträger erbringt, nicht erweitert (vor § 249 BGB, Rn 284 ff)

276 Die **sachliche Kongruenz** von Versicherungsleistung einerseits und Schadensersatzanspruch andererseits wird dann bejaht, wenn beide derselben Schadensart zuzuordnen sind, ohne dass der SVT die Deckung des konkreten Schadenspostens durch eine Leistung nachweisen muss (BGH NJW 1981, 1846). Es werden die kongruenten Schadensarten Heilbehandlungskosten, vermehrte Bedürfnisse, Erwerbsschaden, Unterhaltsschaden und Beerdigungskosten unterschieden. Mangels Kongruenz wird im Rahmen deutschen Schadensersatzrechts nicht auf Schmerzensgeld (BGH NZV 2003, 89) und Hinterbliebenengeld zugegriffen. Der Haushaltsführungsschaden ist kopfanteilig auf Verdienstausfall und vermehrte Bedürfnisse aufzuteilen (siehe § 842 BGB, Rn 92).

277 Der Forderungsübergang folgt auch in zeitlicher Hinsicht der Drittleistung (**zeitliche Kongruenz** „pro rata temporis"). Die Leistungen des Drittleistungsträgers müssen sich auf denselben Zeitraum beziehen, für den Ersatzansprüche bestehen (BGH VersR 1973, 436). Wird z.B. die Barleistung (Rente usw.) monatlich erbracht, ist auch der monatliche Erwerbsschaden zugrunde zu legen.

278 **dd) Falschleistung.** Zu den Konsequenzen eines Fehlverhaltens des Drittleistungsträgers siehe § 254 BGB, Rn 331 ff.

279 **d) Rechtshandlungen des Verletzten.** Rechtshandlungen des Verletzten können die Forderungsberechtigung des Drittleistungsträgers beschränken (siehe § 86 VVG, Rn 49 ff).

280 Vom Geschädigten selbst erstrittene Urteile wirken nach Maßgabe der §§ 265 I, 325 ZPO für und gegen Rechtsnachfolger. § 325 I ZPO erstreckt die Rechtskraftwirkung auf den Rechtsnachfolger, unabhängig davon, ob die Rechtsnachfolge im Wege der Gesamtrechts- oder Einzelrechtsnachfolge, kraft Rechtsgeschäfts (Abtretung) oder Gesetzes (z.B. § 116 SGB X, § 86 VVG, § 76 BBG) eintritt. Ein rechtskräftiges, vom Geschädigten erstrittenes **Feststellungsurteil** wirkt ebenso wie ein titelersetzendes Anerkenntnis zugunsten – aber auch zulasten – des Sozialhilfeträgers (BGH NJW 2002, 1877; OLG Köln VersR 1998, 1307).

281 Voraussetzung für einen Einstieg in die Urteilssicherung ist, dass die Rechtsnachfolge **nach Eintritt der Rechtshängigkeit** erfolgt. Der Rechtsnachfolger erwirbt die Forderung dann in dem Zustand, in dem sie sich jetzt befindet (d.h. mit laufender Verjährung [§ 14 StVG, Rn 20], uU als bereits verjährte oder mit Haftungsvereinbarungen versehene, aber auch als durch Rechtskraftwirkung geschützte Forderung). Erfolgt der Forderungsübergang **vor Rechtshängigkeit** (häufig nach § 116 SGB X), ist der Prozess vom Rechtsvorgänger als von einer nicht legitimierten Partei geführt worden und das Urteil daher ohne Wirkung für und gegen den Rechtsnachfolger (OLG Koblenz VersR 2006, 1382; ferner *Keller* VersR 2006, 1607).

282 Ein **Verjährungsverzicht** des Haftpflichtigen wirkt nicht zugunsten des Rechtsnachfolgers (BGH NJW 1998, 902).

e) **Anspruchsgrundlagen für Drittbetroffene.** Siehe auch die Kommentierung zu § 16 StVG; ferner *Jahnke*, Unfalltod und Schadenersatz, § 2 Rn 156 ff. **283**

aa) Forderungsübergang. § 116 I SGB X ist keine Anspruchsgrundlage, sondern bestimmt nur den **Forderungsübergang** eines auf anderweitigen gesetzlichen Vorschriften beruhenden Anspruches wegen Schadenersatz auf den Träger der gesetzlichen **Sozialversicherung** (BGH r+s 2007, 478; BGH VersR 2002, 192; OLG Naumburg r+s 2002, 239). Beim Forderungsübergang auf einen Drittleistungsträger ist Gegenstand der Ersatzpflicht allein der dem Verletzten entstandene Schaden; es ist nicht auf die Aufwendungen, die der Leistungsträger erbringt, abzustellen (BGH r+s 2012, 204; BGH jurisPR-VerkR 14/2010 Anm. 2 = NJW 2010, 1532; BGH NJW 2002, 3175). **284**

Anspruchsübergänge (z.B. nach § 116 SGB X) führen zu keiner inhaltlichen Änderung des Anspruchs. Der Schadensersatzanspruch des Geschädigten gegen den Schädiger geht z.B. nach § 116 SGB X dergestalt auf den Drittleistungsträger (z.B. Sozialversicherungsträger) über, wie er zur Zeit des Übergangs besteht, und nicht in Höhe etwa darüber hinaus gehender Sozialleistungen oder entsprechender Drittleistungen (BGH jurisPR-VerkR 14/2010 Anm. 2 = NJW 2010, 1532). Der Schädiger soll durch den Anspruchsübergang weder besser noch schlechter gestellt werden; Einreden verliert er wegen §§ 404, 412 BGB nicht (BGH r+s 2012, 204). **284a**

bb) Eigener originärer Anspruch. Dritte können zwar auch erhebliche Vermögensschäden wegen der Verletzungen des unmittelbar Verletzten erleiden, haben aber nur in wenigen Ausnahmefällen einen **eigenen Anspruch** wegen der ihnen anlässlich eines Haftpflichtgeschehens entstandenen Aufwendungen. Greifen diese Ausnahmen (§ 110 SGB VII, Teilungsabkommen) nicht, bleibt der Drittleistungsträger – als nur mittelbar Geschädigter – auf seinem Schaden sitzen. **285**

cc) Gewillkürte (freiwillige) Abtretung. Bei der Abtretung ist zu differenzieren, ob diese gegenüber einem Drittleistungsträger abgegeben wird oder ob die Abtretung aus freien Stücken an einen (letztlich x-beliebigen) Dritten erfolgt. **286**

Wird an einem Drittleistungsträger (z.B. betriebliche Altersversorgung, Berufsständische Versorgung, Arbeitgeber außerhalb der 6-Wochen-Entgeltfortzahlung) abgetreten und steht die Abtretung in engem **Konnex mit der Drittleistung** (ist uU sogar eine Abtretungsverpflichtung im Zusammenhang mit der Drittleistungsverpflichtung vorgesehen – dazu BGH jurisPR-VerkR 11/2010 Anm. 1 [Anm. *Jahnke*] = NJW-RR 2010, 839) – oder ergibt sie sich analog § 255 BGB), begrenzt **Kongruenz** die Abtretungsverpflichtung. Die Abtretung wird quasi als Gegenleistung (Ersatz für fehlende Cessio legis) geschuldet. Tritt der Geschädigte, ohne hierzu unter Beachtung der Kongruenz überhaupt verpflichtet zu sein, an den Drittleistungsgläubiger seine Forderung ab, leistet der Schadensersatzverpflichtete an den Drittleistungsträger (als Abtretungsempfänger) mit befreiender Wirkung gegenüber dem unmittelbar Verletzten (der Schadenersatzgläubiger kann sich auf die Berechtigung der Abtretung verlassen). Der unmittelbar Verletzte kann die (inkongruente) Zuvielleistung nur vom Drittleistungsträger zurückverlangen. **287**

Anderes gilt für die Abtretung „**aus freien Stücken**". Hier kann der Anspruchsteller über die ihm zustehende Forderung frei verfügen. Individuelle Abtretung (z.B. zwecks Finanzierung eines Bauvorhabens an eine Bank; Abtretung an Gläubiger oder Finanzamt) ist möglich. **288**

dd) Bereicherungsrecht. Bereicherungsrechtliche Ansprüche des zuständigen Drittleistungsträgers wegen des ihm entstandenen Aufwands entfallen (BGH NJW 1961, 118; OLG Köln VersR 1997, 225). **289**

290 **ee) Drittschadensliquidation.** Die Rechtsfigur der Drittschadensliquidation ist von der Rechtsprechung nur für ganz bestimmte, fest umrissene Fallkonstellationen entwickelt worden und anerkannt, wobei gleichzeitig einer Ausweitung dieser Rechtsfigur auf andere als die anerkannten Fälle entgegengetreten wird (siehe § 16 StVG, Rn 43 f).

291 Im deliktischen Schadenersatzrecht findet keine zufällige Schadensverlagerung statt, sodass Drittleistungsträger (wie Arbeitgeber, Krankenkasse) auf die Rechtsfigur der Drittschadensliquidation keine Ansprüche stützen können (OLG Frankfurt OLGR 2001, 91; OLG Köln SP 2007, 427; OLG Thüringen GesR 2010, 367).

292 **ff) Geschäftsführung ohne Auftrag.** Ansprüche aus Geschäftsführung ohne Auftrag (GoA) sind keine Schadensersatz-, sondern Aufwendungsersatzansprüche (siehe auch BGH VersR 1999, 339).

293 Seinen Ersatzanspruch kann der Drittleistungsträger nicht auf eigene GoA stützen, da insoweit kein Forderungsübergang (z.B. nach § 116 SGB X) auf Drittleistungsträger stattfindet (BGH NJW 1985, 492; BGH NJW 1961, 118; OLG Frankfurt OLGR 2001, 91) (siehe auch § 16 StVG, Rn 45 ff).

294 **gg) Eingriff in eingerichteten und ausgeübten Gewerbebetrieb.** Der Aspekt des Eingriffs in den eingerichteten und ausgeübten Gewerbebetrieb gibt Arbeitgeber/Unternehmern keinen Ersatzanspruch, da der Betrieb durch das Schadenereignis nur mittelbar und nicht gezielt beeinträchtigt wird. Die Schädigung einer zum Betrieb gehörenden Person stellt keinen solchen betriebsbezogenen Eingriff dar (BGH jurisPR-VerkR 1/2009 Anm. 2 = VersR 2008, 1697).

295 **f) Sinn und Zweck von Forderungsübergängen.** Der BGH (BGH jurisPR-VerkR 2/2012, Anm. 2 = NJW 2011, 3715; BGH NJW 1989, 1217; BGH NJW 1978, 640) hebt hervor, dass der Schädiger durch die Versicherungs- bzw. Sozialleistungen nicht unverdient entlastet, zugleich aber **eine doppelte Entschädigung des Geschädigten vermieden** werden soll. § 116 SGB X will sowohl vermeiden, dass der Schädiger durch die dem Geschädigten zufließenden Sozialleistungen haftungsfrei gestellt, als auch, dass der Geschädigte doppelt entschädigt (bereichert) wird (BVerfG NJW 1967, 1411; BGH jurisPR-VerkR 14/2012 Anm. 2 = VersR 2012, 924; BGH NJW 2003, 3193; BGH NJW 1969, 98; *Jahnke*, Unfalltod und Schadenersatz, § 2 Rn 713 f). Dieses kommt auch in der **amtlichen** Begründung zu § 86 III VVG zum Ausdruck (*Jahnke* NZV 2008, 57 zu II.1.b) m.w.N.). Siehe auch § 86 VVG, Rn 91 f Dieser Gedanke des Bereicherungsverbotes (zum Bereicherungsverbot siehe BGH NJW 2014, 535; BGH NJW 1969, 2284) gilt für sämtliche Forderungsübergänge.

296 **9. Rückforderung, Rückforderungsvorbehalt.** Ergibt sich aus einem Sachverständigengutachten zur Ermittlung eines Unfallschadens, dass bereits erhebliche Vorschäden an dem Unfallfahrzeug vorhanden waren, und hat der Haftpflichtversicherer vor der Prüfung des Gutachtens bereits einen Vorschuss gezahlt, der zur beliebigen Verrechnung gestellt wurde, hat der Versicherer einen Anspruch auf Rückzahlung des überzahlten Betrages (AG Bochum v. 12.11.2014 – 67 C 550/13 – juris).

297 Hat der Geschädigte eines Verkehrsunfalls zu Unrecht Versicherungsleistungen erhalten, hat der bereicherungsrechtliche Ausgleich im Verhältnis zwischen Versicherer und Geschädigtem zu erfolgen; und zwar unabhängig von der Frage, ob die Überzahlung auf einen Fehler des Sachverständigen oder der Werkstatt zurück-

zuführen ist. Der Bereicherungsschuldner kann sich nicht durch Pflichtverletzungen anderer entlasten (OLG Saarbrücken NZV 2017, 93).

Nur unter besonderen Umständen des Einzelfalls kann der Bereicherungsforderung entgegenstehen, dass der Empfänger aus dem Verhalten des Leistenden nach Treu und Glauben den Schluss ziehen durfte, der Leistende wolle die Leistung gegen sich gelten lassen, unabhängig vom Bestehen der Schuld (BGH NJW 1960, 1522; OLG Hamm r+s 2016, 532). 298

§ 249 Art und Umfang des Schadensersatzes

(1) **Wer zum Schadensersatz verpflichtet ist, hat den Zustand herzustellen, der bestehen würde, wenn der zum Ersatz verpflichtende Umstand nicht eingetreten wäre.**

(2) ¹**Ist wegen Verletzung einer Person oder wegen Beschädigung einer Sache Schadensersatz zu leisten, so kann der Gläubiger statt der Herstellung den dazu erforderlichen Geldbetrag verlangen.**
²**Bei der Beschädigung einer Sache schließt der nach Satz 1 erforderliche Geldbetrag die Umsatzsteuer nur mit ein, wenn und soweit sie tatsächlich angefallen ist.**

Übersicht

	Rn
1. Norm	1
2. § 249 BGB – § 251 BGB	4
a) § 249 BGB	4
b) § 251 BGB	8
3. Erforderlichkeit	10
4. Sachschaden	11
a) Anspruchsgegner	11
b) Anspruchsteller	11a
c) Sachbeschädigung	12
d) Falschbetankung	17
e) Fahrzeugsachschaden	18
aa) Kaskoschaden	18
bb) Autovermietung und Unfall	23b
cc) Reparatur – Totalschaden	24
dd) Abrechnungsgrundsätze	29
(1) Allgemeines	29
(2) Fiktivabrechnung	29d
(3) Gutachtenabrechnung	34
(4) Risikozuschlag	35a
(5) Rabatte	35b
(6) Selbstreparatur	36
(7) Gleichwertige Reparaturmöglichkeit	37
(8) Vergeblich gewordener früherer Erhaltungsaufwand	37b
(9) Überzahlung	37c
ee) 4-Stufen-Modell des BGH	38
(1) Übersicht	38
(2) Reparaturaufwand unterhalb Wiederbeschaffungsaufwand (4. Stufe)	47

BGB § 249

	Rn
(3) Reparaturaufwand zwischen Wiederbeschaffungsaufwand und Wiederbeschaffungswert (100%-Bereich) (3. Stufe)	53
(4) Reparaturaufwand über Wiederbeschaffungswert (130%-Bereich) (2. Stufe)	65
(5) Reparaturkosten über 130% Wiederbeschaffungswert (1. Stufe)	75
(6) Opfergrenze	81
ff) Reparatur	82
gg) Vorschaden	86
hh) Stundenverrechnungssätze	91
(1) Konkrete Reparatur	91
(2) Fiktive Abrechnung	92
(3) Ausland	102
ii) UPE-Zuschläge, Verbringungskosten	103
jj) Wertverbesserung, Wertminderung	106
(1) Wertverbesserung	106
(2) Wertminderung	107b
kk) Totalschaden	118
(1) Totalschaden	119
(2) Restwert	121a
(3) Weiternutzung	134
(4) Rabatte	135
(5) Einkaufspreis	137
(6) Zusatzkosten	138
ll) Leasing	141
(1) Leasingnehmer	142
(2) Leasinggeber	145
f) Sachverständigenkosten, Kostenvoranschlag	149
aa) Gutachterkosten	149
(1) Konkreter Anfall	149a
(2) Erforderlichkeit	150
(3) Mithaftung	152
(4) Höhe	153
(5) Nebenkosten	154
(6) Gebrauchtwagenuntersuchung	155a
(7) Reparaturbestätigung, Nachbesichtigung	156
(8) Unfallanalyse, Personenschaden	158
bb) Bagatellschaden	161
cc) Kostenvoranschlag	164
dd) Unbrauchbare, übersteuerte Gutachten	167
ee) Abtretung	170a
g) Ausfallschaden	171
aa) Anspruchsgrund	171
(1) Verfügbarkeitsverlust	171
(2) Abgrenzung zu § 253 BGB	174
(3) Werkvertrag	174a
(4) Fallgruppen	175
bb) Nutzungsentzug	181
(1) Voraussetzungen	181
(2) Unmittelbare Einwirkung	193
(3) Dauer	195

	Rn
(4) Nutzungsausfall	204
(5) Mietwagen	209
(6) Gewerbliche Objekte	235
cc) Standgeld	245b
dd) Frustrierte Aufwendungen	245c
ee) Gebrauchsentschädigung, Vorteilsausgleich	246
ff) Eisenbahn	247
gg) Bußgeld, Geldstrafe	248
h) Nebenkosten	249
aa) Kostenpauschale	249
(1) Grundsatz	250
(2) Sonderfall Verkehrsunfall	252
(3) Höhe	255
bb) Auslobung	259
cc) Abschleppkosten	260
dd) Beilackierung	261c
ee) Inspektion	261d
ff) Reinigung	261e
gg) Tankfüllung	262
hh) Überführungskosten	263
ii) Umbau	264
jj) Umlackierung	265
kk) Ummeldekosten	266
ll) Zeitaufwand	269
i) Anderweitige Sachschäden	270
aa) Kleidung, Helm pp.	270
bb) Gebäude, Baum	275
cc) Tanksäule	277a
dd) Ernte	278
ee) Straßenverschmutzung	279
ff) Umweltschaden	281a
gg) Einsatzkosten	282
j) Tier	286
aa) Allgemein	287
bb) Verletzung	288
cc) Tod	288c
dd) Nebenansprüche	289
ee) Schmerzensgeld	292
ff) Forderungsübergang	292b
gg) Steuerliche Aspekte	292d
k) Wild	292e
l) Mehrwertsteuer (MwSt)	293
aa) § 249 II 2 BGB	293a
bb) Vorsteuerabzugsberechtigung	295
cc) Taxi, Mietwagen	295a
dd) Ersatzberechtigung	296
ee) Schadenersatz	302
(1) MwSt-Anfall	302
(2) § 249 BGB – § 251 BGB	305
(3) Reparatur	306
(4) Ersatzobjekt	315
m) Gesetzliche Unfallversicherung	326

BGB § 249

	Rn
5. Sonstige materielle Einbußen	327
a) Abwrackprämie	327
b) Subventionsverlust	328a
c) Prämiennachteile	329
aa) Kfz-Haftpflichtversicherung	329
bb) Kasko-Versicherung	330
cc) Neuabschluss einer Versicherung	332a
d) Fortlaufende Kosten	333
e) Transportschaden	334
f) Zeitverlust	336
6. Fehlverhalten	336a
a) Falschparken	336a
aa) Unterlassung	337
bb) Halterverantwortung	338
cc) Abschleppen	341
dd) Sondernutzung	345d
ee) Versicherungsschutz	346
b) Kraftstoffdiebstahl, Tankdiebstahl	347
c) Waschanlage	347b
7. Regulierungskosten	348
a) Zinsen, Finanzierung	348
b) Dolmetscherkosten	352
c) Steuerberater, Rentenberater	353
d) Gutachter im Personenschaden	354
e) Auslagenpauschale	357
f) Bearbeitungskosten, Zeitaufwand	358
g) Rechtsanwaltskosten	361b
aa) Mandatsvertrag	361b
bb) Allgemeines	362
cc) Ersatzgrundsätze	365a
(1) Mandatsverhältnis – Schadenersatzverhältnis	365a
(2) Verzug, pVV, cic	366
(3) Erforderlichkeit	368
(4) Ausnahmen	369
(5) Ausland	373
(6) In eigener Angelegenheit	376
(7) Abtretung	377a
(8) Nichtigkeit des Anwaltsvertrages	377b
dd) Rechtsnachfolger	378
ee) Höhe	381
(1) Mandatsverhältnis – Schadenersatzverhältnis	381
(2) Gebühren	383
(3) Streitwert	390
(4) Dieselbe Angelegenheit	394
(5) Mandantenmehrheit	400a
(6) MwSt	401
(7) Gebührenvereinbarung	402a
(8) Zeithonorar	402e
ff) Versicherer des Mandanten	403
gg) Prozess	405
hh) Außergerichtlich – gerichtliche Regulierung	406c
h) Aktenauszug	407

		Rn
aa) Allgemeines		408
bb) Vereinbarung, übliche Vergütung		410
cc) Keine Erstattung		415
i) Detektivkosten		417
j) Prozessvertretung durch Partei		419a
8. Gerichtsverfahren		420
a) Strafverfahren		420
aa) Einleitung eines Strafverfahrens		420
bb) Nebenklagekosten		421
cc) Steuerrecht		423
b) Adhäsionsverfahren		424
c) Zivilprozess		428
aa) Prozesskosten		428
bb) Klagerücknahme		431
cc) Steuerrecht		433
dd) Sachverständiger		433a
ee) Prozessuales Bestreiten trotz außergerichtlicher Regulierung		433c
ff) Zuständigkeit		433d
gg) Prozesszinsen		433e
9. Regulierungsaspekte		434
a) Kostenübernahmeerklärung, Abtretung		434
aa) Kostenübernahmeerklärung		434
bb) Abtretung		438
b) Regulierungsfrist		440
aa) Verzug, § 93 ZPO		440
bb) Zeitraum		443
cc) Fristenlauf		446
c) Schadenschätzung (§ 287 ZPO)		448
d) Datenschutz		457a
e) Herausgabe von Privatgutachten		457c
10. Rettungskosten für Fahrer		458
11. Personenschaden		460b
a) Maßstab		461
b) Forderungswechsel		467
c) Heilbehandlungskosten		468
aa) Allgemein		468
bb) Erforderliche Heilbehandlungskosten		469
cc) Privatbehandlung		479
dd) Fiktive Abrechnung		482
ee) Besuchskosten		485
ff) Nebenkosten		493
gg) Kostenbeteiligung, Vorteilsausgleich		496
hh) Drittleistungsträger		502
d) Weitere Personenschadenansprüche		507
aa) Normen		507
bb) Ansprüche wegen Tötung		508
cc) Ansprüche wegen Körperverletzung		510
dd) Drittleistungen		512a
e) Reha-Management		513
f) Begutachtung im Personenschaden		517
aa) Medizinische Begutachtung		517

BGB § 249

		Rn
bb) Steuererklärung		518
cc) Unwahre Angaben		519
g) Zurschaustellung von Unfallopfern im Internet		519b
12. Ersatzansprüche und Versteuerung		520
a) Periodische Zahlungsweise		521
b) Einzelne Schadenarten		523
aa) Sachschaden		523
bb) Insassenunfallversicherung		524a
cc) Verdienstausfall		525
dd) Haushaltsführungsschaden		526
ee) Schmerzensgeld		528
ff) Heilbehandlung, vermehrte Bedürfnisse		529
gg) Entgangene Dienste		530
hh) Unterhaltsschaden, Beerdigungskosten		531
c) Ersatz von Mehrsteuer		533
d) Obliegenheit		537
e) Steuerfreie Einnahmen		538
f) Steuerliche Erleichterungen		540
aa) Werbungskosten		541
bb) Außergewöhnliche Belastungen		546
cc) Prozess		547b
13. Schadennachweis		547c
a) Unwahrer Vortrag		547c
b) Rücksichtspflicht		548
c) Besichtigung		549
d) Belege		551
e) Drittleistungsträger		554
aa) Abrechnung		554
bb) Patientenunterlagen		558
f) Gutachten		564
g) Beweisvereitelung		568
h) Beweislastumkehr		571
i) Beweissicherungsverfahren		572
j) Prozessgutachten		574
k) Befangenheit		575

1 **1. Norm. § 249 I BGB** verpflichtet den Schädiger zur Herstellung desjenigen Zustandes, der wirtschaftlich betrachtet derjenigen Lage des Geschädigten entspricht wie sie ohne das schädigende Ereignis vorgelegen hätte (Grundsatz der Naturalrestitution).

2 § 249 II BGB ersetzt den Naturalrestitutionsanspruch durch einen Zahlungsanspruch. § 249 II 2 BGB wurde m.W.v. 1.8.2002 durch das 2. Gesetz zur Änderung schadenersatzrechtlicher Vorschriften (SchadÄndG) v. 25.7.2002 BGBl I 2002, 2674 eingefügt (zum Entwurf siehe BT-Drucksache 14/7752 v. 7.12.2001, BR-Drucksache 742/01 v. 28.9.2001, BR-Drucksache 358/02 v. 31.5.2002).

3 § 249 BGB gilt auch für die Haftung nach dem StVG (BGH NJW 1983, 1614).

4 **2. § 249 BGB – § 251 BGB. a) § 249 BGB.** § 249 BGB ist **anzuwenden**, wenn die Herstellung der beschädigten Sache selbst – egal, ob Kfz oder andere Sache (z.B. Hausmauer) – oder die Beschaffung einer gleichartigen und gleichwertigen Ersatzsache möglich ist (Fälle der Reparatur und Ersatzbeschaffung). Gemäß § 249 II 1 BGB ist der Geschädigte, der es nach einem Sachschaden selbst über-

Art und Umfang des Schadensersatzes					§ 249 BGB

nimmt, den früheren Zustand herzustellen, berechtigt, vom Schädiger den dazu erforderlichen Geldbetrag zu verlangen. Der Schädiger kann ihn auf eine Entschädigung in Geld für den erlittenen Wertverlust nur dann verweisen, wenn und soweit die Herstellung nicht möglich oder zur Entschädigung nicht genügend ist (§ 251 I BGB) oder unverhältnismäßige Aufwendungen erfordert (§ 251 II 1 BGB). Erst die Unverhältnismäßigkeit bildet bei möglicher Naturalrestitution die Grenze, ab welcher der Ersatzanspruch des Geschädigten sich nicht mehr auf Herstellung (Naturalrestitution), sondern allein noch auf Wertausgleich des Verlustes in der Vermögensbilanz (Kompensation) richtet. Insoweit hat Naturalrestitution Vorrang vor Kompensation (BGH NJW 2017, 2401).

§ 249 BGB gilt auch bei unfallbedingter Zerstörung gebrauchter und unge- 5 brauchter vertretbarer Sachen (**Katalogware**) (BGH NJW 2004, 2086; BGH NZV 2004, 341) (siehe auch § 249 BGB, Rn 270 ff und § 251 BGB, Rn 4). Der Geschädigte hat nach § 249 BGB ein Wahlrecht zwischen Naturalrestitution und Geldentschädigung. Nimmt er eine Ersatzbeschaffung vor, mindert dieser Erwerb den Vermögensverlust, zu dessen Deckung er bestimmt ist, und entlastet insoweit auch den Schädiger (BGH NJW 2008, 2430).

Soweit verlorene/beschädigte Gebrauchsgüter standardmäßig (Katalogware, 6 vertretbare Sachen; § 91 BGB) wieder erworben werden können, ist § 249 BGB und nicht § 251 BGB anzuwenden (BGH NJW 2009, 1066).

Auch **Gebäudeschäden** sind nach § 249 BGB abzurechnen (siehe § 249 BGB, 7 Rn 275 f).

b) § 251 BGB. § 251 BGB betrifft die – seltenen – Fälle, in denen eine einzigar- 8 tige Sache zerstört (bei Reparaturwürdigkeit gilt § 249 BGB) und die Beschaffung einer gleichartigen und gleichwertigen Ersatzsache nicht oder nur mit unverhältnismäßigem Aufwand möglich ist. Beim Fahrzeugschaden kommt § 251 BGB nur ausnahmsweise zur Anwendung (zum Neuwagenersatz § 251 BGB, Rn 7 ff); anderes gilt für die Beschädigung anderer Sachen (z.B. Antiquitäten und sonstige **Unikate**).

Während § 249 BGB anzuwenden ist, soweit – zumindest im Wege einer 9 Ersatzbeschaffung – das beschädigte Objekt in anderer Form technisch reproduzierbar ist, bei qualifizierten geistigen oder schöpferischen Leistungen eine Neuschaffung nicht ohne weiteres eine Wiederherstellung im Rechtssinn möglich (BGH NJW 2009, 1066; BGH NJW 1984, 2282). Es kommt dann nur Wertersatz nach § 251 I BGB in Betracht, ohne dass es insoweit auf eine Unverhältnismäßigkeit der geschätzten (fiktiven) Wiederherstellungskosten i.S.d. § 251 II BGB ankäme (BGH NJW 2009, 1066).

3. Erforderlichkeit. Zum Thema *Fricke* VersR 2011, 966; *van Bühren* zfs 10 2017, 309.

4. Sachschaden. a) Anspruchsgegner. Ansprüche können **nicht nur** 11 gegenüber dem **Unfallgegner** bestehen. Es ist auch an **Kaskoversicherung, Arbeitgeberverpflichtung** und **UVT** zu denken. Letztlich kann uU auch das **Finanzamt** am Schaden beteiligt werden (dazu vor § 249 BGB, Rn 170 ff, vor § 249 BGB, Rn 178, vor § 249 BGB, Rn 216).

b) Anspruchsteller. Legt ein Geschädigter trotz durch die Gegenseite bestrit- 11a tener Aktivlegitimation die Zulassungsbescheinigung Teil II im Rahmen eines Rechtsstreits um Schadensersatzansprüche nicht vor, ist der Anspruch wegen fehlender Aktivlegitimation zurückzuweisen (LG Dortmund jurisPR-VerkR 20/2016 Anm. 2).

BGB § 249 Schadensersatzrecht des BGB

12 c) **Sachbeschädigung.** Wird eine Sache (z.b. Kfz, Fahrrad, Kleidung, Haus) beschädigt oder zerstört, besteht Anspruch auf Wiederherstellung desjenigen Zustandes, der ohne das schädigende Ereignis bestehen würde. Eine Sache ist beschädigt, wenn entweder ihre Substanz nicht unerheblich verletzt oder ihre Brauchbarkeit zu ihrer bestimmungsgemäßen Verwendung nicht unerheblich beeinträchtigt worden ist, ohne dass zugleich ein Eingriff in die Sachsubstanz vorliegt. Eine Beeinträchtigung der Brauchbarkeit einer Sache zu ihrer bestimmungsgemäßen Verwendung liegt nicht schon dann vor, wenn nur der tatsächliche Bedarf für die entsprechende Verwendung eingeschränkt wird (BGH NJW 2015, 1174).

12a Zu ersetzen sind neben dem unmittelbaren Sachschaden am beteiligten Objekt auch weitere **Folgeschäden** (z.b. Bergungskosten, Minderwert), wobei die für den **Kfz-Schaden** von der Rechtsprechung entwickelten Ersatzmaßstäbe nicht ohne weiteres auf **andere Sachschäden** übertragbar sind. Das Recht der schadensersatzrechtlichen Abwicklung von Autounfällen hat **Sonderrechte** (wie 130%-Grenze, Nutzungsausfall, Auslagenpauschale) entwickelt, das mit seinen Inhalten auf andere Rechtsbereiche und Schadenersatzansprüche (z.b. aufgrund allgemeiner Haftpflicht) nicht übertragen werden kann (BGH jurisPR-VerkR 13/2012 Anm. 1 = NJW 2012, 2267; LG Hamburg SP 2013, 32).

13 Gehen im unmittelbaren Zusammenhang mit einem Unfall **Gegenstände** nachweislich **verloren**, kann ein Ersatzanspruch bestehen (vor § 249 BGB, Rn 80).

14 Ein Geschädigter genießt **Dispositionsfreiheit** und kann daher über Art und Mittel der Schadenbeseitigung selbst bestimmen; damit auch, ob er repariert, gleichwertigen Ersatz beschafft oder nur den erforderlichen Geldbetrag verlangt (BGH NJW 2009, 3022). Der Geschädigte darf seinen Schaden grundsätzlich zunächst fiktiv auf Gutachtenbasis und später dann konkret abrechnen (BGH NZV 2007, 27).

15 Da der Schädiger nur den zur Wiederherstellung erforderlichen Betrag (§ 249 II 1 BGB) schuldet, kann der Geschädigte, wenn **mehrere Möglichkeiten** zur Wahl stehen, nur den geringeren Aufwand verlangen (BGH NJW 2009, 3022; BGH NJW 2005, 1108).

16 Der Schadenersatzanspruch kann entfallen, wenn bewiesen ist, dass ein Teil der vom Anspruchsteller geltend gemachten Schäden am Unfallfahrzeug nicht auf die Kollision zurückzuführen sind und der Anspruchsteller zu den nicht kompatiblen Schäden keine Angaben macht und das Vorliegen irgendwelcher **Vorschäden** bestreitet (dazu § 249 BGB, Rn 86).

17 d) **Falschbetankung.** Zum Falschbetanken siehe § 254 BGB, Rn 150 ff.

18 e) **Fahrzeugsachschaden. aa) Kaskoschaden.** Die Kaskoentschädigung orientiert sich am vertraglichen Leistungsversprechen des Versicherers (siehe AKB A.2.7.1) **(Vertragsleistung)** und nicht an der Schadenersatzvorschrift des § 249 BGB **(keine Schadenersatzleistung)** (BGH NJW 2016, 314; siehe auch BGH NJW 2008, 1737; OLG Frankfurt DAR 2015, 236). Insbesondere gilt nicht die Dispositionsfreiheit des Schadensersatzgläubigers (*Stiefel/Maier-Meinecke*, AKB A.2 Rn 566). Verpflichtet sich der Vermittler eines Mietwagens zur Übernahme der Selbstbeteiligung des Mieters im Schadensfall, liegt kein Versicherungsvertrag i.S.v. § 215 I 1 VVG vor (BGH NJW 2017, 393). Da es sich um vertragliche und nicht um schadensersatzrechtliche Forderungen handelt, besteht ein Anspruch auf Ersatz von außergerichtlichen Anwaltskosten ausschließlich bei Vorliegen der Verzugsvoraussetzungen (§ 249 BGB, Rn 403). Siehe auch vor § 249 BGB, Rn 178 f.

Aufwendungen für die Reparatur in einer markengebundenen Werkstatt können – abhängig von den Umständen des jeweiligen Falles – dann als **"erforderliche" Kosten** i.S.d Vertragsbedingungen anzusehen sein, wenn nur in der Markenwerkstatt eine vollständige und fachgerechte Instandsetzung des Fahrzeugs möglich ist, es sich um ein neueres Fahrzeug handelt oder um ein solches, das der Versicherungsnehmer bisher stets in einer markengebundenen Fachwerkstatt hat warten und reparieren lassen. Diese Voraussetzungen sind vom Versicherungsnehmer – und nicht vom Versicherer – darzulegen und zu beweisen (BGH NJW 2016, 314). 18a

Der mit der Kaskoversicherung vereinbarte Leistungskatalog enthält keinen Anspruch auf **Nutzungsausfall.** Die Kaskoversicherung ist eine Sachversicherung und umfasst keine **Vermögensschäden** (wie Nutzungsausfallentschädigung), die sich erst an eine Sachwertbeschädigung anschließen (OLG Düsseldorf NZV 2006, 268; OLG Hamm NJW-RR 2011, 676) (siehe auch § 249 BGB, Rn 171 ff). 19

Abschleppkosten sind bei weitgehender Zerstörung des Fahrzeuges aus der Voll-Kaskoversicherung nicht zu erstatten (OLG Karlsruhe NZV 2016, 480). 19a

Bei **Verzug** besteht kein Anspruch auf Nutzungsausfallentschädigung gegen den Kaskoversicherer. Nutzungsausfall setzt den Verlust der Gebrauchsmöglichkeit des Fahrzeugs durch eine unmittelbare Einwirkung auf das Fahrzeug selbst voraus, die bloße Nichtzahlung der Versicherungssumme stellt keine solche unmittelbare Einwirkung dar (OLG Hamm NJW-RR 2011, 676). Bei verzögerter Regulierung kann der Kaskoversicherer zum Ersatz von Leasingraten als Verzugsschaden verpflichtet sein (OLG Koblenz r+s 2011, 423). Zum **Regulierungszeitraum** siehe § 249 BGB, Rn 440 ff. 20

Der Kaskoversicherer kann wirksam vereinbaren, dass **Mehrwertsteuer** nur insoweit gezahlt wird, als sie auch tatsächlich angefallen ist, also eine Erstattung auf fiktiver Basis ausschließen (BGH NZV 2010, 197; KG jurisPR-VersR 9/2010 Anm. 3 = VersR 2010, 1633; LG Arnsberg r+s 2015, 384; AG Aachen SP 2013, 154). Hat der Leasingnehmer eine Kaskoversicherung abgeschlossen, kommt es bei Totalschadenabrechnung für die Frage der Erstattung von MwSt allein auf die Vorsteuerabzugsberechtigung des Leasinggebers an (OLG Hamm VersR 2013, 178). 21

Der anzurechnende **Restwert** (A.2.7.1 a lit. b AKB) ist derjenige Betrag, der dem Versicherungsnehmer bei der Veräußerung des Fahrzeuges am Ende verbleibt. Unterliegt er einem Fahrzeugverkauf der MwSt-Pflicht, stellt lediglich der ihm nach Abführung der MwSt verbleibende Nettokaufpreis den anzurechnenden Restwert dar. Ist er nicht MwSt-pflichtig, erübrigt sich eine Unterscheidung zwischen Brutto- und Nettorestwert; anzurechnen ist dann allein der Betrag, den der Versicherungsnehmer als Kaufpreis tatsächlich erlösen kann (BGH NJW 2015, 160). 21a

Zum **Quotenvorrecht** des Kaskoversicherten (§ 86 VVG) zählen nur Fahrzeugschaden (Totalschaden, Reparaturkosten), Abschleppkosten, Sachverständigenkosten und Minderwert. Nicht hinein gehören Sachfolgeschäden (z.B. Mietwagen, Nutzungsausfall), Anwaltskosten, Rückstufungsschaden, Verdienstausfall, Auslagenpauschale und allgemeine Unkosten (siehe § 254 BGB, Rn 314 ff, § 86 VVG, Rn 73a). 22

Ein Kaskokunde, dessen Fahrzeug erneut an derselben Stelle durch einen Unfall beschädigt wird, hat nur dann Anspruch auf Ersatz der Kosten für den **zweiten Schaden,** wenn er nachweist, dass er den ersten Schaden zuvor fachgerecht repariert hat (OLG Düsseldorf SP 2010, 259). 23

BGB § 249

23a Die Kraftfahrtversicherung ist keine Einheitsversicherung, sondern eine in einem Versicherungsschein nur formell zusammengefasste Mehrzahl von selbständigen Versicherungsverträgen. Vollkasko- und Haftpflichtversicherung sind – auch wenn sie in einem Versicherungsschein zusammengefasst sind – **rechtlich selbständige Verträge** (OLG Karlsruhe NZV 2016, 480). Gefahrerhöhungen, Anzeigepflicht- und Obliegenheitsverletzungen sind für die jeweilige Sparte getrennt zu prüfen. Die Zusammenfassung der Verträge in einem Versicherungsschein führt lediglich dazu, dass die Kenntnis des Versicherers für alle Sparten gilt, obwohl sie nur im Rahmen einer Sparte erlangt worden ist (OLG Karlsruhe NJW-RR 2013, 544).

23b **bb) Autovermietung und Unfall.** Vereinbart der Mieter eines Kfz mit dem Vermieter gegen Entgelt eine Haftungsbefreiung mit Selbstbeteiligung, findet die Rechtsprechung zum Quotenvorrecht entsprechende Anwendung (§ 254 BGB, Rn 313).

23c Ist in einem gewerblichen Kfz-Mietvertrag eine Haftungsbefreiung oder eine Haftungsreduzierung nach Art der Vollkaskoversicherung vereinbart, ist ein in den **Allgemeinen Vermietungsbedingungen** vorgesehener undifferenzierter Haftungsvorbehalt für den Fall grober Fahrlässigkeit nach § 307 BGB unwirksam; an deren Stelle tritt der Grundgedanke der gesetzlichen Regelung des § 81 II VVG (BGH NJW 2012, 222). Die in den AGB eines Autovermietungsunternehmens enthaltene Klausel, wonach die gegen Zahlung eines zusätzlichen Entgelts gewährte Haftungsfreistellung uneingeschränkt entfällt, wenn der Mieter gegen die Verpflichtung, bei einem Unfall die Polizei hinzuzuziehen, verstößt, ist nach § 307 BGB unwirksam. Die damit entstehende Vertragslücke kann durch die Heranziehung von § 28 II, III VVG geschlossen werden (BGH NJW 2012, 2501).

24 **cc) Reparatur – Totalschaden.** Nach § 249 II 1 BGB ist ein Geschädigter, der beim Sachschaden die Wiederherstellung des früheren Zustandes selbst übernimmt, berechtigt, vom Schädiger den dazu erforderlichen Geldbetrag zu verlangen. Der Schädiger kann ihn auf Entschädigung in Geld für erlittenen Wertverlust nur dann verweisen, wenn und soweit eine Wiederherstellung nicht möglich, zur Entschädigung nicht genügend ist (§ 251 I BGB) oder unverhältnismäßige Aufwendungen erfordert (§ 251 II 1 BGB; siehe auch § 249 BGB, Rn 81) (BGH NJW 2017, 2401; BGH NJW 2009, 1066; BGH NJW 2005, 1108). Erst die **Unverhältnismäßigkeit** bildet die möglicher Naturalrestitution die Grenze, ab welcher der Ersatzanspruch sich nicht mehr auf Herstellung (Naturalrestitution), sondern allein noch auf Wertausgleich des Verlustes in der Vermögensbilanz (Kompensation) richtet; Naturalrestitution hat insoweit Vorrang vor Kompensation (BGH VersR 2013, 635; BGH NJW 1992, 302; BGH NJW 1975, 2061).

25 Naturalrestitution erfolgt beim Kfz-Schaden entweder durch Verlangen der Reparaturkosten oder Anschaffung eines gleichwertigen Ersatzfahrzeuges, wobei unter mehreren Möglichkeiten der Restitution der Geschädigte in durch Wirtschaftlichkeitsgebot und Bereicherungsverbot gezogenen Grenzen diejenige zu wählen hat, die den geringsten Aufwand erfordert **(Wirtschaftlichkeitspostulat)** (BGH VersR 2013, 1544; BGH NZV 2014, 163; BGH NJW 2013, 1151; OLG Stuttgart NZV 2011, 82).

26 Verglichen wird dazu der Reparaturaufwand mit dem Wiederbeschaffungsaufwand, wobei die Vergleichsbetrachtung beim **nicht vorsteuerabzugsberechtigten** Geschädigten auf die **Bruttoreparaturkosten** abzustellen hat (BGH NJW 2009, 1340). Für den **vorsteuerabzugsberechtigten** Geschädigten deutet BGH

NJW 2009, 1340 an, dass dann die **Nettoreparaturkosten** als Vergleichsmaßstab herangezogen werden können (a.A. *Lemcke* r+s 2002, 265; *Huber* NZV 2004, 105). Beim Vergleich auf Bruttobasis geht es nur um die Frage, wie der Geschädigte disponieren kann, d.h. auf welchem Weg er die Wiederherstellung des früheren Zustandes zulasten des Schädigers vollziehen kann. Die weitere Frage, ob MwSt zu erstatten ist, stellt sich erst anschließend bei der Abrechnung; also erst dann, wenn es darum geht, ob im Zuge der Schadensbehebung tatsächlich MwSt angefallen ist oder nicht.

Bei der **Vergleichsbetrachtung** ist der Reparaturaufwand (sachverständig 27 geschätzte Reparaturkosten und Minderwert) dem Wiederbeschaffungsaufwand (Händlerverkaufspreis eines gleichwertigen Ersatzfahrzeuges, gemindert um den Restwert) gegenüberzustellen. Zur Einbeziehung weiterer Positionen s. § 249 BGB Rn 43. Ergibt die Vergleichsbetrachtung, dass die Ersatzbeschaffung bereits die wirtschaftlich günstigere Alternative ist, liegt wirtschaftlicher Totalschaden vor mit der Folge, dass sich der Ersatzbetrag aus dem Wiederbeschaffungsaufwand ergibt. Nur unter besonderen Voraussetzungen ist es dem Geschädigten dann noch gestattet, den Schaden nach dem Reparaturaufwand abzurechnen (§ 249 BGB, Rn 38 ff).

Enthält die Reparaturkostenkalkulation des Sachverständigen **nicht unfallbe-** 28 **dingte Reparaturen,** hat der Schadenersatzpflichtige diese auch dann nicht zu übernehmen, wenn die Werkstatt diese tatsächlich ausführt (OLG Köln VersR 2011, 235).

dd) Abrechnungsgrundsätze. (1) Allgemeines. *Müller* zfs 2005, 57 hebt 29 das Spannungsverhältnis hervor, dass den VI. Zivilsenat des BGH *„immer wieder beschäftigt, nämlich zwischen einem möglichst vollständigen Schadensausgleich, wie er nach § 249 BGB anzustreben ist, und dem Bestreben mancher Geschädigter, einen Schadenfall zulasten des Schädigers und damit letztlich der Solidargemeinschaft so weit wie möglich auszubeuten. Der BGH ist stets bemüht, hier vernünftige Grenzen zu ziehen"*.

Zum Thema: *Kappus* DAR 2017, 129. 29a

Der Geschädigte eines Kraftfahrzeugsachschadens hat bei Ausübung der Erset- 29b zungsbefugnis des § 249 II 1 BGB die **Wahl,** ob er **fiktiv** nach den Feststellungen eines Sachverständigen oder **konkret** nach den tatsächlich aufgewendeten Kosten abrechnet (BGH NJW 2017, 1664). Bei fiktiver Abrechnung ist der objektiv zur Herstellung erforderliche Betrag ohne Bezug zu tatsächlich getätigten Aufwendungen zu ermitteln. Der Geschädigte gibt sich mit einer Abrechnung auf einer objektiven Grundlage zufrieden (BGH NJW 2014, 535).

Entscheidet sich der Geschädigte für die fiktive Schadensabrechnung, sind die 29c im Rahmen einer tatsächlich erfolgten Reparatur angefallenen Kosten nicht (zusätzlich) ersatzfähig. Der Geschädigte muss sich vielmehr an der gewählten Art der Schadensabrechnung festhalten lassen; eine Kombination von fiktiver und konkreter Schadensabrechnung ist insoweit unzulässig („Mischen impossible") (BGH NJW 2017, 1664; BGH VersR 2017, 115; BGH VersR 2007, 82; BGH NJW 2006, 2320; BGH NJW 2005, 1110). Übersteigen die konkreten Kosten der – uU auch nachträglich – tatsächlich vorgenommenen Reparatur einschließlich der Nebenkosten wie tatsächlich angefallener Umsatzsteuer den aufgrund der fiktiven Schadensabrechnung zustehenden Betrag, bleibt es dem Geschädigten – im Rahmen der rechtlichen Voraussetzungen für eine solche Schadensabrechnung und der Verjährung – im Übrigen unbenommen, zu einer konkreten Berechnung auf der Grundlage der tatsächlich aufgewendeten Reparaturkosten überzugehen (BGH NJW 2017, 1664; BGH NJW 2012, 50; BGH NJW 2004, 1943).

BGB § 249

29d (2) **Fiktivabrechnung. Zum Thema:** *Schulz* zfs 2017, 250.

30 (a) **MwSt.** Wenn der Geschädigte (was als Ausfluss seiner Dispositionsfreiheit zulässig ist) das beschädigte Kfz nicht oder nicht vollständig repariert, selbst repariert oder unrepariert veräußert und dann aufgrund eines Gutachten/Kostenvoranschlag fiktiv abrechnet, sind die veranschlagten Reparaturkosten (ohne MwSt) zu ersetzen, wobei jedenfalls der Wiederbeschaffungsaufwand den Ersatz nach oben begrenzt. MwSt (dazu § 249 BGB, Rn 302 ff) ist nur zu ersetzen, soweit sie bei Reparatur oder Wiederbeschaffung tatsächlich anfällt, ansonsten hat der Geschädigte nur Anspruch auf Netto-Ausgleich (BGH NJW 2005, 1110; siehe auch *Lemcke* r+s 2013, 359).

31 (b) **Lohnnebenkosten.** Zu den erforderlichen Wiederherstellungskosten gehören grundsätzlich auch **allgemeine Kostenfaktoren** wie MwSt, Sozialabgaben und Lohnnebenkosten (BGH NJW 1973, 1647). Soweit bei fiktiver Schadensabrechnung das Gesetz in § 249 II 2 BGB die Erstattung nicht angefallener MwSt ausdrücklich vom Schadensersatzanspruch ausnimmt, ist diese Ausnahmelösung nicht analogiefähig und auf andere Kostenfaktoren übertragbar (BGH BeckRS 2013, 05863; BGH jurisPR-BGHZivilR 8/2013 Anm. 1 = NJW 2013, 1732; ebenso für das Werkvertragsrecht BGH NJW 2010, 3085).

32 (c) **Kombination.** Die Kombination aus konkreter und fiktiver Schadensabrechnung, bei der ein Geschädigter zwar nach Gutachten abrechnen will, jedoch vom vorgesehenen Reparaturweg abweicht, ist nicht zulässig (BGH NJW 2017, 953; BGH NJW 2017, 953; BGH NJW 2005, 1110; BGH NJW 2003, 3480; siehe *Lemcke* r+s 2017, 46).

33 (d) **Folgeunfall.** Wird das Fahrzeug bei einem **späteren Unfall** erneut beschädigt, kann der Geschädigte trotzdem die fiktiven Kosten der Reparatur verlangen. Es gereicht dem Geschädigten nicht zum Nachteil, wenn er von seiner **Dispositionsbefugnis** Gebrauch macht, bevor der Ersatzpflichtige geleistet hat (BGH NZV 2009, 336). Wer für ein unfallgeschädigtes Kfz Zahlung der Instandsetzungskosten fordern kann, verliert diesen Anspruch nicht schon dadurch, dass er das Fahrzeug **unrepariert** beim Erwerb eines Neufahrzeugs in Zahlung gibt (BGH NJW 1976, 1396). Hat der Eigentümer eines beschädigten Fahrzeugs die zur Reparatur erforderlichen Kosten erhalten, muss er sich zwar Leistungen für den Vorschaden nicht anrechnen lassen, wenn er wegen eines nachfolgenden Verkehrsunfalls (Zweitschaden), bei dem das nicht reparierte Fahrzeug im Bereich des Vorschadens erneut beschädigt wird, Schadensersatz von dem Zweitschädiger verlangt; der Anspruch kann jedoch über den Abzug „neu für alt" gemindert sein (LG Saarbrücken NJW 2014, 2661). Siehe auch § 249 BGB, Rn 86 ff.

33a (e) **Ausland.** Siehe § 249 BGB, Rn 102.

34 (3) **Gutachtenabrechnung.** Zur substantiierten **Darlegung des Betrages der Reparaturkosten** kann der Geschädigte sich entweder auf das Gutachten eines Sachverständigen oder – bei einfach gelagerten Sachverhalten – den Kostenvoranschlag einer Kfz.-Fachwerkstatt stützen.

34a Nach § 142 ZPO kann das Gericht auf Antrag des Schädigers **Vorlage der Rechnungen** anordnen. Erweist sich nach Vorlage der Reparaturrechnung die Kostenschätzung im Gutachten als zu hoch, konkretisiert sich der erforderliche Herstellungsaufwand i.S.d. § 249 BGB auf den Rechnungsbetrag (BGH NJW 2014, 535; OLG Frankfurt SP 1995, 238; OLG Hamm NZV 1999, 297; OLG

Karlsruhe SP 2009, 437; siehe auch BGH NJW 1989, 3009), wenn die Rechnung sich über fach- und sachgerechte und nicht über Teil- oder Billigreparatur verhält. Der tatsächliche Aufwand (**ex post** betrachtet) bildet bei der Schadenschätzung (§ 287 ZPO) den Anhalt zur Bestimmung des zur Herstellung nach § 249 II 1 BGB erforderlichen Betrages (BGH NJW 2007, 1450). Lässt der Geschädigte einen Kfz-Schaden sach- und fachgerecht in demjenigen Umfang reparieren, den der eingeschaltete Sachverständige für notwendig gehalten hat, und unterschreiten die von der beauftragten Werkstatt berechneten Reparaturkosten die vom Sachverständigen angesetzten Kosten, beläuft sich auch im Rahmen einer fiktiven Abrechnung der zur Herstellung erforderliche Geldbetrag auf die tatsächlich angefallenen Bruttokosten; der Geschädigte darf nicht am Schadenfall verdienen (BGH NJW 2014, 535 m.w.N.; OLG Schleswig-Holstein DAR 2017, 145).

Der Ersatzpflichtige hat ein Recht zur Überprüfung der Schadenshöhe, und 35 damit auch zur **Besichtigung** des beschädigten Objektes (§ 249 BGB, Rn 440 ff, § 249 BGB, Rn 549 f).

(4) Risikozuschlag. Ein Risikozuschlag, weil der vorgeschlagene Reparatur- 35a weg möglicherweise nicht zum gewünschten Erfolg führt, kommt nicht in Betracht. Der Geschädigte trägt das bei einer Abrechnung auf fiktiver Basis bestehende Prognose- und Werkstattrisiko (OLG Düsseldorf BeckRS 2017, 111856). Siehe auch § 249 BGB, Rn 138 ff.

(5) Rabatte. Rabatte (z.B. Großkundenrabatte), die dem Geschädigten bei 35b Durchführung der Reparatur gewährt worden wären, sind bei der Fiktivabrechnung anspruchsmindernd zu berücksichtigen (OLG Karlsruhe SP 2009, 437; AG Frankfurt SP 2011, 295; AG Hannover SP 2011, 295; siehe *Clifford/Speer* SP 2011, 297). Zu Rabatten siehe § 249 BGB, Rn 135 f.

(6) Selbstreparatur. Im Rahmen des § 249 II 1 BGB ist wie bei einer Schät- 36 zung des Vermögensschadens nach § 251 BGB ohne Bedeutung, ob der Geschädigte den Schaden selbst behoben hat oder ihn durch Dritte hat beheben lassen (BGH NJW 2009, 1066). Der nach § 249 II 1 BGB erforderliche Betrag richtet sich im Ausgangspunkt nach dem üblichen Werklohn eines gewerblichen Betriebes, allerdings in den Grenzen des § 632 II BGB (BGH NJW 2014, 1376). Bei einem Anspruch nach § 249 BGB kann der Zeitaufwand im eigenen Unternehmen, der nicht lediglich der Schadensermittlung oder außergerichtlichen Abwicklung des Schadensersatzanspruchs dient, sondern der Schadensbeseitigung selbst, ersatzfähig sein. Ein Verkehrsbetrieb, der seine eigenen Fahrzeuge in einer eigenen Werkstatt repariert, ist nicht als Reparaturbetrieb gegenüber Dritten gewerblich tätig, sondern führt die Reparaturen durch, um seine Leistungen als Verkehrsbetrieb unter Inanspruchnahme der reparierten Verkehrsmittel erbringen zu können; es ist daher gerechtfertigt, ihn auf die Selbstkosten der durchgeführten Reparaturen zuzüglich anteiliger Gemeinkosten zu verweisen (BGH NJW 2014, 1376). Ein Gewerbetreibender, der die ansonsten gewinnbringend eingesetzten Kapazitäten seines Betriebs dazu benutzt, beschädigtes Eigentum selbst zu reparieren, hat allerdings einen Anspruch darauf, dass ihm die Kosten einer Fremdreparatur (in den Grenzen von §§ 249 II 1, 632 II BGB; BGH NZV 2014, 163; BGH VersR 2013, 1544; BGH NJW 2001, 151) ersetzt werden (BGH NJW 2014, 1376). Der Einsatz eigener Straßenwärter eines Landesbetriebes zwecks Schadensbeseitigung kann erstattungsfähig sein (OLG Zweibrücken VersR 2015, 723).

BGB § 249

36a Eine Ausnahme gilt dann aber wieder, wenn der Betrieb nicht ausgelastet ist und deshalb ansonsten ungenutzte Kapazitäten für die notwendige Reparatur genutzt werden können (BGH NJW 2014, 1376; BGH NJW 1997, 2879; BGH NJW 1970, 1454). Betreibt ein geschädigter Kfz-Eigentümer selbst ein Autohaus, ist die Eigenreparatur des beschädigten Fahrzeug zum Selbstkostenpreis ohne einen Unternehmergewinnaufschlag dann zumutbar, wenn er die Instandsetzungskapazität seines Betriebes zu dem betreffenden Zeitpunkt aufgrund unzureichender Auslastung nicht anderweitig und bestimmungsgemäß gewinnbringend einsetzen konnte (BGH NJW 2014, 1376; BGH NJW 1970, 1454; OLG Hamm NJW-RR 1990, 468; OLG Saarbrücken r+s 2013, 520; AG Kerpen SP 2013, 117). Für Letzteres ist der Schädiger darlegungs- und beweisbelastet (OLG Frankfurt, NJW 2012, 2977), wobei allerdings dem geschädigten Fahrzeugeigentümer im Rahmen der sekundären Darlegungslast eine konkrete Darstellung der betrieblichen Auslastungssituation obliegt (BGH NJW 2014, 1376; LG Hannover jurisPR-VerkR 1/2013 Anm. 3 = SP 2012, 364).

36b Zum Zeitaufwand siehe § 249 BGB, Rn 358.

37 **(7) Gleichwertige Reparaturmöglichkeit. Smart-Repair-Methode** ist eine gleichwertige Möglichkeit zur Reparatur eines leichten Sachschadens (LG Saarbrücken NJW-RR 2011, 249; LG Wuppertal jurisPR-VerkR 5/2015 Anm. 2 = NJW 2015, 1258; siehe *Nugel* NZV 2015, 12).

37a Zur fiktiven Abrechnung siehe § 249 BGB, Rn 93.

37b **(8) Vergeblich gewordener früherer Erhaltungsaufwand.** Es besteht kein Anspruch auf Ersatz von kurz vor dem Unfallereignis für das Fahrzeug aufgewandten Reparaturkosten (Frustrierungsschaden) (OLG Köln SP 2014, 339).

37c **(9) Überzahlung.** Siehe dazu vor § 249 BGB, Rn 296 ff, vor § 249 BGB, Rn 10 f.

38 **ee) 4-Stufen-Modell des BGH. (1) Übersicht.** Die das Stufenmodell prägende Rechtsprechung des BGH stellen zusammen *Lemcke* r+s 2008, 351; *Lemcke/Heß/Burmann* NJW-Spezial 2011, 393; *Nugel* SP 2013, 221; *Tomson* DAR 2011, 246; *Wellner* NZV 2008, 552, NJW 2012, 7 und zfs 2012, 309; siehe ferner *Kappus* DAR 2012, 133.

39 **(a) WBW, WBA, RA.** Für die Sachschadenabrechnung sind Wiederbeschaffungswert (WBW), Wiederbeschaffungsaufwand (WBA) und Reparaturaufwand (RA) zu unterscheiden.

40 Der nach den Verhältnissen auf dem Gebrauchtwagenmarkt zu ermittelnde **Wiederbeschaffungswert** eines gebrauchten Kfz ist der Preis, den der Geschädigte aufwenden muss, um von einem seriösen Händler einen dem Unfallfahrzeug entsprechenden Ersatzwagen nach gründlicher technischer Überprüfung (uU mit Werkstattgarantie) zu erwerben (BGH NJW 1978, 1373).

41 Den **Wiederbeschaffungsaufwand** bildet der um den Restwert gekürzte Wiederbeschaffungswert (Wiederbeschaffungswert − Restwert). Zum Restwert siehe § 249 BGB, Rn 122 ff.

42 Der **Reparaturaufwand** besteht aus der Summe von Reparaturkosten und Minderwert, gekürzt um den Vorteilsausgleich (neu für alt) (Reparaturkosten + Minderwert − neu für alt).

43 **(b) Einbeziehung weiterer Ersatzansprüche.** In die Vergleichsbetrachtung müssen neben dem **Minderwert** (BGH NJW 1992, 305; BGH VersR 1985, 963;

OLG Düsseldorf DAR 2008, 268; LG Saarbrücken NJW-RR 2015, 723) uU auch unterschiedlich hohe Ansprüche wegen **Nutzungsausfall** bzw. **Mietwagengestellung** einfließen (BGH NJW 1992, 302). Muss das beschädigte Fahrzeug (insbesondere Motorrad) nach Durchführung der Reparatur noch vermessen werden, sind auch die **Vermessungskosten** als Bestandteil der Reparaturkosten in die Vergleichsbetrachtung einzubeziehen (LG Hamburg SP 2010, 189).

(c) Brutto-Netto-Vergleich. Grundsätzlich sind die jeweiligen **Bruttowerte** 44 miteinander zu vergleichen (BGH NJW 2009, 1340; OLG Düsseldorf DAR 2008, 268).

Ist der Geschädigte vorsteuerabzugsberechtigt, sind die **Nettowerte** (Netto- 45 WBA, Netto-WBW, Netto-Restwert) als Vergleichsmaßstab heranzuziehen (BGH NJW 2009, 1340; OLG Düsseldorf r+s 2011, 268; OLG Thüringen SP 2009, 605).

(d) Stufenmodell.

130% WBW	über Wiederbeschaffungswert + 30%	1. Stufe:		RA	>	WBW + 30%
100% WBW	Wiederbeschaffungswert + 30%	2. Stufe:	WBW <	RA	<	WBW + 30%
	Wiederbeschaffungswert	3. Stufe:	WBA <	RA	<	WBW
100% WBA	Restwert					
	Wiederbeschaffungsaufwand	4. Stufe:		RA	<	WBA

46

RA = Reparaturaufwand, **WBA** = Wiederbeschaffungsaufwand, **WBW** = Wiederbeschaffungswert

(2) Reparaturaufwand unterhalb Wiederbeschaffungsaufwand (4. Stufe). 47
(a) Reparatur. Liegt der kalkulierte Reparaturaufwand unterhalb des Wiederbeschaffungsaufwands, stellt die Abrechnung auf Ersatzbeschaffungsbasis keine wirtschaftlichere Alternative dar (BGH NJW 1992, 305). Der Geschädigte kann **Reparaturkosten** konkret oder fiktiv (dann aber nur netto) abrechnen.

MwSt wird ersetzt, soweit sie bei Teil- oder Selbstreparatur angefallen ist. 48
Der Geschädigte kann nicht zunächst auf Netto-Gutachtenbasis (kalkuliert mit 49 hohen Stundenverrechnungssätzen einer Vertragswerkstatt) abrechnen und dann (nach Reparatur in einer preisgünstigeren Werkstatt) die nach anderweitiger (preiswertere Werkstatt) angefallene MwSt ersetzen verlangen. Dies ist eine unzulässige **Vermischung** von konkreter und fiktiver Abrechnung (dazu § 249 BGB, Rn 32).

(b) Veräußerung. Bei Ersatzbeschaffung erfolgt, wenn dabei **keine MwSt** 50 angefallen ist, keine Abrechnung auf Brutto-Reparaturkostenbasis (BGH NJW 2009, 3713).

Wird ein gleichwertiges (kein Aliud, siehe § 249 BGB, Rn 324) Ersatzfahrzeug 51 angeschafft, ist nachweislich **angefallene MwSt,** allerdings nur bis zur Höhe der im Gutachten für Reparatur ausgewiesenen MwSt, zu ersetzen (BGH NJW 2013, 1151; a.A. *Greiner* zfs 2006, 63 „Mischen impossible") (siehe auch § 249 BGB, Rn 30, § 249 BGB, Rn 32, § 249 BGB, Rn 312).

Bei Ersatzbeschaffung darf der Geschädigte das Fahrzeug unmittelbar nach 52 durchgeführter Reparatur **in Zahlung geben** und konkret entstandene Reparaturkosten (bei fehlender MwSt-Abzugsberechtigung) brutto abrechnen (BGH NJW 2011, 667; BGH NJW 2007, 588).

53 **(3) Reparaturaufwand zwischen Wiederbeschaffungsaufwand und Wiederbeschaffungswert (100%-Bereich) (3. Stufe). (a) Reparatur.** Wird die Reparatur vollständig und fachgerecht ausgeführt und übersteigen die geschätzten Reparaturkosten den Wiederbeschaffungswert nicht, besteht Anspruch auf Erstattung der **Reparaturkosten** (bei Nicht-Vorsteuerabzugsberechtigtem incl. MwSt). Liegen die vom Gutachter ermittelten Reparaturkosten unterhalb des Wiederbeschaffungswertes, bleibt der Restwert unberücksichtigt (BGH NJW 2005, 2541).

54 Der Geschädigte, der das Kfz tatsächlich reparieren lässt, kann stets Ersatz der Reparaturkosten verlangen, wenn diese den Wiederbeschaffungswert nicht übersteigen (BGH NJW 2005, 2541). Einer **Weiterbenutzung** bedarf es – anders als bei fiktiver Abrechnung – **nicht** (BGH NJW 2007, 588).

55 **(b) Teilreparatur.** Der Geschädigte kann bis zur Höhe des Wiederbeschaffungswertes (ohne Restwertabzug) **fiktiv** nach gutachterlich ermittelten (Netto-)Reparaturkosten abrechnen, wenn er das Kfz tatsächlich **verkehrssicher reparieren** lässt und mindestens **6 Monate weiternutzt** (BGH NJW 2008, 839; BGH NJW 2003, 2085; BGH NJW 2006, 2179) und es zu diesem Zweck (falls erforderlich) verkehrssicher (teil-)reparieren lässt (BGH NJW 2011, 667). Nur bei Teilnahme am Straßenverkehr mit einem verkehrstauglichen Fahrzeug ist das Integritätsinteresse des Geschädigten gegeben (OLG Stuttgart NZV 2011, 82).

56 Wird das unfallgeschädigte Fahrzeug **vor** Ablauf der **6-Monats-Frist weiterverkauft,** kann der Geschädigte seinen Schaden nicht fiktiv auf Basis der vom Sachverständigen geschätzten Reparaturkosten berechnen, sondern nur den konkret angefallenen Reparaturaufwand geltend machen (BGH NJW 2011, 667).

57 Wird der **Weiternutzungswille** nachträglich grundlos **aufgegeben,** hat der Schädiger ein Rückforderungsrecht (LG Fulda NZV 2009, 149). Kein Grund zur vorzeitigen Nutzungsaufgabe ist das wirtschaftliche Interesse an der Durchführung der Reparatur, um bei Neuanschaffung eines Fahrzeugs einen angemessenen Preis für das verunfallte Fahrzeug zu erhalten (BGH NJW 2008, 2183).

58 Die **Qualität der Reparatur** ist solange unbeachtlich, wie die geschätzten Reparaturkosten den Wiederbeschaffungswert nicht übersteigen (BGH NJW 2009, 1340; BGH NJW 2005, 1110).

59 **(c) Unreparierte Weiternutzung.** Gleiches wie bei Teilreparatur gilt, wenn das Kfz unrepariert, aber **verkehrssicher** weiter genutzt wird (BGH NJW 2006, 2179).

60 Kann der Geschädigte nur auf Wiederbeschaffungsbasis (WBA) abrechnen und benutzt er das Fahrzeug weiter, ist regelmäßig der vom Sachverständigen korrekt ermittelte Restwert zu berücksichtigen.

61 **(d) Veräußerung.** Der Geschädigte darf das Kfz **sofort** zum Schätzwert veräußern. Wird das Kfz **unrepariert veräußert,** besteht Anspruch auf fiktive (Netto-)Reparaturkosten, nach oben begrenzt durch den (Netto-)Wiederbeschaffungsaufwand (BGH NJW 2007, 588); eine Anwendung der sog. 70%-Grenze erübrigt sich (BGH NJW 2005, 2541). Es gelten die Aspekte zur Restwertberücksichtigung wie beim Totalschaden.

62 Der Geschädigte darf den Schaden **nach fachgerechter Reparatur** auf Brutto-Reparaturkostenbasis auch dann abrechnen, wenn die Absicht zur Weiterbenutzung des Kfz nicht besteht und in der Absicht repariert wurde, das Kfz

sofort nach der Reparatur zu veräußern (Verkaufsreparatur) (BGH NJW 2007, 588).

Wird ein **nicht vollständig und fachgerecht repariertes** Fahrzeug vor 63 Ablauf der 6-Monats-Frist veräußert, kann der Geschädigte nur den Wiederbeschaffungsaufwand (Wiederbeschaffungswert abzgl. Restwert) abrechnen. Das gilt auch, wenn er irrtümlich annahm (z.B. weil der Sachverständige den Restwert nicht ermittelte), auf Netto-Reparaturbasis abrechnen zu können.

Mit Veräußerung des beschädigten Kfz erlischt der Anspruch des Geschädigten 64 aus § 249 II BGB auf Ersatz des Geldbetrages statt der Wiederherstellung. Er kann dann nur noch Geldersatz (§§ 251, 252 BGB) verlangen (uU in Gestalt eines unfallbedingt reduzierten Kaufpreises) (LG Hannover NJW-RR 1999, 251).

(4) Reparaturaufwand über Wiederbeschaffungswert (130%-Bereich) 65 **(2. Stufe). (a) Reparatur.** Die Instandsetzung eines beschädigten Fahrzeugs ist i.d.R. wirtschaftlich unvernünftig, wenn die (voraussichtlichen) Kosten der Reparatur mehr als 30% über dem Wiederbeschaffungswert liegen (BGH NJW 2015, 2958). Übersteigt der Reparaturaufwand den Wiederbeschaffungswert um bis zu 30% (sog. 130%-Grenze, dazu *Korch/Ort* VersR 2016, 1027; *Korch* VersR 2015, 542), besteht Anspruch auf diesen Betrag nur, wenn die Reparatur **fachgerecht** (auch Eigenreparatur; BGH NJW 2008, 439; BGH NJW 2005, 1108) und **vollständig** im vom Sachverständigen kalkulierten Umfang (BGH NJW 2015, 2958; BGH NJW 2012, 52; BGH NJW 2005, 1108; BGH NJW 2003, 2085; OLG München NJW 2010, 1462) oder zumindest wertmäßig (BGH NJW 2005, 1110) wie im Gutachten durchgeführt wurde, und wenn diese **Reparaturkosten konkret angefallen** sind (BGH NJW-RR 2010, 377; BGH NJW 2009, 1340). Ansonsten erfolgt Abrechnung nur auf **Wiederbeschaffungsbasis** (WBA: Wiederbeschaffungswert abzgl. Restwert). Siehe auch § 249 BGB, Rn 76. Lässt der Geschädigte sein Fahrzeug dennoch reparieren, können die Kosten nicht in einen vom Schädiger auszugleichenden wirtschaftlich vernünftigen (bis zu 130% des Wiederbeschaffungswerts) und einen vom Geschädigten selbst zu tragenden wirtschaftlich unvernünftigen Teil aufgespalten werden (BGH NJW 2015, 2958). Das Sachverständigengutachten hat im Rahmen der Schadensschätzung keine absolute Bedeutung für die Frage, welche Reparaturkosten tatsächlich i.S.d. § 249 II 1 BGB ersatzfähig sind (BGH NJW 2015, 2958). Zum Einsatz von Gebrauchtteilen siehe § 249 BGB, Rn 79.

Der Geschädigte darf auf Reparaturkostenbasis abrechnen, wenn die Reparatur 66 teurer geworden ist als vom Sachverständigen angenommen, und dadurch die 130%-Grenze überschritten ist. Bei der Vergleichsbetrachtung ist auf den Dispositionszeitpunkt abzustellen, das **Prognose-** und **Werkstattrisiko** trägt der Ersatzpflichtige (BGH NJW 1992, 302). Die Rechtsprechung zum Werkstattrisiko kommt zu Gunsten eines Geschädigten mit eigener Sachkunde allerdings nicht zur Anwendung (BGH VersR 2013, 1544; BGH NZV 2014, 163).

Eine Abrechnung im 130%-Bereich ist auch bei **gewerblich genutzten Fahr-** 67 **zeugen** möglich (BGH NJW 1999, 500), ausnahmsweise auch für LKW-Anhänger (OLG Celle NZV 2010, 249).

(b) Integritätsinteresse. Ersatz jenseits des Wiederbeschaffungswertes setzt 68 nicht nur ein – durch ein Ersatzfahrzeug regelmäßig ausreichend zu befriedigendes – **Mobilitätsinteresse** (dazu LG Aachen SP 2009, 290), sondern ein darüber hinaus gehendes **Integritätsinteresse** voraus. Fehlt dieses, liegt ein Totalschaden vor; der Geschädigte hat keine Dispositionsbefugnis hinsichtlich der Reparatur.

BGB § 249 Schadensersatzrecht des BGB

Wird nur die Fahrbereitschaft (z.b. durch Teilreparatur) wiederhergestellt, kann hierin liegendes reines Mobilitätsinteresse durch preiswertere Ersatzbeschaffung befriedigt werden (BGH NJW 2007, 2917; BGH NJW 1992, 305). Setzt der Geschädigte nach einem Unfall sein Kfz nicht vollständig und fachgerecht in Stand, ist die Erstattung von Reparaturkosten über dem Wiederbeschaffungswert nicht gerechtfertigt. Der für die Zubilligung der Integritätsspitze von 30% ausschlaggebende Aspekt, dass der Geschädigte besonderen Wert auf das ihm vertraute Fahrzeug legt, verliert bei unvollständiger und nicht fachgerechter Reparatur eines total beschädigten Fahrzeuges entscheidend an Bedeutung. Es besteht zudem eine Manipulationsgefahr durch versteckte Rabattgewährung (wie Herunterrechnen von Arbeitszeiten und nicht auf der Rechnung ausgewiesener Positionen). Unbeachtlich ist, ob die verbliebenen Defizite den Geschädigten selbst nicht stören, denn im Rahmen der Vergleichsbetrachtung kommt es allein auf den erforderlichen (d.h. nach objektiven Kriterien zu beurteilenden und deshalb auch unschwer nachzuprüfenden) Reparaturaufwand an und nicht darauf, was der Geschädigte für erforderlich hält (BGH NJW 2015, 2958; BGH NJW 2007, 2917). Wird das vollständig reparierte Kfz innerhalb von 6 Monaten verkauft, spricht dies gegen ein Integritätsinteresse (BGH NJW 2008, 1737). Auch bei einer vollständigen und fachgerechten Reparatur, die den Wiederbeschaffungswert um nicht mehr als 30% übersteigt, kann der Geschädigte Reparaturkosten i.d.R. nur verlangen, wenn er das Fahrzeug nach dem Unfall **6 Monate weiter nutzt** (BGH NJW 2008, 2183; BGH NJW 2008, 1737).

69 Allein der Umstand, dass der Geschädigte weiter **Eigentümer** eines abgemeldeten Fahrzeuges bleibt, stellt noch keine Weiternutzung dar (OLG Rostock SP 2010, 298).

70 Die bloße **Absichtserklärung,** eine Reparatur zwar durchführen zu wollen, dieses aus finanziellen Gründen (zum finanziellen Engpass siehe § 249 BGB, Rn 190, § 249 BGB, Rn 198, § 249 BGB, Rn 201) aber nicht zu können, reicht (zum Schutz des Schädigers vor einem ansonsten leicht möglichen Missbrauch) regelmäßig nicht zur Manifestierung des Integritätsinteresses (LG Saarbrücken NJW 2010, 2359).

71 **(c) Teilreparatur.** Bei unvollständiger oder nicht fachgerechter Reparatur bleibt es bei **Totalschadenabrechnung** (Wiederbeschaffungsaufwand) (BGH NJW 2008, 2183; BGH NJW 2005, 1110). Dies gilt auch bei tatsächlich aufgewandten Reparaturkosten über Wiederbeschaffungsaufwand (BGH NJW-RR 2010, 377; BGH NJW 2005, 1110), und selbst dann, wenn die konkreten Kosten unterhalb vom Wiederbeschaffungswert liegen. Die Art und Weise der Reparaturdurchführung ist vom Geschädigten darzulegen und zu beweisen (LG Koblenz SP 2013, 225). Die Weiternutzung eines nur unvollständig reparierten Kfz beweist zwar das Mobilitätsinteresse des Geschädigten, dieses kann aber durch die Beschaffung eines gleichwertigen Ersatzfahrzeuges befriedigt werden (LG Aachen SP 2009, 290).

72 **(d) Fälligkeit.** Lässt der Geschädigte den Fahrzeugschaden, der über dem Wiederbeschaffungswert, aber innerhalb der 130%-Grenze liegt, vollständig und fachgerecht reparieren, wird der Anspruch auf Ersatz der den Wiederbeschaffungsaufwand übersteigenden Reparaturkosten sofort mit Reparatur – nicht erst nach Ablauf einer Haltefrist von 6 Monaten nach dem Unfall – fällig (BGH NJW 2011, 667; BGH NJW 2009, 910). Der Ersatzpflichtige darf die Zahlung des über dem

Wiederbeschaffungsaufwand liegenden Betrages unter Rückforderungsvorbehalt (z.B. für den Fall des Wegfalls des Integritätsinteresses) leisten.

(e) Unreparierte Weiternutzung. Wird das Fahrzeug unrepariert weitergenutzt, bleibt es bei **Totalschadenabrechnung. Fiktivabrechnung** erfolgt nur auf Wiederbeschaffungsbasis (Ersatz des Wiederbeschaffungsaufwandes). 73

(f) Veräußerung. Veräußert der Geschädigte das korrekt reparierte Fahrzeug **vor Ablauf der 6-Monats-Frist,** fällt er auf die Totalschadenabrechnung zurück (BGH NJW 2008, 2183). 74

(5) Reparaturkosten über 130% Wiederbeschaffungswert (1. Stufe). Übersteigen die voraussichtlichen Reparaturkosten die 130%-Grenze, ist eine Kfz-Reparatur wirtschaftlich unvernünftig. In einem solchen Fall, in dem das Kfz nicht mehr reparaturwürdig ist, kann der Geschädigte vom Schädiger grundsätzlich nur die Wiederbeschaffungskosten verlangen. Der Geschädigte hat keinerlei Dispositionsbefugnis und hat nur Anspruch auf den Wiederbeschaffungsaufwand (Totalschadenabrechnung, konkret brutto oder fiktiv netto) (BGH NJW 2011, 1435; BGH NJW 2007, 2917). 75

Das **Prognoserisiko** trägt zwar grundsätzlich der (nicht sachkundige; BGH VersR 2013, 1544; BGH NZV 2014, 163) Schädiger (OLG Bremen zfs 2010, 499; OLG Frankfurt NZV 2001, 348); sich hinsichtlich des Wiederbeschaffungswertes über ein eigenes Schadengutachten hinwegzusetzen, ist aber Risiko des Geschädigten (OLG Düsseldorf SP 2003, 135). Wird der Prognosefehler des Sachverständigen vor Erteilung des Reparaturauftrages entdeckt (z.B. nach Zerlegung des Fahrzeuges), hat der Geschädigte keinen Anspruch auf Erstattung von mehr als 130% des Wiederbeschaffungswertes, sondern kann nur Wiederbeschaffungsaufwand sowie Zerlegungskosten verlangen (OLG Bremen zfs 2010, 499). Bei **fiktiver Abrechnung** trifft das Werkstatt- und Prognoserisiko den Geschädigten (OLG Düsseldorf BeckRS 2017, 111856; OLG Hamm NZV 1999, 267). 76

Nutzt der Geschädigte das Fahrzeug weiter, muss er sich anspruchsmindernd den Fahrzeugrestwert anrechnen lassen, auch wenn er ihn nicht realisiert (BGH NJW 2007, 1674). 77

Wird die Reparatur trotzdem durchgeführt, kann der Geschädigte nicht die Instandsetzungskosten in einen einerseits vom Schädiger auszugleichenden (130% des Wiederbeschaffungswertes) und andererseits vom Geschädigten selbst zu tragenden Teil aufspalten (BGH NJW 2012, 52; BGH NJW 2011, 1435; BGH NJW 1992, 305; LG Düsseldorf SP 2011, 76), vielmehr fällt er in seiner Ersatzberechtigung stets auf den Wiederbeschaffungsaufwand zurück (OLG Düsseldorf SP 2003, 135). Der Geschädigte kann nicht eine Teilreparatur durchführen und deren Bezahlung verlangen (BGH NJW 2007, 2917). 78

Die Einhaltung der 130%-Grenze durch Einsatz von **Gebrauchtteilen** ist eingeschränkt möglich (siehe ergänzend *Lemcke* NZV 2009, 115). Liegen die vom Sachverständigen geschätzten Reparaturkosten über der 130%-Grenze, gelingt es dem Geschädigten aber (z.B. durch Verwendung von Gebrauchtteilen), eine fachgerechte und den Vorgaben des Gutachtens entsprechende Reparatur durchzuführen, deren Kosten den Wiederbeschaffungswert nicht übersteigen, kann dem Geschädigten eine Abrechnung der konkret angefallenen Reparaturkosten nicht verwehrt werden (BGH NJW 2011, 1435; BGH NJW 2011, 669), wenn er nachweist (§ 287 ZPO), dass die tatsächlich durchgeführte Reparatur, sofern diese fachgerecht und den Vorgaben des Gutachtens entsprechend ausgeführt worden 79

BGB § 249 Schadensersatzrecht des BGB

ist, wirtschaftlich nicht unvernünftig war (BGH NJW 2015, 2958; BGH NJW 2012, 52).

80 **Rabatte** der Werkstatt, um unterhalb der 130%-Grenze zu bleiben, sind vom Geschädigten nachvollziehbar vorzutragen (BGH NJW 2011, 1435).

81 (6) **Opfergrenze.** Von der Toleranzgrenze (130%-Grenze) ist die Opfergrenze (**Unverhältnismäßigkeit,** § 251 II BGB) zu unterscheiden: Die 130%-Grenze beschränkt im Rahmen von § 249 BGB die Naturalrestitution bei hohem Reparaturaufwand auf die 2. Alternative (Ersatzbeschaffung), während die Unverhältnismäßigkeitsgrenze (§ 251 BGB) dann gilt, wenn die Naturalrestitution durch Ersatzbeschaffung zwar nicht möglich ist, wohl aber durch sehr hohen Reparaturaufwand. Die Unverhältnismäßigkeitsgrenze wird uU erst wesentlich später erreicht (BGH NZV 1994, 21). Bei einem nicht ersetzbaren **Oldtimer** dürfte eine tatsächlich durchgeführte Reparatur mehr als 130% des fiktiven Wiederbeschaffungswertes kosten, wenn dieses noch nicht als unverhältnismäßig anzusehen wäre.

82 **ff) Reparatur.** Wird repariert, muss der Geschädigte unverzüglich Reparaturauftrag erteilen, auf wirtschaftlich effiziente Reparatur drängen und unnötige Standzeiten (OLG Köln NZV 1990, 429) (z.B. über Wochenende, Feiertage) vermeiden.

83 Zur Vermeidung von Nutzungsausfall/Mietwageneinsatz kann im Einzelfall eine Nutzbarkeit und Verkehrssicherheit herstellende **Notreparatur** geboten sein (OLG München zfs 1985, 330).

84 In der Reparaturkostenkalkulation des Sachverständigen enthaltene und von der Werkstatt zwar durchgeführte, aber **nicht unfallbedingte Reparaturen** hat der Schadenersatzpflichtige nicht zu übernehmen. Es kommt nur ein Anspruch des Geschädigten gegen Sachverständigen oder Werkstatt in Betracht (OLG Köln VersR 2011, 235).

85 Der Unfallgeschädigte kann dem **Werklohnanspruch** der Werkstatt, die die Reparatur vor endgültiger Reparaturkostenübernahmeerklärung des Haftpflichtversicherers durchführt, entgegenhalten, dass der Reparaturauftrag nur im Falle einer vollständigen Kostenübernahme durch den Schadensersatzpflichtigen erteilt werden sollte. Bleibt die Kostenübernahmeerklärung aus, kann der Werklohnanspruch entfallen (LG Frankfurt NZV 2011, 43; AG Meiningen NZV 2011, 44).

86 **gg) Vorschaden.** Im Fall von Vorschäden kann der Geschädigte mit dem späteren Schadenereignis kompatible Schäden dann ersetzt verlangen, wenn mit überwiegender Wahrscheinlichkeit (§ 287 ZPO) auszuschließen ist, dass sie bereits im Rahmen eines Vorschadens entstanden sind. Soweit der geltend gemachte Schaden technisch und rechnerisch eindeutig von den Vorschäden abgrenzbar ist, besteht jedenfalls in dieser Höhe ein Ersatzanspruch des Geschädigten. Bei Vorschäden (auch aus demselben Unfallgeschehen, z.B. **Mehrfachkollision;** zum Folgeunfall siehe § 249 BGB, Rn 33) hat der Geschädigte vollumfänglich den durch den Unfall eingetretenen Schaden nachzuweisen (OLG Frankfurt VersR 2002, 476; OLG Köln r+s 2013, 305; OLG Köln SP 2011, 331; LG Berlin SP 2010, 404; LG Düsseldorf SP 2014, 161 m.w.H.). Der Haftpflichtversicherer kann auch nach durchgeführter Reparatur geltend machen, bei einem Teil der beseitigten Schäden habe es sich **nicht** um **unfallbedingte Vorschäden** gehandelt (KG KGR 2008, 815). Zu den Beweisproblemen einer Schadenabwicklung bei vorge-

schädigtem Fahrzeug siehe *Böhm/Nugel* DAR 2011, 666; *Exter* NZV 2017, 306; *Grunewald/Nugel* SP 2013, 293; *Gutt* DAR 2017, 174.

Kausalitätsnachweis und Abgrenzung zu ereignisfremden Schäden obliegen **87** dem Anspruchsteller, der auch die notwendigen Anknüpfungstatsachen für eine Beweisaufnahme beibringen muss. Gefordert ist **konkreter Vortrag** zu Art und Umfang der vorangegangenen Schäden und derjenigen Maßnahmen, die zur Instandsetzung dieser Schäden ergriffen wurden (KG v. 12.12.2011 – 22 U 151/ 11 – juris; KG SP 2000, 311; OLG Düsseldorf r+s 2013, 46; OLG Hamburg r+s 2001, 455; LG Hagen jurisPR-VerkR 4/2011 Anm. 2; LG Münster NZV 2015, 340). Bei unstreitigen Vorschäden im Anstoßbereich muss der Geschädigte im Einzelnen ausschließen, dass Schäden gleicher Art und gleichen Umfanges bereits zuvor vorhanden waren, wofür er bei unstreitigen Vorschäden auch im Einzelnen vortragen muss; kann er dies nicht oder unterlässt er die Darlegung, geht dies zu seinen Lasten (KG r+s 2015, 571; KG KGR 2008, 815), da die unfallbedingte Schadenshöhe nicht nach § 287 ZPO geschätzt werden kann (KG NJOZ 2011, 592; KG NZV 2010, 579; OLG Düsseldorf BeckRS 2015, 06714; LG Dortmund jurisPR-VerkR 20/2016 Anm. 2; LG Frankfurt DAR 2016, 30; LG Kleve jurisPR-VerkR 12/2016 Anm. 4). Der Anspruchsteller ist gehalten, die jeweils eingetretenen Schäden konkret und im Einzelnen so zu benennen, dass für Gericht und gerichtlichen Sachverständigen plausibel wird, wie durch welchen Schadensfall welcher Schaden eingetreten sein soll. Der Anspruchsteller muss den Beweis dafür führen, dass die etwa festzustellenden Sach- und Körperschäden eben durch jene Kollision verursacht worden sind (BGH NJW 1978, 2154; KG SP 2011, 255); die Bezugnahme auf ein erstelltes Privatgutachten reicht nicht (OLG Düsseldorf r+s 2013, 46). Eine Schadenschätzung (§ 287 ZPO) entfällt, wenn der Anspruchsteller, der über keine Reparaturrechnung verfügt, nicht hinreichend darlegt und unter Beweis stellt, welchen klar eingrenzbaren Vorschaden das Fahrzeug hatte (KG NZV 2010, 579; OLG Köln NZV 1999, 378) und welche Arbeiten im Rahmen einer fachgerechten Reparatur durchgeführt worden sein sollen (KG v. 28.9.2006 – 22 U 197/05; LG Hagen r+s 2013, 306). Die Behauptung, Vorschäden seien beseitigt (ordnungsgemäß und fachgerecht repariert; OLG Hamburg jurisPR-VerkR 9/2014 Anm. 2 = SP 2014, 60), hat der Geschädigte konkret nachzuweisen (LG Hagen NJW-RR 2013, 403).

Kann der Anspruchsteller hierzu nichts vortragen, weil er das Fahrzeug **mit** **88** **Vorschaden** ohne Nachweise über eine Reparatur **erworben** hat, geht dies zu seinen Lasten und entbindet ihn nicht von seiner insoweit bestehenden Darlegungs- und Beweislast (KG v. 25.2.2010 – 22 U 163/09). Es obliegt dem Geschädigten auch in Fallgestaltungen, in denen er einem betrügerischen Verhalten seines Verkäufers ausgesetzt war, seinen Schaden nachvollziehbar darzulegen und zu beweisen (OLG Düsseldorf NZV 2016, 381).

Der Schadenersatzanspruch entfällt, wenn bewiesen ist, dass ein Teil der vom **89** Anspruchsteller geltend gemachten Schäden am Unfallfahrzeug nicht auf die Kollision zurückzuführen sind und der Anspruchsteller zu den nicht kompatiblen Schäden keine Angaben macht und das Vorliegen irgendwelcher Vorschäden bestreitet (KG zfs 2007, 564; KG VersR 2006, 1559; LG Berlin SP 2009, 257; AG Düsseldorf SP 2008, 151 m.w.N.; AG Köln SP 2009, 257; *Wenker* jurisPR-VerkR 6/2010 Anm. 2). Diese Unsicherheit führen zur vollständigen Klageabweisung (OLG Düsseldorf VersR 2017, 1032). Zu abgrenzbarem Zweitschaden OLG Düsseldorf NZV 2008, 295; OLG Düsseldorf DAR 2006, 324.

BGB § 249

90 Hat der Geschädigte dem von ihm beauftragten Sachverständigen ihm bekannte **Vorschäden verschwiegen,** kann er die Sachverständigenkosten nicht ersetzt verlangen (KG NZV 2004, 470).

90a Siehe zum nicht-reparierten Vorschaden auch § 249 BGB, Rn 33.

90b Bei **Personenschaden** muss der Unfallgeschädigte beweisen, dass die nach dem Verkehrsunfall aufgetretenen Beschwerden vor dem Unfall nur angelegt, aber nicht ausgebrochen waren (OLG Köln VersR 2014, 465).

91 **hh) Stundenverrechnungssätze. (1) Konkrete Reparatur.** Das Recht, auf Kostenbasis „seiner Werkstatt" abzurechnen, besteht nur, wenn dort auch **konkret** repariert wurde.

91a Zu gleichwertigen Reparaturmöglichkeiten (wie Smart-Repair-Methode) siehe § 249 BGB, Rn 37.

92 **(2) Fiktive Abrechnung.** Der Geschädigte darf auch bei fiktiver Abrechnung grundsätzlich auf Basis der ortsüblichen **Stundenverrechnungssätze** einer markengebundenen Fachwerkstatt, die ein von ihm eingeschalteter Sachverständiger auf dem allgemeinen regionalen Markt ermittelt hat, abrechnen (BGH NJW 2017, 2182; zum Thema *Nugel/Stoeber* SP 2014, 124; *Wenker* VersR 2012, 290). Bei fiktiver Schadenabrechnung kommt es zwar nicht auf durchschnittliche (bezogen auf alle Marken) Stundenverrechnungssätze an (BGH NJW 2003, 2086); sind mehrere (nicht nur markengebundene) Werkstätten vor Ort, die für beschädigten Fahrzeugtyp Reparaturen durchführen, kann aber auf deren Durchschnitt abgestellt werden.

93 Benennt der Ersatzpflichtige (bzw. sein Haftpflichtversicherer) eine mühelos erreichbare, kostengünstigere und **gleichwertige Reparaturmöglichkeit** (zu alternativen Reparaturmethoden *Wern* zfs 2015, 304) durch eine anerkannte nicht markengebundene Fachwerkstatt, die in der Lage ist, die Reparatur ebenso wie eine Vertragswerkstatt auszuführen, hat der Unfallgeschädigte keinen Anspruch (§ 254 II BGB) auf Ersatz der fiktiven höheren Stundenverrechnungssätze einer markengebundenen Fachwerkstatt (BGH NJW 2015, 2110; BGH VersR 2013, 876; BGH NJW 2010, 2941; BGH NJW 2010, 2725; BGH NJW 2010, 606; AG Brandenburg NJW-RR 2016, 283 m.w.N.). Die Ersatzforderung beschränkt sich dann auf die marktüblichen Preise der freien Werkstatt.

94 Der Schädiger hat zu beweisen, dass eine Reparatur in dieser Werkstatt vom Qualitätsstandard her der Reparatur in einer markengebundenen Fachwerkstatt entspricht, der Geschädigte hat Umstände aufzuzeigen, die ihm eine Reparatur außerhalb der markengebundenen Fachwerkstatt unzumutbar machen (BGH NJW 2017, 2182; BGH NJW 2015, 2110; BGH NJW 2014, 3236; BGH VersR 2013, 876).

95 Da es für den fiktiv abrechnenden Geschädigten unerheblich ist, ob und wann der Versicherer auf die alternative Reparaturmöglichkeit verweist, kann der Verweis des Schädigers auf günstigere Reparaturmöglichkeit noch im Rechtsstreit erfolgen, soweit dem nicht prozessuale Gründe (z.B. Verspätung) entgegenstehen (BGH NJW 2014, 535; BGH VersR 2013, 876).

96 Der Schädiger kann den Geschädigten nur verweisen (§ 254 II BGB), wenn dem Geschädigten eine Reparatur außerhalb der markengebundenen Fachwerkstatt **zumutbar** ist (BGH NJW 2010, 2941; BGH NJW 2010, 606; BGH NJW 2010, 2118; BGH NJW 2010, 2725; BGH NJW 2010, 2727). Trägt der Geschädigte Unzumutbarkeitsgründe vor, hat der Ersatzpflichtige sie zu widerlegen. Für die Beurteilung der Gleichwertigkeit der Reparaturmöglichkeit gilt auch im Rah-

men des § 254 II 1 BGB das erleichterte Beweismaß des § 287 ZPO (BGH NJW 2010, 2941). Für die Beurteilung der Unzumutbarkeit kommt es nicht auf die subjektive Sicht des Geschädigten an, um die Grenzen der Zumutbarkeit und damit den Umfang der Schadensminderungspflicht zu bestimmen (BGH NJW 2017, 2182).

Ohne weiteres zugänglich ist auch eine Werkstatt in 21 km Entfernung zum 97 Wohnort des Geschädigten (BGH NJW 2010, 2941).

Eine **gleichwertige Reparaturmöglichkeit** wurde bejaht für einen zertifi- 98 zierten Meisterbetrieb unter TÜV/DEKRA-Qualitätskontrolle, der Originalteile verwendet (BGH NJW 2010, 2941).

Unzumutbar ist eine Reparatur in einer freien Fachwerkstatt i.d.R., wenn das 99 beschädigte Fahrzeug im Unfallzeitpunkt **nicht älter als drei Jahre** war (BGH NJW 2017, 2182).

Der Ersatzpflichtige kann denjenigen Geschädigten, der sein **mindestens** 100 **3 Jahre altes** Fahrzeug nicht regelmäßig in einer Vertragswerkstatt warten und reparieren lässt, auf eine anderweitig günstigere Reparaturmöglichkeit verweisen (BGH NJW 2017, 2182; OLG Braunschweig VRR 2010, 466; OLG Bremen NJW-RR 2011, 1175; LG Bielefeld SP 2011, 291; LG Frankfurt v. 19.1.2011 – 16 S 121/10 – juris; LG Saarbrücken NJW 2011, 2594). Bei Fahrzeugen, die älter sind als 3 Jahre, kann der Verweis auf eine technisch gleichwertige Reparaturmöglichkeit in einer freien Fachwerkstatt u.a. dann unzumutbar sein, wenn der Geschädigte konkret darlegt, dass er sein Fahrzeug bisher regelmäßig in einer markengebundenen Fachwerkstatt hat warten und reparieren lassen („scheckheftgepflegt") und dies vom Schädiger nicht widerlegt wird (BGH NJW 2017, 2182). Dies hat der Geschädigte im Rahmen der ihn treffenden **sekundären Darlegungslast** zu belegen; der Schädiger kann mit Nichtwissen bestreiten. Nach § 142 ZPO kann die Vorlage von Urkunden (z.B. Rechnungen, Scheckheft) angeordnet werden (BGH NJW 2010, 606).

Unzumutbar ist eine Reparatur in einer freien Fachwerkstatt, wenn die Repara- 101 tur dort nur deshalb kostengünstiger ist, weil ihr mit dem Haftpflichtversicherer vereinbarte **Sonderkonditionen** zugrunde liegen (BGH NJW 2015, 2110; BGH NJW 2010, 2941; BGH NJW 2010, 2725). Der Schädiger hat darzulegen und zu beweisen, dass die von ihm benannte „freie Fachwerkstatt" für die Reparaturen am Fahrzeug des Geschädigten ihre (markt-)üblichen, d.h. allen Kunden zugänglichen Preise zugrunde legt (BGH NJW 2015, 2110; BGH NJW 2010, 2725). Allein der Umstand, dass die fragliche „freie Fachwerkstatt" mit dem Haftpflichtversicherer in Bezug auf Reparaturen von Kaskoschäden seiner Versicherungsnehmer vertraglich verbunden ist, lässt eine Verweisung auf sie nicht unzumutbar erscheinen (BGH NJW 2015, 2110).

(3) Ausland. Bei fachgerechter, aber kostengünstigerer Reparatur im Ausland 102 sind nur die im Ausland konkret entstandenen Aufwendungen zu ersetzen. Verbringt ein ausländischer, im Ausland lebender, Geschädigter das beschädigte Kfz in sein Heimatland, sind nur die dort anfallenden Lohnkosten anzusetzen (LG Köln VersR 2005, 1577). Es kann nicht fiktiv auf Gutachtenbasis nach deutschen Preisen abgerechnet werden (OLG Stuttgart NJW 2014, 3317).

ii) UPE-Zuschläge, Verbringungskosten. UPE-Zuschläge (**UPE** = Preis- 103 aufschlag auf von den Herstellern vorgegebene, unverbindliche Preisempfehlungen für Ersatzteile) und **Verbringungskosten** sind nur zu erstatten, wenn sie **ortsüblich** und bei einer Reparatur tatsächlich anfallen. Die Ersatzfähigkeit von

BGB § 249

UPE-Aufschlägen und Verbringungskosten ist zu verneinen, wenn nicht alle regionalen Werkstätten UPE-Aufschläge und Verbringungskosten berechnen und diese Kosten und Aufschläge somit regional nicht üblich sind (OLG Frankfurt NZV 2017, 27; OLG Frankfurt VersR 2014, 1471).

104 Kosten für Überstellung in Lackierwerkstatt (Verbringungskosten) und UPE-Aufschläge sind bei **fiktiver Abrechnung** nicht zu erstatten (streitig) (**gegen Erstattung:** OLG Frankfurt VersR 2014, 1471; OLG Hamm NZV 2013, 247; OLG Schleswig SP 2013, 194; LG Essen SP 2013, 115; LG Hannover NZV 2009, 186; AG Dinslaken SP 2011, 117; AG Düsseldorf SP 2013, 264; AG Gummersbach SP 2012, 262; AG Hannover SP 2014, 19; AG Heidelberg SP 2014, 274; AG Heilbronn SP 2012, 262; AG Köln SP 2009, 151; AG Mannheim SP 2013, 437; AG Rastatt SP 2011, 23; AG Solingen SP 2010, 405; **für Erstattung:** KG VersR 2010, 1178; OLG Düsseldorf SP 2012, 324; OLG Düsseldorf SP 2008, 340; LG Hanau NZV 2010, 574; LG Hildesheim NZV 2010, 575; LG Koblenz SP 2010, 189; LG Lüneburg SP 2010, 190; AG Halle SP 2009, 151; AG Mannheim SP 2014, 165; *Lemcke* r+s 2013, 360), da sie nicht zwingend bei einer Reparaturdurchführung auch konkret anfallen (OLG Frankfurt VersR 2014, 1471). UPE-Aufschläge sind bei Reparatur in **Eigenregie** nicht zu ersetzen (AG Remscheid SP 2013, 22).

105 Jedenfalls, wenn die örtlichen Vertragswerkstätten selbst lackieren, sind bei fiktiver Abrechnung Verbringungskosten nicht zu ersetzen (BGH NJW 2010, 2941).

106 **jj) Wertverbesserung, Wertminderung. (1) Wertverbesserung.** Führt die Reparatur zur Wertverbesserung (z.B. Ganzlackierung), erfolgt eine Kürzung „**neu für alt**" (Material- und Lohnkosten; OLG Hamburg SP 1999, 236) (zur Berechnung BGH NJW 1996, 584; BGH NJW 1988, 1835). Abzüge kommen für zu erneuernde Verschleißteile in Betracht (z.B. für Motor, Getriebe, Reifen) (OLG Düsseldorf NZV 2002, 87; OLG Frankfurt SP 2011, 291; OLG München BeckRS 2010, 17228). Wurde ein Vorschaden nicht repariert, kann bei einem Folgeschaden ein Abzug „neu für alt" in Betracht kommen (LG Saarbrücken NJW 2014, 2661).

107 Kein Abzug findet statt, wenn der Wert der Gesamtsache sich nicht erhöht.
107a Siehe auch § 249 BGB, Rn 274.

107b **(2) Wertminderung. Zum Thema:** *Jaeger* NZV 2017, 297
108 Trotz einwandfreier Reparatur kann eine (nach § 251 I BGB zu entschädigende) Wertminderung verbleiben. Wird auf Totalschadenbasis abgerechnet (AG Hamburg SP 2005, 416) oder verkauft der Geschädigte sein Fahrzeug in unrepariertem Zustand und schafft er ein Ersatzfahrzeug an (AG Aschaffenburg NZV 2013, 91), entfällt der Anspruch auf Minderwert.

108a Bei Abrechnung auf Totalschadenbasis entfällt der Anspruch auf Wertminderung (LG Duisburg SP 2014, 273).

109 Der Minderwert ist stets **steuerneutral** bei Berechnungen zu berücksichtigen.
110 **Technischer Minderwert** (d.h. trotz fachgerechter Reparatur ist Gebrauchsfähigkeit, Betriebssicherheit oder Lebensdauer nachteilig beeinflusst) ist angesichts des Standes der Reparaturtechnik kaum noch praktisch.

111 Beim **merkantilen Minderwert** (siehe *Jaeger* zfs 2009, 602) handelt es sich um eine Minderung des Verkaufswerts einer Sache, die trotz vollständiger und ordnungsgemäßer Instandsetzung allein deshalb verbleibt, weil bei einem großen Teil des Publikums, vor allem wegen des Verdachts verborgen gebliebener Schäden, eine den Preis beeinflussende Abneigung gegen den Erwerb besteht. Diese

Wertdifferenz stellt einen zu ersetzenden unmittelbaren Vermögensschaden dar (BGH NJW 2005, 277).

Ein merkantiler Minderwert ist bei einem Fahrzeug anzunehmen, wenn die Reparatur mit einem nicht unerheblichen Eingriff in dessen bis dahin integres Gefüge verbunden ist. Hieran fehlt es, wenn Bagatellschäden (Schäden, durch die die Substanz des Fahrzeugs an tragenden Teilen nicht beeinträchtigt worden ist und die auch die Möglichkeit eines sog. Gefügeschocks mit an Sicherheit grenzender Wahrscheinlichkeit als ausgeschlossen erscheinen lassen) durch Austausch der deformierten Teile gegen fabrikneue genormte Ersatzteile unauffällig und nachhaltig beseitigt werden können. Auch die Höhe der Reparaturkosten wird als Kriterium für das Entstehen eines merkantilen Minderwerts herangezogen (LG Bonn NJW-RR 2012, 24). 112

Ob der Unfall zu merkantilem Minderwert führt, ist sachverständig konkret und nicht anhand allgemeingültiger Tabellen zu schätzen. Die Höhe des merkantilen Minderwerts ist nach freier tatrichterlicher Überzeugung (§ 287 I ZPO) im Wege der Schätzung zu ermitteln; eine allgemein anerkannte Schätzungsmethode hat sich bislang nicht durchgesetzt (LG Bonn NJW-RR 2012, 24). Eine pauschale Begrenzung bei Kfz auf Fahrzeugalter und Laufleistung (5 Jahre, 100.000 km) ist nicht mehr angezeigt (BGH NJW 2005, 277; OLG Düsseldorf SP 2013, 113; AG Heidelberg BeckRS 2015, 19193). Anspruch auf Wertminderung besteht nur bei einem erheblichen Eingriff in das Fahrzeuggefüge (AG Berlin-Mitte SP 2011, 21). Es müssen erhebliche Beschädigungen vorliegen; einwandfreie Reparatur (LG Köln VersR 1981, 45; AG Gelnhausen VersR 2005, 1303) oder der Umstand, dass es sich um gesuchtes Objekt (OLG Frankfurt VersR 2005, 1742) handelt, können einen Minderwert auch ganz entfallen lassen. Luxusfahrzeuge haben keinen Sonderstatus (AG Köln jurisPR-VerkR 9/2013 Anm. 2 = VRR 2012, 31). 113

Bei der Bemessung des merkantilen Minderwerts sind alle Einzelumstände zu berücksichtigen, insbesondere Alter, Fahrleistung und Erhaltungszustand sowie Marktsituation und Marktgängigkeit des Fahrzeugs, ferner Art und Ausmaß des Schadens. Auch eventuelle **Wertverbesserungen** durch die Reparatur sind einzubeziehen (LG Bonn NJW-RR 2012, 24). 114

Der Umstand, dass eine Verpflichtung zur Offenbarung des Unfalls bei einer **Weiterveräußerung** besteht, wird vom Wertminderungsbetrag mitumfasst (OLG Schleswig NZV 2009, 298; LG Bonn NJW-RR 2012, 24). Sind am unfallbetroffenen Fahrzeug keine derart schweren Schäden entstanden, die bei dessen Veräußerung offenbarungspflichtig wären, entfällt eine Wertminderung (AG Berlin-Mitte SP 2010, 370). 115

Bei erheblichen **Vorschäden** entfällt regelmäßig ein Minderwert (OLG Celle VersR 1973, 717). 116

Bei **Nutzfahrzeugen** fällt nur ausnahmsweise Minderwert an (BGH NJW 1980, 281; siehe auch *Hufnagel* NZV 2010, 235). 117

kk) Totalschaden. Der Geschädigte kann, wenn er von der Ersetzungsbefugnis des § 249 II 1 BGB Gebrauch macht und den Schaden nicht im Wege der Reparatur, sondern durch Beschaffung eines Ersatzfahrzeugs beheben will, nur Ersatz des Wiederbeschaffungsaufwandes verlangen. Die Ersatzbeschaffung als Variante der Naturalrestitution steht unter dem Gebot der Wirtschaftlichkeit, d.h. der Geschädigte muss bei der Schadensbehebung gemäß § 249 II 1 BGB im Rahmen des ihm Zumutbaren und unter Berücksichtigung seiner individuellen Lage den wirtschaftlichsten Weg wählen (BGH NJW 2010, 2722). 118

BGB § 249

119 **(1) Totalschaden.** Liegt **wirtschaftlicher** (Instandsetzung der beschädigten Sache ist wirtschaftlich unvertretbar) oder **technischer** (Kfz kann technisch nicht mehr in verkehrstauglichen Zustand versetzt werden) Totalschaden vor, richtet sich der Ersatz nach § 249 BGB (BGH NJW 2005, 2220; BGH NJW 2004, 1943; BGH NJW 1992, 302) und nicht wie im Fall des **echten Totalschaden** (völlige Zerstörung/vollständiger Verlust unvertretbarer Sache, auch Neuwagenersatz) nach § 251 BGB; insbesondere ist bei Ersatzbeschaffung angefallene **MwSt** (dazu § 249 BGB, Rn 322 ff) vom Geschädigten nachzuweisen.

120 Bei Beschädigung eines gebrauchten Kfz kann der Geschädigte zwar grundsätzlich zwischen Reparatur und Ersatzbeschaffung wählen; in etlichen Fällen (siehe § 249 BGB, Rn 24 ff) ist er aber betragsmäßig auf den **Wiederbeschaffungsaufwand** (§ 249 BGB, Rn 41 ff) beschränkt (BGH NJW 2010, 2724). Der Geschädigte darf zunächst den Wiederbeschaffungsaufwand nach Gutachten aufgeben und zu späterem Zeitpunkt höhere Kosten einer nunmehr **tatsächlich durchgeführten Reparatur** abrechnen (BGH NZV 2007, 27), wenn nicht konkrete Umstände der Regulierung eine anderweitige Bindung ergeben (OLG Celle OLGR 2006, 482; OLG Celle zfs 1994, 400). Vermengen von Teilabrechnungen auf Reparaturkostenbasis und Totalschadenbasis ist unzulässig (**„Mischen impossible"**) (siehe § 249 BGB, Rn 32).

121 Bei Beschädigung von Gebrauchtfahrzeugen hat der Geschädigte Anspruch auf Beschaffung einer gleichwertigen und gleichartigen Sache; völlige **Identität** zwischen verunfalltem und Ersatzfahrzeug muss wirtschaftlich aber nicht hergestellt werden (BGH NJW 1982, 1518; BGH NJW 1970, 1120). Zum MwSt-Ersatz bei Ersatzbeschaffung siehe § 249 BGB, Rn 323.

121a **(2) Restwert. Zum Thema:** *Becker* zfs 2016, 130.

122 **(a) Gutachten.** Vom Sachverständigen ist derjenige Betrag zu ermitteln, den ein **seriöser Restwertaufkäufer** zu zahlen bereit ist, der das Fahrzeug (eventuell auch unter Verwendung von Gebrauchtteilen) wieder aufbauen und anschließend – unter Offenlegung des Unfallschadens und der Art seiner Beseitigung – mit Gewinn veräußern will (OLG Düsseldorf NZV 1995, 232; OLG Hamm r+s 1998, 64).

123 Der Geschädigte darf den vom Sachverständigen in seinem Gutachten, das eine korrekte Wertermittlung erkennen lässt (BGH NJW 2010, 2722), ermittelten Restwert, den dieser als Wert auf dem **allgemeinen regionalen Markt** (BGH NJW 2010, 2724; BGH NJW 2010, 2722; BGH NJW 2007, 1674) ermittelte, seiner Abrechnung zugrunde legen (BGH NJW 2017, 953; BGH NJW 2006, 2320; BGH NJW 2005, 357); und zwar auch dann, wenn er das unfallbeteiligte Kfz weiter nutzt (BGH NJW 2007, 1674).

124 Der Sachverständige muss als geeignete Schätzgrundlage für den Restwert i.d.R. **drei Angebote** auf dem maßgeblichen regionalen Markt einholen und diese in seinem Gutachten konkret benennen (BGH NJW 2010, 2722). Ein Gutachten, das diese Voraussetzung nicht erfüllt, ist für die Schadenregulierung unzureichend und vom Gutachter zu ergänzen.

125 Der Sachverständige muss den Betrag angeben, den der Restwertkäufer brutto und netto (**Brutto-/Nettokaufpreis**) zu zahlen bereit ist. Der Verkauf durch einen **nicht-vorsteuerabzugsberechtigten** Geschädigten ist steuerneutral. Der Händler, der das Unfallfahrzeug mit einem Aufschlag weiterveräußert, hat nur den Veräußerungsgewinn zu versteuern (**Differenzsteuer).** Da für den **Vorsteuerabzugsberechtigten** der Verkaufserlös eine MwSt-belastete Einnahme darstellt

(OLG Thüringen OLGR 2009, 605), ist für ihn bei fiktiver Abrechnung der Netto-Restwert in die Abrechnung einzustellen.

(b) Veräußerung. Grundsätzlich ist auch bei fiktiver Abrechnung auf Gutachtenbasis ein **konkret erzielter** Restwertbetrag der Abrechnung zugrunde zu legen (BGH NJW 2010, 2724; LG Saarbrücken NZV 2014, 132). Dem Einwand, auf dem regionalen Markt hätte ein höherer Restwert erzielt werden können, ist nachzugehen (BGH NJW 2006, 2320; BGH NJW 2005, 3134); beweisbelastet ist der Schädiger (BGH NJW 2010, 2724; BGH NJW 2010, 2722). Erzielt der Geschädigte aber ohne überobligatorischen Aufwand tatsächlich einen höheren Restwert, gilt dieser (BGH NJW 2005, 357; BGH NJW 1992, 903). 126

Der Geschädigte darf das Unfallfahrzeug zum vom Sachverständigen angegebenen Restwert **veräußern**, ohne es zuvor dem Haftpflichtversicherer anzubieten oder abwarten zu müssen, bis dieser eine eigene Schätzung vornimmt (BGH NJW 2005, 3134). Veräußert der Geschädigte ein Unfallfahrzeug zum im Gutachten ermittelten Preis noch bevor das Gutachten der Versicherung vorliegt, kann darin ein Verstoß gegen die **Schadenminderungsverpflichtung** liegen (OLG Köln r+s 2013, 100). 127

Besondere Umstände können dem Geschädigten Veranlassung geben, **günstigere Verwertungsmöglichkeiten** wahrzunehmen, um seiner Schadengeringhaltungsverpflichtung (§ 254 II 1 BGB) zu genügen. Er kann gehalten sein, von einer grundsätzlich zulässigen Verwertung des Unfallfahrzeugs Abstand zu nehmen und im Rahmen des Zumutbaren andere sich ihm darbietende Verwertungsmöglichkeiten zu ergreifen (BGH NJW 2010, 2722; BGH NJW 2007, 1674). Derartige Ausnahmen dürfen nicht dazu führen, dass dem Geschädigten bei der Schadensbehebung die vom Ersatzpflichtigen gewünschten Verwertungsmodalitäten aufgezwungen werden (BGH NJW 2010, 2722). 128

Aus dem Wirtschaftlichkeitspostulat folgt, dass der Geschädigte sein Fahrzeug so zu verkaufen hat, wie er es für sich selber verkauft hätte (BGH NJW 2010, 2722). Der Geschädigte muss keine eigene **Marktforschung** betreiben (BGH NJW 2007, 1674; BGH NJW 2005, 357) oder sich auf Restwertaufkäufer außerhalb des regionalen Marktes (BGH NJW 2017, 953; BGH NJW 2010, 2722) verweisen lassen. Weist der Schädiger dem Geschädigten eine ohne weiteres zugängliche günstigere Verwertungsmöglichkeit nach, kann aus Gründen der Schadengeringhaltung eine Verpflichtung resultieren, davon auch Gebrauch zu machen (BGH NJW 2000, 800). Wird dem Geschädigten vor der Veräußerung vom Versicherer ein **annahmefähiges Angebot** unterbreitet, darf er das Unfallfahrzeug nicht mehr zum niedrigeren Schätzpreis anderweitig veräußern oder in Zahlung geben; in die Abrechnung mit dem Schädiger ist dann das höhere Angebot einzustellen (BGH NJW 2010, 2722; OLG Hamm NJW-RR 2009, 320; OLG Düsseldorf NJW-RR 2004, 1470; LG Erfurt NZV 2007, 361; AG Frankfurt NZV 2007, 361). Will der Geschädigte, der den Restwert ohne hinreichende Absicherung realisiert, das Risiko, dass sich der Erlös im Nachhinein als zu niedrig erweist, vermeiden, muss er vor dem Verkauf sich entweder mit dem Haftpflichtversicherer **abstimmen** oder ein eigenes Gutachten in Auftrag geben (BGH NJW 2005, 3134; BGH NJW 1992, 903). Enthält das Gutachten keine Restwertangebote, teilt aber der Schädiger dem Geschädigten Restwertangebote eines regional ansässigen Aufkäufers so rechtzeitig mit, dass dieser sie bei seiner Entscheidung über Reparatur oder Veräußerung noch einbeziehen kann, sind diese für die Berechnung des Wiederbeschaffungsaufwandes zu berücksichtigen (LG Itzehoe NJOZ 2012, 1413). 129

BGB § 249

130 Überregionale **Internet**-Restwertangebote sind (noch) nicht allgemein zu berücksichtigten (BGH NJW 2010, 2722; BGH NJW 2007, 1674; BGH NJW 2005, 357); allerdings bekommt das Internet mittlerweile einen anderen Stellenwert (BGH NJW 2013, 1072). Beauftragt der Geschädigte den Gutachter mit der Schadensschätzung zum Zwecke der Schadensregulierung, hat der Sachverständige auch bei **Mithaftung** des Geschädigten das Gutachten unter Berücksichtigung der geltenden Rechtsprechung zum Schadenersatz bei Kfz-Unfällen zu erstellen, ohne zu weiteren Erhebungen (z.b. überregionale Internetangebote) und Berechnungen verpflichtet zu sein; d.h. er hat denjenigen Restwert zu ermitteln, der auf dem regional zugänglichen allgemeinen Markt für das unfallgeschädigte Kfz zu erzielen war (BGH NJW 2009, 1265).

131 Der Geschädigte muss sich auf seinen Ersatzanspruch ein im Vergleich zum regionalen Markt wesentlich höheres Internet-Restwertangebot dann schadensmindernd anrechnen lassen, wenn es ihm **sofort risikolos zugriffsfähig** vorliegt (OLG Hamm NZV 2009, 183).

132 **(c) Nebenaufwand.** Können Restwerte nicht verwertet werden, können zusätzlich noch **Entsorgungskosten** anfallen.

133 Die **Abwrackprämie** (dazu § 249 BGB, Rn 327) ist nicht auf den Restwert anzurechnen (LG Chemnitz zfs 2011, 25; LG Frankfurt NJW 2010, 3455; a.A. AG Nürtingen VRR 2010, 267). Gleiches gilt – unabhängig vom Nachweis – für Umweltprämie, Dieselprämie u.ä.

134 **(3) Weiternutzung.** Will der Geschädigte das Unfallfahrzeug behalten (z.B. Weiternutzung bei einem wirtschaftlichen Totalschaden nach einer Teil- oder Billigreparatur), ist der vom Sachverständigen korrekt auf dem **regionalen Markt** ermittelte Wert in Abzug zu bringen, nicht aber ein vom Versicherer abgegebenes höheres Restwertangebot (BGH NJW 2010, 605; BGH NJW 2007, 1674; BGH NZV 2007, 535).

135 **(4) Rabatte.** Rabatte (Personal-/**Werksangehörigenrabatt** [BGH NJW 2012, 50; BGH NJW 1975, 307; OLG München zfs 1989, 158; AG Plauen SP 2010, 403], **Händlerrabatt** [OLG Celle SP 1995, 138; OLG Karlsruhe VersR 1989, 1276; OLG Köln NZV 1997, 402], **Großkundenrabatt** [OLG Karlsruhe SP 2009, 437; AG Frankfurt SP 2011, 295; AG Hannover SP 2011, 296; siehe *Clifford/Speer* SP 2011, 297], **Haustarif**) bei Kauf eines Neufahrzeuges hat sich der Geschädigte anrechnen zu lassen (KG VersR 1973, 257; LG Münster VersR 1982, 59). Der Geschädigte hat seinen für die Neuanschaffung betriebenen Aufwand **konkret darzulegen** und nachzuweisen und kann sich nicht auf den Verweis (z.B. auf Herstellerpreislisten oder Sachverständigenbegutachtung) beschränken (AG Plauen SP 2010, 403). Kann ein Unternehmen (z.B. Autovermieter) bei unfallbedingter Reparatur seines Fahrzeugs Rabatt auf die Ersatzteile bekommen, ist dieser Rabatt auch bei einer fiktiven Abrechnung zu berücksichtigen; das gilt selbst dann, wenn das Unternehmen solche Rabatte bei unfallbedingten Reparaturen nicht in Anspruch nimmt, dafür aber bei anderen Reparaturen höhere Rabatte erhält (AG Dortmund BeckRS 2016, 12607). Siehe auch § 249 BGB, Rn 35b.

136 Rabatte, die der Arbeitgeber nicht nur seinen Arbeitnehmern, sondern auch fremden Dritten üblicherweise einräumt, begründen bei Arbeitnehmern keinen **steuerpflichtigen** Arbeitslohn (BFH NJW 2013, 190).

137 **(5) Einkaufspreis.** Händler können nur den Einkaufspreis verlangen (BGH NJW-RR 2009, 103; AG Plauen SP 2010, 403).

(6) Zusatzkosten. Pauschale **Totalschadenaufschläge**, Untersuchungskos- 138
ten (AG Dortmund SP 2014, 378), Ersatzbeschaffungskosten, Wiederbeschaffungspauschalen sind nicht zu zahlen (BGH NJW 2006, 2320; BGH NJW 1978, 1373; *Jahnke* VersR 1987, 645). Siehe auch § 249 BGB, Rn 35a.

Kosten für die sachverständige Begutachtung eines **Ersatzwagens** sind nicht 139
zu ersetzen (LG Gießen SP 2010, 257).

Nebenkosten für **Beschaffung eines Ersatzfahrzeuges** (z.B. Zeitaufwand 140
[LG Limburg SP 2010, 190] und Reisekosten für Fahrzeugbesichtigungen, Porto- und Internetkosten) sind nicht zu ersetzen (vgl BGH NJW 2006, 2320).

ll) Leasing. Siehe zur Unfallregulierung unter Beteiligung von Leasingfahrzeu- 141
gen *Riedmeyer* DAR 2012, 742.

(1) Leasingnehmer. Bei Zerstörung eines Leasingfahrzeuges und nachfolgen- 142
der Kündigung seitens des Leasinggebers besteht der Schaden des Leasingnehmers nicht in der Belastung mit Leasingraten bzw. dem Abschluss eines neuen Vertrages, sondern nur im Entzug der Nutzung (Nutzungsausfallersatz) und etwaigen Kosten wegen vorzeitiger Fälligstellung (BGH NZV 1992, 227; BGH VersR 1976, 943). Das Risiko einer der Höhe nach beim Leasingnehmer verbleibenden Finanzierungslücke, die dadurch entsteht, dass der an die Leasinggeberin zu zahlende Restbetrag höher ist als der Wiederbeschaffungswert des Fahrzeugs, kann durch Abschluss einer GAP-Deckung versichert werden (OLG München NJW 2013, 3728).

Bei **Totalschaden** ist dem nicht vorsteuerabzugsberechtigtem Leasingnehmer 143
auch MwSt zu ersetzen (OLG Hamm VersR 2004, 1191). Bei **Reparatur** hat er nur Anspruch auf den Nettobetrag (OLG Stuttgart NZV 2005, 309). Dem Leasinggeber gewährte **Rabatte** sind zu berücksichtigen (LG Augsburg zfs 1987, 87; LG Frankfurt zfs 1987, 87).

Ein eigener Schadensersatzanspruch des Leasingnehmers wegen Beschädigung 143a
oder Zerstörung des geleasten Fahrzeugs resultiert aus dem **Besitzrecht** (§ 823 I BGB). Er richtet sich nicht auf den Sachwert des Leasingfahrzeugs, sondern auf die vereitelte Nutzungsmöglichkeit (BGH NZV 1992, 227; BGH NZV 1991, 107; OLG München NZV 2015, 305). Nur insoweit kann dem Leasingnehmer ein nach § 249 II 2 BGB zu ersetzender Schaden durch die MwSt entstehen, die sich jedoch auf den Nutzungsausfallschaden beziehen muss; dieser entspricht jedoch weder dem Sachwert noch dem Wiederbeschaffungswert noch dem Wiederbeschaffungsaufwand des verunfallten Leasingfahrzeugs (BGH NJW 1988, 2803; BGH NZV 1991, 107).

Beschädigt ein **Arbeitnehmer** das von seinem Arbeitgeber geleaste und ihm 144
überlassene Fahrzeug, ist für den **Rückgriff** des Kaskoversicherers nicht das Arbeitsgericht, sondern das Zivilgericht zuständig, da der Versicherer die Schadensersatzforderung nach § 86 VVG vom Leasinggeber erwirbt (BAG jurisPR-VerkR 20/2009 Anm. 1 = r+s 2009, 394).

(2) Leasinggeber. Zum Thema: *Nugel* NZV 2009, 313. 145

Der Leasinggeber und Eigentümer des Kfz hat gegen den Leasingnehmer und 146
Halter des Kfz bei Beschädigung dieses Fahrzeugs keinen Anspruch aus **§ 7 I StVG** (BGH NJW 2011, 996).

Ersatzansprüche wegen MwSt auf Reparaturschaden bzw. Totalschaden stehen 147
grundsätzlich allein dem Leasinggeber als Eigentümer zu (OLG München NZV 2015, 305 m.w.N.). Eine Ausnahme gilt, wenn der geschädigte Leasingnehmer vertraglich zu Wiederherstellung und Reparatur verpflichtet ist und diese selbst

BGB § 249

für sich in Auftrag gibt (OLG Celle NJOZ 2014, 850; OLG Hamm VersR 2002, 858; OLG München NZV 2015, 305; siehe auch BGH NZV 1992, 227). MwSt ist dem nicht vorsteuerabzugsberechtigten Leasingnehmer zu erstatten, wenn und soweit sie tatsächlich angefallen ist (OLG Dresden BeckRS 2013, 16245; OLG München NJW 2013, 3728).

147a Der Leasinggeber kann ihm entgehende **Leasingraten** nicht ersetzt verlangen (BGH NZV 1991, 107).

147b Dem Schadensersatzanspruch des nichthaltenden Sicherungseigentümers aus § 7 I StVG kann die Betriebsgefahr des sicherungsübereigneten Kraftfahrzeugs dann nicht entgegengehalten werden, wenn ein Verschulden desjenigen, der die tatsächliche Gewalt über die Sache ausübt, nicht feststeht (BGH NJW 2017, 2352)

148 **Anwaltskosten** erhält der Leasinggeber außerhalb des Verzugsschadens nicht ersetzt (§ 249 BGB, Rn 369).

149 **f) Sachverständigenkosten, Kostenvoranschlag. aa) Gutachterkosten. Zum Thema:** *Sieger* DAR 2017, 181.

149a **(1) Konkreter Anfall.** Der Geschädigte ist grundsätzlich berechtigt, einen qualifizierten Gutachter seiner Wahl mit der Erstellung des Schadensgutachtens zu beauftragen (BGH NJW 2017, 1875). Gutachterkosten sind nicht fiktiv zu erstatten (OLG Celle SP 2009, 187).

150 **(2) Erforderlichkeit.** Gutachterkosten zählen beim Sachschaden zum zu ersetzenden Herstellungsaufwand, soweit die vorherige Begutachtung zur Geltendmachung des Ersatzanspruches und zur tatsächlichen Wiederherstellung **erforderlich** und zweckmäßig ist (BGH NJW 2017, 1875; BGH NJW 2014, 3151; KG NZV 2015, 507). Das gilt auch, wenn der Versicherer bereits ein Gutachten hat erstellen lassen (OLG Stuttgart NJW 1974, 951). Der Geschädigte hat Erforderlichkeit und Zweckmäßigkeit zu beweisen (BGH NJW 2017, 1875). Die Schätzung der Höhe der erforderlichen Sachverständigenkosten nach § 287 I ZPO darf nicht völlig abstrakt erfolgen, sondern hat dem Einzelfall Rechnung zu tragen (BGH NJW 2014, 3151). Die **BVSK-Honorarbefragung 2008/2009** kann eine geeignete Schätzungsgrundlage bilden sowohl für das Grundhonorar wie auch etwaige Nebenkosten (KG NZV 2015, 507). Fehlt es an einem Beweisantritt zur Erforderlichkeit der Sachverständigenkosten, stellt auch die BVSK-Honorarbefragung keine geeignete Schätzungsgrundlage dar (LG Wuppertal NZV 2016, 530).

151 Ein Haftpflichtversicherer kann nicht generell daran gehindert werden, im Rahmen außergerichtlicher Schadensregulierung Sachverständigenhonorare ohne auf den Einzelfall bezogene Prüfung und Begründung allein unter Hinweis auf pauschale Vergütungssätze, die nach der Höhe des Unfallschadens gestaffelt sind (z.B. Ergebnis des BVSK-Gesprächs), zu kürzen (BGH VersR 2013, 601).

151a Auch wenn der Geschädigte berechtigt ist, einen qualifizierten Gutachter seiner Wahl mit der Gutachtenerstellung zu beauftragen, verbleibt ihm aber das Risiko, dass er ohne nähere Erkundigungen einen Sachverständigen beauftragt, der sich später im Prozess als zu teuer erweist (BGH NJW 2016, 3092). Ein Gutachter, der dem Geschädigten eines Verkehrsunfalls die Erstellung eines Gutachtens zu den Schäden an dem Unfallfahrzeug zu einem Honorar anbietet, das deutlich über dem ortsüblichen Honorar liegt, muss diesen über das Risiko aufklären (**vorvertragliche Aufklärungspflicht;** siehe auch BGH NZV 2009, 438; BGH NZV 2008, 143; BGH NJW 2006, 2618), dass der gegnerische Kfz-Haftpflichtversicherer das Honorar nicht in vollem Umfang erstattet (BGH NJW 2017,

Art und Umfang des Schadensersatzes **§ 249 BGB**

2403). Der Anspruch des Sachverständigen scheitert am „dolo-agit-Einwand", der auch in Passivverfahren dem Geschädigten bzw. dem Sachverständigen entgegengehalten werden kann. Siehe auch § 249 BGB, Rn 223.

(3) Mithaftung. Da Gutachterkosten Sachfolgeschaden und keine Verfahrenskosten sind, sind sie nur entsprechend der **Haftungsquote** zu ersetzen (BGH NJW 2012, 1953; BGH SP 2012, 180). Nur beim Kaskoversicherten nehmen die Sachverständigenkosten am Quotenvorrecht teil (siehe § 254 BGB, Rn 316). **152**

(4) Höhe. Das erstattungsfähige **Honorar** eines Kfz-Sachverständigen darf sich am erforderlichen Herstellungsaufwand orientieren (BGH NJW 2007, 1450; BGH NJW 2006, 2472). **153**

Ist wegen der Beschädigung einer Sache Schadensersatz zu leisten, kann der Geschädigte statt der Herstellung den dazu erforderlichen Geldbetrag verlangen. Sein Anspruch ist auf Befriedigung seines Finanzierungsbedarfs in Form des zur Wiederherstellung objektiv erforderlichen Geldbetrags und nicht etwa auf Ausgleich von ihm bezahlter Rechnungsbeträge gerichtet (BGH NJW 2016, 3363). Einen Anhalt für die berechtigte Höhe der Sachverständigenkosten bietet die **übliche Vergütung** (§ 632 II BGB) (BGH NJW 2017, 1875; LG Mannheim NJW-RR 2016, 599). Nicht der vom Sachverständigen in Rechnung gestellte Betrag als solcher, sondern allein der vom Geschädigten in Übereinstimmung mit der Rechnung und der ihr zugrundeliegenden Preisvereinbarung tatsächlich erbrachte Aufwand bildet einen Anhalt zur Bestimmung des zur Herstellung erforderlichen Betrages i.S.d. § 249 II 1 BGB (BGH NJW 2016, 3363). Die Rechnung des Sachverständigen hat nur dann für die Höhe des erforderlichen Geldbetrages (§ 249 II 1 BGB) **indizielle Bedeutung,** wenn sie vom Geschädigten **tatsächlich beglichen** worden ist. Dass der Geschädigte seinen Schadenersatzanspruch an den Gläubiger der Rechnung erfüllungshalber **abtritt,** steht dem tatsächlichen Ausgleich der Rechnung **nicht** gleich (BGH NJW 2017, 1875; BGH NJW 2016, 3363; LG Wuppertal NZV 2016, 530; *Offenloch* DAR 2017, 301). **153a**

(5) Nebenkosten. Bei Sachverständigenkosten fehlt es zur Geltendmachung von Nebenkosten bereits an einer vertraglichen Grundlage, wenn das Grundhonorar übersteigende Kosten nicht ausdrücklich vereinbart sind (AG Lüdenscheid v. 27.2.2013 – 93 C 136/12). **154**

Sachverständigenkosten sind nicht schon deshalb erstattungsfähig, weil sie tatsächlich angefallen sind (LG Saarbrücken SP 2012, 335; AG Münster BeckRS 2012, 21298), ihre Erstattungsfähigkeit ist vielmehr auf den erforderlichen Herstellungsaufwand beschränkt. Dem Geschädigten obliegt im Rahmen des Wirtschaftlichkeitsgebots grundsätzlich eine gewisse Plausibilitätskontrolle der vom Sachverständigen bei Vertragsabschluss geforderten oder später berechneten Preise (BGH NJW 2016, 3092). Der Sachverständige darf die Erhebung von Nebenkosten über ein pauschales Grundhonorar hinaus nicht dazu ausnutzen, die Vergütung für seine Tätigkeit über das erforderliche und ausreichende Maß hinaus künstlich zu erhöhen (LG Saarbrücken NJW 2012, 3658). Nebenkosten dürfen i.d.R. 100 € nicht überschreiten (AG Münster SP 2014, 240). Im Rahmen der Schätzung (§ 287 ZPO) der bei der Begutachtung anfallenden und erforderlichen Nebenkosten können die Bestimmungen des JVEG als Orientierungshilfe herangezogen werden (BGH NJW 2016, 3092). **155**

(6) Gebrauchtwagenuntersuchung. Siehe dazu *Jahnke* VersR 1987, 645, ferner § 249 BGB, Rn 138. **155a**

Jahnke 1253

BGB § 249 Schadensersatzrecht des BGB

156 (7) **Reparaturbestätigung, Nachbesichtigung.** Bei den Kosten, die ein Sachverständiger dem Geschädigten für die Erstellung einer Reparaturbestätigung oder Nachbesichtigung berechnet, handelt es sich nicht um eine nach § 249 BGB erstattungsfähige Schadensposition, sofern der gegnerische Haftpflichtversicherer nicht eine solche Vorlage gefordert hat (AG Detmold SP 2014, 379; AG Essen SP 2013, 89; AG Frankfurt SP 2011, 441; AG Fürth SVR 2015, 421; AG Hamburg-Harburg SP 2011, 403; AG Lüdenscheid v. 27.2.2013 – 93 C 136/12; AG Mainz v. 15.5.2012 – 86 C 113/12; AG Saarlouis SP 2013, 81; AG Stendal v. 16.11.2010 – 3 C 890/10 (3.4); AG Wetter SP 2013, 365; *Wenker* jurisPR-VerkR 16/2013, Anm. 4, *Wenker* jurisPR-VerkR 3/2014 Anm. 1 m.w.H.; siehe auch BGH NJW 2017, 1664). Die gutachterliche Bestätigung dient nicht der Wiederherstellung des Sachschadens (AG Fürth SVR 2015, 421; AG Ratingen VersR 2013, 247).

156a Bei fiktiver Schadensabrechnung sind die im Rahmen einer tatsächlich erfolgten Reparatur angefallenen Kosten einer Reparaturbestätigung für sich genommen nicht ersatzfähig (BGH NJW 2017, 1664)

157 Regelmäßig lässt sich der **Reparaturnachweis** durch Fotos (z.B. mit Tageszeitung) oder einfache Bescheinigung über die Reparatur (Reparaturbestätigung) erbringen (AG Berlin-Mitte SP 2011, 429; AG Essen BeckRS 2013, 05214; AG Hamburg v. 24.11.2010 – 53a C 10/10 – juris).

157a Kosten eines **Ergänzungsgutachtens** sind nur ersatzfähig, soweit die Begutachtung zur Geltendmachung des Schadensersatzanspruchs oder zur tatsächlichen Durchführung der Wiederherstellung erforderlich und zweckmäßig ist (OLG Hamm DAR 1987, 83). Muss der Geschädigte damit rechnen, dass eine gerichtliche Klärung notwendig und ein Gericht ein weiteres Gutachten einholen würde, entfällt die Ersatzfähigkeit (OLG Saarbrücken OLGR 1998, 121; LG Saarbrücken NJW 2012, 3658; AG Rüsselsheim v. 18.3.2016 – 3 C 2953/15 (37)).

158 (8) **Unfallanalyse, Personenschaden.** Außergerichtliche **unfallanalytische Gutachten** (OLG Saarbrücken zfs 1998, 294; LG Krefeld v. 28.9.2015 – 3 O 118/12 – juris; LG Saarbrücken NJW 2012, 3658 m.w.H.) und Stellungnahmen von Steuer- (OLG Nürnberg NZV 2008, 349) und Rentenberater sind nicht zu ersetzen (siehe auch § 249 BGB, Rn 353).

159 Kosten für vor oder während eines Rechtsstreit/selbständigen Beweisverfahrens eingeholte **Privatgutachten** gehören, wenn sie unmittelbar prozessbezogen sind (BGH NJW 2013, 1823; BGH NJW 2012, 1370; BGH VersR 2009, 563; BGH NJW 2008, 1597) zu den erstattungsfähigen Prozesskosten (siehe auch § 249 BGB, Rn 564 ff). Die Einholung eines Privatgutachtens durch eine nicht-sachkundige Partei kann notwendig sein, wenn sie ohne sachverständige Hilfe zu einem sachgerechten Vortrag nicht in der Lage ist, insbesondere ohne sachverständige Hilfe die Feststellungen des gerichtlichen Sachverständigen nicht überprüfen, erschüttern oder das Fragerecht nicht ausüben kann (BGH NJW 2013, 1820; BGH NJW 2012, 1370; OLG Hamm jurisPR-VerkR 12/2013 Anm. 3). Zur zweckentsprechenden Rechtsverfolgung notwendig ist die Einholung eines Privatgutachtens, wenn eine verständige und wirtschaftlich vernünftig denkende Partei die Kosten auslösende Maßnahme **ex ante** (Zeitpunkt, in dem die Kosten auslösende Maßnahme veranlasst wurde) als sachdienlich ansehen durfte (BGH NJW 2013, 1823; BGH NJW 2003, 1398; BPatG BeckRS 2008, 23735). Kosten eines vom Kläger vor Klageerhebung in Auftrag gegebenen, indes erst nach Klageerhebung erstellten unfallanalytischen Privatgutachtens sind nicht erstattungsfähig, wenn dieses Gutachten weder zur Herbeiführung der Schlüssigkeit des Klagebegehrens noch zur gebotenen Substantiierung des Klagevorbringens erforderlich war (OLG Nürnberg NJW 2017, 417). Einer Erstattungsfähigkeit steht nicht entgegen, dass das Gutachten weder im Rechtsstreit noch im Kostenfestsetzungsverfahren vorgelegt wurde (BGH NJW 2013, 1823). War der Haftpflichtversicherer am Prozess nicht unmittelbar beteiligt, kommt in Betracht, nach § 86 VVG übergegangene Kostenerstattungsansprüche zu verfolgen (siehe dazu *Hansens* zfs 2016, 289). Der Geltendmachung der für die Inanspruchnahme eines Privatgutachters angefallenen Kosten steht nicht entgegen, dass die entsprechenden Aufwendungen nicht von der Partei selbst, sondern von einem hinter der Partei stehenden Versicherer getragen wurden (BGH NJW 2017, 672; in diesem Sinne schon BGH NJW 2011, 3521).

159a Siehe ergänzend § 249 BGB, Rn 432a sowie die Verweise zu § 249 BGB, Rn 574.

160 Im **Personenschadenbereich** sind Gutachterkosten nicht zu ersetzen, soweit die hier erledigte Aufgabe vom Geschädigten bzw. dessen Anwalt selbst besorgt werden kann (siehe § 249 BGB, Rn 354).

161 **bb) Bagatellschaden.** Bei Bagatellschäden sind **Gutachterkosten** nicht zu ersetzen.

162 Die Bagatellschwelle wird schon durch die Höhe der **Reparaturkosten** bestimmt. BGH NJW 2005, 356 billigte eine Grenze von 700 € (Unfall 2002), Instanzgerichte (LG Düsseldorf SP 2009, 257; AG Aachen SP 2009, 340; AG Freiburg SP 2006, 222; AG Hannover SP 2009, 293; AG München SP 2006, 222) gehen auch darüber hinaus (LG Arnsberg NZV 2017, 389). Man wird die Grenze im Regelfall bei 1.200 € – 1.400 € ziehen können.

163 Entscheidend ist nicht alleine die Höhe der kalkulierten Reparaturkosten, sondern auch, ob es sich nach dem **äußeren Schadensbild** um einen Bagatellschaden handelt (z.B. leichter Streifschaden, kleine Beschädigung des Stoßfängers; LG Darmstadt SP 2013, 233; AG Berlin-Mitte SP 2007, 370; AG Bochum SP 2010, 232; AG Dortmund v. 22.6.2001 – 105 C 3329/01; AG Nürnberg zfs 2009, 149).

164 **cc) Kostenvoranschlag.** Bei geringfügigen Sachschäden ist zum Nachweis der Schadenhöhe die Vorlage eines (zeitnah erstellten; AG Moers SP 2014, 309) Kostenvoranschlages einer **Fachwerkstatt** ausreichend (LG Koblenz VersR 1979, 480; AG Aachen SP 2009, 340; AG Duisburg-Hamborn zfs 1992, 267; AG Gelsenkirchen v. 28.1.2003 – 36 C 498/02; AG Sömmerda NZV 2002, 512; *Wenker* jurisPR-VerkR 22/2010 Anm. 4) (zur Erstattungsfähigkeit § 249 BGB, Rn 166).

165 Da nach § 632 III BGB Kostenvoranschläge im Zweifel nicht zu vergüten sind, etwaige Kosten dann bei einer Beauftragung der Werkstatt regelmäßig auf die Werklohnforderung **angerechnet** werden, ist streitig, ob Kosten eines Voranschlages überhaupt erstattungsfähig sind (**für Erstattung:** LG Hildesheim NZV 2010, 34 m.w.H.; LG Paderborn v. 7.5.1998 – 1 S 30/98; AG Ahlen v. 15.5.2007 – 3 C 26/07; AG Neuss SP 2006, 174; AG Weilheim SP 2008, 333; **gegen Erstattung:** LG Aachen zfs 1983, 292; AG Berlin-Mitte SP 2012, 185; AG Bielefeld v. 25.8.1999 – 15 C 518/99; AG Lünen v. 9.9.1999 – 7 C 460/99).

166 Wäre der Geschädigte zur Einholung eines Gutachtens berechtigt gewesen und liegen die Kosten des Voranschlages darunter, sind ihm diese tatsächlich entstandenen – und nicht z.B. anlässlich einer Teilreparatur verrechneten – Aufwendungen zu ersetzen; es handelt sich um zur Feststellung der Schadenshöhe erforderlichen Aufwand i.S.d. § 249 II BGB. Die Kosten eines Voranschlages bewegen sich übli-

BGB § 249

cherweise in der Größenordnung von bis zu 40 € – 50 € (AG Rheinberg SP 2013, 336); werden überhöhte Kosten gefordert, sind diese nicht zu erstatten (AG Landsberg DAR 2009, 277).

167 dd) **Unbrauchbare, überteuerte Gutachten.** Da der vom Geschädigten beauftragte Sachverständigen nicht dessen Erfüllungsgehilfe iSv §§ 254 II 2, 278 BGB ist (OLG Hamm DAR 1997, 275; OLG Nürnberg NVwZ-RR 2002, 711), ist diesem die Fehlerhaftigkeit oder Unbrauchbarkeit des Gutachtens nicht zuzurechnen, wenn ihn kein **Auswahlverschulden** trifft, er die falsche Begutachtung nicht durch **Falschangaben** (mit-)verursacht hat und die Falschbegutachtung auch nicht ohne weiteres selbst erkennen konnte (KG NZV 2004, 470; OLG Hamm NZV 2001, 433; OLG Düsseldorf r+s 2013, 46; OLG Köln VersR 2012, 1008; OLG Köln VersR 2011, 235; siehe auch BVerfG SP 2008, 162). Ein Auswahlverschulden ist anzunehmen, wenn Arbeitnehmer oder Geschäftsführer des an der **Reparatur interessierten Betriebes** als Sachverständiger mit der Gutachtenerstellung beauftragt wird (LG Freiburg SP 2013, 377; LG Freiburg BeckRS 2015, 09877; AG St. Wendel NZV 1998, 75; AG Köln VersR 1988, 582). Wenn für den Geschädigten als Laien erkennbar ist, dass der Sachverständige sein **Honorar** quasi **willkürlich** festsetzt und Preis und Leistung in einem Missverhältnis zueinander stehen, oder er offensichtliche Unrichtigkeiten in der Honorarrechnung (OLG Hamm DAR 1997, 275) missachtet, kann er keinen vollständigen Ausgleich gezahlter Aufwendungen bzw. Freistellung verlangen (LG Stendal SP 2013, 375). Siehe auch § 249 BGB, Rn 153a ff.

168 Der Geschädigte hat den Gutachter auf **Vorschäden** hinzuweisen und den Gutachtenauftrag auf unfallkausale Schäden zu beschränken (AG Minden SP 2009, 266).

169 Werden **nicht-unfallkausale Reparaturen,** da in der Reparaturkostenkalkulation des Sachverständigen enthalten, von der Werkstatt durchgeführt, hat der Schadensersatzpflichtige diese nicht zu übernehmen. Es kommt aber ein Anspruch gegen den Sachverständigen in Betracht (OLG Köln VersR 2011, 235).

169a Das Honorar eines Sachverständigen ist auch bei unstreitiger Einstandspflicht des Schädigers jedenfalls dann nicht zu erstatten, soweit auf Freistellung geklagt wird und das Gutachten aufgrund schwerwiegender Mängel in Gänze unbrauchbar ist (OLG Hamm r+s 2017, 218).

170 Der Sachverständige **haftet** bei fehlerhaftem Gutachten dem Haftpflichtversicherer unmittelbar auf Schadenersatz (Vertrag mit Schutzwirkung für Dritte; dazu § 16 StVG, Rn 62 ff, ferner § 249 BGB, Rn 151a) (BGH NJW 2004, 3035; BGH NJW-RR 2002, 1528; BGH NJW 1984, 355; LG Erfurt zfs 2011, 621; *van Bühren* zfs 2017, 309). Unabhängig davon kann der Ersatzpflichtige verlangen, dass ihm der Geschädigte eventuelle Ansprüche gegen den Sachverständigen auf Rückzahlung überhöhter Vergütung abtritt (OLG Nürnberg NVwZ-RR 2002, 711). Zum Verkehrswertgutachten siehe OLG Frankfurt BeckRS 2014, 07818.

170a ee) **Abtretung.** Die Abtretung einer Forderung durch einen Sachverständigen an ein Factoring-Unternehmen, das nicht über eine Registrierung nach § 10 I 1 Nr. 1 RDG verfügt, ist nichtig (§ 134 BGB i.V.m. Verstoß gegen §§ 2 II 1 2. Alt. 3 RDG), wenn das Factoring-Unternehmen nicht das volle wirtschaftliche Risiko der Beitreibung der Forderung übernimmt (BGH NJW 2015, 397).

170b Eine formularmäßige Abtretungsklausel ist zu weit gefasst und wegen unangemessener Benachteiligung unwirksam (§ 305c I BGB), wenn sich der Gutachter alle Ansprüche auf Ersatz der Schadenpositionen Sachverständigenkosten, Wertminderung, Nutzungsausfall, Nebenkosten und Reparaturkosten in Höhe seines Honoraranspruchs abtreten lässt (BGH NJW-RR 2017, 501). Eine Weiterabtretung (z.B. an eine Einzugsstelle für Sachverständigenhonorare) kann mangels Forderung nicht erfolgen.

Zur Abtretung siehe ferner § 249 BGB, Rn 438 f. **170c**

g) Ausfallschaden. aa) Anspruchsgrund. (1) Verfügbarkeitsverlust. So- **171** weit eine Schadensersatzpflicht besteht (z.B. auch aus Verzug, § 280 I BGB; BGH NJW 2014, 1374), stellt auch der Verlust der Verfügbarkeit und (abstrakten) Gebrauchsmöglichkeit eines Kfz einen nach §§ 249 ff BGB **ersatzfähigen Vermögensschaden** dar (BGH NJW 2005, 277; BGH NJW 1983, 2139; BGH NJW 1982, 2304; OLG Hamm NJW-RR 2011, 676). Ein Geschädigter, der auf Anmietung eines Ersatzfahrzeugs verzichtet, soll nicht schlechter gestellt werden als derjenige, der einen Mietwagen in Anspruch nimmt (BGH NJW 1983, 444).

Nutzungsersatz kommt nur für einen der vermögensmehrenden, erwerbswirt- **172** schaftlichen Verwendung des Wirtschaftsgutes vergleichbaren eigenwirtschaftlichen, vermögensmäßig erfassbaren Einsatz der betreffenden Sache in Betracht (BGH NZV 2012, 223). Nutzungsausfallersatz beschränkt sich auf Sachen, auf deren **ständige Verfügbarkeit** die eigenwirtschaftliche Lebenshaltung typischerweise angewiesen ist und bei denen die Nutzungseinbußen an objektiven Maßstäben gemessen werden können. Schadensersatz orientiert sich nicht an unkontrollierbaren subjektiven Wertschätzungen, sondern an Werten, die der Verkehr dem Interesse an der konkreten Nutzung beimisst (LG Köln SP 2011, 294).

Die fehlende Nutzungsmöglichkeit eines Kfz muss einen fühlbaren Schaden **173** darstellen, weil der Geschädigte das Fahrzeug ohne das schädigende Ereignis auch wirtschaftlich gebraucht hätte (BGH NJW 1987, 50).

(2) Abgrenzung zu § 253 BGB. Ob der vorübergehende Verlust der Nut- **174** zungsmöglichkeit als wirtschaftlicher Schaden gewertet werden kann, ist mit Rücksicht auf die in § 253 BGB getroffene Entscheidung, immateriellen Schaden nur ausnahmsweise zuzubilligen, **restriktiv** zu betrachten (BGH NJW-RR 2014, 979; BGH NJW 2013, 1072). Der Nutzungsausfallersatz beschränkt sich auf Sachen, deren ständige Verfügbarkeit für die eigenwirtschaftliche Lebenshaltung typischerweise von zentraler Bedeutung ist (BGH NJW 1987, 50) und bei denen die Nutzungseinbußen an objektiven Maßstäben gemessen werden können (BGH NJW-RR 2008, 1198). Eine gegenteilige Betrachtung würde auf die Zuerkennung einer Entschädigung für immaterielle Beeinträchtigungen jenseits der Grenze des § 253 BGB hinauslaufen und in eine unkontrollierte, nicht prognostizierbare materielle Entschädigung einer besonderen Wertschätzung münden (BGH NJW-RR 2008, 1198).

(3) Werkvertrag. Fehlerhafte Auskunft einer Werkstatt kann aus **pVV des** **174a** **Werkvertrages** eine Nutzungsausfallentschädigung begründen (OLG Oldenburg DAR 2015, 527).

(4) Fallgruppen. (a) Ersatz. Nutzungsersatz kommt nur für einen der ver- **175** mögensmehrenden, erwerbswirtschaftlichen Verwendung des Wirtschaftsgutes vergleichbaren eigenwirtschaftlichen, vermögensmäßig erfassbaren Einsatz der betreffenden Sache in Betracht (BGH NZV 2012, 223; BGH NJW-RR 2008, 1198). Bejaht wurde ein Anspruch auf Nutzungsausfall: **Kfz** (BGH NJW 1966, 1260; BGH NJW 1964, 542), **Fahrrad** (KG NJW-RR 1993, 1438; LG Kiel NJW-RR 1996, 559), **Wohnhaus** (BGH NJW-RR 2014, 979; BGH NJW 2014,

1374), **Eigentumswohnung** (BGH NJW 2014, 1374), **Ferienwohnung** (BGH NJW 1988, 251), **Kücheneinrichtung** (LG Osnabrück NJW-RR 1999, 349), **Fernsehgerät** (OLG München NJW-RR 2010, 1112), **Laptop** (OLG München VersR 2010, 1229), **Internetzugang** (BGH NJW 2013, 1072).

176 (b) **Kein Ersatz.** Stellt sich der zeitweise Verlust nicht als wirtschaftlicher Schaden dar, sondern als individuelle Genussschmälerung und damit als nicht vermögensrechtlicher Schaden (BGH NJW 2013, 1072), gibt es keinen Ersatz: **Anhänger, Wohnmobil** (BGH NJW-RR 2008, 1198), **Wohnwagen** (BGH NJW 1983, 444), **Motorsportboot** (BGH NJW 1984, 724), Hobby**motorrad** (BGH NZV 2012, 223), **Sportrad** (OLG Stuttgart NJW-RR 2014, 590), privat gehaltenes **Reitpferd** (OLG Hamm VersR 2010, 1046; OLG Stuttgart NZV 2012, 328), **Navigationsgerät** (AG Wiesbaden NZV 2014, 364), **Garage** (BGH NJW 1993, 1793), privates **Schwimmbad** (BGH NJW 1980, 1386), **Pelzmantel** (BGH NJW 1975, 733), **Faxgerät** (BGH NJW 2013, 1072), **Festnetztelefon** (BGH NJW 2013, 1072), **Jagdausübung** (BGH NJW 1991, 1421).

177 (c) **Freizeitobjekt.** Geschützt ist der Gebrauch regelmäßig genutzter Fahrzeuge. Der zeitweilige Verlust der Gebrauchsmöglichkeit eines reinen **Freizeitzwecken** dienenden Fahrzeuges (z.B. **Wohnmobil**) begründet keinen Anspruch auf abstrakte Nutzungsentschädigung (BGH jurisPR-VerkR 24/2012 Anm. 1 = SP 2012, 438; BGH NZV 2012, 223; BGH NJW-RR 2008, 1198).

178 Fortfall von Fahrvergnügen (z.B. Motorrad, Oldtimer) ist eine nicht entschädigungsfähige **immaterielle Beeinträchtigung** (BGH NJW 2013, 1072; OLG Düsseldorf jurisPR-VerkR 5/2012 Anm. 2 = NJW-RR 2012, 545).

179 Bei **Zweirädern** (Kraftrad, Fahrrad) (OLG Saarbrücken NZV 1990, 312) ist darzutun, warum der Geschädigte auf dessen ständige Verfügbarkeit angewiesen ist (LG Köln SP 2011, 294; LG Mainz jurisPR-VerkR 12/2012 Anm. 2; AG Berlin-Mitte SP 2013, 151; AG Berlin-Mitte SP 1999, 276). Unzureichend ist der Hinweis, dass die Nutzung eines Motorrades bei Parkplatzsuche und bei zähem/stockendem Verkehr von Vorteil sein kann (BGH jurisPR-VerkR 24/2012 Anm. 1 = SP 2012, 438).

179a KG NJW-RR 1993, 1438 hat die entgangene Nutzung eines **Fahrrads** damit begründet, dass Fahrräder als alternatives Verkehrsmittel genutzt würden, um damit umweltfreundlich zur Arbeitsstätte oder Schule zu gelangen und es daher für unbillig erachtet, einem Geschädigten, der anstelle eines Kfz ein Fahrrad benutzt, eine Nutzungsentschädigung zu versagen.

180 Bei **Oldtimern** kommt eine Ausfallentschädigung nur in Betracht, wenn der Oldtimer als normales Verkehrs- und Beförderungsmittel genutzt wird und dem Halter kein anderes Kfz zur Verfügung steht (OLG Celle DAR 2016, 465; OLG Düsseldorf NJW-RR 2011, 898; OLG Schleswig-Holstein OLGR 2005, 99; LG Berlin DAR 2008, 706). Wird der Oldtimer nur aus **Liebhaberei** gehalten, ist Nutzungsentschädigung nicht zu zahlen (OLG Frankfurt OLGR 2002, 341; OLG Karlsruhe NJW-RR 2012, 548). Die Darlegungslast für die regelmäßige Nutzung des Oldtimers im Alltag obliegt dem Geschädigten. Auch bei fehlendem Zweitfahrzeug besteht nicht ohne weiteres eine Vermutung für normale Alltagsnutzung des Oldtimers (OLG Karlsruhe NJW-RR 2012, 548). Indiz für die Haltung als Hobbyfahrzeug ist ein Saisonkennzeichen.

180a (d) **Sonderfahrzeug.** Siehe auch § 249 BGB StVG, Rn 244. Wird zur **Kompensation einer Schwerbehinderung** ein entsprechend ausgestattetes Fahrzeug gesucht, kann der Nutzungsausfall auch für einen längeren Zeitraum zu erstatten sein (AG Essen-Steele SP 2014, 234).

bb) Nutzungsentzug. (1) Voraussetzungen. Anspruch wegen (auch nur 181 vorübergehender) Entziehung der Nutzungsmöglichkeit (Mietwagenersatz, Nutzungsausfall, Verdienstausfall) setzt **Nutzungsmöglichkeit** und **Nutzungswillen** voraus (OLG Köln DAR 2005, 2869). Die Darlegungs- und Beweislast für die Beeinträchtigung durch entfallene Nutzungsmöglichkeit und den erforderlichen Nutzungswillen trägt der Geschädigte (OLG Hamm BeckRS 2006, 07007).

Der Geschädigte hat die Voraussetzungen des Nutzungsausfalls **konkret darzu-** 182 **legen** (OLG Frankfurt NZV 2010, 525; OLG München r+s 2014, 369; OLG Saarbrücken OLG-Report 2008, 913; LG Saarbrücken NZV 2014, 365 m.w.N.). Aufgabe des Geschädigten ist, den genauen Umfang der jeweiligen Fahrzeugnutzung darzulegen, damit ausgeschlossen ist, dass der Geschädigte den Unfall auf Kosten des Schädigers wirtschaftlich ausnutzt (OLG Brandenburg SP 2008, 52; AG Bitterfeld-Wolfen v. 17.6.2010 – 7 C 944/09 – juris). Die pauschale Behauptung, dass der Unfallbeteiligte ein Fahrzeug benötige, ist insofern nicht ausreichend (AG Bergheim BeckRS 2014, 16082).

Grundsätzlich ist zwischen **Arbeitsunfähigkeit** und **Fahrunfähigkeit** zu 183 unterscheiden (OLG Brandenburg SP 2016, 48). Beruht die Arbeitsunfähigkeit auf körperlicher Beeinträchtigung (so hindert eine Nackensteifigkeit den im Straßenverkehr durchaus schon mal erforderlichen „Blick über die Schulter"), sind Arbeitsunfähigkeit und Fahrunfähigkeit regelmäßig identisch zu beurteilen. Eine Verletzung des Fahrzeugbesitzers schließt i.d.R. Ansprüche wegen Nutzungsentziehung aus (zum Fall der Bettlägerigkeit BGH VersR 1975, 37; BGH VersR 1968, 803; AG Leverkusen NZV 2016, 479), sofern das Fahrzeug nicht bereits **vor dem Unfall** (KG NZV 2006, 1357) anderen **Familienangehörigen** (BGH NJW 1974, 33; OLG Hamm r+s 1996, 357) **konkret** (OLG Düsseldorf VersR 1985, 149) zur Nutzung zur Verfügung stand und ein Zweitfahrzeug nicht vorgehalten wurde (KG NZV 2006, 1357; AG Schwäbisch Gmünd SP 2004, 376). Gleiches gilt, wenn der Geschädigte sich nach dem Unfall auf eine **Reise** begibt oder begeben hätte, für die er das Fahrzeug nicht genutzt hätte. Der Geschädigte hat darzulegen und nachzuweisen, dass das Fahrzeug bereits vor dem Unfall Familienmitgliedern (welchen?) konkret zur Verfügung stand und ein Zweitfahrzeug nicht vorgehalten wurde (AG Leverkusen NZV 2016, 479). **Führerscheinentzug** (AG Berlin-Mitte SP 2007, 185), fehlende **Zulassung** (LG Braunschweig VersR 1985, 1099), **Saisonkennzeichen** (OLG Stuttgart VersR 2010, 1074), **rote Nummer** (LG München I zfs 1985, 198), fehlende **Versteuerung** (LG Braunschweig VersR 1985, 1099) bzw. fehlender **Versicherungsschutz** (AG Castrop-Rauxel SP 1995, 340) schließen den Ersatzanspruch aus.

Ist das Fahrzeug trotz Beschädigung noch nutzbar (**betriebs-** und **verkehrssi-** 184 **cher**), besteht der Anspruch nur für die reine Reparaturzeit, sofern tatsächlich repariert wird. Wird nicht repariert, besteht kein Anspruch, wenn das Kfz fahrbereit und verkehrssicher (auch bei Totalschaden) ist (AG Brühl DAR 2012, 586; AG Berlin-Charlottenburg VersR 1987, 167). Nutzungsausfall ist nur bei **tatsächlichem Sachentzug** während der Reparatur bzw. der Wiederbeschaffungszeit zu ersetzen, **nicht** aber **fiktiv** (BGH NJW 2009, 1663; BGH NJW 1976, 1396; LG Düsseldorf SP 2012, 293). Ohne Nachweis eines konkreten Nutzungsausfalls kann keine Entschädigung verlangt werden (AG Berlin-Mitte SP 2010, 370).

Die Ersatzpflicht des Schädigers für die entgangene Möglichkeit, Nutzungsvor- 185 teile aus einem Wirtschaftsgut zu ziehen, entfällt, wenn dem Geschädigten ein in

BGB § 249

etwa **gleichwertiger Ersatzgegenstand** zur Verfügung steht und die erforderlichen Kosten für dessen Anmietung ersetzt werden (BGH NJW 2008, 913), da es in diesem Fall an der notwendigen fühlbaren Beeinträchtigung während des maßgeblichen Zeitraums fehlt (BGH NJW 2013, 1072).

186 Kann über ein **Zweitfahrzeug** verfügt werden (BGH VersR 1985, 963; BGH NJW 1976, 286; OLG Düsseldorf SP 2012, 324; OLG Thüringen VersR 2005, 1574; LG Wuppertal NZV 2008, 206), entfällt der Anspruch; und zwar auch, wenn statt eines beschädigten **Motorrads** (oder **Trike;** AG Schwabach SVR 2013, 196) ein Pkw genutzt werden kann (BGH jurisPR-VerkR 24/2012 Anm. 1 = SP 2012, 438; BGH NZV 2012, 223; OLG Celle VRR 2011, 442; LG Köln SP 2011, 294). Die abweichende Ansicht des OLG Düsseldorf NJW 2008, 1964 wird vom OLG nicht mehr aufrechterhalten (OLG Düsseldorf NJW-RR 2012, 545).

187 Der Geschädigte muss, wenn er behauptet, das Zweitfahrzeug stünde ihm wegen **Gebrauchsüberlassung an einen Dritten** nicht zur Verfügung, beweisen, dass er hierzu dem Dritten gegenüber auch rechtlich verpflichtet war (LG Dortmund v. 7.12.2011 – 21 S 33/11 – juris).

188 Schafft der Geschädigte sich monatelang kein Ersatzfahrzeug an, fehlt i.d.R. der **Nutzungswille** (BGH NJW 1976, 1396; OLG Bremen NJW-RR 2002, 383; OLG Celle VRR 2011, 442; OLG Köln VersR 2004, 1332; AG Bielefeld SP 2014, 340; AG Gummersbach SP 2011, 192; AG Wolfratshausen v. 13.3.2017 – 5 C 1029/16 – bld.de). Für die Zeit, die ein Geschädigter anlässlich eines wirtschaftlichen Totalschadens benötigt, um sich doch für die Durchführung einer Reparatur zu entscheiden, kann er keinen Nutzungsausfall verlangen (OLG Stuttgart VersR 2010, 1074). Der Umstand, dass ein Geschädigter mehrere Monate zuwartet, bis er sein Fahrzeug reparieren lässt oder sich ein Ersatzfahrzeug beschafft, begründet eine von ihm zu entkräftende tatsächliche Vermutung für fehlenden Nutzungswillen (OLG Düsseldorf SP 2002, 171; OLG Frankfurt SP 2013, 254; OLG Hamm BeckRS 2006, 07007; OLG Köln VersR 2004, 1332; LG Hanau SP 2009, 293; AG Bonn SP 2013, 227).

189 Ein fortbestehender Nutzungswille kann vorliegen, wenn es Probleme bei der zeitnahen **Ersatzteilbeschaffung** gibt (OLG Köln VersR 2000, 336).

190 Die gegen einen Nutzungswillen sprechende Vermutung kann vom Geschädigte durch den von ihm zu erbringenden Nachweis widerlegt werden, dass die Ersatzbeschaffung nur deswegen unterblieben ist, weil ihm die dafür erforderlichen **finanziellen Mittel** fehlten (LG Wiesbaden SP 2013, 114; AG Heilbronn SP 2008, 53; siehe § 249 BGB, Rn 198, § 249 BGB, Rn 201).

191 Der Geschädigte kann auch dann Zahlung einer Nutzungsentschädigung verlangen, wenn ihm während der Ausfallzeit ein **Dritter unentgeltlich** ein Kfz zur Verfügung gestellt hat (BGH NJW 2013, 1151; BGH NJW 1970, 1120). Das gilt aber nicht, wenn der Geschädigte einen Mietwagen zum Freundschaftspreis erhalten hat (BGH NJW 2008, 913), da es dann an einem Entzug der Nutzungsmöglichkeit fehlt.

192 Steht dem Geschädigten ein gleichwertiges Fahrzeug **preiswerter** zur Verfügung und werden ihm die Kosten für dessen Anmietung erstattet, steht ihm mangels eines fühlbaren wirtschaftlichen Nachteils keine Nutzungsentschädigung zu (BGH NJW 2008, 913).

193 **(2) Unmittelbare Einwirkung.** Nutzungsausfall setzt stets den Verlust der Gebrauchsmöglichkeit durch **unmittelbare Einwirkung** auf das Fahrzeug selbst

voraus (BGH NJW 1982, 2304; OLG Hamm NJW-RR 2011, 676). Die Unmöglichkeit der Nutzung seines Kfz muss für den betroffenen Eigentümer **spürbar** sein (OLG Brandenburg SP 2008, 52). Die lediglich **optische Beeinträchtigung** des unfallbeschädigten, aber weiterhin verkehrssicheren Fahrzeugs begründet keinen Anspruch auf Nutzungsausfallentschädigung (AG Essen SP 2014, 164).

Die bloße **Nichtzahlung** einer **Versicherungssumme** (z.B. aus der Kaskoversicherung) stellt keine unmittelbare Einwirkung auf das Fahrzeug dar (OLG Düsseldorf NZV 2006, 268; OLG Hamm NJW-RR 2011, 676; OLG Schleswig-Holstein VersR 1996, 448). 194

(3) Dauer. Der Anspruch besteht für die erforderliche (§ 249 BGB) Ausfallzeit. Das ist die notwendige Reparatur- bzw. Wiederbeschaffungsdauer zuzüglich der Zeit für **Schadenfeststellung** und angemessene **Überlegung** (BGH NJW 2013, 1151; siehe *Diehl* zfs 2012, 510). 195

Bei **fiktiver Abrechnung** besteht Anspruch wegen Nutzungsausfall nur für die objektiv erforderliche Wiederherstellungsdauer (LG Saarbrücken jurisPR-VerkR 16/2015 Anm. 3 = NZV 2015, 547). 195a

Bei längerer Ausfallzeit ist auf **Interimsfahrzeug** zurückzugreifen (OLG Frankfurt VersR 2005, 1742; LG Wuppertal SP 1993, 79; LG Göttingen SP 1995, 371). 196

Der Geschädigte muss die Dauer der Ausfallzeit auf das erforderliche Maß **(notwendige Ausfallzeit)** beschränken (OLG Hamm r+s 2002, 330). Dem Geschädigten ist allerdings ausreichend Zeit zur Disposition einzuräumen zu geben; er muss nicht nur das Ergebnis des Schätzgutachtens kennen (Schadenermittlungszeitraum), ihm muss uU auch eine gewisse Frist für seine weiteren Dispositionen – Reparatur oder Ersatzbeschaffung – eingeräumt werden (Überlegungszeitraum) (*Hillmann* zfs 2001, 344). Wird ein Gebrauchtfahrzeug beschädigt, kann der Geschädigte nicht bis zur Beschaffung eines Neuwagens zuwarten (LG Frankfurt NJW 2010, 3455). 197

Der Geschädigte muss Reparatur/Ersatzbeschaffung zügig (**unverzüglicher Auftrag** und schnellstmöglicher Beginn der tatsächlichen Fahrzeugreparatur [OLG Saarbrücken MDR 2007, 1190; OLG Stuttgart NZV 2011, 83; LG Hildesheim NdsRpfl 2009, 102; AG Berlin-Mitte SP 2011, 335]) durchführen. Er hat dazu, wenn er – was in seiner Beweislast liegt (OLG Düsseldorf NJW-RR 2010, 687) – nicht über die nötigen Mittel verfügt, notfalls einen **Kredit** aufzunehmen (OLG Düsseldorf NJW-RR 2010, 687; OLG Düsseldorf zfs 1997, 253; OLG Naumburg NJW 2004, 3191; OLG Saarbrücken NZV 1990, 388); dabei muss er den Schädiger auf fehlende Geldmittel frühzeitig und qualifiziert (KG NZV 2010, 209) hinweisen (OLG Düsseldorf DAR 2012, 253; OLG Frankfurt DAR 1984, 318; OLG Köln VersR 1973, 323; OLG Naumburg NJW 2004, 3191; OLG Saarbrücken NZV 1990, 388) (zur Hinweispflicht siehe § 254 BGB, Rn 265). Er darf z.B. ein fahrfähiges verkehrssicheres Kfz nicht kurz vor Feiertagen oder dem **Wochenende** zur Reparatur geben und so die Ausfallzeit unnötig verlängern (LG Detmold SP 2012, 294; AG Pirmasens r+s 1994, 60). 198

Werkstattbedingte Verzögerungen (auch Verzögerungen wegen zeitraubender Ersatzteilbeschaffung) gehen zulasten des Schädigers (BGH NJW 1982, 1518; OLG Köln VersR 2000, 336; AG Stendal SP 2011, 295). Der Geschädigte muss aber (§ 254 BGB) eine ungewöhnlich lange Reparaturdauer hinterfragen und sich uU auch nach einem anderen Reparaturbetrieb umsehen (OLG Saarbrücken NZV 2011, 85). Verzögerungen, die durch eine **Reparatur in Eigenregie** entste- 199 hen, gehen zulasten des Geschädigten (BGH NJW 1992, 1618; OLG München r+s 2014, 369). Macht der Werkunternehmer vom Werkunternehmerpfandrecht Gebrauch, geht dieses nicht zulasten des Schädigers, wenn dessen volle Einstandspflicht unstreitig und der Werkstatt bekannt ist (LG Detmold SP 2012, 294; AG Berlin-Mitte/LG Berlin SP 2012, 20).

200 Wenn ein Verkehrsunfallgeschädigter einer Kfz-Werkstatt einen uneingeschränkten Reparaturauftrag erteilt hat, der Werkstattbetreiber aber vor Reparaturdurchführung die **Kostenübernahmeerklärung** der Kfz-Haftpflichtversicherung abwartet, haftet der Unternehmer dem Kunden für die zusätzlichen Mietwagenkosten, die durch das Zuwarten entstanden sind (LG Dresden MDR 2008, 261).

201 **Verzögert** der Haftpflichtversicherer die **Regulierung** (z.B. weil er Zweifel an seiner Einstandspflicht hat), obwohl der Geschädigte ihm zeitnah angezeigt hat, dass er finanziell zur Reparatur/Ersatzbeschaffung nicht in der Lage ist, kann der Geschädigte uU auch für längere Zeiträume Nutzungsentschädigung verlangen (BGH NJW 2005, 1044; OLG Brandenburg VRR 2008, 27; LG Hamburg NZV 2013, 91; LG Hannover NJW-RR 2011, 1248; LG Saarbrücken NZV 2014, 363 m.w.H.; siehe *Bär* DAR 2001, 27). Der Geschädigte muss auf die Gefahr des drohenden höheren Schadens rechtzeitig und konkret hinweisen (OLG Karlsruhe NZV 2011, 546) (zur Hinweispflicht siehe § 254 BGB, Rn 265). Die primäre Beweislast für Zumutbarkeit und Möglichkeit der Kreditaufnahme trägt der Schuldner (AG Mettmann NJW-RR 2012, 1239). Ausnahmsweise kann auch bis zum Abschluss eines selbständigen Beweisverfahrens Nutzungsausfall verlangt werden (OLG München NZV 2015, 35).

202 Wird für einen **außergewöhnlich langen Zeitraum** Nutzungsausfall begehrt, muss der Geschädigte konkret und substantiiert darauf hinweisen, dass er nicht zur Finanzierung von Reparatur bzw. Ersatzwagen in der Lage ist und deshalb einen Vorschuss benötigt (KG NZV 2010, 209; KG NZV 2009, 394).

203 Hatte der Geschädigte zum Unfallzeitpunkt bereits ein **anderes Fahrzeug bestellt,** kann ihm auch über den vom Sachverständigen veranschlagten Zeitraum hinaus bis zur Lieferung des bestellten Fahrzeugs Nutzungsentschädigung zustehen (BGH NJW 2008, 915; OLG Celle NJW 2008, 446).

204 **(4) Nutzungsausfall.** Zur Höhe orientiert sich die Praxis bei Kfz an in regelmäßigen Abständen veröffentlichten Tabellen. Die Nutzungsausfallentschädigung waren früher auszugsweise der NJW und NZV beigelegt. Die Nutzungsausfallbestimmung wurde vom Herausgeber Eurotax Schwacke auf einen kostenpflichtigen Einzelabruf umgestellt. Die vollständigen und stets aktuellen Schwacke-Daten für PKW, Geländewagen, Transporter und Krafträder können in **beck-online** abgefragt werden.

205 Allein aufgrund des Alters ist eine weitere als die mit der Gruppenherabstufung nach der Tabelle Küppersbusch/Sanden/Danner erfolgte Reduzierung des Ersatzanspruchs nicht geboten und angemessen. Nur aufgrund des fortgeschrittenen Alters kann eine Einschränkung des Nutzungswertes nicht angenommen werden; eine Herabstufung erfolgt lediglich, um den technischen Fortschritt und den Komfort- und Sicherheitszuwachs auszugleichen (AG Solingen NJW-RR 2016, 1365 = jurisPR-VerkR 22/2016). Bei **älteren Fahrzeugen** erfolgt gruppenniedrigere Einstufung: Älter als **5 Jahre** (ebenso bei schlechtem Erhaltungszustand; LG Mainz VersR 2000, 111) 1 Stufe tiefer, älter als **10 Jahre** 2 Stufen niedriger oder Beschränkung auf Vorhaltekosten (BGH NJW 2005, 1044; BGH NJW 2005, 277; OLG Oldenburg DAR 2015, 527).

Art und Umfang des Schadensersatzes § 249 BGB

Bei **Wohnmobilen,** sofern überhaupt Ersatz geschuldet ist (§ 249 BGB, 206
Rn 177), richtet sich die Entschädigung nach tatsächlichem Nutzungsumfang
(OLG Düsseldorf VersR 2001, 208).

Bei **Fahrrädern,** sofern überhaupt Ersatz geschuldet ist (§ 249 BGB, Rn 179), 207
hängt die Entschädigung von Kaufpreis, Alter und Erhaltungszustand ab (2,50 € –
10 €) (KG NZV 1994, 39; AG Lörrach DAR 1994, 501; AG Kehl zfs 1990, 411;
AG Paderborn zfs 1999, 195; *Wenker* jurisPR-VerkR 25/2011 Anm. 3 m.w.N.).

Können aufgrund einer Körperverletzung **andere Vermögenswerte** (z.B. Jah- 208
reskarten, Fitnesstraining, Urlaub) nicht genutzt werden, besteht kein materieller
Schadensersatzanspruch wegen Nutzungswegfalles (*Küppersbusch/Höher* Rn 214 ff,
Jahnke, Der Verdienstausfall im Schadensersatzrecht, 3 Rn 318 ff m.w.H.). Gleiches
gilt für den Entzug von Gebrauchsvorteilen bei **Liebhaberobjekten** (AG Schwäbisch Gmünd SP 2004, 376) (siehe auch vor § 249 BGB, Rn 140).

(5) Mietwagen. Zum Schadenersatz an **gemieteten Fahrzeugen** siehe *Danter* 209
DAR 2012, 545; *Scholten* DAR 2014, 72; *Schwartz* zfs 2016, 549.

(a) Erforderlichkeit. Mietwagenkosten gehören zum Herstellungsaufwand 210
nach § 249 BGB (BGH NJW 2007, 2122; BGH NJW 1996, 1958), deren Erforderlichkeit daher vom Geschädigten **nachzuweisen** ist.

Wer sein Fahrzeug unfallkausal nicht nutzen kann, kann unter Beachtung des 211
in § 249 II 1 BGB verankerten Wirtschaftlichkeitsgebots Ersatz der für die Anmietung eines gleichwertigen Fahrzeugs entstehenden Kosten beanspruchen. Der
Geschädigte kann aber Ersatz nur derjenigen Kosten verlangen, die ein verständiger, wirtschaftlich denkender Mensch in der Lage des Geschädigten zum Ausgleich
des Gebrauchsentzugs seines Fahrzeugs für erforderlich halten durfte (BGH NJW
2012, 2026).

Kein Anspruch auf Mietwagenkosten besteht, wenn die Anmietung eines dem 212
geschädigten vergleichbaren Fahrzeuges sehr hohe Kosten verursacht (z.B. weil es
recht selten ist) (LG München II DAR 2013, 34).

Der Geschädigte kann von mehreren auf dem örtlich relevanten Markt – nicht 213
nur für Unfallgeschädigte – erhältlichen Tarifen für die Anmietung eines vergleichbaren Ersatzfahrzeugs (innerhalb eines gewissen Rahmens) grundsätzlich
nur den günstigeren Mietpreis als zur Herstellung objektiv erforderlich ersetzt
verlangen (BGH NJW 2016, 2402). Der Geschädigte verstößt nicht allein deshalb
gegen das Wirtschaftlichkeitsgebot, weil er ein Kfz zu einem Unfallersatztarif
anmietet, der gegenüber dem Normaltarif teurer ist, soweit die Besonderheiten
dieses Tarifs mit Rücksicht auf die Unfallsituation allgemein einen gegenüber
dem Normaltarif höheren Preis rechtfertigen (BGH VersR 2013, 730) (siehe § 249
BGB, Rn 224 ff). Das Angebot des Haftpflichtversicherers an den Geschädigten,
ihm eine günstige Anmietmöglichkeit zu vermitteln, kann, wenn der Geschädigte
hierauf nicht zurückkommt, für die Verletzung der Schadensminderungspflicht
beachtlich sein (BGH NJW 2016, 2402; siehe auch § 249 Rn 234).

(b) Nutzungsvolumen. Der Geschädigte darf das Mietfahrzeug nur in dem 214
Umfang benutzen, wie er ohne den Unfall sein eigenes Fahrzeug in der Ausfallzeit
genutzt hätte. Einerseits ist er nicht gehindert, es in gleichem Umfang für Frei-
zeitzwecke zu benutzen, wie er sein eigenes Kfz ohne den Unfall benutzt hätte.
Andererseits darf er nicht die Gelegenheit, ein fremdes (uU neuwertigeres) Kfz
zu besitzen, dazu ausnutzen, nunmehr Fernreisen durchzuführen, die ohne den
Unfall unterblieben wären. Weichen die gefahrenen Kilometer ungewöhnlich von

BGB § 249   Schadensersatzrecht des BGB

den sonstigen Durchschnittswerten des Geschädigten ab, bedarf es besonderer Begründung, warum er ausgerechnet in der Ausfallzeit einen **erhöhten Fahrbedarf** gehabt hat.

215   Bei **niedrigem Fahrbedarf** besteht nur Anspruch auf Taxikosten (OLG München NZV 1992, 362; OLG Karlsruhe NZV 1994, 316; OLG Hamm NZV 1995, 356) oder Kosten öff. Verkehrsmittel (OLG Frankfurt VersR 1992, 620; LG Frankenthal SVR 2007, 344; LG Göttingen VersR 1995, 1459; LG Marburg SP 1994, 81; AG Deggendorf v. 10.7.2017 – 1 C 133/17 – bld.de; AG Düsseldorf SP 2013, 403). OLG Hamm NZV 2002, 82 stockt zutreffend auf fiktiven Nutzungsausfall auf. Eine Ausnahme kann gelten, wenn der Geschädigte auf die ständige Verfügbarkeit eines Kfz angewiesen ist (BGH NJW 2013, 1149), was von ihm darzulegen ist (AG Berlin-Mitte BeckRS 2009, 13842).

216   Bei voraussichtlich **langandauernder Mietzeit** (auch Urlaubsfahrt) muss sich der Geschädigte mit Interimsfahrzeug (BGH NJW 1982, 1518) oder Notreparatur (BGH NJW 1982, 1518) bzw. Interimsreparatur (OLG Frankfurt VersR 2005, 174) behelfen, jedenfalls aber kostengünstigere Langzeittarife wählen.

217   Wer im **Luxusfahrzeug** fährt, darf typengleich anmieten (OLG Düsseldorf NZV 1995, 190).

218   (c) **Nebenkosten**. Kaskoversicherung für Mietwagen ist zu ersetzen; Rechtsschutz- und Insassenunfallversicherung nur, wenn der Geschädigte vorher ebenfalls entsprechend versichert war (BGH VersR 1974, 657; BGH NJW 1974, 91).

219   **Aufschläge** für Zusatzfahrer, Winterreifen (Winterreifen gehören bei einem in der winterlichen Zeit gemieteten Kfz zur Grundausstattung; LG Essen BeckRS 2009, 15540) und Zustellung/Abholung sind nicht zu ersetzen (streitig; siehe BGH NJW 2013, 1870 m.w.H.).

219a   Die **Kosten eines verlorenen Prozesses** gegenüber dem Mietwagenunternehmen stellen trotz Unübersichtlichkeit der Rechtsprechung keine vom Unfallgegner zu ersetzende Schadensposition dar (OLG Frankfurt DAR 2015, 236).

220   (d) **Eigenersparnis**. Wird ein eigenes Kfz nicht genutzt, erspart dies Aufwendungen für Betrieb und Verschleiß. Bei Anmietung eines um eine Klasse niedriger eingestuften Kfz wird häufig auf Abzug für **Eigenersparnis** verzichtet; ansonsten kann ein pauschaler Abzug von 10% – 15% angemessen sein (BGH NJW 2013, 1870; BGH NJW 2010, 1445 m.w.H.; OLG Köln VersR 1986, 1031).

221   (e) **Private Anmietung**. Wird ein Ersatzfahrzeug **von einer Privatperson** entgeltlich (strenger Beweismaßstab; BGH NJW 1975, 255) angemietet (zum versicherungsrechtlich relevanten Verstoß gegen die Verwendungsklausel siehe § 5 I Nr. 1 KfzPflVV, D.1.1 AKB 2008, § 2b I lit a AKB aF), ist nicht fiktiver gewerblicher Tarif zu ersetzen (BGH NJW 1975, 255), sondern allenfalls 50% des Normaltarifes (OLG Hamm NJW-RR 1993, 1053).

221a   (f) **Werkstattersatzwagen**. Ist das von einer Reparaturwerkstatt überlassene Ersatzfahrzeug nicht als Selbstfahrervermietfahrzeug zugelassen, ist dies anspruchskürzend zu berücksichtigen. Die überlassende Werkstatt erspart infolge der Nichtzulassung des Ersatzfahrzeugs als Selbstfahrervermietfahrzeug etliche Aufwendungen gegenüber einem Vermietfahrzeug (wie Kosten für jährliche Hauptuntersuchungen, höhere Versicherungsprämien), die eine Herabsetzung der erstattungsfähigen Mietwagenkosten um 20% rechtfertigen (AG München v. 24.7.2017 – 343 C 5987/17 – bld.de).

(g) Autovermieter. Zur **Klageberechtigung** des Mietwagenunternehmens 222
siehe § 249 Rn 439.

Kann der Autovermieter vorhersehen, dass der von ihm geforderte Mietpreis 223
vom Haftpflichtversicherer möglicherweise nicht vollständig ersetzt wird, hat er
hierüber seinen Mieter vor Vertragsschluss unmissverständlich **aufzuklären** (BGH
NZV 2009, 438; BGH NZV 2008, 143; BGH NJW 2007, 1447; BGH NJW
2006, 2618). Siehe auch § 249 BGB, Rn 151a.

Ausgangspunkt für den angemessenen Mietpreis ist der ortsübliche **Normalta-** 224
rif für Selbstzahler (BGH NJW 2008, 1519). Den Normaltarif festzustellen, ist
in der Praxis allerdings schwierig. Auch Sachverständige machen die Erfahrung,
dass ihnen höchst unterschiedliche Preise genannt werden je nachdem, ob sie
unter Offenlegung ihres Gutachtenauftrags oder verdeckt bei Vermietern nach
Mietpreisen erkundigen (*Buller* NJW-Spezial 2008, 169 m.w.N.). Von daher ist es
kritisch, mit einem vom BGH (BGH NJW 2013, 1870; BGH NJW 2008, 2910)
für zulässig erachteten Aufschlag zu arbeiten.

Ein **Unfallersatztarif** ist nur insoweit erforderlich (§ 249 BGB), als Besonder- 225
heiten dieses Tarifes wegen unfallbedingter Zusatzleistungen einen gegenüber dem
Normaltarif höheren Preis aus betriebswirtschaftlichen Gründen rechtfertigen
(BGH NJW 2013, 1870). Erst nach Bejahung der **Erforderlichkeit** ist zu prüfen,
ob der Geschädigte einen anderen als den Unfallersatztarif zur **Schadengering-**
haltung (§ 254 BGB) hätte in Anspruch nehmen können (BGH NJW 2010,
1445; BGH NJW 2007, 2122; BGH NJW 2005, 1933) und müssen, z.B. durch
Einsatz von Kreditkarte, Sicherheitsleistung oder Vorleistung (BGH NJW 2007,
1676; BGH NJW 2006, 1508) Je nach Inhalt des Schädigervortrages hat der
Geschädigte die sekundäre Darlegungs- und Beweislast (BGH NJW 2007, 2122;
BGH NJW 2007, 1676; OLG Köln VersR 2014, 1268). Ob ein Unfallersatztarif
erforderlich war, kann unentschieden bleiben, wenn dem Geschädigten ein günsti-
gerer Tarif in seiner konkreten Situation ohne weiteres zugänglich war (BGH
NJW 2007, 2758); dies hat der Schädiger nachzuweisen (§ 254 II BGB) (BGH
NJW 2013, 1870; BGH NJW 2010, 1445). Wird anstelle eines Normaltarifes ein
kostenhöherer Unfallersatztarif verlangt, hat der Geschädigte zu beweisen, dass
ihm der Normaltarif (auch bei einem anderen Anbieter; BGH NJW 2007, 2758)
nicht zugänglich war. Mietwagenkosten sind nur insoweit zu erstatten, als sie
sich im Rahmen marktüblicher Mietpreise halten. Der Geschädigte hat schon in
eigenem Interesse eine Erkundigungspflicht. Einen allgemeinen unfallspezifischen
Kostenfaktor, der einen höheren Mietpreis rechtfertigt, kann die Vorfinanzierung
des Mietpreises darstellen, wenn der Unfallgeschädigte weder zum Einsatz einer
Kreditkarte noch zu einer sonstigen Art der Vorleistung verpflichtet ist (BGH
NJW 2013, 1870).

Findet die Anmietung des Mietfahrzeugs nicht in einer **Eil-** oder **Notsituation** 226
statt, entfällt ein pauschaler, unfallbedingter Aufschlag auf den Normaltarif (AG
München v. 15.6.2011 – 335 C 3967/11). Eine Eil- oder Notsituation kann bei
Anmietung einen Tag nach dem Unfall nicht angenommen werden (BGH NJW
2006, 2106; BGH NJW 2008, 1519), aber auch bei einer **Anmietung** noch **am**
Unfalltag fehlen (BGH NJW 2013, 1870; BGH NJW 2007, 2122; BGH NJW
2007, 1124). Vortragsbelastet zur Notsituation (Erforderlichkeitsprüfung) ist der
Geschädigte.

Das Gericht darf in für die Streitentscheidung zentralen Fragen nicht auf nach 227
Sachlage unerlässliche fachliche Erkenntnisse verzichten; in geeigneten Fällen
können Listen oder Tabellen bei der Schadensschätzung Verwendung finden

BGB § 249 Schadensersatzrecht des BGB

(BGH NJW-RR 2011, 1109). Die Eignung von Listen oder Tabellen, die bei der Schadensschätzung Verwendung finden können, bedarf dann der Klärung, wenn mit konkreten Tatsachen aufgezeigt wird, dass geltend gemachte Mängel der Schätzungsgrundlage sich auf den zu entscheidenden Fall in erheblichem Umfang auswirken (BGH NJW-RR 2011, 823).

228 Sowohl die **Schwacke-Liste** als auch der **Fraunhofer-Mietpreisspiegel** sind grundsätzlich zur Schätzung der erforderlichen Mietwagenkosten geeignet (siehe ausführlich OLG Hamm r+s 2011, 536; BGH NJW-RR 2011, 823; zusammenfassend *Freymann/Vogelgesang* zfs 2015, 543, *Freymann/Vogelgesang* zfs 2014, 544; ferner *Richter* DAR 2016, 737). Da die Listen nur als Grundlage für eine Schätzung dienen, kann im Rahmen des Ermessens nach § 287 ZPO von dem sich aus den Listen ergebenden Tarif durch Abschläge oder Zuschläge – abgewichen werden (BGH NJW 2011, 1947). Zur Schadenschätzung nach § 287 ZPO siehe § 249 Rn 448 ff.

229 Ob die in der **Schwacke-Liste** veröffentlichten Werte die Realität zutreffend widerspiegeln, wird zu Recht in Zweifel gezogen (*Buller* NJW-Spezial 2008, 169, *Quaiser* NZV 2009, 121, *Reitenspiess* DAR 2009, 35, *Richter* VersR 2007, 620, *Richter* VersR 2009, 1438). Es ist dem Tatrichter im Rahmen seines Schätzungsermessens (§ 287 ZPO) nicht verwehrt, sich diesen Bedenken anzuschließen und die Schwacke-Liste 2006 nicht als Schätzgrundlage heranzuziehen. Bedenken gegen eine Schätzgrundlage muss nicht durch Beweiserhebung nachgegangen werden, wenn eine andere geeignete Schätzgrundlage (wie z.B. „Marktpreisspiegel Mietwagen Deutschland 2008" des Fraunhofer-Instituts für Arbeitswirtschaft und Organisation) zur Verfügung steht (BGH NJW 2009, 58).

230 Das richterliche Schätzungsermessen (§ 287 ZPO) ist revisionsrechtlich zwar nur beschränkt nachprüfbar (BGH NJW-RR 2011, 1109; BGH NJW 2010, 1445). Bei der Schätzung von Mietwagenkosten muss das Gericht **substantiierten Vortrag** mit einzelfallbezogenen Bedenken gegen die ausgewählte Schätzungsgrundlage (insbesondere Tauglichkeit der Schwacke-Liste) und entsprechenden Beweisangeboten aber nachgehen. Der pauschale Hinweis, dass sich die Schwacke-Liste im Gerichtsbezirk als geeignete Schätzungsgrundlage etabliert habe, reicht in diesen Fällen nicht (BGH NJW-RR 2011, 1109).

231 Die Werte des **Fraunhofer**-Preisspiegels bieten eine geeignete Schätzungsgrundlage für die Höhe der zu ersetzenden Kosten für einen Mietwagen. Gegenüber dem Schwacke-Mietpreisspiegel geben sie eher die ortsüblichen Normaltarife wieder (OLG Düsseldorf BeckRS 2016, 07155 m.w.H.; OLG Düsseldorf r+s 2015, 311; OLG Hamburg NJW-Spezial 2009, 403; OLG Thüringen NZV 2009, 181; OLG München r+s 2008, 439; differenzierend OLG Köln r+s 2008, 528). Zum Überblick über die Instanzrechtsprechung siehe *Bock* DAR 2011, 659, *Freymann/Vogelgesang* zfs 2015, 543, *Freymann/Vogelgesang* zfs 2014, 544.

232 Etliche Gerichte bevorzugen mittlerweile Mischtabellen (arithmetisches Mittel, „Schwackhofer", **„Fracke"**) (KG NZV 2011, 509; OLG Celle NJW-RR 2016, 1119; OLG Hamm NZV 2016, 336; OLG Köln jurisPR-VerkR 5/2011 Anm. 4 = SP 2010, 396; OLG Saarbrücken NJW-RR 2010, 541; LG Berlin SP 2013, 258; LG Braunschweig jurisPR-VerkR 5/2011 Anm. 4; LG Freiburg NZV 2013, 147; LG Stuttgart BeckRS 2015, 14193).

233 **(h) Schadengeringhaltung.** Ein Geschädigter muss die Mietwagenkosten durch Inanspruchnahme der Leistungen eines **Schutzbriefes** (z.B. ADAC-Schutzbrief) mindern; es handelt sich um eine einfache Möglichkeit, den Schaden gering zu halten (LG Dresden VersR 2010, 1331).

Ein Haftpflichtversicherer ist nicht gehindert, einen Unfallgegner, der ein 234 Ersatzfahrzeug bei einem örtlichen Autovermieter angemietet hat oder anmieten möchte, auf das preisgünstigere Angebot eines mit ihm zusammenarbeitenden überörtlich tätigen Autovermieters hinzuweisen (BGH NJW 2012, 3241; siehe auch BGH NJW 2016, 2402). Siehe auch § 249 Rn 213.

(6) Gewerbliche Objekte. Zum Thema: *Fielenbach* NZV 2013, 265; *Pichler-* 235 *Gieser* SVR 2017, 98; *Vater* SVR 2017, 168.

(a) Nutzungsausfall, Vorhaltekosten. Kosten für zusätzliche Reservehaltung 236 **(Vorhaltekosten)** können nicht ersetzt verlangt werden, wenn dem Geschädigten auch ohne zusätzliche Reservehaltung durch den Nutzungsfortfall kein ersatzfähiger Schaden entstanden ist (BGH NJW 1976, 286; BGH NJW 1966, 589). Vorhaltekosten können aber bereits dann entschädigungsfähig sein, wenn der Geschädigte Fahrzeuge in einem nicht ganz unerheblichen Umfang auch wegen fremdverschuldeter Ausfälle vorhält (OLG Koblenz NZV 2015, 553; LG Ingolstadt DAR 2016, 337).

Es kommt eine Entschädigung für zeitweise entzogene Gebrauchsvorteile 237 **(Nutzungsausfall)** auch bei gewerblich genutzten Fahrzeugen, Behördenfahrzeugen oder Fahrzeugen gemeinnütziger Einrichtungen in Betracht. Dies gilt aber nur, wenn sich deren Gebrauchsentbehrung nicht unmittelbar in einer Minderung des Gewerbeertrages (entweder in entgangenen Einnahmen oder über die mit der Ersatzbeschaffung verbundenen Unkosten) niederschlägt (BGH NJW 2008, 913). Hierzu ist der Geschädigte vortragsbelastet (LG München I v. 10.6.2016 – 19 O 6553/15 – bld.de).

(b) Mietwagen. Auch bei gewerblich genutztem Kfz ist eine Fahrzeuganmie- 238 tung grundsätzlich **zulässig**. Die Erforderlichkeit orientiert sich vor allem am Vorhandensein eines Fuhrparks sowie am ansonsten zu erwartenden Gewinnentgang (Einzelheiten *Sanden/Völtz* Rn 281 ff). Anmietung nach Unfallersatztarif ist Verstoß gegen Schadengeringhaltungspflicht (LG Göttingen SP 2000, 135); die Möglichkeit eines „Kollegenrabatts" ist wahrzunehmen (LG Göttingen SP 2000, 135).

(c) Nutzfahrzeug. Dient das Fahrzeug unmittelbar der Erbringung gewerbli- 239 cher Leistungen (z.B. Taxi, Auslieferung, LKW, Omnibus), besteht grundsätzlich kein Anspruch auf Nutzungsausfallentschädigung, sondern auf Ersatz von Mietwagenkosten, Gewinnentgang oder Vorhaltekosten für ein Reservefahrzeug (BGH r+s 2014, 153; LG München I v. 10.6.2016 – 19 O 6553/15 – bld.de).

Verdienstausfall nach Beschädigung eines gewerblich genutzten Fahrzeuges 240 ist **konkret** zu berechnen, ohne dass eine abstrakte Berechnung der Nutzungsausfallschäden (z.B. unter Hinweis auf Tagessätze für Nutzungsausfallentschädigung, § 249 BGB, Rn 204) (KG NZV 2007, 244) möglich ist (BGH NJW 2008, 913; BGH NJW 1978, 812; OLG Düsseldorf NZV 2016, 429; OLG Düsseldorf NZV 1999, 472; OLG Hamm r+s 2000, 452; LG Halle NZV 2003, 34). Der Schaden bemisst sich nach entgangenem Gewinn (§ 252 BGB) (KG NZV 2007, 244), Vorhaltekosten eines etwaigen Reservefahrzeuges (KG NZV 2007, 244) oder gegebenenfalls Miete eines Ersatzfahrzeuges (KG NZV 2007, 244). Als Schätzungsgrundlage kann ein Vergleich zwischen Unternehmensabschlüssen der Jahre vor und nach Unfall angestellt werden (BGH VersR 2009, 419; OLG Karlsruhe VersR 1992, 67). Es können zur Schadenschätzung auch Listen und Tabellen

BGB § 249 Schadensersatzrecht des BGB

herangezogen werden, solange keine berechtigten Zweifel an deren Eignung und Brauchbarkeit bestehen (BGH VersR 2009, 419; siehe § 249 BGB, Rn 454 ff).

240a **(d) Fahrschule.** Fahrschulen erhalten keine Nutzungsausfallentschädigung. Sie können für gewerblich genutztes Motorrad nur dann Ersatz verlangen, wenn der Ausfallschaden konkret dargetan wird; Gleiches gilt für den Verdienstausfallschaden (AG Berlin-SP 2011, 328).

241 **(e) Taxi.** Bei **Taxi- und Mietwagenunternehmen** kommt eine abstrakte Nutzungsausfallentschädigung nicht in Betracht; vielmehr bemisst sich der Schaden nach entgangenen Gewinn, Vorhaltekosten oder Miete eines Ersatzfahrzeugs (KG NJOZ 2011, 592; KG NZV 2007, 244; AG Heidelberg SP 2014, 342; siehe auch BGH r+s 2014, 153). Mietwagenkosten müssen aus der Sicht eines vorausschauenden Unternehmers wirtschaftlich vertretbar sein (Verhältnismäßigkeitsprüfung nach § 251 II BGB; siehe BGH NJW 1993, 3321; LG Essen SP 2013, 149; LG Leipzig SP 2014, 411; AG Bensheim SP 2013, 403). Soweit die frühere Rechtsprechung (KG NZV 2005, 146; OLG Celle r+s 1987, 283; OLG Hamm NZV 2001, 218) versuchte, pauschale Vorgaben zur Berechnung des Gewinnausfalles zu fassen (AG Hamburg SP 2011, 368), sind pauschale Gewinnschätzungen angesichts der zwischenzeitlichen Kostenentwicklung, der insbesondere die Festsetzung der Beförderungsentgelte für Taxis allenfalls mit Verzögerung folgt, zu hoch.

242 **(f) Gewerblich-private Nutzung.** Bei Fahrzeugen, die teils gewerblich, teils privat genutzt werden (z.b. Geschäftsführerfahrzeug), kann ein Anspruch auf Nutzungsausfallentschädigung wie bei Privat-Pkw bestehen (OLG Düsseldorf zfs 2001, 545; OLG Naumburg NJW 2008, 2511; AG Bremen NJW-RR 2009, 1252; a.A. OLG Hamm r+s 1999, 458).

243 **(g) Behördenfahrzeug.** Bei behördlich genutzten Fahrzeugen kann die entfallende Nutzungsmöglichkeit einen ersatzfähigen Schaden darstellen, wenn der Eigentümer auf Anmietung eines Ersatzfahrzeuges verzichtet, aber eine fühlbare wirtschaftliche Beeinträchtigung vorliegt (LG Dessau-Roßlau jurisPR-VerkR 5/2012 = NJW 2012, 1011). Durch die Beschädigung muss ein spürbarer Engpass verursacht worden sein (LG Darmstadt SP 2014, 164), z.B. wenn es während der Ausfallzeit zu spürbaren Beeinträchtigungen des Dienstbetriebs kommt (wie der Verschiebung bereits konkret geplanter Einsätze; OLG Naumburg NJW 2014, 475; OLG München NZV 1990, 348). Wenn keine Reservefahrzeuge vorgehalten werden und es durch den Ausfall zu keinem bezifferbaren Nachteil kommt, liegt auch kein Schaden vor (OLG Hamm NJW-RR 2004, 1094; OLG Hamm OLGR Hamm 2002, 171; *Wenker* jurisPR-VerkR 20/2014 Anm. 2).

244 **(h) Spezialfahrzeug.** Ein **Notarzteinsatzfahrzeug** mit Blaulichtanlage und Signalhorn kann grundsätzlich nicht auf einen gewerblichen Autovermieter (Vermietung von Sonderfahrzeugen nur an Berechtigte) zugelassen werden (vgl §§ 52 III 1 Nr. 2, 55 III 1 StVZO) (BVerwG NJW 2012, 2214 hat wegen unzulässiger Rückwirkung eine Ausnahme zugelassen). Die Erforderlichkeit der Vorhaltung eines Fahrzeuges ist darzutun (OLG Bamberg SP 2011, 364). Der Träger eines Rettungsdienstes kann bei unfallbedingtem Ausfall eines seiner Fahrzeuge **Rettungsfahrzeuge** nicht darauf verwiesen werden, zur Überbrückung des Ausfalls auf andere Rettungsleitstellen auszuweichen, muss aber, wenn keine besondere Eilsituation vorliegt, vor Anmietung eines Ersatzfahrzeugs Vergleichsangebote und einen nur

Art und Umfang des Schadensersatzes § 249 BGB

gegen Vorkasse zugänglichen Normaltarif auszuwählen (OLG Celle NJW-RR 2013, 353; OLG Dresden NZV 2000, 123). Bei Vorhandensein mehrerer Spezialfahrzeuge in einem Betrieb ist die Erforderlichkeit und Wirtschaftlichkeit der anderweitigen Fahrzeuganmietung nachzuweisen (LG Berlin SP 2013, 226; LG Hamburg SP 2014, 58).

(i) Schadenminderung. Häufig kann durch **Umdisposition** innerhalb des Betriebes der Ausfall aufgefangen oder gemindert werden. I.d.R. dürfte bei Betrieben von mittlerer Größe und mehr der Ausfall eines einzigen Fahrzeuges keine nennenswerten Spuren hinterlassen. U.U. ist durch Anmietung eines Ersatzfahrzeuges ansonsten entstehender Gewinnausfall zu mindern; abzuwägen sind dabei Schadenminderungspflicht und Erforderlichkeit (KG NZV 2007, 244). 245

(j) Steuer. Nutzungsausfall-Entschädigung ist als Betriebseinnahme zu versteuern (BFH BB 2016, 1173). 245a

cc) Standgeld. Eine Werkstatt kann Standgeld nicht für eine beliebig lange Zeit fordern. Die Schadensminderungspflicht gebietet, den Anspruch auf den (Rest-)Wert des Autos zu begrenzen (OLG Koblenz NZV 2016, 584). 245b

dd) Frustrierte Aufwendungen. Siehe vor § 249 BGB, Rn 140 ff. 245c

ee) Gebrauchsentschädigung, Vorteilsausgleich. Die Kehrseite des Schadensersatzes für vereitelte Nutzung ist die Entschädigung für getätigte Nutzung einer Sache vor Rückgabe an den Überlassenden (z.B. Verkäufer nach Wandlung eines Kfz-Kaufvertrages). Der Verkäufer hat im Falle der Rückabwicklung einen Anspruch auf Ersatz der Gebrauchsvorteile, d.h. der Käufer muss sich den Wert der Nutzung des Kfz anrechnen lassen (BGH NJW 2010, 148; siehe auch BGH NJW 2006, 1582). 246

ff) Eisenbahn. Fahrwegbenutzungs-, Beförderungs- und teilweise Personalkosten sind ersatzfähig; die Abgrenzung zueinander ist zu beachten (BGH VersR 1983, 755). 247

gg) Bußgeld, Geldstrafe. Der staatliche Anspruch auf Sanktionsgelder stellt keinen Vermögensbestandteil i.S.d. §§ 249 ff BGB dar. Der Ausfall von Bußgeldern (z.B. nach Beschädigung eines behördlichen **Radargerätes** zur Geschwindigkeitsüberwachung [zu Richtlinien der Bundesländer zur Geschwindigkeitsüberschreitung DAR 2013, 100 und DAR 2015, 163; zur Unzulässigkeit der Überwachung durch Private AG Kassel DAR 2015, 414 und *Geißler* DAR 2015, 361 m.w.H.] oder einer **Kamera** zur Überwachung von Rotlichtverstößen) ist daher nicht zu ersetzen (LG Aachen NJWE-VHR 1997, 23; LG Konstanz NJW 1997, 467; siehe auch *Boon* NVwZ 1996, 45). Zum rechtswidrigen Verwaltungshandeln bei Verfolgung von Geschwindigkeitsverstößen siehe AG Herford zfs 2011, 528, zur fehlenden Strafbarkeit bei Zuparken eines Radargerätes BGH NJW 2013, 2916; OLG Stuttgart DAR 1997, 288. Zu den wirtschaftlichen Rahmenbedingungen bei Vermietung von Geschwindigkeitsmessgeräten siehe OLG Frankfurt DAR 2017, 380 mit Anm. *Weigel*. 248

Der Verbotstatbestand des § 23 Ib 1 StVO ist erfüllt, wenn der Fahrzeugführer während der Fahrt ein Mobiltelefon betriebsbereit mit sich führt, auf dem eine **Blitzer-App** (z.B. Blitzer.de) installiert und diese App während der Fahrt vom Fahrer aufgerufen ist (OLG Celle NJW 2015, 3733; OLG Rostock NZV 2017, 241). Zivilrechtliche Konsequenzen leiten sich daraus nicht ab (u.a. kein Schutzgesetz iSv § 823 II BGB). 248a

BGB § 249

249 **h) Nebenkosten. aa) Kostenpauschale. Zum Thema:** *Gutt* jurisPR-VerkR 08/2013, Anm. 3; *Jahnke* jurisPR-VerkR 13/2012 Anm. 1; Rechtsprechungsübersicht SP 2014, 62.

250 **(1) Grundsatz.** Nebenkosten sind, wie andere Schadenpositionen auch, konkret vorzutragen. Die Schadenschätzung nach § 287 ZPO benötigt greifbare Tatsachen, die vom Geschädigten im Einzelnen darzulegen und zu beweisen sind. Eine völlig abstrakte Berechnung des Schadens, auch in Form der Schätzung eines Mindestschadens, lässt § 287 ZPO nicht zu (BGH NJW 2004, 1945).

251 Grundsätzlich kann ein Geschädigter die Kosten für Mehrarbeit, welche Ermittlung und Abwicklung des Schadens verursacht, nicht erstattet verlangen (BGH jurisPR-VerkR 13/2012 Anm. 1 = NJW 2012, 2267; AG Brandenburg NJW-RR 2016, 283 m.w.N.). Das gilt auch für die Erstattung von Auslagen für Porto, Telefon und Papier (BGH NJW 1980, 119).

252 **(2) Sonderfall Verkehrsunfall.** Soweit bei Abwicklung von Verkehrsunfallschäden von näherem Vortrag zu entstandenen Kosten abgesehen und dem Geschädigten eine Auslagenpauschale ohne konkreten Sachvortrag zuerkannt wird, ist dies dem Umstand geschuldet, dass es sich bei der Regulierung von Verkehrsunfällen um ein **Massengeschäft** handelt, bei welchem dem Gesichtspunkt der Praktikabilität besonderes Gewicht zukommt. Eine generelle Anerkennung einer solchen Pauschale für anderweitige Schadensfälle ohne nähere Darlegung der getätigten Aufwendungen lehnt die Rechtsprechung ab (BGH jurisPR-VerkR 13/2012 Anm. 1 = NJW 2012, 2267; OLG Düsseldorf BeckRS 2006, 11668; OLG Naumburg NJW-RR 2015, 346; LG Hamburg SP 2013, 32; AG Brandenburg NJW-RR 2016, 283 m.w.N.).

253 Behörden und (größere) **Unternehmen** können keine Pauschale verlangen; Telefonkosten, Briefporto etc. fallen unter normale Büro- und Geschäftstätigkeit (LG Halle v. 30.7.2013 – 2 S 75/13 – juris). Siehe auch § 249 BGB, Rn 336.

254 Die Ausnahme für die Sachschadenabwicklung gilt nicht für den **Personenschaden.** Dieser verlangt konkrete Bezifferung.

255 **(3) Höhe.** Der Geschädigte hat die Möglichkeit, seine Kosten aufgrund des Verkehrsunfalles konkret zu beziffern und gegenüber dem Versicherer nachzuweisen (§ 287 ZPO). Werden solche Kosten, die pauschal abgegolten werden sollen (u.a. Porto, Telefon, Fahrten zu Anwalt und Werkstatt; OLG Köln NZV 1991, 429), **konkret abgerechnet,** ist die Pauschale zu kürzen oder zu streichen.

256 Je nach Schadenumfang ist eine pauschale Abgeltung (§ 287 ZPO) von Kosten anlässlich der Schadenabwicklung mit 15 € – 25 € (zur Höhe siehe NZV 2012, 339 m.w.H. sowie AG Brandenburg NJW-RR 2016, 283 m.w.N.) angemessen. Die Kostenpauschale soll solche Kosten abdecken, welche der Geschädigte regelmäßig nach einem Verkehrsunfall hat.

257 Im Rahmen der Schätzung (§ 287 ZPO) kann durchaus davon ausgegangen werden, dass sich die Kommunikationskosten im Regelfall auf Porto beschränken, da Telefon- und Internetleistungen heutzutage überwiegend im Wege von Pauschalvergütungen in Anspruch genommen werden (LG Bremen v. 24.5.2012 – 7 S 277/11 – juris: Schätzung der Auslagenpauschale auf max. 20 €).

258 Bei einem einheitlichen Unfallereignis ist lediglich eine **einzige Pauschale** erstattungsfähig, ohne dass es auf die Anzahl der bei dem Unfall beschädigten Gegenstände oder Anspruchsteller (Fahrer, Halter) ankommt. Die Kostenpauschale kann nur einmal geltend gemacht werden, auch wenn unterschiedliche

Schäden auf verschiedene Rechtsgutsinhaber entfallen (OLG Celle NJW 2008, 446; OLG Frankfurt SP 2011, 291; AG Brandenburg NJW-RR 2016, 283 m.w.N.). Sofern tatsächlich höhere Kosten entstanden sind, verbleibt die Möglichkeit der konkreten Berechnung.

bb) Auslobung. Auslobungskosten zur **Täterermittlung** nach einem Verkehrsunfall können erstattungsfähig sein (AG Lemgo SP 2011, 178). 259

cc) Abschleppkosten. Abschleppkosten sind bei Reparatur bis zur nächstgelegenen Fachwerkstatt (OLG Köln NZV 1991, 429; OLG Köln r+s 1985, 264; AG Stade jurisPR-VerkR 14/2015 Anm. 2 = SVR 2015, 343; AG Steinfurt SP 2014, 309 m.w.N.; *Nugel* zfs 2014, 370), nicht aber bis zur **Heimatwerkstatt,** zu erstatten. 260

Die Umfrage des VBA (Verband der Bergungs- und Abschleppunternehmen e.V.) stellt eine taugliche Schätzungsgrundlage zur Bestimmung der üblichen **Vergütung** bei einem Abschleppauftrag i.S.d. § 632 II BGB dar (AG Krefeld jurisPR-VerkR 7/2014 Anm. 4; AG Düsseldorf zfs 2014, 381; AG Wilhelmshaven zfs 2014, 383; *Nugel* zfs 2014, 370 m.w.N.). Schadenersatzrechtlich geschuldet ist nur der angemessene ortsübliche Betrag, nicht der vom Abschlepper eingeforderte (AG Neuss SP 2014,379; zum Thema *Saller* DAR 2015, 109). 260a

Bei **Totalschaden** ist das Fahrzeug am Unfallort zu verwerten; es sei denn, am Heimatort ist ein höherer Restwert zu erzielen (AG Hildesheim NZV 1999, 212). Auch im Fall des wirtschaftlichen Totalschadens können ausnahmsweise Abschleppkosten ersatzfähig sein (OLG Naumburg NZV 2011, 342; LG Lüneburg NZV 2016, 376). Abschleppkosten werden aus der Vollkaskoversicherung jedenfalls dann nicht geschuldet, wenn sie den Restwert des totalbeschädigten Fahrzeuges überschreiten (OLG Karlsruhe NZV 2016, 480). 261

Wird die **Abtretung** der Abschleppkosten nicht auf einen bestimmten Betrag begrenzt, ist sie unwirksam (AG Neuss zfs 2014, 383). Siehe auch § 249 BGB, Rn 438 f. 261a

Fiktive Transportkosten sind nicht erstattungsfähig (LG Saarbrücken BeckRS 2017, 113462; LG Fulda NZV 1989, 397). 261b

dd) Beilackierung. Die schadensbedingte Erforderlichkeit einer Beilackierung ist vor Durchführung der Reparatur nicht sicher feststellbar. Kosten für eine Beilackierung sind daher bei fiktiver Abrechnung des Schadens nicht zu ersetzen (OLG Hamm SVR 2017, 349 = jurisPR-VerkR 16/2017, Anm. 1; AG Brandenburg NJW-RR 2016, 283 m.w.N.). 261c

ee) Inspektion. Es besteht kein Anspruch auf Ersatz von Kosten einer kurz vor dem Unfall durchgeführten und daher nutzlos gewordenen Inspektion (OLG Frankfurt BeckRS 2011, 24419). 261d

ff) Reinigung. Reinigungskosten im Rahmen einer Reparatur können zu erstatten sein. Die Erforderlichkeit (§ 249 BGB) ist allerdings darzulegen (LG Lüneburg NZV 2016, 376). 261e

gg) Tankfüllung. Unabhängig davon, dass sich der konkrete Tankinhalt des beschädigen Fahrzeugs häufig auch nicht mehr konkret feststellen lässt (oder es dazu an substantiiertem Vortrag fehlt), ist etwaiger im Tank verbliebener Treibstoff allenfalls beim Restwert zu berücksichtigen, ansonsten aber nicht getrennt zu entschädigen (OLG Düsseldorf VersR 2017, 704; OLG Düsseldorf NZV 2017, 233; OLG Frankfurt BeckRS 2011, 24419; LG Darmstadt zfs 1990, 343; LG 262

Köln SP 2008, 108; LG Magdeburg BeckRS 2010, 13355 = jurisPR-VerkR 13/2010 Anm. 4; AG Bernkastel-Kues SVR 2017, 226; AG Berlin Mitte SP 2010, 225; AG Düsseldorf BeckRS 2014, 09775; AG Höxter BeckRS 2015, 17816; AG Krefeld BeckRS 2009, 26115; AG Saarbrücken v. 2.3.2006 – 5 C 937/05 – juris; AG Weilburg SP 2014, 91). Der Wiederbeschaffungswert hat das Fahrzeug in seiner Gesamtheit zum Zeitpunkt des Unfalls zu betrachten und dabei auch verbliebene Betriebsstoffe mit zu bewerten.

262a Selbst wenn man grundsätzlich von Ersatzfähigkeit ausgeht, scheitert der Anspruch häufig am ausreichenden Nachweis (*Balke* SVR 2017, 93 m.w.N.).

263 **hh) Überführungskosten.** Wird anstelle des unfallbeschädigten Kfz ein Neufahrzeug angeschafft, sind Überführungskosten nicht zu ersetzen (LG Schweinfurt VersR 1987, 167).

264 **ii) Umbau.** Umbaukosten (z.B. für aufwendige Musikanlagen, behindertengerechte Ausstattung) sind nur bei **konkretem Anfall,** nicht aber fiktiv, zu ersetzen (AG Heinsberg SP 2010, 197). Der Umbau muss wirtschaftlich sinnvoll sein und darf nicht dazu dienen, ausgebaute Teile getrennt zu veräußern (dieses wäre beim Restwert zu berücksichtigen) (BGH NJW 2017, 2401).

265 **jj) Umlackierung.** Umlackierungskosten für Spezialfahrzeuge (z.B. Taxi) sind **nicht fiktiv** zu erstatten (OLG Frankfurt NJW-RR 1986, 657).

266 **kk) Ummeldekosten.** Kosten für An-/Abmeldung (Zulassung) einschließlich Kennzeichen sind erstattungsfähig, wenn unfallbedingt ein anderes Fahrzeug erworben wird, nicht aber, wenn die Ersatzbeschaffung aus anderen Gründen erfolgte. Da über solche behördlich verursachte Kosten stets Rechnungen ausgestellt werden, kann nicht in pauschalierter Form oder fiktiv gefordert, sondern es muss **konkret beziffert** und belegt werden (KG NZV 2004, 470; OLG München BeckRS 2009, 04511; OLG München BeckRS 2007, 65234; LG Frankenthal SP 2014, 91; LG Kiel SVR 2014, 22; LG Stade NZV 2004, 254; AG Halle BeckRS 2010, 143116).

267 **Fiktive** Ummeldekosten sind nicht zu zahlen (BGH NJW 2006, 2320; KG VersR 2004, 1620; LG Dortmund SP 2012, 185; LG Itzehoe jurisPR-VerkR 14/2011 Anm. 5).

268 Kosten für Einschaltung eines **Ummeldedienstes** sind nicht erstattungsfähig (AG Dortmund zfs 1987, 140).

269 **ll) Zeitaufwand.** Siehe § 249 BGB, Rn 358 ff.

270 **i) Anderweitige Sachschäden. aa) Kleidung, Helm pp.** Soweit verlorene/beschädigte Gebrauchsgüter standardmäßig wieder erworben werden können, gilt § 249 BGB (§ 249 BGB, Rn 4 ff).

271 Bei Beschädigung von Kleidung, Helmen und anderen Sachen (z.B. Brille, Handy) ist der Wiederbeschaffungswert (OLG Rostock NZV 2011, 503) **Zug-um-Zug** gegen Herausgabe der beschädigten Sache an Ersatzpflichtigen bzw. bei Verbleib gekürzt um den Restwert zu ersetzen.

272 Ist der ausgewiesene **Restwert auf Null** reduziert, hat der Ersatzpflichtige ein Wahlrecht, ob er das verbleibende Material („stille Reserve") vom Geschädigten herausverlangen will oder nicht. Der Geschädigte kann dem Ersatzpflichtigen aber nicht die Reste aufdrängen, sondern bleibt für deren Verbleib bzw. Entsorgung zuständig.

273 **MwSt** wird nur bei Nachweis der Ersatzbeschaffung geschuldet.

274 Sind gleichwertige gebrauchte Sachen nicht erhältlich und kann der Schaden daher nur durch Neuanschaffung beseitigt werden, erfolgt der **Vorteilsausgleich** durch Abzug **neu für alt** (BGH NJW 1996, 584; BGH NJW 1959, 1078); siehe auch § 249 BGB, Rn 106. Voraussetzung ist, dass der Geschädigte den Vorteil selbst erlangt, sich der Vorteil also bei ihm wirtschaftlich günstig auswirkt (LG Bonn BauR 1989, 334). Auch bei **Brillen** (OLG Düsseldorf NZV 2002, 565; OLG Hamm NJW-RR 2001, 1317; OLG Hamm SP 2001, 376; OLG Nürnberg NJW-RR 2016, 593; OLG Rostock NZV 2011, 503; LG Augsburg zfs 2013, 24; LG Dresden SP 2007, 10; a.A. LG Münster NZV 2009, 513) und **Hörgeräten** (OLG Hamm NJW-RR 2001, 1317; LG Köln v. 18.8.2009 – 9 S 176/09 – bld.de) ist ein Abzug neu für alt anerkannt (*Wenker* jurisPR-VerkR 22/2009 Anm. 2 und jurisPR-VerkR 11/2013, Anm. 3). Für **Motorradkleidung** und Motorradhelm stellt die Rechtsprechung (OLG Celle OLGR 2008, 274; OLG Frankfurt SP 2011, 291; OLG München SVR 2012, 307; OLG München BeckRS 2010, 17228; OLG Köln VersR 2010, 491; OLG Karlsruhe VersR 2010, 491 m.w.N.; a.A. OLG München SP 2015, 405; LG Darmstadt DAR 2008, 89) zutreffend darauf ab, dass auch Motorradkleidung einem Verschleiß und einem Wertverlust unterworfen ist, sodass der Grundsatz des Abzugs „neu für alt" greift.

275 **bb) Gebäude, Baum.** Bei Schädigung von zum Verkauf bestimmter Bäume/Gewächse (Scheinbestandteil, § 95 BGB) (z.B. Baumschule, Weihnachtsbaum) ist nur deren **Sachwert** zu ersetzen (BGH NJW 2011, 852; OLG Hamm NJW-RR 1992, 1438) (siehe auch § 251 BGB, Rn 30).

276 Bei Beschädigung von Grundstücken, Gebäuden und Gewächsen (§§ 94, 95 BGB) gilt § 249 BGB (BGH VersR 2011, 1409; BGH NJW 1988, 1835). Bei Beschädigung eines nicht zu einem vorübergehenden Zweck angepflanzten Gehölzes ist nicht ein Minderwert des Gehölzes selbst, sondern nur die durch seine Beschädigung bewirkte **Wertminderung des Grundstücks** ersatzfähig (BGH VersR 2013, 635; BGH NJW 2006, 1424; BGH NJW 1975, 2061).

277 Bei Zerstörung/Beschädigung von Bäumen und Gewächsen beschränkt sich der Ersatzanspruch auf Pflegekosten oder Nachpflanzung eines jungen Baumes (OLG Celle VersR 1986, 973). Daneben ist im Einzelfall Entschädigung für Werteinbuße des Grundstücks (häufig anhand der Methode *Koch* VersR 1984, 110, VersR 1990, 573; Fortführung *Breloer*, Was ist mein Baum wert?, 5. Aufl. 2007 ermittelt) geschuldet (BGH VersR 2013, 635). Der Wert eines Grundstücks mit teilweise beschädigten Bäumen mindert sich mindestens um denjenigen Aufwand, der dem Grundstückseigentümer für die Erhaltung der beschädigten Bäume entsteht (OLG Brandenburg VersR 2013, 869).

277a **cc) Tanksäule.** Bei Beschädigung einer alten Zapfsäule, die nicht reparaturwürdig oder durch ein altersentsprechendes Gebrauchtteil zu ersetzen war, sind der Wiederbeschaffungs(neu)wert und die Begleitkosten (wie Entsorgung) einer gleichwertigen Zapfsäule abzüglich Vorteilsausgleich „neu für alt" sowie branchenübliche Rabatte zu ersetzen (LG Hamburg DAR 2017, 272).

278 **dd) Ernte.** Wird eine zu erwartende Ernte durch Handlungen Dritter beeinträchtigt (z.B. Verletzung des Landwirtes, Spritzschaden), ist aus nicht mehr einzubringender Ernte resultierender Gewinnausfall zu ersetzen.

278a Das gilt nicht, wenn durch falsch geparkte Fahrzeuge Umwege erforderlich werden und sich das Einbringen der Ernte dadurch verzögert (LG Hagen DV 2014, 28 = jurisPR-VerkR 2014 Anm. 3).

BGB § 249

278b Zur fehlenden **Haftung** aus Betriebsgefahr bei Arbeitseinsatz eines Treckers siehe BGH NJW 2015, 1681 m.w.H., ferner *Schwab* DAR 2011, 11.

279 **ee) Straßenverschmutzung.** Betriebsstoffe, die von einem im öffentlichen Straßenraum befindlichen Fahrzeug auslaufen, sind dem Betrieb des Fahrzeugs zuzurechnen. Die zur Reinigung und Wiederherstellung der gefahrlosen Benutzbarkeit der Straße erforderlichen Aufwendungen sind zu ersetzen (BGH NZV 2011, 595; BGH NJW-RR 2008, 406; OLG Brandenburg NJW-RR 2011, 962). Gerade Straßenbaubehörden haben besonders auf die berechneten Kosten der eingeschalteten Reinigungsfirmen zu achten (BGH NJW-RR 2017, 918; BGH NJW 2015, 1298; BGH VersR 2013, 1544; BGH VersR 2013, 1590; *Borchardt/Schwab* DAR 2014, 75). Zu rechtlichen Verantwortungen bei übermäßiger Straßenverschmutzung siehe *Scheidler* DAR 2014, 481.

280 § 8 Nr. 3 StVG gilt nicht für **Entsorgungskosten** des beschädigten Gutes (BGH NZV 2008, 83; BGH NZV 1995, 107; *Schwab* DAR 2010, 347, *Borchardt/Schwab* DAR 2014, 75).

281 Kosten für weiträumige **Absperrmaßnahmen** anlässlich eines Unfalls sind nicht zu ersetzen (vor § 249 BGB, Rn 55). Die Personalkosten einer öffentlichen Stelle zur Absicherung eines liegen gebliebenen Fahrzeugs sind regelmäßig nicht zu erstatten (AG Bayreuth VersR 2013, 1440).

281a **ff) Umweltschaden.** Zapfen Diebe aus einem ordnungsgemäß abgestellten Kfz Treibstoff ab (zum Diebstahl siehe § 249 BGB, Rn 347) und läuft dabei eine größere Menge Kraftstoff daneben, ist für die „wasserrechtliche Gefahr" durch den ausgelaufenen Kraftstoff nicht der Halter verantwortlich, sondern die Diebe. Vom Kfz selbst ist keine Wassergefährdung ausgegangen (OVG Niedersachsen NJW 2017, 503).

281b Anderes kann gelten, wenn der Dieb ein Loch in den Tank des Kfz schlägt, da dieser sich dann selbst nicht mehr in einem ordnungsgemäßen Zustand befindet und aus diesem Grunde entfernt werden muss. (OVG Niedersachsen NJW 2017, 503; siehe auch OVG Thüringen NJW 2017, 503).

282 **gg) Einsatzkosten.** Fehlt es bei Tätigwerden eines im Auftrag der Feuerwehr handelnden **Privatunternehmens** an einem Einsatz, scheidet ein Kostenersatzanspruch aus (VG Arnsberg SP 2009, 426).

283 Einsatzkosten für **Feuerwehr** und ähnliche Rettungsdienste werden häufig durch öffentlich-rechtlichen Bescheid geltend gemacht. Feuerwehrgebühren sind nicht selten in der geltend gemachten Höhe nicht ersatzfähig, wenn die Satzung, auf die die Forderung gestützt ist, gegen das Kostenüberschreitungsverbot verstößt. Etliche Gebührenordnungen sind, da sie die den Einsatz nur mit Pauschalsätzen bewerten, nichtig (OVG Berlin-Brandenburg NVwZ-RR 2011, 629).

284 Zu Rettungsmaßnahmen für den Kfz-Führer siehe § 249 BGB, Rn 458 ff. Wird die Feuerwehr sowohl zur Fahrerrettung (hier besteht keine Deckung seitens Kfz-Haftpflichtversicherung des verunfallten Kfz) wie auch zur Beseitigung von Eigentumsverletzungen tätig, kann für den Sachschadenbereich (§ 249 BGB, Rn 279) ein (dann jedenfalls noch) herauszurechnender Anteil ersatzfähig sein.

285 Sofern Bundesländer eine **Unfallaufnahmegebühr** („Blaulicht-Steuer") erheben, handelt es sich um öffentlich-rechtliche Abgaben, die nicht im Wege des Schadensersatzes von einem Unfallbeteiligten ersetzt verlangt werden kann. Diese Gebühr ist mangels **Deckung** durch AKB (A.1.1.1) und AHB nicht von einem Haftpflichtversicherer erstatten.

Art und Umfang des Schadensersatzes   § 249 BGB

j) Tier.

§ 90a BGB – Tiere   286

¹Tiere sind keine Sachen.
²Sie werden durch besondere Gesetze geschützt.
³Auf sie sind die für Sachen geltenden Vorschriften entsprechend anzuwenden, soweit nicht etwas anderes bestimmt ist.

aa) Allgemein. Tiere sind zwar **keine** Sachen (§ 90a S. 1 BGB); auf sie sind 287 aber die für **Sachen** geltenden Vorschriften entsprechend anzuwenden, soweit nicht etwas anderes bestimmt ist (§ 90a S. 3 BGB) (siehe auch BT-Drucksache 11/5463, S. 5). § 251 II 1 BGB gilt auch für **Nutztiere**. Bei Tötung eines Tieres ist **Wertersatz** in Höhe des Wiederbeschaffungswertes (§ 90a S. 3 BGB) zu leisten, bei Verletzung gilt § 251 II 2 BGB (§ 251 BGB, Rn 34).

§ 90a S. 2 BGB weist (was schon durch die frühere Rechtsprechung, z.B. LG 287a Stuttgart NJW-RR 1991, 446) vor Einführung des § 90a BGB berücksichtigt wurde) darauf hin, dass Tiere durch **besondere Rechtsvorschriften** geschützt werden (Art 20a GG). Solche sind insbesondere: TierSchG (AG Wiesbaden VersR 2012, 227), BWildSchV, BArtSchV, BJagdG, §§ 251 II 2, 903 S. 2 BGB, §§ 765a I 2, 811c I ZPO; hinzu treten landesrechtliche Jagd- und Fischereigesetze.

Zur **Haftung** siehe *Burmann/Jahnke* DAR 2015, 313. Nach § 840 III BGB 287b kommt der Tiergefahr (§ 833 BGB) gegenüber der Verschuldenshaftung aus § 823 BGB keine Bedeutung zu (BGH VersR 2016, 60).

bb) Verletzung. Zu den materiellen Ersatzansprüchen siehe *Bocianiak* VersR 288 2011, 981, *Burmann/Jahnke* DAR 2015, 313; *Lehmann* VersR 2011, 1413.

Heilbehandlungskosten für ein Tier (§ 251 II 2 BGB) sind, da diese keine 288a Sachen sind (§ 90a S. 1 BGB), auch über den Wiederbeschaffungswert hinaus bis zur durch die Unverhältnismäßigkeit (§ 251 II 2 BGB) gezogenen Grenze zu ersetzen (BGH NJW 2016, 1589; OLG München VersR 2011, 1412; OLG Schleswig MDR 2014, 1391; LG Bielefeld VersR 1998, 643; LG Essen NJW 2004, 527; OVG Lüneburg NdsRpfl 2012, 221). Der Schädiger kann bei unverhältnismäßig hohen tatsächlich aufgewandten Heilbehandlungskosten aber nicht auf Wertersatz in Geld verweisen (§ 251 II 1 BGB), sondern schuldet vielmehr – in Ausnahme von dieser Vorschrift – Ersatz in Höhe der noch als verhältnismäßig zu erachtenden Tierbehandlungskosten (BGH NJW 2016, 1589). Die Beurteilung der **Angemessenheit** von Kosten kann nicht durch das Abstellen auf ein Vielfaches des Anschaffungspreises gewonnen werden (LG Baden-Baden NJW-RR 1999, 609; AG Idar-Oberstein VersR 2000, 66), sondern beurteilt sich anhand der zum Tier bestehenden gefühlsmäßigen Bindung sowie dessen Alter und Gesundheitszustand (AG Frankfurt NJW-RR 2001, 17); es gilt keine Verhältnismäßigkeitsschwelle von 130% (OLG München VersR 2011, 1412). Die **Erfolgsaussichten der Behandlung** sind zu berücksichtigen (LG Baden-Baden NJW-RR 1999, 609).

Das **Affektionsinteresse** des Eigentümers ist, da nicht objektivierbar, ohne 288b Bedeutung, gleichwohl darf es bei der Bewertung nicht aus dem Blick verloren werden (OLG München VersR 2011, 1412). Bei der Verhältnismäßigkeitsprüfung ist auf den objektiven Wert, allerdings ohne Altersabschlag („Abschreibung"), abzustellen, wie sie bei der Bewertung unter Züchtergesichtspunkten vorgenommen wird.

BGB § 249 Schadensersatzrecht des BGB

288c cc) **Tod.** Bei Tötung eines Tieres ist Wertersatz in Höhe des Wiederbeschaffungswertes (§ 90a S. 3 BGB) zu leisten (OLG Schleswig-Holstein MDR 2014, 1391; OLG Schleswig NJW-RR 1994, 289). Zu ersetzen ist der **objektive Verkehrswert**, den das Tier am Unfalltag hatte (BGH NJW 2011, 139; OLG Koblenz SP 2014, 225). Vorerkrankungen sind zu berücksichtigen (OLG Brandenburg BeckRS 2012, 10031).

289 dd) **Nebenansprüche.** Das Recht des Tierhalters auf **Einsichtnahme in Behandlungsunterlagen** ist nicht enger als das des Patienten in der Humanmedizin (OLG Köln VersR 2010, 1504) (siehe auch § 249 BGB, Rn 563).

290 **Nutzungsausfall** ist nicht zu ersetzen (OLG Naumburg NJW-RR 2015, 346); siehe § 249 BGB, Rn 176. Verliert ein Pferd die Gebrauchsmöglichkeit als Reitpferd, besteht kein Anspruch auf Ersatz von Unterhalts- und **Unterstellkosten** (OLG Stuttgart NZV 2012, 328). Aufgewandte **Ausbildungskosten** sind allenfalls bei jungen Tieren zu ersetzen (OLG Schleswig NJW-RR 1994, 289; LG Konstanz zfs 2011, 21).

290a Ein Anspruch auf **Wertminderung** kann bestehen. Für die Schadenbemessung kann auch auf die Verwendung als Schlachttier abgestellt werden (z.B. bei Wegfall der Reittüchtigkeit eines Pferdes; OLG Stuttgart NZV 2012, 328).

291 Der Tierhalter kann **keine Kostenpauschale** für Telefonate fordern (AG Frankfurt NJW-RR 2001, 17). Siehe § 249 BGB, Rn 250.

292 ee) **Schmerzensgeld.** Trauerreaktion auf Tötung/Verletzung des Tieres begründet keinen Anspruch wegen **Schockschaden** (BGH jurisPR-VerkR 9/2012, Anm. 1 = NJW 2012, 1730; OLG Hamm BeckRS 2008, 18233); siehe auch vor § 249 BGB, Rn 131.

292a Tiere sind zwar Lebewesen, haben aber keinen – z.B. von ihrem Eigentümer zu verfolgenden – **eigenen Schmerzensgeldanspruch** (AG Wiesbaden NJW-RR 2012, 227). Schmerzensgeld gibt es nur bei schwerster Verletzung und Tötung eines Menschen.

292b ff) **Forderungsübergang.** Eine **Tier-Krankenversicherung** (siehe AG Hannover NJW-RR 1999, 467) übernimmt in bestimmten Fällen die Kosten für eine Behandlung beim Tierarzt. Zu den Versicherungsleistungen einer Tierkrankenversicherung gehören z.B. ambulante und auch stationäre Heilbehandlungen, Vorsorgemaßnahmen, Kastrationen und Operationen.

292c Soweit die Behandlung unfallkausal ist, erfolgt ein Forderungsübergang auf den Tier-Krankenversicherer nach **§ 86 VVG.**

292d gg) **Steuerliche Aspekte.** Kosten anlässlich der tierärztlichen Behandlung eines Tieres sind keine **außergewöhnliche Belastung** i.S.d. § 33 EStG (FG Düsseldorf BeckRS 1998, 26024831).

292e k) **Wild.** Wild, das unkontrolliert die Jagdbezirke wechselt, ist **herrenlos** (§ 960 I 1 BGB).

292f Das Aneignungsrecht des Jagdberechtigten/Jagdpächters wird nicht schon durch das Anfahren des Wildes verletzt. Da ein Wildtier eine herrenlose Sache ist, an der Jagdausübungsberechtigte erst durch deren Tod ein Aneignungsrecht erwirbt, steht ihm **kein** Schadenersatzanspruch für **Wildbretverlust** oder **entgangene Jagdfreuden** zu (AG Geislingen SP 1998, 203; AG Hameln SP 2008, 213; AG Weilburg DAR 1997, 115).

Art und Umfang des Schadensersatzes **§ 249 BGB**

Ein Fahrzeugführer, der einen Wildunfall verursacht hat, hat dem Jagdausübungsberechtigten die Kosten für **Bescheidung des Wildunfalls** und für **ordnungsgemäße Beseitigung** des Tierkörpers zu erstatten (AG Geislingen SP 1998, 203; AG Hameln SP 2008, 213; AG Weilburg DAR 1997, 115). 292g

l) Mehrwertsteuer (MwSt). Zur Kaskoentschädigung siehe § 249 BGB, Rn 21. 293

aa) § 249 II 2 BGB. Bei der Sachschadenabwicklung gelten nach § 249 II 2 BGB zwei Abrechnungsmodalitäten: Nach Nettowert (laut Gutachten) kann zwar fiktiv abgerechnet werden. Für MwSt-Ersatz kommt es aber entscheidend darauf an, ob sie zur Wiederherstellung des vorherigen Zustandes tatsächlich angefallen ist, nicht aber darauf, welchen Weg der Geschädigte zur Wiederherstellung gewählt hat (BGH NJW 2013, 1151; BGH NJW 2009, 3713). 293a

Entscheidet sich der Geschädigte auf Gutachtenbasis abzurechnen und den Schaden nicht zu beheben (fiktive Abrechnung), steht ihm nur die um MwSt gekürzte Ersatzleistung (netto) zu. Das gilt nicht nur für die Kfz-Schadenregulierung, sondern für alle Bereiche des Sachschadenersatzes, darüber hinaus auch für vertragliche Schadensersatzansprüche und Beseitigung von Werkmängeln (OLG München VersR 2009, 1090; § 249 BGB, Rn 31). 294

bb) Vorsteuerabzugsberechtigung. Vorsteuerabzugsberechtigt sind Unternehmer (§§ 2, 2a, 15 I UStG), Kleinunternehmer (§ 19 II UStG), befreite Unternehmer sowie land- und forstwirtschaftliche Betriebe, wenn sie für MwSt optierten (§§ 9, 24 IV UStG). 295

cc) Taxi, Mietwagen. Zur MwSt im Taxi- und Mietwagengewerbe siehe BFH BFHE 246, 537; BFH BB 2014, 2645. 295a

dd) Ersatzberechtigung. Ob nach § 249 BGB Anspruch auf MwSt-Erstattung besteht, richtet sich danach, ob der Geschädigte neben dem Netto-Aufwand zur Schadensbehebung zusätzlich MwSt aufwenden muss. Hat der Geschädigte keine MwSt zu entrichten, besteht nur Anspruch auf Nettoschadenersatz (LG Zweibrücken NJW-RR 1998, 1246). Nur wenn überhaupt keine Verrechnungsmöglichkeit in Betracht kommt, besteht ein auf Bruttozahlung gerichteter Ersatzanspruch. 296

Schafft der berechtigte Besitzer eines bei einem Verkehrsunfall total beschädigten, sicherungsübereigneten Fahrzeugs ein Ersatzfahrzeug an, ist ihm vom Schädiger die dabei angefallene MwSt zu erstatten (OLG Celle MDR 2013, 1340) 296a

Der Verletzte muss von einer Berechtigung **Gebrauch** machen (LG Kiel VersR 1995, 1322; AG Bremen VersR 1980, 1153). 297

Die **Beweislast** für fehlende MwSt-Abzugsberechtigung trifft den Geschädigten (z.B. durch Negativattest des Finanzamtes) (KG VersR 1976, 391; LG München I zfs 1985, 198). 298

Bei **Steuerpauschalierung** (§ 24 UStG) besteht Anspruch auf MwSt-Erstattung (OLG Hamm VersR 1998, 1260). Bei **nachträglicher Optierung** (§ 15a UStG) hat der Geschädigte (z.B. Landwirt) dann anteilige MwSt-Erstattung an den Schadenersatzleistenden zurückzuzahlen, da er insoweit bereichert ist. Die Entnahme eines Landwirtes, der die private PKW-Nutzung nach dem 1%-Regelung ermittelt (§ 6 I Nr. 4 S. 2 EStG) und die Umsätze gemäß § 24 UStG nach Durchschnittssätzen versteuert, ist nicht um eine fiktive entnahmebedingte MwSt zu erhöhen (BFH DAR 2010, 347). 299

BGB § 249

300 Ist der Geschädigte im Unfallzeitpunkt (Zeitpunkt des Versicherungsfalles; OLG Köln VersR 1994, 95) zum **Vorsteuerabzug** berechtigt oder kann er wegen des Unfalles zu späterem Zeitpunkt MwSt (z.B. Wechsel zur Regelbesteuerung) verrechnen, besteht nur Anspruch auf Netto-Schadensersatz.

301 Zahlt eine **Behörde** wegen unfallkausaler Reparaturen MwSt an Fachfirmen, umfasst der Schadensersatzanspruch auch den der BRD zufallenden MwSt-Anteil (BGH NJW 2014, 2874; BGH NJW 2004, 3557; siehe auch OLG Brandenburg NJW-RR 2002, 1245). Auch wenn der Schaden in der Erhöhung der MwSt infolge Verzuges liegt, muss sich der Staat als Auftraggeber der Leistung und Anspruchsinhaber des Schadensersatzanspruchs die eingenommene Mehrwertsteuer nicht als Vorteil anrechnen lassen (BGH NJW 2014, 1235).

302 **ee) Schadenersatz. (1) MwSt-Anfall.** Zwei Beschränkungen sind zu beachten: Ersetzt wird zum einen maximal die im Gutachten ausgewiesene MwSt, zum anderen maximal die tatsächlich gezahlte MwSt (BGH NJW 2013, 1151).

303 MwSt ist dem nicht zum Vorsteuerabzug berechtigten Geschädigten nur zu ersetzen, wenn und soweit sie tatsächlich bei der Wiederherstellung angefallen ist. Ist der Geschädigte vorsteuerabzugsberechtigt, stellen sich nachstehende Fragen und Probleme erst gar nicht. Der Geschädigte hat **nachzuweisen** (§ 287 ZPO), dass und in welcher Höhe MwSt angefallen ist. Der Nachweis wird durch Rechnungsvorlage (mit Steuernummer, § 14 Ia UStG) geführt (BT-Drucksache 14/7752, S. 23); in Rechnungen ausgewiesene MwSt ist steuerrechtlich auch angefallen (§ 14 III UStG). MwSt soll nicht ersetzt werden, wenn und soweit sie nur fiktiv bleibt, weil es zu einer umsatzsteuerpflichtigen Reparatur oder Ersatzbeschaffung nicht kommt. Ein Geschädigter, der auf eine Reparatur oder Ersatzbeschaffung verzichtet und stattdessen den hierfür erforderlichen Geldbetrag verlangt, erhält er nicht mehr den vollen, sondern den um die MwSt reduzierten Geldbetrag (BGH VersR 2017, 115; NJW 2013, 3719).

304 Unfallbedingt gewährter **Kredit** ist nach § 4 Nr. 8 UStG umsatzsteuerfrei. Auf **Verzugszinsen** kann keine MwSt verlangt werden (EuGH NJW 1983, 505; BGH VersR 1984, 1151).

305 **(2) § 249 BGB – § 251 BGB.** Die Herausnahme fiktiver MwSt in § 249 II 2 BGB beschränkt sich auf Restitutionsfälle des § 249 BGB und bezieht ausdrücklich Kompensationsfälle des § 251 BGB nicht mit ein.

306 **(3) Reparatur.** Ist der Geschädigte **nicht vorsteuerabzugsberechtigt**, gilt für die Abrechnung auf Reparaturkostenbasis (§ 249 BGB, Rn 47 ff) Folgendes:

307 **(a) Gutachtenabrechnung.** Entscheidet sich der Geschädigte, auf **Gutachtenbasis** (fiktiv) abzurechnen und das beschädigte Objekt (z.B. Kfz) nicht mit MwSt-relevanter Leistung (Material, Arbeitslohn) zu reparieren, steht ihm nur die um MwSt gekürzte Ersatzleistung (netto) zu. Das gilt nicht nur für die Kfz-Schadenabrechnung, sondern für alle Bereiche des Sachschadenersatzes. **Sachverständigenkosten** sind auch bei Abrechnung auf Gutachtenbasis brutto abzurechnen.

308 Der Geschädigte, der den Unfallschaden erst **später beheben** lassen will, darf zunächst nach Gutachten (fiktiv netto) abrechnen und zu späterem Zeitpunkt Bruttokosten einer tatsächlich durchgeführten Unfallreparatur abrechnen (siehe auch § 249 BGB, Rn 120).

309 MwSt soll nicht ersetzt werden, wenn und soweit sie nur fiktiv bleibt, weil es zu einer umsatzsteuerpflichtigen Reparatur oder Ersatzbeschaffung nicht kommt.

Fällt dafür allerdings tatsächlich MwSt an, ist diese im angefallenen Umfang zu ersetzen. Fällt für die Beschaffung einer gleichwertigen Ersatzsache – etwa beim Kauf von privat – keine MwSt an, ist sie nicht zu ersetzen (BGH VersR 2017, 115; BGH NJW 2013, 1151).

(b) Werkstattreparatur. Bei (vollständiger oder teilweiser) Werkstattreparatur 310 ist durch Reparaturrechnung nachgewiesene MwSt zu erstatten. Das gilt auch, wenn der Geschädigte zuvor fiktiv auf Gutachtenbasis abgerechnet hat.

(c) Eigenreparatur. Ist das Kfz reparaturwürdig, beschränkt sich die MwSt- 311 Erstattung bei Eigenreparatur auf MwSt-pflichtige Anschaffung von Ersatzteilen und fremddurchgeführte MwSt-pflichtige Lohnleistungen (z.B. Lackiererei). Ist zwar nach fiktivem (Netto-)Wiederbeschaffungsaufwand abzurechnen, wird aber teilrepariert, ist bei Teilreparatur tatsächlich angefallene (z.B. Ersatzteile) MwSt nicht neben (Netto-)Totalschadenabrechnung zu zahlen: Eine Kombination von konkreter und fiktiver Abrechnung ist nicht zulässig („Mischen impossible") (BGH NJW 2005, 1110; BGH NJW 2003, 3480) (siehe auch § 249 BGB, Rn 32).

(d) Ersatzfahrzeug. Wird trotz Reparaturwürdigkeit ein Ersatzfahrzeug ange- 312 schafft, ist beim Kauf anfallende MwSt (siehe § 249 BGB, Rn 51 f) bis zur Höhe der im Gutachten für Reparatur ausgewiesenen MwSt zu ersetzen. Fällt keine MwSt bei der Ersatzbeschaffung an (weil z.B. das Ersatzfahrzeug von privat angeschafft wird), besteht kein Anspruch auf MwSt-Ersatz (BGH NJW 2009, 3713).

Wählt der Geschädigte den Weg der Ersatzbeschaffung, obwohl nur Anspruch 313 auf Ersatz der Reparaturkosten besteht, und rechnet er den Schaden konkret auf der Grundlage der Beschaffung eines Ersatzfahrzeugs ab, steht ihm ein Anspruch auf Ersatz von MwSt zu, wenn bei der Ersatzbeschaffung tatsächlich MwSt angefallen ist. Der Anspruch ist auf den MwSt-Betrag begrenzt, der bei Durchführung der notwendigen Reparatur angefallen wäre (BGH NJW 2013, 1151).

(e) Veräußerung. Im Falle der Veräußerung des unreparierten Unfallfahrzeugs 314 kann der Geschädigte zwar die Reparaturkosten fiktiv abrechnen. Weil bei ihm aber keine MwSt anfällt, kann er vom Ersatzpflichtigen keine MwSt ersetzt verlangen. Da in seiner Person bis zur Veräußerung kein Ersatzanspruch hinsichtlich der MwSt entstanden ist, kann der Geschädigte insofern auch keine Abtretung des „MwSt-Schadens" an den – ebenfalls nicht vorsteuerabzugsberechtigten – Erwerber vornehmen (*Heß/Jahnke*, S. 121; *Huber* NZV 2004, 108).

(4) Ersatzobjekt. (a) MwSt-Anfall. Für die MwSt-Entstehung ist entschei- 315 dend, auf welche Weise Ersatz beschafft wird:
– Bei Anschaffung eines **Neufahrzeuges** fällt volle MwSt (Regelbesteuerung, 316 § 10 UStG) (seit 1.1.2007 19%) an.
– Bei Erwerb eines **gebrauchten Objektes** (z.B. vom Gebrauchtwagenhändler) 317 gilt Differenzbesteuerung (§ 25a UStG): Hat der Händler vom Privatmann erworben, gilt der Differenzsteuersatz (seit 1.1.2007 2,4%). Stammt das Objekt vom Vorsteuerabzugsberechtigten, kann ein konkreter MwSt-Betrag ausgewiesen werden.
– Bei Erwerb aus **Privathand** fällt keine MwSt an (BGH NJW 2009, 3713). 318
Die in Rechnung gestellte MwSt ist vom Schädiger nicht zu erstatten, soweit 319 der Halter eines für Geschäftszwecke genutzten Fahrzeugs nach § 15 I Nr. 1 UStG zum Vorsteuerabzug berechtigt ist (BGH NZV 2009, 134; BGH NJW 1990, 387; BGH NJW 1972, 1460). Schafft sich ein **Geschäftsmann** aber ein differenzbe-

BGB § 249

steuertes Fahrzeug an, ist er nicht vorsteuerabzugsberechtigt (§§ 15 I, 14 IV Nr. 8, 14a VI, 14c, 25a III, IV UStG), sodass dann auf Basis des Brutto-Wiederbeschaffungswerts zu entschädigen ist (BGH NZV 2009, 134). Die Schadenminderungspflicht kann im Einzelfall (z.B. wenn auf dem maßgeblichen Markt ausreichend Fahrzeuge regelbesteuert angeboten werden) gebieten, dass der Geschädigte ein regelbesteuertes Fahrzeug zu erwerben hat (BGH NZV 2009, 134).

320 MwSt soll nur ersetzt werden, wenn und soweit sie der Geschädigte zur Wiederherstellung aus seinem Vermögen tatsächlich aufgewendet hat. Sie ist nicht zu zahlen, wenn und soweit sie nur fiktiv bleibt, weil es zu einer umsatzsteuerpflichtigen Reparatur oder Ersatzbeschaffung nicht kommt (BGH NJW 2013, 3719; BGH NJW 2013, 1151). Ist bei der Ersatzbeschaffung von privat keine MwSt angefallen, hat der Geschädigte keinen Anspruch auf Ersatz der im MwSt (BGH NJW 2013, 3719).

321 **(b) MwSt-Erstattung.** MwSt bleibt unberücksichtigt, wenn der Geschädigte zum Vorsteuerabzug berechtigt ist. Ist der Geschädigte **nicht vorsteuerabzugsberechtigt,** gilt für die Abrechnung auf Totalschadensbasis (§ 249 BGB, Rn 119 ff) Folgendes:

322 Hat der Geschädigte Anspruch auf Zahlung des Wiederbeschaffungswertes (auch Neuwagenersatz, § 251 BGB, Rn 14) und wird kein Ersatzobjekt erworben (**Fiktivabrechnung**), ist keine MwSt zu zahlen. Während beim Neuwagen der volle MwSt-Satz (§ 249 BGB, Rn 316) abzuziehen ist, ist bei Abrechnung auf Wiederbeschaffungsbasis die Differenzbesteuerung zu berücksichtigen. Es ist zu klären (§ 287 ZPO), ob dem Unfallfahrzeug vergleichbare Kfz auf dem Gebrauchtwagenmarkt üblicherweise regelbesteuert, differenzbesteuert oder von privat (umsatzsteuerfrei) angeboten werden (BGH NJW 2005, 2220). Die Rechtsprechung billigt für differenzbesteuerte Kfz einen Pauschalabzug vom Brutto-Wiederbeschaffungswert in Höhe von 2,4% (BGH NJW 2004, 2086). Wird das beschädigte Kfz regelbesteuert erworben, ist MwSt ungekürzt (seit 1.1.2007 19%) vom Brutto-Wiederbeschaffungswert abzusetzen (BGH NJW 2006, 2181).

323 Bei Erwerb eines Ersatzobjekts wird die dabei anfallende MwSt – begrenzt durch im Gutachten ausgewiesenen Wiederbeschaffungsaufwand (BGH NJW 2013, 1151) – ersetzt. Erwirbt der Geschädigte ein gleichwertiges Fahrzeug **(konkrete Ersatzbeschaffung),** kann er den tatsächlich aufgewendeten Betrag (bis zur Höhe des geschätzten Brutto-Wiederbeschaffungsaufwandes) unabhängig davon ersetzt verlangen, ob in ihm Regel-MwSt, Differenzsteuer oder keine MwSt enthalten ist (BGH NJW 2006, 2181; BGH NJW 2005, 2220). Wird kein gleichwertiges Fahrzeug erworben, ist nach den steuerrechtlichen Vorgaben (§ 249 BGB, Rn 322) der MwSt-Aufwand herauszurechnen.

324 Der Anspruch auf MwSt setzt voraus, dass der Geschädigte eine Sache **zeitnah** (maximal 6 Monate, siehe auch § 251 BGB, Rn 15) erwirbt, die mit der beschädigten Sache nach der Verkehrsauffassung wenigstens **funktional vergleichbar** (LG Saarbrücken BeckRS 2011, 12848) ist. Ob ein Aliud angeschafft wurde, ist im konkreten Einzelfall zu entscheiden (Beispiele für Aliud: Rennrad anstelle Motorrad, Pferd/Motorboot anstelle Kfz). Es muss kein klassengleiches Fahrzeug angeschafft werden. Der Erwerb eines Neufahrzeuges anstelle eines beschädigten jüngeren Kfz ist adäquate Ersatzbeschaffung (OLG Naumburg NJW-RR 2011, 245). Das „Ersatz"fahrzeug muss **nach dem Unfall angeschafft** sein (AG Aachen DAR 2013, 584).

325 Der Geschädigte, der anstelle des Unfallfahrzeugs ein neues Fahrzeug least, hat Anspruch auf die anteilige MwSt; mit **Leasing** eines Ersatzfahrzeuges wird eine

Restitutionsmaßnahme i.S.d. § 249 BGB vorgenommen. Da beim Leasing die MwSt nur pro rata anfällt, sind dem Geschädigten die MwSt-Anteile auf die monatlichen Leasingraten zu erstatten, begrenzt durch den MwSt-Anteil bis zur Höhe des Bruttowiederbeschaffungswerts des Unfallfahrzeugs (OLG Celle BeckRS 2011, 27147).

m) Gesetzliche Unfallversicherung. Hilfeleistende im öffentlichen Interesse **326** (§ 2 I Nr. 11 lit. a und Nr. 13 lit. a, c SGB VII, u.a. Rettungsdienste und Nothelfer) erhalten vom gesetzlichen UVT nicht nur Leistungen für Körperschäden, sondern unter den Voraussetzungen des § 13 S. 1 SGB VII auch Sachschaden- und Aufwendungsersatz, der sich an schadenrechtlichen Aspekten orientiert (*Leube* NZV 2011, 277). Siehe *Jahnke/Burmann-Jahnke/Burmann*, Handbuch des Personenschadensrechts, Kap. 1 Rn 1130 ff.

5. Sonstige materielle Einbußen. a) Abwrackprämie. Die Abwrackprä- **327** mie ist nicht auf den Restwert anzurechnen (siehe § 249 BGB, Rn 133; siehe ferner *Buck* NZV 2010, 122; *Diehl* zfs 2011, 25).

Die Zahlung der Umweltprämie verringert nicht den Hilfebedarf des Empfän- **328** gers, sodass daneben Leistungen nach dem **SGB II** gerechtfertigt sind (LSG Darmstadt DAR 2010, 224).

b) Subventionsverlust. Wird ein **subventioniertes Feuerwehrfahrzeug** so **328a** beschädigt, dass die Subvention anteilig zurückbezahlt werden muss, stellt der Rückzahlungsbetrag dann keine erstattungsfähige Schadensposition dar, wenn die Ersatzbeschaffung in gleicher Weise subventioniert wurde (subjektbezogene Schadensbetrachtung) (OLG Nürnberg NZV 2016, 388).

c) Prämiennachteile. aa) Kfz-Haftpflichtversicherung. Verlust des Scha- **329** denfreiheitsrabattes (SFR) in der Kfz-Haftpflichtversicherung ist, da hier eigene Verantwortlichkeit des Versicherten und seine finanzielle Entlastung durch seinen Versicherer zum Ausdruck kommt, nicht zu ersetzen (BGH NJW 1976, 1846).

bb) Kasko-Versicherung. Wird die Kaskoleistung nicht aufgrund einer Mit- **330** haftung, sondern wegen **besserer Leistung** (z.B. Neuwagen) verlangt, ist der Rabattverlust nicht zu ersetzen (*Tomson* VersR 2007, 923; *Staab* DAR 2007, 349).

Führt die Inanspruchnahme der Kasko-Versicherung zum Verlust des Kasko- **330a** SFR, liegt hierin ein mit Haftungsquote zu ersetzender Schaden (BGH NJW 2007, 66), der für die Vergangenheit mit Leistungsklage und für die Zukunft mit Feststellungsklage geltend zu machen ist (BGH NJW 2006, 2397). Bei anteiliger Haftung muss nicht die Regulierungsbereitschaft des Schadenersatzpflichtigen abgewartet werden (BGH NJW 2007, 66). Kann der Geschädigte wirtschaftlich sinnvoll einen SFR-Verlust durch Kreditaufnahme (OLG Frankfurt WI 1986, 122) oder spätere Rückerstattung der Kaskoleistung (siehe I.5 AKB) mindern, ist er hierzu verpflichtet. Steht die Kasko-Entschädigung außer Verhältnis zum SFR-Verlust, liegt hierin ein Verstoß gegen die Schadenminderungspflicht (LG Bielefeld NJW-RR 1987, 923).

Hat der Geschädigte für sein beschädigtes Fahrzeug eine **Rabattschutzversi-** **331** **cherung** abgeschlossen, ist diese in Anspruch zu nehmen. Da es sich um eine Schadenversicherung handelt, erfolgt ein Forderungsübergang auf den Versicherer (§ 86 VVG).

Benutzt der Versicherungsnehmer einen privaten PKW aus zwingenden dienst- **332** lichen Gründen mit dem Einverständnis des **Dienstherrn,** kann der Verlust des

Kasko-SFR ein Sachfolgeschaden (z.B. iSv § 91 I 1 LBG NW) sein. Es steht dann im Ermessen des Dienstherrn, ob und in welchem Umfang er für einen solchen Schaden Ersatz leistet (OVG Nordrhein-Westfalen r+s 2009, 11).

332a **cc) Neuabschluss einer Versicherung.** Ersatz von Prämiennachteilen, die, ohne rückgestuft worden zu sein, allein durch den Neuabschluss einer Kasko- und Haftpflichtversicherung wegen des durch die Ersatzbeschaffung bedingten Fahrzeugwechsels und einer dabei vorgenommenen korrekten Änderung der Tarifgruppe entstehen, sind nicht zu ersetzen (LG Saarbrücken BeckRS 2017, 113462).

333 **d) Fortlaufende Kosten.** Kfz-Steuer und Kfz-Versicherung sind neben Nutzungsausfall nicht zu ersetzen, sondern in den zu erstattenden Vorhaltekosten enthalten (*Hentschel/König/Dauer-König*, § 12 StVG Rn 47).

334 **e) Transportschaden.** Beförderung ist zweckgerichtetes Handeln, das gerade darauf abzielt, eine Ortsveränderung der Sache zu bewirken (BGH NZV 1994, 355). Zur Reichweite der Transporthaftung siehe BGH NJW-RR 2009, 1479. Siehe auch § 254 BGB, Rn 252 ff.

335 Soweit für Schäden an mit Kfz beförderten Sachen gehaftet wird (zur beschränkten Frachtführerhaftung siehe § 254 BGB, Rn 93), besteht zwar keine Deckung des Kfz-Versicherers (§ 4 Nr. 3 KfzPflVV, A.1.5.5 AKB; § 11 Nr. 3 S. 1. 2. Alt. AKB aF) für Schäden am Transportgut selbst, wohl aber für Entsorgungskosten des beschädigten Gutes (BGH NZV 2008, 83; BGH NZV 1995, 107).

336 **f) Zeitverlust.** Siehe § 249 BGB, Rn 358 ff.

336a **6. Fehlverhalten. a) Falschparken. Zum Thema:** *Goering* DAR 2009, 603; *Jahnke* jurisPR-VerkR 18/2014 Anm. 1; *Koehl* DAR 2015, 224; *Liebheit* DAR 2014, 516; *Lorenz* NJW 2009, 1025; *Stöber* DAR 2009, 539; *Toussaint* jurisPR-BGHZivilR 16/2009 Anm. 1.

337 **aa) Unterlassung.** Das Abstellen eines Kfz auf einem gebührenpflichtigen Parkplatz ohne Auslegung des Parkscheins stellt eine verbotene Eigenmacht (§ 858 I BGB) dar (BGH NJW 2016, 863). Wird ein Kfz auf einem fremden Stellplatz geparkt, steht dem Grundstückseigentümer bzw. Nutzungsberechtigten ein **Unterlassungsanspruch** wegen Besitzstörung alternativ gegen den unmittelbaren (Fahrzeugführer), den mittelbaren Handlungsstörer (Fahrzeughalter; BGH NJW 2012, 3781) oder den Zustandsstörer zu. Wenn parkende Fahrzeuge teilweise über die Grenze eines Parkplatzgrundstücks hinaus geraten, kann der Nachbar auch vom Grundstückseigentümer, der das Gelände vermietet hat, nicht nur Unterlassung, sondern im Einzelfall auch bauliche Maßnahmen verlangen (OLG Karlsruhe DAR 2017, 198). Hat ein **Fahrzeughalter** sein Fahrzeug einer anderen Person überlassen, kann er als Zustandsstörer unter dem Gesichtspunkt der Erstbegehungsgefahr auf Unterlassung in Anspruch genommen werden, wenn er auf die Aufforderung des Parkplatzbetreibers, den für eine Besitzstörung verantwortlichen Fahrer zu benennen, schweigt. Schon das einmalige unbefugte Abstellen des Fahrzeugs auf einem Privatgrundstück begründet die tatsächliche Vermutung dafür, dass sich die Beeinträchtigung wiederholt (BGH NJW 2016, 863).

338 **bb) Halterverantwortung.** Der Halter haftet nur, wenn er entweder die Dritthandlung gestattet oder es unterlassen hat, die Dritthandlung, die er ermöglichte oder zu deren Verhinderung er sonst verpflichtet ist, zu verhindern. Der

Halter verstößt weder gegen eine Verkehrssicherungspflicht, indem er den Pkw an einen Dritten überlässt, noch besteht eine Pflicht, dieser Person Anweisungen zu verkehrsgerechtem Verhalten zu geben (LG München I DAR 2009, 591).

Der Halter ist gegenüber Eigentümer bzw. Nutzungsberechtigten eines Park- **339** platzes **nicht auskunftsverpflichtet,** wer das Fahrzeug zum Zeitpunkt der unberechtigten Inanspruchnahme des Parkplatzes geführt hat; Vorschriften des Ordnungswidrigkeitsrechts (z.B. § 25a StVG) sind unanwendbar (LG Nürnberg jurisPR-VerkR 22/2013 Anm. 4; LG Rostock v. 11. 4.2008 – 1 S 54/07 – juris; AG Osterholz-Scharmbeck NZV 2012, 340).

Ein **Parkplatzbenutzungsvertrag** kommt nur mit dem Fahrer des abgestell- **340** ten Fahrzeuges, nicht aber mit dessen Halter zustande (AG Bremen NZV 2012, 340; AG Osterholz-Scharmbeck NZV 2012, 340). Es gibt keinen Anscheinsbeweis, dass der Halter eines Kfz stets auch dessen Fahrer war (AG Osterholz-Scharmbeck NZV 2012, 340). Missachtet ein Pkw-Fahrer das Gebot, auf einem privaten Parkplatz eine Parkscheibe zur Dokumentation der Parkdauer auszulegen, kann er damit zwar zur Zahlung einer Vertragsstrafe verpflichtet sein, ein Anspruch gegen den Kfz-Halter, der das Fahrzeug nicht abgestellt hat, besteht nicht (ausführlich auch zu anderen Anspruchsgrundlagen LG Kaiserslautern NZV 2016, 483).

cc) **Abschleppen.** Wer sein Fahrzeug unbefugt auf einem **Privatgrundstück** **341** (auch Gelände eines Einkaufsmarktes) abstellt, begeht verbotene Eigenmacht (§ 858 I BGB), derer sich der unmittelbare Grundstücksbesitzer mittels Abschleppens erwehren darf (BGH NJW 2016, 2407; BGH NJW 2014, 3727; BGH NJW 2009, 2530; *Koch* NZV 2016, 357; *Koehl* DAR 2015, 224; *Stöber* DAR 2009, 539, *Liebheit* DAR 2014, 516). Der Fahrzeughalter ist nach den Grundsätzen einer berechtigten GoA zum Ersatz der für die Entfernung erforderlichen Aufwendungen verpflichtet (BGH NJW 2016, 2407).

Der Besitzer als Geschädigter hat das **Wirtschaftlichkeitspostulat** (§ 249 II 1 **342** BGB) zu beachten. Beauftragt er ohne nähere Erkundigungen ein Unternehmen, das sich später als zu teuer erweist, trägt er das Risiko, teilweise seine Aufwendungen nicht erstattet zu erhalten (LG Berlin v. 25.10.2011 – 85 S 77/11 – juris). Darlegungspflichtig für die Angemessenheit des Aufwandes ist der Geschädigte (KG DAR 2011, 323). Auch ist die Verhältnismäßig zu prüfen; u.a. hat eine zumutbare Suche nach dem Falschparker zu erfolgen (AG Buxtehude DAR 2014, 148; AG München DAR 2014, 148). Falschparken an einem Taxistand rechtfertigt sofortiges Abschleppen. I.d.R. ist keine Wartefrist einzuhalten, bevor der Wagen an den Haken genommen werden darf (BVerwG NJW 2014, 2888).

Der Schadenersatzanspruch (§ 823 II i.V.m. § 858 I BGB) umfasst neben den **343** reinen **Abschleppgebühren** auch in – vom Geschädigten darzulegendem – angemessenem (ortsübliche Kosten; BGH NJW 2014, 3727) Umfang die unmittelbar mit der Vorbereitung des Abschleppvorgangs verbundenen Dienstleistungen einschließlich Beweissicherung (Überprüfung des Fahrzeugs zwecks Halterfeststellung, visuelle Sichtung des Fahrzeugs, Prüfung des Fahrzeugs auf Sicherung gegen unbefugtes Benutzen und Wegrollen, Anforderung eines passenden Abschleppfahrzeuges; im Einzelnen BGH DAR 2016, 387; BGH NJW 2014, 3727), nicht aber die Kosten einer Parkraumüberwachung (BGH jurisPR-VerkR 3/2012 Anm. 3 = NJW 2012, 528 [Vorinstanz KG DAR 2011, 323]; *Heimgärtner* DAR 2012, 330) sowie der Abwicklung und Durchsetzung des Schadenersatzanspruches (BGH NJW 2014, 3727), allerdings ohne Kosten für eine Halteranfrage (BGH NJW 2016, 863 unter ausdrücklicher Aufgabe von BGH NJW 2012, 3781).

BGB § 249 Schadensersatzrecht des BGB

344 Dem Fahrzeugbesitzer steht ein Bereicherungsanspruch (§ 812 I 1, 1. Alt. 1 BGB) zu, soweit der von ihm geleistete Betrag den ersatzfähigen Schaden übersteigt. Der gestörte Grundstücksbesitzer ist nicht nur dann Bereicherungsschuldner, wenn das Abschlepp-/Inkassounternehmen bloße Zahlstelle für die Abschleppkosten ist, sondern auch, wenn er seinen Schadensersatzanspruch gegen den Fahrzeugführer an das Abschlepp-/Inkassounternehmen abgetreten hat (BGH NJW 2012, 3373). Dabei ist ein Verhalten des Abschleppunternehmens (z.B. Abhängigmachen der Bekanntgabe des Standorts des abgeschleppten Fahrzeugs von vorheriger Bezahlung der Abschleppkosten, dazu BGH NJW 2012, 528) dem Grundstücksbesitzer regelmäßig ohne weiteres zuzurechnen.

345 Der Geschädigte ist befugt, eine **Fremdfirma** zu beauftragen. Mit dem ihm vom Geschädigten abgetretenen Schadenersatzanspruch darf das beauftragte Unternehmen ein Zurückbehaltungsrecht – auch bei zunächst zu hoher Aufwandsersatzforderung – gegen den Herausgabeanspruch des Schädigers ausüben (BGH jurisPR-VerkR 3/2012 Anm. 3 = NJW 2012, 528).

345a Zur öffentlich-rechtlichen Haftung bei Beschädigung anlässlich des Abschleppens von verbotswidrig geparkten Fahrzeugen siehe BGH NJW 2014, 2577.

345b Der Erlass einer **einstweiligen Verfügung auf Herausgabe** eines im Wege der Selbsthilfe (§ 859 BGB) abgeschleppten Fahrzeuges ist im Hinblick auf § 273 III BGB (Abwendung des Zurückbehaltungsrechts durch Sicherheitsleistung) nicht erforderlich. Dabei ist die Frage der Angemessenheit der Höhe des Schadensersatzanspruches des beeinträchtigten Grundstücksbesitzers ohne Bedeutung für die Beurteilung der Rechtmäßigkeit der Selbsthilfemaßnahme als solche (LG München I NZV 2016, 482).

345c Wer einen Rangierroller oder eine Parkkralle in Anwesenheit des Geschädigten einsetzt und das Fahrzeug erst nach Zahlung eines bestimmten Betrages freigibt, obwohl er weiß, dass nach Sachlage kein Anspruch besteht, macht sich der **Erpressung** schuldig (LG Augsburg BeckRS 2011, 23415). Im Einzelfall kann es an der subjektiven Vorwerfbarkeit fehlen (BGH v. 21.12.2016 – 1 StR 253/15). Siehe Paal/Guggenberger NJW 2011, 1036.

345d **dd) Sondernutzung.** Wird ein nicht zum öffentlichen Verkehr zugelassenes Kfz, das auf öffentlichem Straßengrund formell und materiell illegal abgestellt ist, nach Sondernutzungsrecht im Wege der unmittelbaren Ausführung abgeschleppt, kommen die Grundsätze für das Abschleppen verbotswidrig geparkter, aber zum öffentlichen Verkehr zugelassener Fahrzeuge nicht zur entsprechenden Anwendung. Abschleppen ist unter erleichterten Voraussetzungen möglich (BayVGH NVwZ-RR 2017, 616).

346 **ee) Versicherungsschutz.** Für die entstehenden Kosten ist mangels **Deckung** der Kfz-Haftpflichtversicherer nicht eintrittspflichtig (Stiefel/Maier-Maier, AKB A.1 Rn 5, 27, Baldringer/Jordans NZV 2005, 75).

347 **b) Kraftstoffdiebstahl, Tankdiebstahl.** Füllt ein Kunde an einer Selbstbedienungstankstelle Kraftstoff in seinen Tank, schließt er bereits zu diesem Zeitpunkt mit Tankstellenbetreiber bzw. Mineralölunternehmen einen Kaufvertrag über die entnommene Menge Kraftstoff. Wird der Kaufpreis für den getankten Kraftstoff nicht entrichtet („Schwarztanken"; zur Strafbarkeit BGH NZV 2016, 288), gerät der Kunde mit Verlassen des Tankstellengeländes in Verzug, ohne dass es einer Mahnung bedarf. Detektiv- und Rechtsverfolgungskosten sind ebenfalls als Verzugsschaden dann erstattungsfähig (BGH NJW 2011, 2871).

Es besteht keine Zustandsverantwortlichkeit eines Kfz-Halters für **Bodenver-** 347a
unreinigungen anlässlich eines Kraftstoffdiebstahls aus seinem ordnungsgemäß
abgestellten Fahrzeug (§ 249 BGB, Rn 281a).

c) Waschanlage. Zu Schäden in Waschanlagen siehe die Zusammenstellungen 347b
bei *Lehre* DAR 2016, 548; *Winter* DAR 2013, 541; *Elkner* DAR 2011, 507.

7. Regulierungskosten. a) Zinsen, Finanzierung. Kreditkosten zur Finan- 348
zierung z.b. von Kfz-Reparatur oder Anmietung eines Ersatzfahrzeuges (OLG
Düsseldorf zfs 1997, 253) sind zu ersetzen, wenn **eigene Finanzmittel** nicht zur
Verfügung stehen und der Ersatzpflichtige trotz rechtzeitiger, konkret begründeter
(und nicht bloß formularmäßiger) Benachrichtigung (**Informationsobliegen-
heit** des Geschädigten; KG NZV 2010, 209) den Geschädigten nicht von dessen
Aufwendungen (z.B. durch Kostenübernahmeerklärung oder Vorschuss) freistellt
(BGH NJW 1974, 34).

Die **Notwendigkeit** einer Kreditaufnahme hat der Geschädigte zu beweisen 349
(OLG Zweibrücken VersR 1981, 343).

Bei Geltendmachung von Kreditkosten ist das **Zinseszinsverbot** (§§ 248, 289 350
S. 1, 291 S. 2, 301 BGB) zu beachten.

Ein Gläubiger, der ein nicht-rechtskräftiges Berufungsurteil erwirkt hat, aus 351
dem er nicht vollstreckt, hat weiterhin Anspruch auf **Verzugszinsen,** wenn er
die ihm zur Abwendung der Zwangsvollstreckung angebotene Zahlung des
Schuldners zurückweist (BGH NJW 2012, 1717).

Die von einem konkreten Schadennachweis unabhängige **Verzugszinsenpau-** 351a
schale (§ 288 V BGB) setzt Verzug mit einer Entgeltforderung (§§ 271a, 288 II
BGB) voraus und ist auf andere Bereiche nicht übertragbar (BT-Drucksache 18/
1309, S. 19); Schadensersatzforderungen sind nicht erfasst.

b) Dolmetscherkosten. Übersetzungs- und Dolmetscherkosten können, 352
wenn und soweit sie zur Anspruchsdurchsetzung erforderlich waren, ersatzfähig
sein.

c) Steuerberater, Rentenberater. Kosten für Steuerberater (OLG Celle 353
OLGR 2007, 505) bzw. Rentenberatung o.ä. anlässlich der Schadenabwicklung
sind i.d.R. nicht erforderlich iSv § 249 BGB und daher nicht zu erstatten (§ 249
BGB, Rn 158).

d) Gutachter im Personenschaden. Siehe auch § 249 BGB, Rn 23a, § 249 354
BGB, Rn 517 ff, § 249 BGB, Rn 564 ff. Zum Sachschaden siehe § 249 BGB,
Rn 149 ff.

Der **Anwalt** hat zum verfolgten Schadensersatzanspruch eigenverantwortlich 354a
zu ermitteln und vorzutragen. Bedient er sich dabei fremder Hilfe (z.B. eines
Sachverständigen für Haushaltsführungsschäden oder Verdienstausfall), sind diese
Kosten nicht erstattungsfähig, wenn z.B. ein Gutachten zusätzlich zur anwaltlichen
Beratung nicht erforderlich ist. Einer sachverständigen Beratung hinsichtlich der
Schadensfeststellung bedarf es nur bei dem Erfordernis besonderer Kenntnisse und
Erfahrungen auf einem bestimmten Sachgebiet, über die weder die geschädigte
Person noch ihr Anwalt verfügt (OLG Hamm MDR 2011, 424).

Die Ermittlung des **Erwerbsschadens** durch Vergleich des Lohneinkommens 355
aus der Zeit vor dem Unfall mit den Einkommensverhältnissen in der Zeit nach
dem Unfall unter Mitberücksichtigung von Lohnersatzleistungen gehört zum
anwaltlichen Aufgabengebiet (OLG Hamm MDR 2011, 424).

BGB § 249

356 Sieht sich der Prozessbevollmächtigte nicht in der Lage, seinen Mandanten zum **Haushaltsführungsschaden** zu befragen, und beauftragt er einen Dritten mit der Sachverhaltsermittlung und Berechnung des zu fordernden Schadensbetrages, kann er die dadurch entstandenen Kosten nicht vom Gegner ersetzt verlangen (OLG Celle v. 26.11.2009 – 5 W 67/09; LG Bückeburg v. 18.8.2009 – 2 O 108/09; AG Stadthagen v. 17.11.2010 – 41 C 66/10 (VII); *Jahnke*, Haushaltsführungsschaden, 48. VGT 2010, S. 111, zu IV.1.a).

356a Das **Hohenheimer Verfahren** ist ein intransparentes Blackbox-Verfahren, aufgrund dessen vom Verletzten erfragte Angaben nach nur schwer nachvollziehbaren internen Mustern bewertet werden. Wird (z.B. mithilfe des Hohenheimer Verfahrens) ein Fragebogen (siehe auch *Schulz-Borck/Hofmann*, 6. Aufl., Tabelle 4, ferner *Schulz-Borck/Pardey*, 7. Aufl. 2009, S. 34) ausgewertet oder ein Sachverständiger für Haushaltsführungsschäden bemüht, hat der Schadenersatzpflichtige die dafür entstehenden Kosten nicht zu erstatten (OLG Köln v. 10.9.2012 – 12 U 25/12 – juris).

357 e) **Auslagenpauschale.** Siehe § 249 BGB, Rn 255 ff.

358 f) **Bearbeitungskosten, Zeitaufwand.** Ein Geschädigter, der selbst den Schaden behebt (zur Eigenreparatur siehe § 249 BGB, Rn 36), kann in Grenzen Ersatz von Kosten auch der Verwaltungsmehrarbeit haben (BGH NJW 1977, 35; BGH NJW 1970, 1454; BGH NJW 1969, 1109; BGH NJW 1961, 729). Insoweit handelt es sich um Aufwendungen der eigentlichen Schadensbeseitigung oder Schadensverhütung, die das Schadensrecht als Aufgabe des Schädigers auch dort ansieht, wo es den Geschädigten befugt oder gar ihm auferlegt (§ 254 II BGB), die Beseitigung des Schadens selbst in die Hand zu nehmen (BGH NJW 1960, 1339). Dass dieser von der Befugnis Gebrauch macht, darf den Schädiger nicht entlasten (BGH NJW 1980, 119).

359 Hiervon bleibt die Zuordnung der Mühewaltung bei der Rechtswahrung zum eigenen Aufgabenkreis des Geschädigten unberührt. Die mit der Erledigung eines Unfallschadens verbundenen Arbeitsgänge und Zeitverluste gehören zum **Pflichtenkreis des Geschädigten.** Der damit verbundene Zeit- und Verwaltungsaufwand ist deshalb vom Geschädigten auch dann allein zu tragen, wenn er sich von Gemeinkosten eindeutig abgrenzen lässt (BGH NJW 1980, 119; BGH NJW 1976, 1256). Ein Unternehmen kann nicht-erstattungsfähige Gemeinkostenanteile auch nicht dadurch auf den Schädiger abwälzen, dass es aus Rationalisierungsgründen Unfallschäden auch in einfachen Sachen von seinen Anwälten bearbeiten lässt (OLG Köln VersR 1975, 1105) oder Aufgaben der Schadenbearbeitung einer besonderen Abteilung überträgt (BGH NJW 1980, 119; BGH NJW 1969, 1109). Der Zeitaufwand einer Partei für die Beschaffung von Informationen und die Durch- und Aufarbeitung des Prozessstoffes gehört zum allgemeinen Prozessaufwand, der nicht erstattungsfähig ist. Das gilt grundsätzlich auch dann, wenn die Partei nicht selbst tätig geworden ist, sondern eine Hilfsperson (z.B. Rechtsanwalt) beauftragt hat (BGH NJW 2015, 633).

360 Außerhalb der Voraussetzungen des **Verzuges** kann der Geschädigte Aufwendungen für Bearbeitung und außergerichtliche Abwicklung des Schadenersatzanspruchs nicht erstattet verlangen (BGH NJW 2009, 2530; OLG Frankfurt r+s 2014, 204). Der für Ersatzbeschaffung pp. betriebene Zeitaufwand ist im Rahmen deliktischer Beziehungen nicht ersatzfähig (BGH jurisPR-VerkR 13/2012 Anm. 1 = NJW 2012, 2267; BGH jurisPR-VerkR 3/2012 Anm. 3 = NJW 2012, 528; BGH NJW 1989, 766, NJW 1983, 1107; BGH NJW 1970, 1411; OLG Oldenburg VersR 2009, 797). Es besteht kein Anspruch auf Ersatz von Kosten durch die Inanspruchnahme eines für die Schadenabwicklung **beauftragten Unternehmens** (OLG Frankfurt r+s 2014, 204).

Der Geschädigte hat keinen Anspruch auf Ersatz des ihm durch **polizeiliche** 361 **Unfallaufnahme, Zeugenaussage** (LG Erfurt NZV 2006, 44; AG Waiblingen VersR 1977, 922) oder **Schadenabwicklung** entstehenden reinen Zeitverlustes (BGH jurisPR-VerkR 13/2012 Anm. 1 = NJW 2012, 2267; BGH NJW 2012, 52; BGH NJW 1989, 766; OLG Köln MDR 1996, 917); auch dann nicht, wenn entgangene Zeit hätte gewinnbringend eingesetzt werden können (OLG Köln VersR 1982, 585) oder **Angestellte** eingesetzt werden (BGH NJW 1980, 119; BGH NJW 1976, 1256). Gleiches gilt für durch **Transporte/Überführung** (AG Köln VersR 1981; AG Osterholz-Scharmbeck r+s 1978, 16), **Ersatzbeschaffung** (OLG Oldenburg VersR 2009, 797), **Überwachung** der Instandsetzung (BGH NJW 1969, 1109), **Überprüfung** der Rechnungen (OLG Düsseldorf BeckRS 2006, 11668) entstehende Zeitverluste.

Bei **unzutreffender Schadenanzeige** ohne falsche Verdächtigung entfällt ein 361a Schadenersatzanspruch (AG Ibbenbüren DAR 2014, 330). Siehe auch § 249 BGB, Rn 420 ff.

g) Rechtsanwaltskosten. aa) Mandatsvertrag. Zum Thema: *Feldmann* 361b r+s 2016, 546; *Jahnke*, Abfindung von Personenschadenansprüchen, § 2 Rn 729 ff.

Das Mandatsverhältnis ist ein zivilrechtlicher Vertrag, und zwar – jedenfalls bei 361c der Abwicklung von Schadenersatzansprüchen aus Haftpflichtereignissen – ein Geschäftsbesorgungsvertrag (§ 675 BGB).

Ein Anwaltsvertrag, mit dessen Abschluss der Rechtsanwalt gegen das Verbot 361d verstößt, **widerstreitende Interessen** zu vertreten, ist nichtig (BGH NJW 2016, 2561; LG Karlsruhe v. 6.10.2016 – 10 O 219/16 – juris m.w.H.). Ein Rechtsanwalt vertritt entgegen § 43a IV BRAO widerstreitende Interessen, wenn er **mehrere Geschädigte eines Verkehrsunfalls** vertritt, von denen einer dem anderen zugleich als Schädiger neben dem in Anspruch genommenen Schädiger gesamtschuldnerisch haften kann; die bloße Möglichkeit einer Inanspruchnahme reicht. Der Vertrag zwischen Anwalt und Mandant beruht auf einem Rechtsverstoß, was zur Nichtigkeit des zwischen Mandanten und Anwalt bestehenden Vertrages führt (§ 134 BGB) (BGH NJW 2001, 1569). Bei einem nichtigen Mandatsverhältnis besteht kein Gebührenanspruch im Mandatsverhältnis, sodass im Schadenersatzverhältnis dann auch keine Gebührenerstattung verlangt werden kann (LG Saarbrücken jurisPR-VerkR 10/2015 Anm. 2 = zfs 2015, 509). Der verbotswidrig geschlossene Vertrag ist nichtig und begründet auch dann keine Vergütungsansprüche des Rechtsanwalts, wenn sich die Beratung nicht im Nachhinein als wertlos erweist und gebührenpflichtig von einem neuen Anwalt wiederholt werden muss (BGH NJW 2013, 32). Zum **Parteiverrat** siehe *Jahnke*, Abfindung von Personenschadenansprüchen, § 2 Rn 739 ff m.w.H.

Das Angebot einer Kanzlei, ihren Mandanten die **Verauslagung von Repara-** 361e **tur-, Sachverständigen-** sowie **Abschleppkosten** in Höhe der geschätzten Haftungsquote anzubieten, stellt dann einen Verstoß gegen § 49b III 1 BRAO dar, wenn die Mandanten auf Empfehlung dieser Kfz-Werkstätten, Sachverständigen und Abschleppunternehmer die Kanzlei mit der Abwicklung der Verkehrsunfallsache beauftragt haben. In diesen Fällen ist die von § 49b III 1 BRAO geforderte Ursächlichkeit gegeben (BGH NJW 2016, 3105). Der berufsrechtliche Verstoß führt zur Nichtigkeit des Mandatsvertrags einschließlich der (Inkasso)Voll-

BGB § 249

macht (§ 134 BGB). BGH NJW 2001, 1569 begründet die Nichtigkeit, *„weil die gesetzliche Regelung weitgehend wirkungslos bliebe, wenn der Rechtsanwalt aus einer ihm untersagten Tätigkeit einen Honoraranspruch erwerben könnte."*

361f Soweit der Geschädigte durch anwaltliche Fehlberatung Vermögenseinbußen erleidet, folgt ein etwaiger Schadensersatzanspruch gegenüber seinem Rechtsberater aus Verletzung der **Beratungspflichten** (pVV des Mandatsvertrages). Anwaltliche Kenntnisse (dazu grundl. BGH NJW 2006, 501) haben sich auch auf das (gerade bei der Personenschadenregulierung wichtige) Zessionsrecht zu erstrecken.

362 **bb) Allgemeines.** Der Geschädigte, aber auch der Ersatzpflichtige, darf mit der anderen Partei auch dann unmittelbar Kontakt aufnehmen, wenn sich für diese ein Anwalt bestellt hat, der namens seiner Partei um ausschließliche **Korrespondenz** mit ihm bittet (BGH NJW 2011, 1005).

362a Der Rechtsanwalt darf kostenlose Erstberatungen für Personen anbieten, die einen Verkehrsunfall erlitten haben (BGH NJW 2017, 2554).

363 Die Geltendmachung unbegründeter oder **überzogener Ansprüche** mindert nicht nur den für den Ersatz erforderlicher Anwaltskosten zu berücksichtigenden Streitwert, sondern kann sogar zu Gegenansprüchen der Gegenseite führen (OLG Brandenburg VersR 2010, 66).

364 Durch die Erteilung der Deckungszusage trifft den **Rechtsschutzversicherer** kein Mitverschulden an einem durch eine **fehlerhafte Mandatsbearbeitung** entstandenen Schaden (OLG Koblenz VersR 2011, 791; OLG Koblenz NJW 2006, 3150). Die vertraglichen Pflichten eines Anwaltes sind nicht dadurch modifiziert, dass die von ihm vertretene Partei rechtsschutzversichert ist (LG Wuppertal VersR 2011, 804).

365 Hat ein Schädiger Anwaltskosten zu ersetzen, wird aus dem **Freistellungsanspruch** grundsätzlich erst nach Bezahlung der Kosten ein Geldersatzanspruch. Verweigert der Ersatzpflichtige ernsthaft und endgültig die Freistellung, kann der Geschädigte unmittelbar auf Zahlung klagen und ist im Hinblick auf § 250 BGB nicht auf die Geltendmachung eines Freistellungsanspruchs beschränkt (§ 250 BGB, Rn 14).

365a **cc) Ersatzgrundsätze. (1) Mandatsverhältnis – Schadenersatzverhältnis.** Siehe § 249 BGB, Rn 381 f.

366 **(2) Verzug, pVV, cic.** Grundsätzlich sind Anwaltskosten von jeder Partei selbst zu tragen (BVerfG NJW 1990, 3072) und nur als Folge von **Verzug** oder (vor-)vertraglichem Fehlhalten als Schadensersatz geschuldet (vgl BGH NJW 2014, 3727; OLG Düsseldorf BeckRS 2010, 10206; AG Stuttgart NJW-RR 2012, 1529; AG München v. 27.5.2014 – 261 C 2135/14 – juris; AG Zweibrücken zfs 2015, 385 m.w.H.). Rechtsverfolgungskosten sind gemäß §§ 280 I, II, 286 BGB als adäquat verursachte **Verzugsfolge** (BGH NJW 2015, 3373; BGH NJW 2009, 3239) zu erstatten, wenn sie – nach Eintritt des Verzugs – aus Sicht des Forderungsgläubigers zur Wahrnehmung und Durchsetzung seiner Rechte erforderlich und zweckmäßig waren (BGH NJW 2015, 3782). War der Anwalt bereits vor Vorliegen der Verzugsvoraussetzungen mandatiert, besteht wegen damit bereits angefallenen Anwaltskosten kein Ersatzanspruch (OLG Karlsruhe r+s 2011, 282, siehe auch § 249 BGB, Rn 380). **Zinsen** auf vorgerichtliche Rechtsanwaltskosten können nicht bereits nach Ablauf einer einseitig gesetzten Frist geltend gemacht werden. Eine bloße Zahlungsaufforderung mit einseitiger Fristbestimmung reicht

nicht aus, um den Verzug des Gegners zu begründen, sofern dem Gläubiger nicht gemäß § 315 BGB ein Leistungsbestimmungsrecht zusteht (LG Mannheim NJW-RR 2016, 599).

Beruht die Haftung des Schädigers auf Verschulden bei Vertragsschluss (cic) oder positiver **Vertragsverletzung** (pVV), hat die vertragsbrüchige Partei dem geschädigten Vertragspartner auch die bei der Schadensbeseitigung entstandenen Rechtsanwaltskosten zu ersetzen (BGH NJW 1986, 2243; BGH NJW 1959, 933; BGH WM 1972, 556). Kosten der Rechtsverfolgung gehören, soweit sie zur Wahrnehmung der Rechte erforderlich und zweckmäßig waren, grundsätzlich zum wegen einer unerlaubten Handlung zu ersetzenden Schaden (BGH NJW 2016, 1245). **367**

(3) Erforderlichkeit. Zu erstatten sind nur – aus Sicht des Geschädigten (BGH NJW 2011, 155; BGH NJW-RR 2010, 428; BGH NJW-RR 2008, 656) – **erforderliche** und zweckmäßige Rechtsverfolgungskosten (BGH VersR 2017, 1282; BGH NJW 2016, 2883; NJW 2014, 939; BGH GRUR 2011, 754; BGH NJW 2006, 1065; siehe auch BGH GRUR 2011, 754 zu Abmahnkosten). Erforderlichkeit und Zweckmäßigkeit der anwaltlichen Tätigkeit sind vom Geschädigten darzulegende und zu beweisende Anspruchsvoraussetzungen (BGH MDR 2011, 1013). Die Erforderlichkeit ist ex post und objektiv zu beurteilen (AG Stuttgart NJW-RR 2012, 1529). **Verkehrsanwaltskosten** in der Revisionsinstanz sind nicht erstattungsfähig (OLG Hamburg VersR 2014, 766). **368**

Beauftragt der Geschädigte einen Rechtsanwalt mit der Geltendmachung von Schadensersatzansprüchen gegenüber dem Schädiger, ist der Umfang des Ersatzverlangens nur für die Abrechnung zwischen dem Geschädigten und seinem Anwalt maßgebend (Innenverhältnis). Kostenerstattung aufgrund des materiellrechtlichen Kostenerstattungsanspruchs kann der Geschädigte vom Schädiger grundsätzlich nur insoweit verlangen, als seine Forderung diesem gegenüber auch objektiv berechtigt ist (BGH VersR 2017, 1282). **368a**

Teil der Schadensabwicklung ist auch die Entscheidung, den Schadensfall einem **eigenen Versicherer** (z.B. Kaskoversicherer) zu melden. Anwaltliches Tätigwerden muss aber erforderlich sein; im Regelfall kann der Geschädigte hier selbst tätig werden (BGH VersR 2017, 1155; BGH NJW 2006, 1065; BGH NJW 2005, 1112). Die Leistungsverweigerung durch den gegnerischen Haftpflichtversicherer lässt keine Rückschlüsse auf das Regulierungsverhalten des mit dem Geschädigten seinerseits vertraglich verbundenen Versicherers zu und vermag nicht die Erstattungsfähigkeit von Rechtsverfolgungskosten zu begründen (BGH NJW 2012, 2194). Soweit im Schadenersatzverhältnis ein Erstattungsanspruch entstanden ist, ist im Verhältnis zum Schädiger derjenige Gegenstandswert zugrunde zu legen, der der letztlich festgestellten oder unstreitig gewordenen Schadenshöhe entspricht (BGH VersR 2017, 1155). **368b**

(4) Ausnahmen. Für den Bereich der unerlaubten Handlungen, aber auch der StVG-Haftung, gilt, dass dem Direktgeschädigten grundsätzlich auch die bei der Verfolgung seiner Schadensersatzansprüche entstehenden Rechtsanwaltskosten als adäquater und dem Schädiger zurechenbarer Folgeschaden zu ersetzen sind (BGH NJW 1986, 2243; BGH VersR 1970, 41; BGH NJW 1962, 637). Ausnahmsweise darf ein **unmittelbar Unfallgeschädigter** (nicht aber sein Rechtsnachfolger, z.B. Arbeitgeber, Abtretungsgläubiger, SVT) bereits **vor Verzug** einen Anwalt auf Kosten des Schädigers für Anspruchsdurchsetzung einschalten, wenn er **schutzbedürftig** ist. **369**

BGB § 249 Schadensersatzrecht des BGB

370 Schutzbedürftigkeit fehlt bei **Unternehmen** und **Behörden,** die über geschultes, rechtskundiges bzw. im Geschäftsverkehr nicht unerfahrenes Personal verfügen.

371 Leasing- und **Mietwagenunternehmen** erhalten Anwaltskosten nur als Verzugsschaden (OLG Frankfurt DAR 2015, 236; LG Frankfurt NZV 2013, 87; LG München I v. 15.4.2010 – 19 S 25160/09; LG Traunstein VersR 2013, 645; AG Bad Homburg NZV 2006, 6042; AG Dresden SP 2002, 36; AG Darmstadt jurisPR-VerkR 8/2008 Anm. 2 = SP 2007, 409; AG Düsseldorf NZV 2010, 260; AG Eisenach v. 11.6.2012 – 54 C 1065/11 – juris; AG Frankfurt NZV 2007, 426; AG Frankfurt zfs 2006, 286; AG Hannover SP 2014, 243; AG Ingolstadt SP 2009, 379; AG Köln v. 2.3.2011 – 265 C 216/09 – bld.de; AG Nürnberg NZV 2009, 402; AG Stuttgart NJW-RR 2012, 1529; AG Wiesbaden SP 2013, 447).

372 Etliche Gerichte (LG Berlin SP 2009, 446; LG Bonn SP 2001, 216; AG Berlin-Mitte SP 2003, 149; AG Nürnberg SP 2003, 326) verneinen generell einen Ersatzanspruch, wenn der Schadensfall von vornherein **einfach gelagert** war und der Schädiger auf ein erstes Anspruchsschreiben unverzüglich regulierte (siehe auch BGH NJW 2015, 3447; BGH NJW 2011, 296). Ist die Verantwortlichkeit für den Schaden von vornherein derart klar, dass aus Geschädigtensicht – auch Privatmann – kein vernünftiger Zweifel daran bestehen kann, dass der Schädiger seiner Ersatzpflicht nachkommen werde, ist es nicht erforderlich (BGH VersR 1995, 183), schon für die erstmalige Geltendmachung des Schaden gegenüber dem Schädiger bzw. dessen Versicherung einen Anwalt beizuziehen (Instanzrechtsprechung uneinheitlich) (AG Gießen SP 1999, 250; AG Hamburg zfs 2001, 272; AG Kiel SP 1999, 250). Für die Erforderlichkeitsprüfung ist zudem zu bedenken, dass der Aufwand, den Schaden einem Anwalt zu melden, häufig nicht deutlich geringer ist als ihn unmittelbar beim Versicherer anzumelden (AG Köln v. 2.3.2011 – 265 C 216/09).

373 **(5) Ausland.** Richtet sich der Anspruch gegen **ausländische Schädiger,** ist auch bei einfach gelagertem Sachverhalt Anwaltseinschaltung erforderlich (AG Kaiserslautern zfs 1998, 380). Zur Erstattungsfähigkeit von Anwaltskosten bei außergerichtlicher Regulierung von Auslandsunfällen siehe *Nissen* DAR 2013, 568.

374 Einer ausländischen Partei ist es unabhängig von ihrer Parteirolle grundsätzlich nicht zuzumuten, die Wahl des **deutschen Rechtsanwalts** am **Sitz** des Prozessgerichts auszurichten (BGH NJW 2017, 2626; BGH NJW-RR 2014, 886). Sind Ersatzansprüche in Deutschland zu verfolgen, ist die Einschaltung **ausländischer Anwälte** nicht erforderlich (BGH NJW 2006, 1271). Auch die Erstattungsfähigkeit von Kosten des **ausländischen Verkehrsanwalts** kann nicht allein damit begründet werden, dass es sich um eine ausländische Partei handelt; es gelten vielmehr dieselben Kriterien wie für eine inländische Partei (OLG München NJW-RR 1998, 1692; OLG Düsseldorf NJOZ 2010, 798; ähnlich OLG Nürnberg JurBüro 1998, 597). Es bedarf der Notwendigkeitsprüfung im Einzelfall; dabei ist zu berücksichtigen, dass eine ausländische Partei typischerweise etwa wegen sprachlicher Barrieren, kultureller Unterschiede oder mangelnder Vertrautheit mit dem deutschen Rechtssystem eher auf einen Verkehrsanwalt an ihrem Wohn- oder Geschäftssitz angewiesen sein wird als eine inländische Partei (BGH NJW 2012, 938). Die Mitwirkung eines ausländischen Verkehrsanwalts ist jedenfalls dann nicht erforderlich, wenn der deutsche Verfahrensbevollmächtigte bereits über alle nötigen Informationen verfügt, oder wenn es für die ausländische Partei möglich, zumutbar und kostengünstiger ist, den inländischen Prozessbevollmächtigten unmittelbar zu informieren (BGH NJW 2012, 938; KG MDR 2009, 1312).

Art und Umfang des Schadensersatzes § 249 BGB

Der Auslandsbezug rechtfertigt regelmäßig keinen erhöhten **Gebührensatz**. 375
Der inländische Regulierungspartner kann durch eine Internetrecherche (u.a. auf
der Internetseite des Deutschen Büro Grüne Karte) festgestellt werden (OLG
Hamm NZV 2013, 247).

(6) In eigener Angelegenheit. Bei Vertretung in eigener Sache sind dem 376
geschädigten Anwalt (auch zugehörige Sozietät/Bürogemeinschaft oder GmbH;
vgl BGH MDR 2017, 1087) außergerichtlich (prozessual gilt § 91 II 3 ZPO) nur
dann Anwaltskosten zu zahlen, wenn es sich **nicht** um eine **einfache Angelegenheit**
handelt (AG Bochum SP 2000, 429; AG Brackenheim VersR 2000, 1272;
AG Dresden SP 2002, 36; AG Naumburg zfs 2001, 327).

Korrespondiert ein Rechtsanwalt, der sich selbst vertritt, zunächst auf privatem 376a
Briefkopf, ist der Zeitpunkt, zu dem er erstmals unter Kanzleibriefkopf korrespondiert,
derjenige der (Eigen-)Beauftragung. Ist dieser Zeitpunkt vor Verzugseintritt,
können (fiktive) Kosten für die außergerichtliche Vertretung nicht als Verzugsschaden
geltend gemacht werden (OLG München v. 14.3.2014 – 25 U 4365/13).

Die **Rechtsschutzversicherung** kann auch die Anwaltsvergütung erfassen, 377
die durch Selbstvertretung in einem Zivilrechtsstreit entsteht (BGH NJW 2011,
232) (zum Recht des Versicherers zur außerordentlichen Kündigung siehe § 13 II
ARB 2000).

(7) Abtretung. Die Abtretung des Kostenerstattungsanspruchs an den beauf- 377a
tragten Anwalt ist grundsätzlich zulässig (siehe auch § 250 BGB, Rn 14). Die
Abtretung in der formularmäßig ausgestalteten **Vollmachtsurkunde** ist gemäß
§ 305c BGB unwirksam, wenn kein deutlicher Hinweis hierauf erfolgt (OLG
Nürnberg zfs 2015, 407; OVG Münster NJW 1987, 3029).

(8) Nichtigkeit des Anwaltsvertrages. Siehe § 249 BGB, Rn 361d. 377b

dd) Rechtsnachfolger. Der Anspruch, sich bereits vor Verzug sofort auf Kos- 378
ten des Ersatzpflichtigen anwaltlicher Hilfe zu bedienen, steht ausschließlich (als
höchstpersönliches Recht iSv § 399 BGB [BGH NJW 1962, 202; LG Arnsberg
zfs 1990, 224]) dem Verletzten zu und kann nicht durch Zession übertragen
werden. Rechtsnachfolger (sei es aufgrund gewillkürter Rechtsnachfolge –
Abtretung – [LG Detmold v. 1.10.1986 – 2 S 149/86; AG Köln VersR 1980,
588], sei es durch gesetzlichen Forderungsübergang – **Cessio legis** – [z.B. § 116
SGB X, § 86 VVG, § 6 EFZG] [AG Völklingen v. 1.6.2016 – 16 C 52/16 (11) –
bld.de]) können daher nicht unmittelbar auf Kosten des Schädigers einen Anwalt
einschalten.

Sind Ersatzansprüche (z.B. an Mietwagenunternehmen, Reparaturwerkstatt) 379
abgetreten, können diese **Abtretungsgläubiger** nicht außerhalb des Verzugsschadenersatzes
Rechtsverfolgungskosten vom Schadenersatzpflichtigen verlangen.
Folgt die Ersatzverpflichtung allerdings aus eigenem Recht (Verzugsschaden), ist
auf die Vorsteuerabzugsberechtigung des Abtretungsgläubigers abzustellen.

Für Drittleistungsträger (z.B. SHT, **SVT** [BGH NJW 1962, 202; OLG Hamm 380
VersR 2011, 637; *Stöber* AGS 2009, 413]) gilt, dass eine Anwaltskostenerstattung
außerhalb des Verzuges entfällt (zum Verzug siehe u.a. § 249 BGB, Rn 360, § 249
BGB, Rn 440 ff, § 249 BGB, Rn 552). Es besteht kein Anspruch auf Ersatz der
vorgerichtlichen Rechtsanwaltskosten aus §§ 280, 286 BGB, wenn der Schadenersatzpflichtige
sich im Zeitpunkt der Beauftragung des Anwalts nicht in Verzug
befunden hat (OLG Hamm VersR 2011, 637). **Arbeitgeber**, die ihren verletzten
Arbeitnehmern Lohn bzw. Gehalt fortzahlen, können den auf sie übergegangenen

BGB § 249 Schadensersatzrecht des BGB

Schadensersatzanspruch (dazu OLG Köln SP 2007, 427; *Jahnke*, Der Verdienstausfall im Schadensersatzrecht, § 5 Rn 257 ff; *Küppersbusch*/Höher Rn 118) ihres Arbeitnehmers beim Schädiger geltend machen; dabei dem Arbeitgeber entstandene Anwaltskosten sind ihm (als nur mittelbar Geschädigtem) nur zu erstatten, wenn die Kosten nach Vollendung der Verzugsvoraussetzungen entstanden sind und sich als **Verzugsfolge** darstellen (LG Arnsberg zfs 1990, 224; LG Mosbach VersR 1983, 571; LG Münster v. 11.9.1986 – 8 S 30/86; AG Dortmund NZV 2001, 383; AG Essen SVR 2015, 64; AG Stuttgart NJW-RR 2012, 1529; AG Völklingen v. 1.6.2016 – 16 C 52/16 (11) – bld.de).

381 ee) Höhe. (1) Mandatsverhältnis – Schadensersatzverhältnis. Bei der Beurteilung der Frage, ob und in welchem Umfang der dem Geschädigten zustehende Schadensersatzanspruch auch die Erstattung von Anwaltskosten umfasst, ist zwischen dem **Innenverhältnis** des Geschädigten zum für ihn tätigen Anwalt und dem **Außenverhältnis** des Geschädigten zum Schädiger zu unterscheiden (BGH VersR 2017, 1282; BGH NJW-RR 2014, 1341). Der Schädiger hat nicht schlechthin alle durch das Schadensereignis adäquat verursachten Rechtsanwaltskosten zu ersetzen, sondern nur solche, die aus Sicht des Geschädigten zur Wahrnehmung seiner Rechte erforderlich und zweckmäßig waren (§ 249 BGB, Rn 368). Der Geschädigte muss im Innenverhältnis zur Zahlung der in Rechnung gestellten Kosten verpflichtet und die konkrete anwaltliche Tätigkeit im Außenverhältnis aus der maßgeblichen Sicht des Geschädigten mit Rücksicht auf seine spezielle Situation zur Wahrnehmung seiner Rechte erforderlich und zweckmäßig gewesen sein (BGH NJW 2016, 1245; BGH NJW 2011, 2591; BGH NJW 2011, 782; BGH NJW 2010, 3037; BGH NJW 2010, 3035; BGH NJW-RR 2010, 428; BGH NJW-RR 2008, 656).

381a Zur Unwirksamkeit von Mandatsverträgen siehe § 249 BGB, Rn 360.

382 **Gebührenanspruch** aus Mandatsverhältnis einerseits und **Schadensersatzanspruch** aus Schadensersatzverhältnis andererseits sind nicht zwingend deckungsgleich: Der Schadensersatzpflichtige hat nicht alle durch das Schadensereignis adäquat verursachten Anwaltskosten zu ersetzen, sondern nur aus Geschädigtensicht zur Wahrnehmung und Durchsetzung seiner Rechte **erforderliche** und **zweckmäßige** (BGH VersR 2017, 1282; BGH NJW 2011, 155; BGH NJW 2006, 1065; BGH NJW 2005, 1112). Wird dem Anspruch nur mit einer Quote stattgegeben, werden die vorgerichtlichen Anwaltskosten nicht wie die übrigen Schadenspositionen nach der Quote zugesprochen, sondern sie sind aus dem Geschäftswert der berechtigten Forderung des Fordernden zu berechnen (BGH NJW 2008, 1888; OLG Frankfurt SP 2011, 291; OLG München NZV 2015, 305). Kosten, die dadurch entstehen, dass dieser einen Anwalt zur Durchsetzung eines unbegründeten Anspruchs beauftragt, können dem Schädiger nicht mehr als Folge seines Verhaltens zugerechnet werden (BGH VersR 2017, 1282; BGH NJW 2005, 1112).

382a Anwaltskosten aus Forderungen, die nicht begründet sind, und Anwaltskosten, die dadurch entstehen, dass der Anwalt seine Forderung vorgerichtlicher Anwaltskosten willkürlich aufspaltet, um damit in den Genuss von Progressionsvorteilen oder mehrfachem Ansatz der Postpauschale zu kommen, müssen nicht vom Schädiger erstattet werden (OLG München DAR 2014, 673).

382b Das Gericht muss nach § 14 II RVG nur dann ein **Gutachten der Rechtsanwaltskammer** einholen, wenn das Verfahren einen Rechtsstreit zwischen Anwalt und seinem Mandanten betrifft. Die Einholung des Gutachtens ist hingegen nicht vorgeschrieben, wenn das Verfahren einen Streit zwischen dem Mandanten und seiner Rechtsschutzversicherung betrifft oder es sich um einen Rechtsstreit zwischen dem Geschädigten und dem Schädiger bzw. dessen Haftpflichtversicherung handelt (OLG München DAR 2014, 673).

(2) Gebühren. (a) Anwaltswechsel. Zu ersetzen sind die Kosten der Beauftragung eines **ortsansässigen Anwaltes,** nicht aber weitergehende Kosten bei Anwaltswechsel. **383**

Mehrkosten für einen zweiten Anwalt sind erstattungsfähig, wenn der erste Prozessbevollmächtigte seine Zulassung zur Anwaltschaft aus achtenswerten Gründen zurückgegeben hat und dies bei Übernahme des Mandats noch nicht absehbar war. War der Umstand bereits bei der Mandatsübernahme absehbar, ist der erste Anwalt, der seinen Mandanten hierüber nicht informierte, einem Schadensersatzanspruch ausgesetzt, der auch der Erstattungsfähigkeit der Gebühren entgegensteht (BGH NJW 2012, 3790). **384**

(b) Geschäftsgebühr. Die Geschäftsgebühr ist eine Rahmengebühr (0,5–2,5). Eine Gebühr von mehr als 1,3 kann nur gefordert werden, wenn die Tätigkeit umfangreich oder schwierig war (Nr. 2300 VV-RVG). **385**

Die Ersatzfähigkeit der Geschäftsgebühr (zur Angemessenheit eines 1,3-fachen Gebührensatz siehe BGH NZV 2007, 181) setzt voraus, dass der Geschädigte den Auftrag, seine Interessen gegenüber dem Schädiger zu vertreten, vor Regulierung durch den Ersatzpflichtigen erteilte. Bei teilweiser **Regulierung vor Anwaltseinschaltung** reduziert sich der Streitwert entsprechend (AG Hannover SP 2006, 187). Die Höhe der Geschäftsgebühr verändert sich im Verlaufe des Mandates, gedeckelt durch die obere Grenze des Rahmens (BGH VersR 2017, 1155). **386**

Eine Erhöhung der Geschäftsgebühr über die für durchschnittliche Fälle geltende **Regelgebühr von 1,3** kann nur dann gefordert werden, wenn die Tätigkeit des Rechtsanwalts umfangreich oder schwierig (und damit überdurchschnittlich) war (BGH NJW 2016, 1245; BGH BeckRS 2015, 20631; BGH NJW 2014, 3097; BGH MDR 2014, 184; BGH NJW 2012, 2813). Wird eine Erhöhung über die Regelgebühr von 1,3 hinaus gefordert, ist dieses vom Anwalt nachvollziehbar zu begründen. Die Frage des Umfangs und der Schwierigkeit der Tätigkeit richtet sich nach der Tätigkeit in objektiver Hinsicht, nicht der Zahl der Schriftsätze (OLG München DAR 2014, 67). Eine Erhöhung der Schwellengebühr von 1,3 (= Regelgebühr für durchschnittliche Fälle) auf eine 1,5-fache Gebühr ist nicht unter dem Gesichtspunkt der Toleranzrechtsprechung bis zur Überschreitung von 20% der gerichtlichen Überprüfung hinsichtlich des Vorliegens der tatbestandlichen Voraussetzungen für eine Überschreitung der Regelgebühr (1,3) entzogen (BGH DAR 2013, 238; BGH NJW 2012, 2813). Siehe auch § 249 BGB, Rn 406a. **387**

(c) Einigungsgebühr. Die Einigungsgebühr (Nr. 1000 VV-RVG, 1,5) entsteht für die Mitwirkung beim Abschluss eines Vertrags, durch den der Streit oder die Ungewissheit über ein Rechtsverhältnis beseitigt wird; es sei denn, der Vertrag beschränkt sich ausschließlich auf ein Anerkenntnis oder einen Verzicht. **388**

Eine Einigungsgebühr fällt nicht an, wenn der Schädiger dem Zahlungsverlangen ohne jegliche Argumentation ganz oder teilweise (z.B. durch **Klaglosstellung**) nachkommt (BGH NZV 2007, 132). Werden Ansprüche teilweise **abgerechnet,** reduziert sich der Streitwert der Einigungsgebühr auf den streitigen und **389** nicht im Wege der Abrechnung bereits erledigten Teil (AG Frankfurt zfs 1992, 243).

389a **(d) Anwaltliche Tätigkeit. (aa) Tätigkeit als Betreuer.** Ist als Berufsbetreuer ein Rechtsanwalt bestellt, kann dieser für die zur Betreuung aufgewandte erforderliche Zeit gemäß §§ 1908i I 1, 1836 II BGB eine Vergütung verlangen. Aufwendungen sind ihm gemäß §§ 1835 I 1, 669, 670 BGB zu erstatten. Ein Anwalt kann eine Betreuertätigkeit nach anwaltlichem Gebührenrecht nur dann abrechnen, wenn die zu bewältigende Aufgabe besondere rechtliche Fähigkeiten erfordert und deshalb eine originär anwaltliche Dienstleistung darstellt.

389b Zu Einzelheiten (u.a. Wahlrecht) siehe bayObLG NJW 2002, 1660; BGH BeckRS 2014, 03903 [Vorinstanz OLG Frankfurt BeckRS 2014, 03918]; BGH NJW 2007, 844; OLG Frankfurt FamRZ 2015, 1119; OLG Schleswig NJW 2003, 1538).

389c **(bb) Tätigwerden eines Mitarbeiters.** Ein Anwalt muss grundsätzlich sowohl die Anhörung und Befragung der Mandanten als auch die eigentliche juristische Beratungstätigkeit persönlich ausüben und darf dies nicht dem Bürovorsteher überlassen (BGH NJW 1981, 2741). Auch wenn für den Anwalt ein nicht zur Anwaltschaft zugelassener Assessor das Mandat übernimmt, kommt der Vertrag mit dem Kanzleiinhaber zu Stande. Eine unerlaubte Rechtsberatung liegt nur dann vor, wenn der Assessor Mandate weisungsunabhängig und geschäftsmäßig bearbeitet hat (LG Düsseldorf NJW-Spezial 2008, 254). Bedient sich der Prozessbevollmächtigte einer Partei bei der Bearbeitung eines Rechtsstreits eines nichtanwaltlichen volljuristisch ausgebildeten freien Mitarbeiters, muss sich die Partei dessen Verschulden wie eigenes zurechnen lassen, wenn ihm der Rechtsstreit vom Prozessbevollmächtigten zur selbstständigen Bearbeitung übergeben worden ist (BGH NJW 2004, 2901).

389d Der Anspruch auf Vergütung kann entfallen, wenn ein **nicht als Rechtsanwalt zugelassener** Büromitarbeiter (z.B. Assessor, Referendar, Bürovorsteher) das Mandat ohne Kontrolle eines zugelassenen Rechtsanwalts führt (OLG Köln MDR 1985, 683; LG Trier BeckRS 2015, 17225). Nimmt anstelle des Anwaltes der in der Kanzlei tätige Bürovorsteher die Tätigkeiten zur Erledigung des Auftrages vor und war dies mit dem Mandanten vereinbart, kann nach § 612 BGB eine übliche Vergütung geschuldet sein. Als übliche Vergütung können ⅓ derjenigen Gebühren angenommen werden, die entstanden wären, wäre der Anwalt selbst tätig geworden (OLG Köln MDR 1985, 683; LG Münster JurBüro 1996, 639).

390 **(3) Streitwert.** Der Streitwert für vom Schädiger zu ersetzende Anwaltskosten entspricht dem **gezahlten Entschädigungsbetrag** (BGH VersR 2017, 1282; BGH NJW 2008, 1888; BGH NJW 1970, 1122; siehe auch BGH NJW 2005, 1112; OLG Brandenburg VersR 2010, 66; OLG Frankfurt SP 2011, 291; OLG München NZV 2015, 305). Im Fall der **Totalschadenabrechnung** bleibt der Restwert unberücksichtigt, entscheidend ist der Wiederbeschaffungsaufwand (dazu § 249 BGB, Rn 41) (BGH VersR 2017, 1282).

391 Außer Betracht bleiben **vor Anwaltseinschaltung** bereits regulierte Schadensersatzpositionen sowie nicht erfüllte Mehrforderungen.

392 Bei **Mithaftung** sind die Anwaltskosten (anders als die übrigen Schadenspositionen) nicht nach der Quote zuzusprechen. Vielmehr sind die Kosten aus dem Geschäftswert der berechtigten Forderung des Geschädigten zu berechnen (BGH NJW 2005, 1122; BGH NJW 1970, 1122, 1456; OLG Oldenburg SP 2011, 450).

Art und Umfang des Schadensersatzes § 249 BGB

Wurde eine **Kasko-/Sachversicherung** nach Anwaltseinschaltung in Anspruch genommen, entspricht der Gebührenstreitwert dem fiktiv ohne Inanspruchnahme der Kasko-Versicherung nach § 249 BGB zu ersetzenden Schaden an der versicherten Sache (BGH NJW 2008, 1888; BGH NJW 2005, 1112; OLG Oldenburg SP 2011, 450). Zum Tätigwerden gegenüber der Kaskoversicherung siehe § 249 BGB, Rn 403 ff. 393

(4) Dieselbe Angelegenheit. Der Anwalt kann **in derselben Angelegenheit** Gebühren nur einmal fordern (§ 15 II RVG). Unter einer Angelegenheit im gebührenrechtlichen Sinne ist das gesamte Geschäft zu verstehen, das der Anwalt für den Auftraggeber besorgen soll. Um dieselbe Angelegenheit annehmen zu können, müssen drei Voraussetzungen kumulativ erfüllt sein: Neben einem einheitlichen Auftrag und einem gleichen Tätigkeitsrahmen muss zwischen den einzelnen Gegenständen ein innerer objektiver Zusammenhang bestehen, d.h. es muss sich um einen einheitlichen Lebensvorgang handeln (BGH NJW 2015, 3782; OLG Frankfurt NJW-RR 2005, 67; LG Passau NZV 2016, 38). 394

Ob von einer oder von mehreren Angelegenheiten auszugehen ist, ist im Einzelfall unter Berücksichtigung der **jeweiligen Umstände** zu beantworten, wobei insbesondere der Inhalt des erteilten Auftrags maßgebend ist (BGH NJW 2011, 3167; BGH NJW 2011, 2591 m.w.N.). Auftragsgemäß erbrachte anwaltliche Leistungen betreffen dieselbe Angelegenheit, wenn zwischen ihnen ein innerer Zusammenhang besteht und sie sowohl inhaltlich als auch in der Zielsetzung so weitgehend übereinstimmen, dass von einem einheitlichen Rahmen der anwaltlichen Tätigkeit gesprochen werden kann (BGH NJW 2016, 1245; BGH BeckRS 2015, 20631). 395

Eine Angelegenheit kann **mehrere Gegenstände** umfassen. Für die Annahme eines einheitlichen Rahmens der anwaltlichen Tätigkeit ist es grundsätzlich ausreichend, wenn verschiedene Gegenstände anwaltlicher Tätigkeit einheitlich vom Anwalt so bearbeitet werden können, dass sie verfahrensrechtlich zusammengefasst bzw. in einem einheitlichen Vorgehen geltend gemacht werden können (BGH MDR 2011, 949; BGH NJW-RR 2009, 428). 396

Die Inanspruchnahme **mehrerer Schädiger** ist eine einzige Angelegenheit, wenn den Schädigern eine gleichgerichtete Verletzungshandlung vorzuwerfen ist (BGH NJW 2011, 155; BGH NJW 2011, 782; BGH NJW 2011, 155). 397

Dieselbe Angelegenheit i.S.d. § 15 II 1 RVG kann auch vorliegen, wenn der Anwalt **von mehreren Mandanten** (auch an unterschiedlichen Tagen; BGH MDR 2011, 949) beauftragt wird. Gegebenenfalls ist durch Auslegung zu ermitteln, ob der Anwalt für die verschiedenen Auftraggeber gemeinsam oder für jeden von ihnen gesondert tätig werden sollte (BGH NJW 2014, 2285; BGH NJW 2011, 784; BGH NJW 2011, 155; BGH NJW 2010, 3035). 398

Ein einheitlicher Rahmen der anwaltlichen Tätigkeit besteht auch, wenn der Anwalt verschiedene, in ihren Voraussetzungen voneinander **abweichende Anspruchsgrundlagen** zu prüfen bzw. mehrere getrennte Prüfungsaufgaben zu erfüllen hat (BGH NJW 2011, 155). 399

Sukzessive außergerichtliche **Abwicklung** (auch Einigung) von Ansprüchen, teilweise über Jahre hinweg sich auf die jeweils neu hinzugekommenen Schadensbeträge erstreckend, bildet eine gebührenrechtliche Einheit (§ 15 II RVG). Gebühren sind nach dem **Gesamtstreitwert** (bei Teilabrechnungen dann jeweilige Differenzabrechnung) zu berechnen (BGH NJW 1995, 1431; AG Zweibrücken v. 12.1.2004 – 1 C 725/03; BayVGH NJW 2015, 648), solange nicht die 2-Jahres-Zäsur des § 15 V 2 RVG greift. 400

Jahnke

400a (5) **Mandantenmehrheit.** Werden dem Anwalt gesonderte Aufträge zur Geltendmachung von Sachschaden (für Eigentümer) und Personenschaden (z.B. der Fahrzeuginsassen) erteilt, liegen zwei verschiedene Angelegenheiten vor. Der Schadensersatzpflichtige ist zum Ersatz der Kosten des getrennten Vorgehens verpflichtet (LG Passau NZV 2016, 38). Die Beauftragung des Rechtsanwalts erfolgt zwar aufgrund eines einheitlichen Lebenssachverhalts, allerdings durch zwei verschiedene Auftraggeber wegen unterschiedlicher Schäden (AG Aichach zfs 2016, 347; AG Bochum zfs 2016, 349; AG Landshut SVR 2015, 220).

400b Zum möglichen **Parteiverrat** siehe § 249 BGB, Rn 361d.

401 (6) **MwSt.** Nur soweit der Geschädigte nicht zum Vorsteuerabzug berechtigt ist, ist auf Anwaltskosten entfallende MwSt zu übernehmen. Unterliegen bei einem Vorsteuerabzugsberechtigten Positionen nicht der MwSt (z.B. Heilbehandlungskosten, Schmerzensgeld), ist diese verhältnismäßig zu erstatten.

402 Sind bleibende Ausgaben für **vorsteuerabzugsberechtigte Anwälte** in Form gezahlter MwSt wegen der Möglichkeit des Vorsteuerabzugs nicht gegeben (z.B. Fahrtkosten für öffentliche/private Verkehrsmittel, Parkgebühren, Übernachtungskosten), dürfen dem Mandanten als Auftraggeber die entsprechenden MwSt-Beträge (7% bzw. 19%) nicht in Rechnung gestellt und können daher bei der Kostenfestsetzung auch nicht berücksichtigt werden (BGH NJW-RR 2012, 1016).

402a (7) **Gebührenvereinbarung.** Von der gesetzlichen Regelung abweichende Gebühren können nach Maßgabe der §§ 3a, 4a RVG vereinbart werden. Die **Formerfordernisse** des § 3a I RVG gelten auch für einen Schuldbeitritt zur Vergütungsvereinbarung (BGH VersR 2016, 1139). Eine entgegen diesen Vorschriften abgeschlossene Vergütungsvereinbarung bleibt im Regelfall wirksam; es kann die vereinbarte Vergütung bis zur Höhe der gesetzlichen Gebühr gefordert werden (BGH NJW 2014, 2653). Ist die gesetzliche Vergütung höher als die vereinbarte, kann der Anwalt nur die vereinbarte Vergütung fordern (*Hansens* zfs 2014, 527).

402b Ob ein für die **Sittenwidrigkeit der Honorarvereinbarung** sprechendes auffälliges Missverhältnis zwischen der Leistung des Anwalts und dem vereinbarten Honorar besteht, hängt davon ab, welche Vergütung nach Umfang und Schwierigkeit der im Rahmen des konkreten Mandats geschuldeten anwaltlichen Tätigkeit marktangemessen und adäquat ist (BGH NJW-RR 2017, 377).

402c Eine **formfreie Gebührenvereinbarung** für eine außergerichtliche Beratung liegt nur vor, wenn sich den Abreden der Parteien entnehmen lässt, dass oder in welchem Umfang die vereinbarte Vergütung ausschließlich Leistungen nach § 34 RVG umfasst (zu den Möglichkeiten des Anwaltes siehe *Hansens* zfs 2016, 166). Eine Vergütungsvereinbarung ist von anderen Vereinbarungen mit Ausnahme der Auftragserteilung abgesetzt, wenn der Vertrag die Vergütungsvereinbarung in einem gesonderten und entsprechend gekennzeichneten Abschnitt oder Paragraphen regelt. Deutlich ist dieses Absetzen, wenn die Vergütungsvereinbarung optisch eindeutig von den anderen im Vertragstext enthaltenen Bestimmungen – mit Ausnahme der Auftragserteilung – abgegrenzt ist (BGH zfs 2016, 164).

402d Der auf Übernahme von erforderlichen Anwaltskosten gerichtete **Schadenersatzanspruch** ist nach den gesetzgeberischen Leitlinien generell auf die gesetzlichen Gebühren beschränkt, höhere Gebühren sind weder gerichtlich noch außergerichtlich vom Schadensersatzpflichtigen zu erstatten. Soweit diese erhöhten

Gebühren zulässig sind, bleibt der Mandant auf den Übergebühren hängen (KG MDR 2015, 756; siehe auch BT-Drucksache 16/8384, S. 10, zu Art. 2, Nr. 2).

(8) Zeithonorar. Vorprozessuale Rechtsverfolgungskosten in Form anwaltlichen Zeithonorars können als Schaden grundsätzlich bis zur Höhe der gesetzlichen Gebühren erstattet verlangt werden. Weitergehende Kosten werden nur in besonderen Ausnahmefällen erstattet, wenn der Geschädigte dies nach den besonderen Umständen des Einzelfalls für erforderlich und zweckmäßig halten durfte, wofür er darlegungspflichtig ist (BGH NJW 2015, 3447). 402e

ff) Versicherer des Mandanten. Werden gegenüber der eigenen Versicherung (z.B. Kasko- oder Unfallversicherung) Leistungsansprüche verfolgt, besteht kein Anspruch auf Ersatz von Anwaltskosten außerhalb der Verzugsvoraussetzungen (§ 249 BGB, Rn 18). Es handelt sich nicht um Schadenersatzforderungen, sondern um die Abwicklung eines Vertragsverhältnisses (zum Verzug siehe u.a. § 249 BGB, Rn 380 m.w.H.). Rechtsverfolgungskosten gegenüber dem eigenen Versicherer können dem Geschädigten zu ersetzen sein, wenn er unfallbedingt davon abgehalten ist, seine Ansprüche anzumelden und eine anwaltliche Inanspruchnahme notwendig war (BGH NJW 2006, 1065; siehe auch BGH NJW 1990, 1360). 403

Anwaltskosten für die Einholung einer **Deckungszusage** der **Rechtsschutzversicherung** sind nicht zu ersetzen. Es handelt sich um eine selbständige Entscheidung des Geschädigten, die zur Rechtsverfolgung nicht notwendig iSv §§ 249 ff BGB ist (BGH NJW 2012, 919; BGH NJW 2011, 1222; OLG Celle NJW-Spezial 2011, 75; OLG Frankfurt DAR 2015, 236; OLG Karlsruhe NZV 2012, 139). Der Mandant darf darauf vertrauen, dass sein Anwalt für ihn insoweit gebührenfrei tätig wird (LG München I zfs 1993, 208). Rechtsverfolgungskosten sind nur dann zu erstatten, wenn die Inanspruchnahme anwaltlicher Hilfe zur Wahrung und Durchsetzung der Rechte unter den Umständen des Falles erforderlich und zweckmäßig ist (BGH NJW 2011, 296). 404

Der Umstand, dass die in Anspruch genommene Kfz-Haftpflichtversicherung ihrer Leistungspflicht nicht unverzüglich nachkommt, lässt keinen Schluss auf das Regulierungsverhalten der Vollkasko-Versicherung des Geschädigten zu, sodass die Inanspruchnahme eines Anwalts nicht gefordert ist (AG Homburg SVR 2015, 145). 404a

gg) Prozess. Wenn und soweit der geltend gemachte Hauptanspruch nicht mehr Prozessgegenstand ist (z.B. weil eine auf die Hauptforderung oder einen Teil der Hauptforderung beschränkte Erledigung erklärt worden ist oder weil der Kläger die Hauptforderung aus anderen Gründen nicht weiterverfolgt), wird die Nebenforderung zur Hauptforderung; geltend gemachte vorprozessuale Anwaltskosten sind dann als streitwerterhöhender Hauptanspruch zu berücksichtigen (BGH NJW 2013, 2123; BGH VersR 2009, 806). 405

Werden **vorprozessuale Anwaltskosten** mit eingeklagt, wirken sie streitwerterhöhend, soweit sie sich auf einen ursprünglich geltend gemachten Anspruch beziehen, der nicht mehr Gegenstand des Rechtsstreits ist; anderes gilt für vorprozessuale Anwaltskosten, die sich auf den klageweise geltend gemachten Anspruchsteil beziehen (BGH VersR 2009, 806; BGH VersR 2008, 557). Nicht zuerkannte Kosten für die Einholung einer Deckungszusage können der Beschwer nur hinzugerechnet werden, soweit die zugrunde liegende Hauptforderung nicht mehr Prozessgegenstand ist (BGH NJW 2014, 3100). 406

BGB § 249

406a Gerichtlich ist gemäß § 14 II RVG ein **Gutachten der Rechtsanwaltskammer** nur dann einholen, wenn das Verfahren einen Rechtsstreit zwischen Anwalt und seinem Mandanten betrifft, nicht aber, wenn das Verfahren einen Streit zwischen dem Mandanten und seiner Rechtsschutzversicherung betrifft oder es sich um einen Rechtsstreit zwischen dem Geschädigten und dem Schädiger bzw. dessen Haftpflichtversicherung handelt (BFH RVGreport 2006, 20; BSG AGS 2010, 373; BVerwG RVGreport 2006, 21; OLG Düsseldorf NJW 2008, 1964; OLG München DAR 2014, 673 m.w.H.).

406b Zur **steuerlichen Absetzbarkeit** von Prozesskosten siehe § 249 BGB, Rn 433.

406c hh) **Außergerichtlich – gerichtliche Regulierung.** Es kommt für das Entstehen der **Geschäftsgebühr** darauf an, ob der Anwalt zunächst mit der außergerichtlichen Geltendmachung der Ansprüche beauftragt und der Prozessauftrag allenfalls bedingt erteilt worden ist oder ob ein unbedingter Klageauftrag vorliegt (BGH NJW 2015, 3782; OLG Hamm NJW-RR 2006, 242; OLG Frankfurt BeckRS 2013, 03573). War bereits von Anfang an unbedingter Klageauftrag erteilt, fallen auch die Tätigkeiten vor Erhebung der Klage allein unter die Verfahrensgebühr nach Nr. 3100 VV-RVG (BGH NJW 2015, 3782; BGH NJW-RR 2012, 486).

406d Ein Rechtsanwalt kann die Gebühr gemäß Nr. 2300 VV-RVG auch dann nur einmal aus dem Gesamtgegenstandswert und nicht zweimal aus (dann niedrigeren) Teilgegenstandswerten verlangen, wenn die von ihm für seinen Mandanten geltend gemachte Forderung außergerichtlich nur teilweise erfüllt wird und ihm deshalb für den noch offenen Teil der Forderung Klageauftrag erteilt wird (BGH NJW-RR 2014, 1341). Fällt die Geschäftsgebühr für die vorgerichtliche anwaltliche Tätigkeit mehrfach an und werden die vorgerichtlich geltend gemachten Ansprüche im Wege objektiver Klagehäufung in einem einzigen gerichtlichen Verfahren verfolgt, so dass die Verfahrensgebühr nur einmal anfällt, sind alle entstandenen Geschäftsgebühren in der tatsächlichen Höhe anteilig auf die Verfahrensgebühr anzurechnen (BGH NJW 2017, 1821).

406e **Vorgerichtliche Rechtsanwaltskosten** können (wie bereits angefallene Sachverständigenkosten oder geschätzte Reparaturkosten) im Schadensersatzprozess neben der Hauptsache geltend gemacht werden (BGH NJW-RR 2007, 420; OLG München NZV 2015, 305). Als erforderlich sind die nach dem Urteil begründeten Forderungen anzusehen (BGH MDR 2008, 351; OLG München NZV 2015, 305).

407 h) **Aktenauszug. Zum Thema:** *Bock* DAR 2011, 606; *Schulz* zfs 2016, 604.

408 aa) **Allgemeines.** Dem Anwalt ist es gestattet, dem **Anspruchsgegner,** wenn dieser wünscht, ihm auf seine Kosten einen Auszug aus der polizeilichen Ermittlungsakte zur Verfügung zu stellen (OLG Hamburg VersR 1996, 1428).

408a Zivilgerichte dürfen für die Zwecke eines anhängigen Schadensersatzprozesses durch Aktenübersendung Einsicht in staatsanwaltschaftliche Ermittlungsakten mit vertraulichem Inhalten erhalten. Die Staatsanwaltschaft kann davon ausgehen, dass das Landgericht vor einer eventuellen Weitergabe zumindest von Teilen der staatsanwaltschaftlichen Akte die erforderliche Interessenabwägung vornehmen werde (BVerfG NJW 2014, 1581).

409 Für **unaufgefordert** dem Anspruchsgegner übersandte Aktenauszüge besteht regelmäßig kein Erstattungsanspruch (AG Hannover NJW-Spezial 2015, 123).

Kosten für die Akteneinsicht sind als Kosten zweckentsprechender Rechtsver- 409a
folgung nur insoweit ansehen, als den Ermittlungsakten für die Aufklärung des
Unfallhergangs große Bedeutung zukommt (LG Frankfurt VersR 1982, 809).
Kein Ersatzanspruch besteht, wenn die vollumfängliche Haftung von Anfang an
außer Streit ist (AG Weilburg v. 1.10.2013 – 5 C 56/13 [54] – juris).

bb) Vereinbarung, übliche Vergütung. Die Kosten für die Erstellung eines 410
Ermittlungsaktenauszuges regelt seit vielen Jahren eine **Vereinbarung** zwischen
DAV und HUKR-Verband bzw. GDV (siehe AnwBl 1989, 214 und AnwBl 1969,
431; Gerold/Schmidt-*Müller-Rabe*, Nr. 7000 VV-RVG Rn 246 ff; zur Umstellung
von DM auf € per 1.1.2002 siehe zfs 2002, 13). Diese die Honorierung für
Akteneinsicht und Aktenauszüge aus Unfallakten für die Versicherung regelnde
Vereinbarung ist durch das Inkrafttreten des RVG nicht weggefallen, sondern
besteht nach wie vor: Das RVG regelt Gebühren im Mandatsverhältnis; ein solches
kommt aber zwischen dem einen Geschädigten vertretenden Anwalt und der
gegnerischen Versicherung gar nicht erst zustande (§ 43a IV BRAO). Diese Vereinbarung zur Beschaffung von Aktenauszügen darf nicht verwechselt werden mit
der Regulierungsempfehlung zur Abwicklung von Kfz-Haftpflichtschäden (siehe
Greißinger „Regulierungs- und Gebührenempfehlungen für KH-Schäden" zfs-
Sonderheft 2002, 6), der durch das RVG ihre Grundlage entzogen wurde.

Nach der Verbandsvereinbarung erhält der Anwalt für die erstmalige Beschaf- 411
fung (d.h. für die Einsichtnahme in die Unfallakte und für die Herstellung eines
Aktenauszuges) ein **Pauschalhonorar** von 26 € und für die daran anschließenden
Ergänzungen jeweils 13 €.

Kopiekosten werden analog Nr. 7000 VV-RVG mit 0,50 € pro Kopie für die 412
ersten 50 Seiten und 0,15 € ab der 51. Seite berechnet. Hinzu kommt 19% **MwSt**
(Nr. 7008 VV-RVG).

Die **Aktenversendungspauschale** (i.d.R. 12 €; zu § 107 V OWiG OVG 413
Rheinland-Pfalz NJW 2007, 2426) ist dem Anwalt (incl. etwaiger MwSt; BGH
VersR 2011, 877; BVerwG zfs 2010, 467; OLG Bamberg zfs 2009, 466) zu
erstatten (LG Ravensburg AnwBl 1995, 153; zur Rechtsschutzversicherung siehe
BGH VersR 2011, 877). Zur MwSt siehe auch *Hansens* zfs 2012, 465. Werden
Akten in Teillieferungen versandt, fällt die Aktenversendungspauschale nur dann
mehrfach an, wenn der Antragsteller die gesonderte Übersendung einzelner Akten
beantragt hat (BSG zfs 2015, 461).

Die in der Vereinbarung enthaltenen Bestimmungen bilden die **„übliche Ver-** 414
gütung" (siehe §§ 612, 670 BGB) im Zusammenhang mit der Beschaffung von
Aktenauszügen (LG Münster v. 19.7.2011 – 3 S 59/11; AG Hannover zfs 2006,
288; AG Münster SP 2009, 160; Gerold/Schmidt-*Müller-Rabe*, Nr. 7000 VV-RVG
Rn 248; *Jahnke* jurisPR-VerkR 18/2009, Anm. 3). Es kommt kein Geschäftsbesorgungsvertrag zustande, eine höhere als die in der Vereinbarung zugrunde
gelegte Vergütung zulässt (AG Delmenhorst SP 2008, 234).

cc) Keine Erstattung. Die **Auslagenpauschale** (Nr. 7002 VV RVG) kann 415
nicht zusätzlich berechnet werden.

Der Anwalt kann vom Haftpflichtversicherer des Unfallgegners, da kein Man- 416
datsverhältnis besteht (vgl § 43a IV BRAO), keine **Geschäftsgebühr** (Nr. 2400
VV-RVG, seit 30.6.2006: Nr. 2300) berechnen (AG Delmenhorst SP 2008, 234).

i) Detektivkosten. Zum Thema: *Bosch* VersR 2017, 1119; *Fricke* VersR 417
2010, 308.

BGB § 249

418 Zu den Prozesskosten rechnen nicht nur die durch Einleitung und Führung eines Rechtsstreits ausgelösten Kosten, sondern auch solche, die durch rechtmäßige Maßnahmen zur Vorbereitung eines konkret bevorstehenden Verfahrens ausgelöst werden. Diese werden aus Gründen der Prozesswirtschaftlichkeit den Prozesskosten zugerechnet und können im Kostenfestsetzungsverfahren geltend gemacht werden (BGH NJW 2013, 2668; BGH NJW-RR 2006, 501; BGH WM 1987, 247; BAG NZA 2009, 1300). Detektivkosten, die einer Partei zur Beschaffung von Beweismitteln entstehen, können zu den erstattungsfähigen Kosten i.S.d. § 91 I 1 ZPO gehören, wenn das Beweismittel im Rechtsstreit verwertet werden darf (BGH NJW 2013, 2668; OLG Bremen NJW 2016, 509).

419 Detektivkosten sind zu erstatten, wenn sie zur zweckentsprechenden Rechtsverfolgung oder -verteidigung notwendig waren (§ 91 I ZPO), eine vernünftige Prozesspartei also berechtigte Gründe hatte, eine Detektei zu beauftragen. Detektivkosten müssen sich in vernünftigen Grenzen halten und prozessbezogen sein, die erstrebten Feststellungen wirklich notwendig sein sowie die Ermittlungen aus ex ante-Sicht nicht hätten einfacher und/oder billiger erfolgen können. Die Beeinflussung des Prozessausgangs ist regelmäßig ein Indiz für die Notwendigkeit, nicht jedoch Voraussetzung der Erstattungsfähigkeit. Der Ermittlungsauftrag muss zur Bestätigung eines bestimmten festen Verdachts erteilt worden sein (BGH NJW 2013, 2668).

419a **j) Prozessvertretung durch Partei.** Ist eine Partei anwaltlich nicht vertreten, sind die ihr tatsächlich entstandenen Kosten festzusetzen. Handelt es sich um ein Versicherungsunternehmen, sind auch Reisekosten und Übernachtungskosten ihres mit der Prozessführung betrauten Mitarbeiters festzusetzen (LG Potsdam SP 2014, 173).

420 **8. Gerichtsverfahren. a) Strafverfahren. aa) Einleitung eines Strafverfahrens.** Auslagen für die Einleitung eines Strafverfahrens gegen den Schädiger sind vom Schutzzweck der Schadentragungsnormen nicht gedeckt und nicht zu erstatten (BGH NJW 1980, 119; OLG Düsseldorf NJW 1976, 1459). Es verbleibt bei den Kostenverteilungsmöglichkeiten (Nebenklage) des Strafrechts.

420a Bei **unzutreffender Schadenanzeige** ohne falsche Verdächtigung außerhalb des Vorliegens der Voraussetzungen der § 164 StGB und § 469 StPO entfällt ein Schadensersatzanspruch (AG Ibbenbüren DAR 2014, 330).

421 **bb) Nebenklagekosten.** Nebenklagekosten und andere Kosten im Rahmen der Strafverfolgung sind ausschließlich im Strafverfahren auszugleichen. Sie fallen nicht in den **Schutzbereich** von § 7 StVG, § 823 BGB (BGH NJW 1958, 1044; LG Münster NJW-RR 1989, 1369) und sind auch dann nicht **zivilrechtlich** zu ersetzen, wenn sie im Strafverfahren nur teilweise dem Schädiger auferlegt werden oder über sie gar nicht entschieden wird (OLG Schleswig VersR 1994, 831; OLG Köln VersR 1998, 1036).

422 **Haftpflichtversicherer** erstatten Nebenklagekosten mangels **Deckung** durch AKB und AHB nicht (BGH VersR 1960, 405).

423 **cc) Steuerrecht.** Steuerrechtlich finden in einem Strafverfahren festgesetzte Geldstrafen und Geldbußen keine Berücksichtigung. Anderes gilt, soweit die Auflagen oder Weisungen lediglich der Wiedergutmachung des durch die Tat verursachten Schadens dienen (§ 12 Nr. 4 EStG). Für die Entscheidung, welchen Charakter die geleisteten Zahlungen gehabt haben, kommt es auf den Inhalt des

Gerichtsbeschlusses und die objektiven Gegebenheiten an (BFH NJW 2009, 1167; BFH BFH/NV 2005, 1110).

b) Adhäsionsverfahren. Gehört der Anspruch nicht in die Zuständigkeit der 424 ordentlichen Gerichte (was von Amts wegen auch im Rechtsmittelverfahren zu beachten ist; BGH NJW 1952, 1347), ist das Adhäsionsverfahren **unzulässig** (§ 403 StPO), z.b. bei ausschließlicher Zuständigkeit des Arbeitsgerichtes (siehe § 2 I Nr. 3 lit. d ArbGG; BGH NJW 1952, 1347). Siehe auch *Gutt* zfs 2015, 489 und *Diehl* zfs 2015, 392.

In der Adhäsionsentscheidung ist der Ausspruch der Verpflichtung des Ange- 425 klagten zur Leistung von Ersatz für materielle und immaterielle Schäden dem Grunde nach unter den im Hinblick auf § 116 SGB X bzw. § 86 VVG erforderlichen **Vorbehalt** zu stellen, dass eine Ersatzpflicht nur insoweit besteht, als der Anspruch des Nebenklägers nicht auf SVT oder andere Versicherer übergegangen ist (BGH BeckRS 2013, 01956; BGH StraFo 2010, 117; BGH NStZ 2010, 53; siehe auch *Höher/Mergner* NZV 2013, 373; *Keil/Best* DAR 2013, 628, *Stoffers/Möckel* NJW 2013, 830).

§ 308 I ZPO **(ne ultra petita)** gilt auch im Adhäsionsverfahren. Ein Verstoß 426 gegen dieses Verbot ist im Rechtsmittelverfahren von Amts wegen zu beachten (BGH NStZ 2010, 53; BGH BeckRS 1993, 31105977).

Im Adhäsionsverfahren kann ein wirksamer zivilrechtlicher **Vergleich** geschlos- 426a sen werden (siehe dazu näher KG zfs 2015, 525).

Eine im Adhäsionsverfahren auf Antrag des Verletzten (Geschädigten) gegen 427 den Beschuldigten (Schädiger) ergehende Entscheidung entfaltet weder Rechtskraft gegenüber dem **Haftpflichtversicherer** des Schädigers noch bindet es das in einem Folgeprozess zur Entscheidung berufene Gericht (BGH jurisPR-VerkR 7/2013, Anm. 1 = NJW 2013, 1163).

Ist der Angeklagte lediglich wegen nicht auszuschließender Schuldunfähigkeit 427a (§ 20 StGB) vom Vorwurf der Körperverletzung („in dubio pro reo") freizusprechen, steht dies seiner Verurteilung zur Zahlung eines angemessenen Schmerzensgeldes sowie der Feststellung seiner Schadensersatzverpflichtung für Zukunftsschäden nicht entgegen (BGH NStZ 2015, 539; LG Berlin NZV 2006, 389). Die **Beweislastregel** des § 827 BGB (vgl BGH NJW 1988, 822) gilt auch im Adhäsionsverfahren. Dabei handelt es sich zwar um ein dem Strafverfahren anhängendes Verfahren, bei dem die strafprozessualen Regeln für die Ermittlung des Sachverhalts und die Überzeugung von der Schuld des Angeklagten gelten. Für die sich daraus ergebenden vermögensrechtlichen Ansprüche gelten indes die Vorschriften des Zivilrechts; ansonsten stünde der Schädiger im Adhäsionsverfahren günstiger als im Zivilprozess (BGH NStZ 2015, 539).

Zum Schmerzensgeld siehe § 253 BGB, Rn 111a ff. 427b

c) Zivilprozess. aa) Prozesskosten. Jede Rechtsausübung unterliegt dem aus 428 dem Grundsatz von Treu und Glauben abgeleiteten **Missbrauchsverbot.** Daraus folgt die Verpflichtung jeder Prozesspartei, die Kosten ihrer Prozessführung, die sie im Falle ihres Sieges vom Gegner erstattet verlangen will, so niedrig zu halten, wie sich dies mit der Wahrung ihrer berechtigten Belange vereinbaren lässt. Wird hiergegen verstoßen, sind Mehrkosten nicht zu erstatten (BGH NJW 2013, 66).

Beauftragen Kfz-Haftpflichtversicherer und Versicherungsnehmer im Verkehrs- 429 unfallprozess jeweils einen Prozessbevollmächtigten, hat regelmäßig nur der Versicherer, nicht aber der Versicherungsnehmer einen Anspruch auf Erstattung der Anwaltskosten. Die Mehrkosten, die durch die **Beauftragung eines eigenen**

BGB § 249

430 Rechtsanwalts durch den Versicherungsnehmer entstehen, sind nicht erstattungsfähig (BGH NJW 2013, 2826; BGH VersR 2004, 622).

430 Macht die bei einem auswärtigen Gericht verklagte Partei **Reisekosten** eines Anwalts geltend, der weder am Gerichtsort noch am Wohn- oder Geschäftsort der Partei ansässig ist, sind die Kosten jedenfalls bis zur Höhe der fiktiven Reisekosten eines am Wohn- oder Geschäftsort der Partei ansässigen Rechtsanwalts zu erstatten (zu Reisekosten: BGH NJW-RR 2012, 697; BGH NJW-RR 2012, 695; BGH NJW 2011, 3521; BGH NJW 2011, 3520; BGH NJW-RR 2011, 1430; OLG Celle SP 2013, 446). Zur MwSt siehe § 249 BGB, Rn 401 f.

430a Zu Gutachten siehe auch vor § 249 BGB, Rn 23a, § 249 BGB, Rn 158 ff, § 249 BGB, Rn 354 ff, § 249 BGB, Rn 564 ff, § 249 BGB, Rn 574.

431 bb) **Klagerücknahme.** Erfüllt der Beklagte die Klageforderung und erklärt, im Falle der Klagerücknahme die Verfahrenskosten zu übernehmen, entsteht dadurch mangels einer vertraglichen Einigung **keine Einigungsgebühr** des Prozessbevollmächtigten des Klägers, wenn dieser darauf eingeht und die Klage zurücknimmt (BGH NJW-RR 2007, 359; BGH NJW 2006, 1523; OLG München SP 2011, 87; AG Heinsberg SP 2012, 124).

432 Verpflichtet sich ein Haftpflichtversicherer in einem außergerichtlichen Vergleich, im Falle der Klagerücknahme **keinen Kostenantrag** zu stellen, hat diese Erklärung für eine mitverklagte versicherte Person im Außenverhältnis zum klagenden Geschädigten bindende Wirkung. Ein **Kostenbeschluss gegen den Geschädigten** darf mangels Rechtsschutzbedürfnis nicht ergehen (BGH NJW 1972, 1716; KG VersR 1994, 1491; OLG Frankfurt zfs 1986, 335; OLG München DAR 1990, 437; in diesem Sinne auch OLG Köln VersR 1999, 1122). Jedenfalls ist der Kostenantrag unbegründet (OLG Düsseldorf zfs 2001, 560; LG Traunstein DAR 2002, 130). Ist bereits kein Prozessrechtsverhältnis begründet (z.B. mangels Zustellung der Klageschrift), darf eine Entscheidung über die Kostentragungspflicht gar nicht erst ergehen (OLG Köln VersR 2015, 473).

433 cc) **Steuerrecht. Zivilprozesskosten** sind nicht als außergewöhnliche Belastungen abziehbar (BFH NJW 2016, 1679; BGH NJW 2015, 3054 unter Aufgabe von BFH NJW 2011, 3055). Siehe auch § 33 II 4 EStG, eingefügt durch Art. 2 Nr. 16 AmtshilfeRLUmsG m.W.v. 30.6.2013.

433a dd) **Sachverständiger.** Für die Ablehnung eines Sachverständigen wegen Besorgnis der Befangenheit genügt der bei dem ablehnenden Prozessbeteiligten erweckte Anschein der Parteilichkeit (BGH NJW 1975, 1363); die objektive Sicht einer vernünftigen Partei ist dafür maßgeblich. Allein daraus, dass der Sachverständige noch Kommentare und Stellungnahmen zur Diskussion auf einer Internet-Plattform einstellt, kann nicht geschlossen werden, er sei generell nicht in der Lage, in einem konkreten Rechtsstreit konkrete Beweisfragen unabhängig und unparteilich zu beantworten (OLG Hamm NJW-RR 2015, 831). Im Prozess einer gesetzlichen Krankenkasse kann ein Mitarbeiter des MDK nicht zum Gerichtsgutachter bestimmt werden (OLG Jena BeckRS 2016, 16117).

433b Zur Erstattung von **Privatgutachten** siehe § 249 BGB, Rn 159 f, siehe auch § 249 BGB, Rn 564 ff.

433c ee) **Prozessuales Bestreiten trotz außergerichtlicher Regulierung.** Siehe vor § 249 BGB, Rn 10 f, vor § 249 BGB, Rn 96 ff. Siehe ergänzend *Jahnke*, Der Verdienstausfall im Schadensersatzrecht, § 13 Rn 49 f m.w.N.

Art und Umfang des Schadensersatzes § 249 BGB

ff) Zuständigkeit. Erleidet ein Geschädigter durch zwei unterschiedliche Verkehrsunfälle Verletzungen, können die Verursacher beider Unfälle als Nebentäter – mit der Folge ihrer gesamtschuldnerischen Haftung – in Anspruch genommen werden, wenn die durch den ersten Unfall erlittenen Verletzungen beim zweiten Unfall noch nicht ausgeheilt waren und durch diesen weiter verschlechtert wurden (siehe § 840 BGB, Rn 6b). Ein dies darlegender Klagevortrag kann eine Gerichtsstandbestimmung rechtfertigen, wenn die Unfallverursacher in einem Verfahren als Streitgenossen verklagt werden sollen (OLG Hamm NZV 2017, 49). 433d

gg) Prozesszinsen. Prozesszinsen (§ 291 BGB) sind, da sie keinen Verzug des Schuldners voraussetzen, kein Unterfall der Verzugszinsen. Sie knüpfen nicht an den Leistungsaustausch an, sondern bedeuten einen Risikozuschlag, den der Schuldner zu entrichten hat, wenn er sich auf einen Prozess einlässt und unterliegt. Der Anspruch auf Prozesszinsen entsteht auch ohne Verzug in demjenigen Zeitpunkt, in dem die Hauptforderung rechtshängig wird (und nicht erst ab Rechtskraft der Entscheidung). Die Zinspflicht endet mit der Zahlung. 433e

Ansprüche auf Nebenleistungen, wie insbesondere Zinsen, sind hinsichtlich des Verjährungsbeginns, der Dauer der Verjährung, der Hemmung und des Neubeginns der Verjährung von der Verjährung des Hauptanspruchs unabhängig. Verzugs- und Prozesszinsen sind selbständige Ansprüche, die für jeden Tag neu entstehen und eigenständig der regelmäßigen Verjährungsfrist der §§ 195, 199 BGB unterliegen. 433f

9. Regulierungsaspekte. a) Kostenübernahmeerklärung, Abtretung. aa) Kostenübernahmeerklärung. Während bei einer Abtretung (§ 398 BGB) die Ersatzforderung auf einen weiteren Gläubiger übertragen wird, belässt eine vom Ersatzpflichtigen eingeforderte Kostenübernahmeerklärung (z.B. für Reparaturkosten, Mietwagen, Arztkosten) die Forderung beim Geschädigten, verpflichtet aber den Ersatzpflichtigen auf Anweisung (§ 783 BGB) des Geschädigten, die Kosten unmittelbar an den Leistungserbringer (z.B. Werkstatt) zu zahlen. Die Übernahmeerklärung im Rahmen der Schadensregulierung stellt eine **Anweisung** (§ 783 BGB) dar. Der Haftpflichtversicherer (Angewiesener) kann sich in einem **Formular** zur Übernahme z.B. der Reparatur- oder Mietwagenkosten – z.T. unter weiteren Voraussetzungen wie z.B. der Reparaturwürdigkeit oder der Haftung – bereit erklären, während zugleich der Geschädigte (Anweisender) darauf verbindlich erklärt, dass die Leistung des Versicherers direkt an das Reparaturunternehmen (Anweisungsempfänger) erfolgen soll (OLG Düsseldorf SP 2006, 389). 434

Eine Kostenübernahmeerklärung darf nicht mit einer Abtretung verwechselt oder gleichgestellt werden; auch ist sie nicht automatisch mit einer **Abtretungserklärung** verbunden (OLG Düsseldorf SP 2006, 389). 435

Die Reparaturkostenübernahmeerklärung enthält **kein** deklaratorisches **Schuldanerkenntnis** (OLG Brandenburg v. 20.12.2007 – 12 U 92/07 – openJur 2012, 7568). Eine einseitige bindende Zusage kann der Versicherer gegenüber dem Anweisungsempfänger nicht zurücknehmen (OLG Hamm VersR 1986, 581). 436

In der **Kaskoversicherung** kann aus den AKB kein Anspruch auf Abgabe einer „Reparaturkostendeckungszusage" des Versicherers hergeleitet werden (LG Dortmund r+s 2011, 465). 437

bb) Abtretung. Werden sämtliche Schadenersatzansprüche aus dem Verkehrsunfall, ohne diese der Höhe und der Reihenfolge nach aufzuschlüsseln – wenn auch der Höhe nach beschränkt z.B. auf die jeweiligen Gutachter- oder Mietwa- 438 genkosten – an Sachverständige oder Unternehmer abgetreten, ist die **Abtretung** inhaltlich nicht hinreichend bestimmt und damit **unwirksam** (BGH NJW-RR 2017, 501; BGH NJW 2011, 2713). Eine solche Abtretungserklärung lässt nämlich offen, ob und ggf. in welcher anteiligen Höhe der Zessionar Inhaber der Ansprüche auf Ersatz einzelner Schäden (z.B. Sachverständigenkosten [siehe § 249 BGB, Rn 170a], Reparaturkosten, Mietwagenkosten, Abschleppkosten [siehe § 249 BGB, Rn 261a], Heilbehandlungskosten etc.) wird. Entstehen aus einem Verkehrsunfall für den Geschädigten mehrere Forderungen, kann von der Gesamtsumme dieser Forderungen nicht ein nur summenmäßig bestimmter Teil abgetreten werden (BGH VersR 1957, 753). Um dem Bestimmbarkeitserfordernis zu genügen, ist es erforderlich, in der Abtretungserklärung den Umfang der von der Abtretung erfassten Forderungen der Höhe und der Reihenfolge nach aufzuschlüsseln. Die nichtige Abtretung kann nicht gemäß § 140 BGB in eine Prozessführungsermächtigung umgedeutet werden; eine **Umdeutung** darf nicht dazu führen, dass an die Stelle des nichtigen Geschäfts ein solches gesetzt wird, das über den Erfolg des ursprünglich gewollten Geschäfts hinausgeht (BGH NJW 2011, 2713; BGH WM 1956, 857; BAG NJW 1976, 592). **Zum Thema** *van Bühren* zfs 2017, 309.

439 Macht ein Mietwagenunternehmer aus erfüllungshalber abgetretenem Recht eines Verkehrsunfallgeschädigten Mietwagenkosten gerichtlich geltend, fehlt ihm die Aktivlegitimation, weil die Abtretung des Schadenersatzanspruchs wegen Verstoßes gegen §§ 2 I, 3, 5 I **RDG nichtig** ist (§ 134 BGB) (LG Aachen SP 2009, 452; LG Arnsberg BeckRS 2011, 08861; LG Saarbrücken BeckRS 2010, 23243; LG Stuttgart SP 2011, 148; AG Dortmund SP 2010, 369; AG Mannheim NJW-RR 2011, 323; AG Syke SP 2010, 259). Zu Sachverständigenkosten siehe § 249 BGB, Rn 170a, zur Abtretung an Anwalt siehe § 249 BGB, Rn 377a.

439a Für die Abgrenzung, ob eine abgetretene Forderung auf eigene oder auf fremde Rechnung nach § 2 II 1, 2. Alt. RDG eingezogen wird, ist entscheidend, ob die Forderung einerseits endgültig auf den Erwerber übertragen wird und dieser andererseits insbesondere das Bonitätsrisiko, d.h. das volle wirtschaftliche Risiko der Beitreibung der Forderung übernimmt (BGH NJW 2013, 59). Nach Inkrafttreten des RDG darf ein Mietwagenunternehmer die Schadensersatzforderung des unfallgeschädigten Kunden einziehen, ohne diesen vorher selbst auf Zahlung in Anspruch zu nehmen (BGH NJW 2013, 62). Die Einziehung einer an ein Mietwagenunternehmen abgetretenen Schadensersatzforderung des Geschädigten auf Erstattung von Mietwagenkosten gemäß § 5 I 1 RDG ist grundsätzlich erlaubt, wenn allein die Höhe der Mietwagenkosten streitig ist; Abtretungsvereinbarungen sind deshalb wirksam (BGH NJW 2013, 1870; BGH NJW 2013, 1539). Etwas anderes gilt, wenn die Haftung dem Grunde nach bzw. die Haftungsquote streitig ist oder Schäden geltend gemacht werden, die in keinem Zusammenhang mit der Haupttätigkeit stehen (z.B. Schmerzensgeldansprüche) (BGH NJW 2012, 1005). Die Unwirksamkeit einer Abtretung folgt aber nicht schon aus dem Umstand, dass die Abtretung zu einem Zeitpunkt erfolgte, zu dem noch nicht geklärt war, ob und wie sich der Unfallgegner bzw. dessen Haftpflichtversicherer einlässt (BGH NJW 2013, 1870; BGH NJW 2013, 64).

440 **b) Regulierungsfrist. aa) Verzug, § 93 ZPO.** Der Haftpflichtversicherer hat eine angemessene Zeit zur Prüfung des Anspruchs, vor deren Ablauf eine Klage nur mit dem sich aus **§ 93 ZPO** ergebenden Kostenrisiko erhoben werden kann (KG VersR 2009, 1262; OLG Köln VersR 74, 268; OLG Stuttgart VersR 2010, 1306).

Art und Umfang des Schadensersatzes　　　　　　　　　　**§ 249 BGB**

Legt der Versicherer die Notwendigkeit einer längeren Prüfungspflicht nach- **440a**
vollziehbar dar, kommen in Ausnahmefällen auch längere Überprüfungsfristen in
Betracht. Solange und soweit ein Haftpflichtversicherer trotz ordnungsgemäßer
Behandlung des Regulierungsbegehrens eines Anspruchstellers dieses nicht
abschließend beurteilen kann, beruht das Nichtzahlen der Regulierungsleistung
auf einem vom Schuldner nicht zu vertretenden Umstand, sodass weder **Verzug**
noch Veranlassung zur Klageerhebung besteht (OLG Karlsruhe jurisPR-VerkR
21/2012 Anm. 3 = NJW-RR 2012, 808; OLG Stuttgart VersR 2010, 1074; LG
Köln SP 2014, 26).

Ein Versicherer darf, bevor er seine Ermittlungen abschließt, das Ergebnis eines **440b**
Ermittlungsverfahrens abwarten, selbst wenn es sich nicht gegen den Versicherungsnehmer richtet (siehe BGH NJW 1974, 895; OLG Köln v. 20.9.2013 – 20
U 94/13), sofern erwartet werden kann, dass für die Leistungspflicht bedeutsame
Tatsachen festgestellt werden (vgl OLG Saarbrücken NJW-RR 2006, 462). Nur
dann, wenn keinerlei Anhaltspunkte für Umstände, die einen Leistungsausschluss
begründen würden, ersichtlich sind, ist ein Versicherer gehalten, schon vor
Abschluss eines eingeleiteten Ermittlungsverfahrens zu entscheiden (OLG Köln
v. 20.9.2013 – 20 U 94/13).

Ein Kfz-Haftpflichtversicherer gibt keinen Anlass zur Klage, wenn er die Scha- **441**
densregulierung nicht vornimmt, weil ein Unfallgeschädigter die Herausgabe von
Originalfotos eines Schadensgutachtens, die der Versicherer zur Überprüfung des
Fahrzeugschadens angefordert hatte, verweigert (OLG Karlsruhe jurisPR-VerkR
21/2012 Anm. 3 = NJW-RR 2012, 808; LG Wuppertal SP 2013, 21 m.w.H.).

Die Prüffrist läuft erst ab Zugang eines **spezifizierten Anspruchsschreibens** **442**
(§ 249 BGB, Rn 447). Vor Ablauf der dem Versicherer zustehenden Prüfungsfrist
tritt kein Verzug ein; auch Prozesszinsen (§ 291 BGB) können vorher nicht beansprucht werden (OLG Stuttgart VersR 2010, 1074).

bb) Zeitraum. Die Prüfungsfrist hängt von den Umständen des Einzelfalls ab **443**
und kann bei komplizierten Sachverhalten durchaus einen längeren **Zeitraum** in
Anspruch nehmen. In Fällen durchschnittlicher Art wird verschiedentlich ein
Zeitraum von 4–6 Wochen als notwendig und angemessen angesehen (KG VersR
2009, 1262; OLG Frankfurt VersR 2015, 1373; OLG Koblenz VersR 2016, 1269;
OLG Koblenz SP 2011, 337; OLG Köln NZV 2013, 42; OLG München NJW-
RR 2011, 386; OLG Stuttgart VersR 2010, 1306). Feiertage (wie Ostern, Weihnachten) können eine Verlängerung der Frist auf bis zu 8 Wochen rechtfertigen
(AG Düren SP 2014, 96). Siehe die Zusammenstellung von *Diehl* zfs 2016, 199.

Bei Schäden mit **Auslandsbezug** kann eine über 4 Wochen liegende Regulie- **444**
rungsfrist einzuräumen sein (2 Monate: OLG Karlsruhe v. 7.8.2003 – 11 W 54/
03 – juris; OLG Koblenz SP 2003, 391; LG Berlin DAR 2016, 655; bis 8 Wochen:
AG Nagold SP 2013, 265; 6 Wochen: OLG Dresden NZV 2009, 604; 4–6
Wochen: AG Neuwied SP 2002, 106; 4 Wochen: LG Köln SP 2004, 192).

Der Versicherer darf Ermittlungen anstellen (z.B. durch Beiziehung der **445**
Ermittlungsakten [OLG Dresden SVR 2008, 188; LG Mannheim VersR 1983,
962; LG Mönchengladbach zfs 2009, 155]). Wurden beide Unfallbeteiligte bei
der Unfallaufnahme polizeilich ermahnt, darf der Versicherer zunächst die Ermittlungsakte einzusehen (OLG Stuttgart VersR 2010, 1074). Trotz fehlender Ermittlungsakte kann Versicherer nach Ablauf der angemessenen Prüfungszeit von 6
Wochen in Verzug geraten, wenn er sich zum Sachverhalt bei seinen versicherten
Personen informieren kann (OLG Stuttgart NZV 2014, 227). Die Prüfungszeit

verlängert sich deutlich, wenn zur Beurteilung der Haftungslage die Einsicht in die amtliche Ermittlungsakte erforderlich ist, weil der VN wegen schwerer Verletzungen nicht zum Unfallhergang aussagen kann (OLG Koblenz VersR 2016, 1269).

446 cc) **Fristenlauf.** Gibt der **Versicherungsnehmer** trotz Aufforderung keine Erklärung zum Sachverhalt ab, ist dieses nicht dem Versicherer anzulasten (siehe § 115 I 4 VVG, § 425 BGB), wenn er sich um die Schadenanzeige durch Anmahnung bemüht (KG VersR 2009, 1262).

447 Die Regulierungsfrist wird erst durch den Zugang eines **spezifizierten Anspruchsschreibens** in Lauf gesetzt (OLG Dresden NZV 2009, 604; OLG Köln SP 2014, 339; OLG München NJW-RR 2011, 386; OLG Rostock MDR 2001, 935; LG Berlin DAR 2016, 655; LG Köln SP 2004, 192; AG Gelsenkirchen SP 2014, 96) und beginnt, wenn dem Versicherer die zum Nachweis erforderlichen Belege (dazu § 249 BGB, Rn 548 ff) übermittelt sind und er in eine eigenverantwortliche Sachprüfung eintreten kann (OLG München VersR 1979, 480). Die Prüfungs- und Bearbeitungsfrist kann nicht dadurch abgekürzt werden, dass die verschiedenen Schadenspositionen sukzessive geltend gemacht oder möglichst frühzeitig Vorschusszahlungen eingefordert werden (OLG Stuttgart VersR 2010, 1306). Wird im Laufe der Prüfungsfrist die Basis der Berechnung der Ausgleichsforderung (z.B. von Gutachten auf Reparaturrechnung) gewechselt, kann die Versicherung weitere Prüfungszeit in Anspruch nehmen (OLG Koblenz SP 2011, 337).

448 c) **Schadenschätzung (§ 287 ZPO).** Die Bemessung der Höhe des Schadensersatzanspruchs ist in erster Linie Sache des nach § 287 ZPO besonders frei gestellten Tatrichters und daraufhin revisionsrechtlich nur überprüfbar, ob der **Tatrichter** erhebliches Vorbringen der Parteien unberücksichtigt gelassen, Rechtsgrundsätze der Schadensbemessung verkannt, wesentliche Bemessungsfaktoren außer Betracht gelassen oder seiner Schätzung unrichtige Maßstäbe zugrunde gelegt hat (BGH NJW 2017, 1875 m.w.H.).

449 Die Art der Schätzungsgrundlage gibt § 287 ZPO nicht vor. Die Schadenshöhe darf lediglich nicht auf der Grundlage falscher oder offenbar unsachlicher Erwägungen festgesetzt werden (BGH NJW-RR 2011, 1109).

450 Das Gericht darf in für die Streitentscheidung zentralen Fragen nicht auf nach Sachlage unerlässliche fachliche Erkenntnisse verzichten. In geeigneten Fällen können zur Schadenschätzung Listen und **Tabellen** herangezogen werden, solange keine berechtigten Zweifel (dazu BGH NJW-RR 2011, 1109; BGH NJW-RR 2011, 823; BGH NJW 2009, 58) an deren Eignung und Brauchbarkeit bestehen. Listen oder Tabellen dienen nur als Grundlage für die Schätzung nach § 287 ZPO, ersetzen insbesondere aber keinen Tatsachenvortrag der Parteien.

451 U.a. folgende Aufstellungen wurden als **brauchbar** erachtet:
452 – **JVEG** (früher ZSEG) für Schätzung von Fahrtkosten (BGH NJW 2010, 192; siehe auch BGH NJW-RR 2012, 1089; OLG Rostock FamRZ 2011, 1607);
453 – *Schulz-Borck/Hofmann*, Schadensersatz bei Ausfall von Hausfrauen und Müttern (bis 6. Aufl. 2000) (BGH NJW 2009, 2060; BGH NJW 1988, 1783; BGH NJW 1979, 1501);
ob die späteren Aufl. (seit 7. Aufl.) eine entsprechende Brauchbarkeit aufweisen, ist zweifelhaft (*Jahnke/Burmann-Wessel*, Handbuch des Personenschadensrechts, Kap. 4 Rn 782 ff);

Art und Umfang des Schadensersatzes **§ 249 BGB**

- **Liegegeldsätze** nach § 32 BinSchG 1994 (BGH NJW-RR 2009, 715; siehe 454
  auch OLG Karlsruhe NZV 2013, 486);
- Fraunhofer-**Mietpreisspiegel,** Schwacke-Mietpreisspiegel (BGH NZV 2011, 455
  431; BGH NZV 2011, 333; BGH NJW 2011, 1947; BGH NJW 2009, 58)
  (siehe § 249 BGB, Rn 227 ff);
- **Nutzungsausfalltabellen** (*Sanden/Danner/Küppersbusch*, fortgeführt von 456
  Eurotax Schwacke (siehe § 249 BGB, Rn 204); BGH NJW 2005, 1044; BGH
  NJW 2005, 277; BGH NJW 1988, 484; BGH NJW 1971, 1692);
- **sozialrechtliche Handhabungen** (OLG Hamm SP 2013, 185; siehe *Burmann*, 457
  DAR 2012, 127; *Burmann/Jahnke* NZV 2011, 473; § 249 BGB, Rn 461 ff, § 842
  BGB, Rn 127).

d) Datenschutz. Die Speicherung von Daten in der **HIS-Datei** (Hinweis- 457a
und Informationssystem der deutschen Versicherer) verstößt nicht gegen § 29 I
Nr. 2 BDSG (LG Kassel NJW-RR 2014, 854).

Hat eine Haftpflichtversicherung im Rahmen der Abwicklung eines Verkehrs- 457b
unfalls personenbezogene Daten eines Anspruchstellers an ein drittes Unternehmen zwecks Prüfung eines eingereichten **Schadensgutachtens/Kostenvoranschlags** weitergeleitet, kann der Anspruchsteller nicht gemäß § 1004 I 2 BGB
i.V.m. § 823 I BGB die Unterlassung der Weitergabe seiner personenbezogenen
Daten verlangen. Denn unabhängig von der Frage, ob die Weitergabe der Daten
nach dem BDSG rechtmäßig war, fehlt es an einer Wiederholungsgefahr i.S.d.
§ 1004 I 2 BGB, weil die Weitergabe der Daten nur der Abwicklung eines einmaligen Unfallereignisses diente (OLG Oldenburg jurisPR-ITR 5/2015 Anm. 3 =
NJW-RR 2015, 724; OLG Saarbrücken MDR 2013, 1485; LG Oldenburg ZD
2014, 574).

e) Herausgabe von Privatgutachten. Ein Versicherer ist nicht aus § 810 457c
BGB verpflichtet, von ihm eingeholte Privatgutachten herauszugeben. Die
Urkunde wurde nicht auch im Interesse des Anspruchstellers errichtet, sondern
vielmehr ausschließlich auf Veranlassung des Versicherers, um seine Leistungspflicht zu prüfen. Ein Anspruch aus § 242 BGB kommt i.d.R. nicht in Betracht,
wenn der Versicherungsnehmer sich selbst unredlich verhalten hat (z.B. durch
Anmeldung unberechtigter Ansprüche zur Regulierung) (LG München I VersR
2016, 311).

10. Rettungskosten für Fahrer. Wird der Fahrer eines Kfz verletzt, hat er 458
nur im Ausnahmefall Ansprüche gegen den von ihm personenverschiedenen Halter oder Eigentümer des Kfz (dazu § 16 StVG, Rn 17 ff).

Soweit der Fahrer beim selbstverschuldeten Unfall eingeklemmt und verletzt 459
wird, haftet er unter dem Aspekt der Provokation uU gegenüber einem Nothelfer
auf Schadenersatz (dazu vor § 249 Rn 58 ff). Soweit aber professionelle Helfer
(z.B. Feuerwehr, Sanitäter) Hilfe leisten und Rettungshandlungen vornehmen
(originäre Aufgabe von Feuerwehr und Rettungsdiensten), regeln einige Landesgesetze (z.B. § 34 Feuerwehrgesetz Baden-Württemberg; anders Art. 28 I Nr. 1
BayFwG), dass der Fahrer die Kosten für Rettungseinsätze zu tragen hat. **Kfz-
Haftpflichtversicherer** sind für den Fahrer (versicherte Person) ebenso wenig
eintrittspflichtig (keine Deckung für öffentlich-rechtliche Forderungen [A.1.1.1
AKB]: OLG Nürnberg NJW-RR 2001, 96; LG Kassel zfs 1987, 148; VG Regensburg NJW 2002, 531; *Johannsen* r+s 2003, 45; *Troidl* VersR 2001, 1275; es besteht
kein zivilrechtlicher Anspruch von Feuerwehr oder Rettungsdienst gegenüber

BGB § 249 Schadensersatzrecht des BGB

zu Rettenden) wie Fahrerschutz-, Insassenunfall-, Kasko-, Schutzbriefversicherer (siehe zu sozialrechtlichen Regeln *Heinze* NZV 1994, 49).

460 Zu den Einsatzkosten bei **Ölschaden** u.a. siehe § 249 BGB, Rn 279 ff.

460a **Vorgezogene Rettungskosten** (§§ 82, 83, 90 VVG) gelten nur für die Sachversicherung und sind im Rahmen der Haftpflichtversicherung nicht zu erstatten (OLG Köln VersR 2015, 709).

460b **11. Personenschaden.** Zum Personenschaden siehe umfassend *Jahnke/Burmann*, Handbuch des Personenschadensrechts.

461 a) **Maßstab.** Ob im Rahmen einer Personenschadenregulierung eine Maßnahme oder ein Aufwand **erforderlich** ist, kann auch am sozialrechtlichen Leistungsgefüge eine Orientierung finden (*Burmann/Jahnke* NZV 2011, 473). Nach § 4 II Nr. 1 SGB I hat der Versicherte Anspruch auf notwendige Maßnahmen zum Schutz, zur Erhaltung, zur Besserung und zur Wiederherstellung der Gesundheit und Leistungsfähigkeit; dieser Anspruch entspricht i.d.R. auch der Erforderlichkeit iSv § 249 BGB. Nach § 26 II SGB VII sind UVT verpflichtet, über das Erforderliche hinausgehend mit allen geeigneten (und nicht nur erforderlichen) Mitteln tätig zu werden. Soweit das Sozialrecht Handhabungen und Richtlinien zur Abgeltung von Leistungsansprüchen hat, gibt dieses wegen der Vielzahl – und damit verbunden auch einem entsprechenden großen Erfahrungsschatz – der danach abzuwickelnden Leistungen die Obergrenze der Schätzung nach § 287 ZPO vor.

462 **Handhabungen** existieren u.a. für
463 – **Haushaltshilfe**
464 Gemäß § 42 SGB VII i.V.m. § 54 I SGB IX, § 38 IV SGB V sind die Kosten einer selbstbeschafften Haushaltshilfe (dazu BSG FEVS 31, 173; LSG Baden-Württemberg jurisPR-SozR 15/2011 Anm. 3) in angemessener Höhe zu übernehmen. Siehe § 842 BGB, Rn 127.

465 – **Heilbehandlung**
466 Das **Leistungsniveau** von gesetzlicher Kranken- und Unfallversicherung orientiert sich am allgemein anerkannten medizinischen Standard (§§ 2 I 3, 12 I SGB V; § 26 IV 1 SGB VII). **Fahrtkosten** anlässlich der Heilbehandlung orientieren sich an § 5 I 2 BRKG (mit einer Höchstbetragsregelung).

467 b) **Forderungswechsel.** Siehe vor § 249 BGB, Rn 260 ff, vor § 249 BGB, Rn 284.

468 c) **Heilbehandlungskosten. aa) Allgemein.** Grundsätzlich hat der Geschädigte gegen den Schädiger einen Anspruch auf Ersatz aller erforderlichen und tatsächlich entstandenen Kosten für die Behandlung der unfallbedingten Verletzungen. Dabei kommt es nicht auf den Erfolg der jeweiligen Behandlungsmaßnahme an; die Kosten sind auch dann zu ersetzen, wenn eine grundsätzlich geeignete Maßnahme letztlich erfolglos bleibt (AG Schleswig BeckRS 2015, 05303). Heilbehandlungskosten (§ 249 BGB, § 11 S. 1 StVG) sind Aufwendungen, die durch Inanspruchnahme von ärztlichen Leistungen, stationärem Aufenthalt und Erwerb von Arznei- und Hilfsmitteln entstehen, ferner Kosten aufgrund von Maßnahmen, welche die Heilung fördern (wie Besuchskosten) oder Kosten, die während Heilmaßnahmen entstehen (z.B. Transportkosten, Fahrtkosten; nicht aber reiner Zeitverlust [OLG Frankfurt VersR 2000, 607]). Untersuchungs- und Behandlungskosten sind, wenn eine Verletzung nicht nachgewiesen ist, mangels Rechtsgutverletzung nicht zu ersetzen (vor § 249 BGB, Rn 111).

§ 249 BGB

bb) Erforderliche Heilbehandlungskosten. Zu ersetzen sind nur erforderliche Heilbehandlungskosten (§ 249 II 1 BGB). Erforderlichkeit medizinischer Maßnahmen (ambulante und stationäre Versorgung, Auswahl von Medikamenten und Hilfsmitteln, Heilpraktikerkosten [OLG Braunschweig r+s 1990, 303; OLG Karlsruhe zfs 1984, 227; siehe auch LG Münster NJW-RR 2009, 750], Krankengymnastik, Akupunkturbehandlungen [KG NZV 2004, 42; OLG Karlsruhe VersR 1998, 1256]) ist nach objektiven, sich an medizinischer Notwendigkeit orientierenden Aspekten zu beurteilen (OLG Frankfurt VersR 2001, 595; siehe ergänzend *Rauscher* VersR 2016, 217). Entscheidend sind allgemeingültige und anerkannte **medizinische Erkenntnisse**, nicht aber subjektive Ansichten und Beschwerden des Patienten, weltanschauliche Aspekte (siehe § 254 BGB, Rn 273 ff) oder persönliche Meinungen des behandelnden Arztes (BGH VersR 1979, 221; OLG Karlsruhe VersR 1982, 263). 469

Kosten einer **Krankenhausverlegung** aus religiösen Gründen sind nicht zu ersetzen (siehe auch BSG NZS 2008, 482). Gleiches gilt für Mehrkosten einer medizinisch nicht indizierten **Sonderverpflegung** aus weltanschaulichen Gründen (siehe § 254 BGB, Rn 273 ff). Die gesetzliche Krankenkasse ist nicht verpflichtet, die Mehrkosten für die Inanspruchnahme eines Einzelzimmers bei einer Krankenhausbehandlung zu übernehmen, wenn einer Behandlung im Mehrbettzimmer aus medizinischen Gründen Nichts entgegensteht (SG Detmold BeckRS 2014, 69756). 470

Die betragsmäßige Höhe der Heilbehandlungskosten muss sich gerade bei unbedeutenden Verletzungen im Rahmen des Angemessenen halten. 471

Für die Beurteilung der medizinischen Notwendigkeit der Heilbehandlung kommt es weder auf die Auffassung des Verletzten noch auf die des behandelnden Arztes an. Eine Behandlung ist notwendig, wenn sie nach den **objektiven medizinischen Befunden** und wissenschaftlichen Erkenntnissen im Zeitpunkt der Vornahme der ärztlichen Behandlung vertretbar war, sie als medizinisch notwendig anzusehen (BGH NJW 1996, 3074; OLG Köln VersR 2011, 252). Das ist regelmäßig dann der Fall, wenn eine wissenschaftlich anerkannte Behandlungsmethode zur Verfügung steht, die geeignet ist, die Krankheit zu heilen oder zu lindern (LG Stuttgart r+s 2011, 125). 472

Die allgemeine Eignung, Beschwerden zu mildern, reicht ebenso wenig aus, die medizinische Erforderlichkeit zu belegen, wie ihre Bezeichnung als medizinisch sinnvoll (LG Köln v. 8.5.2012 – 11 S 525/11 – bld.de; *Balke* SVR 2013, 337). 473

Zu ersetzen sind nur solche Behandlungen, die nach Auffassung der Schulmedizin wissenschaftlich allgemein als **erfolgversprechend** anerkannt sind (KG NZV 2004, 42; OLG Karlsruhe VersR 1998, 1256). Dies gilt unabhängig von der Frage, ob der Behandelte seinerseits dem Arzt wegen erbrachter, medizinisch aber nicht erforderlicher, Maßnahmen Entgelt vertraglich schuldet (OLG Stuttgart VersR 2003, 992; AG Dortmund VersR 1999, 1230). 474

Außenseitermethoden können ausnahmsweise zu erstatten sein, wenn sie auf nach medizinischen Erkenntnissen nachvollziehbarem Ansatz beruhen und bei ex ante-Betrachtung zumindest gewisse Aussicht auf Erfolg (Heilung, Linderung, Verhinderung weiterer Verschlechterung) versprechen, wobei sachgerecht ist, Anforderungen an den möglichen Behandlungserfolg vom Schweregrad der Verletzung bzw. Erkrankung und den damit verbundenen Leiden des Geschädigten abhängig zu machen (KG NZV 2004, 42). Soweit Außenseitermethoden zum Leistungsspektrum (BSG NJW 1992, 1584; BSG NJW 1989, 794) privater Versicherung (LG Münster NJW-RR 2009, 750) oder gesetzlicher Sozialversicherung 475

BGB § 249

bzw. beamtenrechtlichen Beihilfe gehören, steht dem Verletzten – wegen des Forderungsüberganges – bereits keine **Forderungsberechtigung** zu (§ 249 BGB, Rn 504) (KG NZV 2004, 42).

476   **Zahnmedizinische** Maßnahmen können im Einzelfall schadensersatzrechtlich auch dann geschuldet sein, wenn sie den Leistungsumfang der gesetzlichen Krankenversicherung überschreiten und der Aufwand nicht unverhältnismäßig erscheint (OLG Hamm DAR 2001, 359).

477   Soweit für Krankenversorgung **Festbeträge** gelten, ist ein für diesen Festbetrag beziehbares Heilbehandlungsprodukt das erforderliche Mittel. Mehrkosten sind nicht zu ersetzen.

478   Angemessene Kosten einer **kosmetischen Operation** sind zu ersetzen. Ist diese mit unverhältnismäßig hohen Kosten verbunden, kann der Anspruch auf Kostenerstattung entfallen (BGH VersR 1975, 342; KG VersR 1981, 64; KG VersR 1980, 873) und Kompensation über Schmerzensgeld sachgerecht erscheinen.

479   cc) **Privatbehandlung.** Ein privatversicherter Geschädigter hat auch bei der Eintrittspflicht eines Dritten Anspruch auf Übernahme der entsprechend angefallenen Behandlungskosten.

479a   Ein gesetzlich nach dem SGB V **sozialversicherter Geschädigter** hat demgegenüber grundsätzlich keinen Anspruch auf Erstattung der (Mehr-)Kosten einer privatärztlichen Behandlung (OLG Düsseldorf NJW-RR 1991, 1308; AG Schleswig BeckRS 2015, 05303). Da vom SVT (BVerfG VersR 2003, 1425; KG VersR 1981, 64; OLG Nürnberg zfs 1983, 103; LG München IVH 2004, 107; AG Dortmund VersR 1999, 1230) oder privaten Versicherer zu tragende Versorgungsleistungen i.d.R. ausreichend sind, muss der Geschädigte auf diese Leistungsträger zurückgreifen und kann sich nicht anstelle dessen in private Behandlung begeben. Bei einem stationären Aufenthalt gilt dies auch für Wahlleistungen hinsichtlich der Zimmerkategorie (wie Unterbringung im Einzelzimmer; AG Schleswig BeckRS 2015, 05303).

480   Nur unter besonderen Umständen des Einzelfalles kann ausnahmsweise auch bei gesetzlich Versicherten ein Anspruch auf Erstattung privatärztlicher Behandlungskosten bestehen. Nur wenn privatärztliche Behandlung bzw. Unterbringung in besserer Pflegeklasse **medizinisch indiziert** ist (BGH NJW 2004, 3324; BGH NJW 1991, 2340; BGH VersR 1973, 566; OLG Düsseldorf VersR 1985, 644; OLG Frankfurt zfs 1984, 357; OLG Oldenburg VersR 1984, 765), Verletzter **privatversichert** ist oder sich in Vergangenheit **bereits privat hat behandeln lassen** (BGH VersR 1969, 1040; AG Schleswig BeckRS 2015, 05303) oder bewiesen wird, dass er auch ohne gegen einen Dritten gerichteten Ersatzanspruch diese Kosten aufgewandt hätte (BGH NJW 2006, 1271; OLG Hamm VersR 1995, 516), sind Privatbehandlungskosten zu erstatten. Der Wahlarzt muss dabei die seine Disziplin prägende Kernleistung persönlich und eigenhändig erbringen (siehe BGH NJW 2016, 3523). Privatbehandlung kann erstattungsfähig sein, wenn der Leistungskatalog des gesetzlichen Krankenversicherers nur unzureichende Therapiemöglichkeiten bietet (vgl BGH NJW 2004, 3324).

481   Vertragsärztliche Leistungen, die in den Leistungsumfang der gesetzlichen Krankenversicherung fallen, darf der Arzt seinem Patienten gegenüber nicht unter Hinweis auf eventuelle Überschreitung von Arznei- und **Heilmittelbudget** oder Regelleistungsvolumen ablehnen. Dem Geschädigten ist zumutbar, sich mit einer rechtswidrigen Praxis des Arztes (SG Düsseldorf MedR 2005, 112) – auch unter

Art und Umfang des Schadensersatzes § 249 BGB

Einschaltung der Krankenkasse – auseinander zu setzen und die Privatabrechnung abzulehnen (KG NZV 2004, 42). Fehlerhafte Beratung des Arztes über eine Kostentragungspflicht führt zu keinem Ersatzanspruch des Verletzten gegenüber dem Schädiger (AG Dortmund VersR 1999, 1230).

dd) Fiktive Abrechnung. Eine fiktive Abrechnung von erforderlichen, aber 482
nicht in Anspruch genommenen Heilbehandlungskosten ist nicht möglich (BR-Drucksache 742/01, S. 52; OLG Naumburg VersR 2010, 73; OLG Naumburg NJW-RR 2008, 1056; OLG Köln GesR 2005, 266; AG Seligenstadt SP 2003, 346). Dispositionsfreiheit des Geschädigten besteht nur bei Sachschäden (OLG Hamm NZV 2003, 192).

Kosten für Privatgutachten oder Kostenvoranschlag **(Behandlungsplan)** kön- 483
nen nur dann ersetzt verlangt werden, wenn der Verletzte eine konkrete Behandlungsabsicht nachgewiesen hat (OLG Brandenburg VersR 2010, 66; OLG München MedR 2006, 596). Die Einholung eines Kostenplanes ist für die Durchsetzung von Ersatzansprüchen weder erforderlich (§ 249 BGB) noch angemessen (OLG Brandenburg VersR 2010, 66; LG Münster BeckRS 2007, 17375).

Ein Verletzter, der sich für **preiswertere Behandlung** entschieden hat, kann 484
keine fiktiven Kosten einer teureren Operation verlangen (OLG Köln VersR 2000, 1021). Etwas anderes kann gelten, wenn tatsächliche Durchführung der Behandlung konkret beabsichtigt ist (BGH NJW 1986, 1538; OLG Hamm DAR 2001, 359).

ee) Besuchskosten. Den Anspruch hat der Verletzte **(Aktivlegitimation)** 485
und nicht etwa der Besucher. Besuchskosten sind dem Verletzten – und nicht etwa seinem Besucher – zu erstatten, wenn sie wegen ihrer engen Verbundenheit mit der Heilbehandlung des Verletzten entstanden und damit dessen Anspruch auf Ersatz erforderlicher **Heilkosten** zuzurechnen sind (BGH NJW 1991, 2340; KG SP 2000, 378; OLG Köln r+s 1989, 400). Ist Heilung oder Verbesserung des Gesundheitszustandes (uU bei apallischem Syndrom; OLG Bremen VersR 2001, 595) nahezu ausgeschlossen, entfällt mit fehlender medizinischer Notwendigkeit die Erstattungsfähigkeit.

Zu erstatten sind Aufwendungen für Besuche **naher Verwandter** (Eltern, Ehe- 486
gatte [BGH VersR 1981, 239], Partner [LPartG], Kinder; nur ausnahmsweise Geschwister [ablehnend OLG Karlsruhe VersR 1998, 1256], Großeltern, nichtehelicher Lebensgefährte [bejahend KG KGR 2009, 776; LG Münster NJW 1998, 1801; ablehnend LG Oldenburg zfs 1989, 45]) während des stationären Aufenthalts, wenn sie zur Gesundung des Patienten medizinisch notwendig (d.h. erforderlich und nicht nur förderlich; OLG Saarbrücken SP 2015, 296) und unvermeidbar waren (BGH NJW 1991, 2340). Im Vordergrund steht der Heilungsaspekt – und weniger der Verwandtschaftsgrad.

Der Verletzte hat die medizinische Notwendigkeit und Unvermeidbarkeit zu 487
beweisen (BGH NJW 1991, 2340). Pauschale Behauptungen, Besuche seien für Genesung „förderlich" oder „wünschenswert" gewesen, reichen nicht (KG SP 2000, 378; OLG Hamm r+s 1993, 20; LG Hildesheim zfs 2002, 219). BGH NJW 1991, 2340 hat die frühere Rechtsprechung (BGH NJW 1989, 766; BGH VersR 1989, 1308; BGH VersR 1985, 784) deutlich eingeschränkt.

Besuche sind schadensersatzrechtlich **so oft** und solange zu berücksichtigen, 488
wie sie für Gesundung des Patienten medizinisch erforderlich sind (OLG Naumburg NJW 2015, 261). Entscheidende Gesichtspunkte sind Enge der verwandtschaftlichen Beziehung, Schwere der Verletzung (z.B. Lebensgefahr), Dauer der

BGB § 249

Heilbehandlung sowie Alter und Zustand (auch Bewusstlosigkeit; OLG Saarbrücken VersR 1989, 757) des Verletzten.

489 Die wirtschaftlichste **Beförderungsart** (öffentliche Verkehrsmittel) ist zu erstatten (BGH NJW 1991, 2340). Bei Benutzung des eigenen PKW ist nur konkreter Mehraufwand für Fahrten zu Behandlungen bzw. für Besuchsfahrten ersatzfähig; die Rechtsprechung orientiert sich zur Höhe zwischen **reinen Betriebskosten** (OLG Braunschweig r+s 1991, 199; OLG Celle DAR 1975, 269; OLG Frankfurt SP 2010, 220; OLG Saarbrücken OLGR 1998, 212; LG Münster zfs 1988, 70; LG Oldenburg zfs 1988, 167) (= Verbrauch an Benzin und Öl, nicht aber anteilig sonstige feste Kosten der Fahrzeughaltung) und entsprechender Anwendung des JVEG (BGH NJW 2010, 192; OLG Hamm VersR 2000, 66; OLG Koblenz zfs 1984, 71; OLG Naumburg VersR 2015, 50; LG Darmstadt SVR 2016, 62; siehe auch BGH NJW-RR 2012, 1089, § 249 BGB, Rn 452).

490 Unterbringungs- und **Verpflegungskosten** (BGH NJW 1991, 2340; OLG Köln VersR 2002, 209) sind nur ausnahmsweise zu erstatten. **Unterbringungskosten** einer Begleitperson im Krankenhaus (Rooming-in) orientieren sich an medizinischer Notwendigkeit (AG Mainz NJW 1983, 349). Ersparte Eigenaufwendungen der Begleitperson sind kürzend gegenzurechnen (AG Bad Bramstedt zfs 1985, 135).

491 Zu den Besuchskosten kann auch ein dem Besucher entstandener **Verdienstausfall** gehören, wobei die Schadensminderungspflicht gebietet, Arbeit zeitlich umzudisponieren (BGH VersR 1985, 78; OLG Köln VersR 2002, 209). Weitergehende Fortkommensnachteile der Besucher, die sich aus Belastung der Erwerbstätigkeit mit Krankenbesuchen ergeben, sind nicht zu ersetzen (BGH NJW 1991, 2340; OLG Köln r+s 1989, 400).

492 Beeinträchtigungen des Besuchers in seiner heimischen **Haushaltsführung** sind nicht zu berücksichtigen (BGH NJW 1991, 2340). Musste gegen Entgelt (BGH VersR 1981, 239) – außerhalb familiärer Bindungen (OLG Hamm VersR 1972, 1174) – eine Betreuung für zu Hause gebliebene Kinder **konkret** besorgt werden, können diese Babysitterkosten ausnahmsweise erstattungsfähig sein (BGH VersR 1989, 1308). Fiktive Kosten sind nicht zu zahlen.

493 **ff) Nebenkosten.** Im angemessenen Rahmen anfallende Nebenkosten der stationären Behandlung – z.B. Mehrkosten für privat und beruflich erforderliche **Telefonate** (OLG Düsseldorf NJW-RR 1994, 352; OLG Hamm DAR 1998, 317; OLG Köln zfs 1990, 46), Telefonkosten naher Angehöriger (OLG München VersR 1985, 1096) – sind, wenn sie den Heilerfolg stützen, zu ersetzen. Es hat aber stets ein Abgleich mit Besuchskosten stattzufinden (OLG Düsseldorf NJW-RR 1994, 352; OLG Saarbrücken OLGR 1998, 212). Zu ersetzen sind bei längerfristigem Krankenhausaufenthalt **Radio-/TV-Leihgebühren** (OLG Köln NJW 1988, 2957).

494 Geringfügige **Trinkgelder** und Geschenke (siehe auch BFH NJW 2004, 1200: keine außergewöhnliche Belastung iSv § 33 EStG) für das Pflegepersonal sind eher aus Billigkeitsaspekten den Heilungskosten zugeordnet (KG DAR 1975, 282).

495 **Bedarfsgegenstände** des täglichen Lebens (Bücher, Zeitschriften, Spiele, Musikträger; dazu OLG Köln VersR 1989, 1309; OLG Nürnberg zfs 1983, 132), **zusätzliche Verpflegung** (Obst, Bio-Erzeugnisse etc.; dazu OLG Nürnberg zfs 1983, 132; LG Augsburg zfs 1988, 239; AG Aschaffenburg zfs 1986, 167; zu weltanschaulichen Gründen siehe § 249 BGB, Rn 470) und **Mitbringsel** sind

Art und Umfang des Schadensersatzes § 249 BGB

i.d.R. nicht erstattungspflichtig. Anderes kann bei schwerverletzten Kindern gelten, wenn Mitbringsel den Heilungsverlauf fördern (BGH VersR 1964, 532; OLG München VersR 1981, 560).

Veranlasst der **Arbeitgeber** des klagenden Unfallopfers eine **medizinische** 495a **Untersuchung** wegen der streitgegenständlichen Beschwerden, fehlt es für die Erstattung seiner Kosten, die durch die Untersuchung veranlasst sind, bereits am Zurechnungszusammenhang i.S.d. § 249 BGB; solche Kosten sind von demjenigen zu tragen, der die Untersuchung veranlasst (AG Tirschenreuth SP 2015, 221).

gg) Kostenbeteiligung, Vorteilsausgleich. Kostenbeteiligungen an erfor- 496 derlichen Heil-, Verbands- und Hilfsmitteln, Massagen, Zahnersatz und Transportkosten sind zu ersetzen.

Auch wenn eine **Kur** medizinisch indiziert ist (was der Anspruchsteller nachzu- 497 weisen hat; LG Bonn VersR 1996, 381), kann Urlaubswert als Vorteil zu berücksichtigen sein (OLG Celle VersR 1975, 1103). Bei Gegenständen, auf die ein Geschädigter zwingend angewiesen ist und die er am oder im Körper trägt (wie **Prothesen,** Herzschrittmacher), ist ein Vorteilsausgleich (Abzug neu für alt) allgemein unzumutbar (OLG Hamm VersR 2011, 637).

Zuzahlungen zur stationären Krankenhaus- und Rehabilitationsbehandlung 498 sind, da mindestens genauso hohe Ersparnis (u.a. Ernährung, Strom, Wasser) besteht, nicht zu ersetzen (BGH VersR 1984, 583; OLG Celle NZV 2014, 305; OLG Oldenburg r+s 1989, 85; LG Heilbronn SP 2013, 330). Je nach Alter, Beruf und sozialer Stellung ist die **Eigenersparnis** mit 15 € – 20 € pro Krankenhaustag anzusetzen, ohne dass es auf anderweitige niedrigere gesetzliche Regelungen (z.B. im SGB V) ankommt (AG Münster v. 8.10.1996 – 28 C 400/96).

Bei **Arbeitnehmern** (BGH VersR 1984, 583) und Beamten (BGH NJW 1980, 499 1787) erfolgt die Kürzung – während der Zeit der Gehaltsfortzahlung – letztlich beim Arbeitgeber/Dienstherrn (*Jahnke/Burmann-Jahnke*, Handbuch des Personenschadensrechts, Kap. 5 Rn 1984 m.w.N.). Erhält ein Verletzter Barleistungen eines **SVT** (z.B. Krankengeld, Arbeitslosengeld), erfolgt der Vorteilsausgleich beim **Verletzten** (und nicht beim SVT), solange beim Verletzten ein durch die Barleistung nicht vollständig gedeckter Erwerbsschaden noch verbleibt. Hat der Verletzte keinen Erwerbsschaden (Nur-**Hausfrau**/-mann, Rentner, **Kinder,** Student, Sozialhilfeempfänger), hat der Abzug vorrangig beim Heilkostenträger stattzufinden.

Eine Selbstbeteiligung (Wegfall einer Beitragsermäßigung/-rückerstattung) des 500 **Privatversicherten** ist zu übernehmen, wenn sonst keine Erkrankungen angefallen wären, welche eine Selbstbeteiligung ausgelöst hätten. Der Nachweis kann häufig erst nach Ablauf der jeweiligen Versicherungsperiode erbracht werden.

Entgeht dem Verletztem wegen unfallbedingter Inanspruchnahme der Kran- 501 kenkasse eine **Beitragsrückerstattung,** gehört dies nur bei voller Ersatzpflicht des Unfallgegners zum Unfallschaden (OLG Köln NJW-RR 1990, 1179). Eine anteilige Erstattung (z.B. bei Mithaftung) entfällt.

hh) Drittleistungsträger. Bei **Sozialversicherten** (Krankenkasse, UVT, 502 RVT) erfolgt der Forderungswechsel (§ 116 SGB X) bereits zum Unfallzeitpunkt unabhängig davon, ob der Verletzte ab diesem Zeitpunkt überhaupt Leistungen erhalten oder Erstattung aufgewendeter Kosten beantragt hat (BGH jurisPR-VerkR 14/2012 Anm. 2 = NJW 2012, 3639; BGH NZV 2009, 131; BGH NJW 1997, 1783; KG NZV 2004, 42). Der Verletzte ist wegen des Forderungsüberganges (§ 116 SGB X) an den zuständigen SVT zu verweisen (OLG Köln DAR 2002, 353). Sind ausnahmsweise Mehraufwendungen erforderlich, die vom Drittleis-

BGB § 249　　　　　　　　　　　　　　　Schadensersatzrecht des BGB

tungsträger (vor allem SVT, private Krankenversicherung) nicht übernommen werden, steht der Anspruch dann dem Verletztem zu (BGH VersR 1973, 566; BGH VersR 1965, 161). Zum Wechsel eines Sozialversicherten zur privaten Krankenversicherung siehe BGH NJW 1999, 1782 sowie § 249 BGB, Rn 505.

503　**Beamte** haben im Krankheitsfall Anspruch auf Beihilfe, teilweise Anspruch auf freie Heilfürsorge. Die Forderung geht, wenn die beamtenrechtliche Stellung im Unfallzeitpunkt besteht, unmittelbar auf den Beihilfeträger über, ansonsten erst mit Begründung des Beamtenverhältnisses (BGH VersR 1983, 262).

504　Auch **Außenseitermethoden** gehören zum Leistungsspektrum der Sozialversicherung (§ 249 BGB, Rn 475) und beamtenrechtlichen Beihilfe (BVerwG NJW 1998, 3436, OVG Lüneburg DÖD 1999, 260) und können daher die Forderungsberechtigung des unmittelbar Verletzten ausschließen. Es ist Sache des Verletzten, Kostenerstattung beim zuständigen SVT/Beihilfeträger zu beantragen und notfalls Hilfe der Sozial- und Verwaltungsgerichte in Anspruch zu nehmen (KG NZV 2004, 42).

505　Erscheint eine Inanspruchnahme eines SVT geradezu ausgeschlossen, wird der Geschädigte wieder Rechtsinhaber, ohne dass es besonderer Rückübertragung bedarf (BGH NJW 2004, 2892; BGH NJW 2003, 1455). Die Schadenersatzansprüche des Verletzten gehen im Zeitpunkt des Unfalls nur auflösend bedingt auf den Versicherungsträger über. Sie fallen, soweit eine zeitlich und sachlich kongruente Leistungspflicht des SVT nicht besteht, gemäß § 158 II BGB wieder an den Geschädigten zurück, ohne dass es einer besonderen Rückübertragung bedarf (BGH NZV 2009, 131; BGH NJW 1999, 1782; BGH NJW 1967, 2199).

506　Vom **Arbeitgeber** bei Krankheit gewährte Zuschüsse (z.B. zu Kuren, Brillen und Zahnersatz) sind keine Entgeltzahlung i.S.d. § 6 EFZG. Diese Leistungen sind auf den Anspruch des Verletzten anzurechnen; der Arbeitgeber benötigt zur Erstattung eine entsprechende Abtretung.

507　**d) Weitere Personenschadenansprüche. aa) Normen.** Materielle Ansprüche wegen Personenschaden regeln vorrangig §§ 842 ff BGB. Nur soweit hiernach eine Ersatzfähigkeit fehlt, kann § 249 BGB in Betracht zu ziehen sein; letztlich bleibt der Anwendungsbereich des § 249 BGB für den Personenschadenersatz beschränkt auf Heilbehandlungskosten. Auch in den speziellen Haftpflichtgesetzen finden sich den Personenschadenersatz bestimmende Normen, die inhaltlich allerdings nicht über den durch §§ 842 ff BGB gesteckten Rahmen hinausgehen (siehe § 10 StVG, Rn 13 und § 11 StVG, Rn 1).

508　**bb) Ansprüche wegen Tötung.** Die Ersatzansprüche bei Tötung **(Beerdigungskosten, Unterhaltsschaden, Hinterbliebenengeld, entgangene Dienste)** regeln speziell und abschließend §§ 844, 845 BGB.

509　Zu **Schockschäden** nächster Angehöriger siehe vor § 249 BGB, Rn 123.

510　**cc) Ansprüche wegen Körperverletzung.** Der Anspruch auf Ersatz **vermehrter Bedürfnisse** orientiert sich an den in § 843 I 2. Alt. BGB aufgestellten Grundsätzen. **Erwerbsschäden** sind dem Verletzten nach §§ 842, 843 I 1. Alt. BGB auszugleichen. Der **Ausfall im Haushalt** ist entsprechend §§ 842, 843 BGB zu entschädigen.

511　Den Anspruch Dritter wegen ihnen **entgangener Dienste** bestimmt § 845 BGB.

512　Die Ersatzfähigkeit immaterieller Ansprüche **(Schmerzensgeld)** richtet sich nach § 253 BGB.

dd) Drittleistungen. Zu den in Betracht kommenden Drittleistungen, ihren 512a
Trägern und ihrem Regress siehe umfassend *Jahnke/Burmann-Jahnke/Burmann,*
Handbuch des Personenschadensrechts, Kap. 5 Rn 6 ff.

e) Reha-Management. Das Reha-Management ist eine **freiwillige Unter-** 513
stützungshandlung der privaten Versicherungswirtschaft im Personenschaden,
welches zwar der Sozialversicherung (siehe §§ 33 ff SGB IX) obliegende Aufgaben
übernimmt bzw. forciert, nicht aber den gesetzlichen Auftrag der Sozialleistungsträger verdrängt. Weder Unfallopfer noch Haftpflichtversicherer des Schädigers
können voneinander verlangen, dass anstelle des von Sozialleistungsträgern gesteuerten Verfahrens ein privat initiiertes Reha-Management eingerichtet wird (*Höfle,*
Referat zum 38. Deutschen Verkehrsgerichtstag 2000, S. 75). Kosten für die Steuerung und Begleitung von Rehabilitationsmaßnahmen sind keine Kosten, die
notwendig sind, um den Heilungserfolg voranzutreiben oder zu erzielen; sie fallen
daher nicht unter die gemäß § 249 BGB zu ersetzenden notwendigen Heilbehandlungskosten (LG Oldenburg SP 2012, 399).

Das Reha-Management kann nur aufgrund **freiwilliger Übereinkunft** zwi- 514
schen Verletztem und Schadensersatzpflichtigem eingerichtet werden. Ein Geschädigter hat die Verpflichtung, ihm noch verbliebene Arbeitskraft sinnvoll zu verwerten und sich hierzu erforderlichenfalls auch beruflich neu zu orientieren. Lehnt
er ein objektiv sinnvolles Reha-Management ab, muss er sich selbst (uU mit
Unterstützung der Sozialleistungsträger) im Rahmen des Zumutbaren um die
Wiedereingliederung in das Arbeitsleben bemühen, wobei ihm die Regelungen
des SGB IX (unverzüglich von ihm dann geltend zu machende) Rechte gegenüber
den Sozialleistungsträgern verschaffen. Die Ablehnung, ein angebotenes Reha-Management zu nutzen, führt für sich genommen **nicht** zum **Mitverschuldenseinwand.** Der Verletzte hat aber bei Scheitern oder Verzögerung einer beruflichen
Wiedereingliederung eine **erhöhte Darlegungslast,** warum seine eigenen
Bemühungen nicht oder erst verzögert erfolgreich waren (*Schneider* zfs 2008, 303;
ähnlich *Küppersbusch/Höher,* Rn 67).

Der Haftpflichtversicherer beauftragt den Reha-Dienst und trägt die **Kosten** 515
des Reha-Managements. Der Verletzte hat keinen Anspruch darauf, sich selbst
einen Reha-Berater zu suchen und dessen Kosten dann dem Haftpflichtversicherer
in Rechnung zu stellen (*Schah Sedi/Schah Sedi,* § 5 Rn 15). Erst recht kann ein
Verletzter keine fiktiven Kosten eines nicht in Anspruch genommenen Reha-Dienstes beanspruchen.

Soweit der **Anwalt** des Verletzten im Verhältnis zum eingeschalteten Reha- 516
Dienst besondere Tätigkeiten entfaltet, beeinflusst dieses je nach Umfang der
Tätigkeit allenfalls den Gebührenrahmen und ausnahmsweise den Gegenstandswert; eine neue und eigenständige gebührenrechtliche Angelegenheit wird aber
nicht begründet (vgl BGH NJW 2011, 155; BGH NJW 2011, 782).

f) Begutachtung im Personenschaden. aa) Medizinische Begutach- 517
tung. Zum Thema: *Jahnke/Burmann-Schelter,* Handbuch des Personenschadensrechts, Kap. 3. Siehe auch vor § 249 BGB, Rn 23a, § 249 BGB, Rn 354 ff, § 249
BGB, Rn 517 ff, § 249 BGB, Rn 564 ff.

Bei einer gerichtlich veranlassten Untersuchung durch einen medizinischen 517a
Sachverständigen hat der Rentenbewerber grundsätzlich keinen Anspruch auf
die Zulassung einer Teilnahme von Angehörigen (LSG Niedersachsen-Bremen
BeckRS 2010, 65984; LSG Baden-Württemberg jurisPR-SozR 20/2012 Anm.
4; B; siehe auch *Burmann/Jahnke* NZV 2012, 505).

BGB § 249

517b Die fachliche Durchführung der Untersuchung ist zunächst Sache des Sachverständigen. Das Gericht darf ihm grundsätzlich keine fachlichen Weisungen darüber erteilen, auf welchem Weg er das Gutachten zu erarbeiten hat (LSG Niedersachsen-Bremen BeckRS 2010, 65984; LSG Baden-Württemberg BeckRS 2012, 65949 = jurisPR-SozR 20/2012 Anm. 4). Wenn ein Sachverständiger es für erforderlich hält, die Untersuchung in Abwesenheit dritter Personen vorzunehmen (*Burmann/Jahnke* NZV 2012, 505), weil er die Verfälschung des Ergebnisses der Exploration befürchtet, bewegt er sich (vorbehaltlich besonderer Umstände etwa in Form von nicht anders angemessen überwindbaren Kommunikationsschwierigkeiten des Probanden) im Bereich seiner Fachkompetenz (LSG Niedersachsen-Bremen BeckRS 2010, 65984; LSG Baden-Württemberg BeckRS 2012, 65949). Es besteht kein wissenschaftlicher Standard, der die Anwesenheit Dritter bei Gutachten der vorliegenden Art vorsieht (LSG Niedersachsen-Bremen BeckRS 2010, 65984; LSG Baden-Württemberg BeckRS 2012, 65949; BGH NStZ 2003, 101). Gerade bei der Erhebung und Bewertung entsprechender psychischer Begleitumstände ist es aber von besonderer Bedeutung, dass sich der Sachverständige einen möglichst unmittelbaren und ungestörten Eindruck (z.B. von den Schmerzerfahrungen des Probanden und von seinem Umgang mit den Schmerzen) verschaffen kann. Dementsprechend wird auch in der Fachliteratur empfohlen, im Regelfall keine Teilnahme von Angehörigen am gutachterlichen Gespräch zuzulassen (LSG Niedersachsen-Bremen BeckRS 2010, 65984 unter Hinweis auf *Venzlaff/Foerster*, Psychiatrische Begutachtung, 5. Aufl., S. 19; LSG Baden-Württemberg BeckRS 2012, 65949).

517c Im Hinblick auf das allgemeine Persönlichkeitsrecht sowie des Umstandes, dass eine ärztliche Untersuchung in den Intimbereich des zu Untersuchenden eingreift, ist die Anwesenheit des gegnerischen Anwalts bei der Untersuchung von der Zustimmung der betroffenen Partei abhängig (OLG Hamm MedR 2004, 60; OLG Köln NJW-RR 2013, 1022; OLG Köln NJW 1992, 1568; OLG München NJW-RR 1991, 896). Der Ausschluss eines Ehegatten von der Anwesenheit bei einer psychiatrischen Begutachtung stellt nicht ohne weiteres einen Verstoß gegen ein faires Verfahren oder einen rechtswidrigen Eingriff in die Persönlichkeitsrechte dar (LSG München jurisPR-SozR 6/2014 Anm. 5).

518 bb) **Steuererklärung.** Es kann eine Verpflichtung bestehen, **Einkommensteuererklärungen** und -bescheide für vor dem Unfall liegende Jahre vorzulegen (OLG Karlsruhe VersR 1988, 1164; siehe auch BGH FamRZ 1983, 680). Wenn das nicht ohne Aufdecken des Steuergeheimnisses des Geschädigten möglich ist, hat er diesen Nachteil auch im Rahmen des § 252 BGB hinzunehmen (BGH NJW 1988, 3016).

519 cc) **Unwahre Angaben.** Befürchteten Beweisschwierigkeiten oder Verzögerungen der Regulierung darf nicht durch Täuschungen entgegengewirkt werden; der Versicherungsnehmer kann bereits durch den Versuch seinen vollen Versicherungsschutz verlieren (OLG Hamm VersR 2011, 1391). Zum Betrug beim Personenschaden siehe *Höher* NZV 2012, 457; siehe auch § 249 BGB, Rn 547c. Hat der geschädigte Kläger im Prozess gegenüber den gerichtlichen Gutachtern mehrfach die Unwahrheit gesagt, beinhaltet dieses nicht den Vollbeweis (§ 286 ZPO); vielmehr ist diesem Umstand im Rahmen der Gesamtwürdigung des Nachweises mit dem Beweisgrad des § 287 ZPO Rechnung zu tragen (OLG Köln BeckRS 2011, 20301).

519a Reguliert der Haftpflichtversicherer auf die falschen Angaben des Geschädigten hin einen Unfallschaden, ohne vorher die Akteneinsicht abzuwarten, hat er einen nicht durch § 814 BGB gehinderten **Rückforderungsanspruch** gemäß § 812 I 1 Alt. 1 BGB (OLG Brandenburg NJW-RR 2013, 1295; siehe auch OLG Hamm VersR 2012, 228 m.w.N.).

g) Zurschaustellung von Unfallopfern im Internet. Bei einer unfreiwilligen bildlichen Darstellung seiner Person als Unfallopfer kann die **Unterlassung einer Verbreitung** als Stand- oder Bewegtbild in jedem Medium und in jeder Form verlangt werden. Dies gilt auch dann, wenn kein explizites Abbilden des Unfallopfers erfolgt, sondern nur von Körperteilen. Bei der Abwägung von Medienfreiheit (Art 5 GG) und dem Recht des Unfallopfers am eigenen Bild genießt das abgebildete Unfallopfer einen höheren Schutz (LG Essen jurisPR-VerkR 2/2015 Anm. 3 = SP 2015, 172; zum Kostenstreitwert OLG Hamm BeckRS 2015, 04282). 519b

Zum Schmerzensgeld siehe § 253 BGB, Rn 77a. 519c

12. Ersatzansprüche und Versteuerung. Siehe ergänzend auch § 249 BGB, Rn 30, § 249 BGB, Rn 292 ff, § 249 BGB, Rn 540, § 842 BGB, Rn 40 ff, § 844 BGB, Rn 67 f. 520

a) Periodische Zahlungsweise. Da das Steuerrecht eine Steuerbarkeit allein wegen deren äußerer Form nicht kennt, bestimmt nicht bereits der Umstand einer periodischen Zahlungsweise (siehe § 22 Nr. 1 EStG) die steuerliche Behandlung einer Zahlung. Es kommt vielmehr darauf an, ob es möglich ist, die Schadenrente einer bestimmten Einkunftsart des EStG zuzuordnen. Ist eine Leistung als Einmalzahlung nicht steuerbar, wird sie es nicht dadurch, dass sie als zeitlich gestreckt vereinbart wird (BFH NJW 2009, 1229; BFH NJW 1995, 1238). Der Besteuerungstatbestand des § 22 Nr. 1 EStG ist nur dann erfüllt, wenn die Leistungen andere steuerbare Einnahmen ersetzen. 521

Letztlich unterliegt allein der Ersatz von reinem **Erwerbsschaden** der Versteuerung. Die hierbei auftauchenden steuerrechtlichen Probleme (wie Abrechnung auf Brutto- oder Nettobasis; siehe § 842 BGB, Rn 35, § 842 BGB, Rn 40; ferner *Jahnke*, Der Verdienstausfall im Schadensersatzrecht, § 4 Rn 269 ff) sind im Bereich der zivilrechtlichen Schadenabwicklung zu klären. 522

b) Einzelne Schadenarten. aa) Sachschaden. Reparaturkosten bzw. Totalschäden können steuerrechtlich **Werbungskosten** darstellen (§ 249 BGB, Rn 541 ff). 523

Schadenersatz- oder Versicherungsleistungen, die als Ausgleich für den **Substanzverlust** oder den **Verlust der Nutzungsmöglichkeit** eines im Betriebsvermögen befindlichen Fahrzeugs vereinnahmt werden, sind stets **zu steuernde Betriebseinnahmen.** Dabei kommt es nicht darauf an, ob der Schaden während der betrieblichen oder der privaten Nutzung eingetreten ist; auch kann die Leistung nicht nach dem Verhältnis der üblichen Nutzungsquoten in einen betrieblichen und einen privaten Teil aufgespalten werden. Wie sich die Erfassung der Nutzungsausfallentschädigung als Betriebseinnahme auf den Gewinn auswirkt, richtet danach, wie sich der Steuerpflichtige zuvor eingerichtet hatte (BFH BFHE 253, 89). 523a

Zur Erstattung von Mehrwertsteuer siehe § 249 BGB, Rn 293 ff sowie hinsichtlich der Anwaltskosten § 249 BGB, Rn 401. 524

bb) Insassenunfallversicherung. Leistungen aus einer Insassenunfallversicherung sind als ausschließlich privat veranlasst anzusehen, wenn der Unfall sich auf einer Privatfahrt ereignet hat (BFH BFHE 253, 89; BFH NJW 1978, 968). 524a

525 cc) **Verdienstausfall.** Ersatz für Verdienstausfallschäden ist zu versteuern. Nach §§ 2 I, 24 Nr. 1 lit. a EStG unterliegen (nur) *„Entschädigungen, die gewährt worden sind als Ersatz für entgangene oder entgehende Einnahmen"*, der Steuerpflicht. Entschädigungen in diesem Sinne können bei allen Einkunftsarten in Betracht kommen (BFH BStBl III 1965, 480; BFH BStBl III 1960, 72) und erfassen auch Leistungen aufgrund haftpflichtrechtlicher Bestimmungen.

526 dd) **Haushaltsführungsschaden.** Der Ausfall eines **Verletzten** im Haushalt ist, soweit die Haushaltsführung zugunsten der Familienangehörigen erfolgt, rechtlich zwar als Erwerbstätigkeit qualifiziert; diese zivilrechtliche Einordnung führt aber nicht zur Anwendung von § 22 EStG. Da die Haushaltsführung in der Familie kein steuerbarer Einkommenstatbestand ist, sind Ersatzleistungen wegen Haushaltsführungsschadens nicht zu versteuern (BFH NJW 2009, 1229).

527 Im Falle der **Tötung** sind Barunterhalt und Naturalunterhalt nur zwei Seiten des entzogenen Unterhalts iSv § 844 BGB. Ein steuerbarer Tatbestand entfällt (BFH NJW 2009, 1229).

528 ee) **Schmerzensgeld.** Zahlungen auf Schmerzensgeld sind weder hinsichtlich des Kapitalbetrages noch hinsichtlich einer Schmerzensgeldrente (siehe auch § 253 BGB, Rn 62) steuerpflichtig (BFH NJW 1995, 1238; BVerwG NJW 2012, 1305; ebenso Erlass des Finanzministers Brandenburg SP 1995, 236 und Anordnung des Bundesministers der Finanzen NZV 1996, 140 sowie Schreiben v. 15.7.2009 BStBl I 2009, 836).

529 ff) **Heilbehandlung, vermehrte Bedürfnisse.** Zahlungen auf **Heilbehandlungskosten** (Ersatz von Krankheitskosten, insbesondere Selbstbeteiligungen; siehe auch § 3 Nr. 1 EStG) (*Jahnke*, Abfindung von Personenschadenansprüchen, § 4 Rn 25, 31) bzw. **vermehrte Bedürfnisse** (BFH BFHE 176, 402, BFH NJW 1995, 1238; ebenso Anordnung des Bundesministers der Finanzen NZV 1996, 140; a.A. vor Änderung der BFH-Rechtsprechung noch BGH NJW 1985, 3011) sind weder kapitalisiert noch als Einmal-Betrag steuerpflichtig.

530 gg) **Entgangene Dienste.** Schadensersatzleistungen wegen entgangener Dienste unterliegen keiner Besteuerung (BMF DB 2009, 1733). Die Schadensersatzrente nach § 845 BGB erhöht ebenso wenig wie die Unterhaltsrente nach § 844 II BGB die wirtschaftliche Leistungsfähigkeit des Empfängers.

531 hh) **Unterhaltsschaden, Beerdigungskosten.** Zahlungen auf **Unterhaltsschäden** sind (unabhängig, ob kapitalisiert oder als Einmal-Betrag) nicht steuerpflichtig (BFH NJW 2009, 1229; OLG Brandenburg NZV 2001, 213; OLG Nürnberg NZV 1997, 439).

532 Gleiches gilt für **Beerdigungskosten** (BFH NJW 1995, 1238).

533 c) **Ersatz von Mehrsteuer.** Hat der Geschädigte eine Schadensersatzrente als Einkommen zu versteuern, muss ihm der Schädiger (bzw. dessen Haftpflichtversicherer) auch denjenigen Steuerbetrag erstatten, mit dem die Finanzverwaltung den Geschädigten belastet, nachdem letzterem der zu versteuernde Teil des Nettoverdienstausfallschadens ersetzt wurde (BGH NJW 2006, 499; BFH NJW 1995, 1238). Zu ersetzen ist dabei nur die **(anteilige) Mehrsteuer,** die auf den erstatteten Betrag entfällt, nicht jedoch die gesamte Steuerlast (BGH NJW 1998, 985).

534 Steuern sind **nicht fiktiv** zu ersetzen, sondern nur soweit ihr Anfall konkret nachgewiesen ist (BGH NJW 1998, 985; OLG München NZV 1999, 513; OLG Nürnberg NZV 1997, 439). Die Erstattung von Steuerbeträgen kann vom Schädi-

ger erst verlangt werden, wenn die Steuerveranlagung des Geschädigten durchgeführt ist (BGH NJW 1993, 1137; BGH NJW 1993, 1139).

Steuerzahlungen sind gegenüber der Finanzverwaltung **fällig** aufgrund eines 535 Vorauszahlungsbescheides (§ 37 EStG) bzw. aufgrund eines endgültigen Steuerbescheides (§ 220 AO). Vor Fälligkeit der Steuerschuld besteht nur ein Feststellungsanspruch (OLG München VersR 1981, 169; OLG Oldenburg r+s 1992, 414) oder Freistellungsanspruch (OLG Celle OLGR 2007, 505). Eine Ausnahme kann dann bestehen, wenn der Geschädigte Sicherheit leisten muss (BGH NJW 1993, 1139). Liegt ein Vorauszahlungsbescheid des Finanzamtes vor, besteht der Ersatzanspruch in Höhe der Steuervorauszahlung, allerdings nur **Zug-um-Zug** gegen Abtretung eines etwaigen Erstattungsanspruches gegenüber der Finanzbehörde.

Soweit Lohn-/Einkommensteuer zu erstatten ist, sind auch **Solidaritätszu-** 536 **schlag** sowie etwaige **Kirchensteuer** entsprechend anteilig zu ersetzen.

d) Obliegenheit. Wird der Geschädigte vom Finanzamt auch hinsichtlich sol- 537 cher Einnahmen zur Steuer veranlagt, die steuerfrei sind, muss er **Rechtsmittel** einlegen. Verabsäumt er oder sein Vertreter (vor allem Eltern, Vormund, Anwalt) dieses, bestehen möglicherweise Schadenersatzansprüche zwar gegenüber diesem Vertreter, nicht aber gegenüber dem für die ursprüngliche, der Versteuerung unterworfenen, Schadensersatzleistung Einstandspflichtigem (Schädiger bzw. dessen Haftpflichtversicherer). Versäumnisse des Vertreters gehen zulasten des Vertretenen (§§ 254 II 2, 278 BGB). Da die Steuerlast Jahr für Jahr neu bestimmt wird, ist auch in **alten Schadenfällen** die steuerrechtliche Veranlagung abzuändern, soweit hier noch keine Rechtskraft eingetreten ist.

e) Steuerfreie Einnahmen. Anlässlich einer Schadenregulierung erbringt 538 nicht nur der Schadenersatzpflichtige Barleistungen, Geschädigte erhalten auch von dritter Seite Leistungen. Die Steuerfreiheit dieser Leistungen ist zugunsten des ersatzpflichtigen Schuldners zu berücksichtigen, wobei teilweise der steuerrechtliche Progressionsvorbehalt zu beachten ist (zu Einzelheiten *Jahnke*, Der Verdienstausfall im Schadensersatzrecht, § 18 Rn 92 ff).

Für **Selbständige** sind Beiträge zur gesetzlichen Unfallversicherung einerseits 539 zwar Betriebsausgaben, andererseits bleiben die Versicherungsleistungen trotzdem steuerfrei (OFD Magdeburg DB 2004, 2191).

f) Steuerliche Erleichterungen. Etwaige Steuervorteile können den Ersatz- 540 anspruch des Geschädigten mindern. Der Geschädigte hat unaufgefordert zu **offenbaren,** dass und welche Steuervorteile er im Zusammenhang mit dem Unfall und dessen Regulierung zieht. Siehe auch vor § 249 BGB, Rn 216.

aa) Werbungskosten. Aufwendungen zur Erwerbung, Sicherung und Erhal- 541 tung der Einnahmen i.S.d. § 9 I 1 EStG (Werbungskosten) liegen vor, wenn sie durch den Beruf oder die Erzielung steuerpflichtiger Einnahmen veranlasst sind. Sie sind beruflich veranlasst, wenn ein objektiver Zusammenhang mit dem Beruf besteht und die Aufwendungen subjektiv zur Förderung des Berufs getätigt werden.

Aufwendungen zur Beseitigung von Schäden aufgrund eines Unfalles sind als 542 Werbungskosten (§ 9 I EStG) bei den Einkünften aus nichtselbständiger Arbeit abziehbar, wenn sich der Unfall während einer Fahrt ereignet hat, die durch das **Dienstverhältnis veranlasst** gewesen ist (BFH BFHE 135, 70). Es muss ein objektiver Zusammenhang der Fahrt mit dem Beruf des Steuerpflichtigen bestehen. Ein solcher Zusammenhang ist gegeben, wenn eine Fahrt im Rahmen der beruflichen Zielvorstellungen des Steuerpflichtigen liegt und der Unfall nicht auf eine private, der Lebensführung des Steuerpflichtigen zuzurechnende Veranlassung zurückzuführen ist. Die berufliche Veranlassung einer solchen Fahrt kann indessen unterbrochen oder aufgehoben sein, wenn private Umstände zur beruflichen Veranlassung der Fahrt hinzutreten und den beruflichen Zusammenhang lösen oder überlagern (BFH NJW 1984, 1840). Siehe auch vor § 249 BGB, Rn 216, vor § 249 BGB, Rn 170 ff.

543 Auch Aufwendungen zur Verminderung oder Behebung gesundheitlicher Störungen, die typischerweise mit der betreffenden Berufstätigkeit verbunden sind, können Werbungskosten sein, wenn es sich um typische Berufskrankheiten handelt oder der Zusammenhang zwischen der Erkrankung und dem Beruf eindeutig feststeht (BFH NJW 2013, 3328; Sächsisches FG BeckRS 2010, 26030486 m.w.N.).

544 Der Abzug wird nicht dadurch ausgeschlossen, dass der Unfall auf einem bewussten und leichtfertigen Verstoß gegen Verkehrsvorschriften beruht; strafwürdiges oder **verbotenes Verhalten** ist nicht ohne weiteres der privaten Sphäre zuzurechnen (BFH NJW 2007, 2351, BFH NJW 1984, 1840; BFH [GrS] NJW 1978, 1824). Ein Abzug entfällt, wenn der Unfall durch **Alkoholeinfluss** des Steuerpflichtigen herbeigeführt wurde (BFH NJW 2007, 2351; BFH NJW 1984, 1840).

545 Dass Reparaturkosten bzw. Totalschäden steuerrechtlich Werbungskosten darstellen können, ist schadenersatzrechtlich (Vorteilsausgleich) nicht zu berücksichtigen. Der Geschädigte kann nur den Restschaden steuerrechtlich geltend machen.

546 **bb) Außergewöhnliche Belastungen.** Behinderungsbedingte **Umbaukosten** können als außergewöhnliche Belastungen steuersenkend wirken. Mehraufwendungen für einen behindertengerechten Um- oder Neubau eines Hauses oder einer Wohnung sind weder durch den Grund- oder Kinderfreibetrag (§§ 32a I, 32 VI EStG) noch durch den Behinderten- und Pflege-Pauschbetrag abgegolten (BFH BFHE 232, 518).

547 **Zivilprozesskosten** sind i.d.R. nicht als außergewöhnliche Belastungen abziehbar (dazu § 249 BGB, Rn 433).

547a Siehe ergänzend § 843 BGB, Rn 52 sowie *Jahnke/Burmann-Jahnke*, Handbuch des Personenschadensrechts, Kap. 4 Rn 1431 ff.

547b **cc) Prozess.** Zur steuerlichen Absetzbarkeit von Prozesskosten siehe § 249 BGB, Rn 432.

547c **13. Schadennachweis. a) Unwahrer Vortrag.** Hat der geschädigte Kläger im Prozess gegenüber den gerichtlichen Gutachtern und dem von ihm konsultierten Privatgutachter mehrfach die Unwahrheit gesagt, führt das nicht zum Verlust der gesetzlichen Beweiserleichterung des § 287 ZPO mit der Folge der Notwendigkeit des Vollbeweises nach § 286 ZPO; vielmehr ist diesem Gesichtspunkt im Rahmen der Gesamtwürdigung des Nachweises mit dem Beweisgrad des § 287 ZPO Rechnung zu tragen höher (OLG Köln BeckRS 2011, 20301). Zu den Konsequenzen eines unwahren Vortrags siehe *Höher* NZV 2012, 457, ferner auch § 249 BGB, Rn 519.

548 **b) Rücksichtspflicht.** Bei der Schadenfeststellung hat der Geschädigte Rücksichtspflichten, deren Verletzung ihn zum Ersatz von **Mehrkosten** der Schadenregulierung verpflichten können (BGH VersR 1984, 79).

Art und Umfang des Schadensersatzes § 249 BGB

c) Besichtigung. Aus der Verpflichtung zum Schadenersatz ergibt sich notwendigerweise das Recht des Ersatzpflichtigen zur Überprüfung der Schadenshöhe, und damit u.a. auch zur Besichtigung des beschädigten Objektes (BGH VersR 1984, 79; *Jaeger* VersR 2011, 50). 549

Der Haftpflichtversicherer hat auch das Recht zur Nachbesichtigung z.B. des Unfallfahrzeugs zwecks Überprüfung der Schadenhöhe (AG Cloppenburg v. 6.1.2011 – 21 C 243/10; AG Düsseldorf SP 2013, 264). 550

d) Belege. Siehe auch § 252 BGB, Rn 14. 551

Belege sind beizubringen, soweit deren Beschaffung dem Dritten billigerweise zugemutet werden kann (siehe auch §§ 119 III 2, 120 VVG). Die Rechnungslegung (vgl § 259 BGB) hat der hierzu Verpflichtete – wie auch die Auskunftserteilung – grundsätzlich auf eigene Kosten zu erbringen; nur soweit ausnahmsweise ausdrückliche gesetzliche oder vertragliche Kostenerstattungsregelungen eingreifen, kann für die hiervon erfassten Kosten etwas anderes gelten. 551a

Ohne Vorlage von prüffähigen Schadennachweisen hat der Schadenersatzpflichtige nicht zu zahlen, gerät damit auch nicht in **Verzug** und gibt auch nicht zur Klage Anlass (OLG Karlsruhe NZV 2012, 189; LG Baden-Baden VersR 2013, 778; LG Bamberg SP 2014, 27; LG Gera jurisPR-VerkR 23/2011 Anm. 5 = r+s 2011, 492; AG Köln SP 2013, 20). Das gilt auch für erforderliche Nachbesichtigung des beschädigten Fahrzeuges (AG Düsseldorf SP 2013, 264). 552

I.d.R. ist es ausreichend, wenn der Geschädigte Fotokopien der Schadenbelege (das gilt nicht für Gutachten) übersendet; bei Zweifeln hat der Ersatzpflichtige allerdings ein Recht auf Einsicht in Originalunterlagen (OLG Hamburg NZV 1990, 475). Hat sich der Verletzte Belege selbst ausgestellt, muss er dieses offen legen. Gleiches gilt, wenn Belege nicht zeitgleich (z.B. mit der Anschaffung von Ersatzteilen) ausgefertigt, sondern vielmehr nachträglich erstellt und dabei rückdatiert wurden (OLG Köln SP 1997, 204). 553

e) Drittleistungsträger. aa) Abrechnung. Drittleistungsträger (z.B. Arbeitgeber) haben prüfbare und nachvollziehbare **Abrechnungsunterlagen** zu überreichen. 554

Die Anforderungen an den **Nachweis** zu Anspruchsgrund und Schadenhöhe sind für die Rechte aus einer Legalzession Herleitenden (z.B. SVT nach § 116 SGB X) nicht anders, insbesondere nicht besser als für seinen Versicherten, den unmittelbar Geschädigten. Der Drittleistungsträger muss also den Strengbeweis (§ 286 ZPO) für Verletzungen und Unfallkausalität von Behandlungen und Arbeitsunfähigkeit führen (OLG Thüringen r+s 2012, 360; *Burmann/Jahnke* NZV 2013, 313 m.w.H.; *Jahnke*, Unfalltod und Schadenersatz, § 1 Rn 174 ff). Der bloße Verletzungsverdacht steht einer Verletzung haftungsrechtlich nicht gleich (OLG Hamm r+s 2003, 434; *Lemcke* r+s 2013, 570; *Jahnke*, Der Verdienstausfall im Schadenersatzrecht, § 3 Rn 99 ff m.w.N.). Ist die Unfallbedingtheit geklagter Beschwerden nicht bewiesen, besteht auch für Drittleistungsträger keine Grundlage für einen Anspruch auf Ersatz der entstandenen Kosten (BGH NJW 2013, 3634). Bloße Möglichkeit oder bloßer Verdacht einer Verletzung begründet noch keinen Anspruch auf Ersatz von Behandlungskosten, denn nur die objektive Verletzung selbst – und nicht schon der stattgehabte Unfall als solcher – bildet den Anknüpfungspunkt für den Anspruch (BGH NJW 2013, 3634; OLG Thüringen r+s 2009, 170; KG VersR 2008, 837; KG r+s 2003, 436; OLG Hamm BeckRS 2011, 04075; OLG Hamm r+s 2003, 434; LG Dortmund SP 2011, 143). 555

BGB § 249 Schadensersatzrecht des BGB

556 Dem Verlangen ordnungsgemäßer und inhaltlich überprüfbarer Belege steht § 415 ZPO nicht entgegen (BGH NJW 1962, 1770; OLG Thüringen r+s 2012, 360). Selbst wenn man eine bloße Forderungsaufstellung durch einen SVT als **öffentliche Urkunde** iSv § 415 ZPO wertet, erbringt diese Aufstellung nur den vollen Beweis für die Abgabe der beurkundeten Erklärung, nicht aber für deren inhaltliche Richtigkeit (BGH NJW 2013, 3634; OLG Thüringen r+s 2012, 360; LG Gera r+s 2011, 492). Ein SVT kann aus dem Umstand, dass er als öffentlich-rechtliche Körperschaft verfasst ist, nicht das Recht herleiten, die Berechtigung seines Regressanspruchs mit einer selbst gefertigten Kostenaufstellung beweisen zu können. Vielmehr kann § 418 ZPO verfassungskonform nur dahin verstanden werden, dass er für öffentliche Urkunden ausschließlich in solchen Prozessen gilt, an denen der Aussteller der Urkunde nicht selbst als Partei beteiligt ist (OLG Thüringen r+s 2012, 360). Soweit manchmal (*Wussow* WI 2013, 21) für die gegenteilige Ansicht auf das Urteil des LG Frankfurt v. 18.3.2008 – 2-18 O 239/06 – juris verwiesen wird, ist dieses nicht rechtskräftig geworden (OLG Frankfurt OLGR 2009, 641).

557 **Kostenersatz** für vom Drittleistungsträger zu fertigende Kopien der **Rechnungsbelege** stehen diesem, da es sich um Verwaltungskosten – und damit mittelbaren Schaden – handelt, nicht zu (*Lang* jurisPR-VerkR 14/2010 Anm. 2). § 811 II BGB bestimmt lediglich, dass die Kosten der Übermittlung von Unterlagen (z.B. Portokosten) vom Verlangenden zu tragen sind. § 811 BGB gibt jedoch darüber hinaus keinen Anspruch hinsichtlich der Aufwendungen für die Erstellung der zu versendenden Unterlagen (wie Rechnungskopien) selbst (SG Hamburg SGb 1985, 292; *Mergner* VersR 2012, 81; *Jahnke*, Unfalltod und Schadensersatz, § 1 Rn 194).

558 **bb) Patientenunterlagen.** Liegen Anhaltspunkte dafür vor, dass eine Erkrankung (bzw. deren Spätfolgen) die Folge u.a. eines drittverursachten Unfalls ist, sind nach § 294a I 1 SGB V (m.W.v. 1.1.2004) die an der vertragsärztlichen Versorgung teilnehmenden Ärzte und Einrichtungen sowie die Krankenhäuser verpflichtet, die erforderlichen Daten (einschließlich der Angaben zu Ursache und möglichem Verursacher der Behandlung) der Krankenkasse **mitzuteilen** (SG Berlin v. 1.6.2004 – S 82 KR 2038/02 – juris; SG Koblenz VersR 2010, 1245) (siehe auch Tätigkeitsbericht des Bundesbeauftragten für Datenschutz 1990 bis 2000, BT-Drucksache 14/5555, 21.7; ferner *Schultze-Zeu/Riehn* VersR 2013, 1482).

559 Krankenkassen, die nach dem Tod ihres Versicherungsnehmers Regressansprüche gegen Drittverursacher geltend machen wollen, haben einen **originären Anspruch** auf Einsicht in die Patientenunterlagen über die Behandlung ihres Versicherten (AG Michelstadt VersR 2010, 693). Eine **Schweigepflichtentbindung** des Patienten ist für die Geltendmachung des Anspruchs nach § 294a SGB V nicht erforderlich (SG Koblenz VersR 2010, 1245). Für das Begehren einer gesetzlichen Krankenkasse auf Akteneinsicht bzw. leihweise Herausgabe gegen den Träger eines Krankenhauses ist der **Rechtsweg** zu den Sozialgerichten eröffnet (LSG Niedersachsen-Bremen ArztR 2011, 249).

560 § 294a SGB V regelt nach seinem Wortlaut („*Vertragsärzte, ärztlich geleitete Einrichtungen und Krankenhäuser nach § 108 SGB V*") allein ein aktives Vorgehen der Regelungsadressaten, d.h. dass die Regelungsadressaten durch die Norm verpflichtet werden, von sich aus tätig zu werden, wenn sie konkrete Anhaltspunkte für eine Leistungsunzuständigkeit der gesetzlichen Krankenkasse und/oder etwaige Schadenersatzpflicht **Dritter** (z.B. Verkehrsunfallgegner, ärztlicher Vorbe-

handler, etc.) haben. Sie haben dann auf eigene Initiative hin die Daten dem gesetzlichen Krankenversicherer zu übermitteln. Vom Wortlaut ist hingegen nicht erfasst ein reaktives Vorgehen, d.h. die Übermittlung der entsprechenden Daten nicht auf eigene Initiative der Ärzte pp., sondern auf Anforderung der gesetzlichen Krankenkasse (LSG Niedersachsen-Bremen ArztR 2011, 249).

§ 294a SGB V ermöglicht nicht die Akteneinsicht bzw. Herausgabe zur Prüfung 561 und gegebenenfalls zum Nachweis eines Behandlungsfehlers gerade im Hause der nach § 294a SGB V zur Herausgabe verpflichteten (juristischen oder natürlichen) Person **selbst** (LSG Niedersachsen-Bremen ArztR 2011, 249).

Das Recht auf Einsicht in Krankenakten und zur Freigabe von Gesundheitsda- 562 ten geht nicht auf **Erben** oder Angehörige über (BGH NJW 1983, 2627; OLG Saarbrücken VersR 2009, 1479).

§ 294a SGB V ist nicht entsprechend auf die Einsicht in **Pflegedokumentatio-** 563 **nen** anwendbar (BGH VersR 2010, 971). Liegt eine Einwilligung des Heimbewohners oder seines gesetzlichen Betreuers vor, kann dem Kranken-/Pflegeversicherer aus übergegangenem Recht (§ 116 I SGB X i.V.m. §§ 401 I, 412 BGB) ein Anspruch auf Herausgabe von Kopien der Pflegedokumentation (BGH VersR 2013, 648; BGH NJW-RR 2010, 1117; BGH VersR 2010, 971) zustehen (siehe auch *Schultze-Zeu* VersR 2011, 194). Die Kosten einer auf Herausgabe von Behandlungsunterlagen gerichteten Patientenklage, die nach Erhalt der Dokumente zurückgenommen wird, können nur dann dem Arzt auferlegt werden, wenn er bei Einreichung der Klage mit der Herausgabe in Verzug war. Daran fehlt es, solange ihm weder eine Vollmacht des Patienten für den Anspruchsteller noch eine Entbindung von der Schweigepflicht vorgelegt wird (OLG Koblenz NJW-RR 2014, 766).

f) **Gutachten.** Siehe auch vor § 249 BGB, Rn 23a, § 249 BGB, Rn 158 ff, 564 § 249 BGB, Rn 354 ff, § 249 BGB, Rn 433a.

Eingeholte Gutachten sind dem Ersatzpflichtigen im **Original** zuzuleiten 564a (OLG Stuttgart SP 1994, 227).

Der Verletzte muss aussagekräftige **ärztliche Unterlagen** zur Prüfung des Ver- 565 letzungsumfanges beibringen (KG NZV 2007, 308) bzw. dem Versicherer Schweigepflichtentbindungserklärungen zur Verfügung stellen (siehe auch KG zfs 2014, 631). Zur Erhebung personenbezogener Gesundheitsdaten bei Dritten siehe *Fricke* VersR 2009, 297; zur Interessenabwägung im Versicherungsvertragsrecht siehe BGH r+s 2017, 462; BGH r+s 2017, 232.

Erlangt der Versicherer im Vertrauen auf die Wirksamkeit einer zu weit gefass- 566 ten und deshalb unwirksamen Schweigepflichtentbindung Informationen über den Gesundheitszustand des Verletzten, führt dies nicht zur Unverwertbarkeit dieser Erkenntnisse; vielmehr hat eine Güterabwägung zu erfolgen (§ 242 BGB), ob die gewonnenen Erkenntnisse in einen Rechtsstreit **verwertet** werden dürfen (BGH r+s 2017, 462; BGH NJW 2012, 301; BGH NJW 2010, 289; BGH BeckRS 2009, 88315; OLG Thüringen VersR 2011, 380; OLG Saarbrücken VersR 2009, 1479).

Wird der Schaden durch **Sachverständige** ermittelt, hat der Ersatzpflichtige 567 Anspruch darauf, dass ihm alle Angaben, die der Geschädigte dem Sachverständigen zur Gutachtenerstellung gemacht oder durch Einblick in (Geschäfts-)Unterlagen vermittelt hat, zur Kenntnis gebracht werden, soweit sie zur Schadenberechnung von Bedeutung sind (BGH NJW 1988, 3016).

Handlungsanweisungen in Leitlinien ärztlicher Fachgremien oder Verbände 567a dürfen nicht unbesehen mit dem **medizinischen Standard** gleichgesetzt werden.

Dies gilt in besonderem Maße für Leitlinien, die erst nach der zu beurteilenden medizinischen Behandlung veröffentlicht worden sind. Leitlinien ersetzen kein Sachverständigengutachten. Zwar können sie im Einzelfall den medizinischen Standard für den Zeitpunkt ihres Erlasses zutreffend beschreiben; sie können aber auch Standards ärztlicher Behandlung fortentwickeln oder ihrerseits veralten (BGH NJW-RR 2014, 1053).

568 g) **Beweisvereitelung.** Eine Beweisvereitelung liegt vor, wenn eine Partei ihrem beweispflichtigen Gegner die **Beweisführung schuldhaft erschwert** (Rechtsgedanke aus §§ 427, 441 III 3, 444, 446, 453 II, 454 I ZPO; § 242 BGB) (BGH NJW 2006, 434).

569 Dies kann vorprozessual oder während des Prozesses durch gezielte oder fahrlässige Handlungen geschehen, mit denen bereits vorhandene Beweismittel vorenthalten werden. Das Verschulden bezieht sich sowohl auf die Entziehung des Beweisobjekts als auch auf die Beseitigung seiner Beweisfunktion, also darauf, die Beweislage des Gegners in einem gegenwärtigen oder künftigen Prozess nachteilig zu beeinflussen (BGH NJW 2006, 434; BGH NJW 2002, 825).

570 Als **Folge** der Beweisvereitelung kommen in solchen Fällen Beweiserleichterungen in Betracht, die unter Umständen wie hier bis zur Umkehr der Beweislast gehen können (BGH NJW 2006, 434; BGH NJW 2004, 222; BGH NJW 1996, 315; OLG München DAR 2015, 651).

571 h) **Beweislastumkehr.** Eine Beweislastumkehr nimmt einer Partei, der sie zum Nachteil gereicht, nicht die Möglichkeit, den Beweis des Gegenteils zu führen (BGH NJW 2016, 1447).

572 i) **Beweissicherungsverfahren.** Zu den Voraussetzungen des selbstständigen Beweisverfahren (§§ 485 ff ZPO) siehe BGH NJW 2003, 1741; BGH NJW 2003, 1741). Siehe auch § 252 BGB, Rn 12 f.

573 Der Antragsteller hat analog § 269 III 2 ZPO grundsätzlich die Kosten des selbständigen Beweisverfahrens zu tragen, wenn er den angeforderten Auslagenvorschuss, von dessen Einzahlung das Gericht die Beweiserhebung abhängig gemacht hat, trotz Erinnerung seitens des Gerichts nicht einzahlt und eine Beweiserhebung deshalb unterbleibt (BGH NJW 2017, 1399).

574 j) **Prozessgutachten.** Zur Erstattung von Privatgutachten siehe § 249 BGB, Rn 159 ff. Zu Gutachten siehe auch vor § 249 BGB, Rn 23a; § 249 BGB, Rn 158 ff, § 249 BGB, Rn 354 ff, § 249 BGB, Rn 433a, § 249 BGB, Rn 564 ff.

575 k) **Befangenheit.** Zur Einschaltung von MDK-Gutachtern siehe § 249 BGB, Rn 433a.

§ 250 Schadensersatz in Geld nach Fristsetzung

¹**Der Gläubiger kann dem Ersatzpflichtigen zur Herstellung eine angemessene Frist mit der Erklärung bestimmen, dass er die Herstellung nach dem Ablauf der Frist ablehne.**
²**Nach dem Ablauf der Frist kann der Gläubiger den Ersatz in Geld verlangen, wenn nicht die Herstellung rechtzeitig erfolgt; der Anspruch auf die Herstellung ist ausgeschlossen.**

Schadensersatz in Geld nach Fristsetzung   § 250 BGB

Übersicht

	Rn
1. Norm	1
2. § 250 S. 1 BGB	4
3. § 250 S. 2 BGB	10

1. Norm. § 250 BGB erlaubt dem Geschädigten, unabhängig von §§ 249 II 1, 1 251 BGB, auf jeden Fall Geldersatz zu verlangen. Der Pflichtversicherer hat sowieso nur Geldersatz zu leisten (§ 115 I 3 VVG).
§ 250 S. 1 BGB eröffnet dem Geschädigten neben § 249 II BGB eine weitere 2 Möglichkeit, durch Fristsetzung mit Ablehnungsandrohung vom Anspruch auf Wiederherstellung in Natur (Naturalrestitution) sodann auf einen Anspruch der Herstellungskosten überzugehen.
§ 250 S. 2 BGB normiert die Rechtsfolgen: Mit fruchtlosem Fristablauf ist 3 der Anspruch auf Herstellung ausgeschlossen und der Geschädigte auf den Kostenerstattungsanspruch verwiesen.

2. § 250 S. 1 BGB. Nach § 249 I BGB kann der Geschädigte grundsätzlich 4 Wiederherstellung desjenigen Zustandes verlangen, der bestehen würde, wenn der Unfall sich nicht ereignet hätte (**Naturalrestitution**). Naturalrestitution ist vielfach (z.b. bei Körperverletzung) weitgehend tatsächlich unmöglich, sodass bereits von daher die Entschädigung in Geld erfolgt. Auch Drittleistenden (z.B. SVT) entstehen regelmäßig Baraufwendungen; Natural-/Sachleistungen (z.B. Krankenhauspflege) sind in Geldentschädigungen umzurechnen.
Ist der Herstellungsanspruch nach § 251 BGB ausgeschlossen, ist § 250 BGB 5 unanwendbar.
§ 250 BGB findet keine Anwendung, wenn der Herstellungsanspruch aus § 249 5a I BGB bereits auf Zahlung von Geld gerichtet ist. § 250 BGB eröffnet dem Geschädigten die Möglichkeit, einen allgemeinen Anspruch auf Herstellung durch Fristsetzung mit Ablehnungsandrohung in einen Anspruch auf Zahlung von Geld umzuwandeln. Dafür ist kein Raum, wenn bereits die Naturalrestitution nach § 249 I BGB durch Zahlung von Geld zu erfolgen hat (BGH NJW 2013, 450).
Die **Fristsetzung** (zur Herstellung desjenigen Zustandes, der bestehen würde, 6 wenn zum Ersatz verpflichtende Umstand nicht eingetreten wäre; § 249 I BGB) ist eine einseitige, empfangsbedürftige, nicht formbedürftige Willenserklärung, die mit einer Ablehnungserklärung verbunden zu sein hat.
Bis zum Fristablauf kann der Gläubiger nur Naturalrestitution verlangen. Das 7 gilt selbst dann, wenn nach § 249 II BGB eine Geldentschädigung möglich gewesen wäre.
Wird eine zu kurze Frist gesetzt, läuft wie bei §§ 281, 323 BGB eine **angemes-** 8 **sene Frist** (BGH NJW 1985, 2640). Die Frist muss so lang bemessen sein, dass der Schuldner in der Lage ist, die bereits begonnene Erfüllung zu beschleunigen und zu vollenden.
Nach § 250 S. 2 BGB geht ein Befreiungsanspruch in einen Geldanspruch erst 9 dann über, wenn der Geschädigte dem Schädiger erfolglos eine Frist zur Herstellung gesetzt hat. Die Fristsetzung ist **entbehrlich,** wenn der Schadenersatzpflichtige die Leistung eindeutig ablehnt, d.h. ernsthaft und endgültig verweigert (BGH NJW 2005, 3285; BGH NJW 1992, 2221; BGH NJW 1964, 542; BAG NJW 1995, 348).

BGB § 251   Schadensersatzrecht des BGB

10   **3. § 250 S. 2 BGB.** Die Naturalrestitution muss innerhalb der angemessen gesetzten Frist tatsächlich ausbleiben. Nicht erforderlich ist, dass eine Wiederherstellung schuldhaft nicht erfolgte.

11   Nach Fristablauf hat der Gläubiger nur noch Anspruch auf Geldentschädigung (BGH NJW 1992, 2221), wobei der Anspruch auf Ersatz der Herstellungskosten und nicht auf Entschädigung des Vermögensverlustes gerichtet ist. Zu einem Anspruch auf Entschädigung des Vermögensverlustes kommt es erst unter den Voraussetzungen von § 251 BGB.

12   Geschuldet wird der erforderliche Geldbetrag iSv § 249 II BGB, nicht aber die Geldentschädigung iSv § 251 BGB (BGH NJW 1954, 345).

13   Die Geldentschädigung ist so zu bemessen, dass der Geschädigte bei wirtschaftlich vernünftigem Verhalten weder reicher noch ärmer wird als bei Schadensbeseitigung durch den Schädiger (BGH NJW 2007, 1674; BGH NJW 2005, 2541; BGH NJW 2005, 357).

14   Hat ein Schädiger Anwalts-, Sachverständigen- oder Gerichtskosten zu ersetzen, wird aus dem **Freistellungsanspruch** grundsätzlich erst nach Bezahlung (seitens des Geschädigten) der **Kosten** ein Geldersatzanspruch (OLG Rostock OLGR 2009, 134; LG Aachen VersR 2016, 744; LG Karlsruhe NJW 2006, 1526). Wenn sich der Ersatzpflichtige (bzw. dessen Haftpflichtversicherer) ernsthaft und endgültig weigert (BGH NJW-RR 2011, 910), den Geschädigten von seinen Anwaltskosten freizustellen oder überhaupt jede Schadensersatzleistung ablehnt (was auch in einem entsprechenden prozessualen Verhalten liegen kann; BGH NJW 1999, 1542; BGH NJW-RR 1987, 43), kann der Geschädigte unmittelbar auf Zahlung klagen und ist im Hinblick auf § 250 BGB nicht auf die Geltendmachung eines Freistellungsanspruchs beschränkt (OLG München DAR 2014, 673; OLG Oldenburg NJW-RR 2012, 927; LG Aachen VersR 2016, 744; LG Hamburg SP 2013, 32; AG Kaiserslautern zfs 2015, 208; AG München v. 3.4.2009 – 343 C 15534/08 – juris; AG Völklingen AGS 2007, 235; siehe auch BGH NJW 2011, 2509). Der Befreiungsanspruch wandelt sich (erst) in demjenigen Zeitpunkt in eine Geldforderung um, in welchem der Berechtigte Geldersatz fordert (BGH NJW-RR 2011, 910; BGH NJW 1992, 2221).

15   Gleiches gilt für Sachverständigenkosten (AG Lebach SP 2006, 24; AG Saarbrücken v. 14.9.2006 – 5 C 322/06 – juris) und Arztkosten (KG NJW 2008, 2656).

16   Zur **Abtretung des Gebührenerstattungsanspruches** siehe § 249 BGB, Rn 377a.

17   Wird ein Freistellungsanspruch rechtskräftig zuerkannt, sind dadurch **Einwendungen** zum Anspruchsgrund in einem späteren Zahlungsprozess ausgeschlossen (BGH NJW 1991, 2014).

§ 251 Schadensersatz in Geld ohne Fristsetzung

(1) **Soweit die Herstellung nicht möglich oder zur Entschädigung des Gläubigers nicht genügend ist, hat der Ersatzpflichtige den Gläubiger in Geld zu entschädigen.**

(2) ¹**Der Ersatzpflichtige kann den Gläubiger in Geld entschädigen, wenn die Herstellung nur mit unverhältnismäßigen Aufwendungen möglich ist.**
²**Die aus der Heilbehandlung eines verletzten Tieres entstandenen Aufwendungen sind nicht bereits dann unverhältnismäßig, wenn sie dessen Wert erheblich übersteigen.**

§ 251 BGB

Übersicht

	Rn
1. Norm	1
2. § 249 BGB – § 251 BGB	4
3. Neuwagen	5
a) Allgemeines	5
b) Voraussetzungen	7
c) Erheblicher Schaden	10
d) Ersatzfahrzeug	14
e) Abwicklung	19
4. § 251 I BGB	22
a) Allgemeines	22
b) Mehrwertsteuer	27
c) Wertminderung	28
5. § 251 II BGB	29
a) § 251 II 1 BGB	29
b) § 251 II 2 BGB	34

1. Norm. § 251 I BGB befasst sich mit der Situation, dass die Wiederherstellung **unmöglich** ist. 1

§ 251 II BGB erfasst den Fall der **Unverhältnismäßigkeit** der Restitution 2 und verschafft dem Schuldner eine Ersetzungsbefugnis.

§ 251 BGB gilt für alle Schadenersatzansprüche. 3

2. § 249 BGB – § 251 BGB. Für Sachen, die standardmäßig wieder erworben 4 werden können **(Katalogware)**, gilt § 249 BGB. Zur Abgrenzung von § 249 BGB zu § 251 BGB siehe § 249 BGB, Rn 4 f.

3. Neuwagen. a) Allgemeines. Wird ein fabrikneues Fahrzeug erheblich 5 beschädigt mit der Folge, dass es trotz Durchführung einer fachgerechten Reparatur den Charakter der Neuwertigkeit verliert, muss sich der Eigentümer nicht immer mit der Erstattung der erforderlichen Reparaturkosten und Zahlung eines etwaigen merkantilen Minderwerts begnügen, sondern kann in den Grenzen des § 251 II BGB (Unverhältnismäßigkeit) Ersatz der Kosten für Beschaffung eines gleichwertigen Neufahrzeugs verlangen (BGH NJW 2009, 3022; BGH NJW 1976, 1202). Dispositionsfreiheit des Geschädigten (BGH NJW 2003, 2085) und Wirtschaftlichkeitspostulat (BGH NJW 1992, 305) sind dabei abzuwägen.

Dem Anspruch auf Neupreisentschädigung Zug um Zug gegen Herausgabe 6 des Unfallfahrzeugs steht § 115 I 3 VVG (§ 3 Nr. 1 S. 2 PflVG aF), wonach der Pflichtversicherer Schadensersatz in Geld zu leisten hat, nicht entgegen (OLG Hamburg NZV 2008, 555).

b) Voraussetzungen. Der Anspruch auf Neuwagenersatz (Zug-um-Zug 7 gegen Zurverfügungstellung des beschädigten Fahrzeuges) richtet sich nach § 251 BGB. Bei erheblicher Beschädigung eines neuwertigen (Fahrleistung **maximal 1000 km**, Zulassung weniger als **1 Monat**) Fahrzeuges kann Abrechnung auf Neuwagenbasis verlangt werden (BGH NJW 2009, 3022; OLG Celle NJW-RR 2012, 990; OLG München r+s 2010, 259 m.w.N.; OLG Schleswig NZV 2009, 298). War das Fahrzeug schon vor dem Erwerb auf den Verkäufer einige Wochen zugelassen, kommt eine Abrechnung auf Neuwagenbasis nicht in Betracht (OLG München r+s 2010, 259).

BGB § 251   Schadensersatzrecht des BGB

8   Bei **Leasingfahrzeugen** ist von einem geringen Integritätsinteresse auszugehen, was gegen eine Neuwagenabrechnung spricht (LG Verden v. 7.10.2011 – 7 O 119/11 – juris; tendenziell auch OLG Celle NJW-RR 2012, 990; a.A. noch OLG Nürnberg NJW-RR 1995, 919). Maßgebend sind nur die Erwerbskosten, die beim Leasinggeber als geschädigtem Eigentümer anfallen. Jedenfalls bei einem konzernangehörigen Leasinggeber ist davon auszugehen, dass er ein Neufahrzeug zu wesentlich günstigeren Bedingungen erwerben kann als sie für einen normalen Endverbraucher gelten (OLG Celle NJW-RR 2012, 990).

9   Bei Laufleistung **bis zu 3.000 km** im ersten Nutzungsmonat kann eine Neuwagenabrechnung allenfalls dann verlangt werden, wenn bei objektiver Betrachtung der frühere Zustand durch eine Reparatur nicht annähernd wiederhergestellt werden kann (BGH NJW 1982, 433). Hierzu hat der Geschädigte vorzutragen (OLG Celle NJW-RR 2012, 990; LG Saarbrücken SP 2012, 115).

9a   War das neue (unfallgeschädigte) Fahrzeug ursprünglich mit erheblichem Rabatt (z.B. einer Beschädigung vor Verkauf) verkauft worden, ist dieses auch anspruchsmindernd bei der Neupreisschädigung zu berücksichtigen (siehe zur Kaskoversicherung OLG Koblenz VersR 2013, 1126).

10   c) **Erheblicher Schaden.** Die Erheblichkeit einer Beschädigung ist vor allem anhand desjenigen Zustands zu beurteilen in dem sich das Fahrzeug **nach einer fachgerechten Reparatur** befinden würde (LG Bochum jurisPR-VerkR 19/2013 Anm. 1 = SP 2013, 255). Erheblich ist ein Schaden nur dann, wenn Karosserie bzw. Fahrwerk dergestalt geschädigt sind, dass sie in wesentlichen Teilen wieder aufgebaut werden müssen (OLG Celle SP 1996, 11); nicht jedoch, wenn lediglich Blechschäden verursacht wurden, die spurenlos durch Neuteile ausgewechselt werden können und die Funktionstüchtigkeit und die Sicherheitseigenschaften des Fahrzeugs (insbesondere Karosseriesteifigkeit und Deformationsverhalten) nicht beeinträchtigt sind (z.B. bei Beschädigung von Anbauteilen wie Türen, Scheiben, Stoßstangen) (BGH NJW 2009, 3022; KG NJW-Spezial 2010, 682; OLG Düsseldorf SP 2009, 368; OLG Köln VersR 1989, 60; OLG München r+s 2010, 259; LG Wuppertal SP 2010, 403) oder die Reparaturkosten keinen nennenswerten Prozentsatz (15% sind zu wenig) der Neuwagenkosten erreichen. Bloße Lackschäden, die angesichts moderner Lackiertechniken gut beseitigbar sind, rechtfertigen regelmäßig keine Abrechnung auf Neuwagenbasis (BGH NJW 2009, 3022).

11   Unzureichend ist der (unbewiesene) Verdacht, es könne ein erheblicher Schaden eingetreten sein; entscheidend ist der festgestellte Schaden (OLG Hamm r+s 2012, 413). Einem hohen merkantilen Minderwert kommt allenfalls indizielle Bedeutung für die Erheblichkeit der Beschädigung zu (BGH NJW 2009, 3022).

12   Entscheidend ist **nicht** die **Schwere** des eingetretenen **Unfallschadens,** sondern der Zustand, in dem sich das Kfz nach einer fachgerechten Reparatur befinden würde (BGH NJW 2009, 3022).

13   Im Falle des **wirtschaftlichen Totalschadens** ist der Geschädigte auf die Totalschadenabrechnung beschränkt, ohne darüber hinaus Abrechnung auf Neuwagenbasis vornehmen zu können (LG Saarbrücken SP 2012, 115).

14   d) **Ersatzfahrzeug. Fiktivabrechnung** auf Neuwagenbasis entfällt. Der Geschädigte muss sein Erhaltungsinteresse durch – von ihm nachzuweisende (KG DAR 2010, 522) – tatsächliche Anschaffung eines fabrikneuen Kfz dokumentieren (BGH NJW 2009, 3022; OLG Düsseldorf DAR 2012, 253).

15   Die Anschaffung des Ersatzfahrzeuges muss **zeitnah** erfolgen (KG NJW-Spezial 2010, 682; OLG Celle NJW-RR 2012, 990; OLG München r+s 2010, 259).

Schadensersatz in Geld ohne Fristsetzung **§ 251 BGB**

Das Unterlassen einer Neuanschaffung aus **finanziellen Gründen** reicht 16 ebenso wenig aus wie das Vorlegen einer schriftlichen **Bestellung**. Erst bei Aushändigung des Neuwagens an den Geschädigten ist das erforderliche besondere Interesse in die Tat umgesetzt und die Bedingung erfüllt (KG NJW-Spezial 2010, 682; OLG Celle NJW-RR 2012, 990; OLG München r+s 2010, 259).

Erforderlich ist die Anschaffung eines **fabrikneuen** Kfz. Die Anschaffung eines 17 **Gebrauchtfahrzeuges** reicht nicht (OLG Düsseldorf DAR 2010, 704).

Gehört das angeschaffte Ersatzfahrzeug einer wesentlich anderen (höheren oder 18 niedrigeren) Klasse als das Unfallfahrzeug an, handelt es sich um ein **Aliud**; eine Abrechnung auf Neuwagenbasis entfällt (KG NJW-Spezial 2010, 682; OLG München r+s 2010, 259). Der Erwerb eines **billigeren** Fahrzeugs reicht nicht aus (KG NJW-Spezial 2010, 682). Siehe auch § 249 BGB, Rn 324.

e) Abwicklung. Ist bei Beschädigung eines **Unikates** eine Wiederherstellung 19 im Rechtssinne nicht möglich, kann der Geschädigte nur den Wiederbeschaffungswert der Sache (**Zug-um-Zug** gegen Zurverfügungstellung des beschädigten Fahrzeuges) verlangen, wenn er fiktiv abrechnet und die Kosten für eine Fahrzeugreparatur den Wiederbeschaffungswert übersteigen (BGH NJW 2010, 2121). Ersatz von Reparaturkosten (bis zu 30% über dem Wiederbeschaffungswert des Fahrzeugs) kann nur verlangt werden, wenn die Reparatur fachgerecht und in einem Umfang ausgeführt wird, wie ihn der Sachverständige zur Grundlage seiner Schätzung gemacht hat. Ist die Wiederherstellung unmöglich, besteht der Anspruch auf Geldentschädigung gleichfalls nur in Höhe des Wiederbeschaffungswerts (BGH NJW 2010, 2121).

Zu ersetzen ist nur derjenige Betrag, den der Geschädigte aufzuwenden hatte. 20 **Rabatte** sind zu berücksichtigen, Händler können nur den **Einkaufspreis** verlangen (BGH NJW-RR 2009, 103; AG Plauen SP 2010, 403) (siehe § 249 BGB, Rn 135 f).

Hatte das beschädigte Fahrzeug im Unfallzeitpunkt noch keine 1.000 km 21 zurückgelegt, mindert sich der Ersatzanspruch nicht wegen der vorangegangenen Nutzung (BGH NJW 1983, 2694). Ein **Vorteilsausgleich** (1–1,5% des Neupreises; OLG Schleswig VersR 1985, 373) ist aber dann vorzunehmen, wenn trotz einer Laufleistung von mehr als 1.000 km ein Anspruch auf Neufahrzeuggestellung besteht (BGH NJW 1983, 2694; BGH NJW 1982, 433).

4. § 251 I BGB. a) Allgemeines. Nach § 251 I BGB hat der Schadenersatzbe- 22 rechtigte das Recht auf Geldersatz, wenn eine Naturalrestitution **tatsächlich** oder **rechtlich unmöglich** (§ 275 BGB) oder unzureichend ist. Im Bereich des Sachschadens ist das der Fall der Zerstörung einer unvertretbaren Sache (**Unikat**; BGH NJW 2010, 2121; BGH NJW 1984, 2282). Für **wirtschaftliche Unmöglichkeit** gilt § 251 II BGB.

Die Unmöglichkeit der Herstellung ist ex ante zu beurteilen. Stellen sich 23 ursprünglich erfolgversprechende Versuche letztendlich doch als erfolglos heraus, trägt der (nicht sachkundige [BGH VersR 2013, 1544; BGH VersR 2013, 1590]) Schädiger das **Prognoserisiko** (BGH NJW 1992, 305).

Wer die Unmöglichkeit **zu vertreten** hat, ist irrelevant. Hat der Geschädigte 24 sie verschuldet, kommt § 254 BGB zur Anwendung.

Für den vom Schädiger erhobenen Einwand der Unmöglichkeit gegenüber 25 einer vom Geschädigten geltend gemachten Naturalrestitution i.S.d. § 249 BGB trägt der Schädiger die Darlegungs- und **Beweislast** für das Vorliegen der Voraussetzungen (BGH VersR 2008, 1116). Den Geschädigten trifft eine sekundäre

Darlegungslast, soweit es sich um Tatsachen handelt, die sich – weil aus der Sphäre des Geschädigten stammend – der Kenntnis des Schädigers entziehen (BGH NJW 2009, 1066).

26   Wie bei § 249 BGB (siehe § 249 BGB, Rn 36) ist es auch bei einer Schätzung des Vermögensschadens im Rahmen des § 251 BGB ohne Bedeutung, ob der Geschädigte den Schaden **selbst behoben** hat oder ihn durch Dritte hat beheben lassen (BGH NJW 2009, 1066).

27   **b) Mehrwertsteuer.** § 249 II 2 BGB gilt nicht für Entschädigungen nach § 251 BGB (§ 249 BGB, Rn 305).

28   **c) Wertminderung.** Ist die Herstellung nur teilweise möglich, kann für den nicht wiederherstellbaren Teil Wertminderung (dazu § 249 BGB, Rn 108 ff) verlangt werden. Wertminderung ist nur für Sachbeschädigung geschuldet, nicht aber bei Verletzung von Menschen und Tieren (siehe auch vor § 249 BGB, Rn 111). Kosmetische Operationen beurteilen sich nach § 249 BGB (§ 249 BGB, Rn 478).

29   **5. § 251 II BGB. a) § 251 II 1 BGB.** Der Ersatzschuldner kann die Naturalrestitution ablehnen, wenn diese unverhältnismäßig oder wirtschaftlich betrachtet unmöglich ist. Es sind diejenigen Fälle, in denen die Sache selbst zerstört und die Beschaffung einer gleichartigen und gleichwertigen Ersatzsache nicht oder nur mit unverhältnismäßigem Aufwand möglich ist. Der Geschädigte muss sich anstelle der Restitution mit einer Kompensation durch einen **Wertausgleich** seines Schadens zufrieden geben.

30   Bei **Baumschäden** sind die Kosten der Wiederherstellung regelmäßig so hoch, dass § 251 II 1 BGB zur Anwendung gelangt (BGH VersR 2013, 635; siehe § 249 BGB, Rn 275 ff).

31   Will der Schädiger mit seiner Ersetzungsbefugnis aus § 251 II 1 BGB den Anspruch auf Naturalrestitution aus § 249 BGB wegen Unverhältnismäßigkeit auf den Wertersatz begrenzen, trägt er die Darlegungs- und **Beweislast** für das Vorliegen der Voraussetzungen des § 251 II 1 BGB (BGH NJW 2009, 1066; BGH VersR 1994, 64). Der Geschädigte hat die sekundäre Darlegungslast hinsichtlich solcher Tatsachen, die aus seiner Sphäre stammen (BGH NJW-RR 2016, 1360; BGH NJW 2009, 1066). Der Geschädigte muss sein Interesse an Restitution nachvollziehbar begründen (OLG Bamberg NJW-RR 2006, 742).

32   Die **Unverhältnismäßigkeit** ergibt sich aus dem Vergleich zwischen Herstellungskosten (reduziert um Vorteilsausgleich, z.B. neu für alt) und dem nach § 251 BGB geschuldeten Geldersatz (BGH NJW 1988, 1835). Das Kompensationsinteresse bemisst sich – anders als in § 249 BGB – nicht nach dem zur Wiederherstellung erforderlichen Aufwand, sondern nach dem Verkehrswert zum Zeitpunkt des Schadenseintritts (OLG Stuttgart VersR 2013, 638).

33   Die für Kfz-Schäden gebildete 130%-Grenze ist auf andere Sachschäden nicht übertragbar. Siehe auch § 249 BGB, Rn 81.

34   **b) § 251 II 2 BGB.** Heilbehandlungskosten für ein **Tier** (§ 251 II 2 BGB) sind, da diese keine Sachen sind (§ 90a S. 1 BGB), auch über den Wiederbeschaffungswert hinaus bis zur durch die Unverhältnismäßigkeit (§ 251 II 2 BGB) gezogenen Grenze zu ersetzen (OLG München VersR 2011, 1412; LG Bielefeld NJW 1997, 3320; LG Essen NJW 2004, 527; Burmann/Jahnke DAR 2015, 313).

35   § 251 II 1 BGB gilt auch für **Nutztiere.**

36   Zum Ersatz bei **Tötung** siehe § 249 BGB, Rn 286 ff.

§ 252 Entgangener Gewinn

¹Der zu ersetzende Schaden umfasst auch den entgangenen Gewinn.
²Als entgangen gilt der Gewinn, welcher nach dem gewöhnlichen Lauf der Dinge oder nach den besonderen Umständen, insbesondere nach den getroffenen Anstalten und Vorkehrungen, mit Wahrscheinlichkeit erwartet werden konnte.

Übersicht

	Rn
1. § 252 S. 1 BGB	1
2. § 252 S. 2 BGB	3
a) Ersatzberechtigter	5
b) Ersatzpflichtiger	10
3. Substantiierungslast	11
4. Prozessuales	12
5. Kosten für Belegerstellung	14
6. §§ 286, 287 ZPO	16

1. § 252 S. 1 BGB. § 252 S. 1 BGB verdeutlicht die Verpflichtung des Schädigers, dass auch entgangener Gewinn zu ersetzen ist. Die Vorschrift hat gegenüber der bereits aus §§ 249, 842, 843 I 1. Alt BGB resultierenden Verpflichtung zum Ersatz entgangenen Verdienstes (dazu § 842 BGB, Rn 2 ff) keine eigenständige oder weitergehende Bedeutung. **1**

Entgangener Gewinn erfasst begrifflich alle Vermögensvorteile, die im Unfallzeitpunkt noch nicht zum Vermögen des Verletzten gehörten, ihm aber ohne das Schadenereignis zugeflossen wären. **2**

2. § 252 S. 2 BGB. Während sich die haftungsbegründende Kausalität am Maßstab des § 286 ZPO ausrichtet, gilt für die **haftungsausfüllende Kausalität** § 287 ZPO (BGH NJW 2008, 1381). Für die Weiterentwicklung und Höhe (haftungsausfüllende Kausalität) des Schadens einschließlich der Frage einer unfallkausalen Verschlimmerung von Vorschäden kommt die Beweiserleichterung des § 287 I ZPO zur Anwendung, wobei je nach Lage des Falles eine höhere oder auch deutlich höhere Wahrscheinlichkeit genügt (BGH NJW 2008, 1381; BGH NJW 2005, 3275; OLG München r+s 2006, 474). **3**

§ 252 S. 2 BGB enthält nur eine **Beweiserleichterung**, die § 287 I ZPO formal ergänzt, und keine materiell-rechtliche Beschränkung der Ersatzpflicht (BGH NJW 2012, 2266). Auch ungewöhnliche Schäden sind, wenn und soweit bewiesen, zu ersetzen. **4**

Soweit der Erwerbsschaden des Geschädigten infolge einer bereits vorhandenen Erkrankung oder Disposition auch ohne das schadenstiftende Ereignis zu einem bestimmten Zeitpunkt ganz oder teilweise eingetreten wäre **(Reserveursache)**, ist die Schadensersatzpflicht auf diejenigen Nachteile beschränkt, die durch den früheren Schadenseintritt bedingt sind. Die Verschlechterung einer vorbestehenden Erkrankung ist in die Prognose des gewöhnlichen Laufs der Dinge, wie sie sich ohne das Schadensereignis entwickelt hätten, einzubeziehen (BGH NJW 2016, 3785; BGH NJW 1985, 676). Siehe auch vor § 249 BGB, Rn 24 ff. Für die Schätzung nach § 252 BGB, § 287 ZPO bedarf es der Schadensermittlung auf der Basis des Sachverhalts, wie er sich voraussichtlich in Zukunft dargestellt hätte. Dabei kommt nicht nur der Frage Bedeutung zu, ob auch ohne das konkrete **4a**

BGB § 252

Schadensereignis beim Verletzten eine entsprechende gesundheitliche Entwicklung mit vergleichbaren beeinträchtigenden Auswirkungen zum Tragen gekommen wäre; es ist auch das Risiko in die Betrachtung miteinzubeziehen, das durch bereits vorhandene Erkrankungen für die künftige berufliche Situation des Geschädigten bestanden hat (BGH NJW 2016, 3785; BGH NJW 1998, 810). So ist eine Verdienstausfallrente auf die voraussichtliche Dauer der Erwerbstätigkeit des Geschädigten, wie sie sich ohne das haftungsbegründende Ereignis gestaltet hätte, zu begrenzen; hierbei sind Anhaltspunkte für vom gesetzlich vorgesehenen Normalfall abweichende voraussichtliche Entwicklungen zu berücksichtigen (BGH NJW-RR 1995, 1272).

5   a) **Ersatzberechtigter.** Wer Einkommensschaden fordert, hat die hypothetische Entwicklung seiner Berufs- und Einkommenslage ohne das Schadensereignis zu beweisen. Im Rahmen der **haftungsausfüllenden Kausalität** kommen dem Geschädigten die **Beweiserleichterungen** der § 252 S. 2 BGB, § 287 ZPO zugute. Er muss nicht zur vollen Gewissheit darlegen, dass der Gewinn auch erzielt worden wäre: Konnte der Gewinn nach dem gewöhnlichen Lauf der Dinge mit Wahrscheinlichkeit erwartet werden, ist zu vermuten, dass er auch gemacht worden wäre (BGH NJW-RR 2006, 243; BGH VersR 1970, 860), ohne dass es der vollen Gewissheit, dass der Gewinn auch gezogen worden wäre, bedarf (BGH NJW 2011, 1146; BGH NJW-RR 2007, 325; BGH VersR 2006, 131; BGH NJW 2002, 2556). Soweit der Erwerbsentgang nach dem gewöhnlichen Verlauf der Dinge beziffert wird, bedürfen die diesen Verlauf begründenden Tatsachen keines Beweises; es ist dem Ersatzpflichtigen aber die Möglichkeit eröffnet, diese Vermutung beweismäßig zu widerlegen. An das Vorbringen eines selbständigen Unternehmers, ihm seien erwartete Gewinne entgangen, dürfen wegen der damit regelmäßig verbundenen Schwierigkeiten keine allzu strengen Anforderungen gestellt werden (BGH VersR 2006, 131).

6   **§ 287 ZPO** erleichtert den Nachweis, indem er an die Stelle der sonst erforderlichen Einzelbegründung die freie Überzeugung des Gerichtes treten lässt. Andererseits entbindet § 287 ZPO nicht vollständig von der grundsätzlichen Beweislastverteilung und erlaubt nicht, zugunsten des Beweispflichtigen einen bestimmten Schadenverlauf zu bejahen, wenn nach den festgestellten Einzeltatsachen alles offen bleibt (OLG München r+s 2006, 474). Wenn es für das freie Ermessen nicht an allen Unterlagen fehlt, muss das Gericht erforderlichenfalls zu einer **Schätzung** greifen und verbleibenden Risiken durch pauschale **Abschläge** Rechnung tragen (BGH NJW 2011, 1146; BGH NJW 2011, 1148; BGH VersR 2006, 131; BGH NZV 2002, 268; OLG Karlsruhe BeckRS 2014, 19894; OLG Köln NZV 2000, 293). Ein Tatrichter darf sich nicht vorschnell unter Hinweis auf die Unsicherheit möglicher Prognosen seiner Aufgabe, auf Grundlage der § 252 BGB, § 287 ZPO eine Schadenermittlung vorzunehmen, entziehen (BGH NJW-RR 2016, 793; BGH r+s 2010, 528; BGH VersR 2006, 131). Eine Schadenschätzung ist unzulässig, wenn sie mangels greifbarer Anhaltspunkte völlig in der Luft hängen würde (BGH NJW-RR 2010, 946; BGH NJW 1999, 136; KG NZV 2003, 191). Ein bloßer, aber nicht näher begründeter, Verdacht weiterer Einkünfte reicht als Schätzungsgrundlage nicht (BGH NJW 1999, 136).

7   Die Erleichterungen der § 252 BGB, § 287 ZPO ändern nichts daran, dass es zur Ermittlung des Erwerbsschadens **konkreter Anknüpfungstatsachen** bedarf (BGH NJW 1998, 1634; OLG Frankfurt zfs 2004, 452). Der Verletzte muss hinreichende Anhaltspunkte für eine Schadenschätzung liefern (BGH NJW-RR

2010, 946; KG NZV 2003, 191), Unterlagen beibringen, Anhaltspunkte vortragen sowie die für Wahrscheinlichkeitsprüfung und Schätzung beachtlichen Aspekte darlegen (BGH r+s 2010, 528; BGH BeckRS 2005, 05205; BGH NJW 1999, 954; OLG Celle OLGR 2007, 505; OLG Karlsruhe VersR 1988, 1164; BAG NJW 1972, 1437). Legt der Geschädigte notwendige Belege für die Schadensschätzung nicht vor, scheidet regelmäßig eine Schadenschätzung aus (BGH NJW 1970, 1411; OLG Frankfurt zfs 1999, 516). Da die Beweiserleichterung der § 252 BGB, § 287 ZPO auch die Darlegungslast des Geschädigten mindert, dürfen aber auch keine zu strengen Anforderungen gestellt werden (BAG NJW 2009, 1227). Beweisantritte wie „Einvernahme des Steuerberaters" oder „Einholung eines Sachverständigengutachtens" ersetzen nicht **substantiiertes Vorbringen** (OLG Karlsruhe VersR 2005, 420). Das geforderte minimale Maß an Substantiierung ist jedenfalls dann nicht erreicht, wenn der Antragsteller in lediglich formelhafter und pauschaler Weise Tatsachenbehauptungen aufstellt, ohne diese zu dem zugrunde liegenden Sachverhalt in Beziehung zu setzen (BGH NJW-RR 2016, 63); nur so hat ein Sachverständiger eine Grundlage für seine Tätigkeit (BAG DB 2009, 352; BGH NJW-RR 2010, 946).

BGH NJW-RR 2016, 793 betont, dass zwar dort, wo der Geschädigte (etwa **7a** weil er noch am Anfang einer beruflichen Entwicklung gestanden hat) nur wenige konkrete Anhaltspunkte dazu liefern könne, wie sich sein Erwerbsleben voraussichtlich gestaltet hätte, keine zu hohen Anforderungen gestellt werden dürfen. Die erleichterte Schadensberechnung nach § 252 S. 2 BGB lässt aber eine völlig abstrakte Berechnung des Erwerbsschadens nicht zu, sondern verlangt die Darlegung konkreter Anhaltspunkte für die Schadensermittlung. Ein Verletzter, dessen Arbeitskraft im arbeitsfähigen Alter beeinträchtigt worden ist, hat demgegenüber zu seinen Fähigkeiten und seinem bisherigen beruflichen und wirtschaftlichen Werdegang vorzutragen. Siehe ergänzend § 842 BGB, Rn 46b.

Bei **Ermittlung** des Erwerbsschadens durch Sachverständige sind alle Angaben, **8** die der Geschädigte dem Sachverständigen zur Gutachtenerstellung machte, auch dem Ersatzpflichtigen zur Kenntnis zu bringen. Einkommensteuererklärungen und -bescheide für vor dem Unfall liegende Jahre sind vorzulegen.

Kann ein Geschädigter **„derzeit"** den **Beweis nicht** führen, ist gleichwohl **9** eine Feststellungsklage unzulässig, da ein Schadenposten, der Gegenstand einer bezifferten Leistungsklage sein kann, nicht in identischem Umfange zugleich, auch nicht hilfsweise, Gegenstand eines Feststellungsantrages sein darf. Es ist über den Schadenposten rechtskräftig (§ 322 ZPO) im Rahmen eines Leistungsantrages zu entscheiden (BGH NJW 1998, 1633).

b) Ersatzpflichtiger. Auch der Ersatzpflichtige kann unter Berufung auf die **10** Erleichterungen der § 252 BGB, § 287 ZPO (BGH NJW-RR 2016, 793; KG NZV 2002, 95) vortragen, dass der Geschädigte ohne den Unfall (z.B. durch anderweitige Erkrankungen, Nachlassen der Arbeitskraft, berufliche Veränderungen) ein geringeres als das behauptete Einkommen erzielt oder aus betriebs- oder gesamtwirtschaftlichen Gründen seine Arbeit verloren und kein oder geringeres Erwerbseinkommen erzielt hätte bzw. die behaupteten entgangenen Einkünfte auch ohne das schädigende Ereignis zu einem bestimmten Zeitpunkt ganz oder teilweise ohnehin entfallen wären.

3. Substantiierungslast. § 252 S. 2 BGB ermöglicht in Ergänzung zu § 287 **11** ZPO eine abstrakte Schadensberechnung des entgangenen Gewinns, erfordert aber gleichwohl die Darlegung und gegebenenfalls den Nachweis der erforderli-

BGB § 253 Schadensersatzrecht des BGB

chen Anknüpfungstatsachen hierfür (BGH NJW 2015, 3447). Die Substantiierungslast des Bestreitenden hängt davon ab, wie substantiiert der darlegungspflichtige Gegner vorgetragen hat (BGH VersR 2000, 514; BGH VersR 1993, 367). Regelmäßig genügt gegenüber einer Tatsachenbehauptung des darlegungspflichtigen Klägers einfaches Bestreiten des Beklagten (BGH VersR 2000, 511). Eine darüber hinausgehende Substantiierungslast trifft die nicht beweisbelastete Partei ausnahmsweise dann, wenn der darlegungspflichtige Gegner außerhalb des von ihm darzulegenden Geschehensablaufs steht und die maßgebenden Tatsachen nicht näher kennt, während sie der anderen Partei bekannt und ihr ergänzende Angaben zuzumuten sind (BGH NJW 1993, 1782).

12 **4. Prozessuales.** Allein die unzumutbar lange **Dauer des Gerichtsverfahrens** rechtfertigt, da kein enumerativ aufgeführter Grund des § 485 ZPO, kein selbstständiges Beweisverfahren neben dem bereits rechtshängigen Prozess (OLG München openJur 2012, 116614; in diesem Sinne auch KG KGR 2009, 546; zu den Anforderungen BGH NJW 2013, 3654).

13 Nach einem Personenschaden ist es grundsätzlich zulässig, den entgangenen Gewinn im **selbstständigen Beweisverfahren** (§§ 485 ff ZPO) festzustellen (zu den Voraussetzungen siehe auch BGH NJW 2003, 1741; BGH NJW 2003, 1741). Der Antragsteller muss dann ausreichende Anknüpfungstatsachen für die begehrte Feststellung durch den Sachverständigen vortragen (BGH NJW-RR 2010, 946). In einem selbständigen Beweisverfahren bestimmt der Antragsteller durch seinen Antrag auf Einleitung dieses Verfahrens den Gegenstand der Beweisaufnahme und die Beweismittel in eigener Verantwortung (BGH NJW 2000, 960). Die Tatsachen, über die Beweis erhoben werden soll, bestimmen den Umfang der Beweisergebnisse, die nach § 493 ZPO später vor dem Prozessgericht verwertet werden können. Der auf ein selbständiges Beweisverfahren gerichtete Antrag ist unzulässig, wenn der Antragsteller die Tatsachen, über die Beweis erhoben werden soll, nicht bezeichnet hat (§ 487 Nr. 2 ZPO). Beweistatsachen iSv § 487 Nr. 2 ZPO sind jedenfalls dann nicht ausreichend bezeichnet, wenn der Antragsteller in lediglich formelhafter und pauschaler Weise Tatsachenbehauptungen aufstellt, ohne diese zu dem zugrunde liegenden Sachverhalt in Beziehung zu setzen (BGH NJW-RR 2016, 63). Zum Beweisverfahren siehe auch siehe § 249 BGB, Rn 572.

14 **5. Kosten für Belegerstellung.** Die **Erteilung einfacher Auskünfte** stellt regelmäßig keinen entschädigungsfähigen Aufwand dar. Ein Verdienstausfall des Auskunft Gebenden liegt allenfalls dann vor, wenn durch die Erfüllung der Auskunftspflicht der übliche Geschäftsgang gestört wird und dadurch konkrete und belegbare Verdienstminderungen eintreten (HessLSG Breith 2006, 357 = jurisPR-SozR 30/2005 Anm. 6; AG Heilbronn NZV 2012, 256; siehe auch BSG NJW 2001, 2823). Die Rechtsprechung zu §§ 20 ff JVEG gilt erst recht für den außergerichtlichen Bereich.

15 Siehe auch § 249 BGB, Rn 551 ff.

16 **6. §§ 286, 287 ZPO.** Siehe zu den Beweisanforderungen im Abschnitt Zivilprozessrecht, ferner vor § 249 BGB, Rn 5 ff, vor § 249 BGB, Rn 96 ff.

§ 253 Immaterieller Schaden

(1) **Wegen eines Schadens, der nicht Vermögensschaden ist, kann Entschädigung in Geld nur in den durch das Gesetz bestimmten Fällen gefordert werden.**

Immaterieller Schaden § 253 BGB

(2) **Ist wegen einer Verletzung des Körpers, der Gesundheit, der Freiheit oder der sexuellen Selbstbestimmung Schadensersatz zu leisten, kann auch wegen des Schadens, der nicht Vermögensschaden ist, eine billige Entschädigung in Geld gefordert werden.**

Übersicht

	Rn
1. Norm	1
2. Nicht-Vermögensschaden	3
3. Ersatzfähigkeit	4
4. Haftungsausschluss	6
a) Allgemein	6
b) Privater Haftungsverzicht	7
c) Gesetzlicher Ausschluss	8
aa) Allgemein	8
bb) Arbeitsunfall, Dienstunfall	9
(1) Anspruchsausschluss	9
(2) § 110 SGB VII	12
5. Voraussetzung	14
6. Kriterien	16
a) Grundsätze der Bemessung	16
b) Ausgleichsfunktion	18
aa) Leidensdauer	19
bb) Erlöschen geistiger Funktionen	21
cc) Vorschädigung, Schadenanlage	22
dd) Bagatelle	26
ee) Affektionsinteresse	29
ff) Freizeitbeeinträchtigung	30
gg) Persönlichkeitsverletzung	31
c) Genugtuungsfunktion	32
aa) Verschuldensgrad	32
bb) Mithaftung	37
cc) Gefälligkeitsfahrt	44
dd) Zögerliche Regulierung, Prozessverhalten	45
ee) Strafverfahren	53
d) Leistungsfähigkeit	56
e) Versicherungsschutz	57a
f) Ausländer	58
7. Schmerzensgeldrente	61
8. Besonderheiten	68
a) Ehegatte	68
b) Schockschaden	69
c) Hinterbliebenengeld	69a
d) Vertragsabwicklung	70
aa) Anwaltliche Beratungsfehler	70
bb) Versicherung	70a
cc) Beförderungsvertrag	70b
e) Sozialhilfe, Asylbewerber	71
f) Gaffer	77a
g) Tier	78
h) Insolvenz	80
aa) Fehlender Schutz	80

	Rn
bb) Schmerzensgeldrente	80a
cc) Zeitpunkt	80c
i) Steuer	81
j) Kindergeld	81a
k) Verkehrsopferhilfe	82
9. Prozessuales	84
a) Prozesskostenhilfe	84
b) Klageantrag	87
c) Schmerzensgeldrente	94
d) Teilklage	95
e) Rechtsmittelinstanz	99
f) Spätfolgen	100
g) Verjährung	104
h) Verzinsung	105
i) Verzögerungsrüge nach § 198 GVG	109
j) Vollstreckung	111
k) Adhäsionsverfahren	111a
10. Forderungswechsel	112
11. Europa	116

1 **1. Norm.** Für Haftpflichtgeschehen **nach dem 31.7.2002** (Art. 229, § 8 I EGBGB) begründet neben der deliktischen (zumeist verschuldensabhängigen) Haftung auch die Vertragshaftung und die Gefährdungshaftung einen Schmerzensgeldanspruch nach § 253 II BGB bzw. den Spezialnormen der Sonderhaftpflichtgesetze. § 253 II BGB, § 11 S. 2 StVG gelten nur für Unfälle ab dem 1.8.2002; für frühere Schadenfälle gilt § 847 BGB aF ohne zeitliche Begrenzung weiter, selbst wenn Beschwerden erst später entstehen (vor § 10 StVG, Rn 6).

2 **§ 251 I BGB** beschränkt Schmerzensgeldansprüche auf die ausdrücklich gesetzlich zugelassenen Fälle (siehe §§ 15 II 1, 21 II 3 AGG, § 7 BDSG, § 52 II BPolG, § 12 II 1 PflVG, § 40 III SeemannsG, § 7 III StrEG, § 97 II 4 UrhG, Art. 5 EMRK [BGH MDR 2006, 1284; BGH NJW 1993, 2927]). Der **medienrechtliche Schmerzensgeldanspruch** stützt sich auf § 823 BGB i.V.m. Art 1, 2 I GG (BVerfG NJW 1973, 1221; BGH NJW 1996, 984). Die Vorschriften der **haftpflichtrechtlichen Sondergesetze** (§ 87 S. 2 AMG, § 29 II AtomG, § 32 V 2 GenTG, § 6 S. 2 HaftPflG, § 36 S. 2 LuftVG, § 8 S. 2 ProdHaftG, § 11 S. 2 StVG, § 13 S 2 UmweltHG) haben lediglich klarstellenden Charakter.

3 **2. Nicht-Vermögensschaden.** Nicht-Vermögensschäden sind alle Schäden, die nicht zu einer Vermögensminderung beim Verletzten führen; im deutschen Recht zählen dazu Schmerzensgeld und Hinterbliebenengeld. Soweit eine immaterielle Beeinträchtigung durch finanzielle Aufwendungen beseitigt werden kann (z.B. Behandlungskosten für Entfernen einer entstellenden Narbe), stellt dies keinen Nicht-Vermögensschaden, sondern einen Vermögensfolgeschaden dar.

4 **3. Ersatzfähigkeit.** § 253 I BGB schließt den Geldersatz für immaterielle Schäden (auch nach § 251 BGB) aus, soweit nicht gesetzliche Ausnahmetatbestände (wie §§ 253 II, 651f II, 844 III BGB, § 10 III, § 11 S. 2 StVG) den Ersatz ausdrücklich zulassen. Voraussetzung ist stets ein **Schadensersatzanspruch;** fehlt es daran, kann § 253 II BGB nicht analog angewendet werden (BGH NJW 2010, 3160). Aus GoA ist ein Schmerzensgeldanspruch nicht herleitbar (OLG Celle r+s 2014, 624).

Immaterieller Schaden **§ 253 BGB**

Der Anspruch auf Entschädigung für hoheitliche Eingriffe in Leben, körperli- 4a
che Unversehrtheit oder Freiheit **(Aufopferung)** umfasst, da die Beschränkung
des Aufopferungsanspruchs auf materielle Schäden dem Willen des Gesetzgebers
nicht mehr entspricht, auch einen Schmerzensgeldanspruch (BGH BeckRS 2017,
125886 unter Aufgabe von BGH NJW 1956, 629).

Stehen dem Verletzten Ersatzansprüche aus Delikt, Gefährdungshaftung oder 5
Vertrag (BGH NJW 2009, 3025) bei Verletzung eines der in § 253 II BGB genannten Rechtsgüter zu, schuldet der Schädiger neben Ersatz der materiellen Schäden
auch immaterielle Entschädigung (Schmerzensgeld).

4. Haftungsausschluss. a) Allgemein. Private und gesetzliche Haftungsaus- 6
schlüsse (dazu § 254 BGB, Rn 99 ff) erfassen neben den materiellen Ersatzansprüchen auch das Schmerzensgeld (BVerfG NJW 1995, 1607).

b) Privater Haftungsverzicht. Liegt ausnahmsweise ein wirksamer vertragli- 7
cher Haftungsverzicht (BGH NJW 2009, 1482; BGH NJW 1987, 2669; BGH
VersR 1995, 583; OLG Koblenz zfs 1987, 130) vor (dazu § 254 BGB, Rn 113 ff),
umfasst dieser Verzicht auch das Schmerzensgeld. Zur Annahme einer wechselseitigen Haftungsbeschränkung im Wege ergänzender Vertragsauslegung siehe *Jahnke*
jurisPR-VerkR 13/2009, Anm. 3.

c) Gesetzlicher Ausschluss. aa) Allgemein. Wenn gesetzliche Haftungsaus- 8
schlüsse (dazu § 254 BGB, Rn 11 ff) vorliegen, erstrecken sich diese auch auf das
Schmerzensgeld.

bb) Arbeitsunfall, Dienstunfall. (1) Anspruchsausschluss. Ein immateri- 9
eller Ersatzanspruch entfällt trotz Vorliegens der Voraussetzungen des § 253 II
BGB dann, wenn spezialgesetzliche Regelungen die Ersatzpflicht für verursachte
Personenschäden (z.B. bei **Arbeits-/Dienstunfall:** §§ 104 ff SGB VII, § 46
BeamtVG, § 91a SVG) ausschließen. Der Anspruchsausschluss für Personenschäden beschränkt sich **nicht nur** auf diejenigen Ansprüche, denen **deckungsgleiche Sozialleistungen** gegenüberstehen, die den Schaden kompensieren (BGH
jurisPR-VerkR 9/2012, Anm. 2 = VersR 2012, 714), sondern erstreckt sich auf
jeglichen **Personenschaden.** Die immateriellen Schäden und Vermögensschäden
wegen der Verletzung oder Tötung von Versicherten werden durch die gesetzliche
Unfallversicherung abstrakt abgedeckt (BAG zfs 2004, 555).

Der Fortfall von Schmerzensgeld bei Arbeitsunfall ist auch bei schwersten Per- 10
sonenschäden **verfassungskonform** (BVerfG NZA 2009, 509; BVerfG NJW
1995, 1607; BGH jurisPR-VerkR 9/2012, Anm. 2 = VersR 2012, 714; BGH
NJW 2009, 2956; BAG NJW 2004, 3360) und auch dann wirksam, wenn der
Ersatzverpflichtete **haftpflichtversichert** (BAG NJW 2001, 2039; BGH NJW
1973, 1326; OLG Koblenz NZV 2004, 80; OLG Stuttgart r+s 2014, 259) ist.

Der Haftungsausschluss bezieht sich auf **alle Haftungsgründe** des bürgerlichen 11
Rechts einschließlich der Gefährdungshaftung z.B. nach dem StVG (BGH NJW
2009, 2956; BAG VersR 2005, 1439).

(2) § 110 SGB VII. Für Schadenfälle ab 1.1.1997 beschränkt § 110 I 1 12
SGB VII – anders als zuvor § 640 RVO – den Aufwendungsersatzanspruch des
SVT auf die Höhe des zivilrechtlichen Schadenersatzanspruchs. § 110 SGB VII
beinhaltet dabei keine Anspruchsbegrenzung auf zeitlich und sachlich kongruente
Anspruchsteile, sondern stellt auf den **Gesamtpersonenschaden,** nicht aber

BGB § 253

zusätzlich auch auf den Sachschaden, ab (BGH NJW 2006, 3563; siehe auch *Vatter* NZV 2010, 537).

13 Der Personenschaden schließt ein angemessenes Schmerzensgeld ein, das anhand der bekannten Tabellen zu bemessen ist. Maßgeblich ist der fiktive Anspruch des Geschädigten. Die **Genugtuungsfunktion** entfällt nicht deshalb, weil das Geld einem SVT zufließt (BGH NJW 2008, 2033).

14 **5. Voraussetzung.** Schmerzensgeld gibt es nur bei **Verletzung eines Menschen**, nicht aber im Falle der Tötung von Menschen (siehe § 253 BGB, Rn 19; zum Hinterbliebenengeld siehe § 253 BGB, Rn 69a, § 844 BGB, Rn 72 ff) oder Tieren (§ 253 BGB, Rn 78).

15 Wird durch einen Unfall **Drogenabhängigkeit** verursacht, handelt es sich zwar um eine entschädigungspflichtige Unfallfolge. Der Betroffene hat sich aber ein erhebliches Mitverschulden (OLG Koblenz NJW 2004, 3567: ⅔) entgegen halten zu lassen.

16 **6. Kriterien. a) Grundsätze der Bemessung.** Schmerzensgeld dient **(Doppelfunktion)** (BGH [VGS] NZV 2017, 179; BGH r+s 2015, 94 m.w.H.; BGH [GSZ] NJW 1955, 1675; *Wenker* NZV 2014, 241) dem Ausgleich für Schäden nicht-vermögensrechtlicher Art und trägt dem Umstand Rechnung, dass der Schädiger dem Geschädigten Genugtuung schuldet für das, was er ihm angetan hat. Leid und Schmerzen an sich sind ohnehin nicht in Geld zu bemessen; für die Schmerzensgeldbemessung gibt es keine objektiven Kriterien dergestalt, dass aus einer bestimmten Verletzung zwangsläufig ein bestimmter Schmerzensgeldbetrag folgt. Was als „billige" und damit gerechte, Entschädigung des Nichtvermögensschadens anzusehen ist, kann nur aufgrund einer wertenden Gesamtschau aller maßgeblichen Fallumstände vor dem Hintergrund der Funktion des Schmerzensgeldes bestimmt werden. Hierzu stellt die einschlägige Rechtsprechung (die Heranziehung von Vergleichsfällen ist notwendig; KG VersR 2011, 275) einen wesentlichen Orientierungsrahmen dar. Im Interesse der Gerechtigkeit und Gleichbehandlung der Fälle ist es angezeigt, diesen Rahmen einzuhalten, freilich stets unter angemessener Berücksichtigung der besonderen Umstände des zu entscheidenden Falles (OLG Oldenburg NJW-RR 2007, 602). Zur neueren Entwicklung siehe *Vrzal* VersR 2015, 284. Bei der Bemessung einer billigen Entschädigung in Geld nach § 253 II BGB sind alle Umstände des Falles zu berücksichtigen, ohne dass sich ein allgemein geltendes Rangverhältnis der zu berücksichtigenden Umstände aufstellen lässt, weil diese Umstände ihr Maß und Gewicht für die Höhe der billigen Entschädigung erst durch ihr Zusammenwirken im Einzelfall erhalten (BGH [VGS] NZV 2017, 179; BGH [GSZ] NJW 1955, 1675).

16a Auch wenn **mehrere Verletzungshandlungen** vorliegen oder **mehrere Täter** Beiträge zum Verletzungsbild geleistet haben, wird nur ein einheitlicher Schmerzensgeldanspruch begründet, dessen Höhe aufgrund einer ganzheitlichen Betrachtung der den Schadensfall prägenden Umstände zu bemessen ist; der Anspruch kann nicht in Teilbeträge zum Ausgleich einzelner im Rahmen eines einheitlichen Geschehens unterlaufener Fehler aufgespalten werden (BGH VersR 2017, 822).

17 Die Entschädigung ist nach § 287 ZPO zu schätzen, wobei der unbestimmte – verfassungsrechtlich nicht zu beanstandende (BVerfG NJW 2000, 2187) – Rechtsbegriff der „billigen Entschädigung" ausreichend Raum für eine angemessene

Differenzierung lässt. Die Belastung der **Versichertengemeinschaft** ist bei der Entwicklung der Schmerzensgelder zu würdigen (OLG Köln r+s 1996, 310).

Die **Ungleichbehandlung** von Gesundheitsschäden gegenüber **Persönlich-** 17a **keitsverletzungen** (insbesondere im Rahmen von medienbezogenen Prozessen) bei der Schmerzensgeldzumessung hat sachliche Gründe und verstößt nicht gegen Art 3 I GG. Der Anspruch auf Geldentschädigung bei Persönlichkeitsrechtsverletzungen ist nicht (mehr) auf eine Analogie zu § 847 BGB a.F. gestützt; es handelt sich vielmehr um ein Recht, das seine Grundlage in § 823 I BGB i.V.m. dem Schutzauftrag aus Art 1 und Art 2 I GG findet. Maßgebend sind Präventionsgesichtspunkte, die bei der Bemessung der Geldentschädigung zu einer deutlichen Erhöhung der zugebilligten Entschädigung führen (BVerfG NJW 2000, 2187).

b) Ausgleichsfunktion. Entschädigungs- und Ausgleichsgedanken (zur Ge- 18 nugtuuungsfunktion § 253 BGB, Rn 32 ff) für die unfallkausalen nachteiligen Folgen stehen im Vordergrund (BGH [VGS] NZV 2017, 179). Die Höhe richtet sich nach den durch den Unfall hervorgerufenen **Verletzungen** (Größe, Heftigkeit und Dauer der Schmerzen, Leiden und Entstellungen), ihrer **Versorgung** (Dauer von Krankenhausaufenthalten, Anzahl operativer Eingriffe, weiterer Krankheitsverlauf), den **künftigen gesundheitlichen Risiken** sowie ihren fortbestehenden **physischen** (Behinderung, Entstellung, Schmerzen) und **psychischen** (Neurosen, Psychosen, Depressionen, Kontaktprobleme, gestörte Heiratschance) Auswirkungen auf den Verletzten und sein **berufliches** (Abbruch, Ausbildungsänderung) und **soziales** (Sport, Freizeitgestaltung, Ehe, Familie) Leben (siehe auch OLG München r+s 2014, 100; OLG Saarbrücken VersR 2017, 698).

Der Grundsatz der Einheitlichkeit des Schmerzensgeldes gebietet, die Höhe 18a des dem Geschädigten zustehenden Schmerzensgeldes aufgrund einer **ganzheitlichen Betrachtung** der den Schadensfall prägenden Umstände unter Einbeziehung der absehbaren künftigen Entwicklung des Schadensbildes zu bemessen (BGH [VGS] NZV 2017, 179). Verlangt ein Kläger für erlittene Körperverletzungen uneingeschränkt ein Schmerzensgeld, werden durch den zuerkannten Betrag alle diejenigen Schadensfolgen abgegolten, die entweder bereits eingetreten und objektiv erkennbar waren oder deren Eintritt jedenfalls vorhergesehen und bei der Entscheidung berücksichtigt werden konnten. Lediglich solche Verletzungsfolgen, die zum Beurteilungszeitpunkt noch nicht eingetreten waren und deren Eintritt objektiv nicht vorhersehbar war, mit denen also nicht oder nicht ernstlich gerechnet werden musste und die deshalb zwangsläufig bei der Bemessung des Schmerzensgeldes unberücksichtigt bleiben müssen, werden von der vom Gericht ausgesprochenen Folge nicht umfasst und können deshalb die Grundlage für einen Anspruch auf weiteres Schmerzensgeld sein (BGH NJW 2015, 1252).

aa) Leidensdauer. Nach der grundsätzlichen Wertung des Gesetzgebers sehen 19 § 253 II BGB/§ 847 BGB a.F. weder für den Tod noch für die Verkürzung der Lebenserwartung eine Entschädigung in Geld vor (BGH BeckRS 2015, 12850; BGH NJW 1998, 2741; BGH NJW 1975, 1147). Die mutmaßliche oder, wenn der Verletzte bereits verstorben ist, die tatsächliche Leidensdauer (Alter [OLG Naumburg NJW 2015, 261], Lebenserwartung, Überlebenszeit) ist zu berücksichtigen. Der Unfallbeteiligte muss den Unfall – wenn auch nur kurze Zeit – überlebt haben. Verstirbt er noch an der Unfallstelle oder in unmittelbarem zeitlichem Abstand („alsbald"; KG NZV 2002, 38), entfällt ein – in der Person des Verletzten noch selbst entstandener – Schmerzensgeldanspruch (BGH NJW 1998, 2741; KG NZV 2002, 38; OLG Düsseldorf NJW 1997, 806; OLG Köln VersR 2013, 1313;

BGB § 253

OLG Naumburg NJW-RR 2005, 900); eigentliche Unfallfolge ist in diesen Fällen der Tod und nicht die Verletzung. Bei nur **kurzzeitigem Überleben** kommt dem Schmerzensgeld ein eher symbolischer Charakter zu, der sich vor allem an der Genugtuungsfunktion und damit am Verschuldensgrad des Schädigers orientiert (OLG Oldenburg VersR 2016, 741). Unbeachtlich ist, dass der Tod gerade durch das Schadensereignis verursacht wurde. Der Umstand, dass der Geschädigte die Verletzungen nur kurze Zeit überlebt hat, ist selbst dann schmerzensgeldmindernd zu berücksichtigen, wenn der Tod gerade durch das Schadensereignis verursacht worden ist (BGH NJW 1998, 2741; BGH VersR 1976, 660). Bei der Bemessung des immateriellen Schadens ist nicht schmerzensgelderhöhend zu berücksichtigen, dass das Leben des Erblassers frühzeitig beendet worden ist (OLG Naumburg NJW-RR 2015, 1244). Prägend für die Höhe des Schmerzensgeldes sind die Dauer der Überlebenszeit und ob der Verletzte bei Bewusstsein war und seinen lebensbedrohenden Zustand realisierte oder sich überwiegend in einem Zustand der Empfindungsunfähigkeit befand. Wenn der Tod nicht unmittelbar im zeitlichen Zusammenhang mit dem Unglücksfall, sondern erst einige Zeit später eintritt, ist die isolierte Tatsache der Lebensverkürzung nicht von Belang (*Wenker* jurisPR-VerkR 20/2015 Anm. 2; siehe auch OLG Karlsruhe NZV 1999, 210). Schmerzensgeld ist auch dann zu zahlen, wenn der Tod nicht unmittelbar durch das schädigende Ereignis eintritt, sondern der Sterbevorgang noch kurze Zeit in Anspruch nimmt, ohne dass der Geschädigte seine fatale Situation noch bewusst wahrgenommen hat (KG NZV 2002, 38). Tritt der Tod wenige Stunden nach der Verletzung ein, entsteht ein geringeres Schmerzensgeld selbst dann, selbst wenn der Unfallbeteiligte das Bewusstsein nicht wieder erlangt hat (OLG Düsseldorf NJW 1997, 806; OLG Stuttgart NJW 1994, 3016).

20 Auch der **vererbliche** Schmerzensgeldanspruch umfasst nur den bis zum Tod des Erblassers auszugleichenden Schaden und nicht etwa einen fiktiven immateriellen Schaden, der mit den Verletzungen, aber ohne den Tod eingetreten wäre (OLG Hamm zfs 2003, 593; OLG Naumburg NJW-RR 2005, 900). Das Schmerzensgeld ist nicht deshalb niedriger, weil es an die Erben gezahlt wird (KG NJW 1974, 607; OLG München VersR 1970, 643; OLG München NZV 1997, 440). Siehe auch § 253 BGB, Rn 112 f.

21 **bb) Erlöschen geistiger Funktionen.** Ob der Verletzte wegen seiner Behinderungen das Geld noch sinnvoll (für sich) verwenden kann, ist grundsätzlich ohne Bedeutung (BGH VersR 1991, 350). Die Zerstörung der Persönlichkeit durch Erlöschen geistiger Funktionen (z.B. apallisches Syndrom) ist eigenständig zu bewerten (BGH NJW 1993, 781; OLG Naumburg VersR 2011, 1273).

22 **cc) Vorschädigung, Schadenanlage.** Treten anlässlich des Unfallgeschehens bereits vorhandene Leiden zu Tage, kann im Einzelfall ein Schmerzensgeld trotzdem geschuldet sein (BGH NJW 1997, 455).

23 Vorschädigung oder Schadensbereitschaft in der Konstitution des Geschädigten, z.B. aufgrund psychischer oder körperlicher Veranlagung, können schmerzensgeldmindernd berücksichtigt werden (BGH NJW 1996, 2425; BGH NJW 1997, 455; BGH VersR 1998, 200; KG SP 2011, 10; OLG Braunschweig VersR 1999, 201).

24 Anderes gilt, wenn der Verletzte trotz der Vorschäden bis zum Unfall beschwerdefrei war (OLG Hamm SP 2000, 377) oder erst durch das Unfallgeschehen bereits vorhandene Leiden zum Ausbruch kommen (BGH NJW-RR 1999, 819; OLG Hamm SP 1996, 276).

Dass eine Vorschädigung sich durch den Unfall verschlimmerte oder eine persönliche Schadensanlage erst durch ein solches Geschehen zu Tage trat, hat der Geschädigte zu **beweisen** (OLG Köln VersR 2000, 1165; LG Paderborn VersR 1999, 767). 25

dd) Bagatelle. Die im Regierungsentwurf zum 2. Gesetz zur Änderung schadenersatzrechtlicher Vorschriften (SchadÄndG) (BR-Drucksache 742/01, S. 31 ff, 57 ff) zu § 253 II BGB noch vorgesehene gesetzliche Regelung einer Bagatellschwelle wurde nicht umgesetzt, da die Rechtsprechung einerseits eine Bagatellgrenze bereits anwendet (BGH NJW 1992, 1043) und um ihr andererseits die Möglichkeit zu geben, eine Bagatellschwelle über die Auslegung des Begriffes „billige Entschädigung in Geld" fortzuentwickeln (BT-Drucksache 14/8780, S. 21; *Müller* VersR 2003, 3). 26

Bagatellverletzungen sind vorübergehende, im Alltagsleben typische und häufig auch aus anderen Gründen als einem Unfall entstehende Beeinträchtigungen, die sowohl von der Intensität als auch von der Art her ganz geringfügig sind und üblicherweise den Verletzten nicht nachhaltig beeindrucken, weil er schon aufgrund des Zusammenlebens mit anderen Menschen daran gewöhnt ist, vergleichbaren Störungen seiner Befindlichkeit ausgesetzt zu sein (BGH NJW 1998, 810; siehe auch vor § 249 BGB, Rn 94 ff). 27

Bei geringfügigen Verletzungen ohne wesentliche Beeinträchtigung der Lebensführung entspricht es, zudem bei Verletzungshandlung im familiären oder **freundschaftlichen Umfeld,** häufig nicht der Billigkeit, einen Schmerzensgeldanspruch anzunehmen (BGH VersR 1992, 504; OLG Naumburg NJW-Spezial 2014, 458; LG Frankfurt/Oder SP 2011, 183). 28

ee) Affektionsinteresse. Entgangener Fahrspaß für ein Cabrio oder Motorrad bzw. das Genuss- und Affektionsinteresse bei Beschädigung einer Sache (z.B. Schmuck, Gartenanlage) sind als immaterieller Schaden grundsätzlich nicht ersatzfähig (BGH jurisPR-VerkR 24/2012 Anm. 1 = SP 2012, 438; KG DAR 2008, 520). 29

ff) Freizeitbeeinträchtigung. Da Verletzungen bereits typischerweise Einschränkungen der Freizeitgestaltung (wie Sport und Tanzvergnügen) beinhalten, führt diese Beeinträchtigung nicht zu einer weiteren Schmerzensgeldanhebung (OLG München NZV 2005, 143). 30

gg) Persönlichkeitsverletzung. Allgemein zum allgemeinen Persönlichkeitsrecht siehe BGH NJW 2014, 2190. 31

Das allgemeine Persönlichkeitsrecht umfasst ein „Recht auf Nichtwissen der eigenen genetischen Veranlagung", das den Einzelnen davor schützt, Kenntnis über ihn betreffende genetische Informationen mit Aussagekraft für seine persönliche Zukunft zu erlangen, ohne dies zu wollen (BGH NJW 2014, 2190). Die Verletzung des Elternrechts aus Art 6 II 1 GG (z.B. durch familiengerichtliche Einschränkung des elterlichen Sorgerechts zwecks gesundheitlicher Versorgung des Kindes) führt nicht über § 823 I BGB zum Anspruch auf Schmerzensgeld (OLG Naumburg VersR 2014, 507). 31a

Beleidigungen im Straßenverkehr (z.B. „Stinkefinger", „Scheibenwischer", „Vogel zeigen") lösen nur ausnahmsweise ein Schmerzensgeld aus. Schmerzensgelder wegen Persönlichkeitsverletzung verlangen einen schwerwiegenden und bedeutsamen Eingriff in das Persönlichkeitsrecht (ablehnend AG Pinneberg zfs 31b

BGB § 253

2003, 73; siehe auch OLG Köln VersR 2015, 854). Auch ist § 103 VVG zu beachten (siehe § 103 VVG, Rn 45 ff).

31c Der Geldentschädigungsanspruch aufgrund einer schweren Persönlichkeitsrechtsverletzung ist **nicht vererblich**. Dies gilt auch, wenn der Anspruch noch zu Lebzeiten des Geschädigten anhängig oder rechtshängig geworden (BGH WM 2017, 1623; BGH NJW 2017, 800; BGH NJW 2014, 2871).

31d Ein Anspruch auf immaterielle Entschädigung kann nicht auf § 7 S. 1 BDSG gestützt werden (BGH NJW 2017, 800).

32 c) **Genugtuungsfunktion. aa) Verschuldensgrad.** Der Verschuldensgrad ist bei der Zumessung zwar zu berücksichtigen, die Genugtuungsfunktion (Bußzahlung des Schädigers) tritt bei Straßenverkehrsdelikten aber regelmäßig zurück (KG NZV 2002, 230). Erhöhend wiegt nur ein besonders schwerwiegendes Verschulden oder **grob fahrlässiges Verhalten** (z.B. erhebliche Alkoholisierung [OLG Düsseldorf VersR 1989, 1203; OLG Hamm SP 2000, 414]) des Schädigers (BGH VersR 1976, 660; OLG Celle NZV 2004, 306). OLG Saarbrücken NJW-RR 2015, 1119 stellt die Grundsätze zur Bemessung von Schmerzensgeldern ausführlich zusammen.

33 Bei Haftung aus **Billigkeitsgrundsätzen** (§ 829 BGB) ist das Schmerzensgeld – sofern die Billigkeit überhaupt dessen Gewährung gebietet (BGH NJW 1995, 452) – deutlich zu reduzieren (OLG Saarbrücken VersR 2000, 1427).

34 Ein nur auf **Gefährdungshaftung** gestütztes Schmerzensgeld ist nicht niedriger zu bemessen als ein aus einfach fahrlässigem Verhalten resultierendes (42. VGT, AK V) (OLG Celle NJW 2004, 1185).

35 Bei **Schädigermehrheit** können unterschiedliche Verantwortungen und Zumessungskriterien auch zu unterschiedlicher Schmerzensgeldhöhe führen.

36 **Vorsätzliches** Verhalten (neben unmittelbaren Körperverletzungen kommen u.a. auch Beleidigungen und Nötigungen [dazu *Rebler* DAR 2011, 372] in Betracht) ist steigernd bei der Schmerzensgeldbemessung zu berücksichtigen (OLG Saarbrücken NJW 2008, 1166; OLG Oldenburg VersR 2016, 741). Für die Eintrittspflicht der Haftpflichtversicherung ist § 103 VVG zu beachten (dazu § 103 VVG, Rn 45 ff, § 103 VVG, Rn 55 f).

37 **bb) Mithaftung.** Hat der Verletzte durch eigenes Verhalten (aktives Handeln, pflichtwidriges Unterlassen einer gebotenen Aktivität wie Tragen von Schutzkleidung) zum Haftpflichtgeschehen selbst oder zum Umfang der Folgen beigetragen, ist der Schmerzensgeldanspruch wegen des Mitverschuldens zu mindern (BGH NZV 2002, 27). Eine Mitverantwortlichkeit des Verletzten ist dabei nur ein **Bemessungsfaktor**, es findet – außerhalb eines Grundurteils (BGH NJW 2002, 3560) – keine Quotierung mit einer Haftungsquote statt (auch wenn die Regulierungspraxis letztlich so verfährt).

38 Die Genugtuungsfunktion kann im Einzelfall vollständig entfallen, ausnahmsweise aber auch das Mitverschulden kompensieren (OLG Hamburg VersR 1971, 258; OLG München VersR 2000, 900; LG Paderborn NJW 1990, 260). Überwiegendes Mitverschulden kann bei leichteren Verletzungen zum Fortfall des Schmerzensgeldanspruches führen (OLG Hamm NZV 2002, 235).

39 Den Geschädigten trifft, da der Schmerzensgeldanspruch ein echter Schadenersatzanspruch ist, die Obliegenheit, den Schaden mit zumutbaren Maßnahmen zu **mindern** (BGH VersR 1970, 443).

40 Bloße **Teilnahme am allgemeinen Straßenverkehr** wirkt sich als sozialadäquates Verhalten noch nicht auf die Schmerzensgeldhöhe aus (BGH NJW 1997, 455).

Immaterieller Schaden § 253 BGB

War der Verletzte für eine Schadensquelle aufgrund Sachherrschaft verantwort- 41
lich (z.b. als Halter eines Kfz oder Tieres; zur Tiergefahr *Burmann/Jahnke* DAR
2015, 313; *Lehmann/Auer* VersR 2011, 84), muss er sich eine mitwirkende
Betriebsgefahr mindernd auch auf seinen Schmerzensgeldanspruch anrechnen lassen (BGH VersR 1963, 359; BGH VersR 1958, 83; BGH NJW 1956, 1067; KG
NZV 2002, 34; OLG Brandenburg SP 2011, 361). Die Anspruchsminderung
trifft auch den **Halter** als **Insassen im eigenen Fahrzeug** im Verhältnis zum
Zweitschädiger (BGH VersR 1958, 83; OLG Hamm VersR 1995, 545), nicht
jedoch gegenüber seinem eigenen Fahrer (BGH NJW 1972, 1415; OLG Frankfurt
VersR 1994, 1000) (§ 254 BGB, Rn 201).

Handelt eine **schuldunfähige** Personen (z.B. 6-jähriges Kind) grob verkehrs- 42
widrig, ist der Schmerzensgeldanspruch zu reduzieren (OLG Celle DAR 1975,
269; OLG Karlsruhe VersR 1979, 653). Ein Aufsichtspflichtversagen seiner Eltern
ist dem deliktsunfähigen Kind nicht anspruchsmindernd gegenzurechnen (BGH
VersR 1982, 441).

Die Anwendung der Grundsätze der **gestörten Gesamtschuld** (BGH NJW 43
1973, 1648) oder **Haftungseinheit** (BGH VersR 1983, 131; BGH VersR 1978,
735) führen auch zur (quotalen) Kürzung des Schmerzensgeldes.

cc) Gefälligkeitsfahrt. Gefälligkeitsfahrt, langjährige Freundschaft und famili- 44
äre/verwandtschaftliche Beziehung rechtfertigen regelmäßig keine Kürzung
(OLG Hamm NJW-RR 1998, 1179) (siehe auch § 253 BGB, Rn 28).

dd) Zögerliche Regulierung, Prozessverhalten. Verzögerte Schadensregu- 45
lierung kann als Bemessungsfaktor Beachtung finden, wenn sich der leistungsfähige Schuldner einem erkennbar begründeten Anspruch ohne schutzwürdiges
Interesse widersetzt (OLG Koblenz VersR 1970, 551; OLG Saarbrücken VersR
2017, 698; OLG Saarbrücken NJW 2011, 933, 936 m.w.N.; siehe auch BGH
VersR 1970, 134). Allenfalls eine unvertretbare Herauszögerung der Regulierung
durch den Ersatzpflichtigen kann Berücksichtigung finden (OLG Brandenburg
NZV 2010, 154; OLG Hamm NZV 2003, 192; OLG München NZV 2014, 577
m.w.H.; OLG Naumburg NJW 2015, 261). BGH NJW 2006, 1271 lässt offen,
ob zögerliche Regulierung überhaupt schmerzensgelderhöhend berücksichtigt
werden darf und hebt hervor, dass allein der Umstand, dass **entscheidungserhebliche Tatsachen** im Prozess nicht bewiesen werden konnten, bereits tatbestand-
lich nicht den Vorwurf eines schuldhaften Regulierungsverhaltens begründet.
Zudem kompensieren bereits Zinsen (§§ 288, 291 BGB) die Verzögerung. Die im
Bereich der Berufshaftpflicht (vor allem **Arzthaftpflicht**) ergangene Rechtsprechung (wie OLG Naumburg NJW-RR 2002, 672) kann nicht auf die Regulierung von Verkehrsunfällen übertragen werden.

Eine Erhöhung des Schmerzensgeldes wegen verzögerter Regulierung scheidet 46
aus, solange der Haftpflichtversicherer berechtigte Zweifel hegen darf, dass das
eigene Verschulden des Versicherungsnehmers vollständig hinter das grobe Mitverschulden des Geschädigten zurücktreten werde (OLG Brandenburg VersR
2016, 671; OLG Brandenburg SP 2011, 361; OLG Saarbrücken NJW 2011, 933).

Zulässiges prozessuales Verhalten einschließlich des **Bestreitens mit Nicht-** 47
wissen bleibt außer Betracht (LG Bonn NZV 2009, 347). Zur Prozessverzöge-
rung siehe § 253 BGB, Rn 109.

Passivverhalten des anwaltlich vertretenen **Geschädigten** und auf seinem Ver- 48
halten oder Unterlassen beruhende Verzögerungen sind dem Haftpflichtigen nicht
anzulasten (OLG Frankfurt NZV 2004, 39; OLG Köln VersR 2015, 1043).

BGB § 253

49 **Unsensible Diktion** im Verteidigungsvorbringen ist kein schmerzensgelderhöhender Umstand (OLG Dresden VersR 2001, 868).

50 Ehrkränkende Äußerungen in einem anderen Gerichtsverfahren bzw. gegenüber Strafverfolgungsbehörden lösen kein Schmerzensgeld aus, wenn die **Äußerungen der Rechtsverfolgung/-verteidigung** dienten oder in Wahrnehmung staatsbürgerlicher Rechte oder Pflichten gemacht wurden (BGH NJW 2012, 1659; LG München I VersR 1985, 96).

51 Die offensichtlich unrichtige Behauptung eines anderweitigen Schadensgrundes kann sich als zusätzliche Kränkung schmerzensgelderhöhend auswirken (OLG Bremen NJW-RR 2012, 92).

52 Führt die Mitteilung eines unerwartet geringen Abfindungsbetrages beim Ersatzfordernden zu einem körperlichen oder seelischen Zusammenbruch, löst dies keinen Schmerzensgeldanspruch aus (OLG Hamm VersR 2006, 415) (siehe auch § 253 BGB, Rn 70).

53 **ee) Strafverfahren.** Eine **Verurteilung** des Täters zu Geld- oder Freiheitsstrafe wirkt sich auf die Genugtuungsfunktion nicht aus (BGH NJW 1996, 1591; BGH NJW 1995, 781).

54 Eine im Strafverfahren ausgeurteilte, an den Verletzten auszuzahlende **Geldbuße** ist auf das Schmerzensgeld anzurechnen (OLG Düsseldorf NJW 1997, 1643), ohne dass der Schädiger diese im Strafverfahren zu zahlende Buße von seinem Haftpflichtversicherer ersetzt verlangen kann (keine Ablösung eines Haftpflichtanspruches privatrechtlichen Inhaltes [§ 2 I KfzPflVV], sondern strafrechtliche Auflage). Gleiches gilt bei Einstellung nach § 153a StPO, wenn dem Täter die **Zahlung** eines Betrages **an den Verletzten** aufgegeben wird.

55 Entschädigungen nach § 7 StrEG mindern nicht den Schmerzensgeldanspruch, da es sich um einen besonderen Aufopferungsanspruch handelt, der nicht gleichrangig zu Schadensersatzansprüchen gegenüber Dritten ist (BGH NJW 1989, 2127; OLG Frankfurt VersR 2008, 649).

56 **d) Leistungsfähigkeit.** Im Rahmen der Genugtuungsfunktion sind auch die wirtschaftlichen Verhältnisse des Schädigers zu berücksichtigen (BGH [GSZ] NJW 1955, 1675; siehe auch BGH r+s 2015, 94; *Diehl* zfs 2015, 206).

57 Fehlende Leistungsfähigkeit eines unversicherten Schädigers kann im Einzelfall zu einem niedrigeren Schmerzensgeld führen (LG Dresden VersR 2011, 641). Die Zuerkennung eines erhöhten Schmerzensgeldes allein auf Grund der besonders guten wirtschaftlichen Verhältnisse des Verletzten ist nicht gerechtfertigt (OLG Schleswig-Holstein NJW-RR 1990, 470).

57a **e) Versicherungsschutz.** Eine Erhöhung des Schmerzensgeldes aufgrund bestehenden Haftpflichtversicherungsschutzes kommt nicht in Betracht. Das Bestehen einer Haftpflichtversicherung führt nur dazu, dass es für die Frage der Leistungsfähigkeit, die bei der Schmerzensgeldzumessung zugunsten des Schädigers berücksichtigt werden kann, nicht mehr auf die Vermögensverhältnisse des Schädigers ankommt, erhöht aber nicht die Haftung des Schädigers (OLG Koblenz r+s 2017, 16; in diesem Sinne auch BGH VersR 2017, 296).

58 **f) Ausländer.** Haben Ersatzpflichtiger und Verletzter ihren gewöhnlichen Aufenthalt in Deutschland, ist für die Verschuldens- und Haftungsfrage zwar das am **Tatort** geltende Recht maßgeblich (siehe Art. 40 EGBGB) (BGH NJW 2009, 1482; BGH NZV 1996, 272), für die Bemessung der Schadenhöhe gelten aber **deutsche Maßstäbe** (OLG Hamm VersR 2002, 1250).

Immaterieller Schaden § 253 BGB

EuGH NJW 2016, 466 (Lazar) stellt klar, dass sich nicht nur die Frage der **Haftungsquote,** sondern auch die **Haftungsfolgen** aus einem Verkehrsunfall grundsätzlich nach dem Recht desjenigen Staates richten, in dem sich der Unfall **(Tatortrecht)** ereignete: 58a
- Das Recht des Unfallorts gilt für die beim Geschädigten eintretenden Folgeschäden. Dieses Recht ist auch entscheidend für die Frage, welche Rechte Angehörige geltend machen können, wenn eine Person bei dem Unfall getötet wurde. Dieses Recht regelt insbesondere auch die Frage, ob ein Angehörigenschmerzensgeld zugesprochen werden kann. Mit der Entscheidung ist klargestellt, dass bei einem Unfall in Deutschland ein Angehörigenschmerzensgeld auch dann nicht zu leisten ist, wenn die Angehörigen des tödlich verunglückten Beteiligten in einem Staat leben, der ein Angehörigenschmerzensgeld vorsieht (z.B. in Italien).
- Nur dann, wenn der Anspruchsteller und der Anspruchsgegner ihren jeweiligen Wohnsitz im gleichen Staat haben, gelangt dessen Recht **(Heimatrecht)** zur Anwendung. Wenn es eine enge Beziehung der beiden Beteiligten zu einer gemeinsamen dritten Rechtsordnung gibt, käme diese im **Ausnahmefall** zur Anwendung.

Bei **Unfall im Inland** sind bei Verletzung eines Ausländers die von deutschen Gerichten entwickelten Maßstäbe anzuwenden, nicht jedoch die im Heimatland des Verletzten geltenden Aspekte (kein Schmerzensgeld oder besonders hohes Schmerzensgeld) (KG NZV 2002, 398; OLG Koblenz NJW-RR 2002, 1030; OLG Naumburg VersR 2016, 265). 59

In die Billigkeitsprüfung fließen niedrigere Einkommens- und Wirtschaftsverhältnisse im **Heimatland** eines ausländischen Verletzten ein (OLG Frankfurt zfs 2004, 452; OLG Köln zfs 1994, 47; OLG Naumburg VersR 2016, 265). 60

7. Schmerzensgeldrente. Schmerzensgelder sind grundsätzlich als einmaliger Kapitalbetrag festzustellen und nur ausnahmsweise anstelle oder neben dem Kapital als Schmerzensgeldrente zu gewähren (OLG Brandenburg r+s 2006, 260; OLG Düsseldorf SP 2001, 200). Der Haftpflichtversicherer kann nicht gegen den Willen des Geschädigten diesem eine Schmerzensgeldrente anstelle eines Schmerzensgeldkapitals aufdrängen (OLG Schleswig VersR 1992, 462). 61

Eine **steuerfreie** (BFH VersR 1995, 856; siehe § 249 BGB, Rn 528) Schmerzensgeldrente kommt nur in Betracht, wenn entweder ungewöhnlich schwere Verletzungen vorliegen, unter denen der Verletzte immer wieder neu leidet, oder besondere außergewöhnliche Umstände gerade die Rentenform erzwingen (*Jahnke* r+s 2006, 228, *Notthoff* VersR 2003, 966). So können schwerwiegende Dauerschäden, die ständig Schmerzen sowie eine erhebliche Beeinträchtigung der Lebensqualität zur Folge haben, im Einzelfall eine Schmerzensgeldrente rechtfertigen. 62

Schmerzensgeldrenten müssen, damit sie ihren Zweck erreichen, eine gewisse Größenordnung (**mindestens** 100 €) haben (OLG Brandenburg r+s 2006, 260; OLG Thüringen SP 2002, 414). 63

Bei Zubilligung einer Schmerzensgeldrente sind Kapital und Rente in ein **ausgewogenes Verhältnis** (KG NZV 2003, 416; OLG Brandenburg SP 2011, 361) zueinander zu bringen. Ferner muss die Gesamtentschädigung (Summe von Kapital und – unter Zugrundelegung eines Zinsfußes von 5% – kapitalisierter Rente) im Rahmen der üblichen Schmerzensgeldbeträge liegen (BGH VersR 1976, 967; OLG Brandenburg SP 2011, 361). Wird eine Schmerzensgeldrente ausgeurteilt, 64

BGB § 253

muss das Schmerzensgeldkapital entsprechend herabgesetzt sein (OLG Celle VersR 2006, 1085).

65 Schmerzensgeldrenten sind – schon im Hinblick auf die vorzunehmende Wichtung von Kapital und Rente – stets **ohne Dynamisierung** (BGH NJW 1973, 1653; LG Hannover VersR 2004, 528) bis zum Lebensende oder begrenzt auf einen bestimmten Zeitraum (BGH VersR 1966, 144) zu zahlen.

66 Eine etwaige **geringere Lebenserwartung** des Geschädigten führt nicht zu einer Erhöhung der monatlichen Schmerzensgeldrente (OLG Hamm NZV 2003, 192).

67 Eine **Erhöhung** der Rente entfällt grundsätzlich. § 323 ZPO ermöglicht bei deutlicher Änderung der Bemessungsgrundlagen (z.B. erhebliche Verschlimmerung oder deutliche Verbesserung des Gesundheitszustandes) zwar grundsätzlich eine Anpassung nach oben oder unten. Allein die Veränderung des Lebenshaltungskostenindexes reicht jedenfalls dazu nicht (BGH NJW 2007, 2475; OLG Nürnberg VersR 1992, 623).

67a Zur **Insolvenz** siehe § 253 BGB, Rn 80 ff.

68 **8. Besonderheiten. a) Ehegatte.** Ein an einen Ehegatten gezahltes Schmerzensgeld fließt vorbehaltlich der Härteregelung des § 1381 BGB in den **Zugewinn** ein (BGH NJW 1981, 1836; BGH NJW 1982, 279; OLG Stuttgart OLGR 2001, 220; AG Hersbruck FamRZ 2002, 1476) und gehört zum Gesamtgut einer **Gütergemeinschaft** (§ 1416 I BGB). Der BGH (BGH NJW 1995, 3113; BGH NJW 1995, 523; NJW 1981, 1836) hat einen Schutz vor Zugriff des anderen Ehegatten abgelehnt. Die Ausschussempfehlung (BR-Drucksache 127/1/17 v. 24.2.2017, S. 3), § 1374 II BGB auch auf immaterielle Ansprüche zu erweitern, hat der Bundesrat nicht aufgegriffen (siehe BT-Drucksache 18/11615 v. 22.3.2017, S. 8 f).

68a Bei unfallkausalem **Potenzverlust** des Unfallbeteiligten hat der Partner keinen Schmerzensgeldanspruch (OLG Köln VersR 2016, 796).

69 **b) Schockschaden.** Der Schreck anlässlich eines erlebten Unfalls ist regelmäßig dem allgemeinen Lebensrisiko zuzurechnen und rechtfertigt daher keinen Schmerzensgeldanspruch (LG Stade NZV 2016, 186; *Mäsch* JuS 2015, 747; *Stöhr* NZV 2009, 161). Zum Schockschaden siehe vor § 249 BGB, Rn 123 ff.

69a **c) Hinterbliebenengeld.** Zum Hinterbliebenengeld siehe § 844 BGB, Rn 72 ff; zu den Konkurrenzen siehe § 844 BGB, Rn 246 ff.

70 **d) Vertragsabwicklung. aa) Anwaltliche Beratungsfehler.** Erteilt ein Anwalt im Rahmen seiner Beratungstätigkeit eine falsche Auskunft (z.B. zu fehlender Deckung, Haftung oder Höhe der Ansprüche) und führt dieses zu Angstzuständen beim Mandanten, hat letzterer keinen Schmerzensgeldanspruch gegen seinen Berater (BGH NJW 2009, 3025; siehe auch § 253 BGB, Rn 49 f). Die psychische Fehlverarbeitung fehlerhafter Auskünfte ist dem Empfänger überantwortet, jedenfalls soweit es allein Risiken und Bedrohungen in Bezug auf die eigene Vermögenslage betrifft (OLG Frankfurt VersR 2008, 1396).

70a **bb) Versicherung.** Eine Krankheitskostenversicherung hat den Ausgleich der durch die Behandlung von Krankheiten entstandenen Vermögensnachteile zum Gegenstand und nicht den Schutz der in § 253 II BGB aufgeführten Rechtsgüter. Die aus einer Vertragsverletzung herrührende Beeinträchtigung dieser Rechtsgüter fällt nicht in den Schutzzweck des Krankenversicherungsvertrages (OLG Hamm VersR 2015, 745; LG Wiesbaden r+s 2015, 367).

cc) Beförderungsvertrag. Der Defekt der einzigen Zugtoilette in einer Regionalbahn mit regelmäßigen Haltezeiten führt nicht zu einem Schmerzensgeld (LG Trier NJW-RR 2016, 997). Gleiches hat für Unbenutzbarkeit von Toiletten in Reisebussen zu gelten. 70b

e) Sozialhilfe, Asylbewerber. Die Entschädigung nach § 253 II BGB (sowie in Sondergesetzen enthaltene Schmerzensgeldvorschriften) gehört zum Schonvermögen des **Sozialhilferechtes** (§ 83 II SGB XII) und ist nicht als Einkommen bei ALG II (§ 11a II SGB II) oder Sozialhilfe (§ 83 II SGB XII) zu berücksichtigen (BVerwG NJW 1995, 3001; SG Karlsruhe BeckRS 2010, 66112) (siehe auch § 253 BGB, Rn 84). 71

Die Verwertung eines aus einer Schmerzensgeldzahlung stammenden Vermögens bedeutet eine nicht hinzunehmende **Härte** (§ 12 III 1 Nr. 6 SGB II), soweit sich das Vermögen in seiner (gegebenenfalls noch) vorhandenen Höhe eindeutig auf die Schmerzensgeldzahlung nach § 253 II BGB zurückführen lässt (BSG SozR 4-4200 § 11 Nr. 56; BVerwG NJW 1995, 3001). Angespartes Schmerzensgeld müssen sich Arbeitslose und Sozialhilfeempfänger auch nicht als Vermögen auf die laufenden Leistungen anrechnen lassen. Diese Verwertung wäre eine „besondere Härte" und ist daher ausgeschlossen (BSG NZA 2008, 928; SG Aachen openJur 2011, 66838). 72

Zinseinnahmen aus dem angelegten Schmerzensgeldkapital dürfen als Einkommen bedarfsmindernd bei ALG II und Sozialhilfe berücksichtigt werden (BSG NJOZ 2013, 1154). Es besteht auch kein Schutz in Höhe der Grundrente nach § 31 BVG (so wohl noch BSG BSGE 68, 148; BVerwG NJW 1995, 3001). 73

Bei der Berechnung von **Wohngeld** (BVerwG NJW 2012, 1305) und in der **Grundsicherung für Arbeitsuchende** (BSG SozR 4-4200 § 11 Nr. 56) sind Zinseinkünfte aus angelegtem Schmerzensgeld als Einkommen zu berücksichtigen. 74

Für die **Bezahlung eines Betreuers** muss Schmerzensgeld nicht eingesetzt werden, § 1836c Nr. 2 BGB i.V.m. § 90 III 1 SGB XII (BGH NJW 2015, 938; OLG Frankfurt BtPrax 2009, 305; OLG Hamm FamRZ 2007, 854; OLG Thüringen FamRZ 2005, 1199). 75

Stirbt der Verletzte, wird das Schmerzensgeld nicht privilegierter Bestandteil der **Erbmasse** (BVerwG FEVS 57,212; LSG Nordrhein-Westfalen ZEV 2009, 407). Für die Erben stellt das ererbte Schmerzensgeld kein Schonvermögen dar, sondern muss zum Lebensunterhalt der Erben eingesetzt werden, soweit es nicht aus anderem Rechtsgrund geschützt ist. Nur im Einzelfall kann die Verwertung des beim Erblasser als Schonvermögen zu behandelnden Schmerzensgeldes aber auch bei den Erben unbillig sein und einen besonders gewichtigen Härtefall darstellen (BSG NVwZ-RR 2010, 892). 76

§ 7 V AsylbLG nimmt Entschädigungen nach § 253 II BGB ausdrücklich aus dem Einkommen heraus, da die für **Asylbewerber** früher fehlende Regelung verfassungswidrig war (BVerfG BVerfGE 116, 229). 77

f) Gaffer. § 201a StGB schützt den höchstpersönlichen Lebensbereich vor Bildaufnahmen. Die Vorschrift ist Schutzgesetz iSv § 823 II BGB und begründet damit auch einen Schmerzensgeldanspruch. Die Aspekte der Verletzung des allgemeinen Persönlichkeitsrechts gelten entsprechend (§ 253 BGB, Rn 31 ff). 77a

Siehe auch siehe auch § 249 BGB, Rn 519a. 77b

BGB § 253

78 **g) Tier.** Tiere sind zwar Lebewesen, haben aber keinen – z.B. von ihrem Eigentümer zu verfolgenden – eigenen Schmerzensgeldanspruch (AG Wiesbaden NJW-RR 2012, 227). Siehe *Burmann/Jahnke* DAR 2015, 313.

79 Ebenso wenig führt die Reaktion auf den Tod eines geliebten Tieres zu einem Anspruch wegen Schockschadens (§ 249 BGB, Rn 292).

80 **h) Insolvenz. aa) Fehlender Schutz.** Das Schmerzensgeld ist in der Insolvenz (Privatinsolvenz) nicht geschützt (siehe §§ 36 I 1, 304 I 1 InsO sowie § 253 BGB, Rn 67a, § 253 BGB, Rn 112) und damit Bestandteil der Insolvenzmasse (BGH NJW-RR 2012, 181; BGH NJW 2011, 2296).

80a **bb) Schmerzensgeldrente.** Bei **Insolvenz des Rentenempfängers** gilt der besondere Schutz nach § 850b I Nr. 1 ZPO nicht, da die Rente nicht der Sicherung der Existenzgrundlage des Schuldners dient (BeckOK ZPO-*Riedel*, § 850b ZPO Rn 18; *Musielak-Voit*, § 850b ZPO Rn 2; vgl auch OVG Saarlouis NJW 2006, 2873).

80b Zur **Insolvenz des Täter**s siehe OLG Frankfurt BeckRS 2011, 12304. Zum Umfang der Restschuldbefreiung bei Schadensersatzansprüchen siehe BGH NJW-RR 2017, 37.

80c **cc) Zeitpunkt.** Bis zur Aufhebung des Insolvenzverfahrens fließen alle pfändbaren Einnahmen in die Masse (zur Hinweispflicht siehe §§ 97, 290 I Nr. 5, 296 I InsO). Dazu zählt auch ein Anspruch auf Zahlung auf Schmerzensgeld aus einem Autounfall.

80d Ist ein Anspruch **vor Aufhebung des Insolvenzverfahrens** zwar entstanden, aber noch nicht ausgezahlt, fließt er der Masse zu, wenn er nachträglich ermittelt wird (Nachtragsverteilung, § 203 I Nr. 3 InsO). Nach § 203 III 1 InsO kann das Insolvenzgericht den zur Verfügung stehenden Betrag dem Schuldner belassen, wenn dies mit Rücksicht auf die Geringfügigkeit des Betrags und die Kosten einer Nachtragsverteilung angemessen erscheint.

80e Schmerzensgeld aus Haftpflichtschäden (z.B. Verkehrsunfall), die zeitlich erst **nach Aufhebung des Insolvenzverfahrens,** aber während des Weiterlaufs der 6-jährigen Wohlverhaltensphase entstanden sind, müssen nicht an den Treuhänder abgeführt werden (siehe § 295 InsO).

81 **i) Steuer.** Zahlungen von Schmerzensgeld sind unabhängig davon, ob sie als einmalige Kapitalabfindung oder als Schmerzensgeldrente gezahlt werden, als solche grundsätzlich nicht einkommensteuerpflichtig (siehe § 249 BGB, Rn 528).

81a **j) Kindergeld.** Ein Kind, welches das 18. Lebensjahr vollendet hat, hat Anspruch auf Kindergeld, wenn es wegen körperlicher, geistiger oder seelischer Behinderung außerstande ist, sich selbst zu unterhalten, sofern die Behinderung vor Vollendung des 25. Lebensjahres eingetreten ist (§§ 32 IV 1 Nr. 3, 62 I, 63 I 1 und 2 EStG). Bei der Prüfung, ob ein volljähriges behindertes Kind über hinreichende finanzielle Mittel zur Bestreitung seines persönlichen Unterhalts verfügt, ist eine Schmerzensgeldrente grundsätzlich nicht zu berücksichtigen, da sie nicht zur Bestreitung des Lebensunterhalts des Kindes bestimmt oder geeignet ist (BFH FamRZ 2016, 1361).

82 **k) Verkehrsopferhilfe.** Ein nach § 12 PflVG vom Entschädigungsfonds der VOH (Anschrift: *Verkehrsopferhilfe e.V., Wilhelmstr. 43/43G, 10117 Berlin*; Tel. +49 30 20 20 5000, www.verkehrsopferhilfe.de; dazu vor § 249 BGB, Rn 224) zu

Immaterieller Schaden § 253 BGB

zahlendes Schmerzensgeld ist erheblich reduziert (ca. ⅓ des ansonsten angemessenen Betrages) (LG Lüneburg VersR 2001, 1152).

Bei Unfallflucht (§ 12 I Nr. 1 PflVG) besteht ein Anspruch nur, wenn und 83 soweit wegen der **besonderen Schwere** der Verletzungen zur Vermeidung einer groben Unbilligkeit eine Schmerzensgeldleistung erforderlich ist (§ 12 II 1 PflVG) (OLG Hamm BeckRS 2013, 15678; OLG Koblenz NJW 1985, 1165; LG Gießen VersR 2013, 1319; LG Hamburg VersR 1977, 581; LG Verden VersR 2001, 1152). Schmerzensgeldbegründend sind nur solche Schäden, die zu einer dauernden und erheblichen Beeinträchtigung der körperlichen Funktionen führen (LG Gießen VersR 2013, 1319; LG Hamburg VersR 1977, 674); nicht jedoch Folgen von Verkehrsunfällen, die auch in schwerer Form alltäglich oder normal und beim derzeitigen medizinwissenschaftlichen Stand in aller Regel nach kürzerer oder längerer Zeit verheilt sind (z.B. Riss- und Schnittwunden, Knochenbrüche, Gehirnerschütterungen) (OLG Hamm VersR 1987, 456; LG Darmstadt VersR 1980, 365; LG Gießen VersR 1988, 66; LG Hamburg VersR 1977, 674). Die Voraussetzungen für die Gewährung von Schmerzensgeld aus dem Entschädigungsfonds sind nur erfüllt, wenn der Betroffene in einem Maße verletzt worden ist, das für ihn schwerstes Leid und eine dauernde und nachhaltige gesundheitliche Beeinträchtigung (schwere Körperverletzung iSv § 226 StGB, LG Gießen VersR 2013, 1319) nach sich gezogen hat (z.B. Verlust von Gliedmaßen und dauerhafte vollständige oder überwiegende Erwerbsunfähigkeit) (LG Berlin v. 19.8.2009 – 24 O 285/08). Siehe vertiefend *Stiefel/Maier-Jahnke*, § 12 PflVG Rn 173 ff.

9. Prozessuales. a) Prozesskostenhilfe. Schmerzensgeld ist analog § 83 II 84 SGB XII nicht einzusetzendes Vermögen (OLG Düsseldorf NZV 1991, 474; OLG Koblenz NJW-RR 1999, 1228; OLG Saarbrücken MDR 2014, 925; OLG Stuttgart OLGR 2008, 664; BVerwG zfs 2011, 584; BayLSG Breith 2009, 84). Der Zinsertrag jedenfalls jenseits § 31 BVG ist allerdings einzusetzen (vgl § 253 BGB, Rn 73 f).

Etwas anderes kann gelten, wenn die Verfahrenskosten nur einen **geringen** 85 **Teil** des bislang gezahlten Schmerzensgeldes ausmachen (OLG Hamm FamRZ 1987, 1283; OLG Oldenburg zfs 1995, 332; OLG Thüringen OLGR 2000, 852), die Funktion des Schmerzensgeldes nicht wesentlich beeinträchtigt wird (OLG Thüringen MDR 2000, 852; OLG Karlsruhe VersR 2011, 88) oder die Umstände des Einzelfalles den Geldeinsatz (z.B. bei Zahlung eines hohen Schmerzensgeldbetrages [OLG Oldenburg NdsRpfl 1996, 251]) als zumutbar erscheinen lassen (OLG Zweibrücken NJW-RR 1998, 1616).

Bewegt sich der geltend gemachte Betrag in noch **vertretbarer Größenord-** 86 **nung,** ist für eine bezifferte Schmerzensgeldklage Prozesskostenhilfe in voller Höhe zu bewilligen (OLG Karlsruhe NZV 2011, 258).

b) Klageantrag. Ein **unbezifferter Klageantrag** ist zulässig, wenn geeignete 87 tatsächliche Grundlagen für die Bemessung vorgetragen sind und – mit Rücksicht auch auf die Beschwer – die ungefähre Größenordnung des für angemessen erachteten Betrages angegeben wird.

Die **Beschwer** einer Partei bestimmt sich grundsätzlich danach, ob die gericht- 88 liche Entscheidung nachteilig von dem in der unteren Instanz gestellten Antrag abweicht (formelle Beschwer) (BGH NZV 2002, 27). Ein Kläger, der mit einem unbezifferten Klageantrag die Zahlung eines angemessenen Schmerzensgeldes verlangt, ist nicht beschwert, wenn das Gericht ihm einen Betrag – wenn auch mit anderer Begründung (BGH NJW 1993, 2052) – zuerkennt, dessen Höhe der vorgestellten und im Klageantrag zum Ausdruck gebrachten Größenordnung entspricht (BGH NZV 2004, 347; BGH VersR 1999, 902). Dieses gilt auch dann, wenn das Gericht unter Annahme eines **Mitverschuldens** den als Mindestbetrag geltend gemachten Betrag zuspricht (BGH NZV 2002, 27). Verlangt der Kläger ein angemessenes Schmerzensgeld, ist für seine Beschwer als Rechtsmittelkläger nicht der angemessene Schmerzensgeldbetrag, sondern die vom Kläger geäußerte Größenvorstellung maßgebend (BGH NZV 2016, 517; BGH NZV 2003, 565). Gibt der Kläger einen Mindestbetrag an (was nicht im Klageantrag selbst geschehen muss), ist für die Berechnung der Beschwer des Klägers von diesem Mindestbetrag auszugehen; eine Beschwer besteht nur, soweit dieser unterschritten wurde (BGH NJW 2002, 212; BGH NJW 1999, 1339). Bei vollständiger Klageabweisung ist der Kläger in voller Höhe des geäußerten Mindestbetrags beschwert (BGH NZV 2016, 517); zur Beschwer bei Teilabweisung siehe BGH NZV 2016, 424.

89 Bei der Festsetzung des für angemessen erachteten Betrages sind dem Gericht im Rahmen des § 308 ZPO (**ne ultra petita**) durch die Angabe eines Mindestbetrages oder einer Größenordnung nach oben keine Grenzen gesetzt (BGH VersR 1996, 990). **Zinsen** können nur zugesprochen werden, wenn sie ausdrücklich verlangt werden (vgl § 253 BGB, Rn 108).

90 Da beim Schmerzensgeld sowohl über Haftungsgrund als auch über die Höhe (z.B. bei Streit zu Unfallbedingtheit oder Ausmaß der Beeinträchtigungen) gestritten werden kann, darf über den Grund vorab durch **Grundurteil** entschieden werden (BGH NJW 2006, 2110). Für ein ordnungsgemäßes Grundurteil reicht es aus, wenn sich die Haftungsbeschränkung wegen Mitverschuldens – ebenso wie ein diesbezüglicher Vorbehalt – erst aus den Entscheidungsgründen ergibt (BGH VersR 1974, 1172). Eine Mithaftung muss – auch wenn es zweckmäßig ist – nicht im **Tenor** stehen (BGH NJW 2006, 2110).

91 Die **Klage auf Feststellung** der Haftung für weitere immaterielle Unfallschäden ist zulässig, wenn aus der Sicht des Verletzten bei verständiger Würdigung Grund besteht, mit Spätfolgen zu rechnen und ihretwegen einer Verjährungseinrede vorzubeugen (BGH NJW 2001, 167; BGH NJW 1998, 160). Ein Feststellungsinteresse ist nur zu verneinen, wenn aus der Sicht des Geschädigten bei verständiger Würdigung kein Grund besteht, mit dem Eintritt eines künftigen Schadens wenigstens zu rechnen (BGH NJW-RR 2007, 601). Die Wahrscheinlichkeit der Schadensentstehung ist eine Frage der Klagebegründetheit (LG Flensburg SP 2000, 159). Die später gewonnene Erkenntnis, dass Folgeschäden nicht mehr zu gewärtigen sind, führt nicht zur rückwirkenden Unzulässigkeit der Feststellungsklage (BGH NJW 1993, 2382; BGH VersR 1972, 459).

92 Ein zum „Ersatz jeden weiteren Schadens" verpflichtendes **Feststellungsurteil** erfasst mangels anderweitiger eindeutiger Hinweise (die sich z.B. aus den Urteilsgründen ergeben können) neben dem materiellen Schaden auch den immateriellen (BGH NJW 1985, 2022). Ist die Ersatzpflicht für künftige materielle Schäden festgestellt, läuft die Verjährung hinsichtlich der immateriellen Ansprüche weiter (OLG Düsseldorf NJW-RR 2005, 819; OLG München VersR 1996, 63).

93 **Gebührenstreitwert** eines unbezifferten Schmerzensgeldantrags ist derjenige Betrag, der aufgrund des klagebegründenden Sachvortrags zuzusprechen wäre, wenn sich dieser als richtig erweist; maßgeblicher Zeitpunkt der Beurteilung ist der Eingang der Klagebegründung (vgl § 40 GKG) und nicht das Ergebnis der Beweisaufnahme. Der festzusetzende Wert ist regelmäßig nicht geringer als der vom Kläger angegebene Mindestbetrag, den der Kläger jedenfalls erstrebt (KG Berlin NZV 2011, 88).

Immaterieller Schaden §253 BGB

c) Schmerzensgeldrente. Das Gericht darf ohne entsprechenden Klageantrag 94
nicht von sich aus eine **Aufteilung** in Kapital- und Rentenbeträge vornehmen
(Verstoß gegen §§ 308 I, 536 ZPO) (BGH VersR 1998, 1565). Es wird eine
andersgeartete, von den Parteianträgen nicht umfasste, Rechtsfolge ausgesprochen
(OLG Koblenz VersR 2010, 1452).

d) Teilklage. Das Schmerzensgeld ist für Vergangenheit und Zukunft einheit- 95
lich zu bemessen (BGH NJW 2015, 1252; OLG Hamm r+s 2000, 328). Die
zukünftige Entwicklung ist mit einzubeziehen, soweit sie hinreichend sicher
beurteilt werden kann. Möglichen in der Zukunft liegenden Verschlimmerungen
und Veränderungen, die derzeit nicht übersehbar sind, ist durch immateriellen
Vorbehalt im Vergleich oder Feststellungsantrag Rechnung zu tragen. Bei der
Schätzung des angemessenen Schmerzensgeldes bleiben denkbare künftige Beeinträchtigungen außer Betracht, wenn ein Feststellungsantrag gestellt ist (OLG
Oldenburg VersR 1997, 1109).

Für ein zeitlich befristetes Teilschmerzensgeld **(Stichtagschmerzensgeld)** 96
ist – egal, ob für einen fest umrissenen, in der Vergangenheit liegenden Zeitraum
oder beschränkt auf die Zeit bis zur letzten mündlichen Verhandlung – rechtlich
kein Raum (BGH MDR 2001, 765; LG Lübeck SP 2014, 159; *Lemcke* r+s 2000,
309).

Die Geltendmachung eines zeitlich begrenzten Schmerzensgeldes kann aus- 97
nahmsweise dann zulässig sein, wenn die Zukunftsrisiken wegen der Ungewissheit
der künftigen Entwicklung insgesamt ausgegrenzt werden müssen (BGH NJW
2004, 1243; OLG Hamm r+s 2000, 328).

Zulässig ist, einen **Teilbetrag** aus einem Gesamtschmerzensgeld einzuklagen 98
(BGH NJW 2004, 1243).

e) Rechtsmittelinstanz. Die Prüfungskompetenz des Berufungsgerichts ist 99
nicht darauf beschränkt, ob die Bemessung des Schmerzensgeldes durch die Vorinstanz Rechtsfehler enthält. Es hat auch die erstinstanzliche Schmerzensgeldbemessung in vollem Umfang darauf zu überprüfen, ob sie überzeugt, und gegebenenfalls nach eigenem Ermessen einen eigenen, dem Einzelfall angemessenen
Schmerzensgeldbetrag zu finden (BGH NJW 2006, 1589; OLG Brandenburg
DAR 2008, 520; OLG Saarbrücken NJW 2008, 1166).

f) Spätfolgen. Mit dem zuerkannten Schmerzensgeld sind auch diejenigen 100
Folgen abgegolten, die vorhersehbar waren und bei der Entscheidung berücksichtigt werden konnten. Die Rechtskraft (auch negative; BGH NZV 2006, 408)
eines Schmerzensgeldurteils erfasst nur solche Folgen nicht, die bei Schluss der
letzten mündlichen Verhandlung nicht erkannt wurden oder nicht erkennbar
waren (BGH NJW 2004, 1243; OLG München MDR 2013, 844). Neuerliche
Beeinträchtigungen kann ein Verletzter nur dann geltend machen, wenn diese
zuvor nicht berücksichtigt werden konnten, weil sie entweder objektiv (d.h. aus
sachkundiger Sicht) nicht erkennbar waren oder ihr Eintreten erst später erfolgte
(BGH VersR 1997, 1111).

Mit der allgemeinen Feststellung, dass (dem Grunde nach) die unfallbedingten 101
Schäden zu ersetzen sind, ist nicht die Feststellung verbunden, welche Schäden
dies sind. Die Rechtskraft betrifft nicht die Frage der haftungsausfüllenden Kausalität, sodass diese in dem Folgeprozess zu klären ist, wobei dem Geschädigten das
erleichterte Beweismaß des § 287 zugutekommt (BGH NZV 2009, 131; BGH
NZV 2005, 519).

102 Ein Abfindungsvergleich mit immateriellem Vorbehalt erfasst alle erkennbaren und vorhersehbaren Folgen (OLG Hamm r+s 2001, 505).

103 Außergerichtliche oder im Rahmen eines gerichtlichen **Vergleiches** ausgehandelte Schmerzensgelder sind fallabschließend, sofern nicht ausdrücklich etwas anderes vereinbart wird. Nur in engbegrenzten, seltenen Ausnahmefällen ist eine **Nachbesserung** denkbar (dazu *Jahnke*, Abfindung von Personenschadensansprüchen, § 2 Rn 1074 ff, 1133 ff). Die Rechtsprechung zur Rechtskrafterstreckung von Urteilen (BGH NZV 2006, 408) ist auf außergerichtlich oder gerichtlich geschlossene Vergleiche nicht anwendbar; im Rahmen der Vergleiche kann (als Ausdruck der Vertragsfreiheit) – anders als in einem Urteil – auch das bloße Risiko zukünftiger weiterer Erkrankung finanziell mit erfasst werden. Bei einem Abfindungsvergleich stehen Leistung und Gegenleistung nicht in einem Gegenseitigkeitsverhältnis (wie z.B. bei einem Kauf oder der Miete); daher führen **Äquivalenzstörungen** regelmäßig nicht zu einer Abänderung von Vergleichen (BGH NZV 2009, 75; OLG Düsseldorf NZV 2008, 151; OLG Koblenz NZV 2004, 197; siehe auch BGH NJW-RR 2008, 649; OLG München NZV 2007, 423; OLG Saarbrücken SP 2006, 233).

104 g) **Verjährung.** Es gilt die Regelverjährung (§§ 195, 199 BGB). Die absolute Frist beträgt 30 Jahre ab Unfalltag (§ 199 II BGB).

105 h) **Verzinsung.** Der Schmerzensgeldanspruch entsteht zwar bereits mit dem Schadensereignis, die Zinspflicht beginnt aber erst mit der In-Verzug-Setzung (§ 288 BGB) oder Rechtshängigkeit (§ 291 BGB) (OLG Celle NJW 1963, 1205; OLG Düsseldorf r+s 2017, 499).

106 Verzugszinsen (§ 288 BGB) setzen **Verzug** (§ 286 BGB) voraus und sind nicht bereits ab Tattag zu bezahlen (OLG Düsseldorf PVR 2002, 185). Für den Fall einer gerichtlichen Auseinandersetzung ist dann die Verzinsung ab dem Verzugszeitpunkt mit in den Zahlungsantrag aufzunehmen (BGH NJW 1965, 531; OLG Köln VersR 1972, 1150). Wird ein Antrag auf beziffertes Schmerzensgeld ohne Zinsbegehren gestellt, darf das Gericht darauf nicht gemäß § 139 ZPO hinweisen (OLG Köln VersR 1972, 1150); ohne Antrag dürfen Zinsen nicht zugebilligt werden (§ 253 BGB, Rn 108).

107 Für die **Verzugsbegründung** müssen ausreichend konkrete Tatsachen vorgetragen werden (BGH VersR 1963, 726). Der Schuldner muss sich zumindest ausreichende Gewissheit über den immateriellen Schaden verschaffen können. Der Schuldner gerät trotz Mahnung des Gläubigers mit der Zahlung des Schmerzensgeldes erst dann in Verzug, wenn er anhand von objektiven Unterlagen, die er sich allerdings nach besten Kräften so bald wie möglich verschaffen muss (§ 242 BGB; OLG Celle NJW 1963, 1205), eine für die Bezifferung des Anspruches ausreichende Gewissheit über den tatsächlich eingetretenen und in Zukunft etwa noch zu erwartenden immateriellen Schaden erlangt hat (OLG Frankfurt OLGR 1993, 74). Bloße einseitige Behauptungen des Geschädigten reichen nicht aus (LG Aurich NJW 1961, 1120). Der Schädiger muss die Möglichkeit haben, ärztliche Gutachten über den Umfang der eingetretenen Schäden oder zumindest Auskünfte der Ärzte, die den Geschädigten behandelt haben, beizuziehen (OLG Celle NJW 1963, 1205).

108 Auch der unbeziffert geltend gemachte Schmerzensgeldanspruch ist ab **Rechtshängigkeit** auf Antrag hin zu verzinsen (BGH NJW 2008, 2710; BGH NJW 1965, 531; KG VersR 1972, 281). Ohne Antrag (ne ultra petita, § 308 I ZPO) dürfen Zinsen nicht ausgesprochen werden (BGH VersR 1977, 861).

Immaterieller Schaden §253 BGB

i) Verzögerungsrüge nach §198 GVG. Nach §198 GVG besteht bei über- 109
langen Gerichtsverfahren Anspruch auf angemessene materielle (§198 I GVG)
und immaterielle (§198 II GVG) Entschädigung (nicht Schadenersatz), wenn
zuvor die Verzögerungsrüge (§198 III GVG) beim Gericht erhoben wurde. Der
Entschädigungsanspruch ist verschuldensunabhängig.

Die §§198 ff GVG gelten auch in anderen gerichtlichen Verfahren (siehe §9 110
II 2 ArbGG, §202 S. 2 SGG, §173 S. 1 VwGO, §155 S. 2 FGO). Zum sozialrechtlichen Verfahren siehe LSG Baden-Württemberg BeckRS 2013, 67112 =
jurisPR-SozR 11/2013 Anm. 6.

Unangemessenheit richtet sich nach den Einzelfallumständen (BGH NJW 110a
2015, 1312). Unangemessen iSv §198 I 1 GVG ist die Verfahrensdauer dann,
wenn eine insbesondere an den Merkmalen des §198 I 2 GVG ausgerichtete und
den Gestaltungsspielraum der Gerichte bei der Verfahrensführung beachtende
Gewichtung und Abwägung aller bedeutsamen Umstände (auch der richterlicher
Unabhängigkeit, Art 97 I GG) des Einzelfalles ergibt, dass die aus Art 2 I i.V.m.
Art 20 III GG, Art 19 IV GG, Art. 6 I EMRK folgende Verpflichtung des Staates,
Gerichtsverfahren in angemessener Zeit zum Abschluss zu bringen, verletzt ist
(BGH VersR 2014, 1511). Unberücksichtigt bleibt eine uU angespannte Personal-
situation in der Justiz (KG DAR 2016, 205).

Die Angemessenheitsvermutung gilt nicht, wenn ein Verfahrensbeteiligter das 110b
Gericht rechtzeitig und in nachvollziehbarer Weise auf Gründe hinweist, die für
eine besondere Eilbedürftigkeit des Verfahrens sprechen. Mit zunehmender Ver-
fahrensdauer verdichtet sich die Pflicht des Gerichts, sich nachhaltig um eine
Förderung, Beschleunigung und Beendigung des Verfahrens zu bemühen (BFH
AnwBl 2014, 275).

j) Vollstreckung. Die Zwangsvollstreckung einer Forderung ist unzulässig, 111
wenn der Schuldner dieser Forderung gegenüber mit einem prozessualen Kostenerstattungsanspruch aufgerechnet hat, der in einem rechtskräftig abgeschlossenen
Kostenfestsetzungsverfahren betragsmäßig festgesetzt worden ist (BGH WM 1976,
460). Dies gilt auch, wenn die Kostengrundentscheidung in einem gegen Sicherheitsleistung vollstreckbaren Urteil ergangen und die Sicherheitsleistung von dem
Aufrechnenden nicht erbracht worden ist (BGH NJW 2013, 2975).

k) Adhäsionsverfahren. Der Antrag auf Zahlung eines Schmerzensgeldes im 111a
Adhäsionsverfahren hat dieselben Wirkungen wie die Erhebung einer entsprechenden Klage im bürgerlichen Rechtsstreit (§404 II 1 StPO) (BGH NJW 2015,
1252). Zum Adhäsionsverfahren siehe §249 BGB, Rn 424 ff.

Ein im strafprozessualen Adhäsionsverfahren ergangenes Urteil über einen 111b
unbezifferten Schmerzensgeldantrag entfaltet in gleicher Weise **Rechtskraftwirkung** wie ein Urteil in einem zivilgerichtlichen Verfahren (§322 ZPO, §406 III
1 StPO) (BGH NJW 2015, 1252; BGH NJW 2013, 1163). Eine erneute (z.B.
auf das Vorbringen einer zu geringen Verurteilung des Schädigers im Strafprozess
gerichtete) zivilgerichtliche Klage über denselben Schmerzensgeldantrag ist wegen
der entgegenstehenden Rechtskraft unzulässig. Nur soweit der Anspruch nicht
zuerkannt ist, kann er nach §406 III 3 StPO anderweit geltend gemacht werden.

Ist der Angeklagte lediglich wegen nicht auszuschließender Schuldunfähigkeit 111c
(§20 StGB) vom Vorwurf der Körperverletzung („in dubio pro reo") freizusprechen, steht dies seiner Verurteilung zur Zahlung eines angemessenen Schmerzensgeldes sowie der Feststellung seiner Schadensersatzverpflichtung für Zukunftsschäden nicht entgegen (BGH BeckRS 2014, 22853; LG Berlin NZV 2006, 389).

BGB § 254   Schadensersatzrecht des BGB

Die Beweislastregel des § 827 BGB (vgl BGH NJW 1988, 822) gilt auch im Adhäsionsverfahren (BGH BeckRS 2014, 22853).

112   **10. Forderungswechsel.** Der Schmerzensgeldanspruch ist frei vererblich, pfändbar (§ 851 II ZPO; erfasst wird auch der Feststellungsanspruch [OLG Karlsruhe VersR 2009, 831]), verpfändbar (§ 1274 II BGB) und abtretbar, möglicher Insolvenzgegenstand (§ 36 I InsO; siehe § 253 BGB, Rn 80 ff), Nießbrauchsgegenstand (§ 1069 II BGB) und einer Aufrechnung gegen ihn fähig (§ 394 BGB).

113   Der Schmerzensgeldanspruch geht, auch ohne dass er vom Erblasser geltend gemacht wurde (BGH NJW 1995, 783), im Wege der Rechtsnachfolge ohne vorheriges Anerkenntnis oder Rechtshängigkeit auf die **Erben** (Erbengemeinschaft, § 2039 S. 1 BGB; ausnahmsweise Einziehungsermächtigung [OLG Naumburg NJW-RR 2005, 900]) über. Zur Höhe siehe § 253 BGB, Rn 20. Seit 1.7.1990 (Aufhebung von § 847 I 2 BGB aF durch Art. 1 Gesetz zur Änderung des Bürgerlichen Gesetzbuchs und anderer Gesetze v. 14.3.1990 BGBl I 1990, 478) ist das Schmerzensgeld frei übertragbar und pfändbar und bedarf keiner vertraglichen Anerkennung oder Rechtshängigkeit mehr.

114   Der Forderungsübergang auf deutsche **SVT** oder SHT erstreckt sich mangels Kongruenz nicht auf den Schmerzensgeldbetrag (BGH VersR 1984, 864; BGH VersR 1970, 1053). Zu § 110 SGB VII siehe § 253 BGB, Rn 12 f.

115   Zahlt ein **schweizerischer Sozialversicherer** Integritätsentschädigung, ist wegen des Forderungsüberganges das Schmerzensgeld beim Geschädigten zu kürzen (OLG Celle SP 2014, 337; OLG Stuttgart NZV 1991, 274). Einen Überblick über die **nationalen Regelungen zum Schmerzensgeld** und die verschiedenen Anspruchsberechtigten gibt *Albert* „Compensation of Victims of Cross-Border Road Traffic Accidents in the EU: Comparison of National Practices, Analysis of Problems and Evaluation of Options for Improving the Position of Cross-Border Victims", 30.11.2008, S. 141 ff.

116   **11. Europa.** Zum europäischen Ausland siehe *Riedmeyer* zfs 2014, 304.

§ 254 Mitverschulden

(1) **Hat bei der Entstehung des Schadens ein Verschulden des Beschädigten mitgewirkt, so hängt die Verpflichtung zum Ersatz sowie der Umfang des zu leistenden Ersatzes von den Umständen, insbesondere davon ab, inwieweit der Schaden vorwiegend von dem einen oder dem anderen Teil verursacht worden ist.**

(2) ¹**Dies gilt auch dann, wenn sich das Verschulden des Beschädigten darauf beschränkt, dass er unterlassen hat, den Schuldner auf die Gefahr eines ungewöhnlich hohen Schadens aufmerksam zu machen, die der Schuldner weder kannte noch kennen musste, oder dass er unterlassen hat, den Schaden abzuwenden oder zu mindern.**
²**Die Vorschrift des § 278 findet entsprechende Anwendung.**

Übersicht

	Rn
1. Norm	1
2. Anspruchsbeeinträchtigung	8
3. Anspruchsausschluss	10

§ 254 BGB — Mitverschulden

	Rn
a) Gesetzlicher Haftungsausschluss	10
aa) Arbeits-/Dienstunfall	10
(1) Bedeutung	10a
(2) Voraussetzungen	11
(3) Subjektive Sonderaspekte	19
(4) Bei der Arbeit	32
(5) Wegeunfall	35a
(6) Nebentätigkeit	47
(7) Betriebliche Veranlassung	49
(8) Gemeinsame Betriebsstätte (§ 106 III 3. Alt. SGB VII)	50
(9) Eingliederung	54
(10) Rechtsnachfolge, Forderungsübergang	67
(11) Zuständigkeitswechsel	68
(12) Grobe Fahrlässigkeit, Vorsatz	69
(13) § 108 SGB VII	71
(14) § 109 SGB VII	78
(15) Rechtsnormen	81
bb) Dienstunfall	89
(1) Ansprüche des Verletzten	89
(2) Ansprüche des Dienstherrn	92
cc) Frachtführung	93
dd) Geringe Geschwindigkeit (§ 8 Nr. 1 StVG)	95a
ee) Tätigkeit beim Betrieb (§ 8 Nr. 2 StVG)	96
ff) Beförderte Sache (§ 8 Nr. 3 StVG)	98a
gg) § 134a SGB V	98b
b) Privatrechtliche Haftungsgestaltung	99
aa) Vertragsfreiheit	100
bb) Konkludenter Ausschluss	105
cc) Haftpflichtversicherungsschutz	108
(1) Keine Anspruchsgrundlage	108
(2) Trennungsprinzip	109
(3) Fehlender Haftpflichtschutz	120
dd) Gefälligkeitshandlung	121
ee) Gefahrengemeinschaft	122
ff) Urlaubsfahrt	126
gg) Persönliche Beziehung	127
hh) Ungeeignete Beförderung	128
ii) Karneval, Volksfest	132
jj) Treibjagd	135
c) §§ 708, 1359, 1664 BGB	136
d) Arbeitsrechtliche Haftung	137
aa) Gefahrgeneigte Arbeit	137
bb) Arbeitnehmer	138
(1) Arbeitsverhältnis	139
(2) Außenverhältnis	146
(3) Gestörte Gesamtschuld	148
cc) Amtsträger	149
e) Falschbetankung	150
aa) Deckung	150
bb) Haftung der Tankstelle	153
cc) Haftung des Betankers	154

	Rn
f) Drittwirkung	158
aa) Verzicht	158
bb) Drittleistungsträger	162
g) Eigenschaden	164a
aa) Deckung	164c
bb) Haftung	164g
4. Haftungseinheit	165
a) Keine Gesamtschuld	166
b) Einheitliche Verursachung	168
c) Ausgleich	173
5. Anspruchsminderung wegen Mitverantwortung	177
a) Strafrecht	177a
b) Allgemeines	178
c) Nachweis	180
d) Mitverschuldensfähigkeit	181
aa) Schuldfähigkeit	182
bb) Gefährdungshaftung	185
e) Mitverursachung (Haftung dem Grunde nach)	188
aa) Mitverursachung	188
bb) Gefährdungshaftung	189
(1) Gefährdung	190
(2) Halter	193
(3) Mithalter	198
(4) Insasse	200
(5) Eigenschaden	201a
(6) Fehlende Deckung	202
cc) Aufmerksamkeitsdefizit	203
dd) Erhöhte Aufmerksamkeit	204a
(1) Vertrauensgrundsatz und besondere Gefahrenmomente	204a
(2) Umgebung	204c
(3) Besondere Verkehrsmittel	204e
(4) Besondere konkrete Sorgfalt (§ 3 IIa StVO)	204g
ee) Anscheinsbeweis	205
ff) Schadensabwägung, gesetzliche Verschuldensvermutung	208
f) Vorverlagerte Schädigungshandlung	210
aa) Selbstgefährdung	212
(1) Allgemeines	213
(2) Fahrer	215
(3) Fahrzeug	221
(4) Provokation	222
bb) Sicherungseinrichtungen	223
(1) Allgemeines	223
(2) Kausalität	224
(3) Rückhaltesystem	226
(4) Helm	232
(5) Schutzkleidung	245
cc) Beweis	250
g) Transport	252
aa) Abschleppen	252
bb) Fahrgaststurz	256
cc) Beförderte Sache	259

	Rn
h) Schadenentwicklung	263
aa) Allgemeines	263
bb) Obliegenheiten	265
cc) Medizinische Maßnahmen	269
dd) Weltanschauliche Aspekte	273
ee) Verjährungseinrede als Obliegenheit	276a
6. Schadennachweis	277
7. § 254 II 2 BGB	278
a) Gesetzlicher Vertreter	279
b) Erfüllungsgehilfen	284
c) Verantwortungsmaßstab	286a
d) Schadenentstehung	287
aa) Sonderrechtsverhältnis vor/beim Unfall	287
(1) Grundsatz	288
(2) Ausnahmen	291
(3) Haftungseinheit	294
bb) Sonderrechtsverhältnis zwischen Unfall und Schadeneintritt	295
cc) Sonderrechtsverhältnis bei Schadenentwicklung	296
e) § 1664 BGB	299
aa) Anspruchsgrundlage	300
bb) Verschulden	302
cc) Rücksichtspflicht	306
dd) Einrede	307
f) Gesamtschuld	308
8. Quotenvorrecht	311
a) Sachschaden	312
aa) Quotenbevorrechtigung	314
(1) Sachschaden	315
(2) Unmittelbarer Sachfolgeschäden	316
bb) Nicht bevorrechtigte Ansprüche	317
b) Schadenversicherer	324
c) Personenschaden	325
aa) Allgemeines	325
bb) Tod	326
(1) Witwe/r	326
(2) § 116 V SGB X	329
9. Eigenes Fehlverhalten des Drittleistungsträgers	331
a) Gegenüber seinem Versicherten	331
b) Gegenüber dem Schadenersatzpflichtigen	332

1. Norm. Im Schadenersatzrecht hat die Norm des § 254 BGB **zentrale** **1** **Bedeutung.** Fast immer sind die hierunter fallenden Aspekte und Pflichten zu beachten.

Die Schadensminderungsobliegenheit des § 254 II BGB ist ein Anwendungsfall **2** des allgemeinen Grundsatzes von Treu und Glauben (§ 242 BGB), der dann greift, wenn der Geschädigte Maßnahmen unterlässt, die ein ordentlicher und verständiger Mensch zur Schadensabwendung oder Minderung ergreifen würde (BGH MDR 2011, 978; BGH NJW 1952, 299).

Alle **Verkehrsteilnehmer** zusammen schaffen durch ihre Anwesenheit im Ver- **3** kehrsraum jene gefährdende Verkehrsdichte, die neben der Motorkraft ein wesent-

BGB § 254 Schadensersatzrecht des BGB

liches Element der Betriebsgefahr des Kraftfahrens ist. Wer diese Gefahren mitschafft, hat die rechtliche und soziale Pflicht, die daraus entstehenden Schäden zu mindern (BGH VersR 1959, 157).

4 § 9 StVG (siehe auch § 9 StVG, Rn 1 ff) stellt mit seinem Verweis auf § 254 BGB klar, dass ein Geschädigter (im Fall der Tötung seine Hinterbliebenen) auch bei einer Gefährdungshaftung sich ein mitwirkendes Verschulden anspruchsmindernd zurechnen lassen muss (OLG Koblenz VersR 2004, 1001).

5 Die Schadensverteilung nach **§ 17 StVG** geht als Spezialregelung sowohl § 4 HaftPflG, § 9 StVG als auch § 13 HaftPflG und § 254 BGB vor (BGH NJW 2013, 3235; BGH NJW-RR 1994, 603; BGH NJW-RR 1988, 986; *Weber* DAR 1984, 65; siehe auch § 840 BGB, Rn 9).

6 Im Falle der entgangenen Dienste sowie der Tötung (§§ 844, 845 BGB) ist **§ 846 BGB** zusätzlich zu beachten.

7 Ergänzend ist auf die Kommentierungen zu § 842 BGB, Rn 83 ff, § 842 BGB, Rn 129 f, § 843 BGB, Rn 53 f, § 844 BGB, Rn 57 und § 846 BGB hinzuweisen.

8 **2. Anspruchsbeeinträchtigung.** Ansprüche wegen Sach- und/oder Personenschaden können gänzlich ausgeschlossen oder in der Entschädigungshöhe reduziert sein. Eine vollständige Überbürdung des Schadens auf den Geschädigten unter dem Gesichtspunkt des Mitverschuldens kommt nur ausnahmsweise in Betracht (BGH NJW-RR 2015, 1056).

9 Die Aspekte von § 254 I BGB und § 254 II 1 BGB mischen sich bei der Abwicklung von Haftpflichtunfällen. Auch Anspruchsausschlusstatbestände sind davon unabhängig zu beachten.

10 **3. Anspruchsausschluss. a) Gesetzlicher Haftungsausschluss. aa) Arbeits-/Dienstunfall. Zum Thema:** *Burmann/Jahnke* NZV 2014, 5; *Jahnke,* Unfalltod und Schadenersatz, § 2 Rn 381 ff, 640 ff; *Jahnke/Burmann-Jahnke/Burmann,* Handbuch des Personenschadensrechts, Kap. 1 Rn 1023 ff; *Jahnke* jurisPR-VerkR 19/2014 Anm. 1; *Leube* VersR 2013, 1091; *Marburger* NZV 2013, 475; *Mergner/Kraft* VersR 2016, 435.

10a **(1) Bedeutung.** Gerade die Haftpflichtschadenregulierung verlangt auch Kenntnisse des Unfallversicherungsrechtes: Zum einen kommt dem Verletzten bzw. den Hinterbliebenen ein **höheres Leistungsspektrum** der gesetzlichen Unfallversicherung zugute, zum anderen kommt ein möglicher **Haftungsausschluss** (§§ 104 ff SGB VII; *bis 1.1.1997 §§ 636 ff RVO*) zum Tragen. Handelt es sich für den Verletzten um einen Arbeits- oder Schulunfall, sind Ansprüche wegen des Personenschadens, nicht aber wegen des Sachschadens, gegenüber dem Schädiger nach §§ 104 ff SGB VII (für Unfälle nach dem 31.12.1996) bzw. §§ 636 RVO (für Unfälle vor dem 1.1.1997) ausgeschlossen.

10b Soweit für Arbeits-, Schul- und Dienstunfälle aus den sozialversicherungsrechtlichen bzw. versorgungsrechtlichen Bestimmungen eine Beschränkung folgt, sind diese Haftungsausschlüsse **verfassungskonform** (BVerfG NZA 2009, 509; BVerfG NJW 1995, 1607; BGH jurisPR-VerkR 9/2012, Anm. 2 = VersR 2012, 714; BGH NJW 2009, 2956; BAG NJW 2004, 3360) und auch dann wirksam, wenn der Ersatzverpflichtete **haftpflichtversichert** (BAG NJW 2001, 2039; BGH NJW 1973, 1326; OLG Koblenz NZV 2004, 80; OLG Stuttgart r+s 2014, 259) ist.

11 **(2) Voraussetzungen.** Versicherungsfälle in der gesetzlichen Unfallversicherung sind **Arbeitsunfälle** und **Berufskrankheiten** (§ 7 SGB VII). Durch § 8 I

Mitverschulden   § 254 BGB

SGB VII) werden bestimmte Unfälle im Umgang mit Arbeitsgerät (§ 8 II Nr. 5 SGB VII) und **Wegeunfälle** (§ 8 II Nrn. 1–4 SGB VII) als versicherte Tätigkeiten einbezogen. Zum Unterschied zwischen beamtenrechtlicher Dienstunfallversorgung **(BeamtVG)** und sozialrechtlichem Unfallversicherungsschutz **(SGB VII)** siehe BVerwG NZV 2014, 333 = jurisPR-VerkR 19/2014 Anm. 1).

Ersatzansprüche der in den §§ 104–107 SGB VII genannten Art sind jegliche 11a Ansprüche vertraglicher oder deliktischer Natur, die auf Ersatz des Personenschadens gerichtet sind und auf ein Geschehen gestützt werden, das einen Versicherungsfall darstellen kann (BGH VersR 2017, 1014; BGH NJW-RR 2007, 531; BSG NZS 2012, 826; BSG NJW 1998, 477).

Der Kreis der gesetzlich unfallversicherten Personen wird vor allem durch den 12 **Katalog des § 2 I SGB VII** bestimmt, ergänzt um diejenigen Personen, die – auch bei nur vorübergehender Tätigkeit – **wie ein nach § 2 I SGB VII Versicherter** tätig geworden sind (§ 2 II SGB VII). Der gesetzliche Unfallversicherungsschutz existiert schon vor der Geburt (§ 12 SGB VII, § 30 I 2 BeamtVG), setzt sich mit dem Besuch von Kindergarten, Schule und Universität bzw. Berufsausbildung fort und mündet (uU nach Wehr- oder ersetzendem Dienst) dann in das Erwerbsleben. Aber auch bei vielen anderen Tätigkeiten kann man gesetzlich unfallversichert sein. **Freiwillig Versicherte** (§ 6 SGB VII) und **kraft Satzung** des UVT miteinbezogene betriebsfremde Personen (§ 3 SGB VII) kommen ebenso wie der **nicht-versicherte Unternehmer** nach § 105 II SGB VII in den Genuss der unfallversicherungsrechtlichen Leistungen. Siehe dazu ausführlich Jahnke/Burmann-*Jahnke/Burmann*, Handbuch des Personenschadensrechts, Kap. 1 Rn 1042 ff.

Der Unfallversicherungsschutz besteht unabhängig davon, ob die als Unternehmer 13 anzusehende (natürliche oder juristische) Person auch **tatsächlich Beiträge** an einen UVT abgeführt hat oder nicht (OLG Karlsruhe VersR 1978, 830). Sobald die objektiven Voraussetzungen der §§ 2 ff SGB VII erfüllt werden, tritt die Versicherung in Kraft; und zwar ohne dass es einer Rechtshandlung der Beteiligten (z.B. Anmeldung, Antrag) bedarf und ohne dass der Arbeitgeber (oder eine als Arbeitgeber geltende Person) ihrer Beitragspflicht nachgekommen ist **(Zwangsversicherung)**. Der Versicherungsschutz (und damit die Zuständigkeit der Unfallversicherung) ist **nicht disponibel** und besteht unabhängig von einer Antragstellung.

§ 7 II SGB VII stellt gesetzlich klar, dass eine **verbotswidrige Tätigkeit** 14 (HessLSG NZS 2012, 392) oder **Schwarzarbeit** (BSG MDR 1992, 1066) (siehe zu § 110 Ia SGB VII LG Erfurt r+s 2012, 47) den Versicherungsschutz nicht beeinträchtigt (BGH NJW 1980, 1796; BSG BSGE 25, 102; LSG Niedersachsen r+s 1994, 420. Es besteht Versicherungsschutz nicht nur für Unfälle „bei der Arbeit", sondern auch auf dem Weg von und zur Arbeitsstelle (*Lehmacher* BG 2005, 408, *Waltermann* BG 2006, 79).

Voraussetzung für einen Arbeitsunfall ist eine **kausale Verknüpfung** des 15 Unfalls mit der betrieblichen Sphäre, mithin eine rechtliche Zurechnung für besonders bezeichnete Risiken der Arbeitswelt oder gleichgestellter Tätigkeiten, für deren Entschädigung die gesetzliche Unfallversicherung als spezieller Zweig der Sozialversicherung einzustehen hat. Die Frage nach der Zurechnung des eingetretenen Erfolges zum Schutzbereich der unfallversicherungsrechtlichen Norm als eines rechtlich wesentlichen Kausalzusammenhangs stellt sich auf drei Ebenen (LSG Berlin-Brandenburg BeckRS 2012, 74883):

BGB § 254 Schadensersatzrecht des BGB

16 — Erstens als Unfallkausalität zwischen **ausgeübter Tätigkeit** und Unfallereignis,
17 — zweitens als haftungsbegründende Kausalität zwischen **Unfallereignis** und Gesundheitserstschaden und
18 — drittens als haftungsausfüllende Kausalität zwischen **Gesundheitserstschaden** und länger andauernden Unfallfolgen.

19 **(3) Subjektive Sonderaspekte. (a) Mitverschulden.** Nach dem Recht der gesetzlichen Unfallversicherung erhalten nach Eintritt eines Arbeits- oder Arbeitswegeunfalls der Versicherte bzw. dessen Hinterbliebene Leistungen **ohne Rücksicht** darauf, ob der Unfall von dem Getöteten ganz oder teilweise **mitverschuldet** wurde.

20 **(b) Leichtsinn.** Leichtsinniges unbedachtes Verhalten beseitigt den bestehenden inneren Zusammenhang mit der betrieblichen Tätigkeit nicht (BSG HVBG-Info 2000, 205).

21 Nur im Ausnahmefall, wenn sich der Versicherte derart sorglos und unvernünftig verhält, dass für den Eintritt des Arbeitsunfalls nicht mehr die versicherte Tätigkeit, sondern die selbst geschaffene Gefahr als **rechtlich allein wesentliche Ursache** anzusehen ist, kann der Versicherungsschutz entfallen (BSG SozR 2200 § 548 Nr. 93; BSG BSGE 42, 129).

22 **(c) Bewusstseinstrübung; Rauschmittel.** Ist bei einem Unfall eine Aufmerksamkeitsstörung (z.B. **Übermüdung;** BSG NZA 1987, 183; BSG VersR 1961, 725) oder **Alkohol** (BSG NZV 1998, 114; BSG BB 1994, 2209; BSG VRS 20, 237; LSG Schleswig-Holstein NZS 2001, 273; zu Rauschmitteln außerhalb von Alkohol *Harbort* NZV 1996, 219; zum Alkohol im Straßenverkehr DAR 2015, 737 ff) die rechtlich allein wesentliche Ursache, entfällt die haftungsbegründende Kausalität.

23 Die gesetzliche Unfallversicherung gewährt Versicherungsschutz nicht gequotelt, sondern ganz oder gar nicht **(Alles-oder-Nichts-Prinzip).**

24 **(aa) Wegeunfall.** Bei Wegeunfällen (BSG VersR 1999, 1305) fehlt die Kausalität, wenn der Verletzte **absolut fahruntüchtig** i.S.d. strafrechtlichen Rechtsprechung war (siehe auch § 316 StGB, § 24a StVG). Es realisiert sich dann ein alkohol- und nicht ein betriebsbedingtes Risiko (siehe *Fuchs* NZV 1993, 422; *Hoffmann* NZV 1997, 57; *Keller* HVBG-Info 1998, 3430; *Krumm* NZV 2009, 215).

25 Die **Grenzwerte** der absoluten Fahruntüchtigkeit entsprechen auch im Sozialrecht denen der zivilrechtlichen BGH-Rechtsprechung (BSG VersR 1999, 1305; BSG NZV 1998, 114). Für **Kraftfahrer** (auch Kraft- und Motorräder, Mopeds und Mofas: 1,1‰; BGH NJW 1990, 2393), **Pferdekutscher** (1,1‰; OLG Oldenburg NZV 2014, 372, siehe auch AG Köln NJW 1989, 921), **Radfahrer** (1,6‰; OLG Karlsruhe VersR 1999, 634; siehe *Bönke* NZV 2015, 16, *Maatz u.a.* DAR 2015, 3, *Scheidler* DAR 2015, 751, *Wandtner* NZV 2015, 20) und **Fußgänger** (keine festen Werte: BSG NJW 1993, 87; LSG Rheinland-Pfalz BB 1995, 2483) gelten unterschiedliche Promille-Sätze. Zu den haftungs- und versicherungsrechtlichen Konsequenzen von Alkoholgenuss im Straßenverkehr siehe *Halm/Hauser* DAR 2015, 761).

26 Die auf Alkoholgenuss zurückzuführende Verkehrsuntüchtigkeit schließt den Schutz der **gesetzlichen Unfallversicherung** nur dann aus, wenn sie die unternehmensbedingten Umstände derart in den Hintergrund drängt, dass sie als rechtlich allein wesentliche Ursache des Unfalls anzusehen ist (BSG NJW 1960, 1636).

Entscheidend ist letztlich, ob eine alkoholbedingte Verkehrs- bzw. Fahruntüchtigkeit vorgelegen hat (ausführlich BSG BSGE 112, 177).

– Bei **absoluter alkoholbedingter Fahruntüchtigkeit** (zu den Werten § 254 **27** BGB, Rn 25) wird ohne weitere Beweisanzeichen vermutet, dass die Folgen des Alkoholgenusses für die Unfallverursachung von überragender Bedeutung waren (BSG NZV 1993, 267; BayLSG NZV 2012, 231).

– Auch bei **relativer Fahruntüchtigkeit** kann der Alkoholgenuss von überragender Bedeutung für den Eintritt des Unfallereignisses sein, so dass der Unfall **28** nicht durch die versicherte Tätigkeit als wesentlich verursacht anzusehen ist (BSG BSGE 98, 79). Relative Fahruntüchtigkeit liegt vor, wenn die BAK zwar unterhalb des Grenzwertes (z.B. Kfz-Führer 1,1‰) liegt, aber aufgrund sonstiger Beweisanzeichen (alkoholtypische Ausfallerscheinungen) der Nachweis von Fahruntüchtigkeit geführt werden kann (BSG BSGE 45, 285; BayLSG NZV 2012, 231). Je geringer der BAK-Grad ist, desto höher sind die Anforderungen an die Beweiskraft der für Verkehrsuntüchtigkeit sprechenden Tatsachen (BSG BSGE 98, 79). Nicht alkoholtypisch sind Verhaltensweisen, die, wenn auch objektiv fehlerhaft, bei einer Vielzahl von Verkehrsteilnehmern in vergleichbaren Situationen vorkommen können. Dabei kann das Verhalten vor, bei und nach dem Unfall zu würdigen sein (BSG BSGE 45, 28; BSG BSGE 98, 79). Der Anscheinsbeweis, dass bei relativer Fahruntüchtigkeit der Alkoholeinfluss die wesentliche Unfallursache war, wird durch die ernsthafte Möglichkeit einer Ursächlichkeit durch betriebsbedingte Übermüdung entkräftet (LSG Baden-Württemberg BeckRS 2009, 63474; BayLSG NZV 2012, 231).

(bb) Arbeitsunfall. Bei Arbeitsunfällen ist – anders als bei den Wegeunfällen – **29** eine **Abwägung** zu treffen. Tritt neben die Aufmerksamkeitsstörung (z.B. durch Rauschmittel, Übermüdung) ein betrieblicher Umstand als weitere wesentliche Ursache, steht der Einfluss der Bewusstseinstrübung dem Versicherungsschutz nicht entgegen (BSG VersR 1979, 179; BSG NJW 1978, 1212; BSG BSGE 13, 9). Es ist vergleichend zu werten, welcher Umstand gegenüber der alkoholbedingten Fahruntüchtigkeit etwa gleichwertig und welcher demgegenüber derart unbedeutend ist, dass er außer Betracht bleiben muss.

(cc) Beweisfragen. Der UVT hat Vorliegen und (Mit-)Ursächlichkeit von **30** alkoholbedingter Verkehrsuntüchtigkeit zu beweisen. Der Versicherte (bzw. seine Hinterbliebenen) trägt die Beweislast für Vorliegen und (Mit-)Ursächlichkeit betriebsbezogener Umstände, zu denen auch die mit der Teilnahme am Verkehr verbundenen Gefahren gehören. Für einen durch einen Verkehrsunfall Verletzten/Getöteten ist bei Vorliegen der sonstigen Voraussetzungen Unfallversicherungsschutz gegeben, wenn sich entweder nicht feststellen lässt, dass alkoholbedingte Verkehrsuntüchtigkeit vorgelegen hat oder (mit-)ursächlich geworden ist oder, wenn dies zwar festgestellt wird, das Vorliegen eines anderen – betriebsbezogenen – Umstandes und seine (Mit-)Ursächlichkeit i.S.e. wesentlichen Bedingung für den Unfall festgestellt werden kann (BSG NJW 1978, 1212).

Die BAK muss (anders als im Strafverfahren) nicht durch ein standardisiertes **31** Verfahren bewiesen sein (LSG Sachsen-Anhalt BeckRS 2012, 74462; zum Alkoholabbau LSG Berlin-Brandenburg UV-Recht Aktuell 2012, 1287).

(4) Bei der Arbeit. Wird jemand durch einen Arbeits-/Schulunfall (§§ 104 ff **32** SGB VII) oder Dienstunfall (§ 46 II BeamtVG, § 91a SVG) verletzt oder getötet, entfallen jegliche **Personenschadensansprüche** des Verletzten und seiner Hinter-

BGB § 254

bliebenen (gesetzlicher Haftungsausschluss); es sei denn, bestimmte Ausnahmetatbestände greifen (Vorsatz, Wegeunfall). **Sachschaden**ersatzansprüche können aber geltend gemacht werden. Der Anspruchsausschluss für Personenschäden beschränkt sich **nicht nur** auf diejenigen Ansprüche, denen **deckungsgleiche Sozialleistungen** gegenüberstehen, die den Schaden kompensieren (BGH jurisPR-VerkR 9/2012, Anm. 2 = VersR 2012, 714), sondern erstreckt sich auf jeglichen Personenschaden.

33   Die gesetzliche Unfallversicherung verlagert den Schadensausgleich bei Schul- und Arbeitsunfällen aus dem individualrechtlichen in den sozialrechtlichen Bereich. Die zivilrechtliche Haftung des Unternehmers (bei Schulen Sachkosten-/Schulträger) für fahrlässiges Verhalten bei Personenschäden gegenüber Arbeitnehmer/Schüler wird durch die öffentlich-rechtliche Leistungspflicht der Träger der gesetzlichen Unfallversicherung abgelöst (§ 104 SGB VII). Dabei genießen auch alle Betriebs-/Schulangehörigen bei Betriebs- und Schulunfällen eine Haftungsfreistellung (§ 105 SGB VII) (BGH jurisPR-VerkR 9/2012, Anm. 2 = VersR 2012, 714).

34   Unbeachtlich ist, ob der Geschädigte zum Unfallzeitpunkt Versicherter (z.B. nach § 2 I SGB VII), Wie-Versicherter (§ 2 II SGB VII), Hilfeleistender (nach § 106 III 1., 2. Alt. SGB VII) oder auf gemeinsamer Betriebsstätte Tätiger (§ 106 III 3. Alt. SGB VII) war.

35   Zum ausgeschlossenen **Personenschaden** zählen neben Heilkosten, vermehrten Bedürfnissen, Verdienstausfall (OLG Dresden NJW-RR 2001, 747) und Haushaltsführungsschaden auch Schmerzensgeld (§ 253 II BGB, § 847 BGB aF) (BGH NJW 2009, 2956; BVerfG NJW 1995, 1607; BVerfG NJW 1973, 502) sowie die originären Ansprüche der **Hinterbliebenen** nach §§ 844 f BGB (Unterhaltsansprüche, Beerdigungskosten [BAG zfs 2004, 555; BAG NJW 2003, 1890], Hinterbliebenengeld, entgangene Dienste), nicht aber Schockschäden der Hinterbliebenen (siehe vor § 249 BGB, Rn 136). Aufwendungen für Benzin und PKW-Unterhalt, für Behandlungstermine und Besuchsfahrten (BAG NJW 2004, 3360) sind ebenso (privilegierter und damit ausgeschlossener) Personenschaden wie Aufwendungen für verletzungsbedingt beschädigte Kleidung (BAG NJW 2004, 3360) und Ersatz wegen entgangenen Urlaubs (BAG NJW 2004, 3360) und Reisestornokosten (OLG Karlsruhe VersR 2003, 507).

35a   **(5) Wegeunfall. Zum Thema:** Jahnke, Unfalltod und Schadenersatz, § 2 Rn 381 ff; *Jahnke/Burmann-Jahnke/Burmann*, Handbuch des Personenschadensrechts, Kap. 1 Rn 1023 ff m.w.H.

36   **(a) Versicherungsschutz.** Versicherungsschutz besteht auch beim Zurücklegen des mit der nach §§ 2, 3, 6 SGB VII versicherten Tätigkeit zusammenhängenden unmittelbaren **Weges nach und von dem Ort** der Tätigkeit (§ 8 II Nr. 1 SGB VII, § 31 II BeamtVG). Der sachliche Zusammenhang mit der versicherten Tätigkeit besteht, wenn der Weg wesentlich zu dem Zweck zurückgelegt wird, den Ort der Tätigkeit zu erreichen oder nach deren Beendigung zu verlassen. Die Handlungstendenz des Versicherten ist anhand objektiver Umstände zu beurteilen (BSG Breith 2010, 237; BSG SGb 2008, 730; BSG DAR 2008, 352).

37   Der Schutz der gesetzlichen Unfallversicherung ist – anders als nach § 31 II BeamtVG, der bei Beamten nur den unmittelbaren Weg zwischen Wohnung und Dienststelle unter den Schutz der Beamtenversorgung stellt (BVerwG zfs 2005, 103) – nicht auf die Wege zwischen Wohnung und Arbeitsstätte beschränkt. Anstatt von oder zur Wohnung kann der Weg nach und von dem Ort der versi-

cherten Tätigkeit auch an einem anderen Ort (sog. **dritter Ort**) beginnen oder enden (BSG NJW 2017, 248; BSG NJW 1998, 3292). Erforderlich ist, dass der dritte Ort anstelle der Wohnung des Versicherten, und nicht zusätzlich, aufgesucht wird (BSG Breith 2010, 237).

(b) Haftungsprivilegierung (§§ 104 ff SGB VII). Die Unterscheidung, ob 38 es sich um einen Arbeitswegeunfall (§ 8 II Nr. 1 SGB VII) oder Betriebswegeunfall (§ 8 I SGB VII) handelt, ist zwar für das Bestehen des **Unfallversicherungsschutzes** bedeutungslos (§ 7 I SGB VII). Von entscheidender Bedeutung ist die Unterscheidung aber für die Frage, ob der Schädiger nach den §§ 104 ff SGB VII von der Haftung freigestellt ist. Für Unfälle auf dem Weg von und zur Arbeit (Wegeunfälle i.S.d. § 8 II SGB VII, § 1 I ErwZulG, § 46 II BeamtVG) gilt der Ausschluss nicht.

Im Sozialversicherungsrecht (für das beamtenrechtliche Dienstrecht gilt Entsprechendes) wird unterschieden zwischen 39
- **Arbeitsunfall** (Unfall „bei der Arbeit") (§ 8 I SGB VII) 40
§§ 104 ff SGB VII kommen zur Anwendung. 41
- **Arbeitswegeunfall** (Arbeitsstättenweg, qualifizierter Umweg) (§ 8 II SGB VII) 42
Der Arbeitsstättenweg (Arbeitsweg, Weg von/zur Arbeit; § 8 II Nr. 1 43
SGB VII) – ergänzt um die versicherten qualifizierten Umwege (§ 8 II Nrn. 2–5 SGB VII) – wird im privaten Interesse unternommen, liegt außerhalb der betrieblichen Tätigkeit und steht nur kraft gesetzlicher Anordnung unter Unfallversicherungsschutz. §§ 104 ff SGB VII greifen nicht.
Unfälle i.S.d. § 8 II Nr. 5 SGB VII unterfallen der Privilegierung der §§ 104 ff 43a SGB VII.
- **Betriebswegeunfall** 44
Unfälle auf Wegen können sich auch „bei der Arbeit" ereignen: Der Betriebs- 45 weg (Weg bei der Arbeit; § 8 I SGB VII) ist ein im Betriebsinteresse unternommener Weg, der in Ausübung der versicherten Tätigkeit zurückgelegt wird, Teil der versicherten Tätigkeit ist und damit der Betriebsarbeit gleichsteht. §§ 104 ff SGB VII kommen zur Anwendung.

Das **Betriebsgelände** umfasst nicht nur den konkreten Arbeitsplatz, sondern 45a das gesamte Werksgelände. Auch ein nicht innerhalb der Werkstore gelegener, allgemein zugänglicher Betriebsparkplatz gehört zum Betriebsgelände, wenn dieser nur für Betriebsangehörige bestimmt ist und zum Organisationsbereich des Betriebes gehört (LG Erfurt NZV 2017, 439).

Enthält die Entscheidung des UVT zur Frage, ob der Unfall ein Arbeitsunfall 45b ist, auch eine Entscheidung darüber, ob ein Wege- oder ein Betriebswegeunfall vorliegt, erstreckt sich die Bindungswirkung nach § 108 I SGB VII nicht darauf (LSG Thüringen r+s 2016, 486).

(c) Rechtsnachfolge. Handelt es sich um einen der gesetzlichen Unfallversi- 46 cherung zugehörigen Versicherungsfall, findet ein **Forderungsübergang** nach § 116 SGB X beim Wegeunfall **nicht** statt (§§ 104 I 2, 105 I 3 SGB VII). Der Geschädigte selbst hat zwar einen Anspruch, nicht jedoch der Sozialversicherer/Sozialhilfeträger (BGH NJW 2004, 949). Eine mögliche Bereicherung des Verletzten (siehe auch § 86 VVG, Rn 134) verhindern §§ 104 III, 105 I 3 SGB VII: Der Anspruch geht zwar nicht über, der verbleibende Ersatzanspruch des Geschädigten ist aber um die Drittleistungen zu kürzen.

(6) Nebentätigkeit. Es macht keinen Unterschied, ob der Geschädigte den 47 Unfall im Zusammenhang mit einer Haupt- oder (selbständigen oder unselbständigen) Nebentätigkeit erlitt. Der Anspruch gegen den gesetzlichen UVT ersetzt den zivilrechtlichen Schadenersatzanspruch vollumfänglich unabhängig vom Unfallbetrieb.

48 Der Geschädigte, der Einkünfte aus selbständiger Tätigkeit unfallkausal verliert (z.B. infolge der Eingliederung in ein fremdes Unternehmen anlässlich einer Pannenhilfe [§ 2 II SGB VII]; siehe § 254 BGB, Rn 56 ff), hat ebenso wenig einen Anspruch auf Personenschadenersatz wie der **Hauptarbeitgeber** bei Verletzung seines Arbeitnehmers in einem Nebenjob (LAG Hamm ARST 1973, 191), und umgekehrt.

49 (7) **Betriebliche Veranlassung.** Als betrieblich veranlasst gelten solche Tätigkeiten, die arbeitsvertraglich übertragen worden sind oder die der Arbeitnehmer im Interesse des Arbeitgebers für den Betrieb ausführt (siehe auch § 8 II Nr. 5 SGB VII). Das Handeln muss dabei nicht zum eigentlichen Aufgabengebiet des Beschäftigten gehören; eine Tätigkeit im wohlverstandenen Interesse des Arbeitgebers reicht (BAG NJW 2011, 1096; BGH MDR 1971, 472). Das Handeln ist betrieblich veranlasst, wenn bei objektiver Betrachtungsweise aus der Sicht des Schädigers im Betriebsinteresse zu handeln war, sein Verhalten unter Berücksichtigung der Verkehrsüblichkeit nicht untypisch war und keinen Exzess darstellte (BAG NJW 2004, 3360). Der betriebliche Charakter der Tätigkeit geht nicht dadurch verloren, dass der Arbeitnehmer bei der Durchführung der Tätigkeit grob fahrlässig oder vorsätzlich seine Verhaltenspflichten verletzt (BAG NJW 2003, 377).

50 (8) **Gemeinsame Betriebsstätte (§ 106 III 3. Alt. SGB VII).** § 106 III 3. Alt. SGB VII ist nicht schon dann anwendbar, wenn Versicherte zweier Unternehmen auf derselben Betriebsstätte aufeinander treffen. Eine „gemeinsame" Betriebsstätte ist nach allgemeinem Verständnis mehr als „dieselbe" Betriebsstätte; das bloße Zusammentreffen von Risikosphären mehrerer Unternehmen erfüllt den Tatbestand der Norm nicht. Parallele Tätigkeiten, die sich beziehungslos nebeneinander vollziehen, genügen ebenso wenig wie eine bloße Arbeitsberührung. Erforderlich ist vielmehr eine gewisse Verbindung zwischen konkreten Arbeitsvorgängen in der konkreten Unfallsituation (BGH NJW 2013, 2031).

51 Der Begriff der gemeinsamen Betriebsstätte erfasst (BGH NJW 2013, 2031; BGH NJW 2008, 2116) **betriebliche Aktivitäten von Versicherten mehrerer Unternehmen,** die bewusst und gewollt bei einzelnen Maßnahmen ineinandergreifen, miteinander verknüpft sind, sich ergänzen oder unterstützen, wobei es ausreicht, dass die gegenseitige Verständigung stillschweigend durch bloßes Tun erfolgt. Erforderlich ist ein bewusstes Miteinander im Arbeitsablauf, dass sich zumindest tatsächlich als ein aufeinander bezogenes betriebliches Zusammenwirken mehrerer Unternehmen darstellt. Die Tätigkeit der Mitwirkenden muss im faktischen Miteinander der Beteiligten auf einander bezogen, miteinander verknüpft und auf gegenseitiger Ergänzung oder Unterstützung ausgerichtet sein.

52 Die notwendige **Arbeitsverknüpfung** kann im Einzelfall auch dann bestehen, wenn von den Beteiligten verschiedener Unternehmen vorzunehmende Maßnahmen sich nicht sachlich ergänzen oder unterstützen, die gleichzeitige Ausführung der betreffenden Arbeiten wegen der räumlichen Nähe aber eine Verständigung über den Arbeitsablauf erfordert und hierzu konkrete Absprachen getroffen werden, etwa wenn ein zeitliches und örtliches Nebeneinander dieser Tätigkeiten nur bei Einhaltung von besonderen beiderseitigen Vorsichtsmaßnahmen möglich ist und die Beteiligten solche vereinbaren.

Mitverschulden   **§ 254 BGB**

Darüber muss eine **Gefahrengemeinschaft** vorliegen (BGH NJW 2013, 2031; **53**
BGH VersR 2013, 460). Diese kennzeichnet, dass jeder der (in enger Berührung
miteinander) Tätigen sowohl zum Schädiger als auch zum Geschädigten werden
kann. Es reicht die Möglichkeit aus, dass durch das enge Zusammenwirken wechselseitig zu Verletzungen kommen. Auch **Berufssportler** können auf gemeinsamer Betriebsstätte tätig werden (OLG Karlsruhe NZV 2012, 568).

(9) Eingliederung. Zum gesetzlich unfallversicherten Kreis gehören nach § 2 **54**
II SGB VII auch diejenigen, die – auch bei nur vorübergehender Tätigkeit – wie
ein nach § 2 I SGB VII Versicherter tätig geworden sind (Eingliederung in ein
fremdes Unternehmen). Bei Verletzung während dieser Tätigkeit durch einen
Unternehmensangehörigen ist dessen Haftung nach §§ 104 ff SGB VII ausgeschlossen. Seit der Einführung des SGB VII kommt das Privileg sowohl dem
Eingegliederten wie auch dem Betriebsangehörigen zugute: Der Haftungsausschluss funktioniert in beide Richtungen, d.h. sowohl zugunsten des Eingegliederten wie des unmittelbar Betriebsangehörigen entfällt die Haftung für Personenschäden.

(a) Unterstützungshandlung. Verrichtet jemand eine Tätigkeit für ein ande- **55**
res Unternehmen (z.B. An- und Abkuppeln von Anhängern [OLG Hamm NJW-
RR 1998, 1399], Anschieben eines Kfz [AG Idstein SP 1994, 113], Einweisen
von Fahrzeugen, Ladevorgänge [OLG Düsseldorf r+s 1995, 101; OLG Hamm
r+s 1999, 26; OLG Köln VersR 1998, 78] und ähnliche **Hilfestellungen**), kann
er nach § 2 II SGB VII in dieses Unternehmen eingegliedert sein. Hilft z.B. der
Landwirt als Empfänger dem anliefernden Lkw-Fahrer auf seinem Hof bei der
Entladung von Schweinen, werden sie auf gemeinsamer Betriebsstätte tätig; wird
der gesetzlich unfallversicherte Landwirt dabei verletzt, ist der Lkw-Fahrer nach
§ 106 III SGB VII haftungsprivilegiert (OLG Oldenburg r+s 2015, 576).

(b) Werkstattkunde. Der Kunde kann im Einzelfall auch in den Betrieb des **56**
Helfenden (z.B. Kfz-Werkstatt) wie ein dort Tätiger eingebunden sein, wenn er
an der Reparatur seines Fahrzeuges (z.B. Anlassen des Motors) teilnimmt. Verletzt
dabei der Kunde den helfenden Betriebsangehörigen (oder umgekehrt der Helfende den Kunden), sind zivilrechtliche Personenschadensansprüche nach §§ 2 II,
104 ff SGB VII ausgeschlossen (OLG Stuttgart r+s 2014, 259; OLG Stuttgart
VersR 2004, 68; LG Düsseldorf SP 2001, 367; LG Hamburg SP 2003, 345; LG
München I v. 10.9.2010 – 17 O 940/10 – bld.de; LG Trier VersR 2005, 1438;
LG Koblenz [AG Andernach] r+s 2000, 418); der Verletzte ist auf die Leistungen
der gesetzlichen Unfallversicherung beschränkt.

Ein Pkw-Halter, der in einer Kfz-Werkstatt der Durchführung von Reparatur- **57**
arbeiten an seinem Fahrzeug nur interessehalber zuschaut, ist i.d.R. nicht eingegliedert (BGH NJW 1994, 1480).

(c) Pannenhilfe. Wer für den Betrieb eines fremden Unternehmens Pannen- **58**
hilfe leistet, hat Unfallversicherungsschutz nach § 2 II SGB VII. Wird er von
einem Betriebsangehörigen des fremden Unternehmens verletzt, kann sich dieser
auf das Haftungsprivileg berufen, und umgekehrt (OLG Düsseldorf r+s 2012,
462; OLG Frankfurt VersR 1983, 145; LG Hamburg SP 2003, 345; AG Idstein
SP 1994, 113). Schädigung bei Starthilfe kann haftungsprivilegiert sein (OLG
Düsseldorf r+s 2012, 45; Fallbeispiele bei *Lemcke* r+s 2012, 47 und r+s 2012,
465). Die Eingliederung des Helfers in den fremden Betrieb beginnt bereits mit
den zur Hilfeleistung erforderlichen Vorbereitungen (BSG BB 1990, 1847) und

BGB § 254 Schadensersatzrecht des BGB

endet erst, wenn der fremde Unternehmer oder dessen Betriebsangehöriger dem Helfer gegenüber die Hilfeleistung für beendet erklärt (BSG BB 1990, 1847; OLG Frankfurt VersR 1983, 145).

59 **(d) Reparatur.** Auch wer an einem privaten PKW eines anderen unentgeltlich und **aus Gefälligkeit** Reparaturen ausführt, wird „wie ein Beschäftigter" tätig und ist daher selbst dann, wenn es sich bei dem Halter um eine Privatperson handelt, nach § 2 II SGB VII versichert. Erleidet er im Verlauf der Reparaturarbeiten Verletzungen, kann er auch bei Verschulden des Halters diesen wegen §§ 104 ff SGB VII nicht in Anspruch nehmen (BGH NJW 1987, 1643; BSG HVBG-INFO 1986, 84; OLG Hamm NJW-RR 2003, 28; OLG Köln SP 1994, 10).

60 Stattdessen bestehen (allein) Ansprüche gegenüber der gesetzlichen Unfallversicherung (§ 128 I Nr. 9 SGB VII: zuständig sind seit 1.1.1997 die *Unfallversicherer im Landesbereich*), da der Kfz-Halter als Unternehmer iSv § 136 III SGB VII anzusehen ist (BSG zfs 1986, 299; BSG BB 1990, 1847; OLG Hamm NJW-RR 2003, 28; OLG Hamm r+s 1999, 26).

61 **Regulierungsgespräche** nach einem Verkehrsunfall stehen nicht im sachlichen Zusammenhang mit dem Weg nach oder von dem Ort der Tätigkeit, wenn dieser nicht nur geringfügig unterbrochen wurde (BSG NJW-Spezial 2009, 331).

62 **(e) „Auch"-Beschäftigung.** Diente die Tätigkeit des Schädigers sowohl dem Interesse des Unfallbetriebs als auch dem seines eigenen bzw. seines Stammunternehmens, kommt es für die unfallversicherungsrechtliche Zuordnung der Tätigkeit darauf an, ob ihr Aufgaben des fremden oder solche des eigenen Unternehmens das Gepräge gegeben haben. Dient die Hilfeleistung objektiv zwei Unternehmen („Auch"-Beschäftigung), ist zunächst zu unterstellen, dass sie subjektiv nur im Interesse des eigenen Betriebes erbracht wurde (BGH NJW 2013, 2031; BGH NJW-RR 2004, 884; BGH NZV 1996, 405; BGH NJW-RR 1989, 90; BGH NJW 1987, 1022; BAG NJW 2004, 3360).

63 Erst wenn die Tätigkeit nicht mehr als Wahrnehmung einer Aufgabe seines Unternehmens bewertet werden kann, kann sie dem fremden Unternehmen zugerechnet werden (BGH NJW 2013, 2031; BGH NJW-RR 2004, 884). Bei Leiharbeitern bestimmt sich die Abgrenzung, ob er für seinen Stammbetrieb oder für den Unfallbetrieb tätig wird, nach der Zuordnung seines Aufgabenbereiches (OLG Hamm NZV 2000, 375; LAG Berlin-Brandenburg r+s 2014, 48; *Lemcke* r+s 2014, 49).

64 **(f) Nothilfe.** Zur Nothilfe siehe § 16 StVG, Rn 48 ff, vor § 249 BGB, Rn 58 ff, vor § 249 BGB, Rn 268, § 249 BGB, Rn 326, ferner *Jahnke/Burmann-Jahnke*, Handbuch des Personenschadensrechts, Kap. 1 Rn 990 ff, 1130 ff.

65 Unfallversicherungsschutz besteht bei **Berufshelfern** nach § 2 I Nr. 1 SGB VII bzw. beamtenrechtlichem Unfallversicherungsrecht (siehe z.B. § 117 I LBG NW), bei Personen, die unentgeltlich bei entsprechenden Unternehmen (siehe auch § 3 ZivilschutzG) arbeiten, nach § 2 I Nrn. 9, 12 SGB VII. Für Profihelfer (Feuerwehr, Sanitäter) stehen die Wege von und zur Unfallstelle als berufsbedingte unter Unfallversicherungsschutz. Nach § 13 SGB VII leistet der UVT auf Antrag auch Sachschaden- und Aufwendungsersatz (*Leube* NZV 2011, 277) (Forderungsübergang nach § 116 SGB X).

66 Der Schutz nach § 2 I Nr. 13 lit. a SGB VII gilt für Personen, die bei (1. Alt.) Unglücksfällen, bei gemeiner Gefahr oder bei Not **Hilfe leisten** oder (2. Alt.) **einen anderen** aus erheblicher gegenwärtiger Gefahr für seine Gesundheit **retten**

Mitverschulden **§ 254 BGB**

(BSG NZA-RR 2011, 201; BSG NJW 1989, 2077; BSG NJW 1984, 325). Die Tätigkeit ist nicht erst über die subsidiäre Vorschrift des § 2 II SGB VII versichert (BGH VersR 2006, 548). BSG SP 2012, 195 charakterisiert die gemeine Gefahr als einen Zustand, in dem „nach den objektiven Umständen der Eintritt eines Schadens als wahrscheinlich gelten kann". Der Versicherungsschutz bei der Rettung eines anderen aus erheblicher gegenwärtiger Gefahr für Körper und Gesundheit entfällt nicht deshalb, weil die Gefahr auf ein vorangegangenes schuldhaftes Verhalten des Retters selbst zurückzuführen ist (BSG NJW 1974, 919; HessLSG HVBG-Info 2002, 880; *Jahnke/Burmann-Jahnke/Burmann*, Handbuch des Personenschadensrechts, Kap. 1 Rn 1144).

(g) Leiharbeit. Leiharbeiter-Tätigkeit dient für die Zeit der Ausleihung **66a** wesentlich den Interessen des fremden Unternehmers, sodass die Haftungsprivilegierung nach §§ 104 f SGB VII greift (BGH r+s 2015, 46; BGH NJW 2015, 940).

(10) Rechtsnachfolge, Forderungsübergang. Da bereits in der Person des **67** Verletzten selbst kein Anspruch entstanden ist, kann auch kein Anspruch auf Rechtsnachfolger (z.B. Arbeitgeber, Sozialhilfeträger, SVT) übergehen. Es macht keinen Unterschied, ob es sich um einen Haupt- oder Nebenarbeitgeber handelt (LAG Hamm ARST 1973, 191) (siehe auch § 254 BGB, Rn 162).

(11) Zuständigkeitswechsel. Wird erst später erkannt, dass die gesetzliche **68** Unfallversicherung zuständig ist, ist die Schadenabrechnung von Anfang neu aufzurollen. Die gesetzliche Unfallversicherung ist bereits im Unfallzeitpunkt Forderungsinhaber nach § 116 SGB X geworden, sodass Forderungsberechtigungen anderer Träger (egal ob Arbeitsamt, Krankenkasse oder RVT) nicht rückwirkend wegfallen, sondern bereits **von Anfang an fehlen** (BGH NJW 2003, 3193; OLG Rostock NZV 2005, 206; LG Stuttgart r+s 2002, 460; siehe auch BGH VersR 1985, 732). Der an den (wie sich erst später herausstellt) objektiv unzuständigen Sozialträger leistende Haftpflichtversicherer hat einen Rückforderungsanspruch aus § 812 BGB. Zu beachten ist für bereits abgewickelte Leistungen und Regresse, dass der Ersatzpflichtige uU gutgläubig an einen Dritten befreiend leistete; §§ 399 ff BGB gelten auch beim gesetzlichen Forderungsübergang (§ 412 BGB).

(12) Grobe Fahrlässigkeit, Vorsatz. § 110 SGB VII gilt nur für den leis- **69** tungspflichtigen **SVT,** nicht aber für den unmittelbar Verletzten oder andere Leistungsträger. Anspruchsberechtigt sind nur Sozialversicherungsträger (und damit nicht die Bundesagentur, die in § 116 X SGB X für diesen Einzelfall lediglich einem SVT gleichgestellt ist [BGH v. 17.10.2017 – VI ZR 477/16 –]), nicht aber sonstige Drittleistungsträger (wie Arbeitgeber/Dienstherr, Sozialhilfeträger, berufsständische Versorgung).

Für eine Entsperrung des Haftungsausschlusses wegen Vorsatzes reicht nicht, **70** wenn ein bestimmtes Handeln, das für den Unfall ursächlich gewesen ist, gewollt und gebilligt wurde; vielmehr muss auch der Unfall selbst ebenso gewollt und gebilligt werden. Der **Vorsatz** des Schädigers hat neben der Verletzungshandlung auch den Verletzungserfolg zu umfassen (BGH jurisPR-VerkR 9/2012, Anm. 2 = VersR 2012, 714).

(13) § 108 SGB VII. Das Gericht ist nach § 108 I SGB VII zur Aussetzung **71** bis zu einer bestandskräftigen Entscheidung der SVT oder der Sozialgerichte verpflichtet, damit eine einheitliche Bewertung der unfallversicherungsrechtlichen Kriterien gewährleistet ist (BGH VersR 2017, 1014). Wird § 108 SGB VII nicht

BGB § 254

beachtet, kann dies zu Ergebnissen führen, die das Vertrauen in die Rechtsprechung erschüttern, wenn zwischen Zivilgericht und UVT unterschiedliche Auffassungen über das Vorliegen eines Arbeitsunfalls bestehen und der Geschädigte deshalb weder Schadensersatz noch eine Leistung aus der gesetzlichen Unfallversicherung zugesprochen erhält (BGH NJW-RR 2004, 1093; siehe *Ricke* NZS 2012, 417, *Ricke* NZS 2011, 454, *Spellbrink* NZS 2013, 441).

72 Das Zivilgericht muss einen Rechtsstreit nicht nach § 108 II 1 SGB VII aussetzen, wenn keine greifbaren Anhaltspunkte für die Haftungsbeschränkung vorliegen (BGH NJW 2013, 2031; BGH r+s 2012, 204; OLG Hamm r+s 2013, 252; OLG Naumburg NJOZ 2005, 2238).

73 § 108 SGB VII räumt den Stellen, die für die Beurteilung sozialrechtlicher Fragen originär zuständig sind, hinsichtlich der Beurteilung bestimmter unfallversicherungsrechtlicher Vorfragen den Vorrang vor den Zivilgerichten ein. Diesen Vorrang haben die Zivilgerichte von Amts wegen zu berücksichtigen; er setzt der eigenen Sachprüfung – auch des Revisionsgerichts – Grenzen (BGH VersR 2017, 1014). Nach § 108 SGB VII sind Gerichte außerhalb der Sozialgerichtsbarkeit bei Entscheidungen über die in den §§ 104–107 SGB VII genannten Ansprüche hinsichtlich der Fragen, ob ein Versicherungsfall (Arbeitsunfall) vorliegt, in welchem Umfang Leistungen zu erbringen sind und ob der UVT zuständig ist, an **unanfechtbare Entscheidungen** (bindender Bescheid des UVT, rechtskräftiges sozialgerichtliches Urteil) gebunden; und zwar unabhängig davon, ob das Zivilgericht die sozialrechtlich getroffene Entscheidung inhaltlich für richtig hält (BGH NZV 2008, 396; BGH NJW 2008, 1877). Dieses gilt nicht nur für eine positive, sondern auch für eine negative Entscheidung (BGH NJW-RR 1994, 90). Eine eigenständige Prüfung, ob eine Haftungsprivilegierung nach §§ 104 ff SGB VII vorliegt, ist dem Zivilgericht vor Abschluss eines sozialgerichtlichen Verfahrens verwehrt (BGH NZV 2008, 396; OLG Düsseldorf r+s 2012, 44).

74 Die **Bindungswirkung** erstreckt sich nach Rechtsprechung des BGH (BGH VersR 2017, 1014; BGH NJW 2013, 2031; BGH r+s 2009, 389) auch auf die Entscheidung darüber, ob ein Verletzter einen Unfall als Versicherter aufgrund eines Beschäftigungsverhältnisses i.S.d. § 2 I Nr. 1 SGB VII oder § 2 II SGB VII erlitten hat und welchem Betrieb der Unfall zuzurechnen ist. BAG NZA-RR 2010, 123 folgt dem BGH zu recht nicht: Gerade bei Umschülern und Praktikanten (z.B. Schülerpraktikum) kommt es zu Gefährdungen durch Mitarbeiter, die dann häufig ohne eigenen ausreichenden Haftpflichtversicherungsschutz dastehen und einen (den Betriebsfrieden störenden) Ausgleichsanspruch gegen ihren Arbeitgeber verfolgen (und dabei neben dem Prozessrisiko auch das Ausfallrisiko tragen; siehe auch BAG jurisPR-VerkR 20/2009 Anm. 1 = VersR 2009, 1528; *Burmann/Jahnke* NZV 2014, 5; *von Koppenfels-Spies* SGb 2013, 373).

75 Eine Bindung gemäß § 108 I SGB VII besteht nicht hinsichtlich der Frage, ob eine gemeinsame Betriebsstätte vorliegt (BGH VersR 2013, 460).

75a Die Bindungswirkung erstreckt sich nicht auf die **Kausalitätsfrage.** Bestreitet der Schadenersatzpflichtige die zivilrechtliche Kausalität zwischen Unfall und Schaden, ist die Bejahung der Kausalität (es gilt die Theorie der wesentlichen Bedingung) durch den UVT ohne Bindungswirkung. Siehe auch vor § 249 BGB, Rn 14 ff, zu § 249 BGB, Rn 97.

76 Da das Zivilgericht die Bindung **von Amts wegen** zu berücksichtigen hat (BGH NJW 2008, 1877; BGH VersR 2007, 1131), sind Feststellungen dazu, in welchem Umfang die Bindungswirkung eingetreten ist, zwingend erforderlich.

Der Eintritt der Bindungswirkung nach § 108 I SGB VII setzt voraus, dass die **77** Entscheidung auch gegenüber den Parteien des Zivilverfahrens bindend (bestandskräftiger Bescheid, § 77 SGG; rechtskräftiger Abschluss des Sozialgerichtsverfahren) ist. Erwägt das Gericht die Aussetzung nach § 148 ZPO unter dem Gesichtspunkt einer fehlenden Beteiligung des Schädigers am Sozialverwaltungsverfahren, hat es zu prüfen, ob die Voraussetzungen einer Beteiligung gemäß **§ 12 II SGB X** schlüssig dargelegt sind (BGH VersR 2017, 1014; BGH VersR 2012, 463). Ordnungsgemäße Beteiligung des betroffenen Dritten setzt voraus, dass dieser in Kenntnis des Verfahrens und dessen Auswirkungen auf seine eigene rechtliche Position darüber entscheiden konnte, ob er am sozialrechtlichen Verfahren teilnehmen will oder nicht (BGH NJW 2008, 1877). Nach § 12 II SGB X sind Personen auf Antrag zum Verfahren hinzuziehen, wenn der Bescheid ihre Rechtsstellung berührt oder berühren kann (BGH NZV 2008, 396). Die Rechtsstellung des Schädigers ist bereits dann berührt, wenn ein Unfall nicht als Versicherungsfall anerkannt wird, weil er dann für den Personenschaden des Geschädigten grundsätzlich selbst aufkommen muss (BGH NJW 2009, 3235; BGH NJW 2008, 1877), oder wenn der Unfall als Versicherungsfall einem anderen Unternehmen zugeordnet wird, weil die im sozialrechtlichen Verfahren getroffene Zuordnung eine weitere Zuordnung zu einem anderen Unternehmen (und damit §§ 104 ff SGB VII) ausschließt. Fehlt die Beteiligung, muss sie nachgeholt werden. Sind keine Feststellungen zur Frage getroffen, ob die Ersatzpflichtigen gemäß § 12 II SGB X in gebotener Weise beteiligt wurden (dazu BGH NJW-RR 2008, 519; BGH NJW 2009, 3235), ist dieses nur dann unschädlich, wenn die im Fall einer unterlassenen Beteiligung des Schädigers an sich gebotene Aussetzung des Verfahrens nach § 108 II SGB VII bloße Förmelei wäre (BGH NJW 2013, 2031; BGH VersR 2012, 463).

(14) § 109 SGB VII. Ein unmittelbar aus der Kfz-Haftpflichtversicherung auf **78** Schadenersatz in Anspruch genommener **Kfz-Haftpflichtversicherer** ist analog § 109 S. 1 SGB VII berechtigt, die Rechte des verletzten Versicherten im eigenen Namen geltend zu machen (BSG NZS 2012, 826; BSG NJW 1998, 477).

Antragsberechtigt nach § 109 SGB VII sind alle **Personen,** deren Haftung nach **79** den §§ 104–107 SGB VII beschränkt sein kann. Da der Kfz-Haftpflichtversicherer in gesamtschuldnerischer Haftung mit dem Schädiger steht (§ 115 I 4 VVG), befindet er sich in derselben rechtlichen Situation wie der Geschädigte; daher ist der Kfz-Haftpflichtversicherer (nicht jedoch der **Allgemeine Haftpflichtversicherer;** BSG HVBG-INFO 2002, 2818) nach § 109 S. 1 SGB VII analog antragsberechtigt (BSG NZS 2012, 826). Das Antragsrecht besteht auch dann, wenn nicht der Verletzte, sondern ein Dritter auf ihn übergegangene Ansprüche geltend macht (LSG Baden-Württemberg DAR 2010, 658).

Der Haftpflichtversicherer kann das Feststellungsverfahren allerdings immer nur **80** „statt" des Geschädigten betreiben. Er macht dann ein fremdes Recht im eigenen Namen geltend (BSG BSGE 109, 285).

(15) Rechtsnormen. (a) SGB VII. Durch das Gesetz zur Einordnung des **81** Rechts der gesetzlichen Unfallversicherung in das Sozialgesetzbuch (Unfallversicherungs-Einordnungsgesetz – UVEG) v. 7.8.1996, BGBl I 1996, 1254 wurde die bis dahin in der **RVO** (§§ 537–1147 RVO) geregelte gesetzliche Unfallversicherung als siebtes Buch **(SGB VII)** in das SGB hinein genommen. Das Recht des SGB VII gilt für alle Arbeitsunfälle, die sich **nach dem 31.12.1996** ereigneten

(§ 212 SGB VII, Art 36 S. 1 UVEG); es ist auf den Zeitpunkt des Unfallereignisses (Eintritt des sog. Primärschadens) abzustellen (BSG VersR 1999, 1305).

§ 104 SGB VII – Beschränkung der Haftung der Unternehmer

(1) ¹Unternehmer sind den Versicherten, die für ihre Unternehmen tätig sind oder zu ihren Unternehmen in einer sonstigen die Versicherung begründenden Beziehung stehen, sowie deren Angehörigen und Hinterbliebenen nach anderen gesetzlichen Vorschriften zum Ersatz des Personenschadens, den ein Versicherungsfall verursacht hat, nur verpflichtet, wenn sie den Versicherungsfall vorsätzlich oder auf einem nach § 8 Abs. 2 Nr. 1 bis 4 versicherten Weg herbeigeführt haben.

²Ein Forderungsübergang nach § 116 SGB X findet nicht statt.

(2) Abs. 1 gilt entsprechend für Personen, die als Leibesfrucht durch einen Versicherungsfall im Sinne des § 12 geschädigt worden sind.

(3) Die nach Abs. 1 oder 2 verbleibenden Ersatzansprüche vermindern sich um die Leistungen, die Berechtigte nach Gesetz oder Satzung infolge des Versicherungsfalls erhalten.

§ 105 SGB VII – Beschränkung der Haftung anderer im Betrieb tätiger Personen

(1) ¹Personen, die durch eine betriebliche Tätigkeit einen Versicherungsfall von Versicherten desselben Betriebs verursachen, sind diesen sowie deren Angehörigen und Hinterbliebenen nach anderen gesetzlichen Vorschriften zum Ersatz des Personenschadens nur verpflichtet, wenn sie den Versicherungsfall vorsätzlich oder auf einem nach § 8 Abs. 2 Nr. 1 bis 4 versicherten Weg herbeigeführt haben.

²Satz 1 gilt entsprechend bei der Schädigung von Personen, die für denselben Betrieb tätig und nach § 4 Abs. 1 Nr. 1 versicherungsfrei sind.

³§ 104 Abs. 1 Satz 2, Abs. 2 und 3 gilt entsprechend.

(2) ¹Abs. 1 gilt entsprechend, wenn nicht versicherte Unternehmer geschädigt worden sind.

²Soweit nach Satz 1 eine Haftung ausgeschlossen ist, werden die Unternehmer wie Versicherte, die einen Versicherungsfall erlitten haben, behandelt, es sei denn, eine Ersatzpflicht des Schädigers gegenüber dem Unternehmer ist zivilrechtlich ausgeschlossen.

³Für die Berechnung von Geldleistungen gilt der Mindestjahresarbeitsverdienst als Jahresarbeitsverdienst.

⁴Geldleistungen werden jedoch nur bis zur Höhe eines zivilrechtlichen Schadenersatzanspruchs erbracht.

§ 106 SGB VII – Beschränkung der Haftung anderer Personen

(1) In den in § 2 Abs. 1 Nr. 2, 3 und 8 genannten Unternehmen gelten die §§ 104 und 105 entsprechend für die Ersatzpflicht

1. der in § 2 Abs. 1 Nr. 2, 3 und 8 genannten Versicherten untereinander,
2. der in § 2 Abs. 1 Nr. 2, 3 und 8 genannten Versicherten gegenüber den Betriebsangehörigen desselben Unternehmens,
3. der Betriebsangehörigen desselben Unternehmens gegenüber den in § 2 Abs. 1 Nr. 2, 3 und 8 genannten Versicherten.

(2) Im Fall des § 2 Abs. 1 Nr. 17 gelten die §§ 104 und 105 entsprechend für die Ersatzpflicht

Mitverschulden § 254 BGB

1. der Pflegebedürftigen gegenüber den Pflegepersonen,
2. der Pflegepersonen gegenüber den Pflegebedürftigen,
3. der Pflegepersonen desselben Pflegebedürftigen untereinander.

(3) Wirken Unternehmen zur Hilfe bei Unglücksfällen oder Unternehmen des Zivilschutzes zusammen oder verrichten Versicherte mehrerer Unternehmen vorübergehend betriebliche Tätigkeiten auf einer gemeinsamen Betriebsstätte, gelten die §§ 104 und 105 für die Ersatzpflicht der für die beteiligten Unternehmen Tätigen untereinander.

(4) Die §§ 104 und 105 gelten ferner für die Ersatzpflicht von Betriebsangehörigen gegenüber den nach § 3 Abs. 1 Nr. 2 Versicherten.

§ 110 SGB VII – Haftung gegenüber den Sozialversicherungsträgern

(1) [1]Haben Personen, deren Haftung nach den §§ 104 bis 107 beschränkt ist, den Versicherungsfall vorsätzlich oder grob fahrlässig herbeigeführt, haften sie den Sozialversicherungsträgern für die infolge des Versicherungsfalls entstandenen Aufwendungen, jedoch nur bis zur Höhe des zivilrechtlichen Schadenersatzanspruchs.

[2]Statt der Rente kann der Kapitalwert gefordert werden.

[3]Das Verschulden braucht sich nur auf das den Versicherungsfall verursachende Handeln oder Unterlassen zu beziehen.

(1a) [1]Unternehmer, die Schwarzarbeit nach § 1 des Schwarzarbeitsbekämpfungsgesetzes erbringen und dadurch bewirken, dass Beiträge nach dem Sechsten Kapitel nicht, nicht in der richtigen Höhe oder nicht rechtzeitig entrichtet werden, erstatten den Unfallversicherungsträgern die Aufwendungen, die diesen infolge von Versicherungsfällen bei Ausführung der Schwarzarbeit entstanden sind.

[2]Eine nicht ordnungsgemäße Beitragsentrichtung wird vermutet, wenn die Unternehmer die Personen, bei denen die Versicherungsfälle eingetreten sind, nicht nach § 28a SGB IV bei der Einzugsstelle oder der Datenstelle der Rentenversicherung angemeldet hatten.

(2) Die Sozialversicherungsträger können nach billigem Ermessen, insbesondere unter Berücksichtigung der wirtschaftlichen Verhältnisse des Schuldners, auf den Ersatzanspruch ganz oder teilweise verzichten.

(b) ErwZulG. Ursprünglich regelte das Gesetz über die erweiterte Zulassung 83 von Schadensersatzansprüchen bei Dienst- und Arbeitsunfällen v. 7.12.1943 (RGBl I 1943, 674) (ErwZulG) die Rechtsbeziehungen bei Arbeits- und Dienstunfällen. Nur für *Arbeits*unfälle ist das Gesetz seit 1963 aufgehoben (Art. 4, §§ 1, 16 II Nr. 8 des Gesetzes zur Neuregelung des Rechts der gesetzlichen Unfallversicherung [UVNG] v. 30.4.1963, BGBl I 1963, 241, 291). Soweit das ErwZulG Gesetz weiterhin für *Dienst*unfälle (BGH VersR 1975, 855) galt, ist dies mit der Änderung von § 46 BeamtVG (**ab 12.2.2009** durch DNeuG v. 5.2.2009, BGBl I 2009, 160) erledigt (BR-Drucksache 720/07 v. 19.10.2007, S. 293).

ErwZulG *(Auszug)* 84

Präambel

In den Versorgungsgesetzen und in der RVO sind bei Dienst- und Arbeitsunfällen Schadensersatzansprüche gegen öffentliche Verwaltungen oder gegen Unternehmer grundsätzlich ausgeschlossen. Diese Regelung hat bei Unfällen, die sich bei der Teilnahme am allgemeinen Verkehr ereignet haben, häufig dazu geführt, dass die

Geschädigten im Rahmen der genannten Gesetze schlechter gestellt wurden als andere Verkehrsteilnehmer. Um diese Unbilligkeit zu beseitigen und den Schutz des Verletzten und ihrer Hinterbliebenen zu verstärken, hat die Reichsregierung das folgende Gesetz beschlossen, das hiermit verkündet wird:

§ 1 ErwZulG

(1) Ist ein Dienstunfall bei der Teilnahme am allgemeinen Verkehr eingetreten, so können der Verletzte und seine Hinterbliebenen Schadenersatzansprüche gegen eine öffentliche Verwaltung oder ihre Dienstkräfte auch dann geltend machen, wenn die Ansprüche nach den Vorschriften des Versorgungsrechts bisher ausgeschlossen waren.

§ 2 ErwZulG

§ 1 gilt nicht, wenn der Schaden im Zusammenhang mit einer Kampfhandlung entstanden oder sonst ein Personenschaden im Sinne des § 2 der Personenschädenverordnung ist.

§ 3 ErwZulG

Die Leistungen, die der Verletzte oder seine Hinterbliebenen nach den Vorschriften des Versorgungs- oder Sozialversicherungsrechts erhalten, sind auf den Schadenersatzanspruch (§ 1) anzurechnen.

§ 4 ErwZulG

(1) Die öffentliche Verwaltung, die nach den Vorschriften des Versorgungsrechts Leistungen gewährt, hat keinen Anspruch auf Ersatz dieser Leistung gegen die öffentliche Verwaltung, die zum Schadenersatz verpflichtet ist.

(2) Die Träger der reichsgesetzlichen Versicherung, die nach den Vorschriften des Sozialversicherungsrechtes Leistungen gewähren, haben keinen Anspruch auf Ersatz dieser Leistungen gegen den zum Schadenersatz verpflichteten Unternehmer oder ihm nach § 899 der RVO Gleichgestellte.

85 **(c) BeamtVG, SVG.** Die Haftungsfreistellung bei Beamten und Soldaten ist in § 46 BeamtVG, § 91a SVG gesondert geregelt. Die Bestimmungen sind zwar den §§ 636 f RVO nachgebildet, es gelten jedoch etliche abweichende Besonderheiten (u.a. gilt die BSG-Rechtsprechung zum dritten Ort nicht; BVerwG zfs 2005, 103).

86 § 46 BeamtVG, § 91a SVG wurden **ab 12.2.2009** durch das DNeuG neugefasst, inhaltlich aber nach Auffassung des BGH (BGH NJW 2013, 2351; a.A. *Jahnke* NZV 2012, 467) nicht verändert.

87 § 46 Beamtenversorgungsgesetz (BeamtVG) – Begrenzung der Unfallfürsorgeansprüche

(1) ¹Der verletzte Beamte und seine Hinterbliebenen haben aus Anlaß eines Dienstunfalles gegen den Dienstherrn nur die in den §§ 30 bis 43a geregelten Ansprüche.

²Ist der Beamte nach dem Dienstunfall in den Dienstbereich eines anderen öffentlich-rechtlichen Dienstherrn versetzt worden, so richten sich die Ansprüche gegen diesen; das gleiche gilt in den Fällen des gesetzlichen Übertritts oder der Übernahme bei der Umbildung von Körperschaften.

Satz 2 gilt in den Fällen, in denen der Beamte aus dem Dienstbereich eines öffentlich-rechtlichen Dienstherrn außerhalb des Geltungsbereichs dieses Gesetzes

Mitverschulden § 254 BGB

zu einem Dienstherrn im Geltungsbereich dieses Gesetzes versetzt wird, mit der Maßgabe, dass dieses Gesetz angewendet wird.

(2) ¹Weitergehende Ansprüche auf Grund allgemeiner gesetzlicher Vorschriften können gegen einen öffentlich-rechtlichen Dienstherrn im Bundesgebiet oder gegen die in seinem Dienst stehenden Personen nur dann geltend gemacht werden, wenn der Dienstunfall

1. durch eine vorsätzliche unerlaubte Handlung einer solchen Person verursacht worden oder
2. bei der Teilnahme am allgemeinen Verkehr eingetreten ist.

²Im Fall der Nr. 2 sind Leistungen, die dem Beamten und seinen Hinterbliebenen nach diesem Gesetz gewährt werden, auf die weitergehenden Ansprüche anzurechnen; der Dienstherr, der Leistungen nach diesem Gesetz gewährt, hat keinen Anspruch auf Ersatz dieser Leistungen gegen einen anderen öffentlich-rechtlichen Dienstherrn im Bundesgebiet.

(3) Ersatzansprüche gegen andere Personen bleiben unberührt.

(4) ¹Auf laufende und einmalige Geldleistungen, die nach diesem Gesetz wegen eines Körper-, Sach- oder Vermögensschadens gewährt werden, sind Geldleistungen anzurechnen, die wegen desselben Schadens von anderer Seite erbracht werden.

²Hierzu gehören insbesondere Geldleistungen, die von Drittstaaten oder von zwischenstaatlichen oder überstaatlichen Einrichtungen gewährt oder veranlasst werden.

³Nicht anzurechnen sind Leistungen privater Schadensversicherungen, die auf Beiträgen der Beamten oder anderen Angehörigen des öffentlichen Dienstes beruhen; dies gilt nicht in den Fällen des § 32.

§ 91a Soldatenversorgungsgesetz (SVG) – Begrenzung der Ansprüche aus einer Wehrdienstbeschädigung 88

(1) ¹Die nach diesem Gesetz versorgungsberechtigten Personen haben aus Anlass einer Wehrdienstbeschädigung oder einer gesundheitlichen Schädigung im Sinne der §§ 81a bis 81f gegen den Bund nur die auf diesem Gesetz beruhenden Ansprüche.

²Sie können Ansprüche nach allgemeinen gesetzlichen Vorschriften, die weitergehende Leistungen als nach diesem Gesetz begründen, gegen den Bund, einen anderen öffentlich-rechtlichen Dienstherrn im Bundesgebiet oder gegen die in deren Dienst stehenden Personen nur dann geltend machen, wenn die Wehrdienstbeschädigung oder die gesundheitliche Schädigung im Sinne der §§ 81a bis 81f durch eine vorsätzliche unerlaubte Handlung einer solchen Person verursacht worden ist.

³Dies gilt nicht in Fällen der Übernahme der Zahlung nach § 31a des Soldatengesetzes.

(2) § 46 Abs. 2 Satz 1 Nr. 2 und Satz 2 des Beamtenversorgungsgesetzes gilt entsprechend.

(3) Ersatzansprüche gegen andere Personen bleiben unberührt.

bb) Dienstunfall. (1) Ansprüche des Verletzten. Nach § 46 BeamtVG 89 haben der verletzte Beamte bzw. seine Hinterbliebenen aus Anlass eines Dienstun-

Jahnke 1373

BGB § 254

falls gegen den Dienstherrn nur Ansprüche auf die im BeamtVG vorgesehenen Unfallfürsorgeleistungen.

90 Der **Versicherungsschutz** gilt für Dienstunfälle und Dienstwegeunfälle. Die Aspekte des Arbeitsunfalles gelten entsprechend. Zum Unterschied zwischen beamtenrechtlicher Dienstunfallversorgung (**BeamtVG**) und sozialrechtlichem Unfallversicherungsschutz (**SGB VII**) siehe BVerwG NZV 2014, 333 = jurisPR-VerkR 19/2014 Anm. 1.

91 Nach § 46 II 1 BeamtVG, § 91a SVG sind Ersatzansprüche des Beamten (Soldaten, vergleichbare Personen) gegen den (öffentlich-rechtlichen) Dienstherrn und seine Bediensteten ausgeschlossen. Weitergehende Ansprüche können uns nicht geltend machen, wenn sich der Unfall nicht bei der **Teilnahme am allgemeinen Verkehr** (§ 46 II Nr. 2 BeamtVG) ereignete. Die Auslegung dieses Ausnahmetatbestandes deckt sich begrifflich mit der Auslegung im Rahmen der §§ 104 ff SGB VII.

92 **(2) Ansprüche des Dienstherrn.** Die beamtenrechtlichen Vorschriften nehmen lediglich dem verletzten Beamten und dessen Hinterbliebenen die Möglichkeit der Geltendmachung weiterer Ansprüche, schließen aber nicht die Inanspruchnahme des Schädigers durch den Dienstherrn aus (BGH NJW 1997, 2883). Abweichend von unfallversicherungsrechtlichen Haftungsausschluss sind die versorgungsrechtlichen Bestimmungen dahingehend auszulegen, dass sie dem Geschädigten seine Ansprüche nicht von Grund auf nehmen, sondern lediglich der Höhe nach insoweit einschränken als sie über die Grenzen der Unfallfürsorge hinausgehen. Diese Interpretation hat zwar im Verhältnis von Schädiger zum Geschädigten keine Auswirkungen (es bleibt faktisch bei einer Entschädigungssperre), führt aber dazu, dass der die Fürsorgeleistungen erbringende Versorgungsträger aus übergegangenem Recht beim für das Unfallgeschehen Verantwortlichen Regress nehmen kann (BGH NJW 2013, 2351).

93 **cc) Frachtführung.** §§ 432 S. 2, 434, 461 I HGB beschränken die Frachtführerhaftung auch bei Verantwortung nach BGB und StVG (BGH NJW 2007, 58; *Thume* r+s 2006, 89).

94 Zu Transportschäden siehe auch § 254 BGB, Rn 262.

95 Im Einzelfall kann auch die Haftungsbegrenzung nach § 504 HGB (§ 660 HGB aF) zum Tragen kommen (BGH NJW-RR 2009, 1479).

95a **dd) Geringe Geschwindigkeit (§ 8 Nr. 1 StVG).** Gemäß § 8 Nr. 1 StVG gilt § 7 StVG nicht, wenn der Unfall durch ein Kfz verursacht wurde, das auf ebener Bahn mit keiner höheren Geschwindigkeit als 20 km/h fahren kann (zur **bauartbedingten Höchstgeschwindigkeit** siehe die Legaldefinition in § 30a I StVZO). Hierbei kommt es auf die tatsächliche Beschaffenheit des Fahrzeugs an, so dass geschwindigkeitsbegrenzende Vorrichtungen, die zum Zeitpunkt des Schadensereignisses angebracht waren, zu berücksichtigen sind (BGH NJW 1997, 2517; OLG Bamberg DAR 2016, 208). Die Darlegungs- und Beweislast für das Vorliegen eines Ausnahmetatbestands des § 8 StVG liegt beim Halter (OLG Bamberg DAR 2016, 208; OLG Brandenburg NZV 2011, 193).

96 **ee) Tätigkeit beim Betrieb (§ 8 Nr. 2 StVG).** § 8 Nr. 2 StVG schließt Ansprüche nach StVG, nicht aber nach BGB aus (siehe auch *Riedmeyer* zfs 2011, 183). Zum Haftungsausschluss siehe auch § 254 BGB, Rn 56 ff.

96a Der Ausschlussgrund des § 8 Nr. 2 StVG erfasst Personen, die durch die unmittelbare Beziehung ihrer Tätigkeit zum Betrieb des Kfz den von ihm ausgehenden

Mitverschulden § 254 BGB

besonderen Gefahren stärker ausgesetzt sind als die Allgemeinheit, auch wenn sie nur aus Gefälligkeit beim Betrieb des Kfz tätig geworden sind (vgl BGH NJW 2011, 292). Dies gilt bei einer Person, die versucht, ein auf einer vereisten Steigung stehen gebliebenen Fahrzeug, dessen Motor in Betrieb ist, **anzuschieben** (OLG Düsseldorf NZV 2015, 383).

Der **Beifahrer** fällt auch dann unter den Haftungsausschluss nach § 8 Nr. 2 StVG, wenn er am Betrieb des unfallverursachenden Kfz passiv teilnimmt (OLG Brandenburg BeckRS 2009, 26179; OLG Celle v. 30.6.2010 – 14 U 33/10 – juris; OLG Saarbrücken OLGR 2009, 511). Das gilt auch für Auto-Side-Surfing (Trittbrettfahrer) (OLG Thüringen v. 11.10.2014 – 5 U 647/13 – juris). 97

Ein **Pannenhelfer** ist nicht beim Betrieb des verunfallten Kfz tätig (BGH VersR 2010, 1662; siehe aber auch OLG Düsseldorf r+s 2015, 256), der Helfer kann aber gemäß § 2 II SGB VII in den Betrieb des verunfallten Kfz eingegliedert sein (siehe § 254 BGB, Rn 58). Etwas anderes gilt, wenn der Helfer zuvor Insasse im verunfallten Fahrzeug war (BSG NJW 2009, 937). 98

ff) Beförderte Sache (§ 8 Nr. 3 StVG). Siehe § 254 BGB, Rn 259 ff. 98a

gg) § 134a SGB V. Zum Thema: *Jahnke/Burmann-Jahnke,* Handbuch des Personenschadensrechts, Kap. 5 Rn 3241a ff. 98b

b) Privatrechtliche Haftungsgestaltung. Zum Thema: *Bern* NZV 1991, 449; *Jahnke* VersR 1996, 294; *Mersson* DAR 1993, 87; *Nugel* NZV 2011, 1; *Wenker* jurisPR-VerkR 19/2015 Anm. 3; *Wessel* VersR 2011, 569. 99

aa) Vertragsfreiheit. Wegen der im Schuldrecht herrschenden Vertragsfreiheit kann die Haftung vertraglich im Voraus (Ausnahme z.B. § 8a StVG, § 7 HaftPflG) ausgeschlossen oder eingeschränkt werden (BGH VersR 1995, 583). Nur ein Ausschluss der Haftung für Vorsatz ist unzulässig (§ 276 III BGB). 100

Der rechtsgeschäftliche Haftungsverzicht ist **formfrei** – auch durch formularmäßige Vereinbarung mit Dritten (BGH NJW 1994, 852; OLG Koblenz NZV 1993, 348) – möglich. 101

Die einen Haftungsausschluss vereinbarenden Parteien müssen geschäftsfähig sein. Für **Minderjährige** gilt, dass ein vertraglicher Haftungsausschluss oder eine Haftungsminderung der Zustimmung der gesetzlichen Vertreter bedarf (BGH NJW 1958, 906). 102

Ein Haftungsausschluss unterliegt der allgemeinen Kontrolle nach §§ 138, 242 BGB (dazu *Nugel* NZV 2011, 1). Für **Allgemeine Geschäftsbedingungen** gilt § 309 Nr. 7 lit. a BGB (§ 11 Nr. 7 AGBG aF) auch für deliktische Ansprüche (BGH VersR 1985, 595; siehe auch OLG Koblenz SP 2011, 207). Ersatzansprüche von Teilnehmern einer Motorsportveranstaltung gegen weitere Mitteilnehmer wegen Schäden, die letztere durch leicht fahrlässiges (Fahr)Verhalten verursachen, können wirksam durch formularmäßige Vereinbarung mit dem Veranstalter auch mit Wirkung zugunsten der Schädiger ausgeschlossen werden (OLG Karlsruhe NZV 2015, 126; OLG Koblenz NZV 1993, 348; a.A. OLG Brandenburg r+s 2015, 41; OLG Stuttgart jurisPR-VerkR 25/2008 Anm. 3 = NZV 2009, 233). Siehe auch § 254 BGB, Rn 119. 103

Bei **Mietverträgen über Kfz** (siehe auch § 254 BGB, Rn 160, vor § 249 BGB, Rn 258) ist eine Haftungsbefreiung, die mit dem Vermieter erfolgt, nach dem Leitbild der Kaskoversicherung auszugestalten (BGH NJW 2009, 2881; OLG Karlsruhe NZV 2008, 404; OLG Köln BeckRS 2009, 89040). Vereinbaren die Parteien eines gewerblichen Kfz-Mietvertrages gegen Entgelt eine Haftungsredu- 104 zierung für den Mieter nach Art der Vollkaskoversicherung (zur ergänzenden Vertragsauslegung LG Göttingen VersR 2010, 1490), kann sich hierauf auch der berechtigte Fahrer berufen (LG Nürnberg-Fürth r+s 2010, 145). Ist der in den AGB eines gewerblichen Kfz-Vermieters vorgesehene Haftungsvorbehalt für Fälle grober Fahrlässigkeit wegen Verstoßes gegen § 307 I 1, II Nr. 1 BGB unwirksam, gilt § 81 II VVG entsprechend (BGH NJW 2014, 3234).

105 **bb) Konkludenter Ausschluss.** Ein rechtsgeschäftlicher Haftungsverzicht kann auch konkludent (stillschweigend) erfolgen (BGH VersR 1995, 583; OLG Hamm VersR 2016, 190; siehe *Diebold* zfs 2011, 363; *Wessel* VersR 2011, 569). Dazu ist die Frage zu beantworten, ob, wäre ein Haftungsausschluss von den Parteien konkret angesprochen worden, sich der Verletzte einem solchen billigerweise nicht hätte verschließen können (OLG Celle r+s 2016, 370; OLG Hamm VersR 2016, 190; LG Duisburg VersR 2006, 223). Besteht bereits eine vertragliche Abrede, ist zunächst auf eine ergänzende Vertragsauslegung abzustellen. Um eine konkludente Annahme bejahen zu können, muss ein Verhalten vorliegen, das einen hinreichend sicheren Schluss auf die wirksame Abgabe entsprechender Willenserklärungen zulässt. Nicht ausreichend sind dafür z.B. eine enge persönliche Beziehung zwischen den Beteiligten oder das Bestehen eines ungewöhnlichen Haftungsrisikos (OLG Celle r+s 2016, 370; OLG Celle NZV 2013, 292).

106 Es müssen **besondere Umstände** aufzeigbar sein, um eine stillschweigende Haftungsbeschränkung anzunehmen (BGH NJW 1993, 3067; BGH NJW 1993, 2611; OLG Celle NZV 2013, 292). Konkludente Haftungsausschlüsse kommen in Betracht beim **Sachschadenersatz** (z.B. an probegefahrenen Fahrzeugen [BGH NJW 1979, 643; BGH NJW 1972, 1363]; zur verschuldensunabhängigen Haftung bei Gebrauchsüberlassung eines Fahrzeuges BGH NJW 2010, 3087), bei **Hilfeleistungen** (OLG Köln zfs 1989, 43; LG Duisburg VersR 2006, 223) und **fremdnützigen Fahrten,** aber auch bei **gemeinsamen gefährlichen Aktionen** (OLG Hamm NZV 1997, 515) (z.B. gemeinsame **Urlaubsreise** mit Unfall bei ungewohntem Linksverkehr [BGH NJW 2009, 1482; OLG Koblenz NZV 2005, 635]; siehe auch BGH NJW 1979, 414). Bejaht werden kann eine konkludente Abrede, wenn der Schädiger z.B. über keinen entsprechenden Versicherungsschutz verfügt, für ihn ein nicht hinnehmbares Haftungsrisiko besteht und darüber hinaus besondere Umstände vorliegen, die im konkreten Fall einen Haftungsverzicht als besonders naheliegend erscheinen lassen (BGH NJW 2009, 1482; OLG Celle r+s 2016, 370; OLG Celle NZV 2013, 292). Indizien (OLG München DAR 1998, 17) für einen Haftungsverzicht sind das besondere Interesse des Fahrzeugeigentümers daran, dass der Gefällige an seiner Stelle das Fahrzeug fuhr, der Umstand, dem Fahrzeugeigentümer eine Fahrt abgenommen wurde, die dieser verbindlich zugesagt hatte oder die Kenntnis des Fahrzeugeigentümers, dass der Gefällige eine geringe Fahrpraxis hatte bzw. mit dem Fahrzeug nicht vertraut war OLG Celle r+s 2016, 370) betont, dass grundsätzlich bei der Überlassung eines fremden Pkw zu häufiger Eigenbenutzung ein stillschweigender Haftungsausschluss für einfache oder leichte Fahrlässigkeit nur unter besonderen Umständen anzunehmen ist.

107 Die Annahme einer stillschweigenden Haftungsbeschränkung bei **Personenschäden** (Körperverletzung, Tötung) setzt voraus, dass der Verletzte (bzw. später Verstorbene) den Eintritt einer solchen (tödlichen) Verletzung in Erwägung gezogen hat (BGH VersR 1995, 583).

108 **cc) Haftpflichtversicherungsschutz. (1) Keine Anspruchsgrundlage.** Der Umstand, dass der Schadenersatzpflichtige Haftpflichtversicherungsschutz genießt,

führt nicht zur Einstandspflicht für den Schaden (BGH NJW 2010, 537; OLG Stuttgart NZV 2006, 213; LG Heilbronn NJW 2004, 2391). Sinn und Zweck einer Haftpflichtversicherung besteht nicht darin, die Einstandspflicht des Versicherten auf Sachverhalte zu erweitern, für die er ohne Versicherung nicht haften müsste (LG Duisburg VersR 2006, 223; *Diehl* zfs 2003, 444, *Seybold/Wendt* VersR 2009, 455). Allgemein – auch für eine freiwillig genommene Haftpflichtversicherung (siehe auch BGH VersR 2017, 296) – gilt der Grundsatz, dass die Versicherung sich nach der Haftung und nicht umgekehrt die Haftung nach der Versicherung richtet (BAG NJW 1959, 2194; BGH NJW 1972, 440; OLG Stuttgart NZV 2006, 213). Siehe auch § 16 StVG, Rn 26.

(2) Trennungsprinzip. Die ersatzrechtliche Relevanz einer bestehenden Haftpflichtversicherung findet Berücksichtigung bei der 2-stufigen Prüfung ihrer Einstandspflicht (Trennungsprinzip): 109

(a) Haftungsverhältnis. Zunächst bedarf es haftungsrechtlich der Feststellung, dass die versicherte Person (Handelnder, Fahrer, Halter) überhaupt nach zivilrechtlichen Grundsätzen dem Geschädigten gegenüber haftet. 110

(aa) Haftung, Schadenersatz. Die Zahlungsverpflichtung des Schadenersatzverpflichteten setzt zum einen überhaupt zum Schadenersatz verpflichtende **Haftungsnormen** voraus, zum anderen den konkreten Schadenersatzanspruch der Höhe nach rechtfertigende **Schadenersatznormen**. Kommt es auf Verschulden an, sind auch **besondere Schuldmaßstäbe** (z.B. Beschränkung auf grobe Pflichtverstöße beim Sportunfall oder der Gefahrengemeinschaft [OLG Hamm MDR 2014, 90 m.w.H.]) zu beachten (zur Ausnahme bei gefahrgeneigter Arbeit siehe § 254 BGB, Rn 138 ff). Das Bestehen einer Haftpflichtversicherung ist ohne Relevanz (BGH NJW 2010, 537). Der für das Schadenereignis Verantwortliche haftet unbegrenzt, soweit keine Begrenzung der Haftung auf eine Höchstsumme (z.B. §§ 12, 12a StVG, §§ 9, 10 HaftPflG) eingreift. 111

(bb) Haftungsausschluss. Im Haftungsverhältnis ist ferner zu prüfen, ob Haftungsausschlüsse vorliegen. Neben dem Arbeitsunfall (§§ 104 ff SGB VII) sind auch privatrechtliche Haftungsbeschränkungen zu berücksichtigen; zu letzteren zählt auch der ausdrückliche oder konkludente Haftungsverzicht. Der Umstand, dass der Schädiger haftpflichtversichert ist, spielt dabei keine haftungsbegründende Rolle, sondern dient als Auslegungskriterium, ob ein konkludenter Haftungsausschluss anzunehmen ist. 112

Besteht eine Pflichtversicherung, entspricht es weder dem gesetzlichen Anliegen der Versicherungspflicht noch dem Willen der Beteiligten, den Haftpflichtversicherer zu entlasten; das Bestehen eines **Haftpflichtversicherungsschutzes** für den Schädiger spricht i.d.R. gegen eine stillschweigende Haftungsbeschränkung (BGH VersR 2016, 1264; BGH NJW 2010, 537; BGH NJW 2008, 1591; OLG Hamm VersR 2016, 190; siehe *Lemcke* r+s 2016, 426). Zu bedenken ist dabei aber auch, dass die **Haftung nicht teilbar** ist und daher nicht nur soweit bestehen kann, als ein Dritter anstelle des Verantwortlichen dann zahlt (konkret eine Versicherung Deckung gewährt); wird die Deckungssumme überschritten, zahlt der Schädiger selbst. 113

(b) Deckungsverhältnis. Nachfolgend ist deckungsseitig festzustellen, ob ein Versicherer seinem Versicherten Deckung für die zuvor im Haftungsverhältnis ermittelte Zahlungspflicht zu gewähren hat. 114

115 **(aa) Schädigerhaftung.** Besteht keine Deckung, zahlt der Schädiger selbst. Nur im Bereich der Pflichtversicherung kann eine Vorleistungspflicht des Haftpflichtversicherers in Betracht kommen (siehe u.a. § 117 I 2 VVG, § 3 PflVG).

116 **(bb) Deckungszusage.** Die Deckungszusage bedeutet lediglich, dass der Haftpflichtversicherer die finanzielle Abdeckung der aus dem einzelnen Haftpflichtfall erwachsenen Verantwortung des Versicherten einem Dritten gegenüber verspricht (BGH NJW 2007, 2258; BGH NJW 2007, 1205; BGH NJW 1993, 68) und das Risiko des bei ihm Versicherten, von dritter Seite auf Schadenersatz (im Falle der § 110 SGB VII, § 640 RVO Aufwendungsersatz) in Anspruch genommen zu werden, übernimmt (BGH VersR 1959, 256).

117 Das Leistungsversprechen des Haftpflichtversicherers besteht zum einen in einem **Freistellungsanspruch** gegenüber an den Versicherten herangetragenen begründeten Ansprüchen und zum anderen (bei unbegründeten Ansprüchen) in einem **Abwehranspruch** (verbunden mit einem Rechtsschutzanspruch). Rechtsschutz und Pflicht zur Befriedigung begründeter Haftpflichtansprüche sind gleichrangige Hauptleistungspflichten des Haftpflichtversicherers (BGH NJW 2011, 377).

118 **(cc) Sportveranstaltung.** Der Grundsatz, dass gerade bei sportlichen Wettbewerben mit nicht unerheblichem Gefahrenpotential die Inanspruchnahme des schädigenden Wettbewerbers für ohne gewichtige Regelverletzung verursachte Schäden eines Mitbewerbers ausgeschlossen ist, gilt i.d.R. nicht, soweit Versicherungsschutz in einer Pflichtversicherung besteht (BGH NJW 2008, 1591; relativiert durch BGH NJW 2010, 537). Die Möglichkeiten für einen Versicherer, keinen Pflichtversicherungsschutz zu gewähren, sind durch die **KfzPflVV** eingeschränkt (was BGH NJW 2008, 1591 nur unzureichend berücksichtigt). Zum Haftungsausschluss siehe § 254 BGB, Rn 53, § 254 BGB, Rn 122 ff.

118a Berufssportler verschiedener Mannschaften verrichten während des Spiels/der Sportausübung eine betriebliche Tätigkeit auf einer gemeinsamen Betriebsstätte iSv § 106 III SGB VII; daraus resultiert ein **Haftungsausschluss** bei Unfällen auch für während des Spiels durch den Spielgegner verursachte Verletzungen (OLG Karlsruhe r+s 2012, 568; *Leube* VersR 2008, 880; zum Vorsatzausschluss [§ 103 VVG] siehe OLG Karlsruhe NJW-RR 2013, 596).

119 Der Haftungsausschluss (siehe ergänzend § 254 BGB, Rn 100 ff) bei der Ausübung besonders gefährlicher Sportarten gilt auch für andere Fälle gemeinsamer sportlicher Betätigung ohne Wettkampfcharakter (z.B. Motorradsport, Go-Cart-Rennen, Privatrennen; dazu BGH NJW 2003, 2018; OLG Celle VersR 1980, 874; OLG Hamm MDR 2014, 90 m.w.H.; OLG Hamm NZV 1997, 515; OLG Naumburg MDR 2013, 587; OLG Nürnberg VersR 2003, 1134; OLG Oldenburg VersR 2017, 899; OLG Saarbrücken VersR 1992, 248; OLG Stuttgart NJW-RR 2007, 1251; LG Magdeburg BeckRS 2015, 11961 = jurisPR-VerkR 19/2015 Anm. 3; siehe *Wenker* jurisPR-VerkR 19/2015 Anm. 3, *Wessel* VersR 2011, 569; *Meier* VersR 2014, 800). Ein schwerwiegender Regelverstoß, der vom stillschweigenden Haftungsausschluss nicht mehr erfasst wird, ist vom Geschädigten nachzuweisen (OLG Köln v. 23.1.2002 – 17 U 29/01; OLG Stuttgart MDR 2000, 1432).

120 **(3) Fehlender Haftpflichtschutz.** Fehlender oder (gerade bei Auslandsunfällen) unzureichender Haftpflichtversicherungsschutz kann für stillschweigenden Ausschluss auch bei durch leicht fahrlässiges Verhalten herbeigeführten Personen-

schäden sprechen (BGH NJW 2009, 1482; BGH NJW 1979, 414; OLG Celle r+s 2016, 370; OLG Celle NZV 2013, 292; OLG Stuttgart NJW-RR 2009, 384; LG Koblenz NJW-RR 2005, 1048).

dd) Gefälligkeitshandlung. Deliktische Ansprüche im Zusammenhang mit Gefälligkeitshandlungen sind nicht von vornherein ausgeschlossen (BGH NJW 1992, 2474; OLG Celle r+s 2013, 145 [Abschleppvorgang]; OLG Hamm VersR 2016, 190). Im Rahmen unentgeltlicher Nachbarschaftshilfe kann bei nicht-haftpflichtversichertem Personenschaden ein stillschweigender Haftungsausschluss anzunehmen sein (BGH VersR 2016, 1264; OLG Stuttgart NJW-RR 2009, 384). 121

ee) Gefahrengemeinschaft. Aus dem Aspekt des **Handelns auf eigene Gefahr**, des erlaubten Risikos oder der Eingliederung in eine Gefahrengemeinschaft kann eine Haftung nicht nur gemindert (OLG Koblenz VersR 1995, 1501), sondern sogar ausgeschlossen (BGH VersR 1995, 583; OLG Frankfurt BeckRS 2017, 123616; OLG Hamm NZV 1997, 515; LG Duisburg NZV 2005, 262) sein. Die vollständige Haftungsfreistellung des Schädigers ist i.d.R. im Ausgangspunkt bei Gefahrexponierung (z.B. besonders gefährliche Sportarten) anzunehmen (BGH VersR 1995, 583). Wer sich in eine Gefahrengemeinschaft eingliedert, darf ein Mitglied dieser Gemeinschaft nicht in Anspruch nehmen so lange diesen nicht der Vorwurf eines **grob fahrlässigen** Verhaltens trifft (OLG Frankfurt OLGR 2005, 894; OLG Hamm NZV 2008, 204; OLG Zweibrücken VersR 1994, 1366). Der Pferdehalter ist gegenüber dem Reiter unter dem Gesichtspunkt des Handelns auf eigene Gefahr dann haftungsbefreit, wenn der Reiter Risiken übernommen hat, die über die mit einem gewöhnlichen Ritt verbundenen Gefahren hinausgehen (z.B. Teilnahme an Festumzug mit Musikkapellen; LG Kassel NZV 2004, 305). Bei gemeinsamen Baumfällarbeiten von Bekannten haftet ein Teilnehmer dem anderen für eine schwere Verletzung nicht (OLG Schleswig-Holstein BeckRS 2015, 17035). 122

Zum **Reitunfall** siehe BGH NJW 2013, 2661. 123
Zu gemeinsamen und **organisierten Ausflügen** siehe § 254 BGB, Rn 129. 124
Fahren Motorradfahrer einvernehmlich auf der Landstraße in wechselnder Reihenfolge als Gruppe ohne Einhaltung des Sicherheitsabstandes, führt dies zu einem Haftungsausschluss im Hinblick auf diesen Umstand (OLG Brandenburg NJW-RR 2008, 340; OLG Frankfurt NJW 2015, 3522; AG Nordhorn NZV 2016, 368 [Rennrad]). 124a

Bei verabredeten **illegalen Rennen** kann eine erhebliche Haftungsreduzierung erfolgen (dazu OLG Karlsruhe NJW 2012, 3447 m.w.N.). 125

ff) Urlaubsfahrt. Zur Urlaubsfahrt siehe § 254 BGB, Rn 106, § 254 BGB, Rn 120. 126

gg) Persönliche Beziehung. Zwischen Partnern einer **Ehe** (BGH NJW 1973, 1654; OLG Frankfurt VersR 1987, 912) oder **eheähnlichen Gemeinschaft** (OLG Düsseldorf VersR 1975, 57), **Verwandten** (OLG Hamm v. 12.3.1992 – 27 U 185/91) bzw. unter **Freunden** (OLG Koblenz NZV 2005, 635) oder **Arbeitskollegen** (OLG Köln VersR 2004, 189; LG Duisburg VersR 2006, 223) ist nicht schon wegen dieser persönlich geprägten Beziehung von einem Haftungsverzicht auszugehen. 127

hh) Ungeeignete Beförderung. Wer sich während der Fahrt nicht auf einem zur Personenbeförderung bestimmten Sitzplatz, sondern auf der **Motorhaube** 128

BGB § 254

(OLG Koblenz NZV 1993, 193), dem **Trittbrett** (Auto-Side-Surfing; OLG Thüringen v. 11.10.2014 – 5 U 647/13 – juris) bzw. der **Ladefläche** des Fahrzeuges, im Bett (OLG Hamm NZV 1998, 155) bzw. der Bewegungsfläche eines **Wohnmobiles,** oder sogar außerhalb des Fahrzeuges (z.B. an Fahrzeug angehängter **Schlitten,** S-Bahn-Surfen, Anhängen als Radfahrer an Kfz oder Anhänger; siehe auch § 23 III StVO) befindet, ist – wenn man nicht schon einen (konkludent) vereinbarten Haftungsausschluss annimmt – einem erheblichen Mitverschuldenseinwand ausgesetzt (LG Itzehoe BeckRS 2011, 16730; *Jahnke/Thinesse-Wiehofsky,* § 2 Rn 246 f).

129 Werden bei Ausflügen (z.B. Maifahrt, Keglerausflug, Betriebsfeier, Abiturfeier) und Veranstaltungen (z.B. Jagdgesellschaft, Karnevals- und Faschingsumzug, Schützenfest; siehe *Herzog* zfs 2012, 603, *Wiederhold* VD 1983, 46) **Personen auf** – hierfür nicht geschaffenen – **Anhängern** befördert und stürzen diese von Fahrzeugen, Tieren und/oder Menschen bewegten Anhänger um, ist bei Verletzung oder Tod von Aufsassen regelmäßig die Verantwortung auf grobe Fahrlässigkeit bzw. Vorsatz beschränkt (OLG Hamm NZV 2008, 204; OLG Frankfurt NJW 2006, 1004; *Jahnke* jurisPR-VerkR 2/2007 Anm. 1) (siehe auch § 254 BGB, Rn 122 ff).

130 Wird ein Mitfahrer auf einem **Karnevalswagen** verletzt, wirkt ein Verursachungsbeitrag der Karnevalsgesellschaft, die den Wagen nicht ordnungsgemäß gebaut hatte, nicht haftungsmindernd (LG Aachen zfs 1985, 65).

131 Die Beförderung von Personen auf (insbesondere landwirtschaftlichen) Anhängern ist **versicherungsrechtlich** problematisch. Es kann ein Verstoß gegen die Verwendungsklausel (§ 5 I Nr. 1 KfzPflVV) vorliegen (OLG Karlsruhe VersR 1986, 1180).

132 **ii) Karneval, Volksfest. Zum Thema:** *Gaisbauer* VersR 1990, 756, *Herzog* zfs 2012, 603.

133 **Massenveranstaltungen** wie Karneval, Fasching, Festumzug, Volks-/Schützenfest, Oktoberfest bedeuten für Teilnehmer, aber auch für Verkehrsteilnehmer, die hierauf treffen, besondere Gefahren und erhöhte Sorgfaltsmaßstäbe (LG Aachen VersR 2016, 744; LG Köln NZV 2014, 217; LG Offenburg NZV 2005, 322).

134 An Karnevalstagen muss im Rheinland in der Nähe von öffentlichen Veranstaltungen mit plötzlich und unkontrolliert auf die Fahrbahn laufenden Fußgängern gerechnet werden (OLG Düsseldorf r+s 1977, 255). Der Veranstalter eines Fastnachtsumzuges hat von den Zuschauern vermeidbare Gefahren nach Möglichkeit fernzuhalten (LG Ravensburg NJW 1997, 402; siehe zur fehlenden Haftung LG Trier NJW-RR 2001, 1470; AG Köln BeckRS 2001, 03128; AG Köln NJW 1999, 1972; AG Waldkirch NJW 1999, 1971). Bei Rosenmontagszügen muss der Veranstalter dafür sorgen, dass Zuschauer (vor allem Kinder) nicht zu nahe an die Festwagen herankommen; Radkappen der Festwagen müssen mit Blechen verkleidet werden (OLG Köln r+s 1979, 121; OLG Koblenz DAR 2014, 145).

135 **jj) Treibjagd.** Ein **Jagdveranstalter** ist nicht verpflichtet, den Straßenverkehr vor den allgemeinen Gefahren zu schützen, die von über die Straße wechselndem Wild in seinem Jagdrevier ausgehen (BGH NJW 1989, 2808; LG Aachen r+s 1988, 11). Etwas anderes gilt, wenn der Straßenverkehr über das Maß normaler Verkehrserwartung hinaus durch bei der Jagd aufgescheuchtes Wild beeinträchtigt wird (BGH VersR 1976, 593). Bei einer Treibjagd hat der Veranstalter für eine gefahrlose Organisation und Durchführung und insbesondere für die Sicherheit

des Straßenverkehrs gegen erhöhte Gefahren durch aufgescheuchtes Wild zu sorgen (LG Aachen NZV 1991, 433; LG Aschaffenburg NJWE-VHR 1998, 279; LG Bielefeld v. 29.5.2007 – 6 O 140/07 – juris; LG Rostock NJW-RR 2003, 522).

c) §§ 708, 1359, 1664 BGB. Der Straßenverkehr lässt seiner Natur nach keinen Spielraum für individuelle Sorglosigkeit, sondern erfordert unabhängig von persönlichen Eigenarten und Gewohnheiten eindeutige und strenge Haftungsmaßstäbe (BGH NJW 1974, 2124; BGH NJW 1973, 1654; BGH WM 1970, 931). **§ 1359 BGB** (BGH WM 1970, 931), **§ 1664 BGB** (siehe § 254 BGB, Rn 300 ff) und **§ 708 BGB** (BGH VersR 1967, 882; BGH NJW 1967, 558) finden daher keine Anwendung bei Unfällen im Straßenverkehr. — 136

d) Arbeitsrechtliche Haftung. aa) Gefahrgeneigte Arbeit. „Gefahrgeneigte Arbeit" ist ein veralteter Begriff im Rahmen arbeitsrechtlicher Haftung; mittlerweile wird auf typische Gefahren der Tätigkeit abgestellt. Die Grundsätze über die Beschränkung der Arbeitnehmerhaftung wurden erweitert auf alle Arbeiten, die durch den Betrieb veranlasst sind und aufgrund eines Arbeitsverhältnisses geleistet werden, auch wenn diese Arbeiten nicht gefahrgeneigt sind (BAG NJW 1995, 210); d.h. die gestufte Haftung nach Schuldvorwurf (Vorsatz, grobe Fahrlässigkeit und leichte Fahrlässigkeit) besteht nun für gefahrgeneigte Arbeit und nichtgefahrgeneigte Arbeit. — 137

bb) Arbeitnehmer. Arbeitnehmer haften nach den für das Arbeitsrecht entwickelten und auf andere Rechtsgebiete **nicht übertragbaren Grundsätzen** i.d.R. nicht für solche Schäden, die sie bei Verrichtung gefahrnaher Arbeit leicht fahrlässig verursachen. Rechtfertigung für die Beschränkung der Arbeitnehmerhaftung und Mithaftung des Arbeitgebers ist die Organisations- und Personalhoheit des Arbeitgebers, der die Abhängigkeit und Weisungsgebundenheit des Arbeitnehmers entspricht. Der Arbeitgeber bestimmt durch die Organisation des Betriebes, die Festlegung der Abläufe und die Einwirkung auf die Tätigkeit des Arbeitnehmers (insbesondere durch Ausübung seines Weisungsrechts) einseitig die Schadensexposition und damit das Haftungsrisiko des Arbeitnehmers, weshalb er sich die so von ihm selbst geschaffenen Schadensrisiken im Rahmen des § 254 BGB zurechnen lassen muss (BGH NZV 2017, 132; BAG NJW 1995, 210). — 138

(1) Arbeitsverhältnis. Nach den vom BAG (BAG NJW 1995, 210) entwickelten Grundsätzen hat ein Arbeitnehmer vorsätzlich bzw. grob fahrlässig verursachte (BAG NJW 1998, 1810) Schäden in vollem Umfang zu tragen, bei leichtester Fahrlässigkeit haftet er dagegen nicht. Bei normaler Fahrlässigkeit ist der Schaden zwischen Arbeitnehmer und Arbeitgeber zu verteilen. — 139

Das Verschulden des schädigenden Arbeitnehmers muss sich nach allgemeinen zivilrechtlichen Grundsätzen nur auf die Pflicht-, Rechtsgut- oder Schutzgesetzverletzung beziehen, nicht jedoch auf den eingetretenen Schaden (BAG NJW 2003, 377; BGH NJW 1980, 996). Dies gilt aber nur bei adäquat kausaler Schadenherbeiführung (BAG VersR 2008, 1654). Von diesem Grundsatz macht das BAG dann eine Ausnahme, wenn ein Fall der privilegierten Haftung (insbesondere in Fällen der betrieblich veranlassten Arbeitnehmerhaftung) vorliegt. Dann muss sich das Verschulden des Arbeitnehmers nicht nur auf die Pflichtverletzung, sondern auch auf den konkreten Schadenseintritt beziehen (BAG VersR 2008, 1654; BAG NJW 2003, 377). — 140

BGB § 254 Schadensersatzrecht des BGB

141 Die Beschränkung der Arbeitnehmerhaftung gilt für **alle Arbeiten,** die durch den Betrieb veranlasst sind und aufgrund eines Arbeitsverhältnisses geleistet werden, auch wenn diese nicht gefahrgeneigt sind (BAG NJW 2011, 1096; BAG NJW 1995, 210). Der VI. Zivilsenat des BGH folgt der Rechtsauffassung des BAG (BGH NJW 1994, 852; BGH NJW 1994, 856), der II. Zivilsenat des BGH (BGH NJW 1996, 1532) verlangt eine Abwägung zwischen Verschulden und Betriebsrisiko. Letztlich gilt der Grundsatz, dass der innerbetriebliche Schadensausgleich analog § 254 BGB aufgrund einer Abwägung der gesamten Umstände, insbesondere des Verschuldens des Arbeitnehmers auf der einen Seite und des Betriebsrisikos des Arbeitgebers auf der anderen Seite, vorzunehmen ist.

142 Die **Abwägung** wird beeinflusst u.a. durch Schadenhöhe, Art der übertragenen Tätigkeit, Höhe des Arbeitsentgelts, eine etwaige Gefahrgeneigtheit, Verschulden des Arbeitnehmers, Stellung des Arbeitnehmers im Betrieb, Dauer der Betriebszugehörigkeit und bisheriges Verhalten (BAG NJW 2011, 1096).

143 Während eine versicherungsvertragliche Risikodeckung des Arbeitgebers in die Abwägung einfließt (BAG NJW 2011, 1096), wirkt sich eine **freiwillig** abgeschlossene **Privathaftpflichtversicherung** grundsätzlich nicht auf die interne Betriebsrisikoverteilung aus (BAG NJW 1998, 1810; BGH NJW 1959, 2205). Anderes gilt, wenn der Arbeitgeber vor Einstellung des Arbeitnehmers wegen der Risiken der gefahrgeneigten Tätigkeit den Abschluss einer solchen privaten Haftpflichtversicherung verlangt und zur Einstellungsbedingung gemacht hatte; erst recht, wenn dafür zusätzliche Vergütungsbestandteile vereinbart wurden (BAG NJW 2011, 1096).

144 Der Arbeitgeber hat seinem Arbeitnehmer an dessen Fahrzeug entstandene **Unfallschäden** analog § 640 BGB zu ersetzen, wenn das Fahrzeug mit Billigung des Arbeitgebers in dessen Betätigungsbereich (z.B. **Dienstreise**) eingesetzt wurde, und der Arbeitnehmer keine besondere zur Abdeckung des Unfallschadensrisikos bestimmte Vergütung erhalten hat. Bei grob fahrlässiger Schadensverursachung ist ein Ersatzanspruch ausgeschlossen, bei mittlerer Fahrlässigkeit hat eine Verteilung nach Billigkeit und Zumutbarkeit zu erfolgen; fehlendes oder geringeres Verschulden hat der Arbeitnehmer zu beweisen (BAG zfs 2011, 313).

145 Zum **Falschbetanken** siehe § 254 BGB, Rn 150 ff.

146 **(2) Außenverhältnis.** Der Grundsatz, dass die Versicherung sich nach der Haftung und nicht umgekehrt die Haftung nach der Versicherung richtet (§ 254 BGB, Rn 108), erfährt eine Einschränkung, wenn zugunsten eines Arbeitnehmers eine gesetzlich vorgeschriebene Haftpflichtversicherung (z.B. Kfz-Haftpflichtversicherung; BAG NJW 1998, 1810; BAG VersR 1966, 571; BGH NJW 1972, 440) eingreift, da die nur für den Arbeitnehmer entwickelte Vergünstigung nicht dem **Pflichtversicherer** zugutekommen soll. Eine **private Haftpflichtversicherung,** mit der sich der Arbeitnehmer freiwillig gegen das Risiko seiner betrieblichen Tätigkeit versichert, schließt aber die Berufung auf eine Haftungsmilderung nicht aus (§ 254 BGB, Rn 143).

147 Die Beschränkung der Haftung im Innenverhältnis zum Arbeitgeber führt nicht zu einer Beschränkung der Verpflichtung des Arbeitnehmers im Außenverhältnis zum (am Arbeitsverhältnis nicht beteiligten) **Geschädigten,** es bleibt bei der unmittelbaren und nicht eingeschränkten Verantwortlichkeit des schädigenden Arbeitnehmers (BGH NJW-RR 1995, 659; BGH VersR 1995, 427). Der Arbeitnehmer hat dann unter Beachtung der Grundsätze über die gefahrgeneigte Arbeit einen **Freistellungsanspruch** gegenüber seinem Arbeitgeber, trägt aber das **volle**

Mitverschulden § 254 BGB

Ausfallrisiko bei dessen Zahlungsunfähigkeit (BAG jurisPR-VerkR 20/2009 Anm. 1 = r+s 2009, 394). Verursacht ein Arbeitnehmer grob fahrlässig bei einem Dritten einen Schaden, besteht für ihn kein Freistellungsanspruch gegenüber seinem Arbeitgeber. Der Umstand, dass der Arbeitgeber keine den Arbeitnehmer einschließende Betriebshaftpflichtversicherung abgeschlossen hat, begründet keinen Freistellungsanspruch, weil der Arbeitgeber hierzu im Verhältnis zu dem Arbeitnehmer nicht verpflichtet war und angesichts des Charakters der von dem Arbeitnehmer geschuldeten Tätigkeit keine Obliegenheit bestand, bezogen auf Drittschäden eine solche abzuschließen (LAG Sachsen-Anhalt BeckRS 2015, 72680). Der Freistellungsanspruch ist nicht höchstpersönlich, sondern abtretbar und pfändbar (§ 851 ZPO). Pfändet der Geschädigte den Freistellungsanspruch und lässt er ihn sich zur Einziehung überweisen, kann er unmittelbar gegen den Arbeitgeber vorgehen, wobei sich der Freistellungsanspruch dann in einen Zahlungsanspruch umwandelt (BAG VersR 2017, 875).

(3) Gestörte Gesamtschuld. Der nicht selbst auf der **gemeinsamen Be-** 148 **triebsstätte** tätige Unternehmer, der neben seinem nach § 106 III 3. Alt. SGB VII haftungsprivilegierten Verrichtungsgehilfen nur nach §§ 831, 823, 840 I BGB als Gesamtschuldner haftet, ist gegenüber dem Geschädigten nach den Grundsätzen des gestörten Gesamtschuldverhältnisses (dazu § 840 BGB, Rn 41 ff) von der Haftung für erlittene Personenschäden freigestellt (§ 840 II BGB). Ein im Innenverhältnis zwischen Verrichtungsgehilfen und Geschäftsherrn bestehender arbeitsrechtlicher Freistellungsanspruch bleibt außer Betracht (BGH NJW 2004, 951).

cc) Amtsträger. Für das Rückgriffs(innen)verhältnis zwischen Amtsträger und 149 Körperschaft gelten die Beschränkungen von Art 34 S. 2 GG sowie der beamtenrechtlichen Regressvorschriften (z.B. § 75 I BBG, § 24 I SG). Im Hinblick auf die in § 48 BeamtStG normierte Haftungseinschränkung (Vorsatz, grobe Fahrlässigkeit) entfällt i.d.R. ein aus Fürsorgegründen gebotener Billigkeitserlass (VG Münster zfs 2017, 299). Der **Personalrat** ist zu beteiligen (OVG NRW DÖV 2015, 1018; VG Würzburg BeckRS 2016, 42492). Der Beamte ist im Hinblick auf die beamtenrechtliche Fürsorgepflicht ausdrücklich über sein Recht, die Beteiligung der Personalvertretung zu beantragen, zu belehren (BayVGH BeckRS 2014, 58937; VG Würzburg BeckRS 2016, 42492; differenzierend BVerwG NVwZ 1989, 54; BVerwG BVerwGE 68, 197).

Nach **§ 48 BeamtStG** haben Beamte, die vorsätzlich oder grob fahrlässig die 149a ihnen obliegenden Pflichten verletzen, dem Dienstherrn, dessen Aufgaben sie wahrgenommen haben, den daraus entstehenden Schaden zu ersetzen. Siehe zum **Regress des Dienstherrn** ausführlich *Haus* zfs 2017, 299 m.w.H.

Grobe Fahrlässigkeit orientiert sich auch im Verwaltungsrecht regelmäßig 149b nach den im Zivilrecht entwickelten Maßstäben (BVerwG NVwZ 2013, 952; BVerwG NJW 1980, 1246; VG Greifswald BeckRS 2016, 50472). Einzelfälle: OVG Sachsen-Anhalt BeckRS 2014, 52741 (Wasserschlag); VG Magdeburg BeckRS 2014, 49662 (Rückwärtsausparken); VG Münster zfs 2017, 299 (Verspätetes Einschalten des Blaulichts); Falschbetankung siehe § 254 BGB, Rn 154 ff.

e) Falschbetankung. aa) Deckung. Hat ein Versicherungsnehmer in der 150 **Privathaftpflichtversicherung** als Fahrer eines Kfz dieses falsch betankt, besteht kein Versicherungsschutz in der Privathaftpflichtversicherung („kleine Benzinklausel") für einen eingetretenen Motorschaden (KG VersR 2012, 1164; LG Köln

SP 2008, 160). Es greift der Haftungsausschluss der sog. Benzinklausel (LG Dortmund BeckRS 2016, 13616 = jurisPR-VerkR 20/2016 Anm. 3).

151 Der **Kfz-Haftpflichtversicherer** ist unzuständig; nach A.1.5.3 AKB sind Schäden am versicherten Fahrzeug ausgeschlossen (OLG Hamburg OLGR 2008, 895).

152 Die Wahl des falschen Kraftstoffs ist ein in der **Kaskoversicherung** nichtversicherter Bedienungsfehler (Betriebsschaden, A.2.3.2 AKB) (BGH NJW-RR 2003, 1248; OLG Düsseldorf NJW-RR 2009, 610; OLG Rostock OLGR 2004, 247). Auch eine auf Bedienfehler des Fahrers zurückzuführende Tankimplosion ist durch die Kaskoversicherung nicht gedeckt (OLG Hamm NJW-RR 1995, 988; LG Düsseldorf SP 2008, 265).

153 bb) **Haftung der Tankstelle.** Die Betankung eines Fahrzeuges mit dem falschen Kraftstoff durch Mitarbeiter einer Tankstelle stellt eine zum Schadenersatz verpflichtende Pflichtverletzung dar. Der Kunde muss dabei weder den Tankvorgang noch die später erteilte Quittung auf fehlerhaftes Betanken hin kontrollieren (OLG Hamm NJW-RR 2011, 532).

154 cc) **Haftung des Betankers.** Dem Fahrzeugeigentümer gegenüber haftet derjenige, der das Fahrzeug betankt, nur bei grobfahrlässigem Verhalten. Während das Verwechseln von Benzin und Diesel i.d.R. grob fahrlässig ist, ist das Betanken eines Leihwagens mit Biodiesel statt mit Diesel nicht als grob fahrlässig zu bewerten (LG Osnabrück DAR 2008, 484).

155 Betankt ein Beamter einen ihm anvertrauten Dienstwagen mit falschem Kraftstoff, handelt er i.d.R. grob fahrlässig und ist dem Dienstherrn zum Ersatz des daraus entstehenden Schadens verpflichtet (OVG Lüneburg NJOZ 2013, 1553; OVG Lüneburg NdsVBl 2008, 177, OVG Rheinland-Pfalz DAR 2004, 721; VG Minden BeckRS 2009, 34362; VG Osnabrück BeckRS 2006, 22507). Nur ausnahmsweise liegt ein (dann allerdings anspruchsausschließender) milderer Verschuldensmaßstab vor (VG Aachen BeckRS 2011, 47837; VG Kassel BeckRS 2007, 06829). Dienstherrn sind nicht aufgrund der allgemeinen Fürsorgepflicht (§ 45 BeamtStG) gehalten, durch technische oder organisatorische Vorkehrungen sicherzustellen, dass es erst gar nicht zu Handlungen des Beamten kommen kann, die wegen grober Fahrlässigkeit zu einem Schadensersatzanspruch (§ 48 S. 1 BeamtStG) des Dienstherrn gegen den Beamten führen (BVerwG NJW 2017, 10). Unterlässt der Dienstherr das Anbringen eine Falschbetankung verhindernden Tankadapters, kann dieses im Einzelfall analog § 254 BGB zur Anspruchskürzung führen (VG Greifswald BeckRS 2016, 50472).

156 Bei Falschbetankung durch einen Arbeitnehmer kann eine Quotelung erfolgen (LAG Rheinland-Pfalz BeckRS 2008, 53521).

157 Besteht der Bedienungsfehler in dem Einfüllen von Dieseltreibstoff in den Öleinfüllstutzen, kann ein Mitverschulden des Fahrzeug-Vermieters in der Verletzung seiner Einweisungspflicht liegen (OLG Dresden NJW-RR 2001, 1252).

158 f) **Drittwirkung. aa) Verzicht.** Eine wirksame Verzichtserklärung des Verletzten wirkt auch zugunsten des – für den Schädiger eintrittspflichtigen – **Haftpflichtversicherers** (OLG Koblenz zfs 1987, 130).

159 Der Regressverzicht des **Gebäudeversicherers** bei leicht fahrlässig verursachten Schäden am Gebäude durch den Mieter (dazu BGH NJW-RR 2017, 22; BGH NJW 2006, 3711; BGH NJW 2001, 1353) erstreckt sich nicht auf den

Direktanspruch gegen die Kfz-Haftpflichtversicherung des Mieters (OLG Nürnberg NJW-RR 2009, 170).

Vereinbaren die Parteien eines gewerblichen Kfz-Mietvertrages gegen Entgelt eine Haftungsreduzierung für den Mieter nach Art der Vollkaskoversicherung, verliert der Mieter diesen Versicherungsschutz nicht, wenn ein **Dritter**, dem er das Fahrzeug **überlassen** hat, dieses schuldhaft beschädigt (BGH NJW 2009, 2881). Siehe auch § 254 BGB, Rn 104, vor § 249 BGB, Rn 258. **160**

Ansprüche können bei wirksamem Haftungsverzicht (z.B. bei Gefahrengemeinschaft) nicht mehr auf **Drittleistungsträger** (insbesondere Sozialversicherung) übergehen (BGH NJW-RR 2009, 812; BGH jurisPR-VerkR 13/2009, Anm. 3 = NJW 2009, 1482; *Nugel* NZV 2011, 1). Es handelt sich nicht um einen unzulässigen Vertrag zu Lasten Dritter (OLG München r+s 2017, 41; *Salje* NZA 1990, 299]). **161**

bb) Drittleistungsträger. Ist bereits in der Person des Verletzten selbst kein (oder nur ein beeinträchtigter) Anspruch entstanden, kann auch kein weitergehender Anspruch auf **Rechtsnachfolger** (z.B. Arbeitgeber, SVT) übergehen. Haftungsbeeinträchtigungen, Mitverantwortungseinwendungen sowie Verstöße gegen die Schadenminderungspflicht gelten auch zulasten derjenigen, die ihre Rechte vom unmittelbar Unfallbeteiligten ableiten, wie Hinterbliebene und Rechtsnachfolger (insbesondere Drittleistungsträger, z.B. Arbeitgeber, SVT) (BGH VersR 1979, 424; BGH NJW 1984, 354). Da der Drittleistungsträger keine eigenen, sondern ausschließlich fremde Schadenersatzansprüche im Wege des gesetzlichen bzw. des privatrechtlichen Forderungsüberganges verfolgt, kommt es allein auf schadenersatzrechtliche Kriterien im Verhältnis zwischen Schadenersatzpflichtigem und unmittelbar geschädigter Person an (OLG Oldenburg DAR 2001, 313). **162**

Die **Beweislastverteilung** im Drittleistungsrecht (z.B. arbeitsrechtlicher Entgeltfortzahlungsanspruch des Arbeitnehmers) ist streng zu scheiden von der Beweislastverteilung beim Schadenersatz (Anspruch auf Schadenersatz wegen Körperverletzung und z.B. darauf beruhendem Verdienstausfall) (siehe *Burmann/Jahnke* NZV 2013, 313, *Jahnke* jurisPR-VerkR 5/2010 Anm. 4 m.w.N., *Zoll* r+s Sonderheft 2011 zum 75. Geburtstag von Hermann Lemcke, S. 142). **163**

Besonderheiten sind wegen der unterschiedlich ausgestalteten Forderungsübergangsvorschriften zu beachten, u.a. bestehen **Quotenvorrechte** (z.B. Hinterbliebenenvorrecht, beamtenrechtliches Vorrecht, Kaskoquotenvorrecht; siehe § 254 BGB, Rn 311 ff) des Geschädigten, die sich unproportional nachteilig auf die Forderungshöhe der beteiligten Drittleistungsträger auswirken können (OLG Hamm NZV 2004, 43). **164**

g) Eigenschaden. Zum Thema: *Stiefel/Maier-Jahnke*, § 115 VVG Rn 26, 191 ff; *Stiefel/Maier-Maier*, A.1 AKB Rn 26, 257 ff. **164a**

Die Eigenschadenproblematik betrifft Fragen sowohl der Deckung wie der Haftung. **164b**

aa) Deckung. Nach A.1.5.6 AKB (zulässiger Risikoausschluss nach § 4 Nr. 1 KfzPflVV) sind Haftpflichtansprüche des Versicherungsnehmers gegen mitversicherte Personen wegen **Sach- und Vermögensschäden** von der Kfz-Haftpflichtversicherung ausgeschlossen (Eigenschaden) Der Ausschluss umfasst auch Ansprüche wegen Beschädigung oder Zerstörung eines anderen Fahrzeugs des Versicherten (BGH NZV 2008, 509; OLG Nürnberg VersR 2004, 905). **164c**

164d Hat der Fahrzeugführer Ansprüche (z.b. pVV eines Arbeitsvertrages oder eines Vertrages über ein Mietfahrzeug) gegen den Halter, weil dieser für nur unzureichenden Deckungsschutz des schadenverursachenden Fahrzeug sorgte (keine Prämienzahlung, nur Mindestversicherungssumme), kann der Fahrer nicht den Kfz-Haftpflichtversicherer wegen des Fehlverhaltens des Halters in Anspruch nehmen (BGH NJW 1971, 937).

164e Führt eine **mitversicherte Person** (z.B. Fahrer) zwar den Schaden (wie Beschädigung der Garage, Zerstörung eines anderen Fahrzeugs des Versicherten; BGH NZV 2008, 509) herbei, haftet diese (z.b. Fahrer) zwar persönlich für den Schaden. Es fehlt aber an der Deckung im Haftpflichtbereich, da Haftpflichtansprüche des Versicherungsnehmers gegen mitversicherte Personen wegen Sach- und Vermögensschäden von der Kfz-Haftpflichtversicherung ausgeschlossen sind (OLG Thüringen VersR 2004, 1168 m.w.N.).

164f Wer mit einem **fremden Kfz** auf sein eigenes Kfz auffährt, hat auch dann keinen Ersatzanspruch gegen den Haftpflichtversicherer des auffahrenden Kfz, wenn er sein Kfz zur Unfallzeit an ein Kreditinstitut sicherungsübereignet hatte (LG München I NZV 1999, 516). Ein Fahrzeugvermieter kann wegen eines Schadens an einem seiner Fahrzeuge, den der Mieter eines anderen Fahrzeugs mit dem Mietfahrzeug verursacht hat, vom Mieter keinen Schadensersatz verlangen; es sei denn, diesem fällt Vorsatz oder grobe Fahrlässigkeit zur Last (LG Berlin NJW-RR 2000, 1046).

164g **bb) Haftung.** Bei Personenidentität von Schädiger und Geschädigtem besteht kein Anspruch gegen den Haftpflichtversicherer. Fährt der Versicherte gegen sein eigenes Fahrzeug oder Garagentor, ist bereits die **Haftung** ausgeschlossen, da es an der Verletzung des Rechtsgutes „eines Anderen" fehlt (LG Paderborn VersR 2002, 1097; LG Freiburg NJW 1977, 588; LG Köln zfs 1986, 20; LG Mainz NJW 1974, 243). Eine Verantwortlichkeit entfällt, wenn Schädiger (Versicherter) und Geschädigter (Anspruchsteller) personenidentisch sind (OLG Nürnberg VersR 2004, 905). Eine Einmann-GmbH, die einer anderen Einmann-GmbH einen Schaden zufügt, ist nicht Dritter i. S. d. § 100 VVG, wenn bei beiden Gesellschaften der jeweilige Allein-Gesellschafter und Geschäftsführer identisch sind (LG Magdeburg r+s 2017, 97).

164h Der Halter eines **Anhängers** muss sich das Verhalten des Fahrers einer Zugmaschine, mit der der Anhänger mit seinem Wissen und Wollen bewegt wird, im Rahmen der Gefährdungshaftung nach § 7 StVG im Verhältnis zum Halter der Zugmaschine wie eigenes Mitverschulden (§ 9 StVG, § 254 BGB) zurechnen lassen, wenn bei dem Betrieb von Zugmaschine und Anhänger ein im Eigentum des Halters des Anhängers stehendes weiteres Fahrzeug beschädigt wird (OLG Hamm NZV 2016, 219).

165 **4. Haftungseinheit. Zum Thema:** *Jahnke/Thinesse-Wiehofsky,* § 2 Rn 591 ff; *Lemcke* r+s 2009, 45; *Steffen* DAR 1990, 41.

166 **a) Keine Gesamtschuld.** Auf die zur gestörten Gesamtschuld entwickelten Grundsätze (dazu § 840 BGB, Rn 41 ff) kann dann nicht zurückgegriffen werden, wenn eine **Haftungs- oder Zurechnungseinheit** besteht (BGH NJW 1996, 2023).

167 Liegt eine Haftungs- oder Zurechnungseinheit vor, ist dieses **anspruchskürzend** bereits bei der Abwicklung der unmittelbaren Ansprüche des Direktgeschädigten (und seiner Drittleistungsträger) zu berücksichtigen. Die Haftung gegenüber dem zu einer Haftungseinheit gehörenden Geschädigten ist dann bereits auf die Quote beschränkt. Werden die Anteile der zur Haftungs-/Zurechnungseinheit gehörenden Personen nicht bereits beim unmittelbar Geschädigten berücksichtigt, kann dieses nicht mehr beim Gesamtschuldnerausgleich korrigiert werden (BGH NJW 1978, 2392). Im Einzelfall kann aber ein **Bereicherungsanspruch** gegenüber dem weiteren Täter in Betracht zu ziehen sein (BGH NJW 1978, 2392; OLG Schleswig zfs 1998, 128; OLG Stuttgart NZV 1992, 185).

b) Einheitliche Verursachung. Eine Haftungseinheit ist anzunehmen, wenn 168 das Verhalten mehrerer Beteiligter sich im Wesentlichen in ein und demselben zum Unfall führenden Ursachenbeitrag ausgedrückt hat **(Identität des Tatbeitrages).**

Die Grundsätze der Haftungseinheit kommen auch dann zum Tragen, wenn das 169 haftungsrelevante **Verhalten mehrerer Schädiger** aus Gründen der besonderen Fallgestaltung faktisch im Wesentlichen zu ein und demselben Schadenbeitrag verschmilzt oder überlappt, bevor dieser Beitrag mit der vom Geschädigten gesetzten Kausalkette zusammentrifft und dort zum Schaden führt (BGH NJW 1996, 2647; OLG Hamm NZV 1999, 128; OLG Thüringen VersR. 1998, 990).

Fahrer und **Halter** desselben schädigenden Fahrzeugs bilden eine Haftungsein- 170 heit (BGH NJW 2011, 447; BGH NJW 1966, 1262), an welcher der Haftpflichtversicherer des Fahrzeugs wegen des sich aus § 115 I 4 VVG (§ 3 Nrn. 1, 2 PflVG aF) ergebenden Schuldbeitritts ebenfalls teilnimmt (BGH NJW 2006, 896). Für die Gesamtschau neben weiteren Schädigern und Geschädigten sind die Vorgenannten wie ein einziger Schädiger zu berücksichtigen. Bei Haftung nur nach StVG steht der Höchstbetrag der StVG-Haftung nur ein einziges Mal zur Verfügung (§ 12 StVG, Rn 9).

Gleiches gilt für **Tierhalter** und Tierführer (OLG Schleswig-Holstein zfs 1998, 171 128) sowie **Geschäftsherr** und Erfüllungshilfe bzw. Verrichtungsgehilfe (BGH VersR 1952, 287).

Einem **schuldfähigen Kind** kann das Mitverschulden eines Aufsichtspflichti- 172 gen über die Haftungseinheit zuzurechnen sein (BGH VersR 1983, 131; BGH NJW 1978, 2392; OLG Hamm r+s 2000, 237; OLG Stuttgart NZV 1992, 185). Ein **nicht deliktsfähiges Kind,** das den Unfall nicht in zurechenbarer Weise mitverursacht hat, kann aber nicht in einer Haftungseinheit mit einem Elternteil stehen (BGH NJW 1988, 2667; OLG Hamm r+s 1995, 455). Es besteht dann Gesamtschuld z.B. mit dem seine Aufsichtspflicht verletzenden Elternteil (siehe § 254 BGB, Rn 136, § 254 BGB, Rn 299 ff).

c) Ausgleich. Die in einer Haftungseinheit verbundenen Gesamtschuldner 173 sind – auch für die Gesamtschau neben weiteren Schädigern und Geschädigten (BGH NJW 2006, 896) – zusammen wie ein einziger Verursacher zu behandeln (BGH NZV 1989, 349). Im Rahmen der Abwägung von Verursachungsanteilen kommen Haftungseinheiten in Betracht, wenn die Haftung eines Teiles nur aufgrund der rechtlichen Zurechnung des Verhaltens eines anderen Teils begründet ist (z.B. bei Fahrer und Halter, Reiter und Pferdehalter).

Der Ausgleich unter mehreren Gesamtschuldnern erfolgt nach Kopfteilen (oder 174 individuell festgelegten Quoten), ohne dass im Innenverhältnis mehrerer Gesamtschuldner dann ein neues Gesamtschuldverhältnis entsteht (Teilschuld). Sind Haftungseinheiten zu berücksichtigen, haften einzelne Mitglieder dieser Haftungseinheit nach außen gesamtschuldnerisch mit allen anderen Verantwortlichen. Die in einer Haftungseinheit verbundenen Gesamtschuldner haften im Innenausgleich dem außerhalb der Haftungseinheit stehenden Mitschuldner in Höhe des auf die

BGB § 254

Haftungseinheit entfallenden Anteils als Gesamtschuldner und haben sich ihrerseits auf einer zweiten Stufe unabhängig von den übrigen Mitschädigern auseinander zu setzen (BGH NZV 1989, 349).

175 Innerhalb der Haftungseinheit erfolgt eine teilschuldnerische und nicht gesamtschuldnerische Ausgleichung. Auch gegenüber weiteren Haftpflichtigen gilt die Teilschuldabwicklung im Innenverhältnis.

176 Ein Gesamtschuldnerausgleich findet immer nur zwischen den jeweiligen Haftungseinheiten statt, niemals aber zwischen einzelnen innerhalb und außerhalb von Haftungseinheiten stehenden Schädigern (BGH NJW 1957, 1834; *Lemcke* r+s 2009, 45).

177 **5. Anspruchsminderung wegen Mitverantwortung. Zum Thema:** *Stöhr* zfs 2010, 62. Siehe auch vor § 10 StVG Rn 7 ff und die Ausführungen zu § 16 StVG.

177a **a) Strafrecht.** Im Rahmen eines Strafverfahrens ist ein Mitverschulden des Unfallgegners nur dann geeignet, die Vorhersehbarkeit eines Unfalls für den Täter einer fahrlässigen Körperverletzung auszuschließen, wenn es in einem gänzlich vernunftwidrigen oder außerhalb der Lebenserfahrung liegenden Verhalten besteht (BGH NJW 1958, 1980; KG NZV 2015, 45).

178 **b) Allgemeines.** Der Geschädigte kann durch eigenes oder ihm zurechenbares Verhalten Dritter (z.B. Anwalt, Eltern) die Kostenhöhe **aller** oder nur **einzelner Schadenpositionen** unangemessen beeinflussen. Es sind die jeweiligen Verursachungsbeiträge zu Schadeneintritt und Schadenhöhe gegeneinander abzuwägen, wobei § 254 BGB es zulässt, einen der Beteiligten (auch den Verletzten) allein mit dem Schaden zu belasten (OLG Dresden VersR 1999, 765; zu den verfassungsrechtlichen Grenzen BVerfG NJW 2016, 3013). Der Vorschrift des § 254 BGB – einer Ausprägung des in § 242 BGB festgelegten Grundsatzes von Treu und Glauben (BGH VersR 1981, 1178 m.w.N.) – liegt der allgemeine Rechtsgedanke zugrunde, dass der Geschädigte für jeden Schaden mitverantwortlich ist, bei dessen Entstehung er in zurechenbarer Weise mitgewirkt hat (BGH NJW-RR 2015, 1056; BGH NJW 1997, 2234).

179 Mitverantwortung ist **von Amts wegen** zu berücksichtigen (AG Bochum SP 2009, 266).

179a Die Frage, ob ein zurechenbares Verschulden des Geschädigten gegen sich selbst vorliegt, kann nicht verallgemeinernd für alle Situationen, sondern nur im Hinblick auf die **konkrete Gefährdungssituation** beantwortet werden (BGH NJW-RR 1998, 1723; BGH NJW 1982, 168; BGH NJW 1961, 655).

180 **c) Nachweis.** Während Umfang und Höhe des Schadens sowie die Erforderlichkeit schadenbeseitigender bzw. -lindernder Maßnahmen vom Geschädigten zu beweisen sind, trägt für die Anwendungsvoraussetzungen des § 254 BGB der Schädiger die **Beweislast** (BGH NJW 2015, 1311; BGH NZV 2014, 119; BGH VersR 1998, 1428). Nimmt nach einer Kollision zweier Fahrradfahrer einer den anderen in Anspruch, muss er ein (Mit-)Verschulden des in Anspruch genommenen Unfallgegners nach den Grundsätzen des § 286 ZPO beweisen (OLG Celle jurisPR-VerkR 17/2017 Anm. 1; OLG Hamm NZV 2017, 335).

181 **d) Mitverschuldensfähigkeit.** Zur Zurechnung elterlichen Verhaltens siehe § 254 BGB, Rn 279 ff.

Mitverschulden § 254 BGB

aa) Schuldfähigkeit. Der Einwand des Mitverschuldens setzt, anders als der 182 Einwand mitwirkender Gefährdungshaftung oder Betriebsgefahr (ein Verschulden wird hier bereits nicht haftungsbegründend vorausgesetzt, § 254 BGB, Rn 185 ff), stets Verschuldensfähigkeit voraus (OLG München r+s 2003, 170).

Kinder müssen **deliktsfähig** sein (§ 828 BGB), wenn ihnen eigenes Verhalten 183 anspruchsmindernd auf den materiellen Schaden zugerechnet werden soll (BGH VersR 1975, 133). Gleiches gilt bei Anspruchskürzung im Rahmen einer **Haftungseinheit** (siehe § 254 BGB, Rn 172).

Einen Verschuldensausschluss nach **§ 827 BGB** hat der Verletzte darzulegen und zu beweisen (OLG Hamm NZV 2012, 595). Steht der Verletzte unter Alkoholeinfluss befand, ist ihm zuzurechnen, dass er sich überhaupt in einen solchen Zustand gebracht und sich betrunken in den öffentlichen Straßenverkehr begeben hat (LG Essen BeckRS 2012, 11927 [OLG Hamm NZV 2012, 595]).

Handelt ein **schuldunfähiges Kind** grob verkehrswidrig, ist allerdings der 184 Schmerzensgeldanspruch zu reduzieren, da der Tatbeitrag nur ein Bemessungsfaktor unter anderen ist und Verschuldensfähigkeit für die Anspruchskürzung insofern nicht vorausgesetzt (OLG Celle DAR 1975, 269; OLG Karlsruhe VersR 1979, 653).

bb) Gefährdungshaftung. Auf Schuldfähigkeit kommt es nicht an, sofern die 185 Anspruchskürzung aus Gefährdungshaftung resultiert. Hat der Geschädigte eine Gefährdungshaftung zu vertreten (z.B. Tiergefahr als Reittier- oder Hundehalter; Kfz-Betriebsgefahr), setzt der Mithaftungseinwand keine Verschuldensfähigkeit voraus, da ein Verschulden eben nicht haftungsbegründend erforderlich ist.

Geschäftsunfähige, beschränkt Geschäftsfähige, juristische Personen und Gesell- 186 schaften können u.a. Halter von Fahrzeugen und Tieren sein (*Feltz/Kögel* DAR 2004, 124). Die gesetzlichen Vertreter von juristischen Personen sind als solche keine Halter (*Hentschel/König/Dauer-König*, § 7 StVG Rn 22).

Soweit Kinder/Jugendliche z.B. Halter von Tieren und Motorfahrzeugen (wie 187 Motorroller, Mofa, motorisiertes Skateboard) sind, wirkt die – von Schuldfähigkeit und vorwerfbarem Verhalten nicht abhängige – Haltergefahr anspruchsmindernd. Der Verantwortungsausschluss des § 828 II BGB lässt die Gefährdungshaftung des Kindes als Halter unberührt (*Hentschel/König/Dauer-König*, § 7 StVG Rn 20, 22). Wer einem Minderjährigen z.B. ein Mofa zur Mitbenutzung schenkt, zugleich aber die Kosten trägt und die Verfügung über das Fahrzeug behält, ist Halter (OLG Hamm VRS 53, 313).

e) Mitverursachung (Haftung dem Grunde nach). aa) Mitverursachung. 188 Gegenüber **allen Ansprüchen** kann der Einwand bestehen,
– der Geschädigte selbst habe bereits den Unfall entweder **mitverschuldet** (z.B. durch überhöhte Geschwindigkeit, Missachtung des Rechtsfahrgebotes, zu dichtes Auffahren, Bremswegverkürzung) oder
– ihm gelinge der ihm obliegende **Unabwendbarkeitsbeweis** (z.B. ungeklärter Zusammenstoß im Begegnungsverkehr) nicht bzw.
– er habe eine **Gefährdungshaftung** (z.B. Tiergefahr) zu vertreten.

bb) Gefährdungshaftung. Siehe auch § 16 StVG, Rn 6 ff. Die Gefährdungs- 189 haftung kann im Rahmen der Abwägung nach § 9 StVG, § 254 I BGB entfallen, wenn die im Vordergrund stehende Schadensursache ein grob verkehrswidriges Verhalten des Geschädigten darstellt (BGH NZV 2014, 119).

(1) Gefährdung. Die Teilnahme am allgemeinen Straßenverkehr an sich wirkt 190 sich grundsätzlich als sozialadäquates Verhalten noch nicht auf die Anspruchshöhe

BGB § 254 Schadensersatzrecht des BGB

aus (BGH NJW 1997, 455). War der Verletzte aber für eine Schadensquelle aufgrund Sachherrschaft verantwortlich (z.b. als Halter eines Kfz oder Tieres), muss er sich eine **mitwirkende Betriebsgefahr** selbst dann, wenn ihn kein Verschulden trifft, anspruchsmindernd gegenüber seinen materiellen Ansprüchen, aber auch einem Schmerzensgeldanspruch entgegenhalten lassen (§ 253 BGB, Rn 40); es sei denn, im gelingt eine zugelassene Entlastung (z.B. Unabwendbarkeitsnachweis).

191 Die Gefährdungshaftung (§ 7 StVG) ist nicht auf Unfälle im öffentlichen Straßenverkehr beschränkt, sondern besteht bei allen mit seinem Betrieb zusammenhängenden Unfällen; auch bei solchen Unfallereignissen, die sich auf Privatgrundstücken ereignen (OLG Celle r+s 2013, 145). Zur Betriebshaftung siehe *Burmann/Jahnke* DAR 2016, 313.

191a Bei einem **berührungslosen Unfall** ist Voraussetzung für die Zurechnung des Betriebs eines Kfz zu einem schädigenden Ereignis, dass es über seine bloße Anwesenheit an der Unfallstelle hinaus durch seine Fahrweise oder sonstige Verkehrsbeeinflussung zu der Entstehung des Schadens beigetragen hat (BGH NJW 2017, 1173; BGH NJW 2010, 3713).

192 Bei mitwirkender **Tiergefahr** gilt nicht § 7 II StVG (höhere Gewalt), sondern § 17 IV StVG (Unabwendbarkeit) (BGH jurisPR-VerkR 9/2012, Anm. 1 = NJW 2012, 1730; OLG Saarbrücken SP 2012, 209; *Heß/Burmann* NJW-Spezial 2005, 543, *Lemcke* r+s 2015, 155).

193 **(2) Halter.** Fahrzeughalter (siehe auch § 7 StVG) ist, **wer** das Fahrzeug im Unfallzeitpunkt im eigenen Namen für eigene Rechnung (auf eigene Kosten) gebraucht, die Verwendungsnutzungen zieht und damit über die Fahrzeugnutzung als Gefahrenquelle so verfügen kann, wie es dem Wesen der Veranlasserhaftung entspricht, mithin Anlass, Zeit und Zeitpunkt der Fahrten selbst bestimmt. Der Halterbegriff in § 7 StVG und § 31a StVZO ist inhaltlich identisch (OVG Lüneburg DAR 2014, 338; ausführlich zum Halterbegriff OVG Nordrhein-Westfalen NJW 2014, 2811). Die Eintragung in der Zulassungsbescheinigung Teil I bewirkt keinen Anscheinsbeweis für die Haltereigenschaft des Eingetragenen (LG Nürnberg-Fürth r+s 2015, 545; a.A. AG Saarbrücken v. 12.1.2006 – 5 C 654/05 – juris).

193a Wird das Fahrzeug verkauft, endet die Haltereigenschaft (siehe auch § 13 IV FZV). Zur Haltereigenschaft bei saisonbedingter Abmeldung des Fahrzeugs siehe VG Würzburg BeckRS 2013, 45232.

194 Eine lediglich **vorübergehende Fahrzeugnutzung** begründet ebenso wenig die Haltereigenschaft (BGH NJW 1997, 660) wie die kurzfristige Überlassung (z.B. Abholung eines Kfz durch Werkstattbetreiber zwecks Reparatur oder Probefahrt: OLG Hamm NJW 2013, 1248 unter Hinweis auf RG RGZ 150, 134; Miete, Leihe: BGH NJW 1960, 1572; *Lemcke* zfs 2002, 319) eines Fahrzeugs die Haltereigenschaft beendet (BGH NJW 1960, 1572). Langfristige Überlassungen an Dritte (auch im Rahmen von Miete oder Leasing; dazu auch BGH NJW 1983, 1492) kann den Verlust der Haltereigenschaft bedeuten (OVG Lüneburg DAR 2014, 338 m.w.H.).

195 Der Versicherungsschutz einer Haftpflicht- und Fahrzeugversicherung für Kraftfahrzeug-Handel und -Handwerk erstreckt sich nicht auf Fahrzeuge, die von einem unberechtigten Dritten ohne Wissen und Wollen des Versicherungsnehmers mit **roten Kennzeichen** versehen worden sind, die die Zulassungsstelle dem Versicherungsnehmer zugeteilt hat (BGH NJW-RR 2006, 1462). Fahrzeuge

Mitverschulden **§ 254 BGB**

mit rotem Kurzzeit- oder Ausfuhrkennzeichen müssen den technischen und ordnungsrechtlichen Straßenverkehrsvorschriften entsprechend und sind nicht von den der **Verkehrssicherheit** dienenden Vorschriften befreit (KG NZV 2016, 104 m.w.H.). Soweit der Empfänger/Versicherungsnehmer eines Kurzzeitkennzeichens oder roten Kennzeichens (§ 16 FZV) dieses an einen Dritten **weitergibt**, der es dann an einem Fahrzeug anbringt, welches nicht in der Verfügungsgewalt des Kennzeichenempfängers/Versicherungsnehmers steht, ist dieser nicht Fahrzeughalter i.S.d. § 7 StVG (OLG Hamm NZV 2013, 301). Wird Haftpflichtversicherungsschutz für ein Fahrzeug mit einem **Kurzzeitkennzeichen** durch den Versicherer in der Weise gewährt, dass im Versicherungsschein ein namentlich benannter Halter aufgeführt ist, ist die Versicherung auf Fahrzeuge dieses Halters beschränkt (BGH jurisPR-VerkR 25/2015 Anm. 2 = NZV 2016, 23).

Jugendliche können Halter (z.B. eines Mofa25) sein. Haltereigenschaft setzt 196 keine Geschäftsfähigkeit voraus (siehe § 254 BGB, Rn 185 ff).

Haltereigenschaft und Eigentum sind zu trennen. Die **Eigentumsverhältnisse** 197 sind zwar nicht entscheidend, können aber ein Indiz für die Haltereigenschaft bilden (OLG Köln BeckRS 2010, 05673; OLG München NZV 1991, 189). Allein aus seiner Rechtstellung als Eigentümer **haftet** dieser nicht; etwas anderes kann für öffentlich-rechtliche Störerverantwortung gelten. Zu den Konsequenzen des Miteigentums für die **Kaskoversicherung** i.S.e. Anspruchskürzung siehe OLG Karlsruhe VersR 2013, 1123.

(3) Mithalter. Mehrere (juristische oder natürliche) Personen können Halter 198 desselben Fahrzeuges und damit verantwortlich für dessen Betriebsgefahr sein (BGH NJW 1954, 1198; BVerwG NJW 1987, 3020; OVG Nordrhein-Westfalen NJW 2014, 2811; *Hentschel/König/Dauer-König*, § 7 StVG Rn 21, *Prölss/Martin-Knappmann*, § 1 PflVG Rn 2; siehe auch § 7 StVG, Rn 6).

Ehegatten oder Partner einer nicht-ehelichen Gemeinschaft können Mithalter 199 eines Fahrzeuges sein (*Hentschel/König/Dauer-König*, § 7 StVG Rn 19).

Zum **Tierhalter** siehe *Jahnke/Burmann-Müller*, Handbuch des Personenscha- 199a densrechts, Kap. 1 Rn 135, zur **Luftverkehrshaftung** OLG Bamberg NJW-RR 2015, 404.

(4) Insasse. Ein Mitfahrer, der **nicht Fahrzeughalter** ist, hat bei Inanspruch- 200 nahme des gegnerischen Halters oder Fahrers sich ein unfallursächliches Verschulden seines Fahrzeugführers im Verhältnis zum Unfallgegner grundsätzlich nicht anspruchsmindernd anrechnen zu lassen (KG zfs 2010, 552; OLG Frankfurt NJW-RR 2013, 664; OLG Naumburg NJW-RR 2009, 744). Einem Beifahrer kann ein Fehlverhalten des Fahrers dann zuzurechnen sein, wenn dieser Erfüllungsgehilfe, Verrichtungsgehilfe oder gesetzlicher Vertreter ist (KG MDR 2009, 681).

Eine Ausnahme gilt aber, wenn der Insasse im gegnerischen Fahrzeug zugleich 201 dessen Halter ist: Dem **Fahrzeughalter** wird im Verhältnis zu einem anderen Zweitschädiger (nicht aber gegenüber dem eigenen Fahrer) seine, uU auch durch das Verschulden seines Fahrers noch gesteigerte (BGH NJW 2013, 3235; BGH NJW 2007, 3120; BGH NJW 1972, 1415; BGH NJW 1956, 1067; BGH NJW 1954, 594; BGH NJW 1952, 1015), Betriebsgefahr anspruchsmindernd angerechnet. Gelingt dem Halter (z.B. als Beifahrer/Sozius seines Fahrzeuges) der ihm obliegende Unabwendbarkeitsbeweis nicht, erfolgt eine Anspruchskürzung: Trifft den Fahrer eines Fahrzeuges im Verhältnis zu einem weiteren Mitverantwortlichen (z.B. kollidierendes zweites Fahrzeug) am Zustandekommen des Unfalles eine Mitverantwortlichkeit oder lässt sich der Unabwendbarkeitsbeweis nicht führen,

BGB § 254

muss sich der Halter auch als Beifahrer im eigenen Fahrzeug im Verhältnis zum Zweitschädiger (nicht jedoch gegenüber seinem eigenen Fahrer [BGH NJW 1972, 1415; OLG Frankfurt VersR 1994, 1000]) die Mitverantwortung seines eigenen Fahrers – und zwar in Höhe dessen Mitverschuldens – anspruchsmindernd u.a. auch auf seinen Schmerzensgeldanspruch (§ 253 BGB, Rn 34) anrechnen lassen (BGH VersR 1958, 83; BGH NJW 1957,99; OLG Hamm NZV 1995, 282; OLG München VersR 1986, 925).

201a **(5) Eigenschaden.** Siehe zum Eigenschaden § 254 BGB, Rn 164h.

202 **(6) Fehlende Deckung.** Ist der Versicherer im Verhältnis zum Versicherten (ganz oder teilweise) **leistungsfrei**, schlägt das Innenverhältnis auf das Außenverhältnis durch (Dolo-agit-Einrede) (BGH NJW-RR 1996, 149; BGH NJW-RR 1986, 1402). Wird die versicherte Person verletzt, ist der Versicherer ihr gegenüber nicht zur Zahlung verpflichtet, da er sie sogleich wegen dieser Leistung im Gesamtschuldnerinnenverhältnis in Regress (§ 116 VVG) nehmen könnte (*Stiefel/Maier-Jahnke*, § 115 VVG Rn 31).

203 **cc) Aufmerksamkeitsdefizit.** Der Idealfahrer hat seine uneingeschränkte Aufmerksamkeit der Verkehrsteilnahme zu widmen (OLG Köln NZV 2010, 270). Bereits bloßes Bedienen von Instrumenten (wie Mobiltelefon, Navigationsgerät, CD-Player, Radio; dazu OLG Hamm NZV 2015, 354; OLG Hamm DAR 2013, 217) kann zum Wegfall des Unabwendbarkeitsnachweises führen.

204 § 23 Ia StVO untersagt Fahrzeugführern (auch Radfahrer sind Fahrzeugführer, siehe § 2 StVO, Rn 5, § 23 StVO, Rn 22a) die Benutzung eines Mobiltelefons (Handy, Smartwatch; siehe *Gard/Singler* NZV 2015, 569) während der Fahrt. **Telefonieren** ohne Freisprechanlage beeinträchtigt Aufmerksamkeit und Reaktionsvermögen und ist haftungsmindernd zu berücksichtigen (OLG Köln SP 2002, 263). Ausschlaggebend ist allein, dass der Fahrer versucht hat zu telefonieren; ob eine Verbindung zustande gekommen ist, ist ohne Bedeutung (OLG Köln SP 2002, 263). Bei Nutzung eines Headsets darf nach § 23 I StVO das Gehör nicht durch das Gerät beeinträchtigt sein.

204a **dd) Erhöhte Aufmerksamkeit. (1) Vertrauensgrundsatz und besondere Gefahrenmomente.** Jeder, der sich verkehrsgerecht verhält, darf ein verkehrsgerechtes Verhalten anderer Verkehrsteilnehmer erwarten kann. Nur bei erkennbaren Fehlern Anderer, sei es, ob sie unmittelbar bevorstehen oder erfolgt sind, besteht kein Vertrauen mehr.

204b Der Vertrauensgrundsatz gilt grundsätzlich auch gegenüber **Kindern**. Ein Fahrer (neben Kfz-Führer uU auch Radfahrer [BGH jurisPR-VerkR 6/2009 Anm. 2 = NJW-RR 2009, 239]) hat besondere Vorkehrungen für seine Fahrweise nur dann treffen, wenn das Verhalten der Kinder oder die Situation, in der sie sich befinden, Auffälligkeiten zeigt, die zu einer Gefährdung führen können. Zu Details § 1 StVO, Rn 39.

204c **(2) Umgebung.** Allein der Umstand, dass eine Straße durch ein **Wohngebiet** führt, gebietet nicht abstrakt und ohne konkrete Anhaltspunkte eine Herabsetzung der Geschwindigkeit.

204d Sind **Gefahrenzeichen** (§§ 39 II 2, 40 StVO) aufgestellt, wird erhöhte Aufmerksamkeit vom Verkehrsteilnehmer erwartet.

204e **(3) Besondere Verkehrsmittel.** § 20 StVO verlangt besondere Verhaltensweisen vom fließenden Verkehr gegenüber bestimmten haltenden Fahrzeugen

Mitverschulden § 254 BGB

(Linien-Omnibus, Straßenbahn, Schulbus). **Öffentliche Verkehrsmittel** sind Straßenbahnen (§ 4 PBefG), Busse (§ 30d I StVZO), nicht aber Privatbusse und Taxen (§ 20 StVO, Rn 2; *Hentschel/König/Dauer-König*, § 20 StVO Rn 4). Linienverkehr ist eine regelmäßige Verkehrsverbindung zwischen zwei Endpunkten (vgl § 42 PBefG). Schulbusse sind nach § 33 IV BO-Kraft besonders kenntlich gemacht.

Der Fahrzeugführer muss die besonderen Vorgaben des § 20 StVO objektiv 204f gegenüber jedem Fußgänger im Haltestellenbereich beachten. Der Schutz aus § 20 I StVO ist nicht auf bestimmte Personengruppen beschränkt, sondern erstreckt sich unterschiedslos auf alle Fußgänger, bei denen in diesem räumlichen Bereich die erhöhte Gefahr eines unachtsamen Überquerens der Fahrbahn besteht (BGH NJW 2006, 2110).

(4) Besondere konkrete Sorgfalt (§ 3 IIa StVO). § 3 IIa StVO, der beson- 204g ders gefährdete Personengruppen schützt, gilt nicht nur für Autofahrer, sondern für sämtliche Führer von Fahrzeugen (also auch Radfahrer und Straßenbahnen) (KG NJW-RR 2003, 24). Vom Fahrzeugführer das Äußerste an Sorgfalt verlangt wird, um eine Gefährdung der genannten Personen zu vermeiden. Auf das besonders herausgehobene äußerste Maß an Sorgfalt gefordert kann sich nur der konkret genannte Personenkreis berufen (BGH NJW 2006, 2110; BGH NJW 1991, 292; OLG Hamm VRS 60, 38).

Der geschützte Teilnehmer muss nach außen hin **objektiv** auch ein entspre- 204h chendes **Erscheinungsbild** haben und **subjektiv** vom anderen, schädigenden, Fahrzeugführer auch entsprechend dem gesetzlichen Schutzcharakter **wahrgenommen** werden oder aber hätte wahrgenommen werden müssen (BGH NJW 1994, 941; OLG Hamm DAR 2016, 265 = jurisPR-VerkR 8/2016 Anm. 1).

Das Ausmaß der erhöhten Sorgfaltspflicht, der gegenüber der Vertrauensgrund- 204i satz nicht oder nur eingeschränkt gilt, hängt von der für den Fahrzeugführer **erkennbaren Altersstufe** ab, aus der auf den Grad der Verkehrsreife und den Umfang der bereits erfolgten Verkehrserziehung geschlossen werden kann.

ee) Anscheinsbeweis. Der Anscheinsbeweis, dessen Anwendung der vollen 205 revisionsrechtlichen Kontrolle unterliegt (BGH NJW 2017, 1177), (siehe auch vor § 249 BGB, Rn 102; *Geipel* NZV 2015, 1; *Sieger* zfs 2015, 669; *Staab* DAR 2015, 241) setzt nach allgemeinen Grundsätzen voraus, dass ein **typischer Geschehensablauf** feststeht (BGH NJW 2011, 685; OLG Düsseldorf NJW-RR 2015, 211; OLG Köln VersR 2017, 692), also ein bestimmter Tatbestand, der nach der Lebenserfahrung auf eine bestimmte Ursache für den Eintritt eines bestimmten Erfolgs hinweist (BGH NJW-RR 2014, 270; BGH VersR 2013, 367; BGH NJW 2005, 2614). Allein eine Risikoerhöhung reicht dafür nicht aus (BGH NJW 2013, 2901; BGH BeckRS 2010, 02742). Vorausgesetzt ist eine Typizität des Geschehensablaufs (BGH jurisPR-VerkR 7/2016 Anm. 1 = NJW 2016, 1098), was allerdings nur bedeutet, dass der Kausalverlauf so häufig vorkommen muss, dass die Wahrscheinlichkeit eines solchen Falles sehr groß ist (BGH NJW-RR 2014, 270). Im Wege des Anscheinsbeweises kann gegebenenfalls von dem eingetretenen Erfolg auf die Ursache geschlossen werden (BGH NJW 2010, 1072). Der Beweis des ersten Anscheins wird durch feststehende (erwiesene oder unstreitige) Tatsachen entkräftet, nach welchen die Möglichkeit eines anderen als des typischen Geschehensablaufs ernsthaft in Betracht kommt (BGH NJW 2013, 2901; BGH NJW-RR 2010, 1331; BGH NJW-RR 2006, 1098); es müssen konkrete Hinweise und Spuren ernsthaft die Möglichkeit eines anderen Geschehensablaufs nahelegen (OLG Celle VersR 2009, 254; OLG Düsseldorf NJW-RR 2015, 211; OLG Köln VersR 2017, 692). Der zu beurteilende Sachverhalt muss in seiner ganzen Breite erfasst werden; eine Beschränkung auf das Kerngeschehen kann zu einer Verfälschung des Kerngeschehens führen (*Diehl* zfs 2016, 437 m.w.H.).

206 Bei **Verkehrsunfällen** setzt die Anwendung des Anscheinsbeweises solche Geschehensabläufe voraus, bei denen sich nach der allgemeinen Lebenserfahrung der Schluss aufdrängt, dass ein Verkehrsteilnehmer seine Pflicht zur Beachtung der im Verkehr erforderlichen Sorgfalt verletzt hat. Es muss sich um Tatbestände handeln, für die nach der Lebenserfahrung eine schuldhafte Verursachung typisch ist (BGH NJW 2016, 1098). Es muss das gesamte feststehende Unfallgeschehen nach der Lebenserfahrung typisch dafür sein, dass derjenige Verkehrsteilnehmer, zu dessen Lasten im Rahmen des Unfallereignisses der Anscheinsbeweis Anwendung finden soll, schuldhaft gehandelt hat. Ob der Sachverhalt in diesem Sinne im Einzelfall wirklich typisch ist, kann nur aufgrund einer umfassenden Betrachtung aller tatsächlichen Elemente des Gesamtgeschehens beurteilt werden, die sich aus dem unstreitigen Parteivortrag und den getroffenen Feststellungen ergeben (BGH NJW 2012, 608). Zum Anscheinsbeweis beim Auffahren siehe BGH NJW 2017, 1177; ferner *Wenker* jurisPR-VerkR 12/2014 Anm. 2.

207 Bei der Anwendung des Anscheinsbeweises ist grundsätzlich **Zurückhaltung** geboten, weil er erlaubt, bei typischen Geschehensabläufen aufgrund allgemeiner Erfahrungssätze auf einen ursächlichen Zusammenhang oder ein schuldhaftes Verhalten zu schließen, ohne dass im konkreten Fall die Ursache bzw. das Verschulden festgestellt ist (BGH NJW 2016, 1098; BGH NJW 2012, 608). Ein Anscheinsbeweis kann nicht zum Tragen kommen, wenn zwei Gerichte zur Anwendung eines solchen Beweises verschiedener Meinung sind: Es fehlt dann an einem allgemeingültigen Satz. Der Anscheinsbeweis entfällt, wenn der Geschädigte eine ernsthafte Möglichkeit eines anderen Geschehensablaufes dargetan und die Tatsachen, die einen solchen atypischen Ablauf erscheinen lassen, voll bewiesen hat (BGH NZV 2007, 294; BGH VersR 1984, 44; OLG Celle MDR 2009, 1273; OLG Karlsruhe VersR 1980, 74; OLG Naumburg OLGR 2008, 537; siehe *von Pentz* zfs 2012, 64, 124).

208 **ff) Schadensabwägung, gesetzliche Verschuldensvermutung.** Verschuldensvermutungen sind nur für den **Haftungsgrund** relevant.

209 Bei der **Schadensabwägung** (dazu BGH NJW-RR 2015, 1056) nach § 254 BGB können nur solche Umstände verwertet werden, von denen feststeht, dass sie eingetreten und für die Entstehung des Schadens ursächlich geworden sind.

209a Prägend ist in erster Linie das **Maß der Verursachung,** in dem die Beteiligten zur Schadensentstehung beigetragen haben (BGH NJW-RR 2012, 157 m.w.N.). Die Abwägung kann auch zu dem Ergebnis führen, dass einer der Beteiligten allein für den Schaden aufkommen muss (BGH NJW 1998, 1137), was allerdings nicht die Regel ist (BGH NJW-RR 2009, 239; BGH NJW-RR 2006, 672). Eine Haftung des Verkehrssicherungspflichtigen ist dann ausgeschlossen, wenn das Handeln des Geschädigten von ganz besonderer, schlechthin unverständlicher Sorglosigkeit gekennzeichnet ist (OLG Naumburg NJW-RR 2016, 661). Wer jegliche Basisinformation über das Verhalten von Tieren, die ein verständiger Halter im eigenen Interesse kennen muss, entweder nicht gekannt oder nicht beherzigt hat, trägt ein derart hohes Mitverschulden an einem Unfall, bei dem er selbst durch eines der Tiere verletzt wurde, dass die typische Tiergefahr als Unfallursache dahinter zurücktritt (OLG Karlsruhe v. 17.3.2017 – 4 U 185/16).

Mitverschulden **§ 254 BGB**

Die nach § 9 StVG, § 254 I BGB für die Abwägung maßgebenden Umstände 209b
müssen **feststehen**, d.h. unstreitig, zugestanden oder nach § 286 ZPO bewiesen
und für die Entstehung des Schadens ursächlich geworden sein (BGH NZV 2014,
119 m.w.H.; BGH NJW 2014, 3300; BGH NJW 2013, 2018), sich also erwiesenermaßen als Gefahrenmoment in dem Unfall ursächlich niedergeschlagen haben
(BGH VersR 2015, 767; NJW 1995, 1029). Es darf nur schuldhaftes **Verhalten**
verwertet werden, von dem feststeht, dass es zu dem Schaden oder zu dem Schadensumfang **beigetragen** hat (BGH NZV 2014, 119).

Nur **vermutete Tatbeiträge** oder die bloße Möglichkeit einer Schadensverursachung haben bei der Abwägung der Verursachungs- und Verschuldensanteile 209c
außer Betracht zu bleiben (BGH VersR 2015, 767; BGH NZV 2014, 119; BGH
NJW 2012, 2425). Für die Abwägung der Verursachungsanteile ist nur solches
Verhalten maßgebend, das sich erwiesenermaßen als Gefahrenmoment in dem
Unfall ursächlich niedergeschlagen hat (BGH NZV 2014, 119; BGH NJW 1995,
1029).

Gesetzliche **Verschuldensvermutungen** (z.B. § 832 BGB) finden dabei keine 209d
Berücksichtigung (BGH NZV 2014, 119). Nur wenn das Maß der Verantwortlichkeit beider Teile feststeht, ist eine sachgemäße Abwägung möglich (BGH NJW
2012, 2425). Siehe auch § 254 BGB, Rn 180a.

Abstrakt gefährliche Situationen können eine besondere Pflicht zur Rück- 209e
sichtnahme dann begründen, wenn sich das abstrakte Gefährdungspotential zu
einer kritischen Situation verdichtet (BGH NJW-RR 2009, 239).

f) **Vorverlagerte Schädigungshandlung.** Der Geschädigte kann seinen Bei- 210
trag zum **Schadenseintritt** im Zeitpunkt des Unfallgeschehens leisten (z.B. zu
schnelles Fahren), die zu berücksichtigende Mitwirkung des Verletzten kann aber
auch schon zu einem gegenüber dem Unfallzeitpunkt vorverlagerten Zeitpunkt
erfolgt sein (z.B. Fahren mit defekter Bremsanlage).

Ebenfalls im Vorfeld des Unfallgeschehens kann der Verletzte/Getötete zur 211
Höhe des Schadens allgemein auch dadurch beigetragen haben, dass (letztlich
vorbeugend) Schutz- und Sicherungsmechanismen wie Gurt, Helm oder Airbag
nicht getragen bzw. aktiviert wurden.

aa) Selbstgefährdung. Zum Thema: *Jahnke*, Festschrift für Gerda Müller 212
2009, S. 381; *Nugel* SP 2014, 266.

(1) Allgemeines. Es besteht weder ein allgemeines Gebot, andere vor Selbst- 213
gefährdung zu bewahren, noch ein Verbot, sie zur Selbstgefährdung psychisch zu
veranlassen, sofern nicht das selbstgefährdende Verhalten durch Hervorrufen einer
mindestens im Ansatz billigenswerten Motivation „herausgefordert" worden ist
(BGH NJW 1978, 421; BGH NJW 1986, 1865; OLG Frankfurt BeckRS 2017,
123616). Auch ist in Fällen, in denen die Gefahr mit Händen zu greifen und ihr
ohne weiteres auszuweichen ist, nicht einmal eine Warnung erforderlich; es darf
darauf vertraut werden, dass der Betroffene die Gefahr erkennt und sich selbst
schützt oder sich der Gefahr nicht aussetzt (OLG Stuttgart VersR 2010, 1091).
§ 254 BGB liegt der allgemeine Rechtsgedanke zugrunde, dass der Geschädigte
für jeden Schaden mitverantwortlich ist, bei dessen Entstehung er in zurechenbarer
Weise mitgewirkt hat (BGH NJW 2014, 2493; BGH NJW 1997, 2234 m.w.N.).

Der Mitverschuldenseinwand setzt **keine rechtliche Normierung** bzw. recht- 214
liche Verpflichtung zur Nutzung von Sicherungen voraus, sondern beruht auf
einer sich allgemein gebildeten Überzeugung, dass durch den Gebrauch einer

BGB § 254

Sicherungseinrichtung (wie z.B. das Anlegen eines Sicherheitsgurtes) schwerere Verletzungen vermieden werden (BGH NJW 2014, 2493; BGH VersR 1983, 150; BGH NJW 1979, 980; LG Köln DAR 2013, 382). Es kommt von daher nicht darauf an, ob z.B. eine gesetzlich angeordnete Gurtanlege- oder Helmtragepflicht existiert (BGH NJW 2014, 2493; BGH NJW 2008, 3778; OLG Schleswig r+s 2013, 353; LG Koblenz DAR 2011, 395). Mitverschulden eines Geschädigten kann auch ohne Bestehen gesetzlicher Vorschriften angenommen werden, wenn dieser diejenige Sorgfalt außer Acht lässt, die ein ordentlicher und verständiger Mensch zur Vermeidung eigenen Schadens anzuwenden pflegt. Dazu muss er sich **„verkehrsrichtig"** verhalten, was sich nicht nur durch die geschriebenen Regeln der Straßenverkehrsordnung bestimmt, sondern auch durch die konkreten Umstände und Gefahren im Verkehr sowie nach dem, was den Verkehrsteilnehmern zumutbar sei, um diese Gefahr möglichst gering zu halten (BGH NJW 1979, 1367; BGH NJW 1979, 980; BGH NJW 1965, 1075; KG VersR 2016, 205).

214a Bei Fahrlässigkeitsdelikten ist häufig nicht nur der Schädiger zur Abwehr oder Minderung der Verletzung in der Lage, sondern Eintritt und Umfang des Schadens hängen ebenso von den **Sorgfaltsvorkehrungen des später Geschädigten** ab. Dieser hat sich auch selbst zu schützen; die Verhaltensanforderungen an die eine Seite lassen sich vielfach nur auf der Grundlage einer Annahme über das Sorgfaltsniveau der Gegenseite formulieren. Der durch Gefahr Bedrohte muss – was nicht nur im Bereich der Verkehrssicherungspflichten gilt – auf erkennbare Gefahrquellen vor allem durch eigene Sorgfaltsanstrengungen reagieren; das gilt insbesondere, wenn er die Gefahr selbst beherrschen kann und dazu im Verhältnis zu Dritten aufgrund vertraglicher oder faktischer Zuweisung der Verkehrssicherungspflicht auch verpflichtet ist (BGH NZV 2014, 167).

214b Ein Mitverschulden des Verletzten iSv § 254 I BGB ist bereits dann anzunehmen, wenn dieser diejenige Sorgfalt außer Acht lässt, die ein ordentlicher und verständiger Mensch zur Vermeidung eigenen Schadens anzuwenden pflegt (BGH NJW 2014, 2493; BGH NJW 1978, 2024; BGH NJW 1965, 1708; BGH NJW 1961, 1966; BGH VersR 1961, 561; BGH NJW 1953, 977).

215 **(2) Fahrer. Zum Thema:** *Jahnke* VersR 1996, 294; *Kraft* NZV 2014, 245. Siehe auch § 16 StVG, Rn 17 ff.

216 Insassen bei einem **nicht vollständig fahrtüchtigen** Fahrer (Alkohol, Medikamente, Rauschmittelgenuss, Übermüdung) trifft bei Kenntnis oder Kennenmüssen des beeinträchtigen Umstandes ein Mitverschulden. Wurde zuvor mit dem Fahrer gemeinsam gezecht und die Fahruntüchtigkeit des Fahrers erkannt, kann ein Schadenersatzanspruch sogar ganz entfallen (OLG Köln zfs 1990, 3).

217 Mitverschulden setzt voraus, dass der Beifahrer in Kenntnis der Alkoholisierung Gelegenheit hatte, das Fahrzeug noch zu verlassen (KG DAR 1989, 305; OLG Naumburg NJW-RR 2011, 896).

218 Der Schädiger hat die Voraussetzungen für das Mitverschulden zu beweisen (**Vollbeweis,** § 286 ZPO) (OLG Naumburg NJW-RR 2011, 896; OLG Saarbrücken PVR 2003, 14). Für die Frage, ob der Geschädigte die Einschränkung der Fahrtüchtigkeit kannte oder erkennen musste, kommt es darauf an, ob und in welchem Umfang der Fahrer in Gegenwart des Geschädigten alkoholische Getränke zu sich genommen hat oder welche Ausfälle in seinem Beisein der Fahrer gezeigt hat, die auf eine alkoholbedingte Fahruntüchtigkeit schließen lassen (BGH NJW 1989, 2365; KG VRS 111, 10; OLG Hamm v. 8.5.2006 – 13 U

Mitverschulden § 254 BGB

190/05 – juris; OLG Hamm OLGR 2001, 153; OLG Karlsruhe NJW 2009, 2608; OLG Köln VersR 1999, 1299; OLG Naumburg jurisPR-VerkR 10/2011 Anm. 1 = NJW-RR 2011, 896; OLG Oldenburg VersR 1998, 1390; OLG Saarbrücken MDR 2002, 392).

Der Umstand, dass der Fahrer **unerfahren** (z.b. im Umgang mit Wohnanhängergespann, Motorrad, Zweiradgespann, Trike) und/oder ein Fahranfänger war, kann im Einzelfall den Mitverschuldenseinwand begründen. Dies gilt vor allem dann, wenn sich der Insasse einem Fahrer anvertraut, der als Anfänger eine fahrtechnisch besonders hohe Anforderungen stellende Fahrt durchführt (z.b. Bergfahrt auf kurvenreichen engen Straßen, nächtliche Fahrt auf viel befahrener Autobahn im Schneetreiben) (BGH NJW 1965, 1075; OLG Celle NZV 1988, 141). 219

Das **Fehlen der Fahrerlaubnis** ist in Haftungsabwägungen nur einzubeziehen, wenn dieses sich als Gefahrenmoment im Unfall niedergeschlagen hat (z.b. bei jugendlichen Fahrern) (BGH NJW 2007, 506; OLG Bamberg NJW-RR 1986, 252; OLG Köln VersR 1999, 1299). 220

Massive Ablenkung oder **Störung des Fahrers** durch den Beifahrer kann anspruchskürzend wirken; regelmäßig trägt aber der Fahrer die überwiegende Verantwortung für einen darauf beruhenden Unfall (OLG Hamm NZV 1995, 481; s.a. BGH NJW 1974, 2124). Gleiches gilt für Provokation durch ein überholendes Fahrzeug (OLG Hamm r+s 1987, 188). 220a

(3) Fahrzeug. War das Fahrzeug nicht zugelassen oder lagen technische Mängel vor, ist der Mitverschuldenseinwand gegenüber Insassen möglich, die dieses wussten oder hätten wissen müssen. Das Mitfahren in einem erkennbar verkehrsunsicheren oder einem verkehrswidrig gesteuerten Fahrzeug kann eine Anspruchskürzung auslösen. Gleiches gilt für Fahrzeugüberladung durch zu viele Personen. 221

(4) Provokation. Zur Mitverantwortlichkeit bei **provoziertem Verhalten** siehe vor § 249 BGB, Rn 58 ff, vor § 249 BGB, Rn 65 f, vor § 249 BGB, Rn 70 ff. 222

Verliert ein (überholter) Kraftfahrer die Gewalt über sein Fahrzeug, weil ein anderer beim Überholen sein Kfz schräg in Richtung auf das zu überholende Fahrzeug gelenkt und zugleich der Beifahrer des Überholenden mit Gesten gedroht hat, können Fahrer und Beifahrer des überholenden Fahrzeugs für den Unfallschaden des Überholten als Gesamtschuldner haften (OLG Hamm r+s 1987, 188). 222a

bb) Sicherungseinrichtungen. (1) Allgemeines. Ein Mitverschuldenseinwand ist unabhängig von einem vorwerfbaren Beitrag zum Zustandekommen des Unfalles (dazu § 254 BGB, Rn 188) zu berücksichtigen und kommt auch bei grob pflichtwidrigem Verhalten des Unfallverursachers zum Tragen (OLG Düsseldorf BeckRS 2003, 17864; LG Meiningen DAR 2007, 708). 223

(2) Kausalität. Eine Anspruchskürzung wegen Nichtbenutzen von Sicherungseinrichtungen und -mitteln gilt nur für solche Schäden, die durch einen wirkenden Schutzmechanismus hätten vermieden können. Das Mitverschulden muss konkret auf die möglicherweise verhinderbaren Verletzungen bezogen werden. Es ist zu trennen zwischen Sachschaden und Personenschaden. 224

Bei Mehrfachverletzungen kann die Nichtnutzung der Sicherung (z.B. das Nicht-Anlegen des Gurtes/Helmes) für die einzelnen Verletzungen unterschiedliches Gewicht haben. Die Rechtsprechung bildet für das Gesamtverletzungsbild eine gemeinsame einheitliche Quote (BGH NJW 1980, 2125; BGH NJW 1981, 225

Jahnke 1397

BGB § 254 Schadensersatzrecht des BGB

287). Bei Mehrfachkollision/Zweitunfall muss neben der Kausalitätsprüfung z.b. auch die Frage beantwortet werden, ob überhaupt ein pflichtwidriges Nicht-Angurten vorlag (BGH NJW 2012, 2027).

226 (3) **Rückhaltesystem. (a) Sicherheitsgurt.** Nach § 21a I 1 StVO müssen **Fahrer** (LKW-Fahrer, zulässiges Gesamtgewicht nicht mehr als 2,8 t, § 35a VI, VII StVZO) und **Insassen** eines Kfz während der Fahrt (auch auf Parkplätzen und bei Rückwärtsfahrt) den vorgeschriebenen (§ 35a III, VII StVZO) Sicherheitsgurt anlegen; und zwar so, dass er seine Schutzfunktion auch entfalten kann (KG VerkMitt 1987, Nr. 91).

227 Gurtanlegepflicht besteht auch für Insassen in **Reise- und Linienbussen** (OLG Hamm SP 2012, 397: 30% Mitverschulden). Ausnahmen gelten für Omnibusse, bei denen die Beförderung stehender Fahrgäste zugelassen ist (§ 35a VI StVO).

228 Insassen haben den Gurt auch auf **Rücksitzen** anzulegen (§ 35a VII StVZO). Verabsäumen es Fond-Insassen, den Gurt anlegen, gefährden sie nicht nur sich selbst, sondern auch die vor ihnen sitzenden Personen und haften diesen – gegebenenfalls gesamtschuldnerisch – auf Schadensersatz. Deckung besteht insoweit nicht über die Kfz-Versicherung. Soweit Fondinsassen selbst verletzt sind, kann ein Mitschädiger ihnen gegenüber mit seinem **Gesamtschuldner-Ausgleichsanspruch** aufrechnen.

229 Wer den Sicherheitsgurt nicht anlegt, dem fällt grundsätzlich ein **Mitverschulden** an seinen infolge des Nichtanlegens erlittenen Verletzungen zur Last (BGH NJW 2001, 1485). Nur soweit **Ausnahmen** (in den engen Grenzen von §§ 21a I 2, 46 I Nr. 5b StVO) von der gesetzlichen Gurtanlegepflicht zugelassen sind, begründet das Nichtanlegen keinen Mitverschuldensvorwurf (BGH NJW 2012, 2027; BGH NJW 2001, 1485; BGH NJW 1993, 53).

230 Ein **Anscheinsbeweis** (dazu *von Pentz* zfs 2012, 64, 124 sowie § 254 BGB, Rn 205) gilt für Unfallmechanismen, bei denen der Gurt eine Rückhaltewirkung entfalten kann. Das sind in erster Linie Frontalzusammenstöße mit voller oder teilweiser Überdeckung, Sekundärkollisionen nach Auffahrunfällen, Unfälle, bei denen Fahrer oder Insassen herausgeschleudert werden, keine wesentliche Deformierung des vom Verletzten benutzten Teils der Fahrzeugzelle gegeben ist und Verletzungen des Kopfes und der oberen und unteren Extremitäten vorliegen. Bei schweren Frontalkollisionen mit hohen Geschwindigkeiten (OLG Karlsruhe VersR 1980, 74) ist die Ursächlichkeit der erlittenen Unfallverletzungen nicht zu vermuten, wenn der Verletzte den Sicherheitsgurt zwar nicht angelegt hatte, aber in den **Airbag** geprallt ist (OLG Naumburg OLGR 2008, 537).

231 **(b) Kinderrückhaltesystem.** § 21 Ia StVO verlangt, dass Kinder, die kleiner als 150 cm sind, bis zum vollendeten 12. Lebensjahr, nur in geeigneten Rückhalteeinrichtungen befördert werden dürfen. Bei einem für die Verletzung ursächlichen Verstoß gegen diese Sicherungspflicht haftet der Halter dem Kind nach § 7 I StVG, der Fahrer nach § 823 BGB (siehe *Etzel* DAR 1994, 301; zur Ordnungswidrigkeit siehe OLG Hamm NZV 2015, 199).

232 **(4) Helm. Zum Thema:** *Hufnagel* DAR 2007, 289; *Kettler* NZV 2007, 603; *Kreutel* DAR 1986, 38, *Meier/Jocham* VersR 2014, 1167; *Scholten* NJW 2012, 2993; *Scholten* SVR 2012, 161.

233 **(a) Zweirad.** § 21a II StVO verpflichtet Fahrer (Kradfahrer, nicht Fahrradfahrer, siehe § 21a StVO, Rn 5, 7a) und Sozien von Trikes, Motorrädern, Mopeds

Mitverschulden § 254 BGB

(BGH NJW 1979, 980) und Mofa 25 zum Tragen von geeigneten Schutzhelmen. **Geeignet** sind nur solche Helme, die beim konkreten Benutzer Kopfverletzungen verhindern können; ungeeignet sind u.a. für die Kopfgröße des Betreffenden zu große Helme, Bauarbeiterhelme (OLG Düsseldorf VRS 75, 226), Skihelme, Bundeswehr-/Stahlhelme (OLG Hamm VRS 67, 144; siehe auch § 21a StVO, Rn 5). Zum nicht entgegenstehenden Grundrecht auf Religionsfreiheit (turbantragender Sikh; Ordensschwester) siehe VGH Baden-Württemberg BeckRS 2017, 124386.

234 Erleidet ein Kradfahrer Kopfverletzungen, weil er keinen **geeigneten Helm** trug oder diesen **nicht ordnungsgemäß** (OLG Düsseldorf r+s 1983, 143; OLG Karlsruhe NZV 1990, 151) aufgesetzt hatte, trifft ihn ein Mitverschulden, wenn die Verletzungsfolgen voraussichtlich beim Tragen vermieden worden wären (BGH NJW-RR 2009, 239).

235 Bei Kopfverletzungen gilt ein entsprechender **Anschein** (BGH NJW 1983, 1380; BGH NJW 1965, 1075).

236 **(b) Fahrrad.** Es kommt nicht darauf an, ob eine gesetzlich angeordnete Helmtragepflicht existiert (§ 254 BGB, Rn 214). Zum österreichischen Recht siehe OGH Wien SpuRt 2015, 24.

237 Von Fahrradfahrern ist nach überwiegender bisheriger Rechtsprechung nicht (noch nicht: BGH NJW 2014, 2493; OLG Celle NZV 2014, 305; LG Koblenz DAR 2011, 385) generell das Tragen eines Helmes zur Schadensvorbeugung zu verlangen. Es wird differenziert betrachtet (wie Fahrten innerorts, außerorts; Benutzung von Fahrradweg oder Straße) (OLG Düsseldorf NZV 2007, 614; OLG Hamm NZV 2001, 86; OLG Karlsruhe NZV 1991, 25; OLG Saarbrücken NZV 2008, 202).

238 Die **Einstellung der Bevölkerung** zum Helm-Tragen wandelt sich (siehe § 254 BGB, Rn 214). Der 47. VGT 2009 (AK IV, Ziff. 6) und 50. VGT 2012 (AK II, Ziff. 1) empfiehlt Teilnehmern am Radfahrverkehr dringend das Tragen eines Helmes. In absehbarer Zeit wird der Mitverschuldenseinwand daher nicht nur bei Rennradler zum Tragen kommen (OLG Schleswig r+s 2013, 353 [Vorinstanz zu BGH NJW 2014, 2493]).

239 Jedenfalls bei die Straße nutzenden (dazu §§ 2 IV, 27 I 2 StVO) **Radrennsportlern** (ebenso **Mountainbiker** und andere **Radfahrer mit erhöhtem Gefährdungspotential**) ist ein Mitverschulden bei Nichttragen eines Helmes anzunehmen (OLG Düsseldorf NJW 2007, 3075; OLG München BeckRS 2012, 18086; LG München II BeckRS 2013, 05443; AG Wesel NZV 2014, 311; *Rebler* DAR 2009, 12, 386; ebenso OGH Wien SpuRt 2015, 24). Da **Elektrofahrräder** (siehe § 254 BGB, Rn 241) problemlos Geschwindigkeiten auch über 20 km/h (vgl § 21a II 1 StVO) erreichen, liegt trotz fehlender gesetzlicher Helmtragepflicht ein gleichwertiges Selbstgefährdungspotential vor, sodass bei fehlendem Helm ein Mitverschulden in Betracht kommt (siehe LG Bonn NZV 2019, 395).

240 Das **Radsport-Reglement** der Union Cycliste Internationale (UCI 2005) schreibt in Kap. III, Sektion 3, § 1 Ziff. 1.3.031 das Tragen des festen Sicherheitshelms bei Wettkämpfen und beim Training in den Disziplinen Bahn, Mountainbike, Querfeldein, Trial und BMX zwingend vor. Bei Straßenrennen besteht Helmpflicht. Für das Training auf der Straße wird das Tragen des festen Helms empfohlen. Nach Ziff. 12.3.2 Abs. 2 der Wettkampfbestimmungen für den Straßenrennsport des Bund Deutscher Radfahrer (BDR) (Ausgabe 04/2008) besteht für alle Teilnehmer an Rennveranstaltungen Helmpflicht. Nach Ziff. 5.1 Abs. 6

BGB § 254 Schadensersatzrecht des BGB

ist das Tragen eines Sturzhelms bei Wettkämpfen sowie im Querfeldeintraining zwingend vorgeschrieben, für das Training auf der Straße wird der Sturzhelm dringend empfohlen.

241 (c) **Pedelec, E-Bike.** Nach § 21a II 1 StVO muss derjenige, der ein Kraftrad (siehe auch § 2 Nrn. 9–11 FZV) oder offenes drei- oder mehrrädriges Kfz mit einer bauartbedingten Höchstgeschwindigkeit von über 20 km/h führt (bzw. auf oder in ihm mitfährt), während der Fahrt einen Schutzhelm tragen (vgl LG Bonn NZV 2015, 395; siehe auch § 254 BGB, Rn 95a, 239). Die **bauartbedingte Höchstgeschwindigkeit** (Legaldefinition § 30a I StVZO) ist bei Pedelecs zumeist dort festgelegt, wo die Motorunterstützung wegfällt (DAR 2012, 359). Dies kann der Pedelec-Nutzer beim Händler oder Hersteller problemlos erfragen. Zu differenzieren ist zwischen Pedelecs und E-Bikes. Die Begriffe werden allerdings häufig synonym verwendet. Beim **Pedelec** („Pedal Electric Cycle") wirkt die Motorkraftunterstützung bis zu einer Geschwindigkeit von 25 km/h (vgl Art. 1 I lit. h Richtlinie 2002/24/EG des Europäischen Parlaments und des Rates v.18.3.2002 über die Typgenehmigung für zweirädrige oder dreirädrige Kraftfahrzeuge und zur Aufhebung der Richtlinie 92/61/EWG des Rates). **E-Bikes** sind Fahrzeuge mit einer max. Geschwindigkeit von 20 km/h bei einer Motorleistung von max. 500 Watt, wobei aber kein Einsatz eigener Muskelkraft nötig ist. Diese Fahrzeuge geltend als Kraftfahrzeuge („Leichtmofa") und unterliegen der Versicherungspflicht.

241a Pedelec sind Fahrräder i.S.d. StVO (§ 1 III StVG), E-Bike sind demgegenüber Kfz (vgl § 30a III StVZO, § 1 III StVG) (zu Elektrofahrrädern allgemein *Huppertz / Kern* zfs 2016, 190; *Huppertz* NZV 2010, 390, NZV 2012, 23, DAR 2013, 488, VD 2013, 237; ferner OLG Hamm NJW 2013, 10). Da es sich bei einem Pedelec rechtlich nicht um ein Kfz handelt, haftet dessen Fahrer für Schäden, die bei dessen Betrieb entstehen, nicht verschuldensunabhängig nach **§ 7 StVG** (LG Detmold BeckRS 2015, 12752).

241b Anhänger hinter E-Bikes sind – wie Mofa-Anhänger – **Kfz-Anhänger** iSv § 7 StVG. Zu den Problemstellungen bei hinter Fahrrädern pp. mitgeführten Anhängern siehe *Huppertz* DAR 2016, 111.

242 (d) **Quad.** Seit 1.1.2006 sind auch Fahrer und Beifahrer von Quads in die Helmpflicht einbezogen (§ 21a II StVO), um das Verletzungsrisiko im Kopfbereich für Benutzer von Quads entsprechend der Regelung für Krafträder zu mindern (BGH NJW 2008, 3778).

243 (e) **Reiter.** Das Tragen von Helmen/Schutzkappen ist in Satzungen von Reitvereinen obligatorisch vorgesehen. Es hat sich zudem eine allgemeine Erkenntnis durchgesetzt, dass Reithelme Verletzungen verringern oder verhindern (OLG Düsseldorf VersR 1983, 1039; OLG Schleswig r+s 2013, 353; LG Erfurt BeckRS 2008, 13068).

244 (f) **Ski.** Die Erkenntnis, dass Skihelme schwere Kopfverletzungen vermeiden, hat sich durchgesetzt (*Heinemeyer* DAR 2012, 685; *Ruedl/Kopp/Burtscher* British Medical Journal 2011, 342:d857; OLG Schleswig r+s 2013, 353; siehe auch *Döll* DAR 2014, 234). Das Kopfverletzungsrisiko auf der Piste beim Verwenden eines Helms sinkt um 35% für alle Altersklassen bzw. um 59% für Kinder unter 13 Jahren. Wären Kopfverletzungen durch das Tragen des Skihelms nicht eingetreten, ist ein Mitverschulden anzunehmen (OLG München DAR 2012, 335).

Mitverschulden § 254 BGB

(g) **Verkäufer-/Produkthaftung.** Bricht ein Helm, kann eine Hersteller- 244a
oder Verkäuferhaftung in Betracht kommen (siehe OLG Brandenburg NZV 2016,
237).

(5) **Schutzkleidung. (a) Motorrad.** Es besteht eine allgemeine Verkehrsauf- 245
fassung, dass das Tragen von Schutzkleidung verletzungsmindernd wirken kann
(OLG Düsseldorf NZV 2006, 415; OLG Düsseldorf v. 29.10.2001 – 1 U 212/
00 –; OLG Brandenburg jurisPR-VerkR 21/2009 Anm. 1 = NJW-RR 2010,
538; LG Köln DAR 2013, 382 = jurisPR-VerkR 18/2013 Anm. 1). Nicht-Tragen
von Motorradschutzkleidung führt, wenn ansonsten Verletzungen vermieden oder
vermindert worden wären, daher zur Anspruchskürzung (OLG Brandenburg
NJW-RR 2010, 538; OLG Düsseldorf NZV 2006, 415; LG Köln DAR 2013,
382; AG Hagen SP 2002, 127; AG Hannover r+s 1997, 68; *Rebler* MDR 2014,
1187; *Schubert* NZV 2009, 179). Das Nicht-Tragen von Motorradschuhen bedeutet noch kein Mitverschulden (OLG Nürnberg NJW 2013, 2908; a.A. LG Köln
DAR 2013, 382; *Hauser* DAR 2013, 384). Fahrer eines Leichtkraftrades trifft bei
Nichttragen von Protektorenschutzkleidung keine Mithaftung (LG Heidelberg
jurisPR-VerkR 10/2014, Anm. 4 = NZV 2014, 466; AG Weißwasser SP 2015,
222).

(b) **Skater.** Unter Skatern ist anerkannt, dass insbesondere Knie-, Ellenbogen- 246
und Handschützer ebenso Verletzungen vorbeugen wie Helme. Zur Teilnahme
am Straßenverkehr siehe *Scheidler* DAR 2010, 174.

(c) **Arbeit.** Im Arbeitsleben sehen **berufsgenossenschaftliche Unfallverhü-** 247
tungsvorschriften (UVV) für bestimmte Arbeiten Schutzkleidung (z.B. Kleidung, Sicherheitsschuhe, Helm) ausdrücklich vor; ein Verstoß dagegen impliziert
bereits ein Mitverschulden des Verletzten (OLG Koblenz VersR 1992, 893). UVV
gelten für alle Beschäftigten ohne Rücksicht auf ihre mehr oder weniger große
Berufserfahrung; sie sollen vor typischen Gefährdungen des jeweiligen Gewerbes
schützen und nicht Erfahrungsdefizite ausgleichen (BGH BeckRS 2011, 01686).

Verstöße gegen UVV lassen auf **Fahrlässigkeit** schließen; Verstöße gegen sol- 248
che UVV, die mit eindeutigen Sicherungsanweisungen vor tödlichen Gefahren
schützen sollen, sogar auf **grobe Fahrlässigkeit** (BGH VersR 1989, 109; OLG
Düsseldorf VersR 2004, 65; OLG Köln VersR 1999, 1560).

Relevant ist das Mitverschulden nicht nur für die Bestimmung des Regressvolu- 249
mens des SVT nach § 110 SGB VII, sondern auch für Ansprüche des Verletzten
selbst (und seiner Rechtsnachfolger) gegenüber nicht nach §§ 104 ff SGB VII privilegierten Schädigern.

cc) **Beweis.** Der Unfallverursacher muss beweisen, dass der Verletzte das gebo- 250
tene Sicherungsmittel (wie Gurt, Helm, Schutzkleidung) **nicht benutzt** hatte.
Der Unfallverursacher muss zwar auch beweisen, dass dieses Versäumnis die Verletzungen ganz oder teilweise verursacht hat, es gilt aber für typische Gruppen von
Unfallverläufen ein **Anscheinsbeweis.** Bei der Anwendung des Anscheinsbeweises ist aber grundsätzlich Zurückhaltung geboten, weil er es erlaubt, bei typischen
Geschehensabläufen aufgrund allgemeiner Erfahrungssätze auf einen ursächlichen
Zusammenhang oder ein schuldhaftes Verhalten zu schließen, ohne dass im konkreten Fall die Ursache bzw. das Verschulden festgestellt ist (BGH NJW 2012,
608).

Den Einwand, **gleichschwere Verletzungen** wären auch bei Benutzung der 251
Sicherung entstanden, hat der Verletzte zu beweisen (BGH NJW 1980, 2125).

BGB § 254 Schadensersatzrecht des BGB

252 **g) Transport. aa) Abschleppen.** Die Haftung bei einem Abschleppvorgang ist nicht nach § 8 Nrn. 2, 3 StVG ausgeschlossen (OLG Celle r+s 2013, 145).

253 Auch ein mit Seil oder Stange abgeschlepptes Fahrzeug befindet sich „im Betrieb", sofern es z.B. gelenkt werden muss (BGH VersR 1966, 934; OLG Celle r+s 2013, 145; OLG Hamm NJW-RR 2009, 1031; OLG Koblenz VersR 1987, 707). Ein abgeschleppter Pkw, der gelenkt werden muss, bildet eine von dem abschleppenden Fahrzeug gesonderte, eigenständige Gefahrenquelle, dessen Betriebsgefahr nicht in der des abschleppenden Fahrzeugs aufgeht (OLG Köln NJW-RR 1986, 1410). Dabei ist die Betriebsgefahr des schleppenden Fahrzeugs regelmäßig genauso hoch wie diejenige des abgeschleppten Fahrzeugs; entscheidend ist, dass das abschleppende Fahrzeug dem Abgeschleppten ebenso gefährlich werden kann wie umgekehrt das abgeschleppte Fahrzeug dem Abschleppenden (BGH VersR 1966, 934; OLG Celle r+s 2013, 145; OLG Hamm NJW-RR 2009, 1031; OLG Koblenz VersR 1987, 707).

253a Wird das abgeschleppte Fahrzeug dagegen nicht mehr selbständig gelenkt, sondern nur noch gezogen, besteht keine eigenständige Betriebsgefahr mehr (OLG Hamm NJW-RR 2009, 1031; LG Freiburg BeckRS 2014, 20105). In ganz oder mit einer Achse auf der Ladefläche eines Abschleppfahrzeugs oder Autotransporter transportiertes Fahrzeug weist keine eigenständige Betriebsgefahr auf, sondern gehört zur Betriebseinheit des Abschleppfahrzeugs (BGH NJW 1978, 2502; BGH NJW 1971, 940; BGH NJW 1963, 251; OLG Karlsruhe jurisPR-VerkR 25/2014 Anm. 2 = NZV 2014, 573; OLG München r+s 2015, 463).

254 Ein **stillschweigender Haftungsausschluss** zwischen einem (späteren) Schädiger und einem (späteren) Geschädigten kann sich bei Fehlen einer ausdrücklichen Abrede konkludent ergeben (BGH NJW 2009, 1482). Ob ein stillschweigender Haftungsausschluss, an den bei der Verabredung des Gefälligkeitsverhältnisses niemand gedacht hatte, anzunehmen ist, richtet sich nach den Umständen des Einzelfalles (OLG Celle r+s 2013, 145; siehe *Diebold* zfs 2011, 363).

255 A.1.5.4 AKB 2015 sieht zwar einen Deckungsausschluss für Schäden an von dem versicherten Fahrzeug abgeschleppten Fahrzeugen vor. Das gilt aber nicht für Haftpflichtansprüche im Rahmen eines nicht-gewerbsmäßigen Abschleppens betriebsunfähiger Fahrzeuge aus Gefälligkeit im Rahmen der ersten Hilfe (OLG Celle r+s 2013, 145).

255a Der **Kaskoversicherer** muss beweisen, dass Schäden zwischen ziehendem und gezogenem Fahrzeug „ohne Einwirkung von außen" entstanden sind und damit vom Ausschluss gemäß A.2.3.2 AKB 2008 erfasst werden (OLG Düsseldorf NZV 2007, 303). Den Versicherungsnehmer trifft für eine derartige Einwirkung von außen eine sekundäre Darlegungslast (OLG München NJW-RR 2017, 1110; siehe auch OLG Stuttgart VersR 2013, 623), da es sich aus Sicht der beweisbelasteten Versicherung um eine negative Tatsache handelt (BGH NJW-RR 2017, 676).

256 **bb) Fahrgaststurz.** Der Fahrer eines Linienbusses darf grundsätzlich darauf vertrauen, dass die Fahrgäste entsprechend ihrer Verpflichtung aus § 14 III Nr. 4 BOKraft selbst dafür sorgen, sich im Fahrzeug stets einen festen Halt zu verschaffen. Dies gilt auch beim Anfahren; es sei denn, die besondere Hilfsbedürftigkeit des Fahrgastes musste sich dem Fahrer aufdrängen (OLG Bremen jurisPR-VerkR 14/2011 Anm. 4 = NJW-RR 2011, 1245).

257 Kommt es in einem im öffentlichen Personennahverkehr eingesetzten Bus zu einem Sturz, entspricht es der Erfahrung des täglichen Lebens, dass der Sturz auf einer Unachtsamkeit des Fahrgastes beruht, wenn nicht besondere Umstände die-

ser Annahme entgegenstehen. I.d.R. verdrängt ein solches Eigenverschulden des Fahrgastes, der sich nicht ordnungsgemäß festgehalten hat, die Gefährdungshaftung aus einfacher Betriebsgefahr vollständig (KG NZV 2013, 78; KG NZV 2012, 182; OLG Frankfurt v. 28.2.2013 – 16 U 58/12 – bld.de; OLG Frankfurt NZV 2011, 199; OLG Koblenz r+s 2000, 498).

Der Fahrgast eines zugelassenen Karussells, der sich während der Fahrt nicht **258** festhält und stürzt, kann seinen Körperschaden nicht dem Betreiber des Karussells anlasten. Versucht ein Fahrgast einen anderen, der sich nicht ordnungsgemäß verhält, vor einem Sturz zu bewahren, und kommt er selbst hierdurch zu Schaden, entsteht ihm gegen den Betreiber des Karussells kein Aufwendungsersatzanspruch (OLG München OLGR 1992, 20).

cc) Beförderte Sache. Nach § 8 Nr. 3 StVG wird für die Beschädigung beför- **259** derter Sachen grundsätzlich nicht aufgrund der StVG-Gefährdungshaftung gehaftet (zur fehlenden Betriebsgefahr eines aufgeladenen Kfz siehe OLG Karlsruhe jurisPR-VerkR 25/2014 Anm. 2 = NZV 2015, 76; siehe auch § 16 StVG Rn 6). Eine Ausnahme besteht nur dann, sofern die beförderte Person die Sache an sich trägt oder mit sich führt (*Hentschel/König/Dauer-König*, § 8 StVG Rn 5, 9; siehe auch § 8 StVG Rn 14). Weder Fahrer noch Halter haften nach §§ 7, 18 StVG; **Haftung** besteht aber nach § 823 BGB (dazu OLG Saarbrücken VersR 2014, 73).

Zu den üblicherweise **mitgeführten Gegenständen** gehören die am Leib **260** getragene Kleidung einschließlich persönlicher Accessoires bzw. Kleidungsstücke, die witterungsbedingt oder temperaturbedingt mitgeführt werden. Das Mitführen von Handy/Smartphone (nicht aber iPad o.ä.) oder mp3-Player wird allgemein als üblich bejaht, nicht hingegen das Mitführen von Gegenständen, die aus beruflichen Gründen mitgeführt werden (*Feyock/Jacobsen/Lemor-Feyock*, § 11 AKB Rn 32). Die Mitnahme eines Computers wird als unüblich angesehen (*Stiefel/Maier-Maier*, AKB A.1 Rn 254; *Stiefel/Maier-Jahnke*, § 4 KfzPflVV Rn 17); das Mitführen eines Laptops ist bereits aufgrund seiner Größe und Handlichkeit nicht als ein Gegenstand anzusehen, der üblicherweise mit sich geführt wird.

Übernimmt ein Busunternehmer den Transport eines Schülerorchesters und **260a** dessen Instrumente, ist er **werkvertraglich** verpflichtet, die Instrumente gegen Verlust und Beschädigung während der Beförderung zu schützen. Eine Haftung nach § 7 StVG, § 823 BGB entfällt, ebenso der Direktanspruch nach § 115 VVG (OLG Saarbrücken VersR 2014, 73; ähnlich LG Coburg SP 2008, 445).

Trotz bestehender Haftung (z.B. nach § 823 BGB) einer prinzipiell versicherten **261** Person entfällt die Eintrittspflicht des Kfz-Versicherers, da nach Ziffer A.1.5.5. AKB (§ 4 Nr. 3 KfzPflVV, § 11 Nr. 4 AKB aF) kein Versicherungsschutz besteht **(Deckungsausschluss)** für die Beschädigung von Sachen, die mit dem versicherten Fahrzeug befördert werden. Der Deckungsausschluss greift unabhängig von der Frage, ob es sich um entgeltlichen oder unentgeltlichen Transport handelt (LG Erfurt jurisPR-VerkR 10/2013 Anm. 4 = NJW-RR 2013, 358; *Breideneichen* r+s 2013, 417; *Stiefel/Maier-Jahnke*, § 4 KfzPflVV Rn 18, *Stiefel/Maier-Maier*, AKB A.1 Rn 243).

Zur automatischen Abrechnung in Fahrzeuge eingebaute **Mauterfassungsge- 262 räte** (On-Board Unit – OBU) stehen auch nach Einbau im Fahrzeug regelmäßig im Eigentum der Maut-Betreiber (z.B. Toll Collect). Bei einem Hybrid-Fahrzeug hat der Fahrzeugeigentümer nicht stets auch das Eigentum an der **Batterie.** Werden Batterie oder OBU beschädigt, haftet der Fahrer zwar dem Eigentümer der in seinem Fahrzeug eingebauten Batterie bzw. OBU auf Schadenersatz, er hat

BGB § 254

allerdings hierfür keine Deckung in der Haftpflichtversicherung (beförderte Sache bzw. Bestandteil des Fahrzeuges). Es kann aber Anspruch gegenüber der Kasko-Versicherung bestehen.

262a Siehe auch § 254 BGB, Rn 93 f, § 254 BGB, Rn 128 ff sowie § 249 BGB, Rn 334 f.

263 **h) Schadenentwicklung. aa) Allgemeines.** Der Verletzte (oder später Verstorbene) kann schadenvergrößernd oder -verändernd auch in die weitere Schadenentwicklung eingreifen und die Kostenhöhe **einzelner Schadenpositionen** unangemessen beeinflussen (siehe *Höher/Mergner* r+s 2012, 1).

264 Der Schadenersatz bei Verkehrsunfällen hat im Vergleich zu Ersatzansprüchen aus anderen Geschehen manche dem Geschädigten günstige Rechtsregel gefunden, die dem Bereicherungsverbot (BGH NJW 2014, 535; BGH NJW 2013, 1151; BGH NJW 2005, 2541; BGH NJW 1969, 2284; OLG München VersR 2009, 1090) der §§ 249 ff BGB in manchen Fällen zuwider zu laufen scheint. Die **Schadenminderungspflicht** (als Anwendungsfall des allgemeinen Grundsatzes von Treu und Glauben [BGH MDR 2011, 978; BGH NJW 1952, 299]) überantwortet dem Verletzten alle Maßnahmen, die nach allgemeiner Lebenserfahrung von einem ordentlichen Menschen angewandt werden müssen, um den Schaden abzuwenden oder zu verringern (BGH VersR 1965, 1173; OLG Dresden VersR 1999, 765). Handelt es sich um Maßnahmen, die dem Geschädigten zur Schadensminderung nicht zugemutet werden können, führt ihr Unterlassen nicht zum Mitverschulden (BGH MDR 2011, 978; BGH NJW 2005, 1047; BGH NJW 1971, 836). § 254 BGB enthält zwar im Ansatz den Grundgedanken, dass sich der Ersatzberechtigte so zu verhalten hat wie sich ein in gleicher Lage befindlicher vernünftiger Geschädigter verhalten würde, wenn kein Haftpflichtiger vorhanden wäre (OLG Celle VersR 1958, 344). Das bedeutet aber nicht, dass der Verletzte zugunsten des Schädigers sparen muss oder sich ausnahmslos in jedem Fall so zu verhalten hat, als ob er den Schaden selbst zu tragen hätte (BGH NJW 2005, 1933; BGH NJW 2005, 1108; siehe *Thole* NZV 2010, 425).

265 **bb) Obliegenheiten.** Es besteht eine Verpflichtung des Geschädigten zum **rechtzeitigen** (LG Halle SP 2000, 386; AG Bochum SP 2002, 23) **Hinweis** auf bevorstehende außergewöhnliche Schäden (BGH VersR 2008, 1090; BGH VersR 1996, 380; BGH NJW 1989, 290; OLG Dresden VersR 1999, 765; OLG Düsseldorf VersR 2007, 667; OLG Nürnberg zfs 2000, 12). Beispiele: Finanzierungskosten, Verdienstausfall, Nutzungsausfall (OLG Frankfurt VersR 2005, 1742; OLG Karlsruhe NZV 2011, 546); siehe auch zu § 249 BGB, Rn 198, § 249 BGB, Rn 201.

266 Der Hinweis muss **konkret,** in seiner Dringlichkeit für den Ersatzpflichtigen nachvollziehbar und nicht in allgemein gehaltener Form (z.B. in standardisierter Schriftsatzform) erfolgen (KG NZV 2010, 209; LG Halle SP 2000, 386; AG Münster SP 2001, 21). Der Schädiger soll Gelegenheit haben, durch entsprechende Maßnahmen doch noch die Entstehung des Schadens abzuwenden. Der Schädiger kann sich daher mangels **Kausalität** nicht auf die Verletzung der Warnpflicht berufen, wenn derartige Maßnahmen entweder gar nicht getroffen werden können oder er nachweislich auf die Warnung nicht reagiert hätte (BGH VersR 1996, 380). Der Schadenersatzpflichtige hat die **Beweislast** dafür, dass der Geschädigte schuldhaft den Schaden nicht abgewendet hat (BGH VersR 1986, 705).

267 Ein Geschädigter ist gehalten, bei Fehlen eigener Geldmittel einen **Kredit** für die Kosten der Schadenbeseitigung aufzunehmen. Dies gilt insbesondere, wenn

Mitverschulden § 254 BGB

die Kreditkosten erheblich unter den ansonsten aus dem Ausfall des gewerblich genutzten Betriebsmittels (z.b. Fahrzeug) entstehenden Verdienstausfalles liegen (OLG Düsseldorf zfs 1997, 253).

Der Anspruchsberechtigte hat bei der Schadenabwicklung originäre Aufklä- 268 rungs- und **Hinweispflichten**, u.a. zu Leistungen von dritter Seite bzw. zum Status etwaig gestellter Leistungsanträge (OLG Hamm VersR 2002, 483) und deren Rechtskraft. Werden unfallbedingte Erwerbseinbußen gefordert, ist unaufgefordert tatsächlich erzieltes Einkommen mitzuteilen (OLG Hamm NZV 1999, 248).

cc) **Medizinische Maßnahmen.** Aus Art 2 I GG folgt das Recht eines Ver- 269 letzten, selbst darüber zu bestimmen, zu welchem Arzt er sich in Behandlung begibt (OLG Saarbrücken NVersZ 2002, 257).

Der Verletzte ist grundsätzlich verpflichtet, sich zur Schadenminderung in **ärzt- 270 liche Behandlung** zu begeben, ärztlichem Rat sowie den Therapie- und Kontroll**anweisungen** zu folgen (z.b. gerade bei Verletzung der unteren Extremitäten der Empfehlung zur Gewichtsreduktion) und sich – im zumutbaren Rahmen – weiteren **medizinischen Eingriffen** zur Besserung des Zustandes, auch zur Wiederherstellung oder Besserung seiner Arbeitsfähigkeit, zu unterziehen (BGH NZV 2015, 281; BGH NJW 1997, 1635; BGH NJW 1986, 775; BGH NJW 1989, 2332). Ein Verstoß gegen § 254 BGB kommt erst in Betracht, wenn der Geschädigte eindeutigen Empfehlungen des Behandlers nicht folgt.

Bei **operativen Eingriffen** muss es sich um einen Eingriff handeln, der einfach 271 und gefahrlos ist, keine besonderen Schmerzen bereitet und sichere Aussicht auf Heilung oder wesentliche Besserung bietet (BGH NJW 1994, 1592; OLG Düsseldorf r+s 2003, 38).

Dem Verletzten kann uU die fehlende Durchführung einer Therapie nicht 272 entgegengehalten werden, wenn er gerade wegen seiner psychischen und intellektuellen Anlage die Notwendigkeit einer Behandlung nicht erkennen kann (OLG Hamm NZV 1997, 272).

Die **Patientenverfügung** (§ 1901a I 1 BGB) ist eine freiwillige schriftliche 272a Vorausverfügung einer volljährigen Person für den Fall, dass sie ihren Willen nicht mehr wirksam erklären kann. Sie verschafft dem Willen des Betroffenen, keine lebensverlängernden Maßnahmen erdulden zu müssen, Geltung. Die Erklärung ist unbefristet gültig, solange kein Widerruf erfolgt (zu Einzelheiten *Jahnke/Burmann-Jahnke*, Handbuch des Personenschadensrechts, Kap. 5 Rn 700ff).

dd) **Weltanschauliche Aspekte.** Der Ersatz von z.B. **Sonderverpflegung** 273 und Krankenhausversorgung allein aus weltanschaulichen Gründen scheitert an der Erforderlichkeit (§ 249 BGB, § 249 BGB, Rn 470) und ist kein Fall von § 254 BGB.

Zur Schadenvergrößerung führende Eingriffe oder Nicht-Eingriffe des Verletz- 274 ten in den Heilverlauf können nicht nur unter dem Aspekt der Schadenminderung oder des Mitverschuldens zu werten sein, sondern schon den **Zurechnungszusammenhang** insgesamt entfallen lassen.

Ein Schaden ist dann nicht mehr zurechenbar verursacht, wenn der Verletzte 275 in ungewöhnlicher oder unsachgemäßer Weise in das Geschehen eingreift (OLG Düsseldorf NZV 1989, 114, siehe auch vor § 249 BGB, Rn 45). Verweigert ein geistig voll zurechnungsfähiger (BSG USK 98172; siehe auch OLG München NJW-RR 2002, 811) Verletzter (oder sein gesetzlicher Vertreter, z.B. Eltern eines verletzten Kindes) beispielsweise eine Fremdbluttransfusion aus religiöser/weltan-

BGB § 254 Schadensersatzrecht des BGB

schaulicher Überzeugung (z.b. **Zeuge Jehova;** BSG BSGE 118, 18; BSG FamRZ 2004, 1198), entfällt bereits der Zurechnungszusammenhang mit dem ursprünglichen Unfallgeschehen (LG Essen v. 4.10.2010 – 3 O 198/09), ohne dass es noch auf eine Mitverschuldensdiskussion (OLG München NJW-RR 2002, 811) ankommt (siehe auch *Jahnke* jurisPR-VerkR 11/2010 Anm. 4; *Jahnke/Thinesse-Wiehofsky*, § 2 Rn 548, § 5 Rn 148 ff; *Kern* NJW 1994, 753; *Schur* jM 2015, 331).

276 Das Grundrecht nach **Art 4 GG** hat – als klassisches Abwehrrecht des Bürgers gegen den Staat – bei der Kausalitätsbetrachtung außen vor zu bleiben (BSG FamRZ 2004, 1198, nachfolgend BVerfG FamRZ 2006, 764).

276a ee) **Verjährungseinrede als Obliegenheit.** Lassen Dritte (wie Werkstatt, Sachverständiger, Mietwagenunternehmen, Arzt) Forderungen gegen den **Unfallgeschädigten** verjähren, ist es regelmäßig dem Kunden (= Geschädigter) zumutbar, die Verjährungseinrede zu erheben. Zu Einzelheiten siehe § 840 BGB, Rn 22c ff.

277 **6. Schadennachweis.** Erbringt der Anspruchsteller oder ein Dritter, der von dem Verletzten seine Rechte ableitet (z.b. Arbeitgeber), nicht die gebotenen Schadennachweise (z.B. Abrechnungsunterlagen, Gutachten), stellt dieses keine Verletzung einer Schadengeringhaltungsverpflichtung dar. Vielmehr ist der ordnungsgemäße Schadennachweis **Fälligkeitsvoraussetzung;** der Ersatzschuldner ist bis zum ordnungsgemäßen Nachweis nicht zur Zahlung verpflichtet und gerät auch nicht in Verzug (§ 249 BGB, Rn 551, § 249 BGB, Rn 553).

278 **7. § 254 II 2 BGB.** Den Geschädigten trifft nach Eintritt des schädigenden Ereignisses die Obliegenheit, den Schaden abzuwenden oder zu mindern (§ 254 II 1 BGB), wobei § 278 BGB entsprechende Anwendung findet (§ 254 II 2 BGB). Dies gilt aber nur, wenn ein Geschädigter sich der Hilfspersonen zur Erfüllung eines Gebotes des eigenen Interesses bedient (BGH NJW 1993, 1779; BGH NJW 1976, 234; OLG Koblenz VersR 2003, 112). Für die Zurechnung des Verschuldens eines Dritten im Rahmen des § 254 II 2 BGB ist stets erforderlich, dass der Geschädigte einem derartigen Gebot unterliegt.

279 a) **Gesetzlicher Vertreter.** Das Mitverschulden des gesetzlichen Vertreters hat sich der Verletzte gemäß §§ 254 II 2, 278 BGB zurechnen zu lassen.

280 Gesetzliche Vertreter eines Minderjährigen sind vor allem dessen **Eltern,** die nach § 1629 I BGB zwar grundsätzlich gemeinschaftlich handeln, aber bereits bei obliegenheitswidrigem Verhalten eines Elternteiles einen Mitverschuldenseinwand begründen. Eltern vertreten das Kind nach Eintritt der Volljährigkeit nicht mehr, solange keine Bestellung als Betreuer pp. erfolgt ist.

281 Weitere Vertreter neben den Eltern sind **Vormund** (§§ 1773, 1793 BGB), **Betreuer** (§§ 1896, 1902 BGB) und **Pfleger** (§ 1909 BGB).

282 Für **juristische Personen** handeln deren Organe (z.B. Vorstand, Geschäftsführer) oder sonst vertretungsberechtigten Personen.

283 Der Mitverschuldenseinwand setzt voraus, dass der gesetzliche Vertreter **in Ausübung der gesetzlichen Vertretung** handelte.

284 b) **Erfüllungsgehilfen.** Erfüllungsgehilfe (§ 278 BGB) ist, wer nach den tatsächlichen Gegebenheiten des Falles mit dem Willen des Schuldners bei der Erfüllung einer diesem obliegenden Verbindlichkeit als eine Hilfsperson tätig wird (OLG Hamm NJW-RR 2000, 1008). Zum Schuldverhältnis s. § 254 BGB, Rn 296.

Mitverschulden § 254 BGB

Erfüllungsgehilfe ist der zur Schadenabwicklung tätige **Anwalt** (OLG Hamm 285 NJW-RR 2000, 1008; OLG Naumburg VRS 87, 1; OLG Brandenburg BRAK-Mitt 2001, 290).

Keine Erfüllungsgehilfen des Geschädigten sind im Regelfall **Arzt** (RG RGZ 286 72, 219), Medizinischer Dienst der Krankenkassen **(MDK)** (BSG GesR 2007, 83), Gutachter/**Sachverständiger** (OLG Düsseldorf SP 2007, 366; OLG Hamm r+s 1996, 183; OLG Naumburg NJW-RR 2006, 1029; KG zfs 2003, 513; AG Berlin-Mitte SP 2010, 449), **Handwerker** (OLG Celle NJW-RR 2004, 526), **Reparaturwerkstatt** (BGH NJW 2000, 947; BGH NJW 1992, 302; OLG München DAR 2009, 703; OLG Hamm NZV 1995, 442), **Mietwagenunternehmer** (OLG Naumburg NJW-RR 2006, 1029), **Rechtsschutzversicherer** (OLG Koblenz VersR 2011, 791). Siehe auch *van Bühren* zfs 2017, 309).

c) **Verantwortungsmaßstab.** Der Sorgfaltsmaßstab des Erfüllungsgehilfen/ 286a gesetzlichen Vertreters richtet sich grundsätzlich nach der **Stellung des Schuldners** (und damit nach den rechtlichen Aspekten, die für das Kind, an dieser Stelle dessen Schuld- und Deliktsfähigkeit unterstellt). Ob der Erfüllungsgehilfe sich schuldhaft verhalten hat, richtet sich nach dem Verschuldensmaßstab, der für den Schuldner (= **Kind**) gilt, denn dieser hat das Verschulden des Erfüllungsgehilfen in gleichem Umfang zu vertreten wie eigenes. Verschulden des Erfüllungsgehilfen ist damit anzunehmen, wenn dieser vorsätzlich handelt oder die im Verkehr erforderliche Sorgfalt außer Acht lässt (§ 276 II BGB).

Es gilt nicht zugunsten der **Eltern** als Verantwortungsmaßstab gegenüber dem 286b Dritten (Schadenersatzschuldner) der geringere Maßstab des § 1664 BGB (diligentia quam in suis, § 277 BGB), sondern § 276 BGB und damit die Anspruchskürzung auch bei **einfacher Fahrlässigkeit.** § 1664 BGB enthält Pflichten der Eltern, nicht aber des Kindes. Wenn nach § 278 BGB der Schuldner (also das Kind) ein Verschulden seines gesetzlichen Vertreters wie eigenes Verschulden zu vertreten hat, ist auf das deliktsfähige Kind abzustellen.

Soweit für den Schuldner (Schuldner ist das Kind, nicht sein Erfüllungsgehilfe 286c bzw. gesetzlicher Vertreter) ein **anderer** (strengerer oder milderer) **Verschuldensmaßstab** (z.B. beim Sportunfall) gilt, ist dieser auch für die Beurteilung des Verhaltens des Erfüllungsgehilfen/gesetzlichen Vertreters als „schuldhaft" maßgebend (BGH NJW 1960, 669).

Für die **Zurechnungsfähigkeit** (§ 827 BGB) kommt es auf die Person des 286d Erfüllungsgehilfen/gesetzlichen Vertreters an (OLG Düsseldorf NJW-RR 1995, 1165). Haftet der Erfüllungsgehilfe persönlich für einen in Trunkenheit angerichteten Schaden aufgrund des § 827 S. 2 BGB (actio libera in causa), haftet derjenige, der sich des Trunkenen zur Erfüllung einer Verbindlichkeit bediente, nach §§ 278, 276 I 2 BGB (BGH VersR 1956, 307).

d) **Schadenentstehung. aa) Sonderrechtsverhältnis vor/beim Unfall.** 287 **Zum Thema:** *Jahnke/Thinesse-Wiehofsky*, § 2 Rn 517 ff; *Jahnke* 6. Düsseldorfer Verkehrsrechtsforum 2016 (Düsseldorfer Reihe, Heft 31), S. 5; *Kreuter-Lange* SVR 2013, 41; *Lang* NZV 2013, 161, 214; *Lang* r+s 2011, 409; *Looschelders*, Düsseldorfer Schriften zum Versicherungsrecht Bd. 29 (2016), S. 19; *Pauge* zfs 2014, 665.

(1) **Grundsatz.** Eigene Schuldfähigkeit und damit auch Mitverschuldensfähig- 288 keit beginnt nach Maßgabe des § 828 BGB erst mit dem 7. bzw. dem 10. Lebensjahr, soweit es um den Anspruchsgrund (Zustandekommen des Unfalls) geht; bis zum Erreichen dieses Alters mindert eigenes Fehlverhalten den Ersatzanspruch

BGB § 254   Schadensersatzrecht des BGB

nicht. Auf die Schadenentwicklung kann ein Kind vor Vollendung des 18. Lebensjahres i.d.R. keinen Einfluss nehmen; insoweit trägt die Personensorge der Eltern. In Betracht kommt aber die Zurechnung des Fehlverhaltens Dritter. Die Mitverschuldenszurechnung (§§ 254 II 2, 278 BGB) setzt für Anspruchskürzung ein vor dem Haftpflichtgeschehen bereits bestehendes Sonderrechtsverhältnis zwischen Kind und Schädiger voraus (OLG Hamm VersR 2011, 1195; OLG Hamm NJW-RR 1998, 1181).

289   Bei einem Verkehrsunfall entsteht ein Sonderrechtsverhältnis regelmäßig **erst mit dem Unfall**. Ein Mitverschulden des gesetzlichen Vertreters schon bei Schadenentstehung (§ 254 I BGB) hat sich das Kind nicht anrechnen zu lassen. Ein Aufsichtspflichtversagen seiner Eltern (dazu *Bernau* DAR 2015, 192) ist dem deliktsfähigen Kind nicht anspruchsmindernd gegenzurechnen (BGH VersR 1982, 441; OLG Hamm r+s 1995, 455; OLG Köln VersR 1994, 1082). Es besteht dann aber gesamtschuldnerische Haftung von gesetzlichem Vertreter (z.B. Vater) und weiterem Schädiger (z.B. Autofahrer).

290   Eine Sonderbeziehung wird nicht durch bloßes Bestehen einer **Verkehrssicherungspflicht** (BGH VersR 1988, 632; OLG Schleswig-Holstein OLGR Schleswig 1997, 348) oder einer konkreten **Gefährdungssituation** (OLG Hamm NJW-RR 1998, 1181) begründet.

291   **(2) Ausnahmen.** Besteht zwischen verletztem Kind und der seine Aufsicht verletzenden Person **im Unfallzeitpunkt** eine rechtliche, vor allem vertragliche, Sonderrechtsbeziehung, kommt es zu einer Anrechnung des Mitverschuldens nach §§ 254 II 2, 278 BGB (BGH NJW 1988, 2667; BGH VersR 1982, 441; BGH NJW 1980, 2090; BGH NJW 1979, 973; siehe auch Palandt-*Grüneberg*, § 254 BGB Rn 49 ff).

292   Eine – zur Anspruchskürzung beim Kind führende – Sonderbeziehung ist anzunehmen bei mit dem Schädiger zuvor abgeschlossenem Vertrag zugunsten oder mit Schutzwirkung für Dritte (uU auch bei Mitgliedschaft in demjenigen Verein, welcher den Schaden verursacht; AG Nordhorn NJW-RR 2001, 1171; weitere Beispiele bei *Jahnke*, 6. Düsseldorfer Verkehrsrechtsforum 2016 [Düsseldorfer Reihe, Heft 31], S. 5).

293   Eine vor dem Unfall begründete vertragliche Beziehung kann bei Abschluss eines **Beförderungsvertrages** (§ 328 BGB) z.B. mit Bahn (BGH NJW 1957, 1187; BGH NJW 1953, 977), Reisebus, Taxi oder öffentlichen Verkehrsmitteln (ÖPNV) in Betracht kommen, uU auch bei Besuch eines Schwimmbades oder eines Vergnügungsparks. Kommt im Rahmen z.B. eines Beförderungsvertrages ein Elternteil seiner Aufsichtspflicht (§ 1631 I BGB) nicht nach, muss das Kind sich diese Pflichtverletzung unmittelbar anspruchsmindernd anrechnen lassen (BGH NJW 1953, 977; siehe auch BGH NJW 1964, 1670).

294   **(3) Haftungseinheit.** Einem **schuldfähigen,** nicht jedoch einem deliktsunfähigen, Kind kann das Mitverschulden eines Aufsichtspflichtigen über die Haftungseinheit zuzurechnen sein (siehe § 254 BGB, Rn 172).

295   **bb) Sonderrechtsverhältnis zwischen Unfall und Schadeneintritt.** Auch schon in der Zeit zwischen Begehung der unerlaubten Handlung und Schadeneintritt kann Fehlverhalten der Eltern anspruchsmindernd wirken (z.B. durch Unterlassen einer medizinischen Untersuchung) (BGH NJW 1988, 2667; BGH NJW 1952, 1050).

cc) **Sonderrechtsverhältnis bei Schadenentwicklung.** Bei einem Verkehrsunfall entsteht mit dem Unfall ein Sonderrechtsverhältnis (= **Schadenabwicklungsverhältnis**) (BGH VersR 1988, 632; OLG Naumburg OLG-NL 2001, 148). Bei der Schadenentwicklung hat sich die verletzte Person daher ein Verschulden seiner gesetzlichen Vertreter (Eltern, Vormund, Betreuer, uU Vorstand einer juristischen Person) nach §§ 254 II 2, 278 BGB anspruchsmindernd zurechnen zu lassen, sofern der gesetzliche Vertreter in Ausübung der gesetzlichen Vertretung handelt (*Geigel-Knerr* Kap. 2 Rn 32 m.w.N.). Das obliegenheitswidrige Verhalten bereits eines Elternteiles reicht für eine Anspruchsminderung aus. Der Mithaftungseinwand ist nicht auf die vertraglichen Ansprüche beschränkt, sondern erstreckt sich auch auf konkurrierende Anspruchsnormen (z.B. § 823 BGB) (BGH NJW 1953, 977). 296

Zur Anspruchskürzung zulasten des Kindes führendes **Fehlverhalten** seines gesetzlichen Vertreters sind z.B. Verjährung, unterlassene oder unzureichende Heilversorgung (siehe § 254 BGB, Rn 275), Unterlassen schadenverhütender und schadenmindernder (u.a. medizinischer) Maßnahmen (BGH NJW 1988, 2667). 297

Es gilt für den Bereich der haftungsausfüllenden Schadenentwicklung (zum Schadengrund siehe § 254 BGB, Rn 136, § 254 BGB, Rn 302 ff) gegenüber dem Dritten (Schadenersatzschuldner) nicht der geringere Maßstab des § 1664 BGB, sondern § 276 BGB (d.h. Anspruchsminderung auch bei **einfacher Fahrlässigkeit**). 298

e) § 1664 BGB.

§ 1664 BGB – Beschränkte Haftung der Eltern 299

(1) Die Eltern haben bei der Ausübung der elterlichen Sorge dem Kind gegenüber nur für die Sorgfalt einzustehen, die sie in eigenen Angelegenheiten anzuwenden pflegen.

(2) Sind für einen Schaden beide Eltern verantwortlich, so haften sie als Gesamtschuldner.

§ 277 BGB – Sorgfalt in eigenen Angelegenheiten

Wer nur für diejenige Sorgfalt einzustehen hat, welche er in eigenen Angelegenheiten anzuwenden pflegt, ist von der Haftung wegen grober Fahrlässigkeit nicht befreit.

aa) **Anspruchsgrundlage.** § 1664 BGB bildet im Verhältnis des Kindes zu seinen **Eltern** eine Anspruchsgrundlage für etwaige Schadenersatzforderungen. § 1664 BGB ist nicht analog auf andere Personen anzuwenden (BGH VersR 1996, 81). 300

Die Privilegierung (Haftungsmilderung, §§ 1664, § 277 BGB) kann auch dem nicht-sorgeberechtigten Elternteil – jedenfalls bei faktischer Personensorge (z.B. Wochenendbesuch bei getrennt-lebenden Eltern) – zustehen (BGH NJW 1988, 2667); siehe auch § 86 VVG, Rn 119. Die Haftungsmilderung (§§ 1664, 1359 BGB) gilt nur unter Ehegatten und für Eltern gegenüber ihren Kindern. Verletzen Kinder ihre Eltern oder Geschwister (z.B. auf einer Diskotour) einander, gilt § 276 BGB (einfache Fahrlässigkeit). Eine Pflegemutter kann bei Verletzung ihres Pflegekindes für sich nicht den Sorgfaltsmaßstab für eigene Angelegenheiten in Anspruch nehmen (OLG Köln NZV 2016, 276). 301

BGB § 254

302 **bb) Verschulden.** Eltern haften ihren Kindern gegenüber grundsätzlich nur nach dem Verschuldensmaßstab der §§ 1664, 277 BGB. Nach § 1664 I BGB haben Eltern (BGH VersR 1996, 81) bei der Ausübung der elterlichen Sorge dem Kind gegenüber für diejenige Sorgfalt einzustehen, die sie in eigenen Angelegenheiten anzuwenden pflegen (**diligentia quam in suis**, § 277 BGB).

303 Die Haftungsbeschränkung auf eigenübliche Sorgfalt (Eltern gegenüber ihren Kindern, § 1664 I BGB, bzw. Ehegatten untereinander, § 1359 BGB, siehe auch § 254 BGB, Rn 136) (BGH NJW 2009, 1875; BGH VersR 1974, 1117; LG Tübingen VersR 1991, 707) gilt grundsätzlich auch bei Deliktsansprüchen (*Palandt-Brudermüller*, § 1359 BGB Rn 2), ferner auch im Fall der Teilnahme am allgemeinen Straßenverkehr (OLG Hamm VersR 1994, 68; offengelassen BGH NJW 2004, 2892), nicht aber, wenn die Verletzung des Kindes durch die Eltern bei der **Führung ihres Kfz** erfolgte (OLG Hamm VersR 1993, 493; siehe auch BGH NJW 2009, 1875 mit zutreffend kritischer Anmerkung *Lemcke* r+s 2009, 257).

303a Für die **Anwendung** des § 1664 BGB ist m.E. wie folgt zu differenzieren: Soweit es um **fremdbestimmte Gefahrenkreise** (außerhalb der Wohnung/Privatsphäre, z.B. im Straßenverkehr) geht, gilt der „normale Haftungsmaßstab", ereignet sich ein Haftpflichtgeschehen im **selbstbestimmten Gefahrenkreis** (hauptsächlich innerhalb des Hauses/Grundstückes, Privatsphäre), kommt es zur Privilegierung durch § 1664 BGB (*Jahnke/Thinesse-Wiehofsky*, § 2 Rn 536).

304 § 1664 BGB gilt auch für Schäden aus Verletzung der **Aufsichtspflicht** gegenüber dem Kind (OLG Hamm NZV 1994, 68; OLG Karlsruhe NZV 2008, 511; a.A. OLG München VersR 1977, 729; OLG Stuttgart VersR 1980, 952; LG Hanau VersR 1988, 468; LG Tübingen VersR 1991, 707; offengelassen in BGH NJW 1988, 2667).

305 Der Umstand, dass nach § 277 BGB lediglich die Haftung für grobe Fahrlässigkeit nicht ausgeschlossen ist, bedeutet nicht im Umkehrschluss, dass dann auch nur für grobe Fahrlässigkeit gehaftet wird. Es gilt vielmehr für einen anderen Maßstab mit der Konsequenz, dass auch dann bei leichter Fahrlässigkeit gehaftet wird, wenn sie denn am **eigenüblichen Verhalten** gemessen werden kann. Dass in eigenen Angelegenheiten ähnlich verfahren wird wie beim schädigenden Ereignis, hat das jeweilige Elternteil zu beweisen (*Wussow-Zoll*, Kap. 72 Rn 7).

306 **cc) Rücksichtspflicht.** Schadensregelungen unter Familienangehörigen, die in häuslicher Gemeinschaft zusammenleben, werden infolge der Verflechtung der Interessen durchweg nach anderen Gesichtspunkten abgewickelt als sie sonst bei der Verfolgung von Schadensersatzansprüchen maßgebend sind (BGH NJW 1964, 860). Eine Haftung kann als ausgeschlossen zu erachten sein, weil im Verhältnis zwischen Täter und Opfer eine Inanspruchnahme unter Berücksichtigung der Unfallumstände, der familiären Beziehung und der wirtschaftlichen Lage sowohl des Opfers wie des Täters Treu und Glauben nicht entspricht (BGH NJW 1965, 907; BGH VersR 1961, 846; siehe auch BGH NJW 1974, 2124 zur Haftungsbeschränkung bei Bestehen einer Haftpflichtversicherung).

306a Aus der Familiengemeinschaft zwischen **Eltern und Kindern** kann sich bei **leicht fahrlässiger** Schadenszufügung die Pflicht des geschädigten Kindes ergeben, Ersatzansprüche nicht geltend zu machen, wenn die Familiengemeinschaft durch einen Schadensausgleich übermäßig belastet würde (OLG Karlsruhe VersR 1977, 232).

306b Die Befugnis zur Geltendmachung eines Schadenersatzanspruches kann wegen § 1353 BGB während des Bestehens der Ehe im **Innenverhältnis der Ehegatten** beschränkt sein (*Palandt-Brudermüller*, § 1359 BGB Rn 2 m.w.H.).

dd) **Einrede.** Die Haftungsbeschränkung des § 1664 I BGB ist **nicht von Amts wegen** zu beachten, sondern durch Einrede geltend zu machen (*Rüge* jurisPR-FamR 5/2009 Anm. 4). 307

f) Gesamtschuld. Ist für die Verletzung des Kindes auch ein **vertraglich zur Aufsicht** Verpflichteter verantwortlich, haftet er dem Kind gegenüber (neben weiteren Schädigern) gesamtschuldnerisch. Eine solche Haftung setzt allerdings eine weitreichende Obhut von längerer Dauer voraus (Pflegeeltern, längerer Aufenthalt bei Verwandten, Kindermädchen, Kindergärtnerin, Aufsichts- und Erziehungspersonal in Heimen) (*Böhme/Biela* Kap. 1 Rn 292 m.w.N.). 308

Ein Mitverschulden der **Eltern** bei der Schadenentstehung (z.B. Verletzung der Aufsichtspflicht) führt – außerhalb der Haftungseinheit – nicht zu einer Anspruchskürzung der Direktansprüche des deliktsunfähigen Kindes (BGH NJW 1988, 2667; BGH VersR 1982, 441; BGH VersR 1980, 938; OLG Hamm r+s 1995, 455; OLG Köln VersR 1994, 1082). Eltern haften dem Kind gegenüber gesamtschuldnerisch zusammen mit dem Zweitschädiger, wobei die Haftung der Eltern gegenüber ihrem Kind aus § 823 BGB – und nicht aus § 832 BGB – (OLG Hamm VersR 1993, 493) resultiert. 309

Sind die Haftungsvoraussetzungen des § 1664 BGB nicht erfüllt, weil ein Elternteil weder der Vorwurf eines Verstoßes gegen eigenübliche Sorgfalt trifft noch grob fahrlässiges Verhalten vorliegt, fehlt es bereits an einer Gesamtschuld, sodass auf die Grundsätze einer **gestörten Gesamtschuld** bereits von daher nicht mehr zugegriffen werden kann (BGH NJW 1988, 2667; OLG Celle NJW 2008, 2353; OLG Hamm r+s 1995, 455). 310

8. Quotenvorrecht. Zum Thema: Siehe zur ungleichmäßigen Forderungsberechtigung von Drittleistungsträgern, Rangfolgen und Verteilung ausführlich *Jahnke,* Unfalltod und Schadenersatz, § 2 Rn 887 ff; *Jahnke* jurisPR-VerkR 11/2010 Anm. 1; *Jahnke/Burmann-Jahnke*, Handbuch des Personenschadensrechts, Kap. 5 Rn 2886 ff, 3158 ff. 311

Besonderheiten sind wegen der verschieden ausgestalteten Forderungsübergangsvorschriften zu beachten. U.a. bestehen Quotenvorrechte (z.B. Hinterbliebenenvorrecht, beamtenrechtliches Vorrecht) des Verletzten, die sich nachteilig auf die Forderungshöhe der Drittleistungsträger auswirken können. 311a

Quotenvorrechte des Geschädigten führen nicht dazu, dass der Schädiger insgesamt mehr zu zahlen hat als seinem Mitverursachungsanteil entspricht, sondern bewirken vor allem eine ungleiche Verteilung des Ersatzbetrages zwischen unmittelbar Geschädigtem und Drittleistungsträger (BGH VersR 2017, 1155; BGH NJW 1982, 827; OLG Celle OLGR 2006, 705 (706). 311b

a) Sachschaden. Genießt der Sacheigentümer (Kfz, aber auch Gebäudeeigentümer) Versicherungsschutz in der Sachversicherung (insbesondere Fahrzeug-Kaskoversicherung) und nimmt er diese bei Mithaftung in Anspruch, konkurriert er hinsichtlich des um den Mithaftungsanteil gekürzten Anspruches mit seiner Sachversicherung. 312

Vereinbart der Mieter eines Kfz mit dem Vermieter gegen Entgelt eine Haftungsbefreiung mit Selbstbeteiligung (§ 254 BGB, Rn 104, § 254 BGB, Rn 160), findet die Rechtsprechung zum Quotenvorrecht entsprechende Anwendung (BGH NJW 2010, 677). Verpflichtet sich der Vermittler eines Mietwagens zur Übernahme der Selbstbeteiligung des Mieters im Schadensfall, liegt kein Versicherungsvertrag iSv § 215 I 1 VVG und damit keine entsprechende **örtliche** 313

BGB § 254

Gerichtszuständigkeit vor (BGH NJW 2017, 393). Siehe auch § 249 BGB, Rn 23b ff.

314   **aa) Quotenbevorrechtigung.** Nach § 86 I 2 VVG (für PKV § 194 VVG) darf der Sachversicherer den Forderungsübergang nicht zulasten seiner versicherten Person ausüben.

315   **(1) Sachschaden.** Quotenbevorrechtigt im Verhältnis zum Kaskoversicherer ist der **eigentliche Sachschaden** (Fahrzeugschaden [Reparaturkosten incl. Umbaukosten; LG Aachen VersR 1988, 1151], Wiederbeschaffungskosten; Totalschaden). Siehe auch § 249 BGB, Rn 22.

316   **(2) Unmittelbarer Sachfolgeschäden.** Das Vorrecht erstreckt sich ferner nur auf die mit dem Sachschaden unmittelbar zusammenhängenden Schäden (**unmittelbarer Sachfolgeschäden**): Abschleppkosten, Sachverständigenkosten und (technische, merkantile) Wertminderung (BGH VersR 1985, 441; BGH VersR 1982, 283; LG Lüneburg NJW-RR 2015, 979).

317   **bb) Nicht bevorrechtigte Ansprüche. Mittelbare Sachfolgeschäden** werden nur entsprechend der Verantwortungsquote reguliert. Hier konkurriert kein Sachversicherer mit den Ansprüchen des unmittelbar Geschädigten.

318   Nicht zum Quotenvorrecht gehören:

319   – Mittelbare **Sachfolgeschäden** (z.B. Mietwagen [OLG Celle OLGR 2006, 705], Nutzungsausfall [BGH NJW 1982, 827; BGH NJW 1968, 1962; BGH NJW 1958, 180]),

320   – **Anwaltskosten** (OLG Celle NJW-RR 2011, 830; LG Wuppertal zfs 2010, 519); siehe auch § 249 BGB, Rn 392 f,

321   – **Rückstufungsschaden** (BGH NJW 1982, 829; OLG Celle NJW-RR 2011, 830),

322   – **Verdienstausfall** (BGH NJW 1982, 827; BGH NJW 1968, 1962),

323   – **Auslagenpauschale** und allgemeine Unkosten (BGH NJW 1982, 827; LG Braunschweig zfs 1991, 87).

324   **b) Schadenversicherer.** Praktische Bedeutung haben Regresse weiterer Schadenversicherer (z.B. Sachversicherung, Verkehrsserviceversicherung).

325   **c) Personenschaden. aa) Allgemeines.** Bei Personenschäden sind neben den Vorrechten gegenüber der privaten Kranken- und Pflegeversicherung (§ 86 I 2 VVG) u.a. die Vorrechte der Arbeitnehmer (§ 6 III EFZG, siehe § 842 BGB, Rn 6), Beamten (siehe § 842 BGB, Rn 10) sowie Versorgungsempfänger (§ 81a I 3 BVG) zu beachten.

326   **bb) Tod. (1) Witwe/r.** Haben Witwe/r wegen Mitverantwortung des getöteten Partners nur Anspruch auf Ersatz einer Quote ihres Unterhaltsschadens, dürfen sie die durch den Wegfall der Unterhaltspflicht gegenüber dem Partner erzielten Vorteile dazu verwenden, ihren Unterhaltsschaden in Höhe der ungedeckten Quote auszugleichen. Sie haben sich **Erwerbseinkommen,** mit dem sie nun nicht mehr zu persönlichen Bedürfnissen des Getöteten beitragen müssen, nur dann mindernd anrechnen lassen, wenn es den von ihnen selbst zu tragenden Schadensanteil übersteigt (BGH VersR 1987, 70; BGH VersR 1983, 726).

327   Für **Waisen** gilt das Vorrecht nicht.

328   Dieses Quotenvorrecht gilt nicht zugunsten von **Drittleistungsträgern** (OLG Hamm NZV 2004, 43).

Mitverschulden **§ 254 BGB**

(2) § 116 V SGB X. Hat ein Sozialleistungsträger (SVT, SHT) aufgrund des 329
Schadensereignisses dem Geschädigten bzw. dessen Hinterbliebenen keine höheren Sozialleistungen zu erbringen als vor dem Ereignis (z.B. im Falle der unfallbedingten Witwenrente), geht bei Mitverantwortlichkeit des unmittelbar Geschädigten der Schadenersatzanspruch nur insoweit auf den Sozialträger über, als die Schadenersatzleistung nicht zur vollen Deckung des Schadens des unmittelbar Geschädigten bzw. seiner Hinterbliebenen erforderlich ist (§ 116 V SGB X).

Das Hinterbliebenen-Quotenvorrecht nach § 116 V SGB X gilt nicht nur, 330
wenn der Getötete im Unfallzeitpunkt bereits **Rentner** (sog. Rentnertod) war, sondern auch, soweit der Unterhaltsschaden für bereits vor einem Eintritt in das Rentenalter getötete Personen später dann weiter für Zeiten nach fiktiver Verrentung zu regulieren ist (BGH NJW-RR 2010, 839, *Jahnke*, Unfalltod und Schadensersatz, § 2 Rn 903 ff). Es hat im letzteren Fall eine entsprechende Neuberechnung für die Zeit ab hypothetischer Verrentung des Unfallgetöteten zu erfolgen.

9. Eigenes Fehlverhalten des Drittleistungsträgers. a) Gegenüber sei- 331
nem Versicherten. Für **Falschbearbeitung** von Rentenanträgen, unrichtige Auskünfte (BGH NJW 2003, 3049; BSG NJW 2013, 1624), aber auch **unzutreffenden Regress** nach § 119 SGB X (näher *Jahnke*, Der Verdienstausfall im Schadensersatzrecht, § 4 Rn 1577 ff, 1620 ff) haftet der SVT seinem Versicherten (siehe § 842 BGB, Rn 158 ff).

b) Gegenüber dem Schadenersatzpflichtigen. Vergrößert ein Drittleis- 332
tungsträger den Schaden durch **falsche Maßnahmen** (z.B. unbrauchbare oder übertriebene Reha-Maßnahmen; Umschulungsmaßnahme mit vorhersehbarer Unvermittelbarkeit des in diesen Beruf Umgeschulten; Gewährung einer Erwerbsminderungsrente nicht zunächst auf Zeit, sondern sofort auf Dauer), kann eine Regressnahme gegen § 242 BGB verstoßen (BGH NJW 1981, 927; BGH NJW 1981, 1099; OLG Düsseldorf VersR 2004, 65; siehe auch *Dahm* NZV 2010, 434, *Jahnke* r+s 2003, 89, *Jahnke* jurisPR-VerkR 2/2010 Anm. 2, *Peck* SP 2005, 123). Der Regressanspruch des SVT ist zu mindern, uU sogar auf Null zu reduzieren.

Auch wenn ein SVT zu Leistungen nach den Katalogtatbeständen der Sozialge- 333
setzbücher (z.B. SGB V, SGB VI, SGB VII, SGB XI) grundsätzlich verpflichtet ist, müssen diese Leistungen dann im Weiteren auch **der Höhe nach** berechtigt sein. Es kommt für die Regressnahme nicht darauf an, was der Drittleistungsträger tatsächlich aufwendet, sondern was er rechtlich im Leistungsverhältnis zu seinem Versicherten erbringen muss (OLG Hamm VersR 2010, 91; in diesem Sinne BGH VersR 2009, 203).

Erbringt ein SVT eine von ihm rechtlich **nicht geschuldete Leistung** (z.B. 334
UVT-Rente an Hinterbliebene trotz fehlender Unfallkausalität; BSG FamRZ 2004, 1198), erfolgt bereits kein Forderungsübergang (siehe auch § 86 VVG, Rn 44 f). Werden vom Drittleistungsträger zu unrecht (betrachtet in seinem Drittleistungsverhältnis) Leistungen gewährt, können diese nur regressiert werden, wenn ein entsprechender Forderungsübergang einer schadenkongruenten Forderung des Verletzten stattgefunden hat; hätte dem Geschädigten die Drittleistung überhaupt nicht zugestanden, entfällt ein Anspruch. BGH VersR 2009, 203 stellt entscheidend auf die Leistungszuständigkeit ab und das „Entweder-oder-Prinzip" in den Vordergrund; der unzutreffend leistende Sozialträger begründet allein mit seiner tatsächlichen Leistung keine Regresszuständigkeit. Die Inanspruchnahme des Ersatzpflichtigen durch den Drittleistungsträger wegen solcher Leistungen, die

bei ordnungsgemäßer Abwicklung des Drittleistungsverhältnisses nicht angefallen wären (wie fehlerhafte oder unrichtige Leistungserbringung), ist dem Drittleistungsträger verwehrt (BGH NJW 2010, 927; BGH NJW 1981, 1099; OLG Düsseldorf VersR 2004, 65; BAG NJW 1996, 805; *Jahnke* r+s Sonderheft 2011 zum 75. Geburtstag von Hermann Lemcke, S. 46).

§ 840 Haftung mehrerer

(1) **Sind für den aus einer unerlaubten Handlung entstehenden Schaden mehrere nebeneinander verantwortlich, so haften sie als Gesamtschuldner.**

(2) **Ist neben demjenigen, welcher nach den §§ 831, 832 zum Ersatz des von einem anderen verursachten Schadens verpflichtet ist, auch der andere für den Schaden verantwortlich, so ist in ihrem Verhältnis zueinander der andere allein, im Falle des § 829 der Aufsichtspflichtige allein verpflichtet.**

(3) **Ist neben demjenigen, welcher nach den §§ 833 bis 838 zum Ersatz des Schadens verpflichtet ist, ein Dritter für den Schaden verantwortlich, so ist in ihrem Verhältnis zueinander der Dritte allein verpflichtet.**

Übersicht

	Rn
1. Norm	1
2. Gesamtschuld-Außenverhältnis (§ 840 I BGB)	3
a) Anordnung	3
b) Schuldnermehrheit, parallele Verantwortlichkeit	5
c) Abgrenzung zum Forderungsübergang	7
d) Unerlaubte Handlung	8
e) Mitverschulden	13
f) Einzelschuld – Gesamtschuld	14
g) Abfindungswirkung	15a
3. Gesamtschuldnerinnenausgleich (§ 840 II, III BGB)	16
a) Prinzip	16
b) § 840 II BGB	18
c) § 840 III BGB	19
d) Anspruchsentstehung	20
e) Einzelpositionen	21
f) Verjährung	22
g) Verjährungseinwand im Außenverhältnis als Obliegenheit im Innenverhältnis	22c
4. Gesamtschuldnerinnenausgleich (§ 426 BGB)	23
a) Versichererbeteiligung, Direktklage	25
b) Ausgleichsbestimmung	27
aa) Erste Stufe: Feststellung einer Schuldnermehrheit	28
bb) Zweite Stufe: Innenausgleich	31
(1) Gesetzliche Vorgaben	32
(2) § 840 BGB	35
cc) Dritte Stufe: Unterschiedliche Mitverantwortlichkeiten des Geschädigten	39
c) Rückgriffsanspruch	40a

	Rn
aa) § 812 BGB	40a
bb) § 426 I BGB – § 426 II BGB	40b
cc) Angehörigenprivileg	40f
5. Gestörte Gesamtschuld	41
a) Begrifflichkeit	42
b) Konsequenzen	44
c) Fallgestaltungen	46
6. Nebentäter	50
7. Haftungseinheit	55

1. Norm. § 840 I BGB ordnet die gesamtschuldnerische Haftung für den 1
Fall an, dass mehrere nebeneinander für den aus einer unerlaubten Handlung
entstehenden Schaden verantwortlich sind.

§ 840 II, III BGB regeln das Gesamtschuldnerinnenverhältnis abweichend von 2
§ 426 BGB.

2. Gesamtschuld-Außenverhältnis (§ 840 I BGB). a) Anordnung. Nach 3
§ 840 I BGB haftet jeder von mehreren Schädigern dem Geschädigten für den
von ihm zu verantwortenden Schaden ohne Rücksicht auf die Einstandspflicht
der übrigen in vollem Umfang. Das Gesetz überlässt es dem Schädiger erst auf
einer weiteren Stufe (§ 840 II, III BGB), Ausgleich für seine Inanspruchnahme
bei den Mitschädigern zu suchen (BGH NJW 1988, 2667).

§ 840 I BGB begründet (anders als § 426 I 1 BGB) keinen eigenen Anspruchs- 4
grund, sondern setzt eine solche Haftung Mehrerer (wenn auch uU unterschiedlichen Umfangs) bereits voraus (BGH NJW 1979, 544).

Der durch die Polizei- und Ordnungsbehörde in Anspruch genommene **Störer** 4a
(z.B. für Feuerwehrkosten) hat keinen Ausgleichsanspruch gegenüber einem nicht
in Anspruch genommenen weiteren Störer analog § 426 BGB (BGH VersR 2015,
587).

b) Schuldnermehrheit, parallele Verantwortlichkeit. Während § 840 I 5
BGB nur die Gesamtschuldnerschaft von Personen anordnet, von denen jeder
einzelne schon dem Gläubiger nach den allgemeinen Deliktsvorschriften haftet,
schafft **§ 830 BGB** im Interesse des Geschädigten neue abgewandelte Haftungstatbestände (BGH NJW 1979, 544).

Zum Unfall mit mehreren Beteiligten siehe ausführlich *Jahnke/Burmann-Lem-* 5a
cke, Handbuch des Personenschadensrechts, Kap. 1 Rn 835 ff.

Neben den nach § 830 Haftenden **(Mittäter, Anstifter, Gehilfe)** werden auch 6
Nebentäter in die Gesamtschuld einbezogen. Nebeneinander verantwortlich sind
u.a. mehrere Kfz-Halter, Kfz-Halter und nach § 823 BGB Haftender und Bahnbe-
treiber (BGH NJW 1955, 1314; BGH NJW 1954, 595), Kfz-Halter und eigen-
mächtiger Fahrer (KG VersR 1978, 435), Tierhalter und Tierführer, Kfz-Fahrer
und ihre Aufsichtspflicht verletzende Eltern (BGH NJW 1988, 2667; BGH NJW
1979, 973; OLG Celle NJW 2008, 2353).

Zu Gesamtschuldnerausgleich und Abfindungswirkung bei Verkehrsunfall und 6a
späterem Arztfehler siehe § 840 BGB, Rn 15b.

Wird jemand in größerem zeitlichen Abstand bei **zwei Verkehrsunfällen** 6b
jeweils verletzt und bleibt ungeklärt, durch welchen Unfall der danach vorliegende
Dauerschaden verursacht worden ist, haften beide Schädiger gemäß § 830 I 2
BGB für die Folgen des Dauerschadens, wenn die Verletzungen beider Unfälle
grundsätzlich geeignet waren, den Dauerschaden herbeizuführen. Waren beide

BGB § 840

Unfallgeschehen für den jetzt vorliegenden Dauerschaden mitursächlich geworden sind, bedarf es keines Rückgriffs auf § 830 I 2 BGB; da Mitursächlichkeit ausreicht, haften beide Schädiger gesamtschuldnerisch nach § 840 I BGB dem Geschädigten für die Folgen des danach vorliegenden Dauerschadens (BGH NJW 2002, 504; OLG Hamm r+s 2017, 40; *Jahnke/Burmann-Lemcke*, Handbuch des Personenschadensrechts, Kap. 1 Rn 881 m.w.H.). Siehe auch § 840 BGB, Rn 15a. sowie zum Gerichtsstand § 249 BGB, Rn 433c.

7   **c) Abgrenzung zum Forderungsübergang.** Soweit **Drittleistungsträger** (z.B. SVT, Arbeitgeber, private Versicherer) eintrittspflichtig sind, besteht keine Gesamtschuld (und damit auch kein Gesamtschuldnerinnenausgleich) mit dem Haftpflichtigen. Die **Regressberechtigung** folgt allein aus gesetzlichen (z.B. § 116 SGB X, § 6 EFZG, § 86 VVG) und/oder privaten (Abtretung) Forderungsübergängen (dazu *Stiefel/Maier-Jahnke*, vor § 113 VVG Rn 16 ff, 42 ff, ausführlich *Jahnke*, Unfalltod und Schadenersatz, § 2 Rn 31 ff, 629 ff; zum Forderungsübergang vor § 249 BGB, Rn 260 ff).

8   **d) Unerlaubte Handlung.** Erfasst werden alle Tatbestände der **§§ 823 ff BGB.**

9   Der Anwendungsbereich ist nicht auf die §§ 823 ff BGB beschränkt. Auch die anderweitig im BGB und **Sondergesetzen** geregelten Haftungstatbestände aus vorhandenem oder vermuteten **Verschulden** sowie die **Gefährdungstatbestände** (Kfz-Halter, § 7 StVG; Flugzeughalter, §§ 33 ff LuftVG; Luxustierhalter, § 833 S. 1 BGB; Eisenbahnunternehmer, Inhaber von Elektrizitäts- und Gasanlagen, §§ 1, 2 HaftPflG; Inhaber von Anlagen zur Erzeugung oder Spaltung von Kernbrennstoffen bzw. für sonstiges Bearbeiten oder Verwenden von Kernbrennstoffen, §§ 25 ff AtomG; pharmazeutische Unternehmer bei Arzneimittelschäden, §§ 84 ff AMG; Hersteller fehlerhafter Produkte, §§ 1, 10 ProdHaftG; ferner § 33 GenTG, § 89 WHG, §§ 1, 2, 15 UmweltHG, §§ 114 ff BBergG, § 8 BDSG) werden einbezogen. Es sind allerdings die **Sonderregeln** in den jeweiligen Haftungsrechten zu berücksichtigen, die regelmäßig auf vorwiegende Verursachung abstellen (§ 13 HaftPflG, §§ 5 S. 2, 6 II ProdHaftG, §§ 17 18 III StVG, § 41 LuftVG) (BGH NJW 2013, 3235; siehe auch § 254 BGB, Rn 5).

10   § 840 I BGB gilt auch für das Zusammentreffen mit **Aufopferungsansprüchen** (RG RGZ 167, 39; siehe auch BGH NJW 1989, 2127).

11   Haftet ein an der unerlaubten Handlung Beteiligter (z.B. Arzt) auch aus **Vertrag,** kommt § 840 BGB zur Anwendung. Besteht ausschließlich vertragliche Verantwortung, kommt § 426 BGB zur Anwendung, wenn gleichstufige Verantwortlichkeit anzunehmen ist (BGH VersR 1969, 737; BGH NJW 1965, 1175). Zur gestörten Gesamtschuld bei Zusammentreffen mit einer **Hebammen**-Verantwortlichkeit siehe § 134a V 2 SGB V.

12   Erbringt ein Haftpflichtversicherer irrtümlich oder aufgrund eines **Teilungsabkommens** Zahlungen, erfüllt er zugleich den Haftpflichtanspruch gegen den anderen Schädiger. Er hat gegen diesen Verantwortlichen, dem gegenüber ein Haftpflichtanspruch nach Rechtslage begründet ist, – wenn man eine Gesamtschuld (§ 421 BGB) verneint – jedenfalls einen Bereicherungsanspruch (§ 812 BGB) (BGH VersR 1978, 843; BGH NJW 1969, 1380; LG Cottbus DAR 2000, 70; *Stiefel/Maier-Jahnke*, § 116 VVG Rn 152 ff).

13   **e) Mitverschulden.** Ein mitwirkendes Verschulden, das sich der Geschädigte im Verhältnis zu einem von mehreren Gesamtschuldnern aufgrund einer zu diesem

bestehenden Vertragsbeziehung gemäß §§ 254, 278 BGB anrechnen lassen muss, wirkt auch zugunsten der übrigen Gesamtschuldner; und zwar auch dann, wenn diese allein aus unerlaubter Handlung haften (BGH NJW 1984, 2087).

f) Einzelschuld – Gesamtschuld. Aus § 840 I BGB folgt nicht, dass jeder Verantwortliche auch auf denselben Schadenbetrag haftet, vielmehr kann der Haftungsumfang unterschiedlich hoch sein (z.b. weil Haftungshöchstsummen [§ 12 StVG] gelten oder das Schmerzensgeld wegen unterschiedlicher Genugtuungsfunktion [§ 253 BGB, Rn 35] anders zu werten ist). 14

Der Geschädigte muss sich ein **Mitverschulden am primären Schadenereignis** (z.B. Verkehrsunfall) nicht auf seine Ansprüche gegen die gesamtschuldnerisch mit dem Unfallschädiger haftende Klinik wegen des groben Behandlungsfehlers anrechnen lassen (OLG München BeckRS 2011, 26528; siehe aber auch OLG Köln NZV 1997, 357). 14a

Gesamtschuld besteht nur bis zum gemeinsam geschuldeten (geringeren) Betrag, darüber hinaus besteht **Einzelschuld** (BGH BB 1957, 197; BGH NJW 1954, 875; *Jahnke/Thinesse-Wiehofsky*, § 2 Rn 578; siehe auch BGH NJW 2006, 896). 15

g) Abfindungswirkung. Eine Abfindung umfasst grundsätzlich auch einen Verzicht auf alle Ansprüche gegen jeden weiteren (**gesamtschuldnerisch**) haftenden **Dritten** (§ 422 BGB). In Abfindungserklärungen wird häufig klargestellt, dass Schadenersatzansprüche gegen Dritte mit der Abfindung insoweit ausgeschlossen sind, als die in Anspruch genommenen Dritten ihrerseits Ausgleichsansprüche gegen den Haftpflichtversicherer und die bei ihm versicherten Personen geltend machen können. Dieses dient dazu auch formal zu verhindern, dass der Haftpflichtversicherer nach Zahlung der Abfindungssumme mit Ausgleichsansprüchen Dritter konfrontiert wird (*Küppersbusch/Höher* Rn 835). Siehe vertiefend *Jahnke,* Abfindung von Personenschadenansprüchen, § 2 Rn 887 ff. 15a

Ein Abfindungsvergleich mit dem Ersatzpflichtigen aus einem Verkehrsunfall, in dem auf Schadensersatzansprüche gegen Dritte verzichtet wird, soweit diese bei Inanspruchnahme Ausgleichsansprüche gegen den Haftpflichtversicherer und die versicherten Personen geltend machen könnten, erfasst auch Ersatzansprüche gegen den behandelnden Arzt und/oder des Krankenhauspersonal wegen ärztlicher Behandlungsfehler. Arzt und Unfallverursacher sind Gesamtschuldner (OLG Braunschweig v. 11.3.2004 – 1 U 77/03 – openJur 2012, 41144). Zum Gesamtschuldnerausgleich und Abfindungswirkung bei Verkehrsunfall und **späterem Arztfehler** siehe OLG Celle VersR 2007, 1122; OLG Düsseldorf NZV 2001, 470; OLG Saarbrücken v. 28.8.2013 – 1 U 182/12-53 – dejure.org; LG Marburg BeckRS 2015, 08669, ferner *Jahnke/Burmann-Lemcke*, Handbuch des Personenschadensrechts, Kap. 1 Rn 928 ff; *Jahnke,* Abfindung von Personenschadenansprüchen, § 2 Rn 881 ff. 15b

3. Gesamtschuldnerinnenausgleich (§ 840 II, III BGB). a) Prinzip. Die in § 426 I 1 BGB ausgesprochene Haftung zu gleichen Anteilen wird als bloße Hilfsregel durch vertragliche Vereinbarungen, gesetzliche Anordnungen (z.B. § 116 I VVG, § 840 II, III BGB), Grundsätze der Arbeitnehmerhaftung, Bewertung der Schuld- und Verursachungsbeiträge entsprechend § 254 BGB modifiziert. 16

§ 840 II BGB bestimmt wie § 840 III BGB das Zurücktreten derjenigen im Außenverhältnis Haftpflichtigen, die dem Schaden eher ferner stehen (BGH NJW 2004, 951). 17

BGB § 840

18 **b) § 840 II BGB.** § 840 II BGB regelt abweichend von § 426 BGB das Innenverhältnis des Verrichtungsgehilfen zum Geschäftsherrn (§ 831 BGB), des Handelnden zum Aufsichtspflichtigen (§ 832 BGB) und des aus Billigkeit Haftenden zum Aufsichtspflichtigen (§ 829 BGB). Es erfolgt keine Quotelung, sondern völlige Freistellung des jeweils Privilegierten. Es besteht eine Stufigkeit: Handelnder → Herrschaftsbereich → Billigkeit.

18a Im Arbeitsrecht verdrängt die Rechtsprechung der gefahrgeneigten Arbeit (dazu § 254 BGB, Rn 137 ff) den § 840 II BGB.

19 **c) § 840 III BGB.** § 840 III BGB regelt abweichend von § 426 BGB das Innenverhältnis für diejenigen Fälle, in denen nachgewiesenes Verschulden auf Haftung aus vermutetem Verschulden trifft. Zum vermuteten Verschulden siehe u.a. § 833 S. 1 BGB (Gefährdungshaftung des Tierhalters), § 833 S. 2 BGB (beruflicher Tierhalter), § 834 BGB (Tierführer), § 836 BGB (Grundstücksbesitzer), § 837 BGB (Gebäudebesitzer), § 837 BGB (Grundstücks-/Gebäudeversorger).

19a Eine Gleichbehandlung der Tierhalterhaftung mit der Haftung des Kfz-Halters erachtet BGH NJW 2011, 139 nicht für geboten.

20 **d) Anspruchsentstehung.** Der Ausgleichsanspruch nach § 426 I BGB entsteht bereits in dem Augenblick, in dem die mehreren Ersatzpflichtigen dem Geschädigten ersatzpflichtig werden, also mit der Begründung der Gesamtschuld. Er besteht zunächst als Mitwirkungs- und Befreiungsanspruch und wandelt sich nach Befriedigung des Gläubigers in einen Zahlungsanspruch um (BGH NJW 2010, 60).

21 **e) Einzelpositionen.** Die einem Gesamtschuldner in einem **Rechtsstreit** entstandenen Kosten sind grundsätzlich von diesem selbst zu tragen, weil er den Gläubiger nicht streitlos befriedigt hat. Ein Forderungsübergang ergibt sich auch nicht aus § 426 II BGB (BGH VersR 2011, 1435; BGH NJW 1974, 693; BGH VersR 1957, 800).

22 **f) Verjährung.** Zur Verjährung siehe BGH VersR 2016, 1208, ferner § 14 StVG, Rn 22.

22a Ein etwaiger Ausgleichsanspruch nach § 426 I BGB unterfällt der regelmäßigen **Verjährungsfrist** (§ 195 BGB) (BGH NJW-RR 2015, 1058). Der Ausgleichsanspruch entsteht bereits mit der Begründung der Gesamtschuld (BGH NJW 2010, 60 m.w.N.).

22b Nur eine **zulässige Streitverkündung** hemmt gemäß § 204 I Nr. 6 BGB (BGH NJW-RR 2015, 1058; BGH NJW 2009, 1488; BGH NJW 2008, 519). Streitverkündung ist zulässig, wenn der Beklagte des Vorprozesses (Streitverkünder) gegen einen Dritten (Streitverkündungsempfänger) aus im Zeitpunkt der Streitverkündung naheliegenden Gründen einen Gesamtschuldnerausgleichsanspruch erheben zu können glaubt (BGH NJW-RR 2015, 1058; BGH NJW 2010, 62; OLG Celle DAR 2008, 648). Die Hemmungswirkung wird durch den Inhalt der Streitverkündungsschrift begrenzt, die den sich aus § 73 I ZPO ergebenden Konkretisierungserfordernissen genügen muss (BGH NJW-RR 2015, 1058; BGH NJW 2009, 1488).

22c **g) Verjährungseinwand im Außenverhältnis als Obliegenheit im Innenverhältnis. Zum Thema:** *Hahn* zfs 2017, 126; *Jahnke*, Abfindung von Personenschadenansprüchen, § 5 Rn 741 ff.

Haftung mehrerer **§ 840 BGB**

Ob sich eine Partei überhaupt auf das anspruchsausschließende Argument der 22d
Verjährung beruft, steht nicht nur im Prozess grundsätzlich zu ihrer alleinigen
Disposition. Ein auf Ausgleich nach § 426 I 1 BGB in Anspruch genommener
Gesamtschuldner kann grundsätzlich dem nicht entgegenhalten, der ausgleichsberechtigte Gesamtschuldner hätte mit Erfolg die Einrede der Verjährung gegenüber dem Gläubiger erheben können (BGH NJW 2010, 435; BGH zfs 2006, 153).

Im Einzelfall kann sich aber das Nicht-Erheben der Verjährungseinrede als 22e
treuwidrig gegenüber demjenigen erweisen, der dann wegen der bezahlten, aber
verjährten, Forderung anderweitig in Anspruch genommen wird. Lassen z.B.
Werkstatt, Sachverständiger, Mietwagenunternehmen (LG Würzburg NJW 1997,
2606) oder Arzt (LG Tübingen r+s 2017, 27) Forderungen gegen den **Unfallgeschädigten** verjähren, ist es regelmäßig dem Kunden (= Geschädigter) zumutbar,
die Verjährungseinrede zu erheben. Eine entsprechende Schadenersatzforderung
gegen den Ersatzpflichtigen ist wegen Verstoßes gegen § 254 BGB ausgeschlossen
(BGH NJW 2007, 2695). Das OLG Hamm NJW-RR 1996, 1338 formuliert:
*„In der heutigen Zeit wird ein wirtschaftlich denkender Kaufmann sich i.d.R. auf einen
Verjährungseintritt berufen dürfen, da nach jetzigen Moralvorstellungen die Geltendmachung der Verjährung nicht verwerflich ist und im übrigen die betreffenden Vorschriften über
die Verjährung sowohl dem Gedanken des Rechtsfriedens, damit dem öffentlichen Interesse,
als auch den berechtigten Interessen des Schuldners dienen."*

4. Gesamtschuldnerinnenausgleich (§ 426 BGB). Die angeordnete Ge- 23
samtschuld führt zur Anwendung der §§ 421 ff BGB.

§ 421 BGB – Gesamtschuldner 24

¹Schulden mehrere eine Leistung in der Weise, dass jeder die ganze Leistung
zu bewirken verpflichtet, der Gläubiger aber die Leistung nur einmal zu fordern
berechtigt ist (Gesamtschuldner), so kann der Gläubiger die Leistung nach seinem
Belieben von jedem der Schuldner ganz oder zu einem Teil fordern.

²Bis zur Bewirkung der ganzen Leistung bleiben sämtliche Schuldner verpflichtet.

§ 426 BGB – Ausgleichungspflicht, Forderungsübergang

(1) ¹Die Gesamtschuldner sind im Verhältnis zueinander zu gleichen Anteilen
verpflichtet, soweit nicht ein anderes bestimmt ist.

²Kann von einem Gesamtschuldner der auf ihn entfallende Beitrag nicht erlangt
werden, so ist der Ausfall von den übrigen zur Ausgleichung verpflichteten Schuldnern zu tragen.

(2) ¹Soweit ein Gesamtschuldner den Gläubiger befriedigt und von den übrigen
Schuldnern Ausgleichung verlangen kann, geht die Forderung des Gläubigers
gegen die übrigen Schuldner auf ihn über.

²Der Übergang kann nicht zum Nachteil des Gläubigers geltend gemacht werden.

a) Versichererbeteiligung, Direktklage. Soweit zu anderen Beteiligten (z.B. 25
Mittäter, § 840 BGB) eine gesamtschuldnerische Beziehung besteht, richtet sich
der Ausgleich nach § 426 BGB. Ein Kfz-Haftpflichtversicherer steht dabei stets
nur mit den bei ihm versicherten Personen in einem Gesamtschuldverhältnis,
nicht aber mit außerhalb dieses Versicherungsverhältnisses stehenden weiteren
Gesamtschuldnern (BGH NJW 2007, 1208). Versicherter und sein Versicherer
bilden beim Ausgleich eine Rechnungseinheit.

26 Steht hinter dem einen Gesamtschuldner ein **Haftpflichtversicherer** (z.B. private Haftpflichtversicherung, Betriebshaftpflichtversicherung) und hinter dem weiteren gesamtschuldnerisch haftenden Schädiger ein Kfz-Pflichtversicherer, kann der den Schaden regulierende Haftpflichtversicherer nicht im Wege der Direktklage den Kfz-Haftpflichtversicherer in Anspruch nehmen; § 115 VVG (dazu § 115 VVG, Rn 13) kommt nicht zur Anwendung (BGH NJW-RR 2010, 1471). Gesamtschuldnerschaft besteht auch zwischen den jeweiligen Versicherern; ein Gesamtschuldausgleich ist möglich (BGH VersR 1978, 843; *Prölss/Martin-Knappmann*, § 115 VVG Rn 19). Ein unmittelbarer, damit auch durch direkte prozessuale Inanspruchnahme des anderen **Pflichtversicherers** zu verfolgender, Anspruch nach § 426 I BGB besteht aber dann, wenn hinter beiden Gesamtschuldnern ein dem Direktanspruch ausgesetzter Pflichtversicherer steht (OLG Düsseldorf NZV 1998, 502; OLG Hamm NZV 1995, 276; OLG Köln VersR 1972, 651; OLG München NJW-RR 2000, 837; *Lemcke* r+s 2009, 56, *Stiefel/Maier-Jahnke*, § 115 VVG Rn 225; nicht problematisiert von BGH VersR 1978, 843, offen gelassen BGH NJW-RR 2010, 1471; siehe auch BGH NJW 2008, 2642). Siehe auch vor § 10 StVG, Rn 10, § 16 StVG, Rn 26, vor § 249 BGB, Rn 164 ff.

26a Soweit ein nach § 86 VVG berechtigter Schadenversicherer auch hinsichtlich erst künftig auf ihn übergehender Ansprüche die Anspruchssicherung verfolgt, ist eine entsprechende Feststellungsklage nicht möglich (BGH NZV 1989, 349). Siehe auch § 86 VVG, Rn 60.

27 **b) Ausgleichsbestimmung.** Der Ausgleich wird in mehreren Stufen **(Prüfungsschritten)** bestimmt:

28 **aa) Erste Stufe: Feststellung einer Schuldnermehrheit.** Auf der 1. Stufe wird zunächst die Frage beantwortet, ob überhaupt eine quotenmäßige Verteilung des im Außenverhältnis betriebenen Aufwandes zwischen mehreren gesamtschuldnerisch Haftenden erfolgt.

29 Dazu ist zunächst festzustellen, dass **überhaupt mehrere** einem Geschädigten gegenüber auf Schadenersatz haften (BGH NJW 1988, 2667).

30 Abzuklären ist dabei auch, ob dem Geschädigten zwar mehrere gesamtschuldnerisch haften, aber nur wegen eines einzelnen Schadenanteiles alle Ersatz leisten müssen, während wegen weitergehender Ansprüche einzelne Schädiger dann nur als **Einzelschuldner** haften (s. *Jahnke*, Abfindung von Personenschadenansprüchen, § 2 Rn 2881 ff).

31 **bb) Zweite Stufe: Innenausgleich.** Auf der 2. Stufe wird das Innenverhältnis zwischen den mehreren Schuldnern bestimmt. Ist aufgrund gesetzlicher Vorgaben oder Verursachungsabwägung bereits die interne Verantwortlichkeit einem Schuldner voll zugewiesen, erübrigt sich die Frage nach der Haftungsbegrenzung in den folgenden Stufen.

32 **(1) Gesetzliche Vorgaben.** Nach § 426 I BGB sind die Verantwortlichen (gruppiert nach Rechnungseinheiten) grundsätzlich zu gleichen Teilen am Schadenaufwand beteiligt, soweit nichts anderes bestimmt ist.

33 Anderweitige Ausgleichsregeln neben § 840 II, III BGB enthalten u.a. § 13 HaftPflG, § 5 S. 2 ProdHaftG, § 17 StVG, § 41 LuftVG, abstellend auf **vorwiegende Verursachung** (siehe auch § 254 BGB, Rn 5, § 840 BGB, Rn 9). Dabei kommt der Rangfolge des § 840 BGB (§ 840 BGB, Rn 35 ff) allerdings prägende Bedeutung zu.

Manche gesetzlichen Ausgleichsregeln enthalten ein **Alles-oder-Nichts-** 34
Prinzip für das Innenverhältnis (§ 840 BGB, § 116 I 1, 2 VVG für Pflichtversicherung und versicherte Person).

(2) § 840 BGB. Die Regel, dass die Gesamtschuldner im Verhältnis zueinander 35
zu gleichen Teilen verpflichtet sind (§ 426 I BGB), ist aus Billigkeitsgründen (die über das BGB hinaus auch für anderweitige Ausgleichsregeln [§ 840 BGB, Rn 33] prägend wirken, RG RGZ 71, 7 unter Hinweis auf die Motive, S. 737), entsprechend der Lage der in Betracht kommenden Verhältnisse, durchbrochen. Für den Gesamtschuldnerinnenausgleich gibt § 840 BGB eine nicht nur auf die BGB-Haftung beschränkte (RG RGZ 71, 7) **dreistufige Rangfolge** (allgemeingültiges Prinzip) vor:

– Wer ohne Verschulden nur aus einem **Gefährdungstatbestand** (z.B. § 7 StVG) 36
heraus verantwortlich ist, wird im Innenverhältnis zu einem aus (vermutetem oder nachgewiesenem) Verschulden Haftenden nicht belastet (BGH NJW 2012, 2425; BGH NJW 2004, 951, RG RGZ 71, 7; OLG Hamm NJW-RR 1990, 794; OLG Oldenburg v. 2.7.2012 – 13 U 57/11; OLG Schleswig NJW-RR 1990, 470).

– Haftet der eine aus **vermutetem Verschulden** (z.B. § 18 StVG), der andere 37
aber aus tatsächlichem (auch bei Anscheinsbeweis) Verschulden (z.B. § 823 BGB), gebietet es die Billigkeit, letzteren allein im Innenverhältnis zu belasten.

– Bei der **(tatsächlichen) Verschuldenshaftung** macht es dann keinen Unter- 38
schied mehr, ob das Verschulden nachgewiesen ist oder lediglich die Entkräftung eines Anscheinsbeweises nicht gelingt.

cc) Dritte Stufe: Unterschiedliche Mitverantwortlichkeiten des Ge- 39
schädigten. Auf der 3. Stufe ist, wenn nicht bereits in der 2. Stufe die Verantwortlichkeit im Innenverhältnis einem der Schuldnern allein zugewiesen ist, dann gegebenenfalls zu berücksichtigen, ob gegenüber den jeweils beteiligten Gesamtschuldnern eine unterschiedliche Mitverantwortlichkeit des Geschädigten zum Tragen kommt (z.B. Mitfahren bei Nicht-Fahrtüchtigem).

In diesem Zusammenhang ist ferner die Frage unterschiedlicher Kausalitäten 40
zu beantworten, sofern dieses nicht bereits bei der Feststellung, ob Einzelschuld oder Gesamtschuld (also in der 1. Stufe) geschah. So haftet z.B. bei Überrollen einer Person jeder später Hinzutretende nur für sein Hinzutun (siehe vor § 249 BGB, Rn 48).

c) Rückgriffsanspruch. aa) § 812 BGB. Die Zahlung eines Nicht-Schuld- 40a
ners (§ 267 BGB) richtet sich nach § 812 BGB; eine Ausgleichspflicht nach § 426 BGB kommt nicht in Betracht (RG RGZ 163, 34).

bb) § 426 I BGB – § 426 II BGB. Die Gläubigerforderung erlischt nicht 40b
durch die Erfüllung eines Gesamtschuldners, sondern bleibt für den Zweck des Rückgriffes erhalten (BGH NJW 1991, 98).

Die übergegangene Forderung (§ 426 II BGB) und der Ausgleichsanspruch 40c
(§ 426 I BGB) sind **konkurrierende Anspruchsgrundlagen** im Gesamtschuldnerregress und bestehen selbständig nebeneinander. Der Gesamtschuldner hat ein **Wahlrecht** (BGH NJW 1972, 1802). Ausgleichsanspruch einerseits und übergegangene Forderung andererseits sind hinsichtlich Verjährung und Einwendung gesondert zu sehen (BGH NJW-RR 2015, 1058; BGH NJW 1988, 1375). Beschränkungen oder inhaltliche Änderungen des Ausgleichsanspruches erstrecken sich uU auch auf die übergegangene Forderung (BGH NJW 1988, 1375).

BGB § 840

40d Der materielle Anspruch aus § 426 I BGB ist darauf gerichtet, dass der andere Gesamtschuldner seinem Anteil entsprechend zur Befriedigung des Gläubigers mitwirkt, also bei Fälligkeit der Schuld einen seinem Anteil entsprechenden Betrag an den Gläubiger zahlt und dadurch so handelt, dass es überhaupt nicht zu einem Rückgriff zu kommen braucht (BGH NJW 1986, 978; RG RGZ 79, 288). Sobald ein Gesamtschuldner mehr als den von ihm im Innenverhältnis geschuldeten Anteil an den Gläubiger gezahlt hat, kann jedoch unter Berufung auf ein und denselben Sachverhalt derselbe Klageantrag sowohl nach dem StVG i.V.m. § 426 II BGB als auch nach § 426 I BGB begründet sein (BGH NJW 2003, 828).

40e Der Forderungsübergang (**§ 426 II BGB**) erfolgt (ähnlich wie bei § 6 EFZG und § 86 VVG), wenn und soweit der eine Gesamtschuldner den Gläubiger (ganz oder teilwiese) befriedigt. Anderslautende Abreden, das die Forderung nicht nur teilweise, sondern vollständig (dem Grunde nach) übergehen soll, sind unwirksam (BGH NJW 1955, 1314).

40f cc) **Angehörigenprivileg.** Das Angehörigenprivileg ist nicht anwendbar (§ 86 VVG, Rn 100, § 86 VVG, Rn 139 ff).

41 5. **Gestörte Gesamtschuld. Zum Thema:** *Jahnke*, Unfalltod und Schadenersatz, § 2 Rn 515 ff; *Jahnke/Burmann-Lemcke*, Handbuch des Personenschadensrechts, Kap. 1 Rn 885 ff; *Janda* VersR 2012, 1078; *Lemcke* r+s 2006, 52.

42 a) **Begrifflichkeit.** Sind mehrere für das Schadenereignis verantwortlich, können die Grundsätze der gestörten Gesamtschuld zur Anwendung kommen, die sich mindernd auf die Entschädigungsleistung auswirken.

43 Kann sich einer von mehreren Gesamtschuldnern gegenüber dem Verletzten auf einen **Leistungsausschluss** berufen (z.B. Arbeitsunfall, Angehörigenprivileg, vertraglicher Haftungsausschluss, uU auch Verjährung oder Haftungsausschluss bzw. -minderung auf grobe Fahrlässigkeit), bleibt dieser privilegierte Schuldner auch beim Gesamtschuldnerausgleich von der Leistung frei (BGH NJW 1967, 982), wenn sich der Geschädigte an den nicht-privilegierten Zweit-(Gesamt)Schuldner wendet, dem ein solches Verweigerungsrecht nicht zusteht.

43a Die durch eine sozialversicherungsrechtliche Haftungsprivilegierung des Erstschädigers bewirkte Störung des Gesamtschuldverhältnisses wird nicht dadurch ausgeglichen, dass dem SVT ein Rückgriffsanspruch aus § 110 I SGB VII gegen den Erstschädiger zusteht (BGH NJW 2015, 940).

44 b) **Konsequenzen.** Die gestörte Gesamtschuld führt zu einer Beschränkung der Ansprüche (verletzte Person, Hinterbliebene; deren Rechtsnachfolger) gegenüber den gesamtschuldnerisch Haftenden, obwohl diese dem Anspruchsberechtigten gegenüber (von einer eigenen Mitverantwortlichkeit des Unfallbeteiligten einmal abgesehen) uneingeschränkt verantwortlich sind (und somit haften) und daher eigentlich gesamtschuldnerisch vollen Ersatz zu schulden hätten. Der Zweitschädiger ist in Höhe desjenigen Verantwortungsteils freizustellen, der auf den Erstschädiger im Innenverhältnis entfiele, wenn man seine Haftungsprivilegierung hinwegdenkt (BGH NJW 2015, 940).

45 Die Störung wirkt sich dann nicht zu Lasten des Verletzten oder Hinterbliebenen aus, wenn im **Innenverhältnis** vom in Anspruch genommenen Zweitgesamtschuldner (Zweitschädiger) zum mit-schädigenden Arbeitskollegen der (nicht privilegierte) Inanspruchgenommene allein haftet (BGH VersR 1976, 991). Andererseits entfällt die Leistungspflicht des (nicht privilegierten) Zweitschädigers dann völlig, wenn der Privilegierte dem Zweitschädiger zur völligen Freistellung verpflichtet wäre (BGH VersR 1980, 938; OLG Hamm VersR 1989, 1054; OLG Nürnberg r+s 1994, 257).

Die Grundsätze des gestörten Gesamtschuldverhältnisses gelten auch dann, wenn der Inanspruchgenommene nicht (oder nicht nur) deliktisch, sondern wegen der Verletzung vertraglicher Schutzpflichten (auch) vertraglich zum Ersatz des dem Arbeitnehmer der Klägerin entstandenen Personenschadens verpflichtet wäre (§ 280 I, § 278 BGB i.V.m. Vertrag mit Schutzwirkung für Dritte) (BGH VersR 2017, 1014). **45a**

c) Fallgestaltungen. In der Praxis ist nicht die Abwicklung eines Schadenfalles unter Anwendung der Grundsätze der gestörten Gesamtschuld problematisch, sondern das Erkennen derjenigen Situation, die zur Anwendung dieser Grundsätze führt. **46**

Haften mehrere Ersatzpflichtige für den Schaden als Gesamtschuldner und kann sich einer der Ersatzpflichtigen dem Verletzten gegenüber auf den **Haftungsausschluss** wegen **Arbeits-/Dienstunfall** (§§ 104 ff SGB VII, § 46 BeamtVG, § 91a SVG) (dazu BGH NJW 2004, 951; BGH NJW 2003, 2984; BGH NJW-RR 1993, 911) berufen, ist bereits der Ersatzanspruch des Geschädigten auf diejenige Haftungsquote begrenzt, die dem Anteil des nicht privilegierten Zweitschädigers am Unfall entspricht (BGH NJW 1973, 1648; BGH NJW 1971, 194). Die Anspruchsminderung gilt dabei nicht nur für eine Mitverursachung durch den Unternehmer, sondern auch für diejenige durch Arbeitskollegen (BGH VersR 1972, 559; OLG Thüringen VersR 1998, 990). Bei einem Haftungsausschluss zugunsten des Erstschädigers und des Dienstherrn kann der verletzte **Beamte** einen Zweitschädiger ebenfalls nur beschränkt in Anspruch nehmen, und zwar in Anwendung der Grundsätze der gestörten Gesamtschuld (BGH NJW 1985, 2261). **47**

Kommt bei einer Gesellschaft bürgerlichen Rechts (GbR) einem **Gesellschafter** die Haftungsprivilegierung des § 106 III 3. Alt. SGB VII zugute, weil er selbst auf der Betriebsstätte tätig war, kann eine Inanspruchnahme der Gesellschaft durch den Geschädigten nach den Grundsätzen der gestörten Gesamtschuld ausgeschlossen sein (BGH NJW 2003, 2984). Ebenso ist der nicht selbst auf der gemeinsamen Betriebsstätte tätige Unternehmer, der lediglich nach **§ 831 BGB** als Gesamtschuldner haftet, nach den Grundsätzen des gestörten Gesamtschuldverhältnisses von der Haftung freigestellt (BGH NJW 2004, 951; OLG Jena r+s 2013, 151). **47a**

Liegt ein wirksamer **Haftungsverzicht** (z.B. der Ehefrau oder eines nahen Verwandten oder bei einer Gefälligkeitsfahrt ein solcher eines Insassen) vor, finden die Grundsätze der gestörten Gesamtschuld Anwendung. Der Verzichtende muss sich eine Kürzung seiner Ansprüche in demjenigen Maße gefallen lassen, welches der Verantwortlichkeit des Verzichtsempfängers entspricht (BGH NJW 1987, 2669). **48**

Ist eine Aufsichtspflichtverletzung eines Familienangehörigen, der dem Schutz des **Angehörigenprivilegs** (§ 67 II VVG aF, § 86 III VVG, § 116 VI SGB X) unterliegt, mitursächlich für Schäden, ist zwar der Direktanspruch des Verletzten nicht gekürzt, wohl aber der Regressanspruch des Drittleistungsträgers. Gerade bei Kinderunfällen ist einer **möglichen Aufsichtspflichtverletzung** der Eltern (OLG Koblenz VersR 2014, 770) oder gleichstehender Aufsichtspersonen (OLG Schleswig NZV 1995, 24) nachzugehen. **49**

Gilt zugunsten des **Fahrzeugführers** ein Privileg (wie Arbeitsunfall, Angehörigenprivileg, Haftungsverzicht), kommt der gegen den **Halter** (auch z.B. Firma, Autovermietung) gerichtete Anspruch nicht zum Tragen. Zwar folgt aus § 426 I **49a**

BGB § 840

1 BGB, dass Gesamtschuldner im Verhältnis zueinander grundsätzlich zu gleichen Anteilen verpflichtet sind. Dies gilt nach § 426 I 1 BGB aber nur, soweit nicht ein anderes bestimmt ist. Erschöpft sich der Mitverursachungsanteil des Fahrzeughalters in der Überlassung des Fahrzeugs an den Fahrzeugführer und trifft den Fahrzeugführer zumindest ein (Mit-)Verschulden am Unfall, haftet der Fahrzeugführer im Innenverhältnis zum Fahrzeughalter abweichend von der Regel des § 426 I 1 BGB für den Unfall allein (BGH NJW-RR 1993, 911; OLG Saarbrücken r+s 2002, 67; OLG Stuttgart r+s 2016, 590; LG Heilbronn BeckRS 2016, 20297; siehe auch § 86 VVG, Rn 135). Die im Innenverhältnis zwischen Fahrer und Halter bestehende Alleinhaftung des Fahrers findet seine Rechtfertigung darin, dass vom Halter kein neuer, anderer Handlungsstrang eröffnet wurde, sondern sein Mitverursachungsanteil sich allein darin erschöpft, dem Fahrer das Fahrzeug überlassen zu haben, mit dem dieser die Körperverletzung der Mitfahrer verschuldete (OLG Stuttgart NJW-RR 2017, 407). Gleiches gilt für **Schulunfälle**, z.B. bei Schubserei an Bushaltestelle (OLG Koblenz NZV 2013, 246; OLG Köln NJW-RR 2013, 599) oder im Bus (OLG Koblenz NJW-RR 2006, 1174; zum Sammeltransport NJW 2013, 2031) bzw. der Bahn (BGH NJW 1987, 2445). Dass die mitverantwortlichen Schüler namentlich nicht bekannt sind, ist, wenn der Geschädigte Fahrer und Halter des Busses in Anspruch nimmt, für die Anspruchskürzung wegen gestörter Gesamtschuld ohne Bedeutung.

50 **6. Nebentäter. Zum Thema:** *Figgener* NJW-Spezial 2006, 543, *Jahnke,* Abfindung von Personenschadensansprüchen, § 2 Rn 896, *Kirchhoff* MDR 1998, 377, *Lemcke* r+s 2009, 45, *ders.* r+s 2017, 503, *Otzen* DAR 1997, 348, *Steffen* DAR 1990, 41.

51 Abzugrenzen ist die gestörte Gesamtschuld von der Situation mehrerer zu unterschiedlichen Quoten haftenden Nebentäter, deren Verantwortlichkeiten nach dem Prinzip der **Gesamtschau und Einzelabwägung** zu bestimmen sind. Korrekturen der Gesamtschuld können gerade bei Mithaftungen durch eine Gesamtschau geboten sein. Dieses kann zu gesamtschuldnerischer Haftung nur auf Teilbeträge des gesamten Schadens führen (BGH NJW 2006, 896; BGH NJW 1973, 2022; BGH NJW 1971, 33; BGH NJW 1964, 2011; BGH NJW 1959, 1772, 2059; OLG Düsseldorf BauR 2011, 835):

52 – Soweit ein Geschädigter seinen Verantwortungsanteil selbst zu tragen hat, kann der jeweilige Nebentäter dem Geschädigten dessen Mithaftungsquote entgegenhalten, die sich nur nach dem Verhältnis dieser beiden Tatanteil unter Ausklammerung der übrigen Schädiger bemisst.

53 – Jeder Schädiger haftet bis zu demjenigen Betrag **(Einzelquote),** der dem jeweiligen Verhältnis seiner eigenen Verantwortung im Vergleich zur Mitverantwortung des Geschädigten entspricht (Einzelabwägung).

54 – Insgesamt kann der Geschädigte von allen Schädigern nicht mehr fordern als denjenigen Anteil am zu ersetzenden Schaden **(Gesamtquote),** der im Wege einer Gesamtschau des Schadensereignisses den zusammen addierten Verantwortungsanteilen sämtlicher Schädiger im Verhältnis zur Mitverantwortung des Geschädigten entspricht (Gesamtabwägung).

55 **7. Haftungseinheit.** Zur Haftungseinheit siehe § 254 BGB, Rn 165 ff.

56 Die in einer Haftungseinheit verbundenen Gesamtschuldner sind zusammen wie ein Verursacher zu behandeln (BGH NJW-RR 1989, 918; BGH NJW 1983, 623). Darüber hinaus kann im Verhältnis zu in einer Haftungseinheit verbundenen Gesamtschuldnern der ansonsten den Gesamtschuldnerausgleich beherrschende

Grundsatz der anteiligen Haftung keine Anwendung finden. Vielmehr haften die in einer Haftungseinheit verbundenen Gesamtschuldner im Innenausgleich dem außerhalb der Haftungseinheit stehenden Mitschuldner in Höhe des auf die Haftungseinheit entfallenden Anteils wiederum nur als Gesamtschuldner (BGH NJW 1971, 888; BGH NJW 1952, 1087) und haben sich ihrerseits auf einer zweiten Stufe unabhängig von den übrigen Mitschädigern auseinanderzusetzen (BGH NJW-RR 1989, 918; BGH NJW 1973, 2022).

§ 841 Ausgleichung bei Beamtenhaftung

Ist ein Beamter, der vermöge seiner Amtspflicht einen anderen zur Geschäftsführung für einen Dritten zu bestellen oder eine solche Geschäftsführung zu beaufsichtigen oder durch Genehmigung von Rechtsgeschäften bei ihr mitzuwirken hat, wegen Verletzung dieser Pflichten neben dem anderen für den von diesem verursachten Schaden verantwortlich, so ist in ihrem Verhältnis zueinander der andere allein verpflichtet.

1. Norm. § 841 BGB ist eine Ausnahme zu § 426 BGB. Der nach § 841 BGB privilegierte Personenkreis hat abweichend von § 426 BGB Anspruch auf vollen Innenausgleich. 1

2. Personenkreis. § 841 BGB beschränkt den Personenkreis auf solche Beamte, die vermöge ihrer Amtspflicht einen anderen zur Geschäftsführung für einen Dritten bestellen dürfen oder eine solche Geschäftsführung zu beaufsichtigen bzw. durch Genehmigung von Rechtsgeschäften bei ihr mitzuwirken haben. In Betracht kommen u.a. Richter und Rechtspfleger im Rahmen der Betreuung/Pflegschaft. 2

3. Gesamtschuld. Vorausgesetzt wird ein Gesamtschuldverhältnis zwischen Beamten und Drittem. Da § 839 I 2 BGB bereits im Außenverhältnis die subsidiäre Haftung anordnet (und damit schon die Entstehung eines Anspruchs gegen den Beamten ausschließt), entsteht schon kein Gesamtschuldverhältnis mit dem in Anspruch genommenen Dritten (BGH NJW 1984, 2097; BGH NJW 1959, 334). 3

§ 841 BGB kommt nur zum Tragen, wenn das Verweisungsprivileg nicht greift, z.B. bei vorsätzlichem Handeln des Beamten oder wenn der Anspruch beim Dritten nicht zu realisieren ist. 4

§ 842 Umfang der Ersatzpflicht bei Verletzung einer Person

Die Verpflichtung zum Schadensersatz wegen einer gegen die Person gerichteten unerlaubten Handlung erstreckt sich auf die Nachteile, welche die Handlung für den Erwerb oder das Fortkommen des Verletzten herbeiführt.

Übersicht

	Rn
1. Norm	1
2. Verdienstausfall	2
a) Einleitung	2a
b) Abhängig Beschäftigte	3

BGB § 842

Schadensersatzrecht des BGB

	Rn
aa) Arbeitnehmer	4
bb) Beamte	8
cc) Einkommen	11
(1) Wegfall der Arbeitskraft	12
(2) Vermögenseinbuße	15
(3) Rechts- und sittenwidrige Einkünfte	18
(4) Eigenleistungen am eigenen Heim	21
(5) Zeitverlust	26
(6) Einkommen	27
(7) Nebeneinkünfte	29
dd) Brutto-Netto-Schaden	34
(1) Methodik	34
(2) Vorteilsausgleich	37
(3) Steuern	40
(4) Drittleistungen	42a
ee) Längerfristiger Ausfall	43
ff) Rentenminderung	47
c) Arbeitslose	49
d) Kinder	51
e) Selbständige	56
aa) Subunternehmer	57
bb) Scheinselbständige	58
cc) Gesellschafter	62
dd) Geschäftsführer	65
ee) Konkrete Vermögenseinbuße	67
ff) Einstellung einer Ersatzkraft	71
gg) Schadenminderung	73
f) Ausfall gewerblicher Fahrzeuge	75
g) Ausfall von Bußgeldern	76
h) Chancenvereitelung	77
i) Leistungen von dritter Seite	78
j) Schadenminderung	82
aa) Arbeitskraftverwertung	83
bb) Aufgabe des Arbeitsplatzes	89
3. Haushaltsführungsschaden	91a
a) Rechtsgrundlage	92
b) Verletzung	93
aa) Beeinträchtigung	93
bb) Beteiligung an der Haushaltsführung	95
cc) Eigenversorgung	97
dd) Fremdversorgung	99
(1) Familienrechtliche Unterhaltspflicht (1. Stufe)	100
(2) Tatsächliche Leistung (2. Stufe)	101
ee) Haushaltsformen	103
ff) Kinder	107
c) Bemessung	108
aa) Ersatz	108
bb) Darlegung	111
cc) Zeitrahmen	117
dd) Höhe	121
(1) (Konkrete) Einstellung einer Ersatzkraft	122
(2) Fiktivabrechnung	123

	Rn
ee) Schadenminderung	129
d) Drittleistung	131
e) Tod	132
4. § 119 SGB X	133
a) Haftung	135
b) Voraussetzungen	139
aa) Unfalltag nach dem 30.6.1983	139
bb) Pflichtversicherung	140
c) Volumen	145
aa) Entgangene Beiträge	145
bb) Verletztenrente	147
cc) Beschützende Werkstatt	148
dd) Auslandsbezug	149
d) Regressabwicklung	151
aa) Aktivlegitimation	151
bb) Regulierungsvollmacht	153
cc) Unzureichender Regress	154
(1) Anspruchsgegner	154
(2) Mithaftung	156
(3) Fehlerhafter Regress	158
(4) Sozialrechtliche Eingriffe	160
(5) Erfüllung	162
dd) Forderungswechsel	165
e) § 119 III SGB X	166

1. Norm. Nachteile beim Erwerb und Fortkommen sind einer verletzten Person nach §§ 249 ff, 842, 843 I 1. Alt. BGB, § 11 StVG zu ersetzen, wobei im Bereich der haftungsausfüllenden Kausalität die Beweiserleichterungen der § 252 S. 2 BGB, § 287 ZPO (siehe zum Nachweis auch § 252 BGB, Rn 1 ff) gelten. § 842 BGB bestimmt den Ersatz wegen Einkommensminderung einschließlich Einbußen in der Altersversorgung, aber auch Teilaspekte des Haushaltsführungsschadens. **1**

2. Verdienstausfall. Zum Thema: *Jahnke*, Der Verdienstausfall im Schadensersatzrecht, 4. Aufl. 2015; *Jahnke/Burmann-Arnau*, Handbuch des Personenschadensrechts, Kap. 4 Rn 367 ff; *Küppersbusch/Höher* Rn 40 ff. **2**

a) Einleitung. Haftpflichtgeschehen sind eingebettet in ein System von Vorsorge- und Versicherungsträgern. Der unmittelbar Verletzte hat Ansprüche nicht nur gegen den Schädiger, sondern auch gegen weitere Drittleistungsträger (z.B. Arbeitgeber, SVT). Die Wechselwirkung zwischen Drittleistung und Schadenersatz prägt vor allem die Regulierung des Verdienstausfalles. Siehe ausführlich *Jahnke/Burmann-Jahnke*, Handbuch des Personenschadensrechts, 1. Aufl. 2016, Kap. 5 Rn 6 ff. **2a**

b) Abhängig Beschäftigte. Das bei der Schadenabwicklung abhängig Beschäftigter zu beachtende Rechtssystem ist uneinheitlich: Z.T. deutliche Differenzen bestehen im Drittleistungsspektrum (Gehaltfortzahlung durch Arbeitgeber oder Dienstherr, unterschiedliche Sozialleistungen, Leistungen privater Versorger); aber auch bei der Berechnung des Schadens (u.a. geprägt durch Besserstellung einzelner Gläubiger gegenüber dem Ersatzpflichtigen z.B. durch ein Quotenvorrecht) ergeben sich Unterschiede. **3**

BGB § 842

4   **aa) Arbeitnehmer.** Verlust oder Minderung der Einkünfte aus Vollzeitbeschäftigung ist ebenso zu berücksichtigen wie Beeinträchtigung nebenberuflicher Tätigkeiten, Probearbeits- und Aushilfsarbeitsverhältnisse und Beschäftigung mit Pauschalversteuerung.

5   Nicht nur Vollzeit-Beschäftigte haben Anspruch auf **Lohnfortzahlung** bei Krankheit (bis zu 6 Wochen; arbeits- oder tarifrechtliche Verlängerung ist möglich) und Urlaub, sondern auch geringfügig Beschäftigte (§ 1 EFZG, § 2 BUrlG).

6   Das **Quotenvorrecht** des § 6 III EFZG erfasst Nebenverdienste, erstreckt sich aber nicht auf Haushaltsführungsschäden.

7   **Geschäftsführer** sind keine Arbeitnehmer (siehe § 842 BGB, Rn 65).

8   **bb) Beamte.** Beamte und ihnen vergleichbare Personen (z.B. Richter, Soldaten) erhalten Gehalt, dessen Höhe nicht nur durch berufliche Fortentwicklung, sondern auch durch sich ändernde persönliche Umstände (z.B. Familienstand, Kinderzahl, Alter) bestimmt wird.

9   Der dienstunfähige Beamte erhält **ohne zeitliche Begrenzung** bis zu seiner Pensionierung die Dienstbezüge ungekürzt fortgezahlt. Vor seiner Pensionierung hat der Beamte selbst nur ausnahmsweise einen Verdienstausfallschaden (z.B. Nichtgewährung von Leistungszulagen, Verzögerung einer Beförderung). Die Erwerbsminderung ist bei vorzeitiger Pensionierung für die Zeit bis zur fiktiven unfallunabhängigen Versetzung in den Ruhestand zu erstatten; für die Zeit danach kann ein Schaden in der Differenz zwischen erdientem Ruhegehalt und demjenigen Ruhegehalt, welches bei einer durch die Verletzung nicht unterbrochenen Dienstzeit erdient worden wäre, liegen.

10   Das **Quotenvorrecht** (z.B. § 76 BBG, § 52 S. 3 BRRG aF i.V.m. Art 125a I GG) führt dazu, dass der verletzte Beamte zunächst seinen verbleibenden Schaden (z.B. Minderverdienst, Pensionierungsschaden) decken darf, bevor der **Dienstherr** seinen kongruenten Aufwand beim Ersatzpflichtigen einfordern kann (dazu näher *Jahnke/Burmann-Jahnke*, Handbuch des Personenschadensrechts, Kap. 5 Rn 2543 ff, 2892 f, 3551).

10a Vorteilsausgleiche, Mitverantwortungsanteile und Verstöße gegen die Schadenminderungspflicht beeinträchtigen damit zunächst den Anspruch des Dienstherrn (BGH NJW 1984, 354; OLG Karlsruhe r+s 1997, 413). Nutzt ein Beamter den ihm wegen des Quotenvorrechtes zustehenden Teil des Schadenersatzanspruches nicht, kann der Dienstherr diesen Teil nicht für sich beanspruchen (KG NZV 1999, 208); es findet kein entsprechender Forderungsübergang auf den Dienstherrn statt.

11   **cc) Einkommen.** Zu ersetzen sind die Verluste von jeglichem Erwerbseinkommen sowie Vermögensnachteile, die im Zusammenhang mit der Verwertung der Arbeitskraft stehen.

12   **(1) Wegfall der Arbeitskraft.** Erwerbsschaden ist entgelt-orientiert und nicht arbeitswert-orientiert: Bloßer Wegfall oder Beeinträchtigung der Arbeitskraft an sich bedeuten von daher noch keinen ersatzfähigen Nachteil. Wer bereits unfallfremd seine Arbeitskraft nicht verwerten will oder kann, hat bei Aufhebung oder Minderung seiner Arbeitskraft keinen Ersatzanspruch. Wer nicht gegen Entlohnung, sondern wohltätig/**karitativ** (OLG Celle NJW 1988, 2618) tätig ist oder **unentgeltlich** (OLG Düsseldorf OLGR 1996, 181; OLG Köln VersR 1994, 356; OLG Nürnberg NZV 2006, 209; OLG Zweibrücken VersR 1977, 65) für einen anderen Dienstleistungen erbringt, hat keinen Erwerbsschaden.

Die aufgrund sozialversicherungsrechtlicher Maßstäbe ermittelte abstrakte **Minderung der Erwerbsfähigkeit** (MdE) ist nicht gleichbedeutend mit einer konkreten finanziellen Einbuße (zum Begriff der MdE siehe § 843 BGB, Rn 13). In aller Regel entfällt allerdings bei einer festgestellten MdE von 20% oder weniger eine messbare Verdiensteinbuße (BGH VersR 1965, 462; KG NZV 2006, 305; KG NZV 2002, 172). Die mit einer in MdE-Prozentpunkten ausgedrückte Beeinträchtigung der Arbeitskraft an sich stellt – anders als im Sozialrecht – noch keinen ersatzfähigen Nachteil bzw. ausgleichsfähigen Vermögenswert dar (BGH NJW 2004, 1945; OLG Saarbrücken VersR 2000, 985; OLG München SP 2012, 146); die anhand sozialrechtlicher Maßstäbe abstrakt bestimmte MdE ist eben nicht gleichbedeutend mit einer die Arbeitskraft auch konkret mindernden Einbuße und kann nicht auf das Schadenersatzrecht übertragen werden (BGH VersR 1978, 1170; OLG München BeckRS 2015, 20443 m.w.H.; OLG München BeckRS 2010, 14159; OLG München VersR 1991, 319; LG Hannover BauR 2012, 1999). Verlangt ein Verletzter wegen aufgehobener oder geminderter Erwerbsfähigkeit Schadenersatz, muss er **konkret darlegen** und beweisen, dass er auch eine darauf beruhende Erwerbseinbuße erlitten hat (BGH VersR 1981, 1036; OLG Koblenz OLGR 2006, 385). Eine **abstrakte Berechnung** ohne Berücksichtigung der konkreten Entwicklung reicht nicht aus (BGH VersR 2016, 415; BGH NJW 2004, 1945; BGH NJW-RR 1992, 852; OLG München VersR 1991, 319). Bei der Schadenberechnung ist nicht auf allgemeine Erfahrungswerte abzustellen, sondern auf die konkrete Situation des Verletzten (OLG Frankfurt zfs 1999, 516). Siehe auch § 842 BGB, Rn 43 ff. 13

Bei der Ermittlung des Erwerbsschadens darf auch unter Berücksichtigung der Beweiserleichterungen nach § 252 S. 2 BGB, § 287 I ZPO einem Verletzten, dessen Arbeitskraft unfallbedingt beeinträchtigt ist, nicht ohne hinreichende Anhaltspunkte dafür, wie sich seine Erwerbstätigkeit ohne das Unfallereignis voraussichtlich entwickelt hätte, pauschal ein abstrakt geschätzter „**Mindestschaden**" zugesprochen werden (BGH VersR 2016, 415; BGH NJW 2004, 1945; BGH NJW 1995, 2227; BGH NJW 1995, 1023). 14

(2) Vermögenseinbuße. Verdienstausfall setzt nicht voraus, dass die fortfallende bzw. geminderte Arbeitsleistung zuvor in bar abgegolten wurde. Eine Bezahlung von Arbeit kann, wie die Vorschriften des Sozialversicherungs- und Steuerrechts (u.a. § 8 II EStG, § 17 I Nr. 3 SGB IV) zu geldwerten Vorteilen zeigen, auch durch andere **(unbare) Gegenwerte** erfolgen (z.B. Deputate, Werksrabatte, freie Kost und Logis). 15

Ist dem Verletzten durch die Beeinträchtigung seiner Arbeitskraft ein konkreter Vermögensschaden entstanden, ist dieser zu ersetzen. Der Erwerbsschadenersatz umfasst neben dem Verlust des Einkommens alle wirtschaftlichen Beeinträchtigungen, die der Geschädigte erleidet, weil er seine Arbeitskraft verletzungsbedingt nicht mehr verwerten kann. Dazu zählen auch Vermögenseinbußen aufgrund der Behinderung in der **beruflichen Weiterentwicklung** (z.B. verspäteter Berufseintritt, beruflicher Aufstieg). 16

Erzielt der Verletzte nach Ende der Arbeitsunfähigkeit durch den Einsatz der verbliebenen Arbeitskraft ein geringeres Einkommen als ohne den Unfall (**Minderverdienst**), ist ihm die Differenz zwischen dem entgehenden und dem tatsächlichen Verdienst entsprechend der Verantwortungsquote des Schädigers zu ersetzen. Soweit ein Geschädigter geringere Sozialversicherungsabgaben wegen der Einkommensminderung abzuführen hat, kann er in Höhe dieser Beitragsdiffe- 17 renzen keine Ersatzansprüche stellen. Etwaige Einbußen bei den Barleistungen der SVT (Krankengeld, Arbeitslosengeld, Erwerbsunfähigkeits- oder Altersrente) sind bei der konkreten Schadensabrechnung zu berücksichtigen; teilweise sind die Nachteile durch gesetzliche, vor allem sozialrechtliche, Bestimmungen oder den Regress nach § 119 SGB X aufgefangen.

18 **(3) Rechts- und sittenwidrige Einkünfte.** Entgangene Einkünfte aus Haupt- und Nebenbeschäftigung, die mit rechtswidrigen Mitteln oder aus **verbotenen Geschäften** erzielt worden wären (z.b. Schwarzarbeit [dazu BGH NJW 2017, 1808; BGH NJW 2014, 1805; BGH NJW 2013, 3167; *Friesen/Bauer* DAR 2015, 513], illegale Tätigkeit von Ausländern ohne Aufenthalts- oder Arbeitsgenehmigung, Einkünfte unter Verstoß gegen Personenbeförderungs- oder Arbeitszeitrecht; siehe *Jahnke*, Der Verdienstausfall im Schadenersatzrecht, § 3 Rn 272 ff), sind nicht zu ersetzen. Das Verbotsgesetz muss zur zivilrechtlichen Unwirksamkeit des gewinnbringenden Rechtsgeschäftes führen.

19 Einnahmen aus Geschäften, die gegen die **guten Sitten** (z.b. Verlust von Bestechungsgeldern) verstoßen, sind nicht zu berücksichtigen. Nachdem der Gesetzgeber mit dem Prostitutionsgesetz (ProstG v. 20.12.2001 BGBl I 2001, 3983) Verbesserungen der zivil- und sozialrechtlichen Situation angegangen hat, ist bei Dirnenlohn kein unwirksames Rechtsgeschäft mehr zu unterstellen.

20 Die **fehlende Konzession** zum Betreiben eines Geschäftes steht einem Schadensersatzanspruch regelmäßig dann nicht entgegenstehen, solange die Einholung der behördlichen Genehmigung nicht bewusst unterlassen wurde oder sie vor dem Unfallereignis auf einen entsprechenden Antrag ohne weiteres erteilt worden wäre.

21 **(4) Eigenleistungen am eigenen Heim.** Arbeitskraftausfall im heimischen Bereich (Renovierungsarbeiten, Eigenleistungen am Bau) ist zu ersetzen, wenn das Bauvorhaben **tatsächlich angegangen** und dabei Eigenleistungen (handwerkliche Fähigkeiten, rechtliche und zeitliche Möglichkeiten vorausgesetzt) auch tatsächlich erbracht worden wären (BGH NJW 1989, 2539). Es gelten strenge Beweisanforderungen (OLG Frankfurt SP 2013, 11).

22 Der Ersatzanspruch entsteht nicht schon bei bloßer Notwendigkeit von Ersatzkräften. Die Aufwendungen müssen vielmehr für anderweitig in Anspruch genommene Kräfte tatsächlich entstanden sein (BGH NJW 2004, 2894; LG Heilbronn SP 2013, 330), eine lediglich **fiktive** Abrechnung ist nicht möglich (LG Dortmund SP 2008, 215).

23 Zu ersetzen sind die tatsächlichen Lohnmehraufwendungen für Fremdvergaben der Arbeiten, gekürzt um die Vorteile einer offiziellen Auftragsvergabe.

24 Entschließt sich ein Verletzter erst **nach** seiner **Verletzung,** ein renovierungsbedürftiges Wohnobjekt zu erwerben, besteht kein Ersatzanspruch (KG NZV 1997, 232; OLG Hamm NJW-RR 1996, 170).

25 Soweit möglich, muss der Geschädigte die geplante Baumaßnahme bis zu seiner Genesung verschieben (OLG Celle SP 1994, 11).

26 **(5) Zeitverlust.** Verlust an Freizeit stellt keinen Vermögensschaden dar (BGH VersR 1989, 188; BGH NJW 1975, 40) und ist schadenrechtlich nicht zu ersetzen (BGH NJW 1977, 1446; OLG Stuttgart NJW-RR 2007, 88). Kein Anspruch besteht auf Ersatz des durch Schadensabwicklung/Beweisaufnahme entstehenden reinen Zeitverlustes (BGH jurisPR-VerkR 13/2012 Anm. 1 = NJW 2012, 2267; BGH NJW 1976, 1256; LG München VersR 1985, 1150) (siehe § 249 BGB,

Rn 358 ff). Fortfall von Urlaub (dazu BGH NJW-RR 2012, 761) kann im Einzelfall beim Schmerzensgeld Berücksichtigung finden.

(6) Einkommen. Zu den Einkünften eines unselbständig Tätigen zählen neben Arbeitslohn einzelarbeits- oder tarifvertraglich versprochene Sonderzahlungen (z.B. Urlaubs-, Weihnachtsgeld, 13. Monatsgehalt, vermögenswirksame Leistungen). Zur Berechnung der auf die Zeit der Arbeitsunfähigkeit entfallenden Anteile siehe BGH NZV 2017, 318. 27

Hätte der Verletzte ohne den Unfall **Überstunden** geleistet, sind diese zu ersetzen. Wäre Kurzarbeit angeordnet gewesen, reduziert sich der Anspruch entsprechend. Bei Bezugnahme auf Vergleichsarbeitnehmer ist zu beachten, dass deren ausgewiesene Überstunden nicht gerade dem Auffangen der Arbeitsleistung des ausgefallenen verletzten Arbeitnehmers (Kollegen) dienten. 28

(7) Nebeneinkünfte. Arbeitsrechtlich **zulässige** nebenberufliche Einkünfte sind unter Berücksichtigung der gesundheitlichen Belastungen durch die Mehrfachtätigkeiten, der Billigung durch den Hauptarbeitgeber, gesetzlicher (z.B. Sozialrecht, Steuerrecht) sowie familiärer Veränderungen zu ersetzen. Dazu ausführlich *Jahnke*, Der Verdienstausfall im Schadensersatzrecht, § 6. 29

Entgehende **Zulagen** (z.B. Schichtarbeiterzulage, Nachtzulage, Erschwerniszulage) sind zu ersetzen. Zulagen knüpfen häufig an die konkret zu erbringende Arbeitsleistung an und werden daher z.B. in Urlaubszeiten nicht gezahlt, sodass es für diese Zeiten an einem Schaden mangelt. Der **Auslandsverwendungszuschlag** für Soldaten ist nur mit $\frac{1}{3}$ – 50% zum unterhaltsrechtlich maßgebenden Einkommen zu rechnen (so die familienrechtliche Rechtsprechung [BGH NJW 2012, 2190]; a.A. zum Schadenersatz BGH NJW 2016, 1386). 30

Entgangene **Trinkgelder** (seit 1.1.2002 steuerfrei, § 3 Nr. 51 EStG) sind zu ersetzen. 31

Steuerfreie **Spesen**, Auslösen oder Trennungsentschädigungen (siehe auch BFH DAR 2012, 419) sind nur insoweit zu ersetzen, als der Verletzte diesen pauschalen Ausgleich für erhöhte Lebenshaltungskosten tatsächlich nicht aufgewandt hätte. Es besteht eine Vermutung dafür, dass diese zusätzlichen Arbeitsleistungen als pauschalierter Ausgleich für erhöhte Lebenshaltungskosten auch den regelmäßigen Mehraufwendungen entsprechen. Familienrechtliche Handhabungen (z.B. Bewertung des Gewinnanteils einer Auslöse mit $\frac{1}{3}$) können zur Grobeinschätzung (§ 287 ZPO) herangezogen werden. 32

Rechtswidrige (BAG DB 2001, 1095) Erstattungszusagen eines Arbeitgebers (z.B. **Bußgeldpauschale** für Außendienstmitarbeiter) sind – auch wenn sie sozial- und steuerrechtlich als Lohn gelten (BFH DAR 2014, 343; BFH NJW 2009, 1167) – bei abstrakter Gewährung nicht zu erstatten. Konkreter Ersatz von Bußgeldern ist sittenwidrig. 33

dd) Brutto-Netto-Schaden. (1) Methodik. Dem abhängig Beschäftigten sind im Ergebnis nur seine **Nettoeinbußen** zu ersetzen. Zur Berechnung werden zwar mehrere **Methoden** vorgeschlagen: Bei der Bruttolohnmethode sind vom Bruttolohn im Wege des Vorteilsausgleiches u.a. Steuern und Sozialabgaben (brutto) (OLG Hamm r+s 1999, 372; OLG Saarbrücken VersR 2017, 698; OLG Saarbrücken OLGR 2006, 186) abzuziehen (BGH NJW 1999, 3711; BGH NJW-RR 1986, 1216), bei der modifizierten Nettolohntheorie ist Ausgangspunkt das fiktive Nettoeinkommen nach Abzug von Steuern und Sozialabgaben (OLG Hamm SP 1999, 340). Beide Methoden dürfen allerdings bei der Abrechnung 34 nicht miteinander vermengt werden, da dieses unausweichlich zu **falschen Ergebnissen** führt (BGH NJW 2001, 1640).

35 Die frühere Aussage des BGH (BGH NJW 1999, 3711), bei korrekter Anwendung der vorgenannten Theorien (Bruttomethode, modifizierte Nettomethode) kämen beide Berechnungsmethoden zu gleichen Ergebnissen, lässt sich (wie *Langenick* NZV 2009, 257, 318 m.w.N. zutreffend aufzeigt) nicht aufrecht erhalten: Nicht nur bei Mithaftung, sondern vor allem dann, wenn Sozialversicherungsleistungen (z.B. Krankengeld, Verletztenrente, Erwerbsminderungsrente) einbezogen werden müssen, erweist sich die Bruttolohnmethode als fehlerträchtig. Für die praktische Abwicklung ist die **modifizierte Nettolohnmethode** die einzig verlässliche und brauchbare; korrekte Ergebnisse liefert letztlich nur diese Methode. Dem ist der BGH (BGH NJW 2011, 1146) ebenfalls beigetreten: Das Bruttoeinkommen kann zwar der rechnerische Ausgangspunkt sein; es ist dann aber auf die konkreten Verhältnisse des Geschädigten hinsichtlich der Belastung durch Steuern und Sozialversicherungsbeiträge und hinsichtlich der Vorteile, die sich aufgrund von Lohnersatzleistungen der Drittleistungsträger ergeben, abzustellen. BGH NJW 2011, 1146 betont, dass eine **pauschalisierende Betrachtung** insbesondere bei abhängig Beschäftigten vielfach zu falschen Ergebnissen führt (siehe also § 842 BGB, Rn 42). **Unzulässig** und falsch ist, die ersparte Steuer auf den entgangenen Lohn mit der Steuer auf den Schadensersatz gleichzusetzen (*Langenick* NZV 2009, 257, 318; BGH NJW 2011, 1146); die Steuer auf den Schadensersatz ist regelmäßig (nicht zuletzt wegen der Steuerbegünstigung der Sozialleistungen) deutlich geringer (dazu § 842 BGB, Rn 40 ff).

36 Für die **Verdienstausfallberechnung** ist im Ergebnis wie folgt zu verfahren: Zunächst wird das hypothetische Bruttoeinkommen des Verletzten bestimmt, dann sind die auf dieses fiktive Bruttoeinkommen entfallenden Arbeitnehmerbeiträge zur Sozialversicherung (Arbeitslosen-, Kranken-, Pflege- und Rentenversicherung) und Steuern (Einkommensteuer, Kirchensteuer, Solidarzuschlag) herauszunehmen. Vom so ermittelten Betrag sind dann die Drittleistungen (u.a. Leistungen von Arbeitgeber, Sozialversicherung, Berufsständische Versorgung) mit ihrem Nettobetrag sowie die ersparten Aufwendungen während der Zeit der Arbeitsunfähigkeit und stationären Behandlung (Vorteilsausgleich) abzuziehen. Der verbleibende Restbetrag ist der Nettoschaden des unmittelbar Verletzten, der bei Mitverantwortung noch zu quotieren ist. Zu beachten ist, dass seit 1.1.2015 Krankenkassen individuelle einkommensabhängige Zusatzbeiträge zum allgemeinen Beitragssatz erheben dürfen (und auch erheben) (vgl § 242 SGB V nF).

37 **(2) Vorteilsausgleich.** Ersparte Aufwendungen hat das Gericht von Amts wegen im Rahmen der Vorteilsausgleichung abzuziehen, wobei es die Höhe der Aufwendungen zu schätzen hat (OLG Saarbrücken VersR 2017, 698; OLG Schleswig BauR 2005, 712). Während der Zeit seiner Arbeitsunfähigkeit erspart sich der Arbeitnehmer zum einen teilweise recht erhebliche Aufwendungen (z.B. Fahrtkosten; siehe auch BGH NJW-RR 2012, 1089) im Zusammenhang mit seiner Berufstätigkeit, zum anderen während der Zeit **stationärer Behandlung** [nicht nur wegen der dortigen Verpflegung] entsprechende private Ausgaben (in Höhe von 15 € – 20 €/Krankenhaustag). Diese Ersparnisse sind anspruchsmindernd auf den Verdienstausfallschaden anzurechnen (BGH NJW 1980, 1787).

38 Ersparte **berufsbedingte Aufwendungen** sind als Vorteil anspruchsmindernd zu berücksichtigen (BGH NJW 1980, 1787; OLG Saarbrücken VersR 2017, 698). Mangels konkreter Anhaltspunkte werden diese von einem Großteil der Recht-

sprechung (OLG Frankfurt SP 2010, 220; OLG München BeckRS 2010, 14333; OLG München jurisPR-VerkR 19/2012 Anm. 3; OLG Naumburg SP 1999, 90; OLG Stuttgart BeckRS 2008, 17573) mit **10% des Nettoeinkommens** geschätzt (§ 287 ZPO). Nach OLG Celle MDR 2006, 985 sind nach den Umständen des Einzelfalles (insbesondere der Höhe der Fahrtkosten) 5–10% anzurechnen. Es bleibt dem Geschädigten unbenommen nachzuweisen, dass die tatsächlich ersparten berufsbedingten Aufwendungen geringer sind. OLG Düsseldorf zfs 2000, 531 verlangt eine konkrete Berechnung der berufsbedingten Aufwendungen. Bei der Bestimmung ersparter Wegekosten sind Hin- und Rückweg und nicht nur die einfache Entfernung zu Grunde zu legen (OLG Saarbrücken VersR 2017, 698).

Der Ersatzpflichtige genügt seiner **Darlegungslast,** indem er ersparte Aufwen- **38a** dungen im Hinblick auf beruflich bedingte Fahrtkosten einwendet (BGH r+s 2015, 212; BGH VersR 1987, 668; OLG München BeckRS 2010, 14333). Es obliegt nicht dem Ersatzpflichtigen, zugleich auf Nachteile hinzuweisen, die den Vorteilen wieder gegenüberstanden. Es ist Aufgabe des Gerichts, gegebenenfalls gemäß § 287 ZPO eine Schadensschätzung vorzunehmen und dazu die erforderlichen Feststellungen zu treffen (BGH r+s 2015, 212). Der Verletzte hat substantiiert darzulegen (OLG Schleswig-Holstein OLGR 2009, 509), warum in seinem Fall neben Fahrtkostenaufwand auch keine sonstigen ersparten Mehraufwendungen entstanden wären.

Erbringen Drittleistungsträger zum Verdienstausfall kongruente Leistungen, **39** kann auch nur ein um den Vorteilsausgleich gekürzter Betrag auf diesen Träger übergehen. Wegen des zeitlich späteren Forderungswechsels (§ 6 EFZG) (BGH NZV 2009, 131) ist die Eigenersparnis, solange der Arbeitgeber Entgeltfortzahlung (Fortzahlung nach EFZG; anschließende Aufstockung von Sozialversicherungsleistungen wie z.B. Krankengeld) leistet, letztlich beim Arbeitgeber (und nicht bei den Leistungen der Sozialversicherung wie Krankenkasse oder BG; OLG Hamm VersR 2000, 600) abzusetzen (BGH NJW 1984, 2628; OLG Hamm NZV 2000, 369). Entsprechendes gilt für den Übergang nach § 86 VVG (z.B. für privaten Krankenversicherer).

(3) Steuern. Bei der Schadenberechnung wirken **steuerliche Vergünstigun-** **40** **gen** (wie Progressionsdifferenz [BGH NJW 1995, 389]; Steuerbegünstigung von Sozialleistungen [BGH NJW 1999, 3711]) zugunsten des Schädigers.

Steuererleichterungen sind bei der Schadenbemessung zugunsten des Schädi- **41** gers nur dann nicht zu berücksichtigen, wenn sie dazu dienen, eine sonst gegebene steuerliche Schlechterstellung des Geschädigten zu vermeiden (z.B. Pauschalbetrag für Körperbehinderte, Ermäßigung des Steuertarifes infolge Verzögerung in der Schadenersatzleistung).

Nur soweit der Geschädigte die ermittelte und vom Schädiger zu erstattende **42** Schadenersatzrente tatsächlich als Einkommen versteuern muss, ist ihm die konkret auf den zu erstattenden Betrag entfallende **Mehrsteuer** zu **ersetzen** (siehe § 249 BGB, Rn 525). Der Ersatzberechnung (§ 842 BGB, Rn 35 f) darf nicht der (nicht um Steuern und Versicherungsabgaben gekürzte) Bruttolohn zugrunde gelegt werden (aufsetzend auf der Annahme, der Geschädigte müsse die Schadenersatzleistung wie eine echte Gehaltsleistung versteuern): Dieses lässt (z.B. bei Mithaftung) die Progression und (z.B. bei Erhalt anzurechnender, den Ersatzbetrag kürzender anderweitiger Leistungen) die Steuerbegünstigung von Drittleistungen (§ 842 BGB, Rn 40) unzulässig außer Betracht. Auch entspricht die **steuermindernde** Berücksichtigung der **Werbungskosten** nicht dem tatsächlich dazu zuvor betriebenen tatsächlichen Aufwand (siehe BGH NJW 2011, 1146; ferner BGH NJW-RR 2014, 469).

42a **(4) Drittleistungen.** Bei der Ermittlung des Verdienstausfalls des Geschädigten sind Drittleistungen (wie Krankengeld) als Abzugsposten zu berücksichtigen (OLG München BeckRS 2015, 09712; OLG Saarbrücken VersR 2017, 698). Insoweit haben vor allem Anspruchsübergänge auf Arbeitgeber (§ 6 EFZG) und SVT (§ 116 SGB X stattgefunden (OLG Düsseldorf v. 13.9.2004 – I-1 U 210/03 – juris; vor § 249 BGB, Rn 269 ff). Zu den Drittleistungen siehe § 842 BGB, Rn 78 ff.

43 **ee) Längerfristiger Ausfall.** Der Regulierung ist das Einkommen zum Unfallzeitpunkt zugrunde zu legen. Zwischenzeitliche Lohnveränderungen sind zu berücksichtigen. Vom Verletzten nachgewiesene Veränderungen wie Gehaltsaufbesserungen und berufliche Aufstiege, die infolge des Unfalles unterblieben sind, sind einzubeziehen. Ebenso sind konjunkturelle spätere negative Begleitumstände (wie Kurzarbeit, Konkurse, Entlassungen) abschlägig zu berücksichtigen. Ersatzansprüche bestehen erst ab Schädigungseintritt und nicht ab Monatsanfang (BGH NJW-RR 2016, 793).

44 Schadensersatz ist, wenn der Ersatzberechtigte überhaupt nicht oder nicht mehr ohne Einbußen in das Erwerbsleben reintegriert werden kann, bis zu demjenigen Zeitpunkt zu leisten, in dem er voraussichtlich aus dem Erwerbsleben ausgeschieden wäre. Über diesen Zeitpunkt hinaus besteht möglicherweise ein Anspruch wegen Rentenminderung in denjenigen Fällen, in denen § 119 SGB X keinen oder nur teilweisen Schutz bietet (BGH VersR 2017, 557).

45 Nach der BGH-Rechtsprechung (BGH NZV 2004, 291; BGH NJW 1995, 3313) ist bei abhängig Beschäftigten zunächst von der **Regelaltersgrenze** [§ 35 SGB VI; siehe aber auch § 842 BGB, Rn 46]) auszugehen; eine hiervon abweichende vorzeitige Beendigung des Erwerbslebens kann der Ersatzverpflichtete beweisen. Dabei kann der Ersatzpflichtige seine Argumentation zum Lebensarbeitszeitende zwar nicht auf die durchschnittlichen Renten- bzw. Pensionsalter aller Arbeiter, Angestellten bzw. Beamten stützen. Legt der Ersatzpflichtige aber ausreichend dar, dass aus einer überschaubaren und dem Geschädigten vergleichbaren Gruppe eine deutliche Mehrheit (mehr als 70% der Vergleichsgruppe) z.B. vor dem 62. Lebensjahr ausscheidet, führt dieses jedenfalls zu einer Beweislastumkehr zulasten desjenigen, der eine längere Lebensarbeitszeit als in dieser Gruppe üblich vorträgt (in diesem Sinne auch *Lemcke* r+s 2004, 343; *Lemcke* r+s 1995, 384; *Wussow-Zoll*, Kap 32 Rn 41; *Zoll* r+s Sonderheft 2011 zum 75. Geburtstag von Hermann Lemcke, S. 137).

45a In den letzten Jahren zeigt sich eine allgemeine Herabsetzung des Renteneinstiegsalters (BT-Drucksache 16/13512; BT-Drucksache 16/13751). Diesem Umstand kann durchaus nach § 287 ZPO bei der Prognose durch Abschläge Rechnung getragen werden (OLG Karlsruhe BeckRS 2014, 19894 = jurisPR-VerkR 11/2015 Anm. 2). Kann nicht auf eine prognostizierbare berufliche Entwicklung zurückgegriffen werden bzw. bestehen z.B. aufgrund der Arbeitsmarktlage noch weitere Risiken, ist dem durch **Risikoabschläge** Rechnung zu tragen (BGH NJW 2011, 1146; BGH NJW 2011, 1148; OLG Celle VersR 2008, 82; KG NZV 2005, 148 = VersR 2004, 1567; OLG Hamm VersR 2002, 732; OLG Karlsruhe BeckRS 2014, 19894 = jurisPR-VerkR 11/2015 Anm. 2 [BGH VersR 2015, 1140]; OLG Schleswig-Holstein OLGR 2006, 5; *Jahnke*, Der Verdienstausfall im Schadensersatzrecht, § 7 Rn 85 m.w.N.).

Die **Regelaltersgrenze** ist nicht für alle Personen gleich. Es gelten für ältere 46
und langjährige Versicherte **Sonderregelungen,** ebenso für etliche Berufszweige
(z.B. Bergleute, Polizeibeamte, Soldaten) sowie gesundheitlich Gehandicapte
(Schwerbehinderte, Berufs- und Erwerbsunfähige).

Die durch § 252 S. 2 BGB, § 287 I ZPO erleichterte **Prognosestellung** (Scha- 46a
densberechnung) lässt eine völlig abstrakte Berechnung des Erwerbsschadens nicht
zu, sondern verlangt die Darlegung konkreter Anhaltspunkte für die Schadensermittlung (BGH VersR 2016, 415). Arbeitskraftausfall oder Beeinträchtigung der
Arbeitsfähigkeit müssen sich sichtbar im Erwerbsergebnis konkret ausgewirkt
haben (BGH NJW 1970, 1411).

Einem Geschädigten, der dem **Erwerbsleben bereits zur Verfügung** gestan- 46b
den hat bzw. dessen Arbeitskraft **im arbeitsfähigen Alter** beeinträchtigt worden
ist, kann ohne hinreichende Anhaltspunkte dafür, wie sich seine Erwerbstätigkeit
ohne das schädigende Ereignis voraussichtlich entwickelt hätte, kein abstrakt
geschätzter Mindestschaden zugesprochen werden (BGH VersR 2016, 415; BGH
NJW 1995, 1023). Bei einer Verletzung zu einem Zeitpunkt, in dem der Geschädigte seine Ausbildung weitgehend gefördert hat oder vor ihrem Abschluss
steht, liegen angesichts der Erkennbarkeit seines Ausbildungs- und Berufsziels
sowie der bisherigen Leistungen i.d.R. in der Person des Geschädigten selbst
konkrete Anhaltspunkte für die Schätzung des Erwerbsschadens vor. Ein Zurückgreifen auf Leistungen der Eltern oder anderer Familienmitglieder kommt dann
nicht in Betracht, weil sie deutlich weniger aussagekräftig sind, als eigene Leistungen des Geschädigten (OLG Köln SVR 2014, 383).

An die erforderlichen Darlegungen des Geschädigten sind dann keine zu hohen 46c
Anforderungen zu stellen, wenn er im Zeitpunkt des Schadensereignisses **noch
in der Ausbildung** oder am **Anfang einer beruflichen Entwicklung** stand,
und daher nur wenige konkrete Anhaltspunkte dazu liefern kann, wie sich sein
Erwerbsleben voraussichtlich gestaltet hätte (BGH VersR 2016, 415; *Herkenhoff*
NZV 2013, 11).

Der **Schädiger** kann sich ebenfalls auf die Erleichterungen der § 252 BGB, 46d
§ 287 ZPO berufen. Dies gilt z.B. für die Behauptung, dass der Geschädigte
auch ohne den Unfall (z.B. durch anderweitige Erkrankungen, Nachlassen der
Arbeitskraft, berufliche Veränderungen) ein geringeres als das behauptete Einkommen erzielt oder aus betriebs- oder gesamtwirtschaftlichen Gründen seine Arbeit
verloren und kein Erwerbseinkommen erzielt hätte, die behaupteten entgangenen
Einkünfte also auch ohne das schädigende Ereignis zu einem bestimmten Zeitpunkt ganz oder teilweise ohnehin entfallen wären (BGH NJW 2016, 3785).

Der **Tatrichter** darf sich seiner Aufgabe, auf der Grundlage der § 252 BGB, 46e
§ 287 ZPO eine Schadensermittlung vorzunehmen, nicht vorschnell unter Hinweis auf die Unsicherheit möglicher Prognosen entziehen (BGH VersR 2016,
415). Der Tatrichter kann und muss von einer Schätzung absehen, wenn diese
mangels greifbarer Anhaltspunkte völlig in der Luft hinge (BGH VersR 2017,
115).

ff) Rentenminderung. Bei abhängig Beschäftigten wird ein Rentenminde- 47
rungsschaden regelmäßig über den Regress des RVT nach § 119 SGB X aufgefangen (§ 842 BGB, Rn 134 ff). Der Geschädigte ist nicht anspruchsberechtigt, soweit
unfallkausale Einbußen aus dem Bereich der gesetzlichen Rentenversicherung in
Betracht kommen (BGH NZV 2004, 249). Die Aktivlegitimation für Nachteile
aus fehlenden oder geminderten Beitragszuführungen zur gesetzlichen Rentenver-

sicherung ist ausschließlich dem RVT als Treuhänder übertragen, der die zweckgebundenen Schadenersatzleistungen einzieht und zugunsten des Geschädigten als Pflichtbeiträge verbucht (siehe *Jahnke* VersR 2016, 1283 m.w.N.).

48 Ist der Schaden durch Zahlung von Beiträgen ausgleichbar, soll sichergestellt werden, dass der Sozialversicherte später Sozialleistungen erhält, deren Berechnung auch die Zeit nach der Verletzung umfasst. Sinn und Zweck des § 119 SGB X ist nicht, für eine finanzielle Entlastung der Rentenversicherung zu sorgen (BSG BSGE 89, 151). Soweit § 119 SGB X greift, sind trotzdem verbliebene Nachteile mit dem RVT abzuwickeln (§ 842 BGB, Rn 154 ff). Sozialrechtlich vorgegebene Nachteile sind allerdings auszugleichen (BGH VersR 2017, 557).

49 **c) Arbeitslose.** War ein Verletzter im Unfallzeitpunkt bereits arbeitslos, zeigte sich der berufliche Werdegang vor dem Unfall wechselhaft oder unstetig, bestanden nur kurzfristige und über das Jahr verteilte Beschäftigungen oder unregelmäßige Einkommen, kann für die Schadenschätzung der **Prognoseschwierigkeit** mit pauschalen Abschlägen Rechnung getragen werden (vgl § 842 BGB, Rn 45 f, § 842 BGB, Rn 46b).

50 Der Arbeitslose muss für den Zeitraum, für den Erwerbsschaden geltend macht wird, auch tatsächlich nach den Vorschriften der SGB II / SGB III dem Arbeitsmarkt zur Verfügung gestanden haben.

51 **d) Kinder. Zum Thema:** *Jahnke/Thinesse-Wiehofsky*, § 3 Rn 115 ff.

52 Kinder, Schüler und Studenten haben mit Ausnahme von Ferien- oder Wochenendjobs i.d.R. keinen Verlust vorhandenen Einkommens (zu erlaubten **Arbeitsmöglichkeiten** von Kindern und Jugendlichen siehe §§ 5, 8 JArbSchG), können aber in ihrer zukünftigen Ausrichtung betroffen sein. Auszugleichen sind sämtliche vermögensrechtlich relevanten Nachteile, die ihnen infolge verzögerter Berufsausbildung und/oder verspätetem Eintritt in das Erwerbsleben entstehen.

53 Soweit die Feststellung von Erwerbsschäden bei schwer verletzten Kindern und Jugendlichen, über deren berufliche Zukunft im Zeitpunkt des Schadenseintritts noch nicht viel gesagt werden kann, Schwierigkeiten bereitet, ist dem Verletzten ein **Schätzungsbonus** zuzubilligen: Grundsätzlich hat der Schädiger die Prognoseschwierigkeiten zu tragen, vor die ein Verletzter gestellt wird, wenn er ex ante beurteilen soll, ob die Verletzungen ihm die Weiterverfolgung seiner ursprünglichen Pläne erlaubt haben würden (BGH NJW 2000, 3287; KG NZV 2002, 95). Verbleibenden Risiken in der Einschätzung ist mit Abschlägen Rechnung zu tragen (BGH NJW 2011, 1148; BGH VersR 2010, 1607; BGH NZV 2002, 268; OLG Karlsruhe BeckRS 2014, 19894 = jurisPR-VerkR 11/2015 Anm. 2 [BGH VersR 2015, 1140]).

54 Kinder/Jugendliche können sich früh auf ihre Behinderung einstellen und haben daher teilweise bessere Möglichkeiten der **Schadenminderung** (z.B. durch entsprechende berufliche Orientierung).

55 Ein verletztes Kind kann Ersatzansprüche wegen der Beeinträchtigung seiner Erwerbsfähigkeit nur im Wege der Feststellung (außergerichtliches Anerkenntnis oder **Feststellungsklage**) geltend machen. Die Feststellung der Erstattungsfähigkeit eines zukünftigen Erwerbsschadens ist unzulässig, wenn bereits ein materieller Feststellungsanspruch tenoriert oder außergerichtlich anerkannt ist (OLG Celle NZV 2006, 95). Eine **Leistungsklage** auf künftige Rentenzahlung ist vor dem – uU nur fiktiven – Eintritt ins erwerbsfähige Alter regelmäßig ausgeschlossen (OLG Köln VersR 1988, 1185; siehe auch OLG Koblenz MDR 1993, 324); dieses vor

allem mit Blick auf mögliche, nur vielleicht absehbare (jedenfalls aber noch nicht erfolgte) oder befürchtete Forderungsveränderungen und -berechtigungen (z.b. spätere Zahlungspflicht eines SVT).

e) Selbständige. Zu den Selbständigen zählen Freiberufler, Gewerbetreibende, Handwerker, Kaufleute, Landwirte und Unternehmer.

aa) Subunternehmer. Mit- und Subunternehmer sind keine Arbeitnehmer. Abgrenzungsschwierigkeiten ergeben sich im Einzelfall aus dem Aspekt der Scheinselbständigkeit.

bb) Scheinselbständige. Scheinselbständige (§ 7 IV SGB IV) sind – rechtlich betrachtet – abhängig beschäftigte „echte" Arbeitnehmer. Zu Einzelheiten siehe *Jahnke*, Der Verdienstausfall im Schadenersatzrecht, § 4 Rn 97 ff. Die Beurteilung der Scheinselbständigkeit ist nicht davon abhängig, dass der Verletzte vor dem Schadenereignis (möglicherweise fälschlich) steuer- und sozialrechtlich anders behandelt wurde (BGH NJW 2001, 1640). LKW-Fahrer ohne eigenen LKW sind regelmäßig abhängig beschäftigt (LSG München jurisPR-SozR 14/2012 Anm. 1).

Als Scheinselbständige beurteilte Personen sind sozialversicherungsrechtl. wie abhängig Beschäftigte zu behandeln. Es besteht zum einen (uU rückwirkend) Versicherungspflicht in allen Zweigen der **Sozialversicherung,** zum anderen greifen die Sicherungen und Zuständigkeiten des Sozialleistungssystems (insbes. kann die Zuständigkeit der gesetzlichen Unfallversicherung begründet sein). Auch rentenrechtliche Warte- und Vorversicherungszeiten können nunmehr erfüllt sein.

Der **Forderungswechsel** gemäß §§ 116, 119 SGB X erfolgt auch bei erst späterer Feststellung bereits im Unfallzeitpunkt, wenn in diesem Zeitpunkt Sozialversicherungspflicht objektiv bestand (siehe BGH NJW 2003, 3193) und Sozialversicherungsbeiträge aus Gründen der Scheinselbständigkeit rechtswidrig nicht gezahlt wurden.

Bei Zuständigkeit der gesetzlichen Unfallversicherung kann auch ein Fall der Haftungsersetzung (**Arbeitsunfall,** §§ 104 ff SGB VII) vorliegen, wenn für Schädiger und/oder Geschädigten die Versicherteneigenschaft (bei Scheinselbständigen möglicherweise auch erst im Nachhinein) festgestellt wird.

cc) Gesellschafter. Bei Verletzung eines Gesellschafters sind Verluste der Gesellschaft und der Mitgesellschafter als bloßer Drittschaden nicht zu ersetzen.

Wird der geschäftsführende **Alleingesellschafter** einer Kapitalgesellschaft infolge einer Unfallverletzung arbeitsunfähig und entgeht seiner Gesellschaft dadurch ein Geschäftsgewinn, kann er diesen Verlust als eigenen Schaden vom Schädiger ersetzt verlangen.

Ist der Verletzte als **Geschäftsführer** einer GmbH gleichzeitig deren Gesellschafter, kann er vom Haftpflichtigen Erstattung seines während der unfallbedingten Arbeitsunfähigkeit fortgezahlten Geschäftsführergehaltes verlangen, wenn und soweit das gezahlte Geschäftsführergehalt des Alleingesellschafters eine echte Tätigkeitsvergütung darstellt (BGH VersR 1992, 1410; KG NZV 2005, 149; OLG Hamm VersR 1979, 745).

dd) Geschäftsführer. Geschäftsführer sind einem Angestellten nicht gleichgestellt. § 6 EFZG ist nicht anwendbar (LG Aachen jurisPR-VerkR 13/2012 Anm. 3 = SP 2012, 147; LG Stade SP 2009, 250).

66 Erwirtschaftet die Gesellschaft keine ausreichenden Umsätze, um neben weiteren Geschäftskosten auch noch den Geschäftsführer zu bezahlen, fehlt es am entsprechenden Schadenersatzanspruch. „**Mondscheingehälter**" sind nicht zu ersetzen (OLG Hamm zfs 1996, 11; OLG Bamberg r+s 2007, 513).

67 **ee) Konkrete Vermögenseinbuße.** Beim Selbständigen bestimmt sich der Wert seiner Tätigkeit nicht nach Dauer und Intensität des Arbeitseinsatzes, sondern nach dem dadurch erzielten wirtschaftlichen Erfolg. Erst wenn der Wegfall dann zu einer Vermögenseinbuße führt, liegt ein Schaden vor. Der Selbständige kann mithilfe der **Beweiserleichterungen** (§ 252 BGB, § 287 ZPO) den Umfang seiner Einbußen beweisen, bei verbleibenden Beweisschwierigkeiten ist ein Mindestschaden nicht zu ersetzen (BGH NJW 2004, 1945). Zu den Darlegungsanforderungen s. BGH BeckRS 2017, 129372.

68 Ein Unternehmer kann seinen Schaden nicht abstrakt in Höhe des Gehaltes einer gleichwertigen Ersatzkraft geltend machen, sondern muss seinen Schaden konkret nachweisen (BGH NJW 2004, 1945). Der Hinweis auf **Vergleichspersonen** ist – anders als bei abhängig Beschäftigten – wegen der häufig personengeprägten Situation des verletzten Selbständigen kaum möglich. Dass dem Selbständigen ein **Geschäft konkret entgangen** und auch nicht mehr nachholbar ist, ist in der Praxis, da an den Nachweis der Wahrscheinlichkeit eines Geschäftsabschlusses angesichts der Manipulationsgefahren hohe Anforderungen gestellt sind, schwer nachweisbar.

68a Eine Schätzung des einem Selbstständigen entgangenen Gewinns kann nicht allein aufgrund bestimmter Umsatzausfälle erfolgen, sondern erfordert als Anknüpfungstatsache die Darlegung der abzuziehenden Kosten (OLG München jurisPR-VerkR 18/2016 Anm. 1). Der Selbstständige, der einen Verdienstausfallschaden aufgrund einer Unfallverletzung geltend macht, muss dem erkennenden Gericht ausreichend Anhaltspunkte für eine Schätzung des zu erwartenden und damit des entgangenen Gewinns vortragen (OLG Koblenz SVR 2014, 433). Der Selbständige muss konkrete Angaben zu seiner beruflichen Ausbildung, zu seinem bisherigen beruflichen Werdegang und zu seiner tatsächlich ausgeübten Tätigkeit als Anknüpfungspunkte für die Schätzung eines Mindestschadens oder die Einholung eines Sachverständigengutachtens vorbringen (OLG Koblenz SP 2015 334; OLG Köln SVR 2014, 38). Als Grundlage für eine Schadenschätzung ist für die vorzunehmende Gewinnprognose bei Selbstständigen regelmäßig einen Zeitraum von mehreren Jahren vor dem schädigenden Ereignis zu verlangen (OLG Karlsruhe SVR 2014, 433; OLG Koblenz SP 2015, 334).

69 Wird der Ermittlung des Erwerbsschadens eines Selbständigen die **Bruttolohnmethode** zugrunde gelegt, müssen die anderweitigen, auf den Schaden mindernd anzurechnenden, Bezüge ebenfalls mit ihrem Bruttowert abgezogen werden (BGH NJW 2001, 1640).

70 Einkünfte aus rechtswidrigen Geschäften (z.B. Schwarzarbeit, andere **Schattenwirtschaft;** siehe § 842 BGB, Rn 18) sind nicht zu ersetzen.

71 **ff) Einstellung einer Ersatzkraft.** Der verletzte Selbständige hat sich unverzüglich um eine Ersatzkraft zu bemühen. Ersatzkraftkosten sind zu ersetzen, wenn die Einstellung sinnvoll ist, d.h. der Geschäftsgewinn, der ansonsten erzielt worden wäre, durch Einstellung der Ersatzkraft verringert wurde. Die Einstellung einer Ersatzarbeitskraft und damit die Aufwendung der Kosten müssen eine **sinnvolle wirtschaftliche Entscheidung** des Unternehmers bei rationaler betriebswirt-

schaftlicher Kalkulation darstellen (BGH NJW 1997, 941; OLG Koblenz SP 2015 334). Voraussetzung ist, dass ohne das haftungsbegründende Ereignis ein Gewinn in mindestens der Höhe des Aufwandes für eine Ersatzkraft erwirtschaftet worden wäre (AG Stade SP 2004, 263).

Übernehmen **Familienmitglieder** die Aufgaben des Verletzten unentgeltlich, können die Netto-Kosten einer fiktiven Ersatzkraft als zu ersetzender Betrag zur Schätzung herangezogen werden. 71a

Ergibt sich trotz des Einsatzes einer Ersatzkraft ein Gewinnverlust, ist dieser daneben zu erstatten. 72

gg) Schadenminderung. Fällt der Selbständige nur kurz- oder mittelfristig aus, ist er im Rahmen des Zumutbaren verpflichtet, entgangene Geschäfte oder unterbliebene Arbeitsleistungen durch maßvolle Verlängerung der täglichen Arbeitszeit **nachzuholen** und durch **Umdisposition** den Schaden zu mindern. Bei nur teilweiser Arbeitsunfähigkeit besteht die Verpflichtung, die verbliebene Restarbeitskraft voll einzusetzen (AG Stade SP 2004, 263). 73

Verbleiben gesundheitliche Dauerschäden, ist er gehalten, seinen Betrieb seinen Behinderungen entsprechend so weit wie möglich neu zu organisieren und **umzustrukturieren,** um die verbliebene Arbeitskraft voll einzusetzen. 74

f) Ausfall gewerblicher Fahrzeuge. Siehe § 249 BGB, Rn 238 ff. 75

g) Ausfall von Bußgeldern. Siehe § 249 BGB, Rn 248. 76

h) Chancenvereitelung. Die Vereitelung bloßer **Gewinnchancen** (Verkehrsunfall verhindert z.B., dass Unfallbeteiligter seinen gewinnträchtigen **Lottoschein** oder eine sichere Wette abgeben kann) begründet keinen Ersatzanspruch (BGH NJW 1983, 442; OLG Düsseldorf NJW-RR 1986, 517). 77

i) Leistungen von dritter Seite. Verdienstausfall bei **abhängig Beschäftigten** wird auch durch das soziale Sicherungssystem (Arbeitgeber, Dienstherr, Sozialversicherung, Berufsständische Versorgung, betriebliche Altersversorgung) aufgefangen. Erst die nach Abzug der Drittleistungen dem Verletzten noch verbleibenden Verdiensteinbußen sind vom Schädiger zu erstatten (BGH NJW-RR 2010, 839; *Jahnke* jurisPR-VerkR 11/2010 Anm. 1). Zu den Drittleistungen ausführlich *Jahnke/Burmann-Jahnke*, Handbuch des Personenschadenrechts, Kap. 5 Rn 6 ff. 78

Sind **Selbständige** nicht Pflichtmitglied des Sozialversicherungssystems, müssen sie selbst Risikovorsorge (z.B. durch Abschluss privater Versicherungen oder freiwilligen Beitritt zur Sozialversicherung oder Berufsständischen Versorgungswerken) betreiben; deren Leistungen sind dann anspruchsmindernd auf den Gewinnausfall anzurechnen (zum Abtretungsgebot siehe BGH jurisPR-VerkR 11/2010 Anm. 1 = NJW-RR 2010, 839). Barleistungen der Sozialversicherung (Krankengeld, Erwerbsunfähigkeitsrente, auch Verletztenrente) kürzen auch bei freiwillig Sozialversicherten (z.B. Unternehmer) die von diesem noch verfolgbaren Ansprüche, da der Forderungsübergang auf SVT (§ 116 SGB X) nicht zwischen pflichtversicherten und freiwillig versicherten Personen differenziert (BGH NJW-RR 1986, 962; BGH NJW 1982, 1045; KG NZV 2005, 148; OLG Celle r+s 2006, 42). 79

Leistungen der **privaten** Unfall- und Berufsunfähigkeitszusatz**versicherung** sind nicht anzurechnen; Leistungen aus einer Krankenhaus-/Krankentagegeldver- 80 sicherung nur, wenn der Schädiger zuvor verletzungsbedingte Risikozuschläge (BGH NJW 1984, 2627) übernommen hatte.

81 In der Vergangenheit bereits geleistete **Sozialhilfe** ist anzurechnen. Künftig in regelmäßig wiederkehrender Höhe zu entrichtende Verdienstausfallansprüche hat der Verletzte wegen der Subsidiarität der Sozialhilfe selbst geltend zu machen (BGH NJW 2002, 3769; BGH NJW 1998, 1634).

82 **j) Schadenminderung.** Zur Schadengeringhaltungsverpflichtung siehe auch § 254 BGB, Rn 177 ff.

83 **aa) Arbeitskraftverwertung.** Die Übernahme der **Haushaltsführung** stellt eine Verwertung der verbliebenen Arbeitskraft dar, der Erwerbsschaden ist um den Wert dieser Haushaltstätigkeit zu kürzen (BGH NJW 1979, 1403). Als Vorteil ist anspruchsmindernd zu berücksichtigen, wenn infolge der Haushaltsführung durch den Verletzten eine Haushaltshilfe oder Kinderfrau nicht weiterbeschäftigt werden muss oder dem Ehepartner eine Erwerbstätigkeit ermöglicht wird (*Diehl* zfs 2000, 531).

84 Kann ein Verletzter seiner früheren Beschäftigung infolge des Unfalles nicht mehr nachgehen, ist seine Arbeitskraft aber nicht gänzlich aufgehoben, muss er seine ihm noch verbliebene Arbeitskraft verwerten (BGH NJW 1996, 652; OLG Düsseldorf r+s 2003, 38) und sich u.a. um einen neuen Arbeitsplatz (auch **Teilzeitbeschäftigung;** OLG Braunschweig NZV 2001, 517) bemühen. Dabei muss er auch **erhebliche Anstrengungen** vornehmen, um eine Beschäftigung (wieder) zu erlangen (BGH NJW 1991, 2422; BGH NJW 1991, 1412). Er kann daher uU verpflichtet sein, zur Minderung des Schadens einen anderen Beruf und einen anderen Wohnort zu wählen, ein Fahrzeug anzuschaffen und zu benutzen (BGH NJW 1998, 3706).

85 Unterlässt es ein Geschädigter, einer ihm zumutbaren Arbeit nachzugehen, sind die erzielbaren (fiktiven) Einkünfte anspruchskürzend auf den Schaden anzurechnen (BGH NZV 2007, 29).

86 Kann der Verletzte in seinem erlernten Beruf unfallbedingt nicht mehr tätig sein, ist er verpflichtet, sich unverzüglich (§ 121 BGB) einer geeigneten Weiterbildung oder **Umschulung** in einen anderen Beruf, der seinen Behinderungen gerecht wird, zu unterziehen, wenn damit sein ansonsten eintretender Erwerbsschaden gemindert werden kann (OLG Hamm SP 2000, 159; OLG Koblenz VersR 1979, 964). Gerade jungen Verletzten ist eine Wohnortveränderung und auswärtige Umschulungsmaßnahme zuzumuten, wenn dieses der beruflichen Wiedereingliederung zuträglich ist.

87 Maßgebend sind die **Umstände des Einzelfalles** unter Berücksichtigung von Gesundheitszustand, Alter, Persönlichkeit, sozialer Lage, bisheriger Tätigkeit, Vorbildung und bisheriger Lebensstellung des Verletzten. Eine Rolle spielen auch seine Begabungen und Anlagen, Kenntnisse und Fähigkeiten, ferner seelische und körperliche Anpassungsfähigkeiten (KG NZV 2002, 95; OLG Hamm VersR 1995, 669). Berufstätigkeit des Ehegatten oder Notwendigkeit der Versorgung minderjähriger Kinder können zu berücksichtigen sein.

88 Zwar muss der Schädiger **beweisen** (BGH NJW 1997, 3381; OLG Braunschweig NZV 2001, 517), dass es dem Verletzten nach den Gesamtumständen seiner besonderen Lage möglich und zumutbar war, eine andere als die ihm infolge des Unfalles unmöglich gewordene Arbeit aufzunehmen. Aus dieser Beweislastverteilung folgt aber nicht, dass der Verletzte sich nicht selbst um eine Arbeitsaufnahme zu kümmern habe. Vielmehr trifft gerade ihn in erster Linie die Pflicht,

sich ernsthaft darum zu bemühen, die ihm verbliebene Arbeitskraft nutzbringend zu verwerten, denn er kennt seine Fähigkeiten und Neigungen am besten (BGH NJW 1979, 2142). Welche Bemühungen er im Einzelnen unternommen hat, ist vom Verletzten im Rahmen der ihn treffenden **sekundären Darlegungslast** vorzutragen und zu beweisen (BGH NJW-RR 2016, 1360; BGH NJW 1979, 2142). Den Verletzten trifft die Beweislast für die in seiner Sphäre liegenden Hindernisse an der Aufnahme einer zumutbaren Arbeitstätigkeit (BGH VersR 2006, 286). Er muss, wenn er arbeitsfähig oder teilarbeitsfähig ist, den Schädiger darüber unterrichten, welche Arbeitsmöglichkeiten ihm zumutbar und durchführbar erscheinen und was er bereits unternommen hat, um sich wieder in den Arbeitsprozess einzugliedern und einen angemessenen Arbeitsplatz zu erhalten (OLG Köln NZV 2000, 293). Dann ist es Sache des Schädigers zu beweisen, dass der Verletzte in dem konkret bezeichneten Fall eine zumutbare Arbeit hätte aufnehmen können und dies nicht getan hat (OLG Hamm v. 17.5.2016 – I-9 W 27/15 – bld.de). Hat der Schädiger eine konkrete zumutbare Arbeitsmöglichkeit aufgezeigt, ist es Sache des Verletzten, darzulegen und zu beweisen, warum er diese Möglichkeit nicht hat nutzen können (OLG Düsseldorf r+s 2003, 38). Siehe zum Reha-Management § 249 BGB, Rn 513 ff.

bb) Aufgabe des Arbeitsplatzes. Die Aufgabe eines Arbeitsplatzes durch eigene Kündigung kann einen Verstoß gegen die Schadengeringhaltungsverpflichtung darstellen (BGH VersR 1980, 751). Insbesondere ist die Möglichkeit einer **betrieblichen Umsetzung** im Betrieb des früheren Arbeitgebers zu prüfen (BGH r+s 2007, 303). Kann eine Beschäftigung im selben Unternehmen erreicht werden, muss der Verletzte uU auch weniger angesehene (sozial niederwertigere) Positionen übernehmen. Das gilt jedenfalls, wenn ansonsten Arbeitslosigkeit eintritt. Der Verletzte muss sich auch nach einer Kündigung zügig um einen anderen Arbeitsplatz bemühen (OLG Düsseldorf VersR 2007, 244). 89

Wird einem Arbeitnehmer wegen der Verletzungen gekündigt, kann das Nicht-Erheben einer **Kündigungsschutzklage** eine Verletzung der den Verletzten treffenden Obliegenheiten darstellen und zur Minderung oder zum Ausschluss von Ersatzansprüchen wegen Verdienstausfall führen. Kündigungsschutzklage muss auch erhoben werden, wenn die Beschäftigung auf einem anderweitigen leidensgerechten Arbeitsplatz möglich ist. Schließt ein Geschädigter trotz aussichtsreicher, auf Weiterbeschäftigung gerichteter, Kündigungsschutzklage einen Abfindungsvergleich, stellt dieses ein so starkes Mitverschulden (§ 254 I BGB) dar, dass ein Anspruch wegen Verdienstausfalls entfällt (BGH r+s 2007, 303; OLG Frankfurt SP 2010, 220). 90

Es kann sich empfehlen, die Anerkennung als Schwerbehinderter möglichst frühzeitig zu betreiben, um damit den besonderen Kündigungsschutz und – damit einhergehend – eine stärkere Sicherung des Arbeitsplatzes zu erlangen (*Heß/Burmann* NJW-Spezial 2005, 351, 452, *Jahnke* r+s 2007, 271). 91

3. Haushaltsführungsschaden. Zum Thema: *Jahnke*, Der Verdienstausfall im Schadensersatzrecht, 4. Aufl. 2015, § 8; *Jahnke/Burmann-Wessel*, Handbuch des Personenschadensrechts, Kap. 4 Rn 725 ff; *Küppersbusch/Höher* Rn 180 ff. 91a

a) Rechtsgrundlage. Für verletzungsbedingten Ausfall in der Haushaltsführung ist dem Verletzten – und nicht dem Familienangehörigen (dieser hat allenfalls einen Anspruch nach § 845 BGB) – Ersatz zu leisten, in der rechtlichen Zuord- 92

nung aufgeteilt (entsprechend der Kopfzahl der haushaltsangehörigen Personen) in
- **Erwerbsschaden** (§§ 842, 843 I 1. Alt. BGB) hinsichtlich der Versorgung von Familienangehörigen und
- **Bedürfnisvermehrung** (§ 843 I 2. Alt. BGB) hinsichtlich der beeinträchtigten Eigenversorgung (BGH NZV 1998, 456).

93 **b) Verletzung. aa) Beeinträchtigung.** Nicht jede (vor allem psychische [OLG Saarbrücken OLGR 2009, 126; OLG Celle BeckRS 2000, 16598]) Verletzung führt zwangsläufig auch zu einer Beeinträchtigung bei der Haushaltsführung. Ist die geplante Hausarbeit trotz Verletzung ausführbar, entfällt der Geldanspruch (AG Düsseldorf SVR 2012, 466). Auch wenn abstrakt bestimmte Grade der Erwerbsminderung grundsätzlich für die Schadenbestimmung irrelevant sind (OLG Hamm NZV 2002, 570; OLG Koblenz VersR 2004, 1011), gilt doch, dass bei einer **MdE von 20% oder weniger** eine schadenrechtlich relevante Einbuße in der Haushaltsführung entfällt (KG NZV 2006, 305; OLG Brandenburg SVR 2017, 103; OLG Hamm SP 2001, 376) (zum Begriff der MdE siehe § 843 BGB, Rn 13). Maßgeblich für die Berechnung eines Haushaltsführungsschadens ist die haushaltsspezifische Minderung der Fähigkeit zur Arbeit im Haushalt **(MdH)**, die nicht deckungsgleich mit der allgemeinen Minderung der Erwerbsfähigkeit (MdE) ist; die MdH ist in der Regel geringer (OLG Köln NZV 2015, 505).

94 Der Umstand, dass jemand arbeitsunfähig **krankgeschrieben** ist, bedeutet nicht automatisch eine Einschränkung in der Fähigkeit zur Haushaltsführung: Arbeitsunfähigkeit und fehlende bzw. eingeschränkte Fähigkeit der Haushaltsführung sind voneinander zu trennen (siehe auch vor § 249 BGB, Rn 99a). Es gibt zahlreiche Verletzungen, die zwar – je nach Beruf – zur (teilweisen) Arbeitsunfähigkeit führen, gleichwohl aber keine entschädigungspflichtige Einschränkung in der Fähigkeit zur Haushaltsführung nach sich ziehen (OLG Celle OLGR 2009, 354).

95 **bb) Beteiligung an der Haushaltsführung.** Eine Ersatzpflicht kommt nur in Betracht, wenn der Verletzte vor dem Unfall in größerem Umfang an der Haushaltsführung beteiligt war und nicht nur Hilfeleistungen in geringem Umfange (Mithilfe bei schweren Arbeiten, teilweise Beaufsichtigung von Schularbeiten, gelegentliche Einkäufe) erbracht hat. In diesen Fällen besteht kein Anspruch (OLG Frankfurt SP 2010, 220; OLG Oldenburg VersR 1983, 890).

95a **Kinder** im elterlichen Haushaltshalt haben keinen Anspruch auf Ersatz von Haushaltsführungsschaden (siehe § 842 BGB, Rn 107, § 845 BGB, Rn 9).

96 Personen mit auswärtiger Tätigkeit und räumlicher Abwesenheit (z.B. Vertreter, LKW- und Auslieferungsfahrer) haben zu ihren Möglichkeiten, überhaupt zum Haushalt beitragen zu können, näher vorzutragen und dieses auch zu beweisen (OLG Hamm NZV 2014, 462). Ist der Geschädigte beruflich stark eingespannt, bedarf es näherer Darlegung zu daneben erbrachter nennenswerter Tätigkeit im Haushalt, um einen ersatzfähigen Haushaltsführungsschaden festzustellen (OLG Frankfurt SP 2010, 220).

97 **cc) Eigenversorgung.** Wegen der unfallbedingt beeinträchtigten Eigenversorgung steht der verletzten Person ein vom Familienstand unabhängiger Ersatzanspruch zu, bei stationärer Behandlung beschränkt auf notwendige Erhaltungsmaßnahmen im heimischen Bereich (BGH NZV 2009, 278; KG NZV 2007, 43).

Bei vollständiger Abwesenheit fallen in einem 1-Personen-Haushalt vermehrte Bedürfnisse nur in geringem Umfang an (AG Koblenz SVR 2014, 270).

Das Verhältnis von Eigen- zu Fremdversorgung ist nach **Kopfteilen** zu bemes- 98
sen (BGH NJW 1985, 735; OLG Saarbrücken BeckRS 2013, 04132).

dd) Fremdversorgung. Beim Mehrpersonenhaushalt ist der fremdnützige 99
(rechtlich dem Verdienstausfall zugewiesene) Anteil am Haushaltsführungsschaden **zweistufig** zu ermitteln (OLG Brandenburg SVR 2017, 103; OLG Köln NZV 2015, 505; vertiefend *Jahnke* NZV 2007, 329):
– Erst wenn erstens überhaupt eine Fremdversorgung geschuldet ist (1. Stufe),
– ist zweitens anschließend dann das ersatzfähige Volumen der diesem Personenkreis gegenüber geschuldeten Arbeitsleistung zu bestimmen (2. Stufe).

(1) Familienrechtliche Unterhaltspflicht (1. Stufe). Der personelle Rah- 100
men einer geschuldeten Fremdversorgung (1. Stufe) im Haushalt orientiert sich an der familienrechtlichen (dazu § 844 BGB, Rn 22 ff) Unterhaltspflicht (BGH NJW 1974, 41; OLG Brandenburg SVR 2017, 103; OLG Nürnberg NZV 2006, 209; OLG Düsseldorf OLGR 1996, 181; OLG Köln NZV 2015, 505), andere im Haushalt lebende Personen (z.B. Schwiegermutter, **Stiefkind,** Bruder) sowie **Tiere** bleiben unberücksichtigt. Bei der Hausarbeit stellt nicht schon die Betätigung der Arbeitskraft als solche, sondern nur die für Andere in Erfüllung einer gesetzlich geschuldeten Unterhaltsverpflichtung tatsächlich geleistete Haushaltstätigkeit eine der Erwerbstätigkeit vergleichbare, wirtschaftlich ins Gewicht fallende Arbeitsleistung und damit einen Erwerbsschaden dar (BGH NJW 1974, 41; OLG Düsseldorf NZV 2007, 40).

Kinder fallen mit Vollendung des 18. Lebensjahres aus der Bedarfsberechnung 100a
heraus, weil dann die familienrechtliche Verpflichtung der Eltern zur Betreuung und Haushaltsführung entfällt (OLG Köln NZV 2015, 505).

(2) Tatsächliche Leistung (2. Stufe). Steht der Kreis derjenigen Familienan- 101
gehörigen fest, denen Haushaltsbetätigung rechtlich berücksichtigenswert geschuldet ist, bestimmt sich der Ersatzanspruch dann (2. Stufe) – anders als beim Unterhaltsschaden nach § 844 BGB – nicht nach der gesetzlich geschuldeten Leistung, sondern danach, welche Leistungen diesem Personenkreis tatsächlich erbracht worden wären (BGH NJW 1974, 1651; OLG Düsseldorf VersR 2004, 120).

Auch wenn nach §§ 1356, 1360 BGB die Eheleute Haushaltsführung und 102
Erwerbstätigkeit im wechselseitigen Einvernehmen regeln, ist die interne Verteilung der Haushaltsführung schadenersatzrechtlich zu korrigieren, wenn ein **unangemessenes Missverhältnis** vorliegt (BGH VersR 1985, 365; OLG Köln zfs 1991, 11 [BGH VersR 1990, 748]).

ee) Haushaltsformen. Der Haushaltsführungsschaden ist **geschlechtsunspe-** 103
zifisch zu ersetzen.

Erst seit der Änderung des § 5 **LPartG** ab 1.1.2005 besteht bei eingetragenen 104
Lebenspartnern eine Verpflichtung zur Haushaltsführung wie bei Ehegatten; Ersatz wegen beeinträchtigter Haushaltsführung kann bis zum 31.12.2004 nicht verlangt werden. Lebenspartnerschaften können ab 1.10.2017 nicht mehr begründet werden (Art. 3 III Gesetz zur Einführung des Rechts auf Eheschließung für Personen gleichen Geschlechts v. 20.7.2017 BGBl I 2017, 2787), bestehende Lebenspartnerschaften können auf Wunsch in eine Ehe umgewandelt werden (§ 20a LPartG).

BGB § 842   Schadensersatzrecht des BGB

105 Der allein voll **berufstätige Ehepartner** erbringt Leistungen im Haushalt regelmäßig freiwillig und nicht aufgrund seiner Unterhaltsverpflichtung. Ein ersatzfähiger Haushaltsführungsschaden entsteht ihm dann nicht (OLG Frankfurt SP 2005, 338; OLG Oldenburg VersR 1983, 890). In einer Doppelverdienerehe müssen die Eheleute durch Umverteilung der Hausarbeit dafür sorgen, dass sich die Behinderung möglichst gering auswirkt (OLG Celle OLGR 2009, 354; AG Düren SP 2007, 209).

106 Nur wenn **nicht-eheliche Partner** bereits vor (vgl BGH NZV 2006, 467) dem Unfall verbindlich Haushaltsleistungen (siehe zu unbaren Leistungen § 842 BGB, Rn 15) als Gegenleistung zur Unterhalts- und Versorgungsleistung geregelt hatten **(synallagmatisches Verhältnis),** ist bei unfallkausaler Beeinträchtigung des Haushaltsführenden ein Ausfallschaden anzunehmen (OLG Düsseldorf NZV 2007, 40). Werden diese Haushaltsleistungen aber freiwillig und ohne wechselseitig bindende Verpflichtung erbracht, entfällt ein Schaden (KG NJW-RR 2010, 1687; OLG Celle NZV 2009, 400; OLG Düsseldorf BeckRS 2009, 24688 = jurisPR-VerkR 20/2009 Anm. 3; OLG Nürnberg NZV 2006, 209; siehe auch 45. VGT 2007, AK I, Ziff. 3, *Jahnke* NZV 2007, 329).

107 **ff) Kinder.** Kindern entsteht vor Gründung eines eigenen Hausstands kein Haushaltsführungsschaden. Theoretisch denkbar ist allenfalls ein Anspruch der Eltern nach § 845 BGB (siehe § 843 BGB, Rn 95a, § 845 BGB, Rn 9 ff).

108 **c) Bemessung. aa) Ersatz.** Zu ersetzen sind die Kosten einer Hilfskraft, soweit sie, orientiert an Art und Größe des Haushaltes, erforderlich sind, den unfallbedingten Ausfall in der tatsächlichen Haushaltstätigkeit auszugleichen. Zu berücksichtigen ist die vorbestehende Existenz von Hilfskräften (BGH r+s 1989, 399; *Mergner* VersR 2013, 1377).

109 Der Aufwand für die Haushaltsführung wird bestimmt durch den tatsächlichen Zeitaufwand des Verletzten vor dem Unfall, der sich seinerseits orientiert an Anzahl der berücksichtigenswerten Familienmitglieder, Alter der Kinder, Größe und Ausstattung der Wohnung sowie dem allgemeinen Lebenszuschnitt. Für die zeitliche Inanspruchnahme ist dann aber der von einer Fachkraft aufzuwendende Zeitrahmen maßgeblich.

110 Der Schadenersatz bemisst sich nach dem **objektiv erforderlichen** (§ 249 BGB) Kostenaufwand für die Beschäftigung einer gleichwertigen Ersatzkraft, gleichgültig, ob sie tatsächlich eingestellt worden ist oder nicht. Zu unterscheiden ist zwischen einerseits der für die Aufrechterhaltung der Haushaltsführung im bisherigen Standard vom verletzten Haushaltsführenden subjektiv tatsächlich aufgewandten Arbeitsleistung und andererseits dem objektiv erforderlichen Zeitaufwand. Bei der Beurteilung der Angemessenheit sind alle Umstände zu berücksichtigen, die die Höhe der Vergütung unter sachgerechten Gesichtspunkten beeinflussen können. Eine besondere Qualifikation der selbst beschafften Ersatzkräfte bleibt unberücksichtigt, wenn der Einsatz einer so qualifizierten Person nicht erforderlich war. Entscheidend für die Bemessung des Ersatzbetrages ist nur der erforderliche (§ 249 BGB) Zeitbedarf, den eine **professionelle Hilfskraft** (jüngere und gesunde Hilfskraft; OLG Brandenburg SVR 2017, 103; OLG Karlsruhe NJW-RR 2009, 882; OLG Köln NZV 2015, 505; *Mergner* VersR 2013, 1377) objektiv für die Aufrechterhaltung der Haushaltsführung im bisherigen Standard zur Erledigung der ausgefallenen Arbeitsleistung benötigt (OLG Oldenburg NJW-RR 1989, 1429), nicht aber der von der verletzten Person tatsächlich betriebene Zeitaufwand. Unbeachtlich ist, ob der Verletzte schneller oder langsamer als die Vergleichsperson gearbeitet hätte. Individuelle Bedürfnisse (wie „Putzteufel") sind dem immateriellen und damit nicht als Haushaltsführungsschaden ersatzfähigen Bereich zugewiesen.

Wurde der Haushalt zuvor mehr schlecht als recht geführt, besteht zur Vermeidung einer ungerechtfertigten Bereicherung kein Anspruch auf höherwertige (fiktiv bestimmte) Ersatzleistung. **110a**

bb) Darlegung. Die Beeinträchtigung ist nicht am allgemeinen Arbeitsmarkt **111** auszurichten, sondern an der **spezifischen Haushaltstätigkeit**, da sich unfallbedingte Verletzungen im Erwerbsleben und bei der Haushaltsführung unterschiedlich auswirken können (KG NZV 2007, 43; LG Saarbrücken zfs 2006, 500).

Die Haushaltsführung muss **konkret** und spürbar beeinträchtigt sein, abstrakt **112** bestimmte Grade der Erwerbsminderung (MdE, MdH) sind irrelevant (OLG Hamm NZV 2002, 570; OLG Koblenz VersR 2004, 1011).

Zur Darlegung des Haushaltsführungsschadens genügt nicht die Angabe von **113** Tabellenwerten (KG DAR 2016, 456). Es ist die **konkrete Lebenssituation** vom Verletzten darzustellen (OLG Celle OLGR 2007, 41; OLG Frankfurt MedR 2006, 294; OLG Hamm NZV 2002, 570; OLG Koblenz VersR 2004, 1011; OLG Köln NZV 2015, 505; LG Saarbrücken zfs 2006, 500) und **substantiiert** (unter Beweisantritt) vorzutragen, welche Beeinträchtigungen daran hindern, bestimmte Haushaltstätigkeiten auszuführen und in welchem Umfang bislang tatsächlich ausgeführte Arbeiten im Haushalt unfallbedingt nicht mehr nicht mehr möglich oder zumutbar sind und auch nicht durch den Einsatz von Haushaltstechnik oder Umorganisation kompensierbar sind (OLG Celle OLGR 2009, 354). Der individuell entstandene Haushaltsführungsschaden und die konkret vom Geschädigten im Haushalt zunächst erbrachte und schädigungsbedingt nicht mehr zu leistende Arbeit sind zu ermitteln und zu schätzen. Die Arbeit kann von den in Tabellenwerken zugrunde gelegten (vermeintlich) durchschnittlichen Zeiten (erheblich) abweichen. Eine Partei kann deshalb allenfalls in besonderen Fallgestaltungen zum Zwecke des Vortrags auf Tabellen zurückgreifen, beispielsweise wenn sie die maßgeblichen Verhältnisse nicht kennt (etwa bei Ansprüchen wegen des Todes eines Angehörigen) oder wenn sie sich infolge ihres Gesundheitszustands nicht mehr zu ihnen erklären kann (OLG Köln VersR 2016, 191).

Ein Anspruch auf Ersatz von Haushaltsführungsschäden steht einem Unfallverletzten nicht zu, wenn sein diesbezüglicher Vortrag unsubstantiiert ist und eine sachgemäße Rechtsanwendung nicht zulässt (OLG Celle SP 2010, 284; OLG Koblenz SP 2006, 6). Ein Beweisangebot auf Einholung eines Sachverständigengutachtens ersetzt nicht den erforderlichen Vortrag zu den körperlichen Beeinträchtigungen (OLG Frankfurt OLGR 2006, 489; OLG Düsseldorf VersR 2004, 120). Das geforderte minimale Maß an Substantiierung ist jedenfalls dann nicht erreicht, wenn der Antragsteller in lediglich formelhafter und pauschaler Weise Tatsachenbehauptungen aufstellt, ohne diese zu dem zugrunde liegenden Sachverhalt in Beziehung zu setzen (BGH NJW-RR 2016, 63). Nur so ist der Verfahrensgegenstand zweifelsfrei abgrenzbar und der Sachverständige hat eine Grundlage für die ihm übertragene Tätigkeit (BGH NZV 2010, 22). **114**

Bei der Schätzung des Haushaltsführungsschadens nach § 287 ZPO darf sich **115** der Tatrichter in Ermangelung abweichender konkreter Gesichtspunkte grundsätzlich am **Tabellenwerk** von *Schulz-Borck/Hofmann* „Schadensersatz bei Ausfall von Hausfrauen und Müttern im Haushalt" (6. Aufl. 2000) orientieren (BGH

NJW 2012, 2024; BGH NZV 2009, 278; KG KGR 2008, 860; OLG Dresden SP 2008, 292). Die diesen Tabellen zugrundeliegenden Erhebungen zum Arbeitszeitbedarf stammen teilweise allerdings aus den 80'er Jahren (siehe auch *Ludolph* SP 2004, 406 Fn. 4) und spiegeln damit nicht den zwischenzeitlichen technischen Fortschritt (z.B. Mikrowelle, Spülmaschine, Wäschetrockner; Papierwindeln; bügelfreie Textilien) sowie die veränderten Lebensumstände (wie Fast Food / Convenience Food; Lieferservice; Kantinenverpflegung) und gesellschaftlichen Entwicklungen (wie auswärtiges Essen) wieder. Tendenziell ist daher eine Korrektur nach unten angezeigt (*Küppersbusch/Höher* Rn 194). Die Tabelle 8 ist nicht verwertbar, da diese Tabelle lediglich auf Befragungen beruht und nur subjektive Einschätzungen über die aufgewendete Zeit der Haushaltsführung wiedergibt (OLG Celle SP 2011, 215). Auch wegen der allgemein gehaltenen, bundeseinheitlichen Betrachtung bedarf der gefundene hauswirtschaftliche Aufwand in Ansehung der konkreten örtlichen und persönlichen Umstände der Korrektur. Für die abstrakte Berechnung können die Tabellen als erste Schätzungsgrundlage nur einen Einstieg in die Schadenschätzung (§ 287 ZPO) verschaffen. Siehe ergänzend *Jahnke/Burmann-Wessels*, Handbuch des Personenschadensrechts, Kap. 4 Rn 780 ff.

116 Die richterliche Schätzung anhand des Tabellenwerkes *Schulz-Borck/Hofmann* ersetzt allerdings nicht den Vortrag des Anspruchstellers (OLG Celle OLGR 2009, 354): Die Tabellen können nicht die Grundlage der Schadensregulierung bilden, sondern stellen lediglich ein Hilfsmittel dar, welches erst dann zur Anwendung gelangt, wenn der Geschädigte, damit eine Schätzung überhaupt möglich ist, die tatsächliche Inanspruchnahme zum Haushalt auf der Grundlage tatrichterlich substantiiert dargelegt und nachgewiesen hat (KG DAR 2016, 456; OLG Celle jurisPR-VerkR 2/2011 Anm. 3; OLG Koblenz NZV 2004, 33). Tabellen können lediglich den konkreten Vortrag ergänzen bzw. der Plausibilitätskontrolle dienen (*Geigel-Pardey*, Kap. 4 Rn 146; *Heß/Burmann* NZV 2010, 8).

116a Zum *Hohenheimer Verfahren* siehe § 249 BGB, Rn 356a.

117 cc) **Zeitrahmen.** Für die Berechnung sind diejenigen Zeiten herauszunehmen, in denen auch ohne den Unfall keine Haushaltsführung angefallen wäre (z.B. **Urlaub** oder andere Freizeitaktivitäten) (OLG Celle VersR 1981, 81; OLG Schleswig OLGR 2006, 5; OLG Schleswig VersR 2006, 938).

117a **Berufstätige** haben i.d.R. einen geringeren Haushaltsführungsbedarf (z.B. wegen häuslicher Abwesenheit, Kantinenverpflegung) (siehe auch § 843 BGB, Rn 130).

118 Während **stationärer Unterbringung** des Verletzten ist der Haushaltsführungsschaden beschränkt auf diejenigen Tätigkeiten, die die verletzte Person den anderen Familienmitgliedern gegenüber zu erbringen gehabt hätte; ihre eigenen Bedürfnisse werden durch die stationäre Versorgung bereits abgedeckt (BGH NZV 2009, 278; OLG Düsseldorf NZV 2007, 40). Gleiches gilt bei pflegerischer Versorgung im häuslichen Umfeld.

119 Mit Rücksicht auf altersbedingte unfallfremde Herabsetzung der Leistungsfähigkeit und voraussehbare Mitarbeit anderer Familienangehöriger (z.B. nach Verrentung) wird bei dauerhafter Beeinträchtigung und langer Restlaufzeit ein Ende des Anspruches mit dem ca. **75. Lebensjahr** angenommen (OLG Hamm NJW-RR 1995, 599). Trägt der Geschädigte zu seiner körperlichen Verfassung entsprechend vor, kann der Endzeitpunkt auch jenseits des 75. Lebensjahres liegen (OLG Koblenz DAR 2017, 198).

Mit Veränderungen im **Familienzuschnitt** verändert sich auch der Umfang 120
des Haushaltsführungsschadens.

dd) Höhe. Zum Thema: *Jahnke/Burmann-Wessels*, Handbuch des Personen- 121
schadensrechts, Kap. 4 Rn 796 ff; *Burmann/Jahnke* NZV 2011, 473; *Lemcke* r+s
2012, 411; *Nickel/Schwab* SVR 2016, 1690, SVR 2015, 335, SVR 2014, 17, SVR
2010, 11; *Wenker* jurisPR-VerkR 16/2013, Anm. 1.

(1) (Konkrete) Einstellung einer Ersatzkraft. Kosten einer konkret einge- 122
stellten Ersatzkraft sind **brutto** (einschließlich Arbeitgebersozialabgaben und Steuern) (BGH NJW 1983, 1425) auszugleichen.

(2) Fiktivabrechnung. Die Forderung auf Ersatz der Haushaltshilfekosten ist 123
nicht von der Einstellung einer Hilfskraft abhängig, sondern erfordert nur den
Nachweis für die Notwendigkeit der Beschäftigung einer Haushaltshilfe.

Wird keine Ersatzkraft eingestellt, kann fiktiv und zwar **netto** (unter Heraus- 124
nahme von Steuern sowie Arbeitnehmer- und Arbeitgeber-Sozialversicherungsabgaben) gerechnet werden (BGH VersR 1979, 670). Die objektiv von einer
professionellen Hilfskraft aufzuwendende Zeit ist mit dem erforderlichen Stundensatz zu multiplizieren.

Es sind äußerstenfalls (OLG Dresden SP 2008, 292) die Nettovergütungen 125
vergleichbarer Hilfskräfte einer Berechnung zugrunde zu legen (OLG Brandenburg SP 2017, 513 7,66 €; OLG Celle zfs 2005, 434 8 €/h; OLG Frankfurt
OLGR 2009, 131 9 €/h; OLG Hamm NZV 2004, 631 8 €/h; OLG München
v. 4.10.2012 – 1 U 2363/10 – juris 8,50 €) Bei berufstätigen Verletzten ist nicht
deren Erwerbseinkommen maßgeblich (AG Magdeburg SP 2004, 408).

Gerade für die Fiktivabrechnung ist zu beachten, dass bei Zugrundelegung 126
einer höheren Stundenzahl der Netto-Stundensatz wegen der nunmehr auf die
Brutto-Ausgangswerte entfallenden Sozial- und Steueranteile **sinken** muss. Bei
geringem Stundenbedarf verhält sich der Ansatzwert noch im Bereich der steuer-
und sozialabgabenfreien 400 €-Beschäftigung, bei höherem Stundenbedarf wird
dieser abgabenfreie Betrag dann überschritten, sodass der Netto-Stundensatz damit
niedriger wird (*Anwalts-Handbuch Verkehrsrecht-Jahnke*, Teil 4 Rn 1219; *Lemcke* r+s
2012, 411).

Für die Schätzung des Stundensatzes bei fiktiver Abrechnung kann auf **aner-** 127
kannte Richtlinien zurückgegriffen werden. Solche finden sich u.a. im **Sozialrecht,** das wegen der Häufigkeit Regeln für die Versorgung kranker und verletzter
Personen schematisiert bereit halten muss (OLG Hamm SP 2013, 185; *Burmann*
DAR 2012, 127; *Burmann/Jahnke* NZV 2011, 473; § 249 BGB, Rn 461, § 842
BGB, Rn 127): Ist einem Kranken Haushaltshilfe zu gewähren (§ 38 SGB V, §§ 42,
54 SGB VII, § 54 SGB IX, §§ 10, 36 ALG, § 10 KVLG 1989), sind die Kosten
einer selbstbeschafften Haushaltshilfe in angemessener Höhe (§ 38 IV SGB V) zu
übernehmen. Als angemessen gelten die nachgewiesenen Aufwendungen maximal
bis zu einem kalendertäglichen Höchstbetrag von 2,5% der monatlichen Bezugsgröße (BZG) nach § 18 SGB IV (2017: max. brutto 74,38 €/Tag bzw. 9,30 €/
Stunde [West] = netto 52,06 €/Tag bzw. 6,51 €/Stunde [West]; *Becker/Franke/
Molkentin-Streubel*, § 42 SGB VII Rn 8 ff; Ziff. 5.2 I Gemeinsames Rundschreiben
v. 9.12.1988 betr. GRG [hier: Leistungsrechtliche Vorschriften] der Spitzenverbände der Krankenkassen); für eine etwaige Versteuerung hat dabei der Empfänger
selbst zu sorgen. Für die pauschalierte Betrachtung kann der Nettowert mit 70%

BGB § 842 Schadensersatzrecht des BGB

des Bruttowertes angesetzt werden (Abzug für Steuern und Sozialabgaben; § 287 ZPO).

Stundensatz und Bezugsgröße (BZG) (brutto) (§ 18 SGB IV)

§ 18 IV SGB IV:	monatlich		8 Stunden/Tag (2,5% BZG)				Stundensatz			
			brutto		netto (70%)		brutto		netto (70%)	
Jahr	West	Ost	West	Ost	West	Ost	West	Ost	West	Ost
2011	2.555 €	2.240 €	63,88 €	56,00 €	44,71 €	39,20 €	7,98 €	7,00 €	5,59 €	4,90 €
2012	2.625 €	2.240 €	65,63 €	56,00 €	45,94 €	39,20 €	8,20 €	7,00 €	5,74 €	4,90 €
2013	2.695 €	2.275 €	67,38 €	56,88 €	47,16 €	39,81 €	8,42 €	7,11 €	5,90 €	4,98 €
2014	2.765 €	2.345 €	69,13 €	58,63 €	48,39 €	41,04 €	8,64 €	7,33 €	6,05 €	5,13 €
2015	2.835 €	2.415 €	70,88 €	60,38 €	49,61 €	42,26 €	8,86 €	7,55 €	6,20 €	5,28 €
2016	2.905 €	2.520 €	72,63 €	63,00 €	50,84 €	44,10 €	9,08 €	7,88 €	6,35 €	5,51 €
2017	2.975 €	2.660 €	74,38 €	66,50 €	52,06 €	46,55 €	9,30 €	8,31 €	6,51 €	5,82 €
2018	3.045 €	2.695 €	76,13 €	67,38 €	53,29 €	47,16 €	9,52 €	8,42 €	6,66 €	5,90 €

128 Zur Bemessung der Höhe des erforderlichen Stundensatzes kann auf den **Tarifvertrag** zwischen den Landesverbänden des Deutschen Hausfrauenbundes als Arbeitgebervertretung und den Landesbezirken der Gewerkschaft Nahrung-Genuss-Gaststätten („Tarifvertrag für die private Hauswirtschaft und Dienstleistungszentren", siehe www.hausfrauenbund.de) zurückgegriffen werden (OLG Dresden SP 2008, 292; OLG Frankfurt OLGR 2009, 131; LG Darmstadt jurisPR-VerkR 18/2016 Anm. 2; *Eilers* jurisPR-VerkR 8/2009 Anm. 2; *Nickel/Schwab* SVR 2010, 11). Dieser Tarifvertrag bietet einen angemessenen und sachnahen Beurteilungsmaßstab, welcher am ehesten dem hier maßgeblichen Tätigkeitsfeld der Haushaltsführung entspricht und daher den Löhnen nach BAT/TVöD als Vergleichsgröße vorzuziehen ist (OLG Dresden SP 2008, 292).

129 **ee) Schadenminderung.** Die Schadenminderungspflicht gebietet, notfalls den Haushalt **umzustrukturieren** und durch Einsatz technischer Geräte die Beeinträchtigung zu erleichtern (OLG Celle OLGR 2009, 354; KG VersR 2005, 237; OLG Köln SP 2000, 336). Insbesondere unregelmäßig anfallende Aufgaben (z.B. Gardinenwaschen, Fensterputzen) sind bei nur vorübergehender Behinderung zu **verschieben** (AG Düren SP 2007, 209).

130 Bei Berufsaufgabe und Arbeitsunfähigkeit ist, sofern die unfallbedingten Gesundheitsbeeinträchtigungen dieses zulassen, die nunmehr zur Verfügung stehende **zusätzliche Zeit** im Haushalt zu **nutzen** (letztlich ist dies eine Art der nach § 254 BGB geforderten Arbeitskraftverwertung) (BGH NJW-RR 1992, 792; BGH NJW 1979, 1403; LG Frankfurt [Oder] DAR 2008, 29).

131 **d) Drittleistung.** Leistungen von dritter Seite, insbesondere der Sozialversicherung (z.B. Krankengeld, Verletztenrente [BGH NJW 1985, 735], Erwerbsunfähigkeitsrente [BGH NJW 1974, 41, 640; OLG Köln NZV 2015, 505], Haushalts- und Pflegehilfe [BGH VersR 1996, 1565; OLG Köln NZV 2015, 505]) kürzen wegen des Forderungsüberganges zum Drittleistungsträger den Anspruch des Verletzten.

132 **e) Tod.** Der Ausfall der Tätigkeit im Haushalt ist Bestandteil des Unterhaltsschadens (Naturalunterhalt) (§ 844 BGB, Rn 32, § 844 BGB, Rn 41 ff).

4. § 119 SGB X.

§ 119 SGB X – Übergang von Beitragsansprüchen

(1) ¹Soweit der Schadenersatzanspruch eines Versicherten den Anspruch auf Ersatz von Beiträgen zur Rentenversicherung umfasst, geht dieser auf den Versicherungsträger über, wenn der Geschädigte im Zeitpunkt des Schadensereignisses bereits Pflichtbeitragszeiten nachweist oder danach pflichtversichert wird; dies gilt nicht, soweit

1. der Arbeitgeber das Arbeitsentgelt fortzahlt oder sonstige der Beitragspflicht unterliegende Leistungen erbringt oder
2. der Anspruch auf Ersatz von Beiträgen nach § 116 übergegangen ist.

²Für den Anspruch auf Ersatz von Beiträgen zur Rentenversicherung gilt § 116 Abs. 3 Satz 1 und 2 entsprechend, soweit die Beiträge auf den Unterschiedsbetrag zwischen dem bei unbegrenzter Haftung zu ersetzenden Arbeitsentgelt oder Arbeitseinkommen und der bei Bezug von Sozialleistungen beitragspflichtigen Einnahme entfallen.

(2) ¹Der Versicherungsträger, auf den ein Teil des Anspruchs auf Ersatz von Beiträgen zur Rentenversicherung nach § 116 übergeht, übermittelt den von ihm festgestellten Sachverhalt dem Träger der Rentenversicherung auf einem einheitlichen Meldevordruck.

²Das Nähere über den Inhalt des Meldevordrucks und das Mitteilungsverfahren bestimmen die Spitzenverbände der Sozialversicherungsträger.

(3) ¹Die eingegangenen Beiträge oder Beitragsanteile gelten in der Rentenversicherung als Pflichtbeiträge.

²Durch den Übergang des Anspruchs auf Ersatz von Beiträgen darf der Versicherte nicht schlechter gestellt werden, als er ohne den Schadenersatzanspruch gestanden hätte.

(4) ¹Die Vereinbarung der Abfindung von Ansprüchen auf Ersatz von Beiträgen zur Rentenversicherung mit einem ihrem Kapitalwert entsprechenden Betrag ist im Einzelfall zulässig.

²Im Fall des Abs. 1 Satz 1 Nr. 1 gelten für die Mitwirkungspflichten des Geschädigten die §§ 60, 61, 65 Abs. 1 und 3 sowie § 65a des Ersten Buches entsprechend.

Zum Thema: *Jahnke*, Der Verdienstausfall im Schadensersatzrecht, 4. Aufl. 2015, § 4 Rn 1365 ff; *Jahnke* VersR 2016, 1283; *Jahnke/Burmann*-Langenick, Handbuch des Personenschadensrechts, Kap. 4 Rn 553 ff; *Küppersbusch/Höher* Rn 763 ff.

a) Haftung. § 119 SGB X setzt einen **Schadenersatzanspruch** des Verletzten voraus. Aufwendungsersatzansprüche (z.B. GoA, § 110 SGB VII) sind nicht anspruchsbegründend. Der Beitragsregress erfolgt entsprechend der Mithaftung und ohne Anwendung eines Quotenvorrechts (relative Theorie).

Der Haftungsausschluss wegen **Arbeitsunfall** (§§ 104 ff SGB VII) schließt auch Ansprüche nach § 119 SGB X aus. **§ 110 SGB VII** gilt nicht zugunsten des RVT, da dieser nur treuhänderisch den – nach §§ 104 ff SGB VII aber ausgeschlossenen – Direktanspruch verfolgt und nicht als SVT auftritt.

Das **Angehörigenprivileg** (§ 116 VI SGB X) findet keine Anwendung (BGH NJW 1989, 1217).

BGB § 842

138 Fehlender **Versicherungsschutz** hindert den Regress nach § 119 SGB X nicht. Der Anspruch besteht auch gegenüber dem **Entschädigungsfond** (§ 12 I PflVG) (BGH NJW 2000, 1338).

139 b) Voraussetzungen. aa) Unfalltag nach dem 30.6.1983. § 119 SGB X gilt nur für Schadenereignisse, die sich nach dem 30.6.1983 (Unfalltag) ereigneten (§ 120 I 1 SGB X) (siehe auch vor § 10 StVG, Rn 2). In Schadenfällen (entscheidend ist der Unfalltag) vor dem Inkrafttreten des § 119 SGB X muss der Verletzte selbst für seine Absicherung sorgen.

140 bb) Pflichtversicherung. Der RVT ist immer dann regressbefugt, wenn zu irgendeinem Zeitpunkt vor Abfindung des unmittelbar Verletzten (Verdienstausfallansprüche) Pflichtbeiträge auf dem Rentenkonto eingezahlt waren (BGH VersR 2015, 1140; BGH NJW 2012, 3639). Besonderheiten gelten für Regulierungshandlungen vor dem 1.1.2001 (dazu *Jahnke*, Der Verdienstausfall im Schadensersatzrecht, § 4 Rn 1659 ff).

140a Ein zum Unfallzeitpunkt noch nicht bestehendes Sozialversicherungsverhältnis wird mit der Aufnahme einer versicherungspflichtigen Tätigkeit begründet. Der Übergang erfolgt dann mit der Gutschrift und dem endgültigen Verbleib des ersten Beitrags auf dem Rentenkonto. Wird ein nicht-werkstattfähiger Verletzter in eine Behinderteneinrichtung aufgenommen, schränkt dieser Fehler in der Beurteilung der Fähigkeit den Anwendungsbereich des § 119 SGB X nicht ein (BGH VersR 2015, 1140; *Lang* jurisPR-VerkR 11/2015 Anm. 2).

140b Pflichtversicherungsbeiträge können auch schon zu Zeiten vor Abschuss einer Schulausbildung auf das Renten-Beitragskonto gelangt sein (z.B. bei kurzfristigen Beschäftigungen wie Ferienjob). Arbeitet jemand innerhalb eines Kalenderjahres nicht länger als 2 Monate (50 Tage), gilt er als kurzfristig Beschäftigter (§ 8 I Nr. 2 SGB IV) und hat keine Beiträge zur Sozialversicherung zahlen. Die auf Antrag erfolgende Rückerstattung von RV-Beiträgen richtet sich nach § 210 SGB VI. Wird der RV-Beitrag erstattet, entfällt mangels existenten Pflichtbeitrags der Beitragsregress nach § 119 SGB X. Hierzu hat die DRV die (sekundäre) Darlegungslast.

141 Bei nicht-versicherungspflichtigen Personengruppen greift § 119 SGB X nicht, solange noch keine Beiträge auf dem Rentenkonto tatsächlich eingezahlt und gebucht sind (BT-Drucksache 14/4375, S. 61).

142 § 119 SGB X findet auf Berufsständische Versorgungswerke und Träger der betrieblichen Altersversorgung keine Anwendung.

143 Mit Vergabe einer **Versichertennummer** erfolgt noch kein Forderungsübergang nach §§ 116, 119 SGB X auf RVT oder andere Sozialversicherer (vgl BSG Breith 2013, 395; *Jahnke/Thinesse-Wiehofsky*, § 4 Rn 43).

144 Pflichtversicherung wird u.a. begründet durch Unterbringung in einer Behindertenwerkstatt (§ 842 BGB, Rn 148).

144a Bei **400 €/450 €-Jobs** müssen gewillkürte Pflichtversicherungsbeiträge auf dem Rentenkonto verbucht sein. Es entspricht dem gewöhnlichen Maß (§ 252 BGB), dass geringfügig Beschäftigte Pflichtmitglied der gesetzlichen Rentenversicherung sind. **Bis 1.1.2013** galt für die gesetzliche Rentenversicherung grundsätzlich Versicherungsfreiheit; von der Möglichkeit, auf diese Versicherungsfreiheit zu verzichten, machten aber nur rd. 5% der Beschäftigten im gewerblichen Bereich und 7% in Privathaushalten Gebrauch (BT-Drucksache 17/10773 v. 25.9.2012, S. 9). Diese Versicherungsfreiheit wurde **ab 1.1.2013** in eine Rentenversicherungspflicht mit Befreiungsmöglichkeit umgewandelt (§§ 2 S. 2 Nr. 2, 5 II, 6 Ib

SGB VI). Seither bedarf es der Entscheidung des Arbeitnehmers (beim Arbeitgeber einzureichender schriftlicher Antrag, § 6 Ib SGB VI), von der Versicherungspflicht befreit zu werden (Wechsel von Opt-in zum Opt-out); widerspricht der RVT dem Befreiungsantrag nicht innerhalb eines Monats, ist der Arbeitnehmer befreit (§ 6 III SGB VI; Fiktion eines Befreiungsbescheides). Die Anzahl der geringfügig Beschäftigten steigt seit 2013 zwar geringfügig an, der prozentuale Anteil der „RV-Aussteiger" bleibt aber konstant deutlich unter 20% (Quartalsberichte der Minijob-Zentrale [www.minijob-zentrale.de]).

c) Volumen. aa) Entgangene Beiträge. Zu ersetzen ist der Ausfall derjenigen RV-Beiträge (Arbeitnehmer- und Arbeitgeberanteil), die ohne den Unfall ansonsten auf das Beitragskonto des Verletzten geflossen wären. Es werden Arbeitnehmer- und Arbeitgeberbeiträge nach dem hypothetischen, vom RVT nachzuweisenden, rentenversicherungsrechtlich relevanten Bruttoeinkommen (BGH NJW 2008, 1961; OLG Hamm VersR 2002, 732) des Verletzten – maximal bis zur jeweiligen Beitragsbemessungsgrenze – während der Zeit der Arbeitsunfähigkeit und der nachfolgenden unfallkausalen Beitragsminderung und Beitragslosigkeit eingefordert. **145**

Berücksichtigung findet derjenige Zeitraum, in dem vom Geschädigten eine rentenversicherungspflichtige Tätigkeit ausgeübt worden wäre. **146**

bb) Verletztenrente. Erhält der Verletzte aus demselben Unfallereignis eine Verletztenrente der gesetzlichen Unfallversicherung, ist diese zwar auf den Direktanspruch während der aktiven Arbeitszeit und auch auf eine etwaige Rentenminderung zu verrechnen, schließt aber den Regress des RVT nach § 119 SGB X nicht aus (BGH NJW 1995, 1968). Der UVT kann nicht die Übergangsfähigkeit seiner Verletztenrente aus dem Umstand herleiten, dass der RVT fehlerhaft regressierte (LG Stuttgart r+s 2008, 402). **147**

cc) Beschützende Werkstatt. Wird ein Verletzter in einer beschützenden Werkstatt untergebracht, werden nach fiktiven Werten relativ hohe Pflichtbeiträge zur Rentenversicherung abgeführt (siehe auch § 179 SGB VI; dazu BGH jurisPR-VerkR 16/2014 Anm. 3 = VersR 2014, 1025; BGH VersR 2007, 1536). Der Regress nach § 119 SGB X erfasst nur darüber hinaus gehende Minderverdienste. **148**

dd) Auslandsbezug. § 119 SGB X stellt weder auf die Staatsangehörigkeit des Verletzten noch auf den Unfallort noch auf den Beschäftigungsort ab; es kommt ausschließlich darauf an, ob wegen des Schadenereignisses Pflichtbeiträge der **deutschen Rentenversicherung** entgangen sind. Soweit ausländischen Sozialversicherern Beiträge entgehen, haben weder diese ausländischen Träger noch ein deutscher RVT einen Regressanspruch nach § 119 SGB X. **149**

War der Verletzte im Ausland tätig oder wäre er ohne den Unfall im Ausland beschäftigt gewesen, ist festzustellen, ob Zahlungen an die deutsche Rentenversicherung oder aber einen anderen Träger erfolgt wären. **150**

d) Regressabwicklung. aa) Aktivlegitimation. Ein Rentenminderungsschaden in der gesetzlichen Rentenversicherung wird über den Regress des **gesetzlichen RVT** nach § 119 SGB X aufgefangen. Der RVT macht keinen auf ihn wegen erbrachter Sozialleistungen übergegangenen Anspruch geltend, sondern verfolgt als **Treuhänder** den Direktanspruch (BGH NJW 2008, 1961; BGH NZV 2004, 249). Aus fürsorgerischen Gründen überträgt § 119 SGB X die Aktivlegitimation für den Anspruch auf Ersatz des dem Versicherten entstandenen Bei- **151**

BGB § 842   Schadensersatzrecht des BGB

tragsschadens vollständig und ausschließlich auf den RVT, der die Beitragsforderung eigenverantwortlich einzieht und als Pflichtbeiträge verbucht.

152   Der **Geschädigte** ist weder aus eigenem Recht noch in gewillkürter Prozessstandschaft des RVT zur Geltendmachung von auf diesen nach § 119 SGB X übergegangenen Ansprüchen vor den Zivilgerichten prozessführungsbefugt. Auch eine (Rück-)Abtretung der Forderung an den unmittelbar Verletzten ist unwirksam (BGH NZV 2004, 249).

153   bb) **Regulierungsvollmacht.** Der RVT verhandelt, weil ihm nach § 119 SGB X hierzu von Gesetzes wegen die Dispositionsbefugnis eingeräumt ist, mit dem Ersatzpflichtigen vollständig und **in alleiniger Verantwortung** (BGH NZV 2004, 249; LG Gera r+s 2008, 400; LG Stuttgart r+s 2008, 402; LSG Baden-Württemberg NJOZ 2007, 3373) den nach § 119 SGB X geltend zu machenden Anspruch selbständig und darf auch einen Abfindungsvergleich schließen. Der Geschädigte kann weder die Beteiligung am Regressverfahren (einschließlich der Verhandlungen) noch die Neuaufnahme von Verhandlungen mit dem Ersatzpflichtigen verlangen, wenn er mit dem vom RVT verhandelten Ergebnis (Verständigung von Schadensersatzpflichtigem und RVT insbesondere zu Haftungsquote, Kausalität, Einkommen und Laufzeit) nicht einverstanden ist (LSG Baden-Württemberg NJOZ 2007, 3373; LSG Celle-Bremen jurisPR-VerkR 12/2008 Anm. 6); er ist darauf beschränkt, vermeintliche Schäden in seiner rentenrechtlichen Stellung (nur) gegenüber dem RVT geltend zu machen.

154   cc) **Unzureichender Regress. (1) Anspruchsgegner.** Dem für die Rentengewährung maßgeblichen Beitragskonto werden keine oder geringere Beiträge nach § 119 SGB X zugeführt, wenn den Verletzten eine Mithaftung trifft, der RVT den Regress zur Höhe und/oder Laufzeit gemindert durchführt oder aufgrund gesetzlicher Vorgaben die vom Schädiger gezahlten Beiträge sich nicht auf die Renten auswirken.

155   Der RVT ist zur Durchsetzung des Anspruchs nach § 119 SGB X allein aktivlegitimiert. Kommt der RVT seiner sozialrechtlichen Pflicht zum Einzug der Beiträge nicht nach und kommt es daher zu einer Rentenminderung, hat der Geschädigte keinen persönlichen Schadenersatzanspruch gegen den Schädiger, sondern allenfalls einen Schadensersatzanspruch gegen den RVT, der auf Gutschriften auf dem Beitragskonto gerichtet und vor dem Sozialgericht geltend gemacht werden muss (OLG Celle VersR 2013, 1052; OLG München NZS 2012, 862 [Vorinstanz zu BGH NJW 2013, 3237]; BSG NJW 2013, 1624; LSG Nordrhein-Westfalen BeckRS 2013, 71241). Der sozialrechtliche Herstellungsanspruch und der Folgenbeseitigungsanspruch des allgemeinen Verwaltungsrechts sind dabei allerdings keine Rechtsmittel iSv § 839 III BGB (BGH NJW 2013, 3237).

156   **(2) Mithaftung.** In den Fällen der Mithaftung werden (abhängig auch von den für vorübergehende Zeiträume gezahlten, von einer Mithaftung losgelösten, Lohnersatzleistungen [z.B. Lohnfortzahlung, Krankengeld, Arbeitslosengeld]) geringere RV-Beiträge auf das Rentenkonto gebucht. Soweit hieraus später dann eine Rentenminderung resultiert, ist dieses Ausdruck der Mitverantwortlichkeit des Verletzten und führt zu keinem weiteren quotalen Ersatzanspruch des Verletzten wegen seiner Rentenminderung.

157   Der schadensersatzrechtlich relevante Bereich wird durch die gekürzte Beitragsabführung nach § 119 SGB X vollständig **erfüllt** (OLG Celle VersR 2013, 1052; LSG Nordrhein-Westfalen BeckRS 2001, 17277; LSG Rheinland-Pfalz NZS

2012, 510; *Wenzel-Stahl,* Kap. 5 Rn 284 f), ohne dass dem Geschädigten selbst noch ein Ersatzanspruch wegen späterer Rentenminderung (vor allem der Altersrente) verbleibt (LSG Nordrhein-Westfalen BeckRS 2001, 17277).

(3) Fehlerhafter Regress. Kommt der RVT seinen Aufgaben als Treuhänder **158** nicht ordnungsgemäß nach, weil er den Beitragsregress nach § 119 SGB X gar nicht bzw. nur unzureichend verfolgt oder ihn verjähren lässt, drohen dem verletzten Versicherten keine Rechtsnachteile. Dem Geschädigten steht ein vor den Sozialgerichten (§ 51 SGG) (LSG Nordrhein-Westfalen BeckRS 2007, 46665; LG Stuttgart r+s 2008, 402; *Schott* jurisPR-BGHZivilR 9/2004 Anm. 5) (ausschließlich gegenüber dem RVT) geltend zu machender **Schadenersatzanspruch** (Anspruchsgrundlage: pVV des Sozialleistungsverhältnisses, Amtshaftungsanspruch nach § 839 BGB, sozialrechtlicher Herstellungsanspruch) zu, der auf ordnungsgemäße Gestaltung seines Rentenkontos (entsprechend den fiktiven Werten, wie sie bei ordnungsgemäßem Regress eingestellt worden wären) gerichtet ist (BGH NZV 2004, 249; BSG BSGE 89, 151; LSG Nordrhein-Westfalen BeckRS 2013, 71241; LSG Nordrhein-Westfalen Breith 2005, 939; LSG Nordrhein-Westfalen BeckRS 2007, 46665).

Den Schadenersatzpflichtigen kann der Geschädigte mangels Forderungsberechtigung nicht in Anspruch nehmen, da wegen § 119 SGB X der Ersatzpflichtige die aus Minderbeiträgen resultierenden Schäden ausschließlich mit dem RVT abwickeln muss, an den der Geschädigte seine Rechte gesetzlich abgegeben hat. **159**

(4) Sozialrechtliche Eingriffe. Ist der Schaden durch Zahlung von Beiträgen **160** ausgleichbar, soll sichergestellt werden, dass der Sozialversicherte später Sozialleistungen erhält, deren Berechnung auch die Zeit nach der Verletzung umfasst (BSG BSGE 89, 151). Sinn und Zweck des § 119 SGB X ist nicht, für eine finanzielle Entlastung der Rentenversicherung zu sorgen (BSG BSGE 89, 151).

Sofern das Sozialrecht (z.B. § 77 SGB VI) die Beitragszuführung nach § 119 **161** SGB X nicht beachtet und sich rentenversicherungsrechtliche Nachteile für den Verletzten ergeben, hat dieser aus dem gesetzlich bestimmten **Treuhandverhältnis** einen Anspruch gegen den RVT, dass dieser ihn (den Verletzten) so stellt als ob der Unfall nicht geschehen wäre. Verbleibt gleichwohl unter korrekter Anwendung sozialrechtlicher Vorgaben ein Schaden, ist dieser auszugleichen (BGH VersR 2017, 557).

(5) Erfüllung. Der RVT fordert aufgrund eigenverantwortlicher Einschätzung **162** (§ 842 BGB, Rn 153) diejenigen Beiträge ein, die nach seiner Auffassung auch ohne das Unfallgeschehen auf das Rentenbeitragskonto geflossen wären. Da der RVT diejenigen RV-Beiträge erhält, die bei hypothetischer Betrachtung auch ohne das Unfallgeschehen auf das Beitragskonto geflossen wären, kann und darf dem Verletzten kein unfallkausaler rentenversicherungsrechtlicher Schaden entstehen.

Der Ersatzpflichtige **erfüllt** den Schaden, der unfallbedingt durch fehlende oder **163** geminderte RV-Beiträge in der gesetzlichen Rentenversicherung eintreten würde, aufgrund § 119 SGB X gegenüber dem RVT – als Forderungsberechtigtem – durch den Ersatz unfallbedingt ausgefallener Pflichtbeiträge entsprechend der Haftungsquote (siehe auch BGH VersR 2017, 557).

Entsteht gleichwohl eine **Rentenminderung,** weil der RVT – **aus welchen** **164** **Gründen auch immer** – den Beitragsanspruch nicht oder nicht in der gerechtfertigten Höhe durchsetzt, hat der Verletzte die Korrektheit der Kürzung zunächst im sozialgerichtlichen Verfahren zu klären (BGH VersR 2017, 557). Wird eine Altersrente, die vorzeitig in Anspruch genommen wurde, infolge eines Regressanspruchs vom Schadenersatzpflichtigen dem RVT erstattet, hat der Rentenbezieher die Rente für den regressierten Zeitraum „nicht mehr vorzeitig in Anspruch genommen"; der Zugangsfaktor ist nach § 77 III 3 Nr. 1 SGB VI zu erhöhen (SG Braunschweig r+s 2017, 277 [Revision BSG B 13 R 13/17 R]).

165 **dd) Forderungswechsel.** Der Forderungswechsel auf den RVT erfolgt erst mit der **tatsächlichen Abführung** des ersten Rentenpflichtversicherungsbeitrages an den RVT (BGH jurisPR-VerkR 14/2012 = NJW 2012, 3639; LG Münster BeckRS 2005, 14661; LSG Nordrhein-Westfalen Breith 2005, 939). Bis dahin bleibt der unmittelbar Verletzte Anspruchsinhaber, sodass seine Abfindung potentielle Regressnahmen des RVT erledigt (BGH NJW 2012, 3639). Siehe auch § 842 BGB, Rn 140 ff.

166 **e) § 119 III SGB X.** Die eingenommenen Beiträge gelten als Pflichtbeiträge (**§ 119 III 1 SGB X**) und erfüllen damit rentenrechtliche Voraussetzungen wie jeder andere Pflichtbeitrag (z.B. aus Lohn oder Lohnersatzleistung). Es werden Nachteile nicht nur bei der Altersrente, sondern auch bei vorgezogener Rente wegen Erwerbsminderung sowie der Erfüllung von Wartezeiten und Vorversicherungszeiten aufgefangen.

167 § 119 III 2 SGB X schützt den Verletzten vor einem weiteren Rentenschaden, der u.a. dadurch eintreten kann, dass die nach § 119 III 1 SGB X als Pflichtbeiträge geltenden Beiträge niedriger sind als die bisher auf dem Beitragskonto gebuchten Beiträge und daher zu einer Verringerung der Bemessungsgrundlage führen würden (BR-Drucksache 526/80, S. 29).

§ 843 Geldrente oder Kapitalabfindung

(1) **Wird infolge einer Verletzung des Körpers oder der Gesundheit die Erwerbsfähigkeit des Verletzten aufgehoben oder gemindert oder tritt eine Vermehrung seiner Bedürfnisse ein, so ist dem Verletzten durch Entrichtung einer Geldrente Schadensersatz zu leisten.**

(2) ¹**Auf die Rente finden die Vorschriften des § 760 Anwendung.**
²**Ob, in welcher Art und für welchen Betrag der Ersatzpflichtige Sicherheit zu leisten hat, bestimmt sich nach den Umständen.**

(3) **Statt der Rente kann der Verletzte eine Abfindung in Kapital verlangen, wenn ein wichtiger Grund vorliegt.**

(4) **Der Anspruch wird nicht dadurch ausgeschlossen, dass ein anderer dem Verletzten Unterhalt zu gewähren hat.**

Übersicht

	Rn
1. Norm	1
2. Inhalt	5
3. Abgrenzung zur Heilbehandlung	8a
4. Mehraufwendungen	9
a) Allgemeines	9
b) Bemessung	12
c) Dauer	14

	Rn
d) Haushaltshilfe	16
e) Eigenleistungen am eigenen Heim	17
f) Hilfsmittel	18
g) Nahrungsergänzung	20
h) Therapie	21
i) Pkw und PKW-Einrichtungen, Fortbewegungserleichterung	22
j) Behindertengerechtes Wohnen	25
k) Heimunterbringung	28
l) Betreuung	32
aa) Hauspflege, Familienpflege	33
bb) Behindertenwerkstatt	40
m) Nicht erstattungsfähige Aufwendungen	44
5. Tod des Bedürftigen	46
6. Steuer	51
7. Schadensminderung	53
8. Drittleistungen	55
9. § 843 II BGB	60
10. § 843 III BGB	63
a) Rentengewähr	63
b) Kapitalabfindung	66
c) Pfändung	73
11. § 843 IV BGB	75
12. Abfindungsvergleich	76

1. Norm. § 843 I 1. Alt. BGB bestimmt in Ergänzung zu § 842 BGB, dass bei **1** konkreter Beeinträchtigung der Erwerbsfähigkeit Anspruch auf Geldrente besteht.
§ 842 I 2. Alt. BGB gibt einen Anspruch auf Ersatz vermehrter Bedürfnisse. **2**
§ 843 II, III BGB regeln Details der Schadenabwicklung. **3**
§ 843 IV BGB enthält einen allgemeinen Grundsatz. **4**

2. Inhalt. Vermehrte Bedürfnisse sind alle unfall(verletzungs-)bedingten, stän- **5** dig wiederkehrenden Mehraufwendungen für die persönliche Lebensführung, die einem Verletzten im Vergleich zu einem gesunden Menschen erwachsen und den Zweck haben, diejenigen Nachteile auszugleichen, die dem Verletzten infolge dauernder Beeinträchtigung seines körperlichen Wohlbefindens entstehen (OLG Nürnberg NJW-RR 2016, 593). Sie dienen nicht der Wiederherstellung der Gesundheit oder der Erwerbsfähigkeit, sondern bezwecken, die durch den Unfall beeinträchtigte Lebensführung und materielle Lebensqualität des Geschädigten seiner früheren wieder anzunähern (BGH NZV 2004, 195). Vergleichsmaßstab sind die Lebensumstände eines verständig handelnden gesunden Menschen in der Situation des Verletzten (OLG Nürnberg NJW-RR 2016, 593).

Erfasst werden nur solche Mehraufwendungen, die dem Geschädigten unfallbe- **6** dingt entstehen und sich daher von **allgemeinen Lebenshaltungskosten** unterscheiden. Verfolgt der Geschädigte mit dem Schadensersatzbegehren ein Bedürfnis, in gleicher Weise wie vor dem Unfall persönlichen Neigungen bei der Freizeitgestaltung uneingeschränkt nachgehen zu können, liegt insoweit eine **immaterielle Beeinträchtigung** der Lebensfreude vor, deren Ausgleich nur bei der Schmerzensgeldbemessung berücksichtigt werden kann (BGH NZV 2004, 195; OLG Koblenz VersR 2013, 725).

Auch wenn typischerweise vermehrte Bedürfnisse in Rentenform anfallen, sind **7** auch **einmalige Anschaffungen** zu berücksichtigen, wenn diese geeignet sind,

BGB § 843 Schadensersatzrecht des BGB

das anhaltende Bedürfnis zu befriedigen (z.b. Rollstuhl, Verschaffung eines behindertengerechten Wohnumfeldes) (BGH NJW 1982, 757; OLG München VersR 2003, 518). Für einmalige Anschaffungen (z.b. Hilfsmittel) kommt, auch wenn sie auf Dauer wirken, grundsätzlich nur ein Schadensausgleich nach §§ 249, 251 BGB (erforderlicher Geldbetrag) in Betracht (BGH NZV 2004, 195).

8   Bei dauernden, wiederkehrenden Mehraufwendungen für die persönliche Lebensführung kann der Geschädigte Schadenersatz in Form einer nicht zu versteuernden (BFH VersR 1995, 856; siehe § 843 BGB, Rn 51), vierteljährlich im Voraus zu zahlenden Geldrente (**Mehrbedarfsrente**) (§§ 843 II 1, 760 II BGB) verlangen (§ 843 I BGB).

8a **3. Abgrenzung zur Heilbehandlung.** Vermehrte Bedürfnisse sind von den Heilbehandlungskosten (§ 249 BGB) zu unterscheiden (LG Wiesbaden jurisPR-VerkR 18/2014 Anm. 2). Bedeutung hat dies für Vorbehalte in Abfindungsvergleichen sowie den Forderungsübergang auf Drittleistungsträger.

9   **4. Mehraufwendungen. a) Allgemeines.** Der verletzungsbedingte Mehrbedarf kann verschiedene **Ursachen** haben: Er kann einerseits unmittelbare Verletzungsfolge (z.B. Verpflegung, orthopädische Hilfsmittel) sein, andererseits aber sich erst durch Hinzutreten weiterer Umstände (z.B. Erfordernis eines umgebauten PKW, um dem Mobilitätsbedürfnis nachkommen zu können) ergeben.

10 Mehraufwendungen sind nur dann zu erstatten, wenn die Schädigung zu gesteigerten Bedürfnissen des Verletzten geführt hat. Der Schädiger hat die zum Ausgleich des Pflegebedarfs erforderlichen, aus der Sicht eines verständigen Geschädigten als zweckmäßig und angemessen erscheinenden, Aufwendungen zu tragen.

11 Vermehrte Bedürfnisse sind nur soweit zu erstatten, als sie tatsächlich entstehen. Eine Abrechnung kann nicht im Wege **fiktiver** Abrechnung erfolgen (OLG Hamm NZV 2003, 192).

12 **b) Bemessung.** Für die Bemessung der Entschädigungsbeträge gilt § 287 ZPO. Der Verletzte muss die Grundlagen für die Mehrbedarfsberechnung **konkret** darlegen und kann sich nicht auf abstrakten Vortrag beschränken (OLG Hamm NZV 2003, 528).

13 Der Mehrbedarf bemisst sich nicht nach einem abstrakten Beeinträchtigungssatz (z.B. dem Grad der Schädigung [**GdS**, § 30 I BVG], früher Grad der Minderung der Erwerbsfähigkeit [**MdE**, § 56 II SGB VII] i.S.d. Sozialversicherungsrechts, oder dem Grad der Behinderung [**GdB**, § 69 I 4–6 SGB IX] i.S.d. Schwerbehindertenrechts), sondern nach den tatsächlich erforderlichen Mehranforderungen (BGH VersR 1978, 149; KG VersR 1982, 978; OLG Oldenburg VersR 1998, 1380). Der Grad der MdE (Minderung der Erwerbsfähigkeit) richtet sich nach dem Umfang der gesundheitlich verminderten Arbeitsmöglichkeiten auf dem gesamten Gebiet des Erwerbslebens aus (§ 56 II SGB VII). Der Grad der Schädigungsfolgen (GdS) (§ 30 BVG) hat die MdE in etlichen Rechtsgebieten abgelöst. Grad der Behinderung (GdB) und GdS sind ein Maß für die körperlichen, geistigen, seelischen und sozialen Auswirkungen einer Funktionsbeeinträchtigung aufgrund eines Gesundheitsschadens. Der GdS bezieht sich nur auf Schädigungsfolgen, der GdB hingegen bezieht sich auf alle Gesundheitsstörungen, unabhängig von ihrer Ursache.

14 **c) Dauer.** Vermehrte Bedürfnisse sind solange zu erstatten, wie die unfallbedingt auszugleichenden Nachteile und Beeinträchtigungen andauern (siehe zum Tod des Bedürftigen § 843 BGB, Rn 46 ff). Der Ersatz entfällt wegen überholender

Kausalität, wenn – was der Schädiger zu beweisen hat – infolge anderer Faktoren (z.B. Altersabbau, unfallfremde Erkrankung) gleichbedeutende Bedürfnisse (z.B. Unterbringung in einem Pflegeheim) entstehen oder bei fiktiver Betrachtung entstanden wären (BGH NJW 1995, 1619; OLG Hamm NZV 1998, 372).

Sind unfallbedingte Frakturen ausgeheilt und bestehen keine daraus resultierenden Funktionsstörungen von Krankheitswert mehr, besteht auch kein Anspruch auf Erstattung verauslagter Kosten für Heilbehandlungsmaßnahmen und Fahrtkosten zum Arzt (AG Tirschenreuth SP 2015, 221). **14a**

Nach § 287 ZPO kann der mit fortschreitendem Alter bestehende nicht-unfallbedingte Pflegebedarf geschätzt und dementsprechend der ersatzpflichtige Pflegemehrbedarf gekürzt werden (OLG Hamm SP 2000, 411). **15**

d) Haushaltshilfe. Bei teilweisem oder vollständigen Wegfall der Eigenversorgung im vom Verletzten geführten Haushalt sind die Kosten einer **Pflegekraft** oder **Haushaltshilfe** zu ersetzen. Der Ausfall bei der Versorgung und Betreuung der Familienangehörigen wird dem Erwerbsschaden zugeordnet (siehe § 842 BGB, Rn 92 ff). **16**

e) Eigenleistungen am eigenen Heim. Gleiches wie zur rechtlichen Aufteilung bei der Haushaltshilfe gilt für den Ausfall von Eigenleistungen beim Hausbau (siehe auch § 842 BGB, Rn 21 ff), wenn das zur **Eigennutzung** bestimmte Vorhaben verletzungsbedingt nicht verwirklicht wird. **17**

f) Hilfsmittel. Ersatzfähig sind, soweit erforderlich (§ 249 II 1 BGB), die Kosten für orthopädische und andere Hilfsmittel (z.B. Rollstuhl, Prothese, Spezialschuhe, Zahnersatz, Blindenhund, Übungsgeräte, besondere Arbeitsmittel, Büromöbel) (BGH NJW 1982, 757; OLG Nürnberg NJW-RR 2016, 593 m.w.N.; OLG Stuttgart zfs 2012, 198). **18**

Verfügt ein Geschädigter über ein Kfz, sind die Mehrkosten eines Fahrrads mit Elektromotor gegenüber einem herkömmlichen Fahrrad nicht ersatzfähig (OLG Nürnberg NJW-RR 2016, 593; siehe auch BGH NZV 2004, 195). **18a**

Bei Pflegemitteln, aber auch bei Schuhen, Brillen und zahnprothetischer Versorgung, ist ein **Vorteilsausgleich** zu berücksichtigen (OLG Köln r+s 1989, 400). **19**

g) Nahrungsergänzung. Nur bei medizinischer Begründetheit (§ 249 II 1 BGB) (OLG Köln r+s 1989, 400) sind, zumeist nur für begrenzte Zeiträume erforderliche, **Mehrkosten** für spezielle Nahrungsmittel, Diätverpflegung oder Stärkungsmittel (unter Berücksichtigung eines Vorteilsausgleiches) zu erstatten (BGH NZV 2004, 195; BGH NJW 1982, 757). **20**

h) Therapie. Im Einzelfall können medizinisch indizierte Therapiemaßnahmen ersatzfähig sein (z.B. Muskelaufbau [OLG Köln OLGR 2000, 192], Reiten [LG Bonn SP 2009, 12; LG Hamburg BeckRS 2011, 78634]). **21**

Es besteht keine Verpflichtung zur (dauerhaften) Erstattung der Kosten für ein Fitness-Studio, wenn eine Verbesserung des Zustands bezüglich posttraumatischer Arthrose nicht erwartet werden kann (OLG Stuttgart SP 2010, 150). **21a**

i) Pkw und PKW-Einrichtungen, Fortbewegungserleichterung. Der Anspruch auf Anschaffung eines behindertengerecht eingerichteten Fahrzeuges dient der Umsetzung des Mobilitätsanspruches (z.B. auch der Arbeitsplatzerreichung [BGH NJW 1970, 1685]), nicht aber darüber hinaus der Wiederherstellung früherer Lebensqualität (BGH NZV 2004, 195). **22**

23 Zu ersetzen sind die erforderlichen angemessenen Mehrkosten (aber nicht die gesamten Anschaffungskosten [OLG München VersR 1984, 245; OLG Stuttgart VersR 1987, 1226]) für Fahrzeugbeschaffung und -änderung (z.B. Automatikgetriebe, Handgas [BGH NZV 2004, 195; OLG Nürnberg NJW-RR 2016, 593]) sowie gesteigerte Betriebskosten (BGH VersR 1992, 618; OLG Stuttgart VersR 1987, 1226). Mehrkosten der Fahrausbildung (nicht aber Erstausbildung) können ersatzfähige vermehrte Bedürfnisse sein (OLG Hamm VersR 2000, 600). Der Geschädigte hat darzulegen, warum spezielle Anschaffungen erforderlich sind (OLG Frankfurt SP 2010, 220). So stellen sich die Mehrkosten für ein Fahrrad mit Elektromotor jedenfalls dann nicht als ersatzfähiger Schaden dar, wenn über ein Kfz verfügt werden kann (OLG Nürnberg NJW-RR 2016, 593).

24 Verstirbt der Verletzte, besteht keine Verpflichtung zum Austausch des besonders ausgestatteten Fahrzeuges gegen ein anderes (OLG Nürnberg VersR 1993, 1365).

25 **j) Behindertengerechtes Wohnen.** Die Mehrkosten für Anmietung einer behindertengerechten Wohnung oder behindertengerechten Aus-, Um- und Neubau (OLG München VersR 2003, 518) von Wohnraum (BGH NJW 2006, 1271) sind nur zu erstatten, wenn die körperlichen oder geistigen Beeinträchtigungen von **dauerhafter Natur** sind und durch das Unfallgeschehen auslöst wurden (OLG Düsseldorf VersR 1995, 1449).

26 Der Schädiger hat die tatsächlich anfallenden **notwendigen** Umbaukosten (z.B. spezielle Installationen in Küche, Bad und Toilette) in Mietwohnungen und bereits bestehendem Eigentum zu zahlen. Der verletzungsbedingte Mehrbedarf für behindertengerechten Wohnraum und dessen besondere Ausstattung bemisst sich anhand der Dispositionen, die ein verständiger Geschädigter in seiner besonderen Lage getroffen hätte (OLG Frankfurt NJW-RR 1991, 419; OLG Hamm BeckRS 2011, 04976).

26a Richtet der Verletzte Schäden (z.B. durch sorglosen Umgang mit seinem Rollstuhl) an der gemieteten Wohnung an, für die er gegenüber dem Vermieter haftbar ist, sind diese Ersatzansprüche des Vermieters nicht vom für die Rollstuhlabhängigkeit Verantwortlichen zu ersetzen. Für vom Rollstuhlfahrer angerichtete Schäden kann eine private Haftpflichtversicherung deckungspflichtig sein.

27 Werterhöhungen (vor allem durch Mehrflächen) sind im Wege des **Vorteilsausgleiches** zu korrigieren (OLG Stuttgart VersR 1998, 366). Da zugleich allgemeiner Wohnbedarf abgedeckt wird, ist als Schaden nur der Mehrbetrag (§ 287 ZPO) für Erwerb oder Einrichtung der behindertengerechten Teile geschuldet, nicht aber der im Kauf- oder Herstellungspreis enthaltene Vermögensmehrwert, der auf die Grunddeckung des Wohnbedarfs entfällt (BGH NJW 1982, 757; OLG Hamm BeckRS 2011, 04976).

28 **k) Heimunterbringung.** Wird der Verletzte aufgrund unfallbedingter Verletzungsfolgen in einem Pflegeheim untergebracht, sind die erforderlichen Kosten der Heimunterbringung zu ersetzen, gekürzt (Vorteilsausgleich) um **ersparte häusliche Kosten** (z.B. Verpflegung, Wohnungsmiete) (OLG Hamm NZV 2001, 473; OLG Saarbrücken NJW 2011, 933).

29 Die Zahlungspflicht der Heimbewohner oder ihrer Kostenträger endet mit dem Tag, an dem der Heimbewohner aus dem **Heim entlassen** wird oder **verstirbt** (§ 87a I 2 SGB XI). Abweichende Heimverträge mit Leistungsempfängern der sozialen Pflegeversicherung sind unwirksam (BVerwG VersR 2011, 125; siehe § 15 WBVG).

Geldrente oder Kapitalabfindung **§ 843 BGB**

Ist die **häusliche Pflege teurer** als die Heimunterbringung, muss sich der 30 Geschädigte nicht auf die billigere Heimunterbringung verweisen lassen. Der Ersatzpflicht sind aber **Grenzen** gesetzt, wenn die Kosten in keinem vertretbaren Verhältnis mehr zur Qualität der Versorgung des Geschädigten stehen (OLG Bremen NJW-RR 1999, 1115; OLG Koblenz VersR 2002, 244).

Der Geschädigte kann **nicht** die **fiktiven höheren Kosten** entweder der 31 Heimunterbringung oder der häuslichen Pflege verlangen, wenn er ausreichend je nach seiner Wahl den billigeren Weg gewählt hat (BGH VersR 1978, 149).

l) Betreuung. Ist der Verletzte ganz oder teilweise hilflos und benötigt er für 32 seine Versorgung/Betreuung fremde Hilfe, kann er hierfür Ersatz der erforderlichen, d.h. in der konkreten Lage zweckmäßigen und angemessenen, Kosten verlangen.

aa) Hauspflege, Familienpflege. Wird bei Hauspflege eine Pflegekraft tat- 33 sächlich eingestellt, sind die angemessenen (bestimmt nach Qualifikation und örtlichem Arbeitsmarkt; BGH VersR 1986, 59) **tatsächlichen Kosten** (Bruttolohn [BGH NJW 1999, 421; OLG Köln VersR 1992, 506]) zu ersetzen.

Erfolgt die Betreuung **innerhalb der Familie**, ist diese für den Ersatzpflichti- 34 gen einerseits nicht kostenlos, andererseits ist aber auch nicht auf die Kosten einer fremden Hilfskraft abzustellen. Die zusätzliche Mühewaltung der Verwandten ist **marktgerecht** auszugleichen (Nettolohn einer angemessenen Ersatzkraft, orientiert am Lohn einer ungelernten Kraft/Pflegehelfer) (BGH VersR 1986, 59; BGH VersR 1978, 149; OLG Düsseldorf VersR 2003, 1407; OLG Zweibrücken OLGR 1999, 153).

Der Erstattungsfähigkeit sind **Grenzen** ähnlich wie bei Heimpflege dann gezo- 35 gen, wenn die Kosten in keinem vertretbaren Verhältnis mehr zur Versorgung des Verletzten stehen (OLG Bremen NJW-RR 1999, 1115).

Gibt ein Familienmitglied zur Pflege des verletzten Familienangehörigen seinen 36 Beruf auf, ist dessen vorheriges Gehalt nicht der Maßstab für die Pflegeentlohnung (*Jahnke/Thinesse-Wiehofsky*, § 3 Rn 56). Der Verletzte hat einen Anspruch auf Erstattung angemessener und erforderlicher Pflegekosten, nicht aber auf **Berufsaufgabe** oder -einschränkung seines Angehörigen; der Verletzte schuldet seinem Pfleger ausschließlich die übliche (vgl § 612 II BGB) Vergütung (Arbeitsverhältnis).

Der Schädiger kann nicht die eventuell bestehende Unterhaltspflicht der Eltern 37 (§ 1601 BGB) oder deren gesetzliche Betreuungspflicht (§ 1612 I, II BGB) entgegenhalten (BGH NJW 2004, 2892). Wird das Unfallopfer vom **Schadenersatzpflichtigen** selbst gepflegt, weil dieser dem Verletzten gegenüber unterhaltspflichtig ist, geht der gegen den Haftpflichtversicherer gerichtete Anspruch auf Ersatz der Kosten dieser erforderlichen Pflegeleistungen auf den pflegenden Schädiger über (OLG München NZV 1997, 402; siehe auch BGH NJW 2004, 2892; *Stiefel/Maier-Jahnke*, § 116 VVG Rn 21 ff).

Werden die Hilfeleistungen im **Rahmen der täglichen Familienbetreuung** 38 abgedeckt und sind sie nicht auf Dauer ausgerichtet, entsteht insoweit kein Anspruch. Der Zeitaufwand von Familienangehörigen für vermehrte Zuwendung bei Verletzung eines Kindes ist – anders als der Betreuungsaufwand – nicht zu ersetzen; diese Art von Zuwendung ist rein immaterieller Natur (BGH NJW 1989, 766). Auch ein Bestreben der Eltern, die Hilfsbedürftigkeit eines geistig oder körperlich behinderten Kindes durch besonders liebevolle Zuwendung und Aufmerksamkeit auszugleichen, bleibt als immaterieller Aufwand bei der ersatzrechtlichen Bewertung außer Betracht (OLG Düsseldorf VersR 2002, 858). Das bloße Füreinander-da-Sein (d.h. die Gegenwart der Eltern in der Nähe ihrer Kinder, z.b. um ihnen in den verschiedenen Situationen beizustehen), ist nicht als Pflegemehraufwand nach § 843 BGB ersatzfähig, sondern Inhalt der elterlichen Personensorge und Ausdruck unvertretbarer, elterlicher Aufwendung, auch wenn der dafür betriebene Aufwand insgesamt über dasjenige hinausgeht, was Gegenstand des ansonsten selbstverständlichen, originären Aufgabengebiets der Eltern ist (BGH NJW 1989, 766; OLG Dresden BeckRS 2011, 27538; OLG Düsseldorf VersR 2003, 1407; OLG Düsseldorf NJW-RR 2003, 90; OLG Karlsruhe GesR 2014, 725; OLG Zweibrücken MedR 2009, 88; OLG Zweibrücken NJW-RR 2008, 620).

39 Die Betreuungsleistungen müssen sich, sollen sie erstattungsfähig sein, deutlich vom selbstverständlichen, ursprünglichen **Aufgabengebiet der Eltern** abheben (BGH VersR 1999, 1156; OLG Frankfurt VersR 2001, 1572; OLG Hamm NZV 2003, 528; OLG Karlsruhe GesR 2014, 725). Ersatzfähig ist nur der zusätzliche (d.h. erhöhte) Aufwand, nicht aber die normale Kindesbetreuung. Für die Angemessenheit ist zu sehen, dass Familienangehörige die Hilfeleistungen für die vorgegebene Haushaltsgemeinschaft weniger belastend und zeitaufwendig gestalten können und die zusätzlichen Aufgaben für Eltern eine Ergänzung ihrer bisherigen Pflichten darstellen, sodass **Rationalisierungseffekte** zu berücksichtigen sind (OLG Düsseldorf VersR 2003, 1407; OLG Hamm NZV 1994, 68).

40 **bb) Behindertenwerkstatt.** Bei Unterbringung in einer Behindertenwerkstatt sind die Kosten der Unterbringung einschließlich der Transportkosten zu ersetzen, gekürzt um den Vorteilsausgleich (vor allem Mahlzeiten, Kleidung). Die Kosten können im Einzelfall auch dann zu übernehmen sein, wenn sich die Tätigkeit in der beschützenden Werkstatt wirtschaftlich nicht rechnet (OLG Hamm r+s 1994, 340; OLG Hamm NZV 1991, 387). **Kongruenz** besteht nicht zum Verdienstausfall, sondern zum Mehrbedarf des Geschädigten (BGH jurisPR-SozR 20/2015 Anm. 4 = NZV 2015, 589).

41 Die Pflege im **familiären Bereich** reduziert sich dementsprechend (OLG Hamm NZV 1994, 68).

42 Behinderte, die in anerkannten Werkstätten für Behinderte (§ 1 S. 1 Nr. 2 lit. a SGB VI) tätig sind, sind in der gesetzlichen Kranken-, Pflege- und Rentenversicherung **sozialpflichtversichert**, wobei insbesondere die RV-Beiträge an hohen Fiktivwerten ausgerichtet sind (§§ 1 S. 1 Nr. 2 lit. a, 162 Nr. 2, 2a SGB VI). Dies führt häufig zu – auf späteren Verdienstausfall dann zu verrechnendem – Erwerbsminderungs- (§ 50 II SGB VI) und Alters**rentenbezug** aus eigenem Recht (BGH NZV 2016, 29 [OLG Karlsruhe jurisPR-VerkR 11/2015 Anm. 2]).

43 Dem Träger der Werkstattkosten sind vom Ersatzpflichtigen die Beiträge zur Rentenversicherung (§ 179 Ia SGB VI; BGH VersR 2007, 1536; OLG Hamm jurisPR-VerkR 9/2013 Anm. 1 = NZV 2012, 589), nicht aber die weiteren **Sozialversicherungsabgaben** (zur Arbeitslosen-, Kranken- und Pflegeversicherung), zu **erstatten** (LG Münster r+s 2009, 436). Frühestmöglicher Zeitpunkt für den **Forderungsübergang** nach § 179 Ia SGB VI ist der Tag der ersten Erstattung (tatsächliche Leistung) der RV-Beiträge durch den Bund. Hat der Ersatzpflichtige den unmittelbar Geschädigten zuvor abgefunden, entfällt daher mangels Forderungsüberganges die Forderungsberechtigung des Bundes (BGH jurisPR-VerkR 16/2014 Anm. 3 = VersR 2014, 1025); ansonsten erfolgt (wie nach § 86 VVG, § 6 EFZG) der Forderungsübergang sukzessive mit den jeweiligen Erstattungen.

Siehe ergänzend *Jahnke/Burmann-Jahnke*, Handbuch des Personenschadenrechts, Kap. 5 Rn 2766 ff.

m) Nicht erstattungsfähige Aufwendungen. Fahrtkosten und Mitgliedsbeiträge zu **Selbsthilfegruppen** (LG Lüneburg v. 13.12.2001 – 9 O 139/01 – juris), Patienten- oder Geschädigten-Vereinigungen (LG Dortmund VersR 2000, 1115) sind nicht erstattungsfähig. 44

Nicht zu ersetzen sind im Zusammenhang mit der Anspruchsverfolgung angeschaffte **Literatur** (z.B. Schmerzensgeldtabelle, Monographie zu Schadenersatzthemen, Anschaffung medizinischer Fachliteratur; OLG Düsseldorf NStE Nr. 6 zu § 464a StPO; OLG Koblenz BeckRS 2011, 26254) oder **Rechercheaufwand** (z.B. im Internet) (OLG Stuttgart NJW-RR 1999, 437). 45

5. Tod des Bedürftigen. Der Ersatzanspruch wegen vermehrter Bedürfnisse endet mit dem Tod. Mit dem Todeseintritt stehen nur noch die Ansprüche nach §§ 844, 845 BGB zur Verfügung. Ansprüche, die wie vermehrte Bedürfnisse an den lebenden Verletzten anknüpfen, finden schadenersatzrechtlich ihren zeitlichen Abschluss mit seinem Tod. 46

Werden **Renten** vierteljährlich im Voraus gezahlt, verbleibt dem Erben der ausgezahlte Restanspruch bis Quartalsende (§ 760 III BGB, § 843 BGB, Rn 61). 47

Kostenersatz für **Heimunterbringung** endet mit dem Todestag (§ 843 BGB, Rn 28). 48

Verstirbt der verletzte Bedürftige, besteht keine Verpflichtung zum Austausch des behinderungsgerechten **Fahrzeuges** gegen ein anderes (§ 843 BGB, Rn 24) oder auf **Wohnungsrückbau.** 49

Wurden, weil mit dem **Tod nicht gerechnet** wurde, zuvor Kosten aufgewandt (z.B. angefangene Umbaumaßnahmen oder spezielle Fahrzeugbestellung, Reiseplanung, Beschaffung von künftigen Pflegematerialien), die wegen des eingetretenen Todes nicht mehr benötigt werden, besteht kein Anspruch auf Erstattung dieser Aufwendungen. Etwaige Hinterbliebene sind insofern mittelbar geschädigt (siehe auch § 844 BGB, Rn 47); unfallbedingter Wertverlust auch der Erbmasse ist nicht erstattungsfähiger mittelbarer Schaden der Erben (BGH NJW 1984, 979; BGH VersR 1962, 337; OLG Hamm zfs 2003, 593). 50

Ob teure, vom Ersatzpflichtigen bezahlte, **Hilfsmittel** in das **Eigentum** des Verletzten übergehen, hängt von den im Einzelfall getroffenen Vereinbarungen ab. Allein aus dem Umstand, dass das Hilfsmittel dem Bedürftigen vom Ersatzpflichtigen zur Verfügung gestellt ist, folgt nicht ohne weiteres, dass es ihm auch übereignet wurde: Die Einräumung von Nutzungsrechten ist von der Eigentumsübertragung strikt zu unterscheiden (Abstraktionsprinzip). Verstirbt der Geschädigte, können seine **Erben** über im Eigentum des Erblassers befindliche Hilfsmittel (z.B. Elektrorollstuhl, Spezialbett) frei verfügen, ohne etwaige Erlöse an den Ersatzpflichtigen auskehren zu müssen. 50a

6. Steuer. Zahlungen auf vermehrte Bedürfnisse sind weder kapitalisiert noch als Einmal-Betrag steuerpflichtig (§ 249 BGB, Rn 529). 51

Aufwendungen, die einem Steuerpflichtigen für die krankheitsbedingte Unterbringung eines Angehörigen in einem Altenpflegeheim entstehen, stellen als Krankheitskosten eine **außergewöhnliche Belastung** (§ 33 EStG) dar. Abziehbar sind neben den Pflegekosten auch die Kosten, die auf die Unterbringung und Verpflegung entfallen, soweit es sich hierbei um gegenüber der normalen Lebensführung entstehende Mehrkosten handelt. Eine Aufteilung der 52

Kosten in Unterhaltskosten (§ 33a EStG) und Krankheitskosten (§ 33 EStG) kommt nicht in Betracht (BFH DStR 2011, 1755). Siehe ergänzend § 249 BGB, Rn 546 sowie *Jahnke/Burmann-Jahnke*, Handbuch des Personenschadensrechts, Kap. 4 Rn 1431 ff.

53 7. **Schadensminderung.** Der Geschädigte hat im Rahmen seiner Behinderung das ihm Zumutbare zu leisten, die Folgen seiner Behinderung durch eigene Anstrengungen möglichst gering zu halten. Bei Auswahl unter mehreren gleichwertigen Gütern oder Möglichkeiten ist die preiswertere Lösung zu wählen.

54 Bestehen mehrere Möglichkeiten der künftigen Lebensgestaltung, kann der Verletzte grundsätzlich frei wählen, ohne sich im Interesse des Schädigers mit der kostengünstigsten Lösung zufrieden geben zu müssen. Die **Zumutbarkeitsgrenze** wird überschritten, wenn die gewählte Art künftiger Lebensgestaltung mit unverhältnismäßigen, für den Schädiger auch unter Berücksichtigung der Unfallopferbelange nach Treu und Glauben nicht mehr zumutbaren Aufwendungen verbunden ist (OLG Hamm NZV 1991, 387).

55 8. **Drittleistungen. Zum Thema:** Ausführlich zu Drittleistungen *Jahnke/ Burmann-Jahnke*, Handbuch des Personenschadenrechts, Kap. 5 Rn 6 ff; *Jahnke/ Burmann-Vatter*, Handbuch des Personenschadenrechts, Kap. 4 Rn 345 ff.

55a Soweit SVT und sonstige **Drittleistungsträger** (gesetzliche und private Kranken- und Pflegeversicherung [zum Forderungsübergang BGH NJW 2011, 2357], gesetzliche Unfallversicherung, im Einzelfall auch SHT, Beihilfe [BGH NJW 1982, 757]) kongruente Leistungen erbringen, kürzen diese wegen des Forderungsüberganges (z.B. § 116 SGB X, § 86 VVG) den vom Verletzten selbst noch geltend zu machenden Ersatzanspruch. Dem Verletzten fehlt bereits die Forderungsberechtigung; es handelt sich nicht um einen Vorteilsausgleich (BGH r+s 2010, 167; *Jahnke* jurisPR-VerkR 11/2010 Anm. 1).

55b Veranlasst der Arbeitgeber des verletzten Unfallopfers eine medizinische Untersuchung wegen der Beschwerden, fehlt es für eine Erstattung von Kosten, die durch die Untersuchung veranlasst sind, am schadenrechtlichen Zurechnungszusammenhang; solche Kosten sind von demjenigen zu tragen, der die Untersuchung veranlasst (AG Tirschenreuth SP 2015, 221).

56 Besonderheiten gelten dabei für **SHT:** Soweit ein SHT in der Vergangenheit bereits Leistungen erbrachte, erfolgt der Forderungsübergang nach § 116 SGB X und die Sozialleistungen sind vom Direktanspruch abzuziehen. Hätte der Verletzte auch in Zukunft Anspruch auf Sozialhilfeleistungen, sind diese künftig anfallenden Leistungen nur ausnahmsweise mindernd beim Anspruch des Verletzten zu berücksichtigen (OLG Bremen NJW-RR 1999, 1115).

57 Bei Pflege von verletzten Kindern zahlen gesetzliche Krankenkasse und Unfallversicherung an berufstätige Eltern, die ihrer Arbeit fern bleiben, für einen vorübergehenden Zeitraum **Kinderpflegekrankengeld** (§ 45 SGB V, § 45 SGB VII).

58 Blinde erhalten zum Ausgleich der durch die Blindheit bedingten Mehraufwendungen auf ihre Ersatzforderung zu verrechnendes **Blindengeld** (LG Münster SP 2003, 236; siehe auch BGH NJW-RR 2008, 649). Wird nach Landes-Blindenrecht (z.B. § 3 I GHBG NRW) Blindenhilfe mit der Maßgabe gewährt, dass zivilrechtliche Schadensersatzleistungen Dritter zum Ausgleich der durch die Blindheit bedingten Mehraufwendungen auf das Blindengeld anzurechnen sind, kann der Sozialleistungsträger keinen Regress beim Schädiger aus übergegangenem Recht (§ 116 I 1 SGB X) nehmen (BGH VersR 2017, 909).

Private Unfallversicherungen sind zwar grundsätzlich Summenversiche- 59
rung, können aber konkrete Rehabilitations- oder Pflegeleistungen als Schadenversicherer erbringen (siehe § 86 VVG, Rn 17).

9. § 843 II BGB.

§ 760 BGB – Vorauszahlung 60
(1) Die Leibrente ist im Voraus zu entrichten.

(2) Eine Geldrente ist für drei Monate vorauszuzahlen; bei einer anderen Rente bestimmt sich der Zeitabschnitt, für den sie im Voraus zu entrichten ist, nach der Beschaffenheit und dem Zwecke der Rente.

(3) Hat der Gläubiger den Beginn des Zeitabschnitts erlebt, für den die Rente im voraus zu entrichten ist, so gebührt ihm der volle auf den Zeitabschnitt entfallende Betrag.

Renten sind nach §§ 843 II 1, 760 I, II BGB **vierteljährlich im Voraus** zu 61
zahlen. Der vom Schuldner einzuhaltende Zahlungsrhythmus beginnt frühestens mit dem anspruchsbegründenden Ereignis, das gilt auch bei Schädigung mitten im Quartal (vgl BGH VersR 2016, 415). Verstirbt der Ersatzberechtigte im Quartal, verbleibt dem Erben der Restanspruch bis Quartalsende (§ 760 III BGB).

Zur **Sicherheitsleistung** siehe BGH NJW 2006, 1271. Die Sicherheitsleistung 62
kann durch Nachforderungsklage (§ 324 ZPO) nachgeholt werden.

10. § 843 III BGB. a) Rentengewähr. Künftige Entwicklungen sind durch 63
Feststellungsurteil oder gleichstehende außergerichtliche Erklärung gegen Verjährung zu sichern. Eine Abänderung festgelegter Renten (ohne Rückwirkung; vgl § 323 III 1 ZPO) erfolgt bei nachträglicher Veränderung der Umstände (zugunsten, aber auch zulasten des Verletzten) durch vertragliche Abänderung oder Abänderungsklage (§ 323 ZPO); es sei denn, die Grundlage für die Rentenberechnung war bereits im Zeitpunkt der letzten mündlichen Verhandlung unrichtig (OLG Hamm VersR 1998, 1571).

Die Festsetzung einer dynamischen **Indexrente** war **bis 13.9.2007** wegen 64
Verstoßes gegen zwingendes Währungsrecht (§ 3 S. 2 Währungsgesetz, § 49 II Außenwirtschaftsgesetz, § 2 PaPkG i.V.m. PrKV) unzulässig (OLG Karlsruhe VersR 1969, 1123).

Wertsichernde **Gleitklauseln** (d.h. Vereinbarungen, die die Höhe der Geld- 65
schuld an eine wertfremde Bezugsgröße [z.B. Lebenshaltungskosten- oder Preisindex], binden und bei Änderung dieser Bezugsgröße eine automatische Anpassung vorsehen) sind auch nach dem 14.9.2007 geltenden Preisklauselgesetz (PrKG) grundsätzlich schwebend unwirksam (§§ 1 I, 8 PrKG). Erlaubt sind Klauseln, die eine Anpassung z.B. „bei wesentlicher Veränderung der Verhältnisse" (das kann der Fall sein, wenn sich der Lebenshaltungsindex um 10% – 20% verändert; siehe BGH NJW 1995, 1360; BGH NJW 1992, 2088) vorsehen (Leistungsvorbehaltsklausel, § 1 I Nr. 1 PrKG). Erlaubt ist auch die Koppelung an tarifvertragliche Entwicklungen. Wertsicherungsklauseln bei Zahlungen auf Lebenszeit eines Beteiligten sind teilweise zulässig (siehe u.a. § 3 I Nr. 1 lit a), c) PrKG). Die Verurteilung in eine dynamische Rente bzw. deren außergerichtliche Vereinbarung ist eingeschränkt möglich nach Maßgabe der §§ 2 I, 3 PrKG.

b) Kapitalabfindung. Zum Thema: *Jahnke*, Abfindung von Personenscha- 66
denansprüchen, § 1.

BGB § 843

67 Die Bestimmung einer Kapitalisierung obliegt dem Richter nach § 287 ZPO (OLG Nürnberg NZV 2008, 349).

67a Der **Kapitalwert der Rente** richtet sich nach dem Alter des Geschädigten, der Höhe und der Dauer der Rente und dem für die Abzinsung (fiktiver Zinssatz der noch nicht fälligen Rentenbeträge) anzusetzenden Zinsfuß. Die Berechnung hat nach versicherungsmathematischen Grundsätzen unter Berücksichtigung der konkreten Fallumstände unter Beachtung der sich aus anerkannten statistischen Unterlagen ergebenden Durchschnittswerte zu erfolgen. Wird ein **Gutachten** eingeholt, sind vom Gericht dem Sachverständigen die rechtlichen Bewertungsgrundlagen vorzugeben (KG KGR 1994, 246; siehe auch § 843 BGB, Rn 72).

68 Wem nach §§ 843 I, 844 II BGB Geldrenten (wegen vermehrter Bedürfnisse, Erwerbs- und Unterhaltsschadens) zustehen, kann nur bei Vorliegen eines **wichtigen Grundes** anstelle der Rente eine Abfindung in Kapital verlangen (§ 843 III BGB). Das Recht, eine Kapitalabfindung zu **verlangen,** ist zu jedem Zeitpunkt ausübbar. Das Recht hat nur der Geschädigte; der Ersatzberechtigte kann ihm keine Kapitalabfindung aufdrängen.

69 Im Rahmen des § 843 BGB können auch einzelne Schadenspositionen kapitalisiert oder verrentet werden. Es ist sowohl zulässig, einzelne Schadenspositionen aus den vermehrten Bedürfnissen zu kapitalisieren und andere als Rente zu gewähren, als auch eine Kombination aus Rente und Kapitalabfindung für verschiedene Zeitabschnitte zu zahlen. Aus dem Umstand, dass nur für einzelne Schadensposten ein Kapitalisierungsbedürfnis vorliegt, folgt nicht zwingend auch ein Bedürfnis für eine Gesamtkapitalisierung (LG Hamburg BeckRS 2011, 78634).

70 Als wichtigen Grund anerkennt die **Rechtsprechung** u.a. den Aufbau einer neuen Existenz oder einen günstigen Einfluss auf den Zustand des Verletzten (OLG Koblenz OLGR 1997, 332; OLG Stuttgart VersR 1998, 366; LG Hamburg BeckRS 2011, 78634 m.w.N.). Wichtige Gründe für eine Kapitalisierung von Rentenansprüchen iSv § 843 III BGB können sich sowohl aus der Sphäre des Ersatzpflichtigen als auch des Geschädigten ergeben (ausführlich LG Hamburg BeckRS 2011, 78634). Bei der gerichtlichen Kapitalisierung kommt der Sicherstellung der finanziellen Bedürfnisse des Verletzten besondere Bedeutung zu (OLG Celle NZV 2012, 547). Es müssen Gründe von erheblichem Gewicht vorliegen, die eine Kapitalabfindung als geboten erscheinen lassen (OLG Celle jurisPR-VerkR 11/2012 Anm. 3 = NZV 2012, 547). Fehlt ein solch wichtiger Grund, dürfen die Beteiligten trotzdem im Wege der Verhandlung eine Abfindung vereinbaren **(Vertragsfreiheit),** müssen es aber nicht.

71 Gegen einen Anspruch auf Kapitalisierung kann sprechen, wenn für den Ersatzpflichtigen das künftige Risiko gerade auch mit Blick auf eine mögliche oder nicht ausschließbare **Eintrittspflicht eines SHT** (z.B. bei Pflege) nicht – oder nicht ausreichend – überschaubar ist und insbesondere die Gefahr einer doppelten Inanspruchnahme des Schadensersatzpflichtigen in sich birgt (siehe *Jahnke*, Abfindung von Personenschadensansprüchen, § 2 Rn 1032 ff m.w.N.).

72 Entschädigung in Form eines Kapitalbetrages für die Zukunft ist in der außergerichtlichen Praxis häufig. Der Kapitalbetrag wird gefunden, indem man einen Jahreswert ermittelt und diesen dann unter Berücksichtigung einer Abzinsung wegen Vorfälligkeit (**Zinsfuß** in der Praxis 5% [BFH NJW 2004, 1756; OLG Brandenburg SP 2011, 361; OLG Celle VersR 2006, 1085; OLG Nürnberg NZV 2008, 349; LG München v. 6.8.2012 – 19 O 13097/08; *Jahnke* r+s 2006, 228 m.w.N.]) bis zum jeweiligen Endzeitpunkt hochrechnet. Zum Zinsfuß ist ergänzend anzumerken, dass die Steuergesetzgebung z.B. bei Umstellung der Pensionsrückstellung von einer Mindest-Renditeerwartung von 6% ausgeht (§ 6a III, letzter Satz EStG); derselbe Zinssatz gilt für Verzinsung gesetzlicher Haftungshöchstsummen (siehe § 12 StVG, Rn 22). Der gesetzliche Zinsfuß beträgt nach § 246 BGB 4% (siehe zu § 246 BGB BGH BeckRS 1990, 31065185), der Basiszinssatz (§ 247 II BGB) wird nach §§ 288 I, 291 BGB um weitere 5 Prozentpunkte aufgestockt. Zu den **Zinssätzen** siehe die Tabelle zu § 849 BGB, Rn 16.

c) **Pfändung.** Das Wahlrecht des Geschädigten, eine Kapitalabfindung zu verlangen, ist höchstpersönlich und daher weder abtretbar noch pfändbar. Renten sind auch dann unpfändbar, wenn zurückliegende Beträge in einer Summe gezahlt werden (OLG Köln r+s 1991, 37). 73

Die Kapitalabfindung unterliegt demgegenüber nicht dem Schutz des § 850b I ZPO und kann nach § 400 BGB abgetreten (OLG Köln r+s 1991, 37) und gepfändet werden. 74

11. § 843 IV BGB. § 843 IV BGB ist Ausdruck des allgemeinen Rechtsgedankens, dass der Verletzte sich solche Leistungen Dritter nicht anspruchsmindernd anrechnen lassen muss, die ihrer Natur nach nicht dem Schadenersatzpflichtigen zugutekommen sollen. 75

12. Abfindungsvergleich. Zum Thema: Zu den Problemstellungen bei Abschluss von Abfindungsvergleichen siehe *Jahnke*, Abfindung von Personenschadenansprüchen, § 2. 76

§ 844 Ersatzansprüche Dritter bei Tötung

(1) **Im Falle der Tötung hat der Ersatzpflichtige die Kosten der Beerdigung demjenigen zu ersetzen, welchem die Verpflichtung obliegt, diese Kosten zu tragen.**

(2) ¹**Stand der Getötete zur Zeit der Verletzung zu einem Dritten in einem Verhältnis, vermöge dessen er diesem gegenüber kraft Gesetzes unterhaltspflichtig war oder unterhaltspflichtig werden konnte, und ist dem Dritten infolge der Tötung das Recht auf den Unterhalt entzogen, so hat der Ersatzpflichtige dem Dritten durch Entrichtung einer Geldrente insoweit Schadensersatz zu leisten, als der Getötete während der mutmaßlichen Dauer seines Lebens zur Gewährung des Unterhalts verpflichtet gewesen sein würde; die Vorschriften des § 843 Abs. 2 bis 4 finden entsprechende Anwendung.**
²**Die Ersatzpflicht tritt auch dann ein, wenn der Dritte zur Zeit der Verletzung gezeugt, aber noch nicht geboren war.**

(3) ¹**Der Ersatzpflichtige hat dem Hinterbliebenen, der zur Zeit der Verletzung zu dem Getöteten in einem besonderen persönlichen Näheverhältnis stand, für das dem Hinterbliebenen zugefügte seelische Leid eine angemessene Entschädigung in Geld zu leisten.**
²**Ein besonderes persönliches Näheverhältnis wird vermutet, wenn der Hinterbliebene der Ehegatte, der Lebenspartner, ein Elternteil oder ein Kind des Getöteten war.**

Übersicht

	Rn
1. Norm	1
2. Eigener Anspruch	3

BGB § 844

	Rn
3. Kausalität	6a
4. Beerdigungskosten (§ 844 I BGB, § 10 I 2 StVG)	7
a) Anspruchsberechtigung	8
b) Umfang	10
c) Mitverantwortlichkeit	12
d) Drittleistung	13
5. Unterhaltschaden (§ 844 II BGB, § 10 II StVG)	15
a) Anspruchsberechtigung	15a
aa) Drei-Personen-Verhältnis	15a
bb) Familienrechtlicher Unterhalt	16
cc) Zeitpunkt	20
dd) Abfindungsvergleich	21
ee) Unterhaltsberechtigung	22
ff) Nicht-berechtigter Personenkreis	28
gg) Kapital – Rente	30
b) Barunterhalt, Naturalunterhalt	31
aa) Anspruch	31
bb) Barunterhalt	36
cc) Naturalunterhalt	41
dd) Nicht ersatzfähige wirtschaftliche Einbußen	46
c) Dauer	50
d) Mitverantwortlichkeit	55
e) Schadenminderung	57
f) Vorteilsausgleich	58
g) Drittleistungen	64
6. Steuer	67
7. Schockschaden	70
8. Anderweitige finanzielle Belastungen	71
9. Hinterbliebenengeld (§ 844 III BGB)	72
a) Einleitung	78
b) Zeitlicher Geltungsbereich	83
aa) Primärschädigung	84
bb) Näheverhältnis	85
c) Sachlicher Geltungsbereich (Subsidiarität zum Schock-/Fernwirkungsschaden)	87
d) Ersatzpflicht (Anspruchsgrund)	89
aa) Haftung	89
(1) Allgemeines	89
(2) Delikt, Gefährdung	90
(3) Vertrag	91
(4) § 12 PflVG	94
bb) Anspruchsbeeinträchtigung	97
(1) Allgemeines	97
(2) Mitverantwortung/Mitverschulden des Verstorbenen	98
(3) Mitverantwortung des Hinterbliebenen	100
cc) Anspruchsausschluss, Haftungsmilderung	102
(1) Private Ausschlüsse	102
(2) Arbeitsunfall	103
(3) Dienstunfall	105
dd) Drei-Personen-Verhältnis	109
(1) Täter – Opfer – Hinterbliebener	109
(2) Tod eines Dritten	111

	Rn
(3) Verhältnis zum Schockschaden	112
e) Anspruchsberechtigter Personenkreis	115
aa) Allgemeines	115
bb) Schuldnerschutz	116
cc) Hinterbliebener	117
(1) Begriff	117
(2) Unterhaltsrecht, Erbrecht	119
(3) Soziale Verbindung	122
(4) Wechselseitige Beziehung	123
dd) Zeitpunkt der Primärschädigung	125
ee) Besonderes persönliches Näheverhältnis	126
(1) Persönliches Näheverhältnis („nahestehende Person")	127
(2) Herausgehobenes („besonderes") Näheverhältnis	129
(3) Darlegung, Nachweis	167
f) Personenmehrheiten	184
aa) Mehrere Täter	184
bb) Mehrere Tote	187
cc) Mehrere Hinterbliebene	190
g) Rechtsgutverletzung	193
aa) Tod eines Anderen (Dritten)	193
(1) Drei-Personen-Verhältnis	193
(2) Körperverletzung – Tod	194
(3) Nasciturus	195
bb) Verletzung eines Anderen (Dritten)	196
h) Kausalität	199
aa) Prüfungsschritte	200
bb) Haftungsbegründende Kausalität	201
cc) Haftungsausfüllende Kausalität	204
dd) Zurechnungszusammenhang	207
i) Anspruchsvolumen (Anspruch zur Höhe)	212
aa) Allgemeines	212
bb) Komponenten des immateriellen Schadens	214
(1) Schmerzensgeld	214
(2) Hinterbliebenengeld	221
cc) Rentenzahlung	242
dd) Mitverschulden	243
ee) Strafverfahren	244
ff) Konkurrenz	246
(1) Wegfall des Hinterbliebenengeldes bei Schockschadenersatz	246
(2) Kein Wegfall von Schockschadenersatz	250
(3) Eigene Verletzung des Hinterbliebenen	251
(4) Ererbter Schmerzensgeldanspruch	252
j) Zugriff Dritter	256
aa) Pfändung, Abtretung, Aufrechnung	256
bb) Forderungsübergang	258
(1) Kongruenz	258
(2) Befriedigungsvorrecht	261
cc) Einkommen	262
(1) Insolvenz	262
(2) Sozialversorgung	263
dd) Scheidung	265

	Rn
ee) Versteuerung	266
ff) Vererbung	267
k) Fälligkeit	271
l) Verjährung	273
m) Prozessuales	274

1   **1. Norm.** **§ 844 I BGB** regelt den Ersatz von Beerdigungskosten.

2   **§ 844 II BGB** verschafft Ersatz im Falle des Unterhaltsentzuges.

2a   **§ 844 III BGB** gibt (nur für ab 23.7.2017 geschehene Unfälle) einen Anspruch auf Hinterbliebenengeld. Eingeführt wurde dieser – systemfremde – Anspruch (parallel u.a. in § 10 III StVG) durch das Gesetz zur Einführung eines Anspruchs auf Hinterbliebenengeld (BGBl I 2017, 2421).

3   **2. Eigener Anspruch.** Infolge eines Haftpflichtgeschehens erwachsen nicht nur den unmittelbar am Unfall beteiligten Personen Schäden und Aufwendungen, auch Dritte können durchaus wirtschaftliche Einbußen erleiden. Während den unmittelbar beteiligten Personen das Schadenersatzrecht ein großes Spektrum ersatzfähiger Schadenpositionen zubilligt, gilt dieses für die am Haftpflichtgeschehen („Unfall") nicht unmittelbar Beteiligten nur in engen Grenzen (BGH NJW 2001, 971). § 844 BGB räumt als **Ausnahmevorschrift** im Falle der Tötung Dritten eigene Rechte gegenüber dem Schadenersatzpflichtigen ein. Soweit die Sonderregeln zugunsten Dritter (§§ 844, 845 BGB bzw. entsprechende Regelungen in Spezialgesetzen; siehe dazu *Jahnke/Burmann-Jahnke*, Handbuch des Personenschadenrechts, Kap. 4 Rn 31) keinen Anspruch begründen, können die Geschädigten ihre wirtschaftlichen Einbußen nicht beim Unfallverursacher einfordern, selbst wenn der Schädiger eines zu Tode Gekommenen dadurch begünstigt erscheint (OLG Hamm zfs 2003, 593).

3a   Anders als im Falle der Verletzung begründen **vertragliche Ansprüche** (u.a. auch Gewährleistung, siehe § 651f BGB) – außerhalb von § 618 III BGB, § 62 III HGB keinen Ersatzanspruch für Unterhaltsschäden mittelbar Geschädigter (OLG Saarbrücken NJW-RR 1995, 986) (siehe auch § 844 BGB, Rn 91 ff). **§ 670 BGB** gibt keinen Anspruch.

4   § 844 BGB, § 10 StVG verschaffen nur den gegenüber einem Getöteten im Verletzungszeitpunkt **Unterhaltsberechtigten** und **Erben** trotz ihrer mittelbaren Betroffenheit einen eigenen Ersatzanspruch.

5   Die in §§ 844, 845 BGB geregelten Ausnahmen können weder auf **andere Drittgeschädigte** noch auf andere als die dort genannten Schäden ausgedehnt werden (BGH NJW 1986, 984; BGH VersR 1960, 1097; BGH VersR 1955, 183; OLG Frankfurt zfs 2004, 452).

6   Zur unterschiedlichen Anspruchsberechtigung von Erben und Hinterbliebenen siehe § 10 StVG, Rn 2 ff.

6a   **3. Kausalität.** Zum Kausalitätsnachweis bei späterem Tod nach vorangegangener Verletzung siehe § 844 BGB, Rn 199 ff).

7   **4. Beerdigungskosten (§ 844 I BGB, § 10 I 2 StVG). Zum Thema:** *Jahnke,* Unfalltod und Schadenersatz, § 4; *Jahnke/Burmann-Jahnke*, Handbuch des Personenschadenrechts, Kap. 4 Rn 1106 ff; *Küppersbusch/Höher* Rn 447 ff.

8   **a) Anspruchsberechtigung.** Anspruchsberechtigt sind der **Erbe** (§ 1968 BGB) bzw. die Erbengemeinschaft und nur ausnahmsweise besondere **Dritte** (§§ 1615 II, 1615m, 1360a III, 1361 IV 4 BGB, § 5 S. 2 LPartG).

Ein sonstiger Dritter (z.B. langjähriger Partner), der die Beerdigungskosten 9
tatsächlich getragen hat, kann einen **Aufwendungsanspruch** gegen Erben und
Schädiger haben (KG VersR 1979, 379; OLG Frankfurt zfs 2004, 452; LG Mannheim NZV 2007, 367).

b) Umfang. § 844 I BGB ist restriktiv auszulegen (BGH NJW 1989, 2317). 10
Zu erstatten sind die Kosten einer **standesgemäßen** Beerdigung. Für den Kostenrahmen einer würdigen und angemessenen Beerdigung ist auf die **Lebensumstände des Verstorbenen** (Herkunft, Lebensstellung, wirtschaftliche Verhältnisse, in seinen Kreisen herrschende Sitten) abzustellen, begrenzt durch die **wirtschaftliche Lage des** kostentragungspflichtigen **Erben** (siehe § 1968 BGB), nicht aber auf den Umstand, dass ein Dritter für den Tod verantwortlich ist. Entscheidend ist eine **Gesamtschau** sämtlicher Aufwendungen, die sich insgesamt im finanziell angemessenen und vertretbaren Rahmen halten müssen (KG NZV 1999, 329; OLG Düsseldorf BeckRS 2005, 13895; OLG Köln SP 2009, 100; LG Fulda SP 2010, 181).

Zu ersetzen sind **Bestattungskosten** (Beerdigungsakt, Anzeigen, Blumen 11
nächster Angehöriger), Kosten erstmaliger **Grabherrichtung** (Einzelgrab, Grabstein, Erstbepflanzung; **nicht** aber Folgekosten wie Grabpflege, Umbettung, Nachlassverwaltung), Traueroberbekleidung für die Erben (nur soweit extra – was mittlerweile eher außergewöhnlich ist – für den Beerdigungsakt angeschafft, gekürzt um Vorteilsausgleich i.H.v. 25% – 50%). *Staudinger-Röthel* § 844 BGB Rn 64 lehnt Erstattung von Trauerkleidung grundsätzlich ab, da Trauerkleidung ein Zeichen persönlicher Anteilnahme und Trauer der Angehörigen um den Verstorbenen ist, und deren Kosten daher nicht nach § 1968 BGB dem Erben (und damit dem Vermögen des Verstorbenen) anzulasten wären.

c) Mitverantwortlichkeit. Bei Mitverantwortlichkeit (Mitverschulden, Ge- 12
fährdungshaftung) des Verstorbenen besteht der Anspruch nur gekürzt (§ 846
BGB).

d) Drittleistung. Von dritter Seite gezahlte Sterbegelder, beamtenrechtliche 13
Beihilfen und Überführungskosten (z.B. § 64 SGB VII, §§ 36, 37 BVG, § 18
BeamtVG) sind auf Beerdigungskosten zu verrechnen.

Arbeits-/tarifvertragliche Leistungen anlässlich eines Todesfalles sind keine Ent- 14
geltfortzahlung iSv § 6 EFZG und können vom Arbeitgeber nicht erstattet verlangt
werden.

5. Unterhaltschaden (§ 844 II BGB, § 10 II StVG). Zum Thema: *Jahnke,* 15
Unfalltod und Schadenersatz, § 6; *Jahnke/Burmann-Held*, Handbuch des Personenschadenrechts, Kap. 4 Rn 1169 ff; *Küppersbusch/Höher* Rn 319 ff.

a) Anspruchsberechtigung. aa) Drei-Personen-Verhältnis. Bei Identität 15a
von Täter und Opfer besteht zwar gegenüber Drittleistungsträgern Anspruch u.a.
auf Hinterbliebenenrente, nicht aber dem Schädiger gegenüber auf Schadensersatz
wegen entzogenem Unterhalt. Das Bestehen einer Pflichthaftpflichtversicherung
verdeckt häufig die rechtliche Anspruchssituation (siehe § 846 BGB, Rn 8, § 844
BGB, Rn 109 ff).

bb) Familienrechtlicher Unterhalt. Nur soweit der Getötete im Zeitpunkt 16
des Unfalles Dritten **familienrechtlich** zum Unterhalt verpflichtet war oder im
Falle seines Fortlebens hätte unterhaltspflichtig werden können, haben diese

Unterhaltsberechtigten, soweit ihnen der Unterhalt entzogen ist, eigene Ersatzansprüche.

17 Entzogene **vertragliche Verpflichtungen** sind, soweit die Leistungen über das familienrechtliche Maß hinausgehen, ersatzrechtlich ohne Belang (BGH NZV 2006, 467). Auch wenn die Einwilligung zu einer künstlichen Befruchtung einen Vertrag zugunsten des aus der künstlichen Befruchtung hervorgehenden Kindes (§ 328 I BGB; siehe auch § 1600 V BGB) enthalten kann (BGH NJW 2015, 3434), ist dieser Anspruch, da eben nur vertraglicher Natur, schadenersatzrechtlich nicht relevant.

18 Familienrechtliche Veränderungen sind auch dann zu beachten, wenn **Rechtsänderungen** erst nach dem Unfalltod erfolgen, sich bei hypothetischem Überleben aber auf den familiären Unterhaltsanspruch (z.B. eines geschiedenen Ehepartners) der Höhe nach ausgewirkt hätten.

19 Im Gegensatz zum Betreuungs-(Natural-)unterhalt (dazu § 844 BGB, Rn 53) endet die Bar-Unterhaltsverpflichtung gegenüber Kindern nicht mit deren **Volljährigkeit** (BGH NJW 1997, 735; BGH NJW-RR 1986, 426; OLG Düsseldorf NJW-RR 2007, 794; OLG Hamm MDR 2013, 981).

20 cc) **Zeitpunkt.** Die Unterhaltsbeziehung muss bereits **im Unfallzeitpunkt** bestanden haben. Geschützt ist ausnahmsweise auch der **Nasciturus** (§ 844 II 2 BGB, § 10 II 2 StVG) (OLG Hamm r+s 1997, 65).

21 dd) **Abfindungsvergleich.** Der Drittanspruch entsteht bereits mit der Verletzung des Unterhaltspflichtigen, sodass ein mit dem unmittelbar Verletzten abgeschlossener Abfindungsvergleich den unterhaltsberechtigten Hinterbliebenen nicht entgegengehalten werden kann (BGH NJW 1996, 1674).

22 ee) **Unterhaltsberechtigung.** Ersatzberechtigt sind **Verwandte in gerader Linie** (§§ 1601 ff BGB), **Ehegatten** (auch geschiedene und getrennt-lebende; §§ 1360, 1361, 1569 ff BGB), eingetragene Lebenspartner (LPartG; siehe ergänzend § 844 BGB, Rn 136), **Kinder** (eheliche, nicht-eheliche, adoptierte; §§ 1602 II, 1615a; 1751 IV, 1770 III BGB; auch noch nicht geborene § 844 II 2 BGB). Entscheidend ist die personenrechtliche Beziehung **im Unfallzeitpunkt.**

23 Erforderlich ist die vor dem Standesbeamten erklärte **Zivilehe** (§ 1310 I 1 BGB). Auch wenn seit dem 1.1.2009 nicht-standesamtliche religiöse Feierlichkeiten und kirchliche Trauungen bereits vor Schließung der Zivilehe erlaubt sind, begründet nur die wirksame standesamtliche Trauung (§ 1312 BGB) die Ehe im Rechtssinn. Ein nur kirchlich getrautes Paar lebt weiterhin in einer nicht-ehelichen Gemeinschaft.

24 Die **Mutter** eines **nicht-ehelichen Kindes** (nach § 1615l IV 1 BGB auch der Vater) hat allenfalls einen subsidiären Anspruch, da sich ihr Unterhaltsanspruch gegen den Nachlass fortsetzt (§ 1615l III 5 BGB). Wenn und soweit der Nachlass ausreicht, besteht bereits von daher kein Schadenersatzanspruch. Nur soweit die Erben eine volle Befriedigung verweigern dürfen (§§ 1967 ff BGB), kann der nicht-eheliche Elternteil, sofern er zudem bedürftig ist (§ 1602 BGB), schadenrechtlich die Differenz verlangen (BGH VersR 1970, 149, RG RGZ 74, 375).

25 Bei **Ausländern** ist (nur) für die rechtliche Unterhaltsverpflichtung das ausländische Recht maßgeblich (BGH NJW 1972, 387; BGH VersR 1967, 1154; OLG Celle VersR 1967, 164; OLG Frankfurt zfs 2004, 452), wenn keine abweichende Regelung (siehe Art. 18 I EGBGB aF, Haager Übereinkommen v. 2.10.1973)

Anwendung findet (siehe BGH VersR 1978, 346). Zur Kinderehe siehe BT-Drucksache 18/12086 v. 25.4.2017.

Bei Tötung eines **Kindes** haben dessen Eltern i.d.R. Anspruch auf Feststellung 26 der Ersatzpflicht (BGH NZV 1988, 217; OLG Oldenburg NZV 2011, 446; *Birkmann* DAR 1989, 209; a.A. OLG Hamm SP 2013, 185) wegen entzogenen Barunterhaltes (§§ 1602, 1603, 1606 III BGB) (OLG Düsseldorf SP 1994, 210; OLG Köln v. 26.7.2017 – 11 U 16/17 – bld.de; OLG Koblenz NJW 2003, 521), nicht aber wegen Betreuungsfortfall. Fortfall von Kinder-, Erziehungs- oder Elterngeld ist nicht zu ersetzen. Beiträge zum Haushalt sind, wenn dies kein gebotener familienrechtlicher Unterhalt war, nicht zu ersetzen (OLG Köln v. 26.7.2017 – 11 U 16/17 – bld.de). Das Feststellungsinteresse für eine Klage entfällt bei urteilsersetzendem Anerkenntnis des Versicherers (OLG Oldenburg NZV 2011, 446). Es kann nicht isoliert Feststellung begehrt werden, dass das getötete Kind später einen bestimmten Berufsweg genommen hätte (OLG Oldenburg NZV 2011, 446). Ein zukünftiger Unterhaltsschaden scheidet jedenfalls dann aus, wenn der Unterhaltsverpflichtete außerstande ist, ohne Gefährdung seines eigenen angemessenen Unterhalts dem Berechtigten den Unterhalt zu gewähren; dabei sind zur Beurteilung der potentiellen Leistungsfähigkeit die Unterhaltsrechtlichen Leitlinien der Düsseldorfer Tabelle heranzuziehen (OLG Köln v. 26.7.2017 – 11 U 16/17 – bld.de).

Mehrere Ersatzberechtigte sind nicht Gesamt-, sondern **Teilgläubiger:** Jeder 27 hat einen selbständigen Ersatzanspruch, der nach Höhe und Dauer seinen eigenen Verlauf nimmt.

ff) Nicht-berechtigter Personenkreis. Nicht anspruchsberechtigt sind **Verlobte**, 28 Partner einer **eheähnlichen Gemeinschaft** (auch dann nicht, wenn ihnen vom Getöteten vertraglich Unterhaltsansprüche eingeräumt worden sind oder später die Ehe geschlossen wird [BGH NJW 1996, 1674; BGH VersR 1969, 998; OLG Frankfurt zfs 1984, 165; OLG Frankfurt VersR 1984, 449; OLG München VersR 1979, 1066]), im Unfallzeitpunkt **noch nicht gezeugte** (§ 844 II 2 BGB; OLG Hamm r+s 1997, 65) Kinder; ferner Geschwister, **Stiefkinder**, Schwiegereltern (*Jahnke* NZV 2007, 329).

Tiere haben gesetzlich keinen familienrechtlichen Unterhaltsanspruch und 29 bleiben schadenersatzrechtlich außer Betracht.

gg) Kapital – Rente. Hinterbliebene haben die Wahl zwischen **Rentenzahlung** 30 und – nur bei wichtigem Grund – Kapitalabfindung (§§ 844 II 1, 843 III BGB). Siehe dazu § 843 BGB, Rn 63 ff.

b) Barunterhalt, Naturalunterhalt. aa) Anspruch. Zu ersetzen ist der 31 durch die Tötung entzogene Unterhalt, ausgerichtet an Umfang und Ende der familienrechtlich geschuldeten Unterhaltsverpflichtung und nicht an der tatsächlichen Leistungsgewähr (BGH NJW 1993, 124; OLG Düsseldorf NZV 1993, 473). Es kommt nicht auf individuelle Versorgungsabsprachen an, sondern allein auf den gesetzlich geschuldeten Unterhalt.

Unterhalt setzt sich zusammen aus **Barunterhalt** (wirtschaftliche Unterstüt- 32 zung durch Erwerbseinkommen) und **Naturalunterhalt** (persönliche Zuwendung durch Betreuung, Erziehung, Haushaltsführung).

Am Unterhalt sind beide Ehegatten grundsätzlich zu gleichen Teilen beteiligt. 33 Die Ermittlung der Schadenhöhe weist Parallelen zum Erwerbsschaden auf, wenn auch in der Höhe reduziert auf das **familienrechtlich geschuldete** Maß.

BGB § 844 Schadensersatzrecht des BGB

34 Kein Ersatzanspruch besteht, soweit der Getötete nicht **leistungsfähig** war (LG Bielefeld VersR 2015, 1157) oder Ansprüche gegen ihn nicht durchsetzbar gewesen wären. War der Getötete zwar zum Todeszeitpunkt nicht leistungsfähig, wäre er es aber ohne den Unfall später geworden (z.b. getöteter Schüler schwängerte Mitschülerin), bestehen Ersatzansprüche erst von diesem späteren Zeitpunkt an (BGH NJW 1974, 1373); bis dahin haben die Hinterbliebenen nur Anspruch auf Feststellung der künftigen Ersatzpflicht.

35 Gesetzliche Unterhaltspflicht setzt **Bedürftigkeit** des Unterhaltsberechtigten voraus. Ausschließlich beim Ersatzanspruch des Ehegatten bzw. Partners (LPartG) gilt dies nicht, da § 1602 BGB nicht anwendbar ist.

36 **bb) Barunterhalt.** Zur **Schadenberechnung** wird das Nettoeinkommen des Verstorbenen zunächst um Aufwendungen zur Vermögensbildung und (optional) Fixkosten gekürzt und das danach verbleibende Einkommen auf die anspruchsberechtigten Familienangehörigen verteilt. Unter Eheleuten gilt der Grundsatz der gleichmäßigen Teilhabe am Familieneinkommen, wenn beide oder keiner von beiden (mehr) berufstätig ist; ein erwerbstätiger Ehegatte hat aber einen höheren Unterhaltsbedarf als der nicht erwerbstätige (Quotenbildung bei Alleinverdiener: Verdiener allein 45%; Witwe/r 35% und eine Waise 20% bzw. bei Doppelverdiener: Getöteter 40%; Witwe/r 40% und eine Waise 20%) (BGH NJW 1982, 41). Dem so ermittelten Unterhaltsanteil werden anschließend die anteiligen Fixkosten (aber nur soweit diese nach dem Tode weiterhin in dieser Höhe bestehen) wieder zugeschlagen. Der für jeden Unterhaltsberechtigten getrennt ermittelte Betrag ist anschließend um kongruente Leistungen Dritter sowie weitere Vorteile (z.B. bei Doppelverdienern den Wegfall eigener Unterhaltsleistungen an Getöteten) zu kürzen; siehe § 844 BGB, Rn 58 ff.

36a **Berechnungsbeispiele:** *Jahnke/Burmann-Held*, Handbuch des Personenschadenrechts, Kap. 4 Rn 1098 ff; *Jahnke*, Unfalltod und Schadenersatz, § 6 Rn 392 ff; *Küppersbusch/Höher* Rn 409 ff.

37 Von dem vom Getöteten hypothetisch zu erzielenden Einkommen sind diejenigen Beträge abzuziehen, die nicht für den Unterhalt verbraucht, sondern zur **Vermögensbildung** angelegt worden wären (BGH NJW 2012, 2887; BGH NJW 2004, 358; BGH NJW-RR 1990, 221; OLG Hamm r+s 1992, 413; OLG Nürnberg NZV 1997, 439; OLG München NJW-RR 2001, 1298). Es kommt auf die **Geldabflüsse zu Lebzeiten** die durch das Haftpflichtgeschehen Verstorbenen an, nicht aber auf die Zeit nach dem Tode (OLG Hamm NZV 2008, 570). Prämienzahlungen für Kapitallebensversicherungen zählen zur Vermögensbildung (OLG Koblenz jurisPR-VerkR 11/2008, Anm. 2 = NJW-RR 2008, 1097). Kreditraten sind keine fixen Kosten, sondern tragen vielmehr zur Vermögensbildung (Schuldenverminderung) bei und kürzen das zum Unterhalt zur Verfügung stehende Einkommen.

38 Barunterhalt richtet sich nach dem hypothetischen **Nettoeinkommen** des Getöteten, das – uU auch getrennt nach Zeitabschnitten – fiktiv zu ermitteln (§ 287 ZPO) ist. Ähnlich wie beim Erwerbsschaden ist die mutmaßliche Leistungsfähigkeit des Getöteten und damit die hypothetische Entwicklung seiner Unterhaltsverpflichtung einzuschätzen (BGH VersR 1972, 945). Es sind alle Einkünfte heranzuziehen, die dem Unterhaltsschuldner zufließen, gleich welcher Art diese Einkünfte sind und aus welchem Anlass sie im Einzelnen erzielt wurden (abhängige oder selbständige Beschäftigung, Nebenverdienst, Sozialversicherungsleistung, Vermögensertrag). Der Begriff der Einkünfte ist weit auszulegen, erfasst

werden alle Leistungen in Geld oder Geldeswert (BGH NJW 1980, 2081). Rentenleistungen wegen Krankheit, Arbeitslosigkeit bzw. Alter sind, soweit sie Lohnersatzfunktion haben, grundsätzlich als dem Familienunterhalt zur Verfügung stehendes Einkommen zu behandeln; krankheitsbedingter Mehraufwand des Rentenempfängers ist aber zu berücksichtigen (BGH NJW 1982, 1999; BGH NJW 1982, 41; BGH NJW 1981, 1313). Blindengeld gehört nicht zum Einkommen des Unterhaltspflichtigen (OLG Schleswig-Holstein NJW-RR 1992, 390). Nicht berücksichtigt werden – wie beim Verdienstausfall (§ 842 BGB, Rn 18 ff) – rechtswidrige Einkünfte (z.B. Schwarzarbeit). Ausschlaggebend ist, ob Einkünfte tatsächlich zur (teilweisen) Deckung des Lebensbedarfes zur Verfügung gestanden hätten (BGH NJW 2004, 358). Überdurchschnittlich hohes Einkommen ist nicht vollständig dem Familienunterhalt zuzuführen. Wirtschaftliche Veränderungen bei künftigen Einkommensverhältnissen von Getötetem und Hinterbliebenem (z.B. hypothetische Verrentung, künftige Altersrente) sind ebenso zu beachten wie Veränderungen im familiären Umfeld (Herausfallen der Kinder aus der Unterhaltsberechtigung, Wiederaufnahme – auch hypothetisch – einer Berufstätigkeit durch Hinterbliebenen Ehegatten, mögliche Wiederheirat).

Fixkosten werden bei der Berechnung zunächst vom zur Verfügung zu stellen- 39 den Nettoeinkommen des Getöteten abgezogen und dann anteilig dem jeweiligen Unterhaltsgeschädigten wieder zugeschlagen (BGH VersR 1986, 39). Fixkosten sind Ausgaben, die weitgehend unabhängig vom Wegfall eines Familienmitglieds als feste Haushaltskosten weiterlaufen und deren Finanzierung unterhaltsrechtlich geschuldet war (BGH NJW 1998, 985; OLG Brandenburg NZV 2001, 213; OLG Karlsruhe SP 2006, 276; OLG Koblenz NJW-RR 2008, 1097; siehe *Jahnke* jurisPR-VerkR 11/2008 Anm. 2 m.w.H.) (z.B. Miete einschließlich Mietnebenkosten, Kosten der Pkw-Haltung ohne variablen Betriebskosten, Zeitung, Fernsehen, Rücklagen für Reparaturen). Fixkosten verringern sich infolge des Todes des Unterhaltspflichtigen häufig. Fixkosten sind nicht gleichzusetzen mit den tatsächlichen Ausgaben für täglichen Verbrauch und Bedarf. Unberücksichtigt bleiben Aufwendungen des täglichen Lebens (Essen, Trinken, Kleidung; OLG Frankfurt zfs 2004, 452), personengebundene Kosten (z.B. Ausbildung, Vereinsbeitrag), personengebundene Versicherungen und Aufwand zur Vermögensbildung (BGH NJW 2004, 358). Lasten eines vorhandenen Eigenheims (einschließlich Tilgung von Grunddarlehn, Instandhaltungsrücklagen) werden maximal bis zur Höhe fiktiver Mietkosten berücksichtigt (BGH NJW-RR 1990, 221); bei unbelasteten Immobilien sind überhaupt keine fiktiven Mietwertkosten anzusetzen (OLG Frankfurt zfs 2004, 452; OLG Nürnberg NZV 1997, 439).

Künftige Veränderungen des Familienzuschnittes sind zu berücksichtigen 40 (BGH NJW 2012, 2887).

cc) Naturalunterhalt. Bei Ausfall des Naturalunterhalts ist der Unterhaltsbe- 41 rechtigte vom Schädiger finanziell in die Lage zu versetzen, sich wirtschaftlich gleichwertige Dienste zu verschaffen. Ersatz wegen Fortfalles der Haushaltsführung/Betreuung orientiert sich – anders als im Verletzungsfall – am **gesetzlich geschuldeten Maß**, das abhängt von den Lebensumständen und persönlichen Bedürfnissen (§§ 1356, 1360, 1360a BGB) (BGH VersR 1988, 490; BGH NJW 1983, 2197).

Bestimmend für den Schadenersatz ist der **erforderliche Arbeitszeitaufwand** 42 für einen um die getötete Person reduzierten Haushalt im Verhältnis zum nicht durch einen Tod verkleinerten Haushalt. Wird keine Ersatzkraft eingestellt, kön-

BGB § 844

nen die Kosten einer vergleichbaren Kraft unter Berücksichtigung der örtlichen Gegebenheiten der Berechnung zugrunde gelegt werden (BGH VersR 1988, 490). Zur **Stundensatzschätzung** siehe *Burmann* DAR 2012, 127, *Burmann/Jahnke* NZV 2011, 473 sowie § 842 BGB, Rn 122 ff.

43 Da unterhaltsrechtlich nur **angemessener Wohnraum** (i.d.R. Mietwohnung) geschuldet ist (BGH NJW 1985, 49; BGH VersR 1966, 1141), sind im Falle der Tötung weitergehende fortgefallene Arbeiten (z.B. Tätigkeit im Garten und Arbeitsanfall in einem großen Haus) nicht zu berücksichtigen.

44 Gesetzlich geschuldete **Mitarbeitspflichten** von Kindern (§ 1619 BGB, ab 14. Lebensjahr 1 h/Tag) (BGH VersR 1973, 939; BGH VersR 1972, 948) und Ehegatten (§§ 1360, 1360a BGB) (Alleinverdiener 0% [OLG Frankfurt SP 2005, 338; OLG Oldenburg VersR 1983, 890], Halbtagsbeschäftigung 25% [LG Bayreuth VersR 1983, 66], Doppelverdiener 50% [BGH NJW 1974, 1238]) mindern den Anspruch auch dann, wenn sie tatsächlich nicht erbracht worden wären. Entscheidend ist die rechtlich vorgesehene Pflicht und nicht deren tatsächliche (Nicht-)Umsetzung in die Tagespraxis. Veränderungen im Maß ergeben sich im Laufe der Zeit (z.B. Ausscheiden von Personen aus dem Haushalt, Arbeitsplatzverlust, Verrentung; siehe BGH NJW 2012, 2887). Ein Alleinverdiener erbringt im Haushalt Leistungen i.d.R. freiwillig und nicht aufgrund seiner Unterhaltspflicht (OLG Frankfurt SP 2005, 338).

45 Bei Unterbringung im Kinderheim sind Ausgangspunkt der Berechnung die Heimkosten, gekürzt um ersparte Aufwendungen (OLG Düsseldorf VersR 1985, 698; OLG Celle NZV 2004, 307). Bei unentgeltlicher **Unterbringung von Waisen** in einer Familie bietet der doppelte Regelbedarfssatz einen praktikablen Anhaltspunkt (OLG Celle VersR 1980, 583; OLG Stuttgart VersR 1993, 1536; *Küppersbusch/Höher* Rn 381).

46 **dd) Nicht ersatzfähige wirtschaftliche Einbußen.** Verstirbt der Unfallbeteiligte zeitlich nach einer Körperverletzung aufgrund unfallfremder Ursachen, ist den Hinterbliebenen nicht derjenige Schaden auszugleichen, der infolge der Nichtabführung von Sozialversicherungsbeiträgen seitens des Verletzten entstanden ist (BGH NJW 1986, 984; OLG Stuttgart zfs 1988, 311).

47 Erben erhalten keinen Schadensersatz, soweit sie aus Verträgen verpflichtet sind, die der verstorbene Erblasser zuvor noch abgeschlossen hatte oder die Nachlassregelung Kosten (z.B. Erbschein) verursacht.

48 Verluste von Tarifvorteilen (z.B. Familienkarte) und Vorrechten (z.B. bevorzugte Baulandzuteilung), die auf dem Ehestand bzw. Familienstand beruhen, sind nicht zu ersetzen.

49 Führt der Tod zur Entwertung eines Unternehmens oder einer Praxis (Wegfall des Inhabers), sind hieraus resultierende Ansprüche nur soweit erstattungsfähig, als sie noch in der Person des Erblassers eingetreten waren und von seinen Erben geltend gemacht werden (BGH NJW 2004, 2894; BGH VersR 1972, 460). **Entwertungsschäden** sind nicht zu ersetzen, wenn der Erblasser alsbald verstirbt. Der unfallbedingte Wertverlust der Erbmasse ist als solcher kein erstattungspflichtiger Schaden, sondern nicht erstattungsfähiger mittelbarer Schaden der Erben (BGH NJW 1984, 979; BGH VersR 1962, 337; OLG Hamm zfs 2003, 593). Kann nach dem Tod eines Geschäftsmannes Inventar nur unter seinem Preis verkauft werden, ist der Mindererlös ein nicht erstattungsfähiger Schaden der Erben (*Böhme/Biela* Kap. 4 Rn 241).

50 **c) Dauer.** Ersatzpflicht besteht für die Zeit, in der dem Unterhaltsberechtigten der Unterhalt infolge des Unfalltodes **tatsächlich entzogen** ist. Sie beginnt erst

Ersatzansprüche Dritter bei Tötung   § 844 BGB

mit dem unfallbedingten Tod; **Unterhaltsrückstände** sind nicht zu ersetzen. Begrenzt wird die Ersatzpflicht vor allem durch das mutmaßliche Lebensende des getöteten Unterhaltsverpflichteten (abgestellt auf die dem Todeszeitpunkt nächste **Sterbetafel** [BGH NZV 2004, 291; OLG Hamm MDR 1998, 1414]), Wegfall oder Verringerung der Unterhaltsverpflichtung des Getöteten aus anderen Gründen und tatsächliches Lebensende des Unterhaltsberechtigten.

Der Ersatzanspruch endet nicht mit **Wiederheirat** und kann nach Beendigung 51 der neuen Ehe wieder aufleben (BGH NJW 1979, 268; OLG Bamberg DAR 1977, 300). Die Unterhaltspflicht des neuen Ehepartners wirkt aber anspruchsmindernd.

Waisenrente ist auf die Vollendung des 18. Lebensjahres zu begrenzen und 52 darüber hinaus durch Feststellungsurteil abzusichern (BGH NJW 1983, 2197). Waisen ist, wenn und solange sie bedürftig sind, Schadenersatz wegen entgangenen Barunterhaltes bis zum Ende der familienrechtlich geschuldeten Ausbildung zu zahlen. Unterhaltsbedarf von Kindern ändert sich in Abhängigkeit von Alter und schulischer Laufbahn; ein familienrechtlicher Abgleich der Anspruchshöhe (z.B. anhand Düsseldorfer Tabelle) ist angezeigt. Adoption beendet den Anspruch nicht (BGH NJW 1970, 2061).

Der Anspruch wegen **Betreuungsschaden** endet mit Vollendung des 53 18. Lebensjahres (BGH NZV 2006, 467; OLG Oldenburg NZV 2010, 156). Mit Volljährigkeit endet die Personensorge (§§ 1626, 1631 BGB); Betreuungsleistungen für ein volljähriges Kind sind kein Betreuungsunterhalt iSv § 1606 III 3 BGB (BGH NJW 2002, 2026; BGH NJW 1994, 1530). Ausnahmsweise können Pflegeleistungen zwar barunterhalt-ersetzende Leistungen (§ 1612 II BGB) sein (BGH NZV 2006, 467), die Ersatzpflicht richtet sich dann aber nach den Grundsätzen des geschuldeten und durch Naturalleistung ersetzten Barunterhaltes (u.a. hat eine Bedürfnisprüfung zu erfolgen).

Die Rente ist der Höhe nach zu staffeln und in **einzelne Zeitabschnitte** zu 54 unterteilen, wenn sich im Zeitpunkt der letzten mündlichen Verhandlung künftige Änderungen bereits absehen lassen (z.B. Erreichen des Rentenalters des Getöteten [BGH NJW-RR 2004, 821]; Bezug eigener Renten seitens des Berechtigten; Bestehen einer künftigen Schadenminderungspflicht; altersbedingtes Nachlassen der Arbeitskraft [auch im Bereich der Haushaltsführung]; Verringerung der Mithilfepflicht eines Kindes wegen Besuchs einer höheren Schule [BGH NJW 2012, 2887]; Wegfall der Erwerbstätigkeit nach Verheiratung; Fortfall weiterer Ersatzberechtigter [BGH NJW 2012, 2887]).

d) Mitverantwortlichkeit. Mitverantwortlichkeiten (Mitverschulden, Gefähr- 55 dungshaftung) des Verstorbenen, aber auch der Hinterbliebenen) führen zu Kürzung oder Ausschluss des Anspruches (§ 846 BGB).

Quotenvorrechte sind im Einzelfall zu beachten (siehe § 254 BGB, Rn 326 f). 56

e) Schadenminderung. Hinterbliebene sind zur Aufnahme angemessener 57 **Erwerbstätigkeit** verpflichtet (BGH NZV 2007, 29). Arbeitet ein Hinterbliebener nicht, obwohl ihm dieses zumutbar ist, ist fiktiv erzielbares Arbeitseinkommen anspruchsmindernd zu berücksichtigen (BGH NJW 1984, 2520; OLG Düsseldorf NZV 1993, 473).

f) Vorteilsausgleich. Von dritter Seite erbrachte **kongruente Leistungen** 58 (z.B. Arbeitgeber, Dienstherr, SVT, betriebliche Altersvorsorge [OLG Hamm r+s 1992, 413], Berufsständische Versorgung) sind auf den Direktanspruch anzurech-

Jahnke   1475

nen (OLG Hamm NZV 2004, 43). Rechtlich betrachtet handelt es sich nicht um einen Vorteilsausgleich, sondern um einen **Forderungswechsel** mit daran anknüpfender Frage der Aktivlegitimation (BGH NJW-RR 2010, 839; OLG Hamm NZV 2004, 43; *Jahnke* jurisPR-VerkR 11/2010 Anm. 1).

59 Ansprüche aus **Lebensversicherung** (BGH VersR 1979, 323) und privater **Unfallversicherung** finden keine Anrechnung. Anderes gilt aber, wenn diese Leistungen bereits zu Lebzeiten des Erblassers dem Unterhalt dienten (BGH VersR 1979, 323).

60 Eigene Einkommen und **Mitarbeitsverpflichtung** der Unterhaltsberechtigten in Haushalt und Beruf (OLG Düsseldorf r+s 1992, 375) kürzen den Ersatzanspruch. Zu bedenken sind auch erst mit Erreichen der Altersgrenze an Hinterbliebene zu zahlende **Altersbezüge**.

61 Als Erwerbstätigkeit kann **Haushaltsführung** für einen neuen Lebenspartner gelten (BGH NJW 1984, 2520) stellt noch auf Verletzung der Erwerbsobliegenheit ab). Das gilt jedenfalls bei wechselseitiger Übernahme von Unterhalts- und Versorgungsverpflichtung (*Jahnke* NZV 2007, 329).

62 Der **Stammwert** der Erbschaft ist auf einen Ersatzanspruch zwar nicht zu verrechnen. Eine Anrechnung erfolgt aber, wenn Erträgnisse aus dem vererbten Vermögen bereits vor dem Schadensereignis dem Familienunterhalt zur Verfügung standen. Hat nur die Person des Unterhaltpflichtigen, nicht aber die **Quelle** des Unterhalts gewechselt (z.B. Bauernhof, Erwerbsgeschäft, Mieteinkünfte, Zinsen) (BGH VersR 1979, 323; BGH NJW 1974, 1236; OLG Frankfurt VersR 1991, 595), sind die laufenden Erträge auf den Ersatzanspruch anzurechnen (BGH VersR 1967, 259). Bei **Veräußerung** der Quelle sind Erträgnisse aus dem Veräußerungserlös zu verrechnen.

63 Mit dem Tod des Unterhaltpflichtigen können auch **wirtschaftliche Vorteile** verbunden sein. Wegfall eigener Unterhaltsleistungen an den Getöteten muss sich ein Hinterbliebener ebenso anrechnen lassen wie ersparte Mehraufwendungen (u.a. für dessen Bekleidung, Körperpflege, Freizeitaktivitäten [wie Urlaub], Verpflegung, Zweitwagen).

64 **g) Drittleistungen.** Soweit **SVT** und sonstige Drittleistungsträger (wie gesetzliche Renten- und Unfallversicherung, im Einzelfall auch SHT) zum Unterhaltsschaden kongruente Leistungen erbringen, kürzen diese wegen des Forderungsüberganges (z.B. § 116 SGB X) den vom Hinterbliebenen selbst noch geltend zu machenden Ersatzanspruch. Dem Unterhaltsberechtigten fehlt bereits die Forderungsberechtigung, es handelt sich nicht um einen Vorteilsausgleich (BGH r+s 2010, 167; *Jahnke* jurisPR-VerkR 11/2010 Anm. 1). Rentenleistungen sind deckungsgleich sowohl zum Bar- wie auch zum Naturalunterhalt (OLG Saarbrücken SP 2013, 295 m.w.H.).

65 Hervorzuheben sind die **Erziehungsrente** (§ 47 SGB VI) an Geschiedene, ferner der Umstand, dass die **kleine Witwenrente** zwar nach max. 24 Monate endet, jedoch u.a. nach Erreichen der Altersgrenze (45./47. Lebensjahr; siehe u.a. § 46 SGB VI, § 65 SGB VII) als sog. **große Witwenrente** wieder aufleben kann.

66 Zu den in Betracht zu ziehenden Drittleistungen siehe umfassend *Jahnke*, Unfalltod und Schadenersatz, § 6 Rn 399 ff; *Jahnke/Burmann-Jahnke*, Handbuch des Personenschadenrechts, Kap. 5 Rn 14 ff.

67 **6. Steuer. Ersatzleistungen** für Unterhaltsschaden und Beerdigungskosten sind (kapitalisiert oder als Einmal-Betrag) nicht steuerpflichtig (§ 249 BGB, Rn 531 f).

Der Verlust steuerlicher Vorteile (z.B. **Splittingtarif**) ist nicht zu ersetzen 68
(BGH NJW 1979, 1501).

Eine **Hinterbliebenenrente** aus der gesetzlichen Rentenversicherung ist auch 69
dann steuerbar, wenn der Tod des rentenversicherten Ehegatten auf einer Straftat
beruht und der Täter den Hinterbliebenen gemäß § 844 II BGB zum Ersatz
weggefallener Unterhaltsansprüche verpflichtet ist, dieser Ersatzanspruch aber
nicht realisiert werden kann (BFH BeckRS 2017, 94015).

7. Schockschaden. Siehe vor § 249 BGB, Rn 123 ff. 70

8. Anderweitige finanzielle Belastungen. Soweit weitere Belastungen aus 71
dem Tod eines Unfallbeteiligten resultieren (wie Nachlassverwaltung, Erbscheinerstellung; vertragliche Verpflichtungen), sind diese vom Schadenersatzpflichtigen
nicht zu ersetzen. Die Hinterbliebenen sind insofern **mittelbar geschädigt** ohne
anspruchsberechtigende Schadenersatznorm (zu Einzelheiten siehe ausführlich
Jahnke, Unfalltod und Schadenersatz, § 1 Rn 48 ff).

9. Hinterbliebenengeld (§ 844 III BGB). Zum Thema: *Bischoff* MDR 72
2017, 739; *Frank* FamRZ 2017, 1640; *Jahnke*, Unfalltod und Schadenersatz, Kap. 2
Rn 422 ff; *Burmann/Jahnke* NZV 2017, 401; *Jaeger* VersR 2017, 1041; *Jahnke/
Burmann-Jahnke*, Handbuch des Personenschadenrechts, Kap. 4 Rn 1169 ff; *Klinger*
NZV 2005, 290; *Steenbuck* r+s 2017, 449; *Wagner* NJW 2017, 2641.

§ 844 III BGB gewährt (wie u.a. auch § 10 III StVG) einem besonders herausge- 73
hobenen Personenkreis im Fall des unfallkausalen Versterbens eines Dritten ein
Hinterbliebenengeld unter folgenden **Voraussetzungen**:
– **Haftung dem Grunde nach** aus Delikt oder Gefährdung (§ 844 BGB, 74
Rn 90 ff).
– (Auch erst späterer) **Tod** (Verletzung reicht nicht aus) eines Anderen (Dritten) 75
nach dem 22.7.2017 (Unfalltag) (§ 844 BGB, Rn 194 ff).
– Bestehen eines **besonderen persönlichen Näheverhältnisses** zwischen Hin- 76
terbliebenem und Verstorbener (was für jeden Anspruchsteller einzeln zu prüfen ist) im primären Schädigungszeitpunkt (und nicht erst im Zeitpunkt eines
späteren unfallkausalen Versterbens) (§ 844 BGB, Rn 115 ff).
– **Kein** Anspruch auf **Schockschaden-/Fernwirkungs-Schmerzensgeld** 77
(§ 844 BGB, Rn 248 ff).

a) Einleitung. Grundsätzlich sind auch schwere Schicksalsschläge zunächst 78
dem allgemeinen Lebensrisiko zuzuordnen und entschädigungslos hinzunehmen
(OLG Hamm NZV 2002, 234; BGH jurisPR-VerkR 9/2012 Anm. 1 = VersR
2012, 634).

Der **Gesetzgeber** hatte die Einführung eines allgemeinen Angehörigen- 79
schmerzensgeldes anlässlich der Schadenrechtsreform zum 1.8.2002 (2. Schadenrechtsänderungsgesetz v. 25.7.2002 BGBl I 2002, 2674) ausdrücklich abgelehnt
(*Schultzky* VersR 2011, 857). Von dieser Linie wurde mit der Einführung des
Hinterbliebenengeldes (begrifflich daher nicht: Hinterbliebenenschmerzensgeld,
Trauerschmerzensgeld oder Angehörigenschmerzensgeld) auch nicht abgewichen.
Die infolge einer fremdverursachten Tötung erlittene Trauer und das seelische
Leid eines Hinterbliebenen wurde vom bis zum 22.7.2017 geltenden Recht als
entschädigungslos hinzunehmendes Schicksal angesehen (BT-Drs. 18/11397,
S. 8). Psychische Belastungen, denen Angehörige durch das Miterleben von Leidensweg und Tod eines Familienmitgliedes ausgesetzt sind, rechtfertigen nur im

Ausnahmefall ein Schmerzensgeld (dazu § 253 BGB, Rn 69, vor § 249 BGB, Rn 123 ff).

80 § 844 III BGB (und die inhaltlich identischen Normen in den Spezialhaftpflichtgesetzen wie § 5 III HaftPflG, § 10 III StVG) bestimmen für **Unfallgeschehen** erst **ab 23.7.2017,** dass Hinterbliebene eines Unfallopfers vom für die Tötung Verantwortlichen eine angemessene Entschädigung (Hinterbliebenengeld) für ihnen zugefügtes seelisches Leid verlangen können. Nur ab dem **Stichtag** (23.7.2017) geschehene Unfälle werden hinsichtlich des Hinterbliebenengeldes entschädigt (Art. 229 § 43 EGBGB; dazu vor § 10 StVG, Rn 1).

81 Diese Rechtsänderung für Unfallgeschehen nach dem Stichtag (23.7.2017) ist eine **Systemänderung.**

82 Einige **europäische Länder** (z.B. Belgien, England, Österreich, Polen, Italien) gewähren in unterschiedlichen Variationen und nicht immer mit klarer Trennung von materiellem und immateriellem Anspruch ein „Angehörigenschmerzensgeld" (siehe *Burmann/Jahnke* NZV 2017, 401 m.w.H.; OGH NZV 2002, 26). Österreich (OGH NZV 2002, 26) gewährt ein Trauerschmerzensgeld nur bei grober Fahrlässigkeit oder Vorsatz des Schädigers. Die Rechtsordnungen u.a. in Dänemark, Norwegen, Slowakei kennen keinen solchen Anspruch. EuGH DAR 2013, 700 betont, dass es jedem Mitgliedsstaat frei steht, die Haftpflicht für Kfz-Schäden eigenständig zu regeln.

83 **b) Zeitlicher Geltungsbereich.** Art. 229 § 43 EGBGB bestimmt, dass das Gesetz **keine Rückwirkung** entfaltet (z.B. bei Versterben erst nach dem In-Kraft-Treten als Spätfolge aus früherer Verletzungshandlung) (siehe vor § 10 StVG Rn 6).

84 **aa) Primärschädigung.** Entscheidend ist der Tag der Primärschädigung (BT-Drucksache 18/11397, S. 15): Nicht der Tod, sondern die zum (späteren) Tod führende primäre Verletzung muss nach dem 22.7.2017, 24:00 h erfolgt sein (Art. 4 des Gesetzes zur Einführung eines Anspruchs auf Hinterbliebenengeld v. 17.7.2017).

85 **bb) Näheverhältnis.** Wie beim Unterhaltsschaden (§ 844 II 1 BGB) muss das besondere Näheverhältnis **zur Zeit der Verletzung** bestanden haben.

86 Begründet der Verletzte erst nach dem Haftpflichtgeschehen ein Näheverhältnis iSv § 844 III BGB (z.B. Verletzter heiratet seine Krankenschwester) und verstirbt er später unfallkausal, besteht ebenso wenig Anspruch auf Hinterbliebenengeld wie auf Unterhalt (OLG Hamm r+s 1997, 65).

87 **c) Sachlicher Geltungsbereich** (Subsidiarität zum Schock-/Fernwirkungsschaden). Der Anspruch ist **subsidiär** zum Schock-/Fernwirkungs-Schmerzensgeld. Besteht Anspruch auf Schockschaden-/Fernwirkungsschmerzensgeld, entfällt ein Anspruch Hinterbliebenengeld.

88 Das Hinterbliebenengeld geht vollständig im Schmerzensgeldanspruch auf (§ 844 BGB, Rn 248 ff).

89 **d) Ersatzpflicht** (Anspruchsgrund). **aa) Haftung. (1) Allgemeines.** Die Rechte der sekundärgeschädigten Hinterbliebenen leiten sich von einem Anspruch des Primäropfers ab. Die Haftungsvoraussetzungen sind nicht im Verhältnis zu den Drittbetroffenen, sondern im Verhältnis zum Primäropfer zu prüfen. Haftungstatbestand und Haftungsbeeinträchtigungen sind im Verhältnis zum Getöteten zu prüfen.

(2) Delikt, Gefährdung. § 843 III BGB ist eine Rechtsfolgennorm und setzt 90 daher eine Haftpflicht dem Grunde nach voraus. Anspruchsbegründend sind (nur) Haftung aus Delikt oder Gefährdung (Übersicht zu Haftungstatbeständen gibt *Jahnke/Burmann-Jahnke*, Handbuch des Personenschadensrechts, Kap. 4, Rn 26 ff).

(3) Vertrag. Der Gesetzgeber lässt – anders als beim Schmerzensgeld (§ 253 91 BGB, Rn 1) – bei Vertragsverletzungen (z.B. ärztlicher Behandlungsvertrag, Beförderungsvertrag mit Taxi/ÖPNV), die zum Tode des Vertragspartners (oder eines vertraglich geschützten Dritten) führen, ausdrücklich keine Ansprüche aus §§ 844, 845 BGB zu (BT-Drucksache 18/11397, S. 8, 9; BGH NJW 1952, 458; siehe die Diskussion in BGH [VGS] NZV 2017, 179). Für das Hinterbliebenengeld gilt damit nichts anderes als für entzogenen Unterhalt und Beerdigungskosten (dazu § 844 BGB, Rn 3a).

Die bestehenden gesetzlichen Verweisungen auf § 844 BGB in **§ 618 III BGB,** 92 **§ 62 III HGB** führen zu einem Anspruch auf Hinterbliebenengeld.

Gleiches gilt aufgrund ausdrücklicher Regelung im **Luftverkehr** für die Passa- 93 gierschadenshaftung mit Blick auf internationale Rechtsregeln (BT-Drucksache 18/11397, S. 9, 18 f).

(4) § 12 PflVG. § 12 I PflVG umfasst Ansprüche aus § 844 BGB zunächst 94 uneingeschränkt, und damit auch Hinterbliebenengeld.

(a) Unfallflucht. § 12 II 1 PflVG lässt den Anspruch auf Schmerzensgeld – 95 abweichend von den übrigen Fallgruppen – im Falle des nicht ermittelten Fahrzeugs (§ 12 I 1 Nr. 1 PflVG) nur bei besonders schweren Verletzungen und nur zur Vermeidung grober Unbilligkeiten zu (dazu *Stiefel/Maier-Jahnke*, § 12 PflVG Rn 173 ff). Angesichts des unterhalb des Schmerzensgeldes angesiedelten Hinterbliebenengeldes spricht die Billigkeit gegen einen Zahlungsanspruch gegenüber der VOH.

(b) Übrige Fälle. In den übrigen Fällen des § 12 I PflVG verbleibt es bei der 96 (subsidiären) Zahlungsverantwortung des Fonds.

bb) Anspruchsbeeinträchtigung. (1) Allgemeines. Die zum Ersatz der 97 Ansprüche in § 844 I, II BGB bestehenden Anspruchshemmnisse (wie Verjährung, Mithaftung) gelten ausnahmslos auch für das Hinterbliebenengeld.

(2) Mitverantwortung/Mitverschulden des Verstorbenen. Mitwirkendes 98 Verschulden des Getöteten oder eine von ihm zu verantwortende Betriebsgefahr (z.B. Kfz, Tier) führen zur Minderung des Hinterbliebenengeldes (§ 846 BGB).

Eine zum Tod führende Schadenausweitung (z.B. unterlassene gebotene 99 Behandlung) kann anspruchsmindernd wirken.

(3) Mitverantwortung des Hinterbliebenen. (a) Anspruchsgrund. Ist 100 z.B. die Mutter am Zustandekommen des Haftpflichtgeschehens, welches zum Tod ihres Kindes geführt hat, mitverantwortlich (z.B. Aufsichtspflichtverletzung), bedingt dies eine Anspruchskürzung (OLG Karlsruhe VersR 1978, 575), die kumulativ zu einer etwaigen Mitverantwortung des Verstorbenen tritt (OLG Köln r+s 1991, 338).

(b) Anspruchsvolumen. Fehlende **Trauerarbeit** (siehe dazu BGH NZV 101 2015, 281) führt nicht zur Anspruchsminderung (§ 254 BGB), da Leidensvolumen und Leidensbewältigung für die Anspruchsbemessung keine Rolle spielen.

102 **cc) Anspruchsausschluss, Haftungsmilderung. (1) Private Ausschlüsse.** Private Ausschlüsse (§ 254 BGB, Rn 99 ff) (z.b. Haftungsverzicht) und Haftungsmilderungen (z.b. besonderer Verschuldensmaßstab beim Sportunfall; eigenübliche Sorgfalt im familiären Bereich) schlagen auf die Haftungsfrage (und damit die Anspruchsbejahung) wie in anderen Bereichen der Haftungsprüfung durch. Zum Hinterbliebenengeld bestehen insofern keine Besonderheiten (außerhalb der Bemessung der Anspruchshöhe).

103 **(2) Arbeitsunfall.** Die Haftungsersetzung in §§ 104 ff SGB VII (siehe § 254 BGB, Rn 10) erstreckt sich auf die originären Ansprüche der Hinterbliebenen nach §§ 844, 845 BGB (§ 254 BGB, Rn 35), und damit auch auf das Hinterbliebenengeld (*Steenbuck* r+s 2017, 449; *Wagner* NJW 2017, 2641).

104 Zwar hat BGH NZV 2007, 453 den Schadenersatzanspruch eines Angehörigen, der einen Schockschaden erlitten hat, nicht der Haftungsprivilegierung der § 104 SGB VII ff. unterfallen lassen (vor § 249 BGB, Rn 136). Begründet wurde dieses mit dem Umstand, dass ein eigenes absolutes Recht des Angehörigen bei einem Schockschaden verletzt werde. Diese Erwägung trifft auf das Hinterbliebenengeld (wie auch auf die übrigen Tatbestände des § 844 BGB) nicht zu, da dieses abstrakt am Tod eines Anderen festmacht, und nicht an einer konkreten Betroffenheit des Hinterbliebenen (dieses wäre dem Schockschaden zuzuordnen).

105 **(3) Dienstunfall. (a) Anspruchsverlust.** Nach § 46 II 1 BeamtVG sind Ersatzansprüche von Beamten (auch z.B. Richter, Soldaten; zum Personenkreis siehe *Jahnke/Burmann-Jahnke*, Handbuch des Personenschadensrechts, Kap. 5 Rn 2131 ff) gegen den (öffentlich-rechtlichen) Dienstherrn und seine Bediensteten ausgeschlossen (§ 254 BGB, Rn 89 ff). Der Ausschluss erfasst auch Schockschäden von Angehörigen (vor § 249 BGB, Rn 137 f).

106 Hinterbliebene des getöteten Beamten haben keine zivilrechtl. Ansprüche nach § 844 BGB und erhalten damit auch kein Hinterbliebenengeld (§ 254 BGB, Rn 89).

107 **(b) Vorleistung bei Dienstunfall.** Nach § 78a BBG (ebenso § 31a SG) haben Beamte, wenn sie als Amtsträger angegriffen und vorsätzlich verletzt werden, unter weiteren Voraussetzungen einen Anspruch darauf, dass der Dienstherr hinsichtlich des beim Täter nicht beizutreibenden Schmerzensgeldanspruchs in Vorleistung tritt. Einige Bundesländer räumen ihren Beamten ähnliche Rechte ein (z.B. Art. 97 BayBG, § 83a LBG Schleswig-Holstein).

108 Hinsichtlich des Hinterbliebenengeldes ist kein entsprechender Anspruch eingeräumt. Eine Analogie verbietet der Ausnahmecharakter dieser Vorschriften; Ausnahmenormen sind eng und restriktiv auszulegen (BGH NJW 1989, 2317).

109 **dd) Drei-Personen-Verhältnis. (1) Täter – Opfer – Hinterbliebener.** Der Anspruch auf Hinterbliebenengeld setzt ebenso wie die anderen Ansprüche aus § 844 BGB (Unterhaltsausfall, Beerdigungskosten) ein Drei-Personen-Verhältnis (Täter – Opfer – Hinterbliebener) voraus.

110 Siehe zum Drei-Personen-Verhältnis auch § 846 BGB, Rn 8.

111 **(2) Tod eines Dritten.** Anspruchsauslösender Umstand ist der fremdverursachte Tod eines Anderen (Dritten).

112 **(3) Verhältnis zum Schockschaden.** Anspruchsbegründende Rechtsgutverletzung ist beim Hinterbliebenengeld die Rechtsgutverletzung (Tod) bei einem

Dritten. Beim Schockschaden ist der Hinterbliebene selbst in seinen Rechtsgütern (Körperverletzung) betroffen.

Die gesetzliche Einräumung des Anspruchs auf Hinterbliebenengeld führt erklärtermaßen nicht dazu, dass ein (weitergehender) Anspruch auf Erstattung des Schockschadens ausgeschlossen ist (BT-Drucksache 18/11397, S. 12). Besteht Anspruch auf Schmerzensgeld wegen eines Schock-/Fernwirkungsschadens, entfällt das Hinterbliebenengeld. 113

Siehe Einzelheiten zu § 844 BGB, Rn 246 ff. 114

e) Anspruchsberechtigter Personenkreis. aa) Allgemeines. Anspruchsberechtigt ist allein derjenige Hinterbliebene, der im Zeitpunkt der Primärschädigung zum Getöteten in einem besonderen persönlichen Näheverhältnis stand. Das Adjektiv „besonders" deutet an, dass es sich um eine Steigerungsform handeln muss, die über die Tiefe und Intensität freundschaftlicher Verbindungen in der Sozialsphäre (also in Beruf, Sport und Freizeit) deutlich hinausgeht (*Wagner* NJW 2017, 2641). Es geht um das Bestehen einer intensiven Gefühlsgemeinschaft. 115

bb) Schuldnerschutz. Wie BGH NJW-RR 2017, 888 betont, muss ein Ersatzschuldner davor geschützt sein, auf einen unübersehbaren Anspruchstellerkreis zu stoßen. Für Regulierungspraxis und Rechtsprechung muss die Anspruchsberechtigung also überschaubar gestaltet sein (*Müller* VersR 2017, 321). 116

cc) Hinterbliebener. (1) Begriff. Der Hinterbliebene ist im Schadenersatzrecht keine eindeutig definierte Rechtsfigur, sondern juristisch unbestimmt. Erwähnung findet der „Hinterbliebene" u.a. im Sozialrecht (z.B. §§ 4 II 2, 5 S. 2 SGB I, § 34 SGB VI, § 104 SGB VII). 117

Der allgemeine Sprachgebrauch versteht unter „Hinterbliebenen" mit dem Verstorbenen eng verwandte (§ 1589 BGB) oder verschwägerte (§ 1590 BGB) Personen. Hinterbliebener ist, wer den Tod einer nahestehenden Person zu beklagen hat. Die Hinterbliebeneneigenschaft ist regelmäßig **familiär geprägt.** 118

(2) Unterhaltsrecht, Erbrecht. Für das Unterhalts- und Erbrecht (und damit für die Fallgruppen von § 844 I, II BGB) existieren **feste juristische Zuweisungen,** die dazu dienen, personenbezogen sicher hinsichtlich der Anspruchspositionen abzugrenzen (Jahnke, Unfalltod und Schadensersatz, § 2 Rn 121 ff). 119

Verwandte sind Personen in einer Abstammungslinie (§ 1589 BGB). Mit dem **Ehegatten** ist man verheiratet, nicht aber verwandt (siehe auch § 1934 BGB). **Schwägerschaft** besteht (auch nach Beendigung der Ehe, § 1590 II BGB) mit den Verwandten des Ehegatten/Lebenspartners (§ 1590 I BGB, § 11 II LPartG). Siehe auch § 844 BGB, Rn 158. 120

Die **Erbenstellung** regeln §§ 1922 ff BGB. 121

(3) Soziale Verbindung. § 844 III BGB berücksichtigt neben Ehe und Verwandtschaft auch eine enge soziale Bindung. Beziehungen ohne **emotionalen Tiefgang** reichen nicht. 122

(4) Wechselseitige Beziehung. Zwischen Verstorbenen und anspruchsberechtigtem Hinterbliebenen muss eine wechselseitige Nähebeziehung bestanden haben. 123

Fühlte sich der Anspruchsteller nur einseitig zum Verstorbenen hingezogen (z.B. nicht erwiderte Liebe, Stalker), trifft ihn der Tod uU sehr tief. Gleichwohl fehlt es an einem Anspruch. 124

125 **dd) Zeitpunkt der Primärschädigung.** Das besondere persönliche Näheverhältnis muss im Unfallzeitpunkt bestanden haben. Verstirbt der durch ein Haftpflichtgeschehen (= primäre Verletzungshandlung [z.b. Verkehrsunfall]) zunächst nur Verletzte erst zeitlich später (z.b. Spätfolge des Unfalles, zurechenbare spätere ärztliche Fehlbehandlung) und wird das besondere Näheverhältnis erst nach der Primärschädigung begründet (wie Geburt eines Kindes, Kennenlernen eines neuen Partners, intensive Pflege nach dem Unfall), besteht kein Anspruch nach § 844 III BGB.

126 **ee) Besonderes persönliches Näheverhältnis.** Der Anspruch soll nur Personen zustehen, die mit dem Verstorbenen im Schädigungszeitpunkt eng verbunden waren. Zum Verstorbenen muss eine intensive Gefühlsgemeinschaft bestanden haben. Anspruchsberechtigt ist aber nicht bereits derjenige, der ein normales Näheverhältnis zum Verstorbenen hatte, sondern nur derjenige, dessen Näheverhältnis besonders herausgehoben war.

127 **(1) Persönliches Näheverhältnis („nahestehende Person").** Einige Rechtsnormen (z.b. § 2270 II BGB, § 32d II 1 Nr. 1 lit. a EStG [BFH NJW 2014, 3598; BFH DB 2014, 1963], § 138 InsO, § 7 III PflegeZG, § 263 StGB) beziehen sich zwar auf ein Näheverhältnis zu Personen, betonen aber, dass der Begriffsinhalt sich auf das jeweilige rechtliche Umfeld beschränkt und keine darüber hinaus gehende Anwendung zulässt (BT-Drucksache 18/11397, S. 14).

128 Während der Bundesrat (BR-Drucksache 127/1/17, S. 1) forderte, den Kreis der Anspruchsberechtigten gesetzlich festzulegen, hat der Gesetzgeber (BT-Drucksache 18/11615, S. 13) es vorgezogen, den unbestimmten Rechtsbegriff eines „besonderen Näheverhältnisses" zwischen Getötetem und Hinterbliebenen zu verwenden: *„Ein seelisches Leid, für das … eine angemessene Entschädigung in Geld gewährt werden soll, wird i.d.R. nur derjenige Hinterbliebene empfinden, der in einem entsprechenden Verhältnis zum Getöteten gestanden hat. Dagegen birgt die bloß formale Anknüpfung an einen – wie auch immer spezifizierten – Verwandtschaftsgrad die Gefahr, dass auch diejenigen in den Genuss von Hinterbliebenengeld gelangen, die den Verlust des Getöteten nicht als seelisches Leid empfinden. Eine Regelung, die den Kreis der anspruchsberechtigten Hinterbliebenen abschließend benennt, wäre vor diesem Hintergrund nicht geeignet, die Vielfalt der insoweit denkbaren sozialen Beziehungen zu berücksichtigen."*

129 **(2) Herausgehobenes („besonderes") Näheverhältnis. (a) Einzelbetrachtung.** Das Bestehen des besonderen Näheverhältnisses zwischen Hinterbliebenem und Verstorbenem ist für jeden Anspruchsteller einzeln zu prüfen.

130 Entscheidend ist der primäre Schädigungszeitpunkt und nicht der Zeitpunkt des späteren unfallkausalen Versterbens.

131 **(b) Gesetzliche Vermutung (§ 844 III 2 BGB). (aa) Unterhaltsberechtigte Familienangehörige.** § 844 II 2 BGB stellt eine (widerlegbare) gesetzliche Vermutung für ein anspruchsbegründendes persönliches Näheverhältnis für nächste Familienangehörige auf. Die Vermutung orientiert sich wesentlich – allerdings nur unvollständig – am **familienrechtlichen Unterhaltsanspruch** (Ehegatte, Lebenspartner [LPartG], Elternteil, Kind des Getöteten).

132 Das bloße Bestehen einer Unterhaltspflicht hat keine Bedeutung für die Bejahung eines besonderen Näheverhältnisses. Es müssen weitere Umstände hinzutreten.

133 Der Katalog in § 844 II 2 BGB ist als **Ausnahmebestimmung** abschließend und einer erweiternden Analogie nicht zugänglich (BGH NJW 1989, 2317).

Kind-erziehende, aber nicht mit dem Getöteten verehelichte, Partner sind zwar 134
eingeschränkt (§ 844 BGB, Rn 24) unterhaltsberechtigt, nicht aber in § 844 II 2
BGB erwähnt. Das Kind kann sich auf die Vermutung stützen, nicht aber die das
Kind erziehende Mutter (bzw. Vater).

(bb) Ehegatte, Lebenspartner. § 844 II 2 BGB gilt nicht für einen **geschie-** 135
denen (Ex-)Partner.

Lebenspartner meint nur den **Lebenspartner (LPartG)** (siehe die Legaldefini- 136
tion in § 1 I 1 LPartG), ausdrücklich aber nicht Partner einer nicht-ehelichen
Gemeinschaft (BT-Drucksache 18/11397, S. 13f; siehe auch BFH NJW 2017,
2223). Lebenspartnerschaften können ab 1.10.2017 nicht mehr begründet werden
(Art. 3 III Gesetz zur Einführung des Rechts auf Eheschließung für Personen
gleichen Geschlechts v. 20.7.2017 BGBl I 2017, 2787), bestehende Lebenspartnerschaften können auf Wunsch in eine Ehe umgewandelt werden (§ 20a LPartG).

Ehe kann seit 1.10.2017 auch zwischen gleichgeschlechtlichen Partnern beste- 137
hen (§ 1353 I 1 BGB).

Bei zulässiger **Mehrehe** (Polygamie) gilt die Vermutung für Haupt- und 138
Nebenfrau (zum Unterhaltsrecht siehe *Jahnke*, Unfalltod und Schadenersatz, § 6
Rn 36 f).

(cc) Eltern. Für die **leiblichen Eltern** und **Adoptiveltern** des Verstorbenen 139
gilt die Vermutung.

Schwiegereltern müssen das besondere Näheverhältnis darlegen (§ 844 BGB, 140
Rn 147).

(dd) Kind. Die Vermutung erfasst **leibliche** und **Adoptivkinder** des Verstor- 141
benen.

Nicht erfasst sind **Stief-/Pflegekinder.** Diese müssen das besondere Näheverh- 142
hältnis darlegen (§ 844 BGB, Rn 147).

§ 844 III BGB enthält keine § 844 II 2 BGB entsprechende Ausnahmeregel 143
zugunsten des **Nasciturus.** Ausnahmenormen sind grundsätzlich eng und restriktiv auszulegen (BGH NJW 1989, 2317), § 844 II 2 BGB ist als Ausnahmevorschrift
daher nicht analog anwendbar. Das vor dem Primärschädigungsereignis bereits
gezeugte, aber erst später nach dem Primärschadenereignis dann geborene, Kind
erhält (unabhängig vom Tag des Todes) mangels Rechtsfähigkeit (§ 1 BGB) weder
Hinterbliebenengeld noch Schockschaden-Schmerzensgeld (siehe ergänzend
§ 844 BGB, Rn 234 f, vor § 249 BGB, Rn 118a).

Schwiegerkinder müssen das besondere Näheverhältnis darlegen (§ 844 BGB, 144
Rn 147).

(c) Außerhalb der gesetzlichen Vermutung. Man muss sich dem Kreis 145
der Anspruchsberechtigten in 2 Schritten nähern: Zunächst muss überhaupt ein
(einfaches) persönliches Näheverhältnis bestehen, welches sich dann auch noch
durch besondere Hervorgehobenheit auszeichnet.

(aa) Enge soziale Bindung. Besonderes persönliches Näheverhältnis ist nicht 146
reduziert auf Verwandtschaft und Ehe, anspruchsberechtigt können auch andere
als die § 844 III 1 BGB genannten Personen sein. Das Gesetz definiert dazu aber
nicht, was unter einem „*besonderen persönlichen Näheverhältnis*" zu verstehen sein
soll, es bleibt ein unbestimmter (Rechts-)Begriff.

Eine erste Orientierung gibt die Dichte der tatsächlich gelebten sozialen Bezie- 147
hung. In der Begründung (BT-Drucksache 18/11397, S. 13) heißt es, dass die

Beziehung eine Intensität aufweisen muss, **wie** sie in den in **§ 844 III 2 BGB** genannten Fällen typischerweise besteht. Als solche Personen kommen in Betracht: Partner einer eheähnlichen Gemeinschaft, Verlobte, Stief-/Pflegekinder, Geschwister. Siehe auch § 844 BGB, Rn 178 f.

148 Dem Bestehen einer **häuslichen Gemeinschaft** kommt indizieller Charakter zu für das Bestehen eines persönlichen Näheverhältnisses. Weit entfernt wohnende, uU auch im Ausland lebende, Personen dürften eher nicht eine besondere Nähe dartun können. Als Anknüpfungspunkt für eine Auslegung des Näheverhältnisses kann auf § 86 III VVG („Haushaltsangehörigenprivileg"; BGH NZV 2013, 334; siehe § 86 VVG, Rn 103 ff) zurückgegriffen werden. Man kann allerdings trotz Verlustes eines Näheverhältnisses gleichwohl – wie § 1567 I BGB zeigt – noch in einer gemeinsamen Wohnung leben (und nach § 86 III VVG privilegiert sein; BGH NJW 2011, 3715).

149 Indizien können **testamentarischen** Bestimmungen entnommen werden. Ist z.B. jemand ohne verbindendes formales familienrechtliches Band vom Getöteten testamentarisch als Erbe eingesetzt, kann dieses für ein entsprechendes enges Verhältnis sprechen.

150 **(bb) Nicht-eheliche Gemeinschaft.** Die Vermutungsregel des § 844 III 2 BGB gilt für die Partnerschaft nach dem LPartG, nicht aber für die nicht-eheliche Partnerschaft (§ 844 BGB, Rn 136).

151 Es wird schon seit langem in vielen Rechtsgebieten versucht, die nicht-eheliche Gemeinschaft rechtlich zu fassen, ohne dabei aber zu **allgemeingültigen Antworten** gekommen zu sein. Ein Gesetz zur Regelung nicht-ehelicher Gemeinschaften (dazu BT-Drucksache 13/7228) wurde bislang nicht geschaffen (vgl BGH NJW 2007, 992).

152 Die Rechtsprechung zu **§ 86 III VVG, § 116 VI SGB X** (siehe § 86 VVG, Rn 106 ff) zeigt, dass es nicht einfach ist, die Tatsachen für eine eheähnliche Gemeinschaft festzustellen und in ein einheitliches juristisches Gerüst einzubauen. Zu Kriterien siehe *Jahnke*, Der Verdienstausfall im Schadensersatzrecht, § 2 Rn 463 ff; *Jahnke/Burmann-Jahnke/Burmann*, Handbuch des Personenschadensrechts, Kap. 5 Rn 3209 ff).

153 Rechtliche Rahmenbestimmungen außerhalb der **Bedarfsgemeinschaft** (§ 7 III, IIIa SGB III, siehe auch § 1579 Nr. 2 BGB) oder gesicherte Kriterien sind nicht vorhanden (dazu *Jahnke*, Der Verdienstausfall im Schadensersatzrecht, § 2 Rn 463 ff). Es ist auf Rechtseinheitlichkeit zu achten; so ist z.B. ein nicht-verheirateter Lebensgefährte kein Hinterbliebener des Schuldners iSv § 851c I Nr. 3 ZPO (BGH NJW-RR 2011, 492).

154 Kurze Beziehungsdauer (siehe LG Bielefeld VersR 1968, 783 zum Unterhaltsrecht und Fehlen einer gemeinsamen Wohnung (siehe OLG Nürnberg r+s 2016, 50) sprechen zunächst gegen eine entsprechende Intensität.

155 **(cc) Patchwork-Familie.** Patchwork-Familien (siehe BT-Drucksache 18/11397, S. 15) haben ihre Eigenheiten. So finden sich einheitliche Unterhaltsverpflichtungen, wie sie z.B. für die Ehe oder zwischen Eltern und Kindern gelten, innerhalb einer Patchwork-Familie bzw. einer nicht-ehelichen Familie häufig nicht.

156 Personen, die mit dem Getöteten in sog. Patchwork-Familien zusammenlebten, müssen, wenn sie (außerhalb der Vermutung von § 844 III 2 BGB) einen Anspruch verfolgen, das besondere persönliche Näheverhältnis darlegen. Allein das Bestehen

Ersatzansprüche Dritter bei Tötung **§ 844 BGB**

einer Patchwork-Familie belegt noch kein besonderes persönliches Näheverhältnis z.B. zwischen den Kindern des anderen Partners und dem Getötetem.

Die Vermutung des § 844 III 2 BGB kommt nicht allgemein zur Anwendung, 157 wenn mehrfach geschiedene Eltern verunfallen. Die Vermutung greift zugunsten Eltern und leiblichen Kindern, nicht aber für weitere Angehörige (wie Stiefkinder, Ex-Stiefkinder, Ex-Schwiegereltern). Für jeden Fordernden ist eine eigenständige Betrachtung vonnöten.

(dd) Verwandtschaft, Schwägerschaft. Personen, deren eine von der ande- 158 ren abstammt, sind in gerader Linie verwandt (§ 1589 I 1 BGB). Der Grad der Verwandtschaft bestimmt sich nach der Zahl der sie vermittelnden Geburten. Mit Angehörigen des Ehepartners ist man nicht verwandt sondern verschwägert (§ 1590 I BGB).

(ee) Geschwister. Auch unter Geschwistern kann ein sehr enges Näheverhält- 159 nis bestehen, z.B. wenn nicht-verheiratete Geschwister jahrelang zusammengelebt haben.

(ff) Großeltern, Enkel. Personen außerhalb des direkten Beziehungsverbun- 160 des (Ehegatte, Elternteil, Kind) können sich nicht auf die Vermutung (§ 844 III 2 BGB) stützen, sondern müssen den Nachweis der besonderen Verbundenheit führen. Dazu zählen auch Enkel/Urenkel und Großeltern/Urgroßeltern.

(gg) Onkel, Neffe, Cousin. Onkel, Tanten, Nichten, Neffen, Cousin, Cou- 161 sine pp. sind nicht grundsätzlich aus dem möglicherweise anspruchsberechtigten Kreis ausgeschlossen, haben allerdings das besondere Näheverhältnis zu beweisen.

(hh) Freunde, Nachbarn. Zwischen Nachbarn, Vereinsmitgliedern, Freun- 162 den, Mitschülern u.ä. Personen können sehr enge Beziehungen bestehen.

Es sind allerdings sehr hohe Anforderungen an die Darlegung eines anspruchs- 163 begründenden Näheverhältnisses zu stellen.

(ii) Pflege, sonstige Personen. Allein der Umstand, dass jemand als **Pflege-** 164 **person** (§ 44 SGB IX) tätig ist, stellt kein Indiz für eine besondere Nähesituation dar. Für die Benennung als Pflegeperson können auch sachliche Gründe gesprochen haben (siehe *Jahnke/Burmann-Jahnke*, Handbuch des Personenschadenrechts, Kap. 5 Rn 385).

Entscheidet ein **Betreuer** im Rahmen der ihm erteilten Vorsorgevollmacht, 165 dass lebensverlängernde Maßnahmen unterbleiben, spricht dieses (sofern die Voraussetzungen für eine Hinterbliebeneneigenschaft iSv § 844 BGB vorliegen) nicht zwingend gegen einen Anspruch auf Hinterbliebenengeld (siehe auch BSG BSGE 118, 18).

(d) Kulturkreis. Für die Beurteilung eines anspruchsbegründenden herausge- 166 hobenen Näheverhältnis gelten als objektiver Standard die Vorstellungen des deutschen Rechtssystems. Entferntere Verwandte sind daher in aller Regel nicht anspruchsberechtigt.

(3) Darlegung, Nachweis. (a) Zeitpunkt. Für die Anwendung der Vermu- 167 tung (§ 844 II 2 BGB) und die daraus resultierende Darlegungs- und Beweislast ist entscheidend der Primär-Schadenzeitpunkt, nicht der Moment des Versterbens.

Heiratet der Verletzte nach dem Unfallgeschehen seine langjährige nicht-eheli- 168 che Lebensgefährtin, wandelt sich durch die spätere Veränderung der Nähebeziehung nicht die Darlegungslast. Eine spätere Eheschließung kann aber ein (starkes)

Indiz für ein besonderes Näheverhältnis bereits zum Zeitpunkt der Schädigung darstellen.

169 **(b) Gesetzliche Vermutung (§ 844 III 2 BGB). (aa) Darlegung.** Greifen formal die Tatbestände des § 844 II 2 BGB, muss der Schadenersatzpflichtige zur fehlenden besonderen Nähe vortragen.

170 Soweit ein besonderes Näheverhältnis vermutet wird, kann der Schädiger die gesetzliche Vermutung widerlegen (§ 292 ZPO). Damit will der Gesetzgeber ausschließen, dass auch Personen, die zwar aufgrund ihrer formalen Stellung als enge Angehörige des Getöteten gelten können, jedoch in der Realität keine Beziehung zum Getöteten hatten, ein Anspruch auf Hinterbliebenengeld als unerwarteter Vorteil zukommt (BT-Drucksache 18/11397 v. 7.3.2017, S. 14).

171 **(bb) Entkräftung.** § 292 ZPO lässt den **Gegenbeweis** zu, wenn eine gesetzliche Vermutung aufgestellt wird. Dieser Beweis kann auch durch den Antrag auf Parteivernehmung (§ 445 ZPO) geführt werden.

172 Der Nachweis des fehlenden besonderen Näheverhältnis ist schwierig, da der Ersatzpflichtige kaum Einblick in die Familiensituation des Verstorbenen hat (dazu *Wagner* NJW 2017, 2641). Aspekte zeigt uU der Vortrag zu einem parallel verfolgten Unterhaltsschaden auf.

173 Den Hinterbliebenen kann im Einzelfall eine **sekundäre Behauptungslast** treffen (*Steenbuck* r+s 2017, 449). Der Grundsatz, dass Prozesspartei alle Tatsachen, aus denen sich ihr Anspruch oder Gegenrecht herleitet, zu behaupten und zu beweisen hat, erfährt eine Einschränkung, wenn die primär darlegungsbelastete Partei außerhalb des maßgeblichen Geschehensablaufs steht und den Sachverhalt von sich aus nicht ermitteln kann, während dem Prozessgegner die erforderliche tatsächliche Aufklärung ohne weiteres möglich und auch zuzumuten ist (BGH NJW-RR 2016, 1360; BGH NJW 2016, 3244; NJW 2017, 886). Eine sekundäre Darlegungslast besteht auch bezüglich solcher Umstände, die vollständig im Herrschafts- und Wahrnehmungsbereich des Gegners der beweisbelasteten Partei liegen, die (nur) er kennt oder kennen muss, so dass es ihm zumutbar ist, nähere Angaben dazu zu machen (NJW 2014, 3033; BGH NJW 2012, 3774; BGH NJW 2005, 2614; BGH NJW 1999, 714; BGH NJW 1987, 2008). Es handelt sich nur um eine **Darlegungsumkehr;** nicht aber um eine Beweislastumkehr (keine sekundäre Beweislast).

174 Trotz einer Privilegierung nach § 844 III 2 BGB muss der Hinterbliebene nicht in einer inneren Beziehung zum Verstorbenen gestanden oder den Tod aus besonderen Gründen nicht als Verlust empfunden haben. So liegt es bei **nur noch formal** bestehenden Familienbanden, etwa wenn die Angehörigen lange Zeit ohne Kontakt waren, sich auseinander gelebt haben, schwer zerstritten sind und am Leben des andern nicht mehr partizipieren (*Wagner* NJW 2017, 2641).

175 Wohnen Eheleute unter verschiedenen Anschriften, kann dies ein **Getrenntleben** indizieren. Ehepartner können Jahre getrennt leben und keine Beziehungen mehr haben (Vermutung des Scheiterns der Ehe, § 1566 BGB) und dennoch aus vielfachen Gründen eine Scheidung nicht betrieben haben. Die Begründung (BT-Drucksache 18/11397, S. 14) verweist hinsichtlich Ehe-/Lebenspartnern auf § 1933 BGB. Die Widerlegung des Näheverhältnisses ist nicht nur auf Fälle beschränkt, in denen der Getötete die Ehescheidung oder Aufhebung der Ehegemeinschaft beantragt bzw. ihr zugestimmt hat; es reicht aus, wenn das familienrechtliche Band nur noch formellen Charakter aufwies.

Fehlt der Anspruchsteller in der Traueranzeige, kann dies fehlende Nähe indi- 176
zieren (*Steenbuck* r+s 2017, 449).

Eltern und Kinder können sich völlig entfremden und jahrelang Kontakt ver- 177
meiden (*Wagner* NJW 2017, 2641). Häufiger Fall sind Scheidungskinder, die beim
überlebenden Elternteil wohnen. Indiz für fehlende Verbundenheit kann räumliche Distanz oder mangelnder persönlicher Kontakt sein.

(c) Persönliches Näheverhältnis („nahestehende Person") außerhalb 178
der gesetzlichen Vermutung. (aa) Darlegung. Soweit andere als die § 844 III
2 BGB genannten Personen Hinterbliebenengeld fordern, müssen sie diejenigen
Umstände, aus denen sich ihr besonderes persönliches Näheverhältnis zum Getöteten ergibt, darlegen und beweisen (BT-Drucksache 18/11397, S. 13).

Je weiter entfernt das Verwandtschafts- oder Schwägerschaftsverhältnis entfernt 179
ist, desto höher sind die Anforderungen an Darlegung und Nachweis der besonderen Nähe.

Für nicht familienrechtliche verbandelte Personen ist die Vortragslast noch 179a
höher.

(bb) Nachweis. Die Feststellung einer „besonderen Nähe" ist verwaltungsauf- 180
wendig. Das gilt sowohl für eine etwaige Entkräftung der Vermutung in § 844 III
2 BGB als auch für die Überprüfung der Behauptung, es bestünde eine solche
Nähe außerhalb der gesetzlichen Vermutung.

Die Tatsache einer besonderen emotionalen Verbundenheit lässt sich nicht 181
unmittelbar beweisen, sondern nur über Indizien erschließen.

Als Indizien kommen in Betracht: Gemeinsamer Hausstand, regelmäßiger (pri- 182
vater) Kontakt, enge emotionale Verbundenheit, naher Verwandtschaftsgrad, fortdauernde finanzielle Unterstützung (*Steenbuck* r+s 2017, 449; *Wagner* NJW 2017,
2641). Kommunikationsprotokolle sozialer Medien (WhatsApp, Facebook; EmailAustausch) können uU die Intensität einer Nähebeziehung belegen (*Wagner* NJW
2017, 2641).

Es kommt nicht auf Einzelumstände an, es ist eine **Gesamtschau** vorzuneh- 183
men.

f) Personenmehrheiten. aa) Mehrere Täter. Bei gesamtschuldnerischer 184
Haftung besteht nicht gegenüber jedem Täter ein isoliert zu betrachtender
Anspruch auf Hinterbliebenengeld, sondern nur ein einziger Anspruch wegen des
Todes. Auch wenn mehrere Haftpflichtige die Kausalkette in Gang gesetzt haben,
die letztlich zum Tode führte (z.B. Tod durch ärztlichen Behandlungsfehler nachdem ein Unfallverletzter sich in ärztliche Behandlung begeben hatte), verbleibt
es bei einem **einheitlichen Anspruch** (vgl BGH VersR 2017, 822).

Der Anspruch muss nicht jedem Täter gegenüber in derselben Höhe bestehen, 185
z.B. weil Gesamtschuld nicht in voller Höhe besteht (Verstorbener hat das primäre
Haftungsereignis mitverschuldet, verstirbt dann aber aufgrund eines ärztlichen
Fehlers, vgl OLG München BeckRS 2011, 26258; *Steenbuck* r+s 2017, 449).
Mehrere Täter können aber uU als Gesamtschuldner haften (§ 840 BGB. Dazu
ist festzustellen, dass sie sowohl zum Anspruchsgrund als auch zur Anspruchshöhe
denselben Betrag schulden. Ist die Haftung unterschiedlich oder das Hinterbliebenengeld in verschiedener Höhe anzusetzen, besteht in Höhe des gemeinsam
geschuldeten Betrages **Gesamtschuld,** hinsichtlich des überschießenden Betrages
dann **Einzelschuld** (siehe dazu ausführlich *Jahnke,* Abfindung von Personenschadenansprüchen, § 2 Rn 915 m.w.N.).

BGB § 844   Schadensersatzrecht des BGB

186   Für Mittäter, Anstifter und Gehilfen gilt, dass die Tatbeiträge den Beteiligten gemäß § 830 BGB gegenseitig zugerechnet werden.

187   **bb) Mehrere Tote.** Verstirbt z.b. ein Ehepaar bei einem Unfall, erhalten die Hinterbliebenen nicht für jeden Todesfall ein gesondertes Hinterbliebenengeld. Vielmehr ist hier – wie beim Schockschaden – eine Gesamtbetrachtung anzustellen und auf ein **einheitliches Hinterbliebenengeld** zu erkennen. Zu unterschiedlicher Mitverantwortung der Verstorbenen siehe OLG Hamm VersR 1982, 557.

188   Der soziale Wandel hat auch in den **Familienstrukturen** seine Spuren hinterlassen. Eine einzige auf Dauer angelegte eheliche Beziehung mit nur daraus hervorgegangenen Kindern ist nicht mehr das alles überragende Leitbild. Kinder (ehemalige Partner und Schwiegereltern) aus früheren Beziehungen können durchaus am Leben des verstorbenen Ehepaars teilgenommen haben. Zu beachten ist die resultierende **unterschiedliche Darlegungsverpflichtung:** Während z.B. für leibliche Kinder die Vermutung des § 844 III 2 BGB greift, gilt diese nicht für Stiefkinder und Schwiegereltern.

189   Werden durch den Unfall mehrere Familienmitglieder getötet, können z.B. die Kinder eines getöteten Elternpaars jeweils Hinterbliebenengeld für Vater und Mutter verlangen, nicht aber zusätzlich noch einen von Vater und Mutter ererbten Anspruch auf Hinterbliebenengeld wegen Tötung des jeweils anderen Ehegatten (*Wagner* NJW 2017, 2641). Siehe auch § 844 BGB, Rn 270.

190   **cc) Mehrere Hinterbliebene.** Sind wegen eines fremdverursachten Todesfalls mehrere Hinterbliebene anspruchsberechtigt, hat jeder von ihnen originär Anspruch auf ein eigenes Hinterbliebenengeld (BT-Drucksache 18/11397, S. 13). Dabei nimmt der jeweils selbständig zu bewertende Ersatzanspruch hinsichtlich Anspruchsbegründung (u.a. Darlegungs- und Beweislast) und Höhe seinen eigenen Verlauf.

191   Mehrere Hinterbliebene haben sich nicht einen Gesamtbetrag zu teilen, sondern es müssen individuell Beträge festgesetzt und den einzelnen Anspruchstellern zugebilligt werden.

192   Mehrere Ersatzberechtigte sind nicht Gesamt-, sondern Teil(einzel-)gläubiger (siehe zum Unterhaltsschaden BGH VersR 1973, 84).

193   **g) Rechtsgutverletzung. aa) Tod eines Anderen (Dritten). (1) Drei-Personen-Verhältnis.** Siehe zum Drei-Personen-Verhältnis § 846 BGB, Rn 8, § 844 BGB, Rn 109.

194   **(2) Körperverletzung – Tod.** Anspruch auf Hinterbliebenengeld besteht ausschließlich im Falle eines fremdverursachten unfallkausalen Versterbens.

195   **(3) Nasciturus.** Der Nasciturus ist bis zu seiner Geburt nur für wenige Ausnahmefälle (§§ 1, 844 II 2, 1923 II BGB, § 10 II 2 StVG) mit passiven Rechten versehen. Verstirbt der Nasciturus während der Schwangerschaft unfallkausal, entfällt mangels Rechtsfähigkeit des Nasciturus ein Anspruch (z.B. der Eltern) auf Schock-Schmerzensgeld, Bestattungskosten, Unterhalt und Hinterbliebenengeld (*Jahnke*, Unfalltod und Schadenersatz, § 2 Rn 567 ff).

196   **bb) Verletzung eines Anderen (Dritten).** Schwerwiegende Verletzungen können die Lebensqualität von Angehörigen nachhaltig beeinträchtigen. Gleichwohl hat sich der Gesetzgeber dafür entschieden, einen Ausgleich nur bei Tod zu

gewähren. Damit entfällt die schwierige Differenzierung zwischen schweren und einfachen Verletzungen (BT-Drucksache 18/11397, S. 9).

Die **gesetzgeberische Entscheidung** ist eindeutig: § 844 III BGB schafft 197 zwar für den Todesfall einen Anspruch, ausdrücklich nicht aber für den Fall der Verletzung eines Angehörigen. Eine Verletzung reicht für ein „Angehörigengeld" (also Hinterbliebenengeld im Verletzungsfall) nicht aus. Die seelischen Belastungen von Menschen, die einem schwer Verletzten besonders nahestehen, sind zwar oftmals nicht weniger groß als jene, die die Hinterbliebenen eines Getöteten erleiden. Der überlebenden Geschädigten hat aber eigene Schmerzensgeldansprüche gegen den Ersatzpflichtigen, so dass bereits jetzt Ansprüche wegen der Beeinträchtigung immaterieller Interessen bestehen (BT-Drucksache 18/11397, S. 9).

Angesichts der klaren gesetzgeberischen Entscheidung, grundsätzlich kein 198 Angehörigenschmerzensgeld anlässlich des Todes oder der Verletzung eines Dritten (siehe § 844 BGB, Rn 79) zu schaffen und das Hinterbliebenengeld auf den Todesfall zu beschränken, verbleibt im Lichte des Rechtsstaatsprinzips und dem Aspekt der Gewaltenteilung (Art 20 III GG; siehe auch § 253 I BGB) kein Raum (vgl BVerfG NJW 2012, 669), **richterrechtlich** Angehörigen allein wegen Verletzung einer nahestehenden Person eine Geldleistung zuzubilligen.

h) Kausalität. Zum Thema: *Jahnke*, Unfalltod und Schadensersatz, 2. Aufl. 199 2012, § 2 Rn 161 ff; *Küppersbusch/Höher* Rn 3 ff. Siehe ergänzend vor §§ 249 BGB, Rn 1 ff.

aa) Prüfungsschritte. Bei der Geltendmachung eines Schadensersatzanspru- 200 ches wegen Körperverletzung oder Tötung ist zwischen Primärverletzung und Sekundärverletzung zu unterscheiden, woraus sich dann ein unterschiedliches Beweismaß ergeben kann (OLG München NJW 2011, 396).

bb) Haftungsbegründende Kausalität. Durch seine Handlung muss der 201 Schädiger den Tod des unmittelbar Betroffenen verursacht haben (**§ 286 ZPO**).

Der Tod muss auf die Gefahr oder die unerlaubte Handlung zurückzuführen 202 sein. Die Feststellung der Kausalität für den späteren Tod kann problematisch sein, wenn der Tod nicht sofort, sondern nach einer Verletzung erst mit zeitlicher Verzögerung eintritt.

Dem zeitlich später eintretenden Tod geht eine **Körperverletzung** voraus. 203 Die Nachweispflicht eines Verletzten erstreckt sich auf Eintritt und Höhe des Schadens (BGH VersR 1970, 903), damit also u.a. auch auf den Umstand, dass er überhaupt verletzt wurde. Es ist zunächst der haftungsbegründende ursächliche Zusammenhang zwischen schädigendem Verhalten (Unfall) und der eingetretenen Rechtsgutverletzung (Körperverletzung) nach § 286 ZPO nachzuweisen (BGH VersR 1994, 1351; OLG München NZV 2003, 474).

cc) Haftungsausfüllende Kausalität. Ob aus einer Verletzung der **Tod** 204 **resultiert**, ist eine Frage der haftungsausfüllenden und nicht der haftungsbegründenden Kausalität (BGH NJW 1996, 1674). Liegt zwischen Verletzung und Tod ein längerer Zeitraum, ist die Kausalität des Unfalles für den Tod nach dem Maßstab des § 287 ZPO zu beurteilen (BGH VersR 1993, 55, BGH NJW 1958, 1579; OLG Hamburg OLGR 2005, 101).

Mitursächlichkeit der unerlaubten Handlung reicht aus (BGH NJW 2007, 205 66; BGH NJW 2006, 2397).

Die Verantwortung des Schädigers muss sich nur auf die dem Tod vorgelagerte 206 Körperverletzung und nicht auch auf den (späteren) Tod erstrecken (BGH VersR

1993, 55; BGH NJW 1958, 1579; OLG Hamburg OLGR 2005, 101). Es kommt nicht darauf an, ob der Tod zur Zeit der Körperverletzung schon vorhersehbar war.

207 **dd) Zurechnungszusammenhang.** Fehlt der haftungsrechtliche Zusammenhang zwischen Verletzung und Tod, gehen zwar die dem unmittelbar Unfallbeteiligten selbst entstandenen Sach- und Personenschäden auf die **Erben** über, Schadenersatzansprüche etwaiger unterhaltsberechtigter Dritter entstehen aber nicht.

208 Auch wenn die unerlaubte Handlung für den Tod kausal war, kann die Haftung des Verantwortlichen unter Zurechnungsgesichtspunkten einzuschränken sein. Besteht das Delikt zunächst in einer Körperverletzung, ist mehr zu verlangen als die äquivalente Verursachung des Todes; bei der Zurechnung kommt es neben dem Schutzzweck der Norm auf die Adäquanz an (*Steenbuck* r+s 2017, 449; *Wagner* NJW 2017, 2641). Der Tod des unmittelbar Betroffenen muss sich auch unter Zugrundelegung der Kriterien der Adäquanz sowie des Schutzzwecks der Norm als Folge der unerlaubten Handlung darstellen. Dieser Zusammenhang wird umso zweifelhafter, je größer der zeitliche Abstand zwischen Körperverletzung und Todeseintritt ist (BT-Drucksache 18/11397, S. 13; vgl *Staudinger-Röthel*, § 844 Rn 44).

209 Liegt zwischen Körperverletzung und Tod ein langes Zeitintervall, kommt es darauf an, ob sich in dem Tod das durch die Unfallverletzung geschaffene zusätzliche Risiko oder das allgemeine Lebensrisiko verwirklicht hat (*Staudinger-Röthel*, § 844 BGB Rn 44; *Steenbuck* r+s 2017, 449; *Wagner* NJW 2017, 2641).

210 Ein adäquater Zusammenhang fehlt, wenn der Tod völlig außerhalb aller Lebenserfahrung liegt.

211 Wenn der Hinterbliebene seelisches Leid empfindet, dieses allerdings nicht aus der Tötung herrührt, kann es an der notwendigen Kausalität zwischen Tötung und seelischem Leid fehlen (BT-Drucksache 18/11397, S. 14).

212 **i) Anspruchsvolumen (Anspruch zur Höhe). aa) Allgemeines.** Steht die haftungsrechtliche Verantwortlichkeit dem Grunde nach und eine anspruchsbegründende Hinterbliebeneneigenschaft fest, hat der Ersatzpflichtige *„für das dem Hinterbliebenen zugefügte seelische Leid eine angemessene Entschädigung in Geld zu leisten."*

212a Nach § 253 II BGB (Schmerzensgeld) ist eine *„billige"* Entschädigung geschuldet (siehe auch § 829 BGB, § 1300 BGB a.F.), nach § 844 III BGB (Hinterbliebenengeld) eine *„angemessene"* (siehe auch § 15 II 1 AAG). Im allgemeinen Sprachgebrauch werden beide Begriffe synonym verstanden, auch der Gesetzgeber verwendet die Begriffe gleichrangig (BGH [VGS] NZV 2017, 179).

213 Durch das Hinterbliebenengeld erfährt der Grundsatz, dass Drittschäden grundsätzlich nicht erstattungsfähig sind (BGH NJW-RR 2011, 888; BGH NZV 2010, 292; BGH VersR 2007, 1536), eine Durchbrechung. Der mit § 844 III BGB eingeführte Anspruch ist **systemfremd** und widerspricht vor allem dem Grundsatz, dass bei Personenschäden keine abstrakten Schadenzahlungen zu erbringen, sondern nur aus der Beeinträchtigung konkret resultierende Nachteile und Beschwerden auszugleichen sind (BR-Drucksache 742/01, S. 29). Durch das Hinterbliebenengeld wird – anders als beim Schock-/Fernwirkungsschaden (dazu *Jahnke/Burmann-Jahnke*, Handbuch des Personenschadensrechts, Kap. 4 Rn 1176 ff) – seelisches Leid einer nicht unmittelbar geschädigten Person entschädigt. Auch §§ 844 I, II; 845 BGB erfassen nur konkret

zu ermittelnde materielle Ansprüche, § 844 III BGB gewährt demgegenüber systemabweichend abstrakt immaterielle Ansprüche.

bb) Komponenten des immateriellen Schadens. (1) Schmerzensgeld. 214 (a) Doppelfunktion. Schmerzensgeld – und damit auch das Schockschadenschmerzensgeld – ist geprägt durch zwei Komponenten: Der Geschädigte soll einen angemessenen Ausgleich erhalten für diejenigen Schäden, die nicht vermögensrechtlicher Art sind (Ausgleichsfunktion). Zugleich ist dem Gedanken Rechnung zu tragen, dass der Schädiger dem Geschädigten für das, was er ihm angetan hat, Genugtuung schuldet (Genugtuungsfunktion) (BGH [VGS] NZV 2017, 179; § 253 BGB, Rn 16 ff).

Beim Schmerzensgeld steht der **Entschädigungs-/Ausgleichsgedanke** im 215 Vordergrund. Wesentliche Bemessungsgrundlage sind daher vor allem Größe, Heftigkeit und Dauer der Schmerzen, Leiden und Entstellungen (§ 253 BGB, Rn 18 f). Dies stimmt überein mit der Vorgabe des Gesetzgebers (Begründung zu § 249 BGB nF; BR-Drucksache 742/01, S. 29), dass Personenschäden nur konkret und nicht etwa fiktiv abzurechnen sind.

BGH (GrS) VersR 1955, 615 betont, dass bei der Schmerzensgeldzumessung 216 der Ausgleichsgedanke so stark im Vordergrund steht, dass der **Genugtuungsgedanke** nahezu verdrängt wird. Dieser rechtliche Ansatz lässt in der Praxis eine Erhöhung letztlich nur bei besonderer subjektiver Vorwerfbarkeit (z.B. grobe Fahrlässigkeit oder Vorsatz, Alkohol) zu (BGH [VGS] NZV 2017, 179; § 253 BGB, Rn 32). Ansonsten wird die Schmerzensgeldhöhe nicht durch den Genugtuungsgedanken geprägt (OLG Celle NZV 2004, 251).

(b) Schockschadenregulierung. Die Gesetzesbegründung differenziert 217 nicht – und muss es auch nicht – zwischen **Schockschaden** und **Fernwirkungsschaden** (zu den Unterschieden siehe vor § 249 BGB, Rn 125a), sondern spricht allgemein und beides umfassend unterschiedslos von „Schockschadenschmerzensgeld".

Schmerz ist zwar nicht messbar. Die Ursachen des Schmerzes, sowohl hinsicht- 218 lich physisch empfundenen Schmerzes als auch hinsichtlich der psychischen Beeinträchtigung, können aber nach Schweregraden annähernd objektiviert und skaliert, also in relativer Größenordnung zueinander bestimmt werden. Dem deutschen Personenschadenrecht ist (anders als dem Sozialversicherungs- und Sozialversorgungsrecht) ein abstrakt bemessener oder fiktiv (siehe § 249 BGB, Rn 482 ff, § 843 BGB, Rn 11) bestimmter Schadenersatz fremd: Es gilt der Grundsatz der konkreten (und eben nicht pauschalisierten) Bestimmung und Abrechnung (§ 842 BGB, Rn 13). Bei konkreten psychischen Beeinträchtigungen erfasst die Schockschaden-Rechtsprechung (BGH NJW 2015, 2246; BGH jurisPR-VerkR 9/2012 Anm. 1 = VersR 2012, 634. *Quaisser* NZV 2015, 465) den eigenen Körperschaden des Angehörigen individuell, orientiert an nachgewiesener psychischer Beeinträchtigung mit konkretem Krankheitswert.

Im Rahmen der Schockschadenregulierung, die zumeist außergerichtlich 219 erfolgt, zahlen Haftpflichtversicherer i.d.R. Beträge von **3.000 € – 5.000 €** (Stellungnahme des Gesamtverbandes der Deutschen Versicherungswirtschaft v. 16.1.2017). Dies entspricht der Rechtsprechung, die nur in Extremfällen darüber hinausgeht (*Jaeger* VersR 2017, 1041; *Steenbuck* r+s 2017, 449).

(c) Darlegung. Der Anspruchsteller muss zur Erlangung von Schmerzensgeld 220 sein seelisches Leid darlegen und nachweisen.

BGB § 844

221 **(2) Hinterbliebenengeld. (a) Funktion. (aa) Ausgleichsfunktion.** Leid ist nicht messbar und erst einmal bei jedem gleich.

222 Vor dem Hintergrund der gesetzlichen Begründung (BT-Drucksache 18/11397, S. 8, 13) kann der Ausgleichsfunktion beim Hinterbliebenengeld keine nennenswerte Bedeutung zukommen. *„Bewertungen des verlorenen Lebens oder des Verlustes des besonders nahestehenden Menschen für den Hinterbliebenen können nicht in die Bemessung einfließen"* (BT-Drucksache 18/11397, S. 8, 13). Hinterbliebenengeld wurde eingeführt, damit Hinterbliebene *„im Sinne einer Anerkennung ihres seelischen Leids wegen der Tötung eines ihnen besonders nahestehenden Menschen von dem hierfür Verantwortlichen eine Entschädigung verlangen können."* (BT-Drucksache 18/11615, S. 1). Anerkennung des Leides bedeutet „Genugtuung", nicht aber „Ausgleich".

223 **(bb) Genugtuungsfunktion, Anerkennungsfunktion.** Das Hinterbliebenengeld deckt, da von subjektiven Faktoren weitgehend abgekoppelt, letztlich nur den Genugtuungsbereich ab (*Müller* VersR 2017, 321).

224 Hinterbliebenengeld orientiert sich nicht am konkreten Leid, sondern am abstrakten Umstand der Hinterbliebeneneigenschaft. Die Gesetzesbegründung (BT-Drucksache 18/11397, S. 8, 13) spricht vom Anspruch *„unabhängig vom Nachweis einer medizinisch fassbaren Gesundheitsbeeinträchtigung"*, verlangt *„kein Mindestmaß"* des seelischen Leids, spricht von einem durch das für den Anspruch vorausgesetzte besondere persönliche Näheverhältnis gebildetes Indiz, dass der Hinterbliebene infolge der Tötung seelisches Leid empfindet, und betont abschließend, dass zur Höhe zu berücksichtigen sei, *„dass der Anspruch auf Hinterbliebenengeld keine außergewöhnliche gesundheitliche Beeinträchtigung voraussetzt"*.

225 Im Vordergrund steht nicht durch die Tat hervorgerufene konkrete psychische Belastung, sondern die Betroffenheit als Hinterbliebener. Somit ist eine Differenzierung zwischen verschuldensabhängiger Haftung und Gefährdungshaftung nicht gerechtfertigt.

226 **(b) Angemessene Entschädigung. (aa) Globale Betrachtung.** Die Schockschadenrechtsprechung ist geprägt von **konkretem heftigem Leid;** im Vordergrund steht nicht das Verhalten des Täters, sondern das starke Empfinden des Opfers. Die Entschädigung der Hinterbliebenen (Hinterbliebenengeld) unterscheidet sich grundlegend vom Schmerzensgeld: Weder der konkrete Schmerz noch seine Ursachen müssen messbar sein, sodass es schwer ist, den angemessenen Betrag in eine relative Größenordnung zu anderen Fällen zu bringen.

227 **(bb) Orientierung am Schockschaden.** Der Gesetzgeber stellt für die Bestimmung der angemessenen Anspruchshöhe auf die Höhe des Schmerzensgeldes bei Schockschäden als „eine gewisse Orientierung" ab, weist aber zugleich ausdrücklich darauf hin, dass *„dabei allerdings zu berücksichtigen ist, dass der Anspruch auf Hinterbliebenengeld keine außergewöhnliche gesundheitliche Beeinträchtigung voraussetzt"* (BT-Drucksache 18/11397, S. 8, 13). Damit entfällt der Ausgleichsaspekt weitgehend und es ist mit dem Hinterbliebenengeld vorwiegend einem verbleibenden Genugtuungs- und Anerkennungsgedanken Rechnung zu tragen.

228 Aus der Gesetzesbegründung sind folgende Bemessungsaspekte abzuleiten: Hinterbliebenengeld ist (deutlich) niedriger als diejenigen Beträge, die bei Schockschäden zugebilligt werden. Entscheidend ist nicht der Ausgleich für konkrete Betroffenheit (Fortfall der Ausgleichsfunktion). Im Vordergrund steht die Genugtuungsfunktion, die allerdings im Rahmen des § 253 BGB kaum zu Buche schlägt.

Ersatzansprüche Dritter bei Tötung **§ 844 BGB**

Allerdings ist beim Hinterbliebenengeld dem Symbolcharakter (Anerkennung des Leides) eine eigene Funktion zugemessen.

Das Hinterbliebenengeld muss deutlich hinter Schockschaden-Schmerzensgeldern (siehe § 844 BGB, Rn 248 ff) zurückbleiben, da es sonst zu Wertungswidersprüchen kommt; entschädigungspflichtige Schockschäden setzen schwerwiegendere Beeinträchtigungen voraus (*Steenbuck* r+s 2017, 449). In der Gesamtschau erscheint es angemessen, das Hinterbliebenengeld in der Größenordnung von **20% eines Schockschaden-Schmerzensgeldes** als Ausgangspunkt anzusetzen. 229

Betragen im Regelfall Schockschadenschmerzensgelder max. bis zu 6.000 €, bietet sich ein globales (pauschales) Hinterbliebenengeld an. Sobald konkrete Betroffenheit nachgewiesen wird, kommt dann ein das Hinterbliebenengeld ersetzendes Schockschadenschmerzensgeld in Betracht. 230

(cc) Individuelle Betrachtung. Teilweise wird eine differenzierte Betrachtung für jeden Hinterbliebenen vorgeschlagen (*Steenbuck* r+s 2017, 449). 231

Der Tod einer Person hat für jeden Hinterbliebenen unterschiedliche Auswirkungen: Mit dem Verstorbenen in häuslicher Gemeinschaft lebende Angehörige werden den Tod uU einschneidender empfinden als Personen, die bereits einen eigenen Hausstand und eigene Familie haben. Der vorwiegende Anerkennungscharakter des Hinterbliebenengelds lässt aber eine einheitliche Betragsfindung zu (§ 844 BGB, Rn 229 f). 232

Die Rechtsprechung wird in den nächsten Jahren voraussichtlich Fallgruppen bilden, anhand derer man die Höhe des Hinterbliebenengeldes abschätzen kann. 233

(c) Kein Empfinden / keine Wahrnehmung. Hinterbliebenengeld kann nicht beansprucht werden, wenn der Angehörige den Verlust noch nicht oder nicht mehr erfassen kann. Der Gesetzgeber (BT-Drucksache 18/11397, S. 8, 13) sieht dann keinen Anspruch, wenn es sich um einen Hinterbliebenen handelt, *„der keine innere Beziehung zum Getöteten hatte oder aus besonderen Gründen dessen Tod nicht als Verlust empfindet. ... In solchen Fällen hat der Anspruchsgegner die Möglichkeit, die Indizwirkung zu widerlegen.“* 234

Ein Fortfall der Anspruchsberechtigung kann u.a. bei Säuglingen, Kleinkindern, schwer geistig Behinderte oder dementen Personen in Betracht kommen (*Steenbuck* r+s 2017, 449). Zum Nasciturus siehe § 844 BGB, Rn 143. 235

(d) Darlegung. Der Anspruchsteller muss sein seelisches Leid zumindest im Ansatz darlegen. Selbst wenn man die Vermutung in § 844 III 2 BGB nicht auch auf das seelische Leid erstrecken will, da dieses sich nur auf das Näheverhältnis bezieht (*Steenbuck* r+s 2017, 449), greift doch ein Anscheinsbeweis zugunsten des privilegierten Hinterbliebenen. 236

Stehen das besondere Näheverhältnis fest, spricht nach allgemeiner Lebenserfahrung dies auch für Trauer um den Verlust eines Angehörigen. Der Schädiger hat dann die Typizität zu erschüttern. Sobald Anhaltspunkte dafür vorliegen, dass der Tod den Hinterbliebenen nicht berührt, muss der Anspruchsteller sein Leid voll beweisen (*Steenbuck* r+s 2017, 449); siehe dazu auch § 844 BGB, Rn 234 f. 237

(e) Späteres Versterben (zeitliche Grenze). Liegt zwischen Verletzungshandlung und Tod eine nicht unerhebliche zeitliche Differenz, können Ehen oder andere Nähebeziehungen zerbrechen. Die Zubilligung eines Hinterbliebenengeldes ist dann nicht zwingend (BT-Drucksache 18/11397, S. 13). 238

Es macht aus Sicht der Regulierungspraxis Sinn, den vom Gesetzgeber angesprochenen Zurechnungszusammenhang auf einen überschaubaren Zeitraum (z.B. 239

BGB § 844

Überlebenszeit 6 Monate wie beim Schockschaden; dazu vor § 249 BGB, Rn 132 einzugrenzen.

240 Es ist auch die Korrespondenz mit dem dann vererbten (uU recht hohen) Schmerzensgeld zu sehen. Nur bei sofortigem Tod entsteht in der Person des Unfallbeteiligten kein Anspruch (BGH BeckRS 2015, 12850). Siehe § 844 BGB, Rn 252 f, § 844 BGB, Rn 267 ff.

241 **(f) Mitverschulden.** Mitverantwortung und Mitverschulden führen nicht zu einer arithmetischen Quotierung, sondern sind (wie beim Schmerzensgeld; § 253 BGB, Rn 37 ff; siehe auch *Jahnke/Burmann-Müller*, Handbuch des Personenschadensrechts, Kap. 4 Rn 1269) ein bei der Bestimmung eines angemessenen Betrags zu berücksichtigender Umstand (*Steenbuck* r+s 2017, 449; siehe BGH NZV 1991, 305; BGH VersR 1970, 624).

242 **cc) Rentenzahlung.** Bereits Schmerzensgeldrenten bilden eine Ausnahme in der Regulierung, die besondere Umstände verlangt (§ 253 BGB, Rn 61 ff). Hinterbliebenengeld ist angesichts des letztlich eher symbolischen Charakters einer Rentenzahlung nicht zugänglich, sondern als Einmalbetrag zu gewähren.

243 **dd) Mitverschulden.** Siehe § 844 BGB, Rn 100 f, § 844 BGB, Rn 241.

244 **ee) Strafverfahren.** Der strafrechtliche Täter-Opfer-Ausgleich (außerhalb von Mord, Totschlag oder Vergewaltigung; siehe § 46a StGB, §§ 136, 153a, 155a, 155b StPO) wirkt sich ebenso wenig wie eine Verurteilung im Strafverfahren anspruchsmindernd auf Schmerzensgeld oder Hinterbliebenengeld aus.

245 Wird im Strafverfahren dem Täter eine Zahlung an Hinterbliebene auferlegt (vgl § 56b StGB, § 153a I Nr. 1, 5 StPO), erfolgt wie beim Schmerzensgeld eine Verrechnung mit dem Hinterbliebenengeld (§ 253 BGB, Rn 54).

246 **ff) Konkurrenz. (1) Wegfall des Hinterbliebenengeldes bei Schockschadenersatz.** Siehe auch § 844 BGB, Rn 112 f, § 844 BGB, Rn 227 ff.

247 Während der Schockschaden aus einer Körperverletzung beim Hinterbliebenen (originärer Anspruch) resultiert, handelt es sich beim Hinterbliebenengeld um ausnahmsweisen ersatzfähigen Drittschaden (wie u.a. beim Ersatz entzogenen Unterhalts) eines nur mittelbar Geschädigten.

248 Schockschadenschmerzensgeld und Hinterbliebenengeld addieren sich nicht (Entweder-oder-Lösung). Dogmatisch handelt es sich bei dem Anspruch auf Schmerzensgeld und dem Anspruch auf Hinterbliebenengeld um unterschiedliche Ansprüche, geprägt aber von vergleichbarer Intention. Da jedoch ein Schockschaden gravierendere Folgen für den Hinterbliebenen voraussetzt als das „normale" seelische Leid, besteht ein Vorrangverhältnis des Schockschadens gegenüber dem Anspruch auf Hinterbliebenengeld.

249 Der Anspruch auf Ersatz des Hinterbliebenengeldes wird durch den umfangreicheren Anspruch auf Zahlung eines Schmerzensgeldes bei einem Schockschaden verdrängt. Besteht ein Anspruch auf Ersatz eines Schockschadens, entfällt das Hinterbliebenengeld (§ 844 III BGB) vollständig. Liegen sowohl die Voraussetzungen auf Ersatz eines Schock-/Fernwirkungsschadens (z.B. nach § 823 I i.V.m. § 253 II BGB) als auch die Voraussetzungen nach § 844 III BGB vor, geht nach dem ausdrücklich niedergelegten gesetzgeberischen Willen (BT-Drucksache 18/11397, S. 12, 14) der Anspruch auf Hinterbliebenengeld vollständig im Schock-/Fernwirkungsschmerzensgeld auf.

(2) Kein Wegfall von Schockschadenersatz. Durch die gesetzliche Einräu- 250
mung des Anspruchs auf Hinterbliebenengeld ist ein (weitergehender) Anspruch
auf Erstattung des Schockschadens nicht ausgeschlossen (BT-Drucksache 18/
11397, S. 12).

(3) Eigene Verletzung des Hinterbliebenen. Wird der Hinterbliebene 251
anlässlich des Unfallgeschehens (z.B. als Beifahrer) selbst verletzt, behält er neben
seinem eigenen Schmerzensgeldanspruch auch den Anspruch auf Hinterbliebenengeld, soweit sich der Schmerzensgeldanspruch nicht (auch) auf eine Schockschädigung bezieht.

(4) Ererbter Schmerzensgeldanspruch. Zum **(v)ererbten Anspruch** siehe 252
auch § 844 BGB, Rn 238 ff, § 844 BGB, Rn 267 ff.

Bei sofortigem Tod entsteht in der Person des Unfallbeteiligten kein Schmer- 253
zensgeldanspruch (BGH BeckRS 2015, 12850). Ist zwischen Verletzung und Tod
ein gewisser Zeitraum verstrichen, hat der Verstorbene zu seinen Lebzeiten einen
eigenen Anspruch nach § 253 BGB erworben (§ 253 BGB, Rn 19 ff). Dieser
Anspruch geht nach § 1922 BGB auf die Erben, die nicht zwingend personenidentisch mit den nach § 844 III BGB anspruchsberechtigten Personen sind, über.

Ist der Erbe des Schmerzensgeldanspruchs zugleich selbst nach § 844 III BGB 254
berechtigt, bestehen beide Forderungen grundsätzlich nebeneinander. Es handelt
sich um unterschiedliche Ausgleiche: Der Getötete erhält eine Kompensation für
die erlittenen Einbußen auf seinem letzten Lebensabschnitt, der Hinterbliebene
für den Verlust einer nahe stehenden Person (*Steenbuck* r+s 2017, 449).

Der Gesetzgeber sieht die Zahlung des Schmerzensgeldes an den Verstorbenen 255
als legitimierendes Argument dafür, bei schweren Verletzungen einem Angehörigen kein Anspruch für ihr seelisches Leid zu gewähren (BT-Drucksache 18/
11397, S. 9). Dieser Aspekt gilt auch dann, wenn der Getötete im zeitlichen
Abstand zur Verletzungshandlung stirbt, da auch hier immaterielle Ansprüche des
Verletzten in Geld auszugleichen sind. Im Hinblick auf den Schmerzensgeldanspruch des unmittelbar Verletzten (und später Verstorbenen) ist der Anspruch nach
§ 843 III BGB jedenfalls dann auf 0 zu reduzieren, wenn der Fordernde (Mit-)Erbe
des Getöteten ist.

j) Zugriff Dritter. aa) Pfändung, Abtretung, Aufrechnung. Der An- 256
spruch auf Hinterbliebenengeld ist nicht als höchstpersönliches Recht ausgestaltet,
sondern **übertragbar.**

Hinterbliebenengeld ist pfändbar (§ 851 II ZPO), verpfändbar (§ 1274 II BGB), 257
abtretbar und einer Aufrechnung zugänglich (§ 394 BGB) (siehe zum Schmerzensgeld § 253 BGB, Rn 112 ff).

bb) Forderungsübergang. (1) Kongruenz. Das Hinterbliebenengeld ist ein 258
immaterieller Anspruch (zum Begriff siehe vor § 249 BGB, Rn 77a. Wie beim
Schmerzensgeld besteht zu Leistungen von deutschen Drittversorgern (Drittleistungsträger) keine sachliche Deckungsgleichheit. Dritte erbringen nach deutschem Recht keine schadenkongruente Kompensation für Gefühlsschäden.

Ob – wie beim Schmerzensgeld – bei ausländischen Trägern (zur Zession beim 259
Schmerzensgeld auf schweizerische Träger siehe § 253 BGB, Rn 115) eine Zession
erfolgt, ist bislang offen.

Ein Forderungsübergang (z.B. nach § 116 SGB X, § 86 VVG) erfolgt nicht. 260
Siehe ergänzend § 844 BGB, Rn 256 f.

BGB § 844 Schadensersatzrecht des BGB

261 **(2) Befriedigungsvorrecht.** Soweit Befriedigungs- oder Quotenvorrechte zu beachten sind, gelten dieselben Grundsätze zugunsten des Hinterbliebenengeldes wie beim Schmerzensgeld (*Jahnke,* Abfindung von Personenschadensansprüchen, § 1 Rn 134 m.w.N.).

262 **cc) Einkommen. (1) Insolvenz.** Hinterbliebenengeld ist in der Insolvenz (Privatinsolvenz) (wie Schmerzensgeld; dazu BGH NJW-RR 2012, 181; BGH NJW 2011, 2296) nicht geschützt (siehe §§ 36 I 1, 304 I 1 InsO) und Bestandteil der Insolvenzmasse.

263 **(2) Sozialversorgung.** Während **Schmerzensgeld** aufgrund spezieller Anordnung aus der Einkommensbestimmung ausdrücklich (z.B. bei Gewährung von Leistungen an Asylbewerber, Sozialhilfeempfänger) herausgenommen ist (§ 7 II Nr. 4 AsylbLG; § 25d IV 2 BVG; § 11a II SGB II; § 93 I 2 SGB VIII; § 83 II SGB XII), fehlt für das Hinterbliebenengeld eine entsprechende Freistellung.

264 Damit ist **Hinterbliebenengeld** anzurechnendes Einkommen und nicht vor Zugriffen der Sozialleistungsträger geschützt. Dieses ist verfassungsrechtlich bedenklich (vgl BVerfG BVerfGE 116, 229). Eine analoge Anwendung der für § 253 II BGB geltenden Normen entfällt wegen deren Ausnahmecharakter (vgl BGH NJW 1989, 2317; a.A. *Steenbuck* r+s 2017, 449 [analoge Anwendung der das Schmerzensgeld privilegierenden Sozialrechtsnormen]).

265 **dd) Scheidung.** Hinterbliebenengeld ist in den **Zugewinnausgleich** einzubeziehen, da es nicht zu den in § 1374 II BGB genannten Ausnahmen gehört. Ein Zugriffsschutz ist für Schmerzensgeld (§ 253 BGB, Rn 68) ausdrücklich abgelehnt; für das Hinterbliebenengeld kann nichts anderes gelten.

266 **ee) Versteuerung.** Hinterbliebenengeld ist nicht zu versteuern.

267 **ff) Vererbung.** Verstirbt der anspruchsberechtigte Hinterbliebene, fällt sein noch nicht abschließend regulierter Anspruch auf Hinterbliebenengeld nicht zwingend in seine Erbmasse. Zum (v)ererbten Anspruch siehe auch § 844 BGB, Rn 238 ff, § 844 BGB, Rn 252 f; ferner auch § 253 BGB, Rn 31c.

268 Hinterbliebenengeld ist kein Ausgleich für erlittene Verletzung, sondern Anerkennung seelischen Leids. Es steht wie bei der Verletzung des allgemeinen Persönlichkeitsrechts der Genugtuungsgedanke im Vordergrund, sodass die Grundaussagen von BGH NJW 2017, 3004 hier ebenfalls gelten.

269 Steht bei der Zuerkennung einer immateriellen Geldentschädigung der Genugtuungsgedanke im Vordergrund (z.B. bei Persönlichkeitsrechtsverletzung, § 1300 II BGB aF [vgl BGH NJW 2006, 605; BGH NJW 2005, 215]), verliert die von der Geldentschädigung bezweckte Genugtuung – anders als beim Schmerzensgeld, welches vorwiegend vom Ausgleich geprägt ist – mit dem Tod des Betroffenen an Bedeutung (BGH NJW 2017, 800; BGH NJW 2014, 2871). Aus dem Gedanken der Genugtuung folgt, dass auch ein rechtshängiger Geldentschädigungsanspruch nicht vererblich ist. Genugtuung wird erst mit der rechtskräftigen Zuerkennung eines Anspruchs auf Geldentschädigung erlangt. Stirbt der Erblasser, bevor sein Entschädigungsanspruch erfüllt ist, verliert die mit der Geldentschädigung bezweckte Genugtuung an Bedeutung.

270 Nur bereits gezahltes oder rechtskräftig zuerkanntes Hinterbliebenengeld fällt in die Erbmasse. Der noch nicht durchgesetzte Anspruch geht aber unter und kann von den Erben des anspruchsberechtigten Hinterbliebenen nicht durchgesetzt werden. Dieser Anspruch auf Geldentschädigung ist nicht vererblich; das gilt auch, wenn der Anspruch noch zu Lebzeiten des Geschädigten anhängig oder rechtshängig geworden ist (BGH NJW 2017, 3004). S. auch § 844 BGB, Rn 189.

k) Fälligkeit. Ebenso wie der Unterhaltsanspruch nach § 844 BGB entsteht der Anspruch auf Hinterbliebenengeld dem Grunde nach bereits mit Zufügung der Körperverletzung (BGH NJW 1996, 1674). 271
Fällig wird der Anspruch erst mit dem Versterben des Angehörigen. 272

l) Verjährung. Weil der Tod als weitere Schadensfolge zunächst noch ungewiss ist, kann Verjährung des Anspruches aus § 844 BGB erst mit dem Tod zu laufen beginnen (*Jahnke*, Unfalltod und Schadenersatz, § 8 Rn 304 ff m.w.H.). 273

m) Prozessuales. Prozessual gelten vergleichbare Aspekte wie bei der Verfolgung von Schmerzensgeldansprüchen (§ 253 BGB, Rn 84 ff). 274

§ 845 Ersatzansprüche wegen entgangener Dienste

**¹Im Falle der Tötung, der Verletzung des Körpers oder der Gesundheit sowie im Falle der Freiheitsentziehung hat der Ersatzpflichtige, wenn der Verletzte kraft Gesetzes einem Dritten zur Leistung von Diensten in dessen Hauswesen oder Gewerbe verpflichtet war, dem Dritten für die entgehenden Dienste durch Entrichtung einer Geldrente Ersatz zu leisten.
²Die Vorschrift des § 843 Abs. 2 bis 4 findet entsprechende Anwendung.**

Übersicht

	Rn
1. Norm	1a
2. Anspruch	3
a) Familienrecht	3
b) Forderungsberechtigung	5
3. Mitverantwortlichkeit	6
4. Personenkreis	7
a) Partner	7
b) Eltern	9
5. Höhe des Anspruches	12
6. Steuer	13
7. Drittleistungen	14

Zum Thema: *Jahnke*, Unfalltod und Schadenersatz, § 6; *Jahnke*, Der Verdienstausfall im Schadenersatzrecht, § 9; *Jahnke/Burmann-Jahnke*, Handbuch des Personenschadenrechts, Kap. 4 Rn 832 ff; *Küppersbusch/Höher* Rn 456 ff. 1

1. Norm. Haftungsvoraussetzung ist eine Haftung nach den Tatbeständen der §§ 823 ff BGB, die Verantwortung nur aufgrund anderer Haftpflichtbestimmungen (Ausnahme § 53 II LuftVG) reicht nicht (BGH NJW 1969, 2005). § 17 BesatzSchG ist ab 9.5.2008 außer Kraft (Art. 25 Gesetz zur Bereinigung von Bundesrecht im Zuständigkeitsbereich des Bundesministeriums der Finanzen und zur Änderung des Münzgesetzes v. 8.5.2008 BGBl I 2008, 810). 1a

Vertragliche Ansprüche (u.a. auch Gewährleistung, siehe § 651f BGB) begründen keinen Ersatzanspruch für Unterhaltsschäden mittelbar Geschädigter (OLG Saarbrücken NJW-RR 1995, 986). § 670 BGB gibt keinen Anspruch. 1b

BGB § 845

2   Mit dem Inkrafttreten des Gleichberechtigungsgesetzes v. 18.7.1957 BGBl I 1957, 609 (zu Einzelheiten *Jahnke* NZV 2007, 329, *Röthel* NZV 2001, 329) hat § 845 BGB seine Relevanz verloren (BGH NJW 1968, 1823). § 845 BGB kommt allenfalls noch in der Landwirtschaft eine geringe praktische Bedeutung zu.

3   **2. Anspruch. a) Familienrecht.** Einem Dienstberechtigten stehen bei Wegfall von Dienstleistungen Ersatzansprüche zu, sofern und soweit die verletzte oder getötete Person **im Unfallzeitpunkt** (BGH VRS 70, 91) diesem gesetzlich **(familienrechtlich)** (OLG Celle NZV 2006, 95) zur Leistung von Diensten in Haushalt und/oder Gewerbe verpflichtet war.

4   Der Ausfall nur **vertraglich** oder **tatsächlich** erbrachter Verpflichtungen begründet keinen Anspruch (BGH NJW 2001, 971; OLG Thüringen zfs 2010, 79; zu Mitgesellschaftern OLG Hamm MDR 2013, 609). Im Detail *Jahnke*, Unfalltod und Schadenersatz, § 5.

5   **b) Forderungsberechtigung.** Der Anspruch steht ausschließlich dem **Dritten** (Dienstberechtigten) zu, nicht aber dem unmittelbar Verletzten/Getöteten (Dienstverpflichteten). Eine Klage des unmittelbar Verletzten ist wegen fehlender Aktivlegitimation abzuweisen.

6   **3. Mitverantwortlichkeit.** Trifft den verletzten oder getöteten Dienstpflichtigen eine Mitverantwortlichkeit, ist Ersatz nur entsprechend der Quote zu leisten (§ 846 BGB).

7   **4. Personenkreis. a) Partner. Ehegatten** und Partner i.S.d. **LPartG** erbringen keine Dienstleistungen, sondern erfüllen ihre familienrechtliche Unterhaltspflicht (BGH VersR 1971, 423). Bei Verletzung des haushaltsführenden Ehegatten erwirbt dieser eigene Ersatzansprüche, im Falle der Tötung richtet sich der Anspruch der Hinterbliebenen (Naturalunterhalt) nach § 844 II BGB (BGH NJW 1980, 2196).

8   Gegenüber **nicht-ehelichen Partnern** besteht keine gesetzliche Verpflichtung zur Dienstleistung.

9   **b) Eltern.** Wird ein Kind **verletzt,** steht diesem ein Haushaltsführungsschaden (§§ 842, 843 BGB) nicht zu; allenfalls haben seine Eltern Ansprüche aus § 845 BGB (OLG Thüringen zfs 2010, 79; *Jahnke/Burmann-Wessel*, Handbuch des Personenschadenrechts, Kap. 4 Rn 763; *Wussow-Zoll*, Kap. 35 Rn 50, Kap. 51 Rn 5 ff). Wird ein Kind durch einen Unfall verletzt oder **getötet,** kommen eigene Ersatzansprüche der Eltern gegen den Schädiger nur in Betracht, sofern und soweit das Kind seinen Eltern gesetzlich zur Leistung von Diensten in Haushalt und/ oder Gewerbe verpflichtet war (§§ 1591, 1671 VI, 1705, 1754, 1755 BGB) (ab dem 14. Lebensjahr Mitarbeitspflicht ca. 1 h/Tag; BGH VersR 1973, 939).

10 Dienstleistungspflichtig ist ein Kind, solange es seinen **Lebensmittelpunkt** im Hause der Eltern hat und dort erzogen und unterhalten wird (§ 1619 BGB, nicht § 1618a BGB). Eltern haben zu beweisen, dass die Dienstpflicht des Kindes über das 18. Lebensjahr hinaus fortbestanden hätte (BGH NJW 1978, 159). Eine endgültige zeitliche Grenze ist spätestens mit dem 25. Lebensjahr zu ziehen.

11 Sobald das Kind eine **eigene Erwerbstätigkeit** (auch im elterlichen Gewerbe; OLG Köln VersR 1991, 1292) aufgenommen hätte, endet der Ersatzanspruch (BGH NJW 1998, 307); und zwar auch dann, wenn das Kind in seiner Freizeit im Haushalt der Eltern noch tätig wurde (OLG Thüringen zfs 2010, 79).

5. Höhe des Anspruches. Die Anspruchshöhe richtet sich nach dem Betrag, 12
der auf dem **freien Arbeitsmarkt** für eine Ersatzkraft aufzuwenden wäre, welche
die Leistungen des Verletzten/Getöteten erbringt, gekürzt um den **Vorteilsausgleich** für ersparte Aufwendungen für Wohnung und Verpflegung und erhöht
um den Wert von **Sachbezügen**. Regelmäßig ist der Wert der entgangenen
familienrechtlich geschuldeten Dienstleistungen geringer als die ersparten Aufwendungen (OLG Karlsruhe VersR 1988, 1128), sodass unabhängig von Detailstreitigkeiten jedenfalls im Ergebnis ein Anspruch entfällt (OLG Schleswig NJW-RR 1998, 1404).

6. Steuer. Schadenersatzleistungen wegen entgangener Dienste unterliegen 13
keiner Besteuerung (§ 249 BGB, Rn 530).

7. Drittleistungen. Erhält der **verletzte** Dienstpflichtige eine Rente (z.B. 14
eines SVT), müssen die Dienstberechtigten sich diese anspruchsmindernd anrechnen lassen (BGH NJW 1978, 159).

§ 846 Mitverschulden des Verletzten

Hat in den Fällen der §§ 844, 845 bei der Entstehung des Schadens, den der Dritte erleidet, ein Verschulden des Verletzten mitgewirkt, so findet auf den Anspruch des Dritten die Vorschrift des § 254 Anwendung.

Übersicht

	Rn
1. Norm	1
2. Analoge Anwendung	2
3. Mitverantwortung des Getöteten	3
4. Mitverantwortung des Hinterbliebenen	8
5. Hinterbliebenen-Quotenvorrecht	11

1. Norm. Da § 254 BGB am unmittelbar Geschädigten anknüpft, bedarf es 1
für Ansprüche der nur mittelbar Geschädigten (nach §§ 844, 845 BGB aber ausnahmsweise anspruchsberechtigt) des Verweises in § 846 BGB. Auch wenn die
Ansprüche der mittelbar Geschädigten zwar selbständige, ihnen unmittelbar zustehende, Ansprüche sind, resultieren sie dennoch weitgehend aus dem Verhalten
des unmittelbar Verletzten. Dem trägt § 846 BGB dadurch Rechnung, dass das
nach § 254 BGB zu beachtende Verhalten des unmittelbar Verletzten (Verstorbenen) auf den Anspruch des nur mittelbar Geschädigten anspruchskürzend durchschlägt.

2. Analoge Anwendung. Auf Ansprüche aus **Gefährdungshaftung** (u.a. 2
§ 10 StVG, § 5 HaftPflG) ist § 846 BGB analog anwendbar (BGH NJW-RR 1994,
603; BGH NJW 1983, 2315; BGH NJW 1961, 1966).

3. Mitverantwortung des Getöteten. Trifft den Verunfallten (Verletzter, 3
Verstorbener), dessen Verletzung bzw. Tod die Schäden beim ersatzberechtigten
mittelbar Geschädigten auslöste, **Mitverantwortlichkeit zum Grund** (Mitverschulden, aber auch verschuldensunabhängige Verantwortlichkeit für eine Betriebsgefahr oder Gefahrenquelle) und/oder **zur Höhe** (z.B. Nichtanlegen des
Gurtes, vorwerfbare mangelnde gesundheitliche Versorgung; siehe auch § 254
BGB, Rn 274 ff) des entstandenen Schadens, ist der Ersatzanspruch der Hinterblie-

BGB § 846　　　　　　　　　　　　　　　　　　Schadensersatzrecht des BGB

benen bzw. Dritten (§§ 844, 845 BGB) entsprechend dieser Mitverantwortlichkeit zu mindern (BGH zfs 2001, 305; OLG Frankfurt zfs 2004, 452; OLG Hamm r+s 2004, 80; LG Meiningen DAR 2007, 7). Das Mitverschulden kann so groß sein, dass es anspruchsausschließend wirkt (LG Stralsund SP 2009, 392).

4　Der Anspruchskürzung wegen Mitverantwortung am Tod kann nicht entgegen gehalten werden, dass z.b. bei Nutzung von Sicherungseinrichtungen (wie Gurt, Helm) ansonsten schwere Körperverletzungen entstanden wären, die zu höheren Aufwendungen (Schadenersatzzahlungen) des Ersatzpflichtigen geführt hätten. Es fehlt an der Inhaltsgleichheit der eingetretenen Schäden (zum einen Schaden des unfallbeteiligten Verletzten, zum anderen originärer Anspruch der anspruchsberechtigten Dritten [Hinterbliebenen]).

5　Der Mitverschuldenseinwand setzt **Verschuldensfähigkeit** voraus (OLG München r+s 2003, 170). Soweit ein Verschulden aber nicht haftungsbegründend vorausgesetzt ist (z.B. StVG oder andere **Gefährdungshaftung;** siehe § 254 BGB, Rn 185 ff, § 254 BGB Rn 189 ff), erfolgt die Anspruchskürzung unabhängig von Verschulden und damit Schuldfähigkeit.

6　Ein gesetzlicher (z.B. §§ 104 ff SGB VII; siehe § 254 BGB, Rn 32 ff) oder vertraglicher (LG Wiesbaden VersR 1977, 93; siehe § 254 BGB, Rn 99 ff) **Haftungsausschluss** lässt auch die originären Ansprüche der Hinterbliebenen nach §§ 844, 845 BGB entfallen (BGH NZV 2007, 453).

7　Zum **Fernwirkungs-/Schockschaden** siehe vor § 249 BGB, Rn 123 ff, zum Hinterbliebenengeld § 844 BGB, Rn 72 ff.

8　**4. Mitverantwortung des Hinterbliebenen.** Ist der Unterhaltsberechtigte mit dem Schadenersatzpflichtigen **identisch,** hat er auch in Fällen der Direktklage (§ 115 I VVG, § 3 PflVG aF) keinen Ersatzanspruch: § 844 BGB setzt wie § 10 StVG die Tötung durch eine dritte Person voraus (siehe ausführlich *Jahnke*, Unfalltod und Schadensersatz, § 2 Rn 534 ff, 549 ff sowie § 844 BGB, Rn 15a, § 844 BGB, Rn 109). Ist z.B. der Ehemann als Fahrer verantwortlich für den Tod seiner auf dem Beifahrersitz sitzenden Ehefrau, haben die Waisen Anspruch auf anteiligen Ersatz der Beerdigungskosten (soweit sie Erben sind), entzogenen Unterhalts und Hinterbliebenengeld, nicht aber der Witwer (da personenidentisch mit dem Täter). Das etwaige Bestehen von Haftpflichtversicherungsdeckung führt nicht zur Anspruchsentstehung beim Täter.

8a　Gleiches gilt für Beerdigungskosten, Hinterbliebenengeld und entgangene Dienste.

9　Wenn neben dem getöteten Unterhaltsverpflichteten auch den Unterhaltsberechtigten eine **eigene Mitverantwortung** am Zustandekommen des Unfalles trifft, mindert sich der Schadensersatzanspruch kumulativ um beide Mitverantwortungsanteile (OLG Karlsruhe VersR 1978, 575; OLG Köln VersR 1992, 894).

10　Für eigenes Fehlverhalten der Hinterbliebenen im Bereich der **Schadenhöhe** gilt § 254 BGB.

11　**5. Hinterbliebenen-Quotenvorrecht.** Haben **Witwe/r** wegen Mitverantwortung des getöteten Partners nur Anspruch auf Ersatz einer Quote ihres Unterhaltsschadens, müssen sie sich Einkommen, mit dem sie nun nicht mehr zu den persönlichen Bedürfnissen des Getöteten beitragen, nur dann mindernd anrechnen lassen, wenn es den selbst zu tragenden Schadenanteil übersteigt (Witwen-Quotenvorrecht) (siehe *Jahnke* jurisPR-VerkR 11/2010 Anm. 1; *Jahnke/Burmann-Jahnke*, Handbuch des Personenschadenrechts, Kap. 5 Rn 2903 ff; ferner § 844 BGB, Rn 56, § 254 BGB, Rn 326 f).

Ein **Drittleistungsträger** (z.B. RVT) profitiert nicht vom Hinterbliebenenvorrecht (OLG Hamm VersR 2004, 1425). Macht der Hinterbliebene selbst sein Quotenvorrecht nicht geltend, kann der Drittleistungsträger hierauf mangels Forderungsübergang nicht zugreifen (KG NZV 1999, 208). 12

Für Sozialversicherte ist **§ 116 V SGB X** zu beachten (siehe § 254 BGB, Rn 329). 13

§ 847 (in der für Unfälle bis 31.7.2002 geltenden Fassung)

(1) **Im Falle der Verletzung des Körpers oder der Gesundheit sowie im Falle der Freiheitsentziehung kann der Verletzte auch wegen des Schadens, der nicht Vermögensschaden ist, eine billige Entschädigung in Geld verlangen.**

(2) **Ein gleicher Anspruch steht einer Frauensperson zu, gegen die ein Verbrechen oder Vergehen wider die Sittlichkeit begangen oder die durch Hinterlist, durch Drohung oder unter Mißbrauch eines Abhängigkeitsverhältnisses zur Gestattung der außerehelichen Beiwohnung bestimmt wird.**

1. Norm. § 847 BGB ist aufgehoben m.W.v. 1.8.2002 durch Gesetz v. 19.7.2002 (BGBl I 2002, 2674), gilt aber für **Unfälle bis 31.7.2002** (entscheidend ist der Unfalltag und nicht das Entstehen der Unfallfolgen; vor § 10 StVG, Rn 1, § 11 StVG, Rn 4 f) bis zu deren abschließender Regulierung weiter. 1

Seit der Aufhebung von § 847 I 2 BGB aF **ab 1.7.1990** durch Art. 1 Gesetz zur Änderung des Bürgerlichen Gesetzbuchs und anderer Gesetze v. 14.3.1990 BGBl I 1990, 478 ist das Schmerzensgeld **frei übertragbar** und pfändbar und bedarf seitdem keiner vertraglichen Anerkennung oder Rechtshängigkeit mehr (siehe auch BGH NJW 2017, 3004). 2

2. § 253 II BGB. Auf die Ausführungen zu § 253 II BGB, der § 847 I BGB aF für Unfälle ab 1.8.2002 inhaltlich unverändert fortsetzt, wird verwiesen. 3

3. § 847 II BGB aF. § 847 II BGB aF findet seine erweiterte Fortführung in § 253 II BGB (siehe auch § 825 BGB). 4

§ 848

(Vom Abdruck wird abgesehen.)

§ 849 Verzinsung der Ersatzsumme

Ist wegen der Entziehung einer Sache der Wert oder wegen der Beschädigung einer Sache die Wertminderung zu ersetzen, so kann der Verletzte Zinsen des zu ersetzenden Betrags von dem Zeitpunkt an verlangen, welcher der Bestimmung des Wertes zugrunde gelegt wird.

Übersicht

	Rn
1. Norm	1
2. Anwendbarkeit, Geltungsbereich	4

BGB § 849

	Rn
3. Nutzungsentzug	7
4. Verzinsung	9
a) § 246 BGB	9
b) § 247 BGB	12
c) § 288 BGB	13
d) Zinssätze (§§ 247, 288 BGB)	16

1 **1. Norm.** Nach § 849 BGB (ähnlich § 290 BGB) sind Zinsen als Schadensersatz für die endgültig verbleibende Einbuße an Substanz und Nutzbarkeit der Sache zu leisten (OLG Hamm OLGR 2009, 163).

2 Ein allgemeiner Rechtsgrundsatz, dass ein Schadensersatzanspruch aus unerlaubter Handlung vom Zeitpunkt seiner Entstehung an mit dem gesetzlichen Zinssatz zu verzinsen sei, ist dem deutschen Recht fremd. Aus § 849 BGB ergibt sich, dass eine solche automatische Verzinsung die Ausnahme ist und auf die dort geregelten Fälle der Entziehung oder Beschädigung einer Sache beschränkt bleiben muss (BGH VersR 1993, 1521).

3 § 849 BGB gilt auch für Ansprüche aus **Gefährdungshaftung** (BGH NJW 1983, 1614; OLG Düsseldorf BeckRS 2007, 09072; OLG München BeckRS 2016, 3419; OLG Saarbrücken r+s 2017, 209).

4 **2. Anwendbarkeit, Geltungsbereich.** § 849 BGB erfasst jeden **Sachverlust** durch ein Delikt. Auch wenn der Schädiger den Geschädigten (z.B. durch Betrug) dazu bestimmt, die Sache wegzugeben oder darüber zu verfügen, entzieht er sie ihm. § 849 BGB ist nicht auf die Wegnahme beschränkt und verlangt nicht, dass die Sache ohne oder gegen den Willen des Geschädigten entzogen wird (BGH NJW 2008, 1084).

5 § 849 BGB ist auf **Personenschäden** (u.a. Schmerzensgeld) nicht anwendbar (AG Bad Segeberg BeckRS 2013, 343148); siehe auch vor § 249 BGB, Rn 109 ff. Ein allgemeiner Rechtsgrundsatz, alle Schadenersatzansprüche aus unerlaubter Handlung seien von ihrer Entstehung an zu verzinsen, existiert nicht (*Jaeger* VersR 2009, 1233).

6 Die Verzinsungspflicht nach § 849 BGB gilt für die **Entziehung von Geld** nur, wenn diese in Gestalt einer Unterschlagung (BGH NJW 1953, 499; OLG Düsseldorf BeckRS 2016, 13103), durch Nichtauskehrung eines Versteigerungserlöses (OLG Düsseldorf NJW-RR 1989, 1253) oder von verspäteter Auskehrung eingezogener **Mandantengelder** (OLG Düsseldorf JurBüro 2004, 536; OLG Karlsruhe VersR 2006, 836) erfolgte.

7 **3. Nutzungsentzug.** Zinsen sind als Ersatz für die **dauerhafte Einbuße** an Substanz oder Nutzbarkeit der Sache zu zahlen. Der Verzinsung nach § 849 BGB unterliegen nicht alle Beträge, die wegen der Entziehung oder Beschädigung einer Sache geschuldet werden, sondern nur die Ersatzsumme, die im Falle der Entziehung einer Sache für deren Wert oder im Falle der Beschädigung für deren nach der Wiederherstellung verbleibende Wertminderung geschuldet wird (BGH VersR 1962, 548; OLG Saarbrücken r+s 2017, 209). Andere Ersatzbeträge (u.a. Kosten der Reparatur) fallen nicht unter die Verzinsungsmöglichkeit des § 849 BGB (BGH VersR 1962, 548; OLG Saarbrücken BeckRS 1998, 16561).

8 Dem Verletzten steht für denselben Zeitraum entweder **Nutzungsausfall** (§ 249 BGB) oder abstrakte Verzinsung nach § 849 BGB zu, nicht aber beides nebeneinander (BGH NJW 1983, 1614).

Verzinsung der Ersatzsumme   § 849 BGB

4. Verzinsung. a) § 246 BGB. Für die Verzinsung gilt der gesetzliche **Zins-** 9
fuß (§ 246 BGB) (BGH NJW 2008, 1084; OLG Karlsruhe BeckRS 2014, 20482),
und nicht der Verzugszins nach § 288 I BGB (OLG Düsseldorf BeckRS 2016,
13103; LG Münster BeckRS 2014, 9275).

§ 246 BGB – Gesetzlicher Zinssatz 10
  Ist eine Schuld nach Gesetz oder Rechtsgeschäft zu verzinsen, so sind 4 vom
  Hundert für das Jahr zu entrichten, sofern nicht ein anderes bestimmt ist.

Die Zinspflicht **beginnt** regelmäßig mit dem Schadenereignis und endet mit 11
Beschaffung des Ersatzgutes bzw. der Zahlung der Entschädigung (BGH NJW
1965, 392; OLG Hamm OLGR 2009, 163) oder Abschlagszahlung (LG Hanau
zfs 1987, 170).

b) § 247 BGB. Der **Basiszins** (§ 247 BGB) verändert sich prinzipiell zum 1.1. 12
und 1.7. eines Jahres (§ 247 I 2 BGB).

c) § 288 BGB. Der **Verzugszinssatz** (§ 288 I BGB) beträgt für das Jahr 5 13
Prozentpunkte (§ 247 BGB).

Im Sonderfall des § 288 II BGB **(Entgeltforderung)** beläuft sich der Zins auf 14
9 Prozentpunkte über dem Basiszinssatz.

Die **Verzugszinsenpauschale** (§ 288 V BGB) setzt Verzug mit Entgeltforde- 15
rung (§ 271a BGB) voraus.

d) Zinssätze (§§ 247, 288 BGB).

| Zeitraum | | § 247 I BGB | Verzugszins | | 16
| --- | --- | --- | --- | --- |
| vom | bis | | Verbraucher-
geschäft
§ 288 I 1 BGB | Handels-
geschäfte
§ 288 I 2 BGB |
| 01.01.2013 | 30.06.2013 | -0,13% | 4,87% | 7,87% |
| 01.07.2013 | 31.12.2013 | -0,38% | 4,62% | 7,62% |
| 01.01.2014 | 30.06.2014 | -0,63% | 4,37% | 7,37% |
| 01.07.2014 | 28.07.2014 | -0,73% | 4,27% | 7,27% |
| 29.07.2014 | 31.12.2014 | -0,73% | 4,27% | 8,27% |
| 01.01.2015 | 31.12.2015 | -0,83% | 4,17% | 8,17% |
| 01.01.2016 | 31.12.2016 | -0,88% | 4,12% | 8,12% |
| 01.01.2017 | 31.12.2017 | -0,88% | 4,17% | 8,17% |

7. Teil. Zivilprozessrecht

§ 286 Freie Beweiswürdigung

(1) ¹Das Gericht hat unter Berücksichtigung des gesamten Inhalts der Verhandlungen und des Ergebnisses einer etwaigen Beweisaufnahme nach freier Überzeugung zu entscheiden, ob eine tatsächliche Behauptung für wahr oder für nicht wahr zu erachten sei. ²In dem Urteil sind die Gründe anzugeben, die für die richterliche Überzeugung leitend gewesen sind.

(2) An gesetzliche Beweisregeln ist das Gericht nur in den durch dieses Gesetz bezeichneten Fällen gebunden.

§ 287 Schadensermittlung; Höhe der Forderung

(1) ¹Ist unter den Parteien streitig, ob ein Schaden entstanden sei und hoch sich der Schaden oder ein zu ersetzendes Interesse belaufe, so entscheidet hierüber das Gericht unter Würdigung aller Umstände nach freier Überzeugung. ²Ob und inwieweit eine beantragte Beweisaufnahme oder von Amts wegen die Begutachtung durch Sachverständige anzuordnen sei, bleibt dem Ermessen des Gerichts erlassen. ³Das Gericht kann den Beweisführer über den Schaden oder das Interesse vernehmen; die Vorschriften des § 452 Abs. 1 Satz 1 bis 4 gelten entsprechend.

(2) Die Vorschriften des Absatzes 1 Satz 1, 2 sind bei vermögensrechtlichen Streitigkeiten auch in anderen Fällen entsprechend anzuwenden, soweit unter den Parteien die Höhe einer Forderung streitig ist und die vollständige Aufklärung aller hierfür maßgebenden Umstände mit Schwierigkeiten verbunden ist, die zu der Bedeutung des streitigen Teiles der Forderung in keinem Verhältnis stehen.

Übersicht

	Rn
1. Grundlagen der Beweiswürdigung	1
2. Anscheinsbeweis	7
3. Der Sachverständigenbeweis	13
a) Die Auswahl des Sachverständigen	13
b) Die Erstattung des Gutachtens	14
c) Reaktionsmöglichkeiten auf ein Sachverständigengutachten	16
d) Würdigung des Gutachtens	20
e) Verwertung verfahrensfremder Gutachten	24
4. Zeugenbeweis	26

1. Grundlagen der Beweiswürdigung. Die haftungsbegründenden 1 **Voraussetzungen** – also die rechtswidrige Herbeiführung eines Körper- oder Sachschadens – sind vom Geschädigten voll zu beweisen. Insoweit gilt **§ 286 ZPO**. Hier wird für die Überzeugung des Richters von der Wahrheit einer Behauptung ein hoher Überzeugungsgrad verlangt. Zwar ist nicht die absolute Gewissheit erforderlich, noch nicht einmal eine „an Sicherheit grenzende Wahrscheinlichkeit" (BGH VersR 77, 721; 89, 758, 759). Es reicht aus, wenn sich der Richter mit einem für das praktische Leben brauchbaren Grad von Gewissheit begnügt, der dem Zweifel Schweigen gebietet, ohne ihn völlig auszuschließen (BGHZ 53, 245; 256).

2   Es kommt auf die freie richterliche Überzeugungsbildung an. Zwar gibt es gesetzliche Beweisregeln, wie etwa die Beweiskraft öffentlicher Urkunden (§ 415 ZPO), des Protokolls (§ 165 ZPO) oder des Tatbestandes des Urteils (§ 314 ZPO). § 286 Abs 2 ZPO bestimmt jedoch, dass das Gericht „nur" in solchen durch die ZPO ausdrücklich bezeichneten Fällen an gesetzliche Beweisregeln gebunden ist. Außerhalb dieser gesetzlich bestimmten Fälle ist es fehlerhaft, wenn das Gericht auf Beweisregeln abstellt. So ist es insbesondere nicht haltbar, wenn das Gericht generell Aussagen eines als **Zeugen** vernommenen **Beifahrers** keinen Beweiswert zumisst (BGH NJW 88, 566, 567; 95, 955). Fehlerhaft ist es auch, wenn das Gericht versucht, den Beweiswert einer Aussage mit Wahrscheinlichkeitsrechnungen zu bestimmen (BGH VersR 89, 637). Mit der freien richterlichen Beweiswürdigung unvereinbar ist es auch, ohne konkrete Auseinandersetzung mit den Angaben von Zeugen schlicht einander widersprechende Aussagen zu konstatieren und zu einer Beweislastentscheidung zu greifen. Bei **einander widersprechenden Aussagen** muss geprüft und dargelegt werden, ob sich nicht doch ein sicherer Schluss auf die Wahrheit der entscheidungserheblichen Behauptungen rechtfertigen lässt (BGH VersR 85, 183).

3   Zu berücksichtigen sind im Rahmen der Beweiswürdigung nach § 286 ZPO nicht nur die Zeugenaussagen, Sachverständigengutachten sowie Urkunden. Zu berücksichtigen ist insbesondere auch die Möglichkeit, die Angaben einer nach **§ 141 ZPO angehörten Partei** zu verwerten (BGH NJW-RR 91, 983; NJW 97, 1988). Im Rahmen der freien Beweiswürdigung ist das Gericht nicht gehindert, einer Parteierklärung den Vorzug vor einer Zeugenaussage zu geben, auch wenn die Erklärung nicht im Rahmen einer förmlichen Parteivernehmung abgegeben wurde (BGH NJW-RR 90, 1061, 1063).

4   Soweit die **Schadensfolgen** im Streit sind, wird der Anwendungsbereich des **§ 287 Abs 1 ZPO** eröffnet, so dass hier eine Schätzung durch das Gericht möglich ist. Dies betrifft nicht nur die Feststellungen zur Schadenshöhe, sondern auch die zur gesamten haftungsausfüllenden Kausalität (BGH NJW 08, 1381; NJW-RR 05, 897; Lepa NZV 92, 129). Der Geschädigte muss lediglich den vollen Beweis dafür erbringen, dass er überhaupt verletzt worden ist. Für den so genannten ersten Verletzungserfolg kommen ihm keinerlei Beweiserleichterungen zu Gute (BGH NJW 04, 777; OLG München NZV 03, 474). Ob weitere Verletzungen auf den Unfall zurückzuführen sind, unterfällt dem Beweismaß des § 287 ZPO. Es ist dann nur die **überwiegende Wahrscheinlichkeit** (BGH NJW 92, 3298; 95, 1023; OLG München NJW 11, 396; zu HWS-Verletzungen instruktiv OLG München v. 26.10.2012 – 10 U 4531/11, BeckRS 2012, 22131) erforderlich, wobei es zur richterl Überzeugungsbildung nicht ausreichend ist, wenn nach den festgestellten Einzeltatsachen „alles offen" bleibt (OLG München r+s 06, 474). § 287 I ZPO findet auf alle Schadensersatzansprüche Anwendung sowie entsprechend auf Entschädigungsansprüche wegen Aufopferung (BGH 29, 95) und Enteignung (BGH 29, 217); nicht dagegen auf Minderung (BGH WM 71, 1382) und Bereicherung (BGH GRUR 62, 261).

5   Die Anwendbarkeit des § 287 ZPO führt auch zu einer erheblichen Erleichterung der Darlegungslast (BGH NJW-RR 92, 202; 99, 1039; NZV 98, 279; Lepa NZV 92, 129, 133). Der Geschädigte muss lediglich eine tragbare Schätzungs-

Beweisrecht **§§ 286, 287 ZPO**

grundlage liefern und vorhandene Unterlagen vorlegen (NJW 94, 663). Fehlt es jedoch an einem solchen Vortrag bzw kann dieser nicht beweisen werden, so ist eine Schätzung unzulässig, da sie „völlig in der Luft hängen" würde (BGH NJW 87, 909). Ferner führt § 287 ZPO zu Beweiserleichterungen. Einer Bindung an die Beweislast ist das Gericht im Rahmen des § 287 ZPO nicht unterworfen, es bestimmt daher nach pflichtgemäßen Ermessen darüber, ob und welche Beweise es erhebt (Zöller/Greger § 287 Rn 6). Ziel auch der Schätzung ist es, den Schaden möglichst richtig und vollständig zu bestimmen (BGHZ 91, 243, 256). Deshalb bedarf es einer vollständigen Auswertung des Parteivorbringens und der Berücksichtigung der Einzelfallumstände (BGH VersR 92, 1410).

Für die Umstände, die die Anwendung des **§ 254 BGB** begründen, trägt der 6 Schädiger die Beweislast (BGHZ 91, 234, 260; NJW 94, 3105). Die Beweiserleichterung des § 287 ZPO kommt auch im Rahmen der Anwendung des § 254 BGB zum Zuge. Der Schädiger muss daher lediglich die Tatsachen, aus denen sich die Mitverursachung des Schadens bzw die Verletzung der Schadensminderungspflicht ergibt, voll gemäß § 286 ZPO beweisen. Die Auswirkungen dieser Pflichtverletzungen werden dann unter Zugrundelegung des Beweismaßstabes des § 287 ZPO beurteilt (vgl BGH VersR 86, 1208, 1209).

2. Anscheinsbeweis. Eine weitere Erleichterung in der Beweisführung erhält 7 der Geschädigte über die Grundsätze des **Anscheinsbeweises**. Er ist vor allem dann anwendbar, wenn es um den Beweis des ursächlichen Zusammenhangs und des Verschuldens geht. Der Anscheinsbeweis setzt voraus, dass sich unter Berücksichtigung aller unstreitigen und festgestellten Einzelumstände und besonderen Merkmalen des Sachverhaltes ein für die zu beweisende Tatsache nach der Lebenserfahrung typischer Geschehensablauf ergibt (BGH NJW 96, 1828; NZV 11, 177; 01, 207; Lepa NZV 92, 129, 130; v. Pentz zfS 12, 64, 65 f., Staab DAR 15, 241). Unter Typizität ist ein Vorgang zu verstehen, der nach der Erfahrung des täglichen Lebens durch das regelmäßige, übliche, gewöhnliche und häufige seines Ablaufes geprägt ist, also ein **Ablauf nach „Muster".** Bei mehreren in Betracht kommenden Möglichkeiten greift der Anscheinsbeweis nicht, insbesondere genügt nicht die größere Wahrscheinlichkeit des Vorliegens eines der möglichen Sachverhalte (BGH NJW-RR 88, 789, 790). Für die Beurteilung der Typizitität darf nicht allein auf das „Kerngeschehen" (zB Auffahrunfall) abgestellt werden, wenn weitere Umstände des Unfallereignisses bekannt sind, die gegen die gegebene Typizität sprechen (BGH NZV 12, 123; v Pentz zfS 12, 64, 68 f., 125 f). Eine derartige Typizität wird oft bei der Verletzung von Schutzgesetzen iSd § 823 II BGB, Unfallverhütungsvorschriften oder Verkehrssicherungspflichten vorliegen, wenn der Normzweck gerade in der Abwendung typischer Gefahren besteht und das Schadensereignis in einem sachlichen und räumlichen Zusammenhang mit der Normverletzung bzw Pflichtverletzung steht (Geigel-Knerr Kap 37 Rn 43 mwN). Steht die Typizität des Geschehensablaufs fest, ist es möglich, von einer feststehenden Ursache auf einen bestimmten Erfolg oder umgekehrt zu schließen (BGH NJW 97, 528). Bei mehreren in Betracht kommenden Möglichkeiten greift der Anscheinsbeweis nicht, insbesondere genügt nicht die große Wahrscheinlichkeit des Vorliegens eines der möglichen Sachverhalte (BGH NJW-RR 88, 789, 790). Der Anscheinsbeweis greift grundsätzlich nicht, wenn es um individuelle Verhaltensweisen einzelner in bestimmten Lebenslagen oder um persönliche Willensentschlüsse geht. Es gibt daher keinen Anscheinsbeweis für das Vorliegen eines Suizides (BGHZ 100, 214, 216) bzw für das Vorliegen grober

Fahrlässigkeit (BGH VersR 74, 593, 594; 72, 944). Entsprechendes gilt auch für den Nachweis der vorsätzlichen Herbeiführung eines Versicherungsfalles, insbesondere auch für die Annahme einer Unfallmanipulation (vgl Geigel-Knerr Kap 37 Rn 49).

8   Der Anscheinsbeweis ist dann entkräftet, wenn der Gegner Tatsachen **darlegt und beweist,** aus denen sich die ernsthafte Möglichkeit eines atypischen Geschehensablaufes ergibt (BGH VersR 95, 723; NZV 92, 27; 90, 386; Geigel-Knerr Kap 37 Rn 50). Dann hat die beweisbelastete Partei vollen Beweis zu erbringen.

9   **Beispiele für das Eingreifen des Anscheinsbeweises:** Steht die alkoholbedingte Fahruntüchtigkeit eines Fahrers fest, so spricht der Beweis des ersten Anscheins dafür, dass die Alkoholbeeinflussung den Unfall kausal herbeigeführt hat. Das gilt jedenfalls dann, wenn der Unfall dem Verkehrsteilnehmer bei einer Verkehrslage und unter Umständen zustößt, die er nüchtern hätte meistern können (BGH VersR 87, 1006; NZV 92, 27; 95, 145; OLG Hamm DAR 00, 568; OLG München r+s 2015, 257; Staab DAR 15, 241 ff). Der Anscheinsbeweis greift im Rahmen der Kausalität zwischen Fahruntüchtigkeit und Unfall sowohl bei der absoluten, wie auch bei der relativen Fahruntüchtigkeit ein (BGH VersR 86, 141). Streng hiervon zu unterscheiden ist die vorgelagerte Feststellung der Fahruntüchtigkeit (vgl dazu § 316 StGB Rn 22 ff und 26 ff).

10   Dagegen besteht kein Anscheinsbeweis dafür, dass sich das Fehlen einer Fahrerlaubnis unfallursächlich ausgewirkt hat (KG NZV 02, 80).

11   Für ein **Verschulden** eines Kraftfahrers spricht der Anscheinsbeweis bei einem Zusammenstoß mit einem vorfahrtsberechtigten Kfz. auf einer Kreuzung oder Straßeneinmündung (BGH NJW 76, 1317; OLG Köln VersR 01, 1042; KG NZV 06, 202); dies gilt nicht, wenn ein Wartpflichtiger nach rechts in die Vorfahrtsstraße einbiegt und dabei auf der rechten Fahrbahn auf einen von rechts kommenden und im Überholen begriffenen Verkehrsteilnehmer stößt (BGH VersR 1982, 903; OLG Köln VersR 94, 191; aA OLG Düsseldorf VersR 81, 578). Bei einer Kollision zwischen einem Linksabbieger und einem entgegenkommenden Fahrzeug spricht der Anscheinsbeweis für ein Verschulden des Linksabbiegers (BGH NZV 2007, 294; OLG Frankfurt NZV 10, 508).

12   Für ein Verschulden eines Kraftfahrers spricht der Anscheinsbeweis auch dann, wenn der Kraftfahrer auf ein unbeleuchtetes Hindernis auffährt (BGH NZV 89, 105; OLG Düsseldorf VersR 75, 956), welches sich bereits bei der Annäherung auf der Fahrbahn befand (OLG Koblenz DAR 01, 404; KG NZV 02, 230). Entsprechendes gilt beim Auffahren auf ein vorausfahrendes Kraftfahrzeug (BGH VersR 64, 263; OLG Düsseldorf NZV 06, 200). Auch auf Autobahnen spricht der Anschein gegen den Auffahrenden (BGH r+s 17, 153). Er greift aber nicht ein, wenn feststeht, dass vor dem Unfall ein Spurwechsel des vorausfahrenden Fahrzeuges stattgefunden hat, der Sachverhalt aber im Übrigen nicht aufklärbar ist (BGH r+s 17, 153; NZV 12, 123; zum (fehlenden) Anscheinsbeweis bei einem **Auffahrunfall** beim Verlassen der Autobahn vgl BGH NZV 11, 177). Der Beweis des ersten Anscheins wird bei Auffahrunfällen außerhalb einer BAB (s. § 4 StVO Rn 24) erschüttert durch die bewiesene Möglichkeit eines grundlosen Bremsens des vorausfahrenden Fahrzeuges (OLG Frankfurt NZV 06, 585; OLG Köln DAR 95, 485). Ferner greift der Anscheinsbeweis ein bei Abkommen von einer geraden und übersichtlichen Fahrbahn (BGH NJW 89, 3273; KG DAR 03, 64), nicht aber, wenn Umstände feststehen, die gegen eine Typizität des Geschehens sprechen, etwa wenn das Abkommen in unmittelbaren Zusammenhang damit steht, dass ein entgegenkommendes Fahrzeug einen Überholvorgang nur knapp been-

dete (BGH NZV 96, 277). Wendet ein Fz-Führer sein Fz (BGH DAR 85, 316; KG NZV 02, 230; 08, 623), fährt er vom Fahrbahnrand an (KG NZV 06, 369; OLG Brandenburg a. d. Havel DAR 02, 307), aus einem Grundstück hinaus (KG NZV 08, 622; 98, 376; OLG Köln DAR 06, 27) oder setzt mit dem Fz zurück (OLG München v. 21.4.2017 – 10 U 4565/16 Beck RS 2017, 107790; KG NJW-RR 10, 1116; OLG Frankfurt VersR 82, 1079) wechselt er den Fahrstreifen (OLG Hamm NZV 10, 79; KG NJW-RR 11, 28); OLG München v. 21.4.2017 – 10 U 4565/16, BeckRS 2017, 107790) und kommt es dabei im zeitlichen und räumlichen Zusammenhang (dazu OLG Düsseldorf VersR 78, 852; OLG Frankfurt VersR 82, 1079) zu einer Kollision mit dem durchgehenden Verkehr, so kommt ein Anscheinsbeweis für sein Verschulden in Betracht. Bei Kollisionen beim Rückwärtsfahren auf einem Parkplatz greift der Anscheinsbeweis gegen den Rückwärtsfahrenden ein, wenn feststeht, dass er zum Zeitpunkt der Kollision sich in Bewegung befand (BGH r+s 17, 93; 16, 149; 16, 146). Daneben können die Regeln über den Anscheinsbeweis Anwendung finden bei Unfällen im Zusammenhang mit Aquaplaning (OLG Düsseldorf VersR 75, 160), bei Wildunfällen (OLG Frankfurt NZV 16, 315;OLG Schleswig NZV 90, 273), bei Schleudern auf eis- oder schneeglatter Strecke (OLG Hamm NZV 98, 115; BGH VersR 71, 842) sowie bei Fahrfehlern ohne ersichtlichen Grund (OLG Frankfurt VersR 78, 828; OLG Celle VersR 85, 787). Der Beweis des ersten Anscheins greift auch zulasten desjenigen Unfallgeschädigten, der einen **Sicherheitsgurt** nicht anlegt und Verletzungen davonträgt, vor denen ein Sicherheitsgurt typischerweise Schutz bietet (BGH NJW 80, 2125; 91, 230; Staab DAR 15, 241 ff).

3. Der Sachverständigenbeweis. a) Die Auswahl des Sachverständigen. 13
Der Beweis durch Sachverständige wird nach § 403 ZPO durch die Bezeichnung der zu begutachtenden Punkte angetreten. Hierfür genügt die summarische Angabe der zu begutachtenden Punkte und die Angabe des Ergebnisses, zu dem der Sachverständige kommen soll (BGH NJW 95, 130). Der Beweisantritt stellt letztlich nur eine Anregung dar. Jedoch können Beweisanträge auf Einholung eines unfallanalytischen Gutachtens nur in seltenen Fällen abgelehnt werden. Auch für die Frage, ob ein Umstand als Anknüpfungstatsache geeignet ist, ist in der Regel sachverständiges Wissen erforderlich (OLG Jena v. 30.11.2011 – 7 U 178/10, BeckRS 2012, 04774). Ein notwendiges Gutachten eines Sachverständigen muss das Gericht gegebenenfalls auch ohne Antrag anordnen, wenn seine eigene Sachkunde zur Auswertung der beweisbedürftigen Umstände nicht genügt. Die Auswahl des Sachverständigen erfolgt durch das Gericht (§ 404 Abs 1 ZPO). Vorrangig sollen **öffentlich bestellte Sachverständige** ausgewählt werden (§ 404 Abs 2 ZPO). Die Auswahl des Sachverständigen steht im Ermessen des Gerichtes. Eine Anhörung der Parteien zu der Frage, welche Person als Sachverständiger ausgewählt werden soll, sieht das Gesetz nicht vor (BGHZ 131, 76 = NJW 96, 196, 197). Allerdings soll das Gericht den Anregungen der Parteien nachgehen. Haben sich die Parteien vor Erlass des Beweisbeschlusses auf die Person eines Sachverständigen geeinigt und diese Einigung dem Gericht angezeigt, so ist das Gericht hieran gebunden (Thomas/Putzo/Reichold, § 404 Rn 2).

b) Die Erstattung des Gutachtens. Gemäß § 404a ZPO hat das Gericht die 14
Tätigkeit des Sachverständigen zu leiten und ihn für Art und Umfang seiner Tätigkeit Weisungen zu erteilen. Das bedeutet, dass es Sache des Tatrichters ist, dem Sachverständigen die von ihm benötigten Anknüpfungstatsachen vorzugeben (BGH NJW 97, 1446, 1447). Insbesondere bei streitigen Tatsachen hat das Gericht

dem Sachverständigen mitzuteilen, welche er bei der Erstattung des Gutachtens zugrunde zulegen hat (vgl Zöller-Greger, § 405 Rn 3). Fehlt dem Gericht die Sachkunde, um die der Begutachtung zugrunde zu legenden Tatsachen zu benennen, so kann es gemäß § 404a Abs 4 ZPO auch den Sachverständigen zur Aufklärung der Beweisfrage ermächtigen. Diese Aufklärungsbefugnis ist dem Sachverständigen im Beweisbeschluss zu erteilen.

15 Gerade bei medizinischen Gutachten taucht in der Praxis immer wieder das Phänomen auf, dass der Leiter einer Klinik mit der Erstattung des Gutachtens beauftragt wird und man bei der Lektüre des Gutachtens den Eindruck gewinnt, dass sich die Beteiligung des Sachverständigen auf die Mitunterzeichnung des Gutachtens beschränkt. § 407a Abs 2 ZPO stellt dagegen ausdrücklich klar, dass der bestellte Sachverständige den ihm erteilten Auftrag **selbst** erfüllen muss. Lediglich Hilfsdienste untergeordneter Bedeutung (Schreibwerk, Fertigung von Kopien) darf er, ohne dies offen zu legen, in Anspruch nehmen. Die Mitarbeit Dritter muss dagegen er nach der Person mit dem Umfang ihrer Beteiligung darlegen. Dies bedeutet jedoch nicht, dass die eigene Verantwortung des Sachverständigen auf diese Kenntlichmachung sich beschränkt. Vielmehr sind Beurteilungs- und Ermessensfragen vom Sachverständigen selbst zu beantworten. Der Sachverständige muss grundsätzlich in jeder Phase der Vorbereitung des Gutachtens die **Organisationsgewalt** eigenverantwortlich innehaben und sie auch tatsächlich ausüben (OLG Köln v. 20.7.2011 – 17 W 129/11, BeckRS 2011, 22637). Von daher reicht es nicht aus, wenn der Sachverständige ein von einem Mitarbeiter unterzeichnetes Gutachten nur mit „einverstanden" unterschreibt (BVerwG NJW 84, 2645). Ausreichend soll es allerdings sein, dass der Sachverständige dadurch die volle Verantwortung übernimmt, indem er eine Formulierung wie „einverstanden aufgrund eigener Untersuchungen und Urteilsbildung" wählt (BGH VersR 72, 927; OLG Zweibrücken VersR 00, 605; OLG München VersR 00, 639; OLG Koblenz r+s 2011, 211). Zu beachten ist, dass die Erstattung des Gutachtens durch einen anderen als den gerichtlich bestellten Sachverständigen dem Verlust des Rügerechts nach § 295 ZPO unterworfen ist (vgl ldgl OLG Zweibrücken NJW-RR 99, 1368; OLG Köln v. 18.5.12 – 20 U 253/11, Beck RS 2012, 18440).

16 **c) Reaktionsmöglichkeiten auf ein Sachverständigengutachten.** Gemäß § 411 Abs 3 ZPO kann das Gericht von sich aus den Sachverständigen zur Erläuterung des Gutachtens laden. Insoweit steht dem Gericht ein gebundenes Ermessen zu. Das Gericht muss den Sachverständigen daher laden, wenn Zweifel oder Unklarheiten im Gutachten vorliegen. Anlass zur Ladung des Sachverständigen kann auch das von einer Partei vorgelegte Privatgutachten sein (vgl BGH NJW 92, 1459), insbesondere bei eklatanten Widersprüchen zwischen Gerichts- und Privatgutachten (BGH NZV 97, 72; NJW 01, 3269). Diese Pflicht des Gerichtes besteht auch dann, wenn die Partei selbst ihr Antragsrecht nach § 411 Abs 3 ZPO wegen Verspätung verloren hat (BGH NJW 92, 1459; NJW-RR 89, 1275).

17 Den Parteien steht darüber hinaus das Recht zu, eine **Befragung des Sachverständigen** zu beantragen (§§ 402, 397 ZPO). Diesen Antrag darf das Gericht nur ablehnen, wenn er **verspätet** oder **rechtsmissbräuchlich** gestellt wird (BGH NJW 94, 1286, 1287; NJW-RR 97, 1487; NZV 05, 463). Rechtsmissbräuchlich ist der Antrag nur, wenn die Notwendigkeit einer mündlichen Erörterung entweder überhaupt nicht oder völlig unsubstantiiert begründet wird (BGH aaO). Das Gericht muss den Sachverständigen auch dann laden, wenn es das schriftliche Gutachten selbst für überzeugend hält (BVerfG NJW 12, 1346; BGH NJW 98, 162; NJW-RR 03, 208; 15, 150; 17, 1144).

Gemäß § 411 Abs 4 ZPO haben die Parteien dem Gericht innerhalb eines 18
angemessenen Zeitraums ihre Einwendungen gegen das Gutachten, die Begutachtung betreffende Anträge und Ergänzungsfragen mitzuteilen. Die Fragen brauchen jedoch nicht schon ausformuliert sein. Es reicht aus, wenn vorgetragen wird, nach welcher Richtung der Sachverständige befragt werden soll (BGH NJW-RR 97, 1487, 15, 150). Dieses Erfordernis entfällt, wenn aus den gewechselten Schriftsätzen und vor allem auch aus vorgelegten Privatgutachten hervorgeht, bei welchen Punkten und mit welcher Zielrichtung die schriftlichen Ausführungen des vom Gericht bestellten Gutachters angegriffen werden sollen (BGH NZV 97, 72). Eine **Fristsetzung** zur Stellungnahme gem § 411 Abs 4 ZPO muss **durch das Gericht** und nicht allein durch den Vorsitzenden erfolgen (BGH NJW-RR 01, 1431). Da es sich um eine Fristsetzung im Sinne des § 296 Abs 1 ZPO handelt, muss die entsprechende Verfügung derartig eindeutig sein, dass bei der betroffenen Partei von Anfang an keine Fehlvorstellungen über die gravierenden Folgen der mit der Nichtbeachtung der Frist verbundenen Rechtsfolgen aufkommen können (BGH aaO; NJW-RR 06, 428).

Weder aufgrund der Substantiierungslast noch aufgrund der allg. Prozessförde- 19
rungspflicht besteht jedoch eine Verpflichtung, die Angriffe durch Vorlage eines Privatgutachtens zu untermauern (BGH NJW 07, 1531; 03, 1400).

d) Würdigung des Gutachtens. Gutachten unterliegen der freien Beweis- 20
würdigung. Will das Gericht einem Gutachten nicht folgen, so muss es seine abweichende Überzeugung begründen. Diese Begründung muss erkennen lassen, dass die Beurteilung nicht von einem Mangel an Sachkunde beeinflusst ist (BGH NJW 89, 2948). Der Hinweis auf medizinische Fachliteratur ist dabei grundsätzlich nicht geeignet, die erforderliche Sachkunde des Gerichtes zu begründen, da das Studium derartiger Literatur infolge der notwendigerweise generalisierenden Betrachtungsweise dem medizinischen Laien nur bruchstückhafte Kenntnisse vermitteln kann (BGH VersR 94, 984; 93, 749).

Liegen einander widersprechende Gutachten vor, so kann das Gericht den 21
Streit der Sachverständigen nicht dadurch entscheiden, dass es ohne einleuchtende und logisch nachvollziehbare Begründung einem der Sachverständigen den Vorzug gibt. Dabei spielt es keine Rolle, ob sich der Widerspruch aus einem von einer Partei vorgelegten **Privatgutachten** ergibt (BGH NJW 86, 1928, 1930; 98, 2735; 01, 2796; NJW-RR 11, 609). Das Gericht muss insoweit alle vorhandenen Aufklärungsmöglichkeiten nutzen. Insoweit kommt insbesondere eine Einholung einer **ergänzenden Stellungnahme** des gerichtlichen Sachverständigen oder die **Einholung eines weiteren Gutachtens** (§ 412 Abs 1 ZPO) in Betracht. Wenn das Gericht aus eigener Sachkunde den Streit der Sachverständigen entscheiden will, so muss es seine überlegene Sachkunde in den Entscheidungsgründen durch eine plausible und detaillierte Auseinandersetzung mit den gegensätzlichen Standpunkten belegen (BGH NJW-RR 00, 44, 46). Entsprechendes gilt, wenn das Gericht auf Grund eigener Bewertung der Beweislage von einem eingeholten Sachverständigengutachten abweichen will (BGH NStZ 06, 511).

Meint das Gericht, keiner der Sachverständigen habe überzeugt, so muss es im 22
Urteil erkennen lassen, dass die widersprechenden Ansichten der Sachverständigen gegeneinander abgewogen worden sind und dass sich nach Herausarbeitung der abweichenden Standpunkte keine weiteren Aufklärungsmöglichkeiten ergeben (BGH NJW 87, 442; 01, 3054, 3056). Liegen die unterschiedlichen Auffassungen der Sachverständigen in unterschiedlichen tatsächlichen Annahmen begründet,

dann muss der Tatrichter die für seine Überzeugungsbildung maßgebenden Tatsachen feststellen bzw begründen, weshalb und zu wessen Lasten sie beweislos geblieben sind (BGH NJW 87, 442).

23 Auch die Ausführungen in einem Privatgutachten, welches mit einem nicht nachgelassenen Schriftsatz überreicht wird, sind grundsätzlich zur Kenntnis zu nehmen. Geben sie Anlass zu weiterer tatsächlicher Aufklärung, so ist die mündliche Verhandlung wieder zu eröffnen (BGH NJW 01, 2796; 88, 2302).

24 **e) Verwertung verfahrensfremder Gutachten.** Gemäß § 411a ZPO kann die schriftliche Begutachtung durch die Verwertung eines **gerichtlich** oder **staatsanwaltschaftlich** eingeholten Sachverständigengutachtens aus einem anderen Verfahren ersetzt werden. Das verfahrensfremde Gutachten wird nicht im Wege des Urkundenbeweises verwertet. Vielmehr handelt es sich um einen Sachverständigenbeweis, so dass die Vorschriften der §§ 402 ff ZPO insoweit Anwendung finden. Insbesondere bleibt das Recht der Parteien auf Ablehnung des Sachverständigen (§ 406 ZPO) oder auf Ladung des Sachverständigen (§ 411 Abs 3, Abs 4 ZPO) unberührt. Es besteht keine Verpflichtung des Gerichts, Gerichtsgutachten aus anderen Verfahren zu verwerten. § 411a ZPO räumt dem Gericht insoweit ein Ermessen ein. Bei der Verwertung von Gutachten aus anderen Verfahren ist darauf zu achten, ob in dem Verfahren, in dem die Gutachten erstattet worden, abweichende Beweisregeln zur Anwendung gelangten. So ist bei Gutachten, die im sozialgerichtlichen Verfahren erstattet wurden, darauf zu achten, dass bei Kausalitätsfragen im Sozialrecht höhere Anforderungen gelten als im Zivilrecht (vgl im Einzelnen BGH NJW-RR 05, 897; OLG Köln VersR 98, 1249; Ziegert DAR 94, 257).

25 Gutachten, die nicht in einem gerichtlichen Verfahren eingeholt wurden, können im Wege des **Urkundenbeweises** in das Streitverfahren eingeführt werden. Das Recht der Parteien, die persönliche Vernehmung dieses oder eines anderen Sachverständigen zu verlangen, kann dadurch jedoch nicht eingeschränkt werden. Der Richter muss daher eine zusätzliche (schriftliche oder mündliche) Begutachtung anordnen, wenn eine Partei zu erkennen gibt, dass sie vom Sachverständigen die Beantwortung bestimmter, das Beweisthema betreffender Fragen erwartet. Dabei kommt es nicht darauf an, ob die Behauptung der Partei in den urkundenbeweislich herangezogenen Gutachten eine Stütze findet oder nicht (BGH NZV 02, 365; NJW 97, 802).

26 **4. Zeugenbeweis.** Der Beweisantritt: „**Zeugnis N. N.**" stellt keinen ordnungsgemäßen Beweisantritt im Sinne des § 373 ZPO dar (BGH NJW 83, 1905, 1908). Dieser unverständige Beweisantritt kann jedoch vom Gericht nicht ohne Weiteres außeracht gelassen werden. Vielmehr muss der Richter dem Beweisführer gemäß § 356 ZPO eine Frist zur Beibringung der ladungsfähigen Anschrift des Zeugen setzen (BGH NJW 87, 893, 894). Erst nachdem diese Frist verstrichen ist, darf der Beweisführer mit dem Beweismittel ausgeschlossen werden.

27 Bei im Ausland wohnenden Zeugen besteht die Möglichkeit, dem Beweisführer gemäß § 364 Abs 3 ZPO eine Beibringungsfrist zu setzen (BGH NJW 84, 2039, 2040). § 364 ZPO stellt jedoch nur einen Notbehelf dar. Grundsätzlich ist eine Beweisaufnahme im Ausland gemäß § 363 ZPO von Amts wegen zu veranlassen. Anordnungen nach § 364 ZPO kommen daher nur in Betracht, wenn beispielsweise zwischen der BRD und dem ausländischen Staat, in dem die Beweisaufnahme stattfinden soll, keine diplomatischen Beziehungen bestehen oder die Behörden des ausländischen Staates untätig bleiben. Anderenfalls kann der Weg

Beweisrecht §§ 286, 287 ZPO

über § 364 ZPO nur gewählt werden, wenn aufgrund früherer Erfahrungen oder anderer Umstände damit gerechnet werden kann, dass die Beweisaufnahme auch auf Betreiben der Parteien stattfinden werde (BGH NJW-RR 89, 160, 161).

Die **Abtretung** von Ansprüchen, um dem Zedenten den **Status eines Zeugen zu verschaffen,** ist grundsätzlich nicht zu beanstanden (OLG Frankfurt VersR 78, 259; OLG Köln VRS 96, 327). Im Rahmen der Beweiswürdigung ist der Umstand der Erlangung der Zeugenstellung durch die Abtretung allerdings zu würdigen. Eine pauschale Vorabwürdigung ist jedoch unzulässig. Es gibt keinen Erfahrungsgrundsatz, dass ein solcher Zeuge nicht die Wahrheit sagen wird. In diesen Fällen dürfte es jedoch generell angezeigt sein, den verklagten Unfallgegner unter dem Gesichtspunkt der Waffengleichheit als Partei anzuhören bzw. zu vernehmen (vgl insoweit EGMR NJW 95, 1413; BVerfG NJW 01, 2531; BGH NJW 99, 363; OLG Zweibrücken NJW 98, 167). Das Gericht ist nicht gehindert, den Bekundungen einer Partei den Vorzug vor den Aussagen von Zeugen zu geben (BGH NJW-RR 90, 1061, 1063). 28

Bei einem **Kinderunfall** kann ein unter 16 Jahre altes Kind nicht gemäß § 455 Abs 2 ZPO als Partei, wohl aber als Zeuge vernommen werden. Wird der Beweisantrag von der Gegenseite gestellt, so kann das Kind wie jeder andere Zeuge auch von seinem Aussageverweigerungsrecht Gebrauch machen (§§ 383, 384 ZPO). Die Weigerung kann sowohl durch das Kind persönlich wie auch durch seine Eltern erklärt werden (OLG Hamm r+s 99, 67). Übersehen wird häufig, dass die Zeugnisverweigerung in Zivilverfahren der Beweiswürdigung des Gerichts gemäß § 286 ZPO unterliegt. Allerdings darf das Gericht auf die Weigerung auszusagen nicht allein seine Entscheidung stützen. Die Weigerung kann jedoch in Verbindung mit sonstigen Umständen gewertet werden (vgl BGHZ 26, 391, 399). 29

Bei der Beurteilung der Glaubwürdigkeit von Zeugen gewinnt der Grundsatz der **Unmittelbarkeit der Beweisaufnahme** (§ 355 ZPO) besondere Bedeutung (BGH NJW 97, 466). Zwar ist es grundsätzlich zulässig, dass eine in einem anderen Verfahren abgegebene **Zeugenaussage im Wege des Urkundenbeweises** verwertet wird (BGH NJW- RR 11, 563. Beantragt jedoch eine Partei die Anhörung eines Zeugen im anhängigen Rechtsstreit, so muss diesem Beweisantritt im Hinblick auf den Unmittelbarkeitsgrundsatz nachgekommen werden (BGH NZV 92, 403; VersR 85, 573; 83, 667). Der eingeschränkte Beweiswert der Verwertung einer protokollierten Aussage beruht darauf, dass nur bei der Vernehmung durch das Gericht dem Zeugen Fragen gestellt und Vorbehalte gemacht werden können. Deshalb kommt auch dem unmittelbaren Zeugenbeweis gegenüber der Urkunde über die frühere Vernehmung grundsätzlich der höhere Beweiswert zu (BGH r+s 00, 261;NZV 95, 441, 442). 30

Ein Verstoß gegen den Grundsatz der Unmittelbarkeit der Beweisnahme ist auch gegeben, wenn im Urteil ein Zeuge als glaubwürdig bezeichnet wird, an der Beweisaufnahme jedoch nur einer der später im Urteil beteiligten Richter teilgenommen hat (BGH NJW-RR 97, 506, 507). Eine formlose Unterrichtung eines Teils des Spruchkörpers über den von anderen Mitgliedern gewonnenen persönlichen Eindruck ist generell nicht ausreichend (BGH NJW 97, 1586, 1587; 00, 2024). Das Gericht muss entweder in seiner Spruchbesetzung einen persönlichen Eindruck von dem Zeugen gewonnen haben oder auf eine aktenkundige und der Stellungnahme durch die Parteien zugänglichen Beurteilung zurückgreifen können. 31

Im **Berufungsverfahren** steht zwar die **wiederholte Vernehmung** eines Zeugen gemäß § 398 ZPO im Ermessen des Gerichtes. Dieses Ermessen ist aber 32 keineswegs frei (vgl BVerfG NJW 03, 2524). Die wiederholte Vernehmung muss angeordnet werden, wenn das Berufungsgericht einen vom erstinstanzlichen Gericht als glaubwürdig angesehenen Zeugen als unglaubwürdig ansehen will bzw. umgekehrt (BGH NJW 97, 466, 477; NZV 93, 266). Eine erneute Vernehmung ist ferner immer dann erforderlich, wenn das Gericht der Aussage eine andere Tragweite oder ein anderes Gewicht geben will als das erstinstanzliche Gericht (BGH NJW 99, 2972; 98, 385; NJW-RR 01, 1430; BGH Beschl. v. 15.9.2017 – VI ZR 103/17, BeckRS 2017, BeckRS 2017, 129706 zur Aussage einer Partei). Auch im Hinblick auf objektive Umstände, die bei der Beweiswürdigung eine Rolle spielen können und von der Erstinstanz nicht beachtet worden sind, darf das Berufungsgericht ohne erneute Vernehmung des Zeugens zumindestens nicht zu dem Ergebnis kommen, der Zeuge habe in einem prozessentscheidenden Punkt mangelndes Erinnerungsvermögen, Urteilsfähigkeit oder fehlender Wahrheitsliebe objektiv die Unwahrheit ausgesagt (BGH NZV 93, 276). Gleiches gilt auch, wenn das erstinstanzliche Gericht seine Feststellungen auf die Angaben mehrerer Zeugen stützt, das Berufungsgericht aber nach Vernehmung nur eines dieser Zeugen eine abweichende Feststellung treffen will (BGH NJW 00, 1199). Das Berufungsgericht kann allerdings auf eine erneute Vernehmung eines Zeugen verzichten, wenn es seine von der Vorinstanz abweichende Würdigung lediglich auf solche Umstände stützt, die weder die Urteilsfähigkeit, das Erinnerungsvermögen, die Wahrheitsliebe, die Vollständigkeit oder die Widerspruchsfreiheit der Aussagen betreffen (BGH NJW 1998, 2222). Das Gericht muss dann allerdings der beweisbelasteten Partei einen entsprechenden Hinweis geben, um ihr Gelegenheit zu möglicherweise weiteren Beweisanregungen zu geben (BGH VersR 85, 183).

8. Teil. Versicherungsrecht

Gesetz über den Versicherungsvertrag (VVG)

vom 23.11.2007 (BGBl. I S. 2631)

§ 28 Verletzung einer vertraglichen Obliegenheit

(1) Bei Verletzung einer vertraglichen Obliegenheit, die vom Versicherungsnehmer vor Eintritt des Versicherungsfalles gegenüber dem Versicherer zu erfüllen ist, kann der Versicherer den Vertrag innerhalb eines Monats, nachdem er von der Verletzung Kenntnis erlangt hat, ohne Einhaltung einer Frist kündigen, es sei denn, die Verletzung beruht nicht auf Vorsatz oder auf grober Fahrlässigkeit.

(2) ¹Bestimmt der Vertrag, dass der Versicherer bei Verletzung einer vom Versicherungsnehmer zu erfüllenden vertraglichen Obliegenheit nicht zur Leistung verpflichtet ist, ist er leistungsfrei, wenn der Versicherungsnehmer die Obliegenheit vorsätzlich verletzt hat. ²Im Fall einer grob fahrlässigen Verletzung der Obliegenheit ist der Versicherer berechtigt, seine Leistung in einem der Schwere des Verschuldens des Versicherungsnehmers entsprechenden Verhältnis zu kürzen; die Beweislast für das Nichtvorliegen einer groben Fahrlässigkeit trägt der Versicherungsnehmer.

(3) ¹Abweichend von Absatz 2 ist der Versicherer zur Leistung verpflichtet, soweit die Verletzung der Obliegenheit weder für den Eintritt oder die Feststellung des Versicherungsfalles noch für die Feststellung oder den Umfang der Leistungspflicht des Versicherers ursächlich ist. ²Satz 1 gilt nicht, wenn der Versicherungsnehmer die Obliegenheit arglistig verletzt hat.

(4) Die vollständige oder teilweise Leistungsfreiheit des Versicherers nach Absatz 2 hat bei Verletzung einer nach Eintritt des Versicherungsfalles bestehenden Auskunfts- oder Aufklärungsobliegenheit zur Voraussetzung, dass der Versicherer den Versicherungsnehmer durch gesonderte Mitteilung in Textform auf diese Rechtsfolge hingewiesen hat.

(5) Eine Vereinbarung, nach welcher der Versicherer bei Verletzung einer vertraglichen Obliegenheit zum Rücktritt berechtigt ist, ist unwirksam.

Übersicht

	Rn
1. Abgrenzung Obliegenheiten zu Risikobegrenzungen	1
2. Rechtsfolgen der Verletzung einer Obliegenheit	3
a) Kündigungsrecht gemäß § 28 I VVG	4
b) Leistungsfreiheit	5

	Rn
c) Kürzung der Leistung nach der Schwere des Verschuldens	7
d) Berufung auf Leistungsfreiheit	11
3. Kausalität	12
4. Belehrungspflicht	14
5. Beweislast	18
6. Zurechnung der Handlungen dritter Personen	22
7. Die einzelnen Obliegenheiten	25
a) Obliegenheiten vor Eintritt des Versicherungsfalles	25
b) Obliegenheiten nach dem Versicherungsfall	30

1 **1. Abgrenzung Obliegenheiten zu Risikobegrenzungen. Obliegenheiten** begründen Verhaltensanforderungen an den VN, von deren Einhaltung die Gewährung des Versicherungsschutzes abhängt. Sie sind zu unterscheiden von allgemeinen **Risikobegrenzungen.** Die Abgrenzung hierzu ist maßgeblich nach dem materiellen Gehalt der Klausel vorzunehmen. Der Bezeichnung der Klausel oder ihrer Stellung im Bedingungswerk kommt nur geringer Wert zu. Eine Obliegenheit ist gegeben, wenn die Klausel ein bestimmtes vorbeugendes Verhalten des VN verlangt. Dagegen liegt eine objektive Risikovorbegrenzung vor, wenn im Vordergrund eine individualisierende Beschreibung des übernommenen Wagnisses, für das allein Versicherungsschutz gewährt werden soll, steht. Entscheidend ist somit, ob von vorneherein nur ausschnittsweise Deckung gewährt wird oder ob ein gegebener Versicherungsschutz wegen nachlässigen Verhaltens wieder entzogen wird (BGH r+s 06, 166; NJW 95, 784, r+s 90, 230). Von daher stellen die sogenannten verhüllten Obliegenheiten keine Risikobegrenzung dar. Solche liegen vor, wenn einem VN in der Formulierung eines Risikoausschlusses ein bestimmtes Verhalten für die Erhaltung des Versicherungsschutzes aufgegeben wird (BGH NJW-RR 11, 1110; NJW-RR 00, 1190).

Vertragliche Obliegenheiten müssen ausdrücklich vereinbart werden. Für den Bereich der Kfz-Haftpflichtversicherung ist es jedoch nur möglich, die in § 5 KfzPflVV aufgeführten Obliegenheiten zu vereinbaren.

2 Obliegenheiten können an ein Verhalten des VN anknüpfen, welches vor Eintritt des Versicherungsfalles zu erfüllen ist. Dadurch soll die Gefahr des Eintritts des Versicherungsfalles vermindert werden. Knüpfen Obliegenheiten an ein Verhalten nach Eintritt des Versicherungsfalles an, so haben sie die Funktion, dem Versicherer eine sachgerechte Regulierung zu ermöglichen (BGH r+s 2007, 366; Maier in Stiefel/Maier § 28 Rz. 14; E.1 Rdn. 28.).

3 **2. Rechtsfolgen der Verletzung einer Obliegenheit.** Hat der VN eine vertraglich vereinbarte Obliegenheit verletzt, so kann der Versicherte entweder den Vertrag kündigen, zum anderen kann er sich auf Leistungsfreiheit berufen.

4 **a) Kündigungsrecht gemäß § 28 I VVG.** Das Recht zur fristlosen Kündigung des Versicherungsvertrages kann seitens des Versicherers nur **binnen eines Monats** ausgeübt werden, nachdem er von der Verletzung Kenntnis erlangt hat. (vgl BGH VersR 70, 660). Dabei reicht es aus, wenn die Person, die seitens des Versicherers mit der Bearbeitung des Falles betraut ist, die Kenntnis erlangt. Nicht erforderlich ist, dass der zuständige Sachbearbeiter auch befugt ist, die Entscheidung über den Rücktritt zu treffen (BGH ZfS 96, 259). Die Kündigungserklärung des Versicherers muss dem VN spätestens am letzten Tag der Frist zugegangen sein. Insoweit trägt der Versicherer die Beweislast. Dagegen muss der Versicherungsnehmer den Zeitpunkt der Kenntniserlangung durch den Versicherer beweisen (Pröls/Martin/Armbrüster § 28 Rz. 177).

b) Leistungsfreiheit. Fahrlässig verursachte Verstöße bleiben folgenlos. Vorsätzliche Verstöße führen zur vollen Leistungsfreiheit. Liegt ein grob fahrlässiger Verstoß vor, ist der Versicherer gem. § 28 Abs 2 berechtigt, seine Leistungen einem der Schwere des Verschuldens des VN entsprechenden Verhältnis zu kürzen.

Grobe Fahrlässigkeit liegt vor, wenn das Nächstliegende, dh das, was jedem in der gegebenen Situation einleuchtet, außer Acht gelassen wird (BGH NJW-RR 1989, 213). Grobe Fahrlässigkeit ist nur gegeben, wenn auch subjektiv ein unentschuldbares Fehlverhalten vorliegt.

c) Kürzung der Leistung nach der Schwere des Verschuldens. Bei **Vorsatz und Arglist** erfolgt regelmäßig eine Kürzung auf 0. Bei grober Fahrlässigkeit erfolgt eine Kürzung entsprechend dem Ausmaß des Verschuldens. Für diese Beurteilung dürfte im Ausgangspunkt auf den objektiven Schuldvorwurf abzustellen sein, wobei insbesondere Vorbewertungen des Gesetzgebers in anderen Rechtsgebieten (zB § 142 StGB) eine Rolle spielen (Rixecker in Römer/Langheid Rn 79; s.a. § 81VVG Rn 11 mwN; OLG Saarbrücken NJW-RR 13, 934). Auch im Bereich der **groben Fahrlässigkeit** ist eine Leistungskürzung auf 0 möglich (BGH r+s 11, 376).

Im Bereich der **KH-Versicherung** ist zu beachten, dass durch § 5 Abs 3 KfzPflVV die Leistungsfreiheit für Obliegenheiten vor Eintritt des Versicherungsfalles auf maximal 5.000,00 Euro beschränkt ist. Gemäß § 6 KfZPflVV beträgt die Leistungsfreiheit für Obliegenheitsverletzungen nach Eintritt des Versicherungsfalles regelmäßig 2.500,00 Euro. Nur bei besonders schwerwiegenden, vorsätzlich begangenen Verletzungen der Aufklärungs- und Schadensminderungspflicht des VN erstreckt sich die Leistungsfreiheit auf einen Betrag von bis zu 5.000,00 Euro. Vor diesem Hintergrund ist eine evtl. vorzunehmende Quotierung der Leistungsfreiheit zuerst beim Schadensbetrag und nicht bei dem gesetzlichen Limitbetrag vorzunehmen (LG Bochum ZfS 2012, 573; Stahl aaO, Rn 443; Maier in Stiefel/Maier AKB E.2. Rn 29; Pröls/Martin/Knappmann AKB 2008 D3 Rn 24).

Verletzt der VN sowohl eine Obliegenheit, die vor Eintritt des Versicherungsfalles und eine Obliegenheit, die nach Eintritt des Versicherungsfalles zu erfüllen ist, so ist eine Addition der Leistungsfreiheitsbeträge gem. §§ 5, 6 KfzPflVV vorzunehmen (OLG Frankfurt NJW 15, 342;OLG Celle ZfS 12, 571; r+s 14, 59; BGH NJW 06, 147; Pröls/Martin/Knappmann § 5 KfZPflVV Rn 17; Jahnke in Stiefel/Maier § 116 VVG Rn 58; Burmann/Hess in B/B/H Kap. 7 G Rn 20).

In der **Kaskoversicherung** gilt wie auch ansonsten im Versicherungsrecht bei mehrfachen Obliegenheitsverletzungen, dass eine Addition der jeweiligen Kürzungsbeträge nicht zulässig ist (Felsch r+s 07, 485, 496). Vielmehr wird man in Anlehnung an die Grundsätze der Gesamtstrafenbildung im Strafrecht eine einheitliche Abzugsquote festlegen müssen (LG Dortmund ZfS 10, 515; Pohlmann in Looschelders/Pohlmann § 28 Rn 125; Hess/Burmann NZV 09, 7, 10; Stahl aaO Rn 437; *Felsch in Rüffer*/Halbach/Schimikowski § 28 Rn 207 ff). Zum Teil wird danach differenziert, ob der mehrfache Verstoß durch eine oder mehrere selbstständige Handlungen des VN begangen wurde. Sofern mehrere Obliegenheiten durch eine Handlung verletzt werden, soll eine Erhöhungsmöglichkeit ausscheiden, da die Verletzungen in Anspruchskonkurrenz zueinander stünden (vgl Pohlmann aaO). Dagegen spricht jedoch, dass das Integritäts- bzw. Aufklärungsinteresse des Versicherers durch ein mehrfaches Fehlverhalten des VN intensiver verletzt werden kann, als wenn nur ein Verstoß vorliegen würde (vgl Felsch aaO Rn 208).

11 d) **Berufung auf Leistungsfreiheit.** Die Leistungsfreiheit des Versicherers tritt nicht automatisch ein. Vielmehr muss sich der Versicherer darauf berufen (BGH r+s 05, 143). Dies ist auch erstmalig im Prozess möglich (OLG Brandenburg r+s 07, 142).

12 **3. Kausalität.** Gemäß § 28 Abs 3 bleibt der Versicherer zur Leistung verpflichtet, wenn die Verletzung der Obliegenheit weder für die Feststellung des Versicherungsfalles noch für die Feststellung oder den Umfang der Leistungspflicht des Versicherers ursächlich geworden ist. Ursächlichkeit fehlt, wenn dem Versicherer vor Schadensregulierung zB bekannt wird, dass der VN falsche Angaben gemacht hat (KG r+s 11, 15). Auch Erschwernisse in der Beweisführung können die Kausalität begründen (BGH NJW-RR 04, 1395; KG NJW-RR 06, 1448).

13 Das Kausalitätserfordernis entfällt, wenn der VN arglistig gehandelt hat. **Arglist** wird angenommen, wenn der VN durch sein Verhalten die Schadensregulierung beeinflussen will (BGH r+s 15, 215; 09, 295; OLG Saarbrücken r+s 11, 325). Nicht erforderlich ist eine Bereicherungsabsicht oder ein Schädigungsvorsatz (OLG Stuttgart ZfS 17, 398; OLG München NZV 14, 525; OLG Hamm r+s 11, 520; OLG Köln r+s 04, 67). Notwendig ist immer eine Prüfung der Umstände des Einzelfalles, eine pauschale Bejahung von Arglist scheidet aus (BGH NJW 13, 936).

14 **4. Belehrungspflicht.** Voraussetzung für eine (begrenzte) Leistungsfreiheit nach § 28 Abs 2 ist immer, dass der Versicherer den VN gem. § 28 Abs. 4 auf die Rechtslage durch gesonderte Mitteilung in Textform hingewiesen hat. Insoweit muss die Belehrung nicht in einem separaten Schriftstück erfolgen (BGH r+s 13, 114; Stahl aaO Rn 353; *Felsch* in Rüffer/Halbach/Schimikowski § 28 Rn 218). Die Belehrung muss jedoch in einem durch seine Platzierung und drucktechnische Gestaltung äußerlich **auffallenden Hinweis** erfolgen (BGH aaO). Auch gegenüber Ausländern reicht es aus, wenn die Belehrung in deutscher Sprache erfolgt (OLG Celle r+s 08, 100). **Inhaltlich** muss die Belehrung den VN auf die Rechtsfolgen einer Obliegenheit hinweisen. Sie muss den VN nicht nur über die Möglichkeit der Leistungsfreiheit bei einer vorsätzlichen Obliegenheitsverletzung sondern auch über die quotale Leistungskürzung im Fall grober Fahrlässigkeit belehren. Entsprechendes gilt auch für die Möglichkeit des Kausalitätsgegenbeweises (*Felsch* in Rüffer/Halbach/Schimikowski § 28 Rn 214 ff). Die Belehrung muss nicht enthalten, dass im Arglistfalle auch folgenlose Verstöße Leistungsfreiheit nach sich ziehen können (*Felsch* aaO Rn 214; BGH NJW 14, 1452). Zur Wirksamkeit der Regelung E.6 AKB 2008 bzw. E.2 AKB 2015 vgl. OLG Hamm NJW 17, 3393 (bejahend) sowie LG Berlin r+s 17, 344 (verneinend).

15 Bei **späteren Nachfragen** kann eine Wiederholung der Belehrung geboten sein, wenn zwischen der Belehrung und der Nachfrage eine längere Zeit verstrichen ist oder kein sachlicher Zusammenhang mit den bereits beantworteten Fragen besteht (vgl BGH NJW-RR 07, 907; NJW-RR 11, 1329). Ob derartige Umstände vorliegen, lässt sich nur nach einer Gesamtwürdigung der Umstände des Einzelfalles beurteilen (BGH aaO; Felsch aaO Rn 226).

16 Die Belehrungspflicht erstreckt sich nicht auf Obliegenheiten, die beim Eintritt des Versicherungsfalles spontan zu erfüllen sind, wie die Wartepflicht nach einem

Verkehrsunfall (OLG Naumburg NJW-RR 13, 37; OLG Karlsruhe r+s 97, 407; Rixecker in Römer/Langheid Rn 109).

Bei fehlender oder unzureichender Belehrung kann sich der Versicherer nur 17 auf Leistungsfreiheit berufen, wenn der VN arglistig gehandelt hat (BGH VersR 78, 121; Felsch aaO Rn 214).

5. Beweislast. Der Versicherer muss den **objektiven Tatbestand** der Oblie- 18 genheitsverletzung beweisen (BGH NJW-RR 1996, 1981). Ist dieser nachgewiesen, wird gemäß § 28 VVG das Vorliegen grober Fahrlässigkeit vermutet. Ein vorsätzliches Handeln ist vom Versicherer darzulegen und zu beweisen.

Will der Versicherer sich auf **Arglist** berufen, so ist er ebenfalls beweispflichtig 19 (OLG Hamm ZfS 92, 87). Steht allerdings in den Fällen einer Aufklärungsobliegenheit eine unrichtige Angabe fest, so muss der Versicherungsnehmer darlegen, weshalb es zu einer objektiv falschen Erklärung durch ihn kommen konnte. Die Widerlegung dieser Erklärung ist dann Sache des Versicherers (BGH NJW-RR 08, 343; OLG München r+s 01, 85; OLG Saarbrücken VersR 06, 281).

Im Hinblick auf die Kürzungsbefugnis des Versicherers im Rahmen der groben 20 Fahrlässigkeit ist der Versicherer für die **Schwere des Verschuldens,** welches die Kürzung begründen soll, in vollem Umfang beweispflichtig (LG Dortmund ZfS 10, 515; Rixecker ZfS 07, 15, 16; Stahl aaO Rn 449). Nach anderer Auffassung soll im Regelfall davon ausgegangen werden, dass eine Leistungsfreiheitsquote von 50% angemessen ist. Sofern der VN Umstände geltend machen will, die eine Absenkung der Quote rechtfertigen, so soll er die entsprechenden Tatsachen vortragen und beweisen müssen. Entsprechendes gilt für den Versicherer, wenn er eine höhere Quote als 50% durchsetzen will (Unberath NZV 08, 537; Felsch r+s 07, 485, 493). Dem Gesetz lässt sich jedoch nicht entnehmen, dass im Regelfall der groben Fahrlässigkeit eine Kürzungsquote von 50% anzunehmen ist. Wenn der Gesetzgeber einen derartigen Regelfall hätte schaffen worden, so hätte nichts näher gelegen als eine entsprechende gesetzliche Normierung (Rixecker in Römer/Langheid Rn 76; s.a. § 81 Rn 11 mwN).

Gem. § 28 Abs 3 VVG steht dem VN mit Ausnahme der Fälle der arglistigen 21 Obliegenheitsverletzungen der Kausalitätsgegenbeweis offen.

6. Zurechnung der Handlungen dritter Personen. Für Dritte haftet der 22 VN grunds. nur dann, wenn der Dritte Repräsentant des VN ist (vgl § 81 Rn 5 ff).

Im Bereich der Obliegenheitsverletzungen muss sich der VN jedoch auch 23 Erklärungen zurechnen lassen, die ein **Wissenserklärungsvertreter** gegenüber dem Versicherungsvertreter abgibt. Wissenserklärungsvertreter ist derjenige, der vom VN mit der Erfüllung von dessen Obliegenheiten betraut ist und der an dessen Stelle Erklärungen abgibt (BGH NJW 93, 2112; OLG Köln r+s 05, 240). Der VN muss den Dritten nicht ausdrücklich mit der Abgabe der Erklärungen beauftragt haben. Es reicht aus, wenn sich aus dem Gesamtumständen ergibt, dass ein entsprechender Wille des VN vorliegt (OLG Köln BeckRS 2010, 14394). Man wird jedoch allein aus dem Bestehen einer ungestörten ehelichen Lebensgemeinschaft nicht ableiten können, dass eine derartige Beauftragung vorliegt (BGH NJW 93, 2112).

Unterschreibt der VN eine von einem Dritten in seinem Auftrage ausgefüllte 24 Schadensanzeige, so handelt es sich um eine Erklärung des VN und nicht um eine des Dritten (BGH NJW 95, 662). Entsprechendes gilt, wenn der VN die Anzeige vor dem Ausfüllen durch den Dritten **blanko unterschrieben** hat (OLG Hamm NJW-RR 00, 765). Das OLG Saarbrücken (r+s 11, 325) will in den

Fällen, in denen der VN die Erklärung „blind" unterschrieben hat, dem VN die Arglist des Erklärungsgehilfen analog § 166 BGB zurechnen.

25   **7. Die einzelnen Obliegenheiten. a) Obliegenheiten vor Eintritt des Versicherungsfalles.** Die im Bereich der Kraftfahrzeugversicherung relevanten Obliegenheiten sind in § 5 KfzPflVV aufgeführt.
Verwendungsklausel. Danach darf das Fahrzeug zu keinem anderen als in dem Versicherungsvertrag angegebenen Zweck verwandt werden. Hierdurch soll verhindert werden, dass als privat deklarierte Fahrzeuge als Mietwagen oder Taxen eingesetzt werden. Auch die Benutzung eines mit einem roten Kennzeichen versehenen Pkw für andere Fahrten als die in § 28 StVZO vorgesehenen Probe- bzw. Überführungsfahrten verstößt gegen die Verwendungsklausel (OLG Köln r+s 00, 187). Die Klausel stellt eine abschließende Regelung dar, sodass ein Verstoß nicht auch noch unter dem Gesichtspunkt der Gefahrerhöhung erfasst werden kann (BGH ZfS 97, 337). Der Kausalitätsgegenbeweis gem. § 28 Abs. 3 setzt voraus, dass sich der Eintritt des Unfalls als unabwendbares Ereignis darstellt (OLG Celle r+s 17, 238).

26   Die sogenannte **„Rennklausel"** untersagt es, an ungenehmigten Fahrzeugrennen teilzunehmen. Ein Rennen ist allerdings nur eine Veranstaltung, bei der es auf die Erzielung höchstmöglicher Geschwindigkeiten ankommt. Eine Geschicklichkeitsprüfung unterfällt der Klausel nicht (OLG Karlsruhe r+s 07, 502; OLG Hamm DAR 17, 93).

27   Die **„Schwarzfahrtklausel"** (§ 5 Abs 1 Nr 3 KfzPflVV) untersagt die Benutzung des Kfz durch einen unberechtigten Fahrer. Unberechtigter Fahrer ist derjenige, der ohne ausdrückliche oder stillschweigende vorherige Erlaubnis des Verfügungsberechtigten das Fahrzeug lenkt. Dies ist auch dann der Fall, wenn ein Geschäftswagen privat genutzt wird, obwohl eine derartige Nutzung nicht gestattet ist (BGH VersR 93, 1092).

28   Nach der **„Führerscheinklausel"** (§ 5 Abs 1 Nr 4 KfzPflVV) ist das Fahren ohne Fahrerlaubnis als Obliegenheitsverletzung zu werten. Für die Fahrerlaubnis sind die Regelungen der §§ 4 ff StVO maßgeblich. Die Geltung ausländischer Führerscheine richtet sich nach den §§ 4, 5 VO über den internationalen Kraftfahrzeugverkehr. Zur Anerkennung von EU-Fahrerlaubnissen vgl § 2 StVG Rn 21. Wird ein Führerschein gem. § 94 Abs 3 StPO beschlagnahmt oder wird der Führerschein freiwillig an die Polizei herausgegeben (§ 94 Abs 1 StPO), so führt dieses zum Verlust der Berechtigung zum Führen von Kraftfahrzeugen. Entsprechendes gilt bei der vorläufigen Entziehung der Fahrerlaubnis nach § 111a StPO. Bei einem Fahrverbot greift die **„Führerscheinklausel"** allerdings nicht ein (BGH ZfS 87, 147).

29   Die **„Alkoholklausel"** (§ 5 Abs 1 Nr 5 KfzPflVV) untersagt es, das Fahrzeug zu führen, wenn der Fahrer infolge Genusses alkoholischer Getränke oder berauschender Mittel nicht sicher in der Lage dazu ist. Zu den Voraussetzungen der Fahruntüchtigkeit vgl § 316 Rn 6 ff.

30   **b) Obliegenheiten nach dem Versicherungsfall. aa) Anzeigeobliegenheit.** Gemäß E.1.1 AKB 2008 hat der VN den VR über den Versicherungsfall innerhalb einer Woche schriftlich zu informieren. Für Bagatellschäden gilt in der KH-Versicherung diese Anzeigenverpflichtung nicht (E.2.2 AKB 2008). Der VN ist darüber hinaus verpflichtet, die Einleitung eines Ermittlungsverfahrens, den Erlass eines Strafbefehls oder eines Bußgeldbescheides unverzüglich anzuzeigen (E.1.2 AKB 2008). Wie sich aus E.2.1 AKB 2008 ergibt, ist der VN verpflichtet,

Verletzung einer vertraglichen Obliegenheit § 28 VVG

die Geltendmachung von Ansprüchen innerhalb einer Woche nach Erhebung des Anspruchs dem VR anzuzeigen. Unverzüglich muss er den VR informieren, wenn ein Anspruch gegen ihn gerichtlich geltend gemacht wird. Das ist nicht nur bei Erhebung der Klage der Fall, sondern auch bei Ausbringung eines PKH-Gesuches, einer Streitverkündung, bei Erlass eines Arrestes, einer einstweiligen Verfügung oder bei Einleitung eines Beweissicherungsverfahrens (E.2.3 AKB 2008). Wird der Rechtsstreit seitens des Versicherers aufgenommen, so steht diesem das Prozessführungsrecht zu (E.2.4 AKB 2008). Zur vorsätzlichen Verletzung der Anzeigeobliegenheit vgl OLG Hamm r+s 17, 466).

bb) Aufklärungsobliegenheit. Gemäß E.1.3 AKB 2008 ist der VN verpflichtet, alles zu tun, was zur Aufklärung des Tatbestandes und zur Minderung des Schadens dienlich sein kann. Der Umfang der Aufklärungsobliegenheit richtet sich primär nach den vom Versicherer in den verwendeten Schadensanzeige-Formularen gestellten Fragen. Bei der Auslegung dieser Fragen ist auf das Verständnis eines durchschnittlichen VN abzustellen. Eine Pflichtverletzung des VN entfällt somit, wenn eine Frage des Versicherers unklar ist (BGH r+s 89, 5; OLG Saarbrücken ZfS 95, 299). Die Fragen des Versicherers sind vollständig und wahrheitsgemäß zu beantworten (BGH NJW–RR 16, 921; OLG Düsseldorf NJW-RR 03, 462). Eine Falschbeantwortung liegt auch vor, wenn der VN einen Sachverhalt als feststehend darstellt, obwohl er keine sichere Kenntnis hat und die Angaben gewissermaßen „ins Blaue hinein" macht (OLG Köln r+s 04, 229; OLG Karlsruhe NJW-RR 08, 44). 31

Eine **Korrektur einer Falschbeantwortung** schließt eine Obliegenheitsverletzung aus, wenn die Berichtigung so schnell erfolgt, dass die korrigierte Information dem Versicherer bereits zu dem Zeitpunkt vorliegt, in dem er sich erstmals mit dem Vorgang beschäftigt (BGH NZV 02, 118). 32

Auch die **Nichtbeantwortung einer Frage** stellt eine Obliegenheitsverletzung dar. Da dieser Tatbestand aber für den Versicherer offensichtlich ist, ist ihm eine Rückfrage beim VN zuzumuten (OLG Hamm VersR 96, 53; OLG Karlsruhe ZfS 03, 297). Rückfragen muss der Versicherer auch, wenn die Angaben der Schadensanzeige widersprüchlich oder unklar sind (BGH r+s 01, 324; OLG Karlsruhe NJW-RR 03, 607). Dies gilt auch dann, wenn der Versicherer bereits aufgrund anderer Informationen weiß, dass die erteilte Auskunft unrichtig ist (OLG Hamm NJW-RR 00, 11, 22). 33

Auf eine Obliegenheitsverletzung kann der Versicherer sich dann nicht berufen, wenn er vor Eingang der fehlerhaften Erklärung bereits tatsächliche **positive Kenntnis** vom erfragten Umstand erlangt hatte. Dann besteht mangels Informationsinteresse des Versicherers keine Aufklärungsobliegenheit mehr (BGH NZV 05, 253; OLG Hamm r+s 12, 288). Positive Kenntnis besteht insbesondere dann, wenn der Versicherer beispielsweise einen Vorschaden selbst reguliert hat (BGH NJW-RR 07, 2700; OLG Hamm aaO). Der Versicherer ist aber nicht verpflichtet, von sich aus auf Erkenntnismöglichkeiten wie beispielsweise die sogenannte Uniwagnis-Datei zuzugreifen. Diese bezweckt nicht eine Verkürzung der Aufklärungsobliegenheit des VN, sondern dient dazu, deren vorsätzliche Verwirklichung aufzudecken (BGH NJW-RR 07, 606). Der Auskunftspflicht gegenüber dem Versicherer steht nicht entgegen, dass der VN in ihrer Erfüllung Angaben machen müsste, die in einem wegen des gleichen Vorfalls anhängigen Strafverfahren gegen ihn verwandt werden können (BGH NJW 76, 37; vgl auch Burmann/Hess in B/B/H Kapitel 7 G Rn 88 ff). 34

35 Bei Erklärungen gegenüber dem Versicherungsagenten ist die in § 70 VVG nunmehr normierte **"Auge und Ohr"-Rechtsprechung** zu berücksichtigen. Danach gilt, dass der Versicherer sich zurechnen lassen muss, was dem Agenten gesagt und vorgelegt wurde (BGH NJW 1988, 973). Eine Falschangabe kann daher nicht allein mit der Vorlage eines vom VN unterzeichneten Schadens-Formulars bewiesen werden. Behauptet der VN substantiiert, er habe dem Agenten mündlich zutreffend informiert, so muss der Versicherer die Unrichtigkeit dieser Behauptung beweisen (§ 69 Abs 3 VVG; BGH NJW 89, 2060; Rixecker in Römer/Langheid § 69 Rn 19).

36 Hat der Versicherer gegenüber dem VN seine Leistungspflicht abgelehnt, so besteht eine Verpflichtung des VN zur Erfüllung von Obliegenheiten nicht mehr (BGH NJW 89, 2472; r+s 2013, 273). Eine Leistungsablehnung ist auch in einem uneingeschränkten Klageabweisungsantrag zu sehen. Von daher können falsche Angaben des VN im Prozess nicht als Obliegenheitsverletzung gewertet werden. Auch eine arglistige Täuschung des VN im Rahmen eines gerichtlichen Verfahrens begründet keine Leistungsfreiheit des Versicherers (BGH NJW-RR 00, 315; OLG Hamm NJW-RR 91, 1439; KG r+s 03, 140). Die Obliegenheiten leben aber wieder auf, wenn der Versicherer dem VN mitteilt, er trete erneut in die Prüfung ein (BGH NJW 89, 2472; r+s 13, 273; VersR 91, 1129; *Pohlmann* in Looschelders/Pohlmann Rz. 34).

37 **Einzelfälle. Unfallflucht.** Das Aufklärungsinteresse des Versicherers wird durch § 142 StGB reflexartig mitgeschützt (BGH NJW 87, 2374; NJW 2013, 936). Die Reichweite der Aufklärungsobliegenheit reicht dabei weiter als die durch § 142 StGB normierte Verhaltenspflicht OLG Stuttgart NJW – RR 16, 922; OLG München r+s 16, 342; OLG Hamm NJW – RR 16, 1177; a.A. OLG Stuttgart NJW – RR 15, 286; OLG Frankfurt ZfS 15, 369). Jedoch liegt nicht in jedem Verstoß gegen § 142 Abs 2 StGB eine Verletzung der Aufklärungsobliegenheit vor (Mayen, FS Tolksdorf 107). Wie sich aus § 142 Abs 3 StGB ergibt, ist eine Form für die nachträgliche Meldung nicht vorgeschrieben. Die Mitteilung kann an den Berechtigten mündlich, telefonisch oder sogar schriftlich erfolgen (vgl § 142 StGB Rn 31 mwN). Von daher scheidet eine Verletzung der Aufklärungsobliegenheit aus, wenn der VN zu einem Zeitpunkt, in dem er die nachträglichen Feststellungen noch treffen konnte, den Versicherer über den Unfall informiert (BGH NJW 13, 936). Eine Obliegenheitsverletzung kommt nur dann in Betracht, wenn sowohl der objektive wie auch der subjektive Tatbestand des § 142 StGB erfüllt ist (OLG Hamm NJW-RR 93, 352). Eine verminderte Schuldfähigkeit des VN im Sinne des § 21 StGB ist für das Vorliegen einer vorsätzlichen Obliegenheitsverletzung irrelevant. Anders verhält es sich nur dann, wenn der Zustand der Zurechnungsunfähigkeit nach § 827 BGB erreicht wird. Eine Obliegenheitsverletzung scheidet aus, wenn durch den Unfall kein Drittschaden bzw. ein völlig belangloser Sachschaden verursacht wurde (siehe § 142 StGB, Rn 4 ff). Auch der Verzicht des Geschädigten auf weitere Feststellungen steht der Annahme eines Verstoßes gegen § 142 StGB entgegen (OLG Düsseldorf NZV 92, 246). Handelt es sich um den Verzicht eines Minderjährigen, so ist immer Voraussetzung, dass der Verzichtende eine zutreffende Vorstellung von der tatsächlichen und rechtlichen Tragweite seiner Willensentschließung hat. Darüber hinaus muss er in einer psychischen und physischen Verfassung sein, die ihm ein sachgerechtes und verständiges Abwägen ermöglicht (OLG Düsseldorf NZV 91, 77, 78).

38 Bei einem **"Alleinunfall"** mit einem Leasingfahrzeug fehlt es regelmäßig am Feststellungsinteresse des Geschädigten. Üblicherweise muss der Leasingnehmer

für jeden Schaden am Kfz einstehen (OLG Brandenburg, r+s 06, 297; OLG Hamm NJW-RR 98, 29; § 142 StGB Rn 19). Auch bei sicherungsübereigneten und unter Eigentumsvorbehalt erworbenen Fahrzeugen greift § 142 StGB in der Regel nicht ein (OLG Brandenburg r+s 07, 412), wohl aber bei Mietfahrzeugen (OLG Celle, VRS 94, 36). Der Umstand, dass der Unfall allein durch den VN bzw. die versicherte Person verursacht wurde, führt nicht zum Entfallen der versicherungsrechtlichen Aufklärungspflicht (BGH NJW-RR 00, 553).

In der **Kaskoversicherung** führt eine Unfallflucht in der Regel zur vollständi- 39 gen Leistungsfreiheit des Versicherers gem. § 28 Abs 2. Nach LG Düsseldorf ZfS 10, 509; LG Saarbrücken NZV 11, 255 ist dem VN auch der **Kausalitätsgegenbeweis abgeschnitten**, da er regelmäßig im Falle einer Unfallflucht versicherungsrechtlich arglistig handelt. Insoweit ist jedoch zu beachten, dass die Annahme von Arglist regelmäßig eine Einzelfallprüfung voraussetzt (BGH NJW 13, 936). Der Kausalitätsgegenbeweis dürfte jedoch in vielen Fällen im Hinblick auf eine mögliche Alkoholisierung zum Unfallzeitpunkt wegen des Alkoholabbaus schwer zu führen sein (OLG Frankfurt ZfS 15, 396; OLG Naumburg NZV 13, 137; KG BeckRS 2010, 27179).

In der **Haftpflichtversicherung** ist nur eine **begrenzte Leistungsfreiheit** 40 des Versicherers gem. § 6 KfzPflVV möglich. Eine besonders schwerwiegende Verletzung der Aufklärungspflicht i. S. d. § 6 Abs 3 KfzPflVV liegt bei einer „normalen Unfallflucht" – dem bloßen Entfernen von Fahrer und Kfz vom Unfallort – idR nicht vor (BGH NJW 82, 2323; OLG Düsseldorf NJW-RR 04, 1547). Eine verminderte Schuldfähigkeit im Sinne des § 21 StGB kann der Annahme einer besonders schwerwiegenden Obliegenheitsverletzung entgegenstehen (vgl BGH NJW 06, 292).

Nachtrunk. In der Kaskoversicherung stellt ein Nachtrunk dann eine Aufklä- 41 rungsobliegenheitsverletzung dar, wenn bei dem Unfall Dritte zu Schaden gekommen sind oder als mögliche Mitverursacher in Betracht kommen (vgl Stiefel-Maier AKB E.1 Rn 46, 66). Bei einem Unfall ohne Fremdschaden ist der Nachtrunk relevant, wenn der VN in Erwartung einer polizeilichen Aufklärungsmaßnahme den Nachtrunk zu sich nimmt, um Feststellungen zu einer im Unfallzeitpunkt bestehenden Alkoholisierung zu erschweren bzw. unmöglich zu machen (OLG Brandenburg r+s 07, 412; OLG Saarbrücken ZfS 01, 69).

Unfallschilderung. Unwahre Angaben zum Unfallhergang begründen nicht 42 umstandslos den Vorwurf einer Obliegenheitsverletzung. Insbesondere Irrtumsmöglichkeiten bei der Wahrnehmung und Erinnerung des Unfallgeschehens sind insoweit zu berücksichtigen (OLG Stuttgart NJW-RR 05, 1480). Anders verhält es sich allerdings, wenn die Unfallschäden am versicherten Fahrzeug mit der Unfalldarstellung des VN schlichtweg nicht in Einklang zu bringen sind (OLG Karlsruhe VersR 95, 696; OLG Koblenz ZfS 01, 366; Prölss-Martin-Knappmann E.1 AKB 2008 Rn 31f). Auch Täuschungen über die Person des Fahrers begründen den Vorwurf der Obliegenheitsverletzung (OLG Köln ZfS 02, 585).

Angaben zu Vorschäden. Fragen zu Vorschäden sind umfassend und lücken- 43 los zu beantworten. Dies gilt auch dann, wenn der Vorschaden nach Auffassung des VN ordnungsgemäß repariert wurde (OLG Koblenz NVersR 99, 272). Allerdings kann der VN in derartigen Fällen dann den Kausalitätsgegenbeweis führen, wenn dem Versicherer die Vorschäden anderweitig bekannt sind (KG r+s 11, 15). Jedoch wird man zu beachten haben, dass bei Falschangaben arglistiges Verhalten naheliegt (OLG Naumburg BeckRS 2012, 20185; OLG Saarbrücken r+s 11, 325; LG Saarbrücken BeckRS 2012, 02211).

44 Angaben zum Zeitwert des Fahrzeuges. Falsche Angaben zum Kaufpreis stellen eine Verletzung der Aufklärungspflicht dar (BGH NZV 02, 119; OLG Hamm NJW-RR 03, 248). Hinsichtlich der Laufleistung erfüllt der VN seine Auskunftsverpflichtung, wenn der von ihm angegebene Kilometerstand im Wesentlichen zutrifft. Nach OLG Frankfurt (VersR 09, 672) ist der dem VN zuzubilligende Toleranzspielraum jedoch überschritten, wenn die Abweichung bei etwa 10% liegt.

45 Vorsteuerabzugsberechtigung. Fehlerhafte Angaben zur Vorsteuerabzugsberechtigung stellen eine Verletzung der Aufklärungsobliegenheit dar (BGH VersR 98, 577; OLG Köln ZfS 00, 451).

46 Angaben zu Schlüssel. Die Frage nach der Anfertigung von Ersatzschlüsseln ist wahrheitsgemäß zu beantworten (OLG Köln ZfS 04; OLG Saarbrücken NZV 94). Entsprechendes gilt für Fragen, ob Schlüssel abhandengekommen sind (OLG Köln r+s 02, 5).

47 Angaben zu Zeugen. Verneint der VN wahrheitswidrig die Frage, ob Zeugen beim Abstellen des angeblich gestohlenen Pkws zugegen waren, führt dieses zur Annahme einer Obliegenheitsverletzung (OLG Köln NVersZ 01, 516; OLG Hamm NZV 03, 581).

48 Kürzungsbefugnis des Versicherers. Falsche Angaben zu Vorschäden und zum Zeitwert des Fahrzeuges berechtigen den Versicherer im Hinblick auf § 28 Absatz 3 VVG nicht ohne weiteres zur Kürzung der Versicherungsleistung. Insbesondere dann, wenn der Versicherer die Falschangabe entdeckt hat, kann der VN häufig den Kausalitätsgegenbeweis führen. Auf Leistungsfreiheit kann sich der Versicherer dann nur noch berufen, wenn der VN arglistig gehandelt hat. Das dürfte bei Falschangaben jedoch in vielen Fällen naheliegen (vgl Stahl aaO, 476).

§ 81 Herbeiführung des Versicherungsfalles

(1) **Der Versicherer ist nicht zur Leistung verpflichtet, wenn der Versicherungsnehmer vorsätzlich den Versicherungsfall herbeiführt.**

(2) **Führt der Versicherungsnehmer den Versicherungsfall grob fahrlässig herbei, ist der Versicherer berechtigt, seine Leistung in einem der Schwere des Verschuldens des Versicherungsnehmers entsprechenden Verhältnis zu kürzen.**

1 § 81 VVG normiert einen subjektiven Risikoausschluss (Prölss/Martin/Prölss, § 61, 1). Die Vorschrift gilt nur für den Bereich der Schadensversicherung. Der VN erhält keinen Versicherungsschutz, wenn er den Versicherungsfall grob fahrlässig oder vorsätzlich herbeiführt. Das Herbeiführen kann dabei sowohl durch positives Tun als auch durch Unterlassen verwirklicht werden (BGH NJW-RR 92, 1053). Erforderlich ist, dass VN den vertragsgemäß vorausgesetzten Sicherheitsstandard durch sein Tun und Unterlassen deutlich unterschreitet (BGH NJW-RR 98, 213; OLG Köln VersR 90, 383).

2 Vorsätzliche Herbeiführung des Versicherungsfalls: Vorsatz ist Wissen und Wollen des pflichtwidrigen Erfolges. In der Kaskoversicherung kommt eine vorsätzliche Herbeiführung des Versicherungsfalles hauptsächlich im Bereich der Unfallmanipulation in Betracht. Diese kann in vier Hauptgruppen (gestellter, provozierter, fiktiver und ausgenutzter Fall) eingeteilt werden (van Bühren/Lemcke, Anwaltshandbuch, Teil VI, Rn 11 ff; Born/K. Schneider in B/B Kap 5D,

2 ff). Dem Versicherer obliegt der Nachweis der vorsätzlichen Herbeiführung (Langheid in Römer/Langheid, 103).

Grob fahrlässige Herbeiführung des Versicherungsfalles: Grobe Fahrlässigkeit liegt vor, wenn der VN die im Verkehr erforderliche Sorgfalt in einem besonders schwerem Maße verletzt hat (BGH r+s 98, 62; Prölss/Martin/Armbrüster, § 81, 30 ff mwN). Grob fahrlässig handelt, wer schon einfache, ganz nahe liegende Überlegungen nicht anstellt und in ungewöhnlichen hohem Maße dasjenige aus unbeachtet lässt, was in dem gegeben Fall jedem hätte einleuchten müssen. Positives Tun ist grob fahrlässig, wenn der Schadenseintritt nahe lag und es für den VN ohne weiters möglich gewesen wäre, ein anderes, schadensvermeidendes Verhalten an den Tag zu legen (OLG Hamm r+s 91, 331). Bei der Herbeiführung durch ein Unterlassen hat der VN die „möglichen, geeigneten und zumutbaren Maßnahmen" gerade nicht ergriffen (BGH VersR 84, 25). Die grobe Fahrlässigkeit besteht aus einer **objektiven** und einer **subjektiven** Seite (BGH NJW 92, 2418). Der objektive Sorgfaltsmaßstab richtet sich nach allgemein anerkannten Sorgfalts- und Verkehrsbedürfnissen, die in besonders schwerwiegender Maße verletzt sein müssen. In subjektiver Hinsicht muss den VN ein gegenüber der einfachen Fahrlässigkeit gesteigertes und somit schweres Verschulden treffen (BGH NJW 88, 1265). Zu berücksichtigen sind dabei seelische und psychische Umstände der betreffenden Person (BGH NJW-RR 89, 1187; NJW 03, 1118; Unberath NZV 08, 538). Bedeutung haben auch die persönlichen Fähigkeiten, die berufliche Stellung sowie die Lebenserfahrung (BGH NJW-RR 89, 339). Generelle oder momentane Schwächen können daher den VN entlasten (BGH NJW 89, 1612). Ein Augenblicksversagen ist allein nicht ausreichend, um den Vorwurf der groben Fahrlässigkeit zu verneinen (BGH NZV 92, 1085; 03, 275). Ein **Augenblicksversagen** entkräftet den Vorwurf der groben Fahrlässigkeit nur dann, wenn weitere Umstände hinzutreten, die den Grad des momentanen Versagens in einen milderen Licht erscheinen lassen (BGH NJW 92, 2418).

Kausalität: Zwischen dem Verhalten des VN und dem Eintritt des Versicherungsfalles muss Kausalität bestehen. Nicht erforderlich ist, dass das Verhalten des VN die alleinige Ursache des Versicherungsfalles war, eine Mitursächlichkeit reicht aus (BGH NJW 86, 2838).

Herbeiführung durch Dritte: Für Dritte haftet der VN nur dann, wenn der Dritte Repräsentant des VN ist. **Repräsentant** ist, wer in dem Geschäftsbereich, zu dem das versicherte Risiko gehört, auf Grund eines Vertretungs- oder ähnlichen Verhältnisses an die Stelle des VN getreten ist (BGH NJW 93, 1862; NJW-RR 03, 1250). Kerngedanke der Repräsentantenhaftung ist, dass der Dritte die Risikoverwaltung bezüglich der versicherten Sache übernommen hat (Römer NZV 93, 249). Die Übertragung der Risikoverwaltung auf den Dritten setzt regelmäßig voraus, dass der VN dem Dritten die Obhut über die versicherte Sache überlassen hat. Eine kurzfristige vorübergehende Besitzverschaffung reicht nicht aus (BGH NJW 07, 2038). Eine Mitbenutzung durch den VN steht der Übertragung der Risikoverwaltung allerdings nicht zwingend entgegen (BGH NJW-RR 03, 1250).

Für die Annahme einer Repräsentantenstellung im Bereich der Kraftfahrtversicherung können folgende Kriterien von Bedeutung sein:
Eintragung als Halter im Fahrzeugbrief, Ausstellung der Inspektions- und Reparaturrechnungen, Ausgleich von Rechnungen, die das Fahrzeug betreffen, Verantwortlichkeit für die Verkehrssicherheit.

7 Als Repräsentanten wurden angesehen:
der Geschäftsführer einer GmbH (OLG Hamm NZV 89, 27), der Prokurist, der für die Betriebs- und Verkehrssicherheit des Fahrzeuges zu sorgen hatte (BGH NZV 96, 447)

8 Bei Ehegatten und Lebensgefährten kann nicht aus der Lebensstellung als solcher gefolgert werden, dass sie Repräsentanten sind (BGH NJW-RR 94, 988; OLG Frankfurt ZfS 03, 128). Stellen Eltern ihren Kindern Pkws zur Verfügung, fehlt es an der Repräsentantenhaftung der Kinder, wenn die Eltern zB die Kosten für den Pkw tragen und Reparaturen und Inspektionen durchführen lassen (OLG Hamm NZV 90, 118; OLG Koblenz NJW-RR 05, 828).

9 Der Fahrer ist grds nicht Repräsentant des VN in der KH-Versicherung (BGH NJW 69, 1387; NZV 96, 447; Römer NZV 93, 252).

10 **Rechtsfolgen:** Bei vorsätzlicher Herbeiführung des Versicherungsfalles entfällt die Leistungspflicht des Versicherers. Bei grob fahrlässiger Herbeiführung kann der Versicherer seine Leistung entsprechend dem Maß des Verschuldens des VN kürzen. Die Leistungskürzung kann auch auf Null erfolgen (BGH r+s 11, 376; Rixecker ZfS 07, 1516; Unberath NZV 08, 537, 541). Dazu bedarf es einer Abwägung aller Umstände des Einzelfalles (BGH aaO; NZV 12, 225))

11 Wer das Ausmaß des Verschuldens zu beweisen hat, ist streitig. Zum Teil wird vertreten, dass den VN die Beweislast auch hinsichtlich des Grades der groben Fahrlässigkeit treffe (Pohlmann, VersR 08, 437, 441). Dem Gesetz lässt sich jedoch nicht entnehmen, dass grds von Fahrlässigkeit in ihrer schwersten Form auszugehen ist. Dieses würde auch dem Zweck der Regelung widersprechen, die die vollständige Leistungsfreiheit daran anknüpft, dass der Versicherer nachweist, der VN habe vorsätzlich gehandelt (Unberath NZV 08, 537, 541; Rixecker ZfS 09, 9; Burmann/Heß/Stahl, Rn 239). Nach dem so genannten Mittelwertmodell ist davon auszugehen, dass grobe Fahrlässigkeit zunächst eine solche „mittlerer Art und Güte ist", welche im Bereich von 50% anzusiedeln ist. Der VN soll danach Umstände beweisen müssen, die eine Kürzung von weniger als 50% rechtfertigen, der Versicherer solche, die einen höheren Quotenabzug begründen (Felsch in Rüffer/Halbach/Schwintowski § 28, Rn 169 ff; Meixner-Steinbeck § 1, Rn 216; Unberath NZV 08, 541; Nugel, Sonderbeilage MDR 07, 26 ff). Das Mittelwertmodell kann nicht erklären, wieso auch bei deutlich unterschiedlich schweren Verstößen der Ausgangspunkt 50% sein soll. Insbesondere auch im Hinblick auf die Gesetzesbegründung zu § 28 VVG (BTDr 163 945, 69) ist der Grad des Verschuldens jeweils anhand der Umstände des Einzelfalls zu bestimmen, wobei der Versicherer darlegungs- und beweispflichtig ist (Rixecker ZfS 07, 73, 255; 09, 7; Mergner NZV 07, 385, 387; Burmann/Heß/Stahl, Rn 240 ff; MK-VVG-*Looschelders* Rn 127). Zu beachten ist, daß den VN die sekundäre Darlegungslast treffen kann (Stahl NZV 09, 265; Burmann/Heß/Stahl Rn 243). Bei der Bemessung des Verschuldensgrads ist insbesondere auf die Einstufung des Pflichtenverstoßes in anderen Rechtsgebieten achten. Alkoholfahrten können zB §§ 315c, 316 StGB oder lediglich den § 24a StVG unterfallen. Vorbewertungen können sich auch aus der BKatV ergeben. Dieses gilt insbesondere, wenn ein Regelfahrverbot dort angeordnet ist, denn dieses setzt neben einer groben Pflichtwidrigkeit auch ein subjektiv besonders verantwortungsloses Handeln voraus (BGH NJW 97, 3552). Von Bedeutung ist ferner die Offenkundigkeit des Pflichtenverstoßes sowie die zeitliche Andauer. Hier gewinnt das **Augenblicksversagen** Bedeutung. Auch die Größe des Risikos bzw. die Höhe des drohenden Schadens sowie die Motive für den Pflichtenverstoß können von Bedeutung sein. Derjenige, der einen Unfall infolge überhöhter Geschwindigkeit verursacht, weil er sich als Arzt zu einem Notfallpatienten begeben will, trifft im Regelfall ein geringes Maß an Verschulden (vgl im Einzelnen Heß/Burmann NZV 09, 9; Rixecker ZfS 09, 9). Um ein Quotenwirrwahr zu vermeiden sollte man nicht der Versuchung der **„Mathematisierung von Quoten"** verfallen (Rixecker ZfS 07, 16). Es bietet sich an, eine Einstufung des Verstoßes des Versicherungsnehmers in die Kategorien leichte, normale oder schwere grobe Fahrlässigkeit vorzunehmen. Bei leichter grober Fahrlässigkeit sollte sich der Abzug bei 25%, bei normaler grober Fahrlässigkeit bei 50% und bei schwerer grober Fahrlässigkeit bei 75%, in Ausnahmefällen auch bei 100% bewegen (Burmann in B/B/H, 7 H, 26, vgl Rixecker ZfS 07, 16). Auch die nachfolgend aufgeführten Quoten stellen nur ein **„Grobraster"** dar. Insbesondere Besonderheiten im subjektiven Bereich können eine Abweichung nach oben oder unten gebieten (vgl auch LG Münster NJW 10, 240; Goslarer Orientierungsrahmen ZfS 10, 12 ff). Nach OLG Hamm soll die Kürzung in Schritten zu 10% erfolgen (NJW 11, 85).

Einzelfälle:

Rotlichtverstoß: Ein Rotlichtverstoß stellt einen objektiv besonders schwerwiegenden Verstoß gegen die im Verkehr erforderliche Sorgfalt dar. Von daher ist grobe Fahrlässigkeit regelmäßig zu bejahen (BGH NZV 92, 402; OLG Köln NVerZ 02, 25; OLG Hamm r+s 02, 5). Allerdings ist nicht jedes Überfahren einer roten Ampel schlecht hin grob fahrlässig (BGH NJW 03, 1118; Römer DAR 01, 258, 261). Es bleibt dem VN unbenommen, Umstände darzulegen, die Verkehrsverstoß in einem milderen Licht erscheinen lassen. Der grds beweisbelastete Versicherer muss dann gegebenenfalls dieses Vorbringen widerlegen (BGH NJW 03, 1118; OLG Köln NZV 03, 138). Besondere Umstände, die gegen grobe Fahrlässigkeit sprechen, können sein: 12

Unübersichtlichkeit der Ampel (OLG Nürnberg NJW-RR 96, 986), der so genannte Mitzieheffekt (BGH NJW 03, 1118; OLG Hamm ZfS 00, 346; vgl aber auch OLG Köln ZfS 02, 293), Anfahren nach einem Hubsignal (OLG Koblenz NZV 04, 257; vgl im Einzelnen Burmann in B/B/H Kap 7 H, Rn 28 ff).

Im Regelfall dürfte eine Kürzung der Versicherungsleistung um 50% angemessen sein (LG Münster NJW 10, 240; LG Essen ZfS 10, 393; Burmann/Heß/Stahl Rn 541).

Stoppschilder: Beim Überfahren eines Stoppschildes wird im Regelfall grobe Fahrlässigkeit angenommen (OLG Zweibrücken NZV 92, 76; OLG Hamm ZfS 98, 262; KG ZfS 01, 216; OLG Köln r+s 10, 14; aA OLG Bremen DAR 02, 308; OLG Hamm VersR 93, 826). Die Kürzung der Versicherungsleistung dürfte im Regelfall mit 25% zu bemessen sein. 13

Überholen: Ein Überholmanöver ist in der Regel grob fahrlässig, wenn der Straßenverlauf unübersichtlich ist oder nicht übersehen werden kann, ob eine gefahrlose Durchführung des Überholvorganges wegen des nahenden Gegenverkehrs möglich ist (OLG Frankfurt NZV 95, 363; OLG Hamm DAR 98, 393; OLG Karlsruhe ZfS 04, 321; vgl ferner OLG Düsseldorf NVersZ 00, 32; 01, 272; OLG Köln NVersZ 01, 169). Die Kürzung dürfte in der Regel mit 50% zu bemessen sein. Liegt jedoch ein Fall des § 315c Abs 2 Nr 2b StGB vor, so sollte die Kürzung mit 75% anzusetzen sein. 14

Geschwindigkeitsüberschreitung: Ob grobe Fahrlässigkeit vorliegt, hängt vom Einzelfall ab. Grob fahrlässig handelt zB wer 90 km/h statt der zulässigen 50 km/h fährt (OLG Köln ZfS 03, 553) oder die zulässige Höchstgeschwindigkeit nachts um 50% auf einer Landstraße überschreitet (OLG Koblenz VersR 00, 15

720; s a auch OLG Frankfurt ZfS 02, 242: grobe Fahrlässigkeit verneint bei 90% Überschreitung der zulässigen 50 km/h). Erfüllt die Handlungsweise des VN den Tatbestand des § 315c Abs 1 Nr 2d StGB, so ist eine Kürzung in Höhe von 75% angemessen. 50% sollte man kürzen, wenn eine Geschwindigkeitsüberschreitung vorliegt, welche ein Fahrverbot nach der BKatV rechtfertigt. Ansonsten 25%.

16 **Alkoholische Beeinflussung:** Ein Kraftfahrer mit einem BAK von 1,1‰ ist absolut fahruntüchtig (BGH NJW 92, 119). Bei einem BAK von unter 1,1‰ bedarf es neben der Ermittlung der BAK der Feststellung, das alkoholbedingte grobe Fahrfehler oder Ausfallserscheinungen vorliegen. An die Ausfallserscheinungen sind umso geringere Anforderungen zu stellen, je mehr sich die BAK dem Grenzwert von 1,1‰ nähert (vgl BGH NJW 82, 2612; OLG Saarbrücken NJW-RR 04, 1404; Hentschel/Bücken in B/B Kap 14 B Rn 25 ff). Bei einem infolge Fahruntüchtigkeit herbeigeführten Unfalles ist in der Regel eine Kürzung um 100% angemessen (vgl auch VGT 2009, 126; MK-VVG Loschelder 132). Der BGH beanstandet jedenfalls bei einer deutlichen Alkoholisierung eine Leistungskürzung auf 0 nicht, wenn entlastende Momente weder vorgetragen noch sonst ersichtlich sind (BGH NZV 2012, 225; Lehmann r+s 2012, 320, 327, ebenso OLG Saarbrücken NJW-RR 13, 934). Nach herrschender Meinung soll generell zwischen absoluter und relativer Fahruntüchtigkeit zu differenzieren sein (vgl OLG Hamm NJW 11, 85). Während bei absoluter Fahruntüchtigkeit eine Kürzung um 100% für angemessen erachtet wird (OLG Stuttgart NZV 11, 296; OLG Hamm NZV 11, 293; LG Oldenburg R & S 10, 461; BGH r+s 11, 376; OLG Saarbrücken NJW-RR 13, 934, aA KG NZV 11, 495) soll bei relativer Fahruntüchtigkeit eine geringere Kürzungsquote angezeigt sein (Rixecker ZfS 07, 60; Karczewski aaO Rn 122; OLG Hamm NZV 11, 293; OLG Saarbrücken r+s 15, 340). Eine Differenzierung zwischen absoluter und relativer Fahruntüchtigkeit ist nicht zu treffen (MK-VVG-*Looschelders* Rn 122). Der Unterschied zwischen absoluter und relativer Fahruntüchtigkeit betrifft nur das Beweisrecht (BGHSt 31, 42, 44; BayObLG NZV 97, 127, Fischer, § 316 StGB, Rn 12). Die relative Fahruntüchtigkeit ist keine mindere Form der Fahruntüchtigkeit. Sie stellt vielmehr den gesetzlichen Grundfall des § 316 dar (Fischer, § 316 Rn 12; s a § 316 Rn 26).

17 **Drogen:** Da es keinen Beweis-Grenzwert für die Annahme einer absoluten Fahruntüchtigkeit nach Rauschmittelkonsum gibt, ist eine Fahruntüchtigkeit entsprechend den Grundsätzen zur Beurteilung der alkoholbedingten relativen Fahruntüchtigkeit festzustellen (s § 316, 27 ff). Kürzung: 75%–100%.

18 **Medikamente:** Auch die Einnahme von Medikamenten kann zur Fahruntüchtigkeit führen. Hier wird es im Wesentlichen bei der Bewertung der subjektiven Seite darauf ankommen, inwieweit dem Fahrer auch subjektiv ein schwerer Schuldvorwurf gemacht werden kann. Dieses kann sich zB aus dem Weiterfahren trotz eindeutiger Warnsignale ergeben ebenso wie aus eindeutigen Warnhinweisen zB des behandelnden Arztes bzw. auf Beipackzetteln (vgl Heß in Beckmann/Matusche-Beckmann, § 16, 88). Die Kürzung sollte sich zwischen 25% und 75% bewegen.

19 **Übermüdung:** Erforderlich ist, dass der Fahrer sich über die von ihm erkannten deutlichen Vorzeichen der Ermüdung bewusst hinweggesetzt hat (BGH VersR 97, 619; OLG Oldenburg NJW-RR 99, 469; OLG Schleswig DAR 01, 463). Dem Einschlafen gehen in der Regel für den Fahrer unübersehbare Anzeichen voraus. Streitig ist, ob die Nichtbeachtung dieser Anzeichen den Schluss rechtfertigt, der Fahrer habe sich bewusst hierüber hinweg gesetzt (bejahend OLG Hamm NZV 98, 210; OLG Frankfurt NZV 93, 32; aA BGH NJW-RR 07, 1630;

OLG Schleswig DAR 01, 463; OLG Oldenburg NJW-RR 99, 469; Fromm SVR 15, 126). Da die grobe Fahrlässigkeit voraussetzt, dass sich der Fahrer über erkannte deutliche Vorzeichen der Ermüdung bewusst hinweggesetzt hat, ist eine Kürzung im Bereich von 75% angemessen (Burmann/Heß/Stahl Rn 549).

Verhalten im Fahrzeug – betriebsfremde Handlungen während der 20
Fahrt: Grundsätzlich wird man ein – nicht unumgängliches – Verhalten des Fahrers während der Fahrt, das ihn wesentlich vom Verkehrsgeschehen ablenkt, als grob fahrlässig einstufen müssen. Dies gilt insbesondere für das Hantieren mit Gegenständen während der Fahrt (OLG Hamm r+s 02, 145; Heß aaO, 67). Grobe Fahrlässigkeit wurde angenommen beim Bücken nach Gegenständen (OLG Hamm NJW – RR 17, 1428; ZfS 00, 347;OLG Frankfurt NVersZ 01, 322), beim Kassettenwechsel während der Fahrt (OLG Nürnberg NZV 92, 193), beim Griff ins Handschuhfach (OLG Stuttgart r+s 99, 56). Die Einstellung des Autoradios während der Fahrt begründet regelmäßig nicht den Vorwurf der groben Fahrlässigkeit (OLG Nürnberg NJW-RR 05, 1193, OLG Hamm NZV 01, 300; vgl im Einzelnen auch Heß aaO, 95 ff mwN).

Abstellen des Fahrzeuges: Das Abstellen eines ordnungsgemäß gesicherten 21 Fahrzeuges auf einem Parkplatz oder in einer europäischen Großstand begründet regelmäßig nicht den Vorwurf der groben Fahrlässigkeit, auch wenn der Ort für eine hohe Zahl von Autodiebstählen bekannt ist (BGH NJW 96, 1411). Nur wenn besondere Umstände hinzukommen, die über das Abstellen/Parken hinaus den vertraglich vorausgesetzten Sicherheitsstandard wesentlich unterschreiten (zB Zurücklassen von Schlüsseln bzw. des Kfz-Briefs), kann grobe Fahrlässigkeit gerechtfertigt sein. Hier ist allerdings insbesondere darauf zu achten, dass der Diebstahl auf diesen Umständen beruhen muss (OLG Karlsruhe r+s 02, 362).

Zurücklassen von Schlüsseln im Fahrzeug: Grobe Fahrlässigkeit ist regel- 22 mäßig gegeben, wenn der Originalschlüssel für das Kfz im unverschlossenen Handschuhfach zugelassen wird (BGH VersR 89, 582; OLG Celle r+s 90, 154; OLG Koblenz ZfS 97, 182). Keine grobe Fahrlässigkeit, wenn der Schlüssel im verschlossenen Handschuhfach lag (BGH NJW 86, 2838; Prölss/Martin/Knappmann A. 2.16 AKB 2008 Rn 56). Grobe Fahrlässigkeit verneint (mangels Kausalität) bei Zurücklassen der Schlüssel im Reisegepäck (OLG Düsseldorf VersR 97, 304, OLG Celle ZfS 97, 301). Problematisch ist in diesen Fällen immer die Frage der Kausalität, denn der Versicherer muss beweisen, dass der im Fahrzeug befindliche Schlüssel zum Wegfahren benutzt wurde.

Zurücklassen des Fahrzeugscheines bzw. Fahrzeugbriefs: Die Anwen- 23 dung von § 81 scheitert regelmäßig daran, dass nicht ersichtlich ist, inwieweit dieser Umstand den Diebstahl des Kfzs ermöglicht oder erleichtert hat (BGH NJW-RR 96, 734; OLG Jena NVersZ 98, 87; OLG Köln VersR 04, 999).

Unzureichende Sicherung des Kfz-Schlüssels gegen den Zugriff Drit- 24 **ter:** Grobe Fahrlässigkeit bejaht bei: Motorradschlüssel in einer Jacke, die unbeaufsichtigt auf dem Oktoberfest an der Garderobe hängen gelassen wird (OLG München VersR 94, 1060); Schlüssel wird während eines Kartenspiels in einer gut besuchten Gaststätte in einer nicht beaufsichtigen Jacke aufbewahrt (OLG Köln r+s 97, 490); Schlüssel befindet sich in einer Jacke, die in öffentlich zugänglichen Turnhalle verwahrt wird (OLG Koblenz NVersZ 99, 429); Einwurf von Schlüsseln und Papieren in einen Briefschlitz bei einer Autofirma, wobei ein Herausangeln unproblematisch und erkennbar möglich ist (LG Hanau NVersZ 90, 480), Überlassen des Fahrzeuges und des Schlüssels zu einer Probefahrt, ohne dass sich der VN von der Identität des Kaufinteressenten überzeugt hat (OLG Frankfurt VersR 02,

5050); steckengelassener Zündschlüssel, um eine Telefonzelle aufzusuchen (OLG Hamm NZV 91, 195). Vgl. im Einzelnen: Heß aaO, Rn 103.

Grobe Fahrlässigkeit verneint: Diebstahl des Zweitschlüssels aus unverschlossenem Spind aus einem Privatraum in einer Arztpraxis (OLG Celle VersR 05, 641), Aufbewahrung des Schlüssels in einem Rucksack, der neben dem Stuhl in einer Gaststätte abgestellt wird (OLG Düsseldorf NZV 04, 411); Aufbewahren des Schlüssels in einer Jacke, die sich in der Nähe des Fahrers befindet (OLG Stuttgart ZfS 97, 140; vgl OLG Schleswig NZV 05, 203).

Bei einer unzureichenden Sicherung des Kfz-Schlüssels gegen den Zugriff Dritter dürfte in der Regel eine Kürzung um 50% angezeigt sein.

25 **Unterlassen ausreichender Sicherung des Kraftfahrzeuges:** Grobe Fahrlässigkeit ist zu bejahen, wenn der VN das Fahrzeug mit steckendem Zündschlüssel abstellt (OLG Hamm NZV 93, 400; OLG Köln NJW-RR 01, 21; OLG Koblenz ZfS 04, 367). Keine grobe Fahrlässigkeit, wenn eine als Sonderausstattung vorhandene Codierungsmöglichkeit der Zündung eines Fahrzeuges nicht genutzt wird (OLG Hamm NZV 93, 400). Bei Bejahung grober Fahrlässigkeit Kürzung um 75% gerechtfertigt, da das Verhalten des VN sich sozusagen als „Einladung zur Entwendung" darstellt.

26 **Brand:** Grobe Fahrlässigkeit gegeben bei Schweißarbeiten mit unzureichenden Sicherheitsmaßnahmen (OLG München r+s 92, 207; OLG Celle ZfS 88, 57; Karczewski aaO, Rn 45). Kürzung idR: 50%.

27 **Beweislast:** Der Vers muss die Herbeiführung des Versicherungsfalles – also auch die Kausalität des Verhaltens des VN für Eintritt des Versicherungsfalles – und das Verschulden des VN beweisen (BGH NJW 85, 2648). Der Versicherer muss auch den Nachweis führen, dass die subjektive Seite der groben Fahrlässigkeit vorliegt (BGH NJW 89, 1354). Beweiserleichterungen kommen dem Versicherer nicht zu Gute (BGH NJW-RR 05, 1051). Aus dem objektiven Sachverhalt können jedoch Schlüsse auf das Vorliegen der subjektiven Seite der groben Fahrlässigkeit gezogen werden (BGH NJW 89, 1354; OLG Köln ZfS 02, 586). Für entlastende Umstände trifft den VN die sekundäre Darlegungslast (vgl Halbach in Stiefel/Maier A.2. Rn 956; Langheid in Römer/Langheid § 81 VVG Rn 116).

28 Insbesondere im Bereich der Fahruntüchtigkeit kann der Kausalitätsbeweis mittels des Anscheinsbeweises geführt werden (BGH NJW 92, 119; OLG Saarbrücken NJW-RR 13, 934; vgl E 153). Im Bereich der relativen Fahruntüchtigkeit müssen jedoch die alkoholbedingten Ausfallserscheinungen bzw. Fahrfehler feststehen. Die relative Fahruntüchtigkeit selbst kann nicht mittels des Anscheinsbeweises begründet werden (BGH NZV 88, 17). Soweit es um das Verschulden des VN geht, gelangt der Anscheinsbeweis nach herrschender Meinung nicht zur Anwendung. Insbesondere kann der Vorsatz nicht mittels des Anscheinsbeweises bewiesen werden. Bei individuellen Willensentschlüssen lässt sich eine durch die Lebenserfahrung gerechtfertigte Typizität menschlichen Verhandelns nicht feststellen (BGH NJW 88, 2040; Burmann in B/B/H, Kap 7 H, 79). Beruft sich der VN darauf, dass der Versicherungsfall auch bei nicht fahrlässigem Verhalten eingetreten wäre, so trifft ihm die Beweislast (Langheid in Römer/Langheid § 81, Rn 108).

29 Soweit es um die Schuldfähigkeit geht, ist die Beweisregelung des § 827 S 1 BGB auch im Rahmen des § 81 entsprechend anzuwenden (BGH NJW 85, 2648; 89, 1612; OLG Hamm NZV 01, 173). Wenn dem VN der Beweis gelingt, dass er sich zum wegen Alkoholgenusses im Zustand der Schuldunfähigkeit befunden hat, obliegt ihm die Pflicht, zu beweisen, dass er sich weder vorsätzlich noch grob fahrlässig in diesen Zustand versetzt hat. § 827 S 2 BGB gilt im Rahmen des § 81

entsprechend (BGH VersR 91, 289; OLG Saarbrücken r+s 03, 101; Heß aaO, 116).

Misslingt dem VN der Beweis, er sei zum Zeitpunkt des Herbeiführens des Versicherungsfalles unzurechnungsfähig gewesen, so können die Gründe, auf die nicht bewiesene Behauptung gestützt werden, durchaus Bedeutung im Rahmen der subjektiven Komponente des § 81 VVG entfalten. Dies gilt vor allem, wenn eine eingeschränkte Verantwortlichkeit des VN in Betracht kommt (BGH r+s 11, 376; NJW-RR 04, 173; OLG Düsseldorf NZV 04, 594). **30**

Der Versicherer muss auch das **Ausmaß des Verschuldens** im Rahmen der Leistungskürzung beweisen (s o 7). Bei Trunkenheitsfahrten wird dem VN allerdings eine Einschränkung seiner Einsicht und Hemmungsfähigkeit wenig helfen (r+s 11, 376). Nach der Rechtsprechung des BGH ist bei Trunkenheitsfahrten regelmäßig eine Strafmilderung nach §§ 21, 49 StGB zu versagen (NJW 03, 2394; Hentschel-König § 316, 105 mwN). Diese Grundsätze sind auch auf § 81 VVG zu übertragen (Hess/Burmann NJW-Spezial 09, 665). **31**

§ 86 Übergang von Ersatzansprüchen

(1) ¹**Steht dem Versicherungsnehmer ein Ersatzanspruch gegen einen Dritten zu, geht dieser Anspruch auf den Versicherer über, soweit der Versicherer den Schaden ersetzt.** ²**Der Übergang kann nicht zum Nachteil des Versicherungsnehmers geltend gemacht werden.**

(2) ¹**Der Versicherungsnehmer hat seinen Ersatzanspruch oder ein zur Sicherung dieses Anspruchs dienendes Recht unter Beachtung der geltenden Form- und Fristvorschriften zu wahren und bei dessen Durchsetzung durch den Versicherer soweit erforderlich mitzuwirken.** ²**Verletzt der Versicherungsnehmer diese Obliegenheit vorsätzlich, ist der Versicherer zur Leistung insoweit nicht verpflichtet, als er infolgedessen keinen Ersatz von dem Dritten erlangen kann.** ³**Im Fall einer grob fahrlässigen Verletzung der Obliegenheit ist der Versicherer berechtigt, seine Leistung in einem der Schwere des Verschuldens des Versicherungsnehmers entsprechenden Verhältnis zu kürzen; die Beweislast für das Nichtvorliegen einer groben Fahrlässigkeit trägt der Versicherungsnehmer.**

(3) **Richtet sich der Ersatzanspruch des Versicherungsnehmers gegen eine Person, mit der er bei Eintritt des Schadens in häuslicher Gemeinschaft lebt, kann der Übergang nach Abs. 1 nicht geltend gemacht werden, es sei denn, diese Person hat den Schaden vorsätzlich verursacht.**

Übersicht

	Rn
1. Norm	1
2. Forderungsübergang (§ 86 I 1 VVG)	3a
a) Einleitung	4
b) Anwendungsbereich	5
aa) Unfallzeitpunkt	5
bb) Schadenversicherung – Summenversicherung	7
(1) Geltungsbereich	7
(2) Schadenversicherer	9
(3) Summenversicherer	13

	Rn
(4) Sonderfälle	16
c) Forderungsübergang	25
aa) Anspruch gegen Dritten	26
bb) § 412 BGB	29
cc) Ansprüche	31
dd) Kongruenz	39
ee) Leistungserbringung	41
(1) Tatsächliche Leistung	41
(2) Zahlung trotz Verweigerungsrecht	42
(3) Falsche Leistung	44
ff) Zeitpunkt	46
gg) Rechtshandlungen des Verletzten	49
(1) Verfügungsmöglichkeit	49
(2) Regulierungsquote	50
(3) Abfindung des Direktgeschädigten	54
hh) Prozessuales	55
(1) Zuständigkeit	55
(2) Klagebefugnis	58
(3) Feststellungsklage	60
(4) Adhäsionsverfahren	62
d) Konkurrenzen	62a
aa) § 110 SGB VII	63
bb) § 116 SGB X	64
cc) Öffentlicher Dienstherr	65
dd) Abtretung	67
ee) Doppelversicherung	68
3. Vorrecht (§ 86 I 2 VVG)	69
a) Allgemeines	69
b) Sachschaden	73
c) Personenschaden	74
4. Vereitelung (§ 86 II VVG)	75
a) Obliegenheit (§ 86 II 1 VVG)	75
b) Leistungsfreiheit (§ 86 II 2, 3 VVG)	79
aa) Kausalität	79
bb) Verschulden	81
(1) Vorsatz (§ 86 II 2 VVG)	82
(2) Grobe Fahrlässigkeit (§ 86 II 3 VVG)	87
5. Privileg (§ 86 III VVG)	89a
a) Regressausschluss	90
b) Intention	90a
aa) Begrifflichkeit	90a
bb) Intention	91
c) Prinzip	92
aa) Allgemeingültigkeit	92
bb) Anwendung	94
cc) Entsprechende Anwendung	96
dd) Keine Anwendung	99
ee) Ausgleichsanspruch des Haftpflichtversicherers	100
ff) Abtretung, Umgehung	101
d) Voraussetzungen	103
aa) Persönliche Voraussetzung	103
(1) Familienangehörige	104

	Rn
(2) Homophile Gemeinschaft	105
(3) Nicht-eheliche Gemeinschaft	106
(4) Mitbewohner	110
(5) Juristische Person	112
bb) Räumliche Voraussetzung	114
(1) Häusliche Gemeinschaft	114
(2) Kinder	118
cc) Zeitpunkt	120
(1) Unfallzeitpunkt	120
(2) Späterer Wegfall der Voraussetzungen	121
(3) Spätere Voraussetzungsbegründung	124
dd) Darlegungs- und Beweislast	131
e) Vorsatz	132
f) Rechtsfolge	134
aa) Drittleistungsträger	134
(1) Forderungshinderung	134
(2) Gestörte Gesamtschuld	135
bb) Direktgeschädigter	137
cc) Regress des Haftpflichtversicherers	139
dd) Kaskoversicherung	142
(1) Regressbeschränkung	143
(2) Verschuldensgrad	144
g) Rückforderung von Leistungen	146

1. Norm. § 86 I VVG stimmt weitgehend mit § 67 I 1, 2 VVG aF überein. 1
§ 86 II VVG erweitert das Aufgabeverbot (§ 67 I 3 VVG aF) um ein Unterstützungsgebot. § 86 III VVG modifiziert die Angehörigenprivilegierung des § 67 II VVG.

Von den Vorgaben des § 86 VVG kann nicht zum Nachteil des Versicherungs- 2
nehmers abgewichen werden (§ 87 VVG) (BGH NJW 1969, 2284).

§ 194 II VVG verweist für die Krankenversicherung auf § 86 VVG. 3

2. Forderungsübergang (§ 86 I 1 VVG). Zum Thema: *Jahnke/Burmann-* 3a
Jahnke/Burmann, Handbuch des Personenschadenrechts, Kap. 5 Rn 3499 ff; *Küppersbusch/Höher,* Rn 759 ff; *Prölss/Martin-Armbrüster,* § 86 VVG Rn 6 ff.

a) Einleitung. Wenn bei der praktischen Schadenabwicklung von „*Anrech-* 4
nung der Drittleistung" gesprochen wird, ist dieses juristisch betrachtet unzutreffend: Die Anrechnung (z.B. eines Vorteiles) mindert bereits den Schaden selbst, während der Forderungsübergang zwar den Forderungsbestand (gleichbedeutend mit dem vorgenannten Schaden) unangetastet lässt, die Forderung aber einem anderen zuweist (Wechsel in der Person des Forderungsberechtigten) (BGH jurisPR-VerkR 11/2010 Anm. 1 = NJW-RR 2010, 839); und zwar unabhängig von dem Umstand, ob dieser Dritte dann den Schadenersatzanspruch auch tatsächlich verfolgt oder verfolgen kann (KG NZV 1999, 208).

b) Anwendungsbereich. aa) Unfallzeitpunkt. Gesetzliche Forderungs- 5
wechsel orientieren sich während der gesamten Zeit der Abwicklung eines Schadenfalls bis hin zu dessen endgültiger Erledigung ausschließlich am im Unfallzeitpunkt geltenden, den Forderungswechsel herbeiführenden, Recht (BGH NJW 1996, 1674) (siehe vor § 249 BGB, Rn 274).

6 Das Angehörigenprivileg schützt die nicht-eheliche Gemeinschaft auch in Schadenfällen vor Inkrafttreten des § 86 VVG zum 1.1.2008 (§ 86 VVG, Rn 108).

7 bb) Schadenversicherung – Summenversicherung. (1) Geltungsbereich. § 86 VVG gilt ausschließlich für die Schadenversicherung, nicht aber für Summenversicherungen (BGH VersR 2001, 1100; BGH VersR 1980, 1072; BT-Drucksache 16/3945, S. 81; *Langheid/Rixecker-Langheid*, § 86 VVG Rn 6 f).

8 Zur **Abgrenzung** ist darauf abzustellen, ob die Versicherung auf die Deckung eines konkreten Schadens ausgerichtet ist **(Schadenversicherung),** oder ob sie einen abstrakt berechneten Bedarf zu decken verspricht **(Summenversicherung)** (BGH VersR 2001, 1100; BGH VersR 1974, 184; BGH NJW 1969, 2284).

9 (2) Schadenversicherer. Bei privater Schadenvorsorge muss sich der Versicherte Leistungen eines Schadenversicherers – gegebenenfalls unter Beachtung seines Quotenvorrechtes (§ 86 I 2 VVG) – stets anspruchskürzend (mit Rücksicht auf den Forderungsübergang) anrechnen lassen.

10 **Private Schadenversicherer** sind in der Personenversicherung u.a., soweit der Versicherungsvertrag das Leistungsversprechen des Versicherers an einen konkret entstandenen Aufwand knüpft, private Kranken-, Krankenzusatz- (§ 192 I – III VVG) und Pflegeversicherung (§ 192 VI VVG), für die § 86 VVG entsprechend gilt (§ 194 I 1 VVG); ferner die konkret nachgewiesenen Beerdigungskosten ersetzende Sterbegeldversicherung. Auch bei der (häufig nur subsidiär eintrittspflichtigen) Fahrerschutz-Versicherung geht der Anspruch mit Erbringung der Versicherungsentschädigung gemäß § 86 I 1 VVG auf den Versicherer über (OLG Koblenz VersR 2014, 1365).

11 Zur Schadenversicherung zählen ferner Rechtsschutzversicherung (OLG Koblenz NJW 2006, 3150; OLG Saarbrücken NJW-RR 2008, 696), Sachversicherung (wie Kasko-, Transport-, Gebäude-, Hausratversicherung), Betriebsunterbrechungsversicherung (OLG Stuttgart OLGR 2007, 755), Forderungsausfallversicherung (dazu *Halm/Engelbrecht/Krahe-Hunger*, Kap. 24 Rn 40; LG Itzehoe VersR 2013, 1436), Reisegepäckversicherung, technische Versicherungen, Rabattschutz-Versicherung, Verkehrsserviceversicherung. Siehe ergänzend *Jahnke/Burmann-Jahnke*, Handbuch des Personenschadenrechts, Kap. 5 Rn 2639 ff.

12 Neben einem gesetzlichen Forderungsübergang kann sich der Drittleistende nur beschränkt auf eine ihm **zusätzlich vorliegende Abtretung** wegen desselben Anspruchs berufen. Soweit die Abtretung für Leistungen erfolgt, die bereits einem gesetzlichen Forderungsübergang unterworfen sind, ist sie unwirksam (BGH NJW 1988, 819; BVerwG BVerwGE 51, 211; OLG Frankfurt VersR 1984, 254; OLG Hamburg NZV 1993, 71; OLG Hamm NZV 1994, 441; OLG München r+s 2010, 305; OLG Saarbrücken VersR 1988, 1038).

13 (3) Summenversicherer. Summenversicherungen sind neben den klassischen Sparten der Personenversicherung (Lebensversicherung, Unfallversicherung, Berufsunfähigkeitsversicherung) u.a. die Reiserücktrittsversicherung (LG München VersR 2007, 354; siehe auch LG Bremen SP 2013, 289).

14 Summenversicherern ist gegenüber dem Verursacher der Regress ihrer Leistungspflicht mangels Forderungsübergang nicht möglich (OLG Düsseldorf VersR 1996, 480). Eine Anrechnung auf Schadenersatzleistungen zulasten des Verletzten entfällt.

Abtretungen zugunsten von Summenversicherern sind möglich und wie jeder 15
andere privatrechtliche Forderungswechsel zu behandeln (*Prölss/Martin-Armbrüster*
§ 86 VVG Rn 5). Das Abtretungsverlangen eines Summenversicherers bedeutet
die Nichtigkeit einer Abtretung wegen Verstoßes gegen § 87 VVG.

(4) Sonderfälle. (a) Insassenunfallversicherung. Bei Abschluss einer Insas- 16
senunfallversicherung darf der für einen Kfz-Unfall Haftende die Anrechnung der
ausbezahlten Versicherung auf den Insassenschaden bestimmen (BGH NJW 1981,
1613) (und z.B. dadurch seinen Schadenfreiheitsrabatt retten).

(b) Private Unfallversicherung. Wenn und soweit private Unfallversiche- 17
rungen (grundsätzlich Summenversicherung) konkrete Rehabilitations- oder Pflegeleistungen erbringen, handelt es sich (nur) für diese Leistungen um eine Schadensversicherung iSv § 86 VVG. Nicht ersatzfähig sind an einen Dienstleister zu
zahlende Pauschalen (*Jahnke/Thinesse-Wiehofsky*, § 3 Rn 413). Siehe ergänzend
Jahnke/Burmann-Knöpper, Handbuch des Personenschadenrechts, Kap. 8 Rn 1 ff.

(c) Kranken(haus)tagegeld. Krankenhaustagegeldversicherung und Kran- 18
kentagegeldversicherung sind grundsätzlich Summenversicherungen (siehe ergänzend *Jahnke/Burmann-Jahnke*, Handbuch des Personenschadenrechts, Kap. 5
Rn 2678 ff). Ein Forderungsübergang auf private Krankenversicherer findet nicht
statt, deren Leistungen sind nicht auf den Ersatzanspruch anzurechnen (BGH
VersR 2001, 1100; OLG Köln VersR 1994, 356; LG Heidelberg NJW-RR 1998,
463).

Eine Feststellungsklage auf zukünftige Krankentagegeldleistungen ist unzulässig, 19
da in Bezug auf die Zukunft nicht beurteilt werden kann, ob ein Anspruch auf
Tagegeld wirklich entstehen wird (OLG Hamm NJW-RR 2013, 601).

Ist die Versicherung als **Schadenversicherung** (was zulässig ist; BGH VersR 20
2001, 1100; siehe *Werber* VersR 2011, 1346) ausgestaltet, erfolgt bei der **Kranken**-
tagegeldversicherung wegen des Forderungsüberganges eine Anrechnung auf
Verdienstausfallansprüche (incl. fremdnützigem Haushaltsführungsschaden) des
Verletzten (OLG München v. 4.5.2007 – 10 U 3439/05), bei der **Krankenhaus**tagegeldversicherung zusätzlich eine Anrechnung auf Heilkosten und vermehrte
Bedürfnisse (BGH NJW 1984, 2627).

(d) Schadenrechtlicher Prämienzuschlag. (aa) Tagegeld. Dem Verletzten 21
ist ein Prämienzuschlag, den ein Krankenversicherer bei Abschluss einer Krankentagegeldversicherung wegen der Unfallfolgen verlangt, zu **ersetzen,** wenn der
Abschluss dieser Versicherung unter Ausschluss der Unfallfolgen nicht zumutbar
oder nicht möglich war (BGH NJW 1984, 2627).

Hat der Schädiger diese **Risikozuschläge übernommen,** muss sich der 22
Geschädigte dann die entsprechenden Versicherungsleistungen anspruchsmindernd anrechnen lassen: Bei der **Kranken**tagegeldversicherung auf Erwerbsschäden (incl. fremdnützigem Haushaltsführungsschaden), bei der **Krankenhaus**tagegeldversicherung zusätzlich auf Heilkosten und vermehrte Bedürfnisse (BGH
NJW 1984, 2627).

Ein **Forderungsübergang** auf die Krankenversicherung erfolgt nicht, da sich 23
zum einen der Rechtscharakter der Summenversicherung nicht ändert, zum anderen (nimmt man eine Schadenversicherung an) deren Risiko durch den Zuschlag
abgegolten und der Ersatzanspruch bereits durch die Zahlung des Risikozuschlages
erfüllt ist.

24 **(bb) Berufsunfähigkeitsversicherung.** Zuschläge auf eine Berufsunfähigkeitsversicherung sind, selbst wenn sie unfallkausal sind, bereits nicht erstattungsfähig (LG Wuppertal SP 1997, 9; in diesem Sinne auch OLG Köln VersR 2016, 724). Werden sie trotzdem übernommen, sind dann deren Leistungen auf einen unfallbedingten Verdienstausfall (incl. fremdnützigem Haushaltsführungsschaden) anzurechnen.

25 **c) Forderungsübergang.** Siehe auch vor § 249 BGB, Rn 267 ff.

26 **aa) Anspruch gegen Dritten.** Der Versicherte muss einen **gegen einen Dritten** gerichteten Anspruch haben. Dritter ist jeder, der nicht Versicherungsnehmer oder Versicherter ist (BGH NJW 2008, 1737); die Unterscheidung findet sich bei der Versicherung für fremde Rechnung (§§ 43–48 VVG).

27 Für die nach A.1.2 AKB (§ 10 Nr. 2 AKB aF, siehe auch § 2 II KfzPflVV) in der Kfz-Haftpflichtversicherung **mitversicherten Personen** (wie Fahrer, Halter, Eigentümer) besteht, sofern sie nicht selbst Versicherungsnehmer sind, eine Versicherung für fremde Rechnung. Verursacht z.B. der Fahrer einen Schaden, ist er als mitversicherte Person kein Dritter iSv § 86 I 1 VVG und bei bestehendem Versicherungsschutz – der für jede (mit-)versicherte Person gesondert festzustellen ist (BGH NJW 1971, 459; BGH NJW 1968, 447) – vor Regress seines Haftpflichtversicherers geschützt. Bei fehlendem Versicherungsschutz gilt § 116 VVG (siehe auch § 86 VVG, Rn 139).

28 Bei Gesellschaften/Vereinen ist Träger des versicherten Sacherhaltungsinteresses nicht der einzelne Gesellschafter, sondern die rechtlich selbständige Gesellschaft. Eine Auslegung kann ergeben, dass das Sachersatzinteresse derjenigen **Gesellschafter/Vereinsmitglieder** – die gesellschaftsintern dazu berufen sind, das versicherte Fahrzeuge zu nutzen – als mitversichert anzusehen ist; dann ist die Einzelperson (Gesellschafter, Vereinsmitglied) nicht Dritter iSv § 86 VVG (BGH NJW 2008, 1737; OLG Hamm VersR 2013, 55).

29 **bb) § 412 BGB.** Gemäß § 412 BGB gelten die Schuldnerschutzvorschriften des Zessionsrechts, vor allem der Gutglaubensschutz in § 407 BGB (BGH NJW 2015, 940; BGH NZV 2015, 179; BGH jurisPR-VerkR 24/2014 Anm. 2 = VersR 2014, 1226).

30 Nach §§ 401 ff BGB gehen Forderungen dergestalt über, wie sie in der Person des Versicherten entstanden sind, also mit allen Einwendungen, Sicherungsrechten und Fristen.

31 **cc) Ansprüche.** Nach § 86 I 1 VVG gehen auf Geld- und/oder Naturalersatz gerichtete **Schadensersatzansprüche** – auch vertragliche (BGH r+s 1991, 264) – der versicherten Person über. Der Forderungsübergang erfasst alle klassischen Schadensersatzansprüche einschließlich der Amtshaftung (soweit diese nicht subsidiär bleiben) (*Beckmann/Matusche-Beckmann-Hormuth*, § 22 Rn 22 ff; *Langheid/Rixecker-Langheid*, § 86 VVG Rn 13 ff; *Stiefel/Maier-Maier*, § 86 VVG Rn 10 ff). Es gehen Ansprüche jeglicher Art über, sofern sie nur dem Ausgleich des dem Versicherungsnehmer entstandenen Schadens dienen (OLG Frankfurt r+s 2005, 160; SG Köln UV-Recht Aktuell 2013, 114 [BSG VersR 2015, 479 räumt Bereicherungsanspruch ein]). Erfasst werden auch auf Abtretung oder Befreiung gerichtete Ansprüche (BGH VersR 1985, 753), nicht aber solche auf Freistellung von künftigen Ersatzansprüchen (BGH VersR 1989, 730). Erforderlich ist das Vorliegen einer (sachlichen und zeitlichen) Kongruenz.

§ 86 VVG

Übergangsfähig ist der **Anspruch** nicht nur des Versicherungsnehmers, sondern 31a
auch derjenige des Versicherten, wenn eine Versicherung für fremde Rechnung
vorliegt (BGH NJW-RR 2003, 1107).

§ 86 I 1 VVG umfasst (insbesondere für die Haftpflichtversicherung) auch Aus- 32
gleichsansprüche unter **Gesamtschuldnern** (§§ 426, 840 BGB, § 17 II StVG;
BGH NJW 1992, 41; BGH NJW 1955, 1314; OLG Frankfurt VersR 1985, 935;
Beckmann/Matusche-Beckmann-Hormuth, § 22 Rn 28 m.w.N.).

Im Falle einer Haftpflichtversicherung bezieht sich § 86 VVG nicht auf den 33
Schaden, welcher dem geschädigten Haftpflichtgläubiger ersetzt wird, sondern auf
denjenigen Schaden, der dem Versicherungsnehmer durch den mit der Haftpflicht
eingetretenen Vermögensnachteil entstanden ist (BGH NJW-RR 1989, 918;
BGH NJW 1971, 752). § 86 VVG greift deshalb bereits dann ein, wenn der
Haftpflichtversicherer durch die Leistung an den geschädigten Haftpflichtgläubiger
dessen gegenüber dem Versicherungsnehmer begründete Forderung erfüllt und
diesen damit von dem ihm entstandenen korrespondierenden Vermögensschaden
befreit (BGH NJW 2007, 1208).

Ansprüche auf **Aufwendungsersatz** (§§ 677, 683 BGB) genügen nicht (BGH 34
VersR 1965, 1166; OLG Karlsruhe VersR 1988, 1081; siehe auch BGH VersR
1984, 1191). Nur solche Aufwendungen, die der Versicherte als Beauftragter oder
Geschäftsführer ohne Auftrag hat (§§ 683, 670 BGB), gehen allerdings über (OLG
Hamm VersR 1970, 729).

Bereicherungsansprüche werden jedenfalls dann erfasst, wenn sie an die 35
Stelle eines Schadenersatzanspruches getreten sind (z.B. bei Weiterveräußerung
eines gestohlenen Kfz; BGH NJW 1971, 1452).

Die nicht auf Schadenersatz gerichteten **Gewährleistungsansprüche** auf 36
Nacherfüllung, Rücktritt bzw. Minderung gehen nicht nach § 86 VVG über.
Anderes gilt, wenn es infolge einer mangelhaften Fahrzeugreparatur zum Unfall
kommt (OLG Koblenz r+s 2010, 59, 84; *Beckmann/Matusche-Beckmann-Hormuth*,
§ 22 Rn 23 f m.w.N.; *Stiefel/Maier-Maier*, § 86 VVG Rn 8).

Kostenerstattungsansprüche gegen den unterlegenen Kläger im Haftpflicht- 37
prozess werden von § 86 VVG erfasst (OLG Köln NJW-RR 1994, 27; OLG Köln
VersR 1977, 317). Zu Schadenfeststellungskosten siehe § 86 VVG, Rn 40.

Der **Herausgabeanspruch** des Eigentümers (§ 985 BGB) geht nicht nach § 86 38
VVG über (RG RGZ 108, 110).

dd) Kongruenz. Der Rechtsübergang erfasst Ansprüche jeglicher Art, sofern 39
sie nur dem Ausgleich des dem Versicherungsnehmer entstandenen Schadens dienen (OLG Frankfurt r+s 2005, 160) (Kongruenz) (*Beckmann/Matusche-Beckmann-
Hormuth*, § 22 Rn 21 ff m.w.N.).

Erfasst werden auch solche Aufwendungen, die der Versicherer selbst zur 40
Ermittlung des Schadens geltend macht, insbesondere **Gutachterkosten** und
interne Aufwendungen des Versicherers, soweit sie der Feststellung des Schadens
dienen (BGH NJW 1962, 1678; OLG Brandenburg VersR 2010, 66; OLG Thüringen r+s 2004, 331; *Beckmann/Matusche-Beckmann-Hormuth*, § 22 Rn 70 f; *Lang-
heid/Rixecker-Langheid*, § 86 VVG Rn 23, 30). Auch die **Auslobung** für die Wiedererlangung einer gestohlenen Sache kann ersatzfähig sein (BGH VersR 1967,
1168).

ee) Leistungserbringung. (1) Tatsächliche Leistung. Hat ein Versicherer 41
Leistungen an den Versicherungsnehmer erbracht, ist für den Forderungsübergang
ein bestehendes Versicherungsvertragsverhältnis, nicht aber eine vertragliche Ver-

pflichtung des Versicherers erforderlich (BGH NJW 1964, 101). Entscheidend ist nicht eine bestehende Leistungspflicht oder Fälligkeit eines Versicherungsanspruches, sondern die tatsächliche Erbringung von Leistungen (OLG Bamberg NZV 1997, 517; OLG Frankfurt r+s 2005, 160; OLG Hamm r+s 1998, 184; SG Köln UV-Recht Aktuell 2013, 114). Nur wenn und soweit der Versicherer tatsächlich zahlt, findet dann ein Forderungswechsel – unter Beachtung des Vorrechtes und nur im Umfang der jeweiligen Leistung – statt.

42 **(2) Zahlung trotz Verweigerungsrecht.** Für den Forderungsübergang reicht aus, wenn der Versicherer grundsätzlich unter den Versicherungsvertrag fallende Leistungen erbringt (BGH VersR 1989, 250).

43 Den Forderungsübergang berührt nicht, dass dem leistenden Versicherer die Möglichkeit zugestanden hätte, sich auf Leistungsfreiheit wegen fehlender vertraglicher Verpflichtung (OLG Frankfurt r+s 2005, 160), Obliegenheitsverletzung (OLG Hamm r+s 1998, 184) oder Eingreifens einer Subsidiaritätsklausel (BGH VersR 1989, 250) zu berufen. Entscheidend ist die tatsächliche Leistungsgewährung (*Beckmann/Matusche-Beckmann-Hormuth*, § 22 Rn 64f m.w.N.; *Langheid/Rixecker-Langheid*, § 86 VVG Rn 29): Zahlt der private Versicherer, kommt es auch zum Forderungsübergang.

44 **(3) Falsche Leistung.** Der Rechtsübergang erfolgt nur in Höhe des wirklichen Schadens, nicht aber in Höhe der vom Versicherer gezahlten Entschädigung (*Stiefel/Maier-Maier*, § 86 VVG Rn 20). Der unzutreffend leistende Drittleistungsträger begründet allein mit seiner tatsächlichen Leistung keine Regresszuständigkeit (BGH r+s 2009, 302) (siehe § 254 BGB, Rn 334).

45 Auch wenn ein Schadenversicherer (gleiches gilt u.a. auch für SVT) grundsätzlich zur Leistungserbringung verpflichtet ist, müssen diese seine Leistungen auch der Höhe nach berechtigt sein. Die Regressnahme durch einen Drittleistungsträger (z.B. Schadenversicherer, SVT) wegen solcher Leistungen, die bei ordnungsgemäßer Abwicklung des Drittleistungsverhältnisses nicht angefallen wären (fehlerhafte oder unrichtige Leistungserbringung), ist dem Drittleistungsträger verwehrt (OLG Hamm VersR 2010, 91; OLG Oldenburg v. 19.1.2011 – 5 U 113/10 – juris; siehe auch BGH r+s 2010, 81; BGH NJW 1981, 1099; OLG Düsseldorf SP 1996, 380).

45a Leistet der Versicherer an einen vermeintlich bei ihm Versicherten, hat er gegen diesen einen Bereicherungsanspruch. Zugleich erfolgt auch ein Anspruchsübergang nach § 86 VVG (dazu näher *Koller* VersR 2015, 270).

46 **ff) Zeitpunkt.** Nach § 86 VVG (ebenso bei Abtretung, § 90 BSHG aF [BGH NJW 2004, 3176], § 6 EFZG [BGH NZV 2009, 131]) erfolgt der Forderungsübergang nicht im Unfallzeitpunkt, sondern später sukzessive stets nur **mit der jeweiligen Versicherungsleistung.**

47 Wird die Versicherungsleistung in mehreren **Teilbeträgen** geleistet (z.B. bei langfristiger Erkrankung nach jeweiliger Rechnungsstellung), geht der Anspruch (damit zu verschiedenen Zeitpunkten) erst mit der jeweiligen Erstattung, zugleich beschränkt auf die jeweils geleistete Höhe (zusätzlich ist uU § 86 I 2 VVG zu beachten), über.

48 Der Geschädigte kann daher wirksam über Ersatzansprüche zulasten des Zessionars verfügen (z.B. durch ganz oder teilweise Abfindung, Verjährenlassen, Haftungsvereinbarung; siehe § 86 VVG, Rn 53 f).

gg) Rechtshandlungen des Verletzten. (1) Verfügungsmöglichkeit. Zum 49
Thema: *Geigel-Plagemann,* Kap. 30 Rn 42 ff; *Jahnke,* Abfindung von Personenschadensansprüchen, § 2 Rn 995 ff; *Jahnke/Burmann-Jahnke/Burmann,* Handbuch des Personenschadenrechts, Kap. 5 Rn 3245 ff. Siehe auch vor § 249 BGB, Rn 279 ff.

Erfolgt der Forderungsübergang nicht im Unfallzeitpunkt, sondern später, kann 49a der Geschädigte vor dem jeweiligen Forderungswechsel wirksam über den Schadenersatzanspruch zulasten des künftigen Zessionars ganz oder teilweise verfügen.

(2) Regulierungsquote. (a) Grundsatz. Vereinbarungen zur Regulierung 50 (Haftungsquote, Kausalitätsquote z.b. wegen zweifelhafter Kausalität, Abfindungsvergleich) wirken grundsätzlich nur zwischen den jeweils handelnden Parteien, und zwar **ohne Bindungswirkung** für am Schadenfall ebenfalls Beteiligte (Drittleistungsträger, andere Geschädigte) (BGH NJW 1996, 1674; OLG Hamm VersR 2003, 1595).

Grundsätzlich müssen **Drittleistungsträger** (z.B. SVT, Dienstherr) die Regu- 51 lierungsquote selbstständig (besser oder schlechter) mit dem Ersatzpflichtigen vereinbaren und sind an Feststellungen und Vereinbarungen im Verhältnis zum unmittelbar Verletzten (Direktgeschädigten) (OLG Celle VersR 1990, 911) oder einem anderen – parallel zuständigen – Drittleistungsträger (BGH NJW-RR 2009, 1534; BGH NJW 1986, 1861) (d.h. außerhalb einer Rechtsnachfolge) nicht gebunden.

Die Rechtskraft von **Urteilen** im Verhältnis zum unmittelbar Verletzten 52 erstreckt sich nicht auf den Drittleistungsanspruch, wenn dieser bereits vor Rechtshängigkeit auf den Drittleistungsträger (z.B. nach § 116 SGB X) übergegangen ist (siehe §§ 265, 325, 727 ZPO; BGH NJW-RR 2009, 455; BGH MDR 1964, 588; BGH NJW 1963, 2067; *Zöller-Greger* § 265 ZPO Rn 5, *Zöller-Vollkommer* § 325 ZPO Rn 27). Ein Urteil entfaltet materielle Rechtskraftwirkung und Präjudizialität grundsätzlich zwar nur zwischen den damaligen Prozessparteien, wirkt aber auch für und gegen Personen, die erst nach dem Eintritt der Rechtshängigkeit Rechtsnachfolger der bisherigen Parteien geworden sind (OLG Koblenz VersR 2006, 1382).

(b) Ausnahmen. Ausnahmen gelten bei **Rechtsnachfolge** (OLG Koblenz 53 VersR 2006, 1382) und für Ansprüche, die nur **sukzessive** (§ 86 VVG, § 6 EFZG) übergehen. Hier binden Erklärungen des Rechtsvorgängers den Rechtsnachfolger: Rechtsvorgänger kann zum einen ein anderer Drittleistungsträger sein, zum anderen aber auch der Verletzte selbst (BGH NJW 2011, 2357), da der Forderungsübergang nach § 86 I VVG nicht im Unfallzeitpunkt erfolgt, sondern später. Siehe ergänzend *Jahnke,* Abfindung von Personenschadensansprüchen, § 2 Rn 1038 ff; *Jahnke/Burmann-Jahnke/Burmann,* Handbuch des Personenschadenrechts, Kap. 5 Rn 3499 ff.

(3) Abfindung des Direktgeschädigten. Eine vorbehaltlose Abfindung des 54 unmittelbar Verletzten vor einer Erstattung des Versicherers verhindert den Forderungsübergang nach § 86 VVG (gleiches gilt für § 6 EFZG) (*Jahnke,* Abfindung von Personenschadensansprüchen, § 2 Rn 1073 ff m.w.N.). Eine Abfindung erst nach Leistung des Privatversicherers beeinflusst dagegen den bereits erfolgten, allerdings auf die erfolgte Leistung beschränkten, Forderungsübergang nicht (OLG Brandenburg VersR 2010, 66; OLG Celle VersR 2002, 884).

VVG § 86

55 **hh) Prozessuales. (1) Zuständigkeit.** Gerichtliche Zuständigkeiten (BAG jurisPR-VerkR 20/2009 Anm. 1 = r+s 2009, 394; BAG NZA 1993, 617) sowie Gerichtsstandsvereinbarungen (OLG Köln VersR 1992, 1152) bleiben bei Forderungsübergängen erhalten.

56 Der Regressanspruch gegenüber einem Arbeitnehmer, der grob fahrlässig das Fahrzeug seines Arbeitgebers beschädigte, ist vor dem **Arbeitsgericht** (§ 2 I Nrn. 3, 9, III ArbGG) geltend zu machen.

57 Ereignet sich im EU-/EWR-Ausland ein Unfall, kann nach Art. 11 II i.V.m. Art. 9 I lit. b **EuGVVO** zwar der Geschädigte (auch juristische Person; OLG Celle NZV 2009, 77; OLG Frankfurt NZV 2015, 238), der seinen Wohnsitz in einem Mitgliedstaat hat, vor dem Gericht seines Wohnsitzes eine Klage unmittelbar gegen den Versicherer erheben, sofern eine solche unmittelbare Klage zulässig ist und der Versicherer seinen Wohnsitz im Hoheitsgebiet eines anderen Mitgliedstaates hat (BGH NJW 2008, 2343 im Anschluss an EUGH NJW 2008, 819). Siehe näher *Stiefel/Maier-Riedmeyer*, Teil 4. Regulierung von Auslandsunfällen Rn 174, 205 ff. Diese Klagemöglichkeit steht aber nicht **Drittleistungsträgern** zu: Ein SVT als Legalzessionar kann die auf ihn übergegangenen Ansprüche nicht vor den Gerichten des Mitgliedstaats seiner Niederlassung erheben, sondern muss im Ausland klagen (EuGH VersR 2009, 1512). Anderes gilt für den Arbeitgeber/Dienstherrn eines verletzten Arbeitnehmers, der den ausländischen Kfz-Haftpflichtversicherer wegen Entgeltfortzahlungsregress an seinem Sitz verklagen kann (EuGH v. 20.7.2017 – C-340/16; a.A. OLG Celle VersR 2009, 1426).

58 **(2) Klagebefugnis.** Durch die Versicherungsleistung geht der Anspruch des Versicherten auf die Versicherung über, weshalb sich an der Rechtsstellung der Prozessparteien im laufenden Verfahren gemäß § 265 II 1 ZPO, der auch für den gesetzlichen Forderungsübergang gilt (KG NZV 2009, 240), nichts ändert.

59 Der klagende Versicherte hat im Falle der **Rechtsnachfolge** (z.B. nach Inanspruchnahme der Kaskoversicherung) die Klage insofern auf Leistung an den Rechtsnachfolger (einschließlich anteiliger Zinsen) umzustellen (KG MDR 2008, 1269; siehe auch *Langheid/Rixecker-Langheid*, § 86 VVG Rn 34).

60 **(3) Feststellungsklage.** Derjenige Drittleistungsträger, der erst mit seiner jeweiligen Leistung die Schadenersatzforderung erwirbt (z.B. privater Kranken- und Pflegeversicherer, Arbeitgeber), ist, wenn der Forderungsübergang mangels Leistungserbringung nicht vollzogen ist und der Verletzte den Krankenversicherer nicht zur Prozessführung konkret ermächtigt hat, für eine Feststellungsklage oder ein Verjährungsverzichtsbegehren nicht aktivlegitimiert (BGH NZV 1989, 349; AG Bad Homburg VersR 2000, 844; *Jahnke*, Abfindung von Personenschadensansprüchen, § 3 Rn 42; siehe auch § 840 BGB, Rn 26a). Da der Rechtsübergang nach § 86 VVG, § 6 EFZG nach dem Gesetzeswortlaut nur mit jeweiliger Zahlung des Versicherers/Arbeitgebers stattfindet, rückt der Drittleistungsträger nur insoweit in die Rechtsstellung des Geschädigten (Versicherungsnehmer, Arbeitnehmer) ein, als er Versicherungsleistungen/Lohnfortzahlung tatsächlich erbracht hat (BGH VersR 1966, 875). Soweit der Drittleistungsträger Freistellung für künftig zu leistenden Schadensersatz begehrt, ist seine Klage mangels Aktivlegitimation als unbegründet abzuweisen.

61 Zulässig kann aber eine Feststellungsklage des Drittleistungsträgers dahingehend sein, dass der Schädiger dem Verletzten gegenüber Schadensersatz zu leisten hat (BGH VersR 1966, 875).

Erhält der Versicherungsnehmer zum Ausgleich seines Schadens eine Zahlung 61a
von einem Dritten, der als Schädiger haftpflichtig ist, vermindert diese Zahlung
den Schaden, welchen der Versicherungsnehmer gegenüber seinem Schadenversicherer geltend machen kann. Eine auf Feststellung der Leistungspflicht des Versicherers gerichtete Klage kann nur dann Erfolg haben, wenn sich feststellen lässt, dass dem Versicherungsnehmer ein Schaden i.S.d. Versicherungsbedingungen entstanden ist. Lässt sich auch durch eine Beweisaufnahme nicht mehr klären, ob der ursprüngliche Schaden die bereits von einem Dritten erhaltene Zahlung übersteigt, ist die Feststellungsklage unbegründet (OLG Karlsruhe VersR 2014, 1327).

(4) Adhäsionsverfahren. Zum Adhäsionsverfahren siehe § 249 BGB, 62
Rn 424 ff, § 253 BGB, Rn 111a.

d) Konkurrenzen. Zum Thema: *Jahnke/Burmann-Jahnke/Burmann*, Hand- 62a
buch des Personenschadenrechts, Kap. 5 Rn 3644 ff.

aa) § 110 SGB VII. Der Haftungsausschluss (§§ 104 ff SGB VII) lässt bereits 63
den Direktanspruch entfallen. § 110 SGB VII gibt nur SVT einen eigenen
Anspruch, nicht jedoch anderen Drittleistungsträgern.

bb) § 116 SGB X. Der Regress nach § 116 SGB X geht dem Regress nach 64
§ 86 VVG (ebenso § 6 EFZG) vor (BGH VersR 1980, 1072; siehe auch BGH
jurisPR-VerkR 11/2010 Anm. 1 = NJW-RR 2010, 839). Hat der Geschädigte
Anspruch auch auf Ersatz privatärztlicher Behandlung (dazu § 249 BGB,
Rn 479 ff), erstreckt sich der Forderungsübergang nach § 116 SGB X auch auf
diesen Teil des Anspruches; das führt dazu, dass gerade bei Mithaftung eine private
Krankenzusatzversicherung dann häufig leer ausgeht.

cc) Öffentlicher Dienstherr. Der Schadenversicherer steigt nach § 86 VVG 65
in das dem **Beamten** eingeräumte Befriedigungsvorrecht ein, sodass sein Regress
dem des öffentlich-rechtlichen Dienstherrn (§ 76 BBG, § 52 BRRG aF i.V.m.
Art 125a I GG) vorgeht.

Werden beamtenrechtliche **Beihilfeleistungen** neben Leistungen einer priva- 66
ten Krankenversicherung erbracht, übernimmt der private (Kranken- bzw.
Pflege-)Versicherer die beamtenrechtliche Bevorrechtigung seines Versicherten
und kann diese Leistungen bevorrechtigt vor der Beihilfe geltend machen
(BGH NZV 1998, 243; BGH NZV 1997, 512). Die beihilfeberechtigte Person
und der private Kranken-/Pflegeversicherer sind gemeinsam im Außenverhältnis
gegenüber dem Beihilfeträger quotenbevorrechtigt, im Innenverhältnis zum privaten Versicherer hat dann der Beihilfeberechtigte jedoch ein weiteres Quotenvorrecht vor der Privatversicherung (sog. **doppeltes Quotenvorrecht**).

dd) Abtretung. Soweit der Regress nach § 86 VVG und eine Abtretung (z.B. 67
zugunsten des Arbeitgebers) kollidieren, ist Zeitpunkt und (wirksamer) Umfang
der Abtretung entscheidend für die Forderungsberechtigung. Es gilt das Prioritätsprinzip.

Zur Unwirksamkeit einer Abtretung neben § 86 VVG siehe § 86 VVG, Rn 102, 67a
§ 87 VVG, Rn 6.

ee) Doppelversicherung. Die Bestimmungen über die Doppelversicherung 68
(§ 78 VVG; zum Thema: *Dickmann* VersR 2014, 1178) verdrängen als abschließende Spezialvorschrift alle anderen Regelungen, u.a. auch § 86 VVG (BGH
VersR 1997, 1088; BGH r+s 1989, 36; LG Köln VersR 1982, 1165; LG Köln

VersR 2008, 1258). Auch das Quotenvorrecht (§ 86 I 2 VVG) kommt damit nicht zum Tragen. Anderes gilt, wenn der (irrtümlich) zahlende Versicherer nur subsidiär verpflichtet ist (BGH r+s 1989, 36; OLG Düsseldorf r+s 2002, 297; OLG Köln VersR 2009, 539).

Der Gesetzgeber beabsichtigt, den bei Beteiligung von Gespannen durch BGH NJW 2011, 447 in ein Ungleichgewicht gebrachten Gesamtschuldnerinnenausgleich durch eine gesetzliche Neuregelung (u.a. § 19 StVG-E) der vor 2010 geltenden alten Regulierungspraxis wieder anzupassen.

68a Zur Doppelversicherung im **innereuropäischen Verhältnis** siehe EuGH jurisPR-VerkR 7/2016 Anm. 3 = NJW 2016, 1005; *Luckhaupt* NZV 2016, 497; *Schwab* VersR 2016, 221; *Staudinger/Friesen* VersR 2016, 768.

68b Treffen gleichwertige Subsidiaritätsklauseln aufeinander, entspricht es dem Willen der Beteiligten, den Versicherungsnehmer nicht schutzlos zu stellen. Daher sind die Klauseln ergänzend dahin auszulegen, dass sie sich gegenseitig aufheben mit der Folge, dass bei einer Überversicherung § 78 II 1 VVG (Mehrfachversicherung, früher § 59 II 1 VVG aF) Anwendung findet (BGH VersR 2014, 450).

69 **3. Vorrecht (§ 86 I 2 VVG). a) Allgemeines.** Das Vorrecht kommt vor allem bei Teilhaftung und Selbstbeteiligungen zum Tragen.

70 § 86 I 2 VVG bestimmt, dass der Versicherer den Forderungsübergang nicht zum Nachteil seines Versicherten geltend machen darf, und räumt damit dem Versicherten ein Quotenvorrecht ein. Der Ersatzanspruch des Versicherten geht nur insoweit auf den Versicherer über, als er vom Versicherten nicht zu seiner vollständigen Schadensdeckung benötigt wird, d.h. soweit er zusammen mit der erbrachten Versicherungsleistung den Schaden übersteigt.

71 Aus der Beachtung des Quotenvorrechtes resultiert **keine Aufwandsvermehrung** für den Ersatzpflichtigen. Das Quotenvorrecht bestimmt lediglich, wie ein der Höhe nach zur Schadendeckung nicht ausreichender Betrag unter mehreren Fordernden ungleich verteilt wird.

72 Hat der Versicherte selbst seinen quotenbevorrechtigten Anspruch nicht oder nur **unvollständig geltend gemacht,** bleibt der Privatversicherer mit seiner Forderung auf den durch das Quotenvorrecht beschnittenen Teil beschränkt und kann den bevorrechtigten Teil nicht gegen den Schadenersatzpflichtigen geltend machen (KG NZV 1999, 208).

73 **b) Sachschaden.** Zum Sachschaden siehe § 249 BGB, Rn 22, § 254 BGB, Rn 311 ff.

73a Ein Übergang von Ersatzansprüchen des Geschädigten auf die **Kaskoversicherung** findet nur hinsichtlich der kongruenten Schadenspositionen (Fahrzeugsachschaden, Abschleppkosten, Wertminderung und Sachverständigenkosten) statt (LG Dortmund BeckRS 2012, 08325).

74 **c) Personenschaden.** Soweit im Personenschaden Schadenversicherer (insbesondere private Kranken- und Pflegeversicherer) Leistungen erbringen, gilt, wenn die vom Haftpflichtigen zur Verfügung zu stellende Entschädigungsleistung nicht ausreicht, ein den unmittelbar Verletzten gegenüber dem privaten Träger bevorzugendes Quotenvorrecht (das dann auch den gesetzlichen Kranken-, Renten- und Unfallversicherern zugute kommt; BGH VersR 1980, 1072; siehe § 86 VVG Rn 64).

75 **4. Vereitelung (§ 86 II VVG). a) Obliegenheit (§ 86 II 1 VVG).** § 86 II 1 VVG begründet im berechtigten Interesse des Versicherers, sich wegen der seinem

Versicherten erbrachten Leistung bei einem ersatzpflichtigen Dritten schadlos halten zu können, eine Obliegenheit des Versicherungsnehmers zur Wahrung des auf den Versicherer nach § 86 I VVG übergehenden Ersatzanspruchs (BT-Drucksache 16/3945, S. 82).

Über das Aufgabeverbot des § 67 VVG aF hinaus bestimmt § 87 II 1 VVG, dass **76** der Versicherte den ihm zustehenden Ersatzanspruch bzw. ein zu dessen Sicherung begründetes Recht zu wahren und dabei insbesondere bestehende Formerfordernisse und/oder Fristen (u.a. durch verjährungsbeeinflussende Handlungen) zu beachten hat. Der Versicherte muss sich so verhalten, dass der Ersatzanspruch durchsetzbar erhalten bleibt.

Bedarf der Versicherer zur Durchsetzung des auf ihn übergegangenen **77** Anspruchs der Mitwirkung des Versicherten, muss er dem Versicherer Auskünfte erteilen bzw. bei der Auskunftserlangung mitwirken.

Verschulden eines **Vertreters** (z.B. Anwalt, Eltern) ist dem Versicherten zuzu- **78** rechnen. Zu den Obliegenheiten und Folgen bei Obliegenheitsverletzungen im Bereich der **PKV** siehe § 11 MB/KK 2009 (Musterbedingungen 2009 für die Krankheitskosten- und Krankenhaustagegeldversicherung).

b) Leistungsfreiheit (§ 86 II 2, 3 VVG). aa) Kausalität. Die Obliegenheits- **79** verletzung muss dafür ursächlich sein, dass der Versicherer vom Dritten keinen Ersatz erlangen kann.

Die – vom Versicherer zu beweisende – Kausalität fehlt, wenn der Versicherer **80** den Ersatzanspruch nicht tatsächlich hätte durchsetzen können (z.B. wegen Insolvenz des Schädigers).

bb) Verschulden. § 86 II 2 VVG regelt die Folgen der Obliegenheitsverlet- **81** zung abhängig vom Verschuldensgrad (siehe auch §§ 28 II, 81 I, 82 III VVG).

(1) Vorsatz (§ 86 II 2 VVG). Verletzt der Versicherte die Obliegenheit vor- **82** sätzlich, ist der Privatversicherer von seiner Leistung insbesondere frei, wenn und soweit der Versicherte vorsätzlich den Forderungsübergang vereitelt und er infolgedessen keinen Ersatz vom Dritten erlangen kann (OLG Hamm v. 25.9.1992 – 20 U 340/91).

Ein objektiver Verstoß gegen das **Aufgabeverbot** liegt in jedem Handeln des **83** Versicherungsnehmers, das seinen Schadenersatzanspruch dem Versicherer ganz oder teilweise entzieht. Dazu gehört der Anspruchsverlust durch Erlass, Vergleich, Verzicht oder Abtretung ebenso wie sonstiges Verhalten, durch das der Ersatzanspruch dem Zugriff des Versicherers entzogen wird (LG Köln r+s 2005, 328).

Insbesondere Verjährung oder vorbehaltlose **Abfindung** können zu Rechtsver- **84** lusten des Geschädigten gegenüber diesen Dritten führen (§ 86 II VVG). Während die Verjährung auch fahrlässig herbeigeführt werden kann, geschieht die Rechtsaufgabe durch vorbehaltlosen Abfindungsvergleich i.d.R. vorsätzlich (*Halm/Engelbrecht/Krahe-Wandt*, Kap. 1 Rn 963). Unbeachtlich ist eine unzutreffende Rechtsansicht hinsichtlich der rechtlichen Inhalte, Wirkungen und Unterschiede beim Forderungswechsel. Rechtliche Fehleinschätzungen seines anwaltlichen Beraters sind dem Mandanten zuzurechnen und schaden dem Mandanten (LAG Schleswig-Holstein NZA-RR 2006, 568; LG Stendal SP 2008, 290; *Jahnke*, Abfindung von Personenschadenansprüchen, § 2 Rn 782 m.w.H.; siehe zu anwaltlichen Pflichten ausführlich OLG Hamm BeckRS 2012, 05538). Ein den Schaden regulierender Haftpflichtversicherer ist anwaltlich vertretenen Verletzten gegenüber nicht zur Aufklärung und Beratung verpflichtet.

85 Ist eine **Mitverantwortlichkeit** des Verletzten zum Schadengrund zu berücksichtigen, kommt auch nur eine Teilverteilung in Betracht mit der Folge, dass nur eine teilweise Leistungsfreiheit (zudem unter Beachtung von § 86 I 2 VVG) des privaten Krankenversicherers anzunehmen ist. Besteht die Möglichkeit, anstelle der Wahlleistung (z.B. stationäre Zusatzversicherung) alternativ eine **Pauschalleistung** (z.B. pauschal 50 €/Krankenhaustag) zu erhalten, liegt insofern eine Summenversicherung vor, bei der ein Forderungsübergang nicht vereitelt werden kann.

86 Soweit der Geschädigte Vermögenseinbußen (wie Fortfall privatärztlicher Versorgung) erleidet, ist ein Schadenersatzanspruch gegenüber seinem **Rechtsberater** wegen Verletzung der Beratungspflichten denkbar.

87 **(2) Grobe Fahrlässigkeit (§ 86 II 3 VVG).** Verletzt der Versicherte seine Obliegenheiten grob fahrlässig, ist der Versicherer zu einer quotalen Kürzung seiner Leistung berechtigt (siehe auch § 81 II VVG).

88 Der Kausalitätsnachweis ist auch bei grob fahrlässiger Verletzung (§ 86 II 3 VVG) zu führen.

89 Grobe Fahrlässigkeit wird bei einer Obliegenheitsverletzung vermutet. Dass ihn allenfalls leichte Fahrlässigkeit trifft, hat der Versicherte zu beweisen.

89a **5. Privileg (§ 86 III VVG). Zum Thema:** Bertkau zfs 2015, 604; *Jahnke*, Unfalltod und Schadenersatz, Kap. 2 Rn 422 ff; *Jahnke* NZV 2008, 57; *Jahnke/Burmann-Jahnke/Burmann*, Handbuch des Personenschadenrechts, Kap. 5 Rn 3163 ff; *Jahnke/Vatter* NJW 2016, 1477; *Küppersbusch/Höher*, Rn 635 ff; *Lang/Jahnke* VersR 2017, 927.

90 **a) Regressausschluss.** § 86 III VVG enthält einen Regressausschluss. Der Versicherte verliert zwar den Ersatzanspruch gegen den Schädiger, wenn er die Versicherungsleistung in Anspruch nimmt; der Versicherer kann aber den übergegangenen Anspruch nicht gegen den Schädiger geltend machen (BT-Drucksache 16/3945, S. 83).

90a **b) Intention. aa) Begrifflichkeit.** Die Begriffe „Verwandtenprivileg", „Familienprivileg", „Angehörigenprivileg" „Familienangehörigenprivileg" meinen denselben Tatbestand (siehe auch § 86 VVG, Rn 103 ff).

91 **bb) Intention.** Die Gesetzesbegründung zu § 86 III VVG (siehe *Jahnke* NZV 2008, 57 [zu II.1.b)]); *Jahnke*, Unfalltod und Schadenersatz, § 2 Rn 713 f; *Lang/Jahnke* VersR 2017, 927) hebt hervor, dass der Versicherte seinen Ersatzanspruch an den Drittleistungsträger verliert, um eine Doppelentschädigung zu vermeiden (siehe auch § 86 VVG, Rn 134); der Drittleistungsträger ist dann aber (wie in § 116 VI 2 SGB X, § 134a V SGB V) an der Geltendmachung des Anspruchs gehindert (siehe unter § 249 BGB, Rn 295). Dieses gilt auch für den Forderungswechsel nach § 116 SGB X; der BGH (BGH jurisPR-VerkR 11/2013 Anm. 1 = VersR 2013, 520) betont die Einheitlichkeit von § 86 VVG und § 116 SGB X.

92 **c) Prinzip. aa) Allgemeingültigkeit.** Das Angehörigenprivileg ist Ausdruck einer allgemeinen Wertung, die dazu führen muss, dem Drittleistungsträger einen Regress zu verwehren, wenn dieser mittelbar auch den Empfänger der betreffenden Versicherungsleistung trifft, weil er als Familienangehöriger mit dem Schädiger in häuslicher Gemeinschaft lebt und daher jede Beschneidung dessen finanzieller Leistungsfähigkeit selbst mit zu spüren bekommt (BGH NJW 1980, 1468). Familienangehörige bilden zumeist eine **wirtschaftliche Einheit** (BGH NJW 2008, 1737). Das Privileg dient des Weiteren dem Schutz des Interesses des Versi-

cherten an der Erhaltung des **Familienfriedens** (LG Trier VersR 2000, 1130 [OLG Koblenz VersR 2000, 1436] m.w.N.). Von diesen zwei Zwecksetzungen der Vermeidung mittelbarer wirtschaftlicher Beeinträchtigung des Geschädigten einerseits des Schutzes des häuslichen Familienfriedens andererseits lässt sich auch die Rechtsprechung bei Auslegung des Angehörigenprivilegs leiten (BVerfG NJW 2011, 1793; BGH NJW 2011, 3715).

Das Privileg ist ein einheitlich (vgl BGH NJW 2009, 2062) zu betrachtendes Prinzip, das stellvertretend in § 116 VI SGB X und § 86 III VVG (in Fortführung von § 67 II VVG aF) eine gesetzliche Fixierung erfahren hat. Den rechtlichen Ursprung bildete § 67 II VVG aF, dessen weitere Ausgestaltung durch die Rechtsprechung dann § 116 VI SGB X ab 1.7.1983 fixierte (BVerfG NJW 2011, 1793; BT-Drucksache 9/95, S. 28). § 116 VI SGB X, § 86 III VVG / § 67 I VVG aF werden – als Ausdruck eines im Regressrecht **allgemein** verankerten **Grundsatzes** (BGH NJW 2011, 3715) – inhaltlich identisch verstanden (*Jahnke* NZV 2008, 57 m.w.H.; *Lang/Jahnke* VersR 2017, 969, VersR 2017, 927; *Lang* NZV 2009, 425) und sind wegen ihrer über VVG und SGB hinausreichenden Allgemeingültigkeit **wechselwirkend inhaltlich gleich** auszulegen (45. VGT 2007, AK I, Empfehlung 1). 93

bb) Anwendung. Für den Regressausschluss ist es unbeachtlich, ob und dass der Schädiger durch eine **Haftpflichtversicherung** geschützt ist (BGH NJW 2011, 3715; BGH NJW 1979, 983; BGH VersR 1969, 1036; OLG Schleswig zfs 2011, 460; OLG Stuttgart NZV 2006, 213). Die Ausnahme zugunsten des **SHT** (siehe § 86 VVG, Rn 99) im Falle der Kfz-Haftpflichtversicherung gilt nicht zugunsten von SVT oder weiteren Drittleistungsträgern (z.B. Arbeitgeber, private Versicherungsträger) (BGH NJW 2001, 754). Das Privileg schützt den Angehörigen aber dann, wenn er privathaftpflichtversichert ist (§ 86 VVG, Rn 99a). 94

Das Privileg gilt auch im Rahmen von **Teilungsabkommen** (OLG Koblenz VersR 2000, 1436). 95

cc) Entsprechende Anwendung. § 86 III VVG / § 116 VI SGB X sind als kodifizierter Ausdruck eines allgemein geltenden Rechtsprinzips in ihrer Anwendung nicht auf VVG und SGB beschränkt. Unstreitig gilt das Konstrukt auch für diejenigen Rechtsgebiete, in denen eine ausdrückliche Regelung fehlt (BGH VersR 1980, 644), z.B. im **Opferentschädigungsrecht** (BGH NJW 2011, 3715), beim **beamtenrechtlichen** Versorgungsträger (BGH NJW 1989, 1217; OLG Nürnberg NZV 2009, 287) und privaten **Arbeitgeber** (BGH NJW 1976, 1208; OLG Dresden VersR 2001, 1035; LG Münster SP 2004, 12). 96

Bei Unfällen vor dem **1.7.1983** (z.B. im Rahmen des § 1542 RVO) gilt für den Regress von Drittleistungsträgern § 67 II VVG aF analog (BGH NJW 1980, 1468). 97

Das Privileg galt nicht für den originären Anspruch des SVT nach **§ 640 RVO** (Arbeitsunfälle bis zum 31.12.1996) (BGH NJW 1978, 218). Für Arbeitsunfälle ab dem **1.1.1997** ist der Regress nach **§ 110 SGB VII** auf den „zivilrechtlichen Schadenersatzanspruch" begrenzt. Vergleichsmaßstab für den Rückgriff des SVT ist, was der Schädiger tatsächlich ohne seine Haftungsprivilegierung hätte zahlen müssen (BGH NJW 2006, 3563, siehe auch BGH NJW 2008, 2033). Gleichwohl verneint der BGH die Anwendung des Privilegs auf den originären Regress des SVT (BGH r+s 2016, 538; a.A. *Jahnke/Vatter* NJW 2016, 1477; *Küppersbusch/Höher* Rn 565). 98

Das Privileg gilt nicht beim Aufwendungsersatzanspruch der VOH (§ 12 V PflVG) noch hindert es den Übergang nach § 12 VI PflVG (*Stiefel/Maier-Jahnke*, § 12 PflVG Rn 257). 98a

99 dd) **Keine Anwendung.** Wegen des unterschiedlichen Regelungsgehaltes gilt das Privileg nicht für den Beitragsregress nach **§ 119 SGB X** (BGH NJW 1989, 1217) und (mit Rücksicht auf Subsidiaritätsgrundsatz und Direktklage) den Rückgriff der **Sozialhilfe** gegenüber der Kfz-Pflichtversicherung (BGH NJW 1996, 2933).

99a Soweit hinter einem Täter eine Allgemeine bzw. Betriebs-Haftpflichtversicherung steht, greift das Angehörigenprivileg; diese Haftpflichtpflichtversicherung dient (anders als die Kfz-Haftpflicht) dem Täterschutz – und nicht dem Opferschutz (BGH VersR 2017, 296). Auch ein SHT erhält daher keine Leistungen vom Haftpflichtversicherer (*Jahnke/Burmann-Jahnke*, Handbuch des Personenschadenrechts, Kap. 5 Rn 1401).

100 ee) **Ausgleichsanspruch des Haftpflichtversicherers.** Auf den Rückgriff des Versicherers nach **§ 426 II BGB** (z.B. Gesamtschuldnerausgleich bei Leistungsfreiheit) ist § 86 III VVG nicht analog anzuwenden, da der Rückgriff gegen Angehörige des Versicherungsnehmers aus § 426 BGB und § 116 I 2 VVG folgt (siehe § 86 VVG, Rn 139 ff). Stets ist zu unterscheiden zwischen dem Rückgriff des Haftpflichtversicherers (§ 86 VVG, Rn 139 ff) einerseits und dem Regress des Kaskoversicherers (siehe § 86 VVG, Rn 142 ff) anderseits (siehe KG zfs 2014, 31).

101 ff) **Abtretung, Umgehung.** Der dem Schädiger gewährte Schutz vor einem Rückgriff ist **nicht dispositiv;** auf den Schutz durch das Angehörigenprivileg kann nicht verzichtet werden (OLG Frankfurt VersR 1984, 254; OLG Saarbrücken VersR 1988, 1038).

102 Vereinbarungen zwischen dem Versicherten und Versicherer, wonach das Angehörigenprivileg nicht gelten soll, sind nach § 87 VVG unwirksam. Der Schutz kann nicht durch Abtretung (vor oder nach dem Unfall) umgangen werden; ein solcher Abtretungsvertrag ist **nichtig** (§ 134 BGB i.V.m. § 87 VVG; § 138 II BGB) bzw. unwirksam wegen Verstoßes gegen § 242 BGB (BGH NJW 1988, 819; BGH NJW 1969, 2284; OLG Frankfurt VersR 1984, 254; OLG Hamburg NZV 1993, 71; OLG Hamm NZV 1994, 441).

103 d) **Voraussetzungen. aa) Persönliche Voraussetzung.** Mit der Reform des VVG finden nicht nur Familienangehörige Schutz, sondern darüber hinaus auch **Mitbewohner** (Wandlung vom Familienangehörigenprivileg zum **Haushaltsangehörigenprivileg;** BGH jurisPR-VerkR 11/2013 Anm. 1 = VersR 2013, 520). Siehe zur Nähebeziehung auch § 844 BGB, Rn 115 ff.

104 (1) **Familienangehörige.** Familienangehöriger ist, wer mit dem Ersatzpflichtigen verheiratet, verwandt (BGH NJW 1985, 1958) (§ 1589 BGB; auch nichteheliches Kind [BGH NJW 1980, 1468]), verschwägert (§ 1590 BGB) ist oder tatsächlich (z.B. Pflegekind; OLG Stuttgart NJW 1993, 3208) die Stelle eines Verwandten einnimmt. Auf den Grad der Verwandtschaft oder Schwägerschaft (BGH VersR 1980, 644) bzw. auf das Bestehen einer gesetzlichen Unterhaltspflicht (§ 86 VVG, Rn 106) kommt es nicht an. Scheidung beendet Schwägerschaft nicht (§ 1590 II BGB).

105 (2) **Homophile Gemeinschaft.** Auf Partner einer eingetragenen Gemeinschaft (oder Ehe nach ab 1.10.2017 geltendem Eherecht [vgl §§ 1353 I 1, 1309 III BGB, § 20a LPartG]) ist das Privileg bereits aufgrund der Gesetzeslage anzuwenden (§ 11 LPartG). Soweit nach früherer Rechtsprechung (OLG Hamm VersR 1993, 1513) nicht-eingetragene homophile Lebensgemeinschaften nicht geschützt sein sollten, kann für diese nunmehr nicht anderes gelten als für die nicht-eheliche Gemeinschaft (siehe auch § 86 VVG, Rn 110).

(3) Nicht-eheliche Gemeinschaft. Da es nicht auf das Bestehen einer gesetzlichen familienrechtlichen Unterhaltspflicht (BGH NJW 1980, 1468; BGH VersR 1980, 644) oder einer Gegenseitigkeitsbeziehung ankommt (z.B. Geschwister oder Stiefkind), ist es ohne weiteres möglich, im Wege der **richterlichen Rechtsfortbildung** (OLG Stuttgart NJW 1993, 3208) den Schutz des Privilegs auch auf solche Personen zu erstrecken, die in einer vergleichbaren engen persönlichen und wirtschaftlichen Beziehung zueinander stehen. **106**

Auch die **nicht-eheliche Gemeinschaft** ist geschützt (BGH VersR 2013, 520; BGH NJW 2009, 2062; OLG Nürnberg NZV 2009, 287; OLG Thüringen VersR 2017, 191; österr. OGH VersR 2011, 1163; *Jahnke* NZV 2008, 57; *Lang* NZV 2009, 425 m.w.N.; *Lang* jurisPR-VerkR 19/2012 Anm. 1; siehe auch BVerfG NJW 2005, 1413). Als schützenswerte Lebensgemeinschaft gilt die Verantwortungsgemeinschaft zwischen zwei Personen, die auf Dauer (dazu LG Coburg r+s 2012, 48) angelegt ist, daneben keine weitere Lebensgemeinschaft gleicher Art zulässt und sich durch Bindungen auszeichnet, die ein gegenseitiges Einstehen der Partner füreinander begründen, also über die Beziehungen in einer reinen Haushalts- und Wirtschaftsgemeinschaft hinausgehen (BVerfG NJW 1993, 643). **107**

Die Erstreckung des Schutzes durch das Angehörigenprivileg auf die nichteheliche Gemeinschaft gilt auch für Fälle **vor dem Inkrafttreten des § 86 VVG** zum 1.1.2008 (BGH NJW 2009, 2062; *Jahnke* NZV 2008, 57; *Lang* NZV 2009, 425). **108**

Indizien zur Feststellung einer schützenswerten Verbundenheit sind neben der Dauer des Zusammenlebens die Versorgung von Kindern und Angehörigen im gemeinsamen Haushalt (siehe auch § 86 VVG, Rn 110), wobei das Vorhandensein gemeinsamer Kindern keine zwingende Voraussetzung ist. Bedeutsam ist die gemeinsame Mittelaufbringung und -verwendung durch beide Partner. Regelmäßige Aufenthalte und Übernachtungen im anderweitig gelegenen Haus des Partners einer nicht-ehelichen Beziehung überwiegend an Wochenenden und Ferientagen, ohne Begründung eines gemeinsamen Hausstandes, rechtfertigen beim Fortbestehen eigener Wohnsitze nicht die Annahme einer häuslichen Gemeinschaft, wenn es an einer gemeinsamen Finanzierung dieser Wohnlichkeit fehlt (OLG Nürnberg r+s 2016, 50). **109**

Siehe auch zum Hinterbliebenengeld (§ 844 BGB, Rn 136 ff). **109a**

(4) Mitbewohner. § 86 III VVG erweitert den geschützten Personenkreis über den Verwandten- und Familienkreis hinaus auf diejenigen Personen, die mit der versicherten Person **im Schadenzeitpunkt** in häuslicher Gemeinschaft lebten. Die persönliche Voraussetzung verschmilzt mit der räumlichen. **110**

Häusliche Gemeinschaft setzt keine geschlechtliche Beziehung voraus. Man wird für die Privilegierung eine gewisse wechselseitige Abhängigkeit und/oder Verbundenheit fordern müssen. Motive und Formen des nicht-ehelichen Zusammenlebens differieren. Es kann sich beim Zusammenleben um reine Versorgungspartnerschaften handeln (z.B. studentische **Wohngemeinschaft,** Wohn- und **Pflegegemeinschaften** gerade bei älteren Personen, Rentnerkonkubinat), aber auch um solche (dann schützenswerte) mit längerfristigem Bindungswillen. Ob eine studentische Wohngemeinschaft, in der die Personen nur zufällig zusammenziehen, dieses Kriterium erfüllt, dürfte häufig zweifelhaft sein; anderes kann dann gelten, wenn sich Mehrere zusammenfinden, um (z.B. im Alter oder aus berufli- **111** chen Gründen) gemeinsam eine Wohnung zu finden und auf längere Zeit innezuhaben.

112 **(5) Juristische Person.** Grundsätzlich nicht privilegiert ist der Familienangehörige eines (Allein)Gesellschafters einer **GmbH**, der dieser juristischen Person Schaden zufügt (BGH NJW 2008, 1737; BGH NJW 1994, 585; OLG Düsseldorf NJW-RR 1993, 1122; OLG Karlsruhe SP 1999, 99).

113 Bei einer Sachversicherung (z.b. Fahrzeugversicherung) kann über das Sacherhaltungsinteresse hinaus zusätzlich das Sachersatzinteresse des nutzungsberechtigten Nichteigentümers einbezogen werden, aufgrund seiner Haftung gegenüber dem Eigentümer nicht wegen Beschädigung oder Verlustes der Sache in Anspruch genommen zu werden (BGH NJW 2008, 1737). Stehen Dienstfahrzeuge einer Gesellschaft auch zum privaten Einsatz zur Verfügung, kann eine Auslegung des Versicherungsvertrages dazu führen, dass auch das Fahrzeug nutzende Familienangehörige in das Angehörigenprivileg einbezogen sind (BGH NJW 2008, 1737).

114 **bb) Räumliche Voraussetzung. (1) Häusliche Gemeinschaft.** Häusliche Gemeinschaft (siehe auch § 89 II VVG) besteht, wenn die betreffenden Angehörigen bei dem Versicherten wohnen bzw. umgekehrt. Angehörige müssen in die Haushaltsgemeinschaft des Versicherten eingegliedert sein (OLG Hamm r+s 1992, 118). Auch Ehegatten, die innerhalb der ehelichen Wohnung i.S.d. Scheidungsrechts getrennt leben (siehe § 1567 I BGB), können noch eine häusliche Gemeinschaft bilden (BGH NJW 2011, 3715). Das Merkmal der häuslichen Gemeinschaft darf insbesondere im Eltern-Kind-Verhältnis nicht eng ausgelegt werden (BVerfG jurisPR-VerkR 6/2011 Anm. 3 = NJW 2011, 1793).

114a Häusliche Gemeinschaft ist mehr als bloße Wohngemeinschaft und verlangt eine gewisse gemeinsame Wirtschaftsführung (KG zfs 2014, 31). Eine finanzielle Beteiligung in irgendeiner Form an der gemeinsamen Wirtschaftsführung ist nicht unbedingte Voraussetzung für die Begründung einer häuslichen Gemeinschaft; das Fehlen einer solchen Beteiligung kann als Indiz gegen das Bestehen einer häuslichen Gemeinschaft anzusehen sein. Je ferner der Verwandtschaftsgrad ist, umso strenger ist zu prüfen, ob wirklich eine gemeinsame Wirtschaftsführung gewollt und vollzogen ist (OLG Brandenburg r+s 2017, 334).

115 Die häusliche Gemeinschaft muss eine gewisse – nicht von vornherein i.S.e. Besuches begrenzte (BGH NJW 1985, 1958; BGH NJW 1980, 1468) – Zeit andauern (BGH NJW-RR 1986, 385; BGH VersR 1980, 644).

116 Eine bestehende häusliche Gemeinschaft wird durch die Entfernung eines Beteiligten nicht aufgehoben, wenn die Abwesenheit nur äußere Gründe hat und keine willkürliche Lösung vom bisherigen Lebensmittelpunkt gewollt ist (BGH VersR 1971, 478; BGH VersR 1961, 1077; KG zfs 2014, 31; OLG Saarbrücken VersR 1981, 542). Ein überwiegender Aufenthalt in der Familienwohnung ist nicht erforderlich.

117 Eine zeitweilige Abwesenheit auch von längerer Dauer (z.B. Montagetätigkeit, Seemann [BGH VersR 1971, 478], Fernfahrer) hebt die häusliche Gemeinschaft nicht auf, sofern nur die Absicht besteht, an diesen Aufenthaltsort zurückzukehren (vgl auch BGH NJW 2009, 1482; BGH NJW 1993, 2047 [zu Art 40 II 1 EGBGB]; OLG Brandenburg r+s 2017, 334).

118 **(2) Kinder.** Leben **erwachsene** Kinder noch im Haushalt der Eltern („Hotel Mama") und werden sie dort versorgt, besteht auch dann weiterhin häusliche Gemeinschaft, wenn Kostgeld gezahlt wird (BGH NJW-RR 1986, 385; OLG

Frankfurt VersR 1984, 254). Der Übergang des dem Geschädigten entstandenen Schadenersatzanspruches wird dann nicht verhindert, wenn der Geschädigte im Unfallzeitpunkt bereits einen eigenen Hausstand hatte (OLG Dresden jurisPR-VerkR 22/2016 Anm. 1).

Scheidungskinder und nicht-eheliche Kinder bilden, wenn sie nicht stets nur 119 für einige Stunden zu Besuch sind, mit beiden (geschiedenen, getrennt lebenden) Elternteilen eine häusliche Gemeinschaft. Übernimmt ein Elternteil, dessen Kind aufgrund der Trennung der Eltern nicht ständig bei ihm lebt, im Rahmen des ihm rechtlich möglichen Maßes tatsächlich Verantwortung für sein Kind und hat häufigen Umgang mit diesem, der ein regelmäßiges Verweilen und Übernachten im Haushalt des Elternteils umfasst, entsteht zwischen Elternteil und Kind eine häusliche Gemeinschaft (BVerfG NJW 2011, 1793 [LG Memmingen VersR 2009, 1686]; BGH NJW 2011, 3715; OLG Brandenburg r+s 2017, 334; LG Memmingen NZV 2013, 296; *Lang* jurisPR-VerkR 6/2011, Anm. 3, *Lang* jurisPR-VerkR 2/2008, Anm. 5). Siehe auch § 254 BGB, Rn 301, § 254 BGB, Rn 306.

cc) Zeitpunkt. (1) Unfallzeitpunkt. § 86 III VVG stellt wie § 116 VI 1 120 SGB X für das Vorliegen der privilegierenden Umstände auf den Schädigungszeitpunkt ab.

(2) Späterer Wegfall der Voraussetzungen. Die Regresssperre für den 121 Drittleistungsträger bleibt erhalten, wenn die Voraussetzungen des § 86 III VVG später fortfallen, weil beispielsweise die bei Eintritt des Versicherungsfalles bestehende häusliche Gemeinschaft zwischen Versicherungsnehmer und haftpflichtigem Familienangehörigen nicht bis zur Ersatzleistung des Versicherers fortbesteht (BGH NJW 1971, 1938) oder Schädiger und verletzte Person sich nach dem Schadensfall scheiden lassen.

Dieses gilt auch für den Fall, dass Schädiger und Verletzter erst nach dem 122 ersatzbegründenden Ereignis heiraten und diese Ehe nicht auf Dauer Bestand hat (*Lang* jurisPR-VerkR 11/2013 Anm. 1; *Jahnke/Burmann-Jahnke/Burmann*, Handbuch des Personenschadenrechts, Kap. 5 Rn 3229 f).

§ 86 III VVG findet auch entsprechende Anwendung, wenn der Versicherungs- 123 nehmer stirbt und die mit ihm in häuslicher Gemeinschaft lebende Person nunmehr einen Schaden verursacht, aufgrund dessen der Rechtsnachfolger des Versicherungsnehmers einen Ersatzanspruch gegen die ehemals mit dem Verstorbenen in häuslicher Gemeinschaft lebende Person erlangt. Dies gilt jedenfalls dann, wenn der ursprüngliche Versicherungsnehmer erst gerade verstorben ist und die Rechtsnachfolge noch nicht nachgewiesen ist (LG Berlin BeckRS 2011, 20918).

(3) Spätere Voraussetzungsbegründung. (a) Spätere Eheschließung. 124 **Heiratet** die verletzte Person ihren Schädiger zeitlich zwar nach dem Schadensfall (noch vor der letzten mündlichen Verhandlung; OLG Köln NJW-RR 1991, 670), kommt § 116 VI 2 SGB X zur Anwendung (BGH VersR 1985, 936; OLG Hamburg NJW-RR 1993, 40). Gleiches gilt für Partner nach dem LPartG.

Der Regressausschluss bleibt auch für den Fall bestehen, dass Schädiger und 125 Verletzter zwar erst nach dem ersatzbegründenden Ereignis heiraten, diese Ehe aber **nicht auf Dauer Bestand** hat (*Breuer* VersR 1984, 512). Auch in diesem Fall ist der Forderungsübergang endgültig verhindert.

Um Ungereimtheiten (dazu ausführlich *Jahnke* NZV 2008, 57 ff; *Lang/Jahnke* 126 VersR 2017, 927) zu vermeiden, muss angesichts der gebotenen einheitlichen Betrachtung des Privilegs (§ 86 VVG, Rn 93) die Bestimmung des § 116 VI 2

SGB X für spätere Eheschließung und spätere Begründung der häuslichen Gemeinschaft für § 86 III VVG (wie zu § 67 II VVG aF anerkannt [BGH VersR 1985, 936; OLG Hamburg NZV 1993, 71]) ebenfalls gelten. § 86 III VVG will insofern keine Verschlechterung gegenüber der Vorgängerregel des § 67 II VVG aF.

127 Das Privileg schützt den mit einem Geschädigten in häuslicher Gemeinschaft lebenden Schädiger, wenn die privilegierenden Verhältnisse zum Zeitpunkt der **Bewirkung** der Versicherungsleistung (BGH NJW 1972, 1372) oder zur Zeit der **Geltendmachung** des Rückgriffes existieren (LG Kiel VersR 1999, 1105), selbst dann, wenn bei Eintritt des Ereignisses die Beziehung noch nicht einmal im Kern angelegt war (BGH NJW 1985, 1958; BGH NJW 1977, 108).

128 **(b) Nicht-eheliche Partnerschaft.** Nicht-eheliche Partner, die erst nach dem Schadenereignis eine häusliche Gemeinschaft gründen, haben nach dem Wortlaut von § 86 III VVG („*bei Eintritt des Schadens in häuslicher Gemeinschaft*") und § 116 VI 2 SGB X („*die Ehe geschlossen*") keinen Schutz wie Eheleute/eingetragene Partner. Nachdem allerdings BVerfG (BVerfG NJW 2011, 1793; BVerfG NJW 2007, 1735) und BGH (BGH VersR 2013, 520; BGH NJW 2009, 2062) die verfestigte eheähnliche Beziehung immer mehr unter – auch grundgesetzlich garantierten – Schutz stellen, spricht im Lichte dieser veränderten Rechtsprechung Vieles dafür, nicht nur die nachträgliche Eheschließung, sondern auch die nachträgliche Begründung einer verfestigten Gemeinschaft zu privilegieren (*Lang* jurisPR-VerkR 11/2013 Anm. 1; *Jahnke/Burmann-Jahnke/Burmann*, Handbuch des Personenschadenrechts, Kap. 5 Rn 3234). Der Manipulationsgefahr gestellter nachträglicher Beziehungen kann durch verschärfte Prüfung begegnet werden, ob die konkrete Beziehung der Definition des BVerfG (vgl BVerfG NJW 1993, 643) entspricht (siehe auch BGH NJW 1985, 1958).

129 **(c) Häusliche Gemeinschaft.** Zieht ein prinzipiell privilegiertes Kind, dass den Schaden herbeiführte, **später** in den elterlichen Haushalt **zurück** (oder wird das geschädigte Elternteil in den Haushalt des Kindes – z.B. im Rahmen einer Betreuung wegen des Unfalles oder später zwecks Versorgung im Alter – aufgenommen; siehe *Geigel-Plagemann*, Kap. 30 Rn 82), stellt sich die Frage einer entsprechenden Anwendung des Privilegs. Das Angehörigenprivileg ist, wie auch BVerfG NJW 2011, 1793 betont, Ausdruck einer allgemeinen Wertung im Interesse der Erhaltung des Familienfriedens und finanziellen Leistungsfähigkeit dieser wirtschaftlichen Einheit. Dieses spricht dafür, auch in diesem Fall der erst später begründeten häuslichen Wirtschaftsgemeinschaft den Schutz des Angehörigenprivilegs zukommen zu lassen.

130 Man wird die Eltern-Kind-Beziehung (und damit auch die von Geschwistern) anders werten müssen als die Begründung einer nicht-ehelichen Gemeinschaft. Hier ist die familienrechtliche Beziehung nicht willkürlich angelegt, sondern resultiert bereits aus engem familiärem Bezug; außerhalb einer Adoption ist diese Beziehung auch nicht dispositiv. Eine anderweitige Begründung einer geschützten Beziehung (wie Ehe oder eingetragene Partnerschaft) ist diesen Beteiligten unmöglich. Soweit die amtliche Begründung (BT-Drucksache 16/3945, S. 83) Missbrauch anspricht, ist wegen der nicht steuerbaren familienrechtlichen Beziehung dieser Aspekt nicht zwingend.

131 **dd) Darlegungs- und Beweislast.** Die Darlegungs- und Beweislast für das Vorliegen der Voraussetzungen des Angehörigenprivilegs trifft den Ersatzverpflichteten (BGH VersR 1980, 644).

e) Vorsatz. Der Drittleistungsträger kann den auf ihn übergegangenen 132
Anspruch aber dann verfolgen, wenn der Schaden vorsätzlich verursacht wurde.
Es soll sowohl der Gefahr einer Kollusion zwischen Schädiger und geschädigtem
Familienmitglied (BGH NJW 2011, 3715; OLG Zweibrücken NJW-RR 1987,
1174) vorgebeugt als auch eine unangemessene Besserstellung des Familienverbands des Schädigers vermieden und der Regress zu Gunsten der Versichertengemeinschaft ermöglicht werden (BGH NJW 2011, 3715; NJW-RR 1986, 1606).
Der von der Versichertengemeinschaft zu tragende Schädigungsaufwand und die
besonders vorwerfbare Weise, in der der Schädiger diesen Aufwand verursacht
hat, stehen dabei im Vordergrund (BGH NJW 2011, 3715; ähnlich BGH NJW
2003, 1605; BGH NJW 1980, 996).

Der Vorsatz des ersatzpflichtigen Angehörigen muss (wie bei § 103 VVG; siehe 133
§ 103 VVG, Rn 13 ff) auch die **Schadenfolge** umfasst haben, auf die der Versicherer Leistungen erbringt (BGH NJW 2011, 3715; BGH NJW-RR 1986, 1606;
OLG Zweibrücken NJW-RR 1987, 1174). Ausreichend ist, dass der Schädiger
die Gefährlichkeit seines Verletzungshandelns erkennt und die daraus resultierenden, auch in seiner allgemeinen Laiensicht nahe liegenden, Verletzungsfolgen
billigend in Kauf nimmt (OLG Koblenz NJW-RR 2001, 1600).

f) Rechtsfolge. aa) Drittleistungsträger. (1) Forderungshinderung. Um 134
Bereicherungen des Versicherten zu vermeiden (BT-Drucksache 16/3945, S. 82,
Abschlußbericht der Kommission zur VVG-Reform v. 19.4.2004, S. 73; zum
Bereicherungsverbot siehe auch BGH NJW 2014, 535; BGH NJW 1969, 2284;
siehe auch § 86 VVG, Rn 91), geht der Anspruch zwar auf den Drittleistungsträger
über, dieser kann ihn aber nicht geltend machen. § 86 III VVG entspricht § 116
VI 2 SGB X (siehe auch BGH v. 17.10.2017 – VI ZR 423/16; *Lang/Jahnke* VersR
2017, 927; ferner § 254 BGB, Rn 46).

(2) Gestörte Gesamtschuld. Ist neben dem privilegierten Familienangehöri- 135
gen ein Zweiter für das Unfallgeschehen mit verantwortlich, kann der **Drittleistungsträger** die übergegangenen Ansprüche nur gekürzt um den Verantwortungsanteil des Familienangehörigen gegenüber dem Zweitschädiger geltend
machen (Grundsätze der gestörten Gesamtschuld; siehe § 840 BGB, Rn 41 ff).
Verschuldet z.B. ein privilegierter Fahrer den Unfall und werden seine Familienangehörige verletzt, würde ein nicht-privilegierter Halter (z.B. Firmenfahrzeug,
Mietwagen) einem Drittleistungsträger (z.B. SVT, Arbeitgeber, Dienstherr) zwar
grundsätzlich nach § 7 StVG haften; der (nur hinsichtlich der Drittleistungsträger)
gestörte Gesamtschuldnerinnenausgleich führt aber dazu, dass auch der Halter
(und damit auch seine Haftpflichtversicherung) gegenüber den Drittleistungsträgern keine Zahlung zu erbringen hat (BGH NJW 2015, 940; BGH NJW 2003,
2984; OLG Koblenz NJW-RR 2013, 1041).

Siehe auch § 16 StVG, Rn 15b. 135a
Der **Direktanspruch** verbleibt dem Verletzten ungekürzt. 136

bb) Direktgeschädigter. Das Verwandtenprivileg hindert (nur) die Forde- 137
rungsberechtigung eines Drittleistungsträgers. Der Anspruch (Direktanspruch) des
unmittelbar Verletzten bzw. seiner Hinterbliebenen auf Ersatz ihres Schadens bleibt
dagegen unberührt.

Der Geschädigte muss sich im Verhältnis zum Schadenersatzpflichtigen die 138
Drittleistungen auf seinen eigenen Schadenersatzanspruch anspruchsmindernd

anrechnen lassen (BT-Drucksache 16/3945, S. 82, Abschlußbericht der Kommission zur VVG-Reform v. 19.4.2004, S. 73) (siehe auch § 86 VVG, Rn 134).

139 cc) **Regress des Haftpflichtversicherers.** Der Kfz-Haftpflichtversicherer kann im Wege des Regresses nach § 116 I 2, 3 VVG diejenigen Schadenaufwendungen vom Versicherungsnehmer erstattet verlangen, die er nach gebotener Prüfung der Sach- und Rechtslage für erforderlich halten durfte.

140 Auf den Rückgriff des Versicherers nach **§ 426 II BGB** (z.B. Gesamtschuldnerausgleich bei Leistungsfreiheit, z.b. wegen fehlender Fahrerlaubnis und Unfallflucht) ist § 86 III VVG weder unmittelbar noch analog anzuwenden, da der Rückgriff gegen Angehörige des Versicherungsnehmers aus § 426 BGB und § 116 I 2 VVG folgt (BGH NJW 1988, 2734; KG zfs 2014, 31; OLG Celle VersR 2005, 681; OLG Hamm VersR 2006, 965; OLG Koblenz VersR 2012, 1026; *Prölss/Martin-Armbrüster*, § 86 VVG Rn 98). Siehe auch § 86 VVG, Rn 100.

141 Eine unmittelbare Anwendung des § 86 III VVG kommt nicht in Betracht, da der Haftpflichtversicherer mit der Schadensersatzzahlung eine eigene Verpflichtung erfüllt. Der Versicherer erwirbt den Regressanspruch gegen den Fahrer nicht gemäß § 86 I VVG vom Versicherungsnehmer, sondern gemäß § 416 BGB unmittelbar vom Haftpflichtgläubiger (OLG Koblenz VersR 2012, 1026).

142 dd) **Kaskoversicherung.** Der Regress des Kaskoversicherers unterscheidet sich rechtlich von dem des Haftpflichtversicherers; aufgrund seiner Versicherungsleistung geht die Forderung wegen Fahrzeugbeschädigung nach § 86 VVG auf den Schadenversicherer (Kaskoversicherung) über (KG zfs 2014, 31). Für den Regress des Kaskoversicherers gegen den **berechtigten Nutzer** (Fahrer, Entleiher, Mieter) gilt ein **zweistufiges Raster** (siehe auch *Halm/Engelbrecht/Krahe-Wandt*, Kap. 1 Rn 977):

143 (1) **Regressbeschränkung.** Die Regressbeschränkung auf **vorsätzliche und grobfahrlässige Herbeiführung** des Versicherungsfalles in A.2.15 AKB (§ 15 AKB aF) gilt unabhängig von der familienrechtlichen Beziehung. Der auf den Versicherer übergegangene Regressanspruch besteht gegen den Fahrer in ungekürzter Höhe und vermindert sich nicht etwa entsprechend der Schwere des Verschuldens; § 81 II VVG kommt, da der Fahrer nicht Versicherungsnehmer ist, gar nicht zur Anwendung.

143a Der bei Abschluss eines **Gebäudeversicherungsvertrags** stillschweigend erklärte Regressverzicht des Gebäudeversicherers (siehe BGH NJW 2001, 1353) zugunsten der Mieter des versicherten Gebäudes ist auf Fälle der Schadenherbeiführung durch einfache Fahrlässigkeit beschränkt und eröffnet dem Gebäudeversicherer nur in diesem Fall einen direkten Rückgriff auf den Haftpflichtversicherer des Mieters analog dem Innenausgleich der Versicherer bei einer Mehrfachversicherung (gemäß § 59 II 1 VVG a.F./§ 78 II 1 VVG; dazu BGH NJW-RR 2017, 22; BGH NJW 2006, 3707).

144 (2) **Verschuldensgrad.** Soweit bei **grob fahrlässiger** Schadensherbeiführung der Regress grundsätzlich eröffnet wäre, gilt dann § 86 III VVG für einen privilegierten Personenkreis (wie Ehegatten, Lebenspartner, in der Familie noch lebende Kinder).

145 Bei **Vorsatz** kommt das Privileg überhaupt nicht zur Anwendung.

146 g) **Rückforderung von Leistungen.** Der Schadenersatzleistende kann seine in Unkenntnis der Privilegierung erbrachten Leistungen gemäß § 812 BGB vom

Ersatzgläubiger (z.B. Krankenversicherer) zurückfordern (OLG Frankfurt VersR 1985, 936).

Bei späterer Eheschließung kommt es darauf an, ob die Leistung des Ersatzpflichtigen nach dem Zeitpunkt der Heirat erfolgte (OLG Frankfurt VersR 1985, 936; OLG Rostock NZV 2008, 563). 147

§ 87 Abweichende Vereinbarungen

Von den §§ 74, 78 Abs. 3, den §§ 80, 82 bis 84 Abs. 1 Satz 1 und § 86 kann nicht zum Nachteil des Versicherungsnehmers abgewichen werden.

Übersicht

	Rn
1. Norm	1
2. Anwendungsbereich	2
3. Rechtsfolge	6

1. Norm. § 87 VVG übernimmt weitgehend die Vorgängerregelung in § 68a VVG aF. Zusätzlich gegenüber § 68a VVG wurde die Regelung des § 83 VVG zum Aufwendungsersatz aufgenommen. 1

2. Anwendungsbereich. § 87 VVG gilt für die **Schadensversicherung** (siehe dazu § 86 VVG, Rn 7 ff). 2

Soweit die Kranken- und Unfallversicherung Schadensversicherung sind, gilt § 87 VVG ebenfalls. 3

Die in § 87 VVG aufgeführten Beschränkungen gelten nicht (§ 210 I VVG) für die 4
– in § 210 II VVG genannten **Großrisiken** (siehe auch Art. 10 I 2 EGVVG aF) (vor allem Schienen- und Luftfahrzeugkaskoversicherung, Transportversicherung, Kreditversicherung)
– laufende Versicherung (§ 53 VVG). 5

3. Rechtsfolge. Ein Verstoß gegen § 87 VVG führt unmittelbar zur Unwirksamkeit der betroffenen Vereinbarung, ohne dass es eines Rückgriffs auf die §§ 305 ff BGB bedarf (*Rüffer/Halbach/Schimikowski-Muschner*, § 87 VVG Rn 7). 6

Es gelten dann die Vorschriften, von denen abgewichen wurde (§§ 74, 78 III, 80, 82, 83, 84 I 1, 86 VVG). 7

§ 103 Herbeiführung des Versicherungsfalles

Der Versicherer ist nicht zur Leistung verpflichtet, wenn der Versicherungsnehmer vorsätzlich und widerrechtlich den bei dem Dritten eingetretenen Schaden herbeigeführt hat.

Übersicht

	Rn
1. Norm	1
2. Deckung	3
a) Risikoausschluss	3
b) Haftpflichtversicherung	4

VVG § 103   Versicherungsrecht

	Rn
3. Bindungswirkung	7
4. Subjektives Moment	13
a) Vorsatz	13
b) Vorsatzerstreckung	18
c) Rechtswidrigkeit	24
5. Amokfahrt	26a
a) Deckung	26b
b) Gesetzliche Unfallversicherung	26d
6. Unfallmanipulation	27
a) Allgemeines	27a
b) Indizien	28
c) Prozessuales	36
d) Schadenersatz	39b
7. Beweislast	40
a) Versicherer	40
b) Versicherter	42
c) Anspruchsteller	44
d) Unfallmanipulation	44a
8. Leistungsfreiheit	45
9. Rückforderung	49a
10. Opferschutz	50
a) Privatversicherung, Sozialversicherung	50a
b) Opferentschädigungsgesetz	51
c) Verkehrsopferhilfe	53
11. Privatinsolvenz	55
12. Strafverfahren	57
13. Zivilprozess	58

1 **1. Norm.** § 103 VVG führt § 152 VVG aF inhaltlich unverändert fort.

2 Der Ausschluss der Leistungspflicht des Kfz-Haftpflichtversicherers für vorsätzliche Schadenszufügung im Straßenverkehr widerspricht nicht **europarechtlichen** Vorgaben (BGH NJW 2013, 1163; siehe auch *Franck* VersR 2014, 13).

3 **2. Deckung. a) Risikoausschluss.** Bei Leistungsfreiheit nach § 103 VVG handelt es sich nicht um eine Obliegenheitsverletzung, die den Versicherer nachträglich von seiner Verpflichtung zur Leistung befreit, sondern um einen subjektiven Risikoausschluss (BGH NJW 1971, 459; OLG Düsseldorf NZV 2003, 424), bei dem von vornherein festgelegt ist, dass ein solcher Schadensfall nicht unter den Schutz des Versicherungsvertrages fällt (BGH jurisPR-VerkR 7/2013 Anm. 1 = NJW 2013, 1163); der Haftpflichtversicherer ist damit auch gegenüber dem Direktanspruch in der Pflichtversicherung von der Leistung völlig frei. § 103 VVG erweitert (zulässigerweise; BGH NJW 1952, 1291) für den Bereich der Haftpflichtversicherung (als § 81 VVG einschränkende Sonderregelung) die Eintrittspflicht des Versicherers auch für grobe Fahrlässigkeit und schließt nur für die vorsätzliche Schädigung den Direktanspruch des geschädigten Dritten (§ 115 VVG) aus (siehe ergänzend *Beckmann/Matusche-Beckmann-Heß*, § 16 Rn 12 ff; *Hintz/Burkard* VersR 2011, 1373).

4 **b) Haftpflichtversicherung.** Für schädigendes Verhalten genießen Radfahrer und Fußgänger Deckung in ihrer privaten Haftpflichtversicherung, Führer und Halter von Kfz und Anhängern in einer Kfz-Haftpflichtversicherung. Für beide

Versicherungsarten entfällt nach § 103 VVG im Falle der **vorsätzlich widerrechtlichen** Herbeiführung des Schadens der Versicherungsschutz vollständig.

Ist das schädigende Verhalten nicht mehr dem **Gebrauch eines Kfz** (dazu 5 *Schwab* DAR 2011, 11) – und damit der Kfz-Haftpflichtversicherung – zuzurechnen (z.b. anschließende Auseinandersetzung der Verkehrsteilnehmer in einer Gaststätte nach Abstellen der Fahrzeuge; siehe BGH VersR 1984, 854; LG Stuttgart VersR 1980, 473), kann die private Haftpflichtversicherung zuständig sein (OLG Saarbrücken VersR 2002, 351).

Allein die Kostenübernahme für einen Schadenersatzprozess begründet keine 6 Einstandspflicht des Kfz-Haftpflichtversicherers (AG Köln NZV 2008, 249).

3. Bindungswirkung. Die Feststellungen des Haftpflichtprozesses sind regel- 7 mäßig für den Deckungsprozess bindend (OLG Hamm VersR 1985, 726).

Ein Versäumnisurteil im Haftpflichtprozess entfaltet im Deckungsprozess keine 8 Bindungswirkung, wenn der Haftpflichtversicherer keine Möglichkeit hatte, die ihm durch den Haftpflichtversicherungsvertrag eingeräumten Rechte im Haftpflichtprozess wahrzunehmen. Diese Möglichkeit fehlt, wenn der Versicherer keine rechtzeitige Kenntnis vom Haftpflichtprozess durch den Versicherungsnehmer oder den Geschädigten erlangt. Auf ein Verschulden hinsichtlich der unterlassenen Information kommt es nicht an (OLG Frankfurt r+s 2011, 207 [BGH HFR 2011, 482]).

Die Feststellung im Haftpflichtprozess, dass der Versicherte vorsätzlich und 9 widerrechtlich den Versicherungsfall herbeigeführt hat, ist bindend für den nachfolgenden Deckungsprozess. Es kann dort aber geprüft werden, ob der Vorsatz ebenfalls die Schadenfolgen umfasst hat (OLG Hamm r+s 2001, 145; OLG Hamm VersR 1981, 178; OLG Köln r+s 1991, 369; OLG Saarbrücken OLGR 2003, 272; LG Dortmund NJW-RR 2007, 26). Wurde im Haftpflichtprozess der Vorsatz verneint, kann der Versicherer sich nicht mehr auf § 103 VVG berufen (BGH NJW 1993, 68; LG Osnabrück SP 2005, 394).

Ist im Haftpflichtprozess des Verletzten gegenüber dem Schädiger nur ein 10 „schuldhaftes" Verhalten des Schädigers (versicherte Person) festgestellt worden, ist im Deckungsprozess zu entscheiden, ob die versicherte Person vorsätzlich i.S.d. § 103 VVG gehandelt hat (OLG Düsseldorf VersR 2000, 447; OLG Köln VersR 1999, 1270).

Hat der Haftpflichtversicherer in der Korrespondenz die volle Einstandspflicht 11 für die Regulierung übernommen, gilt dieses zunächst nur für die **Haftung.** Der Versicherer kann damit nur unter erschwerten Bedingungen später wegen weiterer Erkenntnisse zum Haftungsgrund dann Haftungseinwendungen erheben (BGH VersR 1984, 383). Erfährt der Versicherer erst im weiteren Verlaufe aber von Umständen, die die **Deckung** gefährden (z.B. Selbstmord[-versuch] des Versicherten; Unfallmanipulation), sind ihm durch seine vorherige Einstandspflichterklärung nicht die Einwendungen aus dem Deckungsverhältnis abgeschnitten (siehe BGH NJW 2002, 1340; OLG Brandenburg VersR 2016, 671).

Der Versicherer wird – was durch Auslegung zu ermitteln ist – i.d.R. kein 12 konstitutives Schuldanerkenntnis (§ 781 BGB) abgeben wollen; seine Erklärung ist vielmehr allenfalls als deklaratorisches Schuldanerkenntnis zu sehen. Das **deklaratorische Anerkenntnis** schließt entsprechend seinem Zweck, Streit oder Ungewissheit zu bereinigen, alle Einwendungen tatsächlicher und rechtlicher Natur aus, die der Schuldner bei Abgabe seiner Erklärung kannte oder mit denen er hätte rechnen müssen (BGH WM 1974, 410; OLG Stuttgart NJW-RR 2011,

VVG § 103

239). Jedoch kann die Auslegung des Anerkenntnisses ergeben, dass dieses auf den Ausschluss bestimmter Einwendungen, auf die Höhe (OLG Frankfurt NJW-RR 1987, 310) oder den Grund des Anspruchs beschränkt ist. Typischerweise erklärt sich der Haftpflichtversicherer nur zur Haftungsfrage und nicht ungefragt zugleich auch zur Deckung. Der Haftpflichtversicherer will sich bei einer entsprechenden Erklärung regelmäßig nur zur schadenrechtlichen Verantwortlichkeit seines Versicherten äußern und nicht eine eigenständige, vom Haftpflichttatbestand unabhängige, Verantwortlichkeit begründen.

13 4. **Subjektives Moment.** a) **Vorsatz.** Der Vorsatzbegriff entspricht dem des § 86 VVG (BGH NJW-RR 1986, 106; siehe § 86 VVG, Rn 132 f). Vorsatz bedeutet das **Wissen und Wollen** des rechtswidrigen Erfolgs, d.h. der Handelnde muss den rechtswidrigen Erfolg seines Verhaltens voraussehen und trotzdem den Willen haben, sich entsprechend zu verhalten (BGH NJW-RR 2012, 404; BGH VersR 1967, 547; BGH VersR 1966, 177).

13a **Bedingter Vorsatz** und **bewusste Fahrlässigkeit** unterscheiden sich darin, dass der bewusst fahrlässig Handelnde mit der als möglich erkannten Folge nicht einverstanden ist und deshalb auf ihren Nichteintritt vertraut, während der bedingt vorsätzlich Handelnde mit dem Eintreten des schädlichen Erfolgs in der Weise einverstanden ist, dass er ihn billigend in Kauf nimmt oder dass er sich wenigstens mit der Tatbestandsverwirklichung abfindet. Selbst ein unerwünschter Erfolg muss dessen billigender Inkaufnahme nicht entgegenstehen (BGH NZV 2016, 189). Die Annahme der Billigung liegt nahe, wenn der Täter sein Vorhaben trotz starker Gefährdung des betroffenen Rechtsguts durchführt, ohne auf einen glücklichen Ausgang und überhaupt auf das Nichtvorliegen des objektiven Tatbestandes vertrauen zu können, und wenn er es dem Zufall überlässt, ob sich die von ihm erkannte Gefahr verwirklicht (OLG München BeckRS 2017, 112607; OLG Saarbrücken NZV 2017, 96).

14 Anders als in der Kaskoversicherung (§ 81 VVG) schadet in der Kfz-Haftpflichtversicherung eine **grob fahrlässige** Herbeiführung des Versicherungsfalles nicht (BGH NJW 2009, 3025).

15 Ist der Versicherungsnehmer bei Begehung der Tat **schuldunfähig** (zu Alkoholtaten § 103 VVG, Rn 22), entfällt eine Berufung auf § 103 VVG (LG Dortmund NJW-RR 2007, 26; LG Düsseldorf SP 2012, 24). Die Beweislast für fehlende Schuldfähigkeit und Zurechnungsfähigkeit hat nach allgemeinen Beweisregeln (KG VersR 2004, 325) derjenige, der sich darauf beruft, also regelmäßig der Versicherte (Täter) (BGH VersR 1990, 888; OLG Frankfurt VersR 1990, 42). Auch die Ausnahmetatbestände der §§ 827 S. 2, 828 II BGB sind vom Versicherten zu beweisen (BGH NJW 1990, 2387). Die Beweislastregelung in § 827 S. 1 BGB gilt auch für § 103 VVG (BGH NJW 1990, 2387; BGH NJW 1985, 2648).

16 Ein **Selbstmordversuch** schließt den bedingten Vorsatz hinsichtlich der Fremdgefährdung nicht aus (BGH VersR 1989, 729; OLG Brandenburg VersR 2016, 671; OLG Brandenburg VRR 2007, 468; OLG Hamm r+s 1997, 3); bei in Selbstmordabsicht herbeigeführtem Unfall besteht kein Versicherungsschutz (OLG Oldenburg SP 2010, 121). Die Fallumstände sind abzuwägen (OLG Bamberg NZV 2007, 237). Für einen Freitod gibt es regelmäßig keinen Anscheinsbeweis (LG Düsseldorf SP 2009, 80). Zu den Indizien für einen Selbstmord siehe LG Hannover r+s 2011, 131.

17 Handelt ein **Kind** vorsätzlich, verbleibt es auch bei Unfällen ab dem 1.8.2002 bei der Altersgrenze von 7 Jahren (§ 828 II 2 BGB). Die Anforderungen an § 828

Herbeiführung des Versicherungsfalles § 103 VVG

II 2 BGB entsprechen denen des § 103 VVG. Der Vorsatz muss sich nicht nur auf die Schädigungshandlung, sondern zumindest im Wege des billigenden Vorsatzes auch auf den Eintritt des Schadens beziehen (BGH NJW 1973, 284; OLG Frankfurt zfs 1988, 398; OLG Koblenz zfs 2002, 382). Die Beweislast hat der Geschädigte (BGH NJW 1990, 2387).

b) Vorsatzerstreckung. Der – sei es auch nur bedingte (BGH NJW 1973, 284; OLG Hamm r+s 1996, 43; OLG Köln VersR 1999, 1270) – Vorsatz muss nicht nur die schädigende Handlung umfassen, sondern auch deren **Handlungserfolg** (BGH NJW-RR 1986, 1606; OLG Karlsruhe zfs 2015, 100; OLG Karlsruhe VersR 2009, 923). Der Versicherte muss den tatbestandlichen Erfolg als möglich vorausgesehen und für den Fall des Eintritts (Schadensfolgen, Verletzungsfolgen) gebilligt haben (BGH VersR 1954, 591; OLG Düsseldorf r+s 2004, 457; OLG Hamm VersR 1987, 88; OLG Karlsruhe r+s 2009, 370; OLG Koblenz VersR 2014, 1450; OLG Koblenz NJW-RR 2008, 45; OLG Köln VersR 1978, 265; OLG Nürnberg jurisPR-VerkR 18/2013 Anm. 4 = r+s 2015, 542; OLG Saarbrücken NJW-RR 1994, 353; OLG Schleswig r+s 2008, 67). 18

Zwar müssen auch die Verletzungsfolgen vom Vorsatz umfasst sein, allerdings nicht in allen Einzelheiten (LG Dortmund v. 5.1.2005 – 21 O 153/02 – juris). Es ist nicht erforderlich, dass der Schädiger den genauen Umfang der Wirkung seines Handelns vorausgesehen und erfasst hat (OLG Köln r+s 1997, 95). Ausreichend ist, dass der Täter sich die Verletzungsfolgen in ihren Grundzügen vorstellte (BGH VersR 1998, 1011; OLG Nürnberg NZV 2005, 267). In Kauf nimmt der Täter auch einen an sich unerwünschten Erfolg, mit dessen möglichen Eintritt er sich abfindet; anders ist es, wenn der Täter ernsthaft – nicht nur vage – auf ein Ausbleiben des Erfolgs vertraut (OLG München BeckRS 2017, 112607). 19

Der Schädigungsvorsatz braucht sich nicht auf den genauen **Kausalverlauf** zu erstrecken (OLG Karlsruhe r+s 1998, 195). 20

Weichen die eingetretenen Schäden (vor allem Körperschäden) wesentlich von denjenigen Folgen ab, deren Eintritt der Versicherte sich als möglich vorgestellt hat, wird zumeist der Vorsatz zu verneinen sein (OLG Hamm VersR 2011, 1386; OLG Hamm v. 29.4.1994 – 20 U 359/93). 21

Stand der Schädiger stark unter **Alkohol**einfluss, ist nicht in jedem Fall die billigende Inkaufnahme aller eingetretenen Verletzungsfolgen anzunehmen (LG Hamburg NJW-RR 1992, 1188; siehe auch BGH r+s 2010, 16; BGH NJW-RR 1998, 1321). Es ist festzustellen, dass der Versicherte trotz der Alkoholisierung unter Berücksichtigung seiner intellektuellen Fähigkeiten die Gefährlichkeit seines Tuns erkannt und die Folgen zumindest billigend in Kauf genommen hat (BGH VersR 1998, 1011; OLG Hamm r+s 1999, 102; LG Koblenz r+s 1989, 5). Ob von einer entsprechenden Inkaufnahme auszugehen ist, hängt dann wesentlich von den eingetretenen Verletzungsfolgen, der Art und Intensität der Verletzungshandlung sowie der Person des Schädigers ab (OLG Düsseldorf VersR 2000, 44). 22

Denkbar ist auch, dass sich bei **komplexen Situationen** (z.B. Durchbrechungsversuch einer Straßensperre) der Vorsatz nur auf den Sachschaden (z.B. am zur Sperre genutzten Polizeifahrzeug) erstreckt, nicht jedoch auf den Personenschaden (z.B. hinsichtlich des hinter einem wegschleudernden Fahrzeug stehenden Polizeibeamten). Bei einem Suizid (zu den Indizien siehe auch § 103 VVG, Rn 16) erstreckt sich der (bedingte) Vorsatz regelmäßig auf die Sachbeschädigung (z.B. Baum, Mauer, entgegenkommender LKW), nicht zwingend aber zugleich auch auf den Personenschaden (z.B. LKW-Fahrer) (dazu BGH VersR 1989, 729; OLG 23

Jahnke 1557

Brandenburg VRR 2007, 468; OLG Hamm r+s 1997, 3; *Stiefel/Maier-Jahnke*, § 103 VVG Rn 15 f). Bei mehraktigen Handlungen bzw. trennbaren Schäden mit teils vorsätzlich, teils (grob) fahrlässig herbeigeführten Schadenfolgen ist eine Aufteilung möglich (OLG Hamm r+s 2014, 101; OLG Hamm r+s 2001, 145).

24 c) **Rechtswidrigkeit.** Der Ausschluss des § 103 VVG bezieht sich nur auf vorsätzliche **und** widerrechtliche Handlungen, die die Haftung des Versicherten begründen. Für eine vorsätzlich begangene Handlung, die aber nicht widerrechtlich ist, hat der Versicherer Deckung zu gewähren.

25 **Rechtfertigungsgründe** für das vorsätzliche Handeln (§§ 227–229, 904 BGB) beseitigen den Tatbestand des § 103 VVG.

26 Zum Vorsatz gehört auch das Bewusstsein der Rechtswidrigkeit der Tat, sodass ein **Irrtum** des Versicherten über das Vorliegen eines Rechtfertigungsgrundes den Vorsatz ausschließen kann (OLG Schleswig VersR 1984, 1163; OLG Karlsruhe r+s 1995, 9).

26a **5. Amokfahrt. Zum Thema:** *Biletzki* NVwZ 2010, 423; *Stiefel/Maier-Jahnke*, § 103 VVG Rn 30. Siehe ergänzend § 103 VVG, Rn 50 ff § 16 StVG, Rn 35 ff.

26b a) **Deckung.** Der amok-„laufende" **Fahrer** hat keinen Versicherungsschutz, es besteht keine Vorleistungspflicht des Kfz-Haftpflichtversicherers.

26c Eine Amokfahrt mit Sachbeschädigung, begleitet u. U. auch von Verletzung oder Tod von Passanten, stellt regelmäßig ein einheitliches Verhalten und damit einen einzigen Schadensfall dar. Unterbrechungen der Fahrt, um weitere Taten zu Fuß zu begehen, unterbrechen nicht den zivilrechtlichen Haftungszusammenhang. Ist der **Halter** nicht mit dem Fahrer identisch, kann eine Haftung nach § 7 StVG in Betracht kommen. Hatte der Halter keine Möglichkeit eines zwischenzeitlichen Zugriffs auf sein Fahrzeug, bildet das Verhalten des Fahrers eine Klammer für die Halterhaftung, sodass die Halterhaftung das gesamte Amok-Geschehen umfasst und die Haftungshöchstsumme (§ 12 StVG) nur einmal für den gesamten Geschehensverlauf zur Verfügung steht (*Stiefel/Maier-Jahnke*, § 103 VVG Rn 30).

26d b) **Gesetzliche Unfallversicherung.** Ein Überfall kann als **Arbeitsunfall** anzusehen sein, entscheidend sind die Beweggründe des Angreifers (BSG HVBG-INFO 1998, 2251; BSG BSGE 50, 100; BSG NJW 1962, 1743; BSG BSGE 10, 56; BSG BSGE 6, 164; hessLSG NZS 2008, 535; sächsLSG vBeckRS 2009, 62570; sächsLSG HVBG-INFO 2003, 2734). Wird jemand an seiner Betriebsstätte Opfer einer Amokfahrt, steht dies dem Überfall gleich (SG Berlin BeckRS 2011, 68897).

26e Der unfallversicherungsrechtliche Zusammenhang fehlt, wenn die Beweggründe des Angreifers dem persönlichen Bereich der Beteiligten zuzurechnen sind (LSG Berlin-Brandenburg UV-Recht Aktuell 2013, 264).

27 **6. Unfallmanipulation. Zum Thema:** *van Bühren/Lemcke/Jahnke-Lemcke*, Anwalts-Handbuch Verkehrsrecht, Teil 6; *Eggert* r+s Sonderheft 2011 zum 75. Geburtstag von Hermann Lemcke, S. 24; *Franzke/Nugel* NJW 2015, 2071; *Nugel* zfs 2011, 8; *Staab* DAR 2016, 445; *Staab/Halm* DAR 2014, 66; *Stiefel/Maier-Jahnke*, § 103 VVG Rn 61 ff), ferner zu Problemen der Personenschadenregulierung *Höher* NZV 2012, 457.

27a a) **Allgemeines.** Eine Unfallverabredung oder das sonstige bewusste Herbeiführen eines Unfalls durch den Kfz-Eigentümer schließt als Einwilligung in die

Herbeiführung des Versicherungsfalles § 103 VVG

Sachbeschädigung Ersatzansprüche aus § 823 BGB, § 7 StVG aus (OLG Köln NZV 2017, 33).

b) Indizien. Indizien, die in ihrer Gesamtheit zu werten sind, sind u.a. (OLG 28 Düsseldorf SP 2013, 282; OLG Düsseldorf SP 2013, 351; OLG Düsseldorf NZV 2011, 493; OLG Hamm NJW-RR 2017, 601; OLG Hamm BeckRS 2016, 113209; OLG Köln NZV 2017, 33; OLG Köln SP 2013, 321; OLG Saarbrücken NZV 2013, 288; OLG Schleswig r+s 2013, 327; LG Duisburg SP 2012, 176; LG Köln SP 2012, 319 m.w.H.; LG Köln SP 2012, 176; AG Essen SP 2012, 176):
– nicht nachvollziehbare Unfallschilderung, wechselnde Angaben zum eigenen 29 Unfallverhalten, Schuldanerkenntnis am Unfallort, keine Hinzuziehung der Polizei, keine neutralen Zeugen, nicht plausible Fahrstrecke (OLG Hamm BeckRS 2016, 114788; OLG Schleswig jurisPR-VersR 4/2013 Anm. 4 = r+s 2013, 569).

Nachweis einer Freundschaft oder Bekanntschaft zwischen den Beteiligten 29a (OLG Hamm BeckRS 2015, 09670; OLG Köln BeckRS 2014, 09399; OLG Köln VersR 2010, 1361),
– ungewöhnliche Häufung von Schadenereignissen, bereits zuvor einer versuch- 30 ten Unfallmanipulation überführter Kläger, Kläger in angespannten wirtschaftlichen Verhältnissen, Kfz des Anspruchstellers mehrfach mit anderen Kennzeichen versehen (OLG Düsseldorf NZV 2011, 493),
– unübersichtliche Unfallstelle, ungewöhnliches Fahrmanöver (OLG Nürnberg 31 NJW-RR 2012, 720),
– wertloses Schädiger-Kfz oder Mietwagen (Kasko ohne SB) – hochwertiges 32 Geschädigten-Kfz, hohe Reparaturkosten, fiktive Abrechnung (auf Gutachtenbasis) (OLG Hamm BeckRS 2016, 114788),
– Veräußerung des Schädiger-Kfz mit unbekanntem Ziel, zeitnaher Verkauf des 33 Schädiger-Kfz (OLG Düsseldorf NZV 2011, 493; OLG Hamm BeckRS 2016, 114788),
– Geltendmachung von Vorschäden, Falschaussagen zur Laufleistung des Kfz. 34

Bei Anhaltspunkten für einen manipulierten Verkehrsunfall muss der klagende 35 Geschädigte den **Nachweis** führen, dass sich das behauptete haftungsbegründende Verkehrsgeschehen an dem geschilderten Unfallort zur angegebenen Zeit ereignet hat (OLG Nürnberg NJW-RR 2012, 720; OLG Saarbrücken NZV 2013, 438). Auf Grund der Indizien muss zur Überzeugung des Gerichts ein Unfallhergang festgestellt werden können, der auf eine einverständliche Schädigung hindeutet. Entscheidend ist, ob einzelne Gesichtspunkte für sich genommen einen gestellten Unfall beweisen; vielmehr können einzelne Indizien ein Mosaik bilden, welches im **Gesamtbild** erkennen lässt, dass der Unfall fingiert ist (OLG Köln NZV 2017, 33).

Einer **Körperverletzung** kommt keine erhebliche Bedeutung bei; aus einer 35a solchen ergibt sich nicht zwingend, dass der Unfall unfreiwillig war (KG NZV 2006, 88; OLG Köln NZV 2017, 33). Soweit kleinere Verletzungen (z.B. HWS-Distorsion) nicht ebenfalls vorgetäuscht sind, können sie ungeplant erlitten oder in Kauf genommen worden sein (OLG Köln NZV 2017, 33; *van Bühren/Lemcke/ Jahnke-Lemcke*, Teil 6 Rn 86 f. m.w.N.).

Unbeherrschbarkeit und besondere Gefahrenträchtigkeit eines Unfallhergangs 35b können gewichtige Umstände sein, die gegen einen gestellten Unfall sprechen (OLG Köln MDR 2015, 826).

c) Prozessuales. Bei Verdacht einer Unfallmanipulation darf der neben seinem 36 Versicherungsnehmer verklagte Haftpflichtversicherer im Prozess sowohl als Streitgenosse als auch als Streithelfer nach §§ 61, 69 ZPO seine eigenen Interessen wahrnehmen (BGH NJW-RR 2012, 233).

37 Dem Haftpflichtversicherer ist es in den Fällen der Unfallmanipulation wegen des bestehenden Interessengegensatzes zwischen dem Versicherungsnehmer und dem Haftpflichtversicherer nicht verwehrt, sich gegen die gegen ihn gerichtete Klage umfassend zu verteidigen und zwar auch mit der Behauptung, das schadensbegründende Ereignis sei nicht – wie vom Geschädigten behauptet – unfreiwillig erlitten, sondern von den angeblich Unfallbeteiligten einvernehmlich herbeigeführt worden (BGH NJW-RR 2012, 233; BGH NJW 2011, 377; BGH NJW 2010, 3522). Der Haftpflichtversicherer darf sowohl den behaupteten Unfall als auch den behaupteten Unfallhergang mit Nichtwissen bestreiten; und zwar auch dann, wenn er in dem Rechtsstreit nicht nur für sich selbst, sondern zugleich auch als Streithelfer seines Versicherungsnehmers auftritt (BGH SP 2014, 206).

38 Der im Wege des Direktanspruchs mitverklagte Haftpflichtversicherer (§ 115 I Nr. 1 VVG) darf sowohl mit einem vom Vorbringen des Versicherungsnehmers **abweichenden Sachvortrag** die Unfallmanipulation geltend machen als auch als dessen **Streithelfer** eine **Klageabweisung** der gegen den Versicherungsnehmer gerichteten Klage beantragen. Der Versicherer darf auch gegen den Willen der Hauptpartei ein **Rechtsmittel** durchführen (BGH NJW-RR 2012, 233). Mit einem Beitritt auf Seiten der Gegenpartei verletzt der Haftpflichtversicherer allerdings seine Pflicht zur Interessenwahrnehmung (OLG München VersR 2009, 822; OLG Karlsruhe NJW-RR 2017, 91).

38a Hinsichtlich der **Beweislast** und Beweisführung gilt, dass der geschädigte Anspruchsteller das äußere Unfallgeschehen, also den Zusammenstoß der beteiligten Fahrzeuge, nachzuweisen hat. Steht das äußere Unfallgeschehen fest, müssen der Schädiger und sein Versicherer den Nachweis führen, dass der Geschädigte in die Beschädigung seines Fahrzeugs eingewilligt hat (OLG Köln NZV 2017, 33).

39 Hat der Kfz-Haftpflichtversicherer im Verkehrsunfallprozess gegen den mitverklagten Fahrer den Vorwurf der Unfallmanipulation erhoben, muss er den Fahrer im Rahmen seiner **Rechtsschutzverpflichtung** von den Kosten für die Vertretung durch einen eigenen Anwalt freihalten, obwohl er ihm als Streithelfer beigetreten ist und sein Prozessbevollmächtigter auf diesem Wege für Beide Klageabweisung beantragt hat (BGH NJW 2011, 377). Der Versicherungsnehmer handelt in diesem Falle nicht mutwillig iSv § 114 S. 1 ZPO, wenn er **Prozesskostenhilfe** für die Vertretung durch einen eigenen Anwalt begehrt (BGH NJW 2010, 3522; OLG Karlsruhe VersR 2011, 1201). Der Versicherungsnehmer hat gegen seinen Kfz-Haftpflichtversicherer nach § 101 I 3 VVG einen (unter dem Vorbehalt der endgültigen Abrechnung) Anspruch auf Bezahlung eines Vorschusses auf die Kosten der Rechtsverteidigung gegen die Inanspruchnahme durch einen Dritten (LG Bochum BeckRS 2015, 00602; AG Ulm NZV 2013, 43; AG Wipperfürth BeckRS 2014, 13049). Das Gericht kann die Bewilligung von Prozesskostenhilfe gemäß § 124 I Nr. 1 ZPO aufheben, wenn die Partei durch unrichtige Darstellung des Streitverhältnisses die für die Bewilligung der Prozesskostenhilfe maßgebenden Voraussetzungen vorgetäuscht hat; dass die Unwahrheit des Parteivortrags sich erst nach Durchführung der Beweisaufnahme ergibt, steht der Entziehung der Prozesskostenhilfe nicht entgegen (OLG Hamm NJW-RR 2015, 758).

39a Wird ein **Sachverständigengutachten** bei einem Anfangsverdacht auf einen Versicherungsbetrug vorgerichtlich zur Überprüfung der Kompatibilität und Plausibilität eingeholt, sind die dadurch bedingten Kosten im Prozess als notwendige

Kosten festsetzungsfähig (OLG Frankfurt VersR 2014, 979; LG Bochum SP 2014, 280).

d) Schadenersatz. Wird ein Unfallgeschehen mit einem Leihwagen manipuliert, können am Betrugsversuch teilnehmende Personen (z.B. vermeintlich geschädigter Fahrzeugeigentümer) dem Fahrzeugvermieter für die Reparaturkosten des Leihwagens einzustehen haben (OLG Hamm NJW-RR 2017, 601). 39b

7. Beweislast. a) Versicherer. Der Versicherer hat die volle Beweislast für den Deckungsausschluss. Beweiserleichterungen kommen ihm nicht zugute (BGH NJW-RR 2005, 1051), insbesondere kann er sich nicht auf die Grundsätze des Anscheinsbeweises berufen (BGH NJW 1988, 2040). 40

Er muss beweisen, dass aus der Gesamtheit der Indizien der Schluss gezogen werden kann, dass die versicherte Person den Fremdschaden herbeiführen wollte (BGH NJW 1983, 1739; OLG Hamm r+s 1997, 3; OLG Nürnberg jurisPR-VerkR 18/2013 Anm. 4 = r+s 2015, 542). 41

b) Versicherter. Der Versicherte muss beweisen, dass er sich in einem seine Willensbildung ausschließenden Zustand (Rausch, Bewusstlosigkeit, Geschäftsunfähigkeit) befunden hat (OLG Frankfurt VersR 1990, 42; OLG Nürnberg jurisPR-VerkR 18/2013 Anm. 4 = r+s 2015, 542). Der Versicherer hat aber zu beweisen, dass keine Minderung der Einsicht und Hemmungsfähigkeit des Fahrers vorlag, welche den Vorsatzentschluss beeinträchtigt haben könnte (OLG Bamberg NZV 2007, 237). 42

Da der Vorsatz die **Rechtswidrigkeit** indiziert, ist der Versicherte für deren Fehlen beweispflichtig (a.A. OLG Hamm VersR 2006, 781). 43

c) Anspruchsteller. Für den geschädigten Dritten gelten dieselben Regeln wie für den Versicherten, da die Beweislast derjenigen aus dem Versicherungsverhältnis folgt (BGH NJW 1990, 2387). 44

d) Unfallmanipulation. Zum gestellten Unfall siehe § 103 VVG, Rn 38a. 44a

8. Leistungsfreiheit. Nach § 103 VVG ist ein Haftpflichtversicherer von der Leistung völlig frei. Bei vorsätzlichem Handeln der versicherten Person entfällt auch die **Vorleistungspflicht** – und damit auch der Direktanspruch – eines Kfz-Haftpflichtversicherers (KG v. 10.7.1989 – 12 U 4852/88 – juris; OLG Nürnberg jurisPR-VerkR 18/2013 Anm. 4 = r+s 2015, 542; OLG Oldenburg VersR 1999, 482). Das Opfer muss Schutz u.a. bei anderen Privatversicherern (u.a. Kaskoversicherung) und Sozialversicherungen suchen (siehe auch § 103 VVG, Rn 50 ff). 45

Der Geschädigte kann Ansprüche nur gegen den Schädiger selbst, nicht aber gegen dessen Haftpflichtversicherer (**Direktklage**, § 115 I 1 VVG) geltend machen (BGH NJW 1981, 113; OLG Düsseldorf VersR 2003, 1248). Es handelt sich nicht um nachträgliche Leistungsbefreiung (§ 117 I VVG), sondern um den Rahmen der Leistungspflicht des Versicherers (§ 115 I 2 VVG), auf den der Direktanspruch des Dritten beschränkt ist (BGH NJW 1990, 2387; OLG Oldenburg NZV 1999, 294); der Versicherer haftet auch im Fall einer Pflichtversicherung nur „*im Rahmen der von ihm übernommenen Gefahr*" (§ 117 III VVG) (OLG Köln SP 2002, 301). 46

Wird der Schadenfall durch den Kfz-Führer vorsätzlich herbeigeführt, kann die Haftung des **personenverschiedenen Halters** nach § 7 StVG (in den Grenzen des § 12 StVG) bestehen bleiben (*Burmann/Heß/Stahl*, Rn 483 m.w.N.; *Stiefel/Maier-Jahnke*, § 103 VVG Rn 81 ff). Nur hinsichtlich der Ansprüche gegenüber 47 dem Fahrer greift der subjektive Risikoausschuss des § 103 VVG (OLG Hamm NZV 2006, 253; OLG Düsseldorf NZV 2003, 424) zu Gunsten des Versicherers ein. Der Fortfall des Deckungsanspruchs des mitversicherten Fahrers gegen die Pflichtversicherung wirkt nicht zugleich gegen Versicherungsnehmer und weitere mitversicherte Personen (insbesondere Halter), denen kein eigenes vorsätzliches Verhalten zur Last fällt (BGH jurisPR-VerkR 7/2013 Anm. 1 = NJW 2013, 1163; BGH NJW 1981, 113; OLG Hamm NZV 2006, 253, 303; OLG Köln NJW-RR 2000, 1476). Subjektive Risikoausschlüsse, die in der Person eines Mitversicherten liegen, sind dem Versicherungsnehmer nicht zuzurechnen. Nur wenn beim Halter selbst die Voraussetzungen des § 103 VVG gegeben sind, verliert er den Versicherungsschutz in der Kfz-Haftpflichtversicherung (OGH VersR 2009, 1099; OLG Köln NJW-RR 2000, 1476; OLG Nürnberg NZV 2001, 261). Der Geschädigte kann bei vorsätzlicher Verursachung des Unfalles Schadenersatzansprüche aufgrund der Betriebsgefahr gegenüber dem vom Fahrer personenverschiedenen Halter auch direkt gegenüber dem Versicherer geltend machen (BGH NJW 1971, 459; BGH NJW 1962, 1676; OLG Köln SP 2002, 301; OLG München NZV 2001, 220).

48 Benutzt jemand das Fahrzeug (Kfz, Anhänger) **ohne Wissen und Willen des Fahrzeughalters,** ist der Halter nach § 7 III StVG nur dann zum Ersatz des Schadens verpflichtet, wenn er entweder die Benutzung des Fahrzeugs schuldhaft (§ 276 BGB) ermöglichte, der Benutzer vom Fahrzeughalter für den Fahrzeugbetrieb angestellt ist oder ihm das Fahrzeug vom Halter überlassen worden war (siehe § 16 StVG, Rn 11).

49 Sind bei einem zwischen zwei Fahrzeugführern verabredeten Unfall die beiden Fahrzeughalter nicht an der Absprache beteiligt, müssen beide Halter im Rahmen der Abwägung sich das dolose Verhalten ihrer jeweiligen Fahrer anspruchskürzend zurechnen lassen, sodass jeweils nur 50% Ersatz zu leisten ist (LG Hagen NZV 2010, 31).

49a **9. Rückforderung.** Tilgt der Kfz-Haftpflichtversicherer trotz Leistungsfreiheit auf Grund eines Risikoausschlusses (z.B. § 103 VVG) die Haftpflichtschuld seines Versicherungsnehmers, kann er seine Leistung aus dem Gesichtspunkt der ungerechtfertigten Bereicherung von dem geschädigten Leistungsempfänger nur dann **zurückfordern,** wenn er unter dem Vorbehalt einer bestehenden Leistungspflicht gegenüber dem Schädiger geleistet hat. Dieser Vorbehalt muss ausdrücklich erklärt werden oder sich für den Leistungsempfänger unzweideutig aus den Umständen des Falles ergeben. Allein das vermeintliche Bestehen eines Direktanspruchs nach § 115 VVG reicht dafür nicht aus (OLG Hamm VersR 2016, 1308).

50 **10. Opferschutz.** Siehe auch § 103 VVG, Rn 26a ff, § 16 StVG, Rn 35 ff.

50a **a) Privatversicherung, Sozialversicherung.** Das Opfer muss zunächst auf eigene private Versicherungsträger (wie Kaskoversicherung, Sachversicherung, Rechtsschutzversicherung, Krankenversicherung, Berufsständische Versorgung) und gesetzliche Versorgungsträger (z.B. Sozialversicherung) zurückgreifen.

51 **b) Opferentschädigungsgesetz.** Das OEG gewährt den Opfern von Gewalttaten (bzw. deren Hinterbliebenen) Schutz und Versorgungsleistungen (§ 1 OEG). Das gilt nicht für Taten mit einem Kfz oder Anhänger (§ 1 XI OEG).

52 Soweit das OEG **Anhänger,** *die dazu bestimmt sind, von einem Kraftfahrzeug mitgeführt zu werden* (§ 7 StVG) nicht ausdrücklich benennt, beruht dies auf einem gesetzgeberischen Versehen (*Stiefel/Maier-Jahnke*, § 103 VVG Rn 12).

c) **Verkehrsopferhilfe.** Von der VOH werden materielle Schäden des Opfers 53 entsprechend der Haftung, dem Volumen nach beschränkt auf die gesetzlich im Unfallzeitpunkt vorgesehene Mindestversicherungssumme, reguliert; zur VOH siehe vor § 249 BGB, Rn 224 ff. Ein etwaig zu zahlendes Schmerzensgeld ist jedoch erheblich reduziert (§ 253 BGB, Rn 82 f).
Die VOH (§ 12 I Nr. 3 PflVG; Anschrift: *Verkehrsopferhilfe e. V., Wilhelmstr. 43 /* 54 *43 G, 10117 Berlin*; Tel. +49 30 20 20 5000, www.verkehrsopferhilfe.de) tritt erst dann ein, wenn der Täter selbst nichts mehr leisten kann.

11. Privatinsolvenz. Da der schadensersatzpflichtige Täter keinen Versiche- 55 rungsschutz in seiner Kfz-Haftpflichtversicherung genießt, muss er den Schaden vollständig aus dem eigenen Vermögen begleichen. Die **VOH** dient nicht dem Täterschutz, sondern nur dem Opferschutz: Bei schweren Körperverletzungen bleibt dem Täter dann uU nur der Weg in die Insolvenz (siehe auch vor § 249 BGB, Rn 228).
Bei Privatinsolvenz werden nach § 302 Nr. 1 InsO von der Restschuldbefreiung 56 Verbindlichkeiten des Schuldners aus einer vorsätzlich begangenen unerlaubten Handlung nicht berührt, sofern der Gläubiger die entsprechende Forderung unter Angabe dieses Rechtsgrundes nach § 174 II InsO angemeldet hatte (zum Inhalt der Befreiung siehe BGH NJW 2011, 2966; zur Fristwahrung BGH jurisPR-InsR 17/2013 Anm. 1 = WM 2013, 1518; zu prozessualen Aspekten BGH MDR 2014, 428). § 302 Nr. 1 InsO erfasst nicht Ansprüche aus Gefährdungshaftung (BGH NJW 2007, 2854).

12. Strafverfahren. Zu behördlichen Anfragen beim Haftpflichtversicherer 57 siehe *Kusnik* VersR 2014, 550.

13. Zivilprozess. Da Halter, Fahrer und Versicherer nur einfache Streitgenos- 58 sen nach § 61 ZPO sind, gereichen die Handlungen des einen dem anderen weder zum Vor- noch zum Nachteil. Wird ein behaupteter Schaden nicht von jedem Beklagten bestritten, kann ein Teil-Endurteil ohne Beweisaufnahme zur Schadenhöhe ergehen (OLG Nürnberg r+s 2015, 542).

§ 115 Direktanspruch

(1) **Der Dritte kann seinen Anspruch auf Schadensersatz auch gegen den Versicherer geltend machen,**
1. **wenn es sich um eine Haftpflichtversicherung zur Erfüllung einer nach dem Pflichtversicherungsgesetz bestehenden Versicherungspflicht handelt oder**
2. **wenn über das Vermögen des Versicherungsnehmers das Insolvenzverfahren eröffnet oder der Eröffnungsantrag mangels Masse abgewiesen worden ist oder ein vorläufiger Insolvenzverwalter bestellt worden ist oder**
3. **wenn der Aufenthalt des Versicherungsnehmers unbekannt ist.**
Der Anspruch besteht im Rahmen der Leistungspflicht des Versicherers aus dem Versicherungsverhältnis und, soweit eine Leistungspflicht nicht besteht, im Rahmen des § 117 Abs. 1 bis 4. Der Versicherer hat den Schadensersatz in Geld zu leisten. Der Versicherer und der ersatzpflichtige Versicherungsnehmer haften als Gesamtschuldner.

VVG § 115

(2) **Der Anspruch nach Absatz 1 unterliegt der gleichen Verjährung wie der Schadensersatzanspruch gegen den ersatzpflichtigen Versicherungsnehmer. Die Verjährung beginnt mit dem Zeitpunkt, zu dem die Verjährung des Schadensersatzanspruchs gegen den ersatzpflichtigen Versicherungsnehmer beginnt; sie endet jedoch spätestens nach zehn Jahren von dem Eintritt des Schadens an. Ist der Anspruch des Dritten bei dem Versicherer angemeldet worden, ist die Verjährung bis zu dem Zeitpunkt gehemmt, zu dem die Entscheidung des Versicherers dem Anspruchsteller in Textform zugeht. Die Hemmung, die Ablaufhemmung und der Neubeginn der Verjährung des Anspruchs gegen den Versicherer wirken auch gegenüber dem ersatzpflichtigen Versicherungsnehmer und umgekehrt.**

Übersicht

	Rn
1. Anwendbarkeit	1
2. Beteiligte	2
a) Dritter	3
b) Versicherungsnehmer	6
c) Pflichtversicherer	7
3. § 115 Abs. 1 Satz 1 Nr. 1 VVG	9
4. § 115 Abs. 1 Satz 1 Nr. 2 VVG	15
5. § 115 Abs. 1 Satz 1 Nr. 3 VVG	17
6. Gesamtschuldnerische Haftung	19
7. Verjährung und Hemmung	20
8. Beginn und Ende der Hemmung	22
9. Gerichtsstand	25
10. Prozessuale Besonderheiten	27

1 **1. Anwendbarkeit.** § 115 VVG gilt für Schadensfälle ab dem 01.01.2008 (Unfalltag, Art. 12 Abs. 1 Satz 2 VVG); für Schadensfälle (Primärschaden) bis zum 31.12.2007 gilt das VVG a. F. bzw. das PflVG a. F. (BGH, NJW 2016, 1162 (1164)).

2 **2. Beteiligte.** Der geschädigte Dritte hat ein Wahlrecht, ob er seinen Ersatzanspruch „auch gegen den Versicherer" geltend machen oder nur gegen den Ersatzverpflichteten (Schädiger) unmittelbar vorgehen will. Es sind demnach drei Personen beteiligt: Anspruchsteller („Dritter"), schadensersatzpflichtige Person („Versicherter") und Pflicht-Haftpflichtversicherer dieses Schadensersatzpflichtigen.

3 **a) Dritter.** Anspruchsberechtigter Dritter ist derjenige, der gegen den VN einen in den Bereich des Versicherungsvertrages fallenden Haftpflichtanspruch hat oder erhebt.

4 Dritter ist zum einen der unmittelbar Verletzte bzw. im Falle der Tötung seine Hinterbliebenen aber auch sein Rechtsnachfolger (Abtretungsgläubiger, Drittleistungsträger nach Forderungswechsel z.B. § 116 SGB X, § 86 VVG, § 6 EFZG; vgl BGH NJW – RR 86, 1402; OLG Nürnberg r+s 09, 19; Stiefel/Maier/Jahnke, 18). Die „Dritt" – Stellung wird durch Konfusion (z.B. durch Erbschaft) nicht beendet (OLG Hamm, NZV 94, 276; Stiefel/Maier/Jahnke, 18).

5 Ein Direktanspruch ist dann nicht gegeben, wenn Schädiger (Versicherter) und Geschädigter (Anspruchsteller) identische Personen sind (OLG Nürnberg, VersR 2004, 905). Der VN, der sich selbst schädigt, ist daher nicht Dritter; gleiches gilt für

Direktanspruch **§ 115 VVG**

eine mitversicherte Person (MK-VVG/Schneider, Rn 11). Dritter kann der VN aber dann sein, wenn er durch einen Mitversicherten einen Personenschaden erleidet (BGH NJW-RR 1986, 1402 (1403)) und insoweit kein versicherungsvertraglicher Risikoausschluss greift (Prölss/Martin/Knappmann, Rn 3). Macht ein Mitschädiger im Innenverhältnis Regressansprüche gegen den anderen Mitschädiger geltend, so ist er kein Dritter (BGH r+s 08, 435; Prölss/Martin/Knappmann, 4 m.N.w.).

b) Versicherungsnehmer. Der VN ist – bezogen ausschließlich auf diese Eigenschaft – kein „für das Schadensereignis Verantwortlicher" (Stiefel/Maier/Jahnke, § 115 VVG, Rn 45). Durch den Abschluss eines Versicherungsvertrages wird er nur den Versicherungsschutz bzw. die Vorleistungspflicht (§ 117 VVG, § 3 PflVG) begründet. Den VN treffen ausschließlich die Verpflichtungen aus dem mit dem VR abgeschlossenen Versicherungsvertrag. Der Umstand, dass er VN ist, führt als solcher nicht zu einer denkbaren Schadensersatzpflicht gegenüber dem Geschädigten (OLG Schleswig, NZV 1997, 442). Gerade im Bereich der Kfz-Haftpflichtversicherung kommt es nicht selten vor, dass Halter, Fahrer und VN auseinanderfallen: Wird der VN trotzdem mitverklagt, ist die Klage mit der daraus resultierenden Kostenfolge abzuweisen, wenn ihn (den VN) nicht gleichzeitig Verantwortlichkeiten aus eigenem Handeln (insbesondere als Fahrer) oder Sachherrschaft (Betriebsgefahr des Halters) treffen (Stiefel/Maier/Jahnke, § 115 VVG, Rn 46). 6

c) Pflichtversicherer. Anspruchsgegner ist die Kfz-Haftpflichtversicherung des unfallbeteiligten Kfz bzw. Anhängers, da insoweit eine Versicherungspflicht nach dem PflVG besteht. 7

Der Haftpflichtversicherer handelt bei der Regulierung zum einen als Bevollmächtigter seiner versicherten Personen unter Hinweis auf die sich aus den Versicherungsbedingungen ergebende Vollmacht, und zum anderen gleichzeitig aber auch im eigenen Namen, soweit er aufgrund des Direktanspruchs unmittelbar Ersatz schuldet. Der Kfz-Haftpflichtversicherer ist nicht nur im Außenverhältnis dem geschädigten Dritten gegenüber bevollmächtigt, sondern auch im Innenverhältnis befugt, die Feststellung und Regulierung des Schadens nach eigenem pflichtgemäßen Ermessen und unabhängig von etwaigen Weisungen seines VN durchzuführen (BGH, VersR 1981, 180). Die Haftung des VN besteht jedoch nur in Höhe der Versicherungssumme bzw. in den Fällen des § 117 III in Höhe der Mindestversicherungssumme (Stiefel/Maier/Jahnke 11). 8

3. § 115 Abs. 1 Satz 1 Nr. 1 VVG. Ein Direktanspruch besteht zunächst immer dann, wenn es um die der Erfüllung einer Versicherungspflicht nach dem Pflichtversicherungsgesetz (PflVG) geht. Damit werden alle Fälle erfasst, in denen schon bislang durch § 3 Nr. 1 PflVG a.F. für den Bereich der Kfz-Haftpflichtversicherung dem Geschädigten eine unmittelbare Inanspruchnahme des Versicherers möglich war. 9

§ 1 PflVG bestimmt für die Kfz-Haftpflichtversicherung, dass der Halter eines Kfz bzw. Anhängers mit regelmäßigem Standort im Inland verpflichtet ist, für sich und bestimmte weitere Personen eine Haftpflichtversicherung zur Deckung der durch den Gebrauch des Fahrzeugs verursachten Personen-, Sach- und sonstigen Vermögensschäden abzuschließen, wenn das Fahrzeug auf öffentlichen Wegen oder Plätzen (§ 1 StVG) verwendet wird. Diese Verpflichtung des Halters entspricht auch seiner Verantwortlichkeit nach § 7 StVG. § 2 PflVG nimmt Bund, Länder und große Kommunen bzw. Kommunalverbände von der Versicherungspflicht aus, ebenso Halter von langsamen Fahrzeugen (maximal 6 km/h) sowie 10 näher bestimmte Arbeitsmaschinen. Allerdings ist aufgrund des § 2 II 5 PflVG, § 115 VVG sinngemäß anzuwenden, so dass der Direktanspruch des Geschädigten, soweit er sich gegen Fahrer und Mitversicherter richtet, auch gegen die befreite Körperschaft gegeben ist (vgl R/H/Sch/Baroch Castellvi § 2 PflVG 7; Stiefel/ Maier/Jahnke 98 m.w.N.).

11 Soweit Unfälle dem ab 1.8.2002 geltenden Schadensrecht unterfallen, gilt der Direktanspruch auch gegenüber dem VR eines pflichtversicherungspflichtigen Anhängers i. S. d. § 7 Abs. 1 StVG. Nicht ausreichend ist die bloße Mitversicherung des Anhängers in der Allgemeinen Haftpflichtversicherung oder Betriebshaftpflichtversicherung (Stiefel/Maier/Jahnke, Rn 88).

12 § 1 PflVG verpflichtet den Fahrzeughalter nur zum Abschluss einer Haftpflichtversicherung „wenn das Fahrzeug auf öffentlichen Wegen oder Plätzen (§ 1 StVG) verwendet wird". Das StVG enthält soweit keine Begriffsbestimmung, verwendet den Begriff jedoch i. S. d. Wegerechts, wobei Eigentumsverhältnisse außer Betracht bleiben. Wenn § 1 StVG, § 1 FeV sowie u. a. §§ 3, 4 FZV von öffentlichen Straßen sprechen, sind damit nicht nur dem öffentlichen Verkehr auf Grund des Straßenrechts gewidmete Flächen, sondern auch Straßen und Plätze gemeint, die der Allgemeinheit oder auch unter Beschränkung auf bestimmte Personenkreise zu Verkehrszwecken offenstehen (Stiefel/Maier/Jahnke, Rn 90; § 1 StVG, 10).

13 Nur wenn der Dritte in diesem umschriebenen örtlichen Bereich geschädigt wird, kann er nach dem klaren Wortlaut des § 115 Abs. 1 VVG seinen Schaden auch unmittelbar gegen den Kfz-Haftpflichtversicherer geltend machen (Burmann/Jahnke, DAR 16, 313, Looschelders/Pohlmann/Schwartze 9; Stiefel/ Maier/Jahnke, 91 m.w.N.).

14 Die Leistungspflicht des Kfz-Haftpflichtversicherers besteht nach § 1 PflVG zur Deckung der durch den Gebrauch des Kfz verursachten Schäden. Der „Gebrauch" reicht weiter als der „Betrieb" i. S. d. § 7 StVG (BGH NJW 2015, 1681(1682)). Auch in Fällen, in denen das Kfz bei dem Schadensereignis nicht in Betrieb gewesen ist und in denen deshalb Ansprüche aus § 7 StVG ausscheiden, kann ein Ersatzanspruch aus §§ 823 ff BGB bestehen, der in den Deckungsumfang der Kfz-Haftpflichtversicherung fällt und für den dann auch der Kfz-Haftpflichtversicherer direkt in Anspruch genommen werden kann (Stiefel/Maier/Jahnke, Rn 96).

15 **4. § 115 Abs. 1 Satz 1 Nr. 2 VVG.** § 115 Abs. 1 Satz 1 Nr. 2 VVG eröffnet gegenüber allen Pflichtversicherungen den Direktanspruch, wenn über das Vermögen des VN das Insolvenzverfahren eröffnet (Alt. 1), der Eröffnungsantrag mangels Masse abgewiesen (Alt. 2) oder ein vorläufiger Insolvenzverwalter (Alt. 3) bestellt worden ist. Die Beweislast für das Vorliegen der Insolvenz trifft den Dritten. Zahlungsunfähigkeit (§ 17 InsO) oder Überschuldung (§ 19 InsO) reichen nicht, so dass durch (auch pflichtwidriges) Hinauszögern des Insolvenzantrages zugleich das Entstehen des Direktanspruchs herausgezögert wird (Looschelders/ Pohlmann/Schwartze, § 115 VVG Rn 10).

16 Ist über das Vermögen des VN das Insolvenzverfahren eröffnet, kann der Dritte wegen des ihm gegen den VN zustehenden Anspruchs zum einen nach § 110 VVG abgesonderte Befriedigung aus dem Freistellungsanspruch des VN verlangen (sofern der Haftpflichtanspruch des Geschädigten gemäß § 106 VVG festgestellt worden ist, vgl. BGH, NJW-RR 2004, 829), zum anderen unter den Voraussetzungen des § 115 Abs. 1 Satz 1 Nr. 2 VVG seinen Schadensersatzanspruch auch gegen den VR unmittelbar verfolgen. Wenn nach Klageerhebung das Insolvenzverfahren beendet wird, entfällt die Passivlegitimation des VR; die Klage gegen

Direktanspruch   **§ 115 VVG**

den VR muss dann für erledigt erklärt werden (Thume VersR 2010, 849 (855)). Bei Verfolgen des Direktanspruchs nach § 115 Abs. 1 Satz 1 Nr. 1 VVG (Kfz-Haftpflichtversicherung) ist § 110 VVG weitgehend bedeutungslos.

5. § 115 Abs. 1 Satz 1 Nr. 3 VVG. Der Direktanspruch gegen den Pflichtver- 17 sicherer kann schließlich auch dann geltend gemacht werden, wenn unbekannt ist, wo der VN sich aufhält. Die Beweislast hierfür trägt der Dritte. Seine Aufklärungsbemühungen und deren Ergebnisse hat der Anspruchsteller darzulegen (Prölss/Martin/Knappmann, Rn 9). Für den Direktanspruch gegenüber der Kfz-Haftpflichtversicherung ist diese weitere Direktklagemöglichkeit letztlich ohne nennenswerte Bedeutung (Stiefel/Maier/Jahnke, § 115 VVG, Rn 96).

Wann der Aufenthalt unbekannt ist, kann anhand der zu § 185 Nr. 1 ZPO 18 entwickelten Kriterien bestimmt werden. Danach muss der Aufenthalt allgemein und nicht nur dem Dritten unbekannt sein (KG NJW-RR 2006, 1380 (1381); OLG Saarbrücken OLGR 2009, 180 (181); Looschelders/Pohlmann/Schwartze Rn 11). Wenn nach Klageerhebung der Aufenthalt (wieder) bekannt wird, entfällt die Passivlegitimation des VR; die Klage gegen den VR muss dann für erledigt erklärt werden (Thume VersR 2010, 849 (855)).

6. Gesamtschuldnerische Haftung. Nach § 115 Abs. 1 Satz 4 VVG haften 19 ersatzpflichtiger Versicherter und Versicherer als Gesamtschuldner. Es handelt sich dabei um einen gesetzlich angeordneten Schuldbeitritt: Der Kfz-Haftpflichtversicherer tritt gesamtschuldnerisch neben den bei ihm versicherten Schädiger (Stiefel/Maier/Jahnke, Rn 144). Die Haftung des Kfz-Haftpflichtversicherers ist akzessorisch, d. h. er haftet aus Gründen der leichteren Schadensabwicklung aufgrund des gesetzlichen Schuldbeitritts gesamtschuldnerisch nur mit, wenn und soweit ein Versicherter haftet. Diese Akzessorietät gilt aber nur für die Anspruchsentstehung uneingeschränkt, für die weitere Schadensabwicklung können Ausnahmen entstehen (Prölss/Martin/Knappmann § 115 VVG Rn 21). Für das Gesamtschuldverhältnis gelten grundsätzlich die Regeln der §§ 421 ff BGB, die allerdings durch die §§ 113 ff VVG modifiziert werden (Prölss/Martin/Knappmann, 22). Zum Gesamtschuldnerausgleich bei Tätermehrheit vgl Stiefer/Maier/Jahnke, 222 ff).

7. Verjährung und Hemmung. Aus dem Grundsatz der Akzessorietät folgt, 20 dass der Direktanspruch derselben Verjährung unterliegt wie der gegen den ersatzpflichtigen VN/Mitversicherten gerichtete Schadensersatzanspruch (§ 115 Abs. 2 Satz 1 VVG). Diese beträgt nach § 195 BGB, § 14 StVG kenntnisabhängig drei Jahre. Nur der gegen den VR gerichtete Direktanspruch unterliegt gemäß § 115 Abs. 2 Satz 2 VVG zusätzlich auch einer Verjährungsfrist von zehn Jahren seit dem Unfalltag – vorbehaltlich einer Hemmung (§ 115 Abs. 2 Satz 3 VVG) oder Unterbrechung. § 115 Abs. 2 VVG erfasst nicht den Deckungsanspruch des Versicherten gegen seine Versicherung, da für diesen § 15 VVG gilt (OLG Hamm r+s 00, 142; Looschelder/Pohlmann/Schwartze, 26). Auch der Haftpflichtanspruch des Dritten gegen den Versicherten wird duch § 115 Abs. 2 VVG nicht tangiert (BGH NZV 07, 187; Stiefel/Maier/Jahnke, 298).

Nach § 115 Abs. 2 Satz 4 VVG wirken Hemmung (§§ 203 ff BGB, § 115 Abs. 2 21 Satz 3 VVG), Ablaufhemmung (§§ 210, 211 BGB) oder Neubeginn (§ 212 BGB) des Anspruchs gegen den Versicherer in gleicher Weise auch gegenüber dem ersatzpflichtigen Versicherungsnehmer und umgekehrt. Die Verjährung des Direktanspruchs gegenüber dem Kfz-Haftpflichtversicherer und die Verjährung des diesem Direktanspruch zugrundeliegenden Haftungsanspruchs gegenüber dem Versicherten sind wechselwirkend von der formlosen Anmeldung beim VR bis zu dessen schriftlicher Entscheidung gehemmt (Stiefel/Maier/Jahnke, § 115 VVG, Rn 352).

22   **8. Beginn und Ende der Hemmung.** Mit der Anmeldung des Anspruchs wird der Ablauf der Verjährung gehemmt. Für die Anmeldung ist gem. § 119 I VVG Textform (§ 126b BGB) erforderlich. Wird die Textform nicht eingehalten, so ist der VR hinweispflichtig (Prölss/Martin/Knappmann, 30). Eine lückenlose Aufzählung der einzelnen erlittenen Schäden ist nicht erforderlich. Es reicht aus, dass der VR eine Vorstellung vom ungefähren Umfang der durch den Unfall bewirkten Schäden und damit seiner Leistungspflicht vermittelt bekommt (BGH NJW 82, 1761; Prölss/Martin/Knapmann, 32). Die Hemmung des Anspruches dauert so lange bis der VR dem Antragsteller eine Entscheidung über die geltend gemachten Ansprüche in Textform übermittelt. Es reicht nicht aus, wenn der Rechtsanwalt des Geschädigten eine telefonisch erfolgte Ablehnung schriftlich bestätigt (BGH NJW 97, 2521). Eine Ablehnung der Ansprüche beendet die Hemmung, wenn deutlich wird, dass die Ablehnung endgültig ist (BGH NZV 91, 151; OLG Köln r+s 15, 371). Stellt der VR eine erneute Prüfung der Ansprüche in Aussicht, so fehlt es an einer eindeutigen Ablehnung (OLG München r+s 97, 49). Auch im Widerspruch gegen einen Mahnbescheid kann eine ausreichende Ablehnung liegen (OLG Köln VersR. 04, 49). Entsprechende gilt auch für einen Klageabweisungsantrag im Klage- bzw. Prozesskostenhilfeverfahren (Stiefel/Maier/Jahnke, 326). Nicht ausreichend ist ein außergerichtliches Vergleichsangebot oder eine vorläufige Abrechnung verbunden mit dem Angebot der Erhöhungen der Leistungen bei einem entsprechenden Nachweis (KG VersR. 80, 156; OLG München VersR. 82, 173; Stiefel/Maier/Jahnke, 324).

23   Auch ein positiver Bescheid des VR über die geltend gemachten Ansprüche kann ausreichen, um die Hemmung zu beseitigen. Erforderlich ist jedoch eine klare und umfassende Erklärung des VR so dass der Geschädigte aufgrund dieser Mitteilung sicher sein kann, dass auch künftige Forderungen aus dem Schadensfall freiwillig gezahlt werden, sofern der Geschädigte die entsprechenden Forderungen ausreichend belegt. Die Erklärung zu den Ansprüchen muss somit erschöpfend, umfassend und endgültig sein (BGH r+s 17, 387; 96, 90). Eine Mitteilung, in der sich der VR nur zum Grund des geltend gemachten Anspruches positiv erklärt, erfüllt nicht die Anforderungen an eine „Entscheidung", wenn er gleichzeitig zur Höhe der Ansprüche Vorbehalte anmeldet (BGH NJW 97, 2521; OLG Hamm NZV 02, 39). Ein Abrechnungsschreiben, in dem die Ansprüche vorbehaltlos anerkannt werden, stellt zwar ein Anerkenntnis des § 212 I. Nr. 1 BGB dar. Es reicht aber nicht aus, um die Hemmungswirkung zu beseitigen, wenn keine klare Erklärung hinsichtlich der Einstandspflicht bezüglich zukünftiger Schäden gegeben ist (BGH r+s 17, 387). Eine positive Entscheidung kann auch die Mitteilung darstellen, man sei bereit, den Schaden nach einer bestimmten Quote auch für die Zukunft zu regulieren (vgl BGH NJW 97, 2521). Bloße Zahlungen reichen nicht aus, um die Hemmung zu beseitigen. Dies gilt auch bei wiederholten vorbehaltslosen Zahlungen nach jeweiliger Bezifferung durch den Dritten. Es fehlt dann an der schriftlichen Entscheidung des VR (BGH NJW – RR 92, 606).

24   Zur Verjährung in Haftungsfällen vgl Stiefel/Maier/Jahnke, 236 ff; Jahnke/Burmann/Lemcke, Kap. 6 E.

25   **9. Gerichtsstand.** Bei mehreren Haftenden bestimmt sich der Gerichtsstand für jeden selbständig. Der Dritte ist nicht verpflichtet, den Versicherten und dessen

Direktanspruch § 115 VVG

VR gleichzeitig als Gesamtschuldner zu verklagen. Halter, Fahrer und VR können an verschiedenen Gerichtsständen verklagt werden; der Kläger hat ein Wahlrecht. Für Klagen gegen den VR ist entweder der deliktische Gerichtsstand (Unfallort, § 20 StVG, § 32 ZPO) oder der allgemeine Gerichtsstand des Versicherungsunternehmens (§§ 12, 17 ZPO) gegeben. § 32 ZPO gilt auch für Rechtsnachfolger (z. B. Sozialversicherer) des Verletzten (BGH, NJW 1990, 2316). Zum internationalen Gerichtsstandort siehe BGH, NJW 2015, 2429.

§ 21 ZPO (Zweigniederlassung, Schadensbüro) gilt für den Direktanspruch nicht (Looschelders/Pohlmann/Schwartze, § 115 VVG, Rn 8). **26**

10. Prozessuale Besonderheiten. § 115 Abs. 1 Satz 1 Nr. 1 VVG gewährt dem Dritten die direkte Inanspruchnahme des VR nicht nur für die außergerichtlichen Verhandlungen, sondern auch für den Prozessfall. Die Direktklage ermöglicht damit u. a. die Zeugenstellung des VN/Versicherten, wenn dieser nicht ebenfalls als Beklagter in den Rechtsstreit einbezogen wird. Andererseits kann es aus Sicht des Geschädigten vorteilhaft sein, die versicherten Personen (insbesondere Fahrer, aber auch den Halter als Beifahrer) zu verklagen, da diese dann Prozesspartei sind (allerdings mit der Möglichkeit, sie als Partei anzuhören, siehe §§ 447 ff ZPO) und nicht mehr als Zeuge fungieren können (Stiefel/Maier/Jahnke, § 115 VVG, Rn 139 f). **27**

Dem VR, wenn er direkt verklagt wird, ist es nicht gestattet, die Unfalldarstellung des Geschädigten mit Nichtwissen (§ 138 Abs. 4 ZPO) zu bestreiten. Vielmehr ist er als Gesamtschuldner aus dem Haftpflichtverhältnis zur Darlegung verpflichtet wie der Versicherte selbst (OLG Frankfurt, NJW 1974, 1473; OLG München Urt. v. 17.12.2010 – 10 U 3010/10, BeckRS 2011, 00098). **28**

9. Teil. AuslPflVG

1. Gesetz über die Haftpflichtversicherung für ausländische Kraftfahrzeuge und Kraftfahrzeuganhänger

vom 24.7.1956 (BGBl. I S. 667)
zuletzt geändert durch Gesetz vom 31.8.2015 (BGBl. I S. 1474)

Vor § 1 AuslPflVG

Übersicht

	Rn
1. AuslPflVG	1a
a) Gesetz	1a
b) Nischendasein	3
c) Inhalt	7
2. Europäische Union	8a
3. Verordnung über die Kraftfahrzeug-Haftpflichtversicherung ausländischer Kraftfahrzeuge und Kraftfahrzeuganhänger	9
4. Grüne Karte Abkommen	10
5. Andere Rechtsgebiete	12
6. Auslandsunfall – Prozess im Inland	14
7. Gespanne	20
8. Diplomaten	21
a) Rechtsgrundlagen	22
b) Diplomatenstatus	24

Zum Thema: *Bouwmann*, Internationale Unfallregulierung, AnwBl 2015, 336; *Kuhnert*, **1**
Schadensregulierung mit Auslandsbezug, NJW 2011, 3347; *Luckhaupt*, Anhängerregress und kein Ende? – zum Innenausgleich der beteiligten Haftpflichtversicherer nach internationalen Gespannunfällen, NZV 2016, 497; *Riedmeyer/Bouwmann*, Unfallregulierung nach den Kraftfahrzeughaftpflicht-Richtlinien der Europäischen Union, NJW 2015, 2614; *Staudinger*, Negative Feststellungsklage des gegnerischen Haftpflichtversicherers in grenzüberschreitenden Verkehrsunfällen, DAR 2014, 557; *Stiefel/Maier-Riedmeyer*, Teil 4 Regulierung von Auslandsunfällen; *Staudinger*, Negative Feststellungsklage des gegnerischen Haftpflichtversicherers in grenzüberschreitenden Verkehrsunfällen, DAR 2014, 557; *Tomson*, Der Verkehrsunfall im Ausland vor deutschen Gerichten – Alle Wege führen nach Rom –, EuZW 2009, 204. Siehe auch vor § 10 StVG, Rn 14 f.

1. AuslPflVG. a) Gesetz. Die bereinigte Fassung des „Gesetz über die Haft- **1a**
pflichtversicherung für ausländische Kraftfahrzeuge und Kraftfahrzeuganhänger" (AuslPflVG) v. 24.7.1956 (BGBl I 1956, 667, BGBl I 1957, 368) ist veröffentlicht im BGBl III, Gliederungsnummer 925-2. Das Gesetz wurde im Saarland eingeführt durch § 15 lit. r des Gesetzes v. 23.12.1956, BGBl I 1956, 1011. Nach Maßgabe des § 13 I des Dritten Überleitungsgesetzes v. 4.1.1952, BGBl I 1952, 1 galt es auch im Land Berlin (§ 10 AuslPflVG aF).

2   Soweit die wegen der VVG-Novelle 2008 erforderlichen Folgeänderungen vergessen worden waren (BT-Drucksache 17/11469 v. 14.11.2012, S. 16), wurde dieses nachgeholt durch Art. 4 Nr. 1 des Gesetzes zur Änderung versicherungsrechtlicher Vorschriften (VVGuaÄndG) v. 24.4.2013, BGBl I 2013, 932. Dabei wurde allerdings übersehen, § 117 VVG auch über den Abs. 1 hinaus für anwendbar zu erklären (dazu § 6 AuslPflVG, Rn 3).

3   **b) Nischendasein.** Die Existenz des AuslPflVG ist dem Gesetzgeber nicht immer gegenwärtig; Aktualisierungen erfolgen nur sporadisch. Trotz fehlender Anpassung an die veränderte Rechtslage gilt die aktuelle rechtliche Regelung; überholte Rechtsverweise sind entsprechend umzudeuten (*Prölss/Martin-Knappmann*, 28. Aufl. 2010, AuslPflVersG Rn 1).

4   Die **Reform von VVG und PflVG** zum 1.1.2008 hatte das AuslPflVG vollkommen vergessen (BT-Drucksache 17/11469 v. 14.11.2012, S. 16); dieses Versäumnis wurde erst nachgeholt im Jahre 2013 (Art. 4 Nr. 1 VVGuaÄndG). Da aber hinsichtlich der vom AuslPflVG in Bezug genommenen Vorschriften des PflVG keine sachlich-inhaltlich Änderungen erfolgten, waren die Verweisungen auf die Vorschriften des VVG nF bzw. PflVG nF umzuformen (*Feyock/Jacobsen/Lemor-Feyock,* Vorbemerkung § 113 VVG Rn 5). Nach § 6 AuslPflVG war § 3 PflVG aF in seiner Gesamtheit unmittelbar anzuwenden; nur für die sog. Nachhaftung (§ 3 Nr. 5 PflVG aF, § 117 II VVG, § 25 FZV) ist in § 6 II AuslPflVG eine eigenständige Regelung getroffen. Bei Reparatur durch das VVGuaÄndG wurde offensichtlich übersehen, die Weiterverweisung auf § 158c VVG aF in § 3 Nr. 6 S. 1 PflVG aF ebenfalls dem neuen Recht anzupassen.

5   **Grenzzollstellen** sollen nicht ausreichend versicherte Fahrzeuge zurückweisen (§ 1 IV AuslPflVG), was praktisch aber kaum machbar ist.

6   Das in § 2 II 2 AuslPflVG genannte „Bundesaufsichtsamt für das Versicherungs- und Bausparwesen" gibt es schon seit Inkrafttreten des Gesetzes über Bausparkassen im Jahre 1973 nicht mehr (Umbenennung zum „Bundesaufsichtsamt für das Versicherungswesen" [BAV]). Zum 1.5.2002 wurden dann die Bundesaufsichtsämter für das Kreditwesen (BAKred), für den Wertpapierhandel (BAWe) und das Versicherungswesen (BAV) zur Bundesanstalt für Finanzdienstleistungsaufsicht (**BaFin**) verschmolzen (dazu BaFinJournal Mai 2012, 4).

7   **c) Inhalt.** Das AuslPflVG beinhaltet Regelungen über die Haftpflichtversicherung für ausländische Fahrzeuge (Kfz, Anhänger, motorisierte Zweiräder; siehe zum Fahrzeugbegriff auch § 2 FZV), die ihren regelmäßigen Standort im Ausland haben. Fahrzeuge mit regelmäßigem Standort im Ausland dürfen nur dann innerhalb des inländischen Verkehrsraums bewegt werden, wenn eine Haftpflichtversicherung zur Deckung von Personen- und Sachschäden besteht.

8   Das AuslPflVG soll gewährleisten, dass alle in der BRD befindlichen Fahrzeuge ausreichend versichert sind.

8a   **2. Europäische Union.** Die Mitgliedstaaten sind nach dem Unionsrecht verpflichtet, sicherzustellen, dass die Haftpflicht bei Fahrzeugen durch eine Versicherung gedeckt ist. Dabei ist die Deckungspflicht vom Umfang der Entschädigung zu unterscheiden (EuGH VersR 2014, 617): Der Umfang wird im Wesentlichen durch nationales Recht festgelegt und garantiert (EuGH BeckRS 2013, 82042; EuGH DAR 2013, 701). Die betreffenden Richtlinien bezwecken keine Harmonisierung der Haftpflichtregelungen der Mitgliedstaaten; diesen steht es vielmehr grundsätzlich frei, zu regeln, welche Schäden zu ersetzen sind, welchen Umfang dieser Schadensersatz hat und welche Personen Anspruch darauf haben.

3. Verordnung über die Kraftfahrzeug-Haftpflichtversicherung ausländischer Kraftfahrzeuge und Kraftfahrzeuganhänger. Aufgrund §§ 7a, 8 II, § 8a I AuslPflVG ist die Verordnung über die Kraftfahrzeug-Haftpflichtversicherung ausländischer Kraftfahrzeuge und Kraftfahrzeuganhänger (AuslKfzHPflV) v. 8.5.1974, BGBl I 1974, 1062 ergangen. Siehe AuslKfzHPflV, Rn 1 ff auch § 7a AuslPflVG, Rn 2 ff. 9

4. Grüne Karte Abkommen. Das Grüne Karte System beruht auf einer UNO Empfehlung von 1949, die zwischenzeitlich mehrfach geändert wurde (Consolidated Resolution on the Facilitation of Road Transport). Grundlage der Rechte und Pflichten zwischen den nationalen Büros, die in der Dachorganisation des Council of Bureaux zusammengeschlossen sind, war das sog. **Londoner Abkommen.** Zum System der Grünen Karte siehe *Feyock/Jacobsen/Lemor-Lemor*, AuslUnf Teil 4 A.I Rn 10 ff). 10

Mit Umsetzung der EU-Richtlinie vom 24.4.1972 (72/166/EWG) wurde die mit der Grünen Karte verbundene Nachweis- und Garantiefunktion auf das amtliche Kennzeichen übertragen. Damit kam der Grünen Karte innerhalb der EU und einigen assoziierter Länder keine rechtliche Bedeutung mehr zu. Für diejenigen Grüne Karte Büros, deren Rechtsbeziehungen auf dem Kennzeichen beruhen, galt das **Multilaterale Garantie Abkommen** (MGA) v. 15.3.1991. Diese Abkommen wurden dann zum 1.7.2003 zu einem neuen einheitlichen Abkommen, den **Internal Regulations** (zum Text siehe www.gruene-karte.de/abkommen.html) zusammengeführt. 11

5. Andere Rechtsgebiete. Das **Personenbeförderungsgesetz** (§ 64 I Nr. 5 PBefG) lässt das AuslPflVG unberührt. 12

Soll ein zulassungspflichtiges nicht zugelassenes Kfz oder ein zulassungsfreies und kennzeichenpflichtiges Kfz, dem kein Kennzeichen zugeteilt ist, mit eigener Triebkraft oder ein Anhänger hinter einem Kfz dauerhaft in einen anderen Staat verbracht werden, gelten die Vorschriften der **Fahrzeug-Zulassungsverordnung** (§ 16, 19 FZV). Nach § 19 I Nr. 1 FZV (siehe auch Anl. 11 zu § 23 III FZV, ferner § 1 AuslPflVG, Rn 5) darf das Fahrzeug nur zugelassen werden, wenn eine Haftpflichtversicherung nach § 1 AuslPflVG besteht. 13

6. Auslandsunfall – Prozess im Inland. Ist nach deutschem internationalen Privat- und Zivilverfahrensrecht ausländisches Recht anzuwenden, hat der Tatrichter dieses gemäß § 293 ZPO von Amts wegen zu ermitteln (BGH MDR 2013, 866). Dabei darf sich die Ermittlung nicht auf die Heranziehung der Rechtsquellen beschränken, sondern muss die konkrete Ausgestaltung des Rechts in der ausländischen Rechtspraxis, insbesondere die ausländische Rechtsprechung, berücksichtigen. Gibt die angefochtene Entscheidung keinen Aufschluss darüber, dass der Tatrichter seiner Pflicht zur Ermittlung ausländischen Rechts nachgekommen ist, ist davon auszugehen, dass eine ausreichende Erforschung des ausländischen Rechts verfahrensfehlerhaft unterblieben ist (BGH MDR 2013, 866; BGH NJW-RR 2002, 1359; BGH BGHReport 2001, 894; BGH NJW 1992, 3106). Der deutsche Tatrichter hat ausländisches Recht im Wege des Freibeweises zu ermitteln. In welcher Weise er sich die notwendigen Kenntnisse verschafft, liegt in seinem pflichtgemäßen Ermessen (BGH NJW-RR 2017, 902; OLG München NJW 2017, 338). Eine Internet-Recherche zu Reisehinweisen für und zu Ver- 14 kehrsregeln im Ausland ist mangels Verbindlichkeit und Zuverlässigkeit nicht ausreichend (OLG München NJW 2017, 338).

15 Die Einholung eines **Sachverständigengutachtens** über das ausländische Recht ist nicht immer notwendig, da nach dem Europäischen Übereinkommen v. 7.6.1968 betreffend Auskünfte über ausländisches Recht, BGBl II 1974, 937 die notwendigen Informationen zum ausländischen Recht eingeholt werden können. Das Übereinkommen der Mitgliedstaaten des Europarats verpflichtet diese Staaten zu kostenlosen Auskünfte zum eigenen Recht (zu Einzelheiten Auslands-Rechtsauskunftsgesetz – AuRAG). Das Gericht hat die Rechtsfrage der vom jeweiligen Landesjustizministerium bestimmten zuständigen Stelle zuzuleiten, die dann wiederum die Auskunft bei der zuständigen ausländischen Stelle anfordert. Die Formulierung der Vorlagefrage kann das Gericht selbst vornehmen oder den Parteien aufgeben. Erst wenn durch die Auskunft die offenen Fragen nicht beantwortet werden können, ist die Einholung eines Rechtsgutachtens notwendig (hierzu ausführlich *Tomson* EuZW 2009, 204).

16 Gibt die angefochtene Entscheidung in einem Prozess um einen Auslandsunfall keinen Aufschluss darüber, dass der Tatrichter seiner Pflicht zur Ermittlung ausländischen Rechts nachgekommen ist, ist davon auszugehen, dass eine ausreichende Erforschung des ausländischen Rechts verfahrensfehlerhaft unterblieben ist, was zur Zurückverweisung führt (§ 538 II 1 Nr. 1 ZPO) (OLG München NJW 2017, 338).

17 Der **Schadensregulierungsbeauftragte** (siehe § 163 VAG, § 7b VAG aF) ist passiv zustellungsbevollmächtigt für gerichtliche Schriftstücke (EuGH NJW 2014, 44).

18 Art. 9 I lit. b EuGVVO gilt weder unmittelbar noch analog für **Zessionare** (KG VersR 2014, 1020; OLG Saarbrücken v. 30.11.2016 – 5 U 14/16 – dejure.org).

19 Siehe ergänzend § 86 VVG, Rn 57.

20 **7. Gespanne.** Zum Innenausgleich bei Unfällen mit ausländischen Zugmaschinen und Anhängern (dazu BGH NJW 2011, 447) siehe ergänzend *Luckhaupt* NZV 2016, 497.

21 **8. Diplomaten. Zum Thema:** *MüKo/ZPO-Zimmermann*, § 18 GVG.

22 **a) Rechtsgrundlagen.** Der Diplomatenstatus ist kein einheitlich definierter Rechtsbegriff, sondern hat sich historisch entwickelt. Die völkergewohnheitsrechtlichen Gepflogenheiten wurden auf der Wiener Konferenz v. 2.3./18.4.1961 im Wiener Übereinkommen über diplomatische Beziehungen **(WÜD)** v. 18.4.1961 (BGBl II 1964, 957) zusammengestellt. Die Rechte der Konsularbeamten ergeben sich aus dem Wiener Übereinkommen über konsularische Beziehungen **(WÜK)** v. 24.4.1963 (BGBl II 1969, 1585).

23 Beide Übereinkommen (WÜD, WÜK) werden in Deutschland auch gegenüber nicht beigetretenen Staaten entsprechend angewendet (§§ 18 S. 2, 19 I 2 GVG, erweitert in § 20 GVG).

24 **b) Diplomatenstatus.** Diplomaten (auch Mitglieder von diplomatischen Missionen, konsularischen Vertretungen und Bedienstete internationaler Organisationen), ihre Familienmitglieder und privaten Hausangestellten genießen bei ihrem Aufenthalt im Gastland besondere Rechte und Immunitäten. Dazu zählen u.a. Schutz vor hoheitlichen Maßnahmen des Empfangsstaates und Befreiung von seiner Gerichtsbarkeit (vgl §§ 18, 19 GVG; Art. 23, 24, 34 WÜD).

Diplomaten (und ihre Angehörigen) haben die im Empfangsstaat geltenden 25
Gesetze und Rechtsvorschriften zu beachten (Art. 41 I WÜD, Art. 55 I WÜK).
Die Unverletzlichkeit der diplomatischen Mission beschränkt nicht die Geltung,
sondern nur die Durchsetzung des jeweiligen nationalen Rechts (vgl RG RGSt
69, 54).
Auf die Immunität kann nach Maßgabe des Art. 32 WÜD verzichtet werden. 26
Für Urteilsvollstreckungen bedarf es eines besonderen Verzichts (Art. 32 IV
WÜD).

§ 1 Notwendigkeit und Nachweis des Versicherungsschutzes

(1) Kraftfahrzeuge (auch Fahrräder mit Hilfsmotor) und Kraftfahrzeuganhänger, die im Inland keinen regelmäßigen Standort haben, dürfen im Geltungsbereich dieses Gesetzes auf öffentlichen Straßen oder Plätzen nur gebraucht werden, wenn für den Halter, den Eigentümer und den Führer zur Deckung der durch den Gebrauch verursachten Personen- und Sachschäden eine Haftpflichtversicherung nach den §§ 2 bis 6 besteht.

(2) ¹Der Führer des Fahrzeugs hat eine Bescheinigung des Versicherers über die Haftpflichtversicherung (Versicherungsbescheinigung) mitzuführen.
²Sie ist auf Verlangen den zuständigen Beamten zur Prüfung auszuhändigen.
³§ 8a bleibt unberührt.

(3) Besteht keine diesem Gesetz entsprechende Haftpflichtversicherung oder führt der Führer des Fahrzeugs die erforderliche Versicherungsbescheinigung nicht mit, so darf der Halter des Fahrzeugs nicht anordnen oder zulassen, daß das Fahrzeug im Geltungsbereich dieses Gesetzes auf öffentlichen Straßen oder Plätzen gebraucht wird.

(4) ¹Fehlt bei der Einreise eines Fahrzeugs die erforderliche Versicherungsbescheinigung, so müssen es die Grenzzollstellen zurückweisen.
²Stellt sich der Mangel während des Gebrauchs heraus, so kann das Fahrzeug sichergestellt werden, bis die Bescheinigung vorgelegt wird.

(5) Die Absätze 1 bis 4 gelten nicht für die Fahrzeuge der ausländischen Streitkräfte, die zum Aufenthalt im Geltungsbereich dieses Gesetzes befugt sind.

Übersicht

	Rn
1. Allgemeines	1
2. Gebrauch ausländischer Fahrzeuge (§ 1 I AuslPflVG)	3
a) Ausländischer Standort	3
b) Fahrzeuggebrauch	6
c) Straftat	7
3. Mitführen der Bescheinigung (§ 1 II AuslPflVG)	8
a) Grundsatz	8
b) Fahrzeuge aus Mitgliedstaaten der Europäischen Union	9
c) Fahrzeuge aus Nicht-EU-Mitgliedstaaten und Nicht-EWR-Vertragsstaaten	16

	Rn
4. Halterverantwortung (§ 1 III AuslPflVG)	25
5. Fehlende Versicherungsbescheinigung (§ 1 IV AuslPflVG)	27
6. Ordnungswidrigkeit	30
7. Ausländische Streitkräfte (§ 1 V AuslPflVG)	31
8. Verkehrsopferhilfe	33

1 **1. Allgemeines. Zum Thema:** *Böhme/Biela* Kap. 13, *Huppertz* DAR 2007, 577, *Jagow* VD 1983, 226.

2 Das Bestehen des Versicherungsschutzes muss bei Grenzübertritt vom betroffenen Fahrzeugführer nachgewiesen werden. Dies wird meist durch Vorlage einer Grünen Karte oder eines Grenzversicherungsscheins (dazu § 2 AuslPflVG, Rn 9) gewährleistet. Häufig wird der Nachweis allein durch das amtliche Kennzeichen des Fahrzeugs geführt (so z.B. bei Fahrzeugen der Mitgliedsstaaten der Europäischen Union bzw. solchen Staaten, mit denen entsprechende Abkommen bestehen).

3 **2. Gebrauch ausländischer Fahrzeuge (§ 1 I AuslPflVG). a) Ausländischer Standort.** Für Fahrzeuge, die ihren regelmäßigen **Standort in Deutschland** haben, bestimmt § 1 PflVG die Versicherungspflicht. In Ergänzung zu § 1 PflVG ordnet § 1 I AuslPflVG für Kfz und Anhänger mit **ausländischem Standort** die Erforderlichkeit einer Haftpflichtversicherung nach Maßgabe der §§ 2–6 AuslPflVG an; Fahrzeuge dürfen in Deutschland nur gebraucht werden, wenn ausreichender, durch mitzuführende Bescheinigung nachgewiesener (§ 1 II AuslPflVG), Versicherungsschutz besteht.

4 Fahrzeuge mit ausländischen Kennzeichen können, wenn ihr regelmäßiger **Standort im Inland** ist, dem PflVG unterfallen. Abzustellen ist auf den Schwerpunkt der vom Halter vorgesehenen Verwendung. Der Wohnsitz des Halters hat nur indizielle Bedeutung.

5 Erhalten Fahrzeuge, die im Inland nicht zugelassen sind und sofort mit eigener Kraft ins Ausland verbracht werden, kein Kurzzeitkennzeichen oder Rotes Kennzeichen (§ 16, 17 FZV; zum Versicherungsnachweis siehe § 16 IV FZV), sondern ein **Ausfuhrkennzeichen** (§ 19 FZV), gilt Versicherungspflicht nach dem AuslPflVG (§ 19 I Nr. 1 FZV). Fahrzeuge mit rotem Kurzzeit- oder Ausfuhrkennzeichen müssen den technischen und ordnungsrechtlichen Straßenverkehrsvorschriften entsprechend und sind nicht von den der **Verkehrssicherheit** dienenden Vorschriften befreit (KG NZV 2016, 104 m.w.H.).

6 **b) Fahrzeuggebrauch.** Werden in- und ausländische Fahrzeug auf **öffentlichen Straßen** oder **Plätzen** (§ 1 StVG) gebraucht (siehe zur Abgrenzung Gebrauch und Betrieb *Burmann/Jahnke* DAR 2016, 313), muss Versicherungsschutz für Halter, Eigentümer und Fahrzeugführer bestehen. Wenn § 1 StVG von öffentlichen Wegen und Plätzen und § 1 FeV, §§ 3, 4 FZV von öffentlichen Straßen sprechen, sind über dem öffentlichen Verkehr auf Grund des Straßenrechts gewidmete Flächen hinaus auch solche Straßen und Plätze gemeint, die der Allgemeinheit ohne Beschränkung auf bestimmte Personenkreise zu Verkehrszwecken offen stehen (siehe auch VwV-StVO zu § 1 StVO, Ziff. II und zu § 33 Abs. 2 StVO, Ziff. III; BVerwG DAR 1974, 278; VG Gießen NJW 1999, 2458; OLG Frankfurt zfs 2010, 19; siehe auch § 1 StVG, Rn 10 und § 1 StVO, Rn 5 ff).

Notwendigkeit und Nachweis des Versicherungsschutzes   **§ 1 AuslPflVG**

c) Straftat. Der Gebrauch des nicht entsprechend versicherten Fahrzeuges ist 7
eine Straftat (§ 9 AuslPflVG).

3. Mitführen der Bescheinigung (§ 1 II AuslPflVG). a) Grundsatz. Das 8
AuslPflVG verlangt keine versicherungspflichtige Person, sondern beschränkt sich
auf das Verlangen, bei Gebrauch des Fahrzeuges den Versicherungsschutz nachzuweisen. Fahrzeugführer haben die Versicherungsbescheinigung mitzuführen (§ 1
II 1 AuslPflVG) und auf Verlangen den zuständigen Beamten auszuhändigen (§ 1
II 2 AuslPflVG). Für den Nachweis kommt es allein auf die **formelle Gültigkeit**
der ordnungsgemäß oder auch nur vorgeblich ordnungsgemäß ausgestellten Grünen Karte an (*Feyock/Jacobsen/Lemor-Feyock,* § 1 PflVG Rn 7).

b) Fahrzeuge aus Mitgliedstaaten der Europäischen Union. Der Nach- 9
weis einer Versicherungsbescheinigung ist häufig entbehrlich, da ein **Versicherer-
verband** die erforderliche **Garantie** übernommen hat (§ 8a AuslPflVG). Auf die
Grüne Karte als Versicherungsbescheinigung haben EU-Länder und bestimmte
weitere Staaten zugunsten des amtlichen Kennzeichens des jeweiligen Landes **verzichtet** (BGBl I 1974, 3629, BGBl I 1986, 1095).

Besteht bereits auf Basis des **amtlichen Autokennzeichens** Deckungsschutz 10
für Deutschland (§ 8a AuslPflVG), ist eine Versicherungsbescheinigung nach § 1
II AuslPflVG nicht erforderlich. Dies gilt nach § 1 AuslKfzHPflV (siehe
AuslKfzHPflV, Rn 3 ff):
– **§ 1 Nr. 1 AuslKfzHPflV**
Kfz und Kfz-Anhänger, die ein vorgeschriebenes Kennzeichen folgender Staa- 11
ten führen: Belgien, Bulgarien, Dänemark (ohne Grönland), Estland, Finnland,
Frankreich (ohne Überseegebiete), Griechenland, Irland, Italien, Lettland,
Litauen, Luxemburg, Malta, Niederlande, Österreich, Polen, Portugal, Rumänien,
Schweden, Slowakei, Slowenien, Spanien, Tschechische Republik, Ungarn, Ver-
einigtes Königreich Großbritannien und Nordirland (einschließlich Kanalinseln,
Gibraltar, Insel Man), Zypern.

Ausnahmen regelt die Anlage zu § 2 AuslKfzHPflV (BGBl I 2004, 2157) u.a. 12
für militärische Fahrzeuge sowie Fahrzeuge von Angehörigen von Streitkräften
und ihrer Familien.
– **§ 1 Nr. 2 AuslKfzHPflV**
Zweirädrige Kfz, für die ein Kennzeichen nicht vorgeschrieben ist und deren 13
Führer seinen gesetzlichen Wohnsitz hat in: Dänemark (ohne Grönland), Finnland, Irland, Schweden.
– **§ 1 Nr. 3 AuslKfzHPflV**
Zweirädrige Kfz mit max. 50 cm³ Hubraum, für die ein Kennzeichen nicht 14
vorgeschrieben ist und deren Führer seinen gesetzlichen Wohnsitz hat in: Spanien.
– **§ 1 Nr. 4 AuslKfzHPflV**
Fahrräder mit Hilfsmotor mit max. 50 cm³ Hubraum, für die ein Kennzeichen 15
nicht vorgeschrieben ist und deren Führer seinen gesetzlichen Wohnsitz hat in:
Frankreich (ohne Überseegebiete).

c) Fahrzeuge aus Nicht-EU-Mitgliedstaaten und Nicht-EWR-Ver- 16
tragsstaaten. §§ 3 ff AuslKfzHPflV (AuslKfzHPflV, Rn 5 ff) enthalten Bestimmungen für Fahrzeuge aus Nicht-EU-Mitgliedstaaten und Nicht-EWR-Vertragsstaaten.

aa) Versicherungsnachweis. Nach § 3 AuslKfzHPflV dürfen Fahrzeuge (Kfz, 17
Anhänger) aus Nicht-EU- und Nicht-EWR-Staaten auf öffentlichen Straßen oder

Jahnke

Plätzen nur gebraucht werden, wenn die durch den Gebrauch des Fahrzeugs verursachten Schäden **im gesamten Gebiet der Mitgliedstaaten** der EU und EWR nach den dort jeweils geltenden Vorschriften über die Pflichtversicherung **gedeckt** sind, soweit das Fahrzeug in die vorgenannten Gebiete ohne Kontrolle eines Versicherungsnachweises weiterreisen kann. Eine Ausnahme besteht nach § 3 III AuslKfzHPflV für Militärfahrzeuge. Siehe ergänzend *Luckhaupt* NZV 2016, 497.

18 Nach § 4 AuslKfzHPflV hat der Fahrzeugführer das Bestehen von Versicherungsschutz durch eine (mitzuführende) **Grüne Internationale Versicherungskarte** oder eine Bescheinigung über den Abschluss einer **Grenzversicherung** (§ 5 AuslKfzHPflV i.V.m. §§ 2–5 AuslPflVG) nachzuweisen. Fehlen die Versicherungsnachweise bei der Einreise aus einem Nicht-EU-/Nicht-EWR-Staat, ist das Fahrzeug zurückzuweisen (§ 7 AuslKfzHPflV).

19 **Türkische** Fahrzeuge sind nicht von der Verpflichtung nach § 1 II AuslPflVG befreit (VG Ansbach v. 12.7.2001 – AN 5 K 00.01805 – juris).

20 **bb) Entbehrlichkeit des Nachweises.** Nach § 8 AuslKfzHPflV (siehe AuslKfzHPflV, Rn 10) ist eine Versicherungsbescheinigung nach § 1 II AuslPflVG, § 4 AuslKfzHPflV nicht erforderlich für

– § 8 I Nr. 1 AuslKfzHPflV

21 Kfz und Kfz-Anhänger, die ein vorgeschriebenes Kennzeichen folgender Staaten oder Gebiete führen: Andorra, Grönland, Island, Kroatien, Liechtenstein, Monaco, Norwegen, San Marino, Schweiz, Serbien, Vatikanstadt.

22 Diese Befreiung erstreckt sich nicht auf § 8 II AuslKfzHPflV näher bestimmte landwirtschaftliche Fahrzeuge.

– § 8 I Nr. 2 AuslKfzHPflV

23 Zweirädrige Kfz, für die ein Kennzeichen nicht vorgeschrieben ist und deren Führer seinen gesetzlichen Wohnsitz hat in: Grönland, Norwegen.

– § 8 I Nr. 3 AuslKfzHPflV

24 Fahrräder mit Hilfsmotor mit max. 50 cm³ Hubraum, für die ein Kennzeichen nicht vorgeschrieben ist und deren Führer seinen gesetzlichen Wohnsitz hat in: Monaco.

25 **4. Halterverantwortung (§ 1 III AuslPflVG).** Adressat der Versicherungspflicht ist der Halter/Mithalter des Fahrzeuges. Der Halter hat die erforderlichen Maßnahmen zu ergreifen, um einen Fahrzeuggebrauch zu verhindern.

26 Halter ist, wer das Kfz für eigene Rechnung im Gebrauch hat und die Verfügungsgewalt besitzt, die ein solcher Gebrauch voraussetzt (BGH NJW 1954, 1198). Für die Haltereigenschaft sind Eigentum und Zulassung zwar ein starkes Indiz, nicht aber entscheidend.

27 **5. Fehlende Versicherungsbescheinigung (§ 1 IV AuslPflVG).** Fehlt die erforderliche Versicherungsbescheinigung, dürfen die Grenzzollstellen das Fahrzeug **nicht einreisen** lassen (§ 1 IV 1 AuslPflVG). Wird das Fahrzeug im Inland gebraucht, ist das Fahrzeug bis zur Vorlage einer ausreichenden Bescheinigung **sicherzustellen** (§ 1 IV 2 AuslPflVG).

28 § 1 IV AuslPflVG enthält eine Amtspflicht der Behörden zugunsten inländischer Verkehrsteilnehmer. Wird die Einreise eines Kfz oder Anhängers ohne ausreichende Prüfung des Versicherungsschutzes zugelassen, können Ansprüche eines Geschädigten aus **Amtspflichtverletzung** der Zollbehörde bestehen (LG München DAR 2013, 273). Zur Erfüllung ihrer Amtspflicht müssen die Grenzzollstellen die einreisenden ausländischen Fahrzeuge jedenfalls dann lückenlos kontrollie-

ren, wenn in ihren Heimatländern eine Zwangshaftpflichtversicherung nicht besteht (BGH NJW 1971, 2222). Bei begründeten Verdachtsmomenten besteht eine Amtspflicht auch zur Kontrolle und gegebenenfalls Sicherstellung im Inland (*Feyock/Jacobsen/Lemor-Feyock*, § 1 PflVG Rn 10).

Wenn zum Zeitpunkt des Unfalls keine Haftpflichtversicherung für das unfallbeteiligte ausländische Fahrzeug abgeschlossen war, kann die tatsächliche und rechtliche Situation des Geschädigten nicht durch die Feststellung eines fehlenden Versicherungsschutzes durch die den Unfall aufnehmenden Beamten verbessert werden (LG München DAR 2013, 273). Eine erst nachträglich abgeschlossene Haftpflichtversicherung muss für den Unfallschaden nicht einstehen (OLG München BeckRS 2009, 01931). Da die Pflicht zur Sicherstellung ausländischer Kraftfahrzeuge wegen fehlenden Versicherungsschutzes nach § 1 IV AuslPflVG nicht gegenüber einem Verkehrsteilnehmer obliegt, der bei Feststellung des fehlenden Versicherungsschutzes bereits geschädigt war, besteht insofern kein Schadensersatzanspruch aus **§ 839 BGB**, wenn ein unversichertes ausländisches Fahrzeug nicht sichergestellt wurde (OLG Braunschweig OLGZ 1967, 275; OLG München BeckRS 2009, 01931). 29

6. Ordnungswidrigkeit. Wer schuldhaft als Fahrzeugführer die erforderliche Versicherungsbescheinigung nicht mit sich führt oder auf Verlangen nicht aushändigt bzw. als Fahrzeughalter einen solchen Verstoß duldet, handelt ordnungswidrig (§ 9a I Nr. 1 AuslPflVG). 30

7. Ausländische Streitkräfte (§ 1 V AuslPflVG). Das AuslPflVG gilt nicht für Fahrzeuge von ausländischen Streitkräfte, die sich im Inland aufhalten dürfen (§ 1 V AuslPflVG). Es kommen dann die Truppenstatute (NTS, PfP, EU) bzw. das SkAufG zur Anwendung (dazu vor § 12b StVG, Rn 9 ff). 31

Ist ein Mitglied ausländischer Streitkräfte mit einem **Privatfahrzeug** an einem Unfall beteiligt, ist der jeweilige Kfz-Haftpflichtversicherer zuständig. Das AuslPflVG kommt nicht zur Anwendung (AG Siegburg VersR 1984, 432). 32

8. Verkehrsopferhilfe. Schäden, die durch ausländische nicht-versicherte Fahrzeuge verursacht werden, sind durch die Verkehrsopferhilfe im Rahmen des § 12 StVG zu entschädigen (*Feyock/Jacobsen/Lemor-Feyock*, § 1 PflVG Rn 12). § 12 PflVG stellt nur darauf ab, ob sich der Schaden im Geltungsbereich des PflVG ereignet hat; und nicht darauf, wo das schädigende Fahrzeug seinen gewöhnlichen Standort hat. 33

Die VOH ist im Einzelfall auch zuständig für in Deutschland von ausländischen Fahrzeugen verursachte Schadenfälle (z.B. bei Verwendung eines falschen oder falsch abgelesenen ausländischen Kennzeichens und Regulierungsverweigerung des ausländischen Grüne-Karte-Büro; siehe *Stiefel/Maier-Jahnke*, § 12 PflVG Rn 18, 64 ff). 34

Ausländer, die ihren gewöhnlichen Aufenthalt in Deutschland haben, können Ansprüche nach § 12 PflVG verfolgen. Ausländische Staatsangehörige (Personen, die keine Deutsche i.S.d. Art 116 GG sind) erhalten dann keine Leistungen, wenn sie ohne festen Wohnsitz im Inland sind oder mit ihrem Heimatland keine Gegenseitigkeit vereinbart ist (*Stiefel/Maier-Jahnke*, § 14 PflVG Rn 5 ff). 35

§ 2 Zugelassene Versicherer

(1) **Die Haftpflichtversicherung kann genommen werden**
a) **bei einem im Geltungsbereich dieses Gesetzes zum Geschäftsbetrieb befugten Versicherer,**

b) bei einem anderen Versicherer nur dann, wenn neben ihm ein im Geltungsbereich dieses Gesetzes zum Geschäftsbetrieb befugter Versicherer oder ein Verband solcher Versicherer die Pflichten eines Haftpflichtversicherers nach den folgenden Vorschriften übernimmt.

(2) ¹Für die Zwecke dieses Gesetzes können sich Versicherer, die im Geltungsbereich dieses Gesetzes die Kraftfahrzeughaftpflichtversicherung betreiben, zu einer Versicherergemeinschaft zusammenschließen. ²Die Satzung der Versicherergemeinschaft bedarf der Genehmigung des Bundesaufsichtsamts für das Versicherungs- und Bausparwesen.

Übersicht

	Rn
1. § 2 I AuslPflVG	1
2. Deutsche Büro Grüne Karte (DBGK)	2
3. Grenzversicherungsschein (§ 2 II AuslPflVG)	9
a) Gemeinschaft der Grenzversicherer	10
b) Anwendungsbereich	14

1. § 2 I AuslPflVG. § 2 I lit. a) AuslPflVG entspricht § 113 I VVG. Eine Pflicht-Haftpflichtversicherung kann nur mit einem im Inland zum Geschäftsbetrieb **befugten Versicherungsunternehmen** abgeschlossen werden (Kontrahierungszwang, § 3 AuslPflVG). Versicherungsunternehmen, die das Haftpflichtgeschäft betreiben wollen, haben nach § 5 V Nr. 1 VAG aF (siehe § 9 I VAG) Geschäftspläne mit den AVB beim BAFin einzureichen, um die Befugnis zu erhalten. Das gilt auch für Versicherer, die im Dienstleistungsverkehr Pflichtversicherungen betreiben (§ 110a IIb VAG aF; § 61 VAG).

2. Deutsche Büro Grüne Karte (DBGK). Die Ausgabe einer sog. grünen Versicherungskarte begründet ein Versicherungsverhältnis mit der ausgebenden Versicherung (OLG Hamburg OLGR 2005, 129).

§ 2 I lit. b) AuslPflVG gestattet – anders als § 5 PflVG – auch die Versicherung bei einem Kfz-Haftpflichtversicherer, der nicht in Deutschland, sondern in einem anderen Staat zugelassen ist, wenn ein befugter Versicherer oder Verband daneben in Anspruch genommen werden kann. Die dem Grüne-Karte-System angeschlossenen Versicherer haben Landesbüros gegründet. Zum System der Grünen Karte siehe ergänzend vor § 1 AuslPflVG, Rn 10 f.

Ansprüche aus Haftpflichtschadenfällen in Deutschland, die durch ein im Ausland zugelassenes Fahrzeug verursacht wurden, können – außer gegen den Schädiger und den ausländischen Haftpflichtversicherer – auch unter Beachtung von § 6 AuslPflVG gegen das DBGK (Anschrift: *Deutsches Büro Grüne Karte e.V., Wilhelmstr. 43 / 43 G, 10117 Berlin*; Tel. +49 30 / 2020 5757, www.gruene-karte.de) geltend gemacht werden, sofern dieses nach § 2 AuslPflVG die Pflichten eines Haftpflichtversicherers übernommen hat (BGH NJW 2008, 2642): Das ist nur dann der Fall, wenn für das beteiligte Fahrzeug eine **Grüne Karte** ausgestellt war oder aufgrund des **amtlichen Autokennzeichens** Deckungsschutz für Deutschland besteht (§ 8a AuslPflVG).

Verursacht ein im Ausland wohnhafter deutscher Fahrzeugführer, ohne im Besitz der grünen Karte zu sein, in Deutschland mit einem Fahrzeug mit einem entstempelten **(ungültigen) Kennzeichen** einen Verkehrsunfall, entfällt ein Schadensersatzanspruch gegen das DBGK (OLG Karlsruhe NZV 1998, 287).

Wird nur für einen **Anhänger** die Grüne Karte vorgelegt, gilt dieses nicht zugleich auch für die **Zugmaschine** (LG München VersR 1992, 1217), und umgekehrt. Bei **befristeten** Versicherungsverhältnissen, bei denen die Zeitdauer des Versicherungsschutzes gerade auf der Karte vermerkt wird, kann auch aus der bloßen Tatsache, dass der Versicherungsnehmer die Grüne Karte schon im Besitz hat, kein Vertrauensschutz hergeleitet werden. Die Annahme einer Vorhaftung des Versicherers unter dem Gesichtspunkt des Vertrauensschutzes kommt nicht in Betracht (LG Hamburg VersR 1997, 1527).

Soweit die Eintrittspflicht des DBGK gegeben ist, reguliert ein deutsches Versicherungsunternehmen oder Schadenregulierungsbüro den Schadenfall im Auftrag des DBGK. Die mit der Regulierung beauftragte Institution ist im Falle eines **Gerichtsverfahrens** nicht der richtige Beklagte; passivlegitimiert ist das Deutsche Büro Grüne Karte e.V. (BGH NJW 2008, 2642; OLG Hamm VersR 1972, 1040; LG Koblenz VersR 1981, 543). Sofern der Geschädigte die Existenz einer Grünen Karte nicht nachweisen kann oder kein amtliches Kennzeichen des Fahrzeuges des Unfallgegners hat, ist das DBGK nicht eintrittspflichtig und auch nicht passivlegitimiert (vgl LG Mannheim VersR 1991, 1144). Siehe ergänzend Münchener Anwaltshandbuch Straßenverkehrsrecht-*Kuhn*, § 31; *Stiefel/Maier-Jahnke*, § 14 PflVG. 6

Das DBGK kann nur im Rahmen der im Unfallzeitpunkt geltenden **Mindestversicherungssumme** in Anspruch genommen werden (OLG München r+s 2003, 388). Ist im Heimatland des schädigenden Fahrzeuges eine höhere Mindestdeckung vorgesehen, empfiehlt sich die Direktklage auch gegen den ausländischen Versicherer. 7

Neben der direkten Inanspruchnahme des DBGK kann **auch** der **ausländische Versicherer** verklagt werden (BGH NJW 1972, 387; KG NJW-RR 1995, 1116). GDV, *HUK-Verband* bzw. *DBGK* sind allerdings nicht für die Klage zustellungsbefugt (*Prölss/Martin-Knappmann*, vor § 1 PflVersG Rn 4). 8

Schadensregulierung im System Grüne Karte ist im Inland **steuerpflichtig** (auch hinsichtlich der Umsatzsteuer) (BFH BeckRS 2017, 94131). 8a

3. Grenzversicherungsschein (§ 2 II AuslPflVG). Fahrzeuge aus Ländern, die nicht zum Grüne-Karte-System gehören, werden über einen sog. Grenzversicherungsschein (rosa Grenzpolice) abgesichert (dazu *Feyock/Jacobsen/Lemor-Lemor*, AuslUnf Teil 4 A.I Rn 4b ff). An den Außengrenzen des EWR-Gebiets müssen ausländische Kraftfahrer, die bei der Einreise keinen anerkannten Haftpflichtdeckungsnachweis haben, eine Grenzversicherung erwerben, wenn das Fahrzeug seinen Standort in einem Staat hat, der nicht in das System der Grünen Versicherungskarte eingebunden ist. Den Grenzversicherungsschein (= Versicherungsnachweis) erhält der Versicherungsnehmer zusammen mit einer für alle EG-Staaten und die Schweiz gültig gemachten grünen Karte. Die Grenzversicherung gilt für die Mitgliedstaaten von EU und EWR (siehe § 4 AuslPflVG, Rn 2). 9

a) Gemeinschaft der Grenzversicherer. Für die Zwecke des AuslPflVG dürfen sich Kfz-Haftpflichtversicherer zu einer Versicherergemeinschaft zusammenschließen (§ 2 II 1 AuslPflVG); dies war mit der *Gemeinschaft der Grenzversicherer* als auf freiwilliger Basis eingerichteter Versicherungspool der im Gesamtverband der Deutschen Versicherungswirtschaft (GDV) organisierten Kfz-Haftpflichtversicherer geschehen. Ist der Schädiger bei dieser Gemeinschaft versichert **(Rosa Grenzversicherungsschein),** sind Schadenersatzansprüche nicht beim Deutschen Büro Grüne Karte, sondern unter Vorlage des Versicherungsscheins bzw. einer Kopie desselben 10 bei der Gemeinschaft (Anschrift: *Gemeinschaft der Grenzversicherer*, Wilhelmstraße 43/ 43 G, 10117 Berlin) anzumelden. Die Gemeinschaft beauftragt dann ein deutsches Versicherungsunternehmen oder Schadensregulierungsbüro mit der Abwicklung des Schadens. Prozessual passiv legitimierter Klagegegner ist die Gemeinschaft der Grenzversicherer, und nicht der von dieser beauftragte Schadensregulierer.

11 Die Gemeinschaft der Grenzversicherer steht für den jeweiligen Unfallschaden nur bis zur Höhe der gesetzlich vorgeschriebenen **Mindestdeckungssumme** ein. Geht der Schaden darüber hinaus, müssen die Ansprüche direkt gegenüber dem ausländischen Unfallverursacher und dessen Haftpflichtversicherung geltend gemacht werden.

12 Die **Satzung** der Versicherergemeinschaft bedarf der Genehmigung des BaFin. An die Stelle des in § 2 II 2 AuslPflVG genannten „Bundesaufsichtsamt für das Versicherungs- und Bausparwesen" ist die BaFin getreten (dazu vor § 1 AuslPflVG, Rn 6).

13 Die Gemeinschaft der Grenzversicherer hat zum **31.12.2008** (durch Beschluss aufgelöst zum 30.9.2013) ihre **Tätigkeit eingestellt** (BaFinJournal Januar 2009, 5). Die Gemeinschaft wickelt bereits eingetretene Schäden zwar noch ab, verkauft aber keine neuen Policen mehr. Der einzige verbliebene (im Ausland ansässige) Anbieter von Grenzversicherungen in Deutschland hat den Vertrieb ab dem 31.7.2017 eingestellt (GDV-Sonderrundschreiben 09/2017).

14 **b) Anwendungsbereich.** Die Gemeinschaft versicherte in der Vergangenheit Kfz, die ihren regelmäßigen Standort im Ausland hatten und nach Deutschland eingereist sind, ohne über das Londoner Abkommen/Internal Regulations (Grüne-Karte-Abkommen) versichert zu sein. Da Kfz aus Drittländern bereits an den EU-Außengrenzen, die sich nach Osten verschoben haben, Kfz-Haftpflichtversicherungsverträge abschließen, die im gesamten Europäischen Wirtschaftsraum gültig sind, benötigen diese Fahrzeuge für die Einreise nach Deutschland dann keinen separaten Versicherungsschutz mehr.

15 Von Bedeutung ist die Grenzversicherung nur noch für wenige Kfz (z.B. solche, die auf dem Seeweg nach Deutschland gebracht werden).

§ 3 Pflicht der Versicherer zum Vertragsschluß

(1) **Die Versicherer, die im Geltungsbereich dieses Gesetzes zum Abschluß von Verträgen über die Haftpflichtversicherung für Kraftfahrzeuge und Anhänger befugt sind, haben den Haltern, den Eigentümern und Führern der in § 1 genannten Fahrzeuge nach den gesetzlichen Bestimmungen Versicherung gegen Haftpflicht zu gewähren.**

(2) **Der Versicherer darf den Antrag auf Abschluß eines Versicherungsvertrags nur ablehnen, wenn sachliche oder örtliche Beschränkungen im Geschäftsplan des Versicherers dem Abschluß entgegenstehen oder wenn der Antragsteller bei dem Versicherer bereits versichert war und dieser**
  a) **den Versicherungsvertrag wegen Drohung oder arglistiger Täuschung angefochten hat oder**
  b) **vom Versicherungsvertrag wegen Verletzung der vorvertraglichen Anzeigepflicht oder wegen Nichtzahlung der ersten Prämie zurückgetreten ist oder**
  c) **den Versicherungsvertrag wegen Prämienverzugs oder nach Eintritt eines Versicherungsfalls gekündigt hat.**

Übersicht

Rn

1. § 3 I AuslPflVG 1
2. § 3 II AuslPflVG 3
   a) Allgemeines 3
   b) Geschäftsplanmäßige Beschränkung (§ 3 II, 1. Alt.
      AuslPflVG) 6
   c) Vorversicherung (§ 3 II, 2. Alt. AuslPflVG) 10
   d) Weitere Gründe 23

1. § 3 I AuslPflVG. Für einen zur Versicherung befugten Versicherer (§ 2   **1**
AuslPflVG) besteht Kontrahierungszwang. Halter, Eigentümer und Fahrzeugführer der in § 1 AuslPflVG genannten Fahrzeuge ist wie in § 5 PflVG, allerdings ohne die Abschlussfiktion des § 5 III 1 PflVG, Haftpflichtdeckung zu gewähren (siehe § 7a AuslPflVG, Rn 1). Siehe ergänzend *Stiefel/Maier-Jahnke*, § 5 PflVG Rn 13.

Die praktische Relevanz des Annahmezwanges für Grenzversicherung oder   **2**
andere Versicherungspolicen ist wegen der veränderten wirtschaftlichen Verhältnisse (§ 2 AuslPflVG, Rn 14) reduziert.

2. § 3 II AuslPflVG. a) Allgemeines. § 3 II AuslPflVG entspricht § 5 IV   **3**
PflVG (dazu *Stiefel/Maier-Jahnke*, § 5 PflVG).

Der Antrag darf nur abgelehnt werden, wenn einer der in 3 II AuslPflVG   **4**
zugelassenen Ablehnungsgründe vorliegt.

Der Ablehnungsgrund muss tatsächlich vorhanden sein und im Streitfall vom   **5**
Versicherer bewiesen werden. Auch eine nicht näher begründete Ablehnung ist rechtswirksam, wenn der Versicherer dazu berechtigt war.

b) Geschäftsplanmäßige Beschränkung (§ 3 II, 1. Alt. AuslPflVG). Der   **6**
Antrag darf abgelehnt werden, wenn sachliche oder örtliche Beschränkungen im Geschäftsplan des Versicherungsunternehmens dem Abschluss des Vertrags entgegenstehen.

Wenn der Versicherer seinen Tätigkeitsbereich geschäftsplanmäßig auf einen   **7**
örtlichen Wirkungskreis einschränkt oder nur **bestimmte Personengruppen** und Berufskreise (z.B. Beamte, Taxifahrer, Fahrlehrer) laut Geschäftsplan versichern will, kann er seinen Annahmezwang auf diesen Bereich beschränken. § 9 VAG, § 5 VAG aF (siehe § 5 II, III Nr. 2 VAG aF) lässt solche Beschränkungen zu. Gehört der Antragsteller nicht zum vom Geschäftsplan des Anbieters umfassten Wirkungskreis, darf der Versicherer diesen Antragsteller ablehnen. Maßgebend ist die **Person** des Versicherungsnehmers, nicht die des (ständigen) Fahrers.

Der Geschäftsplan kann auch bestimmen, dass bestimmte Fahrzeuge (z.B. LKW   **8**
im Güterfernverkehr, Busse, Taxen) nicht versichert werden. Derartige **sachliche Beschränkungen** engen ebenfalls den Annahmezwang zulässig ein.

Werden Versicherungsverträge entgegen dem Geschäftsplan **abgeschlossen,**   **9**
sind sie wirksam, erfüllen die Versicherungspflicht und binden Versicherer und Versicherungsnehmer wie bei jedem anderen Versicherungsvertrag auch.

c) Vorversicherung (§ 3 II, 2. Alt. AuslPflVG). Die Ablehnung ist im   **10**
Übrigen nur statthaft, wenn der Antragsteller schon **zuvor** bei diesem Versicherer **versichert** war und (kumulative Voraussetzungen) der Versicherer

AuslPflVG § 3   Versicherungsrecht

11 – den Versicherungsvertrag **wegen Drohung** oder **arglistiger Täuschung** angefochten hat (§ 3 II, 2. Alt. Nr. 1 AuslPflVG),

12 – vom Versicherungsvertrag wegen **Verletzung der vorvertraglichen Anzeigepflicht** zurückgetreten ist (§ 3 II, 2. Alt. Nr. 2 AuslPflVG),

13 – wegen **Nichtzahlung der ersten Prämie** zurückgetreten ist (§ 3 II, 2. Alt. Nr. 2 AuslPflVG),

14 – den Versicherungsvertrag wegen **Prämienverzugs** gekündigt hat (§ 3 II, 2. Alt. Nr. 1, 1. Alt. AuslPflVG),

15 – **nach Eintritt eines Versicherungsfalls** gekündigt hat (§ 3 II, 2. Alt. Nr. 1, 2. Alt. AuslPflVG).

16   aa) **Früherer Vertrag.** Ausreichend ist, dass der Antragsteller bereits bei dem Versicherungsunternehmen versichert war. Der Versicherungsnehmer muss sich beim früheren Versicherungsvertrag nicht vertragsuntreu verhalten haben, so bei der Kündigungsmöglichkeit im Schadenfall. Entscheidend ist allein, ob dem Versicherer ein erneuter Vertragsschluss zugemutet werden kann.

17   Eine feste **Zeitspanne seit Beendigung** der Vorversicherung sieht § 3 II, 2. Alt. AuslPflVG nicht vor. Jeder überschaubare Zeitraum reicht.

18   Hatte der Kunde bei dem Versicherer zuvor einen **Kfz-Haftpflichtvertrag** (für ein x-beliebiges Fahrzeug), der vom Versicherer durch Anfechtung, Rücktritt oder Kündigung gelöst wurde, berechtigt dies den Versicherer zur Verweigerung eines Neuabschlusses mit dem Altkunden. § 3 II, 2. Alt. AuslPflVG beschränkt die Vertrauensstörung nicht nur auf einen vorangegangenen Kfz-Haftpflichtversicherungsvertrag, sondern bezieht auch alle im **Zusammenhang mit einem Kfz** abschließbaren Versicherungsverträge (z.B. Kasko-, Insassenunfall-, Kfz-Rechtsschutzversicherung) ein.

19   Die Unzumutbarkeitsmomente sind nicht nur kraftfahrt-typische Unzuverlässigkeiten, sondern lassen Rückschlüsse auch auf allgemeine Einstellungen des Kunden zu. Fehlverhalten oder Schadenanfälligkeit (entsprechend den Tatbeständen von § 3 II, 2. Alt. AuslPflVG) in **anderen Versicherungssparten** (z.B. Transportversicherung, Sachversicherung) außerhalb der Kfz-Versicherung begründen daher eine wirksame Vertragsablehnung (*Stiefel/Maier-Jahnke*, § 5 PflVG Rn 68; a.A. *Feyock/Jacobsen/Lemor-Feyock*, § 5 PflVG Rn 66). § 3 II, 2. Alt. AuslPflVG spricht wie § 5 IV PflVG nur von „einem Versicherungsvertrag"; auch wenn Ausnahmeregeln eng auszulegen sind, muss ein Gesetz über seinen Wortlaut hinaus nicht durch Auslegung eingeschränkt werden.

20   bb) **Anfechtung (§ 3 II, 2. Alt. Nr. 1 AuslPflVG).** Kein Abschlusszwang besteht, wenn der Versicherer einen früheren Versicherungsvertrag wegen **Drohung** oder **arglistiger Täuschung** angefochten hat. Eine Anfechtung nach § 119 BGB reicht nicht.

21   cc) **Rücktritt (§ 3 II, 2. Alt. Nr. 2 AuslPflVG).** Ist der Versicherer von einem früheren Versicherungsvertrag wegen **Verletzung der vorvertraglichen Anzeigepflicht** oder wegen **Nichtzahlung der ersten Prämie** zurückgetreten, kann er diesen Kunden zurückweisen.

22   dd) **Kündigung (§ 3 II, 2. Alt. Nr. 3 AuslPflVG).** Da ein Vertrag vom Versicherer nach einem Versicherungsfall gekündigt werden kann, braucht der Versicherer diesen Kunden nicht erneut zu versichern.

d) Weitere Gründe. Als **Ausnahmeregelung** zum Kontrahierungszwang ist 23
diese Vorschrift eng auszulegen und einer Analogie nicht zugänglich.
Die Anfechtungs-, Rücktritts- und Kündigungsgründe sind im Gesetz abschließend aufgezählt. Andere als die in § 3 II AuslPflVG genannten Gründe der Unzumutbarkeit eines erneuten Vertragsschlusses kommen wegen des Ausnahmecharakters dieser Vorschrift nicht zum Tragen.

§ 4 [Versicherungsbedingungen und Mindestversicherungssummen]

Der Versicherungsvertrag nach § 3 muß den für die Versicherung von Kraftfahrzeugen und Anhängern mit regelmäßigem Standort im Inland geltenden gesetzlichen Bestimmungen über Inhalt und Umfang des Versicherungsschutzes sowie über die Mindestversicherungssummen entsprechen.

1. Deckung. Inhalt und Umfang des Versicherungsschutzes richten sich bei 1
der Grenzversicherung (§ 3 AuslPflVG) nach PflVG und (allerdings eingeschränkt) KfzPflVV.

Soweit § 1 KfzPflVV Europadeckung vorschreibt, gilt hiervon abweichend § 7a 2
AuslPflVG; danach ist regionale Begrenzung durch die auf § 7a AuslPflVG
gestützte Verordnung möglich. Nach § 3 I AuslKfzHPflV (AuslKfzHPflV, Rn 5) hat sich der Versicherungsschutz nur auf durch den Gebrauch des Fahrzeugs verursachte Schäden im gesamten **Gebiet der Mitgliedstaaten von EU und EWR** zu erstrecken. Der obligatorische territoriale Erstreckungsbereich der deutschen Grenzversicherung muss also nicht über den EU/EWR-Raum hinausgehen.

Eine gemeinschaftsrechtskonforme Auslegung der KfzPflVV führt dazu, dass 3
die §§ 2 I, 3, 4, 8, 9 KfzPflVV zwingend anzuwenden sind. Die übrigen Regeln der **KfzPflVV** sind **dispositiv** (*Feyock/Jacobsen/Lemor-Feyock*, § 4 AuslPflVG Rn 6).

2. Mindestversicherungssumme. Die Mindestversicherungssumme ergibt 4
sich aus der Anlage zu § 4 II PflVG.

Europarechtlich wurden m.W.v. 11.6.2016 (ABl. EU C 210/1 v. 11.6.2016, 5
BGBl I 2017, 147) die Mindestversicherungssummen für Personenschäden auf
1.220.000 €/Unfallopfer, ungeachtet der Zahl der Geschädigten auf 6.070.000 €/Schadenfall, angehoben. Für Sachschäden beträgt der Mindestdeckungsbetrag ungeachtet der Anzahl der Geschädigten 1.220.000 € je Schadensfall. Da die gesetzliche Deckungssumme für Personenschäden in Deutschland über der europäischen Anpassung liegt, erfolgte eine Anhebung nur für Sachschäden.

§ 5 Befristung der Versicherungsbescheinigung, Vorauszahlung der Prämie

¹**Der Versicherer kann die Geltung der Versicherungsbescheinigung (§ 1) befristen und die Aushändigung von der Zahlung der Prämie für den angegebenen Zeitraum abhängig machen.**
²**Wird die Geltung nicht befristet, so kann der Versicherer die Aushändigung von der Zahlung der ersten Prämie abhängig machen.**

1. Befristung. Der Versicherer kann die Geltung der Versicherungsbescheinigung befristen (§ 5 S. 1 AuslPflVG). Die Befristung ist üblich und beträgt für die Grenzversicherung mindestens 1 Monat.

AuslPflVG § 6 Versicherungsrecht

2 2. **Prämienvorauszahlung.** Der Versicherer darf die Aushändigung einer **befristeten Versicherungsbescheinigung** von der vorherigen Zahlung der Prämie für den angegebenen Zeitraum abhängig machen (§ 5 S. 1 AuslPflVG).

3 Bei **nicht befristeter Geltung** kann die Aushändigung von der Zahlung der ersten Prämie abhängig gemacht werden (§ 5 S. 2 AuslPflVG).

§ 6 Haftung in Ansehung von Dritten

(1) § 3 des Pflichtversicherungsgesetzes und die §§ 115, 116, 117 Abs. 1, die §§ 119, 120 und 124 Abs. 1 und 2 des Versicherungsvertragsgesetzes finden Anwendung.

(2) ¹Ein Umstand, der das Nichtbestehen oder die Beendigung des Versicherungsverhältnisses zur Folge hat, kann dem Anspruch des Dritten nach § 115 Abs. 1 Satz 1 des Versicherungsvertragsgesetzes nur entgegengehalten werden, wenn er aus der Versicherungsbescheinigung ersichtlich oder wenn die Versicherungsbescheinigung dem Versicherer zurückgegeben worden ist. ²Weiterhin muß, wenn das Versicherungsverhältnis durch Zeitablauf beendet oder die Versicherungsbescheinigung dem Versicherer zurückgegeben worden ist, zwischen dem in der Versicherungsbescheinigung angegebenen Zeitpunkt der Beendigung des Versicherungsverhältnisses oder dem Zeitpunkt der Rückgabe der Versicherungsbescheinigung und dem Schadensereignis eine Frist von fünf Monaten, im Falle einer Gesamtlaufzeit des Versicherungsverhältnisses von weniger als zehn Tagen eine Frist von fünf Wochen verstrichen sein.

Übersicht

	Rn
1. Norm	1
2. Gegenüberstellung § 3 PflVG aF, §§ 158c, 158f VVG aF – VVG 2008	4
3. § 6 I AuslPflVG	6
a) § 3 PflVG	7
b) § 115 VVG	8
c) § 116 VVG	12
d) § 117 VVG	13
e) § 118 VVG	16
f) §§ 119, 120 VVG	17
g) §§ 121, 122 VVG	18
h) § 124 VVG	19
4. § 6 II AuslPflVG	21
a) Nachhaftung	21
b) Kein Versicherungsverhältnis	25
c) § 8a II AuslPflVG	32

1 1. **Norm.** In § 6 AuslPflVG waren die Folgeänderungen nach der VVG-Novelle 2008 vergessen worden (BT-Drucksache 17/11469 v. 14.11.2012, S. 16). Dieses wurde nachgeholt durch Art. 4 Nr. 1 des Gesetzes zur Änderung versicherungsrechtlicher Vorschriften (VVGuaÄndG) v. 24.4.2013, BGBl I 2013, 932. Soweit das AuslPflVG zuvor die Reform von VVG und PflVG nicht aufgenommen hatte, galten die das PflVG aF fortführenden Vorschriften des VVG bzw. PflVG – entsprechend umgeformt – auch im Rahmen des AuslPflVG aF.

Das VVGuaÄndG ersetzte die Verweise in § 6 AuslPflVG aF auf § 3 Nrn. 1–4 **2** und 6–11 PflVG aF (unvollständig) durch §§ 115, 116, 117 I, 119, 120, 124 I, II VVG.

§ 6 I AuslPflVG verwies auf § 3 Nrn. 1–4 und 6–11 PflVG aF, nur § 3 Nr. 5 **3** PflVG aF wurde durch § 6 II AuslPflVG abgelöst. Übersehen wurde bei der Gesetzesänderung (VVGuaÄndG), dass die in § 3 Nr. 6 S. 1 PflVG aF § 158c VVG aF enthaltenen Vorgaben durch § 117 II, III, IV VVG fortgeführt werden. Art. 4 VVGuaÄndG beabsichtigte aber keine Aufgabe der Schutzbestimmungen des § 117 VVG im Ausländerversicherungsrecht, sondern wollte ausschließlich die durch die VVG-Novelle 2008 notwendigen Folgeänderungen durchführen (BT-Drucksache 17/11469 v. 14.11.2012, S. 16); es handelt sich um erneutes unsauberes Arbeiten des Gesetzgebers.

2. Gegenüberstellung § 3 PflVG aF, §§ 158c, 158f VVG aF – VVG 2008. **4**

VVG aF				VVG 2008
§ 3 PflVG aF	Nr. 1	S. 1		§ 115 I 1, 2 VVG
		S. 2		§ 115 I 3 VVG
	Nr. 2			§ 115 I 4 VVG
	Nr. 3			§ 115 II VVG
	Nr. 4			§ 117 I VVG
	Nr. 5			§ 117 II VVG
	Nr. 6	S. 1	1. Halbs. i.V.m. § 158c III VVG	§ 117 III 1 VVG
			1. Halbs. i.V.m. § 158c IV VVG	§ 117 III 2 VVG
			1. Halbs. i.V.m. § 158c V VVG	§ 117 IV VVG
			2. Halbs.	§ 3 S 1 PflVG
		S. 2		§ 3 S 2 PflVG
	Nr. 7	S. 1		§ 119 I VVG
		S. 2	1. Halbs. PflVG	§ 119 III VVG
			2. Halbs. PflVG	§ 120 VVG
		S. 3		entfallen (§ 105 VVG)
	Nr. 8			§ 124 I VVG
	Nr. 9			§ 116 I 1, 2 VVG
	Nr. 10	S. 1		§ 124 II VVG
		S. 2		§ 116 I 3 VVG
	Nr. 11	S. 1		§ 195 BGB
		S. 2		§ 116 II VVG
§ 158f VVG aF				§ 117 V VVG

AuslPflVG § 6

5 Die Synopse zu § 3 PflVG aF berücksichtigt die Neufassung durch das Gesetz zur Reform des Versicherungsvertragsrechts v. 23.11.2007 (BGBl I 2007, 2631) m.W.v. 1.1.2008, zuletzt – diesen Bereich betreffend – geändert durch Art. 3 des 2. Gesetz zur Änderung des Pflichtversicherungsgesetzes und anderer versicherungsrechtlicher Vorschriften (2. PflVGuaÄndG) v. 10.12.2007 (BGBl I 2007, 2833).

6 **3. § 6 I AuslPflVG.** Der Versicherungsschutz nach dem AuslPflVG entspricht dem der Kfz-Haftpflichtversicherung nach PflVG. § 6 I AuslPflVG bestimmt die entsprechende Anwendung der § 3 PflVG, §§ 115, 116, 117 I, 119, 120, 124 I, II VVG.

7 **a) § 3 PflVG.** § 3 PflVG enthält eine **Ausnahme vom Verweisungsprivileg** des Versicherers nach § 117 III 2 VVG. Soweit der Versicherer den Dritten bei Leistungsfreiheit an andere Schaden- und insbesondere Sozialversicherer verweisen kann (§ 117 III 2 VVG), darf er dieses in den in § 3 S. 1 PflVG geregelten Fällen nicht.

8 **b) § 115 VVG.** Der Geschädigte hat gegen den Versicherer im Rahmen dessen versicherungsvertraglicher Eintrittspflicht einen **Direktanspruch** (§ 115 I VVG), ergänzt durch § 3a PflVG (u.a. Beschleunigung der Schadenbearbeitung).

9 Das AuslPflVG schützt nicht nur Inländer, sondern auch Ausländer, die auf den Straßen der Bundesrepublik durch ein ausländisches Fahrzeug Schaden erleiden (BGH NJW 1972, 387). Der Direktanspruch steht auch einem **ausländischen Geschädigten** zu.

10 Passiv legitimiert ist, wenn mit diesem der Versicherungsvertrag geschlossen wurde, der inländische Versicherer. Der Direktanspruch besteht auch gegenüber einem **ausländischen Versicherer**, und zwar unabhängig davon, ob es sich um ein befugtes (§ 5 PflVG) oder unbefugtes Unternehmen handelt. Der Direktanspruch besteht daneben auch gegen das **Grüne Karte Büro**, nicht aber gegen den in Deutschland mit der Regulierung beauftragten Versicherer (siehe zum Grüne Karte Büro § 2 AuslPflVG, Rn 2 ff).

10a Wird bei einem Verkehrsunfall in Deutschland durch einen im europäischen Ausland zugelassenen Mietwagen ein Schaden verursacht, steht dem Direktanspruch des Geschädigten gegen das Deutsche Büro Grüne Karte e.V. nicht entgegen, dass der Geschädigte außer den Daten des Fahrzeugs, dem Namen und der Adresse der Mietwagenfirma sowie dem Namen des Fahrers nicht auch dessen Anschrift nennen kann (LG Stuttgart NZV 2015, 491).

10b Dem Staat steht für die Kosten der Sicherung eines in Deutschland liegen gebliebenen ausländischen Kfz ein Anspruch auf Aufwendungsersatz aus §§ 1, 3, 4 und 6 I AuslPflVG i.V.m. § 1 PflVG zu (LG Berlin v. 25.3.2015 – 44 S 178/13).

11 Aus dem Grundsatz der Akzessorietät folgt, dass der Direktanspruch derselben **Verjährung** (nach § 195 BGB, § 14 StVG kenntnisabhängig 3 Jahre) unterliegt wie der gegen den ersatzpflichtigen Versicherten gerichtete Schadenersatzanspruch (§ 115 II 1 VVG). Die Verjährung des Direktanspruchs endet nach § 115 II 2. Halbs. VVG spätestens in 10 Jahren von dem Schadensereignis an (BGH NZV 2007, 187), aber vorbehaltlich einer Hemmung (§ 115 II 3 VVG) oder Unterbrechung.

12 **c) § 116 VVG.** § 116 VVG regelt das **gesamtschuldnerische Innenverhältnis** (§ 115 I 4 VVG) von Versicherer und Versichertem.

d) § 117 VVG. Ist der Versicherer seinem Versicherten gegenüber wegen eines 13
der in benannten Tatbestände ganz oder teilweise von der Leistung frei, muss er
trotzdem gegenüber dem Dritten in Vorlage treten **(Opferschutz, § 117 I VVG).**
§ 117 II VVG ist nicht anzuwenden. An diese Stelle ist § 6 II AuslPflVG 14
getreten (§ 6 I, 2. Halbs. AuslPflVG aF).
§ 117 III 1, 2, IV VVG entsprechen § 3 Nr. 6 PflVG aF und schränken den 15
Anspruch nach § 117 I VVG ein. Trotz fehlender Verweisung in § 6 I AuslPflVG
gelten auch die anderen Absätze des § 117 VVG; es liegt eine Unsauberkeit des
Gesetzgebers vor (§ 6 AuslPflVG, Rn 3).
e) § 118 VVG. § 118 VVG, der bei Deckungssummenüberschreitung eine 16
Rangfolge mehrerer Ansprüche vorgibt, ist nicht anzuwenden.
f) §§ 119, 120 VVG. § 119 VVG bestimmt die den Geschädigten bei der Scha- 17
denabwicklung treffenden **Anzeige-** und **Aufklärungsobliegenheiten,** § 120
VVG regelt die Folgen bei Verstoß. §§ 119, 120 VVG gelten unabhängig davon,
ob der Geschädigte (Dritte) den Direktanspruch gegen den Versicherer (§ 115 I
VVG) verfolgt, und ob es sich um ein gesundes, krankes oder beendetes Verhältnis
handelt.
g) §§ 121, 122 VVG. § 121 VVG (Aufrechnung gegenüber Dritten) und § 122 18
VVG (Veräußerung der von der Versicherung erfassten Sache) gelten nicht.
h) § 124 VVG. § 124 VVG regelt die **Rechtskrafterstreckung** von gegen 19
Versicherer oder Versicherten ergangenen Urteilen. § 124 I VVG schließt divergierende Sachentscheidungen zwischen Versicherer auf der einen und Versichertem
auf der anderen Seite aus. § 124 II VVG befasst sich mit dem Rückgriff des
Versicherers nach § 116 I 2 VVG, also dem „kranken" Versicherungsverhältnis
(§ 116 I VVG) bzw. der Nachhaftung.
Die Wechselwirkung gilt auch bei Inanspruchnahme des **Grüne Karte Büro.** 20
4. § 6 II AuslPflVG. a) Nachhaftung. § 6 II AuslPflVG begründet die Nach- 21
haftung für die Fälle, in denen Deckung über die Grüne Karte oder eine Grenzversicherungspolice gegeben war. Die Nachhaftungsregel berücksichtigt, dass im
Verfahren wie in § 117 II 1 VVG, § 25 FZV nicht vorgesehen ist; es kommt nur
auf die Versicherungsbescheinigung an.
Der **Subsidiaritätsgrundsatz** (§ 117 III 2 VVG) gilt auch im Rahmen von 22
§ 6 II AuslPflVG (§ 6 AuslPflVG, Rn 3, § 6 AuslPflVG, Rn 15; *Feyock/Jacobsen/
Lemor-Feyock*, § 6 PflVG Rn 12).
Der Versicherer haftet nach § 6 II AuslPflVG über das Ende einer vertraglichen 23
Leistungspflicht hinaus und kann sich im **Außenverhältnis** zum geschädigten
Dritten nicht auf die Beendigung berufen (Nachhaftung).
Im **Innenverhältnis** gegenüber dem Versicherer haftet der Versicherungsneh- 24
mer jedoch allein, so dass er voll in Regress genommen werden kann (§ 6 I
AuslPflVG i.V.m. § 116 I 2 VVG) (LG Bonn r+s 2004, 365).
b) Kein Versicherungsverhältnis. Während § 117 I VVG die Fälle der Leis- 25
tungsfreiheit des Versicherers regelt, bestimmt § 6 II AuslPflVG, dass das **Nichtbestehen** oder die **Beendigung** des Versicherungsverhältnisses (§ 6 II 1 AuslPflVG)
bzw. das Ende aufgrund **Zeitablaufes** (§ 6 II 2 AuslPflVG) dem Direktanspruch
erst nach Ablauf näher bestimmter Fristen entgegen gehalten werden können.
aa) Voraussetzungen. Die Möglichkeiten, dem Direktanspruch das Nichtbe- 26
stehen bzw. die Beendigung des Versicherungsverhältnisses entgegenzuhalten, sind

eingeschränkt. Die Umstände, aus denen sich dieses ergibt, müssen sich aus der Versicherungsbescheinigung ergeben oder die Bescheinigung muss dem Versicherer zurückgegeben worden sein.

27   **bb) Kein Versicherungsvertrag.** Nichtbestehen des Versicherungsvertrages ist anzunehmen, wenn ein wirksamer Vertrag nicht vorliegt. Hierher gehören u.a. Nichtigkeit (Unwirksamkeit) wegen Mangel der **Geschäftsfähigkeit** (§§ 104 ff BGB) oder nach **Anfechtung** (z.b. wegen Irrtums, arglistiger Täuschung oder Drohung, §§ 123, 142 BGB), versteckter **Einigungsmangel**.

28   **cc) Beendeter Versicherungsvertrag.** Beendigung des Versicherungsverhältnisses erfolgt u.a. durch **Zeitablauf** oder einverständliche **Vertragsaufhebung**.

29   Für die Bestimmung der Gesamtlaufzeit der Deckung aufgrund der Grünen Karte kommt es auf die in die **Grüne Karte** eingetragene Laufzeit an.

30   Allein der **Wegfall des versicherten Interesses** hindert auch in der Kfz-Haftpflichtversicherung die Nachhaftung nicht, da auch von einem unvorschriftsmäßig entsorgten Fahrzeugwrack Haftungsrisiken ausgehen können (BGH VersR 1977, 468).

31   **dd) Frist.** Die Frist für die Nachhaftung nach Zeitablauf oder Rückgabe der Bescheinigung ist verlängert, da eine Meldepflicht des Versicherers an eine Behörde, die eingreifen und das Fahrzeug stilllegen könnte (vgl § 25 FZV), entfällt. Die Frist beträgt 5 Monate zwischen einerseits dem Zeitpunkt der Rückgabe der Versicherungsbescheinigung bzw. der Beendigung des Versicherungsverhältnisses und andererseits dem Schadenereignis, wenn die Gesamtlaufzeit des Versicherungsverhältnisses 10 Tage oder mehr betrug. Für Auslandsunfälle ist Art. 7.4 IR (zu den ab 1.7.2003 geltenden Internal Regulations siehe *Feyock/Jacobsen/Lemor-Lemor*, 3. AuslUnf Teil 4 A.I Rn 27 ff, ferner vor § 1 AuslPflVG, Rn 10 f) zu bedenken, wonach Grüne Karten stets für mindestens 15 Tage Gültigkeit haben.

32   **c) § 8a II AuslPflVG.** § 8a II AuslPflVG enthält für Fälle, in denen auf den Nachweis einer Versicherungsbescheinigung verzichtet wird, eine von § 6 II AuslPflVG abweichende Nachhaftungsregelung.

§ 7 Durchführungsbestimmungen

Zur Durchführung der §§ 1 bis 5 können erlassen
a) **das Bundesministerium für Verkehr und digitale Infrastruktur mit Zustimmung des Bundesrates Rechtsverordnungen über den Inhalt und die Prüfung der Versicherungsbescheinigungen und die beim Fehlen der Bescheinigung nötigen Sicherungsmaßnahmen,**
b) **das Bundesministerium der Finanzen ohne Zustimmung des Bundesrates Rechtsverordnungen über die Maßnahmen der Versicherer zur Gewährleistung der Möglichkeit, Versicherungsverträge nach diesem Gesetz zu schließen,**
c) **das Bundesministerium für Verkehr und digitale Infrastruktur mit Zustimmung des Bundesrates allgemeine Verwaltungsvorschriften.**

1   § 7 AuslPflVG erhält die Ermächtigungsnorm für Verkehrs- und Finanzministerium zum Erlass von Verordnungen und allgemeinen Verwaltungsvorschriften.

§ 7a Erfordernis erweiterten Versicherungsschutzes

¹Zur Erfüllung völkerrechtlicher Verpflichtungen oder zur Durchführung von Rechtsakten des Rates oder der Kommission der Europäischen Gemeinschaften wird das Bundesministerium für Verkehr und digitale Infrastruktur ermächtigt, für Fahrzeuge ohne regelmäßigen Standort im Geltungsbereich dieses Gesetzes durch Rechtsverordnung ohne Zustimmung des Bundesrates nach Anhörung der obersten Landesbehörden zu bestimmen, daß sie auf öffentlichen Straßen oder Plätzen im Geltungsbereich dieses Gesetzes nur gebraucht werden dürfen und ihnen die Einreise hierhin nur gestattet werden darf, wenn die durch das Fahrzeug verursachten Schäden in allen Staaten, in die das Fahrzeug ohne die Kontrolle einer Versicherungsbescheinigung weiterreisen kann, nach den dort geltenden Vorschriften gedeckt sind. ²Die Rechtsverordnung kann auch Vorschriften über den Abschluß der Haftpflichtversicherung, deren Nachweis durch eine Versicherungsbescheinigung, den Inhalt und die Prüfung der Versicherungsbescheinigung und die beim Fehlen der erforderlichen Bescheinigung nötigen Sicherungsmaßnahmen enthalten.

1. Norm. § 7a AuslPflVG diente der Durchführung der 1. KH-Richtlinie 1 (Richtlinie 72/166/EWG v. 24.4.1972). Es war sicherzustellen, dass in das benachbarte Ausland letztlich ohne Kontrolle durchreisende Fahrzeuge einen ausreichenden Versicherungsschutz haben. Nach Art. 6, 7 der 1. KH-Richtlinie (Richtlinie 72/166/EWG v. 24.4.1972) müssen die Mitgliedstaaten alle zweckdienlichen Maßnahmen treffen, damit die betroffenen Fahrzeuge Versicherungsschutz erlangen können (z.B. durch Abschluss einer Grenzversicherung). Deutschland hat diese Richtlinie mit dem AuslPflVG umgesetzt. § 3 AuslPflVG sieht vor, dass die Kfz-Haftpflichtversicherer grundsätzlich dem Kontrahierungszwang unterliegen.

2. AuslKfzHPflV. Die auch auf § 7a AuslPflVG gestützte „Verordnung zur 2 Durchführung der Richtlinie des Rates der Europäischen Gemeinschaften vom 24.4.1972 betreffend die Angleichung der Rechtsvorschriften der Mitgliedstaaten bezüglich der Kraftfahrzeug-Haftpflichtversicherung und der Kontrolle der entsprechenden Versicherungspflicht" v. 8.5.1974, BGBl I 1974, 1062 heißt seit der Änderung durch Art 1 Nr. 1 der 7. HPflEGRLDVÄndV v. 26.3.2010, BGBl I 2010, 398 „Verordnung über die Kraftfahrzeug-Haftpflichtversicherung ausländischer Kraftfahrzeuge und Kraftfahrzeuganhänger (AuslKfzHPflV)" (siehe AuslKfzHPflV, Rn 1 ff, ferner auch vor § 1 AuslPflVG, Rn 9).

§§ 1, 2 AuslKfzHPflV bestimmen für Fahrzeuge aus Mitgliedsstaaten der EU 3 länderspezifische Einzelheiten zum Wegfall des Versicherungsnachweises (siehe § 1 AuslPflVG, Rn 10 ff).

§§ 3–7 AuslKfzHPflV erweitern – abweichend von § 1 KfzPflVV – für Fahr- 4 zeuge aus Nicht-EU-Mitgliedstaaten und Nicht-EWR-Vertragsstaaten die Anforderungen an den versicherungsrechtlichen Deckungsumfang (siehe § 1 AuslPflVG, Rn 17 ff).

§ 8 AuslKfzHPflV lässt für näher bezeichnete Länder das Erfordernis der 5 Versicherungsbescheinigung in § 1 II AuslPflVG entfallen (siehe § 1 AuslPflVG, Rn 20 ff).

§ 8 Ausnahmen

(1) **Zur Pflege der Beziehungen mit dem Ausland kann das Bundesministerium für Verkehr und digitale Infrastruktur Einzelausnahmen von diesem Gesetz oder den auf § 7 Buchstabe a beruhenden Rechtsverordnungen genehmigen, wenn die Entschädigung der Verkehrsopfer gewährleistet bleibt.**

(2) **Zur Pflege der Beziehungen mit dem Ausland, zur Erfüllung völkerrechtlicher Verpflichtungen oder zur Durchführung von Rechtsakten des Rates oder der Kommission der Europäischen Gemeinschaften kann das Bundesministerium für Verkehr und digitale Infrastruktur unter derselben Voraussetzung durch Rechtsverordnung ohne Zustimmung des Bundesrates nach Anhörung der obersten Landesbehörden allgemeine Ausnahmen von § 1 Abs. 1 bis 4 oder von den Vorschriften über den Inhalt von Versicherungsbescheinigungen genehmigen.**

1 **1. § 8 I AuslPflVG.** § 8 I AuslPflVG ermöglicht Einzelfallentscheidungen zur Pflege ausländischer Beziehungen.

2 **2. § 8 II AuslPflVG.** Die AuslKfzHPflV (dazu AuslKfzHPflV, Rn 1 ff, vor § 1 AuslPflVG, Rn 9, § 7a AuslPflVG, Rn 2 ff) ist auch auf § 8 II AuslPflVG gestützt. Diese Norm ist Rechtsgrund für den Verzicht auf die Versicherungsbescheinigung für Fahrzeuge, die in bestimmten Staaten zugelassen sind (vgl §§ 1, 8 AuslKfzHPflV).

§ 8a Wegfall des Erfordernisses der Versicherungsbescheinigung

(1) **Hat für die Fahrzeuge, die bei der Einreise das vorgeschriebene Kennzeichen eines bestimmten ausländischen Gebiets führen, ein im Geltungsbereich dieses Gesetzes zum Geschäftsbetrieb befugter Versicherer oder ein Verband solcher Versicherer die Pflichten eines Haftpflichtversicherers nach den Vorschriften dieses Gesetzes übernommen, so kann das Bundesministerium für Verkehr und digitale Infrastruktur durch Rechtsverordnung ohne Zustimmung des Bundesrates nach Anhörung der obersten Landesbehörden bestimmen, daß für die das vorgeschriebene Kennzeichen dieses Gebiets führenden Fahrzeuge die Ausstellung einer Versicherungsbescheinigung nicht erforderlich ist.**

(2) Ist nach Abs. 1 die Ausstellung einer Versicherungsbescheinigung nicht erforderlich, so kann abweichend von § 6 Abs. 2 ein Umstand, der das Nichtbestehen oder die Beendigung der nach Abs. 1 übernommenen Verpflichtungen zur Folge hat, dem Anspruch des Dritten nach § 3 Nr. 1 des Pflichtversicherungsgesetzes nicht entgegengehalten werden, wenn sich das Fahrzeug im Zeitpunkt des Schadensereignisses mit dem bei der Einreise geführten Kennzeichen im Geltungsbereich dieses Gesetzes befunden hat.

1 **1. Norm.** Die AuslKfzHPflV (dazu AuslKfzHPflV, Rn 1 ff, vor § 1 AuslPflVG, Rn 9, § 7a AuslPflVG, Rn 2 ff) ist auch auf § 8a AuslPflVG gestützt.

2 **2. § 8a I AuslPflVG.** § 8a I AuslPflVG ist Rechtsgrund für den Verzicht auf die Versicherungsbescheinigung für Fahrzeuge, die ein vorgeschriebenes Kennzeichen bestimmter Staaten führen (vgl §§ 1, 8 AuslKfzHPflV).

3. § 8a II AuslPflVG. § 8a II AuslPflVG regelt die **Nachhaftung** abweichend 3
von § 6 II AuslPflVG. Voraussetzung der Haftung des DBGK ist letztlich nur noch
die Einreise mit einem Kennzeichen aus einem Staat, für den der Wegfall des
Nachweises der Versicherungsbescheinigung gilt (*Feyock/Jacobsen/Lemor-Feyock*,
§ 5 PflVG Rn 66).

Die Nachhaftung endet erst, wenn das Fahrzeug die Bundesrepublik Deutsch- 4
land verlässt.

§ 9 Straftaten

(1) **Wer im Geltungsbereich dieses Gesetzes ein Fahrzeug auf öffentlichen Wegen oder Plätzen gebraucht oder einen solchen Gebrauch gestattet, obwohl für das Fahrzeug das nach § 1 erforderliche Versicherungsverhältnis nicht oder nicht mehr besteht und die Pflichten eines Haftpflichtversicherers auch nicht nach § 2 Abs. 1 Buchstabe b oder § 8a Abs. 1 von einem im Geltungsbereich dieses Gesetzes zum Geschäftsbetrieb befugten Versicherer oder einem Verband solcher Versicherer übernommen worden sind, wird mit Freiheitsstrafe bis zu einem Jahr oder mit Geldstrafe bestraft.**

(2) **Handelt der Täter fahrlässig, so ist die Strafe Freiheitsstrafe bis zu sechs Monaten oder Geldstrafe bis zu einhundertachtzig Tagessätzen.**

(3) **Ist die Tat vorsätzlich begangen worden, so kann das Fahrzeug eingezogen werden, wenn es dem Täter oder Teilnehmer zur Zeit der Entscheidung gehört.**

Übersicht

	Rn
1. Norm	1
2. § 9 I AuslPflVG	2
3. § 9 II AuslPflVG	7
4. § 9 III AuslPflVG	8
5. Schutzgesetz	9

1. Norm. § 9 AuslPflVG orientiert sich an § 6 PflVG (siehe ergänzend *Stiefel/* 1
Maier-Jahnke, § 6 PflVG).

2. § 9 I AuslPflVG. Es muss am **Versicherungsschutz** fehlen. Der Gebrauch 2
eines im Ausland nicht versicherten Fahrzeugs ist dann nicht strafbar, wenn eine
inländische Stelle die Pflichten eines Haftpflichtversicherers übernommen hat.

Ob das Fahrzeug einen **regelmäßigen Standort** im Ausland hat, ist nicht 3
erheblich, sondern nur, dass ein solcher im Inland fehlt (§ 1 AuslPflVG).

Strafbar ist der **Fahrzeuggebrauch** auf öffentlichen Wegen oder Plätzen. Der 4
strafrechtliche Gebrauchsbegriff ist nicht identisch mit dem Gebrauch iSv § 1
PflVG, § 1 StVG, sondern enger. Abgestellt wird auf das bestimmungsgemäße
Benutzen des Fahrzeugs zur Fortbewegung (BGH NJW 1958, 151).

Das **Gestatten des Gebrauchs** entspricht dem Anordnen und Zulassen in 5
§ 21 StVG.

Gestatten des Gebrauchs erfordert, dass der Gestattende gegenüber dem 6
Gebrauchenden eine übergeordnete Sachherrschaft an dem Fahrzeug hat (BGH
NJW 1974, 1086). Es setzt zumindest stillschweigendes Einverständnis voraus;

dass der Gebrauch lediglich ermöglicht wird, reicht zur Strafbarkeit dabei nicht aus (OLG Köln NZV 2013, 454 m.w.N.; OLG Köln NJW 1987, 914; OLG Thüringen VRS 107, 220).

7 **3. § 9 II AuslPflVG.** § 9 II AuslPflVG entspricht § 6 II PflVG.

8 **4. § 9 III AuslPflVG.** § 9 III AuslPflVG entspricht § 6 III PflVG.

9 **5. Schutzgesetz.** § 9 AuslPflVG ist Schutzgesetz iSv § 823 II BGB.

§ 9a Ordnungswidrigkeiten

(1) Ordnungswidrig handelt, wer vorsätzlich oder fahrlässig
1. **als Führer eines Fahrzeugs entgegen § 1 Abs. 2 die erforderliche Versicherungsbescheinigung nicht mit sich führt oder auf Verlangen nicht aushändigt oder als Halter des Fahrzeugs einen solchen Verstoß duldet, oder**
2. **als Führer oder Halter eines Fahrzeugs einer Vorschrift einer nach § 7 Buchstabe a oder § 7a erlassenen Rechtsverordnung zuwiderhandelt, soweit die Rechtsverordnung für einen bestimmten Tatbestand auf diese Bußgeldvorschrift verweist.**

(2) Die Ordnungswidrigkeit kann mit einer Geldbuße geahndet werden.

(3) Verwaltungsbehörde im Sinne des § 36 Abs. 1 Nr. 1 des Gesetzes über Ordnungswidrigkeiten ist die Straßenverkehrsbehörde.

Übersicht

	Rn
1. § 9a I Nr. 1 AuslPflVG	1
2. § 9a I Nr. 2 AuslPflVG	4
3. § 9a II AuslPflVG	5
4. § 9a III AuslPflVG	6

1 **1. § 9a I Nr. 1 AuslPflVG.** Bereits das schuldhafte Nicht-Mitführen der Versicherungsbescheinigung trotz bestehendem Versicherungsschutz wird als Ordnungswidrigkeit geahndet.

2 Gleiches gilt, wer auf Verlangen die Bescheinigung nicht aushändigt.

3 Der Fahrzeughalter ist verpflichtet, keinen solchen Verstoß zu dulden.

4 **2. § 9a I Nr. 2 AuslPflVG.** § 9 AuslKfzHPflV (AuslKfzHPflV, Rn 11, vor § 1 AuslPflVG, Rn 9) enthält Bußgeldvorschriften iSv § 9a AuslPflVG.

5 **3. § 9a II AuslPflVG.** Die Ordnungswidrigkeit kann mit Geldbuße geahndet werden.

6 **4. § 9a III AuslPflVG.** Sachlich zuständige (§ 36 I Nr. 1 OWiG) Verwaltungsbehörde ist die Straßenverkehrsbehörde.

§ 10 Geltung in Berlin

(aufgehoben)

1 § 10 enthielt die Rechtsverweigerung für seine Geltung im Land Berlin und wurde aufgehoben durch das Art. 4 des Gesetzes zur Änderung versicherungsrechtlicher Vorschriften (VVGuaÄndG) v. 24.4.2013 BGBl I 2013, 932.

Verordnung AuslKfzHPflV

§ 11 Inkrafttreten

Dieses Gesetz tritt am ersten Tage des auf die Verkündung folgenden sechsten Kalendermonats in Kraft.

2. Verordnung über die Kraftfahrzeug-Haftpflichtversicherung ausländischer Kraftfahrzeuge und Kraftfahrzeuganhänger (AuslKfzHPflV)

vom 8.5.1974 (BGBl. I S. 1062),
zuletzt geändert durch VO v. 30.8.2012 (BGBl. I S. 1888)

Eingangsformel

Auf Grund der §§ 7a, 8 Abs. 2 und § 8a Abs. 1 des Gesetzes über die Haftpflichtversicherung für ausländische Kraftfahrzeuge und Kraftfahrzeuganhänger vom 24.7.1956 (BGBl I 1956, 667, BGBl I 1957, 368), zuletzt geändert durch das Einführungsgesetz zum Strafgesetzbuch vom 2.3.1974 (BGBl I 1974, 469), wird nach Anhörung der obersten Landesbehörden verordnet:

Art. 1

Erster Abschnitt: Wegfall des Versicherungsnachweises bei Fahrzeugen aus den anderen Mitgliedstaaten der Europäischen Union

§ 1

Eine Versicherungsbescheinigung nach § 1 Abs. 2 des Gesetzes über die Haftpflichtversicherung für ausländische Kraftfahrzeuge und Kraftfahrzeuganhänger ist nicht erforderlich für
1. Kraftfahrzeuge und Kraftfahrzeuganhänger, die ein vorgeschriebenes Kennzeichen, unabhängig davon, ob es sich um ein endgültiges oder vorläufiges Kennzeichen handelt, folgender Staaten oder Gebiete führen:
   – Belgien, Bulgarien, Dänemark (ohne Grönland), Estland, Finnland, Frankreich (ohne Überseegebiete), Griechenland, Irland, Italien, Lettland, Litauen, Luxemburg, Malta, Niederlande, Österreich, Polen, Portugal, Rumänien, Schweden, Slowakei, Slowenien, Spanien, Tschechische Republik, Ungarn, Vereinigtes Königreich Großbritannien und Nordirland einschließlich der Kanalinseln, Gibraltar und der Insel Man, Zypern;

2. zweirädrige Kraftfahrzeuge (einschließlich Fahrräder mit Hilfsmotor), für die ein Kennzeichen nicht vorgeschrieben ist und deren Führer seinen gesetzlichen Wohnsitz in
   – Dänemark (ohne Grönland), Finnland, Irland oder Schweden,
   hat;
3. zweirädrige Kraftfahrzeuge (einschließlich Fahrräder mit Hilfsmotor) mit einem Hubraum von nicht mehr als 50 ccm, für die ein Kennzeichen nicht vorgeschrieben ist und deren Führer seinen gesetzlichen Wohnsitz in
   – Spanien
   hat;
4. Fahrräder mit Hilfsmotor, für die ein Kennzeichen nicht vorgeschrieben ist, die einen Hubraum von nicht mehr als 50 ccm haben und deren Führer seinen gesetzlichen Wohnsitz in
   – Frankreich (ohne Überseegebiete)
   hat.

§ 2

Die Befreiung nach § 1 Nr. 1 erstreckt sich nicht auf die in der Anlage zu dieser Verordnung aufgeführten Kraftfahrzeuge und Kraftfahrzeuganhänger.

Zweiter Abschnitt: Bestimmungen für Fahrzeuge aus Nicht-EU-Mitgliedstaaten und Nicht-EWR-Vertragsstaaten

§ 3 Erweiterter Versicherungsschutz für das Gebiet der Mitgliedstaaten der Europäischen Union und für die Gebiete der anderen Vertragsstaaten des Abkommens über den Europäischen Wirtschaftsraum

(1) Kraftfahrzeuge und Kraftfahrzeuganhänger, die in einem anderen Gebiet als dem der Mitgliedstaaten der Europäischen Union oder dem der anderen Vertragsstaaten des Abkommens über den Europäischen Wirtschaftsraum zugelassen sind, dürfen auf öffentlichen Straßen oder Plätzen im Geltungsbereich dieser Verordnung nur gebraucht werden, wenn die durch den Gebrauch des Fahrzeugs verursachten Schäden im gesamten Gebiet der Mitgliedstaaten der Europäischen Union und dem der anderen Vertragsstaaten des Abkommens über den Europäischen Wirtschaftsraum nach den dort jeweils geltenden Vorschriften über die Pflichtversicherung gedeckt sind, soweit das Fahrzeug in die vorgenannten Gebiete ohne Kontrolle eines Versicherungsnachweises weiterreisen kann.

(2) ¹Im Sinne dieser Verordnung steht der Zulassung eines Fahrzeugs gleich die Zuteilung eines Versicherungskennzeichens oder eines dem amtlichen Kennzeichen ähnlichen Unterscheidungszeichens für ein Fahrzeug.
²Ist für zweirädrige Kraftfahrzeuge weder eine Zulassung noch die Zuteilung eines Versicherungskennzeichens oder eines dem amtlichen

Kennzeichen ähnlichen Unterscheidungszeichens vorgeschrieben, so gelten sie in dem Staat oder Gebiet als zugelassen, in dem der Fahrzeugführer seinen gesetzlichen Wohnsitz hat.

(3) Abs. 1 gilt nicht für Fahrzeuge der ausländischen Streitkräfte, die zum Aufenthalt im Geltungsbereich dieser Verordnung befugt sind.

§ 4 Nachweis des EU-Versicherungsschutzes

¹Der Führer des Fahrzeugs hat das Bestehen der Haftpflichtversicherung im Sinne des § 3 durch eine Grüne Internationale Versicherungskarte oder durch eine Bescheinigung über den Abschluß einer Grenzversicherung nachzuweisen.
²Der Nachweis ist mitzuführen und zuständigen Personen auf Verlangen zur Prüfung auszuhändigen.

§ 5 Abschluß der Grenzversicherung für den EU-Versicherungsschutz

Für den im Geltungsbereich dieser Verordnung vorgenommenen Abschluß der Grenzversicherung sind die Vorschriften der §§ 2 bis 5 des Gesetzes über die Haftpflichtversicherung für ausländische Kraftfahrzeuge und Kraftfahrzeuganhänger entsprechend anzuwenden.

§ 6 Verpflichtung des Fahrzeughalters hinsichtlich des EU-Versicherungsschutzes

Besteht keine Haftpflichtversicherung nach § 3 oder führt der Führer des Fahrzeugs die nach § 4 erforderliche Versicherungsbescheinigung nicht mit, so darf der Halter nicht anordnen oder zulassen, daß das Fahrzeug im Geltungsbereich dieser Verordnung auf öffentlichen Straßen oder Plätzen gebraucht wird.

§ 7 Kontrolle

(1) ¹Fehlt die nach § 4 erforderliche Versicherungsbescheinigung bei der Einreise eines Fahrzeugs aus einem anderen Gebiet als dem der Mitgliedstaaten der Europäischen Union oder dem der anderen Vertragsstaaten des Abkommens über den Europäischen Wirtschaftsraum in den Geltungsbereich dieser Verordnung, so müssen die für die Grenzkontrolle zuständigen Personen es zurückweisen.
²Fehlt die Bescheinigung bei der Einreise aus dem Gebiet eines Mitgliedstaates der Europäischen Union oder aus dem Gebiet eines anderen Vertragsstaates des Abkommens über den Europäischen Wirtschaftsraum, so kann das Fahrzeug zurückgewiesen werden.
³Stellt sich der Mangel während des Gebrauchs im Geltungsbereich dieser Verordnung heraus, so kann das Fahrzeug sichergestellt werden, bis die Bescheinigung vorgelegt wird.

(2) Fehlt die nach § 1 Abs. 2 des Gesetzes über die Haftpflichtversicherung für ausländische Kraftfahrzeuge und Kraftfahrzeuganhänger erfor-

derliche Versicherungsbescheinigung bei der Einreise eines Fahrzeugs aus dem Gebiet eines Mitgliedstaats der Europäischen Union oder aus dem Gebiet eines anderen Vertragsstaates des Abkommens über den Europäischen Wirtschaftsraum in den Geltungsbereich dieser Verordnung, so ist § 1 Abs. 4 Satz 1 des Gesetzes über die Haftpflichtversicherung für ausländische Kraftfahrzeuge und Kraftfahrzeuganhänger nur mit der Maßgabe anzuwenden, daß beim Fehlen der erforderlichen Versicherungsbescheinigung die Grenzzollstellen solche Fahrzeuge zurückweisen können.

§ 8 Wegfall des Versicherungsnachweises

(1) Eine Versicherungsbescheinigung nach § 1 Abs. 2 des Gesetzes über die Haftpflichtversicherung für ausländische Kraftfahrzeuge und Kraftfahrzeuganhänger sowie nach § 4 dieser Verordnung ist nicht erforderlich für
1. Kraftfahrzeuge und Kraftfahrzeuganhänger, die ein vorgeschriebenes Kennzeichen folgender Staaten oder Gebiete führen:
   – Andorra, Grönland, Island, Kroatien, Liechtenstein, Monaco, Norwegen, San Marino, Schweiz, Serbien, Vatikanstadt;
2. zweirädrige Kraftfahrzeuge (einschließlich Fahrräder mit Hilfsmotor), für die ein Kennzeichen nicht vorgeschrieben ist und deren Führer seinen gesetzlichen Wohnsitz in
   – Grönland oder Norwegen
   hat;
3. Fahrräder mit Hilfsmotor, für die ein Kennzeichen nicht vorgeschrieben ist, die einen Hubraum von nicht mehr als 50 ccm haben und deren Führer seinen gesetzlichen Wohnsitz in
   – Monaco
   hat.

(2) Die Befreiung nach Abs. 1 Nr. 1 erstreckt sich nicht auf folgende Fahrzeuge von
– San Marino und Vatikanstadt: landwirtschaftliche Fahrzeuge, insbesondere landwirtschaftliche Zugmaschinen, ihre Anhänger sowie landwirtschaftliche Arbeitsgeräte.

(3) (weggefallen)

§ 9 Bußgeldvorschriften für EU-Versicherungsschutz

Ordnungswidrig im Sinne des § 9a Abs. 1 Nr. 2 des Gesetzes über die Haftpflichtversicherung für ausländische Kraftfahrzeuge und Kraftfahrzeuganhänger handelt, wer vorsätzlich oder fahrlässig
1. als Führer entgegen § 3 Abs. 1 ein Fahrzeug gebraucht, obwohl das erforderliche Versicherungsverhältnis nicht oder nicht mehr besteht und die Pflichten eines Haftpflichtversicherers auch nicht von den nationalen Versicherungsbüros aller Mitgliedstaaten der Europäischen Union nach Art. 8 Abs. 1 Satz 2 der Richtlinie 2009/103/EG des Europäischen Parlaments und des Rates vom 16. September 2009 über die Kraftfahrzeug-Haftpflichtversicherung und die Kontrolle der entspre-

chenden Versicherungspflicht (ABl. L 263 vom 7.10.2009, S. 11) übernommen worden sind;
2. als Führer eines Fahrzeugs entgegen § 4 Satz 2 den Nachweis nicht mit sich führt oder auf Verlangen nicht aushändigt oder
3. als Halter eines Fahrzeugs entgegen § 6 anordnet oder zuläßt, daß das Fahrzeug gebraucht wird, obwohl
   a) das nach § 3 Abs. 1 erforderliche Versicherungsverhältnis nicht oder nicht mehr besteht und die Pflichten eines Haftpflichtversicherers auch nicht von den nationalen Versicherungsbüros aller Mitgliedstaaten der Europäischen Union nach Art. 8 Abs. 1 Satz 2 der Richtlinie 2009/103/EG des Europäischen Parlaments und des Rates vom 16. September 2009 über die Kraftfahrzeug-Haftpflichtversicherung und die Kontrolle der entsprechenden Versicherungspflicht (ABl. L 263 vom 7.10.2009, S. 11) übernommen worden sind, oder
   b) der Führer den nach § 4 Satz 2 erforderlichen Nachweis nicht mit sich führt.

Art. 2

(nicht wiedergegeben)

Art. 3

(weggefallen)

Art. 4 Inkrafttreten

Diese Verordnung tritt am 15.5.1974 in Kraft.

AuslKfzHPflV Versicherungsrecht

Anlage zu § 2

(Fundstelle: BGBl I 2004, 2157 f)

Zypern
Kraftfahrzeuge und Kraftfahrzeuganhänger der Streitkräfte oder sonstiger militärischer und ziviler Bediensteter, die internationalen Vereinbarungen unterliegen.

Dänemark (und Faröer-Inseln)
Kraftfahrzeuge und Kraftfahrzeuganhänger der Streitkräfte, die internationalen Vereinbarungen unterliegen.

Frankreich
Kraftfahrzeuge und Kraftfahrzeuganhänger der Streitkräfte, die internationalen Vereinbarungen unterliegen.

Vereinigtes Königreich Großbritannien und Nordirland einschließlich der Kanalinseln, Gibraltar und der Insel Man
Kraftfahrzeuge und Kraftfahrzeuganhänger der NATO-Streitkräfte.

Griechenland
1. Fahrzeuge zwischenstaatlicher Organisationen (Grüne Schilder mit den Buchstaben „CD" und „Delta Sigma" vor der Zulassungsnummer).
2. Kraftfahrzeuge und Kraftfahrzeuganhänger der Streitkräfte oder militärischer und ziviler Bediensteter der NATO (Gelbe Schilder mit den Buchstaben „EA" vor der Zulassungsnummer).
3. Kraftfahrzeuge und Kraftfahrzeuganhänger der griechischen Streitkräfte (Kennzeichen: Beschriftung „Epsilon Sigma").
4. Kraftfahrzeuge und Kraftfahrzeuganhänger der alliierten Streitkräfte in Griechenland (Kennzeichen: Beschriftung „AFG").
5. Kraftfahrzeuge und Kraftfahrzeuganhänger mit Probekennzeichen (Weiße Schilder mit den Buchstaben „Delta Omikron Kappa" vor der Zulassungsnummer).

Italien
Kraftfahrzeuge und Kraftfahrzeuganhänger der Streitkräfte oder sonstiger militärischer oder ziviler Mitarbeiter, die internationalen Vereinbarungen unterliegen, insbesondere mit Kennzeichen: Beschriftung „AFI" und Dienstfahrzeuge der NATO-Streitkräfte.

Niederlande
1. Private Kraftfahrzeuge und Kraftfahrzeuganhänger der in Deutschland stationierten Angehörigen der niederländischen Streitkräfte und ihrer Familien.
2. Private Kraftfahrzeuge und Kraftfahrzeuganhänger der in den Niederlanden stationierten Angehörigen der deutschen Streitkräfte und ihrer Familien.
3. Private Kraftfahrzeuge und Kraftfahrzeuganhänger von Personen, die zum Hauptquartier der Alliierten Streitkräfte Mitteleuropa gehören.
4. Kraftfahrzeuge und Kraftfahrzeuganhänger der NATO-Streitkräfte.

Portugal
1. Landwirtschaftliche Maschinen und motorisierte mechanische Geräte, für die nach portugiesischem Recht keine amtlichen Kennzeichen erforderlich sind.
2. Fahrzeuge fremder Staaten und internationaler Organisationen, deren Mitglied Portugal ist (Weiße Schilder – rote Zahlen, denen die Buchstaben „CD" oder „FM" vorausgehen).

Verordnung **AuslKfzHPflV**

3. Fahrzeuge des portugiesischen Staates (Schwarze Schilder – weiße Zahlen, denen je nach Dienststelle die Buchstaben „AM", „AP", „EP", „ME", „MG" oder „MX" vorausgehen).

Lettland
Kraftfahrzeuge und Kraftfahrzeuganhänger der Streitkräfte, die internationalen Vereinbarungen unterliegen.

Litauen
Kraftfahrzeuge und Kraftfahrzeuganhänger der Streitkräfte, die internationalen Vereinbarungen unterliegen.

Malta
Kraftfahrzeuge und Kraftfahrzeuganhänger der Streitkräfte, die internationalen Vereinbarungen unterliegen.

Polen
Kraftfahrzeuge und Kraftfahrzeuganhänger der Streitkräfte, die internationalen Vereinbarungen unterliegen.

Anhang

Inhaltsübersicht

Anh. I Auszug aus der Fahrerlaubnis-Verordnung (FeV)
Anh. II Auszug aus der Straßenverkehrs-Zulassungs-Ordnung (StVZO)
Anh. III Elektromobilitätsgesetz
Anh. IV Bußgeldkatalog-Verordnung mit Bußgeldkatalog (BKatV)

Anhang I

Verordnung über die Zulassung von Personen zum Straßenverkehr (Fahrerlaubnis-Verordnung – FeV)

Vom 13. Dezember 2010 (BGBl. I S. 1980)
FNA 9231-1-19
zuletzt geänd. durch Art. 2 56. Strafrechtsänderungsgesetz vom 30.9.2017 (BGBl. I S. 3532)[1]

(Auszug)

Inhaltsübersicht

I. Allgemeine Regelungen für die Teilnahme am Straßenverkehr
 § 1 Grundregel der Zulassung
 § 2 Eingeschränkte Zulassung
 § 3 Einschränkung und Entziehung der Zulassung

II. Führen von Kraftfahrzeugen
 1. Allgemeine Regelungen
  § 4 Erlaubnispflicht und Ausweispflicht für das Führen von Kraftfahrzeugen
  § 5 Sonderbestimmungen für das Führen von Mofas und geschwindigkeitsbeschränkten Kraftfahrzeugen
  § 6 Einteilung der Fahrerlaubnisklassen
  § 6a Fahrerlaubnis der Klasse B mit der Schlüsselzahl 96
 2. Voraussetzungen für die Erteilung einer Fahrerlaubnis
  § 7 Ordentlicher Wohnsitz im Inland
  § 8 Ausschluss des Vorbesitzes einer Fahrerlaubnis der beantragten Klasse
  § 9 Voraussetzung des Vorbesitzes einer Fahrerlaubnis anderer Klassen
  § 10 Mindestalter
  § 11 Eignung
  § 12 Sehvermögen
  § 13 Klärung von Eignungszweifeln bei Alkoholproblematik
  § 14 Klärung von Eignungszweifeln im Hinblick auf Betäubungsmittel und Arzneimittel
  § 15 Fahrerlaubnisprüfung
  § 16 Theoretische Prüfung
  § 17 Praktische Prüfung
  § 18 Gemeinsame Vorschriften für die theoretische und die praktische Prüfung
  § 19 Schulung in Erster Hilfe
  § 20 Neuerteilung einer Fahrerlaubnis
 3. Verfahren bei der Erteilung einer Fahrerlaubnis
  § 21 Antrag auf Erteilung einer Fahrerlaubnis[2]

---
[1] Zu den Änderungen der FeV durch die 53. VO zur Änderung straßenverkehrsrechtlicher Vorschriften vom 6.10.2017 (BGBl. I S. 3549) siehe Aktualisierungsanhang S. 676 ff.)
[2] Hier nicht abgedruckt.

§ 22 Verfahren bei der Behörde und der Technischen Prüfstelle[2]
§ 22a Abweichendes Verfahren bei Elektronischem Prüfauftrag und Vorläufigem Nachweis der Fahrerlaubnis
§ 23 Geltungsdauer der Fahrerlaubnis, Beschränkungen und Auflagen
§ 24 Verlängerung von Fahrerlaubnissen
§ 24a Gültigkeit von Führerscheinen
§ 25 Ausfertigung des Führerscheins
§ 25a Antrag auf Ausstellung eines Internationalen Führerscheins[1]
§ 25b Ausstellung des Internationalen Führerscheins[1]

4. Sonderbestimmungen für das Führen von Dienstfahrzeugen
§ 26 Dienstfahrerlaubnis
§ 27 Verhältnis von allgemeiner Fahrerlaubnis und Dienstfahrerlaubnis

5. Sonderbestimmungen für Inhaber ausländischer Fahrerlaubnisse
§ 28 Anerkennung von Fahrerlaubnissen aus Mitgliedstaaten der Europäischen Union oder einem anderen Vertragsstaat des Abkommens über den Europäischen Wirtschaftsraum
§ 29 Ausländische Fahrerlaubnisse
§ 29a Fahrerlaubnisse von in Deutschland stationierten Angehörigen der Streitkräfte der Vereinigten Staaten von Amerika und Kanadas
§ 30 Erteilung einer Fahrerlaubnis an Inhaber einer Fahrerlaubnis aus einem Mitgliedstaat der Europäischen Union oder einem anderen Vertragsstaat des Abkommens über den Europäischen Wirtschaftsraum
§ 30a Rücktausch von Führerscheinen
§ 31 Erteilung einer Fahrerlaubnis an Inhaber einer Fahrerlaubnis aus einem Staat außerhalb des Abkommens über den Europäischen Wirtschaftsraum

6. Fahrerlaubnis auf Probe
§ 32 Ausnahmen von der Probezeit
§ 33 Berechnung der Probezeit bei Inhabern von Dienstfahrerlaubnissen und Fahrerlaubnissen aus Staaten außerhalb des Abkommens über den Europäischen Wirtschaftsraum
§ 34 Bewertung der Straftaten und Ordnungswidrigkeiten im Rahmen der Fahrerlaubnis auf Probe und Anordnung des Aufbauseminars
§ 35 Aufbauseminare
§ 36 Besondere Aufbauseminare nach § 2b Absatz 2 Satz 2 des Straßenverkehrsgesetzes
§ 37 Teilnahmebescheinigung[1]
§ 38 Verkehrspsychologische Beratung[1]
§ 39 Anordnung der Teilnahme an einem Aufbauseminar und weitere Maßnahmen bei Inhabern einer Dienstfahrerlaubnis[1]

7. Fahreignungs-Bewertungssystem
§ 40 Bezeichnung und Bewertung nach dem Fahreignungs-Bewertungssystem
§ 41 Maßnahmen der nach Landesrecht zuständigen Behörde
§ 42 Fahreignungsseminar
§ 43 Überwachung der Fahreignungsseminare nach § 42 und der Einweisungslehrgänge nach § 31a Absatz 2 Satz 1 Nummer 4 des Fahrlehrergesetzes
§ 43a Anforderungen an Qualitätssicherungssysteme für das Fahreignungsseminar
§ 44 Teilnahmebescheinigung
§ 45 (weggefallen)

---

[1] Hier nicht abgedruckt.

Fahrerlaubnis-Verordnung **Anh I**

    8. Entziehung oder Beschränkung der Fahrerlaubnis, Anordnung von Auflagen
       § 46 Entziehung, Beschränkung, Auflagen
       § 47 Verfahrensregelungen
    9. Sonderbestimmungen für das Führen von Taxen, Mietwagen und Krankenkraftwagen sowie von Personenkraftwagen im Linienverkehr und bei gewerbsmäßigen Ausflugsfahrten und Ferienziel-Reisen
       § 48 Fahrerlaubnis zur Fahrgastbeförderung
  10. Begleitetes Fahren ab 17 Jahre
       § 48a Voraussetzungen
       § 48b Evaluation

III. Register

  1. Zentrales Fahrerlaubnisregister und örtliche Fahrerlaubnisregister
     § 49 Speicherung der Daten im Zentralen Fahrerlaubnisregister[1]
     § 50 Übermittlung der Daten vom Kraftfahrt-Bundesamt an die Fahrerlaubnisbehörden nach § 2c des Straßenverkehrsgesetzes[1]
     § 51 Übermittlung von Daten aus dem Zentralen Fahrerlaubnisregister nach den §§ 52 und 55 des Straßenverkehrsgesetzes[1]
     § 52 Abruf im automatisierten Verfahren aus dem Zentralen Fahrerlaubnisregister durch Stellen im Inland nach § 53 des Straßenverkehrsgesetzes[1]
     § 53 Automatisiertes Anfrage- und Auskunftsverfahren beim Zentralen Fahrerlaubnisregister nach § 54 des Straßenverkehrsgesetzes[1]
     § 54 Sicherung gegen Missbrauch[1]
     § 55 Aufzeichnung der Abrufe[1]
     § 56 Abruf im automatisierten Verfahren aus dem Zentralen Fahrerlaubnisregister durch Stellen im Ausland nach § 56 des Straßenverkehrsgesetzes[1]
     § 57 Speicherung der Daten in den örtlichen Fahrerlaubnisregistern[1]
     § 58 Übermittlung von Daten aus den örtlichen Fahrerlaubnisregistern[1]
  2. Fahreignungsregister
     § 59 Speicherung von Daten im Fahreignungsregister[1]
     § 60 Übermittlung von Daten nach § 30 des Straßenverkehrsgesetzes[1]
     § 61 Abruf im automatisierten Verfahren nach § 30a des Straßenverkehrsgesetzes[1]
     § 62 Automatisiertes Anfrage- und Auskunftsverfahren nach § 30b des Straßenverkehrsgesetzes[1]
     § 63 Vorzeitige Tilgung[1]
     § 64 Identitätsnachweis[1]

IV. Anerkennung und Begutachtung für bestimmte Aufgaben

     § 65 Ärztliche Gutachter[1]
     § 66 Träger von Begutachtungsstellen für Fahreignung[1]
     § 67 Sehteststelle[1]
     § 68 Stellen für die Schulung in Erster Hilfe[1]
     § 69 Stellen zur Durchführung der Fahrerlaubnisprüfung[1]
     § 70 Träger von Kursen zur Wiederherstellung der Kraftfahreignung[1]
     § 71 Verkehrspsychologische Beratung[1]

---

[1] Hier nicht abgedruckt.

Anh I — Fahrerlaubnis-Verordnung

§ 71a Träger von unabhängigen Stellen für die Bestätigung der Eignung von eingesetzten psychologischen Testverfahren und -geräten[1]
§ 71b Träger von unabhängigen Stellen für die Bestätigung der Eignung von Kursen zur Wiederherstellung der Kraftfahreignung[1]
§ 72 Begutachtung[1]

V. Durchführungs-, Bußgeld-, Übergangs- und Schlussvorschriften

§ 73 Zuständigkeiten
§ 74 Ausnahmen
§ 75 Ordnungswidrigkeiten
§ 76 Übergangsrecht[1]
§ 77 Verweis auf technische Regelwerke[1]
§ 78 Inkrafttreten

Anlagen zur Fahrerlaubnis-Verordnung

Anlage 1. Mindestanforderungen an die Ausbildung von Bewerbern um eine Prüfbescheinigung für Mofas und zwei- und dreirädrige Kraftfahrzeuge bis 25 km/h nach § 5 Absatz 2 durch Fahrlehrer (zu § 5 Absatz 2)[1]
Anlage 2. Ausbildungs- und Prüfbescheinigungen für Mofas und zwei- und dreirädrige Kraftfahrzeuge bis 25 km/h (zu § 5 Absatz 2 und 4)[1]
Anlage 3. Umstellung von Fahrerlaubnissen alten Rechts und Umtausch von Führerscheinen nach bisherigen Mustern (zu § 6 Absatz 7)[1]
Anlage 4. Eignung und bedingte Eignung zum Führen von Kraftfahrzeugen (zu den §§ 11, 13 und 14)
Anlage 4a. Grundsätze für die Durchführung der Untersuchungen und die Erstellung der Gutachten (zu § 11 Absatz 5)
Anlage 5. Eignungsuntersuchungen für Bewerber und Inhaber der Klassen C, C1, D, D1 und der zugehörigen Anhängerklassen E sowie der Fahrerlaubnis zur Fahrgastbeförderung (zu § 11 Absatz 9, § 48 Absatz 4 und 5)
Anlage 6. Anforderungen an das Sehvermögen (zu den §§ 12, 48 Absatz 4 und 5)[1]
Anlage 7. Fahrerlaubnisprüfung (zu § 16 Absatz 2, § 17 Absatz 2 und 3)[1]
Anlage 7a. Fahrerschulung (zu § 6a Absatz 3 und 4)[1]
Anlage 8. Allgemeiner Führerschein, Dienstführerschein, Führerschein zur Fahrgastbeförderung (zu § 25 Absatz 1, § 26 Absatz 1, § 48 Absatz 3)[1]
Anlage 8a. Muster des Vorläufigen Nachweises der Fahrerlaubnis (VNF) (zu § 22 Absatz 4 Satz 7)[1]
Anlage 8b. Muster der Prüfungsbescheinigung zum „Begleiteten Fahren ab 17 Jahre" (zu § 48a)[1]
Anlage 8c. Muster eines Internationalen Führerscheins nach dem Internationalen Abkommen über Kraftfahrzeugverkehr vom 24. April 1926 (zu § 25b Absatz 2)[1]
Anlage 8d. Muster eines Internationalen Führerscheins nach dem Übereinkommen über den Straßenverkehr vom 8. November 1968 (zu § 25b Absatz 3)[1]
Anlage 9. Verwendung von Schlüsselzahlen für Eintragungen in den Führerschein (zu § 25 Absatz 3)[1]
Anlage 10. Dienstfahrerlaubnisse der Bundeswehr (zu den §§ 26 und 27)[1]
Anlage 11. Staatenliste zu den Sonderbestimmungen für Inhaber einer ausländischen Fahrerlaubnis (zu § 31)[1]
Anlage 12. Bewertung der Straftaten und Ordnungswidrigkeiten im Rahmen der Fahrerlaubnis auf Probe (§ 2a des Straßenverkehrsgesetzes) (zu § 34)

---

[1] Hier nicht abgedruckt.

Fahrerlaubnis-Verordnung **Anh I**

Anlage 13. Bezeichnung und Bewertung der im Rahmen des Fahreignungs-Bewertungssystems zu berücksichtigenden Straftaten und Ordnungswidrigkeiten (zu § 40)

Anlage 14. Voraussetzungen für die amtliche Anerkennung als Träger von Begutachtungsstellen für Fahreignung (zu § 66 Absatz 2)[1]

Anlage 14a. Voraussetzungen für die amtliche Anerkennung als Träger einer unabhängigen Stelle für die Bestätigung der Eignung der eingesetzten psychologischen Testverfahren und -geräte und für die Begutachtung dieser Träger durch die Bundesanstalt für Straßenwesen (zu § 71b)[1]

Anlage 15. Voraussetzungen für die amtliche Anerkennung als Träger von Kursen zur Wiederherstellung der Kraftfahreignung (zu § 70 Absatz 2)

Anlage 15a. Voraussetzungen für die amtliche Anerkennung als Träger einer unabhängigen Stelle für die Bestätigung der Geeignetheit von Kursen zur Wiederherstellung der Kraftfahreignung und für die Begutachtung dieser Träger durch die Bundesanstalt für Straßenwesen (zu § 71a Absatz 3)

Anlage 16. Rahmenplan für die Durchführung der verkehrspädagogischen Teilmaßnahme des Fahreignungsseminars (zu § 42 Absatz 2)

Anlage 17. Inhalte der Prüfung im Rahmen der Qualitätssicherung der Fahreignungsseminare und Einweisungslehrgänge (zu § 43a Nummer 3 Buchstabe a)

Anlage 18. Teilnahmebescheinigung gemäß § 44 FeV (zu § 44 Absatz 1)[1]

I. Allgemeine Regelungen für die Teilnahme am Straßenverkehr

§ 1 Grundregel der Zulassung

Zum Verkehr auf öffentlichen Straßen ist jeder zugelassen, soweit nicht für die Zulassung zu einzelnen Verkehrsarten eine Erlaubnis vorgeschrieben ist.

§ 2 Eingeschränkte Zulassung

(1) [1] Wer sich infolge körperlicher oder geistiger Beeinträchtigungen nicht sicher im Verkehr bewegen kann, darf am Verkehr nur teilnehmen, wenn Vorsorge getroffen ist, dass er andere nicht gefährdet. [2] Die Pflicht zur Vorsorge, namentlich durch das Anbringen geeigneter Einrichtungen an Fahrzeugen, durch den Ersatz fehlender Gliedmaßen mittels künstlicher Glieder, durch Begleitung oder durch das Tragen von Abzeichen oder Kennzeichen, obliegt dem Verkehrsteilnehmer selbst oder einem für ihn Verantwortlichen.

(2) [1] Körperlich Behinderte können ihre Behinderung durch gelbe Armbinden an beiden Armen oder andere geeignete, deutlich sichtbare, gelbe Abzeichen mit drei schwarzen Punkten kenntlich machen. [2] Die Abzeichen dürfen nicht an Fahrzeugen angebracht werden. [3] Wesentlich sehbehinderte Fußgänger können ihre Behinderung durch einen weißen Blindenstock, die Begleitung durch einen Blindenhund im weißen Führgeschirr und gelbe Abzeichen nach Satz 1 kenntlich machen.

(3) Andere Verkehrsteilnehmer dürfen die in Absatz 2 genannten Kennzeichen im Straßenverkehr nicht verwenden.

§ 3 Einschränkung und Entziehung der Zulassung

(1) [1] Erweist sich jemand als ungeeignet oder nur noch bedingt geeignet zum Führen von Fahrzeugen oder Tieren, hat die Fahrerlaubnisbehörde ihm das Führen zu untersagen, zu beschränken oder die erforderlichen Auflagen anzuordnen. [2] Nach der Untersagung, auf öffentlichen Straßen ein Mofa nach § 4 Absatz 1 Satz 2 Nummer 1 oder ein Kraftfahrzeug nach § 4 Absatz 1 Satz 2 Nummer 1b zu führen, ist die Prüfbescheinigung nach § 5 Absatz 4 Satz 1 unverzüglich der entscheidenden Behörde abzuliefern oder bei Beschränkungen oder Auflagen zur Eintragung vorzulegen. [3] Die Verpflichtung zur Ablieferung oder Vorlage der Prüfbescheinigung besteht auch, wenn die Entscheidung angefochten worden ist, die zuständige Behörde jedoch die sofortige Vollziehung ihrer Verfügung angeordnet hat.

(2) Rechtfertigen Tatsachen die Annahme, dass der Führer eines Fahrzeugs oder Tieres zum Führen ungeeignet oder nur noch bedingt geeignet ist, finden die Vorschriften der §§ 11 bis 14 entsprechend Anwendung.

II. Führen von Kraftfahrzeugen

1. Allgemeine Regelungen

§ 4 Erlaubnispflicht und Ausweispflicht für das Führen von Kraftfahrzeugen

(1) [1]Wer auf öffentlichen Straßen ein Kraftfahrzeug führt, bedarf der Fahrerlaubnis. [2]Ausgenommen sind
1. einspurige Fahrräder mit Hilfsmotor – auch ohne Tretkurbeln –, wenn ihre Bauart Gewähr dafür bietet, dass die Höchstgeschwindigkeit auf ebener Bahn nicht mehr als 25 km/h beträgt (Mofas); besondere Sitze für die Mitnahme von Kindern unter sieben Jahren dürfen jedoch angebracht sein,
1a. Mobilitätshilfen im Sinne des § 1 Absatz 1 der Mobilitätshilfenverordnung,
1b. zweirädrige Kraftfahrzeuge der Klasse L1e-B und dreirädrige Kraftfahrzeuge der Klassen L2e-P und L2e-U nach Artikel 4 Absatz 2 Buchstabe a und b der Verordnung (EU) Nr. 168/2013 des Europäischen Parlaments und des Rates vom 15. Januar 2013 über die Genehmigung und Marktüberwachung von zwei- oder dreirädrigen und vierrädrigen Fahrzeugen (ABl. L 60 vom 2.3.2013, S. 52), wenn ihre Bauart Gewähr dafür bietet, dass die Höchstgeschwindigkeit auf ebener Bahn auf höchstens 25 km/h beschränkt ist,
2. motorisierte Krankenfahrstühle (einsitzige, nach der Bauart zum Gebrauch durch körperlich behinderte Personen bestimmte Kraftfahrzeuge mit Elektroantrieb, einer Leermasse von nicht mehr als 300 kg einschließlich Batterien jedoch ohne Fahrer, einer zulässigen Gesamtmasse von nicht mehr als 500 kg, einer bauartbedingten Höchstgeschwindigkeit von nicht mehr als 15 km/h und einer Breite über alles von maximal 110 cm),
3. Zugmaschinen, die nach ihrer Bauart für die Verwendung land- oder forstwirtschaftlicher Zwecke bestimmt sind, selbstfahrende Arbeitsmaschinen, Stapler und andere Flurförderzeuge jeweils mit einer durch die Bauart bestimmten Höchstgeschwindigkeit von nicht mehr als 6 km/h sowie einachsige Zug- und Arbeitsmaschinen, die von Fußgängern an Holmen geführt werden.

(2) [1]Die Fahrerlaubnis ist durch eine gültige amtliche Bescheinigung (Führerschein) nachzuweisen. [2]Der Führerschein ist beim Führen von Kraftfahrzeugen mitzuführen und zuständigen Personen auf Verlangen zur Prüfung auszuhändigen. [3]Der Internationale Führerschein oder der nationale ausländische Führerschein und eine mit diesem nach § 29 Absatz 2 Satz 2 verbundene Übersetzung ist mitzuführen und zuständigen Personen auf Verlangen zur Prüfung auszuhändigen.

(3) [1]Abweichend von Absatz 2 Satz 1 kann die Fahrerlaubnis auch durch eine andere Bescheinigung als den Führerschein nachgewiesen werden, soweit dies ausdrücklich bestimmt oder zugelassen ist. [2]Absatz 2 Satz 2 gilt für eine Bescheinigung im Sinne des Satzes 1 entsprechend.

§ 5 Sonderbestimmungen für das Führen von Mofas und geschwindigkeitsbeschränkten Kraftfahrzeugen

(1) [1]Wer auf öffentlichen Straßen ein Mofa (§ 4 Absatz 1 Satz 2 Nummer 1) oder ein Kraftfahrzeug, das den Bestimmungen des § 4 Absatz 1 Satz 2 Nummer 1b entspricht, führt, muss in einer Prüfung nachgewiesen haben, dass er
1. ausreichende Kenntnisse der für das Führen eines Kraftfahrzeugs maßgebenden gesetzlichen Vorschriften hat und
2. mit den Gefahren des Straßenverkehrs und den zu ihrer Abwehr erforderlichen Verhaltensweisen vertraut ist.

[2]Die Prüfung muss nicht ablegen, wer eine Fahrerlaubnis nach § 4 oder eine zum Führen von Kraftfahrzeugen im Inland berechtigende ausländische Erlaubnis besitzt. [3]Die zuständige oberste Landesbehörde oder die von ihr bestimmte oder nach Landesrecht zuständige Stelle bestimmt die prüfende Stelle.

Fahrerlaubnis-Verordnung **Anh I**

(2) [1] Der Bewerber wird zur Prüfung zugelassen, wenn er von einem zur Ausbildung berechtigten Fahrlehrer entsprechend den Mindestanforderungen der Anlage 1 ausgebildet worden ist und hierüber der prüfenden Stelle eine Bescheinigung nach dem Muster in Anlage 2 vorlegt. [2] Ein Fahrlehrer ist zu der Ausbildung berechtigt, wenn er die Fahrlehrerlaubnis der Klasse A besitzt. [3] § 1 Absatz 4 Satz 1 des Fahrlehrergesetzes gilt entsprechend. [4] Der Fahrlehrer darf die Ausbildungsbescheinigung nur ausstellen, wenn er eine Ausbildung durchgeführt hat, die den Mindestanforderungen der Anlage 1 entspricht.

(3) [1] Die zuständige oberste Landesbehörde oder die von ihr bestimmte oder nach Landesrecht zuständige Stelle kann als Träger der Ausbildung im Sinne des Absatzes 2 Satz 1 öffentliche Schulen oder private Ersatzschulen anerkennen. [2] In diesem Fall hat der Bewerber der prüfenden Stelle eine Ausbildungsbescheinigung einer nach Satz 1 anerkannten Schule vorzulegen, aus der hervorgeht, dass er an einem anerkannten Ausbildungskurs in der Schule teilgenommen hat.

(4) [1] Die prüfende Stelle hat über die bestandene Prüfung eine Prüfbescheinigung zum Führen von Mofas und zwei- und dreirädriger Kraftfahrzeuge bis 25 km/h nach Anlage 2 auszufertigen. [2] Die Bescheinigung ist beim Führen eines Mofas nach § 4 Absatz 1 Satz 2 Nummer 1 oder eines Kraftfahrzeugs nach § 4 Absatz 1 Satz 2 Nummer 1b mitzuführen und zuständigen Personen auf Verlangen zur Prüfung auszuhändigen. [3] Für den Inhaber einer Fahrerlaubnis gilt § 4 Absatz 2 Satz 2 entsprechend.

(5) Wer die Prüfung noch nicht abgelegt hat, darf ein Mofa nach § 4 Absatz 1 Satz 2 Nummer 1 oder ein Kraftfahrzeug nach § 4 Absatz 1 Satz 2 Nummer 1b auf öffentlichen Straßen führen, wenn er von einem zur Ausbildung berechtigten Fahrlehrer beaufsichtigt wird; der Fahrlehrer gilt als Führer des Fahrzeugs.

§ 6 Einteilung der Fahrerlaubnisklassen

(1) [1] Die Fahrerlaubnis wird in folgenden Klassen erteilt:

Klasse AM: – leichte zweirädrige Kraftfahrzeuge der Klasse L1e-B nach Artikel 4 Absatz 2 Buchstabe a der Verordnung (EU) Nr. 168/2013 des Europäischen Parlaments und des Rates vom 15. Januar 2013 über die Genehmigung und Marktüberwachung von zwei- oder dreirädrigen und vierrädrigen Fahrzeugen (ABl. L 60 vom 2.3.2013, S. 52),
– dreirädrige Kleinkrafträder der Klasse L2e nach Artikel 4 Absatz 2 Buchstabe b der Verordnung (EU) Nr. 168/2013 des Europäischen Parlaments und des Rates vom 15. Januar 2013 über die Genehmigung und Marktüberwachung von zwei- oder dreirädrigen und vierrädrigen Fahrzeugen (ABl. L 60 vom 2.3.2013, S. 52),
– leichte vierrädrige Kraftfahrzeuge der Klasse L6e nach Artikel 4 Absatz 2 Buchstabe f der Verordnung (EU) Nr. 168/2013 des Europäischen Parlaments und des Rates vom 15. Januar 2013 über die Genehmigung und Marktüberwachung von zwei- oder dreirädrigen und vierrädrigen Fahrzeugen (ABl. L 60 vom 2.3.2013, S. 52).

Klasse A1: – Krafträder (auch mit Beiwagen) mit einem Hubraum von bis zu 125 cm3 und einer Motorleistung von nicht mehr als 11 kW, bei denen das Verhältnis der Leistung zum Gewicht 0,1 kW/ kg nicht übersteigt,
– dreirädrige Kraftfahrzeuge mit symmetrisch angeordneten Rädern und einem Hubraum von mehr als 50 cm3 bei Verbrennungsmotoren oder einer bauartbedingten Höchstgeschwindigkeit von mehr als 45 km/h und mit einer Leistung von bis zu 15 kW.

Klasse A2: Krafträder (auch mit Beiwagen) mit
a) einer Motorleistung von nicht mehr als 35 kW und
b) einem Verhältnis der Leistung zum Gewicht von nicht mehr als 0,2 kW/kg,
die nicht von einem Kraftrad mit einer Leistung von über 70 kW Motorleistung abgeleitet sind.

Klasse A: – Krafträder (auch mit Beiwagen) mit einem Hubraum von mehr als 50 cm3 oder mit einer durch die Bauart bestimmten Höchstgeschwindigkeit von mehr als 45 km/h und
– dreirädrige Kraftfahrzeuge mit einer Leistung von mehr als 15 kW und dreirädrige Kraftfahrzeuge mit symmetrisch angeordneten Rädern und einem Hubraum von mehr als 50 cm3 bei Verbrennungsmotoren oder

Anh I

Fahrerlaubnis-Verordnung

einer bauartbedingten Höchstgeschwindigkeit von mehr als 45 km/h und mit einer Leistung von mehr als 15 kW.

Klasse B: Kraftfahrzeuge – ausgenommen Kraftfahrzeuge der Klassen AM, A1, A2 und A – mit einer zulässigen Gesamtmasse von nicht mehr als 3 500 kg, die zur Beförderung von nicht mehr als acht Personen außer dem Fahrzeugführer ausgelegt und gebaut sind (auch mit Anhänger mit einer zulässigen Gesamtmasse von nicht mehr als 750 kg oder mit Anhänger über 750 kg zulässiger Gesamtmasse, sofern 3 500 kg zulässige Gesamtmasse der Kombination nicht überschritten wird).

Klasse BE: Fahrzeugkombinationen, die aus einem Zugfahrzeug der Klasse B und einem Anhänger oder Sattelanhänger bestehen, sofern die zulässige Gesamtmasse des Anhängers oder Sattelanhängers 3 500 kg nicht übersteigt.

Klasse C1: Kraftfahrzeuge, ausgenommen Kraftfahrzeuge der Klassen AM, A1, A2, A, D1 und D, mit einer zulässigen Gesamtmasse von mehr als 3 500 kg, aber nicht mehr als 7 500 kg, und die zur Beförderung von nicht mehr als acht Personen außer dem Fahrzeugführer ausgelegt und gebaut sind (auch mit Anhänger mit einer zulässigen Gesamtmasse von nicht mehr als 750 kg).

Klasse C1E: Fahrzeugkombinationen, die aus einem Zugfahrzeug
– der Klasse C1 und einem Anhänger oder Sattelanhänger mit einer zulässigen Gesamtmasse von mehr als 750 kg bestehen, sofern die zulässige Gesamtmasse der Fahrzeugkombination 12 000 kg nicht übersteigt,
– der Klasse B und einem Anhänger oder Sattelanhänger mit einer zulässigen Masse von mehr als 3 500 kg bestehen, sofern die zulässige Masse der Fahrzeugkombination 12 000 kg nicht übersteigt.

Klasse C: Kraftfahrzeuge, ausgenommen Kraftfahrzeuge der Klassen AM, A1, A2, A, D1 und D, mit einer zulässigen Gesamtmasse von mehr als 3 500 kg, die zur Beförderung von nicht mehr als acht Personen außer dem Fahrzeugführer ausgelegt und gebaut sind (auch mit Anhänger mit einer zulässigen Gesamtmasse von nicht mehr als 750 kg).

Klasse CE: Fahrzeugkombinationen, die aus einem Zugfahrzeug der Klasse C und Anhängern oder einem Sattelanhänger mit einer zulässigen Gesamtmasse von mehr als 750 kg bestehen.

Klasse D1: Kraftfahrzeuge, ausgenommen Kraftfahrzeuge der Klassen AM, A1, A2, A, die zur Beförderung von nicht mehr als 16 Personen außer dem Fahrzeugführer ausgelegt und gebaut sind und deren Länge nicht mehr als 8 m beträgt (auch mit Anhänger mit einer zulässigen Gesamtmasse von nicht mehr als 750 kg).

Klasse D1E: Fahrzeugkombinationen, die aus einem Zugfahrzeug der Klasse D1 und einem Anhänger mit einer zulässigen Gesamtmasse von mehr als 750 kg bestehen.

Klasse D: Kraftfahrzeuge, ausgenommen Kraftfahrzeuge der Klassen AM, A1, A2, A, die zur Beförderung von mehr als acht Personen außer dem Fahrzeugführer ausgelegt und gebaut sind (auch mit Anhänger mit einer zulässigen Gesamtmasse von nicht mehr als 750 kg).

Klasse DE: Fahrzeugkombinationen, die aus einem Zugfahrzeug der Klasse D und einem Anhänger mit einer zulässigen Gesamtmasse von mehr als 750 kg bestehen.

Klasse T: Zugmaschinen mit einer durch die Bauart bestimmten Höchstgeschwindigkeit von nicht mehr als 60 km/h und selbstfahrende Arbeitsmaschinen oder selbstfahrende Futtermischwagen mit einer durch die Bauart bestimmten Höchstgeschwindigkeit von nicht mehr als 40 km/h, die jeweils nach ihrer Bauart zur Verwendung für land- oder forstwirtschaftliche Zwecke bestimmt sind und für solche Zwecke eingesetzt werden (auch mit Anhängern).

Klasse L: Zugmaschinen, die nach ihrer Bauart zur Verwendung für land- oder forstwirtschaftliche Zwecke bestimmt sind und für solche Zwecke eingesetzt werden, mit einer durch die Bauart bestimmten Höchstgeschwindigkeit von nicht mehr als 40 km/h und Kombinationen aus diesen Fahrzeugen und Anhängern, wenn sie mit einer Geschwindigkeit von nicht mehr als 25 km/h geführt werden, sowie selbstfahrende Arbeitsmaschinen, selbstfahrende Futtermischwagen, Stapler und andere Flurförderzeuge jeweils mit einer

Fahrerlaubnis-Verordnung **Anh I**

durch die Bauart bestimmten Höchstgeschwindigkeit von nicht mehr als 25 km/h und Kombinationen aus diesen Fahrzeugen und Anhängern.

²Die zulässige Gesamtmasse einer Fahrzeugkombination errechnet sich aus der Summe der zulässigen Gesamtmasse der Einzelfahrzeuge ohne Berücksichtigung von Stütz- und Aufliegelasten. ³Die Erlaubnis kann auf einzelne Fahrzeugarten dieser Klassen beschränkt werden. ⁴Beim Abschleppen eines Kraftfahrzeugs genügt die Fahrerlaubnis für die Klasse des abschleppenden Fahrzeugs.

(2) Zugmaschinen der Klasse T mit einer durch die Bauart bestimmten Höchstgeschwindigkeit von mehr als 40 km/h dürfen nur von Inhabern einer Fahrerlaubnis der Klasse T geführt werden, die das 18. Lebensjahr vollendet haben; dies gilt nicht bei der Rückfahrt von der praktischen Befähigungsprüfung, sofern der Inhaber der Fahrerlaubnis dabei von einem Fahrlehrer begleitet wird, sowie bei Fahrproben nach § 42 im Rahmen von Aufbauseminaren und auf Grund von Anordnungen nach § 46.

(3) ¹Außerdem berechtigt
1. die Fahrerlaubnis der Klasse A zum Führen von Fahrzeugen der Klassen AM, A1 und A2,
2. die Fahrerlaubnis der Klasse A2 zum Führen von Fahrzeugen der Klassen A1 und AM,
3. die Fahrerlaubnis der Klasse A1 zum Führen von Fahrzeugen der Klasse AM,
4. die Fahrerlaubnis der Klasse B zum Führen von Fahrzeugen der Klassen AM und L,
5. die Fahrerlaubnis der Klasse C zum Führen von Fahrzeugen der Klasse C1,
6. die Fahrerlaubnis der Klasse CE zum Führen von Fahrzeugen der Klassen C1E, BE und T sowie DE, sofern er zum Führen von Fahrzeugen der Klasse D berechtigt ist,
7. die Fahrerlaubnis der Klasse C1E zum Führen von Fahrzeugen der Klassen BE sowie D1E, sofern der Inhaber zum Führen von Fahrzeugen der Klasse D1 berechtigt ist,
8. die Fahrerlaubnis der Klasse D zum Führen von Fahrzeugen der Klasse D1,
9. die Fahrerlaubnis der Klasse D1E zum Führen von Fahrzeugen der Klasse BE,
10. die Fahrerlaubnis der Klasse DE zum Führen von Fahrzeugen der Klassen D1E und BE,
11. die Fahrerlaubnis der Klasse T zum Führen von Fahrzeugen der Klassen AM und L.

²Satz 1 Nummer 1 gilt nicht für eine Fahrerlaubnis der Klasse A, die unter Verwendung der Schlüsselzahl 79.03 oder 79.04 erteilt worden ist.

(3a) Die Fahrerlaubnis der Klasse B wird auch erteilt zum Führen von dreirädrigen Kraftfahrzeugen im Inland, im Falle eines Kraftfahrzeugs mit einer Motorleistung von mehr als 15 kW jedoch nur, soweit der Inhaber der Fahrerlaubnis mindestens 21 Jahre alt ist.

(4) Fahrerlaubnisse der Klassen C, C1, CE oder C1E berechtigen im Inland auch zum Führen von Kraftomnibussen – gegebenenfalls mit Anhänger – mit einer entsprechenden zulässigen Gesamtmasse und ohne Fahrgäste, wenn die Fahrten lediglich zur Überprüfung des technischen Zustands des Fahrzeugs dienen.

(4a) ¹Eine Fahrerlaubnis der Klasse C1 berechtigt auch zum Führen von Fahrzeugen mit einer zulässigen Gesamtmasse von mehr als 3 500 kg, aber nicht mehr als 7 500 kg, und die zur Beförderung von nicht mehr als acht Personen außer dem Fahrzeugführer ausgelegt und gebaut sind mit insbesondere folgender, für die Genehmigung der Fahrzeugtypen maßgeblicher, besonderer Zweckbestimmung:
1. Einsatzfahrzeuge der Feuerwehr,
2. Einsatzfahrzeuge der Polizei,
3. Einsatzfahrzeuge der nach Landesrecht anerkannten Rettungsdienste,
4. Einsatzfahrzeuge des Technischen Hilfswerks,
5. Einsatzfahrzeuge sonstiger Einheiten des Katastrophenschutzes,
6. Krankenkraftwagen,
7. Notarzteinsatz- und Sanitätsfahrzeuge,
8. Beschussgeschützte Fahrzeuge,
9. Post-, Funk- und Fernmeldefahrzeuge,
10. Spezialisierte Verkaufswagen,
11. Rollstuhlgerechte Fahrzeuge,
12. Leichenwagen und
13. Wohnmobile.

²Satz 1 gilt für die Fahrerlaubnis der Klassen C1E, C und CE entsprechend.

(5) Unter land- oder forstwirtschaftliche Zwecke im Rahmen der Fahrerlaubnis der Klassen T und L fallen
1. Betrieb von Landwirtschaft, Forstwirtschaft, Weinbau, Gartenbau, Obstbau, Gemüsebau, Baumschulen, Tierzucht, Tierhaltung, Fischzucht, Teichwirtschaft, Fischerei, Imkerei, Jagd sowie den Zielen des Natur- und Umweltschutzes dienende Landschaftspflege,
2. Park-, Garten-, Böschungs- und Friedhofspflege,
3. landwirtschaftliche Nebenerwerbstätigkeit und Nachbarschaftshilfe von Landwirten,
4. Betrieb von land- und forstwirtschaftlichen Lohnunternehmen und andere überbetriebliche Maschinenverwendung,
5. Betrieb von Unternehmen, die unmittelbar der Sicherung, Überwachung und Förderung der Landwirtschaft überwiegend dienen,
6. Betrieb von Werkstätten zur Reparatur, Wartung und Prüfung von Fahrzeugen sowie Probefahrten der Hersteller von Fahrzeugen, die jeweils im Rahmen der Nummern 1 bis 5 eingesetzt werden, und
7. Winterdienst.

(6) [1] Fahrerlaubnisse, die bis zum Ablauf des 23. August 2017 erteilt worden sind (Fahrerlaubnisse alten Rechts) bleiben im Umfang der bisherigen Berechtigungen, wie er sich aus der Anlage 3 ergibt, bestehen und erstrecken sich vorbehaltlich der Bestimmungen in § 76 auf den Umfang der ab dem 24. August 2017 geltenden Fahrerlaubnisse nach Absatz 1. [2] Satz 1 gilt für Fahrerlaubnisse im Sinne des Absatzes 3a entsprechend. [3] Auf Antrag wird Inhabern von Fahrerlaubnissen alten Rechts ein neuer Führerschein mit Umstellung auf die neuen Fahrerlaubnisklassen entsprechend Satz 1 ausgefertigt.

§ 6a Fahrerlaubnis der Klasse B mit der Schlüsselzahl 96

(1) [1] Die Fahrerlaubnis der Klasse B kann mit der Schlüsselzahl 96 erteilt werden für Fahrzeugkombinationen bestehend aus einem Kraftfahrzeug der Klasse B und einem Anhänger mit einer zulässigen Gesamtmasse von mehr als 750 kg, sofern die zulässige Gesamtmasse der Fahrzeugkombination 3 500 kg überschreitet, aber 4 250 kg nicht übersteigt. [2] Die Schlüsselzahl 96 darf nur zugeteilt werden, wenn der Bewerber bereits die Fahrerlaubnis der Klasse B besitzt oder die Voraussetzungen für deren Erteilung erfüllt hat; in diesem Fall darf die Schlüsselzahl 96 frühestens mit der Fahrerlaubnis für die Klasse B zugeteilt werden.

(2) Das Mindestalter für die Erteilung der Fahrerlaubnis der Klasse B mit der Schlüsselzahl 96 beträgt 18 Jahre, im Fall des Begleiteten Fahrens ab 17 Jahre nach § 48a 17 Jahre.

(3) [1] Für die Eintragung der Schlüsselzahl 96 in die Fahrerlaubnis der Klasse B bedarf es einer Fahrerschulung. [2] Die Inhalte der Fahrerschulung ergeben sich aus Anlage 7a.

(4) Beim Antrag auf Eintragung der Schlüsselzahl 96 in die Klasse B ist vor deren Eintragung der Nachweis einer Fahrerschulung nach dem Muster nach Anlage 7a beizubringen.

2. Voraussetzungen für die Erteilung einer Fahrerlaubnis

§ 7 Ordentlicher Wohnsitz im Inland

(1) [1] Eine Fahrerlaubnis darf nur erteilt werden, wenn der Bewerber seinen ordentlichen Wohnsitz in der Bundesrepublik Deutschland hat. [2] Dies wird angenommen, wenn der Bewerber wegen persönlicher und beruflicher Bindungen oder – bei fehlenden beruflichen Bindungen – wegen persönlicher Bindungen, die enge Beziehungen zwischen ihm und dem Wohnort erkennen lassen, gewöhnlich, das heißt während mindestens 185 Tagen im Jahr, im Inland wohnt. [3] Ein Bewerber, dessen persönliche Bindungen im Inland liegen, der sich aber aus beruflichen Gründen in einem oder mehreren anderen Mitgliedstaaten der Europäischen Union oder Vertragsstaaten des Abkommens über den Europäischen Wirtschaftsraum aufhält, hat seinen ordentlichen Wohnsitz im Sinne dieser Vorschrift im Inland, sofern er regelmäßig hierhin zurückkehrt. [4] Die Voraussetzung entfällt, wenn sich der Bewerber zur Ausführung eines Auftrags von bestimmter Dauer in einem solchen Staat aufhält.

(2) Bewerber, die bislang ihren ordentlichen Wohnsitz im Inland hatten und die sich ausschließlich zum Zwecke des Besuchs einer Hochschule oder Schule in einem anderen

Fahrerlaubnis-Verordnung **Anh I**

Mitgliedstaat der Europäischen Union oder einem anderen Vertragsstaat des Abkommens über den Europäischen Wirtschaftsraum aufhalten, behalten ihren ordentlichen Wohnsitz im Inland.

(3) ¹Bewerber, die bislang ihren ordentlichen Wohnsitz in einem anderen Mitgliedstaat der Europäischen Union oder einem anderen Vertragsstaat des Abkommens über den Europäischen Wirtschaftsraum hatten und die sich ausschließlich wegen des Besuchs einer Hochschule oder Schule im Inland aufhalten, begründen keinen ordentlichen Wohnsitz im Inland. ²Ihnen wird die Fahrerlaubnis erteilt, wenn die Dauer des Aufenthalts mindestens sechs Monate beträgt.

§ 8 Ausschluss des Vorbesitzes einer Fahrerlaubnis der beantragten Klasse

Eine Fahrerlaubnis der beantragten Klasse darf nur erteilt werden, wenn der Bewerber keine in einem Mitgliedstaat der Europäischen Union oder einem anderen Vertragsstaat des Abkommens über den Europäischen Wirtschaftsraum erteilte Fahrerlaubnis (EU- oder EWR-Fahrerlaubnis) dieser Klasse besitzt.

§ 9 Voraussetzung des Vorbesitzes einer Fahrerlaubnis anderer Klassen

(1) Eine Fahrerlaubnis der Klassen C1, C, D1 oder D darf nur erteilt werden, wenn der Bewerber bereits die Fahrerlaubnis der Klasse B besitzt oder die Voraussetzungen für deren Erteilung erfüllt hat; in diesem Fall darf die Fahrerlaubnis für die höhere Klasse frühestens mit der Fahrerlaubnis der Klasse B erteilt werden.

(2) Eine Fahrerlaubnis der Klasse BE, C1E, CE, D1E oder DE darf nur erteilt werden, wenn der Bewerber bereits die Fahrerlaubnis für das ziehende Fahrzeug besitzt oder die Voraussetzungen für deren Erteilung erfüllt hat; in diesem Fall darf die Fahrerlaubnis der Klasse BE, C1E, CE, D1E oder DE frühestens mit der Fahrerlaubnis für das ziehende Fahrzeug erteilt werden.

(3) Absatz 1 gilt auch im Fall des § 69a Absatz 2 des Strafgesetzbuches.

§ 10 Mindestalter

(1) ¹Das für die Erteilung einer Fahrerlaubnis maßgebliche Mindestalter bestimmt sich nach der folgenden Tabelle:

lfd. Nr.	Klasse	Mindestalter	Auflagen
1[]	AM¹	16 Jahre	
2	A1	16 Jahre	
3	A2	18 Jahre	
4	A	a) 24 Jahre für Krafträder bei direktem Zugang, b) 21 Jahre für dreirädrige Kraftfahrzeuge mit einer Leistung von mehr als 15 kW oder	

---

¹ Siehe hierzu u.a. ab dem 1.5.2013 die Dritte Verordnung über Ausnahmen von den Vorschriften der Fahrerlaubnis-Verordnung v. 22.4.2013 (BGBl. I S. 940, geänd. durch VO v. 30.3.2017 (BGBl. I S. 827):
„§ 1
(1) Abweichend von § 10 Absatz 1 Nummer 1 der Fahrerlaubnis-Verordnung wird für das Land Brandenburg, den Freistaat Sachsen, das Land Sachsen-Anhalt und den Freistaat Thüringen das Mindestalter für die Erteilung der Fahrerlaubnisklasse AM auf 15 Jahre festgesetzt; § 11 Absatz 3 Satz 1 Nummer 2 der Fahrerlaubnis-Verordnung ist insoweit nicht anzuwenden.
(2) Über die Fahrerlaubnis ist eine Bescheinigung nach dem Muster der Anlage auszustellen, die bis drei Monate nach Vollendung des 16. Lebensjahres einen Nachweis der Fahrberechtigung dient. Die Bescheinigung ist mitzuführen und zur Überwachung des Straßenverkehrs berechtigten Personen auf Verlangen auszuhändigen. Mit Erreichen des Mindestalters nach § 10 Absatz 1 Nummer 1 der Fahrerlaubnis-Verordnung händigt die Fahrerlaubnisbehörde dem Fahrerlaubnisinhaber auf Antrag einen Führerschein nach Anlage 8 Muster 1 der Fahrerlaubnis-Verordnung aus."

lfd. Nr.	Klasse	Mindestalter	Auflagen
		c) 20 Jahre für Krafträder bei einem Vorbesitz der Klasse A2 von mindestens zwei Jahren.	
5	B, BE	a) 18 Jahre b) 17 Jahre aa) bei der Teilnahme am Begleiteten Fahren ab 17 nach § 48a, bb) bei Erteilung der Fahrerlaubnis während oder nach Abschluss einer Berufsausbildung in aaa) dem staatlich anerkannten Ausbildungsberuf „Berufskraftfahrer / Berufskraftfahrerin", bbb) dem staatlich anerkannten Ausbildungsberuf „Fachkraft im Fahrbetrieb" oder ccc) einem staatlich anerkannten Ausbildungsberuf, in dem vergleichbare Fertigkeiten und Kenntnisse zum Führen von Kraftfahrzeugen auf öffentlichen Straßen vermittelt werden.	Bis zum Erreichen des nach Buchstabe a vorgeschriebenen Mindestalters ist die Fahrerlaubnis mit den Auflagen zu versehen, dass von ihr nur bei Fahrten im Inland und im Fall des Buchstaben b Doppelbuchstaben bb darüber hinaus nur im Rahmen des Ausbildungsverhältnisses Gebrauch gemacht werden darf. Die Auflagen entfallen, wenn der Fahrerlaubnisinhaber das Mindestalter nach Buchstabe a erreicht hat.
6	C1, C1E	18 Jahre	
7	C, CE	a) 21 Jahre, b) 18 Jahre nach aa) erfolgter Grundqualifikation nach § 4 Absatz 1 Nummer 1 des Berufskraftfahrerqualifikationsgesetzes vom 14. August 2006 (BGBl. I S. 1958) in der jeweils geltenden Fassung, bb) für Personen während oder nach Abschluss einer Berufsausbildung nach aaa) dem staatlich anerkannten Ausbildungsberuf „Berufskraftfahrer / Berufskraftfahrerin", bbb) dem staatlich anerkannten Ausbildungsberuf „Fachkraft im Fahrbetrieb" oder ccc) einem staatlich anerkannten Ausbildungsberuf, in dem vergleichbare Fertigkeiten und Kenntnisse zum Führen von Kraftfahrzeugen auf öffentlichen Straßen vermittelt werden.	Im Falle des Buchstaben b Doppelbuchstabe bb ist die Fahrerlaubnis mit den Auflagen zu versehen, dass von ihr nur bei Fahrten im Inland und im Rahmen des Ausbildungsverhältnisses Gebrauch gemacht werden darf. Die Auflagen entfallen, wenn der Inhaber der Fahrerlaubnis das 21. Lebensjahr vollendet oder die Berufsausbildung nach Buchstabe b Doppelbuchstabe bb vor Vollendung des 21. Lebensjahres erfolgreich abgeschlossen hat.
8	D1, D1E	a) 21 Jahre, b) 18 Jahre für Personen während oder nach Abschluss einer Berufsausbildung nach aa) dem staatlich anerkannten Ausbildungsberuf „Berufskraftfahrer/Berufskraftfahrerin", bb) dem staatlich anerkannten Ausbildungsberuf „Fachkraft im Fahrbetrieb" oder	Bis zum Erreichen des nach Buchstabe a vorgeschriebenen Mindestalters ist die Fahrerlaubnis mit den Auflagen zu versehen, dass von ihr nur 1. bei Fahrten im Inland und 2. im Rahmen des Ausbildungsverhältnisses

Fahrerlaubnis-Verordnung   Anh I

lfd. Nr.	Klasse	Mindestalter	Auflagen
		cc) einem staatlich anerkannten Ausbildungsberuf, in dem vergleichbare Fertigkeiten und Kenntnisse zur Durchführung von Fahrten mit Kraftfahrzeugen auf öffentlichen Straßen vermittelt werden.	Gebrauch gemacht werden darf. Die Auflage nach Nummer 1 entfällt, wenn der Fahrerlaubnisinhaber das Mindestalter nach Buchstabe a erreicht hat. Die Auflage nach Nummer 2 entfällt, wenn der Fahrerlaubnisinhaber das Mindestalter nach Buchstabe a erreicht oder die Ausbildung nach Buchstabe b abgeschlossen hat.

9	D, DE	a) 24 Jahre,
		b) 23 Jahre nach beschleunigter Grundqualifikation durch Ausbildung und Prüfung nach § 4 Absatz 2 des Berufskraftfahrerqualifikationsgesetzes,
		c) 21 Jahre
		  aa) nach erfolgter Grundqualifikation nach § 4 Absatz 1 Nummer 1 des Berufskraftfahrerqualifikationsgesetzes oder
		  bb) nach beschleunigter Grundqualifikation durch Ausbildung und Prüfung nach § 4 Absatz 2 des Berufskraftfahrerqualifikationsgesetzes im Linienverkehr bis 50 km,
		d) 20 Jahre für Personen während oder nach Abschluss einer Berufsausbildung nach
		  aa) dem staatlich anerkannten Ausbildungsberuf „Berufskraftfahrer/Berufskraftfahrerin",
		  bb) dem staatlich anerkannten Ausbildungsberuf „Fachkraft im Fahrbetrieb" oder
		  cc) einem staatlich anerkannten Ausbildungsberuf, in dem vergleichbare Fertigkeiten und Kenntnisse zur Durchführung von Fahrten mit Kraftfahrzeugen auf öffentlichen Straßen vermittelt werden,
		e) 18 Jahre für Personen während oder nach Abschluss einer Berufsausbildung nach Buchstabe d im Linienverkehr bis 50 km,
		f) 18 Jahre für Personen während oder nach Abschluss einer Berufsausbildung nach Buchstabe d bei Fahrten ohne Fahrgäste.
			1. Im Falle des Buchstaben c Doppelbuchstabe bb ist die Fahrerlaubnis mit der Auflage zu versehen, dass von ihr nur bei Fahrten zur Personenbeförderung im Linienverkehr im Sinne der §§ 42 und 43 des Personenbeförderungsgesetzes Gebrauch gemacht werden darf, sofern die Länge der jeweiligen Linie nicht mehr als 50 Kilometer beträgt. Die Auflage entfällt, wenn der Inhaber der Fahrerlaubnis das 23. Lebensjahr vollendet hat.
			2. In den Fällen der Buchstaben d bis f ist die Fahrerlaubnis mit den Auflagen zu versehen, dass von ihr nur
			2.1 bei Fahrten im Inland,
			2.2 im Rahmen des Ausbildungsverhältnisses und
			2.3 bei Fahrten zur Personenbeförderung im Sinne der §§ 42 und 43 des Personenbeförderungsgesetzes, soweit die Länge der jeweiligen Linie nicht mehr als 50 Kilometer beträgt oder bei Fahrten ohne Fahrgäste, Gebrauch gemacht werden darf. Die Auflage nach Nummer 2.1 entfällt, wenn der Fahrer-

lfd. Nr.	Klasse	Mindestalter	Auflagen
			laubnisinhaber entweder das 24. Lebensjahr vollendet oder die Berufsausbildung abgeschlossen und das 21. Lebensjahr vollendet hat. Die Auflage nach Nummer 2.2 entfällt, wenn der Fahrerlaubnisinhaber entweder das 24. Lebensjahr vollendet oder die Berufsausbildung abgeschlossen hat. Die Auflage nach Nummer 2.3 entfällt, wenn der Fahrerlaubnisinhaber das 20. Lebensjahr vollendet hat.
10	T	16 Jahre	
11	L	16 Jahre	

[2] Abweichend von den Nummern 7 und 9 der Tabelle in Satz 1 beträgt im Inland das Mindestalter für das Führen von Fahrzeugen der Klasse C 18 Jahre und der Klasse D 21 Jahre im Falle
1. von Einsatzfahrzeugen der Feuerwehr, der Polizei, der nach Landesrecht anerkannten Rettungsdienste, des Technischen Hilfswerks und sonstiger Einheiten des Katastrophenschutzes, sofern diese Fahrzeuge für Einsatzfahrten oder vom Vorgesetzten angeordnete Übungsfahrten sowie Schulungsfahrten eingesetzt werden, und
2. von Fahrzeugen, die zu Reparatur- oder Wartungszwecken in gewerbliche Fahrzeugwerkstätten verbracht und dort auf Anweisung eines Vorgesetzten Prüfungen auf der Straße unterzogen werden.

(2) Die erforderliche körperliche und geistige Eignung ist vor erstmaliger Erteilung einer Fahrerlaubnis, die nach Absatz 1 Nummer 5 Buchstabe b Doppelbuchstabe bb, Nummer 7 Buchstabe b, Nummer 8 Buchstabe b, Nummer 9 Buchstabe b, c, d, e oder f, auch in Verbindung mit Absatz 1 Satz 2 Nummer 2 erworben wird, durch Vorlage eines medizinisch-psychologischen Gutachtens nachzuweisen.

(3) [1] Das Mindestalter für das Führen eines Kraftfahrzeugs, für das eine Fahrerlaubnis nicht erforderlich ist, beträgt 15 Jahre. [2] Dies gilt nicht für das Führen eines motorisierten Krankenfahrstuhls nach § 4 Absatz 1 Satz 2 Nummer 2 mit einer durch die Bauart bestimmten Höchstgeschwindigkeit von nicht mehr als 10 km/h auch für behinderte Menschen.

(4) Wird ein Kind unter sieben Jahren auf einem Mofa nach § 4 Absatz 1 Satz 2 Nummer 1 oder auf einem Kleinkraftrad nach § 4 Absatz 1 Satz 2 Nummer 1b mitgenommen, muss der Fahrzeugführer mindestens 16 Jahre alt sein.

§ 11 Eignung

(1) [1] Bewerber um eine Fahrerlaubnis müssen die hierfür notwendigen körperlichen und geistigen Anforderungen erfüllen. [2] Die Anforderungen sind insbesondere nicht erfüllt, wenn eine Erkrankung oder ein Mangel nach Anlage 4 oder 5 vorliegt, wodurch die Eignung oder die bedingte Eignung zum Führen von Kraftfahrzeugen ausgeschlossen wird. [3] Außerdem dürfen die Bewerber nicht erheblich oder nicht wiederholt gegen verkehrsrechtliche Vorschriften oder Strafgesetze verstoßen haben, sodass dadurch die Eignung ausgeschlossen wird. [4] Bewerber um die Fahrerlaubnis der Klasse D oder D1 und der Fahrerlaubnis zur Fahrgastbeförderung gemäß § 48 müssen auch die Gewähr dafür bieten, dass sie der besonderen Verantwortung bei der Beförderung von Fahrgästen gerecht

Fahrerlaubnis-Verordnung **Anh I**

werden. ⁵Der Bewerber hat diese durch die Vorlage eines Führungszeugnisses nach § 30 Absatz 5 Satz 1 des Bundeszentralregistergesetzes nachzuweisen.

(2) ¹Werden Tatsachen bekannt, die Bedenken gegen die körperliche oder geistige Eignung des Fahrerlaubnisbewerbers begründen, kann die Fahrerlaubnisbehörde zur Vorbereitung von Entscheidungen über die Erteilung oder Verlängerung der Fahrerlaubnis oder über die Anordnung von Beschränkungen oder Auflagen die Beibringung eines ärztlichen Gutachtens durch den Bewerber anordnen. ²Bedenken gegen die körperliche oder geistige Eignung bestehen insbesondere, wenn Tatsachen bekannt werden, die auf eine Erkrankung oder einen Mangel nach Anlage 4 oder 5 hinweisen. ³Die Behörde bestimmt in der Anordnung auch, ob das Gutachten von einem
1. für die Fragestellung (Absatz 6 Satz 1) zuständigen Facharzt mit verkehrsmedizinischer Qualifikation,
2. Arzt des Gesundheitsamtes oder einem anderen Arzt der öffentlichen Verwaltung,
3. Arzt mit der Gebietsbezeichnung „Arbeitsmedizin" oder der Zusatzbezeichnung „Betriebsmedizin",
4. Arzt mit der Gebietsbezeichnung „Facharzt für Rechtsmedizin" oder
5. Arzt in einer Begutachtungsstelle für Fahreignung, der die Anforderungen nach Anlage 14 erfüllt,

erstellt werden soll. ⁴Die Behörde kann auch mehrere solcher Anordnungen treffen. ⁵Der Facharzt nach Satz 3 Nummer 1 soll nicht zugleich der den Betroffenen behandelnde Arzt sein.

(3) ¹Die Beibringung eines Gutachtens einer amtlich anerkannten Begutachtungsstelle für Fahreignung (medizinisch-psychologisches Gutachten) kann zur Klärung von Eignungszweifeln für die Zwecke nach Absatz 1 und 2 angeordnet werden,
1. wenn nach Würdigung der Gutachten gemäß Absatz 2 oder Absatz 4 ein medizinisch-psychologisches Gutachten zusätzlich erforderlich ist,
2. ¹zur Vorbereitung einer Entscheidung über die Befreiung von den Vorschriften über das Mindestalter,
3. bei erheblichen Auffälligkeiten, die im Rahmen einer Fahrerlaubnisprüfung nach § 18 Absatz 3 mitgeteilt worden sind,
4. bei einem erheblichen Verstoß oder wiederholten Verstößen gegen verkehrsrechtliche Vorschriften,
5. bei einer erheblichen Straftat, die im Zusammenhang mit dem Straßenverkehr steht, oder bei Straftaten, die im Zusammenhang mit dem Straßenverkehr stehen,
6. bei einer erheblichen Straftat, die im Zusammenhang mit der Kraftfahreignung steht, insbesondere wenn Anhaltspunkte für ein hohes Aggressionspotenzial bestehen oder die erhebliche Straftat unter Nutzung eines Fahrzeugs begangen wurde,
7. bei Straftaten, die im Zusammenhang mit der Kraftfahreignung stehen, insbesondere wenn Anhaltspunkte für ein hohes Aggressionspotenzial bestehen,
8. wenn die besondere Verantwortung bei der Beförderung von Fahrgästen nach Absatz 1 zu überprüfen ist oder
9. bei der Neuerteilung der Fahrerlaubnis, wenn
   a) die Fahrerlaubnis wiederholt entzogen war oder
   b) der Entzug der Fahrerlaubnis auf einem Grund nach den Nummern 4 bis 7 beruhte.

---

¹ Siehe hierzu u.a. ab dem 1.5.2013 die Dritte Verordnung über Ausnahmen von den Vorschriften der Fahrerlaubnis-Verordnung v. 22.4.2013 (BGBl. I S. 940, geänd. durch VO v. 30.3.2017 (BGBl. I S. 827):
„§ 1
(1) Abweichend von § 10 Absatz 1 Nummer 1 der Fahrerlaubnis-Verordnung wird für das Land Brandenburg, den Freistaat Sachsen, das Land Sachsen-Anhalt und den Freistaat Thüringen das Mindestalter für die Erteilung der Fahrerlaubnisklasse AM auf 15 Jahre festgesetzt; § 11 Absatz 3 Satz 1 Nummer 2 der Fahrerlaubnis-Verordnung ist insoweit nicht anzuwenden.
(2) Über die Fahrerlaubnis ist eine Bescheinigung nach dem Muster der Anlage auszustellen, die bis drei Monate nach Vollendung des 16. Lebensjahres zum Nachweis der Fahrberechtigung dient. Die Bescheinigung ist mitzuführen und zur Überwachung des Straßenverkehrs berechtigten Personen auf Verlangen auszuhändigen. Mit Erreichen des Mindestalters nach § 10 Absatz 1 Nummer 1 der Fahrerlaubnis-Verordnung händigt die Fahrerlaubnisbehörde dem Fahrerlaubnisinhaber auf Antrag einen Führerschein nach Anlage 8 Muster 1 der Fahrerlaubnis-Verordnung aus."

²Unberührt bleiben medizinisch-psychologische Begutachtungen nach § 2a Absatz 4 und 5 und § 4 Absatz 10 Satz 4 des Straßenverkehrsgesetzes sowie § 10 Absatz 2 und den §§ 13 und 14 in Verbindung mit den Anlagen 4 und 5 dieser Verordnung.

(4) Die Beibringung eines Gutachtens eines amtlich anerkannten Sachverständigen oder Prüfers für den Kraftfahrzeugverkehr kann zur Klärung von Eignungszweifeln für die Zwecke nach Absatz 2 angeordnet werden,
1. wenn nach Würdigung der Gutachten gemäß Absatz 2 oder Absatz 3 ein Gutachten eines amtlich anerkannten Sachverständigen oder Prüfers zusätzlich erforderlich ist oder
2. bei Behinderungen des Bewegungsapparates, um festzustellen, ob der Behinderte das Fahrzeug mit den erforderlichen besonderen technischen Hilfsmitteln sicher führen kann.

(5) Für die Durchführung der ärztlichen und der medizinisch-psychologischen Untersuchung sowie für die Erstellung der entsprechenden Gutachten gelten die in der Anlage 4a genannten Grundsätze.

(6) ¹Die Fahrerlaubnisbehörde legt unter Berücksichtigung der Besonderheiten des Einzelfalls und unter Beachtung der Anlagen 4 und 5 in der Anordnung zur Beibringung des Gutachtens fest, welche Fragen im Hinblick auf die Eignung des Betroffenen zum Führen von Kraftfahrzeugen zu klären sind. ²Die Behörde teilt dem Betroffenen unter Darlegung der Gründe für die Zweifel an seiner Eignung und unter Angabe der für die Untersuchung in Betracht kommenden Stellen oder Stellen mit, dass er sich innerhalb einer von ihr festgelegten Frist auf seine Kosten der Untersuchung zu unterziehen und das Gutachten beizubringen hat; sie teilt ihm außerdem mit, dass er die zu übersendenden Unterlagen einsehen kann. ³Der Betroffene hat die Fahrerlaubnisbehörde darüber zu unterrichten, welche Stelle er mit der Untersuchung beauftragt hat. ⁴Die Fahrerlaubnisbehörde teilt der untersuchenden Stelle mit, welche Fragen im Hinblick auf die Eignung des Betroffenen zum Führen von Kraftfahrzeugen zu klären sind und übersendet ihr die vollständigen Unterlagen, soweit sie unter Beachtung der gesetzlichen Verwertungsverbote verwendet werden dürfen. ⁵Die Untersuchung erfolgt auf Grund eines Auftrags durch den Betroffenen.

(7) Steht die Nichteignung des Betroffenen zur Überzeugung der Fahrerlaubnisbehörde fest, unterbleibt die Anordnung zur Beibringung des Gutachtens.

(8) ¹Weigert sich der Betroffene, sich untersuchen zu lassen, oder bringt er der Fahrerlaubnisbehörde das von ihr geforderte Gutachten nicht fristgerecht bei, darf sie bei ihrer Entscheidung auf die Nichteignung des Betroffenen schließen. ²Der Betroffene ist hierauf bei der Anordnung nach Absatz 6 hinzuweisen.

(9) Unbeschadet der Absätze 1 bis 8 haben die Bewerber um die Erteilung oder Verlängerung einer Fahrerlaubnis der Klassen C, C1, CE, C1E, D, D1, DE oder D1E zur Feststellung ihrer Eignung der Fahrerlaubnisbehörde einen Nachweis nach Maßgabe der Anlage 5 vorzulegen.

(10) ¹Hat der Betroffene an einem Kurs teilgenommen, um festgestellte Eignungsmängel zu beheben, genügt in der Regel zum Nachweis der Wiederherstellung der Eignung statt eines erneuten medizinisch-psychologischen Gutachtens eine Teilnahmebescheinigung, wenn
1. der betreffende Kurs nach § 70 anerkannt ist,
2. auf Grund eines medizinisch-psychologischen Gutachtens einer Begutachtungsstelle für Fahreignung die Teilnahme des Betroffenen an dieser Art von Kursen als geeignete Maßnahme angesehen wird, seine Eignungsmängel zu beheben,
3. der Betroffene nicht Inhaber einer Fahrerlaubnis ist und
4. die Fahrerlaubnisbehörde der Kursteilnahme nach Nummer 2 vor Kursbeginn zugestimmt hat.

²Wurde die Beibringung eines Gutachtens einer amtlich anerkannten Begutachtungsstelle für Fahreignung nach § 4 Absatz 10 Satz 4 des Straßenverkehrsgesetzes oder nach § 11 Absatz 3 Nummer 4 bis 7 angeordnet, findet Satz 1 keine Anwendung.

(11) ¹Die Teilnahmebescheinigung muss
1. den Familiennamen und Vornamen, den Tag und Ort der Geburt und die Anschrift des Seminarteilnehmers,
2. die Bezeichnung des Seminarmodells und
3. Angaben über Umfang und Dauer des Seminars

Fahrerlaubnis-Verordnung **Anh I**

enthalten. ²Sie ist vom Seminarleiter und vom Seminarteilnehmer unter Angabe des Ausstellungsdatums zu unterschreiben. ³Die Ausstellung der Teilnahmebescheinigung ist vom Kursleiter zu verweigern, wenn der Teilnehmer nicht an allen Sitzungen des Kurses teilgenommen oder die Anfertigung von Kursaufgaben verweigert hat.

§ 12 Sehvermögen

(1) Zum Führen von Kraftfahrzeugen sind die in der Anlage 6 genannten Anforderungen an das Sehvermögen zu erfüllen.

(2) ¹Bewerber um eine Fahrerlaubnis der Klassen AM, A1, A2, A, B, BE, L oder T haben sich einem Sehtest zu unterziehen. ²Der Sehtest wird von einer amtlich anerkannten Sehteststelle unter Einhaltung der DIN 58220 Teil 6, Ausgabe September 2013, durchgeführt. ³Die Sehteststelle hat sich vor der Durchführung des Sehtests von der Identität des Antragstellers durch Einsicht in den Personalausweis oder Reisepass zu überzeugen. ⁴Der Sehtest ist bestanden, wenn die zentrale Tagessehschärfe mit oder ohne Sehhilfe mindestens den in Anlage 6 Nummer 1.1 genannten Wert erreicht. ⁵Ergibt der Sehtest eine geringere Sehleistung, darf der Antragsteller den Sehtest mit Sehhilfen oder mit verbesserten Sehhilfen wiederholen.

(3) ¹Die Sehteststelle stellt dem Antragsteller eine Sehtestbescheinigung aus. ²In ihr ist anzugeben, ob der Sehtest bestanden und ob er mit Sehhilfen durchgeführt worden ist. ³Sind bei der Durchführung des Sehtests sonst Zweifel an ausreichendem Sehvermögen für das Führen von Kraftfahrzeugen aufgetreten, hat die Sehteststelle sie auf der Sehtestbescheinigung zu vermerken.

(4) Ein Sehtest ist nicht erforderlich, wenn ein Zeugnis oder ein Gutachten eines Augenarztes vorgelegt wird und sich daraus ergibt, dass der Antragsteller die Anforderungen nach Anlage 6 Nummer 1.1 erfüllt.

(5) Besteht der Bewerber den Sehtest nicht, hat er sich einer augenärztlichen Untersuchung des Sehvermögens nach Anlage 6 Nummer 1.2 zu unterziehen und hierüber der Fahrerlaubnisbehörde ein Zeugnis des Augenarztes einzureichen.

(6) Bewerber um die Erteilung oder Verlängerung einer Fahrerlaubnis der Klassen C, C1, CE, C1E, D, D1, DE oder D1E haben sich einer Untersuchung des Sehvermögens nach Anlage 6 Nummer 2 zu unterziehen und hierüber der Fahrerlaubnisbehörde eine Bescheinigung des Arztes nach Anlage 6 Nummer 2.1 oder ein Zeugnis des Augenarztes nach Anlage 6 Nummer 2.2 einzureichen.

(7) Sehtestbescheinigung, Zeugnis oder Gutachten dürfen bei Antragstellung nicht älter als zwei Jahre sein.

(8) ¹Werden Tatsachen bekannt, die Bedenken begründen, dass der Fahrerlaubnisbewerber die Anforderungen an das Sehvermögen nach Anlage 6 nicht erfüllt oder dass andere Beeinträchtigungen des Sehvermögens bestehen, die die Eignung zum Führen von Kraftfahrzeugen beeinträchtigen, kann die Fahrerlaubnisbehörde zur Vorbereitung der Entscheidung über die Erteilung oder Verlängerung der Fahrerlaubnis oder über die Anordnung von Beschränkungen oder Auflagen die Beibringung eines augenärztlichen Gutachtens anordnen. ² § 11 Absatz 5 bis 8 gilt entsprechend, § 11 Absatz 6 Satz 4 jedoch mit der Maßgabe, dass nur solche Unterlagen übersandt werden dürfen, die für die Beurteilung, ob Beeinträchtigungen des Sehvermögens bestehen, die die Eignung zum Führen von Kraftfahrzeugen beeinträchtigen, erforderlich sind.

§ 13 Klärung von Eignungszweifeln bei Alkoholproblematik

¹Zur Vorbereitung von Entscheidungen über die Erteilung oder Verlängerung der Fahrerlaubnis oder über die Anordnung von Beschränkungen oder Auflagen ordnet die Fahrerlaubnisbehörde an, dass
1. ein ärztliches Gutachten (§ 11 Absatz 2 Satz 3) beizubringen ist, wenn Tatsachen die Annahme von Alkoholabhängigkeit begründen, oder
2. ein medizinisch-psychologisches Gutachten beizubringen ist, wenn
    a) nach dem ärztlichen Gutachten zwar keine Alkoholabhängigkeit, jedoch Anzeichen für Alkoholmissbrauch vorliegen oder sonst Tatsachen die Annahme von Alkoholmissbrauch begründen,
    b) wiederholt Zuwiderhandlungen im Straßenverkehr unter Alkoholeinfluss begangen wurden,

c) ein Fahrzeug im Straßenverkehr bei einer Blutalkoholkonzentration von 1,6 Promille oder mehr oder einer Atemalkoholkonzentration von 0,8 mg/l oder mehr geführt wurde,
d) die Fahrerlaubnis aus einem der unter den Buchstaben a bis c genannten Gründe entzogen war oder
e) sonst zu klären ist, ob Alkoholmissbrauch oder Alkoholabhängigkeit nicht mehr besteht.

²Im Falle des Satzes 1 Nummer 2 Buchstabe b sind Zuwiderhandlungen, die ausschließlich gegen § 24c des Straßenverkehrsgesetzes begangen worden sind, nicht zu berücksichtigen.

§ 14 Klärung von Eignungszweifeln im Hinblick auf Betäubungsmittel und Arzneimittel

(1) ¹Zur Vorbereitung von Entscheidungen über die Erteilung oder die Verlängerung der Fahrerlaubnis oder über die Anordnung von Beschränkungen oder Auflagen ordnet die Fahrerlaubnisbehörde an, dass ein ärztliches Gutachten (§ 11 Absatz 2 Satz 3) beizubringen ist, wenn Tatsachen die Annahme begründen, dass
1. Abhängigkeit von Betäubungsmitteln im Sinne des Betäubungsmittelgesetzes in der Fassung der Bekanntmachung vom 1. März 1994 (BGBl. I S. 358), das zuletzt durch Artikel 1 der Verordnung vom 11. Mai 2011 (BGBl. I S. 821) geändert worden ist, in der jeweils geltenden Fassung oder von anderen psychoaktiv wirkenden Stoffen,
2. Einnahme von Betäubungsmitteln im Sinne des Betäubungsmittelgesetzes oder
3. missbräuchliche Einnahme von psychoaktiv wirkenden Arzneimitteln oder anderen psychoaktiv wirkenden Stoffen

vorliegt. ²Die Beibringung eines ärztlichen Gutachtens kann angeordnet werden, wenn der Betroffene Betäubungsmittel im Sinne des Betäubungsmittelgesetzes widerrechtlich besitzt oder besessen hat. ³Die Beibringung eines medizinisch-psychologischen Gutachtens kann angeordnet werden, wenn gelegentliche Einnahme von Cannabis vorliegt und weitere Tatsachen Zweifel an der Eignung begründen.

(2) Die Beibringung eines medizinisch-psychologischen Gutachtens ist für die Zwecke nach Absatz 1 anzuordnen, wenn
1. die Fahrerlaubnis aus einem der in Absatz 1 genannten Gründen durch die Fahrerlaubnisbehörde oder ein Gericht entzogen war,
2. zu klären ist, ob der Betroffene noch abhängig ist oder – ohne abhängig zu sein – weiterhin die in Absatz 1 genannten Mittel oder Stoffe einnimmt, oder
3. wiederholt Zuwiderhandlungen im Straßenverkehr nach § 24a des Straßenverkehrsgesetzes begangen wurden. § 13 Nummer 2 Buchstabe b bleibt unberührt.

§ 15 Fahrerlaubnisprüfung

(1) Der Bewerber um eine Fahrerlaubnis hat seine Befähigung in einer theoretischen und einer praktischen Prüfung nachzuweisen.

(2) Beim Erwerb einer Fahrerlaubnis der Klasse L bedarf es nur einer theoretischen, bei der Erweiterung der Klasse B auf die Klasse BE, der Klasse C1 auf die Klasse C1E, der Klasse D auf die Klasse DE und der Klasse D1 auf die Klasse D1E bedarf es jeweils nur einer praktischen Prüfung.

(3) ¹Bei der Erweiterung der Klasse A1 auf Klasse A2 oder der Klasse A2 auf Klasse A bedarf es jeweils nur einer praktischen Prüfung, soweit der Bewerber zum Zeitpunkt der Erteilung der jeweiligen Fahrerlaubnis für
1. die Fahrerlaubnis der Klasse A2 seit mindestens zwei Jahren Inhaber der Fahrerlaubnis der Klasse A1 und
2. die Fahrerlaubnis der Klasse A seit mindestens zwei Jahren Inhaber einer Fahrerlaubnis der Klasse A2

ist (Aufstieg). ²Die Vorschriften über die Ausbildung sind nicht anzuwenden. ³Satz 1 gilt nicht für die Fahrerlaubnis der Klasse A1, die unter Verwendung der Schlüsselzahl 79.03 oder 79.04 erteilt worden ist.

(4) ¹Bewerber um eine Fahrerlaubnis der Klasse A2, die nach Maßgabe des § 6 Absatz 6 in Verbindung mit Anlage 3 Inhaber einer Fahrerlaubnis der Klasse A1 sind, wird die Fahrerlaubnis der Klasse A2 unter der Voraussetzung erteilt, dass sie ihre Befähigung

Fahrerlaubnis-Verordnung **Anh I**

in einer praktischen Prüfung nachgewiesen haben (Aufstieg). ²Die Vorschriften über die Ausbildung sind nicht anzuwenden. ³Satz 1 gilt nicht für eine Fahrerlaubnis der Klasse A1, die unter Verwendung der Schlüsselzahl 79.03 oder 79.04 erteilt worden ist.

(5) Die Prüfungen werden von einem amtlich anerkannten Sachverständigen oder Prüfer für den Kraftfahrzeugverkehr abgenommen.

§ 16 Theoretische Prüfung

(1) In der theoretischen Prüfung hat der Bewerber nachzuweisen, dass er
1. ausreichende Kenntnisse der für das Führen von Kraftfahrzeugen maßgebenden gesetzlichen Vorschriften sowie der umweltbewussten und energiesparenden Fahrweise hat und
2. mit den Gefahren des Straßenverkehrs und den zu ihrer Abwehr erforderlichen Verhaltensweisen vertraut ist.

(2) ¹Die Prüfung erfolgt anhand von Fragen, die in unterschiedlicher Form und mit Hilfe unterschiedlicher Medien gestellt werden können. ²Der Prüfungsstoff, die Form der Prüfung, der Umfang der Prüfung, die Zusammenstellung der Fragen und die Bewertung der Prüfung ergeben sich aus Anlage 7 Teil 1.

(3) ¹Der Sachverständige oder Prüfer bestimmt die Zeit und den Ort der theoretischen Prüfung. ²Sie darf frühestens drei Monate vor Erreichen des Mindestalters abgenommen werden. ³Der Sachverständige oder Prüfer hat sich vor der Prüfung durch Einsicht in den Personalausweis oder Reisepass oder in ein sonstiges Ausweisdokument von der Identität des Bewerbers zu überzeugen. ⁴Bestehen Zweifel an der Identität, darf die Prüfung nicht durchgeführt werden. ⁵Die Fahrerlaubnisbehörde ist davon Mitteilung zu machen. ⁶Der Bewerber hat vor der Prüfung dem Sachverständigen oder Prüfer eine Ausbildungsbescheinigung nach dem aus Anlage 7.1 zur Fahrschüler-Ausbildungsordnung vom 19. Juni 2012 (BGBl. I S. 1318) ersichtlichen Muster zu übergeben. ⁷Der Abschluss der Ausbildung darf nicht länger als zwei Jahre zurückliegen. ⁸Der Sachverständige oder Prüfer hat die Bescheinigung darauf zu überprüfen, ob die in ihr enthaltenen Angaben zum Umfang der Ausbildung mindestens dem nach der Fahrschüler-Ausbildungsordnung vorgeschriebenen Umfang entsprechen. ⁹Ergibt sich dies nicht aus der Ausbildungsbescheinigung, darf die Prüfung nicht durchgeführt werden.

§ 17 Praktische Prüfung

(1) ¹In der praktischen Prüfung hat der Bewerber nachzuweisen, dass er über die zur sicheren Führung eines Kraftfahrzeugs, gegebenenfalls mit Anhänger, im Verkehr erforderlichen technischen Kenntnisse und über ausreichende Kenntnisse einer umweltbewussten und energiesparenden Fahrweise verfügt sowie zu ihrer praktischen Anwendung fähig ist. ²Bewerber um die Fahrerlaubnis der Klassen D, D1, DE oder D1E müssen darüber hinaus ausreichende Fahrfertigkeiten nachweisen. ³Der Bewerber hat ein der Anlage 7 entsprechendes Prüfungsfahrzeug für die Klasse bereitzustellen, für die er seine Befähigung nachweisen will. ⁴Die praktische Prüfung darf erst nach Bestehen der theoretischen Prüfung und frühestens einen Monat vor Erreichen des Mindestalters abgenommen werden. ⁵Die praktische Prüfung für die Erweiterung der Klasse A1 auf die Klasse A2 oder der Klasse A2 auf die Klasse A darf frühestens einen Monat vor Ablauf der Frist von zwei Jahren nach Erteilung der Fahrerlaubnis der Klasse A1 oder A2 oder bei Erreichen des in § 10 Absatz 1 genannten Mindestalters abgenommen werden.

(2) Der Prüfungsstoff, die Prüfungsfahrzeuge, die Prüfungsdauer, die Durchführung der Prüfung und die Bewertung richten sich nach Anlage 7 Teil 2.

(3) ¹Der Bewerber hat die praktische Prüfung am Ort seiner Hauptwohnung oder am Ort seiner schulischen oder beruflichen Ausbildung, seines Studiums oder seiner Arbeitsstelle abzulegen. ²Sind diese Orte nicht Prüforte, ist die Prüfung nach Bestimmung durch die Fahrerlaubnisbehörde an einem nahe gelegenen Prüfort abzulegen. ³Die Fahrerlaubnisbehörde kann auch zulassen, dass der Bewerber die Prüfung an einem anderen Prüfort ablegt.

(4) ¹Die Prüfung findet grundsätzlich innerhalb und außerhalb geschlossener Ortschaften statt. ²Das Nähere regelt Anlage 7. ³Der innerörtliche Teil der praktischen Prüfung ist in geschlossenen Ortschaften (Zeichen 310 der Straßenverkehrs-Ordnung) durchzuführen, die auf Grund des Straßennetzes, der vorhandenen Verkehrszeichen und -einrichtungen sowie der Verkehrsdichte und -struktur die Prüfung der wesentlichen Verkehrsvorgän-

Anh I Fahrerlaubnis-Verordnung

ge ermöglichen (Prüfort). ⁴Die Prüforte werden von der zuständigen obersten Landesbehörde, der von ihr bestimmten oder der nach Landesrecht zuständigen Stelle festgelegt. ⁵Der außerörtliche Teil der praktischen Prüfung ist außerhalb geschlossener Ortschaften in der Umgebung des Prüfortes möglichst unter Einschluss von Autobahnen durchzuführen und muss die Prüfung aller wesentlichen Verkehrsvorgänge auch bei höheren Geschwindigkeiten ermöglichen.

(5) ¹Der Sachverständige oder Prüfer bestimmt die Zeit, den Ausgangspunkt und den Verlauf der praktischen Prüfung im Prüfort und seiner Umgebung. ²Der Sachverständige oder Prüfer hat sich vor der Prüfung durch Einsicht in den Personalausweis oder Reisepass oder in ein sonstiges Ausweisdokument von der Identität des Bewerbers zu überzeugen. ³Bestehen Zweifel an der Identität, darf die Prüfung nicht durchgeführt werden. ⁴Der Fahrerlaubnisbehörde ist davon Mitteilung zu machen. ⁵Der Bewerber hat vor der Prüfung dem Sachverständigen oder Prüfer eine Ausbildungsbescheinigung nach dem aus Anlage 7.2 oder – bei den Klassen D, D1, DE oder D1E – aus Anlage 7.3 zur Fahrschüler-Ausbildungsordnung ersichtlichen Muster zu übergeben. ⁶§ 16 Absatz 3 Satz 7 bis 9 findet entsprechende Anwendung.

(6) ¹Ist das bei der Prüfungsfahrt verwendete Kraftfahrzeug ohne ein Schaltgetriebe
1. mit Kupplungspedal oder
2. bei Fahrzeugen der Klassen A, A1 oder A2 mit Kupplungshebel

ausgestattet, ist die Fahrerlaubnis auf das Führen von Kraftfahrzeugen ohne Kupplungspedal oder bei Fahrzeugen der Klassen A, A1 oder A2 ohne Kupplungshebel zu beschränken. ²Dies gilt nicht bei den Fahrerlaubnissen der Klassen AM und T sowie bei den Klassen BE, C1, C1E, C, CE, D1, D1E, D und DE, wenn der Bewerber bereits Inhaber einer auf einem Fahrzeug mit Schaltgetriebe erworbenen Fahrerlaubnis der Klasse B, BE, C, CE, C1, C1E, D, DE, D1 oder D1E ist. ³Die Beschränkung im Sinne des Satzes 1 ist auf Antrag aufzuheben, wenn der Inhaber der Fahrerlaubnis dem Sachverständigen oder Prüfer in einer praktischen Prüfung nachweist, dass er zum sicheren Führen eines mit einem Schaltgetriebe ausgestatteten Kraftfahrzeugs der betreffenden oder einer entsprechenden höheren Klasse befähigt ist. ⁴Als Fahrzeug mit Schaltgetriebe gilt ein Fahrzeug, das
1. über ein Kupplungspedal oder
2. im Falle der Klassen A, A2 und A1 über einen von Hand zu bedienenden Kupplungshebel

verfügt, welche der Fahrer jeweils beim Anfahren oder beim Anhalten des Fahrzeugs sowie beim Gangwechsel bedienen muss. ⁵Die Vorschriften über die Ausbildung sind nicht anzuwenden.

§ 18 Gemeinsame Vorschriften für die theoretische und die praktische Prüfung

(1) ¹Bei Täuschungshandlungen gilt die Prüfung als nicht bestanden. ²Eine nicht bestandene Prüfung darf nicht vor Ablauf eines angemessenen Zeitraums (in der Regel nicht weniger als zwei Wochen, bei einem Täuschungsversuch mindestens sechs Wochen) wiederholt werden.

(2) ¹Die praktische Prüfung muss innerhalb von zwölf Monaten nach Bestehen der theoretischen Prüfung abgelegt werden. ²Andernfalls verliert die theoretische Prüfung ihre Gültigkeit. ³Der Zeitraum zwischen Abschluss der praktischen Prüfung oder – wenn keine praktische Prüfung erforderlich ist – zwischen Abschluss der theoretischen Prüfung und der Aushändigung des Führerscheins darf zwei Jahre nicht überschreiten. ⁴Andernfalls verliert die gesamte Prüfung ihre Gültigkeit.

(3) Stellt der Sachverständige oder Prüfer Tatsachen fest, die bei ihm Zweifel über die körperliche oder geistige Eignung des Bewerbers begründen, hat er der Fahrerlaubnisbehörde Mitteilung zu machen und den Bewerber hierüber zu unterrichten.

§ 19 Schulung in Erster Hilfe

(1) ¹Bewerber um eine Fahrerlaubnis müssen an einer Schulung in Erster Hilfe teilnehmen, die mindestens neun Unterrichtseinheiten zu je 45 Minuten umfasst. ²Die Schulung soll dem Antragsteller durch theoretischen Unterricht und durch praktische Übungen gründliches Wissen und praktisches Können in der Ersten Hilfe vermitteln.

(2) ¹Der Nachweis über die Teilnahme an einer Schulung in Erster Hilfe wird durch die Bescheinigung einer für solche Schulungen amtlich anerkannten Stelle oder eines Trägers

der öffentlichen Verwaltung, insbesondere der Bundeswehr, der Polizei oder der Bundespolizei, geführt. ²Im Falle der Erweiterung oder der Neuerteilung einer Fahrerlaubnis ist auf einen Nachweis zu verzichten, wenn der Bewerber zuvor bereits an einer Schulung in Erster Hilfe im Sinne des Absatzes 1 teilgenommen hat.

(3) Des Nachweises über die Teilnahme an einer Schulung in Erster Hilfe im Sinne des Absatzes 1 bedarf insbesondere nicht, wer
1. ein Zeugnis über die bestandene ärztliche oder zahnärztliche Staatsprüfung oder den Nachweis über eine im Ausland erworbene abgeschlossene ärztliche oder zahnärztliche Ausbildung,
2. ein Zeugnis über eine abgeschlossene Ausbildung in einem bundesrechtlich geregelten Gesundheitsfachberuf im Sinne des Artikels 74 Absatz 1 Nummer 19 des Grundgesetzes, in einem der auf Grund des Berufsbildungsgesetzes staatlich anerkannten Ausbildungsberufe Medizinischer, Zahnmedizinischer, Tiermedizinischer oder Pharmazeutisch-kaufmännischer Fachangestellter/Medizinische, Zahnmedizinische, Tiermedizinische oder Pharmazeutisch-kaufmännische Fachangestellte oder in einem landesrechtlich geregelten Helferberuf des Gesundheits- und Sozialwesens oder
3. eine Bescheinigung über die Ausbildung als Schwesternhelferin, Pflegedienstthelfer, über eine Sanitätsausbildung oder rettungsdienstliche Ausbildung oder die Ausbildung als Rettungsschwimmer mit der Befähigung für das Deutsche Rettungsschwimmer-Abzeichen in Silber oder Gold

vorlegt.

§ 20 Neuerteilung einer Fahrerlaubnis

(1) ¹Für die Neuerteilung einer Fahrerlaubnis nach vorangegangener Entziehung oder nach vorangegangenem Verzicht gelten die Vorschriften für die Ersterteilung. ²§ 15 findet vorbehaltlich des Absatzes 2 keine Anwendung.

(2) Die Fahrerlaubnisbehörde ordnet eine Fahrerlaubnisprüfung an, wenn Tatsachen vorliegen, die die Annahme rechtfertigen, dass der Bewerber die nach § 16 Absatz 1 und § 17 Absatz 1 erforderlichen Kenntnisse und Fähigkeiten nicht mehr besitzt.

(3) Unberührt bleibt die Anordnung einer medizinisch-psychologischen Untersuchung nach § 11 Absatz 3 Satz 1 Nummer 9.

(4) Die Neuerteilung einer Fahrerlaubnis nach vorangegangener Entziehung kann frühestens sechs Monate vor Ablauf einer Sperre
1. nach § 2a Absatz 5 Satz 3 oder § 4 Absatz 10 Satz 1 des Straßenverkehrsgesetzes oder
2. nach § 69 Absatz 1 Satz 1 in Verbindung mit § 69a Absatz 1 Satz 1 oder § 69a Absatz 1 Satz 3 in Verbindung mit Satz 1 des Strafgesetzbuches

bei der nach Landesrecht zuständigen Behörde beantragt werden.

3. Verfahren bei der Erteilung einer Fahrerlaubnis

§§ 21–22a

(hier nicht abgedruckt)

§ 23 Geltungsdauer der Fahrerlaubnis, Beschränkungen und Auflagen

(1) ¹Die Fahrerlaubnis der Klassen AM, A1, A2, A, B, BE, L und T wird unbefristet erteilt. ²Die Fahrerlaubnis der Klassen C1, C1E, C, CE, D1, D1E, D und DE wird längstens für fünf Jahre erteilt. ³Grundlage für die Bemessung der Geltungsdauer ist das Datum des Tages, an dem die Fahrerlaubnisbehörde den Auftrag zur Herstellung des Führerscheins erteilt.

(2) ¹Ist der Bewerber nur bedingt zum Führen von Kraftfahrzeugen geeignet, kann die Fahrerlaubnisbehörde die Fahrerlaubnis soweit wie notwendig beschränken oder unter den erforderlichen Auflagen erteilen. ²Die Beschränkung kann sich insbesondere auf eine bestimmte Fahrzeugart oder ein bestimmtes Fahrzeug mit besonderen Einrichtungen erstrecken.

§ 24 Verlängerung von Fahrerlaubnissen

(1) ¹Die Geltungsdauer der Fahrerlaubnis der Klassen C, C1, CE, C1E, D, D1, DE und D1E wird auf Antrag des Inhabers jeweils um die in § 23 Absatz 1 Satz 2 angegebenen Zeiträume verlängert, wenn
1. der Inhaber seine Eignung nach Maßgabe der Anlage 5 und die Erfüllung der Anforderungen an das Sehvermögen nach Anlage 6 nachweist und
2. keine Tatsachen vorliegen, die die Annahme rechtfertigen, dass eine der sonstigen aus den §§ 7 bis 19 ersichtlichen Voraussetzungen für die Erteilung der Fahrerlaubnis fehlt.

²Grundlage der Bemessung der Geltungsdauer der verlängerten Fahrerlaubnis ist das Datum des Tages, an dem die zu verlängernde Fahrerlaubnis endet. ³Die Verlängerung der Klassen D, D1, DE und D1E kann nur dann über die Vollendung des 50. Lebensjahres hinaus erfolgen, wenn der Antragsteller zusätzlich seine Eignung nach Maßgabe der Anlage 5 Nummer 2 nachweist.

(2) Absatz 1 Satz 1 und 3 und § 23 Absatz 1 Satz 3 sind auch bei der Erteilung einer Fahrerlaubnis der entsprechenden Klasse anzuwenden, wenn die Geltungsdauer der vorherigen Fahrerlaubnis dieser Klasse bei Antragstellung abgelaufen ist.

(3) Die Absätze 1 und 2 sind auch anzuwenden, wenn der Inhaber der Fahrerlaubnis seinen ordentlichen Wohnsitz in einen nicht zur Europäischen Union oder zum Abkommen über den Europäischen Wirtschaftsraum gehörenden Staat verlegt hat.

(4) Die Verlängerung einer Fahrerlaubnis kann frühestens sechs Monate vor Ablauf ihrer Geltungsdauer bei der nach Landesrecht zuständigen Behörde beantragt werden.

§ 24a Gültigkeit von Führerscheinen

(1) ¹Die Gültigkeit der ab dem 19. Januar 2013 ausgestellten Führerscheine ist auf 15 Jahre befristet. ²Die Vorschriften des § 23 Absatz 1 bleiben unberührt.

(2) ¹Führerscheine, die vor dem 19. Januar 2013 ausgestellt worden sind, sind bis zum 19. Januar 2033 umzutauschen. ²Absatz 1 bleibt unberührt.

(3) ¹Bei der erstmaligen Befristung eines Führerscheins ist Grundlage für die Bemessung der Gültigkeit das Datum des Tages, an dem die Fahrerlaubnisbehörde den Auftrag zur Herstellung des Führerscheins erteilt. ²Grundlage der Bemessung der Gültigkeit eines bereits verlängerten Führerscheins ist das Datum des Tages, an dem die vorangegangene Befristung endet. ³Satz 2 gilt auch, wenn die Gültigkeit des Führerscheins bei Antragstellung noch gegeben oder bereits abgelaufen ist. ⁴Abweichend von den Sätzen 2 und 3 ist bei der Ausstellung eines Ersatzdokuments und bei der Ausfertigung eines neuen Führerscheins wegen Erweiterung oder Verlängerung der Fahrerlaubnis oder wegen Änderung der Angaben auf dem Führerschein Satz 1 anzuwenden.

(4) ¹Die Gültigkeit eines Führerscheins, der ab dem 1. Januar 1999 als Kartenführerschein ausgestellt worden ist, kann durch die nach Landesrecht zuständige Behörde durch die Anbringung eines mit einer bestimmten Frist versehenen Gültigkeitsaufklebers mit Sicherheitsdesign der Bundesdruckerei nachträglich befristet werden, soweit der Antragsteller dies zusammen mit der Erteilung eines neuen Führerscheins beantragt und zum Zeitpunkt der Antragstellung keine Gründe gegen die sofortige Ausstellung eines neuen Führerscheins bestehen. ²Ein nach Satz 1 befristeter Führerschein dient nur im Inland als Nachweis der Fahrberechtigung. ³Er verliert seine Gültigkeit mit Zustellung des neuen Führerscheins, Ablauf der Frist oder wenn der Gültigkeitsaufkleber entfernt oder beschädigt wurde.

§§ 25–25b

(hier nicht abgedruckt)

4. Sonderbestimmungen für das Führen von Dienstfahrzeugen

§ 26 Dienstfahrerlaubnis

(1) ¹Die von den Dienststellen der Bundeswehr, der Bundespolizei und der Polizei (§ 73 Absatz 4) erteilten Fahrerlaubnisse berechtigen nur zum Führen von Dienstfahrzeugen (Dienstfahrerlaubnisse). ²Bei Erteilung der Dienstfahrerlaubnis darf auf die Vorlage des

Fahrerlaubnis-Verordnung **Anh I**

Führungszeugnisses nach § 11 Absatz 1 Satz 5 verzichtet werden. ³Über die Dienstfahrerlaubnis der Bundeswehr wird ein Führerschein nach Muster 2 der Anlage 8, über die der Bundespolizei und der Polizei ein Führerschein nach Muster 3 der Anlage 8 ausgefertigt (Dienstführerschein). ⁴Die Dienstfahrerlaubnis der Bundeswehr wird in den aus Muster 2 der Anlage 8 ersichtlichen Klassen erteilt. ⁵Der Umfang der Berechtigung zum Führen von Dienstfahrzeugen der Bundeswehr ergibt sich aus Anlage 10. ⁶Der Dienstführerschein der Bundeswehr ist nur in Verbindung mit dem Dienstausweis gültig.

(2) ¹Der Inhaber der Dienstfahrerlaubnis darf von ihr nur während der Dauer des Dienstverhältnisses Gebrauch machen. ²Bei Beendigung des Dienstverhältnisses ist der Dienstführerschein einzuziehen. ³Wird das Dienstverhältnis wieder begründet, darf ein Dienstführerschein ausgehändigt werden, sofern die Dienstfahrerlaubnis noch gültig ist. ⁴Ist sie nicht mehr gültig, kann die Dienstfahrerlaubnis unter den Voraussetzungen des § 24 Absatz 1 neu erteilt werden.

(3) Bei der erstmaligen Beendigung des Dienstverhältnisses nach der Erteilung oder Neuerteilung der betreffenden Klasse der Dienstfahrerlaubnis ist dem Inhaber auf Antrag zu bescheinigen, für welche Klasse von Kraftfahrzeugen ihm die Erlaubnis erteilt war.

§ 27 Verhältnis von allgemeiner Fahrerlaubnis und Dienstfahrerlaubnis

(1) ¹Beantragt der Inhaber einer Dienstfahrerlaubnis während der Dauer des Dienstverhältnisses die Erteilung einer allgemeinen Fahrerlaubnis, sind folgende Vorschriften nicht anzuwenden:
1. § 11 Absatz 9 über die ärztliche Untersuchung und § 12 Absatz 6 über die Untersuchung des Sehvermögens, es sei denn, dass in entsprechender Anwendung der Regelungen in den §§ 23 und 24 eine Untersuchung erforderlich ist,
2. § 12 Absatz 2 über den Sehtest,
3. § 15 über die Befähigungsprüfung,
4. § 19 über die Schulung in Erster Hilfe,
5. die Vorschriften über die Ausbildung.

²Dasselbe gilt bei Vorlage einer Bescheinigung nach § 26 Absatz 3. ³Die Klasse der auf Grund der Dienstfahrerlaubnis der Bundeswehr zu erteilenden allgemeinen Fahrerlaubnis ergibt sich aus Anlage 10.

(2) ¹Wird dem Inhaber einer allgemeinen Fahrerlaubnis eine Dienstfahrerlaubnis derselben oder einer entsprechenden Klasse erteilt, kann die Dienstfahrerlaubnisbehörde Absatz 1 Satz 1 entsprechend anwenden. ²Dies gilt auch bei der Erteilung einer Dienstfahrerlaubnis der Bundeswehr in einer von § 6 Absatz 1 abweichenden Klasse, soweit die in Absatz 1 Satz 1 genannten Voraussetzungen auch Voraussetzungen für die Erteilung der Dienstfahrerlaubnis sind.

(3) ¹Die Fahrerlaubnisbehörde teilt der Dienststelle, die die Dienstfahrerlaubnis erteilt hat, die unanfechtbare Versagung der allgemeinen Fahrerlaubnis sowie deren unanfechtbare oder vorläufig wirksame Entziehung einschließlich der Gründe der Entscheidung unverzüglich mit. ²Die Dienststelle teilt der zuständigen Fahrerlaubnisbehörde die unanfechtbare Versagung der Dienstfahrerlaubnis sowie deren unanfechtbare oder vorläufig wirksame Entziehung einschließlich der Gründe der Entscheidung unverzüglich mit, sofern die Versagung oder die Entziehung auf den Vorschriften des Straßenverkehrsgesetzes beruhen. ³Für die Wahrnehmung der Aufgaben nach diesem Absatz können an Stelle der genannten Dienststellen auch andere Stellen bestimmt werden. ⁴Für den Bereich der Bundeswehr nimmt die Zentrale Militärkraftfahrtstelle die Aufgaben wahr.

(4) Die Dienstfahrerlaubnis erlischt mit der Entziehung der allgemeinen Fahrerlaubnis.

5. Sonderbestimmungen für Inhaber ausländischer Fahrerlaubnisse

§ 28 Anerkennung von Fahrerlaubnissen aus Mitgliedstaaten der Europäischen Union oder einem anderen Vertragsstaat des Abkommens über den Europäischen Wirtschaftsraum

(1) ¹Inhaber einer gültigen EU- oder EWR-Fahrerlaubnis, die ihren ordentlichen Wohnsitz im Sinne des § 7 Absatz 1 oder 2 in der Bundesrepublik Deutschland haben, dürfen – vorbehaltlich der Einschränkungen nach den Absätzen 2 bis 4 – im Umfang ihrer Berechtigung Kraftfahrzeuge im Inland führen. ²Auflagen zur ausländischen Fahrerlaubnis sind

auch im Inland zu beachten. [3] Auf die Fahrerlaubnisse finden die Vorschriften dieser Verordnung Anwendung, soweit nichts anderes bestimmt ist.

(2) [1] Der Umfang der Berechtigung der jeweiligen Fahrerlaubnisklassen ergibt sich aus dem Beschluss (EU) 2016/1945 der Kommission vom 14. Oktober 2016 über Äquivalenzen zwischen Führerscheinklassen (ABl. L 302 vom 9.11.2016, S. 62). [2] Die Berechtigung nach Absatz 1 gilt nicht für Fahrerlaubnisklassen, für die die Entscheidung der Kommission keine entsprechenden Klassen ausweist. [3] Für die Berechtigung zum Führen von Fahrzeugen der Klassen L und T gilt § 6 Absatz 3 entsprechend.

(3) [1] Die Vorschriften über die Geltungsdauer von Fahrerlaubnissen der Klassen C, C1, CE, C1E, D, D1, DE und D1E in § 23 Absatz 1 gelten auch für die entsprechenden EU- und EWR-Fahrerlaubnisse. [2] Grundlage für die Berechnung der Geltungsdauer ist das Datum der Erteilung der ausländischen Fahrerlaubnis. [3] Wäre danach eine solche Fahrerlaubnis ab dem Zeitpunkt der Verlegung des ordentlichen Wohnsitzes in die Bundesrepublik Deutschland nicht mehr gültig, weil seit der Erteilung mehr als fünf Jahre verstrichen sind, besteht die Berechtigung nach Absatz 1 Satz 1 noch sechs Monate, gerechnet von der Begründung des ordentlichen Wohnsitzes im Inland an. [4] Für die Erteilung einer deutschen Fahrerlaubnis ist § 30 in Verbindung mit § 24 Absatz 1 entsprechend anzuwenden.

(4) [1] Die Berechtigung nach Absatz 1 gilt nicht für Inhaber einer EU- oder EWR-Fahrerlaubnis,
1. die lediglich im Besitz eines Lernführerscheins oder eines anderen vorläufig ausgestellten Führerscheins sind,
2. die ausweislich des Führerscheins oder vom Ausstellungsmitgliedstaat herrührender unbestreitbarer Informationen zum Zeitpunkt der Erteilung ihren ordentlichen Wohnsitz im Inland hatten, es sei denn, dass sie als Studierende oder Schüler im Sinne des § 7 Absatz 2 die Fahrerlaubnis während eines mindestens sechsmonatigen Aufenthalts erworben haben,
3. denen die Fahrerlaubnis im Inland vorläufig oder rechtskräftig von einem Gericht oder sofort vollziehbar oder bestandskräftig von einer Verwaltungsbehörde entzogen worden ist, denen die Fahrerlaubnis bestandskräftig versagt worden ist oder denen die Fahrerlaubnis nur deshalb nicht entzogen worden ist, weil sie zwischenzeitlich auf die Fahrerlaubnis verzichtet haben,
4. denen auf Grund einer rechtskräftigen gerichtlichen Entscheidung keine Fahrerlaubnis erteilt werden darf,
5. solange sie im Inland, in dem Staat, der die Fahrerlaubnis erteilt hatte, oder in dem Staat, in dem sie ihren ordentlichen Wohnsitz haben, einem Fahrverbot unterliegen oder der Führerschein nach § 94 der Strafprozessordnung beschlagnahmt, sichergestellt oder in Verwahrung genommen ist,
6. die zum Zeitpunkt des Erwerbs der ausländischen EU- oder EWR-Fahrerlaubnis Inhaber einer deutschen Fahrerlaubnis waren,
7. deren Fahrerlaubnis aufgrund einer Fahrerlaubnis eines Drittstaates, der nicht in der Anlage 11 aufgeführt ist, prüfungsfrei umgetauscht worden ist, oder deren Fahrerlaubnis aufgrund eines gefälschten Führerscheins eines Drittstaates erteilt wurde,
8. die zum Zeitpunkt der Erteilung einer Fahrerlaubnis eines Drittstaates, die in eine ausländische EU- oder EWR-Fahrerlaubnis umgetauscht worden ist, oder zum Zeitpunkt der Erteilung der EU- oder EWR-Fahrerlaubnis auf Grund einer Fahrerlaubnis eines Drittstaates ihren Wohnsitz im Inland hatten, es sei denn, dass sie die ausländische Erlaubnis zum Führen eines Kraftfahrzeuges als Studierende oder Schüler im Sinne des § 7 Absatz 2 in eine ausländische EU- oder EWR-Fahrerlaubnis während eines mindestens sechsmonatigen Aufenthalts umgetauscht haben, oder
9. die den Vorbesitz einer anderen Klasse voraussetzt, wenn die Fahrerlaubnis dieser Klasse nach den Nummern 1 bis 8 im Inland nicht zum Führen von Kraftfahrzeugen berechtigt.

[2] In den Fällen des Satzes 1 kann die Behörde einen feststellenden Verwaltungsakt über die fehlende Berechtigung erlassen. [3] Satz 1 Nummer 3 und 4 ist nur anzuwenden, wenn die dort genannten Maßnahmen im Fahreignungsregister eingetragen und nicht nach § 29 des Straßenverkehrsgesetzes getilgt sind. [4] Satz 1 Nummer 9 gilt auch, wenn sich das Fehlen der Berechtigung nicht unmittelbar aus dem Führerschein ergibt.

(5) [1] Das Recht, von einer EU- oder EWR-Fahrerlaubnis nach einer der in Absatz 4 Nummer 3 und 4 genannten Entscheidungen im Inland Gebrauch zu machen, wird auf

Fahrerlaubnis-Verordnung **Anh I**

Antrag erteilt, wenn die Gründe für die Entziehung oder die Sperre nicht mehr bestehen. ²Absatz 4 Satz 3 sowie § 20 Absatz 1 und 3 gelten entsprechend.

§ 29 Ausländische Fahrerlaubnisse

(1) ¹Inhaber einer ausländischen Fahrerlaubnis dürfen im Umfang ihrer Berechtigung im Inland Kraftfahrzeuge führen, wenn sie hier keinen ordentlichen Wohnsitz nach § 7 haben. ²Für die Berechtigung zum Führen von Fahrzeugen der Klassen AM, L und T gilt § 6 Absatz 3 entsprechend. ³Begründet der Inhaber einer in einem anderen Mitgliedstaat der Europäischen Union oder einem anderen Vertragsstaat des Abkommens über den Europäischen Wirtschaftsraum erteilten Fahrerlaubnis einen ordentlichen Wohnsitz im Inland, richtet sich seine weitere Berechtigung zum Führen von Kraftfahrzeugen nach § 28. ⁴Begründet der Inhaber einer in einem anderen Staat erteilten Fahrerlaubnis einen ordentlichen Wohnsitz im Inland, besteht die Berechtigung noch sechs Monate. ⁵Die Fahrerlaubnisbehörde kann die Frist auf Antrag bis zu sechs Monate verlängern, wenn der Antragsteller glaubhaft macht, dass er seinen ordentlichen Wohnsitz nicht länger als zwölf Monate im Inland haben wird. ⁶Auflagen zur ausländischen Fahrerlaubnis sind auch im Inland zu beachten.

(2) ¹Die Fahrerlaubnis ist durch einen gültigen nationalen oder Internationalen Führerschein nach Artikel 7 und Anlage E des Internationalen Abkommens über Kraftfahrzeugverkehr vom 24. April 1926, Artikel 24 und Anlage 10 des Übereinkommens über den Straßenverkehr vom 19. September 1949 (Vertragstexte der Vereinten Nationen 1552 S. 22) oder nach Artikel 41 und Anhang 7 des Übereinkommens über den Straßenverkehr vom 8. November 1968 in Verbindung mit dem zugrunde liegenden nationalen Führerschein nachzuweisen. ²Ausländische nationale Führerscheine, die nicht in deutscher Sprache abgefasst sind, die nicht in einem anderen Mitgliedstaat der Europäischen Union oder einem anderen Vertragsstaat des Abkommens über den Europäischen Wirtschaftsraum oder der Schweiz ausgestellt worden sind oder die nicht dem Anhang 6 des Übereinkommens über den Straßenverkehr vom 8. November 1968 entsprechen, müssen mit einer Übersetzung verbunden sein, es sei denn, die Bundesrepublik Deutschland hat auf das Mitführen der Übersetzung verzichtet. ³Die Übersetzung muss von einem international anerkannten Automobilklub des Ausstellungsstaates oder einer vom Bundesministerium für Verkehr und digitale Infrastruktur bestimmten Stelle gefertigt sein.

(3) ¹Die Berechtigung nach Absatz 1 gilt nicht für Inhaber ausländischer Fahrerlaubnisse,
1. die lediglich im Besitz eines Lernführerscheins oder eines anderen vorläufig ausgestellten Führerscheins sind,
1a. die das nach § 10 Absatz 1 für die Erteilung einer Fahrerlaubnis vorgeschriebene Mindestalter noch nicht erreicht haben und deren Fahrerlaubnis nicht von einem anderen Mitgliedstaat der Europäischen Union oder einem anderen Vertragsstaat des Abkommens über den Europäischen Wirtschaftsraum erteilt worden ist,
2. die zum Zeitpunkt der Erteilung der ausländischen Erlaubnis zum Führen von Kraftfahrzeugen eines Staates, der nicht ein Mitgliedstaat der Europäischen Union oder ein anderer Vertragsstaat des Abkommens über den Europäischen Wirtschaftsraum ist, ihren ordentlichen Wohnsitz im Inland hatten,
2a. die ausweislich des EU- oder EWR-Führerscheins oder vom Ausstellungsmitgliedstaat der Europäischen Union oder des Vertragsstaates des Europäischen Wirtschaftsraums herrührender unbestreitbarer Informationen zum Zeitpunkt der Erteilung ihren ordentlichen Wohnsitz im Inland hatten, es sei denn, dass sie als Studierende oder Schüler im Sinne des § 7 Absatz 2 die Fahrerlaubnis während eines mindestens sechsmonatigen Aufenthalts erworben haben,
3. denen die Fahrerlaubnis im Inland vorläufig oder rechtskräftig von einem Gericht oder sofort vollziehbar oder bestandskräftig von einer Verwaltungsbehörde entzogen worden ist, denen die Fahrerlaubnis bestandskräftig versagt worden ist oder denen die Fahrerlaubnis nur deshalb nicht entzogen worden ist, weil sie zwischenzeitlich auf die Fahrerlaubnis verzichtet haben,
4. denen auf Grund einer rechtskräftigen gerichtlichen Entscheidung keine Fahrerlaubnis erteilt werden darf oder
5. solange sie im Inland, in dem Staat, der die Fahrerlaubnis erteilt hatte oder in dem Staat, in dem sie ihren ordentlichen Wohnsitz haben, einem Fahrverbot unterliegen

oder der Führerschein nach § 94 der Strafprozessordnung beschlagnahmt, sichergestellt oder in Verwahrung genommen worden ist.
²In den Fällen des Satzes 1 kann die Behörde einen feststellenden Verwaltungsakt über die fehlende Berechtigung erlassen. ³Satz 1 Nummer 3 und 4 ist auf eine EU- oder EWR-Fahrerlaubnis nur anzuwenden, wenn die dort genannten Maßnahmen im Fahreignungsregister eingetragen und nicht nach § 29 des Straßenverkehrsgesetzes getilgt sind.

(4) Das Recht, von einer ausländischen Fahrerlaubnis nach einer der in Absatz 3 Nummer 3 und 4 genannten Entscheidungen im Inland Gebrauch zu machen, wird auf Antrag erteilt, wenn die Gründe für die Entziehung nicht mehr bestehen.

§ 29a Fahrerlaubnisse von in Deutschland stationierten Angehörigen der Streitkräfte der Vereinigten Staaten von Amerika und Kanadas

¹In Deutschland stationierte Mitglieder der Streitkräfte der Vereinigten Staaten von Amerika oder Kanadas oder des zivilen Gefolges dieser Streitkräfte und deren jeweilige Angehörige sind berechtigt, mit einem im Entsendestaat ausgestellten Führerschein zum Führen privater Kraftfahrzeuge in dem Entsendestaat solche Fahrzeuge im Bundesgebiet zu führen, wenn sie
1. eine gültige Bescheinigung nach Artikel 9 Absatz 2 des Zusatzabkommens zu dem Abkommen zwischen den Parteien des Nordatlantikvertrages über die Rechtsstellung ihrer Truppen hinsichtlich der in der Bundesrepublik Deutschland stationierten ausländischen Truppen innehaben und
2. zum Zeitpunkt der Erteilung der Bescheinigung nach Nummer 1 berechtigt waren, im Entsendestaat private Kraftfahrzeuge zu führen.

²Die Bescheinigung ist beim Führen von Kraftfahrzeugen mitzuführen und zuständigen Personen auf Verlangen zur Prüfung auszuhändigen. ³Eine Verlängerung der Bescheinigung durch die Truppenbehörden bleibt unberührt.

§ 30 Erteilung einer Fahrerlaubnis an Inhaber einer Fahrerlaubnis aus einem Mitgliedstaat der Europäischen Union oder einem anderen Vertragsstaat des Abkommens über den Europäischen Wirtschaftsraum

(1) ¹Beantragt der Inhaber einer EU- oder EWR-Fahrerlaubnis, die zum Führen von Kraftfahrzeugen im Inland berechtigt oder berechtigt hat, die Erteilung einer Fahrerlaubnis für die entsprechende Klasse von Kraftfahrzeugen, sind folgende Vorschriften nicht anzuwenden:
1. § 11 Absatz 9 über die ärztliche Untersuchung und § 12 Absatz 6 über die Untersuchung des Sehvermögens, es sei denn, dass in entsprechender Anwendung der Regelungen in den §§ 23 und 24 eine Untersuchung erforderlich ist,
2. § 12 Absatz 2 über den Sehtest,
3. § 15 über die Befähigungsprüfung,
4. § 19 über die Schulung in Erster Hilfe,
5. die Vorschriften über die Ausbildung.

²Ist die ausländische Fahrerlaubnis auf das Führen von Kraftfahrzeugen ohne Kupplungspedal oder im Falle von Fahrzeugen der Klassen A, A1 oder A2 ohne Schalthebel beschränkt, ist die Fahrerlaubnis auf das Führen derartiger Fahrzeuge zu beschränken. ³§ 17 Absatz 6 Satz 2 ist entsprechend anzuwenden.

(2) ¹Läuft die Geltungsdauer einer EU- oder EWR-Fahrerlaubnis der Klassen AM, A1, A2, A, B, BE oder B1, die zum Führen von Kraftfahrzeugen im Inland berechtigt hat, nach Begründung des ordentlichen Wohnsitzes in der Bundesrepublik Deutschland ab, findet Absatz 1 entsprechende Anwendung; handelt es sich um eine Fahrerlaubnis der Klassen C oder D oder einer Unter- oder Anhängerklasse, wird die deutsche Fahrerlaubnis in entsprechender Anwendung von § 24 Absatz 2 erteilt. ²Satz 1 findet auch Anwendung, wenn die Geltungsdauer bereits vor Begründung des ordentlichen Wohnsitzes abgelaufen ist. ³In diesem Fall hat die Fahrerlaubnisbehörde jedoch eine Auskunft nach § 22 Absatz 2 Satz 3 einzuholen, die sich auch darauf erstreckt, warum die Fahrerlaubnis nicht vor der Verlegung des ordentlichen Wohnsitzes in die Bundesrepublik Deutschland verlängert worden ist.

(3) ¹Der Führerschein ist nur gegen Abgabe des ausländischen Führerscheins auszuhändigen. ²Außerdem hat der Antragsteller sämtliche weitere Führerscheine abzuliefern, soweit sie sich auf die EU- oder EWR-Fahrerlaubnis beziehen, die Grundlage der Erteilung

Fahrerlaubnis-Verordnung **Anh I**

der entsprechenden deutschen Fahrerlaubnis ist. ³Die Fahrerlaubnisbehörde sendet die Führerscheine unter Angabe der Gründe über das Kraftfahrt-Bundesamt an die Behörde zurück, die sie jeweils ausgestellt hatte.

(4) ¹Auf dem Führerschein ist in Feld 10 der Tag zu vermerken, an dem die ausländische Fahrerlaubnis für die betreffende Klasse erteilt worden war. ²Auf dem Führerschein ist zu vermerken, dass der Erteilung der Fahrerlaubnis eine Fahrerlaubnis zugrunde gelegen hat, die in einem Mitgliedstaat der Europäischen Union oder einem anderen Vertragsstaat des Abkommens über den Europäischen Wirtschaftsraum ausgestellt worden war.

(5) Absatz 3 gilt nicht für entsandte Mitglieder fremder diplomatischer Missionen im Sinne des Artikels 1 Buchstabe b des Wiener Übereinkommens vom 18. April 1961 über diplomatische Beziehungen (BGBl. 1964 II S. 957) in der jeweils geltenden Fassung und entsandte Mitglieder berufskonsularischer Vertretungen im Sinne des Artikels 1 Absatz 1 Buchstabe g des Wiener Übereinkommens vom 24. April 1963 über konsularische Beziehungen (BGBl. 1969 II S. 1585) in der jeweils geltenden Fassung sowie die zu ihrem Haushalt gehörenden Familienmitglieder.

§ 30a Rücktausch von Führerscheinen

(1) ¹Wird ein auf Grund einer deutschen Fahrerlaubnis ausgestellter Führerschein in einen Führerschein eines Mitgliedstaates der Europäischen Union oder eines anderen Vertragsstaates des Abkommens über den Europäischen Wirtschaftsraum umgetauscht, bleibt die Fahrerlaubnis unverändert bestehen. ²Bei einem Rücktausch in einen deutschen Führerschein sind in diesem die noch gültigen Fahrerlaubnisklassen unverändert zu dokumentieren.

(2) ¹Der Führerschein ist nur gegen Abgabe des ausländischen Führerscheins auszuhändigen. ²Die nach Landesrecht zuständige Behörde (Fahrerlaubnisbehörde) sendet den Führerschein unter Angabe der Gründe über das Kraftfahrt-Bundesamt an die Behörde zurück, die sie jeweils ausgestellt hatte.

§ 31 Erteilung einer Fahrerlaubnis an Inhaber einer Fahrerlaubnis aus einem Staat außerhalb des Abkommens über den Europäischen Wirtschaftsraum

(1) ¹Beantragt der Inhaber einer Fahrerlaubnis, die in einem in Anlage 11 aufgeführten Staat und in einer in der Anlage 11 aufgeführten Klasse erteilt worden ist und die zum Führen von Kraftfahrzeugen im Inland berechtigt oder dazu berechtigt hat, die Erteilung einer Fahrerlaubnis für die entsprechende Klasse von Kraftfahrzeugen, sind folgende Vorschriften nicht anzuwenden:
1. § 11 Absatz 9 über die ärztliche Untersuchung und § 12 Absatz 6 über die Untersuchung des Sehvermögens, es sei denn, dass in entsprechender Anwendung der Regelungen in den §§ 23 und 24 eine Untersuchung erforderlich ist,
2. § 12 Absatz 2 über den Sehtest,
3. § 15 über die Befähigungsprüfung nach Maßgabe der Anlage 11,
4. § 19 über die Schulung in Erster Hilfe,
5. die Vorschriften über die Ausbildung.

²Dies gilt auch, wenn die Berechtigung nur auf Grund von § 29 Absatz 3 Nummer 1a nicht bestanden hat. ³Ist die ausländische Fahrerlaubnis auf das Führen von Kraftfahrzeugen ohne Kupplungspedal (oder Schalthebel bei Fahrzeugen der Klassen A, A1 oder A2) beschränkt, ist die Fahrerlaubnis auf das Führen von Kraftfahrzeugen ohne Kupplungspedal (oder Schalthebel bei Fahrzeugen der Klassen A, A1 oder A2) zu beschränken. ⁴§ 17 Absatz 6 Satz 2 ist entsprechend anzuwenden. ⁵Beantragt der Inhaber einer Fahrerlaubnis, die in einem in Anlage 11 aufgeführten Staat, aber in einer in Anlage 11 nicht aufgeführten Klasse erteilt worden ist und die zum Führen von Kraftfahrzeugen im Inland berechtigt oder dazu berechtigt hat, die Erteilung einer Fahrerlaubnis für die entsprechende Klasse von Kraftfahrzeugen, ist Absatz 2 entsprechend anzuwenden.

(2) Beantragt der Inhaber einer Fahrerlaubnis aus einem nicht in Anlage 11 aufgeführten Staat unter den Voraussetzungen des Absatzes 1 Satz 1 und 2 die Erteilung einer Fahrerlaubnis für die entsprechende Klasse von Kraftfahrzeugen, sind die Vorschriften über die Ausbildung nicht anzuwenden.

(3) ¹Der Antragsteller hat den Besitz der ausländischen Fahrerlaubnis durch den nationalen Führerschein nachzuweisen. ²Außerdem hat er seinem Antrag auf Erteilung einer

inländischen Fahrerlaubnis eine Erklärung des Inhalts beizugeben, dass seine ausländische Fahrerlaubnis noch gültig ist. [3] Die Fahrerlaubnisbehörde ist berechtigt, die Richtigkeit der Erklärung zu überprüfen.

(4) [1] Auf einem auf Grund des Absatzes 1 Satz 1 ausgestellten Führerschein ist zu vermerken, dass der Erteilung der Fahrerlaubnis eine Fahrerlaubnis zugrunde gelegen hat, die nicht in einem Mitgliedstaat der Europäischen Union oder einem anderen Vertragsstaat des Abkommens über den Europäischen Wirtschaftsraum ausgestellt worden war. [2] Der auf Grund des Absatzes 1 oder 2 ausgestellte Führerschein ist nur gegen Abgabe des ausländischen Führerscheins auszuhändigen. [3] Die Fahrerlaubnisbehörde sendet ihn über das Kraftfahrt-Bundesamt an die Stelle zurück, die ihn ausgestellt hat, wenn mit dem betreffenden Staat eine entsprechende Vereinbarung besteht. [4] In den anderen Fällen nimmt sie den Führerschein in Verwahrung. [5] Er darf nur gegen Abgabe des auf seiner Grundlage ausgestellten inländischen Führerscheins wieder ausgehändigt werden. [6] In begründeten Fällen kann die Fahrerlaubnisbehörde davon absehen, den ausländischen Führerschein in Verwahrung zu nehmen oder ihn an die ausländische Stelle zurückzuschicken. [7] Verwahrte Führerscheine können nach drei Jahren vernichtet werden.

(5) [1] Absatz 1 gilt auch für den in § 30 Absatz 5 genannten Personenkreis, sofern Gegenseitigkeit besteht. [2] Der Vermerk nach Absatz 4 Satz 1 ist einzutragen. [3] Absatz 4 Satz 2 bis 7 findet keine Anwendung.

6. Fahrerlaubnis auf Probe

§ 32 Ausnahmen von der Probezeit

[1] Ausgenommen von den Regelungen über die Probezeit nach § 2a des Straßenverkehrsgesetzes sind Fahrerlaubnisse der Klassen AM, L und T. [2] Bei erstmaliger Erweiterung einer Fahrerlaubnis der Klassen AM, L oder T auf eine der anderen Klassen ist die Fahrerlaubnis der Klasse, auf die erweitert wird, auf Probe zu erteilen.

§ 33 Berechnung der Probezeit bei Inhabern von Dienstfahrerlaubnissen und Fahrerlaubnissen aus Staaten außerhalb des Abkommens über den Europäischen Wirtschaftsraum

(1) [1] Bei erstmaliger Erteilung einer allgemeinen Fahrerlaubnis an den Inhaber einer Dienstfahrerlaubnis ist die Zeit seit deren Erwerb auf die Probezeit anzurechnen. [2] Hatte die Dienststelle vor Ablauf der Probezeit den Dienstführerschein nach § 26 Absatz 2 eingezogen, beginnt mit der Erteilung einer allgemeinen Fahrerlaubnis eine neue Probezeit, jedoch nur im Umfang der Restdauer der vorherigen Probezeit.

(2) Begründet der Inhaber einer Fahrerlaubnis aus einem Staat außerhalb des Europäischen Wirtschaftsraums seinen ordentlichen Wohnsitz im Inland und wird ihm die deutsche Fahrerlaubnis nach § 31 erteilt, wird bei der Berechnung der Probezeit der Zeitraum nicht berücksichtigt, in welchem er im Inland zum Führen von Kraftfahrzeugen nicht berechtigt war.

§ 34 Bewertung der Straftaten und Ordnungswidrigkeiten im Rahmen der Fahrerlaubnis auf Probe und Anordnung des Aufbauseminars

(1) Die Bewertung der Straftaten und Ordnungswidrigkeiten im Rahmen der Fahrerlaubnis auf Probe erfolgt nach Anlage 12.

(2) [1] Die Anordnung der Teilnahme an einem Aufbauseminar nach § 2a Absatz 2 des Straßenverkehrsgesetzes erfolgt schriftlich unter Angabe der Verkehrszuwiderhandlungen, die zu der Anordnung geführt haben; dabei ist eine angemessene Frist zu setzen.
[2] Die schriftliche Anordnung ist bei der Anmeldung zu einem Aufbauseminar dem Kursleiter vorzulegen.

§ 35

(hier nicht abgedruckt)

§ 36 Besondere Aufbauseminare nach § 2b Absatz 2 Satz 2 des Straßenverkehrsgesetzes

(1) Inhaber von Fahrerlaubnissen auf Probe, die wegen Zuwiderhandlungen nach § 315c Absatz 1 Nummer 1 Buchstabe a, den §§ 316, 323a des Strafgesetzbuches oder den §§ 24a, 24c des Straßenverkehrsgesetzes an einem Aufbauseminar teilzunehmen haben, sind, auch wenn sie noch andere Verkehrszuwiderhandlungen begangen haben, einem besonderen Aufbauseminar zuzuweisen.

(2) Ist die Fahrerlaubnis wegen einer innerhalb der Probezeit begangenen Zuwiderhandlung nach § 315c Absatz 1 Nummer 1 Buchstabe a, den §§ 316, 323a des Strafgesetzbuches oder den §§ 24a, 24c des Straßenverkehrsgesetzes entzogen worden, darf eine neue Fahrerlaubnis unbeschadet der übrigen Voraussetzungen nur erteilt werden, wenn der Antragsteller nachweist, dass er an einem besonderen Aufbauseminar teilgenommen hat.

(3) [1] Das besondere Aufbauseminar ist in Gruppen mit mindestens zwei und höchstens zwölf Teilnehmern durchzuführen. [2] Es besteht aus einem Kurs mit einem Vorgespräch und drei Sitzungen von jeweils 180 Minuten Dauer in einem Zeitraum von zwei bis vier Wochen sowie der Anfertigung von Kursaufgaben zwischen den Sitzungen. [3] An einem Tag darf nicht mehr als eine Sitzung stattfinden.

(4) [1] In den Kursen sind die Ursachen, die bei den Teilnehmern zur Anordnung der Teilnahme an einem Aufbauseminar geführt haben, zu diskutieren und Möglichkeiten für ihre Beseitigung zu erörtern. [2] Wissenslücken der Kursteilnehmer über die Wirkung des Alkohols und anderer berauschender Mittel auf die Verkehrsteilnehmer sollen geschlossen und individuell angepasste Verhaltensweisen entwickelt und erprobt werden, um insbesondere Trinkgewohnheiten zu ändern sowie Trinken und Fahren künftig zuverlässig zu trennen. [3] Durch die Entwicklung geeigneter Verhaltensmuster sollen die Kursteilnehmer in die Lage versetzt werden, einen Rückfall und weitere Verkehrszuwiderhandlungen unter Alkoholeinfluss oder dem Einfluss anderer berauschender Mittel zu vermeiden. [4] Zusätzlich ist auf die Problematik der wiederholten Verkehrszuwiderhandlungen einzugehen.

(5) Für die Durchführung von Einzelseminaren nach § 2b Absatz 1 des Straßenverkehrsgesetzes gelten die Absätze 3 und 4 mit der Maßgabe, dass die Gespräche in drei Sitzungen von jeweils 90 Minuten Dauer durchzuführen sind.

(6) [1] Die besonderen Aufbauseminare dürfen nur von Kursleitern durchgeführt werden, die von der zuständigen obersten Landesbehörde oder der von ihr bestimmten oder nach Landesrecht zuständigen Stelle oder von dem für die in § 26 genannten Dienstbereiche jeweils zuständigen Fachminister oder den von ihm bestimmten Stellen anerkannt worden sind. [2] Die amtliche Anerkennung als Kursleiter darf nur erteilt werden, wenn der Bewerber folgende Voraussetzungen erfüllt:
1. Abschluss eines Hochschulstudiums als Diplom-Psychologe oder eines gleichwertigen Master-Abschlusses in Psychologie,
2. Nachweis einer verkehrspsychologischen Ausbildung an einer Universität oder gleichgestellten Hochschule oder bei einer Stelle, die sich mit der Begutachtung oder Wiederherstellung der Kraftfahreignung befasst,
3. Kenntnisse und Erfahrungen in der Untersuchung und Begutachtung der Eignung von Kraftfahrern, die Zuwiderhandlungen gegen Vorschriften über das Führen von Kraftfahrzeugen unter Einfluss von Alkohol oder anderen berauschenden Mitteln begangen haben,
4. Ausbildung und Erfahrung als Kursleiter in Kursen für Kraftfahrer, die Zuwiderhandlungen gegen Vorschriften über das Führen von Kraftfahrzeugen unter Einfluss von Alkohol oder anderen berauschenden Mitteln begangen haben,
5. Vorlage eines sachgerechten, auf wissenschaftlicher Grundlage entwickelten Seminarkonzepts und
6. Nachweis geeigneter Räumlichkeiten sowie einer sachgerechten Ausstattung.

[3] Außerdem dürfen keine Tatsachen vorliegen, die Bedenken gegen die Zuverlässigkeit des Kursleiters begründen. [4] Die Anerkennung kann mit Auflagen, insbesondere hinsichtlich der Aufsicht über die Durchführung der Aufbauseminare sowie der Teilnahme an Fortbildungsmaßnahmen, verbunden werden.

(7) Die Aufsicht obliegt den nach Absatz 6 Satz 1 für die Anerkennung zuständigen Behörden oder Stellen; diese können sich hierbei geeigneter Personen oder Stellen bedienen.

Anh I   Fahrerlaubnis-Verordnung

§§ 37–39
(hier nicht abgedruckt)

7. Fahreignungs-Bewertungssystem

§ 40 Bezeichnung und Bewertung nach dem Fahreignungs-Bewertungssystem

Dem Fahreignungs-Bewertungssystem sind die in Anlage 13 bezeichneten Zuwiderhandlungen mit der dort jeweils festgelegten Bewertung zu Grunde zu legen.

§ 41 Maßnahmen der nach Landesrecht zuständigen Behörde

(1) Die Ermahnung des Inhabers einer Fahrerlaubnis nach § 4 Absatz 5 Satz 1 Nummer 1 des Straßenverkehrsgesetzes, seine Verwarnung nach § 4 Absatz 5 Satz 1 Nummer 2 des Straßenverkehrsgesetzes und der jeweils gleichzeitige Hinweis auf die freiwillige Teilnahme an einem Fahreignungsseminar erfolgen schriftlich unter Angabe der begangenen Verkehrszuwiderhandlungen.

(2) Die Anordnung eines Verkehrsunterrichts nach § 48 der Straßenverkehrs-Ordnung bleibt unberührt.

§ 42 Fahreignungsseminar

(1) [1] Das Fahreignungsseminar besteht aus einer verkehrspädagogischen und aus einer verkehrspsychologischen Teilmaßnahme. [2] Die Teilmaßnahmen sind durch gegenseitige Information der jeweiligen Seminarleiter aufeinander abzustimmen.

(2) [1] Die verkehrspädagogische Teilmaßnahme zielt auf die Vermittlung von Kenntnissen zum Risikoverhalten, die Verbesserung der Gefahrenkognition, die Anregung zur Selbstreflexion und die Entwicklung von Verhaltensvarianten ab. [2] Sie umfasst zwei Module zu je 90 Minuten entsprechend der Anlage 16. [3] Neben den dort genannten Lehr- und Lernmethoden und Medien dürfen auch Methoden und Medien eingesetzt werden, die den gleichen Lernerfolg gewährleisten. [4] Über die Geeignetheit der Methoden und Medien entscheidet die nach Landesrecht zuständige Behörde, die zur Bewertung ein unabhängiges wissenschaftliches Gutachten einer für die Bewertung geeigneten Stelle einholen kann. [5] Die verkehrspädagogische Teilmaßnahme kann als Einzelmaßnahme oder in Gruppen mit bis zu sechs Teilnehmern durchgeführt werden.

(3) Modul 1 der verkehrspädagogischen Teilmaßnahme umfasst folgende Bausteine:
1. Einzelbaustein „Seminarüberblick",
2. teilnehmerbezogene Darstellung der individuellen Fahrerkarriere und Sicherheitsverantwortung,
3. teilnehmerbezogene Darstellung der individuellen Mobilitätsbedeutung,
4. Darstellung der individuellen Mobilitätsbedeutung als Hausaufgabe,
5. Einzelbaustein „Erläuterung des Fahreignungs-Bewertungssystems",
6. tatbezogene Bausteine zu Verkehrsregeln und Rechtsfolgen bei Zuwiderhandlungen mit folgenden Varianten:
    a) Geschwindigkeit,
    b) Abstand,
    c) Vorfahrt und Abbiegen,
    d) Überholen,
    e) Ladung,
    f) Telefonieren im Fahrzeug,
    g) Alkohol und andere berauschende Mittel,
    h) Straftaten.
7. Festigungsbaustein „Übung zur Klärung der individuellen Mobilitätssituation" und
8. Hausaufgabenbaustein „Übung zur Selbstbeobachtung".

(4) Modul 2 der verkehrspädagogischen Teilmaßnahme umfasst folgende Bausteine:
1. Auswertung der Hausaufgaben,
2. tatbezogene Bausteine zu Risikoverhalten und Unfallfolgen und
3. Festigungsbaustein „individuelle Sicherheitsverantwortung".

Fahrerlaubnis-Verordnung **Anh I**

(5) ¹Die Auswahl der tatbezogenen Bausteine nach den Absätzen 3 und 4 wird vom Seminarleiter in Abhängigkeit von den in den individuellen Fahrerkarrieren dargestellten Verkehrszuwiderhandlungen vorgenommen. ²Modul 2 der verkehrspädagogischen Teilmaßnahme darf frühestens nach Ablauf von einer Woche nach Abschluss des Moduls 1 begonnen werden.

(6) ¹Die verkehrspsychologische Teilmaßnahme zielt darauf ab, dem Teilnehmer Zusammenhänge zwischen auslösenden und aufrechterhaltenden Bedingungen des regelwidrigen Verkehrsverhaltens aufzuzeigen. ²Sie soll beim Teilnehmer Reflexionsbereitschaft erzeugen und Veränderungsbereitschaft schaffen. ³Sie umfasst zwei Sitzungen zu je 75 Minuten und ist als Einzelmaßnahme durchzuführen.

(7) ¹Sitzung 1 der verkehrspsychologischen Teilmaßnahme dient der Verhaltensanalyse, der Entwicklung eines funktionalen Bedingungsmodells und der Erarbeitung von Lösungsstrategien. ²Sie umfasst
1. die Erarbeitung der auslösenden und aufrechterhaltenden inneren und äußeren Bedingungen der Verkehrszuwiderhandlungen als Verhaltensanalyse,
2. die Erarbeitung der Funktionalität des Fehlverhaltens in Form einer Mittel-Zweck-Relation,
3. die Aktivierung persönlicher Stärken und Unterstützungsmöglichkeiten sowie Motivationsarbeit,
4. die Ausarbeitung schriftlicher Zielvereinbarungen, diese umfassen
   a) die Spezifikation des Zielverhaltens in Form von Lösungsstrategien,
   b) die Festlegung der Verstärker, Belohnungen und positiven Konsequenzen und
   c) die Festlegung der zu erreichenden Schritte und
5. die Hausaufgaben „Selbstbeobachtung des Verhaltens in kritischen Situationen" und „Erprobung des neuen Zielverhaltens".

(8) ¹Sitzung 2 der verkehrspsychologischen Teilmaßnahme dient der Festigung der Lösungsstrategien. ²Sie umfasst
1. die Besprechung der Erfahrungen aus der Selbstbeobachtung,
2. die Besprechung der Einhaltung der Zielvereinbarungen,
3. die Erarbeitung und Weiterentwicklung von Verhaltensstrategien und
4. die Aktivierung persönlicher Stärken und Unterstützungsmöglichkeiten sowie Motivationsarbeit.

(9) Mit Sitzung 2 der verkehrspsychologischen Teilmaßnahme darf frühestens nach Ablauf von drei Wochen nach Abschluss von Sitzung 1 begonnen werden.

§ 43 Überwachung der Fahreignungsseminare nach § 42 und der Einweisungslehrgänge nach § 31a Absatz 2 Satz 1 Nummer 4 des Fahrlehrergesetzes

(1) ¹Die nach Landesrecht zuständige Behörde hat die Durchführung der Fahreignungsseminare auf die Einhaltung von folgenden Kriterien zu prüfen:
1. das Vorliegen der Voraussetzungen für die Seminarerlaubnis
   a) Verkehrspädagogik nach § 31a Absatz 2 des Fahrlehrergesetzes oder
   b) Verkehrspsychologie nach § 4a Absatz 4 des Straßenverkehrsgesetzes,
2. das Vorliegen des Nachweises der jährlichen Fortbildung nach § 4a Absatz 7 des Straßenverkehrsgesetzes oder § 33a Absatz 2 des Fahrlehrergesetzes,
3. die räumliche und sachliche Ausstattung,
4. die Aufzeichnungen über die Seminarteilnehmer in Gestalt von Name, Vorname, Geburtsdatum und Anschrift sowie deren Unterschriften auf der Teilnehmerliste je Modul oder Sitzung und
5. die anonymisierte Dokumentation der durchgeführten Seminare, die Folgendes umfasst:
   a) für die verkehrspädagogische Teilmaßnahme
      aa) das Datum, die Dauer und den Ort der durchgeführten Module,
      bb) die Anzahl der Teilnehmer,
      cc) die Kurzdarstellungen der Fahrerkarrieren,
      dd) die eingesetzten Bausteine und Medien,
      ee) die Hausaufgaben und
      ff) die Seminarverträge,
   b) für die verkehrspsychologische Teilmaßnahme

1635

aa) das Datum, die Dauer und den Ort der durchgeführten Sitzungen,
bb) die auslösenden und aufrechterhaltenden Bedingungen der Verkehrszuwiderhandlungen,
cc) die Funktionalität des Problemverhaltens,
dd) die erarbeiteten Lösungsstrategien,
ee) die persönlichen Stärken des Teilnehmers,
ff) die Zielvereinbarungen und
gg) den Seminarvertrag.

[2] Die nach Landesrecht zuständige Behörde kann die Einhaltung weiterer gesetzlicher Bestimmungen in die Überwachung einbeziehen.

(2) [1] Die nach Landesrecht zuständige Behörde hat die Durchführung der Einweisungslehrgänge nach § 31a Absatz 2 Satz 1 Nummer 4 des Fahrlehrergesetzes auf die Einhaltung von folgenden Kriterien zu prüfen:
1. das Vorliegen der Voraussetzungen für die Anerkennung von Einweisungslehrgängen nach § 31b Absatz 1 des Fahrlehrergesetzes,
2. die Einhaltung des Ausbildungsprogramms nach § 31b Absatz 1 Satz 2 Nummer 1 des Fahrlehrergesetzes,
3. die Dokumentation der durchgeführten Einweisungslehrgänge, die Folgendes umfasst:
   a) die Vornamen und Familiennamen des Lehrgangsleiters und der eingesetzten Lehrkräfte,
   b) die Vornamen und Familiennamen und die Geburtsdaten der Teilnehmer,
   c) die Kurzdarstellung des Verlaufs des Lehrgangs einschließlich der Inhalte und eingesetzten Methoden,
   d) das Datum, die Dauer und den Ort der durchgeführten Kurse und
   e) die Anwesenheit der Teilnehmer bei allen Kursen.

[2] Die nach Landesrecht zuständige Behörde kann die Einhaltung weiterer gesetzlicher Bestimmungen in die Überwachung einbeziehen.

§ 43a Anforderungen an Qualitätssicherungssysteme für das Fahreignungsseminar

Macht die nach Landesrecht zuständige Behörde von der Möglichkeit der Qualitätssicherungssysteme nach § 4a Absatz 8 Satz 6 des Straßenverkehrsgesetzes oder § 34 Absatz 3 des Fahrlehrergesetzes Gebrauch, hat sie ein Qualitätssicherungssystem für die verkehrspsychologische Teilmaßnahme anzuerkennen oder ein Qualitätssicherungssystem für die verkehrspädagogische Teilmaßnahme zu genehmigen, wenn
1. der Antragsteller oder bei juristischen Personen die vertretungsberechtigten Personen über die für den Betrieb des Qualitätssicherungssystems erforderliche Zuverlässigkeit verfügen,
2. die finanzielle und organisatorische Leistungsfähigkeitdes Trägers des Qualitätssicherungssystems gewährleistet ist,
3. Verfahren zur Qualitätssicherung vorgesehen und dokumentiert sind, die sicherstellen, dass
   a) wenigstens alle zwei Jahre eine Prüfung der Erfüllung der Anforderungen nach Anlage 17 bei dem Anbieter von Fahreignungsseminaren oder von Einweisungslehrgängen vor Ort durchgeführt wird,
   b) das zur Prüfung nach Buchstabe a eingesetzte Personal über die erforderliche Fachkunde, Unabhängigkeit und Zuverlässigkeit verfügt, um sachgerecht beurteilen zu können, ob die Anforderungen nach Anlage 17 erfüllt werden,
   c) der Anbieter von Fahreignungsseminaren oder von Einweisungslehrgängen aus dem Qualitätssicherungssystem ausgeschlossen wird, wenn er die gesetzlichen Anforderungen für die Durchführung von Fahreignungsseminaren oder Einweisungslehrgängen nicht mehr erfüllt oder dem Mangel nicht unverzüglich beseitigt wird,
   d) der Antragsteller der nach Landesrecht zuständigen Behörde die Aufnahme eines Anbieters von Fahreignungsseminaren oder von Einweisungslehrgängen in das Qualitätssicherungssystem und dessen Ausschluss aus dem Ausscheiden aus dem Qualitätssicherungssystem nebst der dafür wesentlichen Gründe unverzüglich mitteilt,
   e) bei der Durchführung der Qualitätssicherung die geltenden Datenschutzbestimmungen nach den Landesdatenschutzgesetzen sowie landesrechtliche, bereichsspezifi-

sche Datenschutzvorschriften und, soweit der Datenschutz nicht durch Landesrecht geregelt ist, nach dem Bundesdatenschutzgesetz sowie bundesrechtliche, bereichsspezifische Datenschutzvorschriften eingehalten werden,
f) eine Dokumentation der Durchführung der Qualitätssicherung erfolgt und
g) die nach Landesrecht zuständige Behörde jederzeit Einsicht in die Dokumentation über die Durchführung der Qualitätssicherung nehmen kann,
und
4. mindestens eine der folgenden Maßnahmen vorgesehen und dokumentiert ist, die der Erhaltung des Qualitätsniveaus des Fahreignungsseminars dienen:
a) ergänzende Fortbildungen,
b) Auswertungen der Seminardurchführungen,
c) institutionalisierter fachlicher Austausch oder
d) eine der den vorgenannten Maßnahmen gleichwertige Maßnahme.

§ 44 Teilnahmebescheinigung

(1) [1] Nach Abschluss des Fahreignungsseminars ist vom Seminarleiter der abschließenden Teilmaßnahme eine Bescheinigung nach dem Muster der Anlage 18 zur Vorlage bei der nach Landesrecht zuständigen Behörde auszustellen. [2] Die Bescheinigung ist von den Seminarleitern beider Teilmaßnahmen und vom Seminarteilnehmer unter Angabe des Ausstellungsdatums zu unterschreiben.

(2) Die Ausstellung einer Teilnahmebescheinigung ist vom Seminarleiter zu verweigern, wenn der Seminarteilnehmer
1. nicht an allen Sitzungen des Seminars teilgenommen hat,
2. eine offene Ablehnung gegenüber den Zielen der Maßnahme zeigt oder
3. den Lehrstoff und Lernstoff nicht aktiv mitgestaltet.

§ 45

(aufgehoben)

8. Entziehung oder Beschränkung der Fahrerlaubnis, Anordnung von Auflagen

§ 46 Entziehung, Beschränkung, Auflagen

(1) [1] Erweist sich der Inhaber einer Fahrerlaubnis als ungeeignet zum Führen von Kraftfahrzeugen, hat ihm die Fahrerlaubnisbehörde die Fahrerlaubnis zu entziehen. [2] Dies gilt insbesondere, wenn Erkrankungen oder Mängel nach den Anlagen 4, 5 oder 6 vorliegen oder erheblich oder wiederholt gegen verkehrsrechtliche Vorschriften oder Strafgesetze verstoßen wurde und dadurch die Eignung zum Führen von Kraftfahrzeugen ausgeschlossen ist.

(2) [1] Erweist sich der Inhaber einer Fahrerlaubnis noch als bedingt geeignet zum Führen von Kraftfahrzeugen, schränkt die Fahrerlaubnisbehörde die Fahrerlaubnis so weit wie notwendig ein oder ordnet die erforderlichen Auflagen an. [2] Bei Inhabern ausländischer Fahrerlaubnisse schränkt die Fahrerlaubnisbehörde das Recht, von der ausländischen Fahrerlaubnis im Inland Gebrauch zu machen, so weit wie notwendig ein oder ordnet die erforderlichen Auflagen an. [3] Die Anlagen 4, 5 und 6 sind zu berücksichtigen.

(3) Werden Tatsachen bekannt, die Bedenken begründen, dass der Inhaber einer Fahrerlaubnis zum Führen eines Kraftfahrzeugs ungeeignet oder bedingt geeignet ist, finden die §§ 11 bis 14 entsprechend Anwendung.

(4) [1] Die Fahrerlaubnis ist auch zu entziehen, wenn der Inhaber sich als nicht befähigt zum Führen von Kraftfahrzeugen erweist. [2] Rechtfertigen Tatsachen eine solche Annahme, kann die Fahrerlaubnisbehörde zur Vorbereitung der Entscheidung über die Entziehung die Beibringung eines Gutachtens eines amtlich anerkannten Sachverständigen oder Prüfers für den Kraftfahrzeugverkehr anordnen. [3] § 11 Absatz 6 bis 8 ist entsprechend anzuwenden.

(5) Bei einer ausländischen Fahrerlaubnis hat die Entziehung die Wirkung einer Aberkennung des Rechts, von der Fahrerlaubnis im Inland Gebrauch zu machen.

(6) [1] Mit der Entziehung erlischt die Fahrerlaubnis. [2] Bei einer ausländischen Fahrerlaubnis erlischt das Recht zum Führen von Kraftfahrzeugen im Inland.

§ 47 Verfahrensregelungen

(1) [1] Nach der Entziehung sind von einer deutschen Behörde ausgestellte nationale und internationale Führerscheine unverzüglich der entscheidenden Behörde abzuliefern oder bei Beschränkungen oder Auflagen zur Eintragung vorzulegen. [2] Die Verpflichtung zur Ablieferung oder Vorlage des Führerscheins besteht auch, wenn die Entscheidung angefochten worden ist, die zuständige Behörde jedoch die sofortige Vollziehung ihrer Verfügung angeordnet hat.

(2) [1] Nach der Entziehung oder der Feststellung der fehlenden Fahrberechtigung oder bei Beschränkungen oder Auflagen sind ausländische und im Ausland ausgestellte internationale Führerscheine unverzüglich der entscheidenden Behörde vorzulegen; Absatz 1 Satz 2 gilt entsprechend. [2] Nach einer Entziehung oder der Feststellung der fehlenden Fahrberechtigung wird auf dem Führerschein vermerkt, dass von der Fahrerlaubnis im Inland kein Gebrauch gemacht werden darf. [3] Dies soll in der Regel durch die Anbringung eines roten, schräg durchgestrichenen „D" auf einem dafür geeigneten Feld des Führerscheins, im Falle eines EU-Kartenführerscheins im Feld 13, und bei internationalen Führerscheinen durch Ausfüllung des dafür vorgesehenen Vordrucks erfolgen. [4] Im Falle von Beschränkungen oder Auflagen werden diese in den Führerschein eingetragen. [5] Die entscheidende Behörde teilt die Aberkennung der Fahrberechtigung oder der Feststellung der fehlenden Fahrberechtigung in Deutschland der Behörde, die den Führerschein ausgestellt hat, über das Kraftfahrt-Bundesamt mit. [6] Erfolgt die Entziehung durch die erteilende oder eine sonstige zuständige ausländische Behörde, sind ausländische und im Ausland ausgestellte internationale Führerscheine unverzüglich der Fahrerlaubnisbehörde vorzulegen und dort in Verwahrung zu nehmen. [7] Die Fahrerlaubnisbehörde sendet die Führerscheine über das Kraftfahrt- Bundesamt an die entziehende Stelle zurück.

(3) [1] Ist dem Betroffenen nach § 31 eine deutsche Fahrerlaubnis erteilt worden, ist er aber noch im Besitz des ausländischen Führerscheins, ist auf diesem die Entziehung oder die Feststellung der fehlenden Fahrberechtigung zu vermerken. [2] Der Betroffene ist verpflichtet, der Fahrerlaubnisbehörde den Führerschein zur Eintragung vorzulegen.

9. Sonderbestimmungen für das Führen von Taxen, Mietwagen und Krankenkraftwagen sowie von Personenkraftwagen im Linienverkehr und bei gewerbsmäßigen Ausflugsfahrten und Ferienziel-Reisen

§ 48 Fahrerlaubnis zur Fahrgastbeförderung

(1) Einer zusätzlichen Erlaubnis (Fahrerlaubnis zur Fahrgastbeförderung) bedarf, wer einen Krankenkraftwagen führt, wenn in dem Fahrzeug entgeltlich oder geschäftsmäßig Fahrgäste befördert werden, oder wer in einem Kraftfahrzeug führt, in dem Fahrzeug Fahrgäste befördert werden und für diese Beförderung eine Genehmigung nach dem Personenbeförderungsgesetz erforderlich ist.

(2) Der Fahrerlaubnis zur Fahrgastbeförderung bedarf es nicht für
1. Krankenkraftwagen der Bundeswehr, der Bundespolizei und der Polizei sowie der Truppe und des zivilen Gefolges der anderen Vertragsstaaten des Nordatlantikpaktes,
2. Krankenkraftwagen des Katastrophenschutzes, wenn sie für dessen Zweck verwendet werden,
3. Krankenkraftwagen der Feuerwehren und der nach Landesrecht anerkannten Rettungsdienste,
4. Kraftfahrzeuge, mit Ausnahme von Taxen und Mietwagen, wenn der Kraftfahrzeugführer im Besitz der Klasse D oder D1 ist,
5. Mietwagen, wenn der Kraftfahrzeugführer im Besitz der Klasse D oder D1 ist und der Ort des Betriebssitzes weniger als 50 000 Einwohner besitzt.

(3) [1] Die Erlaubnis ist durch einen Führerschein nach Muster 4 der Anlage 8 nachzuweisen (Führerschein zur Fahrgastbeförderung). [2] Er ist bei der Fahrgastbeförderung neben der nach einem ab dem 1. Januar 1999 zu verwendenden Muster ausgestellten EU- oder EWR-Fahrerlaubnis mitzuführen und zuständigen Personen auf Verlangen zur Prüfung auszuhändigen.

Fahrerlaubnis-Verordnung **Anh I**

(4) Die Fahrerlaubnis zur Fahrgastbeförderung ist zu erteilen, wenn der Bewerber
1. die nach § 6 für das Führen des Fahrzeugs erforderliche EU- oder EWR-Fahrerlaubnis besitzt,
2. das 21. Lebensjahr – bei Beschränkung der Fahrerlaubnis auf Krankenkraftwagen das 19. Lebensjahr – vollendet hat,
2a. durch Vorlage eines nach Maßgabe des § 30 Absatz 5 Satz 1 des Bundeszentralregistergesetzes ausgestellten Führungszeugnisses und durch eine auf Kosten des Antragstellers eingeholte aktuelle Auskunft aus dem Fahreignungsregister nachweist, dass er die Gewähr dafür bietet, dass er der besonderen Verantwortung bei der Beförderung von Fahrgästen gerecht wird,
3. seine geistige und körperliche Eignung gemäß § 11 Absatz 9 in Verbindung mit Anlage 5 nachweist,
4. nachweist, dass er die Anforderungen an das Sehvermögen gemäß § 12 Absatz 6 in Verbindung mit Anlage 6 Nummer 2 erfüllt,
5. nachweist, dass er eine EU- oder EWR-Fahrerlaubnis der Klasse B oder eine entsprechende Fahrerlaubnis aus einem in Anlage 11 aufgeführten Staat seit mindestens zwei Jahren – bei Beschränkung der Fahrerlaubnis auf Krankenkraftwagen seit mindestens einem Jahr – besitzt oder innerhalb der letzten fünf Jahre besessen hat,
6. – falls die Erlaubnis für Krankenkraftwagen gelten soll – einen Nachweis über die Teilnahme an einer Schulung in Erster Hilfe nach § 19 beibringt und
7. – falls die Erlaubnis für Taxen gelten soll – in einer Prüfung nachweist, dass er die erforderlichen Ortskenntnisse in dem Gebiet besitzt, in dem Beförderungspflicht besteht. Der Nachweis kann durch eine Bescheinigung einer geeigneten Stelle geführt werden, die die zuständige oberste Landesbehörde, die von ihr bestimmte Stelle oder die nach Landesrecht zuständige Stelle bestimmt. Die Fahrerlaubnisbehörde kann die Ortskundeprüfung auch selbst durchführen.

(5) ¹Die Fahrerlaubnis zur Fahrgastbeförderung wird für eine Dauer von nicht mehr als fünf Jahren erteilt. ²Sie wird auf Antrag des Inhabers jeweils bis zu fünf Jahren verlängert, wenn
1. er seine geistige und körperliche Eignung gemäß § 11 Absatz 9 in Verbindung mit Anlage 5 nachweist,
2. nachweist, dass er die Anforderungen an das Sehvermögen gemäß § 12 Absatz 6 in Verbindung mit Anlage 6 Nummer 2 erfüllt und
3. er durch Vorlage der Unterlagen nach Absatz 4 Nummer 2a nachweist, dass er die Gewähr dafür bietet, dass er der besonderen Verantwortung bei der Beförderung von Fahrgästen gerecht wird.

(6) Wird ein Taxiführer in einem anderen Gebiet tätig als in demjenigen, für das er die erforderlichen Ortskenntnisse nachgewiesen hat, muss er diese Kenntnisse für das andere Gebiet nachweisen.

(7) ¹Die §§ 21, 22 und 24 Absatz 1 Satz 1, Absatz 2 und 3 sind entsprechend anzuwenden. ²Die Verlängerung der Fahrerlaubnis zur Fahrgastbeförderung kann nur dann über die Vollendung des 60. Lebensjahres hinaus erfolgen, wenn der Antragsteller zusätzlich seine Eignung nach Maßgabe der Anlage 5 Nummer 2 nachweist.

(8) Der Halter eines Fahrzeugs darf die Fahrgastbeförderung nicht anordnen oder zulassen, wenn der Führer des Fahrzeugs die erforderliche Erlaubnis zur Fahrgastbeförderung nicht besitzt oder die erforderlichen Ortskenntnisse nicht nachgewiesen hat.

(9) ¹Begründen Tatsachen Zweifel an der körperlichen und geistigen Eignung des Fahrerlaubnisinhabers oder an der Gewähr für die besondere Verantwortung bei der Beförderung von Fahrgästen des Inhabers einer Fahrerlaubnis zur Fahrgastbeförderung, finden die §§ 11 bis 14 entsprechende Anwendung. ²Auf Verlangen der Fahrerlaubnisbehörde hat der Inhaber der Erlaubnis seine Ortskenntnisse erneut nachzuweisen, wenn Tatsachen Zweifel begründen, ob er diese Kenntnisse noch besitzt. ³Bestehen Bedenken an der Gewähr für die besondere Verantwortung bei der Beförderung von Fahrgästen, kann von der Fahrerlaubnisbehörde ein medizinisch-psychologisches Gutachten einer amtlich anerkannten Begutachtungsstelle für Fahreignung angeordnet werden.

(10) ¹Die Erlaubnis ist von der Fahrerlaubnisbehörde zu entziehen, wenn eine der aus Absatz 4 ersichtlichen Voraussetzungen fehlt. ²Die Erlaubnis erlischt mit der Entziehung sowie mit der Entziehung der in Absatz 4 Nummer 1 genannten Fahrerlaubnis. ³§ 47 Absatz 1 ist entsprechend anzuwenden.

10. Begleitetes Fahren ab 17 Jahre

§ 48a Voraussetzungen

(1) ¹Im Falle des § 10 Absatz 1 laufende Nummer 5 Buchstabe b Doppelbuchstabe aa findet § 11 Absatz 3 Satz 1 Nummer 2 keine Anwendung. ²§ 74 Absatz 2 findet entsprechend Anwendung.

(2) ¹Die Fahrerlaubnis ist mit der Auflage zu versehen, dass von ihr nur dann Gebrauch gemacht werden darf, wenn der Fahrerlaubnisinhaber während des Führens des Kraftfahrzeugs von mindestens einer namentlich benannten Person, die den Anforderungen der Absätze 5 und 6 genügt, begleitet wird (begleitende Person). ²Die Auflage entfällt, wenn der Fahrerlaubnisinhaber das Mindestalter nach § 10 Absatz 1 Nummer 5 Buchst. a erreicht hat.

(3) ¹Für das Verfahren bei der Erteilung einer Fahrerlaubnis für das Führen von Kraftfahrzeugen in Begleitung gelten die §§ 22 und 22a mit folgenden Maßgaben:
1. Über die Fahrerlaubnis ist eine Prüfungsbescheinigung nach dem Muster der Anlage 8b auszustellen, die bis drei Monate nach Vollendung des 18. Lebensjahres im Inland zum Nachweis im Sinne des § 4 Absatz 3 Satz 1 dient.
2. Die Prüfungsbescheinigung tritt an die Stelle des Führerscheines oder des Vorläufigen Nachweises der Fahrerlaubnis.
3. In der Prüfungsbescheinigung sind die zur Begleitung vorgesehenen Personen namentlich aufzuführen. Auf Antrag können weitere begleitende Personen namentlich auf der Prüfungsbescheinigung nachträglich durch die Fahrerlaubnisbehörde eingetragen werden.
4. Im Falle des § 22a Absatz 1 Satz 1 ist auf das Übersenden einer vorbereiteten Prüfungsbescheinigung zu verzichten.
5. Zusätzlich zu den nach § 22a Absatz 2 zu übermittelnden Daten übermittelt die Fahrerlaubnisbehörde die in die Prüfungsbescheinigung aufzunehmenden Angaben zu den Begleitpersonen.
6. Ist der Bewerber bereits im Besitz einer Fahrerlaubnis der Klasse AM, der Klasse A1, der Klasse L oder der Klasse T, ist abweichend von § 22a Absatz 4 der Führerschein nicht bei Aushändigung der Prüfungsbescheinigung zurückzugeben. In die Prüfungsbescheinigung sind die Klasse AM und die Klasse L nicht aufzunehmen.
7. Ist der Bewerber noch nicht im Besitz einer Fahrerlaubnis der Klasse AM oder der Klasse L, kann er in seinem Antrag nach § 21 erklären, dass er für die genannten Fahrerlaubnisklassen einen Führerschein erhalten möchte. In der Prüfungsbescheinigung sind diese Klassen nicht aufzunehmen.

²Die Prüfungsbescheinigung ist im Fahrzeug mitzuführen und zur Überwachung des Straßenverkehrs berechtigten Personen auf Verlangen auszuhändigen.

(4) ¹Die begleitende Person soll dem Fahrerlaubnisinhaber
1. vor Antritt einer Fahrt und
2. während des Führens des Fahrzeugs, soweit die Umstände der jeweiligen Fahrsituation es zulassen,

ausschließlich als Ansprechpartner zur Verfügung stehen, um ihm Sicherheit beim Führen des Kraftfahrzeugs zu vermitteln. ²Zur Erfüllung ihrer Aufgabe soll die begleitende Person Rat erteilen oder kurze Hinweise geben.

(5) ¹Die begleitende Person
1. muss das 30. Lebensjahr vollendet haben,
2. muss mindestens seit fünf Jahren Inhaber einer gültigen Fahrerlaubnis der Klasse B oder einer entsprechenden deutschen, einer EU/EWR- oder schweizerischen Fahrerlaubnis sein; die Fahrerlaubnis ist durch einen gültigen Führerschein nachzuweisen, der während des Begleitens mitzuführen und zur Überwachung des Straßenverkehrs berechtigten Personen auf Verlangen auszuhändigen ist,
3. darf zum Zeitpunkt der Beantragung der Fahrerlaubnis im Fahreignungsregister mit nicht mehr als einem Punkt belastet sein.

²Die Fahrerlaubnisbehörde hat bei Beantragung der Fahrerlaubnis oder bei Beantragung der Eintragung weiterer zur Begleitung vorgesehener Personen zu prüfen, ob diese Voraussetzungen vorliegen; sie hat die Auskunft nach Nummer 3 beim Fahreignungsregister einzuholen.

Fahrerlaubnis-Verordnung **Anh I**

(6) ¹Die begleitende Person darf den Inhaber einer Prüfungsbescheinigung nach Absatz 3 nicht begleiten, wenn sie
1. 0,25 mg/l oder mehr Alkohol in der Atemluft oder 0,5 Promille oder mehr Alkohol im Blut oder eine Alkoholmenge im Körper hat, die zu einer solchen Atem- oder Blutalkoholkonzentration führt,
2. unter der Wirkung eines in der Anlage zu § 24a des Straßenverkehrsgesetzes genannten berauschenden Mittels steht.
²Eine Wirkung im Sinne des Satzes 1 Nummer 2 liegt vor, wenn eine in der Anlage zu § 24a des Straßenverkehrsgesetzes genannte Substanz im Blut nachgewiesen wird. ³Satz 1 Nummer 2 gilt nicht, wenn die Substanz aus der bestimmungsgemäßen Einnahme eines für einen konkreten Krankheitsfall verschriebenen Arzneimittels herrührt.

(7) Mit Erreichen des Mindestalters nach § 10 Absatz 1 Nummer 5 Buchstabe a händigt die Fahrerlaubnisbehörde dem Fahrerlaubnisinhaber auf Antrag einen Führerschein nach Muster 1 der Anlage 8 aus.

§ 48b Evaluation

Die für Zwecke der Evaluation erhobenen personenbezogenen Daten der teilnehmenden Fahranfänger und Begleiter sind spätestens am 31. Dezember 2015 zu löschen oder so zu anonymisieren oder zu pseudonymisieren, dass ein Personenbezug nicht mehr hergestellt werden kann.

III. Register

1. Zentrales Fahrerlaubnisregister und örtliche Fahrerlaubnisregister

§§ 49–58

(hier nicht abgedruckt)

2. Fahreignungsregister

§§ 59–64

(hier nicht abgedruckt)

IV. Anerkennung und Begutachtung für bestimmte Aufgaben

§§ 65–72

(hier nicht abgedruckt)

V. Durchführungs-, Bußgeld-, Übergangs- und Schlussvorschriften

§ 73 Zuständigkeiten

(1) ¹Diese Verordnung wird, soweit nicht die obersten Landesbehörden oder die höheren Verwaltungsbehörden zuständig sind oder diese Verordnung etwas anderes bestimmt, von den nach Landesrecht zuständigen unteren Verwaltungsbehörden oder den Behörden, denen durch Landesrecht die Aufgaben der unteren Verwaltungsbehörde zugewiesen werden (Fahrerlaubnisbehörden), ausgeführt. ²Die zuständigen obersten Landesbehörden und die höheren Verwaltungsbehörden können diesen Behörden Weisungen auch für den Einzelfall erteilen.

(2) ¹Örtlich zuständig ist, soweit nichts anderes vorgeschrieben ist, die Behörde des Ortes, in dem der Antragsteller oder Betroffene seine Wohnung, bei mehreren Wohnungen seine Hauptwohnung, hat (§ 12 Absatz 2 des Melderechtsrahmengesetzes in der Fassung der Bekanntmachung vom 19. April 2002 (BGBl. I S. 1342), das zuletzt durch Artikel 3 Absatz 1 des Gesetzes vom 18. Juni 2009 (BGBl. I S. 1346) geändert worden ist,[] in der

jeweils geltenden Fassung), mangels eines solchen die Behörde des Aufenthaltsortes, bei juristischen Personen, Handelsunternehmen oder Behörden die Behörde des Sitzes oder des Ortes der beteiligten Niederlassung oder Dienststelle. [2] Anträge können mit Zustimmung der örtlich zuständigen Behörde von einer gleichgeordneten auswärtigen Behörde behandelt und erledigt werden. [3] Die Verfügungen der Behörde nach Satz 1 und 2 sind im gesamten Inland wirksam, es sei denn, der Geltungsbereich wird durch gesetzliche Regelung oder durch behördliche Verfügung eingeschränkt. [4] Verlangt die Verkehrssicherheit ein sofortiges Eingreifen, kann anstelle der örtlich zuständigen Behörde jede ihr gleichgeordnete Behörde mit derselben Wirkung Maßnahmen auf Grund dieser Verordnung vorläufig treffen.

(3) Hat der Betroffene keinen Wohn- oder Aufenthaltsort im Inland, ist für Maßnahmen, die das Recht zum Führen von Kraftfahrzeugen betreffen, jede untere Verwaltungsbehörde (Absatz 1) zuständig.

(4) Die Zuständigkeiten der Verwaltungsbehörden, der höheren Verwaltungsbehörden und der obersten Landesbehörden werden für die Dienstbereiche der Bundeswehr, der Bundespolizei und der Polizei durch deren Dienststellen nach Bestimmung der Fachministerien wahrgenommen.

§ 74 Ausnahmen

(1) Die nach Landesrecht zuständigen Behörden können in bestimmten Einzelfällen oder allgemein für bestimmte einzelne Antragsteller Ausnahmen von den Vorschriften dieser Verordnung genehmigen.

(2) Ausnahmen vom Mindestalter setzen die Zustimmung des gesetzlichen Vertreters voraus.

(3) Die Genehmigung von Ausnahmen von den Vorschriften dieser Verordnung kann mit Auflagen verbunden werden.

(4) [1] Über erteilte Ausnahmegenehmigungen oder angeordnete Auflagen stellt die entscheidende Verwaltungsbehörde eine Bescheinigung aus, sofern die Ausnahme oder Auflage nicht im Führerschein vermerkt wird. [2] Die Bescheinigung hat das Format DIN A5 und die Farbe rosa, der Umfang beträgt 1 Blatt, ein beidseitiger Druck ist möglich. [3] Das Trägermaterial besteht aus Sicherheitspapier mit einer Stärke von 90 g/m2, ohne optische Aufheller, in das die folgenden fälschungserschwerenden Sicherheitsmerkmale eingearbeitet sind:
1. als Wasserzeichen das gesetzlich für die Bundesdruckerei geschützte Motiv: „Bundesadler",
2. nur unter UV-Licht sichtbar gelb und blau fluoreszierende Melierfasern,
3. chemische Reagenzien.
[4] Der Vordruck weist auf der Vorderseite eine fortlaufende Vordrucknummerierung auf.
[5] Die Bescheinigung ist beim Führen von Kraftfahrzeugen mitzuführen und zuständigen Personen auf Verlangen zur Prüfung auszuhändigen.

(5) Die Bundeswehr, die Polizei, die Bundespolizei, die Feuerwehr und die anderen Einheiten und Einrichtungen des Katastrophenschutzes sowie der Zolldienst sind von den Vorschriften dieser Verordnung befreit, soweit dies zur Erfüllung hoheitlicher Aufgaben unter gebührender Berücksichtigung der öffentlichen Sicherheit und Ordnung dringend geboten ist.

§ 75 Ordnungswidrigkeiten

Ordnungswidrig im Sinne des § 24 des Straßenverkehrsgesetzes handelt, wer vorsätzlich oder fahrlässig
1. entgegen § 2 Absatz 1 am Verkehr teilnimmt oder jemanden als für diesen Verantwortlicher am Verkehr teilnehmen lässt, ohne in geeigneter Weise Vorsorge getroffen zu haben, dass andere nicht gefährdet werden,
2. entgegen § 2 Absatz 3 ein Kennzeichen der in § 2 Absatz 2 genannten Art verwendet,
3. entgegen § 3 Absatz 1 ein Fahrzeug oder Tier führt oder einer vollziehbaren Anordnung oder Auflage zuwiderhandelt,
4. einer Vorschrift des § 4 Absatz 2 Satz 2 oder 3, § 5 Absatz 4 Satz 2 oder 3, § 25 Absatz 4 Satz 1, § 48 Absatz 3 Satz 2 oder § 74 Absatz 4 Satz 5 über die Mitführung, Aushändigung von Führerscheinen, deren Übersetzung sowie Bescheinigungen und

der Verpflichtung zur Anzeige des Verlustes und Beantragung eines Ersatzdokuments zuwiderhandelt,
5. entgegen § 5 Absatz 1 Satz 1 ein Mofa nach § 4 Absatz 1 Satz 2 Nummer 1, ein Kraftfahrzeug nach § 4 Absatz 1 Satz 2 Nummer 1b oder einen motorisierten Krankenfahrstuhl führt, ohne die dazu erforderliche Prüfung abgelegt zu haben,
6. entgegen § 5 Absatz 2 Satz 2 oder 3 eine Ausbildung durchführt, ohne die dort genannte Fahrlehrerlaubnis zu besitzen oder entgegen § 5 Absatz 2 Satz 4 eine Ausbildungsbescheinigung ausstellt,
7. entgegen § 10 Absatz 3 ein Kraftfahrzeug, für dessen Führung eine Fahrerlaubnis nicht erforderlich ist, vor Vollendung des 15. Lebensjahres führt,
8. entgegen § 10 Absatz 4 ein Kind unter sieben Jahren auf einem Mofa (§ 4 Absatz 1 Satz 2 Nummer 1) mitnimmt, obwohl er noch nicht 16 Jahre alt ist,
9. einer vollziehbaren Auflage nach § 10 Absatz 1 Nummer 5, 7, 8 und 9, § 23 Absatz 2 Satz 1, § 29 Absatz 1 Satz 6, § 46 Absatz 2 oder § 74 Absatz 3 zuwiderhandelt,
10. einer Vorschrift des § 25 Absatz 5 Satz 6, des § 30 Absatz 3 Satz 2, des § 47 Absatz 1, auch in Verbindung mit Absatz 2 Satz 1 sowie Absatz 3 Satz 2, oder des § 48 Absatz 10 Satz 3 in Verbindung mit § 47 Absatz 1 über die Ablieferung oder die Vorlage eines Führerscheins zuwiderhandelt,
11. (weggefallen)
12. entgegen § 48 Absatz 1 ein dort genanntes Kraftfahrzeug ohne Erlaubnis führt oder entgegen § 48 Absatz 8 die Fahrgastbeförderung anordnet oder zulässt,
13. entgegen § 48a Absatz 3 Satz 2 die Prüfungsbescheinigung nicht mitführt oder aushändigt oder
14. einer vollziehbaren Auflage nach § 29 Absatz 1 Satz 6 zuwiderhandelt.
15. einer vollziehbaren Auflage nach § 48a Absatz 2 Satz 1 zuwiderhandelt.

§§ 76, 77

(hier nicht abgedruckt)

§ 78 Inkrafttreten

[1] Diese Verordnung tritt am Tag nach der Verkündung in Kraft. [2] Gleichzeitig tritt die Fahrerlaubnis-Verordnung vom 18. August 1998 (BGBl. I S. 2214), die zuletzt durch Artikel 3 der Verordnung vom 5. August 2009 (BGBl. I S. 2631) geändert worden ist, außer Kraft.

Anlage 1 bis Anlage 3

(hier nicht abgedruckt)

Anlage 4
(zu den §§ 11, 13 und 14)

Eignung und bedingte Eignung zum Führen von Kraftfahrzeugen

Vorbemerkung:
1. Die nachstehende Aufstellung enthält häufiger vorkommende Erkrankungen und Mängel, die die Eignung zum Führen von Kraftfahrzeugen längere Zeit beeinträchtigen oder aufheben können. Nicht aufgenommen sind Erkrankungen, die seltener vorkommen oder nur kurzzeitig andauern (z.B. grippale Infekte, akute infektiöse Magen-/Darmstörungen, Migräne, Heuschnupfen, Asthma).
2. Grundlage der im Rahmen der §§ 11, 13 oder 14 vorzunehmenden Beurteilung, ob im Einzelfall Eignung oder bedingte Eignung vorliegt, ist in der Regel ein ärztliches Gutachten (§ 11 Absatz 2 Satz 3), in besonderen Fällen ein medizinisch-psychologisches Gutachten (§ 11 Absatz 3) oder ein Gutachten eines amtlich anerkannten Sachverständigen oder Prüfers für den Kraftfahrzeugverkehr (§ 11 Absatz 4).
3. Die nachstehend vorgenommenen Bewertungen gelten für den Regelfall. Kompensationen durch besondere menschliche Veranlagung, durch Gewöhnung, durch besondere Einstellung oder durch besondere Verhaltenssteuerungen und -umstellungen sind möglich. Ergeben sich im Einzelfall in dieser Hinsicht Zweifel, kann eine medizinisch-psychologische Begutachtung angezeigt sein.

Krankheiten, Mängel	Eignung oder bedingte Eignung		Beschränkungen/Auflagen bei bedingter Eignung	
	Klassen A, A1, A2, B, BE, AM, L, T	Klassen C, C1, CE, C1E, D, D1, DE, D1E, FzF	Klassen A, A1, A2, B, BE, AM, L, T	Klassen C, C1, CE, C1E, D, D1, DE, D1E, FzF
1. **Mangelndes Sehvermögen** siehe Anlage 6				
2. hochgradige Schwerhörigkeit (Hörverlust von 60 % und mehr, ein- oder beidseitig sowie Gehörlosigkeit, ein- oder beidseitig	ja, wenn nicht gleichzeitig andere schwerwiegende Mängel (z.B. Sehstörungen, Gleichgewichtsstörungen) vorliegen	ja, wenn nicht gleichzeitig andere schwerwiegende Mängel (z.B. Sehstörungen, Gleichgewichtsstörungen) vorliegen	–	Fachärztliche Eignungsuntersuchung. Regelmäßige ärztliche Kontrollen. Vorherige Bewährung von drei Jahren Fahrpraxis auf Kfz der Klasse B. Bei Vorliegen einer hochgradigen Hörstörung muss – soweit möglich – die Versorgung und das Tragen einer adäquaten Hörhilfe nach dem aktuellen Stand der medizinisch-tech-

Fahrerlaubnis-Verordnung **Anh I**

Krankheiten, Mängel	Eignung oder bedingte Eignung		Beschränkungen/Auflagen bei bedingter Eignung	
	Klassen A, A1, A2, B, BE, AM, L, T	Klassen C, C1, CE, C1E, D, D1, DE, D1E, FzF	Klassen A, A1, A2, B, BE, AM, L, T	Klassen C, C1, CE, C1E, D, D1, DE, D1E, FzF
				nisch und audiologisch-technischen Kenntnisse erfolgen.
3. **Bewegungsbehinderungen**	ja	ja	ggf. Beschränkung auf bestimmte Fahrzeugarten oder Fahrzeuge, ggf. mit besonderen technischen Vorrichtungen gemäß ärztlichem Gutachten, evtl. zusätzlich medizinisch-psychologisches Gutachten und/oder Gutachten eines amtlich anerkannten Sachverständigen oder Prüfers. Auflage: regelmäßige ärztliche Kontrolluntersuchungen; können entfallen, wenn Behinderung sich stabilisiert hat.	
4. **Herz- und Gefäßkrankheiten**				
4.1 Herzrhythmusstörungen mit anfallsweiser Bewusstseinstrübung oder Bewusstlosigkeit	nein	nein	–	–
– nach erfolgreicher Behandlung durch Arzneimittel oder Herzschrittmacher	ja	ausnahmsweise ja	regelmäßige Kontrollen	regelmäßige Kontrollen
4.2 Hypertonie (zu hoher Blutdruck)				
4.2.1 Erhöhter Blutdruck mit zerebraler Symptomatik und/oder Sehstörungen	nein	nein	–	–
4.2.2 Blutdruckwerte > 180 mmHg systolisch und/oder > 110 mmHg diastolisch	In der Regel ja	Einzelfallentscheidung	Nachuntersuchungen	Nachuntersuchungen
4.3 Hypotonie (zu niedriger Blutdruck)				

1645

Anh I Fahrerlaubnis-Verordnung

Krankheiten, Mängel	Eignung oder bedingte Eignung		Beschränkungen/Auflagen bei bedingter Eignung	
	Klassen A, A1, A2, B, BE, AM, L, T	Klassen C, C1, CE, C1E, D, D1, DE, D1E, FzF	Klassen A, A1, A2, B, BE, AM, L, T	Klassen C, C1, CE, C1E, D, D1, DE, D1E, FzF
4.3.1 In der Regel kein Krankheitswert	ja	ja	–	–
4.3.2 Selteneres Auftreten von hypotoniebedingten, anfallsartigen Bewusstseinsstörungen	ja wenn durch Behandlung die Blutdruckwerte stabilisiert sind	ja wenn durch Behandlung die Blutdruckwerte stabilisiert sind	–	–
4.4 Akutes Koronarsyndrom (Herzinfarkt) – EF > 35 Prozent	ja bei komplikationslosem Verlauf	Fahreignung kann sechs Wochen nach dem Ereignis gegeben sein	Kardiologische Untersuchung	Kardiologische Untersuchung
– EF ≤ 35 Prozent oder akute dekompensierte Herzinsuffizienz im Rahmen eines akuten Herzinfarktes	Fahreignung kann vier Wochen nach dem Ereignis gegeben sein	In der Regel nein	Kardiologische Untersuchung	
4.5 Herzleistungsschwäche durch angeborene oder erworbene Herzfehler oder sonstige Ursachen			regelmäßige ärztliche Kontrolle, Nachuntersuchung in individuell zu bestimmenden Fristen. Eventuell Beschränkung auf einen Fahrzeugtyp, Umkreis- und Tageszeitbeschränkungen	jährlich kardiologische Kontrolluntersuchungen
NYHA I (Herzerkrankung ohne körperliche Limitation)	ja	ja, wenn EF > 35 Prozent		jährlich kardiologische Kontrolluntersuchungen
NYHA II (leichte Einschränkung der körperlichen Leistungsfähigkeit)	ja	ja, wenn EF > 35 Prozent		
NYHA III (Beschwerden bei geringer kör-	ja (wenn stabil)	nein		

Fahrerlaubnis-Verordnung **Anh I**

Krankheiten, Mängel	Eignung oder bedingte Eignung		Beschränkungen/Auflagen bei bedingter Eignung	
	Klassen A, A1, A2, B, BE, AM, L, T	Klassen C, C1, CE, C1E, D, D1, DE, D1E, FzF	Klassen A, A1, A2, B, BE, AM, L, T	Klassen C, C1, CE, C1E, D, D1, DE, D1E, FzF
perlicher Belastung) NYHA IV (Beschwerden in Ruhe)	nein	nein		
4.6 Periphere arterielle Verschlusskrankheit				Kardiologische Untersuchung
– bei Ruheschmerz	nein	nein		
– nach Intervention	Fahreignung nach 24 Stunden	Fahreignung nach einer Woche		
– nach Operation	Fahreignung nach einer Woche	Fahreignung nach vier Wochen		
Aortenaneurysma, asymptomatisch	Keine Einschränkung	Keine Einschränkung bei einem Aortendurchmesser bis 5,5 cm. Keine Fahreignung bei einem Aortendurchmesser > 5,5 cm.		
5. Diabetes mellitus (Zuckerkrankheit)				
5.1 Neigung zu schweren Stoffwechselentgleisungen	nein	nein	–	–
5.2 bei erstmaliger Stoffwechselentgleisung oder neuer Einstellung	ja nach Einstellung	ja nach Einstellung	–	–
5.3 bei ausgeglichener Stoffwechsellage unter der Therapie mit Diät oder oralen Antidiabetika mit niedrigem Hypoglykämierisiko	ja	ja, bei guter Stoffwechselführung ohne Unterzuckerung über 3 Monate	–	fachärztliche Begutachtung, bei medikamentöser Therapie regelmäßige ärztliche Kontrollen
5.4 bei medikamentöser Therapie mit hohem Hypoglykämierisiko (z.B. Insulin)	ja, bei ungestörter Hypoglykämiewahrnehmung	ja, bei guter Stoffwechselführung ohne Unterzuckerung über	–	fachärztliche Nachbegutachtung alle drei Jahre, regelmäßige

Anh I Fahrerlaubnis-Verordnung

Krankheiten, Mängel	Eignung oder bedingte Eignung		Beschränkungen/Auflagen bei bedingter Eignung	
	Klassen A, A1, A2, B, BE, AM, L, T	Klassen C, C1, CE, C1E, D, D1, DE, D1E, FzF	Klassen A, A1, A2, B, BE, AM, L, T	Klassen C, C1, CE, C1E, D, D1, DE, D1E, FzF
5.5 bei Komplikationen siehe auch Nummer 1, 4, 6 und 10		3 Monate und ungestörter Hypoglykämiewahrnehmung		ärztliche Kontrollen
6. Krankheiten des Nervensystems				
6.1 Erkrankungen und Folgen von Verletzungen des Rückenmarks	ja abhängig von der Symptomatik	nein	bei fortschreitendem Verlauf Nachuntersuchungen	–
6.2 Erkrankungen der neuromuskulären Peripherie	ja abhängig von der Symptomatik	nein	bei fortschreitendem Verlauf Nachuntersuchungen	–
6.3 Parkinsonsche Krankheit	ja bei leichten Fällen und erfolgreicher Therapie	nein	Nachuntersuchungen in Abständen von ein, zwei und vier Jahren	–
6.4 Kreislaufabhängige Störungen der Hirntätigkeit	ja nach erfolgreicher Therapie und Abklingen des akuten Ereignisses ohne Rückfallgefahr	nein	Nachuntersuchungen in Abständen von ein, zwei und vier Jahren	–
6.5 Zustände nach Hirnverletzungen und Hirnoperationen, angeborene und frühkindliche erworbene Hirnschäden				
6.5.1 Schädelhirnverletzungen oder Hirnoperationen ohne Substanzschäden	ja in der Regel nach drei Monaten	ja in der Regel nach drei Monaten	bei Rezidivgefahr nach Operationen von Hirnkrankheiten Nachuntersuchung	bei Rezidivgefahr nach Operationen von Hirnkrankheiten Nachuntersuchung

Fahrerlaubnis-Verordnung **Anh I**

Krankheiten, Mängel	Eignung oder bedingte Eignung		Beschränkungen/Auflagen bei bedingter Eignung	
	Klassen A, A1, A2, B, BE, AM, L, T	Klassen C, C1, CE, C1E, D, D1, DE, D1E, FzF	Klassen A, A1, A2, B, BE, AM, L, T	Klassen C, C1, CE, C1E, D, D1, DE, D1E, FzF
6.5.2 Substanzschäden durch Verletzungen oder Operationen	ja unter Berücksichtigung von Störungen der Motorik, chron.-hirnorganischer Psychosyndrome und hirnorganischer Wesensänderungen	ja unter Berücksichtigung von Störungen der Motorik, chron.-hirnorganischer Psychosyndrome und hirnorganischer Wesensänderungen	bei Rezidivgefahr nach Operationen von Hirnkrankheiten Nachuntersuchung	bei Rezidivgefahr nach Operationen von Hirnkrankheiten Nachuntersuchung
6.5.3 Angeborene oder frühkindliche Hirnschäden siehe Nummer 6.5.2				
6.6 Epilepsie	ausnahmsweise ja, wenn kein wesentliches Risiko von Anfallsrezidiven mehr besteht, z.B. ein Jahr anfallsfrei	ausnahmsweise ja, wenn kein wesentliches Risiko von Anfallsrezidiven mehr besteht, z.B. fünf Jahre anfallsfrei ohne Therapie	Nachuntersuchungen	Nachuntersuchungen
7. **Psychische (geistige) Störungen**				
7.1 Organische Psychosen				
7.1.1 akut	nein	nein	–	–
7.1.2 nach Abklingen	ja abhängig von der Art und Prognose des Grundleidens, wenn bei positiver Beurteilung des Grundleidens keine Restsymptome und kein 7.2	ja abhängig von der Art und Prognose des Grundleidens, wenn bei positiver Beurteilung des Grundleidens keine Restsymptome und kein 7.2	in der Regel Nachuntersuchung	in der Regel Nachuntersuchung
7.2 chronische hirnorganische Psychosyndrome				

Anh I   Fahrerlaubnis-Verordnung

Krankheiten, Mängel	Eignung oder bedingte Eignung		Beschränkungen/Auflagen bei bedingter Eignung	
	Klassen A, A1, A2, B, BE, AM, L, T	Klassen C, C1, CE, C1E, D, D1, DE, D1E, FzF	Klassen A, A1, A2, B, BE, AM, L, T	Klassen C, C1, CE, C1E, D, D1, DE, D1E, FzF
7.2.1 leicht	ja abhängig von Art und Schwere	ausnahmsweise ja	Nachuntersuchung	Nachuntersuchung
7.2.2 schwer	nein	nein	–	–
7.3 schwere Altersdemenz und schwere Persönlichkeitsveränderungen durch pathologische Alterungsprozesse	nein	nein	–	–
7.4 schwere Intelligenzstörungen/ geistige Behinderung				
7.4.1 leicht	ja wenn keine Persönlichkeitsstörung	ja wenn keine Persönlichkeitsstörung	–	–
7.4.2 schwer	ausnahmsweise ja, wenn keine Persönlichkeitsstörung (Untersuchung der Persönlichkeitsstruktur und des individuellen Leistungsvermögens)	ausnahmsweise ja, wenn keine Persönlichkeitsstörung (Untersuchung der Persönlichkeitsstruktur und des individuellen Leistungsvermögens)	–	–
7.5 Affektive Psychosen				
7.5.1 bei allen Manien und sehr schweren Depressionen	nein	nein	–	–
7.5.2 nach Abklingen der manischen Phase und der relevanten Symptome einer sehr schweren Depression	ja wenn nicht mit einem Wiederauftreten gerechnet werden muss, ggf. unter medikamentöser Behandlung	ja bei Symptomfreiheit	regelmäßige Kontrollen	regelmäßige Kontrollen
7.5.3 bei mehreren manischen oder sehr schweren depressiven	nein	nein	–	–

Fahrerlaubnis-Verordnung **Anh I**

Krankheiten, Mängel		Eignung oder bedingte Eignung		Beschränkungen/Auflagen bei bedingter Eignung	
		Klassen A, A1, A2, B, BE, AM, L, T	Klassen C, C1, CE, C1E, D, D1, DE, D1E, FzF	Klassen A, A1, A2, B, BE, AM, L, T	Klassen C, C1, CE, C1E, D, D1, DE, D1E, FzF
7.5.4	Phasen mit kurzen Intervallen nach Abklingen der Phasen	ja wenn Krankheitsaktivität geringer und mit einer Verlaufsform in der vorangegangenen Schwere nicht mehr gerechnet werden muss	nein	regelmäßige Kontrollen	–
7.6	Schizophrene Psychosen				
7.6.1	akut	nein	nein	–	–
7.6.2	nach Ablauf	ja wenn keine Störungen nachweisbar sind, die das Realitätsurteil erheblich beeinträchtigen	ausnahmsweise ja, nur unter besonders günstigen Umständen	–	–
7.6.3	bei mehreren psychotischen Episoden	ja	ausnahmsweise ja, nur unter besonders günstigen Umständen	regelmäßige Kontrollen	regelmäßige Kontrollen
8.	**Alkohol**				
8.1	Missbrauch (Das Führen von Fahrzeugen und ein die Fahrsicherheit beeinträchtigender Alkoholkonsum kann nicht hinreichend sicher getrennt werden.)	nein	nein	–	–
8.2	nach Beendigung des Missbrauchs	ja wenn die Änderung des Trinkverhaltens gefestigt ist	ja wenn die Änderung des Trinkverhaltens gefestigt ist	–	–
8.3	Abhängigkeit	nein	nein	–	–

Anh I Fahrerlaubnis-Verordnung

Krankheiten, Mängel	Eignung oder bedingte Eignung		Beschränkungen/Auflagen bei bedingter Eignung	
	Klassen A, A1, A2, B, BE, AM, L, T	Klassen C, C1, CE, C1E, D, D1, DE, D1E, FzF	Klassen A, A1, A2, B, BE, AM, L, T	Klassen C, C1, CE, C1E, D, D1, DE, D1E, FzF
8.4 nach Abhängigkeit (Entwöhnungsbehandlung)	ja wenn Abhängigkeit nicht mehr besteht und in der Regel ein Jahr Abstinenz nachgewiesen ist	ja wenn Abhängigkeit nicht mehr besteht und in der Regel ein Jahr Abstinenz nachgewiesen ist	–	–
9. Betäubungsmittel, andere psychoaktiv wirkende Stoffe und Arzneimittel				
9.1 Einnahme von Betäubungsmitteln im Sinne des Betäubungsmittelgesetzes (ausgenommen Cannabis)	nein	nein	–	–
9.2 Einnahme von Cannabis				
9.2.1 Regelmäßige Einnahme von Cannabis	nein	nein	–	–
9.2.2 Gelegentliche Einnahme von Cannabis	ja wenn Trennung von Konsum und Fahren und kein zusätzlicher Gebrauch von Alkohol oder anderen psychoaktiv wirkenden Stoffen, keine Störung der Persönlichkeit, kein Kontrollverlust	ja wenn Trennung von Konsum und Fahren und kein zusätzlicher Gebrauch von Alkohol oder anderen psychoaktiv wirkenden Stoffen, keine Störung der Persönlichkeit, kein Kontrollverlust	–	–
9.3 Abhängigkeit von Betäubungsmitteln im Sinne des Betäubungsmittelgesetzes oder von anderen psychoaktiv	nein	nein	–	–

Fahrerlaubnis-Verordnung   **Anh I**

Krankheiten, Mängel	Eignung oder bedingte Eignung		Beschränkungen/Auflagen bei bedingter Eignung	
	Klassen A, A1, A2, B, BE, AM, L, T	Klassen C, C1, CE, C1E, D, D1, DE, D1E, FzF	Klassen A, A1, A2, B, BE, AM, L, T	Klassen C, C1, CE, C1E, D, D1, DE, D1E, FzF
9.4 missbräuchliche Einnahme (regelmäßig übermäßiger Gebrauch) von psychoaktiv wirkenden Arzneimitteln und anderen psychoaktiv wirkenden Stoffen	nein	nein	–	–
9.5 nach Entgiftung und Entwöhnung	ja nach einjähriger Abstinenz	ja nach einjähriger Abstinenz	regelmäßige Kontrollen	regelmäßige Kontrollen
9.6 Dauerbehandlung mit Arzneimitteln				
9.6.1 Vergiftung	nein	nein	–	–
9.6.2 Beeinträchtigung der Leistungsfähigkeit zum Führen von Kraftfahrzeugen unter das erforderliche Maß	nein	nein	–	–
10. Nierenerkrankungen				
10.1 schwere Niereninsuffizienz mit erheblicher Beeinträchtigung	nein	nein	–	–
10.2 Niereninsuffizienz in Dialysebehandlung	ja wenn keine Komplikationen oder Begleiterkrankungen	ausnahmsweise ja	ständige ärztliche Betreuung und Kontrolle, Nachuntersuchung	ständige ärztliche Betreuung und Kontrolle, Nachuntersuchung
10.3 erfolgreiche Nierentransplantation mit normaler Nierenfunktion	ja	ja	ärztliche Betreuung und Kontrolle, jährliche Nachuntersuchung	ärztliche Betreuung und Kontrolle, jährliche Nachuntersuchung
10.4 bei Komplikationen oder Begleiterkrankungen siehe auch Nummer 1, 4 und 5				

Anh I Fahrerlaubnis-Verordnung

Krankheiten, Mängel	Eignung oder bedingte Eignung		Beschränkungen/Auflagen bei bedingter Eignung	
	Klassen A, A1, A2, B, BE, AM, L, T	Klassen C, C1, CE, C1E, D, D1, DE, D1E, FzF	Klassen A, A1, A2, B, BE, AM, L, T	Klassen C, C1, CE, C1E, D, D1, DE, D1E, FzF
11. Verschiedenes				
11.1 Organtransplantation Die Beurteilung richtet sich nach den Beurteilungsgrundsätzen zu den betroffenen Organen				
11.2 Tagesschläfrigkeit				
11.2.1 Messbare auffällige Tagesschläfrigkeit	nein	nein		
11.2.2 Nach Behandlung	ja wenn keine messbare auffällige Tagesschläfrigkeit mehr vorliegt	ja wenn keine messbare auffällige Tagesschläfrigkeit mehr vorliegt	ärztliche Begutachtung, regelmäßige ärztliche Kontrollen	ärztliche Begutachtung, regelmäßige ärztliche Kontrollen
11.2.3 obstruktives Schlafapnoe Syndrom (OSAS) mittelschwer/schwer (mittelschwer: Apnoe-Hypopnoe-Index zwischen 15 und 29 pro Stunde; schwer: Apnoe-Hypopnoe-Index von mind. 30 pro Stunde)	ja unter geeigneter Therapie und wenn keine messbare auffällige Tagesschläfrigkeit mehr vorliegt	ja unter geeigneter Therapie und wenn keine messbare auffällige Tagesschläfrigkeit mehr vorliegt	ärztliche Begutachtung, regelmäßige ärztliche Kontrollen in Abständen von höchstens drei Jahren	ärztliche Begutachtung, regelmäßige ärztliche Kontrollen in Abständen von höchstens einem Jahr
11.3 Schwere Lungen- und Bronchialerkrankungen mit schweren Rückwirkungen auf die Herz-Kreislauf-Dynamik	nein	nein		
11.4 Störung des Gleichgewichtssinnes	in der Regel nein	in der Regel nein	im Einzelfall entsprechend den Begutachtungs-Leitlinien zur Kraftfahreignung	im Einzelfall entsprechend den Begutachtungs-Leitlinien zur Kraftfahreignung

Anlage 4a
(zu § 11 Absatz 5)

Grundsätze für die Durchführung der Untersuchungen und die Erstellung der Gutachten

Grundlage für die Beurteilung der Eignung zum Führen von Kraftfahrzeugen sind die Begutachtungs-Leitlinien für Kraftfahreignung vom 27. Januar 2014 (VkBl. S. 110) in der Fassung vom 31. März 2017 (VkBl. S. 226).

1. **Die Untersuchung ist unter Beachtung folgender Grundsätze durchzuführen:**
   a) Die Untersuchung ist anlassbezogen und unter Verwendung der von der Fahrerlaubnisbehörde zugesandten Unterlagen über den Betroffenen vorzunehmen. Der Gutachter hat sich an die durch die Fahrerlaubnisbehörde vorgegebene Fragestellung zu halten.
   b) Gegenstand der Untersuchung sind nicht die gesamte Persönlichkeit des Betroffenen, sondern nur solche Eigenschaften, Fähigkeiten und Verhaltensweisen, die für die Kraftfahreignung von Bedeutung sind (Relevanz zur Kraftfahreignung).
   c) Die Untersuchung darf nur nach anerkannten wissenschaftlichen Grundsätzen vorgenommen werden.
   d) Vor der Untersuchung hat der Gutachter den Betroffenen über Gegenstand und Zweck der Untersuchung aufzuklären.
   e) Über die Untersuchung sind Aufzeichnungen anzufertigen.
   f) In den Fällen der §§ 13 und 14 ist Gegenstand der Untersuchung auch das voraussichtliche künftige Verhalten des Betroffenen, insbesondere ob zu erwarten ist, dass er nicht oder nicht mehr ein Kraftfahrzeug unter Einfluss von Alkohol oder Betäubungsmitteln oder Arzneimitteln führen wird. Hat Abhängigkeit von Alkohol oder Betäubungsmitteln oder Arzneimitteln vorgelegen, muss sich die Untersuchung darauf erstrecken, dass eine stabile Abstinenz besteht. Bei Alkoholmissbrauch, ohne dass Abhängigkeit vorhanden war oder ist, muss sich die Untersuchung darauf erstrecken, ob der Betroffene den Konsum von Alkohol einerseits und das Führen von Kraftfahrzeugen im Straßenverkehr andererseits zuverlässig voneinander trennen kann. Dem Betroffenen kann die Fahrerlaubnis nur dann erteilt werden, wenn sich bei ihm ein grundlegender Wandel in seiner Einstellung zum Führen von Kraftfahrzeugen unter Einfluss von Alkohol oder Betäubungsmitteln oder Arzneimitteln vollzogen hat. Es müssen zum Zeitpunkt der Erteilung der Fahrerlaubnis Bedingungen vorhanden sein, die einen Rückfall als unwahrscheinlich erscheinen lassen. Das Gutachten kann auch geeignete Kurse zur Wiederherstellung der Kraftfahreignung empfehlen. Die Empfehlung darf nur gegenüber Personen erfolgen, die zum Zeitpunkt der Begutachtung nicht Inhaber einer Fahrerlaubnis sind.
   g) In den Fällen des § 2a Absatz 4 Satz 1 und Absatz 5 Satz 5 oder des § 4 Absatz 10 Satz 4 des Straßenverkehrsgesetzes oder des § 11 Absatz 3 Nummer 4 bis 9 dieser Verordnung ist Gegenstand der Untersuchung auch die Erwartung an das voraussichtliche künftige Verhalten des Betroffenen, dass er nicht mehr erheblich oder wiederholt gegen verkehrsrechtliche Bestimmungen oder gegen Strafgesetze verstoßen wird. Es sind die Bestimmungen von Buchstabe f Satz 4 bis 6 entsprechend anzuwenden.
2. **Das Gutachten ist unter Beachtung folgender Grundsätze zu erstellen:**
   a) Das Gutachten muss in allgemeinverständlicher Sprache abgefasst sowie nachvollziehbar und nachprüfbar sein. Die Nachvollziehbarkeit betrifft die logische Ordnung (Schlüssigkeit) des Gutachtens. Sie erfordert die Wiedergabe aller wesentlichen Befunde und die Darstellung der zur Beurteilung führenden Schlussfolgerungen. Die Nachprüfbarkeit betrifft die Wissenschaftlichkeit der Begutachtung. Sie erfordert, dass die Untersuchungsverfahren, die zu den Befunden geführt haben, angegeben und, soweit die Schlussfolgerungen auf Forschungsergebnisse gestützt sind, die Quellen genannt werden. Das Gutachten braucht aber nicht in Einzelnen die wissenschaftlichen Grundlagen für die Erhebung und Interpretation der Befunde wiederzugeben.
   b) Das Gutachten muss in allen wesentlichen Punkten insbesondere im Hinblick auf die gestellten Fragen (§ 11 Absatz 6) vollständig sein. Der Umfang eines Gutachtens

richtet sich nach der Befundlage. Bei eindeutiger Befundlage wird das Gutachten knapper, bei komplizierter Befundlage ausführlicher erstattet.
  c) Im Gutachten muss dargestellt und unterschieden werden zwischen der Vorgeschichte und dem gegenwärtigen Befund.
3. Bei Abgabe einer Urinabgabe können als Alternative zur Sichtkontrolle auch dem Stand der Wissenschaft und Technik entsprechende Verfahren zur eindeutigen Zuordnung des Urins zu der zu untersuchenden Person verwendet werden.
4. Die medizinisch-psychologische Untersuchung kann unter Hinzuziehung eines beeidigten oder öffentlich bestellten und vereidigten Dolmetschers oder Übersetzers, der von der Begutachtungsstelle für Fahreignung bestellt wird, durchgeführt werden. Die Kosten trägt die zu untersuchende Person.
5. Wer
  a) mit Unternehmen oder sonstigen Institutionen vertraglich verbunden ist, die
    aa) Personen hinsichtlich der typischen Fragestellungen in der Begutachtung von Begutachtungsstellen für Fahreignung im Sinne des § 66 zur Klärung von Zweifeln an der Kraftfahreignung in Gruppen oder einzeln beraten, behandeln, betreuen oder auf die Begutachtung vorbereiten oder
    bb) Kurse zur Wiederherstellung der Kraftfahreignung anbietet, oder
  b) solche Maßnahmen in eigener Person anbietet,
  darf keine Personen zur Klärung von Zweifeln an der Kraftfahreignung in Begutachtungsstellen für Fahreignung untersuchen oder begutachten.
6. Befunde, die bei der Fahreignungsbegutachtung berücksichtigt werden, müssen folgende Anforderungen erfüllen:
  a) beigestellte Befunde müssen im Original vorliegen und vom Aussteller unterzeichnet sein;
  b) soweit für die Feststellung der Eignung die Vorlage von Abstinenzbelegen erforderlich ist, dürfen hierfür ausschließlich Belege von Stellen anerkannt werden, in denen die nach Stand der Wissenschaft und Technik erforderlichen Rahmenbedingungen der Abstinenzkontrolle wie Terminvergabe, Identitätskontrolle und Probennahme gewährleistet sind; dies kann angenommen werden, wenn die Befunderhebung und Befundauswertung verantwortlich von
    aa) einem Facharzt mit verkehrsmedizinischer Qualifikation, der nicht zugleich der den Betroffenen behandelnde Arzt sein darf,
    bb) einem Arzt des Gesundheitsamtes oder anderen Arzt der öffentlichen Verwaltung,
    cc) einem Arzt mit der Gebietsbezeichnung „Facharzt für Rechtsmedizin",
    dd) einem Arzt mit der Gebietsbezeichnung „Arbeitsmedizin" oder der Zusatzbezeichnung „Betriebsmedizin",
    ee) einem Arzt in einer Begutachtungsstelle für Fahreignung,
    ff) einem Arzt/Toxikologen in einem für forensisch-toxikologische Zwecke akkreditierten Labor
  durchgeführt wurde.

Anlage 5
(zu § 11 Absatz 9, § 48 Absatz 4 und 5)

Eignungsuntersuchungen für Bewerber und Inhaber der Klassen C, C1, D, D1 und der zugehörigen Anhängerklassen E sowie der Fahrerlaubnis zur Fahrgastbeförderung

1. Bewerber um die Erteilung oder Verlängerung einer Fahrerlaubnis der Klassen C, C1, CE, C1E, D, D1, DE, D1E sowie der Fahrerlaubnis zur Fahrgastbeförderung müssen sich untersuchen lassen, ob Erkrankungen vorliegen, die die Eignung oder die bedingte Eignung ausschließen. Sie haben hierüber einen Nachweis gemäß dem Muster dieser Anlage vorzulegen.
2. Bewerber um die Erteilung oder Verlängerung einer Fahrerlaubnis der Klassen D, D1, DE, D1E sowie einer Fahrerlaubnis zur Fahrgastbeförderung müssen außerdem besondere Anforderungen hinsichtlich:
   a) Belastbarkeit,
   b) Orientierungsleistung,
   c) Konzentrationsleistung,
   d) Aufmerksamkeitsleistung,
   e) Reaktionsfähigkeit
   erfüllen.
   Die Eignung der zur Untersuchung dieser Merkmale eingesetzten psychologischen Testverfahren muss bis zum Ablauf des 31.12.2018 von einer unabhängigen Stelle für die Bestätigung der Eignung der eingesetzten psychologischen Testverfahren und -geräten nach § 71a bestätigt worden sein; die eingesetzten psychologischen Testverfahren sind im Gutachten zu benennen. Der Nachweis über die Erfüllung der Anforderungen nach Satz 1 ist unter Beachtung der Grundsätze nach Anlage 4a durch Beibringung eines betriebs- oder arbeitsmedizinischen Gutachtens nach § 11 Absatz 2 Satz 3 Nummer 3 oder eines Gutachtens einer amtlich anerkannten Begutachtungsstelle für Fahreignung zu führen
   – von Bewerbern um die Erteilung einer Fahrerlaubnis der Klassen D, D1, DE, D1E und der Fahrerlaubnis zur Fahrgastbeförderung,
   – von Bewerbern um die Verlängerung einer Fahrerlaubnis der Klassen D, D1, DE und D1E ab Vollendung des 50. Lebensjahres,
   – von Bewerbern um die Verlängerung einer Fahrerlaubnis zur Fahrgastbeförderung ab Vollendung des 60. Lebensjahres.
3. Die Nachweise nach Nummer 1 und 2 dürfen bei Antragstellung nicht älter als ein Jahr sein.

Anh I   Fahrerlaubnis-Verordnung

Muster

Bescheinigung über die ärztliche Untersuchung von Bewerbern um die Erteilung oder Verlängerung einer Fahrerlaubnis der Klassen C, C1, CE, C1E, D, D1, DE, D1E oder der Fahrerlaubnis zur Fahrgastbeförderung für Taxen, Mietwagen, Krankenkraftwagen oder Personenkraftwagen im Linienverkehr oder bei gewerbsmäßigen Ausflugsfahrten oder Ferienziel-Reisen nach § 11 Absatz 9 und § 48 Absatz 4 und 5 der Fahrerlaubnis-Verordnung

Teil I (verbleibt beim Arzt)

1. **Personalien des Bewerbers**

   Familienname, Vorname _____
   Tag der Geburt _____
   Ort der Geburt _____
   Wohnort _____
   Straße/Hausnummer _____

2. **Hinweis für den untersuchenden Arzt:**

   Die Bescheinigung nach Teil II soll der Fahrerlaubnisbehörde vor Erteilung der Fahrerlaubnis Kenntnisse darüber verschaffen, ob bei dem Bewerber Beeinträchtigungen des körperlichen oder geistigen Leistungsvermögens vorliegen, die Bedenken gegen seine Eignung zum Führen von Kraftfahrzeugen begründen und gegebenenfalls Anlass für eine weitergehende Untersuchung vor Erteilung der Fahrerlaubnis geben.

   Hierfür reicht in der Regel eine orientierende Untersuchung (sogenanntes „screening") der im Folgenden genannten Bereiche aus; in Zweifelsfällen ist die Konsultation anderer Ärzte nicht ausgeschlossen.

3. **Vorgeschichte**

   ☐ keine die Fahrfähigkeit einschränkende Krankheiten oder Unfälle durchgemacht
   ☐ falls ja, welche: _____
   _____

4. **Daten**

   Größe _____ (cm) _____ Gewicht _____ (kg)
   RR _____ / _____ mmHg Puls _____ Schläge in der Minute
   Urin E _____ Z _____ Sed
   Flüstersprache R _____ m L _____ m

5. **Allgemeiner Gesundheitszustand**

   ☐ gut
   ☐ falls nicht ausreichend, nähere Erläuterung:
   _____
   _____

6. **Körperbehinderungen**

   ☐ keine die Fahrfähigkeit einschränkende Behinderung
   ☐ falls ja, welche: _____

Fahrerlaubnis-Verordnung **Anh I**

7. **Herz/Kreislauf**
   ☐ kein Anzeichen für Herz-/Kreislaufstörungen
   ☐ falls ja, welche: _____

8. **Blut**
   ☐ keine Anzeichen einer schweren Bluterkrankung
   ☐ falls ja, welche: _____

9. **Erkrankungen der Niere**
   ☐ keine Anzeichen einer schweren Insuffizienz
   ☐ falls ja, welche: _____

10. **Endokrine Störungen**
    ☐ keine Anzeichen einer Zuckerkrankheit
    ☐ Zuckerkrankheit – falls bekannt: mit/ohne Insulinbehandlung
    ☐ keine Anzeichen für sonstige endokrine Störungen
    ☐ falls ja, welche: _____

11. **Nervensystem**
    ☐ keine Anzeichen für Störungen
    ☐ falls ja, welche: _____

12. **Psychische Erkrankungen/Sucht (Alkohol, Drogen, Arzneimittel)**
    ☐ keine Anzeichen einer Geistes- oder Suchterkrankung
    ☐ falls ja, welche: _____

13. **Gehör**
    ☐ keine Anzeichen für eine schwere Störung des Hörvermögens
    ☐ falls ja, welche: _____

14. **Erkrankungen mit erhöhter Tagesschläfrigkeit (z.B. Schlafstörungen)**
    ☐ keine Anzeichen für Erkrankung mit erhöhter Tagesschläfrigkeit
    ☐ falls ja, welche: _____

Muster

Bescheinigung über die ärztliche Untersuchung von Bewerbern um die Erteilung oder Verlängerung einer Fahrerlaubnis der Klassen C, C1, CE, C1E, D, D1, DE, D1E oder der Fahrerlaubnis zur Fahrgastbeförderung für Taxen, Mietwagen, Krankenkraftwagen oder Personenkraftwagen im Linienverkehr oder bei gewerbsmäßigen Ausflugsfahrten oder Ferienziel-Reisen nach § 11 Absatz 9 und § 48 Absatz 4 und 5 der Fahrerlaubnis-Verordnung

Teil II (dem Bewerber auszuhändigen)

Aufgrund der Angaben des Untersuchten

Familienname, Vorname _____
Tag der Geburt _____
Ort der Geburt _____
Wohnort _____
Straße/Hausnummer _____

und der von mir in dem nach Teil I vorgesehenen Umfang erhobenen Befunde empfehle ich vor Erteilung der Fahrerlaubnis

☐ keine weitergehende Untersuchung, da keine Beeinträchtigungen des körperlichen oder geistigen Leistungsvermögens festgestellt werden konnten,
☐ eine weitergehende Untersuchung wegen (Angabe der entsprechenden Befunde):

_____
_____
_____
_____
_____

Name und Anschrift des Arztes   Datum und Unterschrift

_____   _____

Fahrerlaubnis-Verordnung **Anh I**

Anlage 6
(zu den §§ 12, 48 Absatz 4 und 5)

Anforderungen an das Sehvermögen

1. Klassen A, A1, A2, B, BE, AM, L und T
1.1 Sehtest (§ 12 Absatz 2)
Der Sehtest (§ 12 Absatz 2) ist bestanden, wenn die zentrale Tagessehschärfe mit oder ohne Sehhilfen mindestens beträgt: 0,7/0,7.
Über den Sehtest ist eine Sehtestbescheinigung nach § 12 Absatz 3 zu erstellen.
1.2 Augenärztliche Untersuchung (§ 12 Absatz 5)
Besteht der Bewerber den Sehtest nicht, ist eine augenärztliche Untersuchung erforderlich. Bei dieser Untersuchung ist unter anderem auf Sehschärfe, Gesichtsfeld, Dämmerungs- oder Kontrastsehen, Blendempfindlichkeit, Diplopie sowie andere Störungen der Sehfunktion zu achten, die ein sicheres Fahren in Frage stellen können. Es müssen folgende Mindestanforderungen erfüllt sein:
1.2.1 Zentrale Tagessehschärfe
Fehlsichtigkeiten müssen – soweit möglich und verträglich – korrigiert werden. Dabei dürfen folgende Sehschärfenwerte nicht unterschritten werden:
Sehschärfe des besseren Auges oder beidäugige Sehschärfe: 0,5.
1.2.2 Übrige Sehfunktionen

Gesichtsfeld:
Normales Gesichtsfeld eines Auges oder ein gleichwertiges beidäugiges Gesichtsfeld mit einem horizontalen Durchmesser von mindestens 120 Grad, insbesondere muss das zentrale Gesichtsfeld bis 20 Grad normal sein. Insgesamt sollte das Gesichtsfeld jedes Auges an mindestens 100 Orten geprüft werden. Ergeben sich unklare Defekte oder steht nicht zweifelsfrei fest, dass die Mindestanforderungen erfüllt werden, so hat eine Nachprüfung an einem manuellen Perimeter nach Goldmann mit der Marke III/4 zu erfolgen.

Beweglichkeit:
Bei Beidäugigkeit sind Augenzittern sowie Schielen ohne Doppeltsehen im zentralen Blickfeld bei normaler Kopfhaltung zulässig. Doppeltsehen außerhalb eines zentralen Blickfeldbereichs von 20 Grad im Durchmesser ist zulässig. Bei Einäugigkeit ausreichende Beweglichkeit des funktionstüchtigen Auges.
1.3 Die Erteilung der Fahrerlaubnis darf in Ausnahmefällen in Betracht gezogen werden, wenn die Anforderungen an das Gesichtsfeld oder die Sehschärfe nicht erfüllt werden. In diesen Fällen muss der Fahrzeugführer einer augenärztlichen Begutachtung unterzogen werden, um sicherzustellen, dass keine anderen Störungen von Sehfunktionen vorliegen. Dabei müssen auch Kontrastsehen oder Dämmerungssehen und Blendempfindlichkeit geprüft und berücksichtigt werden. Daneben sollte der Fahrzeugführer oder Bewerber eine praktische Fahrprobe erfolgreich absolvieren.
1.4 Nach dem Verlust des Sehvermögens auf einem Auge oder bei neu aufgetretener Diplopie muss ein geeigneter Zeitraum (mindestens drei Monate) eingehalten werden, während dessen das Führen von Kraftfahrzeugen nicht erlaubt ist. Danach darf erst nach augenärztlicher Untersuchung und Beratung wieder ein Kraftfahrzeug geführt werden.
1.5 Besteht eine fortschreitende Augenkrankheit, ist eine regelmäßige augenärztliche Untersuchung und Beratung erforderlich.
2. Klassen C, C1, CE, C1E, D, D1, DE, D1E und der Fahrerlaubnis zur Fahrgastbeförderung (§ 12 Absatz 6, § 48 Absatz 4 Nummer 4 und Absatz 5 Nummer 2)
Bewerber um die Erteilung oder Verlängerung der Fahrerlaubnis müssen die nachfolgenden Mindestanforderungen an das Sehvermögen erfüllen:
2.1 Untersuchung durch einen Augenarzt, einen Arzt mit der Gebietsbezeichnung „Arbeitsmedizin", einen Arzt mit der Zusatzbezeichnung „Betriebsmedizin", einen

Anh I Fahrerlaubnis-Verordnung

Arzt bei einer Begutachtungsstelle für Fahreignung, einen Arzt des Gesundheitsamtes oder einen anderen Arzt der öffentlichen Verwaltung.
Über die Untersuchung ist eine Bescheinigung gemäß dem Muster dieser Anlage zu erstellen.

2.1.1 Zentrale Tagessehschärfe
Feststellung unter Einhaltung der DIN 58220, Ausgabe Januar 1997.
Fehlsichtigkeiten müssen – soweit möglich und verträglich – korrigiert werden.
Dabei dürfen folgende Sehschärfenwerte nicht unterschritten werden: Sehschärfe auf jedem Auge 0,8 und beidäugig 1,0.
Die Korrektur mit Gläsern von mehr als plus 8,0 Dioptrien (sphärisches Äquivalent) ist nicht zulässig; dies gilt nicht für intraokulare Linsen oder Kontaktlinsen.

2.1.2 Übrige Sehfunktionen
Normales Farbensehen (geprüft mit einem geeigneten Test, beispielsweise Tafeln nach Ishihara oder Velhagen).
Normales Gesichtsfeld, geprüft mit einem automatischen Halbkugelperimeter, das mit einer überschwelligen Prüfmethodik das Gesichtsfeld bis 70 Grad nach beiden Seiten und bis 30 Grad nach oben und unten untersucht. Insgesamt sollte das Gesichtsfeld jedes Auges an mindestens 100 Orten geprüft werden. Alternativ kann eine Prüfung mit einem manuellen Perimeter nach Goldmann mit mindestens vier Prüfmarken (z.B. III/4, I/4, I/2 und I/1) an jeweils mindestens zwölf Orten pro Prüfmarke erfolgen.
Stereosehen, geprüft mit einem geeigneten Test (z.B. Random-Dot-Teste).
Ausreichendes Kontrast- oder Dämmerungssehen, geprüft mit einem standardisierten anerkannten Prüfverfahren.

2.2 Augenärztliche Untersuchung
Können die Voraussetzungen bei der Untersuchung nach Nummer 2.1 nicht zweifelsfrei festgestellt werden, ist zusätzlich eine augenärztliche Untersuchung erforderlich.
Sind nur die Anforderungen an das normale Farbensehen nicht erfüllt, ist eine zusätzliche augenärztliche Untersuchung entbehrlich, wenn das Farbensehen bereits Gegenstand einer früheren augenärztlichen Untersuchung war und hierbei die Anforderungen bei nicht normalem Farbensehen nach den Nummern 2.2.2 und 2.2.3 erfüllt wurden.
Über die nach Satz 1 erforderliche Untersuchung ist ein Zeugnis gemäß dem Muster dieser Anlage zu erstellen. Es müssen folgende Mindestanforderungen erfüllt sein:

2.2.1 Zentrale Tagessehschärfe
Fehlsichtigkeiten müssen – soweit möglich und verträglich – korrigiert werden.
Dabei dürfen folgende Sehschärfenwerte nicht unterschritten werden: Sehschärfe des besseren Auges oder beidäugige Sehschärfe: 0,8, Sehschärfe des schlechteren Auges: 0,5.
Werden diese Werte nur mit Korrektur erreicht, soll die Sehschärfe ohne Korrektur auf keinem Auge weniger als 0,05 betragen.
Die Korrektur mit Gläsern von mehr als plus 8,0 Dioptrien (sphärisches Äquivalent) ist nicht zulässig; dies gilt nicht für intraokulare Linsen und Kontaktlinsen.
In Einzelfällen kann unter Berücksichtigung von Fahrerfahrung und Fahrzeugnutzung der Visus des schlechteren Auges für die Klassen C, CE, C1, C1E unter 0,5 liegen, ein Wert von 0,1 darf nicht unterschritten werden. Ein augenärztliches Gutachten ist in diesen Fällen erforderlich.

2.2.2 Übrige Sehfunktionen
Gesichtsfeld:
Normales Gesichtsfeld beider Augen, wenigstens normales binokulares Gesichtsfeld mit einem horizontalen Durchmesser von mindestens 140 Grad, insbesondere muss das zentrale Gesichtsfeld bis 30 Grad normal sein. Insgesamt sollte das Gesichtsfeld jedes Auges an mindestens 100 Orten geprüft werden. Ergeben sich unklare Defekte oder steht nicht zweifelsfrei fest, dass die Mindestanforderungen erfüllt werden, so hat eine Nachprüfung an einem manuellen Perimeter nach Goldmann mit der Marke III/4 zu erfolgen.

Fahrerlaubnis-Verordnung **Anh I**

Beweglichkeit und Stereosehen:
Ausschluss bei Doppeltsehen im Gebrauchsblickfeld (d.h. 25 Grad Aufblick, 30 Grad Rechts- und Linksblick, 40 Grad Abblick). Ausschluss bei Schielen ohne konstantes binokulares Einfachsehen.

Farbensehen:
Bei Rotblindheit oder Rotschwäche mit einem Anomalquotienten unter 0,5 ist eine Aufklärung des Betroffenen über die mögliche Gefährdung erforderlich.

Kontrast- oder Dämmerungssehen, Blendempfindlichkeit:
Ausreichendes Kontrast- oder Dämmerungssehen geprüft mit einem standardisierten anerkannten Prüfverfahren einschließlich Prüfung der Blendempfindlichkeit.

2.2.3 Sonderregelung für Inhaber einer bis zum 31. Dezember 1998 erteilten Fahrerlaubnis
Hinsichtlich des Sehvermögens gelten für Inhaber einer bis zum 31. Dezember 1998 erteilten Fahrerlaubnis folgende Anforderungen (in dieser Gliederungsnummer sind alle Paragraphen ohne Gesetzesangaben solche der Straßenverkehrs-Zulassungs-Ordnung in der bis zum 31. Dezember 1998 geltenden Fassung):

Mindestanforderungen an die zentrale Tagessehschärfe und die übrigen Sehfunktionen (§ 9a Absatz 5)

2.2.3.1 Mindestanforderungen an die zentrale Tagessehschärfe

2.2.3.1.1 Liegt die zentrale Tagessehschärfe unterhalb von 1,0/1,0, so muss sie durch Sehhilfen so weit wie möglich dem Sehvermögen des Normalsichtigen angenähert werden.

2.2.3.1.2 Für Inhaber einer Fahrerlaubnis reichen folgende Mindestwerte für die zentrale Tagessehschärfe aus, wenn feststeht, dass das Wahrnehmungsvermögen des Betroffenen trotz verminderten Sehvermögens zum sicheren Führen eines Kraftfahrzeugs der Klasse/Art noch ausreicht:

Bei Fahrerlaubnisinhabern der	Klassen 1, 1a, 1b, 3, 4, 5	Klasse 2	Fahrerlaubnis zur Fahrgastbeförderung
Bei Beidäugigkeit	0,4/0,2	0,7/0,2	0,7/0,5
Bei Einäugigkeit	0,6	0,7	0,7

2.2.3.2 Mindestanforderungen an die übrigen Sehfunktionen

2.2.3.2.1

Bei Inhabern der	Klassen 1, 1a, 1b, 3, 4, 5	Klasse 2, Fahrerlaubnis zur Fahrgastbeförderung
Gesichtsfeld	normales Gesichtsfeld eines Auges oder gleichwertiges beidäugiges Gesichtsfeld	normale Gesichtsfelder beider Augen
Beweglichkeit	Bei Beidäugigkeit: Augenzittern sowie Begleit- und Lähmungsschielen ohne Doppeltsehen im zentralen Blickfeld bei Kopfgeradehaltung zulässig. Bei Augenzittern darf die Erkennungszeit für die einzelnen Sehzeichen nicht mehr als eine Sekunde betragen. Bei Einäugigkeit: Normale Augenbeweglichkeit, kein Augenzittern.	Normale Beweglichkeit beider Augen; zeitweises Schielen unzulässig
Stereosehen	keine Anforderungen	normales Stereosehen

Farbensehen	keine Anforderungen	Rotblindheit oder Rotschwäche mit einem Anomalquotienten unter 0,5 – bei Fahrerlaubnis zur Fahrgastbeförderung: unzulässig – bei Klasse 2: Aufklärung des Betroffenen über die durch die Störung des Farbensehens mögliche Gefährdung ausreichend

2.2.3.2.2 Wenn wegen Zweifeln an ausreichendem Sehvermögen eine augenärztliche Begutachtung stattfindet, sollte die Untersuchung auch die Dämmerungssehschärfe und die Blendungsempfindlichkeit umfassen. Werden dabei Mängel festgestellt, so ist der Betroffene auf die Gefahren durch geminderte Dämmerungssehschärfe und erhöhte Blendungsempfindlichkeit beim Fahren in der Dämmerung und in der Nacht hinzuweisen.

2.3 Nach einer neu eingetretenen relevanten Einschränkung des Sehvermögens muss ein geeigneter Anpassungszeitraum eingehalten werden, während dessen das Führen von Kraftfahrzeugen nicht erlaubt ist. Danach darf erst nach augenärztlicher Untersuchung und Beratung wieder ein Kraftfahrzeug geführt werden.

2.4 Besteht eine fortschreitende Augenkrankheit, ist eine regelmäßige augenärztliche Untersuchung und Beratung erforderlich.

Fahrerlaubnis-Verordnung **Anh I**

Muster

Bescheinigung über die ärztliche Untersuchung (Anlage 6 Nummer 2.1 der Fahrerlaubnis-Verordnung)
von Bewerbern um die Erteilung oder Verlängerung einer Fahrerlaubnis der Klassen C, C1, CE, C1E, D, D1, DE, D1E oder der Fahrerlaubnis zur Fahrgastbeförderung für Taxen, Mietwagen, Krankenkraftwagen oder Personenkraftwagen im Linienverkehr oder bei gewerbsmäßigen Ausflugsfahrten oder Ferienziel-Reisen nach § 12 Absatz 6 und § 48 Absatz 4 Nummer 4 und Absatz 5 Nummer 2 der Fahrerlaubnis-Verordnung

– Vorderseite –

Teil 1 (verbleibt beim Arzt)

1. **Angaben über den untersuchenden Arzt**

    Name, Facharztbezeichnung, ggf. Gebiets- oder Zusatzbezeichnung des Arztes, ggf. Angabe über Tätigkeit bei einer Begutachtungsstelle für Fahreignung oder über Stellung als Arzt der öffentlichen Verwaltung, Anschrift

2. **Personalien des Bewerbers**

    Familienname, Vorname   _____
    Tag der Geburt   _____
    Ort der Geburt   _____
    Wohnort   _____
    Straße/Hausnummer   _____

3. **Untersuchungsbefund vom**

    Zentrale Tagessehschärfe
    nach DIN 58220   _____
    Farbensehen   _____
    Gesichtsfeld   _____
    Stereosehen   _____
    Kontrast- oder Dämmerungs-
    sehen   _____

Aufgrund der oben angeführten Untersuchung wurden die Anforderungen nach Anlage 6 Nummer 2.1 der Fahrerlaubnis-Verordnung

☐ erreicht, ohne Sehhilfe

☐ erreicht, mit Sehhilfe

☐ nicht erreicht

Eine augenärztliche Zusatzuntersuchung nach Anlage 6 Nummer 2.2 der Fahrerlaubnis-Verordnung ist erforderlich:

☐ ja   ☐ nein

Muster

Bescheinigung über die ärztliche Untersuchung (Anlage 6 Nummer 2.1 der Fahrerlaubnis-Verordnung) von Bewerbern um die Erteilung oder Verlängerung einer Fahrerlaubnis der Klassen C, C1, CE, C1E, D, D1, DE, D1E oder der Fahrerlaubnis zur Fahrgastbeförderung für Taxen, Mietwagen, Krankenkraftwagen oder Personenkraftwagen im Linienverkehr oder bei gewerbsmäßigen Ausflugsfahrten oder Ferienziel-Reisen nach § 12 Absatz 6 und § 48 Absatz 4 Nummer 4 und Absatz 5 Nummer 2 der Fahrerlaubnis-Verordnung

Teil 2 (dem Bewerber auszuhändigen)

Name des Arztes, Facharztbezeichnung, ggf. Gebiets- oder Zusatzbezeichnung des Arztes, ggf. Angabe über Tätigkeit bei einer Begutachtungsstelle für Fahreignung oder über Stellung als Arzt der öffentlichen Verwaltung, Anschrift

Familienname, Vornamen des Bewerbers:

Tag der Geburt:

Ort der Geburt:

Wohnort:

Straße/Hausnummer:

Nummer des Personalausweises:

Untersuchungsbefund vom

über

– Zentrale Tagessehschärfe nach DIN 58220

– Farbensehen

– Kontrast- oder Dämmerungssehen

– Gesichtsfeld

– Stereosehen

Aufgrund der von mir nach Teil 1 erhobenden Befunde wurden die in Anlage 6 Nummer 2.1 der Fahrerlaubnis-Verordnung geforderten Anforderungen

☐ erreicht, ohne Sehhilfe

☐ erreicht, mit Sehhilfe

☐ nicht erreicht

Eine augenärztliche Zusatzuntersuchung nach Anlage 6 Nummer 2.2 der Fahrerlaubnis-Verordnung ist erforderlich:

☐ ja   ☐ nein

Das Zeugnis ist zwei Jahre lang gültig.

Die Identität des Untersuchten wurde geprüft.

, den

Stempel und Unterschrift des Arztes

Fahrerlaubnis-Verordnung **Anh I**

Muster

Zeugnis über die augenärztliche Untersuchung (Anlage 6 Nummer 2.2 der Fahrerlaubnis-Verordnung) von Bewerbern um die Erteilung oder Verlängerung einer Fahrerlaubnis der Klassen C, C1, CE, C1E, D, D1, DE, D1E oder der Fahrerlaubnis zur Fahrgastbeförderung für Taxen, Mietwagen, Krankenkraftwagen oder Personenkraftwagen im Linienverkehr oder bei gewerbsmäßigen Ausflugsfahrten oder Ferienziel-Reisen nach § 12 Absatz 6 und § 48 Absatz 4 Nummer 4 und Absatz 5 Nummer 2 der Fahrerlaubnis-Verordnung

– Vorderseite –

Teil 1 (verbleibt beim Arzt)

1. **Name und Anschrift des Augenarztes**

2. **Personalien des Bewerbers**

   Familienname, Vornamen:

   Tag der Geburt:

   Ort der Geburt:

   Wohnort:

   Straße/Hausnummer:

3. **Untersuchungsbefund vom**

   Zentrale Tagessehschärfe nach DIN 58220

   Farbensehen

   Gesichtsfeld

   Stereosehen

   Kontrast- oder Dämmerungssehen

Aufgrund der oben angeführten Untersuchung wurden die Anforderungen nach Anlage 6 Nummer 2.2 der Fahrerlaubnis-Verordnung

☐ erreicht, ohne Sehhilfe

☐ erreicht, mit Sehhilfe

☐ nicht erreicht

Auflagen/Beschränkungen erforderlich:

☐ nein

☐ ja, _____

Muster

Zeugnis über die augenärztliche Untersuchung (Anlage 6 Nummer 2.2 der Fahrerlaubnis-Verordnung) von Bewerbern um die Erteilung oder Verlängerung einer Fahrerlaubnis der Klassen C, C1, CE, C1E, D, D1, DE, D1E oder der Fahrerlaubnis zur Fahrgastbeförderung für Taxen, Mietwagen, Krankenkraftwagen oder Personenkraftwagen im Linienverkehr oder bei gewerbsmäßigen Ausflugsfahrten oder Ferienziel-Reisen nach § 12 Absatz 6 und § 48 Absatz 4 Nummer 4 und Absatz 5 Nummer 2 der Fahrerlaubnis-Verordnung

Teil 2 (dem Bewerber auszuhändigen)

Name des Augenarztes, Anschrift

Familienname, Vornamen des Bewerbers:

Tag der Geburt:

Ort der Geburt:

Wohnort:

Straße/Hausnummer:

Nummer des Personalausweises:

Untersuchungsbefund vom

über

– Zentrale Tagessehschärfe nach DIN 58220

– Farbensehen

– Gesichtsfeld

– Stereosehen

– Kontrast- oder Dämmerungssehen

Aufgrund der von mir nach Teil 1 erhobenden Befunde wurden die in Anlage 6 Nummer 2.2 der Fahrerlaubnis-Verordnung geforderten Anforderungen

☐ erreicht, ohne Sehhilfe

☐ erreicht, mit Sehhilfe

☐ nicht erreicht

Auflagen/Beschränkungen erforderlich:

☐ nein

☐ ja, _____

Das Zeugnis ist zwei Jahre lang gültig.

Die Identität des Untersuchten wurde geprüft.

, den

Stempel und Unterschrift des Arztes

Fahrerlaubnis-Verordnung **Anh I**

Anlagen 7 bis 11
(hier nicht abgedruckt)

Anlage 12
(zu § 34)

Bewertung der Straftaten und Ordnungswidrigkeiten im Rahmen der Fahrerlaubnis auf Probe (§ 2a des Straßenverkehrsgesetzes)

A. Schwerwiegende Zuwiderhandlungen

1. **Straftaten, soweit sie nicht bereits zur Entziehung der Fahrerlaubnis geführt haben:**

1.1 Straftaten nach dem Strafgesetzbuch
Unerlaubtes Entfernen vom Unfallort (§ 142)
Fahrlässige Tötung (§ 222)
Fahrlässige Körperverletzung (§ 229)
Nötigung (§ 240)
Gefährliche Eingriffe in den Straßenverkehr (§ 315b)
Gefährdung des Straßenverkehrs (§ 315c)
Verbotene Kraftfahrzeugrennen (§ 315d Absatz 1 Nummer 2 und 3, Absatz 2, 4 und 5 StGB)
Trunkenheit im Verkehr (§ 316)
Vollrausch (§ 323a)
Unterlassene Hilfeleistung (§ 323c)

1.2 Straftaten nach dem Straßenverkehrsgesetz
Führen oder Anordnung oder Zulassen des Führens eines Kraftfahrzeugs ohne Fahrerlaubnis, trotz Fahrverbots oder trotz Verwahrung, Sicherstellung oder Beschlagnahme des Führerscheins (§ 21)

2. **Ordnungswidrigkeiten nach den §§ 24, 24a und § 24c des Straßenverkehrsgesetzes und weiterer straßenverkehrsrechtlicher Vorschriften:**

2.1 Verstöße gegen die Vorschriften der Straßenverkehrs-Ordnung über

das Rechtsfahrgebot	(§ 2 Absatz 2)
die Geschwindigkeit	(§ 3 Absatz 1, 2a, 3 und 4, § 41 Absatz 2, Anlage 3 zu § 42 Absatz 2)
den Abstand	(§ 4 Absatz 1, Anlage 2 zu § 41 Absatz 1)
das Überholen	(§ 5, Anlage 2 zu § 41 Absatz 1)
die Vorfahrt	(§ 8 Absatz 2, Anlage 2 zu § 41 Absatz 2)
das Abbiegen, Wenden und Rückwärtsfahren	(§ 9)
die Benutzung von Autobahnen und Kraftfahrstraßen	(§ 2 Absatz 1, § 18 Absatz 2 bis 5, Absatz 7, Anlage 3 zu § 42 Absatz 2)
das Verhalten an Bahnübergängen	(§ 19 Absatz 1 und 2, Anlage 1 zu § 40 Absatz 7, Anlage 2 zu § 41 Absatz 1)
das Verhalten an öffentlichen Verkehrsmitteln und Schulbussen	(§ 20 Absatz 2, 3 und 4, Anlage 2 zu § 41 Absatz 1)
das Verhalten an Fußgängerüberwegen	(§ 26, Anlage 2 zu § 41 Absatz 1)
übermäßige Straßenbenutzung	(§ 29)
das Verhalten an Wechsellichtzeichen, Dauerlichtzeichen und Zeichen 206 (Halt! Vorfahrt gewähren!) sowie gegenüber Haltzeichen von Polizeibeamten	(§ 36, § 37 Absatz 2, 3, Anlage 2 zu § 41 Absatz 1)

1669

2.2 Verstöße gegen die Vorschriften der Fahrzeug-Zulassungsverordnung über den Gebrauch oder das Gestatten des Gebrauchs von Fahrzeugen ohne die erforderliche Zulassung (§ 3 Absatz 1) oder ohne dass sie einem genehmigten Typ entsprechen oder eine Einzelgenehmigung erteilt ist (§ 4 Absatz 1)

2.3 Verstöße gegen § 24a oder § 24c des Straßenverkehrsgesetzes (Alkohol, berauschende Mittel)

2.4 Verstöße gegen die Vorschriften der Fahrerlaubnis-Verordnung über das Befördern von Fahrgästen ohne die erforderliche Fahrerlaubnis zur Fahrgastbeförderung oder das Anordnen oder Zulassen solcher Beförderungen (§ 48 Absatz 1 oder 8)

2.5 Verstöße gegen die Vorschriften der Fahrerlaubnis-Verordnung über das Führen von Kraftfahrzeugen in Begleitung, wenn der Fahrerlaubnisinhaber entgegen einer vollziehbaren Auflage ein Kraftfahrzeug ohne Begleitung führt (Begleitetes Fahren ab 17 Jahre – § 48a Absatz 2)

B. Weniger schwerwiegende Zuwiderhandlungen

1. **Straftaten, soweit sie nicht bereits zur Entziehung der Fahrerlaubnis geführt haben:**

1.1 Straftaten nach dem Strafgesetzbuch
Fahrlässige Tötung (§ 222)
Fahrlässige Körperverletzung (§ 229)
Sonstige Straftaten, soweit im Zusammenhang mit dem Straßenverkehr begangen und nicht in Abschnitt A aufgeführt

1.2 Straftaten nach dem Straßenverkehrsgesetz
Kennzeichenmissbrauch (§ 22)

2. **Ordnungswidrigkeiten nach § 24 des Straßenverkehrsgesetzes,** soweit nicht in Abschnitt A aufgeführt.

Fahrerlaubnis-Verordnung   Anh I

Anlage 13
(zu § 40)

Bezeichnung und Bewertung der im Rahmen des Fahreignungs-Bewertungssystems zu berücksichtigenden Straftaten und Ordnungswidrigkeiten

Im Fahreignungsregister sind nachfolgende Entscheidungen zu speichern und im Fahreignungs-Bewertungssystem wie folgt zu bewerten:

1. mit drei Punkten folgende Straftaten, soweit die Entziehung der Fahrerlaubnis oder eine isolierte Sperre angeordnet worden ist:

laufende Nummer	Straftat	Vorschriften
1.1	Fahrlässige Tötung	§ 222 StGB
1.2	Fahrlässige Körperverletzung	§ 229 StGB
1.3	Nötigung	§ 240 StGB
1.4	Gefährliche Eingriffe in den Straßenverkehr	§ 315b StGB
1.5	Gefährdung des Straßenverkehrs	§ 315c StGB
1.6	Verbotene Kraftfahrzeugrennen	§ 315d Absatz 1 Nummer 2 und 3, Absatz 2, 4 und 5 StGB
1.7	Unerlaubtes Entfernen vom Unfallort	§ 142 StGB
1.8	Trunkenheit im Verkehr	§ 316 StGB
1.9	Vollrausch	§ 323a StGB
1.10	Unterlassene Hilfeleistung	§ 323c StGB
1.11	Führen oder Anordnen oder Zulassen des Führens eines Kraftfahrzeugs ohne Fahrerlaubnis, trotz Fahrverbots oder trotz Verwahrung, Sicherstellung oder Beschlagnahme des Führerscheins	§ 21 StVG
1.12	Kennzeichenmissbrauch	§ 22 StVG

2. mit zwei Punkten:

2.1 folgende Straftaten, soweit sie nicht von Nummer 1 erfasst sind:

laufende Nummer	Straftat	Vorschriften
2.1.1	Fahrlässige Tötung, soweit ein Fahrverbot angeordnet worden ist und die Tat im Zusammenhang mit dem Führen eines Kraftfahrzeugs oder unter Verletzung der Pflichten eines Kraftfahrzeugführers begangen wurde	§ 222 StGB
2.1.2	Fahrlässige Körperverletzung, soweit ein Fahrverbot angeordnet worden ist und die Tat im Zusammenhang mit dem Führen eines Kraftfahrzeugs oder unter Verletzung der Pflichten eines Kraftfahrzeugführers begangen wurde	§ 229 StGB
2.1.3	Nötigung, soweit ein Fahrverbot angeordnet worden ist und die Tat im Zusammenhang mit dem Führen eines Kraftfahrzeugs oder unter Verletzung der Pflichten eines Kraftfahrzeugführers begangen wurde	§ 240 StGB

Anh I

Fahrerlaubnis-Verordnung

laufende Nummer	Straftat	Vorschriften
2.1.4	Gefährliche Eingriffe in den Straßenverkehr	§ 315b StGB
2.1.5	Gefährdung des Straßenverkehrs	§ 315c StGB
2.1.6	Verbotene Kraftfahrzeugrennen	§ 315d Absatz 1 Nummer 2 und 3, Absatz 2, 4 und 5 StGB
2.1.7	Unerlaubtes Entfernen vom Unfallort	§ 142 StGB
2.1.8	Trunkenheit im Verkehr	§ 316 StGB
2.1.9	Vollrausch, soweit ein Fahrverbot angeordnet worden ist und die Tat im Zusammenhang mit dem Führen eines Kraftfahrzeugs oder unter Verletzung der Pflichten eines Kraftfahrzeugführers begangen wurde	§ 323a StGB
2.1.10	Unterlassene Hilfeleistung, soweit ein Fahrverbot angeordnet worden ist und die Tat im Zusammenhang mit dem Führen eines Kraftfahrzeugs oder unter Verletzung der Pflichten eines Kraftfahrzeugführers begangen wurde	§ 323c StGB
2.1.11	Führen oder Anordnen oder Zulassen des Führens eines Kraftfahrzeugs ohne Fahrerlaubnis, trotz Fahrverbots oder trotz Verwahrung, Sicherstellung oder Beschlagnahme des Führerscheins	§ 21 StVG
2.1.12	Kennzeichenmissbrauch, soweit ein Fahrverbot angeordnet worden ist und die Tat im Zusammenhang mit dem Führen eines Kraftfahrzeugs oder unter Verletzung der Pflichten eines Kraftfahrzeugführers begangen wurde	§ 22 StVG

2.2 folgende besonders verkehrssicherheitsbeeinträchtigende Ordnungswidrigkeiten:

laufende Nummer	Ordnungswidrigkeit	laufende Nummer der Anlage zur Bußgeldkatalog-Verordnung (BKat)
2.2.1	Kraftfahrzeug geführt mit einer Atemalkoholkonzentration von 0,25 mg/l oder mehr oder mit einer Blutalkoholkonzentration von 0,5 Promille oder mehr oder mit einer Alkoholmenge im Körper, die zu einer solchen Atem- oder Blutalkoholkonzentration führt	241, 241.1, 241.2
2.2.2	Kraftfahrzeug unter der Wirkung eines in der Anlage zu § 24a Absatz 2 des Straßenverkehrsgesetzes genannten berauschenden Mittels geführt	242, 242.1, 242.2
2.2.3	Zulässige Höchstgeschwindigkeit überschritten	9.1 bis 9.3, 11.1 bis 11.3 jeweils in Verbindung mit 11.1.6 bis 11.1.10 der Tabelle 1 des Anhangs (11.1.6 nur innerhalb geschlossener Ortschaften), 11.2.5 bis 11.2.10 der Tabelle

Fahrerlaubnis-Verordnung   **Anh I**

laufende Nummer	Ordnungswidrigkeit	laufende Nummer der Anlage zur Bußgeldkatalog-Verordnung (BKat)
		1 des Anhangs (11.2.5 nur innerhalb geschlossener Ortschaften) oder 11.3.6 bis 11.3.10 der Tabelle 1 des Anhangs (11.3.6 nur innerhalb geschlossener Ortschaften)
2.2.4	Erforderlichen Abstand von einem vorausfahrenden Fahrzeug nicht eingehalten	12.6 in Verbindung mit 12.6.3, 12.6.4 oder 12.6.5 der Tabelle 2 des Anhangs sowie 12.7 in Verbindung mit 12.7.3, 12.7.4 oder 12.7.5 der Tabelle 2 des Anhangs
2.2.5	Überholvorschriften nicht eingehalten	19.1.1, 19.1.2, 21.1, 21.2
2.2.6	Auf der durchgehenden Fahrbahn von Autobahnen oder Kraftfahrstraßen gewendet, rückwärts oder entgegen der Fahrtrichtung gefahren	83.3
2.2.7	Als Fahrzeugführer Bahnübergang unter Verstoß gegen die Wartepflicht oder trotz geschlossener Schranke oder Halbschranke überquert	89b.2, 244
2.2.8	Als Kraftfahrzeugführer rotes Wechsellichtzeichen oder rotes Dauerlichtzeichen nicht befolgt bei Gefährdung, mit Sachbeschädigung oder bei schon länger als einer Sekunde andauernder Rotphase eines Wechsellichtzeichens	132.1, 132.2, 132.3, 132.3.1, 132.3.2

3. mit einem Punkt folgende verkehrssicherheitsbeeinträchtigende Ordnungswidrigkeiten:

3.1 folgende Verstöße gegen die Vorschriften des Straßenverkehrsgesetzes:

laufende Nummer	Verstöße gegen die Vorschriften	laufende Nummer des BKat
3.1.1	des § 24c des Straßenverkehrsgesetzes	243

3.2 folgende Verstöße gegen die Vorschriften der Straßenverkehrs-Ordnung:

laufende Nummer	Verstöße gegen die Vorschriften über	laufende Nummer des BKat
3.2.1	die Straßenbenutzung durch Fahrzeuge	4.1, 4.2, 5a, 5a.1, 6
3.2.2	die Geschwindigkeit	8.1, 9, 10, 11 in Verbindung mit 11.1.3, 11.1.4, 11.1.5, 11.1.6 der Tabelle 1 des Anhangs (11.1.6 nur außerhalb geschlossener Ortschaften), 11.2.2, 11.2.3, 11.2.4, 11.2.5 der Ta-

1673

laufende Nummer	Verstöße gegen die Vorschriften über	laufende Nummer des BKat
		belle 1 des Anhangs (11.2.2 nur innerhalb, 11.2.5 nur außerhalb geschlossener Ortschaften), 11.3.4, 11.3.5, 11.3.6 der Tabelle 1 des Anhangs (11.3.6 nur außerhalb geschlossener Ortschaften)
3.2.3	den Abstand	12.5 in Verbindung mit 12.5.1, 12.5.2, 12.5.3, 12.5.4 oder 12.5.5 der Tabelle 2 des Anhangs, 12.6 in Verbindung mit 12.6.1 oder 12.6.2 der Tabelle 2 des Anhangs, 12.7 in Verbindung mit 12.7.1 oder 12.7.2 der Tabelle 2 des Anhangs, 15
3.2.4	das Überholen	17, 18, 19, 19.1, 153a, 21, 22
3.2.5	die Vorfahrt	34
3.2.6	das Abbiegen, Wenden und Rückwärtsfahren	39.1, 41, 42.1, 44
3.2.7	Park- oder Halteverbote mit Behinderung von Rettungsfahrzeugen	51b.3, 53.1
3.2.8	das Liegenbleiben von Fahrzeugen	66
3.2.9	die Beleuchtung	76
3.2.10	die Benutzung von Autobahnen und Kraftfahrstraßen	79, 80.1, 82, 83.1, 83.2, 85, 87a, 88
3.2.11	das Verhalten an Bahnübergängen	89, 89a, 89b.1, 245
3.2.12	das Verhalten an öffentlichen Verkehrsmitteln und Schulbussen	92.1, 92.2, 93, 95.1, 95.2
3.2.13	die Personenbeförderung, die Sicherungspflichten	99.1, 99.2
3.2.14	die Ladung	102.1, 102.1.1, 102.2.1, 104
3.2.15	die sonstigen Pflichten des Fahrzeugführers	108, 246.1, 247
3.2.16	das Verhalten am Fußgängerüberweg	113
3.2.17	die übermäßige Straßenbenutzung	116
3.2.18	Verkehrshindernisse	123
3.2.19	das Verhalten gegenüber Zeichen oder Haltgebot eines Polizeibeamten sowie an Wechsellichtzeichen, Dauerlichtzeichen und Grünpfeil	129, 132, 132a, 132a.1, 132a.2, 132a.3, 132a.3.1, 132a.3.2, 133.1, 133.2, 133.3.1, 133.3.2
3.2.20	Vorschriftzeichen	150, 151.1, 151.2, 152, 152.1
3.2.21	Richtzeichen	157.3, 159b
3.2.22	andere verkehrsrechtliche Anordnungen	164
3.2.23	Auflagen	166

Fahrerlaubnis-Verordnung **Anh I**

3.3 folgende Verstöße gegen die Vorschriften der Fahrerlaubnis-Verordnung:

laufende Nummer	Verstöße gegen die Vorschriften über	laufende Nummer des BKat
3.3.1	die Fahrerlaubnis zur Fahrgastbeförderung	171, 172
3.3.2	das Führen von Kraftfahrzeugen ohne Begleitung	251a

3.4 folgende Verstöße gegen die Vorschriften der Fahrzeug-Zulassungsverordnung:

laufende Nummer	Verstöße gegen die Vorschriften über	laufende Nummer des BKat
3.4.1	die Zulassung	175
3.4.2	ein Betriebsverbot und Beschränkungen	253

3.5 folgende Verstöße gegen die Vorschriften der Straßenverkehrs-Zulassungs-Ordnung:

laufende Nummer	Verstöße gegen die Vorschriften über	laufende Nummer des BKat
3.5.1	die Untersuchung der Kraftfahrzeuge und Anhänger	186.1.3, 186.1.4, 186.2.3, 187a
3.5.2	die Verantwortung für den Betrieb der Fahrzeuge	189.1.1, 189.1.2, 189.2.1, 189.2.2, 189.3.1, 189.3.2, 189a.1, 189a.2
3.5.3	die Abmessungen von Fahrzeugen und Fahrzeugkombinationen	192, 193
3.5.4	die Kurvenlaufeigenschaften von Fahrzeugen	195, 196
3.5.5	die Achslast, das Gesamtgewicht, die Anhängelast hinter Kraftfahrzeugen	198 und 199 jeweils in Verbindung mit 198.1.2 bis 198.1.7, 199.1.2 bis 199.1.6, 198.2.4 oder 199.2.4, 198.2.5 oder 199.2.5, 198.2.6 oder 199.2.6 der Tabelle 3 des Anhangs
3.5.6	die Besetzung von Kraftomnibussen	201, 202
3.5.7	Bereifung und Laufflächen	212, 213, 213a
3.5.8	die sonstigen Pflichten für den verkehrssicheren Zustand des Fahrzeugs	214.1, 214.2, 214a.1, 214a.2
3.5.9	die Stützlast	217
3.5.10	den Geschwindigkeitsbegrenzer	223, 224
3.5.11	Auflagen	233

3.6 folgende Verstöße gegen die Vorschriften der Gefahrgutverordnung Straße, Eisenbahn und Binnenschifffahrt (GGVSEB):

laufende Nummer	Beschreibung der Zuwiderhandlung	gesetzliche Grundlage
3.6.1	**Als tatsächlicher Verlader** Versandstücke, die gefährliche Güter enthalten, und unverpackte gefährliche Gegenstände nicht durch geeignete Mittel gesichert, die in der Lage sind, die Güter im Fahrzeug oder Container zurückzuhalten, sowie, wenn gefährliche Güter zusammen mit anderen Gütern befördert werden, nicht alle Güter in den Fahrzeugen oder Containern so gesichert oder verpackt, dass das Austreten gefährlicher Güter verhindert wird.	Unterabschnitt 7.5.7.1 ADR i.V.m. § 37 Absatz 1 Nummer 21 Buchstabe a GGVSEB
3.6.2	**Als Fahrzeugführer** Versandstücke, die gefährliche Güter enthalten, und unverpackte gefährliche Gegenstände nicht durch geeignete Mittel gesichert, die in der Lage sind, die Güter im Fahrzeug oder Container zurückzuhalten, sowie, wenn gefährliche Güter zusammen mit anderen Gütern befördert werden, nicht alle Güter in den Fahrzeugen oder Containern so gesichert oder verpackt, dass das Austreten gefährlicher Güter verhindert wird.	Unterabschnitt 7.5.7.1 ADR i.V.m. § 37 Absatz 1 Nummer 21 Buchstabe a GGVSEB
3.6.3	**Als Beförderer und in der Funktion als Halter des Fahrzeugs** entgegen § 19 Absatz 2 Nummer 15 GGVSEB dem Fahrzeugführer die erforderliche Ausrüstung zur Durchführung der Ladungssicherung nicht übergeben	Unterabschnitt 7.5.7.1 ADR i.V.m. § 37 Absatz 1 Nummer 6 Buchstabe o GGVSEB

Anlage 14
(hier nicht abgedruckt)

Anlage 15
(zu § 70 Absatz 2)

Voraussetzungen für die amtliche Anerkennung als Träger von Kursen zur Wiederherstellung der Kraftfahreignung

(1) Bei Antragstellung, die von einer zur Vertretung des Trägers berechtigten Person unterzeichnet sein muss, sind folgende Unterlagen beizufügen:
1. Nachweise über die Rechtsform des Trägers, Bezeichnung der juristischen Person,
2. Informationen über die Organisation und die Leitung des Trägers (Organigramm und Angaben der Schlüsselpositionen in der Leitung des Trägers, Befugnisse und Zuständigkeiten), seine Tätigkeiten und seine Beziehungen zu einer übergeordneten Organisation,
3. Anschriften aller Stellen, in denen Kurse zur Wiederherstellung der Kraftfahreignung durchgeführt werden sollen, im Zuständigkeitsbereich der jeweiligen Anerkennungsbehörde,
4. soweit bereits eine andere Anerkennung erteilt wurde, eine Aufstellung über bereits vorliegende Anerkennungsbescheide unter Angabe der Anerkennungsbehörde, Aktenzeichen und Datum der Anerkennung. Kopien der Bescheide sind auf Aufforderung vorzulegen.

(2) Die Anerkennung wird erteilt oder verlängert, wenn
1. die finanzielle und organisatorische Leistungsfähigkeit des Trägers gewährleistet ist,
2. die personelle und sachlich-räumliche Ausstattung sichergestellt ist,
3. Kursleiter
   a) den Abschluss eines Hochschulstudiums als Diplom-Psychologe oder einen gleichwertigen Master-Abschluss in Psychologie,
   b) eine verkehrspsychologische Ausbildung an einer Universität oder gleichgestellten Hochschule oder bei einer Stelle, die sich mit der Begutachtung oder Wiederherstellung der Kraftfahreignung befasst,
   c) Kenntnisse und Erfahrungen in der Untersuchung und Begutachtung der Eignung von Kraftfahrern und
   d) eine Ausbildung als Leiter von Kursen zur Wiederherstellung der Kraftfahreignung nachweisen,
4. Kursleiter die Voraussetzungen zur Aufrechterhaltung der Kursleiterqualifikation gemäß den Anforderungen der Richtlinie nach § 72 Absatz 2 Nummer 3 erfüllen,
5. der Träger von Kursen zur Wiederherstellung der Kraftfahreignung nicht zugleich Träger von Maßnahmen der Fahrausbildung oder Träger von Begutachtungsstellen für Fahreignung ist,
6. die wissenschaftliche Grundlage und die Geeignetheit der Kurse von einer geeigneten unabhängigen Stelle bestätigt worden ist,
7. der Träger von Kursen zur Wiederherstellung der Kraftfahreignung die Erfüllung der Anforderungen der Richtlinie nach § 72 Absatz 2 Nummer 3 durch ein Gutachten der Bundesanstalt nachweist (im Rahmen der Erstbegutachtung beschränkt sich dieser Nachweis auf die Erfüllung der Anforderungen in Bezug auf die Dokumentation des Qualitätsmanagements und die räumliche, sachliche und personelle Ausstattung); sofern der Träger bereits anerkannt ist, ist in der Regel kein neues Gutachten vorzulegen, es reicht das letzte vorliegende Gutachten der Bundesanstalt aus.

(3) Die Wirksamkeit von Kursen zur Wiederherstellung der Kraftfahreignung muss spätestens nach 6 Jahren in einem nach dem Stand der Wissenschaft durchgeführten Bewertungsverfahren (Evaluation) nachgewiesen werden. Die Kurse zur Wiederherstellung der Kraftfahreignung sind nach ihrer ersten Evaluation regelmäßig, spätestens alle 10 Jahre erneut zu evaluieren.

Anlage 15a
(zu § 71b)

Voraussetzungen für die amtliche Anerkennung als Träger einer unabhängigen Stelle für die Bestätigung der Geeignetheit von Kursen zur Wiederherstellung der Kraftfahreignung und für die Begutachtung dieser Träger durch die Bundesanstalt für Straßenwesen

(1) ¹Der Antrag nach § 71b ist von einer zur Vertretung des Trägers der unabhängigen Stelle berechtigten Person zu unterzeichnen. ²Dem Antrag sind folgende Unterlagen beizufügen:
1. Nachweis über die Rechtsform des Trägers, Name der juristischen Person,
2. Informationen über die Organisation und die Leitung des Trägers (Organigramm und Angaben der Schlüsselpositionen in der Leitung des Trägers, Befugnisse und Zuständigkeiten), seine Tätigkeiten und, sofern vorhanden, seine Beziehungen zu einer übergeordneten Organisation,
3. Dokumentation eines aufgabenbezogenen Qualitätsmanagements.

(2) Die Bundesanstalt für Straßenwesen hat zu prüfen, ob der Träger der unabhängigen Stelle die nachfolgend genannten Anforderungen erfüllt:
1. Die unabhängige Stelle muss über mindestens zwei Gutachter verfügen. Die Anzahl der für sie tätigen Gutachter hat die unabhängige Stelle anhand einer Aufstellung nachzuweisen. Die Gutachter können die Begutachtungen von Kursen zur Wiederherstellung der Kraftfahreignung in einem Anstellungsverhältnis oder auf Honorarbasis durchführen. Änderungen beim Bestand der Gutachter sind vom Träger der unabhängigen Stelle der Bundesanstalt für Straßenwesen zu melden.
2. Die unabhängige Stelle und die dort tätigen Gutachter müssen insbesondere von den durch die Prüfung und die Eignung der Kurse betroffenen Parteien unabhängig sein. Der Träger der unabhängigen Stelle hat eine Selbstverpflichtungserklärung vorzulegen, in der er versichert, dass für die Prüfung der wissenschaftlichen Grundlage und die Eignung der Kurse im Einzelfall keine Gutachter eingesetzt werden, die
   a) an Entwicklungen oder am Vertrieb der zu begutachtenden Kurse zur Wiederherstellung der Kraftfahreignung beteiligt waren oder sind,
   b) eine vertragliche oder anderweitige rechtliche oder wirtschaftliche Beziehung zum Entwickler des Kurses zur Wiederherstellung der Kraftfahreignung unterhalten oder in den vergangenen 2 Jahren unterhalten haben oder
   c) eine vertragliche oder anderweitige rechtliche oder wirtschaftliche Beziehung zu einem Träger von Kursen zur Wiederherstellung der Kraftfahreignung unterhalten, die die zu begutachtenden wissenschaftlichen Grundlagen und Kurse einsetzen.
3. Die Gutachter müssen über verfahrensbezogene fachliche Kompetenz in klinischer oder pädagogischer Psychologie verfügen. Jeder Gutachter muss insbesondere nachweisen können
   a) eine mindestens zweijährige Erfahrung in der Anwendung psychologischer Interventionsverfahren zur Behandlung und Beurteilung von substanzbezogenen Problemen oder abweichendem Verhalten bei Erwachsenen, nachzuweisen durch den beruflichen Lebenslauf, Arbeitszeugnisse und sonstige Referenzen, sowie
   b) Veröffentlichungen zu einschlägigen Themen in Fachzeitschriften oder Fachbüchern.

Fahrerlaubnis-Verordnung Anh I

Anlage 16
(zu § 42 Absatz 2)

Rahmenlehrplan für die Durchführung der verkehrspädagogischen Teilmaßnahme des Fahreignungsseminars

Modul 1

1. Baustein „Seminarüberblick"

	Lehr-Lernziele Der Seminarteilnehmer kann …	Lehr-Lerninhalte	Lehr-Lernmethoden	Medien/ Materialien
1.1	… den organisatorischen Ablauf des Fahreignungsseminars beschreiben.	– Anzahl der Teilmaßnahmen und Module – Zeitliche Vorgaben zu den Teilmaßnahmen, zu den Modulen und zur Gesamtmaßnahme	Lehrvortrag	Folien-Präsentation/Film Merkblatt „Seminarüberblick"
1.2	… die wichtigsten Lehr-Lerninhalte und Lehr-Lernmethoden der verkehrspädagogischen Teilmaßnahme wiedergeben.	– Bausteinstruktur und -inhalte – Lehr-Lernmethoden		
1.3	… den Inhalt der Vertraulichkeitsversicherung darlegen.	– Vertraulichkeitsversicherung		
1.4	… die Voraussetzungen der Seminaranerkennung und die möglichen Konsequenzen einer Nichterfüllung benennen.	– Anwesenheit – Aktive Mitarbeit – Hausaufgabenbearbeitung – Keine offene Ablehnung – Konsequenzen der Nichterfüllung der Voraussetzungen		
1.5	… die wesentlichen Inhalte der verkehrspsychologischen Teilmaßnahme skizzieren.	– Überblick über die Inhalte der verkehrspsychologischen Teilmaßnahme		

2. Baustein „Individuelle Fahrkarriere und Sicherheitsverantwortung"

	Lehr-Lernziele Der Seminarteilnehmer kann …	Lehr-Lerninhalte	Lehr-Lernmethoden	Medien/ Materialien
2.1	… das Gefahrenpotenzial beschreiben, welches sein bisheriges Tatverhalten birgt.	– Bedeutsame kritische Fahrsituationen seit dem Fahrerlaubniserwerb	Erfahrungsberichte/ Diskussion/ kooperatives Lernen	Arbeitsblatt „Meine Fahrkarriere"

1679

Anh I — Fahrerlaubnis-Verordnung

	Lehr-Lernziele Der Seminarteilnehmer kann …	Lehr-Lerninhalte	Lehr-Lern-methoden	Medien/Materialien
		– Unfallrisiken und Verantwortung im Zusammenhang mit den berichteten Fahrsituationen	Lehrvortrag	Folien-Präsentation/Film/Fotos/Zeitungsartikel

3. Baustein „Individuelle Mobilitätsbedeutung"

	Lehr-Lernziele Der Seminarteilnehmer kann …	Lehr-Lerninhalte	Lehr-Lern-methoden	Medien/Materialien
3.1	… erläutern, warum das Kraftfahrzeug ein für ihn bedeutsames Fortbewegungs- und Transportmittel darstellt.	– Individuell bedeutsame Nutzungsmöglichkeiten des Kraftfahrzeugs	Kooperatives Lernen/Einzelarbeit/Diskussion	Arbeitsblatt „Wann brauche ich ein Kraftfahrzeug?"
3.2	… Folgen eines Mobilitätsverlusts benennen.	– Folgen eines Mobilitätsverlusts		

4. Baustein Hausaufgabe „Darstellung der individuellen Mobilitätsbedeutung"

	Lehr-Lernziele Der Seminarteilnehmer kann …	Lehr-Lerninhalte	Lehr-Lern-methoden	Medien/Materialien
4.1	… begründen, inwiefern ein Mobilitätsverlust zu einer Abnahme seiner Lebensqualität führt.	– Individuelle Bedeutung des Mobilseins – Individuelle Konsequenzen eines Mobilitätsverlusts	Hausaufgabe	Arbeitsblatt „Meine individuelle Mobilitätsbedeutung"

5. Baustein „Erläuterung des Fahreignungs-Bewertungssystems"

	Lehr-Lernziele Der Seminarteilnehmer kann …	Lehr-Lerninhalte	Lehr-Lern-methoden	Medien/Materialien
5.1	… die Regelungen des Fahreignungs-Bewertungssystems wiedergeben.	– Punkte und Sanktionen bei Regelverstößen – Stufen des Punktsystems – Fristen zur Punktetilgung	Lehrvortrag	Folien-Präsentation/Film

Fahrerlaubnis-Verordnung Anh I

6. Baustein „Verkehrsregeln und Rechtsfolgen bei Regelverstößen"

	Lehr-Lernziele Der Seminarteilnehmer kann ...	Lehr- Lerninhalte	Lehr-Lern- methoden	Medien/ Materialien
6.1	... die Auswahl der tatbezogenen Bausteine begründen.	– Zuwiderhandlungen und daraus resultierende Bausteinauswahl	Lehrvortrag	–
6.2	... die tatbezogenen Verkehrsregeln anwenden und begründen.	– Tatbezogene Verkehrsregeln	Computergestütztes kooperatives Lernen	Aufgaben „Verkehrsregeln" Filme/ Simulationen/ animierte Grafiken/Fotos/ Grafiken
6.3	... die resultierenden Rechtsfolgen tatbezogener Regelverstöße benennen.	– Rechtsfolgen tatbezogener Regelverstöße		

7. Baustein „Übung zur Klärung der individuellen Mobilitätssituation"

	Lehr-Lernziele Der Seminarteilnehmer kann ...	Lehr-Lerninhalte	Lehr-Lern- methoden	Medien/ Materialien
7.1	... bestimmte tatbezogene Regelverstöße den entsprechenden Punktekategorien zuordnen und für jeden Verstoß ableiten, ob dieser zum Entzug der Fahrerlaubnis führen würde.	– Tatbezogene Regelverstöße – Punktekategorien des Fahreignungs-Bewertungssystems – Fahrerlaubnisentzug als Folge tatbezogener Regelverstöße	Kooperatives Lernen/ Diskussion	–

8. Baustein Hausaufgabe „Übung zur Selbstbeobachtung"

	Lehr-Lernziele Der Seminarteilnehmer kann ...	Lehr-Lerninhalte	Lehr-Lernmethoden	Medien/ Materialien
8.1	... auslösende und aufrechterhaltende Bedingungen seines Tatverhaltens schildern.	– Individuelle Gelegenheitsstrukturen, die das Begehen von Regelverstößen fördern	Hausaufgabe	Arbeitsblatt „Selbstbeobachtung"

Anh I Fahrerlaubnis-Verordnung

Modul 2

9. Baustein „Auswertung der Hausaufgaben"

	Lehr-Lernziele Der Seminarteilnehmer kann ...	Lehr-Lerninhalte	Lehr-Lernmethoden	Medien/ Materialien
9.1	... begründen, inwiefern ein Mobilitätsverlust zu einer Abnahme seiner Lebensqualität führt.	– Individuelle Bedeutung des Mobilseins – Individuelle Konsequenzen eines Mobilitätsverlusts	Diskussion/ Erfahrungsberichte/ Lernstandkontrolle	Arbeitsblatt „Meine individuelle Mobilitätsbedeutung"
9.2	... auslösende und aufrechterhaltende Bedingungen seines Tatverhaltens schildern.	– Individuelle Gelegenheitsstrukturen, die das Begehen von Regelverstößen fördern		Arbeitsblatt „Selbstbeobachtung"

10. Baustein „Risikoverhalten und Unfallfolgen"

	Lehr-Lernziele Der Seminarteilnehmer kann ...	Lehr-Lerninhalte	Lehr-Lernmethoden	Medien/ Materialien
10.1	... darüber berichten, dass bestimmte (Gefahren-)Situationen verzerrt wahrgenommen und falsch beurteilt werden.	– Wahrnehmungs- und Beurteilungsfehler	Computergestütztes kooperatives Lernen Übung/ Lernstandkontrolle 100% korrekt → ja nein → Erläuterung	Aufgaben „Fehleinschätzungen" Filme/animierte Grafiken/Fotos/ Grafiken
10.2	... Konsequenzen des aus Fehleinschätzungen resultierenden Fahrverhaltens benennen.	– Konsequenzen des aus Fehleinschätzungen resultierenden Fahrverhaltens		
10.3	... risikominimierende Fahrverhaltensweisen darstellen.	– Risikominimierende Fahrverhaltensstrategien		
10.4	... die Sinnhaftigkeit von Verkehrsregeln begründen.	– Sinnhaftigkeit von Verkehrsregeln		
10.5	... tatbezogene Auslöser nennen, die einen Unfall verursachen können.	– Tatbezogene Auslöser von Unfällen	Diskussion/ Lehrvortrag	Folien-Präsentation/ Filme

Fahrerlaubnis-Verordnung **Anh I**

	Lehr-Lernziele Der Seminarteilnehmer kann ...	Lehr- Lerninhalte	Lehr- Lernmethoden	Medien/ Materialien
10.6	... das tatbezogene Unfallrisiko einschätzen.	– Tatbezogenes Unfallrisiko		
10.7	... mögliche Unfallfolgen für Unfallbeteiligte und deren Angehörige benennen.	– Mögliche Unfallfolgen für Unfallbeteiligte und deren Angehörige		

11. Baustein „Individuelle Sicherheitsverantwortung"

	Lehr-Lernziele Der Seminarteilnehmer kann ...	Lehr-Lerninhalte	Lehr- Lernmethoden	Medien/ Materialien
11.1	... anhand realer Unfälle über mögliche Unfallfolgen seines Tatverhaltens berichten.	– Mögliche Unfallfolgen für Unfallbeteiligte und deren Angehörige (Einzelschicksale)	Diskussion/ Lehrvortrag	Folien-Präsentation/Film
11.2	... die in der verkehrspädagogischen Teilmaßnahme vermittelten Kenntnisse wiedergeben.	– Zusammenfassung der in der verkehrspädagogischen Maßnahme vermittelten Kenntnisse	Diskussion/ Lernstandkontrolle	–
11.3	... seine Einstellungen zum eigenen Fahrverhalten und zur persönlichen Sicherheitsverantwortung beschreiben.	– Meinungen und Positionen der Teilnehmer zur Gefährlichkeit ihres bisherigen Fahrverhaltens und zu ihrer individuellen Sicherheitsverantwortung		

Anlage 17
(zu § 43 Nummer 3 Buchstabe a)

Inhalte der Prüfung im Rahmen der Qualitätssicherung der Fahreignungsseminare und Einweisungslehrgänge

Abschnitt A   Fahreignungsseminare

1. Vorliegen der Voraussetzungen für die Seminarleitererlaubnis
1.1 Verkehrspädagogik nach § 31a Absatz 1, 2 des Fahrlehrergesetzes oder
1.2 Verkehrspsychologie nach § 4a Absatz 3, 4 des Straßenverkehrsgesetzes einschließlich der Einhaltung der Auflagen
2. Vorliegen des Nachweises der jährlichen Fortbildung
2.1 Verkehrspädagogik nach § 33a Absatz 2 des Fahrlehrergesetzes oder
2.2 Verkehrspsychologie nach § 4a Absatz 7 des Straßenverkehrsgesetzes
3. Räumliche und sachliche Ausstattung
4. Vorliegen der Aufzeichnungen über die Seminarteilnehmer in Gestalt von Name, Vorname, Geburtsdatum und Anschrift sowie deren Unterschriften zur Teilnahmebestätigung je Modul oder Sitzung
5. Anonymisierte Dokumentation der durchgeführten Fahreignungsseminare; die Dokumentation umfasst
5.1 für die verkehrspädagogische Teilmaßnahme
5.1.1 das Datum, die Dauer und den Ort der durchgeführten Module,
5.1.2 die Anzahl der Teilnehmer,
5.1.3 die Kurzdarstellungen der Fahrerkarrieren,
5.1.4 die eingesetzten Bausteine und Medien,
5.1.5 die Hausaufgaben und
5.1.6 die Seminarverträge
5.2 für die verkehrspsychologische Teilmaßnahme
5.2.1 das Datum, die Dauer und den Ort der durchgeführten Sitzungen,
5.2.2 die auslösenden und aufrechterhaltenden Bedingungen der Verkehrszuwiderhandlungen,
5.2.3 die Funktionalität des Problemverhaltens,
5.2.4 die erarbeiteten Lösungsstrategien,
5.2.5 die persönlichen Stärken des Teilnehmers,
5.2.6 die Zielvereinbarungen und
5.2.7 den Seminarvertrag
6. Einhaltung der gesetzlichen Anforderungen an die Durchführung, insbesondere im Hinblick auf die Teilnehmeranzahl, die zeitlichen Vorgaben und bei der verkehrspädagogischen Teilmaßnahme die Abstimmung der Bausteine auf die Fahrerkarrieren
7. Einhaltung der Vorschriften über den Umgang mit den personenbezogenen Daten
8. Einhaltung der Verfahren und Maßnahmen des Qualitätssicherungssystems

Abschnitt B   Einweisungslehrgänge

1. Vorliegen der Voraussetzungen für die Anerkennung von Einweisungslehrgängen nach § 31b Absatz 1 des Fahrlehrergesetzes einschließlich der Einhaltung der Auflagen
2. Einhaltung des Ausbildungsprogramms nach § 31b Absatz 1 Satz 2 Nummer 1 des Fahrlehrergesetzes
3. Dokumentation der durchgeführten Einweisungslehrgänge; die Dokumentation umfasst
3.1 die Vornamen und Familiennamen des Lehrgangsleiters und der eingesetzten Lehrkräfte,
3.2 die Vornamen und Familiennamen und die Geburtsdaten der Teilnehmer,
3.3 die Kurzdarstellung des Verlaufs des Lehrgangs einschließlich der Inhalte und eingesetzten Methoden,
3.4 das Datum, die Dauer und den Ort der durchgeführten Kurse und
3.5 Bestätigung der Anwesenheit der Teilnehmer bei allen Kursen
4. Einhaltung der gesetzlichen Anforderungen an die Durchführung
5. Einhaltung der Verfahren und Maßnahmen des Qualitätssicherungssystems

Anlage 18
(hier nicht abgedruckt)

Anhang II

Straßenverkehrs-Zulassungs-Ordnung (StVZO)[1] [2]

vom 26. April 2012 (BGBl I 679)
zuletzt geändert durch Art. 1 VO v. 20.10.2017 (BGBl. I S. 3723)

(Auszug)

B. Fahrzeuge

§ 16 Grundregel der Zulassung

(1) Zum Verkehr auf öffentlichen Straßen sind alle Fahrzeuge zugelassen, die den Vorschriften dieser Verordnung und der Straßenverkehrs-Ordnung entsprechen, soweit nicht für die Zulassung einzelner Fahrzeugarten ein Erlaubnisverfahren vorgeschrieben ist.

(2) Schiebe- und Greifreifenrollstühle, Rodelschlitten, Kinderwagen, Roller, Kinderfahrräder und ähnliche nicht motorbetriebene oder mit einem Hilfsantrieb ausgerüstete ähnliche Fortbewegungsmittel mit einer bauartbedingten Höchstgeschwindigkeit von nicht mehr als 6 km/h sind nicht Fahrzeuge im Sinne dieser Verordnung.

§ 17 Einschränkung und Entziehung der Zulassung

(1) Erweist sich ein Fahrzeug, das nicht in den Anwendungsbereich der Fahrzeug-Zulassungsverordnung fällt, als nicht vorschriftsmäßig, so kann die Verwaltungsbehörde dem Eigentümer oder Halter eine angemessene Frist zur Behebung der Mängel setzen und nötigenfalls den Betrieb des Fahrzeugs im öffentlichen Verkehr untersagen oder beschränken; der Betroffene hat das Verbot oder die Beschränkung zu beachten.

(2) (aufgehoben)
(3) Besteht Anlass zur Annahme, dass das Fahrzeug den Vorschriften dieser Verordnung nicht entspricht, so kann die Verwaltungsbehörde zur Vorbereitung einer Entscheidung nach Absatz 1 je nach den Umständen
1. die Beibringung eines Sachverständigengutachtens darüber, ob das Fahrzeug den Vorschriften dieser Verordnung entspricht, oder
2. die Vorführung des Fahrzeugs
anordnen und wenn nötig mehrere solcher Anordnungen treffen.

§ 18 Zulassungspflichtigkeit (aufgehoben)[3]

§ 19 Erteilung und Wirksamkeit der Betriebserlaubnis

(Hier nicht abgedruckt)

§ 20 Allgemeine Betriebserlaubnis für Typen

(Hier nicht abgedruckt)

---

[1] Die StVZO gilt nach den Maßgaben der Anl I Kap XI Sachgeb B Abschn III Ein-Vertr auch im Gebiet der ehem DDR; ihr Abdruck erfolgt hier nur, soweit ihre Vorschriften im Kommentarteil von Interesse sind.

[2] Die §§ 1–15 l in Abschnitt A (Personen) wurden durch die VO über die Zulassung von Personen zum Straßenverkehr v 18.8.98 (BGBl I 2214) per 1.1.99 aufgehoben u von da an durch die FeV ersetzt (s Anh I a).

[3] Die Zulassung von Fahrzeugen wurde durch Art 1 VO zur Neuordnung des Rechts der Zulassung von Fahrzeugen zum Straßenverkehr und zur Änderung straßenverkehrsrechtlicher Vorschriften v 25.4.06 (BGBl I 988) zum 1.3.07 umfassend neu gestaltet und die StVZO, wie auch die inzwischen aufgehobene IntKfzVO, erheblich geändert. Die StVZO enthält praktisch nur noch Bau- und Betriebsvorschriften. – S zur Zulassung von Fahrzeugen die Erl bei § 1 StVG Rn 2 ff.

§§ 21–22a
(Hier nicht abgedruckt)

§ 23 Gutachten für die Einstufung eines Fahrzeugs als Oldtimer
(Hier nicht abgedruckt)

§§ 24 bis 28 (aufgehoben[4])

§ 29 Untersuchung der Kraftfahrzeuge und Anhänger

(1) Die Halter von zulassungspflichtigen Fahrzeugen im Sinne des § 3 Absatz 1 der Fahrzeug-Zulassungsverordnung und kennzeichenpflichtigen Fahrzeugen nach § 4 Absatz 2 und 3 Satz 2 der Fahrzeug-Zulassungsverordnung haben ihre Fahrzeuge auf ihre Kosten nach Maßgabe der Anlage VIII[5] in Verbindung mit Anlage VIII a in regelmäßigen Zeitabständen untersuchen zu lassen. Ausgenommen sind
1. Fahrzeuge mit rotem Kennzeichen nach den §§ 16 und 17 der Fahrzeug-Zulassungsverordnung,
2. Fahrzeuge der Bundeswehr und der Bundespolizei.

Über die Untersuchung der Fahrzeuge der Feuerwehren und des Katastrophenschutzes entscheiden die zuständigen obersten Landebehörden im Einzelfall oder allgemein.

(2) Der Halter hat den Monat, in dem das Fahrzeug spätestens zur
1. Hauptuntersuchung vorgeführt werden muss, durch eine Prüfplakette nach Anlage IX auf dem amtlichen Kennzeichen nachzuweisen, es sei denn, es handelt sich um ein Kurzzeitkennzeichen oder Ausfuhrkennzeichen,
2. Sicherheitsprüfung vorgeführt werden muss, durch eine Prüfmarke in Verbindung mit einem SP-Schild nach Anlage IX b nachzuweisen.

Prüfplaketten sind von der Zulassungsbehörde oder den zur Durchführung von Hauptuntersuchungen berechtigten Personen zuzuteilen und auf dem hinteren amtlichen Kennzeichen dauerhaft und gegen Missbrauch gesichert anzubringen. Prüfplaketten in Verbindung mit Plakettenträgern sind von der nach Landesrecht zuständigen Behörde zuzuteilen und von dem Halter oder seinem Beauftragten auf dem hinteren amtlichen Kennzeichen dauerhaft und gegen Missbrauch gesichert anzubringen. Abgelaufene Prüfplaketten sowie gegebenenfalls vorhandene Plakettenträger sind vor Anbringung neuer Prüfplaketten oder neuer Prüfplaketten in Verbindung mit Plakettenträgern zu entfernen. Prüfmarken sind von der nach Landesrecht zuständigen Behörde zuzuteilen und von dem Halter oder seinem Beauftragten auf dem SP-Schild nach den Vorschriften der Anlage IX b anzubringen oder von den zur Durchführung von Hauptuntersuchungen oder Sicherheitsprüfungen berechtigten Personen zuzuteilen und von diesen nach den Vorschriften der Anlage IX b auf dem SP-Schild anzubringen. SP-Schilder dürfen von der nach Landesrecht zuständigen Behörde, von den zur Durchführung von Hauptuntersuchungen berechtigten Personen, dem Fahrzeughersteller, dem Halter oder seinem Beauftragten nach den Vorschriften der Anlage IX b angebracht werden.

(3) Eine Prüfplakette darf nur dann zugeteilt und angebracht werden, wenn die Vorschriften der Anlage VIII eingehalten sind. Durch die nach durchgeführter Hauptuntersuchung zugeteilte und angebrachte Prüfplakette wird bescheinigt, dass das Fahrzeug zum Zeitpunkt dieser Untersuchung vorschriftsmäßig nach Nummer 1.2 der Anlage VIII ist. Weist das Fahrzeug lediglich geringe Mängel auf, so kann abweichend von Satz 1 die Prüfplakette zugeteilt und angebracht werden, wenn die unverzügliche Beseitigung der Mängel zu erwarten ist.

(4) Eine Prüfmarke darf zugeteilt und angebracht werden, wenn das Fahrzeug nach Abschluss der Sicherheitsprüfung nach Maßgabe der Nummer 1.3 der Anlage VIII keine Mängel aufweist. Die Vorschriften von Nummer 2.6 der Anlage VIII bleiben unberührt.

(5) Der Halter hat dafür zu sorgen, dass sich die nach Absatz 3 angebrachte Prüfplakette und die nach Absatz 4 angebrachte Prüfmarke und das SP-Schild in ordnungsgemäßem Zustand befinden; sie dürfen weder verdeckt noch verschmutzt sein.

---

[4] Die Vorschriften wurden zum 1.3.07 weitestgehend, allerdings zum Teil erheblich modifiziert, in die FZV übernommen, s insb §§ 11–14 FZV und § 16 FZV.
[5] Hier nicht abgedruckt.

(6) Monat und Jahr des Ablaufs der Frist für die nächste
1. Hauptuntersuchung müssen von demjenigen, der die Prüfplakette zugeteilt und angebracht hat,
   a) bei den im üblichen Zulassungsverfahren behandelten Fahrzeugen in der Zulassungsbescheinigung Teil 1 oder
   b) bei anderen Fahrzeugen auf dem nach § 4 Absatz 5 der Fahrzeug-Zulassungsverordnung mitzuführenden oder aufzubewahrenden Nachweis in Verbindung mit dem Prüfstempel der untersuchenden Stelle oder dem HU-Code und der Kennnummer der untersuchenden Personen oder Stelle,
2. Sicherheitsprüfung müssen von demjenigen, der die Prüfmarke zugeteilt hat, im Prüfprotokoll
vermerkt werden.

(7) Die Prüfplakette und die Prüfmarke werden mit Ablauf des jeweils angegebenen Monats ungültig. Ihre Gültigkeit verlängert sich um einen Monat, wenn bei der Durchführung der Hauptuntersuchung oder Sicherheitsprüfung Mängel festgestellt werden, die vor der Zuteilung einer neuen Prüfplakette oder Prüfmarke zu beheben sind. Satz 2 gilt auch, wenn bei geringen Mängeln keine Prüfplakette nach Absatz 3 Satz 3 zugeteilt wird, und für Prüfmarken in den Fällen der Anlage VIII Nr. 2.4 Satz 5. Befindet sich an einem Fahrzeug, das mit einer Prüfplakette oder einer Prüfmarke in Verbindung mit einem SP-Schild versehen sein muss, keine gültige Prüfplakette oder keine gültige Prüfmarke, so kann die nach Landesrecht zuständige Behörde für die Zeit bis zur Anbringung der vorgenannten Nachweise den Betrieb des Fahrzeugs im öffentlichen Verkehr untersagen oder beschränken. Die betroffene Person hat das Verbot oder die Beschränkung zu beachten.

(8) Einrichtungen aller Art, die zu Verwechslungen mit der in Anlage IX[6] beschriebenen Prüfplakette oder der in Anlage IXb[7] beschriebenen Prüfmarke in Verbindung mit dem SP-Schild Anlass geben können, dürfen an Kraftfahrzeugen und ihren Anhängern nicht angebracht sein.

(9) Der für die Durchführung von Hauptuntersuchungen oder Sicherheitsprüfungen Verantwortliche hat für Hauptuntersuchungen einen Untersuchungsbericht und für Sicherheitsprüfungen ein Prüfprotokoll nach Maßgabe der Anlage VIII zu erstellen und dem Fahrzeughalter oder seinem Beauftragten auszuhändigen.

(10) Der Halter hat den Untersuchungsbericht mindestens bis zur nächsten Hauptuntersuchung und das Prüfprotokoll mindestens bis zur nächsten Sicherheitsprüfung aufzubewahren. Der Halter oder sein Beauftragter hat den Untersuchungsbericht, bei Fahrzeugen nach Absatz 11 zusammen mit dem Prüfprotokoll und dem Prüfbuch, zuständigen Personen und der Zulassungsbehörde auf deren Anforderung hin auszuhändigen. Kann der letzte Untersuchungsbericht oder das letzte Prüfprotokoll nicht ausgehändigt werden, hat der Halter auf seine Kosten Zweitschriften von den prüfenden Stellen zu beschaffen oder eine Hauptuntersuchung oder eine Sicherheitsprüfung durchführen zu lassen. Die Sätze 2 und 3 gelten nicht für den Hauptuntersuchungsbericht bei der Fahrzeugzulassung, wenn die Fälligkeit der nächsten Hauptuntersuchung für die Zulassungsbehörde aus einem anderen amtlichen Dokument ersichtlich ist.

(11) Halter von Fahrzeugen, an denen nach Nummer 2.1 der Anlage VIII Sicherheitsprüfungen durchzuführen sind, haben ab dem Tag der Zulassung Prüfbücher nach einem im Verkehrsblatt mit Zustimmung der zuständigen obersten Landesbehörden bekannt gemachten Muster zu führen. Untersuchungsberichte und Prüfprotokolle müssen mindestens für die Dauer ihrer Aufbewahrungspflicht nach Absatz 10 in den Prüfbüchern abgeheftet werden.

(12) Der für die Durchführung von Hauptuntersuchungen oder Sicherheitsprüfungen Verantwortliche hat ihre Durchführung unter Angabe des Datums, bei Kraftfahrzeugen zusätzlich unter Angabe des Kilometerstandes, im Prüfbuch einzutragen.

(13) Prüfbücher sind bis zur endgültigen Außerbetriebsetzung des jeweiligen Fahrzeugs von dem Halter des Fahrzeugs aufzubewahren.

§§ 29a Datenübermittlung

Die zur Durchführung von Hauptuntersuchungen oder Sicherheitsüberprüfungen nach § 29 berechtigten Personen sind verpflichtet, nach Abschluss einer Hauptuntersuchung

---

[6] Hier nicht abgedruckt.
[7] Hier nicht abgedruckt.

oder einer Sicherheitsüberprüfung die in § 34 Absatz 1 der Fahrzeug-Zulassungsverordnung genannten Daten an das Kraftfahrt-Bundesamt zur Speicherung im Zentralen Fahrzeugregister zu übermitteln. Darüber hinaus *dürfen* [ab 20.5.2018: müssen] die zur Durchführung von Hauptuntersuchungen nach § 29 berechtigten Personen nach Abschluss einer Hauptuntersuchung die in § 34 Absatz 2 der Fahrzeug-Zulassungsverordnung genannten Daten an das Kraftfahrt-Bundesamt zur Speicherung im Zentralen Fahrzeugregister übermitteln. Die jeweilige Übermittlung hat
1. bei verkehrsunsicheren Fahrzeugen nach Anlage VIII Nummer 3.1.4.4 oder 3.2.3.3 am selben Tag
2. sonst unverzüglich, spätestens aber innerhalb von zwei Wochen nach Abschluss der Hauptuntersuchung oder Sicherheitsüberprüfung
zu erfolgen.

§ 30 Beschaffenheit der Fahrzeuge

(1) Fahrzeuge müssen so gebaut und ausgerüstet sein, dass
1. ihr verkehrsüblicher Betrieb niemanden schädigt oder mehr als unvermeidbar gefährdet, behindert oder belästigt,
2. die Insassen insbesondere bei Unfällen vor Verletzungen möglichst geschützt sind und das Ausmaß und die Folgen von Verletzungen möglichst gering bleiben.

(2) Fahrzeuge müssen in straßenschonender Bauweise hergestellt sein und in dieser erhalten werden.

(3) Für die Verkehrs- oder Betriebssicherheit wichtige Fahrzeugteile, die besonders leicht abgenutzt oder beschädigt werden können, müssen einfach zu überprüfen und leicht auswechselbar sein.

(4) Anstelle der Vorschriften dieser Verordnung können die Einzelrichtlinien in ihrer jeweils geltenden Fassung angewendet werden, die
1. in Anhang IV der Richtlinie 2007/46/EG oder
2. in Anhang II Kapitel B der Richtlinie 2003/37/EG oder
3. in Anhang I der Richtlinie 2002/24/EG
in seiner jeweils geltenden Fassung genannt sind. Die jeweilige Liste der in Anhang IV der Richtlinie 2007/46/EWG, in Anhang II der Typgenehmigungsrichtlinie 2003/37/EG und in Anhang I der Richtlinie 2002/24/EG, genannten Einzelrichtlinien wird unter Angabe der Kurzbezeichnungen und der ersten Fundstelle aus dem Amtsblatt der Europäischen Gemeinschaften vom Bundesministerium für Verkehr und digitale Infrastruktur im Verkehrsblatt bekannt gemacht und fortgeschrieben. Die in Satz 1 genannten Einzelrichtlinien sind jeweils ab dem Zeitpunkt anzuwenden, zu dem sie in Kraft treten und nach Satz 2 bekannt gemacht worden sind. Soweit in einer Einzelrichtlinie ihre verbindliche Anwendung vorgeschrieben ist, ist nur diese Einzelrichtlinie maßgeblich.

§§ 30a bis 30d (allg. Bau- u Betriebsvorschriften)

(Hier nicht abgedruckt)

§ 31 Verantwortung für den Betrieb der Fahrzeuge[8]

(1) Wer ein Fahrzeug oder einen Zug miteinander verbundener Fahrzeuge führt, muß zur selbständigen Leitung geeignet sein.

(2) Der Halter darf die Inbetriebnahme nicht anordnen oder zulassen, wenn ihm bekannt ist oder bekannt sein muss, dass der Führer nicht zur selbstständigen Leitung geeignet oder das Fahrzeug, der Zug, das Gespann, die Ladung oder die Besetzung nicht vorschriftsmäßig ist oder dass die Verkehrssicherheit des Fahrzeugs durch die Ladung oder die Besetzung leidet.

§ 31a Fahrtenbuch[9]

(1) Die nach Landesrecht zuständige Behörde kann gegenüber einem Fahrzeughalter für ein oder mehrere auf ihn zugelassene oder künftig zuzulassende Fahrzeuge die Führung eines Fahrtenbuchs anordnen, wenn die Feststellung eines Fahrzeugführers nach

---
[8] Vgl dazu § 23 StVO Rn 31.
[9] Erläutert bei § 23 StVO Rn 45.

Straßenverkehrs-Zulassungs-Ordnung **Anh II**

einer Zuwiderhandlung gegen Verkehrsvorschriften nicht möglich war. Die Verwaltungsbehörde kann ein oder mehrere Ersatzfahrzeuge bestimmen.

(2) Der Fahrzeughalter oder sein Beauftragter hat in dem Fahrtenbuch für ein bestimmtes Fahrzeug und für jede einzelne Fahrt
1. vor deren Beginn
   a) Name, Vorname und Anschrift des Fahrzeugführers,
   b) amtliches Kennzeichen des Fahrzeugs,
   c) Datum und Uhrzeit des Beginns der Fahrt und
2. nach deren Beendigung unverzüglich Datum und Uhrzeit mit Unterschrift einzutragen.

(3) Der Fahrzeughalter hat
a) der das Fahrtenbuch anordnenden oder der von ihr bestimmten Stelle oder
b) sonst zuständigen Personen

das Fahrtenbuch auf Verlangen jederzeit an dem von der anordnenden Stelle festgelegten Ort zur Prüfung auszuhändigen und es sechs Monate nach Ablauf der Zeit, für die es geführt werden muss, aufzubewahren.

§ 31b Überprüfung mitzuführender Gegenstände

Führer von Fahrzeugen sind verpflichtet, zuständigen Personen auf Verlangen folgende mitzuführende Gegenstände vorzuzeigen und zur Prüfung des vorschriftsmäßigen Zustands auszuhändigen:
1. Feuerlöscher (§ 35g Absatz 1),
2. Erste-Hilfe-Material (§ 35h Absatz 1, 3 und 4),
3. Unterlegkeile (§ 41 Absatz 14),
4. Warndreiecke und Warnleuchten (§ 53a Absatz 2),
4a. Warnweste (§ 53a Absatz 2),
5. tragbare Blinkleuchten (§ 53b Absatz 5) und windsichere Handlampen (§ 54b),
6. Leuchten und Rückstrahler (§ 53b Absatz 1 Satz 4 Halbsatz 2 und Absatz 2 Satz 4 Halbsatz 2).

§ 31c Überprüfung von Fahrzeuggewichten

Kann der Führer eines Fahrzeugs auf Verlangen einer zuständigen Person die Einhaltung der für das Fahrzeug zugelassenen Achslasten und Gesamtgewichte nicht glaubhaft machen, so ist er verpflichtet, sie nach Weisung dieser Person auf einer Waage oder einem Achslastmesser (Radlastmesser) feststellen zu lassen. Nach der Wägung ist dem Führer eine Bescheinigung über das Ergebnis der Wägung zu erteilen. Die Kosten der Wägung fallen dem Halter des Fahrzeugs zur Last, wenn ein zu beanstandendes Übergewicht festgestellt wird. Die prüfende Person kann von dem Führer des Fahrzeugs eine Überlastung entsprechende Um- oder Entladung fordern; dieser Auflage hat der Fahrzeugführer nachzukommen; die Kosten hierfür hat der Halter zu tragen.

§§ 31d bis 32d

(Hier nicht abgedruckt)

§ 33 Schleppen von Fahrzeugen

Fahrzeuge, die nach ihrer Bauart zum Betrieb als Kraftfahrzeug bestimmt sind, dürfen nicht als Anhänger betrieben werden.

§§ 34 bis 35

(Hier nicht abgedruckt)

§ 35a Sitze, Sicherheitsgurte, Rückhaltesysteme, Rückhalteeinrichtungen für Kinder, Rollstuhlnutzer und Rollstühle

(1) Der Sitz des Fahrzeugführers und sein Betätigungsraum sowie die Einrichtungen zum Führen des Fahrzeugs müssen so angeordnet und beschaffen sein, dass das Fahrzeug – auch bei angelegtem Sicherheitsgurt oder Verwendung eines anderen Rückhaltesystems – sicher geführt werden kann.

(2) Personenkraftwagen, Kraftomnibusse und zur Güterbeförderung bestimmte Kraftfahrzeuge mit einer durch die Bauart bestimmten Höchstgeschwindigkeit von mehr als 25 km/h müssen entsprechend den im Anhang zu dieser Vorschrift genannten Bestimmungen mit Sitzverankerungen, Sitzen und, soweit ihre zulässige Gesamtmasse nicht mehr als 3,5 t beträgt, an den vorderen Außensitzen zusätzlich mit Kopfstützen ausgerüstet sein.

(3) Die in Absatz 2 genannten Kraftfahrzeuge müssen mit Verankerungen zum Anbringen von Sicherheitsgurten ausgerüstet sein, die den im Anhang zu dieser Vorschrift genannten Bestimmungen entsprechen.

(4) Außerdem müssen die in Absatz 2 genannten Kraftfahrzeuge mit Sicherheitsgurten oder Rückhaltesystemen ausgerüstet sein, die den im Anhang zu dieser Vorschrift genannten Bestimmungen entsprechen.

(4a) Personenkraftwagen, in denen Rollstuhlnutzer in einem Rollstuhl sitzend befördert werden, müssen mit Rollstuhlstellplätzen ausgerüstet sein. Jeder Rollstuhlstellplatz muss mit einem Rollstuhl-Rückhaltesystem und einem Rollstuhlnutzer-Rückhaltesystem ausgerüstet sein. Rollstuhl-Rückhaltesysteme und Rollstuhlnutzer-Rückhaltesysteme, ihre Verankerungen und Sicherheitsgurte müssen den im Anhang zu dieser Vorschrift genannten Bestimmungen entsprechen. Werden vorgeschriebene Rollstuhl-Rückhaltesysteme und Rollstuhlnutzer-Rückhaltesysteme beim Betrieb des Fahrzeugs genutzt, sind diese in der vom Hersteller des Rollstuhl-Rückhaltesystems, Rollstuhlnutzer-Rückhaltesystems sowie des Rollstuhls vorgesehenen Weise zu betreiben. Die im Anhang genannten Bestimmungen gelten nur für diejenigen Rollstuhlstellplätze, die nicht anstelle des Sitzplatzes für den Fahrzeugführer angeordnet sind. Ist wahlweise anstelle des Rollstuhlstellplatzes der Einbau eines oder mehrerer Sitze vorgesehen, gelten die Anforderungen der Absätze 1 bis 4 und 5 bis 10 für diese Sitze unverändert. Für Rollstuhl-Rückhaltesysteme und Rollstuhlnutzer-Rückhaltesysteme kann die DIN-Norm 75078-2:2015-04 als Alternative zu den im Anhang zu dieser Vorschrift genannten Bestimmungen angewendet werden.

(4b) Der Fahrzeughalter hat der Zulassungsbehörde unverzüglich über den vorschriftsgemäßen Einbau oder die vorschriftsgemäße Änderung eines Rollstuhlstellplatzes, Rollstuhl-Rückhaltesystems, Rollstuhlnutzer-Rückhaltesystems sowie deren Verankerungen und Sicherheitsgurte ein Gutachten gemäß § 19 Absatz 2 Satz 5 Nummer 1 in Verbindung mit § 21 Absatz 1 oder einen Nachweis gemäß § 19 Absatz 3 Nummer 1 bis 4 vorzulegen. Auf der Grundlage des Gutachtens oder des Nachweises vermerkt die Zulassungsbehörde in der Zulassungsbescheinigung Teil I das Datum des Einbaus oder der letzten Änderung.

(5) Die Absätze 2 bis 4 gelten für Kraftfahrzeuge mit einer durch die Bauart bestimmten Höchstgeschwindigkeit von mehr als 25 km/h, die hinsichtlich des Insassenraumes und des Fahrgestells den Baumerkmalen der in Absatz 2 genannten Kraftfahrzeuge gleichzusetzen sind, entsprechend. Bei Wohnmobilen mit einer zulässigen Gesamtmasse von mehr als 2,5 t genügt für die hinteren Sitze die Ausrüstung mit Verankerungen zur Anbringung von Beckengurten und mit Beckengurten.

(5a) Die Absätze 2 bis 4 gelten nur für diejenigen Sitze, die zum üblichen Gebrauch während der Fahrt bestimmt sind. Sitze, die nicht benutzt werden dürfen, während das Fahrzeug im öffentlichen Straßenverkehr betrieben wird, sind durch ein Bilderschriftzeichen oder ein Schild mit entsprechendem Text zu kennzeichnen.

(6) Die Absätze 3 und 4 gelten nicht für Kraftomnibusse, die sowohl für den Einsatz im Nahverkehr als auch für stehende Fahrgäste gebaut sind. Dies sind Kraftomnibusse ohne besonderen Gepäckraum sowie Kraftomnibusse mit zugelassenen Stehplätzen im Gang und auf einer Fläche, die größer oder gleich der Fläche für zwei Doppelsitze ist.

(7) Sicherheitsgurte und Rückhaltesysteme müssen so eingebaut sein, dass ihr einwandfreies Funktionieren bei vorschriftsmäßigem Gebrauch und auch bei Benutzung aller ausgewiesenen Sitzplätze gewährleistet ist und sie die Gefahr von Verletzungen bei Unfällen verringern.

(8) Auf Beifahrerplätzen, vor denen ein betriebsbereiter Airbag eingebaut ist, dürfen nach hinten gerichtete Rückhalteeinrichtungen für Kinder nicht angebracht sein. Diese Beifahrerplätze müssen mit einem Warnhinweis vor der Verwendung einer nach hinten gerichteten Rückhalteeinrichtung für Kinder auf diesem Platz versehen sein. Der Warnhinweis in Form eines Piktogramms kann auch einen erläuternden Text enthalten. Er muss dauerhaft angebracht und so angeordnet sein, dass er für eine Person, die eine nach hinten gerichtete Rückhalteeinrichtung für Kinder einbauen will, deutlich sichtbar ist. Anla-

Straßenverkehrs-Zulassungs-Ordnung **Anh II**

ge XXVIII[10] zeigt ein Beispiel für ein Piktogramm. Falls der Warnhinweis bei geschlossener Tür nicht sichtbar ist, soll ein dauerhafter Hinweis auf das Vorhandensein eines Beifahrerairbags vom Beifahrerplatz aus gut zu sehen sein.

(9) Krafträder, auf denen ein Beifahrer befördert wird, müssen mit einem Sitz für den Beifahrer ausgerüstet sein. Dies gilt nicht bei der Mitnahme eines Kindes unter sieben Jahren, wenn für das Kind ein besonderer Sitz vorhanden und durch Radverkleidungen oder gleich wirksame Einrichtungen dafür gesorgt ist, daß die Füße des Kindes nicht in die Speichen geraten können.

(10) bis (13) (Hier nicht abgedruckt)

§ 35b Einrichtungen zum sicheren Führen der Fahrzeuge

(1) Die Einrichtungen zum Führen der Fahrzeuge müssen leicht und sicher zu bedienen sein.

(2) Für den Fahrzeugführer muss ein ausreichendes Sichtfeld unter allen Betriebs- und Witterungsverhältnissen gewährleistet sein.

§§ 35c bis 35j

(Hier nicht abgedruckt)

§ 36 Bereifung und Laufflächen

(Absätze 1 und 2 hier nicht abgedruckt)

(3) ... Das Hauptprofil muss am ganzen Umfang eine Profiltiefe von mindestens 1,6 mm aufweisen; als Hauptprofil gelten dabei die breiten Profilrillen im mittleren Bereich der Lauffläche, der etwa 3/4 der Laufflächenbreite einnimmt. Jedoch genügt bei Fahrrädern mit Hilfsmotor, Kleinkrafträdern und Leichtkrafträdern eine Profiltiefe von mindestens 1 mm.

(Absätze 4 bis 5 hier nicht abgedruckt)

§§ 36a, 37, 38

(Hier nicht abgedruckt)

§ 38a Sicherungseinrichtungen gegen unbefugte Benutzung von Kraftfahrzeugen

(1) Personenkraftwagen sowie Lastkraftwagen, Zugmaschinen und Sattelzugmaschinen mit einem zulässigen Gesamtgewicht von nicht mehr als 3,5 t – ausgenommen land- oder forstwirtschaftliche Zugmaschinen und Dreirad-Kraftfahrzeuge – müssen mit einer Sicherungseinrichtung gegen unbefugte Benutzung, Personenkraftwagen zusätzlich mit einer Wegfahrsperre ausgerüstet sein. Die Sicherungseinrichtung gegen unbefugte Benutzung und die Wegfahrsperre müssen den im Anhang zu dieser Vorschrift genannten Bestimmungen entsprechen.

(2) Krafträder und Dreirad-Kraftfahrzeuge mit einem Hubraum von mehr als 50 cm^3 oder einer durch die Bauart bestimmten Höchstgeschwindigkeit von mehr als 45 km/h, ausgenommen Kleinkrafträder und Fahrräder mit Hilfsmotor (§ 3 Absatz 2 Satz 1 Nummer 1 Buchstabe d der Fahrzeug-Zulassungsverordnung), müssen mit einer Sicherungseinrichtung gegen unbefugte Benutzung ausgerüstet sein, die den im Anhang zu dieser Vorschrift genannten Bestimmungen entspricht.

(3) Sicherungseinrichtung gegen unbefugte Benutzung und Wegfahrsperren an Kraftfahrzeugen, für die sie nicht vorgeschrieben sind, müssen den vorstehenden Vorschriften entsprechen.

§ 38b Fahrzeug-Alarmsysteme

In Personenkraftwagen sowie in Lastkraftwagen, Zugmaschinen und Sattelzugmaschinen mit einem zulässigen Gesamtgewicht von nicht mehr als 2,00 t eingebaute Fahrzeug-Alarmsysteme müssen den im Anhang zu dieser Vorschrift genannten Bestimmungen entsprechen. Fahrzeug-Alarmsysteme in anderen Kraftfahrzeugen müssen sinngemäß den vorstehenden Vorschriften entsprechen.

---

[10] Anlage hier nicht abgedruckt.

Anh II Straßenverkehrs-Zulassungs-Ordnung

§§ 39 bis 53

(Hier nicht abgedruckt)

§ 53a Warndreieck, Warnleuchte, Warnblinkanlage, Warnweste

(1) Warndreiecke und Warnleuchten müssen tragbar, standsicher und so beschaffen sein, dass sie bei Gebrauch auf ausreichende Entfernung erkennbar sind. Warndreiecke müssen rückstrahlend sein; Warnleuchten müssen gelbes Blinklicht abstrahlen, von der Lichtanlage des Fahrzeugs unabhängig sein und eine ausreichende Brenndauer haben. Warnwesten müssen der Norm DIN EN 471:2003+A1:2007, Ausgabe März 2008 oder der Norm EN ISO 20471:2013 entsprechen. Die Warneinrichtungen müssen in betriebsfertigem Zustand sein.

(2) In Kraftfahrzeugen mit Ausnahme von Krankenfahrstühlen, Krafträdern und einachsigen Zug- oder Arbeitsmaschinen müssen mindestens folgende Warneinrichtungen mitgeführt werden:
1. in Personenkraftwagen, land- oder forstwirtschaftlichen Zug- oder Arbeitsmaschinen sowie in anderen Kraftfahrzeugen mit einem zulässigen Gesamtgewicht von nicht mehr als 3,5 t:
ein Warndreieck;
2. in Kraftfahrzeugen mit einem zulässigen Gesamtgewicht von mehr als 3,5 t:
ein Warndreieck und getrennt davon eine Warnleuchte. Als Warnleuchte darf auch eine tragbare Blinkleuchte nach § 53b Absatz 5 Satz 7 mitgeführt werden;
3. in Personenkraftwagen, Lastkraftwagen, Zug- und Sattelzugmaschinen sowie Kraftomnibussen:
eine Warnweste.

(3) Warnleuchten, die mitgeführt werden, ohne dass sie nach Absatz 2 vorgeschrieben sind, dürfen abweichend von Absatz 1 von der Lichtanlage des Fahrzeugs abhängig sein, im Fahrzeug fest angebracht oder so beschaffen sein, dass sie bei Bedarf innen oder außen am Fahrzeug angebracht werden können. Sie müssen der Nummer 20 der Technischen Anforderungen an Fahrzeugteile bei der Bauartprüfung nach § 22a der Straßenverkehrs-Zulassungs-Ordnung (Verkehrsblatt 1973 S. 558) entsprechen.

(4) Fahrzeuge (ausgenommen Kraftfahrzeuge nach § 30a Absatz 3 mit Ausnahme von dreirädrigen Kraftfahrzeugen), die mit Fahrtrichtungsanzeigern ausgerüstet sein müssen, müssen zusätzlich eine Warnblinkanlage haben. Sie muss wie folgt beschaffen sein:
1. Für die Schaltung muss im Kraftfahrzeug ein besonderer Schalter vorhanden sein.
2. Nach dem Einschalten müssen alle am Fahrzeug oder Zug vorhandenen Blinkleuchten gleichzeitig mit einer Frequenz von 1,5 Hz ± 0,5 Hz (90 Impulse ± 30 Impulse in der Minute) gelbes Blinklicht abstrahlen.
3. Dem Fahrzeugführer muss durch eine auffällige Kontrollleuchte nach § 39a angezeigt werden, dass das Warnblinklicht eingeschaltet ist.

(5) Warnblinkanlagen an Fahrzeugen, für die sie nicht vorgeschrieben sind, müssen den Vorschriften des Absatzes 4 entsprechen.

§§ 53b und c

(Hier nicht abgedruckt)

§ 53d Nebelschlussleuchten

(1) Die Nebelschlussleuchte ist eine Leuchte, die rotes Licht abstrahlt und das Fahrzeug bei dichtem Nebel von hinten besser erkennbar macht.

(2) Mehrspurige Kraftfahrzeuge, deren durch die Bauart bestimmte Höchstgeschwindigkeit mehr als 60 km/h beträgt, und ihre Anhänger müssen hinten mit einer oder zwei, andere Kraftfahrzeuge und Anhänger dürfen hinten mit einer Nebelschlussleuchte ausgerüstet sein.

(3–6) (Hier nicht abgedruckt)

Straßenverkehrs-Zulassungs-Ordnung **Anh II**

§§ 54 bis 69
(Hier nicht abgedruckt)

§ 69a Ordnungswidrigkeiten

(1) Ordnungswidrig im Sinne des § 62 Absatz 1 Nummer 7 des Bundes-Immissionsschutzgesetzes handelt, wer vorsätzlich oder fahrlässig entgegen § 47f Absatz 1, auch in Verbindung mit Absatz 2 Satz 1, oder entgegen § 47f Absatz 2 Satz 2 ein Kraftfahrzeug betreibt.

(2) Ordnungswidrig im Sinne des § 24 des Straßenverkehrsgesetzes) handelt, wer vorsätzlich oder fahrlässig
1. entgegen § 17 Absatz 1 einem Verbot, ein Fahrzeug in Betrieb zu setzen, zuwiderhandelt oder Beschränkungen nicht beachtet,
1a. entgegen § 19 Absatz 5 Satz 1 ein Fahrzeug in Betrieb nimmt oder als Halter dessen Inbetriebnahme anordnet oder zulässt,
2. einer vollziehbaren Anordnung oder Auflage nach § 29 Absatz 7 Satz 5 in Verbindung mit Satz 4 zuwiderhandelt,
3. bis 6. (weggefallen)
7. entgegen § 22a Absatz 2 Satz 1 oder Absatz 6 ein Fahrzeugteil ohne amtlich vorgeschriebenes und zugeteiltes Prüfzeichen zur Verwendung feilbietet, veräußert, erwirbt oder verwendet, sofern nicht schon eine Ordnungswidrigkeit nach § 23 des Straßenverkehrsgesetzes vorliegt,
8. gegen eine Vorschrift des § 21 a Absatz 3 Satz 1 oder § 22a Absatz 5 Satz 1 oder Absatz 6 über die Kennzeichnung von Ausrüstungsgegenständen oder Fahrzeugteilen mit Prüfzeichen oder gegen ein Verbot nach § 21 a Absatz 3 Satz 2 oder § 22 a Absatz 5 Satz 2 oder Absatz 6 über die Anbringung von verwechslungsfähigen Zeichen verstößt,
9. gegen eine Vorschrift über Mitführung und Aushändigung
    a) bis f) (weggefallen)
    g) eines Abdrucks oder einer Ablichtung einer Erlaubnis, Genehmigung, eines Auszugs einer Erlaubnis oder Genehmigung, eines Teilegutachtens oder eines Nachweises nach § 19 Absatz 4 Satz 1,
    h) (weggefallen)
    i) der Urkunde über die Einzelgenehmigung nach § 22a Absatz 4 Satz 2
    verstößt,
10. bis 13b. (weggefallen)
14. einer Vorschrift des § 29 Absatz 1 Satz 1 in Verbindung mit den Nummern 2.1, 2.2, 2.6, 2.7 Satz 2 oder 3, den Nummern 3.1.1, 3.1.2 oder 3.2.2 der Anlage VIII über Hauptuntersuchungen oder Sicherheitsprüfungen zuwiderhandelt,
15. einer Vorschrift des § 29 Absatz 3 Satz 1 über Prüfplaketten oder Prüfmarken in Verbindung mit einem SP-Schild, des § 29 Absatz 5 über den ordnungsgemäßen Zustand der Prüfplaketten oder der Prüfmarken in Verbindung mit einem SP-Schild, des § 29 Absatz 7 Satz 5 über das Betriebsverbot oder die Betriebsbeschränkung oder des § 29 Absatz 8 über das Verbot des Anbringens verwechslungsfähiger Zeichen zuwiderhandelt,
16. einer Vorschrift des § 29 Absatz 10 Satz 1 oder 2 über die Aufbewahrungs- und Aushändigungspflicht für Untersuchungsberichte oder Prüfprotokolle zuwiderhandelt,
17. einer Vorschrift des § 29 Absatz 11 oder 13 über das Führen oder Aufbewahren von Prüfbüchern zuwiderhandelt,
18. einer Vorschrift des § 29 Absatz 1 Satz 1 in Verbindung mit Nummer 3.1.4.2 Satz 2 Halbsatz 2 der Anlage VIII über die Behebung der geringen Mängel oder Nummer 3.1.4.3 Satz 2 Halbsatz 2 über die Behebung der erheblichen Mängel oder die Wiedervorführung zur Nachprüfung der Mängelbeseitigung zuwiderhandelt,
19. entgegen § 29 Absatz 1 Satz 1 in Verbindung mit Nummer 4.3 Satz 2 der Anlage VIII, Nummer 8.1.1 Satz 2 oder Nummer 8.2.1 Satz 2 der Anlage VIIIc die Maßnahmen nicht duldet oder die vorgeschriebenen Aufzeichnungen nicht vorlegt.

(3) Ordnungswidrig im Sinne des § 24 des Straßenverkehrsgesetzes handelt ferner, wer vorsätzlich oder fahrlässig ein Kraftfahrzeug oder ein Kraftfahrzeug mit Anhänger (Fahrzeugkombination) unter Verstoß gegen eine der folgenden Vorschriften in Betrieb nimmt:
1. des § 30 über allgemeine Beschaffenheit von Fahrzeugen;
1a. des § 30c Absatz 1 und 4 über vorstehende Außenkanten, Frontschutzsysteme;

1695

1b. des § 30d Absatz 3 über die Bestimmungen für Kraftomnibusse oder des § 30d Absatz 4 über die technischen Einrichtungen für die Beförderung von Personen mit eingeschränkter Mobilität in Kraftomnibussen;
1c. des § 31d Absatz 2 über die Ausrüstung ausländischer Kraftfahrzeuge mit Sicherheitsgurten, des § 31d Absatz 3 über die Ausrüstung ausländischer Kraftfahrzeuge mit Geschwindigkeitsbegrenzern oder deren Benutzung oder des § 31 d Absatz 4 Satz 1 über die Profiltiefe der Reifen ausländischer Kraftfahrzeuge;
2. des § 32 Absatz 1 bis 4 oder 9, auch in Verbindung mit § 31d Absatz 1, über Abmessungen von Fahrzeugen und Fahrzeugkombinationen;
3. der §§ 32a, 42 Absatz 2 Satz 1 über das Mitführen von Anhängern, des § 33 über das Schleppen von Fahrzeugen, des § 43 Absatz 1 Satz 1 bis 3, Absatz 2 Satz 1, Absatz 3, 4 Satz 1 oder 3 über Einrichtungen zur Verbindung von Fahrzeugen oder des § 44 Absatz 1, 2 Satz 1 oder Absatz 3 über Stützeinrichtungen und Stützlast von Fahrzeugen;
3a. des § 32b Absatz 1, 2 oder 4 über Unterfahrschutz;
3b. des § 32c Absatz 2 über seitliche Schutzvorrichtungen;
3c. des § 32d Absatz 1 oder 2 Satz 1 über Kurvenlaufeigenschaften;
4. des § 34 Absatz 3 Satz 3 über die zulässige Achslast oder das zulässige Gesamtgewicht bei Fahrzeugen oder Fahrzeugkombinationen, des § 34 Absatz 8 über das Gewicht auf einer oder mehreren Antriebsachsen, des § 34 Absatz 9 Satz 1 über den Achsabstand, des § 34 Absatz 11 über Hubachsen oder Lastverlagerungsachsen, jeweils auch in Verbindung mit § 31d Absatz 1, des § 34b über die Laufrollenlast oder das Gesamtgewicht von Gleiskettenfahrzeugen oder des § 42 Absatz 1 oder Absatz 2 Satz 2 über die zulässige Anhängelast;
5. des § 34a Absatz 1 über die Besetzung, Beladung und Kennzeichnung von Kraftomnibussen;
6. des § 35 über die Motorleistung;
7. des § 35a Absatz 1 über Anordnung oder Beschaffenheit des Sitzes des Fahrzeugführers, des Betätigungsraums oder der Einrichtungen zum Führen des Fahrzeugs für den Fahrer, der Absätze 2, 3, 4, 5 Satz 1 oder Absatz 7 über Sitze und deren Verankerungen, Kopfstützen, Sicherheitsgurte und deren Verankerungen oder über Rückhaltesysteme, des Absatzes 4a über Rollstuhlstellplätze, Rollstuhl-Rückhaltesysteme, Rollstuhlnutzer-Rückhaltesysteme, Verankerungen und Sicherheitsgurte, des Absatzes 8 Satz 1 über die Anbringung von nach hinten gerichteten Rückhalteeinrichtungen für Kinder auf Beifahrersitzen, vor denen ein betriebsbereiter Airbag eingebaut ist, oder Satz 2 oder 4 über die Warnung vor der Verwendung von nach hinten gerichteten Rückhalteeinrichtungen für Kinder auf Beifahrersitzen mit Airbag, des Absatzes 9 Satz 1 über einen Sitz für den Beifahrer auf Krafträdern oder des Absatzes 10 über die Beschaffenheit von Sitzen, ihrer Lehnen und ihrer Befestigungen sowie der selbsttätigen Verriegelung von klappbaren Sitzen und Rückenlehnen und der Zugänglichkeit der Entriegelungseinrichtung oder des Absatzes 11 über Verankerungen der Sicherheitsgurte und Sicherheitsgurte von dreirädrigen oder vierrädrigen Kraftfahrzeugen oder des Absatzes 13 über die Pflicht zur nach hinten oder seitlich gerichteten Anbringung von Rückhalteeinrichtungen für Kinder bis zu einem Alter von 15 Monaten;
7a. des § 35b Absatz 1 über die Beschaffenheit der Einrichtungen zum Führen von Fahrzeugen oder des § 35b Absatz 2 über das Sichtfeld des Fahrzeugführers;
7b. des § 35c über Heizung und Belüftung, des § 35d über Einrichtungen zum Auf- und Absteigen an Fahrzeugen, des § 35e Absatz 1 bis 3 über Türen oder des § 35f über Notausstiege in Kraftomnibussen;
7c. des § 35g Absatz 1 oder 2 über Feuerlöscher in Kraftomnibussen oder des § 35h Absatz 1 bis 3 über Erste-Hilfe-Material in Kraftfahrzeugen;
7d. des § 35i Absatz 1 Satz 1 oder 2, dieser in Verbindung mit Nummer 2 Satz 2, 4, 8 oder 9, Nummer 3.1 Satz 1, Nummer 3.2 Satz 1 oder 2, Nummer 3.3, 3.4 Satz 1 oder 2 oder Nummer 3.5 Satz 2, 3 oder 4 der Anlage X, über Gänge oder die Anordnung von Fahrgastsitzen in Kraftomnibussen oder des § 35i Absatz 2 über die Beförderung liegender Fahrgäste ohne geeignete Rückhalteeinrichtungen;
8. des § 36 Absatz 1 Satz 1 oder 3 bis 4, Absatz 3 Satz 1 oder 3 bis 5, Absatz 5 Satz 1 oder Absatz 6 über Bereifung, des § 36 Absatz 1 Satz 1 bis 5 über Gleisketten von Gleiskettenfahrzeugen oder Satz 6 über deren zulässige Höchstgeschwindigkeit, des § 36a Absatz 1 über Radabdeckungen oder Absatz 3 über die Sicherung von außen am Fahrzeug mitgeführten Ersatzrädern oder des § 37 Absatz 1 Satz 1 über Gleitschutzeinrichtungen oder Absatz 2 über Schneeketten;

Straßenverkehrs-Zulassungs-Ordnung   Anh II

9. des § 38 über Lenkeinrichtungen;
10. des § 38a über die Sicherung von Kraftfahrzeugen gegen unbefugte Benutzung;
10a. des § 38b über Fahrzeug-Alarmsysteme;
11. des § 39 über Einrichtungen zum Rückwärtsfahren;
11a. des § 39a über Betätigungseinrichtungen, Kontrollleuchten und Anzeiger;
12. des § 40 Absatz 1 über die Beschaffenheit von Scheiben, des § 40 Absatz 2 über Anordnung und Beschaffenheit von Scheibenwischern oder des § 40 Absatz 3 über Scheiben, Scheibenwischer, Scheibenwascher, Entfrostungs- und Trocknungsanlagen von dreirädrigen Kleinkrafträdern und dreirädrigen und vierrädrigen Kraftfahrzeugen mit Führerhaus;
13. des § 41 Absatz 1 bis 13, 15 Satz 1, 3 oder 4, Absatz 16 oder 17 über Bremsen oder des § 41 Absatz 14 über Ausrüstung mit Unterlegkeilen, ihre Beschaffenheit und Anbringung;
13a. des § 41a Absatz 8 über die Sicherheit und Kennzeichnung von Druckbehältern;
13b. des § 41b Absatz 2 über die Ausrüstung mit automatischen Blockierverhinderern oder des § 41b Absatz 4 über die Verbindung von Anhängern mit einem automatischen Blockierverhinderer mit Kraftfahrzeugen;
14. des § 45 Absatz 1 oder 2 Satz 1 über Kraftstoffbehälter oder des § 46 über Kraftstoffleitungen;
15. des § 47c über die Ableitung von Abgasen;
16. (weggefallen)
17. des § 49 Absatz 1 über die Geräuschentwicklung;
18. des § 49a Absatz 1 bis 4, 5 Satz 1, Absatz 6, 8, 9 Satz 2, Absatz 9a oder 10 Satz 1 über die allgemeinen Bestimmungen für lichttechnische Einrichtungen;
18a. des § 50 Absatz 1, 2 Satz 1, 6 Halbsatz 2 oder Satz 7, Absatz 3 Satz 1 oder 2, Absatz 5, 6 Satz 1, 3, 4 oder 6, Absatz 6a Satz 2 bis 5 oder Absatz 9 über Scheinwerfer für Fern- oder Abblendlicht oder Absatz 10 über Schweinwerfer mit Gasentladungslampen;
18b. des § 51 Absatz 1 Satz 1, 4 bis 6, Absatz 2 Satz 1, 4 oder Absatz 3 über Begrenzungsleuchten oder vordere Rückstrahler;
18c. des § 51a Absatz 1 Satz 1 bis 7, Absatz 3 Satz 1, Absatz 4 Satz 2, Absatz 6 Satz 1 oder Absatz 7 Satz 1 oder 3 über die seitliche Kenntlichmachung von Fahrzeugen oder des § 51b Absatz 2 Satz 1 oder 3, Absatz 5 oder 6 über Umrissleuchten;
18d. des § 51c Absatz 3 bis 5 Satz 1 oder 3 über Parkleuchten oder Park-Warntafeln;
18e. des § 52 Absatz 1 Satz 2 Satz 5 über Nebelscheinwerfer, des § 52 Absatz 2 Satz 2 oder 3 über Suchscheinwerfer, des § 52 Absatz 5 Satz 2 über besondere Beleuchtungseinrichtungen an Krankenkraftwagen, des § 52 Absatz 7 Satz 2 oder 4 über Arbeitsscheinwerfer oder des § 52 Absatz 9 Satz 2 über Vorzeltleuchten an Wohnwagen oder Wohnmobilen;
18f. des § 52a Absatz 2 Satz 1 oder 3, Absatz 4, 5 oder 7 über Rückfahrscheinwerfer;
18g. des § 53 Absatz 1 Satz 1, 3 bis 5 oder 7 über Schlussleuchten, des § 53 Absatz 2 Satz 1, 5 oder 6 über Bremsleuchten, des § 53 Absatz 4 Satz 1 bis 6 oder 8 über Rückstrahler, des § 53 Absatz 5 Satz 1 oder 2 über die Anbringung von Schlussleuchten, Bremsleuchten und Rückstrahlern, des § 53 Absatz 5 Satz 3 über die Kenntlichmachung von nach hinten hinausragenden Geräten, des § 53 Absatz 6 Satz 2 über Schlussleuchten an Anhängern hinter einachsigen Zug- oder Arbeitsmaschinen, des § 53 Absatz 8 über Schlussleuchten, Bremsleuchten, Rückstrahler und Fahrtrichtungsanzeiger an abgeschleppten betriebsunfähigen Fahrzeugen oder des § 53 Absatz 9 Satz 1 über das Verbot der Anbringung von Schlussleuchten, Bremsleuchten oder Rückstrahlern an beweglichen Fahrzeugteilen;
19. des § 53a Absatz 1, 2 Satz 1, Absatz 3 Satz 2, Absatz 4 oder 5 über Warndreiecke, Warnleuchten, Warnblinkanlagen und Warnwesten oder des § 54b über die zusätzliche Mitführung einer Handlampe in Kraftomnibussen;
19a. des § 53b Absatz 1 Satz 1 bis 3, 4 Halbsatz 2, Absatz 2 Satz 1 bis 3, 4 Halbsatz 2, Absatz 3 Satz 1, Absatz 4 oder 5 über die Ausrüstung oder Kenntlichmachung von Anbaugeräten oder Hubladebühnen;
19b des § 53c Absatz 2 über Tarnleuchten;
19c. des § 53d Absatz 2 bis 5 über Nebelschlussleuchten;
20. des § 54 Absatz 1 Satz 1 bis 3, Absatz 1a Satz 1, Absatz 2, 3, 4 Nummer 1 Satz 1, 4, Nummer 2, 3 Satz 1, Nummer 4 oder Absatz 6 über Fahrtrichtungsanzeiger;

1697

21a. des § 54a über die Innenbeleuchtung in Kraftomnibussen;
22. des § 55 Absatz 1 bis 4 über Einrichtungen für Schallzeichen;
23. des § 55a über die Elektromagnetische Verträglichkeit;
24. des § 56 Absatz 1 in Verbindung mit Absatz 2 über Spiegel oder andere Einrichtungen für indirekte Sicht;
25. des § 57 Absatz 1 Satz 1 oder Absatz 2 Satz 1 über das Geschwindigkeitsmessgerät, des § 57a Absatz 1 Satz 1, Absatz 1a oder 2 Satz 1 über Fahrtschreiber;
25a. des § 57a Absatz 3 Satz 2 über das Betreiben des Kontrollgeräts;
25b des § 57c Absatz 2 oder 5 über die Ausrüstung oder Benutzung der Geschwindigkeitsbegrenzer;
26. des § 58 Absatz 2 oder 5 Satz 1, jeweils auch in Verbindung mit § 36 Absatz 1 Satz 2, oder Absatz 3 oder 5 Satz 2 Halbsatz 2 über Geschwindigkeitsschilder an Kraftfahrzeugen oder Anhängern oder des § 59 Absatz 1 Satz 1, Absatz 1a, 1 b, 2 oder 3 Satz 2 über Fabrikschilder oder Fahrzeug-Identifizierungsnummern;
26a. des § 59a über den Nachweis der Übereinstimmung mit der Richtlinie 96/53/EG;
27. des § 61 Absatz 1 über Halteeinrichtungen für Beifahrer oder Absatz 3 über Ständer von zweirädrigen Kraftfahrzeugen;
27a. des § 61a über Anhänger hinter Fahrrädern mit Hilfsmotor oder
28. des § 62 über die Beschaffenheit von elektrischen Einrichtungen der elektrisch angetriebenen Kraftfahrzeuge.

(4) Ordnungswidrig im Sinne des § 24 des Straßenverkehrsgesetzes handelt ferner, wer vorsätzlich oder fahrlässig ein anderes Straßenfahrzeug als ein Kraftfahrzeug oder einen Kraftfahrzeuganhänger oder wer vorsätzlich oder fahrlässig eine Kombination solcher Fahrzeuge unter Verstoß gegen eine der folgenden Vorschriften in Betrieb nimmt:
1. des § 30 über allgemeine Beschaffenheit von Fahrzeugen;
2. des § 63 über Abmessungen, Achslast, Gesamtgewicht und Bereifung sowie die Wiegepflicht;
3. des § 64 Absatz 1 über Lenkeinrichtungen, Anordnung und Beschaffenheit der Sitze, Einrichtungen zum Auf- und Absteigen oder des § 64 Absatz 2 über die Bespannung von Fuhrwerken;
4. des § 64a über Schallzeichen an Fahrrädern oder Schlitten;
5. des § 64b über die Kennzeichnung von Gespannfahrzeugen;
6. des § 65 Absatz 1 über Bremsen oder des § 65 Absatz 3 über Bremshilfsmittel;
7. des § 66 über Rückspiegel;
7a. des § 66a über lichttechnische Einrichtungen;
8. des § 67 über lichttechnische Einrichtungen an Fahrrädern oder
9. des § 67a über lichttechnische Einrichtungen an Fahrradanhängern.

(5) Ordnungswidrig im Sinne des § 24 des Straßenverkehrsgesetzes handelt schließlich, wer vorsätzlich oder fahrlässig
1. als Inhaber einer Allgemeinen Betriebserlaubnis für Fahrzeuge gegen eine Vorschrift des § 20 Absatz 3 Satz 3 über die Ausfüllung von Fahrzeugbriefen verstößt,
2. entgegen § 31 Absatz 1 ein Fahrzeug oder einen Zug miteinander verbundener Fahrzeuge führt, ohne zur selbstständigen Leitung geeignet zu sein,
3. entgegen § 31 Absatz 2 als Halter eines Fahrzeugs die Inbetriebnahme anordnet oder zulässt, obwohl ihm bekannt ist oder bekannt sein muss, dass der Führer nicht zur selbstständigen Leitung geeignet oder das Fahrzeug, der Zug, das Gespann, die Ladung oder die Besetzung nicht vorschriftsmäßig ist oder dass die Verkehrssicherheit des Fahrzeugs durch die Ladung oder die Besetzung leidet,
4. entgegen § 31a Absatz 2 als Halter oder dessen Beauftragter im Fahrtenbuch nicht vor Beginn der betreffenden Fahrt die erforderlichen Angaben einträgt oder nicht unverzüglich nach Beendigung der betreffenden Fahrt Datum und Uhrzeit der Beendigung mit seiner Unterschrift einträgt,
4a. entgegen § 31a Absatz 3 ein Fahrtenbuch nicht aushändigt oder nicht aufbewahrt,
4b. entgegen § 31b mitzuführende Gegenstände nicht vorzeigt oder zur Prüfung nicht aushändigt,
4c. gegen eine Vorschrift des § 31c Satz 1 oder 4 Halbsatz 2 über Pflichten zur Feststellung der zugelassenen Achslasten oder über das Um- oder Entladen bei Überlastung verstößt,
4d. als Fahrpersonal oder Halter gegen eine Vorschrift des § 35g Absatz 3 über das Vertrautsein mit der Handhabung von Feuerlöschern oder als Halter gegen eine Vorschrift des § 35g Absatz 4 über die Prüfung von Feuerlöschern verstößt,

5. entgegen § 36 Absatz 7 Satz 1 einen Luftreifen nicht, nicht vollständig oder nicht in der vorgeschrieben Weise kennzeichnet,
5a. entgegen § 41a Absatz 5 Satz 1 eine Gassystemeinbauprüfung, entgegen Absatz 5 Satz 3 eine Begutachtung oder entgegen Absatz 6 Satz 2 eine Gasanlagenprüfung nicht durchführen lässt,
5b. *(aufgehoben)*
5c. (weggefallen)
5d. entgegen § 49 Absatz 2a Satz 1 Auspuffanlagen, Austauschauspuffanlagen oder Einzelteile dieser Austauschauspuffanlagen als unabhängige technische Einheiten für Krafträder verwendet oder zur Verwendung feilbietet oder veräußert oder entgegen § 49 Absatz 4 Satz 1 den Schallpegel im Nahfeld nicht feststellen lässt,
5e. entgegen § 49 Absatz 3 Satz 2, auch in Verbindung mit § 31e Satz 2, ein Fahrzeug kennzeichnet oder entgegen § 49 Absatz 3 Satz 3, auch in Verbindung mit § 31e Satz 2, ein Zeichen anbringt,
5f. entgegen § 52 Absatz 6 Satz 3 die Bescheinigung nicht mitführt oder zur Prüfung nicht aushändigt,
6. als Halter oder dessen Beauftragter gegen eine Vorschrift des § 57a Absatz 2 Satz 2 Halbsatz 2 oder 3 oder Satz 3 über die Ausfüllung und Verwendung von Schaublättern oder als Halter gegen eine Vorschrift des § 57a Absatz 2 Satz 4 über die Vorlage und Aufbewahrung von Schaublättern verstößt,
6a. als Halter gegen eine Vorschrift des § 57a Absatz 3 Satz 2 in Verbindung mit Artikel 14 der Verordnung (EWG) Nr. 3821/85 über die Aushändigung, Aufbewahrung oder Vorlage von Schaublättern verstößt,
6b. als Halter gegen eine Vorschrift des § 57b Absatz 1 Satz 1 über die Pflicht, Fahrtschreiber oder Kontrollgeräte prüfen zu lassen, oder des § 57b Absatz 1 Satz 4 über die Pflichten bezüglich des Einbauschildes verstößt,
6c. als Kraftfahrzeugführer entgegen § 57a Absatz 2 Satz 2 Halbsatz 1 Schaublätter vor Antritt der Fahrt nicht bezeichnet oder entgegen Halbsatz 3 mit Vermerken versieht, entgegen Satz 3 andere Schaublätter verwendet, entgegen Satz 4 Halbsatz 1 Schaublätter nicht vorlegt oder entgegen Satz 5 ein Ersatzschaublatt nicht mitführt,
6d. als Halter entgegen § 57d Absatz 2 Satz 1 den Geschwindigkeitsbegrenzer nicht prüfen lässt,
6e. als Fahrzeugführer entgegen § 57d Absatz 2 Satz 3 eine Bescheinigung über die Prüfung des Geschwindigkeitsbegrenzers nicht mitführt oder nicht aushändigt,
7. gegen die Vorschrift des § 70 Absatz 3a über die Mitführung oder Aufbewahrung sowie die Aushändigung von Urkunden über Ausnahmegenehmigungen verstößt oder
8. entgegen § 71 vollziehbaren Auflagen nicht nachkommt, unter denen eine Ausnahmegenehmigung erteilt worden ist.

§§ 70–73 Anlagen und Anhang (Hier nicht abgedruckt)

Anhang III

Gesetz zur Bevorrechtigung der Verwendung elektrisch betriebener Fahrzeuge

(Elektromobilitätsgesetz – EmoG)[1, 2]

Vom 5. Juni 2015 (BGBl. I S. 898)

FNA 9233-3

§ 1 Anwendungsbereich

[1] Mit diesem Gesetz werden Maßnahmen zur Bevorrechtigung der Teilnahme elektrisch betriebener Fahrzeuge
1. der Klassen M1 und N1 im Sinne des Anhangs II Teil A der Richtlinie 2007/46/EG des Europäischen Parlaments und des Rates vom 5. September 2007 zur Schaffung eines Rahmens für die Genehmigung von Kraftfahrzeugen und Kraftfahrzeuganhängern sowie von Systemen, Bauteilen und selbstständigen technischen Einheiten für diese Fahrzeuge (ABl. L 263 vom 9.10.2007, S. 1), die zuletzt durch die Richtlinie 2013/15/EU (ABl. L 158 vom 10.6.2013, S. 172) geändert worden ist, und
2. der Klassen L3e, L4e, L5e und L7e im Sinne des Anhangs I der Verordnung (EU) Nr. 168/2013 des Europäischen Parlaments und des Rates vom 15. Januar 2013 über die Genehmigung und Marktüberwachung von zwei- oder dreirädrigen und vierrädrigen Fahrzeugen (ABl. L 60 vom 2.3.2013, S. 52)

am Straßenverkehr ermöglicht, um deren Verwendung zur Verringerung insbesondere klima- und umweltschädlicher Auswirkungen des motorisierten Individualverkehrs zu fördern. [2] Satz 1 gilt auch für ein elektrisch betriebenes Fahrzeug der Klasse N2 im Sinne des Anhangs II Teil A der Richtlinie 2007/46/EG, soweit es im Inland mit der Fahrerlaubnis der Klasse B geführt werden darf.

§ 2 Begriffsbestimmungen

Im Sinne dieses Gesetzes sind
1. ein elektrisch betriebenes Fahrzeug: ein reines Batterieelektrofahrzeug, ein von außen aufladbares Hybridelektrofahrzeug oder ein Brennstoffzellenfahrzeug,
2. ein reines Batterieelektrofahrzeug: ein Kraftfahrzeug mit einem Antrieb,
    a) dessen Energiewandler ausschließlich elektrische Maschinen sind und
    b) dessen Energiespeicher zumindest von außerhalb des Fahrzeuges wieder aufladbar sind,
3. ein von außen aufladbares Hybridelektrofahrzeug: ein Kraftfahrzeug mit einem Antrieb, der über mindestens zwei verschiedene Arten von
    a) Energiewandlern, davon mindestens ein Energiewandler als elektrische Antriebsmaschine, und
    b) Energiespeichern, davon mindestens einer von einer außerhalb des Fahrzeuges befindlichen Energiequelle elektrisch wieder aufladbar,

verfügt,

---

[1] **[Amtl. Anm.:]** Notifiziert gemäß der Richtlinie 98/34/EG des Europäischen Parlaments und des Rates vom 22. Juni 1998 über ein Informationsverfahren auf dem Gebiet der Normen und technischen Vorschriften und der Vorschriften für die Dienste der Informationsgesellschaft (ABl. L 204 vom 21.07.1998, S. 37), zuletzt geändert durch Artikel 26 Absatz 2 der Verordnung (EU) Nr. 1025/2012 des Europäischen Parlaments und des Rates vom 25. Oktober 2012 (ABl. L 316 vom 14.11.2012, S. 12).
[2] Das G tritt mit Ablauf des 31. Dezember 2026 außer Kraft, vgl. § 8 Abs. 2.

4. ein Brennstoffzellenfahrzeug: ein Kraftfahrzeug mit einem Antrieb, dessen Energiewandler ausschließlich aus den Brennstoffzellen und mindestens einer elektrischen Antriebsmaschine bestehen,
5. Energiewandler: die Bauteile des Kraftfahrzeugantriebes, die dauerhaft oder zeitweise Energie von einer Form in eine andere umwandeln, welche zur Fortbewegung des Kraftfahrzeuges genutzt werden,
6. Energiespeicher: die Bauteile des Kraftfahrzeugantriebes, die die jeweiligen Formen von Energie speichern, welche zur Fortbewegung des Kraftfahrzeuges genutzt werden.

§ 3 Bevorrechtigungen

(1) Wer ein Fahrzeug im Sinne des § 2 führt, kann nach Maßgabe der folgenden Vorschriften Bevorrechtigungen bei der Teilnahme am Straßenverkehr erhalten, soweit dadurch die Sicherheit und Leichtigkeit des Verkehrs nicht beeinträchtigt werden.

(2) Im Falle eines von außen aufladbaren Hybridelektrofahrzeuges dürfen Bevorrechtigungen nur für ein Fahrzeug in Anspruch genommen werden, wenn sich aus der Übereinstimmungsbescheinigung nach Anhang IX der Richtlinie 2007/46/EG oder aus der Übereinstimmungsbescheinigung nach Artikel 38 der Verordnung (EU) Nr. 168/2013 ergibt, dass das Fahrzeug
1. eine Kohlendioxidemission von höchstens 50 Gramm je gefahrenen Kilometer hat oder
2. dessen Reichweite unter ausschließlicher Nutzung der elektrischen Antriebsmaschine mindestens 40 Kilometer beträgt.

(3) Kann das Vorliegen der Anforderungen des Absatzes 2 nicht über die Übereinstimmungsbescheinigung nachgewiesen werden oder gibt es für ein Fahrzeug keine Übereinstimmungsbescheinigung, kann der Nachweis auch in anderer geeigneter Weise erbracht werden.

(4) Bevorrechtigungen sind möglich
1. für das Parken auf öffentlichen Straßen oder Wegen,
2. bei der Nutzung von für besondere Zwecke bestimmten öffentlichen Straßen oder Wegen oder Teilen von diesen,
3. durch das Zulassen von Ausnahmen von Zufahrtbeschränkungen oder Durchfahrtverboten,
4. im Hinblick auf das Erheben von Gebühren für das Parken auf öffentlichen Straßen oder Wegen.

(5) [1] In Rechtsverordnungen nach § 6 Absatz 1 des Straßenverkehrsgesetzes können
1. die Bevorrechtigungen näher bestimmt werden,
2. die Einzelheiten der Anforderungen an deren Inanspruchnahme festgelegt werden,
3. die erforderlichen straßenverkehrsrechtlichen Anordnungen, insbesondere Verkehrszeichen und Verkehrseinrichtungen, bestimmt werden.

[2] Rechtsverordnungen mit Regelungen nach Satz 1 erlässt das Bundesministerium für Verkehr und digitale Infrastruktur gemeinsam mit dem Bundesministerium für Umwelt, Naturschutz, Bau und Reaktorsicherheit. [3] § 6 Absatz 3 des Straßenverkehrsgesetzes ist auf eine Rechtsverordnung mit Regelungen nach Satz 1 nicht anzuwenden.

(6) In Rechtsverordnungen nach § 6a Absatz 6 Satz 2, auch in Verbindung mit Satz 4, des Straßenverkehrsgesetzes können als Bevorrechtigungen Ermäßigungen der Gebühren oder Befreiungen von der Gebührenpflicht vorgesehen werden.

§ 4 Kennzeichnung

(1) Bevorrechtigungen nach § 3 dürfen nur für Fahrzeuge gewährt werden, die mit einer deutlich sichtbaren Kennzeichnung versehen sind.

(2) [1] In Rechtsverordnungen nach § 6 Absatz 1 Nummer 2 des Straßenverkehrsgesetzes können die Art und Weise der Kennzeichnung im Sinne des Absatzes 1 näher bestimmt werden, insbesondere können
1. die für das Erteilen der Kennzeichnung erforderlichen Angaben,
2. die Art und Weise der Anbringung der Kennzeichnung und
3. das Verfahren für das Erteilen der Kennzeichnung

geregelt werden. [2] In Rechtsverordnungen nach Satz 1 kann die Kennzeichnung im Inland gehaltener Fahrzeuge durch das Zuteilen eines für den Betrieb des Fahrzeuges auf öffentlichen Straßen erforderlichen Kennzeichens geregelt werden. [3] Rechtsverordnungen mit

Regelungen nach Satz 1 erlässt das Bundesministerium für Verkehr und digitale Infrastruktur gemeinsam mit dem Bundesministerium für Umwelt, Naturschutz, Bau und Reaktorsicherheit. [4] § 6 Absatz 3 des Straßenverkehrsgesetzes ist auf Rechtsverordnungen mit Regelungen nach Satz 1 nicht anzuwenden.

(3) [1] Für individuell zurechenbare öffentliche Leistungen nach Absatz 1 in Verbindung mit Rechtsverordnungen nach Absatz 2 werden Gebühren und Auslagen erhoben. [2] § 6a Absatz 2 bis 5 und 8 des Straßenverkehrsgesetzes gilt entsprechend.

§ 5 Übergangsregelung

(1) Bis zum 1. Januar 2016 tritt an die Stelle des Artikels 38 der Verordnung (EU) Nr. 168/2013 der Artikel 7 der Richtlinie 2002/24/EG des Europäischen Parlaments und des Rates vom 18. März 2002 über die Typgenehmigung für zweirädrige oder dreirädrige Kraftfahrzeuge und zur Aufhebung der Richtlinie 92/61/EWG des Rates (ABl. L 124 vom 9.5.2002, S. 1), die zuletzt durch die Richtlinie 2013/60/EU (ABl. L 329 vom 10.12.2013, S. 15) geändert worden ist.

(2) Abweichend von § 3 Absatz 2 Nummer 2 beträgt bis zum Ablauf des 31. Dezember 2017 die erforderliche Reichweite mindestens 30 Kilometer.

(3) Fahrzeugen, die die Anforderung des Absatzes 2 erfüllen, dürfen auch nach dem 31. Dezember 2017 die Bevorrechtigungen gewährt werden, die Fahrzeugen nach § 3 Absatz 2 gewährt werden können.

§ 6 Verkündung von Rechtsverordnungen

Rechtsverordnungen auf Grund dieses Gesetzes können abweichend von § 2 Absatz 1 des Verkündungs- und Bekanntmachungsgesetzes im Bundesanzeiger verkündet werden.

§ 7 Berichterstattung

Das Bundesministerium für Verkehr und digitale Infrastruktur und das Bundesministerium für Umwelt, Naturschutz, Bau und Reaktorsicherheit veröffentlichen gemeinsam alle drei Jahre, erstmals bis zum 1. Juli 2018, einen Bericht über die Beschaffenheit, die Ausrüstung und den Betrieb elektrisch betriebener Fahrzeuge im Sinne des § 2 Nummer 1, über das Ladeverhalten solcher Fahrzeuge und über die Entwicklung der Ladeinfrastruktur, um Erkenntnisse hinsichtlich der weiteren Verringerung der klima- und umweltschädlichen Auswirkungen des motorisierten Individualverkehrs, insbesondere der Fortschreibung der Umweltkriterien nach § 3 Absatz 2 Nummer 2, zu gewinnen.

§ 8 Inkrafttreten, Außerkrafttreten

(1) Dieses Gesetz tritt am Tag nach der Verkündung[3] in Kraft.
(2) Dieses Gesetz tritt mit Ablauf des 31. Dezember 2026 außer Kraft.

---

[3] Verkündet am 11.6.2015.

Anhang IV

Verordnung über die Erteilung einer Verwarnung, Regelsätze für Geldbußen und die Anordnung eines Fahrverbots wegen Ordnungswidrigkeiten im Straßenverkehr (Bußgeldkatalog-Verordnung – BKatV)

Vom 14. März 2013 (BGBl. I S. 498)
FNA 9231-1-21
zuletzt geänd. durch Art. 3 56. Strafrechtsänderungsgesetz vom 30.9.2017 (BGBl. I S. 3532)[1]

§ 1 Bußgeldkatalog

(1) Bei Ordnungswidrigkeiten nach den §§ 24, 24a und 24c des Straßenverkehrsgesetzes, die in der Anlage zu dieser Verordnung (Bußgeldkatalog – BKat) aufgeführt sind, ist eine Geldbuße nach den dort bestimmten Beträgen festzusetzen. Bei Ordnungswidrigkeiten nach § 24 des Straßenverkehrsgesetzes, bei denen im Bußgeldkatalog ein Regelsatz von bis zu 55 Euro bestimmt ist, ist ein entsprechendes Verwarnungsgeld zu erheben.

(2) Die im Bußgeldkatalog bestimmten Beträge sind Regelsätze. Sie gehen von gewöhnlichen Tatumständen sowie in Abschnitt I des Bußgeldkatalogs von fahrlässiger und in Abschnitt II des Bußgeldkatalogs von vorsätzlicher Begehung aus.

§ 2 Verwarnung

(1) Die Verwarnung muss mit einem Hinweis auf die Verkehrszuwiderhandlung verbunden sein.

(2) Bei unbedeutenden Ordnungswidrigkeiten nach § 24 des Straßenverkehrsgesetzes kommt eine Verwarnung ohne Verwarnungsgeld in Betracht.

(3) Das Verwarnungsgeld wird in Höhe von 5, 10, 15, 20, 25, 30, 35, 40, 45, 50 und 55 Euro erhoben.

(4) Bei Fußgängern soll das Verwarnungsgeld in der Regel 5 Euro, bei Radfahrern in der Regel 15 Euro betragen, sofern der Bußgeldkatalog nichts anderes bestimmt.

(5) Ist im Bußgeldkatalog ein Regelsatz für das Verwarnungsgeld von mehr als 20 Euro vorgesehen, so kann er bei offenkundig außergewöhnlich schlechten wirtschaftlichen Verhältnissen des Betroffenen bis auf 20 Euro ermäßigt werden.

(6) Hat der Betroffene durch dieselbe Handlung mehrere geringfügige Ordnungswidrigkeiten begangen, für die jeweils eine Verwarnung mit Verwarnungsgeld in Betracht kommt, so wird nur ein Verwarnungsgeld, und zwar das höchste der in Betracht kommenden Verwarnungsgelder, erhoben.

(7) Hat der Betroffene durch mehrere Handlungen geringfügige Ordnungswidrigkeiten begangen oder gegen dieselbe Vorschrift mehrfach verstoßen, so sind die einzelnen Verstöße getrennt zu verwarnen.

(8) In den Fällen der Absätze 6 und 7 ist jedoch zu prüfen, ob die Handlung oder die Handlungen insgesamt noch geringfügig sind.

§ 3 Bußgeldregelsätze

(1) Etwaige Eintragungen des Betroffenen im Fahreignungsregister sind im Bußgeldkatalog nicht berücksichtigt, soweit nicht in den Nummern 152.1, 241.1, 241.2, 242.1 und 242.2 des Bußgeldkatalogs etwas anderes bestimmt ist.

---

[1] Zu den Änderungen der BKatV durch die 53. VO zur Änderung straßenverkehrsrechtlicher Vorschriften vom 6.10.2017 (BGBl. I S. 3549) siehe Aktualisierungsanhang S. 676 ff.

(2) Wird ein Tatbestand der Nummer 119, der Nummer 198.1 in Verbindung mit Tabelle 3 des Anhangs oder der Nummern 212, 214.1, 214.2 oder 223 des Bußgeldkatalogs, für den ein Regelsatz von mehr als 55 Euro vorgesehen ist, vom Halter eines Kraftfahrzeugs verwirklicht, so ist derjenige Regelsatz anzuwenden, der in diesen Fällen für das Anordnen oder Zulassen der Inbetriebnahme eines Kraftfahrzeugs durch den Halter vorgesehen ist.

(3) Die Regelsätze, die einen Betrag von mehr als 55 Euro vorsehen, erhöhen sich bei Vorliegen einer Gefährdung oder Sachbeschädigung nach Tabelle 4 des Anhangs, soweit diese Merkmale oder eines dieser Merkmale nicht bereits im Tatbestand des Bußgeldkatalogs enthalten sind.

(4) Wird von dem Führer eines kennzeichnungspflichtigen Kraftfahrzeugs mit gefährlichen Gütern oder eines Kraftomnibusses mit Fahrgästen ein Tatbestand
1. der Nummern 8.1, 8.2, 15, 19, 19.1, 19.1.1, 19.1.2, 21, 21.1, 21.2, 212, 214.1, 214.2, 223,
2. der Nummern 12.5, 12.6 oder 12.7, jeweils in Verbindung mit Tabelle 2 des Anhangs, oder
3. der Nummern 198.1 oder 198.2, jeweils in Verbindung mit Tabelle 3 des Anhangs,

des Bußgeldkatalogs verwirklicht, so erhöht sich der dort genannte Regelsatz, sofern dieser einen Betrag von mehr als 55 Euro vorsieht, auch in den Fällen des Absatzes 3, jeweils um die Hälfte. Der nach Satz 1 erhöhte Regelsatz ist auch anzuwenden, wenn der Halter die Inbetriebnahme eines kennzeichnungspflichtigen Kraftfahrzeugs mit gefährlichen Gütern oder eines Kraftomnibusses mit Fahrgästen in den Fällen
1. der Nummern 189.1.1, 189.1.2, 189.2.1, 189.2.2, 189.3.1, 189.3.2, 213 oder
2. der Nummern 199.1, 199.2, jeweils in Verbindung mit der Tabelle 3 des Anhangs, oder 224

des Bußgeldkatalogs anordnet oder zulässt.

(4a) Wird ein Tatbestand des Abschnitts I des Bußgeldkatalogs vorsätzlich verwirklicht, für den ein Regelsatz von mehr als 55 Euro vorgesehen ist, so ist der dort genannte Regelsatz zu verdoppeln, auch in den Fällen, in denen eine Erhöhung nach den Absätzen 2, 3 oder 4 vorgenommen worden ist. Der ermittelte Betrag wird auf den nächsten vollen Euro-Betrag abgerundet.

(5) Werden durch eine Handlung mehrere Tatbestände des Bußgeldkatalogs verwirklicht, die jeweils einen Bußgeldregelsatz von mehr als 55 Euro vorsehen, so ist nur ein Regelsatz anzuwenden; bei unterschiedlichen Regelsätzen ist der höchste anzuwenden. Der Regelsatz kann angemessen erhöht werden.

(6) Bei Ordnungswidrigkeiten nach § 24 des Straßenverkehrsgesetzes, die von nicht motorisierten Verkehrsteilnehmern begangen werden, ist, sofern der Bußgeldregelsatz mehr als 55 Euro beträgt und der Bußgeldkatalog nicht besondere Tatbestände für diese Verkehrsteilnehmer enthält, der Regelsatz um die Hälfte zu ermäßigen. Beträgt der nach Satz 1 ermäßigte Regelsatz weniger als 60 Euro, so soll eine Geldbuße nur festgesetzt werden, wenn eine Verwarnung mit Verwarnungsgeld nicht erteilt werden kann.

§ 4 Regelfahrverbot

(1) Bei Ordnungswidrigkeiten nach § 24 des Straßenverkehrsgesetzes kommt die Anordnung eines Fahrverbots (§ 25 Absatz 1 Satz 1 des Straßenverkehrsgesetzes) wegen grober Verletzung der Pflichten eines Kraftfahrzeugführers in der Regel in Betracht, wenn ein Tatbestand
1. der Nummern 9.1 bis 9.3, der Nummern 11.1 bis 11.3, jeweils in Verbindung mit Tabelle 1 des Anhangs,
2. der Nummern 12.6.3, 12.6.4, 12.6.5, 12.7.3, 12.7.4 oder 12.7.5 der Tabelle 2 des Anhangs,
3. der Nummern 19.1.1, 19.1.2, 21.1, 21.2, 83.3, 89b.2, 132.1, 132.2, 132.3, 132.3.1, 132.3.2, 152.1 oder
4. Nr. 244

des Bußgeldkatalogs verwirklicht wird. Wird in diesen Fällen ein Fahrverbot angeordnet, so ist in der Regel die dort bestimmte Dauer festzusetzen.

(2) Wird ein Fahrverbot wegen beharrlicher Verletzung der Pflichten eines Kraftfahrzeugführers zum ersten Mal angeordnet, so ist seine Dauer in der Regel auf einen Monat festzusetzen. Ein Fahrverbot kommt in der Regel in Betracht, wenn gegen den Führer eines Kraftfahrzeugs wegen einer Geschwindigkeitsüberschreitung von mindestens 26

km/h bereits eine Geldbuße rechtskräftig festgesetzt worden ist und er innerhalb eines Jahres seit Rechtskraft der Entscheidung eine weitere Geschwindigkeitsüberschreitung von mindestens 26 km/h begeht.

(3) Bei Ordnungswidrigkeiten nach § 24a des Straßenverkehrsgesetzes ist ein Fahrverbot (§ 25 Absatz 1 Satz 2 des Straßenverkehrsgesetzes) in der Regel mit der in den Nummern 241, 241.1, 241.2, 242, 242.1 und 242.2 des Bußgeldkatalogs vorgesehenen Dauer anzuordnen.

(4) Wird von der Anordnung eines Fahrverbots ausnahmsweise abgesehen, so soll das für den betreffenden Tatbestand als Regelsatz vorgesehene Bußgeld angemessen erhöht werden.

§ 5 Inkrafttreten, Außerkrafttreten

Diese Verordnung tritt am 1. April 2013 in Kraft. Gleichzeitig tritt die Bußgeldkatalog-Verordnung vom 13. November 2001 (BGBl. I S. 3033), die zuletzt durch Artikel 3 der Verordnung vom 19. Oktober 2012 (BGBl. I S. 2232) geändert worden ist, außer Kraft.

Anlage
(zu § 1 Absatz 1)

Bußgeldkatalog

Abschnitt I: Fahrlässig begangene Ordnungswidrigkeiten

Lfd. Nr.	Tatbestand	Straßenverkehrs-Ordnung (StVO)	Regelsatz in Euro (€), Fahrverbot in Monaten	Pkt.[1]
	A. Zuwiderhandlungen gegen § 24 StVG			
	a) Straßenverkehrs-Ordnung			
	Grundregeln			
1	Durch Außer-Acht-Lassen der im Verkehr erforderlichen Sorgfalt	§ 1 Absatz 2 § 49 Absatz 1 Nummer 1		
1.1	einen Anderen mehr als nach den Umständen unvermeidbar belästigt		10 €	
1.2	einen Anderen mehr als nach den Umständen unvermeidbar behindert		20 €	
1.3	einen Anderen gefährdet		30 €	
1.4	einen Anderen geschädigt, soweit im Folgenden nichts anderes bestimmt ist		35 €	
1.5	Beim Fahren in eine oder aus einer Parklücke stehendes Fahrzeug beschädigt	§ 1 Absatz 2 § 49 Absatz 1 Nummer 1	30 €	
	Straßenbenutzung durch Fahrzeuge			
2	Vorschriftswidrig Gehweg, Seitenstreifen (außer auf Autobahnen oder Kraftfahrstraßen), Verkehrsinsel oder Grünanlage benutzt	§ 2 Absatz 1 § 49 Absatz 1 Nummer 2	10 €	
2.1	– mit Behinderung	§ 2 Absatz 1 § 1 Absatz 2 § 49 Absatz 1 Nummer 1, 2	15 €	
2.2	– mit Gefährdung		20 €	
2.3	– mit Sachbeschädigung		25 €	
3	Gegen das Rechtsfahrgebot verstoßen durch Nichtbenutzen			
3.1	der rechten Fahrbahnseite	§ 2 Absatz 2 § 49 Absatz 1 Nummer 2	15 €	
3.1.1	– mit Behinderung	§ 2 Absatz 2 § 1 Absatz 2 § 49 Absatz 1 Nummer 1, 2	25 €	
3.2	des rechten Fahrstreifens (außer auf Autobahnen oder Kraftfahrstraßen) und dadurch einen Anderen behindert	§ 2 Absatz 2 § 1 Absatz 2 § 49 Absatz 1 Nummer 1, 2	20 €	
3.3	der rechten Fahrbahn bei zwei getrennten Fahrbahnen	§ 2 Absatz 1 § 49 Absatz 1 Nummer 2	25 €	

---

[1] Die hier vermerkten Punkte sind nicht Gegenstand des amtlichen Katalogs. Die Zuordnung der Punkte ergibt sich aus Anlage 13 FeV (abgedruckt oben in Anhang I).

Bußgeldkatalog-Verordnung **Anh IV**

Lfd. Nr.	Tatbestand	Straßenverkehrs-Ordnung (StVO)	Regelsatz in Euro (€), Fahrverbot in Monaten	Pkt.[1]
3.3.1	– mit Gefährdung	§ 2 Absatz 1 § 1 Absatz 2 § 49 Absatz 1 Nummer 1, 2	35 €	
3.3.2	– mit Sachbeschädigung	§ 2 Absatz 1 § 1 Absatz 2 § 49 Absatz 1 Nummer 1, 2	40 €	
3.4	eines markierten Schutzstreifens als Radfahrer	§ 2 Absatz 2 § 49 Absatz 1 Nummer 2	15 €	
3.4.1	– mit Behinderung	§ 2 Absatz 2 § 1 Absatz 2 § 49 Absatz 1 Nummer 1, 2	20 €	
3.4.2	– mit Gefährdung		25 €	
3.4.3	– mit Sachbeschädigung		30 €	
4	Gegen das Rechtsfahrgebot verstoßen	§ 2 Absatz 2 § 1 Absatz 2 § 49 Absatz 1 Nummer 1, 2		
4.1	bei Gegenverkehr, beim Überholtwerden, an Kuppen, in Kurven oder bei Unübersichtlichkeit und dadurch einen Anderen gefährdet		80 €	1
4.2	auf Autobahnen oder Kraftfahrstraßen und dadurch einen Anderen behindert		80 €	1
5	Schienenbahn nicht durchfahren lassen	§ 2 Absatz 3 § 49 Absatz 1 Nummer 2	5 €	
5a	Fahren bei Glatteis, Schneeglätte, Schneematsch, Eis- oder Reifglätte ohne Bereifung, welche die in § 36 Absatz 4 StVZO beschriebenen Eigenschaften erfüllt	§ 2 Absatz 3a Satz 1 § 49 Absatz 1 Nummer 2	60 €	1
5a.1	– mit Behinderung	§ 2 Absatz 3a Satz 1 § 1 Absatz 2 § 49 Absatz 1 Nummer 1, 2	80 €	1
6	Beim Führen eines kennzeichnungspflichtigen Kraftfahrzeugs mit gefährlichen Gütern bei Sichtweite unter 50 m, bei Schneeglätte oder Glatteis sich nicht so verhalten, dass die Gefährdung eines anderen ausgeschlossen war, insbesondere, obwohl nötig, nicht den nächsten geeigneten Platz zum Parken aufgesucht	§ 2 Absatz 3a Satz 4 § 49 Absatz 1 Nummer 2	140 €	1
7	Beim Radfahren oder Mofafahren, soweit dies durch Treten fortbewegt wird			
7.1	Radweg (Zeichen 237, 240, 241) nicht benutzt	§ 41 Absatz 1 i. V. m. Anlage 2 lfd. Nr. 16, 19, 20 (Zeichen 237, 240, 241) Spalte 3 Nummer 1 auch i. V. m. § 2 Absatz 4 Satz 6	20 €	

Lfd. Nr.	Tatbestand	Straßenverkehrs-Ordnung (StVO)	Regelsatz in Euro (€), Fahrverbot in Monaten	Pkt.[1]
7.1.1	– mit Behinderung	§ 49 Absatz 3 Nummer 4 auch i. V. m. Absatz 1 Nummer 2 § 41 Absatz 1 i. V. m. Anlage 2 lfd. Nr. 16, 19, 20 (Zeichen 237, 240, 241) Spalte 3 Nummer 1 auch i. V. m. § 2 Absatz 4 Satz 6 § 1 Absatz 2 § 49 Absatz 1 Nummer 1, Absatz 3 Nummer 4 auch i. V. m. Absatz 1 Nummer 2	25 €	
7.1.2	– mit Gefährdung		30 €	
7.1.3	– mit Sachbeschädigung		35 €	
7.2	Fahrbahn, Radweg oder Seitenstreifen nicht vorschriftsmäßig benutzt			
7.2.1	– mit Behinderung	§ 2 Absatz 4 Satz 1, 5 § 1 Absatz 2 § 49 Absatz 1 Nummer 1, 2	20 €	
7.2.2	– mit Gefährdung		25 €	
7.2.3	– mit Sachbeschädigung		30 €	
7.3	Radweg in nicht zulässiger Richtung befahren, obwohl Radweg oder Seitenstreifen in zulässiger Richtung vorhanden	§ 2 Absatz 4 Satz 4 § 49 Absatz 1 Nummer 2	20 €	
7.3.1	– mit Behinderung	§ 2 Absatz 4 Satz 4 § 1 Absatz 2 § 49 Absatz 1 Nummer 1, 2	25 €	
7.3.2	– mit Gefährdung		30 €	
7.3.3	– mit Sachbeschädigung		35 €	
8	**Geschwindigkeit** Mit nicht angepasster Geschwindigkeit gefahren			
8.1	trotz angekündigter Gefahrenstelle, bei Unübersichtlichkeit, an Straßenkreuzungen, Straßeneinmündungen, Bahnübergängen oder bei schlechten Sicht- oder Wetterverhältnissen (z. B. Nebel, Glatteis)	§ 3 Absatz 1 Satz 1, 2, 4, 5 § 19 Absatz 1 Satz 2 § 49 Absatz 1 Nummer 3, 19 Buchstabe a	100 €	1
8.2	in anderen als in Nummer 8.1 genannten Fällen mit Sachbeschädigung	§ 3 Absatz 1 Satz 1, 2, 4, 5 § 1 Absatz 2 § 49 Absatz 1 Nummer 1, 3	35 €	
9	Festgesetzte Höchstgeschwindigkeit bei Sichtweite unter 50 m durch Nebel, Schneefall oder Regen überschritten	§ 3 Absatz 1 Satz 3 § 49 Absatz 1 Nummer 3	80 €	1

Bußgeldkatalog-Verordnung **Anh IV**

Lfd. Nr.	Tatbestand	Straßenverkehrs-Ordnung (StVO)	Regelsatz in Euro (€), Fahrverbot in Monaten	Pkt.[1]
9.1	um mehr als 20 km/h mit einem Kraftfahrzeug der in § 3 Absatz 3 Nummer 2 Buchstabe a oder b StVO genannten Art		Tabelle 1 Buchstabe a	
9.2	um mehr als 15 km/h mit kennzeichnungspflichtigen Kraftfahrzeugen der in Nummer 9.1 genannten Art mit gefährlichen £Gütern oder Kraftomnibussen mit Fahrgästen		Tabelle 1 Buchstabe b	
9.3	um mehr als 25 km/h innerorts oder 30 km/h außerorts mit anderen als den in Nummer 9.1 oder 9.2 genannten Kraftfahrzeugen		Tabelle 1 Buchstabe c	
10	Beim Führen eines Fahrzeugs ein Kind, einen Hilfsbedürftigen oder älteren Menschen gefährdet, insbesondere durch nicht ausreichend verminderte Geschwindigkeit, mangelnde Bremsbereitschaft oder unzureichenden Seitenabstand beim Vorbeifahren oder Überholen	§ 3 Absatz 2a § 49 Absatz 1 Nummer 3	80 €	1
11	Zulässige Höchstgeschwindigkeit überschritten mit	§ 3 Absatz 3 Satz 1, Absatz 4 § 49 Absatz 1 Nummer 3 § 18 Absatz 5 Satz 2 § 49 Absatz 1 Nummer 18 § 20 Absatz 2 Satz 1, Absatz 4 Satz 1, 2 § 49 Absatz 1 Nummer 19 Buchstabe b § 41 Absatz 1 i. V. m. Anlage 2 lfd. Nr. 16, 17 (Zeichen 237, 238) Spalte 3 Nummer 3, lfd. Nr. 18 (Zeichen 239) Spalte 3 Nummer 2, lfd. Nr. 19 (Zeichen 240) Spalte 3 Nummer 3, lfd. Nr. 20 (Zeichen 241) Spalte 3 Nummer 4, lfd. Nr. 21 (Zeichen 239 oder 242.1 mit Zusatzzeichen, das den Fahrzeugverkehr zulässt) Spalte 3 Nummer 2 oder lfd. Nr. 23 (Zeichen 244.1 mit Zusatz-		

Lfd. Nr.	Tatbestand	Straßenverkehrs-Ordnung (StVO)	Regelsatz in Euro (€), Fahrverbot in Monaten	Pkt.[1]
		zeichen, das den Fahrzeugverkehr zulässt) Spalte 3 Nummer 2, lfd. Nr. 49 (Zeichen 274), lfd. Nr. 50 (Zeichen 274.1, 274.2) § 49 Absatz 3 Nummer 4 § 42 Absatz 2 i. V. m. Anlage 3 lfd. Nr. 12 (Zeichen 325.1, 325.2) Spalte 3 Nummer 1 § 49 Absatz 3 Nummer 5		
11.1	Kraftfahrzeugen der in § 3 Absatz 3 Nummer 2 Buchstabe a oder b StVO genannten Art		Tabelle 1 Buchstabe a	
11.2	kennzeichnungspflichtigen Kraftfahrzeugen der in Nummer 11.1 genannten Art mit gefährlichen Gütern oder Kraftomnibussen mit Fahrgästen		Tabelle 1 Buchstabe b	
11.3	anderen als den in Nummer 11.1 oder 11.2 genannten Kraftfahrzeugen		Tabelle 1 Buchstabe c	
	Abstand			
12	Erforderlichen Abstand von einem vorausfahrenden Fahrzeug nicht eingehalten	§ 4 Absatz 1 Satz 1 § 49 Absatz 1 Nummer 4		
12.1	bei einer Geschwindigkeit bis 80 km/h		25 €	
12.2	– mit Gefährdung	§ 4 Absatz 1 Satz 1 § 1 Absatz 2 § 49 Absatz 1 Nummer 1, 4	30 €	
12.3	– mit Sachbeschädigung		35 €	
12.4	bei einer Geschwindigkeit von mehr als 80 km/h, sofern der Abstand in Metern nicht weniger als ein Viertel des Tachowertes betrug	§ 4 Absatz 1 Satz 1 § 49 Absatz 1 Nummer 4	35 €	
12.5	bei einer Geschwindigkeit von mehr als 80 km/h, sofern der Abstand in Metern weniger als ein Viertel des Tachowertes betrug		Tabelle 2 Buchstabe a	
12.6	bei einer Geschwindigkeit von mehr als 100 km/h, sofern der Abstand in Metern weniger als ein Viertel des Tachowertes betrug		Tabelle 2 Buchstabe b	
12.7	bei einer Geschwindigkeit von mehr als 130 km/h, sofern der Abstand in Metern weniger als ein Viertel des Tachowertes betrug		Tabelle 2 Buchstabe c	
13	Vorausgefahren und ohne zwingenden Grund stark gebremst			

Bußgeldkatalog-Verordnung   **Anh IV**

Lfd. Nr.	Tatbestand	Straßenverkehrs-Ordnung (StVO)	Regelsatz in Euro (€), Fahrverbot in Monaten	Pkt.[1]
13.1	– mit Gefährdung	§ 4 Absatz 1 Satz 2 § 1 Absatz 2 § 49 Absatz 1 Nummer 1, 4	20 €	
13.2	– mit Sachbeschädigung		30 €	
14	Den zum Einscheren erforderlichen Abstand von dem vorausfahrenden Fahrzeug außerhalb geschlossener Ortschaften nicht eingehalten	§ 4 Absatz 2 Satz 1 § 49 Absatz 1 Nummer 4	25 €	
15	Mit Lastkraftwagen (zulässige Gesamtmasse über 3,5 t) oder Kraftomnibus bei einer Geschwindigkeit von mehr als 50 km/h auf einer Autobahn Mindestabstand von 50 m von einem vorausfahrenden Fahrzeug nicht eingehalten	§ 4 Absatz 3 § 49 Absatz 1 Nummer 4	80 €	1
	Überholen			
16	Innerhalb geschlossener Ortschaften rechts überholt	§ 5 Absatz 1 § 49 Absatz 1 Nummer 5	30 €	
16.1	– mit Sachbeschädigung	§ 5 Absatz 1 § 1 Absatz 2 § 49 Absatz 1 Nummer 1, 5	35 €	
17	Außerhalb geschlossener Ortschaften rechts überholt	§ 5 Absatz 1 § 49 Absatz 1 Nummer 5	100 €	1
18	Mit nicht wesentlich höherer Geschwindigkeit als der zu Überholende überholt	§ 5 Absatz 2 Satz 2 § 49 Absatz 1 Nummer 5	80 €	1
19	Überholt, obwohl nicht übersehen werden konnte, dass während des ganzen Überholvorgangs jede Behinderung des Gegenverkehrs ausgeschlossen war, oder bei unklarer Verkehrslage	§ 5 Absatz 2 Satz 1, Absatz 3 Nummer 1 § 49 Absatz 1 Nummer 5	100 €	1
19.1	und dabei ein Überholverbot (§ 19 Absatz 1 Satz 3 StVO, Zeichen 276, 277) nicht beachtet oder Fahrstreifenbegrenzung (Zeichen 295, 296) überquert oder überfahren oder der durch Pfeile vorgeschriebenen Fahrtrichtung (Zeichen 297) nicht gefolgt	§ 5 Absatz 2 Satz 1, Absatz 3 Nummer 1 § 19 Absatz 1 Satz 3 § 49 Absatz 1 Nummer 5, 19a § 41 Absatz 1 i. V. m. Anlage 2 zu lfd. Nr. 53 und 54 und lfd. Nr. 53 und 54 (Zeichen 276, 277) Spalte 3, lfd. Nr. 68 (Zeichen 295) Spalte 3 Nummer 1a, lfd. Nr. 69, 70 (Zeichen 296, 297) Spalte 3 Nummer 1 § 49 Absatz 3 Nummer 4	150 €	1

Lfd. Nr.	Tatbestand	Straßenverkehrs-Ordnung (StVO)	Regelsatz in Euro (€), Fahrverbot in Monaten	Pkt.[1]
19.1.1	– mit Gefährdung	§ 5 Absatz 2 Satz 1, Absatz 3 Nummer 1 § 19 Absatz 1 Satz 3 § 49 Absatz 1 Nummer 5, 19a § 41 Absatz 1 i. V. m. Anlage 2 zu lfd. Nr. 53 und 54 und lfd. Nr. 53 und 54 (Zeichen 276, 277) Spalte 3, lfd. Nr. 68 (Zeichen 295) Spalte 3 Nummer 1a, lfd. Nr. 69, 70 (Zeichen 296, 297) Spalte 3 Nummer 1 § 49 Absatz 3 Nummer 4 § 1 Absatz 2 § 49 Absatz 1 Nummer 1	250 € **Fahrverbot 1 Monat**	2
19.1.2	– mit Sachbeschädigung		300 € **Fahrverbot 1 Monat**	2
(20)	(aufgehoben)			
21	Mit einem Kraftfahrzeug mit einer zulässigen Gesamtmasse über 7,5 t überholt, obwohl die Sichtweite durch Nebel, Schneefall oder Regen weniger als 50 m betrug	§ 5 Absatz 3a § 49 Absatz 1 Nummer 5	120 €	1
21.1	– mit Gefährdung	§ 5 Absatz 3a § 1 Absatz 2 § 49 Absatz 1 Nummer 1, 5	200 € **Fahrverbot 1 Monat**	2
21.2	– mit Sachbeschädigung		240 € **Fahrverbot 1 Monat**	2
22	Zum Überholen ausgeschert und dadurch nachfolgenden Verkehr gefährdet	§ 5 Absatz 4 Satz 1 § 49 Absatz 1 Nummer 5	80 €	1
23	Beim Überholen ausreichenden Seitenabstand zu anderen Verkehrsteilnehmern nicht eingehalten	§ 5 Absatz 4 Satz 2 § 49 Absatz 1 Nummer 5	30 €	
23.1	– mit Sachbeschädigung	§ 5 Absatz 4 Satz 2 § 1 Absatz 2 § 49 Absatz 1 Nummer 1, 5	35 €	
24	Nach dem Überholen nicht so bald wie möglich wieder nach rechts eingeordnet	§ 5 Absatz 4 Satz 3 § 49 Absatz 1 Nummer 5	10 €	
25	Nach dem Überholen beim Einordnen, denjenigen, der überholt wurde, behindert	§ 5 Absatz 4 Satz 4 § 49 Absatz 1 Nummer 5	20 €	

Bußgeldkatalog-Verordnung   Anh IV

Lfd. Nr.	Tatbestand	Straßenverkehrs-Ordnung (StVO)	Regelsatz in Euro (€), Fahrverbot in Monaten	Pkt.[1]
26	Beim Überholtwerden Geschwindigkeit erhöht	§ 5 Absatz 6 Satz 1 § 49 Absatz 1 Nummer 5	30 €	
27	Ein langsameres Fahrzeug geführt und die Geschwindigkeit nicht ermäßigt oder nicht gewartet, um mehreren unmittelbar folgenden Fahrzeugen das Überholen zu ermöglichen	§ 5 Absatz 6 Satz 2 § 49 Absatz 1 Nummer 5	10 €	
28	Vorschriftswidrig links überholt, obwohl der Fahrer des vorausfahrenden Fahrzeugs die Absicht, nach links abzubiegen, angekündigt und sich eingeordnet hatte	§ 5 Absatz 7 Satz 1 § 49 Absatz 1 Nummer 5	25 €	
28.1	– mit Sachbeschädigung	§ 5 Absatz 7 Satz 1 § 1 Absatz 2 § 49 Absatz 1 Nummer 1, 5	30 €	
	Fahrtrichtungsanzeiger			
29	Fahrtrichtungsanzeiger nicht wie vorgeschrieben benutzt	§ 5 Absatz 4a § 49 Absatz 1 Nummer 5 § 6 Satz 3 § 49 Absatz 1 Nummer 6 § 7 Absatz 5 Satz 2 § 49 Absatz 1 Nummer 7 § 9 Absatz 1 Satz 1 § 49 Absatz 1 Nummer 9 § 10 Satz 2 § 49 Absatz 1 Nummer 10 § 42 Absatz 2 i. V. m. Anlage 3 lfd. Nr. 2.1 (Zusatzzeichen zu Zeichen 306) Spalte 3 Nummer 1 § 49 Absatz 3 Nummer 5	10 €	
	Vorbeifahren			
30	An einer Fahrbahnverengung, einem Hindernis auf der Fahrbahn oder einem haltenden Fahrzeug auf der Fahrbahn links vorbeigefahren, ohne ein entgegenkommendes Fahrzeug durchfahren zu lassen	§ 6 Satz 1 § 49 Absatz 1 Nummer 6	20 €	
30.1	– mit Gefährdung	§ 6 Absatz 1 § 1 Absatz 2 § 49 Absatz 1 Nummer 1, 6	30 €	
30.2	– mit Sachbeschädigung		35 €	
	Benutzung von Fahrstreifen durch Kraftfahrzeuge			
31	Fahrstreifen gewechselt und dadurch einen anderen Verkehrsteilnehmer gefährdet	§ 7 Absatz 5 Satz 2 § 49 Absatz 1 Nummer 7	30 €	

1715

Anh IV   Bußgeldkatalog-Verordnung

Lfd. Nr.	Tatbestand	Straßenverkehrs-Ordnung (StVO)	Regelsatz in Euro (€), Fahrverbot in Monaten	Pkt.[1]
31.1	– mit Sachbeschädigung	§ 7 Absatz 5 Satz 1 § 1 Absatz 2 § 49 Absatz 1 Nummer 1, 7	35 €	
31a	Auf einer Fahrbahn für beide Richtungen den mittleren oder linken von mehreren durch Leitlinien (Zeichen 340) markierten Fahrstreifen zum Überholen benutzt	§ 7 Absatz 3a Satz 1, 2, Absatz 3b § 49 Absatz 1 Nummer 7	30 €	
31a.1	– mit Gefährdung	§ 7 Absatz 3a Satz 1, 2, Absatz 3b § 1 Absatz 2 § 49 Absatz 1 Nummer 1, 7	40 €	
31b	Außerhalb geschlossener Ortschaften linken Fahrstreifen mit einem Lastkraftwagen mit einer zulässigen Gesamtmasse von mehr als 3,5 t oder einem Kraftfahrzeug mit Anhänger zu einem anderen Zweck als dem des Linksabbiegens benutzt	§ 7 Absatz 3c Satz 3 § 49 Absatz 1 Nummer 7	15 €	
31b.1	– mit Behinderung	§ 7 Absatz 3c Satz 3 § 1 Absatz 2 § 49 Absatz 1 Nummer 1, 7	20 €	
	Vorfahrt			
32	Nicht mit mäßiger Geschwindigkeit an eine bevorrechtigte Straße herangefahren	§ 8 Absatz 2 Satz 1 § 49 Absatz 1 Nummer 8	10 €	
33	Vorfahrt nicht beachtet und dadurch eine vorfahrtberechtigte Person wesentlich behindert	§ 8 Absatz 2 Satz 2 § 49 Absatz 1 Nummer 8	25 €	
34	Vorfahrt nicht beachtet und dadurch eine vorfahrtberechtigte Person gefährdet	§ 8 Absatz 2 Satz 2 § 49 Absatz 1 Nummer 8	100 €	1
	Abbiegen, Wenden, Rückwärtsfahren			
35	Abgebogen, ohne sich ordnungsgemäß oder rechtzeitig eingeordnet oder ohne vor dem Einordnen oder Abbiegen auf den nachfolgenden Verkehr geachtet zu haben	§ 9 Absatz 1 Satz 2, 4 § 49 Absatz 1 Nummer 9	10 €	
35.1	– mit Gefährdung	§ 9 Absatz 1 Satz 2, 4 § 1 Absatz 2 § 49 Absatz 1 Nummer 1, 9	30 €	
35.2	– mit Sachbeschädigung		35 €	
36	Beim Linksabbiegen auf längs verlegten Schienen eingeordnet und dadurch ein Schienenfahrzeug behindert	§ 9 Absatz 1 Satz 3 § 49 Absatz 1 Nummer 9	5 €	
(37–37.3)	(aufgehoben)			
38	Beim Linksabbiegen mit dem Fahrrad nach einer Kreuzung oder Einmündung die Fahrbahn überquert und dabei den Fahrzeugverkehr nicht beachtet oder einer	§ 9 Absatz 2 Satz 2, 3 § 49 Absatz 1 Nummer 9	15 €	

1716

Bußgeldkatalog-Verordnung   **Anh IV**

Lfd. Nr.	Tatbestand	Straßenverkehrs-Ordnung (StVO)	Regelsatz in Euro (€), Fahrverbot in Monaten	Pkt.[1]
	Radverkehrsführung im Kreuzungs- oder Einmündungsbereich nicht gefolgt			
38.1	– mit Behinderung	§ 9 Absatz 2 Satz 2, 3 § 1 Absatz 2 § 49 Absatz 1 Nummer 1, 9	20 €	
38.2	– mit Gefährdung		25 €	
38.3	– mit Sachbeschädigung		30 €	
39	Abgebogen, ohne Fahrzeug durchfahren zu lassen	§ 9 Absatz 3 Satz 1, 2, Absatz 4 Satz 1 § 49 Absatz 1 Nummer 9	20 €	
39.1	– mit Gefährdung	§ 9 Absatz 3 Satz 1, 2, Absatz 4 Satz 1 § 1 Absatz 2 § 49 Absatz 1 Nummer 1, 9	70 €	1
(40)	(aufgehoben)			
41	Beim Abbiegen auf zu Fuß Gehende keine besondere Rücksicht genommen und diese dadurch gefährdet	§ 9 Absatz 3 Satz 3 § 1 Absatz 2 § 49 Absatz 1 Nummer 1, 9	70 €	1
42	Beim Linksabbiegen nicht voreinander abgebogen	§ 9 Absatz 4 Satz 2 § 49 Absatz 1 Nummer 9	10 €	
42.1	– mit Gefährdung	§ 9 Absatz 4 Satz 2 § 1 Absatz 2 § 49 Absatz 1 Nummer 1, 9	70 €	1
(43)	(aufgehoben)			
44	Beim Abbiegen in ein Grundstück, beim Wenden oder Rückwärtsfahren einen anderen Verkehrsteilnehmer gefährdet	§ 9 Absatz 5 § 49 Absatz 1 Nummer 9	80 €	1
(45)	(aufgehoben)			
(46)	(aufgehoben)			
	Einfahren und Anfahren			
47	Aus einem Grundstück, einem Fußgängerbereich (Zeichen 242.1, 242.2), einem verkehrsberuhigten Bereich (Zeichen 325.1, 325.2) auf die Straße oder von einem anderen Straßenteil oder über einen abgesenkten Bordstein hinweg auf die Fahrbahn eingefahren oder vom Fahrbahnrand angefahren und dadurch einen anderen Verkehrsteilnehmer gefährdet	§ 10 Satz 1 § 49 Absatz 1 Nummer 10	30 €	
47.1	– mit Sachbeschädigung	§ 10 Satz 1 § 1 Absatz 2 § 49 Absatz 1 Nummer 1, 10	35 €	
(48)	(aufgehoben)			

Lfd. Nr.	Tatbestand	Straßenverkehrs-Ordnung (StVO)	Regelsatz in Euro (€), Fahrverbot in Monaten	Pkt.[1]
	Besondere Verkehrslagen			
49	Trotz stockenden Verkehrs in eine Kreuzung oder Einmündung eingefahren und dadurch einen Anderen behindert	§ 11 Absatz 1 § 1 Absatz 2 § 49 Absatz 1 Nummer 1, 11	20 €	
50	Bei stockendem Verkehr auf einer Autobahn oder Außerortsstraße für die Durchfahrt von Polizei- oder Hilfsfahrzeugen keine vorschriftsmäßige Gasse gebildet	§ 11 Absatz 2 § 49 Absatz 1 Nummer 11	20 €	
	Halten und Parken			
51	Unzulässig gehalten	§ 12 Absatz 1 § 49 Absatz 1 Nummer 12 § 37 Absatz 1 Satz 2, Absatz 5 § 49 Absatz 3 Nummer 2 § 41 Absatz 1 i. V. m. Anlage 2 lfd. Nr. 1, 2, 3 (Zeichen 201, 205, 206) Spalte 3 Nummer 2, lfd. Nr. 8 (Zeichen 215) Spalte 3 Nummer 3, lfd. Nr. 15 (Zeichen 229) Spalte 3 Satz 1, lfd. Nr. 62 (Zeichen 283) Spalte 3, lfd. Nr. 63, 64 (Zeichen 286, 290.1) Spalte 3 Nummer 1, lfd. Nr. 66 (Zeichen 293) Spalte 3, lfd. Nr. 68 (Zeichen 295) Spalte 3 Nummer 2a, lfd. Nr. 70 (Zeichen 297) Spalte 3 Nummer 2, lfd. Nr. 73 (Zeichen 299) Spalte 3 Satz 1 § 49 Absatz 3 Nummer 4	10 €	
51.1	– mit Behinderung	§ 12 Absatz 1 § 1 Absatz 2 § 49 Absatz 1 Nummer 1,12 § 37 Absatz 1 Satz 2, Absatz 5 § 1 Absatz 2 § 49 Absatz 1 Nummer 1, Absatz 3 Nummer 2	15 €	

Bußgeldkatalog-Verordnung **Anh IV**

Lfd. Nr.	Tatbestand	Straßenverkehrs-Ordnung (StVO)	Regelsatz in Euro (€), Fahrverbot in Monaten	Pkt.[1]
		§ 41 Absatz 1 i. V. m. Anlage 2 lfd. Nr. 1, 2, 3 (Zeichen 201, 205, 206) Spalte 3 Nummer 2, lfd. Nr. 8 (Zeichen 215) Spalte 3 Nummer 3, lfd. Nr. 15 (Zeichen 229) Spalte 3 Satz 1, lfd. Nr. 62 (Zeichen 283) Spalte 3, lfd. Nr. 63, 64 (Zeichen 286, 290.1) Spalte 3 Nummer 1, lfd. Nr. 66 (Zeichen 293) Spalte 3, lfd. Nr. 68 (Zeichen 295) Spalte 3 Nummer 2a, lfd. Nr. 70 (Zeichen 297) Spalte 3 Nummer 2, lfd. Nr. 73 (Zeichen 299) Spalte 3 Satz 1 § 1 Absatz 2 § 49 Absatz 1 Nummer 1, Absatz 3 Nummer 4		
51a	Unzulässig in „zweiter Reihe" gehalten	§ 12 Absatz 4 Satz 1, 2 Halbsatz 2 § 49 Absatz 1 Nummer 12	15 €	
51a.1	– mit Behinderung	§ 12 Absatz 4 Satz 1, 2 Halbsatz 2 § 1 Absatz 2 § 49 Absatz 1 Nummer 1, 12	20 €	
51b	An einer engen oder unübersichtlichen Straßenstelle oder im Bereich einer scharfen Kurve geparkt (§ 12 Absatz 2 StVO)	§ 12 Absatz 1 Nummer 1, 2 § 49 Absatz 1 Nummer 12	15 €	
51b.1	– mit Behinderung	§ 12 Absatz 1 Nummer 1, 2 § 1 Absatz 2 § 49 Absatz 1 Nummer 1, 12	25 €	
51b.2	länger als 1 Stunde	§ 12 Absatz 1 Nummer 1, 2 § 49 Absatz 1 Nummer 12	25 €	
51b.2.1	– mit Behinderung	§ 12 Absatz 1 Nummer 1, 2	35 €	

Anh IV — Bußgeldkatalog-Verordnung

Lfd. Nr.	Tatbestand	Straßenverkehrs-Ordnung (StVO)	Regelsatz in Euro (€), Fahrverbot in Monaten	Pkt.[1]
51b.3	wenn ein Rettungsfahrzeug im Einsatz behindert worden ist	§ 1 Absatz 2 § 49 Absatz 1 Nummer 1, 12 § 12 Absatz 1 Nummer 1, 2 § 1 Absatz 2 § 49 Absatz 1 Nummer 1, 12	60 €	1
52	Unzulässig geparkt (§ 12 Absatz 2 StVO) in den Fällen, in denen das Halten verboten ist	§ 12 Absatz 1 Nummer 3, 4 § 49 Absatz 1 Nummer 12 § 37 Absatz 1 Satz 2, Absatz 5 § 49 Absatz 3 Nummer 2 § 41 Absatz 1 i. V. m. Anlage 2 lfd. Nr. 1, 2, 3 (Zeichen 201, 205, 206) Spalte 3 Nummer 2, lfd. Nr. 8 (Zeichen 215) Spalte 3 Nummer 3, lfd. Nr. 15 (Zeichen 229) Spalte 3 Satz 1, lfd. Nr. 17 (Zeichen 238) Spalte 3 Nummer 2, lfd. Nr. 62 (Zeichen 283) Spalte 3, lfd. Nr. 63, 64 (Zeichen 286, 290.1) Spalte 3 Nummer 1, lfd. Nr. 66 (Zeichen 293) Spalte 3, lfd. Nr. 68 (Zeichen 295) Spalte 3 Nummer 2a, lfd. Nr. 70 (Zeichen 297) Spalte 3 Nummer 2, lfd. Nr. 73 (Zeichen 299) Spalte 3 Satz 1 § 49 Absatz 3 Nummer 4	15 €	
52.1	– mit Behinderung	§ 12 Absatz 1 Nummer 3, 4 § 1 Absatz 2 § 49 Absatz 1 Nummer 1, 12 § 41 Absatz 1 i. V. m. Anlage 2 lfd. Nr. 1, 2, 3 (Zeichen 201, 205, 206) Spalte 3 Num-	25 €	

Lfd. Nr.	Tatbestand	Straßenverkehrs-Ordnung (StVO)	Regelsatz in Euro (€), Fahrverbot in Monaten	Pkt.[1]
		mer 2, lfd. Nr. 8 (Zeichen 215) Spalte 3 Nummer 3, lfd. Nr. 15 (Zeichen 229) Spalte 3 Satz 1, lfd. Nr. 17 (Zeichen 238) Spalte 3 Nummer 2, lfd. Nr. 62 (Zeichen 283) Spalte 3, lfd. Nr. 63, 64 (Zeichen 286, 290.1) Spalte 3 Nummer 1, lfd. Nr. 66 (Zeichen 293) Spalte 3, lfd. Nr. 68 (Zeichen 295) Spalte 3 Nummer 2a, lfd. Nr. 70 (Zeichen 297) Spalte 3 Nummer 2, lfd. Nr. 73 (Zeichen 299) Spalte 3 Satz 1		
52.2	länger als 1 Stunde	§ 1 Absatz 2 § 49 Absatz 1 Nummer 1, Absatz 3 Nummer 4 § 12 Absatz 1 Nummer 3, 4 § 49 Absatz 1 Nummer 12 § 41 Absatz 1 i. V. m. Anlage 2 lfd. Nr. 1, 2, 3 (Zeichen 201, 205, 206) Spalte 3 Nummer 2, lfd. Nr. 8 (Zeichen 215) Spalte 3 Nummer 3, lfd. Nr. 15 (Zeichen 229) Spalte 3 Satz 1, lfd. Nr. 17 (Zeichen 238) Spalte 3 Nummer 2, lfd. Nr. 62 (Zeichen 283) Spalte 3, lfd. Nr. 63, 64 (Zeichen 286, 290.1) Spalte 3 Nummer 1, lfd. Nr. 66 (Zeichen 293) Spalte 3, lfd. Nr. 68 (Zeichen 295) Spalte 3 Nummer 2a, lfd. Nr. 70 (Zeichen 297) Spalte 3 Nummer 2, lfd.	25 €	

Anh IV Bußgeldkatalog-Verordnung

Lfd. Nr.	Tatbestand	Straßenverkehrs-Ordnung (StVO)	Regelsatz in Euro (€), Fahrverbot in Monaten	Pkt.[1]
52.2.1	– mit Behinderung	Nr. 73 (Zeichen 299) Spalte 3 Satz 1 § 49 Absatz 3 Nummer 4 § 12 Absatz 1 Nummer 3, 4 § 1 Absatz 2 § 49 Absatz 1 Nummer 1, 12 § 41 Absatz 1 i. V. m. Anlage 2 lfd. Nr. 1, 2, 3 (Zeichen 201, 205, 206) Spalte 3 Nummer 2, lfd. Nr. 8 (Zeichen 215) Spalte 3 Nummer 3, lfd. Nr. 15 (Zeichen 229) Spalte 3 Satz 1, lfd. Nr. 17 (Zeichen 238) Spalte 3 Nummer 2, lfd. Nr. 62 (Zeichen 283) Spalte 3, lfd. Nr. 63, 64 (Zeichen 286, 290.1) Spalte 3 Nummer 1, lfd. Nr. 66 (Zeichen 293) Spalte 3, lfd. Nr. 68 (Zeichen 295) Spalte 3 Nummer 2a, lfd. Nr. 70 (Zeichen 297) Spalte 3 Nummer 2, lfd. Nr. 73 (Zeichen 299) Spalte 3 Satz 1 § 1 Absatz 2 § 49 Absatz 1 Nummer 1, Absatz 3 Nummer 4	35 €	
52a	Unzulässig auf Geh- und Radwegen geparkt (§ 12 Absatz 2 StVO)	§ 12 Absatz 4 Satz 1, Absatz 4a § 49 Absatz 1 Nummer 12 § 41 Absatz 1 i. V. m. Anlage 2 lfd. Nr. 16, 19, 20 (Zeichen 237, 240, 241) Spalte 3 Nummer 2 § 49 Absatz 3 Nummer 4	20 €	
52a.1	– mit Behinderung	§ 12 Absatz 4 Satz 1, Absatz 4a	30 €	

Lfd. Nr.	Tatbestand	Straßenverkehrs-Ordnung (StVO)	Regelsatz in Euro (€), Fahrverbot in Monaten	Pkt.[1]
		§ 1 Absatz 2 § 49 Absatz 1 Nummer 1, 12 § 41 Absatz 1 i. V. m. Anlage 2 lfd. Nr. 16, 19, 20 (Zeichen 237, 240, 241) Spalte 3 Nummer 2 § 1 Absatz 2 § 49 Absatz 1 Nummer 1, Absatz 3 Nummer 4		
52a.2	länger als 1 Stunde	§ 12 Absatz 4 Satz 1, Absatz 4a § 49 Absatz 1 Nummer 12 § 41 Absatz 1 i. V. m. Anlage 2 lfd. Nr. 16, 19, 20 (Zeichen 237, 240, 241) Spalte 3 Nummer 2 § 49 Absatz 3 Nummer 4	30 €	
52a.2.1	– mit Behinderung	§ 12 Absatz 4 Satz 1, Absatz 4a § 1 Absatz 2 § 49 Absatz 1 Nummer 1, 12 § 41 Absatz 1 i. V. m. Anlage 2 lfd. Nr. 16, 19, 20 (Zeichen 237, 240, 241) Spalte 3 Nummer 2 § 1 Absatz 2 § 49 Absatz 1 Nummer 1, Absatz 3 Nummer 4	35 €	
53	Vor oder in amtlich gekennzeichneten Feuerwehrzufahrten geparkt (§ 12 Absatz 2 StVO)	§ 12 Absatz 1 Nummer 5 § 49 Absatz 1 Nummer 12	35 €	
53.1	und dadurch ein Rettungsfahrzeug im Einsatz behindert	§ 12 Absatz 1 Nummer 5 § 1 Absatz 2 § 49 Absatz 1 Nummer 1, 12	65 €	1
54	Unzulässig geparkt (§ 12 Absatz 2 StVO) in den in § 12 Absatz 3 Nummer 1 bis 5 genannten Fällen oder in den Fällen der Zeichen 201, 224, 295, 296, 299, 306, 314 mit Zusatzzeichen und 315 StVO	§ 12 Absatz 3 Nummer 1 bis 5 § 49 Absatz 1 Nummer 12 § 41 Absatz 1 i. V. m. Anlage 2 lfd. Nr. 1 (Zeichen	10 €	

Anh IV Bußgeldkatalog-Verordnung

Lfd. Nr.	Tatbestand	Straßenverkehrs-Ordnung (StVO)	Regelsatz in Euro (€), Fahrverbot in Monaten	Pkt.[1]
54.1	– mit Behinderung	201) Spalte 3 Nummer 3, lfd. Nr. 14 (Zeichen 224) Spalte 3 Satz 1, lfd. Nr. 68 (Zeichen 295) Spalte 3 Nummer 1d, lfd. Nr. 69 (Zeichen 296) Spalte 3 Nummer 2, lfd. Nr. 73 (Zeichen 299) Spalte 3 Satz 1 § 49 Absatz 3 Nummer 4 § 42 Absatz 2 i. V. m. Anlage 3 lfd. Nr. 2 (Zeichen 306) Spalte 3 Satz 1, lfd. Nr. 7 (Zeichen 314 mit Zusatzzeichen) Spalte 3 Nummer 1, 2, lfd. Nr. 10 (Zeichen 315) Spalte 3 Nummer 1, 2 § 49 Absatz 3 Nummer 5 § 12 Absatz 3 Nummer 1 bis 5 § 1 Absatz 2 § 49 Absatz 1 Nummer 1, 12 § 41 Absatz 1 i. V. m. Anlage 2 lfd. Nr. 1 (Zeichen 201) Spalte 3 Nummer 3, lfd. Nr. 14 (Zeichen 224) Spalte 3 Satz 1, lfd. Nr. 68 (Zeichen 295) Spalte 3 Nummer 1d, lfd. Nr. 69 (Zeichen 296) Spalte 3 Nummer 2, lfd. Nr. 73 (Zeichen 299) Spalte 3 Satz 1 § 1 Absatz 2 § 49 Absatz 1 Nummer 1, Absatz 3 Nummer 4 § 42 Absatz 2 i. V. m. Anlage 3 lfd. Nr. 2 (Zeichen 306) Spalte 3	15 €	

Bußgeldkatalog-Verordnung Anh IV

Lfd. Nr.	Tatbestand	Straßenverkehrs-Ordnung (StVO)	Regelsatz in Euro (€), Fahrverbot in Monaten	Pkt.[1]
54.2	länger als 3 Stunden	Satz 1, lfd. Nr. 7 (Zeichen 314 mit Zusatzzeichen) Spalte 3 Nummer 1, 2, lfd. Nr. 10 (Zeichen 315) Spalte 3 Nummer 1, 2 § 1 Absatz 2 § 49 Absatz 1 Nummer 1, Absatz 3 Nummer 5 § 12 Absatz 3 Nummer 1 bis 5 § 49 Absatz 1 Nummer 12 § 41 Absatz 1 i. V. m. Anlage 2 lfd. Nr. 1 (Zeichen 201) Spalte 3 Nummer 3, lfd. Nr. 14 (Zeichen 224) Spalte 3 Satz 1, lfd. Nr. 68 (Zeichen 295) Spalte 3 Nummer 1d, lfd. Nr. 69 (Zeichen 296) Spalte 3 Nummer 2, lfd. Nr. 73 (Zeichen 299) Spalte 3 Satz 1 § 49 Absatz 3 Nummer 4 § 42 Absatz 2 i. V. m. Anlage 3 lfd. Nr. 2 (Zeichen 306) Spalte 3	20 €	
54.2.1	– mit Behinderung	Satz 1, lfd. Nr. 7 (Zeichen 314 mit Zusatzzeichen) Spalte 3 Nummer 1, 2, lfd. Nr. 10 (Zeichen 315) Spalte 3 Nummer 1, 2 § 49 Absatz 3 Nummer 5 § 12 Absatz 3 Nummer 1 bis 5 § 1 Absatz 2 § 49 Absatz 1 Nummer 1, 12 § 41 Absatz 1 i. V. m. Anlage 2 lfd. Nr. 1 (Zeichen 201) Spalte 3 Nummer 3, lfd. Nr. 14 (Zeichen 224) Spal-	30 €	

1725

Anh IV Bußgeldkatalog-Verordnung

Lfd. Nr.	Tatbestand	Straßenverkehrs-Ordnung (StVO)	Regelsatz in Euro (€), Fahrverbot in Monaten	Pkt.[1]
		te 3 Satz 1, lfd. Nr. 68 (Zeichen 295) Spalte 3 Nummer 1d, lfd. Nr. 69 (Zeichen 296) Spalte 3 Nummer 2, lfd. Nr. 73 (Zeichen 299) Spalte 3 Satz 1 § 1 Absatz 2 § 49 Absatz 1 Nummer 1, Absatz 3 Nummer 4 § 42 Absatz 2 i. V. m. Anlage 3 lfd. Nr. 2 (Zeichen 306) Spalte 3 Satz 1, lfd. Nr. 7 (Zeichen 314 mit Zusatzzeichen) Spalte 3 Nummer 1, 2, lfd. Nr. 10 (Zeichen 315) Spalte 3 Nummer 1, 2 § 1 Absatz 2 § 49 Absatz 1 Nummer 1, Absatz 3 Nummer 5		
54a	Unzulässig auf Schutzstreifen für den Radverkehr geparkt	§ 42 Absatz 2 i. V. m. Anlage 3 lfd. Nr. 22 (Zeichen 340) Spalte 3 Nummer 3 § 49 Absatz 3 Nummer 5	20 €	
54a.1	– mit Behinderung	§ 42 Absatz 2 i. V. m. Anlage 3 lfd. Nr. 22 (Zeichen 340) Spalte 3 Nummer 3 § 1 Absatz 2 § 49 Absatz 1 Nummer 1, Absatz 3 Nummer 5	30 €	
54a.2	länger als 3 Stunden	§ 42 Absatz 2 i. V. m. Anlage 3 lfd. Nr. 22 (Zeichen 340) Spalte 3 Nummer 3 § 49 Absatz 3 Nummer 5	30 €	
54a.2.1	– mit Behinderung	§ 42 Absatz 2 i. V. m. Anlage 3 lfd. Nr. 22 (Zeichen	35 €	

Lfd. Nr.	Tatbestand	Straßenverkehrs-Ordnung (StVO)	Regelsatz in Euro (€), Fahrverbot in Monaten	Pkt.[1]
55	Unberechtigt auf Schwerbehinderten-Parkplatz geparkt (§ 12 Absatz 2 StVO)	340) Spalte 3 Nummer 3 § 1 Absatz 2 § 49 Absatz 1 Nummer 1, Absatz 3 Nummer 5 § 42 Absatz 2 i. V. m. Anlage 3 lfd. Nr. 7 (Zeichen 314) Spalte 3 Nummer 1, 2d, lfd. Nr. 10 (Zeichen 315) Spalte 3 Nummer 1 Satz 2, Nummer 2d § 49 Absatz 3 Nummer 5	35 €	
56	In einem nach § 12 Absatz 3a Satz 1 StVO geschützten Bereich während nicht zugelassener Zeiten mit einem Kraftfahrzeug über 7,5 t zulässiger Gesamtmasse oder einem Kraftfahrzeuganhänger über 2 t zulässiger Gesamtmasse regelmäßig geparkt (§ 12 Absatz 2 StVO)	§ 12 Absatz 3a Satz 1 § 49 Absatz 1 Nummer 12	30 €	
57	Mit Kraftfahrzeuganhänger ohne Zugfahrzeug länger als zwei Wochen geparkt (§ 12 Absatz 2 StVO)	§ 12 Absatz 3b Satz 1 § 49 Absatz 1 Nummer 12	20 €	
58	In „zweiter Reihe" geparkt (§ 12 Absatz 2 StVO)	§ 12 Absatz 4 Satz 1 § 49 Absatz 1 Nummer 12	20 €	
58.1	– mit Behinderung	§ 12 Absatz 4 Satz 1 § 1 Absatz 2 § 49 Absatz 1 Nummer 1, 12	25 €	
58.2	länger als 15 Minuten	§ 12 Absatz 4 Satz 1 § 49 Absatz 1 Nummer 12	30 €	
58.2.1	– mit Behinderung	§ 12 Absatz 4 Satz 1 § 1 Absatz 2 § 49 Absatz 1 Nummer 1, 12	35 €	
59	Im Fahrraum von Schienenfahrzeugen gehalten	§ 12 Absatz 4 Satz 5 § 49 Absatz 1 Nummer 12	20 €	
59.1	– mit Behinderung	§ 12 Absatz 4 Satz 5 § 1 Absatz 2 § 49 Absatz 1 Nummer 1, 12	30 €	
60	Im Fahrraum von Schienenfahrzeugen geparkt (§ 12 Absatz 2 StVO)	§ 12 Absatz 4 Satz 5	25 €	

Anh IV — Bußgeldkatalog-Verordnung

Lfd. Nr.	Tatbestand	Straßenverkehrs-Ordnung (StVO)	Regelsatz in Euro (€), Fahrverbot in Monaten	Pkt.[1]
60.1	– mit Behinderung	§ 49 Absatz 1 Nummer 12 § 12 Absatz 4 Satz 5 § 1 Absatz 2 § 49 Absatz 1 Nummer 1, 12	35 €	
61	Vorrang des Berechtigten beim Einparken in eine Parklücke nicht beachtet	§ 12 Absatz 5 § 49 Absatz 1 Nummer 12	10 €	
62	Nicht Platz sparend gehalten oder geparkt (§ 12 Absatz 2 StVO)	§ 12 Absatz 6 § 49 Absatz 1 Nummer 12	10 €	
	Einrichtungen zur Überwachung der Parkzeit			
63	An einer abgelaufenen Parkuhr, ohne vorgeschriebene Parkscheibe, ohne Parkschein oder unter Überschreiten der erlaubten Höchstparkdauer geparkt (§ 12 Absatz 2 StVO)	§ 13 Absatz 1, 2 § 49 Absatz 1 Nummer 13	10 €	
63.1	bis zu 30 Minuten		10 €	
63.2	bis zu 1 Stunde		15 €	
63.3	bis zu 2 Stunden		20 €	
63.4	bis zu 3 Stunden		25 €	
63.5	länger als 3 Stunden		30 €	
	Sorgfaltspflichten beim Ein- und Aussteigen			
64	Beim Ein- oder Aussteigen einen anderen Verkehrsteilnehmer gefährdet	§ 14 Absatz 1 § 49 Absatz 1 Nummer 14	20 €	
64.1	– mit Sachbeschädigung	§ 14 Absatz 1 § 1 Absatz 2 § 49 Absatz 1 Nummer 1, 14	25 €	
65	Fahrzeug verlassen, ohne die nötigen Maßnahmen getroffen zu haben, um Unfälle oder Verkehrsstörungen zu vermeiden	§ 14 Absatz 2 Satz 1 § 49 Absatz 1 Nummer 14	15 €	
65.1	– mit Sachbeschädigung	§ 14 Absatz 2 Satz 1 § 1 Absatz 2 § 49 Absatz 1 Nummer 1, 14	25 €	
	Liegenbleiben von Fahrzeugen			
66	Liegen gebliebenes mehrspuriges Fahrzeug nicht oder nicht wie vorgeschrieben abgesichert, beleuchtet oder kenntlich gemacht und dadurch einen Anderen gefährdet	§ 15, auch i. V. m. § 17 Absatz 4 Satz 1, 3 § 1 Absatz 2 § 49 Absatz 1 Nummer 1, 15	60 €	1
	Abschleppen von Fahrzeugen			
67	Beim Abschleppen eines auf der Autobahn liegen gebliebenen Fahrzeugs die Autobahn nicht bei der nächsten Ausfahrt verlassen oder mit einem außerhalb der	§ 15a Absatz 1, 2 § 49 Absatz 1 Nummer 15a	20 €	

Bußgeldkatalog-Verordnung   **Anh IV**

Lfd. Nr.	Tatbestand	Straßenverkehrs-Ordnung (StVO)	Regelsatz in Euro (€), Fahrverbot in Monaten	Pkt.[1]
68	Autobahn liegen gebliebenen Fahrzeug in die Autobahn eingefahren Während des Abschleppens Warnblinklicht nicht eingeschaltet	§ 15a Absatz 3 § 49 Absatz 1 Nummer 15a	5 €	
69	Kraftrad abgeschleppt	§ 15a Absatz 4 § 49 Absatz 1 Nummer 15a	10 €	
	Warnzeichen			
70	Missbräuchlich Schall- oder Leuchtzeichen gegeben und dadurch einen Anderen belästigt oder Schallzeichen gegeben, die aus einer Folge verschieden hoher Töne bestehen	§ 16 Absatz 1, 3 § 1 Absatz 2 § 49 Absatz 1 Nummer 1, 16	10 €	
71	Einen Omnibus des Linienverkehrs oder einen gekennzeichneten Schulbus geführt und Warnblinklicht bei Annäherung an eine Haltestelle oder für die Dauer des Ein- und Aussteigens der Fahrgäste entgegen der straßenverkehrsbehördlichen Anordnung nicht eingeschaltet	§ 16 Absatz 2 Satz 1 § 49 Absatz 1 Nummer 16	10 €	
72	Warnblinklicht missbräuchlich eingeschaltet	§ 16 Absatz 2 Satz 2 § 49 Absatz 1 Nummer 16	5 €	
	Beleuchtung			
73	Vorgeschriebene Beleuchtungseinrichtungen nicht oder nicht vorschriftsmäßig benutzt, obwohl die Sichtverhältnisse es erforderten, oder nicht rechtzeitig abgeblendet oder Beleuchtungseinrichtungen in verdecktem oder beschmutztem Zustand benutzt	§ 17 Absatz 1, 2 Satz 3, Absatz 3 Satz 2, 5, Absatz 6 § 49 Absatz 1 Nummer 17	20 €	
73.1	– mit Gefährdung	§ 17 Absatz 1, 2 Satz 3, Absatz 3 Satz 2, 5, Absatz 6 § 1 Absatz 2 § 49 Absatz 1 Nummer 1, 17	25 €	
73.2	– mit Sachbeschädigung		35 €	
74	Nur mit Standlicht oder auf einer Straße mit durchgehender, ausreichender Beleuchtung mit Fernlicht gefahren oder mit einem Kraftrad am Tage nicht mit Abblendlicht oder eingeschalteten Tagfahrleuchten gefahren	§ 17 Absatz 2 Satz 1, 2, Absatz 2a § 49 Absatz 1 Nummer 17	10 €	
74.1	– mit Gefährdung	§ 17 Absatz 2 Satz 1, 2, Absatz 2a § 1 Absatz 2 § 49 Absatz 1 Nummer 1, 17	15 €	
74.2	– mit Sachbeschädigung		35 €	
75	Bei erheblicher Sichtbehinderung durch Nebel, Schneefall oder Regen innerhalb	§ 17 Absatz 3 Satz 1	25 €	

Anh IV Bußgeldkatalog-Verordnung

Lfd. Nr.	Tatbestand	Straßenverkehrs-Ordnung (StVO)	Regelsatz in Euro (€), Fahrverbot in Monaten	Pkt.[1]
75.1	geschlossener Ortschaften am Tage nicht mit Abblendlicht gefahren – mit Sachbeschädigung	§ 49 Absatz 1 Nummer 17 § 17 Absatz 3 Satz 1 § 1 Absatz 2 § 49 Absatz 1 Nummer 1, 17	35 €	
76	Bei erheblicher Sichtbehinderung durch Nebel, Schneefall oder Regen außerhalb geschlossener Ortschaften am Tage nicht mit Abblendlicht gefahren	§ 17 Absatz 3 Satz 1 § 49 Absatz 1 Nummer 17	60 €	1
77	Haltendes mehrspuriges Fahrzeug nicht oder nicht wie vorgeschrieben beleuchtet oder kenntlich gemacht	§ 17 Absatz 4 Satz 1, 3 § 49 Absatz 1 Nummer 17	20 €	
77.1	– mit Sachbeschädigung	§ 17 Absatz 4 Satz 1, 3 § 1 Absatz 2 § 49 Absatz 1 Nummer 1, 17	35 €	
	Autobahnen und Kraftfahrstraßen			
78	Autobahn oder Kraftfahrstraße mit einem Fahrzeug benutzt, dessen durch die Bauart bestimmte Höchstgeschwindigkeit weniger als 60 km/h betrug oder dessen zulässige Höchstabmessungen zusammen mit der Ladung überschritten waren, soweit die Gesamthöhe nicht mehr als 4,20 m betrug	§ 18 Absatz 1 § 49 Absatz 1 Nummer 18	20 €	
79	Autobahn oder Kraftfahrstraße mit einem Fahrzeug benutzt, dessen Höhe zusammen mit der Ladung mehr als 4,20 m betrug	§ 18 Absatz 1 Satz 2 § 49 Absatz 1 Nummer 18	70 €	1
80	An dafür nicht vorgesehener Stelle eingefahren	§ 18 Absatz 2 § 49 Absatz 1 Nummer 18	25 €	
80.1	– mit Gefährdung	§ 18 Absatz 2 § 1 Absatz 2 § 49 Absatz 1 Nummer 1, 18	75 €	1
(81)	(aufgehoben)			
82	Beim Einfahren Vorfahrt auf der durchgehenden Fahrbahn nicht beachtet	§ 18 Absatz 3 § 49 Absatz 1 Nummer 18	75 €	1
83	Gewendet, rückwärts oder entgegen der Fahrtrichtung gefahren	§ 18 Absatz 7 § 2 Absatz 1 § 49 Absatz 1 Nummer 2, 18		
83.1	in einer Ein- oder Ausfahrt		75 €	1
83.2	auf der Nebenfahrbahn oder dem Seitenstreifen		130 €	1
83.3	auf der durchgehenden Fahrbahn		200 € **Fahrverbot 1 Monat**	2

Bußgeldkatalog-Verordnung **Anh IV**

Lfd. Nr.	Tatbestand	Straßenverkehrs-Ordnung (StVO)	Regelsatz in Euro (€), Fahrverbot in Monaten	Pkt.[1]
84	Auf einer Autobahn oder Kraftfahrstraße gehalten	§ 18 Absatz 8 § 49 Absatz 1 Nummer 18	30 €	
85	Auf einer Autobahn oder Kraftfahrstraße geparkt (§ 12 Absatz 2 StVO)	§ 18 Absatz 8 § 49 Absatz 1 Nummer 18	70 €	1
86	Als zu Fuß Gehender Autobahn betreten oder Kraftfahrstraße an dafür nicht vorgesehener Stelle betreten	§ 18 Absatz 9 § 49 Absatz 1 Nummer 18	10 €	
87	An dafür nicht vorgesehener Stelle ausgefahren	§ 18 Absatz 10 § 49 Absatz 1 Nummer 18	25 €	
87a	Mit einem Lastkraftwagen über 7,5 t zulässiger Gesamtmasse, einschließlich Anhänger, oder einer Zugmaschine den äußerst linken Fahrstreifen bei Schneeglätte oder Glatteis oder, obwohl die Sichtweite durch erheblichen Schneefall oder Regen auf 50 m oder weniger eingeschränkt ist, benutzt	§ 18 Absatz 11 § 49 Absatz 1 Nummer 18	80 €	1
88	Seitenstreifen zum Zweck des schnelleren Vorwärtskommens benutzt	§ 2 Absatz 1 § 49 Absatz 1 Nummer 2	75 €	1
	Bahnübergänge			
89	Mit einem Fahrzeug den Vorrang eines Schienenfahrzeugs nicht beachtet	§ 19 Absatz 1 Satz 1 § 49 Absatz 1 Nummer 19 Buchstabe a	80 €	1
89a	Kraftfahrzeug an einem Bahnübergang (Zeichen 151, 156 bis einschließlich Kreuzungsbereich von Schiene und Straße) unzulässig überholt	§ 19 Absatz 1 Satz 3 § 49 Absatz 1 Nummer 19 Buchstabe a	70 €	
89b	Bahnübergang unter Verstoß gegen die Wartepflicht nach § 19 Absatz 2 StVO überquert			
89b.1	in den Fällen des § 19 Absatz 2 Satz 1 Nummer 1 StVO	§ 19 Absatz 2 Satz 1 Nummer 1 § 49 Absatz 1 Nummer 19 Buchstabe a	80 €	1
89b.2	in den Fällen des § 19 Absatz 2 Satz 1 Nummer 2 bis 5 StVO (außer bei geschlossener Schranke)	§ 19 Absatz 2 Satz 1 Nummer 2 bis 5 § 49 Absatz 1 Nummer 19 Buchstabe a	240 € **Fahrverbot 1 Monat**	2
90	Vor einem Bahnübergang Wartepflichten verletzt	§ 19 Absatz 2 bis 5 § 49 Absatz 1 Nummer 19 Buchstabe a	10 €	
	Öffentliche Verkehrsmittel und Schulbusse			
91	An einem Omnibus des Linienverkehrs, einer Straßenbahn oder einem gekenn-	§ 20 Absatz 2 Satz 1	15 €	

Anh IV   Bußgeldkatalog-Verordnung

Lfd. Nr.	Tatbestand	Straßenverkehrs-Ordnung (StVO)	Regelsatz in Euro (€), Fahrverbot in Monaten	Pkt.[1]
	zeichneten Schulbus nicht mit Schrittgeschwindigkeit rechts vorbeigefahren, obwohl diese an einer Haltestelle (Zeichen 224) hielten und Fahrgäste ein- oder ausstiegen (soweit nicht von Nummer 11 erfasst)	§ 49 Absatz 1 Nummer 19 Buchstabe b		
92	An einer Haltestelle (Zeichen 224) an einem haltenden Omnibus des Linienverkehrs, einer haltenden Straßenbahn oder einem haltenden gekennzeichneten Schulbus nicht mit Schrittgeschwindigkeit oder ohne ausreichenden Abstand rechts vorbeigefahren oder nicht gewartet, obwohl dies nötig war und Fahrgäste ein- oder ausstiegen, und dadurch einen Fahrgast			
92.1	behindert	§ 20 Absatz 2 § 49 Absatz 1 Nummer 19 Buchstabe b	60 €, soweit sich nicht aus Nummer 11 ein höherer Regelsatz ergibt	1
92.2	gefährdet	§ 20 Absatz 2 Satz 1, 3 § 1 Absatz 2 § 49 Absatz 1 Nummer 1, 19 Buchstabe b	70 €, soweit sich nicht aus Nummer 11, auch i.V.m. Tabelle 4, ein höherer Regelsatz ergibt	1
93	Omnibus des Linienverkehrs oder gekennzeichneten Schulbus, der sich mit eingeschaltetem Warnblinklicht einer Haltestelle (Zeichen 224) nähert, überholt	§ 20 Absatz 3 § 49 Absatz 1 Nummer 19 Buchstabe b	60 €	1
94	An einem Omnibus des Linienverkehrs oder einem gekennzeichneten Schulbus nicht mit Schrittgeschwindigkeit vorbeigefahren, obwohl dieser an einer Haltestelle (Zeichen 224) hielt und Warnblinklicht eingeschaltet hatte (soweit nicht von Nummer 11 erfasst)	§ 20 Absatz 4 Satz 1, 2 § 49 Absatz 1 Nummer 19 Buchstabe b	15 €	
95	An einem Omnibus des Linienverkehrs oder einem gekennzeichneten Schulbus, die an einer Haltestelle (Zeichen 224) hielten und Warnblinklicht eingeschaltet hatten, nicht mit Schrittgeschwindigkeit oder ohne ausreichendem Abstand vorbeigefahren oder nicht gewartet, obwohl dies nötig war, und dadurch einen Fahrgast			
95.1	behindert	§ 20 Absatz 4 § 49 Absatz 1 Nummer 19 Buchstabe b	60 €, soweit sich nicht aus Nummer 11 ein höhe-	1

Bußgeldkatalog-Verordnung   **Anh IV**

Lfd. Nr.	Tatbestand	Straßenverkehrs-Ordnung (StVO)	Regelsatz in Euro (€), Fahrverbot in Monaten	Pkt.[1]
95.2	gefährdet	§ 20 Absatz 4 Satz 1, 2, 4 § 1 Absatz 2 § 49 Absatz 1 Nummer 1, 19 Buchstabe b	rer Regelsatz ergibt 70 €, soweit sich nicht aus Nummer 11, auch i. V. m. Tabelle 4, ein höherer Regelsatz ergibt	1
96	Einem Omnibus des Linienverkehrs oder einem Schulbus das Abfahren von einer gekennzeichneten Haltestelle nicht ermöglicht	§ 20 Absatz 5 § 49 Absatz 1 Nummer 19 Buchstabe b	5 €	
96.1	– mit Gefährdung	§ 20 Absatz 5 § 1 Absatz 2 § 49 Absatz 1 Nummer 1, 19 Buchstabe b	20 €	
96.2	– mit Sachbeschädigung		30 €	
	Personenbeförderung, Sicherungspflichten			
97	Gegen eine Vorschrift über die Mitnahme von Personen auf oder in Fahrzeugen verstoßen	§ 21 Absatz 1, 2, 3 § 49 Absatz 1 Nummer 20	5 €	
98	Ein Kind mitgenommen, ohne für die vorschriftsmäßige Sicherung zu sorgen (außer in KOM über 3,5 t zulässige Gesamtmasse)	§ 21 Absatz 1a Satz 1 § 21a Absatz 1 Satz 1 § 49 Absatz 1 Nummer 20, 20a		
98.1	bei einem Kind		30 €	
98.2	bei mehreren Kindern		35 €	
99	Ein Kind ohne Sicherung mitgenommen oder nicht für eine Sicherung eines Kindes in einem Kfz gesorgt (außer in Kraftomnibus über 3,5 t zulässige Gesamtmasse) oder beim Führen eines Kraftrades ein Kind befördert, obwohl es keinen Schutzhelm trug	§ 21 Absatz 1a Satz 1 § 21a Absatz 1 Satz 1, Absatz 2 § 49 Absatz 1 Nummer 20, 20a		
99.1	bei einem Kind		60 €	1
99.2	bei mehreren Kindern		70 €	1
100	Vorgeschriebenen Sicherheitsgurt während der Fahrt nicht angelegt	§ 21a Absatz 1 Satz 1 § 49 Absatz 1 Nummer 20a	30 €	
100.1	Vorgeschriebenes Rollstuhl-Rückhaltesystem oder Rollstuhlnutzer-Rückhaltesystems während der Fahrt nicht angelegt	§ 21a Absatz 1 Satz 1 § 49 Absatz 1 Nummer 20a	30 €	
101	Während der Fahrt keinen geeigneten Schutzhelm getragen	§ 21a Absatz 2 Satz 1 § 49 Absatz 1 Nummer 20a	15 €	

Anh IV Bußgeldkatalog-Verordnung

Lfd. Nr.	Tatbestand	Straßenverkehrs-Ordnung (StVO)	Regelsatz in Euro (€), Fahrverbot in Monaten	Pkt.[1]
102	**Ladung** Ladung oder Ladeeinrichtung nicht so verstaut oder gesichert, dass sie selbst bei Vollbremsung oder plötzlicher Ausweichbewegung nicht verrutschen, umfallen, hin- und herrollen oder herabfallen können			
102.1	bei Lastkraftwagen oder Kraftomnibussen bzw. ihren Anhängern	§ 22 Absatz 1 § 49 Absatz 1 Nummer 21	60 €	1
102.1.1	– mit Gefährdung	§ 22 Absatz 1 § 1 Absatz 2 § 49 Absatz 1 Nummer 1, 21	75 €	1
102.2	bei anderen als in Nummer 102.1 genannten Kraftfahrzeugen bzw. ihren Anhängern	§ 22 Absatz 1 § 49 Absatz 1 Nummer 21	35 €	
102.2.1	– mit Gefährdung	§ 22 Absatz 1 § 1 Absatz 2 § 49 Absatz 1 Nummer 1, 21	60 €	1
103	Ladung oder Ladeeinrichtung nicht so verstaut oder gesichert, dass sie keinen vermeidbaren Lärm erzeugen können	§ 22 Absatz 1 § 49 Absatz 1 Nummer 21	10 €	
104	Fahrzeug geführt, dessen Höhe zusammen mit der Ladung mehr als 4,20 m betrug	§ 22 Absatz 2 Satz 1 § 49 Absatz 1 Nummer 21	60 €	1
105	Fahrzeug geführt, das zusammen mit der Ladung eine der höchstzulässigen Abmessungen überschritt, soweit die Gesamthöhe nicht mehr als 4,20 m betrug, oder dessen Ladung unzulässig über das Fahrzeug hinausragte	§ 22 Absatz 2, 3, 4 Satz 1, 2, Absatz 5 Satz 2 § 49 Absatz 1 Nummer 21	20 €	
106	Vorgeschriebene Sicherungsmittel nicht oder nicht ordnungsgemäß angebracht	§ 22 Absatz 4 Satz 3 bis 5, Absatz 5 Satz 1 § 49 Absatz 1 Nummer 21	25 €	
107	**Sonstige Pflichten von Fahrzeugführenden** Beim Führen eines Fahrzeugs nicht dafür gesorgt, dass			
107.1	seine Sicht oder das Gehör durch die Besetzung, Tiere, die Ladung, ein Gerät oder den Zustand des Fahrzeugs nicht beeinträchtigt waren	§ 23 Absatz 1 Satz 1 § 49 Absatz 1 Nummer 22	10 €	
107.2	das Fahrzeug, der Zug, das Gespann, die Ladung oder die Besetzung vorschriftsmäßig waren oder die Verkehrssicherheit des Fahrzeugs durch die Ladung oder die Besetzung nicht litt	§ 23 Absatz 1 Satz 2 § 49 Absatz 1 Nummer 22	25 €	
107.3	die vorgeschriebenen Kennzeichen stets gut lesbar waren	§ 23 Absatz 1 Satz 3 § 49 Absatz 1 Nummer 22	5 €	

Bußgeldkatalog-Verordnung **Anh IV**

Lfd. Nr.	Tatbestand	Straßenverkehrs-Ordnung (StVO)	Regelsatz in Euro (€), Fahrverbot in Monaten	Pkt.[1]
107.4	an einem Kraftfahrzeug, an dessen Anhänger oder an einem Fahrrad die vorgeschriebene Beleuchtungseinrichtung auch am Tage vorhanden oder betriebsbereit war	§ 23 Absatz 1 Satz 4 § 49 Absatz 1 Nummer 22	20 €	
107.4.1	– mit Gefährdung	§ 23 Absatz 1 Satz 4 § 1 Absatz 2 § 49 Absatz 1 Nummer 1, 22	25 €	
107.4.2	– mit Sachbeschädigung		35 €	
108	Beim Führen eines Fahrzeugs nicht dafür gesorgt, dass das Fahrzeug, der Zug, das Gespann, die Ladung oder die Besetzung vorschriftsmäßig waren, wenn dadurch die Verkehrssicherheit wesentlich beeinträchtigt war oder die Verkehrssicherheit des Fahrzeugs durch die Ladung oder die Besetzung wesentlich litt	§ 23 Absatz 1 Satz 2 § 49 Absatz 1 Nummer 22	80 €	1
(109)	(aufgehoben)			
(109a)	(aufgehoben)			
110	Fahrzeug, Zug oder Gespann nicht auf dem kürzesten Weg aus dem Verkehr gezogen, obwohl unterwegs die Verkehrssicherheit wesentlich beeinträchtigende Mängel aufgetreten waren, die nicht alsbald beseitigt werden konnten	§ 23 Absatz 2 Halbsatz 1 § 49 Absatz 1 Nummer 22	10 €	
	Fußgänger			
111	Trotz vorhandenen Gehwegs oder Seitenstreifens auf der Fahrbahn oder außerhalb geschlossener Ortschaften nicht am linken Fahrbahnrand gegangen	§ 25 Absatz 1 Satz 2, 3 Halbsatz 2 § 49 Absatz 1 Nummer 24 Buchstabe a	5 €	
112	Fahrbahn ohne Beachtung des Fahrzeugverkehrs oder nicht zügig auf dem kürzesten Weg quer zur Fahrtrichtung oder an nicht vorgesehener Stelle überschritten	§ 25 Absatz 3 Satz 1 § 49 Absatz 1 Nummer 24 Buchstabe a		
112.1	– mit Gefährdung	§ 25 Absatz 3 Satz 1 § 1 Absatz 2 § 49 Absatz 1 Nummer 1, 24 Buchstabe a	5 €	
112.2	– mit Sachbeschädigung		10 €	
	Fußgängerüberweg			
113	An einem Fußgängerüberweg, den zu Fuß Gehende oder Fahrende von Krankenfahrstühlen oder Rollstühlen erkennbar benutzen wollten, das Überqueren der Fahrbahn nicht ermöglicht oder nicht mit mäßiger Geschwindigkeit herangefahren oder an einem Fußgängerüberweg überholt	§ 26 Absatz 1, 3 § 49 Absatz 1 Nummer 24 Buchstabe b	80 €	1
114	Bei stockendem Verkehr auf einen Fußgängerüberweg gefahren	§ 26 Absatz 2 § 49 Absatz 1 Nummer 24 Buchstabe b	5 €	

Anh IV

Bußgeldkatalog-Verordnung

Lfd. Nr.	Tatbestand	Straßenverkehrs-Ordnung (StVO)	Regelsatz in Euro (€), Fahrverbot in Monaten	Pkt.[1]
	Übermäßige Straßenbenutzung			
115	Als Veranstalter erlaubnispflichtige Veranstaltung ohne Erlaubnis durchgeführt	§ 29 Absatz 2 Satz 1 § 49 Absatz 2 Nummer 6	40 €	
116	Ohne Erlaubnis ein Fahrzeug oder einen Zug geführt, dessen Abmessungen, Achslasten oder Gesamtmasse die gesetzlich allgemein zugelassenen Grenzen tatsächlich überschritten oder dessen Bauart dem Fahrzeugführenden kein ausreichendes Sichtfeld ließ	§ 29 Absatz 3 § 49 Absatz 2 Nummer 7	60 €	1
	Umweltschutz			
117	Bei Benutzung eines Fahrzeugs unnötigen Lärm oder vermeidbare Abgasbelästigungen verursacht	§ 30 Absatz 1 Satz 1, 2 § 49 Absatz 1 Nummer 25	10 €	
118	Innerhalb einer geschlossenen Ortschaft unnütz hin- und hergefahren und dadurch Andere belästigt	§ 30 Absatz 1 Satz 3 § 49 Absatz 1 Nummer 25	20 €	
	Sonn- und Feiertagsfahrverbot			
119	Verbotswidrig an einem Sonntag oder Feiertag gefahren	§ 30 Absatz 3 Satz 1 § 49 Absatz 1 Nummer 25	120 €	
120	Als Halter das verbotswidrige Fahren an einem Sonntag oder Feiertag angeordnet oder zugelassen	§ 30 Absatz 3 Satz 1 § 49 Absatz 1 Nummer 25	570 €	
	Inline-Skaten und Rollschuhfahren			
120a	Beim Inline-Skaten oder Rollschuhfahren Fahrbahn, Seitenstreifen oder Radweg unzulässig benutzt oder bei durch Zusatzzeichen erlaubtem Inline-Skaten und Rollschuhfahren sich nicht mit äußerster Vorsicht und unter besonderer Rücksichtnahme auf den übrigen Verkehr am rechten Rand in Fahrtrichtung bewegt oder Fahrzeugen das Überholen nicht ermöglicht	§ 31 Absatz 1 Satz 1, Absatz 2 Satz 3 § 49 Absatz 1 Nummer 26	10 €	
120a.1	– mit Behinderung	§ 31 Absatz 1 Satz 1, Absatz 2 Satz 3 § 1 Absatz 2 § 49 Absatz 1 Nummer 1, 26	15 €	
120a.2	– mit Gefährdung		20 €	
	Verkehrshindernisse			
121	Straße beschmutzt oder benetzt, obwohl dadurch der Verkehr gefährdet oder erschwert werden konnte	§ 32 Absatz 1 Satz 1 § 49 Absatz 1 Nummer 27	10 €	
122	Verkehrswidrigen Zustand nicht oder nicht rechtzeitig beseitigt oder nicht ausreichend kenntlich gemacht	§ 32 Absatz 1 Satz 2 § 49 Absatz 1 Nummer 27	10 €	
123	Gegenstand auf eine Straße gebracht oder dort liegen gelassen, obwohl da-	§ 32 Absatz 1 Satz 1	60 €	1

Bußgeldkatalog-Verordnung Anh IV

Lfd. Nr.	Tatbestand	Straßenverkehrs-Ordnung (StVO)	Regelsatz in Euro (€), Fahrverbot in Monaten	Pkt.[1]
	durch der Verkehr gefährdet oder erschwert werden konnte	§ 49 Absatz 1 Nummer 27		
124	Gefährliches Gerät nicht wirksam verkleidet	§ 32 Absatz 2 § 49 Absatz 1 Nummer 27	5 €	
125	**Unfall** Als an einem Unfall beteiligte Person den Verkehr nicht gesichert oder bei geringfügigem Schaden nicht unverzüglich beiseite gefahren	§ 34 Absatz 1 Nummer 2 § 49 Absatz 1 Nummer 29	30 €	
125.1	– mit Sachbeschädigung	§ 34 Absatz 1 Nummer 2 § 1 Absatz 2 § 49 Absatz 1 Nummer 1, 29	35 €	
126	Unfallspuren beseitigt, bevor die notwendigen Feststellungen getroffen worden waren	§ 34 Absatz 3 § 49 Absatz 1 Nummer 29	30 €	
127	**Warnkleidung** Bei Arbeiten außerhalb von Gehwegen oder Absperrungen keine auffällige Warnkleidung getragen	§ 35 Absatz 6 Satz 4 § 49 Absatz 4 Nummer 1a	5 €	
128	**Zeichen und Weisungen der Polizeibeamten** Weisung eines Polizeibeamten nicht befolgt	§ 36 Absatz 1 Satz 1, Absatz 3, Absatz 5 Satz 4 § 49 Absatz 3 Nummer 1	20 €	
129	Zeichen oder Haltgebot eines Polizeibeamten nicht befolgt	§ 36 Absatz 1 Satz 1, Absatz 2, Absatz 4, Absatz 5 Satz 4 § 49 Absatz 3 Nummer 1	70 €	1
130	**Wechsellichtzeichen, Dauerlichtzeichen und Grünpfeil** Beim zu Fuß gehen rotes Wechsellichtzeichen nicht befolgt oder den Weg beim Überschreiten der Fahrbahn beim Wechsel von Grün auf Rot nicht zügig fortgesetzt	§ 37 Absatz 2 Nummer 1 Satz 7, Nummer 2, 5 Satz 3 § 49 Absatz 3 Nummer 2	5 €	
130.1	– mit Gefährdung	§ 37 Absatz 2 Nummer 1 Satz 7, Nummer 2, 5 Satz 3 § 1 Absatz 2 § 49 Absatz 1 Nummer 1, Absatz 3 Nummer 2	5 €	
130.2	– mit Sachbeschädigung		10 €	
131	Beim Rechtsabbiegen mit Grünpfeil			
131.1	aus einem anderen als dem rechten Fahrstreifen abgebogen	§ 37 Absatz 2 Nummer 1 Satz 9 § 49 Absatz 3 Nummer 2	15 €	

Anh IV   Bußgeldkatalog-Verordnung

Lfd. Nr.	Tatbestand	Straßenverkehrs-Ordnung (StVO)	Regelsatz in Euro (€), Fahrverbot in Monaten	Pkt.[1]
131.2	den Fahrzeugverkehr der freigegebenen Verkehrsrichtungen, ausgenommen den Fahrradverkehr auf Radwegfurten, behindert	§ 37 Absatz 2 Nummer 1 Satz 10 § 49 Absatz 3 Nummer 2	35 €	
132	Als Kfz-Führer in anderen als den Fällen des Rechtsabbiegens mit Grünpfeil rotes Wechsellichtzeichen oder rotes Dauerlichtzeichen nicht befolgt	§ 37 Absatz 2 Nummer 1 Satz 7, 11, Nummer 2, Absatz 3 Satz 1, 2 § 49 Absatz 3 Nummer 2	90 €	1
132.1	– mit Gefährdung	§ 37 Absatz 2 Nummer 1 Satz 7, 11, Nummer 2, Absatz 3 Satz 1, 2 § 1 Absatz 2 § 49 Absatz 1 Nummer 1, Absatz 3 Nummer 2	200 € Fahrverbot 1 Monat	2
132.2	– mit Sachbeschädigung		240 € Fahrverbot 1 Monat	2
132.3	bei schon länger als 1 Sekunde andauernder Rotphase eines Wechsellichtzeichens	§ 37 Absatz 2 Nummer 1 Satz 7, 11, Nummer 2 § 49 Absatz 3 Nummer 2	200 € Fahrverbot 1 Monat	2
132.3.1	– mit Gefährdung	§ 37 Absatz 2 Nummer 1 Satz 7, 11, Nummer 2 § 1 Absatz 2 § 49 Absatz 1 Nummer 1, Absatz 3 Nummer 2	320 € Fahrverbot 1 Monat	2
132.3.2	– mit Sachbeschädigung		360 € Fahrverbot 1 Monat	2
132a	Als Radfahrer in anderen als den Fällen des Rechtsabbiegens mit Grünpfeil rotes Wechsellichtzeichen oder rotes Dauerlichtzeichen nicht befolgt	§ 37 Absatz 2 Nummer 1 Satz 7, 11, Nummer 2, Absatz 3 Satz 1, 2 § 49 Absatz 3 Nummer 2	60 €	1
132a.1	– mit Gefährdung	§ 37 Absatz 2 Nummer 1 Satz 7, 11, Nummer 2, Absatz 3 Satz 1, 2	100 €	1
132a.2	– mit Sachbeschädigung	§ 1 Absatz 2 § 49 Absatz 1 Nummer 1, Absatz 3 Nummer 2	120 €	1
132a.3	bei schon länger als 1 Sekunde andauernder Rotphase eines Wechsellichtzeichens	§ 37 Absatz 2 Nummer 1 Satz 7, 11, Nummer 2 § 49 Absatz 3 Nummer 2	100 €	1

Bußgeldkatalog-Verordnung   **Anh IV**

Lfd. Nr.	Tatbestand	Straßenverkehrs-Ordnung (StVO)	Regelsatz in Euro (€), Fahrverbot in Monaten	Pkt.[1]
132a.3.1	– mit Gefährdung	§ 37 Absatz 2 Nummer 1 Satz 7, 11, Nummer 2 § 1 Absatz 2	160 €	1
132a.3.2	– mit Sachbeschädigung	§ 49 Absatz 1 Nummer 1, Absatz 3 Nummer 2	180 €	1
133	Beim Rechtsabbiegen mit Grünpfeil			
133.1	vor dem Rechtsabbiegen nicht angehalten	§ 37 Absatz 2 Nummer 1 Satz 7 § 49 Absatz 3 Nummer 2	70 €	1
133.2	den Fahrzeugverkehr der freigegebenen Verkehrsrichtungen, ausgenommen den Fahrradverkehr auf Radwegfurten, gefährdet	§ 37 Absatz 2 Nummer 1 Satz 10 § 49 Absatz 3 Nummer 2	100 €	1
133.3	den Fußgängerverkehr oder den Fahrradverkehr auf Radwegfurten der freigegebenen Verkehrsrichtungen	§ 37 Absatz 2 Nummer 1 Satz 10 § 49 Absatz 3 Nummer 2		
133.3.1	behindert		100 €	1
133.3.2	gefährdet		150 €	1
	Blaues und gelbes Blinklicht			
134	Blaues Blinklicht zusammen mit dem Einsatzhorn oder allein oder gelbes Blinklicht missbräuchlich verwendet	§ 38 Absatz 1 Satz 1, Absatz 2, Absatz 3 Satz 3 § 49 Absatz 3 Nummer 3	20 €	
135	Einem Einsatzfahrzeug, das blaues Blinklicht zusammen mit dem Einsatzhorn verwendet hatte, nicht sofort freie Bahn geschaffen	§ 38 Absatz 1 Satz 2 § 49 Absatz 3 Nummer 3	20 €	
	Vorschriftzeichen			
136	Zeichen 206 (Halt. Vorfahrt gewähren.) nicht befolgt	§ 41 Absatz 1 i. V. m. Anlage 2 lfd. Nr. 3 (Zeichen 206) Spalte 3 Nummer 1, 3 § 49 Absatz 3 Nummer 4	10 €	
137	Bei verengter Fahrbahn (Zeichen 208) dem Gegenverkehr keinen Vorrang gewährt	§ 41 Absatz 1 i. V. m. Anlage 2 lfd. Nr. 4 (Zeichen 208) Spalte 3 § 49 Absatz 3 Nummer 4	5 €	
137.1	– mit Gefährdung	§ 41 Absatz 1 i. V. m. Anlage 2 lfd. Nr. 4 (Zeichen 208) Spalte 3 § 1 Absatz 2 § 49 Absatz 1 Nummer 1, Absatz 3 Nummer 4	10 €	
137.2	– mit Sachbeschädigung		20 €	

Anh IV   Bußgeldkatalog-Verordnung

Lfd. Nr.	Tatbestand	Straßenverkehrs-Ordnung (StVO)	Regelsatz in Euro (€), Fahrverbot in Monaten	Pkt.[1]
138	Die durch Vorschriftzeichen (Zeichen 209, 211, 214, 222) vorgeschriebene Fahrtrichtung oder Vorbeifahrt nicht befolgt	§ 41 Absatz 1 i. V. m. Anlage 2 lfd. Nr. 5, 6, 7, 10 (Zeichen 209, 211, 214, 222) Spalte 3 Satz 1 § 49 Absatz 3 Nummer 4	10 €	
138.1	– mit Gefährdung	§ 41 Absatz 1 i. V. m. Anlage 2 lfd. Nr. 5, 6, 7, 10 (Zeichen 209, 211, 214, 222) Spalte 3 Satz 1 § 1 Absatz 2 § 49 Absatz 1 Nummer 1, Absatz 3 Nummer 4	15 €	
138.2	– mit Sachbeschädigung		25 €	
139	Die durch Zeichen 215 (Kreisverkehr) oder Zeichen 220 (Einbahnstraße) vorgeschriebene Fahrtrichtung nicht befolgt	§ 41 Absatz 1 i. V. m. Anlage 2 lfd. Nr. 8 (Zeichen 215) Spalte 3 Nummer 1, lfd. Nr. 9 (Zeichen 220) Spalte 3 Satz 1 § 49 Absatz 3 Nummer 4		
139.1	als Kfz-Führer		25 €	
139.2	als Radfahrer		20 €	
139.2.1	– mit Behinderung	§ 41 Absatz 1 i. V. m. Anlage 2 lfd. Nr. 8 (Zeichen 215) Spalte 3 Nummer 1, lfd. Nr. 9 (Zeichen 220) Spalte 3 Satz 1 § 1 Absatz 2 § 49 Absatz 1 Nummer 1, Absatz 3 Nummer 4	25 €	
139.2.2	– mit Gefährdung		30 €	
139.2.3	– mit Sachbeschädigung		35 €	
139a	Beim berechtigten Überfahren der Mittelinsel eines Kreisverkehrs einen anderen Verkehrsteilnehmer gefährdet	§ 41 Absatz 1 i. V. m. Anlage 2 lfd. Nr. 8 (Zeichen 215) Spalte 3 Nummer 2 § 49 Absatz 3 Nummer 4	35 €	
140	Vorschriftswidrig einen Radweg (Zeichen 237) oder einen sonstigen Sonderweg (Zeichen 238, 240, 241) benutzt oder mit einem Fahrzeug eine Fahrradstraße (Zeichen 244.1) vorschriftswidrig benutzt	§ 41 Absatz 1 i. V. m. Anlage 2 lfd. Nr. 16, 17, 19, 20 (Zeichen 237, 238, 240, 241) Spalte 3 Nummer 2, lfd. Nr. 23 (Zeichen	15 €	

Bußgeldkatalog-Verordnung   Anh IV

Lfd. Nr.	Tatbestand	Straßenverkehrs-Ordnung (StVO)	Regelsatz in Euro (€), Fahrverbot in Monaten	Pkt.[1]
140.1	– mit Behinderung	244.1) Spalte 3 Nummer 1 § 49 Absatz 3 Nummer 4 § 41 Absatz 1 i. V. m. Anlage 2 lfd. Nr. 16, 17, 19, 20 (Zeichen 237, 238, 240, 241) Spalte 3 Nummer 2, lfd. Nr. 23 (Zeichen 244.1) Spalte 3 Nummer 1 § 1 Absatz 2 § 49 Absatz 1 Nummer 1, Absatz 3 Nummer 4	20 €	
140.2	– mit Gefährdung		25 €	
140.3	– mit Sachbeschädigung		30 €	
141	Vorschriftswidrig Fußgängerbereich (Zeichen 239, 242.1, 242.2) benutzt oder ein Verkehrsverbot (Zeichen 250, 251, 253, 254, 255, 260) nicht beachtet	§ 41 Absatz 1 i. V. m. Anlage 2 lfd. Nr. 18 (Zeichen 239) Spalte 3 Nummer 1, lfd. Nr. 21 (Zeichen 242.1) Spalte 3 Nummer 1, lfd. Nr. 26 Spalte 3 Satz 1 i. V. m. lfd. Nr. 28, 29, 30, 31, 32, 34 (Zeichen 250, 251, 253, 254, 255, 260) Spalte 3 § 49 Absatz 3 Nummer 4		
141.1	mit Kraftfahrzeugen über 3,5 t zulässiger Gesamtmasse, ausgenommen Personenkraftwagen und Kraftomnibusse		75 €	
141.2	mit den übrigen Kraftfahrzeugen der in § 3 Absatz 3 Nummer 2 Buchstabe a oder b StVO genannten Art		25 €	
141.3	mit anderen als in den Nummern 141.1 und 141.2 genannten Kraftfahrzeugen		20 €	
141.4	als Radfahrer		15 €	
141.4.1	– mit Behinderung	§ 41 Absatz 1 i. V. m. Anlage 2 lfd. Nr. 18 (Zeichen 239) Spalte 3 Nummer 1, lfd. Nr. 21 (Zeichen 242.1) Spalte 3 Nummer 1, lfd. Nr. 26 Spalte 3 Satz 1 i. V. m. lfd. Nr. 28, 31 (Zeichen 250, 254)	20 €	

Lfd. Nr.	Tatbestand	Straßenverkehrs-Ordnung (StVO)	Regelsatz in Euro (€), Fahrverbot in Monaten	Pkt.[1]
		§ 1 Absatz 2 § 49 Absatz 1 Nummer 1, Absatz 3 Nummer 4		
141.4.2	– mit Gefährdung		25 €	
141.4.3	– mit Sachbeschädigung		30 €	
142	Verkehrsverbot (Zeichen 262 bis 266) nicht beachtet	§ 41 Absatz 1 i. V. m. Anlage 2 lfd. Nr. 36 bis 40 (Zeichen 262 bis 266) Spalte 3 § 49 Absatz 3 Nummer 4	20 €	
142a	Verbot des Einfahrens (Zeichen 267) nicht beachtet	§ 41 Absatz 1 i. V. m. Anlage 2 lfd. Nr. 41 (Zeichen 267) Spalte 3 § 49 Absatz 3 Nummer 4	25 €	
143	Beim Radfahren Verbot des Einfahrens (Zeichen 267) nicht beachtet	§ 41 Absatz 1 i. V. m. Anlage 2 lfd. Nr. 41 (Zeichen 267) Spalte 3 § 49 Absatz 3 Nummer 4	20 €	
143.1	– mit Behinderung	§ 41 Absatz 1 i. V. m. Anlage 2 lfd. Nr. 41 (Zeichen 267) Spalte 3 § 1 Absatz 2 § 49 Absatz 1 Nummer 1, Absatz 3 Nummer 4	25 €	
143.2	– mit Gefährdung		30 €	
143.3	– mit Sachbeschädigung		35 €	
144	In einem Fußgängerbereich, der durch Zeichen 239, 242.1 oder 250 gesperrt war, geparkt (§ 12 Absatz 2 StVO)	§ 41 Absatz 1 i. V. m. Anlage 2 lfd. Nr. 18, 21 (Zeichen 239, 242.1) Spalte 3 Nummer 1, lfd. Nr. 26 Spalte 3 Satz 1 i. V. m. lfd. Nr. 28 (Zeichen 250) § 49 Absatz 3 Nummer 4	30 €	
144.1	– mit Behinderung	§ 41 Absatz 1 i. V. m. Anlage 2 lfd. Nr. 18, 21 (Zeichen 239, 242.1) Spalte 3 Nummer 1, lfd. Nr. 26 Spalte 3 Satz 1 i. V. m. lfd. Nr. 28 (Zeichen 250) § 1 Absatz 2	35 €	

Bußgeldkatalog-Verordnung **Anh IV**

Lfd. Nr.	Tatbestand	Straßenverkehrs-Ordnung (StVO)	Regelsatz in Euro (€), Fahrverbot in Monaten	Pkt.[1]
144.2	länger als 3 Stunden	§ 49 Absatz 1 Nummer 1, Absatz 3 Nummer 4 § 41 Absatz 1 i. V. m. Anlage 2 lfd. Nr. 18, 21 (Zeichen 239, 242.1) Spalte 3 Nummer 1, lfd. Nr. 26 Spalte 3 Satz 1 i. V. m. lfd. Nr. 28 (Zeichen 250) § 49 Absatz 3 Nummer 4	35 €	
(145–145.3)	(aufgehoben)			
146	Bei zugelassenem Fahrzeugverkehr auf einem Gehweg (Zeichen 239) oder in einem Fußgängerbereich (Zeichen 242.1, 242.2) nicht mit Schrittgeschwindigkeit gefahren (soweit nicht von Nummer 11 erfasst)	§ 41 Absatz 1 i. V. m. Anlage 2 lfd. Nr. 18 (Zeichen 239) Spalte 3 Nummer 2 Satz 3 Halbsatz 2, lfd. Nr. 21 (Zeichen 242.1) Spalte 3 Nummer 2 § 49 Absatz 3 Nummer 4	15 €	
146a	Bei zugelassenem Fahrzeugverkehr auf einem Radweg (Zeichen 237), einem gemeinsamen Geh- und Radweg (Zeichen 240) oder einem getrennten Rad- und Gehweg (Zeichen 241) die Geschwindigkeit nicht angepasst (soweit nicht von Nummer 11 erfasst)	§ 41 Absatz 1 i. V. m. Anlage 2 lfd. Nr. 16 (Zeichen 237) Spalte 3 Nummer 3, lfd. Nr. 19 (Zeichen 240) Spalte 3 Nummer 3 Satz 2, lfd. Nr. 20 (Zeichen 241) Spalte 3 Nummer 4 Satz 2 § 49 Absatz 3 Nummer 4	15 €	
147	Unberechtigt mit einem Fahrzeug einen Bussonderfahrstreifen (Zeichen 245) benutzt	§ 41 Absatz 1 i. V. m. Anlage 2 lfd. Nr. 25 (Zeichen 245) Spalte 3 Nummer 1 und 2 § 49 Absatz 3 Nummer 4	15 €	
147.1	– mit Behinderung	§ 41 Absatz 1 i. V. m. Anlage 2 lfd. Nr. 25 (Zeichen 245) Spalte 3 Nummer 1 und 2 § 1 Absatz 2 § 49 Absatz 1 Nummer 1, Absatz 3 Nummer 4	35 €	

Anh IV   Bußgeldkatalog-Verordnung

Lfd. Nr.	Tatbestand	Straßenverkehrs-Ordnung (StVO)	Regelsatz in Euro (€), Fahrverbot in Monaten	Pkt.[1]
148	Wendeverbot (Zeichen 272) nicht beachtet	§ 41 Absatz 1 i. V. m. Anlage 2 lfd. Nr. 47 (Zeichen 272) Spalte 3 § 49 Absatz 3 Nummer 4	20 €	
149	Vorgeschriebenen Mindestabstand (Zeichen 273) zu einem vorausfahrenden Fahrzeug unterschritten	§ 41 Absatz 1 i. V. m. Anlage 2 lfd. Nr. 48 (Zeichen 273) Spalte 3 Satz 1 § 49 Absatz 3 Nummer 4	25 €	
150	Zeichen 206 (Halt. Vorfahrt gewähren.) nicht befolgt oder trotz Rotlicht nicht an der Haltlinie (Zeichen 294) gehalten und dadurch einen Anderen gefährdet	§ 41 Absatz 1 i. V. m. Anlage 2 lfd. Nr. 3 (Zeichen 206) Spalte 3 Nummer 1, lfd. Nr. 67 (Zeichen 294) Spalte 3 § 1 Absatz 2 § 49 Absatz 1 Nummer 1, Absatz 3 Nummer 4	70 €	1
151	Beim Führen eines Fahrzeugs in einem Fußgängerbereich (Zeichen 239, 242.1, 242.2) einen Fußgänger gefährdet			
151.1	bei zugelassenem Fahrzeugverkehr (Zeichen 239, 242.1 mit Zusatzzeichen)	§ 41 Absatz 1 i. V. m. Anlage 2 lfd. Nr. 18, 21 (Zeichen 239, 242.1 mit Zusatzzeichen) Spalte 3 Nummer 2 § 1 Absatz 2 § 49 Absatz 3 Nummer 1, 4	60 €	1
151.2	bei nicht zugelassenem Fahrzeugverkehr		70 €	1
152	Eine für kennzeichnungspflichtige Kraftfahrzeuge mit gefährlichen Gütern (Zeichen 261) oder für Kraftfahrzeuge mit wassergefährdender Ladung (Zeichen 269) gesperrte Straße befahren	§ 41 Absatz 1 i. V. m. Anlage 2 lfd. Nr. 35, 43 (Zeichen 261, 269) Spalte 3 § 49 Absatz 3 Nummer 4	100 €	1
152.1	bei Eintragung von bereits einer Entscheidung wegen Verstoßes gegen Zeichen 261 oder 269 im Fahreignungsregister		250 € **Fahrverbot 1 Monat**	1
153	Mit einem Kraftfahrzeug trotz Verkehrsverbotes zur Verminderung schädlicher Luftverunreinigungen (Zeichen 270.1, 270.2) am Verkehr teilgenommen	§ 41 Absatz 1 i. V. m. Anlage 2 lfd. Nr. 44, 45 (Zeichen 270.1, 270.2) Spalte 3 § 49 Absatz 3 Nummer 4	80 €	
153a	Überholt unter Nichtbeachten von Verkehrszeichen (Zeichen 276, 277)	§ 41 Absatz 1 i. V. m. Anlage 2 zu	70 €	1

Lfd. Nr.	Tatbestand	Straßenverkehrs-Ordnung (StVO)	Regelsatz in Euro (€), Fahrverbot in Monaten	Pkt.[1]
154	An der Haltlinie (Zeichen 294) nicht gehalten	lfd. Nr. 53 und 54 und lfd. Nr. 53, 54 (Zeichen 276, 277) Spalte 3 § 49 Absatz 3 Nummer 4 § 41 Absatz 1 i. V. m. Anlage 2 lfd. Nr. 67 (Zeichen 294) Spalte 3	10 €	
155	Fahrstreifenbegrenzung (Zeichen 295, 296) überfahren oder durch Pfeile vorgeschriebener Fahrtrichtung (Zeichen 297) nicht gefolgt oder Sperrfläche (Zeichen 298) benutzt (außer Parken)	§ 49 Absatz 3 Nummer 4 § 41 Absatz 1 i. V. m. Anlage 2 lfd. Nr. 68 (Zeichen 295) Spalte 3 Nummer 1a, lfd. Nr. 69 (Zeichen 296) Spalte 3 Nummer 1, lfd. Nr. 70 (Zeichen 297) Spalte 3 Nummer 1, lfd. Nr. 72 (Zeichen 298) Spalte 3	10 €	
155.1	– mit Sachbeschädigung	§ 49 Absatz 3 Nummer 4 § 41 Absatz 1 i. V. m. Anlage 2 lfd. Nr. 68 (Zeichen 295) Spalte 3 Nummer 1a, lfd. Nr. 69 (Zeichen 296) Spalte 3 Nummer 1, lfd. Nr. 70 (Zeichen 297) Spalte 3 Nummer 1, lfd. Nr. 72 (Zeichen 298) Spalte 3 § 1 Absatz 2 § 49 Absatz 1 Nummer 1, Absatz 3 Nummer 4	35 €	
155.2	und dabei überholt	§ 41 Absatz 1 i. V. m. Anlage 2 lfd. Nr. 68 (Zeichen 295) Spalte 3 Nummer 1a, lfd. Nr. 69 (Zeichen 296) Spalte 3 Nummer 1, lfd. Nr. 70 (Zeichen 297) Spalte 3 Nummer 1, lfd. Nr. 72 (Zeichen 298) Spalte 3 § 49 Absatz 3 Nummer 4	30 €	

Lfd. Nr.	Tatbestand	Straßenverkehrs-Ordnung (StVO)	Regelsatz in Euro (€), Fahrverbot in Monaten	Pkt.[1]
155.3	und dabei nach links abgebogen oder gewendet	§ 41 Absatz 1 i. V. m. Anlage 2 lfd. Nr. 68 (Zeichen 295) Spalte 3 Nummer 1a, lfd. Nr. 69 (Zeichen 296) Spalte 3 Nummer 1, lfd. Nr. 70 (Zeichen 297) Spalte 3 Nummer 1, lfd. Nr. 72 (Zeichen 298) Spalte 3 § 49 Absatz 3 Nummer 4	30 €	
155.3.1	– mit Gefährdung	§ 41 Absatz 1 i. V. m. Anlage 2 lfd. Nr. 68 (Zeichen 295) Spalte 3 Nummer 1a, lfd. Nr. 69 (Zeichen 296) Spalte 3 Nummer 1, lfd. Nr. 70 (Zeichen 297) Spalte 3 Nummer 1, lfd. Nr. 72 (Zeichen 298) Spalte 3 § 1 Absatz 2 § 49 Absatz 1 Nummer 1, Absatz 3 Nummer 4	35 €	
156	Sperrfläche (Zeichen 298) zum Parken benutzt	§ 41 Absatz 1 i. V. m. Anlage 2 lfd. Nr. 72 (Zeichen 298) Spalte 3 § 49 Absatz 3 Nummer 4	25 €	
157	**Richtzeichen** Beim Führen eines Fahrzeugs in einem verkehrsberuhigten Bereich (Zeichen 325.1, 325.2)			
157.1	– Schrittgeschwindigkeit nicht eingehalten (soweit nicht von Nummer 11 erfasst)	§ 42 Absatz 2 i. V. m. Anlage 3 lfd. Nr. 12 (Zeichen 325.1) Spalte 3 Nummer 1 § 49 Absatz 3 Nummer 5	15 €	
157.2	– Fußgängerverkehr behindert	§ 42 Absatz 2 i. V. m. Anlage 3 lfd. Nr. 12 (Zeichen 325.1) Spalte 3 Nummer 2 § 49 Absatz 3 Nummer 5	15 €	
157.3 (158)	– Fußgängerverkehr gefährdet (aufgehoben)		60 €	1

Bußgeldkatalog-Verordnung   Anh IV

Lfd. Nr.	Tatbestand	Straßenverkehrs-Ordnung (StVO)	Regelsatz in Euro (€), Fahrverbot in Monaten	Pkt.[1]
159	In einem verkehrsberuhigten Bereich (Zeichen 325.1, 325.2) außerhalb der zum Parken gekennzeichneten Flächen geparkt (§ 12 Absatz 2 StVO)	§ 42 Absatz 2 i. V. m. Anlage 3 lfd. Nr. 12 (Zeichen 325.1) Spalte 3 Nummer 4 § 49 Absatz 3 Nummer 5	10 €	
159.1	– mit Behinderung	§ 42 Absatz 2 i. V. m. Anlage 3 lfd. Nr. 12 (Zeichen 325.1) Spalte 3 Nummer 4 § 1 Absatz 2 § 49 Absatz 1 Nummer 1, Absatz 3 Nummer 5	15 €	
159.2	länger als 3 Stunden	§ 42 Absatz 2 i. V. m. Anlage 3 lfd. Nr. 12 (Zeichen 325.1) Spalte 3 Nummer 4 § 49 Absatz 3 Nummer 5	20 €	
159.2.1	– mit Behinderung	§ 42 Absatz 2 i. V. m. Anlage 3 lfd. Nr. 12 (Zeichen 325.1) Spalte 3 Nummer 4 § 1 Absatz 2 § 49 Absatz 1 Nummer 1, Absatz 3 Nummer 5	30 €	
159a	In einem Tunnel (Zeichen 327) Abblendlicht nicht benutzt	§ 42 Absatz 2 i. V. m. Anlage 3 lfd. Nr. 14 (Zeichen 327) Spalte 3 Nummer 1 § 49 Absatz 3 Nummer 5	10 €	
159a.1	– mit Gefährdung	§ 42 Absatz 2 i. V. m. Anlage 3 lfd. Nr. 14 (Zeichen 327) Spalte 3 Nummer 1 § 1 Absatz 2 § 49 Absatz 1 Nummer 1, Absatz 3 Nummer 5	15 €	
159a.2	– mit Sachbeschädigung		35 €	
159b	In einem Tunnel (Zeichen 327) gewendet	§ 42 Absatz 2 i. V. m. Anlage 3 lfd. Nr. 14 (Zeichen 327) Spalte 3 Nummer 1 § 49 Absatz 3 Nummer 5	60 €	1

Anh IV — Bußgeldkatalog-Verordnung

Lfd. Nr.	Tatbestand	Straßenverkehrs-Ordnung (StVO)	Regelsatz in Euro (€), Fahrverbot in Monaten	Pkt.[1]
159c	In einer Nothalte- und Pannenbucht (Zeichen 328) unberechtigt	§ 42 Absatz 2 i. V. m. Anlage 3 lfd. Nr. 15 (Zeichen 328) Spalte 3 § 49 Absatz 3 Nummer 5		
159c.1	– gehalten		20 €	
159c.2	– geparkt		25 €	
(160 bis 162)	(aufgehoben)			
163	**Verkehrseinrichtungen** Durch Verkehrseinrichtungen abgesperrte Straßenfläche befahren	§ 43 Absatz 3 Satz 2 i. V. m. Anlage 4 lfd. Nr. 1 bis 7 (Zeichen 600, 605, 628, 629, 610, 615, 616) Spalte 3 § 49 Absatz 3 Nummer 6	5 €	
164	**Andere verkehrsrechtliche Anordnungen** Einer den Verkehr verbietenden oder beschränkenden Anordnung, die öffentlich bekannt gemacht wurde, zuwidergehandelt	§ 45 Absatz 4 Halbsatz 2 § 49 Absatz 3 Nummer 7	60 €	1
165	Mit Arbeiten begonnen, ohne zuvor Anordnungen eingeholt zu haben, diese Anordnungen nicht befolgt oder Lichtzeichenanlagen nicht bedient	§ 45 Absatz 6 § 49 Absatz 4 Nummer 3	75 €	
166	**Ausnahmegenehmigung und Erlaubnis** Vollziehbare Auflage einer Ausnahmegenehmigung oder Erlaubnis nicht befolgt	§ 46 Absatz 3 Satz 1 § 49 Absatz 4 Nummer 4	60 €	1
167	Genehmigungs- oder Erlaubnisbescheid nicht mitgeführt	§ 46 Absatz 3 Satz 3 § 49 Absatz 4 Nummer 5	10 €	

Lfd. Nr.	Tatbestand	Fahrerlaubnis-Verordnung FeV	Regelsatz in Euro (€), Fahrverbot in Monaten	Pkt.[1]
	b) Fahrerlaubnis-Verordnung			
	Mitführen von Führerscheinen und Bescheinigungen			
168	Führerschein oder Bescheinigung oder die Übersetzung des ausländischen Führerscheins nicht mitgeführt	§ 75 Nummer 4 i. V. m. den dort genannten Vorschriften	10 €	
168a	Führerscheinverlust nicht unverzüglich angezeigt und sich kein Ersatzdokument ausstellen lassen	§ 75 Nummer 4	10 €	

Bußgeldkatalog-Verordnung   Anh IV

Lfd. Nr.	Tatbestand	Fahrerlaubnis-Verordnung FeV	Regelsatz in Euro (€), Fahrverbot in Monaten	Pkt.[1]
169	**Einschränkung der Fahrerlaubnis** Einer vollziehbaren Auflage nicht nachgekommen	§ 10 Absatz 2 Satz 4 § 23 Absatz 2 Satz 1 § 28 Absatz 1 Satz 2 § 46 Absatz 2 § 74 Absatz 3 § 75 Nummer 9, 14, 15	25 €	
170	**Ablieferung und Vorlage des Führerscheins** Einer Pflicht zur Ablieferung oder zur Vorlage eines Führerscheins nicht oder nicht rechtzeitig nachgekommen	§ 75 Nummer 10 i.V.m. den dort genannten Vorschriften	25 €	
171	**Fahrerlaubnis zur Fahrgastbeförderung** Ohne erforderliche Fahrerlaubnis zur Fahrgastbeförderung einen oder mehrere Fahrgäste in einem in § 48 Absatz 1 FeV genannten Fahrzeug befördert	§ 48 Absatz 1 § 75 Nummer 12	75 €	1
172	Als Halter die Fahrgastbeförderung in einem in § 48 Absatz 1 FeV genannten Fahrzeug angeordnet oder zugelassen, obwohl der Fahrzeugführer die erforderliche Fahrerlaubnis zur Fahrgastbeförderung nicht besaß	§ 48 Absatz 8 § 75 Nummer 12	75 €	1
173	**Ortskenntnisse bei Fahrgastbeförderung** Als Halter die Fahrgastbeförderung in einem in § 48 Absatz 1 i. V. m. § 48 Absatz 4 Nummer 7 FeV genannten Fahrzeug angeordnet oder zugelassen, obwohl der Fahrzeugführer die erforderlichen Ortskenntnisse nicht nachgewiesen hat	§ 48 Absatz 8 § 75 Nummer 12	35 €	

Lfd. Nr.	Tatbestand	FZV	Regelsatz in Euro (€), Fahrverbot in Monaten	Pkt.[1]
	c) Fahrzeug-Zulassungsverordnung			
174	**Mitführen und Aushändigen von Fahrzeugpapieren** Die Zulassungsbescheinigung Teil I oder sonstige Bescheinigung nicht mitgeführt	§ 4 Absatz 5 Satz 1 § 11 Absatz 6 § 26 Absatz 1 Satz 6 § 48 Nummer 5	10 €	
175	**Zulassung** Kraftfahrzeug oder Kraftfahrzeuganhänger ohne die erforderliche EG-Typgenehmigung, Einzelgenehmigung oder Zulassung auf einer öffentlichen Straße in Betrieb gesetzt	§ 3 Absatz 1 Satz 1 § 4 Absatz 1 § 48 Nummer 1	70 €	1
175a	Kraftfahrzeug oder Kraftfahrzeuganhänger außerhalb des auf dem Saisonkennzei-	§ 8 Absatz 1a Satz 1	50 €	

Lfd. Nr.	Tatbestand	FZV	Regelsatz in Euro (€), Fahrverbot in Monaten	Pkt.[1]
	chen angegebenen Betriebszeitraums oder nach dem auf dem Kurzzeitkennzeichen oder nach dem auf dem Ausfuhrkennzeichen angegebenen Ablaufdatum oder Fahrzeug mit Wechselkennzeichen ohne oder mit einem unvollständigen Wechselkennzeichen auf einer öffentlichen Straße in Betrieb gesetzt	§ 9 Absatz 3 Satz 5 § 16a Absatz 4 Satz 3 § 19 Absatz 1 Nummer 4 Satz 3 § 48 Nummer 1		
176	Das vorgeschriebene Kennzeichen an einem von der Zulassungspflicht ausgenommenen Fahrzeug nicht geführt	§ 4 Absatz 2 Satz 1, Absatz 3 Satz 1, 2 § 48 Nummer 3	40 €	
177	Fahrzeug außerhalb des auf dem Saisonkennzeichen angegebenen Betriebszeitraums oder mit Wechselkennzeichen ohne oder mit einem unvollständigen Wechselkennzeichen auf einer öffentlichen Straße abgestellt	§ 8 Absatz 1a Satz 6 § 9 Absatz 3 Satz 5 § 48 Nummer 9	40 €	
	Betriebsverbot und -beschränkungen			
(178)	(aufgehoben)			
178a	Betriebsverbot wegen Verstoßes gegen Mitteilungspflichten oder gegen die Pflichten beim Erwerb des Fahrzeugs nicht beachtet	§ 13 Absatz 1 Satz 5, auch i.V.m. Absatz 4 Satz 7, Absatz 3 Satz 2 § 48 Nummer 7	40 €	
179	Ein Fahrzeug in Betrieb gesetzt, dessen Kennzeichen nicht wie vorgeschrieben ausgestaltet oder angebracht ist; ausgenommen ist das Fehlen des vorgeschriebenen Kennzeichens	§ 10 Absatz 12 i. V. m. § 10 Absatz 1, 2 Satz 2 und 3 Halbsatz 1, Absatz 6, 7, 8 Halbsatz 1, Absatz 9 Satz 1 auch i. V. m. § 16 Absatz 5 Satz 3, § 16a Absatz 3 Satz 4 § 17 Absatz 2 Satz 4 § 19 Absatz 1 Nummer 3 Satz 5 § 48 Nummer 1	10 €	
179a	Fahrzeug in Betrieb genommen, obwohl das vorgeschriebene Kennzeichen fehlt	§ 10 Absatz 12 i. V. m. § 10 Absatz 5 Satz 1, Absatz 8 § 48 Nummer 1	60 €	
179b	Fahrzeug in Betrieb genommen, dessen Kennzeichen mit Glas, Folien oder ähnlichen Abdeckungen versehen ist	§ 10 Absatz 12 i. V. m. § 10 Absatz 2 Satz 1, Absatz 8 § 48 Nummer 1	65 €	
179c	Fahrzeug mit CC- oder CD-Zeichen auf öffentlichen Straßen in Betrieb genommen, ohne dass hierzu eine Berechtigung besteht und diese in der Zulassungsbescheinigung Teil I eingetragen ist	§ 10 Absatz 11 Satz 3 § 48 Nummer 9b	10 €	

Bußgeldkatalog-Verordnung   Anh IV

Lfd. Nr.	Tatbestand	FZV	Regelsatz in Euro (€), Fahrverbot in Monaten	Pkt.[1]
	Mitteilungs-, Anzeige- und Vorlagepflichten, Zurückziehen aus dem Verkehr, Verwertungsnachweis			
180	Gegen die Mitteilungspflicht bei Änderung der tatsächlichen Verhältnisse, Wohnsitz- oder Sitzänderung des Halters, Standortverlegung des Fahrzeuges oder Veräußerung verstoßen	§ 13 Absatz 1 Satz 1 bis 4, Absatz 3 Satz 1 § 48 Nummer 12	15 €	
180a	Als Halter ein Fahrzeug nicht oder nicht ordnungsgemäß außer Betrieb setzen lassen	§ 15 Absatz 1 Satz 1, Absatz 2 Satz 1 § 48 Nummer 8 Buchstabe b	15 €	
	Internetbasierte Zulassung			
180b	Als Halter einen Plakettenträger nicht, nicht rechtzeitig oder nicht ordnungsgemäß (ausgenommen auf einem anderen als dem zugehörigen zugeteilten Kennzeichen) angebracht	§ 15e Absatz 6 Satz 1 § 48 Nummer 14	40 €	
180c	Plakettenträger auf einem Kennzeichenschild mit einem anderen als dem zugehörigen zugeteilten Kennzeichen angebracht	§ 15e Absatz 6 Satz 2 § 48 Nummer 14a	65 €	
180d	Fahrzeug ohne die dafür übersandten Plakettenträger oder mit einem anderen als den angebrachten Plakettenträgern zugehörigen zugeteilten Kennzeichen in Betrieb gesetzt	§ 15e Absatz 6 Satz 3 § 48 Nummer 1 Buchstabe c	70 €	
180e	Als Halter die Inbetriebnahme eines Fahrzeuges ohne die dafür übersandten Plakettenträger oder mit einem anderen als den angebrachten Plakettenträgern zugehörigen zugeteilten Kennzeichen zugelassen oder angeordnet	§ 15e Absatz 6 Satz 3 § 48 Nummer 1 Buchstabe c	70 €	
	Prüfungs-, Probe-, Überführungsfahrten			
181	Gegen die Pflicht zur Eintragung in Fahrzeugscheinhefte verstoßen oder das rote Kennzeichen oder das Fahrzeugscheinheft nicht zurückgegeben	§ 16 Absatz 2 Satz 3, 7 § 48 Nummer 15, 18	10 €	
181a	Kurzzeitkennzeichen für andere als Probe- oder Überführungsfahrten verwendet	§ 16a Absatz 2 Satz 2 Nummer 1 § 48 Nummer 15a	50 €	
181b	Kurzzeitkennzeichen einer anderen Person zur Nutzung an einem anderen Fahrzeug überlassen	§ 16a Absatz 2 Satz 2 Nummer 2 § 48 Nummer 15b	50 €	
182	Kurzzeitkennzeichen für unzulässige Fahrten oder an einem anderen Fahrzeug verwendet	§ 16 Absatz 3 Satz 1 § 48 Nummer 18a	50 €	
183	Gegen die Pflicht zum Fertigen, Aufbewahren oder Aushändigen von Aufzeichnungen über Prüfungs-, Probe- oder Überführungsfahrten verstoßen	§ 16 Absatz 2 Satz 5, 6 § 48 Nummer 6, 17	25 €	
183a	Fahrzeugscheinheft für Fahrzeuge mit rotem Kennzeichen oder Fahrzeugscheinheft für Oldtimerfahrzeuge mit roten Kennzeichen nicht mitgeführt	§ 16 Absatz 2 Satz 4 § 17 Absatz 2 Satz 1 § 48 Nummer 5	10 €	

1751

Anh IV   Bußgeldkatalog-Verordnung

Lfd. Nr.	Tatbestand	FZV	Regelsatz in Euro (€), Fahrverbot in Monaten	Pkt.[1]
183b	Fahrzeugschein für Fahrzeuge mit Kurzzeitkennzeichen nicht mitgeführt	§ 16a Absatz 5 Satz 3 § 48 Nummer 5	20 €	
184	**Versicherungskennzeichen** Fahrzeug in Betrieb genommen, dessen Versicherungskennzeichen nicht wie vorgeschrieben ausgestaltet ist	§ 27 Absatz 7 § 48 Nummer 1	10 €	
185	**Ausländische Kraftfahrzeuge** Zulassungsbescheinigung oder die Übersetzung des ausländischen Zulassungsscheins nicht mitgeführt oder nicht ausgehändigt	§ 20 Absatz 5 § 48 Nummer 5	10 €	
185a	An einem ausländischen Kraftfahrzeug oder ausländischen Kraftfahrzeuganhänger das heimische Kennzeichen oder das Unterscheidungszeichen unter Verstoß gegen eine Vorschrift über deren Anbringung geführt	§ 21 Absatz 1 Satz 1 Halbsatz 2, Absatz 2 Satz 1 Halbsatz 2 § 48 Nummer 19	10 €	
185b	An einem ausländischen Kraftfahrzeug oder ausländischen Kraftfahrzeuganhänger das vorgeschriebene heimische Kennzeichen nicht geführt	§ 21 Absatz 1 Satz 1 Halbsatz 1 § 48 Nummer 19	40 €	
185c	An einem ausländischen Kraftfahrzeug oder ausländischen Kraftfahrzeuganhänger das Unterscheidungszeichen nicht geführt	§ 21 Absatz 2 Satz 1 Halbsatz 1 § 48 Nummer 19	15 €	

Lfd. Nr.	Tatbestand	Straßenverkehrs-Zulassungs-Ordnung (StVZO)	Regelsatz in Euro (€), Fahrverbot in Monaten	Pkt.[1]
	d) Straßenverkehrs-Zulassungs-Ordnung			
186	**Untersuchung der Kraftfahrzeuge und Anhänger** Als Halter Fahrzeug zur Hauptuntersuchung oder zur Sicherheitsprüfung nicht vorgeführt	§ 29 Absatz 1 Satz 1 i. V. m. Nummer 2.1, 2.2, 2.6, 2.7 Satz 2, 3, Nummer 3.1.1, 3.1.2, 3.2.2 der Anlage VIII § 69a Absatz 2 Nummer 14		
186.1	bei Fahrzeugen, die nach Nummer 2.1 der Anlage VIII zu § 29 StVZO in bestimmten Zeitabständen einer Sicherheitsprüfung zu unterziehen sind, wenn der Vorführtermin überschritten worden ist um			
186.1.1	bis zu 2 Monate		15 €	
186.1.2	mehr als 2 bis zu 4 Monate		25 €	
186.1.3	mehr als 4 bis zu 8 Monate		60 €	1
186.1.4	mehr als 8 Monate		75 €	1
186.2	bei anderen als in Nummer 186.1 genannten Fahrzeugen, wenn der Vorführtermin überschritten worden ist um			
186.2.1	mehr als 2 bis zu 4 Monate		15 €	

Bußgeldkatalog-Verordnung   Anh IV

Lfd. Nr.	Tatbestand	Straßenverkehrs-Zulassungs-Ordnung (StVZO)	Regelsatz in Euro (€), Fahrverbot in Monaten	Pkt.[1]
186.2.2	mehr als 4 bis zu 8 Monate		25 €	
186.2.3	mehr als 8 Monate		60 €	1
187	Fahrzeug zur Nachprüfung der Mängelbeseitigung nicht rechtzeitig vorgeführt	§ 29 Absatz 1 Satz 1 i. V. m. Nummer 3.1.4.3 Satz 2 Halbsatz 2 der Anlage VIII § 69a Absatz 2 Nummer 18	15 €	
187a	Betriebsverbot oder -beschränkung wegen Fehlens einer gültigen Prüfplakette oder Prüfmarke in Verbindung mit einem SP-Schild nicht beachtet	§ 29 Absatz 7 Satz 5 § 69a Absatz 2 Nummer 15	60 €	1
188	**Vorstehende Außenkanten** Fahrzeug oder Fahrzeugkombination in Betrieb genommen, obwohl Teile, die den Verkehr mehr als unvermeidbar gefährdeten, an dessen Umriss hervorragten	§ 30c Absatz 1 § 69a Absatz 3 Nummer 1a	20 €	
189	**Verantwortung für den Betrieb der Fahrzeuge** Als Halter die Inbetriebnahme eines Fahrzeugs oder Zuges angeordnet oder zugelassen, obwohl	§ 31 Absatz 2 § 69a Absatz 5 Nummer 3		
189.1	der Führer zur selbstständigen Leitung nicht geeignet war			
189.1.1	bei Lastkraftwagen oder Kraftomnibussen		180 €	1
189.1.2	bei anderen als in Nummer 189.1.1 genannten Fahrzeugen		90 €	1
189.2	das Fahrzeug oder der Zug nicht vorschriftsmäßig war und dadurch die Verkehrssicherheit wesentlich beeinträchtigt war, insbesondere unter Verstoß gegen eine Vorschrift über Lenkeinrichtungen, Bremsen, Einrichtungen zur Verbindung von Fahrzeugen	§ 31 Absatz 2 § 69a Absatz 5 Nummer 3 § 31 Absatz 2, jeweils i. V. m. § 38 § 41 Absatz 1 bis 12, 15 bis 17 § 43 Absatz 1 Satz 1 bis 3, Absatz 4 Satz 1, 3 § 69a Absatz 5 Nummer 3		
189.2.1	bei Lastkraftwagen oder Kraftomnibussen bzw. ihren Anhängern		270 €	1
189.2.2	bei anderen als in Nummer 189.2.1 genannten Fahrzeugen		135 €	1
189.3	die Verkehrssicherheit des Fahrzeugs oder des Zuges durch die Ladung oder die Besetzung wesentlich litt	§ 31 Absatz 2 § 69a Absatz 5 Nummer 3		
189.3.1	bei Lastkraftwagen oder Kraftomnibussen bzw. ihren Anhängern		270 €	1
189.3.2	bei anderen als in Nummer 189.3.1 genannten Fahrzeugen		135 €	1
189a	Als Halter die Inbetriebnahme eines Fahrzeugs angeordnet oder zugelassen, ob-	§ 19 Absatz 5 Satz 1		

Anh IV Bußgeldkatalog-Verordnung

Lfd. Nr.	Tatbestand	Straßenverkehrs-Zulassungs-Ordnung (StVZO)	Regelsatz in Euro (€), Fahrverbot in Monaten	Pkt.[1]
	wohl die Betriebserlaubnis erloschen war, und dadurch die Verkehrssicherheit wesentlich beeinträchtigt	§ 69a Absatz 2 Nummer 1a		
189a.1	bei Lastkraftwagen oder Kraftomnibussen		270 €	1
189a.2	bei anderen als in Nummer 189a.1 genannten Fahrzeugen		135 €	1
189b	Als Halter die Inbetriebnahme eines Fahrzeugs angeordnet oder zugelassen, obwohl die Betriebserlaubnis erloschen war, und dadurch die Umwelt wesentlich beeinträchtigt	§ 19 Absatz 5 Satz 1 § 69a Absatz 2 Nummer 1a		
189b.1	bei Lastkraftwagen oder Kraftomnibussen		270 €	
189b.2	bei anderen als in Nummer 189b.1 genannten Fahrzeugen		135 €	
	Führung eines Fahrtenbuches			
190	Fahrtenbuch nicht ordnungsgemäß geführt, auf Verlangen nicht ausgehändigt oder nicht für die vorgeschriebene Dauer aufbewahrt	§ 31a Absatz 2, 3 § 69a Absatz 5 Nummer 4, 4a	100 €	
	Überprüfung mitzuführender Gegenstände			
191	Mitzuführende Gegenstände auf Verlangen nicht vorgezeigt oder zur Prüfung nicht ausgehändigt	§ 31b § 69a Absatz 5 Nummer 4b	5 €	
	Abmessungen von Fahrzeugen und Fahrzeugkombinationen			
192	Kraftfahrzeug, Anhänger oder Fahrzeugkombination in Betrieb genommen, obwohl die höchstzulässige Breite, Höhe oder Länge überschritten war	§ 32 Absatz 1 bis 4, 9 § 69a Absatz 3 Nummer 2	60 €	1
193	Als Halter die Inbetriebnahme eines Kraftfahrzeugs, Anhängers oder einer Fahrzeugkombination angeordnet oder zugelassen, obwohl die höchstzulässige Breite, Höhe oder Länge überschritten war	§ 31 Absatz 2 i. V. m. § 32 Absatz 1 bis 4, 9 § 69a Absatz 5 Nummer 3	75 €	1
	Unterfahrschutz			
194	Kraftfahrzeug, Anhänger oder Fahrzeug mit austauschbarem Ladungsträger ohne vorgeschriebenen Unterfahrschutz in Betrieb genommen	§ 32b Absatz 1, 2, 4 § 69a Absatz 3 Nummer 3a	25 €	
	Kurvenlaufeigenschaften			
195	Kraftfahrzeug oder Fahrzeugkombination in Betrieb genommen, obwohl die vorgeschriebenen Kurvenlaufeigenschaften nicht eingehalten waren	§ 32d Absatz 1, 2 Satz 1 § 69a Absatz 3 Nummer 3c	60 €	1
196	Als Halter die Inbetriebnahme eines Kraftfahrzeugs oder einer Fahrzeugkombination angeordnet oder zugelassen, obwohl die vorgeschriebenen Kurvenlaufeigenschaften nicht eingehalten waren	§ 31 Absatz 2 i. V. m. § 32d Absatz 1, 2 Satz 1 § 69a Absatz 5 Nummer 3	75 €	1
	Schleppen von Fahrzeugen			
197	Fahrzeug unter Verstoß gegen eine Vorschrift über das Schleppen von Fahrzeugen in Betrieb genommen	§ 33 Absatz 1 Satz 1, Absatz 2 Nummer 1, 6	25 €	

Bußgeldkatalog-Verordnung   Anh IV

Lfd. Nr.	Tatbestand	Straßenverkehrs-Zulassungs-Ordnung (StVZO)	Regelsatz in Euro (€), Fahrverbot in Monaten	Pkt.[1]
		§ 69a Absatz 3 Nummer 3		
	Achslast, Gesamtgewicht, Anhängelast hinter Kraftfahrzeugen			
198	Kraftfahrzeug, Anhänger oder Fahrzeugkombination in Betrieb genommen, obwohl die zulässige Achslast, das zulässige Gesamtgewicht oder die zulässige Anhängelast hinter einem Kraftfahrzeug überschritten war	§ 34 Absatz 3 Satz 3 § 31d Absatz 1 § 42 Absatz 1, 2 Satz 2 § 69a Absatz 3 Nummer 4		
198.1	bei Kraftfahrzeugen mit einem zulässigen Gesamtgewicht über 7,5 t oder Kraftfahrzeugen mit Anhängern, deren zulässiges Gesamtgewicht 2 t übersteigt		Tabelle 3 Buchstabe a	
198.2	bei anderen Kraftfahrzeugen bis 7,5 t zulässiges Gesamtgewicht		Tabelle 3 Buchstabe b	
199	Als Halter die Inbetriebnahme eines Kraftfahrzeugs, eines Anhängers oder einer Fahrzeugkombination angeordnet oder zugelassen, obwohl die zulässige Achslast, das zulässige Gesamtgewicht oder die zulässige Anhängelast hinter einem Kraftfahrzeug überschritten war	§ 31 Absatz 2 i. V. m. § 34 Absatz 3 Satz 3 § 42 Absatz 1, 2 Satz 2 § 31d Absatz 1 § 69a Absatz 5 Nummer 3		
199.1	bei Kraftfahrzeugen mit einem zulässigen Gesamtgewicht über 7,5 t oder Kraftfahrzeugen mit Anhängern, deren zulässiges Gesamtgewicht 2 t übersteigt		Tabelle 3 Buchstabe a	
199.2	bei anderen Kraftfahrzeugen bis 7,5 t zulässiges Gesamtgewicht		Tabelle 3 Buchstabe b	
(200)	(aufgehoben)			
	Besetzung von Kraftomnibussen			
201	Kraftomnibus in Betrieb genommen und dabei mehr Personen oder Gepäck befördert, als in der Zulassungsbescheinigung Teil I Sitz- und Stehplätze eingetragen sind, und die Summe der im Fahrzeug angeschriebenen Fahrgastplätze sowie die Angaben für die Höchstmasse des Gepäcks ausweisen	§ 34a Absatz 1 § 69a Absatz 3 Nummer 5	60 €	1
202	Als Halter die Inbetriebnahme eines Kraftomnibusses angeordnet oder zugelassen, obwohl mehr Personen befördert wurden, als in der Zulassungsbescheinigung Teil I Plätze ausgewiesen waren	§ 31 Absatz 2 i.V.m. § 34a Absatz 1 § 69a Absatz 5 Nummer 3	75 €	1
	Kindersitze			
203	Kraftfahrzeug in Betrieb genommen unter Verstoß gegen			
203.1	das Verbot der Anbringung von nach hinten gerichteten Kinderrückhalteeinrichtungen auf Beifahrerplätzen mit Airbag	§ 35a Absatz 8 Satz 1 § 69a Absatz 3 Nummer 7	25 €	

Anh IV Bußgeldkatalog-Verordnung

Lfd. Nr.	Tatbestand	Straßenverkehrs-Zulassungs-Ordnung (StVZO)	Regelsatz in Euro (€), Fahrverbot in Monaten	Pkt.[1]
203.2	die Pflicht zur Anbringung des Warnhinweises zur Verwendung von Kinderrückhalteeinrichtungen auf Beifahrerplätzen mit Airbag	§ 35a Absatz 8 Satz 2, 4 § 69a Absatz 3 Nummer 7	5 €	
203.3	die Pflicht zur rückwärts oder seitlich gerichteten Anbringung von Rückhalteeinrichtungen für Kinder bis zu einem Alter von 15 Monaten	§ 35a Absatz 13 § 69a Absatz 3 Nummer 7	25 €	
	Rollstuhlplätze und Rückhaltesysteme			
203a	Als Halter die Inbetriebnahme eines Personenkraftwagens, in dem ein Rollstuhlnutzer befördert wurde, angeordnet oder zugelassen, obwohl er nicht mit dem vorgeschriebenen Rollstuhlstellplatz ausgerüstet war	§ 35a Absatz 4a Satz 1 § 31 Absatz 2 § 69a Absatz 5 Nummer 3	35 €	
203b	Personenkraftwagen, in dem ein Rollstuhlnutzer befördert wurde, in Betrieb genommen, obwohl er nicht mit dem vorgeschriebenen Rollstuhlstellplatz ausgerüstet war	§ 35a Absatz 4a Satz 1 § 69a Absatz 3 Nummer 7	35 €	
203c	Als Halter die Inbetriebnahme eines Personenkraftwagens, in dem ein Rollstuhlnutzer befördert wurde, angeordnet oder zugelassen, obwohl der Rollstuhlstellplatz nicht mit dem vorgeschriebenen Rollstuhl-Rückhaltesystem oder Rollstuhlnutzer-Rückhaltesystem ausgerüstet war	§ 35a Absatz 4a Satz 2, 3 § 31 Absatz 2 § 69a Absatz 5 Nummer 3	30 €	
203d	Einen Personenkraftwagen, in dem ein Rollstuhlnutzer befördert wurde, in Betrieb genommen, obwohl der Rollstuhlstellplatz nicht mit dem vorgeschriebenen Rollstuhl-Rückhaltesystem oder Rollstuhlnutzer-Rückhaltesystem ausgerüstet war	§ 35a Absatz 4a Satz 2, 3 § 69a Absatz 3 Nummer 7	30 €	
203e	Als Fahrer nicht sichergestellt, dass das Rollstuhl-Rückhaltesystem oder Rollstuhlnutzer-Rückhaltesystem in der vom Hersteller des jeweiligen Systems vorgesehenen Weise während der Fahrt betrieben wurde	§ 35a Absatz 4a Satz 4 § 69a Absatz 3 Nummer 7	30 €	
203f	Als Halter nicht sichergestellt, dass das Rollstuhl-Rückhaltesystem oder Rollstuhlnutzer-Rückhaltesystem in der vom Hersteller des jeweiligen Systems vorgesehenen Weise während der Fahrt betrieben wurde	§ 35a Absatz 4a Satz 4 § 31 Absatz 2 § 69a Absatz 5 Nummer 3	30 €	
	Feuerlöscher in Kraftomnibussen			
204	Kraftomnibus unter Verstoß gegen eine Vorschrift über mitzuführende Feuerlöscher in Betrieb genommen	§ 35g Absatz 1, 2 § 69a Absatz 3 Nummer 7c	15 €	
205	Als Halter die Inbetriebnahme eines Kraftomnibusses unter Verstoß gegen eine Vorschrift über mitzuführende Feuerlöscher angeordnet oder zugelassen	§ 31 Absatz 2 i.V.m. § 35g Absatz 1, 2 § 69a Absatz 5 Nummer 3	20 €	
	Erste-Hilfe-Material in Kraftfahrzeugen			
206	Unter Verstoß gegen eine Vorschrift über mitzuführendes Erste-Hilfe-Material			

Bußgeldkatalog-Verordnung **Anh IV**

Lfd. Nr.	Tatbestand	Straßenverkehrs-Zulassungs-Ordnung (StVZO)	Regelsatz in Euro (€), Fahrverbot in Monaten	Pkt.[1]
206.1	einen Kraftomnibus	§ 35h Absatz 1, 2 § 69a Absatz 3 Nummer 7c	15 €	
206.2	ein anderes Kraftfahrzeug	§ 35h Absatz 3 § 69a Absatz 3 Nummer 7c	5 €	
	in Betrieb genommen			
207	Als Halter die Inbetriebnahme unter Verstoß gegen eine Vorschrift über mitzuführendes Erste-Hilfe-Material			
207.1	eines Kraftomnibusses	§ 31 Absatz 2 i. V. m. § 35h Absatz 1, 2 § 69a Absatz 5 Nummer 3	25 €	
207.2	eines anderen Kraftfahrzeugs	§ 31 Absatz 2 i. V. m. § 35h Absatz 3 § 69a Absatz 5 Nummer 3	10 €	
	angeordnet oder zugelassen			
	Bereifung und Laufflächen			
208	Kraftfahrzeug oder Anhänger, die unzulässig mit Diagonal- und mit Radialreifen ausgerüstet waren, in Betrieb genommen	§ 36 Absatz 6 Satz 1, 2 § 69a Absatz 3 Nummer 8	15 €	
209	Als Halter die Inbetriebnahme eines Kraftfahrzeugs oder Anhängers, die unzulässig mit Diagonal- und mit Radialreifen ausgerüstet waren, angeordnet oder zugelassen	§ 31 Absatz 2 i. V. m. § 36 Absatz 6 Satz 1, 2 § 69a Absatz 5 Nummer 3	30 €	
210	Mofa in Betrieb genommen, dessen Reifen keine ausreichenden Profilrillen oder Einschnitte oder keine ausreichende Profil- oder Einschnitttiefe besaß	§ 36 Absatz 3 Satz 5 § 31d Absatz 4 Satz 1 § 69a Absatz 3 Nummer 1c, 8	25 €	
211	Als Halter die Inbetriebnahme eines Mofas angeordnet oder zugelassen, dessen Reifen keine ausreichenden Profilrillen oder Einschnitte oder keine ausreichende Profil- oder Einschnitttiefe besaß	§ 31 Absatz 2 i. V. m. § 36 Absatz 3 Satz 5 § 31d Absatz 4 Satz 1 § 69a Absatz 5 Nummer 3	35 €	
212	Kraftfahrzeug (außer Mofa) oder Anhänger in Betrieb genommen, dessen Reifen keine ausreichenden Profilrillen oder Einschnitte oder keine ausreichende Profil- oder Einschnitttiefe besaß	§ 36 Absatz 3 Satz 3 bis 5 § 31d Absatz 4 Satz 1 § 69a Absatz 3 Nummer 1c, 8	60 €	1
213	Als Halter die Inbetriebnahme eines Kraftfahrzeugs (außer Mofa) oder Anhängers angeordnet oder zugelassen, dessen Reifen keine ausreichenden Profilrillen oder	§ 31 Absatz 2 i. V. m. § 36 Absatz 3 Satz 3 bis 5	75 €	1

Lfd. Nr.	Tatbestand	Straßenverkehrs-Zulassungs-Ordnung (StVZO)	Regelsatz in Euro (€), Fahrverbot in Monaten	Pkt.[1]
	Einschnitte oder keine ausreichende Profil- oder Einschnitttiefe besaß	§ 31d Absatz 4 Satz 1 § 69a Absatz 5 Nummer 3		
213a	Als Halter die Inbetriebnahme eines Kraftfahrzeugs bei Glatteis, Schneeglätte, Schneematsch, Eis- oder Reifglätte angeordnet oder zugelassen, dessen Bereifung, die in § 36 Absatz 4 oder Absatz 4a StVZO beschriebenen Eigenschaften nicht erfüllt, wenn das Kraftfahrzeug gemäß § 2 Absatz 3a StVO bei Glatteis, Schneeglätte, Schneematsch, Eis- oder Reifglätte nur mit solchen Reifen gefahren werden darf, die in § 36 Absatz 4 StVZO beschriebenen Eigenschaften erfüllen	§ 31 Absatz 2 i. V. m. § 36 Absatz 4 und 4a § 69a Absatz 5 Nummer 3	75 €	1
214	**Sonstige Pflichten für den verkehrssicheren Zustand des Fahrzeugs** Kraftfahrzeug oder Kraftfahrzeug mit Anhänger in Betrieb genommen, das sich in einem Zustand befand, der die Verkehrssicherheit wesentlich beeinträchtigt insbesondere unter Verstoß gegen eine Vorschrift über Lenkeinrichtungen, Bremsen, Einrichtungen zur Verbindung von Fahrzeugen	§ 30 Absatz 1 § 69a Absatz 3 Nummer 1 § 38 § 41 Absatz 1 bis 12, 15 Satz 1, 3, 4, Absatz 16, 17 § 43 Absatz 1 Satz 1 bis 3, Absatz 4 Satz 1, 3 § 69a Absatz 3 Nummer 3, 9, 13		
214.1	bei Lastkraftwagen oder Kraftomnibussen bzw. ihren Anhängern		180 €	1
214.2	bei anderen als in Nummer 214.1 genannten Fahrzeugen		90 €	1
214a	**Erlöschen der Betriebserlaubnis** Fahrzeug trotz erloschener Betriebserlaubnis in Betrieb genommen und dadurch die Verkehrssicherheit wesentlich beeinträchtigt	§ 19 Absatz 5 Satz 1 § 69a Absatz 2 Nummer 1a		
214a.1	bei Lastkraftwagen oder Kraftomnibussen		180 €	1
214a.2	bei anderen als in Nummer 214a.1 genannten Fahrzeugen		90 €	1
214b	Fahrzeug trotz erloschener Betriebserlaubnis in Betrieb genommen und dadurch die Umwelt wesentlich beeinträchtigt	§ 19 Absatz 5 Satz 1 § 69a Absatz 2 Nummer 1a		
214b.1	bei Lastkraftwagen oder Kraftomnibussen		180 €	
214b.2	bei anderen als in Nummer 214b.1 genannten Fahrzeugen		90 €	
215	**Mitführen von Anhängern hinter Kraftrad oder Personenkraftwagen** Kraftrad oder Personenkraftwagen unter Verstoß gegen eine Vorschrift über das	§ 42 Absatz 2 Satz 1	25 €	

Bußgeldkatalog-Verordnung Anh IV

Lfd. Nr.	Tatbestand	Straßenverkehrs-Zulassungs-Ordnung (StVZO)	Regelsatz in Euro (€), Fahrverbot in Monaten	Pkt.[1]
	Mitführen von Anhängern in Betrieb genommen	§ 69a Absatz 3 Nummer 3		
	Einrichtungen zur Verbindung von Fahrzeugen			
216	Abschleppstange oder Abschleppseil nicht ausreichend erkennbar gemacht	§ 43 Absatz 3 Satz 2 § 69a Absatz 3 Nummer 3	5 €	
	Stützlast			
217	Kraftfahrzeug mit einem einachsigen Anhänger in Betrieb genommen, dessen zulässige Stützlast um mehr als 50 % über- oder unterschritten wurde	§ 44 Absatz 3 Satz 1 § 69a Absatz 3 Nummer 3	60 €	1
(218)	(aufgehoben)			
	Geräuschentwicklung und Schalldämpferanlage			
219	Kraftfahrzeug, dessen Schalldämpferanlage defekt war, in Betrieb genommen	§ 49 Absatz 1 § 69a Absatz 3 Nummer 17	20 €	
220	Weisung, den Schallpegel im Nahfeld feststellen zu lassen, nicht befolgt	§ 49 Absatz 4 Satz 1 § 69a Absatz 5 Nummer 5d	10 €	
	Lichttechnische Einrichtungen			
221	Kraftfahrzeug oder Anhänger in Betrieb genommen			
221.1	unter Verstoß gegen eine allgemeine Vorschrift über lichttechnische Einrichtungen	§ 49a Absatz 1 bis 4, 5 Satz 1, Absatz 6, 8, 9 Satz 2, Absatz 9a, 10 Satz 1 § 69a Absatz 3 Nummer 18	5 €	
221.2	unter Verstoß gegen das Verbot zum Anbringen anderer als vorgeschriebener oder für zulässig erklärter lichttechnischer Einrichtungen	§ 49a Absatz 1 Satz 1 § 69a Absatz 3 Nummer 18	20 €	
222	Kraftfahrzeug oder Anhänger in Betrieb genommen unter Verstoß gegen eine Vorschrift über			
222.1	Scheinwerfer für Fern- oder Abblendlicht	§ 50 Absatz 1, 2 Satz 1, 6 Halbsatz 2, Satz 7, Absatz 3 Satz 1, 2, Absatz 5, 6 Satz 1, 3, 4, 6, Absatz 6a Satz 2 bis 5, Absatz 9 § 69a Absatz 3 Nummer 18a	15 €	
222.2	Begrenzungsleuchten oder vordere Richtstrahler	§ 51 Absatz 1 Satz 1, 4 bis 6, Absatz 2 Satz 1, 4, Absatz 3	15 €	

Lfd. Nr.	Tatbestand	Straßenverkehrs-Zulassungs-Ordnung (StVZO)	Regelsatz in Euro (€), Fahrverbot in Monaten	Pkt.[1]
222.3	seitliche Kenntlichmachung oder Umrissleuchten	§ 69a Absatz 3 Nummer 18b § 51a Absatz 1 Satz 1 bis 7, Absatz 3 Satz 1, Absatz 4 Satz 2, Absatz 6 Satz 1, Absatz 7 Satz 1, 3 § 51b Absatz 2 Satz 1, 3, Absatz 5, 6	15 €	
222.4	zusätzliche Scheinwerfer oder Leuchten	§ 69a Absatz 3 Nummer 18c § 52 Absatz 1 Satz 2 bis 5, Absatz 2 Satz 2, 3, Absatz 5 Satz 2, Absatz 7 Satz 2, 4, Absatz 9 Satz 2	15 €	
222.5	Schluss-, Nebelschluss-, Bremsleuchten oder Rückstrahler	§ 69a Absatz 3 Nummer 18e § 53 Absatz 1 Satz 1, 3 bis 5, 7, Absatz 2 Satz 1, 2, 4 bis 6, Absatz 4 Satz 1 bis 4, 6, Absatz 5 Satz 1 bis 3, Absatz 6 Satz 2, Absatz 8, 9 Satz 1, § 53d Absatz 2, 3	15 €	
222.6	Warndreieck, Warnleuchte oder Warnblinkanlage	§ 69a Absatz 3 Nummer 18g, 19c § 53a Absatz 1, 2 Satz 1, Absatz 3 Satz 2, Absatz 4, 5	15 €	
222.7	Ausrüstung oder Kenntlichmachung von Anbaugeräten oder Hubladebühnen	§ 69a Absatz 3 Nummer 19 § 53b Absatz 1 Satz 1 bis 3, 4 Halbsatz 2, Absatz 2 Satz 1 bis 3, 4 Halbsatz 2, Absatz 3 Satz 1, Absatz 4, 5	15 €	
222a	**Arztschild** Bescheinigung zur Berechtigung der Führung des Schildes „Arzt Notfalleinsatz" nicht mitgeführt oder zur Prüfung nicht ausgehändigt	§ 69a Absatz 3 Nummer 19a § 52 Absatz 6 Satz 3 § 69a Absatz 5 Nummer 5f	10 €	
223	**Geschwindigkeitsbegrenzer** Kraftfahrzeug in Betrieb genommen, das nicht mit dem vorgeschriebenen Geschwin-	§ 57c Absatz 2, 5 § 31d Absatz 3	100 €	1

Bußgeldkatalog-Verordnung   Anh IV

Lfd. Nr.	Tatbestand	Straßenverkehrs-Zulassungs-Ordnung (StVZO)	Regelsatz in Euro (€), Fahrverbot in Monaten	Pkt.[1]
	digkeitsbegrenzer ausgerüstet war, oder den Geschwindigkeitsbegrenzer auf unzulässige Geschwindigkeit eingestellt oder nicht benutzt, auch wenn es sich um ein ausländisches Kfz handelt	§ 69a Absatz 3 Nummer 1c, 25b		
224	Als Halter die Inbetriebnahme eines Kraftfahrzeugs angeordnet oder zugelassen, das nicht mit dem vorgeschriebenen Geschwindigkeitsbegrenzer ausgerüstet war oder dessen Geschwindigkeitsbegrenzer auf eine unzulässige Geschwindigkeit eingestellt war oder nicht benutzt wurde	§ 31 Absatz 2 i. V. m. § 57c Absatz 2, 5 § 31d Absatz 3 § 69a Absatz 5 Nummer 3	150 €	1
225	Als Halter den Geschwindigkeitsbegrenzer in den vorgeschriebenen Fällen nicht prüfen lassen, wenn seit fällig gewordener Prüfung			
225.1	nicht mehr als ein Monat	§ 57d Absatz 2 Satz 1 § 69a Absatz 5 Nummer 6d	25 €	
225.2	mehr als ein Monat vergangen ist	§ 57d Absatz 2 Satz 1 § 69a Absatz 5 Nummer 6d	40 €	
226	Bescheinigung über die Prüfung des Geschwindigkeitsbegrenzers nicht mitgeführt oder auf Verlangen nicht ausgehändigt	§ 57d Absatz 2 Satz 3 § 69a Absatz 5 Nummer 6e	10 €	
(227)	(aufgehoben)			
(228)	(aufgehoben)			
	Einrichtungen an Fahrrädern			
229	Fahrrad unter Verstoß gegen eine Vorschrift über die Einrichtungen für Schallzeichen in Betrieb genommen	§ 64a § 69a Absatz 4 Nummer 4	15 €	
230	Fahrrad oder Fahrradanhänger oder Fahrrad mit Beiwagen unter Verstoß gegen eine Vorschrift über lichttechnische Einrichtungen im öffentlichen Straßenverkehr in Betrieb genommen	§ 67 § 67a § 69a Absatz 4 Nummer 8, 9	20 €	
	Ausnahmen			
231	Urkunde über eine Ausnahmegenehmigung nicht mitgeführt	§ 70 Absatz 3a Satz 1 § 69a Absatz 5 Nummer 7	10 €	
	Auflagen bei Ausnahmegenehmigungen			
232	Als Fahrzeugführer, ohne Halter zu sein, einer vollziehbaren Auflage einer Ausnahmegenehmigung nicht nachgekommen	§ 71 § 69a Absatz 5 Nummer 8	15 €	
233	Als Halter einer vollziehbaren Auflage einer Ausnahmegenehmigung nicht nachgekommen	§ 71 § 69a Absatz 5 Nummer 8	70 €	1
(234–238)	(aufgehoben)			

Lfd. Nr.	Tatbestand	Ferienreise-Verordnung	Regelsatz in Euro (€), Fahrverbot in Monaten	Pkt.[1]
	e) Ferienreise-Verordnung			
239	Kraftfahrzeug trotz eines Verkehrsverbots innerhalb der Verbotszeiten länger als 15 Minuten geführt	§ 1 § 5 Nummer 1	60 €	
240	Als Halter das Führen eines Kraftfahrzeugs trotz eines Verkehrsverbots innerhalb der Verbotszeiten länger als 15 Minuten zugelassen	§ 1 § 5 Nummer 1	150 €	

Lfd. Nr.	Tatbestand	StVG	Regelsatz in Euro (€), Fahrverbot in Monaten	Pkt.[1]
	B. Zuwiderhandlungen gegen die §§ 24 a, 24 c StVG			
	0,5-Promille-Grenze			
241	Kraftfahrzeug geführt mit einer Atemalkoholkonzentration von 0,25 mg/l oder mehr oder mit einer Blutalkoholkonzentration von 0,5 Promille oder mehr oder mit einer Alkoholmenge im Körper, die zu einer solchen Atem- oder Blutalkoholkonzentration führt	§ 24a Absatz 1	500 € **Fahrverbot 1 Monat**	2
241.1	bei Eintragung von bereits einer Entscheidung nach § 24a StVG, § 316 oder § 315c Absatz 1 Nummer 1 Buchstabe a StGB im Fahreignungsregister		1 000 € **Fahrverbot 3 Monate**	2
241.2	bei Eintragung von bereits mehreren Entscheidungen nach § 24a StVG, § 316 oder § 315c Absatz 1 Nummer 1 Buchstabe a StGB im Fahreignungsregister		1 500 € **Fahrverbot 3 Monate**	2
	Berauschende Mittel			
242	Kraftfahrzeug unter Wirkung eines in der Anlage zu § 24a Absatz 2 StVG genannten berauschenden Mittels geführt	§ 24a Absatz 2 Satz 1 i.V.m. Absatz 3	500 € **Fahrverbot 1 Monat**	2
242.1	bei Eintragung von bereits einer Entscheidung nach § 24a StVG, § 316 oder § 315c Absatz 1 Nummer 1 Buchstabe a StGB im Fahreignungsregister		1 000 € **Fahrverbot 3 Monate**	2
242.2	bei Eintragung von bereits mehreren Entscheidungen nach § 24a StVG, § 316 oder § 315c Absatz 1 Nummer 1 Buchstabe a StGB im Fahreignungsregister		1 500 € **Fahrverbot 3 Monate**	2
	Alkoholverbot für Fahranfänger und Fahranfängerinnen			
243	In der Probezeit nach § 2a StVG oder vor Vollendung des 21. Lebensjahres als Führer eines Kraftfahrzeugs alkoholische Getränke zu sich genommen oder die Fahrt unter der Wirkung eines solchen Getränks angetreten	§ 24c Absatz 1, 2	250 €	1

Bußgeldkatalog-Verordnung Anh IV

Abschnitt II: Vorsätzlich begangene Ordnungswidrigkeiten

Lfd. Nummer	Tatbestand	StVO	Regelsatz in Euro (€), Fahrverbot in Monaten	Pkt.[1]
	Zuwiderhandlungen gegen § 24 StVG			
	a) Straßenverkehrs-Ordnung			
	Bahnübergänge			
244	Beim Führen eines Kraftfahrzeugs Bahnübergang trotz geschlossener Schranke oder Halbschranke überquert	§ 19 Absatz 2 Satz 1 Nummer 3 § 49 Absatz 1 Nummer 19 Buchstabe a	700 € **Fahrverbot 3 Monate**	2
245	Beim zu Fuß gehen, Rad fahren oder als andere nichtmotorisierte am Verkehr teilnehmende Person Bahnübergang trotz geschlossener Schranke oder Halbschranke überquert	§ 19 Absatz 2 Satz 1 Nummer 3 § 49 Absatz 1 Nummer 19 Buchstabe a	350 €	
	Sonstige Pflichten von Fahrzeugführenden			
246	Mobil- oder Autotelefon verbotswidrig benutzt	§ 23 Absatz 1a § 49 Absatz 1 Nummer 22		
246.1	– beim Führen eines Fahrzeugs		60 €	1
246.2	– beim Radfahren		25 €	
247	Beim Führen eines Kraftfahrzeugs verbotswidrig ein technisches Gerät zur Feststellung von Verkehrsüberwachungsmaßnahmen betrieben oder betriebsbereit mitgeführt	§ 23 Absatz 1b § 49 Absatz 1 Nummer 22	75 €	1
(248, 249)	(aufgehoben)			
	Genehmigungs- oder Erlaubnisbescheid			
250	Genehmigungs- oder Erlaubnisbescheid auf Verlangen nicht ausgehändigt	§ 46 Absatz 3 Satz 3 § 49 Absatz 4 Nummer 5	10 €	

Lfd. Nummer	Tatbestand	FeV	Regelsatz in Euro (€), Fahrverbot in Monaten	Pkt.[1]
	b) Fahrerlaubnis-Verordnung			
	Aushändigen von Führerscheinen und Bescheinigungen			
251	Führerschein, Bescheinigung oder die Übersetzung des ausländischen Führerscheins auf Verlangen nicht ausgehändigt	§ 4 Absatz 2 Satz 2, 3 § 5 Absatz 4 Satz 2, 3 § 48 Absatz 3 Satz 2 § 48a Abs 3 Satz 2 § 74 Absatz 4 Satz 2 § 75 Nummer 4 § 75 Nummer 13	10 €	

[1] Die hier vermerkten Punkte sind nicht Gegenstand des amtlichen Katalogs.

Anh IV Bußgeldkatalog-Verordnung

Lfd. Nummer	Tatbestand	FeV	Regelsatz in Euro (€), Fahrverbot in Monaten	Pkt.[1]
251a	Beim begleiteten Fahren ab 17 Jahren Kraftfahrzeug der Klasse B oder BE ohne Begleitung geführt	§ 48a Absatz 2 Satz 1 § 75 Nummer 15	70 €	

Lfd. Nummer	Tatbestand	FZV	Regelsatz in Euro (€), Fahrverbot in Monaten	Pkt.[1]
	c) Fahrzeug-Zulassungsverordnung			
	Aushändigen von Fahrzeugpapieren			
252	Die Zulassungsbescheinigung Teil I oder sonstige Bescheinigung auf Verlangen nicht ausgehändigt	§ 4 Absatz 5 Satz 1 § 11 Absatz 6 § 26 Absatz 1 Satz 6 § 48 Nummer 5	10 €	
	Betriebsverbot und Beschränkungen			
253	Einem Verbot, ein Fahrzeug in Betrieb zu setzen, zuwidergehandelt oder Beschränkung nicht beachtet	§ 5 Absatz 1 § 48 Nummer 7	70 €	1

Lfd. Nummer	Tatbestand	StVZO	Regelsatz in Euro (€), Fahrverbot in Monaten	Pkt.[1]
	d) Straßenverkehrs-Zulassungs-Ordnung			
	Achslast, Gesamtgewicht, Anhängelast hinter Kraftfahrzeugen			
254	Gegen die Pflicht zur Feststellung der zugelassenen Achslasten oder Gesamtgewichte oder gegen Vorschriften über das Um- oder Entladen bei Überlastung verstoßen	§ 31c Satz 1, 4 Halbsatz 2 § 69a Absatz 5 Nummer 4c	50 €	
255	**Ausnahmen** Urkunde über eine Ausnahmegenehmigung auf Verlangen nicht ausgehändigt	§ 70 Absatz 3a Satz 1 § 69a Absatz 5 Nummer 7	10 €	

Bußgeldkatalog-Verordnung **Anh IV**

Anhang
(zu Nr. 11 der Anlage)

Tabelle 1
Geschwindigkeitsüberschreitungen

a) Kraftfahrzeuge der in § 3 Abs. 3 Nr. 2 Buchstaben a oder b StVO genannten Art[1]

Lfd. Nr.	Überschreitung in km/h	Regelsatz in Euro bei Begehung	
		innerhalb	außerhalb
		geschlossener Ortschaften (außer bei Überschreitung für mehr als 5 Minuten Dauer oder in mehr als zwei Fällen nach Fahrtantritt)	
11.1.1	bis 10	20	15
11.1.2	11–15	30	25

Die nachfolgenden Regelsätze und Fahrverbote gelten auch für die Überschreitung der festgesetzten Höchstgeschwindigkeit bei Sichtweite unter 50 m durch Nebel, Schneefall oder Regen nach Nr. 9.1 der Anlage.

Lfd. Nr.	Überschreitung in km/h	Regelsatz in Euro bei Begehung		Fahrverbot in Monaten bei Begehung		Punkte[2][3]	
		innerhalb	außerhalb	innerhalb	außerhalb		
		geschlossener Ortschaften		geschlossener Ortschaften			
11.1.3	bis 15 für mehr als 5 Minuten Dauer oder in mehr als zwei Fällen nach Fahrtantritt	80	70	–	–	1	1
11.1.4	16–20	80	70	–	–	1	1
11.1.5	21–25	95	80	–	–	1	1
11.1.6	26–30	140	95	1 Monat	–	2	1
11.1.7	31–40	200	160	1 Monat	1 Monat	2	
11.1.8	41–50	280	240	2 Monate	1 Monat	2	2
11.1.9	51–60	480	440	3 Monate	2 Monate	2	2
11.1.10	über 60	680	600	3 Monate	3 Monate	2	2

---

[1] Dies sind:
a) Kraftfahrzeuge mit einem zulässigen Gesamtgewicht über 3,5 t bis 7,5 t, ausgenommen Personenkraftwagen, Personenkraftwagen mit Anhänger und Lastkraftwagen bis zu einem zulässigen Gesamtgewicht von 3,5 t mit Anhänger und Kraftomnibusse, auch mit Gepäckanhänger
b) Kraftfahrzeuge mit einem zulässigen Gesamtgewicht über 7,5 t alle Kraftfahrzeuge mit Anhänger, ausgenommen Personenkraftwagen sowie Lastkraftwagen bis zu einem zulässigen Gesamtgewicht von 3,5 t und Kraftomnibusse mit Fahrgästen, für die keine Sitzplätze mehr zur Verfügung stehen.
[2] Erste Punktezahl bei Begehung innerhalb, zweite Zahl bei Begehung außerhalb geschlossener Ortschaften.
[3] Die hier vermerkten Punkte sind nicht Gegenstand des amtlichen Katalogs.

Anh IV — Bußgeldkatalog-Verordnung

b) kennzeichnungspflichtige Kraftfahrzeuge der in Buchstabe a genannten Art mit gefährlichen Gütern oder Kraftomnibussen mit Fahrgästen

Lfd. Nr.	Überschreitung in km/h	Regelsatz in Euro bei Begehung		Punkte[1] [2]	
		innerhalb	außerhalb		
		geschlossener Ortschaften (außer bei Überschreitung für mehr als 5 Minuten Dauer oder in mehr als zwei Fällen nach Fahrtantritt)			
11.2.1	bis 10	35	30		
11.2.2	11–15	60	35	1	1

Die nachfolgenden Regelsätze und Fahrverbote gelten auch für die Überschreitung der festgesetzten Höchstgeschwindigkeit bei Sichtweite unter 50 m durch Nebel, Schneefall oder Regen nach Nr. 9.2 der Anlage.

Lfd. Nr.	Überschreitung in km/h	Regelsatz in Euro bei Begehung		Fahrverbot in Monaten bei Begehung		Punkte[1] [2]	
		innerhalb	außerhalb	innerhalb	außerhalb		
		geschlossener Ortschaften		geschlossener Ortschaften			
11.2.3	bis 15 für mehr als 5 Minuten Dauer oder in mehr als zwei Fällen nach Fahrtantritt	160	120	–	–	1	1
11.2.4	16–20	160	120	–	–	1	1
11.2.5	21–25	200	160	1 Monat	–	2	1
11.2.6	26–30	280	240	1 Monat	1 Monat	2	2
11.2.7	31–40	360	320	2 Monate	1 Monat	2	2
11.2.8	41–50	480	400	3 Monate	2 Monate	2	2
11.2.9	51–60	600	560	3 Monate	3 Monate	2	2
11.2.10	über 60	760	680	3 Monate	3 Monate	2	2

c) andere als die in Buchstaben a oder b genannten Kraftfahrzeuge

Lfd. Nr.	Überschreitung in km/h	Regelsatz in Euro bei Begehung	
		innerhalb	außerhalb
		geschlossener Ortschaften	
11.3.1	bis 10	15	10
11.3.2	11–15	25	20
11.3.3	16–20	35	30

Die nachfolgenden Regelsätze und Fahrverbote gelten auch für die Überschreitung der festgesetzten Höchstgeschwindigkeit bei Sichtweite unter 50 m durch Nebel, Schneefall oder Regen nach Nr. 9.3 der Anlage.

---

[1] Erste Punktezahl bei Begehung innerhalb, zweite Zahl bei Begehung außerhalb geschlossener Ortschaften.
[2] Die hier vermerkten Punkte sind nicht Gegenstand des amtlichen Katalogs.

Bußgeldkatalog-Verordnung **Anh IV**

Lfd. Nr.	Überschreitung in km/h	Regelsatz in Euro bei Begehung		Fahrverbot in Monaten bei Begehung		Punkte[1] [2]	
		innerhalb	außerhalb	innerhalb	außerhalb		
		geschlossener Ortschaften		geschlossener Ortschaften			
11.3.4	21–25	80	70	–	–	1	1
11.3.5	26–30	100	80	–	–	1	1
11.3.6	31–40	160	120	1 Monat	–	2	1
11.3.7	41–50	200	160	1 Monat	1 Monat	2	2
11.3.8	51–60	280	240	2 Monate	1 Monat	2	2
11.3.9	61–70	480	440	3 Monate	2 Monate	2	2
11.3.10	über 70	680	600	3 Monate	3 Monate	2	2

Anhang
(zu Nr. 12 der Anlage)

Tabelle 2
Nichteinhalten des Abstandes von einem vorausfahrenden Fahrzeug

Lfd. Nr.		Regelsatz in Euro	Fahrverbot	Punkte[2]
12.5	Der Abstand von einem vorausfahrenden Fahrzeug betrug in Metern a) bei einer Geschwindigkeit von mehr als 80 km/h			
12.5.1	weniger als $5/10$ des halben Tachowertes	75		1
12.5.2	weniger als $4/10$ des halben Tachowertes	100		1
12.5.3	weniger als $3/10$ des halben Tachowertes	160		1
12.5.4	weniger als $2/10$ des halben Tachowertes	240		1
12.5.5	weniger als $1/10$ des halben Tachowertes	320		1
12.6	b) bei einer Geschwindigkeit von mehr als 100 km/h			
12.6.1	weniger als $5/10$ des halben Tachowertes	75		1
12.6.2	weniger als $4/10$ des halben Tachowertes	100		1
12.6.3	weniger als $3/10$ des halben Tachowertes	160	Fahrverbot 1 Monat	2
12.6.4	weniger als $2/10$ des halben Tachowertes	240	Fahrverbot 2 Monate	2
12.6.5	weniger als $1/10$ des halben Tachowertes	320	Fahrverbot 3 Monate	2
12.7	c) bei einer Geschwindigkeit von mehr als 130 km/h			
12.7.1	weniger als $5/10$ des halben Tachowertes	100		1
12.7.2	weniger als $4/10$ des halben Tachowertes	180		1
12.7.3	weniger als $3/10$ des halben Tachowertes	240	Fahrverbot 1 Monat	2
12.7.4	weniger als $2/10$ des halben Tachowertes	320	Fahrverbot 2 Monate	2
12.7.5	weniger als $1/10$ des halben Tachowertes	400	Fahrverbot 3 Monate	2

---

[1] Erste Punktezahl bei Begehung innerhalb, zweite Zahl bei Begehung außerhalb geschlossener Ortschaften.
[2] Die hier vermerkten Punkte sind nicht Gegenstand des amtlichen Katalogs.

Anhang
(zu Nrn. 198 und 199 der Anlage)

Tabelle 3
Überschreiten der zulässigen Achslast oder des zulässigen Gesamtgewichts von Kraftfahrzeugen, Anhängern, Fahrzeugkombinationen sowie der Anhängelast hinter Kraftfahrzeugen

a) bei Kraftfahrzeugen mit einem zulässigen Gesamtgewicht über 7,5 t sowie Kraftfahrzeugen mit Anhängern, deren zulässiges Gesamtgewicht 2 t übersteigt

Lfd. Nr.	Überschreitung in v. H.	Regelsatz in Euro	Punkte[1]
198.1	**für Inbetriebnahme**		
198.1.1	2 bis 5	30	
198.1.2	mehr als 5	80	1
198.1.3	mehr als 10	110	1
198.1.4	mehr als 15	140	1
198.1.5	mehr als 20	190	1
198.1.6	mehr als 25	285	1
198.1.7	mehr als 30	380	1
199.1	**für Anordnen oder Zulassen der Inbetriebnahme**		
199.1.1	2 bis 5	35	
199.1.2	mehr als 5	140	1
199.1.3	mehr als 10	235	1
199.1.4	mehr als 15	285	1
199.1.5	mehr als 20	380	1
199.1.6	mehr als 25	425	1

b) bei anderen Kraftfahrzeugen bis 7,5 t für Inbetriebnahme, Anordnen oder Zulassen der Inbetriebnahme

Lfd. Nr.		Überschreitung in v. H.	Regelsatz in Euro	Punkte[1]
198.2.1 199.2.1	oder	mehr als 5 bis 10	10	
198.2.2 199.2.2	oder	mehr als 10 bis 15	30	
198.2.3 199.2.3	oder	mehr als 15 bis 20	35	
198.2.4 199.2.4	oder	mehr als 20	95	1
198.2.5 199.2.5	oder	mehr als 25	140	1
198.2.6 199.2.6	oder	mehr als 30	235	1

---

[1] Die hier vermerkten Punkte sind nicht Gegenstand des amtlichen Katalogs.

Anh IV

Anhang
(zu § 3 Abs. 3)

Tabelle 4
Erhöhung der Regelsätze bei Hinzutreten einer Gefährdung oder Sachbeschädigung

Die im Bußgeldkatalog bestimmten Regelsätze, die einen Betrag von mehr als 55 Euro vorsehen, erhöhen sich beim Hinzutreten einer Gefährdung oder Sachbeschädigung, soweit diese Merkmale nicht bereits im Grundtatbestand enthalten sind, wie folgt:

Bei einem Regelsatz für den Grundtatbestand von Euro	mit Gefährdung auf Euro	mit Sachbeschädigung auf Euro
60	75	90
70	85	105
75	90	110
80	100	120
90	110	135
95	115	140
100	120	145
110	135	165
120	145	175
130	160	195
135	165	200
140	170	205
150	180	220
160	195	235
165	200	240
180	220	265
190	230	280
200	240	290
210	255	310
235	285	345
240	290	350
250	300	360
270	325	390
280	340	410
285	345	415
290	350	420
320	385	465
350	420	505
360	435	525
380	460	555
400	480	580
405	490	590
425	510	615
440	530	640
480	580	700
500	600	720
560	675	810
570	685	825
600	720	865
635	765	920
680	820	985
700	840	1000
760	915	1000

Anh IV Bußgeldkatalog-Verordnung

Enthält der Grundtatbestand bereits eine Gefährdung, führt Sachbeschädigung zu folgender Erhöhung:

Bei einem Regelsatz für den Grundtatbestand von Euro	mit Sachbeschädigung auf Euro
60	75
70	85
75	90
80	100
100	120
150	180

Sachverzeichnis

Vgl auch Abkürzungen und das Verzeichnis der abgedruckten Gesetzestexte am Beginn des Buches.

Fette Zahlen ohne zusätzliche Angabe des Gesetzes die Paragraphen der StVO, sonst des angegebenen Gesetzes, magere Zahlen die Randnummern. Ein waagerechter Strich bedeutet Wiederholung des Stichwortes. Fette römische Ziffern bezeichnen im Zusammenhang mit Paragraphen deren Absätze.

Abbauwert 316 StGB 10, 15 f
Abbiegen 8 II S 4; 9; tangentiales – **9** VwV zu Abs 1 II; an Lichtzeichenanlage **37** 11 ff, 23; paarweises – **7** 20; **9** 32 f; – u nachfolgender Verkehr **9** 8
Abbiegestreifen 8 VwV zu Abs 1 III 2; **8** 5; **9** VwV zu Abs 1; **37** 23
Abblenden s auch Blendung; **17 II S 3; 17** 8
Abblendlicht 3 7 f; **17 II, III**; auf Autobahnen **18 VI; 18** 18
Abdingbarkeit; VVG **VVG 87** 2 ff
Abfahrtspur 5 59; **18** 26
Abfall 12 40; **32** 4
Abfindung s Kapitalabfindung; s auch Gesamtschuld
Abfindungsvergleich BGB 253 102 f; **BGB 843** 76; Anpassung **BGB 253** 103; Forderungsübergang **VVG 86** 49 ff, 54; Gesamtschuld **BGB 840** 15a ff; Kapitalabfindung **BGB 843** 66 ff; Leistungsfreiheit **VVG 86** 84; Unterhaltsschaden **BGB 844** 21; Vorbehalt; immateriell **BGB 253** 102 f
Abgasbelästigungen 30 I; 30 1
Abhandengekommenes Fahrzeug s auch Schwarzfahrt
Abknickende Vorfahrt 8 26; **9** 40 ff
Abmeldung; Weiternutzung **BGB 249** 69
Abrechnungsgrundsätze; Sachschaden **BGB 249** 29 ff
ABS 3 14a
Abschleppdienst; Schadenvergrößerung **BGB vor § 249** 63; Selbstschädigung **BGB vor § 249** 59; Verletzung **BGB vor § 249** 59
Abschleppen 2 6; **15a; 23** 23, 26, 37; s auch Z 283; Halterhaftung **StVG 16** 7a; Mitverantwortung **BGB 254** 252 ff; – verboten haltender Kfz **12** 93 ff; **13** VwV Abs 1 V; **13** 9; **44** 3
Abschleppkosten BGB 249 260 ff; falsch geparkter Fahrzeuge **12** 96 ff; Falschparker **BGB 249** 343; Kaskoversicherung **BGB 249** 19a; Quotenvorrecht **BGB 254** 316

Abschleppunternehmen; Schutzbriefversicherung **BGB vor § 249** 177 f
Absperrschranken, -baken, -tafeln 43
Absperrungen 43; Verbot f Fußgänger **25 IV**; an Baustellen **45** 19
Abstand s auch Seitenabstand; **4**; – bei Einscheren in Lücke **5** 38 f; **Z** 273
Abstellen eines Fz **12** 37 f; **315c StGB 7f, g**
Abstraktes Gefährdungsdelikt 316 StGB 1
Abtretung s auch Forderungsübergang; Abtretungsverbot **VVG 87** 2; Angehörigenprivileg **VVG 86** 101 f; gewillkürte **BGB vor § 249** 286 ff; Hinterbliebenengeld **BGB 844** 257; Konkurrenzen **VVG 86** 67; Legalzession; Konkurrenz **VVG 86** 12; Rechtsanwaltskosten **BGB 249** 378 f; Schadenersatzansprüche **BGB 249** 438 f; Summenversicherung **VVG 86** 15
Abwehrrecht; Treu und Glauben **StVG 16** 79
Abwrackprämie BGB 249 133, 327 f; s auch Totalschaden
Actio libera in causa 316 StGB 30e
action directe s auch Direktanspruch; s Direktklage
Adäquanztheorie BGB vor § 249 5, 19 ff; s Kausalität
Adhäsionsverfahren BGB 249 424 ff; **VVG 86** 62; Rechtskraft **BGB 253** 111b; Schmerzensgeld **BGB 253** 111a ff
ADH-Methode 316 StGB 12
ADR StVG 12a 4, 5, 20 ff, 24
Affektionsinteresse BGB 253 29
aG-light s auch Streitwert, Parkerleichterungen f schwerbehinderte Menschen
Ahndung of OW **23, 24, 27, 37b StVG**
Airbag 21a 1; Aktivierung **BGB 254** 211; Fehlfunktion **StVG 16** 29; – Produkthaftung **21a StVO** 6
AKK s Alveolarluft
Aktenauszug BGB 249 407 ff; s auch Rechtsanwalt

Sachverzeichnis

fette Zahlen = §§ StVO

Aktivlegitimation s auch Anspruchsberechtigung, Forderungsklagebörung, Forderungsübergang, Klagebefugnis; Beerdigungskosten **BGB 844** 8; entgangene Dienste **BGB 845** 5, 8; Fahrerschutz-Versicherung (Fahrer-Kasko) **BGB vor § 249** 207
Akzessorietät s auch Direktanspruch; Haftpflichtversicherung **StVG 16** 26
Alkohol s auch Blutalkohol, Blutprobe; Rauschmittel; -delikte **24a StVG; 315c I** 1a, **316, 323a StGB**; -gehalt gängiger Getränke **316 StGB** 39; Mitverantwortung **BGB 254** 216; **VVG 103** 22; Vorsatz **VVG 103** 22
Alkoholabstinenz; Nachweis einer – durch EtG **3 StVG** 3
Alkohol-Interlock 3 StVG 5b
Alkoholmarker s Ethylglucuronid
Alkoholtest 316 StGB 18; **24a StVG** 4a ff
Alkoholverbot (Fahranfänger) **24c StVG**
Allgemeinverfügung Verkehrszeichen als – **39** 8
Allgemeine Geschäftsbedingungen; Autovermietung **BGB 249** 23b, 23c
Allgemeine Verwaltungsvorschrift Vorbem StVO 9 ff; Verbindlichkeit **37** 1
Alter s Mindestalter; vorgerücktes – u Fahrtüchtigkeit **315c StGB** 15
Alternative Verurteilung s Wahlweise Verurteilung
Alveolarluft 24a StVG 4a ff
AMG StVG 16 28
Amok BGB vor § 249 233a ff; **VVG 103** 26a ff; s auch Opferschutz, Tumultschaden; Härteleistung **StVG 16** 36a ff; Zurechnungszusammenhang **BGB vor § 249** 56
Amphetamin 24a StVG 5a, b
Amtshaftung 39 1c; **45** 11 ff; **StVG 16** 3, 30 ff; s auch Militär; Zollbehörde **AuslPflVG 1** 28
Anbieten von Waren u Leistungen **33**
Anderer 1 68; **315b StGB** 8; **315c StGB** 5
Andreaskreuz Z 201; Parkverbot an – **12 III 6; 12** 51; Vorrang d Schienenbahn **19**
Anerkenntnis s auch Schuldanerkenntnis; außergerichtliche Regulierung **BGB vor § 249** 10 ff; Kausalität **BGB vor § 249** 10 ff; nach Verjährung **StVG 14** 63; **VVG 103** 12; Teilzahlung **BGB vor § 249** 10; Vorsatz **VVG 103** 12
Anfahren 10 12

Anfechtbarkeit v Anordnungen **39** 9
Anfechtung; Vorversicherung **AuslPflVG 3** 11, 20
Anfechtungsklage 39 9f; **21 StVG** 7
Angehörigenprivileg BGB 840 49; **VVG 86** 92 ff; § 110 SGB VII **VVG 86** 98; § 1542 RVO **VVG 86** 97; § 640 RVO **VVG 86** 98; Abdingbarkeit **VVG 86** 101; Allgemeingültigkeit **VVG 86** 92 ff; Arbeitgeber **VVG 86** 96; Beitragsregress **VVG 86** 99; Beitragsschaden **VVG 86** 99; Beweislast **VVG 86** 131; Dienstherr **VVG 86** 96; Direktanspruch **VVG 86** 136 ff; Gesamtschuld **BGB 840** 40f; Gesamtschuldnerausgleich **VVG 86** 100, 135, 139 ff; gestörte Gesamtschuld **StVG 16** 15b; **VVG 86** 135; Haftpflichtversicherer **VVG 86** 94, 99a; Haftungsregress **VVG 86** 139 ff; Haftungshöchstsumme **StVG 12** 19; Haushaltsangehöriger **VVG 86** 103; häusliche Gemeinschaft **VVG 86** 114 f, 129 f; Veränderung **VVG 86** 126 f; Inhalt **VVG 86** 91; Insasse **StVG 16** 15b; juristische Person **VVG 86** 112 f; Kaskoversicherung **VVG 86** 142 ff; Kind **VVG 86** 118 f; LPartG **VVG 86** 105; Mitbewohner **VVG 86** 110 f; nicht-eheliche Partnerschaft **VVG 86** 106 ff, 128; OEG **VVG 86** 96; Rechtsfolge **VVG 86** 134 ff; Regressausschluss **VVG 86** 90, 134; Rückforderung **VVG 86** 146 ff; Scheidungskind **VVG 86** 119; Sozialhilfe **VVG 86** 99, 99a; Ausnahme **VVG 86** 94; spätere Eheschließung **VVG 86** 124 ff; spätere nicht-eheliche Partnerschaft **VVG 86** 128; Synonyme **VVG 86** 90a; Teilungsabkommen **VVG 86** 95; Umgehung **VVG 86** 100 f; VOH **VVG 86** 98a; Voraussetzungen **VVG 86** 103 ff; persönlich **VVG 86** 103 ff; räumlich **VVG 86** 114; Wegfall **VVG 86** 121 ff; Vorsatz **VVG 86** 132 f; Zeitpunkt **VVG 86** 120 ff
Angehörigenschmerzensgeld s auch Schockschaden
Angehörigen(schmerzens)geld StVG 11 3a
Angehörigen(schmerzens-)geld BGB vor § 249 122a, 124
Anhänger StVG 16 19 ff; Arbeitsunfall **StVG 16** 22; Begriff **2 Nr 2 FZV**; **1 StVG** 8a; **7 StVG** 3 ff; **17 StVG** 1; **18 StVG** 1; Dienstunfall **StVG 16** 22; Grüne Karte **AuslPflVG 2** 5; -schein s unter Fahrzeugschein; unbeleuchtet (Haftung) **17** 22; Untersagung d Betriebs **5 I FZV; 17 I StVZO** Parkverbot f – **12 III b**; –

1772

magere Zahlen = Randnummern   **Sachverzeichnis**

verbundener **8a StVG** 4 ff; **18 StVG** 4; Zulassungspflichtigkeit **1, 3 FZV**
Anhaltesignal (USA-Vorbild) **36** 1
Anhalteweg 3 14
Anliegerverkehr 2 82
Anpassung s auch Abfindungsvergleich
Anscheinsbeweis BGB 254 205 ff; **2** 42; **4** 24; **5** 68; **6** 68; **8** 68; **9** 31, 59; **10** 8; **18** 13; **21a** 6; **25** 17a, 17c, 17m; **ZPO 286/ 287** 7 ff; **315c StGB** 42
Anschleppen 23 26
Anschlusssperre 69a StGB 3
Anschnallpflicht 21a
Anspruch; Forderungserlass **BGB vor § 249** 155
Ansprüche StVG 16 1 ff; berechtigter Personenkreis **StVG 10** 15; Dritter **BGB 844** 3 ff; **StVG 10** 4; Erben **StVG 10** 2 ff; Forderungserlass **BGB vor § 249** 155; Haftungsausschluss s dort; Hinterbliebener **BGB 844** 3 ff; **StVG 10** 5 f; Übersicht **StVG 16** 1 ff
Anspruchsbeeinträchtigung s auch Arbeitsunfall, Gewerbebetrieb, Haftungsausschluss, Mithaftung, Mitverantwortung, Mitverschulden; Drittleistungsträger **BGB vor § 249** 279 ff; Rechtshandlung des Verletzten **BGB vor § 249** 279 ff
Anspruchsberechtigung; aktuelle Berechtigung **BGB vor § 249** 150b; Anspruchsteller **BGB vor § 249** 150b; **249** 11a; Drittleistungsträger **BGB vor § 249** 150c; Hinterbliebenengeld **BGB 844** 115 ff; Nachweis **BGB vor § 249** 150b; **249** 11a
Anspruchsgegner BGB vor § 249 151 ff; **StVG vor § 10** 7 ff; s auch Arbeitgeber, Drittleistungsträger, Fahrerschutz-Versicherung (Fahrer-Kasko), Finanzamt, freiwillige Leistungen, Haftpflichtversicherer, Militär, Opferentschädigungsrecht, Schadenersatzpflichtiger, Verkehrsopferhilfe (VOH), Versicherungsnehmer; Arbeitgeber **BGB vor § 249** 217b; Ausland **BGB vor § 249** 234; Beitragsregress **BGB 842** 154; Drittleistungsträger **BGB vor § 249** 170 ff; **249** 11; Arbeitgeber **BGB vor § 249** 170, 217b; **249** 11; Dienstherr **BGB vor § 249** 171a; Personenschaden **BGB vor § 249** 173 ff; private Vorsorge **BGB vor § 249** 173a; Sachschaden **BGB vor § 249** 170 ff; **249** 11; Sozialleistungsträger **BGB vor § 249** 173; Unfallversicherung, gesetzliche **BGB vor § 249** 172; **249** 11; Fahrerschutz-Versicherung (Fahrer-Kasko) **BGB vor § 249** 180 ff; Finanzamt **BGB vor § 249** 216 f; **249** 11;

freiwillige Leistungen **BGB vor § 249** 231 ff; Gesamtschuldner **BGB vor § 249** 158; Haftpflichtversicherung **BGB vor § 249** 164 ff; Kaskoversicherer **BGB vor § 249** 178 f; Kaskoversicherung **BGB 249** 11; Massenunfall **BGB vor § 249** 236 ff; Opferentschädigungsrecht **BGB vor § 249** 219; Sachschaden **BGB 249** 11; Schadenersatzpflichtiger **BGB vor § 249** 152 ff; Schadenschätzung **BGB 252** 10; Schutzbriefversicherer **BGB vor § 249** 177 f; Verkehrsopferhilfe (VOH) **BGB vor § 249** 224 ff; Versicherungsnehmer **BGB vor § 249** 156 ff; Weißer Ring **BGB vor § 249** 232
Anspruchsgrundlage s auch Haftung s auch Schadenersatz; Beerdigungskosten; Aufwendungsersatz **BGB 844** 9; **BGB 844** 1; Vertrag **BGB 844** 3a; Dritte **BGB vor § 249** 283 ff; Drittleistungsträger; Bereicherungsrecht **BGB vor § 249** 289; Drittschadensliquidation **BGB vor § 249** 290 f; Eingriff in Gewerbebetrieb **BGB vor § 249** 294; GoA **BGB vor § 249** 292 f; entgangene Dienste **BGB 845** 1a f; Forderungsübergang **BGB vor § 249** 283 ff; Haftpflichtversicherung **StVG 16** 26; Haftungsausschluss; Erstreckung auf Haftungsnormen **BGB 253** 11; Hinterbliebenengeld **BGB 844** 89 ff; Vertrag **BGB 844** 3a; Personenschaden **BGB 259** 507 ff; Schmerzensgeld **BGB 253** 2, 5; Treu und Glauben **StVG 16** 78; Übersicht **StVG vor § 10** 7 ff; **16** 1 ff; Unterhaltsschaden **BGB 844** 2; Vertrag **BGB 844** 3a
Anspruchsteller BGB vor § 249 150a ff; s auch Aktivlegitimation; Nachweis **BGB 249** 11a
Anstifter BGB 840 6
Anstiftung 316 StGB 3
Anthropologisches Vergleichsgutachten 3 113
Antiblockier-System s ABS
Antragsberechtigung; Haftpflichtversicherung **BGB 254** 78 ff
Anwalt s auch Rechtsanwalt
Anwendbarkeiten StVG vor § 10 5 f
Anwohner 2 77; **39** 19; **45** 10
Aquaplaning 3 39
Arbeitgeber s auch Forderungsübergang; Inanspruchnahme **BGB vor § 249** 217b; Rechtsanwaltskosten **BGB 249** 369, 380; Rechtsgutverletzung **BGB vor § 249** 85; Verletzungsverdacht **BGB vor § 249** 112; Zuschüsse **BGB 249** 506

1773

Sachverzeichnis

fette Zahlen = §§ StVO

Arbeitnehmer; Firmenfahrzeug **BGB 249** 144; gefahrgeneigte Arbeit **BGB 254** 137 ff; Gesamtschuld **BGB 840** 18a; Leasing; Rechtsweg **BGB 249** 144; Rückgriff **VVG 86** 56; SFR-Verlust **BGB 249** 332; Vorteilsausgleich **BGB 249** 499
Arbeitslosigkeit BGB 842 49 f; Verdienstausfall **BGB 842** 49 f
Arbeitsmaschine s auch Bagger, Baumaschinen; **2** 2; **2 Nr 17, 3 II Nr 1 FZV**
Arbeitsrechtliche Beschränkungen 2 StVG 61–62
Arbeitsstellen s auch Baustellen, Dienstunfall
Arbeitszeit s Lenkzeit; Geschwindigkeitsüberschreitung **3** 102; Parkerleichterung **46 VwV** zu Abs 1 Nr 11 Rn 138 ff
Arbeitsunfähigkeitsbescheinigung; Nachweis **BGB vor § 249** 99a
Arbeitsunfall BGB 254 10 ff; s auch § 110 SGB VII, Dienstunfall, Wegeunfall; § 110 SGB VII; Verjährung **StVG 14** 21; § 119 SGB X **BGB 842** 136; Angehörigenprivileg **VVG 86** 98; Anhänger **StVG 16** 22; Auch-Beschäftigung **BGB 254** 62 f; Begriff **BGB 254** 40 f; betriebliche Sphäre **BGB 254** 15; betriebliche Veranlassung **BGB 254** 49; Bewusstseinstrübung **BGB 254** 29; Bindungswirkung **BGB 254** 71 ff; Eingliederung **BGB 254** 54 ff; ErwZulG **BGB 254** 83 f; Fahrerschutz-Versicherung (Fahrer-Kasko) **BGB vor § 249** 215; Fernwirkungsschaden **BGB vor § 249** 136 f, 138; gemeinsame Betriebsstätte **BGB 254** 50 ff; Gesamtschuld **BGB 840** 43, 47; gestörte Gesamtschuld **BGB 840** 43, 47; **StVG 16** 22, 15b; Gewalttat **VVG 103** 26d f; grobe Fahrlässigkeit **BGB 254** 69; Haftungsbeschränkung **BGB 254** 78 ff; Hilfeleistung **BGB 254** 55, 58; Hinterbliebene **BGB 254** 35; Hinterbliebenengeld **BGB 844** 103 f; Mitverschulden **BGB 254** 19; Nasciturus **BGB vor § 249** 119; Nebentätigkeit **BGB 254** 47 f; Personenschaden **BGB 254** 32; Rechtsnachfolge **BGB 254** 67; Rechtsnormen **BGB 254** 81 ff; Reparatur **BGB 254** 59 ff; Sachschaden **BGB 254** 32; Scheinselbständiger **BGB 842** 61; Schmerzensgeld **BGB 253** 9 ff; Schockschaden **BGB vor § 249** 136 f, 138; Schwarzarbeit **BGB 254** 14; SGB VII **BGB 254** 81 ff; Vorsatz **BGB 254** 69 f; Wegeunfall s dort; Werkstattkunde **BGB 254** 56 f
Arzt; Arztkosten; Freistellungsanspruch **BGB 250** 15; Erfüllungsgehilfe **BGB 254** 286; Fehldiagnose **BGB vor § 249** 51; Fehler **BGB vor § 249** 49 ff; **840** 6a, 15b; Gesamtschuld **BGB vor § 249** 6a, 15b; Gesamtschuldnerausgleich **BGB 840** 6a, 15b; Infektion **BGB vor § 249** 50; Kausalität **BGB vor § 249** 49 ff
Ärztliches Attest BGB vor § 249 99
Aspirin Complex 24a StVG 5a
Asylbewerber BGB 253 77; Hinterbliebenengeld **BGB 844** 264; Schmerzensgeld **BGB 253** 77
Atemalkoholbestimmung s Alkoholtest
Aufbauseminar 2b II 1, 4 III 2, StVG; – Leiter **2b II StVG**
Auffahren 4, 1, 2, 10; **37** 14
Auffangtatbestand 323a StGB 2; **1** 3
Auflagen bei Fahrerlaubnis **2 IV StVG** (nF); **23 II; 46 II FZV**
Aufopferung StVG 16 7, 37 ff; s Aufopferung s auch Nothilfe; Beamtenprivileg **StVG 16** 38; Entschädigung **StVG 16** 41a f; Gesamtschuld **BGB 840** 10; Mitverschulden **StVG 16** 39b; Nicht-Vermögensschaden **BGB 253** 4a; Schmerzensgeld **BGB 253** 4a
Aufrechnung AuslPflVG 6 18; **BGB 253** 111; Hinterbliebenengeld **BGB 844** 257
Aufrunden 24a StVG 3; **316 StGB** 13a, 22b
Aufschiebende Wirkung v Klage u Widerspruch **2a VI StVG**
Aufschlag s Sachschaden
Aufsichtspflicht 2 97; **23** 38; **31** 10; **BGB 254** 304; vertragliche **BGB 254** 308
Aufwand, nutzloser s auch frustrierte Aufwendungen
Aufwendungsersatz s auch Entschädigung, frustrierte Aufwendungen; Beerdigungskosten **BGB 844** 9; Drittleistung **StVG 16** 52; Drittleistungsträger **BGB vor § 249** 292 f; Forderungsübergang **StVG 16** 52; frustrierte Aufwendungen s dort; GoA **StVG 16** 23 ff, 52 ff; Nothilfe **StVG 16** 54; Ölschaden **StVG 16** 53; Staat **AuslPflVG 6** 10b
Augenblicksversagen 25 StVG 9a, 11c
Ausbildung als Kf in Sofortmaßnahmen u Erster Hilfe; s auch Fahrerlaubnis, Führerscheinprüfung
Ausbremsen 1 75, 86a
Ausfahren aus Grundstück in öff Verkehr **10**
Ausfahrstreifen s Verzögerungsstreifen
Ausfallschaden s Nutzungsausfall
Ausfuhrkennzeichen s auch AusPflVG
Ausführungsvorschriften Ermächtigung zu – **6 StVG; 44, 45**

magere Zahlen = Randnummern

Sachverzeichnis

Auskunft; aus dem Verkehrszentralregister 30 **StVG**; – an Betr 30 **VIII StVG**; Kostenerstattung **BGB 252** 14 f
Auslagenpauschale BGB 249 252; Quotenvorrecht **BGB 254** 323
Ausland s auch AusPflVG; ausländisches Fahrzeug; Unfall in Deutschland **BGB vor § 249** 234a; Grüne Karte Abkommen **AuslPflVG vor § 1** 10; Haftpflichtversicherung **AuslPflVG vor § 1** 1; Halter **AuslPflVG 1** 25 f; Inanspruchnahme **BGB vor § 249** 234; International Regulations **AuslPflVG vor § 1** 11; Multilaterale Garantie Abkommen **AuslPflVG vor § 1** 11; Nicht-EU/EWR-Mitgliedstaaten **AuslPflVG 1** 16 ff; Rechtsanwaltskosten **BGB 249** 373 ff; Regulierungsfrist **BGB 249** 444; Rentenbeitragsschaden **BGB 842** 149 f; Reparatur **BGB 249** 102, 33a; Schmerzensgeld **BGB 253** 58 ff; Standort **AuslPflVG 1** 3 ff; Streitkräfte **StVG 12b** 8 ff; Unfall **AuslPflVG vor § 1** 14 f; **StVG 14** 1b; Unfall im Ausland **BGB vor § 249** 235; geltendes Recht **BGB vor § 249** 235a; 253 58a; Unterhaltsschaden **BGB 844** 25; Versicherungspflicht **AuslPflVG 1** 3; Versicherungsschutz **AuslPflVG 1** 2; Zulassungsverordnung (FZV) **AuslPflVG vor § 1** 13
Ausländer FE 2 StVG 18 f; 28 **FeV**; **21 StVG** 6; Fahrverbot **25 III StVG**; Entz d FE 3 **StVG** 16; 44 **II, III S 2**; **69b StGB**
Ausländische FE 28 ff **FeV**
Ausländische Fze 21a 3; **23** 11 f; **1 StVG** 12
Ausländischer FSch; Sperrvermerk in – **2 StVG 50**; **21 StVG** 6a
Ausländische Kf s „Ausländer"
Ausländisches Fahrzeug s auch Ausland
Auslandstaten s auch Verkehrsverstöße im Ausland
Auslandsunfall s auch Ausland, AusPflVG, DBGK
AuslKfzHPflV AuslPflVG Anhang; **vor § 1** 9; **7a** 2 ff
Auslobungskosten BGB 249 259
AuslPflVG s auch Ausland, Grüne Karte; Amtspflichtverletzung **AuslPflVG 1** 28; Anwendung VVG **AuslPflVG 6** 4 ff; Aufrechnung **AuslPflVG 6** 18; Ausfuhrkennzeichen **AuslPflVG 1** 5; Ausnahmen **AuslPflVG 8**; Befristung **AuslPflVG 5** 1; Deckung **AuslPflVG 4** 1 ff; Deckungssummenüberschreitung **AuslPflVG 6** 16; Diplomat **AuslPflVG vor § 1** 21 ff; Direktanspruch **AuslPflVG 6** 8 ff; Durch-führungsbestimmungen **AuslPflVG 7**; Durchreise **AuslPflVG 7a** 1; Einführung **AuslPflVG vor § 1** 1; erweiterter Versicherungsschutz **AuslPflVG 7a** 1; Europäische Union **AuslPflVG vor § 1** 8a; 1 9 ff; Gemeinschaft der Grenzversicherer **AuslPflVG 2** 10 ff; Gespann **AuslPflVG vor § 1** 20; Grenzversicherungsschein **AuslPflVG 1** 2; **2** 9 ff; Grenzzollstelle **AuslPflVG vor § 1** 5 ff; Grundzüge **AuslPflVG vor § 1** 1a ff; Grüne Karte Abkommen **AuslPflVG vor § 1** 10; Halterhaftung **AuslPflVG 1** 25 ff; Inhalt **AuslPflVG vor § 1** 7 f; Innenverhältnis **AuslPflVG 6** 12; Internal Regulations **AuslPflVG vor § 1** 11; Kontrahierungszwang **AuslPflVG 3** 1 ff; Leistungsfreiheit **AuslPflVG 6** 7; Londoner Abkommen **AuslPflVG vor § 1** 11; Mindestversicherungssumme **AuslPflVG 4** 4; Multilaterales Garantie Abkommen **AuslPflVG vor § 1** 11; Nachhaftung **AuslPflVG 6** 21 ff; **8a** 3 f; Nachweis des Versicherungsschutzes **AuslPflVG 1** 8 ff; Nicht-EU/EWR-Mitgliedstaaten **AuslPflVG 1** 16 ff; **4** 2; Obliegenheiten **AuslPflVG 6** 17; Opferschutz **AuslPflVG 6** 13; Ordnungswidrigkeiten **AuslPflVG 1** 29; **9a**; Passivlegitimation **AuslPflVG 6** 10; Personenbeförderungsgesetz **AuslPflVG vor § 1** 12; Pflege ausländischer Beziehung **AuslPflVG** 8; Prämienvorauszahlung **AuslPflVG 5** 2 f; Rechtskrafterstreckung **AuslPflVG 6** 19 f; Rosa Grenzversicherungsschein **AuslPflVG 2** 10; Straftaten **AuslPflVG 1** 7; 9; Streitkräfte **AuslPflVG 1** 12; Subsidiaritätsgrundsatz **AuslPflVG 6** 22; Synopse **AuslPflVG 6** 4; Unfall im Ausland **AuslPflVG vor § 1** 14 ff; Verkehrsopferhilfe **AuslPflVG 1** 32; Verkehrsopferhilfe (VOH) **AuslPflVG 1** 33 ff; Versicherungsbescheinigung **AuslPflVG 1** 8 ff; befristete **AuslPflVG 5** 2; fehlende **AuslPflVG 1** 27 f; Verzicht **AuslPflVG 8a** 2; Versicherungsunternehmen **AuslPflVG 2** 1; Versicherungsverhältnis; fehlendes **AuslPflVG 6** 25 ff; Verweisungsprivileg **AuslPflVG 6** 7; Vorversicherung **AuslPflVG 3** 10 ff; zugelassene Versicherer **AuslPflVG 2** 1
Ausnahme v Gefährdungshaftung (§ 7 StVG) **8 StVG** 1 ff
Ausnahmegenehmigung 46 AusPflVG s auch Kennzeichenabkommen
Ausscheren 5 IV; **5** 34; **6 S 2**, **6** 4
Ausschwenken d Ladung **9** 8

Sachverzeichnis

fette Zahlen = §§ StVO

Außergerichtliche Regulierung; Anerkenntnis **BGB vor** § 249 10 ff; Kausalität **BGB vor** § 249 11; prozessuales Bestreiten **BGB vor** § 249 11
Außergewöhnliche Belastung; Steuer **BGB vor** § 249 216
Aussteigen; Halten zum – **12** 16; Sorgfaltspflicht beim – **14**
Austauschmotor 1 StVG 3
Ausweichen 2 67
Ausweichmanöver StVG 16 50 f; Nothilfe StVG 16 50 f; Schadenersatz StVG § 16 21, 50 f
Ausweispflicht d Kfz-Führers 2 I StVG; 4 II FeV
Äußerste rechte Fahrbahnseite 2 43
Autobahn 18; Z 330–336, 430, 440, 448–453, 460; Rechtsüberholen **5** 57; Abblenden auf – **17** 8; Wenden auf – **315c I 2f** StGB 28; RichtgeschwindigkeitsVO 3 vor 1; – Raststätten **18** 1, 19; Rückwärtsfahren auf – **18 VII**; **18** 19
Autohof 42 VIII, Z 448.1
Automatische Kraftübertragung 2 StVG 17a; **17 VI FeV**
Automatisierte Fahrfunktion StVG **1a** 1 ff; Datenverarbeitung StVG **1b** 10 ff; Evaluierung StVG **1c**; Fahrer StVG **1a** 14 ff; **1b** 2 ff; Gefahrguttransport StVG **12a** 6a; Haftung StVG **1b** 6 ff; Haftungshöchstsumme StVG **12** 10d f, 2a; **1b** 8 f; Mindestversicherungssumme StVG **12** 10e; Zulassung StVG **1a** 13
Autonomes Fahren StVG **16** 22o; **1a** 5
Auto-Surfen 315b StGB 7
Autotelefon 3 94a; **23 I a** 1, 22a
Autovermietung; AGB **BGB 249** 23c; Kaskoversicherung **BGB 249** 23b; Selbstbeteiligung **BGB 249** 23b

Bagatelle; Bagatellverletzung; Begriff **BGB 253** 27; Gutachterkosten **BGB 249** 161 ff; Körperverletzung **BGB vor** § 249 94; Schmerzensgeld **BGB 253** 26 ff; Unfallereignis **BGB vor** § 249 95; Zurechnungszusammenhang **BGB vor** § 249 39
Bagger 29 6; **24a StVG** 2
Bahn BGB 249 247
Bahnpolizei 36 6
Bahnübergang 19; Haltverbot auf – **12 I 5**; **12** 12; Z 150–162, 201; Zuständigkeit zur Sicherung **45 II S 3**
BAK s Blutalkohol
Bankett s Seitenstreifen
Basiszins BGB 849 12
BAST Bundesanstalt für Straßenwesen

Baum; Baumschaden **BGB 249** 275 ff; **251** 30
Baumaschinen 29 6
Baumschaden BGB 249 275 ff; **BGB 251** 30
Baustellen Verkehrsbeschränkungen an – 3 73; **43 III**; Anlage 4 StVO; **45 II, VI; 45** 16
Bauunternehmer 3 73; **45 VI, VII; 45** 18, 21
Beamte BGB 254 149; s auch Amtshaftung; Verdienstausfall **BGB 842** 8 ff
Beamtenhaftung; Innenausgleich **BGB 841** 1
Beamtenversorgungsgesetz (BeamtVG) BGB 254 85 ff
Bearbeitungskosten BGB 249 358 ff
Beauftragter d Halters 23 31 ff
Bedarfsampel 37 31a
Bedarfsumleitung 18 2; Z 460, 466
Bedingte Eignung 3 StVG 5b, 7h
Beeinträchtigung s Verkehrs-
Beendigung einer Tat **24 StVG** 12; **315c StGB** 10
Beerdigungskosten BGB 844 7 ff; StVG **10** 16; Aktivlegitimation **BGB 844** 8; Anspruchsgrundlage **BGB 844** 1; Aufwendungsersatz **BGB 844** 9; Vertrag **BGB 844** 3a; Drittleistung **BGB 844** 13 f; Mitverantwortung **BGB 844** 12; Nasciturus **BGB vor** § 249 121; originärer Anspruch **BGB 844** 3; Steuer **BGB 249** 532; Umfang **BGB 844** 10 f; Zurechnungszusammenhang **BGB vor** § 249 43
Beförderte Sachen 8 StVG 11 ff
Befriedigungsvorrecht s auch Quotenvorrecht
Befristung AuslPflVG 5 1; Grüne Karte **AuslPflVG** 2 5
Begegnung s auch Engstelle; **2** 60 ff; **6**
Begehrensneurose BGB vor § 249 93
Begleitendes Fahren; Haftung StVG **16** 12b
Begleitstoffanalyse 316 StGB 24
Begründung zur StVO Vorbem StVO 11
Begutachtung s Gutachten, Gutachterkosten, Sachverständiger
Begutachtungsleitlinien Kraftfahrereignung 2 StVG 7, 13d, 13e
Behandlung s auch Arzt
Behindertenparkplatz 12 76a
Behinderung 1 74 ff; Fahrzeugausstattung **BGB 249** 264; Grad **BGB 843** 13; Werkstätte **BGB 843** 40 ff; Wohnausstattung **BGB 843** 25 ff
Behörde; Fahrzeug **BGB 249** 243; Rechtsanwaltskosten **BGB 249** 370, 380

magere Zahlen = Randnummern

Sachverzeichnis

Beifahrer 21; s auch Insasse; als Verkehrsteilnehmer **1** 10 f; **2** 14; betrunkener – **23** 18
Beihilfe BGB 249 503; s Teilnahme
Beispiel-Kat zu § 19 StVZO s **1 StVG** 3a
Beitragsregress BGB 842 133 ff; § 110 SGB VII **BGB 842** 136; § 119 SGB X **BGB 842** 133 ff; Angehörigenprivileg **VVG 86** 99; Verjährung **StVG 14** 56; Verkehrsopferhilfe (VOH) **BGB vor** § **249** 230; § 179 Ia SGB VI; Verjährung **StVG 14** 56; Aktivlegitimation **BGB 842** 151 f, 155 f; Angehörigenprivileg **BGB 842** 137; **VVG 86** 99; Auslandsbezug **BGB 842** 149 f; Behindertenwerkstatt **BGB 843** 42 f; Beitragszahlung **BGB 842** 160; beschützende Werkstatt **BGB 842** 148; Deckung **BGB 842** 138; Entschädigungsfond **BGB 842** 138; Erfüllung **BGB 842** 157, 162 ff; fehlerhafter Regress **BGB 842** 154 ff, 158 f; Forderungsübergang **BGB 842** 165; Mithaftung **BGB 842** 154, 156 f; Pflichtbeitrag **BGB 842** 166 f; Regressbefugnis **BGB 842** 140 ff, 151 ff; Regulierungsvollmacht **BGB 842** 153; Verletztenrente **BGB 842** 147; Versicherungsschutz **BGB 842** 138; Volumen **BGB 842** 145 ff; Voraussetzungen **BGB 842** 139 ff
Beitragsschaden s Rentenbeitragsersatz
Bekämpfung d Verkehrsunfälle **44** VwV Rn 1 ff
Bekanntgabe von VO nach dem **6 StVG** 1
Beladen 12 22 ff; **22**
Belästigung 1 78 ff
Belege BGB 249 551 ff
Belegerstellung; Kosten **BGB 252** 14 f
Beleuchtung 17; liegenbleibender Fahrzeuge **15**; – d Ladung **22** V; -seinrichtungen **23** 9, 22; – v Fußgängerüberwegen **26** VwV VI; – geschlossener Verbände **27** IV; – bei Viehtreiben **28** II; – v Verkehrshindernissen **32**; s auch Lichttechnische Einrichtungen
Benetzen d Fahrbahn **32** 3
Benzinklausel BGB 254 150
Beratung; Rechtsanwalt; Schmerzensgeld **BGB 253** 70
Berauschende Mittel 316 StGB 27
Berechnungsmethode; Verdienstausfall **BGB 842** 34 ff
Bereicherungsanspruch s Rückforderung; Bereicherungsverbot **BGB vor** § **249** 295; Drittleistungsträger **BGB vor** § **249** 289; Gesamtschuld **BGB 840** 40a; Teilabkommen **BGB 840** 12

Bereicherungsrecht BGB vor § **249** 289; Rückforderung **BGB vor** § **249** 296; **249** 37b
Bereicherungsverbot; Forderungsübergang **BGB vor** § **249** 295
Bereifung 23 11
Bereiten eines Hindernisses 315b I 2 StGB 4
Beruflicher Gefahrenkreis; Hilfeleistung **BGB vor** § **249** 59; Schadenvergrößerung **BGB vor** § **249** 63; Verletzung **BGB vor** § **249** 59; Zurechnungszusammenhang **BGB vor** § **249** 31
Berufsgenossenschaft; Teilungsabkommen **StVG 16** 67
Berufshelfer BGB 254 64 ff
Berufskraftfahrer 2 StVG 62
Berufskrankheit BGB 254 11
Berufspendler 1 StVG 12; **2 StVG** 20a
Berufsunfähigkeitsversicherung BGB 842 80; Forderungsübergang **VVG 86** 13, 24
Beschädigung 1 73; von Anlagen oder Fahrzeugen **315b StGB**
Beschlagnahme d Führerscheins **21 StVG** 13; **25 StVG** 20; **44 StGB** 12; **94, 111a, 450, 463b StPO**
Beschleunigungsstreifen 5 59; **18** 9 ff; **42** VI **1e**; Haltverbot auf – **12 I** 3; **12** 10
Beschleunigungsverbot 5 51f
Beschmutzen; eines anderen **1** 82; d Straße **32**
Beschränkung d Straßenbenutzung **2** 75 ff; **18** FerienreiseVO
Beseitigungsanspruch StVG 16 55 f
Besichtigung BGB 249 35; beschädigte Sache **BGB 249** 35
Besitzstandsregelung bei Fahrerlaubnissen **2 StVG** 1a
Beteiligung an OW **14**; **12** 72, 73; **24 StVG** 5 ff
Betreuung BGB 843 32 ff; Schmerzensgeld **BGB 253** 75
Betreuungsschaden s auch Haushaltsführungsschaden
Betrieb 7 StVG 7 ff; **8 StVG** 10; s Inbetriebnahme; Kfz **StVG vor** § **10** 8; Tätigkeit bei dem Betrieb **BGB 254** 96 ff
Betriebserlaubnis; f Kfz **1 StVG** 2a; Erlöschen der – **1 StVG** 3
Betriebsgefahr 7 StVG 13
Betriebsorganisation 23 31
Betriebstätigkeit (§ 8 Nr. 2 StVG); Gespann **StVG 16** 20; Insasse **StVG 16** 15e
Betriebsunterbrechungsversicherung VVG 86 11

Sachverzeichnis

fette Zahlen = §§ StVO

Beweis; Rechtsgutverletzung; Gutachteneinholung BGB vor § 249 97a; BGB vor § 249 96 ff
Beweisführung 7 StVG 28; 286/287 ZPO 150 f; Arbeitsunfähigkeitsbescheinigung BGB vor § 249 99a; Attest BGB vor § 249 99; Körperverletzung BGB vor § 249 96 ff; zeitlicher Zusammenhang BGB vor § 249 100, 102
Beweislast 7 StVG 28; Drittleistungsrecht BGB 254 163; Schutzgesetz StVG 16 23; Sicherungsmittel BGB 254 250
Beweisverfahren, selbständiges BGB 252 12 ff
Beweisverwertungsverbot 142 StGB 42
Bewusstseinsstörung iS von § 3 Nr 4 AUB: 316 StGB 22c
Bierbike 29 1a, b; **1 StVG** 8b
Billigkeitshaftung StVG **16** 3f, 24 ff; Schmerzensgeld BGB 253 33; Sozialversicherung StVG **16** 4, 25
Billigreparatur BGB 249 34a
Bindungswirkung BGB 254 71 ff; BKatV 26a StVG 3; fehlende − bei BT-Kat-OWi 26a StVG 2a
Binnenschiffer Fahrunsicherheit 316 StGB 25a
Biotopschutz 45 Ia 4a
Blankettgesetz 24 StVG 3 f
Blendung 1 64 ff; **17** 8 f; an Bahnübergang **19** VII
Blinde Parkerleichterung **46** VwV zu Abs 1 Nr 11 Rn 118 ff; **47** II 6a
Blindengeld BGB 843 58
Blinklicht; blaues **38** I, II; gelbes **38** III
Blinkpflicht s Richtungszeichen
Blockieren d Falschparkers **12** 97
Blumenkübel auf d Fahrbahn **32** 4; **45** 12; 315b StGB 4
Blutabnahme; zur Untersuchung der BAK 316 StGB 12, 40; 81a StPO; 24a StVG 4; doppelte − 316 StGB 16
Blutalkohol 316 StGB; -konzentration (BAK) 316 StGB 8, 39; Nachweis d − 316 StGB 12 ff; s auch „Alkohol"
Blutalkoholtabellen 316 StGB 39
Bodenschwellen 45 11, 12
Bordstein-Absenkung 12 III 9; **12** 53
Bremsansprechzeit 1 55
Bremsbereitschaft 3 II a
Bremsen; vor Tieren **4** 15a; Überprüfung vor Fahrt **23** 10
Bremsspur 3 14 f, 46
Bremsverzögerungswert 3 15
Bremsweg 3 14
Brille BGB 249 274

Brutto-Nettolohn-Methode BGB 842 34 ff
Brutto-Netto-Vergleich BGB 249 44 f; s auch Mehrwertsteuer
BT-KAT-OWi s Bundeseinheitlicher Tatbestandskatalog
Bundesanstalt für Straßenwesen (BAST) 4 StVG 1
Bundesautobahn s Autobahn
Bundeseinheitlicher Tatbestandskatalog 26a StVG 2a; s a Bindungswirkung
Bundesgrenzschutz 35; Fahrerlaubnis §§ 26, 27 FeV
Bundespost 35 VI, **35** 12
Bundesstraße Z 401−415
Bundeswehr s auch Streitkräfte, s auch Militär; FE §§ 26, 27 FeV; Führerschein Verwahrung 44 StGB 12; Sonderrechte **35**; **44** IV, V
Bundeszentralregister § 2 StVG 11a; § 29 StVG 13, 20 ff
Busfahrer BGB 254 256 ff
Busspur 45 7
Busstreifen 12 I a; **37** II 4; **37** 24; Z 245
Bußgeld Zumessung 24 StVG 8; s auch Ordnungswidrigkeiten; Schadensersatz BGB 249 248; steuerrechtliche Berücksichtigung BGB 249 423; Verdienstausfall BGB 842 33
Bußgeldkatalog 24 StVG 8c; **25 StVG** 10; 26a StVG Text Anh IV
Bußgeldstelle 26 StVG 1
BZE 24a StVG 5a

Cabrio 14 9
Cannabis 3 StVG 4a
Cannabis-Influence-Factor 3 StVG 4a
Caritative Begünstigungen BGB vor § 249 231
Carsharing Vorbem StVO 1; Bevorrechtigung § 3 CsgG; Fahrzeug § 2 CsgG; Kennzeichnung § 4 CsgG; Sondernutzung § 5 CsgG
CEMT-Regeln Vorbem StVO 2
Chancenvereitelung; Verdienstausfall BGB 842 77
Chip-Tuning s Tuning
cic s Culpa in contrahendo (cic)
Culpa in contrahendo (cic) StVG **16** 61; Rechtsanwaltskosten BGB 249 367
curia novit iura StVG **16** 4a

Dämmerung 17 I 2a; − u Vertrauensgrundsatz **3** 10
Damenreitsitz 21 2
Datenschutz; Schmerzensgeld BGB 253 31d

magere Zahlen = Randnummern

Sachverzeichnis

Datenübermittlung 2c **StVG**
Datenverarbeitung; automatisierte Fahrfunktion **StVG 1b** 10 ff
Dauer d Fahrerlaubnis 2 **StVG** 14; 2a **StVG**
Dauerlichtzeichen 37 III
Dauerparken 12 III a u b; 12 41, 73
Dauerrot 37 17a
Dauertat 24 **StVG** 12; 24a **StVG** 12; 315c **StGB** 10; 316 **StGB** 1
DBGK AuslPflVG 2 2 ff; **BGB vor** § 249 234 ff; s auch **AusPflVG** s auch Grüne Karte; Schadensregulierungsbeauftragte **AuslPflVG vor** § 1 17; Steuer **AuslPflVG** 2 8a
Deckung AuslPflVG 4 1 ff; s auch Versicherungsschutz s auch Versicherungssumme; Deckungssumme **StVG 12** 10; Doppelversicherung **VVG 86** 68; Europäische Union **StVG vor** § 10 14 f; fehlende **BGB vor** § 249 154; 254 202; Haftpflichtversicherung **VVG 103** 5; Haftungshöchstsumme **StVG 12** 10; Mindestversicherungssumme **StVG 12** 10; Überschreitung **AuslPflVG 6** 16
Deckungssumme s auch Versicherungssumme
Deckungszusage; Haftpflichtversicherung **BGB 254** 116 f; Rechtsanwaltskosten **BGB 249** 404
Defekte Parkuhr; Parkscheinautomat 13 I; defekte **LZA** 37 17a
Defensives Fahren 1 27; 11 4
Deliktshaftung StVG 16 1, 3; **Vorbem StVO** 4; Haftungshöchstsumme **StVG 12** 15a; Hinterbliebenengeld **BGB 844** 90 ; Schutzgesetz **StVG 16** 23; Verwirkung **StVG 15** 3
Detektivkosten BGB 249 417 ff
Deutsches Büro Grüne Karte (DBGK) s auch DBGK
Diagonalgelb 37 16
Diagonal-Grün-Pfeil 37 12a
Diagrammscheibe 3 47, 76
Diazepam 3 **StVG** 4
Dienstherr s auch Beamte; Quotenvorrecht **BGB 842** 10 ff; SFR-Verlust **BGB 249** 332
Dienstunfall BGB 254 85 ff; s auch Arbeitsunfall; Anhänger **StVG 16** 22; Fahrerschutz-Versicherung (Fahrer-Kasko) **BGB vor** § 249 215; Gesamtschuld **BGB 840** 47; gestörte Gesamtschuld **BGB 840** 47; **StVG 16** 22, 15b; Hinterbliebenengeld **BGB 844** 105 f; Schmerzensgeld **BGB 253** 9 ff
DIN-Vorschriften 23 4

Diplomat AuslPflVG vor § 1 21 ff
Direktanspruch VVG 115 9 ff; **AuslPflVG 6** 8 ff; s auch Direktklage, Dritter, Klage, Regulierung, Regulierungsvollmacht; Angehörigenprivileg **VVG 86** 136 ff; ausländischer Geschädigter **AuslPflVG 6** 9; Massenunfall **BGB vor** § 249 249 ff; Urteilswirkung; Forderungsübergang **BGB vor** § 249 280 f
Direktklage BGB vor § 249 164 ff; **StVG vor** § 10 9a ff; Akzessorietät **BGB vor** § 249 165; Deckungssumme **StVG 12** 10a; Gesamtschuld **BGB vor** § 249 166; 840 25 ff; Haftungshöchstsumme **StVG 12** 10a; Innenausgleich; Pflichtversicherung **BGB 840** 25 ff; Kfz-Haftpflichtversicherung **BGB vor** § 249 164a; Mindestversicherungssumme **StVG 12** 10a; nichtöffentliches Gelände **BGB vor** § 249 164a; Pflichtversicherung **BGB 840** 25 ff; Teilungsabkommen **StVG 16** 68; Versichererinsolvenz **BGB vor** § 249 167 ff; Voraussetzung **BGB vor** § 249 164a; Vorsatz **VVG 103** 46
Dispositionsfreiheit BGB 249 14; Folgeunfall **BGB 249** 33; Reparatur **BGB 249** 30
Distanova 3 94c
Dolmetscher; Kostenersatz **BGB 249** 352
Dolo-agit-Einrede BGB 254 202
Doppelblutentnahme s Blutabnahme
Doppelte Sicherung 1 22
Doppelversicherung BGB vor § 249 159; **VVG 86** 68 ff; s auch Mehrfachversicherung
Drehnystagmus 316 26c
Drei-Personen-Verhältnis; Beerdigungskosten **BGB 844** 112 f; Hinterbliebenengeld **BGB 844** 109 ff, 193; Unterhaltsschaden **BGB 844** 15a
Dreiundfünfzigste StVO-ÄndV s StVO-Aktualisierungsanhang
Dritte s auch Drittleistungsträger, Zweitschädiger; Abtretung **BGB vor** § 249 286; Anspruchsgrundlagen **BGB vor** § 249 283 ff; Arzt **BGB vor** § 249 49 ff, 161; Dienstherr **BGB vor** § 249 162; eigener Anspruch **BGB vor** § 249 285; Ersatzansprüche **BGB 844** 64; Forderungsübergang **BGB vor** § 249 284; Kausalität **BGB vor** § 249 44 ff; Mitverantwortung **BGB 254** 278 ff; Sozialversicherung **BGB vor** § 249 162; Zurechnungszusammenhang **BGB vor** § 249 44 ff
Dritte Führerscheinrichtlinie (EU) 2 **StVG** 38

1779

Sachverzeichnis

fette Zahlen = §§ StVO

Drittleistung; Anrechnung **BGB 843** 75; Aufwendungsersatz **StVG 16** 52; Beerdigungskosten **BGB 844** 13 f; Beweislast **BGB 254** 163; entgangene Dienste **BGB 845** 14; Fahrerschutz-Versicherung (Fahrer-Kasko) **BGB vor § 249** 208; Falschbearbeitung **BGB 254** 331; Forderungsübergang **BGB vor § 249** 262 ff, 284; **VVG 86** 4 ff; Haftungsausschluss **BGB 254** 162 ff; Haushaltsführungsschaden **BGB 842** 131; Heilbehandlung **BGB 249** 502 ff; Massenunfall **BGB vor § 249** 256 f; Nachweise **BGB 249** 555; Personenschaden **BGB vor § 249** 173 ff; Quotenvorrecht **BGB 254** 311 ff; **846** 12; Opferentschädigungsgesetz **BGB vor § 249** 223; Sachschaden **BGB vor § 249** 170 ff; **249** 11; Steuer **BGB 842** 40, 42; Unterhaltsschaden **BGB 844** 58 ff, 64 ff; Verdienstausfall **BGB 842** 78 ff, 42a; Verletzungsverdacht **BGB vor § 249** 112; vermehrte Bedürfnisse **BGB 843** 55 ff; Vorsatz **VVG 103** 50
Drittleistungsträger s auch Sozialhilfeträger, Sozialversicherungsträger; Abtretung **BGB vor § 249** 286 ff; Anspruchsberechtigung **BGB vor § 249** 150; Anspruchsgrundlage **BGB vor § 249** 283 ff; Aufwendungsersatz **BGB vor § 249** 292 f; Bereicherungsanspruch **BGB vor § 249** 289; Dienstherr **BGB vor § 249** 162; Drittschadensliquidation **BGB vor § 249** 290 f; eigener Anspruch **BGB vor § 249** 285; Eingriff in Gewerbebetrieb **BGB vor § 249** 294; Falschleistung **BGB vor § 249** 278; **254** 278; Forderungsübergang **BGB vor § 249** 284; GoA **BGB vor § 249** 292 f; Inanspruchnahme **BGB vor § 249** 170 ff; mittelbarer Schaden **BGB vor § 249** 275, 285; Sozialversicherung **BGB vor § 249** 162; Verjährung **StVG 14** 17 ff; Rechtsnachfolge **StVG 14** 20a; Regressabteilung **StVG 14** 18 ff; Verwirkung **StVG 15** 11
Drittschadensliquidation StVG 16 43 f; Drittleistungsträger **BGB vor § 249** 290 f
Drittwirkung; Teilungsabkommen **StVG 16** 72 ff
Drogenkonsum 2 StVG 11; **3 StVG** 4
Drogenschnelltest (Nachweis v BtM Konsum) **3 StVG** 7e
Dronabinol (zu Therapiezwecken) **3 StVG** 4
Duldungspflicht d Grundeigentümer bei Aufstellung v Verkehrszeichen **5b VI StVG**

Dunkelheit 1 47; **3** 7 ff; **17 I**; Wenden bei – **9** 60
Durchreise AuslPflVG 7a 1

E-Bike s Pedelec
Ecstasy 24a StVG 5a
Ehegatte; Hinterbliebenengeld **BGB 844** 135 ff
Eichung 3 92, 94a; **316 StGB** 12
Eidesstattliche Versicherung über Verbleib d Führerscheins **5 StVG**; **25 IV StVG**; **463b III StPO**
Eigenhändiges Delikt 24a StVG 8; **315c StGB** 3; **316 StGB** 2; **323a StGB** 8
Eigenleistung s auch Verdienstausfall, vermehrte Bedürfnisse
Eigenleistung am eigenen Heim; Verdienstausfall **BGB 842** 21 ff; **843** 17
Eigentum; Rechtsgutverletzung **BGB vor § 249** 81 ff
Eigentumsverletzung s auch Rechtsgutverletzung
Eignung als Fz-Führer **23** 33; **31 I StVZO**; **2 IV StVG**
Eingriff in Gewerbebetrieb s Gewerbebetrieb
Einigungsgebühr BGB 249 388 f
Eignungsmängel 2 StVG 7 ff; **3 StVG**; **69, 69b StGB**; **315c StGB** 15
Eilrechtsschutz; gegen Verkehrszeichen bei Modellversuch nach § 45 I 2 Nr 6 StVO **39 StVO** 9a
Einbahnstraße 9 20, 46 f; **Z** 220, 353; Rechtsfahrgebot **2** 24, 49; Vorfahrt **8** 54; Einordnen auf – **9** 20
Einfahren in Grundstück als öff Verkehr **1** 20; aus Grundstück **10**
Einfahrverbot Z 267 in Autobahn zum Abschleppen **15a II**
Eingriffe gefährliche in Straßenverkehr **315b StGB**
Einholen 5 56
Einkaufswagen 142 StGB 4
Einkommen; Hinterbliebenengeld **BGB 844** 262 ff
Einmündung; Begriff **8** 5; überführte – **8** 19; T– **8** VwV **II** 2; **8** 35; Parkverbot vor – **12 III 1**; **12** 42
Einmündungsviereck 8 7
Einrede; Eltern **BGB 254** 307
Einsatzkosten BGB 249 282 ff
Einscheren s auch Ausscheren; in Lücke einer Kolonne **5** 39
Einschlafen s Übermüdung
Einschränkung; d FE **2 StVG** 17; – d Zulassung eines Fz **5 FZV**; **17 StVZO**
Einsicht – fehlende **24 StVG** 8

1780

Sachverzeichnis

Einspruch 25 StVG 18
Einsteigen 14 I; Halten zum – **12** 20
Einstweiliger Rechtsschutz BGB vor § 249 149 f
Eintragung s Verkehrszentralregister
Einweiser s Hilfsperson
Einwilligung; d Geschädigten **142 StGB** 11 f, 19 f; d Gefährdeten **315 c StGB** 2
Einzelabwägung; Gesamtschau **BGB 840** 51 ff
Einzelschuld; Gesamtschuld **BGB 840** 14 ff
Einzelstück s Unikat
Einziehung; eines Kfz **21 III StVG** 14 f; **142 StGB** 39; **315b StGB** 18; **316 StGB** 37; **323a StGB** 10; – von Fahrzeugteilen **23 III StVG**; von falschen Kennzeichen **22a II StVG**; von Gegenständen bei OW **24 StVG** 13a
Eis s Vereisung
Eisenbahn s auch Bahn, Bundesbahn, Schienen-Fze; **19** 1; s Bahn
Elektrofahrrad s Pedelec; vermehrte Bedürfnisse **BGB 843** 18a
Elektrofahrzeuge; spezielle Parkplätze- **Vorbem StVO** 1; Zusatzzeichen für Parkflächen **Vorbem StVO** 1
Elektronische Aktenführung s Aktenführung
Elektronischer Bundesanzeiger 6 StVG 1
Eltern BGB 254 280; entgangene Dienste **BGB 845** 9 ff; Haftungsbeschränkung **BGB 254** 299 ff; Hinterbliebenengeld **BGB 844** 139; Mitverantwortung **BGB 254** 287 ff
Energiesparende Fahrweise 2 V 4 StVG Anlage 7 FeV
Engstelle; Begegnung **2** 68, 73; **6**; Vorrang Z 208, 308
Enteignungsgleicher Eingriff StVG 16 37 ff; Entschädigung **StVG 16** 41a f
Entfernen vom Unfallort **142 StGB; 69 II 3 StGB** 13; 34
Entgangene Dienste BGB 845; StVG 10 19; **StVG 11** 10; anspruchsberechtigter Personenkreis **BGB 845** 7 ff; Anspruchsgrundlage **BGB 845** 1a f; Anspruchshöhe **BGB 845** 12; Eltern **BGB 845** 9 ff; familienrechtlicher Unterhalt **BGB 845** 3 f; Forderungsbrechtigung **BGB 845** 5; Mitverantwortung **BGB 845** 6; Nasciturus **BGB vor § 249** 121; nicht-eheliche Gemeinschaft **BGB 845** 3 f; Personenkreis **BGB 845** 7 ff; Steuern **BGB 249** 530; **845** 13; Tod **StVG 10** 19; Verletzung **StVG 11** 10; vertraglicher Unterhalt

BGB 845 3 f; Voraussetzungen **BGB 845** 3 ff; Vorteilsausgleich **BGB 845** 12
Entgangener Gewinn BGB 252 1 ff; s auch Verdienstausfall
Entgelt f öff Verk-Flächen **52**
Entladen 12 16
Entschädigung 111a StPO 16; s auch Aufwendungsersatz; Aufopferung **StVG 16** 41a f; enteignungsgleicher Eingriff **StVG 16** 41a f; Sonderrecht **StVG 16** 40; Störer **StVG 16** 39c
Entschädigungsfond s auch Verkehrsopferhilfe (VOH)
Entschädigungsstelle für Auslandsschäden s auch Verkehrsopferhilfe
Entsorgungskosten BGB 249 132, 280, 335
Entwendung; Aufopferung **StVG 16** 8, 41
Entwertungsschaden BGB 844 49
Entziehung; d FE **3 StVG**; **69 ff StGB**; Fahren trotz – **21 StVG**; s auch vorläufige –; – der Zulassung eines Kfz **1 StVG** 11; **5 FZV**; **17 StVZO**
Entziehungsverfügung s Gerichtliche Beurteilung
Erbe StVG 10 2 ff, 10 f; Ersatzanspruch **BGB 844** 4; Hinterbliebenengeld **BGB 844** 252 ff, 267 ff; Nachweis **StVG 10** 12; Schmerzensgeld **BGB 253** 20, 76, 113; **844** 252 ff; Persönlichkeitsrechtsverletzung **BGB 253** 31c
Erbschaft s auch Drittleistung
Erfolgsdelikt 1 3, 70; **315c StGB** 2, 4
Erfüllungsgehilfe BGB 254 284 ff
Erfüllungsinteresse BGB vor § 249 76c
Erlaubnis 46
Erlaubnispflicht; f Veranstaltungen **29, 30 II**; d Führens von Kfz **2 StVG** 2; **4 FeV**
Erlöschen; d Zulassung eines Kfz **1 StVG** 3; d Betriebserlaubnis **1 StVG** 3
Ermächtigung; zu Ausführungsvorschriften **6 StVG**; zu Anordnungen d Polizei **44 II; 44** 2 f; d Straßenverkehrsbehörden **45**; d Baubehörden **45 II**; d Bahnunternehmen **45 II**
Ermessen 25 StVG 15a; fehlendes – (Gutachtenbeibringung) **3 StVG** 7e
Ermittlungsakte BGB 249 407 ff; Versicherer **BGB 249** 445
Ermittlungskosten; Forderungsübergang **VVG 86** 40
Ermüdung s Übermüdung
Ernteausfall BGB 249 278
Ernüchterungsmittel 316 StGB 11
Ersatzbeschaffung BGB 249 4, 9; Katalogware **BGB 251** 4; Mehrwertsteuer **BGB 249** 50 ff; Neuwagen **BGB 251** 4

1781

Sachverzeichnis

fette Zahlen = §§ StVO

Ersatzfahrzeug; Begutachtung des Ersatzwagens **BGB 249** 138; Beschaffungskosten **BGB 249** 139; Wiederbeschaffungspauschale **BGB 249** 140
Ersatzführerschein 5 StVG 3; **111a StPO** 3
Erste Hilfe 2 II 6 StVG; 19 FeV; Z 358
Erteilung der Zulassung eines Kfz **1 StVG** 1, 2
Erwerbsminderungsgrad BGB 843 13
EtG s Ethylglucuronid
Ethylglucuronid 3 StVG 3
EU/EWR-Fahrerlaubnis 2 StVG 21 ff
EU-Führerscheinrichtlinie s Führerscheinrichtlinien (EU)
Europa s auch Europäische Union
Europastraßen Z 410
Europäische Union AuslPflVG 1 2, 9 ff; s auch AusPflVG; Deckung **StVG vor § 10** 14 f; Schadensersatz **BGB vor § 249** 76a
EU-Truppenstatut StVG 12b 18
Ex-gratia-Zahlung StVG 16 35 f; s auch Streitkräfte; Opferschutz **BGB vor § 249** 233; Streitkräfte **StVG 16** 35 f; **12b** 21
Existenzvernichtung 25 **StVG** 13
Exterritoriale; Verwarnung bei – **26a StVG** 12

Fachlitaratur; Ersatzfähigkeit **BGB 843** 45
Fading 3 16
Fahranfänger (Alkoholverbot) **24c StVG**
Fahrbahn; Begriff **2** VwV zu Abs 1 I, 2 17 ff; -begrenzung **2** 85, 89; Z 295; **12** 27
Fahrbahnbenutzung s auch Rechtsfahrgebot; **2 I; 2** 17 ff
Fahrbahnmarkierung 2 84 ff; **9** 50 f; Z 293–299, 340, 341
Fahrbahnschwellen 45 12a
Fahrbahnteiler 41 VwV zu Z 222 I Rn 1; s auch „Verkehrsinsel"
Fahreignung 2 StVG 7 ff; **3 StVG** 2 f
Fahreignungs-Bewertungssystem 4 **StVG**; (bisher Mehrfachtäter-Punktsystem) s auch Punktsystem
Fahreignungsregister 28–30a **StVG** (bisher Verkehrszentralregister)
Fahren ohne FE **21 StVG**
Fahrer; automatisierte Fahrfunktion **StVG 1a** 14 ff; **1b** 2 ff; Fahrerschutz-Versicherung (Fahrer-Kasko) **BGB vor § 249** 180 ff; Haftungseinheit **BGB 254** 170; Rettungskosten **BGB 249** 458 ff
Fahrerhaftung StVG 16 12 ff; **StVG 18**; Angehörigenprivileg **StVG 16** 15b; Arbeitsunfall **StVG 16** 15b; begleitetes Fahren **StVG 16** 12b; Dienstunfall **StVG 16** 15b; Fahrer; Begriff **StVG 16** 12a f; gegnerisches Fahrzeug **StVG 16** 15; Fahrzeugschaden **StVG 16** 10a, 14a; gestörte Gesamtschuld **BGB 840** 49a; Haftungshöchstsumme **StVG 12** 6, 8; Schädigermehrheit **StVG 12** 18; Halter; Haftungseinheit **StVG 12** 9; Insasse **StVG 16** 13
Fahrer-Kasko s Fahrerschutz-Versicherung
Fahrerlaubnis 6 FeV; 2 StVG; Erteilung **2 StVG** 3, 14; Einschränkung d – **2 StVG** 17; Entziehung d – **3 StVG**, 69 ff StGB; Fehlen **BGB 254** 220; Wiedererteilung d – **2 StVG** 15; Inhaber einer ausl – **2 StVG** 18 ff; – auf Probe **2a StVG;** Verzicht **3 StVG** 19
Fahrerlaubnis-Verordnung Anh I a
Fahrerschutz-Versicherung (Fahrer-Kasko); Aktivlegitimation **BGB vor § 249** 207; Anrechnung **BGB vor § 249** 208; Anspruchsberechtigung; Fahrer **BGB vor § 249** 184; Insassen **BGB vor § 249** 184 f; berauschende Mittel **BGB vor § 249** 194; Deckung **BGB vor § 249** 186 ff; Deckungsbereich **BGB vor § 249** 193 ff; Drittleistungen **BGB vor § 249** 208; Fälligkeit **BGB vor § 249** 205; Forderungsübergang **BGB vor § 249** 214; Gurt **BGB vor § 249** 195; Haftungsausschluss **BGB vor § 249** 215; Hinterbliebene **BGB vor § 249** 201; Hinterbliebenengeld **BGB vor § 249** 201, 185a; Höchstsumme **BGB vor § 249** 192; Inspruchnahme **BGB vor § 249** 180 ff; Kausalität **BGB vor § 249** 189; Konkurrenz; Drittleistungen **BGB vor § 249** 208; Verkehrsopferhilfe (VOH) **BGB vor § 249** 211; Leistungsbegrenzung **BGB vor § 249** 192; Leistungsvolumen **BGB vor § 249** 191, 198 ff; Lenker **BGB vor § 249** 190; Obliegenheitsverletzung **BGB vor § 249** 197; psychische Erkrankung **BGB vor § 249** 191; Sachschaden **BGB vor § 249** 199; Schadenfreiheitrabatt **BGB vor § 249** 182; Schadenminderung **BGB vor § 249** 202 ff; Schadenversicherung **BGB vor § 249** 181; Schmerzensgeld **BGB vor § 249** 200; Schockschaden **BGB vor § 249** 192; Selbstbehalt **BGB vor § 249** 188; Subsidiarität **BGB vor § 249** 206 ff; Unfallereignis **BGB vor § 249** 187; Vereinbarung mit Dritten **BGB vor § 249** 209; Verjährung **BGB vor § 249** 212 f; Versicherungsschutzversagung **BGB vor § 249** 196 f; Vorleistungspflicht **BGB vor § 249** 196; Vorteilsausgleich **BGB vor § 249** 204

magere Zahlen = Randnummern

Sachverzeichnis

Fahrgäste öff Verkehrsmittel 20
Fahrgastbeförderung 48 FeV; **2 III StVG**
Fahrgaststurz BGB 254 256 ff
Fahrgeschwindigkeit s Geschwindigkeit, Langsamfahren
Fahrlässigkeit 24a StVG 6; **37** 32
Fahrlehrer 18 StVG 3; 2 14; **2 StVG** 54, 55; 21 StVG 4, 9; 24a StVG 2; Führen eines Kfz durch – 24a StVG 2; Verkehrsteilnehmer 1 20
Fahrlehrererlaubnis Widerruf 2b StVG 2
FahrpersonalG 2 StVG 61
Fahrrad unbeleuchtetes **17 IV S 3; 23 I S 4, II, III;** 23 27, 28; s auch Radfahrer
Fahrradanhänger 21 5
Fahrradkurier, Mithaftung 21a StVO 7a
Fahrrad mit Hilfsmotor 2 IV; 17IV S 4; 18 3; **23 II; AuslPflVG 1** 15; – FeV: 4, 5; Z 237
Fahrradstraße 2 56
Fahrrad-Taxi 46
Fahrschule StVG 16 15a, 22a ff; Anspruch; Fahrlehrer **StVG 16** 22k; Fahrschüler **StVG 16** 22g ff; Haftung; Deckung **StVG 16** 22l f; Fahrlehrer **StVG 16** 22d ff; Fahrschüler **StVG 16** 22c ff
Fahrschüler 2 14; **2 StVG** 57; Führen eines Kfz durch – 24a StVG 2; – als Kfz-Führer 24a StVG 2
Fahrschulerlaubnis Widerruf 2b StVG 2
Fahrstreifen; Begriff 7 I S 2; 2 18; -wechsel 7 IV 3b; s auch Ausscheren, Einscheren
Fahrstreifenbegrenzung 2 85, 91; **9** 50; Z 295, 296; Parkverbot **12 III 8**; vorübergehende – **41 IV**
Fahrstreifenbenutzung 7
Fahrtenbuch 23 45; **31a StVZO**
Fahrtrichtung vorgeschriebene **9** 44; Z 209–220; 297, 468, 469
Fahrtrichtungsanzeiger s Richtungszeichen
Fahrtschreiber; Auswertung d Schaublattes 3 47, 93a; Zustand **23** 12
Fahrunsicherheit; alkoholbedingte – **315c I 1a, 316 StGB**; s auch Eignungsmängel
Fahruntüchtigkeit BGB 254 24 ff; Arbeitsunfall **BGB** 254 29
Fahrverbot 24a StVG 6, 10; **25 StVG; 44 StGB**; Führen eines Kfz trotz – **21 StVG**; Regel – **25 StVG** 10, 11d, 12; **44 StGB** 8; **44 StGB** 16
Fahrzeug s auch übergroßes –; Begriff **2** 2; s auch Kraftfahrzeug; militärisches **AuslPflVG 1** 12
Fahrzeugbrief 1 StVG 2a; **20 III StVZO; 12; 50 III Nr 2 FZV** (neu: Zulassungsbescheinigung Teil II)

Fahrzeugführer 2 5 f; Verantwortung f Fahrzeug u Zug **23**; Haftung f Schäden 18 StVG; s auch „Führen"
Fahrzeughalter s Halter
Fahrzeugkolonne Überholen einer – **5** 20
Fahrzeuglenker s Lenker
Fahrzeugschein 1 StVG 2a; **11 FZV** (neu: Zulassungsbescheinigung **Teil I**)
Fahrzeugschlange 7 3 f
Fahrzeugteile Feilbieten nicht genehmigter – **23 StVG**
Fahrzeug-Zulassungsverordnung 1 StVG 2 ff
Fälligkeit; 130%-Grenze **BGB** 249 72; Fahrerschutz-Versicherung (Fahrer-Kasko) **BGB vor § 249** 205; Hinterbliebenengeld **BGB** 844 271 f; Schadenersatz **BGB vor § 249** 148a; Schadensnachweis **BGB** 254 277; Schmerzensgeld **BGB vor § 249** 148b
Falschbetankung BGB 249 17, 150 ff
Falsche Verdächtigung (§ 164 StGB) 37 StVO 1
Falschleistung; Drittleistungsträger **BGB vor § 249** 278; 254 278
Falschparker; Abschleppen **BGB** 249 341 ff; Auskunft **BGB** 249 339; Halterhaftung **BGB** 249 338 ff; Unterlassungsanspruch **BGB** 249 337 ff
Farbenblindheit 2 StVG 8
Federvieh Fernhaltung 28 VwV zu Abs 1 I Rn 1
Fehleinschätzung 1 28; **5** 13
Fehlverhalten Dritter s auch Zweitschädiger
Feiertagsfahrverbot s Sonntagsfahrverbot
Feiertagsruhe 30; Parkverbot bei – **12 III a**
Feilbieten nicht genehmigter Fahrzeugteile **23 StVG**
Feindliches Grün 37 10a
Feldweg 8 I S 2; **8** 5, 28; **19 I; 19** 10
FerienreiseVO 18 vor 1, 6; **30** 2, 7
Fernwirkungsschaden BGB vor § 249 122a ff; **StVG 10** 18; s auch Schockschaden; Arbeitsunfall **BGB vor § 249** 136 f, 138; Begriff **BGB vor § 249** 125a; Familienangehörige **BGB vor § 249** 130; Hinterbliebenengeld **BGB vor § 249** 124; Mittelbarer Schaden **BGB vor § 249** 123 ff; Mitverantwortung **BGB vor § 249** 134 f, 139; Verletzung **StVG 11** 3; Voraussetzungen **BGB vor § 249** 125 ff
Fernzulassung 22 StVZO 3a; **1 StVG** 6
FESAM-Methode 4 6a
Feststellungsinteresse 142 StGB 19 f
Feststellungsklage VVG 86 60 f; **4 StVG** 7; (Punktestand) s auch Klage; Anspruchs-

1783

Sachverzeichnis

fette Zahlen = §§ StVO

berechtigung **BGB vor** § 249 150b; Forderungsübergang **VVG 86** 60 f; Schmerzensgeld **BGB 253** 91 ff; Verdienstausfall; Kind **BGB 842** 55
Feststellungsurteil; Rechtskraft **BGB vor** § 249 9; Rechtsnachfolger **BGB vor** § 249 280; Reichweite **BGB vor** § 249 9, 98
Feuerlöscher 31b StVZO
Feuerwehr; Einsatzkosten **BGB 249** 283; Feuerwehrmann; Verletzung **BGB vor** § 249 59; Schadenvergrößerung **BGB vor** § 249 63; Selbstschädigung **BGB vor** § 249 59
Feuerwehr-Zufahrt 12 30
Fiktivabrechnung BGB 249 29b ff; 130%-Grenze; Teilreparatur **BGB 249** 71; **BGB 249** 65; Folgeunfall **BGB 249** 33; Lohnnebenkosten **BGB 249** 32; Mehrwertsteuer **BGB 249** 31, 293 f, 306 ff; Mischen impossible **BGB 249** 32, 49, 120; Neuwagen **BGB 251** 14 ff; Prognoserisiko **BGB 249** 35a; Stundenverrechnungssatz **BGB 249** 92 ff; Vermischung **BGB 249** 32; Weiternutzung **BGB 249** 54; Werkstattrisiko **BGB 249** 35a
Finanzamt; Anspruchsgegner **BGB 249** 11; außergewöhnliche Belastung **BGB vor** § 249 216; Inanspruchnahme **BGB vor** § 249 216 f; Prozesskosten **BGB vor** § 249 217a; Sachschaden **BGB vor** § 249 217; Wegeunfall **BGB vor** § 249 217; Werbungskosten **BGB 249** 216
Finanzierungskosten BGB 249 348 ff
Firmenfahrzeug BGB 249 144
FIS-Regeln 31 8
Fließender Verkehr; Vorrang **10** 2
Flucht; Haftung **BGB vor** § 249 65 ff
Flugtauglichkeit BGB vor § 249 92a
Folgeschaden; Sachschaden **BGB vor** § 249 12a
Folgeunfall BGB 249 33; s auch Vorschaden; Fiktivabrechnung **BGB 249** 33
Forderungsberechtigung s auch Aktivlegitimation; § 110 SGB VII; Angehörigenprivileg **VVG 86** 98; **VVG 86** 63; § 640 RVO; Angehörigenprivileg **VVG 86** 98
Forderungserlass BGB vor § 249 155; Sozialversicherung **BGB vor** § 249 155
Forderungsübergang BGB vor § 249 260 ff; § 116 SGB X **VVG 86** 64; 2-Schritte-Theorie **BGB vor** § 249 261 ff; Abdingbarkeit **VVG 86** 2; 87 2 ff; Abfindungsvergleich **VVG 86** 49 ff; Abgrenzung zur Gesamtschuld **BGB 840** 7; Abtretung **BGB vor** § 249 286 ff; **VVG 86** 12, 67; Konkurrenz **VVG 86** 12; Adhäsionsverfahren **VVG 86** 62; Aktivlegitimation **BGB vor** § 249 260; Angehörigenprivileg **VVG 86** 101 f, 134 ff; Anspruchsberechtigung **BGB vor** § 249 150c; Arbeitgeber; Eingriff in Gewerbebetrieb **BGB vor** § 249 294; Arbeitsunfall **BGB 254** 67; Aufgabeverbot **VVG 86** 83; Aufwendungsersatz **StVG 16** 52; **VVG 86** 34; Beamtenrecht **VVG 86** 65 f; Beeinträchtigung **BGB vor** § 249 279 ff; **VVG VVG 86** 49 ff; Beerdigungskosten **BGB 844** 13 f; Bereicherungsanspruch **BGB vor** § 249 289; **VVG 86** 35; Bereicherungsverbot **BGB vor** § 249 295; Berufsunfähigkeitsversicherung **VVG 86** 13; Betriebsunterbrechungsversicherung **VVG 86** 11; Bindungswirkung; Prozess **BGB vor** § 249 260a; Drittleistungsträger **BGB vor** § 249 284; Drittschadensliquidation **BGB vor** § 249 290 f; entgangene Dienste **BGB 845** 14; Erbe **BGB 253** 113; Ermittlungskosten **VVG 86** 40; Fahrereigenschadenversicherung **BGB vor** § 249 214; Fahrerschutz-Versicherung (Fahrer-Kasko) **BGB vor** § 249 214; Falschleistung **BGB vor** § 249 278; **VVG 86** 44 f; Feststellungsklage **VVG 86** 60 f; Feststellungsurteil **BGB vor** § 249 280; Gebäudeversicherung **VVG 86** 11; Gerichtsstand **VVG 86** 55; Gerichtsstandsvereinbarung **VVG 86** 55; Gesamtschuld **BGB 840** 40b ff; Gesamtschuldnerausgleich **VVG 86** 35; Gewährleistungsanspruch **VVG 86** 36; GoA **BGB vor** § 249 292 f; Gutachterkosten **VVG 86** 40; Haftungshöchstsumme **BGB vor** § 249 255; Haushaltsführungsschaden **BGB 842** 131; Hausratsversicherung **VVG 86** 11; Heilbehandlung **VVG 249** 502 ff; Herausgabeanspruch **VVG 86** 38; Hinterbliebenengeld **BGB 844** 258 ff; Insassenunfallversicherung **VVG 86** 16; Kaskoversicherung **VVG 86** 11; Kenntnis vom Übergang **BGB vor** § 249 223, 260b; Klagebefugnis **VVG 86** 58 f; Kongruenz **BGB vor** § 249 275 ff; **VVG 86** 39 f; sachlich **BGB vor** § 249 276; zeitlich **BGB vor** § 249 277; Konkurrenz **VVG 86** 63 ff; Konkurrenzen **VVG 86** 62a ff; Kostenerstattungsanspruch **VVG 86** 37; Kostenregelegelungsrecht **VVG 86** 18 ff, 21 ff; Krankenversicherung **VVG 86** 3, 10; Lebensversicherung **VVG 86** 13; Leistungsfreiheit **VVG 86** 79 ff; Leistungsverweigerungsrecht **VVG 86** 42 f; Nachweis **BGB vor** § 249 260; Opferentschädigungsgesetz **BGB vor** § 249 223;

magere Zahlen = Randnummern

Sachverzeichnis

Personenschaden **BGB vor § 249** 174, 269 ff; Pflegeversicherung **VVG 86** 10; Quotenvorrecht **BGB vor § 249** 272; **254** 311 ff; **VVG 86** 69 ff; Opferentschädigungsgesetz **BGB vor § 249** 223; VVG **VVG 86** 9; Rabattschutzversicherung **VVG 86** 11; Recht im Unfallzeitpunkt **BGB vor § 249** 274; Rechtsgutverletzung; Nachweis **BGB vor § 249** 96 f; Rechtshandlung des Verletzten **BGB vor § 249** 279 ff; Rechtshängigkeit **BGB vor § 249** 281; Rechtsschutzversicherung **VVG 86** 11; Reisegepäckversicherung **VVG 86** 11; Reiserücktrittsversicherung **VVG 86** 13; relative Theorie **BGB vor § 249** 272; Rentenbeitrag **BGB 842** 165; Sachschaden **BGB vor § 249** 267 f; Sachversicherung **VVG 86** 11; Schadenersatzanspruch **VVG 86** 31; Schadenregulierungsprinzip **BGB vor § 249** 261 ff; Schadenversicherung **VVG 86** 7 ff; Schmerzensgeld **BGB 253** 112 ff; Schuldnerschutz **VVG 86** 29 f; Sterbegeldversicherung **VVG 86** 10; Summenversicherung **VVG 86** 7 ff, 13 ff; tatsächliche Leistungserbringung **VVG 86** 41 ff; technische Versicherung **VVG 86** 11; Teilungsabkommen **StVG 16** 69; Transportversicherung **VVG 86** 11; uneinheitliches System **BGB vor § 249** 270 ff; Unfallsicherung **VVG 86** 13, 17; Unterhaltsschaden **BGB 844** 58 ff, 64 ff; Ursprungsforderung; keine inhaltliche Veränderung **BGB vor § 249** 284a; Urteilswirkung; Rechtsvorgänger **BGB vor § 249** 280 f; Vereitelung **VVG 86** 75 ff; VVG **VVG 86** 75 ff; Verjährung **BGB vor § 249** 282; Verkehrsserviceversicherung **VVG 86** 11; Verletzungsverdacht **BGB vor § 249** 112; vermehrte Bedürfnisse **BGB 843** 55 ff; Versicherungssumme **BGB vor § 249** 255; VVG **VVG 86** 4 ff, 25 ff; s auch VVG; Abdingbarkeit **VVG 87** 2 ff; Anwendbarkeit **VVG 86** 5 ff; Zeitpunkt **VVG 86** 46 ff; Zessionsnorm **BGB vor § 249** 274 ff; Zuständigkeit **VVG 86** 55 ff; Zweck; Bereicherungsverbot **BGB vor § 249** 295; Schädigerverletzung **BGB vor § 249** 295
Forstbetrieb 2 82
Fortbewegungsmittel 24 1
Foto s Rechtsgrundlage, Messfoto u Messvideo
Fotografie s Radarfoto
Frachtführer; Haftung **StVG 16** 66; Haftungsbeschränkung **BGB 254** 93 ff
Fraunhofer-Mietpreisspiegel BGB 249 228 ff

Freie Gasse 11 II; **38** 4
Freigänger 44 StGB 11
Freistellungsanspruch; Arztkosten **BGB 250** 15; Einwendunge **BGB 250** 17; Gutachterkosten **BGB 250** 15; Haftpflichtversicherung **BGB 254** 117; Rechtsanwalt **BGB 249** 365; Rechtsanwaltskosten **BGB 250** 14
Freisprecheinrichtung 23 22a
Freiwillige Leistungen BGB vor § 249 231 ff; Caritative Begünstigungen **BGB vor § 249** 231; Ex-Gratia-Zahlung **BGB vor § 249** 233; Weißer Ring **BGB vor § 249** 232
Freizeit s Zeitverlust
Frühstarter 37 StVO 30l
Frustrierte Aufwendungen BGB vor § 249 140 f; **249** 208; vergebliche frühere Fahrzeugreparaturen **BGB 249** 37a
Fuchs bremsen vor – **4** 15a
Führen; eines Fz **2** 5 ff; eines Kfz **2 StVG**; ohne FE **21 StVG**; – als Dauertat **24 StVG** 12; **69 StGB** 5 ff
Führerschein 2 StVG; **4 II** FeV Fahrerlaubnisklassen **6 FeV**; Missbrauch de – **2 StVG** 60; Ablieferung, Einziehung d – **3 II StVG**; **44, 69 ff StGB**; Verlust d – **5 StVG**; internationaler – **2 StVG** 18; **69b StVG**; s auch ausländischer FSch
„**Führerschein mit 17**" **6e StVO**
Führerscheinrichtlinien (EU) **2 StVG** 21 ff; s a Dritte Führerscheinrichtlinie
Fuhrparkleiter 24 6; s auch Geschäftsherr
Fuhrwerk 2 4; unbeleuchtetes **17 IV**
Funkgerät Aufnehmen und Halten s StVO-Aktualisierungsanhang zu § 35 StVO
Funkstoppverfahren 3 89
Fußgänger 1 6, 30 ff; **2 V**; **2** 29; **8 III S 2**; **9 III S 3**; **9** 39; **16** 11; **9 IX**; **8 X**; **25**; **26**; marschierende **27** 10 f; **37 II 5**, **37** 25; Unfall zw –n **142 StGB** 4, s auch StVO-Aktualisierungsanhang zu § 25 StVO
Fußgängerfurt 25 VwV zu Abs 3 III; **25** 13 f
Fußgängerüberweg 1 30 ff; **12 I 4**; **12** 11; **25** 15 f; **26**; Schutzbereich **26** 4; **37** 25; Z 293, 350; **315c StGB** 23
Fußgängerzone Z 242, 243; Zulässigkeit **45** 8; Benutzung durch Kfze **2** 19a, 83; **3** 74
Fußweg Z 241; s auch Feldweg, Gehweg

Gaffer; Schmerzensgeld **BGB 253** 77a f
GAP-Deckung BGB 249 142
Garantenstellung 316 StGB 4
Gaschromatographische Methode zur Bestimmung d BAK **316 StGB** 13, 24

1785

Sachverzeichnis

fette Zahlen = §§ StVO

Gastarbeiter 2 StVG 20
GdS/GdB BGB 843 13
Gebäudeschaden BGB 249 7, 275 ff; VVG 86 11
Gebäudeschadenversicherung VVG 86 11
Gebäudeversicherung; Regressbeschränkung VVG 86 143a
Gebrauchtteil BGB 249 79
Gebühren 6a StVG; – für Mängelbeseitigungsverfügung 6a StVG 3
Gefährdung 1 71; 4 13; 16 3, 11; 315b StGB 9; 315c StGB 4, 11; s auch Straßenverkehrsgefährdung
Gefährdungsdelikt 316 StGB 1; -haftung 7 StVG 1, 145
Gefährdungshaftung StVG 16 1, 3; beförderte Sachen BGB 254 259 ff; Gesamtschuld BGB 840 9, 36; Mitverantwortung BGB 254 185 ff, 189 ff; 846 2; Schmerzensgeld BGB 253 34; Versicherungsnehmer StVG 16 5a
Gefährdungsvorsatz 315b StGB 11; 315c StGB 32
Gefahrgeneigte Arbeit BGB 254 137 ff; Gesamtschuld BGB 840 18a
Gefahrguttransport StVG 12a; ADR StVG 12a 4, 20 ff; Altfall StVG 12a 25; Anspruchskonkurrenz StVG 12a 18 ff; ausländischer Transporteur StVG 12a 6; Gefahrgut StVG § 12a 13 ff; Haftung StVG § 12a 3; Haftungshöchstsumme StVG § 12a 16; Historie StVG 12a 2 f; mehrere Geschädigte StVG § 12a 17; 19 ff; Personenschaden StVG 12a 16; Sachschaden StVG 12a 14 f
Gefährliche Güter; Begriff StVG 12a 4
Gefährlicher Eingriff in den Straßenverkehr 315b StGB
Gefährliche Güter 2 III a; 2 96; 12 84; 41 II 6 Z 261; 15 6a; BKat 6, 11.2, Tab 1b, 152
Gefahr 1 71
Gefahrenabwehr 111a StPO 8
Gefahrengrenzwert 24a StVG 2, 3
Gefahrgeneigte Arbeit s Arbeitsunfall
Gefahrzeichen 1 42; 39 1, 4; 40; Vorbem StVO 8
Gefälligkeit BGB 254 121
Gegenstände auf Straßen 32
Gegenverkehr s auch Begegnung; 2 II; 5 15; 6 S 1; 9 III, IV; 9 26
Gehilfe BGB 840 6
Gehör 23 I; 23 5
Gehweg 1 14; 2 V; 2 17, 57; 24 1; 25 I; Def 25 2; Z 241; Parken auf – 12 57

Geisterfahrer 2 24; 18 29; 19 21; 28 29; 315b StGB 5; 315c I 2 f StGB 28
Geländer 43 I
Gelb s Lichtampelverkehr
Geldbuße s auch Bußgeldkatalog u Wirtschaftliche Verhältnisse; 24, 24a StVG 9; Bemessung d – 24 StVG 8; geringfügige – 24 StVG 8g
Geldersatz BGB 250 1
Geldrente BGB 843 1; Gleitklausel BGB 843 65; Indexrente BGB 843 64; Kapitalabfindung BGB 843 66 ff; Kapitalwert BGB 843 67a; Pfändung BGB 843 73 f; Sicherheitsleistung BGB 843 62; Vorauszahlung BGB 843 60 f; Zinsfuß BGB 843 72
Geldstrafe; steuerrechtliche Berücksichtigung BGB 249 423
Gemeingebrauch 12 36; 29 1, 3; 52
Gemeinschaft der Grenzversicherer s AusPflVG
Gerichtliche Beurteilung; – d Entziehungsverfügung 4 StVG 31
Gerichtsstand; Forderungsübergang VVG 86 55 ff
Gerichtsstandsvereinbarung; Teilungsabkommen StVG 16 74a
Gerichtsvollzieher 35 2
Gesamtschau; Einzelabwägung BGB 840 51 ff
Gesamtschuld BGB vor § 249 158 ff; s auch Gestörte Gesamtschuld; Abgrenzung zum Forderungsübergang BGB 840 7; Angehörigenprivileg BGB 840 43, 49 f; VVG 86 100, 135, 139 ff; Arbeitnehmerhaftung BGB 840 16; Arbeitsunfall BGB 840 43, 47; Arzt BGB vor § 249 49 ff, 161; 840 15b, 6a; Aufopferungsanspruch BGB 840 10; Ausgleich; Beamtenhaftung BGB 841 2 ff; Außenverhältnis BGB 840 3 ff; Beamtenhaftung BGB 841 3; Bereicherungsanspruch BGB 840 40a; Dienstunfall BGB 840 47; Direktklage BGB 840 25 ff; Doppelversicherung BGB vor § 249 159; Drittleistungsträger BGB vor § 249 162; Einzelschuld BGB 840 14 ff; Fahrerhaftung BGB 840 49a; Fehlbehandlung BGB vor § 249 161; 840 6a, 15b; Gefährdungshaftung BGB 840 36; gefahrgeneigte Arbeit BGB 840 18a; gestörte BGB 254 148; gestufte Gesamtschuld BGB 840 18 ff; Haftungsausschluss BGB 840 43; Haftungseinheit BGB 254 166 ff; 840 55 f; Haftungsverzicht BGB 840 48; Halterhaftung BGB 840 49a; Innenausgleich BGB vor § 249 163, 166; 840 16 ff;

1786

Entstehung **BGB 840** 20; Forderungsübergang **BGB 840** 40b ff; gestufte Haftung **BGB 840** 19 ff, 27 ff; Rangfolge **BGB 840** 28 ff; Rechtsstreit **BGB 840** 21; Verjährung **BGB 840** 22 ff; Innenverhältnis **AuslPflVG 6** 12; irrtümliche Leistung **BGB 840** 12; Krankentransport **BGB vor § 249** 161; mehrere Unfälle **BGB 840** 6b; Mehrfachversicherung **BGB vor § 249** 159; Mitverantwortlichkeit **BGB 840** 13, 14a, 39 f; Nebentäter **BGB 840** 50 ff; orginärer Ausgleichsanspruch **BGB 840** 40b ff; Schädigermehrheit **BGB vor § 249** 161; Schuldnermehrheit **BGB 840** 5 ff, 28 ff; Sonderregeln **BGB 840** 9; spätere Schädigungshandlung **BGB vor § 249** 161 f; Streitverkündung **BGB 840** 22b; Teilungsabkommen **BGB 840** 12; **StVG 16** 75; Umfang **BGB 840** 14 ff; unerlaubte Handlung **BGB 840** 8 ff; Verjährung **BGB vor § 249** 160; **840** 22 ff; **StVG 14** 22 ff; Verschuldenshaftung **BGB 840** 38; Verschuldensvermutung **BGB 840** 37; Versichererbeteiligung **BGB 840** 25 ff; vertragliche Haftung **BGB 840** 11; Zweitschädiger **BGB vor § 249** 47 f

Gesamtschuld, gestörte s Gestörte Gesamtschuld

Gesamtschuldner; Inanspruchnahme **BGB vor § 249** 158

Geschäftsbereiche verkehrsberuhigte **41 III** 9; **45 I c**

Geschäftsführer; Arbeitnehmer **BGB 842** 7; Verdienstausfall **BGB 842** 64 ff, 65

Geschäftsführung ohne Auftrag (GoA) **StVG § 16** 16 f, 45 ff; Aufwendungsersatz **BGB vor § 249** 292; **StVG 16** 23 ff, 52 ff; Deckung **StVG 16** 30, 60; Drittleistungsträger **BGB vor § 249** 292 f; Hilfeleistung **StVG 16** 19, 48 f; Mitverschulden **StVG 16** 29, 59; Schmerzensgeld **StVG § 16** 18, 47; Sozialversicherung **StVG 16** 26, 57

Geschäftsgebühr BGB 249 385 ff

Geschäftsherr, Haftung bei Lenkzeitüberschreitung **2 StVG** 61

Geschäftsplan AuslPflVG 3 6 ff; Versicherungsunternehmen **AuslPflVG 3** 6 ff

Geschlossene Ortschaft 3 66

Geschwindigkeit 3, 5 II, 5 22, 51 f; **7 II; 7** 16 f; **8** 56; **17 II S 4; 18 V; 18** 16 ff; **19 I S 2; 19** 11 ff; **Z** 274, 275, 278–282; **42 VI 1e; 45 VIII; 315c StGB** 24; s auch unter Richtgeschwindigkeit

Geschwindigkeitsbremse auf d Fahrbahn **45** 12

Geschwindigkeitsmessung 3 76 ff; – durch Private, Kommunen **3** 76b

Sachverzeichnis

Geschwindigkeitstrichter VwV zu Z 274 VI Rn 8

Geschwindigkeitszone 3 75

Gesellschafter; gestörte Gesamtschuld **BGB 840** 47a; Rechtsgutverletzung **BGB vor § 249** 84; Verdienstausfall **BGB 842** 62 ff

Gesetzeskonkurrenz s Zusammentreffen von Verstößen

Gesichtsverhüllung s StVO-Aktualisierungsanhang zu § 23 StVO

Gespann 2 4; ausländisches **AuslPflVG vor § 1** 20; Haftung **StVG 16** 19 ff

Geständnis bei Geschwindigkeitsüberschreitung **3** 86

Gestaffeltes Fahren 7 2

Gestellter Unfall s Manipulation

Gestörte Gesamtschuld BGB 840 41 ff; s auch Gesamtschuld; Angehörigenprivileg **BGB 840** 43, 49 f; **VVG 86** 135; Arbeitsunfall **BGB 840** 43, 47; Begriff **BGB 840** 42 ff; Dienstunfall **BGB 840** 47; Fahrerhaftung **StVG 16** 15b; Fallgestaltung **BGB 840** 46 ff; Gesellschafter **BGB 840** 47a; Haftungsverzicht **BGB 840** 48; Hebamme **BGB 840** 11; Inhalt **BGB 840** 42 ff; Konsequenz **BGB 840** 44 ff; Schmerzensgeld **BGB 253** 43; Schulunfall **BGB 840** 49a; Verschuldensmaßstab **BGB 840** 43

Gesundheitsverletzung s auch Rechtsgutverletzung

Gewässerschutz 45 I 4

Gewerbebetrieb; Arbeitgeber **BGB vor § 249** 85, 294; Drittleistungsträger **BGB vor § 249** 294; Eingriff **BGB § 249** 294; Entwertungsschaden **BGB 844** 49; Gesellschafter **BGB vor § 249** 84; Rechtsgutverletzung **BGB vor § 249** 82, 84 ff; Selbstreparatur **BGB 249** 36 ff

Gewerbliche Nutzung BGB 249 67, 235 ff

Gewerblich-private Nutzung BGB 249 242

Gewerbsmäßigkeit 23 StVG 2

Gewinnausfall BGB 252 1 ff; s auch Verdienstausfall

GGVS VwV zu Z 261; **12** 84

Glatteis 3 38

Gleisanlagen Betretverbot **25 V; 25** 17

Gleiskettenfahrzeug StVG 12b 3

Gleitklausel BGB 249 385

Gnadenantrag s Fahrverbot

GoA s Geschäftsführung ohne Auftrag (GoA)

Grad der Behinderung (GdB) BGB 843 13

Grad der Schädigung (GdS) BGB 843 13

Sachverzeichnis

fette Zahlen = §§ StVO

Grenzversicherungsschein AuslPflVG 1 2; **AuslPflVG** 2 9 ff; s AusPflVG
Grenzwert d Fahrunsicherheit 2 11; **316 StGB** 21 ff
Grenzzollstelle s AusPflVG
Grenzzollstellen AuslPflVG vor § 1 5
Grob verkehrswidrig 315c StGB 18
Grobe Fahrlässigkeit; Vorsatz **VVG** 103 13a f
Großkundenrabatt; Totalschaden **BGB 249** 135
Großraumverkehr 29 III m VwV zu Abs 3 Rn 79 ff
Großveranstaltungen 45 I b; 45 10; 6 I 13 **StVG**
Grün s Lichtzeichenverkehr
Grundsicherung; Schmerzensgeld **BGB 253** 74
Grüne Karte BGB vor § 249 234; Abkommen **AuslPflVG vor** § 1 10 f; Anhänger **AuslPflVG** 2 5; Befristung **AuslPflVG** 2 5; Deutsches Büro **AuslPflVG** 2 2 ff; Direktanspruch **AuslPflVG** 6 10; Mindestversicherungssumme **AuslPflVG** 2 7; Passivlegitimation **AuslPflVG** 2 6 f; Rechtskrafterstreckung **AuslPflVG** 6 20; Vorlage **AuslPflVG** 1 2; Zugmaschine **AuslPflVG** 2 5
Grüne Karte Abkommen s auch AusPflVG s auch DBGK
Grüner Pfeil 37 II 1 12; 12a; **49 III 2**
Grundeigentümer s auch Sicherungspflicht; Duldung von Verkehrszeichen **5b VI StVG**
Grundregel; d Verhaltens im Verkehr **1**; d Zulassung z Verkehr **2 StVG**; d Zulassung von Fahrzeugen **1 StVG**; s auch **16 StVZO**
Grundstück 9 53
Grundstücksausfahrt 10; 12 III 3; 12 44 f
Grundstückseinfahrt 9 4, 52
Gurtanlegepflicht 21a 4a; 46 I 5b; **49 I** 20a; **35a StVZO**; Beweislast **BGB 254** 250; Fahrerschutz-Versicherung **BGB vor** § 249 195; Mitverantwortung **BGB 254** 211, 226 ff
Gutachten BGB 249 564 ff; s auch Sachverständiger; Abweichung vom **BGB 249** 32; Angehörige **BGB 249** 517; ausländisches Recht **AuslPflVG vor** § 1 15; Erforderlichkeit **BGB 249** 150; Fiktivabrechnung **BGB 249** 30; Gutachterkosten **BGB 249** 149 ff; **254** 316; Aufklärungspflicht **BGB 249** 151a; Bagatellschaden **BGB 249** 161 ff; Ergänzungsgutachten **BGB 249** 157a; Forderungsübergang **VVG 86** 40; Freistellungsanspruch **BGB 250** 14 f; Höhe **BGB 249** 153 ff; keine fiktive Erstattung **BGB 249** 149; Mithaftung **BGB 249** 152 f; Nachbesichtigung **BGB 249** 156; Nebenkosten **BGB 249** 154 f, 154 ff; Personenschaden **BGB 249** 160, 354 ff; Privatgutachten **BGB 249** 159; Reparaturbestätigung **BGB 249** 156 f; Schätzungsgrundlage **BGB 249** 150; Unfallanalyse **BGB 249** 158; Kostenerstattung **VVG 103** 39a; niedrigerer Rechnungsbetrag **BGB 249** 34a; Privatgutachten **BGB 249** 159; **ZPO 286/287** 19; Prozess; Einholung **BGB vor** § 249 97a; Restwert **BGB 249** 122 ff; unbrauchbares **BGB 249** 167 ff; unfallfremder Schaden **BGB 249** 28; Verhältnis zu konkreter Rechnung **BGB 249** 34a; Vorerkrankungsregister **BGB vor** § 249 23a
Gutachter s auch Sachverständiger
Gutachterkosten BGB 249 149 ff; **BGB 254** 316; bei Bagatellschaden **BGB 249** 161 ff; keine fiktive Erstattung **BGB 249** 149; Freistellungsanspruch **BGB 250** 14 f; Mithaftung **BGB 249** 152 f; für eine Nachbesichtigung **BGB 249** 156; Nebenkosten **BGB 249** 154 f; bei Personenschaden **BGB 249** 160, 354 ff; Privatgutachten **BGB 249** 159; für eine Reparaturbestätigung **BGB 249** 156 f; Unfallanalyse **BGB 249** 158

Haaranalyse 3 StVG 3, 4
Haftpflicht; d Kfz-Halters **7–20 StVG**; d Fz-Führers **18 StVG**; d unbefugten Benutzers eines Fz **7 III StVG;** s auch Sicherungspflicht
HaftpflichtG StVG 16 28
Haftpflichtversicherung s auch Deckung; Akzessorietät **StVG 16** 26; Anspruchsgrundlage **StVG 16** 26; Ausland **AuslPflVG vor** § 1 1; Berücksichtigung **StVG 16** 26 f; Deckung **VVG 103** 4 ff; Provokation **BGB vor** § 249 75; Deckungsverhältnis **BGB 254** 114; Direktklage **BGB vor** § 249 164 f; fehlender Schutz **BGB 254** 120; Gesamtschuld **BGB 840** 26; Haftung **BGB 254** 111; Haftungsausschluss **BGB 254** 112 f; Haftungsbeschränkung **BGB 254** 78 ff; Haftungsverhältnis **BGB 254** 110; Inanspruchnahme **BGB vor** § 249 164 ff; Innenausgleich **BGB 840** 26; Kontrahierungszwang **AuslPflVG 3** 1 ff; Opferschutz **StVG 16** 27; Prämie s Versicherungsprämie; Regress; Angehörigenprivileg **VVG 86** 139 ff; automatisierte

1788

Fahrfunktion **StVG 1b** 7; Risikoausschluss **VVG 103** 4 ff; Schadenersatz **BGB 254** 111; Sportveranstaltung **BGB 254** 118; Täterschutz **StVG 16** 27; Trennungsprinzip **BGB 254** 109; Verordnung **AuslPflVG vor § 1** 9; Versicherungsprämie **BGB 249** 329; Vorversicherung **AuslPflVG 3** 10 ff; Zweck **BGB 254** 108
Haftung s auch Amok, Amtshaftung, Anspruchsgegner, Aufopferung, Billigkeitshaftung, Deliktshaftung, enteignungsgleicher Eingriff, Gefährdungshaftung, Haftungshöchstsumme, Militär, Produkthaftung, Tumultschaden, Verschuldenshaftung; Haftungsnorm **BGB vor § 249** 76; Nasciturus **BGB vor § 249** 116 f; Spezialhaftungsrecht **StVG 16** 28 ff; Übersicht **StVG 16** 5 ff
Haftungsausschlüsse 7 **StVG 17** ff; s auch Regressausschluss; Arbeitsunfall **BGB 254** 10 ff; Drittwirkung **BGB 254** 158 ff; Fahrerschutz-Versicherung **BGB vor § 249** 215; Frachtführerhaftung **BGB 254** 93 ff; Gefahrengemeinschaft **BGB 254** 106, 122; Gefälligkeit **BGB 254** 121; Gesamtschuld **BGB 840** 43; gesetzliche **BGB 254** 10 ff; Haftpflichtversicherungsschutz **BGB 254** 112 f; Jagd **BGB 254** 135; konkludente **BGB 254** 105 ff; Körperschaden **BGB 254** 107; Massenveranstaltung **BGB 254** 133; Personenbeziehung **BGB 254** 127; privatrechtliche **BGB 254** 99 ff; Tätigkeit beim Betrieb **BGB 254** 96 ff; ungeeignete Beförderung **BGB 254** 128; Urlaubsfahrt **BGB 254** 106, 126
Haftungsausschluss s auch Arbeitsunfall, Dienstunfall, s auch Gestörte Gesamtschuld, Haftungsausschluss, privat, Regressausschluss; Arbeitsunfall **BGB 254** 10 ff; Drittwirkung **BGB 254** 158 ff; Erstreckung auf Haftungsnormen **BGB 253** 11; Fahrerschutz-Versicherung (Fahrer-Kasko) **BGB vor § 249** 215; Frachtführerhaftung **BGB 254** 93 ff; Gefahrengemeinschaft **BGB 254** 106, 122; Gefälligkeit **BGB 254** 121; Gesamtschuld **BGB 840** 43; gesetzlich; Schmerzensgeld **BGB 253** 8 ff; gesetzliche **BGB 254** 10 ff; Haftpflichtversicherungsschutz **BGB 254** 112 f; Hinterbliebenengeld **BGB 844** 102 ff; Jagd **BGB 254** 135; konkludente **BGB 254** 105 ff; Massenveranstaltung **BGB 254** 133; Personenbeziehung **BGB 254** 127; Personenschaden **BGB 254** 107; privat; Hinterbliebenengeld **BGB 844** 102; Schmerzensgeld **BGB 253** 7; privatrechtliche **BGB 254** 99 ff; Tätigkeit beim Betrieb **BGB 254** 96 ff; ungeeignete Beförderung **BGB 254** 128; Urlaubsfahrt **BGB 254** 106, 126
Haftungsbeschränkung; der Eltern **BGB 254** 299 ff
Haftungseinheit BGB 254 165 ff; **StVG vor § 10** 9; Fahrer; Halter **StVG 12** 9; Gesamtschau **StVG 12** 9; Gesamtschuld **BGB 840** 55 f; Haftungshöchstsumme **StVG 12** 9; Halter; Fahrer **StVG 12** 9; Kind **BGB 254** 294; Schmerzensgeld **BGB 253** 43
Haftungserleichterung s auch Anspruchsausschluss
Haftungsgesetze StVG § 16 10, 28 f
Haftungshöchstsumme StVG 12 6 ff; § 12 StVG aF; Gleiskettenfahrzeug **StVG 12b** 2; **StVG 12** 35 ff; **12a** 24 ff; Altfall **StVG 12** 35 ff; Altfälle **StVG 12** 3, 35; Angehörigenprivileg **StVG 12** 19; automatisierte Fahrfunktion **StVG 12** 2a, 10d; **1b** 8 f; Befriedigungsvorrecht; Direktgeschädigter **StVG 12** 24 ff; Drittleistungsträger **StVG 12** 28; Sozialversicherung **StVG 12** 25 ff; Direktklage **StVG 12** 10a; Einzelschaden **StVG 12** 11; Erhöhung; automatisierte Fahrfunktion **StVG 12** 10d f; **1b** 8 f; Erhaftguttransport **StVG 12a** 14 ff; Erschöpfung **StVG 12** 15 ff; Fahrerhaftung **BGB vor § 249** 153; **StVG 12** 6, 8; Schädigermehrheit **StVG 12** 18; Forderungsübergang **BGB vor § 249** 255; Gefahrguttransport **StVG 12a** 3 ff; Ausnahmen **StVG 12a** 13; Historie **StVG 12a** 2 f; Personenschaden **StVG 12a** 16; Sachschaden **StVG 12a** 14 f; Voraussetzungen **StVG 12a** 7 ff; geringere Summe **StVG 12** 23; Gläubigermehrheit **StVG 12** 12; Gleiskettenfahrzeug **StVG 12b** 1; Altfall **StVG 12b** 2; globale Grenze (Altfall) **StVG 12** 37 f; **12a** 26; Haftungseinheit **StVG 12** 9; Halterhaftung **BGB vor § 249** 153; **StVG 12** 6; Schädigermehrheit **StVG 12** 18; Historie **StVG 12** 40 f; individuelle Grenze (Altfall) **StVG 12** 37 f; **12a** 26; Kapital **StVG 12** 20 ff; **13** 2; Kapitalbetrag **StVG 12** 20 ff; Nebeneinander **StVG 12** 21; Klageantrag **StVG 12** 30; Konkurrenz zur deliktische Haftung **StVG 12** 15a; Kürzungsverfahren **StVG 12** 23c; mehrere Geschädigte **StVG 12** 13; Gefahrguttransport **StVG 12a** 17; Mehrfachschaden **StVG 12** 13; Militärfahrzeug **StVG 12b** 1 ff; Mithaftung

1789

Sachverzeichnis
fette Zahlen = §§ StVO

StVG 12 16; Mitverantwortung **StVG 12** 16; Befriedigungsvorrecht **StVG 12** 27; Nutzerhaftung **StVG 12** 6; Personenschaden **StVG 12** 10b; Gefahrguttransport **StVG 12a** 16; Prozess **StVG 12** 29 ff; Antrag **StVG 12** 30; Feststellungsinteresse **StVG 12** 30a; Tenor **StVG 12** 32 ff; Rechtsänderung **StVG 12** 2 ff, 35 ff; Rechtsanwaltskosten **StVG 12** 14; Rente **StVG 12** 20 ff; **13** 1; Rentenzahlung **StVG 12** 20 ff; Gutachten **StVG 12** 22a; Höchstbetrag **StVG 12** 23a ff; Kapitalwert **StVG 12** 22a; Nebeneinander **StVG 12** 21; Sachschaden **StVG 12** 10c; Gefahrguttransport **StVG 12a** 14 f; Schädigermehrheit **StVG 12** 17 ff; Sozialversicherung **StVG 12** 25 ff; Streitkräfte **StVG 12b** 3 ff; Überschreitung; Verkehrsopferhilfe (VOH) **BGB vor § 249** 224b; Vergleich; Auslegung **StVG 12** 31; von Amts wegen **StVG 12** 29; Vorrechte **StVG 12** 24 ff; Zins; Altfall **StVG 12** 39; Rücklagen **StVG 12** 15b; Unfalltag ab 18.12.2007 **StVG 12** 22

Haftungsnorm s Anspruchsgrundlage

Haftungsquote 17 StVG 17

Haftungsverteilung 5 68; **6** 8a; **7** 25; **8** 68 f; **11** 5a; **12** 98; **14** 11a; **18** 25a; **21a** 6 f; **25** 19 ff, 34; **35** 16 ff

Haftungsverzicht; gestörte Gesamtschuld **BGB 840** 48

Halbritter (EuGH) **2 StVG** 23

Halbwertzeit 316 StGB 27

Halten s auch Abstellen; **12**; Begriff **12** VwV zu Abs 1; **12** 3; Z 283–292, 295–297; – in zweiter Reihe **12 IV S 3; 12** 76

Halter BGB 254 193 ff; s auch Mitverantwortung; ausländischer **AuslPflVG 1** 25 ff; Begriff **7 StVG** 5; 23 29; eines Fz **31 II StVZO**; f Fz, Ladung pp 31 II StVZO; **21 StVG** 9; **24 StVG** 6; **316 StGB** 3; Haftung **7 StVG**; Haftungseinheit **BGB 254** 170; Insasse; Schmerzensgeld **BGB 253** 41; – Kostenhaftung 25a StvG; bei Leasing **23** 29; Mithalter **BGB 254** 198 f; Pflichten d – **23** 31 ff; Schmerzensgeld **BGB 253** 41; Verantwortlichkeit f Verstöße **12** 89; verletzter **StVG 16** 10; Verletzung **StVG 16** 10; Zulassen d Führens durch Dritten **21 StVG**; s auch „Fahrtenbuch"; Tierhalter; Verantwortlichkeit f Verstöße: **25a StvG** 9

Halterdatenaustausch 27 StVG; s auch: **Ahndung** – grenzüberschreitende; Richtlinie 2011/82/EU

Halterhaftung StVG 16 6 ff; Abhandengekommenes Fahrzeug **StVG 16** 11; **VVG** **103** 48; Abschleppen **StVG 16** 7a; Amok **VVG 16** **103** 26c; Angehörigenprivileg **StVG 16** 7b; Dienstunfall **StVG 16** 15b; Arbeitsunfall **StVG 16** 15b; automatisierte Fahrfunktion **StVG 1b** 6; besondere **StVG 16** 17 ff; Betriebstätigkeit (§ 8 Nr. 2 StVG) **StVG 16** 20; Bus **StVG 16** 7b; Dienstunfall **StVG 16** 15b; entgeltliche Beförderung **StVG 16** 8a; Fahrer; eigener **StVG 16** 6a, 17 f; gegnerisches Fahrzeug **StVG 16** 7; Haftungseinheit **StVG 12** 9; Gespann **StVG 16** 19 f; gestörte Gesamtschuld **BGB 840** 49a; **StVG 16** 15b; Haftungshöchstsumme **StVG 12** 6 ff; Schädigermehrheit **StVG 12** 18; Halter im eigenen Fahrzeug; Schmerzensgeld **BGB 253** 41; Insasse; eigenes Fahrzeug **StVG 16** 8; Eigenschädigung **StVG 16** 10; gegnerisches Fahrzeug **StVG 16** 9; Mithalter **StVG 16** 10; Leasing **BGB 249** 146; Schwarzfahrt **StVG 16** 11; **VVG 103** 26c, 48; Sicherungseigentum **StVG 16** 11a; Überlassungsverschulden **StVG 16** 17 f, 21; Vorsatz **VVG 103** 47 ff

Haltestellen 20; Parkverbot vor u hinter – **12 III 4; 12** 49; Z 224, 226

Haltlinie Z 294; vor Lichtampel **37** VwV zu Abs 2 IV Rn 6

Halteverbot; Rechtsgutverletzung **BGB vor § 249** 83

Haltverbote 12 I; 12 5 ff, 13 ff; auf Autobahn **18 VIII; 18** 22 f; durch Z 283–292, 295–297

Handeln für anderen 23 31 f

Handfahrzeuge 2 3; **8 III; 17 IV, V; 17** 19; **23** VwV II; **25 II; 25** 6

Hand-Held-Verbot; bei technischen Geräten, s StVO-Aktualisierungsanhang zu § 23 StVO

Handlampe windsichere **15** 1

Händlerrabatt; Totalschaden **BGB 249** 135

Handy 23 22a; **BGB 254** 203 f; Beschädigung **BGB 254** 260

Harnentnahme 81a StPO 2

Haschisch 2 StVG 11; **3 StVG** 4a s auch Drogenkonsum; **316 StGB** 27

Hase bremsen vor – **4** 17

Hauptuntersuchung 23 39

Haus s Gebäude

Hausfrau BGB 249 499

Haushaltsführungsschaden BGB 842 91a; **StVG 11** 9; s auch Betreuungsleistungen, Haushaltshilfe; Abgrenzung von Arbeitsunfähigkeit **BGB 842** 94; Änderung des Familienzuschnitts **BGB 842** 120; Anspruchsgrundlage **BGB 842** 92; Arbeitskraftverwertung **BGB 842** 83;

1790

Bemessung **BGB 842** 108 ff; berufstätiger Ehegatte **BGB 842** 105; Darlegung **BGB 842** 111 ff; Dauer **BGB 842** 119; Doppelverdiener **BGB 842** 105; Drittleistung **BGB 842** 131; Eigenversorgung **BGB 842** 97 f; eingetragener Lebenspartnerschaft **BGB 842** 104; Ersatzkraft **BGB 842** 122 ff; Fremdversorgung **BGB 842** 99 ff; geschlechtsunspezifischer **BGB 842** 103; Gutachterkosten **BGB 249** 356; Höhe **BGB 842** 121 ff; Kind **BGB 842** 95a, 100a, 107; MdE **BGB 842** 93; Missverhältnis **BGB 842** 102; nicht-eheliche Gemeinschaft **BGB 842** 106; professionelle Hilfskraft **BGB 842** 110; Quotenvorrecht **BGB 842** 6; Schadenminderung **BGB 842** 129 f; Sozialversicherung **BGB 842** 131; stationärer Aufenthalt **BGB 842** 118; Steuer **BGB 249** 526 f; Stundensatz **BGB 842** 126 ff; Tabelle **BGB 842** 127; Substantiierung **BGB 842** 113; Tabellen **BGB 842** 115; Sozialrecht **BGB 842** 127; Tod **BGB 842** 132; Unterhaltspflicht **BGB 842** 100; Unterhaltsschaden **BGB 844** 61; Urlaub **BGB 842** 117; Zeitrahmen **BGB 842** 117 ff

Haushaltshilfe BGB 249 463 f; **BGB 842** 122 ff; Fiktivabrechnung **BGB 842** 123 ff; Sozialrecht **BGB 842** 127; Stundensatz **BGB 842** 126 ff; Tarifvertrag **BGB 842** 128; bei vermehrten Bedürfnissen **BGB 843** 16

Hausratversicherung VVG 86 11

Haustarif; Totalschaden **BGB 249** 135

Hebamme; gestörte Gesamtschuld **BGB 840** 11

Heilbehandlung; Tod **StVG 10** 9; Verletzung **StVG 11** 6; vermehrte Bedürfnisse **BGB 843** 5a

Heilbehandlungskosten BGB 249 468 ff; **StVG 11** 6; Außenseitermethode **BGB 249** 475, 504; Beitragsrückerstattung **BGB 249** 501; Besuchskosten **BGB 249** 485 ff; Budget **BGB 249** 481; Erforderlichkeit **BGB 249** 469 ff; Fahrtkosten **BGB 249** 466; Festbetrag **BGB 249** 477; Fiktivabrechnung **BGB 249** 482 ff; kosmetische Operation **BGB 249** 478; Leistungsniveau **BGB 249** 466; Nebenkosten **BGB 249** 493 ff, 500; Selbstbeteiligung **BGB 249** 496 ff; Steuer **BGB 249** 529; Tier **BGB 251** 34 ff; Trinkgeld **BGB 249** 494; Verjährung **StVG 14** 56; Vorteilsausgleich **BGB 249** 496 ff; Zahnbehandlung **BGB 249** 476; Zuzahlung **BGB 249** 498

Heimunterbringung BGB 843 28 ff

Helgoland 50

Helm; Beschädigung **BGB 249** 270 ff; Beweislast **BGB 254** 250; Fahrrad **BGB 254** 236 ff; Mitverantwortung **BGB 254** 211, 232 ff; Pedelec **BGB 254** 241; Quad **BGB 254** 242; Reiter **BGB 254** 243; Ski **BGB 254** 244; Zweirad **BGB 254** 233 ff

Hemmung; Verjährung **StVG 14** 3, 27a ff

Herausforderung StVG 16 58; s auch Provokation; Gefahrsteigerung **BGB vor § 249** 65; Haftung **BGB vor § 249** 70 ff; Selbstschädigung **BGB vor § 249** 58 ff; Verfolgerfall **BGB vor § 249** 65 ff

Herbeiführung des Versicherungsfalles; Beweislast **81 VVG** 27; Brand **81 VVG** 26; Fahruntüchtigkeit **81 VVG** 16 ff; Geschwindigkeitsüberschreitung **81 VVG** 15; Grobe Fahrlässigkeit **81 VVG** 3; Im Fahrzeug **81 VVG** 22; Kausalität **81 VVG** 4; Repräsentant **81 VVG** 5; Rotlichtverstoß **81 VVG** 12; Stoppschild **81 VVG** 13; Überholen **81 VVG** 14; Übermüdung **81 VVG** 19; Vorsatz **81 VVG** 2;

Hico-Neas-Messverfahren 3 105

Hilfe s auch Nothilfe

Hilfeleistung s auch Provokation; Mitverantwortung **BGB vor § 249** 60; Nothilfe **StVG 16** 42; Schadenersatz **StVG 16** 48 f, 58; Schadenvergrößerung **BGB vor § 249** 62 ff; Verschuldensmaßstab **BGB vor § 249** 62 f; Selbstschädigung **BGB vor § 249** 58 ff; Unfallversicherung, gesetzliche **BGB vor § 249** 61 f; Unfallversicherungsschutz **BGB 249** 326; Unterlassung **BGB vor § 249** 57

Hilfsbedürftige 1 37; **3 II a; 3** 54

Hilfsperson; Zuziehung einer – **1** 43 ff; **8** 51; **9** 55, 70; **10** 11, 17

Hindernisbereiten 315b StGB 4; **22** 10

Hindernisse 3 9; **32**

Hineintasten 8 50

Hinterbliebene BGB 844 6; BeamtVG **BGB 254** 85 ff; Fahrerschutz-Versicherung (Fahrer-Kasko) **BGB vor § 249** 201; Mitverantwortung **BGB 846** 8 ff; Opferentschädigungsgesetz **BGB vor § 249** 222; Quotenvorrecht **BGB 254** 326 f, 330; **846** 11 ff

Hinterbliebenengeld BGB 253 14, 69a; **844** 72 ff; Abtretung **BGB 844** 257; anspruchsberechtigter Personenkreis **BGB 844** 115 ff; Betreuer **BGB 844** 165; Darlegung **BGB 844** 167 ff; Ehegatte **BGB 844** 120, 135 ff; Eltern **BGB 844** 139; Enkel **BGB 844** 160; Erbe **BGB 844** 121; feh-

Sachverzeichnis

lende Wahrnehmung **BGB 844** 234 f; Freund **BGB 844** 162; geschiedener Partner **BGB 844** 135; Geschwister **BGB 844** 159; getrennt lebend **BGB 844** 175; Großeltern **BGB 844** 160; Kind **BGB 844** 141; Lebenspartner **BGB 844** 136; Nasciturus **BGB 844** 143; nicht-eheliche Gemeinschaft **BGB 844** 150 ff; Patchwork-family **BGB 844** 155 ff; Pflegekind **BGB 844** 142; Pflegeperson **BGB 844** 164; Polygamie **BGB 844** 138; Schädigungszeitpunkt **BGB 844** 125 f; Schwager **BGB 844** 120; Schwiegerkind **BGB 844** 144; soziale Bindung **BGB 844** 122, 146 ff; Stiefkind **BGB 844** 142; Unterhaltsberechtigung **BGB 844** 119 ff; Verwandte **BGB 844** 120, 158; wechselseitige Beziehung **BGB 844** 123 f; Anspruchsgrundlage **BGB 844** 2a, 89 ff; Vertrag **BGB 844** 3a; Asylbewerber **BGB 844** 264; Aufrechnung **BGB 844** 257; Auslandsbezug **BGB 844** 259; Betreuer **BGB 844** 165; Drei-Personen-Verhältnis **BGB 844** 109 ff, 193; eigene Verletzung **BGB 844** 251; Einführung **StVG vor § 10** 1; Einkommen **BGB 844** 262 ff; Erbe **BGB 844** 252 ff, 267 ff; Europa **BGB 844** 84; Fahrerschutz-Versicherung (Fahrer-Kasko) **BGB vor § 249** 201, 185a; Fälligkeit **BGB 844** 271 f; Fernwirkungsschaden **BGB vor § 249** 124; Forderungsübergang **BGB 844** 258 ff; Höhe **BGB 844** 212 ff; Ausgleichsfunktion **BGB 844** 215, 221 ff; Darlegung **BGB 844** 220, 236 f; Genugtuungsfunktion **BGB 844** 216, 223 ff; Schockschaden **BGB 844** 217 ff, 227 ff; Symbolfunktion **BGB 844** 223 ff, 228; Kausalität **BGB 844** 199 ff; Konkurrenzen **BGB 844** 246 ff; Körperverletzung **BGB 844** 194 ff; Kulturkreis **BGB 844** 166; mehrere Hinterbliebene **BGB 844** 190; mehrere Tote **BGB 844** 187 ff; Mitverantwortung **BGB 844** 98 ff, 241, 243; Näheverhältnis **BGB 844** 85 ff; besonderes **BGB 844** 126 ff; Entkräftung **BGB 844** 171 ff; gesetzliche Vermutung **BGB 844** 131 ff, 169 ff; persönliches **BGB 844** 115 ff; Nasciturus **BGB vor § 249** 118a; **844** 195; originärer Anspruch **BGB 844** 3, 89; Pfändung **BGB 844** 256 f; Pflegeperson **BGB 844** 164; Primärschädigung **BGB 844** 84; Prozessuales **BGB 844** 274; Quotenvorrecht **BGB 844** 261; Rechtsänderung **StVG 10** 18b; Rente **BGB 844** 242; sachlicher Geltungsbereich **BGB 844** 87 f; Schädigermehrheit **BGB 844** 184 ff; Schmerzensgeld **BGB 844** 88, 112 f; Schockschaden **BGB vor § 249** 124; **844** 87 f, 112 f, 217 ff, 246 ff; Sozialhilfe **BGB 844** 263 ff; späterer Tod **BGB 844** 238 ff; Strafverfahren **BGB 844** 244 f; Subsidiarität **BGB 844** 87 f, 112 f; Systemänderung **BGB 844** 81, 213; Teilgläubiger **BGB 844** 192; Tod **StVG 10** 18a f; Verjährung **BGB 844** 273; Verkehrsopferhilfe (VOH) **BGB vor § 249** 230; **844** 94; Verletzung **StVG 11** 3a; Vermögen **BGB 844** 263 ff; Vollstreckung **BGB 844** 257; Voraussetzungen **BGB 844** 80; zeitlicher Geltungsbereich **BGB 844** 82, 83; Zugewinnausgleich **BGB 844** 265; Zurechnungszusammenhang **BGB vor § 249** 43

Hinterbliebenenrente; Fahrerschutz-Versicherung (Fahrer-Kasko) **BGB vor § 249** 201; Opferentschädigungsgesetz **BGB vor § 249** 222; Verkehrsopferhilfe (VOH) **BGB vor § 249** 230

Hinterbliebener StVG 10 2 ff; Begriff **BGB 844** 117 f; Verletzung **StVG 11** 3a

Hinweise 42; Erste-Hilfe-Z 358; Pannenhilfe Z 359; Polizei Z 363; – auf veränderte VRegelung **8** 21; **39** 22a; – auf veränderte RLage **25 StVG** 15; **44 StGB** 16

Höchstdauer d täglichen Lenkung **9**; **315c StGB** 16

Höchstgeschwindigkeit s unter Geschwindigkeit

Hoheitsträger s Amtshaftung s Beamte

Hohenheimer Verfahren BGB 842 116a

Höhere Gewalt 7 StVG 17 ff; **17 StVG** 1, 7; Ausweichmanöver **StVG 16** 51; Autobombe **BGB vor § 249** 56; Sabotageakt **BGB vor § 249** 56; Steinewerfer **BGB vor § 249** 56; Zurechnungszusammenhang **BGB vor § 249** 42

Hubschrauber Geschwindigkeits- u Abstandsmessung aus – **3** 100; **4** 8

Hühner s Federvieh

Hunde bremsen vor – **4** 17; **28 I**, VwV II Rn 2; Führen von – **28** 9, 12

HWS; Körperverletzung **BGB vor § 249** 101 ff

Hypoventilation (AAK) **24a StVG** 4c

Idealfahrer 1 38
Identifizierung durch Radarfoto **3** 111 f
Identität d Tat s „Tat"
Igel bremsen vor – **4** 17
Immaterieller Schaden s Schadenersatz, Schmerzensgeld
Immunität; Verwarnung bei – **26a StVG** 12; **81a StPO** 3
Inbetriebnahme 23 34; **1 StVG** 9

magere Zahlen = Randnummern

Inbetriebsetzen 1 StVG 9
Indexrente BGB 843 64
Indizwirkung Wegfall d – für Nichteignung 69 StGB 14
In dubio pro reo 3 49; 69 StGB 8
Inkrafttreten d StVO 53
Inline-Skates 24 3; 31 1 f
Insasse s auch Beifahrer, Fahrer; Angehörigenprivileg StVG 16 15b; Arbeitsunfall StVG 16 15b; Betriebstätigkeit (§ 8 Nr. 2 StVG) StVG 16 15e; Dienstunfall StVG 16 15b; Fahrer oder Beifahrer StVG 16 6a, 15c; Fahrerhaftung StVG 16 13; Halter StVG 16 10, 14; Halterhaftung StVG 16 6a ff; eigenes Fahrzeug StVG 16 8; mitversicherte Person StVG 16 15d; Provokation BGB vor § 249 72
Insassen 18 StVG 1, 11, 14; BGB 254 200 f; StVG 16 8 f, 13
Insassenunfallversicherung VVG 86 16; Mietwagen BGB 249 218
Insolvenz s auch Privatinsolvenz; Privatinsolvenz VVG 103 55 f; Schmerzensgeld BGB 253 80 ff; Schmerzensgeldrente BGB 253 67a, 80a ff; Versichererinsolvenz BGB vor § 249 167 ff; Verkehrsopferhilfe (VOH) BGB vor § 249 167 ff
Inspektion d Kfze 23 6a
Integritätsinteresse BGB 249 68 ff
Internal Regulations s AusPflVG
Internationaler Führerschein 2 StVG 18; 44 II StGB; 69b StGB 2
Internationaler Kfz-Verkehr 69b StGB
Internationales Verkehrsrecht Vorbem StVO 2
International Regulations AuslPflVG vor § 1 11
IntKfzVO (aufgehoben) 21a 3
Inzahlunggabe BGB 249 52
Irrtum 1 StVG 8a; 21 StVG 10
Isolierte Sperre 69a I S 3 StGB; 69a StGB 3, 8
iura novit curia StVG 16 4a

Jehovas Zeuge BGB 254 275
jet-leg s Sekundenschlaf
Jugendgruppen 27 I S 4; 27 7
Jugendliche; Entz d FE 69 StGB 2

Kaffee 316 StGB 11
Kapitalabfindung BGB 843 66 ff; Kapitalabfindung BGB 843 73 f; Unterhaltsschaden BGB 844 30
Kapper (EuGH) 2 StVG 22
Karenzzeit 13 3, 6
Kasernengelände 1 16, 19

Sachverzeichnis

Kaskoversicherer; Inanspruchnahme BGB vor § 249 178 f
Kaskoversicherung; Abschleppkosten BGB 249 19a; Angehörigenprivileg VVG 86 142 ff; Anspruchsgegner BGB 249 11; Fahrerschutz-Versicherung BGB vor § 249 180 ff; Forderungsübergang VVG 86 11; Gebäudeversicherung VVG 86 143 ff; Leasingrate; Verzugsschaden BGB 249 20; Massenunfall BGB vor § 249 258; Mehrwertsteuer BGB 249 21 f; Nutzungsausfall BGB 249 19; Verzugsschaden BGB 249 20; Prämie s Versicherungsprämie; Quotenvorrecht BGB 249 22; Regressbeschränkung VVG 86 143 ff; Schadenersatz BGB 249 18 ff; Standgeld BGB 249 19; Versicherungsprämie BGB 249 330; Vorschaden BGB 249 23
Katalogware BGB 249 5 f; BGB 251 4
Katastrophenfall 45 14
Katastrophenschutz Sonderrechte 35; 44 V; 46 I S 2
Katze bremsen vor – 4 15a
Kaufhausparkplatz 1 15 ff
Kausalität BGB vor § 249 1 ff; Adäquanztheorie BGB vor § 249 5, 19 ff; adäquate BGB vor § 249 19 ff; Anerkenntnis durch Regulierung BGB vor § 249 10 ff; Beweiserleichterung BGB vor § 249 25; Beweislast BGB vor § 249 11; Dienstunfall BGB vor § 249 4, 18; haftungsausfüllende BGB vor § 249 8 f; 252 3 ff; Sozialrecht BGB vor § 249 7; haftungsbegründende BGB vor § 249 6 f; Sozialrecht BGB vor § 249 16; Hinterbliebenengeld BGB 844 199 ff; Korrektur BGB vor § 249 22; Mitkausalität StVG 16 4; Nachweis; Vorerkrankungsregister BGB vor § 249 23a; Personenschaden BGB vor § 249 189; Prozess nach außergerichtlicher Regulierung BGB vor § 249 10 f; rechtmäßiges Alternativverhalten BGB vor § 249 27 f; Reservursache BGB vor § 249 24 ff; 252 4a; Sowieso-Kosten BGB vor § 249 26d; Sozialrecht BGB vor § 249 15 ff; Beweis BGB vor § 249 17; Teilkausalität BGB vor § 249 26a ff; Theorie der wesentlichen Bedingung BGB vor § 249 3; Tod BGB 844 6a, 199 ff; überholende BGB vor § 249 24 ff; 252 4a; unfallfremde Anfälligkeit BGB vor § 249 14 ff; Sozialrecht BGB vor § 249 15 ff; Zivilrecht BGB vor § 249 20; Unfallversicherung, gesetzliche BGB vor § 249 3; Unfallversicherung, private BGB vor § 249 3a; Verletzungsmehrheit

Sachverzeichnis

fette Zahlen = §§ StVO

BGB vor § 249 7; Verletzungsvermittlung BGB vor § 249 12 f; Vorsatz VVG 103 20; Zivilrecht BGB vor § 249 5, 19 ff; Zurechnungszusammenhang BGB vor § 249 22, 29 ff; Zweitschädiger BGB vor § 249 33, 44 ff
Kennleuchten 38 1
Kennzeichen; amtliches 1 **StVG** 2a; 6 I 8, 6b, 22 **StVG** 2; 8 ff **FZV**; Lesbarkeit 23 I S 3; 23 21
Kennzeichenabkommen AuslPflVG 1 9 ff
Kennzeichenanzeigen 25a StVG
Kennzeichenmissbrauch 22, 22a, 24b **StVG**
Kennzeichnung v Fzen Behinderter 12 IV b; 12 85
Kfz s Kraftfahrzeug
Kfz-Haftpflichtversicherung s auch Deckung, Direktklage, Haftpflichtversicherung, Versicherungsprämie, Vorleistung; Direktklage **BGB vor § 249** 164a
Khat 3 StVG 4
Kind; Ausweichmanöver **StVG 16** 50; entgangene Dienste **BGB 845** 9 ff; Haftungseinheit **BGB 254** 171, 294; Haushaltsführungsschaden **BGB 842** 95a, 100a; Hinterbliebenengeld **BGB 844** 141; Mitverantwortung **BGB 254** 183 f, 287 ff; nicht-eheliches **BGB 844** 24; Tötung **BGB 844** 26; Verdienstausfall **BGB 842** 51 ff
Kinder 1 38; **2 V; 3 II a** 32, 51 ff; **I a, III; 9 StVG** 13; s auch Schulbus; s auch Eltern; Haftungseinheit **BGB 254** 171, 294; Mitverantwortung **BGB 254** 183 f, 287 ff; nicht-eheliches **BGB 844** 24; Tötung **BGB 844** 26; Verdienstausfall **BGB 842** 51 ff; Vertrauensgrundsatz **1** 26
Kinderfahrrad 24 2; **31** 2; s auch **2 V**
Kindergeld; Schmerzensgeld **BGB 253** 81a
Kindergruppen 27 I S 4
Kinderpflegekrankengeld BGB 843 57
Kindersitze auf Fahrrad oder Kleinkraftrad **21 III; 4 I 1 FeV**
Kinderwagen 2 3; **24; 16 II StVZO**
Klage s auch Direktanspruch, Direktklage, Prozess, Rechtskrafterstreckung; Direktklage s Direktklage, Feststellungsklage; Feststellungsklage s dort; Rücknahme **BGB 249** 431 f
Klagebefugnis VVG 86 58 f; s auch Aktivlegitimation; Forderungsübergang **VVG 86** 58 f
Klammerwirkung; – bei Dauerdelikt **21a** 10

Kleidung; Schadenersatz **BGB 249** 270 ff; Schutzkleidung **BGB 254** 245 ff
Kleinkrafträder 6 FeV; 2 Nr 11; 3 II Nr 1d; 1 StVG 8; unbeleuchtete – **17 IV** S 3; **23 I S** 4; **23** 27
Kleintier bremsen vor – **4** 15a
Koaxialkabelverfahren 3 96
Kölner Teller 32 4; **45** 12; **315b StGB** 4
Kompensation BGB 249 24
Kongruenz BGB vor § 249 275 ff; **VVG 86** 63 ff; sachlich **BGB vor § 249** 276; VVG **VVG 86** 39 f; zeitlich **BGB vor § 249** 277
Kontrahierungszwang; Ablehnungsgrund **AuslPflVG 3** ff; ausländisches Fahrzeug **AuslPflVG 3** 1 ff; Vorvertrag **AuslPflVG 3** 16
Körperliche Untersuchung 81a StPO
Körperschaden BGB 249 401 ff; **StVG vor § 10** 13; Anspruchsgrundlage **BGB 249** 507 ff; Arbeitsunfall **BGB 254** 10 ff; Beerdigungskosten s auch Beerdigungskosten, entgangene Dienste, Haushaltsführungsschaden, Heilbehandlungskosten, Personenschaden, Rechtsgutverletzung, Schmerzensgeld, Schockschaden, Unterhaltsschaden, Verdienstausfall, vermehrte Bedürfnisse, Vorschaden; Drittleistungsträger **BGB vor § 249** 173 ff; entgangene Dienste s **BGB vor § 249** 174, 269 ff; Gutachterkosten **BGB 249** 160, 354 ff; Haushaltsführungsschaden s dort; Heilbehandlungskosten s dort; Kausalität **BGB vor § 249** 189; Quotenvorrecht **BGB 254** 325 ff; Reha-Management **BGB 249** 513 ff; Schmerzensgeld s dort; Schockschaden s dort; Spätfolgen **BGB 253** 100 ff; Steuererklärung **BGB 249** 518; Tod **StVG 10** 7 ff; Unterhaltsschaden s dort; Verdienstausfall s dort; Verletzungsverdacht **BGB vor § 249** 111 f; vermehrte Bedürfnisse s dort
Körperverletzung BGB vor § 249 89; vgl Ursächlichkeit, Fahrlässigkeit; **316 StGB** 4; Ansprüche **BGB 249** 510 ff; Attest **BGB vor § 249** 99; Beweis **BGB vor § 249** 96 ff; Feststellungsurteil **BGB vor § 249** 98; Geschwindigkeitsänderung **BGB vor § 249** 104; Gesundheitsverletzung **BGB vor § 249** 88; Hinterbliebenengeld **BGB 844** 141; HWS **BGB vor § 249** 101 ff; Nasciturus **BGB vor § 249** 116 ff; psychischer Schaden **BGB vor § 249** 90 ff; Rechtsnachfolger **BGB vor § 249** 97; Tinnitus **BGB vor § 249** 108; Umfang der Ersatzpflicht **StVG 11**; Ver-

magere Zahlen = Randnummern   **Sachverzeichnis**

letzungsverdacht **BGB vor § 249** 109 ff; zeitlicher Zusammenhang **BGB vor § 249** 100, 102
Kolonne 4 II; Überholen einer – **5** 39, 54; 27
Kombinationswagen 1 StVG 8a
Kommunale Geschwindigkeitsüberwachung 3 87
Kostenerstattung; Belegerstellung **BGB** 252 14 f
Kosten-Halterhaftung 25a StVG
Kostenpauschale BGB 249 249 ff; Tierhalter **BGB 249** 291
Kostentragung 5b, 6a StVG; 51
Kostenübernahmeerklärung BGB 249 85, 434 ff
Kostenvoranschlag BGB 249 164 ff; s auch Reparatur
Kraftdroschke s Fahrgastbeförderung
Kraftfahrstraße 18; 42 Z 331, 336
Kraftfahrtversicherung; Kaskoversicherung **BGB 249** 23a
Kraftfahrzeug; ausländisches **AuslPflVG vor § 1** 7; **1 3** ff; – Kfz – **2** 4; Begriff **1 II StVG** 8; Zulassungspflicht **1 StVG**
Kraftfahrzeugbrief s Fahrzeugbrief
Kraftfahrzeugmeister 23 7
Kraftfahrzeugschein s Fahrzeugschein
Kraftrad s auch Kleinkraftrad; Fahrrad m Hilfsmotor; Mofa; **2** 76; **17 II S 4; 21 I; 21** 2; **23 II, III; 23** 17, 28; Begriff **6 I FeV**
Krankenfahrstuhl 2 StVG 2a; **17** 19, **24 II, 24** 4; **4 I 2 FeV; 2 Nr 13; 3 II Nr 1e FZV**
Krankengeld BGB 249 499
Krankenkasse s auch Drittleistung, Drittleistungsträger, Sozialversicherung; Teilungsabkommen **StVG 16** 67; Verletzungsverdacht **BGB vor § 249** 112
Krankentagegeldversicherung BGB 842 80; Forderungsübergang **VVG 86** 18 ff, 21 ff
Krankenversicherung; private **VVG 86** 3, 10
Krankenwagen 35 V a 9; **38**
Kranwagen 29 6
Kredit; Mehrwertsteuer **BGB 249** 304; Schadensminderungspflicht **BGB 254** 267
Kreidemarkierung am Reifen **13** 1
Kreisverkehr; Rechtsfahrgebot **2** 49; Vorfahrt **8** 27; **9** 49; **9a**
Kremer (EuGH) **2 StVG** 25
Kreuzung; Begriff **8** 4; **9** 27; verbotene Einfahrt in verstopfte – **11** 2; Parkverbot vor – **12 III 1; 12** 42; **37 II 1 S 7**

Kriechspur 5 59a; **7** 15; **18** 8, 15
Kulturelle Veranstaltungen, Schutz von – **45 I a Nr 4b**
Kündigung; Vorversicherung **AuslPflVG 3** 15, 22
Kuppe 2 II; 2 40; **3** 5; **12** 25
Kurve 2 II; 2 40; **3** 5; **12** 9; **16** 3
Kürzungsverfahren; Haftungshöchstsumme **StVG 12** 23c
Kurzzeitkennzeichen 1 StVG 6 f; **22 StVG** 2

Ladung 22; 23 I S 1, 2; 23 15; Ausschwenken d – **9** 8
Lärmschutz 6 I 3; **3** 71b; **30 I** 3; **45 I** 3
Läutesignal 19 14, 15
Landesrecht 1 VwV III
Landwirtschaft 2 82
Langsame Fahrzeuge 2 39; **5 VI S 2; 5** 56; **18 I; 18** 3
Langsamfahren 3 II; 3 7; **18 I;** Z 275, 279
Laserpistole 3 117
Laserstörgeräte 23 22b
Lastkraftwagen; Begriff **21** 4; bei drei Fahrstreifen Z 340
Laternenring Z 394; **17** 17
Laufenlassen; unnützes – d Motors **30 I**
Lautsprecher 33
LAVEG; – Geschwindigkeitsmessgerät **3** 117
Leasing; Anspruchsberechtigung **BGB 249** 147; Arbeitnehmer; Rechtsweg **BGB 249** 144; Finanzierungslücke **BGB 249** 142; Firmenfahrzeug **BGB 249** 144; Halterhaftung **BGB 249** 146; Kaskoversicherung **BGB 249** 21; Leasinggeber **BGB 249** 145 ff; Leasingnehmer **BGB 249** 142 ff; Haftung **BGB 249** 146; Neuwagen **BGB 251** 8; Nutzungsausfall **BGB 249** 143a; Rabatt **BGB 249** 143; Rate **BGB 249** 147; Rechtsanwaltskosten **BGB 249** 148, 371; Reparatur **BGB 249** 143; Totalschaden **BGB 249** 141 ff
Leasingrate; Kaskoversicherung; Verzugsschaden **BGB 249** 20
Lebenspartner; Hinterbliebenengeld **BGB 844** 136
Lebensrisiko BGB vor § 249 35 f; Hinterbliebenengeld **BGB 844** 78
Lebensversicherung VVG 86 13
Leibesfrucht s auch Nasciturus
Leichenzüge 27 II
Leichtkrafträder 6 I FeV; 2 Nr 10; 3 II Nr 1c FZV
Leichtmofa 1 StVG 8; **2 StVG** 2; – Helmpflicht **21a** 5
Leihwagen s Mietwagen

1795

Sachverzeichnis

fette Zahlen = §§ StVO

Leistung s Drittleistung; Forderungsübergang
Leistungsfreiheit; AuslPflVG **AuslPflVG 6** 7; Forderungsübergang **VVG 86** 79 ff; Grobe Fahrlässigkeit **VVG 86** 87 f; Schadenversicherung **VVG 86** 79 ff; Vorsatz **VVG 86** 82 ff; **103** 45 ff; VVG **VVG 86** 79 ff
Leistungen von dritter Seite s auch Forderungsübergang
Leistungsklage; Anspruchsberechtigung **BGB vor § 249** 150b; Kind; Verdienstausfall **BGB 842** 55; Verdienstausfall; Kind **BGB 842** 55
Leistungsverweigerung; Verjährung **StVG 14** 62
Leiteinrichtungen 43
Leitkegel (-marken) 41 IV; 43
Leitlinie 2 94; **7** 14; **9** 51; Z 340
Lenker; Schutzumfang **BGB vor § 249** 190
Lenkungskommission BGB vor § 249 243 f; Massenunfall **BGB vor § 249** 243 f
Lenkzeit 2 StVG 61
Lenkzeitüberschreitung 2 StVG 61
Lernführerschein 21 StVG 6
Leuchtzeichen; bei Überholen **5 V; 5** 48 f; bei Gefährdung anderer **16**
Lichtbilder 3 111; s auch CD-ROM
Lichthupe 16 10
Lichtschrankenmessung 3 118
Lichttechnische Einrichtungen 17 4, 17; **23** 9, 22
Lichtzeichenverkehr s auch Blinklicht; **37**; Nebeneinanderfahren **7** 9, **37 IV**; an Bahnübergang **19** 18; auf Fußgängerfurten **25** VwV III; an Fußgängerüberwegen **26** 2
Lieferverkehr 2 19a; **12** 23; **46** 2
Liegenbleiben d Fz **15**
Liegenlassen v Gegenständen **32**
Linienomnibus 20 II; 37 II Nr 4 m VwV Rn 40–41; Z 245; **45** 7; – auf Sonderfahrstreifen **9 III S 2; 9** 38
Linksabbiegen s auch Abbiegen; **9** 13 ff; geschlossener Verbände **27** 5; bei Lichtzeichenregelung **37 II 1** 11 f; bei Leitlinien **42 VI 1b** Z 340
Lohnfortzahlung 21a 7
Lohnnebenkosten BGB 249 31
Londoner Abkommen AuslPflVG vor § 1 10; s AusPflVG
Lottogewinn; Verdienstausfall **BGB 842** 77
Lücken; Vorbeifahrt u Queren von – im Kolonnenverkehr **6** 8; **10** 10
Mäharbeiten; Unabwendbarkeitsbeweis **17 StVG** 8

Mähmesser 32 II
Mängel d Fz; s auch Eignungsmangel; Überwachung d Fze; **23**
Mängelbeseitigung (Gebühren für Verfügung) **6 StVG** 3
Manipulation VVG 103 27 ff; Körperverletzung **BGB vor § 249** 107; Prozesskostenhilfe **VVG 103** 39; Schadenersatz **VVG 103** 39b
Manöver StVG 12b 19 f; s Streitkräfte
Markierungen 39 V m VwV zu 39–43 IV Rn 49 ff; **41 I, III,** Z 293–299, 340, 341; an Fußgängerüberwegen **26** VwV V; gelbe – **41 IV**
Marktforschung BGB 249 128; Restwert **BGB 249** 129
Marschierende Abteilung 27
Massenmedien zur Bekanntgabe v Verkehrsregelungen **45 IV; 45** 14
Massenunfall BGB vor § 249 236 ff; ab 1.7.2015 **BGB vor § 249** 254a; Anforderungen **BGB vor § 249** 237, 246; Anspruchspartner **BGB vor § 249** 237, 246; Direktanspruch **BGB vor § 249** 239 ff; Inanspruchnahme **BGB vor § 249** 239 ff; Quoten **BGB vor § 249** 251 ff
Mate de Coca 24a StVG 5a
Maut 42 VII
MdE BGB 843 13
MDE 24a StVG 5a
MDK BGB 254 286
Medienrecht; Schmerzensgeld **BGB 253** 2
Medikamente 316 StGB 27, 28
Mehrbedarfsrente BGB 843 8; s auch Vermehrte Bedürfnisse
Mehrehe; Hinterbliebenengeld **BGB 844** 138
Mehrfachtäter s Punktsystem
Mehrfachkollision; Reparatur **BGB 249** 86
Mehrfachversicherung BGB vor § 249 159; s auch Doppelversicherung
Mehrspuriger Verkehr s Nebeneinanderfahren
Mehrspuriges Kfz 2 76
Mehrwertsteuer BGB 249 293 ff; s auch Umsatzsteuer; Anfall **BGB 249** 48, 303; Behörde **BGB 249** 301; Beweis **BGB 249** 303; Beweislast **BGB 249** 298; Brutto-Netto-Vergleich **BGB 249** 44 f; Ersatzberechtigung **BGB 249** 296 ff; Ersatzbeschaffung **BGB 249** 50 ff; Fiktivabrechnung **BGB 249** 30, 293 f, 307 ff; Inzahlunggabe **BGB 249** 52; Kaskoversicherung **BGB 249** 21 f; Kompensationsfälle **BGB 249** 305; Kredit **BGB 249** 304;

magere Zahlen = Randnummern

Sachverzeichnis

Leasing **BGB** 249 143; nachträgliche Optierung **BGB** 249 299; Naturalrestitution **BGB** 251 27; Reparaturaufwand **BGB** 249 26 f; Schadensersatz **BGB** 249 302 ff; Selbstreparatur **BGB** 249 311; Steuerpauschalierung **BGB** 249 299; Totalschaden **BGB** 249 119; Veräußerung; Aliud **BGB** 249 51; Verzugszinsen **BGB** 249 304; Vorsteuerabzugsberechtigung **BGB** 249 295, 300
Mehrzweckstreifen 2 89
Meldepflicht; des Eigentümers u Halters eines Kfz bei Veräußerung oder Stilllegung **13 FZV; 1 StVG** 5; nachträgliche – nach Unfall **142 StGB** 24 f
Messfoto, Rechtsgrundlage s Rechtsgrundlage, Messfoto u Messvideo
Messvideo, Rechtsgrundlage s Rechtsgrundlage, Messfoto u Messvideo
Mesta 3 94
Methamphetamin 24a StVG 5b
Mietwagen s auch Nutzungsausfall; Aufklärung über Kostenerstattung **BGB** 249 223; Aufschlag **BGB** 249 219; Berücksichtigung bei Totalschadenvergleich **BGB** 249 43; Eigenersparnis **BGB** 249 220; Erforderlichkeit **BGB** 249 210 ff; gewerbliche Nutzung **BGB** 249 235 ff, 238; Haftungsreduzierung **BGB** 254 104; Kaskoversicherung **BGB** 249 218; Langzeitnutzung **BGB** 249 216; Luxusfahrzeug **BGB** 249 217; Nebenkosten **BGB** 249 218 f; Notarzt **BGB** 249 244; Nutzungsausfall **BGB** 249 241; Nutzungsumfang **BGB** 249 214 ff; Privatanmietung **BGB** 249 221; Quotenvorrecht **BGB** 254 319; Rechtsanwaltskosten **BGB** 249 371; Schadenminderung **BGB** 249 233 f, 245; Tarif **BGB** 249 224 ff; Unfallmanipulation; Schadensersatz **VVG** 103 39b; Voraussetzungen **BGB** 249 171 ff; Vorhaltekosten **BGB** 249 236
Mietwagenunternehmer; Erfüllungsgehilfe **BGB** 254 286; Klageberechtigung **BGB** 249 222
Mindestversicherungssumme StVG § 12 8
Militär StVG 16 34; s auch Amtshaftung, Bundeswehr, NATO, Schadenregulierungsstelle, Streitkräfte, Wehrbereichsverwaltung; ausländische Streitkräfte; Dienstunfall **StVG** 12b 7a ff, 9 ff; Privatunfall **StVG** 12b 8; Bundeswehr **StVG** 12b 5 ff; EU-Truppenstatut **StVG** 12b 18; Ex-Gratia-Zahlung **StVG** 16 35 f; **12b** 21; Gleiskettenfahrzeug **StVG** 12b 3; Haftungshöchstsumme **StVG** 12b 1 ff; Historie **StVG** 12b 23; Manövertruppe **StVG** 12b 19 f; NATO-Truppenstatut **StVG** 12b 10a ff; Anwendbarkeit **StVG** 12b 16; Klagefrist **StVG** 12b 14; Meldefrist **StVG** 12b 13 ff; PfP-Truppenstatut **StVG** 12b 17; Schadenregulierungsstelle **StVG** 12b 10; Unfallbeteiligung **StVG** 16 34; 12b 3 ff; UNO-Truppe **StVG** 12b 19 f
Minderung der Erwerbsfähigkeit (MdE) BGB 843 13
Minderwert s auch Wertminderung; merkantiler **BGB** 249 111 ff; Steuerneutralität **BGB** 249 109; technischer **BGB** 249 110; bei Totalschaden **BGB** 249 108 ff
Mindestabstand 4; f Lkw **4 III; Z** 273
Mindestalter f **FE 10 FeV**
Mindestgeschwindigkeit 3; 41 Z 275, 279
Mindestschaden; Verdienstausfall **BGB** 842 14
Mindestversicherungssumme AuslPflVG 4 4; **StVG 12** 10; s auch Versicherungssumme; Direktklage **StVG 12** 10a; Grüne Karte **AuslPflVG 2** 7; Verkehrsopferhilfe (VOH) **BGB vor** § 249 229
Minijob; Beitragsregress **BGB** 842 144a; Minijob **BGB** 842 144a
Minisattelzug 21 StVG 4b
Mischen impossible BGB 249 32, 49, 120; s auch Fiktivabrechnung
Mischkonsum (Alkohol/Drogen) **3 StVG** 4a
Misstrauensgrundsatz 37 17
Mitfahrer s Beifahrer
Mithalter BGB 254 198 f; **StVG** 16 10; s auch Halter, Mitverantwortung; Verletzung **StVG** 16 10
Mitnahme v Personen **21**; – v Kindern auf Fahrrad **21 III**; – v Kindern auf Mofa **10 IV FeV**; Verantwortlichkeit f Besetzung **23** 16–18
Mittäter BGB 840 6
Mitteilungspflicht 47 II FeV
Mittelbarer Schaden BGB vor § 249 142 ff; ärztliche Behandlung **BGB vor** § 249 49 ff; Drittleistungsträger **BGB vor** § 249 275, 285; Fernwirkungsschaden **BGB vor** § 249 123 ff; Schadensersatz **BGB vor** § 249 123 ff; Tod **BGB** 844 46 ff; **StVG** 10 15a; Tötung **BGB** 844 71; Verletzungsvermittlung **BGB vor** § 249 12 f
Mittelbare Täterschaft 24 StVG 7
Mittellinie 2 85 ff

1797

Sachverzeichnis

fette Zahlen = §§ StVO

Mittelstreifen 2 VwV zu Abs 1, I
Mittelwert d Blutanalysen **316 StGB** 12, 22
Mitverantwortung BGB 254 177 ff; Abschleppen **BGB 254** 252 ff; Alkohol **BGB 254** 22, 216; Anscheinsbeweis **BGB 254** 205 ff; Aufmerksamkeitsdefizit **BGB 254** 203 f; Aufopferung **StVG 16** 39b; Beerdigungskosten **BGB 844** 12; beförderte Sachen **BGB 254** 259 ff; Betriebsgefahr **StVG 10** 21; Beweislast **BGB 254** 180; Bewusstseinstrübung **BGB 254** 22 ff; Beziehungskrise **BGB vor § 249** 68 f; Dienstherr **BGB vor § 249** 162; Drittleistungsträger **BGB 254** 331 ff; Eltern **BGB 254** 280, 287 ff, 299 ff; entgangene Dienste **BGB 845** 6; Erfüllungsgehilfe **BGB 254** 284 ff; Fahrerschutz-Versicherung (Fahrer-Kasko) **BGB vor § 249** 202 f; fehlende Fahrerlaubnis **BGB 254** 220; Fernwirkungsschaden **BGB vor § 249** 134 f, 139; Gefährdungshaftung **BGB 254** 185 ff, 189 ff; **846** 2; Gesamtschuld **BGB 840** 13, 14a, 39 f; gesetzlicher Vertreter **BGB 254** 279 ff; 287 ff; Getöteter **BGB 846** 3 ff; GoA **StVG 16** 59; Haftungseinheit **BGB 254** 294; Haftungshöchstsumme **StVG 12** 16; Befriedigungsvorrecht **StVG 12** 27; Drittleistungsträger **StVG 12** 28; Sozialversicherung **StVG 12** 27; Halter **BGB 254** 109, 193 ff; Helm **BGB 254** 232 ff; Hilfeleistender **BGB vor § 249** 60; Hinterbliebenengeld **BGB 844** 98 ff, 241, 243; Hinterbliebener **BGB 846** 8 ff; Kausalität **BGB 254** 224 f; Kind **BGB 254** 183 f; Kinderrückhaltesystem **BGB 254** 231; Leichtsinn **BGB 254** 20 f; Nasciturus **BGB vor § 249** 120; Provokation **BGB vor § 249** 71; **254** 222; Quotenvorrecht s Quotenvorrecht; Rauschmittel **BGB 254** 22 ff, 216; Rechtsanwalt **BGB 254** 285; Rückhaltesystem **BGB 254** 226 ff; Schadenentstehung **BGB 254** 287 ff; Schadenentwicklung **BGB 254** 263 ff, 295 f; Schadensminderungspflicht s Schadensminderungspflicht; Schmerzensgeld **BGB 253** 37 ff; Schockschaden **BGB vor § 249** 134 f, 139; **846** 7; Schuldfähigkeit **BGB 254** 181; Schuldunfähigkeit **BGB 253** 42; Schutzkleidung **BGB 254** 245 ff; Selbstgefährdung **BGB 254** 212 ff; Sicherheitsgurt **BGB 254** 226 ff; Sicherungseinrichtung **BGB 254** 223 ff; Sorgfaltsmaßstäbe **BGB 254** 136; Sozialversicherung **BGB vor § 249** 162; technische Mängel **BGB 254** 221; Tiergefahr **BGB 254** 185 ff; Tod **StVG 10** 20 ff; Übermüdung **BGB 254** 22, 216; Unerfahrenheit **BGB 254** 219; Unterhaltsschaden **BGB 844** 55 f; Verfolgung **BGB vor § 249** 66; Verkehrsteilnehmer **BGB 254** 3; Verschuldensfähigkeit **BGB 846** 5; **StVG 10** 21; Verschuldensvermutung **BGB 254** 208 f; von Amts wegen **BGB 254** 179; vorverlagerte Schädigungshandlung **BGB 254** 210 f; Weltanschauung **BGB 254** 273 ff; Zurechnung von Drittverhalten **BGB 254** 278 ff
Mitverschulden u Ursächlichkeit; Beseitigungsanspruch **StVG 16** 55; Ersatzpflicht bei – **9 StVG**; Fahrerschutz-Versicherung (Fahrer-Kasko) **BGB vor § 249** 202 f; Gesamtschuld **BGB 840** 13, 14a; – beim Leasing **9 StVG** 96; – beim Sicherungseigentum **9 StVG** 96; Unmöglichkeit **BGB 251** 24; – bei Verletzung der Gurtanlegepflicht **21a** 6; s auch Mitverantwortung
Mitverursachung BGB 254 188 ff; s auch Mitverantwortung
Mobiltelefon 23 22a
Mofa s auch Fahrrad m Hilfsmotor; **2 IV 3; 41** zu Z 237; **4 I, 5 FeV; 69 StGB** 5; **1 StVG** 8; Alkoholgrenzwert f – **316 StGB** 22; Fahreignung **3 FeV** 4a
Moped s Fahrrad m Hilfsmotor
Morphin 24a StVG 5a
Motorbootführer 316 StGB 25a
Motorradkleidung BGB 249 274; **BGB 254** 245
MPU 2 StVG 7, 10, 13d; **3 StVG** 3b; **4 StVG** 41
Müdigkeit s Übermüdung
Müllabfuhr Sonderrechte **35 VI**
Mülldeponie 1 15
Müllfahrzeug 3 34; **6** 8
Multanova 3 94
Multilaterales Garantie Abkommen s AusPflVG
Multilaterales Garantie Abkommen (MGA) AuslPflVG vor § 1 11
Musikanlage BGB 249 264
Mutmaßliche Einwilligung 142 StGB 20

Nachbesichtigung; Kosten **BGB 249** 156
Nachfahren zur Geschwindigkeitsmessung **3** 78
Nachhaftung AuslPflVG 6 21 ff; **AuslPflVG 8a** 3 f
Nachschulung s Aufbauseminar
Nachschulungsleiter s Aufbauseminar
Nachtruhe 30; 45 I 3, I a
Nachttrunk 142 StGB 38; **316 StGB** 24, 24a, 24b

magere Zahlen = Randnummern

Nachweis s Schadennachweis, s auch Körperverletzung
Nachzügler des Querverkehrs 37 7, 31b; Kreuzungsräumer 11 5
Nasciturus; Ansprüche BGB vor § 249 113 ff; Anspruchsgrundlage BGB vor § 249 116; Arbeitsunfall BGB vor § 249 119; entgangene Dienste BGB vor § 249 121; Hinterbliebenengeld BGB vor § 249 118a; 844 143, 195; In-vitro-Fertilisation BGB vor § 249 115; Mitverantwortung der Mutter BGB vor § 249 120; Tod der Leibesfrucht BGB vor § 249 121 f; Beerdigungskosten BGB vor § 249 121; Unterhaltsschaden BGB vor § 249 121 f; Unfallversicherung, gesetzliche BGB vor § 249 119; Unterhaltsschaden BGB vor § 249 113, 118; Verletzung BGB vor § 249 113 ff
Nässe 3 72; 39 19
Nahzone 22 7
NATO s Streitkräfte, Militär
NATO-Angehörige; – Truppen 35V, 44 IV, V
NATO-Truppenstatut StVG 12b 10a ff
Naturalrestitution BGB 249 1, 5; 250 4; Fristsetzung BGB 250 6 ff; Geldersatz BGB 250 2; Grenze von 130% BGB 249 81; Mehrwertsteuer BGB 251 27; Totalschaden BGB 249 118; Unmöglichkeit BGB 251 22 f; s Unmöglichkeit; Unverhältnismäßigkeit BGB 249 24; 251 29 ff
Nebel 1 47; 2 41; 3 I S 3; 3 19a; 16 3; 17 2, 13
Nebelscheinwerfer 17 III; 17 13
Nebelschlussleuchten 17 III S 5; 17 14
Nebeneinanderfahren 7; 37 IV; Z 297; 42 VI 1
Nebenfolgen 142 StGB 39
Nebenintervention s auch Streithelfer
Nebenklage; Kostenersatz BGB 249 421 f
Nebenkosten s Sachschaden
Nebenstrecke; Hinweis auf – 42 VIII 1 Z 419
Nebentäter BGB 840 6, 50 ff; 316 StGB 2; s auch Teilnahme
Nebenverrichtungen im eingeschränkten Haltverbot 12 21, 25
Nebenweg Vorfahrt aus – 8 28 ff
Netto s Brutto-Netto-Vergleich, Mehrwertsteuer
neu für alt BGB 249 106; Beseitigungsanspruch StVG 16 56; Folgeunfall BGB 249 33
Neubeginn; Verjährung StVG 14 25 ff
Neuwagen BGB 251 5 ff; Einkaufspreis BGB 251 20; erheblicher Schaden BGB 251 10 ff; Ersatz BGB 249 8; Ersatzbeschaffung; Aliud BGB 251 18; Bestellung BGB 251 16; billigeres Fahrzeug BGB 251 18; Fiktivabrechnung BGB 251 14; Gebrauchtwagen BGB 251 17; zeitnah BGB 251 15; Fiktivabrechnung BGB 251 14 ff; Laufleistung BGB 251 7, 9; Rabatt BGB 251 9a, 20; Voraussetzungen BGB 251 7 ff; Vorteilsausgleich BGB 251 21; wirtschaftlicher Totalschaden BGB 251 13; Zug-um-Zug BGB 251 19
Nichtigkeit v Anordnungen 39 10; 4 StVG 28
Nicht-eheliche Partnerschaft; Angehörigenprivileg VVG 86 106 ff, 128; Hinterbliebenengeld BGB 844 150 ff; nichteheliche Gemeinschaft BGB 845 3 f, 8; Unterhaltsschaden BGB vor § 249 222; BGB 844 23, 28
Nicht-Vermögensschaden BGB 253 3; s auch Schadensersatz; Aufopferung BGB 253 4a; Ersatzfähigkeit BGB 253 4
Nothilfe StVG 16 42; s auch Hilfeleistung, Provokation; Aufwendungsersatz StVG 16 54; Ausweichmanöver StVG 16 50 f; GoA StVG 16 48 f; Sachschaden StVG 16 54; selbst geschaffene Gefahr StVG 16 57a; Sozialversicherung BGB vor § 249 61a; StVG 16 57; Unfallversicherung, gesetzliche BGB vor § 249 61a; StVG 16 57
Nötigung 1 86a; 3 98; 4 20b; 5 42, 80; 12 79, 92; 16 14; 28 12
Normenwiderstreit 1 86
Notdurft 3 130; 25 StVG 10d
Nothelfer s auch Hilfeleistung, Pannenhelfer, Provokation
Notrecht s Werkstättenfahrt
Notstand übergesetzlicher – 3 102; 23 24, 37; 316 StGB 31
NTS s auch Militär
Nutzer StVG 16 16
Nutzerhaftung StVG 16 16; Haftungshöchstsumme StVG 12 6
Nutzfahrzeug; Ausfall BGB 249 239; Minderwert BGB 249 117
nutzlose Aufwendung s frustrierte Aufwendungen
Nutzungsausfall BGB 249 171 ff; s auch Mietwagen; Affektionsinteresse BGB 253 29; älteres Fahrzeug BGB 249 205; Behördenfahrzeug BGB 249 243; Berücksichtigung bei Totalschadenvergleich BGB 249 43; Dauer BGB 249 195 ff; Fallgruppen BGB 249 175 ff; Freizeitobjekt BGB 249 177 ff; gewerbliche

1799

Sachverzeichnis

fette Zahlen = §§ StVO

Nutzung **BGB 249** 237; gewerblich-private Nutzung **BGB 249** 242; Interimsfahrzeug **BGB 249** 196; Kaskoversicherung **BGB 249** 19; Verzugsschaden **BGB 249** 20; Leasing **BGB 249** 143a; Liebhaberobjekt **BGB 249** 208; Oldtimer **BGB 249** 180; Quotenvorrecht **BGB 254** 319; Sachentzug **BGB 249** 184; Tabellen **BGB 249** 204, 456; Tierhalter **BGB 249** 290; unmittelbare Einwirkung **BGB 249** 193 f; unverzügliche Auftragserteilung **BGB 249** 198; Voraussetzungen **BGB 249** 171 ff; Wohnmobil **BGB 249** 177, 206; Zins **BGB 849** 8; Zweirad **BGB 249** 179, 207; Zweitfahrzeug **BGB 249** 186
Nutzungsmöglichkeit BGB 249 181
Nutzungswille BGB 249 181, 188 f

Obergutachten 3 StVG 7g
Obliegenheit; Verjährung **BGB 840** 22c ff; Verjährungseinrede **BGB 840** 22c ff; **StVG 14** 24a
Obliegenheitsverletzung 142 **StGB** 40; **315c StGB** 41, 45; **AuslPflVG 6** 17; **BGB vor § 249** 197; **VVG 86** 79 ff; Fahrerschutz-Versicherung (Fahrer-Kasko) **BGB vor § 249** 197
Obus 2 52; **20** 2
Öffentlicher Dienst FE 2 X StVG; §§ 26, 27 FeV
Öffentlicher Verkehr 92; **1** VwV II; **1** 13 ff; **10** 3; **1 StVG** 10
Oldtimer 1 StVG 2, 6; **BGB 249** 81, 180; s auch Unikat
Ölschaden; Aufwendungsersatz **StVG 16** 53
Omnibus; auf Gebirgsstraße **2** 67; Haltestelle **20 I**; Anfahren des -ses **10** 12 ff; **20 II**; windsichere Handlampe **15** 1; Vorbeifahrt an – **6** 7; s auch Linienomnibus, Fahrgastbeförderung
Omnibusfahrer 1 46, 49; **8** 51; **10** 13
Opferentschädigungsrecht; Inanspruchnahme **BGB vor § 249** 219
Opferentschädigungsgesetz (OEG) BGB vor § 249 219 ff; s auch Verkehrsopferhilfe (VOH)
Opfergrenze BGB 249 81
Opferschutz BGB vor § 249 218 ff; s auch Amok, Aufopferung, enteignungsgleicher Eingriff, Ex-Gratia-Zahlung, Verkehrsopferhilfe (VOH); Amok **BGB vor § 249** 233a ff; Auslandsbezug **AuslPflVG 6** 13; **BGB vor § 249** 234 ff; eigene Versicherer **VVG 103** 50a; Ex-Gratia-Zahlung **BGB vor § 249** 233; freiwillige Leistungen **BGB vor § 249** 231 ff; Haftpflichtversicherung **StVG 16** 27; Opferentschädigungsgesetz **VVG 103** 51 f; Verkehrsopferhilfe (VOH) **BGB vor § 249** 228a; **VVG 103** 53 f; Vorleistungspflicht **BGB vor § 249** 218; Vorsatz **VVG 103** 50 ff
Opportunitätsprinzip Vorbem StVO 13
ordentl Wohnsitz § 2 StVG 18a, b
Ordnungswidrigkeiten 23, 35 ff, 59; **Vorbem StVO 15** 49; **AuslPflVG 9a**; s auch Bußgeld
Ortstafel 42 Z 310, 311; s auch **3** 64 ff
OzonG Z 270; **45** Fn zu I d, 10b

Panzerfahrzeug StVG 12b 3
parallele Verantwortlichkeit BGB 840 5 ff
Parallelkonsum (Alkohol/Drogen), s Mischkonsum
Paranoide o schizotype Störungen 3 StVG 2b
Parken 1 9; **2** 16, 22; **12**; Z 394; – auf Gehwegen **12** 57; s auch Arzt, Blinde, Schwerbehinderte
Parkerleichterungen; f Ärzte VwV zu **46** zu Abs 1 Nr 11 Rn 138 ff
Parkflächenmarkierung 12 59, 66; **41 III 7**; Parkverbot vor – **12 III 2**
Parkhaus 1 3; **3** 6; **12** 70
Parkinson Fahrungeeignetheit bei – **3 StVG** 2a
Parkkrallen s Wegfahrsperre, mechanische
Parkleuchten 17 IV
Parklücke Vortritt **12 V**; **12** 78
Parkmöglichkeiten; f Behinderte, Anwohner u Blinde **42 IV 3** Z 315; s VwV VIII zu **45**; kein Anspruch einzelner auf – **45** 8
Parkplatz 12 63; **13** 6; **41 III 7** vor Z 299; Z 314, 315; Falschparker, s Falschparker; nicht öffentlicher Straßenverkehr **1** 14; Parkverbot vor – **12 III 2**; Rückwärtsfahren **1** 3
Parkplatzbenutzungsvertrag BGB 249 340
Parkplatzstraße 2 19
Parkraumbewirtschaftungszone (Anlage 3 StVO); lfd Nr 8
Parkscheibe 13 II 2; 13 5, 6; Zeichen 318
Parkscheinautomaten 13 1, 4; VwV zu § 13 Abs 1 Nr VII; **42 IV** Z 314 Nr 2; **43 I**
Parkstreifen 12 IV; 12 75
Parkuhr 13, 43 I
Parkverbote 12 III, III a, b; 12 72, 42 ff, 54 ff, **33 I S 2;** Z 295, 296, 299, 306
Parkwarntafel; Zeichen 630; **17** 17

magere Zahlen = Randnummern **Sachverzeichnis**

Parkzeitüberwachung durch Kreidemarkierung 13 1
Partybike s Bierbike
Passivlegitimation AuslPflVG 2 6 f; **6** 10; Schadensregulierungsbeauftragte AuslPflVG vor § **1** 17
Passivrauchen (Cannabis) 3 StVG 4a
Pathologischer Rausch 323a StGB 1
Patientenunterlagen BGB 249 558 ff
Pedelec 1 StVG 8, 2 55, 21a 7a
Personalrabatt; Totalschaden BGB 249 135
Personenbeförderung 21, 23 I S 2; 23 16; Haftung **8a** StVG; Vertragshaftung; Schmerzensgeld BGB 253 70a; StVG **16** 66a
Personenbeförderungsgesetz AuslPflVG vor § **1** 12
Personenschaden BGB vor § 249 89; 249 401 ff; StVG vor § **10** 13; s Körperschaden s auch Körperverletzung; Ansprüche BGB 249 510 ff; Anspruchsgrundlage BGB 249 507 ff; Arbeitsunfall BGB 254 10 ff; Attest BGB vor § 249 99; Drittleistungsträger BGB vor § 249 173 ff; Fernwirkung BGB vor § 249 92a; Feststellungsurteil BGB vor § **249** 9, 98; Forderungsübergang BGB vor § **249** 174, 269 ff; Geschwindigkeitsänderung BGB vor § 249 104; Gesundheitsverletzung BGB vor § 249 88; gültiges Recht BGB vor § 249 175; Gutachterkosten BGB 249 160, 354 ff; Haftungshöchstsumme StVG **12** 10b; Nebeneinander StVG **12** 10f; Hinterbliebenengeld BGB 844 194 ff; HWS BGB vor § 249 101 ff; Kausalität BGB vor § 249 189; Nachweis BGB vor § 249 96 ff; Arbeitsunfähigkeitsbescheinigung BGB vor § 249 99a; Attest BGB vor § **249** 99; zeitlicher Zusammenhang BGB vor § 249 100, 102; Nasciturus BGB vor § 249 116 ff; PTBS BGB vor § 249 108b ff; Quotenvorrecht BGB 254 325 ff; Rechtsnachfolge BGB vor § 249 97; Reha-Management BGB 249 513 ff; Schmerzensgeld BGB 253 14; Spätfolge; Schmerzensgeld BGB 253 100 ff; Steuererklärung BGB 249 518; Tinnitus BGB vor § 249 108 ff; Tod BGB 844 3 ff; StVG **10** 7 ff; Umfang der Ersatzpflicht StVG **11** 2 ff; Verbitterungsstörung BGB vor § 249 108d; Verletzung StVG **11** 3 ff; Verletzungsverdacht BGB vor § 249 111 ff; Vorschaden BGB 249 90b; Verminderung BGB 251 28; zeitlicher Zusammenhang BGB vor § 249 100, 102

Persönliches Erscheinen 4 8; 25 StVG 22
Persönlichkeitsrechtsverletzung; Schmerzensgeld; Vererbung BGB 253 31c; BGB 253 17a, 31 ff
Pfändung s Vollstreckung; Hinterbliebenengeld BGB 844 256 f; Kapitalabfindung BGB 843 73 f
Pferde 28 7
Pflegekind; Hinterbliebenengeld BGB 844 142
Pflegekosten BGB 843 32 ff; s auch vermehrte Bedürfnisse; Verjährung StVG **14** 56; Vorteilsausgleich BGB 843 41
Pflegeversicherung VVG **86** 10
Pflichtuntersuchung 23 7
Pflichtverteidiger 21 StVG 10; 24a StVG 4; **69** StGB 20; 316 StGB 37a
PfP-Truppenstatut StVG **12b** 17; s auch Militär
Phantasiezeichen 39 10
Platz 10 4; Vorfahrt auf – **8** 2
Platzen; eines Reifens **1** 62
Platzsparend; parken 12 V
Pocketbike 21 StVG 4b
Police-Pilot-System 1 99; **4** 7
Polizei; Schadensvergrößerung BGB vor § 249 63; Selbstschädigung BGB vor § 249 59; Sonderrechte **35**; Zuständigkeit 44 II; 44 2; Weisungen von – **36**; – FE §§ **26**, 27 FeV
Polizeifahrzeuge; Sonderrechte 35
Porto BGB 249 253, 255 ff
Positive Vertragsverletzung StVG **16** 61; Anwaltskosten BGB 249 367; Rechtsanwaltskosten BGB 249 367
Positive Vertragsverletzung (pVV) StVG **16** 61
Posttraumatische Belastungsstörung (PTBS) BGB vor § 249 108b ff
Prämie; Abwrackprämie s Abwrackprämie; Rückstufung s SFR-Prämie; Versicherungsprämie s Versicherungsprämie; Verzug AuslPflVG **3** 14; Vorauszahlung AuslPflVG **5** 2 f
Priorität u Parklücke **12** 78
Privatbehandlung BGB 249 479 ff
Private Geschwindigkeitsmessung **3** 87; **26** StVG 2
Privatgelände 1 16
Privatgrundstück 1 16
Privatgutachten BGB 249 159
Privatinsolvenz VVG **103** 55 f; s auch Insolvenz, Vorsatz
Privatversicherung BGB 249 500; Berufsunfähigkeitsversicherung VVG **86** 13; Betriebsunterbrechungsversicherung

1801

Sachverzeichnis

fette Zahlen = §§ StVO

VVG 86 11; Forderungsausfallversicherung VVG 86 11; Gebäudeversicherung VVG 86 11; Hausratversicherung VVG 86 11; Insassenunfallversicherung VVG 86 16; Kaskoversicherung VVG 86 11; Krankentagegeldversicherung VVG 86 18 ff; Krankenversicherung VVG 86 3, 10; Lebensversicherung VVG 86 13; Pflegeversicherung VVG 86 10; Rabattschutzversicherung VVG 86 11; Rechtsschutz VVG 86 11; Reisegepäckversicherung VVG 86 11; Sterbegeldversicherung VVG 86 10; Summenversicherung VVG 86 13; technische Versicherung VVG 86 11; Transportversicherung VVG 86 11; Unfallversicherung VVG 86 13, 17; Verkehrsserviceversicherung VVG 86 11
Probefahrt 16 FZV; 1 StVG 6
Probezeit 2a StVG
Produkthaftung StVG 16 29; Airbag **StVG 16** 29
Profihelfer; Amateur **BGB vor § 249** 64; Schadenvergrößerung **BGB vor § 249** 63; Verletzung **BGB vor § 249** 59
Profiltiefe 23 11
Prognose; Arbeitslose **BGB 842** 49; Kind **BGB 842** 52 ff; Schätzungsbonus **BGB 842** 53; Verdienstausfall **BGB 842** 46a ff
Prognoserisiko; 130%-Grenze **BGB 249** 66, 76; Fiktivabrechnung **BGB 249** 76, 35a; Unmöglichkeit **BGB 251** 23
Propaganda 33
Provokation StVG 16 58; s auch Herausforderung; Deckung **BGB vor § 249** 73 ff; Gefahrsteigerung **BGB vor § 249** 58a, 65; Haftpflichtversicherung **BGB vor § 249** 74; Haftung **BGB vor § 249** 58 f, 70 ff; Insasse **BGB vor § 249** 72; Mitverantwortung **BGB 254** 222; Unfallversicherungsschutz **BGB vor § 249** 73; Verfolgerfall **BGB vor § 249** 65 ff; Versicherungsschutz **BGB vor § 249** 76; Vorsatz **BGB vor § 249** 74
Prozess s auch Direktklage; Antrag; Schmerzensgeld **BGB 253** 87 ff; anwaltlicher Vortrag **StVG 16** 4a; außergerichtliche Regulierung; Anerkenntnis **BGB vor § 249** 11; Beschwer; Schmerzensgeld **BGB 253** 88; Bestreiten; Kausalität **BGB vor § 249** 11; Beweisanforderung **BGB 252** 16; Bindungswirkung; Vorsatz **VVG 103** 7 ff; falscher Anspruchsgegner; Versicherungsnehmer **BGB vor § 249** 157; falscher Beklagte **StVG 14** 39 ff; Feststellungsinteresse; Haftungshöchstsumme **StVG 12** 30a; Feststellungsurteil; Rechtsvorgänger **BGB vor § 249** 280 f; Forderungsübergang **BGB vor § 249** 280 f; Gerichtsstandsvereinbarung; Teilungsabkommen **StVG 16** 74a; Haftungshöchstsumme **StVG 12** 29 ff; Manipulation **VVG 103** 36 ff; NATO-Truppenstatut **StVG 12b** 14; ne ultra petita; Prozess **BGB 253** 89; Prozess **BGB 253** 111a ff; Prozesskostenhilfe; Schmerzensgeld **BGB 253** 84 ff; Prozessverhalten; Schmerzensgeld **BGB 253** 45 ff; Rechtskraft; Adhäsionsverfahren **BGB 253** 111b; Rechtsmittelinstanz; Beschwer **BGB 253** 88; Schmerzensgeld **BGB 253** 99; Streitkräfte **StVG 12b** 14, 22; Teilklage; Schmerzensgeld **BGB 253** 95 ff; Urteilswirkung; Forderungsübergang **BGB vor § 249** 280 f; Verjährung **StVG 14** 36 ff; Verjährungseinwand **StVG 14** 64 ff; Rechtsmittelinstanz **StVG 14** 66; Verwirkung **StVG 15** 13 ff; Vorerkrankungsregister **BGB vor § 249** 23a; Vorsatz; Bindungswirkung **VVG 103** 7 ff; Streitgenossen **VVG 103** 58; Zinsen; Schmerzensgeld **BGB 253** 89
Prozessfinanzierung; Fahrerschutz-Versicherung (Fahrer-Kasko) **BGB vor § 249** 208a
Prozessionen 27 II
Prozesskosten BGB 249 428 ff; s auch Rechtsanwaltskosten; Finanzamt **BGB vor § 249** 217a
Prozesskostenhilfe; EU/EWR-FE **2 StVG** 52; Manipulation **VVG 103** 39; Verjährung **StVG 14** 36
Prüfbescheinigung; f Mofa u Krankenfahrstuhl **4 I**; **5 FeV**; – bei Fahrverbot **44 StGB** 12
Prüfplakette 29 II a–IV StVZO; 23 43
Prüfungsfahrt 2 14; 16 FZV; 1 StVG 6; 2 XV StVG
Psyche; Fahrerschutz-Versicherung (Fahrer-Kasko) **BGB vor § 249** 191; Körperverletzung **BGB vor § 249** 90 ff; Opferentschädigungsgesetz **BGB vor § 249** 221; Zurechnungszusammenhang **BGB vor § 249** 40 f
Punkte (kein Entfallen durch Erhöhung der Geldbuße) **28 StVG** 3
Punktehandel 4 StVG 37
Punkterabatt 4 StVG VII
Punktestand (Feststellungsklage) **4 StVG 7**
Punktsystem/Fahreignungs-Bewertungssystem; bei Entz d FE **4 StVG**
pVV s positive Vertragsverletzung (pVV)

Queren; einer Fahrzeugkolonne **6** 8, 283

magere Zahlen = Randnummern **Sachverzeichnis**

Quotenvorrecht BGB 254 311 ff; s auch Befriedigungsvorrecht, Forderungsübergang, Vorrecht; Abschleppkosten **BGB 254** 316; Arbeitnehmer **BGB 842** 6; Auslagenpauschale **BGB 254** 323; Beamter **BGB 842** 10 ff; Dienstherr **BGB 842** 10 ff; Drittleistungsträger **BGB 254** 328; Forderungsübergang **BGB vor § 249** 272; Opferentschädigungsgesetz **BGB vor § 249** 223; VVG **VVG 86** 9; Gutachterkosten **BGB 254** 316; Haftungshöchstsumme; Direktgeschädigter **StVG 12** 24 ff; Drittleistungsträger **StVG 12** 28; Sozialversicherung **StVG 12** 25 ff; Hinterbliebene **BGB 846** 11 ff; Drittleistungsträger **BGB 846** 12 f; Sozialversicherung **BGB 254** 13; **846** 13; Hinterbliebenengeld **BGB 844** 261; Hinterbliebener **BGB 254** 326 f, 330; Kaskoversicherung **BGB 249** 22; Mietwagen **BGB 254** 319; Nutzungsausfall **BGB 254** 319; Personenschaden **BGB 254** 325 ff; VVG **VVG 86** 74; Rechtsanwaltskosten **BGB 254** 320; Rückstufungsschaden **BGB 254** 321; Sachschaden **BGB 254** 312 ff; VVG **VVG 86** 73 f; Schadenversicherung **BGB 254** 324; Sozialversicherung **BGB 254** 329; Unterhaltsschaden **BGB 844** 56; Verdienstausfall **BGB 254** 322; VVG **VVG 86** 69 ff; Wertminderung **BGB 254** 316

Rabatt BGB 249 35b, 135 f, s auch Schadenfreiheitsrabatt; Leasing **BGB 249** 143; Neuwagen **BGB 251** 9a, 20; Reparatur **BGB 249** 80; Totalschaden **BGB 249** 135 f

Rabattschutzversicherung; Forderungsübergang **VVG 86** 11; Versicherungsprämie **BGB 249** 331

Radarfalle; Beschädigung **BGB 249** 249
Radarfotos 3 93b
Radarpistole 3 94b
Radarverfahren 3 92 f
Radarwarngeräte 3 92a; **16** 10; **23** 22b; **23 I b**
Radfahrende Kinder 2 V; 2 58
Radfahrer s auch Fahrrad; **2 IV, V; 2** 55; **9 II, III; 9** 25; **10** 4; **16** 5; **17 IV; 23 II, III; Z** 237; -Verband **27**; Fahrunsicherheit **316** 25; Überholen **5** 1; unbeleuchtet (Haftung) **17** 22
Radkappen 23 12
Radstand 3 46
Radverkehrsführung 9 II 25; **39 V**
Radweg 2 IV, V; 2 20, 54; **9** 35 f; – f Mofa **41 II 5**
Räumpflicht 45 13

Rausch s Vollrausch, pathologischer –
Rauschmittel BGB 254 216; **316 StGB** 27; s auch Alkohol; Fahrerschutz-Versicherung (Fahrer-Kasko) **BGB vor § 249** 194; Mitverantwortung **BGB 254** 22 ff
Rauschmittel 316 StGB 27
Reaktionszeit 1 52 ff; **3** 14
Rechercheaufwand; Ersatzfähigkeit **BGB 843** 45
Recht; Anwendbarkeit **StVG vor § 10** 3; **StVG 12** 33; Rechtsänderung **StVG vor § 10** 1; **StVG § 12** 1 f.; Spätfolgen **StVG vor § 10** 4; Unfallzeitpunkt **StVG vor § 10** 3; verzögerte Umsetzung **StVG 12** 3
Rechtmäßiges Alternativverhalten BGB vor § 249 27 f
Rechtsabbiegen 9 32
Rechtsänderung StVG vor § 10 1 ff; anwendbares Recht **StVG vor § 10** 5 f; Haftungshöchstsumme **StVG 12** 2 ff, 35 ff; Hinterbliebenengeld **StVG 10** 18b; Schmerzensgeld **StVG 11** 4 f; Staatshaftung **StVG 12** 4
Rechtsanwalt; Aktenauszug **BGB 249** 407 ff; Beratungsfehler; Schmerzensgeld **BGB 253** 70; eigener Sache **BGB 376 f**; Fehler **BGB 249** 364; **253** 70; Freistellungsanspruch **BGB 249** 365; Korrespondenz **BGB 249** 362; Vortragslast **StVG 16** 4a
Rechtsanwaltskosten BGB 249 362 ff; s auch Anwalt s auch Prozesskosten; Abtretung; Gebührenanspruch **BGB 249** 377a; **BGB 249** 378 ff; Gebührenanspruch **BGB 250** 16; Aktenauszug **BGB 249** 407 ff; Anwaltswechsel **BGB 249** 383 f; Arbeitgebers **BGB 249** 369, 380; Behörde **BGB 249** 370, 380; Deckungszusage **BGB 249** 404; dieselbe Angelegenheit **BGB 249** 394 ff; Drittleistungsträger **BGB 249** 380; einfacher Sachverhalt **BGB 249** 372; Einigungsgebühr **BGB 249** 388 f; Ersatzgrundsätze **BGB 249** 366 ff; Freistellungsanspruch **BGB 250** 14; Geschäftsgebühr **BGB 249** 385 ff; Haftungshöchstsumme **StVG 12** 14; Hauptforderung **BGB 249** 405; Höhe **BGB 249** 381 ff; Leasing **BGB 249** 148, 371; mehrere Mandanten **BGB 249** 398; Mehrwertsteuer **BGB 249** 401 f; Quotenvorrecht **BGB 249** 320; Rechtsnachfolge **BGB 249** 378 ff; Reisekosten **BGB 249** 430; Sozialversicherung **BGB 249** 369, 380; Streitwerterhöhung **BGB 249** 406; Verkehrsopferhilfe (VOH) **BGB vor § 249** 230; Versicherer des Mandanten

1803

Sachverzeichnis

fette Zahlen = §§ StVO

BGB 249 403 f; Zivilprozess BGB 249 429 f
Rechtsbeschwerde 25 StVG 19
Rechtsfahrgebote 2 I, II; 2 25; Verletzung durch Vorfahrtsberechtigten 8 57 f; bei drei Leitlinien **42 VI**, Z 340; f Lkw **42 VI**; Verkehrsgefährdung **315c StGB** 27
Rechtsgrundlage, Messfoto u Messvideo **Einführung** Rn 47e
Rechtsgutverletzung BGB vor § 249 77 ff; Arbeitgeber **BGB vor § 249** 85; Bagatelle **BGB vor § 249** 94 f; Eigentum **BGB vor § 249** 81 ff; Gesundheitsverletzung **BGB vor § 249** 88; Bagatelle **BGB vor § 249** 94 f; Begriff **BGB vor § 249** 88; psychischer Schaden **BGB vor § 249** 92; Gewerbebetrieb **BGB vor § 249** 82, 84 ff, 294; Halteverbot **BGB vor § 249** 83; Körperverletzung; Bagatelle **BGB vor § 249** 94 f; Begriff **BGB vor § 249** 89; psychischer Schaden **BGB vor § 249** 90 ff; Nasciturus **BGB vor § 249** 113 ff; Personenschaden **BGB vor § 249** 87 ff; psychischer Schaden **BGB vor § 249** 90 ff; Rechtsgüter **StVG vor § 10** 12; Sachschaden **BGB vor § 249** 78 f; 249 12 ff; Stromzufuhr **BGB vor § 249** 86; Übersicht **StVG vor § 10** 12; Verletzungsverdacht **BGB vor § 249** 109 ff; Personenschaden **BGB vor § 249** 111 ff; Sachschaden **BGB vor § 249** 109 f; Verlust von Wertgegenstände **BGB vor § 249** 80
Rechtshandlung des Geschädigten; Regulierungsquote **VVG 86** 50 ff
Rechtshängigkeit; Rechtsnachfolge **BGB vor § 249** 281
Rechtskrafterstreckung AuslPflVG 6 19 f
Rechtsmittel; gegen Verwarnung **26a StVG** 19
Rechtsnachfolge; Rechtsgutverletzung; Nachweis **BGB vor § 249** 96 f; Urteilserstreckung **VVG 86** 52
Rechtsschutz 2 StVG 1b; 4 StVG 32; s auch Eilrechtsschutz u vorläufiger Rechtsschutz; Manipulation **VVG 103** 39
Rechtsschutzversicherung 2 **StVG** 1b; 4 **StVG** 32; **25a StVG** 1; Deckungszusage **BGB 249** 404; Erfüllungsgehilfe **BGB 254** 286; Forderungsübergang **VVG 86** 11; Mitverantwortung **BGB 249** 364; Schadenversicherung **VVG 86** 11
Rechtsüberholen 5 VII; 5 57 ff; **7 III S 1; 7** 11, 16 f; Z 297
Rechtswirksamkeit v Verkehrszeichen **8** 25; **39** 8, 9a; **45** 4
Reduktionsfaktor 316 StGB 8
Reduziertes Körpergewicht 316 StGB 8
Reflexschaden BGB vor § 249 46, 145 ff
reformatio in peius 69 StGB 19
Regen; Beleuchtung **17 III; 17** 13
Regress; Ausschluss **VVG 86** 90 ff; Haftpflichtversicherung; Angehörigenprivileg **VVG 86** 139 ff; Verjährung **StVG 14** 21
Regressausschluss s Angehörigenprivileg
Regulierung s auch Regulierungsvollmacht
Regulierungsaktion; gemeinsame **BGB vor § 249** 238 ff
Regulierungsfrist BGB 249 440 ff
Regulierungskosten BGB 249 348 ff
Regulierungsvollmacht s auch Regulierung
Reha-Management BGB 249 513 ff; s auch Körperschaden
Reifen s Bereifung, Platzen eines –
Reinlichkeit 32
Reisegepäckversicherung VVG 86 11
Reiserücktrittsversicherung VVG 86 13
Reißverschlussverfahren 7 V; 7 19
Reiter 2 4; **27 IV; 28 II; 28** 10 f; Z 239
Reklame 33
Rennen; Definition **29** VwV zu Abs 1 I Rn 1
Rennpferde 2 82
Rennradfahrer 2 54a
Rennveranstaltungen 29
Rente s auch Haftungshöchstsumme, Schmerzensgeld; Geldrente s Geldrente; Hinterbliebenengeld **BGB 844** 242; Höchstgrenze **StVG 13** 1
Rentenbeitragsersatz BGB 842 133 ff; s auch Beitragsregress; Aktivlegitimation **BGB 842** 151 f, 155 f; Angehörigenprivileg **BGB 842** 124; **VVG 86** 99; Behindertenwerkstatt **BGB 842** 42 f; Beitragszahlung **BGB 842** 160; beschützende Werkstatt **BGB 842** 148; Deckung **BGB 842** 138; Entschädigungsfond **BGB 842** 138; Erfüllung **BGB 842** 157, 162 ff; fehlerhafter Regress **BGB 842** 158 f; Forderungsübergang **BGB 842** 165; Mithaftung **BGB 842** 154, 156 f; als Pflichtbeitrag **BGB 842** 166 f; Regressbefugnis **BGB 842** 140; Regulierungsvollmacht **BGB 842** 153; Versicherungsschutz **BGB 842** 125; Volumen **BGB 842** 145 ff; Voraussetzungen **BGB 842** 139 ff
Rentenberater; Kostenersatz **BGB 249** 353
Rentenminderung s Verdienstausfall
Rentenzahlung BGB 843 60 ff; s auch Geldrente
Reparatur; 130%-Grenze; außerhalb Kfz **BGB 251** 33; **BGB 249** 65 ff, 71; gewerb-

liche Nutzung **BGB 249** 67; Integritätsinteresse **BGB 249** 68 ff; konkrete Abrechnung **BGB 249** 67; Oldtimer **BGB 249** 81; unreparierte Weiternutzung **BGB 249** 73; Abschleppkosten **BGB 249** 260 ff; Absichtserklärung **BGB 249** 70; Abweichung **BGB 249** 32; Ausland **BGB 249** 102; Besichtigung **BGB 249** 549 f; Bestätigungskosten **BGB 249** 156 f; Billigreparatur **BGB 249** 34a; Dispositionsfreiheit **BGB 249** 30; fachgerechte Reparatur **BGB 249** 62, 65; Fälligkeit **BGB 249** 72; Gebrauchtteile **BGB 249** 79; Gewerbe **BGB 249** 67; gleichwertige Reparaturmöglichkeit **BGB 249** 37 ff; höhere Gutachtensschätzung **BGB 249** 34a; Integritätsinteresse **BGB 249** 68 ff; Kostenübernahmeerklärung **BGB 249** 85, 434 ff; Kostenvoranschlag **BGB 249** 164 ff; Leasing **BGB 249** 143; Lohnnebenkosten **BGB 249** 31; Mehrfachkollision **BGB 249** 86; Mehrwertsteuer **BGB 249** 50 ff; mehrwertsteuerfreie Leistung **BGB 249** 307; Mischen Impossible **BGB 249** 311; Nebenkosten **BGB 249** 249 ff; Notreparatur **BGB 249** 83; Opfergrenze **BGB 249** 81; Prognoserisiko **BGB 249** 66, 76; Qualität **BGB 249** 58; Rabatt **BGB 249** 80; Reparaturaufwand unterhalb Wiederbeschaffungsaufwand (4. Stufe) **BGB 249** 47 ff; Reparaturaufwand zwischen Wiederbeschaffungsaufwand und Wiederbeschaffungswert **BGB 249** 53 ff; Reparaturkosten über 130% Wiederbeschaffungswert **BGB 249** 75 ff; Reparaturnachweis **BGB 249** 157; Sechs-Monats-Frist **BGB 249** 56, 68; Selbstreparatur s Selbstreparatur; Smart-Repair **BGB 249** 37; Sonderkondition **BGB 249** 101; Stufenmodell (BGH) **BGB 249** 38 ff; Stundenverrechnungssatz **BGB 249** 91 ff; Teilreparatur **BGB 249** 55 ff, 71 ff; Totalschaden **BGB 249** 24 ff; unfallfremde **BGB 249** 169; unfallfremder Schaden **BGB 249** 28, 84; unreparierte Weiternutzung **BGB 249** 73; unverzügliche Auftragserteilung **BGB 249** 82, 198; UPE-Zuschläge **BGB 249** 103 ff; Veräußerung **BGB 249** 50 ff, 61 ff, 74; Verbringungskosten **BGB 249** 103 ff; Vorschaden **BGB 249** 86 ff; Weiternutzung **BGB 249** 55 ff; s Weiternutzung; Werkstattrisiko **BGB 249** 66, 76; Wertminderung **BGB 249** 107b ff; Wertverbesserung **BGB 249** 106 f

Reparaturaufwand (RA); Abgrenzung Totalschaden; Mietwagen **BGB 249** 43; Minderwert **BGB 249** 43; Nutzungsausfall **BGB 249** 43; Vermessungskosten **BGB 249** 43; Begriff **BGB 249** 42; Stufen **BGB 249** 46 ff

Reserverad 23 11
Reserveursache BGB vor § 249 24 ff; 252 4a
Resorption; d Alkohols **316 StGB** 5, 23
Restalkohol 316 StGB 29c; **24a StVG** 10; **25 StVG** 12a
Restwert BGB 249 41; s auch Totalschaden; günstigere Verwertung **BGB 249** 128; Gutachten **BGB 249** 121a ff; Internet-Angebot **BGB 249** 130; Kaskoversicherung **BGB 249** 21a; Marktforschung **BGB 249** 129; Regionalmarkt **BGB 249** 123; Tankfüllung **BGB 249** 262; Totalschaden **BGB 249** 121a ff; Veräußerung **BGB 249** 126 ff; Vergleichsangebote **BGB 249** 124; Weiternutzung **BGB 249** 77, 134
Retroreflektierende Warntafeln 17 17
Rettungsdienst 35 V a; 35 9
Rettungskosten BGB 249 458 ff
Reue; tätige – **142 IV**; **315b StGB** 16
RiBA s Richtlinie
Richtgeschwindigkeit Z 380; auf Autobahn **3** vor 1; **3** 59; **18** 17, 31b
Richtlinie s auch 2. KH-Richtlinie, 3. KH-Richtlinie, 4. KH-Richtlinie, 5. KH-Richtlinie, EU-Richtlinie 2009/103/EG
Richtlinie 2011/82/EU 27 StVG; s auch Halterdatenaustausch
Richtlinien; f d Blutentnahme **316 StGB** 40
Richtungspfeile 7 13; **9** 51; **12** 28; **Z** 297
Richtungszeichen 5 IV a; 7 IV; 9 I; 9 10, 40; **10 S 2; 10** 16; **Z** 306; irreführendes – **8** 63; **9** 40
Richtzeichen 39; **42**
Risikoabschlag; Verdienstausfall **BGB 842** 45a
Risikozuschlag BGB 249 35a
Rodeln 31 7
Rodelschlitten 2 3; **24**; **16 II StVZO**
Roller 2 4; **24** 1, 3; **16 II StVZO**
Rollschuhe 24 3
Rollstuhlfahrersymbol unter **Z** 286; **12 IV b** 16, 85; **Z** 314
Rosa Grenzversicherungspolice s AuspflVG
Rot s Lichtzeichenverkehr; **37** 17, 31
Rotes Kennzeichen 16 FZV; 1 StVG 6; **22 StVG** 5
Rotlichtüberwachung 37 17, 31
Rotlichtverstöße 37

1805

Sachverzeichnis

fette Zahlen = §§ StVO

Rückforderung; Angehörigenprivileg VVG 86 146 ff; Verjährung StVG 14 63, 24b; Vorbehalt **BGB vor** § 249 296; 249 37b; Vorsatz **VVG** 103 49a
Rückrechnung 316 StGB 14
Rückschaupflicht 5 35; 9 I S 4; 9 22 f
Rücksichtnahme 3 II a; 3 50 f
Rücksichtslos 315c StGB 19
Rückspiegel 23 13
Rückstrahlende Mittel 17 4, 17; an Ladung 22 **IV**
Rückstufung s SFR-Verlust
Rücktritt; Vorversicherung **AuslPflVG** 3 12 f, 21
Rückwärtsfahren 9 V; 9 67; **18 VII**; 18 19, 21; Parkplatz **1** 3
Rückwirkung; echte StVG vor § 10 3; Spätfolge **StVG vor** § 10 6; unechte **StVG vor** § 10 4
Rückwirkungs-Verbot (-Gebot) StVG vor § 10 2 ff
Ruhender Verkehr 1 9; **12** 1, 3
Ruhezeiten 2 61

Sabotageakt BGB vor § 249 56
Sachfolgeschaden BGB 254 316 ff
Sachschaden BGB 249 11 ff; **StVG vor** § **10** 4, 13; s auch Baum, Gutachten, Neuwagen, Rechtsgutverletzung, Reparaturkosten, Tier, Totalschaden, Vorschaden; 130%-Grenze; außerhalb Kfz **BGB 251** 33; Abrechnung; Gutachten **BGB 249** 34; Kostenvoranschlag **BGB** 249 34; Rechnungsvorlage **BGB** 249 34a; Anspruchsgegner **BGB** 249 11; Arbeitgebererstattung **BGB vor** § 249 170 ff; 249 11; Aufschlag; Begutachtung des Ersatzwagens **BGB** 249 139; Totalschadenaufschlag **BGB** 249 138; Untersuchungskosten **BGB** 249 138; Wiederbeschaffungspauschale **BGB** 249 138; Begriff **BGB** 249 12 ff; Besichtigung **BGB** 249 35; Brutto-Netto-Vergleich **BGB** 249 44 f; Ersatzbeschaffung s Ersatzbeschaffung; Fahrerschutz-Versicherung (Fahrer-Kasko) **BGB vor** § 249 199; Fahrzeugschaden **BGB** 249 18 ff; Fiktivabrechnung **BGB** 249 29b ff; Finanzamt **BGB vor** § 249 217; Forderungsübergang **BGB vor** § 249 267 f; Gebäudeschaden s Gebäudeschaden; Geldersatz **BGB 250** 1; Gutachten **BGB** 249 34 ff; Haftungshöchstsumme **StVG 12** 5, 10c; Nebeneinander **StVG 12** 10f; Kaskoversicherung **BGB vor** § 249 199; Katalogware s Katalogware; Kfz; Sonderaspekte **BGB** 249 12a; Kleidung **BGB** 249 270 ff; Naturalrestitution **BGB** 250 4;

Nebenkosten **BGB** 249 138 ff, 249 ff; Abwrackprämie **BGB** 249 133; Begutachtung des Ersatzwagens **BGB** 249 139; Entsorgungskosten **BGB** 249 132; Ersatzfahrzeugbeschaffung **BGB** 249 140; Neuwagen **BGB 251** 5 ff; Nothilfe **StVG 16** 54; Quotenvorrecht **BGB 254** 312 ff; Rechnung **BGB** 249 34a; Rechtsgutverletzung **BGB vor** § 249 78 f; 249 12 ff; Schadennachweis **BGB** 249 548 ff; Tier **BGB** 249 286 ff; 251 36; Tod **StVG 10** 8 f; **12** 5; Totalschaden-Reparaturkosten; Vergleich **BGB** 249 43; Tötung **StVG 10** 8; Unfallversicherung, gesetzliche **BGB vor** § 249 172; 249 11; Unikat **BGB** 249 8; **251** 18, 22; vergebliche frühere Aufwendungen **BGB** 249 37a; Verletzungsverdacht **BGB vor** § 249 109 f; Vorteilsausgleich **BGB** 249 274
Sachlich-räumlicher Geltungsbereich 1 13 ff
Sachversicherung VVG 86 11
Sachverständigenbeweis 286/287 ZPO 11 ff
Sachverständiger amtlich anerkannter bei Blutalkoholbestimmung **316 StGB** 7, 16, 17; s auch Schadenersatz – Gutachten, Gutachterkosten, Schadenersatz – Sachverständiger; Erfüllungsgehilfe **BGB 254** 286; Haftung **BGB** 249 167 ff; **StVG 16** 65; Vertrag mit Schutzwirkung für Dritte **StVG 16** 65; Vertragshaftung **StVG 16** 65
Samstag/Sonnabend 39 19b; FerienreiseVO **1** I
Sanitäter; Schadenvergrößerung **BGB vor** § 249 63; Verletzung **BGB vor** § 249 59
Sattel-Kfze 3 VwV; **41** Z 262
Schachtdeckel; Parkverbot über – **12 III** 7; **12** 52
Schadenanzeige; Verwirkung **StVG 15** 4
Schadenausgleich; Abrechnung **BGB 249** 29 ff; Fiktivabrechnung **BGB 249** 30 ff
Schadenersatz BGB vor § 249 76 ff; s auch Aufwendungsersatz, Beerdigungskosten, entgangene Dienste, Entschädigung, Erbe, Fernwirkungsschaden, Haushaltsführungsschaden, Heilbehandlung, Hinterbliebenengeld, Hinterbliebene, mittelbarer Schaden, Sachschaden, Schmerzensgeld, Schockschaden, Unterhaltsschaden, Verdienstausfall, vermehrte Bedürfnisse; Abrechnung **BGB** 249 29 ff; Alternativen **BGB** 249 15; Anspruchsgegner **BGB vor** § 249 151 ff; 249 11; Anspruchsgrundlage **StVG 16** 1 ff; Beerdigungskosten s Beerdigungskosten; Dif-

1806

ferenzhypothese **BGB vor** § 249 76b ff; Dispositionsfreiheit **BGB** 249 14; einstweiliger Rechtsschutz **BGB vor** § 249 149 f; entgangene Dienste s entgangene Dienste; Entwertungsschaden **BGB** 844 49; Erforderlichkeit **BGB** 249 10; Erfüllungsinteresse **BGB vor** § 249 76c; Europäische Union **BGB vor** § 249 76a; Fälligkeit **BGB vor** § 249 148a; Geldersatz **BGB** 250 1; Geldrente **BGB** 843 60 ff; Haftungsnorm **BGB vor** § 249 76; Haushaltsführungsschaden s Haushaltsführungsschaden; Heilbehandlungskosten s Heilbehandlungskosten; immaterieller Schaden **BGB vor** § 249 77a, 87; 253 3; Affektionsinteresse **BGB** 253 29; Ersatzfähigkeit **BGB** 253 4; Freizeit **BGB** 253 30; Verzögerungsrüge (§ 198 GVG) **BGB** 253 109 f; Körperschaden s Körperschaden; materieller Schaden **BGB vor** § 249 77a, 87; Mehrwertsteuer **BGB vor** § 249 302 ff; Neuwagen **BGB** 251 5 ff; Rente **StVG** 12 20 ff; 13 1; Sachschaden s Sachschaden; Schadenersatznorm **BGB vor** § 249 76; Schockschaden s Schockschaden; Tod; berechtigter Personenkreis **StVG** 10 15; Übersicht **StVG** 10 13; Übersicht **BGB vor** § 249 76; **StVG vor** § 10 13; Tod **StVG** 10 13; Verletzung **StVG** 11 3 ff; Umfang **StVG vor** § 10 13; Unterhaltsschaden s Unterhaltsschaden; Verdienstausfall s Verdienstausfall; vergebliche frühere Aufwendungen **BGB** 249 37a; Verletzung **StVG** 11 3 ff; Übersicht **StVG** 11 3 ff; vermehrte Bedürfnisse s vermehrte Bedürfnisse; Vorschuss **BGB vor** § 249 149 f; Zins **BGB** 849 10 ff

Schadenersatzpflicht s auch Fahrerhaftung, Halterhaftung, Nutzerhaftung

Schadenersatzpflichtiger; Anspruchsbegrenzung; Deckung **BGB vor** § 249 154; Forderungserlass **BGB vor** § 249 155; Haftungshöchstsumme **BGB vor** § 249 153; Inanspruchnahme **BGB vor** § 249 152 ff

Schadenfreiheitrabatt BGB vor § 249 182; s auch Rabatt; Fahrerschutz-Versicherung (Fahrer-Kasko) **BGB vor** § 249 182; Massenunfall **BGB vor** § 249 248

Schadenminderung BGB 254 264; Arbeitskraftverwertung **BGB** 842 83 ff, 130; Arbeitsplatzverlust **BGB** 842 89 ff; Haushaltsführung **BGB** 842 83, 130; Hinweispflicht **BGB** 254 265 f; Kreditaufnahme **BGB** 254 267; Kündigungsschutzklage **BGB** 842 90; medizinische Maßnahme **BGB** 254 269 ff; Obliegenheiten **BGB** 254 265 ff; Teilzeitarbeit **BGB** 842 84; Umschulung **BGB** 842 86; Unterhaltsschaden **BGB** 844 57; Verdienstausfall **BGB** 842 73 f, 82 ff; Beamte **BGB** 842 10a; Kind **BGB** 842 54; vermehrte Bedürfnisse **BGB** 843 53 f; Weiterbildung **BGB** 842 86; Weltanschauung **BGB** 254 273 ff; Zurechnung **BGB** 254 295 f

Schadenminderungspflicht BGB 254 264; Arbeitskraftverwertung **BGB** 842 83 ff, 130; Arbeitsplatzverlust **BGB** 842 89 ff; Haushaltsführung **BGB** 842 83, 130; Hinweispflicht **BGB** 254 265 f; Kreditaufnahme **BGB** 254 267; Kündigungsschutzklage **BGB** 842 90; medizinische Maßnahme **BGB** 254 269 ff; Obliegenheiten **BGB** 254 265 ff; Teilzeitarbeit **BGB** 842 84; Umschulung **BGB** 842 86; bei Unterhaltsverlust **BGB** 844 57; bei vermehrten Bedürfnissen **BGB** 843 53 f; Weiterbildung **BGB** 842 86; Weltanschauung **BGB** 254 273 ff; Zurechnung **BGB** 254 295 f

Schadennachweis BGB 249 548 ff; Belege **BGB** 249 551 ff; Fälligkeitsvoraussetzung **BGB** 254 277

Schadenrechtsänderungsgesetz StVG vor § 10 1

Schadenregulierungsstelle StVG 12b 10; s auch Militär

Schadensregulierungsbeauftragte AuslPflVG vor § 1 17

Schadenvergrößerung BGB vor § 249 62 ff; Drittleistungsträger **BGB vor** § 249 162; Unfallstelle **BGB vor** § 249 62 ff

Schadenversicherung VVG 86 7 ff; Leistungsfreiheit **VVG** 86 79 ff

Schädiger; Anspruchsgegner **BGB vor** § 249 152

Schädigermehrheit s auch Tätermehrheit

Schädigung 1 73

Schätzung d Geschwindigkeit **3** 77; **BGB** 249 250, 448 ff; Haushaltsführungsschaden **BGB** 842 115; höhere **BGB** 249 34; Tabellen **BGB** 249 450 ff; Verdienstausfall **BGB** 252 3 f, 6 ff

Schafherde 28 VwV zu Abs 1 III Rn 3

Schallzeichen; bei Überholen **5** V; bei Gefährdung anderer **16**

Schattenwirtschaft s Schwarzarbeit

Schätzung BGB 249 250, 448 ff; Haushaltsführungsschaden **BGB** 842 115; höhere **BGB** 249 34a; Substantiierung

1807

Sachverzeichnis

fette Zahlen = §§ StVO

BGB 252 7, 11; Tabellen BGB 249 450 ff; Verdienstausfall BGB 3 f, 6 ff
Schätzungsbonus; Prognose BGB 842 53
Schaublatt 3 74, 120
Scheinselbständiger BGB 842 58 ff
Schieben; v Fahrrädern 23 II; v Fzen 25 II; v Fahrrädern u Kleinkrafträdern auf gesperrten Straßen 41 Z 250; unter Alkohol 316 StGB 22
Schiedsklausel; Teilungsabkommen StVG 16 74b
Schienenbahn; Vorrang in Längsrichtung 2 III; 2 50 f; Überholen einer – 5 VII; 5 67; Abbiegen 9 I S 3, III; 9 19a, 37; Vorfahrt 19 6 ff; 37 II 1; Z 201; Schutz gegen Gefährdung 315d StGB; s auch „Bahnübergang"
Schiffsführer; Fahrunsicherheit 316 StGB 25a; – auf Binnenschifffahrtstraßen 24a 1
Schilderbrücken 5 58
Schleppen 23 26
Schleuse s Straßenverkehrsschleuse
Schlitten s auch Rodelschlitten; als Fahrzeug 2 3, 24
Schlussbeleuchtung 15 7
Schlusssturztrunk 316 StGB 23, 29
Schmalspurbahn 19 3
Schmerzensgeld BGB 253; StVG 11 4 f; Adhäsionsverfahren BGB 253 111a ff; Affektionsinteresse BGB 253 29; Anspruchsbegrenzung nach § 110 SGB VII BGB 253 12 f; anwendbares Recht StVG 11 5; Arbeitsunfall BGB 253 9 ff; Asylbewerber BGB 253 77; Aufopferung BGB 253 4a; Ausgleichsfunktion BGB 253 18 ff; Ausländer BGB 253 58 ff; Auslandsbezug BGB 253 115 f; Bagatelle BGB 253 26 ff; Beleidigung BGB 253 31; Bemessung BGB 253 16 ff; Beratungsfehler BGB 253 70; Berufung BGB 253 99; Betreuerbezahlung BGB 253 75; Billigkeitshaftung BGB 253 33; Datenschutz BGB 253 31d; Doppelfunktion BGB 253 16; Drogenabhängigkeit BGB 253 15; Erbe BGB 253 20, 113; Erbmasse BGB 253 76; Erlöschen geistiger Funktion BGB 253 21; Fahrerschutz-Versicherung (Fahrer-Kasko) BGB vor § 249 200; Festsetzung BGB 253 89; Feststellungsklage BGB 253 91; Feststellungsurteil BGB 253 92; Freizeitgestaltung BGB 253 30; Gaffer BGB 253 77a f; Gebührenstreitwert BGB 253 93; Gefährdungshaftung BGB 253 34; Gefälligkeitsverhältnis BGB 253 44; genetische Informationen BGB 253 31a; Genugtuungsfunktion BGB 253 32 ff; geringfügige Verletzung BGB 253 28; gestörte Gesamtschuld BGB 253 43; GoA StVG 16 47; Grundsicherung BGB 253 74; Grundurteil BGB 253 90; Gütergemeinschaft BGB 253 68; Haftungsausschluss BGB 253 6 ff; Haftungseinheit BGB 253 43; Halter im eigenen Fahrzeug BGB 253 41; Hinterbliebenengeld BGB 844 88, 112 f; Höhe; Ausgleichsfunktion BGB 253 16; Genugtuungsfunktion BGB 253 16; Insolvenz BGB 253 80 ff; Klageantrag BGB 253 87 ff; Mitverantwortung BGB 253 88; ne ultra petita BGB 253 88; Personenschaden BGB 253 14; Persönlichkeitsrechtsverletzung BGB 253 17a, 31 ff, 31c; Prozess; Beschwer BGB 253 88; Prozessuales BGB 253 84 ff; Prozessverhalten BGB 253 45 ff; Rechtsänderung StVG 11 4 f; Schadensminderung BGB 253 39; Schädigermehrheit BGB 253 16a, 35; Schmerzensgeldrente BGB 253 61 ff, 94 f; Anpassung BGB 253 65 ff; Aufteilung BGB 253 94; Insolvenz BGB 253 67a, 80 ff; Kapitel BGB 253 64; Kindergeld BGB 253 81a; Lebenserwartung BGB 253 66; Steuer BGB 253 62; Schockschaden BGB vor § 249 123 ff; 253 69; Schuldunfähigkeit BGB 253 42, 111c; Sozialhilfe BGB 253 71 ff; 844 263; Spätfolge BGB 253 100 ff; Steuer BGB 249 528; 253 81; Schmerzensgeldrente BGB 253; Stichtagsschmerzensgeld BGB 253 96; Strafverfahren BGB 253 53 ff; Anrechnung BGB 253 54; Teilklage BGB 253 95 ff; Tier BGB 253 78 f; Tierhalter BGB 829 292; Tod StVG 10 9; Übergangsregelung BGB 253 1; Überlebenszeit BGB 253 19 f; Unfall nach 1.8.2002 BGB 253 1; Unfall vor 1.8.2002 BGB 847 1; Vererbung BGB 253 20; Verjährung BGB 253 104; Verkehrsopferhilfe (VOH) BGB vor § 249 230; 253 82 f; Verletzung; StVG StVG 11 4 f; vermehrte Bedürfnisse BGB 843 6; Vermögen BGB 253 71 ff, 84 f; Verschuldensgrad BGB 253 32 ff; Versichertengemeinschaft BGB 253 17; Versicherungsschutz BGB 253 57a; Verzögerung BGB 253 45 ff; Verzögerungsrüge BGB 253 109 f; Verzugszinsen BGB 253 105 ff; Vollstreckung

magere Zahlen = Randnummern

Sachverzeichnis

253 111; Voraussetzungen **BGB 253** 14; Vorsatz **BGB 253** 36; Vorschaden **BGB 253** 22 ff; Wohngeld **BGB 253** 74; Zinsen **BGB 253** 73; Zugewinnausgleich **BGB 253** 68
Schmerzensgeldrente BGB 253 61 ff; Aufteilung **BGB 253** 94
Schneefall; Beleuchtung bei – **17 III; 17** 11; Geschwindigkeit bei – **3** 37
Schneeketten 3 IV; 3 70
Schneematsch 2 96
Schneiden eines Überholten **5** 38
Schockschaden BGB vor § 249 122a ff; **844** 70; **StVG 10** 18; **11** 3; s auch Fernwirkungsschaden; Angehörigenschmerzensgeld **BGB vor § 249** 124; Arbeitsunfall **BGB vor § 249** 136 f, 138; Begriff **BGB vor § 249** 125a; Beweis **BGB vor § 249** 133; Fahrerschutz-Versicherung (Fahrer-Kasko) **BGB vor § 249** 185; Familienangehörige **BGB vor § 249** 130; Hinterbliebenengeld **BGB vor § 249** 124; **844** 87 f, 112 f, 217 ff, 246 ff; Lebensrisiko **BGB vor § 249** 37, 123; Mittelbarer Schaden **BGB vor § 249** 123 ff; Mitverantwortung **BGB vor § 249** 134 f, 139; Nasciturus **BGB vor § 249** 122; Opferentschädigungsgesetz **BGB vor § 249** 221; Schmerzensgeld **BGB 253** 69; Tierhalter **BGB 249** 292; **253** 79; Verletzung **StVG 11** 3; Voraussetzungen **BGB vor § 249** 125 ff
Schrägbalken 37 III
Schrägparken 12 75, 60
Schranken 43 I
Schreckzeit 1 52, 58
Schriftzeichen auf Fahrbahn **42 VI 3**
Schrittgeschwindigkeit 3 69, 88; **20** 4; s auch Z 325.1 Erl Nr 1
Schrottfahrzeug 32 4
Schuldnermehrheit BGB 840 5 f, 28 ff s auch Gesamtschuld
Schülerlotsen 36 3; **42** Z 356
Schulbus; Sorgfaltspflicht **20 I a, 20** 1, 8–10; Warnblinklicht bei Halten **16 II**; -Haltestelle Z 224m Zusatz
Schuldanerkenntnis; deklaratorisch **VVG 103** 12; konstitutiv **VVG 103** 12
Schuldfähigkeit 316 StGB 30 ff; **323a StGB** 2; Vorsatz **VVG 103** 15, 22
Schuldnermehrheit BGB 840 5 f, 28 ff; s auch Gesamtschuld
Schuldnerschutz; Hinterbliebenengeld **BGB 844** 116
Schulklassen 27
Schulunfall BGB 254 32; **840** 49a

Schutz; d Nacht- u Sonntagsruhe **30, 45 I–I b**; – gefährdeter Straßen **45 II** mit VwV
Schutzbriefversicherer; Inanspruchnahme **BGB vor § 249** 177 f
Schutzbriefversicherung BGB vor § 249 177 f; Massenunfall **BGB vor § 249** 259
Schutzgesetz der StVO Vorbem StVO 4; **1** 4; **2** 1b; **5** 1; **12** 48; **14** 1; **16** 3; **21; 142 StGB** 3; **StVG 16** 3; Darlegungs- und Beweislast **StVG 16** 23
Schutzhelm 21a; 49 I 20a; s auch Fahrradkurier
Schutzkleidung BGB 254 245 ff
Schutzzweck der Norm; Haftung **BGB vor § 249** 38b; Kausalität **BGB vor § 249** 22, 38a, 123; **844** 208; Strafverfahrenskosten **BGB 249** 420; Zurechnungszusammenhang **BGB vor § 249** 36a
Schutzzweck von Vorschriften **Vorbem StVO** 3; **1** 4; **5** 25
Schwacke-Liste BGB 249 228 ff
Schwarzarbeit BGB 254 14; **842** 18, 70
Schwarzfahrer 7 StVG 23
Schwarzfahrt 7 StVG 23 ff; **StVG 16** 11; Halterhaftung **StVG 10** 7; **StVG 16** 11; **VVG 103** 26c, 48
Schwarztanken BGB 249 347
Schweigepflichtentbindung BGB 249 565
Schweigerecht Kfz-Halter (Österreich) s EMRK
Schweiz 316 StGB 1
Schwerbehinderte; Parkerleichterung **12 IV b** 85; **45 I b**; VwV zu **45; 46** VwV zu Abs 1 Nr 11 Rn 118 ff; **47 II 6a; 42 IV** Z 314 Nr 2 u 315 Nr 3
Schwerverkehr 29 III mit VwV zu Abs 3 Rn 79 ff; **30 III**
Segway 1 StVG 8
Sehvermögen 3 41; **2 StVG** 8; **12 FeV**
Seitenabstand 5 IV S 2; 5 14; **6** 6; **13** 11
Seitenstreifen 1 21; **2 IV**; VwV, 6 23, 89; **5 VI S 3; 5** 56, 59a; **12 IV; 12** 13; Z 223.1, 222.2, 223.3; 388
Sekundenschlaf 315c StGB 16
Selbständige; Drittleistung; Verdienstausfall **BGB 842** 79
Selbständiges Beweisverfahren s Beweisverfahren, selbständiges
Selbstaufopferung StVG 16 41c
Selbstbegünstigung 142 StGB 1
Selbstbehalt; Fahrerschutz-Versicherung (Fahrer-Kasko) **BGB vor § 249** 192
Selbstbeteiligung BGB 249 496 ff
Selbstbezichtigung 25a StVG 1a
Selbstgefährdung 21 StVG 16; **BGB 254** 212 ff

1809

Sachverzeichnis

fette Zahlen = §§ StVO

Selbsthilfegruppe; Ersatzfähigkeit **BGB 843** 44
Selbstjustiz BGB vor § 249 68
Selbstmord; Fahrerschutz-Versicherung (Fahrer-Kasko) **BGB vor § 249** 188; Vorsatz **VVG 103** 16; Zurechnungszusammenhang **BGB vor § 249** 41, 56
Selbstreparatur BGB 249 36; **251** 26; s auch Reparatur; Mehrwertsteuer **BGB 249** 311; Zeitaufwand **BGB 249** 358, 36b
Selbstschädigung s auch Nothilfe, Provokation; beruflicher Gefahrenkreis; Zurechnungszusammenhang **BGB vor § 249** 59; Gefahrsteigerung **BGB vor § 249** 58a, 65; Mitverschulden **BGB vor § 249** 60; Profihelfer **BGB vor § 249** 59; Provokation **BGB vor § 249** 58; Unfallversicherung, gesetzliche **BGB vor § 249** 61a, 172; Verfolgerfall **BGB vor § 249** 65 ff; Zeuge **BGB vor § 249** 59; Zuschauer **BGB vor § 249** 59
Selbsttötung BGB vor § 249 188
Sensen 32 II
SFR-Verlust s auch Versicherungsprämie; Arbeitnehmer **BGB 249** 332; Dienstherr **BGB 249** 332; Quotenvorrecht **BGB 254** 321
SGB VII s § 110 SGB VII
SGB X s § 116 SGB X, § 119 SGB X
Sicherheitsabzug; bei Geschwindigkeitsmessung **3** 82, 90; bei Rotlichtüberwachung **37** 31a
Sicherheitsgurt 21a
Sicherheitszuschlag 24a StVG 3b; **316 StGB** 22
Sicherstellung; d Führerscheins **21 StVG** 13; **94**, **111a III**, **450**, **463b StPO**
Sicherung; d Kfz beim Verlassen **14 II**; beim Liegenbleiben **15**; d Ladung **22 I**; v Verkehrshindernissen **32 I**
Sicherungseigentum; Fahrer; Mitverantwortung **StVG 16** 11a
Sicherungseinrichtungen Gebrauch aller − **23** 9 ff
Sicherungspflicht; d Grundeigentümers **10** 6; nach Liegenbleiben **15**; nach Unfall **34**; d Behörden **45** 11; eines Bergbahnunternehmens f Skipiste **31** 8
Sicherungsübereignung; Zurechnung Mitverschulden **9 StVG** 9b; **7 V** 25 ff
Sicht; freie − **23** I S 1; **23** 2
Sichtbarkeitsgrundsatz 3 75; **39** 15; **45** 14
Sichtbehinderung 4 11
Sichtweite; Fahren auf − **3** 4 ff; **18** 18; Feststellung d − **3** 48
Skate Board, Skater **24** 3

Skater BGB 254 246
Skilaufen 2 3; **31** 6–8
Smart-Repair BGB 249 37
Smog Z 270; **45 I c** 10a
Sofortmaßnahmen am Unfallort; **2 II** 6 **StVG**; **19 FeV**; **34**
Soldat s Streitkräfte
Sonderfahrstreifen 9 III S 2; **Z** 245
Sondernutzung 29 1, 1a, b; **12** 37; **30 II**; 46
Sonderopfer s Aufopferung
Sonderparkberechtigung f Anwohner VwV IX zu 45 I
Sonderrecht; Entschädigung **StVG 16** 40
Sonderrechte 35; s auch Blinklicht
Sonderwege 2 20; **41 Z** 237, 239, 241
Sonntagsfahrverbot 30 III, IV
Sorgfaltsmaßstäbe BGB 254 136
Sorgfaltspflichtverletzung 14 2 ff
Sowieso-Kosten BGB vor § 249 26d
Sozialhilfe; Angehörigenprivileg **VVG 86** 99; Hinterbliebenengeld **BGB 844** 263 ff; Schmerzensgeld **BGB 253** 71 ff; **844** 263; Verdienstausfall **BGB 842** 81
Sozialhilfeträger s auch Drittleistungsträger
Sozialrecht; Kausalität **BGB vor § 249** 3, 15 ff
Sozialversicherung s auch Drittleistung, Unfallversicherung; Anspruchsausschluss **BGB 254** 161 ff; Billigkeitshaftung **StVG 16** 25; Forderungserlass **BGB vor § 249** 155; GoA **BGB vor § 249** 61a; **StVG 16** 57; Nachweise **BGB 249** 555; Organisationsverschulden **StVG 14** 17a ff; Rechtsanwaltskosten **BGB 249** 369, 380; Regress **BGB vor § 249** 176; schweizerische **BGB 253** 115; Verjährung; Organisationsverschulden **StVG 14** 17 ff; Rechtsnachfolge **StVG 14** 20a; Regressabteilung **StVG 14** 19; vorsätzlicher Versicherungsfall **BGB 254** 69 f; Vorteilsausgleich **BGB 249** 499
Sozialversicherungsträger s auch Drittleistungsträger
Spätfolge; anwendbares Recht **StVG vor § 10** 6; **11** 5; Schmerzensgeld **BGB 253** 100 ff
Spätfolgen StVG vor § 10 6; anwendbares Recht **StVG § 10** 6; **StVG 11** 5; Schmerzensgeld **BGB 253** 100 ff
Speedcontrol 3 116
Sperre 69a I StGB
Sperrflächen 2 92; **41 Z** 298
Spiegelmessverfahren 3 104; **4** 8
Spiel 31

magere Zahlen = Randnummern

Sachverzeichnis

Spielstraße 31 VwV zu Abs 1 Rn 1; 31 3
Spikesreifen 23 11
Sport 31
Sportroller 24 1
Sportveranstaltung BGB 254 118
Sprinter (verkehrsrechtliche Einordnung) 1 StVG 8a
Sprintprüfungen 29 2
Spurwechsel 7 V 25 ff
Staat; Aufwendungsersatz AuslPflVG 6 10b
Staatshaftung; verzögerte Rechtsumsetzung StVG 12 4
Städtische (Wohn)Quartiere 45 I b Nr 2a
Stammrecht; Verjährung StVG 14 53 f
Ständiger Aufenthalt s ordentl Wohnsitz
Standardabweichung 316 StGB 12, 13a
Standgeld; Kaskoversicherung BGB 249 19
Standlicht 17 II
Standspur; d Autobahn 2 23, 90; 5 59a
Steinewerfer BGB vor § 249 56
Sterbegeldversicherung VVG 86 10
Steuer; außergewöhnliche Belastung BGB vor § 249 216; 249 546 f; Beerdigungskosten BGB 249 532; Bußgeld BGB 249 423; DBGK AuslPflVG 2 8a; Drittleistung BGB 842 40, 42; entgangene Dienste BGB 249 530; 845 13; Fälligkeit BGB 249 535; Fiktiversatz BGB 249 534; Haushaltsführungsschaden BGB 249 526 f; Heilbehandlung BGB 249 529; Kirchensteuer BGB 249 536; Mehrsteuer BGB 249 533 ff; Mehrwertsteuer s Mehrwertsteuer; Minderwert BGB 249 109; Obliegenheit BGB 249 537; Pauschalierung BGB 249 299; Prozesskosten BGB 249 433, 547; Rabatt BGB 249 136; Schmerzensgeld BGB 249 528; 253 81; Schmerzensgeldrente BGB 253 62; Solidaritätszuschlag BGB 249 536; Splittingtarif; Unterhaltsschaden BGB 844 68; Unterhaltsschaden BGB 249 527, 531; 844 67 ff; Verdienstausfall BGB 249 525; 842 40 ff; vermehrte Bedürfnisse BGB 249 529; 843 51 f; Vorteile BGB 249 540 ff; Werbungskosten BGB vor § 249 216; 249 541 ff
Steuerberater; Kostenersatz BGB 249 353
Steuererleichterung BGB 249 540
Steuerfreiheit BGB 249 538 f
Stiefkind; Hinterbliebenengeld BGB 844 142; Unterhaltsschaden BGB 844 28
Stocken s Verkehrsstockung
Störer; Entschädigung StVG 16 39c; Gesamtschuldnerausgleich BGB 840 4a;

Haftung StVG 16 39c; Mitstörer BGB 840 4a
Strafaussetzung; zur Bewährung 316 StGB 34
Straftat AuslPflVG 1 7; AuslPflVG 9; BGB vor § 249 56; Autobombe BGB vor § 249 56; Sabotageakt BGB vor § 249 56; Steinewerfer BGB vor § 249 56; Vollendung – Beendigung; Zurechnungszusammenhang BGB vor § 249 56
Strafverfahren; Auslagen BGB 249 420; Hinterbliebenengeld BGB 844 244 f; Schmerzensgeld BGB 253 53 ff; Anrechnung BGB 253 54; Vorsatz; Anfrage VVG 103 57
Strafzumessung 21 StVG 19; 142 38; 315c 38; 316 StGB 33; 323a StGB 10
Straße 2 17; andere – 9 5 f; Begriff 1 I StVG; 1 FeV
Straßenbahn s auch Bahn, Schienenbahn; – Haltestellen 3 18; 19 4, 6; 26 7; 37 5; 315d StGB
Straßenbauarbeiten 45 II, VI; 45 16 ff; s auch Baustellen
Straßenbaubehörden 45 II
Straßenbau-Fze; Sonderrechte 35 VI
Straßenbenutzung; durch Fze 2; übermäßige – 29
Straßenblockade 1 86a
Straßengabel 8 5; 9 7
Straßenkrümmung s Kurve
Straßenreinigungs-Fze; Sonderrecht 35 VI; 35 10
Straßensperre; Liegenbleiben BGB vor § 249 53; Schadensersatz BGB vor § 249 53 ff, 82, 146; BGB 249 281; Umleitung BGB vor § 249 55; unzureichende Absicherung BGB vor § 249 47
Straßensperrung 45 20, 250–269
Straßenverkehrsbehörde 44; Ermächtigung zu Beschränkungen 45
Straßenverkehrsgefährdung 315b–316 StGB; Entz d FE nach – 69 ff StGB
Straßenverkehrsschleuse StVO 32 4
Straßenverkehrs-Ordnung; Schutzzweck Vorbem StVO 3; Aufbau u Darstellung Vorbem StVO 5; Inkrafttreten 53
Straßenverkehrs-Zulassungs-Ordnung; – StVZO – Auszug Anh 1b
Straßenverschmutzung BGB 249 279 ff
Streckenverbote 41 II 7; Ende s Z 278, 280, 282; 5 28; 9 38
Streitkräfte s auch Militär; ausländische AuslPflVG 1 30 f, 31 f; StVG 12b 8 ff; EU-Truppenstatut StVG 12b 18; ex-gratia-Zahlung StVG 16 35 f; Fahrzeuge

1811

Sachverzeichnis

fette Zahlen = §§ StVO

AuslPflVG 1 12; Gleiskettenfahrzeug **StVG 12b**; Haftungshöchstsumme **StVG 12b**; Manövertruppe **StVG 12b** 19; NATO-Truppenstatut **StVG 12b** 11 ff; PfP-Truppenstatut **StVG 12b** 17; Privatfahrzeug **AuslPflVG 1** 31; Schadenregulierungsstelle **StVG 12b** 10; Unfallbeteiligung **StVG 12b** 5 ff; **StVG 16** 34; UNO-Truppe **StVG 12b** 19
Streitverkündung; Verjährung **BGB 840** 22b
Streitwert BGB 249 390 ff; bei Fahrtenbuchauflage **23** 49b; − bei EdFE **3 StVG** 8; − für Parkerleichterung von behinderten Menschen („aG-light") **46 StVO** 5
Streupflicht; bei Glätte **25** 2; **45** 13
Stromzufuhr; Rechtsgutverletzung **BGB vor § 249** 86
Stufenführerschein 2 StVG 1, 4
Stufenmodell BGB 249 38 ff
Stundenverrechnungssätze BGB 249 91 ff; Fiktivabrechnung **BGB 249** 92 ff
Sturztrunk 316 StGB 7, 23
StVG s **9 StVG**
StVG-Haftung StVG 16 5 ff
Subsidiarität; Fahrerschutz-Versicherung (Fahrer-Kasko) **BGB vor § 249** 206 ff; Verkehrsopferhilfe (VOH) **BGB vor § 249** 228
Subsidiaritätsgrundsatz AuslPflVG 6 22
Subutex StVG 3 4
Suchscheinwerfer 17 VI; 17 20
Summenversicherung VVG 86 7 ff, 13 ff; Abtretung **VVG 86** 15
Surfen − s Auto-Surfen
Systemänderung; Hinterbliebenengeld **BGB 844** 81, 213

Tabellen; zur Berechnung der BAK **316 StGB** 9, 39 ; Haushaltsführungsschaden; Sozialrecht **BGB 842** 115, 127; Nutzungsausfall **BGB 249** 204, 456; Schadenschätzung **BGB 249** 450 ff
Täterschaft s auch „Tat"; **12** 89; **24 StVG** 3; **316 StGB** 2 ff
Tätige Reue 142 IV; 315b StGB 16
Täuschung s Kennzeichenmissbrauch
Tangentiales Abbiegen 9 VwV zu Abs 1, II; **9** 14, 15, 26
Tank; Diebstahl **BGB 249** 347; Falschbetankung **BGB 254** 150 ff; Restwert **BGB 249** 262
Tankstelle; als öff Verkehrsraum **1** 15; − Vorfahrt **8** 2
Tat; − bei Verwarnung **26a StVG** 23
Tatbestandsirrtum s Irrtum

Tateinheit s Zusammentreffen von Verstößen
Täter; ausländischer; Haftung **AuslPflVG 6** 10a; unbekannt **AuslPflVG 6** 10a
Tätermehrheit s auch Schädigermehrheit
Täterschutz; Haftpflichtversicherung **StVG 16** 27; Verkehrsopferhilfe (VOH) **BGB vor § 249** 228a
Tatmehrheit s Zusammentreffen v Verstößen
Tatrichterliche Feststellungen 24a StVG 13
Taxi; Nutzungsausfall **BGB 249** 241
Taxen 12 I a, IV S 3; 12 31 f, 50, 76; **37 II** 4; **37** 24; **Z** 245
Taxenstände; Parkverbot an − **12 III 5; 12** 50; **Z** 229
Taxifahrer 48 FeV; 3 StVG 3; **21a** 4; **§ 86** 10
Technisches Hilfswerk 35 7
Technische Prüfung; durch Kfz-Führer **23** 9 ff
Technische Versicherung VVG 86 11
Teilanfechtung s Rechtsmittelbeschränkung
Teilgläubiger; Hinterbliebenengeld **BGB 844** 192; Unterhaltsschaden **BGB 844** 27
Teilklage; Schmerzensgeld **BGB 253** 95 ff
Teilnahme; an OW **E** 44; **24 StVG** 7; am Verkehr **1** 5−9; an Trunkenheitsfahrt **316 StGB** 3; − an **21 I StVG** 18
Teilnahmeanordnung s Gerichtliche Beurteilung
Teilreparatur BGB 249 55 ff; 130%-Grenze **BGB 249** 71; Abrechnung **BGB 249** 78; Totalschadenabrechnung **BGB 249** 71
Teilungsabkommen StVG 16 66b ff; Angehörigenprivileg **VVG 86** 95; Bereicherungsanspruch **BGB 840** 12; Drittwirkung **StVG 16** 72 ff; Forderungsübergang **StVG 16** 69; Gesamtschuld **BGB 840** 12; **StVG 16** 75; irrtümliche Leistung **BGB 840** 12; Schiedsklausel **StVG 16** 74b
Teilzeitbeschäftigung BGB 842 84
Telefonieren am Steuer **23 I a**
Telefonkosten BGB 249 253, 255 ff
Tempo 30-Zonen 45 I c
Territorialitätsgrundsatz 27
Terrorakt s Amok s auch Opferschutz, Tumultschaden
THC 24a StVG 5a; s auch Cannabis
Tiefgarage 1 15, 17
Tier BGB 249 286 ff; Schadenersatz **BGB 251** 34 ff; Schmerzensgeld **BGB 253** 78 f;

1812

magere Zahlen = Randnummern

Sachverzeichnis

Tötung **BGB 249** 286 ff; **251** 36; Unterhaltsschaden **BGB 844** 29; Wertminderung **BGB 251** 28
Tiere 4 17; **28**; **BGB 249** 286 ff; Schadenersatz **BGB 251** 33 ff; Schmerzensgeld **BGB 253** 78; Unterhaltsschaden **BGB 844** 29; Wertminderung **BGB 251** 28
Tierhalter 28 3; Haftungseinheit **BGB 254** 171; Mitverantwortung **BGB 254** 185 ff; Schockschaden **BGB 253** 79
Tilgung; v Registereinträgen **2 StVG** 11a, 12; **29 StVG**
Tinnitus BGB vor § 249 108 ff
Tötung s auch Ursächlichkeit, Schuld; **316 StGB** 4
Toleranzgrenze BGB 249 81
Toleranzstrecke 3 67
Totalschaden BGB 249 118 ff; Abgrenzung Reparaturkosten; Mietwagen **BGB 249** 43; Minderwert **BGB 249** 43; Nutzungsausfall **BGB 249** 43; Vermessungskosten **BGB 249** 43; Abschleppkosten **BGB 249** 261; Abwrackprämie **BGB 249** 133, 327 f; Aufschlag **BGB 249** 138; echter **BGB 249** 119; Einkaufspreis **BGB 249** 137; Entsorgungskosten **BGB 249** 132; Ersatzfahrzeugbeschaffung **BGB 249** 140; gleichwertiges Fahrzeug **BGB 249** 121; Großkundenrabatt **BGB 249** 135; Händlerrabatt **BGB 249** 135; Haustarif **BGB 249** 135; Leasing **BGB 249** 141 ff, 143; Mehrwertsteuer **BGB 249** 119, 315 ff; Mischen impossible **BGB 249** 120; Nebenkosten **BGB 249** 132 ff, 138 ff, 249 ff; Neuwagen **BGB 251** 13; Opfergrenze **BGB 249** 81; Personalrabatt **BGB 249** 135; Rabatt **BGB 249** 135 f; Reparatur **BGB 249** 24 ff; Restwert **BGB 249** 121a ff; technischer **BGB 249** 119; Weiternutzung **BGB 249** 134; Werksangehörigenrabatt **BGB 249** 135; Wertminderung **BGB 249** 108a; Wiederbeschaffungsaufwand **BGB 249** 108; wirtschaftlicher **BGB 249** 119
Totalschadenaufschlag BGB 249 138
Toter Winkel 5 35; **14** 4
Tötung; Ansprüche **BGB 249** 508; **StVG 10** 13 ff; Beerdigungskosten **BGB 844** 7 ff; Haushaltsführungsschaden **BGB 842** 132; Nachweis **StVG 10** 12; Personenschaden **BGB 844** 3 ff; **StVG 10** 7 ff; Sachschaden **StVG 10** 8; Tod eines Dritten **BGB 844** 15a; Unterhaltsschaden **BGB 844** 15 ff; Zurechnungszusammenhang **BGB vor § 249** 43
Traffipaxanlage 3 89; **4** 8

Traffiphot 3 119; – **III 37** 31a
Transport; Forderungsübergang **VVG 86** 11; Gefahrguttransport s Gefahrguttransport; Schadenersatz **BGB 249** 333 ff
Transportversicherung; Forderungsübergang **VVG 86** 11
Treibstoffmangel 18 22; **23** 13
Trenninsel 2 VwV zu Abs 1, I
Trennungsvermögen (Cannabis) **3 StVG** 4a
Treu und Glauben; Abwehrrecht **StVG 16** 79; Anspruchsgrundlage **StVG 16** 78; Anwendung **StVG 16** 76 ff; Bereicherungsrecht **BGB vor § 249** 298; Mitverantwortung **BGB 254** 2; Rückforderung **BGB vor § 249** 298; Verjährung **StVG 14** 31; Verjährungseinrede **BGB 840** 22e
Trichterförmige Einmündung 8 5; **9** 16
Triftiger Grund 3 II; **3** 57
Trunkenheit; im Verkehr **69** II 2; **315c** I 1a; **316 StGB**; s auch **24a**, **24c StVG**
Truvelo 3 96
Tumultschaden s auch Amok s auch Opferschutz
Tuning 19 StVZO 3

Überführte Einmündung 8 19
Überführungsfahrt 16 FZV; **1 StVG** 6
Überführungskosten BGB 249 263
Übergangsvorschriften 53 III–XIII
Übergroße Fze 29 III mit VwV zu Abs 3 Rn 79 ff
Überholen 5; **7**; **26 III**; **Z** 276, 277, 280, 281, 297, 340; **315c StGB** 22; s auch Queren, Vorbeifahren, Rechtsüberholen
Überholtwerden 2 II; **5** VI; **5** 50 ff
Überholverbot 5 III; **5** 26, 28 ff; an Fußgängerüberweg **26 III**; durch Verkehrszeichen 276, 277
Überholweg; Berechnung **5** 10–12
Überladung 23 15, 38
Überlassen; eines Kfz **21 StVG** 11
Überlassungsverschulden StVG 16 17 f, 21
Übermüdung 23 33; **315c StGB** 16; **BGB 254** 22, 216
Überprüfung; mitzuführender Gegenstände **31b StVZO**
Übersehbare Strecke s auch Unübersichtlichkeit; **3** 25 ff; **5** 19–21
Überwachung; der Geschwindigkeit **3** 76; – Kfze **23** 39; – d Parkzeit **13**
Übungsfahrt 2 14; **2 XV StVG**
Umbaukosten BGB 249 264
Umbrücken 12 22
Umgehung; d Rotlichtampel **37** 3
Umkehrstreifen 37 28

1813

Sachverzeichnis

fette Zahlen = §§ StVO

Umlackierung BGB 249 265
Umleitung Z 454–469
Ummeldekosten BGB 249 266 ff
Umsatzsteuer s auch Mehrwertsteuer
UmweltHG StVG 12a 19; **StVG** 16 28
Umweltschaden StVG 12a 19 f
Umweltschutz 30; 45 I a; 49 I 25
Umweltzone, (**Z** 270.1); – Halten und Parken **25a StVG** 2; – Halterhaftung **25a StVG** 2
Unabwendbares Ereignis 7 **StVG** 1, 20 ff; 17 **StVG** 7 f
Uneinsichtigkeit 24 **StVG** 8
Unerlaubte Handlung; Gesamtschuld **BGB 840** 8 ff
Unfall; Analysekosten **BGB 249** 158; Anspruchsgegner **BGB vor § 249** 151 ff; **249** 11; Aufnahmegebühren **BGB 249** 285; Ausland s auch AusPflVG; Bagatelle **BGB vor § 249** 95; Begriff **BGB vor § 249** 183, 187; Ersatztarif **BGB 249** 225; Fahrerschutz-Versicherung (Fahrer-Kasko) **BGB vor § 249** 187 ff; Folgeunfall **BGB 249** 33; Manipulation **VVG 103** 27 ff; Zeitpunkt; anwendbares Recht **StVG vor § 10** 5
Unfallbeteiligter 142 **StGB** 7 f
Unfallflucht s Verkehrsunfallflucht
Unfallfremde Anfälligkeit BGB vor § 249 14 ff
Unfallgutachten s Gutachten
Unfallhelfer s Pannenhelfer
Unfallmanipulation VVG 103 27; s Manipulation
Unfallverabredung s Manipulation
Unfallverhütungspflicht; d vorschriftsmäßig Fahrenden 1 23
Unfallversicherung; Alles-oder-Nichts-Prinzip **BGB 254** 23; Anspruchsbegrenzung nach § 110 SGB VII **BGB 254** 69 f; Arbeitsunfall **BGB 254** 11 ff; Berufshelfer **BGB 254** 64 ff; gesetzliche **BGB 254** 11 ff; Hilfeleistung **BGB 249** 326; private **VVG 86** 13, 17; Zuständigkeitswechsel **BGB 254** 68; Zwangsversicherung **BGB 254** 13
Unfallversicherung, gesetzliche; Anspruchsbegrenzung nach § 110 SGB VII **BGB 253** 12 f; Hilfeleistung **BGB vor § 249** 61 f, 61a; **StVG 16** 57; Kausalität **BGB vor § 249** 3; Nasciturus **BGB vor § 249** 119; Nothilfe **BGB vor § 249** 61a; **StVG 16** 57 f; Provokation **BGB vor § 249** 73; Sachschaden **BGB vor § 249** 172; **249** 11; selbst geschaffene Gefahr **StVG 16** 57a; Versicherungsschutz; Provokation **BGB vor § 249** 73

Unfallversicherung, private; Drittleistung **BGB 843** 59; Fahrerschutz-Versicherung (Fahrer-Kasko) **BGB vor § 249** 181; Forderungsübergang; Pflegeleistung **BGB 843** 59; Rehabilitationsleistung **BGB 843** 59; Kausalität **BGB vor § 249** 3a; Pflegeleistung **BGB 843** 59; Provokation **BGB vor § 249** 73; Rehabilitationsleistung **BGB 843** 59; Versicherungsschutz; Provokation **BGB vor § 249** 73
Ungerechtfertigte Bereicherung s Bereicherungsanspruch
Unikat BGB 249 8, 81; **251** 19, 22; s auch Oldtimer
Unklare Verkehrslage 3 33; 5 III; 5 26
Unmöglichkeit BGB 251 1; Mitverschulden **BGB 251** 24; Naturalrestitution **BGB 251** 22; wirtschaftliche **BGB 251** 29 ff
UNO-Truppe StVG 12b 19 f
Unterbrechung; der Verjährung **StVG 14** 3, 25 ff
Unterhaltsschaden BGB 844 15 ff; **StVG 10** 17; Abfindung **BGB 844** 30; Abfindungsvergleich **BGB 844** 21; Anspruchsberechtigung **BGB 844** 16 ff; Anspruchsgrundlage **BGB 844** 2; Vertrag **BGB 844** 3a; Auslandsbezug **BGB 844** 25; Barunterhalt **BGB 844** 31 ff; Begriff **BGB 844** 32; Berechnung **BGB 844** 37 f; Fixkosten **BGB 844** 39; Veränderung **BGB 844** 40; Bedürftigkeit **BGB 844** 35; Berechnung; Dauer **BGB 844** 54; Zeitabschnitte **BGB 844** 54; Betreuungsunterhalt **BGB 844** 31 ff; Dauer **BGB 844** 50 ff; Drei-Personen-Verhältnis **BGB 844** 15a; Drittleistungen **BGB 844** 58 ff, 64 ff; Erstattungsfähigkeit **BGB 844** 46 ff; familienrechtlicher Unterhalt **BGB 844** 16 ff, 33; Fixkosten **BGB 844** 39; Leistungsfähigkeit **BGB 844** 34; Mitarbeit **BGB 844** 44, 60; Mitarbeitspflicht **BGB 844** 57; mittelbarer Schaden **BGB 844** 46 ff; Mitverantwortung **BGB 844** 55 f; Nasciturus **BGB vor § 249** 118; Naturalunterhalt **BGB 844** 31 ff; Berechnung **BGB 844** 41 ff; nicht-eheliche Gemeinschaft **BGB 844** 17; nicht-eheliche Partnerschaft **BGB vor § 249** 222; nicht-eheliches Kind **BGB 844** 24; Opferentschädigungsgesetz **BGB vor § 249** 222; originärer Anspruch **BGB 844** 3; Quelle **BGB 844** 62; Quotenvorrecht **BGB 844** 56; Rente **BGB 844** 30; Schadensminderung **BGB 844** 57; Splittingtarif **BGB**

1814

magere Zahlen = Randnummern

844 68; Steuer BGB 249 527, 531; 844 67 ff; Stiefkind BGB 844 28; Teilgläubiger BGB 844 27; Unterhaltsberechtigung BGB 844 22 ff; Unterbringung von Waisen BGB 844 45; Unterhaltsrückstand BGB 844 50; Veränderung BGB 844 40; Verjährung StVG 14 56; Verlobte BGB 844 28; vertraglicher Unterhalt BGB 844 17; Volljährigkeit; Barunterhalt BGB 844 19; Betreuungsschaden BGB 844 53; Vorteilsausgleich BGB 844 58 ff; Waisenrente BGB 844 52; Wiederheirat BGB 844 51; Zeitpunkt BGB 844 20; Zivilehe BGB 844 23; Zurechnungszusammenhang BGB vor § 249 43
Unterlassungsdelikte 1 50 f; 12 86, 89; 23 41; 316 StGB 4; s auch Halter, Verantwortung Dritter
Unterricht s Verkehrsunterricht, Ausbildung, Unterweisung
Untersagung; d Betriebs eines Kfz 23 40, 44; 17 StVZO; 5 FZV; 1 StVG 11
Untersuchungskosten BGB 249 138
Unübersichtliche Einmündung 8 50
Unübersichtliche Stelle 1 44 f; 2 II; 2 40 ff; 3 25 ff; 5 19; 8 I 1; 12 I 1; 16 3; 315c StGB 24, 27
Unverhältnismäßigkeit BGB 249 4; Beurteilung BGB 251 32; Reparatur BGB 249 24, 81; 251 2; Wiederherstellung BGB 251 2
UPE-Zuschlag BGB 249 103 ff
Urinalkoholkonzentration 316 StGB 16, 40 (RiBA Nr 4)
Urkundenfälschung 2 StVG 60; 22 StVG 8; − Prüfplakette 23 43
Urkundenunterdrückung 3 47
Ursächlichkeit 3 51; 315c StGB 8a, 12, 30; s Kausalität
Urteil; Rechtsnachfolge VVG 86 52
USchadG StVG 16 28

VAMA 4 6a
Varianten; v Verkehrszeichen 39 17
Variationsbreite 316 StGB 12
Veranstaltungen 29; 30 I, II
Verantwortlichkeit; Dritter f Verkehrsteilnahme 2 I 2, 75 Nr. 1 FeV; für Trunkenheitsfahrt 316 StGB 4; s auch Halter, Unterlassungsdelikt
Veräußerung AuslPflVG 6 18; BGB 249 50 ff, 61 ff; Aliud BGB 249 51; Ersatzbeschaffung BGB 249 50 ff; günstigere Verwertung BGB 249 128; Restwert BGB 249 126 ff; Schadensminderungsverpflichtung BGB 249 127; Totalschadenabrechnung BGB 249 74

Verbände; geschlossene 27
Verbandkasten; Mitführung von − 2 StVG 13
Verbitterungsstörung BGB vor § 249 108d
Verbotsirrtum s Irrtum
Verbringungskosten BGB 249 103 ff
Verdienstausfall BGB 249 240; 842 2 ff, 26; StVG 11 8; Altersgrenze BGB 842 45 ff; Arbeitnehmer BGB 842 4 ff; Arbeitslose BGB 842 49 f; Auslandsbezug BGB 842 149 f; Auslandsverwendungszuschlag BGB 842 30; Auslöse BGB 842 32; Beamter BGB 842 8 ff; Berechnungsmethode BGB 842 34 ff; Berufsunfähigkeitsrente BGB 842 80; Bestechung BGB 842 19; Beweis BGB 252 4; Beweiserleichterung BGB 252 4 ff; Brutto-Nettolohn-Methode BGB 842 34 ff; Bußgeld BGB 842 33, 76; Chancenvereitelung BGB 842 77; Darlegung BGB 252 5 ff; 842 13; Schädiger BGB 252 10; Drittleistung BGB 842 42a, 78 ff; Selbständige BGB 842 79; Eigenleistung BGB 842 21 ff, 27 f; Einkommen BGB 842 11 ff, 27 f; rechts- und sittenwidriges BGB 842 18 ff; unbares BGB 842 15; entgangener Gewinn BGB 252 1 ff; Ernte BGB 252 289; Ersatzkraft BGB 842 71 f; Familienhilfe BGB 842 71a; geldwerter Vorteil BGB 842 15; Geschäftsführer BGB 842 7, 64 ff; Gesellschafter BGB 842 62 f; gewerbliches Fahrzeug BGB 842 75; Gutachterkosten BGB 249 354; Kausalität BGB 252 3; Kind BGB 842 51 ff; Konkretisierung BGB 842 13, 37 ff; längerfristiger BGB 842 43 ff; Lohnfortzahlung BGB 842 5; MdE BGB 842 13; Minderverdienst BGB 842 17; Mindestschaden BGB 842 14; Mondscheingehalt BGB 842 66; Nachholung BGB 842 73; Nebeneinkunft BGB 842 29 ff; Prognose BGB 842 46a ff; Prostitution BGB 842 19; Quotenvorrecht BGB 254 322; Rentenminderung BGB 842 44, 47 f, 133 ff; Risikoabschlag BGB 842 73 f; Schadensminderungspflicht BGB 842 82 ff; Schätzung BGB 252 3, 6 ff; Scheinselbständiger BGB 842 5; Schwarzarbeit BGB 842 18, 70; Selbständiger BGB 842 56 ff; Sonderzahlungen BGB 842 27; Sozialhilfe BGB 842 81; Spesen BGB 842 32; Steuer BGB 249 525; 842 40 ff; Substantiierung BGB 252 7, 11; Subunternehmer BGB 842 57; Trinkgeld BGB 842

1815

Sachverzeichnis

fette Zahlen = §§ StVO

31; Überstunden **BGB 842** 28; Umstrukturierung **BGB 842** 74; unentgeltliche Tätigkeit **BGB 842** 12; Verjährung **StVG 14** 56; Verletztenrente **BGB 842** 147; Vermögenseinbuße **BGB 842** 67 ff; Vorteilsausgleich **BGB 842** 37 ff; Zeitaufwand **BGB 842** 26; Zulagen **BGB 842** 30
Vereinbarung; Abfindungsvergleich s auch Abfindungsvergleich; mit Dritten **BGB vor § 249** 209
Vereisung 3 38; **23** 2
Verfahrenshindernis; Verwarnung als – **26a StVG** 22
Verfolgerfall s auch Provokation
Verfolgung; Haftung **BGB vor § 249** 65 ff; Schadenersatz **StVG 16** 58
vergebliche Aufwendung s auch frustrierte Aufwendungen
Verjährung 24a StVG 11; **26 III StVG** 4; s auch Schadenersatz – Verjährung; Ablaufhemmung **StVG 14** 3; Abtretung **StVG 14** 38; Anspruchssicherung **StVG 14** 60; Beitragsregress; § 119 SGB X **StVG 14** 56; § 179 Ia SGB VI **StVG 14** 56; Beweislast **StVG 14** 67; Einrede **StVG 14** 64 ff; Erleichterungen **StVG 14** 47 ff; Fahrerschutz-Versicherung (Fahrer-Kasko) **BGB vor § 249** 212 f; falscher Beklagte **StVG 14** 39 ff; Feststellungsklage **StVG 14** 37; Feststellungsurteil **StVG 14** 57 ff, 70; Frist **StVG 14** 6 ff; Fristbeginn **StVG 14** 6 ff; Fristenlauf **StVG 14** 2 ff; taggenau **StVG 14** 27b; Gesamtschuld **BGB vor § 249** 160; **840** 22 ff; **StVG 14** 22 ff; grob fahrlässige Unkenntnis **StVG 14** 15 f; Handlung nach Verjährungseintritt **StVG 14** 26a; Heilbehandlungskosten **StVG 14** 56; Hemmung **StVG 14** 3, 27a ff; Hinterbliebenengeld **BGB 844** 273; innerhalb Familie **StVG 14** 32; Kenntnis **StVG 14** 10 ff; Kfz-Versicherung **StVG 14** 28 ff; Klage **StVG 14** 36 ff; Leistungsverweigerungsrecht **StVG 14** 62; mehrere Berechtigte **StVG 14** 46; Nebenleistungen **StVG 14** 61; Neubeginn **StVG 14** 25 ff; Obliegenheit **BGB 840** 22c ff; Verjährungseinrede **BGB 840** 22c ff; **StVG 14** 24a; Organisationsverschulden **StVG 14** 17a ff; Pflegekosten **StVG 14** 56; Prozess; Einrede **StVG 14** 64; Prozesskostenhilfe **StVG 14** 36; Regressanspruch **StVG 14** 21; Rückforderung **StVG 14** 24b, 63; Schadenseinheit **StVG 14** 14; Schädigermehrheit **StVG 14** 13, 42 ff; Schmerzensgeldanspruch **BGB**

253 104; Schuldnerschutz **StVG 14** 1c; Sozialversicherung **StVG 14** 20; Stammrecht **StVG 14** 53 f; Streitverkündung **BGB 840** 22b; Treu und Glauben **StVG 14** 31; Ultimo **StVG 14** 4; Unterbrechung **StVG 14** 3, 25 ff; Unterhaltsschaden **StVG 14** 56; Urteil **StVG 14** 8, 68 ff; Verdienstausfall **StVG 14** 56; Verhandlung **StVG 14** 30, 33 ff, 46; Verhandlungspause **StVG 14** 35; Verjährungseinrede; Obliegenheit **BGB 840** 22c ff; vermehrte Bedürfnisse **StVG 14** 56; Versäumnisurteil **StVG 14** 64; Verwirkung **StVG 14** 72 ff; **15** 2; Verzicht **StVG 14** 47 ff; Rechtsnachfolge **BGB vor § 249** 282; **StVG 14** 48a; wiederkehrende Leistung **StVG 14** 8 f, 52 ff; § 119 SGB X **StVG 14** 56; § 179 Ia SGB VI **StVG 14** 56; Beitragsregress **StVG 14** 56; Feststellungsurteil **StVG 14** 57; Heilbehandlungskosten **StVG 14** 56; Pflegekosten **StVG 14** 56; Schadentag 1.1.2002 **StVG 14** 54a; Unterhaltsschaden **StVG 14** 56; Verdienstausfall **StVG 14** 56; vermehrte Bedürfnisse **StVG 14** 61 ff; Wirkung **StVG 14** 11; Wissensvertreter **StVG 14** 63
Verjährungsverzicht s Verjährung
Verkehr; ruhender **1** 9; **12**; fließender **10** 2; öff – **1** VwV II; **1** 13 ff
Verkehrsbeeinträchtigung 1 12; **33**
Verkehrsberuhigte Bereiche 1 42; **2** 83; **3** 32, 71; **10** 5 f; **12** 71; **25** 1; **31** 5; **42 II** Z 325.1u VwV zu Z 325.1 und 325.2; **45** 10; – Geschäftsbereiche **41 III 9**; **45 I c** 10a
Verkehrsberuhigung 45 12a
Verkehrsbeschränkungen; Zulässigkeit **45 I, I a**; **45** 3; in Kur- u Erholungsorten **45 I a**; bei Großveranstaltungen **45 I b**; bei Parkraumschaffung für Bewohner städtischer (Wohn) Quartiere **45 I b**; bei Anordnung von Tempo 30-Zonen **45 I c**; bei Anordnung von Zonen-Geschwindigkeitsbeschränkungen unter 30 km/h **45 I d**; auf Grund von Smog-Verordnungen **45 I e**; durch Anordnungen über Massenmedien **45 IV**; Ermächtigung s **6 I 3**, **14 ff StVG**
Verkehrseinrichtungen Vorbem StVO 7; **43**; **45 IV**
Verkehrsfeindliches Verhalten 315b StGB 2
Verkehrsfluss 3 54, 58
Verkehrsfunk Z 368

magere Zahlen = Randnummern

Verkehrsgefährdung 4 20b; 315b–315d StGB
Verkehrshindernisse 32
Verkehrsinsel 2 VwV zu Abs 1, I; Vorfahrt an – 8 5; 20 6; 37 23
Verkehrskontrolle 36 V
Verkehrslage; unklare – 3 33; 5 26; besondere – 11
Verkehrsmittel öff – 20 2; Pflichten d Fahrpersonals 20 7
Verkehrsopferhilfe (VOH) AuslPflVG 1 33 ff; StVG vor § 10 11; s auch Opferschutz, Vorsatz; Beitragsregress; § 119 SGB X BGB vor § 249 230; Deckungssummenüberschreitung BGB vor § 249 169a, 224b; Fahrerschutz-Versicherung (Fahrer-Kasko) BGB vor § 249 211; geschützter Personenkreis BGB vor § 249 226; Haftungshöchstsummenüberschreitung BGB vor § 249 224b; Hinterbliebenengeld BGB vor § 249 230; 844 94; Hinterbliebenenrente BGB vor § 249 230; Inspruchnahme BGB vor § 249 224; Leistung BGB vor § 249 229; materieller Schaden BGB vor § 249 230; Mindestversicherungssumme BGB vor § 249 229; Nachweis BGB vor § 249 227; nicht-identifiziertes Fahrzeug BGB vor § 249 224a; Rechtsanwaltskosten BGB vor § 249 230; Schmerzensgeld BGB vor § 249 230; 253 82 f; Subsidiarität BGB vor § 249 228; Unterhaltsschaden BGB vor § 249 230; Versichererinsolvenz BGB vor § 249 167 ff; Vorsatz VVG 103 53 f
Verkehrsschau 45 VwV zu Abs 3 S 1 III
Verkehrsserviceversicherung BGB 254 324; Forderungsübergang VVG 86 11
Verkehrssicherungspflicht 39 1c; 45 11; StVG 16 1; s auch Sicherungspflicht
Verkehrsspiegel 39 StVO 3
Verkehrsstockung 11; 11 2; 18 23; 19 21; 26 II; 37 7
Verkehrsstörung BGB vor § 249 56, 146; Schadenersatz BGB vor § 249 146 f; Straßensperre BGB vor § 249 82; Zurechnungszusammenhang BGB vor § 249 55
Verkehrsteilnehmer 1 5 ff; 1–3 FeV; vgl auch Halter, Verantwortlichkeit Dritter
Verkehrsüberwachung; durch Private 3 76b; 26 StVG 2
Verkehrsunfall 34 s Unfall; Begriff § 142 StGB 4; s auch Bekämpfung
Verkehrsunfallflucht s Entfernen vom Unfallort
Verkehrsunterricht; Vorladung zu – 48

Verkehrsverbote 2 III a; 2 75 ff; Z 250–269, 459; 45
Verkehrsverstöße im Ausland 3 StVG 7 u 28 StVG 13
Verkehrszählung 36 V
Verkehrszeichen s auch „Zeichen"; Vorbem StVO 7; 8 25; 39–42; 45; Duldung der Aufstellung von – 39 StVO 1; private – u Nachahmungen 33 II, 33 6 f; Überprüfung d – 45 VwV zu Abs 3 Satz 1 III; Weitergeltung von – 53 II; Vor StVO 1, 8; 39 1; Wiedergabe von – auf Fahrbahn 42 VI 3
Verkehrszeichenplan 45 VI mit VwV
Verkehrszentralregister s Fahreignungsregister; s auch Fahreignungs-Bewertungssystem; Punktsystem
Verkündung von VOen 6 StVG 1
Verlassen d Fz 14 II; 14 7
Verletztenrente; Beitragsregress BGB 842 147
Verletzung; Ansprüche StVG 11 2 ff
Verletzungsverdacht BGB vor § 249 109 ff
Verletzungsvermittlung; Arzt BGB vor § 249 49 ff; Kausalität BGB vor § 249 12 f, 49 ff
Verlobte; Unterhaltsschaden BGB 844 28
Verlust BGB vor § 249 80; BGB 249 6, 13; s auch Rechtsgutverletzung; Wertgegenstand BGB vor § 249 80
Verlust von Gegenständen
Vermehrte Bedürfnisse StVG 11 7; Anspruchsgrundlage BGB 843 3; außergewöhnliche Belastung BGB 249 546; Begriff BGB 843 5; Behindertenwerkstatt BGB 843 40 ff; Bemessung BGB 843 12 f; Betreuung BGB 843 32 ff; Darlegung BGB 843 12; Dauer BGB 843 14 ff, 46; Drittleistung BGB 843 55 ff; Eigenleistung BGB 843 17; einmalige Anschaffung BGB 843 7; Elektrofahrrad BGB 843 18a; Fahrzeugausstattung BGB 843 22 ff; Familienpflege BGB 843 26; Fiktivabrechnung BGB 843 11; Fitnesstudio BGB 843 21a; Hausbau BGB 843 17; Hauspflege BGB 843 33 ff; Heilbehandlung BGB 843 5a; Heimunterbringung BGB 843 28 ff; Hilfsmittel BGB 843 18 f; Mehrbedarf BGB 843 6; Nahrungsergänzung BGB 843 20; Rechercheaufwand BGB 843 45; Schadensminderung BGB 843 53 f; Schmerzensgeld BGB 843 6; Selbsthilfegruppe BGB 843 44; Steuer BGB 249 529; 843 51 f; Therapie BGB 843 21; Tod StVG 10 9; Tod

Sachverzeichnis

fette Zahlen = §§ StVO

des Bedürftigen **BGB 843** 24, 46 ff; Verjährung **StVG 14** 56; vermehrte Bedürfnisse **BGB 843** 16; Vorteilsausgleich **BGB 843** 19, 27 f; Wohnung **BGB 843** 25 ff
Vermessungskosten BGB 249 43
Vermischung s auch Mischen impossible
Vermögensschaden BGB vor § 249 76b; Kaskoversicherung **BGB 249** 19
Verordnung; AuslKfzHPflV **AuslPflVG vor § 1** 9
Versagen einer LZA **37** 17a
Versammlungen öff – **29** 5
Verschlechterungsverbot 44 StGB 18
Verschulden s auch Betriebsgefahr, grobe Fahrlässigkeit, Vorsatz; diligentia quam in suis s auch Anspruchsausschluss; eigenübliche Sorgfalt s auch Anspruchsausschluss; Erleichterung s auch Anspruchsausschluss; Maßstab s auch Anspruchsausschluss
Verschulden bei Vertragsschluss; Rechtsanwaltskosten **BGB 249** 367; s auch Fahrlässigkeit, Mitverantwortung, Vorsatz
Verschuldenshaftung StVG 16 23 ff
Versicherer s auch Drittleistungsträger, Haftpflichtversicherer, Kfz-Haftpflichtversicherer, Sozialversicherung
Versichertengemeinschaft; Schmerzensgeld **BGB 253** 17
Versicherung; ausländisches Fahrzeug **AuslPflVG 2** 1
Versicherungsfall; Kündigung **AuslPflVG 3** 15
Versicherungsnehmer; Haftung **StVG 16** 5; Inanspruchnahme **BGB vor § 249** 156 ff; Klageabweisung **BGB vor § 249** 157
Versicherungsprämie; Kaskoversicherung **BGB 249** 330; Kfz-Haftpflichtversicherung **BGB 249** 329; Rabattschutz **BGB 249** 331
Versicherungsschutz s auch Deckung; fehlender **BGB vor § 249** 154
Versicherungsschutzversagung; Mindestversicherungssumme **StVG 12** 10
Versicherungssumme s auch Deckungssumme; Deckungssumme **StVG 12** 10; Direktklage **StVG 12** 10a; Forderungsübergang **BGB vor § 249** 255; Mindestversicherungssumme **StVG 12** 10; Prozess **StVG 12** 34; Antrag **StVG 12** 30; Tenor **StVG 12** 34; Überschreitung; Verkehrsopferhilfe (VOH) **BGB vor § 249** 169a, 224b
Versicherungsverhältnis; fehlendes **AuslPflVG 6** 25

Versicherungsvertrag; Kaskoversicherung **BGB 249** 23a
Verschmutzung; d Fahrbahn **3** 39; **32 I S 1**
Versuch; einer OW: **142 StGB** 2; **315b II StGB** 10; **315c II StGB** 31
Verteidigung; d Rechtsordnung **316 StGB** 33
Verteilerfahrbahn 2 19
Verteilungsverfahren s Deckung, Haftpflichtversicherungsschutz, Unfallversicherung, s auch Kürzungs- und Verteilungsverfahren
Vertrag; Teilungsabkommen **StVG 16** 67
Vertrag mit Schutzwirkung für Dritte StVG 16 62 ff; Sachverständiger **StVG 16** 65
Vertragsfreiheit BGB 254 100 ff
Vertragshaftung StVG 16 61 ff; entgangene Dienste **BGB 845** 1b; Gesamtschuld **BGB 840** 11 f; Hinterbliebenengeld **BGB 844** 91; Hinterbliebener **BGB 844** 3a, 17; Sachverständiger **StVG 16** 65; Schmerzensgeld **BGB 253** 70 ff; Schutzwirkung für Dritte **StVG 16** 62 ff; Tod **BGB 844** 3a, 17; Verwirkung **StVG 15** 3
Vertragsleistung; Kaskoversicherung **BGB 249** 18
Vertrauensgrundsatz 1 24 ff; **3** 19, 22, 28, 32; **8** 18, 28, 36 ff; **11** 5
Vertretbare Sache BGB 249 6; s auch Katalogware
Vertreter; als Täter einer OW **23** 31 ff
Verursachung s Ursächlichkeit; Schadensverursachung durch mehrere Kfze **7** 13; **17 StVG**
Verursachungsbeitrag 17 StVG 12; Ermittlung des – **17 StVG** 14
Verwahrung; d Führerscheins **21 StVG** 13; **44** III, IV; **51 V StGB**; **94** III, **111a** V, **450, 463b II StPO**
Verwaltungsakt; Verkehrszeichen als – **39** 8; Vorladung z Verkehrsunterricht **48** 2
Verwandtenprivileg s auch Angehörigenprivileg, Kürzungs- und Verteilungsverfahren
Verwarnung 26a StVG 10 ff
– als Verfahrenshindernis **26a StVG** 23
Verweisungsprivileg; AuslPflVG **AuslPflVG 6** 7
Verwerfungsurteil (§ 74 II OWiG) – s Wiedereinsetzung in den vorigen Stand
Verwertungsverbot; getilgter Vorstrafen **29 StVG** 21, 22
Verwirkung StVG 14 72 ff; von Amts wegen **StVG 14** 74; **15** 13; Beweislast

magere Zahlen = Randnummern

Sachverzeichnis

StVG 14 78; **15** 14 f; Deliktsanspruch **StVG 15** 3; Forderungsübergang **StVG 15** 11; Fristenlauf **StVG 15** 6 f; Hemmung **StVG 15** 7; Prozess **StVG 15** 13 ff; StVG **StVG 15** 1 ff; Umstandsmoment **StVG** 14 76 ff; Unterbrechung **StVG 15** 7; Verschulden **StVG 15** 8 ff; Vertragsanspruch **StVG 15** 3; Voraussetzungen **StVG** 14 75 ff; Wirkung **StVG 15** 12; Zeitmoment **StVG** 14 75 ff
Verzicht; auf Vorrang **8** 41; **11 III; 11** 4, 5
Verzögerungsrüge (§ 198 GVG) **BGB 253** 109 f
Verzögerungsstreifen 5 59; **18** 9, 11; Haltverbot auf – **12 I 3; 12** 10
Verzug; Kaskoversicherung **BGB 249** 20; Rechtsanwaltskosten **BGB 249** 366; Zins 13 ff
Verzugsschaden; Verjährung **StVG** 14 61
Verzugszinsen s auch Zinsen; Mehrwertsteuer **BGB 249** 304; Schmerzensgeldanspruch **BGB 253** 105 ff
Video s Rechtsgrundlage, Messfoto u Messvideo; s auch CD-ROM
Viehtreiben 28 6
Visitenkarte 142 StGB 18; **34 I 6b**
VOH s Verkehrsopferhilfe (VOH)
Vollendung; einer Straftat **315c StGB** 4
Vollrausch 69 II 4; 323a StGB
Vollstreckung; Aufrechnung **BGB 253** 111; **844** 257; Geldrente **BGB 843** 73 f
Vollziehbarkeit 48 7 f; **49** 4; **24 StVG** 2
Volumen-% 316 StGB 9b
Voraussehbarkeit 315c StGB 14
Vorbeifahren 2 32 f; **5** 2 f; **6;** s auch Queren, Überholen
Vorbeifahrt Z 222; **9** 45
Vorerkrankung s auch Vorschaden; Aufdecken; Zurechnungszusammenhang **BGB vor § 249** 52; Reserveursache **BGB vor § 249** 24 ff; Teilkausalität **BGB vor § 249** 26a ff; überholende Kausalität **BGB vor § 249** 24 ff; unfallfremde Schadenanfälligkeit **BGB vor § 249** 14 ff; Vorerkrankungsregister **BGB vor § 249** 23a
Vorerkrankungsregister; Vorlage **BGB vor § 249** 23a
Vorfahrt 1 59 f; **3** 35 f; **8; 18 III; 18** 7a–12; **Z** 102, 205, 206, 301–307; „halbe" – **8** 17; geänderte – **8** 21; **315c StGB** 21
Vorfahrtstraße s Vorfahrt; Parkverbot auf – **18 III 8; 12** 54; **Z** 306
Vorgeschriebene Fahrtrichtung s Fahrtrichtung
Vorgetäuschter Unfall s Manipulation
Vorhaltekosten; bei gewerblicher Nutzung **BGB 249** 236

Vorläufige Entziehung; d **FE 21 StVG** 7; **111a StPO**; Anrechnung d – auf **FV 51 V StPO**; **44 StGB** 10
Vorläufiger Rechtsschutz (im Fahrerlaubnisrecht) **2 StVG** 51; s auch Eilrechtsschutz u Rechtsschutz
Vorleistung; Vorsatz **VVG 103** 45
Vorleistungspflicht BGB vor § 249 218; Dienstunfall **BGB 844** 107 f; Fahrerschutz-Versicherung (Fahrer-Kasko) **BGB vor § 249** 196
Vorrang s auch Engstelle, fließender Verkehr; – auf Parkflächen **12** 67; – d Schienen-Fze 19
Vorrecht s auch Befriedigungsvorrecht s auch Quotenvorrecht
Vorsatz 24a StVG 7; **315b StGB** 11 ff; **315c StGB** 32; **316 StGB** 28, 29; **323a StGB** 5, 7; **VVG 103** 22; s auch Verkehrsopferhilfe (VOH), Zinsen; Alkohol **VVG 103** 22; Amok **VVG 103** 26a ff; Angehörigenprivileg **VVG 86** 132 f; Begriff **VVG 103** 13; behördliche Anfrage **VVG 103** 57; Beweislast **VVG 103** 40 ff; Bindungswirkung **VVG 103** 7 ff; Erstreckung **VVG 103** 18 ff; grobe Fahrlässigkeit **VVG 103** 13a f; Haftpflichtversicherung **VVG 103** 4 ff; Halter **VVG 103** 47 ff; Irrtum **VVG 103** 26; Kind **VVG 103** 17; komplexe Situation **VVG 103** 23; Leistungsfreiheit **VVG 86** 82 ff; **103** 45 ff; Opferschutz **VVG 103** 50 ff; Provokation **BGB vor § 249** 74; Rechtswidrigkeit **VVG 103** 74 f; Risikoausschluss **VVG 103** 3; Rückforderung **VVG 103** 49a; Schmerzensgeld **BGB 253** 36; Selbstmord **VVG 103** 16; Sozialversicherung **VVG 103** 50
Vorschaden BGB 249 16, 33, 86 ff; s auch Folgeunfall s auch Vorerkrankung; Darlegungs- und Beweislast **BGB 249** 86 ff; Gutachtenauftrag **BGB 249** 168; Kaskoversicherung **BGB 249** 90b; Personenschaden **BGB 249** 90b; Schmerzensgeld **BGB 253** 22 ff; Verschweigen **BGB 249** 90; Vorbesitzer **BGB 249** 88; Wertminderung **BGB 249** 116
Vorschriftzeichen 39, 41; Vorbem StVO 7
Vorschuss; einstweiliger Rechtsschutz **BGB vor § 249** 149 f
Vorstellungspflicht 142 StGB 14
Vorsteuerabzugsberechtigung BGB 249 295, 300; keine **BGB 249** 306
Vorteilsausgleich; Arbeitgeber **BGB 249** 499; entgangene Dienste **BGB 845** 12; Fahrerschutz-Versicherung (Fahrer-

1819

Sachverzeichnis

fette Zahlen = §§ StVO

Kasko) **BGB vor § 249** 204; Gebrauchsentschädigung **BGB 249** 246; Hausfrau **BGB 249** 499; Heilbehandlung **BGB 249** 496 ff; Heimunterbringung **BGB 843** 28; Hilfsmittel **BGB 843** 19; Kind **BGB 249** 499; Kleidung **BGB 249** 274; Neuwagen **BGB 251** 21; Reparatur **BGB 249** 106 f; Unterhaltsschaden **BGB 844** 58 ff; Verdienstausfall **BGB 842** 10a, 37 ff; Wohnbedarf **BGB 843** 27
Vorversicherung AuslPflVG 3 10 ff
Vorwegweiser 42 Z 438–442
VVG; Forderungsübergang **VVG 86** 4 ff
VwV s Allgemeine Verwaltungsvorschrift

Wahlweise Verurteilung 3 50; **4** 20a; **23** 33; **21 StVG** 17; **142 StGB** 42a; **316 StGB** 32
Waisenrente s auch Fahrerschutz-Versicherung **BGB vor § 249** 201
Waldweg 8 I S 2; **8** 5, 28; **19** I
Walkman 23 3
Warnblinklicht 15–16 II; **16** 11
Warndreieck 15 6a; **31b**, **53a StVZO**
Warnleuchte 1 47; **15** 6; **53a StVZO**
Warnposten s Hilfsperson
Warntafel s Park-Warntafel
Warnung; vor Radarkontrolle **3** 107; **16** 10
Warnzeichen s auch Schall- u Leuchtzeichen; **16**
Warnweste 15 6a; **31b**, **53a StVZO**
Wartelinie 42 IV, Z 341
Warten; Begriff VwV zu **5 u 6**; **5** 2; **12** 4
Wartepflicht 6 9; **8** II; **9** 28; **19** II, III; **19** 15 ff; Z 102, 201–208; **315c StGB** 21; – nach Unfall **142 StGB** 16; **34**
Wartungsdienst 23 6a
Waschanlage 1 15
Wechselkennzeichen 1 StVG 2a
Wechsellichtzeichen 37 II
Wegblinken 5 41 f
Wegerechtsfahrzeug 35 14; **38** 2
Wegeunfall BGB 254 11; Arbeitswegeunfall **BGB 254** 42 f; Betriebswegeunfall **BGB 254** 44 f; dritter Ort **BGB 254** 37; Fahruntüchtigkeit **BGB 254** 24 ff; Haftungsprivilegierung **BGB 254** 38 ff; Rechtsnachfolge **BGB 254** 46; Steuer **BGB vor § 249** 217; Versicherungsschutz **BGB 254** 36 f
Wegfahrsperre – siehe Alkohol-Interlock
Wegstreckenzähler (Missbrauch) **22b StVG**
Wegweiser Z 401–437; s auch Vorwegweiser
Wehrbereichsverwaltung StVG 12b 5; s auch Militär

Weisungen; d Polizeibeamten **36**
Weißer Ring BGB vor § 249 232; Inanspruchnahme **BGB vor § 249** 232
Weiternutzung; 130%-Grenze **BGB 249** 68; abgemeldetes Kfz **BGB 249** 69; Fiktivberechnung **BGB 249** 54, 134; Restwert **BGB 249** 134; Totalschaden **BGB 249** 73; unrepariertes Fahrzeug **BGB 249** 59 f, 134; Wille **BGB 249** 57
Weltabkommen Vorbem StVO 2
Weltanschauung; Schadensentwicklung **BGB 254** 273 ff
Wenden 9 V; **9** 56; auf Autobahn **18** VII; **18** 19 f; **315b StGB** 5; **315c StGB** 28
Werbung 33
Werbungskosten; Steuer **BGB vor § 249** 216
Werksangehörigenrabatt; Totalschaden **BGB 249** 135
Werkstatt; Erfüllungsgehilfe **BGB 254** 286; Risiko **BGB 249** 66
Werkstättenfahrt 23 24, 34, 37
Werkstattrisiko; 130%-Grenze **BGB 249** 66; Fiktivberechnung **BGB 249** 35a, 76
Werktag 13; **39** 19a
Wertminderung BGB 249 107b ff; s auch Minderwert; Berücksichtigung bei Totalschadenvergleich **BGB 249** 43; Minderwert; merkantiler **BGB 249** 111 ff; technischer **BGB 249** 110; Nutzfahrzeug **BGB 249** 117; Personenschaden **BGB 251** 28; Quotenvorrecht **BGB 254** 316; Tier **BGB 251** 28; Totalschaden **BGB 249** 108a; unreparierter Verkauf **BGB 249** 108; Vorschaden **BGB 249** 116
Wertverbesserung BGB 249 106 ff; Wertminderung **BGB 249** 114
Wesentliche Bedingung s Kausalität
Wetter; Einfluss auf Geschwindigkeit **3** 37 f
Wettrennen s Rennveranstaltungen
WHG 12a 18; **StVG 16** 28
Widerklage s Prozess
Widerspruch; gegen Aufbauseminar AO 2a VI
Widmark; -Methode **316 StGB** 9c, 12
Widmung; einer Straße **1** 13; **§ 249** 36
Wiederbeschaffungsaufwand (WBA); Begriff **BGB 249** 41; Stufen **BGB 249** 46 ff; s auch Minderwert
Wiederbeschaffungspauschale BGB 249 138
Wiederbeschaffungswert (WBW); Begriff **BGB 249** 39 ff
Wiederherstellung; Unmöglichkeit **BGB 249** 10; **251** 1
Wiederkehrende Leistung; Urteil **StVG 14** 57; Verjährung **StVG 14** 8 ff, 52 ff

magere Zahlen = Randnummern

Sachverzeichnis

Wild; -wechsel **1** 62; **3** 44; Zusammenstoß m – **142 StGB** 5
Windschutzscheibe; Vereisung **23** 13
Winterreifenpflicht 2 IIIa 54
Wintersport 31 6; Z 101, 250
Wirtschaftlichkeitspostulat BGB 249 25
Wissensvertretung StVG 14 11
Witterungsverhältnisse 3 37
Witwenrente; Fahrerschutz-Versicherung **BGB vor § 249** 180 ff, 201, 206, 208a, 213; **VVG 86** 10
Wohnanhänger; Personenbeförderung **21 I**; Dauerparken **12 III b**; **12** 73; Abstellen als Gegenstand **32** 4
Wohngeld; Schmerzensgeld **BGB 253** 74
Wohnmobile 18 V; **5** 29; **18** 17; **21** 3
Wohnsitz, ordentl § 2 StVG 18a

XTC s Ecstasy

Zebrastreifen s Fußgängerüberweg
Zechen; Verantwortung f gemeinsames – **316 StGB** 4
Zeichen; d Polizeibeamten **36**
Zeichen 101 (Anlage 1 StVO); **19** 1
Zeichen 123 (Anlage 1 StVO); **39** 19; **45** 19
Zeichen 125 (Anlage 1 StVO); **9** 47
Zeichen 136 (Anlage 1 StVO); **1** 42; **3** 43, 60a; **26** 6
Zeichen 138 (Anlage 1 StVO); **39** 4
Zeichen 142 (Anlage 1 StVO); **3** 44; **39** 1b, 4
Zeichen 151–162 (Anlage 1 StVO); **19** 1, 7
Zeichen 201 (Anlage 2 StVO); **19** 1, 6; Haltverbot vor – **12 I 7**
Zeichen 205 (Anlage 2 StVO); **8** 52; Haltverbot vor – **12 I 7**
Zeichen 206 (Anlage 2 StVO); **8** 20 f, 39; Haltverbot vor – **12 I 7**
Zeichen 208 (Anlage 2 StVO); **2** 73, 74
Zeichen 209 (Anlage 2 StVO); **9** 44 f
Zeichen 211 (Anlage 2 StVO); **9** 44 f
Zeichen 214 (Anlage 2 StVO); **9** 44 f
Zeichen 220 (Anlage 2 StVO); **9** 46
Zeichen 222 (Anlage 2 StVO); **9** 45
Zeichen 224 (Anlage 2 StVO); **12 III 4**; **12** 49; **20** 1
Zeichen 229 (Anlage 2 StVO); **12 III 5**; **12** 31
Zeichen 237–241 (Anlage 2 StVO); **2** 17, 20, 54
Zeichen 239 (Anlage 2 StVO); **12** 88; **46** 2
Zeichen 240 (Anlage 2 StVO); **2** 59, 62
Zeichen 241 (Anlage 2 StVO); **12** 88

Zeichen 242.1, 242.2 (Anlage 2 StVO); **2** 17–20; **10**; **12** 88
Zeichen 244.1 (Anlage 2 StVO); **2** 56
Zeichen 245 (Anlage 2 StVO); **9** 38; **12** 32; **37** 24; **45** 7
Zeichen 250 (Anlage 2 StVO); **25** 1; **31** 3, 6
Zeichen 250–269 (Anlage 2 StVO); **2** 76; **45** 20
Zeichen 251 (Anlage 2 StVO); **2** 76
Zeichen 261 (Anlage 2 StVO); **2** 96
Zeichen 267 (Anlage 2 StVO); **9** 46
Zeichen 268 (Anlage 2 StVO); **3** 70
Zeichen 270.1 (Anlage 2 StVO); **45** 10b
Zeichen 273 (Anlage 2 StVO); **4** 19
Zeichen 274 (Anlage 2 StVO); **3** 3, 62, 71 ff; **19** 11; **39** 15b
Zeichen 274.1, 274.2 (Anlage 2 StVO); **3** 3, 64 ff
Zeichen 275 (Anlage 2 StVO); **3** 54
Zeichen 276/277 (Anlage 2 StVO); **5** 28
Zeichen 278 (Anlage 2 StVO); **3** 71; **39** 19
Zeichen 279 (Anlage 2 StVO); **3** 54
Zeichen 283 (Anlage 2 StVO); **12** 13
Zeichen 286 (Anlage 2 StVO); **12 IV b**; **12** 16; **39** 19a
Zeichen 290.1 (Anlage 2 StVO); **12** 17; **13 II**; **13** 5
Zeichen 290.2 (Anlage 2 StVO); **13 II**; **13** 5
Zeichen 293 (Anlage 2 StVO); **25** 15; **26** 2
Zeichen 294 (Anlage 2 StVO); **8** 39; **37** 17
Zeichen 295 (Anlage 2 StVO); **2** 85; **9** 50; **12 I 6c, III 8b**; **12** 27 f
Zeichen 296 (Anlage 2 StVO); **2** 91; **12 III 8b**
Zeichen 297 (Anlage 2 StVO); **5** 63; **7** 13; **9** 51; **12** 28; **37** 2
Zeichen 298 (Anlage 2 StVO); **2** 92
Zeichen 299 (Anlage 2 StVO); **12** 62; **20** 3
Zeichen 301 (Anlage 3 StVO); **8** 23; **39** 6
Zeichen 306 (Anlage 3 StVO); **8** 24; **9** 40; **12 III 8a**; **39** 6
Zeichen 307 (Anlage 3 StVO); **8** 24
Zeichen 308 (Anlage 3 StVO); **2** 73; **39** 6
Zeichen 310, 311 (Anlage 3 StVO); **3** 66; **25 StVG** 9a
Zeichen 314 (Anlage 3 StVO); **12** 63; **13 II**
Zeichen 315 (Anlage 3 StVO); **12 III 7, 8c**; **12** 60, 69, 88; **13 II**
Zeichen 325.1 (Anlage 3 StVO); **1** 42; **2** 83; **3** 32, 71, 74; **10** 5; **12** 71; **39** 6
Zeichen 330.1, 330.2 (Anlage 3 StVO); **18** 1, 7; **39** 6
Zeichen 332, 333 (Anlage 3 StVO); **18** 25

1821

Sachverzeichnis

fette Zahlen = §§ StVO

Zeichen 340 (Anlage 3 StVO); **2** 17, 19, 94; **7** 14; **12** 28
Zeichen 350 (Anlage 3 StVO); **26** 3
Zeichen 353 (Anlage 3 StVO); **9** 47
Zeichen 357 (Anlage 3 StVO); **31** 3, 6
Zeichen 380 (Anlage 3 StVO); **3** 65
Zeichen 385 (Anlage 3 StVO); **3** 66
Zeichen 388 (Anlage 3 StVO); **12** 75
Zeichen 394 (Anlage 3 StVO); **17** 17
Zeichen 406 (Anlage 3 StVO); **18** 2
Zeichen 448–453 (Anlage 3 StVO); **18** 2
Zeichen 457.2 (Anlage 3 StVO); **45** 19
Zeichen 460 (Anlage 3 StVO); **18** 2
Zeichen 590 (Anlage 3 StVO); **9** 45
Zeichen 630 (Anlage 4 StVO); **17** 17
Zeitaufwand BGB 249 269, 336, 358 ff; **BGB 842** 26
Zeitverlust; Schmerzensgeld **BGB 253** 30; Zeitverlust **BGB 842** 26
Zentralkartei s Verkehrszentralregister
Zerstörung; v Anlagen oder Fahrzeugen **315b StGB** 160
Zeuge; Schädigung **BGB vor § 249** 59; Schock **BGB vor § 249** 37; Schockschaden **BGB vor § 249** 130
Zeuge Jehova BGB 254 275
Zeugenbeweis ZPO 286/287 17 ff
ZEVIS 30a StVG 1
Ziehen s Schieben
Zinsen BGB 849 1 ff; Schadenersatz **BGB 249** 348 ff; Schmerzensgeld **BGB 253** 73; Verjährung **StVG 14** 61; Verzugszinsen s Verzugszinsen
Zinsfuß BGB 843 72; **849** 9
Zinssatz 16
Zivilehe; Unterhaltsschaden **BGB 844** 23
Zivilprozesskosten BGB 249 428 ff; Absetzbarkeit **BGB 249** 433
Zoll; Sonderrechte **35**; Hinweiszeichen auf – Z 392
Zonengeschwindigkeitsregelung s Z 274.1; **3** 75, 100; **45 I c, I d**
Zonenhaltverbot 12 17; **13** 5a; Z 290
Zufahrtspur (Beschleunigungsstreifen) **5** 59; **18** 10
Zug 4 17
Zugewinnausgleich; Hinterbliebenengeld **BGB 844** 265
Zugmaschine 2 76; **4** 17; **StVG 16** 19 ff dort; Grüne Karte **AuslPflVG 2** 5
Zugtier 2 4; **28**
Zug-um-Zug; Neuwagen **BGB 251** 19
Zulassen; d Führens eines Kfz **21 StVG**; d Inbetriebnahme **23** 36; fahrlässiges – **21 StVG** 11
Zulassung; im Ausland **BGB vor § 249** 234; ausländisches Fahrzeug **BGB vor**

§ 249 234; automatisierte Fahrfunktion **StVG 1a** 13; v Fahrzeugen **1 StVG**; **1 StVG** 1 ff; – v Personen zum nicht motorisierten Verkehr **1–3 FeV**; **2 StVG**; s auch „Ausländer"
Zulassungsverordnung AuslPflVG vor § 1 13
Zulassungsbescheinigung Teil I 11 FZV (s auch Fahrzeugschein)
Zulassungsbescheinigung Teil II 12 FZV (s auch Fahrzeugbrief)
Zumessungsregel 26a StVG 4
Zündschlüssel; Aufbewahrung d – **14** 10
Zuparken 1 76; **12** 92, 97
Zurechnungszusammenhang BGB vor § 249 1 ff; Aufdeckung Vorerkrankung **BGB vor § 249** 52; Beerdigungskosten **BGB vor § 249** 43; Begehrensneurose **BGB vor § 249** 93; beruflicher Gefahrenkreis **BGB vor § 249** 31, 59; Abschleppdienst **BGB vor § 249** 59; Feuerwehr **BGB vor § 249** 59; Polizei **BGB vor § 249** 59; Profihelfer **BGB vor § 249** 59; Sanitäter **BGB vor § 249** 59; Drittverhalten **BGB vor § 249** 44 ff; Fehldiagnose **BGB vor § 249** 51; Geringfügigkeit **BGB vor § 249** 38 f; Hinterbliebenengeld **BGB vor § 249** 43; höhere Gewalt **BGB vor § 249** 42; Kausalität **BGB vor § 249** 22, 29 ff; Lebensrisiko **BGB vor § 249** 35 f, 123; neuer Gefahrenkreis **BGB vor § 249** 32 ff; privater Gefahrenkreis **BGB vor § 249** 59; Psyche **BGB vor § 249** 40 f; Schadensbegutachtung **BGB vor § 249** 34, 52; Schock **BGB vor § 249** 36 f, 123; Schreckzustand **BGB vor § 249** 36; Schutzweck der Norm **BGB vor § 249** 36a; Selbstmord **BGB vor § 249** 41, 56; Straftat **BGB vor § 249** 56; Straßensperre **BGB vor § 249** 53, 82; Tod **BGB vor § 249** 43; **844** 207 ff; unangemessene Erlebnisverarbeitung **BGB vor § 249** 39; Unterhaltsschaden **BGB vor § 249** 43; Verfolgerfall **BGB vor § 249** 65 ff; Verkehrsumleitung **BGB vor § 249** 55; Weltanschauung **BGB 254** 274; Zeuge **BGB vor § 249** 37; Zweitschädiger **BGB vor § 249** 44 ff, 47 f
Zurückstoßen s Rückwärtsfahren
Zusammenhangstaten 69 StGB 5
Zusammentreffen; v Verstößen **1** 84 f; **23** 51 ff; **21 StVG** 16; **22 StVG** 8; **24 StVG** 9 ff; **26a StVG** 13; **142 StGB** 41; **315c StGB** 10, 37; **316 StGB** 32
Zusatzkosten s Sachschaden
Zusatzversicherung; Fahrerschutz-Versicherung (Fahrer-Kasko) **BGB vor § 249** 181

magere Zahlen = Randnummern

Zusatzzeichen 39 III, VwV zu 39–43 III Nr 16 Rn 46 ff; **2** 82; **39** 14, 19; **40 II–V**; **41 II**; – „bei Nässe" **3** 72
Zuschlag; Risikozuschlag **BGB 249** 35a
Zuständigkeit 99 f; sachliche – **44, 45**; örtliche – **47**; f OWen **26**; f Erteilung d FE **2 StVG**; f zivilrechtliche Klagen **20 StVG**
Zustand; vorschriftsmäßiger – d Fahrzeugs **23** 4 ff
Zustimmungsbedürftigkeit; d Aufstellung v Verkehrszeichen **45** VwV zu Abs 1

Sachverzeichnis

Zuziehung; einer Hilfsperson **1** 43 ff; **9** 70; **10** 11
Zweitüberholen 5 16
Zweirad; ausländisches **AuslPflVG 1** 13 f; Nutzungsausfall **BGB 249** 179, 207
Zweitschädiger; Arzt **BGB vor § 249** 49 ff; **840** 15b, 6a; Kausalität **BGB vor § 249** 33, 44 ff; Überrollen **BGB vor § 249** 48; unzureichende Absicherung **BGB vor § 249** 47